In drei Schritten zur sicheren

Und so einfach geht es:

1. Schritt

Sie tragen die Standards
(Personalien, Versicherung,
Einkommen etc.) ein

2. Schritt

Sie rechnen ab

3. Schritt

Sie drucken die Formulare aus

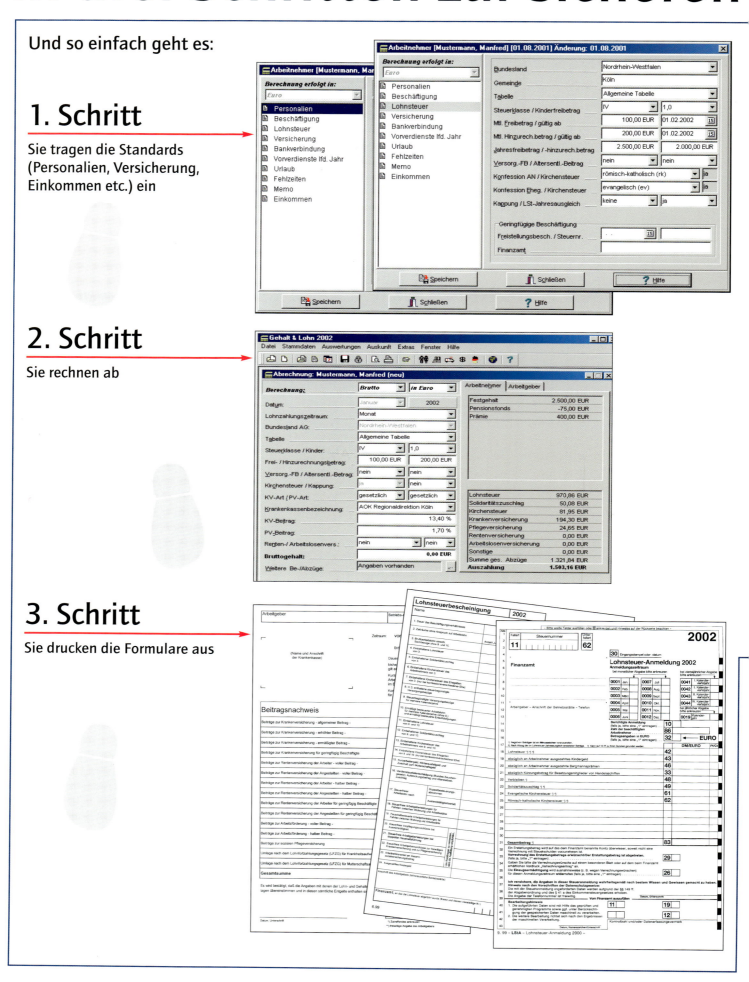

Abrechnung

Ingrid Löhmer (signature)

Mit **Gehalt & Lohn** können Sie komfortabel Löhne und Gehälter **abrechnen**. Es ermittelt zuverlässig die Lohnsteuer, Kirchensteuer und den Solidaritätszuschlag sowie die Arbeitgeber- und Arbeitnehmeranteile zur Sozialversicherung. Die Berechnungsergebnisse stehen für alle wichtigen Auswertungen zur Verfügung:

▶ Verdienstnachweis

▶ Lohnkonto

▶ Lohnjournal

▶ Lohnsteuer-Anmeldung

▶ Beitragsnachweis

▶ Lohnsteuerbescheinigung

Sie sehen:

Gehalt & Lohn ist ein wirklich einfach zu handhabendes <u>Abrech</u>nungsprogramm, das Ihnen zuverlässig alle wichtigen Zahlen, Auswertungen und Ausdrucke für Ihre Lohnbuchhaltung liefert. Sie erhalten es als Einzelplatzversion für € 54,80*, oder noch günstiger in Kombination mit einer Tabelle für 2002 oder mit dem ABC des Lohnbüros 2002 für nur € 26,40*!

Systemanforderungen:
IBM-kompatibler PC mit mind. Pentium-Prozessor. Arbeitsspeicher mit 16 MB RAM (optimal 32 MB). Windows 95 oder höher. Festplatte mit mind. 20 MB freiem Speicherplatz. CD-ROM-Laufwerk. Maus oder anderes Zeigegerät.

Schwierige steuerliche und sozialversicherungsrechtliche Besonderheiten werden durch **Gehalt & Lohn** automatisch berücksichtigt, wie etwa:

▶ Durchführung des Lohnsteuerjahresausgleichs

▶ Abrechnung von Aushilfen und Geringverdienern

▶ Lohnsteuerpauschalierung gemäß §§ 40, 40a und 40b EStG

▶ Ermittlung von Sachbezugs- und Durchschnittswerten

▶ Freibeträge und Freigrenzen

▶ Pensionsfonds

Gehalt & Lohn bietet aber noch viel mehr:

▶ Netto-Lohnberechnungen bei den wichtigsten Bezügen

▶ Meldungen an die Sozialversicherungsträger (DEÜV)

▶ Ausweis der Arbeitgeberbelastung

▶ Erfassung beliebig vieler Arbeitgeber und Arbeitnehmer

▶ Umfassende Hintergrundinformationen

CD-ROM, Einzellizenz € 54,80*, ISBN 3-08-111142-0, Update-Hotline-Service für die Folgejahre zz. € 44,40*. Bitte erfragen Sie die speziellen Konditionen für Netzwerknutzung.
In Verbindung mit dem Kauf einer Steuertabelle oder des Ratgebers ABC des Lohnbüros kostet die CD-ROM nur € 26,40*.

* unverbindliche Preisempfehlung

– hier abtrennen –

Alles im Griff – die mobilen Lösungen von Stollfuß

NEU

Stollfuß Gehalt für PalmOS und Windows CE

Stollfuß Gehalt ermöglicht Ihnen die schnelle Ermittlung der Brutto- bzw. Nettobezüge auf allen gängigen Handheld-Geräten. Unabhängig von Tabellen oder PC-Programmen können Sie jederzeit und überall die zutreffenden Lohnabzüge und Auszahlungsbeträge ermitteln oder kontrollieren.

Leistungsumfang:

▶ Ermittlung von Lohnsteuer, Solidaritätszuschlag und Kirchensteuer sowie der Abzüge für Arbeitslosenversicherung, Krankenversicherung, Rentenversicherung und Pflegeversicherung

▶ Berechnung von Dienstwagen und Einmalzahlungen

▶ Berechnung des Kammerbeitrags

▶ Brutto- und Nettoberechnung.

CD-ROM, Einzellizenz € 26,40, ISBN 3-08-111402-0
Ab 5 bis 9 Lizenzen wird ein Preisnachlass von 15 %,
ab 10 Lizenzen ein Preisnachlass von 30 % gewährt.
(Erscheint voraussichtlich Dezember 2001)

Stollfuß Reisekosten für PalmOS und Windows CE

Erfassen Sie Ihre Reisekosten doch einfach unterwegs. Stollfuß Reisekosten ermöglicht Ihnen die Erfassung der Reisekosten auf allen gängigen Handheld-Geräten. Zurück in Ihrem Büro überspielen Sie die Reisedaten einfach auf Ihren PC und drucken Ihre Reisekostenabrechnung aus. Oder Sie importieren die Reisedaten in das Stollfuß Reisekosten-Abrechnungsprogramm, in dem Ihnen weitere Berechnungs- und Auswertungsmöglichkeiten zur Verfügung stehen.

Leistungsumfang:

▶ Ermittlung der Pauschalen für Übernachtung, Verpflegungsmehraufwand und Fahrtkosten

▶ Belegerfassung inkl. Ermittlung der Vorsteuer

▶ Inlands- und Auslandsreisen

▶ Übernahme der Daten in Stollfuß Reisekosten.

CD-ROM, Einzellizenz € 26,40, ISBN 3-08-112402-6
Ab 5 bis 9 Lizenzen wird ein Preisnachlass von 15 %,
ab 10 Lizenzen ein Preisnachlass von 30 % gewährt.
(Erscheint voraussichtlich Dezember 2001)

Systemanforderungen: Palm-PDA oder kompatibles Gerät ab PalmOS 3.1 oder PocketPC ab Windows CE 3.0. Zur Installation wird ein PC mit CD-ROM-Laufwerk benötigt.

ABC des Lohnbüros 2002

ABC des Lohnbüros 2002

Lohn- und Gehaltsabrechnung 2002
von A bis Z
Lohnsteuer · Sozialversicherung

Von

Dipl.-Finanzwirten (FH)
Klaus Mader, Regierungsoberamtsrat
Detlef Perach, Regierungsoberamtsrat

beide im Lohnsteuerreferat des Niedersächsischen
Finanzministeriums, Hannover

und

Werner Greilich, Verwaltungsdirektor
Rainer Voss, Verwaltungsdirektor

beide AOK Rheinland, Düsseldorf

mit
Beiträgen zum Arbeitsrecht
von

Dietmar Besgen,
Richter am Arbeitsgericht Bonn

Rechtsstand: 1. Januar 2002

(Redaktionsschluss: 1. Dezember 2001)

Stollfuß
VERLAG · BONN · BERLIN

Benutzerhinweise

- Der ABC-Teil des Ratgebers bietet ausführliche Darstellungen zu ca. 700 prägnanten Stichwörtern. Diese Stichwörter mit den dazugehörigen Randziffern sind im Stichwort-Wegweiser übersichtlich zusammengestellt. Darüber hinaus enthält der Wegweiser als Einstiegshilfe weitere ca. 300 alternative Suchbegriffe mit Verweisen auf die Stichwörter, unter denen die entsprechenden Darstellungen zu finden sind.

- Zur schnellen Orientierung bei der lohnsteuerlichen und sozialversicherungsrechtlichen Beurteilung einzelner Sachverhalte wurden die betreffenden Textstellen im ABC-Teil mit Piktogrammen versehen.

  Sind Sachverhalte z.B. steuer- und beitragspflichtig, so ist dies mit den Symbolen LSt SV gekennzeichnet, bei Steuer- und Beitragsfreiheit entsprechend mit den Symbolen LSt SV.

- Eine Übersicht der hinterlegten Texte zu aktuellen Rechtsänderungen, die ab dem 1.1.2002 zu berücksichtigen sind, kann zeitnah beim Verlag durch Telefax abgerufen werden. Dazu ist das Fax-Gerät auf „Abruf" oder „Polling" zu stellen und die Fax-Nr. 02 28/7 24-99 15 anzuwählen.

  Über unsere Internetadresse „www.stollfuss.de" sind diese Texte im Menü „Service" und dort unter „Online Aktualisierungsdienst" als Download abrufbar.

ISBN 3-08-**317802**-6

Stollfuß Verlag Bonn, Berlin 2002 · Alle Rechte vorbehalten
Satz: Medienhaus Froitzheim AG, Bonn, Berlin
Druck und Verarbeitung: L. N. Schaffrath, Geldern
01ZS12

Inhaltsübersicht

Stichwort-Wegweiser

Der Stichwort-Wegweiser enthält alle im ABC-Teil des Ratgebers enthaltenen Stichwörter in alphabetischer Reihenfolge. Die Zahl hinter dem Stichwort bezeichnet die entsprechende Randziffer.

Darüber hinaus enthält der Wegweiser als Einstiegshilfe weitere alternative Suchbegriffe mit Verweisen auf die Stichwörter, unter denen die entsprechenden Darstellungen zu finden sind. Zur besseren Orientierung sind diese Stichwörter durch Fettdruck hervorgehoben.

Beispiel:

Abführung der Sozialversicherungsbeiträge
→ **Fälligkeit der Sozialversicherungsbeiträge** 974

Die Ausführungen zur Abführung der Sozialversicherungsbeiträge sind im Stichwort „Fälligkeit der Sozialversicherungsbeiträge" unter der Randziffer 974 abgedruckt.

XIV

Abkürzungsverzeichnis

A

a. A.	anderer Ansicht
ABM	Arbeitsbeschaffungsmaßnahmen
ABS	Arbeitsförderungs-, Beschäftigungs- und Strukturanpassungsgesellschaft
Abs.	Absatz
Abschn.	Abschnitt
AfA	Absetzung für Abnutzungen
AfaA	Absetzung für außergewöhnliche technische und wirtschaftliche Abnutzungen
AFG	Arbeitsförderungsgesetz
AFRG	Arbeitsförderungs-Reformgesetz
AG	Aktiengesellschaft
AGBG	Gesetz zur Regelung des Rechts der Allgemeinen Geschäftsbedingungen
AGS	Amtlicher Gemeinde-Schlüssel
AiB	Arbeitsrecht im Betrieb (Zeitschrift)
ak	altkatholisch (Religionsgemeinschaft)
AktG	Aktiengesetz
ALG	Gesetz über die Alterssicherung der Landwirte
AltZertG	Altersvorsorgeverträge-Zertifizierungsgesetz
AO	Abgabenordnung
AOK	Allgemeine Ortskrankenkasse
AP	Arbeitsrechtliche Praxis (Entscheidungssammlung des Bundesarbeitsgerichts)
ArbBeschFG	Arbeitsrechtliches Beschäftigungsförderungsgesetz
ArbG	Arbeitsgericht
ArbGG	Arbeitsgerichtsgesetz
ArbN	Arbeitnehmer
ArbPlSchG	Arbeitsplatzschutzgesetz
ArbSchG	Arbeitsschutzgesetz
ArbuR	Arbeit und Recht (Zeitschrift)
ArbZG	Arbeitszeitgesetz
ArEV	Arbeitsentgeltverordnung
Art.	Artikel
ASiG	Gesetz über Betriebsärzte, Sicherheitsbeamte und andere Fachkräfte für Arbeitssicherheit (Arbeitssicherheitsgesetz)
AStA	Allgemeiner Studentenausschuss
AStG	Außensteuergesetz
AsylblG	Asylbewerberleistungsgesetz
AtG	Altersteilzeitgesetz
AÜG	Arbeitnehmerüberlassungsgesetz
AUV	Auslandsumzugskostenverordnung
AV	Arbeitslosenversicherung
AVG	Angestelltenversicherungsgesetz
Az.	Aktenzeichen

B

BA	Bundesanstalt für Arbeit
BAföG	Bundesausbildungsförderungsgesetz
BAG	Bundesarbeitsgericht
BAnz	Bundesanzeiger
BArbBl.	Bundesarbeitsblatt (Zeitschrift)
BAT	Bundes-Angestelltentarif
BB	Betriebs-Berater (Zeitschrift)
BBeamtenG	Bundesbeamtengesetz
BBesG	Bundesbesoldungsgesetz
BBG	Beitragsbemessungsgrenze
BBiG	Berufsbildungsgesetz
BBK	Buchführung, Bilanz, Kostenrechnung (Zeitschrift)
BeamtVG	Beamtenversorgungsgesetz
beE	betriebsorganisatorisch eigenständige Einheit
BErzGG	Bundeserziehungsgeldgesetz
BeschFG	Beschäftigungsförderungsgesetz
betr.	betreffend
BetrAVG	Gesetz zur Verbesserung der betrieblichen Altersversorgung
BetrVG	Betriebsverfassungsgesetz
BewG	Bewertungsgesetz
BfA	Bundesversicherungsanstalt für Angestellte
BFH	Bundesfinanzhof
BFH/NV	Sammlung amtlich nicht veröffentlichter Entscheidungen des Bundesfinanzhofs (Zeitschrift)
BGB	Bürgerliches Gesetzbuch
BGBl.	Bundesgesetzblatt
BGH	Bundesgerichtshof
BGJ	Berufsgrundbildungsjahr
BildScharbV	Bildschirmarbeitsverordnung
BKGG	Bundeskindergeldgesetz
BKK	Die Betriebskrankenkasse (Zeitschrift)
BlStSozArbR	Blätter für Steuer-, Sozial- und Arbeitsrecht (Zeitschrift)
BMA	Bundesministerium für Arbeit und Sozialordnung
BMF	Bundesministerium der Finanzen
BMI	Bundesministerium des Inneren
b+p	betrieb + personal (Zeitschrift)
BPolBG	Bundespolizeibeamtengesetz
BRKG	Bundesreisekostengesetz
BSG	Bundessozialgericht
BSGE	Entscheidungen des Bundessozialgerichts (Entscheidungssammlung)
BSHG	Bundessozialhilfegesetz
BStBl	Bundessteuerblatt
BT-Drucks.	Bundestags-Drucksache
BTPrax	Betreuungsrechtliche Praxis (Zeitschrift)
BUKG	Bundesumzugskostengesetz
BUrlG	Bundesurlaubsgesetz
BÜVO	Beitragsüberwachungsverordnung
II. BV	Zweite Berechnungsverordnung
BVerfG	Bundesverfassungsgericht
BVerwG	Bundesverwaltungsgericht

D

DA-FamEStG	Dienstanweisung zur Durchführung des steuerlichen Familienleistungsausgleichs nach dem X. Abschnitt des Einkommensteuergesetzes
DB	Der Betrieb (Zeitschrift)
DBA	Doppelbesteuerungsabkommen
DEÜV	Datenerfassungs- und -übermittlungsverordnung
DEVO	Datenerfassungs-Verordnung
DFJW	Deutsch-Französisches Jugendwerk
d.h.	das heißt
DienstwohnungsVO	Dienstwohnungsverordnung
DOK	Die Ortskrankenkasse (Zeitschrift)
DRK	Deutsches Rotes Kreuz
DStR	Deutsches Steuerrecht (Zeitschrift)
DStRE	Entscheidungsdienst zu DStR
DStZ	Deutsche Steuer-Zeitung (Zeitschrift)
DStZ/E	Deutsche Steuer-Zeitung/Eildienst (Zeitschrift)
DÜVO	Datenübermittlungs-Verordnung

E

EE	Entlassungsentschädigung
EEÄndG	Entlassungsentschädigungs-Änderungsgesetz
EEK	Entscheidungssammlung zur Entgeltfortzahlung an Arbeiter und Angestellte bei Krankheit, Kur und anderen Arbeitsverhinderungen
EFG	Entscheidungen der Finanzgerichte (Zeitschrift)
EFZG	Entgeltfortzahlungsgesetz
EG	Europäische Gemeinschaften

EGBGB	Einführungsgesetz zum Bürgerlichen Gesetzbuch
EigZulG	Eigenheimzulagengesetz
EnWG	Energiewirtschaftsgesetz
ESF	Europäische Sozialfonds
ESt	Einkommensteuer
EStG	Einkommensteuergesetz
EStH	Amtliches Einkommensteuer-Handbuch
EStR	Einkommensteuer-Richtlinien
etc.	et cetera
EU	Europäische Union
EuGH	Europäischer Gerichtshof
ev	evangelisch/protestantisch (Religionsgemeinschaft)
EWG	Europäische Wirtschaftsgemeinschaft
EWGVO	Verordnung der Europäischen Wirtschaftsgemeinschaft
EWR	Europäischer Wirtschaftsraum
EzA	Entscheidungssammlung zum Arbeitsrecht

F

f.	folgende
FahrlG	Gesetz über das Fahrlehrerwesen
fb	freireligiöse Gemeinde (Religionsgemeinschaft)
FELEG	Gesetz zur Förderung der Einstellung der landwirtschaftlichen Erwerbstätigkeit
ff.	fortfolgende
fg	freireligiöse Gemeinde (Religionsgemeinschaft)
FG	Finanzgericht
FinMin	Finanzministerium oder andere oberste Finanzbehörde
FKM	Flugkilometerwert
FlurbG	Flurbereinigungsgesetz
fm	freireligiöse Gemeinde (Religionsgemeinschaft)
fr	französisch-reformiert (Religionsgemeinschaft)
FR	Finanz-Rundschau (Zeitschrift)
fs	freireligiöse Gemeinde (Religionsgemeinschaft)
FSHG	Gesetz über den Feuerschutz und die Hilfeleistung bei Unglücksfällen und öffentlichen Notständen (Nordrhein-Westfalen)
FSJG	Gesetz zur Förderung eines freiwilligen sozialen Jahres

G

GAK	Gehaltsausgleichskasse der Apothekerkammern
GbR	Gesellschaft bürgerlichen Rechts
GenG	Gesetz betreffend die Erwerbs- und Wirtschaftsgenossenschaften
GewO	Gewerbeordnung
GewStG	Gewerbesteuergesetz
GewStR	Gewerbesteuer-Richtlinien
GFAW	Gesellschaft für Arbeits- und Wirtschaftsförderung des Freistaates Thüringen
GG	Grundgesetz
ggf.	gegebenenfalls
GKV	Gesetzliche Krankenversicherung
GmbH	Gesellschaft mit beschränkter Haftung
GmbH & Co. KG	Kommanditgesellschaft, deren Komplementär eine GmbH ist
GmbHG	Gesetz betreffend die Gesellschaften mit beschränkter Haftung

H

H	Hinweis (im Lohnsteuer- oder Einkommensteuer-Handbuch)
HAG	Heimarbeitsgesetz
HFR	Höchstrichterliche Finanzrechtsprechung (Zeitschrift)
HGB	Handelsgesetzbuch

I

ib	israelisch (Religionsgemeinschaft)
i.d.R.	in der Regel
IFSG	Infektionsschutzgesetz
IG	Industriegewerkschaft
IKK	Innungskrankenkasse
INF	Die Information über Steuer und Wirtschaft (Zeitschrift)
InsO	Insolvenzordnung
is	israelisch (Religionsgemeinschaft)
i.S.	im Sinne
IStR	Internationales Steuerrecht (Zeitschrift)
i.V.m.	in Verbindung mit
iw	israelisch (Religionsgemeinschaft)

J

JAE	Jahresarbeitsentgelt
JArbSchG	Jugendarbeitsschutzgesetz
jd	jüdisch (Religionsgemeinschaft)
js	jüdisch (Religionsgemeinschaft)
JStG	Jahressteuergesetz
JVA	Justizvollzugsanstalt

K

KAV	Kindergeldauszahlungs-Verordnung
KBV	Kleinbetragsverordnung
KG	Kommanditgesellschaft
KO	Konkursordnung
KSchG	Kündigungsschutzgesetz
KStG	Körperschaftsteuergesetz
KStR	Körperschaftsteuer-Richtlinien
ktgl.	kalendertäglich
KV	Krankenversicherung
KVLG	Gesetz über die Krankenversicherung der Landwirte
KWV	Kommunale Wohnungsverwaltung

L

LAG	Landesarbeitsgericht
LAGE	Entscheidungen der Landesarbeitsgerichte (Entscheidungssammlung)
LATV	Lohnausgleichs-Tarifvertrag
L+F	Land- und Forstwirtschaft
LFZG	Lohnfortzahlungsgesetz
LG	Landgericht
LKV	Landwirtschaftliche Krankenversicherung
LPG	Landwirtschaftliche Produktionsgenossenschaft
LSG	Landessozialgericht
LSt	Lohnsteuer
LStDV	Lohnsteuer-Durchführungsverordnung
LStH	Hinweise zu den Lohnsteuer-Richtlinien 2002
LStH 2001	Amtliches Lohnsteuer-Handbuch 2002
LSt-Kartei	Lohnsteuer-Kartei
LStR	Lohnsteuer-Richtlinien 2002
lt	evangelisch-lutherisch/protestantisch (Religionsgemeinschaft)
lt.	laut

M

MDR	Monatsschrift für Deutsches Recht (Zeitschrift)
mtl.	monatlich
MTV	Manteltarifvertrag
MuSchBV	Mutterschutzverordnung
MuSchG	Mutterschutzgesetz
m.w.N.	mit weiteren Nachweisen

N

NachwG	Nachweisgesetz
n.F.	neue Fassung
NJW	Neue Juristische Wochenschrift (Zeitschrift)
Nr.	Nummer
n.rkr.	nicht rechtskräftig
n.v.	nicht veröffentlicht

NVA	Nationale Volksarmee
NWB	Neue Wirtschafts-Briefe für Steuer- und Wirtschaftsrecht (Zeitschrift)
NZA	Neue Zeitschrift für Arbeits- und Sozialrecht (Zeitschrift)

O

o.a.	oben angegeben
o.Ä.	oder Ähnliches
OECD	Organisation für wirtschaftliche Zusammenarbeit und Entwicklung
OECD-MA	OECD-Musterabkommen zur Vermeidung der Doppelbesteuerung
OFD	Oberfinanzdirektion
o.g.	oben genannt
OHG	Offene Handelsgesellschaft
OLG	Oberlandesgericht

P

PartG	Parteiengesetz
PC	Personalcomputer
PflegeVersG	Pflege-Versicherungsgesetz
PV	Pflegeversicherung

R

R	Richtlinie
RdA	Recht der Arbeit (Zeitschrift)
rf	evangelisch-reformiert (Religionsgemeinschaft)
RFH	Reichsfinanzhof
RIW	Recht der internationalen Wirtschaft (Zeitschrift)
rk	römisch-katholisch (Religionsgemeinschaft)
RRG	Rentenreformgesetz
RStBl	Reichssteuerblatt
RV	Rentenversicherung
RVO	Reichsversicherungsordnung
Rz.	Randziffer

S

S.	Seite
s.	siehe
SachBezV	Sachbezugsverordnung
SchwarzArbG	Gesetz zur Bekämpfung der Schwarzarbeit
SchwbG	Schwerbehindertengesetz
SdL	Soziale Sicherheit in der Landwirtschaft (Zeitschrift)
SGB	Sozialgesetzbuch
SGB I	Erstes Buch Sozialgesetzbuch (Allgemeiner Teil)
SGB III	Drittes Buch Sozialgesetzbuch (Arbeitsförderung)
SGB IV	Viertes Buch Sozialgesetzbuch (Gemeinsame Vorschriften für die Sozialversicherung)
SGB V	Fünftes Buch Sozialgesetzbuch (Gesetzliche Krankenversicherung)
SGB VI	Sechstes Buch Sozialgesetzbuch (Gesetzliche Rentenversicherung)
SGB VII	Siebtes Buch Sozialgesetzbuch (Gesetzliche Unfallversicherung)
SGB IX	Neuntes Buch Sozialgesetzbuch (Rehabilitation und Teilhabe behinderter Menschen)
SGB X	Zehntes Buch Sozialgesetzbuch (Verwaltungsverfahren, Schutz der Sozialdaten, Zusammenarbeit der Leistungsträger und ihre Beziehungen zu Dritten)
SGB XI	Elftes Buch Sozialgesetzbuch (Soziale Pflegeversicherung)
SGG	Sozialgerichtsgesetz
s.o.	siehe oben
sog.	so genannt
SolZ	Solidaritätszuschlag
SolZG	Solidaritätszuschlagsgesetz
SozR	Sozialrecht (Entscheidungssammlung des Bundessozialgerichts)

Stbg	Die Steuerberatung (Zeitschrift)
std.	ständige
StEd	Steuer-Eildienst (Zeitschrift)
StLex	Steuer-Lexikon (Zeitschrift)
StuW	Steuer und Wirtschaft (Zeitschrift)
SV	Sozialversicherung
SVG	Soldatenversorgungsgesetz
SVN-Heft	Sozialversicherungsnachweis-Heft

T

TGV	Trennungsgeldverordnung
TSG	Transsexuellengesetz
TVG	Tarifvertragsgesetz
TVK	Tarifvertrag für die Musiker in Kulturorchestern
Tz.	Textziffer
TzBfG	Teilzeit- und Befristungsgesetz

U

u.a.	unter anderem
u.E.	unseres Erachtens
ULAK	Urlaubs- und Lohnausgleichskasse der Bauwirtschaft
un	unitarisch-protestantisch (Religionsgemeinschaft)
USK	Urteilssammlung für die gesetzliche Krankenversicherung (Entscheidungssammlung)
UStDV	Umsatzsteuer-Durchführungsverordnung
UStG	Umsatzsteuergesetz
UStR	Umsatzsteuer-Richtlinien

V

VAG	Versicherungsaufsichtsgesetz
VBL	Versorgungsanstalt des Bundes und der Länder
VDR	Verband Deutscher Rentenversicherungsträger
VermBDV	Verordnung zur Durchführung des Fünften Vermögensbildungsgesetzes
5.VermBG	Fünftes Vermögensbildungsgesetz
Vfg.	Verfügung
VG	Verwaltungsgericht
vgl.	vergleiche
VRG	Vorruhestandsgesetz
VSt	Vermögensteuer
VStR	Vermögensteuer-Richtlinien
VVaG	Versicherungsverein auf Gegenseitigkeit
VVG	Gesetz über den Versicherungsvertrag
v.H.	vom Hundert

W

WFG	Wachstums- und Beschäftigungsförderungsgesetz
WGG	Gesetz über die Gemeinnützigkeit im Wohnungswesen
II. WoBauG	Zweites Wohnungsbaugesetz
WoPG	Wohnungsbau-Prämiengesetz
WPflG	Wehrpflichtgesetz
WÜD	Wiener Übereinkommen über diplomatische Beziehungen
WÜK	Wiener Übereinkommen über konsularische Beziehungen
WzS	Wege zur Sozialversicherung (Zeitschrift)

Z

z.B.	zum Beispiel
ZDG	Zivildienstgesetz
ZERV	Zentrale polizeiliche Ermittlungsstelle für die Bekämpfung der Regierungs- und Vereinigungskriminalität
ZfS	Zeitschrift für Sozialrecht
ZIP	Zeitschrift für Wirtschaftsrecht
ZPO	Zivilprozessordnung
zz.	zurzeit

Abfallprodukte: Verwertungserlöse

1 Erlöse aus dem Verkauf von Produktionsabfällen (z.B. Schrott oder Abfallgold in der Porzellanindustrie oder bei Zahnärzten), die der Arbeitnehmer **mit Wissen und Wollen des Arbeitgebers** auf eigene Rechnung verwerten darf, sind steuerpflichtiger Arbeitslohn (FG Münster, Urteil vom 26.6.1969, EFG 1969 S. 600).

Dies gilt jedoch nicht, wenn die Verwertung **ohne Wissen und Wollen des Arbeitgebers** erfolgt (BFH, Urteil vom 6.6.1973, BStBl II 1973 S. 727, betr. das eigenmächtige Einsammeln von Pfandwert-Flaschen im Betrieb). Es gelten die gleichen Grundsätze wie für einen Diebstahl (→ *Diebstahl* Rz. 647).

Abfindungen

2 Abfindungen können **steuersystematisch** wie folgt eingeteilt werden:

1. Steuerpflichtige Abfindungen

3 Abfindungen bzw. Schadensersatzleistungen sind steuerpflichtig, wenn das **Arbeitsverhältnis Grundlage** für die Schadensersatzleistung bildet, wenn also ein unmittelbarer Zusammenhang zwischen der Schadensersatzleistung und dem Dienstverhältnis besteht. Das kann z.B. der Fall sein, wenn der Arbeitgeber

– wegen **vorzeitiger Räumung einer Dienstwohnung** eine Abfindung zahlt, die nicht nur Kostenersatz für Einbauten und Instandsetzungen darstellt (BFH, Urteile vom 16.12.1966, BStBl III 1967 S. 251, und vom 15.3.1974, BB 1974 S. 686).

2. Nicht steuerpflichtige Abfindungen

4 Nicht steuerpflichtig sind hingegen Abfindungen, die auf einer **unerlaubten Handlung** i.S. der §§ 823 ff. BGB beruhen oder ihre Grundlage in einer gesetzlich für besondere Fälle vorgesehenen **Gefährdungshaftung** haben (z.B. aus dem Betrieb von Eisenbahnen und Flugzeugen). Dazu gehören z.B.

– Zahlungen bei Berufsunfällen, wie z.B. **Schmerzensgeld** (BFH, Urteil vom 13.4.1976, BStBl II 1976 S. 694). Vgl. dazu auch BMF-Schreiben vom 17.7.2000, BStBl I 2000 S. 1204, betr. Zahlungen aus einer freiwilligen Unfallversicherung (→ *Unfallversicherung: freiwillige* Rz. 2474);

– **Schadensersatzleistungen** des Arbeitgebers, soweit er zur Leistung gesetzlich verpflichtet ist oder einen zivilrechtlichen Schadensersatzanspruch des Arbeitnehmers wegen schuldhafter Verletzung arbeitsvertraglicher Fürsorgepflichten erfüllt (BFH, Urteil vom 20.9.1996, BStBl II 1997 S. 144, betr. eine fehlerhafte Lohnbescheinigung des Arbeitgebers);

– eine vom Arbeitgeber an eine gemeinnützige Organisation gezahlte **Spende**, die anlässlich eines arbeitsgerichtlichen Vergleichs nach einer umstrittenen Kündigung vereinbart wurde (BFH, Urteil vom 23.9.1998, BStBl II 1999 S. 98).

Abfindungen zur **Ablösung einer Direktversicherung** nach § 3 Abs. 1 des Betriebsrentengesetzes sind steuerfrei, soweit sich der Abfindungsanspruch gegen das Versicherungsunternehmen richtet (BMF-Schreiben vom 15.6.1976, BB 1976 S. 867).

3. Entlassungsabfindungen und Entschädigungen

5 Steuerpflichtiger Arbeitslohn können auch sein:

– **Entlassungsabfindungen**, die wegen Auflösung eines Dienstverhältnisses gezahlt werden, soweit die steuerfreien Beträge des § 3 Nr. 9 EStG überschritten werden. Einzelheiten hierzu siehe → *Entlassungsabfindungen/Entlassungsentschädigungen* Rz. 857;

– **Entschädigungen**, die als Ersatz für entgangene oder entgehende Einnahmen oder für die Aufgabe oder Nichtausübung einer Tätigkeit gezahlt werden (§ 24 Nr. 1 EStG). Einzelheiten hierzu siehe → *Entschädigungen* Rz. 881.

Abführung der Lohnsteuer

1. Allgemeines

Der Arbeitgeber ist nach § 41a Abs. 1 EStG verpflichtet, spätestens am **zehnten Tag** nach Ablauf eines jeden Lohnsteuer-Anmeldungszeitraums die einzubehaltende und von ihm zu übernehmende pauschale Lohnsteuer beim Betriebsstättenfinanzamt **anzumelden** und gleichzeitig **einzuzahlen**. Einzelheiten siehe → *Anmeldung der Lohnsteuer* Rz. 121. **6**

Einzelheiten zur Sozialversicherung siehe → *Beiträge zur Sozialversicherung* Rz. 438.

Der Arbeitgeber hat die Lohnsteuer in einem Betrag an die Kasse des Betriebsstättenfinanzamts (vgl. → Rz. 9) oder an eine von der obersten Finanzbehörde des Landes bestimmte öffentliche Kasse (§ 41a Abs. 3 EStG) abzuführen. Die Abführung an Kassenhilfsstellen ist nicht zulässig.

Der Arbeitgeber muss auf dem **Zahlungsabschnitt angeben** oder durch sein Kreditinstitut angeben lassen:

– seine **Steuernummer**,

– je besonders den **Gesamtbetrag der Lohnsteuer**, des Solidaritätszuschlags und der Kirchensteuer und den

– Zeitraum, in dem die Beträge einbehalten worden sind, also den **Lohnsteuer-Anmeldungszeitraum** (vgl. R 134 Satz 2 LStR).

Die Lohnsteuer ist eine **Bringschuld** (§ 224 AO), der Arbeitgeber wird deshalb erst mit dem Eingang der Zahlung beim Finanzamt von seiner Schuld befreit. Ein vorheriger Verlust geht zu seinen Lasten. Dies gilt auch, wenn ein Verrechnungsscheck aus dem Briefkasten des Finanzamts entwendet worden ist (vgl. zuletzt BFH, Beschluss vom 8.3.1999, BFH/NV 1999 S. 1058).

2. Abführungstermine

Die Lohnsteuer ist grundsätzlich spätestens am **zehnten Tag** nach Ablauf eines jeden Lohnsteuer-Anmeldungszeitraums zu zahlen. **Verlängerte Fristen** gelten für den Fall, dass das Finanzamt **7**

– die **Lohnsteuer abweichend von der Lohnsteuer-Anmeldung festsetzt** (auch bei Nichtabgabe einer Anmeldung): Zahlungsfrist dann **eine Woche**,

– oder einen **Haftungs- oder Nachforderungsbescheid** gegen den Arbeitgeber erlässt: Zahlungsfrist dann **einen Monat** (R 145 Abs. 7 LStR). Entsprechendes gilt, wenn der Arbeitgeber nach **einer Lohnsteuer-Außenprüfung** seine Zahlungspflicht anerkennt (§ 42d Abs. 4 EStG).

Der Arbeitgeber wird auch bei **Liquiditätsproblemen** nicht von der Verpflichtung zur Einbehaltung und Abführung der Lohnsteuer frei, sondern darf die Löhne nur gekürzt als Vorschuss oder als Teilbetrag auszahlen und muss aus den dann übrig bleibenden Mitteln die entsprechende Lohnsteuer an das Finanzamt abführen. Von dieser Verpflichtung wird er auch nicht dadurch frei, dass er sich um die Erlangung der fehlenden Mittel zur Bezahlung der Steuerschulden bemüht und dass er auf den Eingang ausstehender Forderungen vertraut (vgl. zuletzt BFH, Beschluss vom 24.11.1998, BFH/NV 1999 S. 898, m.w.N.). **Stundung oder Erlass** der Lohnsteuer gegenüber dem Arbeitgeber sind allenfalls möglich, soweit es sich um „Lohnsteuer des Arbeitgebers" handelt, z.B. um die von ihm zu übernehmende pauschale Lohnsteuer. Einzelheiten siehe → *Erlass von Lohnsteuer* Rz. 922; → *Stundung* Rz. 2363.

3. Schonfrist und verspätete Zahlung

Bei verspäteter Zahlung sind nach § 240 AO **Säumniszuschläge** zu entrichten. Dies gilt auch für Haftungsschulden (→ *Säumniszuschlag* Rz. 2166). Für jeden **angefangenen Monat** der Säumnis wird ein Säumniszuschlag von **1 %** des rückständigen, auf 50 € nach unten abgerundeten Steuerbetrages erhoben. **8**

Beispiel 1:

Arbeitgeber A muss für den Monat Januar 2002 für seine Arbeitnehmer 50 040 € Lohnsteuer an das Finanzamt entrichten. Er hat die Lohnsteuer-

Anmeldung erst am 20.2.2002 abgegeben. Die Lohnsteuer wird erst am 26.2.2002 an das Finanzamt überwiesen.

Für den Monat Januar muss A 500 € Säumniszuschläge entrichten (1 % von abgerundet 50 000 €). Darüber hinaus kann das Finanzamt einen Verspätungszuschlag von bis zu 10 % der festgesetzten Steuer festsetzen, hier also 5 004 €. Der Verspätungszuschlag darf aber 25 000 € nicht übersteigen (BMF-Schreiben vom 14.2.2000, BStBl I 2000 S. 190, zu § 152 AO). Vgl. hierzu → Anmeldung der Lohnsteuer Rz. 121.

Bei Zahlung durch **Banküberweisung** wird jedoch von der Erhebung von **Säumniszuschlägen abgesehen**, wenn die Zahlung der Finanzkasse bis zu **fünf Tagen ("Schonfrist")** verspätet gutgeschrieben wird.

Diese Schonfrist gilt an sich nicht für Scheck- oder Barzahlungen. Diese müssen am Fälligkeitstag entrichtet werden. Die Finanzverwaltung sieht jedoch von der Festsetzung eines Verspätungszuschlags ab, wenn die Lohnsteuer-Anmeldung spätestens am fünften Tag nach dem gesetzlichen Abgabetermin beim Finanzamt eingereicht und gleichzeitig, z.B. mit einem beigefügten Scheck, die angemeldete Lohnsteuer entrichtet wird. In diesem Fall sind aber auch keine Säumniszuschläge zu entrichten, weil Anmeldungssteuern erst mit der Anmeldung beim Finanzamt fällig werden, selbst wenn die Anmeldung erst innerhalb der Schonfrist von fünf Tagen erfolgt. **Im Ergebnis gilt diese Schonfrist daher auch für Scheck- oder Barzahlungen**. Voraussetzung ist aber immer die **gleichzeitige Entrichtung mit Abgabe der Anmeldung** (BMF-Schreiben vom 15.7.1998, BStBl I 1998 S. 630, zu § 152 AO und § 240 AO). Gibt der Arbeitgeber die Lohnsteuer-Anmeldung bis zu fünf Tage verspätet – aber noch innerhalb der Schonfrist – ab und zahlt er die angemeldete Steuer erst danach, fallen sowohl Verspätungszuschläge als auch Säumniszuschläge an.

Beispiel 2:

Arbeitgeber B gibt die Lohnsteuer-Anmeldung für den Monat Januar 2002 am 18.2.2002 (Ende der fünftägigen Schonfrist) persönlich beim Finanzamt ab und zahlt auch sofort.

Es fallen weder Verspätungszuschläge noch Säumniszuschläge an.

Beispiel 3:

Sachverhalt wie im Beispiel vorher, B gibt aber nur die Lohnsteuer-Anmeldung ab. Das Geld will er anschließend von seinem Konto überweisen.

Da hier die Zahlung verspätet beim Finanzamt eingeht, muss B sowohl Verspätungszuschläge als auch Säumniszuschläge zahlen.

Wenn der Arbeitgeber sichergehen will, dass die Lohnsteuer-Anmeldung mit beigefügtem Scheck rechtzeitig beim Finanzamt eingeht, muss diese **spätestens zu folgenden Terminen 24 Uhr in den Hausbriefkasten des Finanzamts eingeworfen sein:**

Lohnsteuer-Anmeldung für 2002	gesetzliches Fristende	Einwurf Hausbriefkasten bis 24 Uhr
Januar	11. 2.2002	18. 2.2002
Februar	11. 3.2002	18. 3.2002
März bzw. I. Quartal	10. 4.2002	15. 4.2002
April	10. 5.2002	15. 5.2002
Mai	10. 6.2002	17. 6.2002
Juni bzw. II. Quartal	10. 7.2002	15. 7.2002
Juli	12. 8.2002	19. 8.2002
August	10. 9.2002	16. 9.2002
September bzw. III. Quartal	10.10.2002	15.10.2002
Oktober	11.11.2002	18.11.2002
November	10.12.2002	16.12.2002
Dezember bzw. IV. Quartal	10. 1.2003	15. 1.2003

4. Betriebsstättenfinanzamt

9 Die Lohnsteuer ist an das Finanzamt der Betriebsstätte abzuführen. Die lohnsteuerliche Betriebsstätte ist nach § 41 Abs. 2 EStG i.V.m. R 132 LStR der im Inland gelegene **Betrieb oder Betriebsteil des Arbeitgebers**, an dem der Arbeitslohn insgesamt ermittelt wird, d.h. wo die einzelnen Lohnbestandteile oder bei maschineller Lohnabrechnung die Eingabewerte zu dem für die Durchführung des Lohnsteuerabzugs maßgebenden Arbeitslohn zusammengefasst werden. Es kommt nicht darauf an, wo einzelne Lohnbestandteile ermittelt werden, die Berechnung der

Lohnsteuer vorgenommen wird oder die für den Lohnsteuerabzug maßgebenden Unterlagen aufbewahrt werden. Ein **selbständiges Dienstleistungsunternehmen**, das für einen Arbeitgeber tätig wird, kann **nicht als Betriebsstätte** dieses Arbeitgebers angesehen werden, → Betriebsstätte Rz. 558.

Bei einer Arbeitnehmerüberlassung (→ Arbeitnehmerüberlassung Rz. 180) kann nach § 41 Abs. 2 Satz 2 EStG i.V.m. R 132 Satz 4 LStR eine abweichende lohnsteuerliche Betriebsstätte in Betracht kommen.

Abgeordnete

1. Abgeordnete des Bundestages, Landtages usw.

Die Entschädigungen, Amtszulagen usw. der Abgeordneten des 10 Bundestages, der Landtage sowie des Europaparlaments gehören zu den steuerpflichtigen **sonstigen Einkünften** i.S. des § 22 Nr. 4 EStG. Die Aufwandsentschädigungen bleiben dagegen nach § 3 Nr. 12 Satz 1 EStG steuerfrei (→ Aufwandsentschädigungen im öffentlichen Dienst Rz. 309). Werbungskosten im Zusammenhang mit der Mandatstätigkeit können regelmäßig nicht abgezogen werden (§ 22 Nr. 4 Satz 2 EStG, siehe dazu zuletzt Niedersächsisches FG, Urteil vom 31.1.2001, EFG 2001 S. 1048).

2. Tätigkeit bestimmter Funktionsträger

Soweit Abgeordnete des Bundestages, der Landtage usw. 11 gleichzeitig als Vorstandsmitglieder, Parlamentarische Geschäftsführer der Fraktionen/Gruppen oder als Vorsitzende von Arbeitskreisen tätig werden, gilt Folgendes (FinMin Hessen, Erlass vom 21.1.1994, StLex 3, 19–19 a, 1263):

Die Tätigkeit der **Vorsitzenden und stellvertretenden Vorsitzenden** der Fraktionen besteht im Wesentlichen in einer intensiveren Wahrnehmung ihrer sich aus dem **Abgeordnetenmandat** ergebenden politischen Aufgaben. Bezüge, die für diese Tätigkeit von den Fraktionen gezahlt werden, gehören daher zu den sonstigen Bezügen i.S. des § 22 Nr. 1 Satz 1 EStG. Arbeitslohn liegt somit nicht vor.

Parlamentarische Geschäftsführer der Fraktionen und die **Vorsitzenden der Arbeitskreise** sind als Arbeitnehmer anzusehen, wenn sie überwiegend verwaltende Tätigkeiten ausüben.

3. Abgeordnete mit Regierungsamt

Besonderheiten gelten für Abgeordnete, die noch ein **Regie-** 12 **rungsamt** innehaben, z.B. als **Minister**. Sie sind **insoweit Arbeitnehmer**, die Einkünfte aus der Ministertätigkeit unterliegen dem Lohnsteuerabzug. Dazu gehört auch der geldwerte Vorteil aus der Überlassung eines **Dienstwagens für private Zwecke**, z.B. für Urlaubsfahrten. Einzelheiten siehe → Firmenwagen zur privaten Nutzung Rz. 997.

4. Kommunale Mandatsträger

Die sog. kommunalen Mandatsträger (Gemeinderäte usw.) sind 13 keine Arbeitnehmer. Ihre Aufwandsentschädigungen, Sitzungsgelder usw. sind zwar grundsätzlich als Einkünfte aus sonstiger selbständiger Arbeit i.S. des § 18 Abs. 1 Nr. 3 EStG **einkommensteuerpflichtig** (BFH, Urteil vom 25.1.1996, BStBl II 1996 S. 431, und zuletzt BFH, Beschluss vom 8.8.1996, BFH/NV 1996 S. 891), bleiben jedoch in erheblichem Umfang **nach § 3 Nr. 12 Satz 2 EStG steuerfrei** (→ Aufwandsentschädigungen im öffentlichen Dienst Rz. 309). Die Finanzverwaltung hat in bundeseinheitlichen Ländererlassen für diesen Personenkreis aus Vereinfachungsgründen **steuerfreie Pauschbeträge** festgesetzt, die weit über die für ehrenamtliche Tätigkeiten allgemein geltende Regelung hinausgehen (z.B. FinMin Sachsen-Anhalt, Erlass vom 21.2.1996, DStZ 1996 S. 349). Diese Erlasse werden zz. überarbeitet (Anpassung an den Euro und die Erweiterung der R 13 Abs. 3 LStR ab 2002).

In **einigen Bundesländern**, z.B. Thüringen, sind die ehrenamtlichen Bürgermeister (→ Bürgermeister Rz. 624; → Ehrenamtsinhaber Rz. 796) **Arbeitnehmer**, die in einer Rechtsverordnung („**Aufwandsentschädigungs-Verordnung**") festgelegte Aufwandsentschädigungen erhalten. Diese bleiben nach R 13 Abs. 3 Satz 2 Nr. 2 LStR in Höhe von 1/3 der gewährten Aufwandsentschädigungen, mindestens jedoch in Höhe von 154 € monatlich, steuerfrei. Ist die Aufwandsentschädigung niedriger als 154 €, bleibt nur der tatsächlich geleistete Betrag steuerfrei (R 13 Abs. 3 Satz 4 LStR).

Stadtratsmitglieder stehen nicht in einem sozialrechtlichen Arbeitsverhältnis. Aufwendungen für einen Ortsvorsteher sind jedoch insoweit als Arbeitsentgelt anzusehen, als sie die Steuerpflicht begründen (BSG, Urteil vom 23.7.1998, HFR 2000 S. 306).

5. Assistenten von Abgeordneten

14 Die Assistenten von Abgeordneten des **Europäischen Parlaments** sind **Arbeitnehmer** der Abgeordneten, weil sie auf Grund eines Werkvertrags tätig werden. Die Bezüge sind – sofern die Tätigkeit im Inland ausgeübt wird – weder auf Grund des deutsch-luxemburgischen Doppelbesteuerungsabkommens noch nach anderen zwischenstaatlichen Vereinbarungen von der deutschen Steuer befreit (OFD Münster, Verfügung vom 13.3.1985, FR 1985 S. 215).

Das Gleiche gilt für Assistenten der Abgeordneten des **Bundestages** sowie der **Landtage**, ferner für Schreibkräfte.

Abordnung

15 Wird ein Arbeitnehmer vorübergehend auswärts tätig, kann der Arbeitgeber unter bestimmten Voraussetzungen **steuerfreie Auslösungen oder Reisekosten** zahlen, und zwar

– bei **vorübergehender Abordnung für die ersten drei Monate** nach den Regeln für Dienstreisen und für die restliche Zeit nach den Regeln der doppelten Haushaltsführung. Ob dies auch dann gilt, wenn eine Abordnung über einen längeren Zeitraum verfügt wird (z.B. fünf Jahre), ist zweifelhaft; diese Frage liegt zz. dem BFH zur Entscheidung vor (vgl. FG Baden-Württemberg, Urteil vom 17.3.1998, EFG 1998 S. 1389, Revision eingelegt, Az. beim BFH: VI R 42/98),

– bei **Abordnung mit dem Ziel der Versetzung** dagegen – wie im Fall der Versetzung – vom **ersten Tag an** nur nach den Regeln der doppelten Haushaltführung, weil die regelmäßige Arbeitsstätte bereits vom ersten Tag an „mitgeht", vgl. H 37 (Vorübergehende Auswärtstätigkeit) LStH sowie OFD Frankfurt, Verfügung vom 22.8.1988, StLex 3, 9, 1369.

Bedeutung hat diese Unterscheidung vor allem für die wöchentlichen **Familienheimfahrten**, die vom Arbeitgeber im Falle der doppelten Haushaltsführung nur in Höhe der Entfernungspauschale steuerfrei erstattet werden können, sowie für die Besteuerung von **Trennungsgeldern** (→ *Reisekostenvergütungen aus öffentlichen Kassen* Rz. 2095).

Zu weiteren Einzelheiten siehe → *Doppelte Haushaltsführung: Allgemeines* Rz. 730 sowie → *Reisekosten: Allgemeine Grundsätze* Rz. 1994.

Für vorübergehende Tätigkeiten von Arbeitnehmern mit Wohnsitz in den alten Bundesländern in den **neuen Bundesländern** gibt es keine Sonderregelungen mehr.

Abschlagszahlungen

1. Arbeitsrecht

16 Oftmals werden im Arbeitsverhältnis **Zahlungen** durch den Arbeitgeber **vor Fälligkeit** vorgenommen. Zu unterscheiden sind hierbei Abschlagszahlungen und Vorschüsse.

– **Abschlagszahlungen** sind Leistungen auf den bereits verdienten, aber noch nicht abgerechneten Lohn. Ohne Aufrechnung oder sonstige Erklärung tritt hierdurch eine vorzeitige Erfüllung des Anspruchs des Arbeitnehmers auf Zahlung des Arbeitsentgelts ein. Die freie Verrechenbarkeit ist insbesondere durch Pfändungsgrenzen nicht berührt.

– **Vorschüsse** sind Leistungen des Arbeitgebers auf den noch nicht verdienten Lohn. Der Fälligkeitstermin wird hier also vorgezogen. Durch die Zahlung des Arbeitgebers erfolgt eine vorweggenommene Tilgung des Anspruchs auf Arbeitsentgelt, so dass auch hierdurch ohne Aufrechnung oder sonstige Erklärung der Anspruch vorzeitig teilweise erfüllt wird. Die Berücksichtigung erfolgt bei der nächsten Lohnabrechnung automatisch ohne Einschränkung durch Pfändungsfreigrenzen (→ *Vorschüsse* Rz. 2573).

Ein Anspruch des Arbeitnehmers auf Abschlag oder Vorschuss besteht grundsätzlich nicht; lediglich in einer finanziellen Notsituation wird aus der Fürsorgepflicht ein Anspruch abgeleitet werden können. Ansonsten ist für Abschlag oder Vorschuss eine ausdrückliche oder stillschweigende Vereinbarung oder auch eine betriebliche Übung erforderlich.

Zur **Beweissicherung** sollte ein Abschlag oder Vorschuss nur gegen Quittung und mit genauer Bezeichnung geleistet werden, worauf die vorzeitige Zahlung erbracht wird. Damit wird z.B. dem Einwand des Arbeitnehmers begegnet, die Zahlung sei für Überstunden erbracht worden.

2. Lohnsteuer

Der Arbeitgeber hat die Lohnsteuer zwar grundsätzlich **bei jeder**   **17** **Lohnzahlung** vom Arbeitslohn einzubehalten (§ 38 Abs. 3 EStG). Für „Abschlagszahlungen" gibt es jedoch eine **Vereinfachungsregelung**, vgl. § 39b Abs. 5 EStG i.V.m. R 118 Abs. 5 LStR:

Zahlt der Arbeitgeber den Arbeitslohn für den üblichen Lohnzahlungszeitraum nur in ungefährer Höhe **(Abschlagszahlung)** und nimmt er eine genaue Lohnabrechnung für einen längeren Zeitraum vor, so braucht er die Lohnsteuer erst bei der **Lohnabrechnung** einzubehalten, wenn der Lohnabrechnungszeitraum **fünf Wochen** nicht übersteigt und die Lohnabrechnung innerhalb von **drei Wochen** nach Ablauf des Lohnabrechnungszeitraums erfolgt. Die Lohnabrechnung gilt als abgeschlossen, wenn die Zahlungsbelege den Bereich des Arbeitgebers verlassen haben; auf den zeitlichen Zufluss der Zahlung beim Arbeitnehmer kommt es nicht an.

Beispiel 1:

Ein Arbeitgeber mit monatlichen Abrechnungszeiträumen leistet jeweils am 20. eines Monats eine Abschlagszahlung. Die Lohnabrechnung wird am 10. des folgenden Monats mit der Auszahlung von Spitzenbeträgen vorgenommen.

Der Arbeitgeber ist berechtigt, auf eine Lohnsteuereinbehaltung bei der Abschlagszahlung zu verzichten und die Lohnsteuer erst bei der Schlussabrechnung einzubehalten.

Beispiel 2:

Ein Arbeitgeber mit monatlichen Abrechnungszeiträumen leistet jeweils am 28. für den laufenden Monat eine Abschlagszahlung und nimmt die Lohnabrechnung am 28. des folgenden Monats vor.

Die Lohnsteuer ist bereits von der Abschlagszahlung einzubehalten, da eine Abrechnung nicht innerhalb von drei Wochen nach Ablauf des Lohnabrechnungszeitraums erfolgt.

Wird die Lohnabrechnung für **den letzten Abrechnungszeitraum des abgelaufenen Kalenderjahrs** erst im nachfolgenden Kalenderjahr, aber noch innerhalb der Drei-Wochen-Frist vorgenommen, so handelt es sich um Arbeitslohn und einbehaltene Lohnsteuer dieses Lohnabrechnungszeitraums; der Arbeitslohn und die Lohnsteuer sind deshalb im **Lohnkonto und in den Lohnsteuerbelegen des abgelaufenen Kalenderjahrs zu erfassen.** Die einbehaltene Lohnsteuer ist aber für die Anmeldung und Abführung als Lohnsteuer des Kalendermonats bzw. Kalendervierteljahrs zu erfassen, in dem die Abrechnung tatsächlich vorgenommen wird.

Beispiel 3:

Auf den Arbeitslohn für Dezember werden Abschlagszahlungen geleistet. Die Lohnabrechnung erfolgt am 15. Januar.

Die dann einzubehaltende Lohnsteuer ist spätestens am 10. Februar als Lohnsteuer des Monats Januar anzumelden und abzuführen. Sie gehört gleichwohl zum Arbeitslohn des abgelaufenen Kalenderjahrs und ist in die Lohnsteuerbescheinigung für das abgelaufene Kalenderjahr aufzunehmen.

Die zuletzt dargestellten Grundsätze gelten sinngemäß, wenn zwar der übliche Arbeitslohn für den letzten Lohnzahlungszeitraum des Kalenderjahrs am Ende dieses Lohnzahlungszeitraums abgerechnet wird und **nur einzelne Lohnteile, z.B. Mehrarbeitsvergütungen, im nachfolgenden Kalenderjahr,** aber noch innerhalb der Drei-Wochen-Frist, abgerechnet werden. Erfolgt die Abrechnung dieser wirtschaftlich zum abgelaufenen Kalenderjahr gehörenden Lohnteile später als drei Wochen nach Ablauf des Lohnabrechnungszeitraums, so handelt es sich insoweit um **sonstige Bezüge** (→ *Sonstige Bezüge* Rz. 2232), die im Kalenderjahr des Zufließens zu versteuern sind (§ 38a Abs. 1 Satz 3 EStG).

Für die **Einhaltung der Drei-Wochen-Frist** ist es erforderlich, dass der Arbeitgeber neben der maschinellen Lohnabrechnung auch die **Auszahlung des Restlohns veranlasst** hat. Hierfür reicht es aber aus, wenn die Überweisungsbelege den Arbeitgeber verlassen haben. Auf die Gutschrift des Restlohns auf dem Konto des Arbeitnehmers kommt es nicht an (OFD Köln, Verfügung vom 5.1.1981, DB 1981 S. 238).

Die **Vereinfachungsregelung ist nicht anzuwenden,** wenn die **Erhebung der Lohnsteuer nicht gesichert erscheint.** Das Betriebsstättenfinanzamt kann dann anordnen, dass die Lohnsteuer von den Abschlagszahlungen einzuhalten ist (§ 39b Abs. 5 Satz 3 EStG).

Pauschale Zuschläge können nur dann als Abschlagszahlungen oder Vorschüsse auf Zuschläge für tatsächlich geleistete **Sonntags-, Feiertags- oder Nachtarbeit** angesehen und damit nach § 3b EStG steuerfrei belassen werden, wenn eine Verrechnung der Zuschläge mit den tatsächlich erbrachten Arbeitsstunden an Sonntagen, Feiertagen oder zur Nachtzeit erfolgt. Allein die Aufzeichnung der tatsächlich erbrachten Arbeitsstunden ersetzt diese Verrechnung nicht (BFH, Urteil vom 23.10.1992, BStBl II 1993 S. 314; R 30 Abs. 7 LStR).

3. Sozialversicherung

18 Sofern ein Arbeitgeber dem Arbeitnehmer zunächst nur Abschläge zahlt und die endgültige Lohnabrechnung erst zu einem späteren Zeitpunkt (z.B. bei nicht kalendermonatlichen Entgeltabrechnungszeiträumen) vornimmt oder verspätet abrechnet, sind von den **Abschlagszahlungen** auch Beiträge zur **Kranken-, Pflege-, Renten- und Arbeitslosenversicherung** einzubehalten und bis zum Fälligkeitstag abzuführen. Die nachgezahlten Entgeltbestandteile sind beitragsrechtlich auf die **Zeiträume zu verteilen,** in denen die entsprechenden Arbeiten ausgeführt wurden (BSG, Urteil vom 9.9.1971 – 3 RK 33/71 –, USK 71152).

Hierfür ist die Beitragsberechnung nachträglich so zu berichtigen, als hätte der Arbeitgeber die Beiträge von vornherein vom tatsächlich erarbeiteten Arbeitsentgelt berechnet.

Die Sozialversicherungsbeiträge werden – **unabhängig von der Auszahlung** des ihnen zu Grunde liegenden (geschuldeten und fälligen) Arbeitsentgelts – an dem in der Satzung der Krankenkasse festgelegten Zahltag fällig; wird daher z.B. eine Sonderzahlung dem Arbeitnehmer bei Fälligkeit nicht ausgezahlt, dann sind für sie trotzdem Sozialversicherungsbeiträge zu entrichten (BSG, Urteil vom 26.10.1982 – 12 RK 8/81 –, Sozialversicherungsbeitrag-Handausgabe 2001 R 23 IV/3).

Nach § 23 Abs. 1 Satz 3 SGB IV sind die Beiträge für das Arbeitsentgelt, das **betriebsüblich erst nach dem 10. Tag des Monats** abgerechnet wird, der dem Monat folgt, in dem die Beschäftigung ausgeübt worden ist oder als ausgeübt gilt, zu **schätzen und in voraussichtlicher Höhe spätestens am 15. des Monats zu zahlen.** Ein verbleibender Restbetrag wird eine Woche nach dem betriebsüblichen Abrechnungstermin fällig. Ist dagegen die Abschlagszahlung höher als der nachträglich festgestellte Gesamtsozialversicherungsbeitrag, kann der Arbeitgeber dieses Guthaben mit der Beitragszahlung für den Folgemonat verrechnen. Die Krankenkassen weisen in der Regel auf das **Guthaben** hin bzw. überweisen diese „zu Unrecht entrichteten" Beiträge unverzüglich (→ *Fälligkeit der Sozialversicherungsbeiträge* Rz. 974).

Abschlussgebühr: Zahlungsverzicht

Verzichtet eine Bausparkasse gegenüber ihren eigenen Mitarbeitern oder auch gegenüber Arbeitnehmern anderer Kreditinstitute, Versicherungsunternehmen usw. **auf die Erhebung einer Abschlussgebühr,** liegt darin ein steuerpflichtiger geldwerter Vorteil, der steuerlich wie folgt zu behandeln ist (BMF-Schreiben vom 28.3.1994, BStBl I 1994 S. 233): **19**

–   Bei **eigenen Arbeitnehmern** der Bausparkasse handelt es sich um eine Dienstleistung i.S. des § 8 Abs. 3 EStG, so dass der Rabattfreibetrag von 1 224 € abzuziehen ist. Zuvor ist der Endpreis um 4 % zu mindern (→ *Rabatte* Rz. 1938).

–   Bei **Arbeitnehmern anderer Unternehmen** (z.B. Kreditinstitute, Versicherungsunternehmen) kann der Rabattfreibetrag nicht abgezogen werden, weil der Vorteil von dritter Seite zugewendet wird. Zur Versteuerung siehe → *Lohnzahlung durch Dritte* Rz. 1660.

Soweit der geldwerte Vorteil als Arbeitslohn versteuert wird, ist er der **Zahlung einer Abschlussgebühr gleichzustellen,** so dass der Arbeitnehmer insoweit ggf. die Wohnungsbauprämie in Anspruch nehmen kann.

Der Verzicht auf die **Sondereinlage** beim Abschluss eines Bausparvertrags ist dagegen lohnsteuerlich ohne Bedeutung.

Abschnittsbesteuerung

Bei der Einkommensteuer – und damit auch bei der Lohnsteuer – **20** gilt der Grundsatz der Abschnittsbesteuerung, d.h., dass das Finanzamt

–   für jeden Steuerabschnitt (Kalenderjahr) Sachverhalt sowie Rechtslage **neu zu prüfen** hat und

–   **an eine abweichende Beurteilung in früheren Jahren selbst dann nicht gebunden** ist, wenn der Steuerpflichtige im Vertrauen darauf disponiert hat (vgl. z.B. BFH, Urteil vom 23.8.2000, BFH/NV 2001 S. 160, sowie BFH, Beschluss vom 22.12.2000, BFH/NV 2001 S. 774, betr. jahrelanges Nichtbeanstanden zu hoch geltend gemachter Werbungskosten). Dies ist sogar dann angenommen worden, wenn das Finanzamt die – fehlerhafte – Auffassung in einem Prüfungsbericht niedergelegt hat oder über eine längere Zeitspanne eine rechtsirrige, für den Steuerpflichtigen günstige Auffassung vertreten hatte (vgl. zuletzt BFH, Beschluss vom 16.3.1999, BFH/NV 1999 S. 1188).

Sollten bei anderen Steuerpflichtigen Aufwendungen zu Unrecht als Werbungskosten oder Betriebsausgaben anerkannt worden sein (z.B. Kosten einer Studienreise), ist das Finanzamt ebenfalls daran nicht gebunden, da es **keinen „Anspruch auf Gleichbehandlung im Unrecht"** gibt (vgl. zuletzt BFH, Beschluss vom 12.10.2000, BFH/NV 2001 S. 296, m.w.N.).

Unerheblich ist auch, welche Auffassung das Finanzamt im Zeitpunkt der **Eintragung eines Freibetrags auf der Lohnsteuerkarte** vertreten hat. Denn das Lohnsteuer-Ermäßigungsverfahren steht als selbständiges Verfahren neben der Veranlagung zur Einkommensteuer (vgl. z.B. BFH, Urteil vom 29.5.1979, BStBl II 1979 S. 650).

Bei einer **Lohnsteuer-Außenprüfung** kann der Prüfer durchaus eine andere Auffassung vertreten als bei einer vorhergehenden Prüfung (vgl. zuletzt BFH, Beschluss vom 11.6.1997, HFR 1997 S. 815, m.w.N.). Eine Ausnahme gilt nur dann, wenn das Finanzamt eine **Zusage** erteilt, z.B. im Rahmen einer **Anrufungsauskunft,** oder durch sein **früheres Verhalten** außerhalb einer Zusage einen **Vertrauenstatbestand geschaffen** hat (BFH, Urteil vom 19.11.1985, BStBl II 1986 S. 520). Vgl. dazu ausführlich → *Auskünfte und Zusagen des Finanzamts* Rz. 323.

Abtretung des Arbeitslohns

1. Grundsätze und Verfahren

21 Der Arbeitnehmer kann grundsätzlich über seinen Anspruch auf Arbeitsentgelt frei verfügen und deshalb seinen Anspruch an Dritte (z.B. an seine Gläubigerbank zur Sicherung eines Kredits oder an seinen Vermieter zur Sicherung der Mietforderung als Sicherungsabtretung in Form der **Vorausabtretung**) nach §§ 398 ff. BGB abtreten. Bei einer Abtretung der Forderung auf Arbeitsentgelt tritt der Dritte (dies kann auch der Arbeitgeber selbst sein, z.B. bei einer Abtretung im Hinblick auf ein Arbeitgeberdarlehen), an den abgetreten ist, als **neuer Gläubiger** an die Stelle des Arbeitnehmers; der Arbeitgeber muss also die Entgeltforderung an diesen neuen Gläubiger erfüllen.

Im Hinblick auf den Pfändungsschutz des Arbeitsentgelts ist die **Abtretbarkeit** gem. § 400 BGB **beschränkt:** Soweit das Arbeitsentgelt **unpfändbar** ist, ist die Abtretung unzulässig und unwirksam (auch bei Vorausabtretung für Miete an den Vermieter [BAG, Urteil vom 21.11.2000, DB 2001 S. 650]); sie darf vom Arbeitgeber nicht zu Lasten des Arbeitnehmers bedient werden: Leistet der Arbeitgeber im Falle einer solchen unzulässigen und damit unwirksamen Abtretung oder Verfügung an den Dritten, so ist auch die Leistung unwirksam und erfolgt somit ohne Rechtsgrund. Im Ergebnis kann der Arbeitgeber das Geleistete vom Dritten gem. § 812 BGB zurückfordern. Das Risiko der Durchsetzbarkeit trägt insoweit der Arbeitgeber. Dem Arbeitnehmer gegenüber bleibt der Arbeitgeber zur Leistung verpflichtet. Im Zweifel kann der Arbeitgeber nach § 372 BGB **hinterlegen.**

Beispiel 1:

Der Arbeitnehmer A verdient bei seinem Arbeitgeber B monatlich 2 030 € netto. Nach der Anlage zu § 850c ZPO sind insoweit bei Unterhaltspflicht des A gegenüber der Ehefrau und zwei Kindern 222 € pfändbar.

A hat am 5. Januar an seinen Darlehensgläubiger C eine Lohnabtretung über 1 000 € gegeben, die dieser gegenüber B Mitte Januar zur Bedienung offen legt. Daraufhin führt B am 1. Februar bei Fälligkeit des Lohns an C den Betrag von 1 000 € ab und zahlt an A den Restbetrag von 1 030 € aus.

Bei dieser Sachlage ist die Bedienung der Abtretung über den pfändbaren Betrag von 222 € hinaus A gegenüber unwirksam. Der Arbeitgeber muss also an A weitere 778 € auszahlen und sich hinsichtlich des ohne Rechtsgrund an C geleisteten Betrages in dieser Höhe mit diesem über den Rückzahlungsanspruch auseinander setzen.

Darüber hinaus können Arbeitnehmer und Arbeitgeber einzelvertraglich **vereinbaren**, dass die **Abtretung von Ansprüchen auf Arbeitsentgelt ausgeschlossen ist**, vgl. § 399 BGB. Die Vereinbarung kann bei oder nach Vertragsabschluss schriftlich oder mündlich erfolgen. Auch **arbeitsvertragliche Klauseln** wie „Abtretung wird nicht anerkannt" bedeuten einen Abtretungsausschluss; demgegenüber kann ein grundsätzlich stillschweigender Ausschluss der Abtretbarkeit von Lohnforderungen aus dem Arbeitsverhältnis nicht angenommen werden. Eine gegen § 399 BGB verstoßende Abtretung ist **unwirksam.** Der unwirksam abgetretene Lohnanspruch steht daher nach wie vor dem Arbeitnehmer zu und kann bei diesem auch gepfändet werden. Ein Abtretungsverbot kann sich im Übrigen auch aus einer Betriebsvereinbarung oder aus einem Tarifvertrag ergeben.

Bei Abtretungsverboten der vorliegenden Art wird im Einzelfall überprüft werden müssen, ob nach Sinn und Zweck der geltenden Regelungen das Abtretungsverbot auch gegenüber dem Arbeitgeber selbst und gegenüber solchen Gläubigern wirksam sein soll, die beispielsweise Leistungen des Arbeitgebers bevorschusst haben. In der Regel wird in diesen Fällen das Abtretungsverbot nicht greifen, so gilt beispielsweise das Abtretungsverbot nicht gegenüber dem Sozialversicherungsträger, der den Unterhalt des Arbeitnehmers für den Lohnzeitraum getragen hat (BAG, Urteil vom 2.6.1966, DB 1966 S. 942).

Nach dem **Grundsatz der Priorität** geht eine vor Zustellung eines Pfändungs- und Überweisungsbeschlusses erfolgte wirksame Abtretung von Arbeitsentgeltansprüchen der Pfändung vor, da mit Abtretung der Zessionar Gläubiger der Lohnforderung wird. Der Grundsatz der Priorität gilt auch, wenn **mehrere Abtretungen** zusammentreffen.

Bis zur **Offenlegung der Abtretung** leistet der Arbeitgeber als Drittschuldner allerdings an den Pfändungsgläubiger mit befreiender Wirkung; der Zessionar muss sich an den Pfändungsgläubiger halten.

Beispiel 2:

Vom Lohn des Arbeitnehmers A sind 222 € monatlich pfändbar. Diesen pfändbaren Teil des Lohns tritt A zur Sicherung eines Darlehens an seine Bank B am 10. Januar ab. Gläubiger G bewirkt durch Zustellung eines Pfändungs- und Überweisungsbeschlusses am 20. Januar eine Lohnpfändung beim Arbeitgeber C. Am 10. April wird die Lohnabtretung offen gelegt. C muss nunmehr nach Offenlegung der Lohnabtretung die 222 € monatlich an B zahlen, G erhält bis zur Tilgung des Darlehens keine Zahlung. Die vor Offenlegung erfolgten Zahlungen von C an G in Höhe von monatlich 222 € bleiben mit befreiender Wirkung erbracht. B muss sich insoweit unmittelbar an G halten.

Der Arbeitnehmer kann über eine **Vereinbarung** an den **Kosten** beteiligt werden, die dem Arbeitgeber durch die Behandlung entstehen; ohne Vereinbarung treffen die Kosten allein den Arbeitgeber.

Zu weiteren Einzelheiten vgl. auch → *Forderungsübergang* Rz. 1039, → *Lohnpfändung* Rz. 1522 und → *Rückzahlung von Arbeitslohn* Rz. 2119.

2. Lohnsteuer und Sozialversicherung

Tritt der Arbeitnehmer seinen Arbeitslohn ganz oder teilweise an 22 einen Dritten ab, handelt es sich um **„Einkommensverwendung"**, die steuerlich ohne Bedeutung ist (BFH, Urteil vom 16.3.1993, BStBl II 1993 S. 507). Der Arbeitgeber hat auch für den abgetretenen und an den Abtretungsempfänger ausgezahlten Arbeitslohn die Lohnsteuer und Sozialversicherungsbeiträge so einzubehalten, als wäre der Arbeitslohn unmittelbar dem Arbeitnehmer ausgezahlt worden. Maßgebend ist daher die Lohnsteuerkarte des abtretenden Arbeitnehmers. Arbeitslohn ist dagegen nicht anzunehmen, wenn dem Arbeitnehmer von vornherein nur der gekürzte Arbeitslohn zugeflossen ist, vgl. zur Abgrenzung → *Gehaltsverzicht* Rz. 1102. LSt SV

Abtretung einer Forderung als Arbeitslohn

Arbeitgeber, die sich in einer wirtschaftlich angespannten Situa- 23 tion befinden und deshalb Lohnansprüche ihrer Arbeitnehmer nicht auszahlen können, treten diesen gelegentlich ihre eigenen Forderungen gegenüber Dritten (z.B. Kunden) ab. Bei solchen zumeist **zahlungshalber** abgetretenen Forderungen fließt Arbeitslohn dem Arbeitnehmer erst zu, wenn der **Schuldner gezahlt** hat. Im Zeitpunkt der Abtretung ist keine Lohnsteuer einzubehalten.

Erfolgt die Abtretung hingegen **an Zahlungs Statt**, ist **sofort** ein Zufluss von Arbeitslohn in Höhe des **gemeinen Werts** der Forderung anzunehmen und dem Lohnsteuerabzug zu unterwerfen. Ob und inwieweit der Arbeitnehmer dann später diese Forderung realisieren kann, ist für den **Lohnsteuerabzug ohne Bedeutung**; dies gilt sowohl für etwaige „Gewinne" als auch „Verluste" (BFH, Urteil vom 22.4.1966, BStBl III S. 394). LSt SV

Abwälzung der pauschalen Lohnsteuer auf den Arbeitnehmer

1. Arbeitsrecht

24 Der Arbeitgeber kann in bestimmten Fällen den Arbeitslohn auch pauschal besteuern (→ *Pauschalierung der Lohnsteuer* Rz. 1805). In diesen Fällen regelt das Einkommensteuergesetz in § 40 Abs. 3 EStG, dass der **Arbeitgeber die Lohnsteuer zu übernehmen hat;** er ist insoweit Schuldner der Lohnsteuer gegenüber dem Finanzamt.

Arbeitsrechtlich ist es jedoch zulässig, dass sich der Arbeitgeber die pauschale Lohnsteuer, den pauschalen Solidaritätszuschlag und die pauschale Kirchensteuer **vom Arbeitnehmer erstatten** lässt. Wichtig insoweit: Notwendig ist eine **Vereinbarung** zwischen Arbeitgeber und Arbeitnehmer, dass im Innenverhältnis der Arbeitnehmer die Abgaben zu übernehmen hat, z.B. eine Lohnvereinbarung mit der Bezeichnung „brutto". Das Bundesarbeitsgericht hat hierzu entschieden, dass es keinen gesetzlichen Grundsatz gibt, dass der Arbeitgeber dem Arbeitnehmer die Lohnsteuer abnehmen muss, wenn er sich für das Pauschalierungsverfahren entscheidet. Daher kann der Arbeitgeber vereinbarungsgemäß im **Innenverhältnis** den Arbeitnehmer mit der Pauschallohnsteuer belasten. Denn der Arbeitnehmer behält das Recht, jederzeit statt der Pauschalbesteuerung die Regelbesteuerung unter Vorlage der Lohnsteuerkarte zu verlangen (BAG, Urteil vom 5.8.1987, DB 1988 S. 182).

Die Abwälzung der pauschalen Lohnsteuer ist auch möglich, wenn Arbeitgeber und Arbeitnehmer **tarifgebunden** sind. In dem o.g. Urteil hat das **Bundesarbeitsgericht** hierzu ausgeführt:

„Die vereinbarte Übernahme der pauschalen Lohnsteuer durch den Arbeitnehmer **verstößt auch nicht gegen die zwingende Wirkung eines Tarifvertrages** (§ 4 Abs. 1 und 3 TVG). Der tarifliche Bruttolohn wird hierdurch nicht unterschritten. Der Arbeitnehmer kann im Rahmen des geltenden Steuerrechts jederzeit frei entscheiden, wie der Lohnsteuerabzug künftig vorgenommen werden soll. Er behält das Recht, eine Lohnsteuerkarte vorzulegen und die Heranziehung zur Lohnsteuer nach den persönlichen Steuermerkmalen zu verlangen. Damit steht der Arbeitnehmer sich nicht schlechter als andere Arbeitnehmer, bei denen die Lohnsteuer nicht pauschal berechnet und auf ihn abgewälzt wird."

Der Arbeitgeber muss jedoch vorab prüfen, ob sich nicht in einem Tarifvertrag, in einer Betriebsvereinbarung oder aus dem Einzelarbeitsvertrag eine Regelung ergibt, nach der die **Abwälzung** der Lohnsteuer auf den Arbeitnehmer **ausgeschlossen** wird. In diesem Falle wäre die Abwälzung unzulässig. Eine vor dem 1.4.1999 vereinbarte Übernahme der Lohnsteuerpauschale durch Arbeitgeber wird durch die Sozialversicherungspflicht ab 1.4.1999 nicht hinfällig (LAG Köln, Urteil vom 25.1.2001, DB 2001 S. 1510).

Bei der Frage, ob der **tarifliche Bruttolohn** durch den gezahlten (pauschal versteuerten) Nettolohn erreicht wird, ist nicht auf den Nettolohn abzustellen, sondern es ist der dem ausgezahlten Nettolohn entsprechende Bruttolohn zu ermitteln.

Um Ihnen bei der **arbeitsrechtlich möglichen Abwälzung** der pauschalen Lohnsteuer auf den Arbeitnehmer **die Ermittlung des Nettobetrags zu erleichtern**, ist nachfolgend eine Umrechnungstabelle für alle möglichen Pauschsteuersätze abgedruckt:

Ermittlung des Nettobetrags

Lohnsteuer	Solidaritäts-zuschlag	Kirchen-steuer	Nettobetrag
5 %	–	–	95,2381 %
15 %	–	–	86,9566 %
20 %	–	–	83,3334 %
25 %	–	–	80,0000 %
5 %	5,5 %	–	94,9894 %
15 %	5,5 %	–	86,3372 %
20 %	5,5 %	–	82,5764 %
25 %	5,5 %	–	79,1296 %
5 %	5,5 %	4 %	94,8092 %
15 %	5,5 %	4 %	85,8923 %
20 %	5,5 %	4 %	82,0345 %
25 %	5,5 %	4 %	78,5084 %

Lohnsteuer	Solidaritäts-zuschlag	Kirchen-steuer	Nettobetrag
5 %	5,5 %	5 %	94,7643 %
15 %	5,5 %	5 %	85,7817 %
20 %	5,5 %	5 %	81,9001 %
25 %	5,5 %	5 %	78,3546 %
5 %	5,5 %	6 %	94,7194 %
15 %	5,5 %	6 %	85,6715 %
20 %	5,5 %	6 %	81,7662 %
25 %	5,5 %	6 %	78,2014 %
5 %	5,5 %	7 %	94,6746 %
15 %	5,5 %	7 %	85,5615 %
20 %	5,5 %	7 %	81,6327 %
25 %	5,5 %	7 %	78,0488 %
5 %	5,5 %	8 %	94,6298 %
15 %	5,5 %	8 %	85,4519 %
20 %	5,5 %	8 %	81,4996 %
25 %	5,5 %	8 %	77,8968 %
5 %	5,5 %	9 %	94,5851 %
15 %	5,5 %	9 %	85,3425 %
20 %	5,5 %	9 %	81,3670 %
25 %	5,5 %	9 %	77,7454 %

Beispiel:

Ein Arbeitgeber in Hannover möchte seinem Arbeitnehmer eine Erholungsbeihilfe gewähren, allerdings soll die Belastung (Erholungsbeihilfe, pauschale Lohnsteuer, Solidaritätszuschlag und Kirchensteuer) insgesamt nur 156 € betragen. Zur Möglichkeit der Pauschalbesteuerung siehe → *Erholung: Arbeitgeberzuwendungen* Rz. 917.

Der Nettobetrag beträgt bei einer Lohnsteuer von 25 %, einem Solidaritätszuschlag von 5,5 % und einer Kirchensteuer von 6 % **78,2014 %.** Der Arbeitgeber gewährt dem Arbeitnehmer daher eine Erholungsbeihilfe von 122 € (78,2014 % von 156 €) und trägt die Pauschsteuern.

Für den Arbeitgeber beträgt die Gesamtbelastung:

Erholungsbeihilfe	122,— €
+ pauschale Lohnsteuer (25 % von 122 €)	30,50 €
+ Solidaritätszuschlag (5,5 % von 30,50 €)	1,67 €
+ Kirchensteuer (6 % von 30,50 €)	1,83 €
= Insgesamt	156,— €

2. Lohnsteuer und Sozialversicherung

a) Allgemeines

Im Einkommensteuergesetz wird die arbeitsrechtlich mögliche **25** Abwälzung der pauschalen Lohnsteuer auf den Arbeitnehmer **nicht anerkannt.** Nach § 40 Abs. 3 Satz 2 EStG **gilt die auf den Arbeitnehmer abgewälzte pauschale Lohnsteuer als zugeflossener Arbeitslohn** und mindert nicht die Bemessungsgrundlage. Dies gilt über die Verweisung in § 40a Abs. 5 EStG und § 40b Abs. 4 Satz 1 EStG auch für die Pauschalierung der Lohnsteuer von Teilzeitbeschäftigten und von bestimmten Zukunftssicherungsleistungen.

Abwälzung der Lohnsteuer bedeutet nach Auffassung der Finanzverwaltung (BMF-Schreiben vom 10.1.2000, BStBl I 2000 S. 138), dass der Arbeitgeber zwar Schuldner der pauschalen Lohnsteuer bleibt, sie jedoch **im wirtschaftlichen Ergebnis vom Arbeitnehmer getragen** wird. Die Verlagerung der Belastung darf weder zu einer Minderung des individuell nach den Merkmalen der Lohnsteuerkarte zu versteuernden Arbeitslohns noch zu einer Minderung der Bemessungsgrundlage für die pauschale Lohnsteuer führen. Eine Abwälzung kann sich beispielsweise aus dem Arbeitsvertrag selbst, aus einer Zusatzvereinbarung zum Arbeitsvertrag oder aus dem wirtschaftlichen Ergebnis einer Gehaltsumwandlung oder Gehaltsänderungsvereinbarung ergeben.

Das ist der Fall, wenn die pauschale Lohnsteuer **als Abzugsbetrag in der Gehaltsabrechnung ausgewiesen** wird. Dies gilt auch, wenn zur Abwälzung zwar in arbeitsrechtlich zulässiger Weise eine Gehaltsminderung vereinbart wird, der bisherige ungekürzte Arbeitslohn aber weiterhin **für die Bemessung künftiger Erhöhungen** des Arbeitslohns oder anderer Arbeitgeberleistungen (z.B. Weihnachtsgeld, Tantieme, Jubiläumszuwendungen) maßgebend bleibt.

Beispiel 1:

Ein Arbeitnehmer bezieht einen monatlichen Lohn von 3 000 €. Auf Wunsch des Arbeitnehmers hat der Arbeitgeber eine Direktversicherung in Höhe von 146 € monatlich abgeschlossen. Im Arbeitsvertrag wird der Lohnanspruch des Arbeitnehmers zwar um 179,44 € (Direktversicherung 146 €, Lohnsteuer 29,20 €, Solidaritätszuschlag 1,61 €, Kirchensteuer 2,63 €) auf 2 820,56 € gemindert, gleichzeitig wird aber festgestellt, dass sich das 13. Gehalt und zukünftige Gehaltserhöhungen vom bisherigen Arbeitslohn von 3 000 € ermitteln.

Aus dem wirtschaftlichen Ergebnis der Gehaltsänderungsvereinbarung ergibt sich eine Abwälzung der pauschalen Steuern auf den Arbeitnehmer. Daher mindert sich in Höhe der Pauschalsteuern nicht die steuerliche Bemessungsgrundlage für die individuelle Lohnbesteuerung; die auf den Arbeitnehmer abgewälzte pauschale Lohnsteuer gilt als zugeflossener Arbeitslohn. Wird die Pauschalsteuer arbeitsrechtlich zulässig auf den Arbeitnehmer abgewälzt, so muss der Arbeitgeber die pauschale Lohnsteuer, den Solidaritätszuschlag und die Kirchensteuer vom **Nettoarbeitslohn** abziehen. Für die Lohnsteuerberechnung ist daher **von einem Arbeitslohn von 2 854 €** (2 820,56 € + abgewälzte Pauschalsteuern in Höhe von 33,44 €) auszugehen.

Eine **Abwälzung der pauschalen Lohnsteuer** ist hingegen **nicht anzunehmen**, wenn eine Gehaltsänderungsvereinbarung zu einer **Neufestsetzung künftiger Arbeitslohns** führt, aus der alle rechtlichen und wirtschaftlichen Folgerungen gezogen werden, also insbesondere der geminderte Arbeitslohn Bemessungsgrundlage für künftige Erhöhungen des Arbeitslohns oder andere Arbeitgeberleistungen wird. Dies gilt auch dann, wenn die Gehaltsminderung in Höhe der Pauschalsteuer vereinbart wird.

Beispiel 2:

Sachverhalt wie Beispiel 1, aus der Gehaltsänderungsvereinbarung werden aber alle rechtlichen und wirtschaftlichen Konsequenzen gezogen, d.h. das 13. Gehalt und zukünftige Gehaltserhöhungen ermitteln sich vom herabgesetzten Arbeitslohn von 2 820,56 €.

Es liegt keine Abwälzung pauschaler Lohnsteuer vor, daher ist für die **Lohnsteuerberechnung vom gekürzten Arbeitslohn von 2 820,56 €** auszugehen.

Dies gilt auch für im Zusammenhang mit der Pauschalierung der Lohnsteuer ebenfalls pauschal erhobene und auf den Arbeitnehmer **abgewälzte Annexsteuern** (Solidaritätszuschlag, Kirchensteuer). Daher ist auch hinsichtlich der abgewälzten Annexsteuern von zugeflossenem Arbeitslohn auszugehen, der die Bemessungsgrundlage für die Lohnsteuer nicht mindert.

Für die versicherungsrechtliche Beurteilung und die Beitragsberechnung in der Sozialversicherung ist – wie bisher schon – das vereinbarte Bruttoarbeitsentgelt und nicht das um die Pauschalsteuer verminderte ausgezahlte Arbeitsentgelt zu Grunde zu legen.

b) Ermittlung der pauschalen Lohnsteuer

26 Wird die Pauschalsteuer arbeitsrechtlich zulässig auf den Arbeitnehmer abgewälzt, so muss der Arbeitgeber dennoch die pauschale Lohnsteuer, den Solidaritätszuschlag und die Kirchensteuer vom vereinbarten Arbeitslohn errechnen. Diese Abzugsbeträge kann sich der Arbeitgeber dann vom Arbeitnehmer erstatten lassen.

Beispiel:

Ein niedersächsischer Arbeitgeber führt im Dezember eine Weihnachtsfeier durch. Da es sich um die dritte Betriebsveranstaltung im Kalenderjahr handelt, gehören die Zuwendungen des Arbeitgebers zum Arbeitslohn seiner Arbeitnehmer. Auf jeden Arbeitnehmer entfallen 75 €. Der Arbeitgeber will die Zuwendungen pauschal versteuern, wenn der Arbeitnehmer im Innenverhältnis die Steuern übernehmen.

Es ergibt sich für den einzelnen Arbeitnehmer folgende Berechnung:

Arbeitslohn aus Anlass der Betriebsveranstaltung	75 €

Aus diesem Betrag darf die pauschale Lohnsteuer von 25 %, der pauschale Solidaritätszuschlag von 5,5 % und die pauschale Kirchensteuer von 6 % (in Niedersachsen) nicht mehr herausgerechnet werden, sondern ist hinzuzurechnen.

Die Steuern betragen:

Pauschale Lohnsteuer (25 % von 75 €)	18,75 €
Solidaritätszuschlag (5,5 % von 18,75 €)	1,03 €
Kirchensteuer (6 % von 18,75 €)	1,12 €
Insgesamt	20,90 €

Die vom Arbeitnehmer zu übernehmende Pauschalsteuer beträgt insgesamt 20,90 €. Dieser Betrag darf beim Arbeitnehmer nicht vom Bruttolohn abgezogen werden, sondern lediglich vom auszuzahlenden Nettolohn. Bei einem verheirateten Arbeitnehmer mit der Steuerklasse IV, Kirchensteuermerkmal „rk" und einem monatlichen Arbeitslohn von 3 000 € ergibt sich folgende Lohnabrechnung:

Arbeitslohn			3 000,— €
./.	gesetzliche Abzüge		
	a) Lohnsteuer		
	(Steuerklasse IV)	621,91 €	
	b) Solidaritätszuschlag (5,5 %)	34,20 €	
	c) Kirchensteuer (9 %)	55,97 €	
	d) Sozialversicherungsbeiträge		
	(20,55 %)	616,50 €	1 328,58 €
=	Nettolohn		1 671,42 €
./.	übernommene Pauschalsteuer		20,90 €
=	auszuzahlender Betrag		1 650,52 €

c) Zukunftssicherungsleistungen

27 Auch für die Lohnsteuerpauschalierung bei bestimmten Zukunftssicherungsleistungen nach § 40b EStG (→ *Zukunftssicherung: Betriebliche Altersversorgung* Rz. 2736) mindert die auf den Arbeitnehmer abgewälzte pauschale Lohnsteuer **nicht die Bemessungsgrundlage** und **gilt als zugeflossener Arbeitslohn** (§ 40b Abs. 4 Satz 1 i.V.m. § 40 Abs. 3 Satz 2 zweiter Halbsatz EStG).

Bei der Sozialversicherung sind die nach § 40b EStG pauschal besteuerten Zukunftssicherungsleistungen nach § 2 Abs. 1 Nr. 3 ArEV nur dann sozialversicherungsfrei, wenn die Leistungen zusätzlich zum vereinbarten Arbeitsentgelt gezahlt werden (→ *Barlohnumwandlung* Rz. 411).

d) Beförderungsleistungen/Fahrtkostenzuschüsse

28 Im Falle der Abwälzung der pauschalen Steuerbeträge bei pauschal besteuerten **Beförderungsleistungen** oder **Fahrtkostenzuschüssen** zu Fahrten zwischen Wohnung und Arbeitsstätte sind die Auswirkungen auf den Werbungskostenabzug des Arbeitnehmers zu beachten (§ 40 Abs. 2 Satz 3 EStG). Der Arbeitgeber muss deshalb auf der Lohnsteuerkarte den Betrag als pauschal besteuerte Arbeitgeberleistung bescheinigen, auf den der gesetzliche Pauschsteuersatz von 15 % angewandt worden ist.

Beispiel 1:

Ein Arbeitnehmer in Niedersachsen erhält von seinem Arbeitgeber einen Zuschuss zu seinen Pkw-Kosten für Fahrten zwischen Wohnung und Arbeitsstätte in Höhe der gesetzlichen Entfernungspauschale von 0,36 € bzw. 0,40 € je Entfernungskilometer. Die Entfernung beträgt 20 km, so dass sich für den Lohnabrechnungszeitraum ein Fahrtkostenzuschuss von insgesamt 114 € ergibt (15 Tage × 10 km × 0,36 € plus 15 Tage × 10 km × 0,40 €). Arbeitgeber und Arbeitnehmer haben vereinbart, dass diese Arbeitgeberleistung pauschal besteuert wird und der Arbeitnehmer die pauschale Lohnsteuer, den Solidaritätszuschlag und die Kirchensteuer tragen soll.

Die Abzugsbeträge berechnen sich wie folgt:

Pauschale Lohnsteuer (15 % von 114 €)	17,10 €
Solidaritätszuschlag (5,5 % von 17,10 €)	0,94 €
Kirchensteuer (6 % von 17,10 €)	1,03 €
Insgesamt	19,07 €

Der Arbeitgeber rechnet daher wie folgt ab:

Fahrtkostenzuschuss		114,— €
./.	pauschale Lohnsteuer (15 % von 114 €)	17,10 €
./.	Solidaritätszuschlag (5,5 % von 17,10 €)	0,94 €
./.	Kirchensteuer (6 % von 17,10 €)	1,03 €
	Auszuzahlender Betrag	94,93 €

Obwohl der Arbeitnehmer wegen der Übernahme der Pauschsteuern nur 94,93 € ausgezahlt bekommt, ist als pauschal besteuerte Arbeitgeberleistung der Betrag von 114 € zu bescheinigen. Dieser Betrag mindert den nach § 9 Abs. 1 Nr. 4 EStG abziehbaren Werbungskostenbetrag von 114 €, so dass keine Werbungskosten berücksichtigt werden können.

Gerade bei Fahrtkostenzuschüssen, die zusätzlich zum ohnehin geschuldeten Arbeitslohn gewährt werden, haben Arbeitgeber und Arbeitnehmer bei erstmaliger Gewährung eines Fahrtkostenzuschusses Gestaltungsmöglichkeiten. Statt eines hohen Fahrtkostenzuschusses, bei dem die Pauschsteuer vom Arbeitnehmer zu tragen ist, sollte ein niedrigerer Fahrtkostenzuschuss vereinbart werden, bei dem der Arbeitgeber die Pauschsteuer trägt. Für den Arbeitgeber bleibt die Belastung gleich, während der Arbeitnehmer zusätzlich zum höheren Fahrtkostenzuschuss auch noch einen teilweisen Werbungskostenabzug übrig behält.

Beispiel 2:

Sachverhalt wie Beispiel 1, Arbeitgeber und Arbeitnehmer vereinbaren allerdings einen Fahrtkostenzuschuss von 0,32 € je Entfernungskilometer und dass der Arbeitgeber die Pauschsteuern trägt. Für den Lohnabrechnungszeitraum ergibt sich ein Fahrtkostenzuschuss von insgesamt 96 € ergibt (15 Tage × 20 km × 0,32 €).

Die Abzugsbeträge berechnen sich wie folgt:

Pauschale Lohnsteuer (15 % von 96 €)	14,40 €
Solidaritätszuschlag (5,5 % von 14,40 €)	0,79 €
Kirchensteuer (6 % von 14,40 €)	0,86 €
Insgesamt	16,05 €

Die Belastung für den Arbeitgeber beträgt 112,05 € (96 € + 16,05 €), also 1,95 € weniger als in Beispiel 1. Hingegen erhält der Arbeitnehmer 96 € ausbezahlt, also 1,07 € mehr als in Beispiel 1. Darüber hinaus kann der Arbeitnehmer noch 18 € (114 € ⁄ 96 €) als Werbungskosten nach § 9 Abs. 1 Nr. 4 EStG geltend machen.

Hat der Arbeitgeber bislang jedoch schon einen Fahrtkostenzuschuss gewährt und die pauschale Steuer auf den Arbeitnehmer abgewälzt, wird die Finanzverwaltung bei Kürzung des Zuschusses und Übernahme der pauschalen Steuer durch den Arbeitgeber diese Änderung unter Hinweis auf die Änderung in § 40 Abs. 3 EStG möglicherweise nicht anerkennen.

e) Teilzeitbeschäftigte

29 Eine Abwälzung der Lohnsteuer auf den Arbeitnehmer ist auch bei **Teilzeitbeschäftigten** möglich und wird in der Praxis häufig angewandt. Allerdings mindert auch bei der Lohnsteuerpauschalierung für Teilzeitbeschäftigte nach § 40a EStG (→ *Pauschalierung der Lohnsteuer bei Aushilfs- und Teilzeitbeschäftigten* Rz. 1842) die auf den Arbeitnehmer abgewälzte pauschale Lohnsteuer **nicht die Bemessungsgrundlage** und **gilt als zugeflossener Arbeitslohn** (§ 40a Abs. 5 Satz 1 i.V.m. § 40 Abs. 3 Satz 2 zweiter Halbsatz EStG).

Wie unter → Rz. 28 dargestellt, sollte der Arbeitgeber auch bei Teilzeitbeschäftigten statt der möglichen Abwälzung der Pauschsteuern von vornherein einen niedrigeren Arbeitslohn mit Übernahme der Pauschsteuern vereinbaren.

f) Sonstige Bezüge/Nachforderung von Lohnsteuer

30 Die Abwälzung der Lohnsteuer ist auch bei einer Pauschalierung der Lohnsteuer auf Grund der Gewährung von **sonstigen Bezügen bis zu 1 000 € jährlich in einer größeren Zahl von Fällen** (§ 40 Abs. 1 Nr. 1 EStG) oder bei der Pauschalierung auf Grund der Nachforderung von Lohnsteuern (§ 40 Abs. 1 Nr. 2 EStG) theoretisch möglich, **aber praktisch nicht durchführbar.** In beiden Fällen ist ein besonderer Pauschsteuersatz zu ermitteln, der sich an der durchschnittlichen Steuerbelastung **aller Arbeitnehmer** orientiert. Das bedeutet, dass der besondere Pauschsteuersatz für etwa die Hälfte aller Arbeitnehmer **höher** ist als der individuelle Steuersatz bei der Regelversteuerung. Diese Arbeitnehmer werden sich mit einer Pauschalbesteuerung, bei der sie auch noch die Pauschalsteuer selber tragen sollen, nicht einverstanden erklären, zumal der Arbeitnehmer nach der Rechtsprechung des Bundesarbeitsgerichts jederzeit die Regelbesteuerung beantragen kann. Bei der Nachforderung von Lohnsteuern, z.B. nach einer Lohnsteuer-Außenprüfung, ist darüber hinaus vielfach eine direkte Zuordnung auf den einzelnen Arbeitnehmer nicht mehr möglich, so dass auch aus diesem Grund eine Abwälzung der Lohnsteuer ausscheidet.

g) Weitere Fälle

31 Bei allen anderen Zuwendungen, die pauschal versteuert werden können, ist eine Abwälzung möglich, also auch z.B. bei der kostenlosen oder verbilligten Abgabe von Mahlzeiten, bei Erholungsbeihilfen, bei Zuwendungen aus Anlass von Betriebsveranstaltungen oder bei Vergütungen für Verpflegungsmehraufwendungen.

Auch hier gilt: Die auf den Arbeitnehmer abgewälzte pauschale Lohnsteuer mindert **nicht die Bemessungsgrundlage** und **gilt als zugeflossener Arbeitslohn** (vgl. das Beispiel in → Rz. 26).

Akkordlohn

1. Arbeitsrecht

Durch den Akkordlohn erhält der Arbeitnehmer eine von der **Ar-** **32** **beitsmenge** abhängige Vergütung; diese kann in vollem Umfang von der Arbeitsmenge abhängig sein, es kann aber auch der Grundlohn mit einem leistungsabhängigen Akkordaufschlag verbunden werden.

Wesentlich für die Höhe der Akkordvergütung, die der einzelne Arbeitnehmer erzielt, ist die sog. **Akkordvorgabe.** Die Akkordvorgabe beim Geldakkord besteht beispielsweise in der Festlegung der einzelnen Arbeitsmenge, beim Zeitakkord in der Zeitvorgabe für die einzelnen Arbeitseinheiten.

Wesentlich für die Höhe der Akkordvergütung ist weiterhin der **Geldfaktor.** Unter Geldfaktor ist derjenige Geldbetrag zu verstehen, der für die Ausgangsleistung gezahlt werden soll.

Die Akkordvorgabe kann ebenso wie der Geldfaktor durch Tarifvertrag, Betriebsvereinbarung oder einzelvertragliche Abmachung festgelegt werden.

Das **Risiko,** die für die Akkordvergütung vorgesehene **Normalleistung** nicht zu erreichen, liegt beim **Arbeitnehmer,** vorausgesetzt, dass der Akkord nicht fehlerhaft berechnet worden ist oder der Arbeitgeber bei einseitiger Festsetzung unbillig gehandelt hat.

Das **Risiko** der **Arbeitsqualität** trägt demgegenüber auch beim Akkord der **Arbeitgeber** (mit evtl. Schadensersatzanspruch bei schuldhafter Schlechtleistung), es sei denn, es besteht eine Vereinbarung, nach der der Akkordlohnanspruch nur bei mängelfreier Arbeit entsteht.

Der Akkordlohn ist i.d.R. auch für **Lohnersatzzahlungen** maßgeblich, z.B. bei der Entgeltfortzahlung im Krankheitsfall oder bei der Urlaubsvergütung.

2. Lohnsteuer

Der nach Arbeitsleistung oder Zeit und Arbeitsleistung berechnete **33** Akkordlohn stellt **normalen Arbeitslohn** dar. Welche **Lohnsteuertabelle** anzuwenden ist, ergibt sich im Allgemeinen aus dem vereinbarten **Lohnzahlungs- oder Lohnabrechnungszeitraum.** Sollte eine entsprechende Vereinbarung nicht vorliegen, ist die **Summe der tatsächlichen Arbeitstage als Lohnzahlungszeitraum** anzusehen, d.h., dass die **Tagestabelle** anzuwenden ist (R 118 Abs. 2 Satz 2 LStR). Die aufgewendete Arbeitszeit spielt keine Rolle. Enthält der Akkordlohn Zuschläge für Sonntags-, Feiertags- oder Nachtarbeit, so können diese im Rahmen des § 3b EStG steuerfrei bleiben (→ *Zuschläge für Sonntags-/Feiertags- und Nachtarbeit* Rz. 2779).

[LSt]

3. Sozialversicherung

Akkordlohn ist als Gegenwert für eine geleistete Arbeit (hier: **34** Stückpreis) beitragspflichtiges **Arbeitsentgelt.** Werden nach den arbeitsvertraglichen Regelungen bei Akkordarbeiten Teile des Arbeitsentgelts (Akkordspitzen) erst nach Fertigstellung eines Auftrags **(verspätet) abgerechnet** und ausgezahlt, dann sind diese Arbeitsentgeltteile für die Berechnung der Sozialversicherungsbeiträge **nachträglich auf die Lohnabrechnungszeiträume zu verteilen,** in denen sie erarbeitet worden sind; Entsprechendes gilt für solche Teile des Arbeitsentgelts, die mit Rücksicht auf eine „Mängelhaftung" der Arbeitnehmer zunächst zurückbehalten und erst nach Feststellung der mängelfreien Ausführung der Arbeiten ausgezahlt werden. Sofern sich bei verspäteter Abrechnung und Auszahlung von Teilen des Arbeitsentgelts nicht mehr exakt ermitteln lässt, wann die entsprechenden Arbeiten ausgeführt wurden, ist ein Abrechnungsverfahren zu wählen, das einer gleichmäßigen Verteilung der Arbeit, mit der das Arbeitsentgelt erzielt wurde, möglichst nahe kommt (BSG, Urteil vom 15.5.1984 – 12 RK 28/83, USK 84101; siehe auch → *Beiträge zur Sozialversicherung* Rz. 438).

(SV)

Aktien: Zuwendung an Arbeitnehmer

35 Aktien, die der Arbeitgeber dem Arbeitnehmer zu einem Vorzugskurs überlässt, führen in Höhe der **Differenz zwischen gezahltem Entgelt und Börsenkurs am Übergabetag** zu einem als Arbeitslohn zu erfassenden **geldwerten Vorteil** (zuletzt BFH, Urteil vom 20.6.2001, BStBl II 2001 S. 689). Der Vorteil ist jedoch unter den Voraussetzungen des § 19a Abs. 1 Satz 1 EStG steuerfrei. Die Steuerfreiheit ist der Höhe nach doppelt begrenzt, und zwar auf den halben Wert der Vermögensbeteiligung, höchstens aber auf 154 € jährlich. Einzelheiten siehe → *Vermögensbeteiligungen* Rz. 2520.

Werden einem Arbeitnehmer nach Maßgabe eines staatlichen Privatisierungsgesetzes Aktien eines ehemals staatlichen Unternehmens, das zu derselben Unternehmensgruppe wie das Arbeitgeber-Unternehmen gehört, unentgeltlich oder verbilligt überlassen, handelt es sich bei dem Preisvorteil dann um Arbeitslohn, wenn die Möglichkeit des unentgeltlichen oder verbilligten Erwerbs nur solchen Arbeitnehmern eingeräumt wird, die bei einem der Unternehmensgruppe angehörenden Unternehmen beschäftigt sind oder waren (BFH, Urteil vom 19.7.1996, BFH/NV 1997 S. 179).

Ein **Veräußerungsverbot** rechtfertigt es nicht, für den Zufluss einen anderen Zeitpunkt als den des Erwerbs anzunehmen (BFH, Urteil vom 16.11.1984, BStBl II 1985 S. 136) oder den geldwerten Vorteil aus diesem Grunde geringer anzusetzen (BFH, Urteil vom 7.4.1989, BStBl II 1989 S. 608). Das Gleiche gilt für nicht verbriefte Genussrechte, die von einer AG verbilligt an ihre Arbeitnehmer überlassen werden (BFH, Urteil vom 7.4.1989, BStBl II 1989 S. 927).

Die Höhe des steuerpflichtigen Vorteils der einem Arbeitnehmer unentgeltlich zugewendeten, **nicht börsengängigen Namensaktien** seines Arbeitgebers bemisst sich grundsätzlich nach dem Kurswert der börsennotierten Inhaberaktien seines Arbeitgebers (FG Münster, Urteil vom 4.10.1994, EFG 1995 S. 320).

Aktienoption

1. Lohnsteuer

36 Bei einer Aktienoption erhält der Käufer der Option (Optionsnehmer) vom Verkäufer der Option (Optionsgeber oder „Stillhalter") entweder das Recht, Aktien am Ende der Laufzeit oder jederzeit innerhalb der Laufzeit zu einem fest vereinbarten Preis (Basispreis) zu kaufen (**Kaufoption** oder Call-Option) oder zu verkaufen (**Verkaufsoption** oder Put-Option). Für den Erwerb der Option hat der Käufer regelmäßig ein Entgelt (**Optionsprämie**) zu zahlen. Liegt der Wert der Aktien bei der Kaufoption zum Zeitpunkt der Optionsausübung über dem Basispreis, so erzielt der Optionsnehmer in Höhe der Differenz zwischen Basispreis und dem gültigen Aktienkurs einen Gewinn. Liegt der Aktienkurs unter dem vereinbarten Kaufpreis, wird er die Option verfallen lassen. In Höhe der gezahlten Optionsprämie entsteht ihm ein Verlust.

Das **Optionsrecht** wird allgemein als Wirtschaftsgut anerkannt, das eigenständig verkehrsfähig und **selbständig bewertbar** ist (BMF-Schreiben vom 10.11.1994, BStBl I 1994 S. 816).

Erhält der Arbeitnehmer von seinem Arbeitgeber eine **Aktienoption** eingeräumt, die eine **eigenständige Marktgängigkeit** besitzt, weil sie z.B. an der Börse gehandelt wird und vom Arbeitnehmer jederzeit veräußerbar ist, so fließt dem Arbeitnehmer **im Zeitpunkt der Einräumung der Option** durch den Arbeitgeber ein geldwerter Vorteil zu. Der Vorteil bemisst sich nach dem gemeinen Wert der Aktienoption (BFH-Urteil vom 26.7.1985, BFH/NV 1986 S. 306).

Wird dem Arbeitnehmer dagegen vom Arbeitgeber oder einem Dritten im Hinblick auf das Dienstverhältnis ein **nicht handelbares Aktienoptionsrecht** eingeräumt, fließt **ein geldwerter Vorteil** weder bei der Einräumung noch zum Zeitpunkt der erstmaligen Ausübbarkeit zu, sondern **erst bei verbilligtem Aktienbezug nach Optionsausübung** (BFH, Urteile vom 24.1.2001,

BStBl II 2001 S. 509 und 512, und vom 20.6.2001, BStBl II 2001 S. 689).

Beispiel 1:

Eine Aktiengesellschaft hat ihren Führungskräften am 1.7.2001 kostenlos eine nicht übertragbare Kaufoption auf jeweils 1 000 Aktien zum Basispreis von 100 € je Aktie eingeräumt. Die Option ist spätestens am 30.6.2002 auszuüben. Die Führungskraft F übt die Option am 30.6.2002 aus und erwirbt die Aktien zum Preis von 100 000 €. Der Kurswert der Aktien beträgt an diesem Tag 150 € je Aktie.

Zum Zeitpunkt der Optionseinräumung fließt F kein geldwerter Vorteil zu, weil die Aktienoption wegen der Nichtübertragbarkeit keine Marktgängigkeit besitzt. Erst im Zeitpunkt der Optionsausübung ist zu prüfen, ob der Kurswert den Basispreis übersteigt. Am 30.6.2002 übersteigt der Kurswert der Aktien den Basispreis um 50 € je Aktie; in dieser Höhe liegt lohnsteuerpflichtiger Arbeitslohn vor. Die Führungskraft F hat daher im Juni 2002 einen geldwerten Vorteil von 50 000 € (50 € × 1 000 Aktien) zu versteuern.

Beispiel 2:

Sachverhalt wie Beispiel 1, weil der Kurswert der Aktien während der Optionsfrist nicht über 100 € liegt, übt F sein Optionsrecht nicht aus, sondern lässt es verfallen.

Da F sein Optionsrecht nicht ausübt, entsteht für ihn kein geldwerter Vorteil aus der Optionseinräumung.

Das Optionsrecht wird nach Auffassung des Bundesfinanzhofs allerdings regelmäßig nicht gewährt, um dadurch in der Vergangenheit erbrachte Leistungen abzugelten, sondern um eine **zusätzliche besondere Erfolgsmotivation für die Zukunft** zu verschaffen. Daher ist die **Tarifvergünstigung nach § 34 Abs. 3 EStG** für Vergütungen für eine mehrjährige Tätigkeit (→ *Arbeitslohn für mehrere Jahre* Rz. 229) grundsätzlich **zu berücksichtigen**. Hängt allerdings die unentgeltliche Vergabe von Aktienoptionsrechten entscheidend von den halbjährigen Leistungsbeurteilungen eines einzigen, gerade abgelaufenen Geschäftsjahrs des Arbeitgebers ab, so liegt nach Ansicht des Hessischen Finanzgerichts keine Vergütung für eine mehrjährige Tätigkeit vor. Dies gilt auch, wenn die Aktienoptionsrechte laufend jährlich gewährt werden (Hessisches FG, Urteil vom 21.12.2000, EFG 2001 S. 503, Revision eingelegt, Az. beim BFH: VI R 24/01).

Bei Arbeitnehmern, die **zwischen der Gewährung und der Ausübung des Optionsrechts im Ausland gearbeitet haben**, ist nach Ansicht des Bundesfinanzhofs Folgendes zu beachten:

Soweit die von dem begünstigsten Arbeitnehmer in dem Zeitraum zwischen der Gewährung und der Ausübung des Optionsrechts bezogenen Einkünfte aus nichtselbständiger Arbeit wegen einer Auslandtätigkeit nach einem Doppelbesteuerungsabkommen steuerfrei sind, ist deshalb auch der bei **Ausübung des Optionsrechts zugeflossene geldwerte Vorteil** anteilig steuerfrei. Dabei wird die Steuerbefreiung nicht dadurch ausgeschlossen, dass der Arbeitnehmer das Optionsrecht erst nach Beendigung der Auslandtätigkeit ausübt (BFH, Urteil vom 24.1.2001, BStBl II 2001 S. 509). Umgekehrt wird das anteilige deutsche Besteuerungsrecht nicht dadurch ausgeschlossen, dass der Arbeitnehmer nach Gewährung, aber vor Ausübung des Optionsrechts von der unbeschränkten in die beschränkte Steuerpflicht gewechselt ist (BFH, Urteil vom 24.1.2001, BStBl II 2001 S. 512).

Entsprechendes gilt für die **Einräumung von Verkaufsoptionen**. Räumt z.B. der Arbeitgeber dem Arbeitnehmer beim Erwerb von Aktien zur Vermeidung von Kursverlusten bei einer späteren Veräußerung dieser Wertpapiere eine **nicht übertragbare Verkaufsoption** ein, so führt erst die Ausübung der Verkaufsoption in Höhe des dadurch vermiedenen Kursverlustes zum Zufluss von Arbeitslohn.

Entscheidend für die lohnsteuerliche Beurteilung ist allein die **Marktgängigkeit der Optionsrechte**. Deshalb ist es **gleichgültig**, ob der Arbeitgeber als Stillhalter **selbst die Option einräumt** oder die **Option von einem Dritten erwirbt** und auf den Arbeitnehmer überträgt. Solange das Optionsrecht an die Person des Arbeitnehmers gebunden ist, liegt keine Marktgängigkeit des Optionsrechts vor, mit der Folge, dass erst im Zeitpunkt der Optionsausübung ein geldwerter Vorteil als Arbeitslohn zu versteuern ist (vgl. b+p 1999 S. 215 Nr. 13).

Darüber hinaus setzt Marktgängigkeit nach Auffassung der Finanzverwaltung **die uneingeschränkte Veräußerbarkeit** der Option an einem vorhandenen und für alle offenen Markt voraus (jederzeitige Realisierbarkeit). Ist der Arbeitgeber (oder für ihn ein Dritter) Stillhalter der Option und hat er **ein Vorkaufsrecht** für sich (oder den Dritten) **vereinbart**, so ist auch bei Veräußerlichkeit der Option **keine uneingeschränkte Veräußerbarkeit** anzunehmen (OFD Berlin, Verfügung vom 25.3.1999, DB 1999 S. 1241). **Folge:** Dem Arbeitnehmer wird auch in diesem Fall mit der Option nur eine Gewinnchance eingeräumt, die nicht zu einem sofortigen Zufluss von Arbeitslohn führt.

Auch wenn der Arbeitnehmer das Optionsrecht auf Erwerb langjährig **festverzinslicher Wandelobligationen** mit dem Recht auf vorzeitigen Umtausch in verbilligte Aktien zum Differenzpreis zwischen dem Nennbetrag der Obligationen und dem Emissionspreis der Aktien erwirbt, kann dem Arbeitnehmer in besonderen Fällen im Zeitpunkt der Wandlung ein geldwerter Vorteil in Höhe der Differenz zwischen dem tatsächlichen Wert der Aktien im Zeitpunkt des Erwerbs und der Erwerbspreis (der Wandelobligationen und der Aktien) zufließen (FG München, Urteil vom 24.6.1999, EFG 2000 S. 494, Revision eingelegt, Az. beim BFH: VI R 124/99). Im Gegensatz hierzu nimmt das Finanzgericht Düsseldorf einen geldwerten Vorteil allenfalls im Zeitpunkt der Übertragung der Wandelschuldverschreibung an; im Zeitpunkt der Ausübung des Wandlungsrechts der Wandelschuldverschreibung fehle es an einem gesonderten Rechts-' bzw. Erwerbsvorgang (Beschluss vom 11.4.2001, EFG 2001 S. 968). Die Entscheidung des Bundesfinanzhofs in dem o.g. Revisionsverfahren bleibt abzuwarten.

Das Betriebsstättenfinanzamt kann die Lohnsteuer auf den geldwerten Vorteil aus der Ausübung von Aktienoptionen grundsätzlich mit **Nachforderungsbescheid** gegenüber dem **Arbeitnehmer** geltend machen, wenn der Arbeitgeber nach § 38 Abs. 4 EStG angezeigt hat, dass er die Lohnsteuer nicht einbehalten und abführen kann (FG München, Beschluss vom 11.1.1999, EFG 1999 S. 381). Im Beschwerdeverfahren gegen diesen Beschluss hat der Bundesfinanzhof es allerdings als **ernstlich zweifelhaft** angesehen, ob der mit der Ausübung der Option dem Arbeitnehmer zugeflossene **Arbeitslohn dem Lohnsteuerabzug unterliegt**, wenn die Option den Arbeitnehmern einer inländischen Tochtergesellschaft von der **ausländischen Muttergesellschaft eingeräumt** wird (BFH, Beschluss vom 23.7.2001, BFH/NV 2001 S. 1557).

2. Sozialversicherung

37 In Anlehnung an die steuerrechtliche Behandlung erfolgt nach Auffassung der Spitzenverbände der Sozialversicherungsträger auch für den Bereich der Sozialversicherung eine beitragsrechtliche Berücksichtigung des geldwerten Vorteils erst bei **Ausübung der Option**. Somit wird im Monat der Auszahlung bzw. der Aktienübernahme der geldwerte Vorteil nicht nur steuerrechtlich, sondern auch beitragsrechtlich berücksichtigt. Dabei sind die **Regelungen für einmalig gezahltes Arbeitsentgelt** (→ *Einmalzahlungen* Rz. 802) anzuwenden. Sofern der geldwerte Vorteil dem Arbeitnehmer erst nach Beendigung eines Beschäftigungsverhältnisses zufließt, ist er dem letzten Entgeltabrechnungszeitraum im laufenden Kalenderjahr zuzuordnen. Hat das Beschäftigungsverhältnis bereits im Vorjahr geendet, unterliegt der geldwerte Vorteil nur dann der Beitragspflicht, wenn er im ersten Quartal des Kalenderjahrs anfällt; er ist dann wiederum dem letzten Entgeltabrechnungszeitraum des Vorjahrs zuzuordnen. Ein auf Grund einer Aktienoption nach dem 31. März zufließender geldwerter Vorteil ist mithin nicht beitragspflichtig.

Kann der geldwerte Vorteil auf Grund einer Aktienoption – wie oben beschrieben – nicht als Arbeitsentgelt aus der Beschäftigung verbeitragt werden, bleibt er im Übrigen auch dann beitragsfrei, wenn er nach dem Ausscheiden aus der Beschäftigung neben dem Bezug einer Betriebsrente zufließt. Der durch die Aktienoption erzielte geldwerte Vorteil stellt keinen Versorgungsbezug dar und kann demzufolge nicht zur Beitragsberechnung herangezogen werden (vgl. Besprechungsergebnis am 26./27.5.1999, BB 1999 S. 1714).

Altersentlastungsbetrag

1. Allgemeines

Den Altersentlastungsbetrag nach § 24a EStG erhalten Steuer- **38** pflichtige, die vor dem Beginn des Kalenderjahres das **64. Lebensjahr** vollendet haben; für 2002 also diejenigen, die **vor dem 2.1.1938** geboren sind. Er beträgt 40 % des Arbeitslohns und der positiven Summe der Einkünfte, die nicht solche aus nichtselbständiger Arbeit sind, höchstens jedoch insgesamt **1 908 €** im Kalenderjahr. Die Regelung soll im Alter bezogene „normale" Einkünfte steuerlich begünstigen. Außer Betracht bleiben daher folgende bereits steuerbegünstigte Bezüge:

– **Versorgungsbezüge** (wegen des Abzugs eines Versorgungs-Freibetrags bis zu 3 072 € im Jahr),

– **Leibrenten** i.S. des § 22 Nr. 1 Satz 3 Buchst. a EStG (wegen der Besteuerung nur mit einem geringen Ertragsanteil).

Der Altersentlastungsbetrag wird auch **Pensionären und Rentnern mit Nebeneinkünften** gewährt, das kann auch „normaler" Arbeitslohn sein, z.B. bei sog. weiterbeschäftigten Rentnern (→ *Rentner* Rz. 2112), bei denen dann allerdings die besondere Lohnsteuertabelle (→ *Lohnsteuertabellen* Rz. 1655) anzuwenden ist. In diesen Fällen kann es dann auch zu einem „Nebeneinander" von Versorgungs-Freibetrag und Altersentlastungsbetrag kommen.

Beispiel:

A, 70 Jahre alt, hat folgende Einkünfte:

Arbeitslohn	30 000 €
(darin enthalten 20 000 € Versorgungsbezüge)	
Einkünfte aus Kapitalvermögen	2 500 €
Verlust aus Vermietung und Verpachtung	500 €

Bemessungsgrundlage für den Altersentlastungsbetrag sind also der „normale" Arbeitslohn von 10 000 € und die positive Summe der Einkünfte von 2 000 €, zusammen also 12 000 €. Der Altersentlastungsbetrag beträgt somit 40 % von 12 000 € = 4 800 €, höchstens jedoch 1 908 €.

Außerdem ist der Versorgungs-Freibetrag von 3 072 € abzusetzen (40 % der Versorgungsbezüge von 20 000 € = 8 000 €, höchstens aber 3 072 €).

Bemessungsgrundlage ist aus Vereinfachungsgründen **„der Arbeitslohn"** ohne Kürzung um irgendwelche Werbungskosten oder Freibeträge. Steuerfreie Zuwendungen bleiben allerdings außer Betracht. Bei **Nettolohnvereinbarungen** ist auf den jeweiligen Bruttolohn „hochzurechnen". Von Arbeitslohn, von dem die Lohnsteuer nach den §§ 40 bis 40 b EStG mit **Pauschsteuersätzen** erhoben wird, darf der Altersentlastungsbetrag nicht abgezogen werden (R 117 Abs. 2 Satz 4 LStR). Werden **sonstige Bezüge** gezahlt, darf der Altersentlastungsbetrag von diesen nur abgezogen werden, soweit er bei der Feststellung des maßgebenden Jahresarbeitslohns noch nicht verbraucht ist. Einzelheiten siehe R 117 Abs. 2 LStR und → *Sonstige Bezüge* Rz. 2232.

Bei der **Zusammenveranlagung** von Ehegatten wird der Altersentlastungsbetrag jedem Ehegatten für die von ihm bezogenen Einkünfte gewährt, sofern er die altersmäßigen Voraussetzungen erfüllt (§ 24a Satz 4 EStG).

Beschränkt einkommensteuerpflichtigen Arbeitnehmern wird der Altersentlastungsbetrag grundsätzlich nicht gewährt (§ 50 Abs. 1 Satz 6 EStG, R 117 Abs. 1 Satz 5 LStR). Eine Ausnahme gilt lediglich für beschränkt steuerpflichtige Arbeitnehmer (insbesondere sog. Grenzpendler), die auf Antrag als unbeschränkt steuerpflichtig nach § 1 Abs. 3 EStG behandelt werden. Ob dies der Fall ist, kann der Arbeitgeber der besonderen Bescheinigung entnehmen, die diese Arbeitnehmer ihrem Arbeitgeber nach § 39c Abs. 4 EStG vorzulegen haben. Einzelheiten siehe → *Steuerpflicht: unbeschränkte auf Antrag* Rz. 2325.

2. Lohnsteuerverfahren

Der Altersentlastungsbetrag wird **nicht** – weder von der Ge- **39** meinde noch vom Finanzamt – **als Freibetrag auf der Lohnsteuerkarte eingetragen**. Der Arbeitgeber muss ihn jedoch **vor**

Anwendung der Lohnsteuertabelle abziehen, wenn der Arbeitnehmer die altersmäßigen Voraussetzungen erfüllt (§ 39b Abs. 2 Satz 2 EStG). Der **Arbeitgeber** muss dies selbständig nach dem auf der Lohnsteuerkarte eingetragenen Geburtsdatum beurteilen.

Vom **laufenden Arbeitslohn** ist höchstens der anteilige Betrag des Altersentlastungsbetrags abzuziehen. Nach R 117 Abs. 1 Sätze 2 und 3 LStR sind nach Abrundung **höchstens monatlich 159 €**, wöchentlich 37,10 € und täglich 5,30 € abzuziehen.

Der dem Lohnzahlungszeitraum entsprechende anteilige Höchstbetrag darf auch dann nicht überschritten werden, wenn in früheren Lohnzahlungszeiträumen desselben Kalenderjahres wegen der geringeren Höhe des Arbeitslohns ein niedrigerer Betrag als der Höchstbetrag berücksichtigt worden ist. Eine **Verrechnung** des in einem Monat **nicht ausgeschöpften Höchstbetrags** mit den die Höchstbeträge übersteigenden Beträgen eines anderen Monats ist nicht zulässig. Eine Ausnahme gilt nur für den Permanenten Lohnsteuer-Jahresausgleich (→ *Permanenter Lohnsteuer-Jahresausgleich* Rz. 1875). Eine Verrechnung ist lediglich beim **Lohnsteuer-Jahresausgleich** des Arbeitgebers oder bei der Veranlagung (→ *Veranlagung von Arbeitnehmern* Rz. 2502) zur Einkommensteuer möglich.

Beispiel:

A, Pensionär, 65 Jahre alt, ist nebenbei für ein Bewachungsunternehmen tätig und erzielt hierfür vom 1. Januar bis 30. Juni einen „normal versteuerten" Arbeitslohn (Lohnsteuerklasse V) von monatlich 350 €, der ab 1. Juli auf monatlich 500 € aufgestockt wird. Der Jahresarbeitslohn beträgt somit 5 100 €.

Der Arbeitgeber hat beim laufenden Lohnsteuerabzug vor Anwendung der Lohnsteuertabelle als Altersentlastungsbetrag abzuziehen

– für die Monate Januar bis Juni monatlich jeweils 140 € (40 % von 350 €), insgesamt also 840 €, und

– für die Monate Juli bis Dezember monatlich jeweils 155 € (40 % von 500 €, höchstens aber 155 €), insgesamt also 930 €.

Eine Übertragung der in den Monaten Januar bis Juni nicht ausgeschöpften Beträge von insgesamt 90 € (155 € – 140 € = 15 € × 6 Monate) auf die Monate Juli bis Dezember ist beim laufenden Lohnsteuerabzug nicht möglich. Während des Jahres wird hiernach nur ein Altersentlastungsbetrag von insgesamt 1 770 € abgezogen.

Der volle Altersentlastungsbetrag von 1 908 € kann erst beim Lohnsteuer-Jahresausgleich des Arbeitgebers berücksichtigt werden:

Jahresarbeitslohn	5 100 €
Altersentlastungsbetrag davon 40 %, höchstens	1 908 €
Maßgebender Jahresarbeitslohn für den Lohnsteuer-Jahresausgleich des Arbeitgebers	3 192 €

Der Altersentlastungsbetrag ist auch beim Lohnsteuerabzug nach der **Steuerklasse VI** zu berücksichtigen. Bei mehreren Dienstverhältnissen kann es somit zu einem mehrfachen Abzug des Altersentlastungsbetrags kommen. Dies wird nach Ablauf des Jahres dadurch korrigiert, dass Arbeitnehmer, die nebeneinander von mehreren Arbeitgebern Arbeitslohn bezogen haben, zur **Einkommensteuer veranlagt** werden (§ 46 Abs. 2 Nr. 2 EStG).

3. Sozialversicherung

40 Der steuermindernde Altersentlastungsbetrag wirkt sich in der Sozialversicherung nicht aus. Bei der Beitragsberechnung ist ein Abzug nicht möglich.

Altersrenten

1. Allgemeines

41 Versicherte erhalten von der gesetzlichen Rentenversicherung eine Altersrente, wenn sie hierzu die persönlichen Voraussetzungen (z.B. Vollendung eines bestimmten Lebensalters) sowie die Mindestversicherungszeit (Wartezeit) erfüllt haben. Altersrenten werden geleistet als

- Regelaltersrente,
- Altersrente für langjährig Versicherte,
- Altersrente für Schwerbehinderte,
- Altersrente wegen Arbeitslosigkeit oder nach Altersteilzeitarbeit,
- Altersrente für Frauen,
- Altersrente für langjährig unter Tage beschäftigte Bergleute.

Daneben besteht ein Anspruch auf Altersrente vor Vollendung des 65. Lebensjahrs nur, wenn bestimmte Hinzuverdienstgrenzen (→ *Hinzuverdienstgrenzen* Rz. 1299) nicht überschritten werden.

Die Möglichkeit, eine Altersrente in Anspruch zu nehmen, soll sich nicht nachteilig auf die Fortsetzung des Arbeitsverhältnisses auswirken. Der Anspruch auf eine Altersrente ist daher für den Arbeitgeber kein Kündigungsgrund. Eine Vereinbarung zwischen Arbeitgeber und Arbeitnehmer, die die Beendigung des Arbeitsverhältnisses ohne Kündigung zu einem Zeitpunkt vorsieht, in dem der Arbeitnehmer vor Vollendung des 65. Lebensjahrs eine Rente wegen Alters beantragen kann, gilt dem Arbeitnehmer gegenüber als auf die Vollendung des 65. Lebensjahrs abgeschlossen. Etwas anderes gilt dann, wenn die Vereinbarung innerhalb der letzten drei Jahre vor diesem Zeitpunkt abgeschlossen oder von dem Arbeitnehmer bestätigt worden ist.

Anspruch auf Altersrente besteht, wenn das maßgebende Lebensalter vollendet ist und die sonstigen Voraussetzungen erfüllt sind. Die Inanspruchnahme der Altersrente kann trotz erfüllter Wartezeit aber auch über das vollendete 65. Lebensjahr hinausgeschoben werden. Dabei ist keine Begrenzung auf ein Höchstalter vorgesehen; die Inanspruchnahme der Altersrente kann damit unbegrenzt hinausgeschoben werden. Wird nach Vollendung des 65. Lebensjahrs eine Altersrente trotz erfüllter Wartezeit nicht in Anspruch genommen, so erhöht sich die Rente für jeden Kalendermonat dieser Nichtinanspruchnahme der Rente. Wird nach Vollendung des 65. Lebensjahrs eine Beschäftigung ausgeübt, ohne dass eine Altersrente als Vollrente in Anspruch genommen wird, sind für diese Beschäftigung Pflichtbeiträge zu entrichten. In diesem Fall führt nicht nur das Hinausschieben der Inanspruchnahme der Altersrente, sondern auch die weitere Beitragsleistung nach Vollendung des 65. Lebensjahrs zu einer Erhöhung des Rentenanspruchs.

2. Lohnsteuer

Steuerpflichtiger Arbeitslohn sind nur die **Pensionen** der Beamten oder an andere Arbeitnehmer vom früheren Arbeitgeber oder aus einer betrieblichen Unterstützungskasse gezahlte **Betriebsrenten, die nicht auf eigener Beitragsleistung des Arbeitnehmers beruhen** (§ 2 Abs. 2 Nr. 2 Satz 2 LStDV). Wenn der Arbeitnehmer das 62. Lebensjahr oder – wenn er Schwerbehinderter ist – das 60. Lebensjahr vollendet hat, bleiben 40 % der Bezüge, höchstens 3 072 € (256 € monatlich) als sog. Versorgungsbezüge (→ *Versorgungsbezüge* Rz. 2560) nach § 19 Abs. 2 EStG steuerfrei (→ *Versorgungs-Freibetrag* Rz. 2565). **42**

Renten aus der gesetzlichen Rentenversicherung (Altersrenten, Witwenrenten, Waisenrenten, Erwerbsunfähigkeitsrenten, Berufsunfähigkeitsrenten) sind **kein Arbeitslohn**, weil das Rentenstammrecht zumindest zum Teil auf eigenen, bereits versteuerten Beiträgen des Arbeitnehmers beruht (§ 2 Abs. 2 Nr. 2 Satz 2 LStDV). Sie sind jedoch mit dem sog. **Ertragsanteil** (= Zinsanteil) als **sonstige Einkünfte steuerpflichtig** (§ 22 Nr. 1 Satz 3 Buchst. a EStG). Auf diese Weise soll nur ein fiktiver Zinsanteil der eingezahlten Rentenbeiträge versteuert werden, nicht aber die zurückgezahlten Beiträge selbst. Die Erfassung erfolgt ggf. im Wege der Veranlagung (→ *Veranlagung von Arbeitnehmern* Rz. 2502). Ausführliche Erläuterungen zur Rentenbesteuerung siehe OFD Frankfurt, Verfügung vom 2.3.1998, FR 1998 S. 703, zuletzt geändert durch Verfügung vom 6.6.2001, NWB 2001 Fach 1 S. 263.

Die **unterschiedliche Besteuerung von Renten und Pensionen** ist erneut Gegenstand von Verfahren beim **Bundesverfassungsgericht** (vgl. zuletzt StEd 1999 S. 719), mit einem Urteil ist in Kürze zu rechnen. Die Finanzverwaltung erlässt insoweit vorläufige Steuerbescheide (BMF-Schreiben vom 22.6.2001, BStBl I 2001 S. 419).

3. Sozialversicherung

43 Bei beschäftigten Rentnern, die eine Vollrente wegen Alters aus der gesetzlichen Rentenversicherung beziehen, ergibt sich folgende versicherungsrechtliche Beurteilung:

a) Kranken- und Pflegeversicherung

44 Beschäftigte Rentner sind in der Kranken- und Pflegeversicherung unabhängig von der bezogenen Rente versicherungspflichtig. Der Arbeitgeber hat wie bei allen anderen Beschäftigten die Beiträge aus dem Arbeitsentgelt zu berechnen. In der Krankenversicherung wird jedoch der ermäßigte Beitragssatz angewandt (→ *Beiträge zur Sozialversicherung* Rz. 438), denn beschäftigte Altersrentner haben keinen Anspruch auf Krankengeld. Hinsichtlich der Beitragstragung gelten die für Arbeitnehmer gültigen Regelungen (→ *Beiträge zur Sozialversicherung* Rz. 438). Sofern die Beschäftigung **geringfügig** ausgeübt wird (→ *Geringfügig Beschäftigte* Rz. 1115), besteht in der Kranken- und Pflegeversicherung Versicherungsfreiheit. Bei Rentnern, die eine geringfügige Beschäftigung i.S. des § 8 Abs. 1 Nr. 1 SGB IV ausüben und somit krankenversicherungsfrei sind, hat der Arbeitgeber einen Beitragsanteil in Höhe von 10 % zu übernehmen (→ *Beiträge zur Sozialversicherung* Rz. 443). Diese Regelung gilt vom 1.4.1999 an. In der Regel ist der Rentner durch eine Pflichtversicherung in der Krankenversicherung der Rentner ausreichend für den Fall der Krankheit und der Pflegebedürftigkeit versichert. Besteht die Versicherungsfreiheit in der Krankenversicherung, weil der Rentner ein Arbeitsentgelt erhält, das die Jahresarbeitsentgeltgrenze in der Krankenversicherung überschreitet, tritt in der Krankenversicherung der Rentner keine Versicherungspflicht ein. In diesem Fall müsste sich der beschäftigte Rentner in der gesetzlichen Krankenversicherung **freiwillig versichern**. Dann besteht jedoch ein Anspruch auf Beitragszuschuss zur Kranken- und Pflegeversicherung (→ *Beitragszuschuss zur Krankenversicherung* Rz. 500; → *Pflegeversicherung* Rz. 1879).

b) Rentenversicherung

45 Arbeitnehmer, die bereits eine **Vollrente wegen Alters** aus der gesetzlichen Rentenversicherung beziehen, sind während einer abhängigen Beschäftigung **rentenversicherungsfrei** (§ 5 Abs. 4 Nr. 1 SGB IV; siehe → *Rentner* Rz. 2112).

(SV)

Aus arbeitsmarktpolitischen Gründen hat aber der Arbeitgeber dennoch seinen Arbeitgeberanteil zur Rentenversicherung zu entrichten. In der Anmeldung hat der Arbeitgeber dies entsprechend zu kennzeichnen (Beitragsgruppe 3 bzw. 4 in der Gruppe „Rentenversicherung"). Vgl. auch → *Meldungen für Arbeitnehmer in der Sozialversicherung* Rz. 1699.

Bei **Rentnern**, die eine **geringfügige Beschäftigung** i.S. des § 8 Abs. 1 Nr. 1 SGB IV ausüben und somit rentenversicherungsfrei sind, hat der Arbeitgeber einen Beitragsanteil in Höhe von 12 % zu übernehmen (→ *Beiträge zur Sozialversicherung* Rz. 443). Diese Regelung gilt vom 1.4.1999 an.

Bezieher einer **Teilrente wegen Alters** sind hingegen nicht rentenversicherungsfrei. Durch die vorgesehene Weiterbeschäftigung während eines gekürzten Rentenbezuges kann der Teilrentner durch weitere Beitragsleistungen gegebenenfalls seine bisherigen Rentenansprüche steigern.

c) Arbeitslosenversicherung

46 Beschäftigte Rentner sind grundsätzlich auch arbeitslosenversicherungspflichtig, wenn sie eine Vollzeitbeschäftigung ausüben. Bei einer wöchentlichen Arbeitszeit unter 15 Stunden und einem monatlichem Arbeitsentgelt bis zu 325 € besteht wegen Geringfügigkeit jedoch Arbeitslosenversicherungsfreiheit. Hat der Rentner das 65. Lebensjahr vollendet, ist generell Versicherungsfreiheit gegeben (siehe → *Beiträge zur Sozialversicherung* Rz. 469). Allerdings hat der Arbeitgeber wie in der Rentenversicherung den halben Anteil (Arbeitgeberanteil) zur Arbeitslosenversicherung zu entrichten.

(SV)

Altersteilzeitgesetz

1. Allgemeines

47 Aus arbeitsmarktpolitischen Gründen fördert der Gesetzgeber auf Grund verschiedener gesetzlicher Regelungen den gleitenden Übergang von älteren Arbeitnehmern in den Ruhestand. Grundprinzip dieser Regelung ist die Unterstützung von tarifvertraglichen Vereinbarungen durch die Bundesanstalt für Arbeit. Das **Vorruhestandsgesetz** war bis zum 31.12.1988 befristet. Der Gesetzgeber hat zu Gunsten der Altersteilzeit von einer Nachfolgeregelung abgesehen. Mit dem **Altersteilzeitgesetz** vom 20.12.1988 hat der Gesetzgeber gleichartigen Ersatz geschaffen. Dieses ist mit In-Kraft-Treten des neuen Altersteilzeitgesetzes 1996 (AtG) am 1.8.1996 außer Kraft getreten.

Mit den beiden Gesetzen zur Fortentwicklung der Altersteilzeit vom 20.12.1999 (BGBl. I 1999 S. 2494) und vom 27.6.2000 (BGBl. I 2000 S. 910), die zum 1.1.2000 bzw. zum 1.7.2000 in Kraft getreten sind, wurde das Altersteilzeitgesetz verändert bzw. den neuen Rahmenbedingungen angepasst. Mit diesen Änderungen hat der Gesetzgeber die Erfahrungen aus der Praxis und die Vorstellungen der Sozialpartner umgesetzt.

Das Altersteilzeitverhältnis ist ein **Arbeitsverhältnis**. Es kann als normales Teilzeitarbeitsverhältnis, mit **Blockarbeitszeit**, aber **auch** als **Abrufarbeitsverhältnis** oder in **Jobsharing** ausgestaltet werden. In der Altersteilzeitvereinbarung kann vorgesehen werden, dass es enden soll, wenn der Arbeitnehmer Anspruch auf Rente nach der Altersteilzeit hat (§ 8 Abs. 3 AtG).

Nach einer Entscheidung des LAG Hamm (Urteil vom 23.3.2001, DB 2001 S. 1890, Revision eingelegt, Az. beim BAG: 9 AZR 349/01) soll ein Arbeitsverhältnis **nicht rückwirkend** in ein Altersteilzeit-Arbeitsverhältnis umgewandelt werden können.

2. Begünstigter Personenkreis

48 Das neue Altersteilzeitgesetz sieht **Förderleistungen der Bundesanstalt für Arbeit** vor, **wenn** Arbeitnehmer, die

– das 55. Lebensjahr vollendet haben,

– nach dem 14.2.1996 und spätestens bis zum 31.12.2009 auf Grund einer Vereinbarung mit dem Arbeitgeber, die sich zumindest auf die Zeit erstrecken muss, bis eine Rente wegen Alters beansprucht werden kann, ihre Arbeitszeit auf die Hälfte der bisherigen wöchentlichen Arbeitszeit vermindert haben, in dieser Beschäftigung versicherungspflichtig nach den Vorschriften des Dritten Buches Sozialgesetzbuch (SGB III) sind und

– in den letzten fünf Jahren vor Beginn der Altersteilzeitarbeit mindestens 1080 Kalendertage in einer arbeitslosenversicherungspflichtigen Beschäftigung gestanden haben. Den Beschäftigungszeiten stehen u.a. Zeiten mit Anspruch auf Arbeitslosengeld oder Arbeitslosenhilfe gleich.

Die Altersteilzeitarbeit kann auch in der Weise geleistet werden, dass die wöchentliche Arbeitszeit im Durchschnitt eines Zeitraums von bis zu drei Jahren oder bei Regelung in einem Tarifvertrag oder in einer Regelung der Kirchen und der öffentlich-rechtlichen Religionsgesellschaften im Durchschnitt eines Zeitraums von bis zu sechs Jahren die Hälfte der bisherigen wöchentlichen Arbeitszeit nicht überschreitet. In einem solchen Blockzeitmodell werden in aller Regel zwei gleich große Zeitblöcke gebildet (eine Arbeitsphase und eine sich hieran anschließende Freizeitphase von entsprechender Dauer). Auch in diesem Fall muss während der gesamten Dauer der Altersteilzeitarbeit eine versicherungspflichtige Beschäftigung nach den Vorschriften des SGB III gewährleistet sein.

Nicht tarifgebundene Arbeitgeber **im Geltungsbereich** eines Tarifvertrags zur Altersteilzeit können diese tarifvertragliche Regelung zur Altersteilzeit durch Betriebsvereinbarung bzw. in Betrieben ohne Betriebsrat einzelvertraglich übernehmen. Lässt der Tarifvertrag Regelungen über Altersteilzeitarbeit auf der Betriebsebene zu (Öffnungsklausel), können entsprechende Regelungen auch in Betrieben nicht tarifgebundener Arbeitgeber auf der Grundlage eines übernommenen Tarifvertrags durch Betriebsvereinbarung getroffen werden. In einem Bereich, in dem tarifvertragliche Regelungen zur Verteilung der Arbeitszeit nicht getroffen sind oder üblicherweise nicht getroffen werden, kann eine Regelung über die unterschiedliche Verteilung der Arbeitszeit mit einem Verteilzeitraum von mehr als drei und bis zu zehn Jahren durch eine Betriebsvereinbarung oder, wenn ein Betriebsrat nicht besteht, durch schriftliche Vereinbarung zwischen Arbeitgeber und Arbeitnehmer getroffen werden.

Sieht die Vereinbarung über die Altersteilzeit unterschiedliche wöchentliche Arbeitszeiten oder eine unterschiedliche Verteilung der wöchentlichen Arbeitszeit über einen Zeitraum von mehr als sechs Jahren vor, ist die Voraussetzung für die Altersteilzeitarbeit i.S. des § 2 Abs. 1 Nr. 2 AtG erfüllt, wenn die wöchentliche Arbeitszeit im Durchschnitt eines Zeitraums von sechs Jahren, der innerhalb des Gesamtzeitraums der vereinbarten Altersteilzeitarbeit liegt, die Hälfte der bisherigen wöchentlichen Arbeitszeit nicht überschreitet.

Hierbei wird **vorausgesetzt**, dass das Arbeitsentgelt für die Altersteilzeitarbeit sowie der Aufstockungsbetrag nach dem Altersteilzeitgesetz fortlaufend gezahlt werden. Dabei darf die Höhe des für das letzte Jahr der Arbeitsphase und des für die Freistellung monatlich fälligen Arbeitsentgelts nicht unangemessen voneinander abweichen (§ 7 Abs. 1a Nr. 2 SGB IV).

3. Wiederbesetzung des Arbeitsplatzes und Aufstockungsbetrag

49 Der Arbeitgeber erhält von der Bundesanstalt für Arbeit Förderleistungen, wenn der frei gemachte oder durch Umsetzung frei gewordene Arbeitsplatz **mit einem beim Arbeitsamt arbeitslos gemeldeten Arbeitnehmer oder mit einem Arbeitnehmer nach Abschluss der Ausbildung wieder besetzt wird (Junktim-Regelung)**. Die Förderleistungen können auch Arbeitgeber erhalten, die einen **Auszubildenden** einstellen. Dies gilt jedoch nur, wenn der Arbeitgeber i.d.R. nicht mehr als 50 Arbeitnehmer (Auszubildende und schwerbehinderte Menschen zählen nicht mit) beschäftigt. Die Wiederbesetzung (bzw. die Beschäftigung eines Auszubildenden) muss stets aus Anlass des Übergangs des älteren Arbeitnehmers in die Altersteilzeit erfolgen.

Außerdem hat der Arbeitgeber auf Grund eines Tarifvertrags, einer Regelung der Kirchen und der öffentlich-rechtlichen Religionsgesellschaften, einer Betriebsvereinbarung oder einer Vereinbarung mit dem Arbeitnehmer das Arbeitsentgelt für die Altersteilzeitarbeit um mindestens 20 % dieses Arbeitsentgelts, jedoch auf mindestens 70 % des Nettoarbeitsentgelts, das der Arbeitnehmer ohne die Altersteilzeit erhalten würde **(Mindestnettobetrag), aufzustocken** und für den Arbeitnehmer Beiträge zur gesetzlichen Rentenversicherung mindestens in Höhe des Betrags zu entrichten, der auf den Unterschiedsbetrag zwischen 90 % des auf die Beitragsbemessungsgrenze begrenzten bisherigen Arbeitsentgelts und dem Arbeitsentgelt für die Altersteilzeit entfällt. Nach einer Entscheidung des LAG Bremen (Urteil vom 22.3.2001, DB 2001 S. 1785, Revision eingelegt, Az. beim BAG: 9 AZR 298/01) soll bei einem auf 82 % vereinbarten Mindestnettobetrag der Arbeitgeber nicht verpflichtet sein, einen sich bei der Jahresberechnung nach § 32b EStG ergebenden **Progressionsschaden** zu ersetzen.

Die **Bundesanstalt für Arbeit erstattet** dem Arbeitgeber für längstens sechs Jahre den **Aufstockungsbetrag in Höhe von 20 %** des für die Altersteilzeit gezahlten Arbeitsentgelts (und ggf. den zusätzlichen Aufstockungsbetrag zur Erreichung des Mindestnettobetrages) sowie die Aufwendungen für die Beiträge zur gesetzlichen Rentenversicherung in Höhe des Betrags, der auf den Unterschiedsbetrag zwischen 90 % des bisherigen Arbeitsentgelts und dem Arbeitsentgelt für die Altersteilzeitarbeit entfällt.

Die Mindestnettobeträge nach dem Altersteilzeitgesetz gibt das Bundesministerium für Arbeit und Sozialordnung jeweils für ein Kalenderjahr durch Rechtsverordnung (Mindestnettobetrags-Verordnung) bekannt.

4. Lohnsteuer

a) Allgemeine Grundsätze

50 Nach § 3 Nr. 28 EStG sind steuerfrei und gehören damit auch nicht zum sozialversicherungsrechtlichen Entgelt

– **die Aufstockungsbeträge** i.S. des § 3 Abs. 1 Nr. 1 Buchst. a AtG,

– **die zusätzlichen Beiträge zur gesetzlichen Rentenversicherung** i.S. des § 3 Abs. 1 Nr. 1 Buchst. b AtG,

– Zahlungen des Arbeitgebers zur Übernahme der Beiträge i.S. des § 187a SGB VI, durch die **Rentenminderungen bei vorzeitiger Inanspruchnahme der Altersrente vermieden** werden sollen. Die Steuerfreiheit ist auf **50 %** der insgesamt geleisteten zusätzlichen Rentenversicherungsbeiträge **begrenzt**, weil auch Pflichtbeiträge des Arbeitgebers zur gesetzlichen Rentenversicherung nur zu 50 % des Gesamtbeitrags steuerfrei sind,

– **Zuschläge**, die **versicherungsfrei Beschäftigte** i.S. des § 27 Nr. 1 bis 3 SGB III zur Aufstockung der Bezüge bei Altersteilzeit nach beamtenrechtlichen Vorschriften oder Grundsätzen erhalten. Diese Regelung gilt nicht nur für **Beamte und Richter**, sondern für alle versicherungsfrei Beschäftigten mit beamtenähnlichem Status, z.B. **Kirchenbeamte und Pfarrer** (für Letztere gilt dies im Billigkeitswege bereits für das Jahr 2001, siehe OFD München, Verfügung vom 10.4.2001, DStZ 2001 S. 644),

wenn die Voraussetzungen des § 2 AtG, z.B. Vollendung des 55. Lebensjahres, Verringerung der tariflichen regelmäßigen wöchentlichen Arbeitszeit auf die Hälfte, vorliegen. Die Vereinbarung über die Arbeitszeitverminderung muss sich zumindest auf die Zeit erstrecken, bis der Arbeitnehmer eine Rente wegen Alters beanspruchen kann. Dafür ist nicht erforderlich, dass diese Rente ungemindert ist. Der frühestmögliche Zeitpunkt, zu dem eine Altersrente in Anspruch genommen werden kann, ist die Vollendung des 60. Lebensjahrs. Die Steuerfreiheit kommt **nicht** mehr in Betracht mit Ablauf des Kalendermonats, in dem der Arbeitnehmer die Altersteilzeit beendet oder das 65. Lebensjahr vollendet hat (§ 5 Abs. 1 Nr. 1 AtG); vgl. dazu R 18 Abs. 1 LStR.

Die Leistungen sind auch dann steuerfrei, wenn der Förderanspruch des Arbeitgebers an die Bundesanstalt für Arbeit nach § 5

Abs. 1 Nr. 2 und 3, Abs. 2 bis 4 AtG erlischt, nicht besteht oder ruht, z.B. wenn der frei gewordene **Voll- oder Teilarbeitsplatz nicht wieder besetzt** wird. Durch eine vorzeitige Beendigung der Altersteilzeit (Störfall) ändert sich der Charakter der bis dahin erbrachten Arbeitgeberleistungen nicht, weil das Altersteilzeitgesetz keine Rückzahlung vorsieht. Die Steuerfreiheit der Aufstockungsbeträge bleibt daher bis zum Eintritt des Störfalls erhalten (R 18 Abs. 2 LStR).

Voraussetzung für die Steuerfreiheit ist, dass der Arbeitgeber das Arbeitsentgelt für die Altersteilzeit um **mindestens 20 %** dieses Arbeitsentgelts, jedoch auf **mindestens 70 %** des um die gesetzlichen Abzüge, die bei Arbeitnehmern gewöhnlich anfallen, verminderten **bisherigen Arbeitsentgelts aufstockt** (§ 3 Abs. 1 Nr. 1a AtG). Als „Aufstockungsbeträge" gezahlte Leistungen des Arbeitgebers, die **unterhalb** dieses im Altersteilzeitgesetz geforderten Mindestbetrags liegen, können **nicht** nach § 3 Nr. 28 EStG steuerfrei belassen werden.

Die Leistungen des Arbeitgebers nach § 3 Abs. 1 Nr. 1 AtG sind auch dann steuerfrei, wenn sie über einen Zeitraum von bis zu **zehn Jahren** erbracht werden (vgl. BMF-Schreiben vom 10.6.1998, DB 1998 S. 1306).

Werden Arbeitnehmeransprüche aus Altersteilzeitarbeitsverhältnissen vom Arbeitgeber gegen **Insolvenzrisiken** gesichert, so führt die Insolvenzsicherung nicht zu einem geldwerten Vorteil beim Arbeitnehmer (BMF-Schreiben vom 13.2.1998, Lohnsteuer-Handausgabe 2001 S. 80).

b) Höhere Mindestbeträge

51 Aufstockungsbeträge und zusätzliche Beiträge zur gesetzlichen Rentenversicherung sind **auch steuerfrei,** soweit der Arbeitgeber z.B. auf Grund tarifvertraglicher Regelungen **höhere Mindestbeträge** als im Altersteilzeitgesetz vorgesehen zahlt. Dies gilt jedoch nur, soweit die Aufstockungsbeträge zusammen mit dem während der Altersteilzeit bezogenen Nettoarbeitslohn monatlich **100 % des maßgebenden Arbeitslohns nicht übersteigen.** Maßgebend ist bei **laufendem Arbeitslohn** der Nettoarbeitslohn, den der Arbeitnehmer im jeweiligen Lohnzahlungszeitraum ohne Altersteilzeit üblicherweise erhalten hätte. Bei **sonstigen Bezügen** ist auf den unter Berücksichtigung des nach R 119 Abs. 3 LStR ermittelten voraussichtlichen Jahresnettoarbeitslohn unter Einbeziehung der sonstigen Bezüge bei einer unterstellten Vollzeitbeschäftigung abzustellen. Unangemessene Erhöhungen vor oder während der Altersteilzeit sind dabei nicht zu berücksichtigen (R 18 Abs. 3 Sätze 1 bis 4 LStR).

Beispiel 1 (laufend gezahlter Aufstockungsbetrag):

Ein Arbeitnehmer mit einem monatlichen Vollzeit-Bruttogehalt in Höhe von 8 750 € nimmt von der Vollendung des 62. bis zur Vollendung des 64. Lebensjahrs Altersteilzeit in Anspruch. Danach scheidet er aus dem Arbeitsverhältnis aus.

Der Mindestaufstockungsbetrag nach § 3 Abs. 1 Nr. 1 Buchst. a AtG beträgt 875 €. Der Arbeitgeber gewährt eine weitere freiwillige Aufstockung in Höhe von 3 000 € (Aufstockungsbetrag insgesamt 3 875 €). Der steuerfreie Teil des Aufstockungsbetrags ist wie folgt zu ermitteln:

a) Ermittlung des maßgebenden Arbeitslohns
Bruttoarbeitslohn bei fiktiver Vollarbeitszeit	8 750 €
⁒ gesetzliche Abzüge (Lohnsteuer, Solidaritätszuschlag, Kirchensteuer, Sozialversicherungsbeiträge)	3 750 €
= maßgebender Nettoarbeitslohn	5 000 €

b) Vergleichsberechnung
Bruttoarbeitslohn bei Altersteilzeit	4 375 €
⁒ gesetzliche Abzüge (Lohnsteuer, Solidaritätszuschlag, Kirchensteuer, Sozialversicherungsbeiträge)	1 725 €
= Zwischensumme	2 650 €
+ Mindestaufstockungsbetrag	875 €
+ freiwilliger Aufstockungsbetrag	3 000 €
= Nettoarbeitslohn	6 525 €

Durch den freiwilligen Aufstockungsbetrag von 3 000 € ergäbe sich ein Nettoarbeitslohn bei der Altersteilzeit, der den maßgebenden Nettoarbeitslohn um 1 525 € übersteigen würde. Demnach sind steuerfrei:

Mindestaufstockungsbetrag		875 €
+ freiwilliger Aufstockungsbetrag abzgl.	3 000 € 1 525 €	1 475 €
= steuerfreier Aufstockungsbetrag		2 350 €

c) Abrechnung des Arbeitgebers
Bruttoarbeitslohn bei Altersteilzeit	4 375 €
+ steuerpflichtiger Aufstockungsbetrag	1 525 €
= steuerpflichtiger Arbeitslohn	5 900 €
⁒ gesetzliche Abzüge (Lohnsteuer, Solidaritätszuschlag, Kirchensteuer, Sozialversicherungsbeiträge)	2 300 €
= Zwischensumme	3 600 €
+ steuerfreier Aufstockungsbetrag	2 350 €
= Nettoarbeitslohn	5 950 €

Beispiel 2 (sonstiger Bezug als Aufstockungsbetrag):

Ein Arbeitnehmer in Altersteilzeit hätte bei einer Vollzeitbeschäftigung Anspruch auf ein monatliches Bruttogehalt in Höhe von 4 000 € sowie im März auf einen sonstigen Bezug (Ergebnisbeteiligung) in Höhe von 1 500 € (brutto).

Nach dem Altersteilzeitvertrag werden im März 2002 folgende Beträge gezahlt:

– laufendes Bruttogehalt	2 000 €
– laufende steuerfreie Aufstockung (einschließlich freiwilliger Aufstockung des Arbeitgebers)	650 €
– Brutto-Ergebnisbeteiligung (50 % der vergleichbaren Vergütung auf Basis einer Vollzeitbeschäftigung)	750 €
– Aufstockungsleistung auf die Ergebnisbeteiligung	750 €

a) Ermittlung des maßgebenden Arbeitslohns
jährlicher laufender Bruttoarbeitslohn bei fiktiver Vollarbeitszeitbeschäftigung	48 000 €
+ sonstiger Bezug bei fiktiver Vollzeitbeschäftigung	1 500 €
⁒ gesetzliche jährliche Abzüge (Lohnsteuer, Solidaritätszuschlag, Kirchensteuer, Sozialversicherungsbeiträge)	18 100 €
= maßgebender Jahresnettoarbeitslohn	31 400 €

b) Vergleichsberechnung
jährlich laufender Bruttoarbeitslohn bei Altersteilzeit	24 000 €
+ steuerpflichtiger sonstiger Bezug bei Altersteilzeit	750 €
⁒ gesetzliche jährliche Abzüge (Lohnsteuer, Solidaritätszuschlag, Kirchensteuer, Sozialversicherungsbeiträge)	6 000 €
= Zwischensumme	18 750 €
+ Aufstockung Ergebnisbeteiligung	750 €
= Jahresnettoarbeitslohn	19 500 €

Durch die Aufstockung des sonstigen Bezugs wird der maßgebende Jahresnettoarbeitslohn von 31 400 € nicht überschritten. Demnach kann die Aufstockung des sonstigen Bezugs (im Beispiel: Aufstockung der Ergebnisbeteiligung) in Höhe von 750 € insgesamt steuerfrei bleiben.

c) Verfahrensfragen

52 Die **Aufstockungsbeträge** sowie die **Zuschläge an Beamte** – nicht also die zusätzlichen Beiträge zur Rentenversicherung – unterliegen dem **Progressionsvorbehalt** nach § 32b Abs. 1 Nr. 1 Buchst. g EStG und werden ggf. im Rahmen einer Einkommensteuerveranlagung nach § 46 Abs. 2 Nr. 1 EStG erfasst (→ *Veranlagung von Arbeitnehmern* Rz. 2503). Der Arbeitgeber hat daher diese Leistungen sowohl im **Lohnkonto** (§ 41 Abs. 1 EStG) als auch auf der **Lohnsteuerkarte** (Zeile 15 der Rückseite) gesondert einzutragen (§ 41b Abs. 1 Satz 2 Nr. 4 EStG); außerdem darf er in diesen Fällen **keinen Lohnsteuer-Jahresausgleich** durchführen (§ 42b Abs. 1 Satz 2 Nr. 4 EStG).

d) Störfälle

53 Bei Altersteilzeit im **Blockmodell** arbeitet der Arbeitnehmer in der ersten Hälfte des Altersteilzeitarbeitsverhältnisses in Vollzeit (**Arbeitsphase**) und erwirbt so den Anspruch auf vollständige Freistellung in der zweiten Hälfte (**Freistellungsphase**). In bestimmten Fällen kann es zu einem **vorzeitigen Ende des Arbeitsverhältnisses** kommen („Störfall"). In Betracht kommen z.B. folgende Sachverhalte:

– Kündigung

– vorzeitige Verrentung oder

– Tod des Arbeitnehmers.

Bei einem Störfall erhält der Arbeitnehmer bzw. seine Hinterbliebenen für die in der Arbeitsphase vorerbrachte Arbeitsleistung den **Unterschiedsbetrag** zwischen den Bezügen, die er tatsächlich erhalten hat und den Bezügen, die der Arbeitnehmer für den Zeitraum seiner tatsächlichen (Vollzeit-)Beschäftigung erhalten hätte, wenn kein Altersteilzeitarbeitsverhältnis vereinbart worden wäre.

Beispiel:

Ein Arbeitnehmer, der zwei Jahre Altersteilzeit im Blockmodell leisten wollte, verstirbt bereits nach Ablauf von sechs Monaten Altersteilzeit noch während der Arbeitsphase. Sein Teilzeitbrutto betrug monatlich 2 500 €, der Aufstockungsbetrag 800 €, die zusätzlichen Rentenversicherungsbeiträge 406 € und das Vollzeitbrutto 5 000 €.

Der Nachzahlungsbetrag berechnet sich wie folgt:

Fiktive Bezüge für den Zeitraum der tatsächlichen Beschäftigung, die ohne Eintritt der Altersteilzeit erzielt worden wären (6 × 5 000 €)	30 000 €
⊘ erhaltene Bezüge während der Altersteilzeit (6 × 2 500 €)	15 000 €
⊘ erhaltene Aufstockungsleistungen während der Altersteilzeit (6 × 800 € + 6 × 406 €)	7 236 €
= Nachzahlungsbetrag	7 764 €

Steuerlich gilt Folgendes (vgl. BMF-Schreiben vom 28.3.2000, NWB 2000 Fach 1 S. 124, sowie R 18 Abs. 2 Sätze 2 und 3 LStR):

– **Nachzahlungen**, die keine Aufstockungsbeträge i.S. des § 3 Nr. 28 EStG sind, sind unabhängig von dem Grund der Beendigung dieses Arbeitsverhältnisses steuerpflichtiger **Arbeitslohn.**

– Die für den Zeitraum bis zur vorzeitigen Beendigung der Altersteilzeit gezahlten **Aufstockungsbeträge** sowie die Beiträge und Aufwendungen i.S. des § 3 Abs. 1 Nr. 1 Buchst. b und des § 4 Abs. 2 AtG sind nach § 3 Nr. 28 EStG **steuerfrei.**

– Zahlt der Arbeitgeber auf Grund der Auflösung der in der Arbeitsphase angesparten und in der Freistellungsphase noch nicht verbrauchten Wertguthaben i.S. der Sozialversicherung **Beiträge zur Renten-, Arbeitslosen-, Kranken- oder Pflegeversicherung** nach (§ 7 Abs. 1a i.V.m. § 23b Abs. 2 SGB IV, sog. **Krebsgang**), sind diese Beitragsanteile des Arbeitgebers am Gesamtsozialversicherungsbeitrag nach Maßgabe des § 3 Nr. 62 EStG **steuerfrei.** Für Arbeitnehmer, die von der Versicherungspflicht in der gesetzlichen Rentenversicherung befreit sind oder die freiwillig in der gesetzlichen Kranken- bzw. Pflegeversicherung versichert oder privat kranken- bzw. pflegeversichert sind, wird auf R 24 LStR hingewiesen.

Soweit für den steuerpflichtigen Arbeitslohn die Voraussetzungen des § 34 Abs. 2 Nr. 4 EStG vorliegen, ist eine **ermäßigte Besteuerung** als außerordentliche Einkünfte möglich (→ *Entschädigungen* Rz. 881).

e) Sachbezüge als steuerfreie Aufstockungsbeträge

54 Aufstockungsbeträge, die in Form von **Sachbezügen** gewährt werden, sind steuerfrei, wenn die Aufstockung betragsmäßig in Geld festgelegt und außerdem vereinbart ist, dass der Arbeitgeber an Stelle der Geldleistung Sachbezüge erbringen darf (R 18 Abs. 3 Satz 5 LStR).

Beispiel:

Die allgemeine Dienstwagenregelung eines Arbeitgebers sieht vor, dass dieser bestimmten Mitarbeitern ein Kraftfahrzeug zur dienstlichen und privaten Nutzung zur Verfügung stellt. Das Kraftfahrzeug ist zurückzugeben, wenn der Mitarbeiter dazu vom Arbeitgeber aufgefordert wird, weil z.B. dienstliche Gründe für die Überlassung entfallen sind. Bei Arbeitnehmern, deren Arbeitsverhältnis als Altersteilzeitarbeitsverhältnis im Blockmodell durchgeführt wird, entfallen dienstliche Gründe für die Dienstwagenüberlassung mit Ablauf der Arbeitsphase. Das Kraftfahrzeug wäre daher nach den allgemeinen Grundsätzen zurückzugeben. Durch den Altersteilzeitvertrag wird den betroffenen Arbeitnehmern indes der Anspruch auf die Nutzungsüberlassung des Dienstwagens (nur) für Privatfahrten auch für die Dauer der Freistellungsphase eingeräumt.

Der **Arbeitgeber** vertritt die Auffassung, dass in der Arbeitsphase die geldwerten Vorteile nach § 8 Abs. 2 EStG zu ermitteln und dem steuerpflichtigen Arbeitslohn zuzurechnen sind, weil insoweit die Überlassung eines Dienstwagens den Regelungen bei „normalen" Teilzeitbeschäftigten entspricht. Demgegenüber führt nach Auffassung des Arbeitgebers der aus dem Altersteilzeitvertrag resultierende Anspruch auf die Nutzung eines Dienstwagens für Privatfahren während der Freistellungsphase zu einem Aufstockungsbetrag i.S. des § 3 Abs. 1 Nr. 1 Buchst. a AtG, der nach § 3 Nr. 28 EStG steuerfrei zu belassen ist.

Nach Auffassung der **Finanzverwaltung** handelt es sich bei Sachbezügen, die der Arbeitgeber während der Freistellungsphase im Blockmodell erhält, grundsätzlich um Arbeitsentgelt, das für die Erbringung der Arbeitsleistung im Rahmen der Altersteilzeitarbeit geschuldet wird und daher selbst als

Arbeitsentgelt für die Altersteilzeitarbeit i.S. des § 3 Abs. 1 Nr. 1 Buchst. a AtG der Aufstockungspflicht unterliegt. Damit können **Zuwendungen dieser Art nicht selbst Aufstockungsbeträge** sein. Ein geldwerter Vorteil, der einem Arbeitnehmer dadurch entsteht, dass ihm der Arbeitgeber ein Fahrzeug zur privaten Nutzung in der Freistellungsphase des Blockzeitmodells überlässt, kann nur dann als **Aufstockungsbetrag** angesehen werden, wenn in der **vertraglichen Abrede** ausdrücklich geregelt ist, dass der Aufstockungsbetrag i.S. des § 3 Abs. 1 Nr. 1 Buchst. a AtG ganz oder teilweise **nicht in Geld, sondern in Form der Nutzungsüberlassung** gewährt werden soll.

Im Beispielsfall ist die Regelung im Altersteilzeitvertrag, den betroffenen Arbeitnehmern den Anspruch auf Nutzungsüberlassung des Dienstwagens für Privatfahrten auch für die Dauer der Freistellungsphase einzuräumen, allerdings in diesem Zusammenhang nicht ausreichend. Das bedeutet, dass die Überlassung des Dienstwagens in der Freistellungsphase nicht steuerfrei nach § 3 Nr. 28 EStG ist.

Soweit ein Sachbezug bei entsprechender vertraglicher Gestaltung als steuerfreier Aufstockungsbetrag anzusehen ist, richtet sich die **Bewertung des Sachbezugs** nach der Sachbezugsverordnung. Diese verweist für die Bewertung sonstiger Bezüge auf die einschlägigen steuerrechtlichen Vorschriften. Als steuerfreier Aufstockungsbetrag ist daher der Betrag anzusehen, der nach § 8 Abs. 2 bzw. Abs. 3 EStG der Steuerpflicht unterliegen würde.

f) Zuschläge für Sonntags-, Feiertags- und Nachtarbeit

Arbeitnehmer, die Altersteilzeitarbeit im Blockmodell leisten, er- **55** halten auch Zuschläge für Sonntags-, Feiertags- und Nachtarbeit. Diese Zuschläge werden in der Arbeitsphase nicht in voller Höhe ausgezahlt, sondern nur zur Hälfte. Die andere Hälfte wird erst in der Freistellungsphase ausgezahlt.

Hier stellt sich die Frage, ob die hälftige Auszahlung der Zuschläge in der Freistellungsphase unter Wahrung der Steuerfreiheit möglich ist, denn die Steuerfreiheit von Zuschlägen für Sonntags-, Feiertags- und Nachtarbeit kommt in den Grenzen des § 3b EStG nur in Betracht, wenn der Arbeitnehmer

– zu den begünstigen Zeiten
– tatsächlich gearbeitet hat.

Nach Auffassung der obersten Finanzbehörden (BMF-Schreiben vom 2.12.1999 – IV A 5 – S 2290 – 51/99 II) bleibt die Steuerfreiheit dem Grunde nach begünstigter Zuschläge i.S. von § 3b EStG bei Aufteilung in Arbeits- und Freistellungsphase bei Altersteilzeit erhalten. Voraussetzung für die Steuerfreiheit ist jedoch, dass vor der Leistung der begünstigten Arbeit bestimmt wird, dass ein steuerfreier Zuschlag – ggf. teilweise – auf ein Zeitkonto genommen und getrennt ausgewiesen wird.

g) Steuerfreiheit der Zinsen nach § 3b EStG

Werden die dem Grunde nach begünstigten Zuschläge i.S. von **56** § 3b EStG während der Arbeitsphase bestimmungsgemäß auf ein **Zeitkonto** genommen, getrennt ausgewiesen und erst in der Freistellungsphase ausgezahlt, stellt sich die Frage, ob die Verzinsung der Sonntags-, Feiertags- und Nachtzuschläge ebenfalls unter § 3b EStG fällt und somit ebenfalls steuerfrei ist.

Nach Auffassung der obersten Finanzbehörden (BMF-Schreiben vom 27.4.2000, DB 2000 S. 1000) ist die Verzinsung steuerfreier Zuschläge, die auf ein Zeitkonto genommen und getrennt ausgewiesen werden, aus nachfolgenden Gründen **nicht steuerfrei:**

– Nach § 3b EStG sind nur Zuschläge, die für **tatsächlich geleistete** Sonntags-, Feiertags- oder Nachtarbeit neben dem Grundlohn gezahlt werden, innerhalb bestimmter Grenzen steuerfrei. Werden diese Zuschläge im Rahmen der Altersteilzeit – ggf. teilweise – auf ein Zeitkonto genommen und wegen der Auszahlung in der Freistellungsphase verzinst, so hat die Verzinsung ihre alleinige Ursache in der späteren Auszahlung. Sie stellt folglich keine Vergütung für tatsächlich geleistete Sonntags-, Feiertags- oder Nachtarbeit dar, so dass bereits aus diesem Grund § 3b EStG nicht anzuwenden ist.

– Außerdem werden häufig Zuschläge in Höhe der gesetzlich festgelegten Grenzen oder darüber hinaus gezahlt. Könnte auch die Verzinsung nach § 3b EStG steuerfrei belassen werden, müsste in jedem Einzelfall geprüft werden, ob und ggf. in welcher Höhe diese Grenzen durch die Zuschläge selbst noch nicht ausgeschöpft sind. Dies würde eine nicht gerechtfertigte unterschiedliche steuerliche Behandlung der Arbeitnehmer bei der Verzinsung zur Folge haben, je nachdem ob die ihnen zustehenden Zuschläge unterhalb dieser Grenzen liegen oder nicht.

– Auch der Hinweis, dass im Fall sofortiger Auszahlung der steuerfreien Zuschläge und verzinslicher Anlage durch den Arbeitnehmer ein steuerpflichtiger Tatbestand nach § 20 EStG gegeben wäre und wegen des Sparer-Freibetrags bei den meisten Arbeitnehmern die Zinsen im Ergebnis nicht besteuert würden, kann zu keiner anderen Beurteilung führen, da das Steuerrecht an den tatsächlich verwirklichten Sachverhalt anknüpft.

Die getrennte Erfassung der steuerfreien Zuschläge und der darauf gezahlten Zinsen ist auch zumutbar, weil bereits bilanzsteuerrechtlich für den künftig zu erfüllenden angesammelten Vergütungsanspruch und die Verpflichtung, die sich aus der daneben zugesagten Gegenleistung ergibt, jeweils gesonderte Rückstellungen auszuweisen sind (BMF-Schreiben vom 11.11.1999, BStBl I S. 959, Randnummern 6 und 7).

h) Altersteilzeit und Entlassungsentschädigungen

aa) Allgemeines

57 Vereinbaren Arbeitgeber und Arbeitnehmer, die bisherige Arbeitszeit durch Altersteilzeit zu vermindern und danach das Dienstverhältnis (auf Veranlassung des Arbeitgebers) gegen eine Entlassungsentschädigung zu beenden, gilt für die nachstehenden Fallgestaltungen Folgendes:

Beispiel 1:

Das bisher unbefristete Vollzeitdienstverhältnis wird nach Vollendung des 58. Lebensjahrs in ein Altersteilzeit-Dienstverhältnis umgewandelt. Gleichzeitig werden eine vorzeitige Auflösung des Dienstverhältnisses zum 62. Lebensjahr und eine sofort zahlbare Entlassungsentschädigung vereinbart.

Die Abfindung ist nach **§ 3 Nr. 9 EStG steuerfrei** (siehe ausführlich → Entlassungsabfindungen/Entlassungsentschädigungen Rz. 857), weil die Auflösung des Dienstverhältnisses vom Arbeitgeber veranlasst worden ist. Der vierjährige Abstand zwischen der Zahlung der Abfindung und der Auflösung des Dienstverhältnisses ist unschädlich, weil die Abfindung sachlich mit der Beendigung des Dienstverhältnisses zusammenhängt; sie wird „wegen" der Auflösung des Dienstverhältnisses gezahlt (vgl. R 9 Abs. 1 Sätze 1 und 2 LStR). Dass die Entlassungsabfindung auch dazu dient, den Arbeitnehmer zu einer Einwilligung in die Altersteilzeit zu bewegen, ist von nachrangiger Bedeutung. Unter den Voraussetzungen des § 34 EStG (Zusammenballung von Einkünften) kann ein ggf. verbleibender steuerpflichtiger Teil der Abfindung **tarifermäßigt besteuert** werden (siehe ausführlich → Entschädigungen Rz. 881).

Beispiel 2:

Das bisherige Vollzeitdienstverhältnis des 61-jährigen Arbeitnehmers wird als Teilzeitarbeitsverhältnis fortgeführt. Es bleibt aber bei der (tarif- oder einzelvertraglich) vereinbarten Beendigung des Dienstverhältnisses mit Vollendung des 65. Lebensjahrs. Der Arbeitnehmer erhält unmittelbar nach Abschluss des Teilzeitarbeitsvertrags eine Entlassungsentschädigung.

Die Abfindung ist **nicht nach § 3 Nr. 9 EStG steuerfrei**. Das Dienstverhältnis wird nicht auf Veranlassung des Arbeitgebers endgültig aufgelöst, sondern endet – nachdem es zunächst unter geänderten Bedingungen fortgesetzt worden ist – durch Fristablauf. Die Abfindung stellt aber eine Entschädigung wegen (Teil-)Aufgabe einer Tätigkeit i.S. des § 24 Nr. 1 Buchst. b EStG dar und kann nach **§ 34 EStG tarifermäßigt versteuert** werden.

Beispiel 3:

Sachverhalt wie Beispiel 2 mit der Abweichung, dass weder tarifvertragliche noch einzelvertragliche Vereinbarungen über die Beendigung des Dienstverhältnisses ab vollendetem 65. Lebensjahr bestehen. Die Beteiligten vereinbaren jedoch zugleich mit der Altersteilzeit die Auflösung des Dienstverhältnisses mit dem Eintritt der Altersrente nach Vollendung des 65. Lebensjahrs.

Die Abfindung ist nach **§ 3 Nr. 9 EStG steuerfrei**; das Dienstverhältnis wird auf Veranlassung des Arbeitgebers und nicht durch Fristablauf (wie im Beispiel 2) aufgelöst. Ein Dienstverhältnis endet nur dann mit dem 65. Lebensjahr (Eintritt in das Rentenalter), wenn dies einzel- oder kollektivvertraglich vereinbart worden ist (vgl. auch Schaub, Arbeitsrechtshandbuch, 8. Aufl., § 39 IV 3 Buchst. b sowie Beispiel 4). Der steuerpflichtige Teil der Abfindung kann nach **§ 34 EStG** (Entschädigung wegen Teilaufgabe einer Tätigkeit) **tarifermäßigt besteuert** werden.

Beispiel 4:

Ein (Tarif- oder Einzel-)Vertrag über die Beendigung des Dienstverhältnisses wegen Erreichens einer Altersgrenze (z.B. des 65. Lebensjahrs) besteht nicht. Der Arbeitgeber hatte mit dem Arbeitnehmer ab 1.2.1996 Altersteilzeit und aus betriebsbedingten Gründen zugleich das Ausscheiden aus dem Dienstverhältnis zu dem Zeitpunkt vereinbart, in dem der Arbeitnehmer erstmals eine Altersrente beantragen kann (vgl. auch § 41 Abs. 4 SGB IV); das ist hier wegen Vollendung des 63. Lebensjahrs der 1.7.2000 (§ 36 SGB IV). Der Arbeitgeber zahlt dem Arbeitnehmer zu diesem Zeitpunkt vereinbarungsgemäß eine Entlassungsentschädigung.

Die Abfindung ist **nach § 3 Nr. 9 EStG steuerfrei**, weil das Dienstverhältnis auf Veranlassung des Arbeitgebers endet (§ 41 Abs. 4 SGB IV); siehe auch Beispiel 3. Der verbleibende steuerpflichtige Teil der Abfindung kann als Entschädigung wegen entgehender Einnahmen (§ 24 Nr. 1 Buchst. a EStG) **nach § 34 EStG tarifermäßigt versteuert** werden.

Zu steuerlichen Fragen, die sich im Zusammenhang mit Altersteilzeit bei der Zahlung von **Aufstockungsbeträgen und Entlassungsentschädigungen** ergeben, hat die OFD Frankfurt in einer Verfügung vom 8.11.2000 umfassend Stellung genommen. Diese Verfügung ist zwar bisher nicht veröffentlicht worden, kann aber ggf. bei der Oberfinanzdirektion Frankfurt angefordert werden (siehe Hinweise in NWB 2001 Fach 1 S. 287).

bb) Ausgleich wegen Rentenkürzung

58 Nach § 5 Abs. 7 des Tarifvertrags zur Regelung der Altersteilzeitarbeit (TV ATZ) vom 5.5.1998 erhalten Arbeitnehmer, die nach Inanspruchnahme der Altersteilzeitarbeit auf Grund der Auflösung des Dienstverhältnisses eine **Rentenkürzung** wegen vorzeitiger Inanspruchnahme der Rente zu erwarten haben, beim Ausscheiden eine linear gestaffelte **Abfindung von bis zu drei Monatsbezügen**. Dieser Ausgleich für Abschläge im Rahmen der gesetzlichen Rentenversicherung bleibt als Abfindung im Rahmen des § 3 Nr. 9 EStG steuerfrei (→ Entlassungsabfindungen/Entlassungsentschädigungen Rz. 857). Ein darüber hinausgehender steuerpflichtiger Teilbetrag ist als Entschädigung i.S. des § 24 Nr. 1 Buchst. a EStG anzusehen und somit unter den Voraussetzungen des § 34 EStG tarifermäßigt zu versteuern (→ Entschädigungen Rz. 881). Entsprechendes gilt nach Auffassung der Finanzverwaltung, wenn

– der Arbeitnehmer den zum hälftigen Ausgleich der Rentenabschläge notwendigen Betrag nach Beendigung des Altersteilzeitverhältnisses unmittelbar und direkt vom Arbeitgeber ausgezahlt bekommt, oder

– der Arbeitnehmer nach Beendigung des Altersteilzeitverhältnisses von einer zwischengeschalteten Direktversicherung, an die der Arbeitgeber beim Ausscheiden den notwendigen Betrag entrichtet, ergänzende Leistungen zum hälftigen Ausgleich der Rentenabschläge erhält, oder

– Arbeitgeber und Arbeitnehmer sich bei Abschluss des Altersteilzeitvertrags auf die Gewährung einer Entlassungsentschädigung zum Zeitpunkt der Beendigung des Altersteilzeitverhältnisses zum Ausgleich von Rentenabschlägen geeinigt haben, die der Arbeitgeber unmittelbar an den Versicherer erbringt.

i) Aufstockungsleistungen an Stelle eines Krankengeldzuschusses

59 Im Rahmen der Altersteilzeitbeschäftigung vom Arbeitgeber gewährte tarifliche Aufstockungsleistungen, die an Stelle eines Krankengeldzuschusses an arbeitsunfähig erkrankte Arbeitnehmer gezahlt werden, sind als Aufstockungsleistungen i.S. des § 3 Abs. 1 Nr. 1 Buchst. a AtG anzusehen und deshalb nach § 3 Nr. 28 EStG **steuerfrei**. Sie sind daher auch sozialversicherungsfrei (BMF-Schreiben vom 27.4.2001, Steuer-Telex 2001 S. 330; vgl. auch b+p 2001 S. 371 Nr. 17).

j) Rückwirkende Inanspruchnahme von Altersteilzeit

60 Bei der rückwirkenden Inanspruchnahme von Altersteilzeit ab dem Vorjahr kann die **Rückzahlung von Arbeitslohn** nach dem Zuflussprinzip steuerlich erst im Jahr der Rückzahlung berücksichtigt werden. Soweit in dem Arbeitslohn jedoch ein **steuerfreier Aufstockungsbetrag** enthalten ist, ist insoweit bereits die Steuerbefreiung nach § 3 Nr. 28 EStG zu berücksichtigen (vgl.

dazu OFD Berlin, Verfügung vom 27.6.2001, DB 2001 S. 2119, mit Beispiel. Zur steuerlichen Behandlung der **rückwirkenden Bewilligung von Altersteilzeit im sog. Blockmodell** siehe OFD Magdeburg, Verfügung vom 29.3.2001, FR 2001 S. 662.

5. Sozialversicherung

a) Allgemeines

61 Für Arbeitnehmer, die Altersteilzeitarbeit i.S. des Altersteilzeitgesetzes leisten, finden uneingeschränkt die in den einzelnen Versicherungszweigen bestehenden versicherungsrechtlichen Regelungen Anwendung.

Bei einer kontinuierlichen Verteilung der Arbeitszeit liegt während des Gesamtzeitraums ein Beschäftigungsverhältnis nach § 7 Abs. 1 SGB IV vor.

Eine Besonderheit gilt bei diskontinuierlicher Verteilung der Arbeitszeit. Hierbei wechselt sich i.d.R. ein Arbeitsblock mit einem Freizeitblock ab (**Blockmodell**). Die Arbeitszeit darf dann im Durchschnitt eines Zeitraumes von bis zu drei Jahren oder bei Regelungen in einem Tarifvertrag, auf Grund eines Tarifvertrages in einer Betriebsvereinbarung oder in einer Regelung der Kirchen und der öffentlich-rechtlichen Religionsgesellschaften im Durchschnitt eines Zeitraums von bis zu sechs Jahren die Hälfte der bisherigen wöchentlichen Arbeitszeit nicht überschreiten.

Bei diskontinuierlicher Verteilung der Arbeitszeit im Rahmen der Altersteilzeitarbeit wird aber nach ausdrücklicher Bestimmung in § 2 Abs. 2 Satz 1 Nr. 2 AtG neben dem Aufstockungsbetrag eine **kontinuierliche Zahlung des Arbeitsentgelts** vorausgesetzt, d.h., das Arbeitsentgelt muss auf den gesamten Zeitraum, für den Altersteilzeitarbeit vereinbart worden ist, verteilt werden. Während der Freistellung von der Arbeitsleistung besteht nur dann nach § 7 Abs. 1a SGB IV eine Beschäftigung gegen Arbeitsentgelt, wenn für diese Zeit Arbeitsentgelt fällig wird, das mit einer vor oder nach der Freistellung erbrachten Arbeitsleistung erzielt wurde bzw. erzielt wird (**Wertguthaben**).

Im Übrigen können Wertguthaben im Rahmen der Altersteilzeitarbeit auch berücksichtigt werden, wenn sie bereits vor Beginn der Altersteilzeitarbeit auf Grund einer Vereinbarung über flexible Arbeitszeitregelungen erwirtschaftet worden sind. Insoweit kann sich bei kontinuierlicher Arbeitsleistung die regelmäßige Arbeitszeit oder bei diskontinuierlicher Arbeitsleistung die Arbeitsphase während der Arbeitsteilzeitarbeit entsprechend verkürzen.

b) Krankenversicherung

62 Für die Dauer der Altersteilzeitarbeit besteht **grundsätzlich Krankenversicherungspflicht** nach § 5 Abs. 1 Nr. 1 SGB V. Die Arbeitnehmer sind jedoch nach § 6 Abs. 1 Nr. 1 SGB V krankenversicherungsfrei, wenn ihr regelmäßiges Jahresarbeitsentgelt die Jahresarbeitsentgeltgrenze (im Kalenderjahr 2002 in den alten und neuen Bundesländern 40 500 €) übersteigt. Arbeitnehmer, die wegen Überschreitens der Jahresarbeitsentgeltgrenze krankenversicherungsfrei sind und deren Arbeitsentgelt auf Grund der Altersteilzeitarbeit die Jahresarbeitsentgeltgrenze nicht mehr überschreitet, unterliegen von dem Tag an, von dem sie Altersteilzeitarbeit leisten, der Krankenversicherungspflicht. Dies gilt sowohl bei kontinuierlicher als auch bei diskontinuierlicher Verteilung der Arbeitszeit im Rahmen der Altersteilzeitarbeit.

Bei der Ermittlung des regelmäßigen Jahresarbeitsentgelts werden im Übrigen auch Sonderzuwendungen, die mit hinreichender Sicherheit zu erwarten sind, berücksichtigt. Fällt der Anspruch auf die Sonderzuwendung weg (z.B. mit Beginn der Freistellungsphase), ist vom Zeitpunkt des Wegfalls an eine neue versicherungsrechtliche Beurteilung vorzunehmen.

Mit Wirkung vom 1.7.2000 an wird Personen, die nach Vollendung des 55. Lebensjahrs versicherungspflichtig werden, mit der zu diesem Zeitpunkt in Kraft tretenden Neuregelung in § 6 Abs. 3a SGB V der Zugang zur gesetzlichen Krankenversicherung verwehrt, wenn sie unmittelbar zuvor keinen ausreichenden Bezug zur gesetzlichen Krankenversicherung nachweisen können. Hiernach sind Arbeitnehmer kraft Gesetzes versicherungsfrei, wenn in den letzten fünf Jahren vor Beginn der Versicherungspflicht zu

keinem Zeitpunkt ein gesetzlicher Krankenversicherungsschutz (Pflichtversicherung, freiwillige Versicherung, Familienversicherung) bestand. Außerdem müssen sie oder der Ehepartner in diesem Fünfjahreszeitraum mindestens die Hälfte dieser Zeit (zwei Jahre und sechs Monate) versicherungsfrei, von der Versicherungspflicht befreit oder wegen einer hauptberuflichen selbständigen Tätigkeit nach § 5 Abs. 5 SGB V nicht versicherungspflichtig gewesen sein.

Nach § 8 Abs. 1 Nr. 3 SGB V kann sich ein Arbeitnehmer, der krankenversicherungspflichtig wird, weil seine Arbeitszeit auf die Hälfte oder auf weniger als die Hälfte der regelmäßigen Wochenarbeitszeit vergleichbarer Vollbeschäftigter des Betriebs herabgesetzt wird, von der Krankenversicherungspflicht befreien lassen; Voraussetzung hierfür ist, dass der Arbeitnehmer seit mindestens fünf Jahren wegen Überschreitens der Jahresarbeitsentgeltgrenze krankenversicherungsfrei ist. Diese Befreiungsmöglichkeit gilt auch für Arbeitnehmer, die infolge Altersteilzeitarbeit ihre Arbeitszeit auf mindestens die Hälfte reduzieren und dadurch krankenversicherungspflichtig werden.

Der **Antrag auf Befreiung von der Krankenversicherungspflicht** ist nach § 8 Abs. 2 Satz 1 SGB V innerhalb von drei Monaten nach Beginn der Versicherungspflicht zu stellen, und zwar bei einer Krankenkasse, die im Falle des Bestehens von Krankenversicherungspflicht nach § 173 Abs. 2 SGB V wählbar wäre. Wird der Antrag auf Befreiung von der Krankenversicherungspflicht erst nach Beginn der Mitgliedschaft gestellt, spricht die Krankenkasse die Befreiung aus, bei der im Zeitpunkt der Antragstellung die Mitgliedschaft besteht.

Die Befreiung von der Krankenversicherungspflicht wirkt nach § 8 Abs. 2 Satz 2 SGB V vom Beginn der Versicherungspflicht an, allerdings nur dann, wenn seit ihrem Beginn noch keine Leistungen gewährt worden sind. Hat der Befreiungsberechtigte bereits Leistungen in Anspruch genommen, dann wirkt die Befreiung vom Beginn des Kalendermonats an, der auf die Antragstellung folgt. Die Befreiung von der Krankenversicherungspflicht kann nach § 8 Abs. 2 Satz 3 SGB V nicht widerrufen werden.

c) Pflegeversicherung

63 Die Versicherungspflicht in der sozialen Pflegeversicherung nach § 20 Abs. 1 Satz 2 Nr. 1 i.V.m. Satz 1 SGB XI wird nicht dadurch berührt, dass ein bislang krankenversicherungspflichtiger Arbeitnehmer Altersteilzeitarbeit leistet. Handelt es sich hingegen um einen Arbeitnehmer, der vor Beginn der Altersteilzeitarbeit wegen Überschreitens der Jahresarbeitsentgeltgrenze nach § 6 Abs. 1 Nr. 1 SGB V krankenversicherungsfrei und in der gesetzlichen Krankenversicherung freiwillig versichert war und nunmehr infolge der Altersteilzeitarbeit krankenversicherungspflichtig wird, ändert sich die Rechtsgrundlage für die Versicherungspflicht in der sozialen Pflegeversicherung, d.h., die Versicherungspflicht in der sozialen Pflegeversicherung nach § 20 Abs. 3 SGB XI wird in eine solche nach § 20 Abs. 1 Satz 2 Nr. 1 i.V.m. Satz 1 SGB XI umgewandelt.

Sofern ein (bislang freiwillig krankenversicherter) Arbeitnehmer allerdings nach § 22 SGB XI von der sozialen Pflegeversicherung befreit ist, endet diese Befreiung mit dem Eintritt von Krankenversicherungspflicht; von diesem Zeitpunkt an besteht Versicherungspflicht in der sozialen Pflegeversicherung nach § 20 Abs. 1 Satz 2 Nr. 1 i.V.m. Satz 1 SGB XI. Eine Befreiung von der sozialen Pflegeversicherung auf Grund eines „Alt"-Pflegeversicherungsvertrags nach Artikel 42 PflegeVG wird durch den Eintritt von Krankenversicherungspflicht infolge der Altersteilzeitarbeit nicht berührt.

Für Arbeitnehmer, die wegen Überschreitens der Jahresarbeitsentgeltgrenze krankenversicherungsfrei, bei einem Unternehmen der privaten Krankenversicherung krankenversichert und damit auch privat pflegeversichert sind und nunmehr im Rahmen der Altersteilzeitarbeit krankenversicherungspflichtig werden, tritt ebenfalls Versicherungspflicht in der sozialen Pflegeversicherung nach § 20 Abs. 1 Satz 2 Nr. 1 i.V.m. Satz 1 SGB XI ein. Sofern sich diese Arbeitnehmer allerdings nach § 8 Abs. 1 Nr. 3 SGB V von der Versicherungspflicht in der Krankenversicherung befreien lassen und auf Grund des § 23 Abs. 1 SGB XI privat pflegeversichert sind, bleiben sie weiterhin in der privaten Pflegeversicherung versichert.

d) Rentenversicherung

64 In der Rentenversicherung gibt es hinsichtlich der versicherungsrechtlichen Beurteilung von altersteilzeitarbeitenden Arbeitnehmern keinerlei Besonderheiten. Für die Dauer der vereinbarten Altersteilzeitarbeit besteht grundsätzlich Rentenversicherungspflicht nach § 1 Satz 1 Nr. 1 SGB VI.

e) Arbeitslosenversicherung

65 In der Arbeitslosenversicherung gibt es in Bezug auf die versicherungsrechtliche Beurteilung von altersteilzeitarbeitenden Arbeitnehmern ebenfalls keine Besonderheiten. Für die Dauer der Altersteilzeitarbeit besteht grundsätzlich Arbeitslosenversicherungspflicht nach § 25 Abs. 1 SGB III.

f) Beitragsrecht

66 Maßgebend für die Berechnung der Beiträge zur Kranken-, Pflege-, Renten- und Arbeitslosenversicherung ist das für die Altersteilzeitarbeit jeweils fällige Arbeitsentgelt. Die auf dieses Arbeitsentgelt entfallenden Beiträge sind vom Arbeitnehmer und Arbeitgeber je zur Hälfte zu tragen. In der Krankenversicherung gilt – auch in einer Freistellungsphase – der allgemeine Beitragssatz. Liegt der Beschäftigungsort des Arbeitnehmers in Sachsen, beläuft sich der Beitragsanteil zur Pflegeversicherung für den Arbeitnehmer auf 1,35 % und für den Arbeitgeber auf 0,35 % des Arbeitsentgelts. Für die knappschaftliche Rentenversicherung gilt die für diesen Versicherungszweig maßgebende besondere Beitragslastverteilung.

Die während einer im Blockmodell in der Arbeitsphase erzielten steuer- und beitragsfreien Schichtzulagen bleiben auch dann beitragsfrei, wenn deren Auszahlung in anteiligem Umfang in die Freistellungsphase verschoben wird. Diese Beträge sind weder bei der Berechnung des Aufstockungsbetrags noch des Unterschiedsbetrags zu berücksichtigen.

Der Aufstockungsbetrag nach § 3 Abs. 1 Nr. 1 Buchst. a AtG ist unbeschadet seiner Berücksichtigung im Rahmen des Progressionsvorbehalts (§ 32b Abs. 1 Nr. 1 Buchst. g EStG) gemäß § 3 Nr. 28 EStG steuerfrei und gehört damit nach § 1 ArEV nicht zum Arbeitsentgelt. Dies gilt nach R 18 Abs. 3 LStR auch, soweit der Arbeitgeber – z.B. auf Grund tarifvertraglicher Regelungen – einen höheren als den im Altersteilzeitgesetz als Mindestbetrag vorgesehenen Aufstockungsbetrag zahlt, aber nur, soweit die Aufstockungsbeträge zusammen mit dem während der Altersteilzeitarbeit bezogenen Nettoarbeitslohn monatlich 100 % des maßgeblichen Arbeitslohns (das ist der Nettoarbeitslohn, den der Arbeitnehmer im jeweiligen Lohnzahlungszeitraum ohne Altersteilzeit üblicherweise erhalten hätte) nicht übersteigen. Im Übrigen hängt die Steuerfreiheit und damit die Beitragsfreiheit des Aufstockungsbetrags nicht davon ab, dass in Bezug auf den Aufstockungsbetrag die Voraussetzungen des § 3 Abs. 1 AtG für eine Erstattung durch die Bundesanstalt für Arbeit erfüllt sind; mithin stellt der Aufstockungsbetrag auch dann kein Arbeitsentgelt dar, wenn die Bundesanstalt für Arbeit dem Arbeitgeber den Aufstockungsbetrag nach § 5 Abs. 1 Nr. 2 und 3, Abs. 2 bis 4 AtG nicht erstattet (z.B. weil der Arbeitgeber den freigemachten Arbeitsplatz nicht wiederbesetzt).

Bei Arbeitnehmern, die nach dem Altersteilzeitgesetz Aufstockungsbeträge erhalten, gilt nach § 163 Abs. 5 Satz 1 SGB VI auch der Unterschiedsbetrag zwischen dem Arbeitsentgelt für die Altersteilzeitarbeit und mindestens 90 % des bisherigen Arbeitsentgelts i.S. des § 6 Abs. 1 AtG, höchstens jedoch bis zur jeweiligen Beitragsbemessungsgrenze der Rentenversicherung, als Arbeitsentgelt. Bisheriges Arbeitsentgelt ist nach § 6 Abs. 1 AtG das Arbeitsentgelt, das der altersteilzeitarbeitende Arbeitnehmer für eine Arbeitsleistung bei bisheriger wöchentlicher Arbeitszeit zu beanspruchen hätte, soweit es im jeweiligen Monat die Beitragsbemessungsgrenze der Arbeitslosenversicherung (entspricht der Beitragsbemessungsgrenze der Rentenversicherung der Arbeiter und Angestellten) nicht überschreitet.

Beispiel:

Ein Arbeitnehmer aus Dortmund, der vom 1.9.2002 an von der Altersteilzeitarbeit Gebrauch macht, hat bisher im Rahmen der Vollzeitarbeit 4 600 € verdient. Das Arbeitsentgelt während der Altersteilzeit beträgt 2 300 €. In der Rentenversicherung ist folgendes Arbeitsentgelt zur Beitragsberechnung zu Grunde zu legen:

bisheriges Arbeitsentgelt	4 600 €
Beitragsbemessungsgrenze der RV	4 500 €
90 % des auf die Beitragsbemessungsgrenze begrenzten bisherigen Arbeitsentgelts	4 050 €
Arbeitsentgelt für die Altersteilzeitarbeit	2 300 €
beitragspflichtiger Unterschiedsbetrag	1 750 €

Für die Rentenversicherungsbeiträge ist ein Entgelt von 4 050 € zu Grunde zu legen.

Auch bei einer Altersteilzeitarbeit mit diskontinuierlicher Verteilung der Arbeitszeit (Blockmodell) sind die zusätzlichen Beiträge zur Rentenversicherung aus dem Unterschiedsbetrag ab Beginn des Altersteilzeitarbeitsverhältnisses abzuführen. Während der Arbeitsphase erhält der Arbeitnehmer – trotz Beibehaltung seiner bisherigen Arbeitszeit – grundsätzlich lediglich das Arbeitsentgelt entsprechend der Hälfte seiner bisherigen wöchentlichen Arbeitszeit sowie aus diesem Betrag – unter Beachtung des Mindestnettobetrages – einen steuer- und beitragsfreien Aufstockungsbetrag. Die andere Hälfte des erwirtschafteten Arbeitsentgelts wird als Wertguthaben zurückgestellt, soweit es aus der Vorarbeit für die Freistellungsphase zu berücksichtigen ist. Hierbei muss die Angemessenheit der Arbeitsentgeltzahlung in der Freistellungsphase gewährleistet bleiben.

Wird während der Altersteilzeitarbeit vom Arbeitnehmer Mehrarbeit geleistet, muss die hierfür zu beanspruchende Vergütung, die nicht für eine spätere zusätzliche Freistellung verwendet wird, insoweit berücksichtigt werden, als sich der Unterschiedsbetrag um den Betrag vermindert, für den bereits auf Grund der Mehrarbeit Beiträge zur Rentenversicherung entrichtet werden. Dies gilt selbst dann, wenn sich durch das Arbeitsentgelt auf Grund der Mehrarbeit kein Unterschiedsbetrag für zusätzliche Rentenversicherungsbeiträge mehr ergibt. Entsprechendes gilt für den Teil des Aufstockungsbetrags der unter Berücksichtigung des während der Altersteilzeitarbeit bezogenen Nettoarbeitsentgelts 100 % des maßgeblichen Arbeitslohns übersteigt.

Als laufendes Arbeitsentgelt, das den Arbeitnehmern auch während der Altersteilzeitarbeit weiter gewährt wird, kommen auch Sachbezüge (z.B. Pkw, Telefonnutzung, Werkswohnung) in Betracht.

Für die Berechnung des Unterschiedsbetrages für die zusätzlichen Beiträge zur Rentenversicherung sind diese Entgeltbestandteile sowohl bei der Ermittlung des bisherigen Arbeitsentgelts als auch bei der Ermittlung des Altersteilzeitarbeitsentgelts erhöhend zu berücksichtigen.

Sobald der Sachbezug entfällt (z.B. während der Freistellungsphase in einem Blockmodell), ist der maßgebende Wert bei dem bisherigen Arbeitsentgelt als auch beim Arbeitsentgelt für die Altersteilzeitarbeit nicht mehr zu berücksichtigen.

Der Unterschiedsbetrag nach § 163 Abs. 5 Satz 1 SGB VI ist unabhängig davon anzusetzen, ob hinsichtlich des Aufstockungsbetrags die Voraussetzungen des § 3 Abs. 1 AtG für eine Erstattung durch die Bundesanstalt für Arbeit erfüllt sind. Im Übrigen ist der sich aus der Verbeitragung des Unterschiedsbetrags ergebende geldwerte Vorteil – ebenso wie der Aufstockungsbetrag – steuerfrei und damit nicht beitragspflichtig in der Sozialversicherung.

Die auf den Unterschiedsbetrag entfallenden Rentenversicherungsbeiträge hat der Arbeitgeber nach § 168 Abs. 1 Nr. 6 SGB VI allein zu tragen. Dies gilt auch dann, wenn der Arbeitgeber einen höheren als den in § 163 Abs. 5 Satz 1 SGB VI als Mindestbetrag vorgesehenen Unterschiedsbetrag der Beitragsberechnung zu Grunde legt.

Der Unterschiedsbetrag wird für die Umlageberechnung (§ 14 LFZG) nicht herangezogen.

Künftige Entgeltansprüche können in eine wertgleiche Anwartschaft auf Versorgungsleistungen umgewandelt werden (Entgeltumwandlung). Während die für eine Entgeltumwandlung in eine

Direktzusage/Unterstützungskassenversorgung verwendeten Entgeltsbestandteile kein Arbeitsentgelt sind, gilt dies für Beiträge zu einer Direktversicherung bzw. Zuwendungen an eine Pensionskasse nur, soweit sie nach § 40b EStG pauschal versteuert und zusätzlich zu Löhnen und Gehältern gewährt werden. Bei einer Entgeltumwandlung zu Gunsten einer Direktzusage bzw. Unterstützungskassenversorgung vermindert sich somit auch in einer Altersteilzeitarbeit das beitragspflichtige Arbeitsentgelt. Für eine Ermittlung des Unterschiedsbetrags für die zusätzlichen Rentenversicherungsbeiträge ist ausschließlich von den verminderten Arbeitsentgelten auszugehen. Beiträge zu einer Direktversicherung, die aus einer anteiligen Sonderzuwendung finanziert werden, vermindern insoweit die Höhe der Sonderzuwendung. Diese verminderte Sonderzuwendung wird für die Ermittlung des Unterschiedsbetrages für die gesetzlichen Rentenversicherungsbeiträge aus einmalig gezahltem Arbeitsentgelt berücksichtigt. Sofern die gesamte Sonderzuwendung für die Direktversicherung verbraucht wird, fällt insoweit kein Unterschiedsbetrag für Rentenversicherungsbeiträge aus der Sonderzuwendung an.

g) Einmalzahlungen

67 Einmalig gezahltes Arbeitsentgelt ist bei der Berechnung des Aufstockungsbetrages zu berücksichtigen. Ein Unterschiedsbetrag kommt für einmalig gezahltes Arbeitsentgelt nicht in Betracht, wenn die Sonderzuwendung während der Altersteilzeit in reduziertem Umfang gezahlt wird. Ein während der Altersteilzeit einmalig gezahltes Arbeitsentgelt ist auch dann in vollem Umfang für die Ermittlung des Unterschiedsbetrags heranzuziehen, wenn es sich zum Teil noch aus dem bisherigen Arbeitsverhältnis resultiert.

Für die Ermittlung des Unterschiedsbetrags ist eine **gesonderte Jahresbeitragsbemessungsgrenze** zu bilden und mit 90 % anzusetzen. Hieraus folgt, dass für den Monat der Zuordnung der Sonderzuwendung ein Unterschiedsbetrag sowohl für das laufende als auch für das einmalig gezahlte Arbeitsentgelt nur in Betracht kommt, soweit das bis zum Vormonat verbeitragte Arbeitsentgelt zusammen mit dem für den Monat der Zuordnung der Sonderzuwendung tatsächlich gezahlten (laufenden und einmaligen) Arbeitsentgelt 90 % der anteiligen Jahresbeitragsbemessungsgrenze nicht erreicht. Wird dieser Betrag bereits ausgeschöpft, fällt weder für das laufende noch für das einmalig gezahlte Arbeitsentgelt ein Unterschiedsbetrag an.

Beispiel 1:

bisheriges Arbeitsentgelt monatlich	3 000 €
bisheriges Weihnachtsgeld	3 000 €
Altersteilzeitarbeit ab	1.1.2002
Teilzeitarbeitsentgelt monatlich	1 500 €
Teilzeit-Weihnachtsgeld im November 2002	1 500 €
Unterschiedsbetrag (90 % des bisherigen Arbeitsentgelts bzw. der monatlichen BBG/RV ⁄ Teilzeitarbeitsentgelt)	1 200 €

Beschreibung des Rechenwegs	Berechnung	Arbeits-entgelt
● Berechnung der anteiligen Jahres-BBG/RV für den Zeitraum der Altersteilzeitarbeit (90 % der Jahres-BBG/RV: 12 × Monate der Altersteilzeitarbeit bis zum Monat der Zuordnung der Sonderzuwendung)	90 % von 54 000 € : 12 × 11	44 550 €
● Ermittlung des verbeitragten Arbeitsentgelts für den Zeitraum der Altersteilzeitarbeit bis zum Vormonat der Zuordnung der Sonderzuwendung: Teilzeitarbeitsentgelt × Monate + Unterschiedsbetrag × Monate = tatsächliches Arbeitsentgelt insgesamt	1 500 € × 10 = 15 000 € 1 200 € × 10 = 12 000 € 27 000 €	
● tatsächliches Arbeitsentgelt für den Monat der Zuordnung der Sonderzuwendung: Teilzeitarbeitsentgelt + Teilzeit-Sonderzuwendung = tatsächliches Arbeitsentgelt insgesamt	1 500 € 1 500 € 3 000 €	
● verbeitragtes Arbeitsentgelt bis zum Vormonat der Sonderzuwendung + Arbeitsentgelt für den Monat der Zuordnung der Sonderzuwendung	27 000 € 3 000 € 30 000 €	30 000 €
● beitragspflichtiger Rahmen für einen Unterschiedsbetrag		14 550 €

Die Differenz bis zur anteiligen Jahres-BBG/RV für die Altersteilzeitarbeit beträgt 14 550 €. Mithin kann im Monat November 2002 für die Berechnung der Rentenversicherungsbeiträge sowohl für das laufende Arbeitsentgelt als auch für das Weihnachtsgeld ein Unterschiedsbetrag von jeweils 1 200 € angesetzt werden.

Sofern die Altersteilzeitarbeit erst **im Laufe eines Kalenderjahrs** begonnen hat, ist die vorstehend dargestellte Vergleichsberechnung für die Ermittlung des Unterschiedsbetrags nur für den Zeitraum der Altersteilzeitarbeit (Vergleichszeitraum) durchzuführen. Dies wiederum bedeutet, dass für den Monat der Zuordnung der Sonderzuwendung ein Unterschiedsbetrag nur anzusetzen ist, wenn das im Vergleichszeitraum bis zum Vormonat verbeitragte Arbeitsentgelt zusammen mit dem für den Monat der Zuordnung der Sonderzuwendung tatsächlich gezahlten (laufenden und einmaligen) Arbeitsentgelt 90 % der anteiligen Jahresbeitragsbemessungsgrenze des Vergleichszeitraums noch nicht erreicht.

Beispiel 2:

bisheriges Arbeitsentgelt monatlich	4 000 €
bisheriges Weihnachtsgeld	4 000 €
Altersteilzeitarbeit ab	1.7.2002
Teilzeitarbeitsentgelt monatlich	2 000 €
Teilzeit-Weihnachtsgeld im November 2002	2 000 €
Unterschiedsbetrag (90 % des bisherigen Arbeitsentgelts bzw. der monatlichen BBG/RV ⁄ Teilzeitarbeitsentgelt)	1 600 €

Beschreibung des Rechenwegs	Berechnung	Arbeits-entgelt
● Berechnung der anteiligen Jahres-BBG/RV für den Zeitraum der Altersteilzeitarbeit (90 % der Jahres-BBG/RV: 12 × Monate der Altersteilzeitarbeit bis zum Monat der Zuordnung der Sonderzuwendung)	90 % von 54 400 € : 12 × 5	20 250 €
● Ermittlung des verbeitragten Arbeitsentgelts für den Zeitraum der Altersteilzeitarbeit bis zum Vormonat der Zuordnung der Sonderzuwendung: Teilzeitarbeitsentgelt × Monate + Unterschiedsbetrag × Monate = tatsächliches Arbeitsentgelt insgesamt	2 000 € × 4 = 8 000 € 1 600 € × 4 = 6 400 € 14 400 €	
● tatsächliches Arbeitsentgelt für den Monat der Zuordnung der Sonderzuwendung: Teilzeitarbeitsentgelt + Teilzeit-Sonderzuwendung = tatsächliches Arbeitsentgelt insgesamt	2 000 € 2 000 € 4 000 €	
● verbeitragtes Arbeitsentgelt bis zum Vormonat der Sonderzuwendung + Arbeitsentgelt für den Monat der Zuordnung der Sonderzuwendung	14 400 € 4 000 € 18 400 €	18 400 €
● beitragspflichtiger Rahmen für einen Unterschiedsbetrag		1 850 €

Die Differenz bis zur anteiligen Jahres-BBG/RV für die Altersteilzeitarbeit beträgt 1 850 €. Mithin kann im Monat November 2002 für die Berechnung der Rentenversicherungsbeiträge für das laufende Arbeitsentgelt der volle Unterschiedsbetrag von 1 600 € und für das Weihnachtsgeld noch einen Unterschiedsbetrag von (1 850 € ⁄ 1 600 €) 250 € angesetzt werden.

Die Zugrundelegung der auf 90 % reduzierten anteiligen Jahresbeitragsbemessungsgrenze gilt für den Zeitraum der Altersteilzeit nur in Bezug auf den Unterschiedsbetrag. Der tatsächlich gezahlte Betrag einer Sonderzuwendung ist in jedem Falle unter Berücksichtigung von 100 % der anteiligen Jahresbeitragsbemessungsgrenze der Beitragspflicht zu unterwerfen, wobei die anteilige Jahresbeitragsbemessungsgrenze auch dann vom

Altersteilzeitgesetz

1. Januar des Kalenderjahres an zu bilden ist, wenn die Altersteilzeit erst im Laufe des Kalenderjahres begonnen hat.

Beispiel 3:

bisheriges Arbeitsentgelt monatlich	5 000 €
bisheriges Weihnachtsgeld	5 000 €
Altersteilzeitarbeit ab	1.7.2002
Teilzeitarbeitsentgelt monatlich	2 500 €
Teilzeit-Weihnachtsgeld im November 2002	2 500 €
Unterschiedsbetrag (90 % des bisherigen Arbeitsentgelts bzw. der monatlichen BBG/RV ⁒ Teilzeitarbeitsentgelt)	1 550 €

Beschreibung des Rechenwegs	Berechnung	Arbeitsentgelt
● Berechnung der anteiligen Jahres-BBG/RV für den Zeitraum der Altersteilzeitarbeit (90 % der Jahres-BBG/RV: 12 × Monate der Altersteilzeitarbeit bis zum Monat der Zuordnung der Sonderzuwendung)	90 % von 54 000 € : 12 × 5	20 250 €
● Ermittlung des verbeitragten Arbeitsentgelts für den Zeitraum der Altersteilzeitarbeit bis zum Vormonat der Zuordnung der Sonderzuwendung:		
Teilzeitarbeitsentgelt × Monate	2 500 € × 4 = 10 000 €	
+ Unterschiedsbetrag × Monate	1 550 € × 4 = 6 200 €	
= tatsächliches Arbeitsentgelt insgesamt	16 200 €	
● tatsächliches Arbeitsentgelt für den Monat der Zuordnung der Sonderzuwendung:		
Teilzeitarbeitsentgelt	2 500 €	
+ Teilzeit-Sonderzuwendung	2 500 €	
= tatsächliches Arbeitsentgelt insgesamt	5 000 €	
● verbeitragtes Arbeitsentgelt bis zum Vormonat der Sonderzuwendung + Arbeitsentgelt für den Monat der Zuordnung der Sonderzuwendung	16 200 € / 5 000 € / 21 200 €	21 200 €
● beitragspflichtiger Rahmen für einen Unterschiedsbetrag		0 €

Die Differenz bis zur anteiligen Jahres-BBG/RV für die Altersteilzeitarbeit beträgt 0 €, so dass im Monat November 2002 für die Berechnung der Rentenversicherungsbeiträge weder für das laufende Arbeitsentgelt noch für das Weihnachtsgeld ein Unterschiedsbetrag angesetzt werden kann. Das tatsächlich gezahlte Weihnachtsgeld von 2 500 € unterliegt jedoch – ebenso wie das laufende Arbeitsentgelt für den Monat November 2002 – in voller Höhe der Beitragspflicht zur Rentenversicherung, denn die Differenz zur (100%igen) anteiligen Jahres-BBG/RV beträgt 3 800 €:

anteilige Jahres-BBG/RV bis November 2002		49 500 €
⁒ verbeitragtes Arbeitsentgelt		
bis Juni 2002	(6 × 4 500 € =) 27 000 €	
von Juli 2002 bis Oktober 2002	(4 × 4 050 € =) 16 200 €	
laufendes Arbeitsentgelt für November 2002	2 500 €	
		45 700 €
		3 800 €

Sofern bei krankenversicherungspflichtigen Arbeitnehmern eine im ersten Quartal eines Kalenderjahres gezahlte Sonderzuwendung die anteilige Jahresbeitragsbemessungsgrenze der Krankenversicherung überschreitet, ist die Sonderzuwendung – auch in Bezug auf die Rentenversicherung – nach § 23a Abs. 4 Satz 1 SGB IV **dem letzten Entgeltabrechnungszeitraum des Vorjahres zuzuordnen**. In diesen Fällen gelten die vorstehenden Ausführungen zur Ermittlung der Mindestbeitragsbemessungsgrundlage für den Unterschiedsbetrag entsprechend, d.h., dass für das laufende bzw. einmalig gezahlte Arbeitsentgelt ein Unterschiedsbetrag nur noch insoweit angesetzt werden kann, als für den Zeitraum der Altersteilzeitarbeit die auf 90 % reduzierte anteilige Jahresbeitragsbemessungsgrenze noch nicht erreicht ist. Ist dieser Betrag bereits ausgeschöpft, unterliegt nur der tatsächlich ausgezahlte Betrag der Sonderzuwendung – unter Berücksichtigung von 100 % der anteiligen Jahresbeitragsbemessungsgrenze des Vorjahres – der Beitragspflicht.

h) Abfindungen

68 Abfindungen aus Anlass der Beendigung des Altersteilzeitverhältnisses (z.B. zum Ausgleich einer Rentenminderung bei vorzeitiger Inanspruchnahme einer Altersrente) sind als Abfindungen für den Verlust des Arbeitsplatzes i.S. der Rechtsprechung des Bundessozialgerichts vom 21.2.1990 – 12 RK 20/88, USK 9010, anzusehen und gehören damit nicht zum Arbeitsentgelt i.S. der Sozialversicherung.

i) Fälligkeit der Beiträge

69 Nach § 23 Abs. 1 Satz 2 SGB IV werden die nach dem Arbeitsentgelt bemessenen Beiträge spätestens am 15. des Monats fällig, der dem Monat folgt, in dem die Beschäftigung, mit der das Arbeitsentgelt erzielt wird, ausgeübt worden ist oder als ausgeübt gilt. Abweichend hiervon sind die Beiträge nach § 23 Abs. 1 Satz 3 SGB IV spätestens am 25. des Monats fällig, in dem die Beschäftigung, mit der das Arbeitsentgelt erzielt wird, ausgeübt worden ist oder als ausgeübt gilt, wenn das Arbeitsentgelt bis zum 15. dieses Monats fällig ist; fällt der 25. eines Monats nicht auf einen Arbeitstag, werden die Beiträge am letzten banküblichen Arbeitstag davor fällig. Nach § 23b Abs. 1 SGB IV ist bei Vereinbarungen nach § 7 Abs. 1a SGB IV für Zeiten der tatsächlichen Arbeitsleistung und der Freistellung das in dem jeweiligen Zeitraum fällige Arbeitsentgelt als Arbeitsentgelt i.S. des § 23 Abs. 1 SGB IV maßgebend. Dies bedeutet, dass die Beiträge jeweils spätestens am 25. des laufenden Monats bzw. am 15. des Monats, der dem Monat folgt, für den das Arbeitsentgelt gezahlt wird, fällig werden.

In den Fällen, in denen bei einem Blockmodell eine ursprünglich vorgesehene Wiederbesetzung des Arbeitsplatzes nicht erfolgen kann, sind die zusätzlichen Rentenversicherungsbeiträge für Zeiten der Arbeitsunfähigkeit vom Arbeitgeber unverzüglich nachzuzahlen, sobald ihm bekannt wird, dass es zu der vorgesehenen Wiederbesetzung nicht kommt; spätestens sind sie zu Beginn der Freistellungsphase fällig. Gegebenenfalls ist der Beitragsnachweis bei Zuordnung zu bereits abgelaufenen Kalenderjahren zu korrigieren. Die Zahlung der steuer- und beitragsfreien Aufstockungsbeträge nach § 3 Abs. 1 Nr. 1 Buchst. a AtG während einer Arbeitsphase durch den Arbeitgeber begründet in diesen Fällen keine zeitgleiche Fälligkeit zusätzlicher Rentenversicherungsbeiträge aus dem Unterschiedsbetrag, wenn der Arbeitnehmer im Hinblick auf die ursprünglich vorgesehene Wiederbesetzung des Arbeitsplatzes seinen diesbezüglichen Anspruch gegen die Bundesanstalt für Arbeit an den Arbeitgeber abtritt.

j) Beitragsverfahren für Störfälle

70 Für den Fall, dass es bei Altersteilzeitarbeit im Blockmodell zu einer vorzeitigen Beendigung der Altersteilzeitvereinbarung (sog. Störfall wie z.B. Tod, Auflösung des Arbeitsverhältnisses o.Ä.) kommt, sieht § 10 Abs. 5 AtG für den Bereich der Rentenversicherung einerseits sowie für die Bereiche der Kranken-, Pflege- und Arbeitslosenversicherung andererseits eine unterschiedliche beitragsrechtliche Behandlung des Wertguthabens vor. Da in der Phase der Arbeitsleistung bereits Rentenversicherungsbeiträge von mindestens 90 % (auf Grund vertraglicher Vereinbarung eventuell auch höher) des bisherigen Arbeitsentgelts bzw. der Beitragsbemessungsgrenze der Rentenversicherung gezahlt worden sind, muss nach § 10 Abs. 5 erster Halbsatz AtG im Störfall nur noch die Differenz bis zu 100 % des erarbeiteten bisherigen Arbeitsentgelts bzw. bis zur Beitragsbemessungsgrenze als beitragpflichtige Einnahme aus dem Wertguthaben verbeitragt werden. Für die Berechnung der Beiträge zur Kranken-, Pflege- und Arbeitslosenversicherung gilt hingegen nach § 10 Abs. 5 zweiter Halbsatz AtG der § 23b Abs. 2 SGB IV.

Für den bereits abgelaufenen Zeitraum der Altersteilzeitbeschäftigung bleibt es bei der bisherigen beitragsrechtlichen Behandlung des Arbeitsentgelts aus der Altersteilzeitarbeit sowie des Aufstockungsbetrages und der zusätzlichen Rentenversicherungsbeiträge aus dem Unterschiedsbetrag. Das gilt selbst dann, wenn die vereinbarte Altersteilzeitarbeit im Blockmodell noch während der Arbeitsphase endet, ohne dass es zu einer Freistellung von der Arbeitsleistung und damit im Durchschnitt gesehen zu einer Reduzierung der bisherigen wöchentlichen Arbeitszeit gekommen ist und arbeitsrechtlich eine Minderung des Wertguthabens vorgenommen wird.

Eine Rückrechnung ist nicht zulässig. Das Wertguthaben ist grundsätzlich auch nicht als Einmalzahlung zu behandeln. Eine

Besonderheit kann nach § 23b Abs. 3 SGB IV nur für Wertguthaben gelten, die vor dem 1.1.2001 erzielt wurden. Können für diese Wertguthaben nachträglich keine besonderen Bewertungen erfolgen, gilt im Störfall das Wertguthaben beitragsrechtlich als Einmalzahlung. Da die für die Beitragsberechnung als Wertguthaben erforderliche SV-Luft nur im Rahmen der maschinellen Möglichkeiten des Arbeitgebers – also im Rahmen der Rechnungstiefe der Entgeltabrechnungssoftware –, mindestens jedoch seit dem 1.1.2000 festzustellen ist, gelten nur die Wertguthaben für die nicht im Rahmen der Rückrechnungstiefe erfassten Zeiten vor dem 1.1.2000 beitragsrechtlich als Einmalzahlung.

Für den Fall, dass das Wertguthaben nicht wie vereinbart für eine laufende Freistellung von der Arbeit verwendet wird (Störfall) sieht § 23b Abs. 2 SGB IV für die Kranken-, Pflege- und Arbeitslosenversicherung und § 10 Abs. 5 AtG für die Rentenversicherung für Störfälle, die seit dem 1.1.2001 eintreten, ein besonderes Beitragsberechnungsverfahren vor.

Für die Kranken-, Pflege- und Arbeitslosenversicherung gilt in einem Störfall als beitragspflichtiges Arbeitsentgelt das Wertguthaben, höchstens jedoch die Differenz zwischen der für die Dauer der Arbeitsphase seit der ersten Bildung des Wertguthabens maßgebenden Beitragsbemessungsgrenze für den jeweiligen Versicherungszweig und dem in dieser Zeit beitragspflichtigen Arbeitsentgelt (Summenfelder-Modell).

Die sich aus dem Summenfelder-Modell ergebenden Beitragsbemessungsgrundlagen sind bereits während der Arbeitsphase einer diskontinuierlichen Altersteilzeitarbeit (z.B. im Blockmodell) in der Entgeltabrechnung (Entgeltkonto) mindestens kalenderjährlich darzustellen. Dies sind die (Gesamt-)Differenzen zwischen dem beitragspflichtigen Arbeitsentgelt und der Beitragsbemessungsgrenze des jeweiligen Versicherungszweigs (SV-Luft) für die Dauer der Arbeitsphase seit der erstmaligen Bildung des Wertguthabens. Für die Freistellungsphase ist keine weitere SV-Luft zu bilden. Die SV-Luft ist zu reduzieren, soweit sie den Betrag des (Rest-)Wertguthabens nicht unterschreitet.

In der Rentenversicherung ist für eine im Blockmodell ausgeübte Altersteilzeitarbeit für die Dauer der Altersteilzeitarbeit bis zum Eintritt des Störfalls die Differenz zwischen dem bisherigen laufenden Arbeitsentgelt (§ 6 Abs. 1 AtG) und dem laufenden Arbeitsentgelt für die Altersteilzeit einschließlich des Unterschiedsbetrags (dem Arbeitsentgelt, von dem tatsächlich Beiträge zur Rentenversicherung entrichtet wurden) als SV-Luft auszuweisen. Die Feststellung erfolgt – anders als in den übrigen Sozialversicherungszweigen – für die Zeit vom Beginn der Altersteilzeitarbeit bis zum Eintritt des Störfalls und berücksichtigt auch die Zeiten der Freistellung von der Arbeitsleistung. Einmalzahlungen mindern, soweit sie zur Beitragsberechnung herangezogen werden, die SV-Luft des Jahres, dem sie beitragsrechtlich zugeordnet werden. Gleiches gilt für die auf Einmalzahlungen entfallenden Unterschiedsbeträge für zusätzliche Rentenversicherungsbeiträge. Sollte der beitragspflichtige Teil der Einmalzahlung einschließlich des Unterschiedsbetrags höher sein, als die für dieses Kalenderjahr (ggf. für das Kalenderjahr der Zuordnung der Einmalzahlung) zu bildende SV-Luft, ist die SV-Luft für dieses Kalenderjahr auf 0 zu reduzieren.

Wertguthaben, die auf Grund einer Vereinbarung nach § 7 Abs. 1a SGB IV bereits vor der Altersteilzeitarbeit erzielt wurden, können für die Alterszeitarbeit zur Verkürzung der Arbeitsphase verwendet werden. Mit dem Übergang in die Altersteilzeitarbeit wird die bisher festgestellte SV-Luft in allen Versicherungszweigen übernommen und fortgeführt.

Die Berechnung der Beiträge aus laufendem sowie einmalig gezahltem Arbeitsentgelt (§ 23a SGB IV) geht jeweils der Beitragsberechnung nach § 23b Abs. 2 SGB IV und § 10 Abs. 5 AtG vor. Tritt in einem Abrechnungszeitraum, in dem eine Einmalzahlung gezahlt wird, ein Störfall ein, erfolgt zuerst die Berechnung der Beiträge aus dem laufenden Arbeitsentgelt (laufendes und einmalig gezahltes Arbeitsentgelt). Anschließend sind der beitragspflichtige Teil des Wertguthabens sowie die darauf entfallenden Beiträge zu ermitteln.

Nach § 2 Abs. 1 Nr. 4a BÜV hat der Arbeitgeber Angaben zum Beginn und zum Ende der Altersteilzeitarbeit in die Lohnunterlagen aufzunehmen. Darüber hinaus ist nach Nr. 8a a.a.O. der Un-

terschiedsbetrag nach § 3 Abs. 1 Nr. 1 Buchst. b AtG in den Lohnunterlagen festzuhalten; nach § 3 Abs. 1 Satz 1 Nr. 3a BÜV gilt dies auch für die Beitragsberechnung.

Bei einer Altersteilzeitarbeit im Blockmodell hat der Arbeitgeber nach § 2 Abs. 1 Nr. 4b BÜV in der Arbeitsphase die Zugänge auf Grund der Vorarbeit oder freiwilliger besonderer Zahlungen und in der Freistellungsphase die Abgänge des Wertguthabens in den Lohnunterlagen aufzuführen. Zusätzlich sind der Abrechnungsmonat, in dem die erste Gutschrift erfolgt, sowie alle weiteren Abrechnungsmonate, in denen Änderungen des Wertguthabens erfolgen, in den Lohnunterlagen anzugeben.

In Deutsche Mark (DM) geführte Geldwertguthaben als auch die SV-Luft sind wegen der Währungsumstellung mit dem amtlichen Umrechnungskurs 1,95583 in Euro umzurechnen.

k) Melderecht

Der Arbeitgeber hat bei Beginn der Altersteilzeitarbeit und bei **71** Ende der Altersteilzeitarbeit eine Meldung zu erstatten. Für Arbeitnehmer in Altersteilzeitarbeit gilt ein besonderer Personengruppenschlüssel (103). Bei einem Übergang in die Altersteilzeitarbeit ist das Ende der bisherigen Beschäftigung (taggenau) durch eine Abmeldung mit Abgabegrund 33 und der Beginn der Altersteilzeitarbeit durch eine Anmeldung mit Abgabegrund 13 zu melden. Für den Fall, dass die Altersteilzeitarbeit ausnahmsweise nicht am Ersten eines Monats, sondern im Laufe eines Monats beginnen soll, kann an Stelle der taggenauen Meldung die Erste des Monats angegeben werden. Dabei sind die Angaben zur Tätigkeit in den ersten drei Stellen mit der Schlüsselzahl für die ausgeübte Tätigkeit und in der vierten Stelle mit der Stellung im Beruf (8 oder 9) sowie in der fünften Stelle mit der Ausbildung verschlüsselt anzugeben.

Als beitragspflichtiges Bruttoarbeitsentgelt ist nicht nur das Arbeitsentgelt für die Altersteilzeitarbeit einzutragen, sondern der Gesamtbetrag, von dem Beiträge zur Rentenversicherung gezahlt worden sind; das Arbeitsentgelt für Altersteilzeitarbeit ist also um den Unterschiedsbetrag zu erhöhen.

Werden Beiträge anlässlich des Eintritts eines Störfalls entrichtet, ist das beitragspflichtige Arbeitsentgelt mit einer besonderen Meldung (Grund der Abgabe 55) zu bescheinigen. Es sind jeweils der Personengruppenschlüssel und der Beitragsgruppenschlüssel anzugeben, die beim Versicherten zum Zeitpunkt des Störfalls zutreffen. Sind Beiträge zu einem Versicherungszweig zu entrichten, zu dem zum Zeitpunkt des Störfalls keine Versicherungspflicht besteht, ist der für den Versicherten zuletzt maßgebende Beitragsgruppenschlüssel anzugeben. Die Meldungen haben das zur Rentenversicherung beitragspflichtige Arbeitsentgelt zu enthalten. Sind im Störfall keine Beiträge zur Rentenversicherung zu entrichten, weil der Arbeitnehmer z.B. im gesamten maßgebenden Zeitraum wegen der Zugehörigkeit zu einer berufsständischen Versorgungseinrichtung versicherungsfrei war, ist das Arbeitsentgelt zu melden, das bei Rentenversicherungspflicht maßgeblich wäre. Wegen der gleich hohen Beitragsbemessungsgrenzen ist in einem solchen Fall das zur Arbeitslosenversicherung beitragspflichtige Arbeitsentgelt zu melden.

Endet das Beschäftigungsverhältnis im Zusammenhang mit der Zuerkennung einer Rente wegen verminderter Erwerbsfähigkeit gilt Folgendes:

– Wertguthaben, die bis zum Tag vor dem Eintritt der Erwerbsminderung erzielt wurden, sind mit einer Sondermeldung (Abgabegrund 55) unverzüglich zu melden. Als Meldezeitraum sind der Monat und das Jahr des Eintritts der Erwerbsminderung anzugeben.

– Das Wertguthaben, das seit Eintritt der Erwerbsminderung erzielt wurde, ist zusammen mit dem Arbeitsentgelt der erforderlichen Abmeldung wegen Ende der Beschäftigung zu melden. Hierdurch kann es vorkommen, dass die anteilige Beitragsbemessungsgrenze des Meldezeitraums überschritten wird. Es sollte daher auch dieser Teil des Wertguthabens mit einer Sondermeldung gemeldet werden. Als Meldezeitraum ist der Monat und das Jahr der nicht zweckentsprechenden Verwendung des Wertguthabens anzugeben. Ist seit dem Eintritt der Erwerbsminderung kein Wertguthaben erzielt worden, ist für diesen Zeitraum keine besondere Meldung abzugeben.

Im Fall der Insolvenz des Arbeitgebers ist nur das Arbeitsentgelt gesondert zu melden, von dem tatsächlich Beiträge zur Rentenversicherung entrichtet wurden.

Beispiele zu diesem Themenkomplex erhalten Sie auch über unseren aktuellen Informationsdienst (siehe Benutzerhinweise auf Seite IV).

Altersvermögensgesetz

Inhaltsübersicht:

0. Vorbemerkung

72 Durch das **Versorgungsänderungsgesetz 2001** sollen die Maßnahmen der Rentenreform auf systemgerechte Art ab 2003 wirkungsgleich auf die Beamtenversorgung übertragen werden. In diesem Zusammenhang ist vorgesehen, die **aktiven Beamten, Richter und Soldaten** in die staatliche Förderung einer privaten zusätzlichen Vorsorge ab 2002 einzubeziehen. Es ist noch nicht abzusehen, ob das Gesetz vor dem 1.1.2002 verabschiedet wird, weil der „steuerliche Teil" der Zustimmung des Bundesrats bedarf.

Im Übrigen ist in Kürze das Urteil des **Bundesverfassungsgerichts** zur unterschiedlichen Besteuerung von Renten und Pensionen zu erwarten. Es ist möglich, dass anschließend schon wieder Änderungen bei der steuerlichen Behandlung von Altersvorsorgeleistungen erforderlich werden (generelle Einführung der sog. nachgelagerten Besteuerung?).

Wir informieren Sie ggf. unverzüglich durch unseren aktuellen Informationsdienst (siehe Benutzerhinweise auf S. IV).

1. Allgemeines

73 Mit dem Gesetz zur Reform der gesetzlichen Rentenversicherung und zur Förderung eines kapitalgedeckten Altersvorsorgevermögens (**Altersvermögensgesetz** – AVmG) vom 26.6.2001, BGBl. I 2001 S. 1310, fördert der Staat ab dem Jahr 2002 den Aufbau einer zusätzlichen privaten Altersvorsorge durch

- die **neue Steuerbefreiung nach § 3 Nr. 63 EStG** (und damit auch Befreiung von der Sozialversicherungspflicht) für **Arbeitgeberbeiträge im Rahmen des ersten Dienstverhältnisses an Pensionskassen und die neu eingeführten Pensionsfonds** bis zu bestimmten Obergrenzen. Steuerfrei nach **§ 3 Nr. 66 EStG** ist daneben die Übertragung bestehender Versorgungsverpflichtungen oder Versorgungsanwartschaften aus Direktzusagen des Arbeitgebers oder aus Unterstützungskassen auf Pensionsfonds. Diese Vorschriften erlangen besonders bei der **betrieblichen Altersversorgung** Bedeutung. Einzelheiten siehe → *Zukunftssicherung: Betriebliche Altersversorgung* Rz. 2688,

- und für **Leistungen des Arbeitnehmers** selbst durch

  - eine **Altersvorsorgezulage**, bestehend aus einer **Grundzulage** (§ 84 EStG) und einer **Kinderzulage** (§ 85 EStG) oder

  - eine **steuerliche Entlastung: neuer Sonderausgabenabzug** nach § 10a EStG, wenn dieser günstiger ist als die Altersvorsorgezulage.

Die neue staatlich geförderte private Altersvorsorge soll der Absenkung der gesetzlichen Altersrenten auf 67 % entgegenwirken, die im Rahmen des **Altersvermögensergänzungsgesetzes** vom 21.3.2001, BGBl. I 2001 S. 403, beschlossen wurde.

Da die neue Zulage und der Sonderausgabenabzug für Lohnbüros nur von untergeordneter Bedeutung sind, sollen nachfolgend lediglich die wesentlichen Grundsätze dargelegt werden. Die Finanzverwaltung wird in Kürze einen **Einführungserlass** herausgeben, in dem Einzelfragen geregelt sind (wir informieren Sie durch unseren aktuellen Informationsdienst, siehe Benutzerhinweise auf Seite IV). Ausführliche Erläuterungen zur gesetzlichen Neuregelung enthält darüber hinaus der im **Stollfuß Verlag** erschienene „Ratgeber zur Altersvorsorge – Private und betriebliche Vorsorgeformen".

2. Begünstigte Personen

74 Begünstigt sind insbesondere Personen, die von der langfristigen Kürzung des Rentenniveaus auf 67 % betroffen sind, also vor allem die in der **gesetzlichen Rentenversicherung pflichtversicherten Arbeitnehmer** (§§ 10a Abs. 1, 79 EStG), **nicht** dagegen bisher Arbeitnehmer, die eine beamtenähnliche Gesamtversorgung haben (also Beamte, Richter, Soldaten sowie Angestellte des öffentlichen Dienstes) oder freiwillig Versicherte und die überwiegende Zahl der geringfügig Beschäftigten (soweit nur ein pauschaler Rentenversicherungsbeitrag von 12 % durch den Arbeitgeber gezahlt wird).

3. Begünstigte Anlagen

a) Zertifizierung

75 Es werden nur Verträge gefördert, die gewisse Mindestvoraussetzungen erfüllen. Diese sind im **Altersvorsorgeverträge-Zertifizierungsgesetz – AltZertG** (Art. 7 AVmG) geregelt; hierzu gehört nach § 1 AltZertG u.a., dass die Verträge

- laufende freiwillige Beitragszahlungen vorsehen,

- bis zur Vollendung des 60. Lebensjahrs oder bis zum Beginn einer Altersrente des Anlegers aus der gesetzlichen Rentenversicherung gebunden sind und nicht beliehen oder anderweitig verwendet werden können,

- ab Auszahlungsbeginn eine lebenslange steigende oder gleich bleibende monatliche Leibrente vorsehen; entsprechende Auszahlungen aus Fonds- oder Bankguthaben, die in der Leistungsphase ab dem 85. Lebensjahr mit einer Rentenversicherung verbunden sind, sind ebenfalls möglich,

- zu Beginn der Auszahlungsphase mindestens die eingezahlten Beiträge zusagen. Förderunschädlich können die Anlageverträge mit einer Zusatzversicherung für verminderte Erwerbsfähigkeit und einer Hinterbliebenenrente verbunden werden.

Das **Bundesaufsichtsamt für das Versicherungswesen hat als neue Zertifizierungsbehörde** zu prüfen, ob die angebotenen Altersvorsorgeprodukte die vorgeschriebenen Förderkriterien erfüllen. Die Zertifizierung stellt ausdrücklich **kein staatliches Gütesiegel** dar und beinhaltet **keine Wirtschaftlichkeitsprüfung**, das die Qualität des Produktes bestätigt. Die Wirtschaftlichkeit des Altersvorsorgevertrags, die Prüfung, ob der Anbieter die spätere Auszahlung auch gewährleisten kann und ob die Vertragsbedingungen zivilrechtlich wirksam sind, obliegt dem Anleger. Wird die Zertifizierung für den angebotenen Altersvorsorgevertrag erteilt, ist für den Anleger lediglich gewährleistet, dass der Vertrag im Rahmen der Zulageförderung und des Sonderausgabenabzugs nach § 10a EStG förderfähig ist.

b) Begünstigte Anlagen

76 Förderfähig sind Anlagen in Rentenversicherungen und Kapitalisierungsprodukte i.S. des § 1 Abs. 4 Satz 2 des Versicherungsaufsichtsgesetzes (VAG) sowie in Banksparplänen und Investmentfonds. Zertifizierte Altverträge können ebenfalls in die Förderung einbezogen werden.

c) Begünstigte Altersvorsorgebeiträge

77 Der gesamte **Altersvorsorgeaufwand** setzt sich aus den **Altersvorsorgebeiträgen** (§ 82 EStG) und der **Altersvorsorgezulage** (§ 83 EStG) zusammen. Der Anleger leistet nur seine **Eigenbeiträge**, die **Zulage wird von der Bundesversicherungsanstalt für Angestellte unmittelbar an den Anbieter ausgezahlt**, der sie auf dem begünstigten Vertrag gutschreibt.

Zu den **begünstigten Altersvorsorgebeiträgen** gehören die Beiträge zu Gunsten eines zertifizierten Altersvorsorgevertrags. Auch im Rahmen der **betrieblichen Altersversorgung** geleistete Beiträge in **Direktversicherungen, Pensionskassen und Pensionsfonds** sind förderfähig, wenn diese Einrichtungen für den Zulageberechtigten eine **lebenslange Altersversorgung** i.S. des AltZertG gewährleisten und die Beiträge aus individuell versteuerten und verbeitragten Arbeitsentgelten erbracht werden.

Nicht zu den begünstigten Altersvorsorgebeiträgen gehören dagegen Aufwendungen, für die eine Arbeitnehmer-Sparzulage nach dem Fünften Vermögensbildungsgesetz gewährt wird oder die als Sonderausgaben im Rahmen der Höchstbeträge nach § 10 Abs. 3 EStG geltend gemacht werden. Auch die Rückzahlungsbeträge für einen entnommenen Altersvorsorge-Eigenheimbetrag (→ Rz. 93) sind nicht begünstigt. Für diese Aufwendungen soll eine Doppelförderung verhindert werden.

4. Höhe der Altersvorsorgezulage

a) Alleinstehende

78 Die Altersvorsorgezulage setzt sich zusammen aus einer **Grundzulage** (§ 84 EStG) und einer **Kinderzulage** für jedes Kind, für das dem Zulageberechtigten Kindergeld ausgezahlt wird (§ 85 EStG). Die Höhe ist weder von der Höhe der Sparleistungen (es muss allerdings der Mindestsparbeitrag entrichtet werden) noch vom Einkommen des Steuerpflichtigen abhängig.

Die jährliche Zulage beträgt

in den Veranlagungs-zeiträumen	Grund-zulage	Kinderzulage je Kind
2002 und 2003	38 €	46 €
2004 und 2005	76 €	92 €
2006 und 2007	114 €	138 €
ab 2008	154 €	185 €

Erhalten im Laufe eines Kalenderjahres **mehrere zulageberechtigte Personen Kindergeld** für dasselbe Kind, steht die Kinderzulage demjenigen zu, dem für den **ersten Kindergeldzeitraum** das Kindergeld ausgezahlt wurde.

Beispiel:

Die Partner eines nicht verheirateten Paares (beide rentenversicherungspflichtig beschäftigt) haben jeweils einen Altersvorsorgevertrag abgeschlossen. Für das am 15.5.2002 geborene gemeinsame Kind erhält die Mutter ab Mai Kindergeld. Ab November wird das Kindergeld mit Zustimmung der Mutter an den Vater des Kindes gezahlt, weil das Kind im gemeinsamen Haushalt lebt.

Für das Jahr 2002 erhält die Mutter die Kinderzulage von 46 €, weil ihr für den ersten Kindergeldzeitraum (Mai 2002) das Kindergeld ausgezahlt wurde. Ab 2003 erhält der Vater die Kinderzulage, weil ab diesem Jahr nur ihm das Kindergeld tatsächlich ausgezahlt wird.

Der Anspruch auf Kinderzulage entfällt für einen Veranlagungszeitraum, wenn das Kindergeld für diesen Zeitraum insgesamt zurückgefordert wird. Eine monatliche Aufteilung der Kinderzulage erfolgt nicht.

b) Ehegatten

aa) Grundzulage

79 Bei Ehegatten steht die Grundzulage jedem Ehegatten gesondert zu, wenn **beide Ehegatten zum begünstigten Personenkreis** gehören und eigenständige Altersvorsorgeverträge abgeschlossen haben.

Gehört nur **ein Ehegatte** zum begünstigten Personenkreis, kann auch der andere Ehegatte die Zulage erhalten, wenn die Voraussetzungen für eine Zusammenveranlagung vorliegen und für den nicht selbst begünstigten Ehegatten ein eigener Vertrag abgeschlossen wird (**abgeleiteter Zulageanspruch**, § 79 Satz 2 EStG).

Beispiel 1:

Der Ehemann ist rentenversicherungspflichtig beschäftigt. Seine Ehefrau ist nicht berufstätig.

Haben beide Ehegatten einen eigenen Altersvorsorgevertrag abgeschlossen, erhalten beide die Altersvorsorgezulage. Die Ehefrau gehört zwar nicht zum begünstigten Personenkreis, ist aber ebenfalls von der Absenkung des Rentenniveaus betroffen, weil auch die gesetzliche Witwenrente geringer ausfällt. Daher wird auch bei ihr der Aufbau einer eigenen Altersversorgung staatlich gefördert.

bb) Kinderzulage

80 Die **Kinderzulage** wird auch bei Ehegatten, die beide einen Anspruch auf Altersvorsorgezulage haben, nur **einmal gewährt**. Liegen bei einem Elternpaar die Voraussetzungen für eine Zusammenveranlagung vor, können sie gemeinsam wählen, wer von ihnen die Kinderzulage erhalten soll. Dabei kann dieses Wahlrecht für mehrere Kinder nur einheitlich ausgeübt werden. Stellen die Eltern keinen übereinstimmenden Antrag, erhält die Mutter die Kinderzulagen. Auf Antrag beider Eltern, der jährlich neu zu stellen ist und nicht zurückgenommen werden kann, wird die Kinderzulage dem Vater zugeordnet (§ 85 Abs. 2 EStG).

Beispiel 2:

Die Ehegatten aus Beispiel 1 haben zwei Kinder, für die Kindergeld gezahlt wird.

Hat **nur der Ehemann** einen Altersvorsorgevertrag abgeschlossen, erhält er die Kinderzulagen auf seinen Vertrag gutgeschrieben, weil die Ehefrau keinen Zulageanspruch hat.

Haben **beide Ehegatten** einen Altersvorsorgevertrag abgeschlossen, werden die Kinderzulagen auf den Vertrag der Ehefrau gezahlt. Sollen die Kinderzulagen auf den Vertrag des Ehemannes gezahlt werden, so muss diese Zuordnung im Antrag auf Altersvorsorgezulage von beiden Ehegatten erklärt werden.

5. Mindesteigenbeitrag

a) Allgemeines

81 Mit den vorstehenden Zulagen soll die private Altersvorsorge gefördert und nicht eine staatlich finanzierte Grundrente erbracht werden. Der Gesetzgeber verlangt daher, dass der **Zulageberechtigte einen bestimmten Eigenbeitrag zu seiner Altersvorsorge erbringt** (sog. Mindesteigenbeitrag, § 86 EStG). Erreichen die Einzahlungen des Steuerpflichtigen diesen Mindesteigenbetrag nicht, werden die **Grund- und Kinderzulagen gekürzt**. Die Höhe des Mindesteigenbeitrags hängt grundsätzlich allein von den **im Vorjahr erzielten beitragspflichtigen Einnahmen** i.S. des Sechsten Buches Sozialgesetzbuch (**rentenversicherungspflichtiges Vorjahreseinkommen**) abzüglich der Grund- und Kinderzulagen ab. Werden **mehrere Tätigkeiten** im Laufe des Kalenderjahres ausgeübt, so sind die beitragspflichtigen Einnahmen zusammenzurechnen.

Die Berechnung des Mindesteigenbeitrags wird durch einen **Höchstbetrag** und einen **Sockelbetrag** begrenzt:

b) Höhe

82 Der **Mindesteigenbeitrag** beträgt grundsätzlich

in den Veranlagungs-zeiträumen	Mindesteigenbeitrag
2002 und 2003	1 % der beitragspflichtigen Einnahmen, höchstens 525 € jährlich abzüglich der Zulage
2004 und 2005	2 % der beitragspflichtigen Einnahmen, höchstens 1 050 € jährlich abzüglich der Zulage
2006 und 2007	3 % der beitragspflichtigen Einnahmen, höchstens 1 575 € jährlich abzüglich der Zulage
ab 2008 jährlich	4 % der beitragspflichtigen Einnahmen, höchstens 2 100 € jährlich abzüglich der Zulage

c) Sockelbetrag

83 Auch wenn bereits die Zulagen (Grund- und Kinderzulage) dem Mindesteigenbeitrag entsprechen oder ihn sogar übersteigen, muss zur Erlangung der vollen Zulage immer ein bestimmter **Sockelbetrag als Mindesteigenbeitrag** geleistet werden. Der Gesetzgeber erwartet, dass insbesondere Geringverdiener, die in den Genuss der Zulage kommen wollen, zumindest einen kleinen Eigenbeitrag leisten.

Der jährliche Sockelbetrag für einen Mindesteigenbeitrag beträgt

	Veranlagungs-zeiträume 2002 bis 2004	ab dem Veranlagungs-zeitraum 2005
Zulageberechtigte ohne Kind	45 €	90 €
Zulageberechtigte mit einem Kind	38 €	75 €
Zulageberechtigte mit zwei oder mehr Kindern	30 €	60 €

Wird der Mindesteigenbeitrag durch den Zulageberechtigten nicht geleistet, erfolgt eine **Kürzung der Altersvorsorgezulage**. Diese Kürzung ermittelt sich nach dem Verhältnis der geleisteten Altersvorsorgebeiträge zum Mindesteigenbeitrag (§ 86 Abs. 1 Satz 5 EStG).

d) Ehegatten

84 Gehören **beide Ehegatten** zum begünstigten Personenkreis, ist die Mindesteigenbeitragsberechnung für jeden Ehegatten gesondert anzuwenden. Hierbei ist, wie bei Alleinstehenden, das jeweils eigene beitragspflichtige Vorjahreseinkommen zu Grunde zu legen.

Gehört nur **ein Ehegatte** dem begünstigten Personenkreis an und hat der andere Ehegatte einen abgeleiteten Zulageanspruch, gelten für die Mindesteigenbeitragsberechnung besondere Regelungen.

e) Maximale Förderung

85 Wie viel ein Arbeitnehmer einzahlen muss, um die höchstmögliche Förderung zu bekommen, soll folgendes Beispiel verdeutlichen:

Beispiel:

Ein Ehepaar mit einem Kind hat ein sozialversicherungspflichtiges Vorjahreseinkommen von 30 677 €.

Diese Familie bekommt 2002 für eine eigene Sparleistung von 185 € eine Förderung von 122 €. 2008 werden es bei 734 € Sparleistung 493 € Förderung sein. Voraussetzung ist, dass jeder Partner einen eigenen Vertrag für die zusätzliche Eigenvorsorge abschließt.

Um die volle Zulage zu bekommen, muss die Familie jährlich anlegen:

Jahre der Förderung	2002/2003	2004/2005	2006/2007	ab 2008
beitragpflichtiges Vorjahreseinkommen	30 677 €	30 677 €	30 677€	30 677€
Davon muss gespart werden	1 %	2 %	3 %	4 %
Grundzulage	76 €	152 €	228 €	308 €
Kinderzulage	46 €	92 €	138 €	185 €
Eigenanteil	185 €	370 €	554 €	734 €
Gesamte Sparleistung (Eigenbeitrag und Zulage)	**307 €**	**614 €**	**920 €**	**1 227 €**

6. Verteilung der Zulage

86 Jeder Anleger kann **mehrere Altersvorsorgeverträge** abschließen. Die Altersvorsorgezulage wird jedoch auch bei mehreren Altersvorsorgeverträgen **nur für zwei dieser Verträge gewährt** (§ 87 Satz 1 EStG). Die gesamte Zulage wird dabei im Verhältnis der auf diese beiden Verträge geleisteten Beiträge verteilt (§ 87 Satz 3 EStG). Um eine Kürzung der Zulage zu vermeiden, muss der Mindesteigenbeitrag auf diese zwei Verträge gezahlt worden sein.

Beispiel:

Ein rentenversicherungspflichtiger Arbeitnehmer hat drei Altersvorsorgeverträge abgeschlossen. Auf diese Verträge werden 240 €, 360 € und 420 € geleistet. Der Mindesteigenbeitrag für das Jahr 2004 beträgt 724 €.

Der zu leistende Mindesteigenbeitrag wird nur durch die beiden Verträge, die mit 360 € und 420 € bespart werden, überschritten. Um die ungekürzte Zulage zu erhalten, muss der Arbeitnehmer die Zulage für diese beiden Verträge beantragen. Die gesamte Zulage von 76 € wird im Verhältnis der auf diese Verträge geleisteten Beiträge aufgeteilt. Die Zulage zu Gunsten des Vertrags 2 beträgt 35 € (360/780 €), die Zulage zu Gunsten des Vertrags 3 beträgt 41 € (420/780 €).

7. Sonderausgabenabzug („Günstigerprüfung")

a) Allgemeines

87 Die gesamten Altersvorsorgeaufwendungen (Eigenbeiträge und Altersvorsorgezulage) können im Rahmen der **Einkommensteuererklärung als Sonderausgaben berücksichtigt** werden (§ 10a Abs. 1 EStG). Das Finanzamt prüft bei der Einkommensteuerveranlagung „von Amts wegen", ob der Sonderausgabenabzug günstiger ist als der Anspruch auf Altersvorsorgezulage (§ 10a Abs. 2 EStG). Dieses Verfahren entspricht der **Günstigerprüfung bei den Freibeträgen für Kinder/Kindergeld**. Ist die steuerliche Auswirkung günstiger als die Altersvorsorgezulage, wird die über die Zulage hinausgehende Steuerermäßigung mit der Steuererstattung ausgezahlt bzw. mit einer Nachzahlung verrechnet. Die Steuerermäßigung wird vom Finanzamt gesondert festgestellt und im Steuerbescheid ausgewiesen. Die gewährte Zulage verbleibt in jedem Fall auf dem Altersvorsorgevertrag. Anders als beim Kindergeld wird jedoch bei den meisten Steuerpflichtigen der **Sonderausgabenabzug günstiger** sein!

Als Sonderausgaben können Altersvorsorgeaufwendungen bis zu folgenden jährlichen **Höchstbeträgen** berücksichtigt werden:

in den Veranlagungszeiträumen 2002 und 2003	525 €
in den Veranlagungszeiträumen 2004 und 2005	1 050 €
in den Veranlagungszeiträumen 2006 und 2007	1 575 €
ab dem Veranlagungszeitraum 2008	2 100 €

Diese Höchstbeträge werden auch bei **zusammenveranlagten Ehegatten** nicht verdoppelt. Ausnahme: Beide Ehegatten gehören zu dem begünstigten Personenkreis und haben entsprechende Aufwendungen für eigene begünstigte Verträge geleistet.

b) Besonderheiten bei Ehegatten

88 Liegen bei Ehegatten die Voraussetzungen für eine Zusammenveranlagung vor und gehören **beide zum geförderten Personenkreis**, steht der Sonderausgabenabzug jedem Ehegatten gesondert zu (§ 10a Abs. 3 Satz 1 EStG). Dabei kann jeder Ehegatte nur die eigenen Altersvorsorgeaufwendungen geltend machen. Wird der Höchstbetrag durch einen Ehegatten nicht ausgeschöpft, ist eine Übertragung auf den anderen Ehegatten nicht möglich.

Gehört nur **ein Ehegatte zum geförderten Personenkreis** und hat der andere Ehegatte einen abgeleiteten Zulageanspruch, steht nur dem erstgenannten Ehegatten der Sonderausgabenabzug zu. Als Sonderausgaben sind im Rahmen des Höchstbetrags die von beiden Ehegatten geleisteten Altersvorsorgebeiträge und die dafür zustehenden Zulagen zu berücksichtigen (§ 10a Abs. 3 Satz 2 EStG).

Beispiel:

Ein rentenversicherungspflichtiger Arbeitnehmer hat im Jahr 2005 Altersvorsorgebeiträge von 600 € geleistet. Hierfür wird eine Zulage von 76 € gewährt. Seine nicht berufstätige Ehefrau hat einen eigenen Altersvorsorgevertrag mit 240 € bespart. Sie erhält Grund- und Kinderzulagen in Höhe von 260 €.

Der Ehemann kann als Sonderausgaben seine Altersvorsorgeaufwendungen von 676 € zuzüglich der Altersvorsorgeaufwendungen der Ehefrau von 500 €, insgesamt also 1 176 € geltend machen. Unter Beachtung des Abzugshöchstbetrags werden bei der Günstigerprüfung 1 050 € berücksichtigt. Ein Sonderausgabenabzug erfolgt nur, wenn die Steuerermäßigung höher ist als die gesamte Zulage von 336 € (76 € + 260 €).

8. Verfahren

a) Allgemeines

89 Völlig neu ist das **Verfahren**, bei dem **drei Behörden** beteiligt sind:

– Das **Bundesaufsichtsamt für das Versicherungswesen** prüft, ob die auf den Markt gebrachten Produkte den Anforderungen des Gesetzes genügen („Zertifizierungsbehörde"):

– **Die Zulage wird von der Bundesversicherungsanstalt für Angestellte gewährt.**

– Ob der Sonderausgabenabzug günstiger ist als die Zulage, wird vom **Finanzamt** bei der Einkommensteuerveranlagung geprüft, dabei hat das Finanzamt aber auch die Höhe der zustehenden Zulage zu ermitteln.

b) Antragsverfahren für Altersvorsorgezulage

90 Der **Zulageantrag** ist bis zum Ablauf des zweiten Kalenderjahres, das auf das Beitragsjahr folgt, bei dem **Anbieter einzureichen** (Versicherungsunternehmen, Bank, Investmentfonds), an den die Altersvorsorgebeiträge geleistet wurden (§ 89 Abs. 1 EStG). Es handelt sich bei dieser Frist um eine **Ausschlussfrist**, die nicht verlängert werden kann.

Der Anbieter erfasst die für die Ermittlung und Überprüfung des Zulageanspruchs erforderlichen Daten und übermittelt sie der Bundesversicherungsanstalt für Angestellte.

Hat der Zulageberechtigte auf **mehrere Altersvorsorgeverträge** Beiträge geleistet, muss er im Zulageantrag bestimmen, auf welche Verträge die Zulage überwiesen werden soll. Dabei ist die Begrenzung auf zwei zulagegeförderte Verträge zu beachten.

c) Festsetzung der Zulage

91 Für die Zulagengewährung und deren Überwachung ist insoweit als neue Finanzbehörde die **Bundesversicherungsanstalt für Angestellte** zuständig. Diese ermittelt auf Grund der ihr vom Anbieter übermittelten Daten, ob und in welcher Höhe ein Zulageanspruch besteht (§ 90 Abs. 1 EStG). Anschließend veranlasst die Bundesversicherungsanstalt für Angestellte die **Auszahlung an den Anbieter**, der die Zulage unverzüglich den **Altersvorsorgeverträgen des Zulageberechtigten gutzuschreiben** hat. Besteht kein Zulageanspruch, teilt die Bundesversicherungsanstalt für Angestellte dies dem Anbieter mit.

Für die **Beitragsjahre 2002 bis 2005** kann der **Anbieter abweichend von dem vorgenannten Verfahren die Zulagen selbst errechnen** (§ 90a Abs. 1 EStG). Die errechneten Zulagen sind kalendervierteljährlich anzumelden und werden von der Bundesversicherungsanstalt für Angestellte ausgezahlt.

Zur **Information des Zulageberechtigten** über seinen Altersvorsorgevertrag **erteilt der Anbieter dem Zulageberechtigten jährlich eine Bescheinigung** (§ 92 EStG) über

– die Höhe der im abgelaufenen Beitragsjahr geleisteten Altersvorsorgebeiträge,

– die im abgelaufenen Beitragsjahr getroffenen, aufgehobenen oder geänderten Ermittlungs- oder Berechnungsergebnisse,

– die Summe der bis zum Ende des abgelaufenen Beitragsjahrs dem Altersvorsorgevertrag gutgeschriebenen Zulagen,

– die Summe der bis zum Ende des abgelaufenen Beitragsjahrs geleisteten Altersvorsorgebeiträge und

– den Stand des Altersvorsorgevermögens.

Eine **förmliche Festsetzung der Zulage** erfolgt nur auf besonderen Antrag des Zulageberechtigten (§ 90 Abs. 4 EStG). Dieser ist innerhalb eines Jahres nach Erteilung der vorgenannten Bescheinigung an den **Anbieter** zu richten. Der Anbieter leitet den Antrag mit einer Stellungnahme und den erforderlichen Unterlagen an die **Bundesversicherungsanstalt für Angestellte** weiter, die die förmliche Festsetzung veranlasst.

d) Antragsverfahren für den Sonderausgabenabzug

92 Der Steuerpflichtige kann die Altersvorsorgeaufwendungen in seiner **Einkommensteuererklärung** geltend machen. Die Prüfung, ob der Sonderausgabenabzug günstiger als der – vom Finanzamt zu ermittelnde – Zulageanspruch ist, wird vom Finanzamt von Amts wegen vorgenommen. Die dabei als Sonderausgaben zu berücksichtigenden Altersvorsorgebeiträge sind durch eine vom Anbieter auszustellende **Bescheinigung** (vergleichbar mit der Anlage „VL") nachzuweisen (§ 10a Abs. 5 Satz 1 EStG). Die anderen Voraussetzungen werden im Wege eines **automatisierten Datenabgleichs** überprüft.

Die über den **Zulageanspruch hinausgehende Steuerermäßigung** wird vom Finanzamt gesondert festgestellt und der Bundesversicherungsanstalt für Angestellte mitgeteilt (§ 10a Abs. 4 EStG). Dieser Betrag wird für eine mögliche Rückforderung im Falle einer schädlichen Verfügung benötigt.

9. Zwischenentnahme zur Finanzierung selbst genutzter Wohnungen

93 Ansparleistungen zum Erwerb von Wohneigentum, z.B. **Bausparbeiträge**, werden nicht nach dem Altersvermögensgesetz zusätzlich gefördert, hierfür wird wie bisher lediglich die Arbeitnehmer-Sparzulage oder Wohnungsbauprämie gewährt. Nach Anschaffung bzw. Herstellung einer selbst genutzten Wohnung kann ggf. die **Eigenheimzulage** gewährt werden.

Um die **Finanzierung** einer selbst genutzten Wohnung zu erleichtern, kann jedoch das in einem Altersvorsorgevertrag gefördert angesammelte **Kapital förderunschädlich**, d.h. ohne Auswirkungen auf die Zulage oder den Sonderausgabenabzug, **entnommen** werden. Die Entnahme muss **mindestens 10 000 €** und darf insgesamt **höchstens 50 000 €** betragen (**Altersvorsorge-Eigenheimbetrag**, § 92a Abs. 1 EStG).

Der Zulageberechtigte ist verpflichtet, den entnommenen Betrag – unverzinst – in monatlichen, gleich bleibenden Raten bis zur Vollendung des 65. Lebensjahrs in einen **Altersvorsorgevertrag zurückzuzahlen**. Die Rückzahlung, die mit dem zweiten auf das Jahr der Verwendung folgenden Jahr beginnt, löst keine erneute Förderung nach dem Altersvermögensgesetz aus. Für weitere Altersvorsorgebeiträge kann aber die Förderung nach dem Altersvermögensgesetz in Anspruch genommen werden.

Beispiel:

Ein rentenversicherungspflichtiger Arbeitnehmer leistet ab 2002 Altersvorsorgebeiträge zu Gunsten eines Banksparplans. Aus den geförderten Beiträgen und den Erträgen daraus hat sich im Jahr 2014 ein Kapital von 24 000 € gebildet.

Für den Kauf einer Wohnung, die der Arbeitnehmer zu eigenen Wohnzwecken nutzen möchte, entnimmt er die 24 000 € als Eigenkapital. In diesem Zeitpunkt hat er das 33. Lebensjahr vollendet.

Der entnommene Betrag ist mit Beginn des zweiten Jahres nach der Entnahme bis zum 65. Lebensjahr mit monatlich 67 € (24 000 € : 30 Jahre) zurückzuzahlen. Für diesen Rückzahlungsbetrag wird keine Zulage- oder Sonderausgabenförderung gewährt, weil diese Beträge bereits in der Ansparphase begünstigt waren.

Der entnommene Betrag wird **im Zeitpunkt der Entnahme nicht besteuert**. Da dieser Betrag jedoch bis zur Vollendung des 65. Lebensjahrs zurückgezahlt wird, ergibt sich keine Besonderheit für die nachgelagerte Besteuerung (siehe → Rz. 95).

Veräußert der Zulageberechtigte das mit dem Altersvorsorge-Eigenheimbetrag finanzierte Wohneigentum oder nutzt er es **dauerhaft nicht mehr zu eigenen Wohnzwecken**, indem er es z.B. vermietet, hat er die Möglichkeit, den Restbetrag

– innerhalb eines Jahres vor und eines Jahres nach Ablauf des Veranlagungszeitraums, in dem das Wohneigentum letztmals eigenen Wohnzwecken gedient hat, entweder in ein **Ersatzobjekt zu investieren** (§ 92a Abs. 4 Nr. 1 EStG) oder

– innerhalb eines Jahres nach Ablauf des Veranlagungszeitraums, in dem das Wohneigentum letztmals eigenen Wohnzwecken gedient hat, auf einen **zertifizierten Altersvorsorgevertrag einzuzahlen** (§ 92a Abs. 4 Nr. 2 EStG).

Geschieht dies nicht, liegt eine **schädliche Verwendung** vor. Eine schädliche Verwendung liegt auch vor, wenn der Zulageberechtigte mit seiner **Rückzahlungsverpflichtung mit mehr als einem Jahresbetrag in Rückstand** gerät (zu den Folgen einer schädlichen Verwendung siehe → Rz. 94).

Verstirbt der Zulageberechtigte, bevor er den Altersvorsorge-Eigenheimbetrag vollständig zurückgezahlt hat, liegt ebenfalls eine schädliche Verwendung vor. Eine Ausnahme besteht bei Ehegatten, die im Zeitpunkt des Todes des Zulageberechtigten die Voraussetzungen für eine Zusammenveranlagung erfüllt haben. Wird der Ehegatte des verstorbenen Zulageberechtigten Eigentümer des Wohneigentums und dient es dem Ehegatten zu eigenen Wohnzwecken, tritt der überlebende Ehegatte in die Rechtsstellung des verstorbenen Zulageberechtigten ein und muss die weitere Rückzahlung vornehmen (§ 92a Abs. 4 Nr. 3 EStG).

10. Schädliche Verwendung

94 Damit das geförderte Altersvorsorgevermögen auch tatsächlich für eine lebenslange zusätzliche finanzielle Versorgung des Zulageberechtigten verwendet wird, sind im Altersvermögensgesetz **Verfügungsbeschränkungen** aufgenommen worden.

Eine **schädliche Verwendung** liegt vor, wenn das Altersvorsorgevermögen **nicht**

– in Form einer lebenslangen Leibrente,

– im Rahmen eines Auszahlungsplans oder

– unmittelbar für die Anschaffung oder Herstellung von selbst genutztem Wohneigentum (Altersvorsorge-Eigenheimbetrag),

sondern beispielsweise in einem **Einmalbetrag ausgezahlt** wird (§ 93 Abs. 1 EStG). Das gilt auch bei Auszahlungen nach Beginn der Auszahlungsphase.

In diesen Fällen sind die in dem ausgezahlten Altersvorsorgevermögen enthaltenen **Zulagen** sowie ggf. die gesondert festgestellten **Steuervorteile** des Sonderausgabenabzugs (Rückzahlungsbetrag) **zurückzuzahlen**. Außerdem sind die im ausgezahlten Kapital enthaltenen Erträge und Wertsteigerungen im Rahmen der Einkommensteuerveranlagung als **sonstige Einkünfte zu versteuern** (§ 22 Nr. 5 Satz 4 EStG).

Eine **schädliche Verwendung** ist grundsätzlich auch im Falle der **Vererbung** anzunehmen, denn hier wird das Altersvorsorgevermögen nicht an den Zulageberechtigten selbst, sondern an die Erben ausgezahlt (§ 93 Abs. 1 Satz 5 EStG).

Bei **Ehegatten**, die im Zeitpunkt des Todes des Zulageberechtigten die Voraussetzungen für eine Zusammenveranlagung erfüllt haben, entfallen die Rechtsfolgen der schädlichen Verwendung, soweit im Falle des Todes des Zulageberechtigten das an-

gesparte Altersvorsorgevermögen auf einen auf den Namen des Ehegatten lautenden Altersvorsorgevertrag übertragen wird (§ 93 Abs. 1 Satz 6 EStG).

Eine **Rückforderung der Zulagen und Steuervorteile unterbleibt** auch, wenn im Fall des Todes des Zulageberechtigten das Altersvorsorgevermögen in Form einer Hinterbliebenenrente an den überlebenden Ehegatten oder an einkommensteuerrechtlich zu berücksichtigende Kinder des Zulageberechtigten ausgezahlt wird (§ 93 Abs. 1 Satz 3 EStG).

Endet die unbeschränkte Steuerpflicht des Zulageberechtigten durch endgültigen **Wegzug ins Ausland** (z.B. bei heimkehrenden ausländischen Arbeitnehmern oder auch „Mallorca-Rentnern"), wird ebenfalls eine schädliche Verwendung angenommen (§ 95 Abs. 1 EStG). Der Wegzug führt ohne eine Kündigung des Vertrags nicht zu einer Auszahlung des Altersvorsorgevermögens, daher kann der Rückzahlungsbetrag bis zum Beginn der Auszahlungsphase und ggfs. darüber hinaus gestundet werden.

11. Besteuerung in der Auszahlungsphase

Leistungen aus einem Altersvorsorgevertrag werden in der Auszahlungsphase in vollem Umfang als sonstige Einkünfte gem. § 22 Abs. 5 EStG erfasst (sog. **nachgelagerte Besteuerung**). Die volle Besteuerung beruht auf der steuerlichen Entlastung der Altersvorsorgebeiträge durch Zulage bzw. Sonderausgabenabzug in der Ansparphase. Die nachgelagerte Besteuerung umfasst auch die in der Vertragslaufzeit erwirtschafteten Erträge und Wertsteigerungen und selbst die gewährten Zulagen. Tarifermäßigungen wie z.B. für die Nachzahlung von Arbeitslohn (§ 34 EStG) werden nicht gewährt; steuerlich günstig wirkt sich die spätere Versteuerung vor allem bei Rentnern aus, die nach dem Wegfall ihrer „Aktivbezüge" und ggf. Nebeneinkünften nur noch die geringere Altersrente beziehen. **95**

Altersvorsorge und Altersversorgung

1. Beiträge zur gesetzlichen Rentenversicherung

Der Beitragsanteil des Arbeitgebers für die gesetzliche Rentenversicherung des Arbeitnehmers bleibt unter den Voraussetzungen des § 3 Nr. 62 EStG steuer- und beitragsfrei (→ *Zukunftssicherung: Gesetzliche Altersversorgung* Rz. 2762). **96**

Der **Arbeitnehmer kann seine eigenen Beitragsanteile** bis zu bestimmten Höchstbeträgen als Sonderausgaben absetzen; im Lohnsteuerverfahren wird hierfür die Vorsorgepauschale (→ *Vorsorgepauschale* Rz. 2579) gewährt.

2. Betriebliche Altersversorgung

Die betriebliche Altersversorgung hat als Instrument betrieblicher Sozialpolitik erhebliche Bedeutung gewonnen; Einzelheiten siehe → *Zukunftssicherung: Betriebliche Altersversorgung* Rz. 2688. **97**

3. Private Altersabsicherung des Arbeitnehmers

Die private Altersabsicherung des Arbeitnehmers soll – meist in der Form einer **Leibrentenversicherung** – mögliche Versorgungslücken zwischen der angestrebten Höhe der gesamten Altersversorgung und den tatsächlichen Leistungen aus der gesetzlichen Rentenversicherung und einer ggf. bestehenden betrieblichen Altersversorgung schließen. **98**

Die gebräuchlichste Form der **privaten Rentenversicherung** ist die Leibrentenversicherung mit aufgeschobener Rentenzahlung, Rentengarantie und Beitragsrückgewähr. Andere Formen sind beispielsweise die Leibrentenversicherung nur mit aufgeschobener Rentenzahlung oder die sog. Optionsrentenversicherung als spezielle Form einer Kapital bildenden Lebensversicherung. Weitere Informationen können insbesondere beim Verband der Lebensversicherungs-Unternehmen e.V., Eduard-Pflüger-Str. 55, 53113 Bonn, erfragt werden.

Beiträge des Arbeitnehmers zur privaten Altersversorgung können von ihm unter den Voraussetzungen des § 10 Abs. 1 Nr. 2 b EStG als **Sonderausgaben** geltend gemacht werden.

4. Steuerliche Förderung der privaten Altersvorsorge

99 Als Ausgleich für die in den kommenden Jahren eintretenden Rentenminderungen fördert der Staat durch das **Altersvermögensgesetz** den Aufbau einer zusätzlichen privaten Altersversorgung, und zwar entweder durch Zulagen oder einen steuerlichen Sonderausgabenabzug sowie durch Verbesserungen der betrieblichen Altersversorgung. Einzelheiten siehe → *Altersvermögensgesetz* Rz. 72, sowie → *Zukunftssicherung: Betriebliche Altersversorgung* Rz. 2688.

Amateursportler

100 Amateursportler sind als **Arbeitnehmer** anzusehen, wenn nach den im Einzelfall getroffenen mündlichen oder schriftlichen Vereinbarungen oder dem tatsächlichen Verhalten ein **Dienstverhältnis begründet** worden ist (BFH, Urteil vom 23.10.1992, BStBl II 1993 S. 303, sowie FG Bremen, Urteil vom 30.6.1999, EFG 1999 S. 1125, und zuletzt FG Düsseldorf, Urteil vom 30.11.2000, INF 2001 Heft 5/2001 S. IV). In der Praxis wird dies wohl eher bei **Mannschaftssportarten** (z.B. Fußball) der Fall sein. Arbeitgeber ist der Verein, auch wenn der Lohn von einer **Scheinfirma** gezahlt wird (BFH, Urteil vom 1.4.1999, BFH/NV 2000 S. 46, betr. einen Fußball-Amateur-Oberliga-Verein).

Steuerpflichtiger Arbeitslohn liegt nach den o.g. Urteilen allerdings **nicht** vor, wenn die Amateursportler im Wesentlichen **nur Aufwandsersatz** erhalten (→ *Arbeitnehmer* Rz. 165). Die Zahlung einer „**Aufwandsentschädigung**" besagt allerdings noch nicht, dass dies der Fall ist. Das Finanzamt wird sicherlich wie bei Aufwandsentschädigungen im öffentlichen Dienst weitere Nachprüfungen anstellen (→ *Aufwandsentschädigungen im öffentlichen Dienst* Rz. 309).

Arbeitslohn liegt auch vor, wenn ein Sportler bei einem **Transfer** einen Anteil der Ablösezahlung (FG Köln, Urteil vom 28.8.1998, EFG 1998 S. 1586) oder Zahlungen von **Vereinsvorsitzenden** erhält (FG Düsseldorf, Urteil vom 4.5.2000, EFG 2001 S. 136, betr. Zahlungen an einen Fußballspieler der Amateur-Oberliga).

Zur steuerlichen Behandlung von **Werbeeinnahmen** siehe → *Berufssportler* Rz. 546.

Zur Vorbereitung für die Teilnahme an Meisterschaften und Olympischen Spielen werden Spitzensportlern zur Erfüllung ihrer sportlichen Leistungsverpflichtungen von der **Stiftung „Deutsche Sporthilfe" Frankfurt (Main) Zuschüsse** gewährt. Die Zuwendungen bestehen regelmäßig im Ersatz der Auslagen, die den Spitzensportlern bei ihren Trainings- und Wettkampfverpflichtungen sowie für Massagen, Bäder, Sportkleidung, Sportgeräte und zusätzliche Nahrung erwachsen. Gelegentlich werden die Zuschüsse auch aus Vereinfachungsgründen pauschal als **Stipendium** oder für **Verdienstausfall** gezahlt.

Die Zuwendungen sind nach Auffassung der Finanzverwaltung (vgl. z.B. OFD Frankfurt, Verfügung vom 15.3.1995, ESt-Kartei Karte 8 zu § 2 EStG) grundsätzlich als **wiederkehrende Bezüge** i.S. des § 22 Nr. 1 EStG anzusehen. Bei der Ermittlung der Einkünfte kann jedoch davon ausgegangen werden, dass den Zuschüssen i.d.R. **in gleicher Höhe Werbungskosten** gegenüberstehen, sofern nicht in besonderen Einzelfällen eine andere Beurteilung erforderlich werden sollte (z.B. bei Ersatz von Verdienstausfall). Die Leistungen können auch den **Einkünften aus Gewerbebetrieb** zuzurechnen sein, wenn einem Hochleistungssportler aus Ausrüsterverträgen mit privaten Sponsoren gewerbliche Einnahmen zufließen (Hessisches FG, Urteil vom 16.10.2000, EFG 2001 S. 683). Ein Lohnsteuerabzug entfällt.

Änderung des Lohnsteuerabzugs

1. Allgemeines

Es kommt häufig vor, dass der Lohnsteuerabzug sich im Nachhinein als unzutreffend erweist. Die Gründe können vielfältig sein: Häufig legen Arbeitnehmer eine **Lohnsteuerkarte mit rückwirkenden Eintragungen** vor (Steuerklasse, Zahl der Kinderfreibeträge, Höhe des Freibetrags wegen Werbungskosten usw.) oder es werden z.B. in einer Freistellung des Arbeitslohns vom Steuerabzug nach Doppelbesteuerungsabkommen oder dem Auslandtätigkeitserlass rückwirkende Eintragungen vorgenommen. Denkbar sind aber auch **Fehler des Arbeitgebers** bei der Lohnabrechnung, z.B. das Übersehen einer Steuerbefreiung. In bestimmten Fällen ist der Arbeitgeber **gesetzlich verpflichtet**, den Lohnsteuerabzug nachträglich zu korrigieren, in anderen Fällen ist er dazu lediglich **berechtigt**. **101**

Die Vorschriften über die Änderung des Lohnsteuerabzugs gelten auch für die sog. **Annexsteuern** (Kirchensteuer, Solidaritätszuschlag).

2. Verpflichtung zur Änderung

Legt der Arbeitnehmer dem Arbeitgeber schuldhaft **keine Lohnsteuerkarte** vor, so **muss** dieser den Lohnsteuerabzug grundsätzlich nach der (ungünstigsten) **Steuerklasse VI** vornehmen (§ 39c Abs. 1 EStG). Eine **Ausnahme** gilt nur für den **Monat Januar** eines Kalenderjahres: Wenn der Arbeitnehmer eine Lohnsteuerkarte für das neue Kalenderjahr nicht bis zum Zeitpunkt der Lohnabrechnung vorgelegt hat (sei es aus Vergesslichkeit oder weil er vom Finanzamt einen Freibetrag eintragen lassen will), **darf** der Arbeitgeber die Lohnsteuer für diesen Monat ausnahmsweise noch nach den **Eintragungen auf der Lohnsteuerkarte des Vorjahres** berechnen (§ 39c Abs. 2 Satz 1 EStG). Nach Vorlage der Lohnsteuerkarte ist der Arbeitgeber jedoch **gesetzlich verpflichtet**, die Lohnsteuerermittlung für den Monat Januar zu überprüfen und ggf. zu ändern (§ 39c Abs. 2 Satz 2 EStG). Die Differenz ist bei der nächsten Lohnabrechnung nachzufordern bzw. zu erstatten. **102**

Ferner besteht eine gesetzliche Verpflichtung zur Änderung des Lohnsteuerabzugs, wenn der Arbeitnehmer **bis zum 31. März** noch keine Lohnsteuerkarte für das neue Kalenderjahr vorgelegt hat. Der Arbeitgeber muss dann rückwirkend ab Januar die Lohnsteuer nach der Steuerklasse VI berechnen (§ 39c Abs. 2 Satz 3 EStG).

In beiden Fällen ist die zu wenig oder zu viel einbehaltene Lohnsteuer bei der nächsten Lohnzahlung auszugleichen (§ 39c Abs. 2 Satz 4 EStG).

3. Berechtigung zur Änderung

Der Arbeitgeber ist dagegen lediglich **berechtigt**, bei der jeweils nächstfolgenden Lohnzahlung bisher erhobene Lohnsteuer zu erstatten oder noch nicht erhobene Lohnsteuer nachträglich einzubehalten, wenn **103**

– ihm der Arbeitnehmer eine **Lohnsteuerkarte mit Eintragungen** vorlegt, die auf einen Zeitpunkt vor Vorlage der Lohnsteuerkarte **zurückwirken**, oder

– er erkennt, dass er die Lohnsteuer bisher **nicht vorschriftsmäßig einbehalten** hat. Dies gilt auch bei **rückwirkender Gesetzesänderung**, also z.B. für die rückwirkend ab 1.1.1999 eingeschränkte Steuerbefreiung von Entlassungsabfindungen (§ 41c Abs. 1 EStG).

Die Änderung ist zu Gunsten oder zu Ungunsten des Arbeitnehmers zulässig, ohne dass es dabei auf die Höhe der zu erstattenden oder nachträglich einzubehaltenden Steuer ankommt. Die für Fälle der Nachforderung durch das Finanzamt bestehende Vorschrift, dass Beträge bis zu **10 €** nicht nachzufordern sind, gilt **nicht** für die nachträgliche Einbehaltung durch den Arbeitgeber (R 137 Abs. 1 LStR).

Der **Arbeitgeber** ist zur Änderung des Lohnsteuerabzugs nur berechtigt, soweit die Lohnsteuer von **ihm einbehalten** worden ist oder einzubehalten war (R 137 Abs. 2 LStR). **Fehler anderer Arbeitgeber** darf er also nicht korrigieren.

Beispiel:

A wechselt zum 1. Juli den Arbeitgeber. Er legt seinem neuen Arbeitgeber eine Lohnsteuerkarte vor, die zum 1. März einen Freibetrag wegen erhöhter Werbungskosten ausweist. Die Eintragung durch das Finanzamt hatte sich auf Grund eines Einspruchsverfahrens verzögert.

Der neue Arbeitgeber darf den Lohnsteuerabzug für die Monate März bis Juni nicht korrigieren. Aber auch der „alte" Arbeitgeber darf keine Änderung mehr vornehmen, wenn er bereits die Lohnsteuerbescheinigung (→ *Lohnsteuerbescheinigung* Rz. 1548) ausgeschrieben hat (§ 41c Abs. 3 EStG). Der Arbeitnehmer kann jedoch beim Finanzamt einen Erstattungsantrag nach § 37 Abs. 2 AO stellen (→ *Erstattung von Lohnsteuer* Rz. 928).

4. Verfahren

104 Die Änderung des Lohnsteuerabzugs ist, sofern der Arbeitgeber von seiner Berechtigung hierzu Gebrauch macht, bei der **nächsten Lohnzahlung** vorzunehmen, die auf die Vorlage der Lohnsteuerkarte mit den rückwirkenden Eintragungen oder das Erkennen einer nicht vorschriftsmäßigen Lohnsteuereinbehaltung folgt. Der Arbeitgeber darf in Fällen nachträglicher Einbehaltung von Lohnsteuer die Einbehaltung nicht auf mehrere Lohnzahlungen verteilen. Die nachträgliche Einbehaltung ist auch insoweit zulässig, als dadurch die **Pfändungsfreigrenzen der §§ 850 ff. ZPO unterschritten** werden (im Extremfall kann somit der gesamte Arbeitslohn der nachträglichen Einbehaltung zum Opfer fallen). Wenn die nachträglich einzubehaltende Lohnsteuer den auszuzahlenden **Barlohn übersteigt**, ist die nachträgliche Einbehaltung insgesamt zu unterlassen·und dem Finanzamt eine **Anzeige** nach § 41c Abs. 4 EStG zu erstatten (R 137 Abs. 4 LStR).

Im Fall der **Erstattung von Lohnsteuer** hat der Arbeitgeber die zu erstattende Lohnsteuer dem Gesamtbetrag der von ihm abzuführenden Lohnsteuer zu entnehmen. Wenn dieser für die zu erstattende Lohnsteuer nicht ausreicht, wird dem Arbeitgeber der **Fehlbetrag auf Antrag vom Betriebsstättenfinanzamt ersetzt** (§ 41c Abs. 2 EStG). Als Antrag auf Ersatz eines etwaigen Fehlbetrags reicht es aus, wenn in der **Lohnsteueranmeldung** der Erstattungsbetrag kenntlich gemacht wird (z.B. durch **Minuszeichen oder Rotbetrag**). Macht der Arbeitgeber von seiner Berechtigung zur Lohnsteuererstattung nach § 41c Abs. 1 und 2 EStG keinen Gebrauch, so kann der **Arbeitnehmer** noch im laufenden Kalenderjahr die **Erstattung** zu viel einbehaltener Lohnsteuer nach § 37 Abs. 2 AO beim Finanzamt **beantragen** (R 137 Abs. 5 Satz 3 LStR). Er kann die Erstattung aber auch nach Ablauf des Kalenderjahres im Rahmen einer Veranlagung zur Einkommensteuer erreichen (→ *Veranlagung von Arbeitnehmern* Rz. 2502). Vgl. auch → *Erstattung·von Lohnsteuer* Rz. 928.

5. Zeitliche Beschränkungen

105 Neben der Beschränkung der Änderungsmöglichkeit des Arbeitgebers auf Lohnzahlungszeiträume, für die die Lohnsteuer von **ihm** einbehalten worden ist oder einzubehalten war, gibt es eine weitere zeitliche Beschränkung: **Nach Ablauf des Kalenderjahres** oder, wenn das Dienstverhältnis vor Ablauf des Kalenderjahres endet, **nach Beendigung des Dienstverhältnisses**, ist die Änderung des Lohnsteuerabzugs **nur bis zur Ausschreibung der Lohnsteuerbescheinigung** (→ *Lohnsteuerbescheinigung* Rz. 1548) zulässig, d.h. bis zum Ausfüllen der Rückseite der Lohnsteuerkarte (§ 41c Abs. 3 Satz 1 EStG).

Nach Ablauf des Kalenderjahres muss die nachträglich einzubehaltende oder die zu erstattende Lohnsteuer nach dem Jahresarbeitslohn auf Grund der Jahreslohnsteuertabelle ermittelt werden. Eine **Erstattung** darf der Arbeitgeber dabei aber nur

vornehmen, wenn er zur Durchführung des **Lohnsteuer-Jahresausgleichs** berechtigt ist (→ *Lohnsteuer-Jahresausgleich durch den Arbeitgeber* Rz. 1626). Ist das nicht der Fall, kann der Arbeitnehmer die Erstattung nur im Rahmen einer Veranlagung zur Einkommensteuer erreichen, die ggf. innerhalb der Zweijahresfrist des § 46 Abs. 2 Nr. 8 EStG beantragt werden muss. Wird diese Frist versäumt, ist auch ein Erstattungsantrag gemäß § 37 AO nicht zulässig (R 137 Abs. 6 Sätze 1 bis 3 LStR).

Soweit der Arbeitgeber auf Grund einer Änderung des Lohnsteuerabzugs nach Ablauf des Kalenderjahres nachträglich Lohnsteuer einbehält, handelt es sich um **Lohnsteuer des abgelaufenen Kalenderjahrs**, die zusammen mit der übrigen einbehaltenen Lohnsteuer des abgelaufenen Kalenderjahrs in einer Summe in der **Lohnsteuerbescheinigung** anzugeben ist (R 137 Abs. 6 Satz 4 LStR).

6. Anzeigepflichten des Arbeitgebers

106 Der Arbeitgeber hat die Fälle, in denen

a) er von seiner **Berechtigung zur nachträglichen Einbehaltung von Lohnsteuer** nach § 41c Abs. 1 EStG **keinen Gebrauch** macht oder

b) die Lohnsteuer **nicht nachträglich einbehalten werden kann**, weil

– Eintragungen auf der Lohnsteuerkarte eines Arbeitnehmers, die nach Beginn des Dienstverhältnisses vorgenommen worden sind, auf einen Zeitpunkt vor Beginn des Dienstverhältnisses zurückwirken,

– der Arbeitnehmer vom Arbeitgeber Arbeitslohn nicht mehr bezieht oder

– der Arbeitgeber nach Ablauf des Kalenderjahrs bereits die Lohnsteuerbescheinigung ausgeschrieben hat,

unverzüglich dem Betriebsstättenfinanzamt anzuzeigen. Das Finanzamt hat die zu wenig erhobene Lohnsteuer vom Arbeitnehmer nachzufordern, wenn der nachzufordernde Betrag 20 € übersteigt (§ 41c Abs. 4 EStG). Diese Vereinfachungsregelung entbindet den Arbeitgeber jedoch nicht von seiner Anzeigepflicht. Die **Anzeigepflicht** über die zu geringe Einbehaltung der Lohnsteuer erstreckt sich auch auf die zurückliegenden **vier Kalenderjahre** (R 138 Abs. 1 LStR).

Eine Anzeigepflicht des Arbeitgebers ergibt sich darüber hinaus in den Fällen des § 38 Abs. 4 EStG, wenn der **Barlohn zur Deckung der Lohnsteuer nicht ausreicht** (insbesondere bei Gewährung von Sachbezügen) und weder von anderen Bezügen des Arbeitnehmers ein entsprechender Teil zurückbehalten werden kann noch der Arbeitnehmer den Fehlbetrag zur Verfügung stellt.

Die Anzeige ist **schriftlich** zu erstatten. In ihr sind Name und Anschrift des Arbeitnehmers, die auf der Lohnsteuerkarte eingetragenen Besteuerungsmerkmale, nämlich Geburtstag, Steuerklasse, Zahl der Kinderfreibeträge, Religionsgemeinschaft, an die die Kirchensteuer abzuführen ist, und ggf. ein Freibetrag sowie der Anzeigegrund und die für die Berechnung einer Lohnsteuer-Nachforderung erforderlichen Mitteilungen über die Höhe und Art des Arbeitslohns, z.B. Auszug aus dem Lohnkonto, anzugeben (R 138 Abs. 2 LStR). **Vordrucke** für die Anzeige sind kostenlos beim Finanzamt erhältlich.

Das Betriebsstättenfinanzamt wird die Lohnsteuer im Regelfall nicht selbst vom Arbeitnehmer nachfordern, sondern die Anzeige an das **Wohnsitzfinanzamt** des Arbeitnehmers weiterleiten. Dies besonders dann, wenn es wahrscheinlich ist, dass der Arbeitnehmer zur Einkommensteuer veranlagt wird (R 138 Abs. 3 LStR). In diesem Verfahren wird dann auch die Lohnsteuer nachgefordert.

Die **Erfüllung der Anzeigepflichten ist für den Arbeitgeber von erheblicher Bedeutung**, weil er für die auf Grund der Anzeige nachzuerhebende Lohnsteuer **nicht mehr haftet** (§ 42d Abs. 2 Nr. 1 EStG). Einzelheiten siehe → *Haftung für Lohnsteuer: Allgemeine Grundsätze* Rz. 1214.

7. Besonderheiten bei beschränkt Steuerpflichtigen

107 Bei beschränkt steuerpflichtigen Arbeitnehmern ist auch nach Ablauf des Kalenderjahres eine Änderung des Lohnsteuerabzugs nur für Lohnzahlungszeiträume vorzunehmen, auf die sich die Änderungen beziehen (R 137 Abs. 7 LStR), d.h. dass nicht rückwirkend die Jahreslohnsteuertabelle angewendet werden darf. Änderungen sind außerdem nur zulässig, soweit Lohnsteuer **nachgefordert** wird. **Änderungen mit Erstattungsfolge** kann nur das Finanzamt nach § 37 Abs. 2 AO durchführen (→ *Erstattung von Lohnsteuer* Rz. 928).

Angehörige

1. Begriff

108 Der Begriff des Angehörigen wird in den verschiedenen Gesetzen jeweils unterschiedlich verstanden. Grundsätzlich aber gehören insbesondere der Ehegatte und Verwandte in gerader Linie (also Kinder) dazu.

2. Arbeitsrecht

a) Ehegattenmitarbeit

109 Ob ein Ehegatte als Arbeitnehmer anzusehen ist, ist abhängig davon, ob er beim anderen auf Grund familienrechtlicher Verpflichtung (z.B. nach §§ 1353, 1360 BGB) oder aber auf der Grundlage eines besonderen Arbeitsvertrages tätig wird. Im ersten Fall läge lediglich eine **familienrechtliche Mithilfe** vor. Im strengen Sinne besteht eine Verpflichtung des Ehegatten zur Mitarbeit im Geschäft des anderen nur in besonderen Notsituationen. Ansonsten ist jeder Ehegatte in der Entscheidung darüber frei, wie er seine Arbeitskraft verwertet, ob er dies im Rahmen eines Arbeitsvertrages mit dem anderen Ehegatten oder im Rahmen eines Arbeitsverhältnisses mit einem Fremdarbeitgeber tut.

Bei bloßer familienrechtlicher Mitarbeit des Ehegatten finden die arbeitsrechtlichen Regelungen im Wesentlichen keine Anwendung; die Rechtsbeziehungen richten sich nach den familienrechtlichen Vorschriften.

b) Ehegatten-Arbeitsverhältnis

110 Voraussetzung für ein Ehegatten-Arbeitsverhältnis ist **Abschluss und tatsächlicher Vollzug** eines Arbeitsvertrages. Dieser Arbeitsvertrag wird in der Regel schon aus steuerlichen Gründen zur Dokumentation gegenüber dem Finanzamt ausdrücklich und förmlich abgeschlossen.

Ist ein förmlicher Arbeitsvertrag zwischen den Ehegatten nicht abgeschlossen worden, ist also unklar, ob die Tätigkeit des einen Ehegatten familiäre Mitarbeit im oben beschriebenen Sinne darstellt oder arbeitsvertraglicher Natur ist, so muss die Zuordnung zu der einen oder anderen Form durch **Ermittlung und Auslegung aller Umstände des Einzelfalles** gefunden werden.

Für die Annahme eines Arbeitsverhältnisses spricht in erster Linie die Einordnung unter das arbeitsvertragliche Weisungsrecht des anderen Ehegatten, aber auch die Zahlung eines regelmäßigen Lohnes und die Einhaltung bestimmter Arbeitszeiten.

Fehlt es an einer ausdrücklichen oder ansonsten feststellbaren konkludenten arbeitsvertraglichen Grundlage für die Mitarbeit des Ehegatten, ist insbesondere die Mitarbeit über einen längeren Zeitraum **unentgeltlich** und ohne besondere Absprachen erfolgt, so wird die Mitarbeit als familienrechtliche Mitarbeit zu behandeln sein. Die Einschätzung der Rechtslage kann insoweit besonders schwierig sein, wenn der mitarbeitende Ehegatte ein – möglicherweise geringfügiges – Entgelt erhält, denn auch auf familienrechtlicher Grundlage kann eine Entgeltlichkeit vereinbart werden.

Die Gefahr des Missbrauchs in Form von **Scheinarbeitsverträgen** besteht im Hinblick auf die günstigen Folgen, u.a. im steuerrechtlichen Bereich (s.u.). Neben der Schriftform und der Aufnahme für einen Arbeitsvertrag sonst üblicher Regelungen im Einzelnen ist deswegen zu empfehlen, den Vollzug des Arbeitsvertrages, insbes. die Vergütungszahlungen, entsprechend der Vertragsvereinbarung zu handhaben und dies zu dokumentieren.

c) Kindermitarbeit

111 Ob ein Kind als Arbeitnehmer anzusehen ist, ist wie beim Ehegatten davon abhängig, ob es auf Grund einer familienrechtlichen Verpflichtung oder auf der Grundlage eines Arbeitsvertrages tätig wird. Die **familienrechtliche Mitarbeitspflicht** der Kinder ergibt sich nach § 1619 BGB aus der Zugehörigkeit zum elterlichen Haushalt einerseits und der Erziehung und Unterhaltung durch die Eltern andererseits. Grundsätzlich besteht aber auch im Verhältnis zwischen Eltern und Kindern die Möglichkeit der **freien Vereinbarung**, in welcher Form eine Tätigkeit der Kinder abgewickelt werden soll.

d) Arbeitsverhältnis mit Kindern

112 Für die Vertragsanforderungen bei einem Arbeitsverhältnis mit Kindern gelten die Ausführungen zum Ehegatten-Arbeitsverhältnis entsprechend.

Zu beachten ist die Besonderheit, dass Arbeitsverhältnisse mit **Kindern unter 15 Jahren** wegen Verstoßes gegen § 5 JArbSchG grundsätzlich verboten und damit nichtig sind. Kinder über 13 Jahre dürfen allerdings im Berufsausbildungsverhältnis und außerhalb eines Berufsausbildungsverhältnisses nur mit leichten und für sie geeigneten Tätigkeiten bis zu bestimmten zeitlichen Grenzen mit Einwilligung des Personensorgeberechtigten nach den Vorschriften der §§ 5 bis 7 JArbSchG beschäftigt werden; eine weitere Auflistung der zulässigen Tätigkeiten enthält die Verordnung über den Kinderarbeitsschutz vom 23.6.1998 (BGBl. I S. 1508).

Eine **weitere Besonderheit** bei einem Arbeitsverhältnis zwischen Eltern und Kindern kann sich noch daraus ergeben, dass ein Kind zwar nach ausdrücklicher oder konkludenter Vereinbarung Arbeit im Dienste der Eltern bzw. eines Elternteils leistet, jedoch hierfür die Vergütung nicht oder nur teilweise erhält mit der Abrede, dass die offene **Vergütung bei Tod des Elternteils** durch Erbeinsetzung oder Vermächtnis abgegolten wird. Eine solche Vereinbarung ändert an dem Charakter der arbeitsvertraglichen Beziehungen nichts.

e) Unterarbeitsverhältnisse mit Angehörigen

113 Ein „Unterarbeitsverhältnis" liegt vor, wenn **ein Arbeitnehmer** ein Arbeitsverhältnis mit anderen Personen (meistens nahe Angehörige) eingeht, die ihn bei seiner Tätigkeit unterstützen sollen.

3. Lohnsteuer

a) Allgemeines

114 Arbeitsverhältnisse mit **Angehörigen** (§ 15 AO) werden häufig begründet, um Steuern zu sparen (z.B. durch Inanspruchnahme des Arbeitnehmer-Pauschbetrags von 1 044 € oder der Pauschalierung der Lohnsteuer nach §§ 40, 40a und 40b EStG) und ggf. gleichzeitig **Ansprüche in der Rentenversicherung zu begründen**.

Nach ständiger Rechtsprechung sind **Verträge unter nahen Angehörigen steuerlich jedoch nur anzuerkennen, wenn**

- sie **bürgerlich-rechtlich wirksam vereinbart** sind

- und sowohl die Gestaltung als auch die tatsächliche Durchführung dem zwischen Fremden Üblichen entsprechen (sog. **Fremdvergleich**)

- und wenn ihr Abschluss **nicht einen Missbrauch von Gestaltungsmöglichkeiten** (§ 42 AO) darstellt.

Darüber hinaus haben Finanzverwaltung und Rechtsprechung zusätzliche Anforderungen an die Anerkennung von **Zukunftssicherungsleistungen** (z.B. Pensionszusage, Direktversicherung) für den Ehegatten aufgestellt, vgl. im Einzelnen → *Zukunftssicherung: Betriebliche Altersversorgung* Rz. 2754.

Begründet wird diese – vom Bundesverfassungsgericht gebilligte – Rechtsprechung mit der Notwendigkeit, den steuerlich relevanten Bereich vom **privaten Bereich zu trennen** (§ 12 EStG). Maßgebend für die Beurteilung ist die Gesamtheit der objektiven Gegebenheiten. Dabei kann einzelnen dieser Beweisanzeichen je nach Lage des Falles unterschiedliche Bedeutung zukommen. Dementsprechend schließt nicht jede Abweichung vom Üblichen notwendigerweise die steuerrechtliche Anerkennung des Vertragsverhältnisses aus. Allerdings sind an den Nachweis, dass es sich um ein ernsthaftes Vertragsverhältnis handelt, umso strengere Maßstäbe anzulegen, je mehr die Umstände auf eine private Veranlassung deuten (vgl. zuletzt BFH, Urteile vom 25.11.1999, BFH/NV 2000 S. 699, und vom 13.7.1999, BStBl II 2000 S. 386, m.w.N.).

Ist der Vertrag nur **teilweise**, z.B. hinsichtlich der Barzahlung, wie unter Fremden durchgeführt worden, bleibt auch die **Teilleistung** außer Betracht. Die Grundsätze zur Anerkennung teilentgeltlicher Rechtsgeschäfte gelten insoweit nicht (BFH, Urteil vom 22.4.1998, BFH/NV 1999 S. 24, m.w.N.).

Ein **unüblich hoher Lohn** führt zur Verminderung auf den angemessenen Betrag (BFH, Urteil vom 26.2.1988, BStBl II 1988 S. 606). Bei Belassen des Lohnes als **Darlehen** ist ein Darlehensvertrag wie mit Dritten üblich erforderlich (vgl. BFH, Urteil vom 17.7.1984, BStBl II 1986 S. 48), ansonsten droht die Nichtanerkennung (BFH, Urteil vom 25.7.1991, BStBl II 1991 S. 842). Verbleibt nach Abzug der angeblich mitarbeitende Angehörige für den Betriebsinhaber selbst nur ein wesentlich **geringerer Stundenlohn** als er den Angehörigen zahlt, spricht dies gegen eine steuerliche Anerkennung des Arbeitsverhältnisses (FG des Saarlandes, Urteil vom 5.7.1996, EFG 1997 S. 268). Fehlen in dem mit einem Angehörigen abgeschlossenen Arbeitsvertrag schriftliche Regelungen zu der **Art der zu erbringenden Arbeitsleistung** und zu den **konkreten Arbeitszeiten** (Verteilung der Arbeitsstunden auf die einzelnen Wochentage), rechtfertigt das ohne weitere Feststellungen zur tatsächlichen Durchführung des Vertrags noch nicht den Schluss, dass die Gehaltszahlungen mangels Fremdüblichkeit nicht betrieblich veranlasst sind (BFH, Urteil vom 21.1.1999, BFH/NV 1999 S. 919, betr. Anerkennung von Arbeitslohnzahlungen des Sohnes an den Vater). Nicht schädlich sind bei geringfügiger Beschäftigung der Ehefrau Unklarheiten bei der Vereinbarung der **Wochenarbeitszeit**, wenn die Arbeitszeit von den betrieblichen oder beruflichen Erfordernissen des Steuerpflichtigen abhängt; die Unklarheit ist in einem solchen Fall auf die Eigenart des Arbeitsverhältnisses zurückzuführen und nicht auf eine unübliche Gestaltung (BFH, Urteil vom 25.11.1999, BFH/NV 2000 S. 699); zum Nachweis der vom Arbeitnehmer erbrachten Arbeitsleistung können dann aber Belege (z.B. **Stundenzettel**) erforderlich sein (BFH, Beschluss vom 17.5.2001, BFH/NV 2001 S. 1390). **Mündliche oder stillschweigend getroffene Abreden** können dem Erfordernis klarer, im Voraus geschlossener Vereinbarungen selbst dann genügen, wenn vertrag-

lich Schriftform vereinbart war (BFH, Urteil vom 20.4.1999, BFH/ NV 1999 S. 1457).

Die vorstehenden Grundsätze gelten auch für Arbeitsverhältnisse zwischen einer **Personengesellschaft und dem Ehegatten eines die Gesellschaft beherrschenden Gesellschafters** (zuletzt BFH, Beschluss vom 15.6.2000, BFH/NV 2000 S. 1467).

Wird ein Ehegattenvertrag **steuerlich nicht anerkannt**, so können die gezahlte Vergütung, die einbehaltene Steuer und die abgeführte Sozialversicherung nicht – auch nicht teilweise – als **Betriebsausgaben** abgezogen werden. Die Vertragsparteien müssen sich dann so behandeln lassen, als sei kein Vertrag abgeschlossen worden (vgl. zuletzt BFH, Urteil vom 18.6.1997, HFR 1998 S. 191); diese Schlussfolgerung verstößt weder gegen Art. 3 GG noch gegen Art. 6 GG (BVerfG, Beschluss vom 5.6.1997, StEd 1997 S. 458).

Kein Arbeitsverhältnis wird begründet, wenn jemand einen pflegebedürftigen Angehörigen in seinen Haushalt aufgenommen hat (BFH, Urteil vom 14.9.1999, BStBl II 1999 S. 776) oder Großeltern ihr Enkelkind betreuen (FG Rheinland-Pfalz, Urteil vom 6.7.1999, EFG 1999 S. 1123). Derartige Leistungen und Zahlungen vollziehen sich im Regelfall im **Rahmen der familiären Lebensgemeinschaft** und erfüllen grundsätzlich nicht die Voraussetzungen des Erzielens von Einkünften i.S. des § 2 EStG.

b) Ehegatten-Arbeitsverhältnisse

Ehegatten-Arbeitsverhältnisse werden **steuerlich nur anerkannt,** **115** wenn sie nachfolgende Kriterien erfüllen, vgl. ausführlich R 19 EStR sowie H 19 (Ehegatten-Arbeitsverhältnis) EStH:

- Es darf sich **nicht** nur um eine **relativ unbedeutende Tätigkeit** handeln, die üblicherweise auf **familienrechtlicher Grundlage unentgeltlich** erbracht wird.

Beispiel:

Ein Lehrer schließt mit seiner Ehefrau einen Arbeitsvertrag über die Reinigung seines häuslichen Arbeitszimmers ab.

Der Bundesfinanzhof hat den Vertrag nicht anerkannt, weil es sich hier um eine „unbedeutende Hilfeleistung" handelt, die üblicherweise unentgeltlich erbracht wird (Urteil vom 27.10.1978, BStBl II 1979 S. 80).

Weitere üblicherweise **im Rahmen der Haushaltsführung miterledigte Aufgaben** sind für einen Arbeitnehmer-Ehegatten z.B. die Mithilfe bei der Abwicklung der Reisetätigkeit (z.B. Erstellung von Reisekostenabrechnungen), die Bewirtung von Geschäftsfreunden, die Beschaffung von Geschenken für Geschäftsfreunde und das gelegentliche Anfertigen von Aktennotizen – über derartige Aufgaben kann also **kein Arbeitsvertrag** abgeschlossen werden (FG Hamburg, Urteil vom 23.8.1989, EFG 1990 S. 170).

- Das Arbeitsverhältnis muss **ernsthaft vereinbart** sein. Dies bedeutet z.B., dass im Arbeitsvertrag, der schon aus Beweisgründen möglichst immer **schriftlich** abgeschlossen werden sollte – und zwar vor Beginn des Leistungsaustausches (**rückwirkende Vereinbarungen sind nicht zulässig**, BFH, Urteil vom 29.11.1988, BStBl II 1989 S. 281), der Umfang der zu leistenden Arbeiten, die Höhe des Arbeitslohns sowie die Dauer des Urlaubs usw. genau beschrieben werden sollten. Fehlt es an einer Vereinbarung über die Höhe des Arbeitslohns, so kann ein wirksamer Vertrag nicht angenommen werden.

- Die vertragliche Gestaltung und ihre Durchführung muss auch **unter Dritten üblich** sein, d.h. einem sog. **Fremdvergleich standhalten**. Ein Arbeitsvertrag hält einem Fremdvergleich nicht stand, wenn keine Vereinbarungen hinsichtlich **Urlaubsanspruch und Urlaubsdauer** getroffen worden sind, dagegen eine Vereinbarung, nach der die Einleitung eines **Ehescheidungsverfahrens** zur Auflösung des Arbeitsverhältnisses führt (FG Hamburg, Urteile vom 21.1.1998, EFG 1998 S. 723 und 724). Bei geringfügiger Beschäftigung der Ehefrau sind dagegen Unklarheiten bei der Vereinbarung der **Wochenarbeitszeit** unschädlich, wenn die Arbeitszeit von den betrieblichen Erfordernissen abhängt (BFH, Urteil vom 25.11.1999, BFH/NV 2000 S. 699).

– Das Arbeitsverhältnis muss entsprechend den getroffenen Vereinbarungen **tatsächlich durchgeführt** werden. Dazu gehört z.B., dass der Arbeitslohn jeweils zum üblichen Zahlungszeitpunkt ausgezahlt wird und aus dem Vermögen des Arbeitgeber-Ehegatten in das Vermögen des Arbeitnehmer-Ehegatten gelangt. Bei der Auszahlung müssen Lohnsteuer und ggf. Sozialversicherungsbeträge einbehalten und abgeführt werden. Nach der Rechtsprechung des Bundesverfassungsgerichts darf die steuerliche Anerkennung eines Arbeitsverhältnisses zwischen Ehegatten aber nicht mehr allein deswegen versagt werden, weil das Entgelt auf ein Konto geflossen ist, über das jeder der Ehegatten allein verfügen darf, sog. **Oder-Konto** (Beschlüsse vom 7.11.1995, BStBl II 1996 S. 34, und vom 15.8.1996, DB 1996 S. 2470). Nur wenn der Arbeitnehmer überhaupt nicht berechtigt ist, über das Konto des Arbeitgeber-Ehegatten zu verfügen, ist kein Arbeitslohn geflossen und damit das Arbeitsverhältnis nicht tatsächlich durchgeführt (BFH, Urteil vom 5.2.1997, BFH/NV 1997 S. 347).

Die o.g. Entscheidungen des Bundesverfassungsgerichts haben zu einem **grundlegenden Wandel bei der steuerlichen Anerkennung von Verträgen zwischen nahen Angehörigen** geführt, nicht nur bei **Arbeitsverträgen**, sondern z.B. auch bei **Mietverträgen** (vgl. zuletzt BFH, Urteile vom 21.11.2000, BFH/NV 2001 S. 594, und vom 26.6.2001, BFH/NV 2001 S. 1551). Nicht jede Abweichung vom Üblichen schließt danach künftig eine steuerliche Anerkennung des Vertragsverhältnisses aus, die ältere Rechtsprechung hierzu ist somit weitgehend überholt. So hat z.B. der Bundesfinanzhof ein Arbeitsverhältnis anerkannt, obwohl dem Arbeitnehmer-Ehegatten das **Gehalt wiederholt verspätet ausgezahlt** worden war; denn nach einer Gesamtabwägung aller Umstände des Einzelfalles haben die **übrigen Umstände** (z.B. die langjährige beanstandungsfreie Anerkennung des Vertragsverhältnisses, die Abführung von Lohnsteuer und Sozialabgaben) den Ausschlag für die Anerkennung des Arbeitsverhältnisses gegeben (Urteil vom 26.6.1996, BFH/NV 1997 S. 182).

– Die Vergütung des mitarbeitenden Ehegatten kann nur insoweit als Arbeitslohn behandelt werden, als sie **angemessen** ist und den Betrag nicht übersteigt, den ein fremder Arbeitnehmer für eine gleichartige Tätigkeit erhalten würde. Die Vereinbarung eines **unüblich niedrigen Arbeitslohns** steht der Anerkennung des Arbeitsverhältnisses nicht entgegen (BFH, Urteil vom 25.11.1999, BFH/NV 2000 S. 699).

Dienstverhältnisse zwischen Ehegatten sind aber auch nach der Rechtsprechung des Bundesverfassungsgerichts zum sog. Oder-Konto steuerlich nur anzuerkennen, wenn sie eindeutig und ernstlich vereinbart sind und entsprechend der Vereinbarung durchgeführt werden. Es bleibt bei dem Erfordernis, dass an den **Beweis des Abschlusses und die Ernstlichkeit dieser Verträge strenge Anforderungen** zu stellen sind. Diese Beweisanforderungen sind vor dem Hintergrund zu sehen, dass Dienstleistungen, die aus privaten Gründen ohne Vereinbarung eines Entgelts für das Unternehmen des Ehegatten erbracht werden, privat veranlasst und somit steuerlich unbeachtlich sind (vgl. zuletzt BFH, Urteil vom 20.4.1999, BFH/NV 1999 S. 1457, m.w.N.).

Unter den o.g. allgemeinen Voraussetzungen (ernsthafte Vereinbarung, tatsächliche Durchführung, Fremdvergleich) können grundsätzlich auch **wechselseitige Ehegatten-Arbeitsverhältnisse** steuerlich anerkannt werden; diese Voraussetzungen sind nicht erfüllt, wenn die Ehefrau im Hinblick auf ihre weitere Belastung durch ihren eigenen Gewerbebetrieb und ihre Rolle als Hausfrau und Mutter die arbeitsvertraglich geschuldete Leistung nicht erbracht hat (BFH, Beschluss vom 10.10.1997, BFH/NV 1998 S. 448).

Werden dem Arbeitnehmer-Ehegatten **Sonderzuwendungen** (z.B. Heirats- und Geburtsbeihilfen, Unterstützungen, Aufwendungen für die Zukunftssicherung, freie Unterkunft und Verpflegung) gewährt, so kann dies steuerlich nur anerkannt werden,

wenn die Zuwendung in dem Betrieb des **Unternehmens üblich** ist; dies gilt auch für eine **Weihnachtszuwendung**. Eine **Umsatztantieme** kann nur in Ausnahmefällen anerkannt werden (vgl. dazu FG Köln, Urteil vom 6.11.1996, StEd 1997 S. 804). Bei Aufwendungen für die Zukunftssicherung ist ferner zu beachten, dass die Aufwendungen zu keiner „Überversorgung" führen dürfen (vgl. dazu FG Rheinland-Pfalz, Urteil vom 25.11.1998, EFG 1999 S. 230).

Sind die Verträge hiernach steuerlich anzuerkennen, ergeben sich für den Lohnsteuerabzug selbst keine Besonderheiten. Grundsätzlich hat der Ehegatte eine **Lohnsteuerkarte vorzulegen**. Bei einer Aushilfs- oder Teilzeitbeschäftigung kann die Lohnsteuer aber auch **pauschal nach § 40a EStG** ermittelt werden, sofern die Einnahmen nicht nach § 3 Nr. 39 EStG steuerfrei sind (→ *Pauschalierung der Lohnsteuer bei Aushilfs- und Teilzeitbeschäftigten* Rz. 1840). Bei der Einkommensteuerveranlagung der Ehegatten bleiben der pauschal versteuerte Arbeitslohn und die pauschal einbehaltene Lohnsteuer außer Betracht.

Wenn ein **Gewerbebetrieb zum Gesamtgut** der in Gütergemeinschaft lebenden Ehegatten gehört, ist regelmäßig ein Gesellschaftsverhältnis zwischen den Ehegatten anzunehmen mit der Folge, dass der an den im Betrieb mitarbeitenden Ehegatten gezahlte Arbeitslohn als **Gewinnanteil** i.S. des § 15 Abs. 1 Nr. 2 EStG zu behandeln ist.

Arbeitslohn liegt dagegen vor, wenn im Gewerbebetrieb die persönliche Arbeitsleistung eines Ehegatten in den Vordergrund tritt und im Betrieb kein nennenswertes, ins Gesamtgut fallendes Kapital eingesetzt wird (BFH, Urteil vom 20.3.1980, BStBl II 1980 S. 634). Sozialversicherungspflicht ist dagegen in aller Regel auszuschließen.

Wird der **Arbeitsvertrag nicht anerkannt** und ist zunächst Lohnsteuer einbehalten und abgeführt worden, kann der Arbeitnehmer beim Finanzamt eine Erstattung beantragen. Im Falle der Pauschalierung der Lohnsteuer nach §§ 40 bis 40b EStG ist der Arbeitgeber selbst erstattungsberechtigt (→ *Erstattung von Lohnsteuer* Rz. 928).

c) Arbeitsverhältnisse zwischen Eltern und Kindern

Die von der Rechtsprechung entwickelten Grundsätze – insbe- **116** sondere das Erfordernis der Vergleichbarkeit der Rechtsbeziehungen unter einander fremden Personen – zur Anerkennung von Arbeitsverhältnissen zwischen nahen Angehörigen beziehen sich nicht auf Rechtsbeziehungen zwischen Ehegatten oder zu Minderjährigen, sondern auch auf Vereinbarungen zwischen Eltern und volljährigen Kindern (BFH, Beschluss vom 11.4.1997, BFH/NV 1997 S. 667, und zuletzt vom 23.9.1998, BFH/NV 1999 S. 760; vgl. auch R 19 Abs. 3 EStR). Die Anforderungen der Rechtsprechung sind dabei aber nicht ganz so streng, weil bei Eltern und Kindern die wirtschaftlichen Interessenlagen verschieden sein können (BFH, Urteil vom 18.5.1983, BStBl II 1983 S. 562). Ein Arbeitsverhältnis ist steuerrechtlich anzuerkennen, wenn es so gestaltet und abgewickelt wird, wie dies sonst zwischen Arbeitgebern und Arbeitnehmern üblich ist (BFH, Urteil vom 25.1.1989, BStBl II 1989 S. 453).

Nicht anzuerkennen sind aber auch hier „Arbeitsleistungen", die wegen ihrer **Geringfügigkeit oder Eigenart üblicherweise nicht auf arbeitsvertraglicher Grundlage** erbracht werden. Die Abgrenzung kann schwierig sein und ist in der Praxis immer wieder streitig:

Beispiel 1:

A, praktischer Arzt, hat mit seiner 15jährigen Tochter einen Arbeitsvertrag abgeschlossen, nach dem sie für eine monatliche Vergütung von rund 200 € zu bestimmten Zeiten, vor allem während der Wochenendbereitschaft, in der Familienwohnung den Telefondienst übernehmen und samstags für zwei Stunden die Praxiswäsche waschen und bügeln soll.

Der Bundesfinanzhof hat den „Arbeitsvertrag" nicht anerkannt, weil insbesondere der Telefondienst im Rahmen der normalen Lebensführung miterledigt werden kann (Urteil vom 9.12.1993, BStBl II 1994 S. 298).

Beispiel 2:

B, Lebensmittelhändler, hat mit seinen beiden volljährigen Töchtern Arbeitsverträge abgeschlossen, nach denen sie als Verkaufshilfe bzw. Buchhalterin im Betrieb mitarbeiten sollen.

Der Bundesfinanzhof hat die Arbeitsverträge anerkannt, weil die Kinder hier Arbeiten übernommen haben, die häufig von Schülern, Studenten oder auch Hausfrauen gegen entsprechende Bezahlung ausgeführt werden (Urteil vom 25.1.1989, BStBl II S. 453).

Für die steuerliche Anerkennung eines Arbeitsverhältnisses mit einem minderjährigen Kind ist die Bestellung eines **Ergänzungspflegers** nicht erforderlich (R 19 Abs. 3 Satz 1 EStR sowie FG Köln, Urteil vom 12.12.1989, EFG 1990 S. 344; vgl. zuletzt auch BFH, Urteil vom 13.7.1999, BStBl II 2000 S. 386, betr. Pachtverträge). Zu beachten ist jedoch, dass Arbeitsverhältnisse mit **Kindern unter 15 Jahren** wegen Verstoßes gegen das Jugendarbeitsschutzgesetz (§ 7) im Allgemeinen nichtig sind und deshalb auch steuerlich nicht anerkannt werden können (R 19 Abs. 3 Satz 2 EStR). Die Gewährung **freier Wohnung und Verpflegung** kann als Teil der Arbeitsvergütung zu behandeln sein, wenn die Leistungen auf arbeitsvertraglichen Vereinbarungen beruhen (R 19 Abs. 3 Satz 3 EStR). Bei einem voll im Betrieb mitarbeitenden Kind muss die Summe aus Barentlohnung und Sachleistung die sozialversicherungsrechtliche Freigrenze überschreiten, wobei eine **Mindestbarentlohnung von 100 €** monatlich Voraussetzung für die steuerliche Anerkennung des Arbeitsverhältnisses ist (R 19 Abs. 3 Satz 4 EStR).

Unangemessen hohe oder unregelmäßig ausgezahlte betrieblich veranlasste Ausbildungsvergütungen (z.B. für die Ausbildung des „betrieblichen Nachfolgers") können nicht anerkannt werden; ein **Betriebsausgabenabzug** kommt ohnehin nur in Ausnahmefällen in Betracht, wobei es auf die Differenzierung zwischen Fortbildungs- und Ausbildungskosten nicht ankommt (vgl. zuletzt BFH, Beschluss vom 29.11.1999, BFH/NV 2000 S. 701, m.w.N.).

d) Unterarbeitsverhältnisse

117 Für die steuerliche Anerkennung muss hier – außer den o.g. Grundsätzen – insbesondere geprüft werden, ob die Übertragung der im Arbeitsvertrag vorgesehenen Tätigkeiten auf Außenstehende aus **arbeitsrechtlicher Sicht überhaupt zulässig** ist. Denn es dürfen nur **untergeordnete Tätigkeiten**, nicht aber die Hauptpflichten aus dem Arbeitsverhältnis „delegiert" werden. Die Rechtsprechung fordert für die Anerkennung außerdem, dass die Übertragung untergeordneter Tätigkeiten auf andere Personen **wirtschaftlich sinnvoll** oder gar **notwendig** ist und solche Tätigkeiten nicht üblicherweise von **Dritten unentgeltlich** übernommen werden (BFH, Urteil vom 22.11.1996, BStBl II 1997 S. 187). Diese Voraussetzung wird vor allem bei im **Außendienst** tätigen Arbeitnehmern erfüllt sein, die z.B. durch Verlagerung „einfacher" Tätigkeiten auf den Ehegatten mehr Zeit für ihre eigentliche Außendiensttätigkeit gewinnen. Anzuerkennen ist danach z.B. die Übertragung **„einfacher Büroarbeiten"** auf den Ehegatten, wobei aber nicht ein so **niedriger Stundenlohn** vereinbart werden darf, dass das Ehegattenarbeitsverhältnis einem Fremdvergleich nicht standhält und deshalb steuerlich nicht anzuerkennen ist (Niedersächsisches FG, Urteil vom 15.9.1996, EFG 1997 S. 529, betr. einen Stundenlohn von 6,67 DM, umgerechnet 3,41 €).

In der Praxis führt die Anerkennung von Unterarbeitsverhältnissen immer wieder zu Schwierigkeiten, zumal die **Rechtsprechung nicht einheitlich** ist. Es kommt immer auf die jeweiligen Umstände des einzelnen Falles an.

Abgelehnt wurde ein Unterarbeitsverhältnis z.B. bei

– einer **Pharmareferentin**, deren Ehemann die schriftliche Dokumentation und Lagerverwaltung übernommen hat (FG Hamburg, Urteil vom 2.12.1994, EFG 1995 S. 427),

– einem **Personalsachbearbeiter**, dessen Ehefrau zu Hause Personalakten bearbeitet (FG Baden-Württemberg, Urteil vom 27.11.1990, EFG 1991 S. 378),

– einer **Lehrerin**, deren Tochter bei der Korrektur von Klassenarbeiten u.Ä. hilft (BFH, Urteil vom 6.3.1995, BStBl II 1995 S. 394),

– einem **Pfarrer**, dessen Ehefrau ihn bei seiner Arbeit unterstützt (BFH, Urteil vom 22.11.1996, BStBl II 1997 S. 187),

– einem **Bankkaufmann**, der von seiner Ehefrau vertrauliche Sicherheitsunterlagen übersetzen ließ und damit sowohl gegen seine Geheimhaltungspflicht als auch gegen seine höchstpersönliche Dienstleistungspflicht verstoßen hat (FG Köln, Urteil vom 28.6.2000, EFG 2000 S. 994),

– einem **Vertriebsleiter**, der seiner Ehefrau Büroarbeiten (Schreibarbeiten, Fachzeitschriftenauswertung, Telefondienst, Statistikauswertung) übertragen hatte (Niedersächsisches FG, Urteil vom 9.5.2001, EFG 2001 S. 1181, Nichtzulassungsbeschwerde eingelegt, Az. beim BFH: IX B 100/01). Das Gericht hatte schon Zweifel, ob diese Aufgaben tatsächlich die vereinbarten zwölf Stunden Arbeitszeit in der Woche ausfüllen.

Anerkannt wurde dagegen ein Unterarbeitsverhältnis z.B. bei

– einem **Verkaufsleiter**, dessen Ehefrau bestimmte Bürotätigkeiten ausübt (FG Bremen, Urteil vom 21.2.1991, EFG 1991 S. 314). Das Fehlen fester Arbeitszeiten hielt das Gericht für unerheblich; diese Auffassung hat das FG Düsseldorf in einem ähnlichen Fall abgelehnt (Urteil vom 18.4.1996, EFG 1996 S. 1152),

– einem sog. **Controller**, dessen Ehefrau Präsentationsunterlagen vorbereitet und verschiedene Schreib- und Büroarbeiten erledigt (FG Bremen, Urteil vom 27.6.1991, EFG 1991 S. 729).

e) Nichteheliche Lebensgemeinschaften, Verlobte

Die für die steuerrechtliche Beurteilung von Verträgen zwischen **118** Eheleuten geltenden strengen Grundsätze können nicht auf Verträge zwischen Partnern einer **nichtehelichen Lebensgemeinschaft** übertragen werden, weil es beim Aushandeln von Arbeitsverträgen zwischen den Partnern einer nichtehelichen Lebensgemeinschaft durchaus Interessengegensätze geben kann (zuletzt Niedersächsisches FG, Urteil vom 13.11.1996, EFG 1997 S. 524, m.w.N.). Dies gilt auch für Verträge zwischen **Verlobten**, weil ein Verlöbnis noch keine Lebens- und Wirtschaftsgemeinschaft begründet (BFH, Urteil vom 17.1.1985, BFH/NV 1986 S. 148; zweifelnd BFH, Urteil vom 22.4.1998, BFH/NV 1999 S. 24, betr. allerdings § 10e EStG).

4. Sozialversicherung

Grundlage der Versicherungspflicht in der Kranken-, Pflege-, **119** Renten- und Arbeitslosenversicherung ist die Beschäftigung gegen Arbeitsentgelt. Durch verwandtschaftliche Beziehungen wird ein versicherungspflichtiges Beschäftigungsverhältnis grundsätzlich nicht ausgeschlossen. Je enger die persönlichen gegenseitigen Beziehungen sind, um so eher kann aber eine Mitarbeit außerhalb eines Beschäftigungsverhältnisses vorliegen. Eine widerlegbare Vermutung gegen die Versicherungspflicht, wie sie in § 20 Abs. 4 SGB XI zum Ausdruck kommt, ist damit aber nicht verbunden. Das Lebensalter und der Beweggrund für die Aufnahme eines Beschäftigungsverhältnisses unter Angehörigen sind grundsätzlich unerheblich, insbesondere kommt es nicht darauf an, ob der mitarbeitende Angehörige wirtschaftlich auf die Verwertung seiner Arbeitskraft angewiesen ist. Andere Formen der Mitarbeit des Angehörigen, wie die Mitarbeit in Gleichstellung mit dem Betriebsinhaber oder die Mitarbeit auf familienrechtlicher Basis (familienhafte Mithilfe), begründen kein abhängiges Beschäftigungsverhältnis bzw. schließen ein solches aus. In aller Regel gilt dies auch bei einer Mitarbeit auf gesellschaftsrechtlicher Grundlage.

Die Frage, ob zwischen Angehörigen eine Beschäftigung gegen **120** Arbeitsentgelt vorliegt, beurteilt sich nach den gleichen Grundsätzen, wie sie allgemein für die Beurteilung der Versicherungspflicht maßgebend sind (BSG, Urteil vom 5.4.1956 – 3 RK 65/55 –, SozR SGG § 164 Bl. Da 5 Nr. 18).

Ein entgeltliches Beschäftigungsverhältnis zwischen Angehörigen (Ehegatten, Verlobten, Lebensgefährten, geschiedenen Ehegatten, Verwandten, Verschwägerten, sonstigen Familienangehörigen) kann nach den in der Rechtsprechung entwickelten Grundsätzen angenommen werden, wenn

– der Angehörige in dem Betrieb des Arbeitgebers wie eine fremde Arbeitskraft eingegliedert ist und die Beschäftigung tatsächlich ausübt,

– der Angehörige dem Weisungsrecht des Arbeitgebers – wenn auch in abgeschwächter Form – unterliegt,

– der Angehörige an Stelle einer fremden Arbeitskraft beschäftigt wird,

– ein der Arbeitsleistung angemessenes (d.h. grundsätzlich ein tarifliches oder ortsübliches) Arbeitsentgelt vereinbart ist und auch regelmäßig gezahlt wird,

– von dem Arbeitsentgelt regelmäßig Lohnsteuer entrichtet wird und

– das Arbeitsentgelt als Betriebsausgabe gebucht wird.

Zu weiteren Einzelfragen, auf die hier nicht näher eingegangen werden soll, haben die **Spitzenverbände der Sozialversicherungsträger** in einer Verlautbarung Stellung genommen, die u.a. in BB 2000 S. 2103 veröffentlicht ist. Im Allgemeinen besteht Übereinstimmung mit der steuerlichen Beurteilung.

Nehmen Personen, die mindestens zehn Jahre nicht in der sozialen **Pflegeversicherung** oder der gesetzlichen Krankenversicherung versicherungspflichtig waren, eine dem äußeren Anschein nach versicherungspflichtige Beschäftigung oder selbständige Tätigkeit von untergeordneter wirtschaftlicher Bedeutung auf, besteht die widerlegbare Vermutung, dass eine die Versicherungspflicht begründende Beschäftigung oder eine versicherungspflichtige selbständige Tätigkeit i.S. der sozialen Pflegeversicherung tatsächlich nicht ausgeübt wird. Dies gilt **insbesondere bei Familienangehörigen** (vgl. § 20 Abs. 4 SGB XI).

Durch mehrere gesetzliche Regelungen wurden beschäftigte Ehegatten am 1.1.1967 in der Rentenversicherung, zum 1.7.1969 in der Arbeitslosenversicherung und zum 1.1.1970 in der Krankenversicherung versicherungspflichtig. Auf Grund von Übergangsvorschriften konnten sich die Ehegatten von der Renten- und der Krankenversicherungspflicht befreien lassen. Die Befreiungen und somit die Versicherungsfreiheit gelten für die Dauer der Beschäftigung beim Ehegatten. Endet dieses Beschäftigungsverhältnis und wird später erneut eine Beschäftigung aufgenommen, tritt Versicherungspflicht ein.

Anmeldung der Lohnsteuer

1. Allgemeines

121 Der Arbeitgeber ist nach § 41a Abs. 1 EStG verpflichtet, spätestens am **zehnten Tag** nach Ablauf eines jeden Lohnsteuer-Anmeldungszeitraums die einzubehaltende und zu übernehmende (d.h. pauschalierte) **Lohnsteuer beim Betriebsstättenfinanzamt anzumelden und abzuführen.** Dies gilt auch für die Anmeldung und Abführung pauschal erhobener Lohnsteuer, auch wenn Finanzämter vereinzelt in der Vergangenheit eine jährliche Abführung der pauschalen Lohnsteuer geduldet haben (BMF-Schreiben vom 18.9.1997, DB 1997 S. 2355). Zur Abführung der Lohnsteuer siehe → *Abführung der Lohnsteuer* Rz. 6.

Einzelheiten zur Sozialversicherung → *Beiträge zur Sozialversicherung* Rz. 438.

Der Arbeitgeber wird von der **Verpflichtung** zur Abgabe weiterer Lohnsteuer-Anmeldungen **befreit**, wenn er dem Betriebsstättenfinanzamt **mitteilt**, dass er im Lohnsteuer-Anmeldungszeitraum **keine Lohnsteuer einzubehalten** oder zu übernehmen hat, weil

er entweder keine Arbeitnehmer mehr beschäftigt oder der Arbeitslohn seiner Arbeitnehmer nicht steuerbelastet ist (R 133 Abs. 1 LStR). Die Abgabe einer sog. **Nullmeldung** ist daher im letztgenannten Fall nicht mehr erforderlich.

Für jede Betriebsstätte (§ 41 Abs. 2 EStG) und für jeden Lohnsteuer-Anmeldungszeitraum ist eine **einheitliche Lohnsteuer-Anmeldung** einzureichen (→ *Betriebsstätte* Rz. 558). Die Abgabe mehrerer Lohnsteuer-Anmeldungen für dieselbe Betriebsstätte und denselben Lohnsteuer-Anmeldungszeitraum, etwa getrennt nach den verschiedenen Bereichen der Lohnabrechnung, z.B. gewerbliche Arbeitnehmer, Gehaltsempfänger, Pauschalierungen nach §§ 40 bis 40b EStG, ist nicht zulässig (R 133 Abs. 2 LStR). Das gilt innerhalb eines **Konzerns** auch, wenn z.B. die Lohnabrechnungen der leitenden Angestellten von der Muttergesellschaft vorgenommen werden. Der Arbeitgeber hat die Lohnsteuer auch für diese Arbeitnehmer bei seinem lohnsteuerlichen Betriebsstättenfinanzamt und nicht beim Betriebsstättenfinanzamt der Muttergesellschaft anzumelden (OFD Hannover, Verfügung vom 18.8.1993, DStR 1993 S. 1628).

2. Anzumeldende Steuern

Maßgebend für den Zeitpunkt der **Einbehaltung** der Lohnsteuer **122** usw. ist der **Zeitpunkt der Lohnzahlung, also der Zufluss** (→ *Zufluss von Arbeitslohn* Rz. 2685), der somit auch für die Lohnsteuer-Anmeldung von Bedeutung ist. Der Arbeitgeber hat nach § 38 Abs. 3 EStG bei jeder Lohnzahlung Lohnsteuer usw. einzubehalten (R 118 Abs. 1 LStR).

Dem steht nicht entgegen, dass **beim Arbeitnehmer** nach § 38a Abs. 1 Satz 2 EStG **laufender Arbeitslohn** bereits in dem Kalenderjahr als **bezogen gilt**, in dem der **Lohnzahlungszeitraum** (das ist der Zeitraum, für den jeweils der laufende Arbeitslohn gezahlt wird, vgl. → *Berechnung der Lohnsteuer* Rz. 523) **endet**. Beide Zeitpunkte dürfen nicht verwechselt werden, weil sie z.B. bei der **Geschäftsführerhaftung** von erheblicher Bedeutung sein können (vgl. dazu BFH-Urteil vom 17.11.1992, BStBl II 1993 S. 471).

Beispiel:

A erhält den Lohn für Dezember 2002 statt Ende Dezember erst am 5.1.2003 und den Lohn für Januar 2003 am 26.1.2003 ausgezahlt.

Lohnsteuer-Anmeldungszeitraum für beide Lohnzahlungen ist der Monat Januar 2003. Der Arbeitgeber hat die Lohnsteuer, den Solidaritätszuschlag und ggf. die Kirchensteuer für diesen Monat bis zum 11.2.2003 beim Betriebsstättenfinanzamt anzumelden und abzuführen (Fälligkeit). Das gilt auch für die verspätete Zahlung des Dezember-Lohns.

Beim Arbeitnehmer gilt der Dezember-Lohn als im Dezember 2002 bezogen. Das bedeutet für den Arbeitgeber, dass er die Lohnsteuer insoweit noch nach den Merkmalen der Lohnsteuerkarte 2002 des Arbeitnehmers unter Anwendung der Lohnsteuertabelle 2002 einbehalten muss; er muss ferner sowohl den Arbeitslohn als auch die Steuerbeträge noch auf der Lohnsteuerkarte 2002 des Arbeitnehmers bescheinigen.

Für die Lohnsteuerberechnung des Januar-Lohns sind dagegen die Lohnsteuerkarte 2003 und die Lohnsteuertabelle 2003 maßgebend.

3. Form der Anmeldung

Die Lohnsteuer-Anmeldung ist nach **amtlichem Vordruck** ab- **123** zugeben und vom Arbeitgeber oder von einer zu seiner Vertretung berechtigten Person zu **unterschreiben** (§ 41a Abs. 1 Satz 2 EStG). Das Vordruckmuster und die „Übersicht über länderunterschiedliche Werte in der Lohnsteuer-Anmeldung" (z.B. bei den hebeberechtigten Kirchen) werden jährlich vom Bundesministerium der Finanzen bekannt gemacht (vgl. für das Jahr 2002 BMF-Schreiben vom 16.8.2001, BStBl I 2001 S. 524).

Da die Lohnsteuer-Anmeldungen nach dem Gesetz auf amtlichem Vordruck abgegeben und im Original unterschrieben werden müssen, ist eine **Abgabe per Telefax nicht möglich** (zuletzt FinMin Saarland, Erlass vom 11.6.2001, Steuer-Telex 2001 S. 666). Die **eigenhändige Unterschrift** ist wie bei allen Steuererklärungen – dazu gehört auch die Lohnsteuer-Anmeldung – schon deshalb wichtig, weil der Arbeitgeber dadurch versichern muss, seine Angaben „wahrheitsgemäß nach bestem Wissen und Gewissen" gemacht zu haben. Die gegenteilige Entscheidung des **Niedersächsischen Finanzgerichts** vom 19.12.2000 (EFG 2001 S. 548) betr. eine gefaxte Umsatzsteuer-Voranmeldung wird von

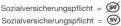
der Finanzverwaltung abgelehnt. Gegen das Urteil ist Revision eingelegt worden (Az. beim BFH: V R 31/01), der Ausgang bleibt abzuwarten.

4. Maschinelle Lohnsteuer-Anmeldung

124 Das o.g. Vordruckmuster gilt auch für die automatische Erstellung der Anmeldungen. Zur Erleichterung und Vereinfachung kann aber auf **Antrag** zugelassen werden, dass die Lohnsteuer-Anmeldungen auf Vordrucken abgegeben werden, die von den amtlich vorgeschriebenen, jährlich im Bundessteuerblatt Teil I veröffentlichten **Vordrucken abweichen**. Zulässig ist sogar ein erheblich verkürzter Vordruck unter Verzicht auf den Ausdruck nicht benötigter Zeilen, **sog. Netto-Anmeldung.**

Antragsberechtigt ist, wer Vordrucke mit Hilfe automatischer Einrichtungen ausfüllen (also der **Arbeitgeber**) oder hierfür **Verfahren anbieten** will (also z.B. Steuerberater, Verlage). Über den Antrag entscheidet die **Oberfinanzdirektion**, in deren Bezirk sich der Sitz oder die Geschäftsleitung des Antragstellers befinden. Die Oberfinanzdirektion entscheidet insoweit auch über die Verwendung der abweichenden Vordrucke in **anderen Bundesländern**. Die Vordrucke sind von den Anwendern auf **eigene Kosten** herzustellen. Lohnsteuer-Anmeldungen auf nicht zugelassenen Vordrucken werden von den Finanzämtern zurückgewiesen. Weitere Einzelheiten zur Zulassung und zum Muster solcher vom amtlichen Muster abweichenden Vordrucke hat die Finanzverwaltung in mehreren Anweisungen geregelt (zuletzt BMF-Schreiben vom 17.10.2000, BStBl I S. 1372, betr. die ab 1.1.2001 geltenden Vordruckmuster). Die **eigenhändige Unterschrift** ist aber auch bei diesen maschinell erstellten Vordrucken unverzichtbar, so dass nur eine geringfügige Vereinfachung eintritt.

Wenn einem **Programmanbieter** von Lohnsteuerabrechnungsprogrammen die Zulassung abweichender Vordrucke genehmigt worden ist, dann erstreckt sich diese Zulassung auch auf die **einzelnen Verwender** dieser Programme, ohne dass diese selbst noch einmal einen Antrag stellen müssten.

Beispiel:

Der in Hessen ansässige Arbeitgeber A hat von einem in Nordrhein-Westfalen ansässigen Verlag Lohnsteuer-Abrechnungsprogramme erworben, die gleich den Ausdruck von Lohnsteuer-Anmeldungen vorsehen. Die Muster sind von der Oberfinanzdirektion Köln genehmigt worden.

A kann die Vordrucke auch in Hessen verwenden, ohne einen eigenen Antrag stellen zu müssen.

Lohnsteuer-Anmeldungen können auch auf **maschinell verwertbaren Datenträgern** und über **Datenfernübertragung** abgegeben werden. Die Voraussetzungen ergeben sich aus der Steueranmeldungs-Datenübermittlungs-Verordnung – StADÜV – vom 21.10.1998, BStBl I 1998 S. 1292, sowie dem dazu ergangenen BMF-Schreiben vom 20.6.2000, BStBl I 2000 S. 833.

5. Lohnsteuer-Anmeldungszeitraum

125 „Lohnsteuer-Anmeldungszeitraum" kann der Kalendermonat, das Kalendervierteljahr oder auch das Kalenderjahr sein (§ 41a Abs. 2 Sätze 1 und 2 EStG). Maßgebend hierfür ist die Höhe der für das **Vorjahr abzuführenden Lohnsteuer (ohne Kirchensteuer und Solidaritätszuschlag) ohne Kürzung** um die der Lohnsteuer entnommenen **Bergmannsprämien** und das ihr entnommene **Kindergeld** (R 133 Abs. 3 LStR), selbst wenn sich inzwischen die Verhältnisse geändert haben.

Höhe der Lohnsteuer im Vorjahr	Lohnsteuer-Anmeldungszeitraum
mehr als 3 000 €	Kalendermonat
mehr als 800 €, aber nicht mehr als 3 000 €	Kalendervierteljahr
nicht mehr als 800 €	Kalenderjahr

Beispiel 1:

Arbeitgeber A hat im **Jahr 2002** für seinen Arbeitnehmer (Bruttolohn 1 835 €, Steuerklasse I) an das Finanzamt abgeführt:

Lohnsteuer (Jahresverdienst 22 020 €)	2 935,00 €
Solidaritätszuschlag 5,5 %	161,42 €
Kirchensteuer 9 %	264,15 €
zusammen	3 360,57 €

A muss für das **Jahr 2003** die Lohnsteuer-Anmeldungen **vierteljährlich** abgeben, weil die für das Jahr 2002 abgeführte **Lohnsteuer** nicht mehr als 3 000 € betragen hat. Es spielt keine Rolle, dass A unter Einbeziehung des Solidaritätszuschlags und der Kirchensteuer insgesamt mehr als 3 000 € an das Finanzamt abgeführt hat.

Bei einem Arbeitslohn von monatlich 1 856 € würde sich aber schon eine Lohnsteuer von jährlich 3 007 € ergeben. Die 3 000-€-Grenze würde damit überschritten, so dass A ab **dem Jahre 2003** die Lohnsteuer-Anmeldungen monatlich abgeben müsste.

Ist die **Betriebsstätte**, für die die Lohnsteuer-Anmeldung abzugeben ist,

– erst **im Laufe des Vorjahrs eröffnet** worden, so ist die sich für das Vorjahr ergebende Lohnsteuer auf einen **Jahresbetrag umzurechnen** (§ 41a Abs. 2 Satz 3 EStG);

Beispiel 2:

Sachverhalt wie Beispiel 1, der Betrieb ist aber erst am 1.12.2002 eröffnet worden. Für den Monat Dezember 2002 ist eine Lohnsteuer von 244,58 € einbehalten worden (hinzu kommen Solidaritätszuschlag und Kirchensteuer).

A muss für 2003 seine Lohnsteuer-Anmeldungen vierteljährlich abgeben, weil die für das Jahr 2002 abzuführende Lohnsteuer auf einen Jahresbetrag umzurechnen ist (ergibt wie im Beispiel 1 2 935 €) und dieser den Betrag von 3 000 € nicht übersteigt.

– **im Vorjahr überhaupt noch nicht vorhanden** gewesen, so ist von der für den **ersten vollen Kalendermonat** nach der Eröffnung abzuführenden Lohnsteuer auszugehen und dieser Betrag auf einen Jahresbetrag umzurechnen (§ 41a Abs. 2 Satz 4 EStG).

Beispiel 3:

Sachverhalt wie Beispiel 1, der Betrieb ist aber erst am 1.1.2003 eröffnet worden. Für den Monat Januar 2003 ist eine Lohnsteuer von 243,75 € einbehalten worden (hinzu kommen Solidaritätszuschlag und Kirchensteuer).

A muss für 2003 seine Lohnsteuer-Anmeldungen vierteljährlich abgeben, weil die für den Monat Januar 2003 abzuführende Lohnsteuer auf einen Jahresbetrag umzurechnen ist (ergibt 2 925 €) und dieser den Betrag von 3 000 € nicht übersteigt. Die erste Lohnsteuer-Anmeldung muss A also bis zum 10.4.2003 beim Betriebsstättenfinanzamt abgeben.

Das Betriebsstättenfinanzamt ist an diese gesetzlichen Anmeldungszeiträume nicht gebunden: Wenn die Abführung der Lohnsteuer nicht gesichert erscheint (z.B. bei **mangelnder Liquidität des Arbeitgebers**), kann es z.B. die **monatliche Anmeldung und Abführung anordnen** (§ 41a Abs. 3 Satz 2 EStG).

6. Frist für die Abgabe

126 Die Anmeldung muss spätestens am **zehnten Tag** nach Ablauf des Lohnsteuer-Anmeldungszeitraums dem Betriebsstättenfinanzamt eingereicht werden (§ 41a Abs. 1 Satz 1 EStG). Ist dies ein **Samstag, Sonntag oder Feiertag**, so verschiebt sich die Frist auf den nächstfolgenden Werktag (§ 108 Abs. 3 AO).

Das Betriebsstättenfinanzamt kann im Einzelfall eine Fristverlängerung, z.B. bei Krankheit, gewähren. Eine generelle Fristverlängerung wie bei der Umsatzsteuer (Dauerfristverlängerung, Abschn. 228 UStR) ist nicht möglich.

7. Verspätete Abgabe

127 Bei nicht rechtzeitigem Eingang der Lohnsteuer-Anmeldung kann das Finanzamt nach § 152 AO einen **Verspätungszuschlag** (bis zu **10 %** der festgesetzten Steuer, höchstens 25 000 € festsetzen oder erforderlichenfalls die Abgabe mit **Zwangsmitteln** durchsetzen oder auch die Höhe der **Steuer schätzen** (R 133 Abs. 4 Sätze 2 und 3 LStR).

Das Finanzamt sieht allerdings im Allgemeinen von der Festsetzung eines Verspätungszuschlags ab, wenn die Lohnsteuer-Anmeldung innerhalb der **„Schonfrist" von fünf Tagen** beim Finanzamt eingereicht und gleichzeitig die angemeldete Lohnsteuer, z.B. mit beigeheftetem Scheck, bezahlt wird (BMF-Schreiben vom 14.2.2000, BStBl I 2000 S. 190, zu § 152 und § 240 AO). Siehe auch → *Abführung der Lohnsteuer* Rz. 6.

8. Nichtabgabe

128 Gibt der Arbeitgeber überhaupt keine Lohnsteuer-Anmeldungen ab, kann das Finanzamt die Lohnsteuer im **Schätzungswege** ermitteln und den Arbeitgeber durch Steuerbescheid in Anspruch nehmen (R 133 Abs. 4 Satz 3 LStR); diese Verwaltungsregelung ist jedoch nicht zweifelsfrei, siehe FG Münster, Beschluss vom 2.2.1998, EFG 1998 S. 823.

9. Berichtigung der Anmeldung

129 Wenn der Arbeitgeber feststellt, dass eine bereits eingereichte Lohnsteuer-Anmeldung **fehlerhaft oder unvollständig** ist, so ist für den betreffenden Anmeldungszeitraum eine **berichtigte Lohnsteuer-Anmeldung** einzureichen (§ 153 AO). Dabei sind Eintragungen auch in den Zeilen vorzunehmen, in denen sich keine Änderung ergeben hat. Es ist nicht zulässig, nur Einzel- oder Differenzbeträge nachzumelden. Für die Berichtigung mehrerer Anmeldungszeiträume sind jeweils gesonderte berichtigte Lohnsteuer-Anmeldungen einzureichen. Der **Berichtigungsgrund** soll auf besonderem Blatt angegeben werden (BMF-Schreiben vom 29.8.1996, BStBl I 1996 S. 1152).

Anders bei → *Beiträge zur Sozialversicherung* Rz. 438

10. Anmeldung und Abführung der Lohnsteuer an ein unzuständiges Finanzamt

130 Es kommt in der Praxis immer wieder vor, dass Arbeitgeber die Lohnsteuer bei einem unzuständigen Finanzamt in einem anderen Bundesland anmelden und abführen. Wegen der Auswirkungen auf **die Verteilung der Steuereinnahmen nach dem Zerlegungsgesetz** wurde in der Praxis häufig wie folgt verfahren:

Beispiel:

Ein Arbeitgeber hat pauschale Lohnsteuer an ein unzuständiges Finanzamt in einem benachbarten Bundesland angemeldet und abgeführt. Nachdem dies bei einer Lohnsteueraußenprüfung festgestellt wurde, hat das zuständige Betriebsstättenfinanzamt die pauschale Lohnsteuer **vom Arbeitgeber nachgefordert**. Dem Arbeitgeber wurde anheim gestellt, die Aufhebung oder Änderung seiner beim unzuständigen Finanzamt eingereichten Lohnsteuer-Anmeldung zu beantragen (§ 164 Abs. 2 bzw. § 174 Abs. 1 AO).

Seit 1997 werden die erforderlichen **Korrekturen verwaltungsintern** – d.h. ohne Berichtigung der Lohnsteueranmeldungen durch den Arbeitgeber – vorgenommen, vgl. FinMin Niedersachsen, Erlass vom 30.7.1997, DB 1997 S. 1690.

11. Verfahrensvorschriften

131 Die Lohnsteuer-Anmeldung steht einer **Steuerfestsetzung unter Vorbehalt der Nachprüfung** gleich und wirkt wie ein Steuerbescheid (§ 168 Satz 1 i.V.m. § 164 AO). Sie kann somit jederzeit – sowohl zu Gunsten als auch zu Ungunsten des Arbeitgebers – geändert werden, bis der Vorbehalt der Nachprüfung aufgehoben ist. Dieser wird aufgehoben

– nach **Abschluss einer Außenprüfung** oder

– kraft Gesetzes (§ 164 Abs. 4 AO) mit **Ablauf der Verjährungsfrist**, die regelmäßig **vier Jahre** beträgt, → *Verjährung* Rz. 2511.

Beispiel 1:

Arbeitgeber A hat seit Eröffnung seines Betriebs im Juni 1995 immer pünktlich seine Lohnsteuer-Anmeldungen abgegeben. Ende Juni 2002 findet bei ihm eine Lohnsteuer-Außenprüfung statt, die die Jahre 1998 bis 2001 umfasst.

Mit dem Abschluss der Außenprüfung fällt der Vorbehalt der Nachprüfung für alle Lohnsteuer-Anmeldungen einschließlich der am 10.6.2002 abgegebenen Anmeldung für den Monat Mai 2002 weg. Eine Änderung der Lohnsteuer-Anmeldungen gem. § 164 Abs. 2 AO für die Monate Januar bis Mai 2002 ist damit – weder zu Gunsten noch zu Ungunsten des Arbeitgebers – nicht mehr möglich.

Beispiel 2:

Sachverhalt wie oben, es findet jedoch keine Lohnsteuer-Außenprüfung statt.

Der Vorbehalt der Nachprüfung fällt mit Ablauf der Verjährungsfrist von vier Jahren weg. Diese beginnt mit dem Ende des Jahres, in dem die Lohnsteuer-Anmeldung abgegeben wird. Mit Ablauf des 31.12.2001 ist somit für alle Lohnsteuer-Anmeldungen Verjährung eingetreten, die bis zum 31.12.1997 abgegeben worden sind, also noch die am 10.12.1997 abgegebene Lohnsteuer-Anmeldung für November 1997. Für die am 10.1.1998 abgegebene Anmeldung für Dezember 1997 endet die Verjährungsfrist hingegen erst mit Ablauf des 31.12.2002.

Einschränkungen gelten für den Fall, dass es sich um Lohnsteuer des Arbeitnehmers handelt (also nicht vom Arbeitgeber selbst zu tragende pauschale Lohnsteuer) und diesem bereits die Lohnsteuerkarte ausgehändigt worden ist (vgl. dazu → *Änderung des Lohnsteuerabzugs* Rz. 101).

Weicht das Finanzamt von der Anmeldung ab, muss es einen Steuerbescheid erteilen (§ 167 AO).

12. Übernahme lohnsteuerlicher Pflichten durch Dritte

132 Die Finanzverwaltung hat es aus Vereinfachungsgründen bisher häufig toleriert, dass ein Dritter die lohnsteuerlichen Pflichten für den Arbeitgeber übernimmt und die Lohnsteuer unter eigenem Namen bei seinem Betriebsstättenfinanzamt anmeldet und abführt (z.B. bei **studentischen Arbeitsvermittlungen**, Wohnungseigentümergemeinschaften, Mitarbeitern von Land- und Bundestagsabgeordneten, leitenden Konzernmitarbeitern). Da die Rechtmäßigkeit dieser Verwaltungspraxis umstritten ist, wird zurzeit geprüft, ob hierfür in § 38 Abs. 3 EStG eine **gesetzliche Grundlage** geschaffen werden soll. Ein konkreter Gesetzentwurf liegt bisher jedoch nicht vor, wir unterrichten Sie ggf. durch unseren aktuellen Informationsdienst (siehe Benutzerhinweise auf Seite IV).

Annehmlichkeiten

1. Allgemeines

133 Der Begriff „Annehmlichkeit" ist weder im Einkommensteuergesetz noch in den Lohnsteuer-Richtlinien definiert. Der Bundesfinanzhof hat in früheren Urteilen den Begriff der „Annehmlichkeit" und des „Gelegenheitsgeschenks" (→ *Gelegenheitsgeschenke* Rz. 1105) geprägt (BFH-Urteil vom 2.10.1968, BStBl II 1969 S. 116).

In seiner neuen Rechtsprechung hat der **Bundesfinanzhof den Begriff der „Annehmlichkeit" aufgegeben**. Nunmehr sieht der Bundesfinanzhof als Arbeitslohn alle Einnahmen an, die sich im weitesten Sinne als Gegenleistung für das Zurverfügungstellen der individuellen Arbeitskraft erweisen (vgl. BFH, Urteile vom 11.3.1988, BStBl II 1988 S. 726, und vom 9.3.1990, BStBl II 1990 S. 711). Soweit begrifflich Arbeitslohn vorliegt, ist dieser nur noch dann steuerfrei, wenn dies der Gesetzgeber ausdrücklich angeordnet hat.

Folgende Zuwendungen des Arbeitgebers sind allerdings von vornherein **nicht als Arbeitslohn** anzusehen:

– Aufmerksamkeiten,

– Leistungen des Arbeitgebers, die er im **ganz überwiegenden betrieblichen Interesse** erbringt.

Für die Behandlung von Zuwendungen des Arbeitgebers ergibt sich folgende Übersicht:

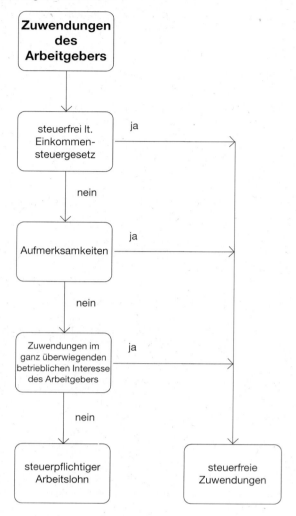

2. Aufmerksamkeiten

134 Aufmerksamkeiten sind **Sachleistungen** des Arbeitgebers,- die auch im gesellschaftlichen Verkehr üblicherweise ausgetauscht werden und zu keiner ins Gewicht fallenden Bereicherung der Arbeitnehmer führen; sie gehören nicht zum Arbeitslohn (R 73 Abs. 1 LStR). Hierzu gehören alle Sachzuwendungen bis zu einem **Wert von 40 €** (inklusive Umsatzsteuer), z.B. Blumen, Genussmittel, ein Buch oder Tonträger, die dem Arbeitnehmer oder seinen Angehörigen aus Anlass eines besonderen persönlichen Ereignisses zugewendet werden (BFH, Urteil vom 22.3.1985, BStBl II 1985 S. 641).

Bei **Geschenkgutscheinen** ist die Freigrenze von 40 € nur anwendbar, wenn der Gutschein als Sachzuwendung anzusehen ist. Zu dieser Frage siehe → *Warengutscheine* Rz. 2598.

Zu den Aufmerksamkeiten gehören auch Getränke und Genussmittel, die der Arbeitgeber den Arbeitnehmern zum Verzehr im Betrieb unentgeltlich oder verbilligt überlässt (vgl. BFH, Urteil vom 2.10.1968, BStBl II 1969 S. 115). Dasselbe gilt für **Speisen**, die der Arbeitgeber den Arbeitnehmern anlässlich und während eines **außergewöhnlichen Arbeitseinsatzes**, z.B. während einer betrieblichen Besprechung, zum Verzehr **im Betrieb** unentgeltlich oder verbilligt überlässt und deren Wert 40 € nicht überschreitet (R 73 Abs. 2 LStR; vgl. hierzu → *Arbeitsessen* Rz. 212).

Wenn der Wert der Sachzuwendung die Freigrenze von **40 €** **übersteigt**, so ist die Zuwendung **in voller Höhe** steuer- und beitragspflichtig, und zwar auch dann, wenn mit ihr soziale Zwecke verfolgt werden oder wenn sie dem Arbeitnehmer anlässlich eines besonderen persönlichen Ereignisses zugewendet wird, z.B.

Konfirmation des Kindes, vgl. H 73 (Gelegenheitsgeschenke) LStH. **Geldzuwendungen** sind stets steuer- und beitragspflichtig, auch wenn ihr Wert gering ist (R 73 Abs. 1 Satz 3 LStR).

Beispiel 1:

Der Arbeitgeber schenkt seinen Arbeitnehmern zum 50. Geburtstag jeweils einen Blumenstrauß im Wert von 35 €.

Die Sachzuwendung ist steuer- und beitragsfrei, weil die Freigrenze von 40 € nicht überschritten wird.

Beispiel 2:

Da im Winter die Blumen teurer sind, kostet der Blumenstrauß bei einem Arbeitnehmer 42 €.

Die Sachzuwendung ist in Höhe von 42 € steuer- und beitragspflichtig, weil die Freigrenze von 40 € überschritten worden ist.

3. Leistungen im ganz überwiegenden Interesse des Arbeitgebers

135 Leistungen des Arbeitgebers, die im ganz überwiegenden betrieblichen Interesse erbracht werden, gehören nicht zum Arbeitslohn. Die Leistungen des Arbeitgebers sind dabei im Rahmen einer Gesamtwürdigung einheitlich zu beurteilen; eine Aufteilung zwischen Arbeitslohn und Zuwendung im betrieblichen Interesse ist grundsätzlich nicht zulässig (BFH, Urteil vom 9.8.1996, BStBl II 1997 S. 97).

Der Bundesfinanzhof beschreibt mit dem Begriff „Leistungen im ganz überwiegend eigenbetrieblichen Interesse" solche Vorteile, die sich bei objektiver Würdigung aller Umstände nicht als Entlohnung, sondern lediglich als **notwendige Begleiterscheinung betriebsfunktionaler Zielsetzungen** erweisen (BFH, Urteil vom 27.9.1996, BStBl II 1997 S. 146, m.w.N., betr. unentgeltliche Überlassung von Tennis- und Squashplätzen).

Der Bundesfinanzhof hat deshalb bei folgenden Leistungen des Arbeitgebers die Annahme von **Arbeitslohn** verneint:

– **Vorsorgeuntersuchungen** bei leitenden Angestellten (BFH, Urteil vom 17.9.1982, BStBl II 1983 S. 39),

– Zuwendungen bei **Betriebsveranstaltungen** (zuletzt BFH, Urteil vom 6.12.1996, BStBl II 1997 S. 331, m.w.N.),

– **Mitgliedsbeiträge für einen Industrieclub** (BFH, Urteil vom 20.9.1985, BStBl II 1985 S. 718) und

– unentgeltliche Bereitstellung von **Speisen und Getränken** bei Dienstbesprechungen und Fortbildungsveranstaltungen, wenn das eigenbetriebliche Interesse des Arbeitgebers an der günstigen Gestaltung des Arbeitsablaufs den Vorteil der Arbeitnehmer bei weitem überwiegt (BFH, Urteil vom 5.5.1994, BStBl II 1994 S. 771).

Eine Zuwendung ist allerdings nicht bereits deswegen im ganz überwiegend eigenbetrieblichen Interesse, weil für sie betriebliche Gründe sprechen, beim Arbeitgeber also **Betriebsausgaben** vorliegen. Denn eine betriebliche Veranlassung liegt jeder Art von Lohnzahlungen zu Grunde. **Aus den Begleitumständen wie z.B.**

– Anlass,

– Art und Höhe des Vorteils,

– Auswahl der Begünstigten,

– freie oder nur gebundene Verfügbarkeit,

– Freiwilligkeit oder Zwang zur Annahme des Vorteils,

– besondere Geeignetheit für den jeweils verfolgten betrieblichen Zweck

muss sich ergeben, dass diese Zielsetzung ganz im Vordergrund steht und ein damit einhergehendes **eigenes Interesse des Arbeitnehmers**, den betreffenden Vorteil zu erlangen, deshalb **vernachlässigt** werden kann (BFH, Urteil vom 5.5.1994, BStBl II 1994 S. 771). Zwischen dem eigenbetrieblichen Interesse des Arbeitgebers und dem Ausmaß der Bereicherung des Arbeitnehmers besteht allerdings eine **Wechselwirkung**. Das aus der Sicht des Arbeitgebers vorhandene eigenbetriebliche Interesse zählt umso geringer, je höher **aus der Sicht des Arbeitnehmers** die Bereicherung anzusetzen ist. Das bedeutet: Ist – neben dem eigenbetrieblichen Interesse des Arbeitgebers – ein nicht unerhebliches Interesse des Arbeitnehmers gegeben, so liegt die Gewährung des Vorteils nicht im ganz überwiegend eigenbetrieblichen Interesse des Arbeitgebers (BFH, Urteil vom 2.2.1990, BStBl II 1990 S. 472, betr. verbilligte Überlassung von Fahrzeugen).

Anpassungsabgabe

136 Die **Arbeitgeberanteile** zu der seit 1976 erhobenen Anpassungsabgabe nach der Satzung der Versorgungsanstalt der deutschen Bühnen und der Versorgungsanstalt der deutschen Kulturorchester sind **steuer- und beitragspflichtiger Arbeitslohn**.

Der **Arbeitnehmer** kann seine **eigenen Beiträge** sowie die – nicht pauschal – versteuerten Arbeitgeberbeiträge als **Sonderausgaben** (Vorsorgeaufwendungen) absetzen.

Die **späteren Leistungen der Versorgungsanstalt** sind nur mit dem Ertragsanteil nach § 22 Nr. 1 Satz 3 Buchst. a EStG steuerpflichtig (FinMin Nordrhein-Westfalen, Erlass vom 10.9.1976, DB 1976 S. 1795).

Anpassungshilfe

137 Älteren landwirtschaftlichen Arbeitnehmern, die ihren Arbeitsplatz auf Veranlassung des Arbeitgebers aufgeben müssen, werden in einigen Bundesländern vom Land sog. **Anpassungshilfen** gewährt. Hierbei handelt es sich um eine Lohnzahlung durch Dritte (→ *Lohnzahlung durch Dritte* Rz. 1660), die jedoch als Abfindungen (→ *Entlassungsabfindungen/Entlassungsentschädigungen* Rz. 857) bis zu den Höchstbeträgen des § 3 Nr. 9 EStG steuerfrei bleibt (OFD Magdeburg, Verfügung vom 17.1.1994, StLex 3, 3, 1240).

Zu dem nach dem Gesetz zur Förderung der Einstellung der landwirtschaftlichen Erwerbstätigkeit (FELEG) vom 21.2.1989, BGBl. I 1989 S. 233, von der Alterskasse gezahlten **Ausgleichsgeld** siehe → *Ausgleichsgeld nach dem FELEG* Rz. 314.

Anrechnung/Abzug ausländischer Steuern

1. Allgemeines

138 Bei Personen, die Einkünfte aus Quellen außerhalb ihres Wohnsitzstaates erzielen, unterliegen diese ausländischen Einkünfte grundsätzlich sowohl im Wohnsitzstaat als auch im Quellen- bzw. Tätigkeitsstaat der Besteuerung. Dies gilt z.B. auch in Fällen mit Doppelwohnsitz, z.B. wenn ein Arbeitnehmer für seinen Arbeitgeber vorübergehend im Ausland tätig ist und während seines Auslandsaufenthalts auch dort einen Wohnsitz begründet.

In diesen Fällen ist die **Anrechnung bzw. der Abzug ausländischer Steuer** eine Methode zur **Vermeidung der Doppelbesteuerung** (→ *Doppelbesteuerung* Rz. 704).

2. Bedeutung im Lohnsteuerabzugsverfahren/ Veranlagungsverfahren

139 Eine **Anrechnung** ausländischer Steuern ist nicht im Lohnsteuerabzugsverfahren, sondern **nur im Rahmen der Veranlagung des Arbeitnehmers** möglich. Der Arbeitnehmer muss ggf. zur Anrechnung ausländischer Steuern eine Veranlagung nach § 46 Abs. 2 Nr. 8 EStG beantragen.

Ein **Abzug** ausländischer Steuern, die nicht auf die Einkünfte aus nichtselbständiger Arbeit entfallen, ist ebenfalls grundsätzlich nur im Veranlagungsverfahren des Arbeitnehmers möglich. Eine Berücksichtigung **im Lohnsteuerabzugsverfahren** ist allerdings **ausnahmsweise** möglich, wenn sich der Arbeitnehmer unter den Voraussetzungen des § 39 Abs. 1 Nr. 5 EStG **wegen negativer Einkünfte einen Freibetrag auf der Lohnsteuerkarte** eintragen lässt. Entfällt die ausländische Steuer auf Einkünfte aus

nichtselbständiger Arbeit, so dürfte aus Gründen der Gleichbehandlung mit dem Einkommensteuervorauszahlungsverfahren eine Berücksichtigung (wie Werbungskosten) im Ermäßigungsverfahren möglich sein.

3. Anrechnungsmethode

a) Geltungsbereich der Anrechnungsmethode

Die Anrechnungsmethode ist anzuwenden, wenn **140**

– insoweit kein Doppelbesteuerungsabkommen besteht,

– ein Doppelbesteuerungsabkommen für die Einkünfte die Anrechnungsmethode vorsieht.

Bei der Anrechnungsmethode werden die ausländischen Einkünfte mit in die Bemessungsgrundlage für die deutsche Einkommensteuer einbezogen. Dies gilt sowohl für positive als auch für negative Einkünfte, d.h. Letztere sind zum Ausgleich mit anderen Einkünften zuzulassen, soweit nicht ein Ausgleichs- und Abzugsverbot eingreift.

b) Ermittlung ausländischer Einkünfte

Art und Höhe der ausländischen Einkünfte sind **nach deutschem** **141** **Steuerrecht** zu ermitteln.

c) Nachweis ausländischer Einkünfte und Steuern

Der Nachweis über Höhe der ausländischen Einkünfte und über **142** Festsetzung und Zahlung ausländischer Steuern muss durch entsprechende **Urkunden (z.B. Steuerbescheid**, Zahlungsquittung) erbracht werden (§ 68b EStDV). Wird die Steuer im Ausland vom Arbeitgeber/Unternehmer angemeldet, so genügt als Nachweis eine Bescheinigung des Anmeldenden über die Höhe der abgeführten Steuer (H 212 a [Festsetzung ausländischer Steuern] EStH). Der Arbeitgeber sollte dem Arbeitnehmer daher bei Bedarf entsprechende Unterlagen zur Verfügung stellen.

4. Umrechnung ausländischer Einkünfte und Steuern

Bei Überschusseinkünften – wie Einkünfte aus nichtselb- **143** ständiger Arbeit – sind Einnahmen und Werbungskosten in Fremdwährung regelmäßig zum **Kurs im Zeitpunkt des Zu- oder Abflusses in Euro** umzurechnen. Maßgeblich ist der von der Europäischen Zentralbank täglich veröffentlichte Referenzkurs. Zur Vereinfachung ist die Umrechnung zu den Umsatzsteuer-Umrechnungskursen zulässig, die monatlich im Bundessteuerblatt Teil I veröffentlicht werden.

5. Anrechnungsmethode ohne Doppelbesteuerungsabkommen

Nach § 34c Abs. 1 Satz 1 EStG ist die Anrechnung von Steuern **144** von folgenden **Voraussetzungen** abhängig:

– unbeschränkte Steuerpflicht,

– ausländische Einkünfte i.S. des § 34d EStG,

– die Einkünfte werden im Quellenstaat zu einer der deutschen Einkommensteuer entsprechenden Steuer herangezogen (zur algerischen Steuer auf Lohneinkünfte siehe OFD Frankfurt, Verfügung vom 19.6.2001, DB 2001 S. 1645).

Sind vorstehende Voraussetzungen erfüllt, wird die **festgesetzte, gezahlte, keinem Ermäßigungsanspruch mehr unterliegende ausländische Steuer** auf die deutsche Einkommensteuer angerechnet, die auf die Einkünfte **aus diesem Staat entfällt.**

Die Höchstbetragsberechnung ist für jeden Staat gesondert vorzunehmen (§ 68a EStDV).

Die auf die ausländischen Einkünfte entfallende deutsche Steuer ist wie folgt zu ermitteln:

$$\frac{\text{Ausländische Einkünfte} \times \text{deutsche ESt}}{\text{Summe der Einkünfte}}$$

Ist die im ausländischen Staat gezahlte Steuer höher als der so ermittelte Höchstbetrag, ist nur Letzterer anrechenbar. Die auf die ausländischen Einkünfte entfallende anteilige deutsche Einkommensteuer ist für die Einkünfte, die aus einem Staat stammen, jeweils insgesamt zu ermitteln. Pauschalierte Einkünfte, die Pauschsteuer und die der Freistellungsmethode unterliegenden Einkünfte bleiben bei der Höchstbetragsberechnung außer Betracht.

6. Anrechnungsmethode mit Doppelbesteuerungsabkommen

145 Die Anrechnungsmethode kommt **nur** für die im jeweiligen Doppelbesteuerungsabkommen genannten Einkunftsarten zum Zuge. Sie gilt z.B. regelmäßig bei Einkünften aus Dividenden oder der Tätigkeit als Künstler oder Berufssportler. Die Anrechnung erfolgt grundsätzlich genau so, als wenn kein Doppelbesteuerungsabkommen vorhanden wäre. Allerdings kann eine gegenüber den im Doppelbesteuerungsabkommen vereinbarten Regelungen im Quellenstaat erhobene zu hohe ausländische Steuer insoweit nicht angerechnet werden. Der Steuerpflichtige kann den Erstattungsanspruch wegen abkommenswidriger „Mehr"-Steuern nur gegenüber dem Quellenstaat geltend machen (BFH, Urteil vom 15.3.1995, BStBl II 1995 S. 580); siehe auch → *Grenzgänger* Rz. 1197.

7. Abzug ausländischer Steuern

146 Liegen die **Voraussetzungen** für die **Anrechnung** ausländischer Steuern **nicht** vor, weil diese nicht der deutschen Einkommensteuer entsprechen oder die Steuer nicht im Quellenstaat erhoben wurde oder keine ausländischen Einkünfte i.S. des § 34d EStG vorliegen, sind diese nach § 34c Abs. 3 EStG **wie Werbungskosten oder Betriebsausgaben bei der Ermittlung der Einkünfte abzuziehen.** § 34c Abs. 3 EStG gilt nicht in DBA-Fällen.

Der **Abzug ausländischer Steuern** kann aber auch nach § 34c Abs. 2 EStG **auf Antrag statt der Anrechnung** gewählt werden. In DBA-Fällen ist ein Abzug bei der Ermittlung der Einkünfte auch dann zulässig, wenn das Doppelbesteuerungsabkommen ausdrücklich nur die Anrechnung erwähnt (R 212 d EStR). Das Wahlrecht muss für die gesamten Einkünfte aus einem Staat und für alle nach dem jeweiligen Doppelbesteuerungsabkommen anrechenbaren Steuern einheitlich ausgeübt werden. Der Abzug ausländischer Steuern kann günstiger sein in Verlustjahren oder wenn die ausländische Steuer höher ist als die auf die ausländischen Einkünfte entfallende deutsche Einkommensteuer.

Antrittsgebühr

147 Die im graphischen Gewerbe für **Sonntagsarbeit** gezahlte Antrittsgebühr ist steuerpflichtiger Arbeitslohn, der aber teilweise nach § 3b EStG als Zuschlag für Sonntags-, Feiertags- oder Nachtarbeit steuerfrei sein kann (BFH, Urteil vom 22.6.1962, BStBl III 1962 S. 376).

Bei **Packern** gehört die Antrittsgebühr dagegen zum steuerpflichtigen Arbeitslohn (BFH, Urteil vom 25.11.1966, BStBl III 1967 S. 117).

Anwärterbezüge

148 Die an Beamte im Vorbereitungsdienst gezahlten Anwärterbezüge sind steuerpflichtiger Arbeitslohn, vgl. H 12 (Steuerfreiheit nach § 3 Nr. 11 EStG) LStH, ebenso Anwärterbezüge, die ein Student der einstufigen Juristenausbildung erhält. Die Steuerbefreiungen nach § 3 Nr. 11 oder 44 EStG kommen nicht in Betracht (BFH, Urteil vom 19.4.1985, BStBl II 1985 S. 465).

Anwesenheitsprämie

149 Die vor allem in der Baubranche gezahlten Anwesenheitsprämien (zur Zulässigkeit und zu Zulässigkeitsgrenzen s. § 4a EFZG) – Zahlung setzt in der Regel voraus, dass der Arbeitnehmer in

einem bestimmten Zeitraum nicht gefehlt hat – sind steuer- und beitragspflichtiger Arbeitslohn.

Anzeigen: Personalrabatte

150 Erhalten Arbeitnehmer von Zeitungsverlagen die Möglichkeit, kostenlos Anzeigen in Zeitungen aufzugeben, so ist dieser Vorteil grundsätzlich steuer- und beitragspflichtig.

Ist der **Rabattfreibetrag von 1 224 € anzuwenden**, weil der Vorteil vom **eigenen Arbeitgeber** gewährt wird, bleibt er steuer- und beitragsfrei, wenn der Betrag von 1 224 € im Kalenderjahr nicht überschritten wird. Maßgebend ist der um **4 % geminderte Endpreis** des Arbeitgebers (→ *Rabatte* Rz. 1938).

Ist der **Rabattfreibetrag von 1 224 € nicht** anzuwenden, weil der Vorteil von einem mit dem Arbeitgeber verbundenen Unternehmen gewährt wird, bleibt er steuer- und beitragsfrei, wenn die Freigrenze von 50 € im Kalendermonat nicht überschritten wird (→ *Sachbezüge* Rz. 2145).

Steuerfrei sind Anzeigen, in denen der Arbeitnehmer entweder

– die **Geburt** seines Kindes oder seine **Hochzeit** (steuerfreie Geburts- bzw. Heiratsbeihilfe i.S. des § 3 Nr. 15 EStG) oder

– den **Tod** eines Angehörigen (steuerfreie Unterstützung i.S. des § 3 Nr. 11 EStG i.V.m. R 11 Abs. 2 LStR)

bekannt gibt.

Anzeigepflichten des Arbeitgebers

1. Lohnsteuer

151 Damit keine Steuerausfälle eintreten, hat der Gesetzgeber dem Arbeitgeber bestimmte Anzeigepflichten auferlegt. So muss er dem Finanzamt schriftlich eine Anzeige erstatten,

- wenn der **Barlohn** eines Arbeitnehmers **zur Deckung der Lohnsteuer nicht ausreicht** und der Fehlbetrag weder aus zurückbehaltenen anderen Bezügen des Arbeitnehmers noch durch einen entsprechenden Barzuschuss des Arbeitnehmers aufgebracht werden kann (§ 38 Abs. 4 EStG) – hierbei handelt es sich regelmäßig um Fälle, in denen der Arbeitnehmer neben dem Barlohn **Sachbezüge oder Arbeitslohn von dritter Seite** erhält;

Beispiel:

Arbeitgeber A hatte seinem Arbeitnehmer B eine Pensionszusage erteilt und diese durch eine Rückdeckungsversicherung abgesichert. Nach dem Ausscheiden des B wurde eine Vereinbarung getroffen, wonach B auf seine Rechte auf die Versorgungszusage verzichtete. Im Gegenzug trat A sämtliche Rechte aus der Rückdeckungsversicherung an die frühere Ehefrau des B ab, die Versicherungsgesellschaft zahlte die kapitalisierte Versicherungssumme an diese aus. Lohnsteuer wurde nicht einbehalten.

Nach dem Urteil des FG Rheinland-Pfalz vom 25.5.1999, EFG 1999 S. 962, haftet der Arbeitgeber für die nicht einbehaltene Lohnsteuer, weil er die Anzeige fehlender Barmittel (der vom Arbeitgeber geschuldete Lohn betrug nach dem Ausscheiden des B 0 € und reichte somit zur Deckung der Lohnsteuer nicht aus; auch haben weder B noch dessen frühere Ehefrau dem Fehlbetrag zur Verfügung gestellt) gegenüber dem Betriebsstättenfinanzamt nach § 38 Abs. 4 EStG unterlassen hat. Gegen das Urteil ist Revision eingelegt worden (Az. beim BFH: VI R 112/99).

- wenn der Arbeitnehmer seine **Lohnsteuerkarte rückwirkend hat ändern** lassen und der Arbeitgeber von seiner Berechtigung zur nachträglichen Einbehaltung von Lohnsteuer keinen Gebrauch macht (§ 41c Abs. 4 EStG) oder

- wenn der Arbeitgeber in folgenden Fällen die **Lohnsteuer nicht nachträglich einbehalten** kann (§ 41c Abs. 4 EStG):

  – Es sind nach Beginn des Dienstverhältnisses **Eintragungen auf der Lohnsteuerkarte** eines Arbeitnehmers vorgenommen worden, die auf einen Zeitpunkt **vor Beginn des Dienstverhältnisses zurückwirken.**

– Der Arbeitnehmer bezieht **vom Arbeitgeber keinen Arbeitslohn** mehr.

– Der Arbeitgeber hat nach Ablauf des Kalenderjahrs bereits die **Lohnsteuer-Bescheinigung ausgeschrieben.**

2. Sozialversicherung

152 Zu den Anzeigepflichten in der **Sozialversicherung** siehe → *Meldungen für Arbeitnehmer in der Sozialversicherung* Rz. 1699.

Apotheker: Beiträge zum Versorgungswerk

153 Angestellte oder selbständige Apotheker, die sowohl Pflichtmitglied im **Versorgungswerk der Apothekerkammer** als auch kraft Gesetzes Pflichtmitglied in der Berufskammer (Apothekerkammer) sind, können sich auf Antrag von der **Rentenversicherungspflicht** befreien lassen (§ 6 Abs. 1 Nr. 1 SGB VI). Eine freiwillige Zugehörigkeit zur Berufskammer reicht als Voraussetzung für die Befreiung nicht aus.

Die **Beiträge an das Versorgungswerk** der Apothekerkammer sind **steuerpflichtiger Arbeitslohn,** sofern keine Befreiung von der Rentenversicherungspflicht erfolgt ist; die Steuerbefreiung des § 3 Nr. 62 EStG für Beiträge des Arbeitgebers zur Zukunftssicherung (→ *Zukunftssicherung: Gesetzliche Altersversorgung* Rz. 2762) des Arbeitnehmers ist insoweit nicht anzuwenden (R 24 Abs. 1 Satz 4 LStR).

Die **Leistungen des Versorgungswerks** gehören zu den **sonstigen Einkünften** i.S. des § 22 Nr. 1 Satz 3 Buchst. a EStG, die nur mit dem Ertragsanteil zu versteuern sind.

Apothekerzuschüsse

154 Die Zuschüsse (Frauenzulage, Kinderzulage, Diebstahlszulage) der **Gehaltsausgleichskasse** der Apothekerkammern (GAK) an pharmazeutische Angestellte sind mit ihrem monatlichen Anteil steuer- und beitragspflichtiger Arbeitslohn, selbst wenn sie unmittelbar von der GAK an die Angestellten ausgezahlt werden. Um auch insoweit den Lohnsteuerabzug vornehmen zu können, muss die GAK dem Arbeitgeber eine entsprechende Mitteilung geben (OFD Düsseldorf, Verfügung vom 3.1.1963, DB 1963 S. 115).

Arbeitgeber

1. Arbeitsrecht

155 **Arbeitgeber i.S. des Arbeitsrechts** ist derjenige, der einen Arbeitnehmer beschäftigt. Insoweit kann Arbeitgeber sowohl eine **juristische Person** des Privatrechts (z.B. eine GmbH, KG oder AG) oder des öffentlichen Rechts oder eine **natürliche Person** sein oder auch eine Mehrzahl von natürlichen oder juristischen Personen **(Arbeitgebergruppe).**

Der Arbeitgeber als Vertragspartner des Arbeitsvertrages mit dem Arbeitnehmer ist Gläubiger (und Schuldner) der Beschäftigung und **Schuldner der Arbeitsvergütung,** soweit nicht eine dritte Person als Zahlarbeitgeber vereinbart ist.

Bei einem **Wechsel des Arbeitgebers** durch Betriebsübergang oder Teilbetriebsübergang nach § 613a BGB erhält der Arbeitnehmer im Übrigen automatisch und unabhängig von seinem Willen einen neuen Arbeitgeber.

Delegiert ein Arbeitgeber im vorgenannten Sinne seine **Weisungsbefugnisse** zur Ausübung auf andere Personen, z.B. auf Betriebs- oder Abteilungsleiter, so werden diese dadurch nicht zum Arbeitgeber (siehe aber → *Arbeitnehmerüberlassung* Rz. 180).

2. Lohnsteuer

a) Begriff

Der Begriff „Arbeitgeber" ist ein zentraler Begriff des Lohnsteuerrechts, da der Gesetzgeber den Arbeitgeber **kraft öffentlichen Rechts zur Einbehaltung der Lohnsteuer verpflichtet** hat (§§ 38ff. EStG). Trotzdem ist der Begriff weder im Einkommensteuergesetz selbst noch in der Lohnsteuer-Durchführungsverordnung geregelt. Er kann auch nicht durch Rückgriff auf den arbeits- oder sozialrechtlichen Arbeitgeberbegriff als definiert angesehen werden, da Steuerrecht einerseits und **Arbeits- bzw. Sozialrecht** andererseits unterschiedlichen Zwecken folgen; Abweichungen bestehen sogar innerhalb des Steuerrechts: Der Arbeitgeber i.S. des Rechts der **Doppelbesteuerungsabkommen** muss nicht notwendigerweise Arbeitgeber i.S. des Lohnsteuerrechts sein (BFH, Urteil vom 24.3.1999, BStBl II 2000 S. 41). Der Begriff „Arbeitgeber" ergibt sich aber im Umkehrschluss zum Arbeitnehmerbegriff des § 1 Abs. 1 LStDV: 156

Arbeitgeber ist danach derjenige, dem der Arbeitnehmer die Arbeitsleistung schuldet, unter dessen Leitung er tätig wird oder dessen Weisungen er zu folgen hat.

In § 1 Abs. 2 LStDV werden lediglich **öffentliche Körperschaften, Unternehmer und Haushaltsvorstände** als Arbeitgeber bezeichnet. Arbeitgeber können aber auch sein

– **natürliche oder juristische Personen** (z.B. Einzelpersonen oder -unternehmen, Kapitalgesellschaften, Körperschaften des öffentlichen Rechts),

– **Personenvereinigungen** (z.B. Personengesellschaften, Vereine, Wohnungseigentümergemeinschaften) oder Vermögensmassen, vgl. dazu zuletzt FG Berlin, Urteil vom 28.2.2001, EFG 2001 S. 1500, Nichtzulassungsbeschwerde eingelegt, Az. beim BFH: VI B 109/01, m.w.N., betr. eine Gesellschaft bürgerlichen Rechts,

– ein **Sportverein** hinsichtlich der von ihm eingesetzten Amateursportler (BFH, Urteil vom 23.10.1992, BStBl II 1993 S. 303),

– der **Verleiher,** der einem Dritten (Entleiher) sog. Leiharbeitnehmer überlässt,

– kraft gesetzlicher Fiktion für **Zukunftssicherungsleistungen** I.S. des § 3 Nr. 65 EStG eine **Pensionskasse oder Lebensversicherung,**

– wer Arbeitslohn aus einem **früheren oder für ein künftiges Dienstverhältnis** zahlt; siehe R 66 LStR sowie H 66 (Arbeitgeber) LStH.

Unerheblich ist, ob derjenige, dem die Arbeitskraft geschuldet wird, den **Arbeitslohn zahlt** oder aber ein **Dritter** (→ *Lohnzahlung durch Dritte* Rz. 1660). Die Obergesellschaft eines **Konzerns** ist auch dann nicht Arbeitgeber der Arbeitnehmer ihrer Tochtergesellschaften, wenn sie diesen Arbeitnehmern Arbeitslohn zahlt (BFH, Urteil vom 11.7.1986, BStBl II 1987 S. 300).

b) Zum Lohnsteuerabzug verpflichtete Arbeitgeber

Zur Vornahme des Lohnsteuerabzugs verpflichtet sind lediglich **inländische Arbeitgeber,** d.h. der Arbeitgeber muss im Inland 157

– einen Wohnsitz,

– seinen gewöhnlichen Aufenthalt,

– seine Geschäftsleitung,

– seinen Sitz,

– eine Betriebsstätte oder

– einen ständigen Vertreter

i.S. der §§ 8 bis 13 AO haben (§ 38 Abs. 1 Nr. 2 EStG).

Beispiel 1:

Eine englische Firma führte für deutsche Unternehmen fest umrissene Projekte aus. Sie stellte hierfür den deutschen Unternehmen eigene, fest angestellte Arbeitskräfte zur Verfügung. Diese Arbeitskräfte wurden in Deutschland von einem anderen Angestellten betreut, der ein Büro gemietet hatte. Der Angestellte zahlte die in Großbritannien errechneten und nach Deutschland überwiesenen Löhne an die englischen Arbeitnehmer aus. Lohnsteuer wurde nicht einbehalten.

Nach dem BFH, Urteil vom 5.10.1977, BStBl II 1978 S. 205, war die englische Firma zum Lohnsteuerabzug verpflichtet, weil sie durch ihr Büro im Inland eine Betriebsstätte unterhielt.

Die Frage, wer „inländischer Arbeitgeber" ist, hat besonders für die **Lohnsteuerhaftung** Bedeutung.

Beispiel 2:

Eine im Ausland ansässige Kapitalgesellschaft überlässt von ihr eingestellte Arbeitnehmer an eine inländische Tochtergesellschaft.

Die inländische Tochtergesellschaft ist nicht Arbeitgeber für die ihr überlassenen Arbeitnehmer und haftet daher nicht für nicht einbehaltene
Lohnsteuer nach § 42d Abs. 1 EStG. Eine Haftung kommt allenfalls nach
§ 42d Abs. 6 EStG (Arbeitnehmerüberlassung) in Betracht (BFH, Urteil vom
24.3.1999, BStBl II 2000 S. 41).

Vgl. zu einem ähnlichen Fall auch FG Nürnberg, Urteil vom 6.6.2000, EFG
2000 S. 939, Revision eingelegt, Az. beim BFH: VI R 122/00: Keine Haftung
der inländischen Tochtergesellschaft für Lohnsteuer ihres Geschäftsführers, der von der ausländischen Konzernmutter entsandt wurde.

c) Arbeitnehmer-Überlassung

158 Besonderheiten gelten für die Fälle der sog. Arbeitnehmerüberlassung (→ *Arbeitnehmerüberlassung* Rz. 190).

3. Sozialversicherung

159 Auch das Sozialversicherungsrecht definiert den Begriff des Arbeitgebers nicht näher, wohl aber hat die **Rechtsprechung** hierzu
Stellung genommen. Danach ist als **Arbeitgeber derjenige anzusehen, der über Art, Ort, Zeit und Weise der Arbeits-
erledigung bestimmt und hierfür ein Entgelt zahlt (Ausnahme:
Auszubildende ohne Entgelt).** Der Arbeitnehmer steht also in
einem Abhängigkeitsverhältnis persönlicher und wirtschaftlicher
Art zu seinem Arbeitgeber. Er verfügt die Einstellung und ggf.
Entlassung, kann die Arbeitsleistung fordern und Arbeitsan-
weisungen geben, zu seinen Lasten wird das Entgelt gezahlt, er
trägt auch das wirtschaftliche Risiko der Arbeitsleistung.

Arbeitgeber können sowohl natürliche Personen als auch juristische Personen des privaten oder öffentlichen Rechts sein.

Arbeitet der **Gesellschafter** in dem Unternehmen mit, wird er
weiterhin als Arbeitgeber anzusehen sein, wenn er entweder
durch seine Kapitalbeteiligung/sein Stimmrecht oder seine Sach-
kenntnis die Geschicke der Gesellschaft **maßgeblich** beeinflussen kann. Einzelheiten siehe → *Gesellschafter/Gesellschafter-
Geschäftsführer* Rz. 1155.

Auch der **Unternehmer**, der im eigenen Namen, aber für Rechnung eines Dritten (Unternehmers) den Betrieb führt, ist als Arbeitgeber anzusehen, es sei denn, der auftraggebende Unternehmer nimmt unmittelbaren Einfluss auf die Beschäftigungsverhältnisse der Arbeitnehmer.

Bei **erlaubter Arbeitnehmerüberlassung bleibt der Verleiher
Arbeitgeber der Leiharbeitnehmer.** Daran ändert auch eine
mögliche Haftung für die Erfüllung der Zahlungspflichten des Verleihers durch den Entleiher nichts (§ 28e Abs. 2 SGB IV).

Bei **unerlaubter** Arbeitnehmerüberlassung wird ein Arbeitsverhältnis zwischen Leiharbeitnehmer und Entleiher fingiert. Der
Entleiher wird also ohne Arbeitsvertragsabschluss o.Ä. mit dem
Arbeitnehmer als dessen Arbeitgeber angesehen mit der Folge
der Verpflichtung zur Übernahme sämtlicher Arbeitgeberpflichten.

Führt der **Insolvenzverwalter** den Betrieb nach einem Insolvenzverfahren fort, ist er Arbeitgeber der weiterhin beschäftigten Arbeitnehmer. Dies gilt nicht für den **Insolvenzverwalter**, denn nicht
er, sondern der Vergleichsschuldner führt den Betrieb weiter.

Arbeitgeberbeiträge zur Sozialversicherung

1. Steuerfreie Arbeitgeberleistungen

160 Die Beitragsanteile des Arbeitgebers am **Gesamtsozialversicherungsbeitrag** (Rentenversicherung, Krankenversicherung,
Pflegeversicherung, Arbeitslosenversicherung) stellen grundsätzlich steuerpflichtigen Arbeitslohn dar. Sie sind jedoch nach § 3
Nr. 62 EStG **steuerfrei**, soweit der Arbeitgeber zur Beitragsleistung **gesetzlich verpflichtet** ist, auch wenn er den **Beitrag
allein aufbringen** muss (z.B. bei Geringverdienern, Kurzarbeit,
Winterausfallgeld sowie bei bestimmten Sachbezügen, Haushaltsscheckverfahren). Beitragsteile, die auf Grund einer nach
ausländischen Gesetzen bestehenden Verpflichtung an ausländische Sozialversicherungsträger, die den inländischen

Sozialversicherungsträgern vergleichbar sind, geleistet werden,
sind ebenfalls steuerfrei (R 24 Abs. 1 Satz 2 LStR).

2. Steuerpflichtige Arbeitgeberleistungen

Steuerpflichtig sind hingegen **161**

– Beitragsanteile des Arbeitgebers, die er auf Grund einer **tarifvertraglichen Verpflichtung** übernimmt (R 24 Abs. 1 Satz 4
LStR),

– Zuschüsse zur **Altersversorgung** (Lebensversicherung) eines
**nicht versicherungspflichtigen Vorstandsmitglieds einer
AG** (BFH, Urteil vom 9.10.1992, BStBl II 1993 S. 169),

– **Zuschüsse**, die über die steuerfreien **„Pflichtbeiträge"** des
§ 3 Nr. 62 EStG **hinausgehen** (Hessisches FG, Urteil vom
24.3.1992, EFG 1993 S. 56).

Einzelheiten siehe → *Zukunftssicherung: Gesetzliche Altersversorgung* Rz. 2762.

Arbeitgeberleistungen: unentgeltliche

Erbringt der Arbeitgeber für einen Arbeitnehmer **unentgeltliche** **162**
oder verbilligte Arbeitsleistungen, z.B. eine kostenlose Zahnbe-
handlung, liegt darin ein als Arbeitslohn anzusehender **Sachbezug**, der ggf. im Rahmen des § 8 Abs. 3 EStG, → *Rabatte* Rz. 1938,
steuerfrei bleibt. Entsprechendes gilt, wenn der Arbeitgeber einem
Arbeitnehmer **unentgeltlich** oder verbilligt **Arbeitskräfte** für private Zwecke, z.B. zum Hausbau, überlässt. Der geldwerte Vorteil
stellt steuer- und beitragspflichtigen Arbeitslohn dar.

Der Arbeitnehmer kann jedoch ggf. – auch wenn er eigentlich
keine Aufwendungen gehabt hat – bis zur Höhe des steuerlich erfassten Arbeitslohns **Werbungskosten** (R 33 Abs. 4 Satz 2 LStR)
oder **Herstellungskosten** geltend machen und auch insoweit
z.B. für den Bau eines Einfamilienhauses die Eigenheimzulage
beantragen.

Arbeitnehmer

1. Allgemeines

In der Praxis werden immer häufiger „normale" Arbeitnehmer als **163**
„freie Mitarbeiter" (→ *Freie Mitarbeiter* Rz. 1075) oder „Subunternehmer" beschäftigt, die **angeblich selbständig** tätig sind und
somit nicht mehr dem Lohnsteuerabzug unterliegen (sog.
→ *Scheinselbständigkeit* Rz. 2182). Die Vorteile für den Unternehmer können – Anerkennung vorausgesetzt – vielfältig sein:
Keine Verpflichtung zum Lohnsteuerabzug, der Einbehaltung von
Sozialversicherungsbeiträgen, keine Beachtung arbeitsrechtlicher Bestimmungen, besonders beim Kündigungsschutz, keine
Bindung an tariflich festgelegte Arbeitslöhne usw.

2. Arbeitsrecht

164 Für den Arbeitnehmerbegriff fehlt es an einer gesetzlichen, wohl aber gibt es eine allgemein anerkannte Definition. Danach ist **Arbeitnehmer** im arbeitsrechtlichen Sinn, **wer auf Grund privatrechtlichen Vertrages oder ihm gleichgestellten Rechtsverhältnisses im Dienst eines anderen zur Arbeit verpflichtet ist**. Das wesentliche und in der Praxis für die Abgrenzung der Arbeitnehmereigenschaft bedeutsamste, aber auch am schwierigsten zu meisternde Merkmal ist dasjenige von der „Arbeit im Dienst eines anderen". **Selbständig** ist demgegenüber nach § 84 HGB, wer seine Tätigkeit im Wesentlichen frei gestalten und seine Arbeitszeit bestimmen kann. Der **Arbeitnehmer** unterscheidet sich von den sonstigen dienstpflichtigen Mitarbeitern durch den Grad der **persönlichen Abhängigkeit**, durch seine Weisungsgebundenheit, durch Zeit- und Ortsgebundenheit, durch den Grad der Eingliederung in den Betrieb des Arbeitgebers, durch fehlendes Tragen eines Unternehmerrisikos etc.

Demgegenüber ist der **Grad der wirtschaftlichen Abhängigkeit** eines Mitarbeiters vom Einkommen bei einem bestimmten Dienstherrn **unerheblich** für die Arbeitnehmereigenschaft; die wirtschaftliche Abhängigkeit kann lediglich für die Einordnung als **arbeitnehmerähnlicher Mitarbeiter Bedeutung erlangen**.

Aus den wesentlichen Umständen müssen die das Rechtsverhältnis prägenden **charakteristischen Merkmale nach der praktischen Durchführung und Gestaltung** der Vertragsbeziehungen ermittelt und die nebensächlichen Merkmale ausgeschieden werden. Sodann ist aus der gewichtenden Gesamtschau unter Berücksichtigung der Verkehrsanschauung nach der Eigenart der jeweiligen Tätigkeit festzustellen, ob das Vertragsverhältnis als freie Mitarbeit (Dienstvertrag, siehe → *Freie Mitarbeiter* Rz. 1075), sonstige freie Unternehmertätigkeit oder Arbeitsverhältnis einzuordnen ist.

Widersprechen sich die vertraglichen Vereinbarungen und die praktische Durchführung, kommt es **entscheidend** auf die **praktische Handhabung an** (std. Rechtsprechung des BAG, z.B. Urteil vom 29.1.1992, DB 1992 S. 1781).

Die Neuregelung durch das Gesetz zu Korrekturen in der Sozialversicherung und zur Sicherung der Arbeitnehmerrechte vom 19.12.1998 (BGBl. I 1998 S. 3843) **ab 1.1.1999** zur **Bekämpfung der „Scheinselbständigkeit"** (→ *Scheinselbständigkeit* Rz. 2182) hat nach dem ersichtlichen Willen des Gesetzgebers und nach ganz herrschender Ansicht in der zwischenzeitlichen Literatur **keinen (direkten) Einfluss auf den arbeitsrechtlichen Arbeitnehmerbegriff**.

3. Lohnsteuerrecht

a) Allgemeines

aa) Verhältnis des Lohnsteuerrechts zum Sozialversicherungsrecht und zum Arbeitsrecht

165 Voraussetzung für die Einbehaltung von Lohnsteuer und Sozialversicherungsbeiträgen ist die Arbeitnehmer-Eigenschaft der beschäftigten Person. Der **Begriff „Arbeitnehmer"** ist allerdings in diesen beiden Rechtsgebieten und auch im Arbeitsrecht **nicht einheitlich** und kann deshalb bei einigen Berufen „auseinander laufen", so z.B. bei Gesellschafter-Geschäftsführern einer GmbH (→ *Gesellschafter/Gesellschafter-Geschäftsführer* Rz. 1155). Auch aus der sozialversicherungsrechtlichen Behandlung als sog. **Scheinselbständiger** (→ *Scheinselbständigkeit* Rz. 2182) kann steuerlich nicht bereits die Arbeitnehmereigenschaft abgeleitet werden (vgl. BFH, Urteil vom 2.12.1998, BStBl II 1999 S. 534, betr. Rundfunkermittler als Gewerbetreibender sowie zuletzt BFH, Beschluss vom 3.2.2000, BFH/NV 2000 S. 997, betr. Arbeitnehmereigenschaft eines Kraftfahrers). Der Grund für das „Auseinanderlaufen" liegt darin, dass die einzelnen **Rechtsgebiete unterschiedliche Zielsetzungen** verfolgen: Dem Arbeitsrecht liegt z.B. der Gedanke der sozialen Schutzbedürftigkeit zu Grunde, das Sozialversicherungsrecht stellt mehr als das Steuerrecht auf die Weisungsgebundenheit ab.

Eine **förmliche Bindung** zwischen Arbeits- und Sozialversicherungsrecht einerseits und Steuerrecht andererseits gibt es daher **nicht**, auch wenn in der **Praxis meistens Überein-**stimmung besteht. Es kann daher für das Lohnsteuerrecht als **Indiz** für das Vorliegen einer Arbeitnehmer-Eigenschaft gewertet werden, wenn das Arbeitsrecht oder das Sozialversicherungsrecht ein nichtselbständiges Beschäftigungsverhältnis annehmen (BFH, Urteil vom 2.12.1998, BStBl II 1999 S. 534). In Zweifelsfällen kann daher durchaus die zu diesen Rechtsgebieten ergangene Rechtsprechung hilfreich sein.

Der wichtigste Unterschied liegt darin, dass im lohnsteuerlichen Sinne Arbeitnehmer auch die Personen sein können, die Arbeitslohn aus einem **früheren Dienstverhältnis** erzielen; das kann sogar der **Rechtsnachfolger** (Erbe) sein. Einzelheiten siehe → *Rechtsnachfolger* Rz. 1990.

bb) Lohnsteuer im Verhältnis zur Umsatzsteuer und Gewerbesteuer

166 **Übereinstimmung** besteht dagegen mit Umsatzsteuer und Gewerbesteuer: Ob eine Person selbständig oder nichtselbständig ist, ist **für alle Steuerarten einheitlich** zu beurteilen (vgl. § 1 Abs. 3 LStDV sowie BFH, Urteil vom 2.12.1998, BStBl II 1999 S. 534, betr. Rundfunkermittler als Gewerbetreibender). In Streitfällen kann daher auch die Rechtsprechung zur Umsatzsteuer und Gewerbesteuer herangezogen werden.

Der Ausweis der Umsatzsteuer kann zwar ein Indiz für die Annahme einer selbständigen Tätigkeit sein, ist aber nicht allein entscheidend. Denn er kann auch auf einem Rechtsirrtum der Vertragsparteien beruhen (BFH, Urteil vom 20.12.2000, BStBl II 2001 S. 496).

cc) Abgrenzung zur „Liebhaberei"

167 Vor Prüfung der Frage, ob steuerpflichtiger Arbeitslohn anzunehmen ist oder ob die gezahlten Vergütungen zu einer anderen Einkunftsart gehören, muss entschieden werden, ob **überhaupt steuerpflichtige Einkünfte** vorliegen. Dies ist **nicht der Fall, wenn die sog. Überschusserzielungsabsicht fehlt**, wenn also z.B. die Einnahmen in Geld oder Geldeswert lediglich dazu dienen, in pauschalierender Weise die Selbstkosten zu decken (vgl. BFH, Urteil vom 4.8.1994, BStBl II 1994 S. 944). In diesem Fall ist die Tätigkeit dem steuerlich irrelevanten Bereich der sog. **Liebhaberei** zuzurechnen. Das hat steuerlich zur Folge, dass zwar die **Einnahmen** nicht der Besteuerung unterliegen, andererseits aber auch die **Aufwendungen** bei Arbeitnehmern nicht als Werbungskosten abgesetzt werden können.

Liebhaberei kommt in der Praxis zwar vor allem bei sog. **Verlustzuweisungsgesellschaften** (vgl. zuletzt BFH, Urteil vom 5.9.2000, BStBl II 2000 S. 676, betr. Immobilienfonds), der Vermietung von **Ferienwohnungen**, sog. **Hobbytätigkeiten** (z.B. Malen, Töpfern, Pferdezucht) oder **anderen Tätigkeiten** vor, wenn aus persönlichen Gründen oder Neigungen ständige Verluste hingenommen werden (vgl. dazu zuletzt BFH, Urteil vom 31.5.2001, BStBl II 2001 S. 1331, betr. eine Tätigkeit als Steuerberater). Vor allem im „ehrenamtlichen und sportlichen Bereich" treten solche Fälle aber auch bei der Beschäftigung von **Arbeitnehmern** auf, wenn diese **im Wesentlichen nur Aufwandsersatz erhalten**.

Beispiel:

Fußballverein A spielt mit seiner 1. Mannschaft in der Verbandsliga. Der Verein zahlt den Spielern u.a. einen monatlichen Grundbetrag zwischen 50 € und 150 € sowie Einsatz- und Punkteprämien. Das Finanzamt sah den Verein als Arbeitgeber an und forderte nach einer Lohnsteuer-Außenprüfung Lohnsteuer nach.

Ob der Verein tatsächlich **Arbeitgeber der Spieler** ist, muss nach dem Urteil des BFH vom 23.10.1992, BStBl II 1993 S. 303, erst aufgeklärt werden. Begründung: Sport wird im Allgemeinen zum Selbstzweck (Freizeitgestaltung und Stärkung der Leistungsfähigkeit) ausgeübt, nicht aber um des Entgelts willen. Zahlungen, die nur den tatsächlichen Aufwand des Sportlers abdecken sollen, bewegen sich daher noch im Bereich der steuerlich unbeachtlichen „Liebhaberei". Einkunftserzielungsabsicht ist erst dann anzunehmen, wenn die Zahlungen nicht ganz unwesentlich höher sind als die dem Sportler entstandenen Aufwendungen. Je nach den vertraglichen Vereinbarungen kann der Spieler dann als Arbeitnehmer des Vereins anzusehen sein.

Der Bundesfinanzhof hat den Fall an das Finanzgericht zur weiteren Aufklärung zurückverwiesen, welchen Inhalt die mündliche Vereinbarungen zwischen dem Verein und den einzelnen Spielern hatten und in welcher Höhe den jeweils geleisteten Zahlungen des Vereins Aufwendungen des jeweiligen Spielers gegenübergestanden haben. Wenn die Prüfung ergibt, dass die Zahlungen die Aufwendungen nicht nur unwesentlich überschritten haben, kann Indiz für die **Arbeitnehmer-Eigenschaft der Spieler** sein, wenn der Grundbetrag auch im Falle des Urlaubs und der Krankheit gezahlt wird.

Ein ähnliches Urteil vom 4.8.1994, BStBl II 1994 S. 944, betrifft die **ehrenamtlichen Sanitätshelfer** des Deutschen Roten Kreuzes. Die Finanzverwaltung folgt dieser Rechtsprechung und nimmt daher **keinen Arbeitslohn** an, wenn die Vergütungen die mit der Tätigkeit zusammenhängenden Aufwendungen nur unwesentlich übersteigen (H 70 [Beispiele] LStH). Eine Betragsgrenze ist hierfür weder im Gesetz noch in den Lohnsteuer-Richtlinien festgelegt worden; die Finanzverwaltung nimmt bei **ehrenamtlichen Tätigkeiten** – in Anlehnung an die Freigrenze für die Besteuerung sonstiger Einkünfte nach § 22 Nr. 3 EStG – im Allgemeinen **keine Einkunftserzielungsabsicht** an, wenn die Einnahmen abzüglich Werbungskosten den Betrag von **256 €** im Jahr nicht übersteigen (FinMin Nordrhein-Westfalen, Erlass vom 3.3.2000, Steuer-Telex 2000 S. 202). Diese Grenze dürfte aber auch für andere Arbeitnehmertätigkeiten gelten, wenn – wie z.B. bei **Gefälligkeiten** (→ *Gefälligkeiten* Rz. 1101) – die vereinbarte Vergütung den Rahmen einer pauschalierten Unkostenvergütung nicht überschreitet (vgl. dazu FG Hamburg, Urteil vom 7.9.1999, EFG 2000 S. 13, betr. Hilfe beim Umzug eines Bekannten). Für andere Einkunftsarten, z.B. Vermietung und Verpachtung, haben die **obersten Finanzbehörden** dagegen eine solche Betragsgrenze abgelehnt.

b) Definition des Arbeitnehmerbegriffs nach § 1 LStDV

168 Eine gesetzliche Definition des Arbeitnehmerbegriffs fehlt, der Begriff wird jedoch – auch nach Auffassung des Bundesfinanzhofes (vgl. z.B. Urteil vom 3.10.1992, BStBl II 1993 S. 303) – zutreffend in § 1 LStDV wie folgt umschrieben:

„(1) **Arbeitnehmer** sind Personen, die in öffentlichem oder privatem Dienst **angestellt oder beschäftigt sind oder waren** und die aus diesem Dienstverhältnis oder einem früheren Dienstverhältnis Arbeitslohn beziehen. Arbeitnehmer sind auch die **Rechtsnachfolger** dieser Personen, soweit sie Arbeitslohn aus dem früheren Dienstverhältnis ihres Rechtsvorgängers beziehen.

(2) Ein **Dienstverhältnis** (Absatz 1) liegt vor, wenn der Angestellte (Beschäftigte) dem Arbeitgeber (öffentliche Körperschaft, Unternehmer, Haushaltsvorstand) seine **Arbeitskraft schuldet**. Dies ist der Fall, wenn die tätige Person in der Betätigung ihres geschäftlichen Willens unter der **Leitung des Arbeitgebers** steht oder im geschäftlichen Organismus des Arbeitgebers **dessen Weisungen zu folgen verpflichtet ist**.

(3) **Arbeitnehmer ist nicht**, wer Lieferungen und sonstige Leistungen innerhalb der von ihm **selbständig ausgeübten gewerblichen oder beruflichen Tätigkeit** im Inland gegen Entgelt ausführt, soweit es sich um die Entgelte für diese Lieferungen und sonstigen Leistungen handelt."

Arbeitnehmer ist nicht, wer auf Grund einer **öffentlich-rechtlichen Verpflichtung** zu bestimmten – z.B. gemeinnützigen – Arbeiten herangezogen wird. Eine freiwillig eingegangene Verpflichtung, die Arbeitskraft zu schulden, liegt dann nicht vor. Entsprechendes gilt für die Annahme eines Arbeitsverhältnisses i.S. des Arbeitsrechts und eines Beschäftigungsverhältnisses i.S. der gesetzlichen Kranken- und Rentenversicherung; vgl. dazu OFD Erfurt, Verfügung vom 15.3.1999, DB 1999 S. 937, betr. Asylbewerber.

c) Weitere Abgrenzungsmerkmale nach Rechtsprechung

169 Zur weiteren Abgrenzung gegenüber einer selbständig ausgeübten Tätigkeit hat der **Bundesfinanzhof** Folgendes ausgeführt, vgl. H 67 (Allgemeines) LStH:

Die Frage, wer Arbeitnehmer ist, ist unter Beachtung des § 1 LStDV nach dem **Gesamtbild der Verhältnisse** zu beurteilen. Eine Würdigung nach dem Gesamtbild bedeutet, dass die **für und gegen ein Dienstverhältnis** sprechenden Merkmale gegeneinander abgewogen werden.

Für eine Arbeitnehmer-Eigenschaft können insbesondere folgende Merkmale sprechen:

– persönliche Abhängigkeit,

– Weisungsgebundenheit hinsichtlich Ort, Zeit und Inhalt der Tätigkeit,

– feste Arbeitszeiten,

– Ausübung der Tätigkeit gleich bleibend an einem bestimmten Ort,

– feste Bezüge,

– Urlaubsanspruch,

– Anspruch auf sonstige Sozialleistungen,

– Fortzahlung der Bezüge im Krankheitsfall,

– Überstundenvergütung,

– zeitlicher Umfang der Dienstleistungen,

– Unselbständigkeit in Organisation und Durchführung der Tätigkeit,

– kein Unternehmerrisiko,

– keine Unternehmerinitiative,

– kein Kapitaleinsatz,

– keine Pflicht zur Beschaffung von Arbeitsmitteln,

– Notwendigkeit der engen ständigen Zusammenarbeit mit anderen Mitarbeitern,

– Eingliederung in den Betrieb,

– Schulden der Arbeitskraft und nicht eines Arbeitserfolges,

– Ausführung von einfachen Tätigkeiten, bei denen eine Weisungsabhängigkeit die Regel ist.

Die obige **Aufzählung ist nicht abschließend**. Weitere Merkmale **für die Arbeitnehmer-Eigenschaft** sind:

– Höhe der Einnahmen hängt nicht weitgehend von der Eigeninitiative ab,

– Tätigwerden nur für **einen** Vertragspartner,

– regelmäßige Berichterstattung,

– ernsthaft gewollte und tatsächlich durchgeführte Gestaltung,

– Tarifvertrag als Grundlage der Beschäftigung,

– Einbehaltung von Lohnsteuer und Sozialversicherungsbeiträgen,

– höchstpersönliche Arbeitsleistung, Unzulässigkeit der Vertretung,

– Nebentätigkeit für den Arbeitgeber der Haupttätigkeit bei engem Zusammenhang mit dem hauptberuflichen Dienstverhältnis,

– Anspruch oder Anwartschaft auf Alters- und Hinterbliebenenversorgung.

d) Gesamtbild der Verhältnisse

Die o.g. Merkmale ergeben sich regelmäßig aus dem der Beschäftigung zu Grunde liegenden **Vertragsverhältnis**, sofern die **Vereinbarungen ernsthaft gewollt sind und tatsächlich durchgeführt** werden. Maßgebend ist wie auch im Arbeitsrecht das **Gesamtbild der Verhältnisse**, d.h. dass die **für** oder **gegen** ein Dienstverhältnis sprechenden Merkmale ihrer Bedeutung entsprechend **gegeneinander abzuwägen** sind, vgl. H 67 (Allgemeines) LStH. Es ist also nicht zulässig, nur **eines** dieser Merkmale herauszugreifen und damit die Arbeitnehmer-Eigenschaft zu begründen oder auch abzulehnen. **170**

Bei vielen Berufen kann die **Abgrenzung schwierig** sein, weil die Tätigkeit sowohl selbständig als auch unselbständig ausgeübt werden kann. Vgl. dazu das „Arbeitnehmer-ABC" (→ Rz. 176) sowie → *Scheinselbständigkeit* Rz. 2182.

e) Weisungsgebundenheit

Die Weisungsgebundenheit ist ebenso wie im Arbeitsrecht **171** eines der **wichtigsten Abgrenzungskriterien**, vgl. dazu H 67 (Weisungsgebundenheit) LStH. Sie kann auf einem besonderen öffentlich-rechtlichen Gewaltverhältnis beruhen, wie z.B. bei Beamten und Richtern, oder Ausfluss des Direktionsrechtes sein, mit dem ein **Arbeitgeber die Art und Weise, Ort, Zeit und Umfang der zu erbringenden Arbeitsleistung bestimmt**. Die Weisungsbefugnis **kann eng**, aber auch locker sein, wie z.B. bei einem angestellten Arzt, der fachlich weitgehend eigenverantwortlich handelt. **Entscheidend ist, ob die beschäftigte Person einer etwaigen Weisung bei der Art und Weise der Ausführung der geschuldeten Arbeitsleistung zu folgen verpflichtet ist** oder ob ein solches Weisungsrecht nicht besteht. **Maßgebend ist das Innenverhältnis**; die Weisungsgebundenheit muss durch Auftreten der beschäftigten Person nach außen hin nicht erkennbar sein. Deshalb kann ein Reisevertreter auch dann Arbeitnehmer sein, wenn er **erfolgsabhängig entlohnt** wird und ihm eine gewisse Bewegungsfreiheit eingeräumt ist, die nicht Ausfluss seiner eigenen Machtvollkommenheit ist. Die **Eingliederung in einen Betrieb kann auch bei einer kurzfristigen Beschäftigung gegeben** sein, wie z.B. bei einer Urlaubsvertretung. Sie ist aber **eher bei einfachen als bei gehobenen Arbeiten anzunehmen**, z.B.

bei Gelegenheitsarbeitern, die zu bestimmten unter Aufsicht durchzuführenden Arbeiten herangezogen werden. Die vorstehenden Kriterien gelten auch für die Entscheidung, ob ein sog. Schwarzarbeiter Arbeitnehmer des Auftraggebers ist (→ *Schwarzarbeit* Rz. 2205). Die Rechts- oder Sittenwidrigkeit einer Tätigkeit ist für die steuerliche Behandlung der Einkünfte ohne Bedeutung (vgl. zuletzt BFH, Urteil vom 23.2.2000, BStBl II 2000 S. 610, betr. Anbieter von Telefonsex).

f) Eingliederung in den Betrieb

172 Ebenso wichtig ist die **organisatorische Eingliederung** in den Betrieb des Arbeitgebers. Sie kann schon dann vorliegen, wenn der Arbeitnehmer seine Dienstleistung zu **festen Arbeitszeiten** erbringen oder mit **anderen Arbeitnehmern des Betriebs zusammenarbeiten** muss. Deshalb sind auch Aushilfskräfte grundsätzlich Arbeitnehmer (→ *Aushilfskraft/Aushilfstätigkeit* Rz. 320).

g) Abgrenzungsprobleme in der Praxis

173 Welche Probleme sich bei der Beurteilung der vorgenannten Kriterien in der Praxis ergeben, zeigen folgende Beispielsfälle:

Beispiel 1 („Wärmeableser"):

Firma B ist im gesamten Bundesgebiet auf dem Gebiete der Wärmemessung tätig. Sie beschäftigt zahlreiche „freie Mitarbeiter", die bei den Wohnungsinhabern alljährlich die Erfassungsgeräte an den Heizkörpern („Röhrchen") montieren, ablesen und ggf. auch erneuern. In der Bestimmung ihrer Arbeitszeit sind die Mitarbeiter weitgehend frei, das erforderliche Werkzeug wird ihnen von der Firma B gestellt. Als Vergütung wird unabhängig vom sachlichen und zeitlichen Aufwand ein „Einheitspreis" gezahlt. Die Mitarbeiter können für ihre Tätigkeit Hilfskräfte einstellen.

Für die Arbeitnehmereigenschaft spricht:

– Die Ableser verrichten eher untergeordnete Tätigkeiten.

– Ein Unternehmerrisiko besteht praktisch nicht, weil sämtliche Betriebsmittel gestellt werden. Grundsätzlich besteht zwar die Möglichkeit der Einnahmesteigerung durch Werbung neuer Kunden, in der Praxis ist dies jedoch ohne Bedeutung.

– Die Ableser treten nach außen hin (z.B. über den Aushang von Plakaten im Treppenhaus) als Angehörige der Ablesefirma auf.

Gegen die Arbeitnehmereigenschaft spricht:

– Es fehlen Regelungen über die Urlaubsgewährung und die „Lohnfortzahlung im Krankheitsfall".

– Die Ablesetätigkeit braucht nicht persönlich erbracht zu werden. Es können auch Hilfskräfte beschäftigt werden.

– Die Ableser sind in der Gestaltung ihrer Arbeitszeit – im Rahmen vorgegebener Endtermine – frei.

– Über die Ablesetätigkeiten werden jährlich neue Verträge abgeschlossen. Eine Verpflichtung zur Fortsetzung besteht für keinen Vertragspartner.

Die obersten Finanzbehörden des Bundes und der Länder haben entschieden, die Wärmeableser in diesem Fall als **selbständige Gewerbetreibende** anzusehen. Die Revision gegen ein entsprechendes Urteil des FG Köln vom 30.11.1993 – 8 K 463/86 wurde daher von der Finanzverwaltung zurückgenommen. Der Lohnsteuerabzug entfällt damit.

Im Gegensatz hierzu sind **Stromableser als Arbeitnehmer** angesehen worden (BFH, Urteil vom 24.7.1992, BStBl II 1993 S. 155).

Beispiel 2 („Schlüsseldienste"):

A betreibt in mehreren Städten einen Gewerbebetrieb, dessen Gegenstand die Notöffnung von Türen sowie der Verkauf von Schlössern ist. Er beschäftigt in seinen Betriebsstätten jeweils auf Provisionsbasis arbeitende Mitarbeiter (Monteure), mit denen er „Subunternehmerverträge" abschloss. Lohnsteuer hatte A nicht einbehalten, weil er die Monteure nicht als Arbeitnehmer ansah.

Das FG Hamburg hat die Monteure als **Arbeitnehmer** angesehen (Urteil vom 27.8.1991, EFG 1992 S. 279). Begründung: Die Monteure sind Arbeitnehmer, weil ihnen Werkzeuge und Arbeitskleidung gestellt wurden, sie kein Kapital einsetzten und kaum die Möglichkeit hatten, die Höhe ihrer Einnahmen zu beeinflussen (also keine Unternehmerinitiative). Außerdem traten sie nach außen hin im Namen der Firma A auf. Das Gericht hielt es nach dem „Gesamtbild der Verhältnisse" für unerheblich, dass Urlaub, Sozialleistungen, ein festes Gehalt und Lohnfortzahlung im Krankheitsfall nicht vereinbart waren.

4. Sozialversicherungsrecht

In der Sozialversicherung – und zwar für alle Bereiche – gelten 174 grundsätzlich die gleichen Abgrenzungskriterien wie im Arbeits- und Steuerrecht.

Die Verschärfung der Wettbewerbssituation sowie die angespannte Arbeitsmarktlage führen dazu, dass arbeitsrechtliche und sozialversicherungsrechtliche Schutzvorschriften umgangen werden. Zwischen den Vertragspartnern werden aus unterschiedlicher Interessenlage Verträge konstruiert, mit denen die „Unabhängigkeit" von Mitarbeitern nachgewiesen werden soll. Beim Arbeitnehmerbegriff i.S. des Sozialversicherungsrechts ist deshalb vornehmlich eine Abgrenzung zu den Begriffen Scheinselbständige, arbeitnehmerähnliche Selbständige und freie Mitarbeiter vorzunehmen, zu weiteren Einzelheiten wird verwiesen auf die Darstellungen unter → *Scheinselbständigkeit* Rz. 2182 und → *Freie Mitarbeiter* Rz. 1075.

5. Feststellung der Arbeitnehmereigenschaft und Abwicklungsfragen

Die Klärung der Arbeitnehmereigenschaft ist wegen der **Arbeit-** 175 **geber-Haftung** nicht nur für das Lohnsteuerabzugsverfahren von **größter Bedeutung**, sondern auch für die **Einbehaltung von Sozialversicherungsbeiträgen und die Beachtung arbeitsrechtlicher Bestimmungen**.

Um Nachzahlungen von Steuern und Sozialversicherungsbeiträgen zu vermeiden, sollte – wenn Zweifel bestehen, ob die beschäftigte Person Arbeitnehmer ist – zweckmäßigerweise zunächst eine sog. **Anrufungsauskunft des Finanzamts** und der Einzugsstelle eingeholt werden (vgl. → *Auskünfte und Zusagen des Finanzamts* Rz. 323). Darüber hinaus gibt es noch folgende Möglichkeiten, die Arbeitnehmereigenschaft klären zu lassen:

– Der Arbeitgeber wartet die **nächste Lohnsteuer-Außenprüfung** ab. Wenn dann das Finanzamt einzelne Mitarbeiter als Arbeitnehmer ansieht und vom Arbeitgeber **im Haftungswege Lohnsteuer nachfordert, kann der Arbeitgeber im Einspruchs- und ggf. Klageverfahren** gegen den Haftungsbescheid eine Klärung herbeiführen. Fordert das Finanzamt die Lohnsteuer unmittelbar vom Arbeitnehmer an, so kann dieser den Nachforderungsbescheid anfechten und auf diese Weise eine Klärung seiner Arbeitnehmereigenschaft erreichen.

– Der Arbeitgeber nimmt vorsorglich den Lohnsteuerabzug vor und **überlässt es dem Arbeitnehmer**, beim Betriebsstättenfinanzamt eine Erstattung der aus seiner Sicht zu Unrecht einbehaltenen Lohnsteuer zu beantragen (vgl. → *Erstattung von Lohnsteuer* Rz. 928).

Daneben kann der Mitarbeiter regelmäßig auch mit einer sog. **Statusklage** beim Arbeitsgericht eine Klärung seiner Stellung herbeiführen, die aber i.d.R. im Nachhinein nach Beendigung des Vertragsverhältnisses nicht mehr zulässig ist; ein Feststellungsinteresse ist nur gegeben, wenn sich aus der Feststellung **Folgen für Gegenwart oder Zukunft** ergeben (vgl. zuletzt BAG, Urteile vom 15.12.1999, DB 2000 S. 1871, und vom 21.6.2000, DB 2001 S. 52).

Bei einer erfolgreichen Statusklage muss die bisherige freie Mitarbeitervergütung an die zukünftig zu zahlende **Arbeitsvergütung angepasst** werden, die in aller Regel **niedriger** zu bemessen ist (BAG, Urteil vom 21.1.1998, DB 1998 S. 886).

Zu den vielfältigen Fragen bei der **Abwicklung** eines nach Scheinselbständigkeit **aufgedeckten Arbeitsverhältnisses** im Hinblick auf Arbeitsrecht, Steuer- und Sozialversicherung siehe b+p 2000 S. 159.

6. „Arbeitnehmer-ABC"

Ob Arbeitnehmereigenschaft gegeben ist, kann nur im jeweiligen 176 Einzelfall unter Berücksichtigung der oben dargestellten Abgrenzungsmerkmale entschieden werden. Es gibt dazu eine Fülle von Gerichts- und Verwaltungsentscheidungen, auf einige soll nachstehend hingewiesen werden (eine ausführliche Zusammenstellung enthält der Ratgeber „Freie Mitarbeit und andere Formen der Zusammenarbeit" von Hille, erschienen ebenfalls im Stollfuß-

Verlag). Dieses „ABC" ist **nicht abschließend**; soweit bei einzelnen Berufen noch andere Fragen von Bedeutung sind, ist bei den **Hauptstichworten** auch auf die Arbeitnehmereigenschaft hingewiesen worden.

Zur versicherungsrechtlichen Beurteilung siehe → *Scheinselbständigkeit* Rz. 2182.

Ableser: Zählerableser für Gas, Wasser, Strom und Heizung usw. sind regelmäßig Arbeitnehmer (Anlage 4 des Gemeinsamen Rundschreibens der Spitzenorganisationen der Sozialversicherung vom 20.12.1999, b+p 2000 S. 332 Nr. 22 sowie 2001 S. 441 Nr. 19 m.w.N.).

Abrufkraft: Arbeitnehmer, wenn sie auf Grund einer Dauerrechtsbeziehung (z.B. bei Druckereien oder Lebensmittelfilialen) bei besonderem Arbeitsanfall immer wieder abgerufen werden kann (vgl. LAG Düsseldorf/Köln, Urteil vom 19.3.1980, DB 1980 S. 1222).

Adressenschreiber: Kein Arbeitnehmer, wenn er von Fall zu Fall zu Hause einzelne Aufträge erledigt (BFH, Urteil vom 20.1.1955, BB 1955 S. 340, sowie BAG-Urteil vom 10.7.1963, DB 1963 S. 1611).

Ambulante Sonntagshändler: Diese Personengruppe, die nur an Sonntagen tätig und ausschließlich mit dem eigenverantwortlichen Vertrieb der nur im Einzelhandel erhältlichen Sonntagszeitungen befasst ist, ist regelmäßig selbständig tätig (Anlage 4 des Gemeinsamen Rundschreibens der Spitzenorganisationen der Sozialversicherung vom 20.12.1999, b+p 2000 S. 332 Nr. 22 sowie 2001 S. 441 Nr. 19).

Amtsvormund: Kein Arbeitnehmer, sofern er nicht in ein Beamten- oder Angestelltenverhältnis übernommen worden ist (RFH, Urteil vom 27.10.1939, RStBl 1940 S. 5).

Anwaltsvertreter: Kein Arbeitnehmer, wenn auch bei einer fest vereinbarten Vergütung Zeit und Art der Tätigkeit frei bestimmbar sind (BFH, Urteil vom 12.9.1968, BStBl II 1968 S. 811). Dies gilt unter bestimmten Voraussetzungen auch für die Tätigkeit eines **Gerichtsreferendars** bei einem Rechtsanwalt (BFH, Urteil vom 22.3.1968, BStBl II 1968 S. 455). Betätigt sich demgegenüber ein Gerichtsreferendar nebenher als freier Mitarbeiter für eine Anwaltssozietät, ist er Arbeitnehmer, wenn er sein Entgelt als monatliches Fixum erhält und ihm im Büro der Sozietät ein Arbeitsplatz eingeräumt ist (FG Baden-Württemberg, Urteil vom 19.3.1975, EFG 1975 S. 361).

Anzeigenwerber: Kein Arbeitnehmer, wenn er gegen Provision arbeitet, ein Unternehmerrisiko trägt und in seiner Arbeits- und Zeiteinteilung frei ist (BFH, Urteil vom 28.7.1977, DB 1977 S. 2170).

Apothekervertreter: Im Allgemeinen kein Arbeitnehmer, allenfalls bei Urlaubsvertretung (BFH, Urteil vom 20.2.1979, BStBl II 1979 S. 414). Arbeitnehmer sind regelmäßig Pharmaziestudenten, die ihr Praktikum in einer Apotheke ableisten.

Arbeitskolonne zur Schiffsentladung: Keine Arbeitnehmer (BSG, Urteil vom 11.2.1988 – 7 RAr 5/86 –).

Arbeitsvermittler der Bundesanstalt für Arbeit: Selbständige Tätigkeit (OFD Nürnberg, Verfügung vom 21.8.1998, StEd 1998 S. 588).

Architekten: Regelmäßig keine Arbeitnehmer.

Artist: Arbeitnehmer, wenn er seine Arbeitskraft einem Unternehmer für eine Zeitdauer, die eine Reihe von Veranstaltungen umfasst (also nicht lediglich für einige Stunden eines Abends), ausschließlich zur Verfügung stellt (BFH, Urteil vom 16.3.1951, BStBl III 1951 S. 97, sowie BAG, Urteil vom 20.10.1966, DB 1967 S. 386).

Arzthelferin: Regelmäßig Arbeitnehmer (BAG, Urteil vom 9.7.1959, DB 1959 S. 1008).

Assessor: Arbeitnehmer, wenn er halbtags in einer Anwaltskanzlei tätig ist (LAG Hamm, Urteil vom 20.7.1989, DB 1990 S. 691).

AStA (Allgemeiner Studentenausschuss): Mitglieder mit Exekutivaufgaben (z.B. bei AStA-Referenten) sind Arbeitnehmer der Studentenschaft. Die Finanzverwaltung folgt **nicht** der gegenteiligen Auffassung des FG Münster (Urteil vom 14.3.1997, EFG 1997 S. 746), die vom BFH (Beschluss vom 26.1.1998 – VI R 47/97 –, n.v.) bestätigt wurde.

Aupairmädchen: Kein Arbeitnehmer, wenn es nur Taschengeld, Unterkunft und Verpflegung erhält (FG Hamburg, Urteil vom 17.5.1982, EFG 1983 S. 21).

Außenrequisiteur bei Fernsehanstalten: Regelmäßig Arbeitnehmer (BAG, Urteil vom 2.6.1976, DB 1976 S. 2310).

Automatenbetreuer: Arbeitnehmer, wenn ein bestimmter Arbeitsplan, eine Mindestarbeitszeit und ein festes Arbeitspensum besteht; die Gestaltung als „freies Mitarbeiterverhältnis" ist dann unerheblich (FG Nürnberg, Urteil vom 17.5.1977, EFG 1977 S. 555).

Autor: Kein Arbeitnehmer.

Autoverkäufer: Autoverkäufer, die Neu- oder Gebrauchtfahrzeuge gegen Provision eines Autohauses verkaufen, führen diese Tätigkeit in einem abhängigen Beschäftigungsverhältnis und nicht als freier Handelsvertreter aus (Anlage 4 des Gemeinsamen Rundschreibens der Spitzenorganisationen der Sozialversicherung vom 20.12.1999, b+p 2000 S. 332 Nr. 22 sowie 2001 S. 441 Nr. 19, m.w.N.).

Bademeister in Badeanstalten: Arbeitnehmer (BSG, Urteil vom 30.5.1967, DB 1967 S. 1002).

Bäckerei-Verkaufsstellen-Betreiberin: Rechtsweg zum Arbeitsgericht, wenn „Arbeitsverhältnis" im Streit (BAG, Urteil vom 17.1.2001, DB 2001 S. 548).

Bardame: Arbeitnehmerin, wenn sie nach dem Umsatz entlohnt wird, jedoch in den Betrieb eingegliedert ist, also z.B. feste Arbeitszeiten (Schichtdienst) hat (FG Rheinland-Pfalz, Urteil vom 13.12.1982, EFG 1983 S. 505; FG Köln, Urteil vom 30.1.1985, EFG 1985 S. 524; BFH, Beschluss vom 27.1.1997, BFH/NV 1997 S. 766). Keine Arbeitnehmerin, wenn sie außer einem geringen Fixum mit 30 % am Sekt- und Weinumsatz beteiligt ist und sich Arbeitstage und -zeiten nach eigenem Gutdünken aussuchen kann (FG Rheinland-Pfalz, Urteil vom 27.1.1986, EFG 1986 S. 299).

Bedienungspersonal in Gastronomiebetrieben: Das in Gastronomiebetrieben tätige Bedienungspersonal, das ein Gewerbe zur „Vermittlung von Speisen und Getränken" angemeldet hat, ist nach dem Gesamtbild der ausgeübten Tätigkeit nichtselbständig tätig (Anlage 4 des Gemeinsamen Rundschreibens der Spitzenorganisationen der Sozialversicherung vom 20.12.1999, b+p 2000 S. 332 Nr. 22 sowie 2001 S. 441 Nr. 19, m.w.N.).

Begleitperson in Schulbussen: Arbeitnehmer, wenn sie in die Organisation des Busunternehmens eingegliedert und hinsichtlich Zeit und Ort ihrer Tätigkeit an Weisungen gebunden ist (BSG, Urteil vom 18.5.1983, DB 1984 S. 1198). Aufwandsentschädigungen der von Gemeinden eingesetzten Schulweghelfer und Schulbusbegleiter bleiben nach § 3 Nr. 12 Satz 2 EStG (→ *Aufwandsentschädigungen im öffentlichen Dienst* Rz. 309) und § 3 Nr. 26 EStG (→ *Aufwandsentschädigungen für bestimmte nebenberufliche Tätigkeiten* Rz. 297) steuerfrei (FinMin Bayern, Erlass vom 17.1.2000, DB 2000 S. 952).

Beratungsanwärter bei der Bundesanstalt für Arbeit: Arbeitnehmer (FG Baden-Württemberg, Urteil vom 25.8.1981, EFG 1982 S. 130).

Beratungsstellenleiter eines Lohnsteuerhilfevereins: Kein Arbeitnehmer, wenn sich die Vergütungen nach der Höhe der Mitgliedsbeiträge, der Aufnahmegebühren und der Zahl der Mitglieder richten und die Arbeitszeit frei eingeteilt werden kann (BFH, Urteile vom 10.12.1987, BStBl II 1988 S. 273, und vom 18.5.1988, BFH/NV 1989 S. 262).

Bereitschaftsarzt für Blutproben: Kein Arbeitnehmer (BSG, Urteil vom 22.2.1973, – RU 110/71 –).

Besamungstechniker: Besamungstechniker bzw. Besamungsbeauftragte üben grundsätzlich eine abhängige Beschäftigung aus (Anlage 4 des Gemeinsamen Rundschreibens der Spitzenorganisationen der Sozialversicherung vom 20.12.1999, b+p 2000 S. 332 Nr. 22 sowie 2001 S. 441 Nr. 19, m.w.N.).

Betreuer: Zur steuerlichen Behandlung von Mannschaftsbetreuern u.Ä. siehe → *Aufwandsentschädigungen für bestimmte nebenberufliche Tätigkeiten* Rz. 297. Ehrenamtliche Betreuer, die nach § 1896 ff. BGB Volljährige auf Grund einer psychischen Krankheit usw. betreuen, sind selbständig i.S. des § 18 Abs. 1 Nr. 3 EStG tätig (vgl. BMF-Schreiben vom 21.9.2000, BStBl I 2000 S. 1251, betr. die umsatzsteuerliche Behandlung der Aufwandsentschädigungen sowie Anlage 4 des Gemeinsamen Rundschreibens der Spitzenorganisationen der Sozialversicherung vom 20.12.1999, b+p 2000 S. 332 Nr. 22 sowie 2001 S. 441 Nr. 19, m.w.N.). Die Aufwandsentschädigungen sind weder nach § 3 Nr. 11 EStG noch nach § 3 Nr. 12 EStG noch nach § 3 Nr. 26 EStG steuerfrei, da die Rechtsfürsorge keine begünstigte Betreuungstätigkeit ist (entsprechende Erlasse ergehen in Kürze). Eine Versteuerung ist aber nur dann vorzunehmen, wenn im Einzelfall tatsächlich Einkunftserzielungsabsicht angenommen werden kann (vgl. OFD Koblenz, Verfügung vom 1.4.1999, StEd 1999 S. 661, betr. Umsatzsteuer sowie OFD Frankfurt in BtPrax 1999 S. 135).

Betriebsberater: Kein Arbeitnehmer, wenn er wie Unternehmensberater mit eigenem Büro für mehrere Auftraggeber sowie zeitlich unabhängig und auf eigene Kosten arbeitet (Niedersächsisches FG, Urteil vom 21.10.1974, EFG 1975 S. 343).

Betriebsleiter: Arbeitnehmer, wenn er als Verwaltungsorgan zwar nicht unbedingt weisungsgebunden, aber ebenso wie Geschäftsführer/Vorstandsmitglied in den Betrieb eingegliedert ist und trotz grundsätzlich freier Zeiteinteilung eine Arbeitsverpflichtung von mindestens 20 Tagen im Monat hat (BFH, Urteil vom 9.2.1961, HFR 1962 S. 340).

Bezirksstellenleiter bei Lotto- und Totogesellschaften: Kein Arbeitnehmer (BFH, Urteile vom 14.9.1967, BStBl III 1968 S. 193, 195 und 244).

Betriebswirt in Rechtsanwaltskanzlei: Kann je nach Einzelfall Arbeitnehmer sein (OLG Köln, Urteil vom 15.9.1993, BB 1994 S. 145).

Bildberichterstatter: Grundsätzlich kein Arbeitnehmer (vgl. BFH, Urteil vom 10.12.1964, BStBl III 1965 S. 114). Kann je nach den Umständen des einzelnen Falles aber auch als Arbeitnehmer tätig werden (BAG, Beschluss vom 29.1.1992, DB 1992 S. 1781).

Bodenprüfer: Arbeitnehmer, wenn er durch Bindung an den Einsatzbezirk sowie Zeit und Umfang der Tätigkeit in den Betrieb einer Behörde eingegliedert ist (FG Nürnberg, Urteil vom 15.3.1983, EFG 1984 S. 48).

Buchgemeinschaft: Nebenberufliche Vertrauensleute sind keine Arbeitnehmer (BFH, Urteil vom 11.3.1960, BStBl III 1960 S. 215).

Buchhalter: Arbeitnehmer, wenn er in den Betrieb eingegliedert ist und nach den Weisungen des Betriebsinhabers tätig wird (BFH, Urteil vom 6.7.1955, BStBl III 1955 S. 256). Ebenso eine frühere Angestellte der Bundesversicherungsanstalt für Angestellte, die auf Grund eines Werkvertrags wöchentlich 25 Beitragsübersichten bzw. Kontenspiegel gegen einen festen Stückpreis zu erstellen hat (BFH, Urteil vom 13.2.1980, BStBl II 1980 S. 303).

Ein für mehrere Unternehmen tätiger sog. **Stundenbuchhalter** kann Arbeitnehmer sein, selbst wenn er ein Gewerbe angemeldet hat („Scheinselbständigkeit") und Honorarrechnungen mit Umsatzsteuerausweis schreibt, tatsächlich aber wie ein Arbeitnehmer im Betrieb des Auftraggebers tätig wird (Hessisches LAG, Beschluss vom 22.6.1995, DStZ 1996 S. 364). Das schließt aber nicht aus, dass er für andere Unternehmen selbständig tätig wird. Der BFH hat bei einem Stundenbuchhalter, der die Buchführung zu Hause erledigt, selbständige Arbeit angenommen, weil er in seiner Zeiteinteilung frei war und die Buchführungsarbeiten durch einen Familienangehörigen erledigen lassen konnte. In einem weitgehend ähnlichen Fall hat er allerdings die Arbeitnehmereigenschaft anerkannt (BFH, Urteile vom 2.10.1968, – VI R 309/67 – und – VI R 308/67 –, BB 1969 S. 434).

Buffetier: Arbeitnehmer (BFH, Urteil vom 31.1.1963, BStBl III S. 230); Einzelfallfrage nach LAG Hamm (Urteil vom 20.10.1999, NZA-RR 2000 S. 318).

Bühnenbildner: Arbeitnehmer, wenn er in einen Betrieb eingegliedert ist, d.h. feste Arbeitszeiten hat (BAG, Urteil vom 3.10.1975, DB 1976 S. 392).

Chefarzt: Arbeitnehmer (BAG, Urteil vom 27.7.1961, DB 1961 S. 1136).

Chorleiter: Nebenberufliche Leiter von Laienchören (vokal oder instrumental), deren Zweck überwiegend nicht darauf gerichtet ist, künstlerische Werke oder Leistungen öffentlich aufzuführen oder darzubieten, stehen regelmäßig nicht in einem abhängigen Beschäftigungsverhältnis zum Chor bzw. zum Trägerverein des Chores, sofern sich aus dem Engagementvertrag nichts Abweichendes ergibt. In diesen Fällen kommt Versicherungspflicht nach dem Künstlersozialversicherungsgesetz (KSVG) in Betracht. Vgl. Anlage 4 des Gemeinsamen Rundschreibens der Spitzenorganisationen der Sozialversicherung vom 20.12.1999, b+p 2000 S. 332 Nr. 22 sowie 2001 S. 441 Nr. 19 m.w.N.

Codierungserfasser im Verlag: Arbeitnehmer (LAG Düsseldorf, Urteil vom 5.12.1988, DB 1989 S. 1343).

Conférencier: Im Allgemeinen kein Arbeitnehmer (FG Düsseldorf/Köln, Urteil vom 27.6.1963, EFG 1963 S. 589).

Co-Pilot im Verkehrsflugzeug: In aller Regel Arbeitnehmer, auch wenn er als freier Mitarbeiter eingestellt worden ist (BAG, Urteil vom 16.3.1994 – 5 AZR 447/92 –, Sozialversicherungsbeitrag-Handausgabe 2001 R 7 IV/57). Kann aber auch selbständig sein (vgl. FG Berlin, Urteil vom 28.10.1998, EFG 1999 S. 238, Revision eingelegt, Az. beim BFH: X R 43/99).

Croupier: Regelmäßig Arbeitnehmer (BAG, Urteil vom 30.6.1966, – 5 AZR 256/65 –). Siehe auch → *Spielbank: Mitarbeiter* Rz. 2272.

Datenschutzbeauftragter: Kein Arbeitnehmer (LAG Frankfurt, Urteil vom 28.2.1989, AiB 1990 S. 38).

Deichläufer: Deichläufer, die bei Vorliegen einer Katastrophe das Deichsystem der Oder kontrollieren, stehen in keinem Dienstverhältnis zu einem öffentlichen Katastrophenhelfer (FG des Landes Brandenburg, Urteil vom 17.5.2001, EFG 2001 S. 1280).

Deutsche Gesellschaft zur Rettung Schiffbrüchiger: Die ehrenamtlichen Mitarbeiter (z.B. Motormänner) sind Arbeitnehmer, sofern sie nicht nur Aufwandsersatz erhalten. Die Werbungskosten-Pauschsätze für Vor- und Motormänner und freiwillige Rettungsmänner sind ab 1.1.1998 aufgehoben worden (FinMin Niedersachsen, Erlass vom 16.4.1998, FR 1998 S. 586).

Deutsche Lebensrettungsgesellschaft (DLRG): Rettungsschwimmer im vorbeugenden Wasserrettungsdienst sind keine Arbeitnehmer, sondern erzielen ggf. sonstige Einkünfte i.S. des § 22 Nr. 3 EStG. Die Steuerbefreiung nach § 3 Nr. 26 EStG wird nicht gewährt (OFD Frankfurt, Verfügung vom 18.4.2000, DB 2000 S. 1202).

Diakonische Begleiter: Die diakonischen Begleiter christlicher Gefährdetenhilfen, die straffällige, strafentlassene oder auch drogenabhängige Personen betreuen und ihre Wiedereingliederung in ein geregeltes Leben fördern sollen, sind nach Auffassung der obersten Finanzbehörden Arbeitnehmer.

Dienstmänner (Gepäckträger): Regelmäßig keine Arbeitnehmer (RFH, Urteil vom 29.4.1942, RStBl S. 572). Arbeitnehmer, wenn z.B. die Tätigkeit in einer sog. Gepäckträgergemeinschaft ausschließlich vom Willen der Deutschen Bahn AG abhängt und jegliches Unternehmerrisiko fehlt (FG Münster, Urteil vom 28.5.1971, EFG 1971 S. 596).

Diplomanden: Keine Arbeitnehmer, auch wenn sie ein pauschales Entgelt erhalten (BSG, Urteil vom 11.2.1993, – 7 R Ar 52/92 –, ebenso Schmidt in BB 1996 S. 569).

Dirigenten: Der nebenberufliche Leiter eines Orchesters, das nur einmal wöchentlich im Rundfunk spielt und dessen wechselnde Mitglieder auch für andere Auftraggeber tätig sind, ist weder Arbeitnehmer des Rundfunks noch Arbeitgeber seiner Musiker (FG Hamburg, Urteil vom 9.3.1955, EFG 1956 S. 19). Das Gleiche gilt für den Dirigenten eines Gesangvereins (RFH, Urteil vom 14.12.1927, RStBl 1928 S. 124).

Doktorand im Ausbildungsdienstverhältnis: Arbeitnehmer (BFH, Urteil vom 9.10.1992, BStBl 1993 II S. 115).

Dozenten: Dozenten an Universitäten, Hoch- und Fachhochschulen, Fachschulen usw. werden im Allgemeinen **selbständig** tätig (vgl. Anlage 4 des Rundschreibens der Spitzenverbände der Sozialversicherungsträger vom 20.12.1999, Stichwort „Dozenten/Lehrbeauftragte", m.w.N., Sozialversicherungsbeitrag-Handausgabe 2001 VL 7 IV/19). Allerdings kann auch bei einer Unterrichtstätigkeit von weniger als sechs Stunden eine Tätigkeit als Arbeitnehmer ausgeübt werden, wenn der Tätigkeit ein Arbeitsvertrag zu Grunde liegt (BFH, Urteil vom 4.12.1975, BStBl II 1976 S. 291, 292, sowie zuletzt BAG-Urteil vom 12.9.1996, DB 1997 S. 47, betr. eine teilzeitbeschäftigte Lehrerin an einer städtischen Lehranstalt).

Lehrkräfte, die außerhalb von Universitäten und Hochschulen an **allgemein bildenden Schulen** unterrichten, sind in aller Regel Arbeitnehmer, auch wenn sie ihren Unterricht nebenberuflich erteilen. Dies gilt auch für Lehrkräfte, die in schulischen Lehrgängen, etwa der **Volkshochschulen** oder eines privaten **Abendgymnasiums**, unterrichten sowie für Lehrkräfte an Musikschulen. Für die Arbeitnehmereigenschaft spricht, dass auch die nebenberuflichen Lehrkräfte ihre Leistung in der vom Schulträger bestimmten Arbeitsorganisation erbringen müssen (BAG, Urteil vom 12.9.1996, DB 1997 S. 1037). Mit diesem Urteil rückt das Bundesarbeitsgericht von seiner bisherigen Rechtsprechung ab, nach der Lehrkräfte an Abendgymnasien regelmäßig als freie Mitarbeiter angesehen wurden. Auch die Finanzverwaltung hatte bisher kein Arbeitsverhältnis angenommen (FinMin Bayern, Erlass vom 29.12.1982, DStZ/E 1983 S. 45). Es bleibt abzuwarten, ob und ggf. welche Folgerungen sie aus der neuen Rechtsprechung des Bundesarbeitsgerichts ziehen wird.

Dozenten in der beruflichen Bildung **(Weiterbildungsinstituten)** sind Arbeitnehmer, wenn der Schulträger einseitig den Unterrichtsgegenstand sowie Zeit und Ort der Tätigkeit vorgibt (BAG, Urteil vom 19.11.1997, DB 1998 S. 1288).

Sollten Dozenten/Lehrbeauftragte selbständig tätig sein, unterliegen sie der Rentenversicherungspflicht nach § 2 Satz 1 Nr. 1 SGB VI, sofern sie im Zusammenhang mit ihrer selbständigen Tätigkeit keinen versicherungspflichtigen Arbeitnehmer beschäftigen.

EDV-Berater: Ein „selbständiger" EDV-Berater kann Arbeitnehmer sein, wenn er für einen festgelegten Zeitraum lediglich für ein Datenverarbeitungsunternehmen tätig wird, das ihm bestimmte Software-Aufgaben überträgt, den Einsatzort und die Auftragsdauer nennt und die Vergütung festlegt (BFH, Urteil vom 12.10.1988, BFH/NV 1989 S. 366). Er ist dagegen als freier Mitarbeiter selbständig tätig, wenn er ein Gewerbe angemeldet hat, Umsatzsteuer entrichtet, für dritte Firmen tätig sein und auch seine Arbeitszeit selbst bestimmen kann (OLG Frankfurt, Urteil vom 12.7.1989, BB 1990 S. 778). Zu weiteren Einzelheiten siehe den Runderlass der Bundesanstalt für Arbeit vom 21.10.1991 – 148/91, NZA 1992 Heft 6 S. X.

Eisverkäufer: Kein Arbeitnehmer, wenn er nur aushilfsweise gegen Umsatzprovision beschäftigt wird (FG Freiburg, Urteil vom 13.6.1962, EFG 1963 S. 172).

Erhebungsbeauftragte: Im Auftrag einer Gemeinde ehrenamtlich tätige „Erhebungsbeauftragte", die statistische Erhebungen durchführen (Mikrozensus, Wohnungszählungen u.Ä.), sind regelmäßig keine Arbeitnehmer; die Aufwandsentschädigungen bleiben bis 154 € monatlich nach § 3 Nr. 12 Satz 2 EStG steuerfrei (FinMin Nordrhein Westfalen, Erlass vom 8.6.1998, DB 1998 S. 1307). Werden für solche Tätigkeiten Gemeindebedienstete eingesetzt, kann Arbeitslohn vorliegen, der der Haupttätigkeit zuzurechnen ist; vgl. H 68 (Nebentätigkeit bei demselben Arbeitgeber) LStH. Preisermittler für Markt- oder Meinungsforschungsunternehmen sind im Allgemeinen keine Arbeitnehmer (vgl. auch Anlage 4 des Gemeinsamen

Rundschreibens der Spitzenorganisationen der Sozialversicherung vom 20.12.1999, b+p 2000 S. 332 Nr. 22 sowie 2001 S. 441 Nr. 19 m.w.N.).

Fahrschullehrer: Arbeitnehmer, wenn er haupt- oder nebenberuflich in einem Beschäftigungsverhältnis zu einer Fahrschule steht und Fahrunterricht erteilt (OFD Frankfurt, Verfügung vom 5.11.1990, StLex 4, 19–19a, 1202). Fahrlehrer können aber auch als selbständige Subunternehmer tätig werden (vgl. dazu BFH, Urteil vom 17.10.1996, BStBl 1997 II S. 188). Dies gilt auch für Fahrlehrer, denen keine Fahrschulerlaubnis erteilt ist. Selbständige Fahrlehrer sind in der Rentenversicherung nach § 2 Satz 1 Nr. 1 SGB VI versicherungspflichtig, wenn sie im Zusammenhang mit ihrer selbständigen Tätigkeit keinen versicherungspflichtigen Arbeitnehmer beschäftigen. Vgl. auch Anlage 4 des Gemeinsamen Rundschreibens der Spitzenorganisationen der Sozialversicherung vom 20.12.1999, b+p 2000 S. 332 Nr. 22 sowie 2001 S. 441 Nr. 19, m.w.N.

Familienhelferin: Eine bei einer Stiftung angestellte Familienhelferin, die ausschließlich für eine Gemeinde tätig ist (die Fachaufsicht lag bei einem Sozialarbeiter des Amtes für soziale Dienste), ist Arbeitnehmerin, selbst wenn ihr der eigentliche Arbeitgeber (die Stiftung) weitgehend freie Hand bei ihrer Tätigkeit lässt (BAG, Urteil vom 6.5.1998, DB 1998 S. 2275).

Fernsehmitarbeiter: Arbeitnehmer (BAG, Urteil vom 6.2.1994, BB 1994 S. 1224). Eine sog. feste freie Mitarbeiterin, die „auf Zuruf" Filmbeiträge erstellt, kann selbständig tätig sein (BFH, Beschluss vom 23.11.2000, BFH/NV 2001 S. 497).

Fernsehsprecher: Regelmäßig kein Arbeitnehmer (Schleswig-Holsteinisches FG, Urteil vom 18.11.1971, EFG 1972 S. 100).

Filialleiter: Arbeitnehmer, wenn er dem Direktionsrecht der Zentrale untersteht (BSG, Urteil vom 28.1.1960, – 3 RK 49/56 –, BSGE 11 S. 257 ff.). Kein Arbeitnehmer, wenn er u.a. fremde Hilfskräfte einstellen kann (BSG, Urteil vom 13.7.1978 – 12 RK 14/78 –, Sozialversicherungsbeitrag-Handausgabe 2001 R 7 IV/19).

Fleischbeschauer: Regelmäßig Arbeitnehmer, weil schriftliche Arbeitsverträge abgeschlossen werden (OFD Magdeburg, Verfügung vom 14.7.2000, StEd 2000 S. 691).

Flurbereinigung: Die sog. Kassenverwalter und Vorstandsmitglieder der Teilnehmergemeinschaften können Arbeitnehmer sein (vgl. FG Freiburg, Urteil vom 17.11.1964, EFG 1965 S. 129).

Fotograf: Kein Arbeitnehmer, sofern er nicht ausnahmsweise in ein Unternehmen fest eingegliedert ist, z.B. bei einer Zeitung (BFH, Urteil vom 14.12.1976, BStBl II 1977 S. 474; FG Brandenburg, Urteil vom 11.12.1995, BB 1996 S. 469). Pauschal bezahlte Fotoreporter einer Zeitungsredaktion können Arbeitnehmer sein, wenn sie – u.a. durch Dienstpläne – derart in den Arbeitsablauf eingebunden sind, dass sie faktisch die Übernahme von Fototerminen nicht ablehnen können (BAG, Beschluss vom 16.6.1998, DB 1998 S. 2276).

Fotomodell: Kein Arbeitnehmer, sofern es nur von Fall zu Fall vorübergehend zu Aufnahmen herangezogen wird (BFH, Urteil vom 8.6.1967, BStBl III S. 618). Das Bundessozialgericht hat hingegen Fotomodelle als Arbeitnehmer angesehen, auch solche, die von Werbeagenturen, Fotografen u.Ä. zu meist nur eintägigen Aufnahmen herangezogen werden (BSG, Urteil vom 12.12.1990, BB 1991 S. 1417).

Franchising: Verkaufsfahrer „Eismann" ist arbeitnehmerähnlich (BGH, Beschluss vom 21.10.1998, DB 1999 S. 151).

Marktleiterin als Franchisenehmerin ist nicht Arbeitnehmerin (BGH, Beschluss vom 27.1.2000, NZA 2000 S. 390).

Freie Berufe: Die alleinige Zugehörigkeit zu den freien Berufen reicht nicht aus, um bei diesem Personenkreis auf Selbständigkeit zu erkennen. Maßgeblich ist die im Einzelfall vorzunehmende Gesamtbetrachtung, bei der geprüft werden muss, ob der Einzelne in das Unternehmen des Auftraggebers eingegliedert und dadurch Arbeitnehmer ist (Anlage 4 des Gemeinsamen Rundschreibens der Spitzenorganisationen der Sozialversicherung vom 20.12.1999, b+p 2000 S. 332 Nr. 22 sowie 2001 S. 441 Nr. 19, m.w.N.).

Freie Mitarbeiter: Die Bezeichnung „freier Mitarbeiter" sagt noch nichts über die sozialversicherungsrechtliche Beurteilung aus und stellt für sich kein Kriterium für die Annahme einer selbständigen Tätigkeit dar. Die Beurteilung ist im Wege der Gesamtbetrachtung vorzunehmen (Anlage 4 des Gemeinsamen Rundschreibens der Spitzenorganisationen der Sozialversicherung vom 20.12.1999, b+p 2000 S. 332 Nr. 22 sowie 2001 S. 441 Nr. 19, m.w.N.).

Friedensrichter: Die in Sachsen ehrenamtlich tätigen Friedensrichter, die nach Möglichkeit Streitfälle schlichten sollen, sind Arbeitnehmer, weil sie in gewissem Umfang der Aufsicht und den Weisungen der Gemeinde unterliegen. Die ersetzten Reisekosten sind steuerfrei (§ 3 Nr. 13 EStG), nicht jedoch die Aufwandsentschädigung. Die Steuerbefreiung des § 3 Nr. 12 Satz 2 EStG wird nicht angewendet, weil die gezahlte Aufwandsentschädigung den Aufwand der Friedensrichter offensichtlich übersteigt.

Garderobenfrau: Arbeitnehmerin, auch wenn sie von ihrem Trinkgeld einen Teil als Pacht abführen muss (RFH, Urteil vom 26.11.1926, RStBl 1927 S. 41). Betreibt sie die Garderobe „ganz auf eigene Rechnung", ist sie Gewerbetreibende.

Gebäudereiniger: Die auf Grund des „Vertrages über Gebäudereinigung (Kleinobjekt)" durch die Deutsche Bundespost mit der Reinigung von Postämtern und Poststellen beauftragten Personen sind Arbeitnehmer (FinMin Niedersachsen, Erlass vom 7.9.1995, StEd 1995 S. 656).

Gebrechlichkeitspfleger: Kein Arbeitnehmer (OFD Saarbrücken, Verfügung vom 15.7.1997, StEd 1997 S. 585).

Gefangene: Können als Freigänger eine Arbeitnehmertätigkeit ausüben (FG Rheinland-Pfalz, Urteil vom 29.5.1998, EFG 1998 S. 1313).

Gelegenheitsarbeiter: Arbeitnehmer, auch wenn sie nur wenige Stunden zu bestimmten, unter Aufsicht durchzuführenden Verlade- und Umladearbeiten herangezogen werden (BFH, Urteil vom 18.1.1974, BStBl II S. 301).

GEMA: Außendienstmitarbeiter der GEMA sind Arbeitnehmer, auch wenn es sich nach dem Willen der Parteien um eine selbständige, unternehmerische Tätigkeit handeln soll (OFD Hannover, Verfügung vom 21.2.2000, DB 2000 S. 549, mit Übergangsregelung für die Jahre bis einschließlich 1999). Verfügung ab 2000 aufgehoben, weil die GEMA diese Tätigkeiten auf Fremdfirmen übertragen hat.

Geschäftslokal-Betreiberin: Rechtsweg zum Arbeitsgericht, wenn „Arbeitsverhältnis" im Streit (BAG, Beschluss vom 19.12.2000, DB 2001 S. 548).

Gesetzlicher Vertreter: Der gesetzliche Vertreter einer natürlichen Person ist kein Arbeitnehmer der bestellenden Behörde (vgl. → *Amtsvormund* Rz. 176). Der gesetzliche Vertreter einer Kapitalgesellschaft kann dagegen Arbeitnehmer sein, vgl. → *Vorstandsmitglieder* Rz. 2584.

Gutachter: Regelmäßig kein Arbeitnehmer (vgl. z.B. BFH, Urteil vom 22.6.1971, BStBl II 1971 S. 749, betr. einen Sachverständigen für Mobiliar und Kunst).

Gutachterausschuss/Umlegungsausschuss: Die Mitglieder der sog. kommunalen Gutachter- und Umlegungsausschüsse sind keine Arbeitnehmer, nur die Kommunalbeamten, die die Tätigkeit in einem dieser Ausschüsse im Rahmen ihres Hauptamtes wahrnehmen, z.B. als Geschäftsführer (vgl. OFD Frankfurt, Verfügung 13.3.1996, FR 1996 S. 532, auch zur Steuerbefreiung der Aufwandsentschädigungen nach § 3 Nr. 12 Satz 2 EStG).

Hausvertrieb: Der Hausvertrieb/Direktvertrieb (Homeservice) zeichnet sich grundsätzlich dadurch aus, dass Produkte oder auch Dienstleistungen durch Nutzung eines Vertriebsnetzes von Vertriebsrepräsentanten meist in der Wohnung der Umworbenen (Kaufinteressenten) angeboten werden. Die Mitarbeiter im Außendienst der Direktvertriebsunternehmen sind in erster Linie verkäuferische Laien.

Ob diese Personen selbständig oder nichtselbständig tätig sind, kann wegen der Vielfalt der Vertriebssysteme nur im jeweiligen Einzelfall beurteilt werden. Bei einer hierarchischen Struktur muss teilweise von der Eingliederung in den Betrieb/die Organisation gesprochen werden. Letztlich müssen die Merkmale wie bei Handelsvertretern (siehe → *Vertreter* Rz. 2567) zur Beurteilung herangezogen werden (vgl. Anlage 4 des Rundschreibens der Spitzenverbände der Sozialversicherungsträger vom 20.12.1999, Stichwort „Hausvertrieb", m.w.N., Sozialversicherungsbeitrag-Handausgabe 2001 VL 7 IV/19).

Hausverwalter für Wohnungseigentümergemeinschaft: Kein Arbeitnehmer (BFH, Urteil vom 13.5.1966, BStBl III S. 489), sofern er nicht bei einem Hausverwaltungsunternehmen angestellt ist.

Heimbetriebsleiter einer Kantine: Kein Arbeitnehmer (BAG, Urteil vom 13.8.1980, BB 1981 S. 183).

Heimdienstfahrer (Getränkeauslieferung): Regelmäßig Arbeitnehmer (BSG, Urteil vom 11.3.1970, BB 1970 S. 1137; auch LAG Baden-Württemberg, Urteil vom 31.10.1969, BB 1970 S. 80). Vgl. zur Abgrenzung auch BGH, Beschluss vom 21.10.1998, DB 1999 S. 151, betr. Tiefkühlverkäufer der Fa. Eismann.

Honorarkräfte: Die Bezeichnung Honorarkraft sagt noch nichts über die sozialversicherungsrechtliche Beurteilung aus und stellt für sich kein Kriterium für die Annahme einer selbständigen Tätigkeit dar. Die Beurteilung ist im Wege der Gesamtbetrachtung vorzunehmen (Anlage 4 des Gemeinsamen Rundschreibens der Spitzenorganisationen der Sozialversicherung vom 20.12.1999, b+p 2000 S. 332 Nr. 22 sowie 2001 S. 441 Nr. 19, m.w.N.).

Hopfentreter: Kein Arbeitnehmer (BFH, Urteil vom 24.11.1961, BStBl III 1962 S. 69).

Informanden: Angestellte eines ausländischen Unternehmens, die sich zu Informationszwecken bei einer inländischen AG aufhalten, sind nicht Arbeitnehmer des inländischen Unternehmens, solange sie nicht weisungsgebunden oder in den geschäftlichen Organismus eingegliedert sind (Niedersächsisches FG, Urteil vom 14.3.1977, EFG 1978 S. 177).

Ingenieur: Ein an einer Technischen Abendschule wöchentlich zwei Stunden unterrichtender Ingenieur ist Arbeitnehmer, wenn tatsächlich ein Arbeitsverhältnis gewollt ist; vgl. BFH, Urteil vom 4.12.1975, BStBl II 1976 S. 292, sowie H 68 (Nebenberufliche Lehrtätigkeit) LStH. Trotz anders lautender Vereinbarungen Arbeitnehmer, wenn der Ingenieur in den Betrieb des Auftraggebers eingegliedert ist und bei der Ausführung seiner Arbeitsleistung dessen Weisungen untersteht (FG Rheinland-Pfalz, Urteil vom 7.3.1996, EFG 1997 S. 15).

Interviewer: → *Erhebungsbeauftragte* Rz. 176

Journalist: Kann nach den Umständen des Einzelfalles selbständig oder nichtselbständig sein: Für selbständige Tätigkeit sprechen mehrere Auftraggeber, Tätigkeit im eigenen Büro, Vergütung nach Art und Umfang des Beitrags. Für nichtselbständige Tätigkeit sprechen feste Arbeitszeit, ein Arbeitsplatz beim Arbeitgeber und eine feste Vergütung. Ein Journalist kann gleichzeitig mehrere Tätigkeiten ausüben, d.h. in einem Auftragsverhältnis nichtselbständig und in einem anderen selbständig tätig sein.

Jugendbetreuer in Freizeiteinrichtungen: Kein Arbeitnehmer, wenn er über Art und zeitliche Lage seiner Tätigkeit entsprechend den Wünschen der betreuten Jugendlichen und seinen eigenen Neigungen mitbestimmen kann (BAG, Urteil vom 9.5.1984 – 5AZR 195/82, AP Nr. 45 zu § 611 BGB Abhängigkeit).

Kameraassistent: Regelmäßig Arbeitnehmer (BAG, Urteil vom 22.4.1998, DB 1998 S. 2608).

Kassierer: Hauptberuflich tätige Kassierer, z.B. in Supermärkten, Kaufhäusern usw., sind im Regelfall Arbeitnehmer. **Nebenberufliche Kassierer** können je nach den Umständen des Einzelfalles Arbeitnehmer oder Gewerbetreibende sein, sofern nicht nur „reiner Aufwandsersatz" gezahlt wird (→ Rz. 165). Ein als sog. Haus- und Platzkassierer tätiges Vereinsmitglied wurde als Arbeitnehmer angesehen, obwohl die Einnahmen damals lediglich 299 DM bzw. 570 DM im Jahr betragen hatten (Urteil vom 25.10.1957, BStBl III 1958 S. 15). Ein für lediglich 47 DM im Jahr tätiger Betriebskassierer der Gewerkschaft wurde dagegen nicht als Arbeitnehmer angesehen (Urteil vom 7.10.1954, BStBl III S. 374); ebenfalls nicht die sog. Heber einer Ersatzkasse (Urteil vom 24.11.1961, BStBl III 1962 S. 125). Nebenberufliche Beitragskassierer von Versicherungsunternehmen werden ebenfalls nicht als Arbeitnehmer tätig. Die Vergütungen können daher nur im Rahmen einer Einkommensteuerveranlagung erfasst werden, die Betriebsausgaben müssen einzeln nachgewiesen werden. Eine Pauschalierung mit 25 % der Einnahmen, höchstens 614 € im Jahr, ist nicht zulässig (FinMin Niedersachsen, Erlass vom 30.11.1978, BB 1979 S. 504).

Katecheten: Arbeitnehmer der Schulträger (BFH, Urteil vom 13.11.1987, BFH/NV 1988 S. 150).

Kochfrau: Kein Arbeitnehmer bei wechselnden Auftraggebern (RFH, Urteil vom 28.6.1932, RStBl S. 880).

Kopfschlächter: Arbeitnehmer, wenn sie – wie dies regelmäßig der Fall ist – eine „Fließbandarbeit" verrichten (OFD Münster, Verfügung vom 8.5.1995, StEd 1995 S. 368, m.w.N., sowie zuletzt FinMin des Saarlandes, Erlass vom 16.6.1998, StEd 1998 S. 474). Einzelne Bundesländer beanstanden es aus Vertrauensschutzgründen nicht, wenn Kopfschlächter längstens bis zum 31.12.1998 wie bisher als selbständig angesehen werden (siehe den o.g. Erlass). Andere Bundesländer, die schon seit Jahren Arbeitnehmertätigkeit angenommen haben (z.B. Nordrhein-Westfalen und Niedersachsen), haben keine Übergangsregelung erlassen. Eine einheitliche Rechtsprechung gibt es nicht: Das FG Düsseldorf hat die Unternehmereigenschaft – und damit die Selbständigkeit – eines Kopfschlächters anerkannt (Urteil vom 13.3.1996, – 16 K 148/89 –, durch BFH-Beschluss vom 30.1.1997, BFH/NV 1997 S. 718, bestätigt). Ebenso ArbG Passau, Urteil vom 13.3.1998, BB 1998 S. 1266.

Bei der Sozialversicherung werden sog. Ausbeiner ebenfalls als Arbeitnehmer angesehen (BSG, Urteil vom 4.6.1998, Sozialversicherungsbeitrag-Handausgabe 2001 R 7 IV/90). Vgl. ferner Anlage 4 des Gemeinsamen Rundschreibens der Spitzenorganisationen der Sozialversicherung vom 20.12.1999, b+p 2000 S. 332 Nr. 22 sowie 2001 S. 441 Nr. 12.

Kraftfahrer: Kann **Arbeitnehmer** sein, auch wenn er sich als selbständiger Gewerbetreibender bezeichnet und ein Gewerbe angemeldet hat (FG Hamburg, Urteil vom 16.3.1983, EFG 1984 S. 47; ArbG Ludwigshafen, Urteil vom 12.3.1996, DB 1996 S. 1527; BFH, Beschluss vom 3.2.2000, BFH/NV 2000 S. 997). Unter besonderen Voraussetzungen **selbständiger Unternehmer:** Dies ist z.B. einem Ringtourenfahrer (Kleinfuhrunternehmer) anerkannt worden, der für einen Verlag mit eigenem Fahrzeug Zeitungen an Einzelhändler weitertransportierte. Er schuldete einen bestimmten Erfolg, erhielt einen festen Betrag für jede Tour, hatte keinen Urlaubsanspruch, musste im Verhinderungsfalle für Ersatz sorgen, haftete selbst für während der Fahrt auftretende Schäden und eine Kündigung des Beförderungsvertrages war jederzeit möglich (BSG, Urteil vom 27.11.1980, BlStSozArbR 1981 S. 191). Dasselbe gilt für den Fahrer eines LKW, der auf

Grund eines „Beschäftigungsvertrages" für ein Speditionsunternehmen tätig ist und somit zwar in weitgehendem Umfang den Weisungen des Speditionsunternehmens unterliegt, wenn ihm jedoch durch den Vertrag gestattet und dies auch praktisch möglich ist, den LKW durch einen angestellten Fahrer führen zu lassen (BGH-Beschluss vom 4.11.1998, DB 1999 S. 152).

Ein **Frachtführer**, der nur für **einen** Auftraggeber fährt, ist nicht Arbeitnehmer, wenn weder Dauer noch Beginn und Ende der täglichen Arbeitszeit vorgeschrieben sind und er die – nicht nur theoretische – Möglichkeit hat, auch Transporte für eigene Kunden auf eigene Rechnung durchzuführen. Ob er diese Möglichkeit tatsächlich nutzt, ist nicht entscheidend (BAG, Urteil vom 30.9.1998, DB 1999 S. 436; siehe auch LAG Niedersachsen, Urteil vom 26.1.1999, NZA 2000 S. 320). Kann Arbeitnehmer sein, wenn er keinen eigenen Lkw besitzt, auch wenn der Auftraggeber behauptet, dem Fahrer einen Lkw vermietet zu haben und die Miete mit einem „sonst höheren Entgelt" verrechnet (Hessisches FG, Beschluss vom 26.2.1999, StEd 2000 S. 7), Vgl. zur Abgrenzung ferner Anlage 4 des Rundschreibens der Spitzenverbände der Sozialversicherungsträger vom 20.12.1999, Stichwort „Frachtführer/Unterfrachtführer", m.w.N., Sozialversicherungsbeitrag-Handausgabe 2001 VL 7 IV/19.

Krankengymnast: Kann sowohl selbständig als auch bei Beschäftigung in Krankenhäusern nichtselbständig tätig sein. Krankengymnasten mit eigener Praxis benötigen für die Versorgung von Versicherten der gesetzlichen Krankenversicherung eine besondere Zulassung von den Krankenversicherungsträgern. Diese Krankengymnasten sind selbständig tätig. Ein ohne eigene Kassenzulassung in einer Kollegenpraxis tätiger Krankengymnast steht nicht in einem abhängigen Beschäftigungsverhältnis, wenn er entsprechend den vertraglichen Abmachungen und deren tatsächlicher Abwicklung in seiner Berufsausübung weitestgehend frei ist, selbst Patienten annehmen und seine Arbeitszeiten nach eigenem Ermessen einteilen kann und als Vergütung eine Umsatzbeteiligung von 70 % des auf seine Leistungen beruhenden Umsatzes erhält (BSG, Urteile vom 14.9.1989 – 12 RK 64/87 – und – 12 RK 2/88 –, Sozialversicherungsbeitrag-Handausgabe 2001 R 7 IV/33). Diese Rechtsprechung hat über die entschiedenen Einzelfälle hinaus keine Bedeutung (vgl. Anlage 4 des Rundschreibens der Spitzenverbände der Sozialversicherungsträger vom 20.12.1999, Stichwort „Physiotherapeuten, Krankengymnasten", Sozialversicherungsbeitrag-Handausgabe 2001 VL 7 IV/19.). Ein selbständiger Krankengymnast ist jedoch in der Rentenversicherung versicherungspflichtig, wenn er keine versicherungspflichtigen Angestellten in seinem Betrieb beschäftigt. Dies wurde vom Bundessozialgericht mit Urteil vom 30.1.1997 (12 RK 31/96) festgestellt. Die Versicherung wird von der Bundesversicherungsanstalt für Angestellte durchgeführt. Die Beiträge sind direkt an den Rentenversicherungsträger zu zahlen.

Kundenschulungsbeauftragte: Eine auf „Honorarbasis" tätige Kundenschulungsbeauftragte, die Kunden an den von der Firma verkauften Maschinen (Faxgeräte, Fotokopierer) schult, ist Arbeitnehmerin; die Firma hatte exakte Weisungen gegeben, wann und wie sie die Kundenschulung zu betreiben hatte (BAG, Urteil vom 6.5.1998, DB 1998 S. 2609).

Kurierdienstfahrer: Kein Arbeitnehmer bei Alleinentscheidung über Tätigwerden und Umfang und voller Weitergabe des Entgelts des Frachtauftraggebers (BAG, Urteil vom 27.6.2001, BB 2001 S. 220).

Lehrbeauftragte: Keine Arbeitnehmer (BFH, Urteil vom 17.7.1958, BStBl III S. 360).

Lehrer: Vollzeit- und teilzeitbeschäftigte Lehrer, die hauptberuflich an allgemein und berufsbildenden Schulen tätig sind, sind Arbeitnehmer. Dies gilt selbst für die im Rahmen eines Lehrauftrags mit 13 Wochenstunden oder weniger beschäftigten Personen (BAG, Urteil vom 14.1.1982, NJW 1982 S. 1478). Zu nebenberuflich tätigen Lehrern und der Unterscheidung zwischen nichtselbständiger und selbständiger Tätigkeit siehe → *Nebenberufliche Lehr- und Prüfungstätigkeit* Rz. 1764. Lehrer, die Privatstunden bei mehreren Auftraggebern erteilen oder die außerhalb ihrer haupt- oder nebenamtlichen Lehrtätigkeit Nachhilfeunterricht erteilen, sind keine Arbeitnehmer. Dies gilt auch für Lehrer, die ausländischen Schülern bei den Hausaufgaben helfen (FinMin Niedersachsen, Erlass vom 1.10.1987, Lohnsteuerkartei OFD Hannover § 19 Fach 1 Nr. 28).

Lektor: Kein Arbeitnehmer, wenn er den wesentlichen Teil seiner Aufgaben in selbst bestimmter Arbeitszeit und an selbst gewähltem Arbeitsort verrichtet (BAG, Urteil vom 27.3.1991, DB 1991 S. 2668).

Lektor bei Hörfunk und Fernsehen: I.d.R. kein Arbeitnehmer (BAG, Urteil vom 27.3.1991, DB 1991 S. 2668).

Liquidator in Treuhandgesellschaften: Kann Arbeitnehmer sein (BAG, Beschluss vom 29.12.1997, DB 1998 S. 1291).

Lkw-Fahrer: Kein Arbeitnehmer trotz Gestellung des Lkw in Regie und Einsatz einer Spedition bei freiem Fahrereinsatz und weiterem Fahrzeug in Dritteinsatz (BGH, Beschluss vom 21.10.1998, DB 1999 S. 151).

Lotse: In der Regel kein Arbeitnehmer (BFH, Urteil vom 21.5.1987, BStBl II S. 625).

Arbeitnehmer

Luftaufsicht: Die nebenberuflich tätigen „Beauftragten für Luftaufsicht", die im Auftrag der Bezirksregierung in regelmäßigen Abständen Landeplätze und Segelfluggelände kontrollieren, sind Arbeitnehmer (FinMin Niedersachsen, Erlass vom 21.2.1995 – S 2331 – 67 – 35 1).

Mannequin: Kann Arbeitnehmer sein, wenn für die Dauer der Vorführung eine Eingliederung in den Betrieb des Arbeitgebers vereinbart und durchgeführt ist (BFH, Urteil vom 2.10.1968, BStBl II 1969 S. 71). Ebenso Vorführdamen, die sich an mehreren aufeinander folgenden Tagen von 9 Uhr bis 18 Uhr in den Betriebsräumen des Unternehmens aufhalten, um den dort erscheinenden Kunden Kleider zu zeigen (FG Berlin, Urteil vom 2.6.1967, EFG 1968 S. 64).

Masseuse in Massagesalon: Arbeitnehmer, wenn die Inhaberin des Salons als die eigentliche Veranstalterin hinsichtlich der angebotenen Massagebehandlungen auftritt (FG Düsseldorf, Urteil vom 9.11.1978, EFG 1979 S. 239).

Meistersöhne: Im Betrieb mitarbeitende erwachsene Kinder (sog. Meistersöhne) können im Einzelfall Arbeitnehmer sein, wenn ein Beschäftigungsverhältnis mit Entgeltzahlung vorliegt (BSG, Urteile vom 5.4.1956 – 3 RK 65/55 –, Sozialversicherungsbeitrag-Handausgabe 2001 R 7 IV/1, und vom 29.3.1962 – 3 RK 83/59 –, – 84/59 – und – 85/59 –, Sozialversicherungsbeitrag-Handausgabe 2001 R 7 IV/6). Vgl. auch → *Angehörige* Rz. 108.

Mentoren der Fernuniversität Hagen: Arbeitnehmer (FinMin Hessen, Erlass vom 23.2.1983, StLex 4, 19, 1070).

Messehostessen: Im normalen Agenturbetrieb, in dem für Kunden Veranstaltungen organisiert und nicht die Arbeitnehmer überlassen werden, sind Hostessen/Hosts in der Regel als Arbeitnehmer zu betrachten. Hierfür spricht die weit gehende Weisungsbefugnis der Agentur bzw. ihres Kunden betreffend der Ausführung der Tätigkeit. Hinzu kommt, dass die Hostessen/Hosts häufig nur für einen Auftraggeber arbeiten und regelmäßig selbst keine versicherungspflichtigen Arbeitnehmer beschäftigen (Anlage 4 des Gemeinsamen Rundschreibens der Spitzenorganisationen der Sozialversicherung vom 20.12.1999, b+p 2000 S. 332 Nr. 22 sowie 2001 S. 441 Nr. 19, m.w.N.).

Museumsführer: Kann auch dann Arbeitnehmer sein, wenn er nur hinsichtlich der Zeit, nicht jedoch hinsichtlich des Ortes und des Inhalts der Führungen, Weisungen der Behörde unterworfen ist (FG Rheinland-Pfalz, Urteil vom 28.8.1990, EFG 1991 S. 321). Eine selbständige Tätigkeit kann vorliegen, wenn nur die tatsächlichen Führungen vergütet werden und weder ein Anspruch auf Vergütung etwaiger ausgefallener Führungen noch auf eine Urlaubsvergütung oder auf eine Fortzahlung im Krankheitsfall besteht (FG Berlin, Urteil vom 29.7.1976, EFG 1977 S. 316).

Nachrichtenreporter, -sprecher: Regelmäßig Arbeitnehmer (BAG, Urteile vom 9.3.1977, BB 1977 S. 1150, und vom 28.6.1973, DB 1973 S. 1804), auch regelmäßig eingesetzte Sprecher und Übersetzer von Nachrichten- und Kommentartexten im fremdsprachlichen Dienst von Rundfunkanstalten, selbst wenn ihre wöchentliche Arbeitszeit nur vier Stunden beträgt (BAG, Urteil vom 11.3.1998, BB 1998 S. 1265). Wird ein Nachrichtensprecher dagegen für verschiedene Anstalten tätig, kann er selbständig sein (BAG, Urteil vom 28.6.1973, DB 1973 S. 1756).

Nichtsesshafte: Arbeitnehmer, wenn er eine im Rahmen des § 19 BSHG beschaffte Arbeit verrichtet und hierfür – neben der Hilfe zum Lebensunterhalt – ein nach Stunden bemessenes Arbeitsentgelt erhält (BSG, Urteil vom 16.4.1985 – 12 RK 53/83 –, Sozialversicherungsbeitrag-Handausgabe 2001 R 7 IV/23).

Notar: Grundsätzlich selbständig, auch bei gleichzeitiger Bestellung als Notariatsverweser (BFH, Urteil vom 12.9.1968, BStBl II S. 811). Zu Notarvertretern siehe entsprechend → *Anwaltsvertreter* Rz. 176.

Omnibusfahrer: Omnibusfahrer, die keine eigenen Busse besitzen, jedoch für Busunternehmen Linienfahrten, Reiserouten, Schulfahrten etc. ausführen, sind auf Grund der damit verbundenen Eingliederung in die Betriebsorganisation des Busunternehmens und der persönlichen Abhängigkeit hinsichtlich Zeit, Dauer, Ort und Art der Arbeitsausführung als Arbeitnehmer zu beurteilen (Anlage 4 des Gemeinsamen Rundschreibens der Spitzenorganisationen der Sozialversicherung vom 20.12.1999, b+p 2000 S. 332 Nr. 22 sowie 2001 S. 441 Nr. 19, m.w.N.).

Paketdienst: Ein Subunternehmer eines Paketdienst-Systems, der mit 18 selbst ausgewählten Arbeitnehmern und eigenen Fahrzeugen in einem ihm überlassenen Bezirk den Zustellungsdienst organisiert und durchführt, ist nicht Arbeitnehmer (LAG Köln, Beschluss vom 5.3.1997, BB 1997 S. 1212).

Vgl. zur Abgrenzung auch Anlage 4 des Rundschreibens der Spitzenverbände der Sozialversicherungsträger vom 20.12.1999, Stichwort „Kurier-, Express- und Paketdienstfahrer", Sozialversicherungsbeitrag-Handausgabe 2001 VL 7 IV/19.

Peepshow-Modell: Arbeitnehmer, auch soweit ihm neben den laufenden Auftritten noch „Sonderleistungen" in Filmen, Videos, Fotostudios sowie bei Striptease und Sextelefon vergütet werden (FG Baden-Württemberg, Urteil vom 15.1.1998, EFG 1998 S. 821).

Pegel- und Messstellenbeobachter: Auch bei nebenberuflicher Tätigkeit Arbeitnehmer; die Aufwandsentschädigungen bleiben zu einem Drittel nach § 3 Nr. 12 Satz 2 EStG steuerfrei (FinMin Thüringen, Erlass vom 23.9.1997, FR 1998 S. 33).

Pflegekräfte: Bei regelmäßiger Erbringung von Pflegeleistungen für einen anderen Vertragspartner als den Patienten besteht ein Beschäftigungsverhältnis, wenn nicht besondere Umstände hinzutreten, die die Abhängigkeit der Pflegekraft aufheben (Anlage 4 des Gemeinsamen Rundschreibens der Spitzenorganisationen der Sozialversicherung vom 20.12.1999, b+p 2000 S. 332 Nr. 22 sowie 2001 S. 441 Nr. 19, m.w.N.).

Pharmabetreuer: Regelmäßig Arbeitnehmer, wenn er in dem ihm zugewiesenen Reisegebiet pro Arbeitstag durchschnittlich zehn Arztbesuche ausführen und hierüber Berichte abliefern muss (LAG Hamm, Urteile vom 13.10.1989, DB 1990 S. 2028, und vom 15.10.1989, DB 1990 S. 2027).

Pilot: Regelmäßig Arbeitnehmer (BAG, Urteil vom 16.3.1994, DB 1994 S. 2524). Siehe auch → *Co-Pilot im Verkehrsflugzeug* Rz. 176.

Plakatkleber: Kein Arbeitnehmer, wenn er von Fall zu Fall für mehrere Auftraggeber tätig und somit nicht in den Betrieb eingegliedert ist (vgl. LSG Rheinland-Pfalz, Urteil vom 11.12.1980, Die Beiträge 1981 S. 149, sowie BAG, Urteil vom 25.6.1996 – 1 ABR 6/96 –).

Pressefotograf: Regelmäßig kein Arbeitnehmer (BAG, Urteil vom 3.5.1989, BB 1990 S. 779).

Probanden: Testpersonen, die gegen Entgelt neue Medikamente testen, sind keine Arbeitnehmer (FG Rheinland-Pfalz, Urteil vom 19.3.1996, EFG 1996 S. 979).

Probenehmer für Erze u.Ä.: Keine Arbeitnehmer (BFH, Urteile vom 14.11.1972, BStBl II 1973 S. 183, und vom 9.12.1986, BFH/NV 1987 S. 156).

Prospekteinleger: Regelmäßig Arbeitnehmer (LAG Düsseldorf, Urteil vom 19.3.1980, DB 1988 S. 1222).

Prospektverteiler: Arbeitnehmer, wenn mit ihnen zwar ein freies Mitarbeiterverhältnis in Form eines Werkvertrags mit erfolgsbezogener Vergütung abgeschlossen wird, darüber hinaus aber keine Anzeichen für Unternehmerinitiative und -risiko vorhanden sind (FG Baden-Württemberg, Urteil vom 27.3.1997 – 2 K 222/96 –). Bei im Wesentlichen freier Zeiteinteilung kann Selbständigkeit gegeben sein (vgl. BAG, Urteil vom 16.7.1997, DB 1997 S. 2437, betr. Zeitungszusteller).

Prostituierte: Kann Arbeitnehmerin sein; die mögliche Sittenwidrigkeit des Arbeitsverhältnisses ist für die steuerliche Beurteilung unerheblich (zuletzt BFH, Urteil vom 23.2.2000, BStBl II 2000 S. 610, betr. Telefonsex als Gewerbebetrieb). Eine in einem Saunaclub ohne vertragliche Verpflichtung tätige Prostituierte ist keine Arbeitnehmerin (Hessisches LG, Urteil vom 12.8.1997, BB 1998 S. 54).

Psychologe in Behindertenfürsorge: Freier Mitarbeiter, wenn er Zeit und Ort seiner Tätigkeit frei bestimmen kann (BAG, Urteil vom 9.9.1981, DB 1981 S. 2500).

Radio- und Fernsehtechniker: Kann freier Mitarbeiter sein, wenn er für ein Kabelfernsehunternehmen als freier „Handelsvertreter" gegen Provisionen Anschlüsse an das Kabelnetz kontrolliert und auf Schwarzschaltungen überprüft (BAG, Urteil vom 29.10.1997, DB 1997 S. 2280).

Ratsschreiber: Arbeitnehmer (BFH, Urteil vom 8.3.1957, BStBl III S. 175).

Rechtsanwalt: Rechtsanwalt mit eigener Praxis ist kein Arbeitnehmer (BAG, Beschluss vom 15.4.1993, DB 1993 S. 1622). Ob ein in einer Rechtsanwaltskanzlei beschäftigter Rechtsanwalt selbständiger Unternehmer oder Arbeitnehmer ist, bestimmt sich nach allgemeinen Grundsätzen. Die vertragliche Bezeichnung „freier Mitarbeiter" und fehlende Vereinbarungen über die Abführung von Sozialversicherungsbeiträgen und Lohnsteuer sowie über die sonst üblichen Sozialleistungen sind für die rechtliche Beurteilung nicht maßgebend (FG Nürnberg, Urteil vom 14.12.1993, EFG 1994 S. 544). Auch die Aufnahme eines angestellten Rechtsanwalts in den Briefkopf einer Rechtsanwaltspraxis ändert nichts daran, dass der Angestellte Arbeitnehmer ist (OFD Hannover, Verfügung vom 17.11.1998, DStR 1999 S. 200). Rechtsanwälte, die in den Vermögensämtern der Landkreise der neuen Bundesländer an Aufgaben nach dem Vermögensgesetz mitwirken, können je nach vertraglicher Vereinbarung und tatsächlicher Durchführung freie Mitarbeiter (so BAG, Urteil vom 3.6.1998, DB 1998 S. 2274) oder Arbeitnehmer sein (so Thüringer LAG, Urteil vom 22.9.1998, BB 1999 S. 322, Revision eingelegt). Rechtsanwälte, die in einem Beschäftigungsverhältnis als „freier Mitarbeiter" stehen, wirtschaftlich jedoch weitgehend abhängig sind und somit nach ihrem sozialen Status einem Arbeitnehmer vergleichbar sind, sind „arbeitnehmerähnliche Personen" (OLG München, Beschluss vom 24.11.1998, MDR 1999 S. 1412; NWB 1999 Fach 1 S. 370).

Rechtsbeistand: Kein Arbeitnehmer (BFH, Urteil vom 18.3.1970, BStBl II S. 455).

Rechtspraktikant in einstufiger Juristenausbildung: Arbeitnehmer (BFH, Urteile vom 19.4.1985, BStBl II S. 465, und vom 24.9.1985, BStBl II 1986 S. 184).

Regalauffüller: Regalauffüller bzw. Plazierungshilfen, die in Warenhäusern und Supermärkten die Warenplazierung, Regalpflege sowie Dispositions- aufgaben übernehmen, sind Arbeitnehmer (vgl. Anlage 4 des Rund- schreibens der Spitzenverbände der Sozialversicherungsträger vom 20.12.1999, Stichwort „Platzierungshilfen/Regalauffüller", Sozialver- sicherungsbeitrag-Handausgabe 2001 VL 7 IV/19).

Rehabilitand: Kein Arbeitnehmer (BAG, Beschluss vom 26.1.1994, BB 1994 S. 1224).

Reinigungsmitarbeiter: Die Filialleiter von Reinigungen sind regelmäßig Arbeitnehmer (BSG, Urteil vom 27.5.1971, DB 1971 S. 1676). Das gilt auch für Hilfskräfte (LAG Düsseldorf, Urteil vom 3.5.1957, BB 1957 S. 1072).

Reiseleiter: Studenten, die in den Semesterferien kurzzeitig als Reiseleiter für einen Reiseveranstalter tätig sind, sind jedenfalls dann Arbeitnehmer, wenn sie bei der Gestaltung des Tagesablaufs an das vom Veranstalter vorgegebene Reiseprogramm gebunden sind, als Vergütung eine feste Ta- gespauschale erhalten, der Reiseveranstalter sämtliche ihnen entstehen- den Kosten trägt und sie im Falle der Schlechtleistung nicht auf Scha- densersatz in Anspruch nimmt (FG Hamburg, Urteil vom 24.9.1987, EFG 1988 S. 120). Das gilt auch für eine Reiseleiterin, die für einen Reiseveran- stalter Reisegruppen auf Autobus-Rundreisen durch Europa begleitet, selbst wenn die Reisebegleitung jeweils durch separate Aufträge erfolgt, die Reiseleiterin jedoch in das Unternehmen des Reiseveranstalters ein- gegliedert ist und kein jeweiliges Unternehmerrisiko trägt (FG Hamburg, Ur- teil vom 30.6.1993, – VI 48/92 –). Ein sog. Zielort-Reiseleiter, der aus- schließlich am Zielort für ein Pauschalreiseunternehmen tätig ist, kann selbständig sein (BSG, Urteil vom 17.5.1973, – 12 RK 23/72 –, BSGE 36 S. 7 ff.). Vgl. auch → *Museumsführer* Rz. 176.

Rundfunkermittler, -gebührenbeauftragter: Kein Arbeitnehmer, wenn er den Umfang seiner Tätigkeit im Wesentlichen selbst bestimmen kann und die Höhe seiner Einnahmen weitgehend von seiner eigenen Tüchtigkeit und Initiative abhängt (BFH, Urteil vom 2.12.1998, BStBl II 1999 S. 534; BVerfG, Beschluss vom 14.2.2001, INF 2001 S. 543). Ebenso, abhängig von der Ausgestaltung der vertraglichen Beziehungen, BAG, Urteil vom 26.5.1999, DB 1999 S. 1704. Kann jedoch arbeitnehmerähnliche Person sein (BAG, Beschluss vom 30.8.2000, DB 2001 S. 824).

Rundfunkkorrespondent, -mitarbeiter, -sprecher: Regelmäßig Arbeit- nehmer (BAG, Urteil vom 7.5.1980, DB 1980 S. 1996), insbesondere wenn er in den Dienstplänen der Anstalt aufgeführt ist (zuletzt BAG, Urteil vom 20.9.2000, DB 2001 S. 48). Der Redakteur einer Rundfunkanstalt kann auch dann Arbeitnehmer sein, wenn er auf der Basis von Einzel- honorarverträgen tätig ist, jedoch schon durch die festgelegten Arbeits- zeiten in den Betrieb der Rundfunkanstalt eingegliedert ist (FG Rheinland- Pfalz, Urteil vom 27.6.1988, EFG 1989 S. 22). Zur Abgrenzung gegenüber freier Mitarbeit ferner BAG, Urteile vom 21.1.1998, DStR 1998 S. 865, so- wie vom 22.4.1998, DB 1998 S. 2276, sowie BVerwG, Urteil vom 22.4.1998, DB 1998 S. 2276. Ein programmgestaltender Rundfunkmitar- beiter ist nicht allein deshalb Arbeitnehmer, weil er zur Herstellung seines Beitrags auf technische Einrichtungen und Personal der Rundfunkanstalt angewiesen ist und aus diesem Grunde in Dispositions- und Raumbele- gungspläne aufgenommen wird (BAG, Urteile vom 19.1.2000, DB 2000 S. 1520, und vom 20.9.2000, DB 2001 S. 48).

Sargträger: Kein Arbeitnehmer, wenn er ohne konkrete Bereithaltungsver- pflichtung kraft freier Einzelfallentscheidung nur von Fall zu Fall für ein Be- stattungsunternehmen tätig wird (FG Saarland, Urteil vom 8.11.1995, EFG 1996 S. 98). Kann bei regelmäßiger Tätigkeit für ein Unternehmen aber selbst dann Arbeitnehmer sein, wenn er auf Betreiben der Arbeitgeberin ein entsprechendes Gewerbe angemeldet hat (LAG Düsseldorf, Urteil vom 9.9.1997, Nichtzulassungsbeschwerde eingelegt, DB 1998 S. 207, Az. beim BAG – 5 AZN 966/97 –).

Schiedsmann: Kein Arbeitnehmer (FinMin Nordrhein-Westfalen, Erlass vom 2.9.1983, DB 1983 S. 2064).

Schiedsrichter: Kein Arbeitnehmer; die vom Deutschen Fußball-Bund u.Ä. gezahlten Spesen gehören zu den sonstigen Einkünften i.S. des § 22 Nr. 3 EStG (OFD Berlin, Verfügung vom 21.2.1996, DB 1996 S. 1497).

Schlüsseldienste: Arbeitnehmer, siehe → Rz. 173.

Schreibkraft: Eine „Heimschreibkraft", die für ein Ministerium zu Hause Schreibarbeiten durchführt und nur nach dem Erfolg ihrer Arbeitsleistung – Seitenhonorar, nicht Stundenbezahlung – entlohnt wird, kann selbständig tätig sein (FG Düsseldorf, Urteil vom 15.7.1970, DStZ/B 1970 S. 382).

Schulhelfer: An einigen Schulen werden sog. Schulhelfer beschäftigt (oft von Elternvereinen), die angeblich selbständig tätig werden („Honorar-

kräfte"). Sie sollen z.B. behinderte Kinder beim Unterricht unterstützen, z.B. beim Transport oder durch Hilfeleistungen bei der Einnahme von Mahlzeiten u.Ä. Die Finanzverwaltung sieht diese Schulhelfer als Arbeit- nehmer an, weil nur einfachere Tätigkeiten verrichtet werden. Arbeitnehmer sind auch Betreuungspersonen, die Kinder im Rahmen von Modellen der „betreuten Grundschule" („Schule von 8.00 bis 13.00 Uhr") während des gesamten Vormittags – auch bei Unterrichtsausfall – betreuen (OFD Düs- seldorf, Verfügung vom 10.9.1996, DB 1996 S. 2365). Aufwandsentschä- digungen bleiben ggf. nach § 3 Nr. 12 Satz 2 EStG (→ *Aufwandsentschä- digungen im öffentlichen Dienst* Rz. 309) und § 3 Nr. 26 EStG (→ *Aufwands- entschädigungen für bestimmte nebenberufliche Tätigkeiten* Rz. 297) steuerfrei (FinMin Bayern, Erlass vom 17.1.2000, DB 2000 S. 952, betr. von Gemeinden eingesetzte Schulweghelfer und Schulbusbegleiter).

Sekretärin: Kann „freie Mitarbeiterin" sein, wenn sie keinem Weisungs- recht unterliegt und immer nur einzelne Aufträge erhält. Im Regelfall ist je- doch von einem Arbeitsverhältnis auszugehen (BAG, Urteil vom 11.12.1996, BB 1997 S. 1484).

Skilehrer: Skilehrer im Nebenberuf (ohne Arbeitsvertrag), der für Sport- häuser am Wochenende oder für einzelne Wochenkurse tätig wird, ist in- soweit kein Arbeitnehmer (BFH, Urteil vom 24.10.1974, BStBl II 1975 S. 407).

Standesbeamte: Nebenamtliche Standesbeamte sind Arbeitnehmer.

Steuerbevollmächtigter, -gehilfe: Arbeitnehmer, wenn er für einen an- deren Steuerbevollmächtigten in dessen Büro während der üblichen Ge- schäftszeit tätig ist, kein Unternehmerrisiko trägt und für seine Tätigkeit eine feste, zeitbezogene Vergütung sowie bezahlten Urlaub erhält (BSG, Urteil vom 27.9.1972 – 12/3 RK 31/71 –, Sozialversicherungsbeitrag- Handausgabe 2001 R 7 IV/14). Die Aufnahme eines angestellten Steuer- beraters in den Briefkopf einer Steuerberaterpraxis ändert nichts daran, dass der Angestellte Arbeitnehmer ist (OFD Hannover, Verfügung vom 17.11.1998, DStR 1999 S. 200). Freier Mitarbeiter, wenn er bei einem Steuerberater – oder auch zu Hause – an selbst gewählten Tagen gegen Honorar Steuererklärungen erstellt oder Buchhaltungsarbeiten vornimmt (LAG Köln, Urteil vom 23.3.1988, DB 1988 S. 1403; LAG Berlin, Urteil vom 29.5.1989, DB 1989 S. 2541). Ein angestellter Steuerberater, der als Testa- mentsvollstrecker eines Erblassers, der zuvor Mandant des Arbeitgebers des Steuerberaters war, eingesetzt wird, kann insoweit selbständig tätig werden (FG Hamburg, Urteil vom 22.5.2001, EFG 2001 S. 1246).

Straßenverkehrszähler: Die sog. Fremdzähler (meist Schüler, Studenten, Rentner oder Angehörige der Straßenbauverwaltung) sind Arbeitnehmer, weil sie weisungsgebunden sind (hinsichtlich Einsatzort und des zeitlichen Rahmens der Zählung) und bei einfachen Tätigkeiten eher eine Eingliede- rung in den Betrieb des Auftraggebers anzunehmen ist (OFD Hannover, Verfügung vom 7.2.1997 – S 2360 – 35 – StH 212).

Stripteasetänzerin: I.d.R. Arbeitnehmerin (BAG, Urteil vom 7.6.1972, BB 1973 S. 291). Vgl. auch → *Prostituierte* Rz. 176.

Stromableser: Nebenberufliche Stromableser können auch dann Arbeit- nehmer sein, wenn die Vertragsparteien „freie Mitarbeit" vereinbart haben und das Ablesen in Ausnahmefällen auch durch einen zuverlässigen Ver- treter erfolgen darf (BFH, Urteil vom 24.7.1992, BStBl II 1993 S. 155). Im Einzelfall (bei Unternehmerrisiko, Unternehmerinitiative, kein Urlaubsan- spruch, keine Entgeltfortzahlung im Krankheitsfalle, weitgehende Freiheit hinsichtlich der Arbeitszeit und Organisation) kann auch eine selbständige Tätigkeit gegeben sein.

Subunternehmer: Es kommt auf die Gesamtumstände des Einzelfalles an: Beschäftigt ein baugewerblicher Unternehmer den Arbeiter einer anderen Baufirma mit Bauarbeiten (z.B. Verlegen von Fußböden), dann wird er für ihn regelmäßig als Arbeitnehmer tätig. Eine Beschäftigung als Subunter- nehmer kommt nur dann in Betracht, wenn der Arbeiter selbst ein Gewerbe angemeldet hat (ArbG Wetzlar, Urteil vom 31.10.1995, BB 1996 S. 700). Personen, die für einen Unternehmer nach dessen Weisungen Schlösser und andere Sicherheitsvorrichtungen für Gebäude verkaufen und montie- ren sowie Notöffnungen von Türen durchführen, sind keine Subunter- nehmer, sondern Arbeitnehmer, auch wenn sie täglich auf Provisionsbasis arbeiten (FG Hamburg, Urteil vom 27.8.1991, EFG 1992 S. 279). Eine Ar- beitnehmereigenschaft liegt dagegen nicht vor, wenn ein Monteur zwar nur für einen Auftraggeber als Subunternehmer tätig ist, nach außen hin jedoch als selbständiger Unternehmer auftritt, z.B. Aufsuchen der Baustellen mit ei- genem Fahrzeug, Bereitstellen eigenen Werkzeugs und eigener Arbeits- kleidung, Haftung für fehlerhafte Arbeiten, Übernahme von Konventional- strafen usw. (Niedersächsisches FG, Urteil vom 14.1.1980, EFG 1980 S. 349).

Tagesmütter: Tagesmütter, die sich der häuslichen Beaufsichtigung und Betreuung von Kindern widmen, gehören grundsätzlich nicht zu den ab- hängig Beschäftigten. Die Übernahme der Betreuung der Kinder für Fremde ist nicht durch eine Weisungsabhängigkeit geprägt (Anlage 4 des Gemeinsamen Rundschreibens der Spitzenorganisationen der Sozialver- sicherung vom 20.12.1999, b+p 2000 S. 332 Nr. 22 sowie 2001 S. 441 Nr. 19, m.w.N.).

Arbeitnehmer

Tankstellenverwalter: Kein Arbeitnehmer, auch soweit er in der von einer Treibstoffgesellschaft gepachteten Tankstelle Fremdgeschäfte (Verkauf im Namen und für Rechnung der Gesellschaft) tätig (BSG, Urteil vom 11.8.1966, DB 1966 S. 1524). Zum Status eines Tankstellenpächters, der alleiniger Gesellschafter und Geschäftsführer einer von ihm gegründeten GmbH ist, siehe ArbG Mönchengladbach, Urteil vom 19.1.2000, BB 2000 S. 828.

Tankwarte: Regelmäßig Arbeitnehmer, auch bei Aushilfstätigkeit. Das Weisungsrecht des Arbeitgebers muss sich nicht auf die Arbeitszeit erstrecken, sondern kann sich auf Inhalt und Durchführung der geschuldeten Tätigkeit beschränken (BAG, Urteil vom 12.6.1996, DB 1997 S. 429, b+p 1997 S. 151 Nr. 1).

Taxifahrer: Arbeitnehmer, wenn ein Arbeitsverhältnis begründet worden ist. Das gilt auch für Aushilfsfahrer, die für ein Mietwagenunternehmen auf 40 %-Basis tätig werden. Hierfür spricht ihre Weisungsgebundenheit gegenüber dem Unternehmer hinsichtlich Ort, Zeit und Inhalt der Tätigkeit, ihre Eingliederung in den Betrieb und der Umstand, dass sie eher einfache Arbeiten verrichtet haben. Keine Rolle spielt demgegenüber das Fehlen eines Anspruchs auf Entgeltfortzahlung, auf Urlaub und auf sonstige soziale Leistungen, weil solche Regelungen für Aushilfsfahrer nicht üblich sind (Schleswig-Holsteinisches FG, Urteil vom 26.1.1994, EFG 1994 S. 540). Aushilfstaxifahrer, die – vorwiegend in der Nacht und am Wochenende – auf Anfrage für ein Taxiunternehmen Fahrten durchführen, die ihnen von der Taxizentrale zugeteilt werden, ansonsten aber an keine festen Arbeitszeiten gebunden sind, d.h. sich jederzeit von der Taxizentrale „abmelden" und das Fahrzeug zurückgeben können, und einen bestimmten Vomhundertsatz (50 % bzw. 60 %) des eingefahrenen Umsatzes an das Taxiunternehmen abführen müssen, stehen dagegen zu dem Taxiunternehmen nicht in einem Arbeitsverhältnis (BAG, Beschluss vom 29.5.1991, DB 1992 S. 46). Taxifahrer mit eigenem Fahrzeug sind als Selbständige anzusehen, wenn sie über eine Konzession verfügen. Eine Arbeitgebereigenschaft der „Taxizentrale" scheidet aus (vgl. Anlage 4 des Rundschreibens der Spitzenverbände der Sozialversicherungsträger vom 20.12.1999, Stichwort „Taxifahrer", Sozialversicherungsbeitrag-Handausgabe 2001 VL 7 IV/19).

Telefonverkäufer: Kein Arbeitnehmer, wenn er Provisionen nur bei erfolgreichem Abschluss erhält und somit das sog. unternehmerische Risiko trägt, keine Arbeitszeiten einhalten muss und auch keinen Anspruch auf Urlaub und auf Weiterzahlung des Arbeitslohnes im Krankheitsfalle hat (BFH, Urteil vom 14.12.1988, BFH/NV 1989 S. 541).

Telefonvermittler: Größere Versandunternehmen bieten ihre Waren und Serviceleistungen durch Kundenbetreuungsbüros, die sich über das gesamte Bundesgebiet verteilen, an. Die in den Kundenbetreuungsbüros angestellten Mitarbeiter sollen Neukunden werben, telefonische Bestellungen aufnehmen und diese mittels EDV an die Zentrale des Unternehmens weiterleiten. Neben dem angestellten Personal bedienen sich die Unternehmen freier Mitarbeiter, die automatisch die Anrufe erhalten, die von den Kundenbetreuungsbüros nicht zu schaffen sind. Das Konzept ist von vornherein so angelegt, dass die als freie Mitarbeiter beschäftigten Telefonvermittler einen größeren Teil der Anrufe erhalten. Die Versandunternehmen statten die Telefonvermittler mit dem erforderlichen Arbeitsmaterial (Bildschirmgerät, Tastatur, Telefon und Formulare) aus. Die Telefonvermittler sind als **abhängig Beschäftigte** zu sehen (Anlage 4 des Gemeinsamen Rundschreibens der Spitzenorganisationen der Sozialversicherung vom 20.12.1999, b+p 2000 S. 332 Nr. 22 sowie 2001 S. 441 Nr. 19, m.w.N.).

Textilreinigung, Annahmestelle: Nichtselbständige Tätigkeit, falls die Geschäftsräume vom Auftraggeber angemietet sind, dieser die Kosten trägt und eine Mindestvergütung vereinbart ist (FG Nürnberg, Urteile vom 1.12.1972, – III 11/71 – und – III 12/71 –).

Theaterintendant: Bei nebenberuflicher Tätigkeit kein Arbeitnehmer (BAG, Urteil vom 17.12.1968, DB 1969 S. 1420).

Toiletten-Service-Personal: Regelmäßig Arbeitnehmer, auch bei angeblich freier Mitarbeit; das Personal ist regelmäßig hinsichtlich Zeit, Dauer, Art und Ort der Arbeitsausführung weisungsgebunden (Besprechungsergebnis der Spitzenverbände der Sozialversicherungsträger vom 5./6.11.1996, BB 1997 S. 266).

Trainer: Trainer von Sportvereinen können je nach den Gesamtumständen des Einzelfalles Arbeitnehmer oder selbständig sein. Die Finanzverwaltung sieht nebenberufliche Übungsleiter und vergleichbare Personen grundsätzlich als **selbständig** an, wenn sie **in der Woche durchschnittlich nicht mehr als sechs Stunden** tätig werden und zudem noch ausschließlich für die tatsächlich geleisteten Stunden bezahlt werden, d.h. keine Zahlung bei Krankheit oder während der Ferien erhalten (BMF-Schreiben vom 6.10.1999, Steuer-Telex 1999 S. 730, sowie R 68 Satz 4 LStR). Bei der Ermittlung der 6-Stunden-Grenze sind die tatsächlich geleisteten Übungsleiterstunden maßgebend. Auf Anfahrts- und Vorbereitungszeiten etc. kommt es nicht an. Werden jedoch z.B. Mannschaftsbesprechungen zur Vor- und Nachbereitung von Spielen auch als Honorarstunden gerechnet, so sind auch diese Zeiten in die 6-Stunden-Grenze einzubeziehen. Fahrtzeiten werden nur einbezogen, wenn sie wie Arbeitszeit behandelt und honoriert werden. In der Sozialversicherung spielt die zeitliche Inanspruchnahme der Tätigkeit – im Unterschied zur 6-Stunden-Grenze im Steuerrecht – keine Rolle. Entscheidend ist vielmehr, ob und ggf. in welchem Umfang der Übungsleiter in den Verein gegliedert ist und von dort seine Weisungen erhält. Übungsleiter sind zumeist dem abhängig beschäftigten Personenkreis zuzurechnen. Im Einzelfall kann aber auch beim Übungsleiter auf Grund der tatsächlichen Verhältnisse Selbständigkeit vorliegen. Ist die Zuordnung nicht zweifelsfrei möglich, kann der Verein den Status verbindlich klären lassen. Er kann sich hierzu an die Clearingstelle der Bundesversicherungsanstalt für Angestellte in Berlin wenden. Sollten Trainer/Übungsleiter selbständig tätig sein, unterliegen sie der Rentenversicherungspflicht nach § 2 Satz 1 Nr. 1 SGB VI, sofern sie im Zusammenhang mit ihrer selbständigen Tätigkeit keinen versicherungspflichtigen Arbeitnehmer beschäftigen.

Bei nebenberuflicher Übungsleitertätigkeit bleiben unter den Voraussetzungen des § 3 Nr. 26 EStG von den Einnahmen 1 848 € im Jahr pauschal steuerfrei (→ *Aufwandsentschädigungen für bestimmte nebenberufliche Tätigkeiten* Rz. 297).

1. Fußballtrainer

Hauptberufliche Fußballtrainer sind Arbeitnehmer, wenn sie für mindestens eine Spielzeit verpflichtet werden. Entsprechendes gilt für die von Fußballverbänden verpflichteten Trainer.

Nebenberufliche Trainer sind im Allgemeinen selbständig tätig, wenn sie nicht mehr als sechs Stunden wöchentlich für den Verein tätig sind; R 68 Satz 4 LStR (siehe auch Hessisches FG, Urteil vom 9.7.1993, EFG 1994 S. 396; BFH, Urteil vom 13.5.1993, BFH/NV 1994 S. 93). Etwas anderes gilt nur, wenn die der Tätigkeit zu Grunde liegende Vertragsbeziehung als Arbeitsvertrag zu werten ist, weil sie z.B. Versorgungsregelungen, Urlaubsvereinbarungen, Bestimmungen über die Entgeltfortzahlung im Krankheitsfall usw. enthält.

2. Golftrainer

Arbeitnehmer des Golfclubs, wenn er eine feste monatliche Vergütung erhält und verpflichtet ist, sich während der Tagesstunden auf dem Gelände des Klubs bereitzuhalten. Dem steht nicht entgegen, dass er die Vergütung für seine Lehrtätigkeit von den Golfschülern erhält (BSG, Urteil vom 29.8.1963, – 3 RK 86/59 –, Sozialversicherungsbeitrag-Handausgabe 2001 R 7 IV/8).

3. Tennistrainer

Kann selbständig sein, wenn es an der fachlichen Weisungsgebundenheit fehlt. Es reicht nicht aus, dass eine Bindung an Ort und Zeit der Trainerstunden besteht, weil die Trainerstunden naturgemäß nur auf den Tennisplätzen abgehalten werden können (ArbG Kempten, Urteil vom 5.11.1997, DB 1998 S. 1007). Dies gilt insbesondere dann, wenn der Trainer nicht in den Betrieb des Vereins eingegliedert ist, weil er z.B. die geleisteten Trainerstunden nicht mit dem Verein, sondern unmittelbar mit den Schülern abrechnet.

Sollten Trainer/Übungsleiter selbständig tätig sein, unterliegen sie der Rentenversicherungspflicht nach § 2 Satz 1 Nr. 1 SGB VI, sofern sie im Zusammenhang mit ihrer selbständigen Tätigkeit keinen versicherungspflichtigen Arbeitnehmer beschäftigen.

Transport-Unternehmer: Arbeitnehmer, auch wenn er angeblich selbständig ist und ein Gewerbe angemeldet hat, wenn die vertraglichen Bindungen (die Fahrzeuge weisen die Farben und das Logo der Firma auf, die Transporteure tragen Firmenkleidung, sie müssen jeden Morgen um 6 Uhr zur Übernahme der Transportaufträge erscheinen) die üblichen Bindungen eines Frachtführers gegenüber dem Spediteur derart übersteigen, dass ein für ein Arbeitsverhältnis hinreichender Grad persönlicher Abhängigkeit vorliegt (BAG, Urteil vom 19.11.1997, DB 1998 S. 624). Kann er jedoch die geschuldete Leistung durch Dritte erbringen lassen, z.B. durch Einstellung eines Fahrers, ist er selbständig tätig; vgl. dazu ausführlich die BGH-Beschlüsse vom 4.11.1998, DB 1999 S. 152, betr. **Selbständigkeit eines Frachtführers**, und vom 21.10.1998, DB 1999 S. 151, betr. **Arbeitnehmereigenschaft eines Verkaufsfahrers der Fa. Eismann**.

Tutoren eines Studentenwohnheims: Bei Begründung eines Arbeitsverhältnisses Arbeitnehmer, so in Nordrhein-Westfalen (FinMin Nordrhein-Westfalen, Erlass vom 2.11.1981, ESt-Kartei § 19 EStG 1 802); in Bayern dagegen selbständige Tätigkeit (vgl. BFH, Urteile vom 21.7.1972, BStBl II 1972 S. 738, und vom 28.2.1978, BStBl II 1978 S. 387, sowie FinMin Bayern, Erlass vom 5.2.1982, – 32 – S 2331–22/8 – 2270).

Übersetzer: Regelmäßig kein Arbeitnehmer (BAG, Urteil vom 13.6.1990, – 5 AZR 419/89 –). Regelmäßig eingesetzte Sprecher und Übersetzer von Nachrichten- und Kommentartexten im fremdsprachlichen Dienst von Rundfunkanstalten können jedoch auch dann Arbeitnehmer sein, wenn ihre wöchentliche Arbeitszeit nur vier Stunden beträgt (BAG, Urteil vom 11.3.1998, BB 1998 S. 1265).

Unternehmensberater: Kein Arbeitnehmer, auch wenn er seine Arbeitskraft lediglich in den Dienst eines beratenen Unternehmens stellt, jedoch keinen Weisungen hinsichtlich Ort, Zeit und Inhalt der Tätigkeit unterworfen ist und jederzeit abberufen werden kann (FG Baden-Württemberg, Urteil vom 5.2.1997, EFG 1997 S. 802).

Vereine: Ehrenamtlich tätige Mitglieder (z.B. Vereinsvorsitzende, Betreuer, Kassierer), denen der Verein im Wesentlichen nur die tatsächlichen Aufwendungen ersetzt, sind keine Arbeitnehmer (vgl. BFH, Urteil vom 4.8.1994, BStBl II S. 944, sowie → Rz. 165).

Werden dagegen von Vereinen Trainer usw. fest angestellt und entlohnt, kann es sich um Arbeitnehmer handeln (vgl. im Arbeitnehmer-ABC auch → *Trainer* sowie → *Kassierer*).

Verkaufsfahrer: Regelmäßig Arbeitnehmer (BSG, Urteil vom 11.3.1970, BB 1970 S. 1137). Vgl. auch BGH, Beschluss vom 21.10.1998, DB 1999 S. 151, betr. **Tiefkühlverkäufer der Fa. Eismann.**

Verkaufsstellenleiter: Arbeitnehmer, auch wenn er am Umsatz beteiligt ist, seine Stellung sich aber von der eines angestellten Verkäufers nicht wesentlich unterscheidet (RFH, Urteil vom 27.11.1935, RStBl 1936 S. 296).

Versicherungsvermittlerin: Offen gelassen (BAG, Urteil vom 25.4.2001 – 5 AZR 360/99 –).

Versicherungsvertreter: Abhängig von Weisungsgebundenheit (BAG, Urteile vom 15.12.1999, DB 2000 S. 1618, und vom 20.9.2000, DB 2001 S. 280). Siehe → *Vertreter* Rz. 176.

Vormund: Siehe → *Betreuer* Rz. 176.

Warenhausdetektive: Detektive, die für Detekteien im Warenhausbereich tätig sind, sind Arbeitnehmer, wenn sie eine nach Stunden berechnete Vergütung erhalten, eine feste Arbeitszeit einzuhalten und bei der Durchführung ihrer Überwachungsaufgaben Weisungen der Geschäftsleitung Folge zu leisten haben.

Auch Detektive, die von einem Detektivbüro oder Bewachungsinstitut als „freie" bzw. „freiberufliche Mitarbeiter" auf Stundenlohnbasis und ohne eigenes Unternehmerrisiko bzw. ohne entsprechende Chance zu unternehmerischem Gewinn vor allem in Kaufhäusern eingesetzt werden, unterliegen als Arbeitnehmer der Sozialversicherungspflicht (Anlage 4 des Gemeinsamen Rundschreibens der Spitzenorganisationen der Sozialversicherung vom 20.12.1999, b+p 2000 S. 332 Nr. 22 sowie 2001 S. 441 Nr. 19, m.w.N.).

Wärmeableser: Arbeitnehmer, siehe → Rz. 173.

Werbedame: Selbständig, wenn sie von ihrem Auftraggeber (z.B. einer Brauerei) von Fall zu Fall für jeweils kurzfristige Werbeaktionen in Kaufhäusern, Supermärkten usw. beschäftigt wird (BFH, Urteil vom 14.6.1985, BStBl II S. 661). Arbeitnehmer, wenn sie nur für eine Firma tätig ist (FG Münster, Urteil vom 24.10.1979, EFG 1980 S. 311). Vgl. ausführlich ferner Anlage 4 des Rundschreibens der Spitzenverbände der Sozialversicherungsträger vom 20.12.1999, Stichwort „Propagandisten", m.w.N., Sozialversicherungsbeitrag-Handausgabe 2001 VL 7 IV/19.

Werbesprecher: Sprecher von Werbesendungen bei Funk, Fernsehen und Kino, Anrufbeantwortern, Infoansagen, Stadionwerbung, Industriefilmen, Ladendurchsagen usw. sind – anders als Sprecher in Werbefilmen – im Allgemeinen selbständig.

Werbezettelausträger: I.d.R. Arbeitnehmer, weil ihre Tätigkeit durch Weisungsgebundenheit (Zuweisung eines bestimmten Verteilerbezirks, Vorgabe der zu verteilenden Stückzahl und des zeitlichen Rahmens), organisatorische Eingliederung, fehlendes Unternehmerrisiko und fehlende Unternehmerinitiative gekennzeichnet ist (FG Nürnberg, Urteil vom 19.7.1994, – IV 125/91 –, n.v.)

Wirtschaftsberater: Regelmäßig Arbeitnehmer (LAG Bremen, Urteil vom 26.10.1956 – Sa 113/54 –).

Zeitschriften-Anzeigenwerber: Arbeitnehmer, wenn sie nur für einen Verlag tätig sind und ihnen die Anzeigenwerbung in einem abgegrenzten Bezirk und bei bestimmten Firmen obliegt (BFH, Urteil vom 28.7.1977, DB 1977 S. 2170).

Zeitungskorrespondent: Ein auswärtiger Zeitungskorrespondent kann je nach den getroffenen Vereinbarungen Angestellter oder auch völlig selbständiger Journalist sein, auch wenn anstelle eines Zeilenhonorars eine Pauschalvergütung gezahlt wird. Für Selbständigkeit spricht, wenn er ein eigenes Büro unterhält, Hilfskräfte beschäftigt und auch für andere Zeitungen tätig ist (LAG Mannheim, Urteil vom 26.5.1954, BB 1954 S. 686; ArbG Bremen, Urteil vom 30.3.1954, BB 1954 S. 686).

Zeitungsredakteur: Wird eine im Wesentlichen sich nicht ändernde Tätigkeit des Lokalredakteurs von den Parteien für einen Zeitraum als „Arbeitsverhältnis", für einen anderen dagegen als „freies Mitarbeiterverhältnis" bezeichnet, so spricht dafür der erste Anschein dafür, dass ein Arbeitsverhältnis vorliegt (BAG, Urteil vom 19.7.1969, DB 1970 S. 1742).

7. Nachversteuerung

Sind die Beteiligten eines Dienstverhältnisses irrtümlich von freier **177** Mitarbeit ausgegangen und ist deshalb ein Lohnsteuerabzug unterblieben, sind als Arbeitslohn die zugeflossenen Einnahmen (Barlohn und Sachbezüge) anzusetzen und nicht ein um etwaige Lohnsteuerbeträge hochgerechneter Bruttolohn (BFH, Urteil vom 23.4.1997, BFH/NV 1997 S. 656).

Arbeitnehmer-Pauschbetrag

1. Lohnsteuer

Arbeitnehmer erhalten einen **Pauschbetrag von 1 044 €** im Jahr **178** (§ 9a Abs. 1 Nr. 1 EStG). Der Arbeitnehmer-Pauschbetrag hat den Charakter eines **„Werbungskosten-Pauschbetrags"**, d.h. die tatsächlichen Werbungskosten des Arbeitnehmers wirken sich nur noch dann steuermindernd aus, wenn bzw. soweit sie den Betrag von 1 044 € im Jahr übersteigen.

Das **Bundesverfassungsgericht** hat den Arbeitnehmer-Pauschbetrag für **verfassungsgemäß** erklärt (Beschluss vom 10.4.1997, BStBl II 1997 S. 518). Es ist auch nicht verfassungswidrig, dass bei Einkünften aus Kapitalvermögen ein Sparer-Freibetrag abgezogen wird; der Arbeitnehmer kann nicht die Übertragung des nicht ausgeschöpften Sparer-Freibetrags auf seine Einkünfte aus nichtselbständiger Arbeit beantragen (FG Mecklenburg-Vorpommern, Urteil vom 22.7.1997, EFG 1998 S. 53, sowie FG des Landes Sachsen-Anhalt, Urteil vom 27.1.1998, EFG 1998 S. 1200).

Beim Zusammentreffen von „normalem" mit tarifmäßigt zu versteuerndem Arbeitslohn ist der Arbeitnehmer-Pauschbetrag bei der Ermittlung der nach § 34 Abs. 1, 2 EStG tarifbegünstigten Einkünfte aus nichtselbständiger Tätigkeit nur insoweit abzuziehen, als tariflich voll zu besteuernde Einnahmen dieser Einkunftsart dafür nicht mehr zur Verfügung stehen (BFH-Urteil vom 29.10.1998, BStBl II 1999 S. 588). Der BFH hat sich damit für die für den Steuerpflichtigen günstigste Lösung entschieden. Die Finanzverwaltung wendet das Urteil in vollem Umfang an, und zwar auch auf den **Versorgungs-Freibetrag** und den **Sparer-Freibetrag** (vgl. R 200 Abs. 4 EStR sowie OFD Frankfurt, Verfügung vom 18.8.1999, FR 1999 S. 1148).

2. Sozialversicherung

Der steuermindernde Arbeitnehmer-Pauschbetrag wirkt sich in **179** der Sozialversicherung nicht aus. Bei der Beitragsberechnung ist ein Abzug nicht möglich.

Arbeitnehmerüberlassung

1. Allgemeines

a) Begriff

180 **Arbeitnehmerüberlassung liegt vor**, wenn ein Arbeitgeber (Verleiher) einem Dritten (Entleiher) bei ihm angestellte Arbeitskräfte (Leiharbeitnehmer) zur Verfügung stellt, die dieser nach seinen Vorstellungen und Zielen in seinem Betrieb wie eigene Arbeitnehmer einsetzt. Anders als bei **Arbeitsvermittlung**, die mit Abschluss eines Arbeitsvertrags ihr Ende findet, sind die Rechtsbeziehungen zwischen dem Überlassenden und dem überlassenen Arbeitnehmer von Dauer. Sie bleiben insbesondere während der Zeit, in der der Arbeitnehmer in dem fremden Betrieb tätig wird, weiter bestehen (BVerfG, Beschluss vom 4.4.1967, DB 1967 S. 640).

Die **gewerbsmäßige Arbeitnehmerüberlassung** darf nur mit **Erlaubnis der Bundesanstalt für Arbeit**, die diese auf die Landesarbeitsämter „delegiert" hat, betrieben werden (§§ 1, 17 AÜG). **Fehlt die Erlaubnis**, sind die Verträge zwischen Verleihern und Entleihern sowie zwischen Verleihern und Leiharbeitnehmern unwirksam (§ 9 Nr. 1 AÜG). § 10 Abs. 1 AÜG **fingiert** jedoch für diesen Fall das **Zustandekommen eines Arbeitsvertrags zwischen Entleiher und Leiharbeitnehmer**. Dies gilt auch bei der gesetzlich grundsätzlich verbotenen Arbeitnehmerüberlassung im Baugewerbe (BAG, Urteil vom 8.7.1998, DB 1999 S. 386). Nach einer Entscheidung des LAG Frankfurt (Urteil vom 6.3.2001, DB 2001 S. 2114) soll dem Arbeitnehmer ein Widerspruchsrecht gegen die Fiktion eines Arbeitsverhältnisses mit dem Entleiher zustehen, bei dessen Ausübung es bei einem Arbeitsverhältnis mit dem Verleiher bleibt.

Arbeitnehmerüberlassung in Betrieben des **Baugewerbes** (gemeint **Bauhauptgewerbe** laut BGH, Urteil vom 17.2.2000, NZA 2000 S. 608) ist **unzulässig** für Arbeiten, die üblicherweise von Arbeitern verrichtet werden. Sie ist jedoch – beim Vorliegen einer AÜG-Erlaubnis – zwischen Betrieben des Baugewerbes dann gestattet, wenn diese Betriebe von denselben Rahmen- und Sozialkassentarifverträgen oder von deren Allgemeinverbindlichkeit erfasst werden.

Nicht erlaubnispflichtig sind insbesondere die nicht gewerbsmäßig (z.B. ohne Gewinnerzielungsabsicht) ausgeübte Arbeitnehmerüberlassung, die Überlassung von Maschinen mit Bedienungspersonal und verschiedene gesetzlich geregelte Ausnahmen (z.B. § 1 Abs. 1 Satz 2 AÜG betr. Abordnung zu einer zur Herstellung eines Werkes gebildeten Arbeitsgemeinschaft).

Zur Arbeitnehmerüberlassung **im Konzern** von der Mutter- auf die Tochtergesellschaft siehe BAG-Urteil vom 3.12.1997, NZA 1998 S. 876.

Da insbesondere bei **ausländischen Verleihern** erfahrungsgemäß häufig keine Lohnsteuer einbehalten und abgeführt wird, sieht § 42d Abs. 6 EStG die **zusätzliche Haftung des Entleihers** neben dem Verleiher, der regelmäßig als Arbeitgeber die Lohnsteuer einzubehalten und abzuführen hat, vor. Dies gilt sowohl für die **unerlaubte wie auch für die erlaubte Arbeitnehmerüberlassung**. Diese **Unterscheidung** hat nur insoweit **Bedeutung**, als bei der **erlaubten Arbeitnehmerüberlassung sich der Entleiher durch bestimmte Mitwirkungspflichten der Haftung entziehen kann**.

Hat ausnahmsweise der **Entleiher als Arbeitgeber** diese Pflichten zu erfüllen, haftet daneben nach § 42d Abs. 7 EStG der **Verleiher** („Rollentausch").

b) Grundsätze der Lohnsteuerhaftung

181 Sowohl bei der gelegentlichen nicht gewerbsmäßigen als auch bei der gewerbsmäßigen Überlassung von Arbeitnehmern durch Unternehmer an andere Unternehmen bleiben i.d.R. die **Verleiher**

Arbeitgeber der Leiharbeitnehmer und sind damit zur Einbehaltung und Abführung der Steuerabzugsbeträge verpflichtet (R 66 Abs. 1 Satz 4 LStR). Das gilt auch dann, wenn das Unternehmen, bei dem die Arbeitnehmer tätig werden, den Lohn sowie Fahrgelder, Reisekosten, Trennungsgelder usw. im Auftrag oder in Vertretung des Verleihers an die entliehenen Arbeitnehmer auszahlt (BFH, Urteile vom 29.9.1967, BStBl II 1968 S. 84, vom 12.9.1968, BStBl II 1968 S. 791, und vom 8.5.1969, BStBl II 1969 S. 512). Nur wenn der **Entleiher den Lohn im eigenen Namen und für eigene Rechnung** (unmittelbar) auszahlt, kann davon ausgegangen werden, dass aus der Sicht der Vertragsbeteiligten die Arbeitnehmerüberlassung zum Arbeitgeberwechsel mutiert und der **Entleiher Arbeitgeber** ist, der nach § 42d Abs. 1 EStG bei unterbliebenem Lohnsteuerabzug in Haftung genommen werden kann (zuletzt BFH, Urteil vom 24.3.1999, BStBl II 2000 S. 41, betr. Überlassung von Leiharbeitnehmern einer ausländischen Muttergesellschaft an eine inländische Tochtergesellschaft; ebenso FG Nürnberg, Urteil vom 6.6.2000, EFG 2000 S. 939, Revision eingelegt, Az. beim BFH: VI R 122/00 betr. eine Geschäftsführerüberlassung).

Kommt eine Haftung nach § 42d Abs. 1 EStG nicht in Betracht, weil der Entleiher nach dieser Rechtsprechung nicht „inländischer Arbeitgeber" ist, kann dennoch eine **Haftung nach § 42d Abs. 6 EStG betr. die gewerbsmäßige Arbeitnehmerüberlassung** in Betracht kommen, sofern die engeren Voraussetzungen dieser Vorschrift gegeben sind (BFH, Urteil vom 24.3.1999, BStBl II 2000 S. 41). Ob eine **Arbeitnehmerüberlassung** vorliegt oder Arbeitnehmer auf Grund eines **anderen Rechtsverhältnisses „verliehen" werden**, ist daher in der Praxis von erheblicher Bedeutung. Hinzu kommt, dass die gewerbsmäßige Arbeitnehmerüberlassung nach den strengen Regeln des Arbeitnehmerüberlassungsgesetzes **erlaubnispflichtig** ist.

c) Höchstfrist von 24 Monaten zur Arbeitnehmerüberlassung

182 Übersteigt die Dauer der Arbeitnehmerüberlassung an denselben Entleiher im Einzelfall **24 Monate** – die ursprünglich kürzere Frist ist durch das zum 1.1.2002 in Kraft getretene Job-AQTIV-Gesetz ausgedehnt worden, wobei der Verleiher nach Ablauf des zwölften Monats dem Leiharbeitnehmer die im Betrieb des Entleihers für vergleichbare Arbeitnehmer des Entleihers geltenden Arbeitsbedingungen einschließlich des Arbeitsentgelts zu gewähren hat –, so wird nach § 1 Abs. 2 AÜG vermutet, dass der überlassende Arbeitgeber **Arbeitsvermittlung** betreibt. Die Vermutung führt aber nach Streichung der Vorschrift des § 13 AÜG nicht mehr zu der Fiktion eines Arbeitsverhältnisses zwischen dem Leiharbeitnehmer und dem Entleiher (BAG, Urteil vom 28.6.2000, NZA 2000 S. 1160).

Bei **gewerbsmäßiger Arbeitnehmerüberlassung** ist die Vermutung der verbotenen Arbeitsvermittlung unwiderlegbar, kann also nicht entkräftet werden.

Bei **nicht gewerbsmäßiger Arbeitnehmerüberlassung** kann die vermutete Arbeitsvermittlung widerlegt werden, z.B. durch die Darlegung, dass lediglich ein vorübergehender Bedarf abgedeckt wird, so dass auch eine Befristung des Arbeitsverhältnisses sachlich gerechtfertigt wäre.

Für die Ermittlung der Überlassungsdauer von 24 Monaten im Einzelfall ist im Übrigen eine **Unterbrechung unbeachtlich**, wenn zwischen zwei oder mehr Einsätzen eines Leiharbeitnehmers bei demselben Entleiher ein **enger sachlicher Zusammenhang** besteht. Bei der Prüfung eines solchen engen sachlichen Zusammenhangs kommt es insbesondere auf den Anlass und die Dauer der Unterbrechung sowie auf die Art der Weiterbeschäftigung an; eine Unterbrechung von einem Monat schließt für sich allein einen engen sachlichen Zusammenhang nicht automatisch aus (vgl. BAG, Urteil vom 23.11.1988, DB 1989 S. 1572).

Seit 1.4.1997 ist im Übrigen die **einmalige Befristung** des Leiharbeitsvertrages auch ohne sachlichen Grund in der Person des Leiharbeitnehmers erlaubt; ansonsten ist nur die wiederholte Befristung mit Sachgrund zulässig, außer bei unmittelbarer Anschlussbefristung (§§ 3 Abs. 1 Nr. 3, 9 Nr. 2 AÜG).

2. Abgrenzung gegenüber anderen Rechtsverhältnissen (Werkvertrag, Subunternehmer u.a.)

a) Ausschlusskriterien der Arbeitnehmerüberlassung

183 Die Haftung des Entleihers scheidet von vornherein aus, wenn sich das jeweilige Rechtsgeschäft **nicht als „Arbeitnehmerüberlassung" darstellt**, so z.B. wenn (vgl. R 146 Abs. 2 Satz 9 LStR)

– Arbeitnehmer zu einer zur Herstellung eines Werkes gebildeten **Arbeitsgemeinschaft** (Arge) abgeordnet werden, sofern der Arbeitgeber Mitglied der Arge ist, für alle Mitglieder der Arge Tarifverträge desselben Wirtschaftszweiges gelten und alle Mitglieder auf Grund des Arge-Vertrages zur selbstständigen Erbringung von Vertragsleistungen verpflichtet sind (§ 1 Abs. 1 Satz 2 AÜG),

– Arbeitnehmer zwischen **Arbeitgebern desselben Wirtschaftszweiges** zur Vermeidung von Kurzarbeit oder Entlassungen überlassen werden, sofern ein für den Entleiher und Verleiher geltender Tarifvertrag dies vorsieht (§ 1 Abs. 3 Nr. 1 AÜG),

– Arbeitnehmer eines **Konzernunternehmens** i.S. des § 18 AktG vorübergehend bei einem anderen Konzernunternehmen tätig werden (§ 1 Abs. 3 Nr. 2 AÜG), vgl. BAG-Urteil vom 3.12.1997, NZA 1997 S. 876,

– Arbeitnehmerüberlassung ins Ausland in ein auf der Grundlage zwischenstaatlicher Vereinbarungen begründetes **deutsch-ausländisches Gemeinschaftsunternehmen** erfolgt, an dem der Verleiher beteiligt ist (§ 1 Abs. 3 Nr. 3 AÜG).

b) Maschinen- und Geräteüberlassung mit Bedienungspersonal

184 Die Überlassung von Maschinen oder Geräten zur Miete mit Überlassung von Bedienungspersonal kann je nach Umständen zur Einordnung als gewerbsmäßige Arbeitnehmerüberlassung führen. Maßgeblich ist insoweit, ob die Überlassung der Arbeitnehmer eine **bloße Nebenleistung** darstellt, die gegenüber der schwerpunktbildenden Maschinenmiete zurücktritt. Entscheidend ist dabei nicht der Vergleich der wirtschaftlichen Werte der Überlassung der Arbeitnehmer einerseits und der überlassenen Geräte andererseits, sondern ob der Vertrag **durch die Gebrauchsüberlassung der Maschinen geprägt** wird, so dass die Personalüberlassung nur als dienende Funktion im Hintergrund steht (vgl. BAG, Urteil vom 17.2.1993, DB 1993 S. 2287, sowie R 146 Abs. 2 Satz 8 LStR).

Beispiel:

A chartert von B ein Schiff mit Bedienungspersonal.

Es handelt sich um keine Arbeitnehmerüberlassung, weil Hauptzweck die Vercharterung des Schiffes ist. Wenn der „Verleiher" keine Lohnsteuer für seine Arbeitnehmer einbehält und abführt, kann sich das Finanzamt nicht an B als „Entleiher" halten. Vgl. auch BAG, Urteil vom 17.2.1993, DB 1993 S. 2287, betr. die Vermietung eines Flugzeugs mit Pilot.

Bei der Überlassung einer Schreibmaschine mit Personal muss dagegen Arbeitnehmerüberlassung angenommen werden, weil der Wert der Schreibmaschine eher gering ist.

c) Personalführungsgesellschaften

185 Unter Personalführungsgesellschaft versteht man den Zusammenschluss mehrerer Arbeitgeber, der Arbeitsverträge mit Arbeitnehmern mit dem Ziel abschließt, die Arbeitnehmer im Betrieb jedes Arbeitgebers nach Bedarf im Rahmen eines **Personalpools** einsetzen zu können. Hier handelt es sich regelmäßig um unerlaubte Arbeitnehmerüberlassung.

d) Freie Mitarbeit

186 Gelegentlich setzen Werk- oder Dienstunternehmer bei der Ausführung ihres Vertrages mit dem Drittarbeitgeber neben Arbeitnehmern auch freie Mitarbeiter als Subunternehmer ein. Handelt es sich um **echte freie Mitarbeit**, ist dies nicht zu beanstanden. Ist demgegenüber die Vertragsform der freien Mitarbeit im Hinblick auf Eingliederung und Weisungsgebundenheit des freien Mitarbeiters missbraucht und handelt es sich bei dem Werk- oder Dienstvertrag um einen **Scheinvertrag**, so liegt unerlaubte Arbeitnehmerüberlassung vor.

e) Werkverträge

187 Schwierig kann in der Praxis besonders die Abgrenzung einer Arbeitnehmerüberlassung gegenüber einem **Werkvertrag** sein; auf die Bezeichnung des Rechtsgeschäfts, z.B. als Werkvertrag, kommt es dabei nicht entscheidend an. R 146 Abs. 3 Satz 3 LStR führt folgende Merkmale auf, die **für eine Arbeitnehmerüberlassung** sprechen:

– Der Inhaber der Drittfirma (Entleiher) nimmt im Wesentlichen das Weisungsrecht des Arbeitgebers wahr,

– der mit dem Einsatz des Arbeitnehmers verfolgte Leistungszweck stimmt mit dem Betriebszweck der Drittfirma überein,

– das zu verwendende Werkzeug wird im Wesentlichen von der Drittfirma gestellt, es sei denn auf Grund von Sicherheitsvorschriften,

– die mit anderen Vertragstypen, insbesondere Werkvertrag, verbundenen Haftungsrisiken sind ausgeschlossen oder beschränkt worden,

– die Arbeit des eingesetzten Arbeitnehmers gegenüber dem entsendenden Arbeitgeber wird auf der Grundlage von Zeiteinheiten vergütet.

Beispiel 1:

Firma A betreibt die Industrieberatung in Forschungsbereichen. Zu diesem Zweck hat sie mit verschiedenen Industrieunternehmen (Auftraggeber) Verträge abgeschlossen, die von diesen als Werkverträge bezeichnet wurden. Zur Erfüllung der in diesen Verträgen eingegangenen Verpflichtungen setzte A eine Reihe von Wissenschaftlern und Ingenieuren ein, die ihre Leistungen zumeist im Rahmen von Teamworks in den Betrieben der Auftraggeber erbrachten. Mit ihren Mitarbeitern hat A ebenfalls „Werkverträge" abgeschlossen, in denen ein festes, nach Arbeitsstunden bemessenes Entgelt vereinbart war. Lohnsteuer hat A nicht einbehalten, für sie waren die Mitarbeiter selbständige Unternehmer. Bei der Lohnsteuer-Außenprüfung sah der Prüfer A als Arbeitgeber an und forderte im Haftungswege Lohnsteuer nach.

Im Urteil vom 18.1.1991, BStBl II 1991 S. 409, hat der Bundesfinanzhof zu diesem Fall umfangreiche Kriterien aufgestellt, nach denen zu prüfen ist, ob
– die Mitarbeiter selbständige Erfüllungsgehilfen (**Subunternehmer**) oder
– nichtselbständige Erfüllungsgehilfen, d.h. **Arbeitnehmer der Auftraggeber** (also der einzelnen Industrieunternehmen) sind,
– ob **Arbeitnehmerüberlassung** vorliegt (Arbeitgeber ist dann A) oder
– ob es sich um die Überlassung von **selbständig** (unternehmerisch) tätigen Mitarbeitern handelt.

Gegen die Überlassung selbständig tätiger Kräfte und **für Arbeitnehmerüberlassung** sprechen nach diesem Urteil:
– Die Mitarbeiter sind in die Betriebsorganisation des „Entleihers" ähnlich wie dessen Stammarbeitskräfte eingegliedert.
– Der **Auftraggeber** kann bestimmte Qualifikationen der eingesetzten Kräfte verlangen und bestimmte Mitarbeiter zurückweisen.
– Die Mitarbeiter sind gegenüber dem Auftraggeber weisungsgebunden.
– Die Vergütungen erfolgen nach Zeiteinheiten.
– Überstunden werden gesondert vergütet.
– Der „Verleiher" (A) haftet dafür, dass seine Mitarbeiter für die vorgesehenen Aufgaben tauglich und geeignet sind.
– Die Pflicht des **Auftraggebers**, die vereinbarte Vergütung unabhängig von dem Ergebnis der von den eingesetzten Kräften erbrachten Leistungen zu entrichten:
Die Haftung für mangelhafte (Werk-)Leistungen ist ganz oder weitgehend ausgeschlossen worden. Im Rahmen eines **Werk- oder Dienstvertrags** haftet der **Unternehmer** für das Verschulden seiner Arbeitnehmer nach § 278 BGB; bei der **Arbeitnehmerüberlassung** findet diese Bestimmung keine Anwendung.

Bei der Prüfung der Frage, ob Arbeitnehmerüberlassung vorliegt, wird das Finanzamt regelmäßig die **Auffassung der Bundesanstalt für Arbeit berücksichtigen**. Eine Inanspruchnahme des Entleihers kommt regelmäßig nicht in Betracht, wenn die Bundesanstalt für Arbeit gegenüber dem Entleiher die Auffassung geäußert hat, bei dem verwirklichten Sachverhalt liege Arbeitnehmerüberlassung nicht vor (R 146 Abs. 3 Sätze 4 und 5 LStR). Vgl. zur Zusammenarbeit zwischen den Dienststellen der Bundesanstalt für Arbeit und den Finanzbehörden im Bereich der

Arbeitnehmerüberlassung das BMF-Schreiben vom 29.2.1988, BStBl I 1988 S. 106.

Vom Werkvertrag zu unterscheiden ist der **Geschäftsbesorgungsvertrag** (§ 675 BGB), der auf eine selbständige Tätigkeit wirtschaftlicher Art gerichtet ist. Auch in diesem Fall liegt **keine Arbeitnehmerüberlassung** vor.

Beispiel 2:

Eine Werbefirma erhält den Auftrag, in einem Supermarkt mit eigenen personellen und sachlichen Mitteln eine Werbeaktion durchzuführen. Sie setzt zu diesem Zweck Werbedamen ein, die während der Geschäftszeiten im Supermarkt einen Probierstand aufgebaut haben.

Die Werbedamen sind Arbeitnehmer der Werbefirma. Es liegt keine Arbeitnehmerüberlassung vor. Der Supermarkt haftet daher nicht, wenn die Werbefirma die Lohnsteuer nicht korrekt einbehält und abführt.

f) Subunternehmer

188 Um die strengen Vorschriften des Arbeitnehmerüberlassungsgesetzes zu umgehen, treten die Verleiher von Arbeitskräften – vornehmlich **ausländische Unternehmer** – insbesondere im Bau- und Baunebengewerbe häufig als Subunternehmer auf. Die vom Verleiher und dem Entleiher über die Arbeitnehmerüberlassung abgeschlossenen Verträge werden als **Werkverträge oder auch Subunternehmerverträge bezeichnet**, die nicht unter die Vorschriften des Arbeitnehmerüberlassungsgesetzes fallen und damit nicht erlaubnispflichtig sind. Diese Werkverträge enthalten zwar oft allgemeine Leistungsbestimmungen, doch aus den Abmachungen über die geleistete Arbeit ergibt sich häufig, dass keine der o.g. Grundvoraussetzungen für einen Werkvertrag erfüllt ist, sondern es sich um **gewerbsmäßige** und damit **erlaubnispflichtige Arbeitnehmerüberlassung** handelt.

Mitunter lassen Arbeitgeber **an sich nichtselbständige Tätigkeiten** durch selbständig tätige Einzelbetriebe, sog. **Ein-Mann-Betriebe, erledigen.** Es handelt sich hierbei häufig um **getarnte Arbeitsverhältnisse.** Ob ein Arbeitsverhältnis vorliegt, ist im Einzelfall nach dem Gesamtbild der Verhältnisse zu beurteilen (vgl. BFH, Urteile vom 14.6.1985, BStBl II 1985 S. 661, und vom 18.9.1991, BStBl II 1991 S. 409, sowie zuletzt Hessisches FG, Beschluss vom 14.11.1997, EFG 1998 S. 484, betr. Überlassung englischer Arbeitskräfte).

g) Scheinverträge

189 Die Form der Montagearbeit, des Werk- oder Dienstvertrages und des Subunternehmerverhältnisses werden ebenso wie Maschinenüberlassungsverträge und Personalführungsgesellschaften gelegentlich missbraucht, um unerlaubte Arbeitnehmerüberlassung nach dem AÜG und die Schutzvorschriften des AÜG zu verdecken und zu umgehen. In solchen Fällen, in denen z.B. ein Schein-Werkvertrag abgeschlossen wird, in Wirklichkeit jedoch – unerlaubte – Leiharbeit vorliegt, weil die Arbeitnehmer dem Weisungsrecht des Drittarbeitgebers unterstellt werden, greift das AÜG ein (vgl. BAG, Urteil vom 22.6.1994, DB 1995 S. 981).

Entscheidend für die Abgrenzung zwischen echten Verträgen und Scheinverträgen ist nicht die Vertragsbezeichnung und der Vertragsinhalt, sondern die praktische Durchführung und Handhabung der Vertragsbeziehungen, für die derjenige die Darlegungs- und Beweislast trägt, der sich auf das Vorliegen einer Arbeitnehmerüberlassung beruft (vgl. BAG, Urteil vom 30.1.1991, DB 1991 S. 2342).

Weisungen des Drittarbeitgebers reichen aber zur Annahme einer Arbeitnehmerüberlassung nicht in jedem Fall aus, wenn der Arbeitnehmer nicht für die Betriebszwecke des Drittarbeitgebers tätig wird, sondern weiterhin für seinen Hausarbeitgeber. Zur Annahme einer unerlaubten Arbeitnehmerüberlassung ist weiterhin eine Vereinbarung zwischen dem Hausarbeitgeber und dem Drittarbeitgeber erforderlich (vgl. BAG, Urteil vom 26. 4. 1995, DB 1995 S. 2427).

3. Arbeitgebereigenschaft

190 Grundsätzlich ist der **Verleiher Arbeitgeber** der Leiharbeitnehmer (BFH, Urteil vom 24.3.1999, BStBl II 2000 S. 41) und hat somit die Arbeitgeberpflichten zu erfüllen, sofern er **inländischer**

Arbeitgeber ist (§ 38 Abs. 1 Nr. 1 EStG). Nach der Sonderregelung des § 38 Abs. 1 Nr. 2 EStG ist aber auch ein **„ausländischer Verleiher"** Arbeitgeber, wenn er einem Dritten (Entleiher) gewerbsmäßig Arbeitnehmer zur Arbeitsleistung im Inland überlässt. Dies gilt auch dann, wenn der Arbeitslohn vom Entleiher ausgezahlt wird (§ 38 Abs. 1 Satz 2 EStG – Lohnzahlung durch Dritte).

Der **Verleiher** hat auch die Arbeitgeber-Pflichten zu erfüllen

– bei **unerlaubter Arbeitnehmerüberlassung**, da § 10 Abs. 1 AÜG (danach ist an sich der Entleiher Arbeitgeber der Leiharbeitnehmer) steuerrechtlich nicht maßgebend ist, vgl. H 146 (Steuerrechtlicher Arbeitgeber) LStH, sowie

– als **ausländischer Verleiher** selbst dann, wenn der Entleiher Arbeitgeber i.S. eines Doppelbesteuerungsabkommens (DBA) ist: Denn die Arbeitgebereigenschaft des Entleihers nach einem DBA hat nur Bedeutung für die Zuteilung des Besteuerungsrechts (R 146 Abs. 1 Satz 2 LStR).

Der **Entleiher** wird nur in Ausnahmefällen als Arbeitgeber anzusehen sein, insbesondere wenn er die Löhne im eigenen Namen und auf eigene Rechnung an die Leiharbeitnehmer auszahlt (vgl. BFH, Urteil vom 24.3.1999, BStBl II 2000 S. 41, sowie R 146 Abs. 1 Satz 3 LStR). Hierbei wird es sich regelmäßig um Fälle **unerlaubter Arbeitnehmerüberlassung** handeln, bei **erlaubter Arbeitnehmerüberlassung liegt eine Lohnzahlung durch Dritte** vor, die die Arbeitgebereigenschaft des Verleihers unberührt lässt.

4. Haftung des Entleihers für die Lohnsteuer

a) Allgemeines

Der Entleiher haftet nach § 42d Abs. 6 EStG im Falle einer **gewerbsmäßigen Arbeitnehmerüberlassung** neben dem Verleiher (Arbeitgeber), jedoch beschränkt auf die Lohnsteuer für die Zeit, für die ihm der Leiharbeitnehmer überlassen worden ist. Die Haftung des Entleihers richtet sich deshalb nach denselben Grundsätzen wie die Haftung des Arbeitgebers (→ *Haftung für Lohnsteuer: Allgemeine Grundsätze* Rz. 1214). Sie scheidet aus, wenn der Verleiher als Arbeitgeber nicht haften würde (R 146 Abs. 2 Sätze 1 bis 3 LStR). 191

Die Entleiher-Haftung gilt nach § 42d Abs. 6 Satz 1 EStG auch, wenn ein Arbeitnehmer dem Entleiher **länger als 24 Monate** überlassen wird. Die Regelung des § 1 Abs. 2 AÜG, die in diesem Fall nicht mehr von Arbeitnehmerüberlassung, sondern von Arbeitsvermittlung der Überlassenden ausgeht, ist insoweit ohne Bedeutung. Das schließt nicht aus, dass auch nach steuerlichen Grundsätzen der Entleiher nach Ablauf dieses Zeitraums als Arbeitgeber anzusehen ist; er haftet dann unmittelbar nach § 42d Abs. 1 EStG.

b) Gewerbsmäßige Arbeitnehmerüberlassung

Die Haftung des Entleihers kommt **nur bei gewerbsmäßiger Arbeitnehmerüberlassung** nach § 1 AÜG in Betracht. Das Arbeitnehmerüberlassungsgesetz geht vom allgemeinen gewerberechtlichen Begriff der Gewerbsmäßigkeit aus. Dieser setzt Gewinnerzielungs- und Wiederholungsabsicht voraus. 192

Diese Voraussetzungen können z.B. **nicht erfüllt** sein, wenn Arbeitnehmer

– in andere Betriebsstätten ihres Arbeitgebers entsandt oder

– zu Arbeitsgemeinschaften freigestellt werden (R 146 Abs. 2 Sätze 5 bis 7 LStR).

5. Ausschluss der Entleiherhaftung für die Lohnsteuer

Die Haftung des Entleihers ist in nachfolgenden Fällen gesetzlich ausgeschlossen: 193

a) Erfüllung von Melde- und Mitwirkungspflichten

§ 42d Abs. 6 Satz 2 EStG lässt zunächst eine Ausnahme von der Entleiher-Haftung zu, wenn 194

– es sich um eine **erlaubte Arbeitnehmerüberlassung** nach § 1 AÜG handelt:

Dies ist der Fall, wenn der **Verleiher zur Zeit des Verleihs eine Erlaubnis** besessen hat oder die Erlaubnis in dieser Zeit nach § 2 Abs. 4 AÜG als fortbestehend gilt, d.h. bis zu **zwölf Monaten** nach Erlöschen der Erlaubnis für die Abwicklung der erlaubt abgeschlossenen Verträge (R 146 Abs. 4 Satz 2 LStR). Der Überlassung liegt jedoch **keine Erlaubnis** zu Grunde, wenn Arbeitnehmer **gewerbsmäßig in Betriebe des Baugewerbes** für Arbeiten überlassen werden, die üblicherweise von Arbeitern verrichtet werden, weil dies nach § 1b AÜG unzulässig ist und sich die Erlaubnis nach § 1 AÜG auf solchen Verleih nicht erstreckt, es sei denn, die Überlassung erfolgt zwischen Betrieben des Baugewerbes, die von denselben Rahmen- und Sozialkassentarifverträgen oder von deren Allgemeinverbindlichkeit erfasst werden (R 146 Abs. 4 Satz 3 LStR; zu den Ausnahmen vgl. → Rz. 180)

– und der **Entleiher seinen Meldepflichten** nach §§ 28a bis 28c SGB IV nachkommt, d.h. die Arbeitnehmerüberlassung der zuständigen **Krankenkasse gemeldet** hat (R 146 Abs. 4 Satz 4 LStR) und

– auch seine **Mitwirkungspflichten** nach § 51 Abs. 1 Nr. 2 d EStG **erfüllt**. Diese gelten aber nur bei Arbeitnehmerüberlassung durch einen **ausländischen Verleiher** und sollen dessen Besteuerung sicherstellen. Einzelheiten hierzu sollen noch in einer Rechtsverordnung geregelt werden, die aber bisher nicht vorliegt.

Es obliegt dem Entleiher, die Erfüllung der Melde- und (künftigen) Mitwirkungspflichten darzulegen und im Zweifelsfalle **nachzuweisen** (R 146 Abs. 4 Satz 5 LStR).

Diese **Haftungsausschlussmöglichkeit** des Entleihers in Fällen **erlaubter** Arbeitnehmerüberlassung ist in **der Praxis von erheblicher Bedeutung**. Der Entleiher sollte sich daher vergewissern, ob sein **Vertragspartner die Erlaubnis** nach § 1 AÜG hat. Dies muss der Verleiher in dem schriftlichen Überlassungsvertrag nach § 12 Abs. 1 AÜG erklären, kann aber auch der Entleiher selbst durch **Anfrage beim Landesarbeitsamt** erfahren (R 146 Abs. 4 Satz 10 LStR). Dies gilt jedoch i.d.R. **nicht für das Baugewerbe**.

b) Entschuldbarer Irrtum

195 Nach § 42d Abs. 6 Satz 3 EStG haftet der Entleiher ferner nicht, wenn er über das Vorliegen einer Arbeitnehmerüberlassung **ohne Verschulden irrte** und dies dem **Finanzamt nachweisen** kann (R 146 Abs. 4 Satz 6 LStR). Diese Ausnahmeregelung gilt sowohl für die **erlaubte** wie auch für die **unerlaubte** Arbeitnehmerüberlassung.

Ein **Irrtum** wird in der Praxis insbesondere bei der – selbst nach Einschätzung der Finanzverwaltung schwierigen – Abgrenzung der Arbeitnehmerüberlassung gegenüber einem **Werkvertrag** vorkommen (vgl. R 146 Abs. 4 Satz 7 i.V.m. Abs. 3 LStR). Im Bereich **unzulässiger Arbeitnehmerüberlassung** – also vor allem im **Baugewerbe** – sind wegen des Verbots in § 1b AÜG **strengere Maßstäbe** anzulegen, wenn sich der Entleiher darauf beruft, ohne Verschulden einem Rechtsirrtum erlegen zu sein. Dies gilt insbesondere, wenn das **Überlassungsentgelt deutlich günstiger** ist als dasjenige von anderen Anbietern (R 146 Abs. 4 Sätze 8 und 9 LStR).

6. Höhe des Haftungsbetrags bei der Lohnsteuer

196 Die Höhe des Haftungsbetrages ist auf die Lohnsteuer begrenzt, die vom Verleiher ggf. anteilig für die Zeit einzubehalten war, für die der Leiharbeitnehmer dem Entleiher überlassen war. Hat der Verleiher einen Teil der von ihm insgesamt einbehaltenen und angemeldeten Lohnsteuer für den entsprechenden Lohnsteuer-Anmeldungszeitraum gezahlt, wobei er auch die Lohnsteuer des dem Entleiher überlassenen Leiharbeitnehmers berücksichtigt hat, so mindert sich der Haftungsbetrag im Verhältnis von angemeldeter zu gezahlter Lohnsteuer. Die **Haftungsschuld kann mit 15 %** des zwischen Verleiher und Entleiher vereinbarten Entgelts ohne Umsatzsteuer (§ 42d Abs. 6 Satz 7 EStG) angenommen werden, wenn nach den Umständen die Arbeitnehmerüber-

lassung im Einzelfall nicht oder nur schwer, d.h. nicht mit zumutbarem Aufwand, ermittelt werden kann. Die Haftungsschuld ist mit einem **niedrigeren Vomhundertsatz** zu schätzen, wenn der Entleiher dies glaubhaft macht (R 146 Abs. 5 LStR).

7. Haftung des Verleihers für die Lohnsteuer

197 § 42d Abs. 7 EStG enthält eine Sonderregelung, nach der der Verleiher – wenn er ausnahmsweise **nicht als Arbeitgeber** zu behandeln ist – **wie ein Entleiher** nach § 42d Abs. 6 EStG als Haftender in Anspruch genommen werden kann. Insoweit kann er aber erst **nach dem Entleiher** auf Zahlung in Anspruch genommen werden.

Davon zu unterscheiden ist der **Erlass des Haftungsbescheids**, der vorher ergehen kann. Gegen den Haftungsbescheid kann sich der Verleiher deswegen nicht mit Erfolg darauf berufen, der Entleiher sei auf Grund der tatsächlichen Abwicklung einer unerlaubten Arbeitnehmerüberlassung als Arbeitgeber aller oder eines Teils der überlassenen Leiharbeitnehmer zu behandeln (R 146 Abs. 7 LStR).

8. Sicherungsverfahren nach § 42d Abs. 8 EStG

198 Als Sicherungsmaßnahme kann das **Finanzamt den Entleiher verpflichten, einen bestimmten Euro-Betrag oder einen als Vomhundertsatz bestimmten Teil des vereinbarten Überlassungsentgelts einzubehalten und abzuführen**. Hat der Entleiher bereits einen Teil der geschuldeten Überlassungsvergütung an den Verleiher geleistet, so kann der Sicherungsbetrag mit einem bestimmten Euro-Betrag oder als Vomhundertsatz bis zur Höhe des Restentgelts festgesetzt werden. Die Sicherungsmaßnahme ist nur anzuordnen in Fällen, in denen eine Haftung in Betracht kommen kann. Dabei darf berücksichtigt werden, dass sie den Entleiher im Ergebnis weniger belasten kann als die nachfolgende Haftung, wenn er z.B. einen Rückgriffsanspruch gegen den Verleiher nicht durchsetzen kann (R 146 Abs. 8 LStR).

9. Haftungsbescheid

199 Wird der Entleiher oder Verleiher als Haftungsschuldner in Anspruch genommen, so ist ein Haftungsbescheid zu erlassen (R 146 Abs. 9 LStR).

Soweit die Haftung des Entleihers reicht, sind der Arbeitgeber (Verleiher), der Entleiher und der Arbeitnehmer **Gesamtschuldner** (§ 42d Abs. 6 Satz 5 EStG). Ob ein Haftungsbescheid gegen den Entleiher ergehen soll, obliegt – sofern die Voraussetzungen für die Entleiher-Haftung gegeben sind – daher dem Ermessen des Finanzamts (sog. **Auswahlermessen**).

Für eine **Zahlung** darf der Entleiher jedoch erst in Anspruch genommen werden nach einem **fehlgeschlagenen Vollstreckungsversuch** in das inländische bewegliche Vermögen des **Verleihers** oder wenn die Vollstreckung keinen Erfolg verspricht (§ 42d Abs. 6 Satz 6 EStG, R 146 Abs. 6 Satz 2 LStR).

Eine **vorherige Zahlungsaufforderung an den Arbeitnehmer** oder ein Vollstreckungsversuch bei diesem ist dagegen nicht erforderlich (R 146 Abs. 6 Satz 3 LStR).

10. Haftung für Sozialversicherungsbeiträge

a) Legale Arbeitnehmerüberlassung

200 Ein Arbeitgeber, der mit einer Erlaubnis der Bundesanstalt für Arbeit **gewerbsmäßig Arbeitnehmerüberlassung** betreibt, ist Arbeitgeber im sozialversicherungsrechtlichen Sinne. Für ihn gelten demgemäß die üblichen Arbeitgeberpflichten, d.h. er hat den Gesamtsozialversicherungsbeitrag für seine Beschäftigten an die jeweils zuständige Einzugsstelle zu entrichten. Allerdings haftet für die Erfüllung der Beitragspflicht des Arbeitgebers auch der **Entleiher** wie ein selbstschuldnerischer Bürge. Diese Bürgenhaftung richtet sich nach der Hauptschuld, d.h. nach der gegenüber dem Verleiher bestehenden Beitragsforderung. Die Haftung beschränkt sich jedoch auf die Beitragsschuld für den Zeitraum, für den dem Entleiher Arbeitnehmer überlassen wurden. Der Entleiher kann jedoch die Zahlung verweigern, solange die Einzugsstelle den Verleiher nicht mit einer Fristsetzung gemahnt hat und die Frist nicht verstrichen ist.

Gegen diese Haftungsregelung kann sich der Entleiher in der Regel nicht schützen. Auch eine von der Einzugsstelle ausgestellte Unbedenklichkeitsbescheinigung entbindet ihn nicht von der Haftung.

Die ordnungsgemäße Durchführung des Meldeverfahrens im Rahmen der Arbeitnehmerüberlassung ermöglicht den zuständigen Stellen, das Versicherungsverhältnis der beschäftigten Arbeitnehmer und die Rechtmäßigkeit der Arbeitnehmerüberlassung zu überprüfen. Daher hat der Entleiher zu Kontrollzwecken Beginn und Ende der Überlassung eines Leiharbeitnehmers innerhalb von zwei Wochen mit einer Kontrollmeldung zu melden. Die Meldevordrucke bekommt der Entleiher bei jeder gesetzlichen Krankenkasse. Das Original und eine Durchschrift des Dreifachsatzes erhält die für den Arbeitnehmer zuständige Krankenkasse. Die zweite Durchschrift ist vom Entleiher vier Jahre aufzubewahren. Ist der Leiharbeitnehmer weder kranken-, pflege-, rentenversicherungspflichtig noch beitragspflichtig auf Grund des SGB III und sind für ihn auch keine Beitragsanteile zur Rentenversicherung zu entrichten, hat der Verleiher in entsprechender Anwendung des § 175 Abs. 3 Satz 2 SGB V (→ *Krankenkassenwahlrecht* Rz. 1407) die Meldung bei der Krankenkasse zu erstatten, bei der zuletzt eine Versicherung bestand; bestand bei Eintritt in die Beschäftigung keine Versicherung, ist die Meldung bei einer wählbaren Krankenkasse zu erstatten (Gemeinsames Rundschreiben der Spitzenverbände der Sozialversicherungsträger vom 26.3.1999, Sozialversicherungsbeitrag-Handausgabe 2000 Anhang 4). Nach Eingang der Meldungen leitet die Krankenkasse eine **Durchschrift** an das jeweils für den Geschäftssitz des Verleihers zuständige **Arbeitsamt** weiter; bei Verleihern mit Geschäftssitz im Ausland ergeht eine Durchschrift an das jeweils von der Bundesanstalt für Arbeit für zuständig erklärte Landesarbeitsamt.

b) Illegale Arbeitnehmerüberlassung

201 Besitzt der Verleiher dagegen nicht die erforderliche Erlaubnis für die **gewerbsmäßige Arbeitnehmerüberlassung**, wird kraft Gesetzes ein Arbeitsverhältnis zwischen dem Entleiher und dem Leiharbeitnehmer begründet (§ 10 Abs. 1 AÜG). Der Entleiher hat – obwohl kein Arbeitsvertrag besteht – die Arbeitgeberpflichten wahrzunehmen und die Gesamtsozialversicherungsbeiträge zu zahlen. Die Arbeitgebereigenschaft des Entleihers bei unerlaubter Arbeitnehmerüberlassung wird nicht durch dessen Gutgläubigkeit oder durch einen Irrtum über die Erlaubnispflichtigkeit der Arbeitnehmerüberlassung beseitigt (BSG, Urteil vom 27.8.1987 – 2 RU 41/85 – USK 87157). Zahlt allerdings der Verleiher den Arbeitnehmern das Arbeitsentgelt bzw. einen Teil des Arbeitsentgelts, so hat er auch die hierauf entfallenden Beiträge an die Einzugsstelle zu zahlen. Insoweit gelten hinsichtlich der Zahlungspflicht sowohl Entleiher als auch Verleiher als Arbeitgeber. Sie haften für den auf das vom Verleiher gezahlte Arbeitsentgelt entfallenden Gesamtsozialversicherungsbeitrag als Gesamtschuldner. Somit kann jeder von der Einzugsstelle in Anspruch genommen werden. Eine Mahnfrist, wie sie bei der erlaubten Arbeitnehmerüberlassung zu beachten ist, gilt dabei nicht. Mit dieser Regelung wird erreicht, dass der Verleiher für seine illegale Arbeitnehmerüberlassung haftet, da er sonst durch die illegale Arbeitnehmerüberlassung einen Vorteil hätte.

Besonderheit im Baugewerbe: Nach einem BAG-Urteil vom 8.7.1998, DB 1999 S. 386, gilt Folgendes: Zwar ist im Baugewerbe Arbeitnehmerüberlassung grundsätzlich verboten. Betreibt jedoch ein Verleiher trotz dieses gesetzlichen Verbots Arbeitnehmerüberlassung, ohne die nach § 1 AÜG erforderliche Erlaubnis zur Arbeitnehmerüberlassung überhaupt zu besitzen, so gilt nach § 10 Abs. 1 AÜG ein Arbeitsverhältnis zwischen dem Entleiher und den Leiharbeitnehmern als zu Stande gekommen. Diese Rechtsfolge wird durch das grundsätzliche Verbot der Arbeitnehmerüberlassung im Baugewerbe nicht ausgeschlossen. Der **Entleiher** ist deshalb **verpflichtet**, für die überlassenen Leiharbeitnehmer Beiträge zur Sozialversicherung und zu den Sozialkassen des Baugewerbes **abzuführen**.

Arbeitsentgelt

1. Allgemeines

In der **Sozialversicherung** kommt dem Arbeitsentgelt eine zentrale Bedeutung zu; so sind Arbeiter und Angestellte nur dann **versicherungspflichtig**, wenn sie **gegen Entgelt** beschäftigt werden. Eine **Ausnahme** besteht nur bei **Auszubildenden** und sonst zu ihrer Berufsausbildung Beschäftigten, diese sind auch versicherungspflichtig, wenn kein Arbeitsentgelt gezahlt wird. Die Beiträge der versicherungspflichtig Beschäftigten werden aus ihrem Arbeitsentgelt entrichtet. Zum Arbeitsentgelt gehören alle **laufenden und einmaligen Einnahmen** aus einer Beschäftigung, gleichgültig ob ein Rechtsanspruch auf die Einnahmen besteht, unter welchen Bezeichnungen und in welcher Form sie geleistet werden und ob sie unmittelbar aus der Beschäftigung oder im Zusammenhang mit ihr erzielt werden (§ 14 SGB IV). Das bedeutet, dass auch **Sachbezüge** und Entgeltfortzahlungen durch Dritte (z.B. freiwillig gezahlte Trinkgelder für Dienstleistungen) zum Arbeitsentgelt zählen. **Steuerfreie Aufwandsentschädigungen** gelten nicht als Arbeitsentgelt (§ 14 Abs. 3 SGB IV). Soweit einem Beschäftigten ein entstandener Aufwand im Sinne der steuerrechtlichen Regelung des § 3 Nr. 26 EStG abgegolten wird, liegt ein **geldwerter Vorteil** und damit Arbeitsentgelt nicht vor. Damit bei der Berechnung der Sozialversicherungsbeiträge eine möglichst weitgehende Übereinstimmung mit den Regelungen des Steuerrechts erreicht wird, hat auf Grund der Ermächtigungsregelung des § 17 SGB IV die Bundesregierung mit der **Arbeitsentgelt-Verordnung** Näheres zum Arbeitsentgelt geregelt. Danach sind einmalige Einnahmen, laufende Zulagen, Zuschläge, Zuschüsse sowie ähnliche Einnahmen, die zusätzlich zu Löhnen oder Gehältern gewährt werden, nicht dem Arbeitsentgelt zuzurechnen, soweit sie lohnsteuerfrei sind und sich aus § 3 Arbeitsentgeltverordnung nichts Abweichendes ergibt (§ 1 Arbeitsentgeltverordnung – ArEV). **202**

Bei einem **vereinbarten Nettoarbeitsentgelt** gelten als Arbeitsentgelt die Einnahmen des Beschäftigten einschließlich der darauf entfallenden Steuern und der seinem gesetzlichen Anteil entsprechenden Beiträge zur Sozialversicherung. Für die **Ermittlung der beitragspflichtigen Einnahmen** ist das Nettoarbeitsentgelt in einen Bruttobetrag umzurechnen. Diese Hochrechnung erfolgt im Abtastverfahren anhand der Lohnsteuer- und Beitragstabellen (siehe → *Nettolöhne* Rz. 1775).

Bei **Scheinselbständigen**, die auf Grund der neuen Regelung des § 7 Abs. 4 SGB IV versicherungspflichtig sind, werden die Beiträge aus den mit der Beschäftigung erzielten Einnahmen berechnet. Aus Vereinfachungsgründen wird bei Personen, die nach dem Einkommensteuerrecht als Selbständige behandelt werden, für die Bestimmung des Arbeitsentgelts insoweit an Regelungen für Selbständige angeknüpft. Deshalb wird – für alle Zweige der Sozialversicherung – die Regelung in der Rentenversicherung über die beitragspflichtigen Einnahmen Selbständiger übernommen. Danach wird als Arbeitsentgelt bis zum Ablauf von drei Kalenderjahren nach dem Jahr der Aufnahme der Tätigkeit auf Antrag ein Betrag in Höhe von 50 % der → *Bezugsgröße* Rz. 604, im Übrigen ein Betrag in Höhe der Bezugsgröße bestimmt. Der Arbeitgeber (Auftraggeber) und der Beschäftigte (Auftragnehmer) haben jedoch die Möglichkeit, mittels des Einkommensteuerbescheides des Beschäftigten niedrigere oder höhere Einnahmen nachzuweisen.

2. Beitragsrechtliche Behandlung von nicht gezahlten Arbeitsentgelten

Im Beitragsrecht der Sozialversicherung gilt seit dem In-Kraft-Treten des Vierten Buchs Sozialgesetzbuch am 1.7.1977 für die Erhebung der Einnahmen das sog. Entstehungsprinzip. Dies bedeutet, dass Beiträge dann fällig werden, wenn der Anspruch des Arbeitnehmers auf das Arbeitsentgelt entstanden ist (§ 22 Abs. 1 SGB IV). Das Bundessozialgericht hat dieses Entstehungsprinzip in seinen Urteilen vom 25.9.1981 – 12 RK 58/80 –, USK 81268, und vom 26.10.1982 – 12 RK 8/81 –, USK 82206, bekräftigt. Beiträge sind daher auch für geschuldetes, bei Fälligkeit aber noch nicht gezahltes Arbeitsentgelt zu zahlen. Damit unterscheidet sich das Beitragsrecht der Sozialversicherung seit 1977 grundlegend **203** vom Steuerrecht. Im Steuerrecht gilt unverändert das sog. Zuflussprinzip; maßgebend ist also hier, ob und ggf. wann eine Einnahme zugeflossen ist.

Auf Grund des Entstehungsprinzips ergibt sich das für die Sozialversicherung maßgebliche Arbeitsentgelt aus dem für den Arbeitnehmer geltenden Arbeitsvertrag oder Tarifvertrag. Das Arbeitsvertragsrecht hat mithin entscheidende Bedeutung für das Beitragsrecht der Sozialversicherung, wobei das Auseinanderfallen von Steuerrecht und Beitragsrecht der Sozialversicherung in Fällen entstandener, aber nicht gezahlter Arbeitsentgeltansprüche in letzter Zeit vermehrt zu Problemen in der betrieblichen Praxis führt. Die Spitzenverbände der Sozialversicherungsträger geben deshalb zu häufig auftretenden Problemfällen die nachfolgenden Hinweise.

a) Tarifvertrag

204   Nach § 4 Abs. 1 Satz 1 TVG gelten die Rechtsnormen eines Tarifvertrags unmittelbar und zwingend lediglich zwischen den Arbeitgebern und Gewerkschaftsangehörigen, die unter den Geltungsbereich des Tarifvertrags fallen. Danach unterliegt regelmäßig nur der in der betreffenden Gewerkschaft organisierte Arbeitnehmer der Bindung eines Tarifvertrags. Dies bedeutet, dass die Tarifbestimmungen den Inhalt der Arbeitsverhältnisse gestalten ohne dass es auf die Kenntnis von Arbeitnehmer und Arbeitgeber über den Arbeitsentgeltanspruch ankommt. Erst recht bedarf es keiner Anerkennung, Unterwerfung oder Übernahme des Tarifvertrags durch die Parteien eines Einzelarbeitsvertrags. Die Regelungen des Tarifvertrags gelten selbst dann, wenn die Arbeitsvertragsparteien ausdrücklich gegenteilige oder auch andere Bedingungen vereinbart haben. Auch neu geschlossene tarifwidrige Arbeitsverträge sind hinsichtlich des tarifwidrigen Teils unwirksam. Ebenfalls sind Vertragsabsprachen, die den durch Tarifvertrag gestalteten Arbeitsvertrag auf Zeit einschränken oder suspendieren wollen, unwirksam. Abweichende Abmachungen sind nur zulässig, soweit sie durch den Tarifvertrag gestattet sind oder eine Änderung zu Gunsten des Arbeitnehmers enthalten (§ 4 Abs. 3 TVG).

b) Allgemein verbindlich erklärte Tarifverträge

205   Eine besondere Stellung nehmen für allgemein verbindlich erklärte Tarifverträge ein. Nach § 5 Abs. 1 TVG kann der Bundesminister für Arbeit und Sozialordnung im Einvernehmen mit dem Tarifausschuss, der sich aus jeweils drei Vertretern der Spitzenorganisationen der Arbeitgeber und der Arbeitnehmer zusammensetzt, einen Tarifvertrag auf Antrag einer Tarifvertragspartei für allgemein verbindlich erklären. Mit einer derartigen Erklärung erfassen die Rechtsnormen des Tarifvertrags in seinem Geltungsbereich auch die bisher nicht tarifgebundenen Arbeitgeber und Arbeitnehmer (§ 5 Abs. 4 TVG).

Ein Arbeitsentgeltanspruch mindestens in Höhe des in einem allgemein verbindlichen Tarifvertrag festgesetzten Lohns bzw. Gehalts kann demnach von den Parteien eines Arbeitsvertrags, die der Geltung dieses Tarifvertrags unterliegen, nicht rechtswirksam unterschritten werden.

Das Bundesministerium für Arbeit und Sozialordnung gibt zu Beginn eines jeden Quartals im Bundesarbeitsblatt ein Verzeichnis der für allgemein verbindlich erklärten Tarifverträge heraus. Das Verzeichnis der für allgemein verbindlich erklärten Tarifverträge kann im Internet unter http://www.bma.de eingesehen werden. Es stellt allerdings lediglich eine Momentaufnahme dar. In einem besonderen Teil wird zwar auf die Tarifverträge hingewiesen, deren Allgemeinverbindlichkeit im abgelaufenen Quartal endete; darüber hinaus gibt es aber keine Historie.

c) Wirkung von Öffnungsklauseln

206   Der Tarifvertrag kann bestimmen, dass bestimmte Regelungen nicht für alle Tarifparteien gelten bzw. nicht für allgemein verbindlich erklärt werden (Öffnungsklausel). Auf Grund einer Öffnungsklausel nicht gezahltes Arbeitsentgelt wird – wie im Steuerrecht – auch in der Sozialversicherung nicht berücksichtigt.

d) Einzelarbeitsvertrag

207   Unterliegt der Arbeitnehmer nicht der Bindungswirkung eines Tarifvertrags, ist für die Sozialversicherung der Einzelarbeitsvertrag maßgebend. Nach § 2 NachwG müssen sich die wesentlichen Vertragsbedingungen aus dem schriftlichen Arbeitsvertrag ergeben, oder sie sind anderweitig schriftlich niederzulegen. Die Niederschrift ist zu unterschreiben und dem Arbeitnehmer auszuhändigen. Dies gilt nicht, wenn der Arbeitnehmer nur zur Aushilfe von höchstens einem Monat eingestellt ist. Der Einzelarbeitsvertrag ist auch bei bindendem Tarifvertrag insoweit zu beachten, als er für den Arbeitnehmer günstigere Regelungen (z.B. ein höheres Arbeitsentgelt) vorsieht als der verbindliche Tarifvertrag.

Grundsätzlich besteht bei Einzelarbeitsverträgen Vertragsfreiheit; es kann alles vereinbart werden, was gesetzlich nicht untersagt ist (z.B. müssen Jugendschutzbestimmungen eingehalten werden; die geringe Höhe des Arbeitsentgelts darf nicht gegen die guten Sitten oder gegen Mindestlohngrenzen verstoßen). Hinsichtlich der Vertragsfreiheit bei einem Gehaltsverzicht vgl. → Rz. 211.

e) Nachträgliche Minderung des Arbeitsentgeltanspruchs

208   Nach dem Urteil des Bundessozialgerichts vom 21.5.1996 – 12 RK 64/94 –, USK 9620, mindert eine Vertragsstrafe, die nach dem Entstehen der Beitragsforderung zu einer Lohnkürzung führt, nachträglich nicht den bereits entstandenen Beitragsanspruch. Dies gilt nach dem Besprechungsergebnis der Spitzenorganisationen der Sozialversicherung vom 5./6.11.1996 (Die Beiträge 1997 S. 55) auch für Schadenersatzansprüche des Arbeitgebers, die nachträglich den Arbeitsentgeltanspruch mindern. Ein Beitragserstattungsanspruch auf Grund einer solchen Lohnminderung besteht somit nicht.

f) Arbeitsentgelt im Rechtsstreit

209   Nach dem Urteil des Bundessozialgerichts vom 18.11.1980 – 12 RK 47/79 –, USK 80262, sind Ansprüche, die in einem gerichtlichen Vergleich derart geregelt werden, dass sie nicht mehr geltend gemacht werden können, so anzusehen, als ob sie von Anfang an nicht bestanden hätten. Gleiches nimmt das Bundessozialgericht bei einem Erlass von Ansprüchen im Wege des Vergleichs an. Etwas anderes gilt dann, wenn die streitige Arbeitsentgeltforderung sehr wohl als bestehend anerkannt worden ist, aber nur deshalb nicht im Vergleich erscheint, weil gegen eine andere Forderung des Arbeitgebers aufgerechnet oder diese wegen einer sonstigen Gegenleistung nicht mehr geltend gemacht worden ist. In diesen Fällen ist die Forderung auf Arbeitsentgelt nicht entfallen, sondern anderweitig erfüllt worden. Ein Beitragsanspruch besteht in diesem Fall auch aus dem anderweitig erfüllten Arbeitsentgeltanspruch.

Im Falle eines Kündigungsschutzprozesses entsteht der Beitragsanspruch nach den Urteilen des Bundessozialgerichts vom 11.11.1975 – 3112 RK 12/74 –, USK 75179, und vom 25.9.1981 – 12 RK 58180 –, USK 81268, nur aus dem im Arbeitsgerichtsverfahren zugesprochenen Arbeitsentgelt, und die Beitragsforderung wird regelmäßig erst nach der rechtskräftigen Beendigung des Rechtsstreits fällig. Mit der letztgenannten Entscheidung hat das Bundessozialgericht aber klargestellt, dass der Beitragsanspruch auch in einem Kündigungsschutzprozess bereits mit der Fälligkeit des Arbeitsentgeltanspruchs entsteht und die hinausgeschobene Fälligkeit nur den Beitragsanspruch berührt, der auf der streitbefangenen Arbeitsentgeltforderung beruht. Ausnahmsweise kann die Einzugsstelle aber auch vor der Beendigung des Kündigungsschutzprozesses berechtigt sein, den Beitrag zu fordern. Dies wird man dann annehmen können, wenn die Kündigung sich bei objektiver Betrachtung als offensichtlich unberechtigt erweist.

g) Unter auflösender Bedingung gezahltes Arbeitsentgelt

210   Nach den Urteilen des Bundessozialgerichts vom 28.2.1967 – 3 RK 72164 und 3 RK 73/64 –, USK 6709, verliert fälliges und gezahltes Arbeitsentgelt (z.B. Weihnachtsgeld) nachträglich seine

Eigenschaft als Arbeitsentgelt, wenn es unter Vorbehalt gewährt und auf Grund einer Rückzahlungsklausel zurückgezahlt wird, so dass der daraus gezahlte Beitrag nach Maßgabe des § 26 Abs. 2 SGB IV sowie des § 351 Abs. 1 SGB III als zu Unrecht gezahlt zu erstatten ist.

h) Verzicht auf Arbeitsentgelt

211 Der Verzicht auf Teile des Arbeitsentgelts muss kumulativ folgende drei Kriterien erfüllen, um beitragsrechtlich berücksichtigt zu werden:

– Der Verzicht muss arbeitsrechtlich zulässig sein.

Bei einem bindenden Tarifvertrag ist der Gehaltsverzicht nur zulässig, soweit eine Öffnungsklausel besteht und diese Öffnungsklausel nicht gegen das Teilzeit- und Befristungsgesetz (TzBfG) vom 28.12.2000 (BGBl. I 2000 S. 1996) verstößt. Liegt kein bindender Tarifvertrag vor, ist ein einzelarbeitsvertraglich ausgesprochener Gehaltsverzicht – vorbehaltlich des TzBfG – ohne weiteres arbeitsrechtlich zulässig.

– Der Verzicht muss schriftlich niedergelegt sein.

Nach § 2 Abs. 1 Satz 2 Nr. 6 NachwG müssen die Zusammensetzung und die Höhe des Arbeitsentgelts einschließlich Zuschlägen, Zulagen, Prämien und Sonderzuwendungen sowie anderer Bestandteile des Arbeitsentgelts und dessen Fälligkeit schriftlich niedergelegt sein. Ein Gehaltsverzicht gehört auch zu den schriftlich niederzulegenden Arbeitsvertragsinhalten.

Ausgenommen von der Nachweispflicht sind die in § 1 NachwG genannten Personen (Arbeitnehmer, die nur zur vorübergehenden Aushilfe von höchstens einem Monat eingestellt werden).

– Der Verzicht darf nur auf künftig fällig werdende Arbeitsentgeltbestandteile gerichtet sein.

Ein rückwirkender Verzicht der Arbeitnehmer auf Arbeitsentgeltanspruch führt nicht zu einer Reduzierung der Beitragsforderung. Der Beitragsanspruch ist bereits entstanden und wird durch den Verzicht auf das Arbeitsentgelt nicht mehr beseitigt (bestätigt durch Urteil des LSG Nordrhein-Westfalen vom 31.10.2000 – L 5 KR 27/00 –).

Erfüllt der Verzicht auch nur eines der o.g. drei Kriterien nicht, ist er beitragsrechtlich nicht zu beachten. Für die Prüfung der Versicherungspflicht und die Beitragsberechnung ist dann das Arbeitsentgelt ohne Verzicht maßgebend.

Einzelheiten und Sonderregelungen sind unter den jeweiligen Stichworten zu finden.

Zur Begriffsabgrenzung hinsichtlich Arbeitslohn siehe → *Arbeitslohn* Rz. 223.

Arbeitsessen

1. Begriff

212 Unter einem Arbeitsessen versteht man die Bewirtung von Arbeitnehmern durch den Arbeitgeber am Firmensitz ohne die Teilnahme von Geschäftspartnern des Arbeitgebers. Werden solche Arbeitsessen vom Arbeitgeber durchgeführt, so liegt in der Regel **steuerpflichtiger Arbeitslohn** vor.

(LSt) (SV)

Eine **Ausnahme** von dieser Regel kommt dann in Betracht, wenn eine Gesamtwürdigung aller Umstände des Einzelfalls ergibt, dass der Arbeitgeber die Aufwendungen für Speisen in seinem **ganz überwiegend eigenbetrieblichen Interesse** getätigt hat.

 (L̶S̶t̶) (S̶V̶)

2. Eigenbetriebliches Interesse

213 Bei der Gewährung von Mahlzeiten durch den Arbeitgeber legt der **Bundesfinanzhof den Begriff „eigenbetriebliches Interesse" sehr restriktiv** aus, weil die Nahrungsaufnahme – ebenso wie die Bekleidung – ein allgemeines menschliches Bedürfnis befriedigt und deshalb in aller Regel ein erhebliches eigenes Interesse des Arbeitnehmers an der unentgeltlichen Zuwendung

einer Mahlzeit durch den Arbeitgeber anzunehmen ist (vgl. BFH, Urteil vom 5.5.1994, BStBl II 1994 S. 771).

Lediglich wenn Speisen und Getränke anlässlich und während eines **außergewöhnlichen Arbeitseinsatzes** aus durch den Arbeitsablauf bedingten Gründen unentgeltlich überlassen werden, ist nach Ansicht des Bundesfinanzhofs kein Arbeitslohn anzunehmen. In einem derartigen Fall kann im Hinblick auf ansonsten erforderliche andere Programmabläufe das eigene Interesse des Arbeitgebers daran, dass die Arbeitnehmer gemeinschaftlich und im zeitlichen Zusammenhang mit diesem Arbeitseinsatz ein vom Arbeitgeber unentgeltlich angebotenes Essen einnehmen, das Interesse der Arbeitnehmer an der Erlangung dieses Vorteils bei weitem überwiegen.

3. Außergewöhnlicher Arbeitseinsatz

214 Ein außergewöhnlicher Arbeitseinsatz **liegt allerdings nicht** bereits dann vor, wenn sich Arbeitnehmer des Arbeitgebers zu einer **beruflichen Besprechung** außerhalb der üblichen Arbeitszeiten oder während der Mittagszeit in einem Restaurant oder einer Gaststätte verabreden oder von dem Arbeitgeber zu einem derartigen Essen eingeladen werden. Hinzukommen muss, dass es sich beispielsweise um einen innerhalb einer kurzen Zeit zu erledigenden oder einen **unerwarteten Arbeitsanfall** handelt, so dass die Überlassung der Mahlzeit der im Interesse des Arbeitgebers liegenden Beschleunigung des Arbeitsablaufs dient. Außerdem kann einer Bewirtung ausschließlich eigener Arbeitnehmer ein Belohnungscharakter nur dann abgesprochen und damit ein ganz überwiegend eigenbetriebliches Interesse des Arbeitgebers lediglich dann angenommen werden, wenn das überlassene Essen einfach und nicht aufwendig ist. Hierzu hat die Finanzverwaltung in R 73 Abs. 2 Satz 2 LStR festgelegt, dass der Wert der Mahlzeit deshalb **40 €** nicht überschreiten darf.

Beispiel 1:

Im Betrieb des Arbeitgebers ist die Computeranlage ausgefallen. Die Systemtechniker des Arbeitgebers arbeiten über den normalen Feierabend hinaus, um den Fehler zu beheben. Da die eigene Kantine geschlossen ist, lädt der Arbeitgeber die Arbeitnehmer in die nahe gelegene Gaststätte zum Abendessen ein. Nach dem Abendessen wird die Arbeit fortgesetzt, weil am nächsten Morgen der Fehler behoben sein muss. Das Essen kostet pro Arbeitnehmer 15 €.

Die Mahlzeitengewährung führt bei den Arbeitnehmern nicht zu einem geldwerten Vorteil, weil die Mahlzeiten anlässlich und während eines außergewöhnlichen Arbeitseinsatzes abgegeben wurden.

Beispiel 2:

Wie Beispiel 1, bei der Gaststätte handelt es sich um ein Gourmet-Restaurant; der Wert der Mahlzeit beträgt deshalb 60 €.

Der Wert der Mahlzeit ist in voller Höhe als Arbeitslohn zu versteuern, weil die 40-€-Freigrenze überschritten worden ist.

Beispiel 3:

Wie Beispiel 1, der Computerfehler wurde behoben. Anschließend lädt der Arbeitgeber seine Techniker zum Abendessen ein.

Der Wert der Mahlzeit ist als Arbeitslohn bei den Arbeitnehmern zu versteuern, weil der Arbeitseinsatz bereits vor der Mahlzeitengewährung beendet worden ist (nicht während eines Arbeitseinsatzes, sondern danach). Jeder Arbeitnehmer hat grundsätzlich 15 € als Arbeitslohn zu versteuern. Sofern die Freigrenze von monatlich 50 € nach § 8 Abs. 2 Satz 9 EStG (→ *Sachbezüge* Rz. 2145) nicht überschritten wird, bleibt das Essen aus diesem Grund im Ergebnis steuerfrei.

4. Höhe des geldwerten Vorteils

215 Soweit Arbeitslohn anzunehmen ist, ist als geldwerter Vorteil der maßgebende Wert der Mahlzeit anzusetzen, also der anteilige Rechnungsbetrag laut Gaststättenrechnung, und nicht etwa der niedrigere Sachbezugswert (R 31 Abs. 8 Nr. 3 LStR). Muss der Arbeitnehmer für das Essen etwas zahlen, ist dieser Betrag anzurechnen.

Beispiel 1:

Der Arbeitgeber veranstaltet regelmäßig (etwa zehnmal im Jahr) an seinem Sitz Geschäftsleitungssitzungen in einer Gaststätte, die mit einem Mittagessen verbunden werden. Es nehmen jeweils etwa 25 leitende Angestellte – Prokuristen und Direktoren – teil. Die Arbeitsessen finden in der Zeit von 13.00 Uhr bis 14.30 Uhr statt. Das Essen wird von der Geschäftsleitung ohne Auswahlmöglichkeit für die einzelnen Teilnehmer bestimmt. Pro Teilnehmer entstehen jeweils Kosten von 35 €.

Die Überlassung von Mahlzeiten im Rahmen regelmäßig stattfindender Besprechungen der Geschäftsleitung hat belohnenden Charakter und führt daher bei den Arbeitnehmern, die an den Mahlzeiten teilgenommen haben, zu einem Zufluss von Arbeitslohn. Die Voraussetzungen für die Annahme eines außergewöhnlichen Arbeitseinsatzes mit der Folge, dass die Überlassung einer Mahlzeit durch den Arbeitgeber ausnahmsweise nicht als Arbeitslohn zu werten ist, liegen auch nicht vor, wenn Besprechungen der Geschäftsführung mit einer gewissen Regelmäßigkeit (ca. zehnmal im Jahr) stattfinden und planmäßig in die Mittagszeit gelegt werden. Die organisatorische Vereinfachung, die für den Arbeitgeber darin liegt, dass für alle Teilnehmer der Besprechung ein einheitliches Essen vorbestellt wird, überwiegt bei dieser Fallgestaltung den eigenen Vorteil der Arbeitnehmer an der Erlangung dieses Essens nicht (BFH, Urteil vom 4.8.1994, BStBl II 1995 S. 59).

Das Arbeitsessen führt bei den teilnehmenden Arbeitnehmern zu einem geldwerten Vorteil von 35 €. Der Sachbezugswert für ein Mittagessen von 2,51 € ist nicht anzusetzen.

Ist das Arbeitsessen als Arbeitslohn des Arbeitnehmers anzusehen, so ist noch zu prüfen, ob die **Freigrenze von 50 €** für Sachbezüge überschritten wird (→ *Sachbezüge* Rz. 2145). Werden dem Arbeitnehmer außer dem Arbeitsessen im Kalendermonat keine weiteren Sachbezüge gewährt, so bleibt ein Arbeitsessen bis zu einem Wert von 50 € steuer- und beitragsfrei.

Beispiel 2:

Der Arbeitgeber gewährt seinen Arbeitnehmern grundsätzlich keine Rabatte oder ähnliche Vorteile. Jeden Monat wird allerdings der erfolgreichste Verkäufer zu einem Abendessen im Werte von 50 € eingeladen.

Bei dem Essen handelt es sich um ein Belohnungsessen, das der Arbeitnehmer grundsätzlich als Arbeitslohn zu versteuern hat. Da der Wert des Essens 50 € nicht übersteigt und er keine weiteren Sachbezüge erhält, bleibt der Sachbezug nach § 8 Abs. 2 Satz 9 EStG außer Ansatz.

Bei einem Arbeitsessen hat der Arbeitgeber die **Beschränkung des Betriebsausgabenabzugs** auf 80 % der Aufwendungen **nicht zu beachten**, er kann die Aufwendungen in voller Höhe als Betriebsausgaben abziehen (vgl. R 21 Abs. 7 Satz 1 EStR sowie BFH, Urteil vom 9.4.1997, BStBl II 1997 S. 539, betr. Ferienhäuser im Ausland, die Arbeitnehmern unentgeltlich zur Verfügung gestellt werden). Vgl. auch → *Bewirtungskosten* Rz. 584.

Arbeitsförderung

1. Aufgaben

216 Das bis zum 31.12.2001 geltende Arbeitsförderungsrecht, das mit dem Arbeitsförderungs-Reformgesetz vom 24.3.1997 (BGBl. I 1997 S. 594) mit Wirkung vom 1.1.1998 als Drittes Buch Sozialgesetzbuch eingestellt wurde, ist durch das am 30.11.2001 durch den Bundesrat verabschiedete **Gesetz zur Reform der arbeitsmarktpolitischen Instrumente (Job-AQTIV-Gesetz)** modifiziert worden. Aufgabe der zum 1.1.2002 in Kraft getretenen Reform des Arbeitsförderungsrechts ist es, durch zukunftsorientierte aktive Arbeitsförderung bereits die Entstehung von Arbeitslosigkeit zu verhindern und die Anstrengungen der Wirtschafts-, Finanz- und Tarifpolitik zur Schaffung neuer Arbeitsplätze zu flankieren, Arbeitslose so schnell wie möglich wieder in das Erwerbsleben zu integrieren und den gesellschaftlichen sowie wirtschaftlichen Wandel sozialpolitisch zu begleiten. Insofern stehen die Anfangsbuchstaben **AQTIV** für die Schwerpunkte: **A**ktivieren, **Q**ualifizieren, **T**rainieren, **I**nvestieren und **V**ermitteln. Um diese Ziele zu erreichen, enthält das Gesetz eine Reihe von neu geschaffenen arbeitsmarktpolitischen Instrumenten, von denen einige nachfolgend aufgeführt sind:

– Die Arbeitsämter oder die von ihnen beauftragten Dritten haben nach einer intensiven Beratung gemeinsam mit dem Arbeitslosen eine **Eingliederungsvereinbarung** zu erarbeiten und abzuschließen. Die Eingliederungsvereinbarung soll die Angebote des Arbeitsamts und die Aktivitäten des Arbeitslosen enthalten und ist für beide Seiten verbindlich.

– **Jobrotation** wurde als Regelinstrument der Arbeitsförderung eingeführt. Die betriebliche Freistellung eines Arbeitnehmers zum Zwecke der Weiterbildung wird unterstützt, indem der Arbeitgeber für die befristete sozialversicherungspflichtige Einstellung eines Stellvertreters einen **Lohnkostenzuschuss** erhält, wenn dieser Stellvertreter zuvor arbeitslos war. Der **Lohnkostenzuschuss** beträgt **mindestens 50 % und höchstens 100 % der Lohnkosten.**

– Für **ungelernte und gering qualifizierte** Arbeitnehmer ist ein **neues Förderungsinstrument** für **berufliche Qualifizierung** geschaffen worden. Arbeitgebern, die ungelernte Arbeitnehmer für eine Qualifizierung unter Weiterzahlung des Gehalts freistellen, wird **der Lohn ganz oder teilweise erstattet.**

– Es wird auch in Betrieben mit **weniger als 21 Arbeitnehmern** die Zahlung von **Struktur-Kurzarbeitergeld** zur Vermeidung von Entlassungen ermöglicht; die bisherige Begrenzung auf größere Betriebe ist entfallen.

– Die Förderung durch **Zuschüsse zu Sozialplanmaßnahmen** wurde vereinfacht und flexibilisiert. Bisherige Einschränkungen, wie die erforderliche **Umwidmung von Abfindungen** oder die individuell notwendige Leistung der Arbeitsförderung, entfallen.

– **Strukturanpassungsmaßnahmen** können **über** den **31.12.2006 hinaus** gefördert werden; die bisherige Befristung entfällt.

– Die derzeit bestehenden unterschiedlichen **Lohnkostenzuschüsse** an Arbeitgeber zur Unterstützung der beruflichen Eingliederung von Zielgruppen in den Arbeitsmarkt (Beschäftigungshilfen für **Langzeitarbeitslose, Strukturanpassungsmaßnahmen Ost** für Wirtschaftsunternehmen, **Lohnkostenzuschüsse für Jugendliche** im Sinne des Jugendsofortprogramms) sind vereinheitlicht und in das bestehende Förderinstrument der Eingliederungszuschüsse integriert worden.

– Die berufliche **Eingliederung von Jugendlichen** mit Wettbewerbsnachteilen ist durch einen **Lohnkostenzuschuss** erleichtert worden. Das neue Instrument steht für arbeitslose **Jugendliche ohne Berufsabschluss**, soweit für sie eine Erstausbildung nicht mehr in Betracht kommt, sowie für arbeitslose Jugendliche mit **Berufsabschluss** nach **Absolvierung** einer **außerbetrieblichen Ausbildung** zur Verfügung.

– Die **soziale Sicherung bei Arbeitslosigkeit** ist für Personen, die nach einer versicherungspflichtigen Beschäftigung Kinder erziehen, erweitert worden: Der Erwerb eines Anspruchs auf Arbeitslosengeld wird dadurch erleichtert, dass Zeiten des **Bezugs von Mutterschaftsgeld** (d.h. die letzten sechs Wochen vor und regelmäßig die ersten acht Wochen nach der Entbindung) sowie der Betreuung und Erziehung eines Kindes unter drei Jahren schrittweise in die **Versicherungspflicht** zur Bundesanstalt für Arbeit einbezogen wird.

– Es wurde klargestellt, dass eine **Eingliederungsvereinbarung für Berufsrückkehrer** auch die Teilnahme an Arbeitsbeschaffungsmaßnahmen vorsehen kann, wenn sie zwar aktuell keinen Anspruch auf Arbeitslosengeld oder -hilfe haben, aber früher mindestens ein Jahr versicherungspflichtig beschäftigt waren. Entsprechend dem Bündnisbeschluss soll – für vier Jahre befristet – die **Weiterbildung** beschäftigter **älterer Arbeitnehmer** in Unternehmen mit bis zu 100 Arbeitnehmerinnen und Arbeitnehmern durch Übernahme der **Weiterbildungskosten** durch die Bundesanstalt für Arbeit gefördert werden, wenn der Arbeitgeber weiterhin das Gehalt zahlt. Diese Förderung eröffnet auch **Kombinationsmöglichkeiten** mit „Jobrotation".

– Beim **Eingliederungszuschuss** für **Ältere** sowie beim Eingliederungszuschuss für **besonders betroffene ältere schwer behinderte Menschen** wurde die bisherige Altersgrenze **von 55 auf 50 Jahre herabgesetzt** und als bis zum Jahr 2006 befristete Regelung ins Gesetz aufgenommen.

– Arbeitnehmer, die vorübergehend eine **Rente wegen Erwerbsminderung** beziehen, werden durch pauschale Beitragszahlungen der Träger der gesetzlichen Rentenversicherung in den **Schutz der Arbeitslosenversicherung** einbezogen. Damit wird sichergestellt, dass die Betroffenen

Anspruch auf Arbeitslosengeld haben, wenn sie auf den Arbeitsmarkt zurückkehren und keine Beschäftigung finden.

2. Versicherungspflicht/Versicherungsfreiheit

217 Zur Durchführung dieser Aufgaben erhebt die Bundesanstalt für Arbeit von **Arbeitnehmern** und **Arbeitgebern** Beiträge oder auch Umlagen. Nach § 25 SGB III unterliegen Arbeitnehmer (Arbeiter und Angestellte), die gegen Arbeitsentgelt beschäftigt sind, der Versicherungspflicht nach dem Recht der Arbeitsförderung. Die Versicherungspflicht auf Grund einer entgeltlichen Beschäftigung besteht – wie in der Rentenversicherung – ohne Rücksicht auf die Höhe des Arbeitsentgelts. Die zu ihrer Berufsausbildung Beschäftigten werden – ebenso wie in der Rentenversicherung, aber im Gegensatz zur Krankenversicherung (→ *Auszubildende* Rz. 395) – auch dann als Arbeitnehmer der Versicherungspflicht unterstellt, wenn sie kein Arbeitsentgelt erhalten. Neben den Auszubildenden unterliegen der Versicherungspflicht auch jugendliche Behinderte, die in Einrichtungen für Behinderte, insbesondere in Berufsbildungswerken, an einer berufsfördernden Maßnahme teilnehmen, die ihnen eine Erwerbstätigkeit auf dem allgemeinen Arbeitsmarkt ermöglichen soll, und Jugendliche, die in Einrichtungen der Jugendhilfe durch Beschäftigung für eine Erwerbstätigkeit befähigt werden sollen. Versicherungspflicht besteht bei einem **abhängigen Beschäftigungsverhältnis** unabhängig von der Höhe des Arbeitsentgelts. Anders als in der Krankenversicherung ist die Arbeitslosenversicherungspflicht nicht durch das Überschreiten einer Entgeltgrenze ausgeschlossen.

Durch das am 30.11.2001 durch den Bundesrat verabschiedete Job-AQTIV-Gesetz sind die Vorschriften des SGB III zur Versicherungspflicht/Versicherungsfreiheit insoweit geändert worden, als

– Auszubildende auch dann versicherungspflichtig beschäftigt sind, wenn sie im Rahmen eines Berufsausbildungsvertrags nach dem Berufsbildungsgesetz in einer außerbetrieblichen Einrichtung ausgebildet werden (§ 25 Abs. 1 Satz 2 SGB III) und

– Zeiten des Bezugs von Mutterschaftsgeld, des Bezugs einer vollen Erwerbsminderungsrente und Zeiten der Erziehung eines Kindes unter drei Jahren in die Versicherungspflicht einbezogen wurden (§ 26 Abs. 2 Nr. 1, Abs. 2 Nr. 3, Abs. 2a und Abs. 3 Satz 2 SGB III).

Versicherungsfrei sind u.a.

– Beamte, Richter, Soldaten auf Zeit sowie Berufssoldaten der Bundeswehr und sonstige Beschäftigte des Bundes, eines Landes, eines Gemeindeverbandes, einer Gemeinde, einer öffentlich-rechtlichen Körperschaft oder deren Spitzenverbände, wenn sie nach beamtenrechtlichen Vorschriften oder Grundsätzen bei Krankheit Anspruch auf Fortzahlung der Bezüge und auf Beihilfe oder Heilfürsorge haben,

– Arbeitnehmer in geringfügigen Beschäftigungen i.S. des § 8 SGB IV,

– Arbeitnehmer, die während der **Dauer ihrer Ausbildung** an einer **allgemein bildenden Schule** eine Beschäftigung ausüben,

– ordentliche Studierende einer Hochschule oder einer der fachlichen Ausbildung dienenden Schule, die während des Studiums eine Beschäftigung ausüben (→ *Studenten* Rz. 2350),

– Arbeitnehmer, die das **65. Lebensjahr** vollendet haben,

– Arbeitnehmer, die zeitgleich eine Rente wegen voller Erwerbsminderung **vergleichbare Leistung eines ausländischen Leistungsträgers** beziehen,

– Arbeitnehmer in **unständigen Beschäftigungen**, die sie berufsmäßig ausüben. Eine unständige Beschäftigung liegt vor, wenn sie auf weniger als eine Woche nach der Natur der Sache beschränkt ist oder im Voraus durch Arbeitsvertrag befristet ist,

– Arbeitnehmer, die wegen einer **Minderung ihrer Leistungsfähigkeit** dauernd der Arbeitsvermittlung nicht zur Verfügung stehen,

– **Heimarbeiter**, die gleichzeitig Zwischenmeister sind und den überwiegenden Teil ihres Verdienstes als Zwischenmeister beziehen.

3. Lohnsteuer

Nach § 3 Nr. 2 EStG sind u.a. das Arbeitslosengeld (auch das **218** Teilarbeitslosengeld), das Kurzarbeitergeld, das Winterausfallgeld, die Arbeitslosenhilfe, das Unterhaltsgeld und verschiedene weitere Leistungen nach dem Dritten Buch Sozialgesetzbuch (SGB III) oder dem Arbeitsförderungsgesetz steuerfrei, unterliegen jedoch dem sog. Progressionsvorbehalt (→ *Progressionsvorbehalt* Rz. 1924). Zur steuerlichen Behandlung der Arbeitgeber- und Arbeitnehmerbeiträge siehe → *Zukunftssicherung: Gesetzliche Altersversorgung* Rz. 2762.

Arbeitskammern

Die nur in Bremen und im Saarland bestehenden Arbeitskammern **219** sind Pflichtzusammenschlüsse der Arbeitnehmer und als Körperschaft des öffentlichen Rechts organisiert. **Beitragspflichtig** sind alle in diesen Bundesländern tätigen **Arbeitnehmer**. Die Beiträge sind vom **Arbeitgeber einzubehalten** und mit den Steuerabzugsbeträgen an das zuständige Betriebsstättenfinanzamt abzuführen. Einzelheiten siehe Erlass des Senators für Finanzen **Bremen** vom 24.4.2001, BStBl I 2001 S. 260. Ähnliche Regelungen bestehen im **Saarland**, Einzelheiten sind im Internet unter http://www.arbeitskammer.de veröffentlicht. Für die Einbehaltung, Abführung, Haftung usw. gelten die gleichen Grundsätze wie für das Lohnsteuerabzugsverfahren. Die Beiträge für das Saarland werden jährlich bekannt gemacht.

Übernimmt der Arbeitgeber die Beiträge des Arbeitnehmers, liegt steuerpflichtiger Arbeitslohn vor. Der Arbeitnehmer kann die versteuerten Beiträge aber als **Werbungskosten** absetzen.

Arbeitskampf

1. Arbeitsrecht

Durch den grundsätzlich als **Mittel des Arbeitskampfes zulässigen Streik** werden die wechselseitigen Pflichten der Arbeitsvertragsparteien aus dem Arbeitsvertrag suspendiert. Die streikenden Arbeitnehmer haben also **keinen Anspruch auf Arbeitsvergütung**. Dies gilt erst recht bei einem unzulässigen oder gar wilden Streik. **220**

2. Lohnsteuer

Streikgelder oder Aussperrungsunterstützungen sind nicht **221** steuerpflichtig. Sie sind weder steuerpflichtiger Arbeitslohn noch sonstige steuerpflichtige Einnahmen (BFH, Urteil vom 24.10.1990, BStBl II 1991 S. 337).

Damit entfällt aber gleichzeitig der Werbungskostenabzug von streikbedingten Aufwendungen, z.B. für Fahrten zum Streiklokal oder Mehraufwendungen für Verpflegung wegen der Teilnahme an Streikversammlungen.

Steuerpflichtige Betriebseinnahmen sind dagegen Streikunterstützungsleistungen, die ein **Unternehmer** anlässlich von Arbeitskämpfen von seinem Arbeitgeberverband erhält (FG Köln, Urteil vom 1.3.2001, EFG 2001 S. 1230, auch zur steuerlichen Behandlung entsprechender Zahlungen bei Arbeitnehmern).

3. Sozialversicherung

Die Mitgliedschaft in der **Kranken- und Pflegeversicherung** **222** bleibt für einen Monat erhalten, wenn das Beschäftigungsverhältnis ohne Entgeltzahlung fortbesteht. Im Falle eines rechtmäßigen Arbeitskampfs (Streik und Aussperrung) bleibt die Mitgliedschaft bis zu dessen Beendigung bestehen. Dies bedeutet, dass die Mitgliedschaft in der Kranken- und Pflegeversicherung bei einem rechtswidrigen Arbeitskampf spätestens nach einem Monat zu beenden ist. Der Arbeitnehmer hat dann die Möglichkeit, die Mitgliedschaft in der Krankenversicherung freiwillig fortzusetzen, sofern er die dafür erforderlichen Voraussetzungen erfüllt (→ *Freiwillige Krankenversicherung* Rz. 1088). In der Pflegeversicherung würde dann auch wieder kraft Gesetzes ein Versicherungsschutz bestehen.

Das Versicherungsverhältnis in der Arbeitslosenversicherung bleibt längstens für einen Monat bestehen. Dies gilt auch bei einem rechtmäßigen Arbeitskampf (§ 24 Abs. 3 Nr. 2 SGB III).

In der **Rentenversicherung** bleibt eine Beschäftigung gegen Arbeitsentgelt fortbestehen, solange das Beschäftigungsverhältnis ohne Anspruch auf Arbeitsentgelt fortdauert (z.B. unbezahlter Urlaub, Arbeitsbummelei, Streik, Aussperrung), jedoch nicht länger als einen Monat. In der Renten- und Arbeitslosenversicherung wird nicht zwischen einem rechtmäßigen und einem rechtswidrigen Arbeitskampf unterschieden. Das bedeutet, dass das Versicherungsverhältnis in der Renten- und Arbeitslosenversicherung generell nach einem Monat endet.

Da während des Arbeitskampfes kein Arbeitsentgelt gezahlt wird, sind auch für diese Zeit grundsätzlich keine Beiträge zur Kranken-, Pflege-, Renten- und Arbeitslosenversicherung zu entrichten. Dennoch handelt es sich bei diesem Zeitraum um eine beitragspflichtige Zeit. Das heißt, bei der Lohnabrechnung sind – wie beim unbezahlten Urlaub (→ *Unbezahlter Urlaub* Rz. 2462) – bei der Ermittlung der anteiligen Beitragsbemessungsgrenze auch die Tage des Arbeitskampfes zu berücksichtigen.

⌷ ⌷

Arbeitslohn

1. Begriffsabgrenzung: Arbeitslohn und Arbeitsentgelt

223 Der **steuerliche Begriff Arbeitslohn** und der **sozialversicherungsrechtliche Begriff Arbeitsentgelt** (→ *Arbeitsentgelt* Rz. 202) stimmen in der Praxis im Regelfall überein, auch wenn – wie beim Begriff Arbeitnehmer (→ *Arbeitnehmer* Rz. 163) – Steuerrecht und Sozialversicherungsrecht grundsätzlich „auseinander laufen" können. Die Gerichte der Sozialgerichtsbarkeit sind z.B. an die Auslegung vergleichbarer Vorschriften durch die Finanzgerichtsbarkeit nicht gebunden (BSG, Urteil vom 18.11.1980, SozR 2200 § 1399 Nr. 13 Satz 24). In § 17 SGB IV wird die Bundesregierung jedoch vom Gesetzgeber ermächtigt, durch Rechtsverordnung eine **möglichst weitgehende Übereinstimmung** mit den Regelungen des Steuerrechts sicherzustellen.

Der steuerrechtliche Arbeitslohnbegriff deckt sich auch nicht unbedingt mit dem Begriff des **Arbeitsentgeltes im arbeitsrechtlichen Sinn**. Die arbeitsrechtliche Rechtsprechung ist deshalb für das Lohnsteuerrecht nicht ohne weiteres anwendbar. Der steuerrechtliche Arbeitslohnbegriff ist weit gefasst und umfasst somit – anders als das Arbeitsrecht – z.B. auch Schadensersatzleistungen, die ihre Grundlage in einem Dienstverhältnis haben (BFH, Urteil vom 13.4.1976, BStBl II 1976 S. 694).

Nachfolgend sollen nur die allgemeinen Grundsätze dargestellt werden, zu Einzelfragen siehe die jeweiligen Stichworte.

2. Arbeitsrecht

224 Unter Arbeitslohn (Arbeitsvergütung, Arbeitsentgelt) ist arbeitsrechtlich die Vergütung zu verstehen, die der Arbeitgeber als **Gegenleistung für die Arbeitsleistung** schuldet (vgl. § 612 BGB). Dabei ist begrifflich sowohl der Lohn im engeren Sinne gemeint,

d.h. die unmittelbar auf die erbrachte Arbeit bezogene Gegenleistung, als auch der Lohn im weiteren Sinne, d.h. Sozial- und Sonderleistungen mit indirektem Bezug zur Arbeit wie Gratifikationen, Prämien u.Ä. (Vergütung mit Mischcharakter).

Der Anspruch des Arbeitnehmers auf eine **bestimmte Höhe** des Arbeitslohns kann sich ergeben aus einer mündlichen oder schriftlichen **Vertragsvereinbarung**, aus einem Tarifvertrag oder insbesondere bei Sonderleistungen auch aus einer Betriebsvereinbarung, u.U. auch aus dem Gleichbehandlungsgrundsatz.

Zum Arbeitslohn zählen im Übrigen auch die **Lohnersatzleistungen**, wie z.B. die Entgeltfortzahlung im Krankheitsfall.

3. Lohnsteuerrecht

a) Begriff

Der Begriff „Arbeitslohn" ist im **Gesetz nicht geregelt**. Nach § 2 Abs. 1 LStDV sind Arbeitslohn **alle Einnahmen, die dem Arbeitnehmer aus dem Dienstverhältnis zufließen**. Es ist gleichgültig, ob es sich um **laufende oder einmalige** Bezüge handelt, ob ein Rechtsanspruch auf sie besteht und unter welcher Bezeichnung oder in welcher Form die Einnahmen gewährt werden. **225**

Finanzverwaltung und Rechtsprechung sehen als Arbeitslohn grundsätzlich alle Einnahmen in Geld oder Geldeswert an, die „**für eine Beschäftigung**" gewährt werden, also als Frucht der Arbeitsleistung für den Arbeitgeber zu betrachten sind (vgl. z.B. BFH, Urteil vom 30.5.2001, BStBl II 2001 S. 671, betr. Übernahme von Massagekosten für Bildschirmarbeitnehmer). **Arbeitslohn** liegt danach vor, wenn

– die Einnahmen dem Empfänger **nur mit Rücksicht auf das Dienstverhältnis** zufließen und

– **Entlohnungscharakter** haben, sie sich also im weitesten Sinne als Gegenleistung für das Zurverfügungstellen der individuellen Arbeitskraft erweisen (R 70 Abs. 1 LStR; BFH, Urteil vom 19.2.1999, BStBl II 1999 S. 361, betr. Trinkgelder im Gaststättengewerbe). Der tatsächliche oder rechtliche Zusammenhang mit dem Arbeitsverhältnis allein reicht jedoch nicht aus (BFH, Urteil vom 23.9.1998, BStBl II 1999 S. 98).

Es ist unerheblich, ob die Einnahmen dem Empfänger unmittelbar vom Arbeitgeber oder von einem **Dritten** zufließen, z.B. **Trinkgelder** oder **Aktienoptionen**, die der bei einer inländischen Konzerntochtergesellschaft tätige Arbeitnehmer von der ausländischen Konzernobergesellschaft erhält (BFH, Urteil vom 24.1.2001, BStBl II 2001 S. 512). Arbeitslohn kann daher auch vorliegen, wenn ein Arbeitnehmer unentgeltlich an einer von einem Geschäftspartner seines Arbeitgebers veranstalteten und vorwiegend touristisch ausgerichteten **Reise** teilnimmt. Dabei kommt es nicht darauf an, ob der Arbeitnehmer die Zuwendung des Vorteils auch subjektiv als „Frucht seiner Dienstleistung für den Arbeitgeber" betrachtet (BFH, Urteil vom 5.7.1996, BStBl II 1996 S. 545). Auch **überzahlte Gehaltsanteile**, die auf einen Rechenfehler bei der Lohnabrechnung zurückzuführen sind, sind als Arbeitslohn im Zeitpunkt des Zuflusses zu erfassen; die Rückzahlung wird ggf. erst im Folgejahr steuerlich berücksichtigt (Hessisches FG, Urteil vom 13.1.2000, EFG 2000 S. 624).

Zur Behandlung von **Preisvorteilen**, die dem Arbeitnehmer nicht unmittelbar von seinem Arbeitgeber, sondern von **dritter Seite eingeräumt** werden, vgl. BMF-Schreiben vom 27.9.1993, BStBl I 1993 S. 814, sowie → *Rabatte* Rz. 1938.

Zahlungen des Arbeitgebers, die nicht „für eine Beschäftigung" gezahlt werden, stellen zwar keinen Arbeitslohn dar, sind aber regelmäßig nach **anderen Vorschriften einkommensteuerpflichtig**, so z.B.

– Einnahmen für die **Vermietung eines häuslichen Arbeitszimmers oder einer Garage** ggf. als Einkünfte aus Vermietung und Verpachtung (Einzelheiten → *Arbeitszimmer* Rz. 279, sowie → *Garage* Rz. 1093).

Die Abgrenzung kann im Einzelfall schwierig sein. Arbeitslohn kann auch vorliegen, wenn der Arbeitnehmer eine in einem unmittelbaren Zusammenhang mit seiner nichtselbständigen Tätigkeit stehende **Nebentätigkeit** ausübt und hierfür von seinem Arbeitgeber eine Sondervergütung erhält (BFH, Urteil vom 20.12.2000, BStBl II 2001 S. 496, betr. ein Honorar, das ein leitender Angestellter von seinem Arbeitgeber dafür erhielt, dass er diesen bei Verhandlungen über den Verkauf des Betriebes beraten hat). Vgl. hierzu auch → *Nebentätigkeit* Rz. 1768.

b) Arbeitslohn

226 Als **Arbeitslohn** zählen § 19 Abs. 1 EStG und § 2 Abs. 2 LStDV beispielhaft auf:

– **Gehälter, Löhne, Gratifikationen, Tantiemen** und andere Bezüge und Vorteile, die für eine Beschäftigung im öffentlichen oder privaten Dienst gewährt werden,

– **Wartegelder, Ruhegelder, Witwen- und Waisengelder** und andere Bezüge und Vorteile aus **früheren Dienstleistungen**,

– Einnahmen im Hinblick auf ein **künftiges Dienstverhältnis**,

– Einnahmen aus einem **früheren Dienstverhältnis**, auch wenn sie dem **Rechtsnachfolger** zufließen.

Bezüge, die ganz oder teilweise auf **früheren Beitragsleistungen** des Bezugsberechtigten oder seines Rechtsvorgängers beruhen, gehören **nicht zum Arbeitslohn**, es sei denn, dass die Beitragsleistungen **Werbungskosten** gewesen sind. **Altersrenten** sind hiernach kein Arbeitslohn, sondern gehören zu den sonstigen Einkünften i.S. des § 22 Satz 3 Nr. 1 Buchst. a EStG, die nur mit dem sog. **Ertragsanteil** einkommensteuerpflichtig sind.

– Ausgaben des Arbeitgebers für die **Zukunftssicherung** seiner Arbeitnehmer,

– **Entschädigungen**, die dem Arbeitnehmer oder seinem Rechtsnachfolger als **Ersatz für entgangenen oder entgehenden Arbeitslohn oder für die Aufgabe oder Nichtausübung einer Tätigkeit** gewährt werden,

– **besondere Entlohnungen** für Dienste, die über die regelmäßige Arbeitszeit hinaus geleistet werden, wie Entlohnung für **Überstunden, Überschichten, Sonntagsarbeit**,

– **Lohnzuschläge**, die wegen der Besonderheit der Arbeit gewährt werden,

– Entschädigungen für **Nebenämter und Nebenbeschäftigungen** im Rahmen eines Dienstverhältnisses.

c) Kein Arbeitslohn

227 Nicht zum Arbeitslohn gehören nach der Rechtsprechung des Bundesfinanzhofes Zuwendungen, die

• im Wesentlichen nur **Aufwendungsersatz** darstellen (vgl. auch → *Arbeitnehmer* Rz. 165).

• **nicht auf dem Dienstverhältnis**, sondern auf einem **anderen Rechtsgrund beruhen**.

Hierunter fallen z.B. Leistungen des Arbeitgebers, wenn der Arbeitgeber dazu auf Grund **gesetzlicher Vorschriften** verpflichtet ist, weil der Gesetzgeber bestimmte sozialpolitische oder auch ordnungs- sowie verkehrspolitische Zwecke verfolgt; die Leistungen werden dann nicht als Gegenleistung für das Zurverfügungstellen der Arbeitskraft erbracht (vgl. dazu zuletzt BFH, Urteile vom 30.5.2001, BFH/NV 2001 S. 1182 und 1258, betr. Zuschüsse des Bundes an die Bahnversicherungsanstalt). Dazu gehören ferner z.B. Schadensersatzleistungen, zu deren Leistung der Arbeitgeber **gesetzlich verpflichtet** ist oder soweit der Arbeitgeber einen zivilrechtlichen Schadensersatzanspruch des Arbeitnehmers wegen schuldhafter Verletzung arbeitsvertraglicher Fürsorgepflichten erfüllt; vgl. dazu BFH, Urteil vom 20.9.1996, BStBl II 1997 S. 144, betr. Schadensersatzzahlungen des Arbeitgebers wegen einer fehlerhaften Lohnbescheinigung. Arbeitslohn ist ferner verneint worden, wenn anlässlich eines arbeitsgerichtlichen Vergleichs zum umstrittenen Kündigung des Arbeitsverhältnisses vereinbart wird, dass der Arbeitgeber eine **Spende** an eine gemeinnützige Organisation leistet (BFH, Urteil vom 23.9.1998, BStBl II 1999 S. 98).

Beispiel 1:

A erhält von seinem Arbeitgeber eine Abfindung für die vorzeitige Auflösung seines Dienstverhältnisses. Mit einem bestimmten Teilbetrag sollen die Verluste des A „in seinem persönlichen und fachlichen Prestige" ausgeglichen werden.

Die Abfindung fällt nicht unter die sieben Einkunftsarten des Einkommensteuergesetzes und wird somit nicht von der Einkommensteuer erfasst (BFH, Urteil vom 29.10.1963, BStBl III 1964 S. 12).

Beispiel 2:

A erhält von seinem Arbeitgeber eine Gratifikation, die im Betrieb „stehen bleibt" und erst nach zehn Jahren mit Zinsen ausgezahlt wird.

Die Zinsen beruhen nicht auf dem Dienstverhältnis und sind daher kein Arbeitslohn, sie gehören aber zu den Einkünften aus Kapitalvermögen (vgl. BFH, Urteil vom 31.10.1989, BStBl II 1990 S. 532).

Entsprechendes gilt für Zinsen (auch Prozesszinsen), die für rückständigen Arbeitslohn gezahlt werden (FG Köln, Urteil vom 19.6.1989, EFG 1989 S. 640).

• sich bei objektiver Würdigung aller Umstände **nicht als Entlohnung**, sondern lediglich als notwendige Begleiterscheinung betriebsfunktionaler Zielsetzungen erweisen und **somit im ganz überwiegenden eigenbetrieblichen Interesse des Arbeitgebers** getätigt werden (zuletzt BFH, Urteil vom 30.5.2001, BStBl II 2001 S. 671, m.w.N., betr. Übernahme von Massagekosten für Bildschirmarbeitnehmer). Die Leistungen des Arbeitgebers sind dabei im Rahmen einer Gesamtwürdigung einheitlich zu beurteilen; eine Aufteilung zwischen Arbeitslohn und (steuerfreien) Zuwendungen im betrieblichen Interesse ist grundsätzlich nicht zulässig.

Derartige Zuwendungen werden vom Arbeitgeber nicht mit dem Ziel der Entlohnung gewährt und vom Arbeitnehmer nicht als Frucht seiner Dienstleistung aufgefasst (BFH, Urteile vom 11.3.1988, BStBl II 1988 S. 726, und vom 5.5.1994, BStBl II 1994 S. 771). Hierzu gehören Fälle, in denen

– ein **Vorteil der Belegschaft als Gesamtheit zugewendet** wird, wie z.B. die Ausgestaltung des Arbeitsplatzes oder auch Betriebsveranstaltungen.

Hierzu gehören auch pauschale Zahlungen des Arbeitgebers an ein Dienstleistungsunternehmen, das sich verpflichtet, alle Arbeitnehmer des Auftraggebers kostenlos in persönlichen und sozialen Angelegenheiten zu beraten und zu betreuen, beispielsweise durch die Übernahme der Vermittlung von Betreuungspersonen für Familienangehörige (R 70 Abs. 2 Nr. 4 LStR). Steuerfrei sind hiernach z.B. Zahlungen des Arbeitgebers an ein sog. **Kinderbüro/ Familienservice**, siehe dazu → *Kindergarten* Rz. 1356.

– dem Arbeitnehmer ein **Vorteil „aufgedrängt"** wird, wie z.B. Vorsorgeuntersuchungen. Die Leistung des Arbeitgebers darf dem Arbeitnehmer aber keinen individuellen und konkreten Vorteil bringen (vgl. zuletzt BFH, Urteil vom 29.11.2000, BStBl II 2001 S. 195, betr. die nachträgliche Abführung von Lohnsteuer durch den Arbeitgeber) oder

– die Vorteile für den Arbeitnehmer lediglich **notwendige Begleiterscheinung einer betriebsfunktionalen Zielsetzung** sind, z.B. unentgeltliche Bereitstellung von Speisen und Getränken bei Dienstbesprechungen und Fortbildungsveranstaltungen (vgl. BFH, Urteil vom 5.5.1994, BStBl II 1994 S. 771), die Überlassung eines Werkstattwagens im Rahmen der Rufbereitschaft, der in dieser Zeit für Fahrten zwischen Wohnung und Arbeitsstätte zur Verfügung steht (BFH, Urteil vom 25.5.2000, BStBl II 2000 S. 690), oder die Übernahme von Massagekosten für Bildschirmarbeitnehmer (BFH, Urteil vom 30.5.2001, BStBl II 2001 S. 671).

Zwischen der Intensität des eigenbetrieblichen Interesses des Arbeitgebers und dem Ausmaß der Bereicherung des Arbeitnehmers durch die Zuwendung des Arbeitgebers besteht eine **Wechselwirkung**: Je höher aus der Sicht des Arbeitnehmers die Bereicherung anzusehen ist, desto geringer zählt ein eigenbetriebliches Interesse aus der Sicht des Arbeitgebers.

Beispiel 3:

Ein Automobilwerk gewährt den Werksangehörigen Personalrabatte beim Kauf von Neuwagen.

Der Rabatt ist als geldwerter Vorteil steuerpflichtig. Die Firma mag zwar ein erhebliches eigenbetriebliches Interesse an dem Werksverkauf haben. Steuerlich ist dies aber im Hinblick auf die Höhe des geldwerten Vorteils beim Arbeitnehmer zu vernachlässigen (vgl. BFH, Urteil vom 4.6.1993, BStBl II 1993 S. 687).

• keine „echte" Vergünstigung darstellen, weil die vom Arbeitgeber gewährten **Vorteile jeder Dritte im normalen Geschäftsverkehr erhalten** kann (vgl. BFH, Urteil vom 15.1.1993, BStBl II 1993 S. 356, und FG Köln, Urteil vom

18.11.1999, EFG 2000 S. 177, betr. die einem Angehörigen eines Kreditinstituts mit Rücksicht auf sein Arbeitsverhältnis eingeräumte Befreiung von der Verkäufercourtage für die Vermittlung seines Grundstücks, wenn er auf Grund der Marktverhältnisse die Befreiung auch bei Abschluss eines Maklervertrages erhalten hätte).

Beispiel 4:

A, Angestellte eines Autohauses, erhält beim Kauf eines Fahrzeugs einen Rabatt von 8 %.

Der Rabatt wurde nicht als Arbeitslohn versteuert (Niedersächsisches FG, Urteil vom 9.12.1997, EFG 1998 S. 820). Das Gericht hatte durch Vernehmung der Autoverkäufer festgestellt, dass viele Kunden derartige Rabatte erhalten hatten. Gegen das Urteil bestehen aber Bedenken.

Dagegen ist ein lohnsteuerpflichtiger geldwerter Vorteil nicht allein deshalb abzulehnen, weil der Arbeitnehmer eine vergleichbare Ware oder Dienstleistung von **einem anderen Hersteller oder Dienstleister** hätte bekommen können (BFH, Urteil vom 30.5.2001, BFH/NV 2001 S. 1482).

Beispiel 5:

Den Bediensteten einer Sparkasse werden von der Sparkassenversicherung Sondertarife eingeräumt, die günstiger sind als die von anderen Letztverbrauchern zu zahlenden Beiträge. Sie sind aber nicht günstiger als etwa die Tarife der HUK-Coburg.

Das Hessische Finanzgericht hatte die Tarifvergünstigungen nicht als geldwerten Vorteil (Arbeitslohn) angesehen, weil die Sparkassenbediensteten dieselben Versicherungsleistungen bei anderen Anbietern zu günstigeren Konditionen hätten erwerben können. Der Bundesfinanzhof hat jedoch entschieden, dass es allein darauf ankommt, ob der **Arbeitgeber** eine Ware oder Dienstleistung verbilligt abgegeben hat (BFH, Urteil vom 30.5.2001, BFH/NV 2001 S. 1482).

- zu den sog. **Aufmerksamkeiten gehören,** → *Annehmlichkeiten* Rz. 133.

  Dies sind Sachleistungen des Arbeitgebers, die auch im gesellschaftlichen Verkehr üblicherweise ausgetauscht werden und zu keiner ins Gewicht fallenden Bereicherung des Arbeitnehmers führen, z.B. die unentgeltliche Bereitstellung von Getränken im Betrieb oder auch die Mahlzeitengewährung während eines außergewöhnlichen Arbeitseinsatzes (vgl. R 73 LStR).

Einzelheiten zur Abgrenzung gegenüber „Belohnungsessen", Bewirtungen auf Dienstreisen usw. siehe → *Arbeitsessen* Rz. 212; → *Mahlzeiten aus besonderem Anlass* Rz. 1686.

H 70 (Beispiele) LStH enthält eine **ausführliche Zusammenstellung** der Zuwendungen, die entweder zum Arbeitslohn oder aber nicht dazugehören. Vgl. hierzu die einzelnen Stichworte.

d) Arbeitslohn in ausländischer Währung

228 Arbeitslohn, der dem Arbeitnehmer ganz oder teilweise in ausländischer Währung gezahlt wird, ist für den Lohnsteuerabzug nach dem im Zeitpunkt der Lohnzahlung geltenden **Kurswert in Euro umzurechnen.** Entgegen einer weit verbreiteten Meinung im steuerlichen Schrifttum sieht die Finanzverwaltung diesen Arbeitslohn **nicht als Sachbezug** i.S. des § 8 Abs. 2 EStG an, auf den die 50-€-Freigrenze des § 8 Abs. 2 Satz 9 EStG anzuwenden wäre (R 31 Abs. 1 Satz 6 LStR).

Arbeitslohn für mehrere Jahre

1. Allgemeine Grundsätze

229 Nach § 34 Abs. 1, 2 EStG wird für Einkünfte für eine mehrjährige Tätigkeit eine **Tarifermäßigung („Fünftelregelung")** gewährt, da sich andernfalls insbesondere bei Lohnnachzahlungen für mehrere Jahre durch den progressiven Steuertarif (→ *Steuertarif* Rz. 2334) eine ungerechtfertigt hohe Steuerbelastung ergeben würde. Diese Steuervergünstigung ist vom **Arbeitgeber** bereits im **Lohnsteuerabzugsverfahren anzuwenden** (§ 39b Abs. 3 Satz 9 EStG sowie R 119 Abs. 3 Satz 4 LStR). Vgl. dazu ausführlich → *Entschädigungen* Rz. 908.

Die Besteuerung erfolgt sinngemäß wie bei sonstigen Bezügen (→ *Sonstige Bezüge* Rz. 2232): Zunächst hat der Arbeitgeber die

Lohnsteuer für den voraussichtlichen Jahresarbeitslohn ohne den sonstigen Bezug festzustellen. Dann ist die Lohnsteuer zu ermitteln, die sich unter Einbeziehung eines Fünftels des sonstigen Bezugs ergibt. Der Unterschiedsbetrag ist dann zu verfünffachen.

Voraussetzung für die **Anwendung der Tarifvergünstigung** ist, dass

- eine **„Zusammenballung"** von Einkünften eintritt (dies gilt auch für Jubiläumszuwendungen, vgl. → *Jubiläumsgeschenke* Rz. 1336),
- die auf **wirtschaftlich vernünftigen Gründen** beruht.

Unerheblich ist dagegen, ob

- die Vergütung für eine **abgrenzbare Sondertätigkeit** gezahlt wird,
- auf sie ein **Rechtsanspruch** besteht oder
- sie eine **zwangsläufige Zusammenballung** von Einnahmen darstellt (R 200 Abs. 2 EStR) und ob
- der Arbeitnehmer tatsächlich eine **Arbeitsleistung erbringt**: Begünstigt ist daher auch für mehrere Jahre vorausgezahlter Arbeitslohn (BFH, Urteil vom 17.7.1970, BStBl II S. 683).

Lohnnachzahlungen aus dem Vorjahr gehören aber nicht schon deswegen zu den nach § 34 Abs. 1, 2 EStG begünstigten Einkünften, weil sie im Zuflussjahr mit laufenden Lohnzahlungen zusammentreffen (BFH, Urteil vom 6.12.1991, BFH/NV 1992 S. 381).

Beispiel:

A hat im Jahre 1984 einen Bruttoarbeitslohn von 60 000 DM erhalten. Hierin ist für das Jahr 1983 nachgezahltes Weihnachts- und Urlaubsgeld in Höhe von 3 000 DM enthalten, das deshalb nicht im Jahre 1983 ausgezahlt werden konnte, weil A längere Zeit krank war und nur Krankengeld bezogen hatte.

Der Bundesfinanzhof hat die ermäßigte Besteuerung nach § 34 Abs. 3 EStG abgelehnt, weil das nachgezahlte Weihnachts- und Urlaubsgeld – für sich betrachtet – kein Entgelt für eine mehrjährige Tätigkeit darstellt (Urteil vom 6.12.1991, BFH/NV 1992 S. 381). Es reicht nicht aus, dass die Nachzahlung mit laufenden Lohnzahlungen zusammentrifft.

Nach Auffassung der **Finanzverwaltung** kommt die Tarifvergünstigung nur für eine Tätigkeit in Betracht, die sich über **mehr als zwölf Monate erstreckt** (vgl. R 200 Abs. 3 EStR). Nach Auffassung im Schrifttum, der sich das **Niedersächsische Finanzgericht** angeschlossen hat, reicht es dagegen aus, wenn die Vergütung **lediglich zwei Veranlagungszeiträume „berührt"** – dies müssen nicht zwölf Monate sein (Urteil vom 10.2.1999, EFG 1999 S. 649, Revision eingelegt, Az. beim BFH: VI R 46/99).

Beispiel:

A wird von seinem Arbeitgeber gekündigt und erhält nach einem arbeitsgerichtlichen Vergleich im Mai 1993 eine Nachzahlung von Arbeitslohn für die Zeit vom 23.6.1992 bis 28.2.1993.

Das Finanzamt hat die Anwendung des § 34 Abs. 3 EStG abgelehnt, weil es sich lediglich um eine Arbeitslohnnachzahlung gehandelt hat, aber um eine Vergütung für eine mehrjährige Tätigkeit. Das Niedersächsische Finanzgericht hat demgegenüber die Tarifermäßigung gewährt, weil die Vergütung für eine Tätigkeit gezahlt worden ist, die sich vom Sommer 1992 bis zum Februar 1993 erstreckt hat, also zwei Veranlagungszeiträume berührt. Dass es sich hierbei nicht mindestens um einen Zeitraum von zwölf Monaten handelt, sei unerheblich.

2. Anwendungsfälle

230 Die Tarifermäßigung des § 34 Abs. 1, 2 EStG ist z.B. **anzuwenden** auf

- **Lohn- und Gehaltsnachzahlungen** für frühere Jahre, z.B. wegen einer unwirksamen Kündigung (BFH, Urteil vom 22.7.1993, BStBl II 1993 S. 795 sowie BFH, Beschluss vom 29.5.1998, BFH/NV 1998 S. 1477) sowie auf Nachzahlungen von Versorgungsbezügen oder Betriebsrenten;
- **Vorauszahlungen** von Arbeitslohn anlässlich der Auflösung eines Arbeitsverhältnisses (BFH, Urteil vom 23.7.1974, BStBl II 1974 S. 743);
- vom Arbeitgeber **voraus- oder nachgezahlte Prämien** mehrerer Kalenderjahre für eine Versorgung oder für eine Unfallversicherung des Arbeitnehmers, weil er dadurch günstigere Prämiensätze erzielt oder weil die Zusammenfassung satzungsgemäßen Bestimmungen einer Versorgungseinrichtung entspricht;
- **Tantiemen**, die dem Arbeitnehmer für mehrere Jahre in einem Kalenderjahr zusammengeballt zufließen;

– Zuwendungen aus Anlass eines **Arbeitnehmerjubiläums**. Bei einem **Firmenjubiläum** dagegen nur, wenn die Zuwendungen auch nach der Dauer der Betriebszugehörigkeit des Arbeitnehmers bemessen werden;

– Zahlungen, die auf freiwillig vereinbarter **Abfindung von Pensionsanwartschaften** beruhen (BFH, Urteil vom 9.7.1992, BStBl II 1993 S. 27, und zuletzt FG Düsseldorf, Urteil vom 13.4.2000, DStRE 2000 S. 1143, Revision eingelegt, Az. beim BFH: XI R 38/00);

– Vergütungen für im Laufe mehrerer Jahre gemachte **Erfindungen**;

– von vornherein in einem **Zeitarbeitsvertrag vereinbarte Abfindungszahlungen**, wenn dieser nicht verlängert wird. Dies gilt auch bei einer Vertragslaufzeit von nur einem Jahr, soweit der Arbeitnehmer bereits zuvor – auf Grund eines ausgelaufenen Arbeitsvertrags – langfristig in dem Betrieb beschäftigt war (FG Münster, Urteil vom 20.10.1998, EFG 1999 S. 170);

– die **Übernahme von Steuern** (geldwerter Vorteil) durch den Arbeitgeber für eine mehrjährige Auslandstätigkeit des Arbeitnehmers (FG Münster, Urteil vom 8.9.1999, EFG 2000 S. 74, bestätigt durch BFH, Urteil vom 24.11.2000, BStBl II 2001 S. 195);

– eine **Arbeitnehmererfindung**, die zu einer Patentierung geführt hat (FG Baden-Württemberg, Urteil vom 21.9.1999, EFG 2000 S. 370, Revision eingelegt, Az. beim BFH: VI R 43/00);

– die **Kapitalisierung laufenden Ruhegehalts** und anderer laufender Versorgungsansprüche, wenn die Kapitalisierung zwar ohne Zwangslage, aber aus wirtschaftlich vernünftigen Gründen in der Person des Arbeitnehmers oder Arbeitgebers erfolgt (FG Münster, Urteil vom 8.11.1999, EFG 2000 S. 319, Revision eingelegt, Az. beim BFH: XI R 12/00);

– **nachgezahltes Arbeitslosengeld**, auch bei der Berechnung des **Progressionsvorbehalts** (FG Hamburg, Urteil vom 19.2.2001, DStR 2001 Heft 26, S. X).

Nicht anzuwenden ist die Tarifermäßigung dagegen auf

– **gewinnabhängige Tantiemen**, die zwischen Arbeitgeber und Arbeitnehmer vereinbart sind und **regelmäßig ausgezahlt** werden, deren Höhe aber erst nach Ablauf des Wirtschaftsjahres festgestellt werden kann;

– **Jubiläumszuwendungen**, die **ohne Rücksicht auf die Dauer der Betriebszugehörigkeit** lediglich aus Anlass eines Firmenjubiläums erfolgen (vgl. H 200 EStH);

– Prämien für einen **betrieblichen Verbesserungsvorschlag**, die der Arbeitgeber auf Grund von Regelungen ermittelt, die **nicht** auf die **Dauer der Betriebszugehörigkeit** abstellen (BFH, Urteil vom 16.12.1996, BStBl II 1997 S. 222);

– **Wiedereingliederungsbeihilfe** der evangelischen Kirche, die ein Pastor nach Rückkehr von einem mehrjährigen Auslandsaufenthalt erhält. Die Beihilfe wird nicht für eine mehrjährige Tätigkeit, sondern zum **Aufbau eines neuen Hausstandes** gezahlt (Niedersächsisches FG, Urteil vom 21.6.1996, EFG 1996 S. 1200);

– vom Arbeitgeber (oder einer Konzernobergesellschaft) gewährte **Aktienoptionsrechte**, deren unentgeltliche Vergabe entscheidend von den halbjährlichen Leistungsbeurteilungen eines einzigen, gerade abgelaufenen Geschäftsjahres des Arbeitgebers abhängt (Hessisches FG, Urteil vom 21.12.2000, DStRE 2001 S. 699).

Bei Arbeitslohnnachzahlungen für einen sehr langen Zeitraum kann die Erhebung von Einkommensteuer und Solidaritätszuschlag auch unter Berücksichtigung der Steuerermäßigung nach § 34 Abs. 1 und 2 Nr. 3 EStG (früher § 34 Abs. 3 EStG) sachlich unbillig sein, so dass zumindest ein **teilweiser Steuererlass** in Betracht kommt (vgl. FG des Landes Brandenburg, Urteil vom 15.7.1999, EFG 1999 S. 937, betr. Nachzahlung von Witwengeld für zehn Jahre).

Arbeitslosengeld/Arbeitslosenhilfe

231 Nach § 3 Nr. 2 EStG steuerfrei sind die in dieser Vorschrift aufgezählten Leistungen nach dem Dritten Buch Sozialgesetzbuch (SGB III) oder dem Arbeitsförderungsgesetz, also u.a. das **Arbeitslosengeld**, das **Teilarbeitslosengeld** und die **Arbeitslosenhilfe**; sie unterliegen jedoch nach § 32b Abs. 1 Nr. 1a EStG dem sog. Progressionsvorbehalt (→ *Progressionsvorbehalt* Rz. 1924). Der Arbeitnehmer ist deshalb ggf. zur Einkommensteuer zu veranlagen (§ 46 Abs. 2 Nr. 1 EStG).

Etwaige **spätere Zahlungen des Arbeitgebers an das Arbeitsamt** auf Grund des gesetzlichen Forderungsübergangs (§ 115 SGB X) sind ebenfalls steuerfrei, wenn über das Vermögen des Arbeitgebers das Insolvenzverfahren eröffnet worden ist oder einer der Fälle des § 183 Abs. 1 Nr. 2 oder 3 SGB III vorliegt, also bei

– **Abweisung des Antrags auf Eröffnung des Insolvenzverfahrens** mangels Masse oder bei

– der **vollständigen Beendigung der Betriebstätigkeit** im Inland, wenn ein Antrag auf Eröffnung des Insolvenzverfahrens nicht gestellt worden ist und ein Insolvenzverfahren offensichtlich mangels Masse nicht in Betracht kommt.

Zahlungen des Arbeitgebers an das Arbeitsamt, die die vorstehenden Voraussetzungen nicht erfüllen, sind **steuerpflichtiger Arbeitslohn**. Die Besteuerung erfolgt nach den Regeln für sonstige Bezüge (→ *Sonstige Bezüge* Rz. 2232).

Hat das Arbeitsamt in den Fällen des § 143a Abs. 4 SGB III (Anrechnung von Entlassungsentschädigungen auf das Arbeitslosengeld) und § 143 Abs. 3 SGB III (Ruhen des Anspruchs bei Arbeitsentgelt und Urlaubsabgeltung) zunächst Arbeitslosengeld gezahlt und zahlt der Arbeitnehmer dieses auf Grund dieser Vorschriften dem Arbeitsamt zurück, so bleibt die Rückzahlung mit Ausnahme des Progressionsvorbehalts ohne steuerliche Auswirkung (§ 3c EStG); der dem Arbeitnehmer vom Arbeitgeber nachgezahlte Arbeitslohn ist grundsätzlich steuerpflichtig (R 4 Abs. 1 Satz 3 LStR).

Arbeitsmittel

Der Wert der unentgeltlich zur beruflichen Nutzung überlassenen **232** Arbeitsmittel, die der Arbeitgeber dem Arbeitnehmer nur zum **Gebrauch am Arbeitsplatz** bereitstellt, ist **kein steuer- und beitragspflichtiger Arbeitslohn** (BFH, Urteil vom 21.8.1995, BStBl II 1995 S. 906, sowie R 70 Abs. 2 Nr. 1 LStR). Dies gilt auch, wenn der Arbeitnehmer die Arbeitsmittel erwirbt und seine Auslagen vom Arbeitgeber ersetzt werden. Vgl. im Einzelnen → *Auslagenersatz und durchlaufende Gelder* Rz. 340, → *Telearbeit* Rz. 2386 und → *Werkzeuggeld* Rz. 2653.

Steuerpflichtiger Arbeitslohn liegt jedoch vor, wenn der Arbeitgeber dem Arbeitnehmer die Arbeitsmittel **nicht zweckgebunden** (z.B. zum Gebrauch am Arbeitsplatz), sondern zur **freien Verfügung übereignet** (vgl. BFH, Urteil vom 25.1.1985, BStBl II 1985 S. 437, betr. Verkauf von Motorsägen an Waldarbeiter).

Arbeitsplatz

Aufwendungen des Arbeitgebers für die Ausgestaltung des Arbeitsplatzes sowie Leistungen zur Verbesserung der Arbeitsbedingungen, z.B. die Bereitstellung von Aufenthalts- und Erholungsräumen, von betriebseigenen Dusch- und Badeanlagen oder Parkplätzen, stellen keinen Arbeitslohn dar, vgl. BFH, Urteil vom 25.7.1986, BStBl II 1986 S. 868, sowie H 70 (Beispiele) LStH. Dazu gehört nicht die Bereitstellung von Tennis- oder Squashplätzen, siehe dazu → *Sportanlagen* Rz. 2273.

Arbeitsschutzkleidung

Die Überlassung von Arbeitsschutzkleidung ist nach § 3 Nr. 31 **234** EStG steuerfrei (R 20 Abs. 1 Satz 3 LStR). Siehe auch → *Berufskleidung* Rz. 537 und → *Bildschirmarbeit* Rz. 605.

Arbeitsunterbrechungen durch Arbeitnehmer

Werden die gegenseitigen Verpflichtungen aus dem Arbeits- **235** verhältnis aus Gründen, die in der Person des Arbeitnehmers liegen (z.B. durch unbezahlten Urlaub oder unentschuldigtes Fehlen), unterbrochen, so hat dies im Sozialversicherungsrecht Auswirkungen. Davon **zu unterscheiden** sind die typischen Fälle des **Betriebsrisikos**, mit der Pflicht des Arbeitgebers zur Fortzahlung der Arbeitsvergütung trotz nicht geleisteter Arbeit (z.B. bei Arbeitsausfall durch Energiemangel, fehlendes Material oder Brandschäden). Die Mitgliedschaft Versicherungspflichtiger bleibt erhalten, solange das **Beschäftigungsverhältnis ohne Entgeltzahlung** fortbesteht, jedoch längstens für einen Monat. Die Mitgliedschaft endet dabei **spätestens einen Monat nach Beginn** der Arbeitsunterbrechung. Diese Regelung gilt auch dann, wenn zu Beginn der Unterbrechung noch nicht feststeht, wie lange diese dauern wird oder wenn von vornherein feststeht, dass die Arbeitsunterbrechung länger als einen Monat dauern wird. Das bedeutet, dass die Mitgliedschaft in der gesetzlichen Kranken- und Pflegeversicherung immer spätestens nach einem Monat endet. Wird das Beschäftigungsverhältnis zwischenzeitlich beendet, endet auch die Mitgliedschaft während einer Arbeitsunterbrechung sofort. Endet die Mitgliedschaft in der Kranken- und Pflegeversicherung, hat der Arbeitgeber den Arbeitnehmer bei der Krankenkasse abzumelden (→ *Meldungen für Arbeitnehmer in der Sozialversicherung* Rz. 1699).

In der Rentenversicherung existierte eine derartige Regelung bislang nicht. Mit Wirkung vom 1.1.1999 an wird durch § 7 Abs. 3 SGB IV auch für den Bereich der Rentenversicherung eine Regelung geschaffen. Danach bleibt eine Beschäftigung gegen Arbeitsentgelt fortbestehen, solange das Beschäftigungsverhältnis ohne Anspruch auf Arbeitsentgelt fortdauert (z.B. unbezahlter Urlaub, Arbeitsbummelei, Streik, Aussperrung), jedoch nicht länger als einen Monat. Diese Vorschrift gilt einheitlich für alle Zweige der Sozialversicherung.

Diese neue Regelung ist in Bezug auf die Renten- und Arbeitslosenversicherung auch für krankenversicherungsfreie oder von der Krankenversicherungspflicht befreite Arbeitnehmer, die arbeitsunfähig sind und deren Anspruch auf Fortzahlung des Arbeitsentgelts erschöpft ist, anzuwenden, und zwar auch dann, wenn sie bei einem privaten Krankenversicherungsunternehmen versichert sind. Auch bei ihnen gilt die Beschäftigung gegen Arbeitsentgelt nach Ablauf der Entgeltfortzahlung noch für längstens einen Monat als fortbestehend, vorausgesetzt, dass das Beschäftigungsverhältnis weiterhin besteht.

Sofern mehrere Unterbrechungstatbestände unterschiedlicher Art aufeinander treffen (z.B. unbezahlter Urlaub im Anschluss an einen Streik), sind die Zeiten der einzelnen Arbeitsunterbrechungen zusammenzurechnen. Dies gilt auch dann, wenn Arbeitsunterbrechungen z.B. auf Grund unbezahlten Urlaubs sich unmittelbar an Arbeitsunterbrechungen z.B. auf Grund eines Krankengeldbezugs anschließen. In diesen Fällen gilt zudem die Monatsfrist durch den Bezug der Entgeltersatzleistung oder durch den Erziehungsurlaub insoweit als „verbraucht"; Entsprechendes gilt für Zeiten des Wehrdienstes oder Zivildienstes.

Für die **Berechnung des Beginns und des Endes** sind die allgemeinen Regelungen zur Fristenberechnung anzuwenden. Daraus können sich folgende Fallkonstellationen ergeben:

Beschäftigung bis zum ...... ausgeübt	Beginn der Monatsfrist	Ende der Monatsfrist
5.7.	6.7.	5.8.
30.9.	1.10.	31.10
28.2.2002	1.3.	31.3.
31.1.	1.2.	28./29.2.

Diese Arbeitsunterbrechungen wirken sich auf die **Beitragsberechnung** (→ *Beiträge zur Sozialversicherung* Rz. 438) insoweit aus, dass durch die fehlende Entgeltzahlung ein geringerer Ausgangswert zu Grunde gelegt wird. Allerdings ist hier keine Teil-Beitragsbemessungsgrenze (→ *Beitragsbemessungsgrenzen* Rz. 448) zu bilden, da es sich hierbei nur um eine entgelt(beitrags-)lose Zeit handelt.

Wird die Arbeit durch den Bezug von Krankengeld, Mutterschaftsgeld bzw. Verletztengeld, Versorgungskrankengeld, Übergangsgeld, Erziehungsgeld oder auf Grund der Inanspruchnahme von Erziehungsurlaub unterbrochen, besteht die Mitgliedschaft nur in Kranken- und Pflegeversicherung weiter. In der Renten- und

Arbeitslosenversicherung besteht das Versicherungsverhältnis nicht weiter. Vielmehr tritt auf Grund anderer gesetzlicher Regelungen Versicherungspflicht ein.

Während des Bezuges von Kurzarbeiter- oder Winterausfallgeld besteht in der Kranken-, Pflege-, Renten- und Arbeitslosenversicherung das Versicherungsverhältnis fort.

Bei stationärer Behandlung umfassen die Leistungen der Krankenversicherung nach § 11 Abs. 3 SGB V auch die aus medizinischen Gründen notwendige Mitaufnahme einer Begleitperson des Versicherten. Sofern die Begleitperson dadurch einen Verdienstausfall hat, kommt allerdings weder die Zahlung von Krankengeld nach § 47 SGB V noch nach § 45 SGB V in Betracht. Vielmehr wird in Fällen dieser Art als Nebenleistung der stationären Behandlung von der Krankenkasse der Verdienstausfall in Höhe des bei Arbeitsunfähigkeit zu gewährenden Krankengeldes ersetzt.

Die Spitzenverbände der Sozialversicherungsträger (Besprechungsergebnis am 28./29.3.2001) vertreten den Standpunkt, dass der Ersatz des Verdienstausfalls in Höhe des Krankengeldes weder als Arbeitsentgelt anzusehen ist und damit über den Rahmen des § 7 Abs. 3 Satz 1 SGB IV hinaus zum Fortbestand des Versicherungsverhältnisses führt noch einen Erhalt der Mitgliedschaft in der Kranken- und Pflegeversicherung zur Folge hat. Auch handelt es sich bei dem Ersatz des Verdienstausfalls nicht um eine Entgeltersatzleistung im Rechtssinne, die Versicherungs- bzw. Beitragspflicht in der Pflege-, Renten- und Arbeitslosenversicherung begründet.

Im Falle eines rechtmäßigen Arbeitskampfes bleibt die Mitgliedschaft bis zu dessen Beendigung bestehen (→ *Arbeitskampf* Rz. 220).

Arbeitsversuch: missglückter

Die Mitgliedschaft in der **gesetzlichen Krankenversicherung** **236** setzt in der Regel eine **Beschäftigung** voraus. Dabei beginnt die Mitgliedschaft versicherungspflichtig Beschäftigter mit dem Eintritt in die versicherungspflichtige Beschäftigung. Hierunter wird im Allgemeinen die Aufnahme der Arbeit verstanden. Kann die Arbeit nicht aufgenommen werden, weil z.B. der Arbeitnehmer auf dem Weg zur erstmaligen Arbeitsaufnahme verunglückt, tritt nach der Rechtsprechung des Bundessozialgerichts Versicherungspflicht in der Sozialversicherung ein. **Scheitert die Arbeitsaufnahme** daran, dass der Arbeitnehmer arbeitsunfähig krank ist, so ist fraglich, ob die Versicherungspflicht und die Mitgliedschaft in der gesetzlichen Krankenversicherung eintritt. In der bisherigen Rechtsprechung hat das Bundessozialgericht den Eintritt von Versicherungspflicht verneint (BSG, Urteil vom 23.5.1996 – 12 RK 67/94 – ZfS 1996 S. 249). Das Bundessozialgericht hat sich am 4.12.1997 erneut in zwei Streitverfahren (12 RK 46/94 und 12 RK 3/97) mit der Rechtsfigur des missglückten Arbeitsversuchs befasst. In beiden Verfahren kam es zu dem Ergebnis, dass die Rechtsfigur des missglückten Arbeitsversuchs unter der Geltung des Fünften Buchs Sozialgesetzbuch nicht mehr anzuwenden ist; **Versicherungspflicht in der Krankenversicherung** kann deshalb nicht mehr wegen eines missglückten Arbeitsversuchs verneint werden (vgl. USK 9722 und USK 9727).

Zugleich stellte das Bundessozialgericht allerdings fest, dass an den **Nachweis** der Tatsachen, die Krankenversicherungspflicht begründen, **strenge Anforderungen** zu stellen sind, wenn der Verdacht von Manipulation zu Lasten der Krankenkassen besteht. Dies könne, zumal wenn weitere Umstände hinzutreten, der Fall sein, wenn bei Beginn der Arbeitsaufnahme Arbeitsunfähigkeit besteht, dieses bekannt ist und die Arbeit alsbald aufgegeben wird. Die Feststellungslast für die Tatsachen, die Versicherungspflicht begründen, trägt nach Ansicht des Bundessozialgerichts derjenige, der sich auf sie beruft. Die **Beweislast** obliegt deshalb grundsätzlich dem Arbeitnehmer.

Nach Auffassung der Spitzenverbände der Sozialversicherungsträger kann auf Grund der Rechtsprechung des Bundessozialgerichts die Krankenversicherungspflicht auf der Grundlage der bisherigen Rechtsfigur des missglückten Arbeitsversuchs nicht mehr verneint werden. Zur **Vermeidung von Missbräuchen** zu Lasten der Versichertengemeinschaft sind jedoch weiterhin an den Nachweis der die Versicherungspflicht begründenden Voraussetzungen strenge Anforderungen zu stellen, wenn der Verdacht besteht, dass Leistungen der gesetzlichen Krankenversicherung auf manipulative Weise erschlichen werden sollen. Dieses kann, zumal wenn weitere Umstände hinzutreten, der Fall sein, wenn bei Beginn der Arbeitsaufnahme Arbeitsunfähigkeit besteht, dieses bekannt ist und die Arbeit alsbald aufgegeben wird. Vor diesem Hintergrund wird bei Verdachtsmomenten insbesondere kritisch geprüft, ob die Versicherungspflicht auf Grund eines **Scheinarbeitsverhältnisses** ausgeschlossen ist. So wird keine die Versicherungspflicht auslösende Beschäftigung i.S.d. § 7 Abs. 1 SGB IV ausgeübt, wenn tatsächlich eine familienhafte Mithilfe oder eine selbständige Tätigkeit, insbesondere als Mitunternehmer oder Mitgesellschafter, vorliegt oder wenn ein Beschäftigungsverhältnis durch ein nach § 117 BGB nichtiges Scheingeschäft vorgetäuscht wird.

Arbeitsvertrag

1. Begriff

237 Durch den Arbeitsvertrag verpflichtet sich der Arbeitnehmer gem. § 611 BGB zur Leistung der vereinbarten Arbeit nach Anleitung und Weisung **(Direktionsrecht)** des Arbeitgebers, wohingegen dieser sich zur **Zahlung** der **vereinbarten Vergütung** verpflichtet. Durch den Vertragsschluss wird das Arbeitsverhältnis begründet. Der Arbeitsvertrag ist dabei gekennzeichnet durch die persönliche Abhängigkeit des Arbeitnehmers.

2. Abschluss des Arbeitsvertrages

238 Der Arbeitsvertrag wird nach §§ 145 ff. BGB durch wechselseitige übereinstimmende Willenserklärung, durch Angebot und Annahme abgeschlossen.

Voraussetzung ist dabei beiderseitige **Geschäftsfähigkeit**, bei Minderjährigen die Zustimmung des gesetzlichen Vertreters.

Bei **Mängeln** beim Vertragsschluss (z.B. Geschäftsunfähigkeit oder bei arglistiger Täuschung mit erfolgreicher Anfechtung) ist der Vertrag nichtig, muss jedoch bis zur faktischen Beendigung als sog. **faktisches Arbeitsverhältnis** ordnungsgemäß abgewickelt werden.

Der Vertragsschluss ist, soweit sich nicht aus besonderer Gesetzesvorschrift, aus Tarifvertrag oder aus Betriebsvereinbarung etwas anderes ergibt, **formlos möglich**, wobei ein schriftlicher Vertrag aus Beweisgründen zu empfehlen ist. Ohnehin schreibt das **Nachweisgesetz** die schriftliche Bestätigung wesentlicher Vertragspunkte vor.

Der Arbeitsvertrag kann im Übrigen auch konkludent oder **stillschweigend** abgeschlossen werden, insbesondere durch Aufnahme und Fortsetzung der Tätigkeit mit Billigung durch den Arbeitgeber.

3. Inhalt des Arbeitsvertrages

239 Für den Arbeitsvertrag gilt zunächst der Grundsatz der **Vertragsfreiheit**: Arbeitgeber und Arbeitnehmer bestimmen die Bedingungen ihres Vertragsverhältnisses in freier Vereinbarung. Die Vertragsfreiheit findet jedoch ihre **Grenze** in den **zwingenden Arbeitsschutzvorschriften**, die einzelvertraglich nicht unterlaufen werden können, weiterhin bei Tarifbindung in den tariflichen Mindestarbeitsbedingungen, in den durch Betriebsvereinbarungen gesetzten Bedingungen und in dem Grundsatz von Recht und Billigkeit.

Verstößt der Arbeitsvertrag in diesem Sinne gegen zwingendes Recht, so tritt an die Stelle der unwirksamen Regelung die entsprechende Mindestbedingung, z.B. bei einem Verstoß gegen den **Gleichbehandlungsgrundsatz** die vergleichbare Gestaltung.

4. Beendigung des Arbeitsvertrages

240 Der Arbeitsvertrag endet durch gegenläufigen Vertrag/**Aufhebungsvertrag**, durch **Zeitablauf** bei wirksam befristetem Vertrag, durch Erreichen der **Altersgrenze** oder durch eine wirksame **Kündigung**, um die wichtigsten Beendigungstatbestände anzuführen.

Arbeitszeitmodelle

1. Vorbemerkung

241 In der betrieblichen Praxis kommen gerade in den letzten Jahren unterschiedliche **Modelle flexibler Arbeitszeit** verstärkt vor, z.B.

– Abrufarbeit,
– Altersteilzeitmodelle (→ *Altersteilzeitgesetz* Rz. 47),
– Gleitzeitmodelle,
– Jahresarbeitszeitmodelle,
– Jobsharing,
– Lebensarbeitszeitmodelle,
– Sabbatjahrmodelle (→ *Sabbatjahr* Rz. 2137),
– Teilzeitmodelle.

Alle diese Modelle haben das Ziel, die Arbeitszeit der Arbeitnehmer besser an die Bedürfnisse der Unternehmen anzupassen. **Gleitzeitmodelle** ermöglichen dem Arbeitnehmer den Beginn und das Ende seiner täglichen Arbeitszeit in einem festgelegten Rahmen frei zu wählen und geleistete Mehrarbeit innerhalb der Gleitzeit „abzubummeln". **Jahresarbeitszeitkonten** gehen noch einen Schritt weiter. Sie ermöglichen, dass die zu bestimmten Zeiten geleistete **Mehrarbeit nicht mehr zusätzlich vergütet** werden muss, sondern in arbeitsarmen Zeiten in einem festgelegten Umfang in Freizeit eingetauscht werden kann. Zu diesem Zweck wird dann für jeden Arbeitnehmer ein Arbeitszeitkonto geführt, in dem die geleistete Mehrarbeit und die dagegen verrechneten Freizeittage aufgezeigt werden. **Sabbatjahrmodelle** sind z.B. im öffentlichen Dienst eingeführt worden. Bei ihnen wird das Gehalt in der „Arbeitsphase" gekürzt, dafür aber in der „Freizeitphase" weitergezahlt, vgl. im Einzelnen → *Sabbatjahr* Rz. 2137.

Insbesondere um jungen Menschen einen Einstieg in das Berufsleben zu ermöglichen, haben die Tarifvertragsparteien im Zeichen der Verknappung von Arbeitsplätzen auch **Lebensarbeitszeitmodelle** eingeführt. Mit diesem Modell soll älteren Arbeitnehmern der Weg in einen vorzeitigen Ruhestand ermöglicht werden. Dazu werden nicht nur die Möglichkeiten genutzt, die das Altersteilzeitgesetz (→ *Altersteilzeitgesetz* Rz. 47) bietet. Bei Lebensarbeitszeitmodellen hat der Arbeitnehmer die Möglichkeit, während seiner aktiven Tätigkeit auf die Bezahlung bestimmter Leistungen, wie z.B. Mehrarbeit, Erholungspausen, Zuschläge für Sonntags-, Feiertags- oder Nachtarbeit, Urlaubsgeld, Weihnachtsgeld, Tantiemen oder andere Gewinnbeteiligungen zu verzichten und sie stattdessen auf einem Lebensarbeitszeitkonto gutschreiben zu lassen. Diese Gutschriften werden vom Arbeitnehmer am Ende seiner Lebensarbeitszeit eingelöst, so dass er vorzeitig in Rente gehen kann.

Zu den sozialversicherungsrechtlichen Voraussetzungen siehe → Rz. 249.

2. Arbeitsrecht

242 Flexible Arbeitszeit im Arbeitsverhältnis bedarf eines arbeitsrechtlichen Rahmens durch eine **Vereinbarung** (siehe im Einzelnen → Rz. 249). Die Zulässigkeit der zu leistenden Arbeitszeit richtet sich nach der einzelvertraglichen Vereinbarung und nach Tarifvertrag und Betriebsvereinbarung, insbesondere aber nach den einschränkenden Rahmenregelungen des Arbeitszeitgesetzes.

Hinsichtlich der **Kündigung** eines Arbeitsverhältnisses gilt nach § 7 Abs. 1b SGB IV: Die Möglichkeit eines Arbeitnehmers zur Vereinbarung flexibler Arbeitszeiten ist nicht eine die Kündigung des Arbeitsverhältnisses durch den Arbeitgeber begründende Tatsache nach § 1 Abs. 2 KSchG.

Nach § 7d SGB IV soll von den Parteien des Arbeitsvertrags Vorkehr zur **Insolvenzsicherung** von Wertguthaben getroffen werden für den Fall, dass

– Anspruch auf Insolvenzgeld/Konkursausfallgeld nicht besteht,

– das Wertguthaben zuzüglich Arbeitgeberanteilen zur Sozialversicherung das Dreifache der monatlichen Bezugsgröße gem. § 18 SGB IV übersteigt und

– der Ausgleichszeitraum, in dem das Wertguthaben auszugleichen ist, länger als 27 Kalendermonate ist, gerechnet von der ersten Gutschrift an.

Der Gesetzgeber hat nicht geregelt, was gelten soll, wenn Arbeitgeber und Arbeitnehmer Insolvenzsicherungsvereinbarungen nicht treffen. Als Mittel der Insolvenzsicherung kommen treuhänderische Einrichtungen oder eine Bankbürgschaft in Frage.

Zur Vermeidung unnötiger Risiken und Auseinandersetzungen ist im Übrigen zu empfehlen, eine **kontinuierlich fortgezahlte Vergütung** bzw. Durchschnittsvergütung zu vereinbaren mit einem Arbeitszeitkonto, auf dem die Abweichungen von der regulären Arbeitszeit positiv oder negativ angerechnet werden, sei es im Sinne eines Wertguthabens oder im Sinne eines reinen Zeitguthabens.

Zum Arbeitszeitkonto hat das Bundesarbeitsgericht bisher Folgendes entschieden:

Ein **negatives Guthaben** auf einem Arbeitszeitkonto stellt einen Lohn- und Gehaltsvorschuss des Arbeitgebers dar. Kann allein der Arbeitnehmer darüber entscheiden, ob und in welchem Umfang das negative Guthaben entsteht, hat er es im Fall der Beendigung des Vertrags bei nicht rechtzeitigem Zeitausgleich finanziell auszugleichen. Dazu darf der Arbeitgeber eine Verrechnung mit Vergütungsansprüchen vornehmen (BAG, Urteil vom 13.12.2000, DB 2001 S. 1565).

Wird ein in Vollzug einer tarifgerechten Betriebsvereinbarung über die flexible Gestaltung von Arbeitszeiten vor Ablauf des Ausgleichszeitraums entstandener sog. **Plusstundensaldo** durch Zahlung des Stundenlohns abgebaut, so sind auf diese Stundenlöhne keine Mehrarbeitszuschläge zu zahlen (BAG, Urteil vom 25.10.2000, DB 2001 S. 1620).

3. Lohnsteuer

a) Allgemeines

243 Für **flexible Arbeitszeitregelungen** ist typisch, dass die **Auszahlung von Bezügen,** die in der Arbeitsphase verdient werden, durch eine **arbeitsrechtlich verbindliche Vereinbarung auf eine spätere Zeit,** die Entnahmephase, **verschoben wird.** In der Entnahmephase wird der Arbeitnehmer unter Weiterzahlung seiner Bezüge von der Arbeitsleistung freigestellt. Soweit Arbeitsphase und Entnahmephase grundsätzlich in einem Kalenderjahr liegen, wie z.B. bei Gleitzeit- oder Jahresarbeitszeitmodellen, sind die lohnsteuerlichen Auswirkungen hinsichtlich des Zuflusses unbedeutend. Lediglich **bei Lebensarbeitszeitmodellen,** bei denen die Arbeitsphase und die Entnahmephase weit auseinander liegen, ist die Frage, **wann der Arbeitslohn dem Arbeitnehmer zufließt,** von großer Bedeutung. Lohnsteuerlich **gilt** in diesem Falle **Folgendes:**

b) Zufluss von Arbeitslohn

Maßgebend für den Zufluss von Arbeitslohn ist der Zeitpunkt, in **244** dem der Arbeitnehmer die **wirtschaftliche Verfügungsmacht** über den Arbeitslohn erlangt; das ist der Zeitpunkt, zu dem der Arbeitnehmer **rechtswirksam einen Anspruch auf Auszahlung** des Arbeitslohns erhält. Lässt sich der Arbeitnehmer den Arbeitslohn nicht auszahlen, obwohl er einen Auszahlungsanspruch hat und der Arbeitgeber die Auszahlung auch leisten könnte, so fließt lohnsteuerrechtlich der Arbeitslohn in diesem Moment zu und es ist Lohnsteuer, Solidaritätszuschlag und ggf. Kirchensteuer einzubehalten. Der Betrag, den sich der Arbeitnehmer nicht hat auszahlen lassen, ist wie ein **Darlehen,** das der Arbeitnehmer dem Arbeitgeber zur Verfügung stellt, zu behandeln, vgl. → *Zufluss von Arbeitslohn* Rz. 2685.

Wenn der Arbeitnehmer jedoch über einen Anspruch auf Arbeitslohn verfügt, der **zwar rechtswirksam vereinbart, aber rechtlich noch nicht entstanden** ist, so fließt noch **kein Arbeitslohn** zu. Solange der Arbeitslohn noch nicht rechtswirksam entstanden ist, kann der Arbeitnehmer grundsätzlich eine spätere Auszahlung vereinbaren, soweit diese Handlungsweise nicht nach § 42 AO einen Missbrauch von Formen und Gestaltungsmöglichkeiten darstellt. Ein solcher Missbrauch dürfte wohl verneint werden, wenn die Vereinbarung auf einem **Tarifvertrag** oder einer **Betriebsvereinbarung** beruht. Daher führt die vereinbarte Gutschrift künftigen Arbeitslohns auf Arbeitszeitkonten nicht zum Zufluss von Arbeitslohn im Zeitpunkt der Gutschrift (BMF-Schreiben vom 4.2.2000, BStBl I 2000 S. 354).

Bei Lebensarbeitszeitmodellen werden regelmäßig **verschiedenartige Leistungen** dem jeweiligen Arbeitszeitkonto des Arbeitnehmers gutgeschrieben, z.B. geleistete Überstunden, bezahlte Pausen oder Weihnachtsgeld. Daher ist es notwendig, diese verschiedenartigen Leistungen **einheitlich zu bewerten.** Werden daher Zeitgutschriften, z.B. für **geleistete Überstunden,** mit einem Stundenlohnfaktor bewertet und als Geldbetrag auf dem Arbeitszeitkonto des Arbeitnehmers gutgeschrieben, liegt noch kein Zufluss von Arbeitslohn vor.

Beispiel 1:

Der Arbeitgeber hat mit den Arbeitnehmern eine Betriebsvereinbarung abgeschlossen, nach der die **Vergütungen** für Mehrarbeit, das Urlaubs- und Weihnachtsgeld sowie ggf. die Tantiemen **nicht mehr ausbezahlt,** sondern **auf einem Lebensarbeitszeitkonto erfasst** werden. Entsprechend dem Guthaben auf dem Lebensarbeitszeitkonto wird der Arbeitnehmer schon ein, zwei oder drei Jahre vor Beginn der Rente unter Fortzahlung seiner Bezüge von der Arbeit freigestellt.

In der Arbeitsphase unterliegt nur der tatsächlich ausgezahlte Arbeitslohn der Lohnsteuer, nicht aber die dem Lebensarbeitszeitkonto gutgeschriebenen Guthaben. In der Entnahmephase unterliegt der vom Arbeitgeber tatsächlich gezahlte Arbeitslohn der Lohnsteuer.

Beispiel 2:

Sachverhalt wie Beispiel 1, **die Arbeitnehmer können** jedoch – bevor der Anspruch rechtlich entsteht – **wählen,** ob die Vergütung dem Lebensarbeitszeitkonto gutgeschrieben oder sofort ausgezahlt werden soll. Ein Arbeitnehmer **wählt die Gutschrift** auf seinem Lebensarbeitszeitkonto, **bevor** er seine Überstunden leistet.

Da der Arbeitnehmer **vor dem rechtlichen Entstehen** des Arbeitslohns über die Überstundenentlohnung verfügt, fließt ihm der entsprechende Arbeitslohn erst später in der Entnahmephase zu.

Beispiel 3:

Sachverhalt wie Beispiel 2, ein Arbeitnehmer wählt die Gutschrift auf seinem Lebensarbeitszeitkonto, **nachdem** er seine Überstunden geleistet hat.

Da der Arbeitnehmer **nach dem rechtlichen Entstehen** des Arbeitslohns über die Überstundenentlohnung verfügt, fließt ihm der entsprechende Arbeitslohn sofort zu, denn durch die Wahl der Gutschrift auf seinem Lebensarbeitszeitkonto hat er über den entsprechenden Betrag verfügt.

Verzichtet der Arbeitnehmer zu Gunsten seines Arbeitszeitkontos auf die **Auszahlung von steuerfreiem Arbeitslohn,** z.B. steuerfreie Zuschläge für Sonntags-, Feiertags- oder Nachtarbeit, (→ *Zuschläge für Sonntags-/Feiertags- und Nachtarbeit* Rz. 2779), so geht nach einer Entscheidung der Finanzverwaltung (BMF-Schreiben vom 2.12.1999 – IV A 5 – S 2290 – 51/99 II) **die Steuerfreiheit dieser Bezüge nicht verloren.** Das bedeutet, dass in der Entnahmephase Teile des dann ausgezahlten Arbeitslohns steuerfrei sind. Voraussetzung ist aber, dass im Arbeitszeitkonto die Steuerfreiheit der Bezüge festgehalten wird. Hingegen ist die **Verzinsung steuerfreier Zuschläge**, die auf ein Zeitkonto genommen und getrennt ausgewiesen werden, nach § 3b EStG **nicht steuerfrei** (BMF-Schreiben vom 27.4.2000, DB 2000 S. 1000).

Kann das Zeitguthaben bzw. das hierauf beruhende Wertguthaben bei **Beendigung des Dienstverhältnisses** zum neuen Arbeitgeber **mitgenommen** werden, führt die Übertragung der Guthaben nicht zu einem Zufluss von Arbeitslohn im Zeitpunkt des Arbeitgeberwechsels (FinMin Nordrhein-Westfalen, Erlass vom 22.8.2001, Steuer-Telex 2001 S. 618).

c) Absicherung des Arbeitszeitkontos durch einen Fonds

245 Wenn ein Arbeitszeitkonto **über einen längeren Zeitraum** aufgebaut wird, besteht für den Arbeitnehmer ein **erhebliches Risiko**. So würde bei Insolvenz des Arbeitgebers der Arbeitnehmer nicht nur seinen Arbeitsplatz verlieren, sondern auch noch sein angespartes Guthaben auf dem Lebensarbeitszeitkonto. Statt der Bildung einer Rückstellung in der Bilanz des Arbeitgebers wird daher vielfach zwischen Arbeitgeber und Arbeitnehmer vereinbart, dass das Guthaben auf dem Lebensarbeitszeitkonto in einen Geldbetrag umgewandelt und an einen **rechtlich selbständigen Fonds** gezahlt wird. Um in diesem Falle den sofortigen Zufluss von Arbeitslohn beim Arbeitnehmer auszuschließen, darf dieser **keine Ansprüche gegen den Fonds** erwerben. Umstritten ist, ob die Ansprüche des Arbeitgebers gegen den Fonds an den Arbeitnehmer abgetreten oder verpfändet werden dürfen, damit dieser im Falle der Illiquidität des Arbeitgebers seine Rechte gegenüber dem Fonds geltend machen kann. So wird teilweise die Auffassung vertreten, dass nur eine aufschiebend bedingte Verpfändung zu keinem sofortigen Arbeitslohnzufluss führt (Hartz-Meeßen-Wolf, ABC-Führer Lohnsteuer, Stichwort „Arbeitszeitkonto" Rz. 4). Diese restriktive Auffassung wird abgelehnt. In R 129 Abs. 3 Nr. 3 LStR hat sich die Finanzverwaltung zur Unschädlichkeit einer Verpfändung oder Abtretung von Rückdeckungsversicherungen geäußert. Diese Grundsätze sind entsprechend auch bei der Absicherung der Ansprüche des Arbeitnehmers gegen den Fonds anzuwenden. Deshalb ist die **Verpfändung der Ansprüche an den Arbeitnehmer unschädlich**, weil dieser bei einer Verpfändung gegenwärtig keine Rechte erwirbt, die ihm einen Zugriff auf den Fonds und die darin angesammelten Werte ermöglichen. Entsprechendes gilt für eine aufschiebend bedingte Abtretung, da die Abtretung rechtlich erst wirksam wird, wenn die Bedingung eintritt (§ 158 Abs. 1 BGB), vgl. → *Rückdeckung/Rückdeckungsversicherung* Rz. 2116.

Erhält der Arbeitnehmer später in der Entnahmephase **unmittelbar Leistungen aus dem Fonds**, so sind diese Zahlungen **als Arbeitslohn anzusehen**. Dies gilt auch für die Zinsen, die vom Fonds erwirtschaftet und den jeweiligen Arbeitszeitkonten der Arbeitnehmer gutgeschrieben werden. Denn der Fonds hat lediglich den Zweck, dem Arbeitgeber die Leistungen an die freigestellten Arbeitnehmer zu finanzieren. Unmittelbare Zahlungen an die Arbeitnehmer stellen daher nur einen verkürzten Zahlungsweg dar.

Gestalten Arbeitgeber und Arbeitnehmer den Sachverhalt aber so, dass der Arbeitnehmer in Höhe seines Arbeitszeitkontos **unmittelbare Ansprüche gegen den Fonds** erwirbt, so fließt dem Arbeitnehmer in dem Zeitpunkt, in dem er die Ansprüche erwirbt, der **Arbeitslohn** zu, denn der Arbeitnehmer kann über die Ansprüche unmittelbar verfügen, z.B. durch Abtretung oder Beleihung seiner Ansprüche. In diesem Falle sind die späteren Zahlungen aus dem Fonds nicht als Arbeitslohn, sondern als Rente mit dem Ertragsanteil zu versteuern.

d) Absicherung des Arbeitszeitkontos durch eine Rückdeckungsversicherung

246 Zur Absicherung des Arbeitszeitkontos kann der Arbeitgeber dem Arbeitnehmer auch eine Pensionszusage erteilen und das in einen Geldbetrag umgewandelte Guthaben in eine **Rückdeckungsversicherung** einzahlen (→ *Rückdeckung/Rückdeckungsversicherung* Rz. 2116). In diesem Fall erhält der Arbeitnehmer eine Pen-

sionszusage, die von ihm unter Verzicht auf Gehaltszahlungen finanziert wird (arbeitnehmerfinanzierte Pensionszusage). Unter bestimmten Voraussetzungen liegt in diesem Fall **kein gegenwärtig zufließender Arbeitslohn** vor, vgl. → *Zukunftssicherung: Betriebliche Altersversorgung* Rz. 2695.

e) Vorzeitige Auflösung des Arbeitszeitkontos

Wird das Arbeitszeitkonto **vor Beginn der Entnahmephase aufgelöst**, weil der Arbeitnehmer aus dem Dienstverhältnis durch Kündigung oder Tod ausscheidet, und wird das Guthaben dem Arbeitnehmer zu diesem Zeitpunkt ausbezahlt, so fließt dem Arbeitnehmer **im Zeitpunkt der Zahlung** der Arbeitslohn zu. Insoweit sind keine Besonderheiten zu beachten. Die Auflösung des Arbeitszeitkontos ist eine Nachzahlung von Arbeitslohn, die entweder als laufender Arbeitslohn (→ *Nachzahlungen* Rz. 1760) oder als sonstiger Bezug (→ *Sonstige Bezüge* Rz. 2232) zu versteuern ist. Ist das Arbeitszeitkonto über mehr als zwölf Monate angespart worden, kommt die „Fünftelregelung" nach § 34 Abs. 1, 2 EStG in Betracht (→ *Arbeitslohn für mehrere Jahre* Rz. 229). **247**

Wird im Falle des Todes das Arbeitszeitguthaben an die Erben des Arbeitnehmers ausgezahlt, fließt den Erben im Zeitpunkt der Zahlung Arbeitslohn zu, vgl. → *Tod des Arbeitnehmers* Rz. 2421.

f) Verwendung des Arbeitszeitkontos für Altersversorgung

Eine Vereinbarung zwischen Arbeitnehmer und Arbeitgeber, die in der Vergangenheit auf **Arbeitszeitkonten gutgeschriebenen Beträge** zu Gunsten von Leistungen der betrieblichen Altersversorgung zu verwenden, führt im Zeitpunkt der Vereinbarung **zum Zufluss von Arbeitslohn** in Höhe der vor dieser Vereinbarung gutgeschriebenen Beträge, weil insoweit über Ansprüche verfügt wird, die dem Grunde nach bereits entstanden sind (BMF-Schreiben vom 4.2.2000, BStBl I 2000 S. 354). **248**

Dagegen liegt in der Umbuchung **kein Arbeitslohnzufluss**, wenn die wahlweise Verwendung der auf Arbeitszeitkonten gutzuschreibenden Beträge zu Gunsten von Leistungen der betrieblichen Altersversorgung bereits **vor Aufbau der Arbeitszeitkonten** zwischen Arbeitgebern und Arbeitnehmern **vereinbart** worden ist. Dasselbe gilt, wenn die wahlweise Verwendung künftiger Gutschriften zu Gunsten betrieblicher Altersversorgungsleistungen bei bereits **bestehenden Arbeitszeitkonten** vereinbart wird (BMF-Schreiben vom 4.2.2000, BStBl I 2000 S. 354).

4. Sozialversicherung

a) Versicherungsrecht

aa) Allgemeines

Die in den einzelnen Versicherungszweigen bestehenden versicherungsrechtlichen Regelungen finden grundsätzlich auch für solche Arbeitnehmer uneingeschränkt Anwendung, deren Arbeitszeit auf Grund schriftlicher Vereinbarung i.S. des § 7 Abs. 1a SGB IV flexibel gestaltet ist. **249**

Die **Versicherungspflicht** Beschäftigter ist regelmäßig von einem Beschäftigungsverhältnis und einer tatsächlichen Arbeitsleistung gegen Arbeitsentgelt abhängig (§ 2 Abs. 2 SGB IV). Verschiedene Arbeitszeitmodelle sehen vor, dass Arbeitnehmer in einem bestimmten Zeitraum keine Arbeitsleistungen zu erbringen haben, jedoch ein Arbeitsentgelt erhalten, das durch tatsächliche Arbeitsleistung vor oder nach der Freistellungsphase erzielt wird (Wertguthaben). Eine Beschäftigung gegen Arbeitsentgelt besteht unter bestimmten Voraussetzungen auch während Freistellungsphasen (§ 7 Abs. 1a SGB IV). Damit werden sowohl Unterbrechungen des Arbeitslebens (z.B. durch ein Sabbatjahr) als auch Freistellungsphasen insbesondere zum Ende des Arbeitslebens (z.B. Altersteilzeitarbeit in Blockbildung) sozialversicherungsrechtlich abgesichert.

Nach § 7 Abs. 1a Satz 1 SGB IV besteht eine **Beschäftigung gegen Arbeitsentgelt in Zeiten der Freistellung von der Arbeitsleistung** nur, wenn

– die Freistellung auf Grund einer schriftlichen Vereinbarung erfolgt,

– in der Freistellungsphase Arbeitsentgelt fällig ist,

– dieses Arbeitsentgelt mit einer vor oder nach der Freistellungsphase erbrachten Arbeitsleistung erzielt wird (Wertguthaben),

– die Höhe des für die Freistellungsphase gezahlten Arbeitsentgelts nicht unangemessen von dem monatlich fälligen Arbeitsentgelt der der Freistellungsphase unmittelbar vorausgegangenen zwölf Kalendermonate abweicht und

– die Arbeitsentgelte während der Arbeitsphase und während der Freistellung 325 € im Monat übersteigen.

Für den Fortbestand der Versicherungspflicht in der Freistellungsphase ist es nicht erforderlich, dass das Beschäftigungsverhältnis anschließend fortgesetzt wird.

Ein **Beschäftigungsverhältnis** kann nach § 7 Abs. 1a Satz 2 SGB IV auch mit einer Freistellungsphase beginnen. In diesem Fall darf die Höhe des für die Freistellungsphase gezahlten Arbeitsentgelts nicht unangemessen von der Höhe des Arbeitsentgelts in der späteren Arbeitsphase abweichen. Dem steht nicht entgegen, dass die Arbeitsleistung, mit der das Arbeitsentgelt später erzielt werden soll, wegen einer im Zeitpunkt der Vereinbarung nicht vorhersehbaren vorzeitigen Beendigung des Arbeitsverhältnisses nicht mehr erbracht werden kann (§ 7 Abs. 1a Satz 3 SGB IV).

Die vorstehenden Ausführungen gelten nach § 7 Abs. 1a Satz 5 SGB IV nicht für Personen, auf die Wertguthaben lediglich übertragen werden. Dadurch wird ausgeschlossen, dass Dritte durch **Erwerb von Wertguthaben**, die ein anderer Beschäftigter durch Arbeitsleistung angesammelt hat, einen sozialversicherungsrechtlichen Schutz ohne Arbeitsleistung begründen können. Bei demjenigen Arbeitnehmer, der das Wertguthaben erarbeitet hat, wird mit der Übertragung des Wertguthabens auf einen Dritten das Arbeitsentgelt fällig und damit beitragspflichtig (§ 23b Abs. 4 SGB IV).

bb) Vereinbarung

250 **Flexible Arbeitszeitregelungen** i.S. des § 7 Abs. 1a SGB IV sind alle Regelungen, die es zulassen, geleistete Arbeitszeiten oder erzielte Arbeitsentgelte in späteren Abrechnungszeiträumen für Freistellungen von der Arbeit zu verwenden. Eine flexible Arbeitszeitregelung stellt deshalb bereits die gleitende Arbeitszeit dar. Im Rahmen der gleitenden Arbeitszeit können Zeitguthaben in späteren Abrechnungszeiträumen für (ggf. nur stundenweise) Arbeitsfreistellungen verwendet werden. Außerdem können Freistellungen von der Arbeit ohne Zeitguthaben genommen werden, die Zeitschuld ist dann in späteren Zeiträumen auszugleichen.

„Echte" **Vertrauensarbeitszeit**, in der keine Aufzeichnungen über Arbeitszeiten geführt werden, stellt keine flexible Arbeitszeit i.S. der Sozialversicherung dar. Während der gesamten Dauer des Vertrauensarbeitszeitmodells besteht eine Beschäftigung gegen Arbeitsentgelt nach § 7 Abs. 1 SGB IV. Die Aufzeichnungspflichten (Wertguthaben, SV-Luft) nach der Beitragsüberwachungsverordnung (BÜVO) bestehen nicht.

Soweit **Aufzeichnungen über Arbeitszeiten** (vom Arbeitnehmer oder im Unternehmen) geführt werden, um allein den Erfordernissen des Arbeitszeitgesetzes Rechnung zu tragen, ist dies unschädlich. Diese Aufzeichnungen gehören nicht zu den nach § 2 BÜVO zu führenden Lohnunterlagen.

Flexible Arbeitszeitregelungen, auf die § 7 Abs. 1a SGB IV Anwendung finden soll, bedürfen der vorherigen **schriftlichen Vereinbarung**. Dies können sein:

– tarifvertragliche Regelungen,

– Betriebsvereinbarungen,

– einzelvertragliche Vereinbarungen.

Die Vereinbarung hat insbesondere Regelungen über die Freistellungsphase sowie die Höhe des während der Freistellung fälligen Arbeitsentgelts zu treffen.

Die Vertragspartner können bei Abschluss der Vereinbarung für den Fall, dass das Wertguthaben nicht mehr für Zeiten der Freistellung von der Arbeitsleistung verwendet werden kann, eine andere Verwendung des Wertguthabens vereinbaren (§ 7 Abs. 1a Satz 4 SGB IV). Dies ist zulässig bei Beendigung der Beschäftigung wegen des

– Eintritts einer Erwerbsminderung,

– Erreichens einer Altersgrenze, zu der eine Rente wegen Alters beansprucht werden kann, oder

– Todes des Beschäftigten.

Für solche Fälle kann geregelt werden, dass das Wertguthaben z.B. für die betriebliche Altersversorgung verwendet oder an den Beschäftigten bzw. an dessen Hinterbliebene ausgezahlt wird. Nach § 23b Abs. 3a SGB IV gilt allein das für Zwecke der betrieblichen Altersversorgung – in den engen Grenzen des § 7 Abs. 1a Satz 4 SGB IV – verwendete Wertguthaben nicht als beitragspflichtiges Arbeitsentgelt. Wird das Wertguthaben nicht für eine laufende Freistellung von der Arbeit und auch nicht auf Grund einer entsprechenden Vereinbarung für die betriebliche Altersversorgung verwendet, tritt ein Störfall mit der besonderen Beitragsberechnung ein.

Sah die Vereinbarung eine Verwendung des Wertguthabens für die betriebliche Altersversorgung unter den genannten Voraussetzungen bisher nicht vor und wird die Vereinbarung um diesen Verwendungszweck unverzüglich ergänzt, kann auch das vor diesem Zeitpunkt erzielte Wertguthaben für die betriebliche Altersversorgung verwendet werden, ohne dass ein Störfall eintritt.

Bei allen Vereinbarungen über flexible Arbeitszeitregelungen muss allerdings zum Ausdruck kommen, dass es Zweck der Vereinbarung ist, die Freistellung zu erreichen.

cc) Wertguthaben

Unter dem Begriff **Wertguthaben** sind alle im Rahmen der vertraglich vereinbarten flexiblen Arbeitszeitregelungen erzielten Guthaben zu verstehen. Dies gilt unabhängig davon, ob die Guthaben als **Geldguthaben** (Geldkonten) **oder Zeitguthaben** (Zeitkonten) geführt werden. 251

Als Wertguthaben im sozialversicherungsrechtlichen Sinne gelten alle angesparten Arbeitsentgelte nach § 14 SGB IV sowie alle Arbeitszeiten, denen Arbeitsentgelt nach § 14 SGB IV zu Grunde liegt, aus einer versicherungspflichtigen Beschäftigung, z.B.

– Teile des laufenden Arbeitsentgelts,

– Mehrarbeitsvergütungen,

– Einmalzahlungen,

– freiwillige zusätzliche Leistungen des Arbeitgebers,

– Überstunden,

– nicht in Anspruch genommene Urlaubstage.

Dabei werden auch Arbeitsentgelte oberhalb der Beitragsbemessungsgrenze berücksichtigt. Darüber hinaus gehören auch die mit dem Wertguthaben zu Gunsten des Arbeitnehmers erwirtschafteten Erträge (Zinserträge u.Ä.) zum Wertguthaben.

Steuerfreie Arbeitsentgeltbestandteile, die kein Arbeitsentgelt i.S. der Sozialversicherung darstellen, können nicht als sozialversicherungsrechtlich relevantes Wertguthaben verwendet werden. Es besteht aber die Möglichkeit, diese Arbeitsentgeltbestandteile als besonderes (steuer- und beitragsfreies) Wertguthaben zur Erhöhung des Nettoarbeitsentgelts in der Freistellungsphase zu verwenden. Die mit steuerfreien Wertguthaben erzielten Wertzuwächse (Zinserträge o.Ä.) sind deshalb dem sozialversicherungsrechtlich relevanten Wertguthaben zuzuordnen und können zur Finanzierung einer Freistellungsphase verwendet werden.

Für den Fall, dass das **Wertguthaben an einen bestimmten Maßstab gebunden** ist, zählen auch die so entstehenden Wertsteigerungen zum sozialversicherungsrechtlich relevanten Wertguthaben. Das bedeutet, dass bei der Verwendung des Wertguthabens jeweils der aktuelle Maßstab für das Wertguthaben zu Grunde zu legen ist. Wird das Wertguthaben z.B. als Zeitwertguthaben geführt und ist vereinbart, dass die angesparten Stunden im Falle der Freistellung von der Arbeitsleistung mit dem dann geltenden Stundensatz vergütet werden, ist das Wertguthaben das Ergebnis der Multiplikation der angesparten Stunden und dem aktuell gültigen Stundensatz. Für bestehende Zeitwertguthaben zum Zeitpunkt des Eintritts der Erwerbsminderung ist demzufolge eine Bewertung mit dem im Zeitpunkt des Ausscheidens aus der Beschäftigung maßgebenden Stundensatz vorzunehmen.

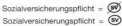
dd) Lohnunterlagen

252 Der Arbeitgeber hat nach § 2 Abs. 1 Nr. 4b BÜVO das Wertguthaben i.S. des Sozialversicherungsrechts einschließlich dessen Änderungen durch Zu- und Abgänge in den **Lohnunterlagen** darzustellen. Dabei sind der Abrechnungsmonat, in dem die erste Gutschrift erfolgt, sowie alle weiteren Abrechnungsmonate in denen Änderungen des Wertguthabens erfolgen, anzugeben. Hierbei ist sicherzustellen, dass die Entwicklung des Wertguthabens seiner Art nach (Zeit- oder Geldwertguthaben) an einer Stelle dargestellt wird. Im Übrigen sind Wertguthaben, die zum Teil aus Arbeitsleistungen im Rechtskreis West als auch im Rechtskreis Ost erzielt wurden, nach § 7 Abs. 1a Satz 6 SGB IV getrennt darzustellen. Die Wertzuwächse des Wertguthabens sind jeweils dem Rechtskreis zuzuordnen, in dem das Wertguthaben erzielt wurde.

Werden Wertguthaben auf einen Dritten übertragen, sind sie in den Lohnunterlagen des Dritten als solche zu kennzeichnen. Übertragene Wertguthaben werden beim Dritten nicht für die Beitragserhebung herangezogen und können nicht für eine Freistellungsphase nach § 7 Abs. 1a SGB IV verwendet werden.

ee) Betriebliche Altersversorgung

253 Sah die Vereinbarung eine Verwendung des Wertguthabens für die **betriebliche Altersversorgung** bisher nicht vor und wird die Vereinbarung um diesen Verwendungszweck unverzüglich ergänzt, kann auch das vor dem Zeitpunkt erzielte Wertguthaben für die betriebliche Altersversorgung verwendet werden, ohne dass ein Störfall eintritt. Wurde die Vereinbarung nicht unverzüglich ergänzt, treten bei Verwendung des Wertguthabens für die betriebliche Altersversorgung unterschiedliche beitragsrechtliche Konsequenzen ein. In diesen Fällen ist das Wertguthaben in den Lohnunterlagen getrennt für den Zeitraum vor der Änderung der Vereinbarung und seit der Änderung der Vereinbarung darzustellen. Unabhängig hiervon ist die SV-Luft für jeden Versicherungszweig durchgehend in einer Summe zu bilden.

ff) Störfall

254 Für den Fall, dass das Wertguthaben nicht wie vereinbart für eine laufende Freistellung von der Arbeit verwendet wird (**Störfall**), sieht § 23b Abs. 2 SGB IV ein besonderes Beitragsberechnungsverfahren vor. Hiernach gilt in einem Störfall als beitragspflichtiges Arbeitsentgelt das Wertguthaben, höchstens jedoch die Differenz zwischen der für die Dauer der Arbeitsphase seit der ersten Bildung des Wertguthabens maßgebenden Beitragsbemessungsgrenze für den jeweiligen Versicherungszweig und dem in dieser Zeit beitragspflichtigen Arbeitsentgelt (sog. **Summenfelder-Modell**).

Die sich aus dem Summenfelder-Modell ergebenden Beitragsbemessungsgrundlagen sind in der Entgeltabrechnung (Entgeltkonto) mindestens kalenderjährlich darzustellen. Dies sind die (Gesamt-) Differenzen zwischen dem beitragspflichtigen Arbeitsentgelt und der Beitragsbemessungsgrenze des jeweiligen Versicherungszweiges (**SV-Luft**) für die Dauer der Arbeitsphase seit der erstmaligen Bildung des Wertguthabens.

Wurden Wertguthaben zum Teil aus Arbeitsleistungen im Rechtskreis West als auch aus Arbeitsleistungen im Rechtskreis Ost erzielt, ist die sich in den beiden Rechtskreisen ergebende SV-Luft in der Entgeltabrechnung getrennt darzustellen.

In Deutsche Mark geführte Geldwertguthaben als auch die SV-Luft sind wegen der Währungsumstellung im Jahr 2002 mit dem amtlichen Umrechnungskurs 1,95583 in Euro umzurechnen.

Das Wertguthaben kann als Geld- und/oder Zeitwertguthaben geführt werden. Nach § 23b Absatz 2 SGB IV hat der Arbeitnehmer den im Störfall beitragspflichtigen Teil des Wertguthabens wie folgt zu bestimmen:

Der Arbeitgeber stellt für die Zeit der Arbeitsphase einer Vereinbarung über die Flexibilisierung der Arbeitszeit vom Zeitpunkt der tatsächlichen Bildung des Wertguthabens an mindestens kalenderjährlich die Differenz zwischen der Beitragsbemessungsgrenze des jeweiligen Versicherungszweigs und des in diesem Kalenderjahr erzielten beitragspflichtigen Arbeitsentgelts fest (SV-Luft). Dabei sind auch Zeiten des Bezugs von Kurzarbeitergeld bzw. Winterausfallgeld (für Wertguthaben, die nach den Tarifverträgen des Bauhaupt- und des Baunebengewerbes aus-

schließlich zur Vermeidung von Winterarbeitsausfall gebildet werden) mit einzubeziehen. Beitragsfreie Zeiten, z.B. Zeiten des Bezugs von Krankengeld, sowie Zeiten, in denen der Arbeitnehmer auf Grund des Wertguthabens eine Freistellung von der Arbeit erhalten hat, sind, wenn in diesen Zeiten kein weiteres Wertguthaben erzielt wurde, bei der Bildung der (anteiligen) Beitragsbemessungsgrenzen nicht zu berücksichtigen. Die für die einzelnen Kalenderjahre der Arbeitsphase der flexiblen Arbeitszeitregelung festgestellte SV-Luft je Versicherungszweig wird summiert. Die SV-Luft ist immer nur für die Versicherungszweige festzustellen, zu denen im Zeitpunkt der Verwendung des Arbeitsentgelts/der Arbeitsstunden als Wertguthaben Versicherungspflicht besteht (vgl. Beispiel 1). Zu den Zeiten der Versicherungspflicht zählen auch Zeiten nach § 7 Abs. 3 SGB IV.

Im Störfall wird das gesamte Wertguthaben (einschließlich etwaiger Wertzuwächse, Zinsen o.Ä.), höchstens jedoch bis zu der für den einzelnen Versicherungszweig für die Dauer der Arbeitsphase der vereinbarten Arbeitszeitflexibilisierung festgestellten SV-Luft, als beitragspflichtiges Arbeitsentgelt berücksichtigt.

Möglich ist ebenfalls, dass der Arbeitgeber auch das Wertguthaben zum 31. Dezember eines jeden Jahres (bei Übergang in die Altersteilzeitarbeit auch zu diesem Zeitpunkt) bewertet und mit der für dieses Kalenderjahr festgestellten Differenz zwischen der Beitragsbemessungsgrenze des jeweiligen Versicherungszweigs und dem beitragspflichtigen Arbeitsentgelt vergleicht. Der jeweils geringere dieser Beträge ist die Beitragsberechnungsgrundlage (= beitragspflichtiges Arbeitsentgelt), die für den Fall des Eintritts eines Störfalls fortzuschreiben ist. Gilt für das Wertguthaben ein bestimmter Wertmaßstab (z.B. durch die Bindung an den jeweils aktuellen Stundensatz), ist dieser bei jeder Bewertung des Wertguthabens anzuwenden.

Für eine im Blockmodell ausgeübte Altersteilzeitarbeit gilt nach § 10 Abs. 5 AtG in der Rentenversicherung ein abweichendes Beitragsberechnungsverfahren. Für diesen Versicherungszweig ist für die Dauer der Altersteilzeitarbeit bis zum Eintritt des Störfalls die Differenz zwischen dem bisherigen Arbeitsentgelt (§ 6 Abs. 1 AtG) und dem Arbeitsentgelt für die Altersteilzeitarbeit einschließlich des Unterschiedsbetrags (dem Arbeitsentgelt, von dem tatsächlich Beiträge zur Rentenversicherung entrichtet wurden) als SV-Luft auszuweisen. Die Feststellung erfolgt für die Zeit vom Beginn der Altersteilzeitarbeit bis zum Eintritt des Störfalls. Hierbei werden in der Rentenversicherung – anders als nach § 23b Abs. 2 SGB IV – auch die Zeiten der Freistellung von der Arbeit berücksichtigt.

Wertguthaben, die auf Grund einer Vereinbarung nach § 7 Abs. 1a SGB IV vor der Altersteilzeitarbeit erzielt wurden, können für die Altersteilzeitarbeit zur Verkürzung der Arbeitsphase verwendet werden. Mit dem Übergang in die Altersteilzeitarbeit wird die bisher festgestellte SV-Luft in allen Versicherungszweigen übernommen und fortgeführt.

Beispiel 1 (Zeitwertguthaben):

Ein Arbeitgeber aus Köln stellt jährlich die SV-Luft für den einzelnen Versicherungszweig fest. Die Bewertung des Wertguthabens erfolgt in späteren Jahren (in der Freistellungsphase bzw. bei Eintritt eines Störfalls).

Beginn der Bildung des Wertguthabens	März 2002
monatliche Gesamtstunden mit Arbeitsentgeltanspruch	175 Stunden
monatlich werden als Wertguthaben verwendet	25 Stunden
Stundensatz des Arbeitsentgelts	20 €
monatliches beitragspflichtiges Arbeitsentgelt (150 Stunden x 20 €)	3 000 €

Berechnung der anteiligen Beitragsbemessungsgrenze (BBG) für die Zeit vom 1.3.2002 bis 31.12.2002

BBG Krankenversicherung/Pflegeversicherung	33 750 €
beitragspflichtiges Arbeitsentgelt 3/2001 bis 12/2002	30 000 €
SV-Luft	3 750 €
BBG Rentenversicherung/Arbeitslosenversicherung	45 000 €
beitragspflichtiges Arbeitsentgelt 3/2001 bis 12/2002	30 000 €
SV-Luft	15 000 €

Die SV-Luft der Monate März 2002 bis Dezember 2002 ist neben dem Gesamtbetrag des Wertguthabens (25 Stunden x 10 Monate = 250 Stunden) darzustellen und fortzuführen. Nach Abschluss des Jahres 2003 ist die auf gleiche Weise festgestellte SV-Luft sowie das in diesem Kalenderjahr erzielte Wertguthaben den Daten des Jahres 2002 hinzuzurechnen.

Die Feststellungen für das Jahr 2002 sind wie folgt darzustellen:
Gesamtwertguthaben (in den Lohnunterlagen) — 250 Stunden

Darstellung der SV-Luft in der Entgeltabrechnung:

Krankenversicherung	3 750 €
Rentenversicherung	15 000 €
Arbeitslosenversicherung	15 000 €
Pflegeversicherung	3 750 €

Die dargestellten Werte sind um die Werte der folgenden Jahre für Arbeitsphasen während der Arbeitszeitflexibilisierung zu erhöhen.

Beispiel 2 (Fortsetzung des Beispiels 1):

Darstellung des beitragspflichtigen Wertguthabens anlässlich eines Störfalls am 31.12.2003.

Feststellungen für das Jahr 2003

monatliche Gesamtstunden mit Arbeitsentgeltanspruch	175 Stunden
monatlich werden als Wertguthaben verwendet	25 Stunden
Stundensatz des Arbeitsentgelts bis 30.6.2003	20 €
Stundensatz des Arbeitsentgelts vom 1.7.2003 an	21 €

monatliches beitragspflichtiges Arbeitsentgelt:

– Januar 2003 bis Juni 2003 (150 Stunden x 20 €)	3 000 €
– Juli 2003 bis Dezember 2003 (150 Stunden x 21 €)	3 150 €

Bewertung des Wertguthabens:

Wertguthaben am 31.12.2003	
Vorarbeit im Jahr 2003 (12 Monate x 25 Stunden) zuzüglich	300 Stunden
Vorarbeit des Jahres 2002 10 Monate x 25 Stunden	250 Stunden
Gesamt-Wertguthaben am 31.12.2003	550 Stunden
Stundensatz des Wertguthabens am 31.12.2003	21 €
Geldwert des Wertguthabens am 31.12.2003 (550 Stunden x 21 €)	11 550 €

Feststellung der SV-Luft für die Zeit vom 1.3.2002 bis 31.12.2003

BBG Krankenversicherung/ Pflegeversicherung vom 1.1.2003 bis 31.12.2003	40 500 €
beitragspflichtiges Arbeitsentgelt 1/2003 bis 6/2003	18 000 €
beitragspflichtiges Arbeitsentaelt 7/2003 bis 12/2003	18 900 €
SV-Luft 2003	3 600 €
zuzüglich SV-Luft bis 31.12.2002	3 750 €
SV-Luft gesamt	7 350 €
BBG Rentenversicherung 1 Arbeitslosenversicherung vom 1.1.2003 bis 31.12.2003	54 000 €
beitragspflichtiges Arbeitsentgelt 1/2003 bis 6/2003	18 000 €
beitragspflichtiges Arbeitsentgelt 7/2003 bis 12/2003	18 900 €
SV-Luft 2003	17 100 €
zuzüglich SV-Luft bis 31.12.2002	15 000 €
SV-Luft gesamt	32 100 €

Feststellung des beitragspflichtigen Wertguthabens:

Geldwert des Wertguthabens am 31.12.2003 (550 Stunden x 21 €)	11 550 €
SV-Luft Krankenversicherung/Pflegeversicherung	7 350 €
Wertguthaben	11 550 €
beitragspflichtiges Wertguthaben	7 350 €
SV-Luft Rentenversicherung/Arbeitslosenversicherung	32 100 €
Wertguthaben	11 550 €
beitragspflichtiges Wertguthaben	11 550 €

Bei Eintritt eines Störfalls am 31.12.2003 wird das Wertguthaben in der Krankenversicherung und Pflegeversicherung bis zur Höhe der SV-Luft als beitragspflichtiges Arbeitsentgelt berücksichtigt. Beiträge zur Krankenversicherung und Pflegeversicherung sind aus 7 350 € zu berechnen. In der Rentenversicherung und Arbeitslosenversicherung stellt das gesamte Wertguthaben in Höhe von 11 550 € beitragspflichtiges Arbeitsentgelt dar, weil die SV-Luft nicht überschritten wird.

Weitere Beispiele sowie ergänzende Hinweise zu Einzelfällen erhalten Sie über unseren aktuellen Informationsdienst (siehe Benutzerhinweise auf Seite IV).

gg) Gleitzeitvereinbarungen bis zu 250 Stunden

255 Eine besondere Regelung gilt für **Gleitzeitvereinbarungen**, die von vornherein eine Freistellung für längstens 250 Stunden ermöglichen. Zur Vermeidung administrativen Aufwands brauchen Wertguthaben aus solchen Gleitzeitvereinbarungen nach § 2 Abs. 1 Nr. 4b BÜVO lediglich zu den Lohnunterlagen genommen zu werden. In diesem Modell sind besondere Aufzeichnungen (SV-Luft) nicht erforderlich, weil für diese Wertguthaben im Störfall die Beitragsberechnung nach § 23a SGB IV als Einmalzahlung erfolgt. Nimmt der Arbeitnehmer neben der Gleitzeitvereinbarung

auch an anderen Arbeitszeitmodellen (z.B. Langzeitkonten) teil, werden die in den anderen Modellen erzielten Wertguthaben nicht bei der Feststellung der 250-Stunden-Grenze für das Gleitzeit-Modell berücksichtigt.

Allerdings kann der Arbeitgeber auch für Gleitzeitkonten von Beginn an entsprechende besondere Aufzeichnungen in der Entgeltabrechnung führen. In einem solchen Fall wird im Störfall das Wertguthaben nach § 23b Abs. 2 Satz 1 SGB IV behandelt.

Übersteigt das Wertguthaben einer von vornherein auf höchstens 250 Stunden Freistellung begrenzten Gleitzeitvereinbarung wider Erwarten die Zeitgrenze von 250 Stunden, sind rückwirkend vom Beginn der Erzielung des Wertguthabens an (im Rahmen der Aufbewahrungspflichten nach § 28f SGB IV) die besonderen Aufzeichnungen nach § 23b Abs. 2 SGB IV im Summenfelder-Modell zu führen. Die besonderen Aufzeichnungen sind so lange zu führen, bis das Wertguthaben vollständig abgebaut wurde.

Es besteht auch die Möglichkeit, in der Gleitzeitvereinbarung zu regeln, dass die die Zeitgrenze von 250 Stunden übersteigenden Wertguthaben in andere Arbeitszeitmodelle (z.B. Langzeitkonten) überführt werden. Für diese Arbeitszeitmodelle sind mit der ersten Bildung des Wertguthabens die besonderen Aufzeichnungen nach § 23b Abs. 2 SGB IV zu führen. Für die Gleitzeitvereinbarung bedarf es dann in diesen Fällen weiterhin keiner besonderen Aufzeichnungen.

Für Gleitzeitvereinbarungen, die bereits vor dem 1.1.2001 bestanden haben und die unverzüglich den neuen Regelungen angepasst werden, gelten die vorstehenden Ausführungen entsprechend.

Weitere Beispiele sowie ergänzende Hinweise zu Einzelfällen erhalten Sie über unseren aktuellen Informationsdienst (siehe Benutzerhinweise auf Seite IV).

hh) Wertguthaben, die bis zum 31.12.2000 erzielt wurden

256 Nach § 23b Abs. 3 SGB IV gilt für die Bewertung des im Störfall beitragspflichtigen Arbeitsentgelts aus einem Wertguthaben ein gestuftes Verfahren, soweit das Wertguthaben bis zum 31.12.2000 erzielt wurde.

Für die Bewertung der bis zum 31.12.2000 erzielten Wertguthaben außerhalb einer Gleitzeitvereinbarung, die eine Freistellung von längstens 250 Stunden ermöglicht, gilt Folgendes:

– Das Wertguthaben, das ganz oder teilweise aus Arbeitsentgelten gebildet wurde, die die jeweilige Beitragsbemessungsgrenze überschritten, gehört im Störfall insoweit nicht zum beitragspflichtigen Arbeitsentgelt.

– Für Wertguthaben, die ganz oder teilweise nicht aus Arbeitsentgelten gebildet wurden, die die jeweilige Beitragsbemessungsgrenze überschritten, ist hierfür der im Störfall beitragspflichtige Teil des Wertguthabens nach § 23b Abs. 2 SGB IV im so genannten Summenfelder-Modell festzustellen. Die Feststellungen haben sich auf die Zeiten zu beziehen, für die die Unterlagen für eine entsprechende Beurteilung vorliegen. Die für diese Zeit festgestellte SV-Luft ist der für die Zeit vom 1.1.2001 an zu bildenden SV-Luft zuzurechnen.

Lediglich für den Teil des Wertguthabens, der in Zeiten erzielt wurde, für die im Januar 2001 keine entsprechenden Unterlagen mehr vorliegen, erfolgt die Feststellung nach Nummer 3.

– Für Wertguthaben, die auch nicht nach Nummer 2 bewertet werden können, erfolgt im Störfall die Beitragsberechnung nach § 23a SGB IV.

ii) Einmalzahlungen während der Arbeitsphase

257 Einmalzahlungen sind mit ihrem (gesamten) beitragspflichtigen Teil dem Zeitraum (vor oder seit der erstmaligen Bildung des Wertguthabens) zuzuordnen, dem sie auch für die Beitragsberechnung nach § 23a SGB IV zugeordnet werden. Daraus ergeben sich folgende Konstellationen:

– Einmalzahlungen, die der Zeit vor der erstmaligen Bildung des Wertguthabens zuzuordnen sind, sind bei der Feststellung des beitragspflichtigen Arbeitsentgelts seit der erstmaligen Bildung des Wertguthabens nicht zu berücksichtigen. Sie mindern somit die SV-Luft des im Störfall beitragspflichtigen Teils des Wertguthabens nicht.

– Einmalzahlungen, die der Zeit seit der erstmaligen Bildung des Wertguthabens zuzuordnen sind, sind bei der Feststellung des beitragspflichtigen Arbeitsentgelts seit der erstmaligen Bildung des Wertguthabens zu berücksichtigen. Sie mindern somit die SV-Luft für den im Störfall beitragspflichtigen Teil des Wertguthabens.

Die Regelungen des § 23a Abs. 4 SGB IV (Märzklausel) gelten entsprechend.

Die Bildung von Wertguthaben auf Grund einer Gleitzeitvereinbarung, die von vornherein eine Freistellung für längstens 250 Stunden ermöglicht, hat keine Auswirkung auf die Beitragsberechnung anlässlich der Gewährung einer Einmalzahlung. Auf die anteilige Beitragsbemessungsgrenze ist jeweils nur das beitragspflichtige Arbeitsentgelt anzurechnen.

jj) Darstellung des Wertguthabens in der Freistellungsphase

258 Die SV-Luft (Differenz zwischen beitragspflichtigem Arbeitsentgelt und jeweiliger Beitragsbemessungsgrenze) zur Feststellung des im Störfall beitragspflichtigen Teils des Wertguthabens ist nur in der Arbeitsphase festzustellen. Monate, in denen Wertguthaben für eine (ggf. nur teilweise) Freistellung von der Arbeitsleistung verwendet und in denen zugleich kein neues Wertguthaben erzielt wird, sind bei der Ermittlung der SV-Luft nicht zu berücksichtigen.

Das für eine Freistellungsphase ausgezahlte Wertguthaben verringert

– bei Geld-Wertguthaben den Gesamtbetrag des Wertguthabens um diesen (Brutto-)Betrag,

– bei Zeit-Wertguthaben die Gesamt-Stunden des Wertguthabens um die bezahlten Stunden,

– die SV-Luft, soweit sie hierdurch nicht niedriger als der Gesamtbetrag des verbleibenden Wertguthabens wird.

Beispiel (Geldwertguthaben):

Wertguthaben	5 000 €

SV-Luft:

Krankenversicherung/Pflegeversicherung	3 000 €
Rentenversicherung/Arbeitslosenversicherung	4 000 €
Freistellung (verwendetes Wertguthaben)	1 500 €

Werte nach der Freistellung

Wertguthaben	3 500 €

SV-Luft:

Krankenversicherung/Pflegeversicherung	3 000 €
Rentenversicherung/Arbeitslosenversicherung	3 500 €

Das Wertguthaben ist in allen Versicherungszweigen höher als die SV-Luft. Nach Verwendung des Wertguthabens für die Freistellung übersteigt der „Restbetrag" des Wertguthabens (3 500 €) weiterhin die SV-Luft in der Krankenversicherung und Pflegeversicherung. In diesen Versicherungszweigen verringert sich die SV-Luft deshalb nicht.

In der Rentenversicherung und Arbeitslosenversicherung führt die Verwendung des Wertguthabens dazu, dass der „Restbetrag" des Wertguthabens die bisherige SV-Luft unterschreitet. Die SV-Luft ist deshalb in der Rentenversicherung und der Arbeitslosenversicherung auf den Betrag des Wertguthabens (3 500 €) zu verringern.

Wurde das Wertguthaben komplett abgebaut (im Rahmen einer Freistellung oder auf Grund eines Störfalls) und ist noch SV-Luft vorhanden, ist diese auf „0 €" zu berichten. Neue SV-Luft ist dann wieder mit der Erzielung eines neuen Wertguthabens zu bilden.

• Gleitzeitvereinbarung bis 250 Stunden

Bezahlte Freistellungsphasen verringern das Wertguthaben um die jeweils in Anspruch genommenen Stunden. Dies ist in den Lohnunterlagen entsprechend zu dokumentieren. Darüber hinaus ergeben sich hinsichtlich der Darstellung keine weiteren Auswirkungen.

• Wertguthaben, die bis zum 31.12.2000 erzielt wurden

Wertguthaben, die bis zum 31.12.2000 erzielt wurden, sind ggf. unterschiedlich darzustellen. Daraus ergeben sich unterschiedliche Konsequenzen für die Darstellung in der Freistellungsphase.

Soweit für Wertguthaben, die bis zum 31.12.2000 erzielt wurden, das im Störfall beitragspflichtige Arbeitsentgelt im Summenfelder-Modell zu ermitteln ist, wurde die entsprechende SV-Luft der seit

dem 1.1.2001 zu bildenden SV-Luft aufgeschlagen. In Freistellungsphasen gelten deshalb die o.a. Aussagen.

Für Wertguthaben, die bis zum 31.12.2000 erzielt wurden und die im Störfall als Einmalzahlung zu behandeln sind, gelten die o.a. Ausführungen entsprechend.

Wird ein Wertguthaben, das zum Teil bereits vor dem 1.1.2001 erzielt wurde und für das im Störfall unterschiedliche Konsequenzen gelten, (teilweise) abgebaut (für eine Freistellungsphase oder im Störfall), ist beitragsrechtlich zuerst das älteste Wertguthaben aufzulösen.

• Teilweise Freistellung

Wertguthaben können auch für eine nur teilweise Freistellung von der Arbeitsleistung verwendet werden. Dies kann z.B. dann der Fall sein, wenn das Wertguthaben zur Kompensation der Senkung der wöchentlichen Arbeitszeit beim selben Arbeitgeber verwendet werden soll (Senkung der wöchentlichen Arbeitszeit von z.B. 40 Stunden auf 15 oder weniger Stunden). In diesen Fällen besteht versicherungsrechtlich ein einheitliches Beschäftigungsverhältnis. Monate, in denen Wertguthaben für eine (ggf. nur teilweise) Freistellung von der Arbeitsleistung verwendet und in denen zugleich kein neues Wertguthaben erzielt wird, sind bei der Ermittlung der SV-Luft nicht zu berücksichtigen. Die bisher festgestellte SV-Luft wird entsprechend den o.a. Ausführungen abgebaut.

kk) Angemessenheit der Höhe des Arbeitsentgelts in der Freistellungsphase

Das monatliche Arbeitsentgelt in der Freistellungsphase darf nicht **259** unangemessen von dem Arbeitsentgelt der der Freistellungsphase vorangegangenen zwölf Kalendermonate mit Arbeitsleistung abweichen.

Das Arbeitsentgelt während der Freistellungsphase gilt dann noch als angemessen, wenn es im Monat mindestens 70 % des durchschnittlich gezahlten Arbeitsentgelts der unmittelbar vorangegangenen zwölf Kalendermonate der Arbeitsphase beträgt. Für die Feststellung des Verhältnisses wird das für diese Arbeitsphase fällige Brutto-Arbeitsentgelt einschließlich etwaiger Sachbezüge ohne Begrenzung (z.B. auf die Beitragsbemessungsgrenze) berücksichtigt. Hierzu zählen auch regelmäßig gewährte Einmalzahlungen. Zusätzlich zum Lohn oder Gehalt gezahlte beitragsfreie Zulagen oder beitragsfreie Zuschläge bleiben dabei außer Betracht.

Während der Arbeitsphase gewährte Sachbezüge (Firmen-PKW-Nutzung, verbilligtes Wohnen o.Ä.), sind bei der Berechnung eines für die versicherte Freistellungsphase zu zahlenden angemessenen (Mindest-)Arbeitsentgelts nicht zu berücksichtigen.

Regelmäßig gezahlte Einmalzahlungen sind bei der Feststellung eines angemessenen Arbeitsentgelts zu berücksichtigen, wenn sie auch in den letzten zwölf Monaten vor der Freistellungsphase gezahlt wurden.

Einmalzahlungen, die der Arbeitnehmer in den letzten zwölf Kalendermonaten vor der Freistellungsphase erhielt, sind bei der Berechnung eines für die versicherte Freistellungsphase angemessenen (Mindest-)Arbeitsentgelts nicht zu berücksichtigen, soweit der Arbeitnehmer eine solche Einmalzahlung unabhängig von der Freistellungsphase erhält.

Beispiel:

Weihnachtsgeld während der Arbeitsphase im	November 2002
Freistellung vom	1.4.2003
bis	31.5.2003
Weihnachtsgeld während der Arbeitsphase im	November 2003

Bei der Feststellung eines für die versicherte Freistellungsphase angemessenen (Mindest-)Arbeitsentgelts braucht die im November 2002 gezahlte Einmalzahlung nicht berücksichtigt zu werden, wenn der Arbeitnehmer diese in der nachfolgenden Arbeitsphase – wie bisher – erhält.

Weitere Beispiele sowie ergänzende Hinweise zu Einzelfällen erhalten Sie über unseren aktuellen Informationsdienst (siehe Benutzerhinweise auf Seite IV).

Beginnt die Beschäftigung mit einer Freistellungsphase, gelten die Ausführungen entsprechend. Lediglich hinsichtlich der Feststellung der Angemessenheit des Arbeitsentgelts während der

Freistellungsphase ergibt sich eine Besonderheit. In diesen Fällen ist die Höhe des Arbeitsentgelts während der Freistellungsphase mit der Höhe des während der folgenden Arbeitsphase zustehenden Arbeitsentgelts zu vergleichen.

ll) Krankenversicherung

260 Nach § 6 Abs. 1 Nr. 1 SGB V sind Arbeiter und Angestellte krankenversicherungsfrei, wenn ihr regelmäßiges Jahresarbeitsentgelt 75 % der Beitragsbemessungsgrenze der Rentenversicherung der Arbeiter und Angestellten (Jahresarbeitsentgeltgrenze) übersteigt. Siehe im Einzelnen → *Altersteilzeitgesetz* Rz. 62.

mm) Pflegeversicherung

261 Die Versicherungpflicht in der sozialen Pflegeversicherung nach § 20 Abs. 1 Satz 2 Nr. 1 i.V.m. Satz 1 SGB XI wird nicht dadurch berührt, dass ein bislang krankenversicherungspflichtiger Arbeitnehmer im Rahmen der flexiblen Arbeitszeitregelung ein geringeres Arbeitsentgelt erhält.

Siehe im Einzelnen → *Altersteilzeitgesetz* Rz. 63.

nn) Rentenversicherung

262 Für die Dauer der Arbeitsphase und der Freistellungsphase besteht grundsätzlich Rentenversicherungspflicht nach § 1 Satz 1 Nr. 1 SGB VI. Siehe im Einzelnen → *Altersteilzeitgesetz* Rz. 64.

oo) Arbeitslosenversicherung

263 Für die Dauer der Arbeitsphase und der Freistellungsphase besteht grundsätzlich Arbeitslosenversicherungspflicht nach § 25 Abs. 1 SGB III. Siehe im Einzelnen → *Altersteilzeitgesetz* Rz. 65.

b) Beitragsrecht

264 Grundsätzlich ist die Fälligkeit der Sozialversicherungsbeiträge an die geleistete Arbeit gebunden. Für die im Rahmen einer Vereinbarung nach § 7 Abs. 1a SGB IV gebildeten Wertguthaben wird die Fälligkeit der Sozialversicherungsbeiträge auf die Freistellungszeiträume verschoben. Für die Fälle, in denen das im Rahmen einer flexiblen Arbeitszeitregelung gebildete Wertguthaben nicht entsprechend der getroffenen Vereinbarung für eine Freistellung von der Arbeitsleistung verwendet wird (Störfälle), wird ein besonderes Verfahren für die Berechnung und Zuordnung der Sozialversicherungsbeiträge sowie für das Meldeverfahren bestimmt.

Eine Ausnahme bildet die Verwendung des Wertguthabens für eine betriebliche Altersversorgung anlässlich der Beendigung der Beschäftigung wegen des Eintritts einer Erwerbsminderung, des Erreichens einer Altersgrenze, von der an eine Rente wegen Alters beansprucht werden kann, oder des Todes des Beschäftigten. In diesen Fällen gilt das für diesen Zweck verwendete Wertguthaben nicht als beitragspflichtiges Arbeitsentgelt (§ 23b Abs. 3a SGB IV). Die Verwendung des Wertguthabens für die betriebliche Altersversorgung in den einschlägigen Fällen muss allerdings bereits bei Abschluss der Vereinbarung nach § 7 Abs. 1a SGB IV vorgesehen sein. Außerdem muss der Leistungskatalog der betrieblichen Altersversorgung Leistungen im Falle des Todes, der Invalidität und des Erreichens einer Altersgrenze vorsehen; die betriebliche Altersversorgung darf eine Abfindungsregelung nicht beinhalten. Der Freistellungszweck darf auch nicht nur vorgeschoben sein. So kann das Wertguthaben nicht beitragsfrei gestellt werden, wenn bereits im Zeitpunkt der Ansammlung von Wertguthaben vorhersehbar ist, dass eine entsprechende Freistellung nicht mehr realisierbar ist.

Sind von Anfang an die Voraussetzungen einer Vereinbarung nach § 7 Abs. 1a SGB IV nicht erfüllt, wird die Fälligkeit der Beiträge nicht entsprechend § 23b Abs. 1 SGB IV aufgeschoben. Vielmehr sind die Beiträge für das gesamte Arbeitsentgelt – also einschließlich des auf ein Zeit- oder Geldkonto abgezweigten Teilbetrags – sofort nach § 23 Abs. 1 SGB IV fällig.

Ein Wechsel in der Absicherung von Wertguthaben führt nicht zur Fälligkeit der Beiträge zum Zeitpunkt des Wechsels der Absicherungsform; es verbleibt bei der Fälligkeit der Beiträge bei Inanspruchnahme der Wertguthaben in der Freistellungsphase. Entsprechendes gilt bei einem Wechsel des Arbeitgebers, wenn mit dem neuen Arbeitgeber eine Vereinbarung nach § 7 Abs. 1a

SGB IV geschlossen wird und das bei dem bisherigen Arbeitgeber erzielte Wertguthaben in die neue Vereinbarung eingebracht wird. Dabei ist zu beachten, dass der Arbeitgeber Schuldner der Sozialversicherungsbeiträge ist, der das Wertguthaben für eine Freistellungsphase oder im Störfall auszahlt. Der neue Arbeitgeber hat die beim bisherigen Arbeitgeber ermittelte SV-Luft, höchstens jedoch den Betrag des mitgenommenen Wertguthabens als Vortrag in die Entgeltabrechnung des Arbeitnehmers zu übernehmen.

Beispiel:

Mitgenommenes Wertguthaben	15 000 €
SV-Luft beim bisherigen Arbeitgeber	
Krankenversicherung/Pflegeversicherung	20 000 €
Rentenversicherung/Arbeitslosenversicherung	30 000 €
Vortrag beim neuen Arbeitgeber	
Wertguthaben	15 000 €
SV-Luft:	
Krankenversicherung/Pflegeversicherung	15 000 €
Rentenversicherung/Arbeitslosenversicherung	15 000 €

aa) Arbeitsphase/Ansparphase für das Wertguthaben

265 Grundlage für die Beitragsberechnung ist das auf Grund der Vereinbarung nach § 7 Abs. 1a SGB IV in dem jeweiligen Abrechnungszeitraum erzielte und um den als Wertguthaben verwendeten Teil geminderte Arbeitsentgelt.

Für die Berechnung der Beiträge aus Einmalzahlungen ergeben sich keine Besonderheiten. Die Einmalzahlung ist insoweit zur Beitragsberechnung heranzuziehen, als sie zusammen mit dem bisherigen Arbeitsentgelt, das der Beitragsberechnung zu Grunde lag, die jeweilige (anteilige) Beitragsbemessungsgrenze nicht übersteigt. Der beitragspflichtige Teil der Einmalzahlung mindert jedoch die im Störfall maßgebende SV-Luft im jeweiligen Versicherungszweig.

Die Fälligkeit der Beiträge richtet sich nach der Fälligkeit des Arbeitsentgelts (§ 23b Abs. 1 i.V.m. § 23 Abs. 1 SGB IV).

bb) Freistellungsphase

266 Das für die Freistellungsphase vereinbarungsgemäß gezahlte Arbeitsentgelt ist beitragspflichtige Einnahme (§ 23b Abs. 1 SGB IV) und insoweit Grundlage für die Beitragsberechnung.

Das angesparte und in der Freistellungsphase fällige Wertguthaben stellt ausnahmslos beitragspflichtiges laufendes Arbeitsentgelt dar; dies gilt insbesondere auch für angespartes einmalig gezahltes Arbeitsentgelt. Werden während der Freistellungsphase zusätzliche Beträge des Wertguthabens als Einmalzahlung (z.B. als Weihnachtsgeld u.Ä.) verwendet, ist § 23a SGB IV entsprechend anzuwenden. Voraussetzung ist jedoch, dass die Höhe der Einmalzahlung die Höhe der während einer Arbeitsphase zu zahlenden Einmalzahlung nicht übersteigt. Übersteigt die in der Freistellungsphase gezahlte Einmalzahlung die Höhe der in einer Arbeitsphase zu zahlenden Einmalzahlung, ist diese Verwendung des Wertguthabens insoweit als Teilauszahlung nicht für eine Zeit der Freistellung zu werten. Diese Einmalzahlung stellt dann insoweit einen Störfall dar mit der Folge der besonderen Beitragsberechnung.

Wird während der Freistellungsphase eine weitere versicherungspflichtige Beschäftigung bei einem anderen Arbeitgeber bzw. eine in der Rentenversicherung versicherungspflichtige selbständige Tätigkeit ausgeübt, werden das Wertguthaben und das Arbeitsentgelt bzw. -einkommen insgesamt bis zur jeweiligen Beitragsbemessungsgrenze berücksichtigt. In diesen Fällen gelten die für Mehrfachbeschäftigte/Mehrfachversicherte (→ *Mehrfachbeschäftigung* Rz. 1698) maßgebenden Grundsätze (§ 22 Abs. 2 SGB IV).

Während der Freistellungsphase besteht Anspruch auf Krankengeld. Dieser Anspruch ruht jedoch, soweit und solange für Zeiten einer Freistellung keine Arbeitsleistung geschuldet wird (§ 49 Abs. 1 Nr. 6 SGB V). Wegen des grundsätzlich bestehenden Krankengeldanspruchs sind die Beiträge zur Krankenversicherung während der Freistellung nach dem allgemeinen Beitragssatz (§ 241 SGB V) zu berechnen.

Die Fälligkeit der Sozialversicherungsbeiträge für Wertguthaben, einer Vereinbarung nach § 7 Abs. 1a SGB IV geleistet werden, richtet sich nach der Fälligkeit dieses Arbeitsentgelts (§ 23b Abs. 1 i.V.m. § 23 Abs. 1 SGB IV).

cc) Nicht vereinbarungsgemäße Verwendung des Wertguthabens (Störfälle)

267 Nach § 23b Abs. 2 SGB IV gelten Wertguthaben auch dann als beitragspflichtige Einnahmen, wenn

- das Arbeitsentgelt nicht gemäß einer Vereinbarung nach § 7 Abs. 1a SGB IV verwendet wird, insbesondere nicht laufend für eine Zeit der Freistellung gezahlt wird oder wegen vorzeitiger Beendigung des Beschäftigungsverhältnisses in einer Zeit der Freistellung von der Arbeitsleistung nicht mehr gezahlt werden kann

oder

- im Falle der Zahlungsunfähigkeit des Arbeitgebers der Gesamtsozialversicherungsbeitrag für das Wertguthaben gezahlt wird.

Zur Feststellung des im Störfall beitragspflichtigen Arbeitsentgelts sieht § 23b Abs. 2 SGB IV ein besonderes Verfahren vor.

Fälle, in denen das Wertguthaben nicht wie vereinbart für eine Zeit der Freistellung verwendet wird (Störfälle), können insbesondere sein

- Beendigung des Beschäftigungsverhältnisses, z.B. durch Kündigung,

- Beendigung des Beschäftigungsverhältnisses wegen Zubilligung einer Rente wegen Erwerbsminderung ohne Wiedereinstellungsgarantie,

- vollständige oder teilweise Auszahlung des Wertguthabens nicht für Zeiten einer Freistellung,

- Übertragung von Wertguthaben auf andere Personen,

- Verwendung des Wertguthabens für Zwecke der betrieblichen Altersversorgung, soweit das Wertguthaben in Zeiten erzielt wurde, in denen die Vereinbarung eine entsprechende Verwendung nicht vorsah bzw. die vor dem 1.1.2001 geschlossene Vereinbarung nicht unverzüglich angepasst wurde,

- Verwendung des Wertguthabens für Zwecke der betrieblichen Altersversorgung zu einem Zeitpunkt, zu dem die Voraussetzungen des § 23b Abs. 3a SGB IV nicht erfüllt sind,

- Tod des Arbeitnehmers.

Störfälle i.S. des Gesetzes führen für den nicht für eine Freistellung entsprechend der Vereinbarung nach § 7 Abs. 1a SGB IV verwendeten Teil des Wertguthabens zur Beitragspflicht nach § 23b Abs. 2 SGB IV.

Ein Störfall liegt u.a. vor, wenn das Wertguthaben wegen vorzeitiger Beendigung des Beschäftigungsverhältnisses ausgezahlt wird, weil es nicht mehr für eine Zeit der Freistellung verwendet werden kann. Dies trifft in der Regel auf die Beendigung der Beschäftigung durch Kündigung oder Tod zu. Kann der Arbeitnehmer bei einem Arbeitgeberwechsel das Wertguthaben beim neuen Arbeitgeber in eine Vereinbarung nach § 7 Abs. 1a SGB IV einbringen, tritt ein Störfall nicht ein. Die Mitnahme des Wertguthabens zu dem neuen Arbeitgeber ist nur zulässig, wenn weiterhin ein inländisches Versicherungspflichtverhältnis besteht. Endet das inländische Versicherungspflichtverhältnis, tritt der Störfall ein.

Auch für den Eintritt des Störfalls anlässlich der Feststellung einer Erwerbsminderung beim Arbeitnehmer durch den Rentenversicherungsträger ist es erforderlich, dass das Beschäftigungsverhältnis endet und das Wertguthaben deshalb nicht mehr für eine Freistellung von der Arbeit verwendet werden kann.

Eine Vielzahl von Tarifverträgen regelt das Ende des Arbeitsverhältnisses für den Fall der Zubilligung einer Dauerrente wegen Erwerbsminderung. In den Fällen, in denen eine Rente wegen Erwerbsminderung auf Zeit zuerkannt wird, bestehen verschiedene arbeitsrechtliche Regelungen. Hiernach

- bleibt in der Regel das Arbeitsverhältnis bestehen (für die Dauer des Bezugs der Rente ruht das Arbeitsverhältnis)

oder

- endet das Arbeitsverhältnis (es besteht eine Wiedereinstellungsgarantie für die Zeit nach Ablauf der Rentenzahlung).

So lange das Arbeitsverhältnis wegen der Zuerkennung einer Zeitrente wegen Erwerbsminderung lediglich ruht bzw. im Zusammenhang mit einer Wiedereinstellungszusage endet, tritt der gesetzlich vorgesehene Störfall nicht ein. Dies gilt, obwohl das versicherungspflichtige Beschäftigungsverhältnis beendet wird und erst wieder mit der Aufnahme der Beschäftigung (ggf. nach mehreren Jahren) erneut beginnt.

Endet das Beschäftigungsverhältnis endgültig, weil z.B. die bisherige Zeitrente wegen Erwerbsminderung in eine Dauerrente umgewandelt wurde, treten nach § 23b Abs. 2 Satz 6 SGB IV ein Störfall zum Zeitpunkt des Eintritts der Erwerbsminderung sowie ein Störfall zum Ende der Beschäftigung ein.

Lässt sich der Arbeitnehmer das Wertguthaben ganz oder teilweise auszahlen und ist es nicht für eine laufende Zeit der Freistellung bestimmt, tritt für den so verwendeten Teil des Wertguthabens ein Störfall ein.

Überträgt der Arbeitnehmer sein Wertguthaben ganz oder teilweise auf einen Dritten, „verkauft" er also sein Wertguthaben, tritt für den Teil des so verwendeten Wertguthabens ein Störfall ein.

Mit dem 4. Euro-Einführungsgesetz wurden § 7 Abs. 1a SGB IV und § 23b Abs. 3a SGB IV rückwirkend zum 1.1.1998 geändert bzw. neu eingeführt. Nach § 23b Abs. 3a SGB IV führt die Verwendung von Wertguthaben für die betriebliche Altersversorgung in Fällen der Beendigung der Beschäftigung auf Grund

- verminderter Erwerbsfähigkeit,

- des Erreichens einer Altersgrenze, zu der eine Rente wegen Alters beansprucht werden kann, oder

- des Todes des Beschäftigten

anders als bisher nicht zu einem Störfall. Voraussetzung hierfür ist allerdings, dass eine solche Verwendung bereits bei Abschluss der Vereinbarung über die Flexibilisierung der Arbeitszeit vorgesehen war. Insoweit liegt kein Arbeitsentgelt i.S. der Sozialversicherung vor.

Sah die Vereinbarung eine Verwendung des Wertguthabens für die betriebliche Altersversorgung unter den genannten Voraussetzungen bisher nicht vor und wurde die Vereinbarung um diesen Verwendungszweck unverzüglich ergänzt, kann auch das vor diesem Zeitpunkt erzielte Wertguthaben für die betriebliche Altersversorgung verwendet werden, ohne dass ein Störfall eintritt. Wurde die Vereinbarung nicht unverzüglich ergänzt, tritt für das vor der Ergänzung der Vereinbarung erzielte Wertguthaben wie bisher ein Störfall mit den entsprechenden beitragsrechtlichen Konsequenzen ein.

Soweit allerdings bereits zum Zeitpunkt der Erzielung des Wertguthabens vorhersehbar war, dass es nicht mehr für eine Freistellung von der Arbeit verwendet werden kann, führt die Verwendung dieses Teils des Wertguthabens für die betriebliche Altersversorgung zu einem Störfall. Für diese Feststellung wird davon ausgegangen, dass für die Freistellungsphase das Arbeitsentgelt in der Höhe gezahlt wird, wie es zuletzt in der Arbeitsphase gezahlt wurde.

Beispiel:

Der Arbeitnehmer hat in einem Lebensarbeitszeitmodell ein Wertguthaben erzielt, das eine Freistellung für fünf Jahre mit einem Arbeitsentgelt ermöglicht, das 100 % seines letzten Arbeitsentgelts in der Arbeitsphase entspricht. Das Arbeitsverhältnis endet (tarif-)vertraglich mit Vollendung des 65. Lebensjahres.

Das Wertguthaben ermöglicht dem Arbeitnehmer mit Vollendung des 60. Lebensjahres eine Freistellungsphase bis zum Ende des tariflichen Arbeitsverhältnisses. Nimmt der Arbeitnehmer die Freistellung nicht in Anspruch und erzielt er nach Vollendung des 60. Lebensjahres noch weiterhin Wertguthaben, tritt bei Verwendung des Wertguthabens für die betriebliche Altersversorgung für den Teil des Wertguthabens, der seit Vollendung des 60. Lebensjahres erzielt wurde, ein Störfall mit der besonderen Beitragsberechnung nach § 23b Abs. 2 Satz 1 SGB IV ein.

Eintritt des Störfalls ist grundsätzlich der Tag, an dem das Arbeitsentgelt aus dem Wertguthaben nicht vereinbarungsgemäß verwendet wird bzw. an dem bei Eintritt der Zahlungsunfähigkeit des Arbeitgebers die Beiträge aus dem Wertguthaben gezahlt werden. Im Einzelnen sind dies

– bei Beendigung des Beschäftigungsverhältnisses durch Kündigung der letzte Tag des Beschäftigungsverhältnisses,

– bei Beendigung des Beschäftigungsverhältnisses ohne Wiedereinstellungsgarantie wegen des Eintritts einer Erwerbsminderung

– für den Teil des Wertguthabens, der auf die Zeit vor Eintritt der Erwerbsminderung entfällt, der Tag vor Eintritt der Erwerbsminderung,

– für den Teil des Wertguthabens, der auf die Zeit seit Eintritt der Erwerbsminderung entfällt, der letzte Tag des Beschäftigungsverhältnisses,

– bei vollständiger oder teilweiser Auszahlung des Wertguthabens nicht für Zeiten einer Freistellung der Tag, an dem das Wertguthaben bzw. der Teil des Wertguthabens ausgezahlt wird,

– bei Übertragung des Wertguthabens auf andere Personen der Tag, an dem die Übertragung erfolgt,

– bei Zahlungsunfähigkeit des Arbeitgebers der Tag, an dem die Beiträge nach § 23b Abs. 2 SGB IV bzw. § 10 Abs. 5 AtG gezahlt werden,

– bei Tod des Arbeitnehmers dessen Todestag.

Besteht das Beschäftigungsverhältnis über den Störfall hinaus fort (z.B. bei Teilauszahlung des Wertguthabens nicht für eine Freistellungsphase), kann zur Vereinfachung als Tag des Störfalls der letzte Tag des Abrechnungszeitraums, in dem die Auszahlung erfolgte, angenommen werden.

Ein Wertguthaben, das nicht wie vereinbart für eine Freistellung von der Arbeit verwendet wird, ist grundsätzlich weder als Einmalzahlung (§ 23a SGB IV) zu behandeln noch wird es rückwirkend der Zeit der tatsächlichen Arbeitsleistung, in der es erzielt worden ist, zugeordnet. Eine Besonderheit kann nach § 23b Abs. 3 SGB IV für Wertguthaben gelten, die vor dem 1.1.2001 erzielt wurden. Können für diese Wertguthaben nachträglich keine besonderen Bewertungen erfolgen, gilt im Störfall das Wertguthaben beitragsrechtlich als Einmalzahlung. Auch für Wertguthaben aus Gleitzeitvereinbarungen, die von vornherein eine Freistellung von längstens 250 Stunden ermöglichen und für die keine besonderen Aufzeichnungen geführt werden, gilt im Störfall das Wertguthaben beitragsrechtlich ebenfalls als Einmalzahlung.

Für alle anderen Wertguthaben ist die Beitragsberechnung nach § 23b Abs. 2 Satz 1 SGB IV vorzunehmen. Die Grundlagen für die Feststellung des beitragspflichtigen Arbeitsentgelts aus dem Wertguthaben sind bereits in der Arbeitsphase zu bilden. Diese Werte sind die Basis für die Feststellung des im Störfall beitragspflichtigen Teils des Wertguthabens.

Im Falle der Insolvenz des Arbeitgebers stellt der im Störfall beitragspflichtige Teil des Wertguthabens nur insoweit beitragspflichtiges Arbeitsentgelt dar, als hiervon tatsächlich Beiträge entrichtet werden. Ist das Arbeitsentgelt also für den Fall der Insolvenz nicht oder nicht vollständig gesichert, stellt es kein oder nur teilweise beitragspflichtiges Arbeitsentgelt dar.

Die Berechnung der Beiträge aus laufendem sowie aus einmalig gezahltem Arbeitsentgelt (§ 23a SGB IV) geht jeweils der Beitragsberechnung nach § 23b Abs. 2 SGB IV vor. Tritt in einem Abrechnungszeitraum, in dem eine Einmalzahlung gezahlt wird, ein Störfall ein, erfolgt zuerst die Berechnung der Beiträge aus dem tatsächlichen Arbeitsentgelt (laufendes und einmalig gezahltes Arbeitsentgelt). Anschließend sind der beitragspflichtige Teil des Wertguthabens sowie die darauf entfallenden Beiträge zu ermitteln.

dd) Beitragsberechnung

268 Wird das Wertguthaben vollständig ausgezahlt, ergibt sich das beitragspflichtige Arbeitsentgelt aus dem Vergleich der für die Dauer der Vereinbarung nach § 7 Abs. 1a SGB IV seit der erstmaligen Erzielung des Wertguthabens für den einzelnen Versicherungszweig festgestellten SV-Luft und dem Wertguthaben.

Der jeweils geringere der Beträge stellt das beitragspflichtige Arbeitsentgelt zu diesem Versicherungszweig dar.

Beispiel (Zeitwertguthaben):

Wegen der Beendigung des Beschäftigungsverhältnisses wird das Wertguthaben dem Arbeitnehmer in voller Höhe ausgezahlt

Wertguthaben insgesamt	1 000 Stunden
Geldwert des Wertguthabens	15 000 €
SV-Luft:	
Krankenversicherung	5 000 €
Rentenversicherung	10 000 €
Arbeitslosenversicherung	10 000 €
Pflegeversicherung	5 000 €
Beiträge sind zu berechnen zur	
Krankenversicherung aus	5 000 €
Rentenversicherung aus	10 000 €
Arbeitslosenversicherung aus	10 000 €
Pflegeversicherung aus	5 000 €

Der ausgezahlte Betrag des Wertguthabens ist höher als die für die Dauer der Vereinbarung nach § 7 Abs. 1a SGB IV unter Berücksichtigung des bisherigen beitragspflichtigen Arbeitsentgelts festgestellte SV-Luft. Beiträge sind deshalb lediglich aus einem Arbeitsentgelt in Höhe der jeweiligen SV-Luft zu zahlen.

In den Lohnunterlagen bzw. der Entgeltabrechnung sind anschließend folgende Werte darzustellen:

Wertguthaben insgesamt	0 Stunden
SV-Luft:	
Krankenversicherung	0 €
Rentenversicherung	0 €
Arbeitslosenversicherung	0 €
Pflegeversicherung	0 €

Wird das Wertguthaben lediglich teilweise ausgezahlt, stellt der Auszahlungsbetrag (wie bei vollständiger Auszahlung) nur insoweit beitragspflichtiges Arbeitsentgelt dar, als er die für die Dauer der Vereinbarung nach § 7 Abs. 1a SGB IV seit der erstmaligen Erzielung des Wertguthabens für den einzelnen Versicherungszweig festgestellte SV-Luft nicht übersteigt.

Beispiel (Zeitwertguthaben):

Wertguthaben insgesamt	1 000 Stunden
Geldwert des Wertguthabens (1 000 Stunden × 15 €)	15 000 €
Der Arbeitnehmer lässt sich 500 Stunden à 15 € seines Wertguthabens auszahlen	7 500 €
SV-Luft:	
Krankenversicherung	5 000 €
Rentenversicherung	10 000 €
Arbeitslosenversicherung	10 000 €
Pflegeversicherung	5 000 €
Beiträge sind zu berechnen zur	
Krankenversicherung aus	5 000 €
Rentenversicherung aus	7 500 €
Arbeitslosenversicherung aus	7 500 €
Pflegeversicherung aus	5 000 €

Der ausgezahlte Betrag des Wertguthabens ist in der Krankenversicherung und der Pflegeversicherung höher als die SV-Luft. Beiträge zur Kranken- und Pflegeversicherung sind deshalb lediglich aus einem Arbeitsentgelt in Höhe der SV-Luft zu entrichten.

In der Renten- und Arbeitslosenversicherung übersteigt das ausgezahlte Wertguthaben die SV-Luft nicht. Das ausgezahlte Wertguthaben ist deshalb in voller Höhe der Beitragsberechnung zu Grunde zu legen.

In den Lohnunterlagen bzw. der Entgeltabrechnung sind anschließend folgende Werte darzustellen:

Wertguthaben insgesamt	500 Stunden
SV-Luft:	
Krankenversicherung	0 €
Rentenversicherung	2 500 €
Arbeitslosenversicherung	2 500 €
Pflegeversicherung	0 €

- Beitragsberechnung aus Wertguthaben, die vor dem 1.1.2001 gebildet wurden

Wertguthaben, die bis zum 31.12.2000 erzielt wurden und für die nach § 23b Abs. 3 SGB IV festgestellt wurde, dass im Fall der vereinbarungswidrigen Verwendung des Wertguthabens § 23a SGB IV anzuwenden ist, sind gesondert neben dem seit dem 1.1.2001 erzielten Wertguthaben auszuweisen. Wurde nach dem

31.12.2000 im selben Arbeitszeitmodell weiterhin Wertguthaben erzielt und tritt ein Störfall ein, ist der beitragspflichtige Teil des Wertguthabens wie folgt zu ermitteln:

Der ausgezahlte Betrag des Wertguthabens ist nach Zeiträumen zu trennen, in denen es erzielt wurde. Dabei ist das planwidrig verwendete Wertguthaben zuerst insoweit dem Zeitraum bis zum 31.12.2000 zuzuordnen als es in diesem Zeitraum erzielt wurde. Die Berechnung der Beiträge erfolgt nach § 23a SGB IV. Übersteigt der ausgezahlte Betrag den Betrag des bis zum 31.12.2000 erzielten Wertguthabens, erfolgt insoweit eine Berechnung der Beiträge auf der Grundlage der im Summenfelder-Modell ermittelten Beträge.

Beispiel (Summenfelder-Modell ab 1.1.2001):

Wertguthaben	20 000 €
Störfall	30.6.2002
ausgezahlt werden	17 500 €
Wertguthaben bis 31.12.2001 (als Einmalzahlung)	15 000 €
Wertguthaben seit 1.1.2002	5 000 €
monatliches beitragspflichtiges Arbeitsentgelt seit dem 1.1.2002	3 000 €

SV-Luft vom 1.1.2002 bis 30.6.2002:

Krankenversicherung/Pflegeversicherung

anteilige Beitragsbemessungsgrenze	20 250 €
beitragspflichtiges Arbeitsentgelt	18 000 €
SV-Luft Krankenversicherung/Pflegeversicherung	2 250 €

Rentenversicherung/Arbeitslosenversicherung

anteilige Beitragsbemessungsgrenze	27 000 €
beitragspflichtiges Arbeitsentgelt	18 000 €
SV-Luft Rentenversicherung/Arbeitslosenversicherung	9 000 €

Lösung

Der ausgezahlte Betrag des Wertguthabens ist nach Zeiträumen zu trennen, in denen es erzielt wurde. Dabei ist das Wertguthaben zuerst dem Zeitraum bis zum 31.12.2001 zuzuordnen. Vom Gesamtbetrag des Wertguthabens werden 17 500 € planwidrig ausgezahlt. Bis zum 31.12.2001 wurde ein Wertguthaben in Höhe von 15 000 € erzielt. Das ausgezahlte Wertguthaben ist deshalb in Höhe von 15 000 € der Zeit bis zum 31.12.2001 zuzuordnen. Die Beitragsberechnung für diesen Teil des Wertguthabens erfolgt nach § 23a SGB IV. Der andere Teil des ausgezahlten Wertguthabens in Höhe von 2 500 € ist der Zeit nach dem 31.12.2001 zuzuordnen. Der beitragspflichtige Teil dieses Wertguthabens ist im Summenfelder-Modell festzustellen.

Die Beitragsberechnung erfolgt zuerst für das als Einmalzahlung nach § 23a SGB IV zu behandelnde Wertguthaben. In Höhe des beitragspflichtigen Teils des Wertguthabens verringert sich die seit dem 1.1.2002 festzustellende SV-Luft im Summenfelder-Modell. Daran schließt die Berechnung im Summenfelder-Modell an.

Beitragsberechnung nach § 23a SGB IV:

Zur Kranken- und Pflegeversicherung beträgt die Differenz zwischen der anteiligen Beitragsbemessungsgrenze und dem bisher beitragspflichtigen Arbeitsentgelt 2 250 €. Das als Einmalzahlung zu behandelnde ausgezahlte Wertguthaben (15 000 €) ist in Höhe von 2 250 € zur Beitragsberechnung heranzuziehen.

Zur Renten- und Arbeitslosenversicherung beträgt die Differenz zwischen der anteiligen Beitragsbemessungsgrenze und dem bisher beitragspflichtigen Arbeitsentgelt 9 000 €. Das als Einmalzahlung zu behandelnde ausgezahlte Wertguthaben (15 000 €) ist in Höhe von 9 000 € zur Beitragsberechnung heranzuziehen.

Beitragsberechnung nach § 23b Abs. 2 SGB IV:

Feststellung der SV-Luft vom 1.1.2002 bis 30.6.2002:

Krankenversicherung/Pflegeversicherung

anteilige Beitragsbemessungsgrenze	20 250 €
abzüglich laufendes beitragspflichtiges Arbeitsentgelt	18 000 €
abzüglich beitragspflichtiges Wertguthaben als Einmalzahlung	2 250 €
SV-Luft Krankenversicherung/Pflegeversicherung	0

Rentenversicherung/Arbeitslosenversicherung

anteilige Beitragsbemessungsgrenze	27 000 €
abzüglich laufendes beitragspflichtiges Arbeitsentgelt	18 000 €
abzüglich beitragspflichtiges Wertguthaben als Einmalzahlung	9 000 €
SV-Luft Rentenversicherung/Arbeitslosenversicherung	0 €

Die SV-Luft beträgt zum 30.6.2002 in allen Versicherungszweigen 0 €. Das seit dem 1.1.2002 erzielte Wertguthaben in Höhe von 2 500 € ist nicht beitragspflichtig.

Am 30.6.2002 sind folgende Daten darzustellen:

Wertguthaben (in den Lohnunterlagen)	2 500 €
SV-Luft:	
Krankenversicherung	0 €
Rentenversicherung	0 €
Arbeitslosenversicherung	0 €
Pflegeversicherung	0 €

Entsprechendes gilt, wenn das Wertguthaben in Zeit geführt wird.

● Beitragsberechnung aus Wertguthaben auf Grund von Gleitzeitvereinbarungen

Die o.a. Ausführungen gelten entsprechend beim Zusammentreffen von Wertguthaben, für die keine besonderen Aufzeichnungspflichten bestehen (Wertguthaben bis zu 250 Stunden), und Wertguthaben, für die besondere Aufzeichnungen zu führen sind (Summenfelder-Modell).

● Beitragssatz

Für die Berechnung der Beiträge im Störfall sind nach § 23b Abs. 2 Satz 4 SGB IV die im Zeitpunkt der Fälligkeit der Beiträge jeweils geltenden Beitragssätze maßgebend. Diese Beiträge werden mit den Beiträgen der Entgeltabrechnung des Kalendermonats fällig, der auf den Monat folgt, in dem der Störfall eingetreten ist bzw. bei Zahlungsunfähigkeit des Arbeitgebers die Mittel für die Beitragszahlung verfügbar sind.

Sind vom Wertguthaben Beiträge zu einem Versicherungszweig zu zahlen, zu dem im Zeitpunkt des Störfalls oder der Fälligkeit der Beiträge keine Versicherungspflicht besteht, ist gleichwohl der aktuelle Beitragssatz dieses Versicherungszweiges anzuwenden.

Gilt zum Zeitpunkt des Eintritts eines Störfalls und der Auszahlung des Wertguthabens ein anderer Beitragssatz als zum Zeitpunkt der Fälligkeit der Beiträge, sind die Beiträge aus dem Wertguthaben nach einem anderen Beitragssatz zu ermitteln als die Beiträge aus dem Arbeitsentgelt des Abrechnungszeitraumes, in dem der Störfall eintrat.

Um Probleme in der Entgeltabrechnung durch die Anwendung von zwei Beitragssätzen in einem Abrechnungszeitraum zu vermeiden, kann der Beitragssatz für die Berechnung der Beiträge nach § 23b Abs. 2 SGB IV angewendet werden, der im Abrechnungszeitraum, in dem das Wertguthaben ausgezahlt wurde, galt. Die Beiträge sind mit dem Beitragsnachweis dieses Abrechnungszeitraums nachzuweisen.

Die Krankenversicherungsbeiträge bemessen sich nach dem Beitragssatz der Krankenkasse, der der Versicherte im Zeitpunkt des Störfalls angehört. Diese Krankenkasse erhält die Krankenversicherungsbeiträge aus dem Wertguthaben. Dabei ist es unerheblich, ob im gesamten Zeitraum, auf den das Wertguthaben rückwirkend zu verteilen ist, eine Mitgliedschaft bei dieser Krankenkasse bestanden hat. Auch ist es unerheblich, in welcher Höhe für diesen Zeitraum bereits in der Vergangenheit – ohne das Wertguthaben – tatsächlich Beiträge zur Krankenversicherung entrichtet wurden.

Gehört der Arbeitnehmer zum Zeitpunkt des Störfalls oder der Fälligkeit der Beiträge keiner Krankenkasse an, umfasst das Wertguthaben aber auch einen zur Krankenversicherung beitragspflichtigen Teil, so ist der Beitragssatz der Krankenkasse anzuwenden, die im Zeitpunkt des Störfalls als Einzugsstelle die Beiträge zur Renten-oder Arbeitslosenversicherung annimmt.

Bei Eintritt des Störfalls wegen Zuerkennung einer Rente wegen Erwerbsminderung ist in der Krankenversicherung für das gesamte beitragspflichtige Wertguthaben der ermäßigte Beitragssatz anzuwenden.

Sind vom Wertguthaben Beiträge zur Rentenversicherung zu zahlen und besteht zum Zeitpunkt des Störfalls oder der Fälligkeit der Beiträge keine Rentenversicherungspflicht, sind die Beiträge zu dem Rentenversicherungszweig zu zahlen, dem der Arbeitnehmer zuletzt angehörte.

Für die Beitragsberechnung im Störfall gelten die Beitragssätze, die zum Zeitpunkt der Beendigung des (arbeitsrechtlichen) Arbeitsverhältnisses gelten. Die Beiträge sind an die zuletzt zuständige Einzugsstelle zu zahlen.

Wird eine Rente wegen Erwerbsminderung auf Zeit zuerkannt, tritt so lange kein Störfall ein, wie das Arbeitsverhältnis (ruhend) fortbesteht oder zwar endet, aber eine Wiedereinstellungszusage für den Fall besteht, dass die Rente nicht auf Dauer weiter gewährt wird.

Wird eine zeitlich befristete Erwerbsminderungsrente auf Dauer weiter gewährt, tritt der Störfall „Beendigung der Beschäftigung" mit dem Ende des (arbeitsrechtlichen) Arbeitsverhältnisses bzw. mit der Hinfälligkeit der Wiedereinstellungszusage ein. Es sind deshalb die Beitragssätze zu diesem Zeitpunkt maßgebend. Die Beiträge sind an die zuletzt zuständige Einzugsstelle zu zahlen.

● Fälligkeit der Beiträge in Störfällen

Die Beiträge aus dem nicht vereinbarungsgemäß verwendeten Wertguthaben werden nach § 23b Abs. 2 Satz 5 SGB IV mit den Beiträgen der Entgeltabrechnung des Kalendermonats fällig, der auf den Monat folgt, in dem der Störfall eingetreten ist bzw. bei Zahlungsunfähigkeit des Arbeitgebers die Mittel für die Beitragszahlung verfügbar sind.

Beispiel:

Störfall	2.7.2002
Abrechnungszeitraum	Monat Juli 2002
Fälligkeit des monatlichen Arbeitsentgelts	31.7.2002
Fälligkeit der Beiträge aus Wertguthaben	15.9.2002
	(zusammen mit den Beiträgen für den Abrechnungsmonat August 2002)

Endet das Beschäftigungsverhältnis, weil ein Träger der Rentenversicherung durch Bescheid den Eintritt von verminderter Erwerbsfähigkeit feststellte, gilt der Tag vor Eintritt der verminderten Erwerbsfähigkeit als Zeitpunkt des Eintritts des Störfalls des bis dahin erzielten Wertguthabens. In diesen Fällen werden die Beiträge aus dem Wertguthaben erst mit den Beiträgen aus Arbeitsentgelten des auf das Ende des Beschäftigungsverhältnisses folgenden Abrechnungszeitraumes fällig. Gleichzeitig tritt wegen der Beendigung des Beschäftigungsverhältnisses ein Störfall für das seit Eintritt der Erwerbsminderung erzielte Wertguthaben ein.

Beispiel:

Eingang des Bescheides über Erwerbsminderungsrente	2.11.2001
Eintritt der Erwerbsminderung	16.2.2002
Ende der Beschäftigung	2.11.2002
1. Störfall, wegen Eintritt der Erwerbsminderung	15.2.2002
2. Störfall, Ende der Beschäftigung	2.11.2002
Abrechnungszeitraum	Monat November 2002
Fälligkeit des monatlichen Arbeitsentgelts	30.11.2002
Fälligkeit der Beiträge aus Wertguthaben	15.1.2003
(insgesamt für beide Störfälle)	(zusammen mit den Beiträgen für den Abrechnungsmonat Dezember 2002)

Wird der Arbeitgeber insolvent, stellt das Wertguthaben nach § 23b Abs. 2 Satz 4 SGB IV nur insoweit beitragspflichtiges Arbeitsentgelt dar, als hiervon Beiträge entrichtet werden. Nach § 23b Abs. 2 Satz 5 SGB IV werden die Beiträge mit den Beiträgen des Monats fällig, der dem Monat folgt, in dem die Mittel für die Beitragszahlung zur Verfügung stehen.

Jeweils dann, wenn Mittel für die Beitragszahlung zur Verfügung stehen, tritt ein Störfall mit der besonderen Beitragsberechnung ein. Für jeden dieser Störfälle gilt ein besonderer Fälligkeitstag. Die Ausführungen zum Thema Beitragssatz gelten entsprechend. Dies bedeutet, dass für ggf. jede Beitragszahlung unterschiedliche Beitragssätze gelten können.

ee) Beitragsrechtliche Behandlung von Entgeltzahlungen nach Abwicklung eines Störfalls

269 Das besondere Beitragsverfahren im Störfall hat auf die Berechnung der Beiträge aus laufendem Arbeitsentgelt für Zeiten nach Eintritt des Störfalls keine Auswirkungen. Besonderheiten ergeben sich aber bei nachträglichen Zahlungen von geschuldetem Arbeitsentgelt und bei Gewährung von einmalig gezahltem Arbeitsentgelt.

● Nachträgliche Zahlung von geschuldetem Arbeitsentgelt

Wird nachträglich geschuldetes Arbeitsentgelt für Zeiten gezahlt, die bereits im besonderen Beitragsverfahren bei Störfällen berücksichtigt wurden, sind Beiträge aus dem nachträglich ge-

zahlten Arbeitsentgelt unter Berücksichtigung des bisher erzielten beitragspflichtigen Arbeitsentgelts zu berechnen und zu zahlen. Bei der Feststellung des bisher beitragspflichtigen Arbeitsentgelts sind die im Rahmen des besonderen Beitragsverfahrens festgestellten Arbeitsentgelte nicht zu berücksichtigen. Die Beitragsberechnung und -zahlung für die Nachzahlung des Arbeitsentgelts sind so vorzunehmen, als wäre kein besonderes Beitragsverfahren abgewickelt worden. Ergibt die Korrektur der SV-Luft, dass der Betrag der SV-Luft geringer als das Wertguthaben ist, sind die vom Wertguthaben im Störfall berechneten und gezahlten Beiträge zu berichtigen.

● Gewährung von Einmalzahlungen nach Durchführung des besonderen Beitragsverfahrens in Störfällen

Besteht das versicherungspflichtige Beschäftigungsverhältnis nach Eintritt eines Störfalls weiter, z.B. weil eine Teil- bzw. Vollauszahlung des Wertguthabens aus anderen Gründen als der Beendigung der Beschäftigung erfolgte, kann sich das beitragspflichtige Wertguthaben auf die Beitragsberechnung für spätere Einmalzahlungen auswirken.

Für die Beitragsberechnung anlässlich der Zahlung einer Einmalzahlung wird das im Jahr des Eintritts des Störfalls erzielte Wertguthaben höchstens jedoch in Höhe der sich für die Zeit bis zum Eintritt des Störfalls ergebenden SV-Luft als beitragspflichtiges Arbeitsentgelt berücksichtigt. Gleiches gilt für den darüber hinausgehenden beitragspflichtigen Teil des Wertguthabens für das Vorjahr des Störfalls.

Ist das Wertguthaben im Störfall ganz oder teilweise als Einmalzahlung zu behandeln (Wertguthaben bis zum 31.12.2000) oder ist das Wertguthaben generell als Einmalzahlung zu behandeln (Gleitzeitvereinbarungen bis zu 250 Stunden), erfolgt die Beitragsberechnung nach § 23a SGB IV. Insoweit ergeben sich für die Beitragsberechnung aus einer später gezahlten Einmalzahlung keine Besonderheiten.

c) Melderecht

Werden Beiträge anlässlich des Eintritts eines Störfalls entrichtet, **270** ist das beitragspflichtige Arbeitsentgelt mit einer besonderen Meldung zu bescheinigen. Für die besondere Meldung gilt der Grund der Abgabe 55. Es sind jeweils der Personengruppenschlüssel und der Beitragsgruppenschlüssel anzugeben, die beim Versicherten zum Zeitpunkt des Störfalls zutreffen. Sind Beiträge zu einem Versicherungszweig zu entrichten, zu dem zum Zeitpunkt des Störfalls keine Versicherungspflicht besteht, ist der für den Versicherten zuletzt maßgebende Beitragsgruppenschlüssel anzugeben. Die Meldung hat das zur Rentenversicherung beitragspflichtige Arbeitsentgelt zu enthalten. Sind im Störfall keine Beiträge zur Rentenversicherung zu entrichten, weil der Arbeitnehmer z.B. im gesamten maßgebenden Zeitraum wegen der Zugehörigkeit zu einer berufsständischen Versorgungseinrichtung versicherungsfrei war, ist das Arbeitsentgelt zu melden, das bei Rentenversicherungspflicht maßgeblich wäre. Wegen der gleich hohen Beitragsbemessungsgrenzen ist in einem solchen Fall das zur Arbeitslosenversicherung beitragspflichtige Arbeitsentgelt zu melden.

Nach § 28a Abs. 1 Nr. 19 i.V.m. § 28a Abs. 3 Nr. 2 SGB IV gelten für die verschiedenen Arten des Störfalls unterschiedliche Regelungen.

Endet das Beschäftigungsverhältnis im Zusammenhang mit der Zuerkennung einer Rente wegen verminderter Erwerbsfähigkeit, gilt Folgendes:

– Wertguthaben, die bis zum Tag vor dem Eintritt der Erwerbsminderung erzielt wurden, sind nach § 28a Abs. 1 Nr. 19 SGB IV i.V.m. § 11a Abs. 1 DEÜV mit einer Sondermeldung (Abgabegrund: 55) unverzüglich zu melden. Als Meldezeitraum sind der Monat und das Jahr des Eintritts der Erwerbsminderung anzugeben. Dies gilt auch in den Fällen, in denen die Erwerbsminderung bereits vor dem 1.1.2001 eingetreten ist und das Beschäftigungsverhältnis nach dem 31.12.2000 endet.

– Das Wertguthaben, das seit Eintritt der Erwerbsminderung erzielt wurde, ist zusammen mit dem Arbeitsentgelt der erforderlichen Abmeldung wegen Ende der Beschäftigung zu melden. Hierdurch kann es vorkommen, dass die anteilige Beitragsbemessungsgrenze des Meldezeitraums überschritten wird. Es wird deshalb empfohlen, auch diesen Teil des Wertguthabens mit einer Sondermeldung zu melden. Als Meldezeitraum ist der Monat und das Jahr der nicht zweckentsprechenden Verwendung des Wertguthabens anzugeben. Ist seit dem Eintritt der Erwerbsminderung kein Wertguthaben erzielt worden, ist für diesen Zeitraum keine besondere Meldung abzugeben.

Nach § 28a Abs. 3 Nr. 4 Buchst. a SGB IV i.V.m. § 11a Abs. 1 DEÜV ist im Fall der Insolvenz des Arbeitgebers nur das Arbeitsentgelt gesondert zu melden, von dem tatsächlich Beiträge zur Rentenversicherung entrichtet wurden. Als Meldezeitraum sind nach § 28a Abs. 3 Nr. 4 Buchst. b SGB IV der Kalendermonat und das Jahr der Beitragszahlung anzugeben. Wurde aus Vereinfachungsgründen der Beitragssatz des Abrechnungszeitraumes angewandt, in dem das Wertguthaben ausgezahlt wurde, ist als Meldezeitraum der Monat und das Kalenderjahr des Abrechnungszeitraumes zu melden. Erfolgen mehrere Zahlungen, weil der Anspruch nur schrittweise erfüllt wurde, sind mehrere Meldungen mit den entsprechenden Meldezeiträumen zu erstatten.

In allen anderen Störfällen ist nach § 28a Abs. 3 Nr. 4 Buchst. a SGB IV i.V. m. § 11a Abs. 1 DEÜV nur das Arbeitsentgelt gesondert zu melden, von dem tatsächlich Beiträge zur Rentenversicherung entrichtet wurden. Als Meldezeitraum sind nach § 28a Abs. 3 Nr. 4 Buchst. b SGB IV der Kalendermonat und das Jahr der nicht zweckentsprechenden Verwendung des Wertguthabens anzugeben.

d) Sicherung der Wertguthaben

271 Angesichts der Vielzahl bereits vorhandener und sich noch entwickelnder Arbeitszeitkontenmodelle hat auch der Insolvenzschutz für die Wertguthaben den Flexibilitätsbedürfnissen der Praxis Rechnung zu tragen. In der Anlaufphase ist es zunächst Aufgabe der Sozialpartner, entsprechend diesen Erfordernissen sachgerechte Modelle zur Sicherung der Wertguthaben zu entwickeln.

Ein Sicherungsbedürfnis besteht nicht, soweit der Arbeitnehmer einen Anspruch auf Insolvenzgeld hat. Es besteht auch in den Fällen kein Sicherungsbedürfnis, in denen das Wertguthaben einschließlich des darauf entfallenden Arbeitgeberanteils am Gesamtsozialversicherungsbeitrag das Dreifache der monatlichen → *Bezugsgröße* Rz. 604 nicht übersteigt und das Wertguthaben innerhalb von 27 Kalendermonaten nach der ersten Rückstellung ausgeglichen wird.

Neu ist, dass die Vertragsparteien in einem Tarifvertrag oder in der Betriebsvereinbarung auf Grund eines Tarifvertrages eine andere Grenze als die Grenze von 27 Kalendermonaten vorsehen können. Dabei ist zu beachten, dass nur die Arbeitsentgelte aus Wertguthaben, von denen im Fall der Insolvenz tatsächlich Beiträge entrichtet werden, dem Rentenkonto des Arbeitnehmers zu melden sind.

Beruht die Vereinbarung über flexible Arbeitszeit allein auf einzelvertraglichen Abreden, kann von der „27-Kalendermonatsgrenze" nicht abgewichen werden.

Werden Wertguthaben für den Fall der Insolvenz des Arbeitgebers gesichert, gilt § 23b Abs. 2 Satz 7 SGB IV. Die sichernde Stelle übernimmt danach die Pflichten des Arbeitgebers, insbesondere die Berechnung und Zahlung der Beiträge sowie die Abgabe der erforderlichen Meldung. Dies gilt auch, wenn der Arbeitgeber das Wertguthaben ohne Verpflichtung für den Fall der Insolvenz gesichert hat.

Arbeitszimmer

1. Ersatzleistungen des Arbeitgebers

272 Ersetzt der Arbeitgeber dem Arbeitnehmer die Kosten für ein **Arbeitszimmer** in dessen eigener oder gemieteter Wohnung, liegt steuer- und beitragspflichtiger Arbeitslohn vor, weil es für diesen Werbungskostenersatz keine Steuerbefreiungsvorschrift gibt (R 70 Abs. 3 Satz 1 LStR; OFD Köln, Verfügung vom 9.11.1990,

Lohnsteuer-Handausgabe 2001 S. 168). Das gilt auch, wenn ein Arbeitgeber einem Angestellten einen **pauschalen Bürokostenzuschuss** zahlt, weil dieser ein häusliches Arbeitszimmer benötigt. Auch wenn der Arbeitgeber dadurch Ausgaben für eigene Betriebsstätten erspart, erfolgen derartige Zahlungen nicht im überwiegenden eigenbetrieblichen Interesse des Arbeitgebers; es handelt sich auch nicht um steuerfreien Auslagenersatz i.S. des § 3 Nr. 50 EStG (FG Hamburg, Urteil vom 26.2.2001, EFG 2001 S. 876, Revision eingelegt, Az. beim BFH: VI R 48/01).

Auch wenn der Arbeitgeber lediglich die Kosten der **Büroeinrichtung oder Arbeitsmittel** wie z.B. Telefon, Faxgerät, Kopierer usw. übernimmt, stellen diese Leistungen steuer- und beitragspflichtigen Arbeitslohn dar, weil es auch hierfür keine Steuerbefreiungsvorschrift gibt. Die Steuerbefreiung des § 3 Nr. 30 EStG i.V.m. R 19 LStR für die Überlassung von Werkzeugen findet keine Anwendung, weil solche Gegenstände **kein „Werkzeug"** sind (BFH, Urteil vom 21.8.1995, BStBl II 1995 S. 906). Einzelheiten siehe → *Telearbeit* Rz. 2389 sowie → *Werkzeuggeld* Rz. 2653. Besonderheiten gelten ab 1.1.2000 lediglich für die Überlassung oder auch Übereignung von **Computern** nebst Zubehör (→ *Computer* Rz. 630).

Bei der Berechnung des **Mietwerts** einer vom Arbeitgeber zugewiesenen **Dienstwohnung** sind solche Räume **nicht einzubeziehen**, die dem Arbeitnehmer **vom Arbeitgeber im überwiegend eigenbetrieblichen Interesse als Büro oder Dienstzimmer zugewiesen** werden. Für ein solches überwiegend eigenbetriebliches Interesse kann z.B. die Möblierung des Büros durch den Arbeitgeber oder die gesonderte Erfassung der Energiekosten über gesonderte Zähler sprechen (OFD Köln, Verfügung vom 9.11.1990, Lohnsteuer-Handausgabe 2001 S. 168).

Beispiel:

Verschiedene Kirchen zahlen Pastoren, Pfarrern usw. zur Abgeltung ihrer Aufwendungen für ein dienstlich (mit-)benutztes Zimmer sog. Amtszimmerpauschalen, die – von Kirche zu Kirche unterschiedlich – rund 500 € jährlich betragen.

Grundsätzlich ist zwischen den von den Wohnräumen des Geistlichen abgegrenzten **Dienstzimmern** und den zur Dienstwohnung gehörenden, dienstlich (mit-)benutzten **Arbeitszimmern** zu unterscheiden. Diese Unterscheidung ist bereits für die Berechnung des Mietwerts der Dienstwohnung zu treffen, weil nur das Arbeitszimmer, nicht jedoch das Dienstzimmer in die Mietwertberechnung einzubeziehen ist. Auch für die steuerliche Behandlung der Amtszimmerpauschale ist diese Unterscheidung erforderlich:

– Die Amtszimmerpauschale für das **nicht** in die **Mietwertberechnung** einzubeziehende **Dienstzimmer** bleibt als Aufwandsentschädigung nach § 3 Nr. 12 Satz 2 EStG i.V.m. R 13 Abs. 3 Satz 3 Nr. 1 LStR bis zu 154 € monatlich steuerfrei, weil sie aus einer öffentlichen Kasse an öffentliche Dienste leistende Personen gezahlt wird und davon ausgegangen werden kann, dass dem Empfänger wegen der dienstlichen Nutzung des Zimmers ein entsprechender Aufwand erwächst.

– Die Amtszimmerpauschale für das in die **Mietwertberechnung** einzubeziehende **Arbeitszimmer** kann dagegen nicht ohne weiteres als Aufwandsentschädigung nach § 3 Nr. 12 Satz 2 EStG steuerfrei bleiben. Dies hängt davon ab, ob im konkreten Einzelfall die engen Voraussetzungen für die steuerliche Anerkennung eines Arbeitszimmers als Werbungskosten erfüllt sind (BFH, Urteil vom 9.7.1992, BStBl II 1993 S. 50). Da die Kirchen dies als Arbeitgeber nicht entscheiden können, unterwerfen sie die Amtszimmerpauschale dem Lohnsteuerabzug. Erst bei der Einkommensteuerveranlagung des Geistlichen kann vom Finanzamt endgültig geprüft werden, inwieweit tatsächlich eine Steuerbefreiung bzw. ein Werbungskostenabzug in Betracht kommt (OFD Düsseldorf, Verfügung vom 15.9.1997, StLex 3, 3, 1293).

2. Werbungskostenabzug

a) Allgemeine Grundsätze

Der Arbeitnehmer kann Aufwendungen für ein häusliches Arbeitszimmer einschließlich der Kosten für die Ausstattung ab 1996 nur noch bis **höchstens 1 250 € im Jahr als Werbungskosten** geltend machen, sofern **273**

– die **berufliche Nutzung des Arbeitszimmers mehr als 50 % der gesamten beruflichen und betrieblichen Tätigkeit** des Arbeitnehmers ausmacht

– oder der **Arbeitgeber den für die berufliche Tätigkeit erforderlichen Arbeitsplatz nicht zur Verfügung gestellt** hat.

Der Höchstbetrag von 1 250 € deckt grundsätzlich alle Kosten des Arbeitszimmers nebst Ausstattung ab, dazu gehören auch **Strom- und Reinigungskosten** (Schleswig-Holsteinisches FG, Urteil vom 8.10.1999, EFG 2001 S. 640) sowie die **Gebäudeabschreibungen** (vgl. dazu FG München, Urteil vom 21.2.2001, EFG 2001 S. 740). Nicht abzugsfähig sind Kosten für eine **Gartenerneuerung**, auch wenn sie durch eine Baumaßnahme am Arbeitszimmer verursacht sind (FG Münster, Urteil vom 31.5.1999, StEd 2001 S. 672, Revision eingelegt, Az. beim BFH: VI R 27/01).

Nicht von der Abzugsbeschränkung erfasst sind lediglich die Aufwendungen für die beruflich genutzten **Einrichtungsgegenstände** im Arbeitszimmer (z.B. Schreibtisch und -stuhl, Bücherregale, Klavier, Computer), bei denen es sich im steuerlichen Sinne um **Arbeitsmittel** i.S. des § 9 Abs. 1 Nr. 7 EStG handelt (BFH, Urteil vom 21.11.1997, BStBl II 1998 S. 351).

Bildet das **häusliche Arbeitszimmer** ausnahmsweise den **Mittelpunkt der gesamten beruflichen und betrieblichen Betätigung des Arbeitnehmers** (z.B. bei Heimarbeitern) oder liegt das Arbeitszimmer **außerhalb der Wohnung**, sind die Aufwendungen wie bis 1995 in voller Höhe als Werbungskosten abzugsfähig (vgl. ausführlich § 4 Abs. 5 Nr. 6 b i.V.m. § 9 Abs. 5 EStG sowie BMF-Schreiben vom 16.6.1998, BStBl I S. 863). Weitere Erläuterungen zur Regelung seit 1996 enthält die Verfügung der OFD Hannover vom 10.7.1998, StEd 1998 S. 664.

Die Abzugsbeschränkung ist vom **Bundesverfassungsgericht für verfassungsgemäß** erklärt worden (Urteil vom 7.12.1999, BStBl II 2000 S. 162). Zur Begründung weist das Gericht auf den engen Zusammenhang des häuslichen Arbeitszimmers mit der Sphäre der privaten Lebensführung und die Schwierigkeit der Finanzverwaltung hin, die ausschließlich berufliche oder betriebliche Nutzung des Arbeitszimmers nachprüfen zu können. Die Abzugsbeschränkung gilt grundsätzlich auch für **Büro- oder Praxisräume**, selbst wenn dort gelegentlich **Beratungsgespräche** geführt werden (BFH, Urteil vom 23.9.1999, BStBl II 2000 S. 7).

Zur Abgrenzung, welche Gegenstände zur Einrichtung eines Arbeitszimmers gehören und welche ggf. als Arbeitsmittel angesehen werden können, hat der **Bundesfinanzhof** im Urteil vom 8.11.1996, BFH/NV 1997 S. 341, Stellung genommen: Danach stellt ein in einem häuslichen Arbeitszimmer ausgelegter **Teppich kein Arbeitsmittel** dar. Es ist nach den Umständen des Einzelfalles zu entscheiden, ob der Ausstattungsgegenstand eines Arbeitszimmers (also z.B. ein Teppich) zu den abziehbaren Aufwendungen der **Einrichtung** oder den nicht abziehbaren Aufwendungen der **Ausschmückung** gehört. Im Urteilsfall (aus dem Jahre 1990) ist ein **Orientteppich** zum Preis von 3 900 DM (umgerechnet 1 994,04 €) als **Einrichtungsgegenstand** anerkannt worden, so dass die Aufwendungen im Wege der Absetzungen für Abnutzung steuerlich berücksichtigt werden konnten. Da der Teppich hiernach kein Arbeitsmittel ist, folgt aus dem Urteil zugleich, dass ab 1996 derartige Kosten nicht neben den Kosten des Arbeitszimmers steuerlich abgesetzt werden können.

Zum Werbungskostenabzug in den Fällen, in denen ein Arbeitnehmer z.B. ein Arbeitszimmer in einem seinem Ehegatten gehörenden Haus nutzt (Abzug des sog. **Drittaufwands**), siehe die BFH-Beschlüsse vom 23.8.1999, BStBl II S. 774, 778, 782 und 787, sowie zuletzt BFH, Urteil vom 4.9.2000, BFH/NV 2001 S. 107.

b) Vorab entstandene Werbungskosten

274 Die Abzugsbeschränkungen gelten auch für sog. **vorab entstandene Werbungskosten**. Für die Frage des Abzugs ist während der **Arbeitslosigkeit** die berufliche Tätigkeit maßgebend, die vom Steuerpflichtigen dauerhaft ausgeübt bzw. angestrebt wird. Nutzt der Steuerpflichtige ein Arbeitszimmer zur Erstellung von Bewerbungsschreiben und zur Vorbereitung auf Vorstellungsgespräche, sind die Aufwendungen für das Arbeitszimmer bis höchstens 1 250 € abzugsfähig. Ein voller Abzug ist nicht möglich, weil nicht das Arbeitszimmer, sondern die Vorstellungsgespräche den Mittelpunkt der auf Erlangung eines Arbeitsplatzes gerichteten Tätigkeit darstellen (FG Nürnberg, Urteil vom 2.9.1999, DStRE 2001 S. 683). Durch Arbeitslosigkeit wird das häusliche Arbeitszimmer weder zum alleinigen Arbeitsplatz noch bildet es den Mittelpunkt der gesamten beruflichen Tätigkeit oder wird zu mehr

als 50 % der gesamten beruflichen Tätigkeit genutzt (FG Nürnberg, Urteil vom 8.3.2001, DStRE 2001 S. 681, betr. einen Steuerfachgehilfen, der vorübergehend arbeitslos wurde). Aufwendungen für ein häusliches Arbeitszimmer können nach der neueren Finanzgerichtsrechtsprechung auch dann als **vorab entstandene Werbungskosten** – und **nicht** nur bis höchstens 920 € als Sonderausgaben nach § 10 Abs. 1 Nr. 7 EStG (**Kosten der Weiterbildung in einem nicht ausgeübten Beruf**) – abgezogen werden, wenn die Berufstätigkeit durch **Erziehungsurlaub** vorübergehend unterbrochen wird (vgl. zuletzt Niedersächsisches FG, Urteil vom 21.2.2001, EFG 2001 S. 812, Revision eingelegt, Az. beim BFH: VI R 103/01, sowie FG Rheinland-Pfalz, Urteil vom 24.4.2001 EFG 2001 S. 1270, Revision eingelegt, Az. beim BFH: VI R 102/01).

c) Rechtsprechung zur Neuregelung

275 In der Praxis ist häufig streitig, ob ein Arbeitnehmer unter eine der o.g. Ausnahmeregelungen fällt und somit auch ab 1996 Aufwendungen für das häusliche Arbeitszimmer zumindest bis 1 250 € im Jahr als Werbungskosten absetzen kann. Nachfolgend soll hierzu auf neuere Urteile hingewiesen werden, die teilweise von der Verwaltungsauffassung im BMF-Schreiben vom 16.6.1998, BStBl I 1998 S. 863, abweichen:

aa) Keine Anwendung der Abzugsbeschränkung

276 Die Abzugsbeschränkung gilt nur für „häusliche" Arbeitszimmer, die zu der Wohnung des Arbeitnehmers gehören. Ein **voller Werbungskostenabzug** ist daher zugelassen worden bei sog. **außerhäuslichen Arbeitszimmern**, das können sein

- eine „**Zweitwohnung**" im selben Mehrfamilienhaus, die eine Lehrerin für ihre berufliche Tätigkeit angemietet hat (FG Baden-Württemberg, Urteil vom 17.6.1998, EFG 1998 S. 1390);
- ein räumlich von der Wohnung getrennter, gesondert angemieteter **zusätzlicher Kellerraum** (Hessisches FG, Urteil vom 6.10.1999, EFG 2000 S. 169, Revision eingelegt, Az. beim BFH: VI R 160/99).

Nicht als außerhäusliche Arbeitszimmer anerkannt wurden dagegen z.B.

- eine **Atelierwohnung**, wenn sie einen Schlafraum und eine „Küchenzeile" enthält und der Berufsinhaber dort jedenfalls an Tagen übernachtet, an denen es mit der Arbeit spät geworden ist (FG Hamburg, Urteil vom 11.9.1998, StEd 1999 S. 20, Nichtzulassungsbeschwerde eingelegt);
- eine an das Wohnhaus angrenzende **als Arbeitszimmer umgebaute Garage** (FG Rheinland-Pfalz, Urteil vom 23.8.2000, DStRE 2001 S. 70);
- ein häusliches Arbeitszimmer im **Nachbarhaus** (FG Köln, Urteil vom 29.9.2000, EFG 2001 S. 272). Das Gericht will abweichend von der o.g. Rechtsprechung anderer Finanzgerichte die Abzugsbeschränkung auch auf außerhäusliche Arbeitszimmer anwenden, wenn sie mit einem häuslichen Arbeitszimmer vergleichbar sind;
- Räume im **selben Mehrfamilienhaus**, auch wenn sie von der eigentlichen Wohnung getrennt liegen (FG Münster, Urteile vom 13.3.2001, EFG 2001 S. 964, und vom 28.8.2001, EFG 2001 S. 1546, Revision eingelegt, Az. beim BFH: VI R 124/01);
- ein im **Keller** befindliches Arbeitszimmer, das durch einen direkten Zugang mit den Wohnräumen verbunden ist (FG Nürnberg, Urteil vom 30.5.2001, EFG 2001 S. 1182).

Die Abzugsbeschränkung gilt ferner dann nicht, wenn es sich nicht um ein häusliches Arbeitszimmer, sondern um einen **Betriebs- oder Lagerraum** handelt, so z.B. bei

- einem **Betriebsraum**, den ein Texter und Komponist in seiner Wohnung unterhält (FG München, Urteil vom 8.11.2000, EFG 2001 S. 264, Revision eingelegt, Az. beim BFH: XI R 89/00);
- einem **Lagerraum** in der Wohnung, in dem ein Pharmareferent Waren lagert (FG Baden-Württemberg, Urteil vom 14.2.2001, EFG 2001 S. 677, Revision eingelegt, Az. beim BFH: VI R 40/01; ebenso FG Düsseldorf, Urteil vom 19.10.2000, EFG 2001 S. 814, Revision eingelegt, Az. beim BFH: VI R 178/00);
- einem **Archivraum**, den ein Bauingenieur neben seinem häuslichen Arbeitszimmer eingerichtet hat (FG Berlin, Urteil vom 23.4.2001, EFG 2001 S. 887, Revision eingelegt, Az. beim BFH: VI R 70/01).

Nicht als Betriebs- oder Lagerraum angesehen wurden dagegen z.B.

- das Arbeitszimmer eines Revisors, in dem mit Billigung des Arbeitgebers Schriftstücke und Dateien gelagert sind, sofern in diesem

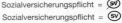
Raum weitere arbeitszimmertypische Arbeiten verrichtet werden (FG Rheinland-Pfalz, Urteil vom 8.3.2001, DStRE 2001 S. 677, Nicht-zulassungsbeschwerde eingelegt, Az. beim BFH: VI B 104/01). Selbst die Nutzung des Arbeitszimmers als **Archiv** gehört nach diesem Urteil noch zur typischen Nutzung als häusliches Arbeitszimmer;

– ein Raum, in dem umfangreiche **Fachliteratur gelagert** wird, wenn die Ausstattung des Raums mit PC, Drucker und sonstigen Arbeitsmaterialien die Ausübung einer beruflichen Tätigkeit erlaubt (FG Nürnberg, Urteil vom 8.3.2001, DStRE 2001 S. 681);

– ein **Büchermagazin**, das neben dem Arbeitszimmer zur Aufbewahrung einkunftsbezogener Literatur genutzt wird. Beide Räume sind als Einheit zu werten und unterliegen der Abzugsbeschränkung nach § 4 Abs. 5 Satz 1 Nr. 6b EStG (FG Rheinland-Pfalz, Urteil vom 14.3.2001, NWB 2001 Fach 1 S. 202);

– die **Einliegerwohnung** einer Pharmareferentin, in der Waren gelagert werden (FG Düsseldorf, Urteil vom 4.7.2001, EFG 2001 S. 1492).

bb) Mittelpunkt der Tätigkeit

277 **Voll anerkannt** wurde der Werbungskostenabzug, weil das Arbeitszimmer den Mittelpunkt der gesamten beruflichen und betrieblichen Tätigkeit bildet, bei

– einem **Fernsehregisseur**, wenn – bis auf die Leitung der Dreharbeiten – alle anderen Arbeiten dort erledigt werden und der quantitative und qualitative Schwerpunkt seiner Arbeit damit im häuslichen Arbeitszimmer liegt (FG Hamburg, Urteil vom 23.11.1999, EFG 2000 S. 357, Revision eingelegt, Az. beim BFH: VI R 126/00);

– einem im Außendienst tätigen **Steuersachbearbeiter** einer landwirtschaftlichen Buchstelle, weil die im häuslichen Arbeitszimmer ausgeübte Berufstätigkeit (Erstellung von Bilanzen, Steuererklärungen u.Ä.) den Schwerpunkt bildet (FG Baden-Württemberg, Urteil vom 8.8.2000, EFG 2000 S. 1314, Revision eingelegt, Az. beim BFH: VI R 147/00);

– einem **Service-Techniker**, dessen beruflich genutzte Räume im eigenen Haus in Ermangelung einer Zweigniederlassung seines Arbeitgebers die **Funktion einer Geschäftsstelle** haben und in denen ein **Lager mit Labor** eingerichtet worden ist (FG München, Urteil vom 8.11.2000, EFG 2001 S. 268, Revision eingelegt, Az. beim BFH: VI R 185/00);

– einem **selbständigen Hersteller von Werbedruckmaterialien** (FG München, Urteil vom 8.11.2000, EFG 2001 S. 270, Revision eingelegt, Az. beim BFH: X R 75/00);

– einem **Versicherungsmakler**, dessen wesentliche Berufsleistung im häuslichen Arbeitszimmer in der Ausarbeitung und Betreuung von betrieblichen Altersversorgungskonzepten erfolgt. In Abgrenzung zu anderen Urteilen betr. Versicherungsvertreter stellte das Gericht heraus, dass nicht der Verkauf von Versicherungen „vor Ort" im Vordergrund stand. Dass die Vorbereitung (Datenaufnahme) und die Konzeptbesprechung vor Ort beim Kunden stattfand, hielt das Gericht im Streitfall für unerheblich (FG Köln, Urteil vom 18.12.2000, EFG 2001 S. 488, Revision eingelegt, Az. beim BFH: VI R 34/01);

– einem **Vertriebsingenieur** (FG Nürnberg, Urteil vom 7.2.2001, EFG 2001 S. 1429, Revision eingelegt, Az. beim BFH: VI R 86/01);

– einem **Vertriebsleiter**, der in seinem Haus ein häusliches Büro als Zweigniederlassung seines Arbeitgebers eingerichtet hatte (FG München, Urteil vom 13.12.2000, EFG 2001 S. 487, Revision eingelegt, Az. beim BFH: VI R 21/01).

Nicht als Mittelpunkt anerkannt wurde ein Arbeitszimmer dagegen bei

– einem angestellten **Handels- oder Versicherungsvertreter oder Kundendiensttechniker**, wenn der Schwerpunkt der Tätigkeit im Außendienst liegt, auch wenn der Arbeitgeber keinen Arbeitsplatz zur Verfügung gestellt hat (zuletzt FG Düsseldorf, Urteil vom 19.10.2000, EFG 2001 S. 814, Revision eingelegt, Az. beim BFH: VI R 178/00, FG Köln, Urteil vom 18.12.2000, EFG 2001 S. 488, Revision eingelegt, Az. beim BFH: VI R 34/01, betr. einen Versicherungsangestellten sowie FG Münster, Urteil vom 10.5.2001, EFG 2001 S. 1183, Revision eingelegt, Az. beim BFH: VI R 79/01, betr. einen Handelsvertreter für Klimaanlagen);

– einem **Vertriebsbeauftragten** im Außendienst, der zu Hause lediglich Bürotätigkeiten verrichtet, die lediglich eine Hilfsfunktion für die Absatzförderung haben (FG Köln, Urteil vom 11.11.1998, EFG 1999 S. 223);

– einem **Bundesbetriebsprüfer**, da der Schwerpunkt und der Kernbereich der Tätigkeit in den zu prüfenden Betrieben liegt (FG Düsseldorf, Urteil vom 10.5.2000, EFG 2001 S. 556, Revision eingelegt, Az. beim BFH: VI R 1/01);

– einem **Pharmareferenten** (zuletzt FG Köln, Urteil vom 25.4.2001, EFG 2001 S. 1031, Revision eingelegt, Az. beim BFH: VI R 82/01, m.w.N.);

– einer **Außendienstmitarbeiterin der Bundesversicherungsanstalt** für Angestellte, wenn ein wesentlicher Teil der Arbeitszeit außerhalb des häuslichen Arbeitszimmers verbracht wird; Indizien hierfür sind eine mehr als 75 %ige berufliche Pkw-Nutzung und die Inanspruchnahme von Verpflegungsmehraufwendungen an mehr als der Hälfte der Arbeitstage (FG Münster, Urteil vom 16.3.2001, EFG 2001 S. 1113, Nichtzulassungsbeschwerde eingelegt, Az. beim BFH: VI B 100/01);

– einem **Kirchenmusiker** (FG München, Urteil vom 26.4.2001, EFG 2001 S. 1114).

Im Regelfall wird in diesen Fällen aber ein **Abzug bis 1 250 €** in Betracht kommen (Tätigkeit im Arbeitszimmer mehr als 50 % oder der Arbeitgeber hat keinen Arbeitsplatz zur Verfügung gestellt).

Übt ein Arbeitnehmer **zwei berufliche Tätigkeiten** aus, ist für die Frage, ob das Arbeitszimmer den Mittelpunkt der gesamten beruflichen Betätigung bildet, eine **Gesamtbetrachtung** beider beruflicher Tätigkeiten vorzunehmen (BFH, Urteil vom 23.9.1999, BStBl II 2000 S. 7). Die Verwaltungsauffassung ist insoweit bestätigt worden. Gegen diese Rechtsprechung hat das **Finanzgericht München Bedenken** (Urteil vom 8.11.2000, EFG 2001 S. 264, Revision eingelegt, Az. beim BFH: XI R 89/00): Es hat die Aufwendungen für einen in der Wohnung befindlichen **Betriebsraum, der ausschließlich für eine selbständige Nebentätigkeit** genutzt wird, in voller Höhe als Betriebsausgaben anerkannt, obwohl der Steuerpflichtige daneben eine Arbeitnehmertätigkeit ausgeübt hat und die 50 %-Grenze nicht überschritten wurde. Das Gericht kritisiert die „einkünfteübergreifende Gesamtbetrachtung" und weist darauf hin, dass es nicht nachvollziehbar sei, wenn etwa ein selbständiger Steuerberater mit häuslicher Praxis, die den Mittelpunkt seiner Tätigkeit darstellt, den vollen Betriebsausgabenabzug dadurch verliert, dass er nebenbei Vorlesungen an einer Universität hält und seine häusliche Praxis dann nicht mehr den Mittelpunkt seiner **gesamten** Tätigkeit bildet. Das **Finanzgericht Münster** hat demgegenüber die Rechtsprechung des Bundesfinanzhofs bestätigt (FG Münster, Urteil vom 25.4.2001, EFG 2001 S. 1113, Revision eingelegt, Az. beim BFH: IV R 38/01). Die Entscheidung des Bundesfinanzhofs bleibt abzuwarten.

cc) Fehlen eines Arbeitsplatzes

Ein **Werbungskostenabzug bis höchstens 1 250 €** ist – obwohl **278** ein Arbeitsplatz in der Firma vorhanden war – zugelassen worden bei

– einem **EDV-Organisator**, der bestimmte Aufgaben zu Hause erledigen muss (FG Köln, Urteil vom 18.12.1997, EFG 1998 S. 867, Revision eingelegt, Az. beim BFH: VI R 41/98). Entsprechendes gilt für einen bei einer Berufsgenossenschaft tätigen **Aufsichtsbeamten im Außendienst**, der in seinem häuslichen Arbeitszimmer auf dem vom Arbeitgeber gestellten PC arbeitstäglich Berichte usw. schreiben muss (FG Köln, Urteil vom 3.11.1999, EFG 2000 S. 169, Revision eingelegt, Az. beim BFH: VI R 13/00);

– einem **Schulrektor**, weil das Dienstzimmer nach Schulschluss u.a. wegen abgestellter Heizung nicht uneingeschränkt nutzbar war und andere Lehrkräfte wegen des dort aufgestellten Faxgerätes jederzeit Zugang zum Zimmer hatten, so dass ein ungestörtes Arbeiten nicht möglich war (zuletzt FG Baden-Württemberg, Urteil vom 3.5.2001, EFG 2001 S. 1185, Revision eingelegt, Az. beim BFH: VI R 77/01; a.A. zuletzt FG Rheinland-Pfalz, Urteil vom 10.4.2001, EFG 2001 S. 1183, Revision eingelegt, Az. beim BFH: VI R 95/01);

– einem Arbeitnehmer, der das Arbeitszimmer zur Vor- und Nachbereitung eines **Meisterlehrgangs** benötigte, weil ihm ein anderer Arbeitsplatz für diese Tätigkeit nicht zur Verfügung stand (FG des Landes Brandenburg, Urteil vom 17.9.1998, EFG 1998 S. 1678);

– einem **Piloten**, wenn ihm der Arbeitgeber für das Studium der Handbücher, Streckenunterlagen und technischen Unterlagen keinen anderen geeigneten Arbeitsplatz zur Verfügung stellt (FG des Landes Brandenburg, Urteil vom 25.2.1999, EFG 1999 S. 601);

– einem **leitenden Sparkassenangestellten** (FG Münster, Urteil vom 24.2.2000, EFG 2001 S. 132, Revision eingelegt, Az. beim BFH: VI R 162/00);

– einem **TÜV-Sachverständigen** (FG Münster, Urteil vom 5.8.1999, EFG 2001 S. 557, Revision eingelegt, Az. beim BFH: VI R 17/01);

– einem **Kfz-Verkaufsberater**, der neben seiner üblichen Verkaufstätigkeit in erheblichen Umfang Großkunden akquiriert und berät und ferner jährlich einige Kundenveranstaltungen organisiert, wenn er in der Firma nur einen Schreibtisch hat, den er auch noch mit anderen

Verkäufern teilen muss (FG Nürnberg, Urteil vom 31.5.2001, DStRE 2001 S. 1148).

Abgelehnt wurde dagegen der Werbungskostenabzug bis 1 250 € bei

– einem **Feuerwehrmann**, der das Arbeitszimmer täglich etwa 90 Minuten für den theoretischen Teil einer praktischen Ausbildung nutzte. Dies gilt jedenfalls dann, wenn bei der Abwägung von Notwendigkeit eines häuslichen Arbeitszimmers und Wohnbedürfnis einer Familie mit einem Kind die Entscheidung für ein häusliches Arbeitszimmer nicht zwingend erscheint (FG Hamburg, Urteil vom 16.10.1998, StEd 1999 S. 84);

– einem Arbeitnehmer, der sich **zu Hause fortbilden** muss, weil er an seinem Arbeitsplatz hierfür keine Zeit hat (FG Köln, Urteil vom 29.9.2000, EFG 2001 S. 272);

– einem **Schulleiter**, wenn er das Dienstzimmer in der Schule aus subjektiven Erwägungen nicht nutzt (FG Münster, Urteil vom 17.7.2001, EFG 2001 S. 1493, Nichtzulassungsbeschwerde eingelegt, Az. beim BFH: VI B 200/01).

3. Mietverhältnis mit dem Arbeitgeber

279 Um die ab 1996 geltenden Abzugsbeschränkungen des häuslichen Arbeitszimmers zu „umgehen", werden verschiedentlich „Mietverträge" mit dem Arbeitgeber über das häusliche Arbeitszimmer abgeschlossen. Die Mieteinnahmen werden als Einnahmen aus **Vermietung und Verpachtung** erklärt, als Werbungskosten bei Vermietung und Verpachtung werden die **vollen Kosten** des häuslichen Arbeitszimmers – d.h. ohne Berücksichtigung der Abzugsbeschränkung – geltend gemacht.

Die **Finanzverwaltung erkennt derartige Mietverhältnisse nicht an**, wenn ein **Missbrauch von Gestaltungsmöglichkeiten** des Rechts (§ 42 AO) gegeben ist. Davon ist stets auszugehen, wenn zwischen Arbeitnehmer und Arbeitgeber ein direktes Mietverhältnis besteht und kein überwiegendes Interesse des Arbeitgebers für das Vorhandensein eines häuslichen Arbeitszimmers beim Arbeitnehmer nachgewiesen oder glaubhaft gemacht werden kann oder die Umstände des Einzelfalls dafür sprechen, dass mit dem Mietvertrag lediglich bezweckt wird, die gesetzliche Abzugsbeschränkung zu umgehen. In diesen Fällen wird die steuerliche Anerkennung eines Mietverhältnisses auch dann versagt, wenn der **Arbeitnehmer-Ehegatte Miteigentümer oder Alleineigentümer** des häuslichen Arbeitszimmers (d.h. der Wohnung) ist. Das Gleiche gilt bei **Untervermietung** eines Arbeitszimmers in einer gemieteten Wohnung. Erfolgt die Anmietung des Arbeitszimmers jedoch erkennbar im betrieblichen Interesse des Arbeitgebers, etwa bei **Heimarbeitern** oder **Telearbeitsplätzen**, erkennt die Finanzverwaltung die Mietverhältnisse steuerlich an (OFD Kiel, Verfügungen vom 13.12.1999 und vom 8.6.2000, DStR 2000 S. 738).

Die als Miete vereinbarten und geleisteten Zahlungen werden als **steuerpflichtiger Arbeitslohn** angesehen.

Das **Finanzgericht Düsseldorf** hat die Verwaltungsauffassung bestätigt (Urteil vom 18.10.2000, EFG 2001 S. 21), ebenso das **Finanzgericht Rheinland-Pfalz** (Urteil vom 24.4.2001, EFG 2001 S. 1270, Revision eingelegt, Az. beim BFH: VI R 102/01). Auch das **Finanzgericht Baden-Württemberg** hat die o.g. **Verwaltungsauffassung** für Mietverträge zwischen Arbeitgeber und Arbeitnehmer bestätigt, dagegen für Mietverträge mit dem **Arbeitnehmer-Ehegatten abgelehnt** (Urteil vom 12.7.2000, EFG 2001 S. 360, Revision eingelegt, Az. beim BFH: VI R 131/00). Die Entscheidung des Bundesfinanzhofes bleibt abzuwarten.

Wie bei der Lohnsteuer erkennt die Finanzverwaltung im Übrigen auch bei der **Umsatzsteuer die Vermietung des Arbeitszimmers an den Arbeitgeber** im Allgemeinen wegen Gestaltungsmissbrauchs (§ 42 AO) steuerlich nicht an. Ausnahme: Der Ehegatte des Arbeitnehmers oder die Ehegatten gemeinsam sind Eigentümer des Grundstücks (OFD Karlsruhe, Verfügung vom 5.3.2001, DStR 2001 S. 665).

4. Ehegatten-Mietverträge

280 Als Gestaltungsmissbrauch (§ 42 AO) kann auch ein **Mietvertrag zwischen Eheleuten** über die Nutzung eines Arbeitszimmers anzusehen sein, wenn er zu einer Umgehung des gesetzlichen Ab-

zugsverbots führt; dem steht nicht entgegen, dass der Mietvertrag schon längere Zeit besteht (BFH, Beschluss vom 1.2.2000, BFH/NV 2000 S. 945). Aus denselben Erwägungen hat das Schleswig-Holsteinische Finanzgericht die Vermietung der ideellen Hälfte des häuslichen Arbeitszimmers nicht anerkannt (Urteil vom 8.10.1999, EFG 2001 S. 640).

Arzt

1. Allgemeines

Ärzte erzielen Einkünfte aus einer **freiberuflichen Tätigkeit** i.S. **281** des § 18 Abs. 1 Nr. 1 EStG, wenn sie eine eigene Praxis haben. Ärzte können aber auch **nichtselbständig** tätig sein, wenn sie z.B. im Beamtenverhältnis stehen (z.B. beim Gesundheitsamt) oder in einem Krankenhaus angestellt sind. Darüber hinaus können Ärzte „gemischte Tätigkeiten" ausüben, wenn ein Chefarzt z.B. nebenher privat liquidieren darf.

2. Arzt im Praktikum

Ärzte sind auf Grund einer Beschäftigung als „Arzt im Praktikum" **282** **kranken-, pflege-, renten- und arbeitslosenversicherungspflichtig.** Auf Grund der Sonderregelung des § 8 SGB V haben sie die Möglichkeit, sich von der Krankenversicherungspflicht befreien zu lassen.

3. Arztvertreter

Ein Arztvertreter ist regelmäßig **selbständig** tätig, es sei denn, **283** dass er nicht nur bezüglich der Sprechstunden usw., sondern auch hinsichtlich der Behandlungsmethoden den Weisungen des Praxisinhabers folgen muss (BFH, Urteil vom 10.4.1953, BStBl III S. 142).

4. Assistenzarzt

a) Behandlung von Privatpatienten

Zur steuerlichen Behandlung der Anteile der Assistenz- und **284** Oberärzte an den Liquidationseinnahmen der Chefärzte gilt Folgendes (BMF-Schreiben vom 27.4.1982, BStBl I 1982 S. 530):

Vergütungen, die Arbeitnehmer eines Krankenhausträgers als Anteil an den Liquidationseinnahmen der liquidationsberechtigten Krankenhausärzte erhalten, gehören zu den **Einkünften aus nichtselbständiger Arbeit** (BFH, Urteil vom 11.11.1971, BStBl II 1972 S. 213).

Für den Regelfall ist davon auszugehen, dass die Mitarbeit im Liquidationsbereich **im Rahmen des Dienstverhältnisses zum Krankenhausträger** geschuldet wird, und zwar auch dann, wenn die Tätigkeit zwar im Arbeitsvertrag nicht ausdrücklich vorgesehen ist, ihre Erfüllung aber vom Krankenhausträger nach der tatsächlichen Gestaltung des Dienstverhältnisses und nach der Verkehrsauffassung erwartet werden kann. Werden die Vergütungen nicht vom Krankenhausträger gezahlt oder ist dieser nicht in die Auszahlung eingeschaltet (R 106 Abs. 1 LStR), stellen sie **Lohnzahlungen Dritter** i.S. des § 38 Abs. 1 Satz 2 EStG dar, für die der **Krankenhausträger als Arbeitgeber** zusammen mit dem dienstvertraglichen Arbeitslohn die Lohnsteuer einzubehalten und abzuführen hat. Dabei ist es unerheblich, ob die Vergütungen vom liquidationsberechtigten Arzt auf Grund einer besonderen Verpflichtung oder freiwillig erbracht und ob sie direkt oder aus einem **Mitarbeiterfonds (Liquidationspool)** gewährt werden.

Soweit der Krankenhausträger die Vergütungen nicht selbst ermitteln kann und sie ihm auch nicht vom liquidationsberechtigten Arzt mitgeteilt werden, hat sie der **Arbeitnehmer dem Krankenhausträger mitzuteilen** (R 106 Abs. 2 Satz 3 LStR). Hinsichtlich der **Haftung** für zu wenig einbehaltene Lohnsteuer gilt R 106 Abs. 5 LStR.

Besteht gegenüber dem Krankenhausträger keine Verpflichtung zur Mitarbeit im Liquidationsbereich, weil der Arbeitnehmer ausschließlich auf Grund einer Vereinbarung mit dem Chefarzt im Liquidationsbereich tätig wird, ist der **liquidationsberechtigte Arzt** als **Arbeitgeber** anzusehen mit allen sich daraus im Steuerabzugsverfahren ergebenden Pflichten.

⟦LSt⟧ ⟦SV⟧

b) Gutachten

285 Vergütungen für Gutachten gehören ebenfalls zum **Arbeitslohn** und sind zusammen mit dem Gehalt dem Lohnsteuerabzug zu unterwerfen, wenn sie

– als **Gutachten der Universität** oder des Krankenhauses oder auch

– von dem **Klinikdirektor** oder einem **Chefarzt**

angefordert werden.

⟦LSt⟧ ⟦SV⟧

Werden dagegen die Gutachten als „**persönliche Gutachten**" des mit der Erstellung beauftragten Arztes herausgegeben, so handelt es sich um eine **selbständige Nebentätigkeit**. Die Einkünfte sind im Rahmen einer Einkommensteuerveranlagung zu erfassen (OFD Frankfurt, Verfügung vom 15.10.1982, StLex 3, 18, 1023).

⟦L̶S̶t̶⟧ ⟦SV⟧

Ärztliche Betreuung

286 Die vom Arbeitgeber im ganz überwiegenden betrieblichen Interesse übernommenen Kosten für **Vorsorgeuntersuchungen** und **Kreislauftrainingskuren** der Arbeitnehmer sind **kein Arbeitslohn** (BFH-Urteil vom 31.10.1986, BStBl II 1987 S. 142). Das Gleiche gilt für die ärztliche Betreuung der Belegschaft zur **Hebung des Gesundheitszustands** und damit der Arbeitsleistung (BFH, Urteil vom 24.1.1975, BStBl II S. 340); vgl. sinngemäß auch BFH, Urteil vom 30.5.2001, BStBl II 2001 S. 671, betr. Übernahme von Massagekosten für Bildschirmarbeitnehmer).

⟦L̶S̶t̶⟧ ⟦SV⟧

Arbeitslohn liegt jedoch vor, wenn der Arbeitgeber für **alle älteren Arbeitnehmer**, z.B. nach Vollendung ihres 50. Lebensjahres, ungeachtet ihrer Stellung und Bedeutung für den Betrieb „automatisch" die Kosten für eine Kur übernimmt (BFH, Urteil vom 31.10.1986, BStBl II 1987 S. 142).

⟦LSt⟧ ⟦SV⟧

Asylbewerber

287 Die an Asylbewerber nach dem Asylbewerberleistungsgesetz gezahlten **Sach- und Geldleistungen** sind nach § 3 Nr. 11 EStG steuerfrei (→ *Unterstützungen* Rz. 2487) und werden auch **nicht** im Rahmen des **Progressionsvorbehaltes** (→ *Progressionsvorbehalt* Rz. 1924) berücksichtigt.

Für die Verrichtung von Arbeitsgelegenheiten, die in Aufnahmeeinrichtungen i.S. des § 44 des Asylverfahrensgesetzes und in vergleichbaren Einrichtungen zur Aufrechterhaltung und Betreibung der Einrichtung sowie bei staatlichen, kommunalen und gemeinnützigen Trägern zur Verfügung gestellt werden, wird eine **Aufwandsentschädigung** von rund 1 € je Stunde ausgezahlt (§ 5 Abs. 1 und 2 AsylblG). Hierdurch wird **kein Arbeitsverhältnis** begründet, weil die Asylbewerber auf Grund einer öffentlich-rechtlichen Verpflichtung zu den Arbeiten herangezogen werden (OFD Erfurt, Verfügung vom 15.3.1999, DB 1999 S. 937).

⟦L̶S̶t̶⟧ ⟦SV⟧

Aufbewahrungspflichten

1. Lohnsteuer

288 Die Lohnkonten hat der Arbeitgeber nach § 41 Abs. 1 Satz 9 EStG **bis zum Ablauf des sechsten Kalenderjahres**, das auf die zuletzt eingetragene Lohnzahlung folgt, aufzubewahren. Für das Lohnkonto 2002 endet also die Aufbewahrungspflicht mit Ablauf des 31.12.2008. Die auf zehn Jahre verlängerte Aufbewahrungsfrist in § 147 Abs. 3 AO gilt insoweit nicht (OFD Hannover, Verfügung vom 18.2.2000, DB 2000 S. 697).

Die Lohnsteuerkarte hat der Arbeitgeber den **Arbeitnehmern**, die nach § 46 EStG zur Einkommensteuer veranlagt werden, nach Ablauf des Jahres unverzüglich **auszuhändigen**. In den anderen Fällen hat er sie nach Durchführung des Lohnsteuer-Jahresausgleichs bis zum Ablauf des Folgejahres dem **Betriebsstättenfinanzamt einzureichen** (vgl. R 135 Abs. 12 LStR).

Arbeitnehmer haben ihre Lohnsteuerkarten, die sie nicht für ihre Einkommensteuererklärung benötigen, bis zum Ablauf des Folgejahres dem **Finanzamt einzusenden**, in dessen Bezirk die Gemeinde liegt, die die Lohnsteuerkarte ausgestellt hat (R 135 Abs. 13 LStR).

Für den **Nachweis von Werbungskosten, Sonderausgaben** usw. gibt es nach Durchführung der Einkommensteuerveranlagung und Rückgabe durch das Finanzamt keine gesetzliche Aufbewahrungspflicht, selbst wenn die Veranlagung „vorläufig" durchgeführt worden ist (OFD Düsseldorf, Verfügung vom 16.4.1980, DB 1980 S. 859).

2. Sozialversicherung

289 Der Arbeitgeber ist verpflichtet, für jeden Beschäftigten, getrennt nach Kalenderjahren, Lohnunterlagen in deutscher Sprache zu führen. Auch für Geringverdiener, Aushilfskräfte, Pauschalbesteuerte usw. müssen detaillierte Lohnunterlagen vorhanden sein. Die Lohn- und Gehaltsunterlagen hat er im Geltungsbereich des Sozialgesetzbuches bis zum Ablauf des auf die **letzte Betriebsprüfung** des Rentenversicherungsträgers **folgenden Kalenderjahres** geordnet aufzubewahren (§ 28f Abs. 1 SGB IV).

Die vom Arbeitgeber erstellten **Beitragsabrechnungen** und bei der Einzugsstelle einzureichenden **Beitragsnachweise** sind ebenfalls bis zu diesem Zeitpunkt aufzubewahren. Die Verpflichtung zur Führung von Lohnunterlagen und somit auch die Aufbewahrungsfristen gelten **nicht für die in privaten Haushalten Beschäftigten**.

Aufklärungspflichten

290 Das **Finanzamt** soll einen Sachverhalt auch **zu Gunsten des Steuerpflichtigen – das kann auch der Arbeitgeber sein – prüfen** (§ 88 Abs. 2 AO) und ggf. die Abgabe von Erklärungen, die Stellung von Anträgen z.B. zur Inanspruchnahme von Steuervergünstigungen oder auch die Berichtigung von Erklärungen anregen (§ 89 AO). Dies gilt auch für das **Lohnsteuerabzugsverfahren**.

Dieser sehr weitgehende Grundsatz wird in der Praxis allerdings dadurch eingeengt, dass auch die **Beteiligten zur Mitwirkung bei der Ermittlung eines Sachverhaltes verpflichtet** sind (§ 90 AO). Erfüllen sie diese Verpflichtung nicht, endet auch die Ermittlungspflicht des Finanzamts. Außerdem endet die Ermittlungspflicht dort, wo die Ermittlungen einen **nicht mehr zumutbaren Aufwand** an Zeit und Arbeit erfordern würden (BMF-Schreiben vom 15.7.1998, BStBl I 1998 S. 630, zu § 88 AO).

Auflassungsvollmachten: Notarangestellte

291 Vergütungen, die **Angestellte eines Notars** für die Übernahme der Auflassungsvollmacht von den Parteien eines beurkundeten Grundstücksgeschäfts erhalten, gehören zu den Einkünften aus der Haupttätigkeit und unterliegen somit dem Lohnsteuerabzug (BFH, Urteil vom 9.12.1954, BStBl III 1955 S. 55).

⟦LSt⟧ ⟦SV⟧

Aufrechnung

1. Arbeitsrecht

292 Gegenüber den Ansprüchen des Arbeitnehmers auf Arbeitsentgelt kann der Arbeitgeber mit **fälligen Gegenansprüchen** nach §§ 387ff. BGB aufrechnen, z.B. mit Rückzahlungsansprüchen aus Überzahlung oder Darlehen oder auch mit Schadensersatzansprüchen. Erforderlich ist eine **Aufrechnungserklärung**:

Bei einer solchen Aufrechnung muss allerdings nach § 394 BGB beachtet werden, dass gegen das Arbeitsentgelt nur im Rahmen der **Pfändbarkeit** (→ *Lohnpfändung* Rz. 1522) aufgerechnet werden kann. Der unpfändbare Teil des Arbeitsentgelts muss also dem Arbeitnehmer verbleiben und ausgezahlt werden. Dies gilt jedoch nicht bei der Verrechnung von **Lohnvorschüssen** (→ *Vorschüsse* Rz. 2573), die als vorweggenommene Tilgung des Lohnanspruchs anzusehen sind.

Bei Zusammentreffen von Aufrechnung mit einer Pfändung oder Abtretung geht die Aufrechnung vor, wenn die Forderung vor Pfändung oder Abtretung fällig war.

Ist eine Aufrechnungsforderung wegen Ablaufs einer **tariflichen Ausschlussfrist** verfallen, kann mit dem erloschenen Anspruch auch nicht mehr aufgerechnet werden.

2. Lohnsteuer

293 Im Rahmen des lohnsteuerlichen Verfahrens kann das Finanzamt z.B. einen **Lohnsteuererstattungsanspruch mit Umsatzsteuerschulden aufrechnen** (BFH, Urteil vom 19.10.1982, BStBl II 1983 S. 541). Voraussetzung ist aber immer die sog. **Gegenseitigkeit**, d.h., das Finanzamt darf nur mit eigenen Forderungen aufrechnen.

Beispiel:

Das Finanzamt ist vom Landesarbeitsamt gebeten worden, den Einkommensteuererstattungsanspruch eines Arbeitnehmers mit einer rückständigen Darlehensforderung zu verrechnen.

Der Bundesfinanzhof hat die Aufrechnung für unzulässig erklärt, weil es an der Gegenseitigkeit fehlt (Urteil vom 13.10.1983, BStBl II 1984 S. 183).

Zahlt der **Arbeitgeber keinen Lohn** aus, weil er diesen mit rückständigen Forderungen gegen den Arbeitnehmer verrechnet, ist trotzdem beim Arbeitnehmer Zuflusss von Arbeitslohn anzunehmen und Lohnsteuer einzubehalten.

⌊LSt⌋ ⓈⓋ

3. Sozialversicherung

294 In der Sozialversicherung kann der zuständige Leistungsträger Ansprüche auf Geldleistungen gegen Ansprüche des Berechtigten **aufrechnen**, soweit die Ansprüche auf Geldleistungen **pfändbar** sind (§ 51 SGB I). Der für eine Geldleistung zuständige Leistungsträger kann mit Ermächtigung eines anderen Leistungsträgers dessen Ansprüche gegen den Berechtigten mit der ihm obliegenden Geldleistung verrechnen, soweit die Aufrechnung zulässig ist.

Aufsichtsratsvergütungen

295 **Aufsichtsratsmitglieder** üben eine **sonstige selbständige Tätigkeit** i.S. des § 18 Abs. 1 Nr. 3 EStG aus, die Vergütungen unterliegen daher nicht dem Lohnsteuerabzug (BFH, Urteil vom 9.10.1996, BStBl II 1997 S. 255, m.w.N.). Dies gilt auch für die sog. **Arbeitnehmer-Aufsichtsräte** (BFH, Urteil vom 9.10.1980, BStBl II 1981 S. 29). Aufsichtsratsvergütungen stellen auch kein sozialversicherungsrechtliches Entgelt dar (LSG NRW, Urteil vom 13.9.1966, BB 1967 S. 87). Wie „Aufsichtsräte" sind auch die sog. **Verwaltungsräte** zu behandeln, dies sind Mitglieder von Aufsichtsräten bei **Rundfunk- und Fernsehanstalten** (OFD Erfurt, Verfügung vom 17.1.1994, StLex 3, 3, 1239) sowie bei den **Sparkassen** (FinMin Sachsen, Erlass vom 8.8.1994 – 32 – S 2337 – 24/2).

⌊st⌋ ⓈⓋ

Lediglich bei **Beamten, die auf Verlangen, Vorschlag oder Veranlassung ihres Dienstherrn** in den Aufsichtsrat eines Unternehmens entsandt werden, um dort die Interessen ihres Arbeitgebers (z.B. des Bundes, des Landes oder einer Kommune) zu vertreten, werden die Einnahmen als **Arbeitslohn** angesehen. Trotzdem wird aus Vereinfachungsgründen **keine Lohnsteuer einbehalten**; die Besteuerung erfolgt erst im Rahmen einer Veranlagung zur Einkommensteuer. Der Arbeitnehmer darf nur die in den jeweiligen Nebentätigkeitsregelungen festgelegten Beträge behalten, der übersteigende Betrag ist an den Dienstherrn abzuführen. Bei der Einkommensteuerveranlagung sind von den Einnahmen (dazu gehören ggf. auch die Umsatzsteuer und sonstige Erstattungen z.B. für Unkosten und Reisekosten) sowohl die

an den Dienstherrn abzuführenden Beträge wie **durchlaufende Gelder** als auch die tatsächlichen Aufwendungen als **Werbungskosten** abzusetzen. Für den Werbungskostenabzug gibt es seit 1994 keine Pauschalen mehr (FinMin Brandenburg, Erlass vom 24.3.1994, FR 1994 S. 305). Auch die „Sonderbehandlung" der Aufsichtsratsvergütungen als Einkünfte aus nichtselbständiger Arbeit wird immer wieder kritisiert; eine „Umqualifizierung" als Einkünfte aus **selbständiger Tätigkeit** hätte aber im Wesentlichen nur **umsatzsteuerliche Auswirkungen**.

 ⌊st⌋ ⓈⓋ

Beispiel:

A, Landesbeamter, wird auf Veranlassung seines Dienstherrn in den Aufsichtsrat eines Unternehmens entsandt, an dem das Land beteiligt ist.

Die Vergütungen sind wegen der starken Bindung der Tätigkeit an das Dienstverhältnis als Arbeitslohn zu behandeln. Da der Dienstherr aber erst nach Ablauf des Kalenderjahres von der Höhe der Vergütung Kenntnis erlangt, wird vom Lohnsteuerabzug abgesehen. A muss seine Einkünfte in der Einkommensteuererklärung angeben. Er kann den an das Land abzuführenden Betrag als „durchlaufende Gelder" und seine übrigen Kosten als Werbungskosten absetzen, soweit diese nicht – wie z.B. Reisekosten – steuerfrei erstattet wurden.

Nimmt ein Aufsichtsratsmitglied auch **Geschäfte des Vorstands** wahr, handelt es sich insoweit um **Arbeitslohn** (BFH, Urteil vom 20.9.1966, BStBl III 1966 S. 688). Das Gleiche gilt, wenn der Aufsichtsrat **Sachverständige** zur Unterstützung seiner Kontrollfunktionen hinzuzieht (BFH, Urteil vom 30.9.1975, BStBl II 1976 S. 155).

⌊LSt⌋ ⓈⓋ

Gibt ein **Arbeitnehmer-Vertreter** im Aufsichtsrat einer Kapitalgesellschaft seine **Aufsichtsratsvergütung an seine Arbeitskollegen weiter**, so erzielen diese hierdurch **keinen Arbeitslohn**, da die Zahlungen nicht durch das Dienstverhältnis veranlasst sind (BFH, Urteil vom 7.8.1987, BStBl II 1987 S. 822). Beim Arbeitnehmer-Vertreter können diese Beträge als Betriebsausgaben abgezogen werden (BFH, Urteil vom 9.10.1980, BStBl II 1981 S. 29).

⌊st⌋ ⓈⓋ

Aufsichtsvergütungen

Vergütungen für die **„reine" Aufsichtsführung** bei den schrift- 296 lichen Prüfungsarbeiten für **juristische Staatsprüfungen** sind den Einnahmen aus der Haupttätigkeit zuzurechnen und somit als „normaler" **Arbeitslohn** zu versteuern (OFD Nürnberg, Verfügung vom 26.6.1991, DStR 1991 S. 1117). Es handelt sich um keine selbständig ausgeübte Nebentätigkeit. Die Aufsichtsführung ist vielmehr – anders als z.B. die Mitwirkung eines Hochschullehrers an juristischen Staatsprüfungen – als **Nebenpflicht aus dem Dienstverhältnis** anzusehen, deren Erfüllung der Arbeitgeber nach der tatsächlichen Gestaltung des Dienstverhältnisses und nach der Verkehrsauffassung erwarten darf, vgl. auch H 68 (Nebentätigkeit bei demselben Arbeitgeber) LStH.

Dies gilt entsprechend in anderen Bereichen, in denen Prüfungen abgehalten werden (z.B. bei der **Sparkassenschule** oder bei der **Steuerberaterprüfung**). Wie Aufsichtsvergütungen behandelt die Finanzverwaltung auch Vergütungen, die insbesondere Lehrkräfte für die **Abnahme medizinischer Tests** für die Zulassung zum Medizinstudium erhalten. Auch diese Tätigkeit wird als Nebenpflicht aus dem Arbeitsverhältnis angesehen mit der Folge, dass die Vergütungen zusammen mit dem Arbeitslohn für die Haupttätigkeit der Lohnsteuer zu unterwerfen sind (FinMin Thüringen, Erlass vom 16.2.1996, DB 1996 S. 809).

 ⌊LSt⌋ ⓈⓋ

Diese Zurechnung zur Haupttätigkeit hat weiterhin zur Folge, dass der Arbeitnehmer **keine steuerbegünstigte nebenberufliche Ausbildungtätigkeit** i.S. des § 3 Nr. 26 EStG ausübt und somit nicht den Steuerfreibetrag von 1 848 € in Anspruch nehmen kann (→ *Aufwandsentschädigungen für bestimmte nebenberufliche Tätigkeiten* Rz. 297).

Die Aufsichtstätigkeit ist dagegen **Bestandteil der selbständig ausgeübten Prüfungstätigkeit** und damit nach § 3 Nr. 26 EStG

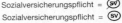
begünstigt, wenn ein **Prüfer selbst** die Aufsichtsführung wahrnimmt, vgl. H 68 (Nebenberufliche Prüfungstätigkeit) LStH.

Aufwandsentschädigungen für bestimmte nebenberufliche Tätigkeiten

1. Allgemeine Voraussetzungen

a) Allgemeines

297 Nach § 3 Nr. 26 EStG sind Einnahmen für folgende **nebenberufliche** Tätigkeiten bis zu einem Höchstbetrag von insgesamt **1 848 € im Jahr steuerfrei:**

– **Übungsleiter, Ausbilder, Erzieher, Betreuer** oder eine vergleichbare **Tätigkeit,**

– **künstlerische** Tätigkeiten,

– **Pflege** alter, kranker oder behinderter Menschen.

Voraussetzung ist, dass die Tätigkeit im Dienst oder Auftrag einer inländischen **juristischen Person des öffentlichen Rechts oder einer gemeinnützigen, mildtätigen oder kirchlichen Zwecken dienenden Einrichtung** ausgeübt wird. Sie kann selbständig (wohl der Regelfall) oder nichtselbständig ausgeübt werden.

b) Nebenberuflichkeit

298 Eine Tätigkeit wird nebenberuflich ausgeübt, wenn sie nicht mehr als **ein Drittel der Arbeitszeit eines vergleichbaren Vollzeiterwerbs** in Anspruch nimmt; eine **Halbtagsbeschäftigung** wird deshalb bereits als hauptberufliche Tätigkeit angesehen. Es können auch solche Personen nebenberuflich tätig sein, die im steuerrechtlichen Sinne **keinen Hauptberuf** ausüben, z.B. Hausfrauen, Vermieter, Studenten, Rentner oder Arbeitslose. Übt ein Arbeitnehmer mehrere **verschiedenartige Tätigkeiten** i.S. des § 3 Nr. 26 EStG aus, ist die Nebenberuflichkeit für jede Tätigkeit getrennt zu beurteilen. Mehrere **gleichartige Tätigkeiten** sind zusammenzufassen, wenn sie sich nach der Verkehrsanschauung als Ausübung eines einheitlichen Hauptberufs darstellen, z.B. Unterricht an mehreren Schulen von jeweils weniger als dem dritten Teil des Pensums einer Vollzeitkraft.

Beispiel 1:

A, Hausfrau, ist auf Grund eines Arbeitsvertrags an den Schulen X und Y als Dozentin tätig. Sie unterrichtet an beiden Schulen durchschnittlich jeweils fünf Stunden in der Woche (insgesamt also zehn Stunden). Ein „Vollzeitlehrer" würde 25 Wochenstunden geben.

Für die Anwendung des § 3 Nr. 26 EStG sind beide Lehrtätigkeiten zusammenzufassen, da es sich um die Ausübung eines **einheitlichen Hauptberufes** handelt. Da die Lehrtätigkeit mehr als ein Drittel der Stundenzahl eines Vollzeitlehrers ausmacht, kann die Steuerbefreiung des § 3 Nr. 26 EStG nicht gewährt werden. Dies wäre nur der Fall, wenn A insgesamt acht Stunden unterrichten würde. Unterliegt die Lehrtätigkeit zeitlichen Schwankungen, ist von dem auf den Veranlagungszeitraum bezogenen Durchschnittswert (durchschnittliche Stundenzahl) auszugehen. Vgl. zu einem ähnlichen Fall BFH, Urteil vom 30.3.1990, BStBl II 1990 S. 854.

Beispiel 2:

Sachverhalt wie oben, A unterrichtet aber nur an einer Schule fünf Wochenstunden. Daneben übt sie eine Trainertätigkeit in einem Sportverein aus (etwa sechs Stunden in der Woche).

Da hier **verschiedenartige Tätigkeiten** ausgeübt werden, dürfen die Stunden nicht zusammengerechnet werden. A übt zwei unter die Steuerbefreiung des § 3 Nr. 26 EStG fallende nebenberufliche Tätigkeiten aus. Der Steuerfreibetrag von 1 848 € darf aber trotzdem insgesamt nur einmal gewährt werden (BFH, Urteil vom 23.6.1988, BStBl II 1988 S. 890).

Bei Prüfung der Nebenberuflichkeit ist nach R 17 Abs. 2 Satz 1 LStR auf das ganze Jahr abzustellen („**Jahresbetrachtung**").

Beispiel 3:

Ein Lehrer betreut während der Ferien für einen gemeinnützigen Verein vier Wochen lang behinderte Kinder und erhält hierfür 1 500 €.

Während der Ferienbetreuung ist der Lehrer zwar ganztags tätig. Dies ist aber unerheblich, weil es sich bezogen auf das ganze Jahr (auch der Steuerfreibetrag ist ein Jahresbetrag!) um eine typische nebenberufliche Tätigkeit handelt.

Eine Tätigkeit wird **nicht nebenberuflich** ausgeübt, wenn sie als **Teil der Haupttätigkeit** anzusehen ist und zu den **eigentlichen Dienstobliegenheiten des Arbeitnehmers** gehört, vgl. H 68 (Nebentätigkeit bei demselben Arbeitgeber) LStH. Dies ist z.B. bei Hochschullehrern der Fall, die Hochschulprüfungen abnehmen müssen (FinMin Baden-Württemberg, Erlass vom 30.1.1991, DB 1991 S. 626), nicht dagegen bei der Abnahme juristischer Staatsprüfungen.

Beispiel 4:

A ist Hochschullehrer der Rechtswissenschaft an der FU Berlin. Zusätzlich wirkt er an Prüfungen des Justizprüfungsamtes Berlin zur ersten juristischen Staatsprüfung mit und hat hierfür eine Vergütung erhalten. Das Finanzamt hat diese Tätigkeit als Bestandteil der „Haupttätigkeit" angesehen und die Vergütungen dem Arbeitslohn zugerechnet. Den Steuerfreibetrag nach § 3 Nr. 26 EStG hat es nicht gewährt, weil die Tätigkeit nicht „nebenberuflich" ausgeübt worden sei.

Der Bundesfinanzhof hat A Recht gegeben. Zwar sei A dienstrechtlich zur Übernahme der Prüfungstätigkeit im Nebenamt verpflichtet gewesen, er habe aber diese Tätigkeit nicht als Teil seiner Haupttätigkeit und nicht unter Weisung und Kontrolle der Hochschule ausgeübt. Dies ergebe sich schon daraus, dass die Prüfungen nicht von der Universität, sondern vom Landesjustizprüfungsamt abgenommen werden (Urteil vom 29.1.1987, BStBl II 1987 S. 783).

Die Vergütungen für die Prüfungstätigkeit gehören somit zu den Einkünften aus selbständiger Tätigkeit i.S. des § 18 Abs. 1 Nr. 1 EStG. Von den Vergütungen bleiben 1 848 € nach § 3 Nr. 26 EStG steuerfrei, denn A übt eine begünstigte nebenberufliche Tätigkeit aus. Die Tätigkeit eines Prüfers ist grundsätzlich der eines Ausbilders vergleichbar.

Eine nebenberufliche Tätigkeit kann auch für den **Arbeitgeber im Hauptberuf** ausgeübt werden. Das FG Köln hat deshalb bei Arbeitnehmern der Handwerkskammer, die in der Lehrlingsausbildung tätig sind, die Steuerbefreiung für nebenberufliche Lehrtätigkeiten (Mitwirkung an Meistervorbereitungslehrgängen) gewährt (Urteil vom 22.11.1994, EFG 1995 S. 416).

c) Förderung gemeinnütziger, mildtätiger und kirchlicher Zwecke

299 Die Begriffe der gemeinnützigen, mildtätigen und kirchlichen Zwecke ergeben sich aus den §§ 52 bis 54 AO und der Anlage 1 zu § 48 Abs. 2 EStDV. Eine Tätigkeit dient der selbstlosen Förderung begünstigter Zwecke, wenn sie diesen Zwecken nur **mittelbar** zugute kommt wie z.B. die Aus- und Fortbildung eines sog. **abgeschlossenen Personenkreises** innerhalb eines Unternehmens.

Beispiel:

A, Arzt in einem Krankenhaus, unterrichtet nebenbei die Pflegeschüler der dem Krankenhaus angeschlossenen Pflegeschule und erhält hierfür eine Vergütung von rund 1 800 € im Jahr.

Die Vergütung bleibt in voller Höhe nach § 3 Nr. 26 EStG steuerfrei. Es wird zwar nur ein „abgeschlossener Personenkreis" unterrichtet. Der Unterricht kommt aber mittelbar der Allgemeinheit zugute, da er der Gesundheitspflege dient (BFH, Urteil vom 26.3.1992, BStBl II 1993 S. 20).

d) Begünstigter Auftraggeber

300 Begünstigt sind nach § 3 Nr. 26 EStG i.V.m. R 17 Abs. 3 LStR nur Tätigkeiten im Dienst oder Auftrag

1. einer **inländischen juristischen Person des öffentlichen Rechts**:

   Hierzu gehören

   - alle **Gebietskörperschaften** (Bund, Länder, Gemeinden, Gemeindeverbände),

   - ferner **Körperschaften des öffentlichen Rechts** (z.B. Bundesbank, Landeszentralbanken, Hochschulen, die öffentlich-rechtlichen Religionsgemeinschaften, Berufsgenossenschaften, Rentenversicherungsträger, Orts- und Innungskrankenkassen sowie Ersatzkassen, Ärztekammern, Innungen, Handwerkskammern, Industrie- und Handelskammern usw.),

   - sowie **rechtsfähige Anstalten** (z.B. Rundfunkanstalten sowie Stiftungen und Zweckverbände).

   Begünstigt sind hiernach z.B. die nebenberufliche Lehrtätigkeit an einer Universität oder **Volkshochschule**, die nebenberufliche Ausbildungstätigkeit bei der Feuerwehr oder die nebenberufliche Fortbildungstätigkeit für eine Anwalts- oder Ärztekammer, selbst wenn die Tätigkeit in den Hoheitsbereich der juristischen Person des öffentlichen Rechts fällt (R 17 Abs. 5 LStR).

2. oder einer unter § 5 Abs. 1 Nr. 9 KStG fallenden Einrichtung:

   Hierzu gehören alle **gemeinnützigen Vereine** wie z.B. das Deutsche Rote Kreuz oder auch Sportvereine.

Nicht begünstigt sind Tätigkeiten für **Parteien, Privatschulen, Gewerkschaften, Arbeitgeberverbände** usw., auch wenn für solche Nebentätigkeiten die gleichen Aufwendungen entstehen (vgl. z.B. FG Saarland, Urteil vom 8.9.1993, EFG 1994 S. 110, betr. nebenberufliche Dozententätigkeit an einer von einer Bergbau AG betriebenen Bauingenieurschule). Die Bevorzugung öffentlicher und gemeinnütziger Tätigkeiten wird jedoch hier bisher – anders als bei den Steuerbefreiungen nach § 3 Nr. 12 Satz 1 EStG von Aufwandsentschädigungen im öffentlichen Dienst oder nach § 3 Nr. 13 EStG für Reisekostenvergütungen aus öffentlichen Kassen – offensichtlich als **verfassungsgemäß** angesehen.

e) Begrenzung der Steuerbefreiung

301 Die Steuerfreiheit ist auf einen **Jahreshöchstbetrag von 1 848 €** beschränkt. Dies gilt auch, wenn ein Arbeitnehmer **mehrere begünstigte Tätigkeiten** ausübt oder Vergütungen für mehrere Jahre in einer Summe erhält. Der Jahreshöchstbetrag ist **nicht zeitanteilig aufzuteilen**, selbst wenn die begünstigte Tätigkeit lediglich wenige Monate ausgeübt wird, so z.B. bei der Betreuung von Kindern bei Ferienmaßnahmen (R 17 Abs. 8 LStR). **Andere Steuerbefreiungen**, z.B. die Gewährung steuerfreier Aufwandsentschädigungen nach § 3 Nr. 12 EStG oder der Ersatz von Reisekosten nach § 3 Nr. 13 EStG, können **zusätzlich** gewährt werden. Der Abzug ist in der für den Arbeitnehmer **günstigsten Reihenfolge** vorzunehmen (R 17 Abs. 7 Satz 2 LStR).

f) Werbungskosten- bzw. Betriebsausgabenabzug

302 Betriebsausgaben oder Werbungskosten im Zusammenhang mit der begünstigten Tätigkeit können nur abgesetzt werden, wenn die Einnahmen aus der Tätigkeit und gleichzeitig auch die jeweiligen Ausgaben den Freibetrag von 1 848 € übersteigen. Bei Arbeitnehmern ist mindestens der **Arbeitnehmer-Pauschbetrag von 1 044 €** anzusetzen, soweit er nicht bei anderen Dienstverhältnissen verbraucht ist (R 17 Abs. 9 LStR).

Wichtig ist, dass Betriebsausgaben oder Werbungskosten nach § 3 Nr. 26 zweiter Halbsatz EStG abweichend von § 3c EStG nur insoweit berücksichtigt werden können, als sie den Betrag der steuerfreien Einnahmen übersteigen.

Beispiel:

A hat Einnahmen aus einer Prüfungstätigkeit bei der Industrie- und Handelskammer von 3 696 € jährlich, von denen 1 848 € nach § 3 Nr. 26 EStG steuerfrei bleiben (50 %). Seine mit dieser Tätigkeit im Zusammenhang stehenden Betriebsausgaben für das häusliche Arbeitszimmer, Fahrtkosten, Fachliteratur u.Ä. betragen 2 000 €.

Von dem steuerpflichtigen Betrag von 1 848 € könnte A nach § 3c EStG 1 000 € (50 % von 2 000 €) als Betriebsausgaben absetzen, da diese zur Hälfte mit steuerpflichtigen Einnahmen im Zusammenhang stehen. Es ergäben sich somit Einkünfte von 848 €.

Abweichend von § 3c EStG ist nach § 3 Nr. 26 EStG jedoch nur ein Abzug von Betriebsausgaben zulässig, soweit sie den Steuerfreibetrag von 1 848 € übersteigen (das sind nur 152 €). Es ergeben sich somit steuerpflichtige Einkünfte von 1 696 €.

g) Berechnungsbeispiel

303 In den meisten Fällen wird es sich um **Beschäftigungen in geringem Umfang und gegen geringes Entgelt** handeln, so dass die Lohnsteuer nach § 40a Abs. 2 EStG **pauschal mit 20 %** erhoben werden kann, sofern die Grenzen dieser Vorschrift eingehalten werden und die Steuerbefreiung nach § 3 Nr. 39 EStG nicht in Betracht kommt (→ *Pauschalierung der Lohnsteuer* Rz. 1805). Bei der Prüfung dieser Grenzen bleibt **steuerfreier Arbeitslohn außer Betracht**; dies gilt nicht nur für steuerfreien Reisekostenersatz, sondern auch für die Steuervergünstigungen nach § 3 Nr. 12 EStG oder § 3 Nr. 26 EStG (R 128 Abs. 4 Satz 1 LStR).

Beispiel:

A (Beamter) ist als Übungsleiter im **Sportverein** tätig und bekommt hierfür ein monatliches Entgelt von 450 €; er ist dafür in der Woche rund zehn Stunden tätig (dreimaliges Training und Betreuung der Mannschaft an Spieltagen). Außerdem ersetzt ihm der Verein die Reisekosten zu auswärtigen Spielen in Höhe von 100 €, die steuerlichen Regeln (km-Satz 0,30 €, Verpflegungspauschale 6 € bei achtstündiger Abwesenheit) werden eingehalten.

Daneben ist A als Gemeindebrandmeister bei der **Freiwilligen Feuerwehr** tätig, wofür ihm eine monatliche Aufwandsentschädigung von 200 € gezahlt wird. Nach verschiedenen Verwaltungserlassen (→ *Feuerwehr* Rz. 987) übt A die Gemeindebrandmeister zu 60 % eine ausbilderische Tätigkeit aus. Mit der Gemeinde hat A einen Arbeitsvertrag abgeschlossen, er ist in ein sog. Ehrenbeamtenverhältnis berufen worden.

Der Steuerfreibetrag von 1 848 € kann nur einmal gewährt werden. A beantragt den Abzug bei seiner Übungsleitertätigkeit und gibt dem Verein dazu die erforderliche Erklärung, dass er diese Steuervergünstigung nicht bei einer anderen Tätigkeit in Anspruch nimmt (siehe unten). Der Verein hat diese Erklärung als Beleg zum Lohnkonto zu nehmen.

Der steuerpflichtige Betrag von 296 € (450 € ⅄ 154 €) kann mit 20 % pauschal nach § 40a Abs. 2 EStG versteuert werden (die Steuerbefreiung nach § 3 Nr. 39 EStG kommt nicht in Betracht, da A noch andere Einkünfte hat), weil die Grenzen dieser Vorschrift nicht überschritten werden. Denn bei der Ermittlung der Arbeitslohngrenzen bleiben der steuerfreie Betrag nach § 3 Nr. 26 EStG von 1 848 € sowie der steuerfreie Reisekostenersatz außer Betracht. Der verbleibende Monatslohn beträgt danach 296 € (also unter 325 €) und der durchschnittliche Stundenlohn 7,40 € (also unter 12 €).

Der Verein und die Gemeinde haben dann die Besteuerung wie folgt vorzunehmen:

1. Übungsleitertätigkeit:

Der Reisekostenersatz von 100 € bleibt von vornherein nach § 3 Nr. 16 EStG steuerfrei.

Arbeitslohn	450,00 €
⅄ Steuerfreibetrag nach § 3 Nr. 26 EStG	154,00 €
steuerpflichtiger Arbeitslohn	296,00 €
Lohnsteuer pauschal 20 % nach § 40a Abs. 2 EStG	59,20 €
Solidaritätszuschlag 5,5 % der Lohnsteuer	3,26 €
Kirchensteuer je nach Bundesland, z.B. 6 % der Lohnsteuer in Niedersachsen	3,55 €

2. Tätigkeit bei der Freiwilligen Feuerwehr:

Da A den Steuerfreibetrag nach § 3 Nr. 26 EStG schon bei seiner Übungsleitertätigkeit „verbraucht" hat, kann die Gemeinde nur den steuerfreien Betrag nach § 3 Nr. 12 Satz 2 EStG berücksichtigen. Dabei ist die Neuregelung ab 2002 zu beachten, wonach nicht mehr nur ⅓ der gezahlten Aufwandsentschädigung, sondern mindestens 154 € monatlich steuerfrei bleiben (R 13 Abs. 3 Satz 2 LStR). Im Übrigen liegen auch hier nur die Voraussetzungen für die Pauschalversteuerung nach § 40a Abs. 2 EStG mit 20 % vor. Danach ergibt sich folgende Berechnung:

Arbeitslohn	200,00 €
⅄ steuerfrei nach § 3 Nr. 12 Satz 2 EStG	154,00 €
steuerpflichtiger Arbeitslohn	46,00 €
Lohnsteuer pauschal 20 % nach § 40a Abs. 2 EStG	9,20 €
Solidaritätszuschlag 5,5 % der Lohnsteuer	0,51 €
Kirchensteuer je nach Bundesland, z.B. 6 % der Lohnsteuer in Niedersachsen	0,55 €

Wenn A den Steuerfreibetrag nach § 3 Nr. 26 EStG bei seiner Feuerwehrtätigkeit absetzen wollte, dann würde diese Befreiung mit der Befreiung nach § 3 Nr. 12 Satz 2 EStG zusammentreffen. Beide Steuerbefreiungen sind dabei in der für den Steuerpflichtigen **günstigsten** Reihenfolge zu berücksichtigen, hierzu müssen ggf. Vergleichsberechnungen vorgenommen werden.

2. „Übungsleiter" usw.

304 **Hauptanwendungsfall** der Vorschrift sind **nebenberufliche Tätigkeiten** wie z.B.

- eines **Sporttrainers** oder

- eines **Chorleiters oder Orchesterdirigenten**,

- die **Lehr- und Vortragstätigkeit** im Rahmen der allgemeinen Bildung und Ausbildung, z.B. Kurse und Vorträge an Schulen und Volkshochschulen, Mütterberatung, Erste-Hilfe-Kurse, Schwimm-Unterricht oder der beruflichen Ausbildung und Fortbildung,

- eines **Prüfers** bei einer Prüfung, die zu Beginn, im Verlaufe oder als Abschluss einer Ausbildung abgenommen wird (BFH, Urteil vom 23.6.1988, BStBl II 1988 S. 890). **Keine** begünstigte „Prüfungstätigkeit" ist hingegen die **„reine" Aufsichtsführung** bei der Abnahme von Prüfungen; in vielen Fällen fehlt es hier auch schon an der „Nebenberuflichkeit" (siehe dazu → *Aufsichtsvergütungen* Rz. 296),

- die **Betreuung einer Fußballmannschaft**.

Beispiel 1:

A ist beim Sparkassen- und Giroverband beschäftigt, dem eine Sparkassenschule angeschlossen ist. Für die Mitwirkung an Prüfungen der Sparkassenschule erhält er eine Vergütung von 5 000 € jährlich.

Auch Sparkassen- und Giroverbände sind Körperschaften des öffentlichen Rechts (BFH, Urteil vom 27.2.1976, BStBl II 1976 S. 418). Die Prüfungstätigkeit ist eine selbständig ausgeübte Nebentätigkeit, vgl. H 68 (Nebenberufliche Prüfungstätigkeit) LStH, die nicht dem Hauptberuf zugerechnet werden kann und somit nicht dem Lohnsteuerabzug unterliegt. Die Vergütungen sind daher nach § 3 Nr. 26 EStG bis 1 848 € im Jahr steuerfrei.

Beispiel 2:

B ist als Kanzleikraft ebenfalls bei dem o.g. Sparkassen- und Giroverband beschäftigt. Sie wirkt ebenfalls an den Prüfungen der Sparkassenschule mit, aber lediglich als Aufsichtskraft. Sie erhält hierfür Vergütungen von rund 500 € im Jahr.

Die Finanzverwaltung rechnet die „reine Aufsichtsführung" der Haupttätigkeit zu. Die Vergütungen unterliegen zusammen mit dem „normalen" Arbeitslohn dem Lohnsteuerabzug, die Steuerbefreiung des § 3 Nr. 26 EStG wird nicht gewährt.

Begünstigt ist nur eine Tätigkeit als Übungsleiter, Ausbilder, Erzieher oder Betreuer, wenn der Steuerpflichtige durch persönlichen Kontakt auf andere Menschen Einfluss nimmt, um auf diese Weise deren geistige und leibliche Fähigkeiten zu entwickeln und zu fördern, d.h. dass die **Tätigkeit pädagogisch ausgerichtet** sein muss (R 17 Abs. 1 Sätze 1 und 2 LStR). Die Betreuung von **Gegenständen** (z.B. beim Gerätewart der Feuerwehr oder Vereinskassierer) ist ebenso wenig begünstigt wie eine **„reine" Aufpassertätigkeit** (vgl. dazu OFD Frankfurt, Verfügung vom 18.4.2000, DB 2000 S. 1202, betr. von Gemeinden beschäftigte **Rettungsschwimmer** der DLRG). Die Abgrenzung kann schwierig sein: Wird zugleich eine pädagogische Tätigkeit ausgeübt, ist die Tätigkeit begünstigt, so z.B. bei sog. **Schulweghelfern** und **Schulbusbegleitern**, weil diese gleichzeitig zur Verkehrserziehung beitragen (FinMin Bayern, Erlass vom 17.1.2000, DB 2000 S. 952) oder **Ärzten**, die für Sportvereine nebenberuflich im **Coronar-Sport** tätig sind, weil sie auf die Übungsinhalte Einfluss nehmen (FinMin Nordrhein-Westfalen, Erlass vom 28.4.2000, FR 2000 S. 1006). Die Finanzverwaltung hat in verschiedenen Anweisungen (vgl. z.B. OFD Düsseldorf, Verfügung vom 7.5.2001, DB 2001 S. 1225) dazu Stellung genommen, welche Tätigkeiten unter die ab 2000 um „Betreuer" erweiterte Steuerbefreiung des § 3 Nr. 26 EStG fallen. Nicht begünstigt ist danach eine nebenberufliche Tätigkeit als **Betreuer i.S. des Betreuungsrechts**, z.B. als Vormund.

Nicht begünstigt sind die Ausbildung von Tieren (z.B. Rennpferden oder Diensthunden) sowie „verwaltende" Tätigkeiten z.B. als Vorstandsmitglied, Vereinskassierer oder Gerätewart bei einem Sportverein, auch wenn solche Tätigkeiten ebenfalls unmittelbar im Vereinsinteresse – und damit auch im öffentlichen Interesse – liegen (R 17 Abs. 1 Sätze 3 und 5 LStR).

3. Künstlerische Tätigkeiten

Hierunter kann z.B. die nebenberuflich ausgeübte **Konzerttätigkeit** eines Musikpädagogen in Kirchen, Altenheimen usw. (BFH, Urteil vom 22.7.1993, BStBl II 1994 S. 510) sowie die nebenberufliche **Organistentätigkeit in Kirchengemeinden** fallen (OFD Düsseldorf, Verfügung vom 7.5.2001, DB 2001 S. 1225). Viele Tätigkeiten sind aber bereits als Ausbildungstätigkeiten begünstigt (z.B. Chorleiter). Häufig **fehlt es allerdings an einem „begünstigten Auftraggeber"**, weil die Künstler nicht im Dienst oder Auftrag der Gemeinde, eines Vereins usw., sondern im eigenen Namen tätig werden. Im Übrigen wird der Begriff „künstlerische Tätigkeit" i.S. dieser Vorschrift von der Finanzverwaltung recht **eng ausgelegt** (Beschluss der obersten Finanzbehörden). Es gelten dieselben Grundsätze wie für die Auslegung des Begriffs „künstlerische Tätigkeit" in § 18 Abs. 1 Nr. 1 EStG (vgl. zuletzt FG Hamburg, Urteil vom 29.6.2001, EFG 2001 S. 1452, m.w.N., sowie OFD München, Verfügung vom 11.4.2001, NWB 2001 Fach 1 S. 172, betr. Abgrenzung der künstlerischen von der gewerblichen Tätigkeit). Danach ist die Darbietung von Musik auf **Kirmesveranstaltungen oder auf Schützen- und Volksfesten nicht künstlerisch**. Aufwandsentschädigungen, die in diesen Fällen an die Musiker gezahlt werden, fallen daher nicht unter diese Steuerbefreiung.

305

Beispiel:

Frau K, Anglistin aus Bonn, im Hauptberuf Werbetexterin, ist Mitglied eines gemeinnützigen Theater-Vereins, der es sich zur Aufgabe gemacht hat, die Zusammenarbeit zwischen Literaturwissenschaft und Theaterpraxis zu fördern und die Dramen Shakespeares in Originalsprache aufzuführen. Für ihre Inszenierung des „Wintermärchens" erhält sie eine Entschädigung von 2 000 €.

Die Tätigkeit eines Intendanten ist eine künstlerische Tätigkeit (vgl. die o.g. Verfügung der OFD Frankfurt), die Einkünfte sind daher nach § 18 Abs. 1 Nr. 1 EStG einkommensteuerpflichtig. Da die Tätigkeit hier nebenberuflich ausgeübt worden und auch ein „begünstigter Auftraggeber" vorhanden ist, bleibt der erhaltene Betrag nach § 3 Nr. 26 EStG bis 1 848 € steuerfrei.

4. Pflegetätigkeiten

Hierunter fallen außer der **Dauerpflege auch Hilfsdienste**

306

- bei der häuslichen Betreuung durch **ambulante Pflegedienste**, z.B. Unterstützung bei der Grund- und Behandlungspflege, bei häuslichen Verrichtungen und Einkäufen, beim Schriftverkehr, bei der Altenhilfe entsprechend § 75 BSHG, z.B. Hilfe bei der Wohnungs- und Heimplatzbeschaffung, in Fragen der Inanspruchnahme altersgerechter Dienste, und

- bei Sofortmaßnahmen gegenüber Schwerkranken und Verunglückten, z.B. durch **Rettungssanitäter und Ersthelfer** (R 17 Abs. 1 Satz 2 LStR). Begünstigt ist auch die Tätigkeit in der **Bahnhofsmission**, allerdings nur bis zur Höhe von 60 % der Einnahmen, weil nur in diesem Umfang begünstigte Pflege- und Betreuungsleistungen angenommen werden (FinMin Thüringen, Erlass vom 15.4.1992, DStZ 1992 S. 382).

Praktische Bedeutung hat die Steuerbefreiung des § 3 Nr. 26 EStG für viele, insbesondere **für gemeinnützige Organisationen ausgeübte ehrenamtliche Tätigkeiten**. Bei diesen Tätigkeiten ist jedoch vorher zu prüfen, ob **überhaupt steuerpflichtige Einkünfte** erzielt werden. Dies ist nicht der Fall, wenn im Wesentlichen **nur Aufwandsersatz** geleistet wird und somit eine einkommensteuerlich irrelevante Tätigkeit vorliegt (**„Liebhaberei"**). Die Steuerfreiheit der Aufwandsentschädigungen ergibt sich dann aus allgemeinen Grundsätzen. Einzelheiten siehe → *Arbeitnehmer* Rz. 163 und → *Deutsches Rotes Kreuz* Rz. 639.

5. Verfahrensfragen

307 Werden die nebenberuflichen Tätigkeiten in einem **Dienstverhältnis** ausgeübt, hat der **Arbeitgeber** den steuerfreien Höchstbetrag von 1 848 € **vor Anwendung der Lohnsteuertabelle abzuziehen.** Der Freibetrag wird nicht auf der Lohnsteuerkarte eingetragen. Eine zeitanteilige Aufteilung ist dabei nicht erforderlich, selbst wenn feststeht, dass das Dienstverhältnis nicht bis zum Ende des Kalenderjahres besteht (R 17 Abs. 10 Satz 1 LStR). Der **Arbeitnehmer hat dem Arbeitgeber jedoch schriftlich zu bestätigen,** dass die Steuerbefreiung nicht bereits in einem anderen Dienst- oder Auftragsverhältnis berücksichtigt worden ist oder wird. Diese Erklärung ist zum Lohnkonto zu nehmen (R 17 Abs. 10 Sätze 2 und 3 LStR). Außerdem ist der steuerfreie Betrag nach § 3 Nr. 26 EStG im **Lohnkonto einzutragen** (§ 41 Abs. 1 Satz 3 EStG).

6. Sozialversicherung

308 Steuerfreie Entschädigungen gehören nach ausdrücklicher Bestimmung des § 14 Abs. 1 Satz 2 SGB IV nicht zum Arbeitsentgelt i.S. der Sozialversicherung; dies gilt auch für § 3 Nr. 26 EStG. Nach Auffassung der Spitzenverbände der Sozialversicherungsträger ist der steuerliche Freibetrag in der Sozialversicherung in der gleichen Weise zu berücksichtigen wie im Steuerrecht. Es wird jedoch empfohlen, dass bei Beschäftigungen, die das ganze Kalenderjahr über andauern, im Interesse einer kontinuierlichen versicherungsrechtlichen Beurteilung als Entschädigung ein Betrag von monatlich 154 € in Abzug gebracht werden sollte (vgl. Besprechungsergebnis am 26./27.5.1999 Sozialversicherungsbeitrag-Handausgabe 2001 VL 8 IV/8).

Zahlt ein Arbeitgeber einem Mitarbeiter im Rahmen einer nebenberuflichen Tätigkeit eine steuerfreie Entschädigung nach § 3 Nr. 26 EStG, gehört diese grundsätzlich nicht zum Arbeitsentgelt in der Sozialversicherung (§ 14 Abs. 1 Satz 2 SGB IV). Übersteigt das unter Abzug der steuerfreien Entschädigung verbleibende Arbeitsentgelt nicht den Betrag von 325 €, besteht – sofern die übrigen Voraussetzungen erfüllt sind – Versicherungsfreiheit in der Kranken-, Pflege-, Renten- und Arbeitslosenversicherung. Wird nur die steuerfreie Entschädigung gezahlt, wird in aller Regel in der Sozialversicherung Versicherungsfreiheit bestehen (→ *Geringfügig Beschäftigte* Rz. 1115).

Aufwandsentschädigungen im öffentlichen Dienst

1. Allgemeines

309 Steuerfrei sind nach

– § 3 Nr. 12 **Satz 1** EStG aus einer Bundes- oder Landeskasse gezahlte Bezüge, die als Aufwandsentschädigung festgesetzt und als solche im Haushaltsplan ausgewiesen werden (z.B. Aufwandsentschädigungen der Abgeordneten);

– § 3 Nr. 12 **Satz 2** EStG andere Bezüge aus öffentlichen Kassen, die als Aufwandsentschädigung aus öffentlichen Kassen an öffentliche Dienste leistende Personen gezahlt werden, soweit nicht festgestellt werden kann, dass sie für Verdienstausfall oder Zeitverlust gewährt werden oder den Aufwand, der dem Empfänger erwächst, offenbar übersteigen. Hierunter fallen insbesondere Aufwandsentschädigungen aus kommunalen Kassen, z.B. an Gemeinderatsmitglieder.

Einzelfragen sind in R 13 LStR geregelt.

Diese Vorschrift ist verfassungsrechtlich umstritten, weil sie die Privatwirtschaft benachteiligt. Das **Bundesverfassungsgericht** hat in seinem Beschluss vom 11.10.1998, BStBl II 1999 S. 502, zur **„Buschzulage"** für sog. Aufbauhelfer in den neuen Bundesländern zwar die Steuerfreiheit (nur) **dieser Zulage für verfassungswidrig erklärt** (weil es sich um eine „echte" Stellen- oder Erschwerniszulage handelt), **nicht** jedoch – wie von vielen erwartet worden war – die **Steuerbefreiung des § 3 Nr. 12 EStG insgesamt.** Es bleibt daher dabei, dass z.B. die Kostenpauschale der Bundes- und Landtagsabgeordneten nach § 3 Nr. 12 Satz 1

EStG steuerfrei ist, während vergleichbarer Werbungskostenersatz in der Privatwirtschaft steuerpflichtigen Arbeitslohn darstellt. Der Arbeitnehmer kann zwar seine Aufwendungen als Werbungskosten absetzen, dies ist jedoch ungünstiger als die Steuerfreiheit von Aufwandsentschädigungen (→ *Aufwandsentschädigungen privater Arbeitgeber* Rz. 311).

Eine rückwirkende Besteuerung der „Buschzulage" kommt nicht in Betracht; sie ist erstmals **ab April 1999** der Lohnsteuer zu unterwerfen (FinMin Sachsen-Anhalt, Erlass vom 15.7.1999, DB 1999 S. 1878).

Unterschiedliche Rechtsprechung gibt es zu der Frage, ob die steuerfreie „Buschzulage" – da sie nach Ansicht des Bundesverfassungsgerichts keine „Aufwandsentschädigung" darstellt – auf **Werbungskosten angerechnet** werden darf; die Frage liegt dem Bundesfinanzhof zur Entscheidung vor (vgl. z.B. Niedersächsisches FG, Urteil vom 21.12.1999, EFG 2000 S. 345, Revision eingelegt, Az. beim BFH: VI R 45/00; a.A. Niedersächsisches FG, Urteil vom 19.4.2000, EFG 2000 S. 1175, Revision eingelegt, Az. beim BFH: VI R 103/00).

2. Ehrenamtliche Tätigkeiten

310 **Neu ist ab 2002** eine Ausweitung der Steuerbefreiung nach § 3 Nr. 12 Satz 2 EStG i.V.m. R 13 Abs. 3 Sätze 2 bis 8 LStR, die für viele in **Gemeinden ehrenamtlich Tätige** von erheblicher Bedeutung ist (so z.B. für Mitglieder kommunaler Volksvertretungen oder der Freiwilligen Feuerwehren, Landschaftspfleger, ehrenamtliche Frauenbeauftragte usw.). Danach bleiben künftig von den Aufwandsentschädigungen **mindestens 154 € monatlich steuerfrei.**

Beispiel:

A, Mitglied der Freiwilligen Feuerwehr, erhält von der Gemeinde eine monatliche Aufwandsentschädigung von 107 € (bis 2001 wurden 210 DM gezahlt).

Bis 2001 blieben hiervon 1/3 = 70 DM steuer- und damit auch sozialversicherungsfrei, künftig ist es der gesamte Betrag von 107 €.

Es braucht deshalb in diesem Fall nicht weiter geprüft zu werden, ob A zugleich noch eine unter die Steuerbefreiung nach § 3 Nr. 26 EStG fallende Tätigkeit ausübt (vgl. dazu → *Aufwandsentschädigungen für bestimmte nebenberufliche Tätigkeiten* Rz. 297).

Aufwandsentschädigungen privater Arbeitgeber

1. Steuerfreie Erstattungen

311 Seit 1990 ist der Arbeitgeber grundsätzlich nicht mehr berechtigt, Werbungskosten seiner Arbeitnehmer steuerfrei zu erstatten, sofern es hierfür nicht eine ausdrückliche Steuerbefreiungsvorschrift gibt. In Betracht kommen insbesondere

– § 3 Nr. 12 EStG – Aufwandsentschädigungen aus öffentlichen Kassen,

– § 3 Nr. 13 EStG – Ersatz von Reisekosten aus öffentlichen Kassen,

– § 3 Nr. 16 EStG – Ersatz von Reisekosten durch private Arbeitgeber,

– § 3 Nr. 26 EStG – sog. Übungsleiterpauschale,

– § 3 Nr. 30 EStG – Werkzeuggeld,

– § 3 Nr. 31 EStG – Überlassung typischer Berufskleidung,

– § 3 Nr. 34 EStG – Fahrtkostenzuschüsse zu öffentlichen Verkehrsmitteln,

– § 3 Nr. 50 EStG – Durchlaufende Gelder, Auslagenersatz.

Vgl. die Zusammenstellung in H 70 (Beispiele) LStH.

Der Arbeitnehmer kann seine Aufwendungen entweder im Lohnsteuer-Ermäßigungsverfahren als **Freibetrag auf der Lohnsteuerkarte** oder spätestens im Rahmen der **Einkommensteuerveranlagung** geltend machen. Steuerlich wirken sie sich dann allerdings nur aus, wenn und soweit der **Arbeitnehmer-Pauschbetrag von 1 044 € überschritten** wird. Der steuerfreie

Arbeitgeberersatz ist somit günstiger, weil hier der Pauschbetrag nicht gegenzurechnen ist. Das Bundesverfassungsgericht hat dies jedoch für verfassungsgemäß erklärt (siehe → *Arbeitnehmer-Pauschbetrag* Rz. 178).

Das **Bundesverfassungsgericht** hält es auch grundsätzlich nicht für verfassungswidrig, dass Aufwandsentschädigungen aus öffentlichen Kassen nach § 3 Nr. 12 EStG steuerfrei sind, während vergleichbarer Werbungskostenersatz in der Privatwirtschaft versteuert werden muss (Beschluss vom 11.10.1998, BStBl II 1999 S. 502, betr. die sog. Buschzulage für Aufbauhelfer in den neuen Bundesländern). Dieser Beschluss vermag nicht zu überzeugen, weil das Bundesverfassungsgericht in den Urteilsgründen zwar die steuerliche Benachteiligung der Privatwirtschaft kritisiert, daraus aber keine Folgerungen zieht.

2. Pauschalversteuerung

312 Folgende Werbungskosten-Ersatzleistungen sind zwar steuerpflichtig, können aber pauschal versteuert werden:

- § 40 Abs. 2 Satz 2 EStG – Zuschüsse des Arbeitgebers zu den Aufwendungen des Arbeitnehmers für Wege zwischen Wohnung und Arbeitsstätte, Pauschsteuersatz 15 %.

- § 40 Abs. 2 Satz 1 Nr. 4 EStG – Vergütungen für Verpflegungsmehraufwendungen aus Anlass von Auswärtstätigkeiten bis zum doppelten Betrag der Pauschbeträge, Pauschsteuersatz 25 %.

Ausbildungsbeihilfen

313 Ausbildungsbeihilfen können steuerfrei sein

- nach § 3 Nr. 2 EStG: Leistungen nach dem **Dritten Buch Sozialgesetzbuch (SGB III)** oder entsprechenden Programmen des Bundes und der Länder zur Förderung der Ausbildung oder Fortbildung;

- nach § 3 Nr. 11 EStG: **Bezüge aus öffentlichen Mitteln** u.a. für Zwecke der Ausbildung;

- nach § 3 Nr. 44 EStG: **Stipendien aus öffentlichen Mitteln** u.a. zur Förderung der Aus- oder Fortbildung; vgl. dazu R 6 EStR sowie H 6 Nr. 44 (Stipendien) EStH.

Steuerfrei können auch vom Arbeitgeber übernommene Fortbildungskosten sein (→ *Fortbildung* Rz. 1064; → *Stipendien* Rz. 2344).

Sind die besonderen Voraussetzungen der o.g. Steuerbefreiungen nicht erfüllt, z.B. bei **Studienbeihilfen privater Arbeitgeber**, die mit Rücksicht auf ein zukünftiges Dienstverhältnis gezahlt werden, oder Anwärterbezügen, liegt steuerpflichtiger Arbeitslohn vor. Einzelheiten siehe → *Auszubildende* Rz. 395; → *Stipendien* Rz. 2344.

Ausgleichsgeld nach dem FELEG

1. Allgemeines

314 Nach dem Gesetz zur Förderung der Einstellung der landwirtschaftlichen Erwerbstätigkeit (FELEG) vom 21.2.1989, BGBl. I S. 233, erhalten Arbeitnehmer, die in der gesetzlichen Rentenversicherung versichert waren und deren Beschäftigung in einem landwirtschaftlichen Unternehmen auf Grund dessen Stilllegung oder Abgabe endete, unter den in § 9 Nr. 2 FELEG genannten Voraussetzungen ein monatlich auszuzahlendes Ausgleichsgeld in Höhe von 65 % des durchschnittlichen Bruttoarbeitsentgelts.

Das Ausgleichsgeld wird von der **Landwirtschaftlichen Alterskasse** nach Abzug des Arbeitnehmeranteils zur Kranken- und Pflegeversicherung ausgezahlt. Zusätzlich dazu trägt der **Bund** nach § 15 FELEG

- die Beiträge für die gesetzliche Rentenversicherung,

- die Arbeitgeberanteile an den Kranken- und Pflegeversicherungsbeiträgen.

2. Lohnsteuer

315 Zu der steuerlichen Behandlung der aufgeführten Leistungen nach dem FELEG wird folgende Auffassung vertreten (OFD Magdeburg, Verfügung vom 14.1.1999, DB 1999 S. 666):

a) Ausgleichsgeld

316 Das Ausgleichsgeld (einschließlich der Eigenanteile zur Kranken- und Pflegeversicherung) ist nach § 3 Nr. 27 EStG bis zu einem Höchstbetrag von **18 407 € steuerfrei**.

Ist durch die laufenden Zahlungen der Höchstbetrag überschritten worden, sind die übersteigenden Beträge als steuerpflichtiger Arbeitslohn i.S. des § 19 Abs. 1 Nr. 2 EStG anzusehen, der unter den Voraussetzungen des § 19 Abs. 2 Nr. 2 EStG als **begünstigter Versorgungsbezug** zu behandeln ist.

Das steuerfreie Ausgleichsgeld nach § 3 Nr. 27 EStG unterliegt **nicht dem Progressionsvorbehalt**, da es in der abschließenden Aufzählung des § 32b Abs. 1 EStG nicht enthalten ist.

b) Beitragszahlungen des Bundes

317 Nach § 3 Nr. 27 EStG sind nur der Grundbetrag der Produktionsaufgaberente und das Ausgleichsgeld nach dem FELEG bis zu einem Höchstbetrag von 18 407 € steuerfrei.

Die Betragszahlungen des Bundes stellen daher von Beginn an **steuerpflichtigen Arbeitslohn** dar. Dies ist allerdings streitig (vgl. OFD Magdeburg, Verfügung vom 30.10.2001, DB 2001 S. 2524, mit Rechtsprechungsnachweisen).

Eine Steuerfreiheit ergibt sich auch nicht aus § 3 Nr. 62 EStG, da diese Vorschrift wegen der fehlenden Arbeitgebereigenschaft der zahlenden Kasse nicht zur Anwendung kommt.

Die vom Bund getragenen Beitragszahlungen sind jedoch als **Sonderausgaben** nach § 10 Abs. 1 Nr. 2 EStG zu berücksichtigen.

Gleiches gilt für die **Eigenanteile** der Leistungsempfänger zur **Kranken- und Pflegeversicherung**, sobald der Höchstbetrag nach § 3 Nr. 27 EStG überschritten worden ist. Bis dahin unterliegen die Eigenanteile auf Grund des unmittelbaren Zusammenhangs mit steuerfreien Einnahmen dem Abzugsverbot des § 10 Abs. 2 Nr. 1 EStG.

c) Verpflichtung zur Abgabe einer Einkommensteuererklärung

318 Das Ausgleichsgeld unterliegt nicht dem Lohnsteuerabzug nach § 38 Abs. 1 EStG, da es sich bei der landwirtschaftlichen Alterskasse nicht um den Arbeitgeber der Leistungsempfänger handelt und sie daher mangels gesetzlicher Regelung auch nicht die Arbeitgeberpflichten wahrnehmen muss.

Der Bezug von steuerpflichtigem Ausgleichsgeld sowie von den als Arbeitslohn zu erfassenden Beitragszahlungen des Bundes hat daher die Verpflichtung zur Abgabe einer Einkommensteuer-Erklärung nach § 46 Abs. 2 Nr. 1 EStG zur Folge.

Zu den von einzelnen Bundesländern gezahlten **Anpassungshilfen** siehe → *Anpassungshilfe* Rz. 137.

3. Sozialversicherung

319 Während der Zahlung des Ausgleichsgelds besteht das rentenversicherungspflichtige Beschäftigungsverhältnis dem Grunde nach weiter (§ 15 Abs. 1 FELEG). Die Beiträge werden aus Steuermitteln finanziert.

Die Bezieher von Ausgleichsgeld nach dem FELEG werden in der Rentenversicherung und in der allgemeinen Krankenversicherung wie Arbeitnehmer behandelt; der Bezug von Ausgleichsgeld gilt als Bezug von Arbeitsentgelt (§ 15 Abs. 1, 3 und 4 FELEG). Demgegenüber gilt der Bezug von Ausgleichsgeld hinsichtlich der landwirtschaftlichen Krankenversicherung als Bezug einer Rente wegen Erwerbsunfähigkeit nach dem ALG (§ 14 Abs. 4 FELEG). Näheres über die Versicherungspflicht in der Kranken-, Pflege- und Rentenversicherung, die Zuständigkeit in der Rentenversicherung, die Fälligkeit der Beiträge, das Meldeverfahren, die Kranken- und Pflegeversicherung bei den landwirtschaftlichen

Krankenkassen und Pflegekassen sowie die Versicherungskonkurrenz zwischen allgemeiner/knappschaftlicher und landwirtschaftlicher Krankenversicherung enthalten die vom Gesamtverband der landwirtschaftlichen Alterskassen, vom Verband Deutscher Rentenversicherungsträger, von der Bundesversicherungsanstalt für Angestellte und von den Spitzenverbänden der Krankenkassen und der Bundesanstalt für Arbeit herausgegebenen Grundsätze zur versicherungs-, beitrags- und melderechtlichen Beurteilung in der gesetzlichen Kranken-, Pflege- und Rentenversicherung vom 14.9.1999, Sozialversicherungsbeitrag-Handausgabe 2001 Anhang 3.

Die Beurteilung der Frage, welche versicherungs- und beitragsrechtlichen Auswirkungen eintreten, wenn ein Bezieher von Ausgleichsgeld nach dem FELEG eine geringfügig entlohnte Beschäftigung aufnimmt, hängt nach Auffassung der Spitzenverbände der Sozialversicherungsträger (Besprechungsergebnis vom 26./27.5.1999, Sozialversicherungsbeitrag-Handausgabe 2001 VL 8 IV/9) von dem Versicherungsverhältnis auf Grund des Bezugs von Ausgleichsgeld ab:

– Pflichtversicherung in der Rentenversicherung sowie in der allgemeinen Krankenversicherung und Pflegeversicherung

Der Bezug von Ausgleichsgeld gilt als Bezug von Arbeitsentgelt (§ 15 Abs. 3 und 4 FELEG). Ausgehend von der Zielsetzung des § 8 Abs. 2 Satz 1 SGB IV i.V.m. § 5 Abs. 2 Satz 1 zweiter Halbsatz SGB VI bzw. § 7 Satz 2 SGB V führt die Versicherungspflicht auf Grund des Bezugs von Ausgleichsgeld nach dem FELEG zur Versicherungspflicht der geringfügig entlohnten Beschäftigung. Aus der Krankenversicherungspflicht folgt die Versicherungspflicht in der Pflegeversicherung.

– Freiwillige Versicherung in der allgemeinen Krankenversicherung

Üben freiwillig krankenversicherte Bezieher von Ausgleichsgeld eine geringfügig entlohnte Beschäftigung aus, findet § 249b Satz 1 SGB V Anwendung; der Arbeitgeber hat aus der geringfügig entlohnten Beschäftigung den pauschalen Beitrag zur Krankenversicherung zu zahlen.

– Altenteilerversicherung in der landwirtschaftlichen Krankenversicherung

Üben in der landwirtschaftlichen Krankenversicherung nach § 14 Abs. 4 FELEG versicherungspflichtige Bezieher von Ausgleichsgeld eine geringfügig entlohnte Beschäftigung aus, findet § 48 Abs. 6 KVLG 1989 Anwendung; der Arbeitgeber hat aus der geringfügig entlohnten Beschäftigung den pauschalen Beitrag zur Krankenversicherung zu zahlen.

Aushilfskraft/Aushilfstätigkeit

1. Arbeitsrecht

320 In der betrieblichen Praxis wird der Begriff des Aushilfsarbeitsverhältnisses vielfach pauschal zur Bezeichnung verschiedener Fallgestaltungen verwendet, die vom normalen Vollzeitarbeitsverhältnis abweichen. So wird beispielsweise Teilzeitarbeit in ihren verschiedenen Formen, Nebentätigkeit oder geringfügige Beschäftigung, häufig als Aushilfstätigkeit bezeichnet.

Der **arbeitsrechtliche Begriff** des Aushilfsarbeitsverhältnisses ist jedoch sehr viel enger gefasst: Ein Aushilfsarbeitsverhältnis liegt vor, wenn durch die vereinbarte Einstellung zur Aushilfe ein **vorübergehend auftretender Bedarf** an Arbeitskraft gedeckt werden soll (vgl. BAG, Urteil vom 11.12.1985, DB 1986 S. 1026).

Für den Begriff des Aushilfsarbeitsverhältnisses kommt es also entscheidend auf den **Aushilfszweck** an, der sich aus den betrieblichen Bedürfnissen nach vorübergehend zusätzlicher Arbeitskraft ergeben muss. Diese betrieblichen Bedürfnisse müssen mit anderen Worten einem Arbeitsverhältnis auf unbestimmte Zeit entgegenstehen im Sinne eines lediglich für einen bestimmten Zeitraum anfallenden Arbeitskräftebedarfs. Insoweit kommen Aushilfsarbeitsverhältnisse für gewerbliche Arbeitnehmer ebenso wie für Angestellte in Betracht.

Als **typische Fallgruppen** für vorübergehend auftretenden Bedarf zur Begründung von Aushilfsarbeitsverhältnissen sind:

– **Ersatz- und Vertretungsbedarf** für fehlende Arbeitnehmer, z.B. bei Krankheit, Urlaub, Schwangerschaft, Erziehungsurlaub, Wehrdienst (**anders** aber bei den für eine Vielzahl solcher

Fehlzeiten vom Betrieb vorgehaltenen Ersatzkräften, z.B. Springern), wobei es zulässig ist, dass ein ständiger Mitarbeiter die Aufgaben des ausfallenden Arbeitnehmers übernimmt und die Aushilfe den ständigen Mitarbeiter vertritt,

– **Zusatzbedarf** an Arbeitskräften bei vorübergehender Produktionserhöhung,

– **Saisonbedarf**, z.B. für den Schlussverkauf im Einzelhandel, für das Sommerhoch in der Eis- und Getränkeindustrie, für das Wintersporthotel oder für die Weihnachtskonfektion in der Schokoladenindustrie.

Ist andererseits ein ständiger betrieblicher Bedarf für bestimmte Arbeit vorhanden, geht aber das **Interesse des Arbeitnehmers** auf eine nur vorübergehende Beschäftigung, so kann dies **nicht** zur Begründung eines Aushilfsarbeitsverhältnisses führen. Es handelt sich weder mit Rücksicht auf das Wort „Aushilfe" noch im Hinblick auf Sinn und Zweck des Aushilfsarbeitsverhältnisses um Aushilfsarbeit im arbeitsrechtlichen Sinne.

Wegen des Aushilfszweckes zur Abdeckung eines vorübergehenden Bedarfs ist im Übrigen das Aushilfsarbeitsverhältnis typischerweise befristet; eine solche **Befristung** ist wegen ihrer Kürze ohne Sachgrund im Rahmen des § 14 Abs. 2 TzBfG, daneben aber auch als Sachgrundbefristung nach § 14 Abs. 1 Nr. 1 TzBfG zulässig.

Bei Aushilfsarbeitsverhältnissen bis zu drei Monaten darf im Übrigen die gesetzliche **Mindestkündigungsfrist** durch Vereinbarung **verkürzt** werden, § 622 Abs. 5 BGB.

Fehlt hingegen der erforderliche Aushilfszweck – **Scheinaushilfe** –, so gelten die arbeitsrechtlichen Sonderregelungen für Aushilfsarbeitsverhältnisse nicht.

2. Lohnsteuer

Die Aushilfstätigkeit kann nichtselbständig oder selbständig aus- **321** geübt werden. Maßgebend sind die **allgemeinen Abgrenzungsmerkmale** (→ *Arbeitnehmer* Rz. 163; → *Scheinselbständigkeit* Rz. 2182); dabei ist die Aushilfstätigkeit in der Regel für sich allein zu beurteilen. Die Art einer etwaigen Haupttätigkeit ist für die Beurteilung nicht wesentlich, wenn beide Tätigkeiten unmittelbar zusammenhängen, vgl. H 68 (Allgemeines) LStH.

Aushilfskräfte sind im Allgemeinen **nichtselbständig** tätig, selbst wenn sie nur **stundenweise beschäftigt** sind. Hierfür spricht zumeist schon die **Eingliederung in den Betrieb** hinsichtlich Ort und Zeit der Arbeitsleistung sowie die Tatsache, dass sie meist nur eine **einfache Tätigkeit verrichten**, die ständig kontrolliert wird.

Ein **Arbeitsverhältnis bejaht** wurde hiernach z.B. bei
– Schülern als **Erntehelfer** (BFH, Urteil vom 10.7.1959, BStBl III 1959 S. 354);
– Aushilfen zum **Bewachen und Abladen** in einem Lager (BFH, Urteil vom 24.11.1961, HFR 1962 S. 137);
– Aushilfen in einem **Kohlengroß- und Einzelhandel** (BFH, Urteil vom 24.11.1961, BStBl III 1962 S. 37);
– Gelegenheitsarbeitern in **Markthallen** (BFH, Urteil vom 18.1.1974, BStBl II 1974 S. 301);
– **Musikern, die in einer Gaststätte auftreten** (BFH, Urteil vom 10.9.1976, BStBl II 1977 S. 178), vgl. auch → *Musiker* Rz. 1738.

⌐LSt

Kein Arbeitsverhältnis wird hingegen begründet, wenn sich die Vergütung nach dem **Arbeitserfolg** richtet, die **Zeiteinteilung frei** ist und **eigene Geräte** eingesetzt werden, so z.B. bei
– **Hopfenzetern**, die für mehrere Auftraggeber tätig waren, nach Leistung bezahlt wurden und ihre Arbeitsgeräte selbst stellten (BFH, Urteil vom 24.11.1961, BStBl III 1962 S. 69),
– **Fensterputzern** (BFH, Urteil vom 19.1.1979, BStBl II 1979 S. 326),

oder wenn es sich um bloße **Gefälligkeiten** (→ *Gefälligkeiten* Rz. 1101) handelt.

⌐L⌐St

Wird die Aushilfskraft **nichtselbständig** tätig, ist der **Lohnsteuerabzug** nach den allgemeinen Regeln vorzunehmen. Unter bestimmten Voraussetzungen darf alternativ die Lohn- und Kirchensteuer aber auch nach § 40a EStG mit einem **Pauschsteuersatz** erhoben werden, sofern die Steuerbefreiung nach § 3

Nr. 39 EStG nicht anzuwenden ist (→ *Pauschalierung der Lohnsteuer bei Aushilfs- und Teilzeitbeschäftigten* Rz. 1840).

Der Arbeitgeber darf den **Lohnsteuerabzug nicht unterlassen**, weil der Arbeitnehmer voraussichtlich auf das ganze Jahr gesehen die **Besteuerungsgrenzen** (→ *Steuertarif* Rz. 2334) **nicht überschreitet** (BFH, Urteil vom 15.11.1974, BStBl II 1975 S. 297, sowie R 104 Satz 2 LStR). In diesem Fall muss die Lohnsteuer nach den „normalen" Regeln einbehalten werden; der Arbeitnehmer kann sich dann die Lohnsteuer im Rahmen einer Veranlagung zur Einkommensteuer erstatten lassen (→ *Veranlagung von Arbeitnehmern* Rz. 2502). Seit 2000 kann ggf. der bei dem ersten Dienstverhältnis nicht ausgenutzte Tabellenfreibetrag auf eine zweite Lohnsteuerkarte übertragen werden (→ *Übertragung des Grundfreibetrags* Rz. 2443).

3. Sozialversicherung

322 Zur sozialversicherungsrechtlichen Beurteilung → *Geringfügig Beschäftigte* Rz. 1115.

Für Aushilfen, die nur **gelegentlich** einer Beschäftigung nachgehen und sonst nicht zum Kreis der Erwerbstätigen zählen (z.B. Hausfrauen, Rentner, Schüler, Studenten), gelten im Sozialversicherungsrecht bei der versicherungsrechtlichen Beurteilung **Besonderheiten**. Handelt es sich bei der Beschäftigung um eine geringfügige Beschäftigung, ist diese versicherungsfrei. Allerdings sind vom Arbeitgeber **pauschale Beiträge** zur Kranken- und Rentenversicherung **zu entrichten**. Außerdem hat der Arbeitgeber alle geringfügig Beschäftigten bei der zuständigen **Einzugsstelle zu melden** (→ *Meldungen für Arbeitnehmer in der Sozialversicherung* Rz. 1699). Bei versicherungspflichtigen Beschäftigungsverhältnissen gelten die sonst üblichen Voraussetzungen, also Anmeldung, Beitragsberechnung und Beitragsabführung.

Auskünfte und Zusagen des Finanzamts

1. Allgemeines

323 Das Steuerrecht kennt keine generelle Auskunftspflicht der Finanzbehörden; in der Abgabenordnung ist lediglich die **verbindliche Zusage auf Grund einer Außenprüfung** geregelt (§§ 204ff. AO). Nach der **Rechtsprechung** können die Finanzämter allerdings auch außerhalb dieser Vorschrift verbindliche Auskünfte über die steuerliche Beurteilung von genau bestimmten Sachverhalten erteilen, wenn daran im Hinblick auf die erheblichen steuerlichen Auswirkungen ein besonderes Interesse besteht: Diese Auskünfte sind jedoch an recht enge Voraussetzungen geknüpft und haben daher in der Praxis nur geringe Bedeutung. Zu den einzelnen Voraussetzungen siehe BMF-Schreiben vom 24.6.1987, BStBl I 1987 S. 474, sowie OFD Frankfurt, Verfügung vom 9.11.1999, StEd 2000 S. 77. Außerdem ist für das Lohnsteuerabzugsverfahren eine Sonderregelung ge-

schaffen worden. Zur Milderung der aus der Verpflichtung zur Einbehaltung der Lohnsteuer resultierenden besonders hohen Haftungsrisiken hat der Gesetzgeber dem Arbeitgeber mit der sog. **Anrufungsauskunft** nach § 42e EStG die Möglichkeit eingeräumt, vom Finanzamt verbindlich zu erfahren, wie er im Zweifelsfall beim Lohnsteuerabzug verfahren soll (BFH, Urteil vom 9.10.1992, BStBl II 1993 S. 166). Ähnliches bezweckt zwar auch die **verbindliche Zusage**, zwischen beiden Verfahren bestehen jedoch **gravierende Unterschiede**.

Im Einzelfall kann zudem – auch wenn vom Finanzamt weder eine Zusage noch eine verbindliche Auskunft noch eine Anrufungsauskunft gegeben worden ist – der **Grundsatz von Treu und Glauben** eine Bindungswirkung erzeugen. Das FG Baden-Württemberg hat einen gegen den Arbeitgeber gerichteten **Nachforderungsbescheid von Lohnsteuer aufgehoben**, weil durch eindeutige Äußerungen bei einer **Lohnsteuer-Außenprüfung** ein Vertrauen in eine bestimmte steuerliche Behandlung von wiederkehrenden Zuwendungen (hier Sachzuwendungen bei Weihnachtsfeiern) erzeugt worden ist. Wenn aus diesem Grund eine **Haftung** des Arbeitgebers ausgeschlossen ist, dann muss entsprechend bei Übernahme der Lohnsteuer durch den Arbeitgeber auch eine **Nachforderung** ausgeschlossen sein (Urteil vom 10.10.1996, EFG 1997 S. 109). Eine Auskunft ist jedoch **nur dann verbindlich**, wenn sie der für die spätere Entscheidung zuständige Beamte (i.d.R. der Sachgebietsleiter) oder Vorsteher erteilt hat (vgl. BFH, Beschluss vom 12.10.2000, BFH/NV 2001 S. 296, m.w.N., betr. eine mündliche Auskunft des Sachbearbeiters).

Bei schwierigen Sachverhaltsermittlungen gibt es darüber hinaus noch die Möglichkeit, mit dem Finanzamt im Wege der „**Tatsächlichen Verständigung**" eine Vereinbarung über die steuerliche Behandlung bestimmter Sachverhalte zu treffen.

2. Anrufungsauskunft

a) Allgemeines

324 Nach § 42e EStG hat das Betriebsstättenfinanzamt auf Anfrage eines Beteiligten darüber **Auskunft zu geben, ob und inwieweit im einzelnen Fall die Vorschriften über die Lohnsteuer anzuwenden sind**. Eine Anrufungsauskunft ist – unabhängig von einer Lohnsteuer-Außenprüfung – jederzeit möglich und kann sich auf alle Fragen im Zusammenhang mit dem Lohnsteuerabzug erstrecken.

b) Beteiligte

325 Die Anrufungsauskunft kann vom **Arbeitgeber**, aber auch vom **Arbeitnehmer** erbeten werden:

Auch der **Arbeitnehmer** kann sich als „Beteiligter" mit Fragen zu seinem Lohnsteuerabzug an das **Betriebsstättenfinanzamt des Arbeitgebers** wenden (BFH, Urteil vom 9.3.1979, BStBl II 1979 S. 451). Ihm soll es bei Meinungsverschiedenheiten mit dem Arbeitgeber ermöglicht werden, auf schnellem Wege und ohne arbeitsgerichtliches Verfahren einen evtl. vom Arbeitgeber vorgenommenen zu hohen Lohnsteuerabzug durch eine ihm günstige Auskunft des für seinen Arbeitgeber zuständigen Finanzamts zu verringern (BFH, Urteil vom 9.10.1992, BStBl II 1993 S. 166). Das Betriebsstättenfinanzamt des Arbeitgebers soll dann seine Auskunft mit dem **Wohnsitzfinanzamt** des Arbeitnehmers, das für eine evtl. spätere Einkommensteuerveranlagung zuständig ist, **abstimmen** (R 147 Abs. 1 Sätze 1 und 2 LStR).

„Beteiligte" können aber auch **andere Personen** sein, die anstelle des Arbeitgebers für die Lohnsteuer haften, z.B. GmbH-Geschäftsführer, Konkursverwalter.

c) Mehrere Betriebsstätten, Konzerne

326 Sind für einen Arbeitgeber **mehrere Betriebsstättenfinanzämter** zuständig, so erteilt das **Finanzamt** die Auskunft, in dessen Bezirk sich die **Geschäftsleitung** (§ 10 AO) des Arbeitgebers im Inland befindet. Ist dieses Finanzamt kein Betriebsstättenfinanzamt, so ist das Finanzamt zuständig, in dessen Bezirk sich die Betriebsstätte mit den meisten Arbeitnehmern befindet. In diesen Fällen hat der Arbeitgeber sämtliche Betriebsstättenfinanzämter, das Finanzamt der Geschäftsleitung und erforderlichenfalls die Betriebsstätte mit den meisten Arbeitnehmern anzugeben sowie zu erklären, für welche Betriebsstätten die Auskunft von Bedeutung ist (§ 42e Sätze 2 bis 4 EStG). Diese ab dem Jahr 2000 geltende Änderung trägt Forderungen des Bundesrechnungshofes und der Wirtschaftsverbände Rechnung, wonach die Erteilung von Anrufungsauskünften für Unternehmen mit mehreren Betriebsstätten **zentralisiert** werden sollte. Zuständig ist damit künftig i.d.R. allein das **„Geschäftsleitungsfinanzamt"**. Dieses hat seine Auskunft mit den anderen Betriebsstättenfinanzämtern abzustimmen, soweit es sich um einen Fall von einigem Gewicht handelt und die Auskunft auch für die anderen Betriebsstätten von Bedeutung ist. Bei Anrufungsauskünften grundsätzlicher Art informiert das zuständige Finanzamt die übrigen betroffenen Finanzämter (R 147 Abs. 2 LStR).

Sind **mehrere Arbeitgeber** unter einer einheitlichen Leitung zusammengefasst (**Konzernunternehmen**), bleiben für den einzelnen Arbeitgeber entsprechend § 42e Sätze 1 und 2 EStG das Betriebsstättenfinanzamt bzw. das Finanzamt der Geschäftsleitung für die Erteilung der Anrufungsauskunft zuständig. Sofern es sich bei einer Anrufungsauskunft um einen Fall von einigem Gewicht handelt und erkennbar ist, dass die Auskunft auch für andere Arbeitgeber des Konzerns von Bedeutung ist oder bereits Entscheidungen anderer Finanzämter vorliegen, ist insbesondere auf Antrag des Auskunftsersuchenden die zu erteilende Auskunft mit den übrigen betroffenen Finanzämtern abzustimmen. Dazu informiert das für die Auskunftserteilung zuständige Finanzamt das **Finanzamt der Konzernzentrale**. Dieses koordiniert daraufhin die Abstimmung mit den von der zu erteilenden Auskunft betroffenen Finanzämtern der anderen Arbeitgeber des Konzerns (R 147 Abs. 3 LStR).

d) Anwendungsbereich

327 Gegenstand einer Anrufungsauskunft können nur **Fragen zum Lohnsteuerabzugsverfahren** sein, also z.B. ob Arbeitnehmer-Eigenschaft gegeben ist, ob der Arbeitslohn steuerpflichtig ist, ob die Lohnsteuer pauschal berechnet werden kann und wie Sachbezüge zu besteuern sind. **Nicht** dazu gehören Fragen z.B. zum Abzug von Werbungskosten oder Sonderausgaben des Arbeitnehmers, auch wenn dieser sich hierfür einen entsprechenden Freibetrag auf der Lohnsteuerkarte eintragen lassen will. Derartige Anfragen sind an das Wohnsitzfinanzamt des Arbeitnehmers zu richten.

Im Gegensatz zum engen Gesetzeswortlaut („im einzelnen Fall") muss die erbetene Auskunft nicht nur einen einzigen Fall betreffen, sondern kann sich auch auf einen bestimmten Falltypus oder eine Fallgruppe beziehen. Voraussetzung ist lediglich, dass der Anfrage ein **konkreter Anlass** zu Grunde liegt, da das Finanzamt nicht zur Erteilung aller denkbaren theoretischen Auskünfte ohne konkretes Rechtsschutzbedürfnis verpflichtet ist (BFH, Urteil vom 9.10.1992, BStBl II 1993 S. 166).

Beispiel 1:

Arbeitgeber A fragt beim Finanzamt an, in welchem Umfang er seinen Außendienstmitarbeitern steuerfreie Auslösungen zahlen kann.

Das Finanzamt wird ohne weiteres eine Auskunft erteilen.

Beispiel 2:

Arbeitgeber B will vom Finanzamt wissen, unter welchen Voraussetzungen Zuschläge für Sonntags-, Feiertags- oder Nachtarbeit steuerfrei sind. Der Arbeitgeber beschäftigt jedoch keine Arbeitnehmer, für die steuerfreie Zuschläge i.S. des § 3b EStG in Betracht kommen.

Das Finanzamt wird die Erteilung der Auskunft ablehnen, weil kein konkretes Rechtsschutzbedürfnis ersichtlich ist.

e) Rechtswirkungen

328 **Der Arbeitgeber wird von seiner Haftung befreit**, selbst wenn das Finanzamt (vom Arbeitgeber nicht verschuldet) eine **unklare oder falsche Auskunft** gegeben hat und die zu wenig einbehaltene Lohnsteuer beim Arbeitnehmer nicht hereingeholt werden kann (BFH, Urteil vom 24.11.1961, BStBl III 1962 S. 37). **Der Grundsatz von Treu und Glauben geht dem Grundsatz der Gleichmäßigkeit der Besteuerung vor**. Das gilt auch, wenn der **Arbeitnehmer** vom Betriebsstättenfinanzamt des Arbeitgebers

eine unrichtige Auskunft erhalten hat, selbst wenn er auf die Auskunft hin keine besonderen wirtschaftlichen Maßnahmen getroffen hat (BFH, Urteil vom 9.3.1979, BStBl II 1979 S. 451).

Der Arbeitgeber ist zwar gesetzlich **nicht verpflichtet, nach der Anrufungsauskunft des Finanzamts zu verfahren**, wenn er anderer Rechtsauffassung ist. Wenn sich die Rechtsauffassung des Arbeitgebers aber als unrichtig erweist, **haftet** er für die zu wenig einbehaltene Lohnsteuer und kann auch **strafrechtlich** verfolgt werden. Ein Haftungsausschluss kann nicht dadurch erreicht werden, dass der Arbeitgeber die Abweichung, die Differenzbeträge und die steuerlichen Daten der betreffenden Arbeitnehmer dem Betriebsstättenfinanzamt anzeigt (BFH, Urteil vom 4.6.1993, BStBl II 1993 S. 687).

f) Formvorschriften

329 Für die **Anfrage** hinsichtlich Anrufungsauskunft ist **keine Form vorgeschrieben**, grundsätzlich reichen daher mündliche Anfragen aus. Der Haftungsausschluss des Arbeitgebers wird aber nur wirksam, wenn er **alle rechtlich bedeutsamen Tatsachen dem Finanzamt mitgeteilt** hat. Kann der Arbeitgeber dies im Streitfall nicht beweisen, geht dies zu seinen Lasten (Niedersächsisches FG, Urteil vom 3.6.1978, EFG 1978 S. 594). Um solche Schwierigkeiten zu vermeiden, sollten Anfragen **immer schriftlich** an das Finanzamt gerichtet werden.

Auch das Finanzamt ist gehalten, die **Auskunft** unter ausdrücklichem Hinweis auf § 42e EStG **schriftlich** zu erteilen, selbst wenn die Beteiligten die Auskunft nur formlos erbeten haben (R 147 Abs. 1 Satz 3 LStR).

g) Bindungswirkung

330 Hat das Finanzamt eine Anrufungsauskunft erteilt und **verfährt der Arbeitgeber danach**, ist es daran im Lohnsteuerabzugsverfahren nach den Grundsätzen von **Treu und Glauben gebunden**.

Eine Bindungswirkung tritt nur ein, wenn die Auskunft von der **zuständigen Stelle des Finanzamts** („Arbeitgeberstelle") erteilt wurde. Der **Lohnsteuer-Außenprüfer** ist für die Erteilung von Anrufungsauskünften nicht zuständig.

Die **Auskunft bindet das Finanzamt nur gegenüber demjenigen, der sie erbeten hat** (das ist in der Regel der Arbeitgeber). Durch eine dem **Arbeitgeber** erteilte Auskunft ist das Betriebsstättenfinanzamt nicht gehindert, **gegenüber** dem **Arbeitnehmer** einen **anderen** für ihn ungünstigeren Rechtsstandpunkt einzunehmen (BFH, Urteil vom 28.8.1991, BStBl II 1992 S. 107, betr. eine Lohnsteuer-Nachforderung gegen den Arbeitnehmer). Dies gilt erst recht für das **Veranlagungsverfahren** durch das Wohnsitzfinanzamt, auch wenn dem Arbeitnehmer selbst vom Betriebsstättenfinanzamt des Arbeitgebers eine mit seinem Wohnsitzfinanzamt abgestimmte Anrufungsauskunft erteilt worden ist (BFH, Urteil vom 9.10.1992, BStBl II 1993 S. 166).

Hat der Arbeitgeber für einen **einzelnen Arbeitnehmer** eine Anrufungsauskunft erhalten und verfährt er auch **in gleich gelagerten Fällen** danach, kann er sich auch insoweit auf die Auskunft berufen (FG Berlin, Urteil vom 9.9.1969, EFG 1970 S. 364).

Das Finanzamt ist an die erteilte **Auskunft gebunden**, solange sie **nicht widerrufen** wird.

Das Finanzamt kann die Auskunft mit Wirkung für die Zukunft widerrufen oder ändern, wenn sich z.B. **Verwaltungsanweisungen oder Rechtsprechung** geändert haben (vgl. sinngemäß „Anwendungserlass zur AO" – zu § 207 AO, BMF-Schreiben vom 15.7.1998, BStBl I 1998 S. 630). Haben sich jedoch die der Auskunft zu Grunde liegenden **gesetzlichen Bestimmungen geändert**, ist ein besonderer Widerruf durch das Finanzamt nicht erforderlich (BFH-Urteil vom 9.3.1965, BStBl III S. 426). Der Bundesfinanzhof verlangt vom Arbeitgeber, dass er sich auch über die im Bundessteuerblatt veröffentlichten **Lohnsteuer-Richtlinien** auf dem Laufenden hält. Dies dürfte aber wohl zu weit gehen.

h) Rechtsbehelf

331 Gegen die vom Finanzamt **erteilte Anrufungsauskunft** kann **kein Einspruch** eingelegt werden. Eine Überprüfung durch die Steuergerichte kann erst im Haftungsverfahren erfolgen (vgl. FG Berlin, Urteil vom 5.11.1982, EFG 1983 S. 464, m.w.N. sowie BFH-Urteil vom 13.11.1959, BStBl III 1960 S. 108). Das schließt aber nicht aus, die Auffassung des Finanzamts durch die übergeordneten **Dienstaufsichtsbehörden** (Oberfinanzdirektion, Finanzministerium) überprüfen zu lassen. Ein **Einspruch** ist allerdings möglich, wenn das Finanzamt die erbetene **Auskunft ablehnt** (R 147 Abs. 1 Satz 4 LStR).

3. Verbindliche Zusage

a) Voraussetzungen (§ 204 AO)

332 Unabhängig von der Anrufungsauskunft kann der **Arbeitgeber** (nicht der Arbeitnehmer) im Anschluss an eine Lohnsteuer-Außenprüfung eine verbindliche Zusage gem. § 204 AO dazu beantragen, wie ein für die Vergangenheit geprüfter und im Prüfungsbericht dargestellter Sachverhalt in Zukunft steuerrechtlich behandelt wird (R 148 Abs. 5 LStR sowie BMF-Schreiben vom 14.2.2000, BStBl I S. 190, zu § 204 AO). Sie ist jedoch immer an eine vorhergehende **Außenprüfung** und damit an wesentlich engere Voraussetzungen geknüpft als die Anrufungsauskunft. Der Arbeitgeber kann außerdem nur erfahren, wie ein für die **Vergangenheit geprüfter Sachverhalt in Zukunft lohnsteuerlich behandelt** wird.

Die Voraussetzungen im Einzelnen:

– Die Zusage kann nur „im Anschluss" an eine Außenprüfung erteilt werden. Bei einem erst nach der **Schlussbesprechung** gestellten Antrag wird in der Regel keine verbindliche Zusage erteilt, wenn nochmalige umfangreiche Prüfungshandlungen erforderlich sind.

– Der Anwendungsbereich der Vorschrift erstreckt sich praktisch nur auf die **Vergangenheit geprüfte (verwirklichte) und im Prüfungsbericht dargestellte Sachverhalte**, die für die Zukunft von Bedeutung sind.

– Die **Kenntnis der künftigen steuerrechtlichen Behandlung** dieses Sachverhalts muss für die **geschäftlichen Maßnahmen des Arbeitgebers von Bedeutung** sein. Sachverhalte, die erst in Zukunft verwirklicht werden sollen, können also nicht Gegenstand einer verbindlichen Zusage sein. Hier hat der Arbeitgeber nur die Möglichkeit, eine Anrufungsauskunft nach § 42e EStG zu beantragen.

Beispiel:

Arbeitgeber A zahlt seinen Arbeitnehmern erstmals Weihnachtsgeld. Er will wissen, ob er hierfür die Lohnsteuer pauschal berechnen kann.

Zu dieser Frage kann A nur eine Anrufungsauskunft erbitten.

Gegen den Inhalt oder auch die Ablehnung einer verbindlichen Zusage kann der Arbeitgeber **Einspruch** und ggf. anschließend Klage erheben.

b) Form und Inhalt (§ 205 AO)

333 Die verbindliche Auskunft ist **schriftlich** zu erteilen und als verbindlich zu kennzeichnen. Die verbindliche Zusage hat den zu Grunde gelegten Sachverhalt, die Entscheidungsgründe und die Rechtsvorschriften, auf die die Entscheidung gestützt wird, den Zeitraum und die Steuerart, für die sie gilt, und notwendige Nebenbestimmungen (§ 120 Abs. 2 AO) zu enthalten. Hinsichtlich des Sachverhalts kann auf den Prüfungsbericht Bezug genommen werden.

c) Bindungswirkung (§ 206 AO)

334 Die verbindliche Zusage ist für das **Lohnsteuer-Abzugsverfahren bindend.** Entspricht jedoch der nach Erteilung der verbindlichen Zusage festgestellte und steuerlich zu beurteilende **Sachverhalt** nicht dem der verbindlichen Zusage zu Grunde gelegten Sachverhalt, so ist das Finanzamt an die erteilte Zusage auch ohne besonderen Widerruf nicht gebunden.

Die Bindungswirkung besteht auch, wenn die Zusage **nicht dem geltenden Recht entspricht.** Etwas anderes gilt aber dann, wenn die verbindliche Zusage zu Ungunsten des Arbeitgebers dem geltenden Recht widerspricht. Er kann dann die Anwendung der zutreffenden Rechtsvorschriften verlangen. Hierbei ist es unerheblich, ob die Fehlerhaftigkeit der Zusage bereits bei ihrer Erteilung erkennbar war oder erst später (z.B. durch Rechtsprechung zu Gunsten des Arbeitgebers) erkennbar geworden ist.

Mündlich erteilte Zusagen haben nicht die Bindungswirkung des § 206 AO, doch kann das Finanzamt evtl. nach dem Gebot von Treu und Glauben daran gebunden sein. Die Tatsache, dass das Finanzamt Auskünfte mündlich erteilt hat, legt jedoch die Annahme nahe, dass nur eine **unverbindliche Meinungsäußerung** und keine bindende (verbindliche) Zusage angestrebt und gegeben worden ist. An den **Nachweis** der eine Bindung des Finanzamts begründenden Merkmale sind daher strenge Anforderungen zu stellen (vgl. zuletzt BFH, Beschluss vom 12.10.2000, BFH/NV 2001 S. 296, m.w.N., betr. mündliche Auskünfte eines Sachbearbeiters). **Vorbehalte** (z.B. „vorbehaltlich des Ergebnisses einer Besprechung mit den obersten Finanzbehörden der Länder") schließen die Bindung aus (BFH, Urteil vom 4.8.1961, BStBl III 1961 S. 562).

d) Außer-Kraft-Treten, Aufhebung und Änderung (§ 207 AO)

Enthält die Zusage **keine zeitliche Einschränkung**, so bleibt sie **335** bis zur Aufhebung oder Änderung wirksam.

Eine verbindliche Zusage tritt – ohne besonderen Widerruf – außer Kraft, wenn die Rechtsvorschriften geändert werden, auf denen sie beruht. In einem solchen Fall können aber Billigkeitsmaßnahmen in Betracht gezogen werden, wenn sich für den Arbeitgeber unbillige Härten ergeben. Grundsätzlich kann jedoch das Vertrauen auf den Fortbestand einer Rechtsvorschrift keinen Schutz genießen.

Das Finanzamt kann eine verbindliche Zusage **mit Wirkung für die Zukunft widerrufen oder ändern**, wenn sich die steuerliche Beurteilung des zu Grunde gelegten Sachverhalts durch **Rechtsprechung oder Verwaltungsvorschriften** zum Nachteil des Arbeitgebers ändert (vgl. auch BFH, Urteil vom 21.3.1996, BStBl II 1996 S. 518). Auch in solchen Fällen können jedoch **Billigkeitsmaßnahmen** gerechtfertigt sein, wenn sich der Arbeitgeber nicht mehr ohne erheblichen Aufwand bzw. unter beträchtlichen Schwierigkeiten von den getroffenen Dispositionen oder eingegangenen vertraglichen Verpflichtungen lösen kann.

Wird festgestellt, dass eine verbindliche Zusage durch unlautere Mittel wie **Täuschung, Zwang** oder **Bestechung** erwirkt worden ist, kann sie auch rückwirkend aufgehoben oder geändert werden (§ 130 Abs. 2 AO).

4. Tatsächliche Verständigung

a) Allgemeines

In Fällen **erschwerter Sachverhaltsermittlung** dient es unter **336** bestimmten Voraussetzungen der **Effektivität der Besteuerung** und allgemein dem **Rechtsfrieden**, wenn sich die Beteiligten über die Annahme eines bestimmten Sachverhalts und über eine bestimmte Sachbehandlung einigen können. Derartige Vereinbarungen zwischen dem Steuerpflichtigen/Arbeitgeber und der Finanzbehörde werden als „Tatsächliche Verständigung" bezeichnet. Sie können nach der Rechtsprechung des Bundesfinanzhofes in jedem Stadium des Veranlagungsverfahrens, insbesondere auch anlässlich einer Außenprüfung und während eines anhängigen Rechtsbehelfsverfahrens, getroffen werden (vgl. BFH, Urteil vom 8.9.1994, BStBl II 1995 S. 32). Eine tatsächliche Verständigung über **reine Rechtsfragen** ist jedoch nicht zulässig (BFH, Beschluss vom 15.3.2000, BFH/NV 2000 S. 1073).

Die tatsächliche Verständigung hat auch im **Lohnsteuerbereich** erhebliche Bedeutung, und zwar nicht nur für den **Lohnsteuerabzug** durch den Arbeitgeber, sondern auch für den **Werbungskostenabzug** des Arbeitnehmers.

Beispiel 1:

Ein Arbeitgeber streitet sich mit dem Lohnsteuer-Außenprüfer über die Frage, in welchem Umfang bei seinen Arbeitnehmern die Voraussetzungen für die pauschale Versteuerung von Arbeitslohn nach § 40a Abs. 2 EStG vorliegen.

Soweit es um eine Frage der Sachverhaltsfeststellung geht, kann eine Schätzung im Wege einer tatsächlichen Verständigung erfolgen.

Beispiel 2:

Ein Lehrer schafft in erheblichem Umfang Fachbücher sowie allgemein bildende Literatur an.

In dem vergleichbaren Fall eines selbständigen Publizisten hat der Bundesfinanzhof darauf hingewiesen, dass eine Schätzung des als Betriebsausgaben oder Werbungskosten abzugsfähigen beruflichen Teils im Rahmen einer tatsächlichen Verständigung wohl das Vernünftigste sei (Urteil vom 21.5.1992, BStBl II 1992 S. 1015).

b) Voraussetzungen

337 Die Voraussetzungen für eine „Tatsächliche Verständigung" sind im Wesentlichen von der Rechtsprechung entwickelt worden (vgl. BFH, Urteile vom 31.7.1996, BStBl II 1996 S. 625, und zuletzt vom 28.6.2001, BFH/NV 2001 S. 1491). Die geltenden Grundsätze sind in verschiedenen Verwaltungsanweisungen zusammengefasst worden, vgl. BMF-Schreiben vom 14.2.2000, BStBl I 2000 S. 190, zu § 201 AO, sowie zuletzt OFD Frankfurt, Verfügung vom 12.4.2000, StEd 2000 S. 409, mit weiteren Rechtsprechungsnachweisen.

Auskunftspflicht des Arbeitgebers

1. Lohnsteuer

338 Nach der Abgabenordnung gibt es verschiedene Vorschriften, die den Arbeitgeber zur Auskunftserteilung verpflichten (vgl. z.B. §§ 90, 93, 93 a AO). Dies gilt vor allem für die **Lohnsteuer-Außenprüfung** (vgl. § 200 Abs. 1 AO). Häufig sind aber auch Rückfragen der Finanzämter, wenn sich bei der Bearbeitung der **Einkommensteuerveranlagung des Arbeitnehmers Unklarheiten** ergeben.

Beispiel:

Arbeitnehmer A hat in seiner Einkommensteuererklärung Reisekosten für Dienstreisen als Werbungskosten geltend gemacht. Die Frage nach steuerfreien Erstattungen des Arbeitgebers hat er verneint, auch nach einer entsprechenden Rückfrage des Finanzamts.

Wenn weiterhin Zweifel bestehen, kann das Finanzamt den Arbeitgeber nach § 93 AO um Auskunft bitten. Um die hierdurch entstehende Mehrarbeit von vornherein zu vermeiden, sollte der Arbeitgeber steuerfreie Reisekostenerstattungen immer in den Zeilen 20 und 21 der Lohnsteuerkarte (Rückseite) eintragen.

2. Sozialversicherung

339 Soweit es in der Sozialversicherung einschließlich der Arbeitslosenversicherung im Einzelfall für die **Erbringung** von Sozialleistungen erforderlich ist, hat der Arbeitgeber **auf Verlangen dem Leistungsträger** oder der zuständigen **Einzugsstelle** Auskunft über die Art und Dauer der Beschäftigung, den Beschäftigungsort und das Arbeitsentgelt zu erteilen. Wegen der Entrichtung von Beiträgen hat der Arbeitgeber über **alle Tatsachen Auskunft zu geben, die für die Erhebung der Beiträge notwendig** sind. Der Arbeitgeber hat die Geschäftsbücher, Listen oder andere Unterlagen, aus denen die Angaben über die Beschäftigung hervorgehen, während der Betriebszeit nach seiner Wahl den o.a. Versicherungsträgern entweder in deren oder in seinen eigenen Geschäftsräumen zur Einsicht vorzulegen (vgl. § 98 SGB X). Die Versicherungsträger sind berechtigt, beim Arbeitgeber über den Bereich der Lohn- und Gehaltsabrechnung, jedoch nicht über den Bereich des Rechnungswesens hinaus zu prüfen.

Außerdem ist der Arbeitgeber verpflichtet, **unaufgefordert** Bescheide und **Prüfberichte der Finanzbehörden** vorzulegen, die für die Aufgabenerfüllung der Prüfer, insbesondere für die Versicherungs- oder Beitragspflicht und die Beitragshöhe, von Be-

deutung sind (vgl. § 5 Abs. 5 Beitragsüberwachungsverordnung, Sozialversicherungsbeitrag-Handausgabe 2001 VO 28n IV/4).

Auslagenersatz und durchlaufende Gelder

1. Allgemeine Voraussetzungen

Steuerfrei sind nach § 3 Nr. 50 EStG   340

– die Beträge, die der Arbeitnehmer vom Arbeitgeber erhält, um sie für ihn auszugeben (**durchlaufende Gelder**), und

– die Beträge, durch die Auslagen des Arbeitnehmers ersetzt werden (**Auslagenersatz**).

☒ (SV)

Der Unterschied begründet sich wie folgt:

Der **Auslagenersatz** ist Ersatz der in der **Vergangenheit** gemachten Aufwendungen. **Durchlaufende Gelder** sind dagegen Beträge, die für **zukünftige Aufwendungen** bestimmt sind (BFH, Urteil vom 10.6.1966, BStBl III 1966 S. 607).

Durchlaufende Gelder oder Auslagenersatz liegen nur vor, wenn

– der Arbeitnehmer die Ausgaben für **Rechnung des Arbeitgebers** macht, wobei es gleichgültig ist, ob das im Namen des Arbeitgebers oder im eigenen Namen geschieht, und

– über die Ausgaben grundsätzlich im **Einzelnen abgerechnet** wird (R 22 Abs. 1 Satz 1 LStR). **Pauschaler Auslagenersatz** kann nur unter engen Voraussetzungen anerkannt werden.

2. Abgrenzung gegenüber steuerpflichtigem Werbungskostenersatz

In der Praxis bereitet besonders die Abgrenzung gegenüber dem   341 steuerpflichtigen Ersatz von Werbungskosten erhebliche Schwierigkeiten. Denn nach der Rechtsprechung des Bundesfinanzhofes kommt die Steuerfreiheit des § 3 Nr. 50 EStG nicht in Betracht, wenn der **Arbeitnehmer** an den Aufwendungen ein nicht ganz unerhebliches **eigenes Interesse** hat, so z.B. beim Ersatz von Werbungskosten und von Kosten der privaten Lebensführung (vgl. zuletzt ausführlich FG Hamburg, Urteil vom 26.2.2001, EFG 2001 S. 875, Revision eingelegt, Az. beim BFH: VI R 48/01, betr. einen Bürokostenzuschuss des Arbeitgebers für das häusliche Arbeitszimmer, sowie R 22 Abs. 1 Sätze 2 und 3 LStR). Nach welchen Merkmalen die Abgrenzung vorzunehmen ist, ist noch nicht für alle Fälle abschließend geklärt. In den Lohnsteuer-Richtlinien heißt es lediglich, dass

– die Ausgaben des Arbeitnehmers bei ihm so zu beurteilen sind, als hätte der **Arbeitgeber sie selbst getätigt**

– und dass hiernach die Steuerfreiheit der durchlaufenden Gelder oder des Auslagenersatzes nach § 3 Nr. 50 EStG stets dann **ausgeschlossen** ist, wenn die Ausgaben **durch das Dienstverhältnis des Arbeitnehmers veranlasst** sind (R 22 Abs. 1 Sätze 2 und 3 LStR).

Auslagenersatz ist jedenfalls dann anzunehmen, wenn der Arbeitnehmer im ganz **überwiegenden Interesse des Arbeitgebers Aufwendungen tätigt, die der Arbeitsausführung dienen und die nicht zu einer Bereicherung des Arbeitnehmers führen**. Liegen diese Voraussetzungen vor, wird auch zivilrechtlich ein Erstattungsanspruch des Arbeitnehmers gegenüber dem Arbeitgeber bejaht. Auslagenersatz liegt hiernach grundsätzlich immer vor, wenn der Arbeitgeber dem Arbeitnehmer **Hilfs- und Betriebsstoffe**, die für die Arbeitsausführung erforderlich sind, ersetzen muss. Die Eigentumsverhältnisse spielen dann keine Rolle, weil beim Arbeitnehmer bei solchen sich ständig verschleißenden Hilfsmitteln – anders als bei dem Erwerb eines längerfristig nutzbaren Wirtschaftsguts – keine Bereicherung eintritt (BFH, Urteil vom 21.8.1995, BStBl II 1995 S. 906).

Beispiel 1:

Außendienstmitarbeiter A kauft Kundengeschenke und legt die Rechnung seinem Arbeitgeber vor.

Die Erstattung durch den Arbeitgeber ist steuerfrei. Dies gilt selbst dann, wenn der Arbeitnehmer die Kundengeschenke im eigenen Namen erworben hat.

Beispiel 2:

Außendienstmitarbeiter B kauft einen Computer, der so gut wie ausschließlich zu beruflichen Zwecken genutzt wird. Der Arbeitgeber übernimmt die Kosten.

Die Erstattung durch den Arbeitgeber kann nicht als Auslagenersatz steuerfrei bleiben, weil es sich bei dem Computer um einen Gegenstand von mehrjähriger Nutzungsdauer handelt und er im Eigentum des Arbeitnehmers steht. Die Leistungen des Arbeitgebers führen bei ihm auch zu einer Bereicherung. Es handelt sich somit um steuerpflichtigen Werbungskostenersatz, der Arbeitnehmer kann die Aufwendungen jedoch als Werbungskosten absetzen. Es ist dabei unerheblich, dass der Arbeitgeber die Kosten getragen hat, da nur steuerfreie Bezüge den Werbungskostenabzug ausschließen (vgl. R 33 Abs. 4 Satz 3 LStR).

Seit 2000 kann der Arbeitgeber die Lohnsteuer für die Schenkung eines Computers nach § 40 Abs. 2 Satz 1 Nr. 5 EStG mit 25 % pauschal erheben (→ *Computer* Rz. 631).

Steuerfrei sind z.B.

- der Ersatz von Gebühren für ein geschäftliches **Telefongespräch**, das der Arbeitnehmer für den Arbeitgeber außerhalb des Betriebs führt, vgl. H 22 (Allgemeines) LStH; das gilt auch für Telefonkosten vom **häuslichen Telefon** (→ *Telekommunikation* Rz. 2396). Zum pauschalen Auslagenersatz siehe → Rz. 343.

- als durchlaufende Gelder nach R 46 Abs. 2 LStR in bestimmter Höhe **Heimarbeiterzuschläge** (→ *Heimarbeit* Rz. 1289).　LSt SV

Nicht steuerfrei sind hingegen

- die Erstattung von **Mitgliedsbeiträgen an gesellige Vereinigungen** durch den Arbeitgeber (BFH-Urteil vom 27.2.1959, BStBl III S. 230);

- der Ersatz von **Verzehraufwendungen** durch eine Sparkasse an Mitarbeiter, die auf Aufforderung der Sparkassenleitung in ihrer Freizeit Gaststätten besuchen müssen, deren Inhaber Kunden der Sparkasse sind (BFH-Urteil vom 19.1.1976, BStBl II S. 231);

- von einer Bank übernommene Kosten für **Sicherheitsmaßnahmen am Wohnhaus** eines Vorstandsmitglieds (FG München, Urteil vom 5.11.1997, EFG 2000 S. 413, Revision eingelegt, Az. beim BFH: VI R 47/00);

- eine vom Arbeitgeber finanzierte **Outplacement-Beratung** (FG Düsseldorf, Urteil vom 5.4.2000, EFG 2000 S. 740);

- **Kontoführungsgebühren**, die der Arbeitgeber dem Arbeitnehmer ersetzt (R 70 Abs. 3 Satz 2 Nr. 1 LStR);

- **Garagenmietzahlungen**, die der Arbeitnehmer für die Unterstellung des ihm zur Nutzung überlassenen Firmenwagens vom Arbeitgeber erhält (FG Köln, Urteil vom 17.1.2001, EFG 2001 S. 747, Revision eingelegt, Az. beim BFH: VI R 53/01).　LSt SV

3. Pauschaler Auslagenersatz

a) Allgemeines

342 Grundsätzlich ist Auslagenersatz nur bei **Einzelabrechnung** steuerfrei; **pauschaler Auslagenersatz** führt regelmäßig zu Arbeitslohn (R 22 Abs. 2 Satz 1 LStR). Ausnahmsweise kann pauschaler Auslagenersatz steuerfrei bleiben, wenn er **regelmäßig wiederkehrt und der Arbeitnehmer die entstandenen Aufwendungen für einen Zeitraum von mindestens drei Monaten im Einzelnen nachweist**. Der pauschale Auslagenersatz bleibt grundsätzlich so lange steuerfrei, bis sich die Verhältnisse wesentlich ändern (R 22 Abs. 2 Sätze 2 und 3 LStR). Nach der Rechtsprechung des Bundesfinanzhofes können vom Arbeitgeber auch Auslagen des Arbeitnehmers von **mehr als 51 € monatlich pauschal steuerfrei ersetzt werden** (Urteil vom 21.8.1995, BStBl II S. 906).

Beispiel 1:

Die Stadt X unterhält ein Philharmonisches Orchester. Sie zahlt den angestellten Orchestermusikern ohne Lohnsteuerabzug

- ein tarifliches pauschales Instrumentengeld für die Abnutzung der Instrumente und

- Rohr-, Blatt- und Saitengeld.

Das **Instrumentengeld** kann nicht als steuerfreier Auslagenersatz angesehen werden, weil es sich bei den Instrumenten um Gegenstände mit einer mehrjährigen Nutzungsdauer und von nicht geringem Wert handelt, die im Eigentum des Arbeitnehmers stehen. Die Leistungen des Arbeitgebers führen beim Arbeitnehmer zu einer Bereicherung und stellen daher für ihn steuerpflichtigen Arbeitslohn dar (steuerpflichtiger Werbungskostenersatz).

Das **Rohr-, Blatt- und Saitengeld** wird hingegen für den laufenden Verschleiß an Saiten, Rohren und Blättern gezahlt und kann daher – sofern es im Großen und Ganzen den tatsächlichen Aufwendungen der Musiker entspricht – als steuerfreier Auslagenersatz anerkannt werden (BFH-Urteil vom 21.8.1995, BStBl II S. 906).

Als **steuerfrei anerkannt** wurden weiter

- eine **pauschale Zuwendung** von monatlich 25 DM (umgerechnet 12,78 €) an **Baustellenleiter** zur Abgeltung kleinerer Ausgaben im Außendienst (BFH, Urteil vom 21.8.1959, DB 1959 S. 1129);

- eine **Auslagenpauschale** von monatlich 20 DM (umgerechnet 10,23 €) zur Abgeltung von Ermittlungsauslagen an Bedienstete der **Steuerfahndung** (FinMin Niedersachsen, Erlass vom 29.10.1975, DB 1975 S. 2206).

Nicht anerkannt wurden hingegen

- ein vom Arbeitgeber gezahlter **pauschaler Bürokostenzuschuss**, weil sein Arbeitnehmer ein häusliches Arbeitszimmer benötigt (FG Hamburg, Urteil vom 26.2.2001, EFG 2001 S. 875, Revision eingelegt, Az. beim BFH: VI R 48/01);

- **Schmiergeldzahlungen**.　

Beispiel 2:

Eine GmbH hatte an ihre Geschäftsführer mehrere 10 000 € gegen Kassenauszahlungsbelege mit dem Vermerk „Geschenke über 75 €" ausgezahlt. Die GmbH behandelte die Zahlungen als nicht abzugsfähige Betriebsausgaben nach § 4 Abs. 5 Nr. 1 EStG und gab an, dass es sich bei den Zahlungen um Schmiergelder für Geschäftsfreunde gehandelt habe, die sie nicht benennen wolle.

Das Finanzgericht des Landes Brandenburg (Urteil vom 2.12.1996 – 5 V 1368/96 H, n.v.) hat die Zahlungen als steuerpflichtigen Arbeitslohn der Geschäftsführer angesehen. Begründung: Die Anerkennung nicht steuerbaren Auslagenersatzes i.S. des § 3 Nr. 50 EStG kommt grundsätzlich nur bei **Einzelabrechnung** der vom Arbeitnehmer verauslagten Beträge in Betracht. Es muss nämlich praktisch feststehen, dass das gesamte erhaltene Geld im Interesse des Arbeitgebers verbraucht wird und nicht auch nur ein kleiner Teil davon bei dem Arbeitnehmer verbleibt.

Zwar sind **Pauschalzahlungen** steuerlich als Auslagenersatz anzuerkennen, wenn sie im Großen und Ganzen den tatsächlichen Aufwendungen entsprechen. Dies gilt jedoch nicht, wenn die Zahlungen an den Arbeitnehmer überhöht sind oder wenn anhand der angebotenen Beweismittel nicht aufklärbar ist, ob sie den tatsächlichen Aufwendungen im Großen und Ganzen entsprechen. Im entschiedenen Fall war nach den Angaben der GmbH gerade **nicht aufklärbar**, ob und an wen die Empfänger der Zahlungen diese weitergegeben hatten. Da nicht festzustellen war, ob und in welcher Höhe Schmiergelder an Geschäftsfreunde gezahlt worden waren, mussten die als Auslagenersatz deklarierten Zahlungen in voller Höhe als **Arbeitslohn der Geschäftsführer** angesehen werden.

b) Aufwendungen für Telekommunikation

343 Nach R 22 Abs. 2 Sätze 3 bis 5 LStR können bei Aufwendungen für Telekommunikation auch die Aufwendungen für das **Nutzungsentgelt** einer Telefonanlage sowie für den **Grundpreis** der Anschlüsse entsprechend dem beruflichen Anteil der Verbindungsentgelte an den gesamten Verbindungsentgelten (Telefon und Internet) steuerfrei ersetzt werden (so bereits BMF-Schreiben vom 24.5.2000, BStBl I 2000 S. 613, das allerdings aufgehoben wurde). Fallen erfahrungsgemäß beruflich veranlasste Telekommunikationsaufwendungen an, können aus Vereinfachungsgründen **ohne Einzelnachweis bis zu 20 % des Rechnungsbetrags, höchstens 20 € monatlich steuerfrei ersetzt** werden.

Damit der pauschale Auslagenersatz nicht für jeden Monat neu ermittelt werden muss, kann der **monatliche Durchschnittsbetrag**, der sich aus den Rechnungsbeträgen für einen repräsentativen Zeitraum von **drei Monaten** ergibt, dem pauschalen Auslagenersatz zu Grunde gelegt werden. Diese Regelung soll der weiteren Vereinfachung dienen, weil der Aufwand beim Arbeitgeber zu groß wäre, wenn er die Rechnungsbelege während des ganzen Jahres zum Lohnkonto nehmen müsste.

Der pauschale Auslagenersatz bleibt auch hier grundsätzlich so lange steuerfrei, bis sich die **Verhältnisse wesentlich ändern** (R 22 Abs. 2 Satz 6 LStR).

Beispiel 1:

A, Außendienstmitarbeiter einer Computerfirma, muss von zu Hause aus viele berufliche Telefongespräche führen (Entgegennahme von Störungsmeldungen, Terminabsprachen usw.). Seine monatlichen Telefonrechnungen betragen im Monat Januar 80 €, Februar 90 € und März 112 €.

Wenn A seinem Arbeitgeber die monatlichen Telefonrechnungen vorlegt, kann dieser jeweils 20 % der Rechnungsbeträge als Auslagenersatz steuerfrei ersetzen, d.h. für Januar 16 €, Februar 18 € und März 20 € (20 % von 112 € = 22,40 €, höchstens jedoch 20 €). Weist A auf Grund der den Telefonrechnungen beiliegenden Einzelverbindungsnachweise einen höheren beruflichen Anteil der Telefonnutzung nach, kann der Arbeitgeber A auch einen höheren Betrag steuerfrei ersetzen.

Der Arbeitgeber muss die monatlichen Telefonrechnungen zum Lohnkonto nehmen.

Beispiel 2:

Sachverhalt wie Beispiel 1. Der Arbeitgeber möchte sich jedoch nicht mehr alle Telefonrechnungen vorlegen lassen und zum Lohnkonto nehmen.

Der Arbeitgeber kann ab April 20 % des Durchschnittsbetrags von 94 € (80 € + 90 € + 112 € = 282 € : 3) = 18,80 € (der Höchstbetrag von 20 € wird nicht überschritten) pauschal als Auslagenersatz steuerfrei ersetzen.

Nur die Rechnungen für die Monate Januar bis März sind zum Lohnkonto zu nehmen. Dieser Betrag kann so lange steuerfrei ersetzt werden, bis sich die Verhältnisse wesentlich ändern, also auch noch in den Folgejahren.

Vgl. im Übrigen→ *Telekommunikation* Rz. 2396.

4. Verfahren

344 Die Abgrenzung, wann pauschaler steuerfreier Auslagenersatz anerkannt werden kann, wird im Einzelfall schwierig sein. Der Bundesfinanzhof hat hierzu aber ausdrücklich darauf hingewiesen, dass der **Arbeitgeber die Möglichkeit hat**, vorher vom Finanzamt unter Nachweis der tatsächlichen Beträge eines bestimmten Zeitraums gem. § 42e EStG eine **Anrufungsauskunft** (→ *Auskünfte und Zusagen des Finanzamts* Rz. 323) darüber einzuholen, ob die vereinbarte Pauschalabgeltung nach Ansicht der Finanzverwaltung als nicht steuerbarer Auslagenersatz oder als steuerpflichtiger Arbeitslohn zu beurteilen ist (BFH, Urteil vom 21.8.1995, BStBl II S. 906).

Ausländische Arbeitnehmer

345 Auch ein ausländischer Arbeitnehmer ist nach § 1 Abs. 1 EStG unbeschränkt steuerpflichtig, wenn er in der Bundesrepublik Deutschland einen Wohnsitz oder seinen gewöhnlichen Aufenthalt hat (→ *Steuerpflicht: unbeschränkte* Rz. 2325). Zu **familien- und ehegattenbezogenen Entlastungen** für Familienangehörige im Ausland siehe → *Steuerpflicht* Rz. 2303. Der Lohnsteuerabzug ist nach den Merkmalen der Lohnsteuerkarte vorzunehmen.

Hat der Arbeitnehmer **keinen Wohnsitz/gewöhnlichen Aufenthalt** in Deutschland, ist er grundsätzlich mit seinen inländischen Einkünften i.S.v. § 49 EStG nach § 1 Abs. 4 EStG beschränkt steuerpflichtig, sofern er nicht die Voraussetzungen für die unbeschränkte Steuerpflicht auf Antrag (§ 1 Abs. 3 EStG) oder die erweiterte unbeschränkte Steuerpflicht (§ 1 Abs. 2 EStG) erfüllt. Der Lohnsteuerabzug ist nach den Merkmalen der besonderen Lohnsteuerbescheinigung vorzunehmen.

Das deutsche Besteuerungsrecht kann insbesondere jeweils durch ein Doppelbesteuerungsabkommen eingeschränkt sein, wenn Wohnsitz- und Tätigkeitsstaat auseinander fallen. Zum Einfluss eines Doppelbesteuerungsabkommens auf das Lohnsteuerabzugsverfahren siehe → *Doppelbesteuerungsabkommen bei Einkünften aus nichtselbständiger Arbeit* Rz. 715.

Zu weiteren Einzelheiten siehe auch → *Steuerpflicht* Rz. 2297.

Ausländische Lehrkräfte

1. Allgemeines

346 Ausländische Lehrkräfte sind – wie andere natürliche Personen auch – **unbeschränkt steuerpflichtig**, wenn sie im **Inland einen Wohnsitz oder ihren gewöhnlichen Aufenthalt** haben (→ *Steuerpflicht: unbeschränkte* Rz. 2325). Da entsandte Lehrkräfte zumeist ihren Wohnsitz im Heimatland (Entsendestaat) beibehalten oder Arbeitslohn aus einer öffentlichen Kasse ihres Heimatlandes

erhalten, unterliegen sie auch dort der unbeschränkten Steuerpflicht.

Das deutsche Besteuerungsrecht kann durch Doppelbesteuerungsabkommen eingeschränkt sein.

2. Sonderregelung für Gastlehrkräfte nach Doppelbesteuerungsabkommen

Sofern Deutschland mit dem Entsendestaat ein **Doppelbesteuerungsabkommen** abgeschlossen hat, ist zu prüfen, ob dieses eine **Sonderregelung zur Befreiung von Lehrtätigkeitsvergütungen** bei Gastlehrkräften enthält (vgl. auch Art. 20 OECD-MA). Dies ist im Interesse des Kulturaustauschs häufig der Fall. Zum Begriff der Lehranstalten und des Lehrers i.S. der Regelungen für Gastlehrer vgl. BMF-Schreiben vom 10.1.1994, BStBl I 1994 S. 14. **347**

Die Befreiung von der deutschen Einkommen-/Lohnsteuer hängt oft z.B. davon ab, dass der Arbeitnehmer im Entsendestaat i.S. der Doppelbesteuerungsabkommen ansässig ist, ggf. zumindest unmittelbar vor Aufnahme der Tätigkeit, oder Vergütungen von Quellen außerhalb des Tätigkeitsstaates erzielt.

Nach mehreren Doppelbesteuerungsabkommen sind die Lehrkräfte aus dem Partnerstaat mit ihren Lehrvergütungen in Deutschland steuerbefreit, wenn sie sich hier **vorübergehend für höchstens zwei Jahre zu Unterrichtszwecken** aufhalten (z.B. Artikel XIII DBA-Großbritannien). Bei längerem Aufenthalt tritt für die ersten beiden Jahre auch dann keine Steuerbefreiung ein, wenn ursprünglich eine kürzere Verweildauer geplant war und der Aufenthalt später verlängert wurde (BFH, Urteil vom 22.7.1987, BStBl II 1987 S. 842). Liegt ein Zeitraum von mehr als sechs Monaten zwischen zwei Aufenthalten, so gelten die Aufenthalte nicht als zusammenhängend. Beträgt der Zeitraum weniger als sechs Monate, so gilt der Aufenthalt als nicht unterbrochen, es sei denn, aus den Umständen des Einzelfalls ergibt sich, dass die beiden Aufenthalte völlig unabhängig voneinander sind. Zur Dauer des Aufenthalts bei zeitweiser Beurlaubung für einen Forschungsauftrag im Heimatland vgl. FG Baden-Württemberg, Urteil vom 28.6.2001, StEd 2001 S. 502.

Im Einzelfall sind die Voraussetzungen für die Steuerfreiheit stets nach den Vorschriften des jeweiligen Doppelbesteuerungsabkommens zu prüfen. Bei einer Besoldung der Lehrkräfte aus Kassen des ausländischen Entsendestaats sind die jeweiligen Abkommensbestimmungen zum öffentlichen Dienst anzuwenden.

3. Bescheinigung der Steuerbefreiung durch das Betriebsstättenfinanzamt

Ist nach einem Doppelbesteuerungsabkommen (→ *Doppelbesteuerungsabkommen bei Einkünften aus nichtselbständiger Arbeit* Rz. 715) die **Steuerbefreiung** von einem **Antrag** abhängig, so kann der Lohnsteuerabzug nur dann unterbleiben, wenn das **Betriebsstättenfinanzamt** bescheinigt, dass der Arbeitslohn nicht der deutschen Lohnsteuer unterliegt (BFH, Urteil vom 10.5.1989, BStBl II 1989 S. 755). Ist die Steuerbefreiung antragsunabhängig, hat das Betriebsstättenfinanzamt gleichwohl auf Antrag eine Freistellungsbescheinigung zu erteilen. Wird zulässigerweise kein Antrag gestellt, kann die Überprüfung der für die Lohnsteuerbefreiung maßgebenden unter → Rz. 347 genannten Zwei-Jahres-Frist im Rahmen einer Lohnsteuer-Außenprüfung und unter Umständen die Inanspruchnahme des Arbeitgebers als **Haftungsschuldner** in Frage kommen. Der Arbeitgeber sollte daher vom **Antragsrecht zur Vermeidung des Haftungsrisikos** Gebrauch machen. Ist zweifelhaft, ob es bei einer ursprünglich vorgesehenen längstens zweijährigen Aufenthaltsdauer bleibt, kann das Finanzamt eine Freistellungsbescheinigung unter dem Vorbehalt der Nachprüfung (§ 164 AO) erteilen und Steuerfestsetzungen nach § 165 AO vorläufig erlassen oder die Festsetzung aussetzen. **348**

4. Billigkeitsmaßnahmen

Liegen die Voraussetzungen für eine Steuerfreiheit nach obigen Grundsätzen nicht vor, kann nach dem BMF-Schreiben vom 10.1.1994, BStBl I 1994 S. 14, im Einzelfall nach Maßgabe der **349** allgemeinen Vorschriften, z.B. wegen einer schwangerschaftsbedingten Verlängerung des Aufenthalts oder Beendigung des vorübergehenden Aufenthalts durch Begründung eines Familienwohnsitzes nach Heirat eines in Deutschland ansässigen Partners, eine Billigkeitsmaßnahme in Betracht kommen. Zum Verzicht auf eine Nachversteuerung in Härtefällen (z.B. kurze Überschreitung der Frist wegen Krankheit) siehe auch Vereinbarung mit der Steuerverwaltung der USA (BMF-Schreiben vom 20.9.1999, BStBl I 1999 S. 844).

5. Beschäftigung von Lehramtsassistenten

350 Vergütungen, die ausländischen Lehramtsassistenten gewährt werden, sind unter den Voraussetzungen des § 3 Nr. 11 EStG steuerfrei (DB 1956 S. 882 und DB 1985 S. 682).

Ausländische Praktikanten

1. Steuerpflicht

351 Der ausländischen Praktikanten gezahlte Arbeitslohn ist **grundsätzlich lohnsteuerpflichtig**. Es ist allerdings zu prüfen, ob das deutsche Besteuerungsrecht durch ein Doppelbesteuerungsabkommen mit dem Heimatland des Praktikanten eingeschränkt ist; siehe auch → *Ausländische Studenten* Rz. 353 und → *Ausländische Arbeitnehmer* Rz. 345.

2. Sozialversicherungspflicht

352 Studenten, die an einer ausländischen Hochschule studieren und das in der dortigen Studien- und Prüfungsordnung vorgeschriebene Praktikum (Zwischenpraktika) in der Bundesrepublik Deutschland ausüben, werden hinsichtlich der sozialversicherungsrechtlichen Beurteilung wie Studenten an einer inländischen Hochschule behandelt (→ *Praktikanten* Rz. 1907). Als Nachweis der Versicherungsfreiheit hat der Arbeitgeber unbedingt eine **aktuelle Immatrikulationsbescheinigung** der ausländischen Hochschule zu seinen Lohnunterlagen zu nehmen (→ *Lohnkonto* Rz. 1493).

Ausländische Studenten

1. Keine Sonderregelung nach deutschem Steuerrecht

353 Es gelten für ausländische Studenten grundsätzlich **dieselben Regelungen des deutschen Steuerrechts wie für andere ausländische Arbeitnehmer**. Das deutsche Besteuerungsrecht kann aber insbesondere durch ein Doppelbesteuerungsabkommen eingeschränkt sein (→ *Doppelbesteuerungsabkommen: Allgemeines* Rz. 705). Eine Einschränkung durch die „183-Tage-Regelung" (→ *Doppelbesteuerungsabkommen bei Einkünften aus nichtselbständiger Arbeit* Rz. 715) scheitert grundsätzlich daran, dass die Vergütungen von einem oder für einen im Inland ansässigen Arbeitgeber oder von einer inländischen Betriebsstätte/ festen Einrichtung eines ausländischen Arbeitgebers gezahlt werden.

2. Sonderregelungen in Doppelbesteuerungsabkommen

354 Allerdings enthalten Doppelbesteuerungsabkommen in der Regel Sonderregelungen für Studenten und vergleichbare Personen, also z.B. Schüler, Lehrlinge, Praktikanten, Volontäre oder Personen, die sich zur Erlangung technischer, beruflicher Erfahrungen oder zur Ausbildung oder Forschung in Deutschland aufhalten (vgl. Art. 20 OECD-MA).

Bei folgenden Staaten ist eine Studentenregelung im Protokoll zum Doppelbesteuerungsabkommen enthalten:

- Luxemburg Protokoll Nr. 19,
- Niederlande Protokoll Nr. 16 zu Art. 10,
- Norwegen Protokoll Nr. 8 zu Art. 21,
- Österreich Protokoll Nr. 25.

Siehe zu den Sonderregelungen auch OFD Berlin, Verfügung vom 9.10.1998, IStR 1999 S. 25.

3. Ausgestaltung der Sonderregelungen

355 Die Steuerbefreiungen für ausländische Studenten und vergleichbare Personen sind in den einzelnen Doppelbesteuerungsabkommen unterschiedlich ausgestaltet.

Die **Anknüpfungsmerkmale** sind aber im Wesentlichen

- **ausbildungsbezogene Tätigkeit**,
- **Dauer** der Tätigkeit,
- **Höhe der Vergütung**.

a) Ausbildungsbezogene Tätigkeit

356 Voraussetzung für die Steuerfreiheit in Deutschland ist regelmäßig, dass die in Deutschland ausgeübte Tätigkeit eine **Beziehung zum Studienfach** hat.

Häufig verlangen Doppelbesteuerungsabkommen zusätzlich, dass die ausbildungsbezogene Tätigkeit ein **notwendiges Praktikum** ist (z.B. DBA Frankreich, Niederlande, Österreich). Die Steuerfreiheit ist dann von einem entsprechenden **Nachweis** abhängig (vgl. auch BFH, Urteil vom 22.1.1992, BStBl II 1992 S. 546).

Ist die Steuerfreiheit – in seltenen Fällen – nicht von der Ausbildungsbezogenheit abhängig, so sind auch andere Einkünfte des Studenten, z.B. **durch „Jobben" erzielte Einkünfte**, steuerfrei. Die Steuerfreiheit der Einkünfte ist günstiger als die Pauschalierung für Aushilfskräfte, so dass in diesen Fällen ein Verzicht auf die Pauschalierung ratsam ist.

b) Dauer der Tätigkeit

357 Voraussetzung für die Steuerfreiheit in Deutschland ist nach vielen Doppelbesteuerungsabkommen, dass die Person nicht **länger als 183 Tage beschäftigt** werden darf (z.B. Frankreich, Niederlande, Österreich).

c) Dauer des Aufenthalts

358 In vielen Doppelbesteuerungsabkommen ist auch die **Aufenthaltsdauer in Deutschland beschränkt**, z.B. ein Jahr (Israel, Portugal). Zu Billigkeitsmaßnahmen in Härtefällen bei Überschreitung der Frist siehe auch BMF-Schreiben vom 20.9.1999, BStBl I 1999 S. 844.

d) Höhe der Vergütung

359 Manche Doppelbesteuerungsabkommen (z.B. USA, Korea) machen die Steuerfreiheit in Deutschland von einer **Höchst- oder Freigrenze für Vergütungen abhängig**.

4. Unterlassen des Lohnsteuerabzugs

360 Ist nach einem Doppelbesteuerungsabkommen die Steuerbefreiung von einem Antrag abhängig, darf der Arbeitgeber den Lohnsteuerabzug nur unterlassen, wenn eine **Freistellungsbescheinigung** des Betriebsstättenfinanzamts vorliegt. Zur Vermeidung des Haftungsrisikos oder eines überhöhten Lohnsteuerabzugs bei unrichtiger Anwendung des Abkommens sollte aber stets eine Freistellungsbescheinigung beantragt werden (→ *Doppelbesteuerungsabkommen bei Einkünften aus nichtselbständiger Arbeit* Rz. 727).

5. Sozialversicherung

361 Zur versicherungsrechtlichen Beurteilung → *Ausländische Praktikanten* Rz. 351

Ausländischer Arbeitslohn

362 Bei unbeschränkt steuerpflichtigen Arbeitnehmern ist die Frage, nwieweit ausländischer Arbeitslohn vorliegt, insbesondere für eine etwaige Einschränkung des Besteuerungsrechts oder eine **Steuerermäßigung bei ausländischen Einkünften** nach § 34c

EStG von Bedeutung (→ *Anrechnung/Abzug ausländischer Steuern* Rz. 138). Das Besteuerungsrecht in Bezug auf ausländischen Arbeitslohn ist bei Vorliegen eines **Doppelbesteuerungsabkommens** regelmäßig eingeschränkt. Liegt kein Doppelbesteuerungsabkommen vor, ist der Arbeitslohn unter den Voraussetzungen des **Auslandstätigkeitserlasses** steuerfrei. Ausländischer Arbeitslohn ist regelmäßig beim **Progressionsvorbehalt** zu berücksichtigen.

Ausländischer Arbeitslohn ist gem. § 34d EStG Arbeitslohn

- für eine **Tätigkeit**, die
  - in einem ausländischen Staat ausgeübt wird oder worden ist, oder
  - ohne in Deutschland ausgeübt worden zu sein, **im Ausland verwertet** wird oder worden ist, oder
- der aus einer **ausländischen öffentlichen Kasse** mit Rücksicht auf ein Dienstverhältnis gewährt worden ist.

Einkünfte aus einer **inländischen öffentlichen Kasse** gelten auch bei Ausübung der Tätigkeit in einem ausländischen Staat als inländische Einkünfte.

Zur Behandlung von Arbeitslohn aus einer Tätigkeit im Ausland, die im Inland verwertet wird, siehe → *Steuerpflicht* Rz. 2306.

Zu weiteren Einzelheiten siehe → *Steuerpflicht* Rz. 2297; → *Auslandstätigkeitserlass* Rz. 374.

Zur Umrechnung von Arbeitslohn und Einkünften in ausländischer Währung siehe → *Anrechnung/Abzug ausländischer Steuern* Rz. 143.

Auslandsbeamte

1. Steuerpflicht

363 Auslandsbeamte sind aktive und pensionierte Beamte, die im Ausland leben, in einem Dienstverhältnis zu einem inländischen Dienstherrn stehen und **Arbeitslohn aus einer inländischen öffentlichen Kasse** beziehen. Ihr Arbeitslohn unterliegt dem **Lohnsteuerabzug**, weil es sich stets um inländische Einkünfte aus nichtselbständiger Arbeit von einem inländischen Arbeitgeber i.S. des § 49 Abs. 1 Nr. 4 letzter Halbsatz EStG handelt, die sowohl bei beschränkter als auch bei unbeschränkter Steuerpflicht der deutschen Einkommensteuer/Lohnsteuer unterliegen, und in Fällen eines Doppelbesteuerungsabkommens das Besteuerungsrecht wegen des **Kassenstaatsprinzips** der Bundesrepublik Deutschland zusteht (→ *Doppelbesteuerungsabkommen bei Einkünften aus nichtselbständiger Arbeit* Rz. 715). Zur Besteuerung von Tagegeldern, die die EU-Kommission einem deutschen Beamten zahlt, der ihr von dessem deutschen Dienstherrn als nationaler Sachverständiger zugewiesen wurde, siehe BFH, Urteil vom 15.3.2000, DStR 2000 S. 1174. Damit ist das BMF-Schreiben vom 2.5.1994, BStBl I S. 284, insoweit überholt.

Seit der **Einschränkung des sog. Beamtenprivilegs** erhalten öffentlich Bedienstete, soweit sie nicht mit ihren Angehörigen erweitert unbeschränkt steuerpflichtig (§ 1 Abs. 2 EStG) sind, grundsätzlich personen- und familienbezogene Entlastungen unter **denselben Voraussetzungen wie Arbeitnehmer der Privatwirtschaft**. **Ausnahmen** bestehen insoweit, als insbesondere Splitting/Steuerklasse III und Haushaltsfreibetrag nach § 1a Abs. 2 EStG auch bei einem Wohnsitz außerhalb eines EU/EWR-Mitgliedstaates gewährt werden, wenn es sich um den **Dienstort** handelt, und die Einkünfte fast ausschließlich der deutschen Besteuerung unterliegen; Sonderregelungen bestehen nicht hinsichtlich des Abzugs von Unterhaltsaufwendungen an den geschiedenen Ehegatten (Realsplitting) und wenn der Beamte z.B. nach der Pensionierung freiwillig im Ausland lebt (vgl. auch → *Steuerpflicht* Rz. 2304, → *Auslandspensionen* Rz. 370).

Beispiel:

Der bei der Stadt Konstanz beschäftigte Beamte B wohnt mit seiner Ehefrau in Kreuzlingen. Er erzielt neben seinen Beamtenbezügen in der Schweiz Vermietungseinkünfte von 2 000 € im Jahr und ist in der Schweiz unbeschränkt steuerpflichtig mit dem Welteinkommen.

B erfüllt nicht die Voraussetzungen der erweiterten unbeschränkten Steuerpflicht nach § 1 Abs. 2 EStG, weil er in der Schweiz unbeschränkt steuerpflichtig mit dem Welteinkommen ist.

Er erfüllt die Voraussetzungen der unbeschränkten Steuerpflicht auf Antrag nach § 1 Abs. 3 EStG, weil er sein Einkommen fast ausschließlich in Deutschland erzielt, und erhält daher personen- und familienbezogene Entlastungen (Sonderausgaben, Abzug von Unterhaltsaufwendungen als außergewöhnliche Belastungen). Das Recht auf Zusammenveranlagung mit Anwendung des Splittingtarifs (Steuerklasse III) steht ihm nicht zu, weil seine Ehefrau nicht in einem EU/EWR-Mitgliedstaat ansässig ist und daher nicht die Voraussetzungen des § 1a Abs. 1 EStG erfüllt. Die Voraussetzungen des § 1a Abs. 2 EStG sind nicht erfüllt, weil B nicht am Dienstort, sondern freiwillig in einem Nicht-EU/EWR-Mitgliedstaat (Schweiz) wohnt.

2. Sozialversicherungspflicht

Beamte einer deutschen Körperschaft des öffentlichen Rechts, **364** die ihren Wohnsitz im Ausland haben, sind – wie inländische Beamte – sozialversicherungsfrei.

Auslandsjournalisten

Eine Darstellung der Einkommenbesteuerung der **nicht im Inland** **365** **ansässigen Journalisten**, die überwiegend über ihr Gastland oder Drittländer berichten, enthält das **BMF-Schreiben vom 13.3.1998 (BStBl I S. 351)**. Auslandsjournalisten sind grundsätzlich beschränkt steuerpflichtig, wenn sie nicht ausnahmsweise nach § 1 Abs. 3 EStG auf Antrag als unbeschränkt steuerpflichtig behandelt werden. Sofern sie nicht Arbeitslohn von einem inländischen Arbeitgeber erhalten, der dem **Lohnsteuerabzug** unterliegt, ist regelmäßig der **Steuerabzug nach § 50a EStG** vorzunehmen. Vgl. hierzu im Einzelnen → *Steuerpflicht* Rz. 2306.

Nach den Doppelbesteuerungsabkommen hat Deutschland regelmäßig für Korrespondenten, die im Ausland ansässig und tätig sind, **kein Besteuerungsrecht**. Abweichend davon hat Deutschland das Besteuerungsrecht bei Einkünften aus **nichtselbständiger Arbeit** für Vergütungen, die von einer deutschen juristischen Person des öffentlichen Rechts (z.B. Rundfunk- oder Fernsehanstalt) an Korrespondenten gezahlt werden,

- unabhängig von der Staatsangehörigkeit des Korrespondenten nach den DBA Marokko, Österreich, Spanien,
- wenn der Korrespondent die deutsche Staatsangehörigkeit oder nicht die Staatsangehörigkeit des Wohnsitzstaates hat, nach den DBA Belgien, Bolivien, Dänemark, Frankreich, Kasachstan, Litauen, Luxemburg, Niederlande, Norwegen, Schweden, Schweiz.

Sofern vom Steuerabzug nicht bereits auf Grund eines Doppelbesteuerungsabkommens abgesehen werden kann, wird auf den **Steuerabzug verzichtet**, wenn nachgewiesen wird, dass von den Einkünften im Tätigkeitsstaat eine der deutschen Einkommensteuer entsprechende Steuer tatsächlich erhoben wird. In diesen Fällen darf vom Steuerabzug nur abgesehen werden, wenn eine **Freistellungsbescheinigung des Finanzamts** vorliegt. Vgl. auch → *Steuerpflicht* Rz. 2306.

Zur Lohnsteuerabzugspflicht ausländischer Medienunternehmen in Bezug auf sog. Korrespondentenbetriebsstätten siehe OFD München, Verfügung vom 11.4.2000, DStR 2000 S. 1142.

Auslandslehrer

1. Begriff des Auslandslehrers

Ein Auslandslehrer ist eine Lehrkraft, die vom Dienstherrn an eine **366** **Schule im Ausland abgeordnet** worden ist.

2. Art der Steuerpflicht

Sofern Auslandslehrer ihren **Wohnsitz im Inland beibehalten**, **367** unterliegen sie weiterhin der **unbeschränkten Steuerpflicht**. **Geben** Auslandslehrer ihren **inländischen Wohnsitz auf**, können sie unter den Voraussetzungen des § 1 Abs. 2 EStG der erweiterten unbeschränkten Steuerpflicht unterliegen. Die Voraussetzungen für die erweiterte unbeschränkte Steuerpflicht werden **grundsätzlich nicht erfüllt** werden, weil der Empfangsstaat die Lehrkräfte regelmäßig nicht nur in einem der beschränkten Steuerpflicht entsprechenden Umfang besteuert (→ *Steuerpflicht* Rz. 2297).

Ausnahmen:

In den **USA, Ecuador und Kolumbien** werden amtlich in diese Staaten vermittelte Lehrkräfte sowie andere nicht entsandte, dort tätige Arbeitnehmer und ihre Ehegatten nur in einem der beschränkten Steuerpflicht ähnlichen Umfang zur Einkommensteuer herangezogen. Sie können daher unter den übrigen Voraussetzungen des § 1 Abs. 2 EStG der erweiterten Steuerpflicht unterliegen (siehe im Einzelnen BMF-Schreiben vom 10.11.1994, BStBl I 1994 S. 853, und vom 17.6.1996, BStBl I 1996 S. 688).

Vgl. im Übrigen → *Auslandsbeamte* Rz. 363, → *Auslandspensionen* Rz. 370.

3. Zulagen an Lehrer bei den Europäischen Schulen

368 Die vom Obersten Rat der Europäischen Schulen an die Lehrkräfte der Europäischen Schulen in **München** und **Karlsruhe** gezahlte Gehaltszulage und Ausgleichszulage ist nach § 5 der Verordnung über die Gewährung von Vorrechten und Befreiungen an den Europäischen Schulen in Karlsruhe und München vom 12.8.1985 (BGBl. II S. 999) **steuerfrei**, und zwar auch dann, wenn sie den an diesen Schulen tätigen **deutschen Lehrkräften** gezahlt werden. Die Zulagen unterliegen nicht dem Progressionsvorbehalt (→ *Progressionsvorbehalt* Rz. 1924).

Nach der Verordnung über die Gewährung von Vorrechten und Befreiungen an die Direktoren und Lehrer bei den **Europäischen Schulen im Ausland** vom 18.8.1995 (BStBl I 1995 S. 416) sind die Zulagen, die den Direktoren und Lehrern der in Anwendung des Protokolls über die Gründung Europäischer Schulen vom 13.4.1962 (BGBl. II 1969 S. 1301) im Ausland gegründeten Schulen auf Grund der Vorschriften des Statuts des Lehrerpersonals der Europäischen Schulen gezahlt werden, von der **Einkommensteuer befreit**. Die Zulagen unterliegen nicht dem Progressionsvorbehalt (BFH, Urteil vom 15.12.1999, BFH/NV 2000 S. 832).

4. Zulagen allgemein

369 Siehe → *Kaufkraftausgleich* Rz. 1341.

Auslandspensionen

370 Zu den Grundsätzen siehe → *Auslandsbeamte* Rz. 363.

Pensionen aus öffentlichen Kassen sind nach dem Kassenstaatsprinzip grundsätzlich im Zahlstaat steuerpflichtig (Art. 19 OECD-MA, § 49 Abs. 1 Nr. 4 EStG). Da Auslandspensionäre nicht unter die erweiterte beschränkte Steuerpflicht (§ 1 Abs. 2 EStG) fallen, erhalten sie personen- und familienbezogene Entlastungen (insbesondere Splitting/Steuerklasse III) nur unter denselben Voraussetzungen wie Arbeitnehmer der Privatwirtschaft.

Altersbezüge von Arbeitgebern außerhalb des öffentlichen Dienstes **(Ruhegehälter, Werkspensionen)** werden – anders als Ruhegehälter aus öffentlichen Kassen (vgl. Art. 19 OECD-MA) – nach den Regelungen in den **Doppelbesteuerungsabkommen** regelmäßig im Wohnsitzstaat und nicht im Zahlstaat besteuert (Art. 18 OECD-MA). Eine Freistellung in Deutschland setzt grundsätzlich eine Ansässigkeitsbescheinigung des ausländischen Wohnsitzstaates voraus. Zu abweichenden Modalitäten bei Zahlungen an ehemalige Grenzgänger, an Hinterbliebene, an ehemalige Mitarbeiter, die in ihr Heimatland zurückgekehrt sind, und bei Zahlungen durch den Postrentendienst siehe OFD Frankfurt, Verfügung vom 21.6.2000, DB 2000 S. 1541. Nicht zu Ruhegehältern in diesem Sinne gehören Bezüge, soweit es sich dabei um nachträgliche Zahlungen aus einem früheren Dienstverhältnis handelt (→ *Doppelbesteuerungsabkommen bei Einkünften aus nichtselbständiger Arbeit* Rz. 715). Besteht kein Doppelbesteuerungsabkommen, so sind im Ausland ansässige Empfänger mit ihren Ru-

hegehältern und Werkspensionen für ihre ehemalige Tätigkeit in Deutschland beschränkt steuerpflichtig (§ 49 Abs. 1 Nr. 4 EStG); die Ruhegehälter und Werkspensionen unterliegen dem Lohnsteuerabzug, wenn sie von einem inländischen Arbeitgeber gezahlt werden.

Zur Besteuerung der Pensionen ehemaliger Bediensteter der koordinierten Organisationen und der Europäischen Patentorganisation siehe BMF-Schreiben vom 3.8.1998, BStBl I 1998 S. 1042, geändert durch BMF-Schreiben vom 3.2.2000, BStBl I 2000 S. 331.

Auslandsreisekosten, Auslandstagegelder

371 Einzelheiten siehe Reisekosten (→ *Reisekostenerstattungen bei Dienstreisen* Rz. 2035); die Länderübersicht zu den Auslandsreisekostensätzen ist im Anhang abgedruckt, vgl. → *A. Lohnsteuer* Rz. 2801.

Auslandstätigkeit

1. Steuerpflicht

372 Wenn Arbeitnehmer für ihren inländischen Arbeitgeber im Ausland tätig werden, ist zu prüfen:

- Ob und in welchem Umfang ist der Arbeitslohn im Inland steuerpflichtig? Die Besteuerung des Arbeitslohns hängt im Wesentlichen von der **persönlichen Steuerpflicht** des Arbeitnehmers ab. Siehe dazu → *Steuerpflicht* Rz. 2297.

- Kommt eine **Steuerfreistellung** in Betracht
  - nach einem **Doppelbesteuerungsabkommen** (→ *Doppelbesteuerungsabkommen: Allgemeines* Rz. 705),
  - bei **unbeschränkt steuerpflichtigen** Arbeitnehmern (→ *Steuerpflicht: unbeschränkte* Rz. 2325) nach § 34c Abs. 5 EStG, insbesondere nach den Grundsätzen des **Auslandstätigkeitserlasses** (→ *Auslandstätigkeitserlass* Rz. 374),
  - bei **beschränkt steuerpflichtigen Arbeitnehmern** (→ *Steuerpflicht* Rz. 2297) nach § 50 Abs. 7 EStG, insbesondere nach den Grundsätzen des **Auslandstätigkeitserlasses** (→ *Auslandstätigkeitserlass* Rz. 374) oder wegen inländischer **Verwertung** einer im Ausland ausgeübten Tätigkeit (→ *Steuerpflicht* Rz. 2306)?

- Sofern der ausländische Staat vom Arbeitslohn für die Auslandstätigkeit eine Steuer erhoben hat, kann diese bei unbeschränkt steuerpflichtigen Arbeitnehmern unter den Voraussetzungen des § 34c EStG auf die deutsche Einkommensteuer angerechnet oder bei der Ermittlung der Einkünfte abgezogen werden? Siehe auch → *Anrechnung/Abzug ausländischer Steuern* Rz. 138.

2. Sozialversicherungspflicht

373 Die **Versicherungs- und Beitragspflicht** in der deutschen Sozialversicherung entsteht nur dann, wenn eine Beschäftigung im Geltungsbereich des Sozialgesetzbuchs, d.h. in der Bundesrepublik Deutschland (Inland), ausgeübt wird **(Territorialitätsprinzip)**. Beschäftigungen im Ausland werden dagegen nach den Rechtsvorschriften des entsprechenden Staates sozialrechtlich beurteilt. Ausnahmen hiervon sieht das Vierte Buch des Sozialgesetzbuches (SGB IV) für die Fälle vor, in denen im Inland bestehende Beschäftigungsverhältnisse vorübergehend im Ausland ausgeübt werden (→ *Ausstrahlung* Rz. 389).

Auslandstätigkeitserlass

1. Allgemeines

a) Lohnsteuer

374 Der sog. **Auslandstätigkeitserlass** (BMF-Schreiben vom 31.10.1983, BStBl I 1983 S. 470) – der den früheren Montageerlass ersetzt hat – stellt bestimmte Arbeitnehmereinkünfte bei **Auslandstätigkeiten zur Vermeidung der Doppelbesteuerung und zur Förderung der deutschen Exportwirtschaft** auf der Grundlage der §§ 34c, 50 Abs. 7 EStG von der Einkommensteuer/Lohnsteuer frei. Er gilt für beschränkt und unbeschränkt steuerpflichtige Arbeitnehmer.

Voraussetzung für die Steuerfreiheit ist, dass

– Arbeitslohn für ein gegenwärtiges Dienstverhältnis,

– der von einem **inländischen Arbeitgeber**

– für eine **begünstigte Tätigkeit,**

– **nicht aus einer inländischen öffentlichen Kasse** – einschließlich der Kassen der Deutschen Bundesbank – **gezahlt wird** (Abschnitt V Nr. 1 des Erlasses), und

– mit dem Tätigkeitsstaat **kein Doppelbesteuerungsabkommen** besteht, das sich auf Einkünfte aus nichtselbständiger Arbeit bezieht (ist ein Abkommen bereits für die Zeit vor dem In-Kraft-Treten anzuwenden, so sind die Regelungen des Auslandstätigkeitserlasses anzuwenden, wenn diese für den Arbeitnehmer günstiger sind [Abschnitt V Nr. 2 des Erlasses]).

Die Steuerfreiheit setzt keine Besteuerung im Tätigkeitsstaat voraus (FG Köln, Urteil vom 22.3.2001, EFG 2001 S. 974).

b) Sozialversicherung

375 Wegen des in der Sozialversicherung geltenden **Territorialprinzips** besteht für die Beschäftigung von deutschen Arbeitnehmern im Ausland nur in seltenen Fällen Sozialversicherungspflicht (z.B. bei Angehörigen deutscher Botschaften und Konsulate, bei Entwicklungshelfern auf Antrag).

Die deutsche Sozialversicherungspflicht bleibt bestehen, wenn sich die kurzfristige Entsendung eines deutschen Arbeitnehmers ins Ausland als **Ausstrahlung** des inländischen Beschäftigungsverhältnisses darstellt (→ *Ausstrahlung* Rz. 389).

2. Inländischer Arbeitgeber

376 Der Begriff des inländischen Arbeitgebers bestimmt sich nach den allgemeinen steuerrechtlichen Grundsätzen (FG Köln, Urteil vom 22.3.2001, EFG 2001 S. 974; → *Arbeitgeber* Rz. 156).

3. Tätigkeitsstaat

377 Mit den meisten Staaten bestehen Doppelbesteuerungsabkommen (→ *Doppelbesteuerungsabkommen: Allgemeines* Rz. 705), die sich auch auf Einkünfte aus nichtselbständiger Arbeit beziehen, so dass der Auslandstätigkeitserlass hier nicht gilt. Der Auslandstätigkeitserlass hat derzeit aber z.B. Bedeutung für Tätigkeiten in Algerien, Libyen, Saudi-Arabien und Nigeria.

4. Begünstigte Auslandstätigkeit

a) Sachliche Voraussetzungen

378 Begünstigt ist nach Abschnitt I des Erlasses die **Auslandstätigkeit für einen inländischen Lieferanten, Hersteller, Auftragnehmer oder Inhaber ausländischer Mineralaufsuchungs- oder -gewinnungsrechte.** Unmittelbare Tätigkeiten

ausschließlich für ausländische Geschäftspartner sind hiernach nicht begünstigt. Der Inlandsbezug ist wegen des Gesetzeszwecks „Förderung der deutschen Volkswirtschaft" erforderlich.

Die Tätigkeit muss im **Zusammenhang** stehen mit

– der Planung, Errichtung, Einrichtung, Inbetriebnahme, Erweiterung, Instandsetzung, Modernisierung, Überwachung oder Wartung von **Fabriken, Bauwerken, ortsgebundenen großen Maschinen** oder ähnlichen Anlagen sowie

– dem Einbau, der Aufstellung oder Instandsetzung **sonstiger Wirtschaftsgüter;**

(das Betreiben der Anlagen bis zur Übergabe an den Auftraggeber ist ebenfalls begünstigt),

– dem **Aufsuchen** oder der Gewinnung von Bodenschätzen,

– der **Beratung** (Consulting) ausländischer Auftraggeber oder Organisationen im Hinblick auf Vorhaben im vorstehenden Sinne oder

– der deutschen **öffentlichen Entwicklungshilfe** im Rahmen der technischen oder finanziellen Zusammenarbeit; damit sind **Entwicklungshilfeprojekte im privaten Bereich nicht begünstigt.** Nicht anzuwenden ist der Auslandstätigkeitserlass, wenn der im Rahmen eines Entwicklungshilfeprojekts entsandte Arbeitnehmer nicht Mitarbeiter der Deutschen Gesellschaft für Technische Zusammenarbeit (GTZ) ist, sondern von einer Universität entsendet wird und daher die Besoldung aus einer öffentlichen Kasse stammt (BMF-Schreiben vom 17.6.1991, Korn/Debatin, Kommentar zur Doppelbesteuerung, Anhang B II Nr. 40c).

Nicht begünstigt sind auch

– die Tätigkeit des **Bordpersonals** auf **Seeschiffen,**

– die Tätigkeit von **Leiharbeitnehmern,** für deren Arbeitgeber die Arbeitnehmerüberlassung Unternehmenszweck ist,

– die **finanzielle Beratung** mit Ausnahme der deutschen öffentlichen Entwicklungshilfe im Rahmen der technischen und finanziellen Zusammenarbeit,

– das Einholen von Aufträgen (Akquisition), ausgenommen die Beteiligung an Ausschreibungen.

b) Zeitliche Voraussetzungen

aa) Mindestzeitraum

379 Nach Abschnitt II des Erlasses muss die Auslandstätigkeit **mindestens drei Monate ununterbrochen** in Staaten ausgeübt werden, mit denen kein Doppelbesteuerungsabkommen besteht, in das Einkünfte aus nichtselbständiger Arbeit einbezogen sind. Der Mindestzeitraum scheidet Einkünfte von der Steuerfreistellung aus, bei denen nicht typisierend von einer Doppelbesteuerung in Deutschland und im Tätigkeitsstaat ausgegangen werden kann.

Der Mindestzeitraum **beginnt** mit den **Antritt der Reise** ins Ausland und **endet** mit der **endgültigen Rückkehr** ins Inland. Er muss nicht – wie der „183-Tage-Zeitraum" bei den Doppelbesteuerungsabkommen (→ *Doppelbesteuerungsabkommen bei Einkünften aus nichtselbständiger Arbeit* Rz. 715) – in einem Kalenderjahr oder Steuerjahr liegen, kann sich also über die Jahreswende erstrecken. Reisetage einschließlich der inländischen Reisezeiten gehören zur begünstigten Tätigkeit (Anhang 3 der Prüfungsanleitung für den Lohnsteuer-Außendienst). Es handelt sich auch dann um eine begünstigte Auslandstätigkeit, wenn der Arbeitnehmer während des Mindestzeitraums **bei einem oder mehreren Objekten** in **einem oder mehreren Ländern** beschäftigt war.

bb) Unterbrechungen

380 Eine **vorübergehende Rückkehr ins Inland** oder ein kurzer Aufenthalt in einem Staat, mit dem ein Doppelbesteuerungsabkommen besteht, in das Einkünfte aus nichtselbständiger Arbeit einbezogen sind, gelten bis zu einer Gesamtaufenthaltsdauer **von zehn vollen Kalendertagen** innerhalb des Mindestzeitraums **nicht als Unterbrechung** der Auslandstätigkeit, wenn sie **zur weiteren Durchführung oder Vorbereitung eines begünstigten Vorhabens notwendig** sind. Dies gilt bei längeren Auslandstätigkeiten entsprechend für die jeweils letzten drei Monate.

Beispiel 1:

Beginn der begünstigten Auslandstätigkeit:	1.11.2001
Klärung von Montageproblemen im Inland	15.11.–17.11.2001
und vom	25.1.–10.2.2002
Rückreise ins Ausland	11.2.2002

Die Zehn-Tage-Grenze gilt für sämtliche Unterbrechungen gemeinsam, so dass die Unterbrechungstage zusammengerechnet werden müssen. Der Mindestzeitraum von drei Monaten ist erfüllt, weil der 1.2.2002 (11. Unterbrechungstag) außerhalb des Zeitraums liegt.

Der Arbeitslohn ist

steuerfrei	vom 1.11.2001–31.1.2002
steuerpflichtig	ab 1.2.2002

Mit dem Reisetag 11.2.2002 beginnt ein neuer Mindestzeitraum.

Beispiel 2:

Der Arbeitnehmer übt eine begünstigte Tätigkeit in Libyen aus und hält sich objektbedingt in Deutschland und Frankreich auf.

Aufenthaltsdauer:

Libyen	1.1.–4.4.2002
Frankreich	5.4.–13.4.2002
Libyen	14.4.–9.7.2002
Deutschland	10.7.–19.7.2002
Abreise nach Libyen	20.7.2002

Zu berücksichtigen sind nur die Unterbrechungstage innerhalb der letzten drei Monate vor der letzten Rückkehr ins Inland. Der Arbeitnehmer hielt sich in diesem Zeitraum (10.4.–9.7.2002) an vier Tagen (10.4.–13.4.2002) objektbedingt nicht in Libyen auf. Von der Zehn-Tage-Grenze bleiben sechs Tage, die von der letzten vorübergehenden Rückkehr ins Inland an gerechnet werden können.

Der Arbeitslohn ist

steuerfrei	vom 1.1.–15.7.2002
steuerpflichtig	ab 16.7.2002

Vom 16.7.2002 ist der Mindestzeitraum unterbrochen.

Neubeginn des Mindestzeitraums	20.7.2002

Eine Unterbrechung der Tätigkeit im Falle eines **Urlaubs** oder einer **Krankheit** ist unschädlich, unabhängig davon, wo sich der Arbeitnehmer während der Unterbrechung aufhält. Zeiten der unschädlichen Unterbrechung sind bei dem Mindestzeitraum nicht mitzurechnen, d.h., der Mindestzeitraum verlängert sich um Urlaubs- und Krankheitstage.

Beispiel 3:

Begünstigte Auslandstätigkeit (Bautätigkeit)	ab 1.8.2001
Erkrankung	31.10.–10.12.2001
Urlaub	11.12.2001–1.1.2002

Der Arbeitnehmer muss nach Rückkehr noch mindestens einen Tag auf der ausländischen Baustelle tätig sein, damit der Mindestzeitraum erfüllt ist.

5. Begünstigter Arbeitslohn

a) Art des Arbeitslohns

381 Zum begünstigten Arbeitslohn gehört der auf die begünstigte Auslandstätigkeit entfallende Arbeitslohn **einschließlich folgender steuerpflichtiger Einnahmen, soweit sie für eine begünstigte Auslandstätigkeit gezahlt** werden:

– **Zulagen**, Prämien oder Zuschüsse des Arbeitgebers für Aufwendungen des Arbeitnehmers, die durch eine begünstigte Auslandstätigkeit veranlasst sind (z.B. Tropenkleidung), bzw. die entsprechende unentgeltliche Ausstattung oder Bereitstellung durch den Arbeitgeber;

– **Weihnachtszuwendungen**, **Erfolgsprämien oder Tantiemen**,

– Arbeitslohn, der auf den **Urlaub** – einschließlich eines angemessenen Sonderurlaubs auf Grund einer begünstigten Tätigkeit – entfällt, Urlaubsgeld oder Urlaubsabgeltung (es kommt daher nicht darauf an, wann der Urlaub vom Arbeitnehmer genommen wird);

– Entgeltfortzahlung auf Grund einer **Erkrankung** während einer begünstigten Auslandstätigkeit bis zur Wiederaufnahme dieser oder einer anderen begünstigten Tätigkeit oder bis zur endgültigen Rückkehr ins Inland.

Bei vorübergehender Rückkehr ins Inland sowie bei einem kurzen Aufenthalt in einem Staat, mit dem ein Doppelbesteuerungsabkommen besteht, bleibt auch der für zehn unschädliche Unterbrechungstage (→ Rz. 379) gezahlte Arbeitslohn steuerfrei.

b) Aufteilung einheitlicher Zuwendungen

382 Werden die oben genannten Zuwendungen – z.B. Weihnachtszuwendungen – nicht gesondert für die begünstigte Tätigkeit geleistet, so sind sie **im Verhältnis der Kalendertage** der begünstigten und der nicht begünstigten Tätigkeit aufzuteilen. Der steuerfreie Anteil errechnet sich dabei aus dem Verhältnis der Kalendertage, an denen der Arbeitnehmer während des Jahres die begünstigte Tätigkeit ausübt, und der Kalendertage, an denen er sie nicht ausgeübt hat. Nach dem Verhältnis ist auch Arbeitslohn für allgemeinen Urlaub aufzuteilen. Lediglich Arbeitslohn, der auf einen angemessenen Sonderurlaub auf Grund einer begünstigten Auslandstätigkeit entfällt, ist in voller Höhe steuerfrei.

Eine Aufteilung nach Kalendertagen entsprechend dem Wortlaut des Auslandstätigkeitserlasses ist kompliziert, wenn der Arbeitnehmer auch Auslandstätigkeiten aus Ländern, mit denen ein Doppelbesteuerungsabkommen besteht, hat, denn die Aufteilung bei Doppelbesteuerungsabkommen ist nach Arbeitstagen vorzunehmen. Aus Vereinfachungsgründen kann daher auch in den Fällen des Auslandstätigkeitserlasses nach Arbeitstagen aufgeteilt werden.

Beispiel:

Der Arbeitnehmer ist 2002 wie folgt tätig:

Deutschland	1.1.–9.4.2002
Libyen	10.4.–31.7.2002
Deutschland	1.8.–31.12.2002
Krankheit während der Auslandstätigkeit 4 Tage	21.4.–24.4.2002

Urlaubsanspruch:	30 Tage
Urlaub in Libyen	29.4.–30.4.2002 (2 Tage)
Urlaub in Deutschland	1.8.–5.9.2002 (25 Tage)
Resturlaub in 2003	3 Tage

Arbeitslohn: 4 000 € mtl. + 4 000 € 13. Monatsgehalt + 600 € Urlaubsgeld; April: 2 800 € Arbeitsausübung, 800 € Entgeltfortzahlung Krankheit, 400 € Entgeltfortzahlung Urlaub; August: 4 000 € Entgeltfortzahlung Urlaub + 600 € Urlaubsgeld; September: vier Tage Entgeltfortzahlung Urlaub + 3 200 € Arbeitsausübung

Die Kalendertage der Arbeitsausübung verteilen sich wie folgt:

Deutschland	152
Libyen	69
gesamt	221

Die Kalendertage, in denen die Arbeit nicht ausgeübt wurde, setzen sich wie folgt zusammen:

Urlaub	27 Tage
Krankheit	4 Tage

Anteil von Bezügen, die das ganze Kalenderjahr betreffen

steuerpflichtig	152/221
steuerfrei	69/221

Aufteilung des Arbeitslohns	steuerpflichtig	steuerfrei
Lohn Jan.–März	12 000 €	
normaler Lohn April 7/14 =	1 400 €	1 400 €
Entgeltfortz.(EF) Krankheit		800 €
EF Urlaub 152/221:69/221	275 €	125 €
normaler Lohn Mai–Jun.		12 000 €
EF Urlaub Aug., Urlaubsg.,	3 163 €	1 437 €
EF-Urlaub Sept.,	550 €	250 €
(152/221:69/221)		
Normaler Lohn Sept.–Dez.	15 200 €	
13. Gehalt	2 751 €	1 249 €
(152/221:69/221)		
Gesamt	35 339 €	17 261 €

Die Entgeltfortzahlung für die im Jahre 2003 genommenen drei Tage Resturlaub aus dem Jahr 2002 ist im gleichen Verhältnis wie die Entgeltfortzahlung bei Urlaub im Jahr 2002 aufzuteilen.

6. Folgen der Steuerfreiheit

383 Da der begünstigte Arbeitslohn steuerfrei ist, können **Werbungskosten**, die im unmittelbaren Zusammenhang mit dem steuerfreien Arbeitslohn stehen (z.B. für die Begründung eines doppelten Haushalts im Ausland), **nicht steuermindernd berücksichtigt**

werden (§ 3c EStG); ein steuerfreier Kostenersatz durch den Arbeitgeber ist jedoch möglich. Auch **Vorsorgeaufwendungen**, die im unmittelbaren Zusammenhang mit dem steuerfreien Arbeitslohn stehen, können **nicht als Sonderausgaben** berücksichtigt werden (§ 10 Abs. 2 Nr. 1 EStG). Der steuerfreie Arbeitslohn ist nicht mit in die Bemessungsgrundlage für die Kürzung des Vorwegabzugsbetrages nach § 10 Abs. 3 EStG oder für die Vorsorgepauschale nach § 10c Abs. 2 EStG einzubeziehen.

Bei einer Freistellung von Arbeitslohn eines beschränkt Steuerpflichtigen für eine **im Inland verwertete Tätigkeit** ist kein Nachweis der ausländischen Besteuerung erforderlich, wenn bereits Steuerfreiheit nach dem Auslandstätigkeitserlass vorliegt (R 125 Abs. 3 LStR).

Der nach dem Auslandstätigkeitserlass steuerfreie Arbeitslohn unterliegt bei unbeschränkt steuerpflichtigen Arbeitnehmern und bei beschränkt steuerpflichtigen Arbeitnehmern mit EU/EWR-Staatsangehörigkeit, die nach § 50 Abs. 5 Nr. 2 EStG auf Antrag veranlagt werden, auf der Grundlage des § 34c Abs. 5 und § 50 Abs. 7 EStG dem **Progressionsvorbehalt** (→ *Progressionsvorbehalt* Rz. 1924).

7. Verfahrensvorschriften

384 Der **Verzicht auf die Besteuerung** (Freistellung) im Steuerabzugsverfahren ist vom Arbeitgeber oder Arbeitnehmer beim Betriebsstättenfinanzamt auf amtlichem Vordruck, der dort kostenlos zu erhalten ist (BMF-Schreiben vom 19.11.1993, BStBl I 1993 S. 937, und vom 13.3.2001 – IV C 5 – S 2533 – 79/01, Hinweis in IWB 2001 S. 640), **zu beantragen**. Der Arbeitgeber ist verpflichtet, für **jeden einzelnen Arbeitnehmer** einen gesonderten Antrag zu stellen; Sammelanträge für mehrere Arbeitnehmer sind nicht zulässig. Ein Nachweis, dass von dem Arbeitslohn in dem Staat, in dem die Tätigkeit ausgeübt wird, eine der deutschen Lohnsteuer (Einkommensteuer) entsprechende Steuer erhoben wird, ist nicht erforderlich. Die **Freistellungsbescheinigung** wird für die Dauer der Auslandstätigkeit, längstens für drei Jahre, erteilt. Danach ist eine neue Bescheinigung zu beantragen. Liegt **keine Freistellungsbescheinigung** vor, so darf der Arbeitgeber – anders als regelmäßig in Fällen eines Doppelbesteuerungsabkommens – **nicht vom Lohnsteuerabzug absehen**. Hat der Arbeitgeber gleichwohl vom Lohnsteuerabzug abgesehen, kann von einer Nachversteuerung abgesehen werden, wenn die Voraussetzungen für die Freistellung offensichtlich erfüllt sind. Das Betriebsstättenfinanzamt hat aber in diesen Fällen das Wohnsitzfinanzamt des Arbeitnehmers zu unterrichten, damit die unter → Rz. 383 dargelegten Folgerungen der Steuerfreiheit (insbesondere Anwendung des Progressionsvorbehalts) gezogen werden können.

Ist glaubhaft gemacht worden, dass die Voraussetzungen für die Steuerbefreiung vorliegen, so kann die **Freistellungsbescheinigung rückwirkend nur** erteilt werden, solange dem Arbeitgeber eine **Änderung des Lohnsteuerabzugs** möglich ist (§ 41c EStG).

Der Arbeitgeber hat bei Steuerfreistellung des Arbeitslohns nach Abschnitt VI des Erlasses **folgende Verpflichtungen** einzuhalten:

– **Vermerk** des begünstigten Arbeitslohns im **Lohnkonto** (→ *Lohnkonto* Rz. 1493) und auf der **Lohnsteuerkarte** (→ *Lohnsteuerkarte* Rz. 1638) bzw. der besonderen **Lohnsteuerbescheinigung** (→ *Lohnsteuerbescheinigung* Rz. 1548) getrennt von dem übrigen Arbeitslohn. (Wegen der Folgewirkungen der Steuerfreiheit ist als steuerfreier Arbeitslohn in diesem Sinne **nur der Betrag** zu vermerken, der **ohne Anwendung des Erlasses** steuerpflichtig wäre, also z.B. nicht steuerfreier Arbeitgeberersatz, der im Zusammenhang mit der Auslandstätigkeit gewährt wird; in der Bescheinigung von **Arbeitnehmerbeiträgen zur Sozialversicherung dürfen keine im unmittelbaren Zusammenhang mit dem steuerfreien Arbeitslohn stehenden Beiträge** enthalten sein [BMF-Schreiben vom 19.11.1993, BStBl I 1993 S. 937]; die nicht zu bescheinigenden Beträge sind bei Überschreitung der Beitragsbemessungsgrenze im Lohnzahlungszeitraum durch Aufteilung der Beträge nach dem Verhältnis der Kalendertage,

in denen der Arbeitnehmer steuerfreien Arbeitslohn bezogen hat, zur Gesamtzahl der Kalendertage des Lohnzahlungszeitraumes zu ermitteln).

– Aufbewahrung der **Freistellungsbescheinigung** als **Beleg zum Lohnkonto des Arbeitnehmers**,

– **keine Ermittlung** der Lohnsteuer **nach dem voraussichtlichen Jahresarbeitslohn** (sog. permanenter Jahresausgleich) oder **Durchführung eines Lohnsteuer-Jahresausgleichs** für Arbeitnehmer, die während des Kalenderjahrs ganz oder teilweise begünstigten Arbeitslohn bezogen haben.

Der Arbeitgeber ist bis zur Ausschreibung der Lohnsteuerbescheinigung berechtigt, bei der jeweils nächstfolgenden Lohnzahlung bisher noch nicht erhobene Lohnsteuer nachträglich einzubehalten, wenn er erkennt, dass die Voraussetzungen für den Verzicht auf die Besteuerung nicht vorgelegen haben. Macht er von dieser Berechtigung keinen Gebrauch oder kann die Lohnsteuer nicht nachträglich einbehalten werden, so ist er zu einer **Anzeige an das Betriebsstättenfinanzamt** verpflichtet.

Soweit nicht bereits vom Steuerabzug abgesehen worden ist, hat der **Arbeitnehmer den Verzicht auf die Besteuerung** bei seinem **Wohnsitzfinanzamt** zu beantragen. Nach dem Erlass des FinMin Niedersachsen vom 13.7.1993 kann der Steuererlass noch nach Bestandskraft des Einkommensteuerbescheids, jedoch notwendigerweise vor Eintritt der Festsetzungsverjährung beantragt werden (Korn/Debatin, Kommentar zur Doppelbesteuerung, Anhang B II 40a/2). Eine vom Betriebsstättenfinanzamt dem Arbeitgeber erteilte Freistellungsbescheinigung hat keine Bindungswirkung für den Einkommensteuerbescheid für den Arbeitnehmer (FG Köln, Urteil vom 22.3.2001, EFG 2001 S. 974).

Hat das Finanzamt **rechtsirrtümlich eine Freistellungsbescheinigung** ausgestellt, obwohl es den vollständigen Sachverhalt kannte, so **scheidet eine Haftung des Arbeitgebers grundsätzlich aus**. Es kommt dann allenfalls die Besteuerung des Arbeitslohns im Rahmen der Veranlagung des Arbeitnehmers in Betracht.

Auslandszulagen

385 Auslandszulagen sind unter den Voraussetzungen des § 3 Nr. 64 EStG steuerfrei. Siehe im Einzelnen → *Kaufkraftausgleich* Rz. 1341. Daneben kommt eine generelle Steuerfreistellung von Auslands- und Ausgleichszulagen nicht in Betracht (BFH, Urteil vom 14.11.1986, BStBl II 1989 S. 351).

Auslösungen

386 Sog. Auslösungen (der Begriff stammt nicht aus dem Steuerrecht) sind oft tarifvertraglich oder in Betriebsvereinbarungen festgelegte Zahlungen des Arbeitgebers als **Ausgleich für bestimmte Mehraufwendungen** des Arbeitnehmers **bei Auswärtstätigkeiten**, z.B. für erhöhte Fahrtkosten, Mehraufwendungen für Verpflegung und Übernachtungskosten. Sie bleiben nach § 3 Nr. 13 oder 16 EStG ganz oder teilweise steuer- und beitragsfrei, soweit sie die Voraussetzungen für die steuerliche Anerkennung als **Doppelte Haushaltsführung** oder Reisekosten erfüllen (→ *Doppelte Haushaltsführung: Allgemeines* Rz. 730; → *Reisekosten: Allgemeine Grundsätze* Rz. 1994).

Aussetzung der Vollziehung

1. Lohnsteuer

387 Gegen Steuerbescheide ist als Rechtsbehelf der **Einspruch** gegeben (§ 347 AO). Durch die Einlegung des Einspruchs wird die Vollziehung des Steuerbescheides **grundsätzlich nicht gehemmt** (§ 361 Abs. 1 AO).

Aussetzung der Vollziehung kann jedoch gewährt werden, wenn bei einer summarischen Prüfung der Sach- und Rechtslage **ernstliche Zweifel an der Rechtmäßigkeit eines Verwaltungsakts bestehen** oder die sofortige Vollziehung für den Steuerpflichtigen eine unbillige, nicht durch überwiegende öffentliche

Interessen gebotene Härte zur Folge hätte (§ 361 Abs. 2 AO). Diese Vorschrift kann auch für **Arbeitgeber** Bedeutung haben, die z.B. nach einer **Lohnsteuer-Außenprüfung einen Haftungsbescheid** erhalten, weil der Arbeitgeber insoweit selbst Steuerschuldner ist. Von der Verpflichtung zur **Einbehaltung der Lohnsteuer** kann der Arbeitgeber aber weder durch Stundung noch durch Aussetzung der Vollziehung befreit werden, vgl. H 104 (Lohnsteuerabzug) LStH sowie → *Stundung* Rz. 2363. Der **Arbeitnehmer** kann auch im Wege der Aussetzung der Vollziehung keine vorzeitige Erstattung der vom Arbeitgeber abgeführten Lohnsteuer erlangen (BFH, Beschluss vom 2.11.1999, BStBl II 2000 S. 57).

2. Sozialversicherung

388 Ein Beitragsbescheid der für den Beitragseinzug zuständigen Krankenkasse stellt einen Verwaltungsakt dar, der unter bestimmten Voraussetzungen für die Beteiligten bindend wird. Er kann jedoch durch **Widerspruch** angefochten werden. Enthält der Beitragsbescheid eine vollständige Rechtsbehelfsbelehrung, ist der Widerspruch binnen eines Monats, nachdem der Verwaltungsakt bekannt gegeben worden ist, schriftlich oder zur Niederschrift bei der Stelle einzureichen, die den Verwaltungsakt erlassen hat (§ 84 Abs. 1 SGG). Der Widerspruch gegen Nacherhebungsbescheide hat **keine** aufschiebende Wirkung. Der Widerspruch gegen Verwaltungsakte, die die Rückforderung von Beiträgen betreffen, hat dagegen aufschiebende Wirkung (§ 86 Abs. 2 SGG). Wird der Widerspruch nicht innerhalb dieser Monatsfrist erhoben, ist der Beitragsbescheid bindend geworden. Vgl. im Übrigen auch → *Stundung* Rz. 2364.

Ausstrahlung

Inhaltsübersicht: **Rz.**

1. Allgemeines

389 Die **Versicherungs- und Beitragspflicht** in der deutschen Sozialversicherung entsteht nur dann, wenn eine Beschäftigung im Geltungsbereich des Sozialgesetzbuchs, d.h. in der Bundesrepublik Deutschland (Inland), ausgeübt wird **(Territorialitätsprinzip)**. Beschäftigungen im Ausland werden dagegen nach den Rechtsvorschriften des entsprechenden Staates sozialrechtlich beurteilt. Ausnahmen hiervon sieht das Vierte Buch des Sozialgesetzbuches für die Fälle vor, in denen im Inland bestehende Beschäftigungsverhältnisse vorübergehend im Ausland ausgeübt werden. Nach den Vorschriften über die **Ausstrahlung** (§ 4 SGB IV) bleibt die Versicherung in der Kranken-, Pflege-, Renten- und Arbeitslosenversicherung nach deutschem Sozialversicherungsrecht weiter bestehen, wenn

– es sich um eine **Entsendung**

– im Rahmen eines **im Inland bestehenden Beschäftigungsverhältnisses** handelt und

– die Dauer der Beschäftigung im Ausland **im Voraus zeitlich begrenzt** ist.

Dies gilt dann nicht, wenn über- und zwischenstaatliche Regelungen (z.B. EWG-Verordnungen) etwas anderes vorsehen; in derartigen Fällen gelten dann vorrangig die über- und zwischenstaatlichen Regelungen. Solche zu beachtenden Abweichungen bestehen in der Regel hinsichtlich einer zeitlichen Begrenzung. Das bedeutet, dass bei einer Entsendung ins Ausland die Sozialversicherungsabkommen zu beachten sind, insbesondere welcher Zeitraum zur Weitergeltung der Rechtsvorschriften im Rahmen der Entsendung vereinbart worden ist.

Nachfolgende Tabelle gibt hierzu einen Überblick:

Staat, in dem die Entsendebeschäftigung ausgeübt wird	Zeitraum der Weitergeltung deutscher Rechtsvorschriften
EWR-Mitgliedstaaten (Belgien, Dänemark, Finnland, Frankreich, Griechenland, Großbritannien und Nordirland, Irland, Island, Italien, Liechtenstein, Luxemburg, Niederlande, Norwegen, Österreich, Portugal, Schweden, Spanien)	12 Monate
Chile	36 Monate
Israel	keine feste zeitliche Begrenzung
Japan	60 Monate
Bosnien-Herzegowina, Jugoslawien, Kroatien, Slowenien, Mazedonien, Serbien, Montenegro	keine feste zeitliche Begrenzung
Kanada (ohne Quebec)	60 Monate
Quebec	60 Monate
Liechtenstein	keine feste zeitliche Begrenzung
Marokko	36 Monate
Polen	24 Monate
Schweiz	24 Monate
Türkei	keine feste zeitliche Begrenzung
Tunesien	12 Monate
USA	keine feste zeitliche Begrenzung

Bei der Ausstrahlung bleibt es auch dann bei der Versicherungspflicht nach deutschem Recht, wenn Versicherungspflicht in der Sozialversicherung des in Betracht kommenden Staates besteht (Doppelversicherung). Diese Konstellation kann insbesondere dann eintreten, wenn über- und zwischenstaatliche Zuständigkeitsregelungen fehlen oder der sachliche, persönliche oder gebietliche Geltungsbereich eingeschränkt ist.

Unterliegt ein aus dem Inland entsandter Arbeitnehmer auf Grund eines Abkommens über soziale Sicherheit in der Krankenversicherung den Rechtsvorschriften des anderen Staates, gelten für ihn gleichwohl die Rechtsvorschriften über die deutsche Pflegeversicherung. Versicherungspflicht zur Pflegeversicherung besteht aber nur dann, wenn der Entsandte auch in der Bundesrepublik krankenversichert ist.

Zur versicherungsrechtlichen Beurteilung von Arbeitnehmern bei Ausstrahlung haben die Spitzenverbände der Sozialversicherungsträger **Richtlinien** herausgegeben (vgl. Sozialversicherungsbeitrag-Handausgabe 2001 VL 3 bis 6 IV/1), die in den wesentlichen Punkten **nachfolgend dargestellt sind.**

2. Entsendung

Eine Entsendung im Sinne der Ausstrahlung (§ 4 SGB IV) liegt vor, **390** wenn sich ein Beschäftigter **auf Weisung seines inländischen Arbeitgebers** vom Inland in das Ausland begibt, um dort eine Beschäftigung für diesen Arbeitgeber auszuüben.

Beispiel 1:

Arbeitnehmer A wird für drei Monate von seinem inländischen Arbeitgeber nach Belgien entsandt. Da die Entsendung innerhalb eines EWR-Staates auf nicht mehr als zwölf Monate begrenzt ist, handelt es sich hier um eine Entsendung im Sinne der Ausstrahlung. Es gelten somit weiterhin die inländischen Rechtsvorschriften.

Eine Entsendung ist aber auch noch dann gegeben, wenn der Beschäftigte **eigens für eine Beschäftigung im Ausland eingestellt** worden ist, also im Inland noch nicht für den entsendenden Arbeitgeber tätig gewesen ist.

Beispiel 2:

Der Arbeitnehmer B wird von einer Arbeitsgemeinschaft, die ein Bauvorhaben in Argentinien durchzuführen hat, eigens für die Beschäftigung in Argentinien eingestellt.

Für den nach Argentinien entsandten Arbeitnehmer handelt es sich um eine Entsendung im Sinne der Ausstrahlung, da die Beschäftigung nach ihrer Eigenart zeitlich befristet ist.

Beschäftigte, die unmittelbar vor der Auslandsbeschäftigung im Inland gelebt und **noch nicht im Erwerbsleben gestanden haben** (z.B. Schüler, Studenten, Hausfrauen), können ebenfalls entsandt werden.

Dagegen ist eine Entsendung nicht gegeben, wenn der **im Ausland lebende Arbeitnehmer** für den inländischen Arbeitgeber eine Beschäftigung in seinem Heimatland oder in einem Drittstaat aufnimmt. Wird der Arbeitnehmer entsandt, um einen anderen Arbeitnehmer abzulösen, bei dem die Entsendezeit endet, liegt keine Entsendung im o.a. Sinne vor.

Beispiel 3:

Arbeitnehmer C wohnt in Mexiko und nimmt eine Beschäftigung bei einem deutschen Unternehmen in Mexiko auf. Es handelt sich nicht um eine Entsendung (so genannte Ortskraft).

Beispiel 4:

Arbeitnehmer D wohnt in Spanien und wird von einem inländischen Unternehmen zur Arbeitsleistung in Mexiko unter Vertrag genommen. Zur Entgegennahme seiner Vertragsunterlagen und erster Instruktionen reist er über die Bundesrepublik Deutschland nach Mexiko. Dies ist keine Entsendung aus der Bundesrepublik Deutschland.

Wird ein Arbeitnehmer **nacheinander in mehrere Staaten ohne zeitliche Unterbrechung entsandt,** kann es sich noch um eine Entsendung im Sinne der Ausstrahlung handeln. Voraussetzung ist jedoch, dass die Beschäftigung insgesamt im Voraus zeitlich begrenzt ist.

Typisches Merkmal einer Entsendung ist die fortbestehende Inlandsintegration bei vorübergehender Auslandsbeschäftigung. Demzufolge dürfen keine Anhaltspunkte dafür sprechen, dass der Arbeitnehmer nach dem Auslandseinsatz nicht in die Bundesrepublik Deutschland zurückkehrt, um dort seinen Wohnsitz oder gewöhnlichen Aufenthalt (wieder) zu nehmen.

Bei Arbeitnehmern, die von einem inländischen Unternehmen, das eine Verleiherlaubnis nach dem **Arbeitnehmerüberlassungsgesetz** (AÜG) besitzt, vom Inland in das Ausland verliehen werden, kann eine Entsendung vorliegen. Fehlt diese Erlaubnis, ist der Vertrag zwischen Verleiher und Leiharbeitnehmer unwirksam (Artikel 1 § 9 Nr. 1 AÜG); eine Entsendung liegt somit nicht vor. Wird ein Arbeitnehmer in das Ausland, und zwar in ein auf der Grundlage zwischenstaatlicher Vereinbarungen begründetes deutsch-ausländisches Gemeinschaftsunternehmen verliehen, an dem der Verleiher beteiligt ist (§ 1 Abs. 3 Nr. 3 AÜG), haben die Regelungen des AÜG für die Ausstrahlung keine Bedeutung.

3. Entsendung im Rahmen eines inländischen Beschäftigungsverhältnisses

391 Der Beschäftigte muss im Rahmen eines inländischen Beschäftigungsverhältnisses entsandt sein. Es muss eine Beschäftigung im sozialversicherungsrechtlichen Sinn (§ 7 SGB IV) bei einem inländischen Arbeitgeber (fort-)bestehen. Dies bedeutet, dass der im Ausland Beschäftigte **organisatorisch** in den Betrieb des inländischen Arbeitgebers eingegliedert bleiben bzw. sein muss. Außerdem muss er dem Weisungsrecht des inländischen Arbeitgebers in Bezug auf Zeit, Dauer, Ort und Art der Ausführung der Arbeit – unter Umständen in einer durch den Auslandseinsatz bedingten gelockerten Form – unterstehen. Schließlich muss sich der Arbeitsentgeltanspruch des Arbeitnehmers gegen den inländischen Arbeitgeber richten.

Weist der inländische Arbeitgeber das arbeitsrechtlich zustehende Entgelt des im Ausland Beschäftigten **weiterhin in der Lohnbuchhaltung** aus wie für seine Beschäftigten im Inland, so wird dies als entscheidendes Indiz für eine Entsendung im Rahmen eines inländischen Beschäftigungsverhältnisses zu werten sein. Unterbleibt eine Heranziehung zur deutschen Lohnsteuer

wegen eines Abkommens zur Vermeidung der Doppelbesteuerung, so ist dies für die Sozialversicherung unbeachtlich.

Beispiel 1:

Ein Unternehmen mit Sitz im Inland hat den Arbeitnehmer E nach Ägypten entsandt. Das Arbeitsentgelt für den Arbeitnehmer E wird von dem deutschen Unternehmen ausgezahlt und dementsprechend in der Lohnliste ausgewiesen. Gemäß dem deutsch-ägyptischen Abkommen zur Vermeidung einer Doppelbesteuerung wird keine Lohnsteuer einbehalten. Diese Verfahrensweise ändert nichts an einer Entsendung im Sinne der Ausstrahlung, wenn die Voraussetzungen im Übrigen erfüllt sind.

Eine Entsendung nach § 4 SGB IV zu einer **ausländischen Tochtergesellschaft** ist dann zu bejahen, wenn die übrigen Voraussetzungen vorliegen. Dabei sind die Rechtsbeziehungen zwischen dem inländischen Arbeitgeber und dem Unternehmen, bei dem die Beschäftigung im Ausland ausgeübt wird, grundsätzlich unerheblich.

Keine Ausstrahlung i.S. von § 4 SGB IV liegt vor, wenn das Beschäftigungsverhältnis bei einer ausländischen Tochtergesellschaft den Schwerpunkt der rechtlichen und tatsächlichen Gestaltungsmerkmale ausweist und das bisherige inländische Arbeitsverhältnis in den Hintergrund tritt (z.B. ruht). **Dies gilt selbst dann, wenn**

– die im Voraus zeitlich begrenzte Beschäftigung auf Veranlassung oder mit Zustimmung der inländischen Muttergesellschaft zu Stande gekommen ist,

– der Beschäftigte von dieser weiterhin als Vertrauensperson betrachtet wird,

– eine Abrechnung von Personalkosten zwischen beiden Unternehmen stattfindet,

– die Muttergesellschaft Arbeitsentgelt zu eigenen Lasten zahlt.

Grundsätzlich ist ohne Bedeutung, ob die Tochtergesellschaft von der Muttergesellschaft wirtschaftlich beherrscht wird; mithin gelten insoweit die gleichen Kriterien wie bei Entsendung zu einem sonstigen ausländischen Unternehmen.

Ein nur **formelles Fortbestehen** des Arbeitsvertrages mit der Muttergesellschaft begründet wegen der fehlenden Beschäftigungsmerkmale keine Entsendung, beispielsweise auch nicht eine zwischen den Beteiligten vereinbarte Berechtigung der Muttergesellschaft, den Beschäftigten jederzeit zur Arbeitsleistung für sie selbst in das Inland zurückzurufen. Bei der Entsendung zu einem rechtlich selbständigen Unternehmen innerhalb eines Konzerns, aber auch bei der Entsendung zu einer rechtlich unselbständigen Zweigniederlassung eines Unternehmens, bestimmt sich der Schwerpunkt des Beschäftigungsverhältnisses nach den tatsächlichen Merkmalen der Beschäftigung und nicht nach dem Arbeitsvertrag mit dem entsendenden Unternehmen. Für die Zuordnung des Beschäftigungsverhältnisses ist daher der Arbeitsvertrag nicht entscheidend.

Hinsichtlich der **Auswirkung** der Entgeltzahlung **auf die Zuordnung des Beschäftigungsverhältnisses** ist bei Konzernunternehmen zudem zu berücksichtigen, ob das Arbeitsentgelt bei der Gewinnermittlung im Inland als Betriebsausgabe steuerrechtlich geltend gemacht wird (vgl. Urteil des BSG vom 7.11.1996 – 12 RK 79/94 –, Sozialversicherungsbeitrag-Handausgabe 2001 R 3 bis 6 IV/7).

Wird ein Arbeitnehmer innerhalb eines **Konzerns einem anderen Konzernunternehmen** überlassen (Artikel 1 § 1 Abs. 3 Nr. 2 AÜG), haben ab 1.5.1985 die Regelungen des AÜG für die Ausstrahlung keine Bedeutung mehr.

Die Voraussetzungen für eine Entsendung liegen nicht vor, wenn das Beschäftigungsverhältnis bei einer ausländischen Tochtergesellschaft den Schwerpunkt der rechtlichen und tatsächlichen Gestaltungsmerkmale ausweist, also dort das Gehalt gezahlt und die Lohnunterlagen geführt werden und das bisherige inländische Arbeitsverhältnis in den Hintergrund tritt (z.B. ruht).

Beispiel 2:

Arbeitnehmer G ist auf Veranlassung eines inländischen Unternehmens bei dessen Tochterunternehmen in Mexiko tätig, erhält sein Arbeitsentgelt dort und wird daher nicht in der Lohnliste des deutschen Unternehmens geführt. Damit ist ein entscheidendes Indiz dafür gegeben, dass er nicht mehr entgeltlich beschäftigter Arbeitnehmer des deutschen Unternehmens ist und eine Entsendung i.S. der Ausstrahlung nicht vorliegt.

4. Zeitliche Begrenzung der Entsendung

392 Eine zeitliche Begrenzung der Entsendung im Sinne der Ausstrahlung liegt nur dann vor, wenn diese Begrenzung vor der Entsendung besteht, d.h., bereits zu ihrem Beginn steht die maßgebliche Begrenzung fest. Ergibt sich die **Begrenzung erst im Laufe der Entsendung**, so liegt keine Ausstrahlung im Sinne von § 4 SGB IV vor. Die Begrenzung im Voraus kann sich aus der **Eigenart der Beschäftigung** oder aus Vertrag ergeben. Auf feste Zeitgrenzen (etwa zwei Jahre) ist nicht abzustellen. Es ist somit unschädlich, wenn die Entsendung auf mehrere Jahre befristet ist. Das Erreichen der Altersgrenze für ein Altersruhegeld ist allerdings keine zeitliche Begrenzung in diesem Sinne.

Aus einem **Recht des Arbeitgebers**, den Beschäftigten jederzeit aus dem **Ausland zurückzurufen** und ihm einen Arbeitsplatz im Inland zuzuweisen, ergibt sich keine im Voraus bestehende zeitliche Begrenzung der Entsendung. In diesem Falle steht nicht bereits zu Beginn der Entsendung fest, ob und ggf. wann der Arbeitgeber von seinem Rückrufrecht Gebrauch machen wird; somit sind die Voraussetzungen für eine Entsendung nicht gegeben.

Beispiel 1:

Ein inländisches Unternehmen entsendet die Arbeitnehmer H und I im Rahmen eines Beschäftigungsverhältnisses nach Kanada. Die Dauer der Entsendung des Arbeitnehmers H ist von Anfang an auf drei Jahre begrenzt. Der Arbeitnehmer I ist zunächst für unbestimmte Zeit entsandt worden, nach einem Jahr stellt sich aber wider Erwarten heraus, dass die Entsendung im nächsten Jahr enden wird.

Die Entsendung des Arbeitnehmers H ist im Voraus zeitlich begrenzt, deshalb handelt es sich um eine Entsendung im Sinne der Ausstrahlung.

Da die zeitliche Begrenzung der Entsendung des Arbeitnehmers I nicht im Voraus bestanden hat, sondern sich erst im Laufe der Entsendung ergab, ist eine Entsendung im Sinne der Ausstrahlung zu verneinen.

Die vertragliche Begrenzung einer Entsendung im Voraus lässt sich dem Arbeitsvertrag entnehmen, wenn dieser ein Datum enthält, zu dem die Entsendung endet.

Eine zunächst begrenzte Entsendung, die nach dem Vertrag für einen weiteren begrenzten Zeitraum fortgesetzt werden kann, gilt auch für die Verlängerungszeit als im Voraus zeitlich begrenzt.

Beispiel 2:

Arbeitnehmer S wird für zwei Jahre nach Brasilien entsandt, wobei der Vertrag vorsieht, dass eine Verlängerung der Entsendung für weitere zwei Jahre möglich ist. Es handelt sich um eine im Voraus zeitlich begrenzte Entsendung.

Eine zeitliche Begrenzung einer Beschäftigung ist dann anzunehmen, wenn nach allgemeiner Lebenserfahrung die Beschäftigung nicht auf Dauer angelegt ist. Dies gilt z.B. für Beschäftigungen, die mit Projekten usw. im Zusammenhang stehen, deren Fertigstellung eine absehbare Zeit in Anspruch nimmt – insbesondere für **Montage- und Einweisungsarbeiten**, Arbeiten im Zusammenhang mit der Errichtung von Bauwerken und Betriebsanlagen.

Beispiel 3:

Ein inländisches Unternehmen hat sich verpflichtet, einen Staudamm in Indien innerhalb eines Zeitraums von höchstens fünf Jahren zu errichten, und entsendet hierfür Beschäftigte im Rahmen eines zu diesem Unternehmen bestehenden Beschäftigungsverhältnisses. Über die Dauer der Entsendung bestehen keine schriftlichen arbeitsvertraglichen Absprachen.

Es handelt sich um Entsendungen, die ihrer Art nach zeitlich befristet sind; deshalb ist die Vorschrift über die Ausstrahlung anzuwenden.

5. Beendigung der Ausstrahlung

393 Die Ausstrahlung und somit auch die Versicherungs- und Beitragspflicht nach deutschem Recht endet, wenn bei **einem gleich bleibenden ausländischen Beschäftigungsort** der inländische Arbeitgeber gewechselt wird. Erfolgt ein Wechsel des Arbeitgebers lediglich dadurch, dass das Unternehmen des bisherigen Arbeitgebers durch ein anderes inländisches Unternehmen über-

nommen wird, so ist dieser Wechsel unbeachtlich. Es handelt sich um eine einheitliche Entsendung.

Beispiel 1:

Die Arbeitnehmer K und L arbeiten auf Grund einer Entsendung im Sinne der Ausstrahlung in Saudi-Arabien. Arbeitnehmer K wechselt im Rahmen seiner Beschäftigung den Arbeitgeber, weil sein Unternehmen von einem anderen inländischen Unternehmen übernommen worden ist. Arbeitnehmer L nimmt in Saudi-Arabien eine Stelle bei einem anderen deutschen Unternehmen an, weil das Beschäftigungsverhältnis zum ersten deutschen Unternehmen beendet ist.

Für den Arbeitnehmer K ändert sich durch den Wechsel des Arbeitgebers an der Entsendung nichts, während es sich beim Arbeitnehmer L um ein neues, im Ausland eingegangenes Beschäftigungsverhältnis handelt, das nicht auf Entsendung beruht.

Wird der Beschäftigungsort **vorübergehend vom Ausland ins Inland** verlegt, endet ebenfalls die Versicherungs- und Beitragspflicht im Rahmen der Ausstrahlung. Ein vertraglich vorgesehener vorübergehender Aufenthalt im Inland während der **Entsendezeit, etwa aus Urlaubsgründen** oder für eine geringfügige Beschäftigung (zur Berichterstattung, zur Unterrichtung über neue Techniken, Geschäftsgrundsätze usw.), unterbricht die Entsendung nicht.

Beispiel 2:

Arbeitnehmer M ist von seinem inländischen Arbeitgeber nach Litauen entsandt worden.

Die Entsendung des Arbeitnehmers M ist zeitlich nicht begrenzt; der Arbeitnehmer kehrt aber gelegentlich zum Urlaub oder zur Berichterstattung für kurze Zeit ins Inland zurück. Hierdurch kommt eine zeitliche Begrenzung der Auslandtätigkeit nicht zu Stande. Da es sich um eine unbefristete Entsendung handelt, besteht keine Versicherungspflicht im Rahmen der Ausstrahlung.

Wird eine befristete Entsendung in eine unbefristete Auslandsbeschäftigung umgewandelt, so endet die Ausstrahlung auch zeitgleich.

6. Beitragseinzug

394 Bleibt das Versicherungsverhältnis nach deutschem Recht bestehen, hat der Arbeitgeber wie bei allen anderen Arbeitnehmern die Gesamtsozialversicherungsbeiträge an die zuständige Einzugsstelle abzuführen. Besondere Meldungen sind nicht erforderlich.

Auszubildende

1. Arbeitsrecht

395 Das Berufsausbildungsverhältnis ist ein besonders ausgestaltetes Arbeitsverhältnis, der Berufsausbildungsvertrag demzufolge ein **Arbeitsvertrag**, mit dem die berufliche Grundausbildung des Auszubildenden und die Vermittlung fachlicher Fertigkeiten und Kenntnisse für eine qualifizierte berufliche Tätigkeit geregelt wird, in der Regel in einem nach § 25 des Berufsbildungsgesetzes (BBiG) anerkannten Ausbildungsberuf. Für den Abschluss des Berufsausbildungsvertrages als Arbeitsvertrag gelten deshalb zunächst die allgemeinen Regelungen für den Abschluss eines Arbeitsvertrages, § 3 Abs. 2 BBiG (→ *Arbeitsvertrag* Rz. 237).

Der Ausbildungsvertrag muss als befristeter Vertrag nach der neuen Vorschrift des § 623 BGB schriftlich abgeschlossen werden. Entgegen einer verbreiteten irrigen Auffassung führt aber ein nur mündlich abgeschlossener Vertrag nicht zu dessen Unwirksamkeit: Auch ein mündlich abgeschlossener Ausbildungsvertrag ist also wirksam und bindet die Vertragsparteien (bei Pflicht des Arbeitgebers zur schriftlichen Niederlegung der wesentlichen Vertragsbedingungen nach dem **NachweisG**), siehe BAG, Urteil vom 21.8.1997, DB 1997 S. 2619.

Nach § 10 Abs. 1 BBiG ist die Pflicht des Ausbildenden zur Zahlung einer angemessenen **Ausbildungsvergütung** zwingend vorgeschrieben, die nach dem Lebensalter des Auszubildenden so zu bemessen ist, dass sie mit fortschreitender Berufsausbildung (also mit zunehmendem betrieblichem Nutzen der Arbeitsleistung), mindestens jährlich ansteigt.

Die gelegentlich streitige Frage nach der **Angemessenheit einer Ausbildungsvergütung** kann naturgemäß nur in jedem Einzelfall nach Lage der besonderen Umstände beantwortet werden. In der betrieblichen Praxis werden i.d.R. die tariflich vorgesehenen Ausbildungsvergütungen vereinbart, wodurch ein Streit über die Höhe einer angemessenen Vergütung vermieden wird. Besteht keine Tarifbindung und ist die **tarifliche Ausbildungsvergütung** auch nicht vereinbart, so ist für die Frage der Angemessenheit die tarifliche Vergütung anerkanntermaßen von Bedeutung, gleichsam als Richtschnur.

Eine vertraglich vereinbarte Ausbildungsvergütung, die **unterhalb der tariflichen Ausbildungsvergütung** liegt, ist bei Nichtanwendbarkeit des Tarifvertrags nicht ohne weiteres unangemessen (bei Anwendbarkeit des Tarifvertrags ist allerdings die tarifliche Vergütung die Untergrenze). Unterschreitet jedoch die vertraglich vereinbarte Ausbildungsvergütung diejenige nach einem für den Ausbildungsbetrieb maßgeblichen **Tarifvertrag um mehr als 20 %**, so ist die Vergütung nicht mehr angemessen; an die Stelle der unangemessenen Vergütung tritt dann die einschlägige Vergütung nach dem Tarifvertrag (vgl. BAG, Urteil vom 10.4.1991, NZA 1991 S. 723; Urteil vom 30.9.1998, DB 1999 S. 338).

Wichtig wegen der Sonderregelung in § 17 BBiG: Wird der Auszubildende **im Anschluss an das Berufsausbildungsverhältnis beschäftigt**, ohne dass hierüber ausdrücklich etwas vereinbart worden ist, so gilt ein **Arbeitsverhältnis auf unbestimmte Zeit als begründet**. Will also der Arbeitgeber ein Arbeitsverhältnis mit dem Auszubildenden nicht begründen, so muss er die Weiterbeschäftigung ablehnen, ggf. die tatsächliche Arbeitsleistung ausdrücklich zurückweisen. Tut er dies nicht, so entsteht kraft Gesetzes ein Arbeitsverhältnis auf unbestimmte Zeit, dessen Inhalt sich bei tarifgebundenen Arbeitnehmern nach dem Tarifrecht, im Übrigen nach den üblichen Bedingungen, z.B. hinsichtlich Lohn und Urlaub, richtet.

Zu achten ist außerdem darauf, ob sich im einschlägigen **Tarifvertrag** eine automatische **Übernahme** in ein Arbeitsverhältnis oder ein Anspruch auf Übernahme nach Verlangen findet (vgl. BAG, Urteil vom 10.10.1997, DB 1998 S. 1468).

2. Lohnsteuer

a) Arbeitnehmereigenschaft, Arbeitslohn

396 Arbeitnehmer sind Personen, die in öffentlichem oder privatem Dienst angestellt oder beschäftigt sind oder waren und aus diesem Dienstverhältnis oder einem früheren Dienstverhältnis Arbeitslohn beziehen (§ 1 Abs. 1 Satz 1 LStDV). Damit sind Auszubildende steuerrechtlich **Arbeitnehmer**, auch wenn dies arbeitsrechtlich zweifelhaft ist.

Die **Ausbildungsvergütungen sind steuerpflichtiger Arbeitslohn**, auch soweit ihnen Unterhaltscharakter zukommt; die Steuerbefreiung des § 3 Nr. 11 EStG scheidet in diesen Fällen aus (BFH-Urteile vom 22.3.1985, BStBl II S. 641, und vom 18.7.1985, BStBl II S. 644). Dies gilt auch für die **Anwärterbezüge** an Beamte im Vorbereitungsdienst, zur Sicherstellung von Nachwuchskräften gezahlten **Studienbeihilfen** und für die zur Fertigung einer **Habilitationsschrift** gewährten Beihilfen, vgl. H 12 (Steuerfreiheit nach § 3 Nr. 11 EStG) LStH, ferner wenn ein **Arbeitgeber Studienkosten übernimmt**, selbst wenn der Student gleichzeitig die Verpflichtung eingegangen ist, nach Abschluss des Studiums eine bestimmte Zeit für den Arbeitgeber tätig zu werden (OFD Münster, Verfügung vom 23.12.1992, DB 1993

S. 202, betr. Studienbeihilfen der Deutschen Bundespost-Telekom).

Arbeitslohn liegt auch vor, wenn der **Arbeitgeber einem Arbeitnehmer Ausbildungskosten rückerstattet**. Dem steht bei einer beträchtlichen Höhe des rückerstatteten Betrags nicht entgegen, dass der Arbeitgeber mit der Zahlung auch **eigenbetriebliche Interessen** verfolgt (FG Köln, Urteil vom 19.7.2000, EFG 2000 S. 1251).

Ein Dienstverhältnis liegt auch vor, wenn zwischen einem **Ausbildungsträger** (Unternehmen) und einem **Auszubildenden** ein **Ausbildungsvertrag** abgeschlossen wird, die Ausbildungsvergütungen dem Ausbildungsträger aber **aus öffentlichen Mitteln**, z.B. auf Grund eines Sonderprogramms zur Bekämpfung der Jugendarbeitslosigkeit, erstattet werden. Die Ausbildungsvergütungen unterliegen dem Lohnsteuerabzug (siehe auch OFD Düsseldorf, Verfügung vom 15.2.1977, DB 1977 S. 2163).

⌊LSt⌋ ⓈⓋ

Die **eigentliche Ausbildung** ist nicht als steuerpflichtiger geldwerter Vorteil zu erfassen (R 74 LStR). Steuerfrei nach § 3 Nr. 11 und 44 EStG sind auch **BAföG-Leistungen**, Stipendien aus öffentlichen Mitteln sowie **Ausbildungszuschüsse** nach verschiedenen bundes- und landesrechtlichen Regelungen, vgl. H 12 (Steuerfreiheit nach § 3 Nr. 11 EStG) LStH.

Dies gilt auch dann, wenn ein Betrieb mit einer Person einen Studien- und Ausbildungsvertrag abschließt, nach dem zwar die praktische Ausbildung im Ausbildungsbetrieb durchgeführt wird, die **theoretische Ausbildung jedoch einer Ausbildungsakademie übertragen** wird. Trägt der Ausbildungsbetrieb neben der Ausbildungsvergütung die Kosten des Studiums an der Berufsakademie als unmittelbarer Schuldner, stellen die vom Arbeitgeber getragenen Studiengebühren keinen steuerpflichtigen Arbeitslohn dar. Die Studiengebühren werden auf Grund des Ausbildungsdienstverhältnisses vom Ausbildungsbetrieb geschuldet und sind ebenso wie in dem Fall, in dem der Ausbildungsbetrieb eine eigene Ausbildungsanstalt unterhält, kein geldwerter Vorteil für den Auszubildenden (vgl. StLex 4, 19–19a, 1282).

 ⌊LSt⌋ ⓈⓋ

Zur Auswirkung der Ausbildungsvergütung auf Kindergeld usw. siehe → *Kindergeld/Freibeträge für Kinder* Rz. 1361.

b) Wege zwischen Wohnung und Betrieb

397 Der Ausbildungsbetrieb ist im Allgemeinen als **regelmäßige Arbeitsstätte** anzusehen. Die Fahrten des Auszubildenden von seiner Wohnung zum Betrieb sind daher die „normale" Fahrten zwischen Wohnung und Arbeitsstätte, die vom Arbeitgeber grundsätzlich nicht steuerfrei ersetzt werden dürfen (Ausnahme: § 3 Nr. 34 EStG – Fahrten mit öffentlichen Verkehrsmitteln). Soweit der Auszubildende die Fahrtkosten als Werbungskosten absetzen könnte, kommt lediglich nach § 40 Abs. 2 Satz 2 EStG eine Pauschalversteuerung mit 15 % in Betracht.

c) Fahrten zur Berufsschule

398 In der Vergangenheit war nicht bundeseinheitlich geregelt, wie die meist wöchentlich ein- oder zweimal durchgeführten Fahrten des Auszubildenden zur Berufsschule zu behandeln sind (vgl. dazu ausführlich das ABC des Lohnbüros, Ausgabe 1998). Nach einer Erörterung der obersten Finanzbehörden sieht die Finanzverwaltung seit 1998 jede Fahrt zur Berufsschule als **neue Dienstreise** an mit der Folge, dass vom Arbeitgeber

– die **Fahrtkosten** entweder in voller Höhe oder mit dem pauschalen km-Satz von 0,30 € sowie

– **Mehraufwendungen für Verpflegung** mit den üblichen Pauschbeträgen – sofern die Mindestabwesenheitsdauer von acht Stunden erreicht wird –

steuerfrei erstattet werden können (→ *Reisekostenerstattungen bei Dienstreisen* Rz. 2035). Dies gilt ohne Rücksicht auf die Drei-Monats-Frist der R 37 Abs. 3 Satz 3 LStR, also **auch für Fahrten zur Berufsschule nach Ablauf von drei Monaten**, die Berufsschule wird dann nicht als weitere regelmäßige Arbeitsstätte angesehen. Die Oberfinanzdirektionen haben entsprechende Verfügungen herausgegeben (z.B. OFD Karlsruhe, Verfügung vom

27.2.1998 – S 2526 A – 34 – St 241/St 242, TOP 12; auch Steuer-Telex 2001 S. 591), siehe auch Niedersächsisches FG, Beschluss vom 24.3.1999 – VIII 872/98 Ki, NWB 1999 Fach 1 S. 159.

Fährt der Auszubildende **morgens erst zum Betrieb und dann von dort zur Berufsschule weiter**, ist nur die zweite Fahrt und ggf. die Rückfahrt zur Wohnung eine Dienstreise.

Beispiel:

A fährt mit seinem Pkw morgens um 7 Uhr zum Betrieb, weil er noch eine Arbeit erledigen will, und dann von dort weiter zur Berufsschule. Nach Schulschluss fährt er direkt nach Hause.

Dienstreisen sind nur die Fahrten zwischen Betrieb und Berufsschule und die Rückfahrt von der Berufsschule zur Wohnung. Diese Fahrten kann der Arbeitgeber nach Reisekostengrundsätzen steuerfrei erstatten, ggf. mit dem pauschalen km-Satz von 0,30 €. Eine zusätzliche steuerfreie Erstattung von Verpflegungsmehraufwendungen wird kaum in Betracht kommen, weil die erforderliche Mindestabwesenheitsdauer von acht Stunden nicht überschritten werden dürfte.

Nach der seit 1998 von der Finanzverwaltung vertretenen Auffassung wird die Berufsschule **nicht** nach drei Monaten als zweite regelmäßige Arbeitsstätte angesehen.

Die **Drei-Monats-Frist ist dagegen immer bei sog. Block-unterricht zu beachten** (OFD Münster, Verfügung vom 27.6.1990, DB 1990 S. 1538). Nach Ablauf von drei Monaten wird die Berufsschule als zweite regelmäßige Arbeitsstätte angesehen (R 37 Abs. 3 Satz 3 LStR). Die Fahrtkosten können vom Arbeitgeber dann nur noch nach den o.g. Regeln für Wege zwischen Wohnung und Arbeitsstätte steuerfrei ersetzt bzw. pauschal versteuert werden. Wird der Unterricht durch vorübergehende Rückkehr des Auszubildenden in den Betrieb unterbrochen, verlängert sich die Drei-Monats-Frist für die Anerkennung einer Dienstreise nicht entsprechend; allerdings beginnt bei einer **Unterbrechung von mindestens vier Wochen eine neue Drei-Monats-Frist** (R 37 Abs. 3 Satz 4 Nr. 1 LStR sowie BFH, Urteil vom 19.7.1996, BStBl II 1997 S. 95).

Die **Drei-Monats-Frist ist ferner zu beachten**, wenn – wie es z.B. bei **Aufbaulehrgängen im öffentlichen Dienst** der Fall sein kann – ein einheitlicher Lehrgang, zu dem nur **eine** Abordnung erfolgt, in mehrwöchige Lehrgangsabschnitte aufgeteilt ist und in der Zwischenzeit der Auszubildende immer wieder an seiner regelmäßigen Arbeitsstätte tätig wird. Die Teilnahme an jedem Lehrgangsabschnitt ist nach Auffassung der obersten Finanzbehörden nur dann für sich als (neue) Dienstreise mit einer neuen Drei-Monats-Frist zu behandeln, wenn der Zeitraum zwischen den einzelnen Lehrgangsabschnitten **mindestens vier Wochen** beträgt. Bei kürzeren Zwischenzeiträumen müssen die Lehrgangsabschnitte zusammengerechnet werden und können nur bis zur Dauer von drei Monaten seit Beginn des Lehrgangsabschnitts, mit dem die Dienstreise begonnen hat, als Dienstreise behandelt werden.

d) Fahrten zu überbetrieblichen Ausbildungsstätten

399 Fahrten zu überbetrieblichen Ausbildungsstätten sind ebenfalls Dienstreisen, wenn der Auszubildende den Betrieb als feste regelmäßige Arbeitsstätte beibehält. Dies gilt bei einem mehrmonatigen Lehrgang auch für die **ersten drei Monate** (BMF-Schreiben vom 22.1.1991, StEd 1991 S. 68). Der Arbeitgeber kann dann in dieser Zeit ebenfalls Reisekosten steuerfrei erstatten.

Nach Ablauf der Drei-Monats-Frist ist die Schulungseinrichtung jedoch als **neue regelmäßige Arbeitsstätte** anzusehen (vgl. R 37 Abs. 3 Satz 3 LStR sowie zuletzt BFH, Urteil vom 19.7.1996, BStBl II 1997 S. 95). Das bedeutet:

– Wenn der Arbeitnehmer am **Schulungsort übernachtet**, können allenfalls noch die Aufwendungen für Unterkunft und Heimfahrten nach den Regeln der **Doppelten Haushalts-führung** steuerfrei erstattet werden.

– Fährt der Arbeitnehmer hingegen täglich von der Wohnung zum Schulungsort, handelt es sich um „normale" Fahrten zwischen Wohnung und Arbeitsstätte, die vom Arbeitgeber grundsätzlich nicht mehr steuerfrei erstattet werden dürfen. Ausgenommen sind Erstattungen für die Benutzung öffentlicher Verkehrsmittel. Im Übrigen können Fahrtkosten-

erstattungen bei Benutzung eines Pkw nach § 40 Abs. 2 Satz 2 EStG mit 15 % pauschal versteuert werden.

Beispiel:

Ein Sparkassenschüler wird für sechs Monate an eine auswärtige Sparkassenschule abgeordnet. Er übernachtet dort und wird auch unentgeltlich verpflegt. Er fährt jedes Wochenende nach Hause.

In den ersten drei Monaten gelten die „Dienstreise-Grundsätze", danach die Regeln der doppelten Haushaltsführung. Der Arbeitgeber darf also steuerfrei erstatten:

die ersten drei Monate (Dienstreise)	ab dem vierten Monat (doppelte Haushaltsführung)
Fahrtkosten in voller Höhe, bei Benutzung eines Pkw können auch pauschal 0,30 € je km gezahlt werden.	Bei Pkw-Benutzung ist die Erstattung beschränkt auf die Entfernungspauschale von 0,40 € je Entfernungskilometer (km-Satz also nur 0,20 €).
Keine Beschränkung auf **eine** Fahrt wöchentlich.	Erstattet werden darf nur noch **eine** Familienheimfahrt wöchentlich.
Verpflegungskosten können je nach Abwesenheitsdauer pauschal bis 24 € je Tag erstattet werden.	**Keine Erstattung** mehr, weil drei Monate abgelaufen sind (die „Dienstreise-Zeit" wird angerechnet).
Die unentgeltlich gewährte Verpflegung ist mit den Sachbezugswerten zu versteuern (R 31 Abs. 8 Nr. 2 LStR).	Die unentgeltlich gewährte Verpflegung ist mit den Sachbezugswerten zu versteuern (R 31 Abs. 8 Nr. 2 LStR).
Übernachtungskosten in nachgewiesener Höhe oder pauschal 20 € je Übernachtung.	**Übernachtungskosten** in nachgewiesener Höhe oder pauschal 20 € je Übernachtung; nach drei Monaten allenfalls noch pauschal 5 €.

Vgl. hierzu ausführlich auch OFD Düsseldorf, Verfügung vom 8.4.1997, FR 1997 S. 428, betr. Werbungskosten bei Beamtenanwärtern sowie → Doppelte Haushaltsführung: Allgemeines Rz. 730 und → Reisekosten: Allgemeine Grundsätze Rz. 1994.

e) Berechnung der Drei-Monats-Frist

400 In der Praxis wechseln sich häufig Ausbildungsabschnitte und Tätigkeiten im Betrieb ab. In diesen Fällen beginnt eine neue Drei-Monats-Frist immer dann, wenn die Unterbrechung z.B. eines Lehrgangs durch eine vorübergehende Tätigkeit im Betrieb **mindestens vier Wochen** gedauert hat. Eine urlaubs- oder krankheitsbedingte Unterbrechung hat auf den Ablauf der Drei-Monats-Frist dagegen keinen Einfluss (R 37 Abs. 3 Satz 4 Nr. 1 LStR; BFH, Urteil vom 19.7.1996, BStBl II 1997 S. 95).

Beispiel:

A wird für die Zeit vom 1. Januar bis 31. Dezember zu einem auswärtigen Lehrgang an die Fachschule abgeordnet. Nach dem Ausbildungsplan ist in den Monaten August und September eine praktische Tätigkeit im Betrieb abzuleisten.

Die ersten drei Monate (Januar bis März) und – nach Unterbrechung der Drei-Monats-Frist – die Monate Oktober bis Dezember sind „Dienstreise-Zeiten". In dieser Zeit kann der Arbeitgeber also alle Fahrtkosten des Auszubildenden (auch Fahrten mit dem Pkw) als Reisekosten nach § 3 Nr. 16 EStG steuerfrei erstatten.

f) Einsatzwechseltätigkeit

401 Es kommt auch vor, dass Auszubildende an ständig wechselnden Ausbildungseinrichtungen tätig werden, **ohne überhaupt eine feste Ausbildungsstätte als regelmäßige Arbeitsstätte** zu haben (vgl. z.B. BFH, Urteil vom 10.10.1994, BStBl II 1995 S. 137, betr. Unteroffiziersanwärter). Ein steuerfreier Arbeitgeber-Ersatz ist dann nach den Regeln für Einsatzwechseltätigkeiten möglich, d.h. auch steuerfreie Erstattung aller Fahrtkosten für Fahrten zwischen Wohnung und jeweiliger Ausbildungsstätte als **Reisekosten** nach § 3 Nr. 16 EStG, sofern

– die Mindestentfernung von **30 km** erfüllt ist und

– die Tätigkeit an derselben Ausbildungsstätte **nicht über drei Monate** hinausgeht.

Liegen diese Voraussetzungen nicht vor, stellen die Fahrten „normale" Fahrten zwischen Wohnung und Arbeitsstätte dar.

g) Samstagslehrgänge, Lernarbeitsgemeinschaften

402 Nimmt der Auszubildende „**aus eigenem Antrieb**", d.h. ohne Veranlassung seines Arbeitgebers, an weiteren Lehrgängen oder Seminaren teil (sog. Samstagslehrgänge), sind die Aufwendungen ebenfalls als Werbungskosten abzugsfähig; sie können in sinngemäßer Anwendung der **Dienstreisegrundsätze** (→ *Reisekosten-erstattungen bei Dienstreisen* Rz. 2035) berücksichtigt werden (R 34 Satz 5 LStR). Das bedeutet, dass auch **Verpflegungs-mehraufwendungen** mit den Pauschbeträgen abgesetzt werden können (vgl. dazu auch FG Köln, Urteil vom 28.10.1993, EFG 1994 S. 290, sowie FG Münster, Urteil vom 23.10.1997, EFG 1998 S. 810, betr. Fahrtkosten und Verpflegungsmehraufwendungen anlässlich der Vorbereitung auf eine Steuerberaterprüfung). Andererseits sind **Fahrtkosten** zu derselben Ausbildungsstätte **nach Ablauf von drei Monaten** nicht mehr mit den „Dienstreise-sätzen", sondern lediglich noch in Höhe der Entfernungspauschale abzugsfähig, weil die Ausbildungsstätte ab dem vierten Monat wie eine weitere regelmäßige Arbeitsstätte zu behandeln ist.

Beispiel:

A, Großhandelskaufmann, studiert seit 1.10.2001 an der Verwaltungs- und Wirtschaftsakademie in O. Dabei handelt es sich um ein Studium, das mit dem Abschluss „Diplom-Betriebswirt (VWA)" endet. A führt dieses Studium vorwiegend in den Abendstunden parallel zu seiner Tätigkeit durch. Außerdem besucht er Lernarbeitsgemeinschaften.

Nach Auffassung des Niedersächsischen Finanzgerichts handelt es sich um Fortbildungskosten. A kann die Fahrtkosten zur Akademie sowie zu durchgeführten Lerngemeinschaften jedoch nur für die ersten drei Monate mit dem pauschalen km-Satz für **Dienstreisen** ansetzen (0,58 DM bzw. ab 1.1.2002 0,30 €). Ab 1.1.2002 sind die auswärtigen Tätigkeitsstätten als neue weitere regelmäßige Arbeitsstätten anzusehen mit der Folge, dass die Fahrten nur noch mit der **Entfernungspauschale** von 0,36 bzw. ab dem 11. km 0,40 € je Entfernungskilometer berücksichtigt werden können. Es spielt keine Rolle, dass A für seinen Arbeitgeber an den Fortbildungsstätten keine Arbeitsleistungen zu erbringen hat. Denn die Dienstreisegrundsätze sind für Fortbildungsmaßnahmen sinngemäß anzuwenden (Urteil vom 21.12.1999 – 7 K 710/98).

Ein **steuerfreier Arbeitgeberersatz** ist dagegen nicht möglich, selbst wenn der Arbeitnehmer die Aufwendungen als Werbungskosten absetzen kann (R 70 Abs. 3 Satz 1 LStR). Das gilt auch für die Reisekosten (insbesondere Fahrtkosten und Verpflegungsmehraufwendungen), weil die Steuerbefreiung des § 3 Nr. 16 EStG „echte" Dienstreisen voraussetzt, die hier aber gerade nicht vorliegen. R 34 Satz 5 LStR beschränkt die sinngemäße Anwendung der Dienstreisegrundsätze auf den Werbungskostenabzug.

Ein Werbungskostenabzug kann auch für Aufwendungen (insbesondere Fahrtkosten) zu „**privaten Lernarbeitsgemein-schaften**", also im häuslichen Bereich der Auszubildenden, in Betracht kommen (siehe obiges Beispiel). Nach allgemeiner Erfahrung kann zwar davon ausgegangen werden, dass bei Arbeitsgemeinschaften von Berufskollegen im häuslichen Bereich die Verfolgung privater Interessen regelmäßig nicht von untergeordneter Bedeutung ist, so dass der Werbungskostenabzug nach dem Aufteilungs- und Abzugsverbot des § 12 Nr. 1 EStG ganz ausscheidet. Gleichwohl kann im Einzelfall der **Nachweis einer ausschließlich beruflichen Veranlassung** erbracht werden, ggf. durch Vernehmung der Teilnehmer der Arbeitsgemeinschaft als Zeugen (BFH, Urteil vom 20.9.1996, BFH/NV 1997 S. 349).

3. Sozialversicherung

403 Zur Berufausbildung Beschäftigte (Auszubildende) sind in der Kranken-, Pflege-, Renten- und Arbeitslosenversicherung versicherungspflichtig. Der Erwerb beruflicher Kenntnisse, Fertigkeiten oder Erfahrungen im Rahmen betrieblicher **Berufsbildung** gilt als Beschäftigungsverhältnis im sozialversicherungsrechtlichen Sinne. Die Versicherungspflicht tritt selbst dann ein, wenn kein Arbeitsentgelt gezahlt wird. In der Kranken- und Pflegeversicherung werden diese Auszubildenden **versicherungstechnisch allerdings als Praktikanten behandelt**. Sie haben dann – sofern keine Familienversicherung in der gesetzlichen Krankenversicherung (§ 10 SGB V) besteht – selber einen **Beitrag** in Höhe des gesetzlich **vorgeschriebenen Stu-**dentenbeitrags zu zahlen. In der **Renten- und Arbeitslosenversicherung** werden die Auszubildenden ohne Arbeitsentgelt allerdings wie Arbeitnehmer behandelt, so dass der Arbeitgeber verpflichtet ist, den Auszubildenden anzumelden und die Beiträge an die zuständige Einzugsstelle abzuführen. Als beitragspflichtiges Arbeitsentgelt ist fiktiv 1 % der Bezugsgröße (vgl. § 162 SGB VI, § 342 SGB III) anzusetzen, das sind 2002 23,45 € (19,60 € in den neuen Bundesländern).

Der Begriff der „**Berufsbildung**" des § 1 Abs. 1 BBiG erfasst auch die Schüler, die mit dem Abschlusszeugnis einer Realschule oder einem als gleichwertig anerkannten Zeugnis einer Fachoberschule sich innerhalb von zwei Jahren auf den Erwerb der Fachhochschulreife vorbereiten können. Im ersten Jahr erfolgt eine fachpraktische Ausbildung. Diese ist als Bestandteil der Gesamtausbildung zu werten, in der der fachtheoretische Unterricht überwiegt. Versicherungspflicht tritt nicht ein, weil insgesamt von einer schulischen Maßnahme auszugehen ist.

Ausnahmen:

Ausländer in einer Beschäftigung zur beruflichen Aus- und Fortbildung **sind beitragsfrei in der Arbeitslosenversicherung** (§ 27 Abs. 3 Nr. 3 SGB III), **wenn**

– die berufliche Aus- und Fortbildung als Entwicklungshilfe aus Mitteln der öffentlichen Hand oder einer Einrichtung oder Organisation gefördert wird, die sich im Rahmen der Entwicklungshilfe der beruflichen Aus- oder Fortbildung widmet,

– der Arbeitnehmer verpflichtet ist, nach Beendigung der geförderten Aus- oder Fortbildung Deutschland zu verlassen und

– in Deutschland zurückgelegte Beitragszeiten weder nach dem Recht der Europäischen Gemeinschaft noch nach zwischenstaatlichen Abkommen oder dem Recht des Wohnlandes des Ausländers dort einen Anspruch auf Leistungen für den Fall der Arbeitslosigkeit begründen.

Siehe auch → *Studenten* Rz. 2350.

Die Regelungen zur Versicherungsfreiheit wegen **Geringfügigkeit**, → *Geringfügig Beschäftigte* Rz. 1115, sind bei Auszubildenden nicht anwendbar (vgl. § 7 SGB V, § 5 Abs 2 Satz 2 SGB VI, § 27 Abs. 2 Nr. 1 SGB III, § 20 SGB XI).

Verteilung der Beitragslast:

Die Beiträge zur Kranken-, Pflege-, Renten- und Arbeitslosenversicherung sind grundsätzlich vom Auszubildenden und vom Arbeitgeber je zur Hälfte zu übernehmen.

Der Arbeitgeber trägt den Beitrag allein

– für Beschäftigte, deren monatliches Arbeitsentgelt den Betrag von 325 € nicht übersteigt,

– für Personen, die ein freiwilliges soziales Jahr i.S. des Gesetzes zur Förderung eines freiwilligen sozialen Jahres oder ein freiwilliges ökologisches Jahr i.S. des Gesetzes zur Förderung eines freiwilligen ökologischen Jahres leisten.

Wird infolge einmalig gezahlten Arbeitsentgelts die o.g. Grenze überschritten, tragen die Versicherungspflichtige und der Arbeitgeber den Betrag von dem diese Grenze übersteigenden Teil des Arbeitsentgelts jeweils zur Hälfte; im Übrigen trägt der Arbeitgeber den Beitrag allein. Siehe hierzu → *Geringverdienergrenze* Rz. 1144.

Zu Meldungen (Beginn/Ende der Berufsausbildung, Jahresentgeltmeldungen etc.) siehe → *Meldungen für Arbeitnehmer in der Sozialversicherung* Rz. 1699.

Autoverkäufer

404 Autoverkäufer bei einem Kfz-Händler sind zwar regelmäßig als Arbeitnehmer tätig. Erlöse aus der Veräußerung ihres Vorführwagens gehören jedoch nicht zum Arbeitslohn, wenn sie über den Verkauf frei entscheiden können. Dies gilt auch, wenn sie arbeitsvertraglich zum Halten eines Vorführwagens verpflichtet sind (BFH, Urteil vom 12.4.1962, BStBl III 1962 S. 262).

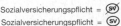
Backwaren: Zuwendungen an Arbeitnehmer

405 Soweit an Arbeitnehmer in der Brotindustrie oder in Bäckereien kostenlos Brot oder Backwaren abgegeben werden, ist dieser Vorteil grundsätzlich steuer- und beitragspflichtig (bei Verzehr im Betrieb siehe → *Annehmlichkeiten* Rz. 133).

⟮LSt⟯ ⓢ︎ⓥ︎

Ist der **Rabattfreibetrag von 1 224 €** anzuwenden, weil der Vorteil vom eigenen Arbeitgeber gewährt wird, bleibt er steuer- und beitragsfrei, wenn der Betrag von 1 224 € im Kalenderjahr nicht überschritten wird. Maßgebend ist der um **4 % geminderte Endpreis** des Arbeitgebers (→ *Rabatte* Rz. 1938).

Ist der **Rabattfreibetrag von 1 224 €** nicht anzuwenden, weil der Vorteil von einem mit dem Arbeitgeber verbundenen Unternehmen gewährt wird, bleibt er steuer- und beitragsfrei, wenn die **Freigrenze von 50 €** im Kalendermonat nicht überschritten wird (→ *Sachbezüge* Rz. 2145).

⟮LSt⟯ ⓢ︎ⓥ︎

Bäder

406 Leistungen zur **Verbesserung der Arbeitsbedingungen** sind nicht als Arbeitslohn anzusehen. Hierzu gehört auch die Bereitstellung betriebseigener Dusch- und Badeanlagen, vgl. H 70 (Beispiele) LStH.

⟮LSt⟯ ⓢ︎ⓥ︎

Steuer- und beitragspflichtig ist jedoch die unentgeltliche Überlassung von Eintrittskarten für ein öffentliches Schwimmbad oder die Übernahme solcher Kosten (→ *Eintrittskarten* Rz. 820 sowie → *Sportanlagen* Rz. 2273). Ausnahme: Der Arbeitnehmer soll sich dort reinigen, weil z.B. die betriebseigenen Duschen defekt sind.

⟮LSt⟯ ⓢ︎ⓥ︎

Bahncard

1. Steuerfreier Reisekostenersatz

407 Mit einer Bahncard der Deutschen Bahn AG können zwölf Monate lang um **50 % ermäßigte Fahrausweise** erworben werden. Ersetzt der Arbeitgeber die Aufwendungen des Arbeitnehmers für eine Bahncard, um seine steuerfreien Leistungen i.S. des § 3 Nr. 13 oder 16 EStG (insbesondere Reisekostenersatz) insgesamt zu mindern, so ist der Ersatz der Aufwendungen für die Bahncard ebenfalls **steuer- und beitragsfrei** (OFD Hannover, Verfügung vom 16.11.1992, DStR 1993 S. 19). Die **private Nutzungsmöglichkeit** der Bahncard z.B. an Wochenenden wird als **unerheblich** angesehen (vgl. R 42 Abs. 3 Satz 2 LStR). Voraussetzung ist lediglich, dass die **Kosten der Bahncard und der halbe Fahrpreis unter den Kosten liegen**, die ohne die Bahncard angefallen wären.

⟮LSt⟯ ⓢ︎ⓥ︎

Ist dagegen damit zu rechnen, dass für den **Arbeitgeber keine Kostenminderung eintritt**, ist der durch den Erwerb verursachte Mehraufwand des Arbeitgebers als Arbeitslohn steuer- und beitragspflichtig.

⟮LSt⟯ ⓢ︎ⓥ︎

Beispiel 1:

Arbeitnehmer A hat für 150 € eine Bahncard erworben, die er vor allem für private Zwecke nutzt. Da er aber auch beruflich zu Messen usw. fahren muss, hat der Arbeitgeber die Kosten übernommen. Als Fahrtkosten für die Bahn anlässlich von Dienstreisen fallen für den Arbeitgeber im Jahr 2002 etwa 200 € an, durch die Bahncard des A reduzieren sich seine Kosten um 50 % auf 100 €.

Der Arbeitgeber wendet somit 100 € für die eigentlichen Fahrkarten (50 % von 200 €) und 150 € für die Bahncard auf, insgesamt also 250 €. Im Ergebnis wendet er somit 50 € mehr auf, als wenn er „normale Fahrkarten" kaufen würde. Dieser Mehrbetrag von 50 € ist für A steuerpflichtiger Arbeitslohn.

Beispiel 2:

Der Arbeitgeber übernimmt die Kosten der Bahncard, obwohl der Arbeitnehmer überhaupt keine Dienstreisen, sondern lediglich Privatfahrten durchführt.

Die Übernahme der Kosten für die Bahncard ist in voller Höhe steuerpflichtiger Arbeitslohn.

2. Steuerfreier Ersatz bei Nutzung für Fahrten zwischen Wohnung und Arbeitsstätte

408 Seit 1.1.1994 kann der Arbeitgeber die Kosten für eine Bahncard auch dann nach § 3 Nr. 34 EStG steuer- und somit auch beitragsfrei erstatten, wenn sie der Arbeitnehmer für Fahrten zwischen Wohnung und Arbeitsstätte nutzt. Voraussetzung ist aber auch hier, dass sich für den Arbeitgeber durch die **Kostenerstattung insgesamt eine Ersparnis gegenüber den (nicht ermäßigten) Kosten ergibt**, die er dem Arbeitnehmer sonst für dessen Fahrten zwischen Wohnung und Arbeitsstätte mit der Bahn erstatten würde. Außerdem müssen die Kosten **zusätzlich zum ohnehin geschuldeten Arbeitslohn erstattet** werden. Die **private Nutzungsmöglichkeit** der Bahncard, z.B. an Wochenenden, ist auch hier unerheblich (R 42 Abs. 3 Satz 2 LStR). Einzelheiten siehe → *Fahrten zwischen Wohnung und Arbeitsstätte* Rz. 2633.

⟮LSt⟯ ⓢ︎ⓥ︎

Ballbesuch

409 Der von einem **Arbeitgeber** (z.B. einem Unternehmen der Atelier-, Film-, Funk- und Musikbranche) **angeordnete Besuch des Presseballs** durch seine leitenden Angestellten mit Ehefrauen kann im ganz überwiegend **eigenbetrieblichen Interesse des Arbeitgebers** liegen (Werbung für das Unternehmen). Die vom Arbeitgeber übernommenen Kosten des Ballbesuchs der Arbeitnehmer und deren Ehefrauen sind dann kein Arbeitslohn (FG Hamburg, Urteil vom 15.1.1987, EFG 1987 S. 286). Dies gilt auch, wenn ein Arbeitgeber seine Außendienstmitarbeiter nebst Ehefrauen zu einem **Branchenball** entsendet, bei dem das betriebliche Interesse (d.h. Pflege der Absatzbeziehungen) im Vordergrund steht (FG Köln, Urteil vom 5.11.1998, EFG 1999 S. 287).

⟮LSt⟯ ⓢ︎ⓥ︎

Die o.g. Entscheidungen sollten aber **nicht verallgemeinert** werden. Im Regelfall ist davon auszugehen, dass die Kostenübernahme für Bälle **Arbeitslohn** darstellt, weil ein Ballbesuch regelmäßig mehr oder weniger den **gesellschaftlichen außerberuflichen Bereich** des einzelnen Teilnehmers berührt (so auch FG Hamburg, Urteil vom 28.4.1988, EFG 1988 S. 471, betr. vom Arbeitgeber zur Kontaktpflege mit Kunden veranstaltete Bälle, an denen die Außendienstmitarbeiter auf Kosten des Arbeitgebers teilgenommen hatten).

Zur Frage, ob Arbeitslohn vorliegt, wenn Außendienstmitarbeiter zu Tagungen mit Kunden, die mit einem Rahmenprogramm verbunden sind (z.B. ein Ball oder ein Galadinner), im geschäftlichen Interesse des Arbeitgebers ihren Ehegatten mitbringen sollen, siehe → *Fortbildung* Rz. 1067.

⟮LSt⟯ ⓢ︎ⓥ︎

Barlohnumwandlung

1. Begriff

410 Das Einkommensteuergesetz sieht bei bestimmten Leistungen des Arbeitgebers an seine Arbeitnehmer eine Steuerbefreiung oder die Möglichkeit der Pauschalversteuerung vor. Will der Arbeitgeber diese Leistungen **nicht zusätzlich zu dem vereinbarten Arbeitslohn zahlen**, stellt sich die Frage, ob er **normalen Arbeitslohn des Arbeitnehmers in steuerfreien oder pauschal besteuerten Arbeitslohn** umwandeln kann (Barlohnumwandlung oder Gehaltsumwandlung). Durch die Minderung des normalen Arbeitslohns und die Ausnutzung der Steuerfreiheit würden sich eine niedrigere Lohnsteuer und niedrigere Sozialversicherungsbeiträge ergeben:

Beispiel:

Der Arbeitnehmer (ledig, Steuerklasse I, Religion rk) in Köln hat einen tarifvertraglichen Lohnanspruch auf 3 000 € im Monat. Die Lohnabrechnung sieht wie folgt aus:

Arbeitslohn	3 000,— €
⌧ Lohnsteuer	621,91 €
⌧ Solidaritätszuschlag (5,5 % von 621,91 €)	34,20 €
⌧ Kirchensteuer (9 % von 621,91 €)	55,97 €
⌧ Arbeitnehmeranteil zur	
Rentenversicherung (9,55 %)	286,50 €
Arbeitslosenversicherung (3,25 %)	97,50 €
Pflegeversicherung (0,85 %)	25,50 €
Krankenversicherung (6,9 % - Annahme)	207,— €
= Ausgezahlter Betrag	1 671,42 €

Der Arbeitnehmer vereinbart mit dem Arbeitgeber, dass ihm nicht der Tariflohn, sondern nur 2 800 € ausgezahlt werden und der Arbeitgeber ihm im Gegenzug die Aufwendungen für die Fahrten zwischen Wohnung und Arbeitsstätte mit der Bundesbahn in Höhe von monatlich 200 € ersetzt. Würde eine Barlohnumwandlung steuer- und sozialversicherungsrechtlich anerkannt werden, ergäbe sich folgende Lohnabrechnung:

Arbeitslohn	2 800,— €
⌧ Lohnsteuer	550,41 €
⌧ Solidaritätszuschlag (5,5 % von 550,41 €)	30,27 €
⌧ Kirchensteuer (9 % von 550,41 €)	49,53 €
⌧ Arbeitnehmeranteil zur	
Rentenversicherung (9,55 %)	267,40 €
Arbeitslosenversicherung (3,25 %)	91,— €
Pflegeversicherung (0,85 %)	23,80 €
Krankenversicherung (6,9 % - Annahme)	193,20 €
= Zwischensumme	1 594,39 €
+ steuerfreier Fahrtkostenzuschuss	200,— €
= Ausgezahlter Betrag	1 794,39 €

Der Arbeitnehmer hätte also durch niedrigere Steuern und Sozialversicherungsabgaben einen höheren monatlichen Nettobetrag von 122,97 € (1 794,39 € ⌧ 1 671,42 €). Die **Jahresersparnis** beträgt – ohne Beachtung etwaiger Sonderzahlungen wie z.B. Urlaubs- und Weihnachtsgeld – insgesamt 1 475,64 €.

Auch der Arbeitgeber hätte einen Vorteil: Da sich der Arbeitgeber-Anteil am Gesamtsozialversicherungsbeitrag von monatlich insgesamt 616,50 € auf 575,40 € vermindert, spart der Arbeitgeber monatlich 41,10 €, im Jahr also 493,20 €.

2. Ausdrücklich zugelassene Barlohnumwandlungen

411 Die Barlohnumwandlung ist bei der Umwandlung von Arbeitslohn in **Direktversicherungsbeiträge oder Beiträge an Pensionskassen lohnsteuerlich** ausdrücklich zugelassen worden (R 129 Abs. 5 LStR). Dies gilt allerdings nicht für die pauschale Lohnsteuer nach § 40b EStG (§ 40b Abs. 4 Satz 1 i.V.m. § 40 Abs. 3 Satz 2 zweiter Halbsatz EStG), vgl. → *Abwälzung der pauschalen Lohnsteuer auf den Arbeitnehmer* Rz. 25.

Ausdrücklich zugelassen ist die Barlohnumwandlung auch bei der Steuerfreiheit der **Privatnutzung betrieblicher Personalcomputer und Telekommunikationsgeräte** (R 21e Satz 6 LStR), vgl. → *Computer* Rz. 630 und → *Telekommunikation* Rz. 2396.

Anders als im Steuerrecht wirkt sich eine Umwandlung des **laufenden Arbeitsentgelts** in **Direktversicherungsbeiträge im Sozialversicherungsrecht** nicht beitragsmindernd aus. Vielmehr gehören die vorgenannten Leistungen, die vom laufenden Arbeitsentgelt abgezweigt werden, in voller Höhe zum Arbeitsentgelt.

Pauschal besteuerte Zukunftssicherungsleistungen sind nur dann vom Arbeitsentgelt ausgenommen, wenn es sich um eine zusätzliche Leistung des Arbeitgebers handelt oder aber, wenn die Leistungen aus Einmalzahlungen finanziert werden (→ *Zukunftssicherung: Betriebliche Altersversorgung* Rz. 2688).

3. Nichtzulässige Barlohnumwandlungen

412 Aus der Regelung bei Direktversicherungsbeiträgen und bei der Privatnutzung betrieblicher Personalcomputer und Telekommunikationsgeräte lässt sich aber nicht schließen, dass einer Barlohnumwandlung in allen anderen Fällen ebenso zugestimmt wird. Im Gegenteil: In vielen Fällen hat der Gesetzgeber ausdrücklich die Steuerfreiheit oder die Pauschalierungsmöglichkeit

davon abhängig gemacht, dass die Leistungen **zusätzlich zum ohnehin geschuldeten Arbeitslohn** erbracht werden, z.B. bei

– Leistungen des Arbeitgebers zur Unterbringung und Betreuung von nicht schulpflichtigen Kindern der Arbeitnehmer in **Kindergärten** oder vergleichbaren Einrichtungen (§ 3 Nr. 33 EStG),

– Zuschüssen des Arbeitgebers zu den Aufwendungen des Arbeitnehmers für **Fahrten zwischen Wohnung und Arbeitsstätte mit öffentlichen Verkehrsmitteln** im Linienverkehr sowie die unentgeltliche oder verbilligte Nutzung dieser Verkehrsmittel (§ 3 Nr. 34 EStG),

– Zuschüssen des Arbeitgebers zu den Aufwendungen des Arbeitnehmers für Fahrten zwischen Wohnung und Arbeitsstätte, die nicht unter die Steuerbefreiung des § 3 Nr. 34 EStG fallen, insbesondere Fahrten mit dem Pkw (§ 40 Abs. 2 Satz 2 EStG),

– Zuschüssen des Arbeitgebers zu den Aufwendungen des Arbeitnehmers für die **Internetnutzung** und bei der unentgeltlichen oder verbilligten **Übereignung von Personalcomputern** an Arbeitnehmer (§ 40 Abs. 2 Nr. 5 EStG).

Auch bei **Geburts- und Heiratsbeihilfen** ist Voraussetzung für die Steuerfreiheit, dass die Bezüge zu den lohnsteuerpflichtigen Bezügen hinzukommen, die der Arbeitgeber ohne das Ereignis geschuldet hätte. Dies ergibt sich aus der Rechtsprechung des Bundesfinanzhofs zur früheren Steuerfreiheit von Jubiläumszuwendungen (BFH, Urteile vom 31.10.1986, BStBl II 1987 S. 139, und vom 12.3.1993, BStBl II 1993 S. 521). Im letztgenannten Urteil hat der Bundesfinanzhof zusätzlich entschieden, dass die Jubiläumszuwendung auch beim Vorhandensein einer tarifvertraglichen Öffnungsklausel nur steuerfrei sein kann, wenn sie zusätzlich zu den Leistungen erbracht wird, die der Arbeitgeber ohne das Jubiläum geschuldet hätte (→ *Öffnungsklausel* Rz. 1792). Der Bundesfinanzhof hat seine Auffassung jeweils auf den Begriff der „Zuwendung" gestützt, der sowohl im bisherigen § 3 LStDV (Jubiläumszuwendungen) verwendet wurde als auch im § 3 Nr. 15 EStG (Zuwendungen anlässlich der Eheschließung oder Geburt eines Kindes) verwendet wird (→ *Geburts- und Heiratsbeihilfen* Rz. 1097).

4. Begriff und Kriterium „ohnehin geschuldeter Arbeitslohn"

413 Der Arbeitnehmer darf also **keinen arbeitsrechtlichen Anspruch** auf die Gratifikation haben. Ein arbeitsrechtlicher Anspruch kann sich dabei ergeben aus (Handbuch Betrieb und Personal, Fach 6 Rz. 124):

– dem **Arbeitsvertrag**

auch auf Grund stillschweigender Vereinbarung;

– **betrieblicher Übung**

Voraussetzung ist die wiederholte, nach der Rechtsprechung des Bundesarbeitsgerichts **mindestens dreimalige vorbehaltlose Auszahlung;**

Der Arbeitgeber kann also eine betriebliche Übung schon dadurch ausschließen, dass er den Arbeitnehmern gegenüber bei der Auszahlung einen Bindungswillen für die Zukunft ausdrücklich ausschließt;

– dem **Gleichbehandlungsgrundsatz**

Zahlt der Arbeitgeber an alle oder eine bestimmte abgrenzbare Gruppe von Arbeitnehmern, so verbietet der Gleichheitsgrundsatz den willkürlich sachfremden Ausschluss einzelner Arbeitnehmer von der Zahlung einer Gratifikation;

– dem **Tarifvertrag**

Tarifverträge sind zu beachten bei tarifgebundenen Parteien sowie als allgemein verbindliche Tarifverträge. Dasselbe gilt, wenn ein Tarifvertrag auf Grund einzelvertraglicher Inbezugnahme gilt;

– auf Grund **freiwilliger Betriebsvereinbarung**

die nur wirksam ist, soweit nicht eine tarifliche Regelung üblich ist, vgl. § 77 Abs. 3 BetrVG.

Eine Leistung wird nach Auffassung der Finanzverwaltung dann zusätzlich zum ohnehin geschuldeten Arbeitslohn gezahlt, wenn die zweckbestimmte Leistung zu dem **Arbeitslohn hinzukommt, den der Arbeitgeber schuldet, wenn die maßgebende Zweckbestimmung nicht getroffen wird** (R 21c LStR).

Eine zweckgebundene Leistung wird nur dann zusätzlich zu dem ohnehin geschuldeten Arbeitslohn erbracht, wenn der Arbeitnehmer die Leistung **ohne Zweckbindung nicht erhalten** würde. Entscheidend ist also, dass nur derjenige Arbeitnehmer die Leistung erhalten kann, der sie zu dem begünstigten Zweck verwendet.

Beispiel 1:

Der Arbeitgeber gewährt seinen Arbeitnehmern Kindergartenzuschüsse in Höhe von 25 € monatlich zusätzlich zum vereinbarten Arbeitslohn. Diejenigen Arbeitnehmer, die keine Kindergartenkinder haben, erhalten nichts.

Die Kindergartenzuschüsse sind steuer- und beitragsfrei.

Besteht die Zweckbindung, ist es unerheblich, ob die zusätzliche Leistung ihrerseits vom Arbeitgeber geschuldet oder freiwillig gewährt wird. Ebenso ist es **unschädlich**, wenn der Arbeitgeber verschiedene zweckgebundene **Leistungen zur Auswahl** anbietet.

Beispiel 2:

Der Arbeitgeber bietet seinen Arbeitnehmern **wahlweise** Kindergartenzuschüsse oder Fahrtkostenzuschüsse für öffentliche Verkehrsmittel an. Arbeitnehmer, die weder Kindergartenkinder haben noch mit öffentlichen Verkehrsmitteln zur Arbeit fahren, erhalten nichts.

Die Kindergarten- oder Fahrtkostenzuschüsse sind steuer- und beitragsfrei, denn sie werden zusätzlich zum ohnehin geschuldeten Arbeitslohn gewährt.

Wird dagegen eine an sich zweckbestimmte Leistung unter Anrechnung auf den vereinbarten Arbeitslohn oder durch **Umwandlung (Umwidmung) des vereinbarten Arbeitslohns** gewährt, liegt **keine zusätzliche Leistung** vor; der vereinbarte Arbeitslohn bleibt unverändert. Dies gilt selbst dann, wenn die Umwandlung auf Grund einer **tarifvertraglichen Öffnungsklausel** erfolgt (vgl. BFH, Urteil vom 15.5.1998, BStBl II 1998 S. 518).

Der Arbeitgeber hat bei der Umwandlung von steuerpflichtigem Arbeitslohn in steuerfreie Fahrtkosten- oder Kindergartenzuschüsse so gut wie **keine Gestaltungsspielräume.** Der Arbeitgeber sollte daher seinen Arbeitnehmern von vornherein – statt einer Gehaltserhöhung – einen steuerfreien Fahrtkosten- oder Kindergartenzuschuss anbieten. Dieser Weg ist allerdings auch nur dann gangbar, wenn die Gehaltserhöhung nicht durch Betriebsvereinbarung oder Tarifvertrag festgelegt ist. Gleiches gilt im Übrigen auch für die Pauschalbesteuerung von Zuschüssen für die Internetnutzung der Arbeitnehmer und für die unentgeltliche oder verbilligte Übereignung von Personalcomputern.

5. Weitere Einzelfälle

414 Die Gerichte haben in folgenden Fällen eine Umwandlung von Barlohn **anerkannt:**

– Umwandlung von Barlohn in steuerfreie Vergütungen zur Erstattung von **Reisekosten** (BFH, Urteil vom 27.4.2001, BStBl II 2001 S. 601). Voraussetzung ist allerdings, dass Arbeitgeber und Arbeitnehmer die Lohnumwandlung **vor der Entstehung** des Vergütungsanspruchs vereinbaren,

– Umwandlung von Barlohn in Sachbezüge (BFH, Beschluss vom 20.8.1997, BStBl II 1997 S. 667). Im Urteilsfall ist den Arbeitnehmern ein **Leasing-Fahrzeug zur privaten Nutzung** überlassen worden, wofür die Arbeitnehmer **unter Änderung ihrer Anstellungsverträge** auf einen Teil ihrer Bezüge verzichteten.

Baugenossenschaften

415 Den Arbeitnehmern überlassene **Anteile an Genossenschaften** sind nach § 19a EStG steuerbegünstigt und können mit vermögenswirksamen Leistungen erworben werden. Einzelheiten siehe → *Vermögensbeteiligungen* Rz. 2520 sowie → *Vermögensbildung der Arbeitnehmer* Rz. 2528.

 LSt (SV)

Zur Besteuerung eines geldwerten Vorteils bei der **Vermietung von Wohnungen** eines ehemals gemeinnützigen Wohnungsunternehmens an Arbeitnehmer verbundener Unternehmen siehe → *Dienstwohnung* Rz. 656.

Bauprämien

Eine für die pünktliche Fertigstellung eines Baus gezahlte Bau- **416** prämie ist als Leistungszulage steuer- und somit auch beitragspflichtig (§ 2 Abs. 2 Nr. 6 LStDV).

LSt (SV)

Bausparkassen-Mitarbeiter

Bausparkassenvertreter üben je nach den vertraglichen Gestal- **417** tungen im Einzelfall entweder eine gewerbliche Tätigkeit (vgl. BFH-Urteil vom 28.6.1989, BStBl II S. 965, betr. einen Aktionsleiter) oder eine nichtselbständige Tätigkeit aus; vgl. auch → *Arbeitnehmer* Rz. 163 sowie → *Vertreter* Rz. 2567.

Ein **Vertriebsleiter** ist im Rahmen eines „Freien Mitarbeitervertrags" **selbständig gewerblich** tätig, wenn er unter erheblichem **Kapitaleinsatz Unternehmerinitiative entfaltet und Unternehmerrisiko trägt** (FG Rheinland-Pfalz, Urteil vom 20.3.1996 – 1 K 1034/93, NWB Eilnachrichten 1996 Fach 1 S. 188).

Bezirksleiter von öffentlich-rechtlichen Bausparkassen sind regelmäßig **selbständig** tätig, da sie bei der Beschäftigung von Mitarbeitern, insbesondere von nebenberuflichen Bezirksvertretern und von Angestellten der Beratungsstellen, keinen wesentlichen Beschränkungen unterliegen. Die Bezirksleiter haben damit die Möglichkeit, die Mitarbeiterzahl und damit ihre Verdienstchancen zu erhöhen (BSG, Urteile vom 29.1.1981, BB 1983 S. 447).

Der Verzicht auf die Erhebung der Abschlussgebühr bleibt bei Bausparkassenmitarbeitern im Rahmen des § 8 Abs. 3 EStG steuerfrei, vgl. → *Rabatte* Rz. 1938; zu **Provisionszahlungen** von Bausparkassen an Arbeitnehmer von Kreditinstituten siehe → *Provisionen* Rz. 1933.

 L̶S̶t̶ (S̶V̶)

Baustellenzulagen

Baustellenzulagen, die z.B. wegen **unzureichender Unter- 418 kunftsverhältnisse** gewährt werden, sind als sog. Erschwerniszuschläge steuer- und beitragspflichtig (§ 2 Abs. 2 Nr. 7 LStDV).

LSt (SV)

Wenn Baustellenzulagen dagegen als Ersatz von **Mehraufwendungen für Verpflegung** gezahlt werden, können sie nach den für die Doppelte Haushaltsführung oder Reisekosten geltenden Regeln steuerfrei bleiben (→ *Doppelte Haushaltsführung: Allgemeines* Rz. 730; → *Reisekosten: Allgemeine Grundsätze* Rz. 1994).

L̶S̶t̶ (S̶V̶)

Bauzuschlag

Der Bauzuschlag zur Abgeltung witterungsbedingter Arbeitsaus- **419** fälle außerhalb der Schlechtwetterzeit ist als Erschwerniszuschlag steuer- und beitragspflichtig (§ 2 Abs. 2 Nr. 7 LStDV).

LSt (SV)

Beamte

1. Lohnsteuer

a) Allgemeines

420 Beamte üben ihre **Haupttätigkeit** grundsätzlich als **Arbeitnehmer** aus, das Gehalt ist steuerpflichtiger Arbeitslohn. Die Lohnsteuer ist nach der **Besonderen Lohnsteuertabelle** zu ermitteln, weil Beamte nur eine gekürzte Vorsorgepauschale erhalten (vgl. R 120 Abs. 3 Nr. 1 LStR; siehe → *Lohnsteuertabellen* Rz. 1655; → *Vorsorgepauschale* Rz. 2579).

b) „Selbständige" Nebentätigkeiten

421 **Nebentätigkeiten** können hingegen selbständig ausgeübt werden. So sind z.B. nebenberuflich ausgeübte **Lehr- oder Prüfungstätigkeiten** als freiberufliche Tätigkeiten i.S. des § 18 Abs. 1 Nr. 1 EStG anzusehen, vgl. H 68 (Nebenberufliche Lehrtätigkeit) LStH. Dies gilt auch für die

– Tätigkeit als **Aufsichtsratsmitglied**, es sei denn, die Tätigkeit ist auf Verlangen, Vorschlag oder Veranlassung des Dienstherrn übernommen worden (→ *Aufsichtsratsvergütungen* Rz. 295) oder für

– Vergütungen eines **Gemeindedirektors** für die Tätigkeit als **Mitglied einer Schätzungskommission** (BFH, Urteil vom 8.2.1972, BStBl II 1972 S. 460).

Vergütungen für selbständige Nebentätigkeiten unterliegen nicht dem Lohnsteuerabzug. Der Empfänger hat sie ggf. in seiner Einkommensteuererklärung anzugeben (→ *Veranlagung von Arbeitnehmern* Rz. 2502). Für Lehr- und Prüfungstätigkeiten kann ggf. die Steuerbefreiung nach § 3 Nr. 26 EStG in Anspruch genommen werden (→ *Aufwandsentschädigungen für bestimmte nebenberufliche Tätigkeiten* Rz. 297).

c) „Unselbständige" Nebentätigkeiten

422 Streitig ist in der Praxis immer wieder die Abgrenzung der Einkunftsart bei bestimmten **Hilfstätigkeiten**, die mit der hauptberuflichen Tätigkeit unmittelbar zusammenhängen. Der Bundesfinanzhof rechnet solche Tätigkeiten der Haupttätigkeit zu, wenn dem Arbeitnehmer aus seinem „**Hauptdienstverhältnis**" **Nebenpflichten obliegen**, die zwar im Arbeitsvertrag nicht ausdrücklich vorgesehen sind, deren Erfüllung der **Arbeitgeber aber nach der tatsächlichen Gestaltung des Dienstverhältnisses und nach der Verkehrsanschauung erwarten darf**. Als Nebenpflichten aus dem Dienstverhältnis sind jedoch nur solche Pflichten anzusehen, die in einer **unmittelbaren sachlichen Beziehung** zu der nichtselbständig ausgeübten Tätigkeit stehen, auch wenn der Arbeitgeber die zusätzlichen Leistungen besonders vergütet. Die Ausübung der Nebenpflichten muss der Weisung und Kontrolle des Dienstherrn unterliegen. Liegt ein unmittelbarer Zusammenhang in diesem Sinne zwischen der Haupt- und der Nebentätigkeit des Arbeitnehmers nicht vor, so ist die Nebentätigkeit ohne Rücksicht auf die hauptberufliche Tätigkeit zu beurteilen, vgl. H 68 (Allgemeines) LStH und H 68 (Nebentätigkeit bei demselben Arbeitgeber) LStH.

Vergütungen für folgende „Nebenpflichten" aus dem Dienstverhältnis werden hiernach der **Haupttätigkeit zugerechnet** und sind somit zusammen mit dem „normalen" Arbeitslohn dem **Lohnsteuerabzug zu unterwerfen**:

– Aufsichtsvergütungen für die „**reine**" **Aufsichtsführung** bei juristischen Staatsprüfungen (OFD Hannover, Verfügung vom 23.5.1995, StLex 4, 19-19a, 1276),

– Vergütungen für die **Abnahme medizinischer Tests** bei medizinischen Studiengängen (FinMin Thüringen, Erlass vom 16.2.1996, DB 1996 S. 809),

– Vergütungen für die Mitwirkung von Kommunalbeamten bei der **Volkszählung** (FinMin Nordrhein-Westfalen, Erlass vom 9.11.1982, DB 1982 S. 2437), soweit die bei der Volkszählung 1987 nicht nach § 3 Nr. 12 Satz 2 EStG steuerfrei bleiben konnten (→ *Aufwandsentschädigungen im öffentlichen Dienst* Rz. 309).

Mit der Zuordnung der Nebentätigkeit zur Haupttätigkeit **entfällt** gleichzeitig die auf bestimmte **nebenberufliche Tätigkeiten beschränkte Steuerbefreiung des § 3 Nr. 26 EStG**. Einzelheiten siehe → *Aufwandsentschädigungen für bestimmte nebenberufliche Tätigkeiten* Rz. 297.

2. Sozialversicherung

423 Wie im Steuerrecht gehören die Beamten im Sozialversicherungsrecht auch zur **Gruppe der Arbeitnehmer**. Jedoch nehmen sie hier eine Sonderstellung ein.

a) Krankenversicherung

424 Beamte – hierzu zählen Richter, Soldaten auf Zeit, Berufssoldaten der Bundeswehr sowie sonstige Beschäftigte des Bundes, eines Landes, eines Gemeindeverbandes, einer Gemeinde, von öffentlich-rechtlichen Körperschaften, Anstalten, Stiftungen oder Verbänden öffentlich-rechtlicher Körperschaften oder deren Spitzenverbänden – sind in der gesetzlichen **Krankenversicherung versicherungsfrei**, wenn sie nach beamtenrechtlichen Vorschriften oder Grundsätzen bei Krankheit

– Anspruch auf Fortzahlung der Bezüge und

– Anspruch auf Beihilfe oder Heilfürsorge

haben (§ 6 Abs. 1 Nr. 2 SGB V). Die Krankenversicherungspflicht in der gesetzlichen Krankenversicherung ist für Beamte entbehrlich, da der Dienstherr zum Teil die **Kosten der Heilbehandlung** selbst übernimmt. Für den nicht durch diese Arbeitgeberleistung abgedeckten Teil hat der Beamte sich im Rahmen der Selbstvorsorge selbst zu versichern.

Sind diese Voraussetzungen erfüllt, besteht nicht nur in der **Hauptbeschäftigung als Beamter Krankenversicherungsfreiheit**, sondern auch in einer möglichen **Nebenbeschäftigung** außerhalb des Dienstverhältnisses. Damit soll vermieden werden, dass Beamte durch eine gering entlohnte Beschäftigung in der sozialen Krankenversicherung zu einem besonders günstigen Beitrag versichert werden. In derartigen Fällen braucht auch der privatrechtliche Arbeitgeber keine Beiträge zur Krankenversicherung zu entrichten. Für geringfügig beschäftigte Beamte mit einer wöchentlichen Arbeitszeit von weniger als 15 Stunden und einem monatlichem Arbeitsentgelt von nicht mehr als 325 € (versicherungsfreie Arbeitnehmer nach § 8 Abs. 1 Nr. 1 SGB IV, → *Geringfügig Beschäftigte* Rz. 1115) hat der Arbeitgeber grundsätzlich einen pauschalen Krankenversicherungsbeitrag in Höhe von 10 % des Arbeitsentgelts zu entrichten. Dies gilt jedoch nur dann, wenn diese freiwilliges Mitglied einer gesetzlichen Krankenkasse sind. Besteht dagegen keine Versicherung bei einer gesetzlichen Krankenkasse, braucht der Arbeitgeber für den außerhalb der Beamtentätigkeit geringfügig beschäftigten Beamten keine Krankenversicherungsbeiträge zu entrichten.

Ist der Beamte allerdings vom **Dienst beurlaubt** worden, tritt in einer evtl. ausgeübten **Nebenbeschäftigung** Krankenversicherungspflicht ein. In diesem Falle hätte der Arbeitgeber – vorausgesetzt, der beurlaubte Beamte übt eine geringfügige Beschäftigung i.S. des § 8 Abs. 1 Nr. 1 SGB IV aus (→ *Geringfügig Beschäftigte* Rz. 1115) – einen **pauschalen Krankenversicherungsbeitrag** zu zahlen.

Verpflichtet sich der private Arbeitgeber jedoch, dem **beurlaubten Beamten** im Krankheitsfall für die gesamte Zeit der Beurlaubung das vereinbarte Arbeitsentgelt und die den **Beihilfevorschriften** entsprechenden Leistungen zu gewähren, und erklärt der beurlaubende Dienstherr gleichzeitig, die **Rückkehr** des beurlaubten Beamten von dem Zeitpunkt an zu gewährleisten, **von dem an der Arbeitgeber diese Leistungen im Krankheitsfall** nicht mehr erbringt, besteht nach Auffassung der Spitzenverbände der Sozialversicherungsträger (Besprechung vom 8./9.11.1989, Sozialversicherungsbeitrag-Handausgabe 2001 VL 6 V/4) auch in der bei einem privaten Arbeitgeber ausgeübten Beschäftigung Krankenversicherungsfreiheit.

Eine **Beamtenwitwe, die neben ihrer Witwenpension eine Beschäftigung ausübt,** ist in dieser Beschäftigung auf keinen Fall auf Grund des Beihilfeanspruchs ihres verstorbenen Ehegatten krankenversicherungsfrei (vgl. BSG-Urteil vom 21.9.1993 – 12 RK 39/91 –, Sozialversicherungsbeitrag-Handausgabe 2001 R 6 V/ 30). Krankenversicherungsfreiheit käme nur dann in Betracht, wenn das Einkommen aus dieser Beschäftigung die Jahresarbeitsentgeltgrenze überschreiten würde. Die Witwenpension darf bei der Ermittlung des Jahresarbeitsentgelts jedoch nicht berücksichtigt werden (vgl. BSG-Urteil vom 23.6.1994 – 12 RK 42/92 –, Sozialversicherungsbeitrag-Handausgabe 2001 R 6 V/7).

Beispiel:

Eine Beamtenwitwe (52 Jahre) bezieht eine Pension von 1 050 € monatlich. Am 1.4.2001 nimmt sie eine Beschäftigung als Lohnbuchhalterin auf. Das Arbeitsentgelt beträgt bei einer wöchentlichen Arbeitszeit von 38,5 Stunden 2 500 €.

In der Krankenversicherung besteht Versicherungspflicht. Die Versicherungsfreiheit auf Grund der Witwenpension erstreckt sich nicht auf das neue Beschäftigungsverhältnis. Bei der Ermittlung des Jahresarbeitsentgelts wird die Witwenpension nicht berücksichtigt. Das Arbeitsentgelt übersteigt die Jahresarbeitsentgeltgrenze nicht.

b) Pflegeversicherung

425 In der sozialen Pflegeversicherung gelten **grundsätzlich die gleichen Regelungen wie in der gesetzlichen Krankenversicherung.** Das bedeutet, dass Beamte in der sozialen Pflegeversicherung versicherungsfrei sind. Diese Versicherungsfreiheit erstreckt sich dabei auch auf Beschäftigungsverhältnisse bei privaten Arbeitgebern außerhalb des Dienstverhältnisses. Allerdings haben Personen, die nach **beamtenrechtlichen Vorschriften** oder Grundsätzen bei Pflegebedürftigkeit Anspruch auf Beihilfe haben, die Verpflichtung, bei einem **privaten Versicherungsunternehmen** eine anteilige Pflegeversicherung abzuschließen. Dies gilt auch für die hinterbliebenen Versorgungsbezieher (vgl. § 23 Abs. 3 SGB XI).

c) Rentenversicherung

426 Beamte, Richter, Berufs- und Zeitsoldaten sind im Rahmen ihres Dienstverhältnisses rentenversicherungsfrei, da durch die direkte Versorgungszusage des Dienstherrn eine spezielle Alterssicherung besteht (vgl. § 5 Abs. 1 Satz 1 Nr. 1 SGB VI). Dies gilt auch **für Beamte auf Zeit oder auf Probe, Beamte auf Widerruf** im **Vorbereitungsdienst sowie für Soldaten auf Zeit.** Sonstige Beschäftigte in einem öffentlich-rechtlichen Dienstverhältnis (z.B. Geistliche und Kirchenbeamte) sowie Arbeitnehmer mit einem dem Beamtenrecht vergleichbaren Versorgungsstatus (z.B. Dienstordnungs-Angestellte von Sozialversicherungsträgern oder deren Verbänden) sind nur dann **rentenversicherungsfrei,** wenn ihnen nach beamtenrechtlichen Vorschriften oder Grundsätzen oder entsprechenden kirchenrechtlichen Regelungen **Anwartschaft auf Versorgung** bei verminderter Erwerbsfähigkeit und im Alter auf Hinterbliebenenversorgung **gewährleistet** wird und die Erfüllung der Gewährleistung gesichert ist.

Ehemalige Berufssoldaten, die nach dem Personalstärkegesetz vorzeitig in den Ruhestand versetzt worden sind und eine Versorgung beziehen, sind in der Rentenversicherung versicherungsfrei, wenn sie eine entgeltliche Beschäftigung ausüben (BSG-Urteil vom 22.2.1996 – 12 RK 3/95 –, Sozialversicherungsbeitrag-Handausgabe 2001 R 5 VI/5).

Im Gegensatz zur Krankenversicherung erstreckt sich die **Versicherungsfreiheit nur auf das Dienstverhältnis** und **nicht auf anderweitige Beschäftigungen bei einem privaten Arbeitgeber** (vgl. BSG-Urteil vom 10.9.1975 – 3/12 RK 6/74, Sozialversicherungsbeitrag-Handausgabe 2001 R 5 VI/3), so dass bei einer Nebenbeschäftigung Rentenversicherungspflicht eintreten kann.

Übt der Beamte eine Beschäftigung von weniger als 15 Stunden wöchentlich und mit einem monatlichen Einkommen von regelmäßig nicht mehr als 325 € aus, besteht in der Rentenversicherung auf Grund der Geringfügigkeit Versicherungsfreiheit (§ 5

Abs. 2 Satz 1 Nr. 1 i.V.m. § 8 Abs. 1 Nr. 1 SGB IV → *Geringfügig Beschäftigte* Rz. 1115). Die vorgesehene Zusammenrechnung von Arbeitsentgelten und Arbeitszeiten aus der Hauptbeschäftigung und der Nebenbeschäftigung (vgl. § 8 Abs. 2 Satz 1 SGB IV) scheidet auf Grund der **Sonderregelung** des § 5 Abs. 2 Satz 1 SGB VI aus, da es sich bei der Hauptbeschäftigung um eine rentenversicherungsfreie Beschäftigung handelt.

Übt ein Beamter neben seinem Beamtenverhältnis eine nicht geringfügige und eine geringfügig entlohnte Beschäftigung aus, besteht auf Grund der nicht geringfügigen Beschäftigung Versicherungspflicht in der Renten- und Arbeitslosenversicherung. Damit findet in der Rentenversicherung nach § 5 Abs. 2 Satz 1 zweiter Halbsatz SGB VI eine Zusammenrechnung der nicht geringfügigen Beschäftigung mit der geringfügigen Beschäftigung statt, so dass auch die geringfügig entlohnte Beschäftigung rentenversicherungspflichtig ist und individuelle Beiträge zur Rentenversicherung zu zahlen sind. In der Arbeitslosenversicherung bleibt die geringfügige Beschäftigung hingegen nach § 27 Abs. 2 Satz 1 SGB III versicherungsfrei. In der Kranken- und Pflegeversicherung besteht hinsichtlich der nicht geringfügigen Beschäftigung wegen der Versorgungsregelung als Beamter Krankenversicherungsfreiheit. Eine Zusammenrechnung der nicht geringfügigen Beschäftigung mit der geringfügigen Beschäftigung scheidet daher aus. Der Arbeitgeber der geringfügigen Beschäftigung hat allerdings, sofern der Beamte in der gesetzlichen Krankenversicherung freiwillig versichert ist, den Pauschalbeitrag in Höhe von 10 % zu zahlen (vgl. Besprechungsergebnis der Spitzenverbände der Sozialversicherungsträger am 26./27.5.1999, Sozialversicherungsbeitrag-Handausgabe 2001 VL 8 IV/6).

Bei geringfügig Beschäftigten i.S. des § 8 Abs. 1 Nr. 1 SGB IV – und somit auch bei den o.a. Beamten – hat der Arbeitgeber Rentenversicherungsbeiträge in Höhe von 12 % des der Beschäftigung zu Grunde liegenden Arbeitsentgelts zu entrichten (→ *Beiträge zur Sozialversicherung* Rz. 438).

d) Arbeitslosenversicherung

Beamte, Richter, Soldaten auf Zeit sowie Berufssoldaten der **427** Bundeswehr sind **arbeitslosenversicherungsfrei.** Das Gleiche gilt für sonstige beamtenähnliche Beschäftigte des Bundes, eines Landes, eines Gemeindeverbandes, einer Gemeinde, einer öffentlich-rechtlichen Körperschaft, Anstalt, Stiftung oder eines Verbandes öffentlich-rechtlicher Körperschaften oder deren Spitzenverbänden, wenn sie nach beamtenrechtlichen Vorschriften oder Grundsätzen bei Krankheit Anspruch auf Fortzahlung der Bezüge und auf Beihilfe oder Heilfürsorge haben (vgl. § 27 Abs. 1 Nr. 1 SGB III).

Die Arbeitslosenversicherungsfreiheit ist auf die jeweilige Beschäftigung im öffentlichen Dienst beschränkt. Bei Beamten und beamtenähnlichen Personen, die **außerhalb ihres Dienstverhältnisses** eine anderweitige Beschäftigung ausüben, kommt für die Beschäftigung bei einem privaten Arbeitgeber Arbeitslosenversicherungsfreiheit grundsätzlich nicht in Betracht. Eine Ausnahme gilt für beurlaubte Beamte und beurlaubte beamtenähnliche Personen. Sie sind dann arbeitslosenversicherungsfrei, wenn sich der private Arbeitgeber verpflichtet, dem beurlaubten Beamten im Krankheitsfall für die gesamte Zeit der Beurlaubung das vereinbarte Arbeitsentgelt und die den Beihilfevorschriften entsprechenden Leistungen zu gewähren, und der beurlaubende Dienstherr erklärt, die Rückkehr des beurlaubten Beamten von dem Zeitpunkt an zu gewährleisten, von dem an der Arbeitgeber diese Leistungen im Krankheitsfall nicht mehr erbringt. Diese Verpflichtung sollte durch eine Bescheinigung des privaten Arbeitgebers und des beurlaubenden Dienstherrn nachgewiesen werden.

Beispiel:

Ein Beamter (monatliches Einkommen aus dem Dienstverhältnis 2 000 €) übt in den Nachmittagsstunden eine Aushilfsbeschäftigung im Supermarkt aus. Die wöchentliche Arbeitszeit beträgt 19 Std. Es wird ein monatliches Entgelt von 1 000 € gezahlt.

In der Kranken- und Pflegeversicherung besteht auf Grund der Zweitbeschäftigung bei einem privaten Arbeitgeber keine Versicherungspflicht. Allerdings hat der Arbeitgeber den Arbeitnehmer zur Renten- und Arbeitslosenversicherung anzumelden. Versicherungsfreiheit auf Grund anderer Tatbestände ist nicht gegeben.

Beamtenanwärter

1. Lohnsteuer

428 Die Anwärterbezüge stellen steuerpflichtigen Arbeitslohn dar (→ *Anwärterbezüge* Rz. 148). Die Beamtenanwärter können abhängig vom jeweiligen Ausbildungsablauf ihre Ausbildung im Rahmen von Dienstreisen oder auch als Einsatzwechseltätigkeit ausüben (Reisekosten); vgl. auch → *Auszubildende* Rz. 395.

[LSt]

2. Sozialversicherung

429 Für Zeiten vor der eigentlichen Übernahme in das Beamtenverhältnis tritt Kranken- und Pflegeversicherungsfreiheit nur ein, wenn ein Anspruch auf Fortzahlung der Bezüge nach beamtenrechtlichen Vorschriften oder Grundsätzen besteht (vgl. Besprechungsergebnis der Spitzenverbände der Sozialversicherungsträger vom 24./25.4.1989, Sozialversicherungsbeitrag-Handausgabe 2001 VL 6 V/3). Auch in der **Renten- und Arbeitslosenversicherung** besteht vor Übernahme in das Beamtenverhältnis für diese Personen Versicherungspflicht.

Beerdigungskosten

430 Übernimmt der Arbeitgeber anstelle der Erben die Kosten für die Beerdigung eines verstorbenen Arbeitnehmers, so ist der geldwerte Vorteil grundsätzlich **bei den Erben als Arbeitslohn** zu versteuern (§ 19 Abs. 1 Satz 1 Nr. 2 EStG).

[LSt] [SV]

Dies gilt nur dann nicht, wenn die Erben zur Tragung der Kosten nicht in der Lage gewesen wären und somit die Voraussetzungen für eine Steuerbefreiung als Unterstützungen i.S. des § 3 Nr. 11 EStG i.V.m. R 11 LStR vorliegen (→ *Unterstützungen* Rz. 2487).

Wendet der Arbeitgeber allerdings aus **geschäftlichen Repräsentationsgründen** höhere Kosten auf als sie die Hinterbliebenen von sich aus zu einer standesgemäßen Beerdigung aufgewendet hätten, ist insoweit nach den Grundsätzen der „aufgedrängten Bereicherung" kein Arbeitslohn anzunehmen (BFH, Urteil vom 17.1.1956, BStBl III 1956 S. 94).

[L̶S̶t̶] [SV]

Befreiung vom Lohnsteuerabzug

431 Auch wenn der Lohnsteuerabzug recht kompliziert ist – der Arbeitgeber ist zur Vornahme verpflichtet (§ 38 Abs. 3 Satz 1 EStG). Er darf sich dieser Verpflichtung nicht entziehen, selbst wenn das Finanzamt die Lohnsteuer ebenso gut im **Veranlagungsverfahren** des Arbeitnehmers erheben könnte. Der Arbeitgeber darf den Lohnsteuerabzug auch nicht mit der Begründung unterlassen, sein Arbeitnehmer würde auf das ganze Jahr gesehen die **Besteuerungsgrenzen nicht überschreiten**, z.B. bei Aushilfskräften (BFH, Urteil vom 15.11.1974, BStBl II 1975 S. 297; R 104 LStR). Ab 2000 kann ggf. der bei dem ersten Dienstverhältnis nicht ausgenutzte Tabellenfreibetrag auf eine zweite Lohnsteuerkarte übertragen werden (→ *Übertragung des Grundfreibetrags* Rz. 2443).

Nur in ganz wenigen Einzelfällen lässt die Finanzverwaltung aus Vereinfachungsgründen eine **„direkte Zahlung"** der Lohnsteuer durch den Arbeitnehmer im Rahmen der Veranlagung zur Einkommensteuer zu, so z.B. bei **Beamten**, die auf Verlangen, Vorschlag oder Veranlassung ihres Dienstherrn in den Aufsichtsrat eines Unternehmens entsandt werden (→ *Aufsichtsratsvergütungen* Rz. 295) oder auch die Einbehaltung und Abführung der Lohnsteuer durch **Dritte** (siehe → *Anmeldung der Lohnsteuer* Rz. 132).

Behinderte Menschen

1. Arbeitsrecht

432 Für behinderte Menschen mit einem Grad der Behinderung von wenigstens 50 (schwerbehinderte Menschen), ebenso nach Gleichstellung behinderter Menschen mit einem Grad der Behinderung von wenigstens 30, gelten die Regelungen des SGB IX, das das bisherige Schwerbehindertengesetz ohne wesentliche materielle Änderungen abgelöst hat mit Wirkung ab 1.7.2000, mit vielfältigen besonderen Rechten des Arbeitnehmers (z.B. auf Zusatzurlaub) einerseits und Pflichten des Arbeitgebers andererseits, insbesondere verschärften Kündigungsschutzvorschriften (§§ 85 ff. SGB IX).

2. Lohnsteuer

a) Ausgleichsabgabe

433 Leistungen an Schwerbehinderte aus der „Ausgleichsabgabe" sind nach § 3 Nr. 11 EStG **steuerfrei**. Es handelt sich um Bezüge aus öffentlichen Mitteln, die wegen Hilfsbedürftigkeit gewährt werden.

b) Pauschbeträge für behinderte Menschen

434 Behinderte Menschen haben Anspruch auf nach dem Grad der Behinderung gestaffelte Pauschbeträge (§ 33b EStG; vgl. → *Lohnsteuer-Ermäßigungsverfahren* Rz. 1618), die als **Freibetrag auf der Lohnsteuerkarte** eingetragen werden können, und zwar entweder bereits bei Ausstellung der Lohnsteuerkarte durch die **Gemeinde** (§ 39a Abs. 2 Satz 1 EStG sowie R 108 Abs. 6 LStR) oder auch auf Antrag vom **Finanzamt** (R 111 Abs. 1a LStR). Ohne Eintragung darf der **Arbeitgeber** die Pauschbeträge nicht berücksichtigen.

c) Beschützende Werkstätten

435 Streitig ist häufig, ob die in sog. beschützenden Werkstätten untergebrachten behinderten Menschen **Arbeitnehmer sind** und die gezahlten Vergütungen deshalb dem Lohnsteuerabzug unterliegen. Hierzu hat die **Finanzverwaltung** folgende Regelung getroffen (BMF-Schreiben vom 2.8.1990, DB 1990 S. 1796; vgl. ergänzend FG Münster, Urteil vom 24.11.1993, EFG 1994 S. 658):

In beschützenden Werkstätten tätige behinderte Menschen sind grundsätzlich als **Arbeitnehmer** anzusehen, wenn sie im sog. **Arbeitsbereich tätig** sind. Trotzdem wird nur in den wenigsten Fällen Lohnsteuer einzubehalten sein, weil die Arbeitsentgelte i.d.R. unter den Freigrenzen der Lohnsteuertabelle liegen dürften (→ *Steuertarif* Rz. 2334).

[LSt] [SV]

Bei Tätigkeiten im sog. **Eingangs- und Arbeitstrainingsbereich**, die überwiegend der Rehabilitation und somit **überwiegend therapeutischen und sozialen Zwecken** und weniger der Erzielung eines produktiven Arbeitsergebnisses dienen, kann dagegen ein **Arbeitsverhältnis nicht angenommen** werden. Das gilt insbesondere, wenn lediglich die Anwesenheit des behinderten Menschen belohnt, die Höhe des Entgelts aber durch die Arbeitsleistung nicht beeinflusst wird. In diesen Fällen entfallen aber auch Begünstigungen (z.B. vermögenswirksame Leistungen), die an ein Dienstverhältnis anknüpfen.

Die von einer Werkstatt für Behinderte (anteilig) getragenen Aufwendungen für **Ferienmaßnahmen**, die die Werkstatt mit den bei ihr beschäftigten behinderten Menschen durchführt, sind dann **kein steuerpflichtiger Arbeitslohn**, wenn es sich bei diesen Ferienmaßnahmen nicht um eine übliche Urlaubsgestaltung, sondern um **Bildungsmaßnahmen** mit sozialpädagogischen Schwerpunkten handelt (FG Münster, Urteil vom 24.11.1993, EFG 1994 S. 658). Etwas anderes gilt, wenn eine sozialpädagogische Fachkraft als Einzelbetreuerin mit dem betreuten verhaltensgestörten Kind regelmäßig während der Schulferien Ferienreisen unternimmt und sie allein und ohne Weisung Dritter entscheiden kann, ob und wohin sie Reisen als sog. erlebnispädagogische Maßnahme unternimmt (vgl. BFH-Urteil vom 21.11.1997, BFH/NV 1998 S. 449).

Die den behinderten Menschen von den beschützenden Werkstätten gezahlten **Zuschüsse zu den Fahrtkosten und Mittagessen** sind als Beihilfe i.S. des § 3 Nr. 11 EStG **steuerfrei**, weil sie aus öffentlichen Mitteln gewährt werden.

3. Sozialversicherung

436 In der Sozialversicherung sind **behinderte Menschen**, die

- in anerkannten Werkstätten für behinderte Menschen oder in nach dem Blindenwarenvertriebsgesetz anerkannten Blindenwerkstätten oder sofern sie für diese Einrichtungen in Heimarbeit tätig sind, oder

- in **Anstalten, Heimen oder gleichartigen Einrichtungen** in gewisser Regelmäßigkeit eine Leistung erbringen, die einem **Fünftel der Leistung** eines voll erwerbsfähigen Beschäftigten in gleichartiger Beschäftigung entspricht, wozu auch Dienstleistungen für den Träger der Einrichtung gehören,

kranken-, pflege- und rentenversicherungspflichtig. Arbeitslosenversicherungspflicht kommt i.d.R. nicht in Betracht, da wegen einer Minderung der Leistungsfähigkeit eine Verfügbarkeit auf dem allgemeinen Arbeitsmarkt nicht gegeben ist (§ 28 Nr. 3 SGB III). Die Versicherungsfreiheit nach § 28 Nr. 3 SGB III gilt allerdings nicht für jugendliche Behinderte, die in Einrichtungen für Behinderte, insbesondere in Berufsbildungswerken, an einer berufsfördernden Maßnahme teilnehmen, die ihnen eine Erwerbsfähigkeit auf dem allgemeinen Arbeitsmarkt ermöglichen soll. Dieser Personenkreis ist vielmehr nach § 26 Abs. 1 Nr. 1 SGB III arbeitslosenversicherungspflichtig. Im **Gegensatz zum Steuerrecht** wird bei der **Beitragsberechnung** nicht nur das tatsächlich erzielte Arbeitsentgelt zu Grunde gelegt. Vielmehr sind in den jeweiligen Versicherungszweigen Mindestentgelte zu Grunde zu legen, wenn die tatsächlichen Einnahmen niedriger sind. So sind in der Kranken- und Pflegeversicherung Beiträge mindestens in Höhe von 20 % der monatlichen Bezugsgröße (2002 = 469 € West; 469 € Ost; auf Grund der Rechtsangleichung in der Krankenversicherung gelten in den alten und neuen Bundesländern einheitliche Rechengrößen (→ *Beiträge zur Sozialversicherung* Rz. 438) und in der Rentenversicherung in Höhe von mindestens 80 % der monatlichen Bezugsgröße (2002 = 1 876 € West; 1 568 € Ost) zu Grunde zu legen. Die Beiträge sind von den Trägern der Einrichtungen zu tragen.

Die Spitzenverbände der Sozialversicherungsträger (Besprechungsergebnis am 16./17.11.1999, Sozialversicherungsbeitrag-Handausgabe 2001 VL 8 IV/13) haben sich dafür ausgesprochen, bei der versicherungsrechtlichen Beurteilung geringfügig entlohnter Beschäftigungen, die von versicherungspflichtigen Behinderten in geschützten Einrichtungen sowie von Personen in Einrichtungen der Jugendhilfe oder in Berufsbildungswerken oder ähnlichen Einrichtungen für Behinderte ausgeübt wird, die Arbeitsentgelte und die Arbeitszeiten aus beiden Beschäftigungen nicht zusammenzurechnen. Zwar wird für die hier in Rede stehenden Personenkreise in § 1 Satz 5 SGB VI für den Bereich der Rentenversicherung der Rechtsstatus des „Beschäftigten" fingiert; wegen der anzustrebenden Gleichbehandlung in allen Versicherungszweigen sind die behinderten Menschen in geschützten Einrichtungen sowie die Personen in Einrichtungen der Jugendhilfe oder in Berufsbildungswerken oder ähnlichen Einrichtungen für Behinderte im Zusammenhang mit § 8 Abs. 2 Satz 1 SGB IV einheitlich nicht als Beschäftigte zu werten mit der Folge, dass die in dieser Vorschrift vorgesehene Zusammenrechnung mit einer geringfügig entlohnten Beschäftigung ausscheidet. Der Arbeitgeber hat für geringfügig entlohnte versicherungsfreie Beschäftigte nach § 249b SGB V bzw. § 172 Abs. 3 SGB VI pauschale Beiträge zur Kranken- und Rentenversicherung zu zahlen.

Beihilfen

437 Beihilfen und Unterstützungen des Arbeitgebers zu Gunsten seiner Arbeitnehmer sind zwar grundsätzlich Arbeitslohn, jedoch in vielen Fällen nach § 3 Nr. 11 EStG i.V.m. R 11 LStR steuerfrei. Einzelheiten siehe → *Unterstützungen* Rz. 2487.

Beiträge zur Sozialversicherung

1. Allgemeines

a) Beiträge zur Krankenversicherung

Die Mittel der Krankenversicherung werden durch **Beiträge und sonstige Einnahmen** aufgebracht. Die Beiträge sind so zu bemessen, dass sie zusammen mit den sonstigen Einnahmen die im **Haushaltsplan** vorgesehenen Ausgaben und die vorgeschriebene Auffüllung der **Rücklage** der jeweiligen Krankenkasse decken (§ 220 Abs. 1 SGB V). **438**

Die gesetzliche Krankenversicherung wird ausschließlich durch Beiträge der Versicherten und Arbeitgeber bzw. den arbeitgeberähnlichen Personen (z.B. Rentenversicherungsträger für Rentner, Bundesanstalt für Arbeit für Leistungsbezieher nach dem Arbeitsförderungsgesetz) finanziert. Staatliche **Zuschüsse aus Steuermitteln werden nicht gewährt**. Für geringfügig Beschäftigte mit einer wöchentlichen Arbeitszeit von weniger als 15 Stunden unter einem monatlichen Arbeitsentgelt von nicht mehr als 325 € (versicherungsfreie Arbeitnehmer nach § 8 Abs. 1 Nr. 1 SGB IV, → *Geringfügig Beschäftigte* Rz. 1115) haben die Arbeitgeber grundsätzlich einen **pauschalen Krankenversicherungsbeitrag** in Höhe von **10 %** des Arbeitsentgelts zu entrichten.

b) Beiträge in der Pflegeversicherung

439 In der gesetzlichen Pflegeversicherung gelten die gleichen Grundsätze wie in der Krankenversicherung; die Leistungen werden ausschließlich durch **Beiträge der Versicherten und Arbeitgeber** bzw. den arbeitgeberähnlichen Personen aufgebracht. Allerdings werden die Pflegeversicherungsbeiträge nicht je Krankenkasse bzw. Pflegekasse individuell nach dem zu versichernden Personenkreis kalkuliert, sondern nach einem **im Gesetz festgeschriebenen bei allen Pflegekassen einheitlich geltenden Beitragssatz berechnet.**

Zum Ausgleich der mit den Arbeitgeberbeiträgen verbundenen Belastungen der Wirtschaft werden die Beiträge in der Pflegeversicherung nur dann zur Hälfte vom Arbeitgeber getragen, wenn durch die Länder ein gesetzlicher landesweiter Feiertag, der stets auf einen Werktag fällt, aufgehoben wird (siehe → Rz. 468).

Das **Bundesverfassungsgericht** hat mit Urteil vom 3.4.2001 (BGBl. I 2001 S. 774) die verfassungswidrige Benachteiligung von Eltern auf der Beitragsseite der sozialen Pflegeversicherung festgestellt. Gleichzeitig wurde der Bundesgesetzgeber aufgefordert, bis 31.12.2004 eine Neuregelung zu schaffen (→ *Pflegeversicherung* Rz. 1879). Vgl. ausführlich b+p 2001 S. 431 Nr. 15.

c) Beiträge zur Rentenversicherung

440 Die Leistungen der Rentenversicherung werden zum einen durch Beiträge der **Versicherten und Arbeitgeber** und zum anderen durch einen Bundeszuschuss gedeckt. Der **Bundeszuschuss** wird zweckgebunden gezahlt und soll insbesondere die Leistungsausgaben ausgleichen, die nicht dem originären Versicherungsprinzip entsprechen. Hierbei handelt es sich vornehmlich um **sozialpolitische Aufgaben**, die der Gesetzgeber der Rentenversicherung übertragen hat (z.B. **Kriegsfolgelasten**, beitragsfreie Zeiten, Kinderlastenausgleich, **Fremdrentenleistungen**). Die Beitragssätze in der Rentenversicherung sind bundeseinheitlich und werden durch Rechtsverordnung festgelegt (siehe → Rz. 464). Für geringfügig Beschäftigte mit einer wöchentlichen Arbeitszeit von weniger als 15 Stunden unter einem monatlichem Arbeitsentgelt von nicht mehr als 325 € (versicherungsfreie Arbeitnehmer nach § 8 Abs. 1 Nr. 1 SGB IV, → *Geringfügig Beschäftigte* Rz. 1115) haben die Arbeitgeber grundsätzlich einen **pauschalen Rentenversicherungsbeitrag** in Höhe von **12 %** des Arbeitsentgelts zu entrichten.

d) Beiträge zur Arbeitslosenversicherung

441 In der Arbeitslosenversicherung gelten grundsätzlich gleichartige Regelungen wie in der Kranken-, Pflege- und Rentenversicherung. Die Mittel für die Durchführung der Aufgaben der Bundesanstalt für Arbeit werden von den Arbeitnehmern und Arbeitgebern durch Beiträge je zur Hälfte getragen, soweit für bestimmte Ausgaben die Mittel nicht durch Umlagen aufgebracht werden (z.B. **Insolvenzgeldversicherung**). Der Beitragssatz wird durch Gesetz festgelegt.

2. Rechtsangleichung in der Krankenversicherung

442 Durch das Gesetz zur Rechtsangleichung in der gesetzlichen Krankenversicherung vom 22.12.1999 (BGBl. I 1999 S. 2657) wird mit Wirkung vom 1.1.2001 die Rechtskreistrennung in der gesetzlichen Krankenversicherung aufgehoben. Damit gelten vom 1.1.2001 in der Krankenversicherung im gesamten Bundesgebiet einheitliche Rechengrößen (Bezugsgröße und Beitragsbemessungsgrenze), und zwar die der alten Bundesländer; Entsprechendes gilt für die Pflegeversicherung. In der Renten- und Arbeitslosenversicherung wird hingegen auch über den 31.12.2000 hinaus an der Trennung der Rechengrößen für die alten und neuen Bundesländer festgehalten. Dabei zählt Ost-Berlin in diesen Versicherungszweigen stets zu den neuen Bundesländern.

Zusammenfassend betrachtet ergibt sich dadurch für das Versicherungs-, Beitrags- und Melderecht ab 1.1.2001 folgende Rechtslage:

• **Kranken- und Pflegeversicherung**
– bundeseinheitliche Beitragsbemessungsgrenze und Jahresarbeitsentgeltgrenze;
– Sachbezugswerte:
• in den alten Bundesländern einschließlich West-Berlin gelten die West-Werte,
• in den neuen Bundesländern einschließlich Ost-Berlin gelten die Ost-Werte;
– für die übrigen Beitragsberechnungsgrundlagen gelten bundeseinheitliche Werte (z.B. bei der Anwendung des § 240 Abs. 4 SGB V), die aus der Bezugsgröße nach § 18 Abs. 1 SGB IV (Bezugsgröße West) abgeleitet werden.
• **Renten- und Arbeitslosenversicherung**
– Beitragsbemessungsgrenze:
• in den alten Bundesländern einschließlich West-Berlin gilt die West-Grenze,
• in den neuen Bundesländern einschließlich Ost-Berlin gilt die Ost-Grenze;
– Sachbezugswerte:
• in den alten Bundesländern einschließlich West-Berlin gelten die West-Werte,
• in den neuen Bundesländern einschließlich Ost-Berlin gelten die Ost-Werte.

3. Beitragsberechnung

Sozialversicherungsbeiträge werden prozentual aus dem erarbeiteten Arbeitsentgelt berechnet. Daher richtet sich die Höhe der Beiträge nach den Beitragssätzen und dem beitragspflichtigen Arbeitsentgelt unter Beachtung der **Beitragsbemessungsgrenze**. Außerdem ist der beitragspflichtige Zeitraum **(Beitragszeit)** zu beachten. Beträgt dieser nicht einen vollen Kalendermonat, ist die monatliche Beitragsbemessungsgrenze auf diesen Teillohnzahlungszeitraum umzurechnen (→ *Teillohnzahlungszeitraum* Rz. 2371). **443**

Die Beiträge werden zunächst für den Versichertenanteil berechnet. Der Gesamtbetrag (Versichertenanteil und Arbeitgeberanteil) ergibt sich durch Verdoppelung des zuvor kaufmännisch gerundeten (d.h. die zweite Stelle ist um 1 zu erhöhen, wenn in der dritten Stelle eine der Ziffern 5 bis 9 erscheint) Versichertenanteils. Sind die Beiträge auf Grund gesetzlicher Vorschriften vom Arbeitgeber allein zu tragen, dann kann der volle Beitrag (Arbeitgeber- und Arbeitnehmeranteil) direkt berechnet werden.

Der Arbeitgeber hat die Möglichkeit, die Beiträge direkt aus dem beitragspflichtigen Arbeitsentgelt prozentual zu berechnen.

4. Beitragsabrechnungszeitraum

a) Grundsätze

Der Zeitraum, für den Sozialversicherungsbeiträge zu berechnen und abzuführen sind, ist gesetzlich nicht genau definiert. Das Gesetz enthält jedoch verschiedene Regelungen, die auf einen **kalendermonatlichen Beitragsabrechnungszeitraum** hindeuten; z.B. durch § 23 SGB IV. Danach sind die Beiträge, die nach dem Arbeitsentgelt zu bemessen sind, spätestens am 15. des Monats fällig, der dem Monat folgt, in dem die Beschäftigung ausgeübt worden ist oder als ausgeübt gilt. **444**

Der Arbeitgeber ist grundsätzlich an keinen bestimmten Entgeltabrechnungszeitraum gebunden. Er kann ohne weiteres das Arbeitsentgelt wöchentlich, zweiwöchentlich oder in anderen Abständen abrechnen. Allerdings hat er die **Gesamtsozialversicherungsbeiträge** für einen Kalendermonat abzuführen. Es empfiehlt sich daher, den Entgeltabrechnungszeitraum dem kalendermonatlichen Beitragsabrechnungszeitraum gleichzustellen. Damit erspart sich der Arbeitgeber erhebliche Mehrarbeit. Die Mehrheit der Arbeitgeber hat sich bereits hierauf eingestellt und rechnet das Arbeitsentgelt für ganze Kalendermonate ab.

Bei der Berechnung ist die monatliche Beitragsbemessungsgrenze dem abweichenden Bemessungszeitraum anzupassen. Hierzu ist die Jahres-Beitragsbemessungsgrenze durch 360 zu dividieren und mit der Anzahl der auf den Bemessungszeitraum entfallenden Kalendertage zu vervielfachen. Deckt sich der Lohnabrechnungszeitraum nicht mit dem Kalenderjahr, in dem der Anfang des Lohnabrechnungszeitraums liegt (z.B. 15. Dezember bis 14. Januar), so ist der Abrechnungszeitraum, der das Ende des Kalenderjahres überschreitet, in zwei Abrechnungszeiträume aufzuteilen: Der erste Zeitraum endet mit dem 31. Dezember des Jahres, der zweite Zeitraum beginnt mit dem 1. Januar des folgenden Jahres. Die Beitragsbemessungsgrenze für den vollen Lohnzahlungszeitraum darf nicht überschritten werden. Eine Aufteilung des Abrechnungszeitraumes gilt auch dann, wenn der Beitragssatz in einem Sozialversicherungszweig geändert wird.

b) Besonderheiten

445 Arbeitsentgelt ist in der Sozialversicherung grundsätzlich **in dem Entgeltabrechnungszeitraum** zu berücksichtigen, in dem es erzielt worden ist. Hieraus folgt, dass bei **rückwirkenden Entgeltzahlungen** (z.B. bei rückwirkenden Lohnerhöhungen oder bei zeitversetzt gezahlten Arbeitsentgelten) **Korrekturen der Beitragsberechnung** vorzunehmen sind. Da solche Korrekturen zum Teil mit erheblicher Mehrarbeit verbunden sind, sehen die Spitzenverbände der Sozialversicherungsträger keine Bedenken, **wie nachfolgend beschrieben** zu verfahren:

aa) Zeitversetzte Arbeitsentgeltbestandteile

446 Provisionen, die zwar zeitversetzt, aber monatlich ausgezahlt werden, sind im Entgeltabrechnungszeitraum der Auszahlung zur Beitragsberechnung heranzuziehen. Sofern Provisionen in größeren Zeitabständen als monatlich gezahlt werden, können sie nach Auffassung der Spitzenverbände gleichmäßig auf den Zahlungszeitraum (z.B. Quartal) verteilt werden. Bei Provisionen oder Überstundenvergütungen, die erst nach Beendigung des Beschäftigungsverhältnisses zur Auszahlung gelangen, sollte als Kriterium für die zeitliche Zuordnung die Handhabung während des bestehenden Beschäftigungsverhältnisses als maßgeblich angesehen werden. Dies bedeutet, dass die nach Beendigung des Beschäftigungsverhältnisses noch anfallenden Provisionen oder Überstundenvergütungen dem letzten Entgeltabrechnungszeitraum des Beschäftigungsverhältnisses zugeordnet werden können, wenn diese während des bestehenden Beschäftigungsverhältnisses monatlich gezahlt wurden. Wurden sie dagegen in größeren Zeitabständen ausgezahlt, dann sind sie dem entsprechenden letzten Entgeltabrechnungszeitraum zuzuordnen. Voraussetzung hierfür ist jedoch, dass eine **kontinuierliche Abrechnung** der variablen Arbeitsentgeltbestandteile innerhalb des Betriebes gewährleistet ist (Abrechnung z.B. mit einmonatiger oder zweimonatiger Verzögerung). Um dies zu erreichen, muss sich der Arbeitgeber an seine einmal getroffene Entscheidung zur zeitlichen Zuordnung halten. Hiervon kann er nur abweichen, wenn die Einzugsstellen dem zustimmen.

bb) Rückwirkende Erhöhung des Arbeitsentgelts

447 Nachzahlungen auf Grund rückwirkender Lohn- oder Gehaltserhöhungen sind auf die Entgeltabrechnungszeiträume zu verteilen, für die sie bestimmt sind. Aus Vereinfachungsgründen kann für die Nachzahlungen jedoch § 23a SGB IV mit der Maßgabe angewendet werden, dass die anteiligen Jahres-Beitragsbemessungsgrenzen des Nachzahlungszeitraums zu Grunde zu legen sind (→ *Einmalzahlungen* Rz. 802); dadurch wird der Charakter der Nachzahlung als laufendes Arbeitsentgelt nicht berührt (vgl. Gemeinsames Rundschreiben der Spitzenverbände der Sozialversicherungsträger vom 18.11.1983).

5. Beitragsbemessungsgrundlage

a) Grundsätze

448 Für die Berechnung der Beiträge ist das in dem der Berechnung zu Grunde liegenden Lohnabrechnungszeitraum erzielte beitragspflichtige Arbeitsentgelt höchstens bis zu den für diesen Lohnzahlungszeitraum geltenden Beitragsbemessungsgrenzen maßgebend. Das beitragspflichtige Arbeitsentgelt im Sinne der Sozialversicherung ist in der Regel **mit dem lohnsteuerrechtlichen Arbeitslohn identisch.** Allerdings können steuerrechtlich zu gewährende **Freibeträge** (z.B. Altersentlastungsbetrag, Versorgungsfreibetrag) bei der Beitragsberechnung **nicht** berücksichtigt werden, d.h. diese Freibeträge wirken sich **nicht** beitragsmindernd aus. Arbeitsentgelt aus einer nicht der Versicherungspflicht unterliegenden bzw. einer versicherungsfreien Beschäftigung kann nicht zur Beitragsberechnung herangezogen werden. Für bestimmte Personengruppen (z.B. beschäftigte Behinderte in geschützten Einrichtungen; → *Behinderte* Rz. 432) sind **Mindestbemessungsgrundlagen** zu beachten.

Wurden während des Lohnabrechnungszeitraums auch Einmalzahlungen gewährt, gelten Sonderregelungen, denn bei der Beitragsberechnung aus **Sonderzahlungen** werden die monatlichen Beitragsbemessungsgrenzen außer Kraft gesetzt. Für die Beurteilung der Beitragspflicht des einmalig gezahlten Arbeitsentgelts wird dann eine **Vergleichsberechnung** vorgenommen (vgl. → *Einmalzahlungen* Rz. 802). Sind Beiträge nicht für einen vollen Kalendermonat, sondern nur für einen **Teil-Entgeltabrechnungszeitraum** zu berechnen, weil z.B. der Arbeitnehmer im Laufe des Entgeltabrechnungszeitraums in die Beschäftigung eintritt oder ausscheidet oder → *Beitragsfreiheit* Rz. 489 wegen des Bezuges von Krankengeld besteht, sind für diesen Teil-Entgeltabrechnungszeitraum auch Teil-Beitragsbemessungsgrenzen (vgl. → *Teillohnzahlungszeitraum* Rz. 2371) zu berechnen.

Die Beiträge sind unmittelbar aus dem (ggf. auf die für den Abrechnungszeitraum geltende Beitragsbemessungsgrenze reduzierten) Arbeitsentgelt (tatsächliches Arbeitsentgelt) zu errechnen.

b) Beitragsbemessungsgrundlage für unständig Beschäftigte

449 Für unständig Beschäftigte, deren Beschäftigungsverhältnis jeweils auf **weniger als eine Woche entweder nach der Natur der Sache** befristet zu sein pflegt oder im Voraus durch Arbeitsvertrag befristet ist, gilt hinsichtlich der Beitragsberechnung eine Sonderregelung. Das innerhalb eines Kalendermonats erzielte Arbeitsentgelt ist ohne Rücksicht darauf, an wie vielen Tagen im Monat eine Beschäftigung ausgeübt wurde, jeweils bis zur monatlichen Beitragsbemessungsgrenze der Kranken- und Pflegeversicherung bzw. Rentenversicherung heranzuziehen. In der Arbeitslosenversicherung besteht Versicherungsfreiheit.

Übt ein unständig Beschäftigter innerhalb eines Kalendermonats mehrere Beschäftigungen bei verschiedenen Arbeitgebern aus und übersteigt das Arbeitsentgelt insgesamt die Beitragsbemessungsgrenzen, dann sind die **einzelnen Arbeitsentgelte anteilmäßig zu berücksichtigen**. Da eine eventuell in Betracht kommende anteilige Kürzung erst dann vorgenommen werden kann, wenn das in dem jeweiligen Kalendermonat erzielte Arbeitsentgelt der Höhe nach feststeht, sind die Arbeitsentgelte aus den einzelnen unständigen Beschäftigungen zunächst bis zur monatlichen Beitragsbemessungsgrenze der Beitragspflicht zu unterwerfen. Im Nachhinein erstattet die Einzugsstelle auf Antrag des unständig Beschäftigten oder eines Arbeitgebers zu Unrecht gezahlte Beiträge.

Beantragt der Versicherte den Ausgleich überzahlter Beiträge, so hat er – nach Monaten getrennte – Verdienstbescheinigungen oder Entgeltabrechnungen sämtlicher Arbeitgeber, bei denen er auch im ausgleichenden Zeitraum beschäftigt war, der Krankenkasse vorzulegen. Die Krankenkasse hat die Kranken-, Pflege- und Rentenversicherungsbeiträge anteilmäßig entsprechend den Arbeitsentgelten zu verteilen und die zu viel gezahlten Beiträge dem zu erstatten, der sie getragen hat.

Beantragt ein Arbeitgeber den Ausgleich überzahlter Beiträge, hat er der Krankenkasse – nach Monaten getrennte – Listen über die an die einzelnen unständig Beschäftigten gezahlten Arbeitsentgelte einzureichen. Die Krankenkasse hat dann von den in der Liste aufgeführten unständig Beschäftigten oder von den anderen Arbeitgebern der unständig Beschäftigten die weiteren für den Ausgleich erforderlichen Daten anzufordern. Sie hat die Kranken-, Pflege- und Rentenversicherungsbeiträge entsprechend den Arbeitsentgelten zu verteilen und die zu viel gezahlten Beiträge sowohl den betroffenen unständig Beschäftigten als auch ihren Arbeitgebern zu erstatten.

Die anteilmäßige Kürzung der Arbeitsentgelte ist jeweils in der Weise vorzunehmen, dass die monatliche Beitragsbemessungsgrenze mit dem beim einzelnen Arbeitgeber in dem betreffenden Monat erzielten Arbeitsentgelt zu multiplizieren und durch das in diesem Monat erzielte Gesamtentgelt zu dividieren ist; das Ergebnis bildet die Grundlage für die Berechnung der Beiträge für die bei diesem Arbeitgeber in dem betreffenden Monat ausgeübte Beschäftigung:

$$\frac{\text{monatliche BBG} \times \text{Einzelentgelt}}{\text{Gesamtentgelt}} = \text{Beitragsbemessungsgrundlage für das Einzelentgelt}$$

Werden unständige Beschäftigungen ausnahmslos bei einem Arbeitgeber ausgeübt, kann die Beitragsbemessungsgrenze von vornherein berücksichtigt werden. Der Arbeitgeber hat in derartigen Fällen in den einzelnen Kalendermonaten von dem jeweiligen Arbeitsentgelt aus den unständigen Beschäftigungen so lange Beiträge zu entrichten, bis die jeweilige Beitragsbemessungsgrenze erreicht ist.

c) Beitragsbemessungsgrundlage für Mehrfachbeschäftigte

450 Bei Mehrfachbeschäftigten, deren Arbeitsentgelte insgesamt die Beitragsbemessungsgrenze übersteigen, sind die Arbeitsentgelte für die Beitragsberechnung nach dem Verhältnis ihrer Höhe so zu kürzen, dass die Beitragsbemessungsgrenze nicht überschritten wird (→ *Mehrfachbeschäftigung* Rz. 1696).

d) Beitragsbemessungsgrundlage bei Einmalzahlungen

451 Zu Einzelheiten siehe → *Einmalzahlungen* Rz. 802.

e) Beitragsbemessungsgrundlage bei geringfügig Beschäftigten

452 Für geringfügig Beschäftigte mit einer **wöchentlichen Arbeitszeit von weniger als 15 Stunden** und einem monatlichen Arbeitsentgelt von nicht mehr als 325 € (versicherungsfreie Arbeitnehmer nach § 8 Abs. 1 Nr. 1 SGB IV → *Geringfügig Beschäftigte* Rz. 1115) haben Arbeitgeber vom Arbeitsentgelt aus der geringfügigen Beschäftigung einen pauschalen Beitrag zur Kranken- und Rentenversicherung zu entrichten. Somit sind vom Arbeitsentgelt der geringfügigen Beschäftigung bis zur Höhe von 325 € Pauschalbeiträge zur Krankenversicherung in Höhe von 10 % und Rentenversicherung in Höhe von 12 % zu entrichten. Für die **alten und neuen Bundesländer** wurde die **Arbeitsentgeltgrenze** für geringfügig Beschäftigte **einheitlich** auf **325 €** festgeschrieben.

Zur Pflege- und Arbeitslosenversicherung fallen solche Pauschalbeiträge nicht an. Auch für versicherungsfreie kurzfristige Beschäftigungen sind keine Beiträge zu zahlen.

Soweit geringfügig entlohnte Beschäftigungen durch Zusammenrechnung mit versicherungspflichtigen Beschäftigungen der Versicherungspflicht in Kranken-, Pflege- und Rentenversicherung unterliegen, besteht zu diesen Versicherungszweigen auch Beitragspflicht. Hierfür gelten die üblichen beitragsrechtlichen Regelungen. Überschreiten die Arbeitsentgelte aus den einzelnen Beschäftigungen insgesamt die Beitragsbemessungsgrenzen, sind die Beiträge von den Arbeitgebern anteilmäßig entsprechend der Höhe der Arbeitsentgelte zu zahlen.

aa) Krankenversicherung

453 Nach § 249b Satz 1 SGB V hat der Arbeitgeber einer geringfügig entlohnten Beschäftigung für Versicherte, die in dieser Beschäftigung versicherungsfrei oder nicht versicherungspflichtig sind, einen Pauschalbeitrag zur Krankenversicherung in Höhe von 10 % des Arbeitsentgelts aus dieser Beschäftigung zu zahlen. Voraussetzung für die Zahlung des Pauschalbeitrags ist also, dass der geringfügig Beschäftigte

– in der gesetzlichen Krankenversicherung versichert und

– in der geringfügig entlohnten Beschäftigung krankenversicherungsfrei oder nicht krankenversicherungspflichtig

ist.

Der Pauschalbeitrag zur Krankenversicherung fällt nur an, wenn der geringfügig Beschäftigte in der gesetzlichen Krankenver-

sicherung versichert ist. Dabei ist unerheblich, ob es sich bei dieser Versicherung um eine Pflichtversicherung (z.B. als Rentner oder als Leistungsbezieher nach dem Dritten Buch Sozialgesetzbuch) oder eine freiwillige Versicherung oder eine Familienversicherung handelt. Es spielt auch keine Rolle, ob und inwieweit auf Grund der Pflichtversicherung oder der freiwilligen Versicherung bereits Beiträge zur Krankenversicherung gezahlt werden. Für geringfügig Beschäftigte, die privat krankenversichert oder gar nicht krankenversichert sind, fällt kein Pauschalbeitrag an.

Für die Zahlung des Pauschalbeitrags zur Krankenversicherung wird ferner vorausgesetzt, dass der Arbeitnehmer in der geringfügig entlohnten Beschäftigung krankenversicherungsfrei oder nicht krankenversicherungspflichtig ist. Dabei ist nicht erforderlich, dass die Krankenversicherungsfreiheit auf § 7 SGB V beruht. Mithin kommt der Pauschalbeitrag auch für solche Arbeitnehmer in Betracht, die z.B. aus einem der in § 6 SGB V genannten Gründe krankenversicherungsfrei oder nach § 8 SGB V von der Krankenversicherungspflicht befreit worden sind. Der Pauschalbeitrag ist mithin auch für nach § 6 Abs. 1 Nr. 3 SGB V krankenversicherungsfreie Werkstudenten zu zahlen, die eine geringfügig entlohnte Beschäftigung ausüben und krankenversicherungsfrei sind. Für Werkstudenten, die einer mehr als geringfügig entlohnten Beschäftigung nachgehen, aber gleichwohl nach § 6 Abs. 1 Nr. 3 SGB V krankenversicherungsfrei sind, weil sie wöchentlich nicht mehr als 20 Stunden arbeiten, fällt hingegen der Pauschalbeitrag zur Krankenversicherung nicht an.

Im Übrigen kommt der Pauschalbeitrag zur Krankenversicherung auch für solche geringfügig Beschäftigte in Betracht, die auf Grund ihrer geringfügigen Beschäftigung zwar nicht versicherungspflichtig, aber dennoch in der gesetzlichen Krankenversicherung versichert sind. Hierbei handelt es sich um (freiwillig krankenversicherte) hauptberuflich selbständig Erwerbstätige i.S. des § 5 Abs. 5 SGB V, die neben ihrer selbständigen Tätigkeit eine geringfügig entlohnte Beschäftigung ausüben.

bb) Rentenversicherung

454 Nach § 172 Abs. 3 Satz 1 SGB VI hat der Arbeitgeber einer geringfügig entlohnten Beschäftigung einen Pauschalbeitrag zur Rentenversicherung in Höhe von 12 % des Arbeitsentgelts aus dieser Beschäftigung zu zahlen. Voraussetzung für die Zahlung dieses Pauschalbeitrags ist, dass der geringfügig Beschäftigte

– in der geringfügigen Beschäftigung rentenversicherungsfrei,

– von der Rentenversicherungspflicht befreit oder

– nach § 5 Abs. 4 SGB VI rentenversicherungsfrei

ist.

Der Pauschalbeitrag zur Rentenversicherung ist für geringfügig Beschäftigte zu zahlen, wenn in der geringfügigen Beschäftigung nach § 5 Abs. 2 Satz 1 erster Halbsatz SGB VI Rentenversicherungsfreiheit besteht. Hat der geringfügig Beschäftigte nach § 5 Abs. 2 Satz 2 erster Halbsatz SGB VI auf die Rentenversicherungsfreiheit verzichtet, fällt kein Pauschalbeitrag nach § 172 Abs. 3 SGB VI an. Vielmehr sind in Fällen dieser Art die vollen Beiträge zur Rentenversicherung (19,1 %) zu zahlen, wobei der Arbeitgeber nach § 168 Abs. 1 Nr. 1b SGB VI einen Arbeitgeberbeitragsanteil in Höhe von 12 % des aus der geringfügig entlohnten Beschäftigung erzielten Arbeitsentgelts zu tragen hat.

Ferner ist der Pauschalbeitrag zur Rentenversicherung aus einer geringfügig entlohnten Beschäftigung für Personen zu zahlen, die nach § 6 SGB VI von der Rentenversicherungspflicht befreit worden sind oder die am 31.12.1991 von der Rentenversicherungspflicht befreit waren und dies auch über diesen Zeitpunkt hinaus nach den §§ 231 und 231a SGB VI geblieben sind.

Nach ausdrücklicher Bestimmung in § 172 Abs. 3 Satz 1 SGB VI fällt der Pauschalbeitrag von 12 % des Arbeitsentgelts aus einer geringfügig entlohnten Beschäftigung auch für diejenigen Personen an, die nach § 5 Abs. 4 SGB VI rentenversicherungsfrei sind. Hierunter fallen

– Bezieher einer Vollrente wegen Alters (§ 5 Abs. 4 Nr. 1 SGB VI),

– Bezieher einer Versorgung nach Erreichen einer Altersrente, also Ruhestandsbeamte und gleichgestellte Personen sowie

Bezieher einer berufsständischen Altersversorgung (§ 5 Abs. 4 Nr. 2 SGB VI),

– Personen nach Vollendung des 65. Lebensjahres, die bis zur Vollendung des 65. Lebensjahres nicht versichert waren oder nach Vollendung des 65. Lebensjahres aus ihrer Versicherung eine Beitragserstattung erhalten haben (§ 5 Abs. 4 Nr. 3 SGB VI).

Nach § 172 Abs. 3 Satz 2 SGB VI gilt die Regelung über den Pauschalbeitrag zur Rentenversicherung nicht für Studierende, die nach § 5 Abs. 3 SGB VI rentenversicherungsfrei sind. Dies bedeutet, dass der Pauschalbeitrag zur Rentenversicherung für ordentliche Studierende einer Fachschule oder Hochschule, die ein

– in ihrer Studien- oder Prüfungsordnung vorgeschriebenes Praktikum

oder

– nicht in ihrer Studien- oder Prüfungsordnung vorgeschriebenes Praktikum ohne Arbeitsentgelt oder gegen Arbeitsentgelt, das regelmäßig im Monat 325 € nicht übersteigt,

ableisten, nicht zu zahlen ist.

cc) Berechnung und Abführung

455 Für die Pauschalbeiträge zur Kranken- und Rentenversicherung erklären § 249b SGB V bzw. § 172 Abs. 3 SGB VI u.a. die Vorschriften des Dritten Abschnittes des Vierten Buches Sozialgesetzbuch für entsprechend anwendbar. Dies bedeutet, dass die Pauschalbeiträge als Gesamtsozialversicherungsbeitrag anzusehen und damit im Rahmen des üblichen Beitragsverfahrens zu entrichten sind. Sofern eine geringfügig entlohnte Beschäftigung im Laufe eines Monats beginnt oder endet, sind Pauschalbeiträge nur für den entsprechenden Teilmonat zu zahlen. Entsprechendes gilt im Falle von Arbeitsunterbrechungen (z.B. wegen Arbeitsunfähigkeit).

dd) Rentenversicherungsbeiträge bei Verzicht auf die Rentenversicherungsfreiheit

456 In der **Rentenversicherung** können geringfügig Beschäftigte mit einer wöchentlichen Arbeitszeit von weniger als 15 Stunden und einem monatlichen Arbeitsentgelt von nicht mehr als 325 € (versicherungsfreie Arbeitnehmer nach § 8 Abs. 1 Nr. 1 SGB IV, → *Geringfügig Beschäftigte* Rz. 1115) auf die **Versicherungsfreiheit verzichten**. Dies haben sie **gegenüber dem Arbeitgeber zu erklären**. Der Verzicht kann nur mit Wirkung für die Zukunft erklärt werden und ist für die Dauer der Beschäftigung bindend (vgl. § 5 Abs. 2 Satz 2 SGB VI). Diese **seit 1.4.1999** geltende Regelung gibt Geringverdienern mit einem monatlichen Einkommen von regelmäßig nicht mehr als 325 € die Möglichkeit, die bisher latent bestehende Versicherungspflicht zu aktivieren. Die **aktivierte Rentenversicherungspflicht** führt sowohl zu **Beitragspflichten** als auch zum Erwerb von **Rentenanwartschaften**. Macht der Arbeitnehmer von dieser Neuregelung Gebrauch, hat er für die aktivierte Rentenversicherung Beiträge zu bezahlen. Vom geringfügig erzielten Arbeitsentgelt hat der Arbeitnehmer die **Differenz** zwischen dem bei Versicherungspflicht zu zahlenden Rentenversicherungsbeitrag von 19,1 % und dem Pauschalbeitragssatz von 12 % zu zahlen (**= 7,1 %**). Beträgt das **monatliche Arbeitsentgelt weniger als 155 €**, wird der Beitragsbemessung – bei einer „aktivierten Rentenversicherungspflicht" – **mindestens** ein Arbeitsentgelt in Höhe von **155 € zu Grunde gelegt**. Der Arbeitgeber hat bei einem Verzicht auf die Rentenversicherungsfreiheit durch den Arbeitnehmer weiterhin nur seinen Pauschalbeitrag in Höhe von 12 % des tatsächlich erzielten Arbeitsentgelts zu entrichten.

Nimmt der Arbeitnehmer unbezahlten Urlaub in Anspruch, stellt sich die Sachlage wie folgt dar:

Ein unbezahlter Urlaub von nicht mehr als einen Monat führt nicht zu einer Kürzung der Mindestbeitragsbemessungsgrundlage. Dauert der unbezahlte Urlaub länger als einen Monat, ist die Mindestbeitragsbemessungsgrundlage entsprechend zu reduzieren. Für Kalendermonate, in denen tatsächliches Arbeitsentgelt nicht erzielt wird, ist allerdings kein Mindestbeitrag zu zahlen, so dass eine Aufstockung entfällt.

Beispiel 1:

Arbeitnehmer A nimmt vom 20.10.2002 bis zum 10.11.2002 unbezahlten Urlaub. Er erzielt im Oktober 2002 und im November 2002 jeweils ein Arbeitsentgelt in Höhe von 90 €.

Die monatliche Mindestbeitragsbemessungsgrundlage für Oktober 2002 und November 2002 beträgt 155 €. Die Beiträge zur Rentenversicherung sind wie folgt aufzubringen:

Mindestbeitrag (19,1 % von 155 €)	29,61 €
⁒ Beitragsanteil Arbeitgeber (12% von 90 €)	10,80 €
= Beitragsanteil Arbeitnehmer	18,81 €

Beispiel 2:

Arbeitnehmer B erzielte im Oktober 2002 und im Dezember 2002 jeweils ein Arbeitsentgelt in Höhe von 90 €.

Die monatliche Mindestbeitragsbemessungsgrundlage für Oktober 2002 und Dezember 2002 beträgt 155 €. Hinsichtlich der Beitragsaufbringung für diese Monate wird auf Beispiel 1 verwiesen. Für November 2002 ist kein Beitrag zu zahlen.

Beispiel 3:

Arbeitnehmer C nimmt vom 20.10.2002 bis zum 23.11.2002 unbezahlten Urlaub. Er erzielte im Oktober 2002 ein Arbeitsentgelt in Höhe von 90 € und im November 2002 ein Arbeitsentgelt in Höhe von 30 €.

Die monatliche Mindestbeitragsbemessungsgrundlage für Oktober 2002 beträgt 155 €. Hinsichtlich der Beitragsaufbringung für Oktober 2002 wird auf Beispiel 1 verwiesen. Die monatliche Mindestbeitragsbemessungsgrundlage für November 2002 beträgt 134,33 € (26 SV-Tage vom 1.11. bis zum 19.11. und vom 24.11. bis zum 30.11.). Die Beiträge für November 2002 sind wie folgt aufzubringen:

Mindestbeitrag (19,1 % von 134,33 €)	25,66 €
⁒ Beitragsanteil Arbeitgeber (12% von 30 €)	3,60 €
= Beitragsanteil Arbeitnehmer	22,06 €

Für geringfügig Beschäftigte, die Mitglied eines berufsständischen Versorgungswerks sind, hat der Arbeitgeber die Pauschalbeiträge zur Rentenversicherung an die jeweilige Landesversicherungsanstalt bzw. die Bundesversicherungsanstalt für Angestellte zu zahlen. Im Falle des Verzichts sind die Rentenversicherungsbeiträge

– sofern es sich bei der geringfügig entlohnten Beschäftigung um eine berufsfremde Beschäftigung handelt, (über die Krankenkasse) an die jeweilige Landesversicherungsanstalt bzw. die Bundesversicherungsanstalt für Angestellte,

– sofern es sich bei der geringfügig entlohnten Beschäftigung um eine nicht berufsfremde Beschäftigung (für die eine Befreiung nach § 6 Abs. 1 Nr. 1 SGB VI erfolgt ist) handelt, an das berufsständische Versorgungswerk

zu zahlen (vgl. Besprechungsergebnis der Spitzenverbände der Sozialversicherungsträger am 26/27.5.1999, Sozialversicherungsbeitrag-Handausgabe 2001 VL 8 IV/7).

Beispiel 4:

Ein Aushilfskellner verdient im Rahmen einer geringfügigen Beschäftigung monatlich 250 €. Die wöchentliche Arbeitszeit beträgt weniger als 15 Stunden. Der Arbeitnehmer hat gegenüber dem Arbeitgeber den Verzicht auf die Versicherungsfreiheit erklärt:

Beitragsberechnung:

Der Arbeitgeber hat auf Grund der geringfügigen Beschäftigung pauschale Beiträge in Höhe von 10 % für die Krankenversicherung und 12 % für die Rentenversicherung zu zahlen; der Arbeitnehmer hat in der Rentenversicherung den Differenzbetrag, der bei einer Versicherungspflicht zu zahlen wäre, zu entrichten.

Versicherungszweig	Arbeitgeberanteil	Arbeitnehmeranteil
Krankenversicherung	25 € (250 € × 10 %)	⁒
Rentenversicherung	30 € (250 € × 12 %)	17,75 € (250 € × 7,1 %)

Beispiel 5:

Eine Aushilfsverkäuferin verdient im Rahmen einer geringfügigen Beschäftigung monatlich 130 €. Die wöchentliche Arbeitszeit beträgt weniger als 15 Stunden. Die Arbeitnehmerin hat gegenüber dem Arbeitgeber den Verzicht auf die Versicherungsfreiheit erklärt:

Beitragsberechnung:

Der Arbeitgeber hat auf Grund der geringfügigen Beschäftigung pauschale Beiträge in Höhe von 10 % für die Krankenversicherung und 12 % für die Rentenversicherung zu zahlen. Die Arbeitnehmerin hat in der Rentenversicherung den Differenzbetrag, der bei einer Versicherungspflicht zu zahlen wäre, zu entrichten.

Versicherungs-zweig	Arbeitgeber-anteil	Arbeitnehmer-anteil
Kranken-versicherung	13 € (130 € × 10 %)	
Renten-versicherung	15,60 € (130 € × 12 %)	9,23 € (130 € × 7,1 %) 4,78 € (25 € × 19,1 %) 14,01 €

6. Beitragsbemessungsgrenzen

457 Beiträge sind für jeden Tag der Mitgliedschaft zu zahlen. Die beitragspflichtigen Einnahmen werden jedoch nicht unbegrenzt zur Beitragsberechnung herangezogen. Vielmehr werden die **beitragspflichtigen Einnahmen** höchstens bis zur jeweiligen **Beitragsbemessungsgrenze** des jeweiligen Versicherungszweiges berücksichtigt. Einnahmen, die diese Beitragsbemessungsgrenzen übersteigen, bleiben außer Ansatz, d.h. beitragsfrei. Bei der Berechnung von grundlohnorientierten Leistungen (z.B. Krankengeld, Übergangsgeld, Renten) bleiben diese Beträge oberhalb der Beitragsbemessungsgrenzen auch unberücksichtigt.

Beispiel 1:

Arbeitnehmer S ist Polier bei einer Bauunternehmung in Essen. Im Monat März erhält er ein Entgelt von 3 450 €. Im Entgelt ist auch eine Überstundenvergütung enthalten.

Unter Berücksichtigung der Beitragsbemessungsgrenzen ergeben sich für die Beitragsberechnung folgende Ausgangswerte:

Arbeitsentgelt im März 2002   3 450 €

	Beitragsbemessungsgrenzen	Beiträge werden berechnet aus:
Kranken- und Pflegeversicherung	3 375 €	3 375 €
Renten- und Arbeitslosenversicherung	4 500 €	3 450 €

Der Beitragsberechnung liegt in der Regel das monatliche Arbeitsentgelt zu Grunde, so dass auch die monatlichen Beitragsbemessungsgrenzen anzusetzen sind. Wird das Arbeitsentgelt dagegen nicht für einen vollen Kalendermonat gezahlt, weil z.B. die Beschäftigung während eines Monats aufgenommen wurde, ist für den beitragspflichtigen Teil des Monats auch die **Beitragsbemessungsgrenze** entsprechend umzurechnen. Dazu wird die jährliche Beitragsbemessungsgrenze durch 360 Tage geteilt und mit der Anzahl der beitragspflichtigen Tage vervielfältigt (vgl. → *Teillohnzahlungszeitraum* Rz. 2371).

Beispiel 2:

Der Arbeitnehmer F nimmt als Feinmechaniker eine Beschäftigung in Köln auf. Die Beschäftigung beginnt am 20. April. Für die Zeit vom 20. bis 30.4.2002 erhält er ein Arbeitsentgelt in Höhe von 1 500 €. Krankenversicherungspflicht besteht.

Unter Berücksichtigung der Beitragsbemessungsgrenzen ergeben sich für die Beitragsberechnung folgende Ausgangswerte:

Arbeitsentgelt im April 2002   1 500 €

	Beitragsbemessungsgrenzen	Beiträge werden berechnet aus:
Kranken- und Pflegeversicherung 20.4. bis 30.4.	1 237,50 €	1 237,50 €
Renten- und Arbeitslosenversicherung 20.4. bis 30.4.	1 650 €	1 500 €

Die Beitragsbemessungsgrenzen orientieren sich an der Beitragsbemessungsgrenze der Rentenversicherung. In der Kranken- und Pflegeversicherung beträgt die **Beitragsbemessungsgrenze 75 % der in der Rentenversicherung** der Arbeiter und Angestellten für Jahresbezüge geltenden Beitragsbemessungsgrenze.

In der **Kranken- und Pflegeversicherung** sind die Beitragsbemessungsgrenzen in den Rechtskreisen Ost und West vereinheitlicht.

Im Bereich der Renten- und Arbeitslosenversicherung ist bei Beschäftigungen, die in den neuen Bundesländern einschließlich Ost-Berlin ausgeübt werden, weiterhin die besondere Beitragsbemessungsgrundlage für die neuen Bundesländer zu beachten.

In den einzelnen Zweigen der Sozialversicherung gelten folgende Beitragsbemessungsgrenzen:

Kalenderjahre 1998 bis 2001 in Deutsche Mark

	Kalender-jahr	West jährlich	West monatlich	Ost jährlich	Ost monatlich
Kranken- und Pflegever-sicherung	1998	75 600	6 300	63 000	5 250
	1999	76 500	6 375	64 800	5 400
	2000	77 400	6 450	63 900	5 325
	2001	78 300	6 525	78 300	6 525
Renten- und Arbeitslosen-versicherung	1998	100 800	8 400	84 000	7 000
	1999	102 000	8 500	86 400	7 200
	2000	103 200	8 600	85 200	7 100
	2001	104 400	8 700	87 600	7 300

Kalenderjahr 2002 in Euro

	Kalender-jahr	West jährlich	West monatlich	Ost jährlich	Ost monatlich
Kranken- und Pflegever-sicherung	2002	40 500	3 375	40 500	3 375
Renten- und Arbeitslosen-versicherung	2002	54 000	4 500	45 600	3 750

7. Beitragssätze

a) Krankenversicherung

458 Die Beiträge sind von Krankenkasse zu Krankenkasse unterschiedlich. In der Krankenversicherung gibt es mehrere Beitragssätze.

aa) Allgemeiner Beitragssatz

459 Für Arbeitnehmer, die im Falle der Arbeitsunfähigkeit Anspruch auf Fortzahlung des Arbeitsentgelts für mindestens sechs Wochen haben, gilt der allgemeine Beitragssatz (§ 241 SGB V). Der allgemeine Beitragssatz ist auch bei neu eingestellten Arbeitnehmern anzuwenden, wenn in den ersten vier Wochen des Beschäftigungsverhältnisses der Anspruch auf Entgeltfortzahlung ruht (→ *Entgeltfortzahlung* Rz. 826).

Der allgemeine Beitragssatz gilt u.a. auch für

– krankenversicherungspflichtige Behinderte nach § 5 Abs. 1 Nr. 7 und 8 SGB V, da auch für sie grundsätzlich ein Anspruch auf Fortzahlung der Vergütung für sechs Wochen besteht;

– Bezieher von Arbeitslosengeld, Arbeitslosenhilfe oder Unterhaltsgeld, da die genannten Leistungen bei Arbeitsunfähigkeit für sechs Wochen weitergezahlt werden;

– krankenversicherungspflichtige Teilnehmer an berufsfördernden Rehabilitationsmaßnahmen, die Übergangsgeld beziehen.

bb) Erhöhter Beitragssatz

460 Für Mitglieder, die bei Arbeitsunfähigkeit nicht für **mindestens sechs Wochen Anspruch auf Fortzahlung des Arbeitsentgelts** oder auf Zahlung einer die Versicherungspflicht begründenden Sozialleistung haben, kommt ein erhöhter Beitragssatz in Betracht.

Der erhöhte Beitragssatz gilt für

– Arbeitnehmer, deren Arbeitsverhältnis auf weniger als sechs Wochen befristet ist. Diesen Arbeitnehmern steht zwar für die Dauer der befristeten Beschäftigung ein Entgeltfortzahlungsanspruch zu. Da dieser jedoch nicht für mindestens sechs Wochen besteht, ist der erhöhte Beitragssatz maßgebend,

– Heimarbeiter,

– unständig Beschäftigte, da deren Arbeitsverhältnis in der Regel auf nicht mehr als eine Woche befristet ist.

cc) Ermäßigter Beitragssatz

461 Ist der Anspruch auf Krankengeld auf Grund gesetzlicher Regelung ausgeschlossen, wird der Beitragssatz entsprechend ermäßigt.

Keinen Anspruch auf Krankengeld haben

– **Personen in Einrichtungen der Jugendhilfe**, die für eine Erwerbstätigkeit befähigt werden sollen,

– **Vorruhestandsgeldbezieher**,

– krankenversicherungspflichtige Teilnehmer an **berufsfördernden Rehabilitationsmaßnahmen** ohne Anspruch auf Übergangsgeld,

– Bezieher einer Rente wegen voller Erwerbsminderung oder einer **Vollrente wegen Alters**.

Somit ist für diese Versicherten der ermäßigte Beitragssatz anzuwenden.

dd) Pauschaler Beitragssatz

462 Für geringfügig Beschäftigte mit einer wöchentlichen Arbeitszeit von weniger als 15 Stunden und einem monatlichen Arbeitsentgelt von nicht mehr als 325 € (versicherungsfreie Arbeitnehmer nach § 8 Abs. 1 Nr. 1 SGB IV, → *Geringfügig Beschäftigte* Rz. 1115) hat der Arbeitgeber grundsätzlich einen pauschalen Krankenversicherungsbeitrag in Höhe von 10 % des Arbeitsentgelts zu entrichten.

b) Beitragssatz der Pflegeversicherung

463 Der Beitragssatz in der Pflegeversicherung wird durch Gesetz festgelegt. Seit 1.7.1996 **beträgt er 1,7 %** der beitragspflichtigen Einnahmen. Dieser Beitragssatz gilt für alle Versichertengruppen, d.h. Arbeitnehmer, Rentner, Leistungsbezieher nach dem Arbeitsförderungsgesetz, Studenten usw., die der sozialen Pflegeversicherung unterliegen.

c) Beitragssatz der Rentenversicherung

464 Der Beitragssatz wird durch Rechtsverordnung festgelegt und beträgt seit dem 1.1.2001 19,1 %. In den alten und neuen Bundesländern gilt stets der gleiche Beitragssatz.

Kalenderjahr	allgemeine Rentenversicherung
1998	20,3 %
bis 30.3.1999	20,3 %
ab 1.4.1999	19,5 %
2000	19,3 %
2001	19,1 %
2002	19,1 %

Für geringfügig Beschäftigte mit einer wöchentlichen Arbeitszeit von weniger als 15 Stunden und einem monatlichen Arbeitsentgelt von nicht mehr als 325 € (versicherungsfreie Arbeitnehmer nach § 8 Abs. 1 Nr. 1 SGB IV, → *Geringfügig Beschäftigte* Rz. 1115) hat der Arbeitgeber grundsätzlich einen **pauschalen Rentenversicherungsbeitrag** in Höhe von 12 % des Arbeitsentgelts zu entrichten.

d) Beitragssatz der Arbeitslosenversicherung

465 Der Beitragssatz in der Arbeitslosenversicherung ist im Arbeitsförderungsgesetz festgelegt und beträgt seit 1995 unverändert 6,5 %. Durch Rechtsverordnung können die Beiträge vorübergehend nach einem niedrigeren Beitragssatz erhoben werden. In den alten und neuen Bundesländern gilt stets der gleiche Beitragssatz.

8. Beitragstragung

a) Grundsatz

466 Die Gesamtsozialversicherungsbeiträge sind vom Arbeitnehmer und Arbeitgeber je zur Hälfte zu tragen.

b) Geringverdiener

467 Der Arbeitgeber hat für im Rahmen betrieblicher Berufsbildung Beschäftigte, deren monatliches Arbeitsentgelt 325 € nicht übersteigt, sowie für Personen, die ein freiwilliges soziales Jahr im Sinne des Gesetzes zur Förderung eines freiwilligen sozialen Jahres oder ein freiwilliges ökologisches Jahr i.S. des Gesetzes zur Förderung eines freiwilligen ökologischen Jahres leisten, den Gesamtsozialversicherungsbeitrag allein zu tragen. Die Geringverdienergrenze beträgt:

Kalenderjahre 1998 bis 2001 in Deutsche Mark

Kalenderjahr	West	Ost
1998	620	520
bis 30.3.1999	630	530
ab 1.4.1999	630	630
bis 31.12.2001	630	630

Kalenderjahr 2002 in Euro

Kalenderjahr	West	Ost
ab 2002	325	325

Wird durch die Gewährung von **Sonderzuwendungen die Geringverdienergrenze überschritten**, muss der Arbeitgeber die Beiträge von dem Arbeitsentgelt bis zu 325 € allein aufbringen; hinsichtlich des 325 € übersteigenden Teils des Arbeitsentgelts hat der Arbeitnehmer seinen Beitragsteil zu tragen (→ *Geringverdienergrenze* Rz. 1144).

c) Pflegeversicherung

468 In der Pflegeversicherung gelten grundsätzlich die gleichen Regelungen wie in den anderen Zweigen der Sozialversicherung. Nur für den Fall, dass zum Ausgleich der mit den Arbeitgeberbeiträgen verbundenen Belastungen der Wirtschaft **kein landesweiter gesetzlicher Feiertag**, der stets auf einen Werktag fällt, aufgehoben wird, tragen die Arbeitnehmer den Beitrag von 1 % allein. Diese Sonderregelung gilt lediglich im Bundesland Sachsen.

Mit der Einführung der stationären Pflegeleistungen ab 1.7.1996 und der damit verbundenen Erhöhung des Beitrags sollte ursprünglich ein weiterer Feiertag, der stets auf einen Werktag fällt, abgeschafft werden. Hierzu ist es jedoch nicht gekommen. Die o.a. Regelung besteht somit weiterhin. Arbeitnehmer im Bundesland Sachsen haben weiterhin den Beitrag von 1 % allein zu tragen, hinzu kommt der halbe Anteil aus dem ab 1.7.1996 erhöhten Beitragsanteil von 0,7 %, so dass diese Arbeitnehmer insgesamt einen Beitragsanteil von 1,35 % und die Arbeitgeber einen Beitragsanteil von 0,35 % tragen.

d) Rentner

469 Arbeitgeber, die Bezieher einer **Vollrente wegen Alters** oder Bezieher von **Versorgungsbezügen** beschäftigen, haben – um Wettbewerbsvorteile zu verhindern – für diese Arbeitnehmer, obwohl diese rentenversicherungsfrei sind, den Arbeitgeberbeitragsanteil zu zahlen. Diese Arbeitgeber sollen so gestellt werden, als wenn sie jemanden beschäftigen, für den Beiträge an die Rentenversicherung abzuführen wären.

In der Arbeitslosenversicherung besteht eine ähnliche Regelung. Für beschäftigte **65-jährige Arbeitnehmer** hat der Arbeitgeber – obwohl diese Arbeitnehmer arbeitslosenversicherungfrei sind – dennoch den Arbeitgeberanteil zur Arbeitslosenversicherung zu entrichten.

e) Kurzarbeitergeld/Winterausfallgeld

470 Für den Zeitraum, in dem **Kurzarbeitergeld oder Winterausfallgeld** gezahlt wird, gelten hinsichtlich der Beitragsberechnung und Beitragstragung besondere Regelungen (→ *Kurzarbeitergeld* Rz. 1444; → *Winterausfallgeld* Rz. 2658).

f) Haushaltshilfen

471 Zur **Förderung der versicherungspflichtigen Beschäftigung in Privathaushalten** wurde das **Haushaltsscheckverfahren** eingeführt (→ *Haushaltsscheckverfahren* Rz. 1276). Mit diesem Verfahren soll das **Meldeverfahren zwischen Arbeitgeber und Krankenkasse** und die **Zahlung der Sozialversicherungsbeiträge vereinfacht** werden. Das Haushaltsscheckverfahren gilt nur für sozialversicherungspflichtige Beschäftigte mit einem monatlichen Arbeitsentgelt von **nicht mehr als 767 €**. Macht der Arbeitgeber von dem vereinfachten Haushaltsscheckverfahren Gebrauch und meldet der zuständigen Krankenkasse die für die Beitragsberechnung notwendigen Personal- und Lohndaten, werden die Beiträge von der Krankenkasse **aus dem ausgezahlten Arbeitsentgelt zzgl. der zuvor in Abzug gebrachten Lohnsteuer berechnet** und im **Bankabbuchungsverfahren** eingezogen. In diesen Fällen hat der Arbeitgeber die Beiträge zur Sozialversicherung in voller Höhe vom beitragspflichtigen Arbeitsentgelt **allein zu tragen.**

9. Beitragsabzug

472 Der Arbeitgeber hat einen Anspruch gegen den Arbeitnehmer auf den vom Arbeitnehmer zu tragenden Anteil am Gesamtsozialversicherungsbeitrag. Dieser Anspruch darf nur im Wege des Lohn- oder Gehaltsabzugs realisiert werden.

Bei einem **unterbliebenen Beitragsabzug** ist es dem Arbeitgeber gestattet, diesen bei den nächsten drei Lohn- oder Gehaltszahlungen nachzuholen. Danach ist ein Beitragsabzug nur noch dann erlaubt, wenn der Abzug ohne Verschulden des Arbeitgebers unterblieben ist. Das ist z.B. dann der Fall, wenn der Arbeitgeber den Beitragsabzug unterlassen hat, weil er von der Krankenkasse eine unrichtige Auskunft erhalten hat. Eine schuldlose nachträgliche Beitragsentrichtung liegt dagegen nicht schon dann vor, wenn der Arbeitgeber aus Rechtsirrtum den Abzug unterlässt. Hat der Arbeitgeber den rechtzeitigen Beitragsabzug versäumt, dann muss er den auf den Arbeitnehmer entfallenden Beitragsanteil selbst tragen. **Ein Rückgriffsrecht gegenüber dem Arbeitnehmer steht ihm auch nach bürgerlichem Recht grundsätzlich nicht zu.** Das gilt auch dann, wenn das Beschäftigungsverhältnis beendet ist oder Zahlungen nicht mehr anfallen, es sei denn, dass der Arbeitnehmer das Arbeitsverhältnis kündigt oder dem Arbeitgeber Grund zur Kündigung gibt mit dem Ziel, den Beitragsabzug vom Lohn oder Gehalt zu umgehen; in Fällen dieser Art kann u.U. ein Schadensersatzanspruch nach § 826 BGB bestehen (vgl. BAG-Urteil vom 14.1.1988 – 8 AZR 238/85 –, Sozialversicherungsbeitrag-Handausgabe 2001 R 28g IV/1).

Kommt der Arbeitnehmer **vorsätzlich** oder **grob fahrlässig** seinen **Meldepflichten** (z.B. über mögliche weitere Beschäftigungen) gegenüber dem Arbeitgeber nicht nach und wird dadurch das Versicherungsverhältnis nicht richtig beurteilt, hat der Arbeitgeber immer einen Anspruch auf den vom Arbeitnehmer zu tragenden Beitragsanteil.

Beispiel:

Eine Teilzeitbeschäftigte ist seit mehreren Jahren bei der Fa. Z in Bochum beschäftigt. Wegen Geringfügigkeit besteht keine Versicherungspflicht in der Sozialversicherung. Zwischenzeitlich hat sie eine weitere geringfügige Beschäftigung aufgenommen, die für sich gesehen ebenfalls nicht versicherungspflichtig wäre. Durch die notwendige Zusammenrechnung der Arbeitsentgelte und der wöchentlichen Arbeitszeit von zwei nebeneinander ausgeübten geringfügigen Beschäftigungen tritt jedoch Versicherungspflicht ein. Beide Arbeitgeber werden von der Arbeitnehmerin absichtlich über das andere Beschäftigungsverhältnis nicht informiert. Im Rahmen des Meldeverfahrens für geringfügig Beschäftigte wird die Doppelbeschäftigung und somit auch die Versicherungspflicht rückwirkend durch die Sozialversicherungsträger festgestellt; die Arbeitgeber werden auf Beitragszahlung in Anspruch genommen. In diesem Fall hätten beide Arbeitgeber gegenüber der Arbeitnehmerin ein Rückgriffsrecht auf bisher nicht einbehaltene Beiträge zur Sozialversicherung.

Arbeitgeber, die ihrem Arbeitnehmer gegenüber einen höheren Beitragsanteil vom Arbeitsentgelt abziehen als gesetzlich vorgeschrieben oder bei Geringverdienern nicht den vollen Beitrag übernehmen, handeln ordnungswidrig. Sie haben in derartigen Fällen mit einer Geldbuße zu rechnen. Zuständig für dieses Verfahren sind die Einzugsstellen.

10. Abführung der Beiträge

a) Beitragsgruppen

473 Sowohl für das Meldeverfahren als auch für die Berechnung der Beiträge zur Kranken-, Pflege-, Renten- und Arbeitslosenversicherung (Gesamtsozialversicherungsbeitrag) ist eine **eindeutige Kennzeichnung, zu welchen Versicherungszweigen Versicherungs- und Beitragspflicht** besteht, notwendig. Schließlich haben die Krankenkassen als **Einzugsstellen** die von ihnen eingezogenen Pflege-, Renten- und Arbeitslosenversicherungsbeiträge an den jeweils anspruchsberechtigten Versicherungsträger abzuführen.

Hierzu wurden nachfolgende Beitragsgruppen eingerichtet:

Beitragsgruppen		Inhalt
Meldever- fahren	Beitrags- nachweis	
1	1000	Beiträge zur Krankenversicherung nach dem allgemeinen Beitragssatz für versicherungspflichtige Personen, die bei Arbeitsunfähigkeit Anspruch auf Fortzahlung ihres Arbeitsentgelts für mindestens sechs Wochen haben
2	2000	Beiträge zur Krankenversicherung nach dem erhöhten Beitragssatz. Dieser gilt für Arbeitnehmer, die bei Arbeitsunfähigkeit keinen Anspruch auf Fortzahlung des Arbeitsentgelts für mindestens sechs Wochen haben
3	3000	Beiträge zur Krankenversicherung nach dem ermäßigten Beitragssatz, ohne Krankengeldanspruch
6	6000	Pauschalbeitrag zur Krankenversicherung für geringfügig Beschäftigte
1	0001	Beiträge zur Pflegeversicherung
1	0100	Beiträge zur Rentenversicherung der Arbeiter*)
2	0200	Beiträge zur Rentenversicherung der Angestellten*)
3	0300	Arbeitgeberanteil zur Rentenversicherung der Arbeiter
4	0400	Arbeitgeberanteil zur Rentenversicherung der Angestellten
5	0500	Pauschalbeitrag zur Arbeiterrentenversicherung für geringfügig Beschäftigte
6	0600	Pauschalbeitrag zur Angestelltenrentenversicherung für geringfügig Beschäftigte
1	0010	Beiträge zur Arbeitslosenversicherung
2	0020	Arbeitgeberanteil zur Arbeitslosenversicherung
U1	0000	Umlagebeträge für den Ausgleich nach dem LFZG bei Krankheit
U2	0090	Umlagebeträge für den Ausgleich nach dem LFZG bei Mutterschaft
4	–	Beitrag zur landwirtschaftlichen Krankenversicherung
5	–	Arbeitgeberbeitrag zur landwirtschaftlichen Krankenversicherung
9	–	freiwillige Krankenversicherung Firmenzahler

*) Wird auf die Rentenversicherungsfreiheit verzichtet, ist diese Beitragsgruppe maßgebend.

Für das Meldeverfahren sind ausschließlich numerische Schlüssel zu verwenden.

b) Beitragsnachweis

474 Der Arbeitgeber hat für jede beteiligte Einzugsstelle grundsätzlich für jeden Entgeltabrechnungszeitraum einen durch **Rechtsverordnung bundeseinheitlich gestalteten Beitragsnachweis** zu erstellen. Der Beitragsnachweis hat die Beiträge für die Arbeitnehmer getrennt nach Versicherungszweigen (Beitragsgruppen) zu enthalten, für die die jeweilige Krankenkasse die zuständige Einzugsstelle ist. Der Beitragsnachweis ist vom Arbeitgeber oder von seinem Beauftragten zu unterschreiben. Wird dagegen der Beitragsnachweis maschinell erstellt, kann auf die Unterschrift verzichtet werden.

Der Arbeitgeber hat den Beitragsnachweis rechtzeitig einzureichen, d.h. spätestens bis zum satzungsmäßigen Zahltag. In der Regel ist das der **15. des Monats für den Vormonat**. Hat der Arbeitgeber die Krankenkasse ermächtigt, die Beiträge abzubuchen, ist der Beitragsnachweis jedoch wesentlich früher einzureichen, damit der genaue Gesamtsozialversicherungsbeitrag abgebucht werden kann. Näheres hierzu regelt die Satzung der Krankenkasse. Der Beitragsnachweis kann auch durch Fernkopie oder Datenübertragung eingereicht werden. Die **Datenübertragung** ist jedoch nur zulässig, wenn über deren Einzelheiten Einvernehmen zwischen dem Absender und dem Empfänger der Daten hergestellt worden ist. Nicht zwingend ist die monatliche Einreichung des Beitragsnachweises; wenn sein Inhalt unverändert gilt, kann er auch über einen längeren Zeitraum ausgestellt werden (**Dauer-Beitragsnachweis**). Soll der Beitragsnachweis als Dauer-Beitragsnachweis gelten, ist er entsprechend zu kennzeichnen.

Reicht der Arbeitgeber den Beitragsnachweis nicht rechtzeitig ein, kann die Einzugsstelle das für die Beitragsberechnung maßgebende Arbeitsentgelt bzw. unmittelbar die **Gesamtsozialversicherungsbeiträge schätzen**, bis der Nachweis nachgeholt wird. Für eine Schätzung genügt die Tatsache, dass der Beitragsnachweis nicht rechtzeitig eingereicht worden ist. Welchen Grund dies hat, ist unerheblich. Worauf sich die Einzugsstelle bei ihrer Schätzung im konkreten Fall stützt, bleibt ihr überlassen. Der Arbeitgeber darf im Übrigen seinem Arbeitnehmer nicht den geschätzten Gesamtsozialversicherungsbeitrag für dessen Beitragsanteil in Ansatz bringen, sondern nur den sich aus dem tatsächlich erzielten Arbeitsentgelt ergebenden Beitragsanteil. Wird der Beitragsnachweis ordnungsgemäß eingereicht, ist die Schätzung zurückzunehmen. Auf Grund der Schätzung gezahlte Gesamtsozialversicherungsbeiträge sind mit der tatsächlichen Beitragsschuld zu verrechnen.

Ein Beitragsnachweis ist vom Arbeitgeber auch dann einzureichen, wenn in einem Monat ausnahmsweise keine Sozialversicherungsbeiträge und keine Umlagen nach dem Lohnfortzahlungsgesetz anfallen (z.B. wegen beitragsfreier Zeiten oder unbezahltem Urlaub). Die Spitzenverbände der Sozialversicherungsträger haben sich in ihrer Besprechung am 30./31.5.2000 dafür ausgesprochen, dass ein Beitragsnachweis auch für Monate zu erstellen ist (mit Nullbeiträgen), in denen ausnahmsweise keine Beiträge anfallen. Sie weisen ausdrücklich darauf hin, dass die Einzugsstelle eine Beitragsschätzung vorzunehmen hat, wenn der Arbeitgeber den Beitragsnachweis nicht oder nicht rechtzeitig eingereicht hat. Reicht der Arbeitgeber trotz gemeldeter Arbeitnehmer keinen Beitragsnachweis ein, nimmt die Einzugsstelle zwangsläufig eine Beitragsschätzung vor. Die Einreichung eines Beitragsnachweises mit Nullbeiträgen verhindert eine solche Schätzung.

Berechnet die Einzugsstelle für den Arbeitgeber die Gesamtsozialversicherungsbeiträge und reicht der Arbeitgeber keinen Arbeitsentgeltnachweis ein, kann die Einzugsstelle für die Beitragsberechnung das Arbeitsentgelt ebenfalls schätzen.

In den Fällen, in denen **Korrekturen oder Stornierungen** auf das vorherige Kalenderjahr bzw. in denen einmalig gezahltes Arbeitsentgelt dem Vorjahr zugeordnet wird, ist der Beitragsnachweis entsprechend **zu kennzeichnen**.

Für Zeiträume, in denen Beiträge aus Wertguthaben, das abgelaufenen Kalenderjahren zuzuordnen ist, ist der Beitragsnachweis entsprechend zu kennzeichnen.

Arbeitgeber, die Arbeitnehmer sowohl in den alten als auch in den neuen Bundesländern beschäftigen, haben bei der Abführung der Beiträge an die Krankenkasse diese weiterhin in getrennten Beitragsnachweisen zu dokumentieren. Dies gilt auch dann, wenn der Arbeitgeber Beiträge sowohl nach West-Recht als auch nach Ost-Recht an eine Einzugsstelle abzuführen hat.

11. Euro-Umstellung

475 Vom 1.1.2002 an ist die Lohn- und Gehaltsabrechnung nur noch in Euro durchzuführen, und in Anlehnung daran sind die Beiträge zur Sozialversicherung in Euro zu berechnen und nachzuweisen. Außerdem sind die Meldungen zur Sozialversicherung in Euro zu erstatten.

Mit dem 4. Euro-Einführungsgesetz vom 21.12.2000 (BGBl. I 2000 S. 1983 ff.) wird für das Beitrags- und Melderecht der Sozialversicherung an den wesentlichen in der Übergangszeit geltenden Regelungen festgehalten. Das bedeutet, dass auch nach dem 31.12.2001 historisierte DM-Werte nicht in Euro umgestellt werden dürfen. Dadurch sind Beitragsberichtigungen, die Zeiten vor dem 1.1.2002 betreffen (sofern der Arbeitgeber seine Lohn- und Gehaltsabrechnung noch bis zum 31.12.2001 in DM vorgenommen hat), weiterhin in DM vorzunehmen und ein einem gesonderten DM-Beitragsnachweis auszuweisen, und auch die berichtigte Meldung nach der Datenerfassungs- und -übermittlungsverordnung (DEÜV) ist in DM zu erstatten. Außerdem müssen Einmalzahlungen (→ *Einmalzahlungen* Rz. 802), die im ersten Quartal 2002 in Euro gezahlt werden und wegen Überschreitens der anteiligen Beitragsbemessungsgrenzen dem Vorjahr zuzuordnen sind, in DM umgerechnet werden, wenn die Lohn- und Gehaltsabrechnung im Jahre 2001 noch in DM erfolgte.

a) Arbeitgeber, die am 1.1.2002 die Lohn- und Gehaltsabrechnung umstellen

476 Für Arbeitgeber, die ihre Lohn- und Gehaltsabrechnung erst zum 1.1.2002 von DM auf Euro umstellen, ergeben sich folgende Konsequenzen:

aa) Beiträge für Dezember 2001

477 Arbeitgeber, die ihre Lohn- und Gehaltsabrechnung bis einschließlich Dezember 2001 noch in DM durchführen, haben auch bezogen auf die Lohn- und Gehaltsabrechnung für Dezember 2001 die Beiträge zur Sozialversicherung in DM zu berechnen und die Beitragsnachweise in DM zu erstellen.

Wird das Arbeitsentgelt für den Monat Dezember 2001 nach dem 15.12.2001 fällig, sind die daraus zu zahlenden Beiträge vom Arbeitgeber spätestens bis zum 15.1.2002 an die Einzugsstelle (zuständige Krankenkasse) abzuführen (§ 23 Abs. 1 SGB IV). Sofern eine Überweisung oder Scheckeinreichung in DM nicht mehr möglich ist, ist der im Beitragsnachweis ausgewiesene DM-Betrag in Euro umzurechnen und zur Zahlung anzuweisen.

bb) Beiträge ab Januar 2002

478 Für Entgeltabrechnungszeiträume nach dem 31.12.2001 ist das Arbeitsentgelt in Euro zu berechnen und die Beitragsnachweise in Euro zu erstellen.

Ein in Euro erzieltes Arbeitsentgelt, das einem vorhergehenden Entgeltabrechnungszeitraum zuzuordnen ist, ist nach § 18h Abs. 2 SGB IV in DM umzurechnen, wenn das Arbeitsentgelt für diesen Zeitraum in DM erzielt wurde. Daher dürfen historisierte DM-Werte aus der Zeit vor dem 1.1.2002 nicht in Euro umgestellt werden. Beitragsberichtigungen, die Zeiten vor dem 1.1.2002 betreffen, sind in DM vorzunehmen und in einem gesonderten DM-Beitragsnachweis auszuweisen.

Beispiel:

Im Monat März 2002 erhält eine Mitarbeiterin aus Köln rückwirkend ab Dezember 2001 eine monatliche Gehaltserhöhung in Höhe von monatlich 200 €.

Aus der für Dezember 2001 in Höhe von 200 € geleisteten Nachzahlung sind Gesamtsozialversicherungsbeiträge zu zahlen, wodurch die Dezember-Abrechnung zu berichtigen ist. Da die Lohn- und Gehaltsabrechnung im Dezember 2001 noch in DM erfolgte, ist hiefür zunächst der DM-Betrag des nachzuzahlenden Arbeitsentgelts unter Verwendung des Umrechnungskurses (1 € = 1,95583 DM) zu ermitteln, indem der Euro-Betrag mit 1,95583 multipliziert wird. Das sich dadurch ergebende DM-Arbeitsentgelt (391,17 DM) bildet die Beitragsberechnungsgrundlage. Die daraus zu zahlenden Gesamtsozialversicherungsbeiträge sind in einem Korrektur-Beitragsnachweis für Dezember 2001 auszuweisen. Die für die Monate Januar bis März 2002 nachzuzahlenden Gesamtsozialversicherungsbeiträge werden in den Beitragsnachweis für März 2002 mit aufgenommen.

Sofern die für 2001 abzugebende Jahresmeldung bereits erstattet wurde, ist sie zu stornieren und erneut in berichtigter Form abzugeben.

b) Arbeitgeber, die vor dem 1.1.2002 die Lohn- und Gehaltsabrechnung umgestellt haben

479 Für die Unternehmen, die ihre Lohn- und Gehaltsabrechnung bereits vor dem 1.1.2002 von DM auf Euro umgestellt haben, gilt die Verlautbarung vom 18.11.1998 weiter.

Wird das Arbeitsentgelt in Euro berechnet, ist nach § 18h Abs. 1 und Abs. 4 Satz 1 SGB IV die Beitragsberechnung und die Erstellung des Beitragsnachweises ebenfalls in Euro vorzunehmen; Entsprechendes gilt für die Beitragsabführung (Überweisung an die Einzugsstelle). Dabei sind die für die Beitragsberechnung geltenden sozialrechtlichen Bestimmungen anzuwenden, wobei die von den Spitzenorganisationen der Sozialversicherungsträger bekannt gegebenen Euro-Beitragsbemessungsgrenzen, Geringverdienergrenzen, Sachbezugswerte usw. zu berücksichtigen sind.

Maßgeblich sind allein die auf Euro-Basis erzielten beitragsrechtlichen Ergebnisse. Dies gilt auch für den Fall, dass bei einer Umrechnung des Euro-Betrags in DM ein Ergebnis erzielt wird, das zu einer anderen beitragsrechtlichen Beurteilung führen würde. Rückrechnungen sind nicht zulässig (§ 18h Abs. 1 SGB IV).

In den Fällen, in denen nach der betrieblichen Umstellung auf den Euro Arbeitsentgeltberechnungen vorzunehmen sind, die Zeiten vor der Währungsumstellung im Betrieb betreffen bzw. diesen zuzuordnen sind, ist nach § 18h Abs. 2 SGB IV eine berichtigte Beitragsberechnung bezogen auf die DM-Zeiträume in DM vorzunehmen und ein gesonderter Beitragsnachweis für diese Zeiten in DM zu erstatten. Dies gilt auch für Einmalzahlungen, die während eines „Euro-Abrechnungszeitraums" zur Auszahlung gelangen und einem „DM-Entgeltabrechnungszeitraum" zuzuordnen sind (Einmalzahlungen, die nach Beendigung einer Beschäftigung zur Auszahlung gelangen). Daraus folgt, dass die vor einer Währungsumstellung liegenden DM-Abrechnungszeiträume nicht in Euro umgestellt werden dürfen.

12. Berechnungsbeispiele

480 Beispiel 1:

Der Maschinenschlosser N ist in Leipzig beschäftigt. Im Monat Juni 2002 erhält er ein Entgelt von 3 321,90 €. Es besteht Krankenversicherungspflicht. Die Beiträge werden prozentual ohne Lohnsteuerstufen berechnet.

Daraus ergibt sich folgende Beitragsberechnung:

	Beitrags-bemessungs-grundlage	Arbeit-nehmer-Anteil	Arbeit-geber-Anteil	Gesamt-beitrag
Arbeitsentgelt 3 321,90 €	€			
Krankenversicherung Beitragssatz 13,8 % (angenommen)	3 321,90	229,21	229,21	458,42
Pflegeversicherung Beitragssatz 1,7 %	3 321,90	44,85	11,63	56,48
Rentenversicherung Beitragssatz 19,1 %	3 321,90	317,24	317,24	634,48
Arbeitslosen-versicherung Beitragssatz 6,5 %	3 321,90	107,96	107,96	215,92
Gesamtsozial-versicherungsbeitrag		699,26	666,04	1 365,30

Beispiel 2:

Ein technischer Angestellter ist bei einem Maschinenbauunternehmen in München beschäftigt. Das monatliche Einkommen (Febr. 2002) beträgt 4 600 €. Der Arbeitnehmer ist auf Grund seines Einkommens nicht krankenversicherungspflichtig und bei einem privaten Krankenversicherungsunternehmen versichert. Die Beiträge werden prozentual ohne Lohnsteuerstufen berechnet.

Daraus ergibt sich folgende Beitragsberechnung:

	Beitrags-bemessungs-grundlage	Arbeit-nehmer-Anteil	Arbeit-geber-Anteil	Gesamt-beitrag
Arbeitsentgelt 4 600 €	€			
Krankenversicherung Beitragssatz 13,8 % (angenommen)	./.	./.	Beitrags-zuschuss 232,88	./.
Pflegeversicherung Beitragssatz 1,7 %	./.	./.	28,69	./.
Rentenversicherung Beitragssatz 19,1 %	4 500,—	429,75	429,75	859,50
Arbeitslosen-versicherung Beitragssatz 6,5 %	4 500,—	146,25	146,25	292,50
Gesamtsozial-versicherungsbeitrag		576,—	576,—	1 152,—

Beitragserstattung

1. Allgemeines

In der Sozialversicherung werden zu Unrecht gezahlte Beiträge **481** zur Kranken-, Pflege-, Renten- und Arbeitslosenversicherung grundsätzlich erstattet. Für die Erstattung der Beiträge ist in erster Linie die Krankenkasse zuständig, an die die Beiträge gezahlt wurden. Dies gilt auch für die Pflege-, Renten- und Arbeitslosenversicherungsbeiträge. Zwischen den Sozialversicherungsträgern wurde diese vereinfachte Vorgehensweise abgesprochen (Gemeinsame Grundsätze für die Verrechnung und Erstattung zu Unrecht gezahlter Beiträge zur Kranken-, Pflege-, Renten- und Arbeitslosenversicherung der Spitzenverbände der Sozialversicherungsträger vom 31.5.2001).

Zu **Unrecht gezahlte Sozialversicherungsbeiträge** werden jedoch nur dann erstattet, wenn für den Arbeitnehmer

– auf Grund dieser Beiträge oder

– für den Zeitraum, für den die Beiträge zu Unrecht entrichtet worden sind,

keine Leistungen (z.B. Krankengeld durch die Krankenkasse) erbracht wurden. Die 2. Alternative „für den Zeitraum" gilt nach dem Urteil des Bundessozialgerichts vom 25.4.1991 – 12/1 RA 65/89 – (USK 9126) nicht in der Rentenversicherung. Sofern jedoch während des Bezugs von Leistungen Beitragsfreiheit bestanden hat, sind während dieser Zeit zu Unrecht gezahlte Beiträge zu erstatten. Vor der Erstattung ist zu prüfen, ob die zu Unrecht gezahlten Beiträge im Zusammenhang mit erbrachten Leistungen an den Arbeitnehmer stehen. Eine Erstattung von Beiträgen scheidet grundsätzlich in allen Fällen aus, in denen in der **irrtümlichen Annahme eines Versicherungsverhältnisses Beiträge gezahlt und Leistungen** gewährt wurden. Hierbei kommt es im Allgemeinen nicht darauf an, ob der einzelne Beitrag sich auf die rechtliche Grundlage der Leistung ausgewirkt hat. Eine Beitragserstattung kommt ferner nicht in Betracht, wenn **versehentlich zu hohe Beiträge** gezahlt und dementsprechend auch höhere Leistungen erbracht worden sind.

Dagegen sind die Teile von Beiträgen (Beiträge in nicht voller Höhe), die z.B. auf Grund von Ablesefehlern in der Beitragstabelle oder Rechenfehlern bei der Ermittlung des Arbeitsentgelts zu Unrecht gezahlt worden sind, zu erstatten, wenn sie die Leistungen nicht beeinflusst haben, d.h., wenn die Leistungen auch ohne die Beitragsüberzahlung unverändert erbracht worden wären.

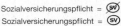
Zu Unrecht gezahlte Arbeitslosenversicherungsbeiträge sind grundsätzlich zu erstatten. Allerdings mindert sich der Erstattungsanspruch um den Betrag der Leistung, die in der irrtümlichen Annahme der Beitragspflicht gezahlt worden ist.

Die Verfallklausel in § 26 Abs. 2 SGB IV greift nur für die Beiträge des Versicherungszweigs, indem die Leistung erbracht wurde. Einem Antrag auf Erstattung von Beiträgen zur Kranken- und Pflegeversicherung kann daher für den Bereich der Pflegeversicherung entsprochen werden, wenn für den Zeitraum, für den die Beiträge zu Unrecht gezahlt worden sind, lediglich Leistungen der Krankenversicherung erbracht wurden.

Viele Tarifverträge sehen für den Fall der Beendigung des Beschäftigungsverhältnisses Regelungen über die Rückforderung von Einmalzahlungen (insbesondere des Weihnachtsgeldes) vor. Die Versicherten und die (ehemaligen) Arbeitgeber haben dann nach § 26 Abs. 2 SGB IV grundsätzlich einen Anspruch auf Erstattung der zu Unrecht entrichteten Beiträge. Aus der Praxis ist nun die Frage gestellt worden, ob die Krankengeldberechnung zu korrigieren ist, wenn Einmalzahlungen nach Beginn der Krankengeldzahlung zurückgefordert werden.

Eine Erstattung von zu Unrecht entrichteten Beiträgen scheidet gemäß § 26 Abs. 2 SGB IV aus, wenn ein Versicherungsträger auf Grund dieser Beiträge Leistungen erbracht hat. Die Krankenkassen haben in den fraglichen Fällen aus den (zurückgeforderten) beitragspflichtigen Einmalzahlungen Brutto- und Netto-Hinzurechnungsbeträge für die Krankengeldberechnung ermittelt und das erhöhte Krankengeld gezahlt. Eine Beitragserstattung kommt in der gesetzlichen Krankenversicherung daher nicht in Betracht, mit der Folge, dass die Krankengeldberechnung nicht zu korrigieren ist.

Fordert ein Arbeitgeber eine Einmalzahlung vor dem Beginn der Krankengeldzahlung zurück, bleibt der Anspruch auf Beitragserstattung unberührt. Diese Einmalzahlungen werden nicht bei der Ermittlung des Brutto-Hinzurechnungsbetrags berücksichtigt.

Dies bedeutet, dass – ungeachtet der Tatsache, dass der Arbeitgeber einmalig gezahltes Arbeitsentgelt wegen Beendigung des Beschäftigungsverhältnisses zurückfordert – eine Erstattung der auf das einmalig gezahlte Arbeitsentgelt entfallenden Krankenversicherungsbeiträge nicht in Betracht kommt, wenn das einmalig gezahlte Arbeitsentgelt bei der Berechnung des Krankengelds berücksichtigt worden ist.

2. Erstattungsberechtigter

482 Der Anspruch auf Beitragserstattung steht demjenigen zu, der die Beiträge getragen hat, also dem Arbeitgeber und dem Arbeitnehmer. Hat der Arbeitgeber die Beiträge allein getragen, werden die Gesamtsozialversicherungsbeiträge direkt an den Arbeitgeber gezahlt (→ *Geringverdienergrenze* Rz. 1144).

3. Erstattungsverfahren

483 Der Antrag auf Erstattung von Gesamtsozialversicherungsbeiträgen ist bei der Einzugsstelle einzureichen, die die Beiträge erhalten hat. Die Spitzenverbände der Sozialversicherungsträger haben hierzu einen einheitlichen Erstattungsvordruck entwickelt, der bei den Krankenkassen erhältlich ist. Die zu Unrecht gezahlten Gesamtsozialversicherungsbeiträge werden in der Regel von der Einzugsstelle erstattet. Sie sorgt auch dafür, dass die Meldungen entsprechend berichtigt werden. Zusätzlich hat die Einzugsstelle den Rentenversicherungsträger über die durchgeführte Beitragserstattung zu informieren. Stellt die Einzugsstelle fest, dass die Renten- und Arbeitslosenversicherungsbeiträge z.B. wegen der Inanspruchnahme von Leistungen oder wegen einer zwischenzeitlich eingetretenen Verjährung grundsätzlich nicht erstattet werden können, leitet sie die Anträge an diese zuständigen Sozialversicherungsträger weiter. Die Antragsteller werden hierüber informiert. Der Rentenversicherungsträger und/oder die Bundesanstalt für Arbeit entscheiden dann abschließend über die Erstattungsanträge.

4. Verrechnung

484 Zu viel gezahlte Beiträge können unter den nachstehenden Voraussetzungen vom Arbeitgeber oder von der Einzugsstelle verrechnet werden, wenn sichergestellt ist, dass der Arbeitnehmer die verrechneten Beiträge, soweit sie von ihm getragen wurden, zurückerhält.

Der **Arbeitgeber kann Beiträge** in voller Höhe oder Teile von Beiträgen zur Kranken-, Pflege-, Renten- und Arbeitslosenversicherung, die er **zu viel gezahlt hat, verrechnen**.

● **Verrechnung in voller Höhe**

  Die Verrechnung von Beiträgen ist in voller Höhe möglich, wenn der Beginn des Zeitraums, für den die Beiträge irrtümlich gezahlt wurden, nicht mehr als sechs Kalendermonate zurückliegt. Für die Verrechnung hat der Arbeitnehmer eine schriftliche Erklärung darüber abzugeben, dass

  – kein Bescheid über eine Forderung eines Leistungsträgers (Krankenkasse, Pflegekasse, Rentenversicherungsträger, Arbeitsamt) vorliegt und seit Beginn des Erstattungszeitraums Leistungen der Kranken-, Pflege-, Renten- und Arbeitslosenversicherung nicht gewährt wurden und

  – die gezahlten Rentenversicherungsbeiträge dem Rentenversicherungsträger nicht als freiwillige Beiträge verbleiben sollen bzw. der Arbeitnehmer für diese Zeit keine freiwilligen Beiträge nachzahlen will.

● **Verrechnung von Teilbeträgen**

  Die Verrechnung von Teilen von Beiträgen ist möglich, wenn der Zeitraum, für den Beiträge zu viel gezahlt wurden, nicht länger als 24 Kalendermonate zurückliegt. Beruht die Beitragszahlung darauf, dass Beiträge **irrtümlich** von einem zu hohen Arbeitsentgelt gezahlt worden sind, so ist eine Verrechnung der Beiträge ausgeschlossen, wenn der überhöhte Betrag der Bemessung von Geldleistungen an den Versicherten (z.B. Krankengeldberechnung) zu Grunde gelegt wurde.

  Eine Verrechnung zu Unrecht gezahlter Beiträge scheidet aus, soweit für den Erstattungszeitraum oder für Teile des Erstattungszeitraums eine **Prüfung beim Arbeitgeber** stattgefunden hat oder wenn von einem Berechtigten **Zinsen** geltend gemacht werden. In den Fällen, in denen eine Verrechnung ausgeschlossen ist, ist eine Erstattung der Beiträge bei der Einzugsstelle oder dem Versicherungsträger zu beantragen.

Die zu viel gezahlten Beiträge sind mit den Beiträgen für den laufenden Entgeltabrechnungszeitraum zu verrechnen. Erfolgt eine **Verrechnung**, weil der Berechnung der Beiträge irrtümlich ein zu hohes Arbeitsentgelt zu Grunde gelegt wurde, so ist der zu verrechnende Betrag in der Weise zu ermitteln, dass die zunächst unrichtig berechneten Beiträge um den Betrag vermindert werden, der sich bei einer Neuberechnung aus dem maßgeblichen beitragspflichtigen Arbeitsentgelt ergibt. Bei der Verrechnung sind die für den Verrechnungszeitraum jeweils maßgebenden Beitragsfaktoren zu Grunde zu legen. Werden Beiträge für vorangegangene Kalenderjahre verrechnet, ist der korrigierte Beitragsnachweis zu kennzeichnen (vgl. Gemeinsame Grundsätze für die Verrechnung von Erstattung zu Unrecht gezahlter Beiträge zur Kranken-, Pflege-, Renten- und Arbeitslosenversicherung vom 31.5.2000, Sozialversicherungsbeitrag-Handausgabe 2001 VL 26 IV/1).

5. Verrechnung durch den Rentenversicherungsträger

485 Der Rentenversicherungsträger kann unter Beachtung der Verjährungsfrist Kranken-, Pflege-, Renten- und/oder Arbeitslosenversicherungsbeiträge verrechnen, wenn zu viel gezahlte Beiträge anlässlich einer Prüfung beim Arbeitgeber festgestellt werden, die keine Berichtigung der beitragspflichtigen Einnahmen erfordern (z.B. bei Anwendung falscher Beitragssätze, bei Beitragszahlungen von Entgeltteilen über die Beitragsbemessungsgrenze) oder aus einmalig gezahltem Arbeitsentgelt resultieren, es sei denn, unter Berücksichtigung dieser Beiträge wurde diese Rente zugebilligt. Die Verrechnungen durch den Rentenversicherungsträger im Rahmen einer Beitragsprüfung sind im Prüfbescheid vorzunehmen. Bereits erstattete Meldungen nach der DEÜV sind vom Arbeitgeber zu stornieren und ggf. neu zu erstatten.

6. Meldeberichtigungen

486 Wird durch die Beitragserstattung das Versicherungsverhältnis oder die Höhe des rentenversicherungspflichtigen Entgelts verändert, sind auch die bisher erstatteten Meldungen nach der Datenerfassungs- und Übermittlungsverordnung (DEÜV) zu stornieren, ggf. sind neue Meldungen mit zutreffenden Angaben zu erstellen. Ist die Einzugsstelle für die Erstattung der zu Unrecht gezahlten Beiträge zuständig, veranlasst und überwacht sie den Eingang der Berichtigungs-/Stornierungsmeldungen durch den Arbeitgeber.

7. Verzinsung

487 Der Erstattungsanspruch ist nach Ablauf eines Kalendermonats nach Eingang des vollständigen Erstattungsantrags zu verzinsen. Wird kein Erstattungsantrag eingereicht, beginnt die Frist nach der Bekanntgabe der Entscheidung über die Erstattung. Zinsen sind bis zum Ablauf des Kalendermonats vor der Zahlung in Höhe von 4 % zu zahlen. Der Kalendermonat wird dabei mit 30 Tagen angesetzt.

8. Verjährung

488 Der Erstattungsanspruch verjährt in vier Jahren nach Ablauf des Kalenderjahrs, in dem die Beiträge entrichtet worden sind.

Beitragsfreiheit

1. Grundsätze

489 Beitragsfrei ist ein Mitglied für die Dauer des **Anspruchs auf Krankengeld** oder **Mutterschaftsgeld** oder des Bezugs von **Erziehungsgeld**. Die Beitragsfreiheit erstreckt sich nur auf diese Leistungen (vgl. § 224 SGB V). Gleiches gilt in der sozialen Pflegeversicherung (§ 56 SGB XI) sowie in der Renten- und Arbeitslosenversicherung. Da die Beitragsfreiheit nicht vom Bezug, sondern von dem Anspruch auf Krankengeld abhängig ist, kommt Beitragsfreiheit auch in Betracht, wenn der Anspruch auf Krankengeld wegen des Bezugs von Versorgungskrankengeld, Verletztengeld oder Übergangsgeld während einer medizinischen Rehabilitationsmaßnahme ruht.

2. Krankengeldzuschüsse

490 Krankengeldzuschüsse, die der Arbeitnehmer während des **Krankengeldbezuges** aus der gesetzlichen Krankenversicherung erhält, sind nach § 49 Abs. 1 Nr. 1 letzter Satz SGB V kein Arbeitsentgelt. Sozialversicherungsbeiträge sind daher nicht zu berechnen.

3. Zuschüsse zum Erziehungsgeld

491 **Vom Arbeitgeber** gezahlte Zuschüsse zum Erziehungsgeld unterliegen der Beitragspflicht in der Sozialversicherung, da es hier an einer gesetzlichen Regelung fehlt, wonach Zuschüsse nicht dem Arbeitsentgelt zuzurechnen sind. **Vermögenswirksame Leistungen**, die während des Bezugs von Erziehungsgeld weitergezahlt werden, bleiben allerdings beitragsfrei (vgl. Besprechungsergebnis der Spitzenverbände der Sozialversicherungsträger vom 11./12.11.1987, Sozialversicherungsbeitrag-Handausgabe 2001 VL 224 V/1).

Beitragsrückvergütungen

492 Beitragsrückvergütungen der Unfall- und Berufsgenossenschaften wegen erfolgreicher Unfallverhütung, die der Arbeitgeber an seine Arbeitnehmer weitergibt, ggf. durch Verlosung, sind steuerpflichtiger Arbeitslohn (FinMin Hamburg, Erlass vom

12.9.1957, DB 1957 S. 933); siehe auch → *Unfallverhütungsprämien* Rz. 2471.

LSt SV

Beitragsüberwachung

1. Allgemeines

Die **Rentenversicherungsträger** haben mindestens **alle vier** **493** **Jahre** die Richtigkeit der Beitragsermittlung und -zahlung sowie die Abgabe der Meldungen in den Betrieben zu überwachen. Die Prüfung umfasst auch die Verpflichtung des Arbeitgebers, für jeden Beschäftigten Lohnunterlagen getrennt nach Kalenderjahren zu führen. Dabei werden auch die Lohnunterlagen der Beschäftigten, für die Beiträge nicht gezahlt wurden, geprüft. Die Betriebsprüfung kann auch in kürzeren Abständen erfolgen, wenn der Arbeitgeber dies verlangt.

2. Beratung durch Krankenkassen

Bei Betriebsprüfungen sind **Nachberechnungen** nicht auszu- **494** schließen. Um diese möglichst zu vermeiden, sollte sich der Arbeitgeber in **Zweifelsfällen** immer mit seiner Krankenkasse im Vorfeld in Verbindung setzen. Die Krankenkassen geben **Auskünfte** und stimmen sich bei Bedarf mit den anderen Sozialversicherungsträgern ab. Die Arbeitgeber genießen hierdurch eine hohe Sicherheit.

3. Prüfung in den Geschäftsräumen

Die Prüfung findet in der Regel in den Geschäftsräumen des Ar- **495** beitgebers bzw. beim Steuerberater statt, wenn dieser im Auftrag des Arbeitgebers die Lohnunterlagen führt, Beitragsnachweise und Meldungen erstellt.

Die Prüfung erfolgt grundsätzlich nach **vorheriger Ankündigung** durch den prüfenden Versicherungsträger. Die Ankündigung soll möglichst einen Monat, sie muss jedoch spätestens **14 Tage vor der Prüfung** erfolgen. Mit Zustimmung des Arbeitgebers kann von der Mindestfrist abgewichen werden. Die Prüfer der Versicherungsträger haben sich auszuweisen. Wenn besondere Gründe es rechtfertigen (z.B., wenn dem Versicherungsträger Anhaltspunkte für eine Beitragshinterziehung vorliegen), kann auch eine unvermutete Prüfung in den Geschäftsräumen des Arbeitgebers stattfinden.

4. Mitwirkung des Arbeitgebers

Der Arbeitgeber hat das Recht, im Vorfeld der Prüfung mit dem **496** prüfenden Versicherungsträger den technischen Ablauf der Prüfung abzustimmen (z.B. Prüfung der Abrechnungsprogramme durch Verarbeitung von **Testaufgaben**). Die Arbeitgeber haben bei der Beitragsüberwachung mitzuwirken.

Diese Mitwirkung erstreckt sich auf die

- kostenlose **Überlassung eines geeigneten Raumes** oder Arbeitsplatzes sowie der erforderlichen Hilfsmittel zur ordnungsgemäßen Durchführung der Prüfung,

- Überlassung aller **erforderlichen Lohnunterlagen**, Beitragsabrechnungen und Beitragsnachweise während der Prüfung (bei Einsatz automatischer Einrichtungen zur Lohn-/Gehaltsabrechnung hat der Arbeitgeber die für die Prüfung der Lohnunterlagen erforderlichen Darstellungsprogramme sowie die Maschinenzeiten und sonstige Hilfsmittel, z.B. Bildschirme, Lesegeräte, bereitzustellen und personelle Unterstützung zu gewähren),

- Vorlage der **Prüfmitteilungen anderer Versicherungsträger** (sofern bei einer Prüfung Bedenken gegen das vom Arbeitgeber durchgeführte Beitragsverfahren ausgesprochen worden sind, eine Prüfmitteilung aber noch nicht vorliegt, hat der Arbeitgeber dieses den Prüfern mitzuteilen),

- Vorlage von Auszügen aus den **Prüfberichten der Finanzbehörden**, sofern diese für die Aufgabenerfüllung der Prüfer, insbesondere für die Beurteilung der Versicherungspflicht, Beitragspflicht und die Beitragshöhe, von Bedeutung sind,

– Vorlage anderer **Unterlagen, die außerhalb der Lohn- und Gehaltsabrechnung** im Bereich des Rechnungswesens geführt werden, soweit es Gründe für die Annahme gibt, dass diese Unterlagen für die Versicherungspflicht, Beitragspflicht und die Beitragshöhe erhebliche Angaben enthalten,

– Verarbeitung von **Testaufgaben** zur Prüfung der ordnungsgemäßen Beitragsberechnung und Beitragszahlung,

– maschinelle **Selektion** prüfrelevanter Fallgruppen, sofern eine Verarbeitung von Testaufgaben nicht erfolgt,

– unverzügliche **Behebung der festgestellten Mängel** und ggf. Mitteilung an den jeweiligen Versicherungsträger.

5. Umfang der Prüfung

497 Die Prüfung der Aufzeichnungen einschließlich der Unterlagen über Versicherungsfreiheit sowie der Beitragsnachweise kann auf **Stichproben** beschränkt werden. Die Prüfung der gemeldeten Arbeitsentgelte kann auf solche Fälle beschränkt werden, **in denen Unstimmigkeiten** bei der Abstimmung der Beiträge nicht aufgeklärt werden konnten. Die Versicherungsträger sind berechtigt, beim Arbeitgeber über den Bereich der Lohn- und Gehaltsabrechnung, jedoch nicht über den Bereich des Rechnungswesens hinaus zu prüfen, soweit es Gründe für die Annahme gibt, dass sich für die Versicherungs- oder Beitragspflicht und die Beitragshöhe erhebliche Unterlagen auch außerhalb der Lohn- und Gehaltsabrechnung befinden. Der Arbeitgeber hat Unterlagen, die der Aufgabenerfüllung der Prüfer dienen, insbesondere zur Klärung, ob ein versicherungs- oder beitragspflichtiges Beschäftigungsverhältnis vorliegt oder nicht, auf Verlangen vorzulegen.

6. Prüfung durch Testaufgaben

498 Bei der Prüfung von Programmen durch Testaufgaben hat der Arbeitgeber die erforderlichen Arbeiten auszuführen und das Testergebnis den Prüfern zu übergeben. Bei der Prüfung durch Testaufgaben können nur gemeinsame Testaufgaben verwendet werden. Der Arbeitgeber kann eine Änderung der Testaufgaben verlangen, soweit dies durch betriebliche Gegebenheiten begründet ist. Ist der Arbeitgeber mit der Verwendung von Testaufgaben nicht einverstanden oder kommt eine **Prüfung von Programmen** durch Testaufgaben bereits aus programm- oder speichertechnischen Gründen nicht in Betracht, sollen zur Vermeidung von Massenarbeiten durch prüfrelevante Fallgruppen vom Arbeitgeber herausgesucht und ausgedruckt werden.

Prüfrelevante Fallgruppen für Selektionsprüfungen sind:

– **versicherungsfreie Beschäftigte**,

– nach dem Dritten Buch Sozialgesetzbuch oder dem Arbeitsförderungsgesetz **beitragsfreie Beschäftigte**,

– in der Rentenversicherung versicherungsfreie Beschäftigte,

– **kurzzeitig Beschäftigte**, die eine Rente wegen **Erwerbsunfähigkeit** oder ein Altersruhegeld beziehen,

– Beschäftigte, für die in der Rentenversicherung oder zur Bundesanstalt für Arbeit nur der Arbeitgeberanteil zu zahlen ist,

– bestimmte Berufsgruppen (z.B. Fahrer, Pförtner, Praktikanten),

– einzelne Lohnarten,

– **Einmalzahlungen**, die dem Vorjahr zugeordnet worden sind.

Zusätzlich zur Selektionsprüfung kann der Prüfer verlangen, dass ihm Fälle, in denen manuell abgerechnet worden sind oder in denen das beitragspflichtige Arbeitsentgelt manuell vorgegeben worden ist, vorgelegt werden. Die selektierten Daten sind den Lohn- und Gehaltsabrechnungen des laufenden Kalenderjahres zu entnehmen. Daten vergangener Kalenderjahre dürfen für die **Selektionsprüfung** nur im **Rahmen der programm- und speichertechnischen Möglichkeiten** des eingesetzten Systems verlangt werden. Die Selektionsprüfung ist mit dem Arbeitgeber rechtzeitig vorzubereiten. Kann eine Selektionsprüfung nicht durchgeführt werden, sind den Prüfern die von ihnen gewünschten Lohnunterlagen und Beitragsabrechnungen unverzüglich auszudrucken oder es sind lesbare Reproduktionen herzustellen, soweit den Prüfern die Nutzung der betrieblich installierten Technik nicht zuzumuten ist.

7. Nachforderung von Beiträgen

499 Das Recht auf Geltendmachung einer Beitragsforderung ist nicht schon dadurch verwirkt, dass die vom Arbeitgeber in Anspruch genommene Versicherungsfreiheit bei früheren Betriebsprüfungen nicht beanstandet oder vom Betriebsprüfer sogar ausdrücklich gebilligt worden ist; der **Nachforderung von Sozialversicherungsbeiträgen** steht auch nicht entgegen, dass die Einzugsstelle nicht auf die Möglichkeit einer Befreiung von der Versicherungspflicht hingewiesen hat. Betriebsprüfungen haben den Zweck, die rechtmäßige Beitragsentrichtung zu den einzelnen Zweigen der Sozialversicherung zu sichern; eine über diese Kontrollfunktion hinausgehende Bedeutung kommt der Betriebsprüfung nicht zu (vgl. BSG-Urteil vom 30.11.1978 – 12 RK 6/76, Sozialversicherungsbeitrag-Handausgabe 2001 R 28p IV/2).

Die Verjährung von Beiträgen wird für die Dauer einer Betriebsprüfung beim Arbeitgeber gehemmt, d.h. sie wird für diesen Zeitraum vorübergehend ausgesetzt. Die Hemmung der Verjährung beginnt mit dem Tag des Beginns der Prüfung beim Arbeitgeber. Sie endet mit der Bekanntgabe des Beitragsbescheids, spätestens nach Ablauf von sechs Kalendermonaten nach Abschluss der Prüfung. Die Hemmung tritt auch ein, wenn der Rentenversicherungsträger eine Prüfung angekündigt und auch einen Termin vereinbart hat, der Prüfungstermin aber ohne Verschulden des Rentenversicherungsträgers nicht eingehalten werden kann.

Beitragszuschuss zur Krankenversicherung

1. Allgemeines

500 In der gesetzlichen Krankenversicherung sind Arbeitnehmer nur dann versichert, wenn ihr regelmäßiges Jahresarbeitsentgelt die Jahresarbeitsentgeltgrenze nicht überschreitet (→ *Jahresarbeitsentgeltgrenze in der gesetzlichen Krankenversicherung* Rz. 1325). Anderenfalls besteht Versicherungsfreiheit in der Krankenversicherung mit der Folge, dass der Arbeitnehmer seinen **Versicherungsschutz** selbst sicherstellen muss. Damit diese Arbeitnehmer nicht schlechter gestellt werden als versicherungspflichtige Arbeitnehmer – bei denen der Arbeitgeber – wie in allen anderen Versicherungszweigen – den halben Beitragsanteil übernehmen muss, erhalten die Arbeitnehmer einen Beitragszuschuss. Die **Gewährung des Beitragszuschusses** nach § 257 SGB V ist an strenge Voraussetzungen gebunden, um eine Gleichbehandlung aller Personenkreise zu erreichen. Für die öffentlich-rechtlichen Arbeitgeber hat das Bundesministerium des Inneren mit Erlass vom 6.10.1997 (Sozialversicherungsbeitrag-Handausgabe 2001 VL 257 V/3) nachfolgende Anspruchsvoraussetzungen für die tägliche Praxis zusammengefasst:

Angestellte und Arbeiter, deren regelmäßiges Jahresarbeitsentgelt 75 % der Beitragsbemessungsgrenze der Rentenversicherung (Jahresarbeitsentgeltgrenze) übersteigt und die nur deswegen versicherungsfrei sind (§ 6 Abs. 1 Nr. 1 SGB V), oder Beschäftigte, die auf Antrag **von der Versicherungspflicht befreit** sind, erhalten zur Gleichstellung mit den krankenversicherungspflichtigen Arbeitnehmern einen Beitragszuschuss, wenn sie entweder

– freiwillig in der gesetzlichen Krankenversicherung oder

– bei einem privaten Krankenversicherungsunternehmen unter den nachstehend erläuterten Voraussetzungen

versichert sind.

Angestellte und Arbeiter, deren regelmäßiges Jahresarbeitsentgelt die Jahresarbeitsentgeltgrenze überschreitet, sind nicht anspruchsberechtigt, wenn sie auch aus einem **anderen Grund** versicherungsfrei sind; in diesem Fall sind sie nicht „nur" wegen des Überschreitens der Jahresarbeitsentgeltgrenze versicherungsfrei (BSG-Urteil vom 10.3.1994 – 12 RK 12/93 –, DÖD 1994 S. 202).

Seit 1.7.2000 steht ein Zuschuss nach § 257 Abs. 2 SGB V auch den Arbeitnehmern zu, die die Voraussetzungen der Versicherungsfreiheit nach § 6 Abs. 3a SGB V erfüllen. Damit wird sichergestellt, dass sich der Arbeitgeber auch bei über 55-jährigen Arbeitnehmern, die eine dem Grunde nach krankenversicherungspflichtige Beschäftigung ausüben aber keinen Zugang zu gesetzlichen Krankenversicherung mehr haben, an der Beitragsaufbringung beteiligen.

Dies gilt sinngemäß auch für ins Ausland entsandte Beschäftigte (vgl. Richtlinien der Spitzenverbände der Kranken-, Unfall- und Rentenversicherungsträger zur „Ausstrahlung" vom 20.11.1997) für die Dauer der zeitlich begrenzten Beschäftigung im Ausland.

Durch die Neufassung des § 257 Abs. 2 Satz 1 Nr. 2 SGB V wird das Zugangsalter zum Standardtarif vom 65. Lebensjahr auf das 55. Lebensjahr abgesenkt, um unzumutbare Prämienbelastungen derjenigen Personen, die wegen der Versicherungsfreiheit nach § 6 Abs. 3a SGB V keinen Zugang zur gesetzlichen Krankenversicherung mehr haben, zu vermeiden. Die Voraussetzungen im bisherigen Recht, nach der die Vorversicherungszeit von zehn Jahren für den Zugang zum Standardtarif nur mit einem zuschussberechtigten Versicherungsschutz erfüllt werden konnte, wird durch einen substitutiven Versicherungsschutz (den beispielsweise Selbständige haben) ersetzt. Der Standardtarif begrenzt nunmehr für Ehegatten den Beitrag auf insgesamt 150 % des durchschnittlichen Höchstbeitrags der gesetzlichen Krankenversicherung, vorausgesetzt, das jährliche Gesamteinkommen der Ehegatten übersteigt die Jahresarbeitsentgeltgrenze nicht.

2. Freiwillige Mitglieder in der gesetzlichen Krankenversicherung

501 Anspruchsberechtigt sind alle in der gesetzlichen Krankenversicherung (Orts-, Betriebs-, Innungs- oder Ersatzkasse oder bei der See-Krankenkasse oder Bundesknappschaft) **freiwillig versicherten Beschäftigten**. Diese Beschäftigten brauchen lediglich den Nachweis ihrer freiwilligen Versicherung zu erbringen und die Höhe des von ihnen zu zahlenden Beitrags anzugeben.

3. Privatversicherte

502 Diese Beschäftigten erhalten den Zuschuss zu ihrem Krankenversicherungsbeitrag, wenn sie bei einem privaten Krankenversicherungsunternehmen versichert sind und für sich und ihre Angehörigen, die bei Versicherungspflicht des **Beschäftigten nach § 10 SGB V** versichert wären, Vertragsleistungen beanspruchen können, die der Art nach den Leistungen des SGB V entsprechen.

Die Gewährung eines Beitragszuschusses für die private Krankenversicherung ist u.a. davon abhängig, ob das Versicherungsunternehmen

– die Krankenversicherung nach Art der Lebensversicherung betreibt,

– sich verpflichtet, für versicherte Personen, die das 65. Lebensjahr vollendet haben und über zehn Jahre privat versichert sind, einen Standardtarif anzubieten, dessen Vertragsleistungen den Leistungen der gesetzlichen Krankenversicherung bei Krankheit vergleichbar sind und dessen Beitrag den durchschnittlichen Höchstbeitrag der gesetzlichen Krankenversicherung nicht übersteigt,

– sich vertraglich verpflichtet, auf das ordentliche Kündigungsrecht zu verzichten.

Diese Voraussetzungen sollen sicherstellen, dass der private Versicherungsschutz, für den der Arbeitgeber einen Zuschuss zu zahlen hat, auch hinsichtlich bestimmter struktureller Kriterien mit dem Versicherungsschutz in der gesetzlichen Krankenversicherung vergleichbar ist. Soweit das private Krankenversicherungsunternehmen die Voraussetzungen nicht erfüllt, kann der Versicherte den Versicherungsvertrag mit sofortiger Wirkung **kündigen** (§ 257 Abs. 2c SGB V).

Der Versicherungsnehmer hat dem Arbeitgeber hierzu eine **Bescheinigung des Versicherungsunternehmens** darüber vorzulegen, dass die Aufsichtsbehörde (i.d.R. ist dies das Bundesaufsichtsamt für das Versicherungswesen) dem Versicherungsunternehmen bestätigt hat, dass die o.a. Voraussetzungen erfüllt sind. Die der Bescheinigung zu Grunde liegende Bestätigung kann auch von der Aufsichtsbehörde eines anderen EU-Staates ausgestellt sein, sofern diese zuständig ist (vgl. BT-Drucks. 12/3608 S. 116). Nach Auffassung des Bundesministeriums für Gesundheit haben Arbeitnehmer, die in Deutschland arbeiten und ihren Wohnsitz in einem Nachbarstaat haben (Grenzgänger), auch dann einen Anspruch auf den Arbeitgeberzuschuss zu ihrem Krankenversicherungbeitrag, wenn sie bei einem privaten **Krankenversicherungsunternehmen mit Sitz im Ausland** versichert sind, welches die o.a. besonderen Voraussetzungen nicht erfüllt. Zweck des Arbeitgeberzuschusses für privat krankenversicherte Arbeitnehmer ist insbesondere die Wettbewerbsneutralität für Arbeitgeber. Dem Arbeitgeber soll kein Vorteil daraus entstehen, dass er für Arbeitnehmer mit einem Einkommen oberhalb der Versicherungspflichtgrenze keine dem Arbeitgeberanteil für Pflichtversicherte vergleichbaren Beitragsbeteiligungen zu leisten hätte.

„Angehörige" im o.a. Sinne sind Personen, die im Falle der Pflichtversicherung in der gesetzlichen Krankenversicherung kostenfrei mitversichert wären (§ 10 SGB V). Zu den Angehörigen gehören daher

– der **Ehegatte** und

– die **Kinder** einschließlich der nach § 10 Abs. 4 SGB V als Kinder geltenden **Stiefkinder, Enkel und Pflegekinder** sowie die mit dem Ziel der Annahme als Kind in die Obhut des Beschäftigten aufgenommenen Kinder.

Besteht der Krankenversicherungsschutz nicht nur bei einem, sondern **bei mehreren Versicherungsunternehmen**, hat der Beschäftigte auch Anspruch auf einen Beitragszuschuss, vorausgesetzt, die Versicherungsunternehmen erfüllen alle die o.a. strukturellen Voraussetzungen.

Da die Leistungen des privaten Krankenversicherungsunternehmens nur **der Art nach denen der gesetzlichen Krankenversicherung** entsprechen müssen, sind die Voraussetzungen für einen Beitragszuschuss auch dann gegeben, wenn die private Krankenversicherung eine Selbstbeteiligung des Versicherten an seinen Aufwendungen in Höhe eines festgesetzten Sockelbetrages vorsieht.

Auch eine **Absicherung des gesamten Leistungskataloges**, wie sie die gesetzliche Krankenversicherung vorsieht, ist nicht erforderlich; vielmehr bleibt es dem zuschussberechtigten Beschäftigten selbst überlassen, welche Leistungen er im Einzelnen absichern will. Es kommt danach insbesondere nicht darauf an, ob etwa Anspruch auf Krankengeld oder auf die dem Krankengeld entsprechende Leistung für mindestens 78 Wochen besteht. Arbeitnehmer mit einem (tarif-)vertraglichen Anspruch auf Entgeltfortzahlung von 78 Wochen könnten z.B. auf eine Krankengeldversicherung verzichten, ohne den Anspruch auf den Beitragszuschuss zu verlieren. Andererseits sind Beitragsaufwendungen des Beschäftigten für eine private Versicherung, die solche Leistungen vorsieht, zuschussfähig. Dagegen sind zusätzliche Sterbegeldversicherungen nicht zuschussfähig.

4. Bemessung des Zuschusses

a) Freiwillige Mitglieder

Der Beitragszuschuss für einen **in der gesetzlichen Kranken-** **503** **versicherung freiwillig versicherten Beschäftigten** (§ 257 Abs. 1 SGB V) beträgt die Hälfte des Beitrags, der bei Versicherungspflicht des Beschäftigten bei der Krankenkasse zu zahlen wäre, bei der die freiwillige Mitgliedschaft besteht; er darf jedoch die Hälfte des tatsächlich zu zahlenden Beitrags nicht übersteigen. Auf Grund dieser Regelung besteht kein Raum mehr für eine Bezuschussung von Aufwendungen für eine Zusatzversicherung bei einem privaten Krankenversicherungsunternehmen. Eine Vergleichsberechnung mit dem Höchstbeitrag der „Pflichtkrankenkasse" kommt nicht mehr in Betracht.

Beispiel:

Ein Arbeitnehmer mit einem Einkommen über der Jahresarbeitsentgeltgrenze ist freiwilliges Mitglied einer gesetzlichen Krankenkasse. Bei einem Beitragssatz von 13,4 % hat er einen monatlichen Krankenversicherungsbeitrag in Höhe von 452,26 € zu zahlen. Zusätzlich hat er noch eine private Krankenversicherung (Zweibettzimmer-Zuschlag bei stationärer Behandlung) abgeschlossen. Die monatliche Prämie beträgt 51 €. Von seinem Arbeitgeber kann er einen Zuschuss in Höhe von (452,26 € : 2 =) 226,13 € erhalten. Die Prämie der Privatversicherung hat er allein zu tragen. Dies gilt auch, wenn der Arbeitnehmer bei einer Ersatzkasse versichert wäre.

Besteht die Krankenversicherungsfreiheit wegen Überschreitens der Jahresarbeitsentgeltgrenze nicht auf Grund der Höhe der laufenden Bezüge, sondern ausschließlich durch die **Hinzurechnung von voraussehbaren Einmalzahlungen** (z.B. vertraglich zugesichertes Weihnachtsgeld), sollte der Beitragszuschuss auch in Höhe des für diese Versicherten in Betracht kommenden Höchstbeitrags gezahlt werden (→ *Jahresarbeitsentgeltgrenze in der gesetzlichen Krankenversicherung* Rz. 1325). Diese Beschäftigten werden daher als freiwillige Versicherte von dem Träger der gesetzlichen Krankenversicherung ohne Rücksicht auf die Höhe des laufenden Arbeitsentgelts in Beitragsklassen für solche Arbeitnehmer eingestuft, die wegen Überschreitens der Jahresarbeitsentgeltgrenze nicht krankenversicherungspflichtig sind. Es bestehen keine Bedenken, wenn dies auch in den Fällen geschieht, in denen die Krankenkassen bei der Beitragsberechnung nur das niedrigere laufende Arbeitsentgelt berücksichtigen und im Monat der Einmalzahlung eine **Beitragsneuberechnung** – unter Berücksichtigung der noch nicht in Anspruch genommenen Beitragsbemessungsgrenze – vornehmen. Sonst müsste der Arbeitgeber **im Monat der Einmalzahlung** einen höheren Beitragszuschuss gewähren.

Bestehen innerhalb desselben Zeitraums mehrere Beschäftigungsverhältnisse, sind die Arbeitgeber nach dem Verhältnis der Höhe der jeweiligen Arbeitsentgelte zur Zahlung des Beitragszuschusses verpflichtet.

Für Beschäftigte, die Kurzarbeitergeld oder Winterausfallgeld nach dem SGB III beziehen, hat der Arbeitgeber als Beitragszuschuss die Hälfte des Beitrags, der aus dem tatsächlich erzielten Entgelt zu ermitteln ist, zu zahlen. Soweit für Beschäftigte Beiträge vom Kurzarbeitergeld oder Winterausfallgeld zu zahlen sind, hat der Arbeitgeber den Beitrag allein zu tragen.

b) Privatversicherte

504 Der Beitragszuschuss beträgt die Hälfte des für den „**Standardtarif" maßgeblichen durchschnittlichen Höchstbeitrags** der gesetzlichen Krankenversicherung, höchstens jedoch die Hälfte des Betrags, den der Arbeitnehmer für seine Krankenversicherung zu zahlen hat.

Der Beitragszuschuss wird für das **jeweilige Kalenderjahr** festgestellt. Da zum 1.1. der aktuelle durchschnittliche allgemeine Beitragssatz der gesetzlichen Krankenkassen noch nicht bekannt ist, wird auf Grund der Neuregelung des § 257 Abs. 2 Nr. 2 SGB V der **am 1.1. des Vorjahres** geltende durchschnittliche Beitragssatz der gesetzlichen Krankenkassen zu Grunde gelegt. Das bedeutet, dass für die Ermittlung des Höchstbetrages der durchschnittliche Beitragssatz vom 1.1.2001 berücksichtigt wird. Der Beitragszuschuss für privat krankenversicherte Arbeitnehmer beträgt seit 1.1.2002 (durchschnittlicher allgemeiner Beitragssatz 13,5 %) 227,81 €;

höchstens erhält der Arbeitnehmer aber die **Hälfte des Betrags**, den er für seine private Krankenversicherung aufwendet.

Bei der zweiten **Begrenzung in Höhe der Hälfte der tatsächlichen Aufwendungen** hat der Arbeitgeber individuell den Umfang des jeweiligen Versicherungsschutzes zu ermitteln. Dabei hat er Folgendes zu beachten:

– Beiträge zur Privatversicherung für **Familienmitglieder, die nicht „Angehörige"** i.S. der gesetzlichen Krankenversicherung sind, bleiben bei der Ermittlung der Höhe des Beitragszuschusses außer Betracht;

– Beiträge für **Familienangehörige, die in der gesetzlichen Krankenversicherung freiwillig versichert sind**, sind bei der Ermittlung der Höhe des Beitragszuschusses zu berücksichtigen. Voraussetzung ist jedoch, dass solche Familienangehörige bei unterstellter Pflichtversicherung des Beschäftigten nicht freiwillig, sondern kostenfrei in der gesetzlichen Krankenversicherung mitversichert wären und außer der freiwilligen Versicherung kein sonstiger, die Familienversicherung ausschließender Grund vorliegt;

– Bei einem privat krankenversicherten Arbeitnehmer sind die Aufwendungen für die ebenfalls **privat krankenversicherte Ehefrau** während des Mutterschutzes und Erziehungsurlaubs auch dann bei der Bemessung des Beitragszuschusses des Arbeitgebers nach § 257 Abs. 2 SGB V zu berücksichtigen, wenn die Ehefrau zuvor wegen Überschreitens der Jahresarbeitsentgeltgrenze krankenversicherungfrei war und ihr Beschäftigungsverhältnis für die Dauer des Mutterschutzes und Erziehungsurlaubs ohne Entgeltzahlung fortbesteht (Urteil des BSG vom 29.6.1993 – 12 RK 9/92 –);

– Beiträge, die von **versicherungspflichtigen Studenten oder Praktikanten** nach §§ 245, 254 SGB V zu zahlen sind, wirtschaftlich jedoch vom zuschussberechtigten Beschäftigten getragen werden, sind bei der Bemessung des Beitragszuschusses zu berücksichtigen, wenn bei unterstellter Versicherungspflicht des Beschäftigten in der gesetzlichen Krankenversicherung der Student oder Praktikant nach § 10 SGB V familienversichert wäre;

– **Nachträgliche Beitragsrückerstattungen sind** bei der Ermittlung der Zuschusshöhe **nicht zu berücksichtigen**. Das bedeutet, dass Rückzahlungen wegen der Nichtinanspruchnahme von Versicherungsleistungen den bisher gezahlten Zuschuss nicht mindern;

– Dagegen ist ein **Beitragsnachlass** eines privaten Versicherungsunternehmens, weil Beiträge im Wege des sog. Sammel-Inkasso erhoben werden, bei der Berechnung des Beitragszuschusses zu berücksichtigen. Der Beitragszuschuss ist somit geringer.

5. Verfahren

Bei dem Anspruch auf einen Beitragszuschuss nach § 257 SGB V **505** handelt es sich um einen öffentlich-rechtlichen Anspruch. Durch Beschluss des Gemeinsamen Senats der Obersten Gerichtshöfe des Bundes vom 4.6.1974 – GmS OGB 2/73 (BSGE 37, 292, 295) ist für Streitigkeiten über den Anspruch auf den Zuschuss des Arbeitgebers der **Rechtsweg zu den Gerichten der Sozialgerichtsbarkeit** gegeben. Nach dem Urteil des Bundessozialgerichts vom 2.6.1982 (12 RK 66/81, USK Nr. 82 182) ist der Arbeitgeber verpflichtet, den Arbeitnehmer über die Gewährung eines Beitragszuschusses aufzuklären und die Voraussetzungen für die Zahlung des Zuschusses festzustellen und diesen an den Versicherten auszuzahlen.

Voraussetzung für die Zahlung des Beitragszuschusses ist, dass für den in der gesetzlichen Krankenversicherung freiwillig versicherten Beschäftigten durch eine Bescheinigung seiner Krankenkasse das Bestehen der Versicherung und die Höhe des Krankenversicherungsbeitrags nachgewiesen ist. Bei privat Krankenversicherten ist diesem **Nachweis auch eine Bescheinigung** des Versicherungsunternehmens nach § 257 Abs. 2a Satz 3 SGB V beizufügen.

6. Ende der Zuschusszahlung

Solange die Voraussetzungen des § 257 SGB V gegeben sind, ist **506** der Beitragszuschuss zu zahlen. Bei Privatversicherten hat der Arbeitgeber kein Recht, einen Nachweis über die tatsächliche Beitragszahlung zu fordern. Dagegen haben **freiwillige Mitglieder** der gesetzlichen Krankenversicherung den Ausschluss der Versicherung (§ 191 SGB V) bei **Nichtzahlung der Beiträge unverzüglich anzuzeigen**.

Der Beitragszuschuss ist in der nachgewiesenen Höhe so lange an den Beschäftigten zu zahlen, wie die in § 257 SGB V bezeichneten Voraussetzungen gegeben sind. Die Zahlung des Zuschusses ist nicht von dem Nachweis abhängig, dass der Beschäftigte seinen monatlichen Beitrag an die Krankenkasse oder an das private Krankenversicherungsunternehmen tatsächlich gezahlt hat. Es genügt der Nachweis, dass der Beschäftigte verpflichtet ist, den bescheinigten monatlichen Beitrag zu entrichten.

Ein Anspruch auf den Zuschuss besteht nur für Zeiten, für die bei Versicherungspflicht des Beschäftigten ein Arbeitgeberanteil zum Krankenversicherungsbeitrag zu zahlen wäre. Der Zuschuss wird daher nur für Zeiten gezahlt, für die dem Beschäftigten Vergütung, Urlaubsvergütung, Lohn, Urlaubslohn oder Krankenbezüge in Höhe der Urlaubsvergütung oder des Urlaubslohnes zustehen. Der **Zuschuss ist somit insbesondere nicht für Zeiten zu zahlen**,

– in denen das Arbeitsverhältnis wegen der Einberufung zum Grundwehrdienst oder wegen der Gewährung einer Zeitrente ruht,

– für die die Beschäftigte Mutterschaftsgeld erhält oder in denen sich die/der Beschäftigte in Erziehungsurlaub nach dem Bundeserziehungsgeldgesetz befindet.

Wird während eines **Erziehungsurlaubs** eine erziehungsgeldunschädliche Teilzeitbeschäftigung ausgeübt und ist die/der Beschäftigte während dieser Beschäftigung von der Krankenversicherungspflicht befreit, kann jedoch für Zeiten, in denen Bezüge zustehen, ein Anspruch auf einen Beitragszuschuss in Betracht kommen.

Bei Beschäftigten, denen **nach § 1 Abs. 2 ArbPlSchG** Entgelt weiterzugewähren ist, ist **wie folgt zu verfahren**:

– In der gesetzlichen Krankenversicherung freiwillig versicherte Beschäftigte erhalten für die Dauer der Wehrübung keinen Zuschuss;

– Beschäftigte, die bei einem privaten Krankenversicherungsunternehmen versichert sind, erhalten während des Zeitraums ein Drittel des Arbeitgeberzuschusses, der zu zahlen wäre, wenn die Beschäftigung nicht durch die Wehrübung unterbrochen wäre.

Beitragszuschüsse, die für Zeiträume gezahlt worden sind, in denen die o.a. bezeichneten Voraussetzungen nicht oder nicht mehr vorgelegen haben, sind dem Arbeitgeber nach Maßgabe der für das Arbeitsverhältnis geltenden gesetzlichen und tarifvertraglichen Vorschriften zu erstatten. Dieser **Erstattungsanspruch des Arbeitgebers** ist nicht den Angelegenheiten der Sozialversicherung zuzuordnen. Er unterliegt somit in der Regel der sechsmonatigen Ausschlussfrist.

7. Steuerliche Behandlung

507 Für die steuerliche Behandlung von Zuschüssen des Arbeitgebers zu den Krankenversicherungsbeiträgen gilt Folgendes (R 24 LStR):

– **Beitragszuschüsse des Arbeitgebers nach § 257 Abs. 1 SGB V** eines in der gesetzlichen Krankenversicherung freiwillig Versicherten sind nach § 3 Nr. 62 EStG steuerfrei und somit beitragsfrei in der Sozialversicherung. Wird der für einen versicherungspflichtigen Arbeitnehmer maßgebende Krankenversicherungbeitrag satzungsgemäß auf den nächsten vollen Euro-Betrag aufgerundet, so bleibt aus Vereinfachungsgründen ein Arbeitgeberzuschuss bis zur Hälfte des aufgerundeten Krankenversicherungsbeitrags steuerfrei.

– **Beitragszuschüsse des Arbeitgebers nach § 257 Abs. 2 SGB V** eines in der privaten Krankenversicherung Versicherten sind ebenfalls nach § 3 Nr. 62 EStG steuer- und beitragsfrei.

– Die Bescheinigung des Krankenversicherungsträgers bzw. privaten Krankenversicherungsunternehmens ist zu den **Lohnunterlagen** zu nehmen.

Zahlt der Arbeitgeber dagegen einen höheren Zuschuss als den gesetzlich festgeschriebenen, so ist der diesen Teil überschreitende Betrag steuer- und beitragspflichtig.

Beispiel:

Ein bei einem privaten Krankenversicherungsunternehmen versicherter Arbeitnehmer zahlt einen monatlichen Krankenversicherungsbeitrag von 436 €. Darin enthalten ist eine Sterbegeldversicherung. Die Prämie für diese Zusatzversicherung beträgt 36 €. Der Arbeitgeber übernimmt die Hälfte des Betrages (= 218 €) als Beitragszuschuss. Vom 1.1.2002 an bis zum 31.12.2002 beträgt der Beitragszuschuss höchstens 229,50 € und wird auf die Hälfte des tatsächlichen Beitrags beschränkt, wenn dieser niedriger ist als der o.a. Höchstzuschuss. Da die 36-€-Zusatzprämie nicht zuschussfähig ist, ist sie zuvor abzuziehen. Der zuschussfähige Beitrag beträgt demnach (436 € ∕ 36 € =) 400 €. Der Höchstzuschuss von 229,50 € übersteigt die Hälfte des tatsächlichen Beitrags von 200 €. Somit sind 200 € steuer- und beitragsfrei. Der darüber hinausgehende Anteil von 18 € ist dagegen steuer- und beitragspflichtig.

Der Anspruch auf den Arbeitgeberzuschuss an den bei einem privaten Krankenversicherungsunternehmen versicherten Arbeitnehmer setzt voraus, dass der private Krankenversicherungsschutz Leistungen zum Inhalt hat, die ihrer Art nach auch im SGB V bestehen. Voraussetzung ist nicht, dass der private Krankenversicherungsschutz einen bestimmten Mindestumfang hat, also sich auf alle Leistungen des SGB V erstreckt; soweit der private Krankenversicherungsschutz andere Leistungen umfasst, die der Art nach nicht zu den Leistungen des SGB V gehören, bleibt der darauf entfallende Teil des Beitrags bei der Bemessung des Arbeitgeberzuschusses unberücksichtigt. **Wählt der Arbeitnehmer einen höherwertigen Krankenversicherungsschutz,** der zwar der Art, aber nicht der Höhe nach zu den Leistungen der gesetzlichen Krankenversicherung zählt (z.B. Krankentagegeldversorgung über der Leistungsbemessungsgrenze in der Krankenversicherung), ist der vom Arbeitgeber zu leistende Zuschuss bis zur Hälfte des durchschnittlichen Höchstzuschusses in der gesetzlichen Krankenversicherung **steuerfrei**.

Zu Einzelheiten siehe → Zukunftssicherung: Gesetzliche Altersversorgung Rz. 2762.

8. Vorruhestandsgeldbezieher

508 Für Bezieher von Vorruhestandsgeld, die als Beschäftigte bis unmittelbar vor Beginn der Vorruhestandsleistungen Anspruch auf den vollen oder anteiligen Beitragszuschuss hatten, bleibt der Anspruch in dieser Höhe für die Dauer der Vorruhestandsleistungen erhalten. Voraussetzung hierfür ist eine **Mitgliedschaft in der gesetzlichen Krankenkasse**.

Versicherte, die Vorruhestandsgeld beziehen und bei einem **privaten Krankenversicherungsunternehmen** versichert sind, wird der Zuschuss – wie bei Beschäftigten – aus dem durchschnittlichen Beitragssatz der Krankenkassen ermittelt. Da Vorruhestandsgeldbezieher vom Beginn dieser Leistung an keinen Anspruch mehr auf Krankengeld haben, sind vom 1.1.2001 an neun Zehntel des durchschnittlichen allgemeinen Beitragssatzes der Krankenkassen (des Vorjahres) zu berücksichtigen. Auch dieser Durchschnittsbeitragssatz gilt vom 1. Januar bis zum 31. Dezember. Für das Kalenderjahr 2002 beträgt der Durchschnittsbeitragssatz 12,1 %.

Der Beitragszuschuss beträgt die Hälfte des aus dem Vorruhestandsgeld und dem durchschnittlichen ermäßigten Beitragssatz errechneten Beitrags, höchstens jedoch die Hälfte des Betrags, den der Vorruhestandsgeldempfänger tatsächlich für seine Krankenversicherung aufwendet.

Beitragszuschuss zur Pflegeversicherung

1. Allgemeines

509 Freiwillig krankenversicherte Arbeitnehmer, die in der Pflegeversicherung kraft Gesetz pflichtversichert sind, und bei einem privaten Krankenversicherungsunternehmen versicherte Arbeitnehmer, die nach den Vorschriften des Pflegeversicherungsgesetzes verpflichtet sind, eine private Pflegeversicherung abzuschließen, erhalten von ihrem Arbeitgeber nach § 61 Abs. 1 Satz 1 SGB XI einen Zuschuss zu ihrem Pflegeversicherungsbeitrag.

Durch die Gewährung von Zuschüssen zu den Beiträgen zur Pflegeversicherung wird erreicht, dass der Grundsatz der hälftigen Aufteilung der Beitragslast zwischen Arbeitnehmern und Arbeitgebern auch dann gilt, wenn der Arbeitnehmer seine Zahlungspflichten selbst zu erfüllen hat, sei es wegen einer freiwilligen Mitgliedschaft in der gesetzlichen Krankenversicherung oder weil ein Pflege-Pflichtversicherungsschutz bei einem privaten Versicherungsunternehmen besteht.

2. Freiwillig krankenversicherte Arbeitnehmer

510 Arbeiter und Angestellte, die freiwillig in der gesetzlichen Krankenversicherung versichert sind, erhalten einen Zuschuss zu ihrem Pflegeversicherungsbeitrag. Als Zuschuss ist der Betrag zu zahlen, der als Arbeitgeberanteil bei Versicherungspflicht zu zahlen wäre. Arbeitnehmer mit Beschäftigungsort Sachsen, in dem kein Feiertag abgeschafft wurde, erhalten bis zum 30.6.1996 keinen Beitragszuschuss. Vom 1.7.1996 an erhalten diese Arbeitnehmer in Sachsen auf Grund der Einführung der stationären Pflegeleistungen einen Beitragszuschuss in Höhe der Hälfte des 1 % übersteigenden Prozentsatzes, also 0,35 %.

Für den Fall, dass innerhalb desselben Zeitraums mehrere Beschäftigungsverhältnisse bestehen **(Mehrfachbeschäftigte)**, sind die beteiligten Arbeitgeber anteilig nach dem Verhältnis der Höhe der jeweiligen Arbeitsentgelte zur Zahlung des Beitragszuschusses verpflichtet. Der Beitragszuschuss errechnet sich aus der für die gesetzliche Krankenversicherung geltenden Beitragsbemessungsgrenze und dem gesetzlich festgelegten Beitragssatz in Höhe von 1,7 % (gültig seit 1.7.1996).

Beispiel:

Ein Arbeitnehmer, der freiwilliges Mitglied der gesetzlichen Krankenversicherung ist, erhält ein monatliches Arbeitsentgelt von 3 500 €. Die Beiträge zur Pflegeversicherung werden aus einem Entgelt von 3 375 € berechnet. Der Pflegeversicherungsbeitrag beträgt monatlich 57,38 €. Der steuerfreie Beitragszuschuss des Arbeitgebers beträgt 28,69 €.

Die Regelung entspricht inhaltlich **weitgehend** dem **Krankenversicherungsrecht** (→ *Beitragszuschuss zur Krankenversicherung* Rz. 500). Formell kommt es hinsichtlich des anspruchsberechtigten Personenkreises zu keinen Abweichungen zwischen Kranken- und Pflegeversicherung. Zu den anspruchsberechtigten Arbeitnehmern zählen auch die Vorstandsmitglieder von Aktiengesellschaften bzw. von großen Versicherungsvereinen auf Gegenseitigkeit. Freiwillig krankenversicherte Arbeitnehmer, die nach beamtenrechtlichen Vorschriften oder Grundsätzen bei Krankheit und Pflege Anspruch auf Beihilfe oder Heilfürsorge haben, erhalten keinen Beitragszuschuss von ihrem Dienstherrn. An die Stelle des Zuschusses tritt in diesen Fällen die Beihilfe oder Heilfürsorge des Dienstherrn zu den Aufwendungen aus Anlass der Pflege (vgl. Gemeinsames Rundschreiben der Spitzenverbände der Sozialversicherungsträger vom 20.10.1994, Sozialversicherungsbeitrag-Handausgabe 2001 VL 61 XI/2).

3. Privat versicherte Arbeitnehmer

511 Arbeiter und Angestellte, die verpflichtet sind, bei einem privaten Krankenversicherungsunternehmen zur Absicherung des Pflegerisikos einen Versicherungsvertrag abzuschließen und aufrechtzuerhalten, erhalten unter bestimmten Voraussetzungen von ihrem Arbeitgeber einen Zuschuss zu ihrem Pflegeversicherungsbeitrag. Als Beitragszuschuss ist der Betrag zu zahlen, der als Arbeitgeberanteil bei Versicherungspflicht in der sozialen Pflegeversicherung zu zahlen wäre. Der Zuschuss ist allerdings **begrenzt** auf die Hälfte des Betrags, den der Beschäftigte für seine private Pflegeversicherung zu zahlen hat. Arbeitnehmer mit Beschäftigungsort Sachsen, in dem kein Feiertag abgeschafft wurde, erhalten bis zum 30.6.1996 keinen Beitragszuschuss. Vom 1.7.1996 an erhalten die Arbeitnehmer in Sachsen auf Grund der Einführung der stationären Pflegeleistungen einen Beitragszuschuss in Höhe der Hälfte des 1 % übersteigenden Prozentsatzes, also 0,35 %.

Der höchstmögliche Beitragszuschuss gilt für die Zeit vom 1. Januar bis 31. Dezember eines Jahres, sofern sich nicht Bemessungsgrundlagen ändern.

Beispiel:

Ein privat versicherter Arbeitnehmer zahlt bei einem monatlichen Einkommen von 3 500 € bei dem privaten Krankenversicherungsunternehmen für seine Pflegeversicherung eine Prämie von 31 €. Die Hälfte des Pflegebeitrags in Höhe von 15,50 € übersteigt nicht den höchstmöglichen Beitragszuschuss von (3 375 € × 1,7 % =) 57,38 €. Der steuerfreie Beitragszuschuss des Arbeitgebers beträgt 15,50 €.

Arbeitnehmer, die nach beamtenrechtlichen Vorschriften oder Grundsätzen bei Krankheit und Pflege Anspruch auf Beihilfe oder Heilfürsorge haben und bei einem privaten Krankenversicherungsunternehmen pflegeversichert sind, erhalten keinen Beitragszuschuss von ihrem Dienstherrn. Für diese Personen tritt an die Stelle des Beitragszuschusses die Beihilfe oder Heilfürsorge des Dienstherrn zu den Aufwendungen aus Anlass der Pflege.

Der **Zuschuss** für eine private Pflegeversicherung **wird nur dann gezahlt, wenn** das Versicherungsunternehmen

– die Pflegeversicherung nach Art der Lebensversicherung betreibt,

– sich verpflichtet, den überwiegenden Teil der Überschüsse, die sich aus dem selbst abgeschlossenen Versicherungsgeschäft ergeben, zu Gunsten der Versicherten zu verwenden,

– die Pflegeversicherung nur zusammen mit der Krankenversicherung, nicht zusammen mit anderen Versicherungssparten betreibt.

Der Arbeitnehmer hat dem Arbeitgeber seine **Zuschussberechtigung** durch Vorlage einer Versicherungsbescheinigung **nachzuweisen.** Diese darf nur dann ausgestellt werden, wenn die zuständige Aufsichtsbehörde dem Versicherungsunternehmen bestätigt hat, dass es die Versicherung, die Grundlage des Versicherungsvertrags ist, nach den vorgenannten Voraussetzungen betreibt (§ 61 Abs. 7 SGB XI).

Beitrittsgebiet

Vorübergehende Tätigkeiten in den **neuen Bundesländern** galten **512** bis längstens 31.12.1995 als Dienstreise. Diese Sonderregelungen sind aufgehoben worden; Einzelheiten siehe → *Abordnung* Rz. 15; → *Doppelte Haushaltsführung: Allgemeines* Rz. 730.

Die Steuerbefreiung nach § 3 Nr. 12 Satz 1 EStG der von Bund und Ländern gezahlten **„Buschzulage"** für sog. Aufbauhelfer in den neuen Bundesländern ist vom Bundesverfassungsgericht zwar für verfassungswidrig erklärt worden, nicht jedoch rückwirkend (Beschluss vom 11.10.1998, BStBl II 1999 S. 502). Vgl. ausführlich → *Aufwandsentschädigungen im öffentlichen Dienst* Rz. 309.

Der Arbeitgeber hat der Einzugsstelle für jeden in der Kranken-, Pflege-, Renten- oder Arbeitslosenversicherung kraft Gesetzes versicherten Beschäftigten bei dessen Wechsel von einer Betriebsstätte in den neuen Bundesländern einschließlich Ost-Berlin zu einer Betriebsstätte im übrigen Bundesgebiet oder umgekehrt eine Meldung zu erstatten. Der Wechsel von einer Betriebsstätte in den neuen Bundesländern einschließlich Ost-Berlin zu einer Betriebsstätte in den alten Bundesländern einschließlich West-Berlin und umgekehrt ist von den Arbeitgebern wegen der in der Renten- und Arbeitslosenversicherung beibehaltenen Rechtskreistrennung wie bisher zu melden. Abzugeben ist eine Abmeldung unter Angabe der bisherigen Betriebsnummer und eine Anmeldung unter der Angabe der neuen Betriebsnummer.

Beköstigung am Arbeitsort

Aufwendungen des Arbeitnehmers für die Beköstigung am Arbeitsort sind nach § 12 Nr. 1 EStG steuerlich nicht abzugsfähige **513** **Kosten der Lebensführung**, selbst wenn der Arbeitnehmer **berufsbedingt** arbeitstäglich überdurchschnittlich oder ungewöhnlich lange von seiner Wohnung abwesend ist (vgl. zuletzt BFH-Urteil vom 31.1.1997, BFH/NV 1997 S. 475, betr. einen Berufsfeuerwehrmann mit 24-Stundendienst an 86 Tagen). Evtl. **Ersatzleistungen des Arbeitgebers** oder unentgeltlich gewährte Mahlzeiten im Betrieb sind daher grundsätzlich steuerpflichtiger Arbeitslohn. Einzelheiten hierzu und zu den möglichen **Ausnahmefällen** siehe R 31 Abs. 7 und 8 LStR sowie → *Arbeitsessen*

Rz. 212, → *Mahlzeiten* Rz. 1670 sowie → *Mahlzeiten aus besonderem Anlass* Rz. 1686.

Belegschaftsspenden

514 Es kommt häufig vor, dass die **Belegschaft auf Teile ihres Arbeitslohns** zu Gunsten gemeinnütziger Einrichtungen oder auch zu bestimmten aktuellen Anlässen (z.B. in **Katastrophenfällen**) verzichtet (sog. Belegschaftsspenden). Die Finanzverwaltung lässt es unter bestimmten Voraussetzungen aus Vereinfachungsgründen zu, dass diese Spenden **anstelle des sonst üblichen Spendenabzugs** (§ 10b EStG) bei den einzelnen Arbeitnehmern **von vornherein nicht zum steuerpflichtigen Arbeitslohn gerechnet** werden. Bundeseinheitliche und veröffentlichte Verwaltungsanweisungen bestehen hierzu leider nicht. Das folgende Verfahren wird jedoch weitgehend anerkannt:

– Der **Arbeitgeber beantragt beim Finanzamt**, für als sog. Belegschaftsspenden von jährlich **höchstens insgesamt 51 € je Arbeitnehmer** zur Verfügung gestellte Lohnteile, die spendenbegünstigten Zwecken zufließen (z.B. für gemeinnützig anerkannte soziale Einrichtungen), **vom Lohnsteuerabzug absehen zu dürfen**. Die einzelnen Spendenempfänger müssen im Antrag namentlich nicht genannt werden.

– Das **Finanzamt genehmigt den Antrag** unter der Auflage, dass die **Spendennachweise** – wie bei Einzelspenden – erbracht werden und der Empfänger sich verpflichtet, die Spende nur für seine als gemeinnützig anerkannten, spendenbegünstigten (satzungsmäßigen) Zwecke zu verwenden.

– Der als Belegschaftsspende des einzelnen Mitarbeiters einbehaltene Betrag wird auf einem **Spendenkonto gesammelt** und im Rahmen einer oder mehrerer Aktionen an spendenempfangsberechtigte Einrichtungen unmittelbar oder im Wege der Durchlaufspende weitergereicht. Ist der Empfänger unmittelbar spendenempfangsberechtigt, fordert der **Arbeitgeber von diesem eine Spendenbescheinigung an**, bevor die Überweisung getätigt wird. Liegt eine ordnungsgemäße Spendenbescheinigung vor, darf der Arbeitgeber auf deren Richtigkeit vertrauen, es sei denn, dass eine der in § 10b Abs. 4 EStG genannten Ausnahmen vorliegt.

– Die **Spendenzuteilung (Kontoabwicklung) wird listenmäßig nachgewiesen**. Die von jedem Spendenempfänger eingeforderte, auf den zugewendeten Betrag ausgestellte Spendenbestätigung wird für eine Nachprüfung durch die Lohnsteuer-Außenprüfung zusammen mit der Liste aufbewahrt.

– Bei der **Einkommensteuerveranlagung des Arbeitnehmers darf die Spende nicht mehr geltend gemacht werden**, weil sie bereits den bescheinigten steuerpflichtigen Bruttoarbeitslohn gemindert hat.

– Das vereinfachte Verfahren ist wertmäßig auf einen **Jahresbetrag von 51 € je Arbeitnehmer begrenzt**.

Belohnungen

1. Arbeitsrecht

515 Bei Belohnungen für den Arbeitnehmer durch den Arbeitgeber außerhalb der typisierten üblichen Sonderzahlungen wie Gratifikationen, Urlaubsgeld, Leistungszulagen, Boni u.Ä. handelt es sich grundsätzlich um **freiwillige Leistungen ohne Rechtsanspruch**, über deren Voraussetzungen und Höhe der Arbeitgeber frei entscheiden kann, soweit er sich nicht durch **Zusagen** gebunden oder sich die Entscheidungsfreiheit durch **Freiwilligkeits- oder Widerrufsvorbehalt** erhalten hat.

Trotz Entscheidungsfreiheit muss der **Gleichbehandlungsgrundsatz** bei der Leistungsgewährung und u.U. die Mitbestimmung des Betriebsrats nach § 87 Abs. 1 Nr. 10 BetrVG beachtet werden.

2. Belohnungen als Arbeitslohn

a) Belohnungen vom Arbeitgeber

516 Belohnungen des Arbeitnehmers gehören grundsätzlich zum steuerpflichtigen Arbeitslohn, wenn sie **mit Rücksicht auf das Dienstverhältnis und nicht im ganz überwiegend eigenbetrieblichen Interesse des Arbeitgebers** gezahlt werden.

Arbeitslohn liegt danach z.B. vor bei

– Prämien des Arbeitgebers im Rahmen eines sog. **Sicherheitswettbewerbs** (BFH-Urteil 11.3.1988, BStBl II S. 726),

– Prämien für **Verbesserungsvorschläge oder Erfindervergütungen**,

– Belohnungen für **gute Leistungen**,

– Belohnungen für einzelne Arbeitnehmer, die durch persönlichen Einsatz oder besonders umsichtiges Verhalten **eine unmittelbare Gefahr für Leib und Leben anderer Personen abgewendet** oder einen erheblichen **Sachschaden verhindert** haben (FinMin Niedersachsen, Erlass vom 6.2.1985, DB 1985 S. 575),

– **„Fangprämien" für Ladendiebe**, die z.B. ein Kaufhaus seinen Angestellten auslobt.

b) Belohnungen von Dritten

517 Auch **Belohnungen von dritter Seite** gehören zum steuerpflichtigen Arbeitslohn. Dabei muss aber besonders sorgfältig geprüft werden, ob sie tatsächlich **auf dem Dienstverhältnis beruhen**. Dies kann der Fall sein bei

– Belohnungen durch einen **Kunden des Arbeitgebers für besonders gute Arbeitsleistungen** (RFH-Urteil vom 21.9.1944, RStBl S. 731). Dabei ist allerdings die **Steuerfreiheit von Trinkgeldern bis 1 224 €** nach § 3 Nr. 51 EStG zu beachten (→ *Trinkgelder* Rz. 2429);

– Belohnungen des Deutschen Sparkassen- und Giroverbandes an Schalterbedienstete der Deutschen Bundespost zwecks **Verhinderung von Scheckbetrügereien** (BMF-Schreiben vom 23.4.1985, BB 1985 S. 853);

– **Preisgeldern**, die für besondere Leistungen im Zusammenhang mit der beruflichen Tätigkeit vergeben werden (vgl. Schleswig-Holsteinisches FG, Urteil vom 15.3.2000, EFG 2000 S. 787, sowie FG Berlin, Urteil vom 17.3.2000, EFG 2000 S. 936). Einzelheiten zur Abgrenzung → *Preise* Rz. 1921.

Ist der **Arbeitgeber in das Belohnungsverfahren eingeschaltet**, ist eine Lohnzahlung durch Dritte anzunehmen mit der Folge, dass die Belohnungen dem **Lohnsteuer- und Beitragsabzug** zu unterwerfen sind (→ *Lohnzahlung durch Dritte* Rz. 1660).

3. Belohnungen kein Arbeitslohn

518 **Nicht auf dem Dienstverhältnis beruhen** und damit steuerlich nicht zu erfassen sind dagegen Belohnungen

– der **Berufsgenossenschaften für besondere Verdienste bei der Verhütung von Unfällen**, die von diesen auf Vorschlag des Arbeitgebers an seine Arbeitnehmer ausgezahlt werden (BFH-Urteil 22.2.1963, BStBl III S. 306),

– für die **Verhütung einer Katastrophe**, sofern die Gefahrenbekämpfung nicht zur unmittelbaren Aufgabe des Arbeitnehmers gehört (FinMin Niedersachsen, Erlass vom 6.2.1985, DB 1985 S. 575).

Benzin: Mitarbeitervergünstigung

519 Räumt der Arbeitgeber seinen Mitarbeitern die Möglichkeit ein, an der **betriebseigenen Tankstelle verbilligt Leistungen** (Tanken, Wagenwäsche, Einkauf von Motorenöl) **zu beziehen**, so handelt es sich hinsichtlich der Differenz zwischen ortsüblichem Mittelpreis und Abgabepreis um steuer- und beitragspflichtigen Arbeitslohn. Die gewährten Preisvorteile sind weder unter dem Gesichtspunkt des Auslagenersatzes noch des überwiegenden eigenbetrieblichen Interesses steuerfrei (FG Rheinland-Pfalz, Urteil vom 17.7.1996 – 1 K 1978/93, NWB Fach 1 S. 278). Vgl. auch → *Sachbezüge* Rz. 2138.

Die verbilligte Abgabe von Benzin an **Arbeitnehmer der Mineralölbranche**, z.B. Raffinerien oder Tankstellen, ist nur steuerpflichtig, soweit der Rabattfreibetrag (→ *Rabatte* Rz. 1938) nach

§ 8 Abs. 3 EStG von **1 224 €** überschritten wird. In diesem Fall kann der Rabattfreibetrag angewendet werden, weil das Benzin überwiegend an andere Verbraucher abgegeben wird. Der Rabattfreibetrag findet dagegen keine Anwendung, wenn – **wie in einem „normalen" Betrieb** – das Benzin mengenmäßig nicht überwiegend an fremde Dritte abgegeben wird (vgl. R 32 Abs. 1 Nr. 3 Satz 2 LStR). Dies gilt selbst dann, wenn der Betrieb an der Mitbelieferung seiner Arbeitnehmer interessiert ist, um durch einen „Großeinkauf" günstigere Rabatte eingeräumt zu bekommen.

Beratung

520 Die unentgeltliche Beratung eines Arbeitnehmers durch seinen Arbeitgeber (z.B. bei Ärzten, Steuerberatern oder Rechtsanwälten) ist ein steuerpflichtiger geldwerter Vorteil. Zur Bewertung siehe → *Rabatte* Rz. 1938.

Berechnung der Lohnsteuer

1. Allgemeines

521 Grundlage des Lohnsteuerabzugsverfahrens ist im Allgemeinen die Lohnsteuerkarte, die dem Arbeitnehmer von der Gemeinde ausgestellt wird (→ *Lohnsteuerkarte* Rz. 1638). Der Arbeitnehmer hat diese seinem **Arbeitgeber** vor Beginn des Kalenderjahres oder beim Eintritt in das Dienstverhältnis **vorzulegen** (§ 39b Abs. 1 Satz 1 EStG). **Ausnahmen:**

- Die **Lohnsteuer** wird unter Verzicht auf die Vorlage einer Lohnsteuerkarte nach den §§ 40 bis 40b EStG **pauschal** erhoben (Einzelheiten siehe → *Pauschalierung der Lohnsteuer* Rz. 1805). Dies ist zulässig bei
  - nur **kurzfristig beschäftigten Arbeitnehmern**: Pauschsteuersatz 25 % des Arbeitslohns (§ 40a Abs. 1 EStG);
  - nur **in geringem Umfang und gegen geringen Arbeitslohn** beschäftigten Arbeitnehmern, sofern nicht die Steuerbefreiung nach § 3 Nr. 39 EStG Anwendung findet: Pauschsteuersatz 20 % des Arbeitslohns (§ 40a Abs. 2 EStG);
  - **Aushilfskräften in der Land- und Forstwirtschaft**: Pauschsteuersatz 5 % des Arbeitslohns (§ 40a Abs. 3 EStG).
- **Beschränkt steuerpflichtige Arbeitnehmer**: Der Lohnsteuerabzug erfolgt nach einer vom Betriebsstättenfinanzamt auszustellenden Bescheinigung, die der Lohnsteuerkarte ähnlich ist und auch die Lohnsteuerklasse enthält (§ 39d EStG); siehe auch → *Steuerpflicht* Rz. 2312.

Wird die **Lohnsteuerkarte bzw. Bescheinigung schuldhaft nicht vorgelegt** und liegt auch kein „Ausnahmefall" im obigen Sinne vor, hat der Arbeitgeber die **Lohnsteuer** nach der (ungünstigsten) **Steuerklasse VI zu ermitteln** (§ 39c Abs. 1 EStG). Einzelheiten siehe → *Nichtvorlage der Lohnsteuerkarte* Rz. 1783.

2. Anwendung der Tabellen

Das Bundesministerium der Finanzen hat letztmals für die Jahre **522** 2001 und 2002 (siehe dazu ausführlich → *Steuertarif* Rz. 2336) auf der Grundlage der Einkommensteuertabellen **amtliche Lohnsteuertabellen** aufzustellen und bekannt zu machen; dies geschieht regelmäßig im „Bundesanzeiger". Im Übrigen wird auf die u.a. vom Stollfuß Verlag herausgegebenen Tabellen und maschinellen Abrechnungsprogramme hingewiesen.

Aus den Jahreslohnsteuertabellen werden abgeleitet eine

- **Monatslohnsteuertabelle,**
- **Wochenlohnsteuertabelle** und
- **Tageslohnsteuertabelle.**

Welche Tabelle anzuwenden ist, richtet sich nach dem jeweiligen Lohnzahlungszeitraum (→ Rz. 523). Bei tageweiser Lohnzahlung gilt z.B. die Tageslohnsteuertabelle. Die Jahreslohnsteuertabelle hat Bedeutung für den Lohnsteuer-Jahresausgleich durch den Arbeitgeber sowie für die Berechnung der Lohnsteuer von Sonstigen Bezügen (→ *Lohnsteuer-Jahresausgleich durch den Arbeitgeber* Rz. 1626; → *Sonstige Bezüge* Rz. 2232).

Der Arbeitgeber hat ferner zu entscheiden, ob für seinen Arbeitnehmer

- die **Allgemeine Lohnsteuertabelle** für rentenversicherungspflichtige Arbeitnehmer oder
- die **Besondere Lohnsteuertabelle** für nicht rentenversicherungspflichtige Arbeitnehmer (z.B. Beamte oder auch weiterbeschäftigte Altersrentner)

anzuwenden ist. Einzelheiten siehe → *Lohnsteuertabellen* Rz. 1655.

3. Lohnzahlungszeitraum

a) Allgemeines

Der Zeitraum, **für den jeweils der laufende Arbeitslohn gezahlt** **523** wird, ist der Lohnzahlungszeitraum. Normalerweise wird der Lohn **nach Monaten, Wochen oder Tagen** berechnet. Ist wegen einer besonderen Entlohnungsart, z.B. beim Akkordlohn, ein Lohnzahlungszeitraum nicht feststellbar, so tritt an seine Stelle die **Summe der tatsächlichen Arbeitstage oder der tatsächlichen Arbeitswochen** (§ 39b Abs. 5 Satz 4 EStG); siehe auch → *Akkordlohn* Rz. 32.

Solange das **Dienstverhältnis fortbesteht**, sind auch solche in den Lohnzahlungszeitraum fallende Arbeitstage mitzuzählen, für die der Arbeitnehmer **keinen Lohn** bezogen hat (R 118 Abs. 2 LStR).

Beispiel:

A, der regelmäßig monatlich entlohnt wird, erhält für sechs Tage des Monats April steuerfreies Kurzarbeitergeld.

Lohnzahlungszeitraum ist trotz der „Fehltage" der Monat, so dass der für die verbleibenden Arbeitstage des Monats April gezahlte Arbeitslohn nach der Monatslohnsteuertabelle zu versteuern ist.

b) Teillohnzahlungszeiträume

Für Lohnzahlungszeiträume, für die **keine Lohnsteuertabellen** **524** **aufgestellt** sind (z.B. für zehn Tage, zwei oder drei Wochen), ergibt sich die Lohnsteuer aus den mit der Zahl der Kalendertage oder Wochen dieser Zeiträume **vervielfachten Beträgen der Lohnsteuertagestabelle oder der Lohnsteuerwochentabelle.** Insbesondere bei **Einstellung oder Kündigung** von Arbeitnehmern können **mehrtägige Lohnzahlungszeiträume** vorkommen; in diesen Fällen ist die **Lohnsteuertagestabelle** anzuwenden. Hierfür ist zunächst der Arbeitslohn festzustellen, der auf die einzelnen Kalendertage entfällt; der Arbeitslohn ist durch die Zahl der Kalendertage zu teilen. Anhand der Tagestabelle wird die Lohnsteuer für den errechneten Tagesarbeitslohn festgestellt. Dieser Lohnsteuerbetrag wird mit der Zahl der errechneten Kalendertage vervielfacht. Die so ermittelte Lohnsteuer ist vom Arbeitslohn einzubehalten.

Beispiel:

Ein Arbeitgeber zahlt seinen Arbeitnehmern Monatslöhne. Am 24.7.2002 wird ein rentenversicherungspflichtiger Arbeitnehmer eingestellt, der eine Lohnsteuerkarte mit der Steuerklasse III vorlegt. Er erhält für den Rest des Monats Arbeitslohn in Höhe von 560 €.

Die Lohnsteuer ist wie folgt zu berechnen:

Der Arbeitslohn ist für acht Kalendertage gezahlt worden. Der Tageslohn beträgt 560 € : 8 = 70 €. Nach der Tagestabelle entfällt hierauf eine Lohnsteuer von 2,88 €. Von dem Arbeitslohn in Höhe von 560 € sind also 8 x 2,88 = 23,04 € Lohnsteuer einzubehalten.

4. Laufender Arbeitslohn

a) Allgemeines

525 Der Arbeitgeber hat die Lohnsteuer grundsätzlich bei jeder Zahlung von Arbeitslohn einzubehalten. Er hat dabei die Höhe des laufenden Arbeitslohns und den Lohnzahlungszeitraum festzustellen. Vom **Arbeitslohn sind dann abzuziehen**

aa) der Versorgungs-Freibetrag (§ 19 Abs. 2 EStG); → *Versorgungs-Freibetrag* Rz. 2565;

bb) der Altersentlastungsbetrag (§ 24a EStG); → *Altersentlastungsbetrag* Rz. 38 und

cc) ein auf der **Lohnsteuerkarte eingetragener Freibetrag**, z.B. wegen erhöhter Werbungskosten, oder auch der Pauschbetrag für Behinderte. Einzelheiten siehe → *Lohnsteuer-Ermäßigungsverfahren* Rz. 1580.

Die unter aa) und bb) aufgeführten Freibeträge werden nicht auf der Lohnsteuerkarte eingetragen. Der **Arbeitgeber muss daher selbst prüfen**, ob die Voraussetzungen für den Abzug gegeben sind (§ 39b Abs. 2 Satz 2 EStG).

Wird der Arbeitslohn für einen Lohnzahlungszeitraum gezahlt, für den der **steuerfreie Betrag nicht aus der Lohnsteuerkarte abgelesen** werden kann, so hat der **Arbeitgeber** für diesen Lohnzahlungszeitraum den steuerfreien Betrag **selbst zu berechnen.** Er hat dabei von dem auf der Lohnsteuerkarte für den monatlichen Lohnzahlungszeitraum eingetragenen – also aufgerundeten – steuerfreien Betrag auszugehen (R 118 Abs. 3 LStR). Der Wochenbetrag ist mit 7/30 und der Tagesbetrag mit 1/30 des Monatsbetrags anzusetzen. Der sich hiernach ergebende Wochenbetrag ist auf den nächsten durch zehn teilbaren Pfennigbetrag und der Tagesbetrag auf den nächsten durch fünf teilbaren Pfennigbetrag aufzurunden (R 111 Abs. 8 LStR).

b) Nachzahlungen, Vorauszahlungen

526 Der Arbeitgeber hat die Lohnsteuer grundsätzlich bei jeder Lohnzahlung einzubehalten, also auch bei Nachzahlungen oder Vorauszahlungen (→ *Vorschüsse* Rz. 2573), auf die der Arbeitnehmer eigentlich noch keinen Rechtsanspruch hat. Bei **kleineren Vorschüssen**, die mit den nächsten Lohnzahlungen verrechnet werden, wird es aber im Allgemeinen nicht beanstandet, wenn die Lohnsteuer erst bei der Verrechnung des Vorschusses einbehalten und abgeführt wird. Bei **größeren Beträgen** ist der Lohnsteuerabzug hingegen sofort vorzunehmen.

Beispiel:

A bekommt zusätzlich zu seinem Monatslohn von 5 000 € einen Gehaltsvorschuss von 500 €, der mit der nächsten Lohnzahlung verrechnet werden soll.

Es handelt sich hier um einen kleineren Vorschuss, der lohnsteuerlich im Zeitpunkt der Zahlung außer Betracht bleiben kann. Bei der nächsten Lohnzahlung ist dann aber vom ungekürzten Arbeitslohn Lohnsteuer einzubehalten.

Denkbar ist aber auch, dass der Vorschuss als **Darlehen** gegeben wird, sofern Arbeitgeber und Arbeitnehmer entsprechende **Vereinbarungen** getroffen haben, z.B. über den Zeitpunkt der Rückzahlung. Die Hingabe des Darlehens unterliegt nicht dem Lohnsteuerabzug. Bei einer späteren Verrechnung mit Arbeitslohn ist dann aber der Lohnsteuerabzug vom ungekürzten Arbeitslohn vorzunehmen.

Stellen Nachzahlungen oder Vorauszahlungen **laufenden Arbeitslohn** dar, so ist die Nachzahlung oder Vorauszahlung für die Berechnung der Lohnsteuer den Lohnzahlungszeiträumen zuzu-

rechnen, für die sie geleistet werden. Die Besteuerung kann dabei – auch wenn die Nachzahlungen oder Vorauszahlungen **150 €** **nicht übersteigen** – nach den Regeln für sonstige Bezüge (→ *Sonstige Bezüge* Rz. 2232) erfolgen, sofern der Arbeitnehmer nicht die Besteuerung als laufenden Arbeitslohn verlangt (R 118 Abs. 4 LStR). Einzelheiten siehe → *Nachzahlungen* Rz. 1759; → *Vorauszahlung von Arbeitslohn* Rz. 2572.

c) Abschlagszahlungen

527 Zahlt der Arbeitgeber den Arbeitslohn für den üblichen Lohnzahlungszeitraum nur in **ungefährer Höhe (Abschlagszahlung)** und nimmt er eine genaue Lohnabrechnung für einen längeren Zeitraum vor, so braucht er nach § 39b Abs. 5 EStG die Lohnsteuer erst bei der **Lohnabrechnung** einzubehalten, wenn der Lohnabrechnungszeitraum **fünf Wochen** nicht übersteigt und die Lohnabrechnung innerhalb von **drei Wochen** nach Ablauf des Lohnabrechnungszeitraums erfolgt. Einzelheiten siehe → *Abschlagszahlungen* Rz. 16.

5. Sonstige Bezüge

528 **Sonstige Bezüge über 150 €** werden anders als laufender Arbeitslohn besteuert:

– Die Lohnsteuer wird in einem **besonderen Verfahren nach der Jahreslohnsteuertabelle berechnet**: Sie ist mit dem Unterschiedsbetrag zu erheben, der sich bei Anwendung der Jahreslohnsteuertabelle auf den maßgebenden Jahresarbeitslohn zuzüglich des sonstigen Bezugs und auf den maßgebenden Jahresarbeitslohn ohne den sonstigen Bezug ergibt. Einzelheiten siehe → *Sonstige Bezüge* Rz. 2232.

– Sie sind in dem **Lohnzahlungszeitraum zu versteuern, in dem sie zufließen.** Es kommt also nicht darauf an, für welchen Zeitraum sie gezahlt werden. Einzelheiten siehe → *Zufluss von Arbeitslohn* Rz. 2685.

Beispiel:

A erhält den Lohn für den Monat Dezember 2002 zusammen mit dem Weihnachtsgeld von 500 € erst am 10.1.2003 ausgezahlt.

Laufender Arbeitslohn (hier der Dezemberlohn) gilt nach § 38a Abs. 1 Satz 1 EStG in dem Kalenderjahr als bezogen, in dem der Lohnzahlungszeitraum endet (hier also noch im Jahr 2002). Der Arbeitgeber muss diesen Arbeitslohn daher in die Lohnabrechnung für Dezember 2002 einziehen und mit der Lohnsteueranmeldung zum 10.1.2003 anmelden.

Die Weihnachtszuwendung stellt dagegen einen sonstigen Bezug dar, der dem Arbeitnehmer erst am 10.1.2003 zugeflossen ist. Diese Zuwendung ist somit erst bei der Lohnabrechnung für den Monat Januar 2003 zu berücksichtigen.

Sonstige Bezüge bis 150 €, die neben laufendem Arbeitslohn gezahlt werden, sind dem **laufenden Arbeitslohn** hinzuzurechnen. Einzelheiten siehe R 119 Abs. 2 LStR sowie → *Sonstige Bezüge* Rz. 2232.

6. Kirchensteuer

529 Bei kirchenangehörigen Arbeitnehmern hat der Arbeitgeber zusätzlich die Kirchensteuer einzubehalten. Diese beträgt länderunterschiedlich entweder **8 % oder 9 % der Lohnsteuer.** Bei Arbeitnehmern mit Kindern ist **vor Berechnung der Kirchensteuer** der auf der Lohnsteuerkarte eingetragene **Kinderfreibetrag abzuziehen**, selbst wenn der Arbeitnehmer nur Kindergeld erhält. Diese Berechnung braucht der Arbeitgeber aber nicht selbst vorzunehmen: In den u.a. vom Stollfuß Verlag herausgegebenen Lohnsteuertabellen ist die sich für Arbeitnehmer mit Kindern ergebende Kirchensteuer ausgewiesen. Zu weiteren Einzelheiten siehe → *Kirchensteuer* Rz. 1370.

7. Solidaritätszuschlag

530 Seit 1995 ist zusätzlich zur Lohnsteuer ein Solidaritätszuschlag zu erheben. Er ist ab 1.1.1998 auf **5,5 % der Lohnsteuer** (davor 7,5 %) gesenkt worden. Die u.a. vom Stollfuß Verlag herausgegebenen Lohnsteuertabellen enthalten auch den Solidaritätszuschlag.

8. Berechnungsbeispiele

531 Berechnungsbeispiele sind unter den jeweiligen Stichworten ausführlich dargestellt, z.B. → *Pauschalierung der Lohnsteuer* Rz. 1805 sowie → *Sonstige Bezüge* Rz. 2232.

An dieser Stelle soll daher nur ein „einfaches Beispiel" einer Lohnabrechnung folgen:

Beispiel:

Die Lohnabrechnung eines Arbeitnehmers in Niedersachsen mit der Steuerklasse III, ein Kind, könnte für den Monat Januar 2002 wie folgt aussehen:

Ermittlung der Bruttobezüge

Monatslohn	4 500,— €
steuerpflichtige Zulage	100,— €
vermögenswirksame Leistungen	26,— €
Kleidergeld (steuerfrei)	17,— €
Brutto-Verdienst	4 643,— €

Ermittlung der Abzüge

Steuerrechtliche Abzüge

Steuerpflichtiger Arbeitslohn 4 626 €

Lohnsteuer (StKl III/1)	804,16 €	
Solidaritätszuschlag (5,5 %)	35,91 €	
Kirchensteuer (9 %)	58,77 €	898,84 €

Sozialversicherungsrechtliche Abzüge

Brutto Kranken-/Pflegeversicherung	3 375,— €	
Brutto Renten-/Arbeitslosenversicherung	4 500,— €	
Krankenversicherung (½ von 13,8 %)	232,88 €	
Pflegeversicherung (½ von 1,7 %)	28,69 €	
Rentenversicherung (½ von 19,1 %)	429,75 €	
Arbeitslosenversicherung (½ von 6,5 %)	146,25 €	837,57 €

ergibt **Nettolohn**	2 906,59 €

Private Abzüge

Vermögenswirksame Leistungen	40,— €
Auszahlungsbetrag	2 866,59 €

Bereitschaftsdienst

1. Steuerfreiheit von Bereitschaftsdienstvergütungen

532 Die vor allem an Ärzte und Pflegepersonal von Krankenhäusern gezahlten **Bereitschaftsdienstvergütungen** (Überstundenvergütungen) können selbst dann nicht nach § 3b EStG als Zuschläge für Sonntags-, Feiertags- oder Nachtarbeit steuerfrei belassen werden, wenn die auf Sonntage, Feiertage und Nachtzeit entfallenden Bereitschaftsdienste festgestellt werden können (BFH-Urteil vom 24.11.1989, BStBl II 1990 S. 315).

Lediglich wenn **neben** den Bereitschaftsdienstvergütungen (Überstundenvergütungen) **Zeitzuschläge** für die während des Bereitschaftsdienstes tatsächlich geleistete Arbeitszeit gewährt werden, können diese Zeitzuschläge steuerfrei bleiben, wenn die Zuschläge **für Sonntags-, Feiertags- oder Nachtarbeit** gezahlt werden und der Arbeitgeber über die entsprechenden Einzelanschreibungen verfügt.

2. Berücksichtigung zusätzlicher Fahrtkosten

533 Die im öffentlichen Dienst nach § 23 Abs. 3 BRKG gezahlten **Fahrtkostenerstattungen für zusätzliche Aufwendungen für Wege zwischen Wohnung und Arbeitsstätte** aus besonderem dienstlichen Anlass (z.B. bei Rufbereitschaft) sind ebenfalls steuerpflichtig. Es handelt sich nicht um steuerfreien Reisekostenersatz i.S. des § 3 Nr. 13 EStG (BMF-Schreiben vom 6.2.1991, DB 1991 S. 469).

Die zusätzlichen Fahrten zur Arbeit während des Bereitschaftsdienstes oder der Rufbereitschaft sind beim Arbeitnehmer seit dem 1.1.2001 nicht mehr als **Werbungskosten** abzugsfähig, siehe → *Wege zwischen Wohnung und Arbeitsstätte* Rz. 2611. Das bedeutet für den **Arbeitgeber**, dass er die Fahrtkostenzuschüsse für solche „zusätzlichen Fahrten" nicht mehr nach § 40 Abs. 2 Satz 2 EStG mit **15 % pauschal versteuern** kann. Werden

die Fahrtkostenerstattungen pauschal versteuert, besteht in der Sozialversicherung Beitragsfreiheit (vgl. § 2 Abs. 1 Nr. 2 ArEV).

Bergmannsprämien

534 Bergmannsprämien bei einer Beschäftigung unter Tage nach dem Gesetz über Bergmannsprämien sind nach § 3 Nr. 46 EStG steuer- und beitragsfrei.

Berufsausbildung

535 Die betriebliche **Berufsausbildung** wird durch das Dritte Buch Sozialgesetzbuch (SGB III) und das Bundesausbildungsförderungsgesetz (BAföG) gefördert; vgl. dazu → *Ausbildungsbeihilfen* Rz. 313 und → *Auszubildende* Rz. 395.

Zu beruflichen **Fort- und Weiterbildungsleistungen** des Arbeitgebers siehe → *Auszubildende* Rz. 395 und → *Fortbildung* Rz. 1063.

Berufsgenossenschaften

536 Bei **Arbeitsunfällen**, Unfällen auf dem Weg zur Arbeitsstätte und wieder nach Hause (Arbeits- bzw. Wegeunfälle) und bei Berufskrankheiten tritt die **gesetzliche Unfallversicherung** ein.

Träger der gesetzlichen Unfallversicherungen sind u.a. die Berufsgenossenschaften. Sie sind zuständig für die **Heilbehandlung**, Berufsförderung und andere Leistungen zur Erhaltung, Besserung und Wiederherstellung der Erwerbsfähigkeit sowie zur Erleichterung der Verletzungsfolgen einschließlich wirtschaftlicher Hilfen. Sie gewähren außerdem **Renten** wegen Minderung der Erwerbsfähigkeit und an Hinterbliebene und Sterbegeld. Zu ihren Aufgaben gehören auch die Maßnahmen zur Verhütung von Unfällen, zur ersten Hilfe und zur Früherkennung von Berufskrankheiten.

Die Unfallversicherung wird allein von den Arbeitgebern finanziert und losgelöst von den anderen Versicherungszweigen durchgeführt.

Die Berufsgenossenschaften sind **öffentliche Kassen** i.S. des § 3 Nr. 12 und 13 EStG, vgl. H 14 a (Öffentliche Kassen) LStH. **Aufwandsentschädigungen und Reisekostenerstattungen** der Mitarbeiter von Berufsgenossenschaften sind daher nach Maßgabe dieser Vorschriften steuerfrei (→ *Aufwandsentschädigungen im öffentlichen Dienst* Rz. 309).

Die **Vorstandsmitglieder** und ihre Stellvertreter üben eine **sonstige selbständige Tätigkeit** i.S. des § 18 Abs. 1 Nr. 3 EStG aus, sofern der Vorstand kein Verwaltungsorgan ist (BFH, Urteil vom 3.12.1965, BStBl III 1966 S. 153). Das Gleiche gilt für die ehrenamtlichen Mitglieder in Organen der Berufsgenossenschaften.

Zur Übernahme der Beiträge an die Berufsgenossenschaft bei einem Gesellschafter-Geschäftsführer durch den Arbeitgeber siehe → *Gesellschafter/Gesellschafter-Geschäftsführer* Rz. 1169.

Berufskleidung

1. Überlassung von Kleidung

537 Stattet der Arbeitgeber den Arbeitnehmer unentgeltlich oder verbilligt mit der im Beruf benötigten Kleidung aus, ist zu unterscheiden:

a) Typische Berufskleidung

538 **Steuerfrei** nach § 3 Nr. 31 EStG i.V.m. R 20 Abs. 1 LStR und somit auch beitragsfrei ist nur die unentgeltliche oder verbilligte Überlassung **typischer Berufskleidung**. Unerheblich ist dabei, ob die

Berufskleidung **leihweise** überlassen wird oder endgültig in das **Eigentum** des Arbeitnehmers übergeht.

Zur **typischen Berufskleidung** gehören Kleidungsstücke, die

1. als **Arbeitsschutzkleidung** auf die jeweils ausgeübte Berufstätigkeit zugeschnitten sind oder

2. nach ihrer z.B. uniformartigen Beschaffenheit **oder dauerhaft angebrachten Kennzeichnung durch Firmenemblem** objektiv eine berufliche Funktion erfüllen,

wenn ihre private Nutzung so gut wie ausgeschlossen ist. Normale Schuhe und Unterwäsche sind z.B. keine typische Berufskleidung, ebenso wenig ein Lodenmantel, vgl. H 20 (Lodenmantel) LStH. Zur Arbeitsschutzkleidung gehören z.B. Helme, Arbeitswesten, sog. Blaumänner, Kittel und Arbeitsschuhe.

Ein seinem Charakter nach zur bürgerlichen Kleidung gehörendes Kleidungsstück wird allerdings **nicht** schon dadurch zur typischen Berufskleidung, dass es nach der **Dienstanweisung** des Arbeitgebers zur Dienstbekleidung zählt und mit einem **Dienstabzeichen** versehen ist (BFH, Urteil vom 19.1.1996, BStBl II S. 202, betr. den Lodenmantel eines Försters).

Die Finanzverwaltung geht aus **Vereinfachungsgründen von typischer Berufskleidung aus**, wenn der Arbeitnehmer von seinem Arbeitgeber die Berufskleidung **zusätzlich zum ohnehin geschuldeten Arbeitslohn** erhält, wenn nicht das Gegenteil offensichtlich ist (R 20 Abs. 1 Satz 2 LStR). Mit diesem Satz sollten Fälle erfasst werden, in denen der Arbeitgeber ein ganz besonderes Interesse an dem Tragen einer besonderen, mit großer Wahrscheinlichkeit kaum privat getragenen Kleidung für bestimmte Arbeitnehmergruppen (z.B. Kraftfahrer) hat und deshalb die Kosten dafür zusätzlich zum ohnehin geschuldeten Arbeitslohn trägt. Er hat jedoch nur in **„Grenzfällen" Bedeutung**, wenn zweifelhaft ist, ob typische Berufskleidung vorliegt oder nicht. Die **Gestellung eindeutiger bürgerlicher Kleidung** zusätzlich zum ohnehin geschuldeten Arbeitslohn ist **auch nach dieser Regelung nicht steuerfrei.**

b) Bürgerliche Kleidung

539 **Steuerpflichtiger Arbeitslohn** ist der Ersatz der Aufwendungen für sog. bürgerliche Kleidung, das sind Kleidungsstücke, **die auch außerhalb des Berufs getragen werden können** – die Möglichkeit reicht schon aus. Ein Werbungskostenabzug und damit auch ein steuerfreier Arbeitgeberersatz kommt nach ständiger Rechtsprechung des Bundesfinanzhofes selbst dann nicht in Betracht,

– wenn diese Kleidung **tatsächlich ausschließlich im Beruf getragen** und am Arbeitsplatz aufbewahrt wird (vgl. BFH-Urteil vom 6.12.1990, BStBl II 1991 S. 348, betr. weiße Hemden, Schuhe und Socken eines Arztes)

– oder wenn **berufsbedingt außergewöhnlich hohe Kosten anfallen** (vgl. BFH-Urteil vom 6.7.1989, BStBl II 1990 S. 49, betr. außergewöhnlich hohe Aufwendungen für Kleidung und Kosmetika einer Schauspielerin und Fernsehansagerin).

LSt SV

Hierdurch soll u.a. aus Gründen **steuerlicher Gerechtigkeit** verhindert werden, dass Angehörige bestimmter Berufsgruppen, z.B. die o.g. Fernsehansagerin, ihre gesamte Kleidung steuerlich absetzen kann, nur weil sie zufällig einen Beruf hat, der ihr dies ermöglicht.

Ausnahmsweise kann aber auch bürgerliche Kleidung zur typischen Berufskleidung zählen, wenn eine Verwendung dieser Kleidungsstücke zum Zwecke der privaten Lebensführung auf Grund der **berufsspezifischen Eigenschaften so gut wie ausgeschlossen ist.**

Beispiel:

Schwarze Anzüge bei Geistlichen, Kellnern oder nicht nur aushilfsweise tätigen Leichenbestattern (BFH-Urteil vom 18.4.1990, BFH/NV 1991 S. 25). Gerade bei den letztgenannten Berufsgruppen „liegt es auf der Hand", dass diese Kleidung nicht auch noch privat getragen wird.

c) Einzelfälle aus der Rechtsprechung

540 Zur Abgrenzung typischer Berufskleidung gegenüber steuerlich nicht zu berücksichtigender bürgerlicher Kleidung gibt es eine Fülle von Rechtsprechung, die gelegentlich widersprüchlich erscheinen mag. Die nachfolgenden Urteile sollten daher nicht verallgemeinert werden, es kommt immer auf die Gesamtumstände des einzelnen Falles an.

Anerkannt als typische Berufskleidung wurden z.B.

– **weiße Kittel, Arztjacken und Hosen bei Ärzten und Masseuren** (BFH, Urteil vom 16.8.1994, BFH/NV 1995 S. 207),

– der **Frack bzw. das Abendkleid bei Orchestermusikern** (FinMin Brandenburg, Erlass vom 19.5.1992, StEd 1992 S. 362),

– die **Uniform von Soldaten, selbst Sportkleidung mit Offiziersbalken** (FG Bremen, Urteil vom 17.12.1991, EFG 1992 S. 735),

– die mit einem **Posthorn versehene Dienstkleidung der Postbediensteten** (Niedersächsisches FG, Urteil vom 22.6.1990, EFG 1991 S. 18),

– die in **Farbe und Schnitt einheitlich gestaltete Kleidung von Flugbegleitern** (Hessisches FG, Urteil vom 9.3.1992, EFG 1993 S. 648) oder des **Personals von Friseurbetrieben** (FG Hamburg, Urteil vom 8.10.1986, EFG 1987 S. 172),

– mit **Logo und Namenszeichen versehene Pullover, Hemden, Hosen und Lederkrawatten**, die ein Kfz-Betrieb seinen Service-Mitarbeitern unentgeltlich zur Verfügung gestellt hat, um das Erscheinungsbild des Unternehmens nach innen und außen positiv zu beeinflussen und die außerhalb der Arbeitszeit nicht getragen werden durften (FG Baden-Württemberg, Urteil vom 25.10.1996 – 9 K 89/95, INF 4/1999 S. IV),

– die für **Messezwecke** zur Verfügung gestellten **Blazer mit Firmenemblem**, die der Arbeitnehmer nach Abschluss der Messe wieder zurückgeben muss (FG Baden-Württemberg, Urteil vom 13.4.2000, EFG 2000 S. 1113).

Nicht anerkannt als typische Berufskleidung wurde demgegenüber z.B.

– der **Trachtenanzug eines Geschäftsführers in einem bayerischen Lokal**, selbst wenn er nahezu ausschließlich im Beruf getragen wurde (BFH, Urteil vom 20.11.1979, BStBl II 1980 S. 73),

– **Abendkleider und schwarze Hosen einer Instrumentalsolistin** (BFH, Urteil vom 18.4.1991, BStBl II S. 751),

– **weiße Hemden, Socken und Schuhe bei Ärzten und Masseuren** (BFH, Urteil vom 16.8.1994, BFH/NV 1995 S. 207),

– der **Lodenmantel eines Forstbeamten** (BFH, Urteil vom 19.1.1996, BStBl II S. 202),

– **schwarze Röcke und weiße Blusen einer Hotel-Empfangssekretärin** (FG des Saarlandes, Urteil vom 12.10.1988, EFG 1989 S. 110),

– die **einheitlich grau gestaltete Kleidung von Chauffeuren** (OFD Münster, Verfügung vom 25.3.1987, StLex 4, 19–19a, 1142; die obersten Finanzbehörden haben diese Auffassung im Jahre 1996 nochmals ausdrücklich bestätigt),

– die mit dem **Firmenlogo einer Bank** versehenen Seidentücher, Krawatten und Sportkleidung (OFD Münster, Verfügung vom 25.10.1988, DB 1988 S. 2384),

– **Pilotenjacken und Fellwesten eines Fuhrunternehmers** (BFH, Beschluss vom 15.2.2000, BFH/NV 2000 S. 1082),

– **schwarze und rote Kostüme, die Verkäuferinnen auf Grund arbeitsvertraglicher Verpflichtung tragen; auch ein sog. Schuhgeld** für die Anschaffung schwarzer Schuhe ist lohnsteuerpflichtig (FG Düsseldorf, Urteil vom 12.12.2000, EFG 2001 S. 362).

d) Bundeswehr u.a.

541 Bei Angehörigen der Bundeswehr, des Bundesgrenzschutzes, der Bereitschaftspolizei der Länder, der Vollzugspolizei und der Berufsfeuerwehr der Länder und Gemeinden und bei Vollzugsbeamten der Kriminalpolizei des Bundes, der Länder und Gemeinden bleiben nach § 3 Nr. 4 EStG steuerfrei

– der Geldwert der ihnen aus Dienstbeständen überlassenen **Dienstkleidung** sowie

– **Einkleidungsbeihilfen und Abnutzungsentschädigungen** für die Dienstkleidung der zum Tragen oder Bereithalten von Dienstkleidung Verpflichteten und für dienstlich notwendige Kleidungsstücke der Vollzugsbeamten der Kriminalpolizei.

Diese Steuerbefreiung gilt für sämtliche Dienstbekleidungsstücke, die die Angehörigen der genannten Berufsgruppen nach den jeweils maßgebenden Dienstbekleidungsvorschriften zu tragen verpflichtet sind.

Zu den Angehörigen der Bundeswehr oder des Bundesgrenzschutzes gehören **nicht die Zivilbediensteten** (R 6 LStR). Nicht unter diese Steuerbefreiung fallen Abnutzungsentschädigungen für im Dienst getragene **Zivilkleidung** (BMF-Schreiben vom 15.4.1981, BB 1981 S. 832).

(LSt) (SV)

2. Barablösung

542 **Steuerfrei** nach § 3 Nr. 31 EStG ist auch die **Barablösung eines nicht nur einzelvertraglichen Anspruchs** auf Gestellung typischer Berufskleidung, wenn die Barablösung betrieblich veranlasst ist und die entsprechenden Aufwendungen des Arbeitnehmers nicht offensichtlich übersteigt. Die Steuerbefreiung beschränkt sich auf Fälle, in denen der Arbeitnehmer z.B. nach **Unfallverhütungsvorschriften, Tarifvertrag oder Betriebsvereinbarung** einen Anspruch auf Gestellung von Arbeitskleidung hat, der aus **betrieblichen Gründen** durch die **Barvergütung abgelöst** wird. Die letztgenannte Voraussetzung ist z.B. erfüllt, wenn die Beschaffung der Kleidungsstücke durch den Arbeitnehmer für den **Arbeitgeber vorteilhafter** ist (R 20 Abs. 2 Satz 2 LStR).

Pauschale Barablösungen sind steuerfrei, soweit sie die regelmäßigen Absetzungen für Abnutzung und die üblichen Instandhaltungs- und Instandsetzungskosten der typischen Berufskleidung abgelten (R 20 Abs. 2 Satz 3 LStR).

Als Barablösung einer Verpflichtung zur Gestellung von typischer Berufskleidung **anerkannt** worden sind

– das **Kleidergeld der Kaminkehrergesellen** nach § 8 Nr. 5 des Bundestarifvertrags für das Schornsteinfegerhandwerk sowie

– das sog. **Frackgeld** der Orchestermusiker nach § 13 des Tarifvertrags für die Musiker in Kulturorchestern (FinMin Sachsen, Erlass vom 17.3.1993, Lohnsteuer-Handausgabe 2001 S. 84).

3. Vom Arbeitgeber erstattete Reinigungskosten

543 Nach der Rechtsprechung des Bundesfinanzhofs darf der Arbeitnehmer zwar auch Aufwendungen für die Reinigung von Berufskleidung in der **privaten Waschmaschine als Werbungskosten** absetzen (Urteile vom 29.6.1993, BStBl II S. 837 und 838). Diese Urteile haben jedoch für den **Arbeitgeberersatz keine Bedeutung**, weil es insoweit keine Steuerbefreiungsvorschrift gibt (R 70 Abs. 3 LStR). Insbesondere handelt es sich bei diesen Kosten, selbst wenn sie dem Arbeitgeber in Rechnung gestellt werden, nicht um Auslagenersatz oder durchlaufende Gelder i.S. des § 3 Nr. 50 EStG (→ *Auslagenersatz und durchlaufende Gelder* Rz. 340). Steuerpflichtig ist auch die unentgeltliche Reinigung der vom Arbeitnehmer selbst beschafften Berufskleidung durch den Arbeitgeber.

(LSt) (SV)

Steuerfrei ist dagegen ein sog. **Wäschegeld**, wenn damit

– entweder die Reinigungskosten der vom Arbeitgeber gestellten Berufskleidung abgegolten werden (§ 3 Nr. 50 EStG, → *Auslagenersatz und durchlaufende Gelder* Rz. 340)

– oder es sich um die Barablösung eines nicht nur einzelvertraglichen Anspruchs auf **Gestellung** (dies schließt die **Reinigung** ein!) von typischer Berufskleidung handelt, wenn die Barablösung betrieblich veranlasst ist und die entsprechenden Aufwendungen des Arbeitnehmers nicht offensichtlich übersteigt (§ 3 Nr. 31 EStG, → Rz. 542).

Berufskrankheiten

1. Arbeitsrecht

544 Eine Arbeitsunfähigkeit des Arbeitnehmers infolge einer Berufskrankheit verpflichtet den Arbeitgeber zur Entgeltfortzahlung im

Krankheitsfall bis zur Höchstdauer von sechs Wochen nach den allgemeinen Grundsätzen (→ *Entgeltfortzahlung* Rz. 826).

2. Lohnsteuer

545 Leistungen des Arbeitgebers zur Vermeidung von Berufskrankheiten seiner Arbeitgeber stellen **keinen steuerpflichtigen Arbeitslohn** dar, wenn sie im ganz überwiegend eigenbetrieblichen Interesse erbracht werden (vgl. BFH, Urteil vom 30.5.2001, BStBl II 2001 S. 671, betr. Übernahme von Massagekosten für Bildschirmarbeitnehmer). Ob eine **typische Berufskrankheit** vorliegt, ist ferner für den **Werbungskostenabzug** beim Arbeitnehmer von Bedeutung. Normalerweise sind Krankheitskosten nur gekürzt um die sog. zumutbare Belastung als außergewöhnliche Belastung nach § 33 EStG abzugsfähig. Beruflich veranlasste Krankheitskosten – dazu gehören auch Aufwendungen für typische Berufskrankheiten – können dagegen in voller Höhe als Werbungskosten berücksichtigt werden. Ein **steuerfreier Arbeitgeberersatz** ist in diesen Fällen jedoch **nicht möglich**, weil es hierfür keine Steuerbefreiungsvorschrift gibt (R 70 Abs. 3 LStR). Unter bestimmten Voraussetzungen bleiben jedoch sog. **Unterstützungen** steuerfrei (→ *Unterstützungen* Rz. 2487).

Folgende Leistungen des Arbeitgebers unterliegen **nicht dem Lohnsteuerabzug**:

– **Erholungsbeihilfen** (→ *Erholung: Arbeitgeberzuwendungen* Rz. 915),

– **Urlaubsgelder** an silikosegefährdete Bergarbeiter und

– **Sachzuwendungen** (Milch, Zusatzverpflegung) zur Verhütung von Berufserkrankungen.

Berufssportler

1. Abgrenzung der Einkunftsart

546 Schwierig ist in der Praxis die Abgrenzung, ob Berufssportler nach der jeweiligen Vertragsgestaltung **Arbeitnehmer** sind oder **gewerbliche Einkünfte** erzielen:

Arbeitnehmereigenschaft anerkannt wurde bei

– Lizenzspielern der **Bundesligen** beim Fußball, Handball, Eishockey usw. (BAG-Urteil vom 6.12.1995, BB 1996 S. 699), ebenso bei Fußballspielern der **Amateurligen**, sofern sie vom Verein nicht lediglich Aufwandsersatz erhalten (→ *Amateursportler* Rz. 100),

– **Berufsringern** (Catchern) sowie **Ringrichtern und Turnierleitern** (BFH-Urteil vom 29.11.1978, BStBl II 1979 S. 182),

– einem **Motorradhändler**, der nebenbei für eine Fahrzeugfirma als „**Werk-Motocross-Fahrer**" tätig ist und auf Grund von „Sportverträgen" bei Deutschen Meisterschaften, Weltmeisterschaften usw. Rennen fährt. Die hierfür gezahlten Vergütungen sind nicht seinen Einkünften aus Gewerbebetrieb zuzurechnen, wenn er während der Rennveranstaltungen in einen „Rennbetrieb" der Fahrzeugfirma eingegliedert ist und kein eigenes wirtschaftliches Risiko trägt. Es handelt sich insoweit um Einkünfte aus nichtselbständiger Arbeit, die dem Lohnsteuerabzug unterliegen (FG Düsseldorf, Urteil vom 25.9.1990, EFG 1991 S. 192); allerdings würde in einem solchen Fall keine Krankenversicherungspflicht eintreten. Vgl. zu einer **Motorrad-Rennfahrerin** (Werksfahrerin) auch BAG-Beschluss vom 17.6.1999, DB 1999 S. 2172, wonach diese Arbeitnehmerin oder arbeitnehmerähnliche Person sein kann.

Gewerbliche Einkünfte wurden dagegen angenommen bei

– **Berufsboxern**, deren Vergütung vom Ausgang des Wettkampfs abhängig ist und die deshalb ein höheres unternehmerisches Risiko tragen (BFH-Urteil vom 22.1.1964, BStBl III S. 207),

– **Berufsradrennfahrern** einschließlich der Sechstagefahrer (FinMin Hessen, Erlass vom 12.9.1958, DB 1958 S. 1086),

– **Motorsportlern** (BFH-Urteil vom 15.7.1993, BStBl II S. 810).

2. Werbeeinnahmen

a) Verwaltungsauffassung

547 Zur steuerlichen Behandlung von Werbeeinnahmen hat die **Finanzverwaltung** folgende Regelung getroffen (BMF-Schreiben vom 25.8.1995, DB 1995 S. 1935):

„Einnahmen eines Sportlers aus einer Werbetätigkeit sind als **Arbeitslohn** anzusehen, wenn die Werbemaßnahme durch die nichtselbständige Sporttätigkeit veranlasst wird, also **Ausfluss des Dienstverhältnisses** ist. Dies ist stets dann der Fall, wenn der einzelne Sportler gegenüber einer **Vermarktungsgesellschaft zur Teilnahme an verschiedenen Werbemaßnahmen verpflichtet** ist; in solchen Fällen ist der Sportler organisatorisch in die Vermarktungsgesellschaft eingegliedert. Der Sportler schuldet auch insoweit in einem Dienstverhältnis weisungsgebundene und organisatorisch eingegliederte Person seine Arbeitskraft, ist dabei vom Vermögensrisiko der Erwerbstätigkeit freigestellt und ist deshalb als Arbeitnehmer anzusehen. Dies gilt auch dann, wenn einem herausragenden Sportler aus den Verträgen mit der Vermarktungsgesellschaft und dem Arbeitgeber höhere Einnahmen zufließen als anderen Sportlern.

Die Sportler erzielen mit ihren Werbeeinnahmen auch bei einer **Ausgliederung der Werbetätigkeit** auf eine rechtlich selbständige Vermarktungsgesellschaft Einkünfte aus nichtselbständiger Arbeit, die dem Lohnsteuerabzug zu unterwerfen sind. **Arbeitgeber ist der Verein oder die Spielbetriebs-GmbH**; bei den Zahlungen der Vermarktungsgesellschaft handelt es sich um **Lohnzahlungen durch einen Dritten**, die grundsätzlich vom **Arbeitgeber dem Lohnsteuerabzug zu unterwerfen** sind (R 106 LStR).

Demgegenüber führen Einnahmen aus der Werbetätigkeit eines Sportlers nach der Rechtsprechung des Bundesfinanzhofes (Urteil vom 19.11.1985, BStBl II 1986 S. 424) regelmäßig zu **Einnahmen aus Gewerbebetrieb**, wenn der Sportler die Werbetätigkeit **selbständig und nachhaltig mit Gewinnerzielungsabsicht** ausübt und sich die Werbetätigkeit als **Beteiligung am allgemeinen wirtschaftlichen Verkehr** darstellt. Dies ist bei **Spitzensportlern** anzunehmen, die **ohne Eingliederung in eine Vermarktungsgesellschaft** oder eine andere Werbeorganisation **nach freier Entscheidung** bestimmte Werbeleistungen erbringen; insofern handeln die Sportler selbständig.

Unter den vorstehenden Voraussetzungen können grundsätzlich auch **herausragende Sportler, die Mannschaftssport** betreiben, mit Werbeleistungen, die **außerhalb der nichtselbständigen Tätigkeit für den Verein vermarktet werden, Einkünfte aus Gewerbebetrieb** erzielen. Dabei kann die für eine selbständige Tätigkeit erforderliche Entscheidungsfreiheit jedoch nur dann angenommen werden, wenn dem **Mannschaftssportler ein eigener persönlicher Werbewert** zukommt."

Einkünfte aus **Gewerbebetrieb** liegen auch vor, wenn die **Fördergesellschaft deutsche Sporthilfe** GmbH Werbeverträge zu Gunsten von Amateursportlern abschließt oder wenn Amateursportler bei einzelnen Wettkampfveranstaltungen sog. **Startgelder** erhalten (OFD Frankfurt, Verfügung vom 25.6.1996, DStR 1996 S. 1567).

b) Rechtsprechung

548 Diese Verwaltungsauffassung wird auch von der **Rechtsprechung geteilt**. So hat das Finanzgericht des Saarlandes eine **Berufstischtennisspielerin**, die alle Rechte zur Vermarktung ihres Namens und Bildes gegen einen festen Jahresbetrag einem „Werbepartner" überließ und sich im Gegenzug verpflichtete, sich zu Vermarktungszwecken nach dessen Weisungen in angemessener Form zur Verfügung zu stellen, als **Arbeitnehmerin** des Werbepartners angesehen, auch wenn keine Lohnsteuer und Sozialabgaben abgeführt und keine Urlaubsregelungen getroffen wurden (Urteil vom 11.3.1994, EFG 1995 S. 751).

3. Sonstiger Arbeitslohn

549 Zum Arbeitslohn gehören nicht nur die laufenden Vergütungen, sondern auch **Punkteprämien, Auflaufprämien, Aufstiegs- oder Nichtabstiegsprämien** usw. (vgl. dazu BAG-Urteil vom 6.12.1995, BB 1996 S. 699, betr. Gehaltsfortzahlung an Berufsfußballspieler). Ferner Anteile an gezahlten **Ablösesummen** (vgl. FG Köln, Urteil vom 28.8.1998, EFG 1998 S. 1586), selbst wenn sie der aufnehmende Verein zahlt („Handgelder"), bei mehrjährigen Vertragsverhältnissen kommt jedoch die Tarifermäßigung nach § 34 Abs. 1, 2 Nr. 3 EStG zur Anwendung (→ *Arbeitslohn für mehrere Jahre* Rz. 229).

Die Einkommen- bzw. Lohnsteuer **beschränkt steuerpflichtiger Berufssportler**, die im Inland keinen Wohnsitz bzw. gewöhnlichen Aufenthalt haben, wird nach § 50a Abs. 4 und 5 EStG pauschal erhoben. Ist der Berufssportler Arbeitnehmer, ist seit 1996 der Lohnsteuerabzug vorzunehmen (→ *Steuerpflicht* Rz. 2321).

Zu weiteren Einzelfragen siehe → *Amateursportler* Rz. 100; → *Preise* Rz. 1921.

Berufsverband: Mitgliedsbeiträge

Mitgliedsbeiträge und andere Aufwendungen (z.B. für ehren- **550** amtliche Tätigkeiten) eines Arbeitnehmers für „seinen" Berufsverband bzw. „seine" Gewerkschaft sind bei ihm zwar als **Werbungskosten** abzugsfähig (R 36 LStR). **Ersatzleistungen des Arbeitgebers** sind jedoch steuerpflichtig, weil es hierfür keine Steuerbefreiungsvorschrift gibt (R 70 Abs. 3 LStR). Ob ein Verband ein „Berufsverband" ist oder nicht (weil er auch allgemein politische Belange verfolgt), ist in der Praxis häufig zweifelhaft. Als Berufsverband anerkannt worden sind z.B.

- sog. **Marketing-Clubs** (BMF-Schreiben vom 26.7.1982, DB 1984 S. 750, sowie BFH, Urteil vom 27.4.1990, BFH/NV 1990 S. 701) und

- der **Wirtschaftsrat der CDU** (FG Rheinland-Pfalz, Urteil vom 26.4.1995, EFG 1995 S. 799).

Übernimmt der Arbeitgeber jedoch **Reisekosten** für von einem Berufsverband veranstaltete Fortbildungsveranstaltungen, können diese ggf. nach „Dienstreise-Grundsätzen" steuerfrei ersetzt werden (vgl. R 36 Abs. 2 i.V.m. R 34 Satz 5 LStR; → *Reisekosten: Allgemeine Grundsätze* Rz. 1994).

Beschäftigungsgesellschaften

1. Allgemeines

In der Bundesrepublik Deutschland sind in den letzten Jahren **551** viele Beschäftigungsgesellschaften (auch Beschäftigungs- und Qualifizierungsgesellschaft oder Arbeitsförderungs-, Beschäftigungs- und Strukturanpassungsgesellschaft) als eigenständige Rechtspersönlichkeiten unter Beteiligung von Gewerkschaften, der Länder und Kommunen entstanden. In diese Beschäftigungsgesellschaften werden Arbeitnehmer eingegliedert, deren Arbeitsplätze im bisherigen Betrieb infolge von erheblichen Personalanpassungsmaßnahmen auf Grund einer Strukturkrise auf Dauer weggefallen sind. Diese Arbeitnehmer erhalten unter den Voraussetzungen des § 175 SGB III, der bis zum 31.12.2006 gilt, **Kurzarbeitergeld** in einer sog. **betriebsorganisatorisch eigenständigen Einheit**, die von der Beschäftigungsgesellschaft – unter Beteiligung des bisherigen Arbeitgebers – eingerichtet wird. **Für die Gewährung von strukturellem Kurzarbeitergeld müssen fünf Voraussetzungen erfüllt sein:**

- Zunächst muss es sich um einen nicht nur vorübergehenden Arbeitsausfall handeln;

- darüber hinaus muss im Betrieb des früheren Arbeitgebers eine betriebliche Strukturveränderung vorliegen, die mit einer

- Einschränkung und Stilllegung des ganzen Betriebes oder von wesentlichen Betriebsteilen verbunden ist und mit

- Personalanpassungsmaßnahmen in erheblichem Umfang einhergeht;

- schließlich müssen die vom Arbeitsausfall betroffenen Arbeitnehmer zur Vermeidung von Entlassungen einer erheblichen Zahl von Arbeitnehmern (§ 17 Abs. 1 KSchG) des Betriebes in einer betriebsorganisatorisch eigenständigen Einheit zusammengefasst werden.

Bei Betrieben mit in der Regel nicht mehr als 20 beschäftigten Arbeitnehmern besteht bei einem nicht nur vorübergehenden Arbeitsausfall ein Anspruch auf Kurzarbeitergeld auch dann, wenn bei mindestens 20 % der im Betrieb beschäftigten Arbeitnehmer trotz des Arbeitsausfalls Entlassungen vermieden werden. Die vorstehend aufgeführten Voraussetzungen gelten insoweit als erfüllt (Änderung durch das Job-AQTIV-Gesetz, in Kraft ab 1.1.2002).

Die Zahlung von Kurzarbeitergeld soll dazu beitragen, die Schaffung und Besetzung neuer Arbeitsplätze zu erleichtern. Die Zeiten des Arbeitsausfalls sollen dazu genutzt werden, die **Vermittlungsaussichten** der Arbeitnehmer, insbesondere durch eine berufliche Qualifizierung, zu der auch eine zeitlich begrenzte Beschäftigung bei einem anderen Arbeitgeber gehören kann, zu **verbessern**. Anders als beim Kurzarbeitergeld, das bei konjunkturellen Arbeitsausfällen oder einem unabwendbaren Ereignis gezahlt wird, wird das **strukturelle Kurzarbeitergeld auch an Arbeitnehmer** gewährt, deren Arbeitsverhältnis **gekündigt** oder durch Aufhebungsvertrag **aufgelöst** ist.

Die beE dient vor allem der Verbesserung der Vermittlungsaussichten der Arbeitnehmer auf dem Arbeitsmarkt, indem sie Qualifizierungs- und Weiterbildungsmaßnahmen sowie Arbeitsbeschaffungsmaßnahmen organisiert. Entweder im Interessenausgleich oder im Sozialplan oder ggf. in einer besonderen Vereinbarung zwischen den Betriebsparteien werden die Finanzierungsbedingungen der beE geregelt. Insofern wird der frühere Arbeitgeber in der Regel u.a. die **arbeitsrechtlichen Kosten** (Fortzahlung von Arbeitsentgelt an Urlaubstagen [ggf. Feiertagen], die Kosten der in allen Zweigen der Sozialversicherung vom Arbeitgeber allein zu tragenden Beiträge für Kurzarbeitszeiten (vgl. dazu → *Kurzarbeitergeld* Rz. 1446) sowie die Verwaltungskosten und (teilweise) die Qualifizierungskosten übernehmen.

2. Arbeitsrecht/Arbeitsförderungsrecht

552 Die Arbeitnehmer scheiden aus dem bisherigen Betrieb in der Regel durch **Aufhebungsvertrag** aus. **Anschließend** werden sie auf Grund eines besonderen Arbeitsvertrages nahtlos **von der Beschäftigungsgesellschaft übernommen**. Die Beschäftigungsbedingungen der Arbeitnehmer in der beE werden im Sozialplan oder in einer gesonderten Vereinbarung zwischen den Betriebsparteien im Sinne eines Vertrages zu Gunsten Dritter (§ 328 ff. BGB) geregelt. Sie können auch in einer **tariflichen Vereinbarung** zwischen der Gewerkschaft und der Beschäftigungsgesellschaft oder in dem individuellen Arbeitsvertrag selbst geregelt werden. Hierzu zählen insbesondere die Dauer des befristeten Beschäftigungsverhältnisses, das Einverständnis des Arbeitnehmers mit der in der Regel **auf Null verkürzten Arbeitszeit** sowie das Einverständnis zur Aufnahme einer Beschäftigung bei einem anderen Arbeitgeber.

Die Übernahme in einer derartigen Gesellschaft schließt die üblicherweise vom früheren Arbeitgeber wegen der Beendigung des Arbeitsverhältnisses (insbesondere Verzicht auf die Kündigungsfrist) zu gewährende Abfindung, Entschädigung oder ähnliche Leistung (→ *Entlassungsabfindungen/Entlassungsentschädigungen* Rz. 857) nicht aus, schränkt sie ggf. nur insoweit ein, als der frühere Arbeitgeber diese auch in Form von Zuschüssen zum Kurzarbeitergeld der Beschäftigungsgesellschaft auf ein Treuhandkonto zur Verfügung stellen kann. Zuschüsse des Arbeitgebers zum Kurzarbeitergeld gehören grundsätzlich nicht zum beitragspflichtigen Arbeitsentgelt mit der Folge, dass sie bei der Berechnung der Beiträge zur Sozialversicherung außer Betracht bleiben (vgl. dazu → *Kurzarbeitergeldzuschüsse* Rz. 1455). Sie sind außerdem kraft ausdrücklicher gesetzlicher Regelung (§ 179 Abs. 2 Satz 2 SGB III) auch bei der Berechnung des Istentgelts nicht zu berücksichtigen (vermindern daher die Höhe des Kurzarbeitergeldes nicht), wenn die Beschäftigungsgesellschaft sie unter Anrechnung des Kurzarbeitergeldes und aufstockend zu diesem zahlt.

Die **Entlassungsentschädigung** selbst führt bei der Gewährung von Kurzarbeitergeld, **anders** als **beim Arbeitslosengeld** (§ 143a SGB III) nicht zu einem **Ruhen** des Kurzarbeitergeldes. Insofern bietet das strukturelle Kurzarbeitergeld (§ 175 SGB III) nach wie vor **Gestaltungsmöglichkeiten**, um Entlassungen von Arbeitnehmern sozialverträglich zu begleiten.

Der Gewährung von Kurzarbeitergeld steht auch nicht entgegen, dass einzelne Arbeitnehmer in das abgebende Unternehmen **zurückversetzt** werden, z.B. bei Ausfall von Arbeitskräften infolge

Krankheit oder Urlaub oder bei vorübergehendem erhöhten Arbeitsanfall. Während dieser Zeit erhalten die betroffenen Arbeitnehmer Arbeitsentgelt. Nach Beendigung der Beschäftigung kann Kurzarbeitergeld auf Grund der Zugehörigkeit zur Beschäftigungsgesellschaft erneut gewährt werden. Gleiches gilt in den Fällen der Vermittlung der Arbeitnehmer der Beschäftigungsgesellschaft in Arbeit auf dem ersten oder dem geförderten Arbeitsmarkt bei dann ruhendem Arbeitsverhältnis zur Beschäftigungsgesellschaft.

3. Lohnsteuer

Wenn eine Beschäftigungsgesellschaft keine eigene wirtschaftliche Tätigkeit ausübt, sondern in **Funktion einer Zahlstelle** lediglich die Pflichten des früheren Arbeitgebers aus dem ersten Arbeitsverhältnis übernimmt (Lohnfortzahlung, aber auch Qualifizierungsmaßnahmen), wird sie nach Auffassung der Finanzverwaltung **nicht als neuer Arbeitgeber** tätig. Denn dann fehlt es an der „Arbeitsleistungspflicht" der Arbeitnehmer und damit an einem Grunderfordernis eines Arbeitsvertrags. Zahlt sie den ausgeschiedenen Arbeitnehmern eine zusätzliche Abfindung, ist diese Teil der gesamten „Entlassungsentschädigung" und kann somit zum Wegfall der Tarifermäßigung nach § 34 Abs. 1, 2 Nr. 2 EStG („Fünftelregelung") auf den zuerst gezahlten Teilbetrag führen, weil die gesamte Entlassungsentschädigung dann **nicht mehr zusammengeballt in einem Jahr zufließt**; vgl. dazu → *Entschädigungen* Rz. 894. **553**

Übt die Beschäftigungsgesellschaft hingegen noch eine **eigene unternehmerische Tätigkeit** aus und haben deshalb die in diese Gesellschaft „überführten" entlassenen Arbeitnehmer eine Arbeitsleistungsverpflichtung, ist die Gesellschaft als **neuer Arbeitgeber** anzusehen. Beim Ausscheiden der Arbeitnehmer aus der Beschäftigungsgesellschaft gezahlte Abfindungen haben keinen Einfluss mehr auf die steuerliche Behandlung der vom früheren Arbeitgeber gezahlten Entlassungsentschädigung.

Qualifikations- und Trainingsmaßnahmen entsprechend dem SGB III, die der Arbeitgeber oder eine zwischengeschaltete **Beschäftigungsgesellschaft** im Zusammenhang mit **Auflösungsvereinbarungen** erbringt, sind den Arbeitnehmern nicht als steuerpflichtiger Arbeitslohn zuzurechnen, denn die Leistungen liegen im ganz überwiegenden betrieblichen Interesse (R 74 Abs. 2 Satz 3 LStR). Grund ist, dass für die ausscheidenden Arbeitnehmer möglichst schnell eine neue Arbeitsstelle gefunden und damit Kosten eingespart werden sollen.

Beispiel:

Arbeitgeber A macht Arbeitnehmern ein alternatives Abfindungsangebot, nach dem diese gegen eine prozentuale Kürzung ihrer Entlassungsentschädigung in ein Personal-Dienstleistungsunternehmen (**Beschäftigungsgesellschaft**) wechseln und mit diesem einen neuen Arbeitsvertrag schließen können.

Bei diesem Dienstleistungsunternehmen handelt es sich um eine gemeinsame Tochtergesellschaft des Arbeitgebers und eines Zeitarbeitsunternehmens, das die Mehrheit der Anteile besitzt und das die Beschäftigungsgesellschaft leitet. Das Unternehmen erbringt mit eigenen (Stamm-)Mitarbeitern Dienstleistungen für andere Unternehmen (Arbeitnehmerüberlassung und andere Dienstleistungen) und bietet sich anderen Arbeitgebern als Übernehmerin abzubauender Arbeitnehmer an.

Nachdem das bisherige Dienstverhältnis zu einem bestimmten Zeitpunkt beendet und eine Entlassungsabfindung vereinbart worden ist, schließen die betroffenen Arbeitnehmer mit der Beschäftigungsgesellschaft einen neuen, auf längstens 18 Monate befristeten Arbeitsvertrag mit einem i.d.R. deutlich geringeren Arbeitslohn als zuvor (z.B. 80 % des letzten Bruttogehalts).

Während der Beschäftigungsdauer sorgt die Beschäftigungsgesellschaft durch Qualifizierungsmaßnahmen für höhere Chancen bei der Vermittlung eines neuen Arbeitsplatzes und der Arbeitnehmer wird – falls er z.B. nach zwölf Monaten keine neue feste Anstellung gefunden hat – eine sog. Outplacement-Beratung (Hilfe bei der Suche nach einem neuen, adäquaten Arbeitsplatz).

Die **Entlassungsentschädigungen sind nach § 3 Nr. 9 EStG steuerfrei**. Vor allem ist das Dienstverhältnis auf Veranlassung des Arbeitgebers endgültig aufgelöst worden. Gegen die Auflösung des Dienstverhältnisses spricht nicht, dass das neue Dienstverhältnis noch während des Bestehens des alten Dienstverhältnisses auf Vorschlag des bisherigen Arbeitgebers vereinbart worden ist. Es handelt sich weder um eine Änderungskündigung (das Dienstverhältnis wird mangels Personenidentität nicht mit dem bisherigen Arbeitgeber weitergeführt – siehe BFH-Urteil vom 10.10.1986, BStBl II 1987 S. 186) noch um die Fortsetzung eines einheitlichen Dienstverhältnisses i.S. des BFH-Urteils vom 21.6.1990, BStBl II S. 1021.

Soweit die Abfindungen den Freibetrag nach § 3 Nr. 9 EStG übersteigen, können sie unter den Voraussetzungen der §§ 24 Nr. 1 Buchst. a und 34 Abs. 1 und 2 EStG **ermäßigt besteuert** werden (→ *Entschädigungen* Rz. 881).

Die **Qualifizierungsmaßnahmen sind nicht als geldwerter Vorteil** zu versteuern (R 74 Abs. 2 Satz 3 LStR).

 (SV)

Die **Finanzgerichte** sehen demgegenüber sog. **Outplacement-Beratungen** als geldwerten Vorteil und damit als **steuerpflichtigen Arbeitslohn** an, siehe dazu ausführlich → *Outplacement* Rz. 1800.

4. Sozialversicherung

554 Nach dem Besprechungsergebnis der Spitzenverbände der Krankenkassen des VDR und der Bundesanstalt für Arbeit am 19./20.11.1997 (Sozialversicherungsbeitrag-Handausgabe 2001 VL 7 IV/6) sind die Beschäftigungsgesellschaften als **Arbeitgeber** mit allen sich daraus ergebenden sozialversicherungsrechtlichen Konsequenzen anzusehen.

Während des Bezugs von Kurzarbeitergeld bleibt – ungeachtet des „Arbeitgeberwechsels" – nach Auffassung der Besprechungsteilnehmer die Mitgliedschaft in der Kranken- und Pflegeversicherung (§ 192 Abs. 1 Nr. 4 SGB V) bzw. das Versicherungsverhältnis in der Rentenversicherung (§ 1 Satz 1 Nr. 1 SGB VI) erhalten. Die Beitragsberechnung erfolgt nach § 232a Abs. 2 SGB V bzw. § 163 Abs. 6 SGV VI.

Bestechungsgelder

555 Bestechungsgelder gehören nicht zum Arbeitslohn, weil sie **nicht als Entgelt für die Arbeitsleistung** gezahlt werden. Sie sind als sonstige Einkünfte i.S. des § 22 Nr. 3 EStG einkommensteuerpflichtig, Rückzahlungen können erst im Zahlungsjahr steuerlich berücksichtigt werden (BFH, Urteil vom 26.1.2000, BStBl II S. 396, sowie FG Berlin, Urteil vom 25.11.1977, EFG 1978 S. 280, betr. „Sieger"- oder „Verlierer"-Prämien an Lizenz-Fußballspieler).

 (SV)

Zum Abzug von Bestechungsgeldern, Schmiergeldern usw. als **Betriebsausgaben** bzw. – über § 9 Abs. 5 EStG – **Werbungskosten** siehe OFD Frankfurt, Verfügung vom 29.5.2000, DB 2000 S. 1303.

Betriebsrat

1. Arbeitsrecht

556 Die Betriebsratsmitglieder üben ihre Betriebsratstätigkeit nach § 37 Abs. 1 BetrVG als unentgeltliches **Ehrenamt** aus, haben jedoch nach § 37 Abs. 2 BetrVG Anspruch auf **Fortzahlung der Arbeitsvergütung** für die Zeit ihrer Freistellung für Betriebsratstätigkeit, nach § 37 Abs. 6 und 7 BetrVG auch unter bestimmten Voraussetzungen für die Teilnahme an Betriebsräteschulungen. Dies gilt nach der Neuregelung des BetrVG im Jahre 2001 jetzt auch für Betriebsratsmitglieder in **Teilzeitbeschäftigung**.

Insoweit kann Betriebsratsmitgliedern für Betriebsratstätigkeit außerhalb der Arbeitszeit nach § 37 Abs. 3 BetrVG Freizeitausgleich und u.U. auch **Mehrarbeitsvergütung** zustehen.

Außerdem haben Betriebsräte unter bestimmten Voraussetzungen Anspruch auf **Erstattung von Aufwendungen** für sächliche Mittel und Reisekosten, z.B. bei erforderlichen Betriebsräteschulungen.

2. Lohnsteuerrecht

Stellt der Arbeitgeber Betriebsratsmitgliedern unentgeltlich **Arbeitsmittel** (vor allem Fachliteratur) zur Verfügung, ist kein Arbeitslohn anzunehmen. Steuerfrei ist die Erstattung von **Reisekosten**, wenn ein Betriebsratsmitglied in dieser Eigenschaft an auswärtigen Schulungsveranstaltungen teilnimmt; es gelten dann die „Dienstreise-Grundsätze" (→ *Reisekosten: Allgemeine Grundsätze* Rz. 1994). **557**

 (SV)

Aufwandsentschädigungen an von der eigentlichen Arbeit freigestellte Betriebsratsmitglieder sind steuerpflichtiger Arbeitslohn. Das gilt auch für **Zuschläge für Sonntags-, Feiertags- oder Nachtarbeit**. Die Steuerbefreiung des § 3b EStG kann insoweit nicht gewährt werden, weil die Zuschläge nicht für **tatsächlich geleistete** Sonntags-, Feiertags- oder Nachtarbeit gezahlt werden, sondern zum Ausgleich des dem Betriebsratsmitglied durch seine Tätigkeit im Betriebsrat entstehenden Verdienstausfalls (BFH, Urteil vom 3.5.1974, BStBl II S. 646). Insoweit besteht auch kein Anspruch gegen den Arbeitgeber auf Erstattung der Steuern und Sozialabgaben (BAG, Beschluss vom 29.7.1980, AP Nr. 37 zu § 37 BetrVG).

Im **öffentlichen Dienst** kann jedoch die Steuerbefreiung nach § 3 Nr. 12 EStG in Betracht kommen (→ *Aufwandsentschädigungen im öffentlichen Dienst* Rz. 309). Vgl. z.B. für Personalratsmitglieder in der Bundesverwaltung FinMin Niedersachsen, Erlass vom 19.3.1981, LSt-Kartei § 3 EStG Fach 3 Nr. 8.

 (SV)

Zur steuerlichen Behandlung der Einkünfte von **Arbeitnehmer-Vertretern** im **Aufsichtsrat** von Unternehmen siehe → *Aufsichtsratsvergütungen* Rz. 295.

Betriebsstätte

Der Betrieb des Arbeitgebers stellt in den meisten Fällen auch seine „Betriebsstätte" im steuerlichen Sinne dar; von diesem Begriff hängen verschiedene lohnsteuerrechtliche Folgen ab. Dabei gelten unterschiedliche Betriebsstättenbegriffe: **558**

1. Inländischer Arbeitgeber

Jeder Arbeitgeber, der im Inland einen Wohnsitz, seinen gewöhnlichen Aufenthalt, seine Geschäftsleitung, seinen Sitz, eine **Betriebsstätte** oder einen ständigen Vertreter i.S. der §§ 8 bis 13 AO hat („inländischer Arbeitgeber"), ist zur **Einbehaltung der Lohnsteuer verpflichtet** (§ 38 Abs. 1 Nr. 1 EStG). Das kann auch ein **im Ausland ansässiger Arbeitgeber** sein, der **im Inland eine Betriebsstätte oder einen ständigen Vertreter** hat, vgl. H 105 (Inländischer Arbeitgeber) LStH; siehe zur Abgrenzung aber auch → *Arbeitgeber* Rz. 157. Maßgebend ist der **Betriebsstättenbegriff nach § 12 AO**. **559**

Betriebsstätte ist danach **jede feste Geschäftseinrichtung oder Anlage**, die der Tätigkeit eines Unternehmens dient. Nach dem Katalog des § 12 Satz 2 AO sind als Betriebsstätten insbesondere anzusehen:

- die Stätte der Geschäftsleitung,
- Zweigniederlassungen,
- Geschäftsstellen,
- Fabrikations- oder Werkstätten,
- Warenlager,
- Ein- oder Verkaufsstellen,
- Bergwerke, Steinbrüche oder andere stehende, örtlich fortschreitende oder schwimmende Stätten der Gewinnung von Bodenschätzen,
- Bauausführungen oder Montagen, auch örtlich fortschreitende oder schwimmende, wenn
  – die einzelne Bauausführung oder Montage oder
  – eine von mehreren zeitlich nebeneinander bestehenden Bauausführungen oder Montagen oder

– mehrere ohne Unterbrechung aufeinander folgende Bauausführungen oder Montagen

länger als sechs Monate dauern.

Neben diesen in § 12 Satz 2 AO aufgeführten Einrichtungen sind
Betriebsstätten auch Landungsbrücken (Anlegestellen von
Schifffahrtsgesellschaften), Kontore und sonstige Geschäftsein-
richtungen, die dem Unternehmer oder Mitunternehmer oder seinem ständigen Vertreter, z.B. einem Prokuristen, zur Ausübung
des Gewerbes dienen (R 105 Abs. 2 LStR).

Ständiger Vertreter nach § 13 AO kann hiernach z.B. auch eine
Person sein, die eine Filiale besitzt oder die Aufsicht über einen
Bautrupp führt. Der im Inland von Fall zu Fall einzelne Montage-
arbeiten ausführende Monteur ist kein ständiger Vertreter (R 105
Abs. 3 LStR).

2. Lohnsteuerlicher Betriebsstättenbegriff

560 Nachdem geklärt ist, wer „inländischer Arbeitgeber" ist, ist zu
prüfen, **wo dieser seinen lohnsteuerlichen Pflichten nach-
zukommen und an welches Finanzamt er die Lohnsteuer abzuführen hat („Betriebsstättenfinanzamt")**. Hierfür gilt nach
§ 41 Abs. 2 EStG ein eigener, mit § 12 AO nicht deckungsgleicher
weiter gefasster Betriebsstättenbegriff. Wichtig ist diese Vorschrift besonders für **Unternehmen mit mehreren Betriebsteilen** im Inland (z.B. Zweigwerken und -niederlassungen).

Betriebsstätte ist nach § 41 Abs. 2 Satz 1 EStG der Betrieb oder
Teil des Betriebs des Arbeitgebers, in dem der für die Durchführung des Lohnsteuerabzugs maßgebende **Arbeitslohn ermittelt wird**. Dies ist im Regelfall der **Sitz des Unternehmens**.

Schwierig wird es, wenn z.B. **mehrere Betriebsstätten** vorhanden sind. „Betriebsstätte" ist dann nach R 132 LStR der im
Inland gelegene **Betrieb oder Betriebsteil des Arbeitgebers**, an
dem der Arbeitslohn insgesamt ermittelt wird, d.h. wo die einzelnen Lohnbestandteile oder bei maschineller Lohnabrechnung die
Eingabewerte zu dem für die Durchführung des Lohnsteuerabzugs maßgebenden Arbeitslohn zusammengefasst werden. Es
kommt nicht darauf an, wo einzelne Lohnbestandteile ermittelt
werden, die Berechnung der Lohnsteuer vorgenommen wird und
die für den Lohnsteuerabzug maßgebenden Unterlagen aufbewahrt werden.

Beispiel 1:

Ein Unternehmen hat mehrere Filialen. Der Arbeitslohn wird nur am
Stammsitz X ermittelt.

In X ist das Betriebsstättenfinanzamt. Der Arbeitgeber kann also durch die
Bestimmung des Orts, an dem der Arbeitslohn ermittelt wird, Einfluss darauf nehmen, welches Finanzamt zuständig sein soll.

Beispiel 2:

Ein Unternehmen hat mehrere Filialen. Der Arbeitslohn wird in jeder Filiale
ermittelt.

Jede Filiale ist Betriebsstätte und muss Lohnsteuer an „ihr" Finanzamt abführen.

Beispiel 3:

Ein Unternehmen hat mehrere Filialen. Der Arbeitslohn der leitenden Angestellten wird in der Hauptverwaltung ermittelt, der der übrigen Mitarbeiter
in den einzelnen Filialen.

Sowohl die Hauptverwaltung als auch die Filialen sind einzelne Betriebsstätten und müssen an ihre jeweiligen Betriebsstättenfinanzämter die
Lohnsteuer abführen.

Wird der maßgebende Arbeitslohn nicht in dem Betrieb oder
einem Teil des Betriebs des Arbeitgebers (also „außer Haus") oder
nicht im Inland ermittelt, so gilt nach § 41 Abs. 2 Satz 2 EStG als
Betriebsstätte der **Mittelpunkt der geschäftlichen Leitung** des
Arbeitgebers im Inland. Ein **selbständiges Dienstleistungsunternehmen**, das für einen Arbeitgeber tätig wird, kann also
nicht als Betriebsstätte dieses Arbeitgebers angesehen werden
(R 132 Satz 3 LStR).

Beispiel 4:

Der Sitz eines Unternehmens befindet sich in X, die Buchführung einschließlich der gesamten Lohnabrechnung obliegt dem Steuerberater in Y.
Die Lohnsteuer ist an das Betriebsstättenfinanzamt in X abzuführen.

Bei **Wohnungseigentümergemeinschaften**, bei denen der Verwalter sämtliche die Gemeinschaft betreffenden Arbeitgeberpflichten (Einstellung bzw. Entlassung des Personals, Zusammenstellung der für den Lohnsteuerabzug maßgebenden Lohnteile, Abgabe der Lohnsteuer-Anmeldungen und Abführung der
Lohnsteuer) erfüllt, befindet sich der Mittelpunkt der geschäftlichen Leitung des Arbeitgebers i.S. des § 41 Abs. 2 Satz 2 EStG
am Sitz des Verwalters. Hat der Verwalter die Rechtsform einer
juristischen Person, so ist das für die Verwaltungsfirma zuständige
Finanzamt auch Betriebsstättenfinanzamt für die Wohnungseigentümergemeinschaft, selbst wenn das Grundstück im Bezirk
eines anderen Finanzamts liegt (OFD Bremen, Verfügung vom
28.7.1997, DB 1997 S. 1744; auch OFD Berlin, Verfügung vom
1.2.1999, DB 1999 S. 1299).

Bei einer **Arbeitnehmerüberlassung** kann nach § 41 Abs. 2
Satz 2 EStG eine **abweichende lohnsteuerliche Betriebsstätte**
in Betracht kommen: Maßgebend ist der **Ort** im Inland, an dem die
Arbeitsleistung ganz oder überwiegend stattfindet.

Als Betriebsstätte gilt nach § 41 Abs. 2 Satz 3 EStG im Übrigen
auch der **inländische Heimathafen deutscher Handelsschiffe**,
wenn die Reederei im Inland keine Niederlassung hat.

3. Betriebsstättenbegriff nach Doppelbesteuerungsabkommen (DBA)

Das Vorhandensein einer Betriebsstätte kann bei der Anwendung **561**
der sog. **183-Tage-Klausel** verschiedener DBA von Bedeutung
sein. Maßgebend ist der sich aus dem jeweiligen DBA ergebende
Betriebsstättenbegriff, die Regelungen des § 12 AO und des § 41
Abs. 2 EStG gelten insoweit nicht. Die Unterschiede können erheblich sein, weil nach den meisten DBA z.B. **Baustellen bis zu
einer Dauer von zwölf Monaten keine Betriebsstätte** begründen (→ *Doppelbesteuerungsabkommen: Allgemeines*
Rz. 705).

Betriebsstättenfinanzamt

Betriebsstättenfinanzamt ist das Finanzamt, in dessen Bezirk sich **562**
die Betriebsstätte i.S. des § 41 Abs. 2 EStG des Arbeitgebers befindet (§ 41a Abs. 1 Nr. 1 EStG; → *Betriebsstätte* Rz. 558). Er hat
dort die **Lohnsteuer-Anmeldungen** abzugeben und die einbehaltene und übernommene **Lohnsteuer abzuführen** (→ *Abführung der Lohnsteuer* Rz. 6).

An das Betriebsstättenfinanzamt muss sich der Arbeitgeber auch
wenden, wenn es z.B. um die Einreichung der **Lohnsteuerbescheinigungen**, **Genehmigung der Pauschalierung** nach § 40
EStG oder die Erteilung von **Anrufungsauskünften** geht.

Betriebsveranstaltungen

Inhaltsübersicht:

1. Allgemeines

Zuwendungen des Arbeitgebers an die Arbeitnehmer aus Anlass **563**
von Betriebsveranstaltungen gehören **nicht zum Arbeitslohn,**

wenn es sich um **Leistungen im ganz überwiegenden betrieblichen Interesse des Arbeitgebers handelt** (R 72 Abs. 1 LStR, BFH, Urteil vom 22.3.1985, BStBl II 1985 S. 529).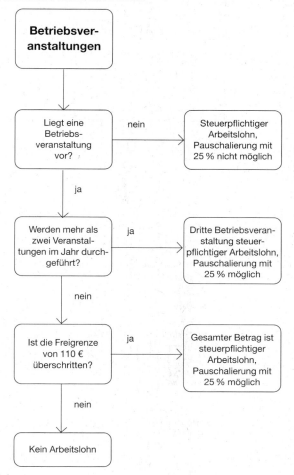

Ein ganz überwiegendes betriebliches Interesse des Arbeitgebers ist nach Auffassung des Bundesfinanzhofs (vgl. BFH, Urteil vom 25.7.1986, BStBl II 1986 S. 868) dann gegeben, wenn die Zuwendung des Arbeitgebers den Lohncharakter ausschließt, z.B. wenn ein Vorteil der **Belegschaft als Gesamtheit zugewendet** wird oder wenn der Vorteil dem **Arbeitnehmer aufgedrängt** wird, ohne dass dem Arbeitnehmer eine Wahl bei der Annahme des Vorteils bleibt und ohne dass der Vorteil eine Marktgängigkeit besitzt. Voraussetzung für die Steuerfreiheit ist weiter, dass es sich

– um **herkömmliche (übliche)** Betriebsveranstaltungen und

– um bei diesen Veranstaltungen **übliche Zuwendungen** handelt.

Bei der Prüfung, ob die Aufwendungen des Arbeitgebers nicht zum Arbeitslohn des Arbeitnehmers gehören, kann folgendes Prüfschema verwendet werden:

Die auf den **Betriebsinhaber** entfallenden Aufwendungen stellen allgemein betrieblich veranlasste Aufwendungen dar, die unbeschränkt als **Betriebsausgaben** abziehbar sind. Die Abzugsbeschränkung auf 80 % der Aufwendungen nach § 4 Abs. 5 Nr. 2 EStG (→ *Bewirtungskosten* Rz. 584) gilt nicht, vgl. R 21 Abs. 7 Satz 4 EStR. Dies gilt unabhängig davon, ob die 110-€-Grenze überschritten wird oder nicht.

2. Begriff der Betriebsveranstaltungen

564 Betriebsveranstaltungen sind Veranstaltungen auf betrieblicher Ebene mit **gesellschaftlichem Charakter** und bei denen die **Teilnahme allen Betriebsangehörigen offen steht**, z.B.

– Betriebsausflüge,

– Weihnachtsfeiern oder

– Jubiläumsfeiern (R 72 Abs. 2 Satz 1 LStR).

Ob die Veranstaltung vom Arbeitgeber, Betriebsrat oder Personalrat durchgeführt wird, ist unerheblich (R 72 Abs. 1 Satz 2 LStR). Auch eine gesetzlich vorgeschriebene Betriebsversammlung **(Personalversammlung)**, zu der Arbeitgeber und Betriebsrat (Personalrat) gemeinsam einladen und an die sich laut Einladung ein **„gemütliches Beisammensein mit Imbiss"** anschließt, kann insgesamt eine Betriebsveranstaltung sein (FG Baden-Württemberg, Urteil vom 3.2.1983, EFG 1983 S. 576). Entsprechendes gilt für ein Rahmenprogramm mit kulturellem, sportlichem oder gesellschaftlichem Charakter, welches mit einer betrieblichen **Fortbildungsmaßnahme des Arbeitgebers** (→ *Fortbildung* Rz. 1064), die für alle Arbeitnehmer des Betriebs bzw. einer Organisationseinheit des Betriebs durchgeführt wird, verbunden wird. Veranstaltungen, die nur für einen beschränkten Kreis der Arbeitnehmer von Interesse sind, sind Betriebsveranstaltungen, wenn sich die Begrenzung des Teilnehmerkreises nicht als eine Bevorzugung bestimmter Arbeitnehmergruppen darstellt (R 72 Abs. 2 Satz 3 LStR).

Betriebsveranstaltungen sind deshalb auch solche Veranstaltungen, die z.B.

– jeweils **für eine Organisationseinheit** des Betriebs, z.B. Abteilung oder Filiale, durchgeführt werden, wenn **alle Arbeitnehmer** dieser Organisationseinheit an der Veranstaltung teilnehmen können,

– nur **für einzelne Abteilungen** eines Unternehmens, die eng zusammenarbeiten, gemeinsam durchgeführt werden; Voraussetzung ist, dass die abteilungsübergreifende Veranstaltung allen Arbeitnehmern der teilnehmenden Abteilungen offen steht (BFH, Urteil vom 4.8.1994, BStBl II 1995 S. 59); eine Veranstaltung, die z.B. nur für die Führungskräfte des Betriebs durchgeführt wird, ist daher keine Betriebsveranstaltung.

– nach der Art des Dargebotenen nur **für einen beschränkten Kreis der Arbeitnehmer** von Interesse sind (z.B. Weihnachtsfeier für Arbeitnehmer mit Kindern, bei der ein Märchen aufgeführt wird, BFH, Urteil vom 5.3.1976, BStBl II 1976 S. 392),

– nur **für alle im Ruhestand** befindlichen früheren Arbeitnehmer des Unternehmens veranstaltet werden **(Pensionärstreffen)**,

– nur für solche Arbeitnehmer durchgeführt werden, die bereits im Unternehmen ein rundes (10-, 20-, 25-, 30-, 40-, 50-, 60-jähriges) Arbeitnehmerjubiläum gefeiert haben oder in Verbindung mit der Betriebsveranstaltung feiern **(Jubilarfeiern)**. Dabei ist es unschädlich, wenn neben den Jubilaren auch ein begrenzter Kreis anderer Arbeitnehmer, wie z.B. die engsten Mitarbeiter und Abteilungsleiter des Jubilars, Betriebsratsvertreter (Personalratsvertreter) oder auch die Familienangehörigen der Jubilare eingeladen werden. Der Annahme eines 40-, 50- oder 60-jährigen Arbeitnehmerjubiläums steht nicht entgegen, wenn die Jubilarfeier zu einem anderen Zeitpunkt stattfindet, der **höchstens fünf Jahre vor den bezeichneten Jubiläumsdienstzeiten** liegt (R 72 Abs. 2 Satz 4 Nr. 3 Satz 3 LStR).

Keine Betriebsveranstaltungen sind danach z.B.

– Veranstaltungen zur Ehrung **eines einzelnen Jubilars** oder die **Verabschiedung eines einzelnen Mitarbeiters** aus dem Betrieb, und zwar auch dann nicht, wenn weitere Mitarbeiter beteiligt sind.

Bei runden Arbeitnehmerjubiläen (beim 40-, 50- oder 60-jährigen Arbeitnehmerjubiläum kann auch hier die Feier bis zu fünf Jahre vorverlegt werden) oder bei der Verabschiedung eines Arbeitnehmers gehören jedoch **übliche Sachleistungen** nicht zum Arbeitslohn, es sei denn, die Aufwendungen betragen einschließlich Umsatzsteuer mehr als 110 € je teilnehmender Person (R 70 Abs. 2 Nr. 3 LStR).

– **Veranstaltungen**, die zum Anlass genommen werden, Arbeitnehmer **für besondere Leistungen zusätzlich zu entlohnen** (vgl. BFH, Urteil vom 9.3.1990, BStBl II 1990 S. 711), z.B. nur die 50 erfolgreichsten Verkäufer werden eingeladen oder eine Feier wird nur mit Arbeitnehmern durchgeführt, die im abgelaufenen Kalenderjahr einen Verbesserungsvorschlag eingereicht haben.

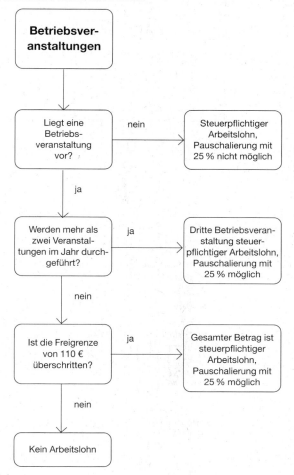

Betriebsveranstaltungen

Liegt eine Betriebsveranstaltung vor? — nein → Steuerpflichtiger Arbeitslohn, Pauschalierung mit 25 % nicht möglich

ja ↓

Werden mehr als zwei Veranstaltungen im Jahr durchgeführt? — ja → Dritte Betriebsveranstaltung steuerpflichtiger Arbeitslohn, Pauschalierung mit 25 % möglich

nein ↓

Ist die Freigrenze von 110 € überschritten? — ja → Gesamter Betrag ist steuerpflichtiger Arbeitslohn, Pauschalierung mit 25 % möglich

nein ↓

Kein Arbeitslohn

– **Arbeitsessen** (BFH, Urteil vom 4.8.1994, BStBl II 1995 S. 59; → *Arbeitsessen* Rz. 212).

3. Herkömmlichkeit (Üblichkeit) der Betriebsveranstaltung

565 Nach der Rechtsprechung des Bundesfinanzhofs sind übliche Zuwendungen **nur im Rahmen von üblichen Betriebsveranstaltungen** kein Arbeitslohn (BFH, Urteile vom 22.3.1985, BStBl II 1985 S. 529 und 532, vom 21.2.1986, BStBl II 1986 S. 406, und vom 18.3.1986, BStBl II 1986 S. 575). Abgrenzungsmerkmale für die Frage der Üblichkeit sind seit 1.1.2002 nur noch

– die Häufigkeit oder

– die besondere Ausgestaltung

einer Betriebsveranstaltung (R 72 Abs. 3 Satz 1 LStR). **Auf die Dauer** der einzelnen Veranstaltung **kommt es nicht an.**

a) Häufigkeit einer Betriebsveranstaltung

566 Betriebsveranstaltungen sind in Bezug auf die Häufigkeit als **üblich anzusehen, wenn nicht mehr als zwei Betriebsveranstaltungen im Kalenderjahr durchgeführt werden** (BFH, Urteil vom 18.3.1986, BStBl II 1986 S. 575). Dabei ist auf die Zahl der vom Betrieb durchgeführten Veranstaltungen, nicht aber auf die Teilnahme einzelner Arbeitnehmer abzustellen. Bei der „dritten" Betriebsveranstaltung liegt daher auch dann steuerpflichtiger Arbeitslohn vor, wenn einzelne Arbeitnehmer an den „beiden ersten" nicht teilgenommen haben (FG München, Urteil vom 28.8.1992 – 8 K 1620/91 –, nicht veröffentlicht, sowie FG Nürnberg, Urteil vom 25.2.1993, EFG 1993 S. 464).

Die Begrenzung auf zwei Betriebsveranstaltungen jährlich gilt auch für Pensionärstreffen oder Jubilarfeiern, die gesondert zu werten sind. Unschädlich ist es jedoch, wenn ein Arbeitnehmer an mehr als **zwei unterschiedlichen Veranstaltungen** teilnimmt.

Beispiel 1:

Ein Arbeitgeber veranstaltet im Kalenderjahr jeweils einen Betriebsausflug, ein Pensionärstreffen sowie eine Jubilarfeier für alle Arbeitnehmer, die im Laufe des Jahres ihr 10-, 25- oder 40-jähriges Dienstjubiläum feiern. Ein Arbeitnehmer, der sein 40-jähriges Dienstjubiläum feiert und noch im selben Jahr in den Ruhestand tritt, nimmt sowohl an dem Betriebsausflug als auch an der Jubilarfeier und dem Pensionärstreffen teil.

Es handelt sich um unterschiedliche Veranstaltungen, so dass die Teilnahme an allen drei Veranstaltungen unschädlich ist.

Die Teilnahme eines Arbeitnehmers an mehr als **zwei gleichartigen Betriebsveranstaltungen** ist unschädlich, wenn sie der Erfüllung beruflicher Aufgaben dient (R 72 Abs. 3 Satz 6 LStR).

Beispiel 2:

Ein Arbeitgeber hat fünf Filialen. Er veranstaltet für jede Filiale eine getrennte Betriebsveranstaltung. An den fünf Betriebsveranstaltungen nehmen auf Wunsch des Arbeitgebers auch jeweils der Personalchef und die Betriebsratsmitglieder teil.

Die Teilnahme des Personalchefs und der Betriebsratsmitglieder an den fünf Betriebsveranstaltungen dient der Erfüllung beruflicher Aufgaben; ihre Teilnahme ist daher unschädlich.

Sofern im Kalenderjahr mehr als zwei gleichartige Betriebsveranstaltungen durchgeführt werden, hat der Arbeitgeber ein **Wahlrecht**, aus mehreren herkömmlichen Betriebsveranstaltungen die zwei als üblich anzuerkennenden Betriebsveranstaltungen zu bestimmen. Dieses Wahlrecht kann sogar noch während einer Lohnsteuer-Außenprüfung ausgeübt werden, d.h. der Arbeitgeber kann eine nach § 40 Abs. 2 EStG vorgenommene Pauschalversteuerung unter Inanspruchnahme des Wahlrechts zu seinen Gunsten korrigieren.

Beispiel 3:

Der Arbeitgeber führt im Kalenderjahr folgende fünf Betriebsveranstaltungen durch:

Art der Veranstaltung	Kosten je Teilnehmer
1. Betriebsausflug nach Hamburg	75 €
2. Pensionärstreffen	55 €
3. Schützenfestbesuch in Hannover	60 €
4. Jubiläumsfeier mit allen Jubilaren der Firma	70 €
5. Weihnachtsfeier für alle Arbeitnehmer	80 €

Das Pensionärstreffen und die Jubiläumsfeier sind gegenüber dem Betriebsausflug, dem Schützenfestbesuch und der Weihnachtsfeier unterschiedliche Veranstaltungen; sie sind gesondert zu werten. Die Zuwendungen anlässlich dieser Veranstaltungen bleiben daher steuerfrei. Da der Arbeitgeber drei gleichartige Betriebsveranstaltungen durchgeführt hat, kann er wählen, welche der drei Veranstaltungen steuerpflichtig ist. Sinnvollerweise wird er die Betriebsveranstaltung mit den niedrigsten Kosten versteuern, im Beispielsfall also den Schützenfestbesuch.

Hat er zunächst die beiden ersten Veranstaltungen steuerfrei gelassen, muss er – nach Durchführung der Weihnachtsfeier – den Schützenfestbesuch nachträglich versteuern, wenn er die Zuwendungen anlässlich der Weihnachtsfeier steuerfrei lassen möchte. Lässt er versehentlich auch die Aufwendungen für die Weihnachtsfeier steuerfrei und wird dies in einer Lohnsteuer-Außenprüfung festgestellt, so kann er selbst dann noch **die Veranstaltung wählen**, deren Aufwendungen er versteuern möchte.

Führt die dritte und jede weitere Betriebsveranstaltung zur Annahme steuerpflichtigen Arbeitslohns, richtet sich die Bewertung der dabei zufließenden Sachbezüge nach § 8 Abs. 2 Satz 1 EStG. Das bedeutet, dass die Freigrenze von 50 € (→ *Sachbezüge* Rz. 2145) Anwendung findet.

Beispiel 4:

Sachverhalt wie Beispiel 3, jedoch betragen die Kosten für den Schützenfestbesuch in Hannover je Teilnehmer lediglich 45 €.

Da der Arbeitgeber drei gleichartige Betriebsveranstaltungen durchgeführt hat, kann er wählen, welche der drei Veranstaltungen steuerpflichtig ist. Wählt er den Schützenfestbesuch als steuerpflichtige Betriebsveranstaltung, so ist zunächst die 50-€-Freigrenze nach § 8 Abs. 2 Satz 9 EStG zu berücksichtigen. Unter der Voraussetzung, dass keine weiteren Sachbezüge im entsprechenden Monat gewährt werden, bleibt auch der Schützenfestbesuch im Ergebnis steuer- und beitragsfrei.

b) Dauer einer Betriebsveranstaltung

567 Bis einschließlich 2001 war eine Betriebsveranstaltung nach Auffassung der Finanzverwaltung und des Bundesfinanzhofs in Bezug auf die Dauer **als üblich anzusehen**, wenn es sich um eine **eintägige Veranstaltung ohne Übernachtung** handelt (R 72 Abs. 3 Sätze 1 und 2 LStR 2001 und BFH, Urteil vom 6.2.1987, BStBl II 1987 S. 355). Aufwendungen des Arbeitgebers für einen zweitägigen Betriebsausflug mit Übernachtung gehörten zum steuerpflichtigen Arbeitslohn.

Seit dem 1.1.2002 sind auch **zwei- oder mehrtägige Betriebsveranstaltungen** nach Auffassung der Finanzverwaltung **üblich**, denn es kommt nicht mehr auf die Dauer der Veranstaltung an. Die anders lautende Rechtsprechung des Bundesfinanzhofs und der Finanzgerichte (vgl. zuletzt FG Nürnberg, Urteil vom 26.7.2000, EFG 2001 S. 496) wird **ab 2002 nicht mehr angewendet** (R 72 Abs. 3 Satz 2 LStR).

4. Übliche Zuwendungen

568 **Übliche Zuwendungen** sind nach R 72 Abs. 4 LStR insbesondere:

– Die Gewährung von **Speisen und Getränken**, von **Tabakwaren** und **Süßigkeiten**.

– Die **Übernahme der Übernachtungs- und Fahrtkosten**, auch wenn die Fahrt als solche schon einen Erlebniswert hat, wie z.B. eine Schiffsfahrt auf einem Vergnügungsdampfer oder eine Busfahrt in landschaftlich reizvolle Gegenden.

– Die **Überlassung von Eintrittskarten** für Museen, Sehenswürdigkeiten usw., die im Rahmen einer Betriebsveranstaltung besucht werden.

– Die **Überlassung von Eintrittskarten** für kulturelle und sportliche Veranstaltungen, es sei denn, dass sich die Betriebsveranstaltung im Besuch der kulturellen oder sportlichen Veranstaltung erschöpft (BFH, Urteil vom 21.2.1986, BStBl II 1986 S. 406).

– **Aufwendungen für den äußeren Rahmen**, z.B. Saalmiete, Musik, Kegelbahn, künstlerische und artistische Darbietungen. Der Auftritt prominenter Künstler darf jedoch nicht der wesentliche Zweck der Betriebsveranstaltung sein.

– Die **Überreichung von Geschenken.** Üblich ist auch die nachträgliche Überreichung der Geschenke an solche Arbeitnehmer, die aus betrieblichen oder persönlichen Gründen nicht an der Betriebsveranstaltung teilnehmen konnten, nicht aber eine deswegen gewährte Barzuwendung.

Seit dem 1.1.2000 kommt es nicht mehr darauf an, ob das Geschenk einen bleibenden Wert hat oder nicht, allerdings darf der Wert des Geschenks 40 € nicht übersteigen.

5. 110-€-Freigrenze bei Betriebsveranstaltungen

569 Betragen die Aufwendungen des Arbeitgebers **einschließlich Umsatzsteuer** für die üblichen Zuwendungen an den einzelnen Arbeitnehmer **insgesamt mehr als 110 €** je Veranstaltung, so sind die Aufwendungen dem Arbeitslohn hinzuzurechnen (R 72 Abs. 4 Satz 2 LStR). Die Finanzverwaltung folgt mit dieser Regelung der Rechtsprechung des Bundesfinanzhofs (Urteil vom 25.5.1992, BStBl II 1992 S. 655). Zur Ermittlung des Durchschnittsbetrags sind **alle Kosten** – einschließlich der Aufwendungen für den äußeren Rahmen und für Geschenke – zu summieren und durch die Anzahl **aller Teilnehmer** (z.B. Arbeitnehmer, Ehefrau des Arbeitnehmers, Betriebsinhaber) zu teilen. Überschreitet der so ermittelte Betrag die 110-€-Grenze – wenn auch nur geringfügig –, **so ist der gesamte Betrag steuer- und beitragspflichtig.** Nach Auffassung des Bundesfinanzhofs ist die Freigrenze nicht jährlich zu erhöhen, weil auch andere Pauschbeträge vom Gesetz- oder Verordnungsgeber nicht laufend, sondern nur von Zeit zu Zeit an die Geldentwicklung angepasst werden. Im Übrigen sei die ständige Anpassung jedenfalls nicht Aufgabe der Gerichte (BFH, Urteil vom 6.12.1996, BStBl II 1997 S. 331).

Beispiel 1:

Ein Arbeitgeber führt für seine 13 Arbeitnehmer (darunter drei geringfügig Beschäftigte) einen Betriebsausflug durch. Die Gesamtkosten betragen 1 250 € zuzüglich 16 % Umsatzsteuer, also 1 450 €.

Der Arbeitgeber hat Nettoaufwendungen von 96,15 € je Arbeitnehmer (1 250 € : 13); diese liegen unter 110 €. Es kommt aber auf die Bruttoaufwendungen je Arbeitnehmer an. Diese betragen 111,54 € (1 450 € : 13). Da die Freigrenze von 110 € überschritten ist, sind **die gesamten Aufwendungen** steuerpflichtig. Allerdings ist eine Pauschalbesteuerung möglich.

Praxishinweis:

Wie das vorstehende Beispiel zeigt, hat bereits ein geringfügiges Überschreiten der Freigrenze unangenehme Folgen. Um diese nachteiligen Folgen zu vermeiden, sollte der Arbeitgeber mit seinen Arbeitnehmern vereinbaren, dass er lediglich die Kosten für eine Betriebsveranstaltung in Höhe von 110 € übernimmt. **Soweit höhere Kosten anfielen, sind diese von den Arbeitnehmern anteilig zu erstatten.**

Beispiel 2:

Wie Beispiel 1. Arbeitgeber und Arbeitnehmer haben vereinbart, dass die Arbeitnehmer Aufwendungen für die Betriebsveranstaltung, soweit sie 110 € übersteigen, selber tragen. Bei der nächsten Lohnabrechnung behält der Arbeitgeber bei jedem seiner Arbeitnehmer einen Betrag von 1,54 € vom Nettolohn ein.

Die „Zuzahlung" des Arbeitnehmers ist zunächst von den anteiligen Zuwendungen anlässlich der Betriebsveranstaltung abzuziehen. Da die Arbeitgeberaufwendungen nunmehr die 110-€-Grenze nicht übersteigen, ist der gesamte Betrag steuerfrei.

Nehmen **Ehegatten oder Angehörige** (z.B. Verlobte, Kind) an der Veranstaltung teil, so sind die auf diese Personen entfallenden Zuwendungen **dem Arbeitnehmer zuzurechnen** (R 72 Abs. 5 Nr. 1 LStR, BFH, Urteil vom 25.5.1992, BStBl II 1992 S. 655).

Beispiel 3:

Ein Arbeitgeber führt für seine 20 Arbeitnehmer eine Betriebsveranstaltung durch. Zu der Veranstaltung dürfen die Arbeitnehmer auch ihre Partner (z.B. Ehegatte, Verlobter, Lebensgefährte, Freundin) mitbringen. Insgesamt nehmen 30 Personen an der Veranstaltung teil. Die Gesamtkosten (Saalmiete, Kapelle, Essen, Getränke, Geschenke usw.) betragen inklusive Umsatzsteuer 3 270 €.

Die Gesamtkosten der Betriebsveranstaltung sind auf die Zahl der Teilnehmer und nicht auf die Zahl der Arbeitnehmer zu verteilen. Pro Teilnehmer sind Kosten von 109 € entstanden (3 270 € : 30). Die auf die Partner

entfallenden Aufwendungen sind dem Arbeitnehmer zuzurechnen; die Zuwendungen betragen bei ihnen damit 218 €. Das bedeutet:

– Bei Arbeitnehmern, die **allein** die Betriebsveranstaltung besucht haben, sind die Zuwendungen steuerfrei, weil die Freigrenze von 110 € nicht überschritten ist.

– Bei Arbeitnehmern, die **mit Partner** die Betriebsveranstaltung besucht haben, sind die Zuwendungen steuerpflichtig, und zwar **in voller Höhe von 218 €**, denn die Freigrenze von 110 € ist überschritten.

Werden für **verschiedene Organisationseinheiten** des Betriebs übliche **Betriebsveranstaltungen** durchgeführt, bei denen einem Teil der Arbeitnehmer der Höhe nach übliche und dem anderen Teil unübliche Zuwendungen gewährt werden, führt das nicht dazu, dass sämtliche Zuwendungen des Arbeitgebers im Rahmen dieser üblichen Veranstaltung als steuerpflichtiger Arbeitslohn zu erfassen sind. Vielmehr sind bei den Arbeitnehmern der Abteilungen mit höheren Zuwendungen durch den Arbeitgeber nur diese höheren Beträge als unübliche Zuwendungen zu behandeln und zu versteuern. Ebenso bleibt es bei der Steuerfreiheit der Zuwendungen an Arbeitnehmer der Abteilungen, die für sich betrachtet eine übliche Betriebsveranstaltung durchführen, wenn eine oder mehrere Abteilungen eine unübliche Betriebsveranstaltung durchführen. Lediglich die Zuwendungen an die Arbeitnehmer, die eine unübliche Betriebsveranstaltung durchführen, sind zu versteuern.

Beispiel 4:

Die verschiedenen Abteilungen einer Firma machen Betriebsausflüge, an denen nur die Arbeitnehmer teilnehmen dürfen. Lediglich die Arbeitnehmer einer Abteilung werden von ihren Ehegatten begleitet. Die Aufwendungen des Arbeitgebers betragen durchschnittlich je Teilnehmer 60 €.

Die auf den teilnehmenden Ehegatten entfallenden Aufwendungen sind den einzelnen Arbeitnehmern zuzurechnen. Wegen Überschreitens des Höchstbetrags von 110 € haben diese den Gesamtbetrag der Zuwendungen von 120 € zu versteuern, ggf. pauschal nach § 40 Abs. 2 EStG, vgl. → Rz. 571.

Werden statt der genannten Sachbezüge und geldwerten Vorteile **Barzuwendungen** gewährt, sind die Barzuwendungen den genannten Vorteilen gleichgestellt, wenn ihre zweckentsprechende Verwendung sichergestellt ist (R 72 Abs. 5 Nr. 2 LStR).

Nehmen an einer Betriebsveranstaltung **Arbeitnehmer** teil, **die an einem anderen Ort als dem des Betriebs tätig** sind, z.B. Außendienstmitarbeiter eines Unternehmens, so können die **Aufwendungen für die Fahrt zur Teilnahme als Reisekosten** behandelt werden. Die Finanzverwaltung wendet die anders lautende Rechtsprechung des Bundesfinanzhofs (BFH, Urteil vom 25.5.1992, BStBl II 1992 S. 856) über den entschiedenen Einzelfall hinaus nicht an, vgl. R 72 Abs. 5 Nr. 3 LStR.

Beispiel:

An der Jahresabschlussfeier eines Kosmetikunternehmens nehmen neben den Arbeitnehmern am Betriebssitz sämtliche Außendienstmitarbeiter in Deutschland teil. Die Aufwendungen für die Feier betragen je Arbeitnehmer 100 €. Die Fahrtkosten für die Außendienstmitarbeiter betragen zwischen 30 € und 200 €.

Die Fahrtkosten für die Außendienstmitarbeiter zählen nicht zu den üblichen Zuwendungen anlässlich einer Betriebsveranstaltung, sondern können gesondert als Reisekosten nach § 3 Nr. 16 EStG steuerfrei ersetzt werden. Da die Aufwendungen für die Betriebsveranstaltung von 100 € je Arbeitnehmer die 110-€-Freigrenze nicht übersteigen, bleiben sie insgesamt steuerfrei.

6. Lohnsteuer- und Beitragspflicht der Zuwendungen

Gehören Zuwendungen aus Anlass von Betriebsveranstaltungen **570** zum Arbeitslohn, weil es sich um eine nicht übliche Betriebsveranstaltung oder um eine bei einer üblichen Betriebsveranstaltung nicht übliche Zuwendung handelt, unterliegen die Vorteile nach den allgemeinen Vorschriften dem Steuerabzug. Ebenso sind Beiträge zur Sozialversicherung zu entrichten. Eine **Pauschalierung** der Lohnsteuer nach § 40 Abs. 2 Nr. 2 EStG **mit 25 %** ist grundsätzlich möglich. Wird von der Lohnsteuerpauschalierung Gebrauch gemacht, gehören diese Zuwendungen nicht zum Arbeitsentgelt i.S. der Sozialversicherung (vgl. § 2 Abs. 1 Nr. 2 ArEV).

Für die Bewertung der lohnsteuerpflichtigen Zuwendungen gilt dabei Folgendes:

- **Sachbezüge**, die anlässlich von Betriebsveranstaltungen abgegeben werden, sind mit dem um übliche Preisnachlässe geminderten üblichen Endpreis am Abgabeort anzusetzen (§ 8 Abs. 2 EStG). Dies ist regelmäßig der Wert, den der Arbeitgeber für die Sachbezüge aufwenden muss. Allerdings ist die Freigrenze von 50 € nach § 8 Abs. 2 Satz 9 EStG (→ *Sachbezüge* Rz. 2145) zu beachten.

- Auch der Wert von **unentgeltlich gewährten Mahlzeiten** ist mit dem üblichen Endpreis am Abgabeort und nicht mit den Werten der Sachbezugsverordnung anzusetzen (BFH, Urteil vom 6.2.1987, BStBl II 1987 S. 355). Auch hier ist die 50-€-Freigrenze anzuwenden (→ *Sachbezüge* Rz. 2145).

- **Barzuwendungen** sind mit dem Wert der Zuwendung anzusetzen.

Bei einer **unüblichen Betriebsveranstaltung** gehören die **gesamten Zuwendungen** des Arbeitgebers zum Arbeitslohn. Werden hingegen bei einer **üblichen Betriebsveranstaltung einzelne der Art nach nicht übliche Zuwendungen gewährt**, z.B. Geschenke, deren Gesamtwert 40 € übersteigt, gehört nur der Wert dieser nicht üblichen Zuwendungen zum Arbeitslohn, während die Steuerfreiheit des Werts der anderen (üblichen) Zuwendungen unberührt bleibt. Dies gilt auch bei nicht üblichen Zuwendungen an einzelne Arbeitnehmer im Rahmen einer herkömmlichen Betriebsveranstaltung (z.B. wertvolle Gewinne bei Verlosungen, vgl. → Rz. 572, sowie → *Verlosungsgeschenke/Verlosungsgewinne* Rz. 2517).

Beispiel 1:

Anlässlich einer Betriebsveranstaltung erhalten alle teilnehmenden Arbeitnehmer zwei CDs im Werte von 50 €. Die übrigen Aufwendungen betragen je Arbeitnehmer 90 €.

Da die 40-€-Grenze für Aufmerksamkeiten überschritten ist, handelt es sich bei den CDs nicht um Aufmerksamkeiten; daher ist deren Wert steuerpflichtiger Arbeitslohn. Die übrigen Aufwendungen von 90 € bleiben hingegen steuerfrei, weil die 110-€-Grenze nicht überschritten wurde.

Die 50 € können pauschal mit 25 % nach § 40 Abs. 2 Nr. 2 EStG versteuert werden.

Beispiel 2:

Wie Beispiel 1, die Arbeitnehmer erhalten aber nur eine CD im Wert von 25 €.

Die 40-€-Grenze für Aufmerksamkeiten ist nicht überschritten, daher handelt es sich bei der CD noch um übliche Zuwendungen anlässlich von Betriebsveranstaltungen. Übliche Zuwendungen sind bei der Prüfung der 110-€-Grenze zu berücksichtigen, so dass jedem Arbeitnehmer insgesamt 115 € zugewendet wurden. Jeder Arbeitnehmer hat also 115 € zu versteuern.

Die 115 € können pauschal mit 25 % nach § 40 Abs. 2 Nr. 2 EStG versteuert werden.

7. Pauschalierung der Lohnsteuer

571 Nach § 40 Abs. 2 Nr. 2 EStG kann der Arbeitgeber die Lohnsteuer mit einem **Pauschsteuersatz von 25 %** erheben, soweit er Arbeitslohn aus Anlass von Betriebsveranstaltungen zahlt. Hierzu gilt Folgendes:

- Die Pauschalierung der Lohnsteuer ist nicht abhängig von einem Antrag des Arbeitgebers; er bedarf daher **keiner Zustimmung** des Finanzamts.

- Der Arbeitgeber darf die **Pauschalbesteuerung nachholen**, solange keine Lohnsteuerbescheinigung ausgeschrieben ist, eine Lohnsteuer-Anmeldung noch berichtigt werden kann und noch keine Festsetzungsverjährung eingetreten ist.

- Die Pauschalierung ist sowohl bei **unbeschränkt** als auch bei **beschränkt einkommensteuerpflichtigen Arbeitnehmern** möglich.

- Der **pauschal** besteuerte Arbeitslohn und die **pauschale Lohnsteuer** bleiben bei einer **Einkommensteuer-Veranlagung des Arbeitnehmers außer Ansatz** (§ 40 Abs. 3 EStG).

- **Schuldner der pauschalen Lohnsteuer ist der Arbeitgeber**, er hat die pauschale Lohnsteuer zu übernehmen (§ 40 Abs. 3 EStG). Es ist jedoch möglich, dass die pauschale Lohnsteuer

im **Innenverhältnis** vom Arbeitnehmer getragen wird; hierdurch mindert sich jedoch nicht die steuerliche Bemessungsgrundlage (→ *Abwälzung der pauschalen Lohnsteuer auf den Arbeitnehmer* Rz. 24).

- Der **Begriff der Betriebsveranstaltung** ist entsprechend den oben bezeichneten Merkmalen auszulegen (BFH, Urteil vom 9.3.1990, BStBl II 1990 S. 711).

- Neben der pauschalen Lohnsteuer sind auch der **Solidaritätszuschlag** und die **Kirchensteuer** zu entrichten.

- Die **Pauschalierung hängt nicht** davon ab, dass eine **größere Zahl von Arbeitnehmern** betroffen ist. Eine Pauschalierung ist daher auch möglich, wenn z.B. ein Rechtsanwalt mit seinen drei Angestellten einen Betriebsausflug macht.

- Durch die Pauschalierung der Lohnsteuer tritt **Sozialversicherungsfreiheit** ein (§ 2 Abs. 1 Nr. 2 ArEV).

Beispiel 1:

Der Arbeitgeber überreicht allen Teilnehmern der Betriebsveranstaltung eine Uhr im Werte von 45 €. Arbeitnehmer, die nicht an der Betriebsveranstaltung teilgenommen haben, erhalten keine Uhr.

Die Uhr ist als Geschenk mit einem Wert von über 40 € keine übliche Zuwendung anlässlich einer Betriebsveranstaltung und gehört daher zum steuerpflichtigen Arbeitslohn der Arbeitnehmer. Da die Uhr aber aus Anlass der Betriebsveranstaltung übergeben wurde, ist eine Pauschalierung der Lohnsteuer mit 25 % nach § 40 Abs. 2 Nr. 2 EStG möglich.

Werden den Arbeitnehmern im Rahmen einer Betriebsveranstaltung **Barbeträge** überreicht, deren zweckentsprechende Verwendung **nicht sichergestellt** ist, oder andere Zuwendungen nicht aus Anlass einer Betriebsveranstaltung, sondern lediglich **bei Gelegenheit einer Betriebsveranstaltung** gewährt, so ist eine Erhebung der Lohnsteuer nach § 40 Abs. 2 Nr. 2 EStG insoweit nicht möglich (BFH, Urteil vom 7.2.1997, BStBl II 1997 S. 365).

Beispiel 2:

Ein Arbeitgeber überreicht den Mitarbeitern im Rahmen der Weihnachtsfeier ein Geschenkkästchen mit einer Sonderzuwendung von 500 €. Teilzeit- und Aushilfskräfte sowie Beschäftigte, die erst nach dem 1. Juli tätig wurden, erhalten das Geld später ausbezahlt. Frauen, die sich zum Zeitpunkt der Weihnachtsfeier im Mutterschutz oder Erziehungsurlaub befinden, sind zur Weihnachtsfeier eingeladen und erhalten das Geldgeschenk ebenfalls.

Eine Pauschalierung der Sonderzuwendung nach § 40 Abs. 2 Nr. 2 EStG mit 25 % ist nicht möglich, denn die Sonderzuwendung wird nicht aus Anlass der Betriebsveranstaltung gewährt, sondern nur „bei Gelegenheit" der Betriebsveranstaltung (BFH, Urteil vom 7.2.1997, BStBl II 1997 S. 365).

Beispiel 3:

Der Arbeitgeber überreicht im Rahmen einer betrieblichen Weihnachtsfeier allen Arbeitnehmern ohne vertragliche Verpflichtung eine ausländische Goldmünze im Wert von 250 € als „Weihnachtsgeld".

Nach Auffassung des Bundesministeriums der Finanzen ist **eine Lohnsteuerpauschalierung** nach § 40 Abs. 2 Nr. 2 EStG aus folgenden Gründen **nicht möglich**:

- **Arbeitslohn aus Anlass einer Betriebsveranstaltung**

  Der Arbeitslohn muss aus Anlass einer Betriebsveranstaltung gewährt werden, d.h., die Zuwendung muss im sachlichen Zusammenhang mit der Betriebsveranstaltung stehen. Ein derartiger Zusammenhang wird regelmäßig bei solchen Zuwendungen gegeben sein, die durch die Betriebsveranstaltung selbst veranlasst werden. Wird hingegen die Betriebsveranstaltung **nur als Gelegenheit genutzt**, um Weihnachtsgeld, Tantiemen oder Ähnliches zu zahlen, ist die Pauschalierung nicht möglich, weil diese Zahlungen auch ohne Durchführung der Betriebsveranstaltung gewährt worden wären.

- **Barzuwendungen nur für Verbrauch auf Betriebsveranstaltung**

  Die vom Arbeitgeber anlässlich der Betriebsveranstaltung geleisteten Barzuwendungen können nur dann pauschal versteuert werden, wenn diese Zahlungen zum Verbrauch während der Betriebsveranstaltung bestimmt sind (z.B. Zehrgeld), d.h., der Arbeitnehmer erhält die Barleistung an Stelle der üblichen Sachzuwendungen. Zwar sind ausländische Zahlungsmittel lohnsteuerlich als Bargeld zu behandeln, sie sind jedoch nicht zur Verausgabung während der Betriebsveranstaltung gedacht.

Auch für den **Bereich der Sozialversicherung** gilt die Auffassung des Bundesministeriums der Finanzen, d.h., „Weihnachtszuwendungen" in **ausländischen Münzen gehören zum Arbeitsentgelt in der Sozialver-**

sicherung (Besprechungsergebnis der Spitzenverbände der Sozialversicherungsträger am 22./23.11.2000, BB 2001 S. 422).

8. Verlosungen bei Betriebsveranstaltungen

572 Anlässlich von Betriebsveranstaltungen finden oft Verlosungen statt. Siehe hierzu → *Verlosungsgeschenke/Verlosungsgewinne* Rz. 2517

Betriebsverlegung

573 Zahlungen des Arbeitgebers an einzelne Arbeitnehmer auf Grund eines **Sozialplans** gem. § 112 Abs. 1 BetrVG (im Streitfall Fahrtkostenzuschüsse wegen der Verlegung von Betriebsteilen) erfolgen nicht im ganz überwiegend eigenbetrieblichen Interesse des Arbeitgebers und stellen daher Arbeitslohn dar (FG Baden-Württemberg, Urteil vom 28.6.1989, EFG 1989 S. 574).

LSt SV

Betriebsversammlung

1. Arbeitsrecht

574 Betriebsversammlungen nach dem Betriebsverfassungsgesetz (BetrVG) finden **während der Arbeitszeit** und nur **ausnahmsweise außerhalb der Arbeitszeit** statt (§ 40 BetrVG). Die **Teilnahmezeit** – innerhalb wie außerhalb der Arbeitszeit – ist den Arbeitnehmern wie Arbeitszeit zu **vergüten**. Zu vergüten sind auch zusätzliche **Wegezeiten** und zusätzliche **Fahrtkosten**. Teilnahmeberechtigt mit entsprechenden Ansprüchen sind im Übrigen auch Arbeitnehmer mit ruhenden Arbeitspflichten (z.B. Urlauber und Erziehungsurlauber).

2. Lohnsteuer und Sozialversicherung

575 Betriebsversammlungen sind keine Betriebsveranstaltungen, so dass Zuwendungen des Arbeitgebers grundsätzlich steuerpflichtig sind (→ *Betriebsveranstaltungen* Rz. 563). Dies gilt z.B. für sog. **Wegezeit-Vergütungen**, die dem laufenden Arbeitslohn des Lohnzahlungszeitraums hinzuzurechnen sind (FinMin Niedersachsen, Erlass vom 21.10.1992, DB 1992 S. 2368).

Die **Fahrtkostenerstattungen** des Arbeitgebers sind nach diesem Erlass wie folgt zu behandeln:

a) Betriebsversammlung im Betrieb

576 Die Ersatzleistungen sind **steuerpflichtiger Arbeitslohn**.

LSt SV

Benutzt der Arbeitnehmer ein **eigenes Kfz**, kann die Lohnsteuer nach § 40 Abs. 2 Satz 2 EStG mit **15 % pauschal ermittelt** werden, sofern die Fahrtkosten als Werbungskosten abgezogen werden könnten. Das ist nicht der Fall, wenn die Versammlung während der Arbeitszeit stattfindet (zusätzliche Fahrtkosten zur Betriebsversammlung entstehen dann gar nicht erst) oder sogar nach der Arbeit stattfindet und somit eine zusätzliche Fahrt des Arbeitnehmers zum Betrieb erforderlich ist (ein Arbeitnehmer mit Frühschicht muss z.B. nachmittags noch einmal in den Betrieb fahren). Denn zusätzliche Fahrten können nach Einführung der Entfernungspauschale ab 1.1.2001 nicht mehr als Werbungskosten berücksichtigt werden (→ *Wege zwischen Wohnung und Arbeitsstätte* Rz. 2611). Die Fahrtkostenerstattungen sind damit lohnsteuer- und sozialversicherungspflichtig.

LSt SV

Fährt der Arbeitnehmer mit **öffentlichen Verkehrsmitteln**, sind die Ersatzleistungen nach § 3 Nr. 34 EStG steuerfrei.

◻ᴸˢᵗ SV

b) Betriebsversammlung außerhalb des Betriebs

577 Die Aufwendungen können in diesen Fällen auch bei Benutzung eines Kraftfahrzeugs nach § 3 Nr. 16 EStG in voller Höhe oder mit dem pauschalen km-Satz von 0,30 € steuerfrei erstattet werden, da insoweit die Voraussetzungen einer **Dienstreise** erfüllt sind.

Wird die Versammlung **während der Arbeitszeit** abgehalten, darf nur die Entfernung von der Arbeitsstätte zum Versammlungsort und zurück berücksichtigt werden. Findet die Versammlung **im Anschluss an die Arbeitszeit** statt, so ist nicht nur eine etwaige Umwegstrecke, sondern die **gesamte Strecke** von der Arbeitsstätte zur Wohnung als Dienstreise zu werten.

Beispiel:

A nimmt an einer Betriebsversammlung teil, die nach Feierabend in einem Hotel stattfindet. A muss hierfür einen Umweg von 10 km fahren, die einfache Strecke Wohnung – Arbeitsstätte beträgt 20 km.

Der Arbeitgeber darf für die gesamte Strecke von 30 km (Fahrt vom Betrieb zum Hotel und von dort zur Wohnung) den für Dienstreisen geltenden pauschalen km-Satz von 0,30 € steuerfrei ersetzen. Es ist dabei unerheblich, dass A ohnehin 20 km hätte fahren müssen, um von seiner Arbeitsstelle nach Hause zu kommen und diese Fahrtkosten als Aufwendungen für „Wege zwischen Wohnung und Arbeitsstätte" nicht vom Arbeitgeber steuerfrei ersetzt werden dürfen.

Bewachung

1. Aufwendungen des Arbeitgebers

578 Es kommt vor, dass **Arbeitgeber** für Arbeitnehmer, die auf Grund ihrer beruflichen Position gefährdet sind (vor allem Führungskräfte der Wirtschaft, Bankbedienstete, Minister usw.), Kosten für Sicherheitsmaßnahmen übernehmen. Es kann sich dabei um die Bereitstellung von Personenschutz („Bodyguards") oder den Einbau von Sicherheitseinrichtungen in der Wohnung oder im Fahrzeug des Arbeitnehmers handeln. Übernimmt der Arbeitgeber die Kosten nicht, kann sie unter Umständen der Arbeitnehmer als Werbungskosten geltend machen.

Für die steuerliche Behandlung sind die einzelnen Sachverhalte zu unterscheiden:

a) Personenschutz

579 Der vom Arbeitgeber zur Verfügung gestellte Personenschutz wird im Allgemeinen **nicht als steuerpflichtiger Arbeitslohn** angesehen werden können, insbesondere wenn diese Leistungen dem Arbeitnehmer „aufgedrängt" werden. Es handelt sich dann um nicht steuerpflichtige Leistungen im ganz überwiegenden eigenbetrieblichen Interesse des Arbeitgebers.

b) Wohnungssicherung

580 Soweit Arbeitnehmer den **Angriffen gewaltbereiter politisch motivierter Personen ausgesetzt sind** (Positionsgefährdung) und der Arbeitgeber deshalb Kosten für Sicherheitsmaßnahmen in der Wohnung der Arbeitnehmer (z.B. Alarm- und Überwachungsanlagen) übernimmt, wird unter bestimmten Voraussetzungen kein steuerpflichtiger Arbeitslohn angenommen. Vgl. im Einzelnen BMF-Schreiben vom 30.6.1997, BStBl I S. 696.

Für **nicht aus politischen Gründen gefährdete Arbeitnehmer** gilt die Regelung des o.g. Schreibens nach Auffassung der obersten Finanzbehörden nicht. Die vom Arbeitgeber übernommenen Kosten für Sicherheitseinrichtungen sind danach stets steuerpflichtiger Arbeitslohn, ein Werbungskostenabzug ist nicht möglich.

Zu dieser Frage ist jedoch noch ein **Revisionsverfahren** beim Bundesfinanzhof anhängig.

Beispiel:

A ist Vorstandsmitglied einer Bank. Auf Grund eines Vorstandsbeschlusses hat die Bank den Einbau verschiedener Sicherheitsmaßnahmen in dem von A und seiner Familie bewohnten Einfamilienhaus bezuschusst. Die Sicherheitsmaßnahmen entsprachen einer Empfehlung der Kriminalpolizei.

Die von der Bank erstatteten Kosten sind steuerpflichtiger Arbeitslohn. Sie sind **kein steuerfreier Auslagenersatz** nach § 3 Nr. 50 EStG, weil die Aufwendungen zugleich das private Interesse des A berühren. Steuerpflichtiger Arbeitslohn ist zwar auch dann nicht anzunehmen, wenn die Leistungen im **eigenbetrieblichen Interesse des Arbeitgebers** erbracht werden. Dies ist aber nicht der Fall, wenn – wie hier – die Sicherheitsmaßnahmen zugleich mit erheblichen Vorteilen für den einzelnen Arbeitnehmer verbunden sind, also nicht der gesamten Belegschaft zugute kommen, und der Arbeitgeber deshalb auch nur einen Teil der Kosten übernimmt (FG

München, Urteil vom 5.11.1997, EFG 2000 S. 413, Revision eingelegt, Az. beim BFH: VI R 47/00).

A kann die Aufwendungen für die Wohnungssicherung auch **nicht** als **Werbungskosten** absetzen (vgl. hierzu auch FG Baden-Württemberg, Urteil vom 19.8.1992, EFG 1993 S. 72).

2. Sicherheitseinrichtungen im Kfz des Arbeitnehmers

581 Trägt der Arbeitgeber **zusätzlich zu den mit dem pauschalen km-Satz von 0,30 €** erstatteten Fahrtkosten die Kosten für Sicherheitseinrichtungen im Kraftfahrzeug eines Arbeitnehmers **(z.B. Winterreifen, ABS, Kopfstützen)**, das dieser zu Dienstreisen nutzt (so **besonders bei Außendienstmitarbeitern), liegt grundsätzlich steuerpflichtiger Arbeitslohn** vor. Die Erstattungen des Arbeitgebers können weder als steuerfreier Auslagenersatz nach § 3 Nr. 50 EStG noch als Leistungen im ganz überwiegenden Interesse des Arbeitgebers steuerfrei belassen werden, weil die Arbeitnehmer im Regelfall ein **nicht unerhebliches Eigeninteresse** an dem Einbau derartiger Sicherheitseinrichtungen haben. Unerheblich ist deshalb, dass der Arbeitgeber Unfälle seiner Arbeitnehmer vermeiden und so den Krankenstand möglichst niedrig halten will. Eine steuerfreie Erstattung kommt nur in Betracht, wenn die tatsächlichen Kfz-Kosten nachgewiesen werden (FG Hamburg, Urteil vom 13.3.1997, EFG 1997 S. 856).

Zur Bemessung des **Nutzungswerts** sicherheitsgeschützter Fahrzeuge für Privatfahrten usw. siehe → *Firmenwagen zur privaten Nutzung* Rz. 997.

3. Aufwendungen des Arbeitnehmers

582 Aufwendungen des Arbeitnehmers für Sicherheitsaufwendungen usw. dienen in erster Linie dem **Schutz des eigenen Lebens** und werden daher nach der Rechtsprechung selbst dann den Kosten der „Lebensführung" zugerechnet, wenn sie zum Teil **auch beruflich veranlasst** sind (sog. Aufteilungs- und Abzugsverbot nach § 12 Nr. 1 Satz 2 EStG). **Abgelehnt** wurde daher der Werbungskostenabzug z.B. für

– die **Pistole** eines Richters (FG Baden-Württemberg, Urteil vom 26.7.1979, EFG 1979 S. 546),

– den **Selbstverteidigungskurs** eines leitenden Bankangestellten (Hessisches FG, Urteil vom 28.10.1987, EFG 1988 S. 230),

– den **Wachhund eines Schulhausmeisters** (BFH-Urteil vom 9.10.1990, BFH/NV 1991 S. 234),

– Aufwendungen für die **Wohnungssicherung**, selbst wenn der Arbeitgeber die Maßnahmen verlangt hat oder es in der Vergangenheit tatsächlich zu beruflich bedingten Anschlägen auf die Wohnung gekommen ist (FG Baden-Württemberg, Urteil vom 19.8.1992, EFG 1993 S. 72, sowie FG des Saarlandes, Urteil vom 30.8.2000, EFG 2000 S. 1249). Vgl. hierzu auch BMF-Schreiben vom 30.6.1997, BStBl I S. 696.

– **Lösegeldzahlungen**, selbst wenn die Entführung anlässlich einer Dienstreise erfolgt (vgl. sinngemäß FG Berlin, Urteil vom 19.6.2000, DStRE 2001 S. 188, Nichtzulassungsbeschwerde eingelegt, Az. beim BFH: I B 132/00).

4. Bewachungsgewerbe

583 Bei Arbeitnehmern im Bewachungsgewerbe stellt der **Wachhund im steuerlichen Sinne ein Arbeitsmittel** dar; ein steuerfreier Arbeitgeberersatz ist nicht möglich, wohl aber der Werbungskostenabzug (→ *Hundehaltung* Rz. 1305).

Bewirtungskosten

1. Allgemeines

Die steuerliche Beurteilung von Bewirtungskosten entweder als **584** **Werbungskosten** bzw. – bei Erstattung durch den Arbeitgeber – **Auslagenersatz** oder aber als nicht abzugsfähige **Kosten der Lebensführung** ist in der Praxis immer wieder problematisch, weil sie von verschiedenen Faktoren abhängt (beruflicher oder privater Anlass, bewirteter Personenkreis, Ort der Bewirtung usw.). Außerdem sind die **Abzugsbeschränkung auf 80 % der Bewirtungskosten** und die **besonderen Aufzeichnungspflichten** zu beachten (§ 4 Abs. 5 Nr. 2 i.V.m. § 9 Abs. 5 EStG). Allerdings fällt nicht jede Bewirtung unter diese Abzugsbeschränkung. Im Einzelnen gilt Folgendes:

2. Bewirtung und Bewirtungsaufwendungen

a) Bewirtung

Eine **Bewirtung** i.S. des § 4 Abs. 5 Satz 1 Nr. 2 EStG liegt vor, **585** wenn **Personen eingeladen und beköstigt** werden. Es kommt nicht darauf an, ob die Beköstigung im Vordergrund steht oder „auch" bzw. „in erster Linie" der Werbung oder der Repräsentation dient (zuletzt BFH, Beschluss vom 19.11.1999, BFH/NV 2000 S. 698, m.w.N.). **Bewirtungsaufwendungen** sind Aufwendungen für den Verzehr von Speisen, Getränken und sonstigen Genussmitteln. Dazu können auch Aufwendungen gehören, die zwangsläufig im Zusammenhang mit der Bewirtung anfallen, wenn sie im Rahmen des insgesamt geforderten Preises von untergeordneter Bedeutung sind, wie z.B. **Trinkgelder und Garderobengebühren**. Die Beurteilung der Art der Aufwendungen richtet sich grundsätzlich nach der Hauptleistung. Werden dem bewirtenden Steuerpflichtigen die Bewirtungsaufwendungen im Rahmen eines Entgelts ersetzt (z.B. bei einer Seminargebühr oder einem Beförderungsentgelt), unterliegen diese Aufwendungen nicht der in § 4 Abs. 5 Satz 1 Nr. 2 EStG festgelegten Kürzung (vgl. FG Düsseldorf, Urteil vom 16.1.2001, EFG 2001 S. 731, betr. Bewirtung bei Schulungsveranstaltungen für Mitarbeiter von Kunden). Dies gilt nur, wenn die Bewirtung in den Leistungsaustausch einbezogen ist (R 21 Abs. 5 EStR).

b) Keine Bewirtung

Nach dem Normzweck des § 4 Abs. 5 Satz 1 Nr. 2 EStG soll die **586** **betriebsinterne Bewirtung** von einer Kürzung ausgenommen sein und nur die unter Beteiligung betriebsexterner Personen stattfindende Bewirtung der Kürzung unterliegen. Die Aufwendungen für eine innerbetriebliche Bewirtung von Arbeitnehmern und freien Mitarbeitern aus Anlass von **Fortbildungsveranstaltungen, Anfängerseminaren und zur Vorbereitung von Messeveranstaltungen** sind deshalb in voller Höhe als Betriebsausgaben abzugsfähig (FG Düsseldorf, Urteil vom 29.9.1999, DStRE 2000 S. 113).

Keine Bewirtung liegt ferner vor bei

- Gewährung von **Aufmerksamkeiten in geringem Umfang** (wie Kaffee, Tee, Gebäck) z.B. **anlässlich betrieblicher Besprechungen**, wenn es sich hierbei um eine **übliche Geste der Höflichkeit** handelt; die Höhe der Aufwendungen ist dabei nicht ausschlaggebend;

- **Produkt-/Warenverkostungen z.B. im Herstellungsbetrieb, beim Kunden, beim (Zwischen-)Händler, bei Messeveranstaltungen**; hier besteht ein unmittelbarer Zusammenhang mit dem Verkauf der Produkte oder Waren. Voraussetzung für den unbeschränkten Abzug ist, dass nur das zu veräußernde Produkt und ggf. Aufmerksamkeiten (z.B. Brot anlässlich einer Weinprobe) gereicht werden. Diese Aufwendungen können als **Werbeaufwand** unbeschränkt als Betriebsausgaben abgezogen werden. Entsprechendes gilt, wenn ein Dritter mit der Durchführung der Produkt-/Warenverkostung beauftragt war.

Solche Aufwendungen können **unbegrenzt als Betriebsausgaben** oder – sollte sie der Arbeitnehmer tragen – als **Werbungskosten** abgezogen werden, vgl. FG Münster, Urteil vom 29.9.1995, EFG 1996 S. 1203.

3. Betrieblicher und geschäftlicher Anlass, Bewirtungskosten

a) Betrieblicher und geschäftlicher Anlass

587 Die Abzugsbeschränkungen gelten nur bei Bewirtungen aus betrieblichem und geschäftlichem Anlass, nicht dagegen bei Bewirtungen aus allgemeiner betrieblicher Veranlassung. Mit dem Merkmal „aus geschäftlichem Anlass" wird zum Ausdruck gebracht, dass nicht jede Bewirtung aus betrieblichem Anlass von § 4 Abs. 5 Satz 1 Nr. 2 EStG erfasst wird, sondern nur **Bewirtungen von Geschäftsfreunden**. Aufwendungen anlässlich einer Bewirtung, an der **ausschließlich Arbeitnehmer des Steuerpflichtigen** teilnehmen, sind deshalb von der Abzugsbeschränkung nicht betroffen. Gleiches gilt für sog. **Annehmlichkeiten**, d.h. Getränke, ggf. auch kleine Speisen, die der Steuerpflichtige Kunden oder anderen Personen aus Gründen der Höflichkeit anbietet, mit denen folglich kein im Vordergrund stehender Bewirtungszweck verbunden ist (BFH, Urteil vom 19.8.1999, DStR 2000 S. 320).

Die Abgrenzung bloßer Annehmlichkeiten von Bewirtungen aus geschäftlichem Anlass kann, weil es dafür auf sämtliche Umstände des Einzelfalles ankommt, mit erheblichen Schwierigkeiten verbunden sein (vgl. dazu BFH, Urteil vom 19.8.1999, DStR 2000 S. 320, sowie OFD Düsseldorf, Verfügung vom 4.5.1995, DB 1995 S. 1441). Vgl. dazu ferner R 21 Abs. 6 EStR, die sinngemäß für den Werbungskostenabzug gilt, wenn der Arbeitnehmer Bewirtungskosten trägt:

Betrieblich veranlasste Aufwendungen für die Bewirtung von Personen können **geschäftlich oder nicht geschäftlich** bedingt sein. Ein **geschäftlicher Anlass** besteht insbesondere bei der Bewirtung von Personen, zu denen schon **Geschäftsbeziehungen** bestehen oder zu denen sie angebahnt werden sollen. Auch die Bewirtung von **Besuchern des Betriebs** z.B. im Rahmen der Öffentlichkeitsarbeit ist geschäftlich veranlasst. Bei geschäftlichem Anlass sind die Bewirtungsaufwendungen nach § 4 Abs. 5 Satz 1 Nr. 2 Satz 1 EStG nicht zum Abzug zugelassen, soweit sie 80 % der angemessenen und nachgewiesenen Aufwendungen übersteigen.

Ein geschäftlicher Anlass kann auch dann noch gegeben sein, wenn die Bewirtungen von Geschäftsfreunden aus deren beruflichen Gründen (insbesondere weil sie werktags arbeiten müssen) nur am **Wochenende** und unter **Teilnahme der Ehefrauen der Kunden** stattfinden (Niedersächsisches FG, Urteil vom 20.8.1996, DStRE 1997 S. 401, Revision eingelegt, Az. beim BFH: IX R 12/97, betr. Bewirtungskosten eines nichtselbständigen Handelsvertreters, der an Bäcker den Verkauf von Backwaren vermittelt). Ebenso FG des Saarlandes, Urteil vom 29.6.1999, NWB 1999 Fach 1 S. 281.

Kein geschäftlicher Anlass liegt dagegen vor, wenn z.B. ein Getränkegroßhändler in Lokalen der von ihm belieferten Gastwirte Runden ausgibt (sog. **Kundschaftstrinken**), um für seine Produkte zu werben; die Aufwendungen sind dann in voller Höhe als Betriebsausgaben abzugsfähig (FG Rheinland-Pfalz, Urteil vom 9.11.2000, EFG 2001 S. 420).

b) Bewirtungskosten

588 Für die **Anwendung dieser Abzugsbeschränkung sind zunächst folgende Kosten auszuscheiden**:

- Teile der Bewirtungskosten, die **privat veranlasst** sind;

- Teile der Bewirtungsaufwendungen, die nach allgemeiner Verkehrsauffassung als **unangemessen** anzusehen sind;

- Bewirtungsaufwendungen, deren **Höhe und betriebliche Veranlassung nicht nachgewiesen** sind;

- Bewirtungsaufwendungen, die wegen **Verletzung der besonderen Aufzeichnungspflichten nicht abgezogen** werden können (§ 4 Abs. 7 EStG, R 22 EStR);

- Aufwendungen, die nach ihrer Art **keine Bewirtungsaufwendungen** sind (z.B. **Kosten für eine Musikkapelle** anlässlich einer Informations- oder Werbeveranstaltung und andere Nebenkosten), es sei denn, sie sind von untergeordneter Bedeutung (z.B. **Trinkgelder**); solche Aufwendungen sind in vollem Umfang abziehbar, wenn die übrigen Voraussetzungen vorliegen.

Von den **verbleibenden Aufwendungen dürfen nur 80 %** den Gewinn mindern. Die **Abzugsbegrenzung** gilt bei der Bewirtung von Personen aus geschäftlichem Anlass auch für den Teil der Aufwendungen, der auf den an der **Bewirtung teilnehmenden Steuerpflichtigen oder dessen Arbeitnehmer** entfällt. Aufwendungen für die Bewirtung von Personen aus geschäftlichem Anlass **in der Wohnung des Steuerpflichtigen** gehören regelmäßig nicht zu den Betriebsausgaben, sondern zu den Kosten der Lebensführung (§ 12 Nr. 1 EStG). Bei Bewirtungen in einer **betriebseigenen Kantine** wird aus Vereinfachungsgründen zugelassen, dass die Aufwendungen nur aus den **Sachkosten** der verabreichten Speisen und Getränke sowie den **Personalkosten** ermittelt werden; es ist nicht zu beanstanden, wenn – im Wirtschaftsjahr einheitlich – je **Bewirtung ein Betrag von 15 €** angesetzt wird, wenn dieser Ansatz nicht zu einer offenbar unzutreffenden Besteuerung führt. Unter dem Begriff „**betriebseigene Kantine**" sind alle betriebsinternen Einrichtungen zu verstehen, die es den Arbeitnehmern des Unternehmens ermöglichen, Speisen und Getränke einzunehmen, und die für fremde Dritte nicht ohne weiteres zugänglich sind. Auf die Bezeichnung der Einrichtung kommt es nicht an; zu Kantinen können deshalb auch Einrichtungen gehören, die im Betrieb als „Kasino" oder „Restaurant" bezeichnet werden.

Nicht geschäftlich, sondern allgemein betrieblich veranlasst ist ausschließlich die Bewirtung von Arbeitnehmern des bewirtenden Unternehmens (R 21 Abs. 7 EStR). Diese Aufwendungen sind zu 100 % als Betriebsausgaben abziehbar.

4. Bewirtungen durch den Arbeitgeber

a) Bewirtung im ganz überwiegenden betrieblichen Interesse des Arbeitgebers

589 **Kein steuerpflichtiger Arbeitslohn** liegt vor, wenn Mahlzeiten im ganz überwiegenden betrieblichen Interesse des Arbeitgebers an die Arbeitnehmer abgegeben werden. Hierzu gehören nach R 31 Abs. 8 Nr. 1 LStR Bewirtungen bei

- der Teilnahme des Arbeitnehmers an geschäftlichen Bewirtungen; Einzelheiten siehe → *Mahlzeiten aus besonderem Anlass* Rz. 1686;

- sog. **Arbeitsessen**; Einzelheiten siehe → *Arbeitsessen* Rz. 212;

- herkömmlichen **Betriebsveranstaltungen**; Einzelheiten siehe → *Betriebsveranstaltungen* Rz. 563.

b) Bewirtung auf Dienstreisen oder bei Fortbildungsmaßnahmen

590 Mahlzeiten, die der Arbeitgeber oder auf dessen Veranlassung einer Dritter zur üblichen Beköstigung der Arbeitnehmer anlässlich oder während einer Dienstreise, Fahrtätigkeit, Einsatzwechseltätigkeit oder im Rahmen einer doppelten Haushaltsführung an die Arbeitnehmer abgibt, sind steuerpflichtiger Arbeitslohn, werden aber nur mit dem **niedrigen Sachbezugswert** erfasst; das Gleiche gilt für die Abgabe von Mahlzeiten während einer Fortbildungsmaßnahme (R 31 Abs. 8 Nr. 2 LStR).

Kein steuerpflichtiger Arbeitslohn liegt vor, wenn der Arbeitnehmer selbst während einer Dienstreise Geschäftsfreunde seines Arbeitgebers bewirtet und sich die Kosten erstatten lässt; insoweit handelt es sich um steuerfreien Auslagenersatz. Der auf den Arbeitnehmer selbst entfallende Anteil ist kein steuerpflichtiger geldwerter Vorteil. Einzelheiten siehe → *Mahlzeiten aus besonderem Anlass* Rz. 1686.

c) Bewirtung als Gegenleistung (Arbeitslohn)

591 Mahlzeiten, die der Arbeitgeber als Gegenleistung für das Zurverfügungstellen der individuellen Arbeitskraft an seine Arbeitnehmer abgibt, sind steuerpflichtiger Arbeitslohn und mit ihrem tatsächlichen Preis anzusetzen. Dies gilt z.B. für Mahlzeiten, die im Rahmen unüblicher Betriebsveranstaltungen oder regelmäßiger Geschäftsleitungssitzungen abgegeben werden, siehe R 31 Abs. 8 Nr. 3 LStR und H 31 Abs. 8 (Individuell zu versteuernde Mahlzeiten) LStH.

d) Bewirtung aus Anlass von Feierlichkeiten des Arbeitnehmers

592 Die Ausrichtung einer Feier durch den Arbeitgeber für einen Arbeitnehmer aus Anlass eines besonderen Ereignisses in der Person des Arbeitnehmers (z.B. **Jubiläum, Verabschiedung, Amtseinführung, Geburtstag, Beförderung**) ist **kein Arbeitslohn**, wenn die Zuwendungen im **ganz überwiegenden betrieblichen Interesse des Arbeitgebers** liegen. Entsprechendes gilt für die **Erstattung von Aufwendungen des Arbeitnehmers** durch den Arbeitgeber. Es kommt in diesen Fällen nicht darauf an, dass die Aufwendungen des Arbeitnehmers ohne Erstattung des Arbeitgebers wegen des in § 12 Nr. 1 Satz 2 EStG enthaltenen **Aufteilungs- und Abzugsverbots keine Werbungskosten** wären. Denn dieses Verbot gilt nur für den **Werbungskostenabzug** und hat daher für den steuerfreien **Arbeitgeberersatz** keine Bedeutung (BFH, Urteil vom 9.8.1996, BStBl II 1997 S. 97).

Für die steuerliche Behandlung ist grundsätzlich zu unterscheiden, ob die Bewirtung

– anlässlich des besonderen Ereignisses lediglich **betriebsfunktionalen Zwecken** dient und daher im **eigenbetrieblichen Interesse** des Arbeitgebers liegt oder

– **Entlohnungscharakter** hat (BFH, Urteil vom 5.5.1994, BStBl II S. 771).

Daraus ergibt sich Folgendes (vgl. auch OFD Hannover, Verfügung vom 6.12.1994, DStR 1995 S. 258):

– Übliche Sachleistungen des Arbeitgebers aus Anlass der **Diensteinführung**, eines **Amts- oder Funktionswechsels**, eines **runden Arbeitnehmerjubiläums** (siehe R 72 Abs. 2 Nr. 3 LStR) oder der **Verabschiedung eines Arbeitnehmers** stellen keinen Arbeitslohn dar; betragen die Aufwendungen des Arbeitgebers einschließlich Umsatzsteuer jedoch **mehr als 110 € je teilnehmender Person**, so sind die Aufwendungen dem Arbeitslohn des Arbeitnehmers hinzuzurechnen. Geschenke bis zu einem Gesamtwert von 40 € sind in die 110-€-Grenze einzubeziehen (R 70 Abs. 2 Nr. 3 LStR).

– Bewirtungskosten des Arbeitgebers aus Anlass des **Geburtstags eines Arbeitnehmers** stellen stets Arbeitslohn dar; dies gilt selbst dann, wenn ein Unternehmen zum Termin des 50. Geburtstags ihres Prokuristen das 20jährige Bestehen eines Unternehmenszweiges feiert und eine Leistungsschau veranstaltet, zu der Kunden der Firma eingeladen werden (FG des Saarlandes, Urteil vom 26.11.1998, EFG 1999 S. 286; vgl. ferner Niedersächsisches FG, Urteil vom 17.12.1998, EFG 1999 S. 473, Revision eingelegt, Az. beim BFH: VI R 43/99, sowie BFH, Beschluss vom 16.9.1998, BFH/NV 1999 S. 339, betr. Kostenübernahme für die Geburtstagsfeier von Vorstandsmitgliedern einer Sparkasse). In diesem Fall findet die Bewirtung anlässlich eines allein in der Person des Arbeit-

nehmers begründeten **gesellschaftlichen Ereignisses** vorrangig im Interesse des Arbeitnehmers statt und führt daher bei ihm in vollem Umfang zu Arbeitslohn.

Abweichend von der o.g. Rechtsprechung des Bundesfinanzhofes hat allerdings das Niedersächsische FG im Urteil vom 28.1.1999, EFG 1999 S. 552, **Arbeitslohn** wegen des eigenbetrieblichen Interesses des Arbeitgebers insoweit **nicht angenommen**, als die Bewirtungskosten auf vom Arbeitgeber eingeladene Geschäftsfreunde entfallen.

Beispiel:
Eine Genossenschaftsbank hat aus Anlass des 60. Geburtstags des Vorstands einen Empfang veranstaltet (Kosten 6 661 €), an dem 100 Gäste teilnahmen. Der ohne Mitwirkung des „Geburtstagskinds" bestimmte Gästekreis bestand im Wesentlichen aus Geschäftspartnern und Angehörigen des öffentlichen Lebens und der Presse.
Das Gericht hat nur die Kosten des Empfangs als Arbeitslohn angesehen, die anteilig auf das „Geburtstagskind" und seine Familie entfielen (lediglich 333 €). Denn dem Steuerpflichtigen sei kein als Arbeitslohn anzusehender Vermögensvorteil dadurch entstanden, dass die Bank Aufwendungen für die von ihr eingeladenen Gäste getragen hat.

Gegen das Urteil hat die Finanzverwaltung **Revision** eingelegt (Az. beim BFH: VI R 48/99), die Entscheidung des Bundesfinanzhofes bleibt abzuwarten.

– Im Fall der **Beförderung oder Höhergruppierung** eines Arbeitnehmers stellen die Bewirtungskosten des Arbeitgebers ebenfalls in vollem Umfang Arbeitslohn dar, der auf Grund der besonderen Arbeitsleistung des Arbeitnehmers gewährt wird.

Beispiel:
Die Stadt X hat für ihren Bürgermeister B die Kosten für sein 20-jähriges Dienstjubiläum, seine Wiederwahl sowie für die Feier zum 50. Geburtstag übernommen.
Die von der Stadt übernommenen Kosten stellen für B einen geldwerten Vorteil dar, der als Arbeitslohn anzusehen ist. Dabei ist davon auszugehen, dass B selbst eine solche Veranstaltung durchgeführt hätte oder sich ihr nicht ohne Gesichtsverlust hätte entziehen können (Hessisches FG, Urteil vom 27.7.1995, EFG 1996 S. 274, sowie OFD Frankfurt, Verfügung vom 21.6.1996, FR 1996 S. 603).

Nach der ab 1.1.1996 in § 8 Abs. 2 Satz 9 EStG eingeführten **Freigrenze** von **50 € monatlich** für bestimmte Sachbezüge bleibt auch der geldwerte Vorteil durch Bewirtungen des Arbeitgebers – soweit es sich überhaupt um steuerpflichtigen Arbeitslohn handelt – in diesem Rahmen steuerfrei.

5. Bewirtungen durch den Arbeitnehmer

a) Grundsatz

Aufwendungen, die die **private Lebensführung berühren** und 593 bei denen eine genaue Aufteilung in einen beruflichen und einen privaten Teil nicht möglich ist, sind nach dem sog. **Aufteilungs- und Abzugsverbot** des § 12 Nr. 1 EStG steuerlich **insgesamt nicht abzugsfähig**, selbst wenn sie zugleich zur Förderung des Berufs oder der Tätigkeit des Steuerpflichtigen erfolgen. Dies gilt besonders für Bewirtungskosten, weil die damit vielfach angestrebte **Verbesserung des Betriebsklimas** nach der Rechtsprechung des Bundesfinanzhofes der steuerlich nicht zu berücksichtigenden **privaten Sphäre** zuzurechnen ist (vgl. z.B. BFH, Urteil vom 8.11.1984, BStBl II 1985 S. 286, betr. Aufwendungen eines Chefarztes für Weihnachtsgeschenke an Mitarbeiter).

b) Bewirtung von Geschäftsfreunden des Arbeitgebers in Gaststätten

Lädt ein Arbeitnehmer z.B. während einer Dienstreise oder einer 594 Messe **Geschäftsfreunde** (z.B. Kunden, Lieferanten, Handelsvertreter, Pressevertreter, Besucher) in Gaststätten zum Essen ein, so können die Aufwendungen grundsätzlich als Werbungskosten berücksichtigt werden (BFH, Urteil vom 8.11.1984, BStBl II 1985 S. 286). Es ist dabei unerheblich, ob der Arbeitnehmer feste (z.B. bei einem Prokuristen) oder variable Bezüge erhält.

Werden dem Arbeitnehmer die Aufwendungen vom Arbeitgeber erstattet, handelt es sich – auch hinsichtlich des „Eigenanteils" des Arbeitnehmers – um **steuerfreien Auslagenersatz** (§ 3 Nr. 50

EStG). Der Arbeitgeber darf diese Kosten allerdings nur zu 80 % als Betriebsausgaben absetzen.

Lehnt der Arbeitgeber eine Erstattung ab, kann dies allerdings **ein** Indiz dafür sein, dass die Aufwendungen in nicht unerheblichem Umfang privat mitveranlasst sind (vgl. z.B. BFH, Urteil vom 22.11.1996, BFH/NV 1997 S. 288, betr. nicht ersetzte Reisekosten für eine Auslandsdienstreise).

In folgenden Fällen hat die Rechtsprechung z.B. **Werbungskosten anerkannt:**

– Aufwendungen eines **Vertriebsbeauftragten im kaufmännischen Außendienst** für die Bewirtung von Kunden (BFH, Urteil vom 16.3.1984, BStBl II S. 433);

– Aufwendungen eines angestellten **Vertreters einer Elektro-Großhandlung** für Blumen, Zigaretten und Getränke für Kunden seines Arbeitgebers bei geschäftlichen Besprechungen (FG Berlin, Urteil vom 6.3.1981, EFG 1981 S. 559);

– Aufwendungen eines **angestellten Geschäftsführers** für Geschenke an Kunden seines Arbeitgebers (Hessisches FG, Urteil vom 26.1.1983, EFG 1983 S. 493).

c) Bewirtung in der Wohnung

595 Aufwendungen für die Bewirtung von Personen – das können auch Geschäftsfreunde des Arbeitgebers sein – aus geschäftlichem Anlass in der Wohnung des Arbeitnehmers sind dagegen im Allgemeinen **nicht als Werbungskosten abzugsfähig**, weil dann persönliche Beziehungen unterstellt werden (BFH, Urteil vom 10.6.1966, BStBl III S. 607, sowie R 21 Abs. 6 Satz 8 EStR). Die Rechtsprechung hat z.B. Aufwendungen einer Englischlehrerin für die vorübergehende Aufnahme einer Englischlehrerin aus England in ihren Haushalt, um ihre Englischkenntnisse zu verbessern, nicht als Werbungskosten anerkannt (BFH, Urteil vom 8.10.1993, BStBl II 1994 S. 114). Auf Grund dieses Urteils lehnt die Finanzverwaltung auch den Werbungskostenabzug von Aufwendungen für die Aufnahme von Gastlehrern im Rahmen des Schüleraustausches ab, selbst wenn es sich um einen „Gegenbesuch" handelt (FinMin Bayern, Erlass vom 27.3.1995, StEd 1995 S. 287).

Ausnahmen gelten, wenn

– **ausländische Geschäftsfreunde die Unterbringung in einem Hotel ablehnen**, um Einblick in deutsche Familien zu gewinnen (BFH, Urteil vom 10.6.1966, BStBl III S. 607),

– wegen der **Vielzahl aus betrieblichem Anlass bewirteten Personen** das private Umfeld völlig in den Hintergrund tritt (BFH, Urteil vom 15.5.1986, BFH/NV 1986 S. 657),

– eine **geschäftliche Unterredung geheim gehalten** werden soll oder aus Zeitgründen keine in der Nähe liegende geeignete Gaststätte aufgesucht werden konnte,

– die Besprechung und damit auch die Bewirtung der Geschäftsfreunde in betrieblichen Räumen, z.B. im **häuslichen Arbeitszimmer**, erfolgt.

An den **Nachweis** der nahezu ausschließlichen beruflichen Veranlassung sind jedoch **strenge Anforderungen** zu stellen (ähnlich auch BFH, Urteil vom 20.9.1996, BFH/NV 1997 S. 349, betr. sog. Lernarbeitsgemeinschaften im häuslichen Bereich).

d) Bewirtung von Mitarbeitern

aa) Arbeitnehmer hat „feststehende Bezüge"

596 Aufwendungen für die Bewirtung von Mitarbeitern stellen grundsätzlich steuerlich nicht abzugsfähige **Kosten der Lebensführung** dar, weil sie in nicht unerheblichem Maße privat mitveranlasst sind, auch wenn sie zugleich der **Verbesserung des Betriebsklimas** dienen sollen (vgl. z.B. BFH, Urteil vom 8.11.1984, BStBl II 1985 S. 286, betr. Weihnachtsgeschenke eines Chefarztes an Mitarbeiter, sowie zuletzt FG Baden-Württemberg, Urteil vom 18.1.2000, EFG 2000 S. 312, betr. Aufwendungen eines Sachgebietsleiters eines Finanzamts für einen Sachgebietsausflug und eine Weihnachtsfeier mit seinen Mitarbeitern). Dies gilt auch für Bewirtungs- und Geschenkaufwendungen **leitender Angestellter** an Kunden/Geschäftsfreunde des Arbeitgebers (FG Rheinland-Pfalz, Urteil vom 13.5.1998, NWB 1998 Fach 1 S. 214). Nicht abzugsfähig sind ferner Aufwendungen für Bewirtungen aus Anlass persönlicher oder dienstlicher Feiern.

Ein Werbungskostenabzug kommt jedoch in Betracht, wenn die Bewirtung ausschließlich beruflich veranlasst ist, z.B. anlässlich einer **Dienstbesprechung oder Fortbildungsveranstaltung** (BFH, Urteil vom 4.12.1992, BStBl II 1993 S. 350, sowie zuletzt FG Baden-Württemberg, Urteil vom 18.1.2000, EFG 2000 S. 312).

bb) Arbeitnehmer hat „erfolgsabhängige Bezüge"

597 Bewirtungskosten eines Arbeitnehmers zu Gunsten anderer, insbesondere ihm **unterstellter Arbeitnehmer** desselben Arbeitgebers können aber ausnahmsweise als **Werbungskosten** abzugsfähig sein, wenn es sich um einen Arbeitnehmer mit **variablen Bezügen handelt, die der Höhe nach vom Erfolg seiner Mitarbeiter oder seines Tätigkeitsbereichs abhängig** sind (z.B. bei einem Handelsvertreter). Die Bewirtungskosten des Arbeitnehmers dienen dann dem Zweck, seine von deren Erfolg abhängigen Bezüge zu steigern, und sind somit beruflich veranlasste Werbungskosten (BFH, Urteil 23.3.1984, BStBl II S. 557). Eine nur geringfügige Erfolgsbeteiligung reicht hierfür allerdings nicht aus (FG Berlin, Urteil vom 20.12.1988, EFG 1989 S. 340).

e) Bewirtung von Fachkollegen

598 Aufwendungen für die Bewirtung von Kollegen sind im Allgemeinen nicht als Werbungskosten abzugsfähig. In folgenden Fällen hat deshalb die Rechtsprechung z.B. den **Werbungskostenabzug abgelehnt:**

– Aufwendungen eines **Hochschullehrers** für sog. Arbeitsessen mit Fachkollegen (BFH, Urteil vom 24.5.1973, BStBl II S. 634);

– Bewirtungskosten eines **Professors und Lehrstuhlinhabers** für ausländische Kollegen und deren Familien, selbst wenn es sich um einen **internationalen Erfahrungsaustausch** mit ausländischen Kollegen handelt und die Bewirtung **internationalen Gepflogenheiten** entspricht (FG Köln, Urteil vom 28.2.1985, EFG 1985 S. 552);

– Bewirtung von **Gewerkschaftskollegen** (FG Berlin, Urteil vom 26.8.1986, EFG 1987 S. 300);

– Bewirtungskosten eines **Professors**, selbst wenn die Übernahme der Aufwendungen lediglich Ausdruck der im Laufe der beruflichen Kontakte gewachsenen zwischenmenschlichen Beziehungen ist (BFH, Urteil vom 27.5.1993, BFH/NV 1993 S. 730).

Demgegenüber hat das **FG Köln** Aufwendungen für die Bewirtung von Fachkollegen, die bei einem anderen Arbeitgeber beschäftigt sind, als **Werbungskosten anerkannt**, obwohl der Arbeitnehmer keine erfolgsabhängigen Bezüge erhält (Urteil vom 20.12.1995, EFG 1997 S. 272). Gegen das Urteil ist **Revision** eingelegt worden (Az. beim BFH: VI R 88/96), so dass hierzu in Kürze mit einer Entscheidung des Bundesfinanzhofes zu rechnen ist.

f) Bewirtung aus Anlass von Feierlichkeiten

599 Ein Werbungskostenabzug kommt für **private Feiern** selbst bei einem Arbeitnehmer mit erfolgsabhängigen Bezügen nicht in Betracht. Dies gilt auch, wenn es sich um **berufliche Anlässe** wie z.B. Beförderungen oder Dienstjubiläen handelt (BFH, Urteil vom 15.7.1994, BStBl II S. 896).

In folgenden Fällen hat daher die Rechtsprechung den **Werbungskostenabzug abgelehnt:**

– Aufwendungen eines **Wahlbeamten** für die Bewirtung von Kommunalpolitikern und Journalisten sowie für Geschenke an solche Personen (BFH, Urteil vom 22.1.1991, BStBl II S. 396);

– Aufwendungen eines **Firmengründers**, die ihm aus Anlass eines für Geschäftsfreunde, Berufskollegen und Mitarbeitern gegebenen Empfangs zu seinem herausgehobenen Geburtstag (75. Geburtstag) entstehen (BFH, Urteil vom 27.2.1997, HFR 1997 S. 821). Nach diesem Urteil sind auch entsprechende Aufwendungen eines Arbeitnehmers nicht abzugsfähig, selbst wenn er ausschließlich Kunden seines Arbeitgebers einlädt (vgl. zuletzt Niedersächsisches FG, Urteil vom 17.12.1998, EFG 1999 S. 473, Revision eingelegt, Az. beim BFH: VI R 43/99);

– Aufwendungen eines **Direktors** aus Anlass des Geburtstags, der Beförderung und der Amtseinführung als **Präsident des Amtsgerichtes** (BFH, Urteil vom 19.2.1993, BStBl II S. 403);

– Aufwendungen eines **Vertriebsleiters** für einen Empfang anlässlich des Antritts einer neuen Stellung (BFH, Urteil vom 15.7.1994, BStBl II S. 896);

– Aufwendungen eines **Landrats** anlässlich seiner Amtseinführung (Hessisches FG, Urteil vom 21.1.1997, EFG 1997 S. 792);

– Aufwendungen eines **Universitätsprofessors** anlässlich seiner Antrittsvorlesung (FG Baden-Württemberg, Urteil vom 1.12.1999, EFG 2000 S. 311).

Ein Werbungskostenabzug ist selbst dann nicht möglich, **wenn zu der Feier der Arbeitgeber eingeladen** hat (BFH, Urteil vom 4.12.1992, BStBl II 1993 S. 350, betr. Bewirtungskosten anlässlich einer Beförderung, bei der der Arbeitgeber die Gästeliste erstellt sowie Ort und Zeit der Veranstaltung bestimmt hatte).

6. Gesetzliche Beschränkung des Werbungskostenabzugs

a) Abzugsbeschränkungen

600 Nach § 4 Abs. 5 Nr. 2 EStG, der über § 9 Abs. 5 EStG auch für den Werbungskostenabzug von **Arbeitnehmern** gilt, sind Aufwendungen für die Bewirtung von Personen aus geschäftlichem Anlass nur bis zu **80 % der Aufwendungen** abzugsfähig. Voraussetzung für den Werbungskostenabzug ist weiter, dass die Aufwendungen als **angemessen** anzusehen sind und die Höhe der Bewirtungskosten und die betriebliche bzw. berufliche Veranlassung **nachgewiesen** wird.

b) Nachweispflichten

601 Zum Nachweis der Höhe und der betrieblichen Veranlassung der Aufwendungen hat der Steuerpflichtige schriftlich die folgenden Angaben zu machen (§ 4 Abs. 5 Nr. 2 EStG):

„Ort, Tag, Teilnehmer und Anlass der Bewirtung sowie die Höhe der Aufwendungen. Hat die Bewirtung in einer **Gaststätte** stattgefunden, so genügen Angaben zu dem Anlass und den Teilnehmern der Bewirtung; die Rechnung über die Bewirtung ist beizufügen".

Weitere Einzelheiten zu den Nachweispflichten sind in **R 21 Abs. 8 und 9 EStR** geregelt:

Der Nachweis der Höhe und der betrieblichen Veranlassung der Aufwendungen durch schriftliche Angaben zu Ort, Tag, Teilnehmer und Anlass der Bewirtung sowie Höhe der Aufwendungen ist **gesetzliches Tatbestandsmerkmal** für den Abzug der Bewirtungsaufwendungen als Betriebsausgaben. Bei Bewirtung in einer **Gaststätte** genügen neben der beizufügenden Rechnung Angaben zu dem Anlass und den Teilnehmern der Bewirtung; auch hierbei handelt es sich um ein gesetzliches Tatbestandsmerkmal für den Abzug der Bewirtungsaufwendungen als Betriebsausgaben. Aus der Rechnung müssen sich **Name und Anschrift der Gaststätte** sowie der **Tag der Bewirtung** ergeben. Die **Rechnung muss auch den Namen des bewirtenden Steuerpflichtigen** enthalten; dies gilt **nicht**, wenn der **Gesamtbetrag der Rechnung 100 €** nicht übersteigt. Die schriftlichen Angaben können auf der Rechnung oder **getrennt** gemacht werden. Erfolgen die Angaben getrennt von der Rechnung, müssen das **Schriftstück über die Angaben und die Rechnung grundsätzlich zusammengefügt** werden. Ausnahmsweise genügt es, den Zusammenhang dadurch darzustellen, dass auf der Rechnung und dem Schriftstück über die Angaben **Gegenseitigkeitshinweise** angebracht werden, so dass Rechnung und Schriftstück jederzeit zusammengefügt werden können. Die Rechnung muss den **Anforderungen des § 14 UStG** genügen und **maschinell erstellt und registriert** sein. Die in Anspruch genommenen Leistungen sind nach Art, Umfang, Entgelt und Tag der Bewirtung in der Rechnung gesondert zu bezeichnen; die für den Vorsteuerabzug ausreichende **Angabe „Speisen und Getränke"** und die Angabe der für die Bewirtung in Rechnung gestellten Gesamtsumme sind für den Betriebsausgabenabzug **nicht ausreichend**.

Zur **Bezeichnung der Teilnehmer** der Bewirtung ist grundsätzlich die **Angabe ihres Namens** erforderlich. Auf die Angabe der Namen kann jedoch verzichtet werden, wenn ihre **Feststellung dem Steuerpflichtigen nicht zugemutet** werden kann. Das ist z.B. bei Bewirtungen anlässlich von **Betriebsbesichtigungen** durch eine größere Personenzahl und bei vergleichbaren Anlässen der Fall. In diesen Fällen sind die Zahl der Teilnehmer der Bewirtung sowie eine die Personengruppe kennzeichnende **Sammelbezeichnung** anzugeben. Die Angaben über den Anlass der Bewirtung müssen den **Zusammenhang mit einem geschäftlichen Vorgang** oder einer Geschäftsbeziehung erkennen lassen.

Beispiel:

A lädt während der Hannover-Messe einen Kunden zum Essen in ein Lokal ein. Der Arbeitnehmer lässt sich die Rechnung von seinem Arbeitgeber erstatten.

Die Erstattung der Kosten ist als Auslagenersatz nach § 3 Nr. 50 EStG steuerfrei (→ *Auslagenersatz und durchlaufende Gelder* Rz. 340). Der Arbeitgeber kann die Kosten in Höhe von 80 % als Betriebsausgaben absetzen, soweit sie nicht unangemessen sind. Dies wäre z.B. der Fall, wenn A den Kunden in ein Striptease-Lokal eingeladen hätte (vgl. z.B. BFH, Urteil vom 16.2.1990, BStBl II S. 575). Damit der Arbeitgeber die Aufwendungen als Betriebsausgaben absetzen kann, sollte A darauf achten, dass er vom Wirt eine „ordnungsgemäße Rechnung" erhält und er auf dieser die erforderlichen Eintragungen (Anlass und Teilnehmer der Bewirtung) vornimmt.

Die formellen Kriterien müssen bei allen Berufen genau befolgt werden. Auch **Journalisten** können die erforderlichen **Angaben** zu Teilnehmern und Anlass einer Bewirtung i.d.R. **nicht** unter Berufung auf das Pressegeheimnis **verweigern**, die Angabe „Hintergrund- oder Infogespräch" reicht somit für die steuerliche Anerkennung nicht aus (BFH, Urteile vom 19.3.1998, BStBl II S. 610, und vom 1.9.1998, BFH/NV 1999 S. 596).

Für den Abzug von **Bewirtungskosten** kann die unterbliebene Angabe des Bewirtenden im Rechtsbehelfsverfahren nachgeholt werden (BFH, Urteile vom 19.3.1998, BStBl II S. 610, und vom 1.9.1998, BFH/NV 1999 S. 596).

Aufwendungen für die Bewirtung von Personen aus geschäftlichem Anlass sind auch dann i.S. von § 4 Abs. 7 Satz 1 EStG getrennt von den sonstigen Betriebsausgaben aufgezeichnet, wenn in der Buchführung nur **ein Konto** für Bewirtungsaufwendungen vorgesehen ist und auf diesem Konto auch Bewirtungsaufwendungen gebucht werden, die nicht der Abzugsbeschränkung gemäß § 4 Abs. 5 Satz 1 Nr. 2 EStG unterliegen. Eine **Fehlbuchung** auf einem Konto, das für die in § 4 Abs. 7 Satz 1 EStG bezeichneten Aufwendungen vorgesehen ist, steht einer getrennten Aufzeichnung dieser Aufwendungen nicht entgegen, wenn sich die Fehlbuchung nach dem Rechtsgedanken des § 129 AO als offenbare Unrichtigkeit erweist (BFH-Urteil vom 19.8.1999, BStBl II 2000 S. 203).

c) Keine Beschränkungen

602 Die Beschränkungen gelten nicht, wenn ein **Arbeitnehmer Dritte nicht aus geschäftlichem Anlass, sondern aus allgemeinen beruflichen Gründen bewirtet** und die Voraussetzungen für den Werbungskostenabzug vorliegen. Dies ist z.B. der Fall

– bei Arbeitnehmern mit erfolgsabhängigen Bezügen, die Mitarbeiter bewirten, oder

– wenn es sich von vornherein nicht um „Bewirtungen" handelt.

Solche Aufwendungen können unbegrenzt als Betriebsausgaben bzw. beim Arbeitnehmer als Werbungskosten abgezogen werden (R 21 Abs. 5 Satz 9 EStR).

7. Einzelfragen

603 Es ist die Frage gestellt worden, wie Mahlzeiten zu behandeln sind, die in der öffentlichen Verwaltung anlässlich von **Präsidenten-, Direktoren-, Arbeitskreis- und Referentensitzungen** von der einladenden Verwaltung oder dem einladenden Bundesland an die Teilnehmer abgegeben werden. Weil die Bewirtung auf einer gewissen Gegenseitigkeit beruht, wurde verschiedentlich die Auffassung vertreten, die Mahlzeitenabgabe sei vom Arbeitgeber veranlasst und daher mit dem Sachbezugswert zu versteuern.

Nach Auffassung der obersten Finanzbehörden ist in diesen Fällen jedoch von einer **Versteuerung** der unentgeltlich gewährten Mahlzeiten **abzusehen**, weil regelmäßig die Beteiligung an einer **„geschäftlich veranlassten Bewirtung"** i.S. der R 31 Abs. 8 Nr. 1 LStR angenommen werden kann. Nach dem neuen Reisekostenrecht würde in derartigen Fällen ohnehin vom Tagegeld mindestens der Sachbezugswert für die unentgeltlich gewährten Mahlzeiten einbehalten, so dass seit 1997 eine Besteuerung der unentgeltlichen Verpflegung auch aus diesem Grund entfällt.

Bezugsgröße

604 Die Bezugsgröße (§ 18 SGB IV) entspricht dem **Durchschnitts-entgelt aller in der gesetzlichen Rentenversicherung** versicherten Arbeitnehmer im vorvergangenen Kalenderjahr. Die aktuelle Bezugsgröße wird jährlich vom Bundesministerium für Arbeit und Sozialordnung mit Zustimmung des Bundesrates bestimmt.

Für die **neuen Bundesländer** gilt eine andere Bezugsgröße. Durch das Gesetz zur Rechtsangleichung in der gesetzlichen Krankenversicherung vom 22.12.1999 (BGBl. I S. 2657) wird mit Wirkung vom 1.1.2001 in der **Kranken- und Pflegeversicherung** die Bezugsgröße in den Rechtskreisen Ost und West vereinheitlicht. In der Renten- und Arbeitslosenversicherung gelten weiterhin die unterschiedlichen Bezugsgrößen (→ *Beiträge zur Sozialversicherung* Rz. 438).

Kalenderjahre 1998 bis 2001 in Deutsche Mark

Kalenderjahr	alte Bundesländer		neue Bundesländer	
	jährlich	monatl.	jährlich	monatl.
1998	52 080	4 340	43 680	3 640
1999	52 920	4 410	44 520	3 710
2000	53 760	4 480	43 680	3 640
2001 KV/PV	53 760	4 480	53 760	4 480
2001 RV/ALV	53 760	4 480	45 360	3 780

Kalenderjahr 2002 in Euro

Kalenderjahr	alte Bundesländer		neue Bundesländer	
	jährlich	monatl.	jährlich	monatl.
2002 KV/PV	27 720	2 345	27 720	2 345
2002 KV/AV	27 720	2 345	23 520	1 960

Bildschirmarbeit

1. Arbeitgeberersatz

605 Nach § 6 Abs. 1 und 2 BildscharbV hat der Arbeitgeber den Beschäftigten eine angemessene Untersuchung der Augen und des Sehvermögens durch eine fachkundige Person anzubieten und im erforderlichen Umfang spezielle Sehhilfen für ihre Arbeit an Bildschirmgeräten zur Verfügung zu stellen, wenn die Ergebnisse dieser Untersuchung ergeben, dass spezielle Sehhilfen notwendig und normale Sehhilfen nicht geeignet sind. Nach § 3 Abs. 2 Nr. 1 und Abs. 3 ArbSchG ist er verpflichtet, die dafür erforderlichen Mittel bereitzustellen, wobei er die entsprechenden Kosten den Beschäftigten nicht auferlegen darf. Wegen dieser **gesetzlichen Verpflichtung** stellt die Übernahme der notwendigen Kosten für eine spezielle **Sehhilfe** durch den Arbeitgeber beim Arbeitnehmer **keinen Arbeitslohn** dar (R 70 Abs. 2 Nr. 2 LStR sowie BMF-Schreiben vom 3.2.2000, DB 2000 S. 647).

Die Übernahme von **Massagekosten** für Bildschirmarbeitnehmer durch den Arbeitgeber stellt keinen steuerpflichtigen Arbeitslohn dar, wenn mit den Massagen einer spezifisch berufsbedingten Beeinträchtigung der Gesundheit des Arbeitnehmers vorgebeugt oder entgegengewirkt werden soll; der Arbeitgeber muss allerdings nachweisen, dass er mit der Verabreichung der Massagen **besonders wichtige betriebsfunktionale Zielsetzungen** (z.B. die Minderung des Krankheitsstandes der Bildschirmarbeitnehmer) verfolgt und die Massagen für die Erreichung dieses Zwecks besonders geeignet waren (BFH, Urteil vom 30.5.2001, BStBl II 2001 S. 671).

2. Werbungskosten

606 Aufwendungen für die Anschaffung einer Brille, die zur Korrektur einer Sehschwäche dient, können dagegen selbst dann nicht als Werbungskosten abgezogen werden, wenn die Brille ausschließlich am Arbeitsplatz, z.B. bei der Bildschirmtätigkeit, getragen wird (BFH, Urteil vom 23.10.1992, BStBl II 1993 S. 193, betr. eine **Bildschirmbrille**).

Ein Volkshochschulkurs zur Erlernung der „Kunst des Sehens" **(Augentraining)**, mit dem nicht nur die **durch** die berufliche **Bildschirmtätigkeit beeinträchtigte Sehkraft wiederhergestellt**, sondern auch ganz allgemein geistige Fähigkeiten verbessert werden sollen, ist nicht beruflich veranlasst. Derartige Aufwendungen zur Kompensation körperlicher Behinderungen oder Mängel oder auch zur Gesundheitsvorsorge berühren stets auch die allgemeine Lebensführung und sind somit nach § 12 Nr. 1 Satz 2 EStG steuerlich nicht abzugsfähig (FG München, Urteil vom 26.9.1997, EFG 1998 S. 183).

Bildungsurlaub

1. Arbeitsrecht

a) Allgemeines

Ein **bundesgesetzlicher Anspruch** des Arbeitnehmers auf be- **607** zahlten Urlaub zum Zwecke der allgemeinen, beruflichen oder politischen Bildung oder Weiterbildung **besteht nicht**. Bisher sind lediglich **für bestimmte Arbeitnehmergruppen** (z.B. Betriebsratsmitglieder gem. § 37 BetrVG, Betriebsärzte und Fachkräfte für Arbeitssicherheit gem. § 2 Abs. 3 und § 5 Abs. 3 des Arbeitssicherheitsgesetzes sowie Mitglieder der Schwerbehindertenvertretung gem. § 96 Abs. 4 SGB IX) **und in mehreren Bundesländern** gesetzliche Ansprüche auf einen Bildungsurlaub begründet worden. Darüber hinaus enthalten **Tarifverträge** Vorschriften über bezahlten und unbezahlten Bildungsurlaub, die aber insbesondere im Bereich der Privatwirtschaft insgesamt doch nur verhältnismäßig geringe Bedeutung erlangt haben.

b) Besondere landesrechtliche Regelungen

In den Bundesländern **Berlin, Brandenburg, Bremen, Hamburg,** **608** **Hessen, Niedersachsen, Nordrhein-Westfalen, Rheinland-Pfalz, Saarland, Sachsen-Anhalt und Schleswig-Holstein** haben Arbeitnehmer auf Grund entsprechender Landesgesetze mit unterschiedlicher Bezeichnung einen Anspruch auf einen **bezahlten Sonderurlaub zur** beruflichen oder politischen (in Bremen auch zur allgemeinen) **Weiterbildung. Voraussetzung** für diesen Bildungsurlaub ist, dass der Arbeitnehmer an einer **anerkannten Bildungsveranstaltung** teilnimmt.

In den **übrigen Bundesländern** besteht **kein Anspruch** auf einen Bildungsurlaub.

Unter welchen Voraussetzungen Bildungsveranstaltungen als geeignet für die Arbeitnehmerweiterbildung anzuerkennen sind, ist in den einzelnen Bundesländern unterschiedlich geregelt.

Der Arbeitnehmer, der seinen Anspruch auf Bildungsurlaub geltend macht, muss dem Arbeitgeber **Auskunft** geben über den Veranstalter, ob dieser eine anerkannte Einrichtung der Weiterbildung ist, ob die konkrete Veranstaltung anerkannt ist. Er muss den **detaillierten Themen- und Zeitplan** vorlegen und im Streitfall alle Voraussetzungen für den Anspruch auf Bildungsurlaub beweisen (BAG, Urteil vom 16.8.1990, DB 1990 S. 2325; BAG, Urteil vom 9.2.1993, DB 1993 S. 1826). Anspruch auf einen Bildungsurlaub haben in allen vorgenannten Bundesländern Arbeiter und Angestellte, in **Brandenburg, Bremen, Hessen** und **Niedersachsen, Rheinland-Pfalz, Sachsen-Anhalt** und **Schleswig-Holstein** auch Heimarbeiter. Außer in **Nordrhein-Westfalen** steht der Anspruch auf Bildungsurlaub auch den zu ihrer Berufsausbildung Beschäftigten zu.

Die **Dauer** des Bildungsurlaubs beträgt in **Brandenburg, Berlin, Bremen, Hamburg** und **Rheinland-Pfalz** zehn Arbeitstage, in **Niedersachsen** acht Arbeitstage innerhalb von zwei aufeinander folgenden Kalenderjahren, in **Schleswig-Holstein** eine Woche und im **Saarland** fünf Arbeitstage in einem Kalenderjahr.

In **Hessen, Nordrhein-Westfalen** und **Sachsen-Anhalt** beträgt der Bildungsurlaub fünf Arbeitstage im Kalenderjahr; wenn regelmäßig an sechs Tagen in der Woche gearbeitet wird, sechs Arbeitstage; in **Nordrhein-Westfalen** und **Sachsen-Anhalt** auch weniger als fünf Arbeitstage, wenn regelmäßig weniger Tage in der Woche gearbeitet werden.

Für die Dauer des Bildungsurlaubs ist dem Arbeitnehmer das **Arbeitsentgelt fortzuzahlen**; der Arbeitnehmer hat allerdings keinen Anspruch auf Sachkostenbeteiligung.

c) Freiwillige Arbeitgeberleistungen

609 Gewährt der Arbeitgeber bezahlten Bildungsurlaub in den Fällen, in denen **kein gesetzlicher oder sonstiger Anspruch** besteht, so stellt dies eine **freiwillige Sonderleistung** dar. Beteiligt sich der Arbeitgeber an einer beruflichen Weiterbildung des Arbeitnehmers durch Vergütungszahlung und/oder Kostenbeteiligung und bringt die Weiterbildung dem Arbeitnehmer einen beruflichen Vorteil, so kann der Arbeitgeber seine finanzielle Beteiligung mit einer **Ausbildungskostenrückzahlungsvereinbarung** verbinden, nach der der Arbeitnehmer die Kosten, ratierlich gesenkt, zurückzahlen muss, wenn er das Arbeitsverhältnis vor Ablauf eines bestimmten Zeitpunktes auflöst. Anerkannt sind – bei erheblichen Ausbildungskosten – **Bindungsklauseln** bis zu drei Jahren bei Verminderung des Rückzahlungsbetrages um 1/36 pro Monat des fortbestehenden Arbeitsverhältnisses.

Zur lohnsteuerlichen Behandlung solcher Rückzahlungsvereinbarungen vgl. → *Rückzahlung von Arbeitslohn* Rz. 2119.

2. Lohnsteuer und Sozialversicherung

610 Erhält der Arbeitnehmer von seinem Arbeitgeber bezahlten Bildungsurlaub, unterliegt – wie bei „normalem Urlaub" – der **weitergezahlte Arbeitslohn der Lohnsteuer und der Beitragspflicht in der Sozialversicherung**.

Ersetzt der Arbeitgeber einem Arbeitnehmer die **Kosten** für eine im Rahmen des Bildungsurlaubs durchgeführte **Studienreise** oder für einen **Sprachkurs**, so ist diese Ersatzleistung nur dann nach § 3 Nr. 16 EStG steuer- und beitragsfrei, wenn

– die sehr engen Voraussetzungen nach H 117a EStH für die Anerkennung einer Studienreise als **Werbungskosten (Dienstreise)** erfüllt sind (vgl. dazu → *Reisekosten: Allgemeine Grundsätze* Rz. 2008) oder

– die Reise im ganz überwiegenden **eigenbetrieblichen Interesse des Arbeitgebers** durchgeführt wird (vgl. dazu R 74 LStR sowie → *Fortbildung* Rz. 1064).

Die **Anerkennung** einer Studienreise oder auch eines Sprachkurses als **Bildungsurlaub** bedeutet noch nicht, dass die Voraussetzungen für den Werbungskostenabzug erfüllt sind (BFH, Urteil vom 6.3.1995, BStBl II S. 393).

Binnenschiffer

611 Binnenschiffer haben auf ihrem Schiff regelmäßig eine Wohnung und führen deshalb einen **doppelten Haushalt**. Sie machen dagegen mit ihrem Schiff keine Dienstreisen und üben auch weder eine Fahrtätigkeit (R 37 Abs. 4 Satz 3 LStR) noch eine Einsatzwechseltätigkeit aus. Der Arbeitgeber darf daher lediglich nach den Regeln der Doppelten Haushaltsführung die Kosten der Unterkunft, Mehraufwendungen für Verpflegung und eine Familienheimfahrt je Woche steuerfrei nach § 3 Nr. 16 EStG ersetzen. Fährt der Arbeitnehmer mehrmals die Woche von seinem eigenen Hausstand zu unterschiedlichen Schiffsanlegestellen, so kann der Arbeitgeber die Aufwendungen für die **Familienheimfahrt mit der größten Entfernung** steuerfrei erstatten (BFH, Urteil vom 16.12.1981, BStBl II 1982 S. 302).

Wird die Mannschaft z.B. nach 14 Tagen abgelöst und hat dann **Urlaub**, wird weder für den dreimonatigen Abzug von Verpflegungsmehraufwendungen noch für die Zwei-Jahres-Frist der doppelten Haushaltsführung die Zeit neu gerechnet (R 43 Abs. 11 Satz 8 LStR).

Bei einem **Schiffswechsel** beginnen dagegen neue Fristen, siehe → *Doppelte Haushaltsführung: Allgemeines* Rz. 755.

Bleibeprämie

Eine Bleibeprämie (z.B. an Mitarbeiter von bereits stillgelegten 612 Betrieben, die nach Beendigung ihres Arbeitsverhältnisses noch übergangsweise mit Abwicklungsmaßnahmen beschäftigt sind) ist nicht nach § 3 Nr. 9 EStG steuerfrei (FG Baden-Württemberg, Urteil vom 23.11.1988, EFG 1989 S. 336).

Bonus

Eine als Bonus bezeichnete Sonderzuwendung des Arbeitgebers 613 an den Arbeitnehmer gehört grundsätzlich zum steuer- und beitragspflichtigen Arbeitslohn, kann jedoch wie Tantiemen als sonstige Bezüge versteuert werden (→ *Sonstige Bezüge* Rz. 2232).

Brauereiarbeiter

Der sog. **Freitrunk** (→ *Haustrunk* Rz. 1288) ist steuerpflichtig, so- 614 weit der Rabattfreibetrag nach § 8 Abs. 3 EStG von 1 224 € im Jahr überschritten wird. Der Rabattfreibetrag gilt auch für Pensionäre, vgl. H 32 (Sachbezüge an ehemalige Arbeitnehmer) LStH, → *Rabatte* Rz. 1938.

Sog. **Hefegelder** der Braumeister aus dem Verkauf von Hefe sind steuerpflichtiger Arbeitslohn.

Bundeswehr

1. Allgemeines

Bundeswehrangehörige bzw. Zivildienstleistende, die **Wehr-** 615 **dienst** oder **Wehrersatzdienst** ableisten, sind **Arbeitnehmer**. Der **Arbeitslohn** ist jedoch unter den Voraussetzungen des § 3 Nr. 4 oder 5 EStG **steuerfrei**.

a) Steuerbefreiung nach § 3 Nr. 4 EStG

Bei den **Angehörigen** der Bundeswehr u.a. sind steuerfrei 616

– der Geldwert der ihnen aus Dienstbeständen überlassenen **Dienstkleidung**,

– **Einkleidungsbeihilfen und Abnutzungsentschädigungen für die Dienstkleidung** der zum Tragen oder Bereithalten von Dienstkleidung Verpflichteten;

– **im Einsatz gewährte Verpflegung oder Verpflegungszuschüsse.** „Im Einsatz" bedeutet Manöver und andere Einsätze außerhalb der Kaserne, die „normale" Kantinenverpflegung fällt nicht darunter (vgl. OFD Münster, Verfügung vom 4.5.1990, DB 1990 S. 1112);

– der Geldwert der auf Grund gesetzlicher Vorschriften gewährten **Heilfürsorge**.

Zu den Angehörigen der Bundeswehr im Sinne dieser Vorschrift gehören **nicht die Zivilbediensteten** (R 6 Satz 2 LStR).

Entschädigungen für das Tragen von Zivilkleidung sind grundsätzlich immer steuerpflichtig. Nur bei **Wehrpflichtigen** (dazu gehören weder Berufssoldaten noch Zeitsoldaten) bleiben sie aus Billigkeitsgründen steuerfrei (vgl. FinMin Niedersachsen, Erlass vom 22.3.1965, LSt-Kartei der OFD Hannover § 19 EStG Fach 2 Nr. 34a).

b) Steuerbefreiung nach § 3 Nr. 5 EStG

Geld- und Sachbezüge (kostenlose Unterkunft und Verpflegung) 617 sowie die Heilfürsorge, die Soldaten auf Grund des § 1 Abs. 1 Satz 1 des Wehrsoldgesetzes oder Zivildienstleistende auf Grund des § 35 des Zivildienstgesetzes erhalten, sind steuerfrei.

Zu den Geldbezügen gehören neben dem **Wehrsold die besondere Zuwendung, das Dienstgeld und das Entlassungsgeld** (R 7 Satz 1 LStR).

2. Weitere Einzelfragen

618 **Steuerfrei** sind auch

- die **Arbeitslosenbeihilfe und die Arbeitslosenhilfe** nach dem Soldatenversorgungsgesetz (SVG) nach § 3 Nr. 2a EStG,

- **Ausbildungszuschüsse** gem. § 5 Abs. 4 SVG nach § 3 Nr. 11 EStG, vgl. H 12 (Steuerfreiheit nach § 3 Nr. 11 EStG) LStH. Dazu gehören aber nicht die an die Sanitätsoffiziers-Anwärter gezahlten Ausbildungsgelder, die vergleichbar sind mit den an Beamtenanwärter gezahlten Unterhaltszuschüssen (→ *Beamtenanwärter* Rz. 428),

- **Beköstigungszulagen**, die Arbeitnehmern auf Schiffen und schwimmendem Gerät nach tariflichen Vorschriften gewährt werden, nach § 3 Nr. 12 Satz 1 EStG (→ *Aufwandsentschädigungen im öffentlichen Dienst* Rz. 309),

- **Verdienstausfallentschädigungen, die Wehrpflichtige bei Wehrübungen** erhalten, wenn sie bei **privaten Arbeitgebern** beschäftigt sind, nach § 3 Nr. 48 EStG; sie unterliegen aber dem Progressionsvorbehalt (§ 32b Abs. 1 Nr. 1 h EStG). Wird einem eine **Wehrübung leistenden Beamten** das Gehalt um den Wehrsold gekürzt, so unterliegt nur das gekürzte Gehalt dem Lohnsteuerabzug (BFH, Urteil vom 30.10.1964, BStBl III 1965 S. 68),

- der **Auslandsverwendungszuschlag** (sog. **Krisenzulage**) nach § 3 Nr. 64 EStG, der Soldaten bei Auslandseinsätzen (z.B. in Bosnien-Herzegowina und Kroatien) gewährt wird. Einzelheiten siehe OFD Hannover, Verfügung vom 10.12.1998, StEd 1999 S. 153, auch zur Kürzung der Werbungskosten,

- bestimmte **Übergangsgelder und -beihilfen** (vgl. im Einzelnen → *Übergangsgelder/Übergangsbeihilfen* Rz. 2441).

Steuerpflichtig sind dagegen

- der an entlassene Soldaten gezahlte **Einarbeitungszuschuss** nach § 7 Abs. 1 SVG (R 70 Abs. 1 Satz 2 Nr. 3 LStR),

- **Gefahrenzulagen**, die den Feuerwerkern (Berufssoldaten) gezahlt werden (§ 2 Abs. 2 Nr. 7 LStDV, R 70 Abs. 1 Satz 2 Nr. 1 LStR),

- **Übergangsgebührnisse** nach § 11 SVG und **Ausgleichsbezüge** nach § 11a SVG (R 10 Abs. 2 Nr. 1 und 2 LStR),

- die an länger dienende Soldaten gezahlten **Verpflichtungsprämien**, die aber als sonstiger Bezug ermäßigt zu besteuern sind,

- die nach § 7b BBesG an einen Zeitsoldaten gezahlte **Weiterverpflichtungsprämie**, die aber als Arbeitslohn für mehrere Jahre nach § 34 Abs. 1, 2 Nr. 3 EStG tarifermäßigt besteuert werden kann (R 200 EStR); vgl. → *Arbeitslohn für mehrere Jahre* Rz. 229.

3. Befreiung vom Wehr- oder Zivildienst

619 Übernimmt der **Arbeitgeber** für einen Arbeitnehmer Aufwendungen für die Befreiung vom Wehr- oder Zivildienst, weil er diesen in seinem Betrieb dringend braucht, liegt trotzdem **steuerpflichtiger Arbeitslohn** vor. Die Kostenübernahme kann auch nicht unter dem Gesichtspunkt des überwiegenden eigenbetrieblichen Interesse des Arbeitgebers steuerfrei bleiben (siehe hierzu → *Arbeitslohn* Rz. 226), weil der Arbeitnehmer durch die Befreiung vom Wehr- oder Zivildienst zugleich erhebliche private Vorteile hat.

Der **Arbeitnehmer** kann die Aufwendungen nach dem Aufteilungs- und Abzugsverbot des § 12 Nr. 1 EStG **nicht als Werbungskosten** absetzen, selbst wenn die Aufwendungen der Erhaltung des Arbeitsplatzes dienen sollen (vgl. hierzu BFH, Urteil vom 20.12.1985, BStBl II 1986 S. 459, sowie das rechtskräftige Urteil des Hessischen FG vom 7.1.2000 – 3 K 6072/98 –, bisher n.v.).

4. Beurlaubte Soldaten

620 Gehen Soldaten nach Dienstschluss oder während ihres Urlaubs noch einer anderen Arbeitnehmertätigkeit nach, können sie steuerpflichtigen Arbeitslohn beziehen. **Beiträge zur Bundesanstalt für Arbeit** eines beurlaubten und bei einem privatrechtlichen Arbeitgeber beschäftigten Soldaten sind nicht deshalb als **Werbungskosten** abzugsfähig, weil er kaum jemals in den Genuss von Leistungen aus der Arbeitslosenversicherung kommen wird. Die Beiträge sind ihrem Charakter nach stets Sonderausgaben i.S. des § 10 Abs. 1 Nr. 2a EStG (BFH, Beschluss vom 21.9.2000, BFH/NV 2001 S. 434).

5. Sozialversicherung

a) Berufssoldaten bzw. Soldaten auf Zeit

621 Berufssoldaten und Soldaten auf Zeit haben – wie Beamte – bei Krankheit einen **Anspruch auf Beihilfe** nach beamtenrechtlichen Vorschriften oder Grundsätzen sowie einen Anspruch auf Fortzahlung der Bezüge während einer Arbeitsunfähigkeit. Obwohl es sich hier um abhängig Beschäftigte handelt, besteht auf Grund von Sonderregelungen in der Kranken-, Renten- und Arbeitslosenversicherung **Versicherungsfreiheit** (vgl. § 6 Abs. 1 Nr. 2 SGB V, § 5 Abs. 1 Satz 1 Nr. 1 SGB VI, § 27 Abs. 1 Nr. 1 SGB III). In der **Pflegeversicherung** hingegen besteht **Versicherungspflicht**. Berufssoldaten, die freiwilliges Mitglied einer gesetzlichen Krankenkasse oder bei einem privaten Krankenversicherungsunternehmen versichert sind, haben zur Absicherung des Risikos der Pflegebedürftigkeit ihren bisherigen Versicherungsschutz zu erweitern. Die Verpflichtung zum Abschluss eines anteiligen beihilfekonformen Pflege-Versicherungsvertrages bei einem privaten Krankenversicherungsunternehmen besteht für die **Berufssoldaten** auch dann, wenn sie für das Risiko Krankheit keine Versicherung abgeschlossen haben. Dagegen werden **Soldaten auf Zeit**, wenn sie gegen das Risiko Krankheit weder in der gesetzlichen Krankenversicherung noch bei einem privaten Krankenversicherungsunternehmen versichert sind, Pflichtmitglied in der sozialen Pflegeversicherung bei einer gesetzlichen Krankenkasse (§ 21 Satz 1 Nr. 6 SGB XI).

b) Wehrdienstleistende

622 Bei versicherungspflichtigen und freiwilligen Mitgliedern einer gesetzlichen Krankenkasse **bleibt die Mitgliedschaft** in der Kranken- und Pflegeversicherung auch für die Zeit der gesetzlichen Dienstpflicht **bestehen**. Den Angehörigen des Wehrdienstleistenden können somit im Rahmen der Familienversicherung Leistungen zur Verfügung gestellt werden. Für den Wehrdienstleistenden selbst werden während des Wehrdienstes keine Leistungen der gesetzlichen Krankenversicherung zur Verfügung gestellt, da dieser gegenüber der Bundeswehr einen Fürsorgeanspruch hat. Aus diesem Grunde werden die Beiträge zur Krankenversicherung, die von der Bundeswehr zu tragen sind, auf ein Zehntel des bisherigen Beitrags (im Rahmen einer Pauschalberechnung) abgesenkt. Dieser Zeitraum ist daher vom Arbeitgeber besonders zu melden, → *Meldungen für Arbeitnehmer in der Sozialversicherung* Rz. 1699.

In der **Rentenversicherung** gilt das Beschäftigungsverhältnis gemäß § 3 Satz 4 SGB VI **nicht als unterbrochen**.

Die o.a. Regelungen gelten entsprechend, wenn der Soldat im Rahmen einer besonderen **Auslandsverwendung** freiwillig Wehrdienst oder einen freiwilligen zusätzlichen Wehrdienst im Anschluss an den Grundwehrdienst leistet.

Die Spitzenverbände der Sozialversicherungsträger haben sich darauf verständigt, dass eine neben der gesetzlichen Dienstpflicht ausgeübte geringfügig entlohnte Beschäftigung nach § 7 Satz 1 erster Halbsatz SGB V, § 5 Abs. 2 Satz 1 erster Halbsatz SGB VI und § 27 Abs. 2 Satz 1 SGB III in der Kranken-, Pflege-, Renten- und Arbeitslosenversicherung versicherungsfrei bleibt; dabei spielt es keine Rolle, ob die geringfügig entlohnte Beschäftigung beim bisherigen Arbeitgeber oder bei einem anderen Arbeitgeber ausgeübt wird. Hat vor Beginn des Wehr- oder Zivildienstes in einer geringfügig entlohnten Beschäftigung wegen § 8 Abs. 2 Satz 1 SGB IV i.V.m. § 7 Satz 2 SGB V bzw. § 5 Abs. 2 Satz 1 zweiter Halbsatz SGB VI Versicherungspflicht in der Kranken-, Pflege- und Rentenversicherung bestanden, entfällt diese bei Dienstantritt. Im Übrigen hat der Arbeitgeber für den geringfügig entlohnten versicherungsfreien Beschäftigten nach § 172 Abs. 3 SGB VI pauschale Beiträge zur Rentenversicherung und, wenn der geringfügig Beschäftigte in der gesetzlichen Krankenversicherung versichert ist, nach § 249b SGB V pauschale Beiträge zur Krankenversicherung zu zahlen.

Arbeitnehmer deren Beschäftigungsverhältnis durch den Wehr- oder Zivildienst unterbrochen wird und die während der gesetzlichen Dienstpflicht eine auf zwei Monate beziehungsweise 50 Arbeitstage befristete Beschäftigung aufnehmen und mehr als 325 € im Monat verdienen, üben diese Beschäftigung berufsmäßig aus. Damit sind die Voraussetzungen einer kurzfristigen Beschäftigung i.S. des § 8 Abs. 1 Nr. 2 SGB IV nicht erfüllt, so dass Versicherungsfreiheit wegen Geringfügigkeit der Beschäftigung nach § 7 Satz 1 erster Halbsatz SGB V, § 5 Abs. 2 Satz 1 erster Halbsatz Nr. 1 SGB VI und § 27 Abs. 2 Satz 1 SGB III nicht in Betracht kommt. Im Übrigen spielt es keine Rolle, ob die befristete Beschäftigung beim bisherigen Arbeitgeber oder bei einem anderen Arbeitgeber ausgeübt wird.

c) Eignungsübende

623 Arbeitnehmer mit dem Berufsziel Berufssoldat bzw. Soldat auf Zeit, die sich freiwillig zu einer Übung zur Auswahl von Soldaten melden, werden im Rahmen des Eignungsübungsgesetzes von der Bundeswehr auf ihre Eignung getestet. Während dieser viermonatigen Eignungsübung **besteht das Versicherungsverhältnis** in der Kranken-, Pflege-, Renten- und Arbeitslosenversicherung **weiter**. Der Arbeitgeber hat diesen Zeitraum zu melden (→ *Meldungen für Arbeitnehmer in der Sozialversicherung* Rz. 1699).

Bürgermeister

1. Lohnsteuer

624 Ob die **ehrenamtlich** tätigen Vorsitzenden der Gemeindevertretung Arbeitnehmer sind, richtet sich nach den **unterschiedlichen Kommunalverfassungen** der einzelnen Bundesländer:

– In Niedersachsen z.B. erzielen die Bürgermeister „alter Art" Einkünfte aus **sonstiger selbständiger Arbeit** i.S. des § 18 Abs. 1 Nr. 3 EStG (BFH, Urteil vom 3.12.1987, BStBl II 1988 S. 266).

– Ist der Bürgermeister hingegen **hauptamtlicher Leiter der Gemeindeverwaltung** („Stadtdirektor"), ist er **Arbeitnehmer**. Dies gilt in Bayern, Thüringen und Sachsen auch für die **ehrenamtlichen Ersten Bürgermeister** (BFH, Urteil vom 5.2.1971, BStBl II 1971 S. 353, sowie FinMin Thüringen, Erlass vom 5.8.1996, FR 1996 S. 798, sowie zuletzt FG Nürnberg, Urteil vom 20.7.1999, EFG 1999 S. 1007).

Einkommensteuerpflichtig sind grundsätzlich auch die **Aufwandsentschädigungen**, soweit sie nicht unter die Steuerbefreiung des § 3 Nr. 12 Satz 2 EStG fallen. Die Finanzverwaltung hat in **bundeseinheitlichen Ländererlassen** aus Vereinfachungsgründen **Pauschbeträge** festgesetzt, bis zu denen die Aufwandsentschädigungen, Sitzungsgelder usw. für ehrenamtliche kommunale Mandatsträger über die allgemeine Regelung (vgl. R 13 Abs. 3 LStR) hinaus pauschal nach § 3 Nr. 12 Satz 2 EStG steuerfrei belassen werden können (z.B. FinMin Sachsen-Anhalt, Erlass vom 21.2.1996, DStZ 1996 S. 349). Diese Erlasse werden zurzeit überarbeitet (Anpassung an den Euro und die Erweiterung der R 13 Abs. 3 LStR ab 2002).

Übernimmt die Gemeinde für ihren Bürgermeister Aufwendungen für **persönliche Feiern**, kann auch insoweit steuerpflichtiger Arbeitslohn vorliegen; ein Werbungskostenabzug ist nicht möglich (→ *Bewirtungskosten* Rz. 584).

2. Sozialversicherung

625 Nach der gefestigten Rechtsprechung des Bundessozialgerichts (vgl. u.a. Urteile vom 23.9.1980 – 12 RK 41/79 –, USK 80212, und vom 13.6.1984 – 11 RA 34/83 –, USK 8478) stehen die **„ehrenamtlichen" Bürgermeister** von Gemeinden in einem **abhängigen Beschäftigungsverhältnis** und unterliegen damit grundsätzlich der Versicherungspflicht, sofern sie eine dem allgemeinen Arbeitsmarkt zugängliche **Verwaltungstätigkeit ausüben** und nicht nur Repräsentationsaufgaben wahrnehmen. Demgegenüber beschränkt sich die Tätigkeit der stellvertretenden Bürgermeister (**Zweiten und Dritten Bürgermeister**) im Wesentlichen auf Repräsentationsaufgaben; lediglich in den Zeiten, in denen der Erste Bürgermeister tatsächlich vertreten wird (z.B. Ur-

laubs- und Krankheitsvertretung), nehmen die Zweiten und Dritten Bürgermeister Verwaltungstätigkeiten wahr.

Die Spitzenverbände der Sozialversicherungsträger vertreten den Standpunkt (Besprechungsergebnis vom 16./17.11.1999, Sozialversicherungsbeitrag-Handausgabe 2001 VL 7 IV/9), dass in den Bundesländern, in denen Bürgermeister nicht nur Repräsentations-, sondern auch **Verwaltungsaufgaben** wahrnehmen, nicht nur der **Erste Bürgermeister**, sondern auch seine **Stellvertreter in einem sozialversicherungsrechtlich relevanten Beschäftigungsverhältnis** stehen. Da die Zweiten und Dritten Bürgermeister für eine eventuelle Vertretung des Ersten Bürgermeisters auf Abruf bereit stehen und damit ständig dienstbereit sein müssen und zudem eine – unabhängig von ihrer tatsächlichen Vertretung – laufende monatliche Aufwandsentschädigung erhalten, ist von einem Dauerarbeitsverhältnis bzw. einer sich regelmäßig wiederholenden Beschäftigung i.S. der Rechtsprechung des Bundessozialgerichts (vgl. Urteile vom 11.5.1993 – 12 RK 23/91 –, USK 9153, 100 53 und vom 23.5.1995 – 12 RK 60/93 –, USK 9530) auszugehen, so dass die Annahme einer kurzfristigen Beschäftigung i.S. des § 8 Abs. 1 Nr. 2 SGB IV ausgeschlossen ist.

Bei der Beschäftigung der Zweiten und Dritten Bürgermeister handelt es sich, sofern die wöchentliche Arbeitszeit regelmäßig weniger als 15 Stunden beträgt und der steuerpflichtige Teil der ihnen gewährten Aufwandsentschädigung regelmäßig 325 € nicht übersteigt, um eine geringfügig entlohnte Beschäftigung i.S. des § 8 Abs. 1 Nr. 1 SGB IV mit der Folge, dass in der Kranken-, Pflege- und Rentenversicherung Versicherungsfreiheit nach § 7 Satz 1 erster Halbsatz SGB V bzw. § 5 Abs. 2 Satz 1 erster Halbsatz SGB VI besteht. Übt der Zweite bzw. Dritte Bürgermeister eine versicherungspflichtige Hauptbeschäftigung aus, kommt für den Bereich der Kranken-, Pflege- und Rentenversicherung nach § 8 Abs. 2 Satz 1 des SGB IV i.V.m. § 7 Satz 2 SGB V bzw. § 5 Abs. 2 Satz 1 zweiter Halbsatz SGB VI eine Zusammenrechnung der Hauptbeschäftigung mit der geringfügig entlohnten Beschäftigung in Betracht, so dass auf Grund der geringfügig entlohnten Beschäftigung individuelle Beiträge zur Kranken-, Pflege- und Rentenversicherung zu zahlen sind.

Bürgschaft

626 Übernimmt ein Arbeitnehmer für seinen Arbeitgeber eine Bürgschaft und erhält er hierfür eine „Bürgschaftsprovision", so handelt es sich im Allgemeinen nicht um Arbeitslohn. Die Provisionen sind jedoch ggf. als sonstige Einkünfte i.S. des § 22 Nr. 3 EStG zu versteuern. Zu prüfen ist allerdings, ob tatsächlich eine „Bürgschaftsprovision" oder „versteckter Arbeitslohn" gezahlt wird (BFH, Urteil vom 22.1.1965, BStBl III 1965 S. 313).

Busfahrer

627 Busfahrer üben regelmäßig eine **Fahrtätigkeit** aus; der Arbeitgeber kann daher Mehraufwendungen für Verpflegung nach den Grundsätzen für Reisekosten steuerfrei erstatten (→ *Reisekosten: Allgemeine Grundsätze* Rz. 1994).

Reisebusfahrer, die während der Reise oder in den Fahrtpausen auf eigene Rechnung eingekaufte **Getränke an Fahrgäste verkaufen** und die Erlöse selbst vereinnahmen, üben insoweit keine nichtselbständige Tätigkeit aus (die Einnahmen sind als gewerbliche Einkünfte anzusehen). Dies gilt auch dann, wenn der Busunternehmer den Fahrern den Verkauf der Getränke ausdrücklich gestattet und den Bus zu diesem Zweck mit einem Kühlschrank ausgestattet hat (OFD Koblenz, Verfügung vom 20.10.1987, StLex 11 A, 1, 1080).

Bußgelder

628 **Übernimmt der Arbeitgeber Bußgelder**, Geldstrafen, Ordnungs- und Verwarnungsgelder zu Gunsten seiner Arbeitnehmer, liegt immer als sonstiger Bezug zu versteuernder **Arbeitslohn** vor.

Dies gilt selbst dann, wenn das **Delikt betrieblich oder beruflich veranlasst** war (vgl. zuletzt FG Düsseldorf, Urteil vom 24.11.1999, DStRE 2000 S. 575, Revision eingelegt, Az. beim BFH: VI R 29/00, betr. einen Paketzustelldienst, der seinen Arbeitnehmern durch verbotswidriges Parken entstehende Verwarnungsgelder erstattet). Der Arbeitnehmer darf diese Kosten – anders als z.B. Strafverteidigungskosten (BFH-Urteil vom 19.2.1982, BStBl II 1982 S. 467) – auch **nicht als Werbungskosten** absetzen (§ 12 Nr. 4 EStG); vgl. → *Strafverfahren: Kostenübernahme* Rz. 2348. Die vom Arbeitgeber erstatteten Kosten sind auch kein steuerfreier Auslagenersatz, weil der Arbeitgeber mit dem Ersatz keine eigene Verpflichtung erfüllt.

Keine Bußgelder, Geldstrafen, Ordnungs- und Verwarnungsgelder in diesem Sinne sind **Vertragsstrafen**, die in Tarifverträgen oder Betriebsvereinbarungen festgelegt sein können. Wenn solche Vertragsstrafen vereinbarungsgemäß vom Lohn einbehalten werden, handelt es sich um eine auch steuerlich anzuerkennende sog. **Gehaltskürzung**, die den steuerpflichtigen Arbeitslohn im Zeitpunkt der Einbehaltung mindert.

Hat der **Arbeitgeber Geldstrafen usw. gezahlt**, die von seinem Arbeitnehmer verursacht worden sind (z.B. wegen Geschwindigkeitsüberschreitung), und zieht er diese seinem Arbeitnehmer vom Lohn ab, so unterliegt der volle Arbeitslohn dem Lohnsteuerabzug (→ *Einbehaltene Lohnteile* Rz. 799).

Chorleiter/Chormitglieder

629 **Chorleiter** sind regelmäßig als **Arbeitnehmer** tätig; bei nebenberuflicher Tätigkeit z.B. für die Kirche oder einen gemeinnützigen Verein können die Entschädigungen bis 1 848 € im Jahr nach § 3 Nr. 26 EStG steuerfrei sein (→ *Aufwandsentschädigungen für bestimmte nebenberufliche Tätigkeiten* Rz. 297).

Chorleiter bei Hörfunk und Fernsehen sind regelmäßig selbständig tätig, soweit sie als Gast mitwirken oder Träger des Chores oder Arbeitgeber der Mitglieder des Chores sind (BMF-Schreiben vom 5.10.1990, BStBl I S. 638).

Die **Opernchormitgliedern** unentgeltlich gestellte **Arbeitskleidung** (Frack, Abendkleid) oder das stattdessen gezahlte Frackgeld ist nach § 3 Nr. 31 EStG steuerfrei (→ *Frackgelder* Rz. 1069).

Computer

1. Arbeitgeberersatz

a) Steuerbefreiung nach § 3 Nr. 45 EStG

630 Die Vorteile des Arbeitnehmers aus der privaten Nutzung von betrieblichen Personalcomputern und Telekommunikationsgeräten ist nach § 3 Nr. 45 EStG i.V.m. R 21e LStR unabhängig vom Verhältnis der beruflichen zur privaten Nutzung steuerfrei; diese Steuerbefreiung gilt rückwirkend ab 1.1.2000 (§ 52 Abs. 5 EStG); sie kann vom Arbeitnehmer ggf. noch bei der Einkommensteuerveranlagung 2000 geltend gemacht werden (OFD Berlin, Verfügung vom 12.6.2001, DStR 2001 S. 1662). Von der Steuerbefreiung werden alle Vorteile erfasst, die dem Arbeitnehmer durch die Nutzung der Personalcomputer und Telekommunikationsgeräte entstehen. Dazu gehören nicht nur die anteiligen Aufwendungen für die Anschaffung (bzw. für Miete oder Leasing), den Einbau und den Anschluss (sog. **Gerätekosten**), sondern auch die durch die Nutzung entstehenden **Grund- und Verbindungsentgelte** (Grundgebühr und sonstige laufende Kosten) einschließlich Gebühren im Rahmen der Internetnutzung. Die Steuerfreiheit umfasst auch die Nutzung von **Zubehör und Software**.

Die Steuerfreiheit gilt nur für die Überlassung zur Nutzung durch den Arbeitgeber oder auf Grund des Dienstverhältnisses durch einen Dritten. Es kommt nicht darauf an, ob die Vorteile zusätzlich zum ohnehin geschuldeten Arbeitslohn oder auf Grund einer Vereinbarung mit dem Arbeitgeber über die Herabsetzung von Arbeitslohn erbracht werden.

Die Steuerfreiheit ist nicht nur auf die private Nutzung im Betrieb beschränkt, sondern gilt auch für die private Nutzung eines Geräts, das sich **in der Wohnung bzw. sonst im Besitz des Arbeitnehmers** befindet, wie z.B. der Personalcomputer oder der Laptop beim einem Arbeitnehmer, der dort einen Telearbeitsplatz innehat. In welchem Verhältnis die berufliche Nutzung zur privaten Nutzung steht, ist für die Steuerfreiheit unerheblich.

Voraussetzung für die Steuerbefreiung ist jedoch, dass die Geräte

– **zum Betrieb des Arbeitgebers** gehören

– und dem Arbeitnehmer **zur Nutzung überlassen, also z.B. geliehen** werden.

Die Steuerbefreiung kommt daher für **geschenkte Computer** (eine Schenkung liegt auch vor, wenn das sog. wirtschaftliche Eigentum übertragen wird) sowie für den verbilligten Erwerb eines Computers nicht in Betracht. Insoweit ist jedoch die **Freigrenze** des § 8 Abs. 2 Satz 9 EStG von monatlich 50 € zu beachten. Außerdem kann der Arbeitgeber in diesen Fällen die Lohnsteuer pauschal erheben (→ Rz. 631).

b) Lohnsteuerpauschalierung nach § 40 Abs. 2 Nr. 5 EStG

631 Es gibt Arbeitgeber, die ihre Arbeitnehmer an das neue Medium Internet heranführen wollen, es aber aus außersteuerlichen Gründen vorziehen, die Computer nicht zu verleihen, sondern zu verschenken. Der Vorteil aus der verbilligten oder unentgeltlichen **Übereignung** von Personalcomputern ist steuerpflichtig. Um in diesen Fällen eine möglichst einfache und zugleich moderate Besteuerung zu ermöglichen, wurde rückwirkend ab 2000 der Katalog des § 40 Abs. 2 EStG um den Tatbestand der Computerüberlassung erweitert. Hiernach kann der Arbeitgeber die Lohnsteuer für den steuerpflichtigen Vorteil mit abgeltender Wirkung **pauschal mit 25 %** des Vorteilswerts erheben und übernehmen. Die Pauschbesteuerung hat im Übrigen zur Folge, dass für den Vorteil nach § 2 Abs. 2 Nr. 2 ArEV **keine Sozialversicherungsbeiträge** anfallen.

Die pauschale Besteuerungsmöglichkeit gilt auch für steuerpflichtige **Barzuschüsse**, die der Arbeitgeber seinem Arbeitnehmer zusätzlich zum ohnehin geschuldeten Arbeitslohn zu dessen Aufwendungen für die Internetnutzung zahlt.

2. Werbungskostenabzug

a) Bisherige Rechtslage

632 Nach der ständigen Rechtsprechung des Bundesfinanzhofs (vgl. z.B. Urteil vom 15.1.1993, BStBl II 1993 S. 348), der sich die Finanzverwaltung angeschlossen hatte, kann der Arbeitnehmer Aufwendungen für einen Computer nur dann als Werbungskosten absetzen, wenn er diesen **so gut wie ausschließlich zu beruflichen Zwecken nutzt** (d.h. zu mindestens 90 %). Vgl. hierzu ausführlich OFD Berlin, Verfügung vom 2.6.2000, FR 2000 S. 949, sowie die Rechtsprechungsnachweise in der Vorauflage 2001.

b) Neue Rechtslage

633 Nach einem **Beschluss der obersten Finanzbehörden** können Aufwendungen für die Computer- und Internetnutzung – **ungeachtet der bisherigen „90 %-Grenze"** – in Höhe des nachgewiesenen oder glaubhaft gemachten beruflichen Nutzungsanteils als Werbungskosten anerkannt werden. Diese Grundsätze gelten für die Aufwendungen eines privat angeschafften Computers einschließlich der Peripheriegeräte und sonstiger mit der Nutzung in Zusammenhang stehender Aufwendungen einschließlich der Aufwendungen für die Internetnutzung (FinMin Nordrhein-Westfalen, Erlass vom 8.12.2000, DB 2001 S. 231). Wie der **Nachweis bzw. die Glaubhaftmachung** erfolgen sollen, lässt die Finanzverwaltung leider offen, u.E. dürften Anschreibungen über die zeitliche berufliche und private Nutzung ausreichen.

Die geänderte Verwaltungsauffassung gilt **rückwirkend in allen noch offenen Steuerfällen**; die Finanzverwaltung hofft, dadurch die zahlreichen zu dieser Frage anhängigen Einsprüche und Klageverfahren erledigen zu können.

Arbeitnehmer, die eine berufliche Nutzung von **mindestens 90 %** nachweisen oder glaubhaft machen, können wie bisher die gesamten Kosten (also 100 %!) als Werbungskosten absetzen (R 33 Abs. 2 Satz 3 Nr. 1 LStR).

Aufwendungen über 410 € (mit 16 % Umsatzsteuer 475,60 €) sind auf die gewöhnliche Nutzungsdauer zu verteilen, können also nur über die **Absetzungen für Abnutzung** nach § 7 Abs. 1 EStG steuerlich abgezogen werden. Für den Ansatz der Nutzungsdauer ist von der **amtlichen AfA-Tabelle** für allgemein verwendbare Anlagegüter auszugehen (BMF-Schreiben vom 15.12.2000, BStBl I 2000 S. 1532). Danach ist bei Personalcomputern und Peripheriegeräten (Drucker, Scanner, Bildschirme u.Ä.) von einer **dreijährigen Nutzungsdauer** (bisher vier Jahre) auszugehen; die neue AfA-Tabelle gilt aber erstmals für Geräte usw., die nach dem 31.12.2000 angeschafft werden.

Beispiel:

Arbeitnehmer A nutzt seinen am 2.1.2002 angeschafften PC (Kosten nebst Zubehör 2 100 €), der im häuslichen Arbeitszimmer steht, zu 50 % beruflich. Er kann den Umfang der beruflichen Nutzung durch Anschreibungen glaubhaft machen.

A kann den beruflichen Anteil der Anschaffungskosten (50 % von 2 100 € = 1 050 €) als Werbungskosten geltend machen. Die Aufwendungen können allerdings nur über die jährlichen Absetzungen für Abnutzung berücksichtigt werden. Ab 2001 ist nach der neuen amtlichen AfA-Tabelle für Computer nur noch eine Nutzungsdauer von drei Jahren anzusetzen. A kann also in den Jahren 2002 bis 2004 je 350 € absetzen.

Praxishinweis:

Es ist zwar im Interesse der Arbeitnehmer zu begrüßen, dass die Finanzverwaltung nunmehr großzügiger verfahren will. Es darf aber bezweifelt werden, dass auch der Bundesfinanzhof seine restriktive Rechtsprechung zur Anerkennung von Computern aufgeben wird. Dies kann bei Streitigkeiten zu Schwierigkeiten führen, weil **Finanzgerichte an Verwaltungsanweisungen im Regelfall nicht gebunden** sind. Eine gesetzliche Regelung würde diese Unsicherheiten beseitigen.

Da beim **Bundesfinanzhof** zu dieser Frage zur Zeit noch mindestens ein **Revisionsverfahren anhängig** ist (das Finanzgericht des Landes Sachsen-Anhalt hatte im Urteil vom 10.9.1999, EFG 2000 S. 168, Revision eingelegt, Az. beim BFH: VI R 30/00, abweichend von der bisherigen höchstrichterlichen Rechtsprechung bei einem Dozenten an einer EDV-Bildungseinrichtung Absetzungen für Abnutzung für einen Computer als Werbungskosten anerkannt, obwohl dieser den Computer zu mehr als 10 % privat genutzt hat), hat der Bundesfinanzhof Gelegenheit, seine bisherige Rechtsprechung zu überprüfen.

Inzwischen hat das **Finanzgericht Rheinland-Pfalz** die geänderte Verwaltungsauffassung bestätigt (Urteil vom 8.5.2001, NWB 2001 Fach 1 S. 223). Begründung: Ebenso wie einem Pkw eine Aufteilung anhand der gefahrenen Kilometer möglich sei, lasse sich die berufliche Nutzung eines Computers anhand der Stunden der beruflichen bzw. privaten Nutzung ermitteln. In einem weiteren Urteil vom 24.9.2001, DStRE 2001 S. 1143) hat das **Finanzgericht Rheinland-Pfalz** sogar eine **Schätzung (im Urteilsfall 35 %)** des beruflichen Anteils für zulässig erachtet und entschieden:

„Kann der Steuerpflichtige die berufliche Nutzung an sich, nicht aber deren Umfang nachweisen, so ist bei einem Arbeitnehmer, der die häusliche PC-Anlage nur außerhalb der Dienstzeiten (in der Regel abends und am Wochenende) und lediglich in Ergänzung seiner beruflichen Tätigkeit, die er am Arbeitsplatz erbringt, nutzt, im Wege der griffweisen Schätzung der berufliche Nutzungsanteil mit 35 % anzusetzen".

Das Finanzamt hat gegen das Urteil **Revision eingelegt**, weil das Finanzgericht Rheinland-Pfalz weiter entschieden hat, dass – abweichend von der bisherigen BFH-Rechtsprechung und Verwaltungsauffassung – Scanner, Drucker und Monitore **(Peripheriegeräte) selbständige Wirtschaftsgüter** sind, die ggf. sofort abgesetzt werden können.

3. Umsatzsteuer

Wie bei der Einkommensteuer (§ 3 Nr. 45 EStG) ist nach einem **634** Erlass der Finanzverwaltung die private Nutzung von betrieblichen Personalcomputern und Telekommunikationsgeräten durch Arbeitnehmer auch **nicht umsatzsteuerpflichtig** (BMF-Schreiben vom 11.4.2001, DB 2001 S. 1117).

Dachdeckerhandwerk: Lohnausgleich

Zur Aufbringung der Mittel für Lohnneben- und Lohnersatz- **635** leistungen (z.B. Urlaubsgeld, Lohnausgleich, Übergangsbeihilfen bei Arbeitslosigkeit und bei verkürzter Arbeitszeit, Entschädigungsbeträge für verfallene Urlaubsansprüche oder Urlaubsabgeltungsansprüche, Winterbeihilfen) haben die Arbeitgeber im **Baugewerbe, Gerüstbaugewerbe, Dachdeckerhandwerk und Maler- und Lackiererhandwerk** bestimmte Prozentsätze der Bruttolohnsumme an die Urlaubs-, Lohnausgleichs- oder Sozialkasse abzuführen.

Für die lohnsteuerliche Behandlung gilt Folgendes (OFD Frankfurt, Verfügung vom 25.7.2000, FR 2000 S. 1167):

Der **Beitragsanteil ist nicht als Arbeitslohn** des einzelnen Arbeitnehmers zu erfassen.

Bei den späteren Zahlungen der Lohnneben- und Lohnersatzleistungen ist zu unterscheiden, ob diese durch die Urlaubs-, Lohnausgleichs- oder Sozialkasse direkt an den Arbeitnehmer ausgezahlt oder vom (letzten) Arbeitgeber geleistet werden.

1. **Zahlung von Lohnneben- oder Lohnersatzleistungen durch die Urlaubs-, Lohnausgleichs- oder Sozialkasse**

   Die Zahlung von Lohnneben- und Lohnersatzleistungen durch die Urlaubs-, Lohnausgleichs- oder Sozialkasse ist als **Lohnzahlung Dritter** anzusehen, die unter den Voraussetzungen des § 46 Abs. 2 Nr. 1 EStG bei der **Einkommensteuer-Veranlagung** des Zahlungsempfängers zu erfassen ist. Hierzu hat die Urlaubs-, Lohnausgleichs- oder Sozialkasse dem Zahlungsempfänger eine **Bescheinigung** über die Höhe der Zahlung auszustellen, in der auch ein Hinweis darauf enthalten sein muss, dass der Betrag in der Einkommensteuererklärung anzugeben ist.

2. **Zahlung von Lohnneben- und Lohnersatzleistungen durch den (letzten) Arbeitgeber**

   Werden die Lohnneben- und Lohnersatzleistungen durch den (letzten) Arbeitgeber gezahlt, der dann bei der Urlaubs-, Lohnausgleichs- oder Sozialkasse einen Erstattungsantrag stellt, hat dieser **Arbeitgeber den Lohnsteuerabzug vorzunehmen**. Dabei sind die Zahlungen mit anderem laufenden Arbeitslohn zusammenzurechnen; maßgebend ist der Lohnzahlungszeitraum, in dem die Zahlungen geleistet werden. Eine Bescheinigung der Kasse an den Arbeitsnehmer entfällt hier.

   Steuerbefreiungen, z.B. bei Übergangshilfen unter den Voraussetzungen des § 3 Nr. 9 EStG, wenn das Dienstverhältnis auf Veranlassung des Arbeitgebers oder durch gerichtlichen Beschluss aufgelöst worden ist, sind zu beachten.

   Vgl. auch → *Lohnausgleichskasse* Rz. 1477.

Darlehen an Arbeitnehmer

1. Arbeitsrecht

Ein Darlehen an Arbeitnehmer liegt begrifflich vor, wenn der Ar- **636** beitgeber dem Arbeitnehmer einen Geldbetrag zur Verfügung stellt, **der typischerweise auch sonst als Kredit aufgenommen wird**. Kennzeichnend für ein Arbeitgeber-Darlehen ist, dass die Zahlung völlig **unabhängig von der Entlohnung** des Arbeitnehmers erfolgt. **Von einem Arbeitgeber-Darlehen sind Vorschüsse und Abschlagszahlungen abzugrenzen**. Abschlagszahlungen sind Zahlungen des Arbeitgebers aus bereits erdienten, aber noch nicht abgerechneten Arbeitslohn des Arbeitnehmers. Vorschüsse sind Zahlungen des Arbeitgebers auf zukünftig zu verdienenden Arbeitslohn.

Die Vereinbarung eines Arbeitgeber-Darlehens wird im Regelfall schriftlich erfolgen und Vereinbarungen über die **Tilgung, Laufzeit, Verzinsung** und ggf. **Sicherung der Rückzahlung** enthalten. Im Einzelnen gelten hier die Bestimmungen des BGB und des AGB-Gesetzes (BAG, Urteil vom 23.9.1992, BB 1993 S. 1438).

Üblicherweise wird die **ratenweise Rückerstattung** des Darlehensbetrages durch Verrechnung mit dem Lohn vereinbart. Bei der Vereinbarung der monatlichen Rückzahlungsrate sind die Pfändungsgrenzen zu berücksichtigen (→ *Lohnpfändung* Rz. 1529). Dies bedeutet, dass bei Vorliegen von Vorpfändungen eine Rückzahlung eines danach gewährten Darlehens durch monatliche **Verrechnung** mit dem Anspruch auf Arbeitsentgelt erst nach Befriedigung der Vorpfändung möglich wird. Daher sollte der Weg der **Abtretung** (→ *Abtretung des Arbeitslohns* Rz. 21) gewählt werden (→ *Lohnpfändung* Rz. 1522).

Gerade die oftmals **langfristige Rückzahlungsvereinbarung** führt dann zu Problemen, wenn bei **Beendigung des Arbeitsverhältnisses** das Darlehen noch teilweise valutiert ist. Haben die Parteien für den Fall der vorzeitigen Beendigung des Arbeitsverhältnisses vereinbart, dass die **Rückzahlung** des Darlehens in Höhe des noch offen stehenden Restbetrages mit der Beendigung fällig wird, so ist im Zeitpunkt des Auslaufens der Kündigungsfrist der gesamte dann noch offen stehende Restbetrag in einer Summe fällig und an den Arbeitgeber zurückzuzahlen. Zulässig ist im Übrigen auch die Vereinbarung, dass ein besonders günstiger Darlehenszinssatz bei Beendigung des Arbeitsverhältnisses auf den üblichen Zinssatz angehoben wird (BAG, Urteil vom 23.2.1999, DB 1999 S. 2011).

Eine Rückzahlungsvereinbarung ausschließlich für den Fall der Eigenkündigung des Arbeitnehmers stellt eine (verbotene) **Kündigungserschwernis** dar und ist demnach unwirksam.

Fehlt eine derartige **Rückzahlungsvereinbarung**, so ist eine Kündigung des Darlehens bei Beendigung des Arbeitsverhältnisses wegen Wegfalls der Geschäftsgrundlage in der Regel nicht begründet, dürfte allerdings dann zu bejahen sein, wenn der Arbeitnehmer einen Grund zur fristlosen Kündigung gesetzt hat. Bei **betriebsbedingten und krankheitsbedingten Kündigungen** des Arbeitgebers, also bei unverschuldetem Ausscheiden des Arbeitnehmers, erscheint ein (vorzeitiges) Rückzahlungsverlangen eines Arbeitgeberdarlehens hingegen bedenklich.

2. Lohnsteuer

a) Darlehensgewährung

637 Bei der Gewährung eines Arbeitgeber-Darlehens liegt **kein Zufluss von Arbeitslohn** vor. Ebenso ist die Rückzahlung des Darlehens lohnsteuerlich unbeachtlich.

Erlässt der Arbeitgeber dem Arbeitnehmer die **Rückzahlung** des Darlehens, so stellt dies für den Arbeitnehmer einen **geldwerten Vorteil** dar. Der Arbeitslohn fließt dem Arbeitnehmer in dem Zeitpunkt zu, in dem der Arbeitgeber zu erkennen gibt, dass er auf die Rückzahlung des Darlehens verzichtet (BFH, Urteil vom 27.3.1992, BStBl II 1992 S. 838). Inwieweit aus unterbliebenen Beitreibungsmaßnahmen auf einen endgültigen Verzicht des Arbeitgebers auf die Rückzahlung des Darlehens geschlossen werden kann, bedarf allerdings der Würdigung aller Umstände des Einzelfalls. Ergeben diese, dass der Arbeitgeber endgültig davon abgesehen hat, seinen Anspruch geltend zu machen und durchzusetzen, obgleich ihm das möglich wäre, ist die erlassene Darlehensforderung als Arbeitslohn anzusehen (BFH, Urteil vom 25.1.1985, BStBl II 1985 S. 437).

⌊Lˢᵗ⌋ Ⓢⱽ

Nur dann, wenn der Arbeitgeber eine nach wie vor aufrechterhaltene Darlehensforderung nicht realisieren kann, weil der Arbeitnehmer zahlungsunfähig geworden ist, und der Arbeitgeber deshalb auf Beitreibungsmaßnahmen verzichtet, liegt kein Arbeitslohn vor.

b) Darlehensverzinsung und geldwerter Vorteil

Gewährt der Arbeitgeber dem Arbeitnehmer **ein Darlehen zu** **638** **günstigeren als den marktüblichen Konditionen**, so sind die Zinsvorteile des Arbeitnehmers grundsätzlich steuer- und beitragspflichtig. Zur Bewertung der Zinsvorteile siehe → *Zinsersparnisse/Zinszuschüsse* Rz. 2673.

⌊Lˢᵗ⌋ Ⓢⱽ

Deutsches Rotes Kreuz

1. Arbeitnehmereigenschaft

a) Ehrenamtliche Helfer

Die an ehrenamtliche Helfer des Deutschen Roten Kreuzes (DRK) **639** und anderer Hilfsorganisationen gezahlten Entschädigungen können als steuerpflichtiger **Arbeitslohn** anzusehen sein, wenn sie die durch die ehrenamtliche Tätigkeit veranlassten Aufwendungen der einzelnen Helfer regelmäßig nicht nur unwesentlich übersteigen (BFH, Urteil vom 4.8.1994, BStBl II S. 944, betr. Sanitätshelfer des DRK, sowie OFD Koblenz, Verfügung vom 12.1.1999, StLex 3, 3, 1314); Einnahmen **bis 256 €** im Jahr werden daher im Allgemeinen steuerlich nicht erfasst (→ *Arbeitnehmer* Rz. 165).

Die seit 1957 bestehenden **Werbungskosten-Pauschbetrags-regelungen** für ehrenamtliche Mitarbeiter des Luftschutz-sanitätsdienstes des DRK sind ab 1.1.1998 aufgehoben worden (FinMin Niedersachsen, Erlass vom 7.1.1998, DB 1998 S. 235).

⌊Lˢᵗ⌋ Ⓢⱽ

b) Rot-Kreuz-Schwestern

Die angestellten Rot-Kreuz-Schwestern sind **steuerlich als Ar-** **640** **beitnehmer** anzusehen. Es ist für die steuerliche Beurteilung unerheblich, dass **arbeitsrechtlich ein Arbeitsverhältnis abzulehnen ist**, weil sich das Rechtsverhältnis zwischen einer Schwesternschaft vom Roten Kreuz und ihren Mitgliedern mangels Abschlusses eines besonderen Arbeitsvertrags in den vereinsrechtlichen Pflichten erschöpft und daher nicht den arbeitsrechtlichen Bestimmungen unterliegt (BFH, Urteil vom 25.11.1993, BStBl II 1994 S. 424).

Schwestern vom Deutschen Roten Kreuz gehören auch zu den **Beschäftigten** i. S. der Rentenversicherung (vgl. § 1 Satz 1 Nr. 1 SGB VI).

⌊Lˢᵗ⌋ Ⓢⱽ

2. Nebentätigkeit von DRK-Beschäftigten

Werden **hauptberuflich** beim DRK usw. beschäftigte Personen **641** **nebenbei** als Sanitätshelfer usw. eingesetzt, so nimmt die Finanzverwaltung regelmäßig ein **einheitliches Beschäftigungsverhältnis** an. Folge: Die Vergütungen für die Nebentätigkeit sind der **Haupttätigkeit zuzurechnen** und somit zusammen mit dem „normalen" Arbeitslohn dem **Lohnsteuerabzug** zu unterwerfen (FinMin Nordrhein-Westfalen, Erlass vom 26.4.1990, DStR 1990 S. 388). Der **Bundesfinanzhof** hat in dem o.g. Urteil vom 4.8.1994 (BStBl II S. 944) diese Verwaltungsregelung nicht grundsätzlich beanstandet. Er hat vom Finanzgericht lediglich – und zwar für jeden einzelnen Arbeitnehmer – **Aufklärung** darüber verlangt,

– ob zwischen den hauptberuflich geschuldeten und den ehrenamtlich erbrachten Leistungen **ein untrennbarer innerer Zusammenhang** bestanden hat

– oder ob die jeweiligen Tätigkeiten ausnahmsweise deshalb **voneinander getrennt** werden können, weil sie ihrer **Art nach unterschiedlich** gewesen sind.

Die Vergütungen für die Nebentätigkeit als **Sanitätshelfer** sind dann entweder von vornherein **nicht steuerpflichtig**, weil nur Kostenersatz geleistet wird, oder sie fallen zumindest unter die **Steuerbefreiung** des § 3 Nr. 26 EStG (→ Rz. 643).

⌊Lˢᵗ⌋ Ⓢⱽ

3. Lohnsteuerpauschalierung

Die Lohnsteuer kann innerhalb der Grenzen des § 40a EStG auch **642** **pauschal erhoben** werden, sofern nicht die Steuerbefreiung nach § 3 Nr. 39 EStG in Betracht kommt (→ *Pauschalierung der Lohnsteuer bei Aushilfs- und Teilzeitbeschäftigten* Rz. 1840). Diese Möglichkeit wird jedoch bei den zuvor genannten Helfern, die neben ihrer ehrenamtlichen Tätigkeit auch hauptberuflich beim DRK usw. tätig sind und bei denen die Nebentätigkeit untrennbar mit der Haupttätigkeit zusammenhängt, im Hinblick auf die **Lohn- und Zeitgrenzen** des § 40a EStG regelmäßig ausscheiden (OFD Frankfurt, Verfügung vom 30.5.1996, DB 1996 S. 1547).

4. Steuerbefreiungen

a) § 3 Nr. 26 EStG

643 Liegt nach den o.g. Grundsätzen **überhaupt eine steuerpflichtige Tätigkeit** vor, so ist zu prüfen, inwieweit Steuerbefreiungen in Betracht kommen. Von Bedeutung ist dabei vor allem § 3 Nr. 26 EStG (→ *Aufwandsentschädigungen für bestimmte nebenberufliche Tätigkeiten* Rz. 297).

Steuerfrei sind danach Einnahmen bis 1 848 € im Jahr für

– nebenberufliche Tätigkeiten als **Übungsleiter, Ausbilder, Erzieher, Betreuer oder für eine vergleichbare nebenberufliche Tätigkeit:**

Hierunter fallen beim DRK besonders Ausbilder, die **Erste-Hilfe-Kurse** geben, **nicht** dagegen Tätigkeiten im **Vorstand** oder „reine Helfertätigkeiten" z.B. als Kassierer, Spendensammler, Kartenverkäufer, weil insoweit keine pädagogisch ausgerichteten Tätigkeiten ausgeübt werden (R 17 Abs. 1 Sätze 1 und 2 LStR).

– die nebenberufliche **Pflege alter, kranker oder behinderter Menschen:**

Die Vorschrift umfasst insoweit nicht nur die **Dauerpflege,** sondern auch **Hilfsdienste** bei der häuslichen Betreuung durch ambulante Pflegedienste und bei **Sofortmaßnahmen gegenüber Schwerkranken** und Verunglückten, z.B. durch **Rettungssanitäter und Ersthelfer** (R 17 Abs. 1 Satz 2 LStR).

Die Steuerbefreiung des § 3 Nr. 26 EStG kann ferner nicht gewährt werden, wenn die Nebentätigkeit der **Haupttätigkeit zuzurechnen** ist.

b) § 3 Nr. 16 EStG

644 Die Kassen des DRK sind im Regelfall (Ausnahme: Bayern) **keine öffentlichen Kassen,** so dass die Steuerbefreiung des § 3 Nr. 12 Satz 2 EStG nicht in Betracht kommt (→ *Aufwandsentschädigungen im öffentlichen Dienst* Rz. 309).

Die Finanzverwaltung hatte zugelassen, dass Entschädigungen **bis 10 € für einen mehr als achtstündigen Einsatz** ehrenamtlicher Helfer z.B. im Unfallrettungsdienst oder Krankentransport **als Reisekostenersatz** nach § 3 Nr. 16 EStG steuerfrei bleiben (OFD Frankfurt, Verfügung vom 30.5.1996, DB 1996 S. 1547). Diese Regelung ist **ab 1.1.1999 ersatzlos aufgehoben** worden, weil die Helfer i.d.R. nur Aufwandsersatz erhalten und deshalb insgesamt kein steuerpflichtiger Arbeitslohn vorliegt (FinMin Nordrhein-Westfalen, Erlass vom 16.11.1998, DB 1999 S. 121).

Wird bei einer auswärtigen Tätigkeit die **Mindestabwesenheitsdauer von acht Stunden nicht überschritten,** ist eine steuerfreie Erstattung von Verpflegungsmehraufwendungen nicht mehr zulässig. Die Finanzverwaltung hat es abgelehnt, für ehrenamtliche Tätigkeiten eine Sonderregelung zu treffen und auch für kürzere Abwesenheiten eine steuerfreie Verpflegungspauschale zu gewähren (BMF-Schreiben vom 13.3.1996, DB 1996 S. 960).

Deutsch-Französisches Jugendwerk

645 Im Rahmen des Austauschprogramms des Deutsch-Französischen Jugendwerks (DFJW) werden den **französischen Praktikanten,** die in der Bundesrepublik bei deutschen Arbeitgebern beschäftigt sind, **Beihilfen** in Höhe des Unterschieds zwischen dem monatlichen Netto-Arbeitsentgelt und einem als Mindesteinkommen garantierten Betrag gewährt. Die Beihilfen werden aus Haushaltsmitteln des Bundes dem DFJW zur Verfügung gestellt und von Trägerorganisationen oder vom **Arbeitgeber ausgezahlt.**

Die Beihilfen stellen Bezüge aus öffentlichen Mitteln i.S. des § 3 Nr. 11 EStG dar und sind daher **steuerfrei** zu belassen (OFD Frankfurt, Verfügung vom 4.3.1992, Lohnsteuer-Handausgabe 2001 S. 59).

Diakonissen

646 Diakonissen stehen zu ihrem Mutterhaus **nicht in einem Arbeitsverhältnis.** Es handelt sich vielmehr um ein familienähnliches Verhältnis eigener Art, das auf dem aus religiösen Gründen geleisteten Gelübde der Diakonisse gegründet und vom lebenslangen Verzicht auf nennenswerte materielle Vorteile geprägt ist (BFH, Urteil vom 30.7.1965, BStBl III S. 525).

Eine **Diakonie-Schwester** ist dagegen regelmäßig **Arbeitnehmer** des Diakonievereins (Schwesternschaft) und bezieht Arbeitslohn. Ihre Tätigkeit stellt sich nicht lediglich als ein uneigennütziger Akt tätiger Nächstenliebe dar, sondern ist hauptsächlich Berufsausübung (FG Baden-Württemberg, Urteil vom 4.2.1975, EFG 1975 S. 210); siehe auch → *Ordensangehörige* Rz. 1795.

[LSt] (SV)

Satzungsmäßige Mitglieder geistlicher Genossenschaften, Diakonissen und ähnliche Personen sind **krankenversicherungsfrei,** wenn sie sich aus **überwiegend religiösen oder sittlichen Beweggründen mit Krankenpflege, Unterricht oder anderen gemeinnützigen Tätigkeiten** beschäftigen und nicht mehr als freien Unterhalt oder ein geringes Arbeitsentgelt beziehen, das nur zur Beschaffung der unmittelbaren Lebensbedürfnisse an Wohnung, Verpflegung, Kleidung und dergleichen ausreicht. Die Krankenversicherungsfreiheit hat zugleich Versicherungsfreiheit in der Arbeitslosenversicherung zur Folge. In der Rentenversicherung besteht Versicherungsfreiheit, wenn nach den Regeln der Gemeinschaft bei verminderter Erwerbsfähigkeit und im Alter eine Versorgung eigener Art gewährleistet ist.

(SV)

Diebstahl

1. Arbeitsrecht

647 Der Diebstahl kann für den Arbeitgeber in verschiedener Hinsicht bedeutsam werden. So kann der Arbeitgeber z.B. konfrontiert sein mit Diebstählen, die ein Arbeitnehmer **zu seinen Lasten** begeht, **oder** mit Verlusten, die ein **Arbeitnehmer** infolge eines Diebstahls **erleidet.**

Soweit der Arbeitgeber vom Arbeitnehmer bestohlen wird, hat dieser einen Anspruch auf Herausgabe der gestohlenen Sache aus ungerechtfertigter Bereicherung oder auch einen Anspruch auf Schadensersatz aus unerlaubter Handlung, wenn die Sache nicht mehr herausgegeben werden kann.

Hinsichtlich der vom Arbeitnehmer in den Betrieb des Arbeitgebers eingebrachten Sachen hat der Arbeitgeber eine Schutzpflicht, soweit die Sachen **berechtigterweise in den Betrieb** eingebracht sind und der Arbeitnehmer diese während der Arbeit **nicht selber sicher aufbewahren kann.** Dies gilt z.B. für Straßenkleidung, Fahrkarten, Armbanduhren, Börsen mit angemessenem Geldbetrag etc. Der **Arbeitgeber** hat für eine **geeignete Aufbewahrungsmöglichkeit zu sorgen** (BAG-Urteil vom 1.7.1965, BB 1965 S. 1147), z.B. durch Zurverfügungstellung abschließbarer Schränke o.Ä. Kommt der Arbeitgeber dieser Nebenpflicht schuldhaft nicht nach, haftet er dem Arbeitnehmer auf **Schadensersatz,** wenn solche Gegenstände z.B. gestohlen werden. Der Schadensersatz umfasst allerdings nicht solche entwendeten Gegenstände des Arbeitnehmers, die nicht notwendigerweise oder üblicherweise von dem Arbeitnehmer in den Betrieb mitgebracht werden, z.B. größere Geldbeträge, Fotoapparate, Schmuckstücke; insoweit besteht keine Obhutspflicht des Arbeitgebers. Entscheidend sind die Umstände des Einzelfalles.

Zu der Frage, ob der Arbeitgeber ausreichenden und geeigneten **Parkraum** zur Verfügung zu stellen hat für den Fall, dass der Arbeitnehmer mit dem **Pkw** zur Arbeit kommt, kommt es wiederum auf die Umstände des Einzelfalles an. Das BAG bejaht diese Pflicht des Arbeitgebers, wenn dies technisch nach den örtlichen Gegebenheiten möglich, nach der Lage der Sache unter Berücksichtigung der Belange sowohl der Arbeitnehmer wie des Arbeitgebers erforderlich und es dem Arbeitgeber zumutbar ist (BAG-Urteil vom 16.3.1966, BB 1966 S. 367); eine Bewachungspflicht besteht aber grundsätzlich nicht (vgl. BAG, Urteil vom 25.6.1975, BB 1975 S. 1343). Die Schaffung von sicheren Unterstellmöglichkeiten für **Fahrräder** dürfte meist zumutbar sein, da hierfür verhältnismäßig geringe Aufwendungen erforderlich sind.

2. Lohnsteuer

a) Einnahmen durch Diebstähle als Arbeitslohn

648 Vermögensvorteile, die ein Arbeitnehmer durch Diebstahl (oder auch Veruntreuung) zu Lasten seines Arbeitgebers erlangt, gehören bei ihm schon deshalb **nicht zum Arbeitslohn**, weil der **Zufluss nicht mit Wissen und Wollen des Arbeitgebers** erfolgt (vgl. sinngemäß BFH-Urteil vom 26.1.2000, BStBl II S. 396, betr. Bestechungsgelder). Das Gleiche gilt, wenn Lohngelder beim Arbeitgeber gestohlen werden. Der Verkauf von gestohlenen Gegenständen ist aber ggf. nach § 15 EStG (Einkünfte aus **Gewerbebetrieb**) einkommensteuerpflichtig (FG Münster, Urteil vom 23.5.2001, EFG 2001 S. 1291, betr. den Verkauf von durch Untreue erlangten Fleischwölfen des Arbeitgebers).

Arbeitslohn kann jedoch anzunehmen sein, wenn der **Arbeitgeber** auf einen **Regressanspruch verzichtet** oder die **Diebstähle duldet** (BGH-Urteil vom 9.12.1987, HFR 1989 S. 217, sowie BFH-Urteil vom 27.3.1992, BStBl II S. 837).

b) Ersatz von Diebstahlsverlusten durch den Arbeitgeber

aa) Ersatz von Arbeitsmitteln

649 Ersetzt der Arbeitgeber seinem Arbeitnehmer den Verlust von Arbeitsmitteln (z.B. eines Laptops), liegt immer **steuerpflichtiger Arbeitslohn** vor. Dies gilt auch, wenn der Diebstahl **am Arbeitsplatz** geschehen ist, denn es gibt keine allgemeine Steuerbefreiungsvorschrift für den Ersatz von Werbungskosten (R 70 Abs. 3 LStR). Der Arbeitnehmer kann jedoch den Wertverlust, soweit die Anschaffungskosten noch nicht „abgeschrieben" sind, als **Werbungskosten** geltend machen.

bb) Ersatz von Privatkleidung

650 Steuerpflichtig sind auch Ersatzleistungen des Arbeitgebers für den Verlust von Privatkleidung des Arbeitnehmers am Arbeitsplatz; ein Werbungskostenabzug ist in diesem Fall jedoch nicht zulässig (FG Köln, Urteil vom 8.6.1990, EFG 1991 S. 193).

cc) Verluste während einer Dienstreise

651 Ersetzt der Arbeitgeber dagegen einem Arbeitnehmer Diebstahlsverluste von Gegenständen, die der Arbeitnehmer auf einer Dienstreise verwenden musste, so sind die Ersatzleistungen dem Grunde nach dann als nach § 3 Nr. 16 EStG **steuerfreier Reisekostenersatz** zu beurteilen, wenn der Schaden sich als **Konkretisierung einer reisespezifischen Gefährdung** (z.B. Diebstahls-, Transport- oder Unfallschaden) erweist und **nicht nur gelegentlich** der Reise eingetreten ist (BFH, Urteil vom 30.11.1993, BStBl II 1994 S. 256).

Beispiel:

Arbeitgeber A ersetzt seinen Arbeitnehmern auf Dienstreisen durch Diebstahl abhanden gekommene Gegenstände und Kleiderschäden im Rahmen einer Zeitwerttabelle, die mit dem Betriebsrat vereinbart worden ist. Das Finanzamt hat die Ersatzleistungen als Arbeitslohn versteuert.

Der Bundesfinanzhof hat hierzu entschieden (Urteil vom 30.11.1993, BStBl II 1994 S. 256), dass es sich bei den Ersatzleistungen um steuerfreien Reisekostenersatz i.S. des § 3 Nr. 16 EStG handeln kann. Das be-

deutet aber nicht, dass der Arbeitgeber seinen Arbeitnehmern nun jeden gelegentlich einer Dienstreise eingetretenen Schaden steuerfrei ersetzen dürfte. Erforderlich ist, dass sich der geltend gemachte Schaden als Konkretisierung einer typischen Gefahr des Reisens (z.B. Diebstahls-, Transport- oder Unfallschaden) erweist. Denn nur dann ist ein ausreichend enger Zusammenhang zwischen der beruflichen Tätigkeit und dem eingetretenen Schaden anzunehmen.

Der Bundesfinanzhof **verlangt vom Arbeitgeber** zur Verhinderung von Missbräuchen **detaillierte Nachweise**, dass ein reisespezifischer Schaden entstanden ist. Die bloße Behauptung des Arbeitnehmers, er habe auf seiner Dienstreise einen Schaden erlitten, reicht nicht aus. So muss er z.B. im Falle des Diebstahls eine **polizeiliche Anzeige** vorlegen. Bei sonstigen Verlusten muss er nachweisen, dass mögliche **Ersatzansprüche** gegenüber den in Betracht kommenden Ersatzpflichtigen (z.B. das Hotel) geltend gemacht worden sind. Wenn der Arbeitnehmer die Gegenstände lediglich verloren oder z.B. im Hotel liegen gelassen hat, kommt ein steuerfreier Arbeitgeberersatz nicht in Betracht.

Wenn der Arbeitgeber nicht bereit ist, die erforderlichen Nachweise über das Vorliegen der o.g. Voraussetzungen zu erbringen bzw. sich vom Arbeitnehmer vorlegen zu lassen, kann er seine **Ersatzleistungen der Lohnsteuer unterwerfen und den Arbeitnehmer auf den Werbungskostenabzug verweisen** oder aber dem Arbeitnehmer anstelle eigener Ersatzleistungen die **Prämien** für eine auf Dienstreisen beschränkte **Reisegepäckversicherung steuerfrei erstatten**.

Steuerfrei erstattet werden kann dem Arbeitnehmer auch der **Verlust seines Pkw durch Diebstahl** (BFH-Urteil vom 25.5.1992, BStBl II 1993 S. 44) oder der **Verlust von Privatgepäck** während einer Dienstreise, sofern der Arbeitnehmer die nach den Umständen des Einzelfalles zumutbaren Sicherheitsvorkehrungen zum Schutz seines Reisegepäcks getroffen hat (BFH, Urteil vom 30.6.1995, BStBl II S. 744). Was „zumutbar" ist, kann nur im jeweiligen Einzelfall beurteilt werden. Hier wird man aber wohl verlangen können, dass ein Pkw auf einem bewachten Parkplatz abgestellt und Pässe sowie Flugtickets im Hotelsafe aufbewahrt werden.

Steuerfrei ist aber nur der Ersatz für den Verlust von Gegenständen, die der Arbeitnehmer auf der Dienstreise verwenden musste, z.B. Kleidung. **Nicht dazu gehören private Wertsachen wie Schmuck, Geld** usw. (vgl. FG München, Urteil vom 7.7.1999, EFG 1999 S. 1216, betr. Schmuck einer Schauspielerin, auch wenn die Produktionsfirma sie aufgefordert hatte, ihren eigenen Schmuck für Dreharbeiten mitzubringen).

dd) Verluste bei mitgereisten Personen

652 Der Bundesfinanzhof hat im Urteil vom 30.6.1995, BStBl II S. 744, den **Werbungskostenabzug** für gestohlene Kleidungsstücke, die der auf eine Dienstreise mitgenommenen Ehefrau gehörten, **abgelehnt**, weil deren Mitnahme – selbst wenn die Ehefrau den Arbeitnehmer bei seiner beruflichen Tätigkeit unterstützt haben sollte – der **privaten Sphäre** zuzurechnen ist. Ein steuerfreier Arbeitgeberersatz kommt daher auch insoweit nicht in Betracht.

Etwas anderes gilt nur, wenn die Tätigkeit des Ehegatten für den **Arbeitgeber so wichtig** ist, dass er ihn dafür auch **bezahlt**. Dies könnte z.B. der Fall sein, wenn die mitgereiste **Ehefrau** im Ausland einen **Dolmetscher ersetzt**.

ee) Höhe der steuerfreien Erstattung

653 Steuerfrei ist nach den o.g. Urteilen die Ersatzleistung nur in der Höhe, in der die Anschaffungs- oder Herstellungskosten des Gegenstands im Falle ihrer Verteilung auf die übliche Gesamtnutzungsdauer auf die **Zeit nach dem Eintritt des Schadens** entfallen würden **(sog. fiktiver Buchwert)**. Es dürfen also weder die ursprünglichen Anschaffungskosten noch der Zeitwert oder gar die Wiederbeschaffungskosten berücksichtigt werden.

Beispiel:

A ist auf einer Dienstreise am 31.12.2002 ein Ledermantel gestohlen worden. Dieser ist am 2.1.1999 für 1 000 € angeschafft worden; die Nutzungsdauer soll fünf Jahre betragen.

Bei einer gleichmäßigen Verteilung der Anschaffungskosten auf die Nutzungsdauer beträgt der fiktive Buchwert des Mantels am 31.12.2002 noch 200 € (1 000 € abzüglich vier Jahre je 200 €). Nur dieser Betrag darf vom Arbeitgeber als Reisenebenkosten steuerfrei ersetzt werden. Vgl. sinngemäß Thüringer FG, Urteil vom 4.11.1999, EFG 2000 S. 211, betr. Zerstörung eines privaten Kleidungsstücks während der beruflichen Tätigkeit.

c) Dienstreise-Gepäckversicherung

654 Schließt ein Arbeitgeber für seine Arbeitnehmer eine Reisegepäckversicherung ab, aus der den **Arbeitnehmern ein eigener Anspruch gegenüber dem Versicherer zusteht**, so führt die Zahlung der Prämien durch den Arbeitgeber grundsätzlich zu **Arbeitslohn**. Dieser ist nur dann nach § 3 Nr. 16 EStG **steuerfrei**, wenn sich der Versicherungsschutz auf **Dienstreisen beschränkt**.

Bezieht sich der Versicherungsschutz dagegen auf **sämtliche Reisen** des Arbeitnehmers, so ist eine **Aufteilung** der gesamten Prämie in einen beruflichen (steuerfreien) und einen privaten (steuerpflichtigen) Anteil zulässig, wenn der **Versicherer eine Auskunft über die Kalkulation seiner Prämie erteilt**, die eine **Aufteilung ohne weiteres ermöglicht** (vgl. sinngemäß auch → *Rechtsschutzversicherung* Rz. 1991). Eine Aufteilung, die auf Grund der Auskunft des Versicherers möglich wäre, hat zu unterbleiben mit der Folge, dass dann die gesamte Prämie als steuerpflichtiger Arbeitslohn anzusehen ist, wenn der **Arbeitnehmer nur sporadisch oder gar keine Dienstreisen durchführt** (BFH, Urteil vom 19.2.1993, BStBl II S. 519).

Dienstleistungen/ Mitarbeitervergünstigung

655 Die unentgeltliche oder verbilligte Überlassung von Dienstleistungen an den Arbeitnehmer, z.B. Beförderungsleistungen, Beratung, Kontenführung, stellt grundsätzlich steuerpflichtigen Arbeitslohn dar, der aber nach § 8 Abs. 3 EStG i.V.m. R 32 LStR begünstigt ist (→ *Rabatte* Rz. 1938). Ⓛ⃝St Ⓢ⃝V

Dienstwohnung

Inhaltsübersicht:

1. Allgemeines

656 Innerhalb des großen Rahmens der „Sozialleistungen" des Arbeitgebers nimmt der Wohnungsbereich einen breiten Raum ein. Zum Teil werden **Mietnachlässe** oder **sonstige Verbilligungen** bereits in den Arbeitsverträgen oder Betriebsvereinbarungen festgelegt.

Die unentgeltliche oder verbilligte Überlassung von Wohnräumen durch den Arbeitgeber ist ein **steuer- und beitragspflichtiger Arbeitslohn**. Dabei ist unerheblich, ob die Wohnung z.B. als Werks- oder Dienstwohnung im Eigentum des Arbeitgebers oder dem Arbeitgeber auf Grund eines Belegungsrechts zur Verfügung steht oder von ihm angemietet worden ist (R 31 Abs. 6 Satz 7 LStR). Ⓛ⃝St Ⓢ⃝V

Die **Bewertung der unentgeltlichen oder verbilligten Überlassung** von Wohnraum erfolgt mit dem um übliche Preisnachlässe geminderten üblichen Endpreis am Abgabeort (§ 8 Abs. 2 Satz 1 EStG), soweit nicht nach § 8 Abs. 2 Satz 2 EStG die Werte der Sachbezugsverordnung anzusetzen sind. Darüber hinaus ist auch eine Anwendung des Rabattfreibetrags von 1 224 € möglich, wenn der Arbeitgeber Wohnungen überwiegend an fremde Dritte vermietet, wie dies z.B. bei Wohnungsgenossenschaften der Fall ist.

2. Ansatz der Sachbezugswerte

a) Allgemeines

657 Die **für die Sozialversicherung festgesetzten Sachbezugswerte gelten** nach § 8 Abs. 2 Satz 6 EStG **auch für den Steuerabzug vom Arbeitslohn**. Die Werte betreffen Kost, Wohnung, Heizung und Beleuchtung. Die darin festgesetzten Werte sind grundsätzlich bei allen Arbeitnehmern im steuerlichen Sinne anzuwenden (§ 8 Abs. 2 Satz 7 EStG), d.h. auch bei Arbeitnehmern, die nicht in der gesetzlichen Rentenversicherung versichert sind.

Die Sachbezugswerte gelten auch dann, wenn in einem **Tarifvertrag** (Tarifordnung), einer Betriebsvereinbarung oder in dem Arbeitsvertrag für die Sachbezüge höhere oder niedrigere Werte festgesetzt sind. Sie gelten ferner, wenn anstelle der vorgesehenen Sachbezüge die im Tarifvertrag oder im Arbeitsvertrag festgesetzten Werte nur gelegentlich oder vorübergehend (z.B. bei tageweiser auswärtiger Beschäftigung, bei Krankheit oder Urlaub) bar ausgezahlt werden.

b) Begriff der Unterkunft

658 Ein Sachbezugswert für die Überlassung von Wohnraum wird nur angesetzt, wenn der Arbeitgeber dem Arbeitnehmer **keine Woh-**

nung, sondern lediglich eine **Unterkunft** überlässt. Nach den Lohnsteuer-Richtlinien ist eine **Unterkunft** dann anzunehmen, wenn es sich nicht um eine Wohnung handelt (R 31 Abs. 5 LStR). Der Begriff der Wohnung ist in R 31 Abs. 6 LStR wie folgt definiert:

„Eine **Wohnung** ist eine in sich geschlossene Einheit von Räumen, in denen ein selbständiger Haushalt geführt werden kann. Wesentlich ist, dass eine Wasserversorgung und -entsorgung, zumindest eine einer Küche vergleichbare Kochgelegenheit sowie eine Toilette vorhanden sind. Danach stellt z.B. ein Einzimmerappartement mit Küchenzeile und WC als Nebenraum eine Wohnung dar, dagegen ist ein Wohnraum bei Mitbenutzung von Bad, Toilette und Küche eine Unterkunft."

Liegt nach dieser Definition keine Wohnung vor, so ist eine Unterkunft anzunehmen; der Vorteil ist dann mit dem Sachbezugswert anzusetzen. Dabei ist der amtliche Sachbezugswert auch dann maßgebend, wenn der Arbeitgeber die dem Arbeitnehmer überlassene Unterkunft gemietet und ggf. mit Einrichtungsgegenständen ausgestattet hat.

Beispiel:

Ein Arbeitgeber mietet in einem Studentenwohnheim ein 13 qm großes Appartement mit Gemeinschaftsteeküche für monatlich 100 € und überlässt es einem Arbeitnehmer unentgeltlich.

Bei dem Appartement handelt es sich nicht um eine Wohnung, weil es keine eigene Kochgelegenheit besitzt (BFH, Urteil vom 2.4.1997, BStBl II 1997 S. 611). Der Arbeitnehmer hat daher diesen Vorteil nach den Werten der Sachbezugsverordnung zu versteuern, und zwar unabhängig von der vom Arbeitgeber gezahlten Miete.

Keine Unterkunft liegt hingegen vor, wenn der Arbeitnehmer in einem **Erholungsheim** des Arbeitgebers oder auf Kosten des Arbeitgebers zur Erholung in einem anderen Beherbergungsbetrieb untergebracht oder verpflegt wird. In diesen Fällen ist die Leistung mit dem entsprechenden **Pensionspreis** eines vergleichbaren Beherbergungsbetriebs am selben Ort zu bewerten; dabei können jedoch Preisabschläge in Betracht kommen, wenn der Arbeitnehmer z.B. nach der Hausordnung Bedingungen unterworfen wird, die für Hotels und Pensionen allgemein nicht gelten (BFH, Urteil vom 18.3.1960, BStBl III 1960 S. 237).

Typisches Merkmal einer **Gemeinschaftsunterkunft** ist, dass der Unterbringung Wohnheimcharakter zukommt. Gemeinschaftsunterkünfte stellen beispielsweise Lehrlingswohnheime, Schwesternwohnheime und Kasernen dar, die durch gemeinschaftlich zu nutzende Wasch- bzw. Duschräume, WC-Anlagen und ggf. Gemeinschaftsküchen bzw. Kantinen gekennzeichnet sind (R 31 Abs. 5 Satz 3 LStR).

c) Höhe der Sachbezugswerte

659 Der Wert der einem Arbeitnehmer zur Verfügung gestellten Unterkunft beträgt nach § 3 SachBezV **ab 2002 monatlich 186,65 €**. Dabei wurde als Maßstab für die Bewertung der für ein beheiztes Zimmer zu zahlende Preis herangezogen. Der Wert für die Unterkunft **schließt daher Kosten für Heizung und auch Beleuchtung ein**. Wird die Unterkunft **unbeheizt** zur Verfügung gestellt, ist eine Verminderung des Sachbezugswerts ab 2002 nicht mehr möglich. Die entsprechende Kürzungsvorschrift ist entfallen, weil sie keine praktische Bedeutung mehr hatte.

Für **in den neuen Bundesländern** einschließlich Berlin (Ost) belegene Unterkünfte gelten **abweichend 164 €** (§ 7 Abs. 1 Nr. 1 SachBezV).

Diese Werte reduzieren sich

- bei Aufnahme im Haushalt des Arbeitgebers oder Unterbringung in einer Gemeinschaftsunterkunft (§ 3 Abs. 2 Nr. 1 SachBezV) um **15 %**,

- für Jugendliche bis zur Vollendung des 18. Lebensjahrs und Auszubildende (§ 3 Abs. 2 Nr. 2 SachBezV) um **15 %**, soweit sie nicht im Haushalt des Arbeitgebers aufgenommen oder nicht in einer Gemeinschaftsunterkunft untergebracht sind (§ 7 Abs. 2 SachBezV), **19 %**, **(Hinweis:** Dieser Abschlagssatz ist ab 1.1.2002 von 21 % auf 19 % gesenkt worden)

- bei der Belegung (§ 3 Abs. 2 Nr. 3 SachBezV)
  - mit zwei Beschäftigten um **40 %**,
  - mit drei Beschäftigten um **50 %**,
  - mit mehr als drei Beschäftigten um **60 %**.

Erfüllt ein Arbeitnehmer mehrere dieser Voraussetzungen, sind die Prozentsätze zu addieren.

Beispiel:

Ein Arbeitgeber mit Betriebsstätten in Hannover und Dresden unterhält dort jeweils ein Lehrlingswohnheim für seine Auszubildenden. Zwei Auszubildende teilen sich ein Zimmer.

Die kostenlose Unterkunft ist mit dem Sachbezugswert nach der Sachbezugsverordnung zu bewerten. Dieser beträgt in Hannover 186,65 € und in Dresden 164 €. Es kommen folgende Abschläge in Betracht:

- 15 % wegen Gemeinschaftsunterkunft,
- 15 % wegen Ausbildung,
- 40 % wegen Belegung mit zwei Auszubildenden.

Der Abschlag beträgt insgesamt 70 %. Der monatliche Sachbezugswert beträgt daher für die Auszubildenden

- in Hannover (30 % von 186,65 €)   56,— €,
- in Dresden (30 % von 164 €)   49,20 €.

Wird eine Unterkunft **keinen ganzen Monat überlassen**, so ist für jeden Tag der Überlassung ein Dreißigstel des Monatswerts zu Grunde zu legen. **Seit 1999** sind die Berechnungen der anteiligen Sachbezugswerte **jeweils auf zwei Dezimalstellen** durchzuführen. Dabei ist die letzte Dezimalstelle kaufmännisch zu runden.

Eine **Tabelle mit den Einzelwerten** in Euro für alle Möglichkeiten der Unterbringung, getrennt nach alten und neuen Bundesländern, ist im Anhang abgedruckt, vgl. → B. Sozialversicherung Rz. 2807.

3. Ansatz des üblichen Endpreises

Wird dem Arbeitnehmer vom Arbeitgeber **eine Wohnung** unentgeltlich oder verbilligt überlassen, so ist für die Bewertung des Vorteils der um übliche Preisnachlässe geminderte übliche Endpreis am Abgabeort maßgebend. 660

Unter dem üblichen Endpreis ist nach R 31 Abs. 6 Satz 5 LStR der **Mietzins** zu verstehen, der unter Berücksichtigung der örtlichen Verhältnisse und unter Beachtung gesetzlicher Mietpreisbestimmungen für eine nach Baujahr, Lage, Art, Größe, Ausstattung und Beschaffenheit vergleichbare Wohnung üblich ist **(Vergleichsmiete)**.

Beispiel:

Wie vorheriges Beispiel, da aber das Lehrlingswohnheim in Hannover voll belegt ist, mietet der Arbeitgeber für einen Auszubildenden ein Einzimmerappartement mit Küche und Bad für 250 € an.

Da dem Auszubildenden eine Wohnung zur Verfügung gestellt wird und keine Unterkunft, ist der Sachbezugswert nicht anzusetzen. Der geldwerte Vorteil bemisst sich vielmehr nach der ortsüblichen Miete für das Einzimmerappartement. Der geldwerte Vorteil beträgt daher 250 €.

Macht der Arbeitnehmer geltend, dass die ihm überlassene Wohnung sein Wohnbedürfnis übersteigt, rechtfertigt dies grundsätzlich nicht, einen geringeren Mietwert anzusetzen, vgl. H 31 (5–6) (Persönliche Bedürfnisse des Arbeitnehmers) LStH. Eine Ausnahme gilt nur, wenn sichergestellt ist, dass der Arbeitnehmer überlassene Räume nicht nutzt. Eine Nutzung ist auch darin zu sehen, dass der Arbeitnehmer die „überzähligen" Wohnräume als Abstellräume nutzt.

In die Berechnung des Mietwerts sind allerdings solche Räume **nicht einzubeziehen**, die dem Arbeitnehmer vom Arbeitgeber **im ganz überwiegend betrieblichen Interesse** als Büro bzw. Dienstzimmer **zugewiesen werden**. Für die Herausnahme aus der Bemessungsgrundlage müssen jedoch neben der ausdrücklichen – schriftlichen – Zuweisung dieses Raumes als Büro bzw. Dienstzimmer **weitere Indizien vorliegen**, die die Anerkennung eines ganz überwiegend betrieblichen Arbeitgeberinteresses rechtfertigen. Sie müssen die tatsächliche Abgrenzung zu den Wohnräumen erkennen lassen. Als solche Merkmale kommen z.B. die (Teil-)Möblierung des Büros durch den Arbeitgeber, die Erfassung der anteiligen Energiekosten über gesonderte Zähler oder die räumliche Trennung durch eine separate Eingangstür in Betracht.

Die Nichtmöblierung durch den Arbeitgeber führt andererseits nicht in jedem Fall zur Einbeziehung des Raumes in die Mietwertberechnung. Maßgebend sind letztlich die Gesamtumstände des Einzelfalles.

4. Überlassung von Wohnungen des Arbeitgebers

661 Überlässt der Arbeitgeber seinen Arbeitnehmern eigene Wohnungen, so ist die Ermittlung des ortsüblichen Endpreises nicht immer einfach. Folgende Bewertungsmethoden können dabei angewendet werden:

a) Vergleichsmieten

662 In den Fällen, in denen der Arbeitgeber Wohnungen nicht nur an Arbeitnehmer, sondern auch **in nicht unerheblichem Umfang an fremde Dritte vermietet**, sind die von den fremden Dritten geforderten Mieten als Vergleichsmieten anzusehen. Dies gilt selbst dann, wenn der Arbeitgeber die Wohnungen zu einer niedrigeren als der ortsüblichen Miete vermietet (R 31 Abs. 6 Satz 6 LStR). Von einem nicht unerheblichen Umfang an Fremdvermietungen ist auszugehen, wenn etwa 20 bis 30 % der Wohnungen fremd vermietet werden.

b) Mietspiegel

663 Vermietet der Arbeitgeber seine Wohnungen **nicht oder nur in geringem Umfang an Dritte**, so kann i.d.R. die ortsübliche Miete anhand der örtlichen Mietspiegel ermittelt werden.

Durch das Mietrechtsreformgesetz vom 19.6.2001 (BGBl. I 2001 S. 1149) wurde den Gemeinden nochmals aufgegeben, Mietspiegel zu erstellen, soweit hierfür ein Bedürfnis besteht und dies mit einem für die Gemeinden vertretbaren Aufwand möglich ist. Mittlerweile sind in zahlreichen Städten und Gemeinden Mietspiegel vorhanden.

Ist für die betreffende Gemeinde ein Mietspiegel nicht aufgestellt worden, so kann die ortsübliche Miete anhand eines anderen, insbesondere eines veralteten Mietspiegels oder eines Mietspiegels einer vergleichbaren Gemeinde ermittelt werden (§ 558a Abs. 4 BGB). Etwaige örtlich bedingte Abweichungen können in Form von Zu- oder Abschlägen berücksichtigt werden. Vergleichbare Gemeinde ist dabei allerdings nicht immer gleichzusetzen mit Nachbargemeinde.

Bei Anwendung eines Mietspiegels ist im Allgemeinen vom Mittelwert des anzuwendenden Preisrahmens auszugehen. Besonderheiten (z.B. bessere Ausstattung, hohes Verkehrsaufkommen) können durch Zu- oder Abschläge berücksichtigt werden. Zur Abgeltung von Abschlägen kann aus Vereinfachungsgründen auch vom unteren Rahmenwert ausgegangen werden.

Nebenleistungen sind in den Mietspiegeln regelmäßig nicht berücksichtigt. Bei der Ermittlung der ortsüblichen Miete müssen diese dann ggf. gesondert ermittelt werden.

c) Besondere Bewertungen

664 **Steht** ein örtlicher oder vergleichbarer **Mietspiegel nicht zur Verfügung**, so kann die Vergleichsmiete anhand einer Mietdatenbank (§ 558e BGB) oder entsprechender Mieten für drei vergleichbare Wohnungen Dritter ermittelt werden. Es darf sich dabei jedoch nicht um ungewöhnliche Mietverträge handeln (z.B. mit Verwandten).

Darüber hinaus besteht auch die Möglichkeit, ein Gutachten eines öffentlich bestellten oder vereidigten Sachverständigen für Mietfragen einzuholen.

d) Index für Wohnungsmieten

665 Sind örtliche **Mietspiegel nicht vorhanden** und kann auch **nicht** auf den **Mietspiegel einer vergleichbaren Nachbargemeinde** zurückgegriffen werden, bietet der Index Wohnungsmieten im Preisindex für die Lebenshaltung aller privaten Haushalte einen Anhaltspunkt für die Feststellung der ortsüblichen Miete, insbe-

sondere zur Anpassung der Mieten. Ein Mietvergleich anhand der Indexentwicklung führt jedoch nur dann zu einem zutreffenden Ergebnis, wenn als Ausgangsmiete die ortsübliche Miete i.S. des § 8 Abs. 2 Satz 1 EStG zu Grunde gelegt wird.

Neben dem nachstehenden Bundesindex werden auch Indizes von den Bundesländern herausgegeben. Der Bundesindex weicht zwar von den einzelnen Landesindizes ab, gibt jedoch zumindest einen Überblick über die Tendenz der Preisentwicklung.

Die folgende Übersicht zeigt die Entwicklung der Wohnungsmieten im Preisindex für die Lebenshaltung aller privaten Haushalte auf der Basis 1995 = 100 (Statistisches Bundesamt, Statistisches Jahrbuch 2001 S. 638):

Wohnungstypen

Jahr	Altbauwohnungen (vor dem 20.6.1948 erbaut)	Neubauwohnungen (ab dem 20.6.1948 erbaut)
1995	100,0	100,0
1996	104,1	102,9
1997	107,5	105,3
1998	109,0	106,5
1999	110,7	107,3
2000	112,6	108,4

Um die jährliche Mietsteigerung in Prozenten zu erhalten, ist die Indexentwicklung nach Punkten nach folgender Formel umzurechnen:

$$\frac{\text{Neuer Indexstand} \times 100}{\text{Alter Indexstand}} \diagup 100 = \pm \,\%$$

Beispiel:

Der Arbeitgeber hat Neubauwohnungen an Arbeitnehmer überlassen. Die vom Finanzamt bisher akzeptierte Miete galt vom 1.1.1998 bis zum 31.12.2000 (Turnus von drei Jahren). Bei der Mietanpassung zum 1.1.2001 ist dem Jahresdurchschnittsindex 1997 (gilt ab 1.1.1998) der Jahresdurchschnittsindex 2000 (gilt ab 1.1.2001) gegenüberzustellen.

Indexstand 1997: 105,3
Indexstand 2000: 108,4

$$\frac{108,4 \times 100}{105,3} \diagup 100 = 2,9\,\%$$

Die Mieten sind zum 1.1.2001 um 2,9 % zu erhöhen.

e) Aufwendige Wohnungen

666 Bei aufwendigen Wohnungen, die weder nach Art, Lage und Ausstattung den sonst errichteten Wohnungen entsprechen noch in Mietspiegeln ihren Niederschlag gefunden haben und für die sich darüber hinaus eine Marktmiete nicht oder nur unverhältnismäßig schwer feststellen lässt, kann die ortsübliche Miete als **Kostenmiete** in Anlehnung an die Zweite Berechnungsverordnung ermittelt werden (BFH, Urteil vom 11.10.1977, BStBl II 1977 S. 860).

f) Einfamilienhäuser, Zweifamilienhäuser

667 Bei der Überlassung von Ein- und Zweifamilienhäusern an Arbeitnehmer gelten die oben dargestellten Grundsätze entsprechend. Bei Anwendung der örtlichen Mietspiegel wird es jedoch regelmäßig erforderlich sein, zu den dort aufgeführten Mietpreisen **angemessene Zuschläge** zu machen, weil in diesen Mietspiegeln im Allgemeinen Ein- und Zweifamilienhäuser nicht berücksichtigt sind.

Bei aufwendig gestalteten oder ausgestatteten Ein- und Zweifamilienhäusern, für die regelmäßig kein ortsüblicher Mietwert feststellbar ist, kann ggf. auf den **überörtlichen Markt** abgestellt werden. Außerdem besteht die Möglichkeit, ein Gutachten eines öffentlich bestellten oder vereidigten Sachverständigen in Mietfragen einzuholen.

g) Dienstwohnungen der Arbeitnehmer im öffentlichen Dienst

668 Dienstwohnungen des öffentlichen Dienstes sind solche Wohnungen oder auch einzelne Wohnräume, die Inhabern bestimmter Dienstposten aus dienstlichen Gründen zugewiesen werden.

Bei der Prüfung, inwieweit Inhabern von Dienstwohnungen eine Verbilligung eingeräumt worden ist, hat das Finanzamt – abgesehen von den Fällen, in denen von den Werten der Sachbezugsverordnung auszugehen ist – nach der Rechtsprechung des Bundesfinanzhofs (Urteil vom 15.12.1978, BStBl II 1979 S. 629) den steuerlich maßgebenden Mietwert unabhängig von den für Besoldungszwecke festgesetzten Beträgen, z.B. nach der Dienstwohnungsverordnung eines Landes, selbst zu ermitteln.

Zur Dienstwohnung gehörende **Empfangs- und Diensträume** können bei der Mietermittlung außer Betracht bleiben, wenn es sich um in sich geschlossene Räume handelt und ihre ausschließlich oder fast ausschließlich dienstliche Benutzung nachgewiesen oder glaubhaft gemacht wird (RFH, Urteil vom 19.7.1932, RStBl 1933 S. 20).

h) Beschränkung bei öffentlich geförderten Wohnungen

669 Nach § 3 Nr. 59 EStG sind im Rahmen eines Dienstverhältnisses gewährte Mietvorteile **steuerfrei**, die auf der Förderung nach dem Zweiten Wohnungsbaugesetz, dem Wohnraumförderungsgesetz oder dem Wohnungsbaugesetz für das Saarland beruhen. Mietvorteile, die sich aus dem Einsatz von Wohnungsfürsorgemitteln aus öffentlichen Haushalten ergeben, sind ebenfalls steuerfrei.

Beispiel 1:

Der Arbeitgeber hat für seine Arbeitnehmer Mietwohnungen mit 80 qm errichtet. Hierfür hat er öffentliche Mittel in Anspruch genommen. Um die öffentlichen Mittel zu erhalten, musste sich der Arbeitgeber verpflichten, eine Miete von höchstens 6 € pro qm zu verlangen. Er hat die Wohnungen für 480 € an seine Arbeitnehmer vermietet, die ortsübliche Miete beträgt hingegen 640 € (8 € je qm).

Normalerweise wäre die Differenz zwischen ortsüblicher Miete und verlangter Miete (160 €) als geldwerter Vorteil des Arbeitnehmers zu versteuern. In diesem Fall ist der Vorteil allerdings nach § 3 Nr. 59 EStG steuerfrei.

Bei einer Wohnung, die **ohne Inanspruchnahme von Mitteln aus öffentlichen Haushalten** errichtet worden ist, sind Mietvorteile im Rahmen eines Dienstverhältnisses steuerfrei, wenn die Wohnung im **Zeitpunkt ihres Bezugs** durch den Arbeitnehmer für eine Förderung mit Mitteln aus öffentlichen Haushalten in Betracht gekommen wäre. Hier sind vor allem die Wohnungsgröße und der Baustandard zu nennen. Bei Einhaltung dieser Förderbedingungen spielt es keine Rolle, ob das Unternehmen die Wohnungen ohne Inanspruchnahme von Fördermitteln nach den Wohnungsbaugesetzen mit·Eigenmitteln oder „normalen" Bankkrediten errichtet. Die Finanzverwaltung stellt deshalb auf den Zeitpunkt des Bezugs der Wohnung ab, weil ansonsten eine erst Jahre nach Errichtung des Gebäudes aufgelegte Fördermaßnahme – die zufälligerweise auf das Objekt „passt" – zur Steuerfreiheit der gewährten Mietvorteile führen könnte. Ältere Bauten, die seinerzeit – bei Errichtung – die Voraussetzungen der damaligen Förderbestimmungen erfüllten, sind auch in die Vergünstigung einzubeziehen. Allerdings ist § 3 Nr. 59 EStG nur auf Wohnungen anwendbar, die im Geltungszeitraum der genannten Wohnungsbaugesetze errichtet worden sind, d.h. auf Baujahrgänge ab 1957 (R 23a Satz 5 LStR). Eine Prüfung, ob der Arbeitnehmer nach seinen Einkommensverhältnissen als Mieter einer geförderten Wohnung in Betracht kommt, ist nicht anzustellen. **Der Höhe nach** ist die Steuerbefreiung auf die Mietvorteile begrenzt, die sich aus der Förderung nach den genannten Wohnungsbaugesetzen ergeben würden. § 3 Nr. 59 EStG ist deshalb nicht anwendbar auf Wohnungen, für die der Förderzeitraum nach den genannten Wohnungsbaugesetzen bereits abgelaufen ist. Wenn der Förderzeitraum im Zeitpunkt des Bezugs der Wohnung durch den Arbeitnehmer noch nicht abgelaufen ist, ist ein Mietvorteil bis zur Höhe des Teilbetrags steuerfrei, auf den der Arbeitgeber gegenüber der Vergleichsmiete verzichten müsste, wenn die Errichtung der Wohnung nach den Wohnungsbaugesetzen gefördert worden wäre. Der steuerfreie Teilbetrag verringert sich in dem Maße, in dem der Arbeitgeber nach den Förderregelungen eine höhere Miete verlangen könnte. Mit Ablauf der Mietbindungsfrist läuft auch die Steuerbefreiung aus. Soweit später zulässige Mieterhöhungen z.B. nach Ablauf des Förderzeitraums im Hinblick auf das Dienstverhältnis unterblieben sind, sind sie in den steuerpflichtigen Mietvorteil einzubeziehen (R 23a Sätze 6 bis 12 LStR).

Beispiel 2:

Der Arbeitgeber hat für seine Arbeitnehmer Mietwohnungen mit 80 qm errichtet. Hierfür hat er keine öffentlichen Mittel in Anspruch genommen, obwohl er nach den Förderrichtlinien öffentliche Mittel bekommen hätte. Der Arbeitgeber verlangt von seinen Arbeitnehmern eine Miete von 6 € pro qm. Dies ist die Miete, die er bei Inanspruchnahme der öffentlichen Förderung höchstens hätte verlangen können. Die ortsübliche Miete beträgt 8 € je qm.

Die Differenz zur ortsüblichen Miete ist nach R 23a Satz 7 LStR nicht als Arbeitslohn zu versteuern.

Wenn der Förderzeitraum abgelaufen ist, gelten die allgemeinen mietrechtlichen Regelungen. Unter Beachtung der gesetzlichen Mietpreisbeschränkungen ist eine Anhebung bis zur Vergleichsmiete möglich. Unterlässt der Arbeitgeber eine Anhebung im Hinblick auf das Dienstverhältnis, so entsteht auch hier ein geldwerter Vorteil für den Arbeitnehmer. Auch bei einer Neuvermietung an Arbeitnehmer nach Ablauf des Förderzeitraums findet § 3 Nr. 59 EStG keine Anwendung.

5. Gesetzliche Mietpreisbeschränkungen

Nach R 31 Abs. 6 Satz 8 LStR sind gesetzliche Mietpreisbeschränkungen bei der Bewertung des geldwerten Vorteils zu beachten. Dies gilt jedoch nur, soweit die maßgebliche Ausgangsmiete den ortsüblichen Mietwert oder die gesetzlich zulässige Höchstmiete nicht unterschritten hat. Gesetzliche Mietpreisbeschränkungen ergeben sich insbesondere aus § 558 BGB. **Danach kann die Miete nur erhöht werden, wenn** **670**

- der verlangte Mietzins die ortsübliche Vergleichsmiete nicht übersteigt,

- die Miete in dem Zeitpunkt, zu dem die Erhöhung eintreten soll, seit 15 Monaten unverändert ist (Mieterhöhungen bei Modernisierung und auf Grund der Erhöhung der Betriebskosten bleiben außer Acht),

- das Mieterhöhungsverlangen frühestens ein Jahr nach der letzten Mieterhöhung geltend gemacht wird (Mieterhöhungen bei Modernisierung und auf Grund der Erhöhung der Betriebskosten bleiben außer Acht) und

- die Miete sich innerhalb eines Zeitraums von drei Jahren nicht um mehr als **20 %** erhöht (Kappungsgrenze).

Die Kappungsgrenze gilt nicht,

a) wenn eine Verpflichtung des Mieters zur Ausgleichszahlung nach den Vorschriften über den Abbau der Fehlsubventionierung im Wohnungswesen wegen des Wegfalls der öffentlichen Bindung erloschen ist und

b) soweit die Erhöhung den Betrag der zuletzt zu entrichtenden Ausgleichszahlung nicht übersteigt.

6. Besondere Mietwertermittlung

Lässt sich im Einzelfall der Mietwert **nicht** oder nur unter außergewöhnlichen Schwierigkeiten **ermitteln**, so ist in den alten Bundesländern ein Betrag von 3,05 € je qm monatlich anzusetzen. Bei einfacher Ausstattung (ohne Sammelheizung und Bad oder Dusche) ermäßigt sich der Wert auf 2,55 € je qm monatlich. Für in den neuen Bundesländern einschließlich Berlin (Ost) belegene Wohnungen vermindern sich diese Werte auf 2,65 € bzw. bei einfacher Ausstattung auf 2,30 €. **671**

Eine außergewöhnlich schwierige Mietwertermittlung ist insbesondere **im landwirtschaftlichen Bereich** denkbar, wenn die Wohnungen in Gebäude des landwirtschaftlichen Betriebsvermögens integriert und nicht frei vermietbar sind.

7. Angemietete Wohnungen

Überlässt der Arbeitgeber seinen Arbeitnehmern Wohnungen unentgeltlich oder verbilligt, die er von einem fremden Dritten angemietet hat, so ist für die Berechnung eines etwaigen geldwerten Vorteils regelmäßig von der vom Arbeitgeber gezahlten Miete auszugehen (BFH, Urteile vom 3.3.1972, BStBl II 1972 S. 490, vom 3.10.1974, BStBl II 1975 S. 81, und vom 23.5.1975, BStBl II 1975 S. 715). Eine etwaige Differenz zwischen erhobener und vom Arbeitgeber gezahlter Miete gehört zum steuerpflichtigen Ar- **672** beitslohn. Die Anwendung der Freigrenze von 50 € nach § 8 Abs. 2 Satz 9 EStG kommt in Betracht.

Die vorstehenden Grundsätze gelten nicht, wenn die vom Arbeitgeber tatsächlich an einen Dritten gezahlte Miete nicht der ortsüblichen Miete entspricht, sondern erkennbar überhöht ist.

Liegen die Voraussetzungen für die Anwendung der Sachbezugswerte vor, so sind diese Werte auch dann anzusetzen, wenn der Arbeitgeber die Unterkünfte zu einem höheren Mietzins angemietet hat.

8. Mietwert von Dienstwohnungen und Werkswohnungen im Ausland

673 Die unentgeltliche oder verbilligte Überlassung von Dienstwohnungen oder Werkswohnungen im Ausland kann dann zu Härten führen, wenn, bedingt durch die dortigen Verhältnisse, ein weit überhöhter Mietpreis gefordert wird. In diesen Fällen ist als steuerlicher Mietwert der überlassenen Wohnungen **höchstens 18 % des Arbeitslohns** ohne Kaufkraftausgleich **zuzüglich 10 % des Mehrbetrags** anzusetzen (R 31 Abs. 6 Satz 10 LStR).

Beispiel:

Ein Arbeitnehmer arbeitet für seinen Arbeitgeber im Ausland. Der monatliche Arbeitslohn beträgt ohne Kaufkraftausgleich 2 500 €. Darüber hinaus hat der Arbeitgeber eine Wohnung angemietet, die er seinem Arbeitnehmer kostenlos zur Verfügung stellt. Er zahlt hierfür die ortsübliche Miete von 1 000 €.

Mietwert der Wohnung	1 000 €
maximal aber 18 % von 2 500 €	450 €
zuzüglich 10 % des darüber hinausgehenden Betrags von 550 € (1 000 € ∕ 450 €)	55 €
Als Mietwert sind anzusetzen	505 €

9. Nebenleistungen

674 Die Mietverträge enthalten im Allgemeinen neben der Grundmiete (Kaltmiete) Vereinbarungen über die Kosten für Heizung, Wasser und Schönheitsreparaturen.

Vereinbarungen über die **Kosten von Strom und Gas** enthalten die Mietverträge in der Regel nicht. Diese Kosten werden vom Mieter auf Grund von Zähleruhren unmittelbar mit den Energieversorgungsunternehmen abgerechnet. Trägt der Arbeitgeber die Kosten für Energie, **Wasser** und **sonstige Nebenkosten**, sind als geldwerter Vorteil zusätzlich der übliche Endpreis am Abgabeort, d.h. die tatsächlichen Aufwendungen, anzusetzen.

a) Heizung

675 Kann der übliche Endpreis am Abgabeort bei der Gewährung unentgeltlicher oder verbilligter Heizung als Sachbezug nicht individuell ermittelt werden (z.B. anhand einer Heizkosten-(ab)rechnung für die Wohnung), so können – soweit die Länder keine eigenen Werte festgesetzt haben – als ortsüblicher Mittelpreis **die Werte angesetzt werden**, die vom Bundesministerium der Finanzen **jährlich als Heizkostenbeiträge und als Entgelt für die Warmwasserversorgung** nach §§ 13, 14 Dienstwohnungsverordnung für Dienstwohnungen festgelegt werden, die an eine Sammelheizung angeschlossen sind, die auch der Beheizung von Diensträumen dient. Die maßgebenden Werte können bei Bedarf vom Betriebsstättenfinanzamt erfragt werden.

(LSt) (SV)

b) Wasser

676 Soweit ausnahmsweise der Arbeitgeber auch die Kosten für entnommenes Kaltwasser trägt, ist der Betrag als Vorteil anzusetzen, den der Arbeitnehmer selbst hätte aufwenden müssen. Dabei kann von einem durchschnittlichen Wasserverbrauch **von monatlich vier Kubikmeter pro Person** ausgegangen werden, falls die tatsächlichen Aufwendungen nicht zu ermitteln sind.

(LSt) (SV)

c) Beleuchtung

677 Für den Sachbezug Beleuchtung ist der **übliche Endpreis am Abgabeort** maßgeblich (§ 4 Abs. 2 SachBezV). Zur Beleuchtung gehört auch der notwendige Haushaltsstrom für den Betrieb des

Radios, Fernsehers, der Küchengeräte, der Warmwasserbereitung usw.

(LSt) (SV)

d) Schönheitsreparaturen

678 Die Übernahme von Aufwendungen für Schönheitsreparaturen durch den Arbeitgeber in Arbeitnehmern zur Verfügung gestellten Wohnungen ist steuerlich wie folgt zu behandeln:

(a) Der Arbeitgeber trägt die Kosten für Schönheitsreparaturen in gemieteten oder eigenen, bereits vorher bewohnten Wohnungen, **bevor sie erstmals an Arbeitnehmer (unter-)vermietet werden**.

Die vom Arbeitgeber getragenen Kosten der Schönheitsreparaturen sind steuerpflichtiger Arbeitslohn. Es ist durchaus üblich, dass der Vermieter eine Wohnung ohne Renovierung vermietet, so dass der neue Mieter die Kosten hierfür selbst aufbringen muss. Hat der neue Mieter diese Kosten wirtschaftlich nicht selbst zu tragen, weil sie von seinem Arbeitgeber übernommen werden, so rechnen die Kosten zum steuerpflichtigen Arbeitslohn.

(LSt) (SV)

Bei dem **erstmaligen Bezug einer Neubauwohnung** liegt in der Tapezierung und dem Anstrich der Wohnung durch den Vermieter (Arbeitgeber) kein geldwerter Vorteil.

(LSt) (SV)

(b) Der Arbeitgeber trägt die Kosten für Schönheitsreparaturen in frei werdenden gemieteten oder eigenen Wohnungen, wenn infolge **einer Versetzung des Arbeitnehmers oder aus anderen Gründen ein (Unter)Mieterwechsel stattfindet**.

War der ausziehende Arbeitnehmer (Vormieter) zur Renovierung der Wohnung nicht verpflichtet, weil nach dem Mietvertrag die Kosten der Schönheitsreparaturen vom Arbeitgeber zu tragen sind oder der Vermieter seiner mietvertraglichen Verpflichtung zur turnusmäßigen Durchführung von Schönheitsreparaturen nachgekommen ist, liegt in der Übernahme der Schönheitsreparaturen für den nachfolgenden Mieter (Arbeitnehmer) steuerpflichtiger Arbeitslohn, vgl. die Ausführungen zu a).

(LSt) (SV)

Ist der ausziehende Arbeitnehmer (Vormieter) seiner mietvertraglichen Verpflichtung zur Durchführung turnusmäßiger Schönheitsreparaturen nicht nachgekommen oder übernimmt der Arbeitgeber die Kosten für die Schönheitsreparaturen, so liegt darin steuerpflichtiger Arbeitslohn **für den ausziehenden Arbeitnehmer** (Vormieter).

(LSt) (SV)

Ein geldwerter Vorteil **für den einziehenden Arbeitnehmer** (Nachmieter) entfällt, da in der Ablösung der Verpflichtung des Vormieters durch den Arbeitgeber keine Vorteilsgewährung des Arbeitgebers an den Nachmieter liegt.

(LSt) (SV)

Ein Mieter ist in der Regel bei Auszug aus der Wohnung zur Durchführung von Schönheitsreparaturen nicht verpflichtet, wenn er die Wohnung während der Mietzeit turnusmäßig renoviert hat. Die Bestimmung eines vom Vermieter verwandten Formularmietvertrages über Wohnraum, nach der der Mieter verpflichtet ist, die Mieträume bei Beendigung der Mietzeit zurückzugeben, und zwar unabhängig davon, in welchem zurückliegenden Zeitpunkt die letzte (z.B. turnusmäßig durchgeführte) Schönheitsreparatur stattgefunden hat, ist unwirksam (OLG Hamm, Rechtsentscheid vom 27.2.1981, DB 1981 S. 1227). Die in vorformulierten Vertragsbedingungen enthaltene Klausel, dass der Mieter bei Ende des Mietverhältnisses je nach dem Zeitpunkt der letzten Schönheitsreparaturen einen bestimmten Prozentsatz an Renovierungskosten zu zahlen hat, ist unwirksam, wenn die gemietete Wohnung bei Beginn des Mietverhältnisses nicht renoviert und der Vermieter dazu auch nicht verpflichtet war (OLG Stuttgart, Beschluss vom 28.8.1984, BAnz Nr. 176 vom 18.9.1984, S. 10552).

Der Mieter hat dem Vermieter beim Auszug aus der Wohnung statt der Durchführung der **turnusmäßig fälligen Schönheitsreparaturen** einen Ausgleich in Geld zu zahlen, wenn der Vermieter die Schönheitsreparaturen durch Umbau- oder Reparaturarbeiten nach dem Auszug aus der Wohnung alsbald wieder zerstören würde (BGH, Beschluss vom 30.4.1984, DB 1985 S. 433). Verzichtet der Vermieter (Arbeitgeber) auf den Ausgleich durch den Mieter (Arbeitnehmer), so liegt darin für den Arbeitnehmer ein steuerpflichtiger geldwerter Vorteil.

LSt SV

(c) Der Arbeitgeber trägt die **Kosten der Schönheitsreparaturen** in Wohnungen, die **der Arbeitnehmer selbst angemietet** hat, beim erstmaligen Bezug der Wohnung.

Die vom Arbeitgeber übernommenen Kosten der Wohnungsreparaturen sind grundsätzlich steuerpflichtiger Arbeitslohn. Es gelten die Ausführungen zu a).

LSt SV

(d) Der Arbeitgeber trägt die Kosten der **laufenden Schönheitsreparaturen** in den Arbeitnehmern zur Verfügung gestellten Wohnungen.

Trägt der Arbeitgeber die Kosten für Schönheitsreparaturen in einer dem Arbeitnehmer überlassenen Wohnung, ohne dies bei der Mietfestsetzung zu berücksichtigen, so liegt darin für den Arbeitnehmer ein steuerpflichtiger geldwerter Vorteil (BFH, Urteil vom 17.8.1973, BStBl II 1974 S. 8). Dabei ist es gleichgültig, ob die Übernahme der Kosten für Schönheitsreparaturen durch den Arbeitgeber freiwillig erfolgt oder auf vertraglicher Vereinbarung bzw. – wie bei Dienstwohnungen im öffentlichen Dienst – auf gesetzlicher Verpflichtung beruht.

LSt SV

In diesen Fällen ist als monatlicher ortsüblicher Mietwert der Mietzins maßgebend, der für vergleichbare Wohnungen zu zahlen ist, bei denen im monatlichen Mietzins bereits die Übernahme der Kosten für Schönheitsreparaturen durch den Vermieter berücksichtigt ist. Wird in Ermangelung derartiger Vergleichsmieten als ortsüblicher Mietwert ein Mietspiegelwert zu Grunde gelegt, so ist dieser Mietspiegelwert um einen entsprechenden Zuschlag zu erhöhen. Im Zeitpunkt der Durchführung der Schönheitsreparaturen bleiben die tatsächlichen Kosten dann unberücksichtigt.

Der Zuschlag für die Übernahme der Kosten für Schönheitsreparaturen ist grundsätzlich auf der Basis der tatsächlichen Aufwendungen für Schönheitsreparaturen festzulegen. Ist dies nicht möglich, kann der Zuschlag in Anlehnung an den Wert nach § 28 Abs. 4 II. BV vorgenommen werden. Dieser beträgt **ab 1.1.2002** jährlich 8,50 € je qm Wohnfläche.

Nach § 28 Abs. 4 II. BV umfassen Schönheitsreparaturen nur das Tapezieren, Anstreichen oder Kalken der Wände und Decken, das Streichen der Fußböden, Heizkörper einschließlich Heizrohre, der Innentüren sowie der Fenster und Außentüren von innen.

Einheitliche Sätze für Schönheitsreparaturen bei aufwendigen Wohnungen bzw. aufwendigen Einfamilienhäusern lassen sich nicht festsetzen. Hier ist der zutreffende Wert nach den örtlichen Gegebenheiten zu schätzen oder der tatsächlich aufgewandte Betrag anzusetzen.

Bei Einfamilienhäusern, insbesondere bei aufwendigen Einfamilienhäusern, übernimmt der Arbeitgeber vielfach die **Kosten für die Gartenpflege**. Diese Kosten sind mit dem üblichen Endpreis des Abgabeorts nach § 8 Abs. 2 Satz 1 EStG bzw. mit den tatsächlich anfallenden Kosten zu erfassen.

10. Abschläge vom Mietwert

679 Ungewöhnlich starke **Beeinträchtigungen des Wohnwerts** durch Lärm oder Luftverschmutzung können Abschläge vom ortsüblichen Mietwert rechtfertigen.

Bei Hauswarten oder Hausmeistern kann der Mietwert zu mindern sein, wenn den Hausbewohnern der Zugang zu der Hauswart- oder Hausmeisterwohnung gewährt werden muss und Werkzeug und Material in der Wohnung bzw. den Nebenräumen gelagert

wird (BFH, Urteil vom 3.10.1974, BStBl II 1975 S. 81). Bei Schulhausmeistern erkennt die Finanzverwaltung z.B. im Regelfall eine Minderung des Mietwerts um 20 % an.

Vorweg ist jedoch zu prüfen, ob sich die oben genannten Ermäßigungsgründe nicht bereits bei der Wertfindung (Bemessungsgrundlage) ausgewirkt haben (BFH, Urteil vom 13.12.1974, BStBl II 1975 S. 191).

11. Wohnungen der ehemals gemeinnützigen Wohnungsunternehmen

680 Mit der Aufhebung des Wohnungsgemeinnützigkeitsgesetzes (WGG) zum 1.1.1990 entfiel für die ehemals gemeinnützigen Wohnungsunternehmen auch die Bindung an die gemeinnützigkeitsrechtlich zulässige angemessene Miete.

Seit 1996 ist der geldwerte Vorteil aus einer verbilligten Wohnungsvermietung im Vergleich zur ortsüblichen Miete festzustellen und zu versteuern. Statt der ortsüblichen Miete kann auch die Miete zu Grunde gelegt werden, die ausgehend von der am 31.12.1989 maßgebenden wohnungsgemeinnützigkeitsrechtlichen Kostenmiete unter Berücksichtigung der in der Zwischenzeit mietpreisrechtlich zulässigen Mieterhöhungen im Jahr 2002 höchstens verlangt werden kann.

12. Turnus der Mietwertfestsetzungen

681 Der **ortsübliche Mietwert ändert sich laufend**, so dass auch der Arbeitgeber regelmäßig vor der Frage steht, wann und wie oft er den zu versteuernden Betrag der von seinen Arbeitnehmern zu erhebende Miete anpassen muss. Bei Ansatz der ortsüblichen Miete muss jedoch bedacht werden, dass der Arbeitgeber nur dann eine Anpassung des Mietwerts vornehmen muss, wenn er auf Grund der mietpreisrechtlichen Bestimmungen berechtigt wäre eine Mieterhöhung vorzunehmen (vgl. R 31 Abs. 6 LStR). Außer Betracht bleiben muss, dass bei den Werkswohnungen dem Betriebsrat ein Mitbestimmungsrecht zusteht.

Im Allgemeinen ist es nicht zu beanstanden, wenn die Mietwerte **im Turnus von drei Jahren überprüft** und, soweit erforderlich, angepasst werden. Lediglich außergewöhnliche Umstände (z.B. wesentliche Änderung des Mietpreisniveaus oder bauliche Veränderungen) sollten die Bindung beiderseits ausschließen.

13. Modernisierungsmaßnahmen

682 Hat der Vermieter bauliche Maßnahmen durchgeführt, die den Gebrauchswert der Wohnung nachhaltig erhöhen, die allgemeinen Wohnverhältnisse auf die Dauer verbessern oder nachhaltige Einsparungen von Energie oder Wasser bewirken (Modernisierung), oder hat er andere bauliche Maßnahmen auf Grund von Umständen durchgeführt, die er nicht zu vertreten hat, so kann er die jährliche Miete um 11 % der für die Wohnung aufgewendeten Kosten erhöhen (§ 559 Abs. 1 BGB).

Bei der Ermittlung der Mieterhöhung ist Folgendes zu berücksichtigen (§ 559a BGB):

– Kosten, die vom Mieter oder für diesen von einem Dritten übernommen oder die mit Zuschüssen aus öffentlichen Haushalten gedeckt werden, gehören nicht zu den aufgewendeten Kosten i.S. des § 559 BGB.

– Werden die Kosten für die baulichen Maßnahmen ganz oder teilweise durch zinsverbilligte oder zinslose Darlehen aus öffentlichen Haushalten gedeckt, so verringert sich der Erhöhungsbetrag nach § 559 BGB um den Jahresbetrag der Zinsermäßigung. Dieser wird errechnet aus dem Unterschied zwischen dem ermäßigten Zinssatz und dem marktüblichen Zinssatz für den Ursprungsbetrag des Darlehens. Maßgebend ist der marktübliche Zinssatz für erstrangige Hypotheken zum Zeitpunkt der Beendigung der Maßnahmen. Werden Zuschüsse oder Darlehen zur Deckung von laufenden Aufwendungen gewährt, so verringert sich der Erhöhungsbetrag um den Jahresbetrag des Zuschusses oder Darlehens.

– Ein Mieterdarlehen, eine Mietvorauszahlung oder eine von einem Dritten für den Mieter erbrachte Leistung für die baulichen Maßnahmen stehen einem Darlehen aus öffentlichen

Haushalten gleich. Mittel der Finanzierungsinstitute des Bundes oder eines Landes gelten als Mittel aus öffentlichen Haushalten.

Die o.g. Grundsätze sind auch für die Ermittlung des ortsüblichen Mietwerts i.S. des § 8 Abs. 2 Satz 1 EStG anzuwenden.

14. Instandhaltungskosten

683 Übernehmen Arbeitgeber die Instandhaltungskosten an den Häusern, die sich im Eigentum von Arbeitnehmern befinden – z.B. bei Vorstandsmitgliedern und anderen leitenden Angestellten –, so ist dieser **geldwerte Vorteil** mit den effektiven Kosten steuerlich zu erfassen. Dabei kann es sich sowohl um Großreparaturen (Dachreparaturen, Außenanstrich usw.) als auch um kleine Instandsetzungsarbeiten (z.B. Installationsarbeiten an Heizung, sanitären Einrichtungen usw.) handeln.

(LSt) (SV)

15. Anwendung der Freigrenze von 50 €

684 Die Freigrenze von 50 € nach § 8 Abs. 2 Satz 9 EStG gilt nur für Sachbezüge, die mit dem um übliche Preisnachlässe geminderten üblichen Endpreis am Abgabeort bewertet werden (§ 8 Abs. 2 Satz 1 EStG). Für Sachbezüge, die mit dem amtlichen **Sachbezugswert** nach der Sachbezugsverordnung bewertet werden (§ 8 Abs. 2 Satz 6 EStG) oder für die **Durchschnittswerte** festgelegt worden sind (§ 8 Abs. 2 Satz 8 EStG), ist die Freigrenze ·**nicht anwendbar**.

Wird die Freigrenze von 50 € auch nur **geringfügig** überschritten, ist der **gesamte geldwerte Vorteil** steuer- und beitragspflichtig. Allerdings ist die Freigrenze von 50 € auch dann anwendbar, wenn der Arbeitgeber die Wohnung anmietet und damit der geldwerte Vorteil feststeht.

Wegen weiterer Einzelheiten zur 50-€-Freigrenze und Beispiele vgl. → *Sachbezüge* Rz. 2145.

16. Anwendung des Rabattfreibetrags

685 Die Anwendung des Rabattfreibetrags von 1 224 € ist auch bei der unentgeltlichen oder verbilligten Wohnungsüberlassung möglich (BFH, Urteil vom 4.11.1994, BStBl II 1995 S. 338). Voraussetzung ist allerdings, dass der Arbeitgeber Wohnungen **überwiegend an fremde Dritte** vermietet. Dabei muss die Vermietung von Wohnungen nicht unbedingt der Geschäftszweck des Arbeitgebers sein, wie dies bei Wohnungsvermietungsgesellschaften der Fall ist. Auch bei anderen Arbeitgebern – sofern sie nicht überwiegend an Arbeitnehmer vermieten – ist der Rabattfreibetrag von 1 224 € anwendbar (BFH, Urteil vom 7.2.1997, BStBl II 1997 S. 363).

Die Anwendung des Rabattfreibetrags bedeutet, dass der geldwerte Vorteil nicht mehr nach dem um übliche Preisnachlässe geminderten üblichen Endpreis am Abgabeort bemessen wird. Nach § 8 Abs. 3 EStG ist der konkrete Angebotspreis des Arbeitgebers maßgebend, allerdings noch gemindert um 4 %. Die Freigrenze von 50 € monatlich ist nicht anwendbar, da die Bewertungsvorschriften des § 8 Abs. 3 EStG denen des Abs. 2 vorgehen.

Beispiel 1:

Eine Wohnungsvermietungsgesellschaft vermietet einem Arbeitnehmer eine Drei-Zimmer-Wohnung mit 68,75 qm. Hierfür zahlt er eine ermäßigte Miete von 7 € pro qm. Vergleichbare Wohnungen werden an fremde Dritte zu einem Quadratmeterpreis von 8 € vermietet.

Bei einer Wohnungsvermietungsgesellschaft ist davon auszugehen, dass sie überwiegend an fremde Dritte vermietet, daher ist der geldwerte Vorteil nach § 8 Abs. 3 EStG zu ermitteln:

Endpreis des Arbeitgebers (68,75 qm × 8 €)	550,— €
⁒ 4 % Abschlag	22,— €
= Endpreis i.S. des § 8 Abs. 3 EStG	528,— €
⁒ Miete des Arbeitnehmers (68,75 qm × 7 €)	481,25 €
= geldwerter Vorteil im Monat	46,75 €
⁒ Rabattfreibetrag je Monat (1 224 € : 12)	102,— €
= zu versteuern	0 €

Der Arbeitnehmer hat für die Überlassung der Wohnung keinen geldwerten Vorteil zu versteuern.

Die **Anwendung des Rabattfreibetrages** muss nicht immer vorteilhaft für den Arbeitnehmer sein, sie kann sich **auch** zu seinem **Nachteil** auswirken. Allerdings haben weder Arbeitnehmer noch Arbeitgeber eine **Wahlmöglichkeit** hinsichtlich der Anwendung der Bewertungsvorschriften.

Beispiel 2:

Eine Spedition hat ein Wohngebäude errichtet, das sechs Mietwohnungen enthält. Vier Wohnungen werden an fremde Dritte zu einem Quadratmeterpreis von 6,50 € vermietet. In den übrigen zwei Wohnungen wohnen Mitarbeiter der Spedition zu einem Quadratmeterpreis von 5 €. Der übliche Mietwert für derartige Wohnungen beträgt 5,50 €. Alle Wohnungen haben eine Größe von 100 qm.

Da die Wohnungen überwiegend an fremde Dritte vermietet werden, ist der geldwerte Vorteil nach § 8 Abs. 3 EStG zu ermitteln:

Endpreis des Arbeitgebers (100 qm × 6,50 €)	650 €
⁒ 4 % Abschlag	26 €
= Endpreis i.S. des § 8 Abs. 3 EStG	624 €
⁒ Miete des Arbeitnehmers (100 qm × 5 €)	500 €
=· geldwerter Vorteil im Monat	124 €
⁒ Rabattfreibetrag je Monat (1 224 € : 12)	102 €
= zu versteuern	22 €

Der Arbeitnehmer hat 22 € im Monat für die Überlassung der Wohnung zu versteuern.

Beispiel 3:

Wie Beispiel 2, ein Mieter zieht aus und die Wohnung wird an einen Mitarbeiter vermietet.

Da die Wohnungen **nicht überwiegend** an fremde Dritte vermietet werden, ist der geldwerte Vorteil nach § 8 Abs. 2 EStG zu ermitteln. Der Rabattfreibetrag ist nicht anzuwenden.

Übliche Miete der Wohnung (100 qm × 5,50 €)	550 €
⁒ Miete des Arbeitnehmers (100 qm × 5 €)	500 €
= geldwerter Vorteil im Monat	50 €

Unter der Voraussetzung, dass der Arbeitnehmer keine weiteren geldwerten Vorteile erhält, hat der Arbeitnehmer für die Überlassung der Wohnung nichts zu versteuern, denn der Vorteil überschreitet nicht die Freigrenze von 50 €.

17. Wohnrecht

Räumt der Arbeitgeber dem Arbeitnehmer im Hinblick auf das **686** Dienstverhältnis ein befristetes oder lebenslängliches Wohnrecht an einer Wohnung ein, so fließt dem Arbeitnehmer der geldwerte Vorteil nicht im Zeitpunkt der Bestellung des Wohnrechts in Höhe des kapitalisierten Werts, sondern fortlaufend in Höhe des jeweiligen Nutzungswerts der Wohnung zu. Einzelheiten siehe → *Grundstücke: verbilligte Überlassung* Rz. 1210.

18. Wohnungsbauförderung des Arbeitgebers mit Gegenleistung

a) Zinsersparnisse und Aufwendungszuschüsse aus Wohnungsfürsorgemitteln

Für die lohnsteuerliche Behandlung von Zinsvorteilen und Auf- **687** wendungszuschüssen aus Wohnungsfürsorgemitteln gilt Folgendes (FinMin Bayern, Erlass vom 16.2.2001, DB 2001 S. 949):

Werden Aufwendungszuschüsse oder Darlehen aus Wohnungsfürsorgemitteln für **Angehörige des öffentlichen Dienstes** nach § 87a oder 87b II. WoBauG **nur gegen Einräumung eines Besetzungsrechts und eines Verzichts auf einen Teil der Miete bei Fremdvermietung gewährt**, so ist davon auszugehen, dass diese Gegenleistung die Vorteile aus der Förderung ausgleicht. Der **Vorteil ist mit 0 €** anzusetzen; Aufwendungszuschüsse und Zinsvorteile sind deshalb nicht als Arbeitslohn zu erfassen.

Diese Grundsätze sind für **Arbeitnehmer in der Privatwirtschaft entsprechend anzuwenden**, wenn vergleichbare Fälle auftreten.

(LSt) (SV)

b) Rückzahlung von Darlehen

Wird ein unverzinsliches oder niedrig verzinsliches Wohnungs- **688** baudarlehen vorzeitig abgelöst, gewährt der Arbeitgeber im Hinblick auf die vorzeitige Tilgung einen Teilerlass in Höhe des Abzinsungsbetrags und bleibt das im Zusammenhang mit der Darlehensgewährung vereinbarte **Wohnungsbesetzungsrecht** des

Arbeitgebers für mindestens **drei Jahre** bestehen, so ist der Schuldnachlass nach einer Entscheidung der obersten Finanzbehörden des Bundes und der Länder mit **0 €** zu bewerten.

LSt SV

19. Sonstige Arbeitgeberaufwendungen

689 Soweit Arbeitgeber sonstige Aufwendungen für die Wohnungsbeschaffung ihrer Arbeitnehmer leisten, ohne dass ein Besetzungsrecht oder ein Verzicht auf einen Teil der Miete bei Fremdvermietung vereinbart wird, ist nach folgenden Grundsätzen zu verfahren (FinMin Niedersachsen, Erlass vom 28.2.1966, DStZ/E 1966 S. 140):

a) Verlorene Zuschüsse des Arbeitgebers für ein Eigenheim

690 Wenn der Arbeitgeber dem Arbeitnehmer ohne jede Auflage einen **verlorenen Zuschuss** zum **Bau oder Erwerb eines Eigenheims** bzw. einer Eigentumswohnung gewährt, so ist dieser Zuschuss steuer- und beitragspflichtiger Arbeitslohn. Der Zuschuss ist im Jahr des Zuflusses zu versteuern.

LSt SV

b) Zinsgünstige Darlehen

691 Gewährt der Arbeitgeber dem Arbeitnehmer ein **zinsloses oder ein zinsgünstiges Darlehen**, so ist der Zinsvorteil steuerpflichtiger Arbeitslohn, wenn der vereinbarte Zinssatz unter 5,5 % liegt (→ *Zinsersparnisse/Zinszuschüsse* Rz. 2675).

LSt SV

c) Erstattung von Zinsen

692 **Erstattet** der Arbeitgeber dem Arbeitnehmer die **Zinsen für einen Kredit**, den der Arbeitnehmer zum Bau eines Eigenheims bzw. einer Eigentumswohnung von einem Dritten, z.B. einer Bank oder Lebensversicherung, aufgenommen hat, so ist steuerpflichtiger Arbeitslohn anzunehmen (→ *Zinsersparnisse/Zinszuschüsse* Rz. 2674).

LSt SV

d) Verkauf von Bauland

693 **Veräußert** der Arbeitgeber dem Arbeitnehmer **Bauland** zu einem Kaufpreis, der unter dem um übliche Preisnachlässe geminderten üblichen Endpreis am Abgabeort liegt, so stellt der Unterschiedsbetrag steuerpflichtigen Arbeitslohn dar (→ *Grundstücke: verbilligte Überlassung* Rz. 1203).

LSt SV

e) Verlorene Zuschüsse des Arbeitgebers zur Miete

694 Wenn der Arbeitgeber dem Arbeitnehmer ohne jede Auflage einen **verlorenen Zuschuss zur Miete** gewährt, so ist dieser Zuschuss steuer- und beitragspflichtiger Arbeitslohn. Der Zuschuss ist im Jahr des Zuflusses zu versteuern.

LSt SV

f) Zuschüsse des Arbeitgebers als Mietvorauszahlung

695 Gewährt der Arbeitgeber dem Arbeitnehmer einen Zuschuss zur Miete einer Wohnung mit der Auflage, dass der Arbeitnehmer den Zuschuss an den Vermieter **als Mietvorauszahlung** weiterleiten muss, und muss der Arbeitnehmer den Zuschuss **in Höhe der Mietminderung** an den Arbeitgeber **zurückzahlen**, so hat der Zuschuss den Charakter eines Darlehens. Steuer- und beitragspflichtiger Arbeitslohn liegt mithin nicht vor.

LSt SV

Ist der Zuschuss (das Darlehen) nicht verzinst oder liegt der vereinbarte Zinssatz unter 5,5 %, so ist der Zinsvorteil steuerpflichtiger Arbeitslohn (→ *Zinsersparnisse/Zinszuschüsse* Rz. 2675).

LSt SV

g) Zuschüsse des Arbeitgebers mit Rückzahlungsverpflichtung

696 Gewährt der Arbeitgeber dem Arbeitnehmer einen **Zuschuss zur Miete** einer Wohnung mit der Auflage, dass der Arbeitnehmer den Zuschuss **bei vorzeitigem Ausscheiden aus dem Dienst-**

verhältnis ganz oder teilweise an den Arbeitgeber **zurückzahlen muss**, so ist der Zuschuss steuer- und beitragspflichtig.

LSt SV

Muss der Arbeitnehmer den Zuschuss im Falle des Ausscheidens ganz oder teilweise zurückzahlen, so liegt eine Arbeitslohnrückzahlung vor, die im Zahlungszeitpunkt den steuerpflichtigen Arbeitslohn mindert (→ *Rückzahlung von Arbeitslohn* Rz. 2119).

h) Rückzahlung von Darlehen

697 Löst der Arbeitnehmer ein unverzinsliches oder niedrig verzinsliches Wohnungsbaudarlehen **vorzeitig** ab und gewährt der Arbeitgeber im Hinblick auf die vorzeitige Tilgung einen **Teilerlass** in Höhe des Abzinsungsbetrags, so liegt in Höhe des Teilerlasses grundsätzlich steuer- und beitragspflichtiger Arbeitslohn vor.

LSt SV

Dienstzimmer

698 Der Mietwert eines Dienstzimmers ist bei der Ermittlung des geldwerten Vorteils aus der Überlassung einer Dienstwohnung **auszuklammern**. Denkbar ist aber auch, dass der Arbeitnehmer mit seinem Arbeitgeber einen **Mietvertrag** über die Überlassung eines Dienstzimmers abschließt. Die Vergütungen gehören dann bei ihm zu den Einnahmen aus **Vermietung und Verpachtung** und unterliegen somit nicht dem Lohnsteuerabzug, dies war z.B. bei den sog. Posthaltern der Fall (BMF-Schreiben vom 23.4.1990, StEd 1990 S. 165).

LSt SV

Zum **häuslichen Arbeitszimmer** siehe → *Arbeitszimmer* Rz. 272.

Diplomaten und Konsularbeamte

699 Nach dem **Wiener Übereinkommen** vom 18.4.1961 über diplomatische Beziehungen (WÜD) und vom 24.4.1963 über konsularische Beziehungen (WÜK) ist u.a. ein Diplomat einer ausländischen Mission und ein Konsularbeamter einer ausländischen Vertretung von Einkommensteuern befreit (Art. 34 WÜD, Art. 49 und 71 WÜK). Die Befreiung gilt nicht für Steuern von privaten Einkünften aus Quellen des Empfangsstaates. Gleiches gilt für Mitglieder/Bedienstete des Verwaltungs- und technischen Personals sowie die zum Haushalt eines ausländischen Diplomaten oder Konsularbeamten sowie eines Mitglieds/Bediensteten gehörenden **Familienangehörigen**, sofern diese weder die Staatsangehörigkeit des Empfangsstaates besitzen noch dort ständig ansässig sind. Unter vorgenannten Voraussetzungen sind auch die Dienstbezüge des **Hauspersonals** oder die Bezüge privater Hausangestellter von Mitgliedern einer ausländischen Mission steuerfrei. Darüber hinaus können für andere Mitglieder des Personals einer Mission und Hausangestellte nach besonderen Regelungen Steuerbefreiungen bestehen (vgl. im Einzelnen H 6 Nr. 29 EStH).

Danach werden ausländische Personen mit diplomatischem oder konsularischem Status im Empfangsstaat nur in einem der beschränkten Steuerpflicht ähnlichen Umfang besteuert. Ggf. können in einem Doppelbesteuerungsabkommen abweichende Regelungen getroffen worden sein (→ *Doppelbesteuerungsabkommen bei Einkünften aus nichtselbständiger Arbeit* Rz. 715).

Im Übrigen sind die Gehälter und Bezüge ausländischer Diplomaten und Berufskonsuln sowie Angehöriger der Botschaft bzw. des Konsulats in dem in § 3 Nr. 29 EStG bezeichneten Umfang steuerfrei.

Deutsche Personen mit diplomatischem oder konsularischen Status **im Ausland** unterliegen in Deutschland der erweiterten unbeschränkten Steuerpflicht nach § 1 Abs. 2 EStG (→ *Steuerpflicht* Rz. 2298).

Eine **ausländische Person** mit diplomatischem oder konsularischen Status in Deutschland unterliegt hier grundsätzlich der beschränkten Steuerpflicht. Hat ein inländischer Arbeitgeber diese im Rahmen einer dienstrechtlich zulässigen Nebentätigkeit beschäftigt, so unterliegt der Arbeitslohn nach den Regelungen für beschränkt steuerpflichtige Arbeitnehmer dem Lohnsteuerabzug.

Eine Zusammenveranlagung (**Splitting/Steuerklasse III**) eines unbeschränkt steuerpflichtigen Arbeitnehmers **mit einem ausländischen Ehepartner** mit konsularischem oder diplomatischem Status ist nur unter den Voraussetzungen der §§ 1 Abs. 1, 1 a EStG möglich (→ *Steuerpflicht* Rz. 2303).

Ausländische Botschaftsangehörige sind ausnahmsweise unbeschränkt steuerpflichtig, wenn sie in Deutschland ständig ansässig sind (FG Köln, Urteil vom 24.1.2001, EFG 2001 S. 552).

Zur Besteuerung sog. **Ortskräfte** siehe BFH, Urteil vom 13.11.1996, BFH/NV 1997 S. 664, und FinMin Niedersachsen, Erlass vom 26.1.1995, FR 1995 S. 241.

Directors&Officers-Versicherungen

1. Allgemeines

700 Bei einer sog. Directors&Officers-Versicherung (kurz D&O-Versicherung) handelt es sich um eine **Vermögensschaden-Haftpflichtversicherung**. Versicherungsgegenstand ist das (persönliche) **Haftungsrisiko einer leitenden Person einer Gesellschaft** auf Grund ihrer beruflichen Tätigkeit (z.B. als Geschäftsführer oder als Vorstands- oder Aufsichtsratsmitglied). Versichert sind sowohl Pflichtverletzungen gegenüber der eigenen Gesellschaft (Innenhaftung) als auch Dritten gegenüber (Außenhaftung). **Versicherungsnehmer ist die Gesellschaft**, die auch die Prämien an den Versicherer leistet. Versicherte Personen sind die Führungsorgane der Gesellschaft. Diese sind im Schadensfall in der Eigenschaft als Organ der Gesellschaft auch anspruchsberechtigt.

2. Lohnsteuer

a) Arbeitslohn

701 Nach Auffassung der Finanzverwaltung stellen die vom Arbeitgeber gezahlten Versicherungsprämien bei den Arbeitnehmer **im Zeitpunkt der Beitragsleistung steuerpflichtigen Arbeitslohn dar**. Begründet wird dies damit, dass der durch die D&O-Versicherung gewährte Versicherungsschutz im persönlichen Interesse der versicherten Person liege und höher einzuschätzen sei als das betriebliche Interesse des Arbeitgebers an einer solchen Versicherung. Dabei wird davon ausgegangen, dass die versicherte Person selbst ein gewichtiges Interesse an dem gebotenen Versicherungsschutz hat, um einen etwaigen Regress gegenüber ihrer Person auszuschließen. Es handelt sich somit nicht um nicht steuerbare Leistungen des Arbeitgebers im eigenbetrieblichen Interesse, siehe dazu H 70 (Allgemeines zum Arbeitslohnbegriff) LStH. Die Beitragszahlungen sind dabei durch Aufteilung nach der versicherten Personenzahl den Arbeitnehmern zuzurechnen. Dabei ist die **50-€-Freigrenze** nach § 8 Abs. 2 Satz 9 EStG zu beachten (→ *Sachbezüge* Rz. 2145).

Andererseits stellen die als geldwerter Vorteil erfassten Versicherungsprämien beim Arbeitnehmer **Werbungskosten** dar. Im Ergebnis kommt es mithin nicht zu einer Besteuerung, sofern der Arbeitnehmer-Pauschbetrag von 1 044 € auch ohne Berücksichtigung dieser Aufwendungen bereits überschritten ist.

b) Kein Arbeitslohn

702 Sollte im Einzelfall auch das **Schadensrisiko der Gesellschaft** mit abgedeckt sein, ist insoweit kein Arbeitslohn anzunehmen. Die Versicherungsprämie ist zunächst den versicherten Risiken zuzuordnen und danach erst durch Aufteilung den betroffenen Arbeitnehmern als Arbeitslohn zuzurechnen.

Bei Versicherten, die nicht Arbeitnehmer sind (insbesondere **Aufsichtsratsmitglieder**), gelten die o.g. Grundsätze sinngemäß. Die Versicherungsprämien sind zwar kein Arbeitslohn, aber den Betriebseinnahmen aus der Aufsichtsratstätigkeit nach § 18 Abs. 1 Nr. 3 EStG zuzuordnen. Gleichzeitig sind sie als Betriebsausgaben abzuziehen.

Doktoranden

Kosten der Promotion gehören regelmäßig zu den nur beschränkt 703 als Sonderausgaben abzugsfähigen **Ausbildungskosten** (→ *Fortbildung* Rz. 1055). Das gilt auch, wenn die Promotion erst nach Eintritt in das Berufsleben erfolgt (BFH, Urteil vom 9.10.1992, BStBl II 1993 S. 115). Denn erst die Doktorprüfung ist der eigentliche Abschluss der akademischen Ausbildung.

Ausnahmen gelten nach dem o.g. Urteil, wenn das Promotionsstudium Gegenstand eines **Ausbildungsdienstverhältnisses** ist (→ *Fortbildung* Rz. 1054). Der **Arbeitgeber** darf dann **Reisekosten** steuerfrei nach § 3 Nr. 16 EStG ersetzen, der Arbeitnehmer kann seine Studienkosten als Werbungskosten absetzen.

Vergütungen für die ins **Ausland** entsandten Doktoranden sind **nicht** nach dem Auslandstätigkeitserlass steuerfrei, weil sie aus öffentlichen Kassen (Universitäten) gezahlt werden (BMF-Schreiben vom 17.6.1991, StLex 4, 19–19a, 1216); vgl. auch → *Auslandstätigkeitserlass* Rz. 374.

Doppelbesteuerung

Ausländische Einkünfte unterliegen zumeist der Besteuerung im 704 Wohnsitzstaat nach den Regeln der unbeschränkten Steuerpflicht und im Quellen-/Tätigkeitsstaat nach den Regeln der beschränkten Steuerpflicht (→ *Steuerpflicht* Rz. 2297). Zur Vermeidung der Doppelbesteuerung kommen folgende Methoden in Betracht:

– **Anrechnung/Abzug ausländischer Steuern** nach § 34c EStG (→ *Anrechnung/Abzug ausländischer Steuern* Rz. 138),

– **Freistellung** ausländischer Einkünfte; bei dieser Methode werden die Einkünfte nicht mit in die Bemessungsgrundlage für die Berechnung der Einkommen- bzw. Lohnsteuer einbezogen, sie werden aber ggf. bei der Bemessung des Steuersatzes (→ *Progressionsvorbehalt* Rz. 1924) berücksichtigt.

Grundlage für die Anrechnung/den Abzug ausländischer Steuern oder die Freistellung ausländischer Einkünfte (ggf. unter Progressionsvorbehalt) sind

– Vorschriften des EStG (insbesondere §§ 34c, 50 Abs. 7 EStG), auf denen z.B. der **Auslandstätigkeitserlass** (→ *Auslandstätigkeitserlass* Rz. 374) und der Besteuerungsverzicht bei der Verwertung von Einkünften im Inland nach R 125 Abs. 3 LStR beruht und

– zwischenstaatliche Vereinbarungen, insbesondere **Doppelbesteuerungsabkommen** (→ *Doppelbesteuerungsabkommen: Allgemeines* Rz. 706).

Doppelbesteuerungsabkommen: Allgemeines

Inhaltsübersicht:	Rz.
1. Bedeutung für das Lohnsteuerabzugsverfahren	705
2. Geltende Doppelbesteuerungsabkommen	706
3. Gliederung der Doppelbesteuerungsabkommen	707
4. Besteuerungsregeln der Doppelbesteuerungsabkommen	708
5. Auslegung	709
6. Abkommensberechtigung/Ansässigkeit	710
7. Deutschland ist Ansässigkeitsstaat	711
8. Deutschland ist Quellenstaat	712
9. Freistellungsverfahren	713
10. Verständigungsvereinbarungen	714

1. Bedeutung für das Lohnsteuerabzugsverfahren

Doppelbesteuerungsabkommen sind zwischenstaatliche Verein- 705 barungen zur Vermeidung der Doppelbesteuerung oder ggf. der Keinmalbesteuerung. Sie sind erst dann anzuwenden, wenn beide Staaten sie durch Zustimmungsgesetze umgesetzt und sich gegenseitig darüber informiert haben.

Der **Arbeitgeber** muss ein **Doppelbesteuerungsabkommen im Lohnsteuerabzugsverfahren beachten,** wenn er

– einen **Arbeitnehmer aus einem ausländischen Staat in Deutschland beschäftigt** oder

– einen inländischen Arbeitnehmer in einen ausländischen Staat schickt (→ *Auslandsbeamte* Rz. 363, → *Ausländischer Arbeitslohn* Rz. 362) und

– die Bundesrepublik Deutschland mit dem jeweiligen ausländischen Staat ein **Doppelbesteuerungsabkommen** abgeschlossen hat und das Doppelbesteuerungsabkommen in Kraft getreten ist (→ *Doppelbesteuerungsabkommen bei Einkünften aus nichtselbständiger Arbeit* Rz. 715).

Besteht kein **Doppelbesteuerungsabkommen** siehe → *Ausländischer Arbeitslohn* Rz. 362.

2. Geltende Doppelbesteuerungsabkommen

706 Eine Übersicht über den Stand der Doppelbesteuerungsabkommen mit Fundstellen u.a. über das In-Kraft-Treten und der Doppelbesteuerungsverhandlungen wird jährlich im Bundessteuerblatt vom Bundesministerium der Finanzen bekannt gemacht.

Nach dem **Stand vom 1.1.2001** (BMF-Schreiben vom 2.1.2001, BStBl I 2001 S. 41) gelten Doppelbesteuerungsabkommen mit folgenden Staaten:

Ägypten	Japan	Russische
Argentinien	Jugoslawien	Föderation
Australien	Kanada	Sambia
Bangladesch	Kasachstan	Schweden
Belgien	Kenia	Schweiz
Bolivien	Korea, Republik	Simbabwe
Brasilien	Kuwait	Singapur
Bulgarien	Lettland	Spanien
China (ohne	Liberia	Sri Lanka
Hongkong	Litauen	Südafrika
und Macau)	Luxemburg	Thailand
Côte d'Ivoire	Malaysia	Trinidad und Tobago
Dänemark	Malta	Tschechoslowakei
Ecuador	Marokko	Türkei
Estland	Mauritius	Tunesien
Finnland	Mexiko	UdSSR
Frankreich	Mongolei	Ukraine
Griechenland	Namibia	Ungarn
Indien	Neuseeland	Uruguay
Indonesien	Niederlande	Venezuela
Iran, Islamische	Norwegen	Vereinigte Arabische
Republik	Österreich	Emirate
Irland	Pakistan	Vereinigtes
Island	Philippinen	Königreich
Israel	Polen	USA
Italien	Portugal	Vietnam
Jamaika	Rumänien	Zypern

Hongkong ist ein besonderer Teil der VR China (Hongkong Special Administrative Region), ohne dass dort das allgemeine Steuerrecht der VR China gilt. Das zwischen der Bundesrepublik Deutschland und der VR China abgeschlossene DBA ist daher in Hongkong **nicht anwendbar.** Eine Einbeziehung Hongkongs in den Geltungsbereich des DBA China ist nicht angestrebt. Verhandlungen über ein gesondertes Abkommen mit Hongkong sind nicht geplant. Entsprechendes gilt auch für Macau nach dessen Übergabe an China am 20.12.1999. Am 12.1.2001 ist ein Schifffahrtsteuerabkommen mit Hongkong paraphiert worden.

Die mit der Sowjetunion (UdSSR), der Sozialistischen Föderativen Republik Jugoslawien (SFRJ) und der ehemaligen Tschechoslowakischen Sozialistischen Republik abgeschlossenen Doppelbesteuerungsabkommen gelten weiter:

– das **Doppelbesteuerungsabkommen mit der UdSSR** in

den Republiken Armenien, Aserbaidschan, Georgien, Kirgisistan, Moldau, Tadschikistan, Usbekistan, Weißrussland und Turkmenistan.

– das **Doppelbesteuerungsabkommen mit der SFRG** in

den Republiken Bosnien und Herzigowina, Kroatien, Slowenien, Mazedonien und der Bundesrepublik Jugoslawien (Serbien und Montenegro);

– das **Doppelbesteuerungsabkommen mit der Tschechoslowakischen Sozialistischen Republik** in der Slowakischen und der Tschechischen Republik.

Soweit die Doppelbesteuerungsabkommen Rechtsvorschriften in DM-Beträgen enthalten, sind diese Beträge mit dem Kurs 1 € = 1,95583 DM punktgenau in Euro umzurechnen (BMF-Schreiben vom 16.3.2001, BStBl I 2001 S. 204).

3. Gliederung der Doppelbesteuerungsabkommen

707 Will der Arbeitgeber anhand eines Doppelbesteuerungsabkommens prüfen, ob Einkünfte der deutschen Besteuerung unterliegen, so erleichtern ihm folgende Hinweise über die Gliederung der Abkommen die Orientierung. Die meisten Doppelbesteuerungsabkommen sind wie folgt gegliedert (siehe auch das OECD-Musterabkommen 2000 zur Vermeidung der Doppelbesteuerung des Einkommens und des Vermögens [OECD-MA] nach dem Stand vom 29.4.2000, BStBl II 2001 S. 72):

– Geltungsbereich, Art. 1 und 2 OECD-MA

– Für die Anwendung wichtige Definitionen (z.B. Ansässigkeit, Betriebsstätte), Art. 2 bis 5 OECD-MA

– Besteuerungsrecht des Quellen-Tätigkeitsstaates und ggf. des Ansässigkeitsstaates, Art. 6 bis 21 OECD-MA

– Vermeidung der Doppelbesteuerung durch den Ansässigkeitsstaat (sog. Methodenartikel), Art. 23 A (Befreiungs-Freistellungsmethode) und 23 B (Anrechnungsmethode) OECD-MA

– Diskriminierungsverbot, Verständigungsverfahren, zwischenstaatlicher Informationsaustausch, Behandlung von Diplomaten und Konsularbeamten, Ausdehnung des räumlichen Geltungsbereichs, In-/Außer-Kraft-Treten, Art. 24–30 OECD-MA.

Einzelne Bestimmungen können in zusätzlichen Vereinbarungen (z.B. Schlussprotokoll) modifiziert oder erläutert sein.

4. Besteuerungsregeln der Doppelbesteuerungsabkommen

708 Bei der Prüfung des deutschen Besteuerungsrechts sollte der Arbeitgeber Folgendes beachten: Die Regelung über die Zuweisung des **Besteuerungsrechts an den Tätigkeitsstaat lässt keine Rückschlüsse auf die Besteuerung im Ansässigkeitsstaat und die dortige Vermeidung der Doppelbesteuerung** zu. Dies ist dem sog. **Methodenartikel** zu entnehmen (vgl. → Rz. 707). Zur Vermeidung doppelter Lohnsteuerabzüge bei Kohle-, Öl- und Gasgewinnung auf Grund des DBA-Dänemark im Billigkeitswege siehe FinMin Berlin, Erlass vom 12.12.2000, BB 2001 S. 399. Steht einem Staat das Besteuerungsrecht nicht zu, so hat er grundsätzlich nicht zu prüfen, ob der andere Staat sein Besteuerungsrecht auch tatsächlich ausübt. Der **Verzicht eines Vertragsstaates auf das Besteuerungsrecht gilt** – soweit sich aus den Abkommen nicht ausnahmsweise etwas anderes ergibt – **zwingend und ausnahmslos** (Verbot der virtuellen Doppelbesteuerung). Doppelbesteuerungsabkommen können das deutsche (innerstaatliche) Besteuerungsrecht andererseits auch nicht ausdehnen, sondern nur einschränken. In einigen – insbesondere neueren – Doppelbesteuerungsabkommen sind zur Einschränkung der Keinmalbesteuerung **Rückfallklauseln** o.Ä. (Subject-to-tax-Klausel, Remittance-base-Prinzip, Switch-over-Klausel) vereinbart worden. Rückfallklauseln bewirken, dass die Einkünfte nur dann als in dem (Tätigkeits-)Staat bezogen gelten, wenn dieser die Einkünfte auch besteuert. Ist dies nicht der Fall, fällt das Besteuerungsrecht an den Ansässigkeitsstaat zurück. Bei der Switch-over-Klausel darf der Ansässigkeitsstaat in bestimmten Fällen von der Anrechnungs- zur Freistellungsmethode übergehen (→ *Doppelbesteuerung* Rz. 704). Zum Übergang Dänemarks von der Steuerfreistellung zur Steueranrechnung für bestimmte Einkünfte aus nichtselbständiger Arbeit siehe BMF-Schreiben vom 21.2.2000, BStBl I 2000 S. 310. In einigen Doppelbesteuerungsabkommen gibt es Regelungen, wonach der Quellenstaat die Einkünfte nicht oder nur teilweise freistellt, wenn die Einkünfte im Ansässigkeitsstaat nicht besteuert werden (z.B. Art. 22 Abs. 1 Satz 2 DBA-Portugal) oder die Einkünfte im Ansässigkeitsstaat nur mit ihrem dorthin überwiesenen Betrag steuerpflichtig sind (sog. Remittance-base-Prinzip; z.B. Art. II Abs. 2 DBA-Großbritannien, Nr. 2 des Protokolls zum DBA Zypern, BFH, Urteil vom 29.11.2000, BStBl II 2000 S. 195).

Folgende Doppelbesteuerungsabkommen enthalten Rückfallklauseln: Art. 23 Abs. 3 der DBA Kanada, Neuseeland, Norwegen, Art. 23 Abs. 1 DBA Schweden, Art. 23 Abs. 2 DBA USA (BFH, Urteil vom 16.11.1996, BStBl II 1997 S. 117) und Abs. 16d) des Schlussprotokolls zum DBA Italien (FG Münster, Urteil vom 12.11.1998, EFG 1999 S. 706; Art. 24 Abs. 3 DBA Dänemark).

Art. 15 DBA Schweiz enthält eine Rückfallklausel für einen Teilbereich der nichtselbständigen Arbeit.

Die Wirkung von Rückfallklauseln o.Ä. und ihr Verhältnis zu anderen DBA-Vorschriften ist noch nicht abschließend geklärt. Für die Frage, ob Einkünfte der Besteuerung unterlegen haben, ist jedenfalls unbeachtlich, in welchem Umfang sie erfasst wurden. Eine Rückfallklausel greift daher nicht, wenn die Besteuerung durch Freibeträge oder Verluste unterbleibt (BFH, Urteil vom 27.8.1997, BStBl II 1998 S. 58).

Der Steuerpflichtige hat ggf. im Rahmen seiner erhöhten Mitwirkungspflicht nach § 90 AO dem Finanzamt einen Nachweis zu erbringen, dass die Einkünfte im Ausland der Besteuerung unterlegen haben. Der **Arbeitgeber** sollte dem Arbeitnehmer daher ggf. entsprechende Unterlagen zur Verfügung stellen (wenn die Einkünfte im Ausland z.B. einer Abzugsteuer unterlegen haben).

Sind Einkünfte in Deutschland besteuert worden und kommt es – z.B. nach einer Spontanauskunft – doch noch zu einer Besteuerung im anderen Staat, so ist der Steuerbescheid nach § 175 AO zu ändern (BFH, Urteil vom 16.11.1996, BStBl II 1997 S. 117). Zu Rückfallklauseln o.Ä. siehe auch OFD Frankfurt, Verfügung vom 18.12.1998, IStR 1999 S. 248, und BMF-Schreiben vom 24.12.1999, BStBl I 1999 S. 1076, Tz. 1.2.6.

5. Auslegung

709 Bei der Auslegung von Doppelbesteuerungsabkommen ist folgende **Reihenfolge** maßgebend:

– Wortlaut und Definition des Abkommens,

– Sinn und Vorschriftenzusammenhang innerhalb des Abkommens,

– Begriffsbestimmung des innerstaatlichen Rechts (BFH, Urteil vom 10.7.1996, BStBl II 1997 S. 341).

6. Abkommensberechtigung/Ansässigkeit

710 Die Anwendung des Doppelbesteuerungsabkommens („**Abkommensberechtigung**") setzt voraus, dass der Steuerpflichtige, also z.B. der Arbeitnehmer, **in einem Vertragsstaat ansässig** ist. Ist der Arbeitnehmer in keinem Vertragsstaat ansässig, kommt eine Anwendung des Doppelbesteuerungsabkommens mit dem Tätigkeitsstaat nicht in Betracht.

Beispiel:

Ein Belgier mit Wohnsitz in Brüssel ist für einen deutschen Arbeitgeber in Belgien und Frankreich tätig.

Das Besteuerungsrecht des gesamten Arbeitslohns bestimmt sich nach dem DBA-Belgien. Das DBA Frankreich findet keine Anwendung, weil der Arbeitnehmer weder in Frankreich noch in Deutschland ansässig ist.

Der Begriff der Ansässigkeit ist auf den Anwendungsbereich der Doppelbesteuerungsabkommen und die dortige Verteilung der Besteuerungsrechte beschränkt und hat **keine Auswirkungen auf die persönliche Steuerpflicht** (→ *Steuerpflicht* Rz. 2297). Die Frage, ob ein Steuerpflichtiger einen Wohnsitz oder seinen gewöhnlichen Aufenthalt i.S. der Steuerpflicht in Deutschland hat, ist allein nach innerstaatlichem Recht zu bestimmen (§§ 8,9 AO); vgl. → *Steuerpflicht: unbeschränkte* Rz. 2325. Allerdings sind **unbeschränkt Steuerpflichtige** i.S. des § 1 Abs. 1 EStG auch i. S. des jeweiligen Doppelbesteuerungsabkommens in Deutschland an-

sässig. Steuerpflicht auf Antrag nach § 1 Abs. 3 EStG begründet keine Ansässigkeit (vgl. BMF-Schreiben vom 25.1.2000, FR 2000 S. 285). Ist der Steuerpflichtige in beiden Staaten ansässig, so bestimmen die Doppelbesteuerungsabkommen grundsätzlich einen Staat als Ansässigkeitsstaat i.S. des Abkommens. Das DBA Japan enthält keine entsprechende Regelung. Regelmäßig gilt: Der Steuerpflichtige gilt in dem Staat als ansässig, in dem er eine ständige Wohnstätte hat (zur Auslegung siehe BFH, Urteil vom 16.12.1998, BStBl II 1999 S. 207). Besteht in beiden Staaten eine Wohnstätte, ist Ansässigkeitsstaat der Staat, zu dem die engeren persönlichen und wirtschaftlichen Beziehungen bestehen (Mittelpunkt der Lebensinteressen). Kann der Lebensmittelpunkt nicht bestimmt werden, entscheidet grundsätzlich der gewöhnliche Aufenthalt (BFH, Urteil vom 23.10.1985, BStBl II 1986 S. 133), hilfsweise die Staatsangehörigkeit, oder es erfolgt eine Einigung der Staaten. Das Besteuerungsrecht an ausländischen Einkünften hängt davon ab, ob Deutschland Quellenstaat oder Ansässigkeitsstaat ist. Gilt die Bundesrepublik bei Doppelansässigkeit nicht als Ansässigkeitsstaat, so hat sie regelmäßig – wie bei beschränkter Steuerpflichtigen (→ *Steuerpflicht* Rz. 2297) – kein Besteuerungsrecht für die Einkünfte, die dem Ansässigkeitsstaat zugewiesen werden. Diese sind dann auch grundsätzlich nicht dem Progressionsvorbehalt nach § 32b EStG zu unterwerfen (→ *Progressionsvorbehalt* Rz. 1924). Die unbeschränkte Steuerpflicht im Inland bleibt aber unberührt, soweit Deutschland die Einkünfte als Quellen-/Tätigkeitsstaat besteuern darf.

Die Ansässigkeit i.S. der Doppelbesteuerungsabkommen ist grundsätzlich unabhängig von der Staatsangehörigkeit. **Ausnahme:** Staatsangehörige der USA, die in Deutschland ansässig sind, sind sowohl in Deutschland als auch in den USA unbeschränkt steuerpflichtig (Protokoll Abschn. 1 zu Art. 1 und Art. 23 Abs. 3 DBA-USA).

7. Deutschland ist Ansässigkeitsstaat

Ist Deutschland Ansässigkeitsstaat und hat der Quellenstaat nach 711 den Artikeln über die Zuweisung der Besteuerungsrechte **kein** Besteuerungsrecht für Quellen aus seinem Land, so sind die (nach deutschem Steuerrecht ermittelten) ausländischen Einkünfte i.S. des EStG bei der deutschen Besteuerung zu erfassen.

Darf auch der Quellenstaat die Einkünfte besteuern, so ist im Methodenartikel des Doppelbesteuerungsabkommens nachzulesen, wie die Doppelbesteuerung in Deutschland vermieden wird. Die Doppelbesteuerungsabkommen kennen die **Anrechnungsmethode** (→ *Anrechnung/Abzug ausländischer Steuern* Rz. 138) und die **Freistellungsmethode** (→ *Doppelbesteuerung* Rz. 704).

8. Deutschland ist Quellenstaat

Hat Deutschland kein Besteuerungsrecht, bleiben die Einkünfte 712 grundsätzlich unberücksichtigt, wenn der Steuerpflichtige in Deutschland keinen Wohnsitz/gewöhnlichen Aufenthalt hat (Ausnahme: Progressionsvorbehalt bei unbeschränkter Steuerpflicht auf Antrag; → *Progressionsvorbehalt* Rz. 1924).

Hat Deutschland das Besteuerungsrecht, vermeidet der Ansässigkeitsstaat die Doppelbesteuerung entweder durch Anrechnungs- oder Freistellungsmethode.

9. Freistellungsverfahren

Zur Auswirkung eines fehlenden Besteuerungsrechts für Ein- 713 künfte aus nichtselbständiger Arbeit siehe → *Doppelbesteuerungsabkommen bei Einkünften aus nichtselbständiger Arbeit* Rz. 715.

Bestehen Geschäftsbeziehungen auch zu selbständig tätigen beschränkt Steuerpflichtigen (insbesondere zu Künstlern oder Sportlern), kann der Arbeitgeber auch zum Steuerabzug nach § 50a EStG verpflichtet sein (→ *Steuerpflicht* Rz. 2297). Zur Möglichkeit der Aussetzung der Vollziehung der Steueranmeldung und Erstattung vgl. BFH, Urteil vom 13.8.1997, BStBl II S. 700. Sofern Einkünfte, die dem (Quellen-)Steuerabzug nach § 50a EStG oder vom Kapitalertrag unterliegen, nach einem Doppelbesteuerungsabkommen nicht oder niedriger besteuert werden dürfen als nach deutschem Recht, ist der Steuerabzug grundsätzlich ohne Rücksicht auf das Abkommen vorzunehmen (§ 50d EStG). § 50d EStG verstößt als Verfahrensregelung zur Durchsetzung der Freistellung weder gegen die Doppelbesteuerungsabkommen noch gegen EU-Recht (BFH, Urteil vom 21.5.1997, BStBl II 1998 S. 113). Der Schuldner der Vergütungen darf also nicht von sich aus vom Steuerabzug absehen. Der Gläubiger der Vergütungen (Steuerschuldner) hat einen Anspruch auf Erstattung der überhöht einbehaltenen und abgeführten Steuer **(Erstattungsverfahren)**. Der Anspruch ist **nach amtlichem Vordruck** geltend zu machen. Darin hat der Steuerschuldner durch eine Bestätigung der für ihn zuständigen ausländischen Steuerbehörde nachzuweisen, dass er dort ansässig ist **(Ansässigkeitsbescheinigung)**. Der Vergütungsschuldner darf vom Steuerabzug ganz oder teilweise absehen, wenn das **Bundesamt für Finanzen, 53221 Bonn,** auf Antrag bescheinigt, dass die Voraussetzungen hierfür vorliegen (§ 50d Abs. 3 EStG). Das Freistellungsverfahren ist auch anzuwenden, wenn das Bundesamt für Finanzen den Schuldner auf Antrag hierzu allgemein ermächtigt hat (Kontrollmeldeverfahren, § 50d Abs. 3 Satz 2 EStG). Im Kontrollmeldeverfahren gilt die Zustimmung des Gläubigers und des Schuldners zur Weiterleitung des Antrags an den Wohnsitzstaat des Gläubigers als erteilt. Die **Freistellungsbescheinigung** oder die Ermächtigung zum Kontrollmeldeverfahren sind als **Beleg** aufzubewahren. Ein Klageverfahren in Sachen Freistellungsbescheinigung nach § 50d Abs. 3 EStG ist nicht deswegen in der Hauptsache erledigt, weil die reguläre Festsetzungsfrist für den Erlass von Steuernachforderungs- oder Haftungsbescheiden abgelaufen ist (BFH, Urteil vom 19.4.1996, BStBl II 1996 S. 608, mit Nichtanwendungserlass zum Beginn der Festsetzungsfrist, BMF-Schreiben vom 24.4.1997, BStBl I 1997 S. 414). Das Bundesamt für Finanzen gibt jährlich aktualisierte Merkblätter zur Entlastung von deutscher Abzugsteuer nach § 50a EStG (vgl. BStBl I 1998 S. 1161) und Kapitalertragsteuer (vgl. BStBl I 1994 S. 203) heraus.

10. Verständigungsvereinbarungen

714 Die Vertragsstaaten können sich nach den Doppelbesteuerungsabkommen in **Zweifelsfällen** verständigen. Verständigungsvereinbarungen gehen anderen Regelungen vor, wenn sie sich auf der Grundlage des Doppelbesteuerungsabkommens bewegen (BFH, Urteile vom 1.2.1989, BStBl II 1990 S. 4, und vom 10.7.1996, BStBl II 1997 S. 15), d.h. durch Verständigungsverfahren darf folglich kein „neues Recht" geschaffen werden.

Doppelbesteuerungsabkommen bei Einkünften aus nichtselbständiger Arbeit

1. Zuweisung der Besteuerungsrechte

715 Für die Frage, ob Einkünfte aus nichtselbständiger Arbeit in Deutschland der Besteuerung unterliegen, ist zunächst zu prüfen, ob Deutschland Tätigkeitsstaat oder/und Ansässigkeitsstaat ist (→ *Doppelbesteuerungsabkommen: Allgemeines* Rz. 705).

Nach den Doppelbesteuerungsabkommen hat **in der Regel** der Staat, in dem die nichtselbständige Arbeit **ausgeübt** wird **(Tätigkeitsstaat)**, neben dem Ansässigkeitsstaat das **Besteuerungsrecht für Vergütungen aus nichtselbständiger Arbeit** (vgl. Art. 15 OECD-MA). Der **Ansässigkeitsstaat** stellt die Einkünfte regelmäßig **frei**, behält sich aber vor, die Einkünfte bei der **Bemessung des Steuersatzes** zu berücksichtigen (Art. 23 A OECD-MA, → *Progressionsvorbehalt* Rz. 1924). Der Ort der Verwertung der Tätigkeit hat keine Bedeutung für die Zuweisung der Besteuerungsrechte nach den Doppelbesteuerungsabkommen. Unabhängig davon, dass der Verwertungstatbestand selten ist, hat das Besteuerungsrecht einer im Ausland verwerteten, aber im Ansässigkeitsstaat ausgeübten Tätigkeit regelmäßig der Ansässigkeitsstaat.

Beispiel:

A mit Wohnsitz ausschließlich in den Niederlanden wird für seinen deutschen Arbeitgeber B in den Niederlanden tätig, um B Marktanalysen in Deutschland nutzbar zu machen.

A unterliegt zwar mit den entsprechenden Einkünften der beschränkten Steuerpflicht, weil die Tätigkeit in Deutschland verwertet wird (§ 49 Abs. 1 Nr. 4 EStG, → *Steuerpflicht* Rz. 2306), das Besteuerungsrecht haben aber nach Art. 10 DBA-Niederlande ausschließlich die Niederlande, weil sie Tätigkeits- und Ansässigkeitsstaat sind. Deutschland hat kein Besteuerungsrecht.

Der **Ort der Arbeitsausübung** befindet sich grundsätzlich dort, wo sich der Arbeitnehmer zur Ausführung seiner Tätigkeit aufhält (körperliche Anwesenheit). Das gilt grundsätzlich auch für Organe von Kapitalgesellschaften wie GmbH-Geschäftsführer oder Vorstände von Aktiengesellschaften, → *Gesellschafter/Gesellschafter-Geschäftsführer* Rz. 1155 (BFH, Urteil vom 5.10.1994, BStBl II 1995 S. 95). Die Sondervorschrift über Aufsichtsrats- und Verwaltungsratsvergütungen (Art. 16 OECD-MA) ist auf den Arbeitslohn von Organen einer Kapitalgesellschaft nicht anwendbar. Einige Doppelbesteuerungsabkommen enthalten jedoch Sonderregelungen über Geschäftsführervergütungen (z.B. Art. 16 DBA-Japan; Art. 16 Abs. 1 DBA-Schweden) oder es bestehen besondere Verständigungsvereinbarungen (zum Verständigungsverfahren mit der Schweiz siehe BMF-Schreiben vom 7.7.1997, BStBl I 1997 S. 723, zum Verständigungsverfahren mit Österreich siehe OFD München/Nürnberg, Verfügung vom 7.10.1999, RJW 2000 S. 567). Der Ort der Arbeitsausübung von Berufskraftfahrern ist dort, wo sie sich mit ihrem Fahrzeug befinden. Steht das Besteuerungsrecht mehreren Staaten zu (vgl. auch → Rz. 716) ist der Arbeitslohn aufzuteilen (siehe auch FG Rheinland-Pfalz, Urteil vom 4.4.2001, IStR 2001 S. 480, Nichtzulassungsbeschwerde eingelegt, Az. beim BFH: I B 80/01 und FG Schleswig-Holstein, Urteil vom 13.9.2000, EFG 2001 S. 479). Unerheblich hierfür ist, woher bzw. wohin die Zahlung des Arbeitslohns geleistet wird oder wo der Arbeitgeber ansässig ist (vgl. BMF-Schreiben vom 5.1.1994, BStBl I 1994 S. 11).

Ausnahmen vom Tätigkeitsprinzip bzw. Besonderheiten gelten:

– Bei kurzfristigen Tätigkeiten (sog. **183-Tage-Regel**, → Rz. 716),

– nach den **Grenzgängerregelungen** nach den Doppelbesteuerungsabkommen mit Belgien, Frankreich, Österreich und der Schweiz, siehe → *Grenzgänger* Rz. 1189,

– für **Künstler, Sportler** (Art. 17 OECD-MA, → *Steuerpflicht* Rz. 2306),

– für **Flug- und Schiffspersonal** (Art. 15 Nr. 3 OECD-MA; siehe BFH, Urteil vom 11.2.1997, BStBl II 1997 S. 432). Die Sonderregelungen für den Schiff- und Luftverkehr finden auf den Straßenfernverkehr keine Anwendung (FG Rheinland-Pfalz, Urteil vom 4.4.2001, EFG 2001 S. 1105, Nichtzulassungsbeschwerde eingelegt, Az. beim BFH: I B 80/01).

– für **Hochschullehrer, Lehrer, Studenten, Schüler, Lehrlinge und sonstige Auszubildende** (Art. 20 OECD-MA, → *Aus-*

ländische Studenten Rz. 353, → *Ausländische Lehrkräfte* Rz. 346),

- nach den **neueren Abkommen** (z.B. mit Frankreich, Italien, Schweden, Dänemark) für **Leiharbeitnehmer** (beide Vertragsstaaten haben regelmäßig das Besteuerungsrecht, die Doppelbesteuerung wird durch Steueranrechnung/-Abzug der ausländischen Steuer im Ansässigkeitsstaat vermieden; das Besteuerungsrecht des Tätigkeitsstaates für Leiharbeitnehmer betrifft auch leitende Arbeitnehmer (FG Baden-Württemberg, Urteil vom 16.8.1996, EFG 1997 S. 82); ansonsten beim Arbeitnehmerverleih ist der Entleiher als Arbeitgeber i.S. der 183-Tage-Regelung anzusehen); siehe auch → *Anrechnung/Abzug ausländischer Steuern* Rz. 138,

- für **Ruhegehälter** (Art. 18 OECD-MA, → *Auslandspensionen* Rz. 370),

- für **Arbeitslohn aus öffentlichen Kassen** (Art. 19 OECD-MA), insoweit gilt das Kassenstaatsprinzip, es sei denn, der Arbeitnehmer besitzt die Staatsangehörigkeit des Tätigkeitsstaats oder ist nicht ausschließlich deshalb in diesem Staat ansässig geworden, um die Dienste zu leisten – sog. Ortskräfte (Art. 19 OECD-MA). Regelt der Artikel über Bezüge aus öffentlichen Kassen nicht, welcher Vertragsstaat im Falle der Staatsangehörigkeit des Tätigkeitsstaates das Besteuerungsrecht hat, ist auf den Grundartikel über nichtselbständige Arbeit (Art. 15 OECD-MA) zurückzugreifen. Danach besteht z.B. ein deutsches Besteuerungsrecht für Bezüge aus einer deutschen öffentlichen Kasse, die für in Deutschland geleistete öffentliche Dienste an einen in Belgien ansässigen Empfänger mit ausschließlich belgischer Staatsangehörigkeit gezahlt werden, es sei denn, der Empfänger erfüllt gleichzeitig die Voraussetzungen für die Grenzgängerregelung (→ *Grenzgänger* Rz. 1190; FinMin Niedersachsen, Erlass vom 27.9.1996, DB 1996 S. 2469). Das Kassenstaatsprinzip ist nicht anzuwenden auf Beamte, die an juristische Personen des Zivilrechts ausgeliehen worden sind (BFH, Urteil vom 17.12.1997, BStBl II 1997 1999 S. 13, sowie FinMin Hessen, Erlass vom 31.8.1999, DStR 1999 S. 1988). Nach Auffassung des Europäischen Gerichtshofs (Urteil vom 12.5.1998, DB 1998 S. 1381) verstoßen die unterschiedliche Besteuerung der Grenzgänger nach dem DBA-Frankreich, je nachdem, ob ein öffentliches oder privates Beschäftigungsverhältnis vorliegt, oder – für öffentlich Bedienstete – welche Staatsangehörigkeit sie haben oder – für Lehrer – welche Dauer die Tätigkeit hat, sowie das Anrechnungsverfahren nach Art. 20 Abs. 2 Buchst. a Doppelbuchst. kz des Abkommens nicht gegen EU-Recht.

Ergibt sich aus den einzelnen Doppelbesteuerungsabkommen nicht, **was unter Einkünften aus nichtselbständiger Arbeit zu verstehen ist**, ist dies nach deutschem Steuerrecht zu entscheiden (BFH, Urteil vom 10.7.1996, BStBl II 1997 S. 341). Danach sind z.B. **Abfindungen** Einkünfte aus Arbeit, denn das deutsche Besteuerungsrecht sieht die Abfindung als Ausfluss der beendeten Tätigkeit an. Das Besteuerungsrecht für Abfindungen, die kein zusätzliches Entgelt für die frühere Tätigkeit im Ausland sind und die nicht für eine konkrete Leistung gezahlt werden, hat – nach einer Rechtsprechungsänderung – nicht der Tätigkeits-, sondern der Ansässigkeitsstaat (BFH, Urteil vom 10.7.1996, a.a.O.). Die Finanzverwaltung hält im Hinblick auf die Verständigungsvereinbarung zumindest in Bezug auf die **Schweiz** an der früheren Auffassung der Rechtsprechung und Verwaltung fest, wonach für Abfindungen grundsätzlich der Tätigkeitsstaat das Besteuerungsrecht hat (BMF-Schreiben vom 20.5.1997, BStBl I S. 560). Hat die Abfindung **Versorgungscharakter**, weil laufende Pensionszahlungen kapitalisiert abgefunden werden, ist regelmäßig nach den Artikeln über Ruhegehälter (vgl. Art. 18 OECD-MA) zu entscheiden, welchem Staat das Besteuerungsrecht zusteht. Das ist regelmäßig der Wohnsitzstaat. Nach dem Urteil des Hessischen Finanzgerichts vom 12.5.1998, EFG 1998 S. 1273, unterliegt eine Abfindung für entgangene Pensionszahlungen eines früher in Deutschland und im Zeitpunkt der Auszahlung der Abfindung im Ausland tätigen Arbeitnehmers der deutschen Besteuerung. Nicht vollständig gelöst sind die Fragen im Zusammenhang mit der Besteuerung von Aktienoptionen (→ *Aktienoptionen* Rz. 36) im Rahmen eines Arbeitsverhältnisses. Nach den BFH-Urteilen vom 24.1.2001 (BStBl II 2001 S. 509 und 512) ist bei

der Gewährung nicht handelbarer Optionen **Besteuerungszeitpunkt** regelmäßig nicht der Zeitpunkt der Gewährung, sondern erst der **Ausübung** des Optionsrechts. Nach den Urteilen wird das Optionsrecht im Allgemeinen eingeräumt für zukünftige Leistungen und nicht für Leistungen in der Vergangenheit oder bezogen auf den Ausübungszeitpunkt. Da der aus der Ausübung des Optionsrechts herrührende Arbeitslohn danach grundsätzlich zeitraumbezogen für die Zeit zwischen Gewährung und Ausübung gewährt wird, ist er bei Entsendung des Arbeitnehmers vom Inland ins Ausland oder umgekehrt nach Maßgabe der einschlägigen Doppelbesteuerungsabkommen ggf. **aufzuteilen in einen steuerpflichtigen und einen steuerfreien Anteil** (→ Rz. 722). Die Steuerbefreiung nach Doppelbesteuerungsabkommen wird nicht dadurch ausgeschlossen, dass der Arbeitnehmer das Optionsrecht erst nach Beendigung der Auslandtätigkeit ausübt, das deutsche Besteuerungsrecht wird nicht dadurch ausgeschlossen, dass der Arbeitnehmer vor Ausübung des Optionsrechts in die beschränkte Steuerpflicht gewechselt ist. Situationen der Doppelbesteuerung (oder der Keinmalbesteuerung) ergeben sich, wenn der andere Vertragsstaat (z.B. die USA oder Belgien) Aktienoptionen nach seinem innerstaatlichen Recht nach anderen Regeln, insbesondere zu einem anderen Zeitpunkt (z.B. bei Gewährung des Optionsrechts), besteuert. Zum Teil werden Lösungen in Verständigungsverfahren zu finden sein. In Einzelfällen können sich Schwierigkeiten bei der Berechnung des „Tätigkeitszeitraums" ergeben. Da der Arbeitgeber ohne Freistellungsbescheinigung nicht vom Lohnsteuerabzug absehen darf oder sich des Haftungsrisikos aussetzt, sollte er bei schwieriger Rechtslage ggf. im Freistellungsverfahren Rechtssicherheit erlangen (→ *Freistellungsbescheinigung* Rz. 1086).

2. „183-Tage-Regel"

a) Grundsatz

Für eine im Ausland ausgeübte Tätigkeit steht abweichend vom Tätigkeitsstaatsprinzip dem **Ansässigkeitsstaat** das **Besteuerungsrecht** zu, wenn **716**

- sich der Arbeitnehmer insgesamt **nicht länger als 183 Tage** während des betreffenden Steuerjahrs im Tätigkeitsstaat aufgehalten hat und

- der Arbeitslohn **nicht** von einer **Betriebsstätte oder festen Einrichtung des Arbeitgebers im Tätigkeitsstaat** getragen wurde **(Betriebsstättenvorbehalt)** und

- der **Arbeitgeber**, der die Vergütungen zahlt oder für den sie gezahlt werden, **nicht im Tätigkeitsstaat ansässig** ist.

Nur wenn sämtliche drei Voraussetzungen vorliegen, behält der Ansässigkeitsstaat des Arbeitnehmers das Besteuerungsrecht für Vergütungen, die für eine unselbständige Tätigkeit im Ausland gezahlt werden. Ansonsten sind die Einkünfte grundsätzlich unter Anwendung des Progressionsvorbehalts freizustellen (→ *Progressionsvorbehalt* Rz. 1924). Zur 183-Tage-Regel siehe auch BMF-Schreiben vom 5.1.1994, BStBl I 1994 S. 11, geändert durch BMF-Schreiben vom 5.7.1995, BStBl I 1995 S. 373, und vom 20.4.2000, BStBl I 2000 S. 483.

b) Besonderheiten

Besonderheiten gelten zum Teil für **Künstler, Sportler, Flug- und Schiffspersonal, Hochschullehrer, Lehrer, Studenten, Schüler, Lehrlinge und sonstige Auszubildende** und **Grenzgänger**. Die 183-Tage-Regelung ist außerdem nicht anwendbar, soweit Sonderregelungen für **Leiharbeitnehmer** vereinbart wurden (vgl. im Einzelnen → Rz. 715). **717**

c) Ermittlung der 183 Tage

Die 183 Tage sind **für jedes Steuerjahr bzw. Kalenderjahr** gesondert zu ermitteln. Bei einem vom Kalenderjahr abweichenden Steuerjahr ist das Steuerjahr des Tätigkeitsstaates maßgeblich. **718**

Folgende Vertragsstaaten haben ein vom Kalenderjahr **abweichendes Steuerjahr:**

Südafrika:	1.3. bis 28.2.
Iran:	21.3. bis 20.3.
Indien, Neuseeland, Simbabwe, Sri Lanka:	1.4. bis 31.3.

Großbritannien, Irland:
– Kapitalgesellschaften 1.4. bis 31.3.
– übrige 6.4. bis 5.4.
Australien, Mauritius, Pakistan: 1.7. bis 30.6.

Nach den Doppelbesteuerungsabkommen mit Liberia, Mexiko und Norwegen ist statt auf das Kalender- oder Steuerjahr auf einen „Zeitraum von zwölf Monaten" abzustellen. Bei dem „Anwesenheitstest" sind **alle denkbaren 12-Monats-Zeiträume** in Betracht zu ziehen, auch wenn sie sich zum Teil überschneiden. Immer wenn sich der Arbeitnehmer in einem beliebigen 12-Monats-Zeitraum an mehr als 183 Tagen in dem anderen Vertragsstaat aufhält, steht diesem für die Einkünfte, die auf diese Tage entfallen, das Besteuerungsrecht zu (BMF-Schreiben vom 20.4.2000, BStBl I 2000 S. 483).

Beispiel:

A mit Wohnsitz in Kiel ist in der Zeit vom 1.6.2001 bis zum 31.5.2002 an 130 Tagen und in der Zeit vom 1.10.2001 bis zum 30.9.2002 an 195 Tagen in Norwegen anwesend.

Da A im 2. Zeitraum an mehr als 183 Tagen in Norwegen anwesend ist, steht Norwegen für die 195 Tage der Anwesenheit das Besteuerungsrecht zu.

Bei der Ermittlung der 183 Tage ist nicht maßgebend die Dauer der Tätigkeit, sondern die **körperliche Anwesenheit** im Tätigkeitsstaat. Maßgebend ist, ob der Arbeitnehmer an mehr als 183 Tagen im Tätigkeitsstaat anwesend war. Die Ermittlung der 183 Tage ist **streitig**. Die **Finanzverwaltung** geht – anders als bei der Berechnung des „Sechs-Monats-Zeitraums" für die Annahme des gewöhnlichen Aufenthalts als Voraussetzung der unbeschränkten Steuerpflicht (→ *Steuerpflicht* Rz. 2297) – davon aus, dass ein Tag auch dann „mitzählt", wenn der Arbeitnehmer am Tag **nur kurzfristig** anwesend war (BMF-Schreiben vom 5.1.1994, BStBl I 1994 S. 11).

Kehrt ein Arbeitnehmer, der länger als 183 Tage im Kalenderjahr eine nichtselbständige Arbeit im Tätigkeitsstaat ausübt, arbeitstäglich zu seinem Wohnsitz im Ansässigkeitsstaat zurück, so hält er sich nach dem BFH, Urteil vom 10.7.1996, BStBl II 1997 S. 15, dennoch im Sinne der 183-Tage-Regelung im Tätigkeitsstaat auf. Damit **folgt der Bundesfinanzhof unter Aufgabe seiner früheren Rechtsprechung** (Urteil vom 10.5.1989, BStBl II 1989 S. 755) der **Auffassung der Finanzverwaltung**.

Als **Tage der Anwesenheit im Tätigkeitsstaat** werden vom Finanzamt vorbehaltlich einer ausdrücklich anders lautenden DBA-Regelung u.a. mitgezählt:

– der **Ankunfts- und Abreisetag**,

– alle Tage der Anwesenheit im Tätigkeitsstaat **unmittelbar vor, während und unmittelbar nach der Tätigkeit**, z.B. Samstage, Sonntage, öffentliche Feiertage,

– Tage der Anwesenheit im Tätigkeitsstaat während **Arbeitsunterbrechungen**, z.B. bei Streik, Aussperrung, Ausbleiben von Lieferungen, Krankheit (außer wenn diese der Abreise des Arbeitnehmers entgegensteht und er sonst die Voraussetzungen für die Befreiung im Tätigkeitsstaat erfüllt hätte),

– **Urlaubstage**, die unmittelbar vor, während und unmittelbar nach der Tätigkeit **im Tätigkeitsstaat** verbracht werden (FG München, Urteil vom 10.12.1985, EFG 1986 S. 274; a.A. Schleswig-Holsteinisches FG, Urteil vom 5.12.1995, EFG 1996 S. 642).

Tage der **Unterbrechung der Tätigkeit, die ausschließlich außerhalb des Tätigkeitsstaats** verbracht werden, sowie Zeiten des **Transits** außerhalb des Tätigkeitsstaats werden nicht mitgezählt.

Bei **Berufskraftfahrern** werden Tage der Hin- und Rückreise nach Auffassung der Finanzverwaltung nicht als Anwesenheitstage im Tätigkeitsstaat mitgezählt, wenn Aus- und Einreise aus bzw. in den Ansässigkeitsstaat am selben Tag erfolgen (BMF-Schreiben vom 5.1.1994, BStBl I 1994 S. 11, Nr. 2). Bei Durchfahrten in einen Drittstaat wird der Tag als Aufenthaltstag im Drittstaat gezählt (FinMin Niedersachsen, Erlass vom 15.1.1997, DB 1997 S. 605). Zu den Berufskraftfahrern gehören Anlieferungsfahrer, nicht jedoch Reisevertreter. Durch diese Auslegung kann es zur Doppelbesteuerung oder Keinmalbesteuerung kommen.

Beispiel 1:

Der Berufskraftfahrer B soll eine Ladung Kerzen nach Mailand bringen. B bricht am Montagmorgen an seinem dänischen Wohnort auf, übernachtet auf einem Rastplatz in Deutschland, setzt am Dienstagmorgen seine Fahrt fort und liefert die Ladung Kerzen ab. Anschließend nimmt er eine Ladung Schuhe auf, tritt die Rückreise an, übernachtet wieder in Deutschland und kommt am Mittwoch wieder in Dänemark an.

Da Hin- und Rückreise nicht an einem Tag erfolgt sind, sind für die Berechnung der 183-Tage-Frist auf Grund der körperlichen Anwesenheit im Tätigkeitsstaat Deutschland drei volle Tage zu zählen.

Beispiel 2:

B fährt von Dänemark über Deutschland in die Niederlande. Er startet am Montagfrüh und kommt am Montag in der Nacht an. Am Dienstag früh beginnt B seine Rückreise über Deutschland und kommt am Dienstag in der Nacht in Dänemark an.

Da Hin- und Rückreise nicht an einem Tag erfolgt sind, sind für die Berechnung der 183-Tage-Frist auf Grund der körperlichen Anwesenheit im Tätigkeitsstaat Deutschland zwei volle Tage zu zählen.

Beispiel 3:

Der Reisevertreter R bricht am Montagmorgen an seinem dänischen Wohnort auf, übernachtet in Deuschland, setzt am Dienstagmorgen seine Fahrt fort und kommt am Dienstag in Frankreich an. Dort tätigt R Geschäfte und tritt am Freitag seine Rückreise an. Nachdem er in Hamburg noch zwei Kunden besucht hat, kommt R am Abend in Dänemark an.

Da bei Reisevertretern nicht die Regelung für Berufskraftfahrer gilt, zählt nur der Freitag als Anwesenheitstag in Deutschland. Montag und Dienstag zählen als Transittage nicht zu den Anwesenheitstagen in Deutschland.

Beispiel 4:

Der Auslieferungsfahrer A liefert täglich Möbel von Tondern nach Kiel und kehrt jeweils an seinen dänischen Wohnort zurück.

Da bei Auslieferungsfahrern die Regelung für Berufskraftfahrer gilt und A täglich an seinen Wohnort zurückkehrt, ist kein Tag ein Tag i.S. der 183-Tage-Regelung.

Zu **Organen von Kapitalgesellschaften** vgl. → Rz. 715. Der Steuerpflichtige hat nach § 90 Abs. 2 AO den Nachweis über die Ausübung der Tätigkeit in dem anderen Staat und deren Zeitdauer durch Vorlage geeigneter Aufzeichnungen (z.B. Stundenprotokolle, Terminkalender, Reisekostenabrechnungen) zu führen (BMF-Schreiben vom 5.7.1995, BStBl I 1995 S. 373).

d) Keine Zahlung des Arbeitslohns zu Lasten einer Betriebsstätte des Arbeitgebers im Tätigkeitsstaat (Betriebsstättenvorbehalt)

719 Wird der Arbeitslohn zu Lasten einer Betriebsstätte im Tätigkeitsstaat getragen, so hat der Tätigkeitsstaat auch bei nur kurzer Aufenthaltsdauer des Arbeitnehmers das Besteuerungsrecht. Maßgebend für den Begriff „Betriebsstätte" ist die Definition in dem jeweiligen Abkommen (z.B. Art. 5 OECD-MA, DBA-Schweiz) und nicht die Definition des § 12 AO. Zum Begriff der Betriebsstätte siehe auch BMF-Schreiben vom 24.12.1999, BStBl I 1999 S. 1076 (sog. Betriebsstätten-Verwaltungsgrundsätze), Tzn. 1 und 4. Nach mehreren Doppelbesteuerungsabkommen ist z.B. eine Bau- oder Montagestelle (anders als nach § 12 AO) erst ab einem Zeitraum von zwölf Monaten eine Betriebsstätte (vgl. z.B. Art. 5 Abs. 2 Buchst. g DBA-Schweiz). Die Zeitdauer wird nicht auf das Kalender- oder Steuerjahr begrenzt. Lediglich im DBA-Pakistan ist eine Betriebsstätte nur anzunehmen, wenn die Bau- und Montagestelle länger als 183 Tage im Steuerjahr besteht. Mit Ablauf der in den Doppelbesteuerungsabkommen bestimmten Dauer gilt die Bau- oder Montagestelle ab Beginn als Betriebsstätte. Zum Vorliegen einer Montagebetriebsstätte (Beginn, Ende, Unterbrechungen und Zusammenrechnung mehrerer Montagen) siehe BFH, Urteil vom 21.4.1999, BStBl II 1999 S. 694. Zur Baubetriebsstätte nach dem DBA-Ungarn (keine Zusammenrechnung mehrerer Bauausführungen, Voraussetzungen für die Zusammenrechnung von Bauarbeiten an verschiedenen Orten) siehe BFH, Urteil vom 16.5.2001, DB 2001 S. 1914.

Beispiel 1:

Ein inländisches Unternehmen unterhält in der Zeit vom 1.8.2001 bis 15.6.2002 eine Baustelle (Montagestelle) in Belgien. Arbeitnehmer A ist während der gesamten Zeit dort tätig. Seinen inländischen Wohnsitz hat er während der Beschäftigungsdauer beibehalten. Der Arbeitslohn wird zu Lasten der Betriebsstätte gezahlt.

A hat sich während der Steuerjahre 2001 und 2002 jeweils nicht länger als 183 Tage im Tätigkeitsstaat aufgehalten. Da aber nach dem DBA-Belgien Bauausführungen und Montagen, deren Dauer neun Monate überschreiten, als Betriebsstätten gelten (Art. 5 Abs. 2 Nr. 7) und die Entlohnung zu Lasten der Betriebsstätte erfolgt, hat Belgien das Besteuerungsrecht (Art. 15). Unmaßgeblich ist, dass sich die Dauer der Bauausführung (Montage) über zwei Steuerjahre erstreckt.

Beispiel 2:

Arbeitnehmer B wird auf der Baustelle nur gelegentlich eingesetzt. Insgesamt war er dort an 12 Tagen in 2001 und an 20 Tagen in 2002 beschäftigt. Die Betriebsstätte wurde mit den anteiligen Arbeitslöhnen belastet.

Das Besteuerungsrecht hat ebenfalls der Tätigkeitsstaat Belgien.

Beispiel 3:

Ein niederländischer Arbeitnehmer ist vom 1.2. bis 1.12.2002 (Dauer der gesamten Bauausführung) auf einer Baustelle des niederländischen Arbeitgebers in Deutschland tätig.

Die Bundesrepublik Deutschland hat das Besteuerungsrecht für die Lohneinkünfte des niederländischen Arbeitnehmers, weil er an mehr als 183 Tagen hier tätig ist. Unmaßgeblich ist, dass die Baustelle keine Betriebsstätte i.S. des DBA-Niederlande ist (Voraussetzung 12 Monate, Art. 2 Abs. 1 Nr. 2 Buchst. gg). Gleichwohl hat der niederländische Arbeitgeber den Steuerabzug durchzuführen, da er inländischer Arbeitgeber ist (§ 38 Abs. 1 EStG i.V.m. § 12 AO – Bauausführung mit einer Dauer von mehr als sechs Monaten).

Der Arbeitslohn wird zu Lasten einer Betriebsstätte gezahlt, wenn die Vergütungen wirtschaftlich gesehen von der Betriebsstätte getragen werden. Nicht entscheidend ist, wer die Vergütungen ausbezahlt oder wer die Vergütungen in seiner Buchführung abrechnet. Entscheidend ist allein, ob und ggf. in welchem Umfang die im Ausland ausgeübte Tätigkeit nach dem jeweiligen Doppelbesteuerungsabkommen (z.B. Art. 7 DBA-Schweiz) der ausländischen Betriebsstätte zuzuordnen ist und die Vergütung deshalb wirtschaftlich zu Lasten der ausländischen Betriebsstätte geht (BFH, Urteile vom 24.2.1988, BStBl II 1988 S. 819, und vom 21.4.1999, BStBl II 1999 S. 694; Urteil des Niedersächsischen Finanzgerichts vom 30.5.2000, EFG 2000 S. 941). Wenn der Arbeitslohn lediglich Teil von Verrechnungen für Lieferungen oder Leistungen mit der Betriebsstätte ist, wird der Arbeitslohn als solcher nach den vorgenannten Urteilen nicht von der Betriebsstätte getragen.

Eine selbständige Tochtergesellschaft (z.B. GmbH) ist nicht Betriebsstätte der Muttergesellschaft, kann aber ggf. selbst Arbeitgeber sein.

e) Zahlung durch einen nicht im Tätigkeitsstaat ansässigen Arbeitgeber

720 Das Besteuerungsrecht verbleibt nach der 183-Tage-Regel nicht beim Wohnsitzstaat, wenn der Arbeitslohn durch einen im Tätigkeitsstaat ansässigen Arbeitgeber gezahlt wird.

Arbeitgeber i.S. der Doppelbesteuerungsabkommen ist derjenige Unternehmer, der die **Vergütungen** für die ihm geleistete Arbeit **wirtschaftlich trägt** (vgl. BFH, Urteil vom 21.8.1985, BStBl II 1986 S. 4). Dies ist dann der Fall, wenn der Arbeitnehmer dem ausländischen Unternehmen seine Arbeitsleistung schuldet, unter dessen Leitung tätig wird und dessen Weisungen unterworfen ist und der Arbeitslohn nicht Preisbestandteil für eine Lieferung oder Werkleistung ist. Arbeitgeber i.S. des Rechts der Doppelbesteuerungsabkommen ist nicht notwendigerweise Arbeitgeber i.S. des Lohnsteuerrechts (BFH, Urteil vom 24.3.1999, BStBl II 2000 S. 41). Es ist damit nicht entscheidend, wer bürgerlich-rechtlich Vertragspartei ist und wer den Lohn auszahlt, weil Arbeitgeber und Lohn zahlende Stelle verschieden sein können (vgl. BFH, Urteile vom 8.9.1982, BStBl II 1983 S. 71 und 72, und vom 19.3.1997, BFH/NV 1997 S. 666). Maßgebend ist vielmehr ausschließlich die **wirtschaftliche Zuordnung** im vorerwähnten Sinne. Die entsprechende Zuordnung ist auch unabhängig von der späteren Verbuchung des jeweiligen Lohnes. Denn ansonsten könnten insbesondere zu einem Konzern gehörende Gesellschaften allein durch die Verbuchung des Lohnes bestimmen, welcher Abkommensstaat den Arbeitslohn besteuert und in welchem Abkommensstaat der Gewinn durch den vorgenannten Ar-

beitslohn gemindert wird (vgl. BFH, Urteil vom 24.2.1988, BStBl II 1988 S. 819, zum Betriebsstättenvorbehalt). Nach dem BMF-Schreiben vom 7.5.1996, BStBl I 1996 S. 621, gilt der wirtschaftliche Arbeitgeberbegriff für Arbeitseinsätze nach dem 1.7.1995 auch im Verhältnis zu Großbritannien.

Beim internationalen **Arbeitnehmerverleih** ist nach Sinn und Zweck der 183-Tage-Klausel der Entleiher als Arbeitgeber anzusehen (vgl. OECD-Kommentar zu Art. 15 des Musterabkommens, a.A. Hessisches FG, Urteil vom 7.12.2000, EFG 2001 S. 508, Revision eingelegt, Az. beim BFH: I R 21/01). Sonderregelungen der Abkommen für Leiharbeitnehmer sind jedoch zu beachten.

Nach den DBA-Norwegen (Art. 15) und DBA-Österreich (Art. 9) darf der Arbeitslohn aus einer vorübergehenden Tätigkeit im anderen Vertragsstaat nur dann ausschließlich im Ansässigkeitsstaat des Arbeitnehmers besteuert werden, wenn der Arbeitgeber in demselben Staat wie der Arbeitnehmer ansässig ist. Eine unselbständige Betriebsstätte kommt nicht als Arbeitgeber in Betracht (BFH, Urteile vom 29.1.1986, BStBl II 1986 S. 442 und 513, sowie FG Berlin, Urteil vom 16.3.1999, IStR 1999 S. 471). Siehe hierzu nachfolgendes Beispiel 6. Jedoch kann eine Personengesellschaft nach Sinn und Zweck der 183-Tage-Klausel Arbeitgeber sein. Die Ansässigkeit des Arbeitgebers bestimmt sich in diesem Fall nach dem Ort der Geschäftsleitung. Auch eine selbständige Tochtergesellschaft kann Arbeitgeber sein. Zum Besteuerungsrecht in Fällen, in denen Arbeitnehmer, die von einer ausländischen Muttergesellschaft zu deren deutscher Tochtergesellschaft entsandt worden sind, kurzfristig im Ausland tätig werden, siehe auch OFD Frankfurt am Main, Nr. 7 der Verfügung vom 6.10.1999, StEd 2000 S. 38, und OFD Düsseldorf, Nr. 7 der Verfügung vom 27.3.2000, StEd 2000 S. 324, 326.

f) Beispiele

Beispiel 1:   **721**

A ist für seinen deutschen Arbeitgeber vom 1.1. bis 15.6.2002 in Österreich tätig. Vom 16.6.2002 bis 15.7.2002 verbringt er dort seinen Urlaub. Eine Betriebsstätte des Arbeitgebers in Österreich besteht nicht.

Das Besteuerungsrecht für den Arbeitslohn hat Österreich, weil sich A länger als 183 Tage im Kalenderjahr (= Steuerjahr) in Österreich aufgehalten hat (Art. 9 DBA-Österreich). Der Urlaub, den A unmittelbar im Anschluss an seine Tätigkeit in Österreich verbringt, wird in die Aufenthaltsdauer eingerechnet. Die Bundesrepublik Deutschland stellt die Einkünfte unter Progressionsvorbehalt frei (Art. 15 Abs. 1 und 3 DBA-Österreich).

Beispiel 2:

A ist vom 1.10.2001 bis 31.5.2002 für seinen deutschen Arbeitgeber in Österreich tätig. Eine Betriebsstätte des Arbeitgebers in Österreich besteht nicht.

Österreich hat kein Besteuerungsrecht für den Arbeitslohn. Die 183-Tage-Frist ist für jedes Kalenderjahr (= Steuerjahr) getrennt zu ermitteln. A ist weder im Kalenderjahr 2001 noch im Kalenderjahr 2002 länger als 183 Tage in Österreich. Da der Arbeitslohn von einem deutschen Arbeitgeber getragen wird und nicht zu Lasten einer österreichischen Betriebsstätte des Arbeitgebers geht, bleibt das Besteuerungsrecht bei der Bundesrepublik Deutschland (Art. 9 Abs. 2 DBA-Österreich).

Beispiel 3:

A mit Wohnsitz in der Bundesrepublik ist für seinen deutschen Arbeitgeber vom 1.1. bis 31.7.2002 in Großbritannien tätig. Eine Betriebsstätte des Arbeitgebers in Großbritannien besteht nicht.

Großbritannien hat kein Besteuerungsrecht für den Arbeitslohn. Die 183-Tage-Frist ist für jedes Steuerjahr getrennt zu ermitteln. Maßgeblich ist das Steuerjahr des Tätigkeitsstaates. Da das Steuerjahr 2001/2002 in Großbritannien am 5.4.2002 endet, ist A weder im Steuerjahr 2001/2002 noch im Steuerjahr 2002/2003 länger als 183 Tage in Großbritannien. Da der Arbeitslohn vom deutschen Arbeitgeber getragen wird und nicht zu Lasten einer britischen Betriebsstätte des Arbeitgebers geht, bleibt das Besteuerungsrecht bei der Bundesrepublik Deutschland (Art. XI Abs. 3 DBA-Großbritannien).

Beispiel 4:

A ist bei einer Betriebsstätte seines deutschen Arbeitgebers vom 1.1.–31.3.2001 in Frankreich tätig. Der Arbeitslohn wird wirtschaftlich von der Betriebsstätte getragen. Das Besteuerungsrecht für den Arbeitslohn hat Frankreich. A ist zwar weniger als 183 Tage in Frankreich tätig, da der Arbeitslohn aber zu Lasten einer französischen Betriebsstätte des Arbeitgebers geht, bleibt das Besteuerungsrecht der Bundesrepublik Deutschland nicht erhalten (Art. 13 Abs. 4 DBA-Frankreich). Frankreich kann daher als Tätigkeitsstaat den Arbeitslohn besteuern, Art. 13 Abs. 1 DBA-Frankreich. Die Bundesrepublik Deutschland stellt die Einkünfte unter Progressionsvorbehalt frei (Art. 20 Abs. 1a DBA-Frankreich).

Beispiel 5:

A ist vom 1. bis 31.1.2002 in der Schweiz bei einem schweizerischen Arbeitgeber tätig. A ist kein Grenzgänger i.S. von Art. 15 Abs. 4 DBA-Schweiz.

Das Besteuerungsrecht für den Arbeitslohn hat die Schweiz, da der Arbeitgeber, der die Vergütungen bezahlt, in der Schweiz ansässig ist (Art. 15 Abs. 1, 2 DBA-Schweiz). Die Bundesrepublik Deutschland stellt die Einkünfte unter Progressionsvorbehalt frei (Art. 24 Abs. 1 Nr. 1d DBA-Schweiz).

Beispiel 6:

A ist Arbeitnehmer des britischen Unternehmens B. Er wohnt seit Jahren in der Bundesrepublik Deutschland und ist bei einer deutschen unselbständigen Betriebsstätte des B in Nürnberg beschäftigt. Im Jahr 2002 befindet er sich an fünf Arbeitstagen bei Kundenbesuchen in der Schweiz und an fünf Arbeitstagen bei Kundenbesuchen in Österreich.

Aufenthalt in der Schweiz: Maßgeblich ist das DBA-Schweiz, da A in der Bundesrepublik Deutschland ansässig ist (Art. 1, 4 Abs. 1 DBA-Schweiz) und die „Quelle" der Einkünfte aus nichtselbständiger Arbeit in dem Staat liegt, in dem die Tätigkeit ausgeübt wird.

Nach Art. 15 Abs. 2 DBA-Schweiz hat die Bundesrepublik Deutschland das Besteuerungsrecht, da sich A nicht länger als 183 Tage in der Schweiz aufgehalten und von einem Arbeitgeber entlohnt wird, der nicht in der Schweiz ansässig ist.

Aufenthalt in Österreich: Maßgeblich ist das DBA-Österreich. Die Bundesrepublik Deutschland hat kein Besteuerungsrecht für die Tätigkeit in Österreich. Zwar hält sich A weniger als 183 Tage in Österreich auf. Das Besteuerungsrecht der Bundesrepublik Deutschland bleibt nach Art. 9 Abs. 2 DBA-Österreich aber nur dann erhalten, wenn der Arbeitgeber seinen Sitz im gleichen Staat wie der Arbeitnehmer hat. Arbeitgeber ist hier das ausländische (britische) Unternehmen B; die inländische unselbständige Betriebsstätte kann nicht Arbeitgeber i.S. des Doppelbesteuerungsabkommens sein (BFH, Urteil vom 29.1.1986, BStBl II 1986 S. 442). Die Bundesrepublik Deutschland stellt die Einkünfte unter Progressionsvorbehalt frei (Art. 15 Abs. 1, 3 DBA-Österreich).

Beispiel 7:

Ein Arbeitnehmer einer inländischen Muttergesellschaft M-AG wird 2002 an insgesamt 147 Tagen für die selbständige Tochtergesellschaft (S.A.) in Frankreich tätig. Die im Zusammenhang mit der Tätigkeit in Frankreich angefallenen Löhne und sonstigen Kosten werden von M-AG getragen.

Da das im Tätigkeitsstaat ansässige Unternehmen wirtschaftlich als Arbeitgeber i.S. der 183-Tage-Regelung anzusehen ist, hat das Besteuerungsrecht – unabhängig von der Aufenthaltsdauer der Arbeitnehmer – der Tätigkeitsstaat, also Frankreich.

Beispiel 8:

In der Bundesrepublik (GmbH) und in den Niederlanden (B.V.) sind zwei Schwestergesellschaften tätig. Die GmbH erhält einen Großauftrag, den sie mit ihrem derzeitigen Personal nicht erfüllen kann. Die GmbH schließt daher mit der B.V. einen Vertrag, auf dessen Grundlage Fachkräfte der B.V. auf Anforderung der GmbH für diese im Inland tätig werden. Die Arbeitnehmer erhalten ihr Gehalt für den gesamten Zeitraum weiter von der niederländischen Gesellschaft.

Lösung wie im Beispiel 7, daher hat die Bundesrepublik – unabhängig von der Aufenthaltsdauer des Arbeitnehmers – das Besteuerungsrecht.

3. Höhe des freizustellenden Arbeitslohns

a) Grundsatz

722 Hat der ausländische Tätigkeitsstaat nach dem Doppelbesteuerungsabkommen das Besteuerungsrecht und ist der Arbeitslohn im Ansässigkeitsstaat freizustellen, so gilt **hinsichtlich der Höhe** des freizustellenden Arbeitslohns Folgendes:

– **Laufender Arbeitslohn**, der der Tätigkeit im Ausland **direkt zugeordnet** werden kann, ist in vollem Umfang steuerfrei;

– **laufender Arbeitslohn**, der der Tätigkeit im Ausland **nicht direkt zugeordnet** werden kann, ist – anders als beim Auslandstätigkeitserlass (→ *Auslandstätigkeitserlass* Rz. 374), der nur den Arbeitslohn für die Tätigkeit im Ausland freistellt – nach Maßgabe der BFH, Urteile vom 29.1.1986, BStBl II 1986 S. 442, 479 und 513, **im Verhältnis** der **vereinbarten Arbeitstage** im Ausland zu den übrigen vereinbarten Arbeits-

tagen aufzuteilen (Tz. 3.6.5 des Anhangs 3 der Anleitung für den Lohnsteuer-Außendienst).

Auch bei nur stundenweisem Aufenthalt im Ausland pro Tag ist der Arbeitslohn aufzuteilen (BFH, Urteil vom 29.1.1986, BStBl II 1986 S. 479, OFD Berlin, Verfügung vom 29.6.1998, FR 1998 S. 757).

b) Vereinbarte Arbeitstage

723 Vereinbarte Arbeitstage i.S. der vorgenannten „Verhältnisrechnung" sind die **Kalendertage pro Jahr**, für die tatsächlich **Entgelt gezahlt** wird, **abzüglich der Tage**, an denen der Arbeitnehmer laut Arbeitsvertrag **nicht zu arbeiten verpflichtet ist** (das sind Urlaubstage, arbeitsfreie Samstage, Sonntage und gesetzliche Feiertage). Die vorgenannten freien Tage wirken sich danach nicht auf den Aufteilungsmaßstab aus, so dass im Ausland verbrachter Urlaub den Anteil des steuerfreien Arbeitslohns nicht erhöht. Ohne Bedeutung sind daher die Kalender-, Steuer- oder tatsächlich geleisteten Arbeitstage (z.B. auf Grund unbezahlter Überstunden). Wird für tatsächlich geleistete Arbeit an Tagen, die nicht den vereinbarten Arbeitstagen zuzurechnen sind, kein besonderes Entgelt, aber Freizeitausgleich gewährt, zählen diese Tage zu den vereinbarten Arbeitstagen.

Beispiel:

A nimmt 2002 einen Monat (= 20 Arbeitstage) unbezahlten Urlaub; Krankheitstage im Inland: 20 (Arbeitstage nach Wegfall der Lohnfortzahlung: 10); begünstigte Arbeitstage im Ausland: 38; vereinbarte Arbeitstage: 220.

Vereinbarte Arbeitstage im Sinne der Verhältnisrechnung:

Vereinbarte Arbeitstage	220
abzüglich Urlaubstage	20
abzüglich Krankheitstage nach Wegfall der Lohnfortzahlung	10
verbleiben	190

Von den maßgebenden vereinbarten Arbeitstagen entfallen 38 auf begünstigte Auslandstage, so dass 38/190 des maßgebenden Jahresarbeitslohns steuerfrei bleiben.

c) Abweichung vereinbarte/tatsächliche Arbeitstage

724 Weichen tatsächliche Arbeitstage und vereinbarte Arbeitstage voneinander ab, weil der Arbeitnehmer im Jahr der Auslandstätigkeit nicht seinen vollen oder keinen ihm vertraglich zustehenden **Urlaub** genommen hat, und wird der Urlaubsanspruch in ein anderes Kalenderjahr übertragen oder wird Urlaubsabgeltung gezahlt, gilt Folgendes:

Aufteilungsgrundlage im Jahr der Auslandstätigkeit sind die unter Berücksichtigung der tatsächlich genommenen Urlaubstage ermittelten vereinbarten Arbeitstage und die **davon** im Ausland verbrachten Arbeitstage. Wird der Urlaub in einem anderen Kalenderjahr genommen, sind die vereinbarten Arbeitstage dieses Kalenderjahrs um die Urlaubstage des Vorjahrs zu kürzen. Ebenso zu kürzen ist der Jahresarbeitslohn dieses Kalenderjahrs um den auf die Urlaubszeit entfallenden **laufenden** Arbeitslohn, da es sich insofern um eine Entlohnung für die Tätigkeit im Jahr der Auslandstätigkeit handelt. Danach wird der Arbeitnehmer, der den Urlaub aus betrieblichen Gründen im Folgejahr nimmt in Bezug auf den auf die Auslandstätigkeit entfallenden Arbeitslohn zutreffend im Ergebnis mit demjenigen Arbeitnehmer gleichgestellt, dessen Urlaubsanspruch abgegolten wird. Der dem Jahr der Auslandstätigkeit zuzuordnende Arbeitslohn ist nach dem Aufteilungsmaßstab dieses Kalenderjahrs aufzuteilen.

Der für das Kalenderjahr des Urlaubsantritts verbleibende Arbeitslohn ist ggf. nach den Verhältnissen dieses Kalenderjahrs auf der Grundlage der um die übertragenen Urlaubstage des Vorjahres gekürzten vereinbarten Arbeitstage dieses Kalenderjahrs aufzuteilen.

Bei Zahlung von Urlaubsabgeltung im Kalenderjahr der Auslandstätigkeit erhöht sich lediglich der aufzuteilende Jahresarbeitslohn um die gezahlte Urlaubsabgeltung, der Aufteilungsmaßstab bleibt unverändert. Bei Zahlung von Urlaubsabgeltung im folgenden oder in einem anderen Kalenderjahr erfolgt eine Aufteilung dieses Betrags nach den Verhältnissen des Jahres der Auslandstätigkeit. Der übrige, dem Jahr der Zahlung zuzuordnende Arbeitslohn ist ggf. nach den allgemeinen Grundsätzen aufzuteilen.

Beispiel 1:

A ist verpflichtet, an 220 Arbeitstagen des Kalenderjahrs 2002 zu arbeiten, die sich wie folgt berechnen:

Kalendertage	365
∕ Samstage, Sonntage, Feiertage	115
∕ vertragliche Urlaubstage	30
vereinbarte Arbeitstage	220

Im Jahr 2002 hat A aus betrieblichen Gründen keinen Urlaub genommen. Er war von Januar bis November (230 Arbeitstage) in Frankreich und im Dezember (20 Arbeitstage) in Deutschland tätig. Der aufzuteilende Jahresarbeitslohn des Jahres 2002 beträgt 50 000 €. Der Urlaubsanspruch des Jahres 2002 wird zu Beginn des Jahres 2003 realisiert.

Im Jahr 2003 ergeben sich für A wiederum 220 vereinbarte Arbeitstage. Hiervon war A an 20 Tagen begünstigt im Ausland beschäftigt. Der Jahresarbeitslohn des Jahres 2003 beträgt 55 700 €, davon entfallen auf die Urlaubstage des Jahres 2002 6 300 €.

Die ermittelten vereinbarten Arbeitstage des Jahres 2002 (220) sind um die nicht genommenen Urlaubstage (30) zu erhöhen, so dass 230/250 des Jahresarbeitslohnes von 50 000 € (= 46 000 €) steuerfrei sind.

Von dem auf den im Jahr 2003 genommenen, dem Jahr 2002 zuzurechnenden Urlaub entfallenden Arbeitslohn von 6 300 € sind ebenfalls 230/250 (= 5 796 €) steuerfrei.

Für das Jahr 2003 ergeben sich (220 ∕ 30) 190 vereinbarte Arbeitstage. Da A hiervon 20 Tage begünstigt im Ausland verbracht hat, sind von dem dem Jahr 2003 zuzuordnenden Arbeitslohn von 49 400 € (55 700 € ∕ 6 300 €) 20/190 = 5 200 € steuerfrei.

Beispiel 2:

Wie Beispiel 1, jedoch wird der Urlaubsanspruch nicht auf das nächste Kalenderjahr übertragen, sondern durch eine Zahlung von 10 500 €

– im Jahr 2002
– im Jahr 2003

abgegolten.

Bei Zahlung im Jahr 2002 bleiben von 60 500 € (50 000 € + 10 500 €) 230/250 = 55 660 € steuerfrei. Bei Zahlung im Jahr 2002 bleiben von 10 500 € ebenfalls 230/250 = 9 660 € steuerfrei.

Auch wenn **Einkünfte** aus nichtselbständiger Arbeit im Inland freizustellen sind, weil sich der Arbeitnehmer an **mehr als 183 Tagen** im DBA-Staat aufgehalten hat, ist eine **Aufteilung** des Arbeitseinkommens nach dem Verhältnis der vereinbarten Arbeitstage im DBA-Staat zu den übrigen vereinbarten Arbeitstagen vorzunehmen.

Beispiel 3:

A war vom 1.1. bis 31.10.2003 in Frankreich tätig. Im Juli wurde die Auslandstätigkeit durch Urlaub unterbrochen. Von den vereinbarten 240 Arbeitstagen entfallen 180 auf die Auslandstätigkeit. Das – ggf. um direkt der steuerfreien oder steuerpflichtigen Tätigkeit zuzuordnende bereinigte – Arbeitseinkommen ist in Höhe von 180/240 steuerfrei.

Soweit Arbeitslohn für die Zeit einer **Erkrankung** gezahlt wird, zählen die Krankheitstage zu den vereinbarten Arbeitstagen. Dementsprechend ist während der Erkrankung gezahlter Arbeitslohn steuerfrei, wenn der Zeitraum der Erkrankung als Auslandstätigkeit anzusehen ist.

d) Vereinbartes Arbeitsentgelt

725 Den vereinbarten Arbeitstagen ist das für die entsprechende Zeit vereinbarte Arbeitsentgelt gegenüberzustellen. Hierzu gehören:

– **Lohn, Gehalt**, sonstige **Vorteile**,

– **Zusatzvergütungen** (z.B. Weihnachtsgeld, Tantiemen u.Ä.), wenn sie die nichtselbständige Tätigkeit innerhalb des gesamten Berechnungszeitraums betreffen.

Überstundenvergütungen sind jeweils direkt dem steuerpflichtigen oder steuerfreien Arbeitslohn zuzurechnen, je nachdem, welche Zeit der Überstunden sie betreffen. **Andere Vergütungen**, die nur bestimmte Einzeltätigkeiten betreffen (z.B. für Nachtarbeit, Feiertagsarbeit oder eine Erfolgsprämie für die Auslandstätigkeit), sind wie Überstundenvergütungen direkt zuzuordnen.

Beispiel 1:

Arbeitnehmer A arbeitet lt. Arbeitsvertrag von montags bis freitags. Er macht eine Dienstreise nach Italien von Freitag bis Montag. Auch am Wochenende ist A für seinen Arbeitgeber tätig. Statt einer besonderen Vergü-

tung für die Wochenendtätigkeit hat er dienstags und mittwochs dienstfrei. A hat sich an vier vereinbarten Arbeitstagen im Ausland aufgehalten.

Das um genau zuzuordnende Teile bereinigte Arbeitsentgelt ist ins Verhältnis zu den vertraglich vereinbarten Arbeitstagen zu setzen. Aus der Relation beider Zahlen ergibt sich das Arbeitseinkommen je vereinbarten Arbeitstag. Dieses Arbeitseinkommen ist mit der Zahl der vereinbarten Arbeitstage zu multiplizieren, an denen sich der Arbeitnehmer in Italien aufhielt.

Beispiel 2:

A hat im Kalenderjahr 2002 mehrere Dienstreisen nach Italien unternommen. Von den insgesamt vereinbarten 240 Arbeitstagen hat er 186 Arbeitstage in Italien verbracht. Überstunden wurden nicht gesondert vergütet.

Der Jahresarbeitslohn des A von insgesamt	40 400 €
setzt sich wie folgt zusammen:	
Monatslohn 2 800 € × 12	33 600 €
Weihnachtsgeld	2 800 €
Tantieme	1 500 €
Urlaubsgeld	500 €
Erfolgsprämie für einen Geschäftsabschluss in Italien	2 000 €

Die Erfolgsprämie ist unmittelbar der begünstigten Tätigkeit in Italien zuzurechnen. Dementsprechend ist nur der verbleibende Betrag von 38 400 € (40 400 € ∕ 2 000 €) in einen steuerfreien und einen steuerpflichtigen Teil aufzuteilen. Es ergibt sich ein Arbeitseinkommen je vereinbarten Arbeitstag von 160 € (38 400 € : 240), so dass 29 760 € (186 × 160 €) zuzüglich der Erfolgsprämie in Höhe von 2 000 € steuerfrei bleiben.

e) Lohnsteuerabzug bei begünstigter und nicht begünstigter Tätigkeit im Lohnzahlungszeitraum

726 Der Arbeitgeber hat bei jeder Lohnzahlung Lohnsteuer einzubehalten (§ 38 Abs. 3 EStG). Ist ein Arbeitnehmer im Lohnzahlungszeitraum sowohl begünstigt als auch nicht begünstigt tätig gewesen und ist der Jahresarbeitslohn nicht bekannt, lässt es die Finanzverwaltung aus Vereinfachungsgründen zu, dass der um die direkt zurechenbaren Bezüge bereinigte laufende Monatslohn nach dem Verhältnis der vereinbarten Arbeitstage des Monats aufgeteilt wird. Nach denselben Grundsätzen ist auch eine **einmalige Zahlung** (z.B. eine Jubiläumszuwendung) zu behandeln, die Nachzahlung für eine frühere Tätigkeit ist und anteilig auf die begünstigte und nicht begünstigte Tätigkeit entfällt. Für die Steuerbefreiung kommt es nicht darauf an, zu welchem Zeitpunkt und wo die Vergütung gezahlt wird, sondern allein darauf, dass sie dem Arbeitnehmer für eine Auslandstätigkeit gezahlt wird (BFH, Urteil vom 5.2.1992, BStBl II 1992 S. 660). Eine Nachzahlung für eine aktive Tätigkeit liegt nicht vor, wenn eine einmalige Zahlung ganz oder teilweise der Versorgung dient (BFH, Urteile vom 5.2.1992, a.a.O., und vom 12.10.1978, BStBl II 1979 S. 64).

Ist der steuerfreie Lohn geschätzt worden, ist der Lohnsteuer-Abzug nach Kenntnis der tatsächlichen Verhältnisse im Kalenderjahr nach Maßgabe des § 41c EStG zu korrigieren.

4. Anwendung von Doppelbesteuerungsabkommen im Lohnsteuerabzugsverfahren

727 Ist nach einem Doppelbesteuerungsabkommen die **Steuerbefreiung** von einem **Antrag** abhängig, so darf der Lohnsteuerabzug nur dann unterbleiben, wenn eine **Bescheinigung des Betriebsstättenfinanzamts** vorliegt, dass der Arbeitslohn nicht der deutschen Lohnsteuer unterliegt, vgl. BFH, Urteil vom 10.5.1989, BStBl II 1989 S. 755 **(Freistellungsbescheinigung)**. Es besteht daher für eine Klage auf Feststellung der nicht bestehenden Verpflichtung zum Lohnsteuerabzug kein Rechtsschutzbedürfnis (BFH, Urteil vom 12.6.1997, BStBl II 1997 S. 660). Die Freistellungsbescheinigung ist vom Arbeitnehmer oder in dessen Auftrag vom Arbeitgeber auf amtlichem Vordruck zu beantragen. Für beschränkt steuerpflichtige und unbeschränkt steuerpflichtige Arbeitnehmer gibt es jeweils unterschiedliche Vordrucke. Das Finanzamt muss in der Freistellungsbescheinigung die Geltungsdauer angeben. Die Geltung wird auf höchstens drei Jahre begrenzt. Nach Ablauf der Geltungsdauer muss ggf. eine neue Bescheinigung beantragt werden. Enthält das Doppelbesteuerungsabkommen eine Rückfallklausel (→ *Doppelbesteuerungsabkommen: Allgemeines* Rz. 708), so hat das Finanzamt einen Hinweis aufzunehmen, dass die Freistellung unter dem Vorbehalt steht, dass der andere Staat besteuert (OFD

Münster, Verfügung vom 22.1.1997, FR 1997 S. 503). Ist die Steuerbefreiung antragsunabhängig, hat das Betriebsstättenfinanzamt gleichwohl auf Antrag eine Freistellungsbescheinigung zu erteilen (§ 39b Abs. 6 EStG). Die Bescheinigung ist vom Arbeitgeber als **Beleg zum Lohnkonto** aufzubewahren (§ 39e Abs. 6 EStG).

Wird zulässigerweise kein Antrag gestellt, kann unter Umständen die Inanspruchnahme des Arbeitgebers als Haftungsschuldner in Frage kommen. Der Arbeitgeber sollte daher im Zweifel vom **Antragsrecht zur Vermeidung des Haftungsrisikos** Gebrauch machen. Außerdem kann so ggf. auch eine zu hohe Besteuerung bei unrichtiger Anwendung des Doppelbesteuerungsabkommens vermieden werden. Bescheinigungen können **rückwirkend** nur erteilt werden, solange der Arbeitgeber den Lohnsteuerabzug ändern darf (§ 41c EStG). Sind vom Arbeitslohn, der nach einem Doppelbesteuerungsabkommen steuerbefreit ist, Steuerabzugsbeträge einbehalten worden, kann der Arbeitnehmer den Verzicht auf die Besteuerung im Rahmen der Einkommensteuerveranlagung beantragen, sofern die Lohnsteuer keine Abgeltungswirkung hat.

Der **Verzicht auf den Lohnsteuerabzug schließt die Berücksichtigung des Progressionsvorbehalts bei einer Veranlagung des Arbeitnehmers** nicht aus (→ *Progressionsvorbehalt* Rz. 1924, R 123 LStR). Der Bezug von entsprechenden steuerfreien Einkünften über 410 € im Jahr hat vielmehr die Pflichtveranlagung zur Einkommensteuer nach § 46 Abs. 2 Nr. 1 EStG zur Folge.

Kommt für einen **beschränkt steuerpflichtigen Arbeitnehmer** wegen der Abgeltungswirkung des Lohnsteuerabzugs eine Veranlagung nicht in Betracht, so kann der Arbeitnehmer den Verzicht auf die Besteuerung nach amtlichem Vordruck beim Bundesamt für Finanzen, 53221 Bonn, im **Erstattungsverfahren** geltend machen. Im Vordruck hat der Arbeitnehmer durch eine Bestätigung der zuständigen ausländischen Steuerbehörde nachzuweisen, dass er dort ansässig ist (**Ansässigkeitsbescheinigung**).

5. Auskunftsaustausch über Arbeitslöhne von in der Bundesrepublik Deutschland ansässigen und in anderen EU-Mitgliedstaaten tätigen Arbeitnehmern

728 Nach § 2 Abs. 2 Nr. 5 **EG-Amtshilfe-Gesetz können der zuständigen Finanzbehörde eines anderen EU-Mitgliedstaates Auskünfte erteilt werden**, wenn ein Sachverhalt, auf Grund dessen in der Bundesrepublik Deutschland eine Steuerermäßigung oder Steuerbefreiung gewährt worden ist, für den Steuerpflichtigen zu einer Besteuerung oder Steuererhöhung in dem anderen Staat führen könnte. Nach dem BMF-Schreiben vom 12.5.1996, BStBl I 1996 S. 644, **beabsichtigt das Bundesfinanzministerium verstärkt Auskünfte** zu erteilen, um umgekehrt in vergleichbaren Fällen Auskünfte zu erhalten. Das Betriebsstättenfinanzamt übersendet daher Ausfertigungen von im Lohnsteuerabzugsverfahren auf Antrag ausgestellten Freistellungsbescheinigungen (R 123 LStR) in bedeutsamen Fällen an das Bundesamt für Finanzen. Die im Veranlagungsverfahren erlangten Informationen über die Freistellung von Arbeitslohn werden ggf. ebenfalls an das Bundesamt übersandt. Zum Auskunftsaustausch zwischen den Niederlanden und Deutschland vgl. Vereinbarung vom 16.10.1997, BStBl I 1998 S. 970.

6. Sozialversicherungspflicht

729 Die Beitragspflicht von Arbeitsentgelt wird nicht dadurch beseitigt, dass auf Grund eines Doppelbesteuerungsabkommens von diesem Arbeitsentgelt keine Lohnsteuer gezahlt wird. Das gilt auch für die Bezüge, die zusätzlich zu Löhnen und Gehältern gezahlt werden. Mit der Neuregelung des § 2 Abs. 1 Satz 1 ArEV werden nunmehr auch die Fälle erfasst, in denen eine Pauschalbesteuerung bei einem inländischen Beschäftigungsverhältnis wegen der Steuerbefreiung auf Grund eines Doppelbesteuerungsabkommens tatsächlich nicht durchgeführt werden kann. Leistungen des Arbeitgebers i.S. von § 2 Abs. 1 Satz 1 Nr. 1 bis 3 ArEV sind deshalb dem Arbeitsentgelt nicht zuzurechnen,

wenn für diese Entgeltbestandteile ohne Berücksichtigung eines Doppelbesteuerungsabkommens die Möglichkeit einer Pauschalbesteuerung bestünde.

→ *Auslandstätigkeit* Rz. 372; → *Ausstrahlung* Rz. 389

Doppelte Haushaltsführung: Allgemeines

1. Allgemeines

730 Unter diesem Stichwort werden zur besseren Übersichtlichkeit nur die allgemeinen Voraussetzungen für die steuerfreie Erstattung von Mehraufwendungen für eine doppelte Haushaltsführung durch den Arbeitgeber erläutert. Hierunter fallen auch Arbeitnehmer mit **Einsatzwechseltätigkeit, die am Arbeitsort übernachten.**

Die doppelte Haushaltsführung ist von **anderen Auswärtstätigkeiten abzugrenzen** (Dienstreise, Fahrtätigkeit, Einsatzwechseltätigkeit ohne Übernachtung). Einzelheiten hierzu siehe → *Reisekosten: Allgemeine Grundsätze* Rz. 1994.

Zur Information über Höhe und Dauer der erstattungsfähigen Beträge siehe → *Doppelte Haushaltsführung: Erstattungsbeträge* Rz. 761.

Eine Übersicht über die steuerfreien Erstattungsmöglichkeiten enthält der Anhang, vgl. → *Anhang, A. Lohnsteuer* Rz. 2800.

Wird ein Arbeitnehmer außerhalb seines Wohnortes tätig und **übernachtet er am Ort seiner Tätigkeit** oder in dessen Einzugsbereich und liegen die Voraussetzungen einer Dienstreise (→ *Reisekosten: Allgemeine Grundsätze* Rz. 1994) nicht vor, kann der Arbeitgeber gleichwohl dem Arbeitnehmer durch Übernachtungen entstehende notwendige Mehraufwendungen steuerfrei ersetzen, sofern dieser einen **doppelten Haushalt unterhält** (§ 3 Nr. 16 EStG). Vielfach besteht in Tarifverträgen usw. sogar ein „**Rechtsanspruch**" auf die Erstattung solcher Mehraufwendungen durch den Arbeitgeber (sog. **Auslösungen**).

Der **steuerfreie Arbeitgeberersatz** ist allerdings nur in dem Umfang möglich, in dem der Arbeitnehmer entsprechende Aufwendungen als **Werbungskosten** absetzen könnte (R 43 Abs. 11 Satz 10 LStR).

2. Begriff

731 Eine doppelte Haushaltsführung haben nach § 9 Abs. 1 Satz 3 Nr. 5 Satz 2 EStG Arbeitnehmer, die **beruflich** außerhalb des Ortes, an dem sie einen **eigenen Hausstand** unterhalten, beschäftigt sind und am **Beschäftigungsort eine Zweitwohnung** haben.

Eine Zweitwohnung in der **Nähe des Beschäftigungsortes** steht einer Zweitwohnung am Beschäftigungsort gleich (R 43 Abs. 4 LStR).

Unterschieden werden die doppelte Haushaltsführung bei Arbeitnehmern

– **mit eigenem Hausstand** (also insbesondere Verheiratete) – frühere sog. zeitlich unbeschränkte („echte") doppelte Haushaltsführung und

– **ohne eigenen Hausstand** (also insbesondere Ledige) – frühere sog. zeitlich beschränkte („unechte") doppelte Haushaltsführung.

Da die doppelte Haushaltsführung steuerlich **gegenüber Dienstreisen ungünstiger** ist (z.B. kann nur **eine** Familienheimfahrt wöchentlich mit der niedrigeren **Entfernungspauschale** berücksichtigt werden), sollte im jeweiligen Einzelfall vorher geprüft werden, ob nicht eine Erstattung der Mehraufwendungen für die Auswärtstätigkeit nach Dienstreise-Grundsätzen möglich ist.

Arbeitnehmer mit **Einsatzwechseltätigkeit** (→ *Reisekosten: Allgemeine Grundsätze* Rz. 2025), die am Beschäftigungsort oder in dessen Nähe **übernachten**, fallen ebenfalls unter die **doppelte Haushaltsführung**.

Eine doppelte Haushaltsführung kann auch anerkannt werden, wenn – z.B. bei einem längeren Auslandsaufenthalt – der **Ehegatte an den neuen Arbeitsort mitkommt**, selbst wenn die Familienwohnung in dieser Zeit leer steht und nur gelegentlich aufgesucht wird, sog. ruhender Ersthaushalt (R 43 Abs. 2 Satz 3 sowie Abs. 3 Satz 3 LStR).

Bei **verheirateten beiderseits berufstätigen Arbeitnehmern** kann ggf. für **jeden Ehegatten** eine doppelte Haushaltsführung anerkannt werden, vgl. dazu ausführlich → Rz. 748.

3. Rechtsentwicklung

732 Einzelheiten siehe die Auflage April 1999. Hervorzuheben sind **ab 1996 die gesetzlich festgelegten Verpflegungspauschalen** (ohne Möglichkeit des Einzelnachweises) und die **Zweijahresfrist** für die Anerkennung einer doppelten Haushaltsführung bei einer längeren Beschäftigung am selben Ort.

4. Abgrenzung gegenüber Dienstreisen; Wege zwischen Wohnung und Arbeitsstätte usw.

a) Dienstreise

733 Eine doppelte Haushaltsführung liegt nicht vor, solange die auswärtige berufliche Beschäftigung als Dienstreise anzuerkennen ist. Diese Unterscheidung ist von Bedeutung, weil eine **Dienstreise steuerlich wesentlich günstiger** ist:

Der **Arbeitgeber kann**

● dem Arbeitnehmer bei **Dienstreisen alle Zwischenheimfahrten**, auch mehrere Heimfahrten in der Woche, entweder **in nachgewiesener Höhe** oder mit dem pauschalen **km-Satz von 0,30 €** steuerfrei ersetzen.

● Bei der **doppelten Haushaltsführung** gilt dies nur

– für **eine** Familienheimfahrt wöchentlich

– und auch nur – Ausnahme bei Behinderten – in Höhe der niedrigeren Entfernungspauschale von 0,40 € je Entfernungskilometer (km-Satz also nur **0,20 €**).

Eine **Dienstreise** liegt nicht nur vor, wenn der Arbeitnehmer täglich auswärts tätig ist. Sie ist auch bei solchen Arbeitnehmern anzunehmen, die eine längere **vorübergehende Auswärtstätigkeit**

antreten, das kann z.B. auch ein mehrmonatiger **Lehrgang** sein. Nach **drei Monaten** wird allerdings die auswärtige Tätigkeitsstätte immer als neue regelmäßige Arbeitsstätte angesehen, so dass die Dienstreise in eine doppelte Haushaltsführung „umschlägt". Vgl. dazu z.B. OFD Düsseldorf, Verfügung vom 8.4.1997, FR 1997 S. 428, betr. Werbungskosten bei **Beamtenanwärtern**, die an auswärtige Bildungseinrichtungen zugewiesen bzw. abgeordnet werden.

Ist dagegen die Auswärtstätigkeit nicht „vorübergehender Natur", sondern von vornherein auf Dauer angelegt, so z.B. im Falle einer **Versetzung**, „geht" die **regelmäßige Arbeitsstätte bereits vom ersten Tag an mit**. Das hat zur Folge, dass der Arbeitnehmer, sofern er am neuen Arbeitsort übernachtet, von Anfang an eine doppelte Haushaltsführung hat. Weitere Einzelheiten siehe R 37 Abs. 3 Satz 3 LStR und H 37 (Vorübergehende Auswärtstätigkeit) LStH sowie → *Reisekosten: Allgemeine Grundsätze* Rz. 1994.

Beispiel 1:

A wird auf Wunsch seines Arbeitgebers für ein halbes Jahr an eine auswärtige Filiale **„abgeordnet"**, danach soll er an den Firmensitz zurückkommen.

Da eine vorübergehende Auswärtstätigkeit vorliegt, gelten für die ersten drei Monate die steuerlichen Regeln für **Dienstreisen**. Der Arbeitgeber darf danach A in dieser Zeit alle Heimfahrten mit den tatsächlichen Kosten oder dem pauschalen Kilometersatz von 0,30 € steuerfrei ersetzen. Hinzu kommt die Erstattung von Verpflegungsmehraufwendungen und der Kosten für die Unterkunft am Arbeitsort.

In den letzten drei Monaten (**doppelte Haushaltsführung**) darf er nur noch **eine** Familienheimfahrt wöchentlich und diese auch nur in Höhe der Entfernungspauschale von 0,40 € je Entfernungskilometer steuerfrei ersetzen, der Kilometersatz beträgt also nur 0,20 €. Die Erstattung von Verpflegungsmehraufwendungen entfällt generell nach drei Monaten, erstattungsfähig sind nur noch die Kosten für die Unterkunft.

Beispiel 2:

Sachverhalt wie oben, A ist jedoch an die auswärtige Filiale **„versetzt"** worden. Ob und wann er an den Firmensitz zurückkehren wird, ist fraglich.

Hier gelten vom ersten Tag an die engeren Regeln der doppelten Haushaltsführung, d.h., der Arbeitgeber darf von Anfang an nur eine Familienheimfahrt wöchentlich in Höhe der Entfernungspauschale steuerfrei ersetzen, längstens für die Dauer von zwei Jahren. Hinzu kommt die Erstattung von Verpflegungsmehraufwendungen (längstens für drei Monate) und der Kosten für die Unterkunft am Arbeitsort (längstens zwei Jahre).

b) Einsatzwechseltätigkeit

734 Arbeitnehmer, die eine Einsatzwechseltätigkeit ausüben (insbesondere Bau- und Montagearbeiter) und am Arbeitsort übernachten, fallen ebenfalls **vom ersten Tag** an der längeren Auswärtstätigkeit an unter die Regeln der **doppelten Haushaltsführung**. Auch die ersten drei Monate gelten nicht als „Dienstreise-Zeit", weil „Einsatzwechseltätige" keine regelmäßige Arbeitsstätte haben, von der sie vorübergehend abwesend sind.

Abweichend von den allgemeinen Grundsätzen gilt jedoch für Arbeitnehmer, die eine Fahrtätigkeit oder Einsatzwechseltätigkeit ausüben, die **Drei-Monats-Frist für die steuerfreie Erstattung von Verpflegungsmehraufwendungen** nicht, die steuerfreie Erstattung ist vielmehr **zeitlich unbegrenzt** zulässig (R 39 Abs. 1 Satz 5 LStR):

Denn diese Frist bezieht sich nur auf eine vorübergehende Tätigkeit **außerhalb einer regelmäßigen Arbeitsstätte**, die bei diesen Arbeitnehmern gerade nicht vorhanden ist (Tz. 3 des Arbeitgeber-Merkblatts 1996, BStBl I 1995 S. 719). Dies gilt auch, wenn „Einsatzwechseltätige" am auswärtigen Tätigkeitsort übernachten und somit unter die doppelte Haushaltsführung fallen.

Beispiel:

A ist auf einer Großbaustelle tätig, wo er in einem Baucontainer übernachtet.

A hat steuerlich eine **doppelte Haushaltsführung**, so dass der Arbeitgeber nach den hierfür geltenden Regeln zunächst drei Monate die Pauschalen für Verpflegungsmehraufwendungen steuerfrei erstatten darf (für volle Abwesenheitstage von der Familienwohnung 24 €). Da die Erstattung von Verpflegungsmehraufwendungen bei einer Tätigkeit am selben Ort aber auf längstens drei Monate beschränkt ist, entfällt diese Möglichkeit ab dem vierten Monat.

A übt aber zugleich eine **Einsatzwechseltätigkeit** aus, für die die Drei-Monats-Frist nicht gilt. Der Arbeitgeber kann daher auch ab dem vierten Monat grundsätzlich steuerfreie Verpflegungspauschalen zahlen. Bei der Höhe des Pauschbetrags muss er allerdings beachten, dass die Abwesenheitszeiten dann von der Zweitwohnung am Arbeitsort (hier vom Baucontainer) maßgebend sind, nicht wie bei der doppelten Haushaltsführung die von der Familienwohnung. Das hat zur Folge, dass allenfalls die gekürzten Pauschalen von 6 € bzw. 12 € für Abwesenheiten von der Zweitwohnung (Baucontainer) von 8 bzw. 14 Stunden in Betracht kommen (ausgenommen Tage mit Familienheimfahrten).

Übernachtungskosten und Kosten für Familienheimfahrten kann der Arbeitgeber für die Dauer von zwei Jahren bei einer Beschäftigung am selben Ort steuerfrei ersetzen.

c) Wahlrecht für Fahrten zwischen Wohnung und Arbeitsstätte

735 Es kommt häufig vor, dass Arbeitnehmer mit doppelter Haushaltsführung **mehrmals wöchentlich nach Hause fahren**. Der Werbungskostenabzug der Mehraufwendungen für eine doppelte Haushaltsführung kann dann wegen des eingeschränkten Abzugs von Familienheimfahrten (nur **eine** Heimfahrt wöchentlich, bei Pkw-Benutzung außerdem Beschränkung auf die **Entfernungspauschale**) insgesamt **für den Arbeitnehmer** steuerlich **ungünstiger** sein als der Werbungskostenabzug **aller Heimfahrten** bei Fahrten zwischen Wohnung und Arbeitsstätte.

In diesen Fällen hat der Arbeitnehmer nach R 43 Abs. 6 Satz 2 LStR und der Rechtsprechung des Bundesfinanzhofes (vgl. zuletzt Urteil vom 18.10.2000, BStBl II 2001 S. 383, m.w.N.) ein **Wahlrecht** zwischen dem Abzug seiner Aufwendungen nach den Regeln entweder der **„Doppelten Haushaltsführung" oder** aber denen für **„Fahrten zwischen Wohnung und Arbeitsstätte"**. Dieses Wahlrecht muss der Arbeitnehmer jedoch erst in seiner Einkommensteuerveranlagung ausüben, für den **Arbeitgeberersatz hat es keine Bedeutung:**

aa) Werbungskostenabzug

736 Beim Werbungskostenabzug kann der **Arbeitnehmer also wählen**, ob er

– Mehraufwendungen wegen **doppelter Haushaltsführung** (das sind Aufwendungen für die Unterkunft am Beschäftigungsort, für **eine** Familienheimfahrt wöchentlich und Verpflegungsmehraufwendungen für längstens drei Monate) oder aber

– sämtliche Fahrtkosten als Aufwendungen für **Wege zwischen Wohnung und Arbeitsstätte** als Werbungskosten absetzen will. Ein Abzug der Kosten für Unterkunft und der Pauschalen für Verpflegung ist dann ausgeschlossen.

Entsprechendes gilt für Arbeitnehmer mit **Einsatzwechseltätigkeit**, vgl. H 43 (6–11) (Wahlrecht) LStH. Welche Alternative günstiger ist, muss der Arbeitnehmer genau berechnen, eine Kombination ist nicht zulässig.

Beispiel 1:

A ist als Soldat der Bundeswehr im Schichtdienst der Flugsicherung tätig. Er wohnt mit seiner Familie in X, seine Dienststelle liegt 75 km entfernt in Y. Er war dienstlich gehalten, in Y ein Zimmer zu nehmen und sich dort u.a. an Tagen mit Rufbereitschaft aufzuhalten. Tatsächlich hat A seine Unterkunft im Jahr nur an 84 Tagen genutzt, die restliche Zeit ist er nach Hause gefahren. Für das Zimmer sind A 700 € Mietkosten vom Gehalt einbehalten worden.

Wenn A seine (fast) täglichen Fahrten als Aufwendungen für „Wege zwischen Wohnung und Arbeitsstätte" geltend machen will, kann daneben nicht die Miete für die Unterkunft am Arbeitsort steuerfrei belassen werden (BFH-Urteil vom 2.10.1992, BStBl II 1993 S. 113).

Hätte der Arbeitgeber ihm die Unterkunft unentgeltlich zur Verfügung gestellt und – ausgehend von einer doppelten Haushaltsführung – nicht als Sachbezug versteuert, wären die als Werbungskosten abziehbaren Fahrtkosten um diesen Sachbezug zu kürzen (R 43 Abs. 6 Satz 4 LStR).

Beispiel 2:

A ist auf einer Großbaustelle tätig, der Arbeitgeber ersetzt ihm nach den Grundsätzen der doppelten Haushaltsführung die Kosten der Unterkunft am Arbeitsort, eine Familienheimfahrt wöchentlich und in den ersten drei Monaten Verpflegungsmehraufwendungen mit den dafür in Betracht kommenden Pauschbeträgen.

Auch Arbeitnehmer mit Einsatzwechseltätigkeit haben das Wahlrecht,

– entweder **alle** Fahrten zwischen ihrer Heimatwohnung und dem auswärtigen Arbeitsort (Familienheimfahrten) nach den Grundsätzen der **Einsatzwechseltätigkeit** (Abzug der tatsächlichen Fahrtkosten für die ersten drei Monate bei Entfernungen über 30 km) oder

– die notwendigen Mehraufwendungen nach den Grundsätzen der **doppelten Haushaltsführung** (Abzug nur **einer** Familienheimfahrt pro Woche, Unterkunftskosten, Verpflegungsmehraufwendungen) als Werbungskosten geltend zu machen (BFH, Urteil vom 10.10.1994, BStBl II 1995 S. 137).

Wählt A den Abzug der Fahrtkosten als Fahrten zwischen Wohnung und Einsatzstelle, kann er zwar **keine Verpflegungsmehraufwendungen** wegen der doppelten Haushaltsführung absetzen. Allerdings stehen ihm wegen seiner Einsatzwechseltätigkeit die **Verpflegungspauschalen** zu, sofern die erforderlichen Abwesenheitszeiten (8 Stunden von der Wohnung bzw. Zweitwohnung) erreicht werden.

bb) Arbeitgeberersatz

Für den **Arbeitgeberersatz** hat dieses Wahlrecht des Arbeit- **737** nehmers **keine Bedeutung**, da es der Arbeitgeber nach R 43 Abs. 11 Satz 14 LStR nicht zu beachten hat:

Der Arbeitgeber kann daher zunächst **immer steuerfreie Erstattungen nach den Grundsätzen der doppelten Haushaltsführung zahlen**. Bei der Einkommensteuerveranlagung kann sich der Arbeitnehmer dann anders entscheiden; die zunächst steuerfrei belassenen Verpflegungspauschalen und Kosten der Unterkunft mindern dann aber die als Werbungskosten abzugsfähigen Fahrtkosten (R 43 Abs. 6 Satz 4 LStR).

cc) Ausübung des Wahlrechts

Das Wahlrecht zwischen dem Abzug nach § 9 Abs. 1 Nr. 4 und **738** Nr. 5 EStG kann bei **derselben doppelten Haushaltsführung für jedes Kalenderjahr nur einmal ausgeübt** werden. Der Steuerpflichtige darf daher im Regelfall nicht innerhalb des Veranlagungszeitraums vom Abzug nach § 9 Abs. 1 Nr. 5 EStG zum Abzug nach § 9 Abs. 1 Nr. 4 EStG und umgekehrt übergehen. Zieht der Arbeitnehmer während des Kalenderjahrs von einer Mietwohnung in eine eigene Wohnung um, ist dagegen auf Grund der geänderten Umstände ein Wechsel möglich (BFH, Urteil vom 27.7.2000, BStBl II 2000 S. 692).

5. Eigener Hausstand (Abgrenzung des Personenkreises)

a) Allgemeines

Eine doppelte Haushaltsführung wird zunächst bei **verheirateten** **739** **Arbeitnehmern** steuerlich anerkannt, die auswärts arbeiten und am Beschäftigungsort wohnen. Die Rechtsprechung hat diesen jedoch unter gewissen Voraussetzungen **allein stehende Arbeitnehmer gleichgestellt** (vgl. R 43 Abs. 3 LStR sowie zuletzt BFH, Urteil vom 27.4.2001, BFH/NV 2001 S. 1385, m.w.N.).

Haben diese auch nach den erleichterten Voraussetzungen keine „echte" doppelte Haushaltsführung, können sie immer noch mindestens für eine **Übergangszeit von drei Monaten** Aufwendungen **wie** bei einer doppelten Haushaltsführung geltend machen, sog. zeitlich beschränkte **(„unechte") doppelte Haushaltsführung**.

b) Zeitlich unbeschränkte „echte" doppelte Haushaltsführung

aa) Allgemeine Voraussetzungen

Eine „echte" doppelte Haushaltsführung haben alle Arbeit- **740** nehmer, die außerhalb des Ortes, an dem sie einen **„eigenen Hausstand"** unterhalten, beschäftigt sind. Auch ein **nicht verheirateter Steuerpflichtiger** kann nach der neueren Rechtsprechung des Bundesfinanzhofs einen eigenen Hausstand außerhalb des Beschäftigungsortes unterhalten, wenn er z.B. in der Wohnung am Heimatort seinen Lebensmittelpunkt beibehält und sich – abgesehen von der Berufstätigkeit am Beschäftigungsort und Urlaubsfahrten – ständig dort aufhält (grundlegend BFH, Urteil vom 5.10.1994, BStBl II 1995 S. 180). Nicht erforderlich ist, dass in dieser Wohnung während der berufsbedingten Abwesenheit des Arbeitnehmers hauswirtschaftliches Leben herrscht, d.h. vom Arbeitnehmer abhängige Zurechnungspersonen (z.B. Eltern, Kinder) in der Wohnung wohnen. Voraussetzung für die Anerkennung einer doppelten Haushaltsführung ist allerdings weiterhin, dass sich in der Wohnung am Heimatort der **Mittelpunkt der Lebensinteressen** eines alleinstehenden Arbeitnehmers befindet (vgl. zuletzt BFH, Urteil vom 22.2.2001, BFH/NV 2001 S. 1111).

Die Finanzverwaltung erkennt eine doppelte Haushaltsführung auch dann an, wenn der Arbeitnehmer seinen **nicht berufstätigen Ehegatten an den auswärtigen Beschäftigungsort mitnimmt** (R 43 Abs. 3 Satz 3 LStR). In der Rechtsprechung wird diese Frage unterschiedlich beurteilt (vgl. dazu zuletzt Thüringer FG, Urteil vom 28.1.1998, EFG 1998 S. 1254, sowie FG Brandenburg, Urteil vom 23.4.1998, StEd 1998 S. 435). Urteile von Finanzgerichten sind für die Finanzämter jedoch nicht verbindlich, so dass erwartet werden kann, dass diese nach der Anweisung in R 43 Abs. 3 Satz 3 LStR verfahren.

Folgende Voraussetzungen müssen für die Anerkennung eines „eigenen Hausstands" aber noch erfüllt sein (R 43 Abs. 3 LStR):

– Ein eigener Hausstand setzt eine eingerichtete, den Lebensbedürfnissen entsprechende **Wohnung des Arbeitnehmers** voraus.

– In dieser Wohnung muss der Arbeitnehmer einen **Haushalt unterhalten**, d.h., er muss die Haushaltsführung bestimmen oder wesentlich mitbestimmen. Es ist **nicht** erforderlich, dass in der Wohnung am Ort des eigenen Hausstands **hauswirtschaftliches Leben** herrscht, z.B. wenn der Arbeitnehmer seinen nicht berufstätigen Ehegatten an den auswärtigen Beschäftigungsort mitnimmt oder der Arbeitnehmer nicht verheiratet ist.

– Die Wohnung muss außerdem der **Mittelpunkt der Lebensinteressen** des Arbeitnehmers sein.

bb) Eigener Hausstand

741 Ein eigener Hausstand kann eine Mietwohnung, eine Eigentumswohnung, aber auch ein Zimmer in einer Wohngemeinschaft oder die Wohnung der Lebensgefährtin sein, mit der der Arbeitnehmer ein gemeinsames Kind hat (FG des Saarlandes, Urteil vom 16.1.1997, EFG 1997 S. 1428). Der Arbeitnehmer muss diese **Wohnung aus eigenem Recht** (z.B. als Eigentümer, Mieter oder Untermieter) oder aus einem gemeinsamen oder **abgeleiteten Nutzungsrecht** nutzen können. Ein „abgeleitetes" Nutzungsrecht ist gegeben, wenn jemand ohne Mietvertrag eine Wohnung mitbewohnt. In Betracht kommen besonders Wohngemeinschaften oder Personen, die in die Wohnung ihres Lebensgefährten einziehen. Voraussetzung ist in jedem Fall, dass der Arbeitnehmer eine **geschützte Rechtsposition** innehat, die sein Verbleiben in der Wohnung sichert. Dies kann schon der Fall sein, wenn der Lebenspartner zwar formal allein eine Wohnung angemietet hat, sich der Arbeitnehmer aber mit **Duldung seines Partners dauerhaft dort aufhält** und sich finanziell in einem Umfang an der Haushaltsführung beteiligt, dass daraus auf eine gemeinsame Haushaltsführung geschlossen werden kann (BFH, Urteil vom 12.9.2000, BStBl II 2001 S. 29).

Ein eigener Hausstand liegt dagegen **nicht** vor bei Arbeitnehmern, die – wenn auch gegen Kostenbeteiligung – in den **Haushalt der Eltern eingegliedert** sind oder in der Wohnung der Eltern lediglich ein Zimmer bewohnen (z.B. noch in Ausbildung befindliche „erwachsene Kinder"). Dies gilt auch, wenn das Kind Miteigentümer des Elternhauses ist (FG des Saarlandes, Urteil vom 15.7.1997, EFG 1997 S. 1305). Ein eigener Hausstand des Kindes ist nicht schon dann anzunehmen, wenn für die Mutter einmal pro Woche Lebensmittel und hin und wieder Kleidungsstücke gekauft werden; es müssen schon **regelmäßige Zahlungen für die Haushaltsführung** sein (FG Baden-Württemberg, Urteil vom 12.12.1996, EFG 1997 S. 867). Ggf. können in diesen Fällen aber für eine Übergangszeit von drei Monaten Mehraufwendungen nach den Grundsätzen der zeitlich beschränkten „unechten" doppelten Haushaltsführung steuerfrei erstattet werden.

Die Abgrenzung, wann ein eigener Hausstand vorliegt, kann manchmal schwierig sein.

Beispiel 1:

A (ledig) hat eine Mietwohnung in Hamburg und ist von seinem Arbeitgeber an die auswärtige Filiale in Hannover versetzt worden, wo er ein Zimmer gemietet hat. Da er auf eine baldige Rückkehr hofft, hat er seine Wohnung in Hamburg beibehalten. Er fährt jedes Wochenende nach Hamburg, weil dort seine Eltern leben und er dort auch seinen gesamten Freundeskreis hat. Außerdem ist er in Hamburg in mehreren Vereinen tätig.

A führt einen „echten" doppelten Haushalt, weil er in Hamburg einen eigenen Hausstand unterhält. Er hat dort eine eigene Wohnung, in der er die Haushaltsführung bestimmt (anders wäre es, wenn er im Haushalt der Eltern leben würde), und dort schon auf Grund der regelmäßigen Anwesenheit auch seinen Lebensmittelpunkt. Der Arbeitgeber kann A daher für die Dauer von zwei Jahren Mehraufwendungen wegen doppelter Haushaltsführung steuerfrei erstatten.

Beispiel 2:

Sachverhalt wie Beispiel vorher, A wohnt jedoch noch immer in seinem „Kinderzimmer" im Elternhaus.

In diesem Fall kann keine „echte" doppelte Haushaltsführung anerkannt werden, weil A keinen eigenen Hausstand unterhält (BFH, Urteil vom 5.10.1994, BStBl II 1995 S. 180).

Der Arbeitgeber kann aber nach den Grundsätzen der sog. zeitlich beschränkten doppelten Haushaltsführung für die Dauer von drei Monaten Mehraufwendungen wegen doppelter Haushaltsführung steuerfrei ersetzen.

Wäre A nur vorübergehend (= längstens drei Jahre) in Hannover tätig, könnte der Arbeitgeber A – wie bei der echten doppelten Haushaltsführung – Mehraufwendungen wegen doppelter Haushaltsführung für die Dauer von zwei Jahren steuerfrei ersetzen. Eine „vorübergehende" Auswärtstätigkeit liegt hier jedoch nicht vor, weil A auf Dauer versetzt worden ist. Es spielt keine Rolle, dass er auf eine baldige Rückkehr hofft.

Beispiel 3:

Sachverhalt wie im Beispiel vorher, die Eltern sind jedoch inzwischen über 80 Jahre alt und fast blind. A führt den Haushalt und trägt im Wesentlichen auch die Kosten.

In diesem Fall muss geprüft werden, ob im Laufe der Jahre aus dem Haushalt der Eltern nicht ein Haushalt des Sohnes geworden ist (vgl. BFH, Urteil vom 5.10.1994, BFH/NV 1995 S. 501; ebenso FG des Landes Brandenburg, Urteil vom 7.2.2001, EFG 2001 S. 812).

Wird diese Frage bejaht, liegt bei A eine „echte" doppelte Haushaltsführung vor, und der Arbeitgeber könnte für zwei Jahre Mehraufwendungen wegen doppelter Haushaltsführung steuerfrei erstatten.

Bewohnt das Kind im Haus der Eltern nicht nur ein Zimmer, sondern z.B. das **ganze Obergeschoss eines Einfamilienhauses**, kann ein eigener Hausstand des Kindes auch dann anerkannt werden, wenn die von ihm genutzten Räume keine abgeschlossene Wohnung im bewertungsrechtlichen Sinne darstellen und auch das Mietverhältnis nach den strengen Maßstäben für die steuerliche Anerkennung von Verträgen unter nahen Angehörigen steuerlich nicht anerkannt werden kann (Hessisches FG, Urteil vom 19.3.1997, EFG 1998 S. 32, Revision eingelegt, Az. beim BFH: VI R 108/97).

cc) Lebensmittelpunkt

Nach § 9 Abs. 1 Satz 3 Nr. 5 Satz 2 EStG ist **742**

– zwischen dem Wohnen am Beschäftigungsort

– und dem Unterhalten eines eigenen Hausstandes außerhalb dieses Ortes

zu unterscheiden. An Letzterem muss sich die **Hauptwohnung bzw. der Mittelpunkt der Lebensinteressen des Arbeitnehmers** befinden. Das Unterhalten dieses Hausstandes erfordert, dass sich der Arbeitnehmer dort – im Wesentlichen nur unterbrochen durch die arbeitsbedingte Abwesenheit und ggf. Urlaubsfahrten – aufhält. Das Vorhalten einer Wohnung außerhalb des Beschäftigungsortes für gelegentliche Besuche oder für Ferienaufenthalte ist nicht als Unterhalten eines Hausstandes zu werten (vgl. zuletzt BFH, Urteil vom 22.2.2001, BFH/NV 2001 S. 1111, m.w.N.).

Der Mittelpunkt der Lebensinteressen wird bei **verheirateten Arbeitnehmern** regelmäßig am Wohnort der Familie liegen. Dies gilt auch für beiderseits berufstätige Ehegatten, die zwar in einer gemeinsamen (Zweit-)Wohnung **am Beschäftigungsort wohnen**, trotzdem aber ihren Lebensmittelpunkt in der Wohnung am Heimatort beibehalten. Eine doppelte Haushaltsführung kann deshalb in diesen Fällen auch dann anerkannt werden, wenn in der Wohnung am Heimatort während der Woche kein hauswirtschaftliches Leben herrscht (vgl. zuletzt FG des Landes Brandenburg, Urteil vom 7.2.2001, EFG 2001 S. 812).

Streitig ist diese Frage in der Praxis vor allem bei **nicht verheirateten Arbeitnehmern**: Bei diesen befindet sich der Lebensmittelpunkt an dem Wohnort, zu dem die **engeren persönlichen Beziehungen** bestehen; insoweit ist von Belang, wo sich die Bezugspersonen des Arbeitnehmers überwiegend aufhalten. Die persönlichen Beziehungen können ihren Ausdruck besonders in Bindungen an Personen, z.B. Eltern, Verlobte oder Lebensgefährtin, Freundes- oder Bekanntenkreis, finden, aber auch in Vereinszugehörigkeiten und anderen Aktivitäten.

Wo sich bei **nicht verheirateten Arbeitnehmern** der Mittelpunkt des Lebensinteresses und demnach der „Haupthausstand" einer doppelten Haushaltsführung befindet, bedarf einer **sorgfältigen Prüfung und Gesamtwürdigung der Umstände des Einzelfalles**. Dabei kann u.a. bedeutsam sein, wie oft und wie lange sich der Arbeitnehmer in der einen und der anderen Wohnung aufhält (dies kann der Arbeitnehmer ggf. durch Zeugenaussagen belegen), wie beide Wohnungen ausgestattet und wie groß sie sind, wo sich Bezugspersonen des Arbeitnehmers überwiegend aufhalten. Ebenfalls von Bedeutung sind die Dauer des Arbeitsverhältnisses bzw. des Aufenthalts am Beschäftigungsort, die Entfernung beider Wohnungen sowie die Zahl der Heimfahrten. Bei nicht verheirateten Arbeitnehmern spricht – **je länger die Beschäftigung dauert** – vieles dafür, dass sich der Mittelpunkt der Lebensinteressen am Beschäftigungsort befindet und die weitere zur Verfügung stehende Wohnung lediglich für Besuchs- bzw. Ferienzwecke vorgehalten wird. Umgekehrt deutet eine **kurzfristige auswärtige Beschäftigung** darauf hin, dass der Lebensmittelpunkt am ursprünglichen Wohnort beibehalten wird (vgl. zuletzt BFH, Urteile vom 22.2.2001, BFH/NV 2001 S. 1111, vom 4.4.2001, BFH/NV 2001 S. 1384, und vom 27.4.2001, BFH/NV 2001 S. 1385).

Nicht anzuerkennen ist hiernach z.B. der Lebensmittelpunkt in der Wohnung am Heimatort, wenn

- der Arbeitnehmer in der (Zweit-)Wohnung am Arbeitsort mit seiner **Lebensgefährtin** und einem gemeinsamen Kind zusammenlebt (vgl. z.B. BFH, Urteil vom 26.11.1997, BFH/NV 1998 S. 585) oder

- die Wohnung am Beschäftigungsort die Wohnung am Heimatort in **Größe und Ausstattung** übertrifft.

Liegt zwischen der Wohnung, die den Lebensmittelpunkt darstellt, und der Zweitwohnung eine **größere Entfernung** (insbesondere bei einer Wohnung im Ausland), ist die Erstere nur dann als **Lebensmittelpunkt** anzusehen, wenn

- in der Wohnung auch bei **Abwesenheit** des Arbeitnehmers **hauswirtschaftliches Leben** herrscht, an dem sich der Arbeitnehmer sowohl durch persönliche Mitwirkung als auch finanziell maßgeblich beteiligt, und

- der Arbeitnehmer **wenigstens eine Heimfahrt im Kalenderjahr** durchführt. Bei Arbeitnehmern mit einer Wohnung in **weit entfernt liegenden Ländern**, z.B. Australien, Indien, Japan, Korea, Philippinen, muss innerhalb der Zweijahresfrist mindestens eine Heimfahrt unternommen werden (R 43 Abs. 3 Satz 6 LStR).

Beispiel 1:

A, türkischer Staatsbürger, verheiratet, ist für drei Jahre nach Deutschland gekommen, um hier zu arbeiten; seine Familie ist in der Türkei geblieben. Er führt hier einen doppelten Haushalt.

Die doppelte Haushaltsführung kann steuerlich nur anerkannt werden, wenn A mindestens einmal im Kalenderjahr eine Familienheimfahrt unternimmt.

Beispiel 2:

A, koreanischer Staatsbürger, verheiratet, ist für drei Jahre nach Deutschland gekommen, um hier zu arbeiten; seine Familie ist in Korea geblieben. Er führt hier einen doppelten Haushalt.

Die doppelte Haushaltsführung kann steuerlich nur anerkannt werden, wenn A innerhalb der Zweijahresfrist mindestens eine Familienheimfahrt unternimmt.

Es ist bisher noch nicht eindeutig geklärt, ob die **Rechtsprechung** dieser Verwaltungsauffassung folgt (siehe die nachfolgenden Hinweise).

dd) Anzahl der Familienheimfahrten

Die Anzahl der Familienheimfahrten ist besonders bei nicht verheirateten Arbeitnehmern ein **gewichtiges Indiz** für die Beantwortung der Frage, wo sich im Einzelfall der Mittelpunkt der Lebensinteressen befindet (vgl. zuletzt BFH, Urteil vom 27.4.2001, BFH/NV 2001 S. 1385, m.w.N.). **743**

Die **Finanzverwaltung** fordert daher für die Anerkennung einer doppelten Haushaltsführung eine bestimmte Anzahl von Familienheimfahrten, sie geht nach R 43 Abs. 3 Satz 4 i.V.m. R 42 Abs. 1 Sätze 4 bis 8 LStR aus Vereinfachungsgründen davon aus, dass sich der **Lebensmittelpunkt in der Wohnung am Heimatort** befindet (und somit eine doppelte Haushaltsführung anerkannt werden kann), wenn diese Wohnung vom Arbeitnehmer aufgesucht wird

- bei einem **verheirateten Arbeitnehmer mindestens sechsmal im Kalenderjahr** und

- bei einem **nicht verheirateten Arbeitnehmer mindestens zweimal monatlich** (im Kalenderjahr als 24-mal).

ee) Probleme bei ausländischen Arbeitnehmern

Problematisch ist in der Praxis immer wieder die Anerkennung einer doppelten Haushaltsführung bei **ausländischen Arbeitnehmern**, zumal es der **Bundesfinanzhof** in seiner bisherigen Rechtsprechung ausdrücklich offengelassen hat, ob er der Verwaltungsauffassung folgen kann. Allgemein lässt sich jedoch feststellen, dass die **Rechtsprechung eher großzügig** ist: **744**

- Der **Bundesfinanzhof** hat es im Urteil vom 8.11.1996, BFH/NV 1997 S. 341, ausdrücklich offengelassen, ob er der Verwaltungsauffassung folgen könnte, wonach nur bei mindestens **sechs Heimfahrten** im Jahr die Wohnung im Ausland als **Lebensmittelpunkt** anerkannt werden kann. Die **einmal jährlich** durchgeführten Heimfahrten eines **jordanischen Arbeitnehmers** konnten schon deshalb nicht als „Fahrten zwischen Wohnung und Arbeitsstätte" berücksichtigt werden, weil sie nur „**gelegentlich**" i.S. des § 9 Abs. 1 Satz 3 Nr. 4 Satz 3 EStG anfallen.

  Demgegenüber hat der Bundesfinanzhof den Lebensmittelpunkt eines **slowakischen Arbeitnehmers** im Ausland – und damit die doppelte Haushaltsführung – anerkannt, obwohl dieser nur **drei Heimfahrten** im Jahr unternommen hatte. Denn der Arbeitnehmer hatte wegen der Befristung seiner Aufenthaltserlaubnis und damit auch seines Arbeitsvertrags seinen Lebensmittelpunkt tatsächlich nicht in die Bundesrepublik verlegt. Der Bundesfinanzhof sieht in diesem Urteil zwar die Anzahl der Heimfahrten als gewichtiges Indiz für die Beantwortung der Frage an, wo sich der Lebensmittelpunkt befindet. Ausnahmsweise können jedoch wenige Heimfahrten ausreichend sein (Urteil vom 10.2.2000, BFH/NV 2000 S. 949).

  Die **Finanzverwaltung** wendet das Urteil nicht über den entschiedenen Einzelfall hinaus an (und hat es deshalb auch nicht im Bundessteuerblatt veröffentlicht), weil seine Anwendung den Finanzämtern in der Praxis erhebliche Probleme bereiten würde. So kann neben der kaum nachprüfbaren Nachweisführung über die Wohnungsbeschaffenheit im Ausland auch stets der Einwand bezüglich fehlender Heimfahrten gebracht werden, diese habe man wegen der großen Entfernung zur Heimatwohnung oder mangels entsprechender Leistungsfähigkeit (geringer Verdienst) nicht vornehmen können.

- Das **Thüringer FG** hat **16 Heimfahrten** eines österreichischen Arbeitnehmers gerade noch als ausreichend angesehen, weil dieser sich zusätzlich pro Jahr 12 Wochen im eigenen Hausstand aufgehalten hat (Urteil vom 28.1.1998, EFG 1998 S. 1254).

c) Zeitlich beschränkte „unechte" doppelte Haushaltsführung

Hat ein Arbeitnehmer auch nach den o.g. – durch die neue Rechtsprechung wesentlich großzügiger gewordenen – Regelungen immer noch keinen eigenen Hausstand und damit auch keine „echte" doppelte Haushaltsführung, dann kann für einen **Übergangszeitraum** eine „unechte" doppelte Haushaltsführung anerkannt werden, sofern der Arbeitnehmer in diesem Übergangszeitraum den Mittelpunkt seiner Lebensinteressen mit seiner Wohnung am bisherigen Wohnort beibehält (R 43 Abs. 5 LStR). **745**

Dies gilt

1. bei **allen Arbeitnehmern für eine Übergangszeit von drei Monaten** nach Bezug der Wohnung am neuen Beschäftigungsort.

Beispiel 1:

A, der sein Kinderzimmer im Elternhaus nach Abschluss seiner Schul- und Berufsausbildung beibehalten hat, ist auf Dauer an eine auswärtige Filiale versetzt worden. Er fährt jedes Wochenende nach Hause.

Bei A kann zwar keine „echte" doppelte Haushaltsführung anerkannt werden, weil er in seinem Elternhaus keinen eigenen Hausstand innehat.

Der Arbeitgeber kann aber trotzdem in den ersten drei Monaten Mehraufwendungen wegen doppelter Haushaltsführung steuerfrei ersetzen, weil in diesem Zeitraum bei allen Arbeitnehmern eine sog. zeitlich beschränkte doppelte Haushaltsführung anerkannt wird.

Beispiel 2:

A, Bauarbeiter, wird für ein Jahr auf einer Großbaustelle tätig. Er hat keinen eigenen Hausstand, sondern sein Zimmer im Elternhaus beibehalten. Er wohnt in den vom Arbeitgeber gestellten Wohncontainern in der Nähe der Baustellen. An den Wochenenden fährt er mit seinem Pkw nach Hause.

Auch bei Einsatzwechseltätigkeit sind – sofern der Arbeitnehmer nicht schon die Voraussetzungen der „echten" doppelten Haushaltsführung erfüllt – die ersten drei Monate als zeitlich beschränkte „unechte" doppelte Haushaltsführung anzusehen. Der Arbeitgeber kann in dieser Zeit steuerfreie Auslösungen nach den Grundsätzen der doppelten Haushaltsführung zahlen. Nach diesen drei Monaten ist der Wert der vom Arbeitgeber gestellten Unterkunft als Sachbezug zu versteuern, steuerpflichtig sind außerdem evtl. Fahrtkostenerstattungen.

Verpflegungsmehraufwendungen können nach drei Monaten nicht mehr wegen „doppelter Haushaltsführung", aber immer noch wegen „Einsatzwechseltätigkeit" steuerfrei erstattet werden. Hierfür gibt es keine Drei-Monats-Frist (R 39 Abs. 1 Satz 5 LStR). Die Unterscheidung ist allerdings für die Höhe der Pauschbeträge von erheblicher Bedeutung: Für die Zeit der doppelten Haushaltsführung gilt die Abwesenheitszeit von der Heimatwohnung, so dass während der Woche der volle Pauschbetrag von 24 € zur Anwendung kommt. Im Rahmen der Einsatzwechseltätigkeit können jedoch nur die Abwesenheitszeiten von der Zweitwohnung am Arbeitsort berücksichtigt werden, so dass für „normale Arbeitstage" im Allgemeinen nur ein Pauschbetrag von 6 € (Abwesenheit mindestens acht Stunden) steuerfrei erstattet werden kann.

2. und in der **Folgezeit, also ab dem vierten Monat**, nur noch unter sehr **eingeschränkten Voraussetzungen**, und zwar wenn der Arbeitnehmer

– für eine **verhältnismäßig kurze Dauer** am selben Ort beschäftigt wird, z.B. bei einer **befristeten Abordnung**, einem **befristeten Arbeitsvertrag**, der Ableistung einer **Probezeit** oder der Teilnahme an einem **Lehrgang**.

Eine Beschäftigung von verhältnismäßig kurzer Dauer liegt nur vor, wenn die Beschäftigung an demselben Ort von vornherein auf **längstens drei Jahre befristet** ist (zuletzt BFH, Urteil vom 27.4.2001, BFH/NV 2001 S. 1385). Die Befristung muss sich schon auß Gründen der Rechtsklarheit **aus dem Arbeitsvertrag selbst** ergeben. Es reicht nicht aus, wenn nach den Gesamtumständen des Einzelfalles damit zu rechnen ist, dass eine Auswärtstätigkeit nur vorübergehend ist, Arbeitgeber und Arbeitnehmer aber trotzdem einen **unbefristeten Arbeitsvertrag** abgeschlossen haben (vgl. zuletzt BFH, Urteil vom 15.1.1998, BStBl II 1998 S. 263, betr. einen auswärts tätigen Journalisten, sowie FG München, Urteil vom 30.9.1997, EFG 1998 S. 188, betr. einen **Asylbewerber**, dessen Aufenthalt im Inland nur zeitlich begrenzt gestattet ist).

Beispiel 3:

A, bisher arbeitslos, erhält für drei Jahre einen befristeten Arbeitsvertrag an einer Universität. Sein Zimmer im Elternhaus behält er bei.

Auch wenn A nicht die Voraussetzungen der zeitlich unbeschränkten „echten" doppelten Haushaltsführung erfüllt, kann der Arbeitgeber nach den Grundsätzen der zeitlich beschränkten „unechten" doppelten Haushaltsführung für die Dauer von zwei Jahren Mehraufwendungen wegen doppelter Haushaltsführung steuerfrei erstatten.

Beispiel 4:

A hat sein Elternhaus verlassen, um in der Stadt eine dreijährige Lehre zu absolvieren. Er hofft, nach Beendigung der Lehre von seinem Arbeitgeber übernommen zu werden.

Auch in diesem Fall erfüllt A nicht die Voraussetzungen der zeitlich unbeschränkten „echten" doppelten Haushaltsführung. In den ersten drei Monaten liegen jedoch bei allen Arbeitnehmern die Voraussetzungen der sog. zeitlich beschränkten „unechten" doppelten Haushaltsführung vor, so dass der Arbeitgeber in diesem Zeitraum Mehraufwendungen für Verpflegung, eine Familienheimfahrt wöchentlich und die Kosten der Unterkunft am Beschäftigungsort steuerfrei erstatten kann.

Dies gilt hier aber auch für die nächsten 21 Monate (Zwei-Jahres-Frist): Da Lehrverhältnisse immer befristet sind, liegen die Voraussetzungen der zeitlich beschränkten „unechten" doppelten Haushaltsführung weiterhin vor (vorübergehende Auswärtstätigkeit von längstens drei Jahren). Es ist unerheblich, dass A auf eine Anstellung in der Firma nach Beendigung der Lehre hofft und die Auswärtstätigkeit dann unter Umständen über drei Jahre hinausgeht (vgl. BFH, Urteil vom 13.3.1996, BStBl II 1996 S. 375).

Beispiel 5:

A ist von seinem Arbeitgeber zu einem halbjährigen Lehrgang entsandt worden.

Die ersten drei Monate sind als **Dienstreise** anzusehen, der Arbeitgeber kann daher Fahrtkosten (voller Abzug, ggf. pauschal 0,30 €/km, auch für alle Zwischenheimfahrten) als Reisekosten steuerfrei ersetzen.

Die restlichen drei Monate sind als zeitlich beschränkte „unechte" **doppelte Haushaltsführung** anzusehen. Der Arbeitgeber kann in dieser Zeit zwar keine Verpflegungspauschalen mehr steuerfrei erstatten (diese können nur noch für längstens drei Monate berücksichtigt werden, Dienstreise-Zeiten sind auf die Drei-Monats-Frist anzurechnen), aber immer noch die Kosten für Unterkunft und eine Familienheimfahrt pro Woche.

– sich in einem **Ausbildungsdienstverhältnis befindet**, das auch **länger als drei Jahre dauern** kann (R 43 Abs. 5 Satz 1 Nr. 2 Buchst. b LStR).

Beispiel 6:

B, ledig, wohnt bei seinen Eltern in Hamburg. Er hat zum 1.1. ein Zimmer in Berlin gemietet, weil er dort bei der Bahn eine Lehrstelle bekommen hat. Die Ausbildung dauert voraussichtlich vier Jahre.

Es kann bei B eine „unechte" doppelte Haushaltsführung anerkannt werden. Mit dieser Richtlinienänderung im Jahre 2000 folgt die Finanzverwaltung einem Urteil des FG Mecklenburg-Vorpommern vom 27.7.1999 – 2 K 143/98 –, das bei einem Ausbildungsverhältnis von 3,5 Jahren eine doppelte Haushaltsführung bejaht hat – die 3-Jahres-Grenze sei keine starre Regelung.

Diese Richtlinienänderung gilt rückwirkend in allen offenen Fällen (vgl. auch OFD Berlin, Verfügung vom 22.3.2000, DB 2000 S. 1687).

– oder **längerfristig oder auf Dauer** an einem Ort beschäftigt wird und deshalb **umzugsbereit** ist, solange er am Beschäftigungsort eine nach objektiven Maßstäben **angemessene Wohnung nicht erlangen** kann.

Als Frist, bis zu der eine Wohnung gefunden sein müsste, wird im Allgemeinen ein **Zeitraum von zwei Jahren** nach Aufnahme der auswärtigen Tätigkeit angesehen (BFH, Urteil vom 20.12.1982, BStBl II 1983 S. 269). Voraussetzung ist aber in jedem Fall die Umzugsbereitschaft (BFH, Urteil vom 11.3.1983, BStBl II 1983 S. 629).

Beispiel 7:

A hat bisher im Einfamilienhaus seiner Eltern in Hannover gewohnt. Nach seinem Studium hat er eine Arbeitsstelle in Berlin gefunden und dort zunächst ein Zimmer in einer Wohngemeinschaft gemietet. Trotz intensiven Suchens hat er aber auch nach Jahren keine angemessene Wohnung in Berlin finden können. Er fährt deshalb jedes Wochenende zu seinen Eltern nach Hannover.

Für die ersten drei Monate kann der Arbeitgeber ohnehin alle Kosten für die Unterkunft am Arbeitsort, Familienheimfahrten und Verpflegungsmehraufwendungen steuerfrei ersetzen. Dies gilt hier aber auch für die Folgezeit – längstens für zwei Jahre –, solange A am Arbeitsort (Berlin) keine angemessene Wohnung finden kann.

Ob die Regelungen über die **zeitlich beschränkte doppelte Haushaltsführung auf Dauer Bestand haben werden**, erscheint zweifelhaft. Der **Bundesfinanzhof** hält sie – nachdem das steuerliche Existenzminimum ab 1993 in realitätsgerechter Höhe von der Einkommensteuer freigestellt worden ist – zumindest in den Fällen **nicht mehr für gerechtfertigt**, in denen der Arbeitnehmer tatsächlich nur **einen Haushalt** unterhält, und zwar an seinem Beschäftigungsort (BFH, Urteile vom 13.3.1996, BStBl II 1996 S. 375, und vom 27.4.2001, BFH/NV 2001 S. 1385); dies ist bei allen allein stehenden Arbeitnehmern („erwachsenen Kindern") der Fall, die noch im Elternhaus wohnen.

6. Berufliche Veranlassung

a) Begründung der doppelten Haushaltsführung

746 Die Begründung einer doppelten Haushaltsführung durch Beziehen einer Zweitwohnung am neuen Arbeitsort ist regelmäßig **beruflich veranlasst**

– bei einem **Wechsel des Beschäftigungsortes** auf Grund einer **Versetzung**,

– des **Wechsels eines Dienstverhältnisses** oder

– der **erstmaligen Begründung eines Dienstverhältnisses** außerhalb des bisherigen Wohnorts und seiner Umgebung (R 43 Abs. 2 Satz 1 LStR).

Es ist gleichgültig, ob die Zweitwohnung in zeitlichem Zusammenhang mit dem Wechsel des Beschäftigungsortes, nachträglich oder im Rahmen eines Umzugs aus einer privat begründeten Zweitwohnung bezogen worden ist, vgl. H 43 (1–5) (Zeitlicher Zusammenhang) LStH.

Die doppelte Haushaltsführung ist auch dann beruflich veranlasst, wenn am vorgesehenen neuen Arbeitsort schon die Zweitwohnung bezogen wird, die Tätigkeit dort aber tatsächlich erst später aufgenommen wird, so dass der Arbeitnehmer noch für eine gewisse Zeit an die alte Arbeitsstätte zurückpendeln muss (OFD Berlin, Verfügung vom 4.4.2000, DB 2000 S. 1642, betr. sog. **Vorwegumzüge** der Bundesbediensteten von Bonn nach Berlin). Diese Regelung gilt für die Privatwirtschaft entsprechend.

Nicht anerkannt wurde eine „berufliche Veranlassung" der doppelten Haushaltsführung, wenn

– Steuerpflichtige am **Heimatort des Ehemannes** ein unbebautes Grundstück erwerben, dort ein **Haus bauen** und die Ehefrau deshalb am neuen Familienwohnort eine neue Arbeitsstelle annimmt, während der Ehemann seinen bisherigen Arbeitsplatz beibehält (FG Münster, Urteil vom 28.5.1998, EFG 2000 S. 735, Revision eingelegt, Az. beim BFH: VI R 40/00).

– ein Arbeitnehmer die Wohnung an seinem Beschäftigungsort bereits **während seines Studiums bezogen** hatte. Die Aufrechterhaltung einer solchen privat veranlassten doppelten Haushaltsführung berechtigt nicht zum Werbungskostenabzug (FG Köln, Urteil vom 11.5.2000, EFG 2000 S. 786).

– der „**eigene Hausstand**" noch nicht im Zeitpunkt der Begründung der Zweitwohnung am Beschäftigungsort vorliegt, sondern erst **später hinzutritt** (BFH, Beschluss vom 31.5.2001, BFH/NV 2001 S. 1549).

b) Beibehaltung der doppelten Haushaltsführung

747 Das Beziehen der Zweitwohnung oder die mit der **Begründung** einer Zweitwohnung verbundene Aufteilung einer Haushaltsführung auf zwei Wohnungen muss durch die berufliche Beschäftigung veranlasst gewesen sein. Wenn dies zutrifft, ist es unerheblich, ob in der Folgezeit auch die **Beibehaltung** beider Wohnungen beruflich veranlasst ist, vgl. H 43 (1–5) (Berufliche Veranlassung) LStH.

Beispiel:

A ist im Zuge der Aufbauhilfe in die neuen Bundesländer versetzt worden. Er hat dort einen neuen Lebenspartner gefunden und lebt seitdem von seiner Ehefrau getrennt. Eine Rückkehr ist nicht mehr vorgesehen.

Die doppelte Haushaltsführung ist zwar aus beruflichen Gründen entstanden, wird aber jetzt aus privaten Gründen beibehalten. Gleichwohl kann der Arbeitgeber Mehraufwendungen wegen doppelter Haushaltsführung steuerfrei ersetzen, längstens für die Dauer von zwei Jahren.

Die doppelte Haushaltsführung endet allerdings im steuerlichen Sinne, wenn A mit seiner Lebensgefährtin zusammenzieht. Vgl. → Rz. 749.

c) Anerkennung nach Eheschließung

748 Schwierigkeiten ergeben sich immer wieder, wenn eine doppelte Haushaltsführung erst durch **Eheschließung entsteht**. Der **Bundesfinanzhof** hat bisher eine beruflich veranlasste doppelte Haushaltsführung nur **anerkannt**, wenn

– beiderseits berufstätige Ehegatten bereits vor ihrer Heirat an verschiedenen Orten berufstätig waren, an ihren jeweiligen Beschäftigungsorten wohnten und **nach der Eheschließung eine der beiden Wohnungen zur Familienwohnung machen** (vgl. zuletzt BFH, Urteil vom 4.4.2001, BFH/NV 2001 S. 1384),

– der eigene Hausstand nach der Eheschließung **am Beschäftigungsort des ebenfalls berufstätigen Ehegatten begründet wird**,

– der eigene Hausstand nach der Eheschließung **wegen der Aufnahme einer Berufstätigkeit des Ehegatten an dessen Beschäftigungsort verlegt** und am Beschäftigungsort des Arbeitnehmers eine Zweitwohnung begründet wird,

– Ehegatten außerhalb des Ortes ihres gemeinsamen Hausstands an **verschiedenen Orten beschäftigt sind und am jeweiligen Beschäftigungsort eine Zweitwohnung beziehen** (jeder Ehegatte hat dann eine doppelte Haushaltsführung),

– **beiderseits berufstätige Ehegatten am gemeinsamen Beschäftigungsort eine gemeinsame Zweitwohnung beziehen** (vgl. auch R 43 Abs. 2 Satz 2 LStR).

Der BFH hat demgegenüber eine beruflich veranlasste doppelte Haushaltsführung **abgelehnt**,

– wenn der Arbeitnehmer seinen Hausstand nach der Eheschließung in der außerhalb des Beschäftigungsorts liegenden Wohnung des **nicht berufstätigen Ehegatten begründet** oder

– aus anderen **privaten Gründen vom Beschäftigungsort wegverlegt** und im Zusammenhang damit am Beschäftigungsort die Zweitwohnung begründet wird; es genügt nicht, dass die Einrichtung oder Beibehaltung der Zweitwohnung am Beschäftigungsort – für sich gesehen – aus beruflichen Gründen erforderlich ist; vgl. dazu zuletzt FG Rheinland-Pfalz, Urteil vom 28.6.1996, EFG 1997 S. 390, m.w.N., sowie H 43 (1–5) (Private Veranlassung) LStH oder

– wenn die Ehegatten im Zeitpunkt ihrer **Heirat beide in derselben Stadt tätig** sind, in der der Ehemann auch wohnt, und sie dann vom Zeitpunkt ihrer Eheschließung an **die außerhalb des Beschäftigungsortes gelegene Wohnung der Ehefrau zum Familienwohnsitz wählen** (BFH, Urteil vom 13.3.1996, BStBl II 1996 S. 315).

d) Beendigung durch Trennung der Ehegatten

749 Haben Eheleute eine beruflich veranlasste doppelte Haushaltsführung, so ist zwar grundsätzlich nicht zu prüfen, ob auch die weitere Beibehaltung noch beruflich veranlasst ist. Zu prüfen ist allerdings, ob überhaupt noch eine doppelte Haushaltsführung vorliegt. Dies ist nicht der Fall, wenn nach Trennung oder Scheidung der Eheleute die Wohnung am Arbeitsort nur noch die **einzige Wohnung** des Arbeitnehmers ist.

Eine doppelte Haushaltsführung ist aber auch dann **nicht mehr anzuerkennen**, wenn

– ein Arbeitnehmer am Beschäftigungsort mit seiner Lebensgefährtin und aus dieser Verbindung hervorgegangenen gemeinsamen Kindern auf Dauer **zusammenzieht**. Trotz Weiterführung des ursprünglichen Familienhaushalts (durch Unterstützungszahlungen und gelegentliche Besuche), der aber nicht mehr den Mittelpunkt der Lebensinteressen des Arbeitnehmers darstellt, wird die doppelte Haushaltsführung mit der Gründung des zweiten Hausstandes beendet (BFH, Urteil vom 25.3.1993, BFH/NV 1993 S. 538);

– eine einmal aus **beruflichen Gründen begründete doppelte Haushaltsführung durch dauernde Trennung der Ehegatten beendet** wird. Die weitere Anerkennung einer doppelten Haushaltsführung scheitert schon daran, dass der Ehegatte, der die Familienwohnung verlassen hat, diese – selbst wenn er sie häufiger zu Besuchszwecken aufsucht – anschließend nicht mehr aus eigenem Recht, z.B. Eigentum, eigener Mietvertrag, **nutzt** (Niedersächsisches FG, Urteil vom 14.3.1997 – IX 431/90);

– die Begründung einer doppelten Haushaltsführung am Beschäftigungsort **mit dem Beginn des dauernden Getrenntlebens der Eheleute zusammenfällt**. Es erfolgt dann eine Aufsplittung des bisherigen Familienhaushalts in **zwei Einzelhaushalte**, nicht aber die Begründung eines zusätzlichen Haushalts neben dem weiter bestehenden Familienhaushalt. Auch die Voraussetzungen der neuen

Rechtsprechung des Bundesfinanzhofes zur Anerkennung einer doppelten Haushaltsführung bei Ledigen liegen nicht vor, weil in der früheren Familienwohnung **nicht mehr der Mittelpunkt der Lebensinteressen** gesehen werden kann (FG Münster, Urteil vom 6.11.1996, EFG 1997 S. 162). **Endet jedoch das dauernde Getrenntleben durch Versöhnung** der Eheleute und bestimmen sie die frühere Familienwohnung erneut zum gemeinsamen Familienhausstand, wird nach dem o.g. Urteil zu diesem Zeitpunkt eine **beruflich veranlasste doppelte Haushaltsführung** des am auswärtigen Beschäftigungsort wohnenden Ehegatten entsprechend den Rechtsprechungsgrundsätzen bei Heirat beiderseits berufstätiger Steuerpflichtiger begründet (so auch FG des Saarlandes, Urteil vom 15.7.1997, EFG 1997 S. 1306).

e) Nichteheliche Lebensgemeinschaften

750 Nach der neuen Rechtsprechung des Bundesfinanzhofs kann grundsätzlich auch bei einem Arbeitnehmer, der einen **„eigenen Hausstand" mit einer Lebensgefährtin** und ggf. einem gemeinsamen Kind unterhält, eine doppelte Haushaltsführung anerkannt werden, wenn er auswärts beschäftigt ist und am Beschäftigungsort wohnt; der eigene Hausstand kann auch in einer vom Lebenspartner angemieteten Wohnung geführt werden (vgl. zuletzt BFH, Urteil vom 12.9.200, BStBl II 2001 S. 29).

Andererseits wird bei einem nicht verheirateten Arbeitnehmer, der zwar noch eine Wohnung in seinem Heimatort unterhält, **in der Zweitwohnung am Beschäftigungsort aber mit einem Lebenspartner und ggf. einem gemeinsamen Kind lebt**, eine doppelte Haushaltsführung regelmäßig nicht anzuerkennen sein. Es ist dann davon auszugehen, dass der Mittelpunkt der Lebensinteressen an den Beschäftigungsort verlegt worden ist (vgl. dazu FG Baden-Württemberg, Urteil vom 15.7.1997, EFG 1998 S. 186, sowie BFH, Urteil vom 26.11.1997, BFH/NV 1998 S. 585).

Eine doppelte Haushaltsführung kann auch dann nicht anerkannt werden, wenn ein Alleinstehender seinen **Hauptwohnsitz von seinem bisherigen Arbeits- und Wohnort wegverlegt**, um am Hauptwohnsitz mit einem Lebenspartner zusammenzuleben. Er kann dann zwar in der Wohnung seines Lebenspartners einen eigenen Hausstand haben, die Begründung dieses neuen Hausstandes ist aber nicht beruflich veranlasst (BFH, Urteil vom 4.4.2001, BFH/NV 2001 S. 1384). Der Bundesfinanzhof hat es abgelehnt, die Rechtsprechungsgrundsätze zu **Ehegatten**, wonach in diesen Fällen eine doppelte Haushaltsführung anerkannt werden kann (→ Rz. 748), auf nichteheliche **Lebensgemeinschaften** ohne Kinder zu übertragen. **Offen gelassen** hat der Bundesfinanzhof allerdings die Frage, ob anders zu entscheiden wäre, wenn **Kinder vorhanden** gewesen wären. Die weitere Rechtsprechung bleibt abzuwarten.

7. Zweitwohnung

751 Als Zweitwohnung am Beschäftigungsort kommt jede dem Arbeitnehmer entgeltlich oder unentgeltlich zur Verfügung stehende Unterkunft in Betracht. Dazu gehört nicht nur eine **Mietwohnung oder Eigentumswohnung**, sondern jede auch noch so **einfache Unterkunft** wie z.B. ein möbliertes Zimmer, ein Hotelzimmer, eine Gemeinschaftsunterkunft oder ein Gleisbauzug, bei Binnenschiffern und Seeleuten auch die Unterkunft an Bord sowie bei Soldaten die Unterkunft in der Kaserne. Es ist unerheblich, wie oft der Arbeitnehmer tatsächlich in der Zweitwohnung übernachtet, vgl. H 43 (1–5) (Zweitwohnung) LStH sowie BFH, Urteil vom 2.10.1992, BStBl II 1993 S. 113.

Beispiel 1:

A ist als Soldat der Bundeswehr im Schichtdienst der Flugsicherung tätig. Er wohnt mit seiner Familie in X, seine Dienststelle liegt 75 km entfernt in Y. Er war dienstlich gehalten, in Y ein Zimmer zu nehmen und sich dort u.a. an Tagen mit Rufbereitschaft aufzuhalten. Tatsächlich hat A seine Unterkunft im Jahr nur an 84 Tagen genutzt, die restliche Zeit ist er nach Hause gefahren. Für das Zimmer sind A 700 € Mietkosten vom Gehalt einbehalten worden.

A führt in Y einen doppelten Haushalt, weil er dort ein Zimmer gemietet hat, das ihm jederzeit zur Verfügung stand. Wie oft A das Zimmer tatsächlich genutzt hat, spielt keine Rolle. Es kommt auch nicht darauf an, wie die am Arbeitsort unterhaltene (Zweit-)Wohnung nach Art, Größe und Einrichtung beschaffen ist, selbst in einer Kaserne kann ein doppelter Haushalt geführt werden (BFH, Urteil vom 2.10.1992, BStBl II 1993 S. 113).

Voraussetzung für die Annahme einer „Wohnung" – und damit die Anerkennung einer doppelten Haushaltsführung – ist aber, dass die Wohnung dem Arbeitnehmer **ständig zur Verfügung steht**; wie oft er sie dann tatsächlich zu Übernachtungszwecken genutzt hat, ist unerheblich. Eine doppelte Haushaltsführung ist hiernach nicht anzuerkennen, wenn der Arbeitgeber für einen Arbeitnehmer am Beschäftigungsort bei Bedarf **immer wieder ein Hotelzimmer anmietet** (FG Münster, Urteil vom 21.11.1997, EFG 1998 S. 444) oder dieser nur **gelegentlich** (z.B. nach Überstunden) **am Arbeitsort übernachtet** (BFH, Urteil vom 22.4.1998, BFH/NV 1998 S. 1216).

Beispiel 2:

A ist in der Montageabteilung eines Industrieunternehmens tätig; er wohnt mit seiner Familie in Berlin. In mehr oder weniger großen zeitlichen Abständen wird er regelmäßig immer wieder am Sitz des Arbeitgebers in München tätig (insgesamt etwa 45 Tage im Jahr). Hier projektiert er seine Arbeiten, die er im Anschluss daran jeweils unterschiedlich lange an den verschiedenen Einsatzorten auszuführen hat. In München übernachtet er immer in demselben Hotel, das sein Arbeitgeber für ihn jeweils bei Bedarf anmietet und die Kosten erstattet.

A übt keine Einsatzwechseltätigkeit aus; der Firmensitz stellt seine **regelmäßige Arbeitsstätte** dar, weil er dort einen wesentlichen Teil seiner Arbeitsleistung erbringt (→ Reisekosten: Allgemeine Grundsätze Rz. 2002).

Das kurzfristig angemietete Hotelzimmer in München ist nach dem o.g. Urteil des FG Münster **keine „Wohnung"**, weil es für A nicht durchgängig gemietet, sondern immer nur von Fall zu Fall angemietet wird. Dieser Fall ist vergleichbar mit dem Fall, in dem ein ständig wechselndes Hotelzimmer genutzt wird. In beiden Fällen ist mangels einer „Wohnung" am Beschäftigungsort **keine doppelte Haushaltsführung** anzuerkennen. Das hat zur Folge, dass

– die Fahrten zwischen Berlin und München **„Wege zwischen Wohnung und Arbeitsstätte"** darstellen, die vom Arbeitgeber nicht steuerfrei ersetzt, sondern allenfalls nach § 40 Abs. 2 Satz 2 EStG mit 15 % pauschal versteuert werden können.

Würde man eine **doppelte Haushaltsführung** anerkennen, könnten die Kosten der Fahrten nach München und zurück vom Arbeitgeber nach § 3 Nr. 16 EStG in voller Höhe steuerfrei erstattet werden, weil es sich immer um die **erste bzw. letzte Fahrt** handelt (vgl. R 43 Abs. 7 Satz 1 Nr. 1 LStR sowie → Doppelte Haushaltsführung: Erstattungsbeträge Rz. 767);

– für die Zeit in München **keine Mehraufwendungen für Verpflegung** berücksichtigt werden können.

Kann eine doppelte Haushaltsführung oder auch eine Dienstreise nicht anerkannt werden, können nach der Rechtsprechung des Bundesfinanzhofes die Übernachtungskosten selbst bei nur **gelegentlicher Übernachtung** am Arbeitsort (z.B. nach Überstunden) **nicht als allgemeine Werbungskosten** (§ 9 Abs. 1 Satz 1 EStG) neben dem Abzug der Aufwendungen für Fahrten zwischen Wohnung und Arbeitsstätte berücksichtigt werden (BFH, Beschluss vom 25.11.1997, BFH/NV 1998 S. 961, sowie BFH, Urteil vom 22.4.1998, BFH/NV 1998 S. 1216). Denn Übernachtungskosten sind sog. gemischte Aufwendungen, die an sich unter das Abzugsverbot für Kosten der Lebensführung nach § 12 Nr. 1 EStG fallen und nur ausnahmsweise – bei besonderer Regelung (d.h. insbesondere im Rahmen einer doppelten Haushaltsführung oder Dienstreise) – als Werbungskosten abgezogen werden können.

Um Härten für Arbeitnehmer, die immer nur kurz am jeweiligen Arbeitsort übernachten (insbesondere **Einsatzwechseltätige**, aber auch gastspielverpflichtete Künstler mit wechselnden Engagements), zu vermeiden, wendet die Finanzverwaltung die o.g. Rechtsprechung nicht an. Nach R 43 Abs. 1 Satz 1 LStR soll für die steuerliche Anerkennung einer doppelten Haushaltsführung die **Anzahl der Übernachtungen unerheblich** sein. Diese Regelung ist zwar zu begrüßen; möglich ist aber, dass die Finanzgerichte sich in Streitfällen an die engere Rechtsprechung des Bundesfinanzhofes halten werden.

8. Zwei-Jahres-Frist

a) Allgemeines

Nach § 9 Abs. 1 Satz 3 Nr. 5 Satz 3 EStG ist die steuerliche Berücksichtigung von Mehraufwendungen wegen einer aus beruflichem Anlass begründeten doppelten Haushaltsführung **bei** **752**

einer Beschäftigung am selben Ort auf die ersten zwei Jahre beschränkt (R 43 Abs. 11 Satz 2 LStR). Dies gilt auch für eine doppelte Haushaltsführung, die **vor dem 1.1.1996** begonnen hat (§ 52 Abs. 11a EStG, Tz. 14 des Arbeitgeber-Merkblatts 1996, BStBl I 1995 S. 719). Betroffen von dieser Begrenzung auf zwei Jahre sind insbesondere die **Kosten der Unterkunft**. Für **Verpflegungsmehraufwendungen** ist bereits nach drei Monaten eine steuerfreie Erstattung nicht mehr möglich (R 43 Abs. 11 Satz 1 i.V.m. Abs. 8 LStR). Die Kosten für **Heimfahrten** können nach Ablauf des Zwei-Jahres-Zeitraums als Fahrten zwischen Wohnung und Arbeitsstätte berücksichtigt werden (R 43 Abs. 11 Satz 7 LStR), insoweit wird also lediglich der steuerfreie Arbeitgeberersatz ausgeschlossen.

Beispiel:

A hat am 1.7.2000 eine doppelte Haushaltsführung begründet. Der Arbeitgeber hatte ihm deshalb Mehraufwendungen für Verpflegung, eine Familienheimfahrt wöchentlich und die Kosten der Unterkunft steuerfrei erstattet.

Der Arbeitgeber darf längstens noch bis 30.6.2002 Mehraufwendungen wegen doppelter Haushaltsführung steuerfrei ersetzen, ausgenommen die Verpflegungspauschalen (für diese ist der Drei-Monats-Zeitraum bereits im Jahre 2000 abgelaufen). Die Kosten der Unterkunft muss A also „aus eigener Tasche" zahlen, er kann hierfür auch keine Werbungskosten absetzen. Die Familienheimfahrten darf der Arbeitgeber ebenfalls nicht mehr steuerfrei ersetzen. Sie können jedoch als „Wege zwischen Wohnung und Arbeitsstätte" behandelt werden, d.h., der Arbeitgeber kann evtl. Ersatzleistungen mit 15 % pauschal versteuern (§ 40 Abs. 2 Satz 2 EStG). Lehnt er dies ab, kann A die Fahrtkosten spätestens in seiner Einkommensteuer-Erklärung als Werbungskosten geltend machen.

b) Verfassungsrechtliche Bedenken

753 Diese Einschränkung wird von vielen Seiten als verfassungswidrig kritisiert, denn der Fiskus dürfe nicht nur die Einnahmen besteuern, sondern müsse auch die damit zusammenhängenden Aufwendungen zum Abzug zulassen („Nettoprinzip"). Der **Bundesfinanzhof** sieht jedoch hier eine Durchbrechung des Nettoprinzips als sachlich gerechtfertigt an und hält die Neuregelung für **verfassungsgemäß** (Urteil vom 5.12.1997, BStBl II 1998 S. 211). Dies soll nach einem weiteren Urteil auch gelten, wenn Ehegatten an weit voneinander entfernt liegenden Orten berufstätig sind und deshalb nicht zusammenziehen können (Urteil vom 5.12.1997, HFR 1998 S. 561, in dem er das Urteil des Hessischen FG vom 22.5.1997, EFG 1997 S. 1429, bestätigt hat).

Inzwischen liegen hierzu Verfassungsbeschwerden beim **Bundesverfassungsgericht** vor (Az. 2 BvR 400/98 und 2 BvR 592/98), das allein letztendlich über die Verfassungsmäßigkeit einer Vorschrift entscheiden kann. Ein weiteres Verfahren betrifft die Steuerfreiheit von Trennungsgeldern nach § 3 Nr. 13 EStG (Az. 2 BvR 1735/00, siehe StEd 2001 S. 510).

Die Entscheidung des Bundesverfassungsgerichts bleibt abzuwarten.

Der unbefristete Abzug der Mehraufwendungen wegen einer beruflich veranlassten doppelten Haushaltsführung wird zum Teil mit der Begründung gefordert, dass eine **Mehrzahl regelmäßiger Arbeitsstätten besteht** und eine tägliche Anfahrt wegen der räumlichen Entfernung von z.B. mehr als 100 km nicht zumutbar ist. Für die Beibehaltung der doppelten Haushaltsführung in den vorgenannten Fällen sind private Gründe zwar offensichtlich auszuschließen. Dennoch ist es nach dem Ergebnis der Erörterung der Frage durch die obersten Finanzbehörden sachgerecht, nach dem Wortlaut des Gesetzes zu verfahren und **keine Ausnahme von der Zwei-Jahres-Frist zuzulassen.**

c) Berechnung der Zwei-Jahres-Frist

754 Die **Zwei-Jahres-Frist beginnt** zu laufen, wenn der Arbeitnehmer

– seinen Beschäftigungsort gewechselt oder

– erstmals eine Beschäftigung aufgenommen und in der Umgebung des neuen Beschäftigungsortes eine **Zweitwohnung bezogen** hat.

Ist der Arbeitnehmer vor Bezug der Zweitwohnung am auswärtigen Beschäftigungsort arbeitstäglich dorthin gefahren, so ist dieser Zeitraum nicht auf die Zwei-Jahres-Frist anzurechnen. Ist der Tätigkeit am Beschäftigungsort eine **Dienstreise** an diesen Ort unmittelbar **vorausgegangen**, so ist die Dauer der Dienstreise ebenfalls auf die Zwei-Jahres-Frist **nicht anzurechnen.**

Beispiel:

A ist ab 1.1.2000 für drei Jahre an eine auswärtige Filiale abgeordnet worden und führt dort einen doppelten Haushalt.

Die ersten drei Monate sind eine Dienstreise (R 37 Abs. 3 Satz 3 LStR). Die Zwei-Jahres-Frist für die doppelte Haushaltsführung rechnet daher erst ab 1.4.2000 und endet mit Ablauf des 31.3.2002.

d) Neubeginn bei Wechsel des Beschäftigungsortes

755 Ein Wechsel des Beschäftigungsortes mit dem Beginn einer neuen Zwei-Jahres-Frist liegt vor, wenn der Arbeitnehmer **außerhalb der politischen Gemeinde**, in der er seine Arbeitsstätte hatte, **und deren Umgebung eine neue Arbeitsstätte erhält**. Wenn ein Arbeitnehmer also nur auf einer „Nachbarbaustelle" tätig wird, ist er immer noch „am selben Ort" tätig – es beginnt daher mit dem Wechsel der Arbeitsstätte keine neue Zwei-Jahres-Frist.

Bei Arbeitnehmern, die eine **Einsatzwechseltätigkeit** ausüben, ist der **Mittelpunkt ihrer Einsatzstellen als Arbeitsstätte** anzusehen.

Ein Wechsel des Beschäftigungsortes führt außerdem nur dann zu einer neuen doppelten Haushaltsführung (und damit zu einer neuen Zwei-Jahres-Frist), wenn

– er mit dem **erstmaligen Bezug der Zweitwohnung** am neuen Beschäftigungsort oder in dessen Einzugsbereich (z.B. bei erstmaliger Begründung einer doppelten Haushaltsführung)

– oder dem **Wechsel der Zweitwohnung** an den neuen Beschäftigungsort oder in dessen Einzugsbereich (z.B. Tätigkeit auf einer anderen Baustelle mit Wechsel der Unterkunft)

verbunden ist (Tz. 15 des Arbeitgeber-Merkblatts 1996, BStBl I 1995 S. 719); Voraussetzung für den Lauf einer neuen Zwei-Jahres-Frist ist demnach immer der Bezug einer neuen Zweitwohnung (FG Baden-Württemberg, Beschluss vom 19.3.2001, EFG 2001 S. 1192). Nimmt der Arbeitnehmer innerhalb der politischen Gemeinde eine neue Arbeit auf, bleibt er am „selben Beschäftigungsort" tätig. Es beginnt daher selbst dann keine neue Zwei-Jahres-Frist, wenn zugleich die Zweitwohnung gewechselt wird. Eine **neue Zwei-Jahres-Frist** beginnt dagegen, wenn der **Arbeitnehmer an einen neuen Beschäftigungsort umzieht.**

Beispiel 1:

A hat einen eigenen Hausstand in München. Am 1.2.2002 nimmt er ein neues Arbeitsverhältnis in Rostock auf und bezieht dort eine Zweitwohnung. Nach eineinhalbjähriger Tätigkeit in Rostock wechselt er zu einem anderen Arbeitgeber in Rostock. In Rostock wechselt er gleichzeitig die Wohnung.

Die Zwei-Jahres-Frist läuft weiter, weil der Arbeitnehmer weiterhin „am selben Ort", nämlich in Rostock, beschäftigt ist. Es handelt sich immer noch um dieselbe doppelte Haushaltsführung, da A weiterhin am selben Beschäftigungsort wohnt (vgl. Tz. 15 des Arbeitgeber-Merkblatts 1996, BStBl I S. 719).

Beispiel 2:

Sachverhalt wie Beispiel 1, jedoch wechselt A zu einem neuen Arbeitgeber nach Stuttgart und bezieht dort eine Zweitwohnung.

Nach dem Wechsel des Beschäftigungsortes und dem gleichzeitigen Wechsel der Zweitwohnung beginnt eine neue Zwei-Jahres-Frist, da A nicht mehr „am selben Ort" tätig ist.

Besonderheiten gelten für das **Schiffspersonal** (Binnenschiffer und Seeleute):

Der Beschäftigungsort für das Schiffspersonal ist das Schiff. In der Regel wohnt dieses Personal auch auf dem Schiff, wenn Schlaf- und Kochmöglichkeiten vorhanden sind, und damit am Beschäftigungsort. An die Einrichtung der zur Verfügung stehenden Räumlichkeiten werden keine hohen Anforderungen gestellt, vgl. H 43 (1–5) (Zweitwohnung) LStH.

Wechselt der Arbeitnehmer das Schiff, so führt dies zu einem Wechsel des auswärtigen Beschäftigungsortes und der auswärtigen Unterkunft. Folglich beginnt mit dem Wechsel

– ein neuer doppelter Haushalt mit einer **neuen Zwei-Jahres-Frist**

– sowie eine **neue Drei-Monats-Frist** für die Erstattung von Verpflegungsmehraufwendungen (BMF-Schreiben vom 19.11.1997, DB 1997 S. 2514; ferner OFD Hannover, Verfügung vom 16.2.1999, StEd 1999 S. 217).

Es ist ferner gefragt worden, ob der Zwei-Jahres-Zeitraum neu zu laufen beginnt, wenn die für Künstler, Schauspieler (Musical-)Darsteller usw. zunächst einzelvertraglich geregelte zeitliche **Befristung einer Spielzeit** (z.B. ein Jahr) in Ausnahmefällen um die Dauer einer weiteren Spielzeit **verlängert** wird. Hierzu wird von der Finanzverwaltung die Auffassung vertreten, dass eine **neue Zwei-Jahres-Frist nicht zu laufen** beginnt: Das Abzugsverbot der § 9 Abs. 1 Satz 3 Nr. 5 Satz 3 und § 4 Abs. 5 Nr. 6a EStG bezieht sich auf „eine Beschäftigung am selben Ort". Weder der Wechsel des Beschäftigungsortes noch ein Wechsel des Arbeitgebers führen für sich allein zum Beginn einer neuen Zwei-Jahres-Frist. Der Wechsel des Beschäftigungsortes müsste mit dem erstmaligen Bezug oder Wechsel der Zweitwohnung – der Wechsel des Arbeitgebers müsste ebenfalls zusätzlich mit einem Wechsel des Beschäftigungsortes und dem Wechsel der Zweitwohnung verbunden sein. Nur so kann überhaupt ein **beruflich bedingter Mehraufwand** gegenüber der bisherigen Situation entstehen. Zu einer anderen Beurteilung kann man bei sinngemäßer Anwendung der R 43 Abs. 11 Satz 9 LStR nur dann gelangen, wenn zwischen den beiden Spielzeiten ein Zeitraum von **mindestens acht Monaten** läge.

e) Unterbrechungen

756 Eine **urlaubs- oder krankheitsbedingte Unterbrechung** der Beschäftigung am selben Ort hat auf den Ablauf der Zwei-Jahres-Frist keinen Einfluss (R 43 Abs. 11 Satz 8 LStR).

Beispiel 1:

A ist von seinem Arbeitgeber zum 1.1.2000 an eine auswärtige Filiale versetzt worden und führt dort einen doppelten Haushalt. Auf Grund eines Skiunfalls war er vom 1.3. bis 31.8.2001 (sechs Monate) krank und hat in dieser Zeit bei seiner Familie gelebt.

Auch wenn A nicht „volle zwei Jahre" in seiner Zweitwohnung gewohnt hat, läuft die Zwei-Jahres-Frist trotz der Krankheit weiter. Mit der Rückkehr in die Zweitwohnung am 1.9.2001 beginnt daher keine neue Zwei-Jahres-Frist. Die krankheitsbedingte Unterbrechungszeit darf auch nicht an die zum 31.12.2001 abgelaufene Zwei-Jahres-Frist „angehängt" werden. Der Arbeitgeber darf daher ab 1.1.2002 keine steuerfreien Erstattungen mehr leisten.

Dagegen führen **Unterbrechungen wegen Beendigung der Beschäftigung oder vorübergehender Tätigkeit an einem anderen Beschäftigungsort** zu einem Neubeginn der Zwei-Jahres-Frist, wenn die **Unterbrechung** mindestens **acht Monate** gedauert hat (R 43 Abs. 11 Satz 9 LStR). Diese Regelung ersetzt die frühere Unterbrechungsfrist von zwölf Monaten, gilt jedoch erstmals **ab 1.1.1999,** d.h., wenn ein Arbeitnehmer ab diesem Termin eine doppelte Haushaltsführung an einem Ort begründet, an dem er früher schon einmal tätig war. Nicht erforderlich ist dann, dass die Zweitwohnung am auswärtigen Beschäftigungsort gewechselt wird.

Beispiel 2:

Sachverhalt wie Beispiel 1, A ist jedoch für sechs Monate (vom 1.3. bis 31.8.2001) in die Hauptstelle seines Arbeitgebers zurückgeholt worden. Die auswärtige Wohnung hat er beibehalten, weil er nicht wusste, wie lange die Tätigkeit in der Hauptstelle dauern würde.

Es liegt zwar keine urlaubs- oder krankheitsbedingte Unterbrechung der auswärtigen Tätigkeit vor, so dass eine Rückkehr an den auswärtigen Arbeitsort grundsätzlich zu einem Neubeginn der Zwei-Jahres-Frist führen könnte. Voraussetzung ist allerdings eine Mindestdauer von acht Monaten, die hier nicht erfüllt ist. Die Rückkehr an den auswärtigen Arbeitsort stellt auch keine Dienstreise dar, weil im Falle einer „Versetzung" die regelmäßige Arbeitsstätte sofort an den neuen Beschäftigungsort „mitgeht".

Der Arbeitgeber darf hiernach ab 1.1.2002 keine steuerfreien Erstattungen mehr leisten.

Beispiel 3:

Sachverhalt wie Beispiel 2, A ist jedoch für acht Monate (vom 1.7.2001 bis 28.2.2002) in die Hauptstelle zurückgeholt worden.

Mit der Rückkehr an den auswärtigen Beschäftigungsort beginnt eine neue Zwei-Jahres-Frist. Ein Wohnungswechsel ist dazu nicht erforderlich.

Der Arbeitgeber kann daher ab 1.3.2002 die Kosten der Unterkunft, Verpflegungsmehraufwendungen (längstens drei Monate) und eine Familienheimfahrt wöchentlich steuerfrei ersetzen. Diese neue Zwei-Jahres-Frist läuft bis zum 28.2.2004.

Beispiel 4:

A, polnischer Erntehelfer, kommt jedes Jahr am 1.10. zur Weinlese an die Mosel und fährt am 1.11. wieder zurück.

Nach Herabsetzung der Mindestunterbrechungsfrist von zwölf auf **acht Monate** in den Lohnsteuer-Richtlinien kann bei A jedes Jahr aufs Neue eine doppelte Haushaltführung anerkannt werden.

Diese Richtlinienänderung hat auch Bedeutung für **Saisonarbeitskräfte in Urlaubsgebieten,** das **Bedienungspersonal auf jährlich wiederkehrenden Messen oder Festen** (z.B. Hannover-Messe oder Oktoberfest) sowie für **Monteure,** die in regelmäßigen Abständen im gesamten Bundesgebiet an denselben Orten (z.B. Kernkraftwerken) Wartungsarbeiten durchführen und die Abstände der früheren Unterbrechungsfrist von zwölf Monaten nicht erreichten.

Die Richtlinienänderung ist zu begrüßen. **Umstritten** bleibt aber die Frage, ob in den vorgenannten Fällen, in denen eine Beschäftigung an einem Ort endet und erst im Folgejahr mehr oder weniger zufällig wieder aufgenommen wird, nicht immer – also unabhängig von einer Unterbrechungsfrist von zwölf oder jetzt acht Monaten – der **Beginn einer neuen doppelten Haushaltsführung** mit einer neuen Zwei-Jahres-Frist gesehen werden muss. Die Finanzverwaltung will mit dieser Regelung zwar Missbräuche vermeiden, die z.B. bei Großbetrieben befürchtet werden, die Arbeitnehmer kurzfristig auf eine andere Baustelle beordern können mit der Folge, dass immer eine neue Zwei-Jahres-Frist beginnt. In Beispiel 4 endet jedoch mit der Rückkehr nach Polen das Arbeitsverhältnis, so dass schon aus diesem Grund mit der Rückkehr nach Deutschland nicht nur ein neues Arbeitsverhältnis, sondern auch eine neue doppelte Haushaltsführung mit einer neuen Zwei-Jahres-Frist beginnen müsste. Aus ähnlichen Erwägungen sieht auch das Finanzgericht Sachsen-Anhalt bei **Einsatzwechseltätigen** die Rückkehr an einen früheren Einsatzort als neue doppelte Haushaltsführung an (Urteil vom 22.9.1999, EFG 2000 S. 545); leider ist das Urteil rechtskräftig geworden, da eine höchstrichterliche Klärung durch den Bundesfinanzhof wünschenswert gewesen wäre. **Umstritten** ist darüber hinaus die **Rechtmäßigkeit der Unterbrechungsfrist überhaupt,** da das Einkommensteuergesetz in § 9 Abs. 1 Nr. 5 EStG eine solche Einschränkung nicht vorsieht.

Inzwischen liegt aber ein anderer Fall dem Bundesfinanzhof zur Entscheidung vor: Auch das **Niedersächsische Finanzgericht hat die Verwaltungsauffassung abgelehnt** und entschieden, dass nach Beendigung einer doppelten Haushaltsführung an einem auswärtigen Beschäftigungsort eine **neue Zwei-Jahres-Frist** beginnt, wenn der Arbeitnehmer später noch einmal an diesem Beschäftigungsort tätig wird (Urteil vom 26.4.2001, StEd 2001 S. 687, Revision eingelegt, Az. beim BFH: VI R 112/01).

Beispiel:

A war als Qualitätsmanagement-Beauftragter bei der Firma X tätig. Seine Aufgabe umfasste die konzeptionelle Erarbeitung, Einführung und Dokumentation eines Qualitätsmanagementsystems nach DIN EN ISO 9002, die er mit Erfolg im November 1996 abschloss. Zum 31.12.1996 wurde er von der Firma A gekündigt und war danach zunächst arbeitslos. Vom 15.4.1997 bis 15.5.1998 wurde er dann wieder von der Fima X eingestellt, um das bestehende Qualitätsmanagementsystem zu erweitern.

Das Niedersächsische Finanzgericht hat mit der Rückkehr an den alten Beschäftigungsort einen Neubeginn der Zwei-Jahres-Frist angenommen und **Fahrt- und Hotelkosten** in vollem Umfang anerkannt, **nicht jedoch Mehraufwendungen für Verpflegung.**

Begründung:

A hat die erste doppelte Haushaltsführung zum 31.12.1996 endgültig beendet. Bei dem Zeitraum bis zur Wiedereinstellung handelt es sich nicht etwa nur um eine nur vorübergehende Phase der Nichtbeschäftigung bei der Firma X. A hatte Ende 1996 die ihm gestellte Aufgabe gelöst und wurde anschließend gekündigt. Dass das zertifizierte Qualitätsmanagementsystem demnächst erweitert werden sollte, war nicht absehbar. Nach Überzeugung des Gerichts steht es daher fest, dass A seinen **Haushalt** am Beschäftigungsort zum 31.12.1996 **endgültig aufgegeben** hatte und sich erst nach Wiedereinstellung im April 1997 entschloss, erneut einen weiteren Haushalt am Beschäftigungsort zu begründen. Der Neubeginn der Zwei-Jahres-Frist ist nicht von einer Mindestdauer der Unterbrechung der Beschäftigung am selben Ort abhängig. Die in den Lohnsteuer-Richtlinien genannten Fristen haben **keine gesetzliche Grundlage**. Sie sind willkürlich bestimmt, was sich auch daran zeigt, dass die Finanzverwaltung ohne Änderung der Gesetzeslage ab 1999 bereits eine um vier Monate kürzere Unterbrechung ausreichen lässt. Bei einer nur kurzen Unterbrechung wird zwar eher als bei einer längeren Anlass bestehen, genau zu prüfen, ob wirklich eine endgültige Aufgabe des Haushalts am Beschäftigungsort oder ein Missbrauch von Gestaltungsmöglichkeiten des Rechts gegeben ist. Erbringt ein Steuerpflichtiger – wie hier – aber den Nachweis, dass trotz einer nur kurzen Unterbrechung der Beschäftigung am selben Ort die vorherige Haushaltsführung beendet war, ist der Werbungskostenabzug von Mehraufwendungen für eine **neue** doppelte Haushaltsführung möglich.

Das Finanzamt hat Revision eingelegt (Az. beim BFH: VI R 112/01), die Entscheidung des Bundesfinanzhofs bleibt abzuwarten.

Nicht berücksichtigt hat das Finanzgericht **Mehraufwendungen für Verpflegung**, weil A aus seinem nur wenige Monate zuvor beendeten zweijährigen Aufenthalt am Beschäftigungsort die Verpflegungssituation bestens bekannt sei, ihm entstünden daher keine „notwendigen" Mehraufwendungen für Verpflegung. U.E. ist diese Einschränkung abzulehnen: Wenn schon der Neubeginn einer doppelten Haushaltsführung angenommen wird, dann sollte auch „automatisch" eine neue Drei-Monats-Frist für die Berücksichtigung von Mehraufwendungen für Verpflegung an dem neuen Beschäftigungsort beginnen.

f) „Austausch" von Familien- und Zweitwohnung

757 Wird der **Familienwohnsitz an den Ort der doppelten Haushaltsführung verlegt**, endet grundsätzlich die doppelte Haushaltsführung (vgl. dazu → Rz. 740). In vielen Fällen wird jedoch die bisherige Familienwohnung nunmehr als Zweitwohnung beibehalten, weil z.B. nur die Kinder die Wohnung wechseln, der Ehegatte aber aus beruflichen Gründen nicht sofort umziehen kann. In diesen Fällen handelt es sich nach Auffassung der Finanzverwaltung nicht um die Begründung einer (neuen) doppelten Haushaltsführung, sondern um die Weiterführung der bereits bestehenden (R 43 Abs. 11 Satz 6 LStR). Andernfalls wären missbräuchliche Gestaltungen möglich, wenn beiderseits berufstätige Ehepaare zur „Aushebelung" der Zwei-Jahres-Frist den Familienwohnsitz an den bisherigen zweiten Wohnsitz des einen Ehegatten verlegen, um dadurch am bisherigen Familienwohnsitz eine (neue) doppelte Haushaltsführung zu begründen, so dass der andere Ehegatte nunmehr seine Aufwendungen geltend machen könnte.

Beispiel:

A, verheiratet, zwei Kinder, wohnt in München und arbeitet seit 1.1.2000 in Berlin, wo er in einer 3-Zimmer-Wohnung wohnt. Am 1.1.2002 ziehen seine beiden Kinder zu ihm nach Berlin, weil sie dort studieren. Frau A bleibt zunächst in München, weil sie dort beruflich tätig ist. Der Zweitwohnsitz am Arbeitsort in Berlin wird somit „Familienwohnung", die ursprüngliche Familienwohnung „Zweitwohnsitz".

Mit der Verlegung des Familienwohnsitzes nach Berlin endet für **Herrn A** die doppelte Haushaltsführung, das Wohnen in Berlin ist für ihn somit nicht mehr ausschließlich beruflich veranlasst.

Frau A kann dagegen nunmehr bei ihren Einkünften die Aufwendungen für die aus beruflichen Gründen erforderliche Beibehaltung des bisherigen Familienwohnsitzes als „Zweitwohnsitz" als Werbungskosten absetzen (vgl. BFH, Urteil vom 2.10.1987, BStBl II 1987 S. 852). Mit dem Umzug der Kinder nach Berlin wird dort zwar der neue Familienwohnsitz begründet, nicht aber gleichzeitig eine völlig neue doppelte Haushaltsführung. Es handelt sich aber immer noch um dieselbe „doppelte Haushaltsführung", so dass die Zwei-Jahres-Frist zum 31.12.2001 abgelaufen ist.

Diese Auffassung entspricht zwar der Regelung in R 43 Abs. 11 Satz 6 LStR. Sie ist jedoch **nicht zweifelsfrei**, denn bei Ehegatten sind die Werbungskosten getrennt zu ermitteln. Wenn im obigen Fall Familien- und Zweitwohnung ausgetauscht werden, beginnt bei der Ehefrau zum ersten Mal eine doppelte Haushaltsführung mit eigener Berechtigung zum Werbungskostenabzug. Daraus folgt zwangsläufig, dass dann auch eine neue doppelte Haushaltsführung im Sinne der Zwei-Jahres-Frist beginnt. Es bleibt abzuwarten, ob die Verwaltungsauffassung von den Finanzgerichten bestätigt wird.

9. Nachweise

Der Arbeitgeber darf Mehraufwendungen für doppelte Haushaltsführung in dem Umfang steuerfrei ersetzen, in dem sie der Arbeitnehmer als Werbungskosten geltend machen könnte. Für den Nachweis der Voraussetzungen beim Arbeitgeberersatz gilt Folgendes: **758**

– Bei **verheirateten Arbeitnehmern in den Steuerklassen III, IV oder V** kann der Arbeitgeber ohne weiteres unterstellen, dass sie einen eigenen Hausstand haben und somit bei auswärtiger Unterbringung einen „echten" doppelten Haushalt führen (R 43 Abs. 11 Satz 11 LStR).

– Bei **anderen Arbeitnehmern** (also vor allem bei Ledigen) darf der Arbeitgeber einen eigenen Hausstand nur dann anerkennen, wenn sie **schriftlich erklären**, dass sie neben einer Zweitwohnung am Beschäftigungsort außerhalb des Beschäftigungsortes einen eigenen Hausstand unterhalten, und die Richtigkeit dieser **Erklärung durch Unterschrift bestätigen**. Die Erklärung ist zum Lohnkonto zu nehmen (R 43 Abs. 11 Sätze 12 und 13 LStR).

Die Beweislast, dass steuerfreie Auslösungen vorgelegen haben, trifft im Lohnsteuerabzugsverfahren den Arbeitgeber, bei der Einkommensteuerveranlagung dagegen den Arbeitnehmer (BFH, Urteil vom 5.7.1996, BFH/NV 1996 S. 888).

10. Lohnsteuerabzug

Für den Lohnsteuerabzug der Beträge, die nicht steuerfrei belassen werden können, gelten dieselben Grundsätze wie für die steuerpflichtigen Teile von Reisekostenvergütungen (→ *Reisekosten: Allgemeine Grundsätze* Rz. 2029). **759**

11. Umsatzsteuer

Der Arbeitgeber kann für Auswärtstätigkeiten seiner Arbeitnehmer einen Vorsteuerabzug nur in eingeschränktem Umfang in Anspruch nehmen (→ *Vorsteuerabzug* Rz. 2590). **760**

Doppelte Haushaltsführung: Erstattungsbeträge

1. Allgemeines

761 Zur Prüfung, ob an den Arbeitnehmer überhaupt steuerfreier Ersatz für eine doppelte Haushaltsführung geleistet werden darf, siehe → *Doppelte Haushaltsführung: Allgemeines* Rz. 730.

Bei den nachfolgenden Ausführungen wird insbesondere dargestellt, in welcher Höhe Arbeitgeberleistungen im Rahmen der doppelten Haushaltsführung **steuer- und somit beitragsfrei** erstattet werden können.

Erstattungen des Arbeitgebers, die nach den unter diesem Stichwort behandelten Regelungen **nicht steuerfrei** bleiben können, gehören grundsätzlich **zum laufenden Arbeitslohn** und müssen zusammen mit diesem nach den Merkmalen auf der Lohnsteuerkarte versteuert werden. Es gelten hierfür dieselben Grundsätze wie für steuerpflichtige Reisekostenvergütungen (→ *Reisekosten: Allgemeine Grundsätze* Rz. 2029). Sofern diese Erstattungen des Arbeitgebers lohnsteuerpflichtig sind, besteht auch Beitragspflicht in der Sozialversicherung.

2. Schnellübersicht

762 Als Mehraufwendungen für eine doppelte Haushaltsführung kann der Arbeitgeber steuerfrei erstatten (Schnellübersicht):

a) Fahrtkosten

763 – Volle Erstattung der Kosten der **„ersten und letzten Fahrt"**, auch für Pkw (ggf. 0,30 €/km);

– in der Zwischenzeit nur **eine** Familienheimfahrt wöchentlich; bei Pkw-Benutzung aber Abzugsbeschränkung auf die **Entfernungspauschale von 0,40 € je Entfernungskilometer**. **Begrenzung auf zwei Jahre.**

b) Verpflegungsmehraufwendungen

764 – Die **ersten drei Monate maximal 24 € täglich**, gekürzte Pauschbeträge für Tage mit Familienheimfahrten;

– ab viertem Monat keine Erstattung mehr wegen „doppelter Haushaltsführung", allenfalls noch wegen Dienstreisen, Fahr- oder Einsatzwechseltätigkeit von der Zweitwohnung aus (kürzere Abwesenheitszeiten!).

c) Übernachtungskosten

765 Entweder in der nachgewiesenen Höhe oder pauschal

– die **ersten drei Monate je Übernachtung 20 €**,

– die folgenden **21 Monate 5 € je Übernachtung** (Zwei-Jahres-Frist!).

Für Tätigkeiten im **Ausland** gelten die höheren Auslandstage- und Auslandsübernachtungsgelder.

d) Umzugskosten

766 Erstattung der nachgewiesenen Kosten, keine Pauschalen für sonstige Umzugsauslagen. Beachtung der Zwei-Jahres-Frist auch für den Rückumzug.

3. Fahrtkosten

a) Fahrten zwischen Wohnung und Zweitwohnung

aa) „Erste und letzte Fahrt"

767 Der Arbeitgeber darf zunächst in vollem Umfang die **tatsächlichen Aufwendungen für die Fahrten anlässlich der Wohnungswechsel** zu Beginn und am Ende der doppelten Haushaltsführung steuerfrei ersetzen (**„erste und letzte Fahrt"**). Fahrten mit einem Pkw können wie bei **Dienstreisen** entweder mit den tatsächlichen nachgewiesenen Kosten oder auch mit dem pauschalen **km-Satz von 0,30 €** (der Pauschsatz erhöht sich bei Mit-

nahme von Arbeitskollegen um jeweils 0,02 €/km) berücksichtigt werden. Für die Rückfahrt gilt dies allerdings nur innerhalb der **Zwei-Jahres-Frist** (R 43 Abs. 7 Satz 2 LStR).

bb) „Familienheimfahrten"

768 Ferner darf der Arbeitgeber innerhalb der Zwei-Jahres-Frist die Aufwendungen für jeweils **eine tatsächlich durchgeführte Heimfahrt wöchentlich** steuerfrei ersetzen. Angesetzt werden können dabei grundsätzlich die tatsächlichen Fahrtkosten (z.B. für öffentliche Verkehrsmittel), bei Benutzung eines eigenen Pkw ist wie bei Fahrten zwischen Wohnung und Arbeitsstätte die Beschränkung auf die **Entfernungspauschale** von zurzeit je **Entfernungskilometer**

– **0,40 €** (je km also 0,20 €)

zu beachten (Ausnahme bei Behinderten); vgl. R 43 Abs. 7 Satz 1 Nr. 2 LStR; siehe auch → *Wege zwischen Wohnung und Arbeitsstätte* Rz. 2603.

Kosten für **mehr als eine** wöchentliche Familienheimfahrt können auch bei **„Blockdienstschichten"** mit anschließender wochenendähnlicher Freizeit **nicht anerkannt** werden (FG Rheinland-Pfalz, Urteil vom 25.3.1991, EFG 1991 S. 664).

Eine „Familienheimfahrt" wird **nicht dadurch zur „Dienstreise"**, dass der Arbeitnehmer auf dem Weg nach Hause oder zur Arbeitsstätte noch einige **berufliche Arbeiten erledigt** (Abholen von Post, Auslieferung von Waren, Wahrnehmung von Terminen), solange noch das Aufsuchen der Arbeitsstätte bzw. der Familienwohnung im Vordergrund steht; vgl. zuletzt BFH, Urteil vom 22.6.1995, BFH/NV 1996 S. 117, betr. einen Arzt, der bei seinen Fahrten zwischen Wohnung und Arbeitsstätte noch Patienten besucht hat, sowie sinngemäß H 42 (Dienstliche Verrichtungen auf der Fahrt) LStH. Eine steuerfreie Erstattung der vollen Kfz-Kosten oder des pauschalen km-Satzes von 0,30 € ist in diesen Fällen somit nicht möglich, ausgenommen etwaige **Umwegstrecken**.

cc) Kfz-Gestellung durch den Arbeitgeber

769 Überlässt der Arbeitgeber seinem Arbeitnehmer unentgeltlich ein **Firmenfahrzeug** für Familienheimfahrten (→ *Firmenwagen zur privaten Nutzung* Rz. 997), so wird dieser geldwerte Vorteil innerhalb der Zwei-Jahres-Frist zwar nicht versteuert (§ 8 Abs. 2 Satz 5 EStG), es entfällt aber sowohl ein weiter gehender steuerfreier Arbeitgeberersatz von Fahrtkosten sowie ein entsprechender Werbungskostenabzug beim Arbeitnehmer (R 43 Abs. 7 Satz 1 Nr. 2 Satz 3 sowie Abs. 11 Satz 15 Nr. 1 LStR).

b) Fahrten zwischen Zweitwohnung und Arbeitsstätte

770 Vergütungen des Arbeitgebers für Fahrten zwischen der Zweitwohnung am Arbeitsort und der Arbeitsstätte fallen **nicht** unter die **„Doppelte Haushaltsführung"** und können schon deshalb nicht nach § 3 Nr. 16 EStG steuerfrei belassen werden. Da es sich um normale **„Wege zwischen Wohnung und Arbeitsstätte"** i.S. des § 9 Abs. 1 Nr. 4 EStG handelt, sind die Erstattungen des Arbeitgebers **steuerpflichtig**, soweit nicht bei Benutzung öffentlicher Verkehrsmittel die Voraussetzungen der Steuerbefreiung nach § 3 Nr. 34 EStG vorliegen. Der Arbeitgeber kann seine Erstattungen jedoch ggf. mit 15 % pauschal versteuern (§ 40 Abs. 2 Satz 2 EStG).

Beispiel 1:

A ist an eine Filiale in Berlin abgeordnet worden und führt dort einen doppelten Haushalt. Die Arbeitsstätte ist von seiner Zweitwohnung 10 km entfernt, er fährt wegen ungünstiger Arbeitszeiten täglich mit seinem Pkw.

Diese Fahrtkosten können nicht mehr als „Mehraufwendungen wegen doppelter Haushaltsführung" steuerfrei ersetzt werden. Sie sind dem steuerpflichtigen Arbeitslohn zuzurechnen und können allenfalls bis zur Höhe von 0,36 € je Entfernungskilometer mit 15 % pauschal versteuert werden (§ 40 Abs. 2 Satz 2 EStG). Steuerfrei wäre allenfalls der Fahrtkostenersatz bei Benutzung öffentlicher Verkehrsmittel nach § 3 Nr. 34 EStG.

Bei Arbeitnehmern mit **Einsatzwechseltätigkeit** darf der Arbeitgeber dagegen **alle Fahrtkosten für Fahrten zwischen Zweitwohnung und Einsatzstelle nach den Regeln für Dienstreisen (tatsächliche Kosten oder pauschaler km-Satz von 0,30 €) steuerfrei** erstatten – auch bei Benutzung eines Pkw –, sofern

- die Entfernung die **übliche Fahrtstrecke von 30 km über-steigt** und

- die Tätigkeit an derselben Einsatzstelle **nicht über drei Monate hinausgeht.**

Einzelheiten siehe → *Wege zwischen Wohnung und Arbeitsstätte* Rz. 2603 und → *Reisekostenerstattungen bei Einsatzwechseltätigkeit* Rz. 2073.

Beispiel 2:

A ist das ganze Jahr auf einer Großbaustelle in Berlin tätig. Er hat dort ein Zimmer gemietet, seine Arbeitsstelle liegt 30 km entfernt.

Der Arbeitgeber kann längstens für drei Monate die Fahrtkosten steuerfrei erstatten.

c) Telefonkosten anstelle Familienheimfahrt

771 An Stelle der Aufwendungen für eine wöchentliche Heimfahrt an den Ort des eigenen Hausstands können die Gebühren (einschließlich anteiliger Grundgebühren) für ein Familien-Ferngespräch bis zu einer **Dauer von 15 Minuten** steuerfrei erstattet werden (BFH, Urteile vom 18.3.1988, BStBl II 1988 S. 988, und vom 8.11.1996, BFH/NV 1997 S. 472, sowie R 43 Abs. 6 Satz 1 Nr. 1 LStR).

Voraussetzung für die Anwendung dieser Regelung ist aber, dass für den Arbeitnehmer überhaupt die **faktische Möglichkeit** der telefonischen Kontaktaufnahme mit seiner Familie gegeben ist (BFH, Urteil vom 29.6.1993, BFH/NV 1994 S. 19). Bei einem Arbeitnehmer, dessen Familie im Ausland lebt und keinen eigenen Telefonanschluss hat, müssen daher die Telefongespräche durch entsprechende persönliche Aufzeichnungen glaubhaft gemacht werden.

d) „Umgekehrte" Familienheimfahrten

772 Es kommt häufig vor, dass ein Arbeitnehmer aus beruflichen Gründen (z.B. bei Bereitschaftsdienst am Wochenende) oder wegen der weiten Entfernung nicht jedes Wochenende nach Hause fahren kann. Wird der Arbeitnehmer in diesen Fällen von seinem Ehegatten oder minderjährigen Kindern besucht, so treten **deren Fahrtkosten an die Stelle der Kosten für eine Familienheimfahrt des Arbeitnehmers** (sog. umgekehrte Familienheimfahrten). Auch diese Kosten können vom Arbeitgeber nach den Grundsätzen für Familienheimfahrten (d.h. bei Fahrten mit dem Pkw ebenfalls Beschränkung auf die Entfernungspauschale) steuerfrei erstattet werden, allerdings nur bis zu der Höhe, in der auch dem Arbeitnehmer Kosten für die Familienheimfahrt entstanden wären (BFH, Urteil vom 28.1.1983, BStBl II 1983 S. 313). Die Kosten für die **Unterkunft und Verpflegung** der Ehefrau (und ggf. der minderjährigen Kinder) am Arbeitsort des Ehemannes können daher **nicht** vom Arbeitgeber steuerfrei erstattet werden.

e) Fahrten nach Ablauf der Zwei-Jahres-Frist

773 Nach Ablauf der Zwei-Jahres-Frist gelten die (Familien-)Heimfahrten als „normale" **Wege zwischen Wohnung und Arbeitsstätte** (R 43 Abs. 7 Satz 2 LStR), auch dann, wenn die Fahrten an der Zweitwohnung (ggf. mit Übernachtung) unterbrochen werden (Tz. 17 des Arbeitgeber-Merkblatts 1996, BStBl I 1995 S. 719).

Für den Arbeitgeberersatz bedeutet dies:

- Der Fahrtkostenersatz ist nach § 3 Nr. 34 EStG **steuerfrei,** wenn die Fahrten mit **öffentlichen Verkehrsmitteln** im Linienverkehr durchgeführt werden.

- Ersatzleistungen bei Benutzung eines **Pkw sind steuerpflichtiger Arbeitslohn,** der jedoch nach § 40 Abs. 2 Satz 2 EStG mit **15 % pauschal versteuert** werden kann.

- Der **geldwerte Vorteil** aus der unentgeltlichen Überlassung eines **betrieblichen Kfz** ist steuerpflichtiger Arbeitslohn, der

  - entweder **pauschal in Höhe von 0,002 % des inländischen Listenpreises** des Kfz für jeden Kilometer der Entfernung zwischen dem Beschäftigungsort und dem Ort des eigenen Hausstands oder

  - mit den auf diese Fahrten entfallenden anteiligen **tatsächlichen Kosten** des Kfz

  anzusetzen ist.

Auch die nach Ablauf der Zwei-Jahres-Frist durchgeführte „**letzte Fahrt"** zur Beendigung einer doppelten Haushaltsführung ist nach Auffassung der Finanzverwaltung lediglich nach den engeren Regeln für Fahrten zwischen Wohnung und Arbeitsstätte zu behandeln (R 43 Abs. 7 Satz 2 LStR). Für den Werbungskostenabzug und die Lohnsteuerpauschalierung ist hierbei zu beachten, dass für diese „einfache Fahrt" nur die **halben Entfernungspauschalen** von 0,18 € bzw. 0,20 € angesetzt werden dürfen.

f) Besonderheiten bei ausländischen Arbeitnehmern

774 Nachteile ergeben sich bei ausländischen Arbeitnehmern, die z.B. jährlich nur **einmal** eine Familienheimfahrt vornehmen und diese im Rahmen der doppelten Haushaltsführung als Werbungskosten geltend machen konnten (vgl. R 43 Abs. 3 Sätze 5 und 6 LStR). Als „Fahrt zwischen Wohnung und Arbeitsstätte" können solche Fahrten nicht berücksichtigt werden. Denn nach § 9 Abs. 1 Satz 3 Nr. 4 Satz 3 EStG können bei **Arbeitnehmern mit mehreren Wohnungen** Fahrten von oder zu der Wohnung, die nicht der Arbeitsstätte am nächsten liegt (das ist die „Familienwohnung" im Ausland), nur berücksichtigt werden, wenn diese Wohnung

- den **Mittelpunkt der Lebensinteressen** des Arbeitnehmers bildet und

- **nicht nur gelegentlich aufgesucht** wird.

Der Mittelpunkt der Lebensinteressen befindet sich bei einem verheirateten Arbeitnehmer regelmäßig am tatsächlichen Wohnort seiner Familie. Diese Wohnung kann aber nach Auffassung der **Finanzverwaltung** nur dann berücksichtigt werden, wenn sie der Arbeitnehmer **mindestens sechsmal im Kalenderjahr aufsucht** (R 42 Abs. 1 Satz 5 LStR). Diese Voraussetzung wird bei den meisten ausländischen Arbeitnehmern nicht erfüllt sein, so dass sie nach Ablauf der Zwei-Jahres-Frist die Heimfahrten nicht mehr als Werbungskosten absetzen können. Die Finanzverwaltung hat es abgelehnt, für Heimfahrten ausländischer Arbeitnehmer – auch aus weit entfernten Ländern – Ausnahmeregelungen zu treffen (vgl. OFD Hamburg, Verfügung vom 9.2.1998, RIW 1998 S. 419, sowie R 42 Abs. 1 Satz 9 LStR).

Der **Bundesfinanzhof** hat es in einem neueren Urteil **offen gelassen,** ob er der Verwaltungsauffassung folgen könnte, nach der die Annahme des Mittelpunkts der Lebensinteressen bei Verheirateten sechs Heimfahrten im Jahr voraussetzt. Siehe dazu ausführlich → *Doppelte Haushaltsführung: Allgemeines* Rz. 740.

g) Verhältnis zu Umzugskosten

775 Kosten für einen Umzug, mit dem eine doppelte Haushaltsführung beendet wird („Rückumzugskosten"), können auch dann nicht mehr als Werbungskosten abgesetzt werden, wenn er nach Ablauf der Zwei-Jahres-Frist für die Berücksichtigung von Mehraufwendungen wegen doppelter Haushaltsführung stattfindet (R 43 Abs. 10 Satz 3 LStR). Dies soll nach einem Beschluss der **obersten Finanzbehörden** auch gelten, wenn der **Rückumzug selbst wiederum beruflich veranlasst ist,** weil der Arbeitnehmer z.B. an den Familienwohnort rückversetzt wird (so bei Beamten) oder er in dessen Nähe eine neue Beschäftigung aufnimmt. Es gelten dieselben Grundsätze wie für die sog. **letzte Fahrt** zur Beendigung einer doppelten Haushaltsführung (vgl. R 43 Abs. 7 Satz 2 LStR).

Abweichend von dieser Verwaltungsauffassung hat das **Finanzgericht Nürnberg** Rückumzugskosten als allgemeine Werbungskosten i.S. des § 9 Abs. 1 Satz 1 EStG anerkannt, weil der Arbeitnehmer von seinem Arbeitgeber an seinen bisherigen Arbeitsplatz zurückversetzt worden ist (Urteil vom 25.10.2000 – III 155/2000 –). Gegen das Urteil hat das Finanzamt **Revision** eingelegt (Az. beim BFH: VI R 47/01). Mit einer baldigen Klärung dieser Frage durch den Bundesfinanzhof kann daher gerechnet werden.

Nach Ablauf der Zwei-Jahres-Frist ist ein steuerfreier Ersatz bzw. Werbungskostenabzug jedoch zulässig, wenn der Arbeitnehmer – in Verbindung mit einer **neuen doppelten Haushaltsführung** – an einem anderen Ort weiterbeschäftigt wird oder dort eine neue Beschäftigung aufnimmt (OFD Berlin, Verfügung vom 7.8.1998, DB 1998 S. 2345). Vgl. im Übrigen → Rz. 793.

4. Verpflegungsmehraufwendungen

a) Beschränkung auf die gesetzlichen Pauschbeträge

776 Die Erstattung von Verpflegungsmehraufwendungen entspricht den Regelungen für Dienstreisen. Es gilt also auch für die doppelte Haushaltsführung sowohl die Abzugsbeschränkung auf die nach Dauer der Abwesenheit gestaffelten gesetzlichen Pauschbeträge sowie die Beschränkung auf die ersten drei Monate bei einer Tätigkeit am selben Ort:

Abwesenheit von der „Heimatwohnung"	Pauschbetrag (Inland)
24 Stunden	24 €
14 bis 24 Stunden,	12 €
8 bis 14 Stunden	6 €
unter 8 Stunden	0 €

Bei einer doppelten Haushaltsführung im **Ausland** sind die Auslandstagegelder anzusetzen (vgl. im Anhang → *A. Lohnsteuer* Rz. 2801).

Für die Berechnung der Abwesenheitsdauer für den Ansatz des jeweiligen Pauschbetrags ist auf die **Dauer der Abwesenheit von der „Mittelpunktwohnung" abzustellen**, das ist die Wohnung am **Heimatort** (R 43 Abs. 8 Satz 1 LStR). Hieraus folgt, dass innerhalb des Drei-Monats-Zeitraums

– für Tage, an denen **Familienheimfahrten** durchgeführt werden (meistens freitags und montags), nur die **geringeren Pauschbeträge** von 6 € oder 12 € (die Abwesenheit von der Mittelpunktwohnung beträgt an diesen Tagen keine vollen 24 Stunden mehr), und

– für die Tage, an denen sich der Arbeitnehmer **ganz zu Hause aufgehalten** hat (insbesondere Samstage, Sonntage, Feiertage, Urlaub), überhaupt **keine Pauschbeträge**

steuerfrei erstattet werden können.

Beispiel:

A wohnt mit seiner Familie in Hannover. Er hat eine neue Arbeitsstelle in Berlin (Entfernung 300 km) angetreten und fliegt jedes Wochenende nach Hause. Da er nur bis Freitagmittag arbeitet, ist er schon um 13 Uhr zu Hause. Montagmorgen fliegt er zurück nach Berlin, Abfahrt von zu Hause 6 Uhr.

Es liegt von Anfang an eine doppelte Haushaltsführung vor, keine Dienstreise. Der Arbeitgeber kann somit innerhalb der ersten zwei Jahre Mehraufwendungen wegen doppelter Haushaltsführung steuerfrei erstatten. Dies gilt für die Erstattung von Verpflegungskosten aber nur für die ersten drei Monate. Dabei sind wie bei Dienstreisen die gesetzlichen Pauschbeträge zu beachten, die nach der Abwesenheitsdauer gestaffelt sind. Maßgebend ist hier die Dauer der Abwesenheit an den einzelnen Tagen von der „Mittelpunktwohnung" (das ist hier die Familienwohnung in Hannover).

Der Arbeitgeber kann also
– für Dienstag bis Donnerstag den vollen Pauschbetrag von 24 € steuerfrei erstatten (Abwesenheitsdauer von der Wohnung in Hannover 24 Stunden),
– für Freitag einen Pauschbetrag von 6 € steuerfrei erstatten (Abwesenheitsdauer von der Wohnung in Hannover mindestens 8 Stunden, aber keine 14 Stunden),
– für Montag einen Pauschbetrag von 12 € steuerfrei erstatten (Abwesenheitsdauer von der Wohnung in Hannover mindestens 14 Stunden, aber keine 24 Stunden).

Ein **Einzelnachweis** höherer tatsächlicher Kosten ist nicht möglich. Das gilt auch, wenn nach Ablauf der Drei-Monats-Frist die Pauschbeträge nicht mehr angesetzt werden können.

b) Drei-Monats-Frist

777 Ebenso wie bei Dienstreisen dürfen auch bei der doppelten Haushaltsführung Verpflegungsmehraufwendungen nur in den **ersten drei Monaten steuerfrei ersetzt** werden. Für die Berechnung der Drei-Monats-Frist gelten im Wesentlichen die Regeln für Dienstreisen (R 43 Abs. 8 Satz 3 LStR), d.h. eine **urlaubs- oder krankheitsbedingte Unterbrechung** der Auswärtstätigkeit an derselben Tätigkeitsstätte hat auf den Ablauf der Drei-Monats-Frist keinen Einfluss (R 37 Abs. 3 Satz 4 Nr. 1 LStR). Die Frist beginnt daher weder neu zu laufen noch verlängert sie sich um die Dauer der Unterbrechung.

Geht der doppelten Haushaltsführung eine **Dienstreise** an diesen Beschäftigungsort unmittelbar **voraus**, so ist deren Dauer auf die **Drei-Monats-Frist anzurechnen** (R 43 Abs. 8 Satz 2 LStR).

Beispiel:

A ist für ein Jahr an eine auswärtige Filiale abgeordnet worden.

Die ersten drei Monate sind als Dienstreise anzusehen, der Arbeitgeber darf daher Verpflegungsmehraufwendungen mit einem Pauschbetrag von 24 € steuerfrei erstatten. Die Folgezeit ist „Doppelte Haushaltsführung" – für die Erstattung von Verpflegungsmehraufwendungen beginnt aber keine neue Drei-Monats-Frist. Der Arbeitgeber kann für diesen Zeitraum also lediglich noch Familienheimfahrten und Kosten der Unterkunft steuerfrei ersetzen.

Bei Arbeitnehmern **mit Einsatzwechsel- oder Fahrtätigkeit hat diese Drei-Monats-Frist keine unmittelbare Bedeutung**: Ihnen kann der Arbeitgeber nach drei Monaten wegen ihrer Einsatzwechsel- oder Fahrtätigkeit immer noch die steuerfreien Verpflegungspauschalen ersetzen, nur nicht mehr wegen doppelter Haushaltsführung. Wichtig ist diese Unterscheidung aber für die **Berechnung der Abwesenheitszeiten**: Diese richten sich bei der Einsatzwechseltätigkeit und Fahrtätigkeit ggf. nach der Dauer der Abwesenheit von der Zweitwohnung am Arbeitsort, so dass – anders als bei der doppelten Haushaltsführung – während der Woche grundsätzlich nicht der volle Pauschbetrag von 24 € steuerfrei erstattet werden kann, weil die Abwesenheit von dieser Wohnung keine 24 Stunden beträgt.

c) Unterbrechung der Drei-Monats-Frist bei Wechsel der Zweitwohnung

778 **Andere Unterbrechungen**, z.B. durch eine vorübergehende Tätigkeit an einer anderen Einsatzstelle, führen zwar nach den Regeln für Dienstreisen zu einem Neubeginn der Drei-Monats-Frist, wenn die Unterbrechung **mindestens vier Wochen** gedauert hat (R 37 Abs. 3 Satz 4 Nr. 1 Satz 2 LStR). Diese Regelung ist jedoch für die doppelte Haushaltsführung **nicht „voll" übernommen** worden:

Die Drei-Monats-Frist beginnt nur dann neu zu laufen, wenn der Arbeitnehmer auch die **Zweitwohnung an den jeweiligen neuen Beschäftigungsort verlegt** (R 43 Abs. 8 Satz 3 i.V.m. Abs. 5 Satz 2 LStR). Diese Voraussetzung ist auch erfüllt, wenn **Seeleute oder Binnenschiffer** das Schiff wechseln (vgl. BMF-Schreiben vom 19.11.1997, DB 1997 S. 2514, sowie OFD Hannover, Verfügung vom 16.2.1999, StEd 1999 S. 217).

Beispiel 1:

A wohnt in Münster. Seit einem Jahr arbeitet er in Düsseldorf und unterhält dort eine Zweitwohnung. Für die Dauer von sechs Wochen wird er in einem Filialbetrieb in Frankfurt tätig.

Mit der Rückkehr nach Düsseldorf beginnt grundsätzlich eine neue Drei-Monats-Frist, da es sich nicht um eine urlaubs- oder krankheitsbedingte Unterbrechung handelt und auch die „Mindestunterbrechungsfrist" von vier Wochen erfüllt ist. Voraussetzung ist allerdings, dass A mit der Rückkehr nach Düsseldorf dort seine Zweitwohnung wechselt. Diese Voraussetzung ist hier nicht erfüllt; der Arbeitgeber kann somit nicht erneut Verpflegungsmehraufwendungen wegen der doppelten Haushaltsführung in Düsseldorf steuerfrei erstatten.

Beispiel 2:

Sachverhalt wie oben, nach Rückkehr nach Düsseldorf bezieht A dort aber eine neue Wohnung.

Die Voraussetzungen für den Neubeginn der Drei-Monats-Frist sind jetzt erfüllt, der Arbeitgeber kann daher nochmals drei Monate Verpflegungsmehraufwendungen mit den in Betracht kommenden Pauschalen steuerfrei erstatten.

Beispiel 3:

Sachverhalt wie im Beispiel vorher, A ist jedoch schon seit drei Jahren in Düsseldorf tätig.

Da die Zwei-Jahres-Frist für die steuerliche Berücksichtigung von Mehraufwendungen wegen doppelter Haushaltsführung überhaupt abgelaufen ist, darf der Arbeitgeber auch nach Rückkehr des A nach Düsseldorf keinen steuerfreien Ersatz mehr leisten.

Eine **neue Drei-Monats-Frist** kann nach einem Beschluss der obersten Finanzbehörden ferner bei Arbeitnehmern beginnen, die in regelmäßigen Abständen immer wieder dieselbe Tätigkeitsstätte aufsuchen (z.B. **Kundendiensttechniker, Saisonarbeits-kräfte**). Dies gilt auch **im Rahmen der Zwei-Jahres-Frist einer bestehenden doppelten Haushaltsführung,** wenn der Arbeitnehmer seine Zweitwohnung an den neuen Beschäftigungsort wechselt und die Voraussetzungen für den Neubeginn der Zwei-Jahres-Frist (Unterbrechungsfrist mindestens acht Monate) nicht vorliegen.

Beispiel 4:

A ist bei einer Wartungsfirma für Kernkraftwerke beschäftigt und ständig im Außendienst tätig (Einsatzwechseltätigkeit). In einem Turnus von etwa sechs Monaten besucht er immer wieder dieselben Kernkraftwerke; Dauer der Wartungsarbeiten zwischen drei Wochen und drei Monaten. Er wohnt in dieser Zeit in einer Pension in der Nähe der Kraftwerke und hat somit an den jeweiligen Arbeitsorten eine doppelte Haushaltsführung. Am 1.7.2002 kehrt er wieder zum Kraftwerk A zurück, an dem er schon vor sechs Monaten tätig war.

Der Arbeitgeber kann zunächst nach den Regeln der doppelten Haushaltsführung Mehraufwendungen für Verpflegung (die ersten drei Monate), Übernachtungskosten und eine Familienheimfahrt wöchentlich nach § 3 Nr. 16 EStG steuerfrei erstatten. Dies gilt jedoch – bezogen auf die doppelte Haushaltsführung am jeweiligen Tätigkeitsort – nur in den ersten zwei Jahren. Mit der Rückkehr zum Kraftwerk A beginnt **keine neue Zwei-Jahres-Frist, weil die Unterbrechung nicht mindestens 8 Monate beträgt** (R 43 Abs. 11 Satz 9 LStR; wegen der Bedenken gegen diese Auffassung siehe auch → *Doppelte Haushaltsführung: Allgemeines* Rz. 756). Es ist dabei unerheblich, dass die Zwei-Jahres-Frist an keinem auswärtigen Beschäftigungsort ausgeschöpft werden kann, weil der Arbeitnehmer spätestens nach drei Monaten „weiterzieht".

Der Arbeitgeber kann jedoch für die Dauer der erneuten Tätigkeit am Kraftwerk A, längstens für **drei Monate, die Verpflegungspauschalen für doppelte Haushaltsführung** steuerfrei erstatten (hier für die 1.7.–30.9.), da für den Neubeginn der Drei-Monats-Frist eine **Unterbrechung der auswärtigen Tätigkeit von vier Wochen ausreicht.** Nach Ablauf dieser Frist können allenfalls noch die **Verpflegungspauschalen wegen Einsatzwechseltätigkeit** angesetzt werden (die Drei-Monats-Frist gilt für Einsatzwechsel- und Fahrtätigkeit nicht, R 39 Abs. 1 Satz 5 LStR); diese sind jedoch regelmäßig niedriger, weil nur die Abwesenheitszeit von der Zweitwohnung am Arbeitsort „zählt".

d) Unentgeltliche Verpflegung

779 Die Pauschbeträge für Verpflegungsmehraufwendungen werden auch dann **nicht gekürzt**, wenn der Arbeitnehmer während einer doppelten Haushaltsführung **unentgeltliche oder verbilligte Mahlzeiten** vom Arbeitgeber oder auf dessen Veranlassung von einem Dritten erhalten hat (R 39 Abs. 1 Satz 3 LStR).

Um aber einen **doppelten steuerlichen Vorteil** (voller steuerfreier Pauschbetrag und unentgeltliche Mahlzeitengestellung) **zu vermeiden**, wird „als Ausgleich" die unentgeltliche Mahlzeitengestellung versteuert. Da aber der Wert der Mahlzeiten kaum ermittelt werden kann, werden die Mahlzeiten aus Vereinfachungsgründen mit den **amtlichen Sachbezugswerten bewertet**, die an sich nur für „Kantinenessen" gelten (R 31 Abs. 8 Nr. 2 LStR).

Einzelheiten hierzu siehe → *Mahlzeiten aus besonderem Anlass* Rz. 1686.

e) Andere Erstattungsmöglichkeiten

780 Nach Ablauf der Drei-Monats-Frist können keine Verpflegungsmehraufwendungen **wegen doppelter Haushaltsführung** mehr steuerfrei ersetzt werden. Der steuerfreie Ersatz **wegen einer Dienstreise, Fahrtätigkeit oder Einsatzwechseltätigkeit** wird dadurch aber nicht berührt, auch wenn diese Möglichkeit – da auf die Abwesenheitsdauer von der Zweitwohnung am Arbeitsort abzustellen ist – immer ungünstiger ist.

Beispiel 1:

A ist seit einem halben Jahr auf einer auswärtigen Baustelle tätig, wo er in der Nähe in einem Baucontainer übernachtet. Er arbeitet am Tag von 7 bis 17 Uhr auf der Baustelle, seine Abwesenheit von der Unterkunft beträgt elf Stunden täglich.

Der Arbeitgeber kann nach Ablauf von drei Monaten der Tätigkeit zwar keine Verpflegungsmehraufwendungen **wegen doppelter Haushaltsführung** mehr steuerfrei erstatten.

Das schließt aber nicht aus, dass der Arbeitgeber Verpflegungsmehraufwendungen **wegen der Einsatzwechseltätigkeit** steuerfrei erstattet. Maßgebend ist dabei aber die kürzere Dauer der Abwesenheit von der Zweitwohnung. Der Arbeitgeber kann hier also täglich einen Pauschbetrag

von 6 € steuerfrei erstatten (Abwesenheit mindestens acht Stunden). Bei Einsatzwechseltätigkeit ist die Erstattung von Verpflegungsmehraufwendungen nicht auf einen Zeitraum von drei Monaten beschränkt (R 39 Abs. 1 Satz 5 LStR).

Fährt der Arbeitnehmer z.B. freitags von seiner Baustelle „direkt" nach Hause, erhöht sich dadurch nicht die Abwesenheitsdauer für den Ansatz des Pauschbetrags wegen der Einsatzwechseltätigkeit. Diese ist so zu berechnen, als wenn der Arbeitnehmer zuerst – wie an den anderen Werktagen – den Baucontainer aufgesucht, sich dort umgezogen und erst dann seine Familienheimfahrt angetreten hat. Entsprechendes gilt für die Rückfahrt (vgl. dazu b+p 1998 S. 266 Nr. 15).

Beispiel 2:

A ist an eine auswärtige Filiale versetzt worden und führt dort einen doppelten Haushalt. Am Donnerstag macht er regelmäßig Lieferantenbesuche, Abwesenheit von der Wohnung und vom Filialbetrieb am Tag jeweils 15 Stunden.

Eine Erstattung von Verpflegungsmehraufwendungen **wegen doppelter Haushaltsführung** kommt nach drei Monaten nicht mehr in Betracht. Für die **„Dienstreise-Tage"** kann der Arbeitgeber jedoch Verpflegungsmehraufwendungen mit dem jeweiligen Pauschbetrag steuerfrei erstatten (hier 12 € wegen mindestens 14-stündiger Abwesenheit vom Filialbetrieb und der Zweitwohnung).

f) Konkurrenzregelung und Pauschalierung

781 Soweit für denselben Kalendertag Verpflegungsmehraufwendungen wegen einer Dienstreise, Fahrtätigkeit, Einsatzwechseltätigkeit oder wegen einer doppelten Haushaltsführung anzuerkennen sind, ist jeweils der **höchste Pauschbetrag** anzusetzen (§ 4 Abs. 5 Nr. 5 Satz 6 EStG, R 39 Abs. 2 i.V.m. R 43 Abs. 8 Satz 4 LStR). Eine Kürzung der Pauschbeträge bei Gewährung von Mahlzeiten durch den Arbeitgeber erfolgt nicht (aber Versteuerung mit dem entsprechenden Sachbezugswert).

Beispiel 1:

Sachverhalt wie im Beispiel vorher.

In den ersten drei Monaten kann der Arbeitgeber zunächst einen Pauschbetrag von 24 € **wegen der doppelten Haushaltsführung** steuerfrei erstatten.

Für die **Dienstreisen** am Donnerstag könnten zwar ebenfalls Verpflegungsmehraufwendungen steuerfrei ersetzt werden, und zwar hier 12 €. Erstattet werden darf aber nur der jeweils höchste Betrag, hier also 24 €. Eine Zusammenrechnung aller für den jeweiligen Kalendertag in Betracht kommenden Pauschbeträge ist nicht zulässig.

Beispiel 2:

A, Bauarbeiter aus Stuttgart, ist auf einer Großbaustelle in Hamburg für die Dauer von drei Jahren eingesetzt. Er übernachtet in einem einfachen Hotel vor Ort.

Arbeitnehmer, die eine **Einsatzwechseltätigkeit** ausüben und am auswärtigen Beschäftigungsort übernachten, führen eine beruflich veranlasste **doppelte Haushaltsführung.** Verpflegungsmehraufwendungen können in den ersten drei Monaten in Höhe von 6/12/24 € je nach Abwesenheitsdauer von der Wohnung in Stuttgart steuerfrei ersetzt werden.

Nach Ablauf von drei Monaten kommt eine Erstattung von Verpflegungsmehraufwendungen auf Grund der doppelten Haushaltsführung nicht mehr in Betracht. Dagegen kommen jetzt die Grundsätze der (eintägigen) **Einsatzwechseltätigkeit** zum Zuge. Sollte der Arbeitnehmer von seiner Wohnung in Hamburg täglich mindestens acht Stunden abwesend ein, können 6 €, bei einer Abwesenheit von mindestens 14 Stunden sogar täglich 12 € steuerfrei ersetzt werden. Der volle Pauschbetrag von 24 € kommt dagegen nicht zur Anwendung, weil die Abwesenheit von der Zweitwohnung keine 24 Stunden beträgt. Die Drei-Monats-Frist für die Erstattung von Verpflegungsmehraufwendungen gilt bei einer Einsatzwechseltätigkeit nicht.

Beispiel 3:

Ein Arbeitnehmer aus Stuttgart führt eine beruflich veranlasste doppelte Haushaltsführung. Er verlässt Stuttgart regelmäßig sonntags gegen 21.00 Uhr und kehrt freitags gegen 19.00 Uhr zurück.

Von Dienstag 20.2. bis Donnerstag 22.2. macht er eine Dienstreise nach Basel. Er fährt in Ulm am Dienstag um 8.00 Uhr los und trifft am Donnerstag um 11.00 Uhr wieder an seiner regelmäßigen Arbeitsstätte ein.

Es muss verglichen werden, welcher in Betracht kommende Pauschbetrag am höchsten ist:

	So.	Mo.	Di.	Mi.	Do.	Fr.	Sa.
Dopp. Haushaltsführung	–	24	(24)	(24)	24	12	–
Dienstreise	–	–	29	44	(15)	–	–

Der Arbeitnehmer erhält am Montag, Donnerstag und Freitag die nach den Grundsätzen der doppelten Haushaltsführung zu gewährenden Verpflegungspauschalen. Für Dienstag und Mittwoch kann er die höheren **Auslandstagegelder** für die Schweiz erhalten. Für Sonntag und Samstag kann der Arbeitgeber keine steuerfreien Beträge erstatten, da der Arbeitnehmer nicht mindestens acht Stunden von der Lebensmittelpunktwohnung abwesend ist.

Auch wenn auf Grund der Konkurrenzklausel bei einem Zusammentreffen von doppelter Haushaltsführung und Auswärtstätigkeiten (Dienstreisen, Einsatzwechsel- oder Fahrtätigkeit) für Letztere keine Verpflegungspauschalen gewährt werden können, weil die Sätze der doppelten Haushaltsführung höher sind, können ggf. höhere Vergütungen des Arbeitgebers für Verpflegungsmehraufwendungen trotzdem in den Grenzen des § 40 Abs. 2 Nr. 4 EStG mit 25 % pauschal versteuert werden (R 127 Abs. 4 Satz 6 LStR). Einzelheiten hierzu siehe → *Doppelte Haushaltsführung: Allgemeines* Rz. 732 sowie → *Reisekostenerstattungen bei Dienstreisen* Rz. 2071.

5. Übernachtungskosten bzw. Aufwendungen für die Zweitwohnung

a) Allgemeines

782 Bei einer doppelten Haushaltsführung kann der Arbeitgeber die Übernachtungskosten

- entweder in Höhe der nachgewiesenen **notwendigen** Aufwendungen für die Unterkunft am Beschäftigungsort oder

- mit **Pauschbeträgen** steuerfrei erstatten.

Die Kosten der Unterkunft können aber nur bis zu einem Zeitraum von insgesamt **zwei Jahren** steuerfrei erstattet werden. Soweit die Beschäftigung an der auswärtigen Tätigkeitsstätte in den ersten **drei Monaten** zunächst als Dienstreise zu behandeln ist (vgl. R 37 Abs. 3 Satz 3 LStR), **beginnt die Zwei-Jahres-Frist erst mit Beendigung der Dienstreise**. Das bedeutet, dass der Arbeitgeber in diesen Fällen **insgesamt 27 Monate** (drei Monate Dienstreise, 24 Monate doppelte Haushaltsführung) die Unterkunftskosten steuerfrei ersetzen darf, und zwar in den ersten sechs Monaten pauschal in Höhe von 20 €.

Beispiel:

A wird vorübergehend an eine auswärtige Filiale abgeordnet. Da er bei Bekannten übernachtet, macht er keine tatsächlichen Übernachtungskosten geltend.

Der Arbeitgeber kann erstatten
- in den ersten drei Monaten (Dienstreise) die Übernachtungskosten pauschal mit 20 € je Übernachtung,
- in den folgenden drei Monaten (doppelte Haushaltsführung) die Übernachtungskosten nochmals pauschal mit 20 € je Übernachtung,
- in den darauf folgenden 21 Monaten (Zwei-Jahres-Frist) die Übernachtungskosten pauschal mit 5 € je Übernachtung.

b) Einzelnachweis

783 Der Arbeitgeber darf die **tatsächlichen Kosten** der Zweitwohnung steuerfrei ersetzen, soweit sie **notwendig und nicht überhöht** sind, vgl. H 43 (6–11) (Angemessenheit der Unterkunftskosten) LStH. Als „notwendig" wird bei allein stehenden Personen eine Wohnungsgröße von **60 qm** angesehen (FG Köln, Urteil vom 14.5.1997, EFG 1997 S. 1108, sowie FG Düsseldorf, Urteil vom 26.3.1999, EFG 1999 S. 889). Mietet der Arbeitnehmer eine größere Wohnung an – insbesondere im Hinblick auf den beabsichtigten Nachzug der Familie –, sind die Kosten der Wohnung nur **anteilmäßig** zu berücksichtigen (vgl. OFD Düsseldorf, Verfügung vom 27.3.2000, StEd 2000 S. 310, 324, 327).

Bei einer **Eigentumswohnung** oder einem Einfamilienhaus sind grundsätzlich die während der Dauer der doppelten Haushaltsführung **tatsächlich angefallenen Aufwendungen** anzusetzen, selbst wenn beim Anmieten einer Wohnung höhere Kosten angefallen wären. Wenn jedoch die tatsächlich angefallenen Aufwendungen so hoch sind, dass es sich nicht mehr um „notwendige" Mehraufwendungen für die Unterkunft i.S. des § 9 Abs. 1 Satz 3 Nr. 5 Satz 1 EStG handelt, darf der Arbeitgeber nur die **fiktiven Mietkosten** für eine nach Größe, Ausstattung und Lage angemessene Wohnung steuerfrei erstatten (BFH, Urteil vom 24.5.2000, BStBl II 2000 S. 474). Diese Abzugsbeschrän-

kung auf die Höhe der angemessenen Miete für eine übliche Unterkunft kann auch nicht durch ein **„Ehegatten-Mietverhältnis" umgangen** werden (FG Köln, Urteil vom 23.8.2001 EFG 2001 S. 1501, Revision eingelegt, Az. beim BFH: IX R 55/01). Zu den Aufwendungen für die Zweitwohnung gehören auch die Absetzungen für Abnutzung, Hypothekenzinsen und Reparaturkosten (R 43 Abs. 9 Satz 3 LStR sowie BFH, Urteil vom 3.12.1982, BStBl II 1983 S. 467). Bei dem Kostenvergleich mit einer Mietwohnung kommt es dabei nur auf die Verhältnisse des **jeweiligen Kalenderjahres** an, auch wenn die zunächst teurere Eigentumswohnung auf lange Sicht, z.B. nach einer Umfinanzierung, möglicherweise billiger ist (BFH, Urteil vom 27.7.1995, BStBl II 1995 S. 841). Wenn der Arbeitnehmer die Wohnungskosten als Werbungskosten wegen doppelter Haushaltsführung geltend macht, **entfallen** die Steuervergünstigungen des **§ 10e EStG** und die **Eigenheimzulage**. Vgl. dazu BMF-Schreiben vom 10.2.1998, BStBl I S. 190, Rz. 18 sowie zuletzt BFH, Urteil vom 18.10.2000, BStBl II 2001 S. 383, m.w.N.

Zu den Kosten der Unterkunft am auswärtigen Beschäftigungsort, die vom Arbeitgeber steuerfrei erstattet werden können, gehören außer den Mietaufwendungen (bzw. den „fiktiven Mietkosten" bei einer Eigentumswohnung) auch die **Nebenkosten** z.B. für Heizung, Strom und Reinigung (BFH, Urteil vom 29.1.1988, BFH/NV 1988 S. 367) sowie die für die Zweitwohnung zu entrichtende **Zweitwohnungssteuer** (R 43 Abs. 9 Satz 2 LStR).

Sind in den Übernachtungskosten auch die **Kosten für ein Frühstück** enthalten, so sind sie wie bei Reisekosten um den Frühstücksanteil zu kürzen, bei einer Übernachtung im Inland also um 4,50 €. Vgl. dazu → *Reisekostenerstattungen bei Dienstreisen* Rz. 2057

c) Pauschbeträge

784 Der Arbeitgeber darf die Aufwendungen für die Zweitwohnung aber auch **wie folgt pauschal steuerfrei erstatten:**

aa) im Inland

785 – die ersten drei Monate mit einem Pauschbetrag bis zu 20 € je Übernachtung.

Der Drei-Monats-Zeitraum wird – anders als bei der Erstattung von Verpflegungsmehraufwendungen – nicht durch Tätigkeiten an einer anderen Arbeitsstelle unterbrochen.

- und für die **Folgezeit von bis zu 21 Monaten (Zwei-Jahres-Frist) mit einem Pauschbetrag bis zu 5 €** je Übernachtung (R 43 Abs. 11 Satz 15 Nr. 3 Satz 1 LStR).

Beispiel:

A, Bauarbeiter, ist seit einem Jahr auf einer Großbaustelle in Berlin tätig und übernachtet in einer Gemeinschaftsunterkunft. Er wird für sechs Wochen an eine Baustelle in Dresden abgerufen und kehrt anschließend nach Berlin zurück.

Für die Berücksichtigung von Verpflegungsmehraufwendungen beginnt mit der Rückkehr nach Berlin eine neue Drei-Monats-Frist, weil A seine Tätigkeit in Berlin für mindestens vier Wochen unterbrochen hat (R 37 Abs. 3 Satz 4 Nr. 1 LStR) und auch seine Zweitwohnung an den neuen (alten) Beschäftigungsort verlegt.

Auf die Erstattung der Übernachtungspauschale wird dagegen in R 43 Abs. 11 Satz 15 Nr. 3 Satz 1 LStR nicht auf die o.g. „Unterbrechungsregelung" hingewiesen. Daraus wird gefolgert, dass für die Erstattung der Übernachtungspauschale nicht ebenfalls eine neue Drei-Monats-Frist beginnt, in der der Arbeitgeber eine Übernachtungspauschale von 20 € steuerfrei erstatten könnte. Anzusetzen ist vielmehr der niedrigere Pauschbetrag von 5 €.

Auch die Zwei-Jahres-Frist für die Anerkennung der doppelten Haushaltsführung läuft weiter, weil die Unterbrechung durch eine vorübergehende Tätigkeit an einem anderen Beschäftigungsort nicht mindestens acht Monate betragen hat (R 43 Abs. 11 Satz 9 LStR).

bb) im Ausland

786 – die ersten **drei Monate** mit den für Auslandsdienstreisen geltenden **Übernachtungspauschalen**, die vom Bundesministerium der Finanzen in einer **Länderübersicht** bekannt gemacht werden (siehe Anhang → *A. Lohnsteuer* Rz. 2801).

- und für die Folgezeit bis zu **21 Monaten** (Zwei-Jahres-Frist) mit **40 % dieses Pauschbetrags** (R 43 Abs. 11 Satz 15 Nr. 3 Satz 2 LStR).

Beispiel:

A ist ab 1.1.2002 für voraussichtlich drei Jahre nach London entsandt worden und führt dort einen doppelten Haushalt.

Die ersten drei Monate stellen eine Dienstreise dar, die Zeit danach eine doppelte Haushaltsführung. Der Arbeitgeber kann steuerfrei ersetzen

- in der **Dienstreisezeit** (1.1. bis 31.3.2002) die Kosten für Unterkunft (entweder die nachgewiesenen Kosten oder einen Pauschbetrag von 108 €), Mehraufwendungen für Verpflegung (Pauschbetrag 57 €) und alle Familienheimfahrten (keine Abzugsbeschränkung bei evtl. Pkw-Benutzung),

- in der **Zeit der doppelten Haushaltsführung** (ab 1.4.2002), längstens aber für zwei Jahre, die Kosten der Unterkunft, und zwar
  - entweder die nachgewiesenen Kosten oder
  - pauschal die ersten drei Monate 108 € und die restlichen 21 Monate 40 % von 108 € = 43,20 €,

- sowie die Kosten für Familienheimfahrten. Verpflegungskosten können bereits nach den ersten drei Monaten nicht mehr steuerfrei erstattet werden.

Voraussetzung für die pauschale Erstattung ist aber, dass die Übernachtung **nicht in einer vom Arbeitgeber unentgeltlich oder verbilligt überlassenen Unterkunft stattfindet** (R 43 Abs. 11 Satz 15 Nr. 3 Satz 1 LStR). Die Übernachtungspauschalen können auch dann angesetzt werden, wenn **tatsächlich geringere Übernachtungskosten** entstanden (vgl. dazu → *Reisekostenerstattungen bei Dienstreisen* Rz. 2061).

d) Wahlrecht zwischen Pauschale und Einzelnachweis

787 Nach R 43 Abs. 9 Satz 4 LStR ist bei einer doppelten Haushaltsführung ein **Wechsel** zwischen dem Einzelnachweis der Übernachtungskosten und dem Ansatz der Pauschbeträge bei derselben doppelten Haushaltsführung innerhalb eines Kalenderjahres **nicht möglich**. Die anderslautende Regelung in R 40 Abs. 3 LStR für **mehrtägige Dienstreisen** (→ *Reisekostenerstattungen bei Dienstreisen* Rz. 2065) ist für die doppelte Haushaltsführung nicht übernommen worden.

Beispiel:

Ein Bauarbeiter ist vom 1.1.2002 bis voraussichtlich 31.12.2003 auf einer auswärtigen Baustelle tätig und übernachtet am Arbeitsort. Den ersten Monat hat er im Hotel übernachtet, die restlichen Monate in seinem Wohnmobil.

Die doppelte Haushaltsführung ist bezogen auf das jeweilige Kalenderjahr einheitlich zu würdigen. Der Arbeitgeber darf also nicht die Hotelkosten für den Monat Januar 2002 und ab 1.2.2002 die Übernachtungspauschalen steuerfrei ersetzen. Es wird aber günstiger sein, auf die Erstattung der Hotelkosten zu verzichten und für das ganze **Jahr 2002** die Übernachtungspauschalen steuerfrei zu zahlen.

Für das **Jahr 2003** kann das Wahlrecht neu ausgeübt werden. Der Arbeitgeber kann somit für dieses Jahr die Übernachtungspauschalen auch dann steuerfrei zahlen, wenn er für das Jahr 2002 doch die Hotelkosten steuerfrei gezahlt haben sollte.

e) Glaubhaftmachung der Übernachtung

788 Arbeitnehmer, die nach eigenen Angaben an der Einsatzstelle übernachten, müssen **nähere Angaben** über die gewählte Unterkunft machen, wenn diese in einer **Entfernung von der (Familien-)Wohnung** des Arbeitnehmers liegt, die üblicherweise von Arbeitnehmern **täglich mit dem Kfz zurückgelegt** wird. Das Finanzamt wird dabei in Zweifelsfällen die Angaben des Arbeitnehmers in der Einkommensteuer-Erklärung hinzuziehen. Bei widersprüchlichen Erklärungen des Arbeitnehmers ist der glaubhaft gemachte Sachverhalt zu Grunde zu legen.

Beispiel 1:

Arbeitnehmer A war in einer Entfernung von 100 km von seiner Wohnung und dem Betrieb seines Arbeitgebers tätig. Dem Arbeitgeber hat er erklärt, er wohne am Einsatzort. In seiner Einkommensteuer-Erklärung hat er dagegen tägliche Fahrten zwischen Wohnung und Arbeitsstätte als Werbungskosten geltend gemacht. Neben der Erklärung liegen dem Arbeitgeber für die Dauer des Einsatzes Mietquittungen vor. Im Rahmen der Einkommensteuer-Veranlagung hat A dagegen keine Nachweise vorlegen können.

Der gegenüber dem Arbeitgeber erklärte Sachverhalt ist glaubhafter und damit für die Besteuerung maßgebend. Wird dieser Sachverhalt erst durch eine Lohnsteuer-Außenprüfung aufgedeckt, wird das Finanzamt den Einkommensteuerbescheid des Arbeitnehmers berichtigen (§ 173 Abs. 1 Nr. 1 AO).

Beispiel 2:

Sachverhalt wie oben, A hat jedoch dem Finanzamt durch Fahrtenbuch, Tankquittungen, Inspektionsrechnungen usw. die Fahrten glaubhaft gemacht. Dem Arbeitgeber liegt dagegen lediglich die Erklärung des Arbeitnehmers vor.

Der dem Finanzamt dargelegte Sachverhalt ist glaubhaft. Die vom Arbeitgeber gezahlte Auslösung ist zu versteuern, soweit sie nicht bereits bei der Ermittlung der Werbungskosten gegengerechnet wurde. Eine Haftung des Arbeitgebers kommt jedoch im Hinblick auf die Erklärung des Arbeitnehmers nicht in Betracht.

Der steuerlichen Beurteilung können allerdings nur **Erklärungen und Nachweise der Arbeitnehmer** zu Grunde gelegt werden. **Kein Entscheidungskriterium** ist dagegen die Höhe der vom Arbeitgeber gezahlten Auslösung (z.B. **Fernauslösung**), weil die Zahlung derartiger Beträge sich regelmäßig nicht nach der tatsächlichen Rückkehr, sondern nach der Zumutbarkeit der täglichen Rückkehr in die eigene Wohnung richtet. Für die Frage der Zumutbarkeit ist häufig der Zeitaufwand bei Benutzung öffentlicher Verkehrsmittel auch dann maßgebend, wenn die Arbeitnehmer tatsächlich den eigenen Pkw benutzen.

Beispiel 3:

Nach dem Tarifvertrag hat der Arbeitnehmer Anspruch auf (Fern-)Auslösung, wenn der Zeitaufwand für den Weg vom Wohnort zum Einsatzort bei Benutzung öffentlicher Verkehrsmittel mehr als 1,5 Stunden beträgt. A benötigt mit dem Pkw eine Stunde für die Fahrt, bei Benutzung öffentlicher Verkehrsmittel würde er zwei Stunden benötigen.

A hat Anspruch auf Fernauslösung, auch wenn er tatsächlich mit dem Pkw fährt und für die Fahrt von seiner Wohnung zum Einsatzort nur eine Stunde benötigt.

Fährt der Arbeitnehmer zwischenzeitlich an seinen Wohnort zurück (z.B. Wochenendheimfahrten), so können die Pauschbeträge für diesen Zeitraum nicht steuerfrei gezahlt werden, siehe aber → Rz. 792. Wird dem Arbeitnehmer die Unterkunft am Beschäftigungsort vom Arbeitgeber unentgeltlich oder verbilligt zur Verfügung gestellt, kommt eine steuerfreie Zahlung der Pauschbeträge nicht in Betracht.

f) Einrichtung

789 Notwendige Mehraufwendungen aus Anlass einer doppelten Haushaltsführung sind auch Aufwendungen zur Anschaffung der **notwendigen Einrichtungsgegenstände** für die Wohnung am Beschäftigungsort, sofern die Aufwendungen **angemessen** sind. Dazu gehören alle Hausrats- und Einrichtungsgegenstände, die zur Führung eines geordneten Haushalts erforderlich sind, also z.B. für Bett, Schränke, Sitzmobiliar, Tisch, Küchen- und Badezimmereinrichtung, Geschirr, Bettzeug, Staubsauger, ferner Gardinen und Fenstervorhänge.

Nicht als „notwendig" anerkannt wurden z.B.

- Fernseher, Fernsehgebühren und Fernseh-Programmzeitschriften, weil „Fernsehen" der persönlichen Lebensführung dient (FG Köln, Urteil vom 5.2.1992, EFG 1993 S. 144).
- Orientteppiche, alte Stiche und teure Lautsprecherboxen (FG des Saarlandes, Urteil vom 28.2.1992, EFG 1992 S. 596).
- Stereoanlage mit teuren Lautsprecherboxen (FG Baden-Württemberg, Urteil vom 5.12.1997, StEd 1998 S. 131).
- Eine teure „multifunktional" nutzbare Anbauwand (FG Rheinland-Pfalz, Urteil vom 19.2.1998 4 K 2213/96, NWB 1998 Fach 1 S. 2954).

Anerkannt wurden demgegenüber

- Rundfunk- und Fernsehgebühren (Niedersächsisches FG, Urteil vom 11.3.1998 – II 459/96). Begründung: Es gehört heutzutage zu den unabweisbaren Bedürfnissen, sich in der üblichen Form mit Nachrichten und Informationen, auch visueller Art, zu versorgen. Hiernach müssen u.E. auch die Kosten für das Radio und den Fernseher selbst als Werbungskosten anerkannt werden, sofern es sich nur um „einfache" Geräte ohne besondere Zusatzausstattungen handelt.

Aufwendungen **über 410 €** (mit 16 % Umsatzsteuer 475,60 €) für ein einzelnes Wirtschaftsgut müssen auf die **Nutzungsdauer verteilt** werden (§ 7 Abs. 1 EStG), die regelmäßig mit 13 Jahren angenommen werden kann. Der Restwert einer Wohnungseinrichtung, der nach Beendigung einer doppelten Haushaltsführung oder des Ablaufs der Zwei-Jahres-Frist verbleibt, kann nicht als Werbungskosten berücksichtigt werden; derartige Aufwendungen berühren die **Vermögenssphäre** (FG Düsseldorf, Urteil vom 29.11.2000, EFG 2001 S. 425).

g) Werbungskostenabzug

790 Soweit der Arbeitgeber keine oder nur die geringen Übernachtungspauschalen steuerfrei ersetzt hat, kann der Arbeitnehmer nur **nachgewiesene höhere Übernachtungskosten als Werbungskosten** absetzen (R 43 Abs. 11 Satz 1 LStR). Denn anders als beim Arbeitgeberersatz von Übernachtungskosten und auch beim Werbungskostenabzug von Verpflegungsmehraufwendungen gibt es für den Werbungskostenabzug von Übernachtungskosten – ausgenommen bei doppelter Haushaltsführung im Ausland (R 43 Abs. 9 LStR) – keine Pauschalen; der Bundesfinanzhof hat dies bestätigt (BFH, Urteil vom 12.9.2001, BStBl II 2001 S. 775). Sind jedoch unstreitig Übernachtungskosten entstanden und kann lediglich der Nachweis nicht erbracht werden, sind die als Werbungskosten abzugsfähigen **Übernachtungskosten zu schätzen.** Hierbei sind weder die für den Arbeitgeberersatz bestimmten Übernachtungspauschalen noch tarifvertragliche Bestimmungen über die Höhe von Auslösungsbeträgen maßgeblich (BFH, Urteil vom 12.9.2001, BStBl II 2001 S. 775).

6. Keine Aufteilung der Erstattungen (Saldierung)

791 Auslösungen werden vom Arbeitgeber häufig **kalendertäglich** (nicht arbeitstäglich) gewährt. Das gilt insbesondere dann, wenn dem Arbeitnehmer die tägliche Rückkehr in die eigene Wohnung nach **tarifvertraglichen Regelungen** nicht zugemutet werden kann. Die Auslösungen werden in voller Höhe auch zu den **Wochenenden gezahlt,** und zwar auch dann, wenn der Arbeitnehmer in seine Wohnung zurückkehrt und nicht an der Einsatzstelle übernachtet. Eine Ausnahme gilt nur dann, wenn die Aufwendungen für eine Heimfahrt besonders vergütet werden.

Bei den Zahlungen des Arbeitgebers wird – anders als im Steuerrecht – im Allgemeinen **keine strenge Trennung zwischen Verpflegungsmehraufwand und Übernachtungskosten** vorgenommen. Vielmehr werden die jeweiligen Auslösungsbeträge regelmäßig für Verpflegung und Unterkunft (und zwar täglich) gezahlt. Steuerlich werden ohne Nachweis Verpflegungskosten kalendertäglich, Unterkunftskosten dagegen je Übernachtung berücksichtigt, so dass sich insoweit **Differenzen** ergeben können.

Steuerlich ist es zulässig, die **Vergütungen für Verpflegungsmehraufwendungen, Fahrtkosten und Übernachtungen zusammenzurechnen;** in diesem Fall ist die Summe der Vergütungen steuerfrei, soweit sie die Summe der steuerfreien Einzelvergütungen nicht übersteigt. Hierbei können mehrere doppelte Haushaltsführungen des Arbeitnehmers zusammengefasst abgerechnet werden (R 16 Sätze 2 und 3 LStR).

Beispiel:

Der Arbeitnehmer ist von montags bis freitags einer Woche an einer Einsatzstelle beschäftigt und übernachtet auch an diesem Ort. Der Arbeitgeber zahlt eine Auslösung von 35 € täglich. Steuerlich stehen dem Arbeitnehmer Tage- und Übernachtungsgelder von je 24 € bzw. 20 € zu.

Bei fünf Arbeitstagen kann der Arbeitgeber fünf Tagegelder je 24 € (= 120 €) und vier Übernachtungsgelder je 20 € (= 80 €), insgesamt also 200 €, steuerfrei lassen. Die tatsächlich gezahlten Auslösungsbeträge (5 x 35 € = 175 €) übersteigen diesen Betrag nicht und können daher steuerfrei bleiben.

7. Übernachtungskosten für die Wochenenden

792 Erstreckt sich die Tätigkeit des Arbeitnehmers über einen längeren Zeitraum und kehrt der Arbeitnehmer an den Wochenenden in seine Wohnung zurück, so können steuerlich

– **Tagegelder** nur für **tatsächliche Anwesenheitstage** am Arbeitsort und

– **Übernachtungsgelder** grundsätzlich nur für **tatsächliche Übernachtungen** angesetzt werden.

Etwas anderes gilt, wenn der Arbeitnehmer die **Unterkunft auch an den Wochenenden beibehalten** hat und ihm insoweit tatsächlich Übernachtungskosten entstanden sind. Einen ggf. verbleibenden Restbetrag der Auslösung kann der Arbeitgeber nur insoweit steuerfrei erstatten, als dem Arbeitnehmer entspre-

chende Aufwendungen für Familienheimfahrten entstanden sind, die als Werbungskosten abzugsfähig wären.

Beispiel:

Der Arbeitnehmer ist mehrere Wochen auf einer Baustelle tätig. Wegen der großen Entfernung zur Wohnung stehen ihm kalendertäglich (nicht arbeitstäglich) Auslösungen in Höhe von (angenommen) 45 € zu. Tatsächlich aber kehrt der Arbeitnehmer an den Wochenenden (freitags 16 Uhr bis montags 8 Uhr) zur Familie zurück. Die Entfernung beträgt 300 km. Kosten für die Beibehaltung der Wohnung am Beschäftigungsort sind nicht entstanden.

Tarifvertraglich zustehende Auslösung wöchentlich:

7 Tage je 45 € (angenommen)	315 €
Steuerfreie Arbeitgebererstattung:	
3 Tage je 24 € (Dienstag bis Donnerstag)	72 €
2 Tage je 12 € (Freitag, Montag)	24 €
4 Übernachtungen je 20 €	80 €
1 Familienheimfahrt: 300 km je 0,40 €	120 €
Summe	296 €
Steuerpflichtige Auslösung:	19 €

8. Umzugskosten

793 Umzugskosten im Zusammenhang mit der Begründung oder Beendigung einer doppelten Haushaltsführung dürfen nach Auffassung der Finanzverwaltung vom Arbeitgeber **nicht** nach den günstigeren Regeln für **Umzugskosten** (§ 3 Nr. 16 EStG i.V.m. R 41 LStR) steuerfrei erstattet werden, sondern nur nach den engeren Regeln der **doppelten Haushaltsführung,** d.h. dass die **Zwei-Jahres-Frist zu beachten** ist (R 43 Abs. 10 Satz 3 LStR sowie → Rz. 775). Die Finanzverwaltung beruft sich hierfür auf das BFH, Urteil vom 29.4.1992, BStBl II 1992 S. 667, in dem Umzugskosten zur Beendigung einer doppelten Haushaltsführung noch der doppelten Haushaltsführung zugerechnet werden.

Die Umzugskosten können in vollem Umfang erstattet werden, ausgenommen steuerlich nicht berücksichtigungsfähige Kosten der Lebensführung i.S. des § 12 Nr. 1 EStG (→ *Umzugskosten* Rz. 2447). Anders als bei der „normalen" Erstattung von Umzugskosten dürfen jedoch die **Pauschvergütungen für sonstige Umzugsauslagen** nach § 10 BUKG sowie nach § 10 AUV (Auslandsumzüge) **nicht angesetzt** werden, weil die Pauschalierung nicht für Umzüge im Rahmen einer doppelten Haushaltsführung gilt (BFH, Urteil vom 29.1.1988, BFH/NV 1988 S. 367; FG des Landes Brandenburg, Urteil vom 31.1.2001, EFG 2001 S. 561, sowie R 43 Abs. 10 Sätze 1 und 2 LStR). In diesen Fällen müssen die sonstigen Umzugsauslagen nachgewiesen werden.

Dreizehntes Monatsgehalt

794 Das 13. und ggf. auch das 14. Monatsgehalt ist steuerpflichtiger Arbeitslohn und wird wie sonstige Bezüge versteuert (R 115 Abs. 2 Nr. 1 LStR); vgl. → *Sonstige Bezüge* Rz. 2232; zur sozialversicherungsrechtlichen Beurteilung vgl. → *Einmalzahlungen* Rz. 802.

ⓁⓈⓉ Ⓢⓥ

Ehegatte des Arbeitnehmers

795 Werden von einem Arbeitgeber auf Grund des Arbeitsverhältnisses Vorteile nicht dem Arbeitnehmer selbst, sondern einer ihm nahe stehenden Person (z.B. der Ehefrau) zugewendet, so liegt gleichwohl **Arbeitslohn** des Arbeitnehmers vor, sofern das **Arbeitsverhältnis kausal** für die Zuwendungen ist (vgl. BFH, Urteil vom 3.8.1973, BStBl II 1973 S. 831, betr. die Mitnahme von Angehörigen bei Betriebsveranstaltungen, sowie FG Düsseldorf, Urteil vom 23.6.1978, EFG 1979 S. 121, betr. eine verbilligte Grundstücksübertragung). Dies ist nicht der Fall, wenn die Vorteile dem Ehegatten „ohne Wissen und Wollen" des Arbeitnehmer-Ehegatten zugewendet werden (vgl. FG Düsseldorf, Urteil vom 27.8.1998, EFG 1999 S. 117, betr. die verbilligte Vermietung eines Ferienhauses).

Beispiel:

Die Ehefrau eines Arbeitnehmers darf in der Firma, in der ihr Ehemann tätig ist, verbilligt einkaufen.

Die Preisvorteile sind als Arbeitslohn zu versteuern, sofern der Rabattfreibetrag überschritten wird.

Weitere Beispiele sind **Zuwendungen** an den Ehegatten des Arbeitnehmers im Rahmen von **Betriebsveranstaltungen** (z.B. Gewinne aus Tombola) oder die Überlassung von **Theaterkarten**, siehe → *Betriebsveranstaltungen* Rz. 563 sowie → *Eintrittskarten* Rz. 820.

Werden Ehegatten bei **demselben Arbeitgeber** tätig, so ist steuerlich grundsätzlich ein **eigenes Dienstverhältnis** jedes Ehegatten gegenüber dem Arbeitgeber anzunehmen. Wird für die Tätigkeit beider Ehegatten eine **einheitliche Vergütung** gewährt, so ist diese für die Berechnung der Lohnsteuer erforderlichenfalls im Wege der Schätzung auf die Ehegatten aufzuteilen (→ *Angehörige* Rz. 108).

[Lst] (SV)

Zum Ersatz von **Diebstahlverlusten** von Gegenständen, die dem auf einer Dienstreise des Arbeitnehmers mitgereisten Ehegatten gehören, siehe → *Diebstahl* Rz. 647.

Ehrenamtsinhaber

1. Allgemeine Grundsätze

796 Unter ehrenamtlicher Tätigkeit versteht man im Allgemeinen nebenberuflich und unentgeltlich ausgeübte Tätigkeiten im öffentlichen Bereich, z.B. als Ratsherr im Stadtrat oder Mitglied der Freiwilligen Feuerwehr.

Das schließt nicht aus, dass die **Auslagen in Form von Aufwandsentschädigungen ersetzt** und ggf. daneben angemessene Entschädigung für **Zeitversäumnis und Verdienstausfall** gezahlt werden (BFH, Urteil vom 4.5.1994, BStBl II 1994 S. 773). Diese Einnahmen aus speziellen Entschädigungen für Zeitversäumnis und Verdienstausfall sind allerdings grundsätzlich steuer- und beitragspflichtig.

[Lst] (SV)

In den meisten Fällen bleibt jedoch ein erheblicher Teil der Entschädigungen nach § 3 Nr. 12 EStG oder auch § 3 Nr. 26 EStG **steuer- und beitragsfrei** (→ *Aufwandsentschädigungen im öffentlichen Dienst* Rz. 309; → *Aufwandsentschädigungen für bestimmte nebenberufliche Tätigkeiten* Rz. 297). Wenn tatsächlich nur Auslagenersatz (Reisekosten, Telefon, Verpflegungsmehraufwendungen) geleistet wird, kann es auch schon an der **„Einkunftserzielungsabsicht"** fehlen, so dass von vornherein kein Arbeitslohn anzunehmen ist, so insbesondere bei **Einnahmen unter 256 €** im Jahr (vgl. dazu → *Arbeitnehmer* Rz. 165).

[Lst] (SV)

Die Einschränkungen beim Abzug von **Verpflegungsmehraufwendungen** ab 1996 (z.B. die Mindestabwesenheitsdauer von acht Stunden) gelten auch für ehrenamtlich Tätige, z.B. Helfer der Wohlfahrtsorganisationen. Die Finanzverwaltung hat es abgelehnt, für ehrenamtliche Tätigkeiten Ausnahmen zuzulassen (BMF-Schreiben vom 13.3.1996, DB 1996 S. 960).

2. Lohnsteuer – Abgrenzung der Einkunftsart

797 Liegt überhaupt eine steuerlich zu erfassende Tätigkeit vor, ist zu prüfen, ob eine Tätigkeit als **Arbeitnehmer** ausgeübt wird oder Einkünfte aus anderen Einkunftsarten vorliegen (insbesondere „sonstige **Einkünfte**" i.S. des § 22 Nr. 3 EStG). Eine Arbeitnehmertätigkeit liegt vor, wenn ein besonderes Arbeitsverhältnis begründet wird, so z.B. bei den ehrenamtlichen Bürgermeistern (→ *Bürgermeister* Rz. 624) in Bayern, Thüringen und Sachsen oder dem in ein Ehrenbeamtenverhältnis berufenen Kreisbrandmeister der Freiwilligen Feuerwehr (→ *Feuerwehr* Rz. 987).

Bei nur **gelegentlich** ausgeübten Tätigkeiten richtet sich die Abgrenzung zwischen selbständiger und nichtselbständiger Tätigkeit nach den für **Aushilfstätigkeiten** aufgestellten Grundsätzen, → *Aushilfskraft/Aushilfstätigkeit* Rz. 320.

Beispiel:

Das Deutsche Rote Kreuz setzt bei Fußballspielen, Theateraufführungen usw. neben einigen hauptberuflichen Kräften eine Vielzahl ehrenamtlicher

Helfer – sog. **Sanitätshelfer** – ein. Diese erhalten geringfügige Einsatzgelder.

Der Bundesfinanzhof hat die Sanitätshelfer als **Arbeitnehmer** angesehen (Urteil vom 4.8.1994, BStBl II 1994 S. 944). Begründung:

Die Eigenschaft als Arbeitnehmer ist nicht bereits deswegen abzulehnen, weil sich der Steuerpflichtige zu jedem Einsatz bereit erklären muss, also keine festen Arbeitszeiten hat, und zur Teilnahme nicht generell verpflichtet ist. Auch das Fehlen von Ansprüchen auf Urlaub, Lohnfortzahlung, Überstundenvergütung und sonstige Sozialleistungen steht der Annahme eines Aushilfsarbeitsverhältnisses nicht in jedem Fall entgegen. Entscheidend ist, dass die ehrenamtlich Tätigen genauso in die Organisation eingebunden und weisungsabhängig sind wie die normal bezahlten Arbeitnehmer. Außerdem ist zu berücksichtigen, dass die von den Sanitätshelfern geschuldeten Dienste verhältnismäßig leicht erlernbar sind und keine umfangreiche Vorbildung erfordern.

In folgenden Fällen wurde z.B. bei ehrenamtlichen Tätigkeiten **Arbeitnehmer-Eigenschaft angenommen:**

– Vorstandsmitglieder einer Genossenschaft (BFH, Urteil vom 2.10.1968, BStBl II 1969 S. 185),
– geschäftsführender Vorstand einer Familienstiftung (BFH, Urteil vom 31.1.1975, BStBl II 1975 S. 358).

[Lst] (SV)

Keine Arbeitnehmer sind dagegen z.B.

– kommunale Mandatsträger, die Einkünfte aus sonstiger selbständiger Tätigkeit i.S. des § 18 Abs. 1 Nr. 3 EStG erzielen (→ *Abgeordnete* Rz. 10),
– Landschaftspfleger usw., bei denen allenfalls sonstige Einkünfte i.S. des § 22 Nr. 3 EStG anzunehmen sind,
– ehrenamtliche Richter, weil sie nicht in die Gerichtsorganisation eingegliedert sind, sondern nur von Fall zu Fall zu den Sitzungen herangezogen werden (FG Berlin, Urteil vom 6.12.1979, EFG 1980 S. 280),
– ehrenamtliche Mitglieder von Berufskammern, z.B. der Präsident der Handwerkskammer: Die Aufwandsentschädigungen gehören hier zu den Einkünften aus der Haupttätigkeit des ehrenamtlich Tätigen, also z.B. zu den Einkünften aus Gewerbebetrieb (BFH, Urteil vom 26.2.1988, BStBl II 1988 S. 615).

[Lst] (SV)

3. Sozialversicherung

798 Ehrenamtliche Tätigkeiten begründen **in der Regel keine Sozialversicherungspflicht.** Auf Grund einer intensiven Beteiligung können bei einer vermehrten unbezahlten dienstlichen Freistellung erhebliche Nachteile bei der späteren **Rentenhöhe** entstehen; denn je niedriger das monatliche beitragspflichtige Entgelt ist, um so geringer sind die daraus erwachsenen Rentenansprüche. Arbeitnehmer können daher als **Nachteilsausgleich** bei ihrem Arbeitgeber die **Aufstockung ihres monatlichen Arbeitsentgelts** um den Unterschiedsbetrag zwischen dem tatsächlich erzielten Arbeitsentgelt und dem Arbeitsentgelt, das ohne die ehrenamtliche Tätigkeit erzielt worden wäre, beantragen. Die Aufstockung ist höchstens bis zur **Beitragsbemessungsgrenze der Rentenversicherung** möglich. Voraussetzung hierfür ist, dass ehrenamtliche Tätigkeiten ausgeübt werden bei einer Körperschaft, Anstalt oder Stiftung des öffentlichen Rechts, deren Verbände einschließlich der Spitzenverbände oder ihrer Arbeitsgemeinschaften, Parteien und Gewerkschaften oder den Körperschaften, Personenvereinigungen und Vermögensmassen, die wegen des ausschließlichen und unmittelbaren Dienstes für gemeinnützige, mildtätige oder kirchliche Zwecke von der Körperschaftsteuer befreit sind.

Personen, die nur **auf Grund einer ehrenamtlichen Beschäftigung versicherungspflichtig** werden und für das Kalenderjahr vor Aufnahme dieser Beschäftigung **freiwillige Beiträge zur Rentenversicherung** gezahlt haben, sind rentenversicherungspflichtig. Dies gilt jedoch nur, wenn es sich um eine Körperschaft des öffentlichen Rechts handelt. Hierunter fallen z.B. ehrenamtliche Beschäftigungen von **Bürgermeistern** in Bayern (vgl. BSG, Urteile vom 23.9.1980 – 12 RK 41/79 –, USK 80212) und in Rheinland-Pfalz (vgl. BSG, Urteile vom 13.6.1984 – 11 RA 34/83 –, USK 8478).

Die betroffenen Personen können auf **Antrag** ein gegenüber ihrem tatsächlich erzielten Arbeitsentgelt höheres Arbeitsentgelt bis zur Beitragsbemessungsgrenze in der Rentenversicherung versichern lassen, wobei der Antrag beim Arbeitgeber zu stellen ist und nur für laufende und künftige Entgeltabrechnungszeiträume gilt. Der Zweck dieser Regelung liegt darin, freiwillig Versicherte, die bisher Höchstbeiträge zur Rentenversicherung zahlen konnten und durch die **Übernahme einer versicherungspflichtigen ehrenamtlichen Beschäftigung** ein niedrigeres Arbeitsentgelt erzielen, nicht schlechter zu stellen, als sie ohne die Übernahme des Ehrenamts stehen würden; auf die tatsächliche Zahlung von freiwilligen Höchstbeiträgen kommt es nicht an. Im Übrigen ist eine Aufstockung von Pflichtbeiträgen auch dann noch möglich, wenn die versicherungsrechtlichen Voraussetzungen erst nach Aufnahme der versicherungspflichtigen ehrenamtlichen Beschäftigung, jedoch bis zum Eingang des Antrags beim Arbeitgeber, erfüllt werden, z.B. durch Nachzahlung von freiwilligen Rentenversicherungsbeiträgen. Die Beiträge für den Unterschiedsbetrag sind vom Ehrenamtsinhaber selbst zu tragen.

Ehrenamtliche Beigeordnete einer Gemeinde stehen in einem abhängigen Beschäftigungsverhältnis, wenn sie eine über die eigentlichen Repräsentationsaufgaben hinaus dem allgemeinen Erwerbsleben zugängliche Verwaltungsaufgabe mit eigenem Geschäftsbereich wahrnehmen und hierfür eine ihre Aufwendungen übersteigende pauschale Aufwandsentschädigung erhalten, (vgl. BSG, Urteil vom 22.2.1996 – 12 RK 6/96 –, Die Sozialversicherung 1997 S. 53).

Personen in einer Beschäftigung als ehrenamtlicher Bürgermeister (→ *Bürgermeister* Rz. 624) oder ehrenamtlicher Beigeordneter sind arbeitslosenversicherungsfrei (§ 27 Abs. 3 Nr. 4 SGB III).

Einbehaltene Lohnteile

799 Wenn der **Arbeitgeber** gegenüber einem Arbeitnehmer **mit Gegenforderungen**, z.B. Darlehens- oder Schadensersatzforderungen vom Arbeitnehmer verwirkte Bußgelder, **aufrechnet**, ist der **ungekürzte Arbeitslohn** der Besteuerung und der Beitragsberechnung zu Grunde zu legen. Das Gleiche gilt, wenn ein Arbeitnehmer Teile seines Arbeitslohnes an Dritte abgetreten hat und die Zahlung deshalb unmittelbar an den Abtretungsempfänger erfolgt (→ *Abtretung des Arbeitslohns* Rz. 21). Auch eine **Pfändung** hat lohnsteuerlich und beitragsrechtlich keine Auswirkungen; dem Abzug wird der ungekürzte Arbeitslohn zu Grunde gelegt.

(LSt) (SV)

Bei einem **echten Lohnverzicht** ist dagegen nur der gekürzte Betrag zu versteuern und dem Beitragsabzug zu unterwerfen (→ *Gehaltsverzicht* Rz. 1102).

Ist ein **Lohnanspruch** tarifvertraglich oder wegen einer nur teilweisen Erbringung der Arbeitsleistung, z.B. als „Strafgeld" wegen willkürlichen Feierns oder bei Teilnahme an einer Wehrübung, ganz oder teilweise **verwirkt**, ist nur der tatsächlich ausgezahlte Betrag zu versteuern (BFH, Urteil vom 25.4.1968, BStBl II 1968 S. 545). Das gilt auch, wenn einem eine **Wehrübung** leistenden Beamten das Gehalt um den Wehrsold gekürzt wird (BFH, Urteil vom 30.10.1964, BStBl III 1964 S. 68) oder er auf Grund eines Dienstvergehens für eine bestimmte Zeit verminderte Bezüge erhält (**Gehaltskürzung**).

Arbeitslohn liegt auch nicht vor, wenn – wie es z.B. in Niedersachsen ab 1999 der Fall ist – **Polizeibeamten** 1,3 % des Gehaltes als Beteiligung an den Kosten der freien Heilfürsorge abgezogen wird. Nur die geminderten Bezüge unterliegen dem Lohnsteuerabzug, weil die Polizeibeamten nur einen Rechtsanspruch auf die geminderten Bezüge haben (FinMin Niedersachsen, Erlass vom 9.2.1999, DB 1999 S. 460).

(L̶S̶t̶) (S̶V̶)

Eingliederungszuschüsse

800 Die Bundesanstalt für Arbeit kann gem. §§ 217 ff SGB III Arbeitgebern auf Antrag **Eingliederungszuschüsse** zur beruflichen Eingliederung von förderungsbedürftigen Arbeitnehmern zum Ausgleich von Minderleistungen gewähren. Die Leistung kann für die Einstellung von Arbeitnehmern gewährt werden, die ohne die Leistung nicht oder nicht dauerhaft in den Arbeitsmarkt eingegliedert werden können. Eingliederungszuschüsse können für

unbefristete Arbeitsverhältnisse und in Ausnahmefällen auch für befristete Arbeitsverhältnisse gewährt werden.

Die Eingliederungszuschüsse der Bundesanstalt für Arbeit fließen den Arbeitgebern zu. Sie stellen einen Zuschuss zu dessen Lohnkosten dar. Das zwischen dem Arbeitgeber und dem eingestellten Arbeitnehmer bestehende Arbeitsverhältnis und insbesondere die sich hieraus ergebende Lohnzahlungspflicht werden hiervon nicht berührt.

Der in voller Höhe zu entrichtende Arbeitslohn unterliegt daher der normalen steuerlichen und beitragsrechtlichen Behandlung. Die Eingliederungszuschüsse stellen Betriebseinnahmen des Arbeitgebers dar. Sie unterliegen beim Arbeitgeber nicht der Umsatzsteuer (BMF-Schreiben vom 7.12.1970, BStBl I S. 1069, in analoger Anwendung).

Einmalprämien

Einmalprämie zu einer Direktversicherung zu Gunsten des Arbeitnehmers oder seiner Hinterbliebenen ist Arbeitslohn (→ *Zukunftssicherung: Betriebliche Altersversorgung* Rz. 2728). **801**

(LSt) (SV)

Einmalzahlungen

1. Allgemeines

Einmalige Einnahmen, die Arbeitnehmern zusätzlich zum laufenden Arbeitsentgelt gewährt werden, sind Arbeitsentgelt im steuer- und beitragsrechtlichen Sinn. Für die Beitragsberechnung in der Sozialversicherung bestehen Sonderregelungen, die nachfolgend beschrieben sind. **Zur lohnsteuerrechtlichen Behandlung** siehe → *Sonstige Bezüge* Rz. 2232. **802**

Mit dem Gesetz zur Neuregelung der sozialversicherungsrechtlichen Behandlung von einmalig gezahltem Arbeitsentgelt vom 21.12.2000 (BGBl. I 2000 S. 1971) wurde die Entscheidung des Bundesverfassungsgerichts (Beschluss vom 24.5.2000, DB 2000 S. 1519) umgesetzt. Danach werden vom 1.1.2001 an bei der Krankengeldberechnung auch die Einmalzahlungen berücksichtigt (→ *Krankengeld/Krankenbezüge* Rz. 1399). Änderungen hinsichtlich der beitragsrechtlichen Behandlung ergeben sich dadurch nicht.

2. Begriff

Einmalige Zahlungen sind alle im Rahmen eines Arbeitsverhältnisses gezahlten Bezüge, die in **größeren Zeitabständen** als monatlich gezahlt werden und kein laufendes Arbeitsentgelt darstellen. Hierzu gehören z.B. **Weihnachts- und Urlaubsgelder sowie Urlaubsabgeltungen**, zusätzliche Monatsentgelte, **Tantiemen, Gratifikationen und ähnliche Leistungen**, soweit sie **Arbeitsentgelt in der Sozialversicherung** darstellen. Steuerfreie Einmalzahlungen sind durch die Transmissionswirkung der Arbeitsentgeltverordnung beitragsfrei (→ *Jubiläumsgeschenke* Rz. 1336; → *Geburts- und Heiratsbeihilfen* Rz. 1097). **803**

Beispiel:

Eine Arbeitnehmerin ist seit zehn Jahren als Verkäuferin im Einzelhandel beschäftigt. Ihr regelmäßiges monatliches Arbeitsentgelt beträgt 1 800 €. Anlässlich ihrer Heirat erhält sie von ihrem Arbeitgeber im April eine Heiratsbeihilfe von 500 €.

Bei dieser Heiratsbeihilfe handelt es sich grundsätzlich um eine Einmalzahlung. Hiervon sind jedoch 358 € steuerfrei und somit beitragsfrei. Von der Heiratsbeihilfe sind daher 142 € beitragspflichtiges Arbeitsentgelt.

Dagegen sind **laufende Zulagen, Zuschläge, Zuschüsse** wie z.B. Mehrarbeitsvergütungen, Erschwerniszuschläge und vermögenswirksame Leistungen auch dann laufendes Arbeitsentgelt, wenn sie nicht monatlich, sondern in größeren Abständen gezahlt werden.

Bei der Beitragsberechnung aus Einmalzahlungen werden die **monatlichen Beitragsbemessungsgrenzen außer Kraft gesetzt.** Die **monatlichen Beitragsbemessungsgrenzen** betragen ab 1.1.2002 in der **Kranken- und Pflegeversicherung** 3 375 € (→ *Beiträge zur Sozialversicherung* Rz. 442). In der **Renten- und Arbeitslosenversicherung** bleibt es bei unterschiedlichen Beitragsbemessungsgrenzen für die alten und neuen Bundesländer; diese betragen ab 1.1.2002 4 500 € (alte Bundesländer) und 3 750 € (neue Bundesländer). Für die Beurteilung der Beitragspflicht die einmalig gezahlten Arbeitsentgelts wird eine Vergleichsberechnung vorgenommen. Hierzu wird für die Zeit vom Beginn des Kalenderjahres bis zum Ablauf des Monats, in dem die einmalige Zuwendung gezahlt wird, in den jeweiligen Versicherungszweigen eine anteilige Jahres-Beitragsbemessungsgrenze ermittelt und dem für den gleichen Zeitraum gezahlten beitragspflichtigen Arbeitsentgelt gegenübergestellt. Die einmalige Zahlung unterliegt nur in Höhe des sich bei der **Gegenüberstellung ergebenden Differenzbetrages der Beitragspflicht.** Die o.a. Vergleichsberechnung erübrigt sich in den Fällen, in denen das einmalig gezahlte Arbeitsentgelt zusammen mit dem laufenden Arbeitsentgelt die für den Entgeltabrechnungszeitraum maßgebenden Beitragsbemessungsgrenzen nicht übersteigt.

3. Zeitliche Zuordnung

804 Für die Ermittlung der anteiligen **Jahresarbeitsentgeltgrenzen** ist die Zuordnung der einmaligen Zuwendung zu einem bestimmten Entgeltabrechnungszeitraum von Bedeutung.

Einmalig gezahltes Arbeitsentgelt ist dem Monat zuzuordnen, in dem es gezahlt wird. Maßgeblich für die Zuordnung ist ausschließlich die tatsächliche Zahlung.

Beispiel 1:

Wird eine Einmalzahlung, die bereits im November fällig war, erst im Dezember gezahlt, ist sie dem Dezember zuzuordnen. Bei einer Auszahlung vor dem Fälligkeitstag gilt dies umgekehrt.

Es bestehen jedoch keine Bedenken, wenn aus Vereinfachungsgründen das einmalig gezahlte Arbeitsentgelt beitragsrechtlich dem vorhergehenden Monat zugerechnet wird, wenn die Lohnabrechnung im Zeitpunkt der Auszahlung der einmaligen Zuwendung noch nicht abgerechnet ist (vgl. Gemeinsames Rundschreiben der Spitzenverbände vom 18.11.1983, Punkt III Nr. 2 Buchst. a, BKK 1984 S. 46 ff.).

Beispiel 2:

Das Arbeitsentgelt für Juni wird am 15. Juli abgerechnet. Das Urlaubsgeld wird am 7. Juli ausgezahlt.

Der Arbeitgeber hat die Möglichkeit, das Urlaubsgeld dem Beitragsmonat Juni zuzurechnen.

Übersteigt das Urlaubsgeld im Juni zusammen mit dem laufenden Arbeitsentgelt die Beitragsbemessungsgrenze in der Krankenversicherung, muss die anteilige Jahresarbeitsentgeltgrenze für die Zeit vom 1. Januar bis 30. Juni ermittelt und ihr das für den gleichen Zeitraum gezahlte beitragspflichtige Arbeitsentgelt gegenübergestellt werden. Ohne o.a. Vereinfachungsregel wären für die Zeit vom 1. Januar bis 31. Juli die anteiligen Beitragsbemessungsgrenzen zu ermitteln. Mit der Zahlung des Urlaubsgeldes am 7. Juli stehen jedoch weder das exakte beitragspflichtige Arbeitsentgelt noch die endgültigen beitragspflichtigen Tage fest. Die Beitragsberechnung müsste dann nachträglich korrigiert werden.

Einmalig gezahltes Arbeitsentgelt, das nach **Beendigung des Beschäftigungsverhältnisses** gezahlt wird (z.B. Urlaubsabgeltung), ist dem letzten Entgeltabrechnungszeitraum des laufenden Kalenderjahres zuzuordnen, auch wenn dieser nicht mit Arbeitsentgelt belegt ist.

Beispiel 3:

Der Arbeitnehmer kündigt das versicherungspflichtige Beschäftigungsverhältnis zum 30. April. Am 11. Mai wird noch eine Urlaubsabgeltung gezahlt.

Obwohl das Beschäftigungsverhältnis am 11. Mai nicht mehr bestand, wird die Einmalzahlung trotzdem bei der Beitragsberechnung berücksichtigt. Sie wird dem Monat April, dem letzten Entgeltabrechnungszeitraum zugeordnet.

Wird die Einmalzahlung während einer Zeit ausgezahlt, in der das Beschäftigungsverhältnis ruht (z.B. **bei Wehr- oder Zivildienst**), gilt die o.a. Regelung entsprechend. Die einmalige Zahlung ist dem letzten Entgeltabrechnungszeitraum im laufenden Kalenderjahr vor dem Ruhen des Beschäftigungsverhältnisses zuzurechnen.

Beispiel 4:

Ein Arbeitnehmer tritt seinen Zivildienst am 1. April an. Von diesem Zeitpunkt an ruht das Beschäftigungsverhältnis. Sein Arbeitgeber zahlt im Dezember ein anteiliges Weihnachtsgeld.

Die Weihnachtszuwendung ist dem letzten Entgeltabrechnungszeitraum im laufenden Kalendermonat zuzuordnen, also dem Monat März.

Eine Einmalzahlung, die während des Erziehungsurlaubs gezahlt wird, ist dem Monat der Zahlung zuzuordnen. Dies gilt auch dann, wenn in diesem Monat kein beitragspflichtiger Tag vorhanden ist.

4. Märzklausel

a) Allgemeines

Sonderzuwendungen, die in der Zeit vom 1. Januar bis 31. März **805** eines Jahres gezahlt werden, sind dem letzten Entgeltabrechnungszeitraum des vergangenen Kalenderjahres zuzuordnen, wenn

– die monatliche Beitragsbemessungsgrenze **durch die Einmalzahlung überschritten wird,**

– beim gleichen Arbeitgeber ein **versicherungspflichtiges Beschäftigungsverhältnis** bereits bestanden hat,

– die anteilige **Jahresarbeitsentgeltgrenze** für das laufende Kalenderjahr überschritten wird.

Mit der Märzklausel soll verhindert werden, dass durch eine Auszahlung der Einmalzuwendungen zum Jahresbeginn die gesetzlich vorgesehene Sonderregelung bei der **Beitragsberechnung umgangen werden** kann.

Beispiel 1:

Ein seit Jahren bei einem Bochumer Unternehmen krankenversicherungspflichtig beschäftigter Arbeitnehmer erzielt ein monatliches Arbeitsentgelt von 2 800 €. Im März 2002 wird eine Gratifikation von 2 350 € gezahlt.

Ab 1.1.2002 beträgt die monatliche Beitragsbemessungsgrenze (BBG) in der Kranken- und Pflegeversicherung (KV/PV) 3 375 €, in der Renten- und Arbeitslosenversicherung (RV/AV) 4 500 €.

	KV/PV	RV/AV
anteilige Jahres-BBG bis März	10 125 €	13 500 €
beitragspflichtiges Arbeitsentgelt bis März	8 400 €	8 400 €
Differenz	1 725 €	5 100 €
Gratifikation	2 350 €	2 350 €

Die Gratifikation überschreitet zusammen mit dem laufenden Arbeitsentgelt die anteilige Jahres-Beitragsbemessungsgrenze der Kranken- und Pflegeversicherung, nicht aber die der Renten- und Arbeitslosenversicherung. Da es sich hier um einen krankenversicherungspflichtigen Arbeitnehmer handelt, ist die Einmalzahlung dem letzten Entgeltabrechnungszeitraum des Vorjahres zuzurechnen. Obwohl die Beitragsbemessungsgrenze in der Renten- und Arbeitslosenversicherung im laufenden Kalenderjahr nicht überschritten wird, ist das einmalig gezahlte Arbeitsentgelt auch in Bezug auf die Berechnung der Beiträge zur Renten- und Arbeitslosenversicherung dem Vorjahr zuzurechnen. Damit soll vermieden werden, dass das einmalig gezahlte Arbeitsentgelt für die Berechnung der Kranken- und Pflegeversicherungsbeiträge einerseits und für die Berechnung der Renten- und Arbeitslosenversicherungsbeiträge andererseits unterschiedlichen Kalenderjahren zugerechnet wird.

Wäre der Arbeitnehmer in Beispiel 1 nicht krankenversicherungspflichtig, ist die Einmalzahlung dem Entgeltabrechnungszeitraum der Auszahlung (März) zuzuordnen, da die anteilige Jahres-Beitragsbemessungsgrenze der Renten- und Arbeitslosenversicherung nicht überschritten wird.

Die Märzklausel gilt aber auch dann, wenn die tatsächliche Zahlung der Einmalzahlung zwar nicht im ersten Quartal erfolgt, jedoch noch in die Märzabrechnung einbezogen wurde.

Beispiel 2:

Ein Arbeitnehmer aus Dortmund erhält ein laufendes monatliches Arbeitsentgelt von 2 700 €. Am 8.4.2002 wird eine Tantieme in Höhe von 2 200 € ausgezahlt. Der Monat März wird erst am 12.4.2002 abgerechnet.

Das Entgelt ist dem Monat März zuzuordnen.

	KV/PV	RV/AV
SV-Tage		
vom 1.1. bis 31.3. =	90	90
anteilige JAE-Grenze		
KV/PV 40 500 € : 360 × 90 =	10 125 €	
RV/AV 54 000 € : 360 × 90 =		13 500 €
beitragspflichtiges Arbeitsentgelt		
von Januar bis März = 3 × 2 700	8 100 €	8 100 €
Beitragsbemessungsgrenze		
für Einmalzahlung	2 025 €	5 400 €
Einmalzahlung	2 200 €	2 200 €

Die Sonderzuwendung ist dem letzten Entgeltabrechnungszeitraum des Jahres 2001 zuzuordnen, da die anteilige Jahres-Beitragsbemessungsgrenze überschritten wird.

Die Zuordnung zum Vorjahr ist auch dann vorzunehmen, wenn die Einmalzahlung im laufenden Jahr nicht vollständig dem Beitragsabzug unterworfen werden kann und die Beitragsbemessungsgrenzen des Vorjahres auch bereits voll ausgeschöpft sind. Dies gilt auch dann, wenn bei einer angenommenen Zuordnung zum laufenden Jahr Sozialversicherungsbeiträge angefallen wären und durch die gesetzlich vorgesehene Zuordnung zum Vorjahr (wegen einer vollständigen Ausschöpfung der Beitragsbemessungsgrenzen) keine Beiträge zu zahlen sind. **Ein Günstigkeitsvergleich gilt hier also nicht.**

Voraussetzung für die Zuordnung zum letzten Entgeltabrechnungszeitraum des Vorjahres ist, dass beim gleichen Arbeitgeber zu dieser Zeit ein versicherungspflichtiges Beschäftigungsverhältnis bestanden hat. Dabei spielt es keine Rolle, wann das Beschäftigungsverhältnis im letzten Jahr bestanden hat. War der Arbeitnehmer im letzten Jahr beim gleichen Arbeitgeber **nur geringfügig beschäftigt** und somit **versicherungsfrei**, ist die Einmalzahlung dem neuen Jahr zuzuordnen. Unerheblich ist auch, ob der Arbeitnehmer zwischenzeitlich bei einem **anderen Arbeitgeber** beschäftigt war.

Beispiel 3:

Ein Arbeitnehmer beendet zum 30.4.2001 sein Arbeitsverhältnis beim Arbeitgeber A. In der Zeit vom 1.5. bis 31.12.2001 ist er beim Arbeitgeber B beschäftigt. Zum 1.1.2002 kommt es erneut zu einer Beschäftigung beim Arbeitgeber A. Der Arbeitnehmer erhält eine Einmalzahlung im März 2002 von seinem Arbeitgeber. Die Einmalzahlung sowie das im Jahr 2002 erzielte Arbeitsentgelt übersteigen die anteilige Jahres-Beitragsbemessungsgrenze des laufenden Jahres.

Somit ist die Märzklausel anzuwenden und die Einmalzahlung dem Monat April 2001, dem letzten Entgeltabrechnungszeitraum des Vorjahres zuzuordnen. Dabei spielt es keine Rolle, dass der Arbeitnehmer in der Zeit vom 1.5.2001 bis 31.12.2001 bei einem anderen Arbeitgeber beschäftigt war.

Sofern bis zum Ablauf des Entgeltabrechnungszeitraums, in dem das einmalig gezahlte Arbeitsentgelt gezahlt wird, kein laufendes Arbeitsentgelt erzielt worden ist und Beitragsfreiheit (z.B. auf Grund von Krankengeld) nach § 224 SGB V bestanden hat, sind die anteiligen Jahres-Beitragsbemessungsgrenzen mit 0 € anzusetzen. Ein ggf. in der Zeit **vom 1. Januar bis zum 31. März gezahltes Arbeitsentgelt** übersteigt demzufolge die anteiligen Jahres-Beitragsbemessungsgrenzen und muss dem letzten Ent-

geltabrechnungszeitraum des Vorjahres zugerechnet werden. Wird das einmalig gezahlte Arbeitsentgelt in derartigen Fällen erst nach dem 31. März ausgezahlt, dann entfällt die Beitragspflicht für das einmalig gezahlte Arbeitsentgelt.

Das einmalig gezahlte Arbeitsentgelt, das in der Zeit vom 1. Januar bis zum 31. März gezahlt wird, ist dem Vorjahr zuzurechnen, wenn es bei **krankenversicherungspflichtigen Arbeitnehmern** nur die **anteilige Jahres-Beitragsbemessungsgrenze der Krankenversicherung** übersteigt, nicht aber die Beitragsbemessungsgrenze der Renten- und Arbeitslosenversicherung erreicht wird. Dies gilt auch dann, wenn der Arbeitnehmer bereits im Vorjahr ausgeschieden ist und die anteilige Jahres-Beitragsbemessungsgrenze damit 0 € beträgt.

Bei **krankenversicherungsfreien Arbeitnehmern** kommt es nur auf die **Beitragsbemessungsgrenze in der Rentenversicherung** an, d.h. eine Zuordnung zum Vorjahr kommt nur in Betracht, wenn das Arbeitsentgelt die anteilige Jahres-Beitragsbemessungsgrenze in der Rentenversicherung erreicht.

Beispiel 4:

Ein Arbeitnehmer aus Dortmund erhält im Monat März 2002 eine Einmalzahlung in Höhe eines Monatsverdienstes von 2 700 €. Bei der Beitragsberechnung ist zu überprüfen, ob das laufende Arbeitsentgelt zusammen mit der Einmalzahlung die anteilige Jahres-Beitragsbemessungsgrenze übersteigt.

Vergleichsberechnung	KV/PV	RV/AV
anteilige Jahres-BBG (1.1. bis 31.3.)	10 125 €	
		13 500 €
Arbeitsentgelt		
vom 1.1. bis 31.3.	8 100 €	
Einmalzahlung	2 700 €	
Gesamt	10 800 €	

Da die Einmalzahlung die Beitragsbemessungsgrenze in der Kranken- und Pflegeversicherung überschreitet, ist die Einmalzahlung auch hinsichtlich der Renten- und Arbeitslosenversicherungsbeiträge dem Vorjahr zuzuordnen.

Ist bei einem beendeten Arbeitsverhältnis das einmalig gezahlte Arbeitsentgelt, **das nach dem 31. März gezahlt wird**, einem Lohnabrechnungszeitraum in der Zeit vom 1. Januar bis zum 31. März zuzuordnen und wird die anteilige Jahres-Beitragsbemessungsgrenze überschritten, findet § 23a SGB IV keine Anwendung. Dies bedeutet, dass in solchen Fällen eine Zurechnung zum letzten Entgeltabrechnungszeitraum des Vorjahres nicht in Betracht kommt, sondern das einmalig gezahlte Arbeitsentgelt dem letzten Entgeltabrechnungszeitraum des laufenden Kalenderjahres zuzuordnen ist.

Beispiel 5:

Das Beschäftigungsverhältnis eines Arbeitnehmers endet durch Kündigung am 25. März.

Eine Einmalzahlung wird ihm am 5. Juni ausgezahlt.

Da die Einmalzahlung erst nach dem Ende des Beschäftigungsverhältnisses gezahlt wurde, ist das einmalig gezahlte Arbeitsentgelt dem letzten Entgeltabrechnungszeitraum des laufenden Kalenderjahres zuzuordnen. Der letzte Entgeltabrechnungszeitraum war in der Zeit vom 1. bis 25. März. Eine Zuordnung zum letzten Entgeltabrechnungszeitraum des Vorjahrs scheidet auch dann aus, wenn durch die Einmalzahlung die Beitragsbemessungsgrenzen im laufenden Kalenderjahr überschritten werden.

Hat bei Zahlungen nach dem 31. März das Beschäftigungsverhältnis bereits im Vorjahr geendet, dann können von dem einmalig gezahlten Arbeitsentgelt keine Sozialversicherungsbeiträge erhoben werden. Das Gleiche gilt, wenn das Beschäftigungsverhältnis zwar im Kalenderjahr der Auszahlung des einmalig gezahlten Arbeitsentgelts geendet hat, in diesem Kalenderjahr aber kein laufendes Arbeitsentgelt erzielt worden ist und Beitragsfreiheit nach § 224 SGB V (z.B. wegen Krankengeldbezugs) bestanden hat.

b) Einmalzahlungen, die vom 1.1. bis zum 31.3.2002 gezahlt werden

Einmalzahlungen, die in der Zeit vom 1.1.2002 bis 31.3.2002 gezahlt werden und zusammen mit dem bisherigen beitragspflichtigen Arbeitsentgelt die anteilige Beitragsbemes-

806

sungsgrenze der Krankenversicherung überschreiten – bei den nicht in der Krankenversicherung Pflichtversicherten ist auf die anteilige Beitragsbemessungsgrenze der Rentenversicherung abzustellen –, sind dem letzten vor dem 1.1.2002 liegenden Entgeltabrechnungszeitraum zuzuordnen ("Märzklausel"). Da die Lohn- und Gehaltsabrechnung in DM erfolgte, ist der Wert der Einmalzahlung von Euro in DM umzurechnen. Die aus der Einmalzahlung zu entrichtenden Gesamtsozialversicherungsbeiträge sind in DM zu berechnen und in einem gesonderten DM-Beitragsnachweis auszuweisen. Historisierte DM-Werte aus der Zeit vor dem 1.1.2002 dürfen nicht in Euro umgestellt werden.

Beispiel:

Ein Arbeitgeber aus Essen zahlt einem langjährigen Mitarbeiter im Februar 2002 eine Tantieme von 2 000 €. Das monatliche Gehalt des krankenversicherungspflichtigen Arbeitnehmers beträgt vom 1.1.2002 an 3 000 €. Die Beitragsbemessungsgrenzen (Jahresarbeitsentgeltgrenze) für das Jahr 2002 beträgt 40 500 €.

Die Tantieme stellt eine einmalige Einnahme dar. Zusammen mit den Gehältern für Januar und Februar 2002 beträgt das in der Zeit vom 1.1.2002 bis 28.2.2002 gezahlte beitragspflichtige Arbeitsentgelt 8 000 € und überschreitet somit die für die selbe Zeit geltende Jahres-Beitragsbemessungsgrenze der Krankenversicherung (6 750 €). Die Tantiemezahlung ist daher dem letzten Entgeltabrechnungszeitraum des Kalenderjahres 2001 zuzuordnen.

Da die Lohn- und Gehaltsabrechnung des Arbeitgebers im Jahre 2001 noch in DM erfolgte, ist die Einmalzahlung (2 000 €) in DM umzurechnen (2 000 € × 1,95583 = 3 911,66 DM). Die Verbeitragung erfolgt nach § 23a SGB IV. Die Beiträge sind in einem gesonderten DM-Beitragsnachweis auszuweisen.

c) Netto-Sonderzuwendungen

807 Nach § 14 Abs. 2 SGB IV gelten bei vereinbartem Nettoarbeitsentgelt als Arbeitsentgelt die Einnahmen des Beschäftigten einschließlich der darauf entfallenden Steuern und der seinem gesetzlichen Anteil entsprechenden Beiträge zur Sozialversicherung. Zur beitragsrechtlichen Behandlung von Netto-Sonderzuwendungen haben die Spitzenorganisationen der Sozialversicherung in der Besprechung über Fragen des gemeinsamen Beitragseinzugs am 5./6.3.1985 (DOK 1985 S. 694) Stellung genommen. Die in dem Besprechungsergebnis zitierten Regelungen der Lohnsteuer-Richtlinien sind zwar zwischenzeitlich geändert worden (jetzt R 122 LStR); jedoch gelten die Grundprinzipien der Hochrechnung vom Netto- auf den Bruttobetrag auch weiterhin. Allerdings sind im Gegensatz zum seinerzeitigen Recht zwischenzeitlich auch für die Berechnung der Lohnsteuer die Gesamtsozialversicherungsbeiträge im sog. Abtastverfahren nicht nur einmal, sondern so lange hinzuzurechnen, bis der ermittelte Bruttobetrag abzüglich der darauf entfallenden gesetzlichen Abzüge den gewährten Nettobetrag ergibt.

Wird eine Netto-Sonderzuwendung im ersten Quartal eines Kalenderjahrs gezahlt und überschreitet diese durch die Hochrechnung des Nettobetrags die anteilige Jahres-Beitragsbemessungsgrenze des laufenden Kalenderjahrs, ist nach Auffassung der Spitzenverbände der Sozialversicherungsträger die Sonderzuwendung auf Grund der März-Klausel dem Vorjahr zuzuordnen ist. Anschließend ist das Bruttoarbeitsentgelt mit den für das Kalenderjahr der Zuordnung der Sonderzuwendung geltenden Beitragsberechnungsfaktoren neu zu berechnen, da der ermittelte Bruttobetrag abzüglich der darauf entfallenden gesetzlichen Abzüge zwingend wieder den gewährten Nettobetrag ergeben muss. Dabei verbleibt es bei der Zuordnung zum Vorjahr selbst dann, wenn die Neuberechnung einen niedrigeren Bruttobetrag als bei einer Zuordnung zum Kalenderjahr der Auszahlung der Sonderzuwendung ergeben sollte; ein Günstigkeitsvergleich scheidet nach Auffassung der Besprechungsteilnehmer aus (vgl. Besprechungsergebnis der Spitzenverbände der Sozialversicherungsträger am 27.6.2001).

5. Vergleichsberechnung

a) Allgemeines

808 Für die Beurteilung, in welcher Höhe die Einmalzahlung der Beitragspflicht unterliegt, ist eine **Vergleichsberechnung** vorzunehmen. Dazu ist die bis zum Ende des Zuordnungsmonats

maßgebende anteilige **Jahres-Beitragsbemessungsgrenze des einzelnen Versicherungszweiges** mit dem bisherigen beitragspflichtigen Arbeitsentgelt zu vergleichen.

Übersteigt das einmalig gezahlte Arbeitsentgelt die Differenz aus der Vergleichsberechnung (jeweils anteilige Jahres-Beitragsbemessungsgrenze abzüglich dem beitragspflichtigen Arbeitsentgelt – ohne Einmalzahlung –) nicht, so unterliegt es in voller Höhe der Beitragspflicht. Werden hingegen die ermittelten Differenzbeträge überschritten, so unterliegt das einmalig gezahlte **Arbeitsentgelt nur in Höhe der Differenzbeträge der Beitragspflicht.**

b) Anteilige Jahres-Beitragsbemessungsgrenze

Für die Ermittlung der anteiligen Jahresarbeitsentgeltgrenzen sind **809** alle im Laufe eines Kalenderjahres beitragspflichtigen Zeiten des Beschäftigungsverhältnisses bei dem Arbeitgeber, der das einmalig gezahlte Arbeitsentgelt auszahlt, zu addieren. Wurden im laufenden Kalenderjahr Beschäftigungszeiten **bei einem anderen Arbeitgeber** zurückgelegt, bleiben diese außer Ansatz. Dagegen sind **frühere Beschäftigungsverhältnisse** bei demselben Arbeitgeber im laufenden Kalenderjahr zu berücksichtigen. Dies gilt auch dann, wenn der Arbeitnehmer zwischenzeitlich bei einem anderen Arbeitgeber beschäftigt war.

Beitragsfreie Zeiten bleiben bei der Ermittlung der anteiligen Jahres-Beitragsbemessungsgrenze außer Betracht, da während dieser Zeit ein Arbeitsentgelt nicht erzielt wurde und folglich auch keine Beiträge entrichtet worden sind. **Zeiten des unbezahlten Urlaubs** und des **unentschuldigten Fernbleibens** von der Arbeit **gelten nicht als beitragsfreie Zeiten** und sind daher bei der Ermittlung der anteiligen Jahres-Beitragsbemessungsgrenze zu berücksichtigen, solange die Mitgliedschaft in der Krankenversicherung erhalten bleibt.

Daher sollten bei der Feststellung der anteiligen Jahresarbeitsentgeltgrenze zuerst die beitragspflichtigen Sozialversicherungstage festgestellt werden. Dabei sind volle Kalendermonate mit 30 Tagen und angebrochene Kalendermonate mit den tatsächlichen Kalendertagen anzusetzen.

Um Differenzen durch Rundungen zu vermeiden, ist bei der **Berechnung der anteiligen Jahresarbeitsentgeltgrenze** die Jahres-Beitragsbemessungsgrenze zunächst mit der Anzahl der in Betracht kommenden SV-Tage zu multiplizieren. Dieser Wert ist dann ohne Rundung durch 360 zu dividieren (Gemeinsames Rundschreiben der Spitzenverbände der Sozialversicherungsträger zum Haushaltsbegleitgesetz vom 18.11.1983, BKK 1984, S. 46 ff.).

Beispiele:

Der Arbeitnehmer S ist seit dem 1.3.2002 bei der Spedition K beschäftigt. Auf Grund eines Verkehrsunfalls war er arbeitsunfähig und hat vom 18.5. bis 3.6.2002 Krankengeld bezogen. Das monatliche Arbeitsentgelt beträgt 3 090 €. Im November wird ein Weihnachtsgeld in Höhe von 3 200 € gezahlt, was nicht voraussehbar war. Krankenversicherungspflicht besteht.

Daraus ergibt sich folgende Berechnung:

	KV/PV	RV/AV
Feststellung der anteiligen BBG		
1.3. bis 17. 5.2002 = 77 Kalendertage		
4.6. bis 30.11.2002 = 177 Kalendertage		
zusammen = 254 Kalendertage		
KV/PV 40 500 € : 360 × 254	28 575 €	
RV/AV 54 000 € : 360 × 254		38 100 €
bisheriges beitragspflichtiges Arbeitsentgelt		
1.3. bis 30. 4.2002 = 6 180 €		
1.5. bis 17. 5.2002 = 1 751 €		
4.6. bis 30. 6.2002 = 2 781 €		
1.7. bis 30.11.2002 = 15 450 €	26 162 €	26 162 €
noch nicht mit Beiträgen belegte Jahres-Beitragsbemessungsgrenzen	2 413 €	11 938 €
Einmalzahlung	3 200 €	3 200 €

Von der Einmalzahlung sind in der Kranken- und Pflegeversicherung 2 413 € und in der Renten- und Arbeitslosenversicherung 3 200 € beitragspflichtig.

Einmalzahlungen

Hat während der Dauer der Beschäftigung zu einzelnen Versicherungszweigen **keine Versicherungspflicht** bestanden, dann sind die einzelnen Versicherungszweige bei der Ermittlung der anteiligen Jahresarbeitsentgeltgrenze **getrennt zu beurteilen**. Tritt beispielsweise zu einer bestehenden Kranken-, Pflege- und Rentenversicherungspflicht im Laufe eines Kalenderjahres Versicherungspflicht in der Arbeitslosenversicherung hinzu, so ist für die Berechnung der Beiträge der Arbeitslosenversicherung die anteilige Jahresarbeitsentgeltgrenze vom Beginn der Arbeitslosenversicherungspflicht an bis einschließlich des Monats der Zuordnung des einmalig gezahlten Arbeitsentgeltes zu ermitteln. Bei der Ermittlung der anteiligen Jahresarbeitsentgeltgrenzen für die Kranken-, Pflege- und Rentenversicherung ist dagegen der Jahresanfang maßgebend.

c) Bisheriges beitragspflichtiges Arbeitsentgelt

810 Den **anteiligen Jahres-Beitragsbemessungsgrenzen** ist das bisher **beitragspflichtige Arbeitsentgelt** für den Zeitraum, für den auch die anteiligen Jahresarbeitsentgeltgrenzen ermittelt worden sind, **gegenüberzustellen**. Das einmalig gezahlte Arbeitsentgelt darf dabei nicht berücksichtigt werden. Das bisher beitragspflichtige Arbeitsentgelt wird nur insoweit berücksichtigt, als es auch der Beitragspflicht unterlegen hat. Dies bedeutet, dass die wegen Überschreitens der Beitragsbemessungsgrenze nicht beitragspflichtigen Teile des Arbeitsentgelts bei der Berechnung außer Ansatz bleiben.

Der durch die **kostenlose oder verbilligte Überlassung von Waren** oder Dienstleistungen erwachsende **geldwerte Vorteil** stellt ebenfalls einmalig gezahltes Arbeitsentgelt dar, da dieser Vorteil nicht für die Arbeit in einem einzelnen Entgeltabrechnungszeitraum gewährt wird. Die Einmalzahlung ist dem Entgeltabrechnungszeitraum zuzuordnen, in dem die **Ware** oder die **Dienstleistung dem Arbeitnehmer zufließt**. Sofern dies im 1. Quartal eines Jahres erfolgt, ist die **Märzklausel** zu beachten und anzuwenden.

Im Falle einer **Pauschalbesteuerung** ist aus den insgesamt gezahlten geldwerten Vorteilen ein Durchschnittsbetrag zu errechnen und generell dem letzten Entgeltabrechnungszeitraum in diesem Kalenderjahr zuzuordnen; also dem Dezember. Nur wenn das Beschäftigungsverhältnis bereits vorher geendet hat oder ruht, erfolgt eine Zuordnung zu einem früheren Entgeltabrechnungszeitraum. Die **Märzklausel** findet in diesen Fällen keine Anwendung (Besprechungsergebnis der Spitzenverbände der Sozialversicherungsträger vom 28./29. März 1990, Sozialversicherungsbeitrag-Handausgabe 2001 VL 17 IV/7).

Werden im Laufe eines Jahres mehrere Einmalzahlungen gezahlt, werden diese wie laufendes Arbeitsentgelt behandelt, mit der Folge, dass die **Entgeltteile, die wegen Überschreitens der anteiligen Jahres**-Beitragsbemessungsgrenzen (aus der vorhergehenden Vergleichsberechnung) beitragsmäßig nicht erfasst worden sind, auch hier unberücksichtigt bleiben.

Beispiel:
Der Sachverhalt des vorangegangenen Beispiels wird fortgeführt:
Der Arbeitnehmer S erhält im Dezember 2002 noch eine Gewinnbeteiligung in Höhe von 3 100 € ausgezahlt.
Daraus ergibt sich folgende Berechnung:

	KV/PV	RV/AV
Feststellung der anteiligen BBG		
1.3. bis 17. 5.2002 = 77 Kalendertage		
4.6. bis 31.12.2002 = 207 Kalendertage		
zusammen = 284 Kalendertage		
KV/PV 40 500 € : 360 × 284	31 950 €	
RV/AV 54 000 € : 360 × 284		42 600 €
bisheriges beitragspflichtiges Arbeitsentgelt		
1.3. bis 30. 4.2002 = 6 180 €		
1.5. bis 17. 5.2002 = 1 751 €		
4.6. bis 30. 6.2002 = 2 781 €		
1.7. bis 31.12.2002 = 18 540 €	29 252 €	29 252 €
+ Einmalzahlung im November 2 413 €	3 200 €	
Gesamt	31 665 €	32 452 €
noch nicht mit Beiträgen belegte	285 €	10 148 €
Jahres-Beitragsbemessungsgrenzen		
Einmalzahlung	3 100 €	3 100 €

Von der Einmalzahlung sind in der Kranken- und Pflegeversicherung 285 € und in der Renten- und Arbeitslosenversicherung 3 100 € beitragspflichtig.

d) Beitragsbemessungsgrenze für die Einmalzahlung

811 Der sich aus dem Vergleich der jeweiligen anteiligen Jahres-Beitragsbemessungsgrenzen mit dem bisherigen beitragspflichtigen Arbeitsentgelt ergebende Differenzbetrag gilt als Beitragsbemessungsgrenze für die Einmalzahlung.

Stellt sich bei der Vergleichsberechnung heraus, dass der Differenzbetrag zwischen der anteiligen Jahresarbeitsentgeltgrenze und dem bisherigen beitragspflichtigen Arbeitsentgelt kleiner ist als die Sonderzuwendung, so ist diese nur **in Höhe des Differenzbetrages** beitragspflichtig.

e) Änderungen im Versicherungsverhältnis oder in den Berechnungsfaktoren

812 Da das einmalig gezahlte Arbeitsentgelt einem bestimmten Entgeltabrechnungszeitraum zugeordnet wird, sind für die Beitragsberechnung die Beitragsfaktoren (Beitragssatz und Beitragsbemessungsgrenzen) des Zuordnungsmonats maßgebend. Dies gilt auch dann, wenn im Rahmen der Märzklausel die Einmalzahlung dem letzten Entgeltabrechnungszeitraum des Vorjahres zuzuordnen ist. Treten im Zeitraum zwischen der Zuordnung und der Auszahlung des einmalig gezahlten Arbeitsentgelts Änderungen im Versicherungsverhältnis ein, sind diese bei der Berechnung der Beiträge aus der Einmalzahlung zu berücksichtigen.

Beispiel 1:
Ein Arbeitnehmer erhält im Juni ein Urlaubsgeld und hat im April das 65. Lebensjahr vollendet. Im Zuordnungsmonat ist er damit beitragsfrei in der Arbeitslosenversicherung. Vom Urlaubsgeld sind daher Beiträge zur Kranken-, Pflege- und Rentenversicherung abzuführen. Allerdings hat der Arbeitgeber aus der Einmalzahlung seinen Beitragsanteil zur Arbeitslosenversicherung zu tragen.

Beispiel 2:
Arbeitnehmer W ist seit Jahren bei der Firma Z in Bochum beschäftigt. Krankenversicherungspflicht hat im Jahr 2001 wegen Überschreitens der Jahresarbeitsentgeltgrenze nicht bestanden (monatliches Einkommen 6 532,47 DM). Ab 1.1.2002 besteht wieder Krankenversicherungspflicht. Im Februar 2002 erhält er eine einmalige Zuwendung von 2 300 €.
Daraus ergibt sich folgende Berechnung:
Das Entgelt ist grundsätzlich dem Monat Februar 2002 zuzuordnen.

	KV/PV	RV/AV
SV-Tage		
vom 1.1. bis 28.2.2002 =	60	60
anteilige JAE-Grenze		
KV/PV 40 500 : 360 × 60 =	6 750 €	
RV/AV 54 000 : 360 × 60 =		9 000 €
beitragspflichtiges Arbeitsentgelt von Januar bis Februar = 2 × 3 340 €	6 680 €	6 680 €
Beitragsbemessungsgrenze für Einmalzahlung	70 €	2 320 €
Einmalzahlung	2 300 €	2 300 €

Da die Beitragsbemessungsgrenze in der Krankenversicherung überschritten wird, ist die Sonderzuwendung dem letzten Entgeltabrechnungszeitraum des Vorjahres zuzuordnen.

In der Kranken- und Pflegeversicherung bestand im Jahr 2001 jedoch keine Versicherungspflicht, so dass aus der Einmalzahlung keine Kranken- und Pflegeversicherungsbeiträge zu entrichten sind.

	KV/PV	RV/AV
Feststellung der anteiligen BBG		
1.1. bis 31.12.2001		
KV/PV 78 300 DM	0 DM	
RV/AV 104 400 DM		104 400,— DM
bisheriges beitragspflichtiges Arbeitsentgelt		
1.1. bis 31.12.2001 =		78 389,64 DM
noch nicht mit Beiträgen belegte		
Jahres-Beitragsbemessungsgrenzen		26 010,36 DM
Einmalzahlung (2 300 € × 1,95583 =)		4 498,41 DM

Von der Einmalzahlung sind in der Renten- und Arbeitslosenversicherung 2 300 € (umgerechnet 4 498,41 DM) beitragspflichtig.

f) Korrekturen des laufenden Arbeitsentgelts

813 Wird das laufende Arbeitsentgelt nachträglich berichtigt, können sich die Korrekturen auf die Beitragsberechnung aus Einmalzahlungen auswirken. Aus diesem Grunde sind die Vergleichsberechnungen neu durchzuführen.

Einsatzwechseltätigkeit

814 Arbeitnehmern mit Einsatzwechseltätigkeit kann der Arbeitgeber unter bestimmten Voraussetzungen Fahrtkosten und Verpflegungsmehraufwendungen nach **Reisekostengrundsätzen** steuerfrei erstatten.

Einzelheiten

– zum Begriff „Einsatzwechseltätigkeit" siehe → *Reisekosten: Allgemeine Grundsätze* Rz. 1994 sowie

– zur Höhe der erstattungsfähigen Aufwendungen siehe → *Reisekostenerstattungen bei Einsatzwechseltätigkeit* Rz. 2073.

Übernachtet der „Einsatzwechseltätige" am auswärtigen Beschäftigungsort, liegt eine **doppelte Haushaltsführung** vor. Vgl. zu diesen Fällen die Stichworte → *Doppelte Haushaltsführung: Allgemeines* Rz. 730 und → *Doppelte Haushaltsführung: Erstattungsbeträge* Rz. 761.

Einstellungszuschuss bei Neugründungen

815 Die Bundesanstalt für Arbeit kann nach §§ 225 ff. SGB III Arbeitgebern, die vor nicht mehr als zwei Jahren eine selbständige Tätigkeit aufgenommen haben, für die unbefristete Beschäftigung eines zuvor arbeitslosen Arbeitnehmers auf einem neu geschaffenen Arbeitsplatz einen **Einstellungszuschuss bei Neugründungen** zum Arbeitsentgelt gewähren. Der Einstellungszuschuss wird auf Antrag gewährt. Hierdurch soll die Einstellung von Arbeitslosen durch Existenzgründer erleichtert werden.

Der Einstellungszuschuss bei Neugründungen der Bundesanstalt für Arbeit fließt dem Arbeitgeber zu. Er stellt einen Zuschuss zu dessen Lohnkosten dar. Das zwischen dem Arbeitgeber und dem eingestellten Arbeitnehmer bestehende Arbeitsverhältnis und insbesondere die sich hieraus ergebende Lohnzahlungspflicht werden hiervon nicht berührt.

Der in voller Höhe zu entrichtende Arbeitslohn unterliegt daher der normalen steuerlichen und beitragsrechtlichen Behandlung. Der Einstellungszuschuss stellt eine Betriebseinnahme des Arbeitgebers dar. Er unterliegt beim Arbeitgeber nicht der Umsatzsteuer (BMF-Schreiben vom 7.12.1970, BStBl I 1970 S. 1069, in analoger Anwendung).

Einstrahlung

1. Allgemeines

816 Von dem **Grundsatz**, dass Arbeitnehmer bei der Ausübung einer Beschäftigung im Bundesgebiet sozialversicherungspflichtig sind, gibt es eine Reihe von **Ausnahmen**. Hierzu gehören Arbeitnehmer, die für einen ausländischen Arbeitgeber vorübergehend im Bundesgebiet tätig werden. Durch derartige Einstrahlungsfälle kann das Territorialitätsprinzip außer Kraft gesetzt werden.

Eine Beschäftigung im Inland ist nicht versicherungspflichtig,

– wenn es sich um eine **Entsendung** im Rahmen eines im Ausland bestehenden Beschäftigungsverhältnisses handelt und

– die Dauer der Beschäftigung im Voraus zeitlich begrenzt ist.

Ist eine dieser Voraussetzungen nicht erfüllt, liegt keine **Einstrahlung** i.S. von § 5 SGB IV vor.

2. Begriff der Entsendung

817 Eine Beschäftigung im Inland ist nicht versicherungspflichtig, wenn der Arbeitnehmer auf Grund eines im Ausland bestehenden Beschäftigungsverhältnisses **entsandt** wird und die Dauer der Beschäftigung im Inland im Voraus zeitlich begrenzt ist (entweder durch Vertrag oder auf Grund ihrer Eigenart).

Zur versicherungsrechtlichen Beurteilung siehe → *Ausstrahlung* Rz. 389.

3. Entsendung im Rahmen eines ausländischen Beschäftigungsverhältnisses

818 Auch hinsichtlich des Begriffs „Beschäftigungsverhältnis" bestehen keine Unterschiede zur Ausstrahlung.

Bei den **Indizien** für das Vorliegen eines **Beschäftigungsverhältnisses mit einem Arbeitgeber im Ausland** kommt es darauf an, ob der Arbeitgeber das Arbeitsentgelt für den entsandten Arbeitnehmer weiterhin ebenso ausweist wie für seine Beschäftigten in dem ausländischen Stammhaus. Es ist dabei unschädlich, wenn das Arbeitsentgelt für die Beschäftigung im Bundesgebiet kraft Doppelbesteuerungsabkommen allein zur deutschen Lohnsteuer herangezogen wird.

Beispiel:

Die Arbeitnehmer A und B werden von einem Unternehmen in Indien zeitlich befristet zu einem Filialunternehmen in die Bundesrepublik Deutschland entsandt. Der Arbeitnehmer A ist weiter für das Unternehmen in Indien beschäftigt und erhält sein Entgelt von diesem Unternehmen. Ein Teil des Entgelts wird von der Filiale für Rechnung des Hauptunternehmens ausgezahlt. Der Arbeitnehmer B wird von der Filiale beschäftigt und erhält sein Entgelt von ihr.

Da es sich beim Arbeitnehmer A nicht um eine „Lohnzahlung" der Filiale, sondern nur um einen finanztechnischen Vorgang handelt, wird die Lohnbuchhaltung der Filiale nicht berührt. Der Arbeitnehmer ist daher auf Grund der Einstrahlungsentsendung nicht versicherungspflichtig.

Der Arbeitnehmer B ist nicht im Sinne der Einstrahlung in die Bundesrepublik Deutschland entsandt und unterliegt daher dem deutschen Sozialversicherungsrecht.

Sind von dem Unternehmen, bei dem der ins Inland entsandte Arbeitnehmer arbeitet, auch im Inland eingestellte Arbeitnehmer beschäftigt, so kann auf die Selbständigkeit des Unternehmens geschlossen werden, wenn das Unternehmen bei der Anmeldung dieser Arbeitnehmer als „Unternehmen in der Bundesrepublik Deutschland" auftritt. Wird in diesem Falle das arbeitsrechtlich zustehende Arbeitsentgelt für die in die Bundesrepublik Deutschland entsandten Arbeitnehmer ebenso ausgewiesen wie für die im Inland eingestellten Arbeitnehmer, so ist dies das entscheidende Indiz dafür, dass es sich um die Arbeitnehmer des im Inland befindlichen Unternehmens, mithin nicht um im Sinne der Einstrahlung in die Bundesrepublik Deutschland entsandte Arbeitnehmer handelt (vgl. BSG, Urteil vom 7.11.1996, NZA 1997 S. 677).

4. Zeitliche Begrenzung

819 Zur zeitlichen Begrenzung der Entsendung und Beendigung der Einstrahlung siehe → *Ausstrahlung* Rz. 389.

Vgl. Richtlinien zur versicherungsrechtlichen Beurteilung von Arbeitnehmern bei Ausstrahlung (§ 4 SGB IV) und Einstrahlung (§ 5 SGB IV) der Spitzenverbände der Sozialversicherungsträger vom 20.11.1997, Sozialversicherungsbeitrag-Handausgabe 2001 VL 3 bis 6 IV/1.

Eintrittskarten

1. Steuerfreier Arbeitslohn

820 Die Überlassung von Eintrittskarten für kulturelle und sportliche Veranstaltungen **im Rahmen einer Betriebsveranstaltung** ist steuer- und beitragsfrei, wenn sich die Betriebsveranstaltung nicht im Besuch einer kulturellen oder sportlichen Veranstaltung erschöpft (R 72 Abs. 4 Nr. 3 LStR). Voraussetzung ist jedoch, dass es sich um eine „übliche Betriebsveranstaltung" und „übliche Zu-

wendungen" handelt (→ *Betriebsveranstaltungen* Rz. 568). In anderen Fällen bleibt die **gelegentliche Überlassung** einer Eintrittskarte unter den Voraussetzungen für **Aufmerksamkeiten** steuerfrei, sofern ihr Wert 40 € nicht übersteigt (→ *Annehmlichkeiten* Rz. 134).

Arbeitslohn liegt ebenfalls nicht vor, wenn ein Arbeitnehmer **dienstlich eine Veranstaltung besuchen muss**, z.B. Rote-Kreuz-Mitarbeiter oder Polizisten bei Sportveranstaltungen oder Theateraufführungen.

2. Steuerpflichtiger Arbeitslohn

821 Steuerpflichtiger Arbeitslohn liegt hingegen vor, wenn es sich um eine **regelmäßige Zuwendung** von Theater- oder sonstigen Eintrittskarten an einen einzelnen Arbeitnehmer handelt, insbesondere um die Überlassung von **Abonnements**, oder der Arbeitgeber **Barzuwendungen** leistet (FinMin Bremen, Erlass vom 30.12.1982, DStR 1983 S. 267; BFH, Urteil vom 21.2.1986, BStBl II 1986 S. 406); in diesen Fällen sind auch Sozialversicherungsbeiträge zu entrichten.

3. Besonderheiten bei Theaterunternehmen u.a.

822 Die Abgabe von Eintrittskarten für Theater oder Konzerte durch **Theaterunternehmen oder Rundfunksender an die eigenen Arbeitnehmer** stellt selbst dann **Arbeitslohn** dar, wenn die Abgabe der Karten in einem gewissen eigenbetrieblichen Interesse liegt. Die Zuwendungen sind jedenfalls nicht überwiegend eigenbetrieblich veranlasst, denn die Teilnahme an Konzert- und Theaterveranstaltungen findet regelmäßig im **gesellschaftlichen, außerberuflichen Bereich** eines Arbeitnehmers statt (FG Hamburg, Urteil vom 30.5.1991, EFG 1992 S. 129). Der geldwerte Vorteil ist jedoch steuerfrei, soweit er den **Rabattfreibetrag von 1 224 €** im Jahr nicht überschreitet.

Nicht als Arbeitslohn zu erfassen ist dagegen die Überlassung von Theaterkarten, soweit **Dienstplätze für die Theaterleitung** (z.B. Intendant, Verwaltungsdirektor) bereitgestellt werden oder der Besuch von Veranstaltungen durch das **Theaterpersonal dienstlich erwünscht ist**, z.B. bei nicht ausverkauftem Haus. Ebenso ist **eine** Freikarte je Inszenierung für **ein** Mitglied des ständigen künstlerischen Personals kein Arbeitslohn (OFD Frankfurt, Verfügung vom 12.3.1987, DStZ/E 1987 S. 323).

Dies gilt aber nur für die Theatermitarbeiter selbst, die Überlassung von Karten für die **Angehörigen** einschließlich des Ehegatten ist immer ein steuerpflichtiger **geldwerter Vorteil** (OFD Frankfurt, Verfügung vom 12.3.1987, DStZ/E 1987 S. 323).

Die Bewertung der Vorteile aus der Überlassung von Theaterkarten richtet sich nach den allgemeinen Grundsätzen der Bewertung von Sachbezügen, vgl. im Einzelnen → *Sachbezüge* Rz. 2138.

Einzug des Gesamtsozialversicherungsbeitrags/Einzugsstelle

1. Allgemeines

823 Der Gesamtsozialversicherungsbeitrag ist nach § 28h Abs. 1 Satz 1 SGB IV an die Krankenkasse zu zahlen, d.h. die Krankenkasse übernimmt insoweit die Funktion der Einzugsstelle für den **Gesamtsozialversicherungsbeitrag**.

Die **Einzugsstelle** ist verpflichtet, Beitragsansprüche, die nicht rechtzeitig erfüllt werden, geltend zu machen, d.h. „einzuziehen", und zwar gegen jeden Beitragsschuldner.

Stellen die Einzugsstellen oder die Träger der Rentenversicherung fest, dass eine **geringfügige Beschäftigung** infolge einer **Zu**sammenrechnung mit anderen geringfügigen Beschäftigungen oder mit nicht geringfügigen Beschäftigungen nach § 8 Abs. 2 SGB IV versicherungspflichtig ist, sie jedoch nicht oder als versicherungsfrei gemeldet worden ist, **teilen** sie diese Beschäftigung mit Namen, Geburtsdatum und Anschrift des Beschäftigten und Namen und Anschrift des Arbeitgebers dem für den Beschäftigten örtlich zuständigen **Finanzamt mit**.

2. Zuständigkeit

824 Zuständige Einzugsstelle für den Gesamtsozialversicherungsbeitrag ist nach § 28i Abs. 1 Satz 1 SGB IV die **Krankenkasse**, bei der die Krankenversicherung des Arbeitnehmers bzw. der arbeitnehmerähnlichen Person durchgeführt wird. Dabei ist unerheblich, ob die Krankenversicherung auf einer Pflichtversicherung oder auf einer freiwilligen Versicherung beruht. Dies bedeutet, dass die **Renten- und Arbeitslosenversicherungsbeiträge** für freiwillig Krankenversicherte an die Krankenkasse zu entrichten sind, bei der die freiwillige Krankenversicherung besteht. Das gilt auch für freiwillige Mitglieder von Ersatzkassen. Ebenso sind die Renten- und Arbeitslosenversicherungsbeiträge für krankenversicherungsfreie oder nicht krankenversicherungspflichtige Arbeitnehmer, die in der landwirtschaftlichen Krankenversicherung versicherungspflichtig sind (z.B. als landwirtschaftliche Unternehmer), von der zuständigen landwirtschaftlichen Krankenkasse einzuziehen. Da auch für Angehörige in der Krankenversicherung eine eigenständige Versicherung durchgeführt wird, sind die Beiträge für Praktikanten und zur Berufsausbildung Beschäftigte ohne Arbeitsentgelt, die in der Renten- und Arbeitslosenversicherung als Arbeitnehmer der Versicherungspflicht unterliegen, von der Krankenkasse einzuziehen, die die Familienversicherung durchführt.

3. Aufgaben

825 Die Einzugsstelle entscheidet nicht nur über die Versicherungs- und Beitragspflicht in der Krankenversicherung, sondern zugleich über die **Versicherungs- und Beitragspflicht in der Pflege-, Renten- und Arbeitslosenversicherung**.

Die Entscheidung der Einzugsstelle über die Versicherungs- und Beitragspflicht stellt einen Verwaltungsakt dar. Rechtsbehelfe und Rechtsmittel gegen Entscheidungen der Einzugsstellen richten sich gegen diese, nicht aber gegen den Träger der Rentenversicherung oder gegen die Bundesanstalt für Arbeit. Gleichwohl sind die Träger der Rentenversicherung oder die Bundesanstalt für Arbeit nicht vom Verfahren vor den Gerichten der Sozialgerichtsbarkeit ausgeschlossen; deren Beiladung richtet sich nach § 75 SGG.

Nach § 336 SGB III hat die Bundesanstalt für Arbeit auf Antrag des Versicherungspflichtigen zu erklären, ob sie einem Beitragsbescheid der Einzugsstelle oder des Rentenversicherungsträgers, der die ordnungsgemäße Erfüllung der Arbeitgeberpflichten im Zusammenhang mit dem Gesamtsozialversicherungsbeitrag prüft, über die Versicherungspflicht in der Arbeitslosenversicherung zustimmt. Der Antrag ist bei der Stelle einzureichen, die den Beitragsbescheid erlassen hat. Stimmt die Bundesanstalt für Arbeit dem Beitragsbescheid zu, ist sie hinsichtlich der Zeiten, für die Versicherungspflicht wirksam festgestellt ist, leistungsrechtlich an die Zustimmung gebunden. Die Bindung erstreckt sich allerdings hinsichtlich der Versicherungszeiten nach der Zustimmung **längstens auf fünf Jahre**. Nach Ablauf des Bindungszeitraums kann die Erklärung der Bundesanstalt für Arbeit für weitere fünf Jahre beantragt werden.

Entgeltfortzahlung

1. Allgemeines

826 Die Regelungen zur Entgeltfortzahlung sind zum 1.6.1994 vereinheitlicht worden. Von diesem Zeitpunkt an bestehen sowohl in den alten als auch in den neuen Bundesländern die gleichen Anspruchsvoraussetzungen für die **Entgeltfortzahlung im Krankheitsfall** an **Arbeiter, Angestellte und Auszubildende**. Die bisher bestehenden Ungleichbehandlungen und Beschränkungen, insbesondere für geringfügig Beschäftigte, sind dadurch beseitigt. Das Entgeltfortzahlungsgesetz wirkt sich nur auf privatrechtliche Arbeitsverhältnisse aus. Für Beamte oder ähnliche Personen gelten diese Regelungen nicht. Hierfür bestehen Sonderregelungen.

Voraussetzung für die Entgeltfortzahlung ist nur noch, dass der Beschäftigungsort im Bundesgebiet liegt. Auf den Wohn- oder Aufenthaltsort des Arbeitnehmers kommt es nicht an. Somit besteht auch im Rahmen der Ausstrahlung ein Anspruch auf Entgeltfortzahlung (→ *Ausstrahlung* Rz. 389).

Zur **Entgeltfortzahlung an Feiertagen** siehe → *Feiertagslohn* Rz. 977.

2. Lohnsteuer und Sozialversicherung

827 Zahlt der Arbeitgeber auf Grund des Entgeltfortzahlungsgesetzes den Arbeitslohn im Krankheitsfalle weiter, ergeben sich lohnsteuerlich und beitragsrechtlich keine Besonderheiten. Der Arbeitgeber hat den Arbeitslohn **nach den allgemeinen Vorschriften** lohnzuversteuern und dem Beitragsabzug zu unterwerfen. Entscheidend ist dabei der tatsächlich ausgezahlte Arbeitslohn. Zahlt der Arbeitgeber den Lohn nur teilweise weiter, ist der teilweise gezahlte Lohn Bemessungsgrundlage für die Lohnsteuer und die Beitragsberechnung; verweigert der Arbeitgeber die Entgeltfortzahlung (z.B. nach § 7 EFZG), ist **mangels** Zuflusses auch nichts zu versteuern bzw. auch kein Sozialversicherungsbeitrag abzuführen.

 ⌐LSt¬ ⓢⱽ

3. Anspruchsvoraussetzungen für die Entgeltfortzahlung

a) Personenkreis

828 Arbeitnehmer (Arbeiter, Angestellte, Auszubildende), die arbeitsunfähig erkranken, haben ihrem Arbeitgeber gegenüber einen Anspruch auf Entgeltfortzahlung für die Dauer von bis zu **sechs Wochen**. Dabei ist es für den Anspruch auf Entgeltfortzahlung bedeutungslos, ob das Arbeitsverhältnis Versicherungspflicht in der Kranken- oder Rentenversicherung auslöst; das bedeutet, dass auch für geringfügig oder kurzfristig Beschäftigte ein Anspruch auf Entgeltfortzahlung im Krankheitsfalle besteht.

Auch befristet Beschäftigte haben grundsätzlich einen Anspruch auf Fortzahlung des Arbeitsentgelts. Allerdings endet dieser Anspruch mit dem Tag der Beendigung des Arbeitsverhältnisses.

Beispiel:

Eine Aushilfsverkäuferin übt in der Zeit vom 1. Juni bis 31. Juli eine sozialversicherungsfreie Beschäftigung aus. Vom 21. Juli an ist sie arbeitsunfähig krank. Die Arbeitsunfähigkeit dauert bis zum 13. August.

Die Arbeitnehmerin hat gegenüber dem Arbeitgeber einen Anspruch auf Entgeltfortzahlung. Da das Beschäftigungsverhältnis jedoch im Voraus bis zum 31. Juli befristet ist, endet der Entgeltfortzahlungsanspruch bereits zum 31. Juli, obwohl die Arbeitsunfähigkeit bis zum 13. August andauert und der Anspruch grundsätzlich noch nicht erschöpft ist.

Besteht bei **befristeten Arbeitsverhältnissen** zwischen Arbeitgeber und Arbeitnehmer Einigkeit darüber, dass das Arbeitsverhältnis eigentlich auf Dauer angelegt ist, besteht bei einer möglichen Erkrankung während der Befristung ein Anspruch auf Entgeltfortzahlung nicht nur bis zum Ende der Befristung, sondern auch darüber hinaus. Nach Auffassung des BAG (Urteil vom 11.12.1985, BB 1986 S. 1362) wird diese Befristung als Umgehung des Anspruchs auf Entgeltfortzahlung angesehen.

b) Wartezeit vier Wochen

829 Erkrankt ein neu eingestellter Arbeitnehmer vor Aufnahme des Arbeitsverhältnisses oder in den ersten vier Wochen des Arbeitsverhältnisses, so entsteht **kein Anspruch auf Entgeltfortzahlung**; der Arbeitnehmer hat insoweit Anspruch auf **Krankengeld** gegenüber der Krankenversicherung. Dauert eine Arbeitsunfähigkeit über die vierwöchige Wartezeit hinaus an, so beginnt mit deren Ablauf (ohne Rückwirkung) der Anspruch auf Entgeltfortzahlung gegen den Arbeitgeber. Der Anspruchszeitraum von sechs Wochen wird insoweit nicht gekürzt (streitig).

Wenn ein Arbeitnehmer kurz nach Beginn des Arbeitsverhältnisses erkrankt und vom Arbeitgeber aus Anlass der Arbeitsunfähigkeit zu einem noch innerhalb der Wartefrist liegenden Termin gekündigt wird, besteht dennoch ein sechswöchiger Anspruch auf Entgeltfortzahlung bei Arbeitsunfähigkeit für die Zeit nach Ablauf der 4-wöchigen Wartefrist (BAG, Urteile vom 26.5.1999, DB 1999, 9268 und 5 AZR 338/98).

Bei der Berechnung der Krankenversicherungsbeiträge ist der allgemeine Beitragssatz (für Versicherte mit einem Entgeltfortzahlungsanspruch für mindestens sechs Wochen) auch während der vierwöchigen Wartezeit anzuwenden (→ *Beiträge zur Sozialversicherung* Rz. 438).

c) Arbeitsunfähigkeit infolge Krankheit

830 Voraussetzung für den Entgeltfortzahlungsanspruch ist, dass der Arbeitnehmer durch Krankheit bzw. infolge einer nicht rechtswidrigen Sterilisation oder infolge eines nicht rechtswidrigen **Abbruchs der Schwangerschaft** durch einen Arzt arbeitsunfähig wird. Trifft den Arbeitnehmer ein Verschulden oder ist die Arbeitsunfähigkeit nicht die maßgebende Ursache an der Arbeitsverhinderung, besteht kein Anspruch auf Entgeltfortzahlung.

Krankheit in diesem Sinne liegt vor, wenn der regelwidrige körperliche, geistige oder seelische Zustand ärztliche Behandlung erfordert mit dem Ziel, die Arbeitsfähigkeit zu erhalten oder wiederherzustellen bzw. die künftige Erwerbsfähigkeit günstig zu beeinflussen oder Schmerzen oder Beschwerden zu verhindern, zu beheben oder zu lindern. Tritt auf Grund der Krankheit **Arbeitsunfähigkeit** ein, d.h. der Arbeitnehmer ist nicht mehr in der Lage, seine zuletzt ausgeübte Tätigkeit auszuüben bzw. nur auf Gefahr der Verschlimmerung seines Krankheitszustandes, ist der Entgeltfortzahlungsanspruch gegeben.

Die Krankheitsursache ist für den Anspruch grundsätzlich unerheblich. Somit besteht auch dann ein Anspruch auf Entgeltfortzahlung, wenn die Arbeitsunfähigkeit auf einen **Arbeits-, Sport-oder Verkehrsunfall** oder eine Wehrdienstbeschädigung zurückzuführen ist. Hat der Arbeitnehmer jedoch die Arbeitsunfähigkeit selbst verschuldet, besteht kein Anspruch auf Entgeltfortzahlung.

d) Selbst verschuldete Krankheit

831 Bei einer selbst verschuldeten Krankheit besteht kein Entgeltfortzahlungsanspruch. Ein Verschulden liegt nach ständiger Rechtsprechung dann vor, wenn der Arbeitnehmer seine **Sorgfaltspflicht** verletzt, die ein verständiger Mensch normalerweise im eigenen Interesse anwendet, d.h. die zur Arbeitsunfähigkeit führende Krankheit ist durch **unverständiges, leichtfertiges oder gegen die guten Sitten im Rechtssinne verstoßendes Verhalten** eingetreten.

Ein Verschulden des Arbeitnehmers kann nicht nur beim Entstehen einer Krankheit vorliegen, sondern auch dann, wenn der Arbeitnehmer den Wiedereintritt der Arbeitsfähigkeit verzögert oder verhindert (vgl. BAG, Urteile vom 11.11.1965, BB 1966 S. 80 und vom 21.1.1976, DB 1976 S. 1162).

Für die betriebliche Praxis sind nachstehend wichtige Fallgruppen zur weiteren Orientierung aufgeführt:

Alkoholabhängigkeit

Ein Arbeitnehmer hat sich nach längerer Alkoholabhängigkeit einer stationären Entwöhnungsbehandlung unterzogen. Danach war er lange Zeit abstinent, bis er aus unerheblichen Gründen wieder rückfällig und dadurch arbeitsunfähig wurde.

Alkoholismus stellt i.d.R. Krankheit im Sinne der Entgeltfortzahlung dar, denn nach der Lebenserfahrung kann nicht davon ausgegangen werden, dass der Arbeitnehmer zum einen die Abhängigkeit bewusst verschuldet hat und zum anderen durch eigene Willenskraft davon loskommt. Allerdings könnte ein Verschulden des Arbeitnehmers dann gegeben sein, wenn er nach einer Entwöhnungsbehandlung lange Zeit abstinent war und dann wieder rückfällig wurde (vgl. BAG, Urteil vom 11.11.1987, DB 1988 S. 402).

Alkoholmissbrauch

Nach einem übermäßigen Alkoholgenuss tritt ein Arbeitnehmer am Morgen seine Arbeit an. Im alkoholisierten Zustand stürzt er eine Treppe herab und verletzt sich dabei. Die Ursache für die Verletzung ist im Wesentlichen auf den Alkoholmissbrauch zurückzuführen. Der Arbeitgeber braucht daher während der Arbeitsunfähigkeit das Entgelt nicht weiterzuzahlen, da auf Grund des gelegentlichen Alkoholismus i.d.R. von einem Selbstverschulden auszugehen ist (vgl. BAG, Urteil vom 11.3.1987, DB 1987 S. 1495).

Fehlverhalten während der Arbeitsunfähigkeit

Während einer unverschuldeten Arbeitsunfähigkeit (Leistenbruch) folgt der Arbeitnehmer in leichtfertiger Weise den Anweisungen des Arztes (nicht schwer heben) nicht und verzögert durch sein gröblich gesundheitsgefährdendes Verhalten den Heilungsprozess. Die Arbeitsunfähigkeit wird hierdurch unnötig verlängert. Der Arbeitgeber ist von der Entgeltfortzahlung befreit, wenn nachweisbar durch das Fehlverhalten des Patienten eine Verlängerung der Arbeitsunfähigkeit eingetreten ist (vgl. BAG, Urteil vom 13.11.1979, DB 1980 S. 741).

Nebenbeschäftigung

Aus finanziellen Gründen übt ein Arbeitnehmer neben seiner Hauptbeschäftigung als Schlosser noch eine Nebenbeschäftigung bei einem Sicherheitsdienst aus. Nach der normal üblichen Arbeitszeit von 38,5 Stunden übernimmt er für den Sicherheitsdienst viermal wöchentlich die nächtliche Bewachung einer Produktionsstätte; die wöchentliche Arbeitszeit beträgt hier zusätzlich 32 Stunden. Durch Übermüdung verunglückt der Arbeitnehmer auf dem Heimweg von der Nebenbeschäftigung. Während der Arbeitsunfähigkeit braucht der Arbeitgeber das Entgelt nicht fortzuzahlen. Der Umfang der Nebenbeschäftigung übersteigt im Wesentlichen die Kräfte des Arbeitnehmers, so dass durch das Fehlverhalten die Arbeitsunfähigkeit selbst verschuldet ist (vgl. BAG, Urteil vom 21.4.1982, DB 1982 S. 1729).

Schlägerei

Bei einer Schlägerei wird ein Maschinenschlosser erheblich verletzt. Er ist zwei Wochen arbeitsunfähig. Ein Anspruch auf Entgeltfortzahlung ist nur dann gegeben, wenn der Arbeitnehmer ohne Verschulden in die Schlägerei geraten ist. Dagegen ist der Entgeltfortzahlungsanspruch ausgeschlossen, wenn sich der Arbeitnehmer ohne erkennbaren Grund an einer Schlägerei beteiligt hat. Bei dieser differenzierten Betrachtungsweise hat allerdings

der Arbeitnehmer zu beweisen, dass er unverschuldet an der Schlägerei beteiligt war. Denn der Arbeitgeber kann sich nach der Lebenserfahrung auf den Beweis des ersten Anscheins berufen und die Entgeltfortzahlung verweigern (vgl. BAG, Urteil vom 7.12.1972, DB 1973 S. 579).

Selbsttötungsversuch

Ein Arbeitnehmer unternimmt einen Selbsttötungsversuch. Dabei verletzt er sich erheblich und ist für mehrere Wochen auf Grund dieser körperlichen Verletzungen arbeitsunfähig krank.

Nach Auffassung des BAG stellt der Selbsttötungsversuch keine selbst verschuldete Krankheit dar, da bei Selbstmordhandlungen die freie Willensbildung eines Menschen ausgeschlossen bzw. erheblich gemindert sei. Somit ist der Arbeitgeber zur Entgeltfortzahlung verpflichtet (BAG, Urteil vom 28.2.1979, DB 1979 S. 1803).

Sportunfall

Beim Fußballspielen in einem Verein (Kreisklasse) zieht sich ein Arbeitnehmer eine Sprunggelenksverletzung zu. Auf Grund dessen besteht für vier Wochen Arbeitsunfähigkeit. Die auf dem Sportunfall basierende Arbeitsunfähigkeit löst einen Anspruch auf Entgeltfortzahlung aus, da ein schuldhaftes Verhalten des Arbeitnehmers nicht erkennbar war. Dagegen wäre der Entgeltfortzahlungsanspruch ausgeschlossen, wenn der Arbeitnehmer

- sich die Verletzung bei der Teilnahme an einer so genannten gefährlichen Sportart zugezogen hat,
- sich in einer seine Kräfte und Fähigkeiten deutlich übersteigenden Weise sportlich betätigt und dadurch gesundheitliche Schäden erleidet,
- in besonders grober Weise und leichtsinnig gegen anerkannte Regeln der Sportart verstoßen hat

(vgl. BAG, Urteil vom 7.10.1981, BB 1981 S. 1770).

Verkehrsunfälle

Ein Arbeitnehmer missachtet beim Autofahren das Vorfahrtsrecht eines anderen Verkehrsteilnehmers. Bei dem Zusammenstoß verletzt sich der Arbeitnehmer und ist längere Zeit arbeitsunfähig. In der Regel ist von einer unverschuldeten Krankheit auszugehen mit der Folge, dass ein Anspruch auf Entgeltfortzahlung besteht. Ist der Verkehrsunfall dagegen durch besonders leichtfertige Fahrweise entstanden oder war der Fahrer durch Alkoholkonsum fahruntüchtig, ist die Arbeitsunfähigkeit selbst verschuldet (vgl. BAG, Urteil vom 23.11.1973, AP Nr. 8 zu § 1 LFZG). Ein Selbstverschulden ist i.d.R. dann anzunehmen, wenn der Verkehrsunfall

- durch überhöhte Geschwindigkeit ohne ausreichende Sicht,
- durch verkehrswidriges Überholen,
- nach Tabletteneinnahmen

eingetreten ist. Ist der Verkehrsunfall auf Nichtanlegung des Sicherheitsgurtes zurückzuführen, besteht wegen Selbstverschuldens ebenfalls kein Entgeltfortzahlungsanspruch.

Verletzung der Unfallverhütungsvorschriften

Ein Bauarbeiter wird trotz mehrfacher Ermahnung, den Schutzhelm zu tragen, durch herabfallenden Bauschutt erheblich verletzt. Arbeitsunfähigkeit besteht für mehrere Wochen. Die durch einen Arbeitsunfall ausgelöste Arbeitsunfähigkeit ist im Entgeltfortzahlungsrecht als selbst verschuldet anzusehen, da der Arbeitnehmer trotz einschlägiger Unfallverhütungsvorschriften und mehrfacher Ermahnung die Verletzung durch leichtfertiges Verhalten, nämlich dem Nichttragen eines Schutzhelmes, herbeigeführt hat. Der Arbeitgeber ist daher nicht zur Entgeltfortzahlung verpflichtet (vgl. LAG Frankfurt, Urteil vom 6.9.1965, BB 1966 S. 497).

e) Arbeitsunfähigkeit infolge Sterilisation oder Schwangerschaftsabbruch

832 Ein Anspruch auf Entgeltfortzahlung besteht auch dann, wenn die Arbeitsunfähigkeit infolge einer nicht rechtswidrigen Sterilisation oder eines nicht rechtswidrigen Schwangerschaftsabbruchs eintritt. Dasselbe gilt für einen **Abbruch der Schwangerschaft**, wenn die Schwangerschaft innerhalb von **zwölf Wochen nach der Empfängnis** durch einen Arzt abgebrochen wird, die schwangere Frau den Abbruch verlangt und der Arzt durch eine Bescheinigung nachgewiesen wird, dass sie sich mindestens drei Tage vor dem Eingriff von einer anerkannten Beratungsstelle hat beraten lassen (vgl. § 3 Abs. 2 EFZG). Bei einem nicht rechtswidrigen Schwangerschaftsabbruch oder einer nicht **rechtswidrigen Sterilisation** ist die Arbeitsunfähigkeit unverschuldet. Bei dieser Regelung wird die Entscheidung des Bundesverfassungsgerichts (Urteil vom 28.5.1993, NJW 1993 S. 1751) berücksichtigt. Der Anspruch auf Entgeltfortzahlung besteht dabei nicht nur für die Zeit, in der eine Verhinderung an der Arbeitsleistung durch die mit der Sterilisation oder dem Schwangerschaftsabbruch im Zusammenhang stehenden ärztlichen Maßnahmen vorliegt, sondern auch für die Zeit, in der wegen der Nachwirkungen des Eingriffs nicht gearbeitet werden kann (vgl.

Gemeinsames Rundschreiben der Spitzenverbände der Krankenversicherungsträger vom 28.10.1985).

f) Arbeitsunfähigkeit als Ursache der Arbeitsverhinderung

833 Der Anspruch auf Entgeltfortzahlung bei Arbeitsunfähigkeit besteht nur dann, wenn die Arbeitsunfähigkeit alleinige Ursache der Arbeitsverhinderung ist. Bestände bei einer Arbeitsfähigkeit aus anderen Gründen kein Entgeltfortzahlungsanspruch, ist auch während einer Arbeitsunfähigkeit kein Arbeitsentgeltanspruch gegeben. Ein Anspruch auf Entgeltfortzahlung ist insbesondere dann nicht gegeben, wenn bei Arbeitsfähigkeit das Arbeitsentgelt aus nachfolgenden Gründen nicht gezahlt worden wäre:

Arbeitserlaubnis, fehlende

Ob das Fehlen einer Arbeitserlaubnis eine der Entgeltfortzahlung im Krankheitsfall entgegenstehende weitere Ursache für die ausbleibende Arbeitsleistung darstellt, ist nach den gesamten Umständen des Einzelfalles anhand des hypothetischen Kausalverlaufs zu prüfen. Ergibt diese Prüfung, dass die Arbeitserlaubnis sofort antragsgemäß erteilt worden wäre, so ist das Fehlen der Arbeitserlaubnis für den Arbeitsausfall nicht mitursächlich: Es besteht Anspruch auf Entgeltfortzahlung (BAG, Urteil vom 26.6.1996, DB 1996 S. 2133).

Arbeitszeitverlagerungen

Während der Stilllegung des Betriebes infolge Vor- oder Nacharbeitszeiten und vollem Entgeltausgleich entfällt die Entgeltzahlungspflicht des Arbeitgebers, weil an diesen Tagen von vornherein nicht gearbeitet worden wäre. Arbeitsunfähige Arbeitnehmer können für die Zeit der Stilllegung also keine Entgeltfortzahlung bei Arbeitsunfähigkeit beanspruchen (BAG, Urteil vom 8.3.1989 – 5 AZR 116/88 –, USK 8906). Daraus ergibt sich, dass bei Arbeitsunfähigkeit während des Zeitraums, indem im Betrieb Vor- oder Nacharbeit geleistet wird, die Entgeltfortzahlung so zu bemessen ist, als habe der erkrankte Arbeitnehmer daran teilgenommen. Die Sechs-Wochen-Frist nach § 3 EFZG wird durch die Arbeitszeitverlagerungen nicht verlängert.

Beschäftigungsverbote nach dem Infektionsschutzgesetz

Sofern Ausscheidern, Ausscheidungsverdächtigen oder Ansteckungsverdächtigen die Berufsausübung untersagt wurde, ohne dass Arbeitsunfähigkeit besteht, kann das Entgeltfortzahlungsgesetz nicht angewendet werden. Der Arbeitgeber hat jedoch das Arbeitsentgelt nach § 616 Abs. 1 Satz 1 BGB während der Dauer des Tätigkeitsverbots fortzuzahlen, wenn die Verhinderung auf einen verhältnismäßig geringen Zeitraum beschränkt bleibt und eine Abbedingung durch Tarifvertrag nicht vorliegt. Ein infolge Beschäftigungsverbots (§ 42 IFSG) nach § 56 IFSG zustehender Anspruch auf Entschädigung für Verdienstausfall, der nach Abs. 4 dieser Vorschrift dem Arbeitgeber zu ersetzen wäre, liegt vor, wenn der Arbeitnehmer für den fraglichen Tag einen gesetzlichen oder vertraglichen Anspruch auf Fortzahlung des Arbeitsentgelts nicht hat (BAG, Urteil vom 26.4.1978 – 5 AZR 7/77 –, USK 7886).

Bummelei

Arbeitnehmer, die ständig unentschuldigt der Arbeit fernbleiben, haben bei Eintritt der Arbeitsunfähigkeit grundsätzlich keinen Anspruch auf Entgeltfortzahlung. Nur wenn der Arbeitnehmer glaubhaft macht, dass er ohne Eintritt der Arbeitsunfähigkeit arbeitswillig gewesen wäre, bestünde ein Anspruch auf Entgeltfortzahlung (vgl. BAG, Urteil vom 20.3.1985, DB 1985 S. 2694).

Erziehungsurlaub

Während des Erziehungsurlaubs nach dem Bundeserziehungsgeldgesetz ruht das Arbeitsverhältnis, soweit der Arbeitnehmer keine Teilzeitbeschäftigung ausübt. Der Arbeitgeber ist für die Zeit des Ruhens nicht zur Zahlung des Arbeitsentgelts verpflichtet, so dass der Arbeitnehmer bei Arbeitsunfähigkeit keine Entgeltfortzahlung verlangen kann (BAG, Urteil vom 22.6.1988 – 5 AZR 526/87 –, USK 8870). Der Erziehungsurlaub muss allerdings nicht im unmittelbaren Anschluss an die Schutzfrist des Mutterschutzgesetzes angetreten werden. Die Arbeitnehmerin kann erklären, dass sie mit dem Erziehungsurlaub erst bei Beendigung einer während der Schutzfrist eingetretenen Arbeitsunfähigkeit beginnen will. In diesem Fall ist die Arbeitsunfähigkeit ursächlich für den Verdienstausfall, so dass Anspruch auf Entgeltfortzahlung nach Ablauf der Schutzfrist für höchstens sechs Wochen der Arbeitsunfähigkeit besteht (BAG, Urteil vom 17.10.1990, DB 1991, 448). Übt der Arbeitnehmer während des Erziehungsurlaubs eine zulässige Teilzeitbeschäftigung aus, ist im Krankheitsfall ein Anspruch nach § 3 EFZG insoweit gegeben.

Gesetzliche Feiertage

Ist ein Arbeitnehmer an einem gesetzlichen Feiertag arbeitsunfähig, für den arbeitsfähigen Arbeitnehmern Feiertagsbezahlung nach § 2 EFZG zusteht, ist für diesen Tag Entgeltfortzahlung i.S. des § 3 EFZG zu leisten. Der gesetzliche Feiertag ist also auf die Sechs-Wochen-Frist anzurechnen. Nach § 4 Abs. 2 EFZG bemisst sich die Höhe des nach § 3 EFZG fortzuzahlenden Arbeitsentgelts allerdings nach der Feiertagsbezahlung i.S. des § 2 EFZG;

sie beträgt also 100 %. Nach § 2 Abs. 3 EFZG haben Arbeitnehmer, die am letzten Arbeitstag vor oder am ersten Arbeitstag nach Feiertagen unentschuldigt der Arbeit fernbleiben, keinen Anspruch auf Bezahlung für diese Feiertage und somit keinen Anspruch auf Entgeltfortzahlung bei Arbeitsunfähigkeit.

Kurzarbeitergeld

Erkrankt ein Arbeitnehmer während eines Zeitraums, in dem Kurzarbeit geleistet wird, besteht kein Anspruch auf Entgeltfortzahlung.

Streik/Aussperrung

Erkrankt der Arbeitnehmer während eines Streiks oder einer Aussperrung, bei der es zur vollständigen Stilllegung des Betriebes kommt, besteht kein Anspruch auf Entgeltfortzahlung, da nicht die Arbeitsunfähigkeit, sondern der Arbeitskampf Ursache für die fehlende Arbeitsleistung ist. Dies gilt selbst dann, wenn die Arbeitsunfähigkeit vor Beginn des Arbeitskampfes eintritt (vgl. BAG, Urteil vom 8.3.1973, DB 1973 S. 152). Abweichend hiervon wäre allerdings ein Entgeltfortzahlungsanspruch gegeben, wenn der Arbeitskampf nicht zur völligen Stilllegung des Betriebes führt und sich der arbeitsunfähig gewordene Arbeitnehmer bis dahin nicht am Streik beteiligt hat.

Unbezahlter Urlaub

Wenn auf Grund einer gegenseitigen Vereinbarung zwischen Arbeitgeber und Arbeitnehmer die Arbeitspflicht und andererseits die Entgeltfortzahlungspflicht in einem Arbeitsverhältnis ruhen (Hauptpflicht), ist bei einer Arbeitsunfähigkeit kein Anspruch auf Entgeltfortzahlung für diese Zeit gegeben (vgl. BAG, Urteil vom 25.5.1983, DB 1983 S. 2526). Bestand zwischen den Vereinbarungspartnern allerdings Einigkeit darüber, dass der unbezahlte Urlaub ausschließlich Erholungszwecken dienen soll, ist jedoch ein Entgeltfortzahlungsanspruch gegeben (vgl. BAG, Urteil vom 16.7.1980, DB 1980 S. 2292).

Wehrdienst, Zivildienst

Während des gesetzlichen Wehr- und Zivildienstes ruhen die gegenseitigen Pflichten aus einem Arbeitsverhältnis und somit auch der Entgeltfortzahlungsanspruch während einer möglichen Arbeitsunfähigkeit. Ein Entgeltfortzahlungsanspruch würde vielmehr erst nach Beendigung des Wehr- und Zivildienstes eintreten, wobei die Zeiten der Arbeitsunfähigkeit während der Dienstpflicht nicht auf den Gesamtanspruch von 6 Wochen anzurechnen sind (vgl. BAG, Urteil vom 3.3.1961, BB 1961 S. 530).

Winterausfallgeld/LAG Bau

Wie bei der Kurzarbeit besteht während eines Arbeitsausfalls wegen schlechten Wetters kein Entgeltfortzahlungsanspruch bei Arbeitsunfähigkeit. Endet der Anspruch auf Überbrückungsgeld nach der 150. Arbeitsstunde, hat der Arbeitnehmer gegenüber der Krankenkasse Anspruch auf Krankengeld. Entsprechendes gilt auch für die Zeit des Lohnausgleichs im Baugewerbe vom 24.12. bis 26.12. und 31.12. bis 1.1.; für diese Zeit besteht kein Entgeltfortzahlungsanspruch.

g) Arztbesuch/Behandlung

834 Der Arztbesuch während der Arbeitszeit zwecks Behandlung und Diagnostik beinhaltet grundsätzlich keinen Entgeltfortzahlungsanspruch. Dieser wäre nur dann gegeben, wenn die zu behandelnde Krankheit auch zur Arbeitsunfähigkeit führt. Ein Anspruch auf Entgeltfortzahlung könnte allerdings auch dann gegeben sein, wenn eine ärztliche Behandlung nicht **außerhalb der Arbeitszeit** möglich ist (vgl. BAG, Urteil vom 7.3.1990, DB 1990 S. 1469). Diese Ansprüche stützen sich in der Regel auf § 616 BGB oder tarifvertragliche Regelungen.

Bei **Gleitzeit** muss der Arbeitnehmer einen Arzt- oder Behandlungstermin nach Möglichkeit außerhalb der Kernarbeitszeit legen (vgl. BAG, Urteil vom 16.12.1993, DB 1994 S. 2034).

h) Beaufsichtigung und Betreuung eines erkrankten Kindes

835 Muss ein Arbeitnehmer sein krankes Kind, das das **12. Lebensjahr** noch nicht vollendet hat, beaufsichtigen, betreuen oder pflegen, ist ein Anspruch auf Entgeltfortzahlung nach bürgerlichem Recht (§ 616 BGB) gegeben, sofern keine andere im Haushalt lebende Person die Betreuung übernehmen kann, es sei denn, der Anspruch wurde tarifvertraglich abbedungen (vgl. BAG, Urteil vom 20.6.1979, BB 1979 S. 1401).

Wird dieser Anspruch durch tarifvertragliche Regelungen eingeschränkt, zahlt die Krankenkasse Krankengeld bis zu zehn Tagen je Kind, bei allein Erziehenden 20 Tage im Jahr. Der Höchstanspruch ist auf 25 Tage (50 Tage bei allein Erziehenden) im Jahr beschränkt.

4. Dauer des Anspruchs auf Entgeltfortzahlung

a) Grundsatz

836 Der Anspruch auf Entgeltfortzahlung während einer Arbeitsunfähigkeit infolge einer unverschuldeten Krankheit ist auf längstens sechs Wochen begrenzt, und zwar vom Beginn der Arbeitsunfähigkeit an. Dies gilt auch dann, wenn während der Arbeitsunfähigkeit eine neue Krankheit hinzutritt, die für sich selbst gesehen ebenfalls zur Arbeitsunfähigkeit führt (vgl. BAG, Urteil vom 12.9.1967, BB 1968 S. 85). Dies gilt jedoch nicht, wenn die erneute Arbeitsunfähigkeit nach Beendigung der ersten Arbeitsunfähigkeit auf Grund einer anderen Krankheit eintritt. Ein Entgeltfortzahlungsanspruch ist vielmehr auch dann gegeben, wenn nach dem Ende der ersten Arbeitsunfähigkeit die Beschäftigung noch nicht wieder aufgenommen wurde, z.B. wenn erneute Arbeitsunfähigkeit nach dem **Schichtende** des Arbeitnehmers eingetreten ist (vgl. BAG, Urteil vom 11.10.1966, BB 1966 S. 1394).

Beispiel:

Ein Arbeitnehmer ist wegen eines grippalen Infekts bis zum 8. März arbeitsunfähig krank. Am kommenden Arbeitstag beabsichtigt der Arbeitnehmer, seine Arbeit wieder aufzunehmen. Auf dem Weg zur Arbeit verunglückt er mit seinem Fahrrad und verletzt sich dabei erheblich.

Nach der BAG-Rechtsprechung ist ein erneuter Anspruch auf Entgeltfortzahlung gegeben, da es sich um zwei verschiedene Krankheiten handelt. Dabei ist es unerheblich, dass unmittelbar vorher Arbeitsunfähigkeit (auf Grund einer anderen Krankheit) bestand. Da diese nach ärztlichem Zeugnis definitiv am 8. März beendet war, besteht für die neue Arbeitsunfähigkeit ein erneuter Anspruch auf Entgeltfortzahlung für mindestens sechs Wochen, und zwar auch dann, wenn der Arbeitnehmer die Arbeit zwischenzeitlich noch nicht aufgenommen hat (vgl. BAG, Urteil vom 2.12.1981, DB 1982 S. 601).

b) Sechs-Wochen-Frist

837 Der Entgeltfortzahlungsanspruch besteht für jede Arbeitsunfähigkeit kraft Gesetzes für mindestens sechs Wochen. Bei der Berechnung der Sechs-Wochen-Frist wird der Tag des Beginns der Arbeitsunfähigkeit nicht mitgerechnet (§§ 187 ff. BGB, BAG, Urteil vom 4.5.1971, DB 1971 S. 1482). Das bedeutet, dass die Frist für die Entgeltfortzahlung daher grundsätzlich mit dem Tag nach dem Eintritt der Arbeitsunfähigkeit beginnt.

Tritt die Arbeitsunfähigkeit an einem Arbeitstag **vor Beginn der Arbeitsaufnahme** ein, wird der erste Tag der Arbeitsunfähigkeit in die Frist eingerechnet. Der Entgeltfortzahlungsanspruch endet in diesen Fällen mit Ablauf des 42. Kalendertages der Arbeitsunfähigkeit.

Beispiel 1:

Ein Arbeitnehmer erkrankt am Morgen des 17. September (Dienstag) an einem fieberhaften Infekt. An diesem Tag kann er seiner Arbeitspflicht nicht nachkommen.

Da die Arbeitsunfähigkeit vor Beginn der Arbeitsleistung am 17. September eingetreten ist, wird dieser Tag bei der Anspruchsdauer vollständig berücksichtigt. Der Entgeltfortzahlungsanspruch endet somit am 28. Oktober.

Beginnt dagegen die **Arbeitsunfähigkeit im Laufe eines Arbeitstages**, steht dem Arbeitnehmer für den restlichen Tag und für die kommenden sechs Wochen ein Anspruch auf Fortzahlung des Arbeitsentgelts zu. Der Erkrankte erhält also auch noch für den restlichen Teil des gleichen Tages Entgelt (z.B. am 7. Juli). Das bedeutet, dass der Tag bei der Berechnung der Sechs-Wochen-Frist nicht mit angerechnet wird.

Beispiel 2:

Der Arbeitnehmer verunglückt am 13. Mai auf dem Weg zur Arbeit. Arbeitsunfähigkeit besteht für mehrere Wochen. Da die Arbeitsunfähigkeit vor Beginn der Arbeitsaufnahme eingetreten ist, wird dieser Tag bei der Ermittlung der Sechs-Wochen-Frist mitberücksichtigt. Der Entgeltfortzahlungsanspruch beginnt am 13. Mai und endet am 23. Juni.

Beispiel 3:

Der Angestellte B muss am 4. Juni wegen eines Angina-Pectoris-Anfalls seine Arbeit im Betrieb beenden und wird mit einem Rettungswagen ins Krankenhaus eingeliefert. Die Arbeitsunfähigkeit dauert mehrere Wochen. Bei der Ermittlung der Sechs-Wochen-Frist wird der 4. Juni nicht mitgerechnet (§ 187 BGB). Der Anspruch auf Entgeltfortzahlung besteht für die

Zeit vom 5. Juni bis 16. Juli. Für den 4. Juni hat der Arbeitnehmer ebenfalls für den Teil des restlichen Tages einen Anspruch auf Entgeltfortzahlung.

Erkrankt ein Arbeitnehmer während einer Zeit, in der das Arbeitsverhältnis ruht, beginnt die Sechs-Wochen-Frist erst vom Beginn der vorgesehenen Wiederaufnahme; denn während der Ruhenszeit besteht kein Entgeltfortzahlungsanspruch.

Beispiel 4:

Während der einmonatigen Wehrübung erkrankt ein Arbeitnehmer an einem Magengeschwür. Die Wehrübung endet am 31. Mai. Die Arbeit soll der Arbeitnehmer am 1. Juni wieder aufnehmen, wozu es wegen der noch andauernden Arbeitsunfähigkeit nicht kommt. Der Entgeltfortzahlungsanspruch beginnt mit dem geplanten Tag der Arbeitsaufnahme, dem 1. Juni, und endet folglich am 12. Juli.

Tritt die Arbeitsunfähigkeit an einem arbeitsfreien Tag (z.B. Samstag oder Sonntag) ein und wird dem Arbeitnehmer ein gleich bleibendes monatliches Arbeitsentgelt gezahlt, so wird der Tag des Eintritts der Arbeitsunfähigkeit in die Sechs-Wochen-Frist einbezogen. Wird der Arbeitnehmer jedoch nach Stunden oder Akkord bezahlt, wird der Tag des Beginns nicht mitgerechnet, sondern erst vom folgenden Tag an.

Beispiel 5:

Am Sonntag, dem 25. März erkrankt der Arbeitnehmer C an einer Hepatitis. Die Arbeitsunfähigkeit dauert voraussichtlich mehrere Wochen. Der Arbeitnehmer erhält ein monatlich gleich bleibendes Arbeitsentgelt. Bei der Ermittlung der Sechs-Wochen-Frist wird der Sonntag mitgerechnet, da auch bei Arbeitsfähigkeit der arbeitsfreie Tag bezahlt worden wäre. Die Entgeltfortzahlung endet somit am 5. Mai.

Zahlt der Arbeitgeber auch ohne **ärztliche Arbeitsunfähigkeitsbescheinigung** das Arbeitsentgelt während der Arbeitsunfähigkeit weiter, sind diese Tage grundsätzlich nicht auf die Sechs-Wochen-Frist anzurechnen.

Sofern glaubhaft dargelegt wird, dass die Arbeitsunfähigkeit durchgehend bestand (BSG, Urteil vom 9.9.1981, SozSich 1981 S. 379), ist die nicht ärztlich bescheinigte Arbeitsunfähigkeit auf den Sechs-Wochen-Zeitraum anzurechnen.

c) Wiederholte Arbeitsunfähigkeit

Der sechswöchige Entgeltfortzahlungsanspruch ist immer dann **838** gegeben, wenn die neue Arbeitsunfähigkeit auf einer Krankheit beruht, die medizinisch unabhängig von der vorhergehenden Krankheit ist und nach Ablauf der vorhergehenden Krankheit eintritt. Ist also die vorhergehende Krankheit vollständig ausgeheilt und tritt danach eine neue Krankheit auf – auch wenn es sich um die gleiche Krankheitsart (z.B. grippaler Infekt) handelt oder dasselbe Organ betroffen ist –, besteht ein neuer sechswöchiger Entgeltfortzahlungsanspruch (vgl. BAG, Urteil vom 18.5.1957, DB 1957 S. 534).

Die vorhergehende Arbeitsunfähigkeit endet i.d.R. mit dem Ende der betriebsüblichen Arbeitszeit (z.B. 16.00 Uhr). Tritt danach die Arbeitsunfähigkeit auf Grund einer anderen Krankheit ein, ist auch dann ein Anspruch auf weitere sechs Wochen Entgeltfortzahlung gegeben, wenn der Arbeitnehmer zwischenzeitlich die Arbeit nicht wieder aufgenommen hat (vgl. BAG, Urteil vom 11.10.1966, BB 1966 S. 1394).

Beispiel 1:

Wegen eines grippalen Infekts war der Arbeitnehmer bis Mittwoch, dem 7. April arbeitsunfähig. Die betriebsübliche Arbeitszeit beginnt um 5.00 Uhr und endet um 13.00 Uhr. Am Nachmittag (18.00 Uhr) des 7. April verletzt er sich beim Tennisspielen. Da die vorhergehende Arbeitsunfähigkeit vollständig ausgeheilt war, gilt diese als beendet mit der Folge, dass auf Grund der neuen Arbeitsunfähigkeit ein erneuter Entgeltfortzahlungsanspruch besteht (vgl. BAG, Urteil vom 2.12.1981, DB 1982 S. 601).

Ein neuer Entgeltfortzahlungsanspruch besteht jedoch dann nicht, wenn es sich um eine wiederholte Arbeitsunfähigkeit wegen derselben Krankheit innerhalb eines Zeitraums von zwölf Monaten handelt, es sei denn, der Arbeitnehmer war vor der **erneuten Arbeitsunfähigkeit** wegen derselben Krankheit **mindestens sechs Monate nicht wegen dieser Krankheit arbeitsunfähig**.

Dieselbe Krankheit liegt vor, wenn zeitlich auseinander liegende Arbeitsunfähigkeitszeiten auf das gleiche Grundleiden zurückzuführen sind, also die erneute Erkrankung nur eine Fortsetzung der bisherigen Arbeitsunfähigkeit darstellt (vgl. BAG, Urteil vom 14.11.1984, DB 1985 S. 710).

In der praktischen Umsetzung kann der Arbeitgeber in der Regel nicht feststellen, ob es sich bei der Erkrankung um eine auf den Entgeltfortzahlungsanspruch anrechenbare Folgeerkrankung handelt, denn die ihm vorzulegende Arbeitsunfähigkeitsbescheinigung beinhaltet keine **Diagnosedaten**. Allerdings teilen die Krankenkassen auf Anfrage mit, ob zwischen den beiden Krankheiten ein medizinisch begründeter Zusammenhang besteht. Vielfach gehen die Krankenkassen dazu über, dem Arbeitgeber diese wichtige Information auch ohne besondere Aufforderung zu übermitteln. Dabei wird die Krankenkasse bei Zweifelsfällen den behandelnden Arzt in den Entscheidungsprozess einbeziehen.

Ob es sich im Einzelnen um eine **Fortsetzungserkrankung** handelt, hat der Arbeitgeber zu beweisen. Hierfür reicht allerdings der erste Anschein (Anscheinsbeweis) für das Vorliegen einer Wiederholungserkrankung aus (vgl. BAG, Urteil vom 4.12.1985, NZA 1986 S. 787).

Beispiel 2:

Der Arbeitnehmer ist vom 6. Oktober bis 15. Oktober wegen eines grippalen Infekts arbeitsunfähig. Am 20. November bricht er sich den Arm. Die Arbeitsunfähigkeit dauert bis zum 5. Januar des folgenden Jahres. Vom 5. März bis 12. März besteht wegen eines erneuten grippalen Infekts erneut Arbeitsunfähigkeit. Auf Grund des Armbruchs muss sich der Arbeitnehmer nochmals in ärztliche Behandlung begeben. In der Zeit vom 2. August bis 10. August bescheinigt der Arzt Arbeitsunfähigkeit.

Ein Zusammenhang zwischen den grippalen Infekten wird nicht gegeben sein. Vielmehr ist davon auszugehen, dass die Erkrankung vom 6. Oktober bis 15. Oktober vollständig ausgeheilt ist. Hinsichtlich der Arbeitsunfähigkeiten auf Grund des Armbruchs vom 20. November bis 5. Januar und vom 2. August bis 10. August besteht ein medizinisch begründeter Zusammenhang. Es handelt sich um eine Fortsetzungserkrankung. Allerdings sind zwischen dem Ende (5. Januar) der ersten Arbeitsunfähigkeit und dem Beginn der Fortsetzungserkrankung (2. August) mehr als sechs Monate vergangen, so dass bei dieser Fortsetzungserkrankung wieder ein erneuter Anspruch auf Entgeltfortzahlung besteht.

d) Arbeitgeberwechsel

839 Die Begrenzung des Entgeltfortzahlungsanspruchs durch die Sechs- bzw. durch die Zwölf-Monats-Frist kommt nur in Betracht, wenn die wiederholte Arbeitsunfähigkeit wegen derselben Krankheit während eines ununterbrochenen Arbeitsverhältnisses bei demselben Arbeitgeber eintritt.

Wechselt der Arbeitnehmer zwischen zwei Arbeitsunfähigkeitszeiten wegen derselben Krankheit den Arbeitgeber, besteht unabhängig von der Sechs-Monats-Frist bzw. Zwölf-Monats-Frist ein neuer Entgeltfortzahlungsanspruch von sechs Wochen. Erkrankungen und Entgeltfortzahlungen in einem früheren Arbeitsverhältnis spielen dabei keine Rolle (BAG, Urteil vom 13.1.1972, BB 1972 S. 449). Dies gilt auch dann, wenn ein neues Arbeitsverhältnis bei demselben Arbeitgeber aufgenommen wird (vgl. BAG, Urteil vom 15.9.1961, DB 1961 S. 1554).

Besteht zwischen zwei aufeinander folgenden Arbeitsverhältnissen beim selben Arbeitgeber ein sachlicher Zusammenhang (z.B. der Arbeitnehmer wurde wegen vorübergehenden Arbeitsmangels gekündigt und kurze Zeit später wieder zu gleichen Bedingungen weiterbeschäftigt), ist ausnahmsweise von einem einheitlichen Arbeitsverhältnis auszugehen; das bedeutet, dass die Zeiten auf Grund derselben Erkrankungen auf den Entgeltfortzahlungsanspruch angerechnet werden (vgl. BAG, Urteil vom 2.3.1983, BB 1984 S. 64).

Tritt ein anderer Arbeitgeber im Rahmen eines **Betriebsübergangs** nach § 613a BGB in die Rechte und Pflichten eines Betriebes ein, werden die Arbeitsunfähigkeitszeiten wegen derselben Krankheit, die vor dem rechtsgeschäftlichen Übergang liegen, auf die Dauer der Entgeltfortzahlung angerechnet.

e) Sechs-Monats-Frist

840 Ob ein erneuter Anspruch auf Entgeltfortzahlung für sechs Wochen besteht, richtet sich bei einer erneuten Arbeitsunfähigkeit wegen derselben Krankheit danach, ob zwischen Beginn der erneuten Arbeitsunfähigkeit und dem Ende der vorhergehenden mindestens sechs Monate liegen.

Bestanden in diesem Zeitraum anderweitige Arbeitsunfähigkeitszeiten wegen anderer Erkrankungen, bleiben diese unberücksichtigt, d.h. dass dadurch eine Unterbrechung des Sechs-Monats-Zeitraums nicht eintritt.

Beispiel 1:

Ein Arbeitnehmer ist in den letzten Monaten häufiger krank. Folgende Arbeitsunfähigkeitszeiten liegen vor:

Arbeitsunfähigkeit wegen eines Magengeschwürs	1. Juni bis 29. Juli
Arbeitsunfähigkeit wegen grippalen Infekts	5. August bis 17. August
Arbeitsunfähigkeit wegen eines Magengeschwürs	7. November bis 9. Dezember

Bei der Arbeitsunfähigkeit vom 7. November bis 9. Dezember handelt es sich um eine Fortsetzungserkrankung im Verhältnis zur Arbeitsunfähigkeit vom 1. Juni bis 29. Juli. Ein erneuter Anspruch auf Entgeltfortzahlung besteht, wenn in der rückwärts verlaufenden Frist vom 7. Mai bis 6. November – dabei wird nach dem BAG-Urteil vom 30.8.1973 (DB 1973 S. 2404) der erste Tag der erneuten Arbeitsunfähigkeit wegen derselben Krankheit als Ereignistag angesehen und nicht mit in die Frist einbezogen – wegen dieser Erkrankung keine Arbeitsunfähigkeit bestand. Da die vorhergehende Erkrankung noch keine sechs Monate zurückliegt, besteht kein erneuter Anspruch auf Entgeltfortzahlung.

Beispiel 2:

Ein Arbeitnehmer ist in den letzten Monaten häufiger krank. Folgende Arbeitsunfähigkeitszeiten liegen vor:

Arbeitsunfähigkeit wegen eines Magengeschwürs	1. April bis 29. April
Arbeitsunfähigkeit wegen grippalen Infekts	5. August bis 17. August
Arbeitsunfähigkeit wegen eines Magengeschwürs	7. November bis 9. Dezember

Bei der Arbeitsunfähigkeit vom 7. November bis 9. Dezember handelt es sich um eine Fortsetzungserkrankung im Verhältnis zur Arbeitsunfähigkeit vom 1. April bis 29. April. Ein erneuter Anspruch auf Entgeltfortzahlung besteht, wenn in der rückwärts verlaufenden Frist vom 7. Mai bis 6. November wegen dieser Erkrankung keine Arbeitsunfähigkeit bestand. Da zwischen dem Ende der vorhergehenden Arbeitsunfähigkeit und dem Beginn der erneuten Arbeitsunfähigkeit ein Zeitraum von mehr als sechs Monaten liegt, besteht ein erneuter Entgeltfortzahlungsanspruch. Dabei ist es unerheblich, dass in der Zeit vom 5. August bis 17. August der Sechs-Monats-Zeitraum durch eine andere Arbeitsunfähigkeit unterbrochen wurde (vgl. BAG, Urteil vom 6.10.1976, BB 1977 S. 39).

f) Zwölf-Monats-Frist

841 Arbeitnehmer, die mehrfach auf Grund derselben Krankheit arbeitsunfähig sind, haben auch dann einen Entgeltfortzahlungsanspruch, wenn zwischen dem Ende der vorhergehenden Arbeitsunfähigkeit und dem Beginn der erneuten Arbeitsunfähigkeit nicht mindestens ein Zeitraum von sechs Monaten liegt. Voraussetzung hierfür ist, dass seit Beginn der letzten Arbeitsunfähigkeit wegen dieser Krankheit mindestens zwölf Monate vergangen sind.

Die Zwölf-Monats-Frist wird **vom Beginn der ersten Arbeitsunfähigkeit an**, die einen neuen sechswöchigen Anspruch auf Entgeltfortzahlung auslöst, berechnet.

Beispiel 1:

Ein Arbeitnehmer ist wegen einer Herzrhythmusstörung am 10.6.2001 erkrankt. Wegen derselben Krankheit bestand Arbeitsunfähigkeit

vom	10. 6.2001	bis	12. 7.2001
vom	4.10.2001	bis	19.10.2001
vom	1. 3.2002	bis	18. 3.2002
vom	6. 7.2002	bis	30. 7.2002

(Die Arbeitsunfähigkeit ist jeweils vor Arbeitsbeginn eingetreten.)

Für dieselbe Krankheit besteht ein Entgeltfortzahlungsanspruch nur für sechs Wochen innerhalb eines Jahres. Auf Grund der Herzrhythmusstörungen ist der Arbeitnehmer erstmalig vom 10.6.2001 bis 12.7.2001 (33 Tage) arbeitsunfähig krank. Für diesen Zeitraum besteht somit ein Anspruch auf Entgeltfortzahlung. Die erneute Arbeitsunfähigkeit begründet ebenfalls einen Entgeltfortzahlungsanspruch, da der gesamte Anspruch auf Grund der vorhergehenden Arbeitsunfähigkeit nicht erschöpft ist. Allerdings endet die Entgeltfortzahlung wegen Ausschöpfung des Entgeltfortzahlungsanspruchs am 12.10.2001 (neun Tage). Ein vollständiger Sechs-Wochen-Entgeltfortzahlungsanspruch ist nicht gegeben, da zwischen dem Ende der vorhergehenden (12.7.2001) und dem Beginn der erneuten Arbeitsunfähigkeit (4.10.2001) nicht mindestens sechs Monate vergangen sind. Für die Arbeitsunfähigkeit vom 1.3.2002 bis 18.3.2002 ist das Arbeitsentgelt ebenfalls nicht fortzuzahlen. Der Sechs-Wochen-Anspruch ist erschöpft und zwischen den Arbeitsunfähigkeitszeiten liegen keine sechs Monate. Vom 6.7.2002 an hat der Arbeitgeber allerdings wegen derselben Krankheit das Entgelt fortzuzahlen. Zwar liegen zwischen den jeweiligen Arbeitsunfähigkeitszeiten keine sechs Monate, aber seit Beginn der ersten Arbeitsunfähigkeit wegen Herzrythmusstörungen (10.6.2001) ist ein Zeitraum von zwölf Monaten (Rahmenfrist 10.6.2001 bis 9.6.2002) vergangen. Die erneute Arbeitsunfähigkeit ist nach Ablauf der Rahmenfrist eingetreten mit der Folge, dass ein Anspruch auf Entgeltfortzahlung vom 6.7.2002 an besteht.

Hat der Arbeitnehmer zu Beginn der erneuten Arbeitsunfähigkeit keinen Entgeltfortzahlungsanspruch mehr, weil bereits für sechs Wochen das Entgelt weitergezahlt wurde, lebt dieser Anspruch dann nicht auf, wenn während dieser Arbeitsunfähigkeit die Zwölf-Monats-Frist endet. Ein solcher Anspruch ist vielmehr nur dann gegeben, wenn der Beginn der Arbeitsunfähigkeit in eine neue Zwölf-Monats-Frist fällt.

Der nächste Zwölf-Monats-Zeitraum wird vom Beginn der erneuten Arbeitsunfähigkeit wegen derselben Erkrankung neu berechnet, wenn ein neuer sechswöchiger Entgeltfortzahlungsanspruch besteht.

Beispiel 2:

Ein Arbeitnehmer ist wegen einer Niereninsuffizienz erstmalig am 10.6.2001 arbeitsunfähig erkrankt. Wegen derselben Krankheit bestand Arbeitsunfähigkeit

vom	10. 6.2001	bis	30. 7.2001
vom	4.10.2001	bis	19.10.2001
vom	2. 5.2002	bis	29. 5.2002

Die Arbeitsunfähigkeit ist jeweils vor Beginn der Arbeitsaufnahme eingetreten.

Für dieselbe Erkrankung besteht ein Entgeltfortzahlungsanspruch nur für sechs Wochen innerhalb eines Jahres. Auf Grund der Niereninsuffizienz ist der Arbeitnehmer erstmalig vom 10.6.2001 bis 30.7.2001 arbeitsunfähig krank. Für diesen Zeitraum besteht ein vollständiger sechswöchiger Entgeltfortzahlungsanspruch. Für die erneute Arbeitsunfähigkeit vom 4.10.2001 bis 19.10.2001 besteht kein Entgeltfortzahlungsanspruch, da zwischen den beiden Arbeitsunfähigkeiten nicht mindestens sechs Monate vergangen sind. Vom 2.5.2002 an besteht jedoch ein Entgeltfortzahlungsanspruch. Zwar beginnt die erneute Arbeitsunfähigkeit noch innerhalb der Zwölf-Monats-Frist – gerechnet vom Beginn der erstmaligen Arbeitsunfähigkeit (Rahmenfrist vom 10.6.2001 bis 9.6.2002) –, jedoch sind zwischen dem Ende der letzten Arbeitsunfähigkeit (19.10.2001) und dem Beginn der erneuten Arbeitsunfähigkeit (2.5.2002) mehr als sechs Monate vergangen.

Besteht im Falle der erneuten Arbeitsunfähigkeit wegen derselben Erkrankung ein neuer sechswöchiger Anspruch auf Entgeltfortzahlung, setzt der Beginn dieser Arbeitsunfähigkeit stets eine neue Zwölf-Monats-Frist in Gang.

Beispiel 3:

Ein Arbeitnehmer ist wegen einer Diabetes erstmalig am 10.6.2001 arbeitsunfähig erkrankt. Wegen derselben Krankheit bestand Arbeitsunfähigkeit

vom	10. 6.2001	bis	20. 6.2001	= 11 Kalendertage
vom	3.11.2001	bis	30.11.2001	= 28 Kalendertage
vom	2. 2.2002	bis	13. 2.2002	= 12 Kalendertage

Die Arbeitsunfähigkeit ist jeweils vor Beginn der Arbeitsaufnahme eingetreten.

Für dieselbe Erkrankung besteht ein Entgeltfortzahlungsanspruch nur für sechs Wochen innerhalb eines Jahres. Somit hat der Arbeitnehmer für die Arbeitsunfähigkeitszeiten vom 10.6. bis 20.6.2001 und vom 3.11. bis 30.11.2001 das Entgelt fortzuzahlen. Für die Arbeitsunfähigkeitszeit vom 2.2.2002 an besteht ein Anspruch nur bis zum 4.2.2002, da dann der Sechs-Wochen-Anspruch erschöpft ist. Zwischen den jeweiligen Arbeitsunfähigkeitszeiten sind auch keine sechs Monate und vom Beginn der ersten Arbeitsunfähigkeit am 10.6.2001 keine zwölf Monate bis zum Beginn der erneuten Arbeitsunfähigkeit vergangen. Somit besteht wegen der Folgeerkrankung kein neuer Entgeltfortzahlungsanspruch.

Beispiel 4:

Ein Arbeitnehmer ist wegen einer Diabetes erstmalig am 10.6.2001 arbeitsunfähig erkrankt. Wegen derselben Krankheit bestand Arbeitsunfähigkeit

vom	10.6.2001	bis	30.7.2001	= 51 Kalendertage
vom	25.3.2002	bis	15.4.2002	= 22 Kalendertage
vom	6.5.2002	bis	29.5.2002	= 24 Kalendertage

Die Arbeitsunfähigkeit ist jeweils vor Beginn der Arbeitsaufnahme eingetreten. Zwischenzeitlich war der Arbeitnehmer wegen eines LWS/HWS-Syndroms vom 2.9. bis 19.9.2001 arbeitsunfähig.

Für die Zeit vom 10.6. bis 30.7.2001 (Diabetes) und vom 2.9. bis 19.9.2001 (HWS/LWS-Syndrom) bestand jeweils ein vollständiger Entgeltfortzahlungsanspruch zu. Für die Arbeitsunfähigkeit vom 25.3.2002 bis 15.4.2002 besteht ebenfalls ein vollständiger Entgeltfortzahlungsanspruch, da zwischen dem Ende der vorhergehenden Arbeitsunfähigkeit und dem Beginn der erneuten Arbeitsunfähigkeit ein Zeitraum von mehr als sechs Monaten liegt. Fraglich ist nur, ob für die Arbeitsunfähigkeit vom 6.5. bis 29.5.2002 ein Entgeltfortzahlungsanspruch besteht. Schließlich ist der Arbeitnehmer seit der ersten Erkrankung am 10.6.2001 mehrfach wegen der Diabetes arbeitsunfähig gewesen und zwischen der Erkrankung vom 25.3. bis 15.4.2002 und der erneuten Arbeitsunfähigkeit vom 6.5.2002 sind nicht mehr als sechs Monate vergangen.

Dennoch ist für diese Arbeitsunfähigkeit ein (Teil-)Anspruch auf Entgeltfortzahlung gegeben, weil nach Ablauf der Sechs-Monats-Frist zwischen den Arbeitsunfähigkeitszeiten vom 10.6. bis 30.7.2001 und vom 25.3. bis 15.4.2002 eine erneute Zwölf-Monats-Frist beginnt, die am 25.3.2002 beginnt und am 24.3.2003 endet. Innerhalb der neu gebildeten Zwölf-Monats-Frist besteht wieder ein vollständiger sechswöchiger Entgeltfortzahlungsanspruch, wobei die Arbeitsunfähigkeitszeiten vor dem 25.3.2002 **nicht berücksichtigt werden** (vgl. BAG, Urteil vom 6.10.1976, DB 1977 S. 215). Das bedeutet hier, dass der Arbeitnehmer bis zum 25.5.2002 Entgeltfortzahlung erhält.

g) Hinzutritt einer Krankheit während eines Anspruchs auf Entgeltfortzahlung

Nach der BAG-Rechtsprechung (Urteile vom 14.9.1983, DB 1983 **842** S. 2783, und vom 2.12.1981, DB 1982 S. 601) verlängert sich die Anspruchsdauer nicht, wenn eine neue Krankheit hinzutritt, die für sich allein ebenfalls Arbeitsunfähigkeit verursacht. Dies gilt selbst dann, wenn die **hinzugetretene Krankheit** ab einem bestimmten Zeitpunkt alleinige Ursache der Arbeitsunfähigkeit ist.

Der Anspruch auf Entgeltfortzahlung endet während der ununterbrochenen Arbeitsunfähigkeit spätestens mit Ablauf der sechswöchigen Entgeltfortzahlung.

Beispiel 1:

Ein Arbeitnehmer ist wegen Diabetes erstmalig vom 10. Juni an arbeitsunfähig krank. Während der Arbeitsunfähigkeit erkrankt er an einem HWS/LWS-Syndrom. Diese Erkrankung verursacht für sich gesehen ebenfalls Arbeitsunfähigkeit. Die Arbeitsunfähigkeit endet am 16. August (Die Arbeitsunfähigkeit ist jeweils vor Beginn der Arbeitsaufnahme eingetreten.)

Durch den Hinzutritt der Krankheit „HWS/LWS-Syndrom" verlängert sich der Entgeltfortzahlungsanspruch nicht. Der Arbeitgeber hat das Entgelt bis zum 21. Juli weiterzuzahlen.

Beispiel 2:

Ein Arbeitnehmer ist wie folgt arbeitsunfähig:

10. Juni–29. Juni	
Diabetes	20 Kalendertage
19. September–16. Oktober	
Diabetes und HWS-Syndrom	28 Kalendertage
21. November–19. Dezember	
Diabetes	29 Kalendertage

(Die Arbeitsunfähigkeit ist jeweils vor Beginn der Arbeitsaufnahme eingetreten.)

Für die Arbeitsunfähigkeit wegen der Diabetes vom 10. Juni bis 29. Juni besteht ein Entgeltfortzahlungsanspruch. Bei der Arbeitsunfähigkeit wegen der Diabetes und des HWS-Syndroms vom 19. September bis 16. Oktober ist die Vorerkrankungszeit anzurechnen, da auch vom 19. September an Arbeitsunfähigkeit wegen Diabetes besteht. Die Entgeltfortzahlung endet daher am 10. Oktober. Auf Grund der Arbeitsunfähigkeit vom 21. November bis 19. Dezember ist wegen der Vorerkrankungszeiten kein Entgeltfortzahlungsanspruch gegeben. Außerdem ist zwischen den einzelnen Arbeitsunfähigkeitszeiten kein Zeitraum von sechs Monaten vergangen.

Beispiel 3:

Ein Arbeitnehmer ist wie folgt arbeitsunfähig:

10. Juni – 29. Juni	Diabetes	20 Kalendertage
19. September – 30. Oktober	HWS-Syndrom	42 Kalendertage
25. Oktober – 19. Dezember	Diabetes	29 Kalendertage

(Die Arbeitsunfähigkeit ist jeweils vor Beginn der Arbeitsaufnahme eingetreten.)

Für die Arbeitsunfähigkeit wegen der Diabetes vom 10. Juni bis 29. Juni besteht ein Entgeltfortzahlungsanspruch. Für die Arbeitsunfähigkeit wegen des HWS-Syndroms besteht ebenfalls ein Anspruch auf Entgeltfortzahlung. Dabei spielt es keine Rolle, dass vom 25. Oktober an auch Arbeitsunfähigkeit wegen der Diabetes besteht. Eine Anrechnung der Vorerkrankungszeit wegen Diabetes scheidet aus, da die Diabetes nicht alleinige Ursache der Arbeitsunfähigkeit ist. Der Arbeitgeber hat also bis zum 30. Oktober das Entgelt fortzuzahlen. Vom 31. Oktober an besteht kein Entgeltfortzahlungsanspruch mehr. Wenn die hinzugetretene Arbeitsunfähigkeit alleinige Ursache ist, sind mögliche Vorerkrankungszeiten zu berücksichtigen. Auch wenn durch diese Erkrankung der gesamte Anspruch noch nicht ausgeschöpft ist, ist das Entgelt nicht weiterzuzahlen, da der Arbeitgeber seit dem 19. September ununterbrochen für die bestehende Arbeitsunfähigkeit das Entgelt fortgezahlt hat.

War der Arbeitnehmer wegen der hinzugetretenen Erkrankung bereits vorher arbeitsunfähig, kommt eine **Anrechnung auf die Bezugsdauer** nicht in Betracht, solange die Arbeitsunfähigkeit auf Grund der ersten Erkrankung nicht beendet ist. Ist wegen der ersten Erkrankung keine Arbeitsunfähigkeit mehr gegeben, ist festzustellen, ob auf Grund der hinzugetretenen Krankheit – die nunmehr alleine Arbeitsunfähigkeit verursacht – unter Berücksichtigung von Vorerkrankungen noch ein Anspruch auf Entgeltfortzahlung besteht (BAG, Urteil vom 27.7.1977, DB 1977 S. 2238).

Beispiel 4:

Ein Arbeitnehmer ist wegen einer Diabetes erstmalig vom 10. Juni an arbeitsunfähig. Während der Arbeitsunfähigkeit erkrankt er am 19. Juni an einem HWS/LWS-Syndrom. Diese Erkrankung verursacht für sich gesehen ebenfalls Arbeitsunfähigkeit. Die Diabetes-Erkrankung endet am 29. Juni. Vom 30. Juni an besteht Arbeitsunfähigkeit nur noch wegen des HWS/LWS-Syndroms.

(Die Arbeitsunfähigkeit ist jeweils vor Beginn der Arbeitsaufnahme eingetreten.)

In dem fortlaufenden Arbeitsunfähigkeits-Fall besteht vom 30. Juni an nur noch wegen des HWS/LWS-Syndroms Arbeitsunfähigkeit. Durch den Hinzutritt dieser Krankheit verlängert sich der Entgeltfortzahlungsanspruch nicht. Das Arbeitsentgelt ist während der Arbeitsunfähigkeit bis zum 21. Juli weiterzuzahlen.

Beispiel 5:

Ein Arbeitnehmer ist wegen Diabetes erstmalig vom 10. Juni an arbeitsunfähig. Die Arbeitsunfähigkeit dauert bis 29. Juni. Am 19. Juli erkrankt der Arbeitnehmer an einem HWS/LWS-Syndrom. Während dieser Arbeitsunfähigkeit tritt am 30. Juli auch Arbeitsunfähigkeit wegen der Diabetes ein. Die Arbeitsunfähigkeit auf Grund des HWS/LWS-Syndroms endet am 6. August. Insgesamt dauert die Arbeitsunfähigkeit bis zum 30. November.

(Die Arbeitsunfähigkeit ist jeweils vor Beginn der Arbeitsaufnahme eingetreten.)

Für die Arbeitsunfähigkeit vom 10. Juni bis 29. Juni besteht ein Entgeltfortzahlungsanspruch. Dies gilt auch für die Arbeitsunfähigkeit auf Grund der HWS-Erkrankung. Da diese Arbeitsunfähigkeit am 6. August endet, ist vom 7. August an die Diabetes nur noch alleinige Ursache der Arbeitsunfähigkeit. Da auf Grund derselben Krankheit bereits Arbeitsunfähigkeit bestand, sind evtl. Vorerkrankungszeiten zu berücksichtigen. Auf den Entgeltfortzahlungsanspruch vom 7. August an auch die Arbeitsunfähigkeitszeit vom 10. Juni bis 29. Juni (20 Kalendertage) anzurechnen. Die Entgeltfortzahlung endet daher am 28. August. Dies gilt selbst dann, wenn vom Beginn der fortlaufenden Arbeitsunfähigkeit (19. Juli) an noch keine sechs Wochen abgelaufen sind.

Beispiel 6:

Ein Arbeitnehmer ist wegen einer Schnittverletzung erstmalig vom 10. Juni an arbeitsunfähig krank. Während der Arbeitsunfähigkeit erkrankt er an einem HWS/LWS-Syndrom. Diese Erkrankung verursacht für sich allein gesehen ebenfalls Arbeitsunfähigkeit. Die Arbeitsunfähigkeit auf Grund der Schnittverletzung endet am 17. Juli. Der Arbeitnehmer ist ab 25. Juli arbeitsfähig. Später ist er wieder auf Grund des HWS/LWS-Syndrom arbeitsunfähig krank.

(Die Arbeitsunfähigkeit ist jeweils vor Beginn der Arbeitsaufnahme eingetreten).

Arbeitsunfähigkeit wegen Schnittverletzung	10. Juni bis 17. Juli
Arbeitsunfähigkeit wegen HWS/LWS-Syndrom ab	29. Juni bis 24. Juli
Ende der Arbeitsunfähigkeit am	24. Juli
Arbeitsunfähigkeit HWS/LWS-Syndrom	19. September bis 18. Oktober

Für die Arbeitsunfähigkeit vom 10. Juni bis 24. Juli ist das Arbeitsentgelt bis zum 21. Juli weiterzuzahlen. Für die Fortsetzungserkrankung vom 19. September bis 18. Oktober besteht ein Anspruch auf Entgeltfortzahlung. Allerdings sind bestehende Vorerkrankungszeiten zu berücksichtigen. Dabei werden nur Zeiten angerechnet, die alleinige Arbeitsunfähigkeitsursache waren, d.h. hier ist die Arbeitsunfähigkeitszeit vom 18. Juli bis 24. Juli (= sieben Kalendertage) zu berücksichtigen. Somit besteht für diese Arbeitsunfähigkeit ebenfalls ein vollständiger Entgeltfortzahlungsanspruch (vgl. BAG, Urteil vom 2.2.1994, DB 1994 S. 1039).

5. Höhe des fortzuzahlenden Arbeitsentgelts

a) Grundsätzliches

843 Bei der Entgeltfortzahlung gilt das Lohnausfallprinzip, d.h. der Arbeitnehmer soll während der Arbeitsunfähigkeit das Arbeitsentgelt erhalten, das er erzielt hätte, wenn er nicht arbeitsunfähig geworden wäre.

Aus diesem Grunde wirken sich alle **Änderungen im Arbeitsverhältnis, z.B. Höhe des Arbeitsentgelts (Erhöhung des Entgelts durch Tarifvertrag)** oder der regelmäßigen wöchentlichen Arbeitszeit (z.B. Verkürzungen der Arbeitszeit) auch dann auf die Höhe der Entgeltfortzahlung aus, wenn die Änderungen erst während der Arbeitsunfähigkeit eintreten. Arbeitsunfähige Auszubildende, die während der Arbeitsunfähigkeit aus einem Ausbildungsverhältnis ausscheiden und vom Arbeitgeber in ein Arbeitsverhältnis übernommen werden, erhalten dann das höhere Arbeitsentgelt (vgl. BAG, Urteil vom 15.2.1978, BB 1978 S. 1011).

b) Berechnungsfaktoren

Arbeitszeit **844**

Das Entgelt ist für die regelmäßige Arbeitszeit weiterzuzahlen, die infolge der Arbeitsunfähigkeit ausfällt. Bei gleich bleibenden Monatsentgelten kann der auf den Kalendertag entfallende Teil des Arbeitsentgelts mit der Anzahl der Arbeitsunfähigkeitstage multipliziert werden. Als Ausgangszeitraum sollte im Allgemeinen der letzte abgerechnete Entgeltabrechnungszeitraum (ein Monat, mindestens vier Wochen) zu Grunde gelegt werden. Führt diese Berechnung zu keinem vertretbaren Ergebnis, so kann von den letzten drei abgerechneten Entgeltabrechnungszeiträumen (drei Monate oder 12 bzw. 13 Wochen) ausgegangen werden (in BAG-Urteil vom 22.10.1980 – 5 AZR 438/78 –, USK 80267).

Wird die regelmäßige Arbeitszeit durch **Kurzarbeit** oder witterungsbedingten Arbeitsausfall verkürzt, wird für die Höhe des fortzuzahlenden Entgelts die verkürzte Arbeitszeit als maßgebende regelmäßige Arbeitszeit zu Grunde gelegt, wenn gleichzeitig das Arbeitsentgelt bei Arbeitsfähigkeit gemindert werden würde. Fällt ein gesetzlicher Feiertag in die Zeit der Arbeitsunfähigkeit, hat der Arbeitnehmer einen Anspruch auf das ungekürzte Arbeitsentgelt als Entgeltfortzahlung.

Die individuelle Arbeitszeit eines Arbeitnehmers kann jedoch von der tariflichen, betriebsüblichen oder einzelvertraglich vereinbarten Arbeitszeit abweichen. Dies ist u.a. bei den sog. Freischichten-Modellen der Fall. Trotz tariflicher oder betrieblich vereinbarter Arbeitszeitverkürzung wird weiterhin z.B. 40 Stunden in der Woche gearbeitet; zum Ausgleich für das Überschreiten der (verkürzten) wöchentlichen Arbeitszeit werden freie Schichten oder freie Tage gewährt. Sofern tarifvertraglich nichts Abweichendes bestimmt ist, ist maßgebende regelmäßige Arbeitszeit für die Berechnung des fortzuzahlenden Arbeitsentgelts in diesen Fällen nicht die verkürzte Arbeitszeit, sondern diejenige, die der Arbeitnehmer bei Arbeitsfähigkeit hätte leisten müssen (BAG, Urteil vom 2.12.1987 – 5 AZR 602/86 –, USK 87134). Ist auf Grund der besonderen Gestaltung des Arbeitsverhältnisses ein Mindestsoll an Arbeitsstunden nicht festgelegt und die Arbeitszeit nicht gleichbleibend, so ist das weiterzuzahlende Arbeitsentgelt prinzipiell nach vergangenheitsbezogenen Werten zu berechnen.

Dabei ist grundsätzlich von dem letzten abgerechneten Entgeltabrechnungszeitraum (ein Monat, mindestens vier Wochen) auszugehen. Führt diese Berechnung zu keinem vertretbaren Ergebnis, so ist zunächst die Arbeitszeit eines gleichartigen Arbeitnehmers zu Grunde zu legen. Erst danach sind die letzten drei abgerechneten Entgeltabrechnungszeiträume (drei Monate oder 12 bzw. 13 Wochen) maßgebend. Das so ermittelte Arbeitsentgelt ist durch die Zahl der auf den Ausgangszeitraum entfallenden Arbeitstage zu dividieren. Das Ergebnis wird mit der Zahl der infolge Arbeitsunfähigkeit ausgefallenen Arbeitstage modifiziert (BAG, Urteil vom 22.10.1980, DB 1981 S. 480).

Arbeitsentgelt

Im Rahmen der Entgeltfortzahlung ist das Bruttoarbeitsentgelt des Arbeitnehmers weiterzuzahlen. Von diesem Bruttobetrag hat der Arbeitnehmer während der Arbeitsunfähigkeit Lohnsteuer und Sozialversicherungsbeiträge zu zahlen. Diese sind vom Arbeitgeber zu berechnen und abzuführen. Bei Nettolohnvereinbarungen hat der Arbeitgeber die Lohnsteuer und Sozialversicherungsbeiträge des Arbeitnehmers zu übernehmen.

Zum Arbeitsentgelt gehören neben dem Barlohn auch Sachbezüge (freie Unterkunft und Verpflegung). Wenn sie während der Arbeitsunfähigkeit nicht in Anspruch genommen werden können, sind sie in bar abzugeben.

Bei der Bemessung der Entgeltfortzahlung werden Überstundenvergütungen nicht mehr berücksichtigt. Dabei bleiben sowohl die Grundvergütung für die Überstunden als auch die Überstundenzuschläge außer Betracht. Erbringt ein Arbeitnehmer über einen Zeitraum von mehreren Monaten (hier 12 Monate) regelmäßig Arbeitsleistungen von zwölf Stunden pro Tag bzw. 60 Stunden in der Woche, obwohl die tarifliche Wochenarbeitszeit nur 39 Stunden beträgt, so handelt es sich bei der tatsächlich angefallenen Arbeitszeit um die für ihn maßgebende regelmäßige Arbeitszeit i.S. des § 4 Abs. 1 EFZG. Eine Kürzung der Entgeltfortzahlung im Krankheitsfall nach § 4 Abs. 1a EFZG kommt nicht in Betracht (LAG Düsseldorf, Urteil vom 3.2.2000 – 5 Sa 1766/99 –, Revision eingelegt, Az. – 5 AZR 247/00 –).

Bei der Berechnung der Entgeltfortzahlungshöhe sind Einmalzahlungen nicht zu berücksichtigen. Wird eine Einmalzahlung jedoch während der Entgeltfortzahlung ausgezahlt, gehört dieser Betrag zwar inhaltlich nicht zur Entgeltfortzahlung, ist jedoch auf jeden Fall steuer- und beitragspflichtig (→ *Einmalzahlungen* Rz. 802).

Sonntags-, Feiertags- oder Nachtarbeitszuschläge sind im Rahmen der Entgeltfortzahlung weiterzuzahlen, wenn diese bei Arbeitsunfähigkeit angefallen bzw. gezahlt worden wären. Die Steuerfreiheit der Sonntags-, Feiertags- und Nachtarbeitszuschläge gilt jedoch nicht für das bei Arbeitsunfähigkeit fortgezahlte Arbeitsentgelt, da die Steuerfreiheit nur bei tatsächlicher Arbeitsleistung eintritt. Aus diesem Grunde sind von den Sonntags-, Feiertags- und Nachtarbeitszuschlägen auch Beiträge und Steuern zu entrichten.

Der Arbeitnehmer hat daher bei Arbeitsunfähigkeit ein niedrigeres Nettoentgelt als bei Arbeitsfähigkeit (BAG, Urteil vom 31.5.1978, b+p 1979 S. 136).

Erhält der Arbeitnehmer einen **Akkord- oder Stücklohn**, ist ihm im Rahmen der Arbeitsunfähigkeit das Arbeitsentgelt fortzuzahlen, das infolge Arbeitsunfähigkeit ausfällt. Ist das ausgefallene Arbeitsentgelt nicht feststellbar, ist zuerst das Entgelt eines gleichartig Beschäftigten zu Grunde zu legen. Ist dies nicht möglich, ist eine vergangenheitsbezogene Berechnung vorzunehmen.

Provisionen (Abschluss-, Umsatzprovisionen) stellen Arbeitsentgelt im sozialversicherungsrechtlichen Sinne dar und sind somit während einer Arbeitsunfähigkeit weiterzuzahlen. Grundsätzlich steht dem Arbeitnehmer die Provision für Geschäftsabschlüsse zu, die sein Krankheitsvertreter für ihn abschließt.

Bei rückwirkenden Veränderungen des Lohns oder Akkordlohns (z.B. durch Tarifvertrag, Betriebsvereinbarung) ist der Entgeltfortzahlungsbetrag ebenso zu erhöhen und nachzuzahlen. Dies gilt selbst dann, wenn der Anspruch auf erhöhten Lohn erst begründet wurde, nachdem die Arbeitsunfähigkeit beendet war (BAG, Urteil vom 21.11.1967, DB 1968 S. 224).

Nach dem EFZG sind Entgeltbestandteile, die echten Auslagenersatz zur Abgeltung eines tatsächlichen Mehraufwandes darstellen, nicht fortzuzahlen (vgl. § 4 Abs. 1 Satz 2 EFZG). Werden die Auslösungen dagegen pauschal gezahlt, unabhängig davon, ob die Aufwendungen auch tatsächlich entstehen, sind sie im Falle der Arbeitsunfähigkeit auch fortzuzahlen.

Schmutzzulagen, Spesen, Reise- und Fahrkosten, Zehrgelder, Ersatz für die Benutzung eigenen Werkzeuges, wenn sie im Einzelfall abgegolten werden, finden bei der Entgeltfortzahlungsberechnung keine Berücksichtigung.

c) Berechnung der Entgeltfortzahlungshöhe

845 Bei Arbeitnehmern, die einen festen Stunden-, Tages-, Wochen- oder Monatslohn erhalten, wird das fortzuzahlende Arbeitsentgelt wie folgt ermittelt: Der mutmaßliche Stundenlohn wird mit der arbeitstäglichen (regelmäßigen) Stundenzahl und der Zahl der durch Krankheit ausgefallenen Arbeitstage (einschließlich der gesetzlichen Feiertage) vervielfältigt.

Wird das Entgelt nach Wochen oder Monaten berechnet, ist in der Regel keine besondere Berechnung notwendig; das vereinbarte Wochen- oder Monatsentgelt ist einfach fortzuzahlen. Eine Umrechnung auf den Arbeitstag ist dann notwendig, wenn die Entgeltfortzahlung in eine Entgeltfortzahlungsperiode hineinreicht und der Arbeitnehmer die Arbeit nicht wieder aufnimmt. Dabei ist das auf den Kalendertag entfallende Arbeitsentgelt mit der Anzahl der Arbeitsunfähigkeitstage zu multiplizieren (vgl. BAG, Urteil vom 28.2.1975, DB 1975 S. 1128).

Beispiel 1:

Ein Arbeitnehmer ist im Juni 14 Arbeitstage wegen Diabetes arbeitsunfähig. Die wöchentliche Arbeitszeit beträgt 38,5 Stunden (5-Tage-Woche) bei einem Stundenlohn von 11,20 €.

Für die Zeit der Arbeitsunfähigkeit ist dem Arbeitnehmer ein Entgelt von

11,20 € × 7,7 Stunden je Arbeitstag (7 Std. 42 Min.) × 14 Tage = 1 207,36 €

weiterzuzahlen.

Bei **Akkordarbeitern** ist zu ermitteln, welchen Leistungslohn sie bei Arbeitsfähigkeit erzielt hätten (vgl. § 4 Abs. 1 Satz 3 EFZG). Ist eine Prognose nicht möglich und führt das Entgelt eines **gleichartig Beschäftigten** zu keinem vertretbaren Ergebnis, ist auf den **letzten Entgeltabrechnungszeitraum** zurückzugreifen. Führt diese Berechnung ebenfalls zu keinem vertretbaren Ergebnis, ist auf die letzten drei abgerechneten Entgeltabrechnungszeiträume zurückzugreifen.

Beispiel 2:

Eine Akkordarbeiterin hat im Bereich der industriellen Fertigung Elektroplatinen zu bestücken und zu verlöten. Vom 1. April bis 14. April ist sie arbeitsunfähig krank. Vor Beginn der Arbeitsunfähigkeit hat sie einschließlich der anderen Mitarbeiterinnen einen Akkordlohn von 9,50 € erzielt. Die verbleibenden arbeitsfähigen Mitarbeiterinnen der Fertigungseinheit erzielen wegen einer Produktänderung in der Zeit einen Akkordlohn von 9,10 €.

Berechnung:

Vom 1. April an hätte die Arbeitnehmerin einen Akkordlohn von 9,10 €/Std. erzielt. Daraus berechnet sich die Höhe der Entgeltfortzahlung wie folgt:

9,10 € × 80 Stunden (Arbeitsunfähigkeit)   728 €

Bei Arbeitnehmern im Gruppenakkord ist vornehmlich der Vergleich mit den Gruppenmitgliedern sachgerecht (BAG, Urteil vom 22.10.1980, DB 1981 S. 480).

d) Abweichung durch Tarifvertrag

846 Die Berechnungsmethode sowie die Bemessungsgrundlage des Entgeltfortzahlungsanspruchs kann abweichend von den gesetzlichen Regelungen im Tarifvertrag vertraglich geregelt werden.

Dabei können die Tarifvereinbarungen – bezogen auf die o.a. Felder – günstiger oder ungünstiger sein als die gesetzliche Regelung. Andere Regelungen der Entgeltfortzahlung sind dagegen weiterhin unabdingbar.

Die Dauer des Entgeltfortzahlungsanspruches kann auch durch Tarifverträge nicht gekürzt werden.

6. Anzeige- und Nachweispflichten des Arbeitnehmers

a) Allgemeines

847 Nach § 5 Abs. 1 EFZG sind alle Arbeitnehmer verpflichtet, dem Arbeitgeber die Arbeitsunfähigkeit und deren voraussichtliche Dauer unverzüglich mitzuteilen **(Benachrichtigungspflicht)**. Bei **länger als drei Kalendertage** andauernden Arbeitsunfähigkeiten hat der Arbeitnehmer spätestens am darauf folgenden Arbeitstag eine ärztliche Bescheinigung über das Bestehen und die voraussichtliche Dauer der Arbeitsunfähigkeit vorzulegen **(Nachweispflicht)**.

Der Arbeitgeber ist berechtigt, die Vorlage einer ärztlichen Bescheinigung auch noch früher zu verlangen, sofern keine einzel- oder tarifvertraglichen Regelungen dagegenstehen. **Zulässig** ist insoweit eine Regelung im Arbeitsvertrag, dass eine Arbeitsunfähigkeitsbescheinigung bereits **für den ersten Tag** krankheitsbedingter Arbeitsunfähigkeit erbracht werden muss (BAG, Urteil vom 1.10.1997, EzA Nr. 5 zu § 5 EFZG). Ein **anderweitiger Beweis** der Arbeitsunfähigkeit durch den Arbeitnehmer bleibt aber zulässig. Zum **Leistungsverweigerungsrecht** des Arbeitgebers bei fehlendem Arbeitsunfähigkeitsnachweis siehe → Rz. 855.

b) Arbeitsunfähigkeit im Inland

848 Der Arbeitnehmer ist verpflichtet, die Arbeitsunfähigkeit und ihre voraussichtliche Dauer dem Arbeitgeber unverzüglich, d.h. „ohne schuldhaftes Zögern" (§ 121 Abs. 1 Satz 1 BGB) mitzuteilen. Die **Meldung** ist nicht an eine Form gebunden und kann somit mündlich, schriftlich, telefonisch erfolgen. Dabei besteht auch die Möglichkeit, dass ein Dritter (z.B. Ehepartner) den Arbeitgeber hierüber informiert. Die Mitteilungspflicht gilt nicht nur bei Beginn der Arbeitsunfähigkeit, sondern auch bei einer fortdauernden Erkrankung über das voraussichtliche Ende hinaus. Bei der Anzeige der Arbeitsunfähigkeit ist der Arbeitnehmer nicht verpflichtet, den Arbeitgeber über die Art seiner Erkrankung zu unterrichten.

Vor Ablauf des dritten Tages nach Beginn der Arbeitsunfähigkeit hat der Arbeitnehmer dem Arbeitgeber eine ärztliche Bescheinigung über die Arbeitsunfähigkeit sowie deren voraussichtlicher Dauer vorzulegen. Ist dieser Tag ein arbeitsfreier Samstag, Sonn- oder Feiertag, verlängert sich die Frist auf den nächsten Werktag.

Beispiele:

Nach Beendigung des Arbeitstages (Donnerstag) wird der Arbeitnehmer arbeitsunfähig krank. Der Arzt bescheinigt am gleichen Tag für eine Woche Arbeitsunfähigkeit. Die Arbeitsunfähigkeitsbescheinigung hat der Arbeitnehmer dem Arbeitgeber spätestens drei Tage nach Beginn der Arbeitsunfähigkeit nachzuweisen. Die Frist beginnt am Freitag und endet am Sonntag. Spätestens am Montag muss die Bescheinigung beim Arbeitgeber sein.

Beginn der Arbeitsunfähigkeit am	Letzter Tag der Frist (Fristende) am:
Sonntag	Mittwoch
Montag	Donnerstag
Dienstag	Freitag
Mittwoch	Montag
Donnerstag	Montag
Freitag	Montag
Samstag	Dienstag
Dienstag in der „Karwoche"	Dienstag nach Ostern

Die Bescheinigung des behandelnden Arztes muss den Namen des Arbeitnehmers, die voraussichtliche Dauer der Arbeitsunfähigkeit und – sofern der Arbeitnehmer Mitglied einer gesetzlichen Krankenkasse ist – den Vermerk enthalten, dass der Krankenkasse unverzüglich eine gleiche Bescheinigung über den Befund und die voraussichtliche Dauer der Arbeitsunfähigkeit übersandt wird.

Bei jeder Verlängerung hat der Arbeitnehmer eine neue ärztliche Bescheinigung (Folgebescheinigung) mit der nun voraussichtlichen Dauer der Arbeitsunfähigkeit vorzulegen.

Auch nach Ablauf der Entgeltfortzahlung von sechs Wochen muss der Arbeitnehmer weiter ärztliche Arbeitsunfähigkeitsbe-

scheinigungen vorlegen (LAG Sachsen-Anhalt, Urteil vom 24.4.1996, LAGE Nr. 99 zu § 626 BGB).

Bei **medizinischen Maßnahmen zur Vorsorge oder Rehabilitation** hat der Arbeitnehmer dem Arbeitgeber den Zeitpunkt des Antritts der Maßnahme, die voraussichtliche Dauer und eine evtl. Verlängerung der Maßnahme unverzüglich mitzuteilen. Hierzu sind ihm die Bewilligungsunterlagen des Versicherungsträgers vorzulegen.

c) Beweiskraft der Arbeitsunfähigkeitsbescheinigung

849 Für den Entgeltfortzahlungsanspruch reicht die vom Arbeitnehmer einzureichende ärztliche Bescheinigung in der Regel aus.

Hat der Arbeitgeber **Zweifel an der Arbeitsunfähigkeit**, muss er beweisen, dass seine Zweifel begründet sind. Dabei muss er die Einzelumstände darlegen und beweisen, dass ernsthafte Zweifel an der Erkrankung bestehen. Eine pauschale Aussage reicht dazu nicht aus (BAG vom 11.8.1976, BB 1976 S. 1663). Begründete Zweifel an einer vom Arbeitnehmer vorgelegten Arbeitsunfähigkeitsbescheinigung könnte der Arbeitgeber dann einwenden, wenn der Arbeitnehmer die Arbeitsunfähigkeit vor Eintritt der Arbeitsunfähigkeit angekündigt hat und der Aufforderung einer Begutachtung durch den Medizinischen Dienst der Krankenversicherung nicht nachkommt oder wenn die ärztliche Bescheinigung ohne vorausgegangene ärztliche Untersuchung z.B. bei einer Telefondiagnose des Arztes ausgestellt wird (LAG Düsseldorf, Urteil vom 16.12.1980, DB 1981 S. 900; „Paletta"-Urteile b+p 1996 S. 245).

d) Überprüfung der Arbeitsunfähigkeit

850 Die Krankenkasse ist verpflichtet, eine Begutachtung der Arbeitsunfähigkeit durch den Medizinischen Dienst der Krankenversicherung einzuleiten, wenn dies zur Sicherung des Behandlungserfolges, insbesondere zur Einleitung von Maßnahmen zur Wiederherstellung der Arbeitsfähigkeit, angezeigt ist. Diese Verpflichtung gilt auch dann, wenn der Arbeitgeber dies unter Darlegung von Zweifeln an der Arbeitsunfähigkeit verlangt. Von einer Einschaltung des **Medizinischen Dienstes der Krankenversicherung** kann die Krankenkasse absehen, wenn sich die Antwort aus den bei der Krankenkasse vorliegenden ärztlichen Unterlagen ergibt.

Die Krankenkasse teilt dem Arbeitgeber das Ergebnis der Begutachtung über die Arbeitsunfähigkeit mit, wenn dieses mit der Bescheinigung des behandelnden Arztes im Ergebnis nicht übereinstimmt.

Kommt der Arbeitnehmer der Aufforderung zur Begutachtung durch den Medizinischen Dienst der Krankenversicherung nicht nach, hat die Krankenkasse dies dem Arbeitgeber mitzuteilen. Der Arbeitgeber hat dann die Möglichkeit, wegen begründeter Zweifel an der ärztlichen Arbeitsunfähigkeitsbescheinigung die Entgeltfortzahlung zu verweigern.

e) Arbeitsunfähigkeit im Ausland

851 Arbeitnehmer, die im Ausland erkranken, haben auch einen Entgeltfortzahlungsanspruch und gleichzeitig die Verpflichtung, die Arbeitsunfähigkeit, die voraussichtliche Dauer und die Adresse am Aufenthaltsort unverzüglich (z.B. Luftpost, Telegramm, Telefon) mitzuteilen. Es gelten also dem Grunde nach **die gleichen Pflichten wie bei einer Arbeitsunfähigkeit im Inland**. Dies gilt entsprechend für eine Verlängerung der bestehenden Arbeitsunfähigkeit.

Versäumt es ein Arbeitnehmer bei der Mitteilung einer Arbeitsunfähigkeit, die Adresse des Aufenthaltsortes mitzuteilen, entfällt der Anspruch auf Entgeltfortzahlung nicht. Zwar ist der Arbeitnehmer nach dem Entgeltfortzahlungsgesetz dazu verpflichtet, jedoch kann der Arbeitgeber bei einem Versäumnis die Entgeltfortzahlung nicht vollständig verweigern, sondern nur so lange verzögern, bis der Arbeitnehmer seiner Verpflichtung nachgekommen ist; bei telefonischer Mitteilung aus dem Ausland muss der Arbeitgeber nach der Urlaubsanschrift selbst fragen (vgl. BAG, Urteil vom 19.2.1997, NZA 1997 S. 652).

Hält sich der Arbeitnehmer bei Beginn der Arbeitsunfähigkeit in einem Land auf, mit dem ein Sozialversicherungsabkommen besteht (z.B. EÜ, Türkei), reicht es aus, wenn der Arbeitnehmer die zwischenstaatlichen Regelungen beachtet. Das bedeutet, der Arbeitnehmer schaltet den ausländischen Sozialversicherungsträger ein, der die deutsche Krankenkasse unterrichtet. Der Arbeitgeber erhält dann von der Krankenkasse eine schriftliche Mitteilung über die dort nachgewiesene Arbeitsunfähigkeit. Besteht dagegen kein Sozialversicherungsabkommen, hat der Arbeitnehmer dem Arbeitgeber unverzüglich eine Bescheinigung über den Eintritt der Arbeitsunfähigkeit und deren voraussichtliche Dauer zu übermitteln.

Im Übrigen gilt für ein **Auslandsattest aus dem Bereich der Europäischen Union** nach einer neueren Entscheidung des EuGH im Paletta-Fall (Urteil vom 2.5.1996, BB 1996 S. 1116), dass dessen Beweiswert gegenüber einem Inlandsattest gesteigert ist: Bei berechtigten Zweifeln des Arbeitgebers an der Arbeitsunfähigkeit verlagert sich die Beweislast für die Arbeitsunfähigkeit nicht auf den Arbeitnehmer; vielmehr muss der **Arbeitgeber den Nachweis** einer tatsächlich nicht gegebenen Arbeitsunfähigkeit erbringen.

7. Ende der Entgeltfortzahlung/ Anlasskündigung

852 Endet ein Arbeitsverhältnis nach Beginn der Arbeitsunfähigkeit, endet grundsätzlich auch die Entgeltfortzahlung. Wird dagegen das Arbeitsverhältnis aus Anlass der Arbeitsunfähigkeit wirksam gekündigt, bleibt der Anspruch auf Entgeltfortzahlung bestehen. Das Gleiche gilt, wenn der Arbeitnehmer das Arbeitsverhältnis aus einem vom Arbeitgeber zu vertretenden Grunde kündigt, der den Arbeitnehmer zur Kündigung aus wichtigem Grund ohne Einhaltung einer Kündigungsfrist berechtigt. Endet das Arbeitsverhältnis durch Zeitablauf (befristete Beschäftigung) nach Beginn der Arbeitsunfähigkeit, endet der Anspruch auf Entgeltfortzahlung mit dem Ende des Arbeitsverhältnisses (vgl. § 8 EFZG), siehe → Rz. 829.

Eine **Kündigung aus Anlass der Arbeitsunfähigkeit** liegt dann vor, wenn die Arbeitsunfähigkeit den entscheidenen Anstoß für die Kündigung gegeben hat, d.h. die Arbeitsunfähigkeit muss innerhalb der Ursachenkette ein entscheidend mitbestimmender Faktor für den Kündigungsausspruch sein (BAG, Urteil vom 22.12.1971, DB 1972 S. 1300). Die **Darlegungs- und Beweislast** dafür trifft im Streitfall den **Arbeitnehmer**. Fallen jedoch Kündigung und Beginn der Arbeitsunfähigkeit oder deren Verlängerung zeitlich zusammen, so spricht der Beweis des ersten Anscheins – widerlegbar – dafür, dass die Arbeitsunfähigkeit oder deren Fortdauer Anlass der Kündigung war (BAG, Urteil vom 20.8.1980, EZA Nr. 14 zu § 6 LFZG). Wird das Arbeitsverhältnis vor Beginn der Arbeitsunfähigkeit gekündigt, liegt keine Anlasskündigung vor. Erhebt der Arbeitnehmer zulässig Kündigungsschutzklage, so ist für die soziale Rechtfertigung der Kündigung der Arbeitgeber beweispflichtig. .

8. Teilnahme an medizinischen Rehabilitationsmaßnahmen (Kuren)

853 Die Vorschriften über den Anspruch auf Entgeltfortzahlung (§ 3 EFZG), die Höhe des fortzuzahlenden Arbeitsentgelts (§ 4 EFZG), den Forderungsübergang (§ 6 EFZG), das Leistungsverweigerungsrecht des Arbeitgebers (§ 7 EFZG) sowie die Beendigung des Arbeitsverhältnisses (§ 8 EFZG) gelten entsprechend für die Arbeitsverhinderung infolge einer Maßnahme der medizinischen Vorsorge oder Rehabilitation, die ein Träger der gesetzlichen Renten-, Kranken- oder Unfallversicherung, die Kriegsopferversorgung oder ein sonstiger Sozialleistungsträger bewilligt hat und die in einer entsprechenden Einrichtung stationär durchgeführt wird (§ 9 Abs. 1 Satz 1 EFZG).

Durch diese Vorschrift wird ein Anspruch auf Entgeltfortzahlung auch bei solchen Kuren eingeräumt, während deren Dauer zwar keine Arbeitsunfähigkeit im krankenversicherungsrechtlichen Sinne vorliegt, die jedoch medizinisch notwendig sind (vgl. BAG, Urteil vom 29.11.1973, DB 1973 S. 682).

Ist der Arbeitnehmer nicht Mitglied einer gesetzlichen Krankenkasse oder nicht in der gesetzlichen Rentenversicherung versichert, besteht der Entgeltfortzahlungsanspruch nur dann, wenn die Maßnahme der medizinischen Vorsorge oder Rehabilitation ärztlich verordnet worden ist und stationär in einer Einrichtung der medizinischen Vorsorge oder Rehabilitation oder einer vergleichbaren Einrichtung durchgeführt wird (§ 9 Abs. 1 Satz 2 EFZG).

Der Anspruch auf Entgeltfortzahlung besteht wie bei der Arbeitsunfähigkeit wegen Krankheit **mindestens sechs Wochen**. Dabei sind mögliche Vorerkrankungen bei der Anspruchsdauer mitzuberücksichtigen. Der Arbeitnehmer ist verpflichtet, dem Arbeitgeber den Zeitpunkt des Antritts der Maßnahme, die voraussichtliche Dauer und die Verlängerung der Maßnahme unverzüglich mitzuteilen. Hierzu hat er eine Bescheinigung über die Bewilligung der Maßnahme durch einen Sozialleistungsträger bzw. eine ärztliche Bescheinigung über die Erforderlichkeit der Maßnahme vorzulegen.

Schließt an eine Rehabilitationsmaßnahme eine ärztlich verordnete Schonungszeit an, in der der Arbeitnehmer nicht arbeitsunfähig ist, besteht für diesen Zeitraum kein Entgeltfortzahlungsanspruch. Hier tritt i.d.R. der Leistungsträger mit Krankengeld oder Übergangsgeld ein.

9. Forderungsübergang bei Dritthaftung

854 Ist der Arbeitnehmer von einem Dritten geschädigt worden und besteht dadurch Arbeitsunfähigkeit (z.B. durch einen Verkehrsunfall), hat er dennoch einen Anspruch auf Entgeltfortzahlung gegenüber seinem Arbeitgeber. Kann der Arbeitnehmer vom Schädiger Schadensersatz wegen Verdienstausfall beanspruchen, der ihm durch die Arbeitsunfähigkeit entstanden ist, so geht dieser Anspruch auf den Arbeitgeber über, soweit dieser das Entgelt fortgezahlt hat. Der Anspruch des Arbeitgebers erstreckt sich auch auf die darauf entfallenden vom Arbeitgeber zu tragenden Beiträge zur Bundesanstalt für Arbeit, Arbeitgeberanteile an Beiträgen zur Sozialversicherung sowie zu Einrichtungen der zusätzlichen Alters- und Hinterbliebenenversorgung. Zur Geltendmachung seiner Ansprüche hat der Arbeitnehmer dem Arbeitgeber unverzüglich die erforderlichen Angaben zu machen.

Vereinbarungen zwischen dem Schädiger und dem geschädigten Arbeitnehmer in der Zeit zwischen dem Eintritt des schädigenden Ereignisses und dem Zeitpunkt des Forderungsübergangs können diesen beeinträchtigen. Verhindert der Arbeitnehmer schuldhaft den Forderungsübergang ganz oder teilweise, so ist der Arbeitgeber insoweit berechtigt, die Entgeltfortzahlung zu verweigern. Erhält der Arbeitgeber erst zu einem späteren Zeitpunkt von entsprechenden Vereinbarungen Kenntnis, so hat er gegen den Arbeitnehmer einen Anspruch aus ungerechtfertigter Bereicherung wegen des zu viel gezahlten Arbeitsentgelts.

Die **Höhe** der Forderung des Arbeitgebers gegen den Schädiger richtet sich im Übrigen nach der Höhe der an den Arbeitnehmer geleisteten Entgeltfortzahlung. .

10. Leistungsverweigerungsrecht des Arbeitgebers

855 Der Arbeitgeber ist nach § 7 EFZG berechtigt, die Entgeltfortzahlung zu verweigern, solange der Arbeitnehmer die ärztliche Bescheinigung nicht vorlegt oder bei einer Arbeitsunfähigkeit im Ausland der notwendigen Anzeigepflicht nicht nachkommt oder wenn der Arbeitnehmer den Übergang eines Schadenersatzanspruchs gegen einen Dritten auf den Arbeitgeber verhindert. Die Leistungsverweigerung ist bei der Nichtvorlage der Arbeitsunfähigkeitsbescheinigung grundsätzlich nicht endgültig, d.h., kommt der Arbeitnehmer seiner Verpflichtung nach, ist die Entgeltfortzahlung nachzuholen (BAG, Urteil vom 23.1.1985, EEK I/816). Dagegen ist die Leistungsverweigerung endgültig, wenn der Übergang eines Schadenersatzanspruchs auf den Arbeitgeber verhindert wurde. Diese Leistungsverweigerung besteht nicht nur für die aktuelle Arbeitsunfähigkeit, sondern auch bei Folgeerkrankungen, die Folge derselben Schädigung sind und in denen der Arbeitgeber wegen der Verhinderung des Forderungsübergangs keinen Ersatz erhalten kann.

Ein Leistungsverweigerungsrecht besteht für den Arbeitgeber auch, solange der Arbeitnehmer seinen **Sozialversicherungsausweis** nicht nach § 100 SGB V hinterlegt (BAG, Urteil vom 14.6.1995, NZA 1995 S. 1102).

11. Ausgleich der Arbeitgeberaufwendungen

856 → *Lohnausgleichskasse* Rz. 1477; → *Lohnfortzahlung: Erstattung für Kleinbetriebe* Rz. 1480

Entlassungsabfindungen/ Entlassungsentschädigungen

1. Begriffsabgrenzung

a) Abfindungsbegriff

857 Abfindungen sind Leistungen, die der Arbeitnehmer als Ausgleich für die mit der Auflösung des Dienstverhältnisses verbundenen Nachteile, insbesondere des Verlustes des Arbeitsplatzes, erhält (sachlicher Zusammenhang). Ein **zeitlicher Zusammenhang** zwischen dem Zufluss der Abfindung und der Beendigung des Dienstverhältnisses ist daneben **nicht erforderlich**; ein erhebliches zeitliches Auseinanderfallen der beiden Ereignisse kann jedoch den sachlichen Zusammenhang in Frage stellen (R 9 Abs. 1 LStR).

Die Regelungen bei der Anrechnung von Entlassungsentschädigungen auf das Arbeitslosengeld sind Bestandteil des Dritten Buches Sozialgesetzbuch. Der in § 143a SGB III enthaltene Begriff der „Entlassungsentschädigungen" umfasst folgende Bezüge:

– Abfindungen,

– Entschädigungen und

– ähnliche Leistungen,

die der Arbeitslose wegen der Beendigung des Arbeits- oder Beschäftigungsverhältnisses erhalten oder zu beanspruchen hat (siehe → Rz. 877).

Die Entlassungsabfindung muss nicht in einer Summe gezahlt werden; auch Zahlungen in Teilbeträgen oder in fortlaufenden Beträgen gehören zu den Abfindungen.

Abfindungen wegen Auflösung des Dienstverhältnisses können auch bei Leistungen an den Arbeitnehmer vorliegen, mit denen der Arbeitgeber **Rentenabschläge** ausgleicht, die der Arbeitnehmer im Rahmen des Ausscheidens aus einem **Altersteilzeitarbeitsverhältnis** entstehen, soweit sie nicht nach § 3 Nr. 28 EStG steuerfrei sind (→ *Altersteilzeitgesetz* Rz. 50).

Zahlungen des Arbeitgebers rechnen zu den Abfindungen, wenn keine bereits erdienten Ansprüche des Arbeitnehmers abgegolten werden, sondern die Zahlung in der Auflösung des Dienstverhältnisses begründet ist. Dabei kommt es entscheidend auf den Zeitpunkt der Auflösung des Dienstverhältnisses an. Dieser Zeitpunkt bestimmt sich allein nach bürgerlichem Recht bzw. Arbeitsrecht (BFH, Urteile vom 13.10.1978, BStBl II 1979 S. 155, und vom 11.1.1980, BStBl II 1980 S. 205). Aus diesem Grunde ist aus steuerlicher Sicht die Festlegung des Zeitpunktes der Kündigung wichtig für die Frage, ob eine steuerbefreite Abfindungszahlung vorliegt oder nicht.

b) Steuerlicher Begriff

aa) Auflösung des Dienstverhältnisses

858 Abfindungen wegen einer vom Arbeitgeber veranlassten oder gerichtlich ausgesprochenen Auflösung des Dienstverhältnisses sind nach § 3 Nr. 9 EStG bis zu den dort genannten Höchstbeträgen steuerfrei, vgl. hierzu → Rz. 868.

Darüber hinausgehende Beträge können der „Fünftelregelung" nach § 34 Abs. 1 EStG unterliegen. Einzelheiten siehe → *Entschädigungen* Rz. 881.

Die Finanzverwaltung bejaht aber bereits – über die Auflösung nach bürgerlichem Recht oder nach Arbeitsrecht hinaus – die **Auflösung des Dienstverhältnisses**, wenn zwar das Dienstverhältnis formal bestehen bleibt, der Arbeitnehmer aber seinen **Arbeitsplatz mit allen wesentlichen Konsequenzen** verliert, z.B. keine Lohnfortzahlung im Krankheitsfall, kein Beschäftigungsverbot bei anderen Arbeitgebern, Status eines Pensionärs in der Firma, und damit das Dienstverhältnis **faktisch** beendet worden ist.

Beispiel 1:

Ein Unternehmen leistet im Zuge des Personalabbaus Einmalzahlungen an Arbeitnehmer, die ihren Arbeitsplatz verlieren. Das Arbeitsverhältnis bleibt jedoch zum Unternehmen formal bestehen, damit die Arbeitnehmer ihre Versorgungsanwartschaften bei der Versorgungsanstalt des Bundes und der Länder nicht verlieren. Nach deren Satzung ist für einen Versorgungsanspruch des Arbeitnehmers Voraussetzung, dass er zum Zeitpunkt des Erreichens der jeweiligen Altersgrenze Arbeitnehmer des VBL-Mitglieds ist.

Die Arbeitnehmer verlieren ihren Arbeitsplatz mit allen wesentlichen Konsequenzen, d.h. sie erhalten weder Gehalt noch Lohnfortzahlung im Krankheitsfalle und sie können sofort für andere Arbeitgeber tätig werden bzw. Arbeitslosengeld beziehen.

Die Abfindungen sind im Rahmen der Höchstbeträge steuerfrei, weil das Arbeitsverhältnis faktisch beendet worden ist.

Wird anlässlich einer **Änderungskündigung** seitens des Arbeitgebers eine Abfindung gezahlt, so ist diese nicht nach § 3 Nr. 9 EStG begünstigt, denn bei einer Änderungskündigung wird das Dienstverhältnis nicht beendet, sondern zu anderen Bedingungen fortgesetzt.

Wird hingegen das Dienstverhältnis formal beendet und der Arbeitnehmer **im Anschluss** daran auf Grund eines neuen Arbeitsvertrags bei demselben Arbeitgeber **zu wesentlich anderen Bedingungen weiterbeschäftigt**, so wird durch die erneute Beschäftigung die Steuerfreiheit einer Abfindungszahlung nicht beeinträchtigt (BFH, Urteil vom 10.10.1986, BStBl II 1987 S. 186, und zuletzt Beschluss vom 22.6.2001, BFH/NV 2001 S. 1551 m.w.N.).

Beispiel 2:

Nach dem Arbeitsvertrag hat der Arbeitnehmer eine wöchentliche Arbeitszeit von 37 Stunden bei einem monatlichen Gehalt von 2 000 €. Der Arbeitsvertrag des Arbeitnehmers wird vorzeitig zum 31.3.2002 gekündigt. Hierfür ist eine Abfindungszahlung von 15 000 € vereinbart worden. Arbeitnehmer und Arbeitgeber schließen nach der Kündigung einen neuen Arbeitsvertrag, nach dem der Arbeitnehmer ab dem 1.4.2002 als Teilzeitkraft mit einer wöchentlichen Arbeitszeit von 18 Stunden für monatlich 300 € angestellt wird.

Der neue Arbeitsvertrag hat keinen Einfluss auf die Steuerfreiheit der Abfindungszahlung, weil der Arbeitnehmer zu wesentlich anderen Bedingungen weiterbeschäftigt wird.

Beispiel 3:

Der Arbeitnehmer gibt seine Tätigkeit als Vorstandsmitglied einer AG (Arbeitslohn monatlich 20 000 €) gegen Zahlung einer Abfindung auf, bleibt aber bei der AG als Berater weiterhin nichtselbständig tätig (Arbeitslohn monatlich 750 €).

Die Beratertätigkeit kann im Hinblick auf die Unterschiede in der Art und Bezahlung der Tätigkeit nicht als Fortsetzung des Dienstverhältnisses als Vorstandsmitglied gewertet werden (FG Münster, Urteil vom 16.5.1997, EFG 1997 S. 1298), die Abfindung ist im Rahmen des § 3 Nr. 9 EStG steuerfrei.

Beispiel 4:

Ein Unternehmen hat Arbeitnehmern bei Beendigung des Dienstverhältnisses eine Entlassungsabfindung gezahlt. Unmittelbar im Anschluss an das ursprüngliche Arbeitsverhältnis ist eine Weiterbeschäftigung beim selben Arbeitgeber im Rahmen einer Arbeitsbeschaffungsmaßnahme erfolgt.

Das ursprüngliche Beschäftigungsverhältnis ist zudem noch als ruhendes Arbeitsverhältnis aufrechterhalten worden, damit die Arbeitnehmer nach Beendigung der Arbeitsbeschaffungsmaßnahme Ansprüche auf Leistungen nach dem Montanunionvertrag haben. Nach den zum Montanunionvertrag ergangenen Richtlinien werden Leistungen nur gewährt, wenn der Arbeitnehmer unmittelbar aus einem Unternehmen der Eisen- und Stahlindustrie ausscheidet.

Während der Arbeitsbeschaffungsmaßnahme arbeiten die Arbeitnehmer etwa zur Hälfte. In der übrigen Zeit werden sie umgeschult und fortgebildet.

Die Abfindung ist nach § 3 Nr. 9 EStG steuerfrei. Trotz der Weiterbeschäftigung im Rahmen der staatlich geförderten Arbeitsbeschaffungsmaßnahme liegt kein einer Änderungskündigung vergleichbarer Sachverhalt vor. Dieser kann nur angenommen werden, wenn das neue Beschäftigungsverhältnis vor der Kündigung oder zeitgleich mit der Kündigung des ursprünglichen Arbeitsverhältnisses vereinbart wird. In diesem Fall ist aber die Weiterbeschäftigung im Rahmen der Arbeitsbeschaffungsmaßnahme erst nach der Kündigung des ursprünglichen Arbeitsverhältnisses vereinbart worden.

Bei einer **Umsetzung innerhalb eines Konzerns** kommt es steuerlich nicht auf die formelle Beendigung des einen Dienstverhältnisses und den Abschluss eines neuen Arbeitsvertrags an, sondern ob das neue Dienstverhältnis **als Fortsetzung des bisherigen Dienstverhältnisses** und damit als Änderungskündigung anzusehen ist.

Für eine Fortsetzung des Dienstverhältnisses – und damit gegen eine Steuerbefreiung der Abfindungszahlung – sprechen folgende Gesichtspunkte (BFH, Urteil vom 21.6.1990, BStBl II 1990 S. 1021):

– Der Arbeitnehmer hat die **Zusicherung einer** unbegrenzten oder begrenzten **Rückkehrmöglichkeit** zum bisherigen Arbeitgeber.

– Die bisherigen **Arbeitszeiten** werden durch den neuen Arbeitgeber **anerkannt** (z.B. bei der Bemessung des Gehalts oder eines Dienstjubiläums).

– Die **Pensionsregelung** des bisherigen Arbeitgebers gilt weiter.

Ist bei einer Umsetzung im Konzern die getroffene Vereinbarung nicht mehr als Fortsetzung des bisherigen Dienstverhältnisses zu beurteilen, so kommt die Steuerbefreiung der Abfindungszahlung nach Auffassung des Finanzgerichts Düsseldorf auch dann in Betracht, wenn die Abfindung nicht vom bisherigen, sondern vom neuen Arbeitgeber gezahlt wird (FG Düsseldorf, Urteil vom 13.12.2000, EFG 2001 S. 502, bestätigt durch BFH, Beschluss vom 22.6.2001, BFH/NV 2001 S. 1551).

bb) Auflösung durch den Arbeitgeber

859 Eine Auflösung des Dienstverhältnisses ist **vom Arbeitgeber veranlasst**, wenn er die entscheidenden Ursachen für die Auflösung gesetzt hat. Das bedeutet, dass die Initiative für die Kündigung vom Arbeitgeber ausgehen muss.

Das Dienstverhältnis muss **nicht** unbedingt **vom Arbeitgeber gekündigt** werden; auch ein Vertrag über die einvernehmliche vorzeitige Beendigung des Dienstverhältnisses erfüllt den Tatbestand, wenn der Anstoß für den Vertrag vom Arbeitgeber ausgeht.

In folgenden Fällen ist die Auflösung des Dienstverhältnisses durch den Arbeitgeber veranlasst:

– **Kündigung** durch den Arbeitgeber,

– **Auflösungsvertrag** auf Initiative des Arbeitgebers,

– **Angebot** des Arbeitgebers zur Vertragsauflösung an alle Arbeitnehmer, z.B. im Rahmen eines Sozialplans, eines Rationalisierungsabkommens oder einer betrieblichen Vorruhestandsregelung.

Die Auflösung des Dienstverhältnisses ist **nicht durch den Arbeitgeber** veranlasst, wenn der Arbeitnehmer von sich aus kündigt (BFH, Urteil vom 28.11.1991, BFH/NV 1992 S. 305). Gleiches gilt nach Auffassung des Finanzgerichts Bremen, wenn der Arbeitnehmer das Risiko des Verlustes des Arbeitsplatzes eingeht, indem er eine **Funktion anstrebt**, die **mit einer Weiterbeschäftigung** nach Auffassung des Arbeitgebers **nicht vereinbar** ist. In diesem Fall setzt der Arbeitnehmer freiwillig die Ursachenkette für die Auflösung des Dienstvertrags unter Zahlung einer Abfindung im Wege eines Vergleichs in Gang (FG Bremen, Urteil vom 18.8.1999, EFG 1999 S. 1228, Revision eingelegt, Az. beim BFH: XI R 51/00).

Bei **Altersteilzeitmodellen** ist die Auflösung des Dienstverhältnisses nicht vom Arbeitgeber veranlasst, wenn die **Altersteilzeit bis zum 65. Lebensjahr andauert** (R 9 Abs. 2 Satz 4 LStR).

cc) Gerichtliche Auflösung

860 Eine gerichtliche Auflösung des Dienstverhältnisses muss nicht durch den Arbeitgeber veranlasst sein. In diesem Fall ist es unerheblich, wer die Ursachen für die Beendigung des Dienstverhältnisses gesetzt hat. Allerdings liegt eine **gerichtliche Auflösung nicht** vor, wenn durch ein gerichtliches Urteil oder durch gerichtlichen Vergleich eine vom Arbeitnehmer oder Arbeitgeber ausgesprochene Kündigung lediglich bestätigt wird.

2. Arbeitsrecht

861 Dem Arbeitnehmer steht bei Beendigung des Arbeitsverhältnisses nicht automatisch ein Anspruch auf Zahlung einer Abfindung zu. Ein solcher Abfindungsanspruch ergibt sich vielmehr nur auf besonderer Grundlage, nämlich bei einem gerichtlichen Auflösungsurteil, bei einem gerichtlichen oder außergerichtlichen Vergleich mit Abfindungsregelung, bei sonstiger entsprechender Vereinbarung, z.B. in einem Aufhebungsvertrag, bei einer tariflichen Abfindungsregelung oder bei einem Sozialplan oder sonstiger Grundlage in einer Betriebsvereinbarung (ausführliche Darstellung b+p 1996 S. 401 und b+p 1997 S. 115).

Gesetzlich geregelte Abfindungen gibt es im öffentlichen Dienst. Sie werden dort i. d. R. Übergangsgelder oder Übergangsbeihilfen genannt (→ Übergangsgelder/Übergangsbeihilfen Rz. 2438).

Gesetzlich geregelt sind zudem Fälle der Auflösung des Arbeitsverhältnisses gegen Zahlung einer Abfindung durch gerichtliches Auflösungsurteil gem. §§ 9, 10 KSchG. Der **Höchstbetrag dieser gesetzlichen Abfindung** beträgt zwölf Monatsverdienste, er kann auf 15 Monatsverdienste erhöht werden, wenn der Arbeitnehmer das 50. Lebensjahr vollendet und das Arbeitsverhältnis mindestens 15 Jahre bestanden hat; er kann auf 18 Monatsverdienste erhöht werden, wenn der Arbeitnehmer das 55. Lebensjahr vollendet hat und das Arbeitsverhältnis mindestens 20 Jahre bestand.

Abfindungen werden in der gerichtlichen Praxis häufig zur Vermeidung einer streitigen Entscheidung in einem **gerichtlichen Vergleich** vereinbart. Ein solcher gerichtlich protokollierter Vergleich stellt – im Gegensatz zu einem außergerichtlichen Vergleich oder einer sonstigen Abfindungsvereinbarung – eine Urkunde dar, mit der die Zwangsvollstreckung betrieben werden kann. Die gesetzlichen Höchstgrenzen für die gerichtlich festgesetzte Abfindung gelten für die vergleichsweise vereinbarte Abfindung nicht.

Abfindungen werden in der Praxis ebenfalls häufig zur Vermeidung einer gerichtlichen Auseinandersetzung in einem **Aufhebungsvertrag** vereinbart. Die gesetzlichen Abfindungsvoraussetzungen und die Höchstgrenzen gelten insoweit nicht.

Vereinbaren Arbeitgeber und Arbeitnehmer eine Nettoabfindung, so liegt darin die Übernahme einer etwaigen Steuerschuld durch den Arbeitgeber, auch wenn der jeweilige Steuerfreibetrag überschritten ist. Umgekehrt bedeutet die Vereinbarung einer **Brutto-**

abfindung, dass eine etwaige Steuerlast vom Arbeitnehmer zu tragen ist.

Bei Vereinbarung einer **Abfindung „brutto = netto"**, wie in der Praxis häufig anzutreffen, muss bei sich nachfolgend ergebender teilweiser Steuerpflicht im Einzelfall durch Auslegung ermittelt werden, wem bei dieser Formulierung die **Steuerlast** auferlegt werden sollte; der Arbeitgeber muss nicht in jedem Fall den Abfindungsbetrag netto auszahlen (LAG Bremen, Urteil vom 22.1.1988, NZA 1988, 433; LAG Frankfurt, Urteil vom 7.12.1988, DB 1989, 2080).

Zwecks Vermeidung späterer Streitigkeiten sollte man sich von vornherein über die Höhe des **Steuerfreibetrags** vergewissern und eindeutig festlegen, wer die Steuern vom überschießenden Betrag zu tragen hat.

Die Abfindung unterliegt nicht dem besonderen **Pfändungsschutz** für Arbeitsvergütungen gem. §§ 850 ff. ZPO. Einen gewissen Pfändungsschutz vermag der Arbeitnehmer nur auf einen gesonderten Antrag gem. § 850i ZPO zu erreichen. Ohne einen solchen Antrag ist die Abfindung bei Pfändung eines betreibenden Gläubigers in vollem Umfang von der Pfändung umfasst.

3. Lohnsteuer und Sozialversicherung

a) Lohnsteuer- und sozialversicherungsrechtliche Grundsätze

aa) Lohnsteuerliche Grundsätze

862 Abfindungszahlungen gehören grundsätzlich zum steuerpflichtigen Arbeitslohn, denn nach § 19 Abs. 1 EStG zählen zu den Einkünften aus nichtselbständiger Arbeit Gehälter, Löhne und andere Bezüge, die für eine Beschäftigung im öffentlichen oder privaten Dienst gewährt werden. Hierzu gehören auch **Entschädigungen**, die

– als Ersatz für entgangene oder entgehende Einnahmen oder

– für die Aufgabe oder Nichtausübung einer Tätigkeit

gewährt werden (§ 24 Nr. 1 EStG); vgl. → *Entschädigungen* Rz. 881.

 ⌊LSt⌋ (SV)

Aus **sozialen Gründen** werden die **Abfindungszahlungen an Arbeitnehmer** allerdings **nicht in voller Höhe** der Besteuerung unterworfen. Unter bestimmten Bedingungen ist die Abfindungszahlung in voller Höhe oder zumindest teilweise **steuerfrei**. Dabei muss es sich allerdings um einen **Arbeitnehmer im steuerlichen Sinne** handeln. Deshalb sind Abfindungen, die ein bei einer Kommanditgesellschaft angestellter **Kommanditist** aus Anlass der Auflösung seines Dienstverhältnisses erhalten hat, nicht nach § 3 Nr. 9 EStG steuerbefreit (BFH, Urteil vom 23.4.1996, BStBl II 1996 S. 515).

Der Teil der Abfindung, der nicht steuerfrei belassen werden kann, kann ggf. nach der **„Fünftelregelung"** ermäßigt besteuert werden (→ *Entschädigungen* Rz. 881).

Zu unterscheiden ist zwischen Abfindungen, die gesetzlich geregelt sind, und vertraglich vereinbarten Abfindungen.

bb) Sozialversicherungsrechtliche Grundsätze

863 Entlassungsabfindungen werden sozialversicherungsrechtlich als **einmalige Einnahmen**, die zusätzlich zu Löhnen oder Gehältern gewährt werden, behandelt. Diese Einmalzahlungen werden grundsätzlich als beitragspflichtiges Arbeitsentgelt behandelt, soweit sie lohnsteuerpflichtig sind (→ *Einmalzahlungen* Rz. 802).

(SV)

Dieser Grundsatz gilt **bei Abfindungszahlungen** nicht.

Abfindungen, die wegen Beendigung des Beschäftigungsverhältnisses als Entschädigung für den Wegfall **künftiger Verdienstmöglichkeiten** durch den Verlust des Arbeitsplatzes (z.B. nach §§ 9 und 10 KSchG) gezahlt werden, sind kein Arbeitsentgelt im Sinne der Sozialversicherung und daher nicht beitragspflichtig in der Kranken-, Pflege-, Renten- und Arbeitslosenversicherung (BSG, Urteil vom 21.2.1990, DB 1990 S. 1520). Das bedeutet, dass auch Abfindungsbeträge, die den steuerfreien Höchstbetrag

übersteigen, beitragsfrei in der Sozialversicherung sind. Die mit dem Steuerentlastungsgesetz 1999/2000/2002 eingeschränkte Steuerfreiheit für Abfindungen wirkt sich daher im Beitragsrecht der Sozialversicherung nicht aus (vgl. Gemeinsames Rundschreiben der Spitzenverbände der Sozialversicherungsträger vom 31.3.1999, Sozialversicherungsbeitrag-Handausgabe VL 2000 17 IV/18).

(SV)

Zahlungen zur **Abgeltung vertraglicher Ansprüche**, die der Arbeitnehmer bis zum Zeitpunkt der Beendigung der Beschäftigung erworben hat (z.B. Nachzahlungen von während der Beschäftigung erzieltem Arbeitsentgelt sowie Urlaubsabgeltungen), sind dagegen als Arbeitsentgelt dem beendeten Beschäftigungsverhältnis zuzuordnen (Gemeinsame Verlautbarungen der Spitzenverbände der Sozialversicherungsträger vom 2.7.1990, Sozialversicherungsbeitrag-Handausgabe 2001 VL 14 IV/9).

(SV)

Dies gilt jedoch nicht für Zahlungen, **die anstelle der vertraglich zustehenden** Entgeltansprüche gezahlt werden. Wird anlässlich eines arbeitsgerichtlichen Vergleichs die fristlose Kündigung in eine fristgerechte Kündigung umgewandelt und verzichtet der Arbeitnehmer für die Zeit bis zur fristgerechten Beendigung des Arbeitsverhältnisses auf Arbeitsentgelt und wird stattdessen „für den Verlust des Arbeitsplatzes" eine „Abfindung" vereinbart, die der Höhe nach in etwa dem bis zum Beendigungszeitpunkt an und für sich noch zustehenden Nettoarbeitsentgelt entspricht, so stellt die „Abfindung" eine **verdeckte Arbeitsentgeltzahlung** für die restliche Dauer des Arbeitsverhältnisses dar und unterliegt deshalb der Beitragspflicht (BSG, Urteil vom 25.10.1990, EzA § 9 n. F. KSchG Nr. 38, vgl. auch DB 1991 S. 1933).

Tarifvertragliche Optionszahlungen, die an **Flugbegleiter** einer Luftfahrtgesellschaft gezahlt werden, die mit Vollendung des 32. Lebensjahres von der Möglichkeit Gebrauch machen, ihr fliegerisches Arbeitsverhältnis zu beenden, und aus dem Unternehmen ausscheiden, sind auch dann als Ausgleichszahlungen für den Verlust des Arbeitsplatzes anzusehen, wenn dem Arbeitnehmer die Nutzungsmöglichkeit freigestellt ist. Diese Optionszahlungen gelten als Abfindungen und sind somit **kein Arbeitsentgelt** im Sinne der Sozialversicherung (Besprechungsergebnis der Spitzenverbände der Sozialversicherungsträger vom 8./9.10.1991).

Gelegentlich kommt es vor, dass **Unternehmen mit Unterstützungskasse** diese schließen und ihren im Zeitpunkt der Schließung beschäftigten Arbeitnehmern bzw. Mitgliedern der Unterstützungskasse das Angebot unterbreiten, die **künftigen Versorgungsansprüche** durch eine einmalige Zahlung **abfinden** zu lassen. Dabei wird die Zahlung der Abfindung nicht an den eigentlichen Erlebensfall des Beginns der Versorgungsbezüge gekoppelt. Nach Auffassung der Spitzenverbände der Sozialversicherungsträger werden Abfindungen aus einer Unterstützungskasse, die unabhängig vom Eintritt eines möglichen Versorgungsbezugs auf freiwilliger Basis gezahlt werden, nicht als Entschädigung für den Wegfall künftiger Verdienstmöglichkeiten durch den Verlust des Arbeitsplatzes geleistet; sie stellen für den Arbeitnehmer einen geldwerten Vorteil und damit Arbeitsentgelt i.S.d. § 14 Abs. 1 SGB IV dar, und zwar **einmalig gezahltes Arbeitsentgelt**, das im Rahmen des § 23a SGB IV zu verbeitragen ist (Besprechungsergebnis der Spitzenverbände der Sozialversicherungsträger vom 19./20.11.1997 – DOK 1998, 294 ff.).

(SV)

b) Steuerbegünstigte Entlassungsabfindungen

aa) Abgrenzungskriterien

Zu den **steuerbegünstigten Abfindungszahlungen** gehören 864 z.B.

– **Gehaltsfortzahlungen** für die Zeit vom tatsächlichen Kündigungszeitpunkt bis zum Ablauf der regulären Kündigungsfrist (BFH, Urteil vom 10.10.1986, BStBl II 1987 S. 186),

– **Zuwendungen anlässlich eines Dienst- oder Geschäftsjubiläums**, wenn das Jubiläum nach dem Kündigungszeitpunkt anfallen würde,

– Zahlung von **Urlaubs- oder Weihnachtsgeld**, wenn der Anspruch auf diese Zahlung erst nach dem Kündigungszeitpunkt entstehen würde,

– Vorruhestandsleistungen (BFH, Urteil vom 11.1.1980, BStBl II 1980 S. 205),

– Beträge zur Abgeltung **noch nicht unverfallbarer Pensionsansprüche** (BFH, Urteil vom 24.4.1991, BStBl II 1991 S. 723).

Keine steuerfreien Abfindungen stellen hingegen dar:

– **Der Lohn** bis zum vereinbarten Kündigungszeitpunkt,

– **Weihnachts- und Urlaubsgeld**, soweit im Arbeitsvertrag vereinbart ist, dass es bei Kündigung bis zum Ausscheiden zeitanteilig zu gewähren ist,

– Beträge zur **Abgeltung des Urlaubs**, der bis zum Kündigungszeitpunkt noch nicht genommen worden ist,

– Beträge zur Abgeltung **unverfallbarer Pensionsansprüche**; hier werden bereits erdiente Ansprüche abgefunden (BFH, Urteil vom 24.4.1991, BStBl II 1991 S. 723). Soweit die Abgeltung der Pensionsansprüche steuerpflichtig ist, kommt i.d.R. eine Besteuerung nach der „Fünftelregelung" (siehe → *Entschädigungen* Rz. 881) in Betracht. Voraussetzung hierfür ist allerdings, dass die Versorgungszusage kein Kapitalwahlrecht des Arbeitnehmers oder Arbeitgebers beinhaltete.

Zur Möglichkeit, dem Arbeitnehmer unter Ausnutzung des Pauschsteuersatzes von 20 % anlässlich des Ausscheidens eine Altersversorgung zu verschaffen, → *Zukunftssicherung: Betriebliche Altersversorgung* Rz. 2745.

Zu den steuerlichen Auswirkungen auf Grund des Wegfalls des Bezugsrechts aus einer Direktversicherung → *Zukunftssicherung: Betriebliche Altersversorgung* Rz. 2747.

– Bezüge, die lediglich **aus Anlass** der Auflösung des Dienstverhältnisses gezahlt werden (R 9 Abs. 1 Satz 3 LStR). Hierzu zählen auch Zahlungen, die bei **Ablauf eines befristeten Dienstverhältnisses** oder bei Eintritt in den Ruhestand wegen Erreichens der Altersgrenze von 65 Jahren geleistet werden.

– Arbeitslohnnachzahlungen für mehrere Jahre, die der Arbeitnehmer nach erfolgreicher **Klage auf Fortsetzung des Dienstverhältnisses** vom Arbeitgeber erhält (BFH, Urteil vom 16.3.1993, BStBl II 1993 S. 507).

– Abfindungszahlungen vom **neuen Arbeitgeber**, damit der Arbeitnehmer sein bisheriges Dienstverhältnis beendet, denn maßgebender Grund für die Zahlung ist die Begründung des neuen Dienstverhältnisses (BFH, Urteil vom 16.12.1992, BStBl II 1993 S. 447).

– Zahlungen anlässlich eines Arbeitgeberwechsels im Rahmen eines (Teil-)**Betriebsübergangs** (BFH, Urteile vom 16.7.1997, BStBl II 1997 S. 666, und vom 12.4.2000, BFH/NV 2000 S. 1195).

Beispiel 1:

Einem Arbeitnehmer kann laut Arbeitsvertrag frühestens zum 30.6.2002 gekündigt werden. Arbeitnehmer und Arbeitgeber vereinbaren, dass das Dienstverhältnis schon am 31.3.2002 enden soll. Vom Arbeitgeber wird eine Abfindung in Höhe von 25 000 € gezahlt. Dieser Betrag setzt sich wie folgt zusammen:

– 7 500 € (3 × 2 500 €) zustehendes Gehalt für die Monate April bis Juni,

– 2 500 € rückständiges Gehalt für den Monat März,

– 250 € Abgeltung für nicht genommenen Urlaub für die Monate Januar bis März,

– 250 € Abgeltung für nicht genommenen Urlaub für die Monate April bis Juni,

– 1 250 € für das Urlaubsgeld, das im Juni fällig geworden wäre (keine zeitanteilige Anrechnung vorgesehen),

– 1 250 € für das 40-jährige Dienstjubiläum, das der Arbeitnehmer am 4.5.2002 begangen hätte,

– 12 000 € für das Einverständnis des Arbeitnehmers, den Arbeitsvertrag vorzeitig aufzuheben.

Alle Zahlungen, auf die der Arbeitnehmer bis zum Zeitpunkt der tatsächlichen Auflösung des Dienstverhältnisses einen Anspruch erlangt hat, gehören nicht zu den steuerbegünstigten Abfindungszahlungen. Daher ist die Zahlung des rückständigen März-Gehalts (2 500 €) und die Urlaubsabgeltung für die Monate Januar bis März (250 €) herauszurechnen.

Der restliche Betrag von 22 250 € ist als Abfindung i.S. des § 3 Nr. 9 EStG anzusehen. Hierzu gehört auch die Abgeltungszahlung für die Monate April bis Juni, denn auch die durch eine vorzeitige Kündigung entgangenen Verdienstmöglichkeiten bis zum Ende der regulären Kündigungsfrist gehören zu den nach § 3 Nr. 9 EStG begünstigten Abfindungen (BFH, Urteil vom 10.10.1986, BStBl II 1987 S. 186).

Beispiel 2:

Wie Beispiel 1, das Dienstverhältnis endet jedoch nicht vorzeitig zum 31.3.2002, sondern fristgerecht zum 30.6.2002. Der Arbeitnehmer wird lediglich vom 1.4.2002 bis zum 30.6.2002 von der Arbeit freigestellt.

Lediglich die Zahlung von 12 000 € ist eine nach § 3 Nr. 9 EStG begünstigte Abfindungszahlung. Die restlichen Zahlungen werden in Erfüllung der arbeitsvertraglichen Ansprüche geleistet (BFH, Urteil vom 27.4.1994, BStBl II 1994 S. 653).

Beispiel 3:

Der Geschäftsführer einer GmbH hat einen befristeten Arbeitsvertrag bis zum 31.12.2002. Am 31.10.2002 wird ihm mitgeteilt, dass der Vertrag nicht verlängert wird. Zur Abgeltung aller bestehenden Ansprüche erhält er beim Ausscheiden am 31.12.2002 eine Abfindung in Höhe von 50 000 €.

Die Abfindung ist nicht steuerfrei. Anlass für die Abfindung ist nicht eine vom Arbeitgeber veranlasste Kündigung, sondern der „normale" Zeitablauf des Arbeitsvertrags.

bb) Kein zeitlicher Zusammenhang

865 Für die Steuerfreiheit von Abfindungszahlungen ist ein **zeitlicher Zusammenhang** mit der Auflösung des Dienstverhältnisses **nicht notwendig**. Entscheidend ist lediglich der **sachliche Zusammenhang** zwischen dem Zufluss der Abfindung und der Beendigung des Dienstverhältnisses. Allerdings kann ein erhebliches zeitliches Auseinanderfallen der beiden Ereignisse den sachlichen Zusammenhang in Frage stellen (R 9 Abs. 1 LStR).

Beispiel:

Ein Arbeitgeber hat seinen 40 Arbeitnehmern, die in den Jahren 1999 bis 2002 in den Vorruhestand treten, Ende 1998 die sofortige Auszahlung einer Abfindung von durchschnittlich 36 000 DM (= 18 406,51 €) angeboten. Er hat die betreffenden Mitarbeiter dabei auf die bevorstehende steuerliche Schlechterstellung der Abfindung ab 1999 hingewiesen. Der Einmalbetrag wird mit den später fälligen monatlichen Vorruhestandsleistungen „verrechnet", die Vorruhestandszahlungen sollen daher erst nach Ablauf des von der Einmalzahlung erfassten Zeitraums wieder aufgenommen werden. Mehrheitlich wurden zu diesem Zeitpunkt bereits abgeschlossene Vorruhestandsverträge geändert, zum Teil wurden Vereinbarungen erstmals im Dezember 1998 getroffen. Eine Abzinsung der Einmalzahlung sowie eine Regelung über die Rückzahlung des Einmalbetrags bei vorherigem vertragswidrigem Ausscheiden sind nicht vereinbart worden.

Die Einmalzahlungen in 1998 sind als Abfindungen i.S. des § 3 Nr. 9 EStG anzusehen, weil ein sachlicher Zusammenhang mit der Auflösung der Dienstverhältnisse besteht. Ein zeitlicher Zusammenhang ist daneben nicht erforderlich.

Ein **Zeitraum von fünf Jahren** zwischen Abfindungszahlung und Ausscheiden aus dem Betrieb stellt nach Auffassung der Finanzverwaltung den kausalen Zusammenhang der Zahlung mit dem Ausscheiden aus dem Dienstverhältnis grundsätzlich nicht in Frage. Je größer allerdings die Zeitspanne zwischen der Abfindungszahlung und dem Ausscheiden aus dem Dienstverhältnis ist, um so eher stellt sich die Frage, ob noch eine Abfindung dem Grunde nach vorliegt.

Voraussetzung für eine Steuerbefreiung nach § 3 Nr. 9 EStG ist, dass eindeutige Vertragsgestaltungen zwischen Arbeitgeber und Arbeitnehmer vorliegen. Darüber hinaus kann nach dem Sinn und Zweck der Steuerbefreiung eine Zahlung frühestens ab dem Zeitpunkt des Auflösungsvertrags begünstigt sein.

Zur Frage des sachlichen Zusammenhangs von Abfindungszahlungen im Zusammenhang mit **Altersteilzeitarbeitsverträgen** siehe → *Altersteilzeitgesetz* Rz. 50.

cc) Gesetzlich geregelte Abfindungen

866 **Gesetzlich geregelte Abfindungen** gibt es im öffentlichen Dienst. Sie werden dort i.d.R. Übergangsgelder oder Übergangsbeihilfen genannt. Sie sind nach § 3 Nr. 10 EStG **bis zu 12 271 € steuerfrei**, vgl. → *Übergangsgelder/Übergangsbeihilfen* Rz. 2441.

dd) Vertraglich vereinbarte Abfindungen

867 Abfindungen wegen einer **vom Arbeitgeber veranlassten** oder gerichtlich ausgesprochenen Auflösung des Dienstverhältnisses sind nach § 3 Nr. 9 EStG bis zu den dort genannten Freibeträgen steuerfrei (vgl. → Rz. 868).

c) Steuerliche Freibeträge i.S. von § 3 Nr. 9 EStG

aa) Graphischer Überblick

868 Abfindungen wegen Auflösung des Dienstverhältnisses sind nach § 3 Nr. 9 EStG bis zu nachfolgenden Höchstbeträgen steuerfrei:

– **12 271 €**, wenn der Arbeitnehmer das **55. Lebensjahr** vollendet hat und das Dienstverhältnis mindestens **20 Jahre** bestanden hat,

– **10 226 €**, wenn der Arbeitnehmer das **50. Lebensjahr** vollendet hat und das Dienstverhältnis mindestens **15 Jahre** bestanden hat,

– **8 181 €** in allen anderen Fällen.

Danach ergibt sich folgende Übersicht:

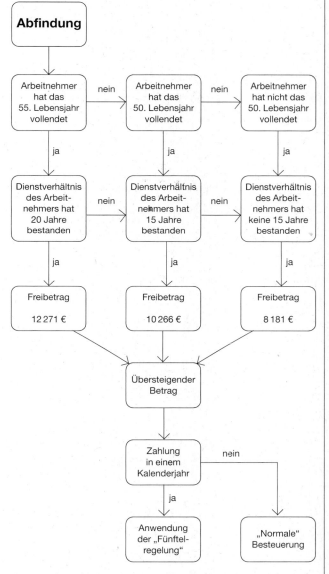

Bei den o.g. Höchstbeträgen handelt es sich um **Steuerfreibeträge**, d.h. nur der eventuell darüber hinausgehende Betrag der Abfindung ist zu versteuern. Allerdings handelt es sich **nicht um einen Jahresfreibetrag**, der in jedem Kalenderjahr in Anspruch genommen werden kann. Der Freibetrag wird für die Auflösung des Dienstverhältnisses **nur einmal** gewährt. Bei **mehreren Dienstverhältnissen** kann der Freibetrag jedoch **mehrfach gewährt** werden, z.B. wenn ein Vorstandsmitglied der Muttergesellschaft gleichzeitig auch Geschäftsführer von Tochtergesellschaften ist und auf Veranlassung der Konzernspitze aus allen

Dienstverhältnissen ausscheidet. Voraussetzung ist, dass selbständige Dienstverhältnisse vorliegen (FG Rheinland-Pfalz, Urteil vom 28.6.1996, EFG 1997 S. 390).

bb) Dauer der Betriebszugehörigkeit

Die Dauer der Betriebszugehörigkeit ist – neben dem Alter des 869 Arbeitnehmers – entscheidend für die Höhe des steuerfreien Betrags. Maßgebend ist dabei der **Zeitpunkt der Auflösung des Dienstverhältnisses**.

Die Dauer der Betriebszugehörigkeit berechnet sich danach, wie lange der Arbeitnehmer **ununterbrochen** beim Arbeitgeber beschäftigt gewesen ist.

Beispiel 1:

Einem Arbeitnehmer wird zum 31.3.2002 vom Arbeitgeber X gekündigt. Der Arbeitnehmer ist bei X seit dem 1.5.1987 beschäftigt gewesen. Allerdings war er schon vorher einmal vom 1.1.1972 bis 31.12.1986 bei X beschäftigt. Vom 1.1.1987 bis 30.4.1987 war er bei einem anderen Unternehmen angestellt.

Für die Höhe des steuerfreien Betrags ist die Zeit maßgebend, die der Arbeitnehmer ununterbrochen bei X beschäftigt war, also die Zeit ab dem 1.5.1987. Da das Dienstverhältnis keine 15 Jahre bestanden hat (dies wäre ab dem 1.5.2002 der Fall), beträgt der steuerfreie Höchstbetrag 8 181 €.

Die Vordienstzeit (1972 bis 1986) kann nicht hinzugerechnet werden, weil die Dauer des einzelnen Dienstverhältnisses entscheidend ist.

Bei der Berechnung der Dauer der Betriebszugehörigkeit sind jedoch folgende **Besonderheiten** zu beachten (R 9 Abs. 4 LStR):

– Ist das Dienstverhältnis aus vom Arbeitnehmer **nicht zu vertretenden Gründen** aufgelöst worden, war der Arbeitnehmer anschließend arbeitslos und wird er unmittelbar im Anschluss an die Arbeitslosigkeit beim selben Arbeitgeber erneut eingestellt, so werden die früheren Dienstzeiten berücksichtigt.

Beispiel 2:

Der Bauunternehmer S hat mehrere Maurer beschäftigt. Im Winter werden die Maurer, sobald das Wetter eine weitere Bautätigkeit nicht mehr zulässt, gekündigt. Die Maurer beziehen in dieser Zeit Arbeitslosengeld vom Arbeitsamt. Sobald das Wetter wieder besser wird, stellt S die Maurer wieder ein.

Die früheren Dienstzeiten werden bei der Berechnung der Dauer der Betriebszugehörigkeit mit berücksichtigt.

– Bei **Arbeitnehmern im Baugewerbe,** die zu Arbeitsgemeinschaften entsandt werden, errechnet sich die Dauer der Betriebszugehörigkeit aus der Summe der Zeiten im Stammbetrieb und auf den Baustellen der Arbeitsgemeinschaften. Dies gilt auch, wenn der Arbeitnehmer zu der Arbeitsgemeinschaft ein eigenständiges Dienstverhältnis begründet und dafür vom Stammbetrieb freigestellt wird, wenn während der Beschäftigung bei der Arbeitsgemeinschaft das Dienstverhältnis zum Stammbetrieb lediglich ruht und der Arbeitnehmer gegenüber dem Stammbetrieb weiterhin Rechte besitzt.

– Bei der **Beschäftigung innerhalb eines Konzerns** werden die Zeiten, in denen der Arbeitnehmer früher bei rechtlich selbständigen Konzernunternehmen tätig war, grundsätzlich **nicht berücksichtigt**. Hat der Arbeitnehmer bei früheren Umsetzungen innerhalb des Konzerns allerdings keine Abfindung erhalten, weil die Umsetzung als Fortsetzung eines einheitlichen Dienstverhältnisses angesehen worden ist, so sind diese Zeiten bei der Ermittlung der Höhe des Freibetrags zu berücksichtigen, wenn der Arbeitsvertrag wichtige Anhaltspunkte dafür enthält, z.B. bei der Berechnung der Pensionsansprüche, des Urlaubsanspruchs oder des Dienstjubiläums wird von einer Gesamtbeschäftigungsdauer im Konzern ausgegangen.

– Wenn auf Grund **gesetzlicher Vorschriften**, z.B. Kündigungsschutzgesetz, Gesetz über einen Bergmann-Versorgungsschein, Dienstzeiten bei früheren Arbeitgebern zu berücksichtigen sind, so sind diese Zeiten auch bei der nach § 3 Nr. 9 EStG maßgebenden Dauer des Beschäftigungsverhältnisses zu berücksichtigen.

Beispiel 3:

In den neuen Bundesländern ist im öffentlichen Dienst in vielen Arbeitsverträgen vereinbart worden, dass bei der Berechnung der Dauer der Betriebszugehörigkeit zu der Behörde auch die Jahre der Tätigkeit in der öffentlichen Verwaltung der DDR anerkannt werden. Soweit ein Arbeitnehmer entlassen wird, ist für die Höhe der Abfindungszahlung die Gesamtbeschäftigungszeit im öffentlichen Dienst unter Anrechnung der Zeiten im Staatsapparat der DDR maßgebend.

Die Zeiten im Staatsapparat der DDR werden bei der Berechnung der Dauer der Betriebszugehörigkeit mitberücksichtigt, soweit die Arbeitnehmer entsprechend den Festlegungen im Einigungsvertrag nach Wirksamwerden des Beitritts im öffentlichen Dienst weiterbeschäftigt wurden und anlässlich einer früheren Auflösung des Dienstverhältnisses keine Abfindung i.S. des § 3 Nr. 9 EStG gezahlt worden ist (FinMin Berlin, Erlass vom 12.6.1998, DB 1998 S. 2396). Diese Auffassung vertritt auch das Finanzgericht des Landes Brandenburg (Urteil vom 2.3.2000, EFG 2000 S. 541).

Frühere Beschäftigungszeiten können jedoch nur berücksichtigt werden, wenn in der Vergangenheit **keine Abfindung** wegen einer früheren Auflösung des Dienstverhältnisses gezahlt worden ist (R 9 Abs. 4 Satz 2 LStR).

d) Ermäßigter Steuersatz i.S. des § 34 Abs. 1 EStG

870 Wenn die Abfindung den steuerfreien Höchstbetrag übersteigt, so ist der übersteigende Betrag zu versteuern. Allerdings kann eine tarifermäßigte Versteuerung nach der **„Fünftelregelung"** nach § 34 Abs. 1 EStG in Betracht kommen. Einzelheiten hierzu → *Entschädigungen* Rz. 881.

Bei der Lohnversteuerung der Abfindung hat der Arbeitgeber die Steuerermäßigung nach § 34 Abs. 1 EStG bereits zu berücksichtigen, vgl. § 39b Abs. 3 Satz 9 EStG. Einzelheiten siehe → *Entschädigungen* Rz. 908.

e) Lohnsteuerberechnung

aa) Lohnsteuerabzugsverfahren

871 Bei der Lohnversteuerung der Abfindung hat der Arbeitgeber die Abfindungszahlung zunächst um den **steuerfreien Betrag zu kürzen**. Nur der übersteigende Betrag ist lohnzuversteuern. Nach § 4 Abs. 2 Nr. 4 LStDV hat der Arbeitgeber den steuerfreien Betrag **im Lohnkonto** des Arbeitnehmers **aufzuzeichnen**. Auf der Lohnsteuerkarte des Arbeitnehmers ist der steuerfreie Betrag allerdings **nicht einzutragen**.

Nach § 4 Abs. 2 Nr. 6 LStDV hat der Arbeitgeber den Betrag der Entschädigung i.S. des § 34 Abs. 1 EStG und die einbehaltene Lohnsteuer **im Lohnkonto** des Arbeitnehmers **aufzuzeichnen**. Auf der Lohnsteuerkarte des Arbeitnehmers ist die Entschädigung und die darauf entfallende Lohnsteuer **gesondert einzutragen**; vgl. im Einzelnen → *Lohnsteuerbescheinigung* Rz. 1560.

bb) Einkommensteuerveranlagungsverfahren

872 Bei Abfindungen, die die Steuerfreibeträge übersteigen, wird die **„Fünftelregelung" regelmäßig bereits im Lohnsteuerabzugsverfahren** berücksichtigt, und zwar dadurch, dass die Lohnsteuer von einem Fünftel des steuerpflichtigen Teils der Abfindung wie bei einem „normalen" sonstigen Bezug ermittelt wird. Als Lohnsteuer für den steuerpflichtigen Teil der Abfindung ist der fünffache Betrag der so ermittelten Lohnsteuer einzubehalten. Diese Berechnungsmethode gilt auch im Einkommensteuerveranlagungsverfahren, so dass **i.d.R. nicht zu viel Lohnsteuer einbehalten** wird. Nur wenn in der Einkommensteuerveranlagung zusätzliche steuermindernde Beträge geltend gemacht werden können, wie z.B. höhere Werbungskosten oder **negative Einkünfte** aus anderen Einkunftsarten, kann sich **eine Erstattung** ergeben.

Beispiel:

Ein Arbeitnehmer erhält einen Monatslohn von 4 800 € (Steuerklasse III/0). Zum 31.10.2002 scheidet er auf Veranlassung des Arbeitgebers aus. Er erhält eine Abfindung in Höhe von 48 226 €. Der Steuerfreibetrag beläuft sich auf 10 226 €. Der steuerpflichtige Teil der Abfindung in Höhe von 38 000 € erfüllt die Voraussetzungen des § 34 Abs. 1 EStG.

a) Lohnsteuerberechnung:

Ermittlung des voraussichtlichen laufenden Jahresarbeitslohns:

	Arbeitslohn 2002 (10 × 4 800 €)	48 000 €
+	Voraussichtlicher Arbeitslohn für den Rest des Kalenderjahrs (dieser Betrag ist zu schätzen; ist der Arbeitnehmer nach dem Ausscheiden arbeitslos, so kann dieser Betrag mit 0 € geschätzt werden)	0 €
	Insgesamt	48 000 €

	Jahresarbeitslohn **ohne** sonstigen Bezug		48 000 €
+	steuerpflichtige Abfindung	38 000 €	
	davon 1/5	7 600 €	7 600 €
	Jahresarbeitslohn **mit** sonstigem Bezug		55 600 €
	Lohnsteuer laut Jahreslohnsteuertabelle (III/0) für Jahresarbeitslohn **mit** sonstigem Bezug		9 674 €
	Lohnsteuer laut Jahreslohnsteuertabelle (III/0) für Jahresarbeitslohn **ohne** sonstigen Bezug		7 318 €
	Differenz		2 356 €
×	5		
=	Lohnsteuer für den sonstigen Bezug		11 780 €
	Lohnsteuer auf den laufenden Arbeitslohn		7 318 €
	Lohnsteuer auf die Abfindung		11 780 €
	Lohnsteuer insgesamt		**19 098 €**

b) Veranlagungsverfahren:

Im Veranlagungsverfahren ergibt sich folgende Berechnung:

	Arbeitslohn 2002	86 000 €
./.	Arbeitnehmer-Pauschbetrag	1 044 €
=	Einkünfte aus nichtselbständiger Arbeit	84 956 €
./.	Sonderausgaben-Pauschbetrag	72 €
./.	Vorsorgepauschale	3 996 €
=	zu versteuerndes Einkommen	80 888 €
./.	außerordentliche Einkünfte	38 000 €
		42 888 €
+	1/5 der außerordentlichen Einkünfte	7 600 €
		50 488 €

Die gesamte Einkommensteuer berechnet sich wie folgt:

	Einkommensteuertabelle (Splittingtabelle) aus 50 488 €	9 674 €
	Einkommensteuertabelle (Splittingtabelle) aus 42 888 €	7 318 €
	Unterschiedsbetrag	2 356 €
×	5	11 780 €
+	Einkommensteuer auf das zu versteuernde Einkommen ohne Abfindung	7 318 €
=	Einkommensteuer	**19 098 €**

Dieser Betrag übersteigt nicht die Einkommensteuer, die sich ohne Anwendung der Fünftelregelung ergäbe (20 664 €).

4. Berechnungsbeispiel: Lohnabrechnung mit Zahlung einer Abfindung

873 Die lohnsteuerliche und sozialversicherungsrechtliche Behandlung von Abfindungen soll an folgendem Beispiel einer umfassenden Lohnabrechnung mit Zahlung einer Abfindung dargestellt werden.

Beispiel:

Ein Arbeitnehmer, der in Hannover beschäftigt ist, erhält einen Monatslohn von 3 500 €. Seine Lohnsteuerkarte 2002 enthält folgende Besteuerungsmerkmale:

– Steuerklasse: III/0 (keine Kinder)
– Religion: ev.
– Monatlicher Freibetrag: 100 €.

Der Arbeitnehmer hat das 53. Lebensjahr vollendet und ist bei der Firma seit 17 Jahren beschäftigt. Laut Arbeitsvertrag kann das Arbeitsverhältnis frühestens zum 31.12.2002 gekündigt werden. Das Arbeitsverhältnis wird auf Veranlassung des Arbeitgebers im Einvernehmen mit dem Arbeitnehmer bereits zum 31.8.2002 gekündigt. Der Auflösungsvertrag enthält folgende Vereinbarungen:

1. Der Gehaltsanspruch in Höhe von 3 500 € monatlich bis zum Ende der regulären Kündigungsfrist (31.12.2002) bleibt bestehen.

2. Der bis zum 31.12.2002 zustehende, aber noch nicht genommene Urlaub von 15 Tagen wird mit 1 500 € abgegolten (der Urlaubsanspruch

laut Arbeitsvertrag beträgt 30 Tage, davon hatte der Arbeitnehmer bis zum 31.8.2002 bereits 15 Tage Urlaub in Anspruch genommen).

3. Das Weihnachtsgeld (3 500 €) wird in voller Höhe gewährt.

4. Für die Bereitschaft zur vorzeitigen Auflösung des Arbeitsverhältnisses erhält der Arbeitnehmer eine Entschädigung in Höhe von 15 000 €.

a) Lohnsteuerliche Aufteilung der Beträge in Abfindung und sonstigen Bezug

Alle Zahlungen, auf die der Arbeitnehmer bis zum Zeitpunkt der tatsächlichen Auflösung des Dienstverhältnisses (31.8.2002) einen Anspruch erlangt hat, gehören nicht zu den steuerbegünstigten Abfindungszahlungen. Daher ist die Zahlung für die Urlaubsabgeltung und das Weihnachtsgeld entsprechend aufzuteilen:

aa) Urlaubsabgeltung

Der Jahresurlaub beträgt 30 Tage. Auf die Zeit bis zum Kündigungszeitpunkt entfallen davon 20 Tage (30 Tage × 8/12). Von diesen 20 Tagen hat der Arbeitnehmer bereits 15 Tage verbraucht, so dass 5 Urlaubstage verbleiben.

Für die Zeit nach dem Ausscheiden (1.9. bis 31.12.2002) beträgt der Urlaubsanspruch 10 Tage (30 Tage × 4/12).

Von dem Betrag für die Urlaubsabgeltung in Höhe von 1 500 € entfallen auf die Zeit bis zum Ausscheiden:

$$\frac{1\,500\,€ \times 5\,\text{Tage}}{15\,\text{Tage}} = 500\,€$$

bb) Weihnachtsgeld

Das Weihnachtsgeld beträgt 3 500 €. Auf die Zeit bis zum Kündigungszeitpunkt entfallen davon 2 333 € (3 500 € × 8/12).

Für die Zeit nach dem Ausscheiden (1.9. bis 31.12.2002) beträgt der Weihnachtsgeldanspruch 1 167 € (3 500 € × 4/12).

cc) Aufteilung

Die Zahlungen anlässlich des Ausscheidens des Arbeitnehmers sind daher wie folgt aufzuteilen:

	Sonstiger Bezug	Abfindung
– Gehaltsanspruch bis zum Ende der regulären Kündigungsfrist (4 × 3 500 €)	0 €	14 000 €
– Urlaubsabgeltung	500 €	1 000 €
– Weihnachtsgeld in Höhe von 3 500 €	2 333 €	1 167 €
– Entschädigung	0 €	15 000 €
Insgesamt	2 833 €	31 167 €
abzgl. Freibetrag (§ 3 Nr. 9 EStG)	0 €	10 226 €
Insgesamt	**2 833 €**	**20 941 €**

b) Berechnung des Zuschusses zur Kranken- und Pflegeversicherung

Das Jahresarbeitsentgelt des Arbeitnehmers übersteigt die Grenze von 40 500 € (neue Bundesländer: ebenfalls 40 500 €). Daher ist der Arbeitnehmer nicht kranken- und pflegeversicherungspflichtig. Die Zuschüsse berechnen sich wie folgt:

Beitragssatz zur Krankenversicherung (Annahme) 13,8 %		
davon die Hälfte als Arbeitgeber-Zuschuss	6,9 %	
6,9 % von 3 375 € (Beitragsbemessungsgrenze)		232,88 €
Beitragssatz zur Pflegeversicherung 1,7 %		
davon die Hälfte als Arbeitgeber-Zuschuss	0,85 %	
0,85 % von 3 375 € (Beitragsbemessungsgrenze)		28,69 €
Insgesamt		261,57 €

Der Zuschuss zur Kranken- und Pflegeversicherung ist steuerfrei (§ 3 Nr. 62 EStG); er ist auch beitragsfrei.

c) Berechnung der Lohnsteuer für den laufenden Arbeitslohn

Gehalt		3 500,— €
✗ Freibetrag laut Lohnsteuerkarte		100,— €
= Differenz		3 400,— €
Lohnsteuer laut Monatstabelle III/0		**437,— €**
Solidaritätszuschlag (5,5 % der Lohnsteuer)		**24,03 €**
Kirchensteuer (9 %)		**39,33 €**

d) Berechnung der Lohnsteuer für den sonstigen Bezug (Urlaubsabgeltung und Weihnachtsgeld)

Trifft eine Entschädigung mit einem normal zu besteuernden sonstigen Bezug zusammen, so ist zunächst die Lohnsteuer für den normalen sonstigen Bezug und danach die Lohnsteuer für die Entschädigung zu ermitteln (R 119 Abs. 5 LStR).

Ermittlung des voraussichtlichen laufenden Jahresarbeitslohns:

Arbeitslohn vom 1.1. bis 31.8.2002 (8 × 3 500 €)	28 000,— €
+ Voraussichtlicher Arbeitslohn für den Rest des Kalenderjahrs (dieser Betrag ist zu schätzen; ist der Arbeitnehmer nach dem Ausscheiden arbeitslos, so kann dieser Betrag mit 0 € geschätzt werden)	0,— €
Insgesamt	28 000,— €
✗ Freibetrag laut Lohnsteuerkarte (12 × 100 €)	1 200,— €
Jahresarbeitslohn **ohne** sonstigen Bezug	26 800,— €
+ sonstiger Bezug	2 833,— €
Jahresarbeitslohn **mit** sonstigem Bezug	29 633,— €
Lohnsteuer laut Jahreslohnsteuertabelle (III/0) für Jahresarbeitslohn mit sonstigem Bezug	2 084,— €
Lohnsteuer laut Jahreslohnsteuertabelle (III/0) für Jahresarbeitslohn ohne sonstigen Bezug	1 408,— €
Lohnsteuer für den sonstigen Bezug	**676,— €**
Solidaritätszuschlag (5,5 % von 676 €)	**37,18 €**
Kirchensteuer (9 % von 676 €)	**60,84 €**

e) Berechnung der Lohnsteuer für die Abfindung

Ermittlung des voraussichtlichen laufenden Jahresarbeitslohns:

Arbeitslohn vom 1.1. bis 31.8.2002 (8 × 3 500 €)		28 000,— €
+ Voraussichtlicher Arbeitslohn für den Rest des Kalenderjahrs (dieser Betrag ist zu schätzen; ist der Arbeitnehmer nach dem Ausscheiden arbeitslos, so kann dieser Betrag mit 0 € geschätzt werden)		0,— €
+ „normaler" sonstiger Bezug		2 833,— €
Insgesamt		30 833,— €
✗ Freibetrag laut Lohnsteuerkarte (12 × 100 €)		1 200,— €
Jahresarbeitslohn **ohne** Abfindung		29 633,— €
+ steuerpflichtige Abfindung	20 941 €	
davon 1/5	4 188 €	4 188,— €
Jahresarbeitslohn **mit** 1/5 Abfindung		33 821,— €
Lohnsteuer laut Jahreslohnsteuertabelle (III/0) für Jahresarbeitslohn mit 1/5 Abfindung		3 184,— €
Lohnsteuer laut Jahreslohnsteuertabelle (III/0) für Jahresarbeitslohn ohne Abfindung		2 084,— €
Lohnsteuer für 1/5 Abfindung		1 100,— €
× 5		
= **Lohnsteuer auf die Abfindung**		**5 500,— €**
Solidaritätszuschlag (5,5 % von 5 500 €)		**302,50 €**
Kirchensteuer (9 % von 5 500 €)		**495,— €**

f) Berechnung der Beiträge zur Renten- und Arbeitslosenversicherung

Für den Arbeitnehmer besteht Beitragspflicht in der Renten- und Arbeitslosenversicherung. Soweit die sonstigen Bezüge steuerpflichtig sind, sind sie grundsätzlich auch beitragspflichtig:

Urlaubsabgeltung	500,— €
Weihnachtsgeld	2 333,— €
Abfindung (der steuerpflichtige Teil ist beitragsfrei)	0,— €
Insgesamt	2 833,— €

Bei der Beitragsberechnung ist der auf die Beschäftigungsdauer entfallende Teil der Beitragsbemessungsgrenze in der Rentenversicherung zu beachten:

Beitragsbemessungsgrenze 54 000 €	
davon 8/12 (Januar bis August)	36 000 €
Von dieser anteiligen Beitragsbemessungsgrenze sind die beitragspflichtigen Entgelte der Monate Januar bis August abzuziehen (3 500 € × 8 Monate)	28 000 €
Verbleiben	8 000 €

Die sonstigen Bezüge in Höhe von 2 833 € sind daher voll beitragspflichtig.

Berechnung der Renten- und Arbeitslosenversicherungsbeiträge:

Monatslohn	3 500 €	
+ sonstige Bezüge	2 833 €	
Insgesamt	6 333 €	
Rentenversicherung		
19,1 % von 6 333 €	1 209,60 €	
davon ½ Arbeitgeber-Anteil		604,80 €
davon ½ Arbeitnehmer-Anteil		604,80 €
Arbeitslosenversicherung		
6,5 % von 6 333 €	411,64 €	
davon ½ Arbeitgeber-Anteil		205,82 €
davon ½ Arbeitnehmer-Anteil		205,82 €

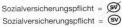
g) Lohnabrechnung

	Monatslohn	3 500,— €
+	Gehalt September bis Dezember (4 × 3 500 €)	14 000,— €
+	Urlaubsabgeltung	1 500,— €
+	Weihnachtsgeld	3 500,— €
+	Abfindung	15 000,— €
+	Zuschuss zur Kranken- und Pflegeversicherung	261,57 €
=	Insgesamt	37 761,57 €
╱	Lohnsteuer für den laufenden Arbeitslohn	437,— €
╱	Solidaritätszuschlag für den laufenden Arbeitslohn	24,03 €
╱	Kirchensteuer für den laufenden Arbeitslohn	39,33 €
╱	Lohnsteuer für den sonstigen Bezug	676,— €
╱	Solidaritätszuschlag für den sonstigen Bezug	37,18 €
╱	Kirchensteuer für den sonstigen Bezug	60,84 €
╱	Lohnsteuer für die Abfindung	5 500,— €
╱	Solidaritätszuschlag für die Abfindung	302,50 €
╱	Kirchensteuer für die Abfindung	495,— €
╱	Arbeitnehmer-Anteil Rentenversicherung	604,80 €
╱	Arbeitnehmer-Anteil Arbeitslosenversicherung	205,82 €
╱	Krankenversicherung (Arbeitnehmer- und Arbeitgeber-Anteil)	465,76 €
╱	Pflegeversicherung (Arbeitnehmer- und Arbeitgeber-Anteil)	57,38 €
	Nettobetrag	**28 855,93 €**

5. Beispielsfälle in „ABC"-Form

874 In der Praxis ist immer wieder streitig, in welchen Fällen Abfindungen nach § 3 Nr. 9 EStG ganz oder teilweise steuerfrei bleiben können. Da diese Fragen zunehmend Bedeutung gewinnen, sind die oft sehr unterschiedlich gelagerten Fallgestaltungen kurz in „ABC-Form" zusammengestellt:

a) Fälle mit steuerfreien Abfindungen

875 In folgenden Fällen sind steuerfreie Entlassungsentschädigungen anerkannt worden:

Altersteilzeit

Soweit Tarifverträge zur Regelung der Altersteilzeit eine Abfindung **wegen vorzeitiger Inanspruchnahme der Rente** vorsehen, ist diese Zahlung nach Auffassung der obersten Finanzbehörden eine Abfindung i.S. von § 3 Nr. 9 EStG. Einzelheiten siehe → *Altersteilzeitgesetz* Rz. 50.

Änderung des Kündigungsschutzes

Wird ein Arbeitsvertrag, aus dem der Arbeitnehmer auf Grund tarifvertraglicher Regelung **Kündigungsschutz bis zur Erreichung des Rentenalters** hat, auf Veranlassung des Arbeitgebers einverständlich aufgehoben und wird gleichzeitig ein Vertrag über die (kurz) befristete Weiterbeschäftigung des Arbeitnehmers zu im Übrigen etwa gleichen Bedingungen, aber unter Verlust des Kündigungsschutzes des Arbeitnehmers, geschlossen, so ist eine an den Arbeitnehmer gezahlte Abfindung, die deutlich unter dem bei Fortführung des Dienstvertrags zu erwartenden weiteren Lebenseinkommen des Arbeitnehmers liegt, nach § 3 Nr. 9 EStG steuerfrei (FG Bremen, Beschluss vom 2.3.1999, EFG 1999 S. 641).

Anpassungshilfe

Ältere landwirtschaftliche Arbeitnehmer, die ihren Arbeitsplatz auf Veranlassung des Arbeitgebers aufgeben müssen, erhalten z.B. vom Land Sachsen-Anhalt sog. Anpassungshilfen. Diese sind im Rahmen des § 3 Nr. 9 EStG steuerfrei (OFD Magdeburg, Verfügung vom 17.1.1994, StLex 3, 3, 1240).

Anwartschaft

Entschädigungen zur Abgeltung einer betrieblichen Pensionsanwartschaft fallen nur unter § 3 Nr. 9 EStG, wenn die Anwartschaft im Zeitpunkt der Auflösung des Dienstverhältnisses noch nicht unverfallbar war.

Arbeitsvertrag

Ist die Höhe einer ggf. zu zahlenden Abfindung bereits im Arbeitsvertrag geregelt, steht dies der Steuerfreiheit einer Abfindung nicht entgegen. Eine derartige vorsorgliche Regelung ändert nichts am Abfindungscharakter der Zahlung des Arbeitgebers, die durch den Verlust des Arbeitsplatzes entstehende Nachteile des Arbeitnehmers ausgleichen soll (FG Münster, Urteil vom 13.8.1997, EFG 1997 S. 1420).

Aufhebungs- oder Auflösungsverträge

Abfindungen auf Grund einer einvernehmlichen Beendigung des Dienstverhältnisses, z.B. auf Grund eines sog. Aufhebungs- oder Auflösungsvertrags, fallen dann unter § 3 Nr. 9 EStG, wenn die Beendigung des Dienstverhältnisses vom Arbeitgeber veranlasst ist, der Arbeitnehmer lediglich gegen eine entsprechende Abfindung akzeptiert. Die Zahlung einer Abfindung ist Indiz dafür, dass die Auflösung des Dienstverhältnisses vom Ar-

beitgeber veranlasst ist (vgl. z.B. BFH, Urteil vom 2.9.1992, BStBl II 1993 S. 52). Dem entspricht auch die Rechtsprechung des Bundesarbeitsgerichts, wonach in diesen Fällen Aufhebungsverträge wie Kündigungen durch den Arbeitgeber anzusehen sind (BAG, Urteil vom 28.4.1993, BB 1993 S. 1807).

Es gibt Betriebe, die nach einer Betriebsvereinbarung (sog. 59er Modell) Abfindungen an ihre Arbeitnehmer zahlen, die auf Grund eines Aufhebungsvertrags vor Vollendung des 63. Lebensjahrs ausscheiden. Diese Abfindungen umfassen auch einen „Versorgungsausgleich" wegen der durch das vorzeitige Ausscheiden bedingten Minderung der Sozialversicherungsrente. Die Abfindung ist ebenfalls im Rahmen des § 3 Nr. 9 EStG steuerfrei (OFD Düsseldorf, Verfügung vom 20.7.1983, StLex 3, 3, 1049).

Beschäftigungsgesellschaft

Entlassenen Arbeitnehmern, die in einer Beschäftigungsgesellschaft „weiterbeschäftigt" werden, kann ebenfalls eine nach § 3 Nr. 9 EStG steuerfreie Abfindung gezahlt werden. Einzelheiten → *Beschäftigungsgesellschaften* Rz. 551.

Entlastung eines Geschäftsführers

Die fehlende Entlastung eines GmbH-Geschäftsführers steht der Steuerfreiheit einer Abfindung nach § 3 Nr. 9 EStG nicht entgegen (FG Münster, Urteil vom 13.8.1997, EFG 1997 S. 1420).

Gerichtsurteil

Unter § 3 Nr. 9 EStG fällt auch die gerichtlich ausgesprochene Auflösung des Dienstverhältnisses, z.B. durch ein Urteil des Arbeitsgerichts. Für die Steuerbefreiung kommt es nicht darauf an, ob die gerichtlich ausgesprochene Auflösung vom Arbeitgeber veranlasst wurde (R 9 Abs. 2 Satz 2 LStR).

Insichbeurlaubung

Die TELEKOM ermöglicht Beamten das freiwillige Ausscheiden gegen Zahlung einer Abfindung durch die sog. Insichbeurlaubung. Danach stellt der Beamte zunächst einen Antrag auf Beurlaubung, um gleichzeitig ein privatrechtliches Arbeitsverhältnis mit der TELEKOM zu begründen. Mit dem Abschluss des Arbeitsvertrags und kurze Zeit danach wird ein Auflösungsvertrag abgeschlossen, mit dem das Arbeitsverhältnis kurzfristig, in der Regel einen Monat nach Abschluss des Arbeitsvertrags, gegen Zahlung eines „Veränderungsgelds" beendet wird. Die Zahlung des Veränderungsgelds steht dabei unter der Bedingung, dass das Beamtenverhältnis ebenfalls durch Entlassung auf eigenen Antrag rechtswirksam endet.

Nach Auffassung der Finanzverwaltung ist das Veränderungsgeld im Rahmen des § 3 Nr. 9 EStG steuerfrei (OFD Chemnitz, Verfügung vom 18.6.1997, BB 1997 S. 1673).

Insolvenz

Im Falle eines Insolvenzverfahrens hat der Arbeitgeber die entscheidenden Ursachen für eine Auflösung des Dienstverhältnisses gesetzt, so dass § 3 Nr. 9 EStG anzuwenden ist (BFH, Urteil vom 13.10.1978, BStBl II 1979 S. 155).

Kündigung durch Arbeitgeber

Es handelt sich hier um den „klassischen Fall" einer unter § 3 Nr. 9 EStG fallenden vom Arbeitgeber veranlassten Auflösung des Dienstverhältnisses.

Kündigung durch Arbeitnehmer

Abfindungen im Zusammenhang mit einer sog. Eigenkündigung können unter § 3 Nr. 9 EStG fallen, wenn der Arbeitnehmer mit seiner Kündigung lediglich einer bevorstehenden Kündigung durch den Arbeitgeber zuvorgekommen ist. Dies kann der Fall sein, wenn der Arbeitgeber z.B. dem Arbeitnehmer die Suche nach einem neuen Arbeitsplatz ausdrücklich nahe gelegt hat (vgl. BFH, Urteil vom 17.5.1977, BStBl II 1977 S. 735). Umgekehrt ist nach diesem Urteil die Auflösung des Dienstverhältnisses nicht durch den Arbeitgeber veranlasst, wenn der Arbeitnehmer die entscheidenden Ursachen gesetzt hat, z.B. durch vertragswidriges Verhalten.

Das Gleiche gilt, wenn die Eigenkündigung auf Grund eines Aufhebungsvertrags im Hinblick auf bevorstehende Rationalisierungsmaßnahmen, Betriebsverlagerungen oder -stilllegungen erfolgt. Auch dann hat der Arbeitgeber die Auflösung des Dienstverhältnisses veranlasst (BAG, Urteil vom 28.4.1993, BB 1993 S. 1807).

Kündigungsschutzklage

Zahlt der Arbeitgeber nach vorangegangener Kündigungsschutzklage eine Abfindung, so spricht eine Vermutung dafür, dass er die Auflösung des Dienstverhältnisses veranlasst hat (Niedersächsisches FG, Urteil vom 14.12.1988, EFG 1989 S. 337).

Neuer Arbeitsvertrag

Die Steuerfreiheit einer Abfindung wird nicht dadurch beeinträchtigt, dass der Arbeitnehmer auf Grund eines nach Beendigung des Arbeitsverhältnisses abgeschlossenen neuen Dienstvertrags beim selben Arbeitgeber zu anderen Bedingungen beschäftigt wird (BFH, Urteile vom 10.10.1986, BStBl II 1987 S. 186, und vom 2.9.1992, BStBl II 1993 S. 52). Voraussetzung ist, dass das ursprüngliche Dienstverhältnis tatsächlich aufgelöst wird. Dieser Fall ist von der sog. Änderungskündigung abzugrenzen, bei der das Dienstverhältnis zu veränderten Bedingungen fortgesetzt wird.

Neue Vertragsgrundlage

Der Steuerfreiheit einer Abfindung wegen vorzeitiger Aufgabe der Tätigkeit als Vorstandsmitglied einer AG steht nicht entgegen, dass der Steuerpflichtige als Berater der AG nichtselbständig tätig bleibt (FG Münster, Urteil vom 16.5.1997, EFG 1997 S. 1298).

Rentenempfänger

Die Steuerfreiheit einer Abfindung wegen Auflösung des Dienstverhältnisses wird nach Grund und Höhe regelmäßig nicht dadurch berührt, dass der Abfindungsempfänger im Zeitpunkt seines Ausscheidens aus dem Arbeitsverhältnis das 65. Lebensjahr vollendet hat und Rentenempfänger ist (Niedersächsisches FG, Urteil vom 11.9.1979, EFG 1980 S. 114).

Sozialplan

Bei Entlassungen werden häufig sog. Sozialpläne vereinbart, um Härten für die Arbeitnehmer zu mildern. Da die Entlassungen vom Arbeitgeber veranlasst sind, sind die Abfindungen im Rahmen des § 3 Nr. 9 EStG steuerfrei.

Übergangsgelder

Übergangsgelder, die nach tariflichen Vorschriften bei Auflösung des Dienstverhältnisses zu zahlen sind, können nach § 3 Nr. 9 EStG steuerfreie Abfindungen sein (vgl. z.B. FinMin Bayern, Erlass vom 17.12.1990, StEd 1991 S. 45, betr. Angestellte im kommunalen feuerwehrtechnischen Dienst sowie Angestellte und Arbeiter im Justizvollzugsdienst).

Umsetzung im Konzern

Bei einer Umsetzung innerhalb eines Konzerns ist nach den Verhältnissen des Einzelfalls zu prüfen, ob die Umsetzung als Fortsetzung eines einheitlichen Dienstverhältnisses (Änderungskündigung) oder als neues Dienstverhältnis zu beurteilen ist. Nur im letzteren Fall (also Auflösung des alten und gleichzeitig Abschluss eines neuen Dienstverhältnisses) können steuerfreie Abfindungen in Betracht kommen. Für die Fortsetzung eines einheitlichen Dienstverhältnisses kann sprechen, wenn z.B. die bisherigen Dienstzeiten vom neuen Arbeitgeber angerechnet werden oder die Pensionsordnung des bisherigen Arbeitgebers weitergilt (BFH, Urteil vom 21.6.1990, BStBl II 1990 S. 1021).

Ist bei einer Umsetzung im Konzern die getroffene Vereinbarung nicht mehr als Fortsetzung des bisherigen Dienstverhältnisses zu beurteilen, so kommt die Steuerbefreiung der Abfindungszahlung auch dann in Betracht, wenn die Abfindung nicht vom bisherigen, sondern vom neuen Arbeitgeber gezahlt wird (FG Düsseldorf, Urteil vom 13.12.2000, EFG 2001 S. 502, bestätigt durch BFH, Beschluss vom 22.6.2001, BFH/NV 2001 S. 1551).

Vergleich

Abfindungen, die nach Kündigungsschutzprozessen auf Grund eines gerichtlichen oder außergerichtlichen Vergleichs gezahlt werden, fallen unter § 3 Nr. 9 EStG, weil die Auflösung des Dienstverhältnisses vom Arbeitgeber veranlasst ist.

Vorruhestand

Die nach der Vorruhestandsrichtlinie des Landes Brandenburg vom 28.10.1997 gewährten Leistungen sind im Rahmen des § 3 Nr. 9 EStG steuerfrei. Es handelt sich um Abfindungen, die wegen einer vom Arbeitgeber veranlassten Auflösung des Dienstverhältnisses gewährt werden (OFD Cottbus, Verfügung vom 29.10.1998 – S 2342 – 32 – St 116, DB Heft 50/1998 Seite IV).

Wechsel des Arbeitgebers

Abfindungen wegen Auflösung des Dienstverhältnisses sind ggf. auch dann steuerfrei, wenn der Arbeitnehmer sofort wieder eine gleichwertige Arbeitsstelle gefunden hat (Niedersächsisches FG, Urteil vom 17.6.1992, EFG 1992 S. 719).

b) Fälle ohne steuerfreie Abfindungen

876 In folgenden Fällen sind keine steuerfreie Entlassungsentschädigungen anerkannt worden:

Altersteilzeit

Bei **Altersteilzeitmodellen** ist die Auflösung des Dienstverhältnisses nicht vom Arbeitgeber veranlasst, wenn die **Altersteilzeit bis zum 65. Lebensjahr andauert** (R 9 Abs. 2 Satz 4 LStR).

Änderungskündigung

Wenn bei einer Änderungskündigung das bestehende Arbeitsverhältnis nicht aufgelöst, sondern lediglich mit geänderten Konditionen fortgeführt wird, liegt keine Auflösung des Dienstverhältnisses vor (BFH, Urteil vom 21.6.1990, BStBl II 1990 S. 1021, ferner R 9 Abs. 2 Satz 3 LStR).

Eine Kündigung, die der Arbeitnehmer ausgesprochen hat, weil der Arbeitgeber nicht bereit war, das Arbeitsverhältnis als Teilzeitarbeitsverhältnis fortzusetzen, führt nicht zur Steuerfreiheit der Abfindung (BFH, Urteil vom 28.11.1991, BFH/NV 1992 S. 305).

Anwartschaft

Abfindungen zur Abgeltung einer betrieblichen Rentenanwartschaft sind dann nicht steuerfrei, wenn der Arbeitnehmer im Zeitpunkt der Beendigung des Dienstverhältnisses bereits einen unverfallbaren Anspruch auf spätere Versorgungsleistungen erworben hatte (BFH, Urteil vom 24.4.1991, BStBl II 1991 S. 723).

Befristetes Dienstverhältnis

Die Nichtverlängerung eines befristeten Dienstverhältnisses beruht nicht auf einem Verhalten des Arbeitgebers, sondern auf der früheren Vereinbarung zwischen Arbeitgeber und Arbeitnehmer (BFH, Urteil vom 18.9.1991, BStBl II 1992 S. 34; FG Münster, Urteil vom 20.10.1998, EFG 1999 S. 170, betr. Zeitarbeitsvertrag).

Betriebsteilübernahme

Ausgleichszahlungen, die anlässlich einer Betriebsteilübernahme unter der Voraussetzung des Verbleibs des Arbeitnehmers am bisherigen Arbeitsplatz gezahlt werden, sind auch dann nicht nach § 3 Nr. 9 EStG steuerfrei, wenn die Vergütung des Arbeitnehmers auf Grund eines neuen Vertrags beim neuen Arbeitgeber geringer ist als zuvor, denn der Arbeitgeberwechsel im Rahmen eines (Teil-)Betriebsübergangs führt in der Regel nicht zur Auflösung des bestehenden Dienstverhältnisses (BFH, Urteil vom 16.7.1997, BStBl II 1997 S. 666). Dies gilt auch dann, wenn ein Teilbereich eines Unternehmens in ein **konzernangehöriges Unternehmen ausgegliedert** wird (sog. Outsourcing) und der Arbeitnehmer, der einen neuen Arbeitsvertrag mit dem ausgegliederten Unternehmen abschließt, zwar eine pauschale Abfindung für die durch den Arbeitgeberwechsel verursachten Nachteile erhält, die Beteiligten jedoch eine Fortsetzung des bestehenden Dienstverhältnisses gewollt haben (BFH, Urteil vom 12.4.2000, BFH/NV 2000 S. 1195).

Bleibeprämie

Eine sog. Bleibeprämie ist keine steuerfreie Abfindung (FG Baden-Württemberg, Urteil vom 23.11.1988, EFG 1989 S. 336).

Freistellung

Zahlungen an einen von der Arbeit freigestellten Arbeitnehmer, die auf Grund eines arbeitsgerichtlichen Vergleichs bis zum vereinbarten Ende des Arbeitsverhältnisses gezahlt werden, sind keine Abfindungen (BFH, Urteil vom 27.4.1994, BStBl II 1994 S. 653), vgl. auch FG Baden-Württemberg, Urteil vom 16.6.1997, EFG 1997 S. 1297.

Mitunternehmer

Auf Abfindungen an Gesellschafter-Geschäftsführer, deren Tätigkeitsvergütungen als Einkünfte aus Gewerbebetrieb anzusehen sind (§ 15 Abs. 1 Nr. 2 EStG), ist die Steuerbefreiung des § 3 Nr. 9 EStG nicht anwendbar (Niedersächsisches FG, Urteil vom 23.2.1995, EFG 1995 S. 878).

Das Gleiche gilt für Abfindungen, die eine Arbeitnehmer-Kommanditistin bei Auflösung des Dienstverhältnisses erhält (BFH, Urteil vom 23.4.1996, BStBl II 1996 S. 515).

Neuer Arbeitgeber

Eine Abfindung liegt nicht vor, wenn maßgeblicher Grund der Leistung die Begründung eines neuen Dienstverhältnisses ist und sie vom neuen Arbeitgeber erbracht wird (BFH, Urteil vom 16.12.1992, BStBl II 1993 S. 447).

Pensionsansprüche

Die Abgeltung von Pensionsansprüchen stellt keine steuerfreie Abfindung dar, wenn die Pensionsansprüche bei Beendigung des Dienstverhältnisses bereits unverfallbar waren (BFH, Urteil vom 24.4.1991, BStBl II 1991 S. 723).

Übertragung von GmbH-Anteilen

Die Steuerfreiheit der Abfindung nach § 3 Nr. 9 EStG setzt voraus, dass die Auflösung durch den Arbeitgeber veranlasst ist. Hieran fehlt es, wenn der Arbeitnehmer zugleich Mehrheitsgesellschafter der Arbeitgeberin (GmbH) ist und die Aufhebung des Arbeitsvertrags im Zusammenhang mit der Übertragung der Beteiligung steht (Niedersächsisches FG, Urteil vom 14.10.1999, EFG 2000 S. 917).

Umsetzung

Wenn ein Arbeitnehmer vom Arbeitgeber eine Prämie dafür erhält, dass er von einer Vollbeschäftigung in eine Teilzeitbeschäftigung oder von einem höher bewerteten auf einen niedriger bewerteten Arbeitsplatz wechselt, ist die Steuerbefreiung nach § 3 Nr. 9 EStG nicht anzuwenden, weil das Arbeitsverhältnis fortbesteht (vgl. StLex 3, 3, 1287).

Vergleich/Urteil

Wird auf Grund eines gerichtlichen Vergleichs oder Urteils eine fristlose Kündigung in eine ordentliche Kündigung umgewandelt und für die Gehaltsansprüche während der Kündigungsfrist eine Abfindung vereinbart, so handelt es sich tatsächlich um Arbeitslohn, der „normal" zu versteuern ist. Denn das Arbeitsverhältnis endet in diesem Fall nicht einvernehmlich vorzeitig, sondern erst mit Ablauf der ordentlichen Kündigungsfrist.

Verursachung durch den Arbeitnehmer

Wenn der Arbeitnehmer das Risiko des Verlustes eines Arbeitsplatzes eingeht, indem er eine **Funktion anstrebt**, die **mit einer Weiterbeschäftigung** nach Auffassung des Arbeitgebers **nicht vereinbar** ist, setzt er freiwillig die Ursachenkette für die Auflösung des Dienstvertrags unter Zahlung einer Abfindung im Wege eines Vergleichs in Gang. Die Steuerbefreiung nach § 3 Nr. 9 EStG ist nicht anzuwenden (FG Bremen, Urteil vom 18.8.1999, EFG 1999 S. 1228, Revision eingelegt, Az. beim BFH: XI R 51/00).

6. Auswirkungen auf das Arbeitslosengeld

a) Die Neuregelungen im Überblick

aa) Allgemeines

877 Die Zahlung von Entlassungsentschädigungen (Abfindungen, Entschädigungen oder ähnliche Leistungen) kann sich auf den Anspruch auf Arbeitslosengeld (auch Teilarbeitslosengeld) bzw. Arbeitslosenhilfe auswirken. Auf Grund der Neuregelung durch das **Entlassungsentschädigungs-Änderungsgesetz – EEÄndG** vom 24.3.1999 (BGBl. I 1999 S. 396) richtet sich die Anrechnung von Entlassungsentschädigungen **seit dem 1.4.1999** nach § 143a SGB III. Diese Vorschrift entspricht weitgehend dem bisherigen § 117 AFG, der bisher das Ruhen des Anspruchs auf Arbeitslosengeld bis zum Ablauf der ordentlichen Kündigungsfrist regelte. Eine dem **§ 117a AFG vergleichbare Vorschrift** über das Ruhen des Anspruchs **trotz eingehaltener Kündigungsfrist** und Eintritts einer Sperrzeit ist im Entlassungsentschädigungs-Änderungsgesetz **nicht** mehr vorgesehen.

bb) Rückwirkende Anwendung des neuen Rechts

878 Die verschärften Anrechnungsvorschriften **(§ 115a AFG oder § 140 SGB III)** sind **in der Zeit vom 1.4.1997 bis 31.3.1999** bereits in Einzelfällen zur Anwendung gelangt. Um soziale Härten zu vermeiden, die hierdurch entstanden sein können, haben die betroffenen Arbeitnehmer **(auf Antrag)** die Möglichkeit, über ihren Anspruch insoweit eine neue Entscheidung des Arbeitsamtes herbeizuführen. Der Arbeitnehmer wird dann hinsichtlich der Berücksichtigung einer Entlassungsentschädigung so gestellt, als hätte das neue Recht (§ 143a SGB III) bereits rückwirkend gegolten (§ 427 Abs. 6 Satz 3 und 4 SGB III).

Hinweis:

Neben der Änderung der Vorschriften über die Anrechnung von Entlassungsentschädigungen ist **§ 147a SGB III** in Kraft getreten, der die **Erstattungspflicht des Arbeitgebers bei vorzeitiger Beendigung des Arbeitsverhältnisses eines älteren Arbeitnehmers** regelt (→ *Erstattungspflicht des Arbeitgebers* Rz. 935).

b) Einzelheiten der Regelungen

aa) Ruhen des Arbeitslosengeldes bis zum Ablauf der Kündigungsfrist

879 Ist das Arbeitsverhältnis **ohne Einhaltung** der für den Arbeitgeber maßgebenden **ordentlichen Kündigungsfrist** beendet worden, so bestimmt § 143a Abs. 1 SGB III, dass der Anspruch des Arbeitnehmers auf Arbeitslosengeld/Teilarbeitslosengeld oder Arbeitslosenhilfe vom Ende des Arbeitsverhältnisses bis zu dem Tag ruht, an dem es bei Einhaltung der ordentlichen Kündigungsfrist geendet hätte. Der Anspruch ruht daher **nicht**, wenn das Arbeitsverhältnis mit einer Frist beendet wurde, die der ordentlichen Kündigungsfrist des Arbeitgebers entspricht. Insoweit kommt es auf die in dem betreffenden Arbeitsverhältnis für den **Arbeitgeber**

geltende Kündigungsfrist an, wie sie sich aus gesetzlichen Kündigungsvorschriften oder aus Tarifvertrag oder aus dem Einzelarbeitsvertrag ergibt. Zur Kündigungsfrist gehört auch die Beachtung des Endtermins (z.B. Monatsende oder Ende des Vierteljahres). Der Anspruch ruht außerdem nicht, wenn das Arbeitsverhältnis von vornherein **befristet** war und durch Ablauf der Frist endet oder wenn der Arbeitgeber das Arbeitsverhältnis **aus wichtigem Grund** ohne Einhaltung einer Kündigungsfrist kündigen konnte.

Wird ein Arbeitsverhältnis beendet, bei dem eine ordentliche Kündigung durch den Arbeitgeber zeitlich **unbegrenzt** ausgeschlossen ist, gilt für das Ruhen des Anspruchs generell eine (fiktive) Kündigungsfrist von 18 Monaten (§ 143a Abs. 1 Satz 3 Nr. 1 SGB III). Kann einem unkündbaren Arbeitnehmer **nur bei Zahlung einer Entlassungsentschädigung** ordentlich gekündigt werden, gilt für das Ruhen des Anspruchs generell eine (fiktive) Kündigungsfrist von einem Jahr (§ 143a Abs. 1 Satz 4 SGB III).

Wird ein Arbeitsverhältnis beendet, bei dem eine ordentliche Kündigung durch den Arbeitgeber zeitlich **begrenzt** ausgeschlossen ist, gilt für das Ruhen des Anspruchs diejenige Kündigungsfrist, die der Arbeitgeber ohne den besonderen Kündigungsschutz (z.B. nach § 15 KSchG, § 9 MuSchG, § 85 SGB IX) einzuhalten hätte (§ 143a Abs. 1 Satz 3 Nr. 2 SGB III).

Beispiel:

Der Arbeitgeber kündigt das Arbeitsverhältnis eines schwer behinderten Menschen ohne Zustimmung des Integrationsamtes am 15. August unter Beachtung der tarifvertraglichen ordentlichen Kündigungsfrist von sechs Wochen zum 30. September.

Obwohl die Kündigung bis zur Erteilung der Zustimmung durch das Integrationsamt zeitlich ausgeschlossen ist, ruht der Anspruch des Arbeitnehmers **nicht**, da der Arbeitgeber die Kündigungsfrist eingehalten hat, die für ihn – ohne zeitlich begrenzten Ausschluss der Kündigung – in Betracht käme.

Hinweis:

Durch das Ruhen des Anspruchs wird der Beginn der Zahlung von Arbeitslosengeld hinausgeschoben. **Die Anspruchsdauer wird hierdurch nicht gekürzt.** Sofern jedoch neben dem Ruhen des Anspruchs auf Arbeitslosengeld gemäß § 143a SGB III auch der Eintritt einer Sperrzeit festgestellt wird, vermindert sich die Dauer des Anspruchs auf Arbeitslosengeld wegen der Sperrzeit. Solange der Anspruch auf Arbeitslosengeld ruht, besteht **kein Kranken- oder Pflegeversicherungsschutz**. Die Ruhenszeit kann allerdings vom Rentenversicherungsträger als beitragsfreie (Anrechnungs-)Zeit berücksichtigt werden. Das Arbeitsamt meldet dem Rentenversicherungsträger den Ruhenszeitraum, wenn der Arbeitslose während dieser Zeit sein Vermittlungsgesuch im Abstand von höchstens drei Monaten erneuert hat und den Vermittlungsbemühungen des Arbeitsamtes auch zur Verfügung gestanden hat.

bb) Konsequenz nach § 143a Abs. 2 SGB III: Teilanrechnung der Abfindung

Nach § 143a Abs. 2 SGB III ruht der Anspruch auf Arbeitslosengeld nicht unbedingt für den gesamten Ruhenszeitraum. Nach dieser Vorschrift wird nämlich unwiderlegbar vermutet – im Sinne einer praktikablen Handhabung mit pauschalierten Sätzen –, dass die Abfindung bei vorzeitiger Beendigung des Arbeitsverhältnisses auch einen Anteil enthält, der nicht als Arbeitsentgeltanspruch, sondern als Entschädigung für den Verlust des sozialen Besitzstandes anzusehen ist. Dieser Anteil mit dem Charakter einer echten Abfindung zur Abgeltung des sozialen Verlustes durch die Beendigung des Arbeitsverhältnisses wird **zunächst pauschal auf 40 %** der Abfindung festgesetzt. Dieser Anteil erhöht sich – wiederum pauschal – bei Arbeitnehmern mit einer **Betriebszugehörigkeit von mehr als fünf Jahren** und bei Arbeitnehmern nach Vollendung des 40. Lebensjahrs um bestimmte Prozentsätze. Der Anteil der Abfindung, **der berücksichtigt wird**, beträgt somit **mindestens 25 %** und **höchstens 60 %** des Bruttobetrages.

Der **Anteil der Abfindung**, der nach der gesetzlichen Regelung als Anspruch auf Arbeitsentgelt behandelt wird und daher **zu be-**

880

rücksichtigen ist, ergibt sich aus der **nachfolgenden Tabelle mit Beispielen:**

Betriebs- oder Unternehmenszugehörigkeit	Lebensalter am Ende des Arbeitsverhältnisses					
	unter 40 Jahre	ab 40 Jahre	ab 45 Jahre	ab 50 Jahre	ab 55 Jahre	ab 60 Jahre
	%	%	%	%	%	%
weniger als 5 Jahre	60	55	50	45	40	35
5 und mehr Jahre	55	50	45	40	35	30
10 und mehr Jahre	50	45	40	35	30	25
15 und mehr Jahre	45	40	35	30	25	25
20 und mehr Jahre	40	35	30	25	25	25
25 und mehr Jahre	35	30	25	25	25	25
30 und mehr Jahre		25	25	25	25	25
35 und mehr Jahre			25	25	25	25

Aus der Tabelle ergibt sich der **anzurechnende Anteil der Abfindung**, der für die Dauer des Ruhens des Arbeitsverhältnisses maßgeblich ist, soweit sich nicht **aus der ordentlichen Kündigungsfrist** im konkreten Einzelfall ein **günstigerer** Zeitraum ergibt.

Für die Höhe der Entlassungsentschädigung ist der **Bruttobetrag** maßgebend. Einbezogen werden auch die erst **später fälligen** Leistungen. Übernimmt der Arbeitgeber zusätzlich zur Entlassungsentschädigung die hierauf entfallende Lohnsteuer (→ Rz. 862), ist der Gesamtbetrag der Leistung um diesen Betrag zu erhöhen. Beiträge, die der Arbeitgeber für seinen Arbeitnehmer, dessen Arbeitsverhältnis frühestens mit Vollendung des 55. Lebensjahrs beendet wird, unmittelbar für dessen Rentenversicherung aufwendet, um Rentenminderungen durch eine vorzeitige Inanspruchnahme einer Altersrente ganz oder teilweise auszugleichen (§ 187a Abs. 1 SGB VI), werden **nicht** als Entlassungsentschädigung berücksichtigt.

Hinweis:

Der Ruhenszeitraum beginnt am Kalendertag nach dem letzten Tag des Arbeitsverhältnisses. Der Anspruch auf Arbeitslosengeld ruht **längstens** für die Dauer **eines Jahres.**

Beispiel 1:

Das Arbeitsverhältnis eines 58jährigen Arbeitnehmers mit einer Betriebszugehörigkeit von 15 Jahren wird wegen einer vermeintlichen schweren Verfehlung am 31. Mai fristlos gekündigt. Das Brutto-Monatsgehalt des Arbeitnehmers betrug 3 000 €.

Die reguläre Kündigungsfrist hätte bei dieser Sachlage sechs Monate zum Monatsende betragen (§ 622 Abs. 2 Nr. 6 BGB), hätte also zu einer Beendigung des Arbeitsverhältnisses zum 30. November geführt.

Die Arbeitsvertragsparteien einigen sich nach einer Auseinandersetzung über die Kündigungsgründe durch einen Aufhebungsvertrag einvernehmlich auf eine Beendigung des Arbeitsverhältnisses am 31. Mai gegen eine Brutto-Abfindung in Höhe von 12 000 €.

Bei dieser Sachlage ergibt sich aus der Tabelle eine anrechenbare Abfindung mit 25 % von 12 000 €, d.h. ein Betrag von 3 000 €. Das kalendertägliche Arbeitsentgelt des Arbeitnehmers beträgt demgegenüber (3 000 € : 30) 100 €.

Teilt man nun die anrechenbare Abfindung von 3 000 € durch das kalendertägliche Entgelt von 100 €, so ergibt sich ein Ruhenszeitraum nach § 143a SGB III von 30 Kalendertagen. Der Arbeitnehmer hat nach Ablauf des Ruhenszeitraums Anspruch auf Arbeitslosengeld.

Beispiel 2:

Ist im vorstehenden Beispielsfall der Arbeitnehmer erst vier Jahre beschäftigt und erst 35 Jahre alt und beträgt die Abfindung gemäß Aufhebungsvertrag 24 000 €, so ergibt sich folgende Berechnung:

Der anrechenbare Anteil der Abfindung beträgt gemäß Tabelle 60 %, d.h. 14 400 €. Aus dem kalendertäglichen Entgelt von 100 € ergibt sich insoweit ein Ruhenszeitraum von 144 Kalendertagen (14 400 € : 100 €).

Da dieser Ruhenszeitraum aber über die für den Arbeitgeber maßgebliche ordentliche Kündigungsfrist zum 30. Juni hinausgeht (die Kündigungsfrist beträgt nach § 622 Abs. 2 Nr. 1 BGB einen Monat zum Ende eines Kalendermonats), endet der Ruhenszeitraum nach § 143a SGB III bereits mit dem 30. Juni. Anspruch auf Arbeitslosengeld besteht folglich ab 1. Juli.

Entschädigungen

1. Allgemeines

Nach § 24 Nr. 1 EStG gehören auch Entschädigungen zu den **881** Einkünften i.S. des § 2 Abs. 1 EStG. Es handelt sich dabei um Leistungen, die dem Steuerpflichtigen oder seinem Rechtsnachfolger

– als **Ersatz für entgangenen oder entgehenden Arbeitslohn** (§ 24 Nr. 1 **Buchst. a** EStG) oder

– für die **Aufgabe oder Nichtausübung einer Tätigkeit** (§ 24 Nr. 1 **Buchst. b** EStG) oder

– als **Ausgleichszahlungen an Handelsvertreter** nach § 89b Handelsgesetzbuch (§ 24 Nr. 1 **Buchst. c** EStG)

gewährt werden.

Diese Entschädigungen unterliegen jedoch unter bestimmten Voraussetzungen bei der Einkommensteuerveranlagung einem **ermäßigten Steuersatz**, d.h., sie werden rechnerisch auf fünf Jahre verteilt (sog. **Fünftelregelung** des § 34 Abs. 1 und 2 Nr. 2 EStG). Handelt es sich um eine Zahlung des Arbeitgebers an den Arbeitnehmer, so ist die Steuerermäßigung grundsätzlich schon beim **Lohnsteuerabzug anzuwenden** (§ 39b Abs. 3 Satz 9 EStG); vgl. → *Sonstige Bezüge* Rz. 2246.

Vor Anwendung dieser Vorschrift ist jedoch zu prüfen, ob eine Entschädigung **überhaupt der Einkommensteuer unterliegt** und – wenn ja – ob eine Steuerbefreiung eingreift. In der Praxis treffen steuerbegünstigte Entschädigungen häufig mit **Entlassungsentschädigungen** zusammen, die in den **Grenzen des § 3**

Nr. 9 EStG steuerfrei bleiben. Der verbleibende **steuerpflichtige Teil** kann dann im Regelfall nach § 34 EStG **tarifermäßigt besteuert** werden (→ *Entlassungsabfindungen/Entlassungsentschädigungen* Rz. 871).

Liegen bei einer Abfindung die Voraussetzungen für die Tarifbegünstigung **als „Entschädigung"** i.S. des § 34 Abs. 2 Nr. 2 EStG nicht vor, kann gleichwohl die Tarifbegünstigung anwendbar sein, wenn es sich bei der Abfindung um eine **„Vergütung für eine mehrjährige Tätigkeit" handelt (§ 34 Abs. 2 Nr. 4 EStG)**; auch hierfür gilt ab 1999 die **„Fünftelregelung"** (→ *Arbeitslohn für mehrere Jahre* Rz. 229). Die Unterscheidung hat somit ab 1999 keine Bedeutung mehr.

Beispiel:

A, Geschäftsführer einer GmbH, scheidet vorzeitig aus der Firma aus und erhält für den Verlust späterer Pensionsansprüche eine Abfindung, die ihm aber bereits im Anstellungsvertrag zugesichert war.

Es handelt sich um keine Entschädigung i.S. des **§ 24 Nr. 1 Buchst. a EStG**, weil die Abfindung lediglich die Erfüllung einer vertraglich vereinbarten Leistung darstellt. Auch die Voraussetzungen des **§ 24 Nr. 1 Buchst. b EStG** sind nicht erfüllt, weil die Abfindung nicht für die Aufgabe oder Nichtausübung einer Tätigkeit gezahlt wird. Eine Besteuerung mit dem „halben" Steuersatz kam somit nicht in Betracht. Die Abfindung ist jedoch eine Entlohnung für eine mehrjährige Tätigkeit, so dass die ermäßigte Besteuerung nach § 39b Abs. 3 Satz 9 EStG vorzunehmen ist (vgl. zu einem ähnlichen Fall FG Münster, Urteil vom 20.10.1998, EFG 1999 S. 170, betr. eine von vornherein in einem Zeitarbeitsvertrag vereinbarte Abfindung). Bis 1998 wurden die Einkünfte deshalb rechnerisch auf drei Jahre verteilt, ab 1999 können sie – wie Entschädigungen – auf **fünf Jahre verteilt** werden. Insoweit ist das neue Recht günstiger.

Steuerpflichtig sind auch **von dritter Seite geleistete Entschädigungen**, mit denen einem Arbeitnehmer der **Verdienstausfall** ersetzt wird, z.B. Versicherungsentschädigungen. Derartige Zahlungen können jedoch nur im Rahmen einer **Einkommensteuerveranlagung** als Arbeitslohn erfasst werden. Ein Lohnsteuerabzug entfällt, weil der Dritte insoweit nicht Arbeitgeber ist. Vgl. dazu ausführlich → *Unfallversicherung: freiwillige* Rz. 2474.

Die **sozialversicherungsrechtliche Beurteilung** der Entschädigungen folgt grundsätzlich der folgenden Regelung:

Einmalige Einnahmen, laufende Zulagen, Zuschläge, Zuschüsse sowie ähnliche Einnahmen, die zusätzlich zu Löhnen oder Gehältern gewährt werden, sind beitragspflichtiges Arbeitsentgelt, soweit sie lohnsteuerpflichtig sind. Dieser Grundsatz gilt bei Abfindungszahlungen nicht (→ *Entlassungsabfindungen/Entlassungsentschädigungen* Rz. 862).

2. Nicht „steuerbare" Entschädigungen

882 Zum Arbeitslohn gehören nur Entschädigungen, die **mit Rücksicht auf das Dienstverhältnis gezahlt** werden.

Ein unmittelbarer Zusammenhang mit dem Dienstverhältnis besteht z.B. nicht bei

– **Schadensersatzleistungen, zu denen der Arbeitgeber gesetzlich verpflichtet** ist, z.B. wegen Rufschädigung des Arbeitnehmers oder schuldhafter Verletzung arbeitsvertraglicher Fürsorgepflichten, vgl. H 70 (Beispiele) LStH sowie BFH, Urteile vom 29.10.1963, BStBl III 1964 S. 12, und vom 20.9.1996, BStBl II 1997 S. 144.

– **Entschädigungen, die private Verluste oder Krankheitskosten** ersetzen sollen (BFH, Urteil vom 22.4.1982, BStBl II 1982 S. 496, betr. Zahlungen aus einer vom Arbeitgeber abgeschlossenen Autoinsassen-Unfallversicherung).

– **Streik- und Aussperrungsunterstützungen** (BFH, Urteil vom 24.10.1990, BStBl II 1991 S. 337).

Die vorgenannten Entschädigungen fallen auch nicht unter die übrigen Einkunftsarten des Einkommensteuergesetzes, bleiben also von vornherein außer Betracht.

Wenn ein Arbeitnehmer auf Grund eines fremd verursachten **Unfalls im Privatbereich** erwerbsunfähig geworden ist und infolgedessen von der gegnerischen Haftpflichtversicherung **Schadensersatzzahlungen für entgehenden Arbeitslohn** erhält, die entweder als wiederkehrende Leistungen oder in Form einer Einmalabfindung erbracht werden, sind diese wie folgt steuerlich zu behandeln:

– Die Haftpflichtentschädigungen sind nicht als Ersatz für entgangene oder entgehende Einnahmen i.S. des § 24 Nr. 1a i.V.m. § 19 EStG zu behandeln.

Sie sind jedoch nach § 22 Nr. 1 Satz 1 EStG in voller Höhe als **sonstige Einkünfte** zu erfassen, wenn die Haftpflichtentschädigung in Form wiederkehrender Leistungen und als Ersatz für andere bereits steuerbare Einkünfte (hier Arbeitslohn) erbracht wird. Decken die Leistungen daneben einen durch Unfall entstandenen Mehrbedarf ab, sind sie insoweit nicht steuerbar und dementsprechend aufzuteilen.

– Wird im Rahmen der Schadensregulierung eine **einmalige Abfindung** vereinbart, ist die gesamte Zahlung nicht steuerbar.

Ein Lohnsteuerabzug entfällt somit in jedem Fall.

3. Steuerfreie Entschädigungen

Andere Entschädigungen wären zwar an sich steuerpflichtig. Das **883** Einkommensteuergesetz enthält jedoch aus **sozialen Gründen** eine ganze Reihe von Steuerbefreiungen, und zwar für

– **Abfindungen wegen einer vom Arbeitgeber veranlassten oder gerichtlich ausgesprochenen Auflösung des Dienstverhältnisses** bis zu den in § 3 Nr. 9 EStG genannten Höchstbeträgen; vgl. → *Entlassungsabfindungen/Entlassungsentschädigungen* Rz. 868.

– **Übergangsgelder und Übergangsbeihilfen**, die auf Grund gesetzlicher Vorschriften wegen Entlassung aus einem Dienstverhältnis z.B. an Minister, Soldaten und Beamte gezahlt werden, **bis höchstens 12 271 € im Jahr** (§ 3 Nr. 10 EStG; vgl. → *Übergangsgelder/Übergangsbeihilfen* Rz. 2441).

– **Verdienstausfallentschädigungen nach dem Infektionsschutzgesetz** (§ 3 Nr. 25 EStG) sowie **an Wehrpflichtige**, die bei privaten Arbeitgebern beschäftigt sind (§ 3 Nr. 48 EStG). Diese Leistungen unterliegen jedoch nach § 32b EStG dem Progressionsvorbehalt und sind daher ggf. im Rahmen einer Einkommensteuerveranlagung zu erfassen (→ *Progressionsvorbehalt* Rz. 1924).

4. Abgrenzung der Einkunftsart

Nicht jede Entschädigung, die ein **Arbeitnehmer** erhält, gehört zu **884** seinen Einkünften aus nichtselbständiger Arbeit. Bei Entschädigungen i.S. des § 24 Nr. 1 Buchst. a EStG als **„Ersatz für entgangene oder entgehende Einnahmen"** ist diese Frage recht einfach zu beantworten, weil die Entschädigung an die Stelle der bisher erzielten Einnahmen tritt. Die Einkunftsart folgt damit der bisherigen steuerlichen Beurteilung.

Problematisch ist diese Beurteilung aber bei den Entschädigungen i.S. des § 24 Nr. 1 Buchst. b EStG für die **„Aufgabe oder Nichtausübung einer Tätigkeit".** Hier kommt es darauf an, zu welchen Einkünften die Tätigkeit geführt hätte, auf deren Ausübung der Steuerpflichtige verzichtet hat. Ist insoweit eine eindeutige Zuordnung zu einer der Einkunftsarten des § 2 Abs. 1 Nr. 1 bis 6 EStG nicht möglich, weil die Entschädigung für die Nichtausübung **mehrerer unterschiedlich zu qualifizierender Tätigkeiten gezahlt** wird, ist die Entschädigung den **sonstigen Einkünften** i.S. des § 22 Nr. 3 EStG zuzurechnen (BFH, Urteil vom 12.6.1996, BStBl II 1996 S. 516). Lohnsteuer ist dann nicht einzubehalten.

Beispiel:

A war Gesellschafter-Geschäftsführer einer GmbH. Das Anstellungsverhältnis wurde auf Veranlassung der GmbH einvernehmlich aufgehoben. Als Ausgleich für den Verlust des Arbeitsplatzes erhielt A eine vertragliche Abfindung von 450 000 DM (umgerechnet ca. 230 081 €). Zugleich verpflichtete er sich gegenüber der GmbH in einem weiteren Vertrag gegen Zahlung eines als **Karenzentschädigung** bezeichneten Betrags von 225 000 DM (umgerechnet ca. 115 040 €), für die Dauer von fünf Jahren nach Beendigung des Arbeitsverhältnisses nicht für ein Unternehmen tätig zu sein, das mit der GmbH in Wettbewerb steht. A war hiermit „jede selbständige direkte oder indirekte oder unselbständige Tätigkeit für ein solches Konkurrenzunternehmen untersagt".

Der Bundesfinanzhof hat die Entschädigung den sonstigen Einkünften i.S. des § 22 Nr. 3 EStG zugeordnet, weil A sich zu einem „umfassenden Konkurrenzverzicht im weitesten Sinne" verpflichtet hat (Urteil vom 12.6.1996, BStBl II 1996 S. 516).

Begründung: Anders als bei einem sog. eingeschränkten Wettbewerbsverbot, das nur die Ausübung einer ganz bestimmten Tätigkeit untersagt, kann hier nicht festgestellt werden, ob A auf die Ausübung einer nichtselbständigen Tätigkeit oder auf die Ausübung einer gewerblichen Tätigkeit verzichtet hat. Da eine eindeutige Zuordnung somit nicht möglich ist, ist die Entschädigung der subsidiär eingreifenden Einkunftsart des § 22 Nr. 3 EStG zuzuordnen. Trotz Zuordnung zu dieser Einkunftsart kann aber die Tarifermäßigung nach § 34 Abs. 1 und 2 EStG gewährt werden. Lohnsteuer hat die GmbH jedoch nicht einzubehalten.

5. Tarifermäßigte Entschädigungen

885 Die Anwendung der Tarifermäßigung des § 34 Abs. 1 und 2 Nr. 2 EStG setzt voraus, dass eine „**Entschädigung**" i.S. des § 24 Nr. 1 EStG gezahlt wird.

Eine tarifbegünstigte „**Entschädigung**" liegt nur vor, wenn

– der Arbeitnehmer/Steuerpflichtige einen **finanziellen Schaden erlitten** hat und

– die auf einem **anderen Rechtsgrund** beruhende Zahlung unmittelbar dazu bestimmt ist diesen **Schaden auszugleichen** (R 170 EStR, BFH, Urteil vom 13.2.1987, BStBl II 1987 S. 386, sowie BMF-Schreiben vom 18.12.1998, BStBl I 1998 S. 1512, Rz. 3, betr. Entlassungsentschädigungen).

Keine „Entschädigung" ist dagegen eine Leistung in Erfüllung eines bereits vor dem Ausscheiden begründeten Anspruchs des Arbeitnehmers, auch wenn dieser Anspruch in einer der geänderten Situation angepassten Weise erfüllt wird. Der Entschädigungsanspruch darf – auch wenn er bereits früher vereinbart worden ist – erst als Folge einer vorzeitigen Beendigung des Dienstverhältnisses entstehen. Eine Entschädigung, die aus Anlass einer Entlassung aus dem Dienstverhältnis vereinbart wird (**Entlassungsentschädigung**), setzt den Verlust von Einnahmen voraus, mit denen der Arbeitnehmer rechnen konnte. Weder als steuerfreie Abfindung noch als tarifbegünstigte Entschädigung anerkannt werden können daher **Zahlungen des Arbeitgebers, die bereits erdiente Ansprüche abgelten**, wie z.B.

– rückständiger Arbeitslohn,
– anteiliges Urlaubsgeld,
– Weihnachtsgeld,
– Gratifikationen,
– Tantiemen,
– bei rückwirkender Beendigung des Dienstverhältnisses bis zum steuerlich anzuerkennenden Zeitpunkt der Auflösung noch zustehende Gehaltsansprüche (BMF-Schreiben vom 18.12.1998, BStBl I S. 1512, Rz. 4),
– Ausgleichszahlungen zur Abgeltung von Nachteilen auf Grund der Ausgliederung eines Teilbetriebs in ein konzernangehöriges Unternehmen, wenn das **Arbeitsverhältnis** – wenn auch modifiziert – **fortgesetzt** wird, **Betriebsübergang i.S. des § 613a BGB** (BFH, Urteil vom 12.4.2000, BFH/NV 2000 S. 1195).

Für die Frage, ab wann vertragliche Ansprüche nicht mehr auf der alten Rechtsgrundlage entstehen können, ist von dem Zeitpunkt auszugehen, zu dem Arbeitgeber und Arbeitnehmer das **Dienstverhältnis wirksam beendet** haben.

Vereinbaren Vertragsparteien im Zuge einer **vorzeitigen Beendigung eines Dienstverhältnisses** eine „Abfindung" oder „Entschädigung" o.Ä., so ist festzustellen, inwieweit durch diese vergleichsweise Regelung tatsächlich zivilrechtlich bereits entstandene Erfüllungsansprüche oder Ersatz für entgangene oder entgehende Einnahmen geleistet werden sollte. Bis zur zivilrechtlich gültigen Vertragsbeendigung entstandene Ansprüche sind **Erfüllungsansprüche** (§ 611 BGB), die darüber hinaus geleisteten Zahlungen können **Entschädigungen** i.S. des § 24 EStG sein. Vgl. hierzu auch BFH, Urteil vom 20.3.1987, BFH/NV 1987 S. 414, wonach für den Fall der Kündigung eines Anstellungsverhältnisses zum Jahresende und Vereinbarung einer Pauschalabfindung, mit der auch ein Tantiemeanspruch für das Jahr der Kündigung abgegolten werden soll, der auf die Tantieme entfallende Teil nicht ermäßigt zu besteuern ist. Der auf die Tantieme entfallende Anteil der Pauschalabfindung ist danach **im Wege der Schätzung** zu ermitteln. Die Rechtsprechung zu § 3 Nr. 9 EStG (→ Entlassungsabfindungen/Entlassungsentschädigungen Rz. 857), wonach es die Beteiligten – bis an die Grenze des Gestaltungsmissbrauchs – in der Hand hätten, durch vertragliche Vereinbarung zu bestimmen, in welchem Umfang sie **steuerfreie Abfindungen** an die Stelle von steuerpflichtigen Lohnansprüchen treten lassen wollen, kann auf die im Rahmen der **Tarifermäßigung nach §§ 24, 34 EStG** vorzunehmende Abgrenzung von Erfüllungs- zu Ersatzleistung i.S. des

§ 24 Nr. 1 EStG nicht übertragen werden (BFH, Beschluss vom 15.6.2000, BFH/NV 2001 S. 26, m.w.N.).

Vgl. zur Abgrenzung außerdem → Rz. 901, → Rz. 902 sowie → Rz. 903.

6. Abgrenzung der verschiedenen Arbeitgeberleistungen

a) Allgemeines

Besonders im Zusammenhang mit der **vorzeitigen Entlassung** 886 von Arbeitnehmern aus dem Dienstverhältnis ist von Bedeutung, dass **nicht** alle Zahlungen des Arbeitgebers als **Entschädigung für die Entlassung** anzusehen sind. Sie stellen zwar steuerpflichtigen Arbeitslohn dar, können jedoch nicht tarifermäßigt versteuert werden. Vorteilhaft ist jedoch, dass sie die Anwendung der Tarifermäßigung auf die eigentliche Entschädigung (das ist insbesondere die Barabfindung) unberührt lassen.

Eine Entschädigung wird im Übrigen nur dann als Entlassungsentschädigung angesehen werden können, wenn sie in einem **sachlichen Zusammenhang mit dem Ausscheiden steht** (R 9 Abs. 1 Satz 2 LStR). Siehe dazu ausführlich → Entlassungsabfindungen/Entlassungsentschädigungen Rz. 864)

Wird die Entlassungsentschädigung **auf Wunsch des Arbeitnehmers später ausgezahlt**, ist die Versteuerung in dem Zeitpunkt vorzunehmen, an dem ihm die Entschädigung zugestanden hat.

Beispiel:

A wird zur Vermeidung einer betriebsbedingten Kündigung ein Aufhebungsvertrag angeboten. Danach erhält A eine Abfindung von 100 000 €, die im Zeitpunkt des Ausscheidens zusammen mit der letzten Lohnzahlung im Dezember 2002 fällig werden soll. Nach Rücksprache mit seinem Steuerberater bittet A seinen Arbeitgeber, die Abfindung erst im Januar 2003 auszuzahlen, weil er nach seiner Entlassung wesentlich geringere Einkünfte hat und somit nicht mehr so viel Einkommensteuer zahlen muss.

Die Abfindung ist A im Dezember 2002 zugeflossen und somit bereits im Kalenderjahr 2002 zu versteuern, weil A schon zu diesem Zeitpunkt über die Abfindung verfügen konnte (vgl. zu einem ähnlichen Fall FG Baden-Württemberg, Urteil vom 29.9.1998 – 4 K 368/97).

Wegen ihrer unterschiedlichen steuerlichen Auswirkung sind besonders bei **Entlassungsentschädigungen** gegeneinander abzugrenzen:

– **Normal zu besteuernder Arbeitslohn** nach § 19 EStG, ggf. i.V.m. § 24 Nr. 2 EStG,

– **steuerfreie Abfindungen** nach § 3 Nr. 9 EStG,

– **tarifermäßigte Entschädigungen** nach § 24 Nr. 1 i.V.m. § 34 Abs. 1 und 2 EStG sowie **Vergütungen für eine mehrjährige Tätigkeit** i.S. des § 34 Abs. 2 Nr. 4 EStG (bisher § 34 Abs. 3 EStG). Seit 1999 gilt für beide jedoch die „Fünftelregelung", so dass eine Unterscheidung insoweit dann nicht mehr erforderlich ist.

b) „Unschädliche" Zahlungen aus Fürsorgeerwägungen

Leistet der Arbeitgeber, nachdem er bereits grundsätzlich steuer- 887 begünstigte Entschädigungen für den Verlust des Arbeitsplatzes gezahlt hat, auf Grund besonderer **Fürsorgeerwägungen** für den Fall längerer Arbeitslosigkeit und nach Auslaufen des Arbeitslosengeldes weitere Zahlungen an den ausgeschiedenen Arbeitnehmer, können diese Zahlungen **losgelöst von der ursprünglichen Entschädigung beurteilt** werden (BFH, Beschluss vom 4.2.1998, BFH/NV 1998 S. 1082, sowie BMF-Schreiben vom 18.12.1998, BStBl I 1998 S. 1512, Rz. 5). D.h., dass diese späteren Zahlungen **nicht zu einem Wegfall der auf den Einmalbetrag gewährten Tarifermäßigung** führen. Das Gleiche gilt, wenn eine später geleistete zusätzliche Zahlung etwas anderes abgelten soll als den künftigen Wegfall laufender Leistungen (FG Bremen, Urteil vom 13.10.1999, EFG 2000 S. 175, Nichtzulassungsbeschwerde eingelegt, Az. beim BFH: XI B 135/99, betr. einen entlassenen Bundesligatrainer, der neben einer Abfindung im Folgejahr noch eine **Aufstiegsprämie** erhalten hat).

Beispiel:

A ist auf Veranlassung des Arbeitgebers im Jahre 1999 aus der Firma ausgeschieden und hat nach dem Sozialplan eine Abfindung in Höhe von 240 000 DM erhalten, die tarifermäßigt besteuert worden ist. Von März bis Juli 2002 erhielt A auf Grund einer Regelung im Sozialplan eine Ausgleichszahlung wegen andauernder Arbeitslosigkeit und Auslaufen des Arbeitslosengeldes in Höhe der zuletzt bezogenen Leistungen des Arbeitsamtes von monatlich 1 000 €.

Die Ausgleichszahlungen hängen nicht mehr mit der Entlassung des A im Jahre 1999 zusammen, sondern werden unter dem Gesichtspunkt der **andauernden Fürsorgepflicht** des Arbeitgebers gezahlt. Sie sind zwar lohnsteuerpflichtiger Arbeitslohn, führen aber nicht dazu, dass die Tarifermäßigung für die im Jahre 1999 gezahlte Abfindung rückwirkend versagt werden müsste mit der Begründung, die Entschädigung für die Entlassung würde nun nicht mehr zusammengeballt in **einem** Veranlagungszeitraum gezahlt.

Die Finanzverwaltung folgt damit der Rechtsprechung des Bundesfinanzhofes (Beschluss vom 4.2.1998, BFH/NV 1998 S. 1082).

c) Weitere „unschädliche" Arbeitgeberleistungen (Rabatte usw.)

888 Eine Entschädigung liegt auch dann nicht vor, wenn der Arbeitgeber freiwillige Leistungen nicht nur an die ausgeschiedenen Arbeitnehmer erbringt, sondern in gleicher Weise

– den **verbleibenden Arbeitnehmern** oder

– auch in anderen Fällen, insbesondere bei **altersbedingtem Ausscheiden.**

Hierzu gehören insbesondere die Fortführung von

– **verbilligten Mietverhältnissen,**
– **zinsverbilligten Arbeitgeberdarlehen** (vgl. dazu auch Hessisches FG, Urteil vom 8.10.1998, EFG 1999 S. 118),
– **Deputatlieferungen** („lebenslanger Haustrunk")
– sowie die **Weitergewährung von Rabatten** und **Sondertarifen** (vgl. dazu BMF-Schreiben vom 18.12.1998, BStBl I 1998 S. 1512, Rz. 4, 17).

d) „Unschädliche" lebenslängliche Versorgungszusagen

889 Lebenslänglich zugesagte **Geld- oder Sachleistungen** sind Einkünfte i.S. des § 24 Nr. 2 EStG und damit ebenfalls für die Anwendung der **Tarifermäßigung** auf die im Übrigen gezahlte Entlassungsentschädigung (insbesondere also für den Einmalbetrag) **unschädlich** (BMF-Schreiben vom 18.12.1998, BStBl I 1998 S. 1512, Rz. 6 bis 9 und 17). Dies gilt z.B., wenn dem Arbeitnehmer im Rahmen der Ausscheidensvereinbarung erstmals **lebenslang laufende**

– **Versorgungsleistungen** oder
– **Sachleistungen,** z.B. ein verbilligtes oder unentgeltliches **Wohnrecht,**

eingeräumt werden.

Beispiel:

Im Zusammenhang mit seiner Entlassung im Jahre 2002 wurden B erstmals lebenslang laufende Versorgungsbezüge (z.B. Zukunftssicherungsleistungen) sowie ein unentgeltliches Wohnrecht an einer Firmenwohnung eingeräumt. Daneben hat B im Jahre 2002 eine Abfindung in Höhe von 100 000 € erhalten, die tarifermäßigt besteuert wurde.

Diese lebenslänglich gewährten Leistungen sind zwar grundsätzlich steuerpflichtig, sind aber für die Anwendung der Tarifermäßigung auf die im Jahre 2002 gezahlte Abfindung ohne Bedeutung.

Unschädlich sind hiernach auch neben einer Abfindung gezahlte **tarifvertragliche Vorruhestandsleistungen** (FG Rheinland-Pfalz, Urteil vom 14.11.2000, DStRE 2001 S. 862, Revision eingelegt, Az. beim BFH: XI R 7/01).

e) „Unschädliche" vorzeitige Zahlung von Betriebsrenten u.Ä.

890 Unschädlich für die Anwendung der Tarifermäßigung auf den Einmalbetrag ist bei Betriebsrenten nach dem BMF-Schreiben vom 18.12.1998, BStBl I 1998 S. 1512 (Rz. 7 bis 9), ebenfalls, wenn

– bei Beginn der Rente aus der gesetzlichen Rentenversicherung die lebenslängliche **Betriebsrente ungekürzt gezahlt** wird (Rz. 7);

– neben der Entlassungsentschädigung eine **vorgezogene lebenslängliche Betriebsrente bereits vor Beginn der Rente aus der gesetzlichen Rentenversicherung gezahlt** wird. Dabei ist es unerheblich, ob die vorgezogene Betriebsrente gekürzt, ungekürzt oder erhöht geleistet wird. Die Renten sind nach § 24 Nr. 2 EStG steuerpflichtig (Rz. 8);

– ein noch **verfallbarer Anspruch auf lebenslängliche Betriebsrente** im Zusammenhang mit der Auflösung eines Dienstverhältnisses in einen **unverfallbaren Anspruch umgewandelt** wird (Rz. 9).

Beispiel:

C scheidet auf Grund eines Sozialplans mit 55 Jahren aus der Firma aus. Er erhält als Abfindung einen Einmalbetrag von 100 000 €. Außerdem verpflichtet sich der Arbeitgeber, die ab dem 65. Lebensjahr zugesagte Werksrente von monatlich 1 200 € ungekürzt zu zahlen, obwohl wegen des vorzeitigen Ausscheidens lediglich ein Betrag von 1 000 € monatlich zu zahlen wäre.

Die Zahlung der ungekürzten Werksrente hat keine Auswirkung auf die Gewährung der Tarifermäßigung für den Einmalbetrag.

Nicht angesprochen in dem BMF-Schreiben ist der Fall, dass eine **Betriebsrente** bis zum Beginn der Sozialversicherungsrente **erhöht ausbezahlt** und danach in üblicher Höhe gewährt wird. Der Erhöhungsbetrag ist eine zweite, **zeitlich befristete Versorgungszusage,** die – da sie nicht auf Lebenszeit gewährt wird – als **Teil der Entschädigung** anzusehen ist. Da die Entschädigung dann aber nicht mehr zusammengeballt in **einem** Veranlagungszeitraum zufließt, folgt daraus, dass auch die **Tarifermäßigung für den Einmalbetrag abzulehnen** ist. Eine solche Fallgestaltung sollte daher möglichst vermieden werden.

f) „Schädliche" zusätzliche Entschädigungsleistungen des Arbeitgebers

aa) Grundsatz

Sehen Entlassungsvereinbarungen zusätzliche Leistungen des früheren Arbeitgebers vor, die sich nicht schon aus dem ursprünglichen Arbeitsvertrag ergeben, z.B. die **zeitlich befristete unentgeltliche oder teilentgeltliche Nutzung des Dienstwagens, des Firmentelefons oder anderer betrieblicher Einrichtungen** (Nutzung von Fax-Geräten oder ganzer Büros, Übernahme der Kosten für Büropersonal), ohne dass der ausgeschiedene Mitarbeiter noch zu einer Dienstleistung verpflichtet wäre, so kann es sich um eine **Entschädigung** im Zusammenhang mit der vorzeitigen Entlassung handeln. Handelt es sich um eine solche Entschädigung, ist dies für die **Anwendung des § 34 EStG schädlich,** wenn die steuerpflichtige Gesamtentschädigung (Einmalbetrag zuzüglich zusätzlicher Entschädigungsleistungen) nicht in **einem** Kalenderjahr zufließt (BMF-Schreiben vom 18.12.1998, BStBl I 1998 S. 1512, Rz. 17, 18). **891**

Beispiel:

A scheidet zum 1.1.2002 auf Grund einer Kündigung des Arbeitgebers aus dem Betrieb aus. Er erhält nach der Abfindungsvereinbarung eine **Barabfindung** von 100 000 € und darf außerdem noch drei Jahre unentgeltlich den **Firmenwagen** nutzen.

Die gesamte Abfindung einschließlich der unentgeltlichen Überlassung des Firmenwagens stellt eine Entschädigung für die vorzeitige Entlassung aus dem Dienstverhältnis dar. Diese ist in den Grenzen des § 3 Nr. 9 EStG steuerfrei, der Differenzbetrag ist zu versteuern. Die Tarifermäßigung ist in diesem Fall nicht zu gewähren, weil die Entschädigung nicht in einem Veranlagungszeitraum, sondern verteilt über die Jahre 2002 bis 2004 zufließt. Es ist unerheblich, dass die „Hauptentschädigung" im Jahre 2002 und somit in einem Veranlagungszeitraum zufließt.

Nicht anwenden wollen allerdings etliche **Finanzgerichte** diese Grundsätze, wenn neben einer Barabfindung im Folgejahr noch für einen kurzen Zeitraum die **weitere Nutzung des Firmenwagens** erlaubt wird. Die Pkw-Überlassung ist zwar Bestandteil der „Gesamtentschädigung" für die Auflösung des Dienstverhältnisses und nicht laufender Arbeitslohn (sonst wäre schon aus diesem Grund eine getrennte steuerliche Beurteilung geboten). Wenn der Vorteil der Pkw-Nutzung aber nur einen **geringfügigen Anteil der Gesamtleistung** ausmacht, soll sie für die Anwendung der Tarifermäßigung auf die Barentschädigung unschädlich sein (vgl. zuletzt die Urteile des FG Düsseldorf vom 23.4.2001, EFG 2001 S. 894, Revision eingelegt, Az. beim BFH: XI R 34/01, sowie des Niedersächsischen FG vom 21.5.2001, EFG 2001 S. 1131, Revision eingelegt, Az. beim BFH: XI R 37/01). Die Entscheidung des Bundesfinanzhofs bleibt abzuwarten.

Als Teil einer einheitlichen Entschädigung anzusehen sind auch

– eine sog. **Outplacement-Beratung** (→ *Outplacement* Rz. 1799), vgl. dazu FG Köln, Urteil vom 16.2.2000, EFG 2000 S. 498, Revision eingelegt, Az. beim BFH: XI R 22/00, sowie FG Düsseldorf, Urteil vom 5.4.2000, EFG 2000 S. 740,

– monatliche Zahlungen des Arbeitgebers an einen entlassenen Arbeitnehmer als **Zuschuss zum Arbeitslosengeld** (FG Baden-Württemberg, Urteil vom 22.7.1999, EFG 2000 S. 1127, Revision eingelegt, Az. beim BFH: XI R 43/99),

– Zahlungen aus einem **Härtefonds des Betriebsrats** (FG Baden-Württemberg, Urteil vom 10.11.1999, EFG 2001 S. 895, Revision eingelegt, Az. beim BFH: XI R 16/01).

Fließen derartige „Zusatzleistungen" in einem späteren Jahr zu, kann die Tarifermäßigung auch **nicht für die Barabfindung** gewährt werden, selbst wenn diese den größten Teil der Entschädigung ausmacht.

bb) Weitere Nutzung der verbilligten Wohnung

892 Ist die weitere Nutzung einer Wohnung Bestandteil der Entschädigungsvereinbarung, so ist die Mietverbilligung nur dann Teil der Entschädigung und somit für die Zusammenballung von Einkünften schädlich, wenn sie **mietrechtlich frei vereinbar** und dem Grunde nach geldwerter Vorteil aus dem früheren Dienstverhältnis ist und nicht auf die Lebenszeit des oder der Berechtigten abgeschlossen ist (BMF-Schreiben vom 18.12.1998, BStBl I 1998 S. 1512, Rz. 19).

Unschädlich ist es also, wenn

– der Arbeitgeber die **Miete** für die Dienstwohnung aus mietrechtlichen Gründen **ohnehin nicht anheben könnte** (die Mietverbilligung erfolgt dann nicht wegen der vorzeitigen Entlassung aus dem Dienstverhältnis) oder

– die verbilligte **Wohnung „lebenslänglich" überlassen** wird, weil lebenslängliche Bar- und Sachleistungen gesondert zu behandeln sind und generell nicht der Entschädigung für die vorzeitige Entlassung aus dem Dienstverhältnis zugerechnet werden (BMF-Schreiben vom 18.12.1998, BStBl I 1998 S. 1512, Rz. 6).

cc) Gesamtversorgung

893 In der Praxis sehen Abfindungsvereinbarungen häufig eine sog. Gesamtversorgung vor, die sich aus mehreren Komponenten zusammensetzt, z.B. Rente aus der gesetzlichen Sozialversicherung, Arbeitslosengeld und ggf. Leistungen aus der betrieblichen Altersversorgung. Fällt einer dieser Bestandteile ganz oder zum Teil aus, muss der **Arbeitgeber seinen ausgeschiedenen Mitarbeitern oft nachträglich einen entsprechenden Ausgleich gewähren**. Werden solche Ausgleichszahlungen erst im Folgejahr gezahlt, kommt für die **gesamte Abfindung der ermäßigte Steuersatz grundsätzlich nicht mehr in Betracht**. Es liegt nach Auffassung der Finanzverwaltung **kein Ausnahmefall** vor, der eine Zahlung in mehreren Jahren rechtfertigen könnte (vgl. z.B. OFD Cottbus, Verfügung vom 29.9.1997, FR 1997 S. 965, betr. Abfindungszahlungen der Deutschen Bahn AG an ihre Arbeitnehmer nach der „Übertariflichen Abfindungsregelung" vom 26.4.1994 bei Abschluss eines Aufhebungsvertrags). Auch das FG Düsseldorf hat die Tarifermäßigung abgelehnt, wenn sich ein Arbeitgeber im Zusammenhang mit einer vorzeitigen Beendigung eines Arbeitsverhältnisses zum Ausgleich des niedrigeren Arbeitslosengeldes zu laufenden Zahlungen verpflichtet und zugleich eine weitere Abfindung in Form einer Einmalzahlung gewährt (Urteil vom 17.2.1998, EFG 1998 S. 880).

Um dieses allgemein als Härte empfundene Ergebnis zu vermeiden, ist nach dem BMF-Schreiben vom 18.12.1998, BStBl I 1998 S. 1512, **Folgendes zu beachten**:

– Es muss zunächst geprüft werden, welche Leistungen noch zu der **Entlassungsentschädigung** gehören. Soweit die Leistungen des Arbeitgebers auf **Fürsorgeerwägungen** beruhen, stehen diese der Anwendung der Tarifermäßigung auf den Einmalbetrag von vornherein nicht entgegen (BMF-Schreiben vom 18.12.1998, BStBl I 1998 S. 1512, Rz. 5). So entfällt z.B. auch nach Auffassung des FG Münster die Tarifermäßigung für eine Entlassungsentschädigung nicht rückwirkend, wenn der Arbeitgeber nachträglich **einen weiteren Abfindungsbetrag zahlt**, ohne hierzu auf Grund der ursprünglichen Entschädigungsvereinbarung verpflichtet zu sein (Urteil vom 14.11.1997, EFG 1998 S. 470).

– Das Gleiche gilt für **lebenslängliche Versorgungsleistungen**, z.B. die auf Lebenszeit weiter unentgeltlich überlassene Dienstwohnung (BMF-Schreiben vom 18.12.1998, BStBl I 1998 S. 1512, Rz. 6, 19).

In vielen Fällen wird danach künftig die Tarifermäßigung gewährt werden können. Die Neuregelung gilt insoweit zu Gunsten der Arbeitnehmer **rückwirkend in allen noch offenen Fällen**.

7. Zusammenballung von Einnahmen („1. Prüfung")

a) Grundsatz

Wenn nach den vorstehenden Grundsätzen geklärt ist, ob überhaupt eine **„Entschädigung" vorliegt und welche einzelnen Arbeitgeberleistungen Teil dieser (einheitlichen) Entschädigung sind**, muss weiter geprüft werden, ob eine **„Zusammenballung von Einnahmen"** vorliegt („1. Prüfung"). Dies gilt auch nach der Änderung der Vorschrift ab 1999; hierauf ist in den Gesetzesberatungen ausdrücklich hingewiesen worden. Denn die tarifermäßigte Besteuerung („Fünftelregelung") nach § 34 EStG soll steuerliche Härten mildern, die sich bei einer Entschädigung, die sich bei normalem Ablauf auf mehrere Jahre verteilt hätte, bei Zahlung in **einem** Veranlagungszeitraum auf Grund der Steuerprogression (→ *Steuertarif* Rz. 2334) ergeben **können**. Ob im Einzelfall **tatsächlich** eine höhere Steuerbelastung eintritt, ist unerheblich (vgl. zuletzt BFH, Urteil vom 4.3.1998, BStBl II 1998 S. 787). **894**

Die Anwendung des § 34 EStG setzt daher voraus, dass die Entschädigungsleistungen **zusammengeballt in einem Veranlagungszeitraum gezahlt** werden; der Zufluss mehrerer Teilbeträge in unterschiedlichen Veranlagungszeiträumen ist deshalb schädlich (BMF-Schreiben vom 18.12.1998, BStBl I 1998 S. 1512, Rz. 10 m.w.N.). **Innerhalb des Jahres** kann die Entschädigung allerdings **in mehreren Teilbeträgen** ausgezahlt werden (OFD Köln, Verfügung vom 15.5.1985, BB 1985 S. 1621, sowie FG Münster, Urteil vom 29.1.1997, EFG 1998 S. 200).

Beispiel:

Ein Unternehmen hat zur sofortigen Beendigung des Dienstverhältnisses mit Arbeitnehmern, die noch nicht das für eine Frühpensionierung erforderliche Alter von 58 Jahren erreicht haben, einen sog. **Übergangsurlaub** mit anschließender Beendigung des Arbeitsverhältnisses auf den Zeitpunkt des 58. Lebensjahres vereinbart. Bei Beginn des Übergangsurlaubs ist eine erste Zahlung als **„Umorientierungshilfe"**, bei Aufhebung des Arbeitsverhältnisses eine zweite Zahlung als **„Abfindung"** geleistet worden.

Es fehlt hier an der nach § 34 EStG erforderlichen Zusammenballung der Einkünfte, so dass nach Auffassung der Finanzverwaltung die Tarifermäßigung zu versagen ist. Die zwei Zahlungen beruhen auf einem einheitlichen Lebenssachverhalt und sind als **einheitliche Abfindungsleistung** für die Aufhebung des Arbeitsverhältnisses zu beurteilen. Eine getrennte, ermäßigte Besteuerung der „Umorientierungshilfe" nach § 34 Abs. 1, 2 Nr. 4 EStG, Vergütungen für mehrjährige Tätigkeiten (bisher § 34 Abs. 3 EStG), und der „Abfindung" nach § 34 Abs. 1, 2 Nr. 2 EStG (Entschädigungen) scheidet deshalb aus.

Es bestehen jedoch keine Bedenken, den Freibetrag nach § 3 Nr. 9 EStG schon bei der ersten (Teil-)Zahlung der Abfindung zu gewähren.

An der Zusammenballung fehlt es auch, wenn Bestandteil der einheitlich zu beurteilenden Entschädigung eine sog. **Outplacement-Beratung** ist (→ *Outplacement* Rz. 1799), die ein Jahr früher oder später als im Zahlungsjahr der Barabfindung in Anspruch genommen wird (unerheblich ist, wann der Arbeitgeber den Outplacement-Berater bezahlt hat). Die Tarifermäßigung darf dann auch nicht für die Barabfindung gewährt werden (FG Köln, Urteil vom 16.2.2000, EFG 2000 S. 498, Revision eingelegt, Az. beim BFH: XI R 22/00; FG Düsseldorf, Urteil vom 5.4.2000, EFG 2000 S. 740).

Hat das Finanzamt zunächst die Tarifermäßigung nach § 34 EStG gewährt, ohne die „Zusammenballung" weiter zu prüfen (also ob der Arbeitgeber in späteren Jahren noch weitere Leistungen erbracht hat), so ist eine spätere **Berichtigung nach § 173 Abs. 1 Nr. 1 AO** ausgeschlossen, wenn der Steuerpflichtige dem Finanzamt im Rahmen seiner Einkommensteuererklärung alle für die steuerliche Beurteilung rechtserheblichen Tatsachen mitgeteilt hat (vgl. zuletzt FG Köln, Urteil vom 14.2.2001, EFG 2001 S. 1016, Revision eingelegt, Az. beim BFH: XI R 29/01, m.w.N. auch auf gegenteilige Rechtsprechung). Die Entscheidung des Bundesfinanzhofs in diesem und ähnlichen Verfahren bleibt abzuwarten.

b) Ausnahmen

895 Wird eine anlässlich der Beendigung eines Arbeitsverhältnisses einheitlich zu bewirkende Entschädigung (die sich aus mehreren Teilen zusammensetzt) nicht in einer Summe, sondern verteilt in **zwei Veranlagungszeiträumen** gezahlt, kommt die Anwendung des § 34 EStG für die gesamte Entschädigung nicht in Betracht, auch wenn in einem Veranlagungszeitraum nur ein **geringer Betrag** ausgezahlt wird (FG Köln, Urteil vom 16.2.2000, EFG 2000 S. 498, Revision eingelegt, Az. beim BFH: XI R 22/00). Das gilt auch, wenn in einem Jahr ein Übergangsgeld und im Folgejahr eine Abfindung gezahlt wird (FG Düsseldorf, Urteil vom 29.11.2000, EFG 2001 S. 443).

Mehrere **Finanzgerichte** wollen von dem Grundsatz, dass die Entschädigung zusammengeballt in **einem** Kalenderjahr zufließen muss, eine **Ausnahme** zulassen, wenn der in einem späteren Jahr gezahlte Teil nur **geringfügig** ist, z.B. die vorübergehende Nutzung des **Firmenwagens**. Siehe dazu → Rz. 891.

Die **frühere Rechtsprechung**, wonach bei einer Verteilung der Entschädigungszahlung auf zwei Veranlagungszeiträume die Steuerermäßigung in begrenzten Ausnahmefällen gewährt werden konnte (vgl. Vorauflage), ist nach Auffassung des 11. Senats des Bundesfinanzhofs **überholt**. Auf die Gründe, die zur **Ratenzahlung** geführt haben, kommt es nicht an. **Ausnahmen** können allenfalls im Wege der **Billigkeit** berücksichtigt werden (BFH, Urteil vom 6.9.2000, BFH/NV 2001 S. 431, sowie BFH, Beschluss vom 2.2.2001, BFH/NV 2001 S. 1020). Es bleibt abzuwarten, ob sich die anderen Senate des Bundesfinanzhofs dieser engen Rechtsprechung anschließen werden.

Wenn jedoch von **vornherein Ratenzahlungen über zwei Jahre vereinbart** werden, kommt die Tarifermäßigung auf keinen Fall in Betracht (FG Münster, Urteil vom 16.12.1996, EFG 1998 S. 201). Das gilt auch, wenn eine einheitlich zu beurteilende Entschädigung sich aus mehreren Teilen (in sachlicher oder auch in zeitlicher Hinsicht) zusammensetzt (BFH, Urteil vom 21.3.1996, BStBl II 1996 S. 416).

Beispiel:

A hat in einem Vergleich vor dem Arbeitsgericht mit seinem Arbeitgeber eine Abfindung von 300 000 € vereinbart, die in vier Raten zu folgenden Terminen ausgezahlt werden soll: Jeweils 75 000 € am 1.3.2002, 1.9.2002, 1.3.2003 und 1.9.2003. A beantragt für den im Jahre 2002 gezahlten Teilbetrag von 126 000 €, der nicht unter die Steuerbefreiung des § 3 Nr. 9 EStG fällt (hier 24 000 €), die Tarifermäßigung nach § 34 EStG.

Der Bundesfinanzhof hat dies abgelehnt, weil die Abfindung von vornherein in vier Raten festgesetzt war (Urteil vom 28.7.1993, BFH/NV 1994 S. 368).

c) Unschädliche steuerfreie und pauschal versteuerte Einkünfte

896 **Steuerfreie Einkünfte** nach § 3 Nr. 9 EStG sind bei der Beurteilung des Zuflusses in **einem** Veranlagungszeitraum **nicht zu berücksichtigen** (BFH, Urteil vom 2.9.1992, BStBl II 1993 S. 52). Denn bei den Vorschriften der § 3 Nr. 9 EStG und § 34 Abs. 1, 2 EStG handelt es sich um **selbständige Begünstigungsnormen**, deren Voraussetzungen unabhängig voneinander zu prüfen sind; steuerfreie Einkünfte sind keine steuerbaren Entschädigungen im Sinne des § 24 Nr. 1 EStG. Dementsprechend können steuerbefreite Einkünfte auch nicht bei der Beurteilung, ob die Entschädigung zusammengeballt in **einem** Veranlagungszeitraum zugeflossen ist, berücksichtigt werden. Hierbei ist allein auf die steuerbaren nicht steuerbefreiten Entschädigungszahlungen abzustellen.

Beispiel:

Arbeitnehmer B erhält vom Arbeitgeber eine Entlassungsabfindung in Höhe von 30 000 €. Nach dem Abfindungsvertrag werden 12 271 € in 2002 und 17 729 € in 2003 gezahlt. Der nach § 3 Nr. 9 EStG steuerfreie Betrag soll 12 271 € betragen.

Die in 2002 gezahlte Rate ist in voller Höhe steuerfrei. Der im Jahre 2003 gezahlte Teilbetrag kann tarifermäßigt („Fünftelregelung") besteuert werden, weil die steuerpflichtigen Einnahmen in einem Kalenderjahr zufließen.

Das Gleiche gilt für **pauschal besteuerte Arbeitgeberleistungen** (BMF-Schreiben vom 18.12.1998, BStBl I 1998 S. 1512, Rz. 10).

Diese Regelung ermöglicht z.B. die **Fortführung von Zukunftssicherungsleistungen** auch bei einem entlassenen Arbeitnehmer ohne schädliche Auswirkung auf die Gewährung der Tarifermäßigung für die Kapitalabfindung.

8. Prüfung der wegfallenden Einnahmen („2. Prüfung")

a) Grundsatz

Nach der ständigen Rechtsprechung des **Bundesfinanzhofs** (vgl. 897 zuletzt Urteil vom 4.3.1998, BStBl II 1998 S. 787), der die Finanzverwaltung folgt (BMF-Schreiben vom 18.12.1998, BStBl I 1998 S. 1512, Rz. 14), ist das Merkmal der **Zusammenballung nicht erfüllt** mit der Folge, dass die **Tarifermäßigung nicht in Betracht kommt,** wenn

– die anlässlich der Beendigung eines Arbeitsverhältnisses gezahlte **Entschädigung die bis zum Ende des Veranlagungszeitraums (Jahresende) entgehenden Einnahmen nicht übersteigt**

– **und der Steuerpflichtige keine weiteren Einnahmen bezieht, die er bei Fortsetzung des Arbeitsverhältnisses nicht bezogen hätte.**

Zu prüfen ist danach künftig, wie hoch die Entschädigung im Verhältnis zu den wegfallenden Einnahmen ist.

b) Entschädigung ist höher

Am einfachsten ist der Fall, wenn die **Entschädigung höher ist** 898 **als die bis zum Jahresende wegfallenden Einnahmen**, die der Arbeitnehmer bei ungestörter Fortsetzung des Arbeitsverhältnisses bezogen hätte. Das Merkmal der **Zusammenballung ist dann stets erfüllt**. Eine Prüfung, wie hoch die anderweitig erzielten Einnahmen sind, ist dann nicht erforderlich (BMF-Schreiben vom 18.12.1998, BStBl I 1998 S. 1512, Rz. 11).

Beispiel:

F wird am 1.7. aus dem Betrieb entlassen, er hatte einen Monatslohn von 10 000 €. Er erhält mit dem Ausscheiden eine Abfindung von 100 000 € (Alter 60 Jahre, Betriebszugehörigkeit 25 Jahre).

Die Abfindung ist bis 12 271 € steuerfrei; der Rest von 87 729 € kann tarifermäßigt besteuert werden. Auf die Höhe der übrigen Einkünfte kommt es nicht an, weil allein schon die Abfindung höher ist als die wegfallenden Einnahmen aus dem Arbeitsverhältnis (60 000 €).

c) Entschädigung ist nicht höher

Komplizierter wird es, wenn die Entschädigung niedriger ist als die 899 bis zum Jahresende wegfallenden Einnahmen. Hat der Arbeitnehmer nach seinem Ausscheiden aus dem Arbeitsverhältnis keine weiteren Einnahmen, ist nach der Rechtsprechung des Bundesfinanzhofes die Tarifermäßigung regelmäßig zu versagen.

Beispiel 1:

Sachverhalt wie Beispiel vorher, die Abfindung beträgt aber nur 60 000 €.

Die Abfindung ist zwar bis 12 271 € steuerfrei; der Rest von 47 729 € kann aber nicht tarifmäßig besteuert werden, weil die Abfindung nicht höher ist als der bis zum Jahresende wegfallende Arbeitslohn von 60 000 €.

Beispiel 2:

A war Generalbevollmächtigter einer Firmengruppe und bezog eine jährliche Vergütung von 150 000 €. Er wurde wider Erwarten zum 31.12.2001 gekündigt. In der Abfindungsvereinbarung wurde eine einmalige Abfindung von 150 000 € festgelegt, die am 28.2.2002 ausgezahlt wurde. Im Jahre 2002 fand A keine neue Anstellung. A beantragte für den Teil der Abfindung, der über den nach § 3 Nr. 9 EStG steuerfrei bleibenden Betrag von 12 271 € hinausgeht, die Anwendung der Tarifermäßigung nach § 34 EStG.

Der Bundesfinanzhof hat dies abgelehnt, weil A im Jahre 2002 praktisch den bisher gezahlten Arbeitslohn erhielt. Seine steuerlichen Verhältnisse haben sich nicht durch eine Zusammenballung von Einkünften zu seinem Nachteil verändert (BFH, Urteil vom 6.9.1995, BFH/NV 1996 S. 204).

Diese Fälle erfordern eine **komplizierte Vergleichsberechnung der Einkünfte vor und nach dem Ausscheiden** aus dem Betrieb. Bei der Berechnung der Einkünfte, die der Arbeitnehmer bei Fortbestand des Vertragsverhältnisses im Veranlagungszeitraum bezogen hätte, ist auf die **Einkünfte des Vorjahres** abzustellen. Die erforderliche Vergleichsberechnung ist grundsätzlich anhand der jeweiligen **Einkünfte laut Steuerbescheid/Steuererklärung** vorzunehmen. Bei Einkünften i.S. des § 19 EStG **(Arbeitslohn)** beanstandet es die Finanzverwaltung jedoch nicht, wenn die erforderliche Vergleichsberechnung stattdessen anhand der betreffenden **Einnahmen aus nichtselbständiger Arbeit** durchgeführt wird.

Steuerfreie Abfindungen nach § 3 Nr. 9 EStG, dem Progressionsvorbehalt unterliegende **steuerfreie Lohnersatzleistungen** sowie **pauschal besteuerte Arbeitgeberleistungen** sind in diese „2. Prüfung" einzubeziehen. Zur Erläuterung enthält das BMF-Schreiben vom 18.12.1998, BStBl I 1998 S. 1512, Rz. 15, zahlreiche Beispiele.

d) Anwendungs- und Übergangsregelungen

900 Für Entschädigungen, die **ab dem Veranlagungszeitraum 1999 zufließen**, ist grundsätzlich nach der engen Rechtsprechung des Bundesfinanzhofes zu verfahren (BMF-Schreiben vom 18.12.1998, BStBl I 1998 S. 1512, Rz. 14).

Im BMF-Schreiben vom 18.12.1998, BStBl I 1998 S. 1512 (Rz. 12, 13), ist folgende **Übergangsregelung** getroffen worden:

– **Bis einschließlich Veranlagungszeitraum 1998** kann noch nach dem BMF-Schreiben vom 18.11.1997, BStBl I 1997 S. 973, verfahren werden. D.h., dass die Tarifermäßigung auch dann anzuwenden ist, wenn mit der Entschädigung nur ein Betrag bis zur Höhe der bis zum Jahresende wegfallenden Einnahmen abgegolten wird.

– Eine weitere Sonderregelung ist aus Vertrauensschutzgründen für **vor dem 4.3.1998 (Datum des BFH-Urteils vom 4.3.1998, BStBl II 1998 S. 787) geschlossene Betriebsvereinbarungen und verabschiedete Vorruhestandsregelungen für öffentlich Bedienstete** getroffen worden: Wenn in diesen Fällen noch in den Jahren 1999 und später Entlassungsentschädigungen gezahlt werden, gelten hinsichtlich der Frage der **Zusammenballung** noch die alten Grundsätze nach dem BMF-Schreiben vom 18.11.1997, BStBl I 1997 S. 973 (die **Höhe der Tarifermäßigung** richtet sich dagegen schon nach dem neuen Recht, d.h. Anwendung der „Fünftelregelung").

9. Vergleich der beiden Entschädigungsarten

901 Der Entschädigungsbegriff nach **Buchst. b des § 24 Nr. 1 EStG ist weiter gehender als der nach Buchst. a.** Der wichtigste Unterschied besteht in Folgendem (vgl. zuletzt BFH, Urteil vom 23.1.2001, BStBl II 2001 S. 541, m.w.N.):

Entschädigung nach § 24 Nr. 1 Buchst. a EStG	Entschädigung nach § 24 Nr. 1 Buchst. b EStG
Voraussetzung ist Ersatz für unmittelbar entgangene oder entgehende konkrete Einnahmen.	Alle Entschädigungen, die als Gegenleistung für den Verzicht auf eine künftige mögliche Einkunftserzielung gezahlt werden.
	Ist von der bisherigen Tätigkeit losgelöst. Kann auch für zukünftiges Verhalten (z.B. für eine Wettbewerbsenthaltung) gezahlt werden.
Nur Fälle, in denen der Arbeitnehmer auf Druck des Arbeitgebers das Arbeitsverhältnis aufgelöst hat; er darf also nicht aus eigenem Antrieb handeln.	Setzt demgegenüber in der Regel die freiwillige Mitwirkung desjenigen, der auf mögliche Einnahmen verzichtet, voraus. Das Dienstverhältnis muss insbesondere **nicht** auf Druck des Arbeitgebers beendet worden sein.
Voraussetzung ist stets **eine neue Rechts- oder Billigkeitsgrundlage**.	**Rechtsgrund** für die Zahlung kann sich schon aus dem **ursprünglichen Arbeitsvertrag ergeben**.

10. Entschädigung für entgangene oder entgehende Einnahmen (§ 24 Nr. 1 Buchst. a EStG)

Nach H 170 EStH gelten hier folgende Grundsätze:

902

Die Entschädigung i.S. des § 24 Nr. 1 Buchst. a EStG muss als **Ersatz für unmittelbar entgangene oder entgehende konkrete Einnahmen** gezahlt werden. Nicht entscheidend ist, ob das zur Entschädigung führende Ereignis **ohne oder gegen den Willen des Arbeitnehmers** eingetreten ist. Eine Entschädigung i.S. des § 24 Nr. 1 Buchst. a EStG kann vielmehr auch vorliegen, wenn der **Arbeitnehmer bei dem zum Einnahmeausfall führenden Ereignis selbst mitgewirkt hat.** Ist dies der Fall, muss der Arbeitnehmer bei Aufgabe seiner Rechte aber **unter erheblichem wirtschaftlichem, rechtlichem oder tatsächlichem Druck** gehandelt haben. Keinesfalls darf er das „Schaden stiftende Ereignis", also z.B. die Aufgabe einer vertraglich gesicherten Position, aus eigenem Antrieb herbeigeführt haben. Der Begriff des „Entgehens" schließt freiwilliges Mitwirken oder gar die Verwirklichung eines eigenen Strebens aus (BFH, Urteil vom 9.7.1992, BStBl II 1993 S. 27). Die anstelle der Einnahmen tretende Ersatzleistung nach § 24 Nr. 1 Buchst. a EStG muss aber auf einer **neuen Rechts- oder Billigkeitsgrundlage beruhen** (zuletzt BFH, Urteil vom 12.4.2000, BFH/NV 2000 S. 1195). Die neue (andere) Rechtsgrundlage fehlt daher bei einer bereits ursprünglich – möglicherweise auch nur wahlweise – vereinbarten Leistung (BFH, Urteil vom 25.8.1993, BStBl II 1994 S. 167). Die Entschädigung darf sich auch nicht als die bloße – ggf. in der **Zahlungsmodalität geänderte – Erfüllung einer Leistung im Rahmen des bisherigen Rechtsverhältnisses** darstellen, so z.B. bei Kapitalisierung laufender Zahlungen. Der Tatbestand des § 24 Nr. 1 Buchst. a EStG ist nur bei **Beendigung des bestehenden Rechtsverhältnisses** erfüllt. Dies gilt nicht nur für Fälle der Abgeltung künftig wegfallender Nebenverpflichtungen des Arbeitgebers, sondern auch dann, wenn die Arbeitsleistung des Arbeitnehmers auf Veranlassung des Arbeitgebers – quantitativ oder qualitativ – eingeschränkt wird (vgl. zuletzt BFH, Urteil vom 23.1.2001, BStBl II 2001 S. 541, betr. eine Abfindung an angestellten Versicherungsvertreter für die Verkleinerung seines Bezirks).

Als begünstigte Entschädigung anerkannt worden sind:

– **Abfindungen wegen Auflösung eines Dienstverhältnisses, wenn der Arbeitgeber die Beendigung veranlasst** hat (BFH, Urteil vom 22.1.1988, BStBl II 1988 S. 525). In diesem Fall ist zunächst die Steuerbefreiung des § 3 Nr. 9 EStG anzuwenden (→ *Entlassungsabfindungen/Entlassungsentschädigungen* Rz. 857);

– **Entschädigung für den Verlust eines Wohnrechts** im Zusammenhang mit einer vom Arbeitgeber ausgesprochenen Kündigung eines Dienstverhältnisses (BFH, Urteil vom 22.1.1988, BStBl II 1988 S. 525);

– **Ablösung eines Wohnrechts im Zusammenhang mit der Kündigung eines Dienstverhältnisses** (BFH, Urteil vom 25.8.1993, BStBl II 1994 S. 185);

– **Kapitalisierung eines fortbestehenden Anspruchs auf laufende Versorgungsleistungen** beim Auslaufen eines befristeten Arbeitsvertrags auf Verlangen des Arbeitgebers (BFH, Urteil vom 16.4.1980, BStBl II 1980 S. 393);

– **Entschädigungen, die ein Beamter von seinem Dienstherrn wegen pflichtwidrig unterlassener Beförderung erhält** (FG Köln, Urteil vom 19.6.1989, EFG 1989 S. 640). Dazu gehören nicht die Prozesszinsen, diese zählen zu den tariflich zu besteuernden Einkünften aus Kapitalvermögen;

– Die **vertraglich nicht vereinbarte Abfindung einer Pensionsverpflichtung** nach § 8 Abs. 2 BetrAVG (BFH, Urteil vom 25.8.1993, BStBl I 1994 S. 167);

– Entschädigung für den Verlust der Anwartschaft auf **betriebliche Altersversorgung** nach dem Pensionsstatut der Carl-Zeiss-Stiftung Jena (BFH, Urteil vom 15.12.1995, BStBl II 1996 S. 169);

– Kapitalabfindung des **Pensionsanspruchs** eines Gesellschafter-Geschäftsführers (FG Düsseldorf, Beschluss vom 30.1.1998, EFG 1998 S. 878);

– Eine durch Vergleich vor einem Landgericht erwirkte **Schmerzensgeldzahlung** des bisherigen Arbeitgebers wegen berufsschädigenden Verhaltens gegenüber dem Arbeitnehmer (FG Baden-Württemberg, Urteil vom 22.2.1999, DStRE 2000 S. 123;

– Abfindung anlässlich der Auflösung eines Dienstverhältnisses, auch wenn der Arbeitnehmer zugleich auf **Urlaubsgeldforderungen verzichtet** hat (FG Köln, Urteil vom 10.8.1999, EFG 2000 S. 173).

Nicht als begünstigte Entschädigung anerkannt worden sind:

- **Abfindung**, die bei Abschluss oder während des Arbeitsverhältnisses **für den Verlust späterer Pensionsansprüche infolge Kündigung** vereinbart wird (BFH, Urteil vom 27.2.1991, BStBl II 1991 S. 703);

- **Pensionsabfindung**, wenn der **Arbeitnehmer von sich aus** nach Eheschließung zur Herstellung der ehelichen Lebensgemeinschaft das **Dienstverhältnis gekündigt** (BFH, Urteil vom 21.6.1990, BStBl II 1990 S. 1020) oder die **Abfindung herbeigeführt** hat (BFH, Urteil vom 9.7.1992, BStBl II 1993 S. 27);

- **Vereinbarung einer Einmalzahlung anstelle laufender Pensionszahlungen auf Grund eines von vornherein vereinbarten Wahlrechts.** Der Arbeitnehmer hat nicht „unter erheblichem wirtschaftlichem, rechtlichem oder tatsächlichem Druck" gestanden; die Kapitalisierung entsprach vielmehr seinem eigenen Wunsch (BFH, Urteil vom 30.1.1991, BFH/NV 1992 S. 646). Vgl. zu dieser Frage auch FG Münster, Urteil vom 8.11.1999, EFG 2000 S. 319, Revision eingelegt, Az. beim BFH: XI R 12/00);

- **Übergangsgeld nach § 62 Abs. 1 BAT bei zeitlich befristetem Dienstverhältnis** (BFH, Urteil vom 18.9.1991, BStBl II 1992 S. 34);

- Eine **Lohnnachzahlung für mehrere Jahre bei unbefristet fortbestehendem Arbeitsverhältnis**, selbst wenn die Nachzahlung auf einer Klage beruht (BFH, Urteil vom 16.3.1993, BStBl II 1993 S. 507): Die Zahlung beruht nicht auf einer anderen Rechtsgrundlage. In diesem Fall kann jedoch die Tarifermäßigung nach § 34 Abs. 1, 2 EStG (sog. Fünftelregelung) gewährt werden (→ *Arbeitslohn für mehrere Jahre* Rz. 229);

- Die **Ablösung eines Wohnrechts** unter Fortsetzung eines Dienstverhältnisses (BFH, Urteil vom 23.1.2001, BStBl II 2001 S. 541);

- Eine Abfindung liegt nicht vor, wenn maßgeblicher Grund der Leistung die **Begründung eines neuen Dienstverhältnisses** ist und sie vom neuen Arbeitgeber gezahlt wird (BFH, Urteil vom 16.12.1992, BStBl II 1993 S. 447);

- Die **Nachzahlung einer Altersrente** aus der Bundesversicherungsanstalt für Angestellte ist keine Entschädigung, weil keine Einnahmen „entgangen", sondern lediglich verspätet erzielt worden sind (BFH, Urteil vom 31.7.1970, BStBl II 1970 S. 784);

- Eine Einmalzahlung zur **Abfindung einer Witwenpension**, wenn die Steuerpflichtige den Abfindungsvertrag ohne erheblichen Druck seitens des Abfindenden geschlossen hat (FG Münster, Urteil vom 8.11.1995, EFG 1998 S. 469);

- **Ablösezahlung an einen Sportler** beim Vereinswechsel, wenn sie bereits im Arbeitsvertrag vereinbart war (FG Köln, Urteil vom 28.8.1998, EFG 1998 S. 1586);

- **Abfindung wegen Nichtverlängerung eines Zeitarbeitsvertrags**, die bereits in dem Vertrag festgelegt war und somit nicht auf einer neuen Rechts- oder Billigkeitsgrundlage beruhte (FG Münster, Urteil vom 20.10.1998, EFG 1999 S. 170);

- Entschädigung für den **Verzicht auf einen Tantiemeanspruch bei fortbestehendem Arbeitsverhältnis** (FG Köln, Urteil vom 12.8.1999, EFG 1999 S. 1129, Revision eingelegt, Az. beim BFH: XI R 50/99);

- **Einmalzahlung** des Arbeitgebers aus wirtschaftlichen Gründen (Kostensenkung, um wettbewerbsfähig bleiben zu können) zur **Ablösung übertariflicher Zulagen** bei fortbestehendem Arbeitsverhältnis. Die Frage, ob in diesen Fällen nicht doch eine tarifbegünstigte Entschädigung angenommen werden kann, ist inzwischen von den **obersten Finanzbehörden** des Bundes und der Länder erörtert worden. Eine endgültige Entscheidung ist jedoch nicht getroffen worden, weil zu dieser Frage noch zwei Revisionsverfahren (BFH-Az.: XI R 1/99 und XI R 50/99; siehe dazu die obigen Hinweise) anhängig sind, deren Ausgang abgewartet werden soll. Die Finanzämter sollen jedoch Einsprüche insoweit bis zur Entscheidung des Bundesfinanzhofes ruhen lassen;

- **Abfindung im Wege eines Vergleichs**, wenn der Steuerpflichtige selbst die Auflösung des Dienstverhältnisses verursacht hat, weil er eine Funktion angestrebt hat, die mit einer Weiterbeschäftigung nach Auffassung des Arbeitgebers nicht vereinbar ist (FG Bremen, Urteil vom 18.8.1999, EFG 1999 S. 1228, Revision eingelegt, Az. beim BFH: XI R 51/00);

- Im Anstellungsvertrag vereinbarte **Abfindung für den Fall einer zukünftigen vom Arbeitgeber veranlassten Kündigung** (FG München, Urteil vom 16.9.1999, EFG 2000 S. 67);

- Vergütungen für **freiwillig übernommene ehrenamtliche Tätigkeiten**, auch wenn der Steuerpflichtige in dieser Zeit seiner „Haupttätigkeit" nicht nachgehen kann (FG Hamburg, Urteil vom 14.3.2000, EFG 2000 S. 687, betr. Vergütungen, die einem Steuerberater als Prüfer bei der Abnahme von Steuerberaterprüfungen gezahlt werden);

- Abfindung wegen Auflösung eines Arbeitsverhältnisses, wenn der **Arbeitnehmer zugleich Mehrheitsgesellschafter der Arbeitgeberin (GmbH)** ist und die Aufhebung des Arbeitsvertrags im Zusammenhang mit der **Übertragung der Beteiligung** steht. Da der Steuerpflichtige

die Auflösung des Arbeitsverhältnisses selbst herbeigeführt hat, sind ihm keine Einnahmen „entgangen" (Niedersächsisches FG, Urteil vom 14.10.1999, EFG 2000 S. 917);

- **Pensionsabfindung**, wenn der Steuerpflichtige das schadensstiftende Ereignis (hier die Aufgabe einer vertraglich gesicherten Position) aus eigenem Antrieb herbeigeführt hat. Dies ist der Fall, wenn der Steuerpflichtige zwar behauptet, gesundheitliche Probleme hätten ihn zur Aufgabe seiner Geschäftsführertätigkeit (gegen Vereinbarung einer Pensionsabfindung) gezwungen, er tatsächlich aber weit über den Zeitpunkt seines vertraglich vereinbarten Ausscheidens hinaus als Geschäftsführer fungierte und anschließend noch für seinen bisherigen Arbeitgeber gegen ein jährliches Honorar von mehr als 100 000 € als Berater agierte (FG des Saarlandes, Urteil vom 18.5.2000 – 1 K 184/98 –, NWB 2000 Fach 1 S. 244);

- Abfindung, die ein Arbeitnehmer nach Ausgliederung seines Arbeitsplatzes in ein **konzernangehöriges Unternehmen (sog. Outsourcing)** erhält, mit der die durch den Arbeitgeberwechsel verursachten Nachteile pauschal abgegolten werden sollen (BFH, Urteil vom 12.4.2000, BFH/NV 2000 S. 1195);

- Abfindung an den (Allein-)Gesellschafter-Geschäftsführer einer Kapitalgesellschaft für den freiwilligen **Verzicht auf Pensionsansprüche**, um den Verkauf seiner Gesellschaftsanteile zu ermöglichen (FG Düsseldorf, Urteil vom 13.4.2000, DStRE 2000 S. 1143, Revision eingelegt, Az. beim BFH: XI R 38/00);

- Zahlung eines Ausgleichsbetrags wegen **Reduzierung einer Pensionszusage** bei fortbestehendem Arbeitsverhältnis (FG Köln, Urteil vom 22.3.2001, EFG 2001 S. 1448, Revision eingelegt, Az. beim BFH: XI R 36/01);

- **Sonderzahlungen angesichts konzernweiter Auslandsversetzung**, wenn das Arbeitsverhältnis bei wirtschaftlicher Betrachtungsweise fortbesteht (FG Köln, Urteil vom 8.2.2001, EFG 2001 S. 570, Revision eingelegt, Az. beim BFH: XI R 21/01;

- Abfindung, die ein angestellter Versicherungsvertreter von seinem Arbeitgeber für die **Verkleinerung seines Bezirks** enthält; die Entschädigung kann aber nach § 24 Nr. 1 Buchst. b EStG tarifbegünstigt sein (BFH, Urteil vom 23.1.2001, BStBl II 2001 S. 541).

11. Entschädigung für die Aufgabe oder Nichtausübung einer Tätigkeit (§ 24 Nr. 1 Buchst. b EStG)

903 Der (weiter gehende) Entschädigungsbegriff nach § 24 Nr. 1 Buchst. b EStG erfasst nicht nur den Ausgleich finanzieller Einbußen anlässlich **der Beendigung eines Rechtsverhältnisses, sondern auch Entschädigungen für die Aufgabe oder Nichtausübung einer Tätigkeit** und damit Gegenleistungen für den Verzicht auf eine mögliche Einkunftserzielung. Die Vorschrift verlangt nur die **Aufgabe oder Nichtausübung einer Tätigkeit, nicht des Berufs**. Da ein Rechtsverhältnis zwischen Entschädigendem und Entschädigtem in diesen Fällen noch nicht bestanden haben muss, ist die Beendigung der Rechtsbeziehungen nicht Voraussetzung für die Annahme einer Entschädigung i.S. des § 24 Nr. 1 Buchst. b EStG.

Allerdings ist nicht jede Entschädigung, die anlässlich einer **(Änderungs-)Kündigung** gezahlt wird, eine Entschädigung i.S. des § 24 Nr. 1 Buchst. b EStG. Wird ein Vertragsverhältnis beendet, so wird im Allgemeinen die Entschädigung für die entgangenen oder entgehenden Einnahmen i.S. des § 24 Nr. 1 Buchst. a EStG, nicht aber „für" die Aufgabe oder Nichtausübung einer Tätigkeit gezahlt (vgl. zuletzt BFH, Urteil vom 23.1.2001, BStBl II 2001 S. 541, m.w.N.).

Der **Entschädigungsbegriff** nach § 24 Nr. 1 Buchst. b EStG umfasst auch Abfindungen, Entschädigungen usw., die entweder schon von **vornherein im Arbeitsvertrag vereinbart** sind oder sich auch aus **Tarifverträgen ergeben** können (BFH, Urteil vom 16.3.1993, BStBl II 1993 S. 497). Das Dienstverhältnis muss insbesondere **nicht auf Druck des Arbeitgebers** beendet worden sein.

Beispiel:

A ist als Flugbegleiterin bei einer Fluggesellschaft angestellt. Mit Vollendung des 32. Lebensjahres scheidet sie aus dem Dienstverhältnis aus und erhält hierfür die ihr nach dem Manteltarif-Vertrag für das Bordpersonal zustehende Entschädigung in Höhe von 2,5 Grundgehältern.

Die Steuerermäßigung nach **§ 24 Nr. 1 Buchst. a EStG** kommt in diesem Fall nicht in Betracht, weil kein schadensauslösendes Ereignis vorliegt, das unmittelbar zum Wegfall der Einnahmen geführt hätte. Die Abfindung ist jedoch nach **§ 24 Nr. 1 Buchst. b EStG** begünstigt, weil sie dem Ausgleich des finanziellen Schadens dient, der A durch den Wegfall ihrer Einnahmen als Flugbegleiterin entsteht (BFH, Urteil vom 8.8.1986, BStBl II 1987 S. 106).

Die Steuerbefreiung des § 3 Nr. 9 EStG scheidet hier aus, weil A das Arbeitsverhältnis selbst gekündigt und ohne Veranlassung durch den Arbeitgeber beendet hat.

Als begünstigte Entschädigung anerkannt wurden außerdem:

– Die einem angestellten Verkaufsberater im Arbeitsvertrag für eine Wettbewerbsenthaltung zugesagte **Karenzentschädigung** (BFH, Urteil vom 13.2.1987, BStBl II 1987 S. 386);

– Entschädigung für ein **Wettbewerbsverbot** (BFH, Urteile vom 16.3.1993, BStBl II 1993 S. 497, und vom 12.6.1996, BStBl II 1996 S. 516);

– Entschädigungen für die aus Rationalisierungsgründen erforderliche **Umsetzung von Arbeitnehmern innerhalb des Betriebs** auf einen geringer entlohnten Arbeitsplatz, mit der Gehaltseinbußen ausgeglichen werden sollen. Voraussetzung ist aber, dass eine **Einmalzahlung** für den Verlust höherer Einnahmen mehrerer Jahre geleistet wird. Für **laufende Zahlungen** kommt eine Tarifvergünstigung nicht in Betracht (OFD Hannover, Verfügung vom 15.6.1982, StLex 4, 19, 1051). Vgl. dazu auch FG Düsseldorf, Urteil vom 13.12.2000, EFG 2001 S. 502, bestätigt durch BFH, Beschluss vom 22.6.2001, BFH/NV 2001 S.1551, betr. Abfindung für **Umsetzung innerhalb des Konzerns**;

– Abfindung eines GmbH-Geschäftsführers für die vorzeitige **Aufgabe seiner Geschäftsführertätigkeit**, auch wenn ihre Höhe bereits im Anstellungsvertrag geregelt ist (FG Münster, Urteil vom 13.8.1997, EFG 1997 S. 1420);

– **Umsetzung:** Wenn ein Arbeitnehmer vom Arbeitgeber eine Prämie dafür erhält, dass er von einer Vollbeschäftigung in eine Teilzeitbeschäftigung oder von einem höher bewerteten auf einen niedriger bewerteten Arbeitsplatz wechselt, kann die Tarifermäßigung nach § 34 Abs. 1, 2 EStG gewährt werden, weil es sich um Entschädigungen für die Aufgabe bzw. Nichtausübung einer Tätigkeit i.S. des § 24 Nr. 1 Buchst. b EStG handelt (vgl. StLex 3, 3, 1287);

– Abfindung, die ein angestellter Versicherungsvertreter von seinem Arbeitgeber für die **Verkleinerung seines Bezirks** erhält (BFH, Urteil vom 23.1.2001, BStBl II 2001 S. 541).

Nicht als begünstigte Entschädigung anerkannt wurden:

– Abfindungen, die bei Abschluss oder während des Arbeitsverhältnisses für den **Verlust späterer Pensionsansprüche infolge Kündigung** vereinbart wurden. Die Zahlung des Kapitalbetrags ist keine Gegenleistung für die Aufgabe oder Nichtausübung einer Tätigkeit (BFH, Urteil vom 27.2.1991, BStBl II 1991 S. 703).

– Vereinbarungen für **Einmalzahlungen anstelle laufender Pensionszahlungen**, nachdem der Arbeitgeber aus Rationalisierungsgründen einen Vorstandsposten einsparen musste. Die Tätigkeit wurde also nicht „mit Wollen und Zustimmung" des Arbeitnehmers aufgegeben (BFH, Urteil vom 30.1.1991, BFH/NV 1992 S. 646).

– **Ablösezahlung an einen Sportler** beim Vereinswechsel, weil sie wirtschaftlich gesehen nicht für die Aufgabe der Tätigkeit bei dem alten Verein, sondern für den Beginn beim neuen Verein gezahlt wird (FG Köln, Urteil vom 28.8.1998, EFG 1998 S. 1586).

– **Abfindung wegen Nichtverlängerung eines Zeitarbeitsvertrags**, die nicht als Gegenleistung für die Aufgabe oder Nichtausübung einer Tätigkeit gezahlt wird, sondern als von vornherein vereinbartes Entgelt bei Nichtverlängerung des Arbeitsvertrags (FG Münster, Urteil vom 20.10.1998, EFG 1999 S. 170).

12. Billigkeitsregelungen

a) Planwidriger Zufluss in mehreren Jahren

904 Um die Anwendung der Tarifermäßigung nicht zu gefährden, achten Arbeitgeber und Arbeitnehmer im Allgemeinen darauf, dass Entlassungsabfindungen regelmäßig in **einer Summe** und in **einem Kalenderjahr** gezahlt werden. Trotzdem kommt es in der Praxis immer wieder vor, dass in einem **späteren Jahr** noch **Nachzahlungen** geleistet werden müssen, weil der **Arbeitgeber** z.B.

– **sich verrechnet** hat
– oder nach einem **Rechtsstreit eine weitere Zahlung leisten muss**.

Damit die **Tarifermäßigung für die Hauptentschädigung bestehen bleibt**, sieht das BMF-Schreiben vom 18.12.1998, BStBl I S. 1512 (Rz. 20 bis 23), für diese Fälle **Billigkeitsregelungen** vor:

Der Arbeitnehmer kann beantragen, den Nachzahlungsbetrag in den **Veranlagungszeitraum rückzubeziehen**, in dem die Hauptentschädigung zugeflossen ist, und zusammen mit dieser tarifer-

mäßigt zu besteuern. Die Veranlagung für dieses Jahr ist ggf. nach § 175 Abs. 1 Satz 1 Nr. 2 AO zu ändern.

Beispiel:

A ist Ende 1999 entlassen worden und hat eine Abfindung von 100 000 DM erhalten, die ermäßigt („Fünftelregelung") versteuert worden ist (nach Abzug des nach § 3 Nr. 9 EStG steuerfreien Teils). Die Veranlagung ist bestandskräftig. Nach einem gerichtlichen Vergleich hat der Arbeitgeber im Februar 2002 eine Nachzahlung von 20 000 € geleistet.

Nach dem Schreiben kann A beantragen, den Nachzahlungsbetrag („Korrekturbetrag") auf das Jahr 1999 rückzubeziehen und zusammen mit der Hauptentschädigung ermäßigt („Fünftelregelung") zu versteuern.

Stellt er diesen Antrag nicht, wird nicht nur der **Nachzahlungsbetrag** im Jahr 2002 „normal" versteuert, sondern auch nachträglich die im Jahr 1999 gezahlte **Hauptentschädigung**. Denn die Voraussetzungen für die Anwendung der Tarifermäßigung (Zusammenballung, d.h. Zufluss der Entschädigung in **einem** Veranlagungszeitraum) sind rückwirkend entfallen. Die Veranlagung 1999 ist ggf. nach § 175 Abs. 1 Satz 1 Nr. 2 AO zu berichtigen.

b) Änderungen der Sozialgesetzgebung und der Rechtsprechung

In der betrieblichen Praxis müssen häufig auf Grund von Vereinbarungen über eine sog. **Gesamtversorgung** Nachzahlungen **(„Ausgleichszahlungen")** geleistet werden. Dies kommt besonders dann vor, wenn bei Festlegung einer Einmalzahlung **Leistungen der öffentlichen Hand erwartet** wurden, diese aber später z.B. durch Änderungen der Sozialgesetzgebung sowie der Rechtsprechung des Bundessozialgerichts ganz oder teilweise ausbleiben, weil z.B. **905**

– die Arbeitsämter beim Bezug von Leistungen aus der gesetzlichen Arbeitslosenversicherung **Sperr- und Ruhenszeiten verhängt** haben (vgl. Rz. 25, 26 des BMF-Schreibens vom 18.12.1998, BStBl I 1998 S. 1512) oder

– **Rentenabschläge** auf Grund des Altersteilzeitgesetzes bei Arbeitnehmern unter 55 Jahren vorgenommen werden (Rz. 27, 28).

Auch in diesen Fällen kann nach dem BMF-Schreiben vom 18.12.1998, BStBl I 1998 S. 1512 (Rz. 24 bis 28), die Ausgleichszahlung auf das **Jahr rückbezogen** werden, in dem die Hauptentschädigung zugeflossen ist.

Beispiel:

A scheidet am 30.6.2002 aus dem Betrieb aus und erhält hierfür von seinem Arbeitgeber eine Abfindung von 50 000 €. Hiervon sind 12 271 € nach § 3 Nr. 9 EStG steuerfrei, den übersteigenden Betrag hat der Arbeitgeber nach § 39b Abs. 3 Satz 10 EStG tarifermäßigt versteuert. Bei der Festlegung der Abfindung ist davon ausgegangen worden, dass der Arbeitnehmer ein Arbeitslosengeld von monatlich 1 000 € erhält. Da er aber auf Grund geänderter Bestimmungen nur ein Arbeitslosengeld von 750 € erhält, leistet der Arbeitgeber im Jahre 2003 noch einmal eine Ausgleichszahlung von 10 000 €.

Nach Auffassung der Finanzverwaltung wird die als einheitlich zu betrachtende Abfindung **nicht mehr in einer Summe** gezahlt, so dass die Voraussetzungen für die Anwendung der Tarifermäßigung nicht erfüllt sind. Der Arbeitgeber muss daher die **im Jahre 2003** geleistete Ausgleichszahlung nach den allgemeinen Regeln versteuern.

Aber auch hinsichtlich der bereits **im Jahre 2002** gezahlten Abfindung von 50 000 € liegen die Voraussetzungen für die Tarifermäßigung nicht mehr vor. Wenn die Lohnsteuerbescheinigung bereits ausgeschrieben ist, kann dies zwar vom Arbeitgeber nicht mehr korrigiert werden. Der Arbeitgeber muss dies aber unverzüglich dem Betriebsstättenfinanzamt anzeigen (§ 41c Abs. 3 Nr. 4 EStG). Das Finanzamt wird dann die Lohnsteuer unmittelbar beim Arbeitnehmer nachfordern.

Um dies zu vermeiden, hat die Finanzverwaltung für derartige Fälle (Änderung der Sozialgesetzgebung) eine **Billigkeitsregelung** dahin gehend zugelassen, dass A die **im Jahre 2003 geleisteten Zahlungen in das Jahr 2002 „zurücktragen"** kann (BMF-Schreiben vom 18.12.1998, BStBl I 1998 S. 1512, Rz. 25). Die Gesamtentschädigung kann dann in 2002 tarifermäßigt versteuert werden.

c) Rückzahlung von Abfindungen

Für die teilweise Rückzahlung einer Abfindung, weil sich z.B. der Arbeitgeber zu Gunsten des Arbeitnehmers verrechnet hat, gelten nach dem BMF-Schreiben vom 18.12.1998, BStBl I 1998 S. 1512, Rz. 21, dieselben Grundsätze: **906**

Diese Rückzahlung ist als **Korrektur der Einmalabfindung** zu behandeln und von dieser in dem Jahr, in dem diese zugeflossen ist, abzusetzen. Ist die Veranlagung für dieses Jahr bereits bestandskräftig, muss sie nach § 175 Abs. 1 Satz 1 Nr. 2 AO geändert werden. Die Rückzahlung darf also nicht im „Rückzahlungsjahr" von den voll steuerpflichtigen Einnahmen abgesetzt werden.

13. Übernahme von Rentenversicherungsbeiträgen durch den Arbeitgeber

907 Im Rahmen der **Altersteilzeitregelungen** ist § 3 Nr. 28 EStG ab 1997 dahin gehend erweitert worden, dass die Hälfte der vom Arbeitgeber freiwillig übernommenen Rentenversicherungsbeiträge im Sinne des § 187a SGB VI, durch die **Rentenminderungen bei vorzeitiger Inanspruchnahme der Altersrente gemildert oder vermieden** werden sollen, **steuerfrei** bleibt. Die Steuerfreistellung ist auf die Hälfte der insgesamt geleisteten zusätzlichen Rentenversicherungsbeiträge begrenzt, da auch Pflichtbeiträge des Arbeitgebers zur gesetzlichen Rentenversicherung nur in Höhe des halben Gesamtbeitrags steuerfrei sind. Der übersteigende Betrag kann im Rahmen des § 3 Nr. 9 EStG steuerfrei bleiben.

Soweit diese Steuerbefreiung schon ausgeschöpft ist, z.B. durch einen Einmalbetrag, sind die vom Arbeitgeber zusätzlich geleisteten Rentenversicherungsbeiträge nach § 187a SGB VI einschließlich darauf entfallender, ggf. vom Arbeitgeber getragener Steuerabzugsbeträge als **Teil der Entschädigung** im Sinne des § 24 Nr. 1 EStG, die im Zusammenhang mit der Auflösung eines Dienstverhältnisses geleistet wird, zu behandeln.

Rentenversicherungsbeiträge werden jedoch **vom Arbeitgeber aus Liquiditätsgründen** häufig nicht in einer Summe – und auch nicht im selben Jahr wie die Hauptentschädigung (Einmalbetrag) –, sondern in **Raten über mehrere Jahre gezahlt**. Für die Anwendung der Tarifermäßigung auf den Einmalbetrag wären solche in späteren Jahren geleisteten Zahlungen einer einheitlichen Entschädigung an sich schädlich. Um Härten zu vermeiden, lässt die Finanzverwaltung auch hier aus **Billigkeitsgründen die ermäßigte Besteuerung des Einmalbetrags** zu (BMF-Schreiben vom 18.12.1998, BStBl I 1998 S. 1512, Rz. 30).

14. Verfahren

a) Lohnsteuerabzug

908 Der **Arbeitgeber** hat die ermäßigte Besteuerung als **sonstiger Bezug** („Fünftelregelung") grundsätzlich schon im **Lohnsteuerabzugsverfahren** vorzunehmen, und zwar nach dem Gesetzeswortlaut des § 39b Abs. 3 Satz 9 EStG unabhängig davon, ob dies der **Arbeitnehmer beantragt** oder nicht. Dies kann im Einzelfall, insbesondere bei niedrigen Beträgen, zu einer **höheren Lohnsteuer** führen als die Besteuerung als nicht begünstigter sonstiger Bezug. Da die Lohnsteuer nach dem Wortlaut des Gesetzes **zu ermäßigen** ist, darf nach Auffassung der obersten Finanzbehörden in diesen Fällen die Fünftelregelung nicht angewendet werden. Der **Arbeitgeber** hat daher eine **Vergleichsrechnung** durchzuführen (Günstigerprüfung) und die Fünftelregelung nur anzuwenden, wenn sie zu einer niedrigeren Lohnsteuer führt als die Besteuerung als nicht begünstigter sonstiger Bezug (BMF-Schreiben vom 10.1.2000, BStBl I 2000 S. 138). Vgl. zur Berechnung die Beispiele zu → *Sonstige Bezüge* Rz. 2246.

Der Arbeitgeber hat grundsätzlich auch die Frage zu prüfen, ob eine **Zusammenballung der Einkünfte** vorliegt. Dabei gilt Folgendes:

– Keine Probleme ergeben sich, **wenn die Entschädigung die bis zum Jahresende wegfallenden Einnahmen übersteigt**. In diesem Fall ist ohne weitere Prüfung der übrigen Voraussetzungen auch im Lohnsteuerabzugsverfahren der ermäßigte Steuersatz anzuwenden.

– **Übersteigt die Entschädigung nicht die bis zum Jahresende entfallenden Einnahmen**, liegt eine Zusammenballung nur vor, wenn der Arbeitnehmer im Jahr des Zuflusses der Entschädigung **weitere Einkünfte** erzielt, die er nicht bezogen hätte, wenn das Dienstverhältnis ungestört fortgesetzt worden wäre, und er dadurch mehr erhält, als er bei normalem Ablauf der Dinge erhalten hätte. Der Arbeitgeber muss daher prüfen, ob und ggf. in welcher Höhe der Arbeitnehmer nach Be-

endigung des bestehenden Dienstverhältnisses Einnahmen (Einkünfte) erzielt. Kann der Arbeitgeber die erforderlichen Feststellungen nicht treffen, hat er **im Lohnsteuerabzugsverfahren die Besteuerung ohne Anwendung der ermäßigten Besteuerung** nach § 39b Abs. 3 Satz 9 EStG durchzuführen (BMF-Schreiben vom 18.12.1998, BStBl I 1998 S. 1512, Rz. 16). Der Arbeitnehmer muss dann ggf. im **Veranlagungsverfahren** (z.B. nach § 46 Abs. 2 Nr. 8 EStG) die Anwendung des ermäßigten Steuersatzes beantragen.

b) Pflichtveranlagung

909 Hat der Arbeitgeber die Lohnsteuer nach den vorstehenden Regeln tarifermäßigt berechnet, muss der Arbeitnehmer nach Ablauf des Jahres zur Einkommensteuer veranlagt werden (sog. Pflichtveranlagung nach § 46 Abs. 2 Nr. 5 EStG). Hierdurch soll sichergestellt werden, dass ggf. eine unzutreffende Anwendung der Steuerermäßigung im Lohnsteuerverfahren korrigiert werden kann. Hintergrund ist, dass der Arbeitgeber – um die Zusammenballung prüfen zu können – die übrigen Einkünfte des Arbeitnehmers kennen müsste, dies aber oft nicht kann.

15. Aufzeichnungspflichten

910 Der Arbeitgeber hat

– im **Lohnkonto** des Arbeitnehmers die Entschädigungen i.S. des § 34 Abs. 1 und Abs. 2 Nr. 2 EStG und die davon nach § 39b Abs. 3 Satz 9 EStG einbehaltene Lohnsteuer aufzuzeichnen (§ 4 Abs. 2 Nr. 6 LStDV) und

– auf der **Lohnsteuerkarte (Zeilen 10 bis 14)** sowohl die ermäßigt besteuerten Entschädigungen als auch die darauf einbehaltenen Steuerabzugsbeträge gesondert zu bescheinigen (R 135 Abs. 3 Nr. 2 i.V.m. Abs. 4 Nr. 2 LStR). Entschädigungen, die im Lohnsteuerabzugsverfahren **nicht ermäßigt** besteuert wurden, **soll** der Arbeitgeber auf der Lohnsteuerkarte in **Zeile 20 eintragen**; eine **Verpflichtung hierzu besteht nicht** (R 135 Abs. 7 LStR). Allerdings kann der Arbeitgeber durch die entsprechende Eintragung eine zeitaufwendige Beantwortung von Rückfragen durch die Finanzämter vermeiden.

Entwicklungshelfer

911 Entwicklungshelfer sind zwar Arbeitnehmer (BAG, Urteil vom 27.4.1977, BB 1977 S. 1304), die Einnahmen sind jedoch nach § 3 Nr. 61 EStG steuerfrei.

Entwicklungshelfer i.S. des Entwicklungshelfergesetzes, die Entwicklungsdienst oder Vorbereitungsdienst leisten, sind **auf Antrag in der gesetzlichen Rentenversicherung versicherungspflichtig**, wenn die entsendende Stelle (mit Sitz im Inland) dies beim Rentenversicherungsträger beantragt (§ 4 Abs. 1 SGB VI).

Erfindervergütungen

1. Allgemeines

912 Eine Erfindertätigkeit ist der steuerlich unbeachtlichen „**Liebhaberei**" (→ *Arbeitnehmer* Rz. 165) zuzurechnen, wenn neben einer längeren Verlustphase weitere Umstände (keine nennenswerte Einnahmeerzielung, keine Anmeldung von Patenten, kein Abschluss von Lizenzverträgen, keine wissenschaftlichen Veröffentlichungen) dafür sprechen, dass der Erfinder aus seiner Tätigkeit keinen „Totalgewinn" wird erzielen können (BFH, Beschlüsse vom 20.4.2000, BFH/NV 2001 S. 12 und 13). Steuerlich nicht zu erfassen ist eine Erfindertätigkeit, die sich als **Zufallserfindung** im privaten Vermögensbereich darstellt (vgl. zuletzt BFH, Urteil vom 18.6.1998, BStBl II S. 567).

Erfindervergütungen gehören nur dann zum **Arbeitslohn**, wenn es sich um eine **Diensterfindung** i.S. des § 4 Abs. 2 des Gesetzes über Arbeitnehmererfindungen (ArbnErfG) handelt. Das ArbnErfG unterscheidet zwischen (gebundenen) Diensterfindungen (§ 4 Abs. 2) und (freien) sonstigen Erfindungen (§ 4 Abs. 3).

2. Diensterfindungen

913 Zu den Diensterfindungen gehören solche, die aus den dem Arbeitnehmer **im Betrieb obliegenden Tätigkeiten** entstanden sind, und solche, die maßgeblich auf den **Erfahrungen oder Arbeiten des Betriebs** beruhen. Nur eine Diensterfindung kann der Arbeitgeber nach §§ 6 ff. ArbnErfG in Anspruch nehmen. Die hierfür gezahlten Vergütungen sind **Arbeitslohn**. Ob eine während eines Arbeitsverhältnisses gemachte Erfindung während der Entwicklungsphase dem Bereich der nichtselbständigen oder der selbständigen Tätigkeit zuzurechnen ist, richtet sich nach den Umständen des Einzelfalls (vgl. BFH, Beschluss vom 26.5.1994, BFH/NV 1995 S. 102).

Auch die **Erben** eines Arbeitnehmers, die dessen Diensterfindung verwerten, erzielen Einkünfte aus nichtselbständiger Arbeit (BFH, Urteil vom 29.1.1970, BStBl II 1970 S. 319).

Für mehrere Jahre **nachgezahlte Erfindervergütungen** können nach § 34 Abs. 1, 2 EStG **tarifermäßigt** versteuert werden (BFH, Urteil vom 12.11.1982, BStBl II 1983 S. 300); Einzelheiten siehe → *Arbeitslohn für mehrere Jahre* Rz. 229. Darüber hinaus gibt es seit 1.1.1989 nach dem Wegfall der Verordnung über die steuerliche Behandlung der Vergütungen für Arbeitnehmer-Erfindungen keine besonderen Steuervergünstigungen mehr. Dem Wegfall dieser Vergünstigungen ist **keine** gem. Art. 20 Abs. 3 GG **unzulässige Rückwirkung** beizumessen, weil sie in einigen Fällen dazu führt, dass der Begünstigungszeitraum nicht in vollem Umfang ausgenutzt werden kann. Die Erwartung, das geltende Recht werde einschließlich der Steuervergünstigungen fortbestehen, ist nicht geschützt (BVerfG, Beschluss vom 10.10.1997, HFR 1997 S. 679).

3. Freie Erfindungen

914 Bei freien Erfindungen hat der Arbeitnehmer hingegen lediglich die Pflicht, die **Erfindung dem Arbeitgeber anzubieten**, bevor er sie während der Dauer des Arbeitsverhältnisses anderweitig verwertet (§ 19 ArbnErfG). Erwirbt der Arbeitgeber das ihm angebotene Nutzungsrecht an der freien (oder nach § 8 ArbnErfG frei gewordenen) Erfindung, so erzielt der Arbeitnehmer insoweit (nebenberuflich) Einkünfte aus **selbständiger Tätigkeit** i.S. des § 18 Abs. 1 Nr. 1 EStG. Auch hierfür gibt es seit dem 1.1.1989 keine „Erfinder-Vergünstigungen" mehr.

Erholung: Arbeitgeberzuwendungen

1. Erholungsbeihilfen

a) Steuerfreier Arbeitslohn

915 Vom Arbeitgeber gezahlte Erholungsbeihilfen sind als Unterstützungen (→ *Unterstützungen* Rz. 2487) steuerfrei, soweit die Voraussetzungen der R 11 Abs. 2 LStR gegeben sind. Die **Steuerfreiheit** kann danach unter Umständen in Betracht kommen, **wenn**

– nach ärztlicher Bescheinigung erholungsbedürftige Arbeitnehmer **ohne die Unterstützung durch den Arbeitgeber keine Erholungsreise durchführen** könnten (BFH, Urteil vom 27.1.1961, BStBl III 1961 S. 167) oder

– Erholungsbeihilfen im Zusammenhang mit **typischen Berufskrankheiten** zur Abwehr drohender oder zur Beseitigung

eingetretener Gesundheitsschäden gegeben werden (z.B. in der Eisen- und Stahlindustrie sowie im Bergbau) und die Erholung sowohl nach ihrer zeitlichen Dauer als auch nach der Wahl des Ortes laut ärztlicher Bescheinigung (Werksarzt, Knappschaftsarzt, Arzt der Berufsgenossenschaft) ein geeignetes Mittel zur Bekämpfung der Berufskrankheit ist (BFH, Urteile vom 14.1.1954, BStBl III 1954 S. 86 und 111).

Beispiel:

A war in einem Asbestwerk tätig und durch Einwirkung von Asbeststaub der Asbestose ausgesetzt. Er wurde vom Arbeitgeber im Einvernehmen mit dem Betriebsrat zu einer zehntägigen Erholung in eine waldreiche Gegend geschickt. Die Kosten wurden im Wesentlichen vom Arbeitgeber getragen.

Der Bundesfinanzhof sah die Arbeitgeberleistungen als steuerfreie Unterstützungen an, weil sie der Abwehr drohender Gesundheitsschäden auf Grund einer typischen Berufskrankheit dienten (Urteil vom 14.1.1954, BStBl III S. 86), vgl. auch H 11 (Erholungsbeihilfen und andere Beihilfen) LStH.

Steuerfreier Arbeitslohn kann dagegen nach § 3 Nr. 1 a EStG auch dann vorliegen, wenn der Arbeitgeber der **Betriebskrankenkasse nur pauschal Zuschüsse gewährt** und diese die Beihilfen an die Arbeitnehmer ohne **Einflussnahme des Arbeitgebers** in eigener Zuständigkeit gewährt (BFH, Urteil vom 13.8.1975, BStBl II 1975 S. 749).

Eine steuerfreie Erholungsbeihilfe setzt aber stets voraus, dass es sich um eine **freiwillige Leistung des Arbeitgebers** handelt. Ein **tarifvertraglich gezahltes Urlaubsgeld** kann daher auch in den vorbezeichneten Fällen nicht als steuerfreie Erholungsbeihilfen gewährt werden.

b) Steuerpflichtiger Arbeitslohn

916 Soweit nicht ausnahmsweise steuerfreie Unterstützungen anzuerkennen sind, sind die **Erholungsbeihilfen** des Arbeitgebers an seine Arbeitnehmer grundsätzlich steuerpflichtiger Arbeitslohn, vgl. H 11 (Erholungsbeihilfen und andere Beihilfen) LStH. Werden die Erholungsbeihilfen nicht als Barzuwendungen gewährt, sondern wird ein Arbeitnehmer in einem **Erholungsheim** (auch Hotel, Pension oder Ferienwohnung) des Arbeitgebers oder auf Kosten des Arbeitgebers zur Erholung in einem anderen Beherbergungsbetrieb untergebracht oder verpflegt, so ist der **geldwerte Vorteil mit dem entsprechenden Pensionspreis** eines vergleichbaren Beherbergungsbetriebs am selben Ort zu bewerten. Dabei können jedoch **Preisabschläge** in Betracht kommen, wenn der Arbeitnehmer z.B. nach der Hausordnung Bedingungen unterworfen wird, die für Hotels und Pensionen allgemein nicht gelten (R 31 Abs. 4 Satz 4 LStR).

Steuerpflichtiger Arbeitslohn kann auch vorliegen, wenn die Leistungen von einem **Dritten** gewährt werden und eine ausreichende Beziehung zwischen dem Dritten und dem Arbeitgeber es rechtfertigt, die Zahlung des Dritten als Arbeitslohn zu behandeln, vgl. H 11 (Beihilfen von einem Dritten) LStH.

Das Gleiche gilt für Leistungen einer **Betriebskrankenkasse oder Unterstützungskasse**, die nach Anweisung des Arbeitgebers gewährt werden (BFH, Urteil vom 4.2.1954, BStBl III S. 111).

Steuerpflichtig sind grundsätzlich auch die vom Arbeitgeber getragenen Kosten für die Erholung von **Kindern der Arbeitnehmer** (vgl. z.B. FinMin Niedersachsen, Erlass vom 24.6.1982, DB 1982 S. 1493, betr. Zuwendungen im Rahmen der Kinderfürsorge der Post).

c) Pauschalbesteuerung

917 Eine **Tarifermäßigung** nach § 34 Abs. 1, 2 EStG als Arbeitslohn für mehrere Jahre kommt nicht in Betracht (BFH, Urteil vom 14.3.1958, BStBl III S. 257). Nach § 40 Abs. 2 Nr. 3 EStG kann der Arbeitgeber jedoch die Lohnsteuer für Erholungsbeihilfen ohne besonderen Antrag mit einem festen **Pauschsteuersatz von 25 %** erheben, wenn diese zusammen mit Erholungsbeihilfen, die in demselben Kalenderjahr früher gewährt worden sind,

- **156 € für den Arbeitnehmer,**
- **104 € für dessen Ehegatten** und
- **52 € für jedes Kind**

nicht übersteigen. Zu berücksichtigen sind bei diesen **Pauschalierungsgrenzen** lediglich Erholungsbeihilfen. Es ist z.B. nicht zulässig, Erholungsbeihilfen und tarifliches Urlaubsgeld zusammenzurechnen (FG Köln, Urteil vom 4.6.1996, EFG 1997 S. 110).

Bei der Feststellung, ob die im Kalenderjahr gewährten Erholungsbeihilfen zusammen mit früher gewährten Erholungsbeihilfen die o.g. Beträge übersteigen, ist von der Höhe der **Zuwendungen im Einzelfall** auszugehen. Die Jahreshöchstbeträge für den Arbeitnehmer, seinen Ehegatten und seine Kinder sind jeweils gesondert zu betrachten. Die Erholungsbeihilfen müssen für die Erholung dieser Personen bestimmt sein und verwendet werden (R 127 Abs. 3 Satz 3 LStR).

Wird die Erholungsbeihilfe an den Arbeitnehmer ausgezahlt, muss der **Arbeitgeber sicherstellen,** dass die Beihilfe zu **Erholungszwecken (z.B. Kur, Urlaub) verwendet** wird (§ 40 Abs. 2 Nr. 3 EStG). Dazu reicht es i.d.R. aus, wenn die Beihilfe in **zeitlichem Zusammenhang** mit der Erholungsmaßnahme gewährt wird. Bei einem Urlaub ist es dabei **gleichgültig, ob der Urlaub zu Hause verbracht oder eine Urlaubsreise unternommen wird.** Ein **zeitlicher Zusammenhang** zwischen der Zahlung der Beihilfe und der Erholungsmaßnahme des Arbeitnehmers ist in **Anlehnung an die bei Jubiläumszuwendungen** in R 23 Abs. 2 LStR 1996 getroffene Regelung im Allgemeinen dann anzunehmen, wenn die **Erholungsmaßnahme**

- innerhalb von **drei Monaten** vor oder nach der Auszahlung der Beihilfe **beendet bzw. begonnen**
- oder aber innerhalb dieses Zeitraums eine **Anzahlung** auf eine bereits fest vereinbarte Erholungsmaßnahme (z.B. Buchung eines Erholungsurlaubs) **nachgewiesen** wird.

In den Fällen, in denen dieser zeitliche Zusammenhang gewahrt ist, kann von einer **schriftlichen Bestätigung des Arbeitnehmers** über die zweckgebundene Verwendung der Erholungsbeihilfe **abgesehen** werden.

In den Fällen, in denen der **zeitliche Zusammenhang nicht gegeben** ist, bedarf es zumindest einer **schriftlichen Erklärung des Arbeitnehmers über die zweckentsprechende Verwendung der Erholungsbeihilfe.** Im Hinblick darauf, dass der Urlaub für die Pauschalierung unschädlich ebenso zu Hause verbracht werden kann, ist auch hier die Aufbewahrung von Belegen durch den Arbeitnehmer nicht erforderlich (OFD Hannover, Verfügung vom 26.1.1989, LSt-Kartei § 40 EStG Nr. 1). Werden die Erholungsbeihilfen im Rahmen des § 40 Abs. 2 Nr. 3 EStG **pauschal versteuert,** gehören sie nicht zum Arbeitsentgelt im sozialversicherungsrechtlichen Sinne, sie sind also **beitragsfrei** (§ 2 Abs. 1 Nr. 2 ArEV).

(LSt) (SV)

Übersteigen die Erholungsbeihilfen im Einzelfall den maßgebenden **Jahreshöchstbetrag,** kommt auch eine Pauschbesteuerung bis zum Jahreshöchstbetrag nicht in Betracht. Der Gesamtbetrag ist dann als **sonstiger Bezug** zu versteuern (R 127 Abs. 3 Satz 4 LStR). Dabei kann, wenn die Voraussetzungen des § 40 Abs. 1 Nr. 1 EStG vorliegen ("größere Zahl von Fällen"), auch ein individueller Pauschsteuersatz zu Grunde gelegt werden; Einzelheiten siehe → *Pauschalierung der Lohnsteuer* Rz. 1805.

In diesen Fällen besteht auch bei einer **Pauschalbesteuerung Beitragspflicht** in der Kranken-, Pflege-, Renten- und Arbeitslosenversicherung. Pauschal besteuerte "sonstige Bezüge" sind in der Sozialversicherung nur dann beitragsfrei, wenn es sich nicht um Einmalzahlungen handelt (§ 2 Abs. 1 Nr. 1 ArEV). Bei den Erholungsbeihilfen handelt es sich allerdings um einmalig gezahltes Arbeitsentgelt. Somit sind die Arbeitgeberleistungen, wenn die o.a. Jahreshöchstbetrag für eine Pauschalbesteuerung i.S. des § 40 Abs. 2 Nr. 3 EStG überschreiten, beitragspflichtig.

Ist im Tarifvertrag oder Arbeitsvertrag geregelt, dass die Durchführung der Pauschalbesteuerung auf geringere Werte als die steuerlichen Höchstgrenzen beschränkt ist, dann können die pauschal besteuerbaren Bezüge auch nur in Höhe dieser tarif-

oder arbeitsvertraglichen Grenzwerte beitragsfrei belassen werden. Insoweit ist zu berücksichtigen, dass bei Beiträgen, die die tariflichen oder arbeitsvertraglichen Grenzwerte überschreiten, das Regelbesteuerungsverfahren durchzuführen ist und deshalb Beitragspflicht besteht.

Der Sachverhalt, dass für die Nichthinzurechnung zum Arbeitsentgelt die Möglichkeit der Pauschalversteuerung ausreicht, ist für die in § 40 Abs. 2 EStG genannten Einnahmen von Bedeutung. Nach § 2 Abs. 1 Satz 1 ArEV sind diese Bezüge dann dem Arbeitsentgelt zuzurechnen und damit beitragspflichtig, wenn der Arbeitgeber nicht von der Pauschalbesteuerung Gebrauch macht und tatsächlich das Regelbesteuerungsverfahren (§§ 39b, 39c oder 39d EStG) durchführt (vgl. Besprechungsergebnis der Spitzenverbände der Sozialversicherungsträger am 29.12.1998, Sozialversicherungsbeitrag-Handausgabe 2001 VL 17 IV/15).

Die **pauschale Lohnsteuer** von 25 % ist nach § 40 Abs. 3 Satz 1 EStG zwar grundsätzlich vom Arbeitgeber zu übernehmen, kann aber im Innenverhältnis auf den **Arbeitnehmer abgewälzt** werden, hierdurch mindert sich seit 1.4.1999 jedoch nicht die steuerliche Bemessungsgrundlage. Einzelheiten siehe → *Abwälzung der pauschalen Lohnsteuer auf den Arbeitnehmer* Rz. 24.

(LSt) (SV)

2. Kurkosten

a) Aufwendungen als steuerfreier Arbeitslohn

Aufwendungen des Arbeitgebers für **Heil- und Vorsorgekuren** **918** der Arbeitnehmer sind unter den Voraussetzungen der R 11 Abs. 2 LStR (→ *Unterstützungen* Rz. 2487) steuer- und beitragsfrei. Die Kur **(= Maßnahme der Medizinischen Vorsorge oder Rehabilitation)** muss jedoch durch einen **Amtsarzt,** den Medizinischen Dienst, einen Knappschaftsarzt oder durch einen vom staatlichen Gewerbearzt besonders ermächtigten Werksarzt verordnet und unter **ärztlicher Aufsicht und Anleitung durchgeführt** worden sein (vgl. R 189 EStR).

Bei **Vorsorgekuren** ist es erforderlich, dass aus der Bescheinigung die **Gefahr einer Erkrankung,** die durch die Kur abgewendet werden soll, ersichtlich ist. Das BFH-Urteil vom 24.1.1975, BStBl II S. 340, zur Steuer- und Beitragsfreiheit sog. – vom Werksarzt verordneter – **Kreislauftrainingskuren** ist nicht allgemein, sondern nur bei gleich gelagerten Sachverhalten anzuwenden. Nach dem BFH-Urteil vom 31.10.1986, BStBl II 1987 S. 142, gehören die vom Arbeitgeber getragenen Kosten für **Kuren bei älteren Arbeitnehmern** i.d.R. zu deren steuerpflichtigem Arbeitslohn.

Die Steuer- und Beitragsfreiheit gilt nur für die **unmittelbaren Kurkosten,** die für den Arbeitnehmer dem Grunde nach eine außergewöhnliche Belastung gem. § 33 EStG darstellen. Unterstützungen oder als **"Kurtaschengelder"** bezeichnete Beträge des Arbeitgebers, die der **Anschaffung von Kleidungsstücken** dienen, gehören an sich nicht dazu. Die **Finanzverwaltung** sieht aber aus **Vereinfachungsgründen** von einer Beanstandung der steuerfrei gezahlten Kurtaschengelder ab, weil mit diesen Ausgaben erfahrungsgemäß auch Nebenausgaben bestritten werden.

(LSt) (SV)

b) Aufwendungen als steuerpflichtiger Arbeitslohn

Übernimmt der Arbeitgeber die Kosten der Heilbehandlung (Kur- **919** kosten) seiner Arbeitnehmer, so liegt darin grundsätzlich die Zuwendung von **Arbeitslohn.** Dies gilt auch dann, wenn die **Versicherung** die Übernahme oder **Erstattung der Kosten abgelehnt** hat (BFH, Urteil vom 5.11.1993, BFH/NV 1994 S. 313).

Arbeitslohn liegt auch vor, wenn der Arbeitgeber z.B. **allen älteren Arbeitnehmern eine Kur „verordnet"** hat.

Beispiel:

Ein Unternehmen erstattet nach internen Firmenrichtlinien allen über 50 Jahre alten Arbeitnehmern die Kosten einer Kur. Die Arbeitnehmer „sollen" sich der Kur unterziehen, „müssen" es aber nicht. Das Gehalt wird weitergezahlt, die Kur wird nicht auf den Urlaub angerechnet.

Der Bundesfinanzhof hat die übernommenen Kurkosten als Arbeitslohn angesehen (Urteil vom 31.10.1986, BStBl II 1987 S. 142), weil die Kur allen Arbeitnehmern ungeachtet ihrer Stellung und Bedeutung für den Betrieb undifferenziert nach Vollendung des 50. Lebensjahres bewilligt wird. Da die Arbeitnehmer sich nicht der Kur unterziehen mussten, um berufliche Nachteile zu vermeiden, hatten sie regelmäßig auch ein starkes Eigeninteresse an der Kur. Die Firma mag zwar ein Interesse daran gehabt haben, durch die Kuren den Krankenstand der älteren Arbeitnehmer möglichst gering zu halten. Im Verhältnis zu dem Eigeninteresse der Arbeitnehmer an ihrer Gesunderhaltung kann dieses Interesse jedoch nicht als „ganz überwiegend eigenbetrieblich" angesehen werden.

3. Vorsorgeuntersuchungen

920 Zuschüsse des Arbeitgebers zu den Aufwendungen des Arbeitnehmers für Vorsorgeuntersuchungen (z.B. in **Diagnostikzentren**) können – sofern die Möglichkeit der Kostenbeteiligung **allen Belegschaftsmitgliedern** eingeräumt wird – unter den Voraussetzungen der R 11 Abs. 2 LStR (→ *Unterstützungen* Rz. 2487) **steuerfrei** gewährt werden.

Außerdem stellen die Aufwendungen des Arbeitgebers keinen Arbeitslohn dar, wenn die Vorsorgeuntersuchungen im ganz überwiegend **eigenbetrieblichen Interesse des Arbeitgebers** durchgeführt werden (BFH, Urteil vom 17.9.1982, BStBl II 1983 S. 39), vgl. auch H 70 (Allgemeines zum Arbeitslohnbegriff) LStH. Ein überwiegend eigenbetriebliches Interesse ist bei Vorsorgeuntersuchungen nur anzunehmen, wenn **folgende Voraussetzungen** erfüllt sind:

– Der **Personenkreis**, der untersucht werden soll, der Untersuchungsturnus und das Untersuchungsprogramm müssen vom **Arbeitgeber bestimmt** werden.

– Es muss in einem gewissen Umfang sichergestellt sein, dass die Arbeitnehmer sich bei einer durch die Untersuchung evtl. **festgestellten Krankheit einer Behandlung unterziehen**. Dazu genügt es, dass ein Werksarzt des Arbeitgebers die Untersuchungsergebnisse kennt und so die Arbeitnehmer bei einer nötigen Behandlung beraten kann (BFH, Urteil vom 17.9.1982, BStBl II 1983 S. 39). Unerheblich ist, ob der Arbeitgeber sich über die Untersuchungsergebnisse unterrichten lässt.

– Der **Arbeitgeber muss an einem objektiven und vereinheitlichten Bild über den Gesundheitszustand z.B. seiner Führungskräfte interessiert sein**. Dabei kommt es nicht darauf an, dass die Untersuchungen in derselben Klinik durchgeführt werden. Es muss jedoch gewährleistet sein, dass sämtliche Untersuchungen von Ärzten vorgenommen werden, die dazu auf die erforderlichen Apparaturen zurückgreifen können.

Aufwendungen des Arbeitgebers für Vorsorgeuntersuchungen der Arbeitnehmer sind ebenfalls kein Arbeitslohn, wenn die **Arbeitnehmer krankenversichert** sind und selbst nichts für die Untersuchungen hätten aufwenden müssen. Es fehlt dann an einer objektiv bereichernden Vorteilszuwendung (FG Hamburg, Urteil vom 13.4.1989, EFG 1989 S. 575).

Erkrankung von Arbeitnehmern

921 Der nach dem Entgeltfortzahlungsgesetz (→ *Entgeltfortzahlung* Rz. 826) für die Dauer von **sechs Wochen weitergezahlte Arbeitslohn** unterliegt der „normalen" Besteuerung.

Das **Krankengeld** (und sonstige Leistungen aus der Krankenversicherung) ist zwar nach § 3 Nr. 1 EStG steuerfrei, unterliegt jedoch nach § 32b Abs. 1 Nr. 1 b EStG dem Progressionsvorbehalt (→ *Progressionsvorbehalt* Rz. 1924).

Zahlt ein Arbeitgeber nach Beendigung der gesetzlichen Entgeltfortzahlung **Krankengeldzuschüsse** (→ *Krankengeldzuschüsse* Rz. 1405) in Höhe der Differenz zwischen dem Krankengeld der Krankenkasse und dem letzten Nettoverdienst, so gehören diese zwar zum Arbeitslohn (§ 2 Abs. 2 Nr. 5 LStDV), sind aber in der Sozialversicherung beitragsfrei (→ *Beitragsfreiheit* Rz. 489). Ent-

sprechendes gilt für das sog. Kinder-Krankengeld (→ *Krankengeld bei Erkrankung eines Kindes* Rz. 1404).

Übernimmt ein Arbeitgeber Krankheitskosten seiner Arbeitnehmer, liegt grundsätzlich Arbeitslohn vor, der jedoch nach den für Unterstützungen geltenden Regeln im Rahmen des § 3 Nr. 11 EStG i.V.m. R 11 Abs. 2 LStR steuerfrei belassen werden kann (→ *Unterstützungen* Rz. 2487). Weitere Einzelheiten siehe → *Erholung: Arbeitgeberzuwendungen* Rz. 915 sowie → *Krankheitskosten* Rz. 1436.

Erlass von Lohnsteuer

1. Voraussetzungen

a) Allgemeines

922 Steuern können **niedriger festgesetzt** werden, wenn die Erhebung der Steuer nach Lage des einzelnen Falles unbillig wäre (§ 163 Abs. 1 AO). Ferner können Steuern ganz oder zum Teil **erlassen** werden, wenn deren Einziehung nach Lage des einzelnen Falles unbillig wäre; unter den gleichen Voraussetzungen können bereits entrichtete Beträge **erstattet** oder angerechnet werden (§ 227 AO). Darüber hinaus können Steuern **gestundet** werden, wenn die Einziehung bei Fälligkeit eine erhebliche Härte für den Schuldner bedeuten würde und der Anspruch durch die Stundung nicht gefährdet erscheint (§ 222 AO); siehe zum Lohnsteuerverfahren → *Stundung* Rz. 2362.

„Unbillig" ist, was dem Rechtsempfinden nicht genügt, d.h. mit ihm unvereinbar ist (BFH, Urteil vom 19.1.1965, BStBl III 1965 S. 206). Die Unbilligkeit kann sich aus den persönlichen Verhältnissen des Steuerschuldners oder auch aus sachlichen Gründen ergeben.

b) Persönliche Unbilligkeit

923 Persönliche Billigkeitsgründe sind gegeben, wenn die Steuererhebung die **wirtschaftliche oder persönliche Existenz des Steuerpflichtigen vernichten oder ernstlich gefährden** würde. Die wirtschaftliche Existenz ist gefährdet, wenn ohne Billigkeitsmaßnahmen der notwendige Lebensunterhalt des Steuerpflichtigen und der mit ihm in Haushaltsgemeinschaft lebenden Personen vorübergehend oder dauernd nicht mehr bestritten werden kann (**Erlassbedürftigkeit**).

Weitere Voraussetzung ist, dass der Steuerpflichtige auch erlasswürdig ist. Die **Erlasswürdigkeit** ist nicht gegeben, wenn der Steuerpflichtige durch sein Verhalten in eindeutiger Weise **gegen die Interessen der Allgemeinheit verstoßen** oder die mangelnde Leistungsfähigkeit selbst herbeigeführt hat. So kann die Erlasswürdigkeit z.B. fehlen, wenn vorhandene Mittel anderweitig verwendet wurden, ohne sich um die Abdeckung der Steuerrückstände zu bemühen oder wenn das Einkommen in Vermögenswerten angelegt oder das Vermögen verschwendet und dadurch die mangelnde Leistungsfähigkeit selbst herbeigeführt wurde. Erlasswürdigkeit ist aber i.d.R. gegeben, wenn der Steuerpflichtige wegen Unerfahrenheit oder durch das Verhalten Dritter in die Notlage geraten ist (BFH, Urteil vom 26.10.1999, BFH/NV 2000 S. 411). Nicht erlasswürdig ist ein Steuerpflichtiger insbesondere dann, wenn er seinen **steuerlichen Pflichten bewusst oder grob fahrlässig nicht nachgekommen** ist (vgl. zuletzt FG Hamburg, Urteil vom 30.12.1999, EFG 2000 S. 475: Kein Erlass von Säumniszuschlägen bei einem Steuerberater, der dauernd bewusst pflichtwidrig verspätet Lohnsteuer anmeldet und abführt).

c) Sachliche Unbilligkeit

924 Unbilligkeit der Einziehung einer Steuer aus sachlichen Gründen kommt in Betracht, wenn die Besteuerung – unabhängig von den wirtschaftlichen Verhältnissen des Steuerpflichtigen – im Einzelfall mit **Sinn und Zweck des Gesetzes nicht vereinbar** ist. Das ist der Fall, soweit nach dem erklärten oder mutmaßlichen – objektivierten – Willen des Gesetzgebers angenommen werden kann, der Gesetzgeber würde die Frage – hätte er sie geregelt – im

Sinne der beantragten Billigkeitsentscheidung beantwortet haben. Erfüllt ein Sachverhalt zwar den gesetzlichen Tatbestand, läuft aber die Besteuerung den Wertungen des Gesetzgebers zuwider, kann ein Erlass aus sachlichen Billigkeitsgründen gerechtfertigt sein. Umstände, die dem **Besteuerungszweck entsprechen** oder die der **Gesetzgeber** bei der Ausgestaltung eines Tatbestands **bewusst in Kauf genommen hat**, stehen jedoch dem Erlass entgegen. Denn die generelle Geltungsanordnung des Gesetzes darf durch eine Billigkeitsmaßnahme nicht unterlaufen werden (zuletzt BFH, Beschluss vom 20.10.2000, BFH/NV 2001 S. 442, m.w.N., betr. die zeitliche Begrenzung des Verlustvortrags).

Hiernach können z.B. Härten, die sich aus der Anwendung des sog. **Zu- und Abflussprinzips** ergeben (z.B. eine auf Grund der Steuerprogression erhöhte steuerliche Belastung bei der Nachzahlung von Arbeitslohn), nicht im Erlasswege ausgeräumt werden (vgl. BFH, Beschluss vom 29.5.1998, BFH/NV 1998 S. 1477, sowie FG Baden-Württemberg, Urteil vom 27.8.1998, EFG 1998 S. 1620); allenfalls kommt ein **Teilerlass** in Betracht (FG des Landes Brandenburg, Urteil vom 15.7.1999, EFG 1999 S. 937, betr. Nachzahlung von Witwengeld für zehn Jahre). Ferner hat die Finanzverwaltung z.B. Billigkeitsmaßnahmen im Zusammenhang mit der Einführung der Zweijahresfrist für die Anerkennung einer doppelten Haushaltsführung ab 1.1.1996 für Fälle abgelehnt, in denen beiderseits berufstätige Ehegatten mit **doppelter Haushaltsführung** aus beruflichen Gründen gar nicht die Möglichkeit haben, zusammenzuziehen und die doppelte Haushaltsführung zu beenden. Begründung: Derartige Härten hat der Gesetzgeber im Interesse der Praktikabilität in Kauf genommen. Entsprechendes gilt für die Abzugsbeschränkung für das **häusliche Arbeitszimmer**. Erlassanträge haben daher in diesen Fällen keine Aussicht auf Erfolg.

Ein Steuererlass aus sachlichen Billigkeitsgründen kommt **nicht** in Betracht, wenn

– es der Steuerpflichtige **versäumt hat, rechtzeitig Einspruch einzulegen** und die Steuerfestsetzung somit bestandskräftig ist (vgl. zuletzt BFH, Beschluss vom 26.5.2000, BFH/NV 2000 S. 1326, m.w.N.);

– ein Steuerberater **regelmäßig verspätet Lohnsteuer anmeldet** und der Zahlungseingang unter Verwirklichung des mit der Ausnutzung der Schonfrist bewusst eingegangenen Risikos erst am Tag nach Ablauf der Schonfrist erfolgt (FG Hamburg, Urteil vom 30.12.1999, EFG 2000 S. 475);

– sich der Arbeitnehmer damit einverstanden erklärt hat, dass der geldwerte Vorteil für die private Nutzung eines vom Arbeitgeber zur Nutzung überlassenen Pkw nach der **1 %-Regelung** versteuert wird; er kann nicht den Erlass von Einkommensteuer mit der Begründung verlangen, er habe die laufenden Kosten für den Unterhalt des Fahrzeugs selbst tragen müssen (FG des Saarlandes, Urteil vom 12.6.2001, NWB 2001 Fach 1 S. 207).

2. Anträge des Arbeitgebers

925 Der Arbeitgeber erhebt die Lohnsteuer nur **treuhänderisch** für den Arbeitnehmer; diese Lohnsteuer kann ihm deshalb **nicht erlassen** werden.

Eine **Ausnahme** kommt allenfalls in Betracht, wenn es gilt, einen ohne Verschulden in Not geratenen **Unternehmer vor dem Zusammenbruch zu retten** und Arbeitsplätze zu erhalten (FG Hamburg, Urteil vom 21.8.1985, EFG 1986 S. 203).

Ist der **Arbeitgeber hingegen selbst Steuerschuldner**, also

– bei der **Pauschalierung der Lohnsteuer** (→ *Pauschalierung der Lohnsteuer* Rz. 1805) oder

– wenn er als **Haftungsschuldner** in Anspruch genommen wird (→ *Haftung für Lohnsteuer: Allgemeine Grundsätze* Rz. 1214),

und liegen die o.g. Erlassvoraussetzungen vor, dann kann auch er bei seinem Betriebsstättenfinanzamt einen Antrag auf Erlass von Lohnsteuer stellen.

3. Anträge des Arbeitnehmers

926 Im **Lohnsteuerabzugsverfahren** kann grundsätzlich kein Erlass ausgesprochen werden, sondern frühestens nach Abgabe der Lohnsteuer-Anmeldung und damit der Festsetzung der angemeldeten Lohnsteuer. Der Arbeitnehmer kann aber bei seinem

Wohnsitzfinanzamt im Rahmen der **Veranlagung zur Einkommensteuer** bei Vorliegen sachlicher oder persönlicher Billigkeitsgründe einen Steuererlass beantragen.

Kein Erlassgrund sind die häufig von Pfarrern und Anhängern der Friedensbewegung geltend gemachten **Gewissensgründe** gegen die Erhebung einer Steuer, weil damit z.B. das Militär und insbesondere Atomwaffen finanziert würden (zuletzt FG Düsseldorf, Urteile vom 25.9.1996, EFG 1997 S. 354, und vom 19.2.1997, EFG 1997 S. 653).

Wie zu verfahren ist, wenn ein Steuerpflichtiger im Rahmen des sog. **Verbraucherinsolvenzverfahrens** beim Finanzamt einen Antrag auf Erlass von Steuerschulden stellt, ist in dem BMF-Schreiben vom 10.12.1998, FR 1999 S. 173, und vom 17.12.1998, BStBl I S. 1500, ausführlich dargelegt.

Erschwerniszuschläge

927 Erschwerniszuschläge wie Hitzezuschläge, Wasserzuschläge, Gefahrenzuschläge, Schmutzzulagen usw. gehören zum Arbeitslohn (R 70 Abs. 1 Nr. 1 LStR). Weitere Einzelheiten siehe → *Zulagen* Rz. 2771 und → *Zuschläge* Rz. 2777. Nicht hierunter fallen Zuschläge für Sonntags-, Feiertags- oder Nachtarbeit, die im Rahmen des § 3b EStG steuerfrei sind (→ *Zuschläge für Sonntags-/Feiertags- und Nachtarbeit* Rz. 2779).

Erstattung von Lohnsteuer

928 Es kommt häufig vor, dass der Arbeitgeber zu viel Lohnsteuer einbehalten hat, weil er z.B. eine Steuerbefreiungsvorschrift übersehen oder sich einfach in der Lohnsteuertabelle „vergriffen" hat. Für diesen Fall gibt es **folgende Korrekturmöglichkeiten:**

1. Änderung des Lohnsteuerabzugs nach § 41c EStG

929 Im „Normalfall" wird der **Arbeitgeber** den Fehler noch im laufenden Kalenderjahr bei der **nächstfolgenden Lohnzahlung korrigieren** (§ 41c Abs. 1 Satz 1 EStG). Eine Verpflichtung des Arbeitgebers hierzu besteht allerdings nicht. Die Änderung ist sogar **ausgeschlossen**, wenn der Arbeitnehmer im Laufe des Jahres aus dem **Dienstverhältnis ausgeschieden** ist und der Arbeitgeber bereits die Lohnsteuerbescheinigung ausgeschrieben hat (§ 41c Abs. 3 Satz 1 EStG). Einzelheiten hierzu siehe → *Änderung des Lohnsteuerabzugs* Rz. 101.

2. Lohnsteuer-Jahresausgleich durch den Arbeitgeber

930 Fehler beim laufenden Lohnsteuerabzug können auch noch im Rahmen des Lohnsteuer-Jahresausgleichs nach § 42b EStG korrigiert werden (→ *Lohnsteuer-Jahresausgleich durch den Arbeitgeber* Rz. 1626). Aber auch diese Regelung kommt z.B. dann nicht in Betracht, wenn der Arbeitnehmer am Jahresende **nicht mehr in einem Dienstverhältnis** zum Arbeitgeber gestanden hat. Bei **Arbeitgebern mit weniger als zehn Arbeitnehmern** zum Jahresende ist der Arbeitgeber ohnehin nicht zur Durchführung des Lohnsteuer-Jahresausgleichs verpflichtet (§ 42b Abs. 1 EStG).

3. Einkommensteuerveranlagung auf Antrag

931 Nach Ablauf des Kalenderjahres kann der **Arbeitnehmer** nach § 46 Abs. 2 Nr. 8 EStG – wenn er nicht bereits „von Amts wegen" zur Einkommensteuer veranlagt wird (sog. Pflichtveranlagung) – von sich aus eine Einkommensteuerveranlagung zur Anrechnung der Lohnsteuer auf die Einkommensteuer beantragen (sog. **Antragsveranlagung**), bei der der überhöhte Lohnsteuerabzug korrigiert wird. Hierfür gilt allerdings eine **zweijährige Antragsfrist** (§ 46 Abs. 2 Nr. 8 Satz 2 EStG), die nicht verlängert werden kann. Ist diese „Ausschlussfrist" versäumt, ist eine Erstattung nicht

mehr möglich. Einzelheiten siehe → *Veranlagung von Arbeitnehmern* Rz. 2502.

Beispiel:

Der Arbeitgeber hat übersehen, am 1.7.2002 gezahlten Arbeitslohn für mehrere Jahre tarifermäßigt zu versteuern. Am 1.10.2002 ist der Arbeitnehmer aus dem Dienstverhältnis ausgeschieden.

Der Arbeitnehmer muss diesen Fehler spätestens im Rahmen einer Antragsveranlagung zur Einkommensteuer korrigieren lassen. Diese muss er bis spätestens 31.12.2004 (Zwei-Jahres-Frist) beim Finanzamt beantragen.

4. Erstattung nach § 37 Abs. 2 AO

932 Will der **Arbeitnehmer** im vorstehenden Beispiel mit der Erstattung überzahlter Lohnsteuer nicht bis zum Ende des Jahres oder gar bis zur Einkommensteuerveranlagung warten, kann er bereits im **laufenden Kalenderjahr beim Finanzamt einen Erstattungsantrag** nach § 37 Abs. 2 AO stellen. Ein solcher Antrag muss innerhalb der Verjährungsfrist von vier Jahren gestellt werden.

Diese recht lange Frist hat aber kaum praktische Bedeutung, weil die sog. **Antragsveranlagung** dieser Erstattungsmöglichkeit als „lex specialis" **im Range vorgeht**. Hat es der Arbeitnehmer versäumt, seine Erstattungsansprüche nach Ablauf des Jahres im Rahmen einer Antragsveranlagung geltend zu machen, so kann er später keine Erstattung nach § 37 Abs. 2 AO begehren (BFH, Urteil vom 20.5.1983, BStBl II S. 584). Das Gleiche gilt, wenn der Arbeitnehmer einen **Einkommensteuerbescheid** erhalten hat und dieser bestandskräftig geworden ist. Eine weitergehende Erstattung kann dann später nicht mehr nach § 37 Abs. 2 AO verlangt werden (BFH, Urteil vom 12.10.1995, BStBl II 1996 S. 87).

5. Erstattung aus Billigkeitsgründen

933 Grundsätzlich kann der Arbeitnehmer bei seinem Wohnsitzfinanzamt auch eine Erstattung der Lohnsteuer aus sachlichen oder persönlichen Billigkeitsgründen beantragen (§ 227 AO). Diese Voraussetzungen für einen Steuererlass dürften aber nur in Ausnahmefällen gegeben sein (→ Rz. 922).

6. Erstattung von Lohnsteuer an den Arbeitgeber

934 In folgenden Fällen hat eine Erstattung der Lohnsteuer an den Arbeitgeber zu erfolgen:

– Der Arbeitgeber hat bei einer **Pauschalierung** der Lohnsteuer zu **hohe Beträge an das Finanzamt abgeführt**. In diesem Fall ist er **selbst Steuerschuldner** und somit unmittelbar erstattungsberechtigt (BFH, Urteile vom 3.11.1972, BStBl II 1973 S. 128, und vom 12.12.1975, BStBl II 1976 S. 543); vgl. → *Pauschalierung der Lohnsteuer* Rz. 1805.
– Der Arbeitgeber hat nach einem **Haftungsbescheid** zwar zunächst Lohnsteuer an das Finanzamt nachgezahlt, den **Bescheid jedoch erfolgreich angefochten** (BFH, Urteil vom 15.2.1963, BStBl III S. 226).
– Der Arbeitgeber hat **Lohnsteuer versehentlich doppelt gezahlt**.
– Der Arbeitgeber hat die Rechtmäßigkeit der Lohnsteuererhebung bestritten und zunächst unter **Vorbehalt gezahlt** (RFH, Urteil vom 28.10.1937, RStBl S. 1182).
– Der Arbeitgeber hat Lohnsteuer für einen bereits **ausgeschiedenen Arbeitnehmer** abgeführt, **ohne dass dem Steuerabzug Arbeitslohn gegenüberstand** (RFH, Urteil vom 6.2.1941, RStBl S. 164; BFH, Urteil vom 24.11.1961, BStBl III 1962 S. 93; FG Düsseldorf, Urteil vom 25.11.1960, EFG 1961 S. 366).
– Der Arbeitgeber hat bei einer **Nettolohnzahlung zu viel Lohnsteuer entrichtet, in der Steuerkarte aber die zutreffende Steuer bescheinigt** (BFH, Urteil vom 17.9.1974 – VI R 227/71, n.v.).
– Der Arbeitgeber hat für eine Entlassungsentschädigung, die dann **tatsächlich nicht zur Auszahlung gekommen** ist, Lohnsteuer usw. an das Finanzamt abgeführt (BFH, Beschluss vom 15.11.1999, BFH/NV 2000 S. 547).

Siehe auch → Rz. 922.

Erstattungspflicht des Arbeitgebers

1. Vorbemerkung

In Umsetzung des Ergebnisses der Beteiligten am Bündnis für Arbeit, Ausbildung und Wettbewerbsfähigkeit sind mit Wirkung vom **1.4.1999** an die Stelle des § 140 SGB III die §§ 143a und 147a SGB III getreten (auch → *Entlassungsabfindungen/Entlassungsentschädigungen* Rz. 877). Nach § 147a SGB III wird der **Arbeitgeber** (entsprechend § 128 AFG in der bis zum 31.3.1997 geltenden Fassung) **verpflichtet**, der Bundesanstalt für Arbeit bei vorzeitiger Beendigung des Arbeitsverhältnisses eines älteren Arbeitnehmers **unter bestimmten Voraussetzungen das Arbeitslosengeld einschließlich der Sozialversicherungsbeiträge zu erstatten.** 935

2. Vertrauensschutzregelung

Ist der Anspruch des Arbeitnehmers auf Arbeitslosengeld **am 1.4.1999 oder später** entstanden, kommt die **Anwendung des § 147a SGB III nicht in Betracht**, wenn die Kündigung oder die Vereinbarung über die Aufhebung des Arbeitsverhältnisses **vor dem 10.2.1999** (Tag des Kabinettsbeschlusses dieser Gesetzesregelung) erfolgt ist. 936

Hat sich der Arbeitgeber bereits **vor In-Kraft-Treten des § 147a SGB III (1.4.1999)** von einem älteren Arbeitnehmer getrennt und hat sich dieser **vor dem 1.4.1999** arbeitslos gemeldet, kommt eine Erstattungspflicht nur nach der Übergangsregelung des § 242x Abs. 6 AFG i.V.m. § 431 Abs. 1 SGB III in Betracht. Wird also eine Entlassungsentschädigung grundsätzlich noch nach altem Recht angerechnet (§§ 117, 117a AFG), ist der **übergangsweise fortgeltende § 128 AFG** anzuwenden. Dies ist regelmäßig der Fall, wenn der Arbeitnehmer in der dreijährigen Rahmenfrist des § 124 Abs. 1 SGB III, die grundsätzlich dem Tag der Arbeitslosigkeit unmittelbar vorausgeht, **vor dem 1.4.1997 mindestens 360 Kalendertage** versicherungspflichtig beschäftigt war oder gleichgestellte Zeiten zurückgelegt hat.

3. Rechtsgrundsätze

§ 147a SGB III soll **die Arbeitslosenversicherung von Belastungen befreien**, die ihr durch sog. **Frühverrentungsregelungen** aufgebürdet werden. Zu dem von der Arbeitslosenversicherung zu tragenden Risiko gehört es nämlich nicht, wenn Arbeitgeber mit ihren Arbeitnehmern ein vorzeitiges Ausscheiden aus dem Erwerbsleben vereinbaren, um die Voraussetzungen für einen Anspruch auf Arbeitslosengeld und Altersrente wegen Arbeitslosigkeit zu schaffen. **Der Arbeitgeber**, bei dem der Arbeitnehmer innerhalb der letzten vier Jahre vor Beginn der Arbeitslosigkeit mindestens 24 Monate versicherungspflichtig war, muss daher dem Arbeitsamt **vierteljährlich** das an den ehemaligen Arbeitnehmer **nach Vollendung des 58. Lebensjahres** gezahlte **Arbeitslosengeld** (bzw. die Arbeitslosenhilfe) einschließlich der auf diese Leistungen entfallenden **Beiträge** zur Kranken-, Pflege- und Rentenversicherung **bis zur Dauer von 24 Monaten** erstatten, wenn einerseits bestimmte Tatbestandsvoraussetzungen erfüllt sind und andererseits nicht bestimmte **Befreiungstatbestände** greifen. 937

Nach der Rechtsprechung des Bundessozialgerichts zu § 128 AFG (BSG, Urteil vom 17.12.1997 – 11 RAr 61/97) unterliegt § 128 AFG – und daher auch die inhaltsgleiche Vorschrift des §147a SGB III – keinen grundsätzlichen verfassungsrechtlichen Bedenken. Das Bundessozialgericht hat klargestellt, dass es sich um eine Regelung der Berufsausübung (nicht der Berufswahl) handelt, die nach ständiger Rechtsprechung des Bundesverfassungsgerichts mit Art. 12 Abs. 1 Satz 2 GG vereinbar ist, wenn die gewählten Mittel zum Erreichen des verfolgten Zwecks geeignet und erforderlich sind und wenn bei einer Gesamtabwägung zwischen der Schwere des Eingriffs und dem Gewicht der ihn rechtfertigenden Gründe die Grenze der Zumutbarkeit gewahrt bleibt. Auch aus dem Beschluss des Bundesverfassungsgerichts vom 10.11.1998 – 1 BvL 2296/96 und 1081/97 zur Erstattungspflicht des Arbeitgebers bei Konkurrenzklausel ergeben sich keine Hinweise, die zu einer geänderten verfassungsrechtlichen Beurteilung der Vorschriften des § 128 AFG bzw. des

§ 147a SGB III führen. Dieser Entscheidung lässt sich nicht entnehmen, dass das Bundesverfassungsgericht von den Grundsätzen des Urteils vom 23.1.1990 – 1 BvL 44/86 und 48/97 – (ergangen zu § 128 AFG a.F.) abweichen wollte.

4. Befreiungstatbestände

938 Die Erstattungspflicht tritt **nicht** ein, wenn das Arbeitsverhältnis **vor der Vollendung des 56. Lebensjahres** des Arbeitslosen beendet worden ist oder wenn der ehemalige Arbeitnehmer wegen Krankheit, verminderter Erwerbsfähigkeit oder Alters auch die Voraussetzungen für eine der in § 142 Abs. 1 Nr. 2 bis 4 SGB III genannten **alternativen Sozialleistungen** (z.B. Krankengeld, Übergangsgeld, Erwerbsunfähigkeitsrente, Altersrente) oder für eine **Rente wegen Berufsunfähigkeit** erfüllt.

Der Arbeitgeber ist ebenfalls **nicht** erstattungspflichtig, wenn er darlegen und nachweisen kann, dass einer der nachfolgenden **Befreiungstatbestände** des § 147a Abs. 1 Satz 2 Nr. 1 bis 7 bzw. Abs. 2 Nr. 1 bis 2 SGB III gegeben ist:

5. Vorbeschäftigungszeiten

939 Falls der Arbeitgeber geltend machen will, dass das **Arbeitsverhältnis weniger als 10 (bzw. 15) Jahre** gedauert hat und deshalb eine Erstattungspflicht nach § 147a Abs. 1 Satz 2 Nr. 1 SGB III nicht gegeben ist, kommt es zusätzlich darauf an, ob dem Arbeitsverhältnis des Arbeitnehmers bei ihm eine **Beschäftigung** dieses Arbeitnehmers **bei einem Rechtsvorgänger** oder einem **Unternehmen desselben Konzerns** vorangegangen ist und ggf. wie lange diese Beschäftigung gedauert hat (§ 147a Abs. 5 SGB III). Konzernunternehmen i.S. des § 18 AktG kann ein Unternehmen jeder Rechtsform sein. **Zeiten vor dem 3.10.1990 bei Arbeitgebern der ehemaligen DDR bleiben allerdings generell unberücksichtigt.** Damit war eine Erstattungspflicht in den **neuen Bundesländern** bis Oktober 2000 faktisch ausgeschlossen.

6. Kleinunternehmenregelung

940 Beschäftigt der Arbeitgeber in der Regel **nicht mehr als 20 Arbeitnehmer** ausschließlich der zu ihrer Berufsausbildung Beschäftigten, so tritt die Erstattungspflicht nach § 147a Abs. 1 Satz 2 Nr. 2 SGB III nicht ein. Dabei werden durch die Verweisung auf § 10 Abs. 2 Satz 2 bis 6 LFZG Schwerbehinderte und Teilzeitbeschäftigte bis zu wöchentlich zehn oder monatlich 45 Stunden nicht mitgezählt, Arbeitnehmer mit wöchentlich regelmäßig nicht mehr als 20 Stunden mit 0,5 und mit nicht mehr als 30 Stunden mit 0,75 in Ansatz gebracht.

Nach § 147a Abs. 3 SGB III **mindert** sich die Erstattungspflicht des Arbeitgebers bei regelmäßig **nicht mehr als 40 Arbeitnehmern** i.S. des § 147a Abs. 1 Satz 2 Nr. 2 SGB III um zwei Drittel, bei **nicht mehr als 60 Arbeitnehmern** um ein Drittel:

Beschäftigtenzahl	Erstattungsquote
Bis 20	**keine** Erstattungspflicht
21–40	ein Drittel
41–60	zwei Drittel
über 60	**volle** Erstattungspflicht

7. Eigenkündigung des Arbeitnehmers

941 Nach § 147a Abs. 1 Satz 2 Nr. 3 SGB III tritt Erstattungspflicht nicht ein, wenn der Arbeitnehmer **das Arbeitsverhältnis durch Kündigung beendet** hat und weder eine Abfindung noch eine Entschädigung oder ähnliche Leistung (Entlassungsentschädigung, siehe auch *Entlassungsabfindungen/Entlassungsentschädigungen* Rz. 877) erhält. Insoweit reicht weder ein Aufhebungsvertrag noch der Ablauf eines befristeten Arbeitsvertrages zur Erfüllung des Befreiungstatbestandes aus. Wenn allerdings das Ende des Beschäftigungsverhältnisses (das für den Eintritt von Arbeitslosigkeit i.S. des § 118 SGB III maßgebend ist) und das Ende des Arbeitsverhältnisses auseinander fallen, findet

§ 147a Abs. 1 Satz 2 Nr. 3 SGB III auf die **Beendigung des Beschäftigungsverhältnisses** entsprechende Anwendung.

8. Sozial gerechtfertigte Kündigung

942 Sofern der Arbeitgeber das **Arbeitsverhältnis durch sozial gerechtfertigte Kündigung i.S. des § 1 KSchG** beendet hat, tritt Erstattungspflicht gem. § 147a Abs. 1 Satz 2 Nr. 4 SGB III nicht ein. Nach § 1 Abs. 2 KSchG kann eine Kündigung aus personen-, verhaltens- oder betriebsbedingten Gründen gerechtfertigt sein; bei betriebsbedingten Gründen hat eine **ausreichende Sozialauswahl** zwischen den in Betracht kommenden Arbeitnehmern zu erfolgen, es sei denn, der Arbeitgeber kann berechtigte betriebliche Bedürfnisse im Sinne des § 1 Abs. 3 Satz 2 KSchG darlegen. Falls der Arbeitgeber die soziale Rechtfertigung einer ordentlichen Kündigung geltend machen will, muss er die **Umstände schlüssig und nachvollziehbar darlegen und nachweisen**, die unter Abwägung seiner Interessen und der des Arbeitnehmers sowie unter Berücksichtigung des Grundsatzes der Verhältnismäßigkeit die Kündigung sozial gerechtfertigt erscheinen lassen. Bei einer betriebsbedingten Kündigung ist insbesondere darzulegen und nachzuweisen, welche Arbeitnehmer in die soziale Auswahl einbezogen, welche Sozialdaten berücksichtigt und wie sie gewertet worden sind. Im Falle eines **Kündigungsschutzverfahrens** ist das Arbeitsamt bezüglich der Beurteilung der sozialen Rechtfertigung **an eine rechtskräftige Entscheidung des Arbeitsgerichts gebunden**, soweit streitig durch Sachurteil entschieden wurde.

9. Berechtigung zur außerordentlichen Kündigung

943 War der Arbeitgeber bei Beendigung des Arbeitsverhältnisses berechtigt, das Arbeitsverhältnis **aus wichtigem Grund ohne Einhaltung einer Kündigungsfrist** oder mit sozialer Auslauffrist zu kündigen (§ 626 BGB), tritt Erstattungspflicht auf Grund der Vorschrift des § 147a Abs. 1 Satz 2 Nr. 5 SGB III nicht ein. Ein wichtiger Grund in diesem Sinne kann auch vorliegen, wenn der Arbeitnehmer wegen **gesundheitlicher Einschränkungen** die von ihm vertraglich übernommene Arbeit **auf Dauer** nicht mehr verrichten kann. Die Einschränkungen müssen den tatbestandlichen Voraussetzungen der Arbeitsunfähigkeit im krankenversicherungsrechtlichen Sinne entsprechen und **auf absehbare Zeit nicht behebbar** sein. Das Vorliegen dieser Voraussetzungen sollte der Arbeitgeber z.B. durch die Angabe von Fehlzeiten darlegen. Die Entscheidung über die Arbeitsunfähigkeit trifft dann der Ärztliche Dienst des Arbeitsamtes. Eine Kündigung aus wichtigem Grunde unter Einhaltung einer sozialen Auslauffrist kann bei einer **(Teil-)Betriebsstilllegung** gerechtfertigt sein, wenn die ordentliche Kündigung (tarif-)vertraglich ausgeschlossen und eine Versetzung in einen anderen Betrieb des Unternehmens bzw. auf einen anderen Arbeitsplatz desselben Betriebes (Teilbetriebsstilllegung) nicht möglich ist.

10. Personalabbau unter Beachtung der Altersstruktur

944 Von der Erstattungspflicht ist der Arbeitgeber auch entbunden, wenn im Betrieb, in dem der Arbeitnehmer zuletzt mindestens zwei Jahre beschäftigt war, **innerhalb eines Jahres**, in das das Ende der Beschäftigung des Arbeitnehmers fällt, ein Personalabbau **von mehr als 3 %** vorgenommen wird und der Anteil der 56jährigen und älteren Arbeitnehmer an der Gesamtzahl der in diesem Zeitraum ausscheidenden Arbeitnehmer den Anteil der älteren Arbeitnehmer an der Gesamtbelegschaft nicht übersteigt (§ 147a Abs. 1 Satz 2 Nr. 6 SGB III). Bei einem Personalabbau **von mehr als 10 %** innerhalb eines Jahres darf der Anteil der älteren Arbeitnehmer an den ausscheidenden Arbeitnehmern doppelt so hoch wie in der übrigen Belegschaft sein. Muss der Personalbestand des Betriebes **um mindestens 20 % innerhalb von drei Monaten** reduziert werden und ist dieser Personalabbau für den örtlichen Arbeitsmarkt von erheblicher Bedeutung, so tritt unabhängig von der Altersstruktur der ausscheidenden Arbeitnehmer ebenfalls keine Erstattungspflicht ein (**§ 147a Abs. 1 Satz 2 Nr. 7 SGB III**).

LSt = keine Lohnsteuerpflicht
LSt = Lohnsteuerpflicht

Beispiel:

	Zahl der Arbeitnehmer	Prozentsatz
1. Beschäftigte des Betriebs zu Beginn des Jahres	937	100
2. davon ältere Arbeitnehmer	113	
3. Personaleinstellungen während des Jahres	17	
4. Personalaustritte	65	
5. Saldo der Personalverminderung	48	
6. %-Satz der Personalverminderung (48 : 937 × 100)		5,123
7. Anteil der älteren Arbeitnehmer von Nr. 1 (113 : 937 × 100)	113	12,060
8. Höchstanteil der ausscheidenden älteren Arbeitnehmer (65 × 0,1206 = 7,838) aufgerundet		**8**

In diesem Beispiel tritt Erstattungspflicht **nicht** ein, wenn unter den 65 ausscheidenden Arbeitnehmern sich **nicht mehr als acht Arbeitnehmer** befinden, die zum Zeitpunkt ihres Ausscheidens 56 Jahre und älter sind.

Nach § 147a Abs. 6 Satz 2 SGB III muss das Arbeitsamt auf Antrag des Arbeitgebers in den Fällen eines mittelfristigen oder drastischen Personalabbaus (§ 147a Abs. 1 Nr. 6 oder 7 SGB III) eine **Vorausentscheidung** treffen. Spätere Änderungen in den tatsächlichen Verhältnissen (z.B. geringerer Personalabbau auf Grund nicht vorhersehbarer Verbesserung der Auftragslage) haben auf eine günstige Vorausentscheidung grundsätzlich **keine** Auswirkungen.

11. Unzumutbare wirtschaftliche Belastung des Arbeitgebers

945 Auch wirtschaftliche Schwierigkeiten des Unternehmens können zum Wegfall der Erstattungspflicht führen, wenn durch die Erstattung **die Existenz des Unternehmens** bzw. die nach Durchführung des Personalabbaus **verbleibenden Arbeitsplätze** gefährdet wäre(n). Der Nachweis, dass die Voraussetzungen des § 147a Abs. 2 Nr. 2 SGB III vorliegen, ist durch **ein Gutachten eines öffentlich bestellten und vereidigten Sachverständigen** (z.B. Wirtschaftsprüfer, Industrie- und Handelskammer) zu führen. In Ausnahmefällen ist die Nachweisführung auch durch ein Gutachten des Steuerberaters oder Steuerbevollmächtigten möglich. Die **Kosten** für ein Gutachten müssen allerdings auf Grund der Nachweispflicht in jedem Fall **vom Arbeitgeber** getragen werden.

Hinweis:

Werden auf Grund der **Eigenart des Gewerbezweiges** oder des Unternehmens Arbeitnehmer zu bestimmten Jahreszeiten regelmäßig wiederkehrend mit **Wiedereinstellungszusage** entlassen, tritt Erstattungspflicht nicht ein, wenn die Wiedereinstellung nach dem Wegfall des Beendigungsgrundes auch tatsächlich erfolgt.

12. Mitwirkungspflicht des Arbeitnehmers

946 Im Zusammenhang mit der Frage, ob ein Anspruch des Arbeitnehmers auf eine alternative Sozialleistung besteht, die den Erstattungsanspruch des Arbeitgebers ausschließt, ist der Arbeitnehmer nach § 147a Abs. 7 SGB III zur **Mitwirkung** verpflichtet. Er ist insbesondere gehalten **Auskünfte** zu erteilen oder sich einer ärztlichen oder psychologischen **Untersuchung** zu unterziehen. Diese Mitwirkungspflicht besteht gegenüber dem Arbeitsamt, das die Voraussetzungen für die Erstattungspflicht des Arbeitgebers von Amts wegen zu prüfen hat. Der Arbeitgeber sollte dem Arbeitsamt alle Umständen mitteilen, die auf einen Anspruch des Arbeitnehmers auf alternative Sozialleistungen hindeuten (z.B. wiederholte lang andauernde Krankheitszeiten während der Endphase des Arbeitsverhältnisses).

13. Beratungspflicht gegenüber dem Arbeitgeber

947 Nach § 147a Abs. 6 SGB III ist das Arbeitsamt verpflichtet, den Arbeitgeber auf Verlangen über die Voraussetzungen und den Umfang der gesetzlichen Erstattungsregelung zu beraten. Diese Beratung erstreckt sich auf alle Fragen, die für die Erstattungspflicht bzw. deren Nichteintritt von Bedeutung sein können.

Erziehungsbeihilfen

Erziehungsbeihilfen des **Arbeitgebers** (z.B. an Auszubildende) **948** sind grundsätzlich steuer- und beitragspflichtiger **Arbeitslohn**. Dies gilt z.B. auch für Unterhaltszuschüsse an Beamtenanwärter (→ *Beamtenanwärter* Rz. 428).

 LSt SV

Erziehungsbeihilfen aus **öffentlichen Mitteln** können jedoch nach § 3 Nr. 11 EStG **steuerfrei** bleiben. Hierzu gehören z.B. die Leistungen nach dem Bundesausbildungsförderungsgesetz (BAföG) sowie Ausbildungszuschüsse bei Polizei und Bundeswehr. Einzelheiten siehe H 12 (Steuerfreiheit nach § 3 Nr. 11 EStG) LStH sowie → *Stipendien* Rz. 2344.

Erziehungsgeld

1. Allgemeines

Erziehungsgeld erhält, wer seinen Wohnsitz oder seinen gewöhn- **949** lichen Aufenthalt im Inland hat, mit einem Kind, für das ihm die Personensorge zusteht, in einem Haushalt lebt, dieses Kind selbst betreut und erzieht und keine oder keine volle Erwerbstätigkeit ausübt (§ 1 Abs. 1 BErzGG).

Erziehungsgeld wird vom Tag der Geburt an bis zur Vollendung des 24. Lebensmonats gewährt. Für angenommene Kinder und Kinder, die mit dem Ziel der Adoption aufgenommen werden, wird das Erziehungsgeld vom Beginn der Inobhutnahme an gezahlt.

Für Kinder ab dem Geburtsjahr 2002 gelten im BErzGG neue Euro-Beträge. Das **Erziehungsgeld beträgt monatlich 307 €**. In den **ersten sechs Lebensmonaten** des Kindes entfällt das Erziehungsgeld, wenn das Einkommen bei Verheirateten, die von ihrem Ehepartner nicht dauernd getrennt leben, 51 130 € und bei anderen Berechtigten 38 350 € übersteigt. Vom Beginn des siebten Lebensmonats an wird das Erziehungsgeld gemindert, wenn das Einkommen bei Verheirateten, die von ihrem Ehegatten nicht dauernd getrennt leben, 16 470 € und bei anderen Berechtigten 13 498 € übersteigt. Die Beträge der Einkommensgrenzen erhöhen sich um 2 797 € für jedes weitere Kind des Berechtigten oder seines nicht dauernd von ihm getrennt lebenden Ehegatten, für das ihm oder seinem Ehegatten Kindergeld gewährt wird oder ohne die Anwendung des § 65 Abs. 1 EStG oder des § 4 Abs. 1 BKGG gewährt würde. Maßgeblich sind die Verhältnisse zum Zeitpunkt der Antragstellung. Leben die Eltern in einer eheähnlichen Gemeinschaft, gilt die Einkommensgrenze für Verheiratete, die nicht dauernd getrennt leben. Übersteigt das Einkommen die o.g. Grenze, mindert sich das Erziehungsgeld um den zwölften Teil von 40 % des die Grenze übersteigenden Einkommens. Für die Berechnung der Einkommensgrenze gelten die einkommensteuerlichen Vorschriften (BSG, Urteil vom 13.5.1998, HFR 1999 S. 580).

2. Lohnsteuer und Sozialversicherung

Das **Erziehungsgeld** und vergleichbare Leistungen der Länder **950** sowie Leistungen nach dem Kindererziehungsleistungs-Gesetz für sog. Trümmerfrauen und der Kindererziehungszuschlag nach dem Kindererziehungszuschlagsgesetz sind nach § 3 Nr. 67 EStG **steuerfrei** und damit auch **beitragsfrei** in der Sozialversicherung. Der **Arbeitgeber ist mit der Auszahlung nicht befasst**, es wird (länderunterschiedlich) meist von den Kommunen oder Versorgungsämtern ausgezahlt.

LSt SV

Die Mitgliedschaft Versicherungspflichtiger bleibt während des Erziehungsgeldbezugs und während des Erziehungsurlaubs in der gesetzlichen Kranken- und Pflegeversicherung beitragsfrei bestehen.

Stockt der Arbeitgeber das Erziehungsgeld auf, handelt es sich um **Arbeitslohn**. Steuerpflichtig sind auch **Zahlungen** des

Arbeitgebers, die er **während des Erziehungsurlaubs** eines Arbeitnehmers leistet, z.B. Weihnachtsgeld oder Tantiemen. Die Besteuerung erfolgt als sonstiger Bezug (→ *Sonstige Bezüge* Rz. 2232).

Übt der Arbeitnehmer während des Erziehungsurlaubs eine **andere Tätigkeit** aus, kann es sich um Arbeitslohn handeln, der nach der jeweils vorgelegten Lohnsteuerkarte zu versteuern ist.

Erziehungsurlaub/Elternzeit

1. Neuregelung des Erziehungsurlaubs

951 Der Gesetzgeber hat mit Wirkung ab 1.1.2001 den Erziehungsurlaub zu Gunsten der Arbeitnehmer und damit zu Lasten der Arbeitgeber teilweise neu geregelt. Folgende **Eckpunkte** sind zu beachten:

– Die Dauer des bislang dreijährigen Erziehungsurlaubs bleibt erhalten. Neu ist jedoch, dass beide Elternteile gemeinsam in Erziehungsurlaub gehen können.

– Neu ist weiter, dass dabei ein Anteil von bis zu zwölf Monaten mit Zustimmung des Arbeitgebers auf die Zeit bis zur Vollendung des **8. Lebensjahrs** des Kindes übertragen werden kann.

– Nach dem neu gefassten § 16 Abs. 1 BErzGG kann der von den Elternteilen allein oder gemeinsam genommene Erziehungsurlaub insgesamt auf bis zu **4 Zeitabschnitte** verteilt werden.

– In Betrieben mit mehr als 15 Arbeitnehmern hat künftig jeder Elternteil, dessen Arbeitsverhältnis bereits länger als 6 Monate besteht, einen einklagbaren Rechtsanspruch auf Verringerung der Arbeitszeit (**Anspruch auf Teilzeitarbeit**). Voraussetzung ist, dass dies acht Wochen vorher dem Arbeitgeber schriftlich mitgeteilt wird und keine dringenden betrieblichen Gründe entgegenstehen, § 15 Abs. 7 BErzGG n.F.

– Weiterhin ist der Erziehungsurlauber berechtigt, **zweimal eine Verringerung der Arbeitszeit** zu beanspruchen. Lehnt der Arbeitgeber die beanspruchte Verringerung ab, muss er dies innerhalb von vier Wochen mit schriftlicher Begründung tun. Gegen diese Ablehnung kann sich der Arbeitnehmer vor den Gerichten für Arbeitssachen mit einer Klage wehren.

– Die Vorschrift über die Inanspruchnahme des Erziehungsurlaubs ist schließlich insoweit ergänzt worden, als der Erziehungsurlaub nicht wegen der **Mutterschutzfristen** nach dem Mutterschutzgesetz vorzeitig beendet werden kann. Die Arbeitnehmerinnen sollen also die Geburt eines weiteren Kindes nicht dazu nutzen können, den Erziehungsurlaub (und damit auch den Sonderkündigungsschutz) zu erweitern.

– Während des Erziehungsurlaubs kann jeder Elternteil in **Teilzeitarbeit** weiterarbeiten. Die bisher geltende Stundenzahl von 19 Stunden/Woche gilt hinsichtlich der vor dem 1.1.2001 geborenen Kinder weiter; hinsichtlich der ab 1.1.2001 geborenen Kinder wird die Teilzeitarbeitsgrenze auf **30 Stunden/Woche** erhöht. Wegen der neu eingeführten Möglichkeit für beide Elternteile, Erziehungsurlaub nehmen zu können, sah man in der Heraufsetzung der möglichen Teilzeitarbeit nahezu auf Vollzeit keine Gefährdung des Kindes.

Ansonsten gilt die bisherige Rechtslage wie nachfolgend dargestellt.

2. Grundsätze

952 Arbeitnehmer haben **Anspruch auf Erziehungsurlaub** bis zur Vollendung des 3. Lebensjahrs eines Kindes, wenn sie (u.a.)

– mit einem Kind, für das ihnen die Personensorge zusteht,

– einem Kind des Ehepartners,

– einem Kind, das sie mit dem Ziel der Adoption aufnehmen,

– einem Kind, für das sie ohne Personensorgerecht in einem Härtefall Erziehungsgeld erhalten,

– als Nichtsorgeberechtigte mit ihrem leiblichen Kind

in einem Haushalt leben und dieses Kind selbst betreuen und erziehen (§ 15 Abs. 1 BErzGG).

Jeder Elternteil kann Erziehungsurlaub erhalten. Zulässig ist auch die Inanspruchnahme eines Teiles des Erziehungsurlaubs bei dem ersten Arbeitgeber und eines weiteren Teiles nach **Wechsel zu einem neuen Arbeitgeber**; dort genießt der Erziehungsurlauber wieder besonderen Kündigungsschutz (vgl. BAG, Urteil vom 11.3.1999, EzA Nr. 4 zu § 18 BErzGG).

Der Anspruch auf Erziehungsurlaub wird ausgeübt durch ein entsprechendes **Verlangen des Arbeitnehmers** an den Arbeitgeber oder an zuständige Mitarbeiter. Durch das einseitige rechtsgestaltende Verlangen, das also keiner Zustimmung oder Genehmigung des Arbeitgebers bedarf, wird der Erziehungsurlaub verbindlich festgelegt. Das Verlangen kann im Übrigen auch mündlich erklärt werden; aus Beweisgründen ist die schriftliche Geltendmachung zu empfehlen. Denn: Die **Beweislast** für den rechtzeitigen Zugang des Verlangens trägt der Arbeitnehmer.

Der Erziehungsurlaub ist **spätestens vier Wochen vor** dem Zeitpunkt der **Inanspruchnahme beim Arbeitgeber zu beantragen**. Dabei ist zu erklären, für welchen Zeitraum oder für welche Zeiträume Erziehungsurlaub in Anspruch genommen wird.

Der Erziehungsurlaub kann auf Antrag des Arbeitnehmers **vorzeitig beendet** oder im Rahmen des o.a. Gesamtanspruchs verlängert werden, wenn der Arbeitgeber zustimmt. Der Anspruch auf Erziehungsurlaub kann nicht durch Vertrag ausgeschlossen oder eingeschränkt werden. Stirbt das Kind während des Erziehungsurlaubs, endet dieser spätestens drei Wochen nach dem Tod des Kindes.

Der Arbeitgeber kann den Erholungsurlaub, der dem Arbeitnehmer für das Urlaubsjahr aus dem Arbeitsverhältnis zusteht, für jeden vollen Kalendermonat, für den der Arbeitnehmer Erziehungsurlaub nimmt, um 1/12 kürzen. Dies gilt **nicht, wenn** der Arbeitnehmer während des Erziehungsurlaubs **Teilzeitarbeit** leistet.

Hat der Arbeitnehmer seinen **Erholungsurlaub** vor Beginn des Erziehungsurlaubs nicht vollständig erhalten, so hat der Arbeitgeber den Resturlaub nach dem Erziehungsurlaub im laufenden oder im nächsten Urlaubsjahr zu gewähren. Eine **weitere Übertragung**, etwa wegen eines sich anschließenden weiteren Erziehungsurlaubes, findet aber nicht statt (BAG, Urteil vom 21.10.1997, DB 1998 S. 1290). Endet das Arbeitsverhältnis, so hat der Arbeitgeber den noch nicht gewährten Erholungsurlaub abzugelten.

Hat der Arbeitnehmer vor Beginn des Erziehungsurlaubs mehr Erholungsurlaub erhalten als ihm zustand, so kann der Arbeitgeber den Urlaub, der dem Arbeitnehmer nach dem Ende des Erziehungsurlaubs zusteht, um die zu viel gewährten Tage kürzen.

Der Arbeitgeber darf das **Arbeitsverhältnis** während des Erziehungsurlaubs **nicht kündigen**. Dies gilt auch ab dem Zeitpunkt, von dem an Erziehungsurlaub verlangt worden ist, höchstens jedoch sechs Wochen vor Beginn des Erziehungsurlaubs.

In besonderen Fällen kann ausnahmsweise eine Kündigung durch die für den Arbeitsschutz zuständige oberste Landesbehörde oder die von ihr bestimmte Stelle für zulässig erklärt werden.

Während des Erziehungsurlaubs bleibt die Mitgliedschaft in der gesetzlichen Kranken- und Pflegeversicherung von versicherungspflichtigen Arbeitnehmern beitragsfrei bestehen.

3. Erwerbstätigkeit während des Erziehungsurlaubs

953 Während des Erziehungsurlaubs ist eine Erwerbstätigkeit zulässig, wenn die wöchentliche Arbeitszeit 19 Stunden (für Geburten ab 1.1.2001: 30 Stunden) nicht übersteigt. Die Teilbeschäftigung kann der Erziehungsurlaubberechtigte auch bei einem anderen Arbeitgeber oder als Selbständiger ausüben, allerdings ist zuvor die Zustimmung des bisherigen Arbeitgebers einzuholen. Eine Ablehnung der Zustimmung kann der Arbeitgeber nur mit entgegenstehenden betrieblichen Interessen innerhalb einer Frist von vier Wochen schriftlich verweigern (§ 15 Abs. 4 BErzGG); erklärt sich der Arbeitgeber nicht form- oder nicht fristgerecht, entfällt das Zustimmungserfordernis mit Ablauf der Vier-Wochen-Frist (vgl. BAG, Urteil vom 26.6.1997, NZA 1997 S. 1156).

Bei einer **Teilzeitbeschäftigung** ist zu beachten, dass die Einnahmen aus dieser Tätigkeit sich ggf. auf den Erziehungsgeldanspruch (bei Erziehungsgeld ab 7. Lebensmonat) auswirken können.

4. Lohnsteuer und Sozialversicherung

954 Die Teilzeitbeschäftigung wird **steuerrechtlich und sozialversicherungsrechtlich** wie eine normale Beschäftigung behandelt. Das bedeutet, die Bezüge unterliegen der Lohnsteuerpflicht. Bei Aushilfstätigkeiten ist ggf. eine Pauschalierung der Lohnsteuer möglich (→ *Pauschalierung der Lohnsteuer* Rz. 1805). In der Sozialversicherung ist u.a. festzustellen, ob auf Grund dieser Teilzeitbeschäftigung Versicherungspflicht in der Kranken-, Pflege-, Renten- und Arbeitslosenversicherung eintritt. Hierbei sind insbesondere die Regelungen zur Versicherungsfreiheit von geringfügigen Beschäftigungen zu beachten (→ *Geringfügig Beschäftigte* Rz. 1115). Bei einem versicherungspflichtigen Beschäftigungsverhältnis sind vom erzielten Arbeitsentgelt Beiträge zu entrichten.

Zum Werbungskostenabzug während des Erziehungsurlaubs → *Lohnsteuer-Ermäßigungsverfahren* Rz. 1587.

Euro

1. Allgemeines

955 Die sog. zweite Phase der Währungsumstellung mit der dreijährigen Übergangszeit bis zum 31.12.2001 ist inzwischen abgeschlossen, zu den für diese Zeit geltenden Regelungen siehe die Vorauflage 2001. **Seit dem 1.1.2002 ist der Euro das einzige gesetzliche Zahlungsmittel.**

Soweit es noch erforderlich ist, DM-Beträge in Euro umzurechnen, gilt Folgendes:

– Der amtliche **Umrechnungskurs** beträgt **1 € = 1,95583 DM**.

– Bei Umrechnungen von DM in Euro sind die jeweiligen Ergebnisse kaufmännisch auf den nächstliegenden Cent auf- oder abzurunden. Hierbei gilt (vgl. Tz. 5.2.1 des BMF-Schreibens vom 15.12.1998, BStBl I 1998 S. 1625):

. **3. Stelle nach dem Komma** ab 5 Aufrundung, bis 4 Abrundung.

Beispiel:

100 DM : 1,95583 = 51,129188 € bzw. gerundet 51,13 €.

Durch verschiedene **gesetzliche Vorschriften** sind die bisherigen DM-Beträge auf Euro umgestellt worden, vgl. z.B. das Steuer-Euroglättungsgesetz vom 19.12.2000, BStBl I 2001 S. 3. Auch die **Lohnsteuer-Richtlinien 2002** enthalten bereits die ab 1.1.2002 maßgebenden Euro-Beträge. Bei den einzelnen Stichworten und im Anhang sind die neuen Euro-Beträge angegeben worden.

Leider sind noch nicht alle **Verwaltungsregelungen** angepasst worden. Grundsätzlich gilt die o.g. Rundungsregelung zwar auch für Verwaltungsregelungen, in denen Pauschalen festgelegt worden sind (Tz. 5.2.2 des BMF-Schreibens vom 15.12.1998, BStBl I 1998 S. 1625). Es ist aber noch unklar, ob und inwieweit die Finanzverwaltung Auf- oder Abrundungen vornehmen wird, um „krumme Beträge" zu vermeiden. Diese Frage wird zurzeit noch geprüft.[1]

Beispiel:

Die Finanzverwaltung erkennt Kontoführungsgebühren für Gehaltsgutschriften und beruflich veranlasste Überweisungen ohne Einzelnachweis pauschal bis 30 DM im Jahr an (FinMin Niedersachsen, Erlass vom 20.12.1984, DB 1985 S. 258).

Eine Umrechnung in Euro würde einen Betrag von 15,34 € ergeben. Die Finanzverwaltung hat zur Vermeidung „krummer Beträge" eine Aufrundung auf **16 €** zugelassen (entsprechende Erlasse ergehen in Kürze).

---

1) Siehe hierzu unseren aktuellen Informationsdienst (s. Benutzerhinweise auf Seite IV).

2. Steuererklärungen

Während der Übergangsphase vom 1.1.1999 bis 31.12.2001 **956** konnten **Lohnsteuer-Anmeldungen** bereits in Euro abgegeben werden, Lohnsteuer-Anmeldungen für das Jahr 2002 müssen in Euro abgegeben werden. Dies gilt auch für **Einkommensteuer-Erklärungen** ab dem Veranlagungszeitraum 2002. Wer dagegen im Jahr 2002 (oder später) eine Einkommensteuer-Erklärung für die Jahre bis einschließlich Veranlagungszeitraum 2001 abgibt, muss noch DM-Beträge eintragen.

In Anträgen auf **Lohnsteuer-Ermäßigung** für das Jahr 2002 müssen ebenfalls bereits Euro-Beträge eingetragen werden, auch wenn die Anträge im Jahr 2001 gestellt werden. Die Aufwendungen müssen zu diesem Zweck ggf. in Euro umgerechnet werden.

3. Steuerbescheide

Für Steuerbescheide, die nach dem 31.12.2001 erteilt werden, **957** werden der festgesetzte und der zu zahlende Betrag immer originär in Euro dargestellt, unabhängig vom Kalenderjahr, für das der Bescheid erteilt wird (also z.B. auch für Einkommensteuerbescheide der Jahre bis 2001). Der Berechnungsteil in Steuerbescheiden ist für Kalenderjahre bis 2001 weiterhin in DM dargestellt.

4. Steuerzahlungen

Zahlungen von Steuerbeträgen erfolgen ab 1.1.2002 nur noch in **958** Euro.

5. Lohnsteuerkarten

Die Lohnsteuerkarten müssen für alle Zeiträume bis einschließlich **959** 2001 in DM ausgefüllt werden. Für Zeiträume ab 2002 sind ausschließlich Euro-Werte einzutragen.

6. Lohnsteuertabellen

Das Bundesministerium der Finanzen hat für die Erstellung von **960** Lohnsteuer-Tabellen einen Euro-Programmablaufplan veröffentlicht (BMF-Schreiben vom 28.9.2001, BStBl I 2001 S. 672).

Der Stollfuß Verlag veröffentlicht ein umfassendes Tabellen-Programm sowie Software zur Lohnabrechnung in Euro.

7. Sozialversicherung

Näheres zur Euro-Umstellung siehe → *Beiträge zur Sozialver-* **961** *sicherung* Rz. 475.

Eurocheque

Die kostenfreie Ausgabe von ec-Karten und ec-Formularen durch **962** eine Bank an ihre Arbeitnehmer kann nur im Rahmen des Rabattfreibetrags von 1 224 € (→ *Rabatte* Rz. 1938) steuer- und damit auch beitragsfrei in der Sozialversicherung belassen werden (BMF-Schreiben vom 13.3.1991, BStBl I 1991 S. 388).

Europäischer Sozialfonds

Das aus dem Europäischen Sozialfonds (ESF) finanzierte **Unter-** **963** **haltsgeld** und die aus Landesmitteln ergänzten Leistungen aus dem Europäischen Sozialfonds zur Aufstockung des **Überbrückungsgeldes** nach dem Dritten Buch Sozialgesetzbuch oder dem Arbeitsförderungsgesetz sind steuerfrei (§ 3 Nr. 2 EStG), unterliegen jedoch dem Progressionsvorbehalt (§ 32b Abs. 1 Nr. 1 Buchst. a EStG). Weitere Einzelheiten siehe OFD Erfurt, Verfügung vom 23.2.1999, DB 1999 S. 612, sowie OFD Frankfurt, Verfügung vom 3.2.1999, Steuer-Telex 1999 S. 539.

Fahrrad

964 Ersatzleistungen des Arbeitgebers an Arbeitnehmer für **Aufwendungen bei Wegen zwischen Wohnung und Arbeitsstätte** gehören grundsätzlich zum steuerpflichtigen Arbeitslohn (R 70 Abs. 3 Satz 2 Nr. 2 LStR). Der Arbeitgeber kann „Fahrradgelder" jedoch nach § 40 Abs. 2 Satz 2 EStG mit 15 % pauschal versteuern, soweit der Arbeitnehmer die Aufwendungen als Werbungskosten abziehen könnte. Einzelheiten hierzu siehe → *Wege zwischen Wohnung und Arbeitsstätte* Rz. 2603.

Die Steuerbefreiung nach § 3 Nr. 30 EStG für Werkzeuggeld findet keine Anwendung, weil das Fahrrad **kein Werkzeug** im Sinne dieser Vorschrift ist (vgl. R 19 LStR sowie BFH-Urteil vom 21.8.1995, BStBl II 1995 S. 906); vgl. → *Werkzeuggeld* Rz. 2653.

Benutzt der Arbeitnehmer sein Fahrrad für **Dienstreisen**, z.B. für Botendienste innerhalb eines Stadtgebiets, kann ihm der Arbeitgeber nach § 3 Nr. 16 EStG als Reisekosten die tatsächlichen Aufwendungen bzw. den pauschalen km-Satz von 0,05 € je Fahrtkilometer steuerfrei ersetzen (BMF-Schreiben vom 20.8.2001, BStBl I 2001 S. 541).

Fahrten zwischen Wohnung und Arbeitsstätte

965 Mit Einführung der verkehrsmittelunabhängigen Entfernungspauschale seit 1.1.2001 erhalten alle Arbeitnehmer ohne Rücksicht auf die entstehenden Kosten die Pauschale. Entsprechend der gesetzlichen Definition in § 9 Abs. 1 Satz 3 Nr. 4 Satz 1 EStG werden die Erläuterungen zu diesem Stichwort nunmehr unter → *Wege zwischen Wohnung und Arbeitsstätte* Rz. 2603 gebracht.

Fahrtkostenerstattungen/ Fahrtkostenzuschüsse

1. Allgemeines

966 Erhalten Arbeitnehmer von ihrem Arbeitgeber die Möglichkeit, Beförderungsmittel kostenlos oder verbilligt zu benutzen, so kommt es auf den **Zweck der Fahrt** an, ob eine **Fahrtkostenerstattung** bzw. ein **Fahrtkostenzuschuss** als Vorteil zum Arbeitslohn gehört oder nicht.

Folgende Fallgestaltungen sind zu unterscheiden:

2. Privat veranlasste Fahrten

a) Fahrten zwischen Wohnung und Arbeitsstätte

967 Bei Fahrten zwischen Wohnung und Arbeitsstätte ist die **Art des Beförderungsmittels** entscheidend für die Frage, ob steuerpflichtiger Arbeitslohn vorliegt oder nicht:

aa) Öffentliche Verkehrsmittel im Linienverkehr

968 Wird dem Arbeitnehmer vom Arbeitgeber ein Fahrschein für öffentliche Verkehrsmittel im Linienverkehr kostenlos oder verbilligt zur Verfügung gestellt, so ist der Vorteil steuer- und beitragsfrei (§ 3 Nr. 34 EStG, § 1 ArEV), → *Wege zwischen Wohnung und Arbeitsstätte* Rz. 2633.

bb) Andere Verkehrsmittel

969 Wird dem Arbeitnehmer für Fahrten zwischen Wohnung und Arbeitsstätte ein anderes Verkehrsmittel zur Verfügung gestellt oder werden ihm die Aufwendungen für ein anderes Verkehrsmittel erstattet (z.B. Pkw, Motorrad oder Taxi), so ist der Vorteil steuer- und beitragspflichtig.

Der Arbeitgeber kann die Lohnsteuer nach § 40 Abs. 2 Satz 2 EStG mit 15 % pauschalieren. In diesem Fall ist der Vorteil beitragsfrei, → *Pauschalierung der Lohnsteuer* Rz. 1826.

b) Familienheimfahrten

970 Stellt der Arbeitgeber dem Arbeitnehmer für Familienheimfahrten ein Beförderungsmittel, z.B. einen Firmenwagen, oder einen Fahrschein für ein Verkehrsmittel, z.B. eine Bundesbahnfahrkarte, zur Verfügung, so ist kein steuerpflichtiger Arbeitslohn anzunehmen, wenn

– beim Arbeitnehmer eine steuerlich anzuerkennende doppelte Haushaltsführung vorliegt,

– die sog. Zwei-Jahres-Frist noch nicht abgelaufen ist und

– der Arbeitnehmer lediglich **eine** wöchentliche Heimfahrt durchführt.

In allen anderen Fällen führt die Freifahrtberechtigung zu steuerpflichtigem Arbeitslohn. Nach Ablauf der Zwei-Jahres-Frist können die Familienheimfahrten aber als „normale" Fahrten zwischen Wohnung und Arbeitsstätte angesehen werden. Es gelten dann die Grundsätze wie bei Fahrten zwischen Wohnung und Arbeitsstätte, vgl. → Rz. 967.

c) Privatfahrten ohne Bezug zum Dienstverhältnis

971 Stellt der Arbeitgeber dem Arbeitnehmer für Privatfahrten ein Beförderungsmittel, z.B. einen Firmenwagen, oder einen Fahrschein für ein Verkehrsmittel, z.B. eine Bundesbahnfahrkarte, zur Verfügung, so ist grundsätzlich steuer- und beitragspflichtiger Arbeitslohn anzunehmen.

d) Besonderheiten

972 Handelt es sich beim Arbeitgeber um ein Mietwagenunternehmen, das seinen Arbeitnehmern Firmenwagen kostenlos zur Verfügung stellt, oder werden die Fahrscheine von Verkehrsbetrieben an **eigene Arbeitnehmer** kostenlos abgegeben, ist auf den Vorteil der **Rabattfreibetrag von 1 224 €** anzuwenden (FinMin Schleswig-Holstein, Erlass vom 17.5.1994, DB 1994 S. 1162). Der Vorteil bleibt in diesen Fällen steuer- und beitragsfrei, wenn der Betrag von 1 224 € im Kalenderjahr nicht überschritten wird. Maßgebend ist der um **4 % geminderte Endpreis** des Arbeitgebers. Dies gilt **auch für Pensionäre**, die vom früheren Arbeitgeber eine Freifahrtberechtigung erhalten. Einzelheiten → *Rabatte* Rz. 1938.

Werden auch **Angehörigen des Arbeitnehmers** Freifahrtberechtigungen gewährt, so ist dieser Vorteil dem Arbeitnehmer zuzurechnen. Der Angehörige selbst hat keinen „eigenen" Rabattfreibetrag.

Beispiel 1:

Ein Arbeitnehmer ist bei einem Nahverkehrsbetrieb beschäftigt. Der Arbeitnehmer erhält für sich, für seinen Ehegatten sowie für seine beiden minderjährigen Kinder kostenlos Jahreskarten. Der Wert der Jahreskarte beträgt für Erwachsene 600 € und für Kinder 325 €.

Der Wert der kostenlosen Jahreskarten für die Ehefrau und die Kinder ist dem Arbeitnehmer zuzurechnen. Bei der Jahreskarte für den Arbeitnehmer selbst ist zu beachten, dass die Fahrkarte auch für Fahrten zwischen Wohnung und Arbeitsstätte benutzt wird und deshalb nach § 3 Nr. 34 EStG steuerfrei ist. Denn nach R 21b Abs. 1 Nr. 3 Satz 2 LStR ist eine private Nutzung der Fahrberechtigung durch den Arbeitnehmer unbeachtlich, wenn deren Umfang von verhältnismäßig geringer Bedeutung ist. Dies ist nach R 21b Abs. 3 Satz 2 LStR aus Vereinfachungsgründen anzunehmen, wenn nicht das Gegenteil offensichtlich ist (→ *Wege zwischen Wohnung und Arbeitsstätte* Rz. 2634). Der zu versteuernde geldwerte Vorteil ermittelt sich wie folgt:

Jahreskarte des Arbeitnehmers (steuerfrei)	0 €
+ Jahreskarte des Ehegatten	600 €
+ Jahreskarten der Kinder (2 × 325 €)	650 €
insgesamt	1 250 €
∕. 4 % von 1 250 €	50 €
Geldwerter Vorteil	1 200 €
∕. Rabattfreibetrag	1 224 €
= zu versteuern	0 €

Der Arbeitnehmer hat keinen geldwerten Vorteil zu versteuern.

Beispiel 2:

Ein Pensionär erhält von seinem früheren Arbeitgeber, einem Nahverkehrsbetrieb, für sich, für seinen Ehegatten sowie für seine beiden minderjährigen Kinder kostenlos Jahreskarten. Der Wert der Jahreskarte beträgt für Erwachsene 600 € und für Kinder 325 €.

Der Wert der kostenlosen Jahreskarten für die Ehefrau und die Kinder sind dem Pensionär zuzurechnen. Da die eigene Jahreskarte nicht mehr für Fahrten zwischen Wohnung und Arbeitsstätte benutzt wird, kommt eine Steuerbefreiung nach § 3 Nr. 34 EStG nicht in Betracht. Der zu versteuernde geldwerte Vorteil ermittelt sich wie folgt:

Jahreskarte des Pensionärs	600 €
+ Jahreskarte des Ehegatten	600 €
+ Jahreskarten der Kinder (2 × 325 €)	650 €
insgesamt	1 850 €
∕ 4 % von 1 850 €	74 €
Geldwerter Vorteil	1 776 €
∕ Rabattfreibetrag	1 224 €
= zu versteuern	552 €

Der Pensionär hat 552 € als geldwerten Vorteil zu versteuern.

Beiträge zur Sozialversicherung fallen jedoch nicht an, da kein Beschäftigungsverhältnis mehr besteht.

3. Dienstlich veranlasste Fahrten

973 Stellt der Arbeitgeber dem Arbeitnehmer für eine Dienstreise ein Beförderungsmittel, z.B. einen Firmenwagen, oder einen Fahrschein für ein Verkehrsmittel, z.B. eine Bundesbahnfahrkarte, zur Verfügung, so ist kein steuerpflichtiger Arbeitslohn anzunehmen (→ *Reisekostenerstattungen bei Dienstreisen* Rz. 2035).

Fälligkeit der Sozialversicherungsbeiträge

974 Der Arbeitgeber hat den Gesamtsozialversicherungsbeitrag, d.h. die Beiträge zur Kranken-, Pflege-, Renten- und Arbeitslosenversicherung zu zahlen. Dabei richtet sich die **Fälligkeit** der Beiträge nach den Regelungen der Satzung der jeweiligen Einzugsstelle. Beiträge, die nach dem Arbeitsentgelt zu bemessen sind, werden **spätestens am 15. des Monats** fällig, der dem Monat folgt, in dem die Beschäftigung oder Tätigkeit, mit der das Arbeitsentgelt erzielt wird, ausgeübt worden ist oder als ausgeübt gilt.

Über den **satzungsmäßigen Zahltag** bei der **Einzugsstelle** entscheiden die Selbstverwaltungsorgane der Krankenkasse eigenverantwortlich, das heißt die **Versicherten- und Arbeitgebervertreter**. Daraus folgt, dass die Krankenkassen, an die der Arbeitgeber die Beiträge zu zahlen hat, unterschiedliche Fälligkeitstermine haben können, die der Arbeitgeber jeweils zu beachten hat. Der späteste Fälligkeitstag ist wie in § 23 SGB IV **vorgeschrieben der 15. des Folgemonats**. Arbeitgeber, die das **Arbeitsentgelt** für ihre Arbeitnehmer **im Voraus auszahlen**, haben spätestens am 25. des Monats Beiträge zu zahlen, wenn das Arbeitsentgelt bis zum 15. des betreffenden Monats ausgezahlt wird.

Beispiel 1:

Der betriebsübliche Fälligkeitstag für das Arbeitsentgelt ist der 12. des Monats, in dem es tatsächlich erzielt wird, also für den Entgeltabrechnungsmonat Mai der 12. Mai. Die Beiträge für den Monat Mai werden daher bereits am 25. Mai fällig.

Die Sozialversicherungsbeiträge werden – unabhängig von der Auszahlung des ihnen zu Grunde liegenden (geschuldeten und fälligen) Arbeitsentgelts – an dem in der Satzung der Krankenkasse festgelegten Zahltag fällig, also **auch** dann, **wenn** das **Arbeitsentgelt noch nicht gezahlt** wurde. Die Sozialversicherungsbeiträge bei verspäteter Entgeltzahlungen, z.B. bei wirtschaftlichen Schwierigkeiten des Arbeitgebers, sind trotzdem zu den jeweiligen Fälligkeitstagen vom Arbeitgeber zu bezahlen (vgl. BSG-Urteil vom 26.10.1982 – 12 RK 8/81 –, Die Beiträge 1982 S.181).

Die Sozialversicherungsbeiträge sind selbst dann am satzungsmäßigen Zahltag fällig und vom Arbeitgeber an die Einzugsstelle zu zahlen, wenn auf Grund einer **arbeitsvertraglichen Regelung** das Arbeitsentgelt nicht zur Auszahlung kommt. Nach dem BSG-Urteil vom 21.5.1996 (BSGE 1996 S. 224) sind Gesamtsozialversicherungsbeiträge auch dann zu zahlen, wenn der Arbeitnehmer eine tatsächliche Arbeitsleistung erbracht hat, das geschuldete Arbeitsentgelt wegen einer bestehenden Vertragsstrafe nicht (oder nur zum Teil) zur Auszahlung gekommen ist.

Bei **betriebsüblicher Abrechnung** des Arbeitsentgelts **nach dem 10.** des Folgemonats sind die Beiträge in voraussichtlicher Höhe der Beitragsschuld spätestens bis zum Fälligkeitstag zu zahlen, ein verbleibender Restbetrag wird eine Woche nach dem **betriebsüblichen Abrechnungstermin** fällig. Der Arbeitgeber hat bei einem derartigen Abrechnungsmodus dann zwei Fälligkeitstermine zu beachten. Um Missverständnissen (z.B. Schätzung, Vollstreckungsmaßnahmen) vorzubeugen, ist diese Besonderheit mit der Krankenkasse im Vorfeld abzustimmen.

Als Tag der Zahlung für den Gesamtsozialversicherungsbeitrag gilt bei **Zahlung durch Scheck, Überweisung** oder durch **Einzahlung** auf ein Konto der Krankenkasse der Tag der Wertstellung zu Gunsten der Krankenkasse. **Bei rückwirkender Wertstellung** gilt der **Buchungstag** der Einzugsstelle als Tag der Zahlung (§ 1 Abs. 1 Beitragszahlungsverordnung). Der zahlungspflichtige Arbeitgeber hat dafür zu sorgen, dass die Krankenkasse als Einzugsstelle für den Gesamtsozialversicherungsbeitrag spätestens am Fälligkeitstag im Besitz der geschuldeten Beiträge ist. Ist dies nicht der Fall, sind **Säumniszuschläge** zu zahlen.

Beispiel 2:

Beiträge für den Monat Juni werden per Scheck gezahlt. Der Scheck wird am 15. Juli um 20.00 Uhr in den Hausbriefkasten der Krankenkasse eingeworfen. Die Krankenkasse reicht den Scheck am folgenden Tag bei der Bank ein (9.00 Uhr) und erhält das Geld mit Wertstellungstag 16. Juli. Die Beiträge sind hier verspätet gezahlt. Säumniszuschläge in Höhe von 1 % sind von der Krankenkasse zu berechnen.

Die neue Regelung im Sozialversicherungsrecht unterscheidet sich insoweit gravierend von den steuerrechtlichen Regelungen (siehe → *Säumniszuschlag* Rz. 2166).

Fällt der Fälligkeitstag auf einen Sonnabend, einen Sonntag oder einen gesetzlichen Feiertag, ist die Beitragszahlung auch noch dann rechtzeitig erfolgt, wenn die Einzugsstelle am nächstfolgenden Werktag im Besitz der Beiträge ist. Diese Regelung gilt nicht, wenn die Beiträge bis zum 25. des laufenden Entgeltabrechnungsmonats fällig sind und dieser Tag auf einen Samstag, Sonn- oder Feiertag fällt. Auf Grund der neuen Regelungen im § 23 SGB IV sind die Beiträge nur dann rechtzeitig gezahlt, wenn die Einzugsstelle **am letzten banküblichen Arbeitstag vor** dem o.a. Fälligkeitstag im Besitz der Beiträge ist.

Die Krankenkassen als Einzugsstellen des Gesamtsozialversicherungsbeitrags bieten ihren Kunden das **Abbuchen des Beitrags per Einziehungsauftrag** an. Die Krankenkasse stellt dabei sicher, dass die fälligen Beiträge rechtzeitig abgebucht werden. Die Arbeitgeber sind daher beim Bankabbuchungsverfahren sicher vor möglichen **Säumniszuschlägen** bei etwaigen verspäteten Zahlungen. Hat der Arbeitgeber der Krankenkasse eine Einziehungsermächtigung erteilt, ist der Beitragsnachweis so rechtzeitig einzureichen, dass die Krankenkasse in der Lage ist, den Beitrag bis zum Fälligkeitstag einzuziehen.

Die Höhe der monatlich zu zahlenden Beiträge hat der Arbeitgeber nachzuweisen. Hierfür steht ein durch Rechtsverordnung abgestimmter Vordruck zur Verfügung, den die Krankenkassen dem Arbeitgeber kostenlos zur Verfügung stellen. Die Beiträge zur Kranken-, Pflege-, Renten- und Arbeitslosenversicherung sowie zur LFZG-Umlageversicherung (siehe → *Lohnfortzahlung: Erstattung für Kleinbetriebe* Rz. 1480) und eventuelle Beiträge zur freiwilligen Krankenversicherung für Arbeitnehmer sind nach den jeweiligen Versicherungszweigen getrennt aufzuführen (siehe → *Beiträge zur Sozialversicherung* Rz. 438).

Familienzuschläge

975 Die nach den Besoldungsgesetzen, Tarifverträgen usw. zu zahlenden Ortszuschläge für Verheiratete, Kinderzuschläge usw. sind steuerpflichtiger Arbeitslohn.

Bei der Ermittlung des regelmäßigen **Jahresarbeitsentgelts** bleiben nach ausdrücklicher Bestimmung des § 6 Abs. 1 Nr. 1 SGB V Zuschläge, die mit Rücksicht auf den Familienstand gezahlt werden, unberücksichtigt.

Fehlgeldentschädigung

976 Ersetzt der Arbeitgeber einem Arbeitnehmer **Kassenfehlbeträge**, so handelt es sich grundsätzlich um steuer- und beitragspflichtigen Arbeitslohn (BFH-Urteil vom 11.7.1969, BStBl II 1970 S. 69). Der Arbeitnehmer kann den versteuerten Betrag jedoch als **Werbungskosten** absetzen.

Dies gilt grundsätzlich auch für **pauschale Fehlgeldentschädigungen** (Mankogeld, Zählgeld). Nach R 70 Abs. 1 Nr. 4 LStR bleiben sie jedoch bei **Arbeitnehmern im „Kassen- und Zähldienst" bis zu 16 € im Monat steuer- und somit auch beitragsfrei.** Wird ein höherer Betrag gezahlt, ist nur der übersteigende Betrag steuerpflichtig. Wenn jedoch der vom Arbeitgeber übernommene höhere Anteil das ihn in einem evtl. Mankoprozess treffende Prozessrisiko angemessen abbildet, ist auch dieser Teil steuerfrei (FG Münster, Urteil vom 25.2.2000, EFG 2000 S. 556).

Beispiel:

Auf Grund eines Vorstandsbeschlusses sind auftretende, 16 € übersteigende Kassenfehlbeträge zu 75 % von der Bank und zu 25 % vom jeweiligen Kassierer zu tragen.

Da die Kassierer durch die Übernahme des höheren Mankoanteils durch die Bank nicht bereichert sind (zivilrechtlich hätte die Bank ohnehin etwa diesen Anteil tragen müssen), liegt nach dem o.g. Urteil des Finanzgerichts Münster kein steuerpflichtiger Arbeitslohn vor.

Der Begriff „Kassen- und Zähldienst" wird dabei vom Finanzamt nicht eng ausgelegt und umfasst auch Personen, die nur in geringem Umfang im Kassen- und Zähldienst tätig sind. Zum **Kassen- und Zähldienst gehören:**

- insbesondere **Kassierer in Warenhäusern oder Supermärkten** (OFD Düsseldorf, Verfügung vom 27.3.1962, DB 1962 S. 522),

- **nicht dagegen Kassierer in Filmtheatern, Zugschaffner oder Auslieferungsfahrer,** die auch Rechnungen kassieren dürfen.

Feiertagslohn

1. Arbeitsrecht

977 Die Vergütung für durch gesetzliche Feiertage **ausfallende Arbeitsleistung** ist seit 1.6.1994 nicht mehr im Feiertagslohnzahlungsgesetz geregelt, sondern in § 2 des **Entgeltfortzahlungsgesetzes** (EFZG), die Feiertagsbezahlung für **Heimarbeiter** in § 11 EFZG.

Die Bestimmung der **gesetzlichen Feiertage** fällt in die Kulturhoheit der Bundesländer, die durch entsprechende **Feiertagsgesetze** die jeweiligen Feiertage festgelegt haben.

Der Bund hat den 3. Oktober als **Tag der Deutschen Einheit** durch Gesetz zum bundesweiten Feiertag bestimmt.

Es bleibt zu beachten, dass weder der 24. Dezember **(Heiligabend)** noch der 31. Dezember **(Silvester)** Feiertage sind, sondern feiertagsrechtlich normale Werktage darstellen.

Die Frage, wie die an gesetzlichen Feiertagen **geleistete Arbeit** zu vergüten ist, ist in § 2 EFZG nicht geregelt; sie beantwortet sich nach den einzelvertraglichen Abreden der Arbeitsvertragsparteien

oder nach kollektivrechtlichen Regelungen. Ein gesetzlicher Anspruch auf **Zuschlagszahlung** besteht nicht.

Nach § 2 Abs. 1 EFZG hat der Arbeitgeber den Arbeitnehmern für die Arbeitszeit, die infolge eines gesetzlichen Feiertags ausfällt, den Arbeitsverdienst zu zahlen, den sie ohne den Arbeitsausfall erhalten hätten. Die Vorschrift regelt also die Vergütung der Arbeitnehmer für ausfallende Arbeitszeit, nicht für die an gesetzlichen Feiertagen geleistete Arbeit. Voraussetzung für den Anspruch auf Feiertagsentgelt ist aber nicht nur, dass an dem betreffenden Feiertag nicht gearbeitet wird, sondern dass die Feiertagsruhe die **alleinige Ursache des Arbeitsausfalles** ist. Beruht demgegenüber der Arbeitsausfall auf **anderen Gründen,** so besteht umgekehrt auch kein Anspruch auf Feiertagsentgelt.

Beim **Zusammentreffen von Arbeitsausfall durch einen Feiertag** einerseits **und** durch **Arbeitsunfähigkeit** andererseits ist von dem Grundsatz auszugehen, dass ein Anspruch auf Feiertagsentgelt nach § 2 EFZG nur dann besteht, wenn die Feiertagsruhe die alleinige Ursache für den Arbeitsausfall darstellt. Bei Arbeitsausfall – auch – wegen Arbeitsunfähigkeit besteht Anspruch auf Entgeltfortzahlung im Krankheitsfall nach § 3 EFZG. Der Feiertag in der Arbeitsunfähigkeit wird im Übrigen auf den Höchstzeitraum für die Entgeltfortzahlung angerechnet wie ein normaler Tag der Arbeitsunfähigkeit (BAG, Urteil vom 19.4.1989, DB 1989 S. 1878).

Zur **Höhe** der Entgeltfortzahlung im Krankheitsfall für den Feiertag besagt nun die Vorschrift des § 4 Abs. 2 EFZG, dass sie sich nach § 2 EFZG (nicht nach § 4 EFZG) bemisst. Daraus folgt: Die Entgeltfortzahlung für den Feiertag ist nicht ggf. auf 80 % gekürzt, sondern ist nach dem Lohnausfallprinzip mit 100 % zu leisten (wie an die übrigen nicht arbeitsunfähigen Arbeitnehmer). Da es sich, wie dargestellt, bei dem „Feiertagsentgelt" um Entgeltfortzahlung im Krankheitsfall nach § 3 EFZG handelt, folgt hieraus, dass diese Arbeitgeberleistung an der Erstattung nach § 10 LFZG im Umlageverfahren teilnehmen muss (→ *Lohnfortzahlung: Erstattung für Kleinbetriebe* Rz. 1480).

Die **Höhe** des Anspruchs auf Feiertagsvergütung richtet sich nach dem **Lohnausfallprinzip:** Der Arbeitnehmer ist so zu vergüten, als wenn er an dem Feiertag gearbeitet hätte. Er soll also wegen des Feiertages weder besser noch schlechter gestellt werden als bei Arbeit; insoweit sind ggf. auch ausfallende Überstunden zu vergüten. Hinsichtlich der Einzelheiten der Anwendung des Lohnausfallprinzips siehe → *Entgeltfortzahlung* Rz. 826.

2. Lohnsteuer und Sozialversicherung

978 Der Feiertagslohn ist steuerpflichtig. Dies gilt auch, wenn bei der Berechnung des Feiertagslohns Zuschläge für Sonntags-/Feiertags- und Nachtarbeit berücksichtigt werden, weil die Steuerbefreiung des § 3b EStG nur für tatsächlich geleistete Arbeit zu diesen Zeiten gewährt wird (→ *Zuschläge für Sonntags-/Feiertags- und Nachtarbeit* Rz. 2791). Sozialversicherungsrechtlich stellt die Feiertagsvergütung (einschließlich steuerpflichtiger Zuschläge) normales Arbeitsentgelt dar und ist demzufolge beitragspflichtig.

Feiertagslohn und Kurzarbeit

1. Arbeitsrecht

979 Wenn der gesetzliche Feiertag in einen Zeitabschnitt fällt, in dem die Arbeit zugleich infolge von Kurzarbeit ausfällt, so ist – ohne gesetzliche Regelung – offen, welches die entscheidende Ursache für den Arbeitsausfall ist. Demzufolge regelt § 2 Abs. 2 EFZG, dass die Arbeitszeit, die an einem gesetzlichen Feiertag infolge von Kurzarbeit ausfällt und für die an anderen Tagen als an gesetzlichen Feiertagen Kurzarbeitergeld geleistet wird, als infolge eines gesetzlichen Feiertags nach Absatz 1 ausgefallen gilt. Damit steht fest, dass dem Arbeitnehmer für einen solchen Tag kein Anspruch auf Kurzarbeitergeld zusteht. Schuldner der Ausgleichszahlung ist daher nicht die Bundesanstalt für Arbeit, sondern der Arbeitgeber. Zu der Frage, in welcher Höhe in derartigen Fällen die Ausgleichszahlung zu leisten ist, hat das Bundesarbeitsgericht mit Urteil vom 5.7.1979 – 3 AZR 173/78 – (AP 33 zu § 1 FeiertagslohnzahlungsG) entschieden, dass der Arbeitgeber

Feiertagsvergütung nur in Höhe des Kurzarbeitergeldes schuldet, das der Arbeitnehmer ohne den Feiertag bezogen hätte.

2. Berechnung des Feiertagslohnes

980 Maßgebend für die Höhe des Kurzarbeitergeldes ist der pauschalierte Nettoentgeltausfall, der infolge eines auf wirtschaftlichen Ursachen beruhenden Arbeitsausfalls (§ 179 Abs. 1 SGB III) eintritt (→ *Kurzarbeitergeld* Rz. 1444). Grundlage für die Berechnung des Kurzarbeitergeldes ist daher allein der Entgeltausfall im Kalendermonat, d. h. die Höhe des Kurzarbeitergeldes ist unter Berücksichtigung des während der Kurzarbeit noch erzielten Bruttoarbeitsentgelts zu ermitteln. Zweifelsfrei stellt der Feiertagslohn Arbeitsentgelt dar, das im Rahmen der Bemessung des Kurzarbeitergeldes zu berücksichtigen ist (zum Charakter des Feiertagslohnes → Rz. 983). Die Höhe der arbeitsrechtlichen Leistung (Feiertagslohn) hängt von der Höhe der Entgeltersatzleistung (Kurzarbeitergeld) ab. Diese kann jedoch nicht ohne Hinzurechnung des Feiertagslohns ermittelt werden. Hierbei kann **wie folgt vorgegangen** werden:

Zunächst ist in einer Summe ein **Leistungsanspruch für alle Ausfallstunden** des Monats zu errechnen und **danach** der **Anteil** – entsprechend der Ausfallstunden – zu ermitteln, der auf den **Feiertagslohn** entfällt. Der so ermittelte Feiertagslohn ist in einem weiteren Schritt in die Berechnung der Höhe des Kurzarbeitergeldes einzubeziehen.

Der **Berechnungsweg** wird anhand des nachfolgenden Beispiels verdeutlicht:

a) Ermittlung des Feiertagslohns

981 Zur Ermittlung des Feiertagslohns muss zunächst der gesamte Anspruch auf Kurzarbeitergeld einschließlich der entsprechenden Stunden Feiertagslohn berechnet werden.

Beispiel 1:

In einem Kurzarbeitergeld-Anspruchszeitraum fallen **45 Arbeitsstunden** wegen der **Kurzarbeit** aus. Davon entfallen **7,5 Stunden** auf einen gesetzlichen Feiertag.

Stundenlohn 17,90 €, Zahl der Sollarbeitsstunden = 150 Stunden
Sollentgelt = 2 685 €, zunächst angenommenes Istentgelt (150 ∕ 45 Stunden= 105 Stunden × 17,90 € =) 1 879,50 €

Rechnerischer Leistungssatz für das **Sollentgelt** von
2 685 € (Steuerklasse III, 1 Kind = Leistungsgruppe C, Leistungssatz 1) **1 256,80 €**
Rechnerischer Leistungssatz für das **Istentgelt**
von 1 879,50 € **969,93 €**
Differenz (Feiertagslohn und Kurzarbeitergeld) **287,17 €**
287,17 € : 45 Stunden = 6,38 € × 7,5 Stunden
= **Feiertagsvergütung** **47,85 €**

Der Arbeitnehmer hätte daher, wenn der Feiertag nicht auf einen Kurzbeitstag fallen würde, für diesen Ausfalltag – unter Berücksichtigung der anderen Ausfallstunden – **47,85 € Kurzarbeitergeld** erhalten. Der Feiertagslohn beträgt somit **47,85 €.**

b) Berechnung des Kurzarbeitergeldes unter Einbeziehung des Feiertagslohns

982 Bei dem Feiertagslohn während der Kurzarbeit handelt es sich um **beitragspflichtiges Arbeitsentgelt** (→ Rz. 983). Der Feiertagslohn ist daher in das **Istentgelt** (Istentgelt ist das in dem Anspruchszeitraum tatsächlich erzielte Bruttoarbeitsentgelt des Arbeitnehmers zuzüglich aller ihm zustehenden Entgeltanteile) einzubeziehen und bei der Berechnung des **Sollentgelts** (Sollentgelt ist das Bruttoarbeitsentgelt, das der Arbeitnehmer ohne die Kurzarbeit im jeweiligen Kalendermonat ohne Mehrarbeit erzielt hätte) zu berücksichtigen. Bei der Berechnung des Kurzarbeitergeldes unter Einbeziehung von Feiertagslohn, der auf den Betrag des Kurzarbeitergeld-Betrag reduziert wurde, hat die **Bundesanstalt für Arbeit zwei Methoden zugelassen:**

1. Die Berechnung des Kurzarbeitergeldes erfolgt bei **unverändertem Istentgelt** (Istentgelt enthält den auf den Kurzarbeitergeld-Betrag gekürzten Feiertagslohn). Das **Sollentgelt** ist entsprechend der Kürzung des Arbeitsentgelts durch die Entgeltzahlung an Feiertagen zu **vermindern**.

2. Die Berechnung des Kurzarbeitergeldes erfolgt bei **unverändertem Sollentgelt**. Das **Istentgelt** ist zu ermitteln, indem es um den **ungekürzten** Feiertagslohn **erhöht** wird.

Beispiel 2:

Bei Weiterführung von Beispiel 1 ergibt sich folgende Berechnung:

1. Methode

Die ermittelte Feiertagsvergütung ist als Arbeitsentgelt in das Istentgelt einzustellen und im Sollentgelt entsprechend zu berücksichtigen.

Das Sollentgelt ist daher nicht mit 150 Sollarbeitsstunden zu multiplizieren, sondern mit 142,5 Stunden =

2 550,75 € + 47,85 € **Sollentgelt** daher	2 598,60 €
Istentgelt 1 879,50 € + 47,85 € Feiertagslohn =	1 927,35 €
Rechnerischer Leistungssatz aus dem **Sollentgelt**	1 231,96 €
Rechnerischer Leistungssatz aus dem **Istentgelt**	986,43 €
Kurzarbeitergeld	**245,53 €**

2. Methode

Bei unverändertem **Sollentgelt** ist bei der Ermittlung des **Istentgelts** der Betrag der Feiertagsvergütung auf den Betrag zu erhöhen, der bei Arbeitsleistung angefallen wäre:

Sollentgelt	2 685,— €
Istentgelt	1 879,50 €
Feiertagslohn (Stundenlohn 17,90 € × 7,5 Stunden) =	134,25 €
Istentgelt	2 013,75 €
Rechnerischer Leistungssatz aus dem Sollentgelt	1 256,80 €
Rechnerischer Leistungssatz aus dem Istentgelt	1 025,98 €
Kurzarbeitergeld	**230,82 €**

Auf Grund der Steuerprogression können sich zwischen den vorstehenden Berechnungsmethoden geringe Differenzen in der Höhe der Leistungen ergeben. Die Bundesanstalt für Arbeit akzeptiert jedoch auch das nach der 1. Methode ermittelte höhere Ergebnis.

3. Steuer- und Beitragslast des Feiertagslohns während der Kurzarbeit

Mit der Frage der Steuer- und Beitragslast des Feiertagslohns **983** während der Kurzarbeit hat sich das Bundesarbeitsgericht in seinem Urteil vom 8.5.1984 – 3 AZR 194/82 – (AP Nr. 44 zu § 1 des Feiertagslohnzahlungsgesetzes) auseinander gesetzt. Ob der Feiertagslohn in den genannten Fällen mit steuerlichen Abgaben belastet werden darf, **richtet sich nach dem Steuerrecht**. Die **steuerliche Behandlung** hat keine Auswirkungen auf die Höhe der arbeitsrechtlichen Lohnzahlungspflicht. Der Arbeitgeber schuldet dem Arbeitnehmer einen Bruttolohn. Die Steuerpflicht besteht gegenüber dem Fiskus. Mithin erfüllt der Arbeitgeber seine Pflicht zur Zahlung der Vergütung gegenüber dem Arbeitnehmer teilweise dadurch, dass er kraft gesetzlicher Verpflichtung die vom Arbeitnehmer zu entrichtenden Beträge für Steuern einbehält und an das Finanzamt abführt. Es ist also nicht der Arbeitgeber, sondern der Steuergesetzgeber, der den Lohnanspruch des Arbeitnehmers unterschiedlich belastet, je nachdem, ob steuerfreies Kurzarbeitergeld oder Feiertagslohn gezahlt wird. Die auf den Feiertagslohn anfallende Lohnsteuer kann daher vom Arbeitgeber **nicht ausgeglichen** werden und ist **vom Arbeitnehmer zu tragen.**

Anders verhält es sich mit den **Beiträgen zur Sozialversicherung**. Gemäß § 192 Abs. 1 Nr. 4 SGB V bleibt während des Bezuges von Kurzarbeitergeld die Mitgliedschaft Versicherungspflichtiger in der gesetzlichen Krankenversicherung erhalten. Gleiches gilt für die Versicherungspflicht in der sozialen Pflegeversicherung (§ 20 Abs. 1 Nr. 1 SGB XI). Während des Bezugs von Kurzarbeitergeld besteht auch das rentenversicherungspflichtige Beschäftigungsverhältnis fort (§ 1 Abs. 1 Nr. 1 SGB VI). Dementsprechend besteht **Beitragspflicht**. Die Beiträge für die Ausfallszeiten werden **allein vom Arbeitgeber getragen** (§§ 249 Abs. 2 Nr. 3 SGB V, 168 Abs. 1 Nr. 1a SGB VI, 58 Abs. 1 SGB XI). Der Bezieher von Kurzarbeitergeld ist demnach von der Beitragspflicht befreit. Was für den Bezug des Kurzarbeitergeldes gilt, muss **auch für** den Bezug von **Feiertagslohn** gelten, der an die Stelle des Kurzarbeitergeldes tritt. Da der Arbeitnehmer infolge der Feiertagsruhe an einem gesetzlichen Feiertag nicht schlechter gestellt werden darf, als wenn er Kurzarbeitergeld erhalten hätte, er aber das Kurzarbeitergeld ohne Belastung mit Beiträgen für gesetzliche Sozialabgaben erhält, genügt der Feiertagslohn den Anforderungen des Entgeltfortzahlungsgesetzes nur, wenn er ohne entsprechende Abzüge ausgezahlt wird. Der Arbeitgeber hat daher die Beiträge zur Renten-, Kranken- und Pflegeversicherung und auch zur Arbeitslosenversicherung aus dem Feiertagslohn allein zu tragen. Zwar fehlt für die Arbeitslosenversicherung eine beitragsrechtliche Regelung für Ausfallzeiten. Andererseits muss auch hier der Grundsatz gelten, dass Sozialabgaben den ohnehin gekürzten Betrag des Feiertagslohnes nicht zusätzlich mindern dürfen.

Ferienhäuser

984 Stellt ein Arbeitgeber seinen Arbeitnehmern zu Erholungszwecken unentgeltlich angemietete Ferienhäuser zur Verfügung, so stellt dies auch dann Arbeitslohn dar, wenn die Ferienhäuser im Ausland belegen sind. Der geldwerte Vorteil ist mit den Sachbezugswerten anzusetzen (BFH, Urteil vom 9.4.1997, BStBl II S. 539).

Kein Arbeitslohn wird dagegen anzunehmen sein, wenn der Arbeitgeber ein Ferienhaus oder eine Ferienwohnung „ohne Wissen und Wollen" des Arbeitnehmers dessen Ehegatten verbilligt überlässt (vgl. FG Düsseldorf, Urteil vom 27.8.1998, EFG 1999 S. 117, betr. die verbilligte Vermietung eines Ferienhauses).

Fernsehgerät: Zuwendung an Arbeitnehmer

985 Überlässt der Arbeitgeber oder auf Grund des Dienstverhältnisses ein Dritter dem Arbeitnehmer ein Fernsehgerät unentgeltlich zur privaten Nutzung, so ist der darin liegende **Sachbezug** steuer- und beitragspflichtig. Dies gilt auch für ein unentgeltlich zur privaten Nutzung überlassenes Radiogerät oder für einen Videorecorder.

Die Finanzverwaltung hat für die **Bewertung** dieser Sachbezüge **Durchschnittswerte** festgesetzt (FinMin Nordrhein-Westfalen, Erlass vom 12.10.2001, DB 2001 S. 2274). Dieser beträgt monatlich **1 % des** auf volle 100 € abgerundeten **Kaufpreises** des jeweiligen Gerätes. Kaufpreis ist in diesem Sinne die im Zeitpunkt der Inbetriebnahme des genutzten Geräts unverbindliche Preisempfehlung (Listenpreis) einschließlich Umsatzsteuer.

Beispiel:

Der Arbeitgeber überlässt einem Arbeitnehmer ein Fernsehgerät und einen Videorecorder zur privaten Nutzung. Das Fernsehgerät hat einen Listenpreis von 1 398 €, der Listenpreis des Videorecorders beträgt 498 €.

Der Arbeitnehmer hat monatlich zu versteuern

– für das Fernsehgerät 1 % von 1 300 €	13 €
– für den Videorecorder 1 % von 400 €	4 €
insgesamt	17 €

Die vorstehende Regelung dürfte auch gelten, wenn die Geräte **verbilligt** an die Arbeitnehmer überlassen werden, obwohl dies der Verwaltungsregelung nicht eindeutig zu entnehmen ist. Die **Freigrenze** nach § 8 Abs. 2 Satz 9 EStG von 50 € ist **nicht anzuwenden**, weil es sich hierbei um Durchschnittswerte handelt, für die sie nicht gilt, vgl. dazu → *Sachbezüge* Rz. 2145.

Fertighaus: verbilligte Überlassung

986 Überlässt ein Fertighaushersteller einem Arbeitnehmer auf Grund des Dienstverhältnisses **verbilligt** ein Fertighaus, so ist nach Abzug des Rabattfreibetrags (siehe → *Rabatte* Rz. 1938) die Differenz zwischen dem Endpreis am Abgabeort und dem Kaufpreis als **geldwerter Vorteil** zu versteuern (BFH-Urteil vom 19.4.1974, BStBl II 1975 S. 383). Es sind auch **Sozialversicherungsbeiträge** zu zahlen. Hinsichtlich des versteuerten geldwerten Vorteils liegen „**Anschaffungskosten**" vor, so dass der Arbeitnehmer auch insoweit Absetzungen für Abnutzung oder z.B. die Eigenheimzulage in Anspruch nehmen kann (FG Münster, Urteil vom 1.3.1994, EFG

1994 S. 703, vom BFH im Urteil vom 27.8.1997, HFR 1998 S. 358, offen gelassen).

Ist dagegen der Preisnachlass mit der **Auflage** verbunden, das Fertighaus von Kunden des Arbeitgebers **besichtigen zu lassen**, liegt kein geldwerter Vorteil vor, wenn der Preisnachlass etwa dem Wert der übernommenen Auflagen entspricht (FG Rheinland-Pfalz, Urteil vom 5.10.1978, EFG 1979 S. 122).

Feuerwehr

1. Arbeitsrecht

987 Ist ein Arbeitnehmer auf Grund gesetzlicher Bestimmungen (§ 9 Abs. 1 Nr. 3 des Gesetzes über den Feuerschutz) wegen der Teilnahme an einem Lehrgang der Freiwilligen Feuerwehr von der Arbeitspflicht befreit, ist ihm **vom Arbeitgeber das Arbeitsentgelt einschließlich aller Nebenleistungen und Zulagen fortzuzahlen**, das ohne die ehrenamtliche Tätigkeit üblicherweise erzielt worden wäre. Zu den fortzuzahlenden Zulagen gehört nicht der Urlaubsaufschlag nach § 47 Abs. 2 BAT.

2. Lohnsteuer

a) Arbeitnehmer

988 Mitglieder der **Berufsfeuerwehren** in Städten sind regelmäßig **Arbeitnehmer**. Dies gilt auch für Funktionsträger der **Freiwilligen Feuerwehren**, so insbesondere in Niedersachsen und Nordrhein-Westfalen für die **Kreisbrandmeister** und ihre Stellvertreter, die in ein **Ehrenbeamtenverhältnis** berufen werden (FinMin Niedersachsen, Erlass vom 16.2.1984, LSt-Kartei § 19 EStG Fach 1 Nr. 25). Die Geringfügigkeit der Entschädigungen steht nach der Rechtsprechung des Bundesfinanzhofs (vgl. z.B. Urteil vom 28.2.1975, BStBl II 1976 S. 134, betr. ehrenamtliche Helfer von Wohlfahrtsverbänden) der Annahme eines Arbeitsverhältnisses nicht entgegen (so Niedersächsisches FG, Urteil vom 6.12.1989 – XI 400/86, n.v., betr. **Ortsbrandmeister**). Arbeitslohn liegt dagegen nicht vor, wenn im Wesentlichen **nur Aufwandsersatz** geleistet wird, vgl. H 70 (Allgemeines zum Arbeitslohnbegriff) LStH sowie → *Arbeitnehmer* Rz. 165.

b) Arbeitslohn

989 Den ehrenamtlich Tätigen wird für die Dauer ihrer Einsätze (siehe auch → *Verletztengeld* Rz. 2515) während der Arbeitszeit vom **Arbeitgeber regelmäßig der Arbeitslohn weitergezahlt**, dabei ergeben sich lohnsteuerlich und sozialversicherungsrechtlich keine Besonderheiten. Wird der Verdienstausfall von einem **Dritten, z.B. der Gemeinde, ersetzt**, liegt zwar ebenfalls steuerpflichtiger Arbeitslohn vor. Ein Lohnsteuerabzug kommt jedoch nicht in Betracht, weil die Gemeinde nicht Arbeitgeber des ehrenamtlich Tätigen ist (R 106 LStR). Die Einkünfte sind ggf. im Rahmen einer Veranlagung zur Einkommensteuer zu erfassen (siehe → *Veranlagung von Arbeitnehmern* Rz. 2502).

Die gezahlten **Aufwandsentschädigungen** sind zunächst nach den Regeln des **§ 3 Nr. 12 Satz 2 EStG** teilweise steuerfrei, ab 2002 **mindestens bis zur Höhe von 154 € monatlich** (siehe → *Aufwandsentschädigungen im öffentlichen Dienst* Rz. 309). Allerdings kommt bei den meisten Funktionsträgern noch die **Steuerbefreiung des § 3 Nr. 26 EStG** zur Anwendung, soweit sie eine **begünstigte Tätigkeit** ausüben (siehe → *Aufwandsentschädigungen für bestimmte nebenberufliche Tätigkeiten* Rz. 297). Einige Bundesländer haben für die in Betracht kommenden Tätigkeiten aus **Vereinfachungsgründen pauschale Aufteilungsschlüssel** festgelegt, in Niedersachsen werden z.B. bei Wehrführern pauschal 60 % als Einnahmen i.S. des § 3 Nr. 26 EStG anerkannt, die bis höchstens 1 848 € steuerfrei bleiben (FinMin Niedersachsen, Erlass vom 28.4.1983, DB 1983 S. 1176); in Rheinland-Pfalz sind bestimmte unter § 3 Nr. 26 EStG fallende Anteile in der Einkommensteuer-Kartei festgelegt worden (vgl. OFD Koblenz, Verfügung vom 3.4.2001, StEd 2001 S. 359). In anderen Bundesländern, z.B. Sachsen, wird dagegen eine pauschale Aufteilung abgelehnt (FinMin Sachsen, Erlasse vom 22.6.1994, FR 1994 S. 584, und vom 14.11.1994, FR 1995 S. 241).

3. Sozialversicherung

990 **Berufsfeuerwehrleute** im Beamtenverhältnis sind nicht sozialversicherungspflichtig. Für Beamte gelten sozialversicherungsrechtliche Sonderregelungen (siehe → *Beamte* Rz. 423).

⌐LSt⌐ Ⓢⓥ

Im Vollzug der Aufgaben der Kommunen und Landkreise in Bayern sind diese verpflichtet, Feuerwehren aufzustellen. Nach dem bayerischen Feuerwehrgesetz sind die Feuerwehren Einrichtungen der Kommunen bzw. Landkreise. Die Feuerwehren setzen sich i.d.R. aus den Mitgliedern der Feuerwehrvereine zusammen. Die Mitgliedschaft bei den Feuerwehrvereinen wird durch freiwilligen Beitritt begründet. Bestimmte Mitglieder dieser Vereine nehmen Leitungsfunktionen wahr; diese Führungskräfte (z.B. Feuerwehrkommandanten, Kreisbrandräte, Stadtbrandräte, Stadtbrandmeister und Stadtbrandinspektoren sowie Kreisbrandmeister und Kreisbrandinspektoren) erhalten für ihre ehrenamtliche Tätigkeit durch Verordnungen festgesetzte Aufwandsentschädigungen, die teilweise der Steuerpflicht als Einkommen aus nichtselbständiger Tätigkeit unterliegen.

Die sozialversicherungsrechtliche Beurteilung der Feuerwehrführungskräfte richtet sich nach den von der Rechtsprechung zum Begriff des Beschäftigungsverhältnisses entwickelten Kriterien. Eine Prüfung anhand dieser Kriterien hat bei den Bayerischen Feuerwehrvereinen ergeben, dass die Führungskräfte in einem abhängigen Beschäftigungsverhältnis stehen. Die Weisungsgebundenheit der Feuerwehrführungskräfte gegenüber den Kommunen bzw. Landkreisen kommt bereits darin zum Ausdruck, dass diesen die Einrichtung, der Unterhalt sowie der Betrieb des Feuerwehrwesens obliegen. Die den Feuerwehrführungskräften gewährte Aufwandsentschädigung stellt insoweit Arbeitsentgelt i.S. der Sozialversicherung dar, als sie der Lohnsteuerpflicht unterliegt. Soweit in anderen Bundesländern hinsichtlich des Feuerwehrwesens vergleichbare Regelungen bestehen, gilt Entsprechendes (vgl. Besprechungsergebnis der Spitzenverbände der Sozialversicherungsträger vom 16./17.11.1999, Sozialversicherungsbeitrag-Handausgabe 2001 VL 7 IV/11).

Finderlohn

991 Finderlohn gehört zum **Arbeitslohn**, wenn das Auffinden von Geld oder Wertsachen zu den **eigentlichen Dienstobliegenheiten** des Arbeitnehmers gehört, z.B. bei Detekteien. Das gilt auch für Zahlungen durch Dritte (vgl. auch → *Fundgelder* Rz. 1092).

⌐LSt⌐ Ⓢⓥ

Finderlohn für das Auffinden von Gegenständen, die **Dritte** in den Räumen des Arbeitgebers verloren haben, ist dagegen regelmäßig kein Arbeitslohn, weil ein Veranlassungszusammenhang mit dem Dienstverhältnis fehlt.

⌐LSt⌐ Ⓢⓥ

Firmenkreditkarte

1. Firmenkreditkarte

992 Hierfür gilt Folgendes (BMF-Schreiben vom 29.9.1998, BB 1998 S. 2461):

a) Einsatz auf Dienstreisen

993 Bei der steuerlichen Beurteilung der Nutzung von Kreditkarten, die auf Dienstreisen eingesetzt und über das **Bankkonto des Arbeitnehmers abgerechnet** werden, ist wie folgt zu unterscheiden:

a) **Erstattet der Arbeitgeber** dem Arbeitnehmer die für die Kreditkarte anfallende **Kartengebühr**, erhält der Arbeitnehmer eine **Barzuwendung**, die nur steuerfrei bleiben kann, soweit sie den Ersatz von nach § 3 Nr. 16 EStG steuerfreien Reisekosten betrifft. Nach Erlassen der obersten Finanzbehörden sind die **Kredit-**

kartenabrechnungen, aus denen sich der Einsatz der Kreditkarten auf Dienstreisen ergibt, zum **Lohnkonto zu nehmen**. Es reicht allerdings aus, wenn die Abrechnungen als **Belege zur Reisekostenabrechnung aufbewahrt** werden und die Möglichkeit zur Nachprüfung der Reisekostenvergütungen durch Hinweise im Lohnkonto sichergestellt wird.

b) Wird die **Vergabe von Kreditkarten** an Arbeitnehmer zwischen dem Arbeitgeber und dem Kreditkartenunternehmen **vereinbart**, z.B. in einem Rahmenvertrag, und wird die Kreditkarte an den **einzelnen Arbeitnehmer** mit Zustimmung und für Rechnung des Arbeitgebers **ausgehändigt**, erhält der Arbeitnehmer einen **Sachbezug** in Form der unentgeltlichen Überlassung einer Kreditkarte.

Ist in diesem Fall die Kreditkarte als Firmenkreditkarte, z.B. als Corporate-Card, gekennzeichnet, mit dem Namen des Arbeitgebers versehen und wird sie an Arbeitnehmer mit einer **umfangreichen Reisetätigkeit** ausgegeben, bei denen die Kreditkarte nur in ganz geringem Umfang privat eingesetzt wird, bestehen keine Bedenken, die Überlassung insgesamt als eine Leistung des Arbeitgebers zu betrachten, die er **in ganz überwiegendem betrieblichem Interesse** erbringt und die deshalb **nicht zum Arbeitslohn gehört**.

Kann nach den Verhältnissen des Einzelfalls **nicht** davon ausgegangen werden, dass die **private Mitbenutzung** der überlassenen Firmenkreditkarte **von untergeordneter Bedeutung** ist, so ist der Anteil des Vorteils nach § 3 Nr. 16 EStG **steuerfrei**, der dem **Volumenanteil der Reisekostenumsätze** am Gesamtumsatz der Kreditkarte entspricht. Der übrige Anteil des Vorteils ist als **Arbeitslohn** nur zu erfassen, wenn er – ggf. zusammen mit anderen nach § 8 Abs. 2 Satz 1 EStG zu bewertenden Sachbezügen – die **Freigrenze** nach § 8 Abs. 2 Satz 9 EStG von **monatlich 50 € übersteigt**.

b) Reisekostenabrechnung

994 Die Erstattung von Reisekosten ist nach § 3 Nr. 16 EStG steuerfrei, soweit keine höheren Beträge erstattet werden, als nach § 9 EStG als **Werbungskosten abzuziehen wären**. Der Arbeitnehmer hat seinem **Arbeitgeber Unterlagen vorzulegen**, aus denen die Voraussetzungen für die Steuerfreiheit der Erstattung ersichtlich sind. Soweit tatsächlich entstandene Aufwendungen erstattet werden, z.B. **Fahrtkosten und Übernachtungskosten**, müssen sich aus den Unterlagen auch die tatsächlichen Kosten ergeben. **Verpflegungsmehraufwendungen** können nur bis zur Höhe der von der Abwesenheitsdauer abhängigen Verpflegungspauschbeträgen steuerfrei ersetzt werden. Insoweit ist in den Unterlagen auch die Abwesenheitsdauer anzugeben.

Formvorschriften für die Abrechnung bzw. für die Aufzeichnung gibt es nicht. Deshalb sind auch Reisekostenabrechnungen steuerlich anzuerkennen, in denen **mehrere** innerhalb eines bestimmten Zeitraums durchgeführte **Dienstreisen abgerechnet** werden.

⌐LSt⌐ Ⓢⓥ

c) Privatnutzung

995 Wird eine vom Arbeitgeber unentgeltlich überlassene Firmenkreditkarte hingegen **überwiegend privat genutzt** und übernimmt der Arbeitgeber trotzdem die Gebühren, liegt beim Arbeitnehmer insoweit steuerpflichtiger Arbeitslohn vor. Dieser bleibt jedoch nach § 8 Abs. 2 Satz 9 EStG **steuerfrei**, wenn der geldwerte Vorteil – zusammen mit anderen Vorteilen – **50 € monatlich** nicht übersteigt.

LSt Ⓢⓥ

2. Kreditkarte des Arbeitnehmers

996 Für die steuerliche Behandlung der vom Arbeitgeber übernommenen Gebühren für eine Kreditkarte des Arbeitnehmers, die nicht privat genutzt werden darf, gilt Folgendes (FinMin Brandenburg, Erlass vom 19.12.1996, DB 1997 S. 73):

– Die Übernahme der Kreditkartengebühr durch den Arbeitgeber ist in voller Höhe nach § 3 Nr. 16 EStG steuerfrei, wenn gewährleistet ist, dass die Kreditkarte ausschließlich zur Abrechnung von **Reisekosten** und **Auslagenersatz** eingesetzt wird. Hierfür ist es erforderlich, dass der **Arbeitgeber** auf den monatlich vorgelegten Kreditkartenabrechnungen sämtliche der dort ausgewiesenen Transaktionen im Rahmen der **Reisekostenabrechnung kontrolliert** und die **Kreditkartenabrechnung zum Lohnkonto nimmt**.

– Werden mit der Kreditkarte **andere Umsätze** als Reisekosten oder Auslagenersatz ausgeführt, so kann nur der Anteil der übernommenen Kreditkartengebühr nach § 3 Nr. 16 EStG steuerfrei bleiben, der dem Volumenanteil der abgebuchten Beträge für Reisekosten und Auslagenersatz an den gesamten Abbuchungen entspricht.

– Sind **steuerpflichtige Anteile zu erfassen**, so sind ggf. auch Sachbezüge zu erfassen. Sie entstehen dadurch, dass auf Grund eines zwischen dem Arbeitgeber und der Kreditkartenorganisation abgeschlossenen Rahmenabkommens eine Kreditkartengebühr zu entrichten ist, die unter den üblichen Endpreisen i.S. des § 8 Abs. 2 EStG liegt. Insoweit käme ggf. die **Freigrenze von monatlich 50 €** (§ 8 Abs. 2 Satz 9 EStG) in Betracht.

Firmenwagen zur privaten Nutzung

1. Grundsätze

997 Überlässt der Arbeitgeber oder auf Grund des Dienstverhältnisses ein Dritter dem Arbeitnehmer ein Kraftfahrzeug unentgeltlich zu Privatfahrten, so ist der Nutzungsvorteil dem Arbeitslohn zuzurechnen. Dies hat der Gesetzgeber in § 8 Abs. 2 EStG klargestellt. Soweit die Nutzung des Firmenwagens lohnsteuerlich einen geldwerten Vorteil darstellt, handelt es sich auch **sozialversicherungsrechtlich um beitragspflichtiges Entgelt** (§ 1 ArEV).

Zur **privaten Nutzung** eines Kraftfahrzeugs gehören alle Fahrten, die einem privaten Zweck dienen, z.B. Fahrten zur Erholung, Fahrten zu Verwandten, Freunden, kulturellen oder sportlichen Veranstaltungen, Einkaufsfahrten, Fahrten zu Gaststättenbesuchen und Mittagsheimfahrten, oder Fahrten, die der Erzielung von Einkünften aus einem anderen Dienstverhältnis oder anderer Einkünfte (als solche aus nichtselbständiger Arbeit) dienen (vgl. BFH, Urteil vom 3.12.1987, BStBl II 1988 S. 266, betr. Dienstwagenbenutzung eines Oberbürgermeisters für Abgeordnetentätigkeit). **Nicht zu den privaten Fahrten** gehören Fahrten zwischen Wohnung und Arbeitsstätte einschließlich der Fahrten, die der Arbeitnehmer aus beruflichen Gründen mehrmals am Tag durchführen muss, und Familienheimfahrten im Rahmen einer doppelten Haushaltsführung. Für diese Fahrten hat der Arbeitnehmer ggf. einen gesonderten geldwerten Vorteil zu versteuern.

Für die Bewertung der privaten Nutzung eines Firmenwagens sind in § 8 Abs. 2 EStG **zwei Berechnungsmethoden** zugelassen worden, nämlich die 1 %-Regelung als vom Gesetzgeber gedachter Regelfall und die Ermittlung eines individuellen Nutzungswerts als Ausnahmeregelung, wenn Arbeitgeber und Arbeitnehmer der Auffassung sind, dass die 1 %-Regelung für sie zu ungünstig ist (sog. Escape-Klausel). Nach Ansicht des Bundesfinanzhofs (Urteil vom 24.2.2000, BStBl II 2000 S. 273) ist die 1 %-Regelung verfassungsrechtlich nicht zu beanstanden. Allerdings ist zu dieser Frage noch ein Revisionsverfahren beim Bundesfinanzhof anhängig (Az. beim BFH: III R 14/99). Nach Auffassung der Finanzverwaltung können Einsprüche gegen die 1 %-Regelung bis zur Erledigung des anhängigen Verfahrens ruhen (OFD Koblenz, Verfügung vom 4.12.2000, StEd 2001 S. 90).

Hat der Arbeitnehmer arbeitsrechtlich einen Anspruch auf einen auch privat zu nutzenden Dienstwagen und stellt er stattdessen seinem Arbeitgeber **sein eigenes Fahrzeug gegen Entgelt** (Vollkostenerstattung) zur Nutzung als Dienstwagen zur Verfügung, ist der Vorteil der privaten Nutzungsmöglichkeit des Fahrzeugs nach der 1 %-Regelung zu ermitteln, wenn kein Fahrtenbuch geführt wird (FG Münster, Urteil vom 21.1.2000, EFG 2000 S. 480, Revision eingelegt, Az. beim BFH: VI R 54/00).

2. 1 %-Regelung

a) Allgemeines

Die private Nutzung eines Kraftfahrzeugs ist für jeden Kalendermonat mit **1 % des inländischen Listenpreises** im Zeitpunkt der Erstzulassung zuzüglich der Kosten für Sonderausstattungen einschließlich der Umsatzsteuer anzusetzen (§ 8 Abs. 2 Satz 2 i.V.m. § 6 Abs. 1 Nr. 4 Satz 2 EStG). Kann das Kraftfahrzeug auch **für Fahrten zwischen Wohnung und Arbeitsstätte** genutzt werden, **erhöht sich der Wert** für jeden Kalendermonat **um 0,03 % des Listenpreises** für jeden Kilometer der Entfernung zwischen Wohnung und Arbeitsstätte (§ 8 Abs. 2 Satz 3 EStG, R 31 Abs. 9 Nr. 1 Satz 2 LStR). **998**

b) Listenpreis

Listenpreis ist die **auf volle 100 € abgerundete unverbindliche Preisempfehlung des Herstellers** für das genutzte Kraftfahrzeug **im Zeitpunkt seiner Erstzulassung** zuzüglich der Zuschläge für Sonderausstattungen (z.B. Klimaanlage, Radio, Navigationssystem, Alarmanlage usw.) und der Umsatzsteuer (R 31 Abs. 9 Nr. 1 Satz 6 LStR). Der Wert eines **Autotelefons** bleibt außer Ansatz, weil es sich hierbei um ein selbständiges Wirtschaftsgut handelt (BFH, Beschluss vom 20.2.1997, BStBl II 1997 S. 360). Privatgespräche sind auf Grund der Steuerbefreiung des § 3 Nr. 45 EStG nicht als Sachbezug zu versteuern. **999**

Außer Ansatz, weil nicht zum Listenpreis gehörend, bleiben auch

– die Überführungskosten,

– die Kosten für den Kraftfahrzeugbrief oder

– die Zulassungskosten (z.B. Nummernschilder).

Dies gilt aber nicht für Preisnachlässe, die dem Arbeitgeber beim Kauf des Fahrzeugs gewährt werden.

Beispiel 1:

Ein Arbeitnehmer erhält von seinem Arbeitgeber ein Fahrzeug kostenlos zur Nutzung überlassen. Der Arbeitgeber hat das Fahrzeug für netto 21 000 € erworben. Die unverbindliche Preisempfehlung des Herstellers beträgt netto 23 000 €, hinzu kommt die vom Händler kostenlos mitgelieferte Sonderausstattung von netto 1 500 €, sowie Überführungskosten von 450 € und Anmeldekosten (Kfz-Brief, Nummernschilder usw.) von 150 €.

Der inländische Listenpreis des Fahrzeugs ermittelt sich wie folgt:

unverbindliche Preisempfehlung netto	23 000 €
+ Sonderausstattung	1 500 €
	24 500 €
+ 16 % Umsatzsteuer	3 920 €
Insgesamt	28 420 €
Listenpreis abgerundet	28 400 €

Die Überführungs- und Anmeldekosten sowie der vom Arbeitgeber ausgehandelte Rabatt bleiben unberücksichtigt.

Bei einem Kraftwagen, der **aus Sicherheitsgründen gepanzert** ist, kann **der Listenpreis des leistungsschwächeren Fahrzeugs** zu Grunde gelegt werden, das dem Arbeitnehmer zur Verfügung gestellt würde, wenn seine Sicherheit nicht gefährdet wäre (R 31 Abs. 9 Nr. 1 Satz 7 LStR). Sicherheitsausrüstungen in diesem Sinne sind ausschließlich Vorkehrungen zum Personenschutz (z.B. Panzerglas). Bei lediglich der Verkehrssicherheit dienenden Einbauten (z.B. Winterreifen, Schneeketten, Kopfstützen im Fond, Feuerlöscher, ABS, Airbag) ist eine Minderung der Bemessungsgrundlage nicht zulässig, vgl. hierzu auch FG Hamburg, Urteil vom 13.3.1997, EFG 1997 S. 856, betr. Übernahme der Kosten für Zubehör im Pkw des Arbeitnehmers durch den Arbeitgeber als steuerpflichtiger Arbeitslohn.

Der Listenpreis ist auch **für reimportierte Fahrzeuge** anzusetzen (Tz. I.1 des BMF-Schreibens vom 28.5.1996, BStBl I 1996 S. 654). Soweit das reimportierte Fahrzeug mit zusätzlichen Sonderausstattungen versehen ist, die sich im inländischen Listenpreis nicht niedergeschlagen haben, ist der Wert der Sonderausstattung zusätzlich zu berücksichtigen. Soweit das reimportierte Fahrzeug geringerwertig ausgestattet ist, lässt sich der Wert der „Minderausstattung" durch einen Vergleich mit einem adäquaten inländischen Fahrzeug angemessen berücksichtigen.

Beispiel 2:

Dem Arbeitnehmer wird vom Arbeitgeber ein reimportiertes Kraftfahrzeug überlassen, für das der Arbeitgeber 18 000 € gezahlt hat. Das Fahrzeug hat im Vergleich zu einem inländischen Modell keine Leuchtweitenregulierung. Dafür beträgt die Motorisierung statt 66 kW 74 kW und es ist statt mit einem Notrad mit einem vollwertigen Reserverad ausgestattet. Das vergleichbare inländische Fahrzeug hat einen Listenpreis von 22 000 €.

Die Mehr- und Minderausstattung des Fahrzeugs gleicht sich in etwa aus. Daher ist als Listenpreis von einem Wert von 22 000 € auszugehen.

Der Listenpreis ist auch dann anzusetzen, wenn der Arbeitgeber das Kraftfahrzeug **gebraucht erworben** oder **geleast** hat (BFH, Urteil vom 1.3.2001, BStBl II 2001 S. 403).

c) Privatfahrten

1000 Bei der 1 %-Regelung hat der Arbeitgeber grundsätzlich die private Nutzung mit **monatlich 1 % des inländischen Listenpreises des Kraftfahrzeugs** zu bewerten (§ 8 Abs. 2 Satz 2 i.V.m. § 6 Abs. 1 Nr. 4 Satz 2 EStG).

Kürzungen dieses Wertes, z.B.

– unter Hinweis auf **Beschriftungen des Firmenwagens**,

– auf einen **Zweitwagen** des Arbeitnehmers,

– auf **Übernahme der Treibstoffkosten** durch den Arbeitnehmer oder

– auf die **Unterbringung** des Kraftfahrzeugs in einer dem Arbeitnehmer gehörenden bzw. von ihm **gemieteten Garage**

sind nicht zulässig (R 31 Abs. 9 Nr. 1 Satz 5 LStR). Dies gilt auch, wenn die Privatnutzung vom Arbeitgeber eingeschränkt worden ist, z.B. Nutzung des Fahrzeugs nur in einem Bundesland oder Verbot der Nutzung für Urlaubsfahrten.

Die 1 %-Regelung gilt auch dann, wenn ein Firmenwagen nur **geringfügig privat genutzt** wird, weil der Arbeitnehmer oder Familienangehörige noch einen Zweitwagen haben. Die bloße Behauptung, der Firmenwagen werde nicht für Privatfahrten genutzt oder Privatfahrten würden ausschließlich mit anderen Fahrzeugen durchgeführt, reicht nicht aus, von der 1 %-Regelung abzusehen (vgl. BMF-Schreiben vom 4.8.1999, BStBl I 1999 S. 727, sowie BFH, Beschluss vom 14.5.1999, DStR 1999 S. 1309).

Die 1 %-Regelung gilt nach Auffassung der Finanzverwaltung auch in den Fällen, in denen **Autoverkäufer Vorführwagen nach Dienstschluss** sowie zum Wochenende mit nach Hause nehmen, um ggf. während dieser Zeit noch Probefahrten durchzuführen. Die Tatsache, dass die Kraftfahrzeuge nicht für Urlaubsfahrten benutzt werden, sieht die Finanzverwaltung als unbeachtlich an. Demgegenüber hat das Niedersächsische Finanzgericht in einem besonderen Einzelfall entschieden, dass bei Autoverkäufern **nicht von vornherein eine Privatnutzung des Fahrzeugs anzunehmen ist**, wenn dieser einen Vorführwagen mit nach Hause nimmt (Urteil vom 4.8.1994, EFG 1995 S. 167). Dies gilt nach Auffassung des Finanzgerichts insbesondere dann, wenn der Arbeitgeber eine Privatnutzung arbeitsvertraglich untersagt und ein erhebliches finanzielles Interesse daran hat, dass die Vorführwagen nicht zu häufig gefahren werden, weil dies den Verkaufswert und die Verkaufsmöglichkeiten des Vorführwagens beeinträchtigt.

Mit der 1 %-Regelung sind auch die Kosten **für private Urlaubsreisen** abgegolten. Dies gilt allerdings nicht für **besondere Kosten**, die durch die private Nutzung des Kraftfahrzeugs entstehen (z.B. Autofähre, Reisezug, Parkgebühren), da es sich nicht um typische Kraftfahrzeugkosten handelt. Diese Aufwendungen sind zusätzlich zu erfassen.

Ist an dem Kraftfahrzeug anlässlich **einer Privatfahrt ein Schaden entstanden**, muss der Arbeitgeber prüfen, ob gegenüber dem Arbeitnehmer **ein Schadensersatzanspruch** besteht. Ist dies der Fall und verzichtet der Arbeitgeber auf den Ersatz des Schadens, entsteht dem Arbeitnehmer ein entsprechender steuerpflichtiger geldwerter Vorteil in Höhe des verursachten Schadens. Dieser ist im Zeitpunkt des Verzichts beim Arbeitnehmer steuerlich zu erfassen (BFH, Urteil vom 27.3.1992, BStBl II 1992 S. 837), → *Schadensersatz* Rz. 2168.

d) Fahrten zwischen Wohnung und Arbeitsstätte

1001 Kann ein Kraftfahrzeug, das der Arbeitgeber oder auf Grund des Dienstverhältnisses ein Dritter dem Arbeitnehmer unentgeltlich überlassen hat, von dem Arbeitnehmer auch **für Fahrten zwischen Wohnung und Arbeitsstätte** genutzt werden, so ist diese Nutzungsmöglichkeit unabhängig von der Nutzung des Fahrzeugs zu Privatfahrten zusätzlich mit monatlich **0,03 %** des inländischen Listenpreises des Kraftfahrzeugs **für jeden Kilometer der Entfernung** zwischen Wohnung und Arbeitsstätte zu bewerten und dem Arbeitslohn zuzurechnen, soweit nicht entsprechende Aufwendungen des Arbeitnehmers wegen einer Einsatzwechseltätigkeit in voller Höhe als Werbungskosten zu berücksichtigen wären (R 31 Abs. 9 Nr. 1 Satz 2 LStR).

Es ist unerheblich, ob und wie oft im Kalendermonat das Kraftfahrzeug tatsächlich für Fahrten zwischen Wohnung und Arbeitsstätte genutzt wird. Der Ansatz des pauschalen Nutzungswerts hängt allein davon ab, dass der Arbeitnehmer das Kraftfahrzeug für Fahrten zwischen Wohnung und Arbeitsstätte nutzen kann. Der Monatswert ist deshalb auch dann anzusetzen, wenn das Kraftfahrzeug dem Arbeitnehmer im Kalendermonat nur zeitweise zur Verfügung steht. Der Monatswert wird deshalb auch dann nicht auf Tage umgerechnet, wenn die Nutzung im Laufe des Monats beginnt oder endet. Ein durch Urlaub oder Krankheit bedingter Nutzungsausfall ist im Nutzungswert pauschal berücksichtigt.

Die Auswirkung dieser Regelung soll durch folgende Übersicht verdeutlicht werden:

Bruttolistenpreis	25 000 €	38 000 €	50 000 €
Entfernung der Wohnung von der Arbeitsstätte	20 km	20 km	20 km
geldwerter Vorteil	150 €	228 €	300 €

aa) Werbungskosten

1002 Der Arbeitnehmer muss bei einer unentgeltlichen oder verbilligten Nutzung des Firmenwagens für Fahrten zwischen Wohnung und Arbeitsstätte den geldwerten Vorteil zwar einerseits als Arbeitslohn versteuern, andererseits kann er **jedoch Werbungskosten** bei seiner Veranlagung zur Einkommensteuer geltend machen, und zwar regelmäßig **in Höhe von 0,36 € für die ersten zehn Kilometer und 0,40 € für jeden weiteren Kilometer der Entfernung zwischen Wohnung und Arbeitsstätte. Eine Saldierung** des vom Arbeitgeber zu versteuernden geldwerten Vorteils mit dem beim Arbeitnehmer möglichen Werbungskostenabzug **ist nicht zulässig**, weil der Arbeitgeber grundsätzlich keine Werbungskosten des Arbeitnehmers steuerfrei ersetzen darf, sofern es nicht in einer Steuerbefreiungsvorschrift ausdrücklich zugelassen ist (R 70 Abs. 3 LStR).

Behinderte Menschen i.S. von § 9 Abs. 2 EStG (Grad der Behinderung mindestens 70 oder Grad der Behinderung mindestens 50 und erhebliche Beeinträchtigung der Bewegungsfähigkeit im Straßenverkehr) **können entweder die tatsächlichen Kosten** für Fahrten zwischen Wohnung und Arbeitsstätte als Werbungskosten abziehen oder – ohne Einzelnachweis – 0,30 € je Kilometer (0,60 € je Entfernungskilometer). Im Falle der unentgeltlichen Kraftfahrzeugnutzung sind dies grundsätzlich die versteuerten geldwerten Vorteile für Fahrten zwischen Wohnung und Arbeitsstätte (R 33 Abs. 4 Satz 2 LStR).

Auswirkungen ergeben sich bei ihnen durch die Versteuerung des geldwerten Vorteils einerseits und den Werbungskostenabzug andererseits nur in Bezug auf den Arbeitnehmer-Pauschbetrag von 1 044 € und auch nur insoweit, als dieser Pauschbetrag nicht bereits durch andere Aufwendungen überschritten wird.

Beispiel 1:

Ein Arbeitnehmer (behinderter Mensch i.S. von § 9 Abs. 2 EStG) kann einen Firmenwagen für Fahrten zwischen Wohnung und Arbeitsstätte kostenlos nutzen. Der Listenpreis beträgt 40 000 €, die Entfernung Wohnung – Arbeitsstätte 40 km. Weitere Werbungskosten sind dem Arbeitnehmer nicht entstanden. Der Arbeitslohn des Arbeitnehmers beträgt 50 000 € im Kalenderjahr.

Der Arbeitnehmer hat einen geldwerten Vorteil für die Fahrten zwischen Wohnung und Arbeitsstätte von jährlich 5 760 € (0,03 % von 40 000 € × 40 km × 12 Monate) zu versteuern.

Im Einkommensteuerbescheid werden die Einkünfte aus nichtselbständiger Arbeit wie folgt ermittelt:

Arbeitslohn	50 000 €
+ geldwerter Vorteil „Firmenwagen"	5 760 €
= Summe	55 760 €
⁒ Werbungskosten	5 760 €
= Einkünfte	50 000 €

Ohne die Nutzung des Firmenwagens hätte der Arbeitnehmer Einkünfte von 48 956 € (50 000 € ⁒ 1 044 € Arbeitnehmer-Pauschbetrag).

Der Ansatz des geldwerten Vorteils mit dem Pauschalbetrag in Höhe von 0,03 % des Listenpreises für jeden Kilometer der einfachen Entfernung zwischen Wohnung und Arbeitsstätte kann allerdings **bei preiswerten Kraftfahrzeugen** dazu führen, dass der Arbeitnehmer **weniger versteuern muss**, als er durch die Entfernungspauschale als Werbungskosten bei seiner Veranlagung zur Einkommensteuer abziehen kann.

Beispiel 2:

Wie Beispiel 1, der Listenpreis des Firmenwagens beträgt jedoch 12 500 €.

Der Arbeitnehmer hat einen geldwerten Vorteil für die Fahrten zwischen Wohnung und Arbeitsstätte von jährlich 1 800 € (0,03 % von 12 500 € × 40 km × 12 Monate) zu versteuern.

Im Einkommensteuerbescheid werden die Einkünfte aus nichtselbständiger Arbeit wie folgt ermittelt (der Arbeitnehmer verzichtet allerdings auf den Nachweis der tatsächlichen Kosten und beantragt den Abzug des pauschalen Kilometersatzes von 0,60 € je Entfernungskilometer; → *Wege zwischen Wohnung und Arbeitsstätte* Rz. 2622):

Arbeitslohn	50 000 €
+ geldwerter Vorteil „Firmenwagen"	1 800 €
= Summe	51 800 €
⁒ Werbungskosten (180 Tage × 40 km × 0,60 €)	4 320 €
= Einkünfte	47 480 €

bb) Maßgebende Entfernung

1003 Dem pauschalen Nutzungswert ist **die einfache Entfernung zwischen Wohnung und Arbeitsstätte** zu Grunde zu legen; diese ist auf den **nächsten vollen Kilometerbetrag abzurunden**. Maßgebend ist immer die **kürzeste benutzbare Straßenverbindung**. Der pauschale Nutzungswert ist auch **nicht zu erhöhen**, wenn der Arbeitnehmer das Kraftfahrzeug an einem Arbeitstag **mehrmals zwischen Wohnung und Arbeitsstätte** benutzt (Tz. 30 des Arbeitgeber-Merkblatts 1996, BStBl I 1995 S. 719).

cc) Park and Ride

1004 Setzt der Arbeitnehmer ein ihm überlassenes Kraftfahrzeug bei den Fahrten zwischen Wohnung und Arbeitsstätte oder bei Familienheimfahrten **nur für eine Teilstrecke** ein, weil er regelmäßig die andere Teilstrecke mit öffentlichen Verkehrsmitteln zurücklegt, so ist der Ermittlung des pauschalen Nutzungswerts die **gesamte Entfernung** zu Grunde zu legen. Ein Nutzungswert auf der Grundlage der Entfernung, die mit dem Kraftfahrzeug zurückgelegt worden ist, kommt nur in Betracht, wenn das Kraftfahrzeug vom Arbeitgeber **nur für diese Teilstrecke zur Verfügung** gestellt worden ist (Tz. I.3 des BMF-Schreibens vom 28.5.1996, BStBl I 1996 S. 654).

Beispiel

Ein Arbeitgeber, dessen Hauptbetrieb sich 20 km entfernt von Hannover befindet, gestattet seinen Arbeitnehmern, die in Hannover wohnen, für die Fahrt zwischen Wohnung und Arbeitsstätte die Firmenwagen zu benutzen. Der Wagen darf aber nur bis zur Zweigniederlassung, die sich in unmittelbarer Nähe einer U-Bahn-Haltestelle befindet, benutzt werden. Die Fahrzeuge sind dort abzustellen und der Fahrzeugschlüssel ist beim Pförtner abzugeben. Die Entfernung Hauptbetrieb – Zweigniederlassung beträgt 15 km.

Die Arbeitnehmer haben den geldwerten Vorteil auf der Grundlage einer Entfernung von 15 km zu versteuern, und zwar unabhängig davon, wie groß die Entfernung Hauptbetrieb – Wohnung tatsächlich ist.

dd) Einsatzwechseltätigkeit

1005 Fahrten zwischen Wohnung und regelmäßiger Arbeitsstätte liegen nicht vor bei Arbeitnehmern, die **eine Einsatzwechseltätigkeit** (R 37 Abs. 5 LStR) ausüben. Dies gilt allerdings nur für Fahrten zwischen Wohnung und Einsatzstelle, wenn arbeitstäglich mindestens eine Einsatzstelle aufgesucht wird, **die mehr als 30 km** von der Wohnung entfernt ist, und die Dauer der Tätigkeit an dieser Einsatzstelle **nicht über drei Monate** hinausgeht oder wenn die Tätigkeit im Wesentlichen durch den täglichen mehrfachen Ortswechsel geprägt ist; vgl. hierzu R 38 Abs. 3 LStR.

Bei Arbeitnehmern, die eine Einsatzwechseltätigkeit i.S. von R 37 Abs. 5 LStR ausüben und bei denen die Fahrten zeitweise zu Einsatzstellen führen, die **nicht mehr als 30 km** von der Wohnung entfernt sind oder an denen die Tätigkeit **über drei Monate hinaus ausgeübt** wird, ist der pauschale Nutzungswert **arbeitstäglich mit 0,002 %** des inländischen Listenpreises des Kraftfahrzeugs für jeden Kilometer der Entfernung zwischen Wohnung und Arbeitsstätte anzusetzen (Tz. 31 des Arbeitgeber-Merkblatts 1996, BStBl I 1995 S. 719).

Beispiel:

Einem Arbeitnehmer mit Einsatzwechseltätigkeit wird im Kalenderjahr 2002 ein Pkw (Listenpreis im Zeitpunkt der Erstzulassung 30 000 €) nachweislich nur für berufliche Fahrten und für Fahrten zwischen Wohnung und Einsatzstelle (Entfernung 40 km) überlassen. Die Dauer der Tätigkeit an der Einsatzstelle beträgt fünf Monate.

In den ersten drei Monaten ist lohnsteuerlich nichts zu veranlassen. Ab dem vierten Monat ergibt sich ausgehend von z.B. 20 Arbeitstagen ein Betrag von 480 € monatlich (0,002 % von 30 000 € = 0,60 € × 40 km × 20 Arbeitstage).

Auf Grund **der gesetzlichen Regelung** in § 8 Abs. 2 Satz 3 EStG kann jedoch höchstens ein geldwerter Vorteil in Höhe von 360 € (0,03 % von 30 000 € × 40 km) angesetzt werden.

ee) Dienstliche Nutzung

1006 Wird ein Kraftfahrzeug **ausschließlich** zu solchen Fahrten zwischen Wohnung und regelmäßiger Arbeitsstätte überlassen, durch **die eine dienstliche Nutzung des Kraftfahrzeugs** an der Wohnung begonnen oder beendet werden kann, so sind diese

Fahrten nicht zu erfassen (Tz. I.4 des BMF-Schreibens vom 28.5.1996, BStBl I 1996 S. 654).

Beispiel 1:

Ein Arbeitnehmer, der in Frankfurt wohnt, erhält von seinem Arbeitgeber (Sitz in Wiesbaden) ein Firmenfahrzeug zur Verfügung gestellt, weil er am nächsten Morgen eine Dienstreise nach München antreten muss. Die Dienstreise dauert zwei Tage und endet abends an der Wohnung des Arbeitnehmers. Am nächsten Morgen fährt er mit dem Firmenfahrzeug zu seiner Arbeitsstätte tätig.

Obwohl der Arbeitnehmer mit dem Firmenfahrzeug zwei Fahrten zwischen Wohnung und Arbeitsstätte durchführt, ist hierfür kein Nutzungswert anzusetzen, da durch diese Fahrten eine dienstliche Nutzung begonnen und beendet wurde.

Gleiches gilt auch für **eine Rufbereitschaft**, wenn **ausschließlich für diesen Zweck** vom Arbeitgeber Fahrzeuge zur Verfügung gestellt werden (BFH, Urteil vom 25.5.2000, BStBl II 2000 S. 690).

Beispiel 2:

Ein mit Reparaturarbeiten betrauter Arbeitnehmer ist an insgesamt sechs Wochen im Jahr zu einer Rufbereitschaft in seiner Wohnung verpflichtet. Für diese Zeit wird ihm ein mit Werkzeug und Material ausgestattetes Einsatzfahrzeug überlassen.

Die Möglichkeit der Fahrzeugnutzung für Fahrten zwischen Wohnung und Arbeitsstätte führt für den Arbeitnehmer nicht zu Arbeitslohn, sondern liegt im ganz überwiegenden eigenbetrieblichen Interesse des Arbeitgebers (BFH, Urteil vom 25.5.2000, BStBl II 2000 S. 690).

Demgegenüber hat das Finanzgericht Baden-Württemberg entschieden, dass bei **ständiger Nutzung eines Sonderfahrzeugs** für Fahrten zwischen Wohnung und Arbeitsstätte gleichwohl ein geldwerter Vorteil versteuert werden muss (Urteil vom 10.2.1998, EFG 1998 S. 811).

Beispiel 3:

Der Arbeitnehmer ist als feuerwehrtechnischer Sachverständiger und Sachgebietsleiter im Zivil-, Katastrophen- und Brandschutz beim Landratsamt tätig. Gleichzeitig ist er Kreisbrandmeister. Ihm muss auf Grund seiner beruflichen Tätigkeit ständig ein nach DIN 14507 ausgestatteter Einsatzleitwagen zur Verfügung stehen. Dieses Fahrzeug, ein feuerrot lackierter BMW 320, wird vom Arbeitnehmer regelmäßig auch für seine Fahrten zwischen Wohnung und Arbeitsstätte benutzt.

Das Finanzgericht bestätigte die Auffassung des Finanzamts, dass für die Fahrten zwischen Wohnung und Arbeitsstätte ein geldwerter Vorteil anzusetzen ist (FG Baden-Württemberg, Urteil vom 10.2.1998, EFG 1998 S. 811).

ff) Mehrere Wohnungen/Arbeitsstätten

1007 Fährt ein Arbeitnehmer **abwechselnd zu verschiedenen Wohnungen oder zu verschiedenen Arbeitsstätten**, ist ein pauschaler Monatswert (0,03 %) unter Zugrundelegung der Entfernung zur näher gelegenen Wohnung oder näher gelegenen Arbeitsstätte anzusetzen. Für jede Fahrt von und zu der weiter entfernt liegenden Wohnung oder von und zu der weiter entfernt liegenden Arbeitsstätte ist zusätzlich ein pauschaler Nutzungswert von 0,002 % des inländischen Listenpreises des Kraftfahrzeugs für jeden Kilometer der Entfernung zwischen Wohnung und Arbeitsstätte dem Arbeitslohn zuzurechnen, soweit sie die Entfernung zur näher gelegenen Wohnung übersteigt (Tz. 31 des Arbeitgeber-Merkblatts 1996, BStBl I 1995 S. 719).

Beispiel:

Ein Arbeitnehmer arbeitet in Frankfurt und hat dort **aus privaten Gründen** eine Zweitwohnung (Entfernung von der Arbeitsstätte 10 km). Seine Hauptwohnung hat er in Heidelberg (Entfernung von der Arbeitsstätte 70 km). Im Januar 2002 fährt er an 15 Arbeitstagen mit seinem Firmenwagen (Listenpreis 20 000 €) von seiner Wohnung in Frankfurt zur Arbeit. An sechs Arbeitstagen fährt er zu seiner Wohnung in Heidelberg und von dort wieder zur Arbeit.

Es ergibt sich für die Benutzung des Firmenwagens zu Fahrten zwischen Wohnung und Arbeitsstätte folgender geldwerter Vorteil:

Nähere Wohnung
0,03 % von 20 000 € = 6 € × 10 km	60 €

Weiter entfernte Wohnung
0,002 % von 20 000 € = 0,40 € × 60 km × 6 Arbeitstage	144 €
geldwerter Vorteil insgesamt	204 €

Die Kilometer für die weiter entfernt liegende Wohnung sind nur insoweit anzusetzen, als sie die Entfernung zur näher gelegenen Wohnung übersteigen (70 km abzüglich 10 km ergibt 60 km).

e) Familienheimfahrten

1008 Überlässt der Arbeitgeber oder auf Grund des Dienstverhältnisses ein Dritter dem Arbeitnehmer ein Kraftfahrzeug unentgeltlich **zu wöchentlichen Familienheimfahrten** im Rahmen einer beruflich veranlassten doppelten Haushaltsführung, so ist insoweit der Nutzungswert nach § 8 Abs. 2 Satz 5 EStG **steuerlich nicht zu erfassen**, solange die Dauer der Beschäftigung am selben Ort zwei Jahre nicht überschritten hat; zur Zwei-Jahres-Frist bei doppelter Haushaltsführung siehe → *Doppelte Haushaltsführung: Allgemeines* Rz. 752. Dementsprechend können diese wöchentlichen Familienheimfahrten vom Arbeitnehmer auch nicht als Werbungskosten geltend gemacht werden.

Beispiel 1:

Ein Arbeitnehmer arbeitet seit November 2001 in Frankfurt und hat dort **aus beruflichen Gründen** eine Zweitwohnung (Entfernung von der Arbeitsstätte 10 km). Seine Hauptwohnung hat er in Heidelberg (Entfernung von der Arbeitsstätte 70 km). Im Januar 2002 fährt er an 15 Arbeitstagen mit seinem Firmenwagen (Listenpreis 20 000 €) von seiner Wohnung in Frankfurt zur Arbeit. Einmal wöchentlich (4 mal im Monat) fährt er zu seiner Wohnung in Heidelberg und von dort wieder zur Arbeit. Es ergibt sich für die Benutzung des Firmenwagens folgender geldwerter Vorteil:

Privatfahrten
1 % von 20 000 €	200 €

Zweitwohnung (Fahrten Wohnung – Arbeitsstätte)
0,03 % von 20 000 € = 6 € × 10 km	60 €

Hauptwohnung (Familienheimfahrten)
Für eine wöchentliche Familienheimfahrt ist nach § 8 Abs. 2 Satz 5 EStG kein geldwerter Vorteil anzusetzen
	0 €
geldwerter Vorteil insgesamt	260 €

Wird das Kraftfahrzeug **zu mehr als einer Familienheimfahrt wöchentlich** oder **nach Ablauf der Zwei-Jahres-Frist** zu Familienheimfahrten genutzt, so ist für jede Familienheimfahrt ein pauschaler Nutzungswert in Höhe von 0,002 % des inländischen Listenpreises des Kraftfahrzeugs für jeden Kilometer der Entfernung zwischen dem Beschäftigungsort und dem Ort des eigenen Hausstands anzusetzen und dem Arbeitslohn zuzurechnen (Tz. 37 des Arbeitgeber-Merkblatts 1996, BStBl I 1995 S. 719). Mit dem pauschalen Kilometersatz von 0,002 % des Listenpreises ist also die Hin- und Rückfahrt abgegolten.

Beispiel 2:

Wie Beispiel 1, die doppelte Haushaltsführung besteht bereits seit 1998 und der Arbeitnehmer fährt sechsmal zu seiner Familienwohnung. Es ergibt sich für die Benutzung des Firmenwagens folgender geldwerter Vorteil:

Privatfahrten
1 % von 20 000 €	200 €

Zweitwohnung (Fahrten Wohnung – Arbeitsstätte)
0,03 % von 20 000 € = 6 € × 10 km	60 €

Hauptwohnung (Familienheimfahrten)
0,002 % von 20 000 € = 0,40 € × 70 km × 6 Familienheimfahrten	168 €
geldwerter Vorteil insgesamt	428 €

f) Überlassung mehrerer Kraftfahrzeuge

1009 Stehen einem Arbeitnehmer **gleichzeitig mehrere Kraftfahrzeuge** zur Verfügung, so ist **für jedes Fahrzeug** die private Nutzung mit monatlich **1 % des Listenpreises** anzusetzen; dem privaten Nutzungswert kann der Listenpreis des überwiegend genutzten Kraftfahrzeugs zu Grunde gelegt werden, wenn die Nutzung der Fahrzeuge durch andere zur Privatsphäre des Arbeitnehmers gehörende Personen so gut wie ausgeschlossen ist. Dem Nutzungswert für Fahrten zwischen Wohnung und Arbeitsstätte ist stets der Listenpreis des überwiegend für diese Fahrten benutzten Kraftfahrzeugs zu Grunde zu legen (Tz. I.2 des BMF-Schreibens vom 28.5.1996, BStBl I 1996 S. 654).

Beispiel:

Ein Arbeitgeber stellt seinen Führungskräften nicht nur einen Dienstwagen zur privaten Nutzung zur Verfügung, sondern sie erhalten ein weiteres

Firmenwagen zur privaten Nutzung

Kraftfahrzeug für den Ehepartner oder Lebensgefährten. Der Listenpreis des ersten Fahrzeugs beträgt 30 000 €, der des zweiten Fahrzeugs 15 000 €. Der Arbeitnehmer nutzt für Fahrten zwischen Wohnung und Arbeitsstätte überwiegend den teureren Wagen (Entfernung 20 km).

Der Arbeitnehmer hat monatlich zu versteuern:

– 1 % von 30 000 €	300 €
– 1 % von 15 000 €	150 €
– 0,03 % von 30 000 € × 20 km	180 €
Insgesamt	630 €

g) Monatsbeträge

1010 Der Monatswert ist auch dann anzusetzen, wenn das Kraftfahrzeug dem Arbeitnehmer im Kalendermonat **nur zeitweise** zur privaten Nutzung zur Verfügung steht. Werden einem Arbeitnehmer während eines Kalendermonats **abwechselnd unterschiedliche Fahrzeuge** zur privaten Nutzung überlassen, so ist das Fahrzeug der pauschalen Nutzungswertbesteuerung zu Grunde zu legen, das der Arbeitnehmer **überwiegend nutzt**. Dies gilt auch bei einem Fahrzeugwechsel im Laufe eines Kalendermonats (Tz. 21 des Arbeitgeber-Merkblatts 1996, BStBl I 1995 S. 719).

Entsprechendes gilt, wenn der Arbeitnehmer das Zugriffsrecht auf einen **Fahrzeugpool** hat und von seinem Zugriffsrecht nur gelegentlich Gebrauch macht.

Die Monatsbeträge brauchen allerdings **nicht angesetzt** zu werden (Tz. I.3 des BMF-Schreibens vom 28.5.1996, BStBl I 1996 S. 654):

– Für **volle Kalendermonate**, in denen dem Arbeitnehmer **kein betriebliches Kraftfahrzeug** zur Verfügung steht oder

– wenn dem Arbeitnehmer das Kraftfahrzeug aus besonderem Anlass oder zu einem besonderen Zweck **nur gelegentlich** (von Fall zu Fall) **für nicht mehr als fünf Kalendertage im Kalendermonat** überlassen wird. In diesem Fall ist die Nutzung zu Privatfahrten und zu Fahrten zwischen Wohnung und Arbeitsstätte je Fahrtkilometer mit 0,001 % des inländischen Listenpreises des Kraftfahrzeugs zu bewerten (Einzelbewertung). Zum Nachweis der Fahrstrecke müssen die Kilometerstände festgehalten werden.

Beispiel:

Die Tochter des Arbeitnehmers heiratet. Für die Fahrt zum Standesamt darf der Arbeitnehmer das Fahrzeug seines Chefs unentgeltlich nutzen. Insgesamt ist der Arbeitnehmer 50 km gefahren. Der Listenpreis des überlassenen Fahrzeugs beträgt 100 000 €.

Der Arbeitnehmer hat für das ihm nur gelegentlich überlassene Fahrzeug 50 € zu versteuern (0,001 % × 100 000 € × 50 km).

h) Begrenzung des pauschalen Nutzungswerts

1011 Der pauschale Nutzungswert kann die dem Arbeitgeber für das Fahrzeug insgesamt entstandenen Kosten **übersteigen**. Wird dies im Einzelfall nachgewiesen, so ist der Nutzungswert **höchstens mit dem Betrag der Gesamtkosten** des Kraftfahrzeugs anzusetzen, wenn nicht auf Grund des Nachweises der Fahrten durch ein Fahrtenbuch ein geringerer Wertansatz in Betracht kommt (Tz. I.8 des BMF-Schreibens vom 28.5.1996, BStBl I 1996 S. 654).

Beispiel:

Dem Arbeitnehmer ist ein Gebrauchtwagen zur privaten Nutzung zur Verfügung gestellt worden. Ausweislich der Buchführungsunterlagen des Arbeitgebers betragen die Gesamtkosten des Fahrzeugs im Kalenderjahr 2 500 € (einschließlich Umsatzsteuer). Der Arbeitnehmer hat kein Fahrtenbuch geführt. Der Listenpreis des Gebrauchtwagens betrug im Zeitpunkt der Erstzulassung 25 000 €. Die Entfernung Wohnung – Arbeitsstätte beträgt 15 km.

Da der Arbeitnehmer kein Fahrtenbuch geführt hat, ist der geldwerte Vorteil für die private Pkw-Nutzung pauschal zu ermitteln:

– 1 % von 25 000 € × 12 Monate	3 000 €
– 0,03 % von 25 000 € × 15 km × 12 Monate	1 350 €
Insgesamt	4 350 €

Da die Gesamtkosten des Fahrzeugs lediglich 2 500 € betragen, hat der Arbeitnehmer auch nur 2 500 € als geldwerten Vorteil zu versteuern.

i) Nutzungsverbot

1012 Wird dem Arbeitnehmer ein Kraftfahrzeug mit der Maßgabe zur Verfügung gestellt, es für Privatfahrten und/oder Fahrten zwischen Wohnung und Arbeitsstätte **nicht zu nutzen**, so kann von dem Ansatz des jeweils in Betracht kommenden pauschalen Werts **nur abgesehen** werden, wenn der Arbeitgeber die Einhaltung seines Verbots **überwacht** oder wenn wegen der besonderen Umstände des Falles die verbotene Nutzung **so gut wie ausgeschlossen** ist, z.B. wenn der Arbeitnehmer das Fahrzeug nach seiner Arbeitszeit und am Wochenende auf dem Betriebsgelände abstellt und den Schlüssel abgibt.

Nach Auffassung des Finanzgerichts Köln (Urteil vom 22.9.2000, EFG 2000 S. 1375) reicht dies bei einem GmbH-Alleingesellschafter-Geschäftsführer allerdings nicht aus, um den Anscheinsbeweis der Kfz-Nutzung zu entkräften, wenn ihm kein gleichwertiges Privatfahrzeug zur Verfügung steht.

Die einfache Behauptung, das Fahrzeug werde nicht privat genutzt, weil z.B. die kleineren Fahrzeuge der Kinder mitbenutzt würden, reicht als Nachweis für die Nichtnutzung des Firmenwagens nicht aus (Thüringer FG, Urteil vom 4.3.1998, EFG 1998 S. 1321, sowie BFH, Beschluss vom 14.5.1999, DStR 1999 S. 1309).

Das Nutzungsverbot ist durch **entsprechende Unterlagen nachzuweisen**, die zum Lohnkonto zu nehmen sind. Wird das Verbot allgemein oder aus besonderem Anlass oder zu besonderem Zweck von Fall zu Fall ausgesetzt, so sind die durchgeführten Fahrten als gelegentliche Fahrten mit 0,001 % des Listenpreises zu versteuern (Tz. I.5 des BMF-Schreibens vom 28.5.1996, BStBl I 1996 S. 654).

Hat der Arbeitgeber das Nutzungsverbot nicht überwacht, kann der Arbeitnehmer im Rahmen der Einkommensteuerveranlagung noch den Nachweis führen, dass er das Verbot gleichwohl beachtet hat (FG Köln, Urteil vom 22.9.2000, EFG 2001 S. 1375).

Beispiel:

Ein Arbeitnehmer ist als Handelsvertreter tätig. Für diese Tätigkeit überlässt ihm der Arbeitgeber einen Firmenwagen. Eine Privatnutzung des Fahrzeugs ist arbeitsvertraglich ausgeschlossen worden. Der Wagen ist nach Feierabend auf dem Firmengelände abzustellen und der Schlüssel beim Pförtner zu hinterlegen. Gleiches gilt bei Urlaub des Arbeitnehmers. Einmal wöchentlich wird der Kilometerstand des Fahrzeugs notiert und die gefahrenen Kilometer mit den Reisekostenabrechnungen des Arbeitnehmers abgeglichen.

Der Arbeitnehmer hat keinen geldwerten Vorteil zu versteuern.

j) Nutzungsentgelt

1013 Zahlt der Arbeitnehmer an den Arbeitgeber für die Nutzung des Kraftfahrzeugs ein Entgelt, so mindert dies den Nutzungswert. Dabei ist es **gleichgültig**, ob das Nutzungsentgelt **pauschal oder entsprechend der tatsächlichen** Nutzung des Kraftfahrzeugs bemessen wird (R 31 Abs. 9 Nr. 4 Sätze 1 und 2 LStR).

Beispiel 1:

Einem Arbeitnehmer wird ein Firmenwagen zur privaten Nutzung sowie für Fahrten zwischen Wohnung und Arbeitsstätte zur Verfügung gestellt. Der Listenpreis des Fahrzeugs beträgt 25 000 €, die Entfernung Wohnung – Arbeitsstätte 20 km. Der Arbeitnehmer hat für die Nutzung des Firmenwagens monatlich 300 € zu zahlen.

Der Arbeitnehmer hat monatlich zu versteuern:

Privatfahrten

1 % von 25 000 €	250 €

Fahrten zwischen Wohnung und Arbeitsstätte

0,03 % von 25 000 € = 7,50 € × 20 km	150 €
insgesamt	400 €
∕ Zuzahlung des Arbeitnehmers	300 €
= zu versteuernder geldwerter Vorteil	100 €

Beispiel 2:

Sachverhalt wie Beispiel 1, der Arbeitnehmer hat jedoch ein Kilometergeld von 0,30 € für die Privatfahrten zu zahlen. Nach den Aufzeichnungen des

Arbeitnehmers ist dieser im Mai 2002 insgesamt 1 000 km privat gefahren, so dass er 300 € zu zahlen hat.

Der geldwerte Vorteil von monatlich 400 € ist im Mai 2002 um das vom Arbeitnehmer gezahlte Kilometergeld in Höhe von 300 € zu kürzen, so dass der Arbeitnehmer 100 € zu versteuern hat.

Zahlt der Arbeitnehmer einen **Zuschuss zu den Anschaffungskosten des Kraftfahrzeugs**, so kann der Zuschuss im Zahlungsjahr auf den privaten Nutzungswert angerechnet werden (R 31 Abs. 9 Nr. 4 Satz 3 LStR).

Beispiel 3:

Der Arbeitgeber überlässt dem Arbeitnehmer im Kalenderjahr 2002 ein Kraftfahrzeug (Listenpreis 25 000 €) zur beruflichen und privaten Nutzung. Zu den Anschaffungskosten leistet der Arbeitnehmer einen Zuschuss in Höhe von 5 000 € (Entfernung Wohnung – Arbeitsstätte 6 km).

Ermittlung des geldwerten Vorteils im Kalenderjahr 2002:

– Privatfahrten (1 % von 25 000 € = 250 € × 12 Monate)	3 000 €
– Fahrten Wohnung – Arbeitsstätte (0,03 % von 25 000 € = 7,50 € × 6 km = 45 € × 12 Monate)	540 €
Wert des Sachbezugs	3 540 €
darauf anzurechnende Zuzahlung des Arbeitnehmers	5 000 €
geldwerter Vorteil	0 €
beim Steuerabzug nicht zu berücksichtigende Zuzahlung	1 460 €

Soweit die Zuzahlung des Arbeitnehmers **höher ist als der geldwerte Vorteil,** kann der übersteigende Betrag im Zahlungsjahr **weder als Werbungskosten noch als „negativer Arbeitslohn"** berücksichtigt werden (OFD Köln, Verfügung vom 7.10.1987, DB 1987 S. 2230). Die Auffassung der Finanzverwaltung haben sowohl das Schleswig-Holsteinische Finanzgericht (Urteil vom 1.9.1999, EFG 2000 S. 115, Revision eingelegt, Az. beim BFH: VI R 155/99) als auch das Finanzgericht Köln (Urteil vom 8.12.1999, EFG 2000 S. 312, Revision eingelegt, Az. beim BFH: VI R 31/00) bestätigt. **Auch eine Minderung** des geldwerten Vorteils **in den Folgejahren ist nicht möglich** (BFH, Urteil vom 23.10.1992, BStBl II 1993 S. 195).

Allerdings können die vom Arbeitnehmer übernommenen anteiligen Anschaffungskosten auch auf den z.B. im ersten Halbjahr anzusetzenden geldwerten Vorteil übertragen werden, wenn z.B. im zweiten Halbjahr ein neues firmeneigenes Kraftfahrzeug für die private Nutzung des Arbeitnehmers angeschafft und hierzu die Zahlung geleistet wurde.

Zuschussrückzahlungen des Arbeitgebers an den Arbeitnehmer sind Arbeitslohn, soweit die Zuschüsse den privaten Nutzungswert gemindert haben (R 31 Abs. 9 Nr. 4 Satz 4 LStR).

Soweit Arbeitgeber und Arbeitnehmer für die Überlassung eines Firmenwagens **eine Gehaltsminderung** vereinbaren, ist **nur der tatsächlich ausgezahlte Barlohn** zuzüglich des geldwerten Vorteils für den Firmenwagen dem Lohnsteuerabzug zu unterwerfen, wenn der Arbeitnehmer **unter Änderung des Anstellungsvertrags** auf einen Teil seines Barlohns verzichtet und ihm der Arbeitgeber stattdessen einen Firmenwagen zur Privatnutzung zur Verfügung stellt (BFH, Beschluss vom 20.8.1997, BStBl II 1997 S. 667).

Beispiel 4:

Ein Arbeitnehmer in Köln (Steuerklasse III, rk, keine Kinder) mit einem Bruttoarbeitslohn von 36 000 € im Jahr (3 000 € im Monat) erhält von seinem Arbeitgeber einen Firmenwagen überlassen, Listenpreis 25 000 €, Entfernung Wohnung – Arbeitsstätte 10 km. Arbeitnehmer und Arbeitgeber vereinbaren zum Ausgleich für die Überlassung des Fahrzeugs eine monatliche Gehaltsminderung von 400 €; der Anstellungsvertrag wird entsprechend geändert.

Nur der geminderte Barlohn zuzüglich des geldwerten Vorteils aus der Überlassung des Firmenwagens ist lohnzuversteuern. Der monatliche geldwerte Vorteil beträgt (ohne Berücksichtigung des Nutzungsentgelts):

a) Privatfahrten	
1 % von 25 000 €	250 €
b) Fahrten zwischen Wohnung und Arbeitsstätte	
0,03 % von 25 000 € = 7,50 € × 10 km	75 €
insgesamt	325 €

Es ergibt sich für Februar 2002 folgende Lohnabrechnung:

Bruttogehalt		3 000,— €
⁒ Gehaltsverzicht		400,— €
		2 600,— €
+ Firmenwagen		325,— €
= lohnsteuerpflichtiges Brutto		2 925,— €
⁒ Lohnsteuer		298,— €
⁒ Solidaritätszuschlag (5,5 % von 298,— €)		16,39 €
⁒ Kirchensteuer (9 % von 298,— €)		26,82 €
⁒ Sozialversicherung (geschätzt)		601,08 €
= Nettobetrag		1 982,71 €
⁒ Sachbezug Firmenwagen		325,— €
= Auszahlungsbetrag		1 657,71 €

k) Nutzung eines Firmenfahrzeugs durch mehrere Arbeitnehmer

1014 Wird ein betriebliches Fahrzeug **durch mehrere Arbeitnehmer** privat genutzt, so ist nach Auffassung des Finanzgerichts Düsseldorf **nicht jedem Arbeitnehmer** ein geldwerter Vorteil von 1 % des Listenpreises anzurechnen. Für das Fahrzeug ist der geldwerte Vorteil **insgesamt mit 1 % zu ermitteln**; dieser ist **nach der Zahl der Nutzer aufzuteilen** (Urteil vom 13.4.2000, DStRE 2000 S. 958, Revision eingelegt, Az. beim BFH: VI R 132/00).

3. Individueller Nutzungswert

a) Allgemeines

1015 **Abweichend von der 1 %-Regelung** kann die private Nutzung eines Firmenwagens auch mit dem auf die private Nutzung und die Nutzung zu Fahrten zwischen Wohnung und Arbeitsstätte entfallenden Teil der gesamten Kraftfahrzeugaufwendungen angesetzt werden, wenn die durch das Kraftfahrzeug insgesamt entstehenden Aufwendungen (Gesamtkosten) durch Belege und das Verhältnis der privaten Fahrten und der Fahrten zwischen Wohnung und Arbeitsstätte zu den übrigen Fahrten durch ein ordnungsgemäßes Fahrtenbuch nachgewiesen werden (§ 8 Abs. 2 Satz 4 EStG).

Die Ermittlung eines individuellen Kilometersatzes anhand der tatsächlich nachgewiesenen Kosten und laufenden Aufzeichnungen in einem Fahrtenbuch ist **auch bei geleasten Fahrzeugen zulässig.** Eine Leasing-Sonderzahlung erhöht dabei die Gesamtkosten im Kalenderjahr der Zahlung (BFH, Urteil vom 5.5.1994, BStBl II 1994 S. 643).

b) Fahrtenbuch

1016 Bei dieser Berechnungsmethode müssen die dienstlich und privat gefahrenen Kilometer sowie die für Fahrten zwischen Wohnung und Arbeitsstätte zurückgelegten Kilometer **im Einzelnen nachgewiesen werden.** Hierzu ist laufend **ein ordnungsgemäßes Fahrtenbuch** zu führen. Der Bundesfinanzhof hat in einem Aussetzungsbeschluss Zweifel geäußert, ob die **Aufzeichnungen im Fahrtenbuch** immer zeitnah erfolgen müssen oder **auch nachträglich vorgenommen** werden können, z.B. mit Hilfe anderer Aufzeichnungen wie Terminkalender oder Tankquittungen (Beschluss vom 24.2.2000, BStBl II 2000 S. 273). Hier bleibt allerdings die endgültige Entscheidung des Bundesfinanzhofs im Hauptsacheverfahren abzuwarten.

Nach R 31 Abs. 9 Nr. 2 LStR sind für dienstliche Fahrten grundsätzlich die folgenden Angaben erforderlich:

– **Datum und Kilometerstand zu Beginn und am Ende jeder einzelnen Auswärtstätigkeit** (Dienstreise, Einsatzwechseltätigkeit, Fahrtätigkeit);

– **Reiseziel und bei Umwegen auch die Reiseroute;**

– **Reisezweck** und **aufgesuchte Geschäftspartner.**

Für Privatfahrten genügt die Angabe der jeweils gefahrenen Kilometer. Für Fahrten zwischen Wohnung und Arbeitsstätte genügt ein entsprechender Vermerk im Fahrtenbuch mit Angabe der jeweils gefahrenen Kilometer.

Die von der Finanzverwaltung aufgestellten Anforderungen an ein „ordnungsgemäßes Fahrtenbuch" sind sehr weitgehend. Allerdings wird diese Auslegung von vielen Finanzgerichten geteilt (vgl. FG München, Urteil vom 6.3.1996, EFG 1996 S. 911, Thüringer FG, Urteil vom 12.3.1997, DStRE 1997 S. 946, sowie FG des

Saarlandes, Urteil vom 17.7.1997, EFG 1997 S. 1435, und FG Düsseldorf, Urteil vom 16.6.1998, EFG 1998 S. 1253, beide betr. Fahrtenbuch und Datenschutz). Allerdings gibt es auch gegenteilige Urteile der Finanzgerichte. So hat das Finanzgericht des Saarlandes entschieden, dass bei geringen formellen Mängeln des Fahrtenbuchs (Fehlen der Angabe der besuchten Personen) gleichwohl den Fahrtenbuchangaben gefolgt werden kann, wenn der Arbeitnehmer die Richtigkeit der Fahrtenbuchangaben auf andere Weise glaubhaft macht (Urteil vom 13.10.1997, EFG 1998 S. 184). Das Finanzgericht Köln (Urteil vom 10.11.1999, EFG 2000 S. 922) vertritt die Auffassung, dass die formellen Voraussetzungen eines ordnungsgemäßen Fahrtenbuchs auch dann erfüllt sind, wenn sich der Reisezweck und die aufgesuchten Geschäftspartner nur aus den dem Fahrtenbuch beigefügten Reisekostenabrechnungen mit dem Arbeitgeber ergeben. Da gegen das letztgenannte Urteil Revision eingelegt wurde (Az. beim BFH: VI R 120/00), bleibt zu hoffen, dass der Bundesfinanzhof baldmöglichst Klarheit schaffen wird.

Die Führung des Fahrtenbuchs kann **nicht auf einen repräsentativen Zeitraum beschränkt** werden, selbst wenn die Nutzungsverhältnisse keinen größeren Schwankungen unterliegen.

Anstelle des Fahrtenbuchs kann **ein Fahrtenschreiber** eingesetzt werden, wenn sich daraus dieselben Erkenntnisse gewinnen lassen. Bei Ausdrucken von elektronischen Aufzeichnungsgeräten müssen nachträgliche Veränderungen der aufgezeichneten Angaben technisch ausgeschlossen, zumindest aber dokumentiert sein (Tz. II.1 des BMF-Schreibens vom 28.5.1996, BStBl I 1996 S. 654).

Der Stollfuß Verlag veröffentlicht ein umfassendes Programm zur Reisekosten-Abrechnung (Formulare, Software, Ratgeber).

c) Aufzeichnungserleichterungen

1017 Ein Fahrtenbuch soll die Zuordnung von Fahrten zur betrieblichen und beruflichen Sphäre ermöglichen. Bei Dienstreisen, Einsatzwechseltätigkeit und Fahrtätigkeit müssen die über die Kilometer hinausgehenden Angaben hinsichtlich Reiseziel, Reiseroute, Reisezweck und aufgesuchte Geschäftspartner die berufliche Veranlassung plausibel erscheinen lassen und ggf. eine stichprobenartige Nachprüfung ermöglichen. Auf **einzelne dieser zusätzlichen Angaben kann verzichtet werden**, soweit wegen der besonderen Umstände im Einzelfall die erforderliche Aussagekraft und Überprüfungsmöglichkeit nicht beeinträchtigt wird. Daher sind für bestimmte Berufsgruppen von der Finanzverwaltung **Aufzeichnungserleichterungen** zugelassen worden (Tz. II.2 des BMF-Schreibens vom 28.5.1996, BStBl I 1996 S. 654, BMF-Schreiben vom 12.5.1997, BStBl I 1997 S. 562, OFD Frankfurt, Verfügung vom 8.6.2000, DB 2000 S. 1368, sowie OFD München, Verfügung vom 18.1.2001, Steuer-Telex 2001 S. 345):

– **Kundendienstmonteure, Handelsvertreter, Kurierdienstfahrer, Automatenlieferanten und ähnliche Berufsgruppen**

Bei diesen Berufsgruppen mit täglich wechselnden Auswärtstätigkeiten reicht es aus, wenn sie angeben, welche Kunden sie an welchem Ort aufsuchen. Angaben über die Reiseroute und zu den Entfernungen zwischen den Stationen einer Auswärtstätigkeit sind nur bei größerer Differenz zwischen direkter Entfernung und tatsächlicher Fahrtstrecke erforderlich.

– **Taxifahrer, Fahrlehrer**

Soweit Taxifahrer Fahrten im sog. Pflichtfahrgebiet ausführen, genügt die tägliche Angabe des Kilometerstands zu Beginn und am Ende der Gesamtheit dieser Fahrten. Wurde eine Fahrt durchgeführt, die über dieses Gebiet hinausgeht, kann auf die genaue Angabe von Reiseziel und Reiseroute nicht verzichtet werden.

Für Fahrlehrer ist es ausreichend, wenn sie in Bezug auf Reisezweck, Reiseziel und aufgesuchtem Geschäftspartner „Lehrfahrt" oder „Fahrschulfahrt" angeben. Dabei ist es mit dem neben dem Fahrtenbuch gemäß Fahrlehrergesetz zu führenden Tagesnachweis ausreichend, bei aufeinanderfolgenden Fahrstunden nur den Kilometerstand zu Beginn und am Ende sowie bei zusammenhängenden Fahrschulfahrten lediglich den Kilometerstand zu Beginn und am Ende der Gesamtlehrfahrzeiten aufzuzeichnen.

– **Sicherheitsgefährdete Personen**

Bei sicherheitsgefährdeten Personen, deren Fahrtroute häufig von sicherheitsmäßigen Gesichtspunkten bestimmt wird, kann auf die Angabe der Reiseroute auch bei größeren Differenzen zwischen der direkten Entfernung und der tatsächlichen Fahrtstrecke verzichtet werden.

– **Steuerberater, Anwälte, Ärzte und ähnliche Berufsgruppen**

Bei diesen Berufsgruppen reicht neben der Angabe des Datums, des Kilometerstands und des Zielorts grundsätzlich die Angabe „Mandantenbesuch" bzw. „Patientenbesuch" als Reisezweck aus, wenn Name und Adresse des aufgesuchten Mandanten bzw. Patienten vom Berufsgeheimnisträger in einem vom Fahrtenbuch getrennt zu führenden Verzeichnis festgehalten werden. Gegen eine solche Verfahrensweise bestehen keine Bedenken, wenn sichergestellt ist, dass die Zusammenführung von Fahrtenbuch und Mandanten-/Patientenverzeichnis leicht und einwandfrei möglich ist und keinen erheblichen Aufwand verursacht. Die Vorlage des Verzeichnisses soll nur verlangt werden, wenn tatsächliche Anhaltspunkte vorliegen, die Zweifel an der Richtigkeit oder Vollständigkeit der Eintragungen im Fahrtenbuch begründen und die Zweifel nicht anders auszuräumen sind.

d) Gesamtkosten

1018 Die Gesamtkosten sind als Summe der Nettoaufwendungen (einschließlich sämtlicher Unfallkosten) zuzüglich Umsatzsteuer und Absetzungen für Abnutzung zu ermitteln. Die **Schätzung bestimmter Kostenbestandteile** (z.B. Schätzung der Treibstoffkosten anhand eines geschätzten Durchschnittsverbrauchs und unter Berücksichtigung eines geschätzten Durchschnittspreises für Treibstoff) ist **nicht zulässig**. Die Rechtsprechung des Bundesfinanzhofs, wonach der Arbeitnehmer bei der Ermittlung der auf Dienstreisen entfallenden Kraftfahrzeugkosten **einen Teilnachweis** der ihm tatsächlich entstandenen Aufwendungen erbringen und weitere dem Grunde nach feststehende Aufwendungen schätzen lassen kann (Urteil vom 7.4.1992, BStBl II 1992 S. 854), ist auf Grund der eindeutigen gesetzlichen Regelung in § 8 Abs. 2 Satz 4 EStG hier nicht anwendbar.

Den Absetzungen für Abnutzung sind die **tatsächlichen Anschaffungs- oder Herstellungskosten** (einschließlich Umsatzsteuer) des einzelnen Kraftfahrzeugs zu Grunde zu legen (R 31 Abs. 9 Nr. 2 Satz 9 LStR). Die voraussichtliche **Nutzungsdauer** des Kraftfahrzeugs beträgt nach der neuen AfA-Tabelle (BMF-Schreiben vom 15.12.2000, BStBl I 2000 S. 1532) bei Neuwagen, die nach dem 31.12.2000 angeschafft oder hergestellt worden sind, im Regelfall **sechs Jahre**; bei Gebrauchtwagen entsprechend weniger. Bei Kraftfahrzeugen, die vor dem 1.1.2001 angeschafft oder hergestellt worden sind, beträgt die Nutzungsdauer fünf Jahre. Der Ansatz eines Durchschnittswerts ist nicht zulässig. Es ist auch nicht zulässig, die individuelle Nutzungswertermittlung auf Privatfahrten zu beschränken, wenn das Fahrzeug auch für Fahrten zwischen Wohnung und Arbeitsstätte genutzt wird (Tz. 22 des Arbeitgeber-Merkblatts 1996, BStBl I 1995 S. 719).

Beispiel:

Ein Arbeitgeber erwirbt im Januar 2002 einen Pkw, dessen Listenpreis 31 000 € inklusive Umsatzsteuer beträgt. Der Arbeitgeber erhält beim Kauf des Fahrzeugs einen Rabatt von brutto 3 160 €. Die betriebsgewöhnliche Nutzungsdauer des Pkw beträgt sechs Jahre. Die als Betriebsausgabe gebuchte Abschreibung errechnet sich wie folgt:

Listenpreis (inklusive Umsatzsteuer)	31 000 €
⁄ Rabatt (inklusive Umsatzsteuer)	3 160 €
= Anschaffungskosten (inklusive Umsatzsteuer)	27 840 €
⁄ Umsatzsteuer (16/116 von 27 840 €)	3 840 €
= Anschaffungskosten netto	24 000 €
Jährliche Abschreibung bei 6 Jahren Nutzungsdauer (1/6 = 16,67 % von 24 000 €)	4 000 €
Die übrigen Kosten betragen (ohne Umsatzsteuer):	
– Treibstoffkosten	2 500 €
– Reparaturen, Wartung	500 €
– Kraftfahrzeugsteuer	250 €
– Versicherungen (Haftpflicht / Vollkasko)	1 350 €
Kosten insgesamt	4 600 €

Nach dem vom Arbeitnehmer geführten Fahrtenbuch ergeben sich für 2002 folgende gefahrenen Kilometer:

Kilometer insgesamt:	30 000 km
Fahrten zwischen Wohnung und Arbeitsstätte bei einer einfachen Entfernung von 20 km und 225 Arbeitstagen (20 km × 2 × 225)	9 000 km
Privatfahrten	5 000 km

Es ergibt sich folgende Berechnung des individuellen Kilometersatzes:

Abschreibung 1/6 von 27 840 €		4 640 €
Treibstoffkosten ohne Umsatzsteuer	2 500 €	
+ 16 % Umsatzsteuer	400 €	2 900 €
Reparaturen, Wartung ohne Umsatzsteuer	500 €	
+ 16 % Umsatzsteuer	80 €	580 €
Kraftfahrzeugsteuer		250 €
Versicherungen		1 350 €
Gesamtkosten		9 720 €

Bei einer Jahresfahrleistung von 30 000 km ergibt sich ein Kilometersatz von 0,32 € (9 720 € : 30 000). Der Arbeitnehmer hat damit für 2002 folgende geldwerte Vorteile zu versteuern:

Privatfahrten: 5 000 km × 0,32 €	1 600 €
Fahrten zwischen Wohnung und Arbeitsstätte: 9 000 km × 0,32 €	2 880 €
steuerpflichtiger geldwerter Vorteil für 2002 insgesamt:	4 480 €

Da die Gesamtkosten des Fahrzeugs erst am Jahresende feststehen, die private Nutzung eines Firmenwagens aber monatlich lohnversteuert werden muss (der geldwerte Vorteil ist laufender Arbeitslohn, vgl. R 115 Abs. 1 Nr. 5 LStR), ist im laufenden Kalenderjahr nach Auffassung der Finanzverwaltung wie folgt zu verfahren (Tz. 24 des Arbeitgeber-Merkblatts 1996, BStBl I 1995 S. 719):

„Aus Vereinfachungsgründen kann der Monatswert vorläufig mit **einem Zwölftel des Vorjahresbetrags** angesetzt werden. Es bestehen auch keine Bedenken, wenn die Privatfahrten je Fahrtkilometer **vorläufig mit 0,001 % des inländischen Listenpreises** für das Kraftfahrzeug angesetzt werden. Nach Ablauf des Kalenderjahrs oder nach Beendigung des Dienstverhältnisses ist der tatsächlich zu versteuernde Nutzungswert zu ermitteln und eine etwaige Lohnsteuerdifferenz nach Maßgabe der §§ 41c, 42b EStG auszugleichen."

e) Unfallkosten

1019 Nach Auffassung der Finanzverwaltung sind **Unfallkosten** wie folgt zu behandeln:

– Aufwendungen zur Beseitigung des Unfallschadens **am eigenen Fahrzeug** gehören zu den **Gesamtkosten** des Fahrzeugs, und zwar unabhängig davon, ob der Unfall auf einer Privatfahrt, einer Fahrt zwischen Wohnung und Arbeitsstätte, einer Familienheimfahrt oder einer Dienstfahrt verursacht wurde (R 31 Abs. 9 Nr. 2 Satz 8 LStR).

– Aufwendungen zur Beseitigung der Unfallschäden **an fremden Fahrzeugen** gehören **nicht** zu den **Gesamtkosten** des Fahrzeugs. Sie bleiben als Schadensersatz bei der Gesamtkostenermittlung unberücksichtigt.

Zu Einzelheiten siehe → *Unfallkosten* Rz. 2469.

f) Familienheimfahrten

1020 **Wöchentliche Familienheimfahrten** im Rahmen einer beruflich veranlassten doppelten Haushaltsführung sind nach § 8 Abs. 2 Satz 5 EStG **steuerlich nicht zu erfassen**, solange die Dauer der Beschäftigung am selben Ort zwei Jahre nicht überschritten hat. Dementsprechend ist auch bei der individuellen Nutzungswertermittlung für diese Fahrten kein Nutzungswert zu versteuern (ein Werbungskostenabzug scheidet auch hier in diesem Falle aus).

Familienheimfahrten, die mehr als einmal wöchentlich durchgeführt werden, sowie Familienheimfahrten nach Ablauf des Zwei-Jahres-Zeitraums sind mit dem individuellen Kilometersatz als geldwerter Vorteil zu versteuern.

g) Überlassung mehrerer Kraftfahrzeuge

1021 Werden dem Arbeitnehmer **abwechselnd unterschiedliche Kraftfahrzeuge** zur privaten Nutzung überlassen, so müssen nicht für jedes Kraftfahrzeug die insgesamt entstehenden Aufwendungen und das Verhältnis der privaten zu den übrigen Fahrten nachgewiesen werden. Führt der Arbeitnehmer nur für einzelne Kraftfahrzeuge ein ordnungsgemäßes Fahrtenbuch, so kann er für diese den privaten Nutzungswert individuell ermitteln, während der Nutzungswert für die anderen mit monatlich 1 % des Listenpreises anzusetzen ist (BFH, Urteil vom 3.8.2000, BStBl II 2001 S. 332).

h) Besonderheiten bei sicherheitsgefährdeten Personen

aa) Erfassung von Umwegstrecken bei Fahrten zwischen Wohnung und Arbeitsstätte

1022 Bei der individuellen Nutzungswertermittlung sind die auf die Fahrten zwischen Wohnung und Arbeitsstätte entfallenden tatsächlichen Kraftfahrzeugaufwendungen zu ermitteln. Nach Auffassung der Finanzverwaltung können **bei sicherheitsgefährdeten Personen** die Fahrstrecken **auf der Grundlage der kürzesten benutzbaren Straßenverbindung** ermittelt werden, wenn sicherheitsbedingte Umwegstrecken erforderlich sind. Dies setzt jedoch voraus, dass der Arbeitnehmer konkret gefährdet ist und durch die zuständigen Sicherheitsbehörden der Gefährdungsstufe 1, 2 oder 3 zugeordnet ist (BMF-Schreiben vom 30.6.1997, BStBl I 1997 S. 696). Der Ansatz der kürzesten benutzbaren Straßenverbindung steht unter dem Vorbehalt, dass bei der Ermittlung der Werbungskosten für Fahrten zwischen Wohnung und Arbeitsstätte ebenfalls nur die kürzeste benutzbare Straßenverbindung zu Grunde gelegt wird (FinMin Niedersachsen, Erlass vom 2.12.1996, DB 1996 S. 2588).

bb) Ermittlung der Gesamtkosten bei sicherheitsgeschützten Fahrzeugen

1023 Wird der geldwerte Vorteil für die Überlassung eines **aus Sicherheitsgründen gepanzerten Firmenwagens** nach dem individuellen Nutzungswert ermittelt, so können dabei die Absetzungen für Abnutzung nach dem **Anschaffungspreis des leistungsschwächeren Fahrzeugs** zu Grunde gelegt werden, das dem Arbeitnehmer zur Verfügung gestellt würde, wenn seine Sicherheit nicht gefährdet wäre. Im Hinblick auf die durch die Panzerung verursachten höheren laufenden Betriebskosten können der Nutzungswertermittlung **70 % der tatsächlich festgestellten laufenden Kosten** (ohne AfA) zu Grunde gelegt werden (Tz. II.3 des BMF-Schreibens vom 28.5.1996, BStBl I 1996 S. 654).

Beispiel:

Dem Arbeitnehmer wird aus Sicherheitsgründen ein gepanzertes Fahrzeug zur Verfügung gestellt. Der Anschaffungspreis des Fahrzeugs beträgt 180 000 €. Vergleichbaren Arbeitnehmern, deren Sicherheit nicht gefährdet ist, wird regelmäßig ein Fahrzeug zum Anschaffungspreis von 60 000 € zur Verfügung gestellt. Der Arbeitnehmer fährt mit dem Fahrzeug 10 000 km privat (von insgesamt 40 000 km). Aus der Buchführung ergeben sich Gesamtkosten (ohne Abschreibung, aber inklusive Umsatzsteuer) von 12 500 €.

Für die Berechnung der AfA ist von Anschaffungskosten in Höhe von 60 000 € auszugehen. Die Nutzungsdauer beträgt sechs Jahre, so dass die anzusetzende Abschreibung 10 000 € (16,67 % von 60 000 €) beträgt. Die Gesamtkosten sind mit 8 750 € (70 % von 12 500 €) anzusetzen.

Der geldwerte Vorteil berechnet sich für den Arbeitnehmer wie folgt:

– Abschreibung	10 000 €
– Gesamtkosten (ohne Abschreibung)	8 750 €
Gesamtkosten des Fahrzeugs	18 750 €

Auf die Privatfahrten entfallen 25 % (10 000 km : 40 000 km), so dass 4 687,50 € (25 % von 18 750 €) im Kalenderjahr als geldwerter Vorteil zu versteuern sind.

i) Nutzungsentgelt

1024 Soweit der Arbeitnehmer für die Nutzung des Firmenwagens ein Nutzungsentgelt zahlt, mindert dies im Zahlungsjahr den privaten Nutzungswert. Dabei ist **unerheblich, ob es sich um ein pauschales oder kilometerbezogenes Nutzungsentgelt** handelt (R 31 Abs. 9 Nr. 4 Sätze 1 und 2 LStR). Für Zuzahlungen zu den Anschaffungskosten des Fahrzeugs gilt dies nur, wenn die für die AfA-Ermittlung maßgebenden Anschaffungskosten nicht um die Zuschüsse gemindert worden sind.

Auch hier gilt: Zahlungen, die höher sind als der geldwerte Vorteil, können weder als Werbungskosten noch als negativer Arbeitslohn noch in den Folgejahren berücksichtigt werden, vgl. → Rz. 1013. Daher ist es bei höheren Zuschusszahlungen **immer günstiger**, wenn der Arbeitgeber die Anschaffungskosten des Fahrzeugs um die Zuschusszahlung kürzt.

Zuschussrückzahlungen des Arbeitgebers an den Arbeitnehmer sind Arbeitslohn, soweit die Zuschüsse den privaten Nutzungswert gemindert haben (R 31 Abs. 9 Nr. 4 Satz 4 LStR).

4. Wechsel zwischen 1 %-Regelung und individueller Nutzungswertermittlung

1025 Der Arbeitgeber muss in Abstimmung mit dem Arbeitnehmer im Vorhinein für jedes Kalenderjahr festlegen, ob die individuelle Nutzungswertermittlung an die Stelle der 1 %-Regelung treten soll. Das Verfahren darf bei **demselben Kraftfahrzeug** während des Kalenderjahrs **nicht gewechselt werden (R 31 Abs. 9 Nr. 3 LStR). Ein Wechsel der Berechnungsmethode ist also möglich, wenn der Arbeitnehmer im Laufe des Kalenderjahrs den Firmenwagen wechselt.** Bei der **Veranlagung zur Einkommensteuer** ist der Arbeitnehmer **nicht** an das für die Erhebung der Lohnsteuer gewählte Verfahren **gebunden**.

Stellt sich im Laufe des Kalenderjahrs heraus, dass z.B. die individuelle Nutzungswertermittlung **ungünstiger ist** als die 1 %-Regelung, so darf zwar der Arbeitgeber die Berechnungsmethode nicht wechseln, **in der Einkommensteuerveranlagung** kann der Arbeitnehmer aber gleichwohl **die günstigere Berechnungsmethode** beantragen.

5. Leasing von Firmenwagen

1026 Stellt der Arbeitgeber dem Arbeitnehmer einen Firmenwagen für Privatfahrten zur Verfügung, den er **geleast** hat, so gelten die unter → Rz. 998 dargestellten Berechnungsmethoden für die Ermittlung des Nutzungswerts entsprechend (R 31 Abs. 9 Nr. 1 Satz 6 LStR sowie Schleswig-Holsteinisches FG, Urteil vom 3.11.1999, EFG 2000 S. 165).

Voraussetzung ist allerdings, dass ein Leasingvertrag vorliegt, der dem **Arbeitgeber zuzurechnen** ist. Ein solcher Leasingvertrag liegt z.B. auch dann vor, wenn der Arbeitnehmer in einer **Zusatzvereinbarung nur das Wertminderungsrisiko** trägt, ohne dass ihm über eine Kaufoption oder einen Mehrwertausgleich eine Wertsteigerungschance eingeräumt wird. **Zahlt der Arbeitnehmer einen Teil der Leasing-Rate**, so kann diese Zahlung **als pauschale Nutzungsvergütung** auf den Nutzungswert **angerechnet** werden. Im Übrigen ergeben sich bei geleasten Fahrzeugen keine Besonderheiten.

Wenn allerdings **Zusatzvereinbarungen** zwischen Arbeitgeber und Arbeitnehmer getroffen werden, nach denen dem Arbeitnehmer **neben dem Wertminderungsrisiko auch eine Wertsteigerungschance** eingeräumt wird, gilt nach Auffassung der Finanzverwaltung Folgendes (OFD Berlin, Verfügung vom 12.7.1999, FR 1999 S. 1331):

„Wenn der Arbeitnehmer das Wertminderungsrisiko trägt und nur ihm über eine Kaufoption auch die Chance eingeräumt wird, eine Wertsteigerung zu realisieren, ist **kein Leasingvertrag**, sondern ein Ratenkaufvertrag anzunehmen und das Fahrzeug **dem Arbeitnehmer zuzurechnen**. Das Gleiche gilt, wenn der Arbeitnehmer einen Minderwert auszugleichen hat, aber andererseits auch einen Mehrwert vergütet erhält.

Da der Arbeitnehmer als Käufer des Fahrzeugs anzusehen ist, liegt keine Kraftfahrzeuggestellung vom Arbeitgeber an den Arbeitnehmer vor. Die „Leasing-Raten" des Arbeitgebers stellen vielmehr einen Arbeitgeberzuschuss zum Kaufpreis dar. Sie sind deshalb dem Arbeitnehmer als Arbeitslohn zuzurechnen. Soweit allerdings der Arbeitgeber diese „Leasing-Raten" im Rahmen der Reisekostenabrechnung auf steuerfreien Fahrtkostenersatz anrechnet, sind sie nach § 3 Nr. 16 EStG steuerfrei."

Leasing-Gesellschaften bieten sog. **Zwei-Vertrags-Modelle** an, mit denen die „Dienstwagenbesteuerung" umgangen werden soll.

Beispiel:

Für ein Fahrzeug wird nicht ein einheitlicher Leasing-Vertrag über die gesamte Nutzung des Fahrzeugs abgeschlossen, sondern es werden mit

dem Arbeitgeber und mit dem Arbeitnehmer jeweils gesonderte Leasing-Verträge abgeschlossen.

1. Der **Arbeitgeber** least das Fahrzeug von Montag bis Freitag von 9 Uhr bis 19 Uhr für eine monatliche Leasing-Rate von 900 €.
2. Der **Arbeitnehmer** least das gleiche Fahrzeug von Montag bis Freitag von 19 Uhr bis 9 Uhr, an Samstagen, Sonntagen und Feiertagen von 0 Uhr bis 24 Uhr sowie für einen Zeitraum von vier Wochen im Kalenderjahr (Urlaub). Die Leasing-Rate des Arbeitnehmers beträgt 300 €.

Die Leasing-Gesellschaft hält in diesem Fall die steuerlichen Regelungen über die private Nutzung eines Firmenwagens für nicht anwendbar, weil der Arbeitnehmer das Fahrzeug „regulär" geleast hat.

Nach Auffassung der Finanzverwaltung kann **die Aufteilung eines Leasing-Verhältnisses für dasselbe Fahrzeug** in einen Vertrag mit dem Arbeitgeber hinsichtlich der betrieblichen Nutzung und in einen Vertrag mit dem Arbeitnehmer hinsichtlich der privaten Nutzung **steuerlich nicht anerkannt** werden. Bei wirtschaftlicher Betrachtungsweise ist das Modell so zu beurteilen, dass der Arbeitgeber das Fahrzeug least und seinem Arbeitnehmer zur beruflichen und privaten Nutzung sowie für Fahrten zwischen Wohnung und Arbeitsstätte überlässt. Der dem Arbeitnehmer zufließende Nutzungsvorteil ist deshalb entweder nach der 1 %-Regelung oder nach der individuellen Nutzungswertermittlung zu erfassen. Dabei sind die vom Arbeitnehmer an den Leasing-Geber gezahlten Leasing-Raten als pauschale Nutzungsvergütungen anzusehen und auf den ermittelten Nutzungswert anzurechnen. Wird der Nutzungsvorteil nach der individuellen Nutzungswertermittlung berechnet, sind die Leasing-Raten des Arbeitnehmers auch bei der Ermittlung der Gesamtkosten des Fahrzeugs zu berücksichtigen (OFD Berlin, Verfügung vom 12.7.1999, FR 1999 S. 1331).

6. Pauschalbesteuerung

1027 Der **steuerpflichtige Wert der Überlassung eines Kraftfahrzeugs für Fahrten zwischen Wohnung und Arbeitsstätte** kann bei behinderten Arbeitnehmern i.S. des § 9 Abs. 2 EStG in vollem Umfang und bei allen anderen Arbeitnehmern bis zu einem Teilbetrag von 0,36 € für die ersten zehn Kilometer und 0,40 € für jeden weiteren Kilometer der Entfernung zwischen Wohnung und Arbeitsstätte für jeden Arbeitstag, an dem das Kraftfahrzeug zu Fahrten zwischen Wohnung und Arbeitsstätte benutzt wird, **nach § 40 Abs. 2 Satz 2 EStG mit 15 % pauschal der Lohnsteuer unterworfen werden**. Allerdings verliert der Arbeitnehmer durch die Pauschalierung mit 15 % die Möglichkeit des Werbungskostenabzugs (§ 40 Abs. 2 Satz 3 EStG). Aus Vereinfachungsgründen kann der Arbeitgeber unterstellen, dass das Kraftfahrzeug an **15 Arbeitstagen monatlich** (180 Tage jährlich) zu Fahrten zwischen Wohnung und Arbeitsstätte benutzt wird, wenn der Arbeitnehmer nichts anderes nachweist (R 127 Abs. 5 Nr. 1 Buchst. b LStR). Soweit der Nutzungsvorteil pauschal nach § 40 Abs. 2 Satz 2 EStG versteuert wird, ist er **in der Sozialversicherung** nicht dem beitragspflichtigen Entgelt zuzurechnen (§ 2 Abs. 1 Nr. 2 ArEV).

Die Möglichkeit der Pauschalierung besteht **auch für Familienheimfahrten nach Ablauf der Zwei-Jahres-Frist** bei doppelter Haushaltsführung (Tz. III des BMF-Schreibens vom 28.5.1996, BStBl I 1996 S. 654). Einzelheiten zur Pauschalbesteuerung siehe → *Pauschalierung der Lohnsteuer* Rz. 1826.

Beispiel 1:

Ein Arbeitnehmer nutzt einen Firmenwagen (Listenpreis im Zeitpunkt der Erstzulassung 25 000 €) für Fahrten zwischen Wohnung und Arbeitsstätte (Entfernung 25 km). Ab 1.1.2002 ergibt sich folgender monatlich zu versteuernder geldwerter Vorteil:

0,03 % von 25 000 € × 25 km =	187,50 €

Der Arbeitgeber kann die Lohnsteuer mit 15 % pauschalieren, soweit der Arbeitnehmer Werbungskosten geltend machen könnte.

Dabei kann der Arbeitgeber von 15 Arbeitstagen monatlich ausgehen:

0,36 € × 10 km × 15 Arbeitstage +	
0,40 € × 15 km × 15 Arbeitstage =	144,— €
zur Versteuerung als laufender Arbeitslohn verbleiben	43,50 €

Eine Pauschalversteuerung ist allerdings nur in der Höhe möglich, in der sich ein geldwerter Vorteil für die Nutzung des Firmenwagens zu Fahrten zwischen Wohnung und Arbeitsstätte ergibt (OFD Erfurt, Verfügung vom 29.2.1996, DB 1996 S. 708).

Beispiel 2:

Wie Beispiel 1, aber der Listenpreis beträgt 15 000 €. Es ergibt sich folgender monatlich zu versteuernder geldwerter Vorteil:

0,03 % von 15 000 € × 25 km =   112,50 €

Der Arbeitgeber kann die Lohnsteuer mit 15 % pauschalieren, soweit der Arbeitnehmer Werbungskosten geltend machen könnte.

Dabei kann der Arbeitgeber von 15 Arbeitstagen monatlich ausgehen:

0,36 € × 10 km × 15 Arbeitstage +
0,40 € × 15 km × 15 Arbeitstage =   144,— €

Der geldwerte Vorteil kann **in voller Höhe** pauschal versteuert werden.

Für den 112,50 € übersteigenden Betrag ist eine Pauschalierung oder Anrechnung auf den pauschalen Nutzungswert nach der 1 %-Regelung nicht zulässig. Der Arbeitnehmer kann jedoch den übersteigenden Betrag als Werbungskosten geltend machen (R 31 Abs. 9 Nr. 5 LStR).

7. Sammelbeförderung

1028 Die **unentgeltliche oder verbilligte Beförderung eines Arbeitnehmers** zwischen Wohnung und Arbeitsstätte mit einem vom Arbeitgeber oder in dessen Auftrag von einem Dritten eingesetzten Omnibus, Kleinbus oder für mehrere Personen zur Verfügung gestellten Pkw **ist steuerfrei**, wenn diese Beförderung jeweils **für den betrieblichen Einsatz des Arbeitnehmers notwendig** ist (§ 3 Nr. 32 EStG, R 21 LStR). Zu der Frage, wann eine steuerfreie Sammelbeförderung vorliegt, siehe → *Wege zwischen Wohnung und Arbeitsstätte* Rz. 2625.

8. Fahrergestellung

1029 Wird dem Arbeitnehmer für die private Nutzung des Firmenwagens vom Arbeitgeber ein Fahrer zur Verfügung gestellt, so handelt es sich insoweit um die Gewährung eines steuerpflichtigen geldwerten Vorteils, der zusätzlich zu erfassen ist.

a) Fahrten zwischen Wohnung und Arbeitsstätte

1030 Stellt der Arbeitgeber dem Arbeitnehmer für Fahrten zwischen Wohnung und Arbeitsstätte ein Kraftfahrzeug mit Fahrer zur Verfügung, so ist **der jeweilige Nutzungswert** des Kraftfahrzeugs für diese Fahrten **um 50 % zu erhöhen** (R 31 Abs. 10 Nr. 1 LStR). Dies gilt auch dann, wenn der Arbeitgeber seinem Arbeitnehmer einen büromäßig eingerichteten Dienstwagen für Fahrten zwischen Wohnung und Arbeitsstätte mit Fahrer zur Verfügung stellt und der Arbeitnehmer die Fahrtzeit zur Erledigung beruflicher Arbeiten nutzt (BFH, Urteil vom 27.9.1996, BStBl II 1997 S. 147).

b) Privatfahrten

1031 Stellt der Arbeitgeber dem Arbeitnehmer für andere Privatfahrten ein Kraftfahrzeug mit Fahrer zur Verfügung, so ist der entsprechende private Nutzungswert wie folgt zu erhöhen (R 31 Abs. 10 Nr. 2 LStR):

– **um 50 %**, wenn der Fahrer **überwiegend in Anspruch** genommen wird,

– **um 40 %**, wenn der Arbeitnehmer das Kraftfahrzeug **häufig selbst steuert**,

– **um 25 %**, wenn der Arbeitnehmer das Kraftfahrzeug weit **überwiegend selbst steuert**.

c) Familienheimfahrten

1032 Stellt der Arbeitgeber dem Arbeitnehmer für die **steuerlich zu erfassenden Familienheimfahrten** ein Kraftfahrzeug mit Fahrer zur Verfügung, so ist der Nutzungswert der Fahrten, die unter Inanspruchnahme eines Fahrers durchgeführt worden sind, **um 50 %** zu erhöhen. Die geltende Staffelregelung bei Privatfahrten ist bei Familienheimfahrten **nicht anzuwenden** (Tz. I.7 des BMF-Schreibens vom 28.5.1996, BStBl I 1996 S. 654).

d) Leerfahrten

1033 Bei der Feststellung der privat und der dienstlich zurückgelegten Fahrtstrecken sind sog. **Leerfahrten**, die bei der Überlassung eines Kraftfahrzeugs mit Fahrer durch die An- und Abfahrten des Fahrers auftreten können, den dienstlichen Fahrten zuzurechnen (Tz. II.4 des BMF-Schreibens vom 28.5.1996, BStBl I 1996 S. 654).

Beispiel:

Einem Arbeitnehmer wird ein Firmenwagen mit Fahrer zur Verfügung gestellt. Der Arbeitnehmer arbeitet in Hannover und wohnt 40 km von Hannover entfernt. Der Fahrer, der in Hannover wohnt, fährt morgens zu seinem Chef, um ihn abzuholen. Abends fährt er seinen Chef nach Hause und anschließend wieder zurück nach Hannover. Insgesamt fährt er also täglich 160 km (4 × 40 km).

Der Arbeitnehmer hat lediglich 80 km (2 × 40 km) als geldwerten Vorteil zu versteuern, allerdings mit einem Zuschlag von 50 % für die Fahrergestellung. Die Leerfahrten seines Fahrers sind dienstlich veranlasste Fahrten.

e) Sicherheitsgeschützte Fahrzeuge

1034 Bei einem Kraftwagen, der **aus Sicherheitsgründen gepanzert** und deshalb zum Selbststeuern nicht geeignet ist, führt die Gestellung des Fahrers **nicht zur Erhöhung des privaten Nutzungswerts**. Es ist dabei unerheblich, in welcher Gefährdungsstufe der Arbeitnehmer eingeordnet ist (R 31 Abs. 10 Nr. 3 LStR).

f) Werbungskostenabzug und Pauschalierung

1035 Der Wert für die Fahrergestellung kann nicht neben der Entfernungspauschale nach § 9 Abs. 1 Satz 3 Nr. 4 EStG als Werbungskosten berücksichtigt werden. Damit entfällt für den Fahrerzuschlag auch die Pauschalierungsmöglichkeit mit 15 %.

9. Berücksichtigung des Rabattfreibetrags

1036 Auch bei der Bewertung des geldwerten Vorteils aus der Privatnutzung eines Firmenwagens können die **besonderen Bewertungsvorschriften des § 8 Abs. 3 EStG** (konkreter Endpreis des Arbeitgebers abzüglich 4 %, Rabattfreibetrag von 1 224 €) zur Anwendung kommen (BFH, Urteil vom 4.11.1994, BStBl II 1995 S. 338), sofern der Arbeitgeber die Kraftfahrzeuge nicht überwiegend an seine Arbeitnehmer, sondern **überwiegend fremden Dritten** zur Nutzung überlässt (→ *Rabatte* Rz. 1944). Diese Voraussetzung dürfte im Regelfall **nur bei Autoverleih- oder Leasingfirmen** gegeben sein.

Sind diese Voraussetzungen aber erfüllt, besteht **weder für den Arbeitgeber noch für den Arbeitnehmer eine Wahlmöglichkeit**, denn die Bewertung nach § 8 Abs. 3 EStG geht der Bewertung nach § 8 Abs. 2 EStG vor. Im Übrigen ist die **Vertrauensschutzregelung** im BMF-Schreiben vom 28.4.1995 (BStBl I 1995 S. 273) am 31.12.2000 abgelaufen.

Die Bewertung nach § 8 Abs. 3 EStG kann auch nicht durch einen Antrag auf Pauschalierung nach § 40 Abs. 1 Nr. 1 EStG „umgangen" werden. Eine solche Pauschalbesteuerung ist nur bei sonstigen Bezügen möglich; der geldwerte Vorteil aus der Privatnutzung eines Firmenwagens zählt aber zum laufenden Arbeitslohn (R 115 Abs. 1 Nr. 5 LStR). Lediglich für den auf die Fahrten zwischen Wohnung und Arbeitsstätte entfallenden geldwerten Vorteil kommt eine – zumindest teilweise – Pauschalbesteuerung nach § 40 Abs. 2 Satz 2 EStG in Betracht.

Bei der Bewertung nach § 8 Abs. 3 EStG ist der um 4 % geminderte Endpreis des Arbeitgebers anzusetzen. Von dem so ermittelten geldwerten Vorteil ist der Rabattfreibetrag von 1 224 € abzuziehen.

Beispiel 1:

Ein Arbeitnehmer ist bei einer Autoverleihfirma, die ihre Fahrzeuge langfristig vermietet, angestellt. Er erhält von seinem Arbeitgeber einen Firmenwagen zur privaten Nutzung kostenlos zur Verfügung gestellt. Die Kunden müssen für einen Pkw gleicher Art monatlich 1 000 € bezahlen. Der Listenpreis des Pkw beträgt 40 000 €, die Entfernung zwischen Wohnung und Arbeitsstätte 20 km.

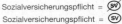
Bei Anwendung der 1 %-Regelung würde sich ein geldwerter Vorteil in Höhe von monatlich 640 € ergeben:

– 1 % von 40 000 €	400 €
– 0,03 % von 40 000 € = 12 € × 20 km	240 €
insgesamt	640 €

Da der Arbeitgeber aber Fahrzeuge **überwiegend an fremde Dritte** vermietet, muss die Bewertung der unentgeltlichen Überlassung des Firmenwagens nach § 8 Abs. 3 EStG erfolgen:

Endpreis des Arbeitgebers	1 000 €
⁄ 4 % Abschlag	40 €
= Endpreis des Arbeitgebers	960 €
⁄ Rabattfreibetrag (1/12 von 1 224 €)	102 €
= monatlicher geldwerter Vorteil	858 €

Der Arbeitnehmer hat monatlich 218 € mehr als geldwerten Vorteil zu versteuern als bei der „üblichen" Versteuerung eines Firmenwagens.

Wird bei der **Überlassung eines Kraftwagens** der auf die Fahrten zwischen Wohnung und Arbeitsstätte entfallende Nutzungsvorteil nach § 40 Abs. 2 Satz 2 EStG **pauschal versteuert**, so ist der für die individuelle Besteuerung maßgebende Wert der Kraftwagenüberlassung insgesamt nach § 8 Abs. 3 EStG zu ermitteln und um den pauschal versteuerten Betrag zu kürzen (BMF-Schreiben vom 28.4.1995, BStBl I 1995 S. 273).

Beispiel 2:

Wie Beispiel 1, die Fahrten zwischen Wohnung und Arbeitsstätte werden aber soweit wie möglich vom Arbeitgeber pauschal versteuert.

Der geldwerte Vorteil nach § 8 Abs. 3 EStG beträgt (bei der Pauschalversteuerung macht der Arbeitgeber von der Vereinfachungsregelung in R 127 Abs. 5 Nr. 1 Buchst. b LStR Gebrauch und setzt 15 Tage an):

Endpreis des Arbeitgebers (1 000 €)	1 000 €
⁄ 4 % Abschlag	40 €
= Endpreis des Arbeitgebers	960 €
⁄ Rabattfreibetrag (1/12 von 1 224 €)	102 €
= geldwerter Vorteil	858 €
⁄ pauschal versteuerte Fahrten zwischen Wohnung und Arbeitsstätte (15 Tage × (10 km × 0,36 € + 10 km × 0,40 €))	114 €
= monatlich der Lohnsteuer zu unterwerfen	744 €

10. Haftung des Arbeitgebers

1037 Soweit der Arbeitgeber dem Arbeitnehmer einen Firmenwagen zur privaten Nutzung überlässt, muss er die Höhe des geldwerten Vorteils ermitteln und der Lohnversteuerung unterwerfen. **Unterlässt der Arbeitgeber die Versteuerung des geldwerten Vorteils, so haftet er nach § 42d EStG für die zu wenig einbehaltene Lohnsteuer** sowie für den zu wenig einbehaltenen Solidaritätszuschlag und für die Kirchensteuer.

Nach Auffassung des Bundesfinanzhofs kann der Arbeitgeber gegen den Ansatz eines geldwerten Vorteils im Haftungsverfahren nicht geltend machen, er habe seinen Arbeitnehmern die private Nutzung des Firmenfahrzeugs untersagt, wenn er **nicht ernstlich auf die Beachtung des Verbots gedrungen und die Einhaltung überwacht hat** (BFH, Urteil vom 26.1.1968, BStBl II 1968 S. 361).

Ein solche Überwachung ist z.B. möglich durch

– **Führung eines Fahrtenbuchs** durch den Arbeitnehmer,

– **Überprüfung des Fahrtenbuchs** durch den Arbeitgeber,

– **Abstellen des Kraftfahrzeugs** bei Urlaub, Krankheit und ggf. nach Dienstschluss **auf dem Garagenhof des Arbeitgebers**.

11. Umsatzsteuer

1038 Die Überlassung eines unternehmerischen Kraftfahrzeugs durch den Arbeitgeber zur privaten Nutzung durch den Arbeitnehmer für Privatfahrten oder Fahrten zwischen Wohnung und Arbeitsstätte ist umsatzsteuerlich als eine **Sachzuwendung (sonstige Leistung)** zu qualifizieren, die im Fall der Entgeltlichkeit nach § 1 Abs. 1 Nr. 1 Satz 1 UStG und im Fall der Unentgeltlichkeit nach § 3 Abs. 9 a Satz 1 Nr. 1 UStG der Umsatzsteuer unterliegt (vgl. ausführlich BMF-Schreiben vom 29.5.2000, BStBl I 2000 S. 819).

Im Fall der **entgeltlichen Überlassung** kommt als Bemessungsgrundlage der Wert der nicht durch den Barlohn abgegoltenen Arbeitsleistung des Arbeitnehmers in Betracht. Die Finanzverwaltung lässt zur Schätzung dieses Werts die Heranziehung der Ge-

samtkosten des Arbeitgebers für die Fahrzeugüberlassung zu, der allerdings nicht um Kosten gekürzt werden darf, für die ein Vorsteuerabzug nicht möglich war (z.B. Versicherung und Steuer). Aus Vereinfachungsgründen lässt die Finanzverwaltung als umsatzsteuerliche Bemessungsgrundlage auch den Ansatz lohnsteuerlicher Pauschalwerte zu. Diese sind, da es sich umsatzsteuerlich um Bruttowerte handelt, um die enthaltene Umsatzsteuer zu kürzen (13,79 %).

Im Fall der **unentgeltlichen Überlassung** sind nach § 10 Abs. 4 Nr. 2 UStG die Kosten als Bemessungsgrundlage anzusetzen, die aber im Gegensatz zur Bemessungsgrundlage bei der entgeltlichen Überlassung um die nicht mit Vorsteuer belasteten Kosten zu kürzen sind. Hierbei handelt es sich um einen Nettowert, auf den die Umsatzsteuer mit dem normalen Steuersatz zu berechnen ist. Auch in diesen Fällen können aus Vereinfachungsgründen die lohnsteuerlichen (Brutto-)Werte angesetzt werden, bei denen ein Abschlag um 20 % für die nicht mit Vorsteuer belasteten Kosten vorgenommen werden kann und die um die enthaltene Umsatzsteuer zu kürzen sind (siehe → *Sachbezüge* Rz. 2138).

Forderungsübergang

1. Allgemeines

Die Forderung des Arbeitnehmers auf Arbeitsentgelt gegen den Arbeitgeber kann in bestimmten Fällen, abgesehen von der rechtsgeschäftlichen Abtretung (siehe → *Abtretung des Arbeitslohns* Rz. 21) und von der Pfändung des Lohnes (siehe → *Lohnpfändung* Rz. 1522), kraft Gesetzes auf einen Dritten übergehen. Die **Folge** eines solchen gesetzlichen Forderungsübergangs ist, dass der Dritte nunmehr Gläubiger der Entgeltforderung gegen den Arbeitgeber ist; der Arbeitgeber muss an den Dritten leisten. **1039**

Beachtet der Arbeitgeber einen ihm bekannt gegebenen Forderungsübergang nicht, zahlt er also die Forderung an den Arbeitnehmer aus, so bleibt er dem Dritten als Gläubiger der übergegangenen Forderung zahlungspflichtig; der Arbeitgeber läuft also **Gefahr, doppelt zahlen** zu müssen.

Die Fälle des **gesetzlichen Forderungsübergangs** sind nach § 412 BGB grundsätzlich nach den **Abtretungsregelungen**, §§ 399 bis 404 und §§ 406 bis 410 BGB, abzuwickeln.

Für das Arbeitsverhältnis bedeutsame Fallgestaltungen des gesetzlichen Forderungsübergangs:

– Übergang auf die **Krankenversicherung** (§ 115 SGB X),

– Übergang auf den Träger der **Sozialhilfe** (§ 91 BSHG),

– Übergang auf das **Arbeitsamt** bezüglich Arbeitslosengeld (§ 115 SGB X) und bezüglich Insolvenzgeld (§ 187 SGB III),

– Übergang auf eine **Versicherung** (§ 67 VVG).

Bei Forderungsübergang auf einen Sozialleistungsträger gilt im Übrigen die auch nach Forderungsübergang ansonsten grundsätzlich zu beachtende **Pfändbarkeitsgrenze nicht** (siehe → *Lohnpfändung* Rz. 1522).

2. Lohnsteuer und Sozialversicherung

Zahlt der Arbeitgeber **Arbeitslohn** nicht an den Arbeitnehmer aus, sondern auf Grund einer Abtretung, Pfändung usw. unmittelbar an einen **Dritten**, hat dies keinen Einfluss auf die Besteuerung und Beitragsberechnung beim Arbeitnehmer. Dies gilt auch für den gesetzlichen Übergang einer Arbeitslohnforderung auf Sozialleistungsträger (z.B. auf das Arbeitsamt nach § 115 Abs. 1 SGB X). Der übergegangene Betrag ist dem Arbeitnehmer in dem Zeitpunkt zugeflossen, in dem er beim Zessionar (z.B. dem Arbeitsamt) eingeht (BFH, Urteil vom 16.3.1993, BStBl II 1993 S. 507). **1040**

Steuer- und damit auch beitragsfrei sind dagegen Zahlungen des Arbeitgebers an das Arbeitsamt auf Grund des gesetzlichen Forderungsübergangs (§ 115 SGB X), wenn über das Vermögen des Arbeitgebers das Insolvenzverfahren usw. eröffnet worden ist (§ 3 Nr. 2 EStG i.V.m. R 4 Abs. 1 LStR).

Forderungsverzicht

1041 Im (rechtswirksamen) Verzicht des Arbeitgebers auf eine (nicht völlig wertlose) Forderung gegenüber dem Arbeitnehmer ist steuerpflichtiger Arbeitslohn zu sehen, wenn der Verzicht durch das **Dienstverhältnis veranlasst** ist. Dies ist z.B. der Fall,

– wenn der Arbeitgeber den **gestundeten Kaufpreis** für entgeltlich überlassenes Arbeitsgerät **erlässt** oder

– auf eine **Schadensersatzforderung** gegenüber dem Arbeitnehmer **verzichtet**, weil dieser im Zustand der absoluten Fahruntüchtigkeit einen Firmenwagen beschädigt hat (BFH, Urteil vom 27.3.1992, BStBl II 1992 S. 837).

Der Arbeitslohn **fließt dem Arbeitnehmer erst in dem Zeitpunkt zu**, in dem der Arbeitgeber endgültig zu erkennen gibt, dass er keinen Rückgriff nehmen wird, d.h. im Zeitpunkt des – ggf. konkludenten – **Abschlusses des Erlassvertrages**. Die Tatsache allein, dass der Arbeitgeber damit rechnen muss, dass einzelne Arbeitnehmer seine Forderung abredewidrig nicht entrichten werden, und er es unterlässt, zunächst mit Gegenforderungen (insbesondere Lohnforderungen) ganz oder teilweise aufzurechnen oder andere Beitreibungsmaßnahmen zu ergreifen, führt noch nicht zum Zufluss von Arbeitslohn. Allerdings kann hierin nach den Gesamtumständen des Einzelfalles schon ein endgültiger Forderungsverzicht liegen und somit Arbeitslohn anzunehmen sein (BFH, Urteil vom 25.1.1985, BStBl II 1985 S. 437). ⌊LSt⌋ ⌊SV⌋

Forstbedienstete

1. Privatforstbedienstete

1042 Entschädigungen an Privatforstbedienstete werden seit 1990 wie folgt behandelt (FinMin Niedersachsen, Erlass vom 18.5.1990, DB 1990 S. 1263):

– Der **Dienstkleidungszuschuss** ist als Barablösung i.S. des § 3 Nr. 31 EStG steuerfrei. ⌊ʄ⌋ ⌊SV⌋

– Beim **Futtergeld**, der **Jagdaufwandsentschädigung**, dem **Schussgeld** und der **Pauschalentschädigung für das Dienstzimmer** handelt es sich um Werbungskostenersatz und somit um steuerpflichtigen Arbeitslohn (R 70 Abs. 3 Satz 1 LStR). ⌊LSt⌋ ⌊SV⌋

2. Forstbedienstete im öffentlichen Dienst

1043 Bei den im öffentlichen Dienst tätigen Forstbediensteten muss im jeweiligen Einzelfall geprüft werden, ob die gezahlten Entschädigungen als **Aufwandsentschädigungen** aus öffentlichen Kassen nach § 3 Nr. 12 Satz 1 oder 2 EStG steuerfrei belassen werden können (siehe → *Aufwandsentschädigungen im öffentlichen Dienst* Rz. 309). Die Regelungen können je nach Bundesland unterschiedlich sein: Die sog. **Dienstzimmerentschädigung** bleibt z.B. in Brandenburg in vollem Umfang nach § 3 Nr. 12 Satz 2 EStG steuerfrei, auch wenn zum Teil der Arbeitsaufwand abgegolten wird (FinMin Brandenburg, Erlass vom 10.6.1996, DB 1996 S. 2056). Die Bundesregierung hat hingegen vergleichbare Entschädigungen als Aufwandsentschädigung festgesetzt und als solche im Haushaltsplan ausgewiesen, so dass die Voraussetzungen für die Steuerbefreiung nach § 3 Nr. 12 Satz 1 EStG vorliegen.

Nach § 33a Manteltarifvertrag (MTV) werden **Waldarbeitern** seit 1.4.1994 für den Transport von betriebseigenem Gerät und Material im eigenen Kfz oder mittels betriebseigenem oder waldarbeitereigenem Kfz-Anhänger und für das Umsetzen eines Waldarbeiterschutzwagens pauschale **Transportentschädigungen** gezahlt. Diese werden wie folgt steuerlich behandelt (FinMin Niedersachsen, Erlass vom 23.3.1995, StEd 1995 S. 275):

– Die pauschale Transportentschädigung nach § 33a Abs. 1 MTV für jeden Tag der Mitnahme von betriebseigenem Material bei der **Fahrt von der Wohnung zur Arbeitsstätte** gehört **zum steuerpflichtigen Arbeitslohn.** ⌊LSt⌋ ⌊SV⌋

– Die Transportentschädigungen nach § 33a Abs. 2 und 3 MTV für die Mitnahme von betriebseigenem Gerät und Material in einem betriebseigenen Kfz-Anhänger bzw. einem waldarbeitereigenem Kfz-Anhänger und für das Umsetzen eines Waldarbeiterschutzwagens werden neben der kilometerbezogenen Fahrzeugentschädigung nach § 33 MTV für die Benutzung eines eigenen Kfz gezahlt. Die pauschalen Entschädigungen sind **steuerfrei**, soweit sie zusammen mit der Fahrentschädigung den für **Dienstreisen** geltenden pauschalen km-Satz von 0,30 € nicht übersteigen. ⌊ʄ⌋ ⌊SV⌋

Fortbildung

1. Allgemeines

1044 Steuerlich wird zwischen folgenden Kosten unterschieden, die zwar alle vergleichbar sind, trotzdem aber völlig unterschiedlich behandelt werden. Diese Unterscheidung hat auch im Lohnsteuerabzugsverfahren sowohl für den **steuerfreien Arbeitgeberersatz** als auch für die Frage Bedeutung, inwieweit sich der Arbeitnehmer für solche Kosten einen **Freibetrag auf der Lohnsteuerkarte** eintragen lassen kann. Unterschieden werden, wobei die Zuordnung im Einzelfall schwierig sein kann, folgende Fallgruppen:

a) Zuordnung zu Werbungskosten

1045
– Fortbildungskosten
– Vorweggenommene Werbungskosten
– Werbungskosten im Rahmen eines Ausbildungsdienstverhältnisses.

Diese Aufwendungen können vom Arbeitnehmer in voller Höhe als **Werbungskosten** (§ 9 Abs. 1 Satz 1 EStG) abgesetzt und ggf. vom **Arbeitgeber steuerfrei ersetzt** werden, z.B. Reisekosten.

Voraussetzung ist allerdings, dass im steuerlichen Sinne überhaupt „**Aufwendungen**" entstanden sind.

Beispiel:

Mitarbeiter eines Automobilwerkes machen vielfach Aufwendungen für ein betriebliches Fort- und Weiterbildungsprogramm als Werbungskosten geltend. Nach den zum Nachweis vorgelegten Arbeitgeberbescheinigungen ist ihnen für diese Fortbildungsmaßnahme ein Tag aus ihrem **Freischicht- oder Gleitzeitkonto gekürzt** worden. Dies bedeute einen Aufwand von 200 €.

Ein Werbungskostenabzug ist nicht möglich, weil den Arbeitnehmern keine Aufwendungen im steuerlichen Sinne erwachsen; auch ersparte Ausgaben sind keine Aufwendungen (vgl. BFH, Urteil vom 27.8.1993, BStBl II 1994 S. 235).

Aus denselben Gründen kann auch der **Verzicht auf Urlaub** zwecks Teilnahme an einer Fortbildungsveranstaltung nicht als Werbungskosten abgezogen werden, selbst wenn der Arbeitnehmer andernfalls einen Kostenbeitrag hätte entrichten müssen (FG des Landes Brandenburg, Urteil vom 11.4.2001, EFG 2001 S. 886).

b) Zuordnung zu Sonderausgaben

1046 – Ausbildungskosten

– Kosten der Weiterbildung in einem nicht ausgeübten Beruf.

Diese Aufwendungen können vom Arbeitnehmer nur im Rahmen der **Sonderausgaben** nach § 10 Abs. 1 Nr. 7 EStG bis zu den dort genannten Höchstbeträgen (920 €, bei auswärtiger Unterbringung 1 227 €) abgesetzt werden. Ein steuerfreier Arbeitgeberersatz ist nicht möglich.

c) Zuordnung zu Kosten der Lebensführung

1047 – Lebenshaltungskosten

– Aufwendungen, die auf Dauer zu Verlusten führen („Liebhaberei").

Diese Aufwendungen können **steuerlich überhaupt nicht berücksichtigt** werden.

2. Fortbildungskosten

a) Allgemeines

1048 Der Bundesfinanzhof unterscheidet in ständiger Rechtsprechung zwischen Berufsausbildungs- und Berufsfortbildungskosten (siehe ausführlich R 34 LStR und H 34 LStH und zuletzt Urteil vom 28.8.1997, BStBl II 1998 S. 183, m.w.N., betr. Umschulungskosten):

– **Ausbildungskosten** sind solche Aufwendungen, die dem Ziel dienen, Kenntnisse zu erwerben, die als Grundlage für die Ausübung eines künftigen Berufs notwendig sind oder die es ermöglichen, von einer Berufsart zu einer anderen überzuwechseln. Diese Kosten sind nur in begrenztem Umfang als **Sonderausgaben** abziehbar (→ Rz. 1046).

– **Fortbildungskosten** sind demgegenüber solche Aufwendungen, die getätigt werden, um in dem ausgeübten Beruf auf dem Laufenden zu bleiben und den jeweiligen Anforderungen gerecht zu werden.

Fortbildungskosten können vom Arbeitnehmer als **Werbungskosten** abgesetzt werden, dabei sind die **Dienstreisegrundsätze** unmittelbar anzuwenden, wenn eine Fortbildungsveranstaltung auf Veranlassung des Arbeitgebers besucht wird („echte" Dienstreise). Besucht der Arbeitnehmer Fortbildungsveranstaltungen aus eigenem Antrieb aus seiner eigentlichen beruflichen Tätigkeit (z.B. Studium an der Abendschule, sog. Samstagslehrgänge, Teilnahme an Lernarbeitsgemeinschaften), handelt es sich zwar nicht um „echte" Dienstreisen, die **Dienstreisegrundsätze** sind aber nach R 34 Satz 5 LStR **sinngemäß** anzuwenden. Das bedeutet auf der einen Seite, dass zwar grundsätzlich **Mehraufwendungen für Verpflegung** abgesetzt werden können, andererseits aber Aufwendungen für **Fahrten** zu derselben Ausbildungsstätte nur in den ersten drei Monaten mit den km-Sätzen für Dienstreisen (siehe dazu ausführlich → *Auszubildende* Rz. 402).

Soweit es sich um „echte" Dienstreisen handelt, können die Aufwendungen im Rahmen des § 3 Nr. 16 EStG vom **Arbeitgeber steuerfrei erstattet** werden. Darüber hinaus ist ein steuerfreier Werbungskostenersatz nicht möglich (R 70 Abs. 3 Satz 1 LStR).

Typische Fortbildungskosten sind der Besuch von Fortbildungsveranstaltungen und Lehrgängen zur beruflichen Weiterbildung, auch im Zusammenhang mit einer **Meisterprüfung**.

b) Besuch von Fach- und Hochschulen

1049 Aufwendungen für ein **(Fach-)Hochschulstudium** stellen bis auf wenige Ausnahmen (bei einem Zweitstudium oder einem Ausbildungsdienstverhältnis) **keine Fortbildungs-, sondern Ausbildungskosten** dar. Ein **Erststudium**, das an einer **(Fach-) Hochschule absolviert** und mit der **Verleihung eines akademischen Grades bzw. dem Titel „graduiert" abgeschlossen** wird, gehört immer zur Ausbildung; die Aufwendungen sind nur beschränkt als **Sonderausgaben** abzugsfähig (→ Rz. 1046). Die Abgrenzung ist in der Praxis jedoch äußerst umstritten, zumal die Rechtsprechung nicht einheitlich ist; dies gilt besonders für ein sog. **berufsintegrierendes Studium** (siehe ausführlich → Rz. 1055).

Aufwendungen für ein **erstmaliges Studium** sind auch dann **Ausbildungskosten**, wenn

– der Steuerpflichtige die **Abschlussprüfung nicht bestanden** hat (FG Baden-Württemberg, Urteil vom 26.6.2000, EFG 2000 S. 1379).

– der Steuerpflichtige **keinen Berufswechsel** anstrebt (FG Rheinland-Pfalz, Urteil vom 8.5.2000, EFG 2000 S. 1240, Revision eingelegt, Az. beim BFH: VI R 114/00).

– der Steuerpflichtige **keinen Hochschulabschluss** anstrebt (FG Köln, Urteil vom 12.11.1998, EFG 2000 S. 617, Revision eingelegt, Az. beim BFH: VI R 138/99).

– das Studium **während der Ausübung des Berufs** betrieben wird (FG Münster, Urteil vom 12.12.1997, EFG 2001 S. 491, Revision eingelegt, Az. beim BFH: VI R 182/00, betr. einen Bürokaufmann, der abends an der Volkshochschule Betriebswirtschaft studiert hat, um „Dipl. Betriebswirt (FH)" zu werden, sowie FG Düsseldorf, Urteile vom 16.8.2000, EFG 2001 S. 426, Revision eingelegt, Az. beim BFH: IV R 165/00, betr. das berufsbegleitende Studium einer Steuerfachgehilfin und vom 7.5.2001, EFG 2001 S. 1362, Revision eingelegt, Az. beim BFH: VI R 87/01, betr. das neben dem Beruf ausgeübte Studium eines Datenverarbeitungskaufmanns).

– das Studium im **dualen System** im abgestimmten Wechsel von wissenschaftlicher Lehre und betrieblicher Praxis betrieben wird (FG Münster, Urteil vom 28.1.1999, EFG 2001 S. 493, Revision eingelegt, Az. beim BFH: VI R 5/01, betr. eine Steuerfachgehilfin, die ein Wirtschaftsstudium aufgenommen hat, um Dipl.-Betriebswirt (FH) zu werden).

– ein **Fernstudium** betrieben wird, selbst wenn der Steuerpflichtige vor Studiumsbeginn seit vielen Jahren im EDV-Bereich eines Unternehmens tätig ist (Hessisches FG, Urteil vom 21.6.2000, DStRE 2001 S. 451, EFG 2001 S. 676, Revision eingelegt, Az. beim BFH: VI R 133/00, betr. einen Industrieelektroniker, der „Dipl.-Informatiker (FH)" werden wollte).

Auch Aufwendungen für ein „ergänzendes Studium" können **Ausbildungskosten** sein, wenn es vor Abschluss der eigentlichen Berufsausbildung aufgenommen wird (es liegt dann eine „einheitliche Ausbildung" vor), z.B. bei

– einer Grund- und Hauptschullehrerin mit den Fächern Biologie und Textilgestaltung, die unmittelbar nach dem 2. Staatsexamen ein **Ergänzungsstudium** im Fach Katholische Theologie aufgenommen hat (Niedersächsisches FG, Urteil vom 21.5.1992 – XIV/XV 261/90),

– einem **ausländischen Studium zur Erlangung des „Master of Law"**, das nach dem 1. juristischen Staatsexamen und vor der Tätigkeit als Referendar im Rahmen des juristischen Vorbereitungsdienstes durchgeführt wird, weil die Berufsausbildung mit dem 1. Staatsexamen noch nicht abgeschlossen ist (Hessisches FG, Urteil vom 2.4.2001, EFG 2001 S. 1027, Revision eingelegt, Az. beim BFH: VI R 67/01).

Fortbildungskosten können dagegen sein Aufwendungen

– für den Besuch von **Fachschulen**, die – anders als Universitäten und Hochschulen – kein neues Berufsbild, sondern lediglich eine bessere Qualifikation für den bereits ausgeübten Beruf vermitteln (vgl. z.B. BFH, Urteil vom 16.8.1979, BStBl II 1979 S. 675, betr. Aufwendungen für den Besuch eines zweijährigen Lehrgangs an der Wirtschaftsfachschule der Akademie für praktische Betriebswirtschaft in Köln mit dem Ziel des Abschlusses als „staatlich geprüfter Betriebswirt"),

– oder für ein **Zweitstudium**, wenn das Erststudium zu einem Berufsabschluss geführt hat und das Zweitstudium ein **Aufbaustudium** ist, das nicht den Wechsel in eine andere Berufsart eröffnet, sondern sich als Spezialisierung auf einem Gebiet des breit angelegten Erststudiums darstellt (BFH, Urteile vom 17.4.1996, BStBl II 1996 S. 444 bis 448, und vom 19.4.1996, BStBl II 1996 S. 452).

c) Weitere Rechtsprechung

1050 In folgenden Fällen wurden z.B. Fortbildungskosten **anerkannt**:

– Aufwendungen für den Besuch einer **Fachschule** (BFH, Urteil vom 16.8.1979, BStBl II 1979 S. 675).

– Aufwendungen eines Handwerksgesellen für die **Meisterprüfung** (BFH, Urteil vom 19.1.1990, BStBl II 1990 S. 572).

– Aufwendungen eines Finanzbeamten für einen **Steuerberaterlehrgang** (BFH, Urteil vom 6.11.1992, BStBl II 1993 S. 108).

– Aufwendungen für ein Zweitstudium eines Lehrers mit der Lehrbefähigung für die Sekundarstufe I für das Lehramt der Sekundarstufe II mit dem Ziel, vom gehobenen Dienst in den **höheren Dienst aufzusteigen** (BFH, Urteil vom 14.2.1992, BStBl II 1992 S. 556).

– Aufwendungen für ein Studium zum **Tonmeister** nach einem Studium der Musiktheorie (BFH, Urteil vom 18.4.1996, BStBl II 1996 S. 449).

– Aufwendungen einer Sonderschullehrerin für Weiterbildungsmaßnahmen zur „**klinischen Musiktherapeutin**" (BFH, Urteil vom 13.6.1996, BFH/NV 1996 S. 809).

– Aufwendungen einer an einer Sonderschule für Gehörlose und mehrfach Behinderte tätigen Gymnasiallehrerin für die Weiterbildung zur **Analytischen Kinder- und Jugendlichen-Psychotherapeutin** (Psychagogin) (FG Berlin, Urteil vom 21.1.1997, EFG 1997 S. 1105, Revision eingelegt, Az. beim BFH: VI R 85/97).

– Aufwendungen einer in Frankreich ausgebildeten Lehrerin für ein **Lehramtsstudium in Deutschland**, sofern die vorhergehende Ausbildung im Ausland mindestens einem deutschen Fachhochschulabschluss vergleichbar ist (BFH, Urteil vom 16.1.1998, BFH/NV 1998 S. 844).

– **Aufbaukurs zum Diplom-Betriebswirt (FH)** eines „Ökonomen" der früheren DDR (Thüringer FG, Urteil vom 19.8.1998, EFG 1998 S. 1639).

– Aufwendungen eines Büroinformationstechnikers für den Besuch einer **Fachschule für Medizintechnik,** um sich als Medizintechniker zu spezialisieren (BFH, Urteil vom 20.7.2000, BStBl II 2001 S. 107).

– **Studium eines Zweitfachs** durch eine Lehrerin, auch wenn sie dieses Unterrichtsfach vorher noch nicht unterrichtet hatte (Thüringer FG, Urteil vom 12.4.2000, EFG 2000 S. 1237, Revision eingelegt, Az. beim BFH: VI R 93/00).

– Aufwendungen einer Diplom-Übersetzerin für ein **zweijähriges journalistisches Aufbaustudium** (FG Köln, Urteil vom 8.2.2000, EFG 2001 S. 676, Revision eingelegt, Az. beim BFH: VI R 8/01).

– Aufwendungen für den **Erwerb der Qualifikation zum Physiotherapeuten** durch einen ausgebildeten Masseur und medizinischen Bademeister (FG Rheinland-Pfalz, Urteil vom 24.4.2001, EFG 2001 S. 1191).

d) Umschulung

1051 **Umschulungskosten** sind zwar regelmäßig **Ausbildungskosten**, wenn eine zweite Berufsausbildung absolviert wird. Sie stellen nach Auffassung des Finanzgerichts des Landes Brandenburg aber **ausnahmsweise Werbungskosten** dar, wenn ein Steuerpflichtiger auf Grund von Arbeitslosigkeit zur Umschulung gezwungen ist und die Umschulungskosten eine sachliche Nähe zu den Weiterbildungskosten im ausgeübten Beruf aufweisen (Urteil vom 23.11.1999, EFG 2000 S. 424, betr. Umschulungskosten einer Verkäuferin zur Arzthelferin). Gegen das Urteil ist Revision eingelegt worden (Az. beim BFH: VI R 42/00).

Auch die **Finanzgerichte Düsseldorf** (Urteil vom 17.5.2001, DStRE 2001 S. 1011, Revision eingelegt, Az. beim BFH: IV R 44/01) und **Rheinland-Pfalz** (Urteil vom 14.8.2001, DStR Heft 46/2001 S. VI, Revision eingelegt, Az. beim BFH: VI R 120/01) erkennen Aufwendungen für eine berufliche Neuorientierung als Werbungskosten an, sofern ein konkreter Bezug mit einer auf Einkünfteerzielung gerichteten Tätigkeit besteht. Es bleibt abzuwarten, ob der Bundesfinanzhof seine bisherige Rechtsprechung lockern wird.

Vgl. zur Abgrenzung außerdem die Hinweise zu → Rz. 1055.

3. Vorweggenommene Werbungskosten

a) Allgemeines

1052 Fortbildungskosten können auch in Form von vorab entstandenen Werbungskosten vorliegen, wenn der Arbeitnehmer seine Berufsausbildung bereits abgeschlossen hat, seinen **Beruf aber noch nicht ausübt und er nunmehr Aufwendungen tätigt, um die Kenntnisse im Bereich des erlernten Berufs zu vertiefen und zu erweitern.** Voraussetzung ist, dass ein hinreichend **konkreter Zusammenhang** mit den angestrebten steuerbaren Einnahmen aus der beruflichen Tätigkeit besteht. Lässt sich das angestrebte Berufsziel – wie wohl häufig – nicht sicher feststellen, kann das Finanzamt den Steuerpflichtigen vorläufig veranlagen (BFH, Urteil vom 19.6.1997, BStBl II 1998 S. 239, betr. ein Zweitstudium). Nicht erforderlich ist, dass der Arbeitnehmer, der an einer **Bildungsmaßnahme teilnimmt,** schon eine konkrete neue Stelle bei einem bestimmten Arbeitgeber in Aussicht hat (BFH, Urteil vom 18.4.1996, BStBl II 1996 S. 482). Aber auch ein Arbeitnehmer, der **nicht an einer konkreten Bildungsmaßnahme teilnimmt,** sondern sich nur allgemein durch die **Lektüre von Fachliteratur** in seinem erlernten Beruf auf dem Laufenden hält, kann die Aufwendungen für Fachliteratur und sonstige Arbeitsmittel als vorweggenommene Werbungskosten absetzen, sofern er tatsächlich dem inländischen **Arbeitsmarkt zur Verfügung steht** (BFH, Urteil vom 13.6.1996, BFH/NV 1997 S. 98); dies gilt im Normalfall **nicht** für Aufwendungen eines **Arbeitslosen** für ein **häusliches Arbeitszimmer** (FG Baden-Württemberg, Urteil vom 3.8.1999, EFG 1999 S. 1117), es sei denn dass es im Einzelfall tatsächlich so gut wie ausschließlich beruflich genutzt wird, z.B. zur Erstellung von Bewerbungsschreiben und zur Vorbereitung auf Vorstellungsgespräche; der Abzug ist jedoch auf 1 250 € im Jahr beschränkt, weil das Arbeitszimmer nicht der Mittelpunkt der auf Erlangung eines Arbeitsplatzes gerichteten Tätigkeit ist (FG Nürnberg, Urteile vom 2.9.1999, DStRE 2001 S. 683, und vom 8.3.2001, DStRE 2001 S. 681).

Mehrere Finanzgerichte haben im Gegensatz zum Bundesfinanzhof (Urteil vom 7.5.1993, BStBl II 1993 S. 676) Aufwendungen für die Wiederaufnahme der beruflichen Tätigkeit (d.h. für Fachliteratur, Arbeitszimmer, Computer usw.) nach Beendigung des **Erziehungsurlaubs** als vorab entstandene Werbungskosten anerkannt (zuletzt Niedersächsisches FG, Urteil vom 21.2.2001, EFG 2001 S. 812, Revision eingelegt, Az. beim BFH: VI R 103/01). Die Entscheidung des Bundesfinanzhofs in diesem und anderen Verfahren (z.B. Revisionsverfahren VI R 137/99) bleibt abzuwarten.

b) Einzelfälle aus der Rechtsprechung

1053 In folgenden Fällen wurden z.B. vorweggenommene Werbungskosten **anerkannt**:

– Aufwendungen einer **Hotelsekretärin**, die nach Absolvieren einer Hotelfachschule und Praktikantenzeit im Hinblick auf eine angestrebte Anstellung in Frankreich einen **Sprachlehrgang** in Französisch besucht hat (BFH, Urteil vom 20.10.1978, BStBl II 1979 S. 114).

– Aufwendungen eines **Zeitsoldaten** für die Teilnahme an einem **Lehrgang zur Vorbereitung für den Übertritt in einen Zivilberuf** (BFH, Urteil vom 9.3.1979, BStBl II 1979 S. 337).

– Lehrgangskosten eines **Industriekaufmanns** für ein zweijähriges Studium der **Betriebswirtschaft** (BFH, Urteil vom 23.8.1979, BStBl II 1979 S. 773).

– Aufwendungen für ein **Praktikum** in den USA zur Vorbereitung auf eine in Aussicht gestellte Tätigkeit, auch wenn die Firma noch keine verbindliche Zusage für eine spätere Anstellung erteilt hat (FG Baden-Württemberg, Urteil vom 25.5.1994, EFG 1994 S. 872).

– Aufwendungen eines **Maurergesellen**, der aus seinem Beruf ausgeschieden war und einen **Meisterkurs** besucht hat (BFH, Urteil vom 18.4.1996, BStBl II 1996 S. 529).

– Aufwendungen eines **Diplom-Geographen**, der arbeitslos war und während dieser Zeit an einem vom Arbeitsamt geförderten Lehrgang zum **Abfallwirtschaftsberater** teilgenommen hat (BFH, Urteil vom 18.4.1996, BStBl II 1996 S. 482).

– Aufwendungen für ein Studium zum **Tonmeister** nach einem vorhergehenden **Studium der Musiktheorie** (BFH, Urteil vom 18.4.1996, BStBl II 1996 S. 449).

– Aufwendungen eines **Diplom-Bauingenieurs (FH)** für ein Hochschulstudium (Zweitstudium) der **Betriebswirtschaft,** um Projektleiter einer großen Baufirma zu werden (BFH, Urteil vom 19.6.1997, BStBl II 1998 S. 239).

– Aufwendungen eines Dipl.-Physikers für ein im Anschluss an die Promotion durchgeführtes **Zweitstudium mit dem Abschluss „Master of Business Administration (MBA)"** (BFH, Urteil vom 31.1.1997, BFH/ NV 1997 S. 648), ebenso BFH, Urteil vom 19.4.1996, BStBl II 1996 S. 452, für das „MBA-Studium" eines **Bankbetriebswirts** in den USA.

– Aufwendungen einer **Diplom-Kauffrau**, die zuvor in einer Steuerberatungsgesellschaft als Angestellte tätig gewesen ist, zur Vorbereitung auf die **Steuerberaterprüfung** (FG Münster, Urteil vom 23.10.1997, EFG 1998 S. 810).

– Weiterbildungsaufwendungen einer **arbeitslosen Lehrerin**, um aus der Arbeitslosigkeit heraus wieder eine dauerhafte Anstellung zu finden, z.B. eine **Tätigkeit im Bereich der sozialen Betreuung und Heimleitung in der Altenhilfe** (Niedersächsisches FG, Urteil vom 25.3.1998, EFG 1999 S. 19).

– Weiterbildungskosten eines **68-jährigen arbeitslosen Arztes**, der eine Anstellung als **Leiter von Balintgruppen** anstrebte (Niedersächsisches FG, Urteil vom 25.3.1998, StEd 1998 S. 690).

– Umschulungskosten einer **arbeitslosen Verkäuferin zur Arzthelferin** (FG des Landes Brandenburg, Urteil vom 23.11.1999, EFG 2000 S. 424, Revision eingelegt, Az. beim BFH: VI R 42/00).

– Aufwendungen einer **medizinisch-technischen Laboratoriumsassistentin** für den Studiengang **„Weiterbildung für Lehrpersonen an Schulen des Gesundheitswesens"** nach Ablauf von **Mutterschutz und Erziehungsurlaub** (FG Düsseldorf, Urteil vom 18.7.2000, EFG 2000 S. 1063).

– **Aufbaustudium** einer **Ingenieurin**, die nach mehrjähriger Erziehung ihrer Kinder wieder die Berufstätigkeit aufnehmen will (Niedersächsisches FG, Urteil vom 12.7.2000, StEd 2001 S. 699).

– Aufwendungen einer **Bilanzbuchhalterin**, die im erlernten Beruf keine Anstellung mehr findet und eine eigene Praxis für Naturheilkunde eröffnet, für die Ausbildung zur **Heilpraktikerin** (FG Düsseldorf, Urteil vom 17.5.2001, EFG 2001 S. 1023, Revision eingelegt, Az. beim BFH: IV R 44/01).

4. Ausbildungsdienstverhältnis

1054 Wenn in der Ausbildung befindliche Personen **steuerpflichtigen Arbeitslohn beziehen**, sind die während der Ausbildung anfallenden Aufwendungen als **Werbungskosten** abzugsfähig, selbst wenn das Dienstverhältnis im Wesentlichen Maße durch die Ausbildung geprägt ist. Dabei kann es sich sogar um ein Hochschul- oder Fachhochschulstudium handeln, vgl. H 34 (Ausbildungsdienstverhältnis) LStH. Voraussetzung ist jedoch immer, dass die Berufsausbildung in der Weise Gegenstand des Dienstverhältnisses ist, dass die vom Arbeitnehmer geschuldete Leistung, für die der Arbeitgeber ihn bezahlt, in der Teilnahme an den Berufsausbildungsmaßnahmen besteht.

Werbungskosten wurden daher z.B. **anerkannt** bei

– Ausbildung von **Beamtenanwärtern** (BFH, Urteile vom 4.5.1990, BStBl II 1990 S. 856, 859 und 861).

– Aufwendungen eines für ein **Promotionsstudium** beurlaubten Geistlichen (BFH, Urteil vom 7.8.1987, BStBl II 1987 S. 780).

– Aufwendungen eines **Soldaten auf Zeit**, der unter Fortzahlung seiner Bezüge vom militärischen Dienst mit der Verpflichtung freigestellt worden ist, dass er an der Fachschulausbildung zum Verkehrsflugzeugführer teilnimmt (BFH, Urteil vom 15.4.1996, BFH/NV 1996 S. 804).

Demgegenüber hat das **Niedersächsische Finanzgericht** Aufwendungen eines vom Dienst freigestellten Zeitsoldaten für ein Studium zum Ende seines Dienstverhältnisses mit der Bundeswehr **nicht** als Werbungskosten anerkannt (Urteil vom 13.6.2001, EFG 2001 S. 1190, Nichtzulassungsbeschwerde eingelegt, Az. beim BFH: VI B 169/01). Das Gericht sieht keinen Widerspruch zur o.g. BFH-Rechtsprechung, weil im Urteilsfall **das Studium nicht zu den Dienstpflichten** des Soldaten gehörte, er vielmehr dafür freigestellt wurde.

Ein Ausbildungsdienstverhältnis kann auch schon vorliegen, wenn noch **keine steuerpflichtigen Einnahmen** fließen, z.B. bei:

– **Rechtspraktikanten**, denen bereits im ersten Teil der Ausbildung der Werbungskostenabzug zusteht, obwohl noch kein steuerpflichtiger Unterhaltszuschuss gezahlt wird (BFH, Urteil vom 24.9.1985, BStBl II 1986 S. 184).

– Teilnahme an einem sog. **Berufsgrundbildungsjahr (BGJ)**, das der Vorbereitung auf die Steueranwärterausbildung in Bremen dienen sollte (BFH, Urteil vom 19.4.1996, BFH/NV 1996 S. 742).

Einzelheiten siehe → *Auszubildende* Rz. 395.

5. Ausbildungskosten

a) Allgemeines

Ausbildungskosten können vom Steuerpflichtigen nur **bis höchstens 920 €, bei auswärtiger Unterbringung 1 227 € im Jahr**, als **Sonderausgaben** abgesetzt werden (§ 10 Abs. 1 Nr. 7 EStG). Die Kostenübernahme durch den Arbeitgeber, z.B. im Hinblick auf ein künftiges Dienstverhältnis, stellt grundsätzlich steuerpflichtigen Arbeitslohn dar, der Arbeitnehmer kann seine Aufwendungen dann jedoch als Werbungskosten absetzen. **1055**

Ausbildungskosten sind vor allem Aufwendungen für **Schulausbildung, Lehre, Studium oder Umschulung (Berufswechsel)**; vgl. zur Abgrenzung auch → Rz. 1048. Ein **Erststudium** gehört immer zur Ausbildung, auch wenn es sich lediglich um das Studium an einer **Fachhochschule** handelt, das neben der Berufsausübung betrieben wird und lediglich die Aufstiegschancen im ausgeübten Beruf und ggf. sogar bei demselben Arbeitgeber verbessern soll, sog. **berufsintegrierendes Studium** (BFH, Urteil vom 17.4.1996, BStBl II 1996 S. 450, sowie zuletzt Niedersächsisches FG, Urteile vom 20.6.2001, EFG 2001 S. 1272, Revision eingelegt, Az. beim BFH: VI R 100/01, m.w.N., betr. Aufwendungen eines Sozialversicherungsangestellten für ein betriebswirtschaftliches Studium, sowie vom 11.7.2001, StEd 2001 S. 497, betr. das Fachhochschulstudium eines Zeitsoldaten).

Beispiel:

Die Studenten der sog. Bankakademie werden bis zur Hälfte der tariflichen Arbeitszeit in einer Bank auf Grund eines Teilzeitarbeitsvertrages beschäftigt und können drei Tage je Woche in der Fachhochschule studieren. Das Studium umfasst acht Semester, davon ein Auslandssemester. Von den Kreditinstituten, deren Mitarbeiter einen Studienplatz belegen, ist ein Kostenbeitrag von 1 000 € je Student und Semester zu zahlen.

Es liegt **kein Ausbildungsdienstverhältnis** vor, weil keine arbeitsvertragliche Verpflichtung zum Studium besteht. Das Teilzeitarbeitsverhältnis ermöglicht lediglich das Studium. Die vom Arbeitgeber übernommenen Studiengebühren sind **steuerpflichtiger Arbeitslohn** und unterliegen daher dem Lohnsteuerabzug. Das gilt auch dann, wenn sich der Student verpflichtet hat, nach dem Studium für eine bestimmte Zeit noch bei dem derzeitigen Arbeitgeber tätig zu bleiben (OFD Frankfurt, Verfügung vom 18.2.1997, DB 1997 S. 849).

Der Student kann seine Studienkosten nicht **als Werbungskosten** absetzen. Es handelt sich um **Ausbildungskosten**, die nur bis zu 920 € bzw. bei auswärtiger Unterbringung 1 227 € als Sonderausgaben abgesetzt werden können, selbst wenn es sich wie hier um ein „berufsintegrierendes Studium" handelt (BFH, Urteil vom 17.4.1996, BStBl II 1996 S. 450).

b) Änderung der Rechtsprechung?

Diese Rechtsprechung erscheint **vielen Finanzgerichten zu eng**, sie wollen Aufwendungen für ein berufsintegrierendes Erststudium dann als **Werbungskosten anerkennen**, wenn es lediglich einen **Aufstieg im Beruf** ermöglichen soll. **1056**

Anerkannt als Werbungskosten wurden daher z.B. Aufwendungen

– eines **Krankenpflegers für ein (Erst)Studium der Sozialpädagogik** (Niedersächsisches FG, Urteil vom 6.8.1997, EFG 1998 S. 640, Revision eingelegt, Az. beim BFH: VI R 5/98), sowie einer **Fachkrankenschwester** für ein **Studium der Pflegepädagogik** (FG Münster, Urteil vom 17.4.2001, EFG 2001 S. 1122).

– einer **ausgebildeten Krankenschwester für einen Lehrgang an einer Krankenpflege-Hochschule** mit dem Abschluss „Lehrerin für Pflegeberufe", Unterrichtsschwester (Hessisches FG, Urteil vom 18.7.1997, EFG 1998 S. 181, Revision eingelegt, Az. beim BFH: VI R 190/97). Anderer Auffassung dagegen FG Baden-Württemberg, Urteile vom 13.1.1998, EFG 1998 S. 641, und vom 12.1.1999, EFG 1999 S. 326, betr. Fachhochschulstudium eines Krankenpflegers für das Studium der Pflegedienstleitung bzw. des Pflegemanagements an der Katholischen Fachhochschule Freiburg (Revision eingelegt, Az. beim BFH: VI R 30/99).

– eines **Versicherungsangestellten, „Diplom-Betriebswirt (FH)", für ein berufsbegleitendes Aufbaustudium der Betriebswirtschaftslehre** (Schleswig-Holsteinisches FG, Urteil vom 8.3.2000, EFG 2000 S. 780, Revision eingelegt, Az. beim BFH: VI R 60/00),

– eines **(kaufmännisch ausgebildeten) Steuerpflichtigen** für einen berufsbegleitenden **Fortbildungs-Studiengang zum „Betriebswirt (VWA)"** an der Hessischen Verwaltungs- und Wirtschaftsakademie (Hessisches FG, Urteil vom 29.9.1999, EFG 2000 S. 355),

– eines **technischen Betriebswirts (IHK)** für ein berufsbegleitendes Erststudium zum **Diplom-Betriebswirt (FH)** an einer Fachhochschule (FG Baden-Württemberg, Urteil vom 29.2.2000, EFG 2000 S. 783, Revision eingelegt, Az. beim BFH: VI R 113/00),

– einer **Kreditsachbearbeiterin** für ein Erststudium mit dem Abschluss **„Diplom-Betriebswirtin"** (Niedersächsisches FG, Urteil vom 28.2.2001, EFG 2001 S. 1424, Revision eingelegt, Az. beim BFH: VI R 106/01).

Es bleibt abzuwarten, ob der Bundesfinanzhof auf Grund dieser Urteile die Grenzlinie zwischen Ausbildungs- und Fortbildungskosten weiter **zu Gunsten der Fortbildung verschieben** wird.

c) Zweitstudium u.Ä.

1057 Ausbildungskosten sind aber in jedem Fall Aufwendungen für ein **Zweitstudium**, wenn es dem Arbeitnehmer den **Wechsel in eine andere Berufsart** eröffnet (BFH, Urteile vom 17.4.1996, BStBl II 1996 S. 444 bis 448), so z.B. bei:

– Besuch der **Ingenieur-Fachschule** durch einen Chemielaboranten mit dem Ziel, **graduierter Chemieingenieur** zu werden (BFH, Urteil vom 10.12.1971, BStBl II 1972 S. 254).

– Aufwendungen eines **Kaufmannsgehilfen** für den Besuch einer Höheren Wirtschaftsschule, um **graduierter Betriebswirt** zu werden (BFH, Urteil vom 29.5.1974, BStBl II 1974 S. 636).

– Besuch einer **Massageschule** durch eine Praxishilfe in einem Massagebetrieb zur Erlangung der Erlaubnis zur Ausübung einer Tätigkeit als **„Masseurin"** (BFH, Urteil vom 6.3.1992, BStBl II 1992 S. 661).

– Aufwendungen für den **Besuch allgemein bildender Schulen**, auch wenn ein Berufstätiger auf dem „Zweiten Bildungsweg" die Mittlere Reife oder das Abitur nachholt, um im **Beruf aufsteigen** zu können (BFH, Urteil vom 29.4.1992, BFH/NV 1992 S. 733, betr. Aufwendungen eines Kriminalbeamten des gehobenen Dienstes zur Vorbereitung auf die Reifeprüfung, um nach dem Studium der Rechtswissenschaft in den höheren Kriminaldienst aufsteigen zu können).

– Erlangung der **Doktorwürde (Promotion)**, selbst wenn die Doktorprüfung erst nach Eintritt in das Berufsleben abgelegt wird (BFH, Urteil vom 9.10.1992, BStBl II 1993 S. 115). Erst die Doktorprüfung ist der eigentliche Abschluss der akademischen Ausbildung.

– Aufwendungen für die Weiterbildung einer **Verkäuferin zur Bürokauffrau** (FG Düsseldorf, Urteil vom 25.4.1996, EFG 1996 S. 697).

– Aufwendungen eines **Finanzbeamten** mit dem Grad eines Dipl.-Finanzwirts (FH) für ein **Studium der Rechtswissenschaft** (BFH, Urteil vom 17.4.1996, BStBl II 1996 S. 448) oder der **Betriebswirtschaftslehre** (BFH, Urteil vom 17.4.1996, BStBl II 1996 S. 445).

– Aufwendungen eines als **Diplom-Verwaltungswirt (FH)** ausgebildeten städtischen Beamten für ein nebenberufliches **Universitätsstudium der Sozialwissenschaften** (BFH, Urteil vom 17.4.1996, BStBl II 1996 S. 448).

– Aufwendungen eines **Kommunalbeamten** mit dem Grad eines Dipl.-Verwaltungswirts (FH) für ein **Studium der Rechtswissenschaft** (BFH, Urteil vom 17.4.1996, BStBl II 1996 S. 446).

– Aufwendungen einer **Arzthelferin** für den Besuch der **Heilpraktikerschule** (FG Münster, Urteil vom 9.10.1996, EFG 1997 S. 466, gegen FG Rheinland-Pfalz, Urteil vom 12.11.1991, EFG 1992 S. 324). Dasselbe gilt für eine **pharmazeutisch-technische Assistentin**, die eine Heilpraktikerschule besucht (FG Baden-Württemberg, Urteil vom 18.11.1998, EFG 1999 S. 221), oder eine **Krankenschwester** (Niedersächsisches FG, Urteil vom 30.6.2000, EFG 2000 S. 1062).

– Aufwendungen für den Erwerb der **Erlaubnis für Berufsflugzeugführer** (Urteile des FG Münster vom 19.10.1999, EFG 2001 S. 1119, Revision eingelegt, Az. beim BFH: VI R 33/01, sowie des FG Düsseldorf vom 25.7.2001, StEd 2001 S. 673). Die Berufsausbildung zum Verkehrsflugzeugführer (ATPL) ist nicht beendet, bevor eine dem Ausbildungsziel entsprechende Musterberechtigung (sog. Typerating) erworben wurde; auch Aufwendungen für das „Typerating" stellen daher grundsätzlich Berufsausbildungskosten dar (zuletzt FG München, Urteil vom 27.1.2000, EFG 2001 S. 1361, Revision eingelegt, Az. beim BFH: VI R 29/01, sowie FG Düsseldorf, Urteil vom 23.8.2000, EFG 2000 S. 1238, Revision eingelegt, Az. beim BFH: VI R 153/00, m.w.N.).

– **Fortbildungskosten** wurden dagegen anerkannt bei einem Werkspiloten sowie bei einem Dipl.-Ing. der Luft- und Raumfahrttechnik (FG München, Urteil vom 25.6.2001, EFG 2001 S. 1428).

– **Umschulungskosten**, auch wenn bei Arbeitnehmern in den neuen Bundesländern ihre Bildungsabschlüsse kraft Einigungsvertrag nicht als Hochschulabschlüsse anerkannt worden sind; darüber hinausgehende Aufwendungen können nicht als außergewöhnliche Belastung abgezogen werden (BFH, Urteil vom 28.8.1997, BStBl II 1998 S. 183, FinMin Sachsen-Anhalt, Erlass vom 15.4.1998, FR 1998 S. 538, betr. ehemalige Berufsoffiziere der NVA).

– Aufwendungen einer **Diplom-Pädagogin** für eine Zusatzausbildung zur **Kinder- und Jugendlichenpsychotherapeutin** (FG Baden-Württemberg, Urteil vom 23.10.1997, EFG 1998 S. 181).

– Aufwendungen eines ausgebildeten **technischen Zeichners** für ein **Ingenieur-Abendstudium**, auch wenn der Steuerpflichtige bereits früher 11 Fachsemester ohne Abschluss studiert hat und inzwischen von seinem Arbeitgeber mit den Aufgaben eines Konstrukteurs und Projektingenieurs betraut worden ist (FG Hamburg, Urteil vom 18.6.1998, EFG 1999 S. 221, Revision eingelegt, Az. beim BFH: VI R 148/99).

– **Umschulung** eines in der EDV-Branche tätigen **Diplom-Betriebswirts** zum **Immobilien- und Finanzierungsmakler** (FG Düsseldorf, Urteil vom 20.9.2000, EFG 2001 S. 1363, Nichtzulassungsbeschwerde eingelegt, Az. beim BFH: VI B 288/00).

– Aufwendungen einer Krankengymnastin für ein **Medizinstudium/ Fachrichtung Orthopädie** mit anschließender Promotion (FG Köln, Urteil vom 5.3.2001, EFG 2001 S. 1428, Revision eingelegt, Az. beim BFH: VI R 96/01).

d) Nicht abzugsfähige Kosten

Keine Ausbildungskosten liegen vor, wenn die Ausbildung nicht **1058** darauf gerichtet oder dafür geeignet ist, später einen – wenn auch ausgefallenen –. Beruf auszuüben (so insbesondere **Hobbytätigkeiten**). Folgende Aufwendungen können daher z.B. steuerlich überhaupt nicht berücksichtigt werden:

– **Fotokurs** eines Apothekers (BFH, Urteil vom 17.11.1978, BStBl II 1979 S. 180).

– Aufwendungen für den Erwerb des **Führerscheins (Klasse III)**, der zur Ausübung einer **Gelegenheitsarbeit** (als Ferien- und Freizeitjob) erforderlich war (BFH, Urteil vom 5.8.1977, BStBl II 1977 S. 834).

– Ausbildung, die den **bildungspolitischen Zielvorstellungen des Gesetzgebers zuwiderläuft** (BFH, Urteil vom 18.12.1987, BStBl II 1988 S. 494, betr. Ausbildung zum „Gouverneur des Zeitalters der Erleuchtung").

– Aufwendungen eines Fliesenlegermeisters für Lehrgänge zur Ausbildung zum **Ski-Übungsleiter** des Deutschen Skiverbandes, wenn in einem **Sportverein** bzw. -verband gelegentlich Aufgaben **gegen Aufwandsentschädigung** übernommen werden sollen. Eine Berufsausbildung i.S. von § 10 Abs. 1 Nr. 7 EStG erfordert, dass eine nachhaltige gesetzmäßige Ausübung der erlernten Fähigkeiten zur Erzielung von Einkünften angestrebt wird (BFH, Urteil vom 22.9.1995, BStBl II 1996 S. 8).

– Aufwendungen eines **Beamten für den Erwerb des Führerscheins für Kraftomnibusse**, wenn er sich nur gelegentlich und nebenberuflich als Busfahrer im Fernreiseverkehr betätigen will. Eine Berufsausbildung setzt voraus, dass eine langzeitige und weitgehend existenzsichernde Tätigkeit und nicht nur eine vorübergehende **Neben- oder Freizeitbeschäftigung** angestrebt wird (FG Köln, Urteil vom 18.12.1996, EFG 1997 S. 735).

– Aufwendungen für die Teilnahme am Klassenunterricht (sog. Schülerversammlung) der **Kirche der Christlichen Wissenschaft**, selbst wenn damit die seelsorgerische berufliche Tätigkeit eines Ausübers der Christlichen Wissenschaft angestrebt wird (FG Hamburg, Urteil vom 19.3.1998, EFG 1998 S. 1117).

6. Weiterbildung in einem nicht ausgeübten Beruf

Weiterbildungskosten in einem nicht ausgeübten Beruf können **1059** wie Ausbildungskosten ebenfalls nur **bis höchstens 920 €, bei auswärtiger Unterbringung 1 227 € im Jahr**, als **Sonderausgaben** abgesetzt werden (§ 10 Abs. 1 Nr. 7 EStG). Eine Weiterbildung in einem nicht ausgeübten Beruf liegt vor, wenn ein Arbeitnehmer **vorübergehend aus dem Beruf ausgeschieden** ist (z.B. nach der Geburt eines Kindes), sich aber während dieser Zeit **„beruflich auf dem Laufenden hält"**.

Beispiel:

Eine Lehrerin hat für drei Jahre Erziehungsurlaub beantragt. Zur Vorbereitung auf ihren Wiedereinstieg in den Beruf hat sie einen Computer erworben.

Die Aufwendungen sind Kosten der Weiterbildung in einem nicht ausgeübten Beruf und somit nur als Sonderausgaben abzugsfähig. Für den Computer können jedoch wie bei den Werbungskosten nur die jährlichen Absetzungen für Abnutzung berücksichtigt werden (BFH, Urteil vom 7.5.1993, BStBl II 1993 S. 676).

Bei einem engen Zusammenhang mit der Wiederaufnahme der Berufstätigkeit können derartige Kosten als **vorweggenommene Werbungskosten** – ohne Beachtung der o.g. Höchstbeträge – berücksichtigt werden (siehe → Rz. 1052).

Aufwendungen für die **Fortbildung in einem früher ausgeübten Beruf** oder zur Erlangung einer Zusatzbezeichnung sind ebenfalls nur begrenzt als Sonderausgaben nach § 10 Abs. 1 Nr. 7 EStG abzugsfähig, insbesondere wenn dieser frühere Beruf nicht wieder ausgeübt werden soll (FG Rheinland-Pfalz, Urteil vom 15.3.2000, EFG 2001 S. 427, Revision eingelegt, Az. beim BFH: VI R 7/01, betr. Aufwendungen eines an einer berufsbildenden Schule für Arzthelfer tätigen Lehrers, der vorher Medizin studiert hatte, für den Erwerb der Zusatzbezeichnung „Naturheilverfahren", weil diese Zusatzqualifikation für seine unterrichtende Tätigkeit nicht notwendig war).

7. Kosten der Lebensführung

1060 Kosten der **Allgemeinbildung und der Persönlichkeitsentfaltung** sind der allgemeinen Lebensführung zuzurechnen und somit weder als Fort- noch als Ausbildungskosten abzugsfähig. **Nicht abzugsfähig** sind danach z.B.:

- Erwerb des **Führerscheins der Klasse III**, selbst wenn das Fehlen des Führerscheins ein Hindernis bei der Suche nach einem Arbeitsplatz darstellt. Ausnahme: Der Arbeitnehmer hat kein eigenes Kfz und der Erwerb des Führerscheins ist zur Einstellungsvoraussetzung gemacht worden, weil der Arbeitnehmer z.B. Dienstreisen mit einem vom Arbeitgeber gestellten Fahrzeug unternehmen soll (FG des Landes Brandenburg, Urteil vom 7.11.1995, EFG 1996 S. 310).

  Ein Sonderausgabenabzug als Ausbildungskosten kommt ebenfalls nicht in Betracht, weil Führerscheinkosten regelmäßig nicht im Hinblick auf eine konkrete Berufsausbildung anfallen (BFH, Urteil vom 5.8.1977, BStBl II 1977 S. 834).

- Teilnahme an **psychologischen Seminaren**, selbst wenn der Arbeitgeber bezahlten Bildungsurlaub gewährt hat (BFH, Urteil vom 6.3.1995, BStBl II 1995 S. 393); siehe zur steuerlichen Behandlung von Aufwendungen für Psychoanalyse, Selbsterfahrungsgruppen und ähnliche Veranstaltungen auch OFD Frankfurt, Verfügung vom 10.7.1996, FR 1996 S. 648. Vgl. zuletzt FG Nürnberg, Urteil vom 10.9.1999, EFG 1999 S. 1249, betr. „Scientology-Kurse". **Anerkannt** wurden dagegen „Shiatsu-Kurse" einer Heilpraktikerin, weil sie nach dieser Methode tatsächlich Patienten behandelt hat (FG Hamburg, Urteil vom 1.2.2000, EFG 2000 S. 616).

- Aufwendungen zur **Persönlichkeitsentwicklung** (vgl. z.B. FG Baden-Württemberg, Urteil vom 11.3.1992, EFG 1992 S. 445, betr. Seminare in biodynamischer Psychologie und Therapie).

- Teilnahme an einem Lehrgang zur Steigerung der **Gedächtnisleistung und Konzentrationsfähigkeit** (Hessisches FG, Urteil vom 26.9.1995, EFG 1996 S. 365).

- Aufwendungen einer Lehrerin für die Fortbildung zum Practitioner in **Neuro-Linguistischem Programmieren**, weil die Kurse Aspekte des sicheren Auftretens, der Stressbewältigung, der Kommunikationsfähigkeit u.a. berücksichtigen, die auch im Alltagsleben bedeutsam sind (FG Baden-Württemberg, Urteil vom 3.12.1997, EFG 1998 S. 639).

- **Anerkannt** wurden „NLP-Kurse" dagegen bei einem Grundschullehrer und Seminarleiter, der im Rahmen der Lehrerausbildung tätig ist (FG Nürnberg, Urteil vom 25.7.2001, StEd 2001 S. 646).

- Aufwendungen eines Dipl.-Ing., der die englische Sprache in seinem Fachgebiet (Fachenglisch) beherrscht, trotzdem aber einen **Volkshochschulkurs** besucht, um sich in **englischer Konversation** zu üben; das gilt selbst dann, wenn Englisch im ausgeübten Beruf teilweise Arbeitssprache ist oder auf dienstlichen Auslandsreisen ständig gesprochen wird (FG München, Urteil vom 26.9.1997, EFG 1998 S. 183).

- Volkshochschulkurs zur Erlernung der **„Kunst des Sehens"** (Augentraining), mit dem nicht nur die durch die berufliche Bildschirmtätigkeit beeinträchtigte Sehkraft wiederhergestellt, sondern auch ganz allgemein geistige Fähigkeiten verbessert werden sollen (FG München, Urteil vom 26.9.1997, EFG 1998 S. 183).

- Aufwendungen eines leitenden Angestellten für Fortbildungsveranstaltungen im Rahmen eines **„Studiengangs zum Coach"** wegen deren persönlichkeitsbildenden Charakters (FG München, Urteil vom 30.10.2000, INF 11/2001 S. IV).

8. Liebhaberei

Aufwendungen für eine Tätigkeit, die auf Dauer „keine Gewinne **1061** abwirft", können steuerlich nicht berücksichtigt werden.

Beispiel 1:

A, promovierter und habilitierter Dipl.-Ingenieur, jetzt Pensionär, ist unentgeltlich als Honorarprofessor tätig.

A kann seine Aufwendungen mangels Einkünfteerzielung und Einkunftserzielungsabsicht weder als Betriebsausgaben noch als Werbungskosten absetzen (FG Rheinland-Pfalz, Urteil vom 28.2.1996, NWB Fach 1 S. 99). Vgl. auch Niedersächsisches FG, Urteil vom 8.6.1993, EFG 1994 S. 141, betr. Aufwendungen eines Pfarrers im Ruhestand für weitere Tätigkeiten im kirchlichen Bereich.

Ggf. können die Aufwendungen aber als **Werbungskosten im Hauptberuf** anerkannt werden (zuletzt FG Düsseldorf, Urteil vom 30.11.2000, EFG 2001 S. 423, betr. Aufwendungen für die Kunstausübung eines Kunstprofessors).

Beispiel 2:

Beispiel wie vorher, A ist jedoch noch „aktiv" in seinem Beruf tätig. Er hat die Lehrtätigkeit nur deshalb übernommen und die „Verluste" in Kauf genommen, weil sie gleichzeitig seiner Fortbildung im „Hauptberuf" dient.

Das FG des Saarlandes hat in einem ähnlichen Fall die Aufwendungen für die nebenberufliche Lehrtätigkeit als Werbungskosten im Hauptberuf (Fortbildungskosten) anerkannt, weil sich die praktische Tätigkeit als Arbeitnehmer und die auf dem gleichen Sektor liegende nebenberufliche Lehrtätigkeit „gegenseitig befruchten" (Urteil vom 30.9.1988, EFG 1989 S. 17).

9. Förderung aus öffentlichen Mitteln

Beihilfen aus öffentlichen Mitteln oder aus Mitteln einer öffentli- **1062** chen Stiftung, die zu dem Zweck bewilligt werden, die Erziehung oder Ausbildung, die Wissenschaft oder Kunst **unmittelbar zu fördern**, gehören **nicht zum Arbeitslohn** (§ 3 Nr. 11 EStG). Entsprechendes gilt für die Stipendien, die aus öffentlichen Mitteln oder von den in § 3 Nr. 44 EStG bezeichneten Einrichtungen zur Förderung der Forschung oder zur Förderung der wissenschaftlichen oder künstlerischen Aus- oder Fortbildung gewährt werden. Die Zuwendungen gehören grundsätzlich auch dann nicht zum Arbeitslohn, wenn der Empfänger verpflichtet ist, **nach Abschluss der Ausbildung in ein Dienstverhältnis zum Zuwendenden zu treten** (BFH, Urteile vom 15.6.1973, BStBl II 1973 S. 734, und vom 29.6.1973, BStBl II 1973 S. 848).

Studienbeihilfen, die erst **nach Abschluss der Aus- oder Fortbildungsmaßnahme** gewährt werden, sind dagegen **steuerpflichtig** (BFH, Urteil vom 17.9.1976, BStBl II 1977 S. 68). Weitere Einzelheiten siehe → *Stipendien* Rz. 2344.

10. Förderung durch private Arbeitgeber

a) Steuerpflichtige Beihilfen

Die oben dargestellten Grundsätze gelten nicht bei der Aus- oder **1063** Fortbildung durch private Arbeitgeber. Beihilfen usw., die private Arbeitgeber förderungswürdigen Arbeitnehmern gewähren (z.B. zur Fortbildung eines Chemiearbeiters zum Chemotechniker), gehören grundsätzlich zum **steuer- und beitragspflichtigen Arbeitslohn**. Das gilt auch dann, wenn der Arbeitnehmer die Aufwendungen als Werbungskosten geltend machen könnte, da „reiner Werbungskostenersatz" durch den Arbeitgeber – sofern nicht ausnahmsweise eine Steuerbefreiungsvorschrift erfüllt ist – nicht mehr steuerfrei ist (R 70 Abs. 3 Satz 1 LStR). Beihilfen dieser Art sind daher im Zeitpunkt des Zuflusses zu versteuern.

Beispiel:

A besucht in seiner Freizeit einen Meisterkurs. Sein Arbeitgeber erstattet ihm als Anerkennung für seine langjährige Tätigkeit im Betrieb die Kosten, obwohl sich A nach erfolgreichem Abschluss selbständig machen will.

Die Kostenübernahme durch den Arbeitgeber stellt steuerpflichtigen Arbeitslohn dar. Im Hinblick auf das angekündigte Ausscheiden des A aus dem Betrieb besteht kein ganz überwiegendes betriebliches Interesse daran, dass A die Meisterschule besucht.

b) Steuerfreie Leistungen im eigenbetrieblichen Interesse

1064 Aufwendungen des Arbeitgebers zur beruflichen Fortbildung des Arbeitnehmers führen jedoch dann nicht zu Arbeitslohn, wenn die Bildungsmaßnahmen im **ganz überwiegenden betrieblichen Interesse des Arbeitgebers** durchgeführt werden. Dabei ist es gleichgültig, ob die Bildungsmaßnahmen am Arbeitsplatz, in zentralen betrieblichen Einrichtungen oder in außerbetrieblichen Einrichtungen durchgeführt werden. Dies gilt auch für **Bildungsmaßnahmen fremder Unternehmer, die für Rechnung des Arbeitgebers** erbracht werden, also wenn

– das fremde Unternehmen dem **Arbeitgeber** die Leistung in Rechnung stellt oder

– das fremde Unternehmen die Leistung dem **Arbeitnehmer** in Rechnung stellt und der **Arbeitgeber den Rechnungsbetrag** ganz oder teilweise **begleicht bzw. dem Arbeitnehmer ersetzt** (vgl. R 74 Abs. 1 LStR).

Bei einer Bildungsmaßnahme ist **ein ganz überwiegendes betriebliches Interesse des Arbeitgebers anzunehmen,** wenn sie die Einsatzfähigkeit des Arbeitnehmers im Betrieb des Arbeitgebers erhöhen soll. Für die Annahme eines ganz überwiegenden betrieblichen Interesses des Arbeitgebers ist nicht – wie es aus der bisherigen Fassung der R 74 Abs. 2 Sätze 1 und 2 LStR 2001 vielfach geschlossen wurde – Voraussetzung, dass der Arbeitgeber die Teilnahme an der Bildungsmaßnahme zumindest teilweise auf die **Arbeitszeit anrechnet.** Rechnet er die Teilnahme an der Bildungsmaßnahme zumindest teilweise auf die Arbeitszeit an, ist die Prüfung weiterer Voraussetzungen eines ganz überwiegenden betrieblichen Interesses des Arbeitgebers entbehrlich, es sei denn, es liegen konkrete Anhaltspunkte für den **Belohnungscharakter** der Maßnahme vor (R 74 Abs. 2 Sätze 1 und 2 LStR).

Die Anrechnung auf die Arbeitszeit ist aber nur **ein** Kriterium für die Anerkennung des betrieblichen Interesses; die Bildungsveranstaltung kann daher vom Arbeitnehmer ohne Anrechnung auf die Arbeitszeit am **Wochenende** besucht werden.

Beispiel:

A besucht auf dringenden Wunsch seines Arbeitgebers in seiner Freizeit (Urlaub und arbeitsfreie Samstage) einen Meisterkurs. Sein Arbeitgeber erstattet ihm die Kosten, weil er in seinem Betrieb unbedingt einen weiteren Meister braucht. Der Besuch des Meisterkurses wird nicht als Arbeitszeit gewertet, weil der Arbeitgeber ohnehin schon zu wenig Personal hat.

Der Besuch des Lehrgangs erfolgt im ganz überwiegenden betrieblichen Interesse des Arbeitgebers, die Kostenübernahme stellt daher keinen Arbeitslohn dar. Unerheblich ist, dass keine Anrechnung auf die Arbeitszeit erfolgt.

Die Finanzverwaltung hat ferner in R 74 Abs. 2 Satz 4 LStR klargestellt, dass auch **sprachliche Bildungsmaßnahmen** unter den o.g. Voraussetzungen dem ganz überwiegenden betrieblichen Interesse zuzuordnen sind, wenn der Arbeitgeber die Sprachkenntnisse in dem für den Arbeitnehmer vorgesehenen Aufgabengebiet verlangt. Diese Änderung geht auf Kritik der Wirtschaft zurück, wonach viele Finanzämter Sprachkurse der Allgemeinbildung zurechnen (Ausnahme bei Fachsprachkursen, etwa Wirtschaftsenglisch) und somit auch nicht das ganz überwiegende betriebliche Interesse anerkennen. Die Änderung hat für alle Unternehmen Bedeutung, deren Mitarbeiter häufig im Ausland tätig sind.

Von einem ganz überwiegenden betrieblichen Interesse geht die Finanzverwaltung auch bei dem SGB III entsprechenden **Qualifikations- und Trainingsmaßnahmen** aus, die der Arbeitgeber

oder eine zwischengeschaltete **Beschäftigungsgesellschaft** im Zusammenhang mit **Auflösungsvereinbarungen** erbringt (R 74 Abs. 2 Satz 3 LStR). Das betriebliche Interesse des (früheren) Arbeitgebers liegt darin, für die ausscheidenden Arbeitnehmer möglichst schnell eine neue Arbeitsstelle zu finden und damit u.a. Kosten einzusparen. Ob an dieser Auffassung festgehalten werden kann, ist zweifelhaft geworden (→ *Outplacement* Rz. 1800).

Der Ersatz von **Reisekosten** (Fahrtkosten, Mehraufwendungen für Verpflegung, Übernachtung) im Zusammenhang mit Fortbildungsveranstaltungen ist – auch wenn die Fortbildungsveranstaltung im ganz überwiegenden betrieblichen Interesse des Arbeitgebers liegt und somit kein steuerpflichtiger Arbeitslohn anzunehmen ist – nur im Rahmen der „Dienstreise-Regeln" steuerfrei (R 74 Abs. 3 LStR). Es ist also auch in diesen Fällen nicht zulässig, Mehraufwendungen für Verpflegung über die steuerlichen Pauschalen hinaus steuerfrei zu erstatten.

Bildet sich der Arbeitnehmer **nicht im ganz überwiegenden betrieblichen Interesse des Arbeitgebers** fort, so gehört der nach § 8 Abs. 2 EStG zu ermittelnde ortsübliche Wert der **vom Arbeitgeber erbrachten Fort- oder Weiterbildungsleistung zum Arbeitslohn.** Der Arbeitnehmer kann dann den Wert in Höhe des versteuerten Arbeitslohns im Rahmen des § 9 Abs. 1 Satz 1 EStG als **Werbungskosten** oder im Rahmen des § 10 Abs. 1 Nr. 7 EStG als **Sonderausgaben** geltend machen (R 74 Abs. 2 Sätze 4 und 5 LStR).

c) Darlehen

Bei einer Förderung der Aus- oder Fortbildung durch Darlehen ist **1065** die bürgerlich-rechtliche Vertragsgestaltung maßgebend. Danach kann ein **Darlehen angenommen** werden, wenn bei der Hingabe ernsthaft mit der **Rückzahlung gerechnet wird und Vereinbarungen über Verzinsung, Kündigung und Rückzahlung** getroffen werden. Unter diesen Voraussetzungen können auch monatlich gewährte **Studienbeihilfen** ein Darlehen i.S. des § 607 BGB darstellen. In derartigen Fällen führen weder Hingabe noch Rückzahlung der Mittel zu lohnsteuerlichen Folgerungen.

Ist das Darlehen nach den getroffenen Vereinbarungen nur dann tatsächlich zurückzuzahlen, wenn der Arbeitnehmer aus Gründen, die in seiner Person liegen, **vor Ablauf eines vertraglich festgelegten Zeitraums (in der Regel zwei bis fünf Jahre) aus dem Arbeitsverhältnis ausscheidet,** liegt bereits im Zeitpunkt der Auszahlung des Darlehens durch den Arbeitgeber **steuer- und beitragspflichtiger Arbeitslohn** vor. Bei der Verpflichtung zur Rückzahlung handelt es sich um eine **auflösende Bedingung** (siehe → *Zufluss von Arbeitslohn* Rz. 2685), bei deren Eintritt die Rückzahlungsbeträge negative Einnahmen aus nichtselbständiger Arbeit darstellen (siehe → *Rückzahlung von Arbeitslohn* Rz. 2119).

d) Studienreisen, Ausbildungsfreizeiten

Aufwendungen eines Arbeitnehmers für **Studienreisen** sind ent- **1066** weder den steuerlich nicht zu berücksichtigenden **Kosten der Lebensführung** (§ 12 Nr. 1 Satz 2 EStG) zuzurechnen oder erfüllen den Begriff der **Dienstreise** (vgl. → *Reisekosten: Allgemeine Grundsätze* Rz. 1994), so dass dann insoweit auch ein steuerfreier Arbeitgeberersatz möglich ist.

Im Rahmen der **betrieblichen Gesamtausbildung** werden Auszubildende gelegentlich zu **Ausbildungsfreizeiten** abgeordnet, ohne dass ein berufsbezogener Charakter der Tätigkeiten während der Freizeit im herkömmlichen Sinne gegeben ist. Insoweit ist jedoch den Besonderheiten des Ausbildungsverhältnisses Rechnung zu tragen, das neben der beruflichen auch eine **gewisse Persönlichkeitsbildung** anstrebt. **Der Betrieb hat ein Interesse,** seine Auszubildenden und möglichen späteren Mitarbeiter **auch unter nicht streng betriebsbezogenen Gesichtspunkten kennen zu lernen.** Der Auszubildende kann sich der Teilnahme an

derartigen Freizeiten kaum entziehen. Freizeiten für Auszubildende können daher **steuerfrei** durchgeführt bzw. etwaige
Kosten vom Arbeitgeber steuerfrei ersetzt werden, wenn für ein
geregeltes volles Programm gesorgt ist und die Jugendlichen sich
nicht weitgehend selbst überlassen sind.

11. Fortbildungsveranstaltungen mit privatem Rahmenprogramm

a) Allgemeines

1067 Aufwendungen des Arbeitgebers für **Fort-, Ausbildungs- und Studienveranstaltungen** sowie sonstige Arbeits- und Informationstagungen im ganz überwiegenden betrieblichen Interesse stellen nach den o.g. Grundsätzen **keinen steuerpflichtigen Arbeitslohn** dar (→ Rz. 1064).

Trägt der Arbeitgeber im Rahmen solcher Tagungen auch die Aufwendungen für ein Rahmenprogramm mit kulturellem, sportlichem oder gesellschaftlichem Charakter (z.B. **Besuch der Oper, abendliches Galadiner**), so beeinträchtigt dies nach Auffassung der Rechtsprechung (vgl. BFH, Urteil vom 9.8.1996, BStBl II 1997 S. 97) und der Finanzverwaltung (vgl. Steuer-Telex 2000 S. 175) die betriebliche Veranlassung der Tagung im Übrigen dann nicht, wenn die Kosten des Rahmenprogramms klar von den übrigen Kosten der Tagung abgrenzbar sind. In diesem Fall stellen lediglich die Kosten für das **Rahmenprogramm steuerpflichtigen Arbeitslohn** dar, während die Kosten der **eigentlichen Tagung** einschließlich der Aufwendungen für die An- und Abreise im Rahmen der steuerlich zulässigen Beträge **nicht zum steuerpflichtigen Arbeitslohn** gehören.

Sofern im Übrigen die Voraussetzungen der R 72 LStR vorliegen, ist ein solches Rahmenprogramm als **Betriebsveranstaltung** zu werten, insbesondere bei Teilnahmemöglichkeit aller Arbeitnehmer oder Angehörigen der Organisationseinheit des Betriebs, sofern keine Bevorzugung der Organisationseinheit vorliegt (BFH, Urteil vom 4.8.1994, BStBl II 1995 S. 59). Arbeitslohn liegt dann auch insoweit nicht vor, wenn der auf den einzelnen Arbeitnehmer entfallende **Wert 110 €** (brutto) nicht übersteigt (R 72 Abs. 4 Satz 2 LStR); siehe → *Betriebsveranstaltungen* Rz. 563.

Ist eine **Aufteilung nicht möglich**, so z.B. bei **Ärzte-Kongressen** oder **Mitarbeitertagungen im Ausland**, die mit einem Kurzurlaub verbunden werden, stellen die vom Arbeitgeber übernommenen Kosten **in vollem Umfang steuerpflichtigen Arbeitslohn** dar (vgl. ausführlich → *Reisekosten: Allgemeine Grundsätze* Rz. 2007 sowie → Rz. 2008).

b) Teilnahme des Arbeitnehmer-Ehegatten

1068 Arbeitslohn liegt auch vor, wenn ein Arbeitgeber am Rande einer Fortbildungsveranstaltung, Tagung oder Messe für die **Ehefrauen der Mitarbeiter ein Rahmenprogramm** veranstaltet, wenn nicht das überwiegende eigenbetriebliche Interesse der Teilnahme der Ehefrauen nachgewiesen werden kann. Das überwiegende eigenbetriebliche Interesse kann nicht schon dann angenommen werden, wenn der Arbeitgeber die Teilnahme der Ehefrauen erwartet, weil er sich dadurch ein besseres Geschäftsklima und bessere Verkaufserfolge erhofft (FG Hamburg, Urteil vom 23.11.1999 – II 360/97 –).

Frackgelder

1069 Orchestermusiker erhalten nach § 13 des Tarifvertrags für die Musiker in Kulturorchestern (TVK) für jede Veranstaltung, für die Frack bzw. Abendkleid vorgeschrieben und getragen worden ist, eine als Kleidergeld bezeichnete Entschädigung. Dieses Kleidergeld ist nach § 3 Nr. 31 EStG steuerfrei (FinMin Sachsen, Erlass vom 17.3.1993, Lohnsteuer-Handausgabe 2001 S. 84).

Franchisenehmer/Franchiseverträge

1. Begriff

Franchiseverträge sind aus den USA stammende **Absatzmittlungsverhältnisse** zwischen zwei rechtlich selbständigen Unternehmen. Es handelt sich dabei um Dauerschuldverhältnisse, die **nicht gesetzlich fixiert** sind. Durch die **Vereinbarung** erhält der Franchisenehmer vom Franchisegeber das Recht, das Know-how des Franchisegebers unter Einschluss der entsprechenden Betriebs- und Geschäftsgeheimnisse zu vermarkten. Der Franchisenehmer kann sich dabei in aller Regel (Näheres regelt die o.a. Vereinbarung) des Firmennamens, der Symbole, Warenzeichen, Gebrauchsmuster und Patente des Franchisegebers bedienen. Damit soll im beiderseitigen Interesse eine Optimierung des Geschäftsergebnisses erreicht werden. Für die **Überlassung** hat der Franchisenehmer dem Franchisegeber eine am Umsatz orientierte **Gebühr** und je nach Fallgestaltung eine einmalige (nicht unerhebliche) **Kapitalleistung** zu übereignen. Im Rahmen der Franchisevereinbarung ist der Franchisenehmer verpflichtet, Waren oder Dienstleistungen des Franchisegebers abzunehmen und in einer vom Franchisegeber vorgegebenen einheitlichen **Vermarktungsstrategie** (Aufmachung, Ausstattung) im eigenen Namen, auf eigene Rechnung und auf eigenes Risiko zu veräußern. **1070**

2. Arbeitnehmereigenschaft

Für den Franchise-Vertrag ist typisch, dass der Franchisenehmer **1071** **im eigenen Namen und für eigene Rechnung** sein Geschäft betreibt, andererseits aber auch durch starke Bindungen an den Franchisegeber in einer gewissen Abhängigkeit steht. Insoweit war die Arbeitnehmereigenschaft bzw. der Status als selbständig Tätiger häufig umstritten.

Danach ist für Franchise-Unternehmen eine pauschalierende und typisierende Darstellung nicht möglich. Bei der Franchise-Wirtschaft handelt es sich um einen heterogenen Wirtschaftszweig, der nicht nur Franchise-Systeme unterschiedlicher Größe und Ausgestaltung, sondern auch eine hohe Branchenvielfalt aufweist. Insofern gibt es auch kein allgemeines Leitbild eines Franchisenehmers. Vielmehr ist auf die Besonderheiten eines jeden einzelnen Franchise-Systems abzustellen. Die Branchenvielfalt ist auch Ursache dafür, dass die gesetzlichen Regelungen zur Scheinselbständigkeit für einige Franchise-Systeme kaum, für andere weniger und für andere Systeme wieder von erheblicher Bedeutung sind. Demzufolge ist eine sichere Beurteilung nur anhand des konkreten Franchise-Vertrages und unter Berücksichtigung der tatsächlichen Verhältnisse möglich.

Die Frage der Arbeitnehmereigenschaft des Franchisenehmers ist danach zu beurteilen, ob die Tätigkeit weisungsgebunden ausgeübt wird oder ob der Franchisenehmer seine Chancen auf dem Markt selbständig und im Wesentlichen weisungsfrei suchen kann.

Im Hinblick auf den Beschluss des BGH vom 4.11.1998, DB 1999 S. 152, wird ein Franchisenehmer zumindest als arbeitnehmerähnliche Person anzusehen sein, wenn ihm ein räumlich abgegrenztes Verkaufsgebiet zugewiesen wird, in dem er mit vom Franchisegeber gemieteten Gütern Produkte vertreibt, die er von diesem Unternehmen bezieht, vgl. Anlage 4 des Rundschreibens der Spitzenverbände der Sozialversicherungsträger vom 20.12. 1999, Stichwort „Franchisenehmer", m.w.N., Sozialversicherungsbeitrag-Handausgabe 2001 VL 7 IV/19, sowie → *Scheinselbständigkeit* Rz. 2182.

Selbst wenn eine Versicherungspflicht als „scheinselbständiger Arbeitnehmer" nach dem Kriterienkatalog zu verneinen ist, bleibt die **gesonderte Prüfung** der Versicherungspflicht in der Rentenversicherung als „arbeitnehmerähnlicher Selbständiger" nach § 2 Nr. 9 SGB VI. Dabei entsprechen die hier maßgebenden Kriterien den bereits ersten Kriterien im Zusammenhang mit der Prüfung als scheinselbständiger Arbeitnehmer. Wegen weiterer Einzelheiten → *Scheinselbständigkeit/Förderung der Selbständigkeit* Rz. 2194.

Frauenbeauftragte

1072 Frauenbeauftragte, die ihre Tätigkeit insbesondere in kleineren Gemeinden ehrenamtlich ausüben, sind **selbständig** tätig, weil sie nicht an Weisungen gebunden sind.

Dies gilt auch, wenn zur ehrenamtlichen Frauenbeauftragten **Bedienstete der Gemeinde** berufen werden, die – **ähnlich wie Personalratsmitglieder** – teilweise von ihrer hauptberuflichen Tätigkeit freigestellt werden. Eine Zurechnung der Aufwandsentschädigung zum Arbeitslohn kommt daher nicht in Betracht, ein Lohnsteuerabzug ist somit nicht vorzunehmen (OFD Hannover, Verfügung vom 30.3.1998, StEd 1998 S. 315). Die **Aufwandsentschädigungen** bleiben nach § 3 Nr. 12 Satz 2 EStG i.V.m. R 13 Abs. 3 Satz 3 Nr. 2 LStR pauschal bis zur Höhe von 154 € monatlich steuerfrei (→ *Aufwandsentschädigungen im öffentlichen Dienst* Rz. 309).

Freibeträge

1. Lohnsteuer

1073 Bei der Lohnsteuer gibt es eine Reihe von Freibeträgen, die verfahrensmäßig **unterschiedlich berücksichtigt** werden:

– Die sog. **„Tabellen-Freibeträge"** (dazu gehören z.B. der Arbeitnehmer-Pauschbetrag von 1 044 €, der Haushaltsfreibetrag von 2 340 € sowie die Vorsorgepauschale) sind in die Lohnsteuertabellen eingearbeitet und werden daher ohne besonderen Antrag des Arbeitnehmers schon beim laufenden Lohnsteuerabzug gewährt; → *Lohnsteuertabellen* Rz. 1655.

– Der Altersentlastungsbetrag und der Versorgungs-Freibetrag werden zwar nicht auf der Lohnsteuerkarte eingetragen, sind aber trotzdem **vom Arbeitgeber vor Anwendung der Lohnsteuertabelle abzuziehen**; → *Altersentlastungsbetrag* Rz. 38; → *Versorgungs-Freibetrag* Rz. 2565.

– Freibeträge, die der **Arbeitnehmer von sich aus beim Finanzamt beantragen** muss, z.B. wegen erhöhter Werbungskosten, Sonderausgaben oder außergewöhnlicher Belastungen. Diese werden im Lohnsteuer-Ermäßigungsverfahren als Freibetrag auf der Lohnsteuerkarte eingetragen und sind dann vom Arbeitgeber ebenfalls vor Anwendung der Lohnsteuertabelle abzuziehen; → *Lohnsteuer-Ermäßigungsverfahren* Rz. 1580. Zum sog. Hinzurechnungsbetrag bei Arbeitnehmern mit mehr als einem Dienstverhältnis siehe → *Übertragung des Grundfreibetrags* Rz. 2443.

Die Eintragung eines Freibetrags auf der Lohnsteuerkarte kann dazu führen, dass beim **Lohnsteuerabzug eine zu hohe Vorsorgepauschale** berücksichtigt wird, die bei einer späteren Einkommensteuerveranlagung gemindert wird und so zu **Nachzahlungen** führen kann. Einzelheiten hierzu siehe → *Vorsorgepauschale* Rz. 2579.

2. Sozialversicherung

1074 Freibeträge, die beim Lohnsteuerabzug Berücksichtigung finden, vermindern bei der Berechnung der Beiträge zur Sozialversicherung **nicht die Beitragsbemessungsgrundlage. Es handelt sich hierbei um beitragspflichtiges Arbeitsentgelt.**

Freie Mitarbeiter

1075 Die steuer- und versicherungsrechtliche Beurteilung von „**freien Mitarbeitern**" führt in der täglichen Praxis vielfach zu Problemen. Die Vertragspartner gehen i.d.R. davon aus, dass durch die Bezeichnung „freie Mitarbeiter" ein Abhängigkeitsverhältnis, wie es bei Arbeitnehmern üblich ist, nicht vorliegt. Steuern und Sozialversicherungsbeiträge werden in diesen Fällen dann nicht einbehalten und abgeführt. Vorsorglich weisen die Vertragspartner im Vertrag darauf hin, dass der freie Mitarbeiter die Steuern selbst entrichten und sich persönlich um seinen Versicherungsschutz kümmern muss. Derartige **privatrechtliche Verträge entfalten jedoch im öffentlich-rechtlichen Sinne keine Rechtswirkung.**

Im sozialversicherungsrechtlichen Sinne sind derartige **privatrechtliche Vereinbarungen** nichtig, wenn sie zum Nachteil des Sozialleistungsberechtigten von Vorschriften des Sozialgesetzbuchs abweichen (vgl. § 32 SGB I). Daher ist es empfehlenswert, im Vorfeld der vertraglichen Verhandlungen **das zuständige Betriebsstättenfinanzamt** z.B. im Wege der **Anrufungsauskunft** nach § 42e EStG (siehe → *Auskünfte und Zusagen des Finanzamts* Rz. 323) sowie die Krankenkasse als Einzugsstelle für die Sozialversicherungsbeiträge einzuschalten. Diese entscheiden dann verbindlich über Lohnsteuerpflicht und die Versicherungspflicht in der Sozialversicherung.

Die Bezeichnung „freier Mitarbeiter" sagt noch nichts über die sozialversicherungsrechtliche Beurteilung aus und stellt für sich kein Kriterium für die Annahme einer selbständigen Tätigkeit dar. Die Beurteilung ist im Wege der Gesamtbetrachtung vorzunehmen, siehe → *Scheinselbständigkeit* Rz. 2182.

Die Rechtsprechung hat bereits **mehrfach zu unterschiedlichen Berufen entschieden**, ob eine **unselbständige Beschäftigung oder** eine **freie Mitarbeit** vorliegt. Weitere Einzelheiten können den Stichworten zu den jeweiligen Berufsgruppen sowie dem „Arbeitnehmer-ABC" (→ *Arbeitnehmer* Rz. 176) entnommen werden.

Freiflüge

1. Allgemeines

1076 Erhalten Arbeitnehmer von ihrem Arbeitgeber Flüge kostenlos zur Verfügung gestellt, so ist der Wert des Flugs steuer- und beitragspflichtig.

Handelt es sich bei dem Arbeitgeber weder um eine Luftverkehrsgesellschaft noch um einen Arbeitgeber, der mit Flügen handelt, so ist für den Flug der um übliche Preisnachlässe geminderte übliche Endpreis am Abgabeort anzusetzen (§ 8 Abs. 2 EStG). Der Rabattfreibetrag von 1 224 € findet keine Anwendung. Aus Vereinfachungsgründen kann der um 4 % geminderte konkrete Preis angesetzt werden, zu dem der Arbeitgeber das Flugticket erworben hat (R 31 Abs. 2 Satz 9 LStR). Wird dem Arbeitnehmer der Flug verbilligt überlassen, so ist der vom Arbeitgeber gezahlte Preis auf den geldwerten Vorteil anzurechnen.

Beispiel 1:

Ein Arbeitgeber schenkt einem Arbeitnehmer ein Flugticket für eine Wochenendreise nach Paris. Das Ticket hat er im Reisebüro für 199 € erworben.

Der geldwerte Vorteil des Arbeitnehmers ermittelt sich wie folgt:

Kaufpreis des Arbeitgebers	199,— €
✗ 4 % Abschlag	7,96 €
= „üblicher" Endpreis	191,04 €

Der Arbeitnehmer hat 191,04 € als geldwerten Vorteil zu versteuern.

Beispiel 2:

Wie Beispiel 1, für das Ticket hat der Arbeitnehmer 100 € zu zahlen.

Der Arbeitnehmer hat 91,04 € als geldwerten Vorteil zu versteuern, weil das Entgelt des Arbeitnehmers vom Endpreis abzuziehen ist.

2. Freiflüge von Luftfahrtunternehmen

1077 Wenn dagegen **Luftfahrtunternehmen** ihren Arbeitnehmern, den Arbeitnehmern von Konzernunternehmen oder Arbeitnehmern von Reisebüros unentgeltlich oder verbilligt Flüge gewähren, **so gilt Folgendes** (gleich lautende Erlasse der obersten Finanzbehörden der Länder vom 7.12.2000, BStBl I 2000 S. 1572):

a) Anwendung des Rabattfreibetrags

1078 Gewähren Luftfahrtunternehmen ihren Arbeitnehmern unentgeltlich oder verbilligt Flüge, die **unter gleichen Beförderungsbedingungen** auch betriebsfremden Fluggästen angeboten werden, so ist der Wert der Flüge nach § 8 Abs. 3 EStG zu ermitteln, wenn die Lohnsteuer nicht nach § 40 EStG pauschal erhoben wird. Das bedeutet, dass der Endpreis des Arbeitgebers abzüglich eines

Freiflüge

Abschlags von 4 % und des Rabattfreibetrags von 1 224 € maßgebend ist.

Beispiel:

Eine Fluggesellschaft bietet ihren Arbeitnehmern in Hannover an, für 50 € nach Los Angeles (und zurück) zu fliegen. Nach einer Zeitungsanzeige der Fluggesellschaft am gleichen Tage kostet ein entsprechender Flug für Betriebsfremde 499 €. Ein Arbeitnehmer nimmt zusammen mit seiner Ehefrau und zwei Kindern das Angebot wahr.

Der geldwerte Vorteil ermittelt sich bei dem Arbeitnehmer wie folgt:

Preis des Arbeitgebers (4 × 499 €)	1 996,— €
⁒ 4 % Abschlag	79,84 €
= Endpreis i.S. des § 8 Abs. 3 EStG	1 916,16 €
⁒ Preis des Arbeitnehmers (4 × 50 €)	200,— €
verbleiben	1 716,16 €
⁒ Rabattfreibetrag	1 224,— €
= zu versteuernder geldwerter Vorteil	492,16 €

b) Keine Anwendung des Rabattfreibetrags

1079 Die Mitarbeiterflüge sind jedoch nach § 8 Abs. 2 EStG mit dem üblichen Preis zu bewerten, wenn

– **Beschränkungen im Reservierungsstatus** bestehen und das Luftfahrtunternehmen Flüge mit entsprechenden Beschränkungen betriebsfremden Fluggästen nicht anbietet, sog. „Standby-Flüge" (Hessisches FG, Urteil vom 2.8.1996, EFG 1997 S. 229, sowie FG Düsseldorf, Urteil vom 28.6.2000, DStRE 2000 S. 897) oder

– die Lohnsteuer **pauschal** erhoben wird.

Wenn Luftfahrtunternehmen Arbeitnehmern **anderer Arbeitgeber** unentgeltlich oder verbilligt Flüge gewähren, so sind diese Flüge ebenfalls nach § 8 Abs. 2 EStG zu bewerten, wenn die Gewährung der unentgeltlichen oder verbilligten Flüge durch das Luftfahrtunternehmen als **Arbeitslohn** anzusehen ist. Ob Arbeitslohn vorliegt, ist nach den Regelungen der Finanzverwaltung zur Rabattgewährung von dritter Seite zu beurteilen (→ *Rabatte* Rz. 1951).

c) Definition des Begriffs Luftfahrtunternehmen

1080 **Luftfahrtunternehmen** i.S. der Verwaltungsregelung sind Unternehmen, denen die Betriebsgenehmigung zur Beförderung von Fluggästen im gewerblichen Luftverkehr nach der Verordnung (EWG) Nr. 2407/92 des Rates vom 23.7.1992 (Amtsblatt EG Nr. L 240/1) oder nach entsprechenden Vorschriften anderer Staaten erteilt worden ist.

d) Durchschnittswerte

1081 In den Fällen, in denen Luftfahrtunternehmen unentgeltliche oder verbilligte Flüge gewähren, deren geldwerter Vorteil nach § 8 Abs. 2 EStG zu ermitteln ist, können die Flüge mit **Durchschnittswerten** angesetzt werden. **Für die Jahre 2002 und 2003 sind von der Finanzverwaltung folgende Durchschnittswerte festgesetzt worden** (gleich lautende Erlasse der obersten Finanzbehörden der Länder vom 7.12.2000, BStBl I 2000 S. 1572):

– **Keine Beschränkungen im Reservierungsstatus**

  Bestehen keine Beschränkungen im Reservierungsstatus, so ist der Wert des Fluges nach folgender Formel zu ermitteln:

bei einem Flug von	Euro je Flugkilometer (FKM)
1– 1 200 km	$0,16 ⁒ \dfrac{0,06 \times FKM}{1\,200}$
1 201– 2 600 km	$0,10 ⁒ \dfrac{0,04 \times (FKM ⁒ 1\,200)}{1\,400}$
2 601– 4 000 km	$0,06 ⁒ \dfrac{0,01 \times (FKM ⁒ 2\,600)}{1\,400}$
4 001–12 000 km	$0,05 ⁒ \dfrac{0,03 \times (FKM ⁒ 4\,000)}{8\,000}$
mehr als 12 000 km	0,02

Jeder Flug ist dabei gesondert zu bewerten. Die Zahl der Flugkilometer ist mit dem Wert anzusetzen, der der im Flugschein angegebenen Streckenführung entspricht. Nimmt der Arbeitgeber einen nicht vollständig ausgeflogenen Flugschein zurück, so ist die tatsächlich ausgeflogene Strecke zu Grunde

zu legen. Bei der Berechnung des Flugkilometerwerts sind die Euro-Beträge nur bis zur fünften Dezimalstelle anzusetzen.

Die nach dem IATA-Tarif zulässigen Kinderermäßigungen sind entsprechend anzuwenden.

Beispiel 1:

Ein Arbeitnehmer erhält einen Freiflug Frankfurt–Rom und zurück. Beschränkungen im Reservierungsstatus sind nicht gegeben. Die Flugstrecke beträgt insgesamt 1 925 km.

Der Flugkilometerwert für diesen Flug beträgt

$$0,10 ⁒ \frac{0,04 \times (1\,925 ⁒ 1\,200)}{1\,400} = 0,07929 \text{ €/FKM. Der Wert des}$$

Fluges beträgt somit 0,07929 €/FKM × 1 925 km = 152,63 €.

– **Beschränkung im Reservierungsstatus mit SA-Vermerk**

Bei Beschränkungen im Reservierungsstatus mit dem Vermerk „space available – SA –" auf dem Flugschein beträgt der Wert je Flugkilometer **60 %** des nach der oben genannten Formel ermittelten Werts.

Beispiel 2:

Wie Beispiel 1, der Flugschein trägt den Vermerk „SA".

Der Flugkilometerwert für diesen Flug beträgt 60 % von 0,07929 €/FKM = 0,04757 €/FKM. Der Wert des Fluges beträgt somit 0,04757 €/FKM × 1 925 km = 91,57 €.

– **Beschränkung im Reservierungsstatus ohne SA-Vermerk**

Bei Beschränkungen im Reservierungsstatus ohne Vermerk „space available – SA –" auf dem Flugschein beträgt der Wert je Flugkilometer **80 %** des nach der oben genannten Formel ermittelten Werts.

Beispiel 3:

Ein Arbeitnehmer erhält einen Freiflug Frankfurt–Chicago und zurück. Die Flugstrecke beträgt insgesamt 14 000 km. Der Flugschein trägt keinen Vermerk „SA", dennoch bestehen Beschränkungen im Reservierungsstatus.

Der Flugkilometerwert für diesen Flug beträgt 0,02 €/FKM. Wegen der Beschränkung im Reservierungsstatus ohne SA-Vermerk sind 80 % dieses Wertes anzusetzen, mithin also 0,016 €/FKM. Der Wert des Fluges beträgt somit 0,016 €/FKM × 14 000 km = 224 €.

e) Flugsicherheitsgebühr

1082 Der so ermittelte Wert ist bei einem **Inlandsflug** um die **Luftsicherheitsgebühr** zu erhöhen, wenn diese vom Arbeitgeber getragen wird.

Die Finanzverwaltung geht hierbei von der Überlegung aus, dass die o.g. Durchschnittswerte für Auslandsflugreisen aus der Zeitschrift „Reise & Preise" abgeleitet worden sind. Bei den dort veröffentlichten Preisen – hierbei handelt es sich grundsätzlich um Auslandsflüge – ist die Luftsicherheitsgebühr schon im Preis enthalten. Bei Inlandsflügen ist der Durchschnittswert allerdings aus den Sondertarifen der Lufthansa abgeleitet worden, die die Luftsicherheitsgebühr nicht beinhalten. Daher ist hier die Luftsicherheitsgebühr zusätzlich zum Durchschnittswert hinzuzurechnen.

f) Anwendung der Durchschnittswerte bei anderen Unternehmen

1083 Ist der Arbeitgeber **kein Luftfahrtunternehmen**, können Flüge, die der Arbeitnehmer von seinem Arbeitgeber erhält, gleichwohl mit den o.g. Durchschnittswerten bewertet werden, wenn

– der Arbeitgeber diesen Flug von einem Luftfahrtunternehmen erhalten hat und

– dieser Flug den o.g. Beschränkungen im Reservierungsstatus unterliegt.

Beispiel 1:

Ein Reisebüro kauft von einem Luftfahrtunternehmen Flüge, die auf dem Flugschein den Vermerk „SA" enthalten. Die Flüge stellt das Reisebüro seinen Mitarbeitern unentgeltlich zur Verfügung.

Der geldwerte Vorteil der Flüge kann mit den o.g. Durchschnittswerten ermittelt werden.

Beispiel 2:

Ein Unternehmen, das kein Luftfahrtunternehmen ist, unterhält eigene Flugzeuge, die für Dienstreisen der Arbeitnehmer genutzt werden. Den Mitarbeitern ist es gestattet, ihre Ehegatten kostenlos mitzunehmen.

Die Arbeitnehmer führen Dienstreisen aus, so dass kein geldwerter Vorteil durch den kostenlosen Flug entstehen kann. Allerdings ist die kostenlose Mitnahme der Ehegatten ein geldwerter Vorteil, der als Arbeitslohn zu besteuern ist. Für die Bewertung dieser Vorteile können nicht die o.g. Durchschnittswerte berücksichtigt werden, weil das Unternehmen kein Luftfahrtunternehmen ist, es die Flüge nicht von einem Luftfahrtunternehmen erhalten hat und die Flüge keinen Beschränkungen im Reservierungsstatus unterliegen. Die Flüge sind daher mit dem üblichen Endpreis am Abgabeort nach § 8 Abs. 2 EStG zu ermitteln. Dieser Wert kann aus den Preisen der kleineren Charterfluggesellschaften abgeleitet werden.

g) Zuzahlungen der Arbeitnehmer

1084 Von den ermittelten Durchschnittswerten sind die vom Arbeitnehmer jeweils gezahlten Entgelte – mit Ausnahme der für einen Inlandsflug entrichteten Luftsicherheitsgebühr – abzuziehen. Der Rabattfreibetrag nach § 8 Abs. 3 EStG ist dabei nicht zu berücksichtigen.

Beispiel:

Ein Arbeitnehmer erhält einen Freiflug Frankfurt–Rom und zurück. Beschränkungen im Reservierungsstatus sind nicht gegeben. Die Flugstrecke beträgt insgesamt 1 925 km. Der Arbeitnehmer hat für den Flug Frankfurt–Rom und zurück 50 € zu zahlen.

Der Wert des Fluges beträgt 152,63 €, vgl. Beispiel 1 unter → Rz. 1081. Hiervon ist die Zuzahlung des Arbeitnehmers abzuziehen, so dass der Arbeitnehmer 102,63 € als geldwerten Vorteil zu versteuern hat. Der Rabattfreibetrag nach § 8 Abs. 3 EStG in Höhe von 1 224 € ist in keinem Fall zu berücksichtigen.

h) Kundenbindungsprogramme

1085 Einzelheiten siehe → *Kundenbindungsprogramme* Rz. 1438.

Freistellungsbescheinigung

1. Freistellungsbescheinigung bei geringfügig Beschäftigten

1086 Der Arbeitgeber darf den Arbeitslohn für eine geringfügige Beschäftigung nach § 3 Nr. 39 EStG nur steuerfrei auszahlen, wenn ihm eine **Freistellungsbescheinigung** vom Arbeitnehmer vorgelegt wird (§ 39b Abs. 7 EStG). Einzelheiten hierzu → *Geringfügig Beschäftigte* Rz. 1139.

2. Freistellungsbescheinigung bei Auslandsberührung

1087 In folgenden Fällen mit „Auslandsberührung" darf der Arbeitgeber nur vom Steuerabzug absehen, wenn ihm eine Freistellungsbescheinigung vorliegt:

- Befreiung von der Lohnsteuer nach dem Auslandstätigkeitserlass (→ *Auslandstätigkeitserlass* Rz. 374),
- Freistellung nach einem Doppelbesteuerungsabkommen (→ *Doppelbesteuerungsabkommen bei Einkünften aus nichtselbständiger Arbeit* Rz. 727), wenn der in dem Doppelbesteuerungsabkommen ausgesprochene Steuerverzicht der Bundesrepublik als antragsabhängige Steuerbefreiung ausgestaltet ist (BFH, Urteil vom 10.5.1989, BStBl II 1989 S. 755), wie z.B. bei der Grenzgängerregelung Belgien, → *Grenzgänger* Rz. 1189. Die im Lohnsteuerabzugsverfahren erteilte Freistellungsbescheinigung entfaltet keine Bindungswirkung für das Veranlagungsverfahren des Arbeitnehmers (BFH, Urteil vom 13.3.1985, BStBl II 1985 S. 500).

Die Freistellungsbescheinigung hat der Arbeitnehmer oder der Arbeitgeber für ihn beim Betriebsstättenfinanzamt (→ *Betriebsstättenfinanzamt* Rz. 562) zu beantragen (vgl. § 39b Abs. 6 EStG, Abschn. VI Nr. 1 des Auslandstätigkeitserlasses).

Die Freistellungsbescheinigung sowie deren Ablehnung sind mit dem **Einspruch** anfechtbar. Sie ist gem. §§ 39b Abs. 6 Satz 2, 39d Abs. 3 Satz 4 EStG als **Beleg zum Lohnkonto** zu nehmen. In Fällen, in denen die Voraussetzung für das Absehen des Lohn-

steuerabzugs nicht von einer Freistellungsbescheinigung abhängt, kann der Arbeitgeber eine **Freistellungsbescheinigung beantragen** (R 125 LStR). Dies ist allein **zur Vermeidung des Haftungsrisikos zu empfehlen.**

Das **Betriebsstättenfinanzamt** hält **Vordrucke** zur Beantragung einer Freistellungsbescheinigung vor.

Freiwillige Krankenversicherung

1088 Versicherungspflichtige, die aus der Mitgliedschaft ausscheiden, können das bisherige Versicherungsverhältnis freiwillig fortsetzen (vgl. § 9 SGB V). Vorausgesetzt, sie waren **in den letzten fünf Jahren** vor dem Ausscheiden mindestens **24 Monate** oder unmittelbar vor dem Ausscheiden ununterbrochen mindestens zwölf Monate versichert (Vorversicherungszeit). Die Anzeige für eine freiwillige Versicherung ist innerhalb von drei Monaten **nach Beendigung der Pflichtversicherung** anzuzeigen. Scheidet ein Arbeitnehmer wegen Überschreitens der **Jahresarbeitsentgeltgrenze** aus der Krankenversicherungspflicht aus, wird diese kraft Gesetzes als freiwillige Versicherung bei seiner Krankenkasse weitergeführt, wenn die o.a. Vorversicherungszeit erfüllt ist. Die Mitgliedschaft endet nur, wenn der Arbeitnehmer innerhalb von zwei Wochen nach Hinweis der Krankenkasse über die Austrittsmöglichkeit seinen Austritt erklärt (siehe auch → *Krankenkassenwahlrecht* Rz. 1407).

Beispiel:

Ein versicherungspflichtiger Arbeitnehmer scheidet am 31.12.2001 wegen Überschreitens der Jahresarbeitsentgeltgrenze aus der Krankenversicherungspflicht aus. Hierüber wird er von der Krankenkasse am 7.1.2002 des folgenden Jahres informiert. Wenn er bis zum 21.1.2002 nicht seinen Austritt erklärt, bleibt er bei seiner bisherigen Krankenkasse freiwillig versichert.

Arbeitnehmer, die erstmals eine Beschäftigung aufnehmen, aber auf Grund der Höhe ihrer Einnahmen (→ *Jahresarbeitsentgeltgrenze in der gesetzlichen Krankenversicherung* Rz. 1325) jedoch nicht krankenversicherungspflichtig sind, können sich innerhalb von drei Monaten ohne Vorversicherungszeit ebenfalls freiwillig versichern.

Die freiwillige Versicherung können auch Arbeitnehmer beantragen, deren Mitgliedschaft durch eine Beschäftigung im Ausland endete, wenn sie innerhalb von zwei Monaten nach Rückkehr in das Inland wieder eine Beschäftigung aufnehmen. Die Versicherung ist innerhalb von drei Monaten nach der Rückkehr zu beantragen.

Freiwilliges Jahr im Unternehmen

1089 Im Rahmen eines Modellversuchs des Bundesministeriums für Familie, Senioren, Frauen und Jugend (BMFSFJ) in Zusammenarbeit mit dem Deutschen Industrie- und Handelstag (DIHT) sowie mit ausgewählten Industrie- und Handelskammern wird die Durchführung eines „Freiwilligen Jahrs im Unternehmen (FJU)" erprobt. In Anlehnung an das bereits bestehende freiwillige soziale Jahr (FSJ) sowie an das freiwillige ökologische Jahr (FÖJ) handelt es sich um eine jugend- und bildungspolitische Orientierungsmaßnahme, deren Ziel es ist, jungen Menschen Einblick in wirtschaftliche Zusammenhänge sowie in freies Unternehmertum zu gewähren, um u.a. ihr Interesse an einer späteren beruflichen Selbständigkeit zu wecken. Sie sollen insbesondere dort ihren Erfahrungshorizont erweitern und Möglichkeiten für ein sinnvolles Engagement finden, wo unternehmerische Entscheidungen vorbereitet und getroffen sowie Führungsaufgaben wahrgenommen werden.

Nach der „Mustervereinbarung zwischen Einsatzstelle/Unternehmen und Freiwilligen" dauert das „FJU" zwölf Monate, wobei die ersten drei Monate als Probezeit gelten. Die Vereinbarung kann vom Freiwilligen nur nach Rücksprache mit der Industrie- und Handelskammer als Träger des „FJU" aus begründetem Anlass mit einer vierwöchigen Kündigungsfrist bis zum Monatsende vorzeitig gekündigt werden. Die wöchentliche Einsatzzeit beträgt nach der Vereinbarung 35 Stunden; dabei orientieren sich Beginn und Ende der Einsatzzeit sowie der Pausen nach den betriebsüblichen Regelungen. Der Urlaubsanspruch richtet sich nach den Bestimmungen des Bundesurlaubsgesetzes.

Das „Freiwillige Jahr im Unternehmen (FJU)" wird im Rahmen eines abhängigen Beschäftigungsverhältnisses ausgeübt und führt zur Versicherungspflicht in der Kranken-, Pflege-, Renten- und Arbeitslosenversicherung. Die Schlussbemerkung in der Mustervereinbarung, dass durch die Vereinbarung weder ein Arbeitsverhältnis noch ein arbeitnehmerähnliches Verhältnis noch ein Ausbildungsverhältnis begründet wird, ist nach § 32 SGB I rechtsunwirksam (vgl. Besprechungsergebnis der Spitzenverbände der Sozialversicherungsträger am 17./18.11.1998, Sozialversicherungsbeitrag-Handausgabe 2001 VL 7 IV/8).

Der **Lohnsteuerabzug** richtet sich nach den allgemeinen Grundsätzen.

Frühstück: Zuwendungen an Arbeitnehmer

1090 Ein vom Arbeitgeber im Betrieb kostenlos gewährtes Frühstück ist weder als Ganzes noch hinsichtlich der verabreichten Getränke eine steuerfreie Annehmlichkeit, sondern steuerpflichtiger Arbeitslohn (BFH, Urteil vom 14.6.1985, BFH/NV 1986 S. 303). Zur Bewertung siehe → *Mahlzeiten* Rz. 1670.

Führerschein

1091 Führerscheinkosten, die der Arbeitgeber trägt, sind beim Arbeitnehmer regelmäßig Arbeitslohn, selbst wenn der Beruf den Erwerb des Führerscheins erforderlich macht. Der Bundesfinanzhof unterstellt vor allem beim Erwerb der **Fahrerlaubnis der Klasse 3** grundsätzlich ein **Eigeninteresse des Arbeitnehmers** (vgl. BFH, Urteil vom 20.2.1969, BStBl II 1969 S. 433, zuletzt auch FG Brandenburg, Urteil vom 7.11.1995, EFG 1996 S. 310, zum Werbungskostenabzug).

Abweichend hiervon sind bei **Polizeianwärtern** vom Dienstherrn getragene Führerscheinkosten nicht als geldwerter Vorteil anzusehen, weil die Fahrschulung und Führerscheinprüfung im Rahmen des Gesamtausbildungsprogramms für den Polizeivollzugsdienst erfolgt (Hessisches FG, Urteil vom 14.7.1998, EFG 1998 S. 1507, Revision eingelegt, Az. beim BFH: VI R 112/98). Arbeitslohn liegt auch dann nicht vor, wenn der Arbeitnehmer z.B. einen Lkw führen soll und deshalb vom Arbeitgeber zum Erwerb eines Führerscheins der **Klasse 2** angehalten wird. Die Übernahme der Kosten liegt dann im ganz überwiegenden betrieblichen Interesse (vgl. BFH, Urteil vom 26.6.1968, BStBl II 1968 S. 773, zuletzt auch FG Münster, Urteil vom 25.2.1998, EFG 1998 S. 941, betr. einen Bautischler).

Fundgelder

1092 Fundgelder (Bargeld oder Jetons), die Arbeitnehmer in Spielbanken mit Wissen und Billigung des Arbeitgebers behalten dürfen, sind steuerpflichtiger Arbeitslohn. Der Arbeitgeber haftet, wenn er den Lohnsteuerabzug nicht vornimmt (FG Rheinland-Pfalz, Urteil vom 22.3.1990, DStZ 1992 S. 54).

Garage

1. Arbeitgeberleistungen

1093 Die Kosten für die Garage am Wohnort gehören zu den **Gesamtkosten** des Fahrzeugs, vgl. H 38 (Einzelnachweis) LStH. Soweit ein Arbeitnehmer eine Reisetätigkeit mit seinem **eigenen Fahr-**

zeug ausübt, kann ihm der Arbeitgeber somit die auf die berufliche Nutzung des Fahrzeugs entfallenden anteiligen Garagenkosten als Reisekosten steuer- und beitragsfrei erstatten (siehe → *Reisekosten: Allgemeine Grundsätze* Rz. 1994).

Ersetzt der Arbeitgeber insbesondere Außendienstmitarbeitern die Kosten für eine **„häusliche Garage"** (das kann die eigene oder auch eine angemietete Garage sein), damit dort der **Firmenwagen untergestellt** und ggf. auch **Werkzeug oder Ware gelagert** werden kann, stellen diese sog. **Garagengelder** nach Auffassung des **Bundesfinanzhofs** und der **Finanzverwaltung** steuerpflichtigen Arbeitslohn dar (vgl. die ausführlichen Nachweise im Urteil des FG Hamburg vom 18.8.1999, EFG 1999 S. 1223, Revision eingelegt, Az. beim BFH: VI R 145/99; zuletzt auch FG Köln, Urteil vom 17.1.2001, EFG 2001 S. 747, Revision eingelegt, Az. beim BFH: VI R 53/01). Dies soll selbst dann gelten, wenn der Arbeitnehmer seinem Arbeitgeber die **häusliche Garage „vermietet"**, weil die Zahlungen den engeren Bezug zu den Einkünften aus nichtselbständiger Arbeit haben.

Diese Auffassung hat das **FG Hamburg** in dem o.g. Urteil **abgelehnt**:

– Soweit der **Firmenwagen betrieblich genutzt** wird (diesen Anteil hat das Gericht in Anlehnung an die frühere Regelung des Abschn. 118 Sätze 3 und 4 EStR 1993 im Urteilsfall **auf 75 %** geschätzt), sieht es die Garagengelder **nicht als Arbeitslohn** an, weil sie keine Gegenleistung für das Zurverfügungstellen der individuellen Arbeitskraft des Arbeitnehmers darstellen. Sie beruhen auf einem **anderen Rechtsverhältnis** mit dem Arbeitgeber (es wurde im Urteilsfall eine „Kraftfahrzeug-Überlassungs-Vereinbarung" abgeschlossen, die die Pflicht beinhaltete, den Firmenwagen in einer Garage unterzustellen), so dass die Zahlungen bei den Arbeitnehmern allenfalls als Einkünfte aus Vermietung und Verpachtung steuerlich erfasst werden können.

– **Steuerpflichtiger Arbeitslohn** liegt dagegen vor, soweit die Arbeitnehmer das **Firmenfahrzeug privat nutzen.** Die Garagengelder sind insoweit (nach dem Urteil **geschätzt 25 %**) auch dann dem **Lohnsteuerabzug** zu unterwerfen, wenn die Privatnutzung nach der „1 %-Methode" berechnet wird. Das **Niedersächsische Finanzgericht** sieht demgegenüber „Garagengelder" als mit dem **Ansatz der 1 %-Methode abgegolten** an (Urteil vom 29.10.1998, EFG 1999 S. 884, Revision eingelegt, Az. beim BFH: VI R 24/00).

Das **Finanzgericht Düsseldorf** hat entschieden, dass monatliche Zahlungen des Arbeitgebers an einen Außendienstmitarbeiter für „Garagenmiete", damit dieser das firmeneigene Fahrzeug zum Schutz während der Nachtstunden in seiner privateigenen Garage unterstellt, als **Einkünfte aus nichtselbständiger Arbeit** und nicht als Einkünfte aus Vermietung und Verpachtung zu behandeln sind. Die monatlichen Zahlungen sind **nicht** durch die Lohnversteuerung des Pkw nach der **1 %-Regelung erfasst**, sondern stellen eine zusätzliche Leistung des Arbeitgebers dar (Urteil vom 11.11.1999 – 11 K 4375/96 E –, NWB 2000 Fach 1 S. 170, Revision eingelegt, Az. beim BFH: VI R 1/00). Es bleibt zu hoffen, dass der Bundesfinanzhof in den anhängigen Verfahren so bald wie möglich eine Klärung dieser für die Praxis wichtigen Frage herbeiführt.

Bei der Versteuerung des geldwerten Vorteils aus der unentgeltlichen Überlassung eines Firmenwagens zur privaten Nutzung ist bei Anwendung der **1 %-Regelung ein Abschlag** auch dann nicht zulässig, wenn der Arbeitnehmer die Garagenkosten übernimmt (R 31 Abs. 9 Nr. 1 Satz 5 LStR).

2. Werbungskostenabzug

a) Wege zwischen Wohnung und Arbeitsstätte

1094 Aufwendungen für die **häusliche Garage**, in der der Arbeitnehmer den firmeneigenen Pkw unterstellt, der ihm für Fahrten zwischen Wohnung und Arbeitsstätte und für Privatfahrten vom Arbeitgeber zur Verfügung gestellt wird, sind nicht als Werbungskosten abzugsfähig (Hessisches FG, Urteil vom 2.12.1987, EFG 1988 S. 170).

Aufwendungen für eine Garage oder einen Parkplatz für das Abstellen des Fahrzeugs **während der Arbeitszeit** sind mit der Entfernungspauschale für Wege zwischen Wohnung und Arbeitsstätte abgegolten, vgl. H 42 (Parkgebühren) LStH. Das gilt auch, wenn der **Arbeitgeber keinen Parkplatz zur Verfügung stellt** und das Fahrzeug trotzdem in Firmennähe abgestellt werden soll (BFH, Beschluss vom 12.1.1994, BFH/NV 1994 S. 777).

b) Dienstreisen, Behinderte

1095 Aufwendungen für die **Garage am Wohnort** können insoweit als Werbungskosten abgezogen werden, als mit dem Fahrzeug Dienstreisen usw. durchgeführt werden; Entsprechendes gilt bei Behinderten i.S. des § 9 Abs. 2 EStG für Fahrten zwischen Wohnung und Arbeitsstätte.

Die Kosten gehören zu den Gesamtkosten des Fahrzeugs, vgl. H 38 (Einzelnachweis) LStH. Zu berücksichtigen sind die **anteiligen Mietkosten** oder bei eigenen Garagen z.B. die anteiligen **Absetzungen für Abnutzung, Grundsteuer** usw., bei einem Einfamilienhaus mit Garage ist die Aufteilung nach dem Verhältnis der Nutzflächen vorzunehmen (OFD Köln, Verfügung vom 27.1.1981, DB 1981 S. 399).

Wird der **pauschale km-Satz von 0,30 €** in Anspruch genommen, sind damit auch die Aufwendungen für die häusliche Garage abgegolten. Daneben zu berücksichtigen sind aber ggf. **Unfallkosten**, z.B. beim Einfahren in die Garage nach Beendigung einer Dienstreise (vgl. BFH, Urteil vom 10.3.1978, BStBl II S. 381).

Mietet der Arbeitnehmer eine Garage für seinen Dienstwagen, den er auch privat benutzt, kann er die Mietaufwendungen nicht als Werbungskosten abziehen, wenn der Anteil der Privatnutzung nach der **1 %-Regelung** ermittelt wird (FG München, Urteil vom 8.11.2000, DStRE 2001 S. 453).

Garagen- oder Parkplatzkosten können jedoch als **Reisenebenkosten** abgesetzt werden, wenn anlässlich einer Reisetätigkeit (Dienstreise usw.) eine Garage oder ein Parkplatz z.B. im Hotel oder einem Parkhaus gemietet wird (R 40a Abs. 1 Nr. 3 LStR).

Gebührenanteile

1096 Gebührenanteile, die ein Arbeitnehmer neben dem festen Gehalt erhält, gehören grundsätzlich zum steuerpflichtigen Arbeitslohn. Sie können aber im öffentlichen Dienst, z.B. bei Gerichtsvollziehern, bis zu bestimmten Beträgen als → *Aufwandsentschädigungen im öffentlichen Dienst* Rz. 309 nach § 3 Nr. 12 EStG steuerfrei bleiben (siehe auch → *Gerichtsvollzieher* Rz. 1114).

Geburts- und Heiratsbeihilfen

1. Heiratsbeihilfen

1097 Heiratsbeihilfen, die Arbeitnehmer anlässlich ihrer Eheschließung von ihrem Arbeitgeber erhalten, sind nach § 3 Nr. 15 EStG bis zu einem Gesamtbetrag von **358 € steuerfrei**. Heiratsbeihilfen sind **einmalige Zuwendungen** (dazu gehört keine „Gehaltsaufbesserung" aus Anlass der Heirat) **in Geld oder Geldeswert** (also Sachgeschenke), die innerhalb eines **Zeitraums von drei Monaten vor oder nach der Eheschließung** gewährt werden, vgl. H 15 (Zeitliche Beschränkung) LStH.

2. Geburtsbeihilfen

1098 Geburtsbeihilfen, die einem Arbeitnehmer anlässlich der Geburt eines Kindes gewährt werden, sind ebenfalls nach § 3 Nr. 15 EStG bis zur Höhe von **358 € steuerfrei**. Geburtsbeihilfen sind **einmalige oder laufende Beihilfen in Geld oder Geldeswert** (also Sachgeschenke), die einem Arbeitnehmer (Mutter oder Vater) innerhalb **von drei Monaten vor oder nach der Geburt** des Kindes gewährt werden. Bei **Mehrlingsgeburten** wird der Freibetrag von 358 € je Kind gewährt (R 15 Satz 4 LStR). Eine steuerfreie Geburtsbeihilfe kann auch im Falle der Adoption eines neugeborenen Kindes gewährt werden. Im Rahmen der Steuerbefreiung besteht **auch Beitragsfreiheit in der Sozialversicherung**.

3. Mehrfachgewährung

Bezieht ein Arbeitnehmer aus **mehreren Dienstverhältnissen** je 1099 eine Heirats- oder Geburtsbeihilfe, so kann er den Freibetrag für jede der Beihilfen in Anspruch nehmen (R 15 Satz 2 LStR). Erhalten **Eltern, die beide Arbeitslohn beziehen**, beide eine Beihilfe, so steht der Freibetrag jedem Elternteil zu, auch wenn sie bei demselben Arbeitgeber beschäftigt sind (R 15 Satz 3 LStR).

Zur Besteuerung der Zuwendungen, die über den Freibetrag von 358 € hinausgehen, siehe → *Sonstige Bezüge* Rz. 2232. Nicht zulässig ist bei dieser Steuerbefreiung auch eine sog. Barlohnumwandlung (→ *Barlohnumwandlung* Rz. 410).

Gefahrenzuschläge

Gefahrenzuschläge sind als sog. Erschwerniszuschläge steuer- 1100 und beitragspflichtiger Arbeitslohn (R 70 Abs. 1 Nr. 1 LStR).

Gefälligkeiten

Ein Dienstverhältnis wird steuerlich nicht begründet, wenn eine 1101 Tätigkeit wegen ihrer Geringfügigkeit oder Eigenart üblicherweise **nicht auf arbeitsvertraglicher Grundlage** erbracht wird. Es handelt sich hierbei meistens um Tätigkeiten im Rahmen der **Familienhilfe oder Nachbarschaftshilfe**.

Beispiel:

A hilft einem Bekannten beim Umzug und stellt hierfür auch seinen Lkw zur Verfügung. Als Entgelt für zwei Tage und sechs Umzugstouren wurden 100 € vereinbart (das sind schätzungsweise 1/3 des sonst üblichen Fuhrentgelts).

Es handelt sich hier um eine bloße Gefälligkeit, nicht um ein steuerlich relevantes Arbeitsverhältnis (FG Hamburg, Urteil vom 7.9.1999, EFG 2000 S. 13).

Die Zahlungen können daher nicht als Betriebsausgaben oder Werbungskosten abgesetzt werden, sind aber andererseits beim Empfänger nicht zu versteuern. Weitere Einzelheiten zur Abgrenzung von steuerlich anzuerkennenden Arbeitsverträgen mit nahen Angehörigen gegenüber bloßen Gefälligkeiten siehe → *Angehörige* Rz. 108.

Gehaltsverzicht

1. Lohnsteuer

Vereinbaren Arbeitgeber und Arbeitnehmer einen freiwilligen Ge- 1102 haltsverzicht der Arbeitnehmer, z.B. zur wirtschaftlichen Gesundung des Unternehmens **(Sanierungsbeitrag)**, wird die Lohnsteuer nur von den **geminderten Bezügen** erhoben. Der Sanierungsbeitrag kann deshalb nicht als Werbungskosten abgesetzt werden (→ *Lohnsteuer-Ermäßigungsverfahren* Rz. 1586). Ein späterer Verzicht des Arbeitnehmers auf seine Gehaltsforderung hat steuerlich keine Bedeutung (BFH, Urteil vom 2.9.1994, BFH/NV 1995 S. 208).

Für die steuerliche Anerkennung eines Gehaltsverzichts kommt es **nicht** darauf an, ob er etwa wegen Verstoßes gegen das Tarifvertragsgesetz oder die Pfarrbesoldungsordnung **arbeitsrechtlich als wirksam** anzusehen ist. Voraussetzung ist allerdings, dass der Gehaltsverzicht **ohne Verwendungsauflage** erfolgt, d.h. nicht mit einer Bedingung über die frei werdenden Mittel verknüpft wird. Verzicht auf Lohn und Verfügung über die Verwendung schließen sich gegenseitig aus (vgl. zuletzt BFH, Urteil vom 23.9.1998, BStBl II 1999 S. 98, m.w.N.).

Beispiel 1:

Die Priester der Diözese X verzichten im Einvernehmen mit ihrem Arbeitgeber, dem Bistum, auf einen Teil ihres Gehaltes, um damit zur Schaffung neuer Arbeitsplätze innerhalb ihrer Diözese beizutragen. Eine verbindliche Lohnverwendungsabrede ist nicht getroffen worden.

Der Bundesfinanzhof hat in diesem Fall den Gehaltsverzicht anerkannt (Urteil vom 30.7.1993, BStBl II 1993 S. 884).

Beispiel 2:

Eine Schwesternschaft hat in ihrer Mitgliederversammlung beschlossen, das Gehalt der Schwestern um einen „Vorabzug von 1 % für satzungsgemäße Aufgaben" zu kürzen.

Der Bundesfinanzhof hat die Gehaltskürzung anerkannt, weil in dem Zusatz „für satzungsgemäße Aufgaben" noch keine konkrete Verwendungsauflage gesehen werden kann (Urteil vom 25.11.1993, BStBl II 1994 S. 424).

Beispiel 3:

Arbeitnehmer A vereinbart mit seinem Arbeitgeber, dass dieser von seinem Bruttogehalt monatlich 100 € einbehält und an eine bestimmte gemeinnützige Einrichtung überweist.

In diesem Fall hat der Arbeitnehmer selbst bestimmt, wie der Betrag verwendet werden soll. Es liegt daher kein steuerlich anzuerkennender Gehaltsverzicht vor. Der Arbeitgeber hat den Lohnsteuerabzug vom ungekürzten Arbeitslohn vorzunehmen.

Beispiel 4:

Nach der umstrittenen Kündigung eines Arbeitsverhältnisses, die vom Arbeitnehmer vor dem Arbeitsgericht angefochten wurde, verpflichtete sich der Arbeitgeber im Rahmen eines arbeitsgerichtlichen Vergleichs, an eine gemeinnützige Stiftung eine Spende zu zahlen. Die Spende ist vom Arbeitgeber direkt an die Stiftung gezahlt worden, der Arbeitgeber hat die Spendenbescheinigung erhalten und sie steuerlich geltend gemacht.

Die Spende kann dem Arbeitnehmer nicht als Lohn zugerechnet werden, da er nicht über den Lohn verfügt hat. In dem arbeitsgerichtlichen Vergleich kann auch keine Lohnverwendungsabrede gesehen werden; es handelt sich um einen auch steuerlich wirksamen „echten Lohnverzicht" (BFH, Urteil vom 23.9.1998, BStBl II 1999 S. 98).

Arbeitslohn liegt dagegen vor, wenn der Verzicht auf **privaten Gründen** beruht. Vom Gehaltsverzicht zu unterscheiden ist die → *Barlohnumwandlung* Rz. 410.

2. Sozialversicherung

1103 Einzelheiten zur sozialversicherungsrechtlichen Behandlung eines Gehaltsverzichts → *Arbeitsentgelt* Rz. 211.

Geldwerter Vorteil

1104 Fließt dem Arbeitnehmer Arbeitslohn **in Form von Sachbezügen** zu, so sind diese ebenso wie Barlohnzahlungen entweder dem laufenden Arbeitslohn oder den sonstigen Bezügen zuzuordnen. Hierfür wird im Lohnsteuerrecht und im Sozialversicherungsrecht der Ausdruck „geldwerter Vorteil" verwendet.

Als geldwerter Vorteil wird der Betrag angesehen, den der Arbeitnehmer ausgeben würde, wenn er den Sachbezug zum „normalen" Preis erwerben müsste. Für die Besteuerung unentgeltlicher Sachbezüge ist dabei deren Geldwert maßgebend. Erhält der Arbeitnehmer die Sachbezüge nicht unentgeltlich, so ist der Unterschiedsbetrag zwischen dem Geldwert des Sachbezugs und dem tatsächlichen Entgelt zu versteuern bzw. dem Beitragsabzug zu unterwerfen.

Für die Ermittlung des geldwerten Vorteils gibt es verschiedene Ermittlungsmethoden (R 31 LStR):

1. Die **Einzelbewertung**

   Bei der **Einzelbewertung** wird der geldwerte Vorteil mit dem um übliche Preisnachlässe geminderten üblichen Endpreis am Abgabeort im Zeitpunkt der Abgabe angesetzt. Zu Einzelheiten dieser Bewertungsmethode siehe → *Sachbezüge* Rz. 2141.

2. Der Ansatz von **Sachbezugswerten**

   Amtliche **Sachbezugswerte** werden durch die **Sachbezugsverordnung**, durch R 31 Abs. 11 Satz 3 LStR, die Bekanntmachung des Werts der Beköstigung in der Seeschifffahrt und Fischerei oder durch Erlasse der obersten Landesfinanzbehörden nach § 8 Abs. 2 Satz 8 EStG festgesetzt. Zu Einzelheiten dieser Bewertungsmethode siehe → *Sachbezüge* Rz. 2141.

3. Besondere Bewertungsvorschriften

Besondere Bewertungsvorschriften gelten für

- den Bezug von **Waren oder Dienstleistungen**, die vom Arbeitgeber nicht überwiegend für den Bedarf seiner Arbeitnehmer hergestellt, vertrieben oder erbracht werden, soweit diese Sachbezüge nicht nach § 40 EStG pauschal versteuert werden (§ 8 Abs. 3 EStG). Zu Einzelheiten dieser Bewertungsmethode siehe → *Rabatte* Rz. 1938,

- die Bewertung der unentgeltlichen oder verbilligten Nutzung von **Firmenwagen** (§ 8 Abs. 2 Satz 2 EStG). Zu Einzelheiten dieser Bewertungsmethode siehe → *Firmenwagen zur privaten Nutzung* Rz. 997,

- den Bezug von **Vermögensbeteiligungen** (§ 19a Abs. 8 EStG). Zu Einzelheiten dieser Bewertungsmethode siehe → *Vermögensbeteiligungen* Rz. 2520.

Beispiel 1:

Ein Arbeitnehmer erhält von seinem Arbeitgeber ein Grundstück für 100 000 € zum Kauf angeboten. Für das gleich große Nachbargrundstück verlangt der Arbeitgeber von einem Fremden 200 000 €.

Der geldwerte Vorteil beträgt 100 000 €. Dieser Wert ist dem Arbeitslohn des Arbeitnehmers hinzuzurechnen.

Unter bestimmten Voraussetzungen sind geringfügige geldwerte Vorteile auch steuerfrei (siehe → *Annehmlichkeiten* Rz. 133).

Beispiel 2:

Der Arbeitgeber bietet seinen Arbeitnehmern während der Arbeitszeit unentgeltlich Getränke zum Verzehr an.

Den Vorteil, den die Arbeitnehmer dadurch haben, dass sie sich keine Getränke kaufen müssen, ist als Aufmerksamkeit des Arbeitgebers steuer- und beitragsfrei.

Gelegenheitsgeschenke

1105 Der **Begriff** des Gelegenheitsgeschenks ist **von der Rechtsprechung geprägt** worden. Der Bundesfinanzhof verstand darunter Zuwendungen des Arbeitgebers, die aus einem besonderen persönlichen, einmaligen oder selten wiederkehrenden Anlass mit dem Ziel gewährt werden, dem Arbeitnehmer eine Aufmerksamkeit zu erweisen oder ihn zu ehren, und die nach Art und Höhe nicht außergewöhnlich und übermäßig sind. Diese Rechtsprechung hat der **Bundesfinanzhof** allerdings im Jahre 1985 **aufgegeben** (BFH, Urteil vom 22.3.1985, BStBl II 1985 S. 641). Gelegenheitsgeschenke sind daher grundsätzlich steuer- und sozialversicherungspflichtig. Zur Wertermittlung siehe → *Sachbezüge* Rz. 2138.

Gelegenheitsgeschenke können aber für den Arbeitnehmer steuer- und sozialversicherungsfrei sein, wenn

- es sich um **Aufmerksamkeiten** handelt, vgl. → *Annehmlichkeiten* Rz. 134,

- es **besondere Steuerbefreiungsvorschriften** gibt, wie z.B. bei Geburts- und Heiratsbeihilfen, vgl. → *Geburts- und Heiratsbeihilfen* Rz. 1097,

- der Arbeitgeber das Gelegenheitsgeschenk **pauschal versteuern** kann, wie z.B. Geschenke aus Anlass einer Betriebsveranstaltung, vgl. → *Betriebsveranstaltungen* Rz. 563.

Gemeindebedienstete

1. Arbeitnehmereigenschaft

1106 Die bei den Gemeinden angestellten Bediensteten bzw. Beamten sind Arbeitnehmer; dies gilt auch für die sog. Gemeindeschreiber bzw. Ratsschreiber (BFH, Urteil vom 8.3.1957, BStBl III S. 175). **„Helfer in Gemeindesachen"** sind dagegen keine Arbeitnehmer (BFH, Urteil vom 2.2.1968, BStBl II S. 430).

2. Selbständige Nebentätigkeiten

1107 Ein Gemeindebediensteter kann **nebenberuflich** selbständig tätig sein, wenn die Tätigkeit **nicht zu seinen eigentlichen Dienstobliegenheiten gehört**. Die Vergütungen eines Gemeindedirektors für seine Tätigkeit als Mitglied der Schätzungskommission der Oldenburgischen Landesbrandkasse gehören daher **nicht zum Arbeitslohn** (BFH, Urteil vom 8.2.1972, BStBl II S. 460). Vgl. auch H 68 (Nebentätigkeit bei demselben Arbeitgeber) LStH sowie → *Aufsichtsratsvergütungen* Rz. 295. Dies gilt auch für die Tätigkeit als **kommunaler Mandatsträger**, z.B. als **Ratsherr** (siehe auch → *Abgeordnete* Rz. 10).

3. Unselbständige Nebentätigkeiten

1108 Vergütungen für eine **Nebentätigkeit**, die der **Arbeitgeber** – auch wenn dies im Arbeitsvertrag nicht ausdrücklich vorgesehen ist – nach der tatsächlichen Gestaltung des Dienstverhältnisses und nach der Verkehrsanschauung **erwarten darf**, auch wenn er die zusätzlichen Leistungen besonders vergüten muss, vgl. H 68 (Nebentätigkeit bei demselben Arbeitgeber) LStH, sind der **Haupttätigkeit zuzurechnen** und somit zusammen mit dem „normalen Gehalt" dem Lohnsteuerabzug zu unterwerfen.

Beispiel:

In einer Gemeinde werden die Lohnsteuerkarten von Mitarbeitern der Gemeinde zugestellt, die dafür eine besondere Entschädigung erhalten. Die Entschädigung ist ihrem Arbeitslohn zuzurechnen und dem Lohnsteuerabzug zu unterwerfen.

Dasselbe gilt für sog. Erfrischungsgelder, die ehrenamtliche Wahlhelfer – sofern sie Gemeindebedienstete sind – erhalten (→ *Wahlhelfer* Rz. 2596).

Kommunalbedienstete, die z.B. als **Geschäftsführer für Gutachterausschüsse** tätig werden, nehmen diese Aufgaben ebenfalls im Rahmen ihres Hauptamtes wahr und sind daher auch insoweit Arbeitnehmer. Werden für die zusätzliche Tätigkeit besondere Vergütungen gezahlt, unterliegen diese dem Lohnsteuerabzug (FinMin Nordrhein-Westfalen, Erlass vom 5.8.1987, DB 1987 S. 2285).

4. Aufwandsentschädigungen

1109 Aufwandsentschädigungen, die aus der Gemeindekasse an **ehrenamtlich tätige Bürger**, z.B. Mitglieder der Freiwilligen Feuerwehr oder kommunale Mandatsträger (Ratsherren usw.), gezahlt werden, sind nach § 3 Nr. 12 Satz 2 EStG mindestens bis 154 € monatlich steuerfrei (siehe auch → *Abgeordnete* Rz. 10; → *Aufwandsentschädigungen im öffentlichen Dienst* Rz. 309; → *Ehrenamtsinhaber* Rz. 796; → *Feuerwehr* Rz. 987).

Gemischte Tätigkeit

1110 Eine sog. gemischte Tätigkeit liegt vor, wenn ein Steuerpflichtiger gleichzeitig selbständig und nichtselbständig tätig wird, so z.B.

– **Chef- oder Betriebsärzte**, die nebenbei eine eigene Praxis betreiben (R 146 EStR),

– ein als Arbeitnehmer im Symphonieorchester einer Rundfunkanstalt tätiger **Orchestermusiker**, der gelegentlich für seinen Arbeitgeber als Solist tätig wird (BFH, Urteil vom 25.11.1971, BStBl II 1972 S. 212).

Steuerlich sind in diesen Fällen **beide Tätigkeiten getrennt** zu beurteilen. Der Lohnsteuerabzug ist nur vom Arbeitslohn vorzunehmen. Die Einnahmen aus der selbständig ausgeübten Tätigkeit müssen in der Einkommensteuererklärung angegeben werden.

Arbeitnehmer, die hauptberuflich selbständig erwerbstätig sind, werden in der **Krankenversicherung** nicht versicherungspflichtig. Dadurch wird vermieden, dass hauptberuflich Selbständige durch Aufnahme einer mehr als geringfügigen Beschäftigung krankenversicherungspflichtig werden und damit den umfassenden Schutz der gesetzlichen Krankenversicherung erhalten. Hauptberuflich ist eine selbständige Erwerbstätigkeit

dann, wenn sie von der wirtschaftlichen Bedeutung und dem zeitlichen Aufwand her die übrigen Erwerbstätigkeiten zusammen deutlich übersteigt und den Mittelpunkt der Erwerbstätigkeit darstellt. In der Renten- und Arbeitslosenversicherung tritt jedoch Versicherungspflicht ein, wenn die Voraussetzungen vorliegen.

Genussmittel: Zuwendungen an Arbeitnehmer

1. Genussmittel zum Verzehr im Betrieb

1111 Genussmittel (z.B. Tabakwaren, Kaffee, Tee, Süßwaren), die der Arbeitgeber an Arbeitnehmer zum **Verzehr im Betrieb** unentgeltlich oder teilentgeltlich überlässt, gehören als sog. **Aufmerksamkeiten** (siehe → *Annehmlichkeiten* Rz. 134) nicht zum Arbeitslohn (R 73 Abs. 2 Satz 1 LStR). Dies gilt auch für **Getränke aus einem im Betrieb aufgestellten Getränkeautomaten**, sofern die Getränke nicht im Zusammenhang mit Mahlzeiten in der Kantine ausgegeben werden (siehe → *Getränke: Zuwendung an Arbeitnehmer* Rz. 1182).

Das Gleiche gilt für Genussmittel **bis zu einem Wert von 40 €**, die der Arbeitgeber seinen Arbeitnehmern oder dessen Angehörigen aus Anlass eines **besonderen persönlichen Ereignisses** zuwendet (R 73 Abs. 1 Satz 2 LStR).

Beispiel:

Die Hingabe von 1,0–1,5 kg beschädigter Süßwaren im 14-Tage-Turnus an Arbeitnehmer einer Süßwarenfabrik gilt noch als steuerfreie Aufmerksamkeit (FG Hamburg, Urteil vom 18.11.1974, EFG 1975 S. 117).

Der Begriff „Genussmittel" ist eng auszulegen, die Abgabe von **Nahrungsmitteln oder Mahlzeiten im Betrieb** fällt grundsätzlich **nicht** darunter. Einzelheiten hierzu siehe → *Bewirtungskosten* Rz. 584 und → *Mahlzeiten* Rz. 1670.

2. Genussmittel zum häuslichen Verzehr

1112 **Steuerpflichtig** ist dagegen die Überlassung von Getränken und Genussmitteln zum **häuslichen Verzehr** (siehe → *Haustrunk* Rz. 1288). Bei Getränken und Genussmitteln, die vom Arbeitgeber hergestellt oder vertrieben werden, kann jedoch der **Rabattfreibetrag** nach § 8 Abs. 3 EStG von **1 224 €** abgezogen werden. Zur Überlassung von Speisen an Arbeitnehmer während eines außergewöhnlichen Arbeitseinsatzes, z.B. bei Überstunden, siehe → *Bewirtungskosten* Rz. 584.

Genussrechte/Genussscheine

1113 Die unentgeltliche oder verbilligte Überlassung von Genussrechten/Genussscheinen ist Arbeitslohn, der zum Teil nach § 19a EStG steuerfrei sein kann. Einzelheiten siehe → *Vermögensbeteiligungen* Rz. 2520. Der Vorteil ist nicht deshalb zu vermindern, weil die Genussrechte einer zweijährigen Veräußerungssperre unterliegen.

Gerichtsvollzieher

1114 Die Gerichtsvollzieher sind **Arbeitnehmer** und beziehen daher grundsätzlich steuerpflichtigen Arbeitslohn, dazu gehören z.B. auch die sog. Anspornvergütungen.

Steuerfrei nach § 3 Nr. 12 Satz 1 EStG sind dagegen die nach § 5 der Verordnung zur Abgeltung der Bürokosten der Gerichtsvollzieher gezahlten **Aufwandsentschädigungen** bzw. die ihnen als Aufwandsentschädigung verbleibenden Gebührenanteile (OFD Chemnitz, Verfügung vom 26.8.1998, DStR 1998 S. 1963). Höhere Bürokosten können nur insoweit als Werbungskosten abgezogen werden, als sie insgesamt die steuerfreie Entschädigung über-

Gerichtsvollzieher

steigen (FG München, Urteil vom 19.5.1992, EFG 1992 S. 720). Kosten für eine **Computeranlage** sind nicht als Werbungskosten abzugsfähig, wenn der Gerichtsvollzieher eine nach § 3 Nr. 12 Satz 1 EStG steuerfreie Aufwandsentschädigung erhalten hat (Niedersächsisches FG, Urteil vom 10.6.1999, EFG 1999 S. 1216).

Abzugsfähig sind dagegen Aufwendungen für die Beschäftigung einer **Bürokraft** (z.B. Arbeitslohn, Arbeitgeberanteil an den Sozialversicherungsbeiträgen), weil die steuerfreie Aufwandsentschädigung nur zur Abgeltung der **Bürokosten** bestimmt ist. Daneben können Aufwendungen für **Fahrten zwischen Wohnung und Gericht** als Werbungskosten anerkannt werden.

Geringfügig Beschäftigte

1. Allgemeines

a) Arbeitsrecht

1115 Im Arbeitsrecht spricht man von geringfügiger Beschäftigung im eigentlichen Sinne – Achtung: Die Begriffe im Lohnsteuerrecht und Sozialversicherungsrecht sind anders – bei einer **Beschäftigungszeit bis zu 10 Stunden wöchentlich** oder **45 Stunden monatlich**, und zwar unabhängig von dem erzielten Verdienst.

Bei **kurzfristiger Beschäftigung** mit mehr als geringfügiger Arbeitszeit spricht man arbeitsrechtlich von **Aushilfstätigkeit**, ebenso bei kurzfristiger und gleichzeitig zeitlich geringfügiger Tätigkeit (siehe → *Aushilfskraft/Aushilfstätigkeit* Rz. 320).

Die **regelmäßige** Beschäftigung eines Arbeitnehmers mit geringfügiger Arbeitszeit, also bei einem betrieblichen Bedarf für die geringfügige Arbeitsleistung auf längere Dauer, stellt sich arbeitsrechtlich als **Teilzeitarbeitsverhältnis** dar. Es gelten die Grundsätze der Teilzeitarbeit, d.h. es handelt sich um ein **normales Arbeitsverhältnis**, auf das mit wenigen Ausnahmen alle arbeitsrechtlichen Regelungen und insbesondere Schutzbestimmungen Anwendung finden, z.B. hinsichtlich Kündigung, allgemeinem und besonderem Kündigungsschutz, Vergütung, Urlaub, Entgeltfort-

zahlung im Krankheitsfall usw. (siehe → *Teilzeitbeschäftigte* Rz. 2385).

Bei der Frage nach der Anwendbarkeit des **Kündigungsschutzgesetzes** ist bei der maßgeblichen Zahl der Arbeitnehmer von Bruchteilen im Verhältnis zur Arbeitszeit auszugehen, vgl. § 23 KSchG.

b) Lohnsteuer und Sozialversicherung

1116 In der lohnsteuer- und sozialversicherungsrechtlichen Praxis werden als geringfügig Beschäftigte Arbeitnehmer bezeichnet, die entweder nur kurze Zeit beschäftigt werden oder die lediglich eine geringe Entlohnung für ihre Tätigkeit erhalten. **Sowohl im Lohnsteuerrecht als auch in der Sozialversicherung gibt es für diese Personengruppe Sonderregelungen.**

Lohnsteuerlich gibt es für Arbeitslöhne aus einer geringfügigen Beschäftigung **drei Möglichkeiten:**

1. **Der Arbeitslohn ist steuerfrei.**

   Das Arbeitsentgelt aus einem **geringfügigen Beschäftigungsverhältnis** i.S. des § 8 Abs. 1 Nr. 1 SGB IV, für das der Arbeitgeber pauschale Beiträge zur Rentenversicherung entrichtet, ist steuerfrei, wenn die Summe der anderen Einkünfte des Arbeitnehmers nicht positiv ist; Einkünfte des Ehegatten sind nicht einzubeziehen. Einzelheiten zur Steuerbefreiung siehe → Rz. 1131.

2. **Der Arbeitslohn wird pauschal versteuert.**

   Der Arbeitgeber kann die Lohnsteuer pauschal mit 20 % bzw. 25 % erheben, soweit er **Teilzeitbeschäftigte oder Aushilfskräfte** beschäftigt. Einzelheiten zur Pauschalversteuerung siehe → *Pauschalierung der Lohnsteuer bei Aushilfs- und Teilzeitbeschäftigten* Rz. 1840.

3. Der Arbeitslohn unterliegt der **Regelbesteuerung.**

   Die Lohnsteuer für den Arbeitslohn wird aus den **Lohnsteuertabellen** nach den auf der Lohnsteuerkarte des Arbeitnehmers eingetragenen Besteuerungsmerkmalen ermittelt. Einzelheiten zur Regelversteuerung siehe → *Berechnung der Lohnsteuer* Rz. 521; → *Lohnsteuertabellen* Rz. 1655.

Auch bei der **Sozialversicherung** gibt es für Arbeitsentgelte aus einer geringfügigen Beschäftigung **drei Möglichkeiten:**

1. **Das Arbeitsentgelt ist beitragsfrei.**

   Das Arbeitsentgelt aus einem geringfügigen Beschäftigungsverhältnis ist auf Grund **der kurzen Dauer der Beschäftigung** beitragsfrei (§ 8 Abs. 1 Nr. 2 SGB IV). Einzelheiten zur Beitragsfreiheit siehe → Rz. 1124.

2. **Der Arbeitgeber entrichtet pauschale Beiträge.**

   Der Arbeitgeber hat für geringfügige Beschäftigungsverhältnisse i.S. des § 8 Abs. 1 Nr. 1 SGB IV **Pauschalbeiträge** zur Renten- und Krankenversicherung in Höhe von 12 % bzw. 10 % zu leisten. Einzelheiten siehe → Rz. 1118.

3. **Das Arbeitsentgelt ist „normal" beitragspflichtig.**

   Für bestimmte Personengruppen kommen die Sonderregelungen für geringfügig Beschäftigte nicht in Betracht. Hierzu zählen insbesondere Arbeitnehmer mit einer Hauptbeschäftigung, Auszubildende und Behinderte in geschützten Einrichtungen (→ Rz. 1117). Einzelheiten zur allgemeinen Beitragspflicht siehe → *Beiträge zur Sozialversicherung* Rz. 438.

Wichtig dabei:

Die lohnsteuerlichen und sozialversicherungsrechtlichen Vorschriften sind völlig unabhängig voneinander anzuwenden. Das bedeutet z.B., dass die pauschale Beitragsentrichtung im Sozialversicherungsrecht nicht zwangsläufig die Steuerfreiheit bei der Lohnsteuer nach sich zieht.

Die nachfolgende **Übersicht** soll Ihnen die verschiedenen Möglichkeiten der lohnsteuerlichen Besteuerung im Zusammenwirken mit den sozialversicherungsrechtlichen Vorschriften darstellen:

Geringfügig Beschäftigte

Sozialversicherung	Lohnsteuer		
	Steuerfreiheit	Pauschalierung	Regelversteuerung
1. Kurzfristige Beschäftigungen (§ 8 Abs. 1 Nr. 2 SGB IV)			
• höchstens 2 Monate oder 50 Arbeitstage im Jahr			
• nicht möglich bei berufsmäßiger Beschäftigung			
→ **Beitragsfreiheit** in der Sozialversicherung	nein	ja[2]	ja
2. Geringfügig entlohnte Beschäftigungen (§ 8 Abs. 1 Nr. 1 SGB IV)			
• Arbeitszeit weniger als 15 Stunden in der Woche			
• Arbeitslohn 325 € im Monat			
→ **Pauschale Beiträge** durch Arbeitgeber 12 % Rentenversicherung 10 % Krankenversicherung	ja[1]	ja[3]	ja
3. Besondere Personengruppen (z.B. Auszubildende, Behinderte in geschützten Einrichtungen)			
→ **Allgemeine Beitragspflicht** (bis zur Geringverdienergrenze von 325 € trägt Arbeitgeber den Beitrag allein)	nein	ja[3]	ja

1) Steuerfreiheit möglich, wenn die Summe der anderen Einkünfte des Arbeitnehmers nicht positiv ist; bei verheirateten Arbeitnehmern werden Einkünfte des Ehegatten nicht mitgerechnet.
2) Pauschalierung mit **20 %** möglich, wenn
   • Arbeitslohn nicht mehr als 325 € im Monat,
   • Stundenlohn nicht mehr als 12 €.
   Pauschalierung mit **25 %** möglich, wenn
   • Arbeitszeit höchstens 18 zusammenhängende Arbeitstage,
   • Arbeitslohn nicht mehr als 62 € am Tag
   oder
   Beschäftigung zu einem unvorhersehbaren Zeitpunkt,
   • Stundenlohn nicht mehr als 12 €.
3) Pauschalierung mit **20 %** möglich, wenn
   • Arbeitslohn nicht mehr als 325 € im Monat,
   • Stundenlohn nicht mehr als 12 €.

Eine vollständige **Übersicht über die Auswirkungen der Neuregelung** ist im Anhang abgedruckt (→ *A. Lohnsteuer* Rz. 2804).

Unter diesem Stichwort ist die **sozialversicherungsrechtliche Behandlung** der geringfügig Beschäftigten sowie die **Steuerfreiheit nach § 3 Nr. 39 EStG** dargestellt. Wenn Sie sich jedoch über die **lohnsteuerlichen Pauschalierungsmöglichkeiten** informieren wollen, so sehen Sie bitte unter dem Stichwort → *Pauschalierung der Lohnsteuer bei Aushilfs- und Teilzeitbeschäftigten* Rz. 1840 nach.

Nach § 104 SGB IV besteht für jede geringfügige Beschäftigung **Meldepflicht** (siehe → *Meldungen für Arbeitnehmer in der Sozialversicherung* Rz. 1699).

2. Versicherungsfreiheit von geringfügigen Beschäftigungen

1117 In der Kranken-, Pflege-, Renten- und Arbeitslosenversicherung sind Arbeitnehmer versicherungsfrei, wenn sie eine geringfügige Beschäftigung ausüben (§ 7 SGB V; § 5 Abs. 2 SGB VI; § 27 Abs. 2 SGB III). Eine Beschäftigung kann

- wegen der **geringen wöchentlichen Arbeitszeit** und der Höhe des Arbeitsentgelts (= geringfügig entlohnte Beschäftigungen, vgl. → Rz. 1118) oder

- wegen ihrer **kurzen Dauer** (= kurzfristige Beschäftigungen, vgl. → Rz. 1124)

geringfügig sein (§ 8 SGB IV). Aus beitragsrechtlichen Gründen ist daher zu unterscheiden, ob es sich bei der zu **beurteilenden Beschäftigung um eine geringfügig entlohnte Beschäftigung oder um eine kurzfristige Beschäftigung** handelt.

Sofern ein Arbeitnehmer bei demselben Arbeitgeber gleichzeitig mehrere Beschäftigungen ausübt, ist – ohne Rücksicht auf die arbeitsvertragliche Gestaltung – sozialversicherungsrechtlich von einem **einheitlichen Beschäftigungsverhältnis** auszugehen; dies bedeutet, dass für die kranken-, pflege-, renten- und arbeitslosenversicherungsrechtliche Beurteilung des Arbeitnehmers die Arbeitsentgelte und Arbeitszeiten aus allen Beschäftigungen zusammenzurechnen sind (vgl. Urteil des BSG vom 16.2.1983 – 12 RK 26/81 –, Sozialversicherungsbeitrag-Handausgabe 2001 R 8 IV/6).

Versicherungsfreiheit wegen Vorliegens einer geringfügigen Beschäftigung kommt für Beschäftigungen

- im Rahmen betrieblicher Berufsbildung (z.B. **Auszubildende und Praktikanten**),

- i.S. des Gesetzes zur **Förderung eines freiwilligen sozialen Jahres**,

- i.S. des **Gesetzes zur Förderung eines freiwilligen ökologischen Jahres**,

- von **Behinderten in geschützten Einrichtungen**,

- von Personen in Einrichtungen der **Jugendhilfe** und Behinderten in Berufsbildungswerken,

- auf Grund einer stufenweisen **Wiedereingliederung** in das Erwerbsleben nach § 74 SGB V

nicht in Betracht.

3. Geringfügig entlohnte Beschäftigungen

a) Allgemeine Voraussetzungen

Eine geringfügig entlohnte Beschäftigung liegt vor, wenn **1118**

- die Beschäftigung regelmäßig weniger als 15 Stunden in der Woche ausgeübt wird und

- das Arbeitsentgelt regelmäßig im Monat 325 € nicht überschreitet.

Die Voraussetzungen einer geringfügigen Beschäftigung sind also nur erfüllt, wenn sowohl die wöchentliche Arbeitszeit weniger als 15 Stunden beträgt als auch das Arbeitsentgelt die Grenze von 325 € nicht überschreitet.

Beispiel 1:

Eine Telefonistin in Essen arbeitet 12 Stunden in der Woche. Sie erhält ein monatliches Arbeitsentgelt von 250 €.

Die Beschäftigung ist kranken-, pflege-, renten- und arbeitslosenversicherungsfrei, da sowohl die wöchentliche Arbeitszeit unter 15 Stunden bleibt als auch das Arbeitsentgelt die Grenze von 325 € nicht übersteigt.

Der Arbeitgeber hat jedoch auf Grund der geringfügigen versicherungsfreien Beschäftigung Pauschalbeiträge zur Krankenversicherung (10 %) und zur Rentenversicherung (12 %) zu übernehmen.

Beispiel 2:

Eine Verkäuferin in Frankfurt arbeitet 19 Stunden in der Woche. Sie erhält ein monatliches Gehalt von 300 €.

Es besteht Kranken-, Pflege-, Renten- und Arbeitslosenversicherungspflicht, da die wöchentliche Arbeitszeit von 19 Stunden die wöchentliche Arbeitszeitgrenze übersteigt. Dabei spielt es keine Rolle, ob das Arbeitsentgelt in Höhe von 300 € die monatliche Arbeitsentgeltgrenze von 325 € nicht übersteigt.

Erfordert die Beschäftigung regelmäßig mindestens 15 Stunden wöchentlich, so liegt – selbst wenn das Arbeitsentgelt nicht mehr als 325 € beträgt – kranken-, pflege- und rentenversicherungsrechtlich keine geringfügige Beschäftigung vor.

b) Wöchentliche Arbeitszeit

Für die versicherungsrechtliche Beurteilung kann die regelmäßige **1119** wöchentliche Arbeitszeit entweder aus dem Arbeitsvertrag oder aus der Eigenart der Beschäftigung abgeleitet werden. Nur wenn die Arbeitszeit von **Woche zu Woche schwankt**, ist die regelmäßige Wochenarbeitszeit zu schätzen. Zu diesem Zweck sind die voraussichtlichen Arbeitsstunden der drei folgenden Kalendermonate (= 13 Wochen) zu addieren und durch 13 zu dividieren. Ist eine **vorausschauende Betrachtung** nicht möglich, dann kann auf die Arbeitszeit ggf. vergleichbarer Arbeitnehmer in den letzten drei Kalendermonaten zurückgegriffen werden. Nicht bezahlte Ruhepausen, Mittagspausen u.Ä. bleiben bei der Ermittlung der Arbeitszeit außer Betracht. Ebenso können Zeiten, die nur teilweise vergütet werden (z.B. Bereitschaftsdienst), lediglich mit dem entsprechenden (vergüteten) Anteil angesetzt werden.

Bei Heimarbeitern sollte vom 1.4.1999 an bei einem Arbeitsentgelt von bis zu 325 € monatlich eine wöchentliche Arbeitszeit von weniger als 15 Stunden unterstellt werden. Im Hinblick auf das BSG-Urteil vom 11.6.1992 – 12 RK 32/90 – (USK 9280) ist bei Heimarbeitern, für die ein Mindeststundenentgelt festgesetzt ist, die wöchentliche Arbeitszeit dagegen weiterhin aus dem Mindeststundenentgelt – ohne die arbeitszeitunabhängigen Zeitzuschläge (Heimarbeiterzuschlag, Urlaubsvergütung, Feiertagsgeld, vermögenswirksame Leistungen, Jahressonderzahlung) – abzuleiten (vgl. Besprechungsergebnis der Spitzenverbände der Sozialversicherungsträger am 26./27.5.1999, Sozialversicherungsbeitrag-Handausgabe 2001 VL 8 IV/10).

Beispiel:

Eine Ladenaushilfe in Hamburg arbeitet (von Montag bis Donnerstag) täglich von 11.00 bis 15.00 Uhr. Am Freitag endet die Arbeitszeit um 14.00 Uhr. Von 12.00 bis 13.00 Uhr ist das Ladenlokal geschlossen. Die Mitarbeiter können diese Zeit frei nutzen, sie wird nicht bezahlt. Das monatliche Arbeitsentgelt beträgt 312 €.

Die Beschäftigung ist kranken-, pflege-, renten- und arbeitslosenversicherungsfrei. Die wöchentliche Arbeitszeit (ohne die nicht bezahlten Mittagspausen) beträgt 14 Stunden und übersteigt somit nicht die wöchentliche Arbeitszeitgrenze. Da auch das Arbeitsentgelt die 325-€-Grenze nicht überschreitet, liegt eine geringfügige Beschäftigung vor.

Der Arbeitgeber hat jedoch auf Grund der geringfügigen versicherungsfreien Beschäftigung Pauschalbeiträge zur Krankenversicherung (10 %) und zur Rentenversicherung (12 %) zu übernehmen.

c) Arbeitsentgeltgrenzen

1120 Die für die versicherungsrechtliche Beurteilung von geringfügigen Beschäftigungen maßgebende Arbeitsentgeltgrenze wurde vom **1.4.1999 an in den alten und neuen Bundesländern einheitlich** gesetzlich festgeschrieben. Sie beträgt ab 1.1.2002 325 €.

Diese Grenze gilt nicht, wenn die Beschäftigung für einen kürzeren Zeitraum als einen Monat ausgeübt wird und die Voraussetzungen für eine kurzfristige Beschäftigung nicht vorliegen. Die Beitragsbemessungsgrenze ist dann für den entsprechenden Teil-Lohnzahlungszeitraum zu berechnen. Dem Monatsbetrag entsprechen

kalendertäglich	10,83 €
wöchentlich	75,81 €
zweiwöchentlich	151,62 €
vierwöchentlich	303,24 €
fünfwöchentlich	379,05 €

4. Ermittlung des Arbeitsentgelts

1121 Bei der Prüfung der Frage, ob das Arbeitsentgelt die 325-€-Grenze übersteigt, ist vom regelmäßigen steuerpflichtigen und somit auch beitragspflichtigen Arbeitsentgelt auszugehen. Steuerfrei und somit auch beitragsfrei gezahlte Entgelte (z.B. Zuschläge für Sonntags-, Feiertags-, Nachtarbeit oder Fahrtkostenzuschüsse zu den Aufwendungen des Arbeitnehmers für öffentliche Verkehrsmittel) sind nicht zu berücksichtigen. Steuerfreie Aufwandsentschädigungen und steuerfreie Einnahmen i.S. des § 3 Nr. 26 EStG gehören nach ausdrücklicher Bestimmung des § 14 Abs. 1 Satz 2 SGB IV nicht zum Arbeitsentgelt i.S. der Sozialversicherung, so z.B. Einnahmen aus nebenberuflichen Tätigkeiten als Übungsleiter, Ausbilder, Erzieher, Betreuer oder für eine vergleichbare nebenberufliche Tätigkeit, für nebenberufliche künstlerische Tätigkeiten oder für die nebenberufliche Pflege alter, kranker oder behinderter Menschen bis zur Höhe von insgesamt 1 848 € im Kalenderjahr (→ *Aufwandsentschädigungen für bestimmte nebenberufliche Tätigkeiten* Rz. 297). Nach Auffassung der Spitzenverbände der Sozialversicherungsträger ist der steu-

erliche Freibetrag in der Sozialversicherung in der gleichen Weise zu berücksichtigen wie im Steuerrecht. Es wird jedoch empfohlen, dass bei Beschäftigungen, die das ganze Kalenderjahr über andauern, im Interesse einer kontinuierlichen versicherungsrechtlichen Beurteilung als steuerfreie Einnahme ein Beitrag von monatlich 154 € in Abzug gebracht werden sollte (vgl. Besprechungsergebnis der Spitzenverbände der Sozialversicherungsträger am 26./27.5.1999, Sozialversicherungsbeitrag-Handausgabe 2001 VL 8 IV/8).

Einmalige Einnahmen, deren Gewährung mit **hinreichender Sicherheit mindestens einmal jährlich zu erwarten ist**, sind bei der Ermittlung des Arbeitsentgelts anzurechnen (vgl. Urteil des BSG vom 28.2.1984 – 12 RK 21/83 –, USK 8401). Dazu ist der Einmalbetrag auf den Monat umzurechnen.

Jubiläumszuwendungen sind nach Ansicht der Spitzenverbände der Sozialversicherungsträger (Besprechungsergebnis vom 30./31.5.2001) bei der Prüfung der Frage, ob das Arbeitsentgelt die Geringfügigkeitsgrenze von 325 € übersteigt, nicht zu berücksichtigen, da es sich nicht um jährlich wiederkehrende Zuwendungen handelt. Aus Jubiläumszuwendungen sind bei Versicherungsfreiheit wegen Geringfügigkeit der Beschäftigung allerdings unter den Voraussetzungen des § 249b SGB V und des § 172 Abs. 3 SGB VI vom Arbeitgeber Pauschalbeiträge zur Kranken- und Pflegeversicherung zu zahlen.

Aber auch **pauschal versteuerter Arbeitslohn** bleibt bei der Prüfung der 325-€-Grenze außer Betracht, wenn die Pauschalierung nach der Arbeitsentgeltverordnung **Beitragsfreiheit in der Sozialversicherung** auslöst.

Zusammenfassung:

Bei der **Prüfung der 325-€-Grenze** sind somit **nicht zu berücksichtigen**:

- **steuerfreier und damit beitragsfreier Arbeitslohn**, z.B.
  - Heirats- und Geburtsbeihilfen,
  - Reisekosten,
  - Werkzeuggeld,
  - Kindergartenzuschüsse,
  - Fahrtkostenzuschüsse für Wege zwischen Wohnung und Arbeitsstätte mit öffentlichen Verkehrsmitteln,
  - Privatnutzung betrieblicher Personalcomputer und Telekommunikationsgeräte,
  - Rabatte bis zur Höhe des Rabattfreibetrags von 1 224 € jährlich,
  - Sachbezüge bis zu 50 € monatlich,
  - Sonntags-, Feiertags- oder Nachtzuschläge;
- **steuer- und damit beitragsfreier Arbeitslohn für eine nebenberufliche Tätigkeit** bei gemeinnützigen Organisationen als Übungsleiter, Ausbilder, Erzieher, Pfleger oder Künstler bis zu 1 848 € jährlich oder 154 € monatlich (→ *Aufwandsentschädigungen für bestimmte nebenberufliche Tätigkeiten* Rz. 297);
- **pauschal versteuerte Fahrtkostenzuschüsse** zu den Aufwendungen des Arbeitnehmers für Wege zwischen Wohnung und Arbeitsstätte (→ *Pauschalierung der Lohnsteuer* Rz. 1826);
- **pauschal versteuerte Beiträge zu Direktversicherungen**, soweit sie nach § 2 Abs. 1 Nr. 3 ArEV nicht dem Arbeitsentgelt hinzuzurechnen sind.

In den Fällen, in denen auf die Auszahlung einer tariflich zugesicherten Einmalzahlung verzichtet wird, um ein generelles Überschreiten der Entgeltgrenzen zu vermeiden, treten in der Praxis zunehmend Irritationen auf. Unter Zugrundelegung der Entscheidung des Bundessozialgerichts vom 30.8.1994 – 12 RK 59/92 – (Sozialversicherungsbeitrag-Handausgabe 2001 R 23 IV/6) wird von einigen Sozialversicherungsträgern bei der versicherungsrechtlichen Beurteilung auch die nicht ausgezahlte Einmalzahlung berücksichtigt, d.h. die Einmalzahlung wird anteilig auf das monatliche Arbeitsentgelt umgelegt. Werden danach die Entgeltgrenzen überschritten, wird Versicherungspflicht in allen Zweigen der Sozialversicherung unterstellt. Die Anwendung der o.a. Entscheidung auf derartige Fälle wird derzeit unterschiedlich beurteilt. Nach der BSG-Entscheidung sind Beiträge zur Sozialversicherung auch für geschuldetes, bei Fälligkeit nicht gezahltes Arbeitsentgelt zu zahlen; dies gilt selbst dann, wenn der Anspruch auf Arbeitsentgelt wegen einer tarifvertraglichen Ausschlussfrist (Verfallfrist) erloschen und deswegen vom Arbeitnehmer rechtswirksam nicht mehr verlangt werden kann. Ein gemeinsames Besprechungsergebnis der Spitzenverbände der Sozialversicherungsträger hierzu wurde bislang nicht veröffentlicht.

Beispiel 1:

Eine Hotelangestellte in Hannover arbeitet als Aushilfe 14 Stunden wöchentlich. Sie erhält ein monatliches Arbeitsentgelt von 300 €. Im Juli erhält sie ein Urlaubsgeld von 75 €. Im Dezember ein ihr vertraglich zugesichertes Weihnachtsgeld in Höhe von 75 €.

Das Beschäftigungsverhältnis ist kranken-, pflege-, renten- und arbeitslosenversicherungsfrei. Bei der Ermittlung des anrechenbaren Arbeitsentgelts sind die Einmalzahlungen zu berücksichtigen, d. h. auf das Monatsentgelt umzurechnen:

laufendes Arbeitsentgelt	
300 € × 12	3 600 €
Weihnachts- und Urlaubsgeld	150 €
zusammen	**3 750 €**

Ein Zwölftel der Jahreseinnahmen beträgt somit (3 750 € : 12 =) 312,50 €. Das so ermittelte Arbeitsentgelt übersteigt die Arbeitsentgeltgrenze von 325 € nicht.

Der Arbeitgeber hat jedoch auf Grund der geringfügigen versicherungsfreien Beschäftigung Pauschalbeiträge zur Krankenversicherung (10 %) und zur Rentenversicherung (12 %) zu übernehmen.

Werden im Rahmen eines Dauerarbeitsverhältnisses saisonbedingte unterschiedliche Arbeitsentgelte erzielt, ist der regelmäßige Betrag nach voraussichtlichen Einnahmen zu ermitteln.

Beispiel 2:

Ein Aushilfskellner in Bremen erzielt in den Monaten Mai bis September monatlich 460 € und in den Monaten Oktober bis April monatlich 215 €.

Das Beschäftigungsverhältnis ist kranken-, pflege-, renten- und arbeitslosenversicherungsfrei. Bei der Ermittlung des anrechenbaren Arbeitsentgelts sind folgende Zahlungen zu berücksichtigen, d.h. auf das Monatsentgelt umzurechnen:

laufendes Arbeitsentgelt	
Mai bis September (5 × 460 €)	2 300 €
Oktober bis April (7 × 215 €)	1 505 €
zusammen	**3 805 €**

Ein Zwölftel der Jahreseinnahmen beträgt somit (3 805 € : 12 =) 317,08 €. Das so ermittelte Arbeitsentgelt übersteigt die Arbeitsentgeltgrenze von 325 € nicht.

Der Arbeitgeber hat jedoch auf Grund der geringfügigen versicherungsfreien Beschäftigung Pauschalbeiträge zur Krankenversicherung (10 %) und zur Rentenversicherung (12 %) zu übernehmen.

Diese Feststellung bleibt für die Vergangenheit auch dann maßgebend, wenn sie infolge nicht sicher voraussehbarer Umstände mit den tatsächlichen Arbeitsentgelten aus der Beschäftigung nicht übereinstimmt. Das gilt entsprechend, wenn die Höhe der übrigen Einkünfte schwankt oder bei Aufnahme der zu beurteilenden Beschäftigung ein für die Feststellung des Gesamteinkommens etwa zu Grunde zu legender Einkommensteuerbescheid noch nicht vorliegt.

5. Zusammenrechnung der Arbeitszeiten und Arbeitsentgelte aus mehreren Beschäftigungen

1122 Arbeitet der Arbeitnehmer gleichzeitig bei verschiedenen Arbeitgebern, werden die wöchentlichen Arbeitszeiten sowie die Arbeitsentgelte aus den einzelnen Beschäftigungen für die sozialversicherungsrechtliche Beurteilung zusammengerechnet. Übersteigt das insgesamt erzielte Arbeitsentgelt die Entgeltgrenze von 325 € oder beträgt die wöchentliche Arbeitszeit 15 Stunden und mehr, tritt Versicherungspflicht ein.

Beispiel 1:

Eine Raumpflegerin in Stuttgart arbeitet in zwei Privathaushalten. Im ersten Arbeitsverhältnis erhält sie für 7 Stunden wöchentlich ein monatliches Arbeitsentgelt von 164 €. Aus dem anderen Arbeitsverhältnis erhält sie 143 € bei einer wöchentlichen Arbeitszeit von 6 Stunden.

Das Beschäftigungsverhältnis ist kranken-, pflege-, renten- und arbeitslosenversicherungsfrei. Die erzielten Arbeitsentgelte aus beiden Beschäftigungen betragen zusammen 307 € und übersteigen somit nicht die Arbeitsentgeltgrenze von 325 €. Auch die wöchentliche Arbeitszeit beträgt insgesamt weniger als 15 Stunden in der Woche. Der Arbeitgeber hat je-

doch auf Grund der geringfügigen versicherungsfreien Beschäftigung Pauschalbeiträge zur Krankenversicherung (10 %) und zur Rentenversicherung (12 %) zu übernehmen.

Beispiel 2:

Eine Raumpflegerin arbeitet in zwei Privathaushalten in München. Im ersten Arbeitsverhältnis erhält sie für 8 Stunden wöchentlich ein monatliches Arbeitsentgelt von 179 €. Aus dem anderen Arbeitsverhältnis erhält sie 159 € bei einer wöchentlichen Arbeitszeit von 7 Stunden.

Das Beschäftigungsverhältnis ist kranken-, pflege- und renten- und arbeitslosenversicherungspflichtig. Die erzielten Arbeitsentgelte aus beiden Beschäftigungen betragen zusammen 338 € und übersteigen somit die Arbeitsentgeltgrenze von 325 €. Die wöchentliche Arbeitszeit beträgt insgesamt 15 Stunden in der Woche, die Arbeitszeitgrenze wird somit ebenfalls überschritten.

Eine geringfügige Beschäftigung mit einer wöchentlichen Arbeitszeit von weniger als 15 Stunden und einem monatlichen Arbeitsentgelt von nicht mehr als 325 € (versicherungsfreie Arbeitnehmer nach § 8 Abs. 1 Nr. 1 SGB IV) ist mit einer nicht geringfügigen Beschäftigung (sog. **Hauptbeschäftigung**) zusammenzurechnen. Dies bedeutet, dass die geringfügige Beschäftigung auf Grund der Zusammenrechnung versicherungspflichtig wird.

Eine Zusammenrechnung erfolgt nach Auffassung der Spitzenverbände der Sozialversicherungsträger (vgl. Besprechungsergebnis vom 22./23.11.2000 – Sozialversicherungsbeitrag-Handausgabe 2001 VL 8 IV/15) auch, wenn die geringfügig entlohnte Beschäftigung von nach § 5 Abs. 3 SGB V, § 20 Abs. 2 SGB XI und § 3 Abs. 1 Nr. 4 SGB VI versicherungspflichtigen Beziehern von Vorruhestandsgeld ausgeübt wird. Zwar wird für Bezieher von Vorruhestandsgeld nur für den Bereich der Kranken- und Pflegeversicherung der Rechtsstatus des „Beschäftigten" fingiert, während die Bezieher von Vorruhestandsgeld für den Bereich der Rentenversicherung den sonstigen Versicherten zugerechnet werden. Die Gleichbehandlung von Arbeitnehmern und Beziehern von Vorruhestandsgeld im Beitrags- und Melderecht der Kranken-, Pflege- und Rentenversicherung sowie die Gleichstellung der Pflichtbeiträge für Bezieher von Vorruhestandsgeld mit Pflichtbeiträgen für eine versicherungspflichtige Beschäftigung im Rentenrecht (§ 55 Abs. 2 SGB VI) gebieten es nach Meinung der Besprechungsteilnehmer jedoch, die Bezieher von Vorruhestandsgeld im Zusammenhang mit § 8 Abs. 2 Satz 1 SGB IV einheitlich als Beschäftigte zu werten mit der Folge, dass die in dieser Vorschrift vorgeschriebene Zusammenrechnung einer geringfügig entlohnten Beschäftigung mit einer nicht geringfügigen Beschäftigung für Bezieher von Vorruhestandsgeld entsprechend gilt. Dies bedeutet, dass versicherungspflichtige Bezieher von Vorruhestandsgeld in einer daneben ausgeübten geringfügig entlohnten Beschäftigung der Versicherungspflicht in der Kranken-, Pflege- und Rentenversicherung unterliegen. Dabei ist unerheblich, ob die geringfügig entlohnte Beschäftigung beim bisherigen oder bei einem anderen Arbeitgeber ausgeübt wird.

Eine **Zusammenrechnung von Arbeitszeiten und Arbeitsentgelten** führt in nachfolgenden Fällen allerdings nicht zur Versicherungspflicht in den jeweiligen Sozialversicherungszweigen:

– Kranken- und Pflegeversicherung

In der Kranken- und Pflegeversicherung sind die Arbeitszeiten und Arbeitsentgelte von einer geringfügigen Beschäftigung mit einer nicht geringfügigen Beschäftigung (sog. Hauptbeschäftigung) nur dann zusammenzurechnen, wenn diese Versicherungspflicht begründet. Somit bleiben Arbeitnehmer, deren Jahresarbeitsentgelt bereits nach bisherigem Recht oberhalb dieser Grenze lag, auch bei Aufnahme einer weiteren Beschäftigung unabhängig von der Entgelthöhe dieser Beschäftigung versicherungsfrei, da eine Zusammenrechnung wegen der fehlenden Versicherungspflicht auf Grund der Hauptbeschäftigung nicht besteht. Ebenso kommt bei hauptberuflich selbständig Erwerbstätigen und bei Beamten eine **Zusammenrechnung** der Arbeitszeiten und Arbeitsentgelte nicht in Betracht, da die Krankenversicherungspflicht nach § 5 Abs. 5 SGB V bzw. auf Grund der besonderen Versicherungsfreiheit nach § 6 Abs. 3 SGB V generell bei hauptberuflich Selbständigen bzw. bei Beamten ausgeschlossen ist. Sofern ein Beamter neben seinem Beamten-

Geringfügig Beschäftigte

verhältnis mehrere geringfügig entlohnte Beschäftigungen ausübt, sind diese für die Beurteilung der Geringfügigkeit zusammenzurechnen. Wird durch eine solche Zusammenrechnung die Zeitgrenze von 15 Stunden erreicht bzw. überschritten und/oder die Arbeitsentgeltgrenze von 325 € überschritten, besteht in den neben dem Beamtenverhältnis ausgeübten Beschäftigungen Versicherungspflicht in der Renten- und Arbeitslosenversicherung mit jeweils individueller Beitragszahlung zu diesen Versicherungszweigen. In der Kranken- und Pflegeversicherung bleiben hingegen beide Beschäftigungen versicherungsfrei, da die Kranken- und Pflegeversicherungspflicht auf Grund der besonderen Versorgungsregelung generell ausgeschlossen ist. Gleiches gilt für **beschäftigte Studierende** (→ *Studenten* Rz. 2350). Auf Grund der weiterhin bestehenden besonderen Versicherungsfreiheit nach § 6 Abs. 1 Nr. 3 SGB V kommt eine **Anrechnung** der Arbeitszeiten und Arbeitsentgelte aus der studentischen Beschäftigung auf der geringfügigen Beschäftigung nicht in Betracht. Erst wenn auf Grund der studentischen Beschäftigung Krankenversicherungspflicht eintreten würde (z.B. bei einer wöchentlichen Arbeitszeit von mehr als 20 Stunden), sind die Arbeitszeiten und Arbeitsentgelte mit einer geringfügigen Beschäftigung zusammenzurechnen. Durch diese Regelung soll vermieden werden, dass geringfügig Beschäftigte mit einem verhältnismäßig geringen Einkommen krankenversicherungspflichtig werden, obwohl die Krankenversicherungspflicht auf Grund ihrer nicht geringfügigen Beschäftigung ausdrücklich ausgenommen wurde.

Neben gesetzlicher Dienstpflicht ausgeübte geringfügig entlohnte Beschäftigungen sind versicherungsfrei; eine Zusammenrechnung findet nicht statt. Hat in der geringfügig entlohnten Beschäftigung bislang Versicherungspflicht in der Kranken-, Pflege- und Rentenversicherung bestanden, fällt diese bei Antritt der gesetzlichen Dienstpflicht weg. Entsprechendes gilt bei Inanspruchnahme von Erziehungsurlaub sowie bei Bezug von Leistungen nach dem Dritten Buch Sozialgesetzbuch.

Ist auf Grund eines der o.g. Tatbestände eine Zusammenrechnung der Arbeitszeiten und Arbeitsentgelte aus geringfügiger Beschäftigung und der nicht geringfügigen Beschäftigung ausgeschlossen, hat der Arbeitgeber auf Grund der geringfügigen Beschäftigung den **pauschalen Krankenversicherungsbeitrag** in Höhe von 10 % zu zahlen. Den Pauschalbeitrag in Höhe von 10 % braucht der Arbeitgeber nur dann zu zahlen, wenn der Beamte auf Grund seiner Hauptbeschäftigung in der gesetzlichen Krankenversicherung freiwillig versichert ist.

– Rentenversicherung

In der Rentenversicherung sind die Arbeitszeiten und Arbeitsentgelte von einer geringfügigen Beschäftigung mit einer nicht geringfügigen Beschäftigung (sog. Hauptbeschäftigung) oder nicht geringfügigen selbständigen Tätigkeit nur dann zusammenzurechnen, wenn diese Versicherungspflicht begründet. Mit dieser Regelung sollen **Doppelversorgungen** und **Mitnahmeeffekte** durch Personen **vermieden** werden, die (wie z.B. Beamte, Ärzte oder Rechtsanwälte) ihre Alterssicherung im Wesentlichen in einem anderen Alterssicherungssystem aufbauen.

Eine **Zusammenrechnung** von Arbeitszeiten und Arbeitsentgelten bei hauptberuflich selbständig Erwerbstätigen und bei Beamten kommt daher nicht in Betracht. Übt dagegen der hauptberuflich selbständig Erwerbstätige oder der Beamte bereits eine rentenversicherungspflichtige Beschäftigung neben der selbständigen Tätigkeit oder neben dem hauptberuflichen Dienstverhältnis aus, sind bei der Aufnahme einer weiteren Beschäftigung, die für sich allein betrachtet auf Grund der Arbeitszeit (unter 15 Stunden wöchentlich) und des geringen Arbeitsentgelts (nicht mehr als 325 €) geringfügig und somit versicherungsfrei wäre, die Arbeitsentgelte und Arbeitszeiten zusammenzurechnen. Somit würde auch diese geringfügige Beschäftigung rentenversicherungspflichtig.

Ist auf Grund eines der o.g. Tatbestände eine Zusammenrechnung der Arbeitszeiten und Arbeitsentgelte aus geringfügiger Beschäftigung und der nicht geringfügigen Beschäftigung ausgeschlossen, hat der Arbeitgeber auf Grund der geringfügigen Beschäftigung den **pauschalen Rentenversicherungsbeitrag** in

Höhe von 12 % zu zahlen (vgl. Besprechungsergebnis der Spitzenverbände der Sozialversicherungsträger am 26./27.5.1999, Sozialversicherungsbeitrag-Handausgabe 2001 VL 8 IV/6).

– Arbeitslosenversicherung

In der Arbeitslosenversicherung werden im Gegensatz zur Kranken- und Rentenversicherung nur die Arbeitszeiten und Arbeitsentgelte von geringfügigen Beschäftigungen zusammengerechnet. Damit wird weiterhin vermieden, dass Bagatellbeschäftigungen Ansprüche auf Entgeltersatzleistungen der Arbeitsförderung – z.B. Arbeitslosengeld – begründen.

Beispiel 3:

Eine Raumpflegerin arbeitet in zwei Privathaushalten in Köln. Im ersten Arbeitsverhältnis erhält sie für 14 Stunden wöchentlich ein monatliches Arbeitsentgelt von 360 €. Aus dem anderen Arbeitsverhältnis erhält sie 150 € bei einer wöchentlichen Arbeitszeit von 7 Stunden.

Auf Grund der Beschäftigung beim ersten Arbeitgeber besteht Versicherungspflicht in der Kranken-, Pflege-, Renten- und Arbeitslosenversicherung. Das monatliche Arbeitsentgelt von 360 € übersteigt die Arbeitsentgeltgrenze von 325 €. Das Arbeitsentgelt und die wöchentliche Arbeitszeit auf Grund der zweiten Beschäftigung überschreiten nicht die Geringfügigkeitsgrenzen des § 8 Abs. 1 Nr. 1 SGB IV. Die wöchentlichen Arbeitszeiten sowie die Arbeitsentgelte von geringfügigen und nicht geringfügigen Beschäftigungsverhältnissen sind zusammenzurechnen. Dies führt dazu, dass auch auf Grund der Beschäftigung beim zweiten Arbeitgeber Kranken-, Pflege- und Rentenversicherungspflicht eintritt. Obwohl die wöchentliche Arbeitszeit im zweiten Beschäftigungsverhältnis weniger als 15 Stunden beträgt und das Arbeitsentgelt die Arbeitsentgeltgrenze von 325 € nicht übersteigt, sind auch für dieses Arbeitsentgelt Beiträge zur Kranken-, Pflege- und Rentenversicherung zu entrichten. In der Arbeitslosenversicherung besteht dagegen in der zweiten Beschäftigung Versicherungsfreiheit, da eine Zusammenrechnung der Arbeitsentgelte und Arbeitszeiten von geringfügigen und nicht geringfügigen Beschäftigungen nicht vorgesehen ist.

Beispiel 4:

Eine Raumpflegerin in Münster arbeitet in drei Privathaushalten. Im ersten Arbeitsverhältnis (A) erhält sie für 16 Stunden wöchentlich ein monatliches Arbeitsentgelt von 380 €. Aus dem Arbeitsverhältnis beim Arbeitgeber B erhält sie 155 € bei einer wöchentlichen Arbeitszeit von 7 Stunden. Im dritten Arbeitsverhältnis (C) erhält sie für 6 Arbeitsstunden in der Woche ein monatliches Arbeitsentgelt von 155 €.

Auf Grund der Beschäftigung beim Arbeitgeber A besteht Versicherungspflicht in der Kranken-, Pflege-, Renten- und Arbeitslosenversicherung. Das monatliche Arbeitsentgelt von 380 € übersteigt die Arbeitsentgeltgrenze von 325 €.

Die wöchentlichen Arbeitszeiten sowie die Arbeitsentgelte von geringfügen und nicht geringfügigen Beschäftigungsverhältnissen sind zusammenzurechnen. Dies führt dazu, dass auch auf Grund der Beschäftigung beim zweiten und dritten Arbeitgeber Kranken-, Pflege- und Rentenversicherungspflicht eintritt. Obwohl die wöchentliche Arbeitszeit im zweiten und im dritten Beschäftigungsverhältnis weniger als 15 Stunden beträgt und das Arbeitsentgelt die Arbeitsentgeltgrenze von 325 € nicht übersteigt, sind auch von diesen Arbeitsentgelten Beiträge zur Kranken-, Pflege- und Rentenversicherung zu entrichten. Auf Grund der Sonderregelung in der Arbeitslosenversicherung sind die Arbeitsentgelte und Arbeitszeiten aus der Beschäftigung beim zweiten und dritten Arbeitgeber zusammenzurechnen, da beide Beschäftigungen als geringfügig i.S. des § 8 Abs. 1 Nr. 1 SGB IV anzusehen sind. Auf Grund der Zusammenrechnung werden die Geringfügigkeitsgrenzen nicht überschritten. Beide Beschäftigungsverhältnisse bleiben weiterhin arbeitslosenversicherungsfrei.

Beispiel 5:

Eine Haushaltshilfe arbeitet in zwei Privathaushalten in Stuttgart. Im ersten Haushalt ist das Beschäftigungsverhältnis auf die Zeit vom 2. Mai bis zum 28. Juni (Sechs-Tage-Woche) befristet. Das monatliche Arbeitsentgelt beträgt 360 €. Im Haushalt B ist sie vom 2. Mai bis zum 3. August (Sechs-Tage-Woche) beschäftigt. Bei einer wöchentlichen Arbeitszeit von 14 Stunden erhält sie ein monatliches Arbeitsentgelt von 290 €.

Für sich allein betrachtet ist die Beschäftigung beim Arbeitgeber A als geringfügig i.S. des § 8 Abs. 1 Nr. 2 SGB V anzusehen, da diese Beschäftigung auf nicht mehr als zwei Monate befristet und somit als kurzfristige Beschäftigung nicht versicherungspflichtig ist. Durch die gleichzeitige Aufnahme einer geringfügigen Beschäftigung bei einem zweiten Arbeitgeber ist eine erneute versicherungsrechtliche Beurteilung notwendig. Auch die zweite Beschäftigung ist für sich betrachtet wegen Geringfügigkeit versicherungsfrei (das Arbeitsentgelt übersteigt die Grenze von 325 € nicht und die wöchentliche Arbeitszeit liegt unter 15 Stunden). Eine Zusammenrechnung der Arbeitszeiten und Arbeitsentgelte aus beiden Beschäftigungen scheidet aus, da nur mehrere geringfügig entlohnte (§ 8

Abs. 1 Nr. 1 SGB IV) oder mehrere kurzfristige (§ 8 Abs. 1 Nr. 2 SGB IV) oder geringfügig entlohnte Beschäftigungen (§ 8 Abs. 1 Nr. 1 SGB IV) mit nicht geringfügigen Beschäftigungen zusammenzurechnen sind. Somit besteht in beiden Beschäftigungen Kranken-, Pflege-, Renten- und Arbeitslosenversicherungsfreiheit.

Beispiel 6:

Ein Angestellter verdient in seiner Hauptbeschäftigung (Arbeitgeber A) 3 100 € monatlich. Am 1.5.2002 nimmt er als Lohnbuchhalter eine Nebenbeschäftigung beim Arbeitgeber B auf. Sein Arbeitsentgelt beträgt bei einer wöchentlichen Arbeitszeit von 14 Stunden 310 €.

Obwohl die Nebenbeschäftigung für sich gesehen geringfügig i.S. des § 8 Abs. 1 Nr. 1 SGB IV ist (Arbeitszeit unter 15 Stunden wöchentlich und das Arbeitsentgelt beträgt nicht mehr als 325 €), tritt durch die Zusammenrechnung der geringfügigen Beschäftigung und der nicht geringfügigen (Haupt-)Beschäftigung Kranken-, Pflege- und Rentenversicherungspflicht ein. Zwar wird durch die Zusammenrechnung der Arbeitsentgelte die Jahresarbeitsentgeltgrenze zur Feststellung der Krankenversicherungspflicht überschritten (→ *Jahresarbeitsentgeltgrenze in der gesetzlichen Krankenversicherung* Rz. 1325), die Krankenversicherungspflicht endet jedoch erst mit Ablauf des Jahres, in dem die Jahresarbeitsentgeltgrenze überschritten wird. Somit tritt auf Grund der Nebenbeschäftigung beim Arbeitgeber B Kranken-, Pflege- und Rentenversicherungspflicht ein. In der Arbeitslosenversicherung besteht dagegen in der zweiten Beschäftigung Versicherungsfreiheit, da eine Zusammenrechnung der Arbeitsentgelte und Arbeitszeiten von geringfügigen und nicht geringfügigen Beschäftigungen nicht vorgesehen ist.

Beispiel 7:

Ein Angestellter verdient in seiner Hauptbeschäftigung (Arbeitgeber A) 3 600 € monatlich. Auf Grund der Hauptbeschäftigung besteht Renten- und Arbeitslosenversicherungspflicht. Der Angestellte ist bei einer gesetzlichen Krankenkasse freiwillig krankenversichert und somit auch in der sozialen Pflegeversicherung pflichtversichert. Am 1.5.2002 nimmt er als Lohnbuchhalter eine Nebenbeschäftigung beim Arbeitgeber B auf. Sein Arbeitsentgelt beträgt bei einer wöchentlichen Arbeitszeit von 14 Stunden 310 €.

Obwohl die Nebenbeschäftigung für sich gesehen geringfügig i.S. des § 8 Abs. 1 Nr. 1 SGB IV ist (Arbeitszeit unter 15 Stunden wöchentlich und das Arbeitsentgelt beträgt nicht mehr als 325 €), tritt durch die Zusammenrechnung der geringfügigen Beschäftigung und der nicht geringfügigen (Haupt-)Beschäftigung Rentenversicherungspflicht ein. Eine Zusammenrechnung der Arbeitsentgelte und Arbeitszeiten in der Krankenversicherung scheidet aus, da auf Grund der nicht geringfügigen Beschäftigung keine Krankenversicherungspflicht besteht. Somit tritt auf Grund der Nebenbeschäftigung beim Arbeitgeber B lediglich Rentenversicherungspflicht ein. In der Arbeitslosenversicherung besteht dagegen in der zweiten Beschäftigung Versicherungsfreiheit, da eine Zusammenrechnung der Arbeitsentgelte und Arbeitszeiten von geringfügigen und nicht geringfügigen Beschäftigungen nicht vorgesehen ist.

Auf Grund der nicht möglichen Zusammenrechnung der Arbeitsentgelte und Arbeitszeiten von zwei Beschäftigungsverhältnissen besteht auf Grund der geringfügigen Beschäftigung beim Arbeitgeber B Versicherungsfreiheit in der Krankenversicherung. Allerdings hat der Arbeitgeber B für diese versicherungsfreie Beschäftigung einen pauschalen Krankenversicherungsbeitrag in Höhe von 10 % zu zahlen, da sein Arbeitnehmer freiwilliges Mitglied einer gesetzlichen Krankenkasse ist.

Wäre dagegen der Arbeitnehmer auf Grund der Hauptbeschäftigung bei einem privaten Krankenversicherungsunternehmen privat krankenversichert, hätte der Arbeitgeber B **keinen** pauschalen Krankenversicherungsbeitrag zu entrichten.

Beispiel 8:

Ein Beamter verdient in seiner Hauptbeschäftigung (Arbeitgeber A) 2 600 € monatlich. Auf Grund der für Beamte bestehenden versicherungsrechtlichen Sonderregelungen besteht keine Kranken-, Pflege-, Renten- und Arbeitslosenversicherungspflicht. Der Beamte ist bei einem privaten Krankenversicherungsunternehmen krankenversichert. Beim gleichen Krankenversicherungsunternehmen besteht ein privater Pflegeversicherungsvertrag. Am 1.5.2002 nimmt er als Lohnbuchhalter eine Nebenbeschäftigung beim privaten Arbeitgeber B auf. Sein Arbeitsentgelt beträgt bei einer wöchentlichen Arbeitszeit von 14 Stunden 310 €.

Die Nebenbeschäftigung ist für sich gesehen geringfügig i.S. des § 8 Abs. 1 Nr. 1 SGB IV (Arbeitszeit unter 15 Stunden wöchentlich und das Arbeitsentgelt beträgt nicht mehr als 325 €). Eine Zusammenrechnung der geringfügigen Beschäftigung und der nicht geringfügigen (Haupt-)Beschäftigung kommt in der Kranken-, Renten- und Arbeitslosenversicherung nicht in Betracht, da auf Grund der nicht geringfügigen Beschäftigung keine Kranken- und Rentenversicherungspflicht besteht. Somit besteht auf Grund der Nebenbeschäftigung beim Arbeitgeber B Kranken- und Rentenversicherungsfreiheit. In der Arbeitslosenversicherung besteht in der zweiten Beschäftigung ebenfalls Versicherungsfreiheit, da eine Zusam-

menrechnung der Arbeitsentgelte und Arbeitszeiten von geringfügigen und nicht geringfügigen Beschäftigungen generell nicht vorgesehen ist.

Auf Grund der Versicherungsfreiheit in der Kranken- und Rentenversicherung hat der Arbeitgeber B für diese versicherungsfreie Beschäftigung einen pauschalen Rentenversicherungsbeitrag in Höhe von 12 % zu zahlen. Ein pauschaler Krankenversicherungsbeitrag in Höhe von 10 % ist vom Arbeitgeber B dagegen nicht zu zahlen, da sein Arbeitnehmer nicht bei einer gesetzlichen Krankenkasse versichert ist.

6. Pauschalbeiträge

Einzelheiten hierzu siehe → *Beiträge zur Sozialversicherung* **1123** Rz. 452.

7. Kurzfristige Beschäftigungen

a) Allgemeine Voraussetzungen

Eine kurzfristige Beschäftigung liegt vor, wenn diese im Laufe **1124** eines Jahres (nicht Kalenderjahres) seit ihrem Beginn auf nicht mehr als zwei Monate oder insgesamt 50 Arbeitstage oder nach ihrer Eigenart oder im Voraus vertraglich begrenzt ist. Wird die Beschäftigung **berufsmäßig** ausgeübt und übersteigt das Arbeitsentgelt aus dieser Beschäftigung die Entgeltgrenze von 325 €, tritt keine Versicherungsfreiheit ein. Eine Beschäftigung, die zwar die Zeitdauer von 50 Arbeitstagen im Laufe eines Jahres nicht überschreitet, aber im Rahmen eines Dauerarbeitsverhältnisses oder eines regelmäßig wiederkehrenden Arbeitsverhältnisses ausgeübt wird, ist keine kurzfristige Beschäftigung i.S. des § 8 Abs. 1 Nr. 2 SGB IV. Eine Beschäftigung wird dann regelmäßig ausgeübt, wenn sie von vornherein auf ständige Wiederholung gerichtet ist und über einen längeren Zeitraum ausgeübt werden soll. Dies ist der Fall, wenn ein über ein Jahr hinausgehender Rahmenarbeitsvertrag geschlossen wird, und zwar auch dann, wenn dieser Vertrag maximal Arbeitseinsätze von 50 Arbeitstagen innerhalb eines Jahres vorsieht.

Wird ein Rahmenarbeitsvertrag zunächst auf ein Jahr begrenzt und werden für dieses Jahr Arbeitseinsätze von maximal 50 Arbeitstagen vereinbart, bleibt der Arbeitnehmer zunächst als kurzfristig Beschäftigter versicherungsfrei. Sofern ein zunächst auf ein Jahr oder weniger befristeter Rahmenarbeitsvertrag mit Arbeitseinsätzen bis zu maximal 50 Arbeitstagen auf eine Dauer von über einem Jahr verlängert wird, liegt vom Zeitpunkt der Vereinbarung der Verlängerung an eine regelmäßige Beschäftigung vor. Wird ein Rahmenarbeitsvertrag zunächst auf ein Jahr begrenzt und im unmittelbaren Anschluss daran ein neuer Rahmenarbeitsvertrag abgeschlossen, ist mit Beginn des neuen Rahmenarbeitsvertrages an dann von einer regelmäßig ausgeübten Beschäftigung auszugehen, wenn zwischen den beiden Rahmenarbeitsverträgen kein Zeitraum von mindestens zwei Monaten liegt. Werden Arbeitnehmer, ohne dass ein Rahmenarbeitsvertrag besteht, wiederholt von ein und demselben Arbeitgeber beschäftigt, liegt eine regelmäßige Beschäftigung so lange nicht vor, als vom voraussichtlichen Ende des jeweiligen Arbeitseinsatzes aus rückschauend betrachtet innerhalb des letzten Jahres die Zeitgrenze von 50 Arbeitstagen nicht überschritten wird.

Beispiel:

Eine Hausfrau arbeitet in den Sommerferien als Aushilfsverkäuferin gegen ein monatliches Arbeitsentgelt von 1 800 €. Die Beschäftigung wird am 1.6. aufgenommen. Sie vertritt eine Verkäuferin während des Urlaubs. Die Urlaubsvertretung soll am 6.7. beendet sein.

Da die Hausfrau bisher noch keine Aushilfsbeschäftigung ausgeübt hat, ist diese Beschäftigung kurzfristig und somit versicherungsfrei.

b) Zwei Monate oder 50 Arbeitstage

Unter welchen Voraussetzungen der **Zweimonatszeitraum oder** **1125** **die 50-Tage-Regelung** anzuwenden ist, richtet sich nach der Anzahl der wöchentlichen Arbeitstage. Wird die Beschäftigung an mindestens fünf Tagen in der Woche ausgeübt, gilt der Zweimonatszeitraum (vgl. BSG, Urteil vom 27.1.1971 – 12 RJ 118/70 –, USK 7104). Anderenfalls ist bei der Beurteilung auf den Zeitraum von 50 Arbeitstagen abzustellen. Ein Nachtdienst, der sich über zwei Kalendertage erstreckt, gilt als ein Arbeitstag (vgl. hierzu auch BFH, Urteil vom 28.1.1994, BStBl II 1994 S. 421).

Beispiel:

Ein Kaufhaus stellt in der Vorweihnachtszeit mehrere Hausfrauen ein. Der Einsatz erfolgt von Mittwoch bis Samstag.

Da die wöchentliche Arbeitszeit weniger als fünf Tage beträgt, ist bei der versicherungsrechtlichen Beurteilung auf den Zeitraum von 50 Arbeitstagen abzustellen.

c) Zusammenrechnung mehrerer Beschäftigungen

1126 Übt ein Arbeitnehmer mehrmals im Laufe eines Jahres kurzfristige Beschäftigungen aus, ist zu prüfen, ob die **Zeiträume von zwei Monaten oder 50 Arbeitstagen überschritten werden**. Dabei werden nur Zeiten mehrerer aufeinander folgender kurzfristiger Beschäftigungen mit einer wöchentlichen Arbeitszeit von mindestens 15 Stunden oder einem monatlichen Arbeitsentgelt von mehr als 325 € zusammengerechnet. Eine Addition ist auch dann vorzunehmen, wenn die einzelnen Beschäftigungen bei verschiedenen Arbeitgebern ausgeübt werden. Die sozialversicherungsrechtliche Prüfung ist jeweils zu Beginn einer neuen Beschäftigung vorzunehmen. Dabei sind neben der derzeit ausgeübten Beschäftigung sämtliche im Laufe eines Jahres ausgeübten kurzfristigen Beschäftigungen zusammenzurechnen.

Sind innerhalb eines Jahres mehrere Beschäftigungszeiten zusammenzurechnen, wird der Zweimonatszeitraum in 60 Kalendertage umgewandelt. Handelt es sich bei den einzelnen Beschäftigungszeiten jedoch um volle Kalendermonate, ist eine Umwandlung nicht notwendig. Bei der Zusammenrechnung von Zeiten mit einer wöchentlichen Arbeitszeit von fünf Tagen in der Woche und Beschäftigungszeiten mit einer Arbeitszeit an weniger als fünf Tagen in der Woche ist einheitlich auf den Zeitraum von 50 Arbeitstagen abzustellen.

Beispiel:

Eine Aushilfsverkäuferin wird als Urlaubsvertretung für die Zeit vom 3. Juli bis 16. August befristet eingestellt. Die wöchentliche Arbeitszeit umfasst sechs Arbeitstage. Es wird ein monatliches Gehalt von 1 500 € gezahlt. Zuvor war die Arbeitnehmerin wie folgt beschäftigt:

vom 15. November bis 9. Dezember (Fünf-Tage-Woche)	= 25 Kalendertage
vom 16. März bis 3. April (Sechs-Tage-Woche)	= 19 Kalendertage
vom 3. Juli bis 16. August (Sechs-Tage-Woche)	= 45 Kalendertage
zusammen	= 89 Kalendertage

Auf Grund der Beschäftigung ist die Arbeitnehmerin versicherungspflichtig. Bereits zu Beginn der neuen Tätigkeit steht fest, dass die Arbeitnehmerin innerhalb eines Jahres mehr als zwei Monate (60 Kalendertage) beschäftigt war. Dabei werden neben der aktuellen Beschäftigung sämtliche Zeiten innerhalb eines Jahres berücksichtigt. Endzeitpunkt des Jahreszeitraums ist dabei das voraussichtliche Ende der zu beurteilenden Beschäftigung (vgl. Urteil des BSG vom 25.4.1991 – 12 RK 46/89 –, USK 9130).

d) Prüfung der Berufsmäßigkeit

1127 Eine kurzfristige Beschäftigung gilt nicht als versicherungsfreie geringfügige Beschäftigung, wenn diese berufsmäßig ausgeübt wird. Berufsmäßig wird eine Beschäftigung dann ausgeübt, wenn sie für die in Betracht kommende Person nicht von untergeordneter wirtschaftlicher Bedeutung ist (vgl. Urteil des BSG vom 28.10.1960 – 3 RK 31/56 –, SozR Nr. 1 zu § 166 RVO). **Hausfrauen, Rentner, Schüler und Studenten** sind in der Regel nicht berufsmäßig beschäftigt.

Wiederholen sich allerdings solche Beschäftigungen, liegt Berufsmäßigkeit vor, wenn ohne weitere Prüfung anzunehmen ist, dass im Laufe eines Jahres mehrmals Beschäftigungen ausgeübt werden und dabei der Zeitraum von zwei Monaten oder 50 Arbeitstagen überschritten wird. Dabei werden solche Beschäftigungen berücksichtigt, in denen die wöchentliche Arbeitszeit mindestens 15 Stunden beträgt oder das monatliche Arbeitsentgelt die Grenze von 325 € überschreitet.

Beispiel 1:

Eine Aushilfsverkäuferin wird als Urlaubsvertretung für die Zeit vom 3. Juli bis zum 16. August befristet eingestellt. Es wird ein monatliches Gehalt von 1 500 € gezahlt. Die wöchentliche Arbeitszeit umfasst fünf Arbeitstage. Die Arbeitnehmerin war im Laufe eines Jahres wie folgt beschäftigt:

vom 10. September bis 15. November	= 66 Kalendertage
vom 3. Juli bis 16. August	= 45 Kalendertage
zusammen	= 111 Kalendertage

Die Verkäuferin ist berufsmäßig und somit versicherungspflichtig beschäftigt. Für die Prüfung der Berufsmäßigkeit werden die Beschäftigungen in der Gesamtheit betrachtet.

Bei Personen, die aus dem Berufsleben ausgeschieden sind, werden nur Beschäftigungszeiten nach dem Ausscheiden aus der Erwerbstätigkeit angerechnet.

Beispiel 2:

Eine Verkäuferin hatte ihre langjährige Vollzeitbeschäftigung nach ihrer Heirat zum 30.4. aufgegeben und keine Beschäftigung mehr ausgeübt. In der Zeit vom 15.9. bis zum 14.10. übernimmt sie eine Urlaubsvertretung.

Die bisher ausgeübte Vollzeitbeschäftigung wird bei der Prüfung der Berufsmäßigkeit nicht berücksichtigt. Da die in der Zeit vom 15.9. bis 14.10. ausgeübte Beschäftigung auf nicht mehr als zwei Monate befristet ist und nicht berufsmäßig ausgeübt wird, besteht Versicherungsfreiheit in der Kranken-, Pflege-, Renten- und Arbeitslosenversicherung.

Wird eine kurzfristige Beschäftigung neben einer hauptberuflichen Beschäftigung ausgeübt, gelten die o.a. Regelungen sinngemäß, d.h. die kurzfristige Beschäftigung ist versicherungsfrei, wenn sie nicht berufsmäßig ausgeübt wird.

Beispiel 3:

Ein Maschinenschlosser erhält im Rahmen einer Dauerbeschäftigung ein monatliches Arbeitsentgelt von 2 300 €. Die wöchentliche Arbeitszeit beträgt 38 Stunden. Mit Einwilligung seines Arbeitgebers nimmt er am 1. September eine Nebenbeschäftigung als Nachtwache im Krankenhaus auf. Die Beschäftigung ist bis zum 15. Oktober befristet. Bei einer wöchentlichen Arbeitszeit von 20 Stunden erhält er vom Krankenhaus 1 300 €.

Die Nebenbeschäftigung im Krankenhaus ist versicherungsfrei, da sie im Voraus auf nicht mehr als zwei Monate befristet ist und auch nicht berufsmäßig ausgeübt wird.

Zur versicherungsrechtlichen Beurteilung von geringfügigen Beschäftigungen während des Wehr- oder Zivildienstes siehe → Bundeswehr Rz. 615.

Nehmen Personen, die Leistungen nach dem Arbeitsförderungsgesetz beziehen oder beim Arbeitsamt für eine mehr als kurzfristige Beschäftigung als Arbeitsuchende gemeldet sind, eine Beschäftigung auf, so ist diese als berufsmäßig anzusehen und daher ohne Rücksicht auf ihre Dauer versicherungspflichtig. Nur wenn es sich um geringfügig entlohnte Beschäftigungen handelt, d.h. das monatliche Entgelt übersteigt den Betrag von 325 € nicht und die wöchentliche Arbeitszeit beträgt weniger als 15 Stunden, besteht Versicherungsfreiheit. Dies gilt auch für Beschäftigungen, die während des Erziehungsurlaubs oder eines unbezahlten Urlaubs ausgeübt werden.

Beispiel 4:

Ein Bezieher von Arbeitslosengeld aus Bochum vereinbart eine auf zwei Tage (Samstag und Sonntag) befristete Beschäftigung zu je 8 Stunden; das Arbeitsentgelt beträgt pro Tag 51 €.

Da das Arbeitsentgelt die kalendertägliche Grenze von 10,83 € übersteigt und der Arbeitnehmer als Bezieher von Arbeitslosengeld als berufsmäßig Beschäftigter anzusehen ist, besteht Versicherungspflicht in der Kranken-, Pflege-, Renten- und Arbeitslosenversicherung.

Zur versicherungsrechtlichen Beurteilung von geringfügigen Beschäftigungen, die von Behinderten in geschützten Einrichtungen sowie von Personen in Einrichtungen der Jugendhilfe oder in Berufsbildungswerken oder ähnlichen Einrichtungen für Behinderte ausgeübt werden siehe → Behinderte Rz. 432.

8. Kurzzeitige Beschäftigungen

1128 In der Arbeitslosenversicherung besteht für Personen, die neben dem Bezug von Arbeitslosenhilfe eine mehr als geringfügige Beschäftigung ausüben, eine Besonderheit. Für diesen Personenkreis gilt nach § 27 Abs. 5 SGB III eine neue Kurzzeitigkeitsgrenze von weniger als 15 Wochenstunden, d.h., dass neben dem Bezug von Arbeitslosengeld oder Arbeitslosenhilfe ausgeübte Beschäftigungen von weniger als 15 Stunden in der Woche – unabhängig von der Höhe des Arbeitsentgelts – arbeitslosenversicherungsfrei bleiben.

9. Veränderungen während der Beschäftigung

a) Geringfügig entlohnte Beschäftigungen

1129 Erreicht während einer versicherungsfreien geringfügig entlohnten Beschäftigung die zuerst vereinbarte Arbeitszeit die 15-Stunden-Grenze oder wird durch eine Erhöhung des Entgelts die 325-€-Grenze überschritten, tritt vom Tage des Erreichens bzw. Überschreitens an Versicherungspflicht ein. Die Versicherungsfreiheit bleibt für die bisherige Beschäftigungszeit bestehen.

Beispiel 1:

Eine Hotelangestellte in München arbeitet als Aushilfe 14 Stunden wöchentlich. Sie erhält ein monatliches Arbeitsentgelt von 302 €. Vom 1. Juli an erhält sie eine Gehaltserhöhung. Der Arbeitgeber teilt ihr am 20. Juni mit, dass das Gehalt um 31 € auf 333 € erhöht wird.

Das Beschäftigungsverhältnis ist vom 1. Juli an kranken-, pflege-, renten- und arbeitslosenversicherungspflichtig. Von diesem Zeitpunkt an überschreitet das Arbeitsentgelt die Arbeitsentgeltgrenze von 325 €. Bis zum 30. Juni bleibt die Versicherungsfreiheit bestehen.

Bis zum **30. Juni** hat der Arbeitgeber jedoch auf Grund der geringfügigen versicherungsfreien Beschäftigung Pauschalbeiträge zur Krankenversicherung (10 %) und zur Rentenversicherung (12 %) zu übernehmen.

Durch ein nur **gelegentliches und nicht vorhersehbares** Erreichen bzw. Überschreiten der Zeit- oder Arbeitsentgeltgrenzen bleibt die Versicherungsfreiheit grundsätzlich bestehen; als gelegentlich ist dabei ein Zeitraum bis zu zwei Monaten innerhalb eines Jahres anzusehen.

Beispiel 2:

Eine Lohnbuchhalterin in Würzburg arbeitet als Aushilfskraft 10 Stunden wöchentlich. Das Arbeitsentgelt beträgt 240 € monatlich. Am 8. November erkrankt eine andere vollzeitbeschäftigte Arbeitskraft in der Lohnbuchhaltung. Die Krankheitsvertretung wird von der Aushilfskraft übernommen. Für einen Zeitraum von nicht mehr als zwei Monaten erhöht sich die wöchentliche Arbeitszeit auf 38,5 Stunden und das Arbeitsentgelt vom 8. November bis zum 7. Januar auf monatlich 1 790 €.

Die auf zwei Monate begrenzte Veränderung der Arbeitszeit und des Arbeitsentgelts ist als nur gelegentlich anzusehen. Die Versicherungsfreiheit auf Grund der geringfügig entlohnten Beschäftigung bleibt für die Zeit vom 8. November bis zum 7. Januar weiterhin in der Kranken-, Pflege-, Renten- und Arbeitslosenversicherung bestehen.

Allerdings hat der Arbeitgeber jedoch auf Grund der geringfügig entlohnten und somit versicherungsfreien Beschäftigung Pauschalbeiträge zur Krankenversicherung (10 %) und zur Rentenversicherung (12 %) zu übernehmen.

Werden durch die Zusammenrechnung von geringfügig entlohnten Dauerbeschäftigungen mit geringfügig entlohnten kurzfristigen Beschäftigungen die Zeit- oder Arbeitsentgeltgrenzen bis zu zwei Monaten innerhalb eines Jahres überschritten, bleibt die Versicherungsfreiheit bestehen, da dies nur ein gelegentliches und nicht vorhersehbares Überschreiten ist.

Beispiel 3:

Eine Verkäuferin arbeitet als Aushilfe 10 Stunden wöchentlich in einer Boutique in Trier. Das Arbeitsentgelt beträgt 245 € monatlich. Es handelt sich dabei um eine Dauerbeschäftigung. In der Zeit vom 15. Juli bis 31. August nimmt sie zusätzlich eine befristete Beschäftigung in einer Gaststätte auf. Die Arbeitszeit beträgt wöchentlich 14 Stunden. Hierfür erhält sie monatlich 300 €.

Beide Beschäftigungsverhältnisse sind kranken-, pflege-, renten- und arbeitslosenversicherungsfrei. Eine Zusammenrechnung der Arbeitszeiten und Arbeitsentgelte kommt hier nicht in Betracht, da durch die zweite (befristete) Beschäftigung die Grenzwerte nur gelegentlich überschritten werden.

Allerdings hat der Arbeitgeber jedoch auf Grund der geringfügig entlohnten und somit versicherungsfreien Beschäftigung Pauschalbeiträge zur Krankenversicherung (10 %) und zur Rentenversicherung (12 %) zu übernehmen. Bei der **Beitragsberechnung** ist hier nur das **Arbeitsentgelt** aus der geringfügig entlohnten Beschäftigung **in Höhe von 245 € zu Grunde zu legen**.

b) Kurzfristige Beschäftigungen

1130 Wird eine im Voraus auf längstens zwei Monate befristete Beschäftigung unerwartet verlängert, so dass die Zwei-Monats-Frist überschritten wird, tritt vom Tage des Überschreitens an Versicherungspflicht ein. Wird die Verlängerung bereits im Laufe der Beschäftigung vereinbart, beginnt die Versicherungspflicht bereits mit dem Tage, an dem das Überschreiten der Zeitdauer erkennbar wird, also nicht erst nach Ablauf der zwei Monate bzw. 50 Arbeitstage; für die zurückliegende Zeit verbleibt es bei der Versicherungsfreiheit.

Beispiel:

Eine Hausfrau arbeitet in den Sommerferien (Beginn 1. Juni) als Aushilfsverkäuferin gegen ein monatliches Arbeitsentgelt von 1 790 €. Sie vertritt eine Verkäuferin während des Urlaubs. Die Urlaubsvertretung soll am 6. Juli beendet sein. Da die Hausfrau bisher noch keine Aushilfsbeschäftigung ausgeübt hat, ist die Beschäftigung kurzfristig und somit versicherungsfrei. Am 30. Juni vereinbaren Arbeitgeber und Arbeitnehmerin die Verlängerung der Aushilfstätigkeit bis zum 30. September. Da nunmehr die Zeitgrenze von zwei Monaten überschritten wird, tritt Versicherungspflicht in der Kranken-, Pflege-, Renten- und Arbeitslosenversicherung ein. Die Versicherungspflicht beginnt jedoch nicht erst nach Ablauf der Zwei-Monats-Frist, sondern von dem Zeitpunkt der Vereinbarung an, also dem 30. Juni.

10. Lohnsteuer

a) Allgemeines

Das Arbeitsentgelt aus einer geringfügigen Beschäftigung i.S. des § 8 Abs. 1 Nr. 1 SGB IV ist steuerfrei, wenn der Arbeitgeber **pauschale Rentenversicherungsbeiträge** in Höhe von 12 % zu entrichten hat und die **Summe der anderen Einkünfte** des Arbeitnehmers **nicht positiv** ist (§ 3 Nr. 39 EStG, R 21d LStR). Dies gilt sowohl für unbeschränkt als auch für beschränkt einkommensteuerpflichtige Arbeitnehmer. **1131**

Der Arbeitgeber darf den Arbeitslohn für eine geringfügige Beschäftigung **nur dann steuerfrei auszahlen**, wenn ihm vom Arbeitnehmer eine entsprechende **Bescheinigung des Finanzamts** vorgelegt wird (→ Rz. 1139); der steuerfreie Arbeitslohn ist vom Arbeitgeber im Lohnkonto des Arbeitnehmers einzutragen. Nach Ablauf des Kalenderjahrs ist der steuerfreie Arbeitslohn auf der Freistellungsbescheinigung des Arbeitnehmers oder auf der gesonderten Lohnsteuerbescheinigung des Arbeitgebers zu bescheinigen. Bei steuerfreien Einkünften nach § 3 Nr. 39 EStG besteht für den Arbeitnehmer eine **Veranlagungspflicht** (vgl. auch FinMin Saarland, Erlass vom 22.3.1999, BB 1999 S. 884, sowie OFD Cottbus, Verfügung vom 25.3.1999, FR 1999 S. 551).

b) Geringfügige Beschäftigung

Die Steuerbefreiungsvorschrift des § 3 Nr. 39 EStG **verzichtet auf eine eigenständige steuerliche Arbeitslohngrenze** und stellt stattdessen darauf ab, ob eine **geringfügige Beschäftigung nach § 8 Abs. 1 Nr. 1 SGB IV** vorliegt. Indem die Steuerbefreiung unmittelbar an das Vorliegen eines solchen Beschäftigungsverhältnisses anknüpft, ist eine große Übereinstimmung zwischen pauschaler Sozialversicherungspflicht und Steuerfreiheit erreicht worden. Einzelheiten zu den Voraussetzungen für eine geringfügig entlohnte Beschäftigung → Rz. 1118. **1132**

Durch die Anknüpfung an § 8 Abs. 1 Nr. 1 SGB IV ist der Arbeitslohn auch dann steuerfrei, wenn er **gelegentlich die 325-€-Grenze übersteigt**. Zu der Frage, wann ein Überschreiten der sozialversicherungsrechtlichen Zeit- und Arbeitsentgeltgrenzen als gelegentlich und nicht vorhersehbar angesehen wird, vgl. → Rz. 1129.

Beispiel:

Eine Arbeitnehmerin in Hannover arbeitet als Aushilfskraft in einer Buchhandlung 10 Stunden wöchentlich. Das Arbeitsentgelt beträgt 325 € monatlich. Am 5.5.2002 erkrankt eine vollzeitbeschäftigte Arbeitskraft in der Buchhandlung. Die Krankheitsvertretung wird von der Aushilfskraft übernommen. Für einen Zeitraum von nicht mehr als zwei Monaten (6.5.2002 bis 3.7.2002) erhöht sich die wöchentliche Arbeitszeit auf 38,5 Stunden und das Arbeitsentgelt auf monatlich 1 500 €.

Die auf einen Zeitraum von **nicht mehr als zwei Monaten** begrenzte Veränderung der Arbeitszeit und des Arbeitsentgelts ist sozialversicherungsrechtlich als nur gelegentlich anzusehen (→ Rz. 1129). Auch für die Zeit vom 6.5.2002 bis 3.7.2002 liegt eine geringfügig entlohnte Beschäftigung i.S. des § 8 Abs. 1 Nr. 1 SGB IV vor. Unter den weiteren Voraussetzungen des § 3 Nr. 39 EStG bleibt auch der Arbeitslohn in der Zeit vom 6.5.2002 bis 3.7.2002 in Höhe von monatlich 1 500 € steuerfrei.

c) Pauschale Rentenversicherungsbeiträge

1133 **Voraussetzung für die Steuerfreiheit** nach § 3 Nr. 39 EStG ist, dass der **Arbeitgeber** für den Arbeitnehmer **Beiträge nach § 168 Abs. 1 Nr. 1b SGB VI** (geringfügig versicherungspflichtig Beschäftigte) **oder nach § 172 Abs. 3 SGB VI** (versicherungsfrei geringfügig Beschäftigte) **zu entrichten hat**. Auch hier knüpft das Steuerrecht an die entsprechenden Vorschriften im Sozialversicherungsrecht an. Ob der Arbeitgeber pauschale Rentenversicherungsbeiträge von 12 % an die Rentenversicherung abzuführen hat, muss der Arbeitgeber für Beitragszwecke ohnehin prüfen. Einzelheiten zur pauschalen Beitragspflicht → Rz. 1123.

d) Positive Einkünfte

aa) Begriff der Einkünfte

1134 Die Steuerfreiheit nach § 3 Nr. 39 EStG stellt auf die **positive Summe der Einkünfte** des Arbeitnehmers ab. Als andere Einkünfte sind solche i.S. des § 2 Abs. 1 EStG zu verstehen, also

– Einkünfte aus Land- und Forstwirtschaft,

– Einkünfte aus Gewerbebetrieb,

– Einkünfte aus selbständiger Arbeit,

– Einkünfte aus nichtselbständiger Arbeit,

– Einkünfte aus Kapitalvermögen,

– Einkünfte aus Vermietung und Verpachtung,

– sonstige Einkünfte i.S. des § 22 EStG.

Dabei sind Einkünfte

– bei Land- und Forstwirtschaft, Gewerbebetrieb und selbständiger Arbeit der **Gewinn**,

– bei den anderen Einkunftsarten der Überschuss der Einnahmen über die **Werbungskosten**.

Entscheidend ist, ob der **Saldo der anderen Einkünfte positiv** ist oder nicht; bei der Ermittlung des Saldos sind auch negative Einkünfte zu berücksichtigen.

Beispiel:

Ein geringfügig beschäftigter Arbeitnehmer (ledig) hat folgende zusätzliche Einkünfte:

– Gewinn aus selbständiger Arbeit (§ 18 EStG)	5 000 €,
– Kapitalzinsen (§ 20 EStG)	1 000 €,
– Verlust aus Vermietung und Verpachtung	6 000 €.

Die Summe der Einkünfte ermittelt sich wie folgt:

Gewinn aus selbständiger Arbeit (§ 18 EStG)		5 000 €
+ Kapitalzinsen (§ 20 EStG)	1 000 €	
⁄ Werbungskosten/Sparerfreibetrag (max. 1 601 €)	1 000 €	0 €
⁄ Verlust aus Vermietung und Verpachtung		6 000 €
= Einkünfte		⁄ 1 000 €

Die Summe der Einkünfte des geringfügig beschäftigten Arbeitnehmers ist **nicht positiv**, daher kommt die Steuerbefreiung nach § 3 Nr. 39 EStG in Betracht.

bb) Steuerfreie Einkünfte

1135 **Steuerfreie Einkünfte** sind bei der Prüfung der Steuerfreiheit nach § 3 Nr. 39 EStG **nicht zu berücksichtigen**, weil sie im Rahmen der einkommensteuerlichen Einkunftsermittlung nicht erfasst werden.

Beispiel:

Sachverhalt wie vorhergehendes Beispiel, der Arbeitnehmer erhält aber von seinem früheren Arbeitgeber, der ihm im Vorjahr gekündigt hatte, nachträglich eine Abfindung von 8 000 €.

Die Entlassungsentschädigung ist nach § 3 Nr. 9 EStG in voller Höhe steuerfrei (→ Entlassungsabfindungen/Entlassungsentschädigungen Rz. 857). Die Einkunftsermittlung erfolgt daher wie im vorhergehenden Beispiel, so dass die Steuerbefreiung nach § 3 Nr. 39 EStG in Betracht kommt.

Folgende **steuerfreie Zuwendungen** kommen insbesondere bei Arbeitnehmern in Betracht:

– Einnahmen aus bestimmten nebenberuflichen Tätigkeiten bis zu 1 848 €,

– Heirats- und Geburtsbeihilfen,

– Reisekosten,

– Werkzeuggeld,

– Kindergartenzuschüsse,

– Fahrtkostenzuschüsse für Fahrten zwischen Wohnung und Arbeitsstätte mit öffentlichen Verkehrsmitteln,

– Privatnutzung betrieblicher Personalcomputer und Telekommunikationsgeräte,

– Rabatte bis zur Höhe des Rabattfreibetrags von 1 224 € jährlich,

– Sachbezüge bis zu 50 € monatlich,

– Sonntags-, Feiertags- oder Nachtzuschläge.

Nach R 30 Abs. 1 Satz 6 LStR können auch **geringfügig beschäftigte Arbeitnehmer**, deren Arbeitslohn nach § 3 Nr. 39 EStG steuerfrei ist, **steuerfreie Zuschläge für Sonntags-, Feiertags- oder Nachtarbeit** erhalten.

cc) Pauschal besteuerte Einkünfte

1136 Auch **pauschal besteuerter Arbeitslohn** ist bei der Prüfung der Steuerfreiheit nach § 3 Nr. 39 EStG **nicht zu berücksichtigen**, weil dieser bei der Einkommensteuerveranlagung nach § 40 Abs. 3 EStG außer Betracht bleibt.

Eine vollständige **Übersicht über alle Pauschalierungsmöglichkeiten** finden Sie unter → *Pauschalierung der Lohnsteuer* Rz. 1805.

Beispiel:

Ein seit 1.1.2002 geringfügig beschäftigter Arbeitnehmer (ledig) war bis Ende 2001 bei einem anderen Arbeitgeber vollzeitbeschäftigt. Im August 2002 wird bei seinem früheren Arbeitgeber im Rahmen einer Lohnsteuer-Außenprüfung festgestellt, dass der Arbeitnehmer Anfang 2002 eine Tantieme von 8 000 € erhalten hat, die – wie bei den anderen Arbeitnehmern auch – nicht lohnversteuert worden ist. Der frühere Arbeitgeber erklärt sich bereit, für alle Arbeitnehmer die Tantiemen pauschal nach § 40 Abs. 1 Satz 1 Nr. 2 EStG zu versteuern.

Da die Tantieme pauschal versteuert worden ist, bleibt dieser Arbeitslohn bei der Prüfung der Steuerfreiheit nach § 3 Nr. 39 EStG außer Ansatz (§ 40 Abs. 3 EStG). Hat der Arbeitnehmer keine weiteren Einkünfte, kommt die Steuerbefreiung nach § 3 Nr. 39 EStG in Betracht.

Wäre die Tantieme nicht pauschal versteuert worden, könnte die Steuerbefreiung nach § 3 Nr. 39 EStG nicht gewährt werden, weil der Arbeitnehmer weitere positive Einkünfte hätte.

dd) Einkünfte des Ehegatten

1137 Entscheidend sind die **Einkünfte des Arbeitnehmers**. Daher ist es unerheblich, ob der Ehegatte Einkünfte erzielt; dies soll insbesondere Ehefrauen die Rückkehr in das Arbeitsleben erleichtern. Diese „Brücke zum Arbeitsleben", insbesondere für ältere Ehepartner, wäre nach Auffassung des Gesetzgebers anderenfalls nicht vorhanden, weil in den Fällen einer geringfügigen Beschäftigung typischerweise davon auszugehen ist, dass der andere Ehepartner Einkünfte erzielt.

Beispiel:

Ein verheirateter Arbeitnehmer ist geringfügig beschäftigt; er hat keine weiteren Einkünfte. Sein Ehegatte ist allerdings als Anwalt selbständig tätig und erzielt einen Gewinn aus dieser Tätigkeit von 150 000 € im Jahr.

Die Einkünfte des Ehegatten werden bei der Prüfung der Steuerfreiheit nach § 3 Nr. 39 EStG nicht berücksichtigt, daher kann für den verheirateten Arbeitnehmer die Steuerbefreiung nach § 3 Nr. 39 EStG in Betracht kommen.

ee) Prüfung der Einkünfte

1138 Bei der **Prüfung**, ob der geringfügig beschäftigte Arbeitnehmer positive Einkünfte hat, ist auf **das Kalenderjahr abzustellen**, denn nach § 2 Abs. 7 EStG sind die Besteuerungsgrundlagen jeweils für ein Kalenderjahr zu ermitteln.

Diese **Jahresbetrachtung** bringt insbesondere dann **große Nachteile** für den Arbeitnehmer mit sich, wenn er von einem geringfügigen Beschäftigungsverhältnis in ein **Beschäftigungsverhältnis mit Vollarbeitszeit wechselt**. Hier fällt regelmäßig die Steuerbefreiung des geringfügigen Beschäftigungsverhältnisses rückwirkend weg, denn durch das „normale" Beschäftigungsverhältnis erzielt der Arbeitnehmer positive Einkünfte. Dies wird als sachlich unbillig empfunden. Beim Finanzgericht Köln ist hierzu ein Klageverfahren anhängig (Az.: 6 K 1420/01). Die Finanzverwaltung lässt entsprechende Anträge und Einsprüche ruhen, Aussetzung der Vollziehung wird nicht gewährt.

Nachteile ergeben sich insbesondere bei **verheirateten Arbeitnehmerinnen**, denn in diesen Fällen erzielt der Ehegatte typischerweise ebenfalls Einkünfte. Daher sind regelmäßig die Grundfreibeträge überschritten und im Rahmen der Einkommensteuerveranlagung führt der Wegfall der Steuerbefreiung zu hohen Nachzahlungen. Insoweit wird ein Zweck der Steuerbefreiung, Ehefrauen die Rückkehr in das Arbeitsleben zu erleichtern („Brücke zum Arbeitsleben") nicht erreicht.

Beispiel:

Eine verheiratete Arbeitnehmerin ist in einem geringfügigen Beschäftigungsverhältnis tätig, für das der Arbeitgeber pauschale Rentenversicherungsbeiträge entrichtet. Die Arbeitnehmerin hat ihrem Arbeitgeber eine Freistellungsbescheinigung vorgelegt, so dass der Arbeitslohn von monatlich 325 € steuerfrei ausbezahlt wird. Der Arbeitgeber teilt der Arbeitnehmerin mit, dass sie zum 1.12.2002 einen Vollzeitarbeitsplatz erhalten kann, der mit 3 000 € vergütet wird. Die Arbeitnehmerin nimmt den Vollarbeitzeitplatz an.

Die Tätigkeit der Arbeitnehmerin ab dem 1.12.2002 unterliegt der Regelbesteuerung. In 2002 erzielt die Arbeitnehmerin daher positive Einkünfte von 1 956 € (3 000 € ⁒ 1 044 € Arbeitnehmer-Pauschbetrag). Im Rahmen der Einkommensteuerveranlagung 2002 wird der bislang steuerfrei ausgezahlte Arbeitslohn von 3 575 € (11 × 325 €) nachträglich der Einkommensteuer unterworfen. Bei einer angenommenen Steuerbelastung von 25 % führt dies zu einer Einkommensteuernachzahlung von ca. 900 €.

Arbeitnehmer sollten daher grundsätzlich **nur zu Beginn eines Kalenderjahrs in ein Regelarbeitsverhältnis** oder umgekehrt in ein geringfügiges Beschäftigungsverhältnis **wechseln**. Nur in diesem Fall kann die volle Steuerfreiheit des geringfügigen Beschäftigungsverhältnisses optimal ausgenutzt werden.

e) Freistellungsbescheinigung

1139 Nach § 39b Abs. 7 EStG darf der Arbeitgeber den Arbeitslohn für eine geringfügige Beschäftigung nach § 3 Nr. 39 EStG **nur steuerfrei auszahlen**, wenn ihm eine **Freistellungsbescheinigung** vom Arbeitnehmer vorgelegt wird. Die Freistellungsbescheinigung wirkt für das gesamte Kalenderjahr. Ein Überschreiten der Geringfügigkeitsgrenze im Laufe des Kalenderjahrs führt nicht dazu, dass die Steuerbefreiung für die vorangegangenen Lohnzahlungszeiträume rückgängig gemacht werden muss. Eine Korrektur erfolgt ggf. im Rahmen der Einkommensteuerveranlagung (R 113a Abs. 2 LStR).

Die Freistellungsbescheinigung ist vom Arbeitnehmer **auf amtlich vorgeschriebenem Vordruck** beim Finanzamt zu beantragen. Seit dem 1.1.2000 ist die bislang geltende Antragsfrist (30. November) aufgehoben worden und auch eine rückwirkende Ausstellung möglich, so dass die Freistellungsbescheinigung auch noch im Dezember eines Jahres beantragt und erforderlichenfalls für bereits abgelaufene Monate des Kalenderjahrs ausgestellt werden kann. Der Arbeitgeber hat dann die Möglichkeit, den Lohnsteuerabzug nach § 41c EStG zu ändern, → *Änderung des Lohnsteuerabzugs* Rz. 101 (§ 39a Abs. 6 EStG).

Das Finanzamt bescheinigt auf Antrag des Arbeitnehmers, dass der Arbeitgeber den Arbeitslohn aus einer geringfügigen Beschäftigung steuerfrei auszahlen kann.

Die Freistellungsbescheinigung ist die **gesonderte Feststellung einer Besteuerungsgrundlage** i.S. des § 179 Abs. 1 AO, die unter dem Vorbehalt der Nachprüfung steht. Der Eintragung braucht eine Belehrung über den zulässigen Rechtsbehelf nicht beigefügt zu werden. Ein mit einer Belehrung über den zulässigen Rechtsbehelf versehener schriftlicher Bescheid ist jedoch zu erteilen, wenn dem Antrag des Arbeitnehmers nicht in vollem Umfang entsprochen wird (§ 39a Abs. 6 Satz 2 EStG).

Hat das Finanzamt die Erteilung einer Freistellungsbescheinigung abgelehnt, weil z.B. andere positive Einkünfte vorhanden sind, so kann die Freistellungsbescheinigung **nicht im Wege einer einstweiligen Anordnung** beim Finanzgericht erlangt werden (FG Münster, Beschluss vom 28.6.1999, EFG 1999 S. 971).

f) Lohnkonto

1140 Wenn der Arbeitnehmer dem Arbeitgeber eine Freistellungsbescheinigung des Finanzamts vorlegt, dass der Arbeitslohn nach § 3 Nr. 39 EStG steuerfrei ausgezahlt werden kann, so hat der Arbeitgeber die für den Lohnsteuerabzug erforderlichen **Merkmale aus der Bescheinigung im Lohnkonto** aufzuzeichnen.

g) Lohnsteuerbescheinigung

1141 Bei Beendigung des Dienstverhältnisses oder am Ende des Kalenderjahrs hat der Arbeitgeber das Lohnkonto des Arbeitnehmers abzuschließen (§ 41b Abs. 1 EStG). Anschließend hat der Arbeitgeber bei einer geringfügigen Beschäftigung i.S. des § 3 Nr. 39 EStG auf Grund der Eintragungen im Lohnkonto eine Lohnsteuerbescheinigung auszustellen.

Ist die Freistellungsbescheinigung auf einem **besonderen Vordruck** erteilt worden, so hat der Arbeitgeber **auf diesem Vordruck** Folgendes **einzutragen**:

– Die Dauer des Dienstverhältnisses während des Kalenderjahrs,

– steuerfreie Einnahmen aus geringfügiger Beschäftigung i.S. des § 3 Nr. 39 EStG,

– die steuerfreien Arbeitgeberleistungen für Fahrten zwischen Wohnung und Arbeitsstätte,

– die pauschal besteuerten Arbeitgeberleistungen für Fahrten zwischen Wohnung und Arbeitsstätte,

– Arbeitnehmeranteil zur Rentenversicherung in Optionsfällen (freiwilliger Eintrag des Arbeitgebers).

Der Arbeitgeber hat dem Arbeitnehmer die Lohnsteuerbescheinigung auszuhändigen, wenn das Dienstverhältnis vor Ablauf des Kalenderjahrs beendet wird oder der Arbeitnehmer zur Einkommensteuer veranlagt wird. In den übrigen Fällen hat der Arbeitgeber die Lohnsteuerbescheinigung dem Betriebsstättenfinanzamt einzureichen (§ 41b Abs. 1 Satz 6 EStG).

Die Lohnsteuerbescheinigung kann **auch maschinell** erstellt werden. Die maschinell erstellte Lohnsteuerbescheinigung muss vom Arbeitgeber mit der Freistellungsbescheinigung so **fest verbunden** werden, dass die Verbindung ohne Beschädigung der Freistellungsbescheinigung oder der Lohnsteuerbescheinigung nicht wieder gelöst werden kann. Maschinell erstellte Lohnsteuerbescheinigungen brauchen nicht unterschrieben zu werden. Die Lohnsteuerbescheinigung kann auch in einem **abweichenden Format** erstellt werden (BMF-Schreiben vom 17.7.2000, BStBl I 2000 S. 1206).

h) Haftung

1142 Zahlt der Arbeitgeber Arbeitslohn für eine geringfügige Beschäftigung nach § 3 Nr. 39 EStG steuerfrei aus, obwohl ihm **keine Freistellungsbescheinigung** des Arbeitnehmers vorliegt, so haftet er für die nicht einbehaltene Lohnsteuer (§ 42d Abs. 1 Nr. 1 EStG).

Ebenso haftet er nach § 42d Abs. 1 Nr. 3 EStG für evtl. verkürzte Lohnsteuer, wenn er **fehlerhafte Angaben** im Lohnkonto oder in der Lohnsteuerbescheinigung macht.

i) Veranlagung

1143 Nach § 46 Abs. 2a EStG wird der Arbeitnehmer „von Amts wegen" zur Einkommensteuer veranlagt, wenn ihm das Finanzamt eine Freistellungsbescheinigung nach § 39a Abs. 6 EStG erteilt hat und die Summe seiner anderen Einkünfte im Kalenderjahr positiv ist. Der Arbeitnehmer ist verpflichtet, in diesem Fall eine **Einkommensteuererklärung** abzugeben (§ 56 Satz 1 Nr. 1 Buchst. c EStDV). Das Finanzamt prüft dann endgültig, ob der Arbeitnehmer andere positive Einkünfte hatte und die Voraussetzungen der Steuerbefreiung nach § 3 Nr. 39 EStG vorgelegen haben.

Die Steuerfreiheit nach § 3 Nr. 39 EStG kann auch noch im Veranlagungsverfahren beantragt werden (R 21d Abs. 2 Satz 2 LStR).

Geringverdienergrenze

1. Arbeitsrecht

1144 Unter Geringverdiener versteht man einerseits geringfügig Beschäftigte, auf die diesbezügliche Darstellung wird verwiesen (vgl. → *Geringfügig Beschäftigte* Rz. 1115).

Andererseits kann auch eine Person mit geringem, d.h. schlechtem Arbeitsverdienst gemeint sein. Da es **keinen gesetzlichen Mindestlohn** gibt, nur einen tariflichen Mindestlohn, ist auch eine objektiv schlechte Arbeitsvergütung im Hinblick auf den Grundsatz der Vertragsfreiheit nicht zu beanstanden, es sei denn, der Gleichbehandlungsgrundsatz wäre verletzt oder es liegt ein Fall des Lohnwuchers i.S. des § 138 BGB vor.

2. Lohnsteuer

1145 Für Geringverdiener gelten die allgemeinen lohnsteuerlichen Regelungen. Auf Grund des steuerlichen Existenzminimums fällt in vielen Fällen keine Lohnsteuer an. Bis zu welcher Höhe Arbeitslohn „steuerfrei" bleibt, vgl. → *Steuertarif* Rz. 2334.

3. Sozialversicherung

1146 Die Geringverdienergrenze (325 €) gilt **einheitlich für die alten und neuen Bundesländer**. Diese Grenze ist wegen der besonderen sozialen Schutzbedürftigkeit von Auszubildenden nur noch für diesen Personenkreis anzuwenden.

Die Beiträge der versicherungspflichtigen Auszubildenden werden grundsätzlich von den Arbeitgebern und den Versicherten je zur Hälfte aufgebracht. Für Beschäftigte, deren monatliches Arbeitsentgelt 325 € nicht übersteigt, trägt der Arbeitgeber den Beitrag allein.

Wird infolge einmaliger Zuwendungen die Geringverdienergrenze von 325 € überschritten, ist der Betrag aus dem diese Grenze übersteigenden Teil des Arbeitsentgelts jeweils zur Hälfte vom Arbeitgeber und Arbeitnehmer zu tragen. Die Beitragslast hinsichtlich des Arbeitsentgelts bis zur Geringverdienergrenze trifft allein den Arbeitgeber.

Beispiel:

Ein Auszubildender in Augsburg erhält eine monatliche Ausbildungsvergütung in Höhe von 310 €. Im Juli zahlt ihm der Arbeitgeber ein Urlaubsgeld von 155 €. Die Beiträge sind vom Arbeitgeber grundsätzlich allein zu tragen. Im Monat Juli ergibt sich folgende Berechnung:

		AG-Anteil	AN-Anteil
monatliches Entgelt	310 €	100 %	
Einmalzahlung	155 €		
bis Geringverdienergrenze von 325 € verbleiben	15 €	100 %	
Einmalzahlung über die Geringverdienergrenze hinaus	140 €	50 %	50 %

Hat während eines Teils des Monats oder des gesamten Monats, dem die Sonderzuwendung zuzurechnen ist, Beitragsfreiheit (z.B. wegen des Bezugs von Krankengeld) vorgelegen, dann kann die Sonderzuwendung aus der Beurteilung der Beitragslastverteilung nicht isoliert betrachtet werden. In diesen Fällen ist für das ausgefallene laufende Arbeitsentgelt ein fiktives Arbeitsentgelt anzusetzen. Sofern das tatsächliche Arbeitsentgelt (einschließlich Sonderzuwendung) zusammen mit dem fiktiven Arbeitsentgelt die Geringverdienergrenze übersteigt, braucht der Arbeitnehmer lediglich von dem 325 € übersteigenden Betrag seinen Beitragsanteil zu tragen. Bis zum Betrag von 325 € muss der Arbeitgeber die Beiträge allein aufbringen.

Geschäftsführer

1. Arbeitsrecht

1147 Der Begriff des Geschäftsführers ist arbeitsrechtlich relevant bei der Frage nach der **Arbeitnehmereigenschaft** im Zusammenhang mit zwingenden Arbeitnehmerschutzbestimmungen (siehe → *Arbeitnehmer* Rz. 163). Insoweit ist zu **unterscheiden:**

Handelt es sich bei der Bezeichnung Geschäftsführer lediglich um eine innerbetriebliche oder ansonsten übliche **Funktionsbezeichnung**, wie z.B. beim „Geschäftsführer" eines Restaurants oder eines Ladengeschäfts, so liegt ein normales Arbeitsverhältnis vor.

Handelt es sich bei dem „Geschäftsführer" um einen **leitenden Angestellten** mit Berechtigung zur selbständigen Einstellung oder Entlassung von Arbeitnehmern, so liegt ebenfalls ein normales Arbeitsverhältnis vor mit Besonderheiten beim Kündigungsschutz (§ 14 KSchG) und unter Umständen im Bereich des BetrVG (§ 5 Abs. 3 BetrVG).

Geschäftsführer als **Organe** und Vertreter **von juristischen Personen**, z.B. der Geschäftsführer einer GmbH, sind in dieser Eigenschaft arbeitsrechtlich **nicht Arbeitnehmer**, vgl. § 5 Abs. 1 Satz 3 ArbGG und § 14 Abs. 1 KSchG. Dies gilt auch dann, wenn die vorgesehene Bestellung zum Geschäftsführer unterbleibt (vgl. BAG, Urteil vom 25.6.1997, NZA 1997 S. 1363) oder mangels Kompetenzen in Wirklichkeit ein Arbeitsverhältnis bestehen sollte (BAG, Urteil vom 6.5.1999, DB 1999 S. 1811).

Die Arbeitnehmerschutzbestimmungen finden also keine Anwendung. Dies gilt uneingeschränkt bei einem **beherrschenden Gesellschafter-Geschäftsführer**, kann jedoch bei einem persönlich abhängigen **Fremdgeschäftsführer ausnahmsweise** auch anders zu beurteilen sein (vgl. BAG, Urteil vom 13.5.1992, ZIP 1992 S. 1496; BAG, Urteil vom 26.5.1999, DB 1999 S. 1906).

Auch kann bei der Bestellung eines bisherigen Arbeitnehmers zum förmlichen Geschäftsführer das frühere **Arbeitsverhältnis als ruhendes** fortbestehen und bei Beendigung des Geschäftsführervertrages wieder aufleben; bei der Beurteilung kommt es auf die Umstände des Einzelfalles an (vgl. BAG, Urteile vom 9.5.1985, DB 1986 S. 1441, und vom 7.10.1993, DB 1994 S. 428). Nach neuer Rechtsprechung soll im Zweifel ein vorheriges Arbeitsverhältnis aufgehoben sein und bleiben (BAG, Urteil vom 8.6.2000, NZA 2000 S. 101).

2. Lohnsteuer

a) Geschäftsführer von Kapitalgesellschaften

1148 Der **Geschäftsführer** als gesetzlicher Vertreter einer Kapitalgesellschaft, der als Organ in den Organismus der Gesellschaft eingegliedert ist, ist – ungeachtet der Regelungen im Anstellungsvertrag und seiner tatsächlichen Position – gesellschaftsrechtlich dem Weisungsrecht der Gesellschafter unterworfen und somit **Arbeitnehmer**, selbst wenn er nur „Ehrenamtlicher Geschäftsführer" ist (BFH, Urteil vom 9.10.1996, BStBl II 1997 S. 255, m.w.N.). Dies gilt auch für den Geschäftsführer einer Steuerberatungsgesellschaft (BFH, Urteil vom 7.5.1997, BFH/NV 1997 S. 911, und zuletzt BFH, Beschluss vom 4.12.2000, BFH/NV 2001 S. 819, m.w.N.) sowie für den Fall, dass der Geschäftsführer der Ehemann der Alleingesellschafterin einer GmbH ist (BFH, Beschluss vom 17.6.1998, BFH/NV 1999 S. 81).

Beispiel:

A, Hauptgeschäftsführer eines Verbandes, ist nach seiner Pensionierung zum Geschäftsführer einer GmbH bestellt worden mit dem Ziel, seine Kenntnisse und Verbindungen in den Dienst der GmbH zu stellen. Ein schriftlicher Anstellungsvertrag existiert nicht, A erhält eine monatliche pauschale Aufwandsentschädigung von rund 700 €. Diese Aufwandsentschädigung wurde von der GmbH nicht der Lohnsteuer unterworfen, weil sie A als „freien Mitarbeiter" ansah. Das Finanzamt hat nach einer Lohnsteuer-Außenprüfung von der GmbH Lohnsteuer nachgefordert.

Das FG Rheinland-Pfalz hat dem Finanzamt Recht gegeben (Urteil vom 1.6.1994, EFG 1995 S. 29). Begründung: Geschäftsführer juristischer Personen des privaten Rechts sind Arbeitnehmer. Ihre Eingliederung in den geschäftlichen Organismus des Unternehmens ergibt sich für diese Personen gerade daraus, dass es sich um eines der „Organe" der juristischen Person handelt. Der ihnen bei Erledigung ihrer Obliegenheiten naturgemäß eingeräumte weit reichende Gestaltungsspielraum ändert hieran nichts. Als Geschäftsführer ist A gehalten, den Beschlüssen und Weisungen der Gesellschafterversammlung und auch des Aufsichtsrats Folge zu leisten.

b) Geschäftsführer von Personengesellschaften

1149 Der **hauptberufliche Geschäftsführer** einer Personengesellschaft (Offene Handelsgesellschaft – OHG, Kommanditgesellschaft – KG, Gesellschaft bürgerlichen Rechts – GbR), der am Unternehmen nicht beteiligt ist, ist regelmäßig **Arbeitnehmer**.

Ist er auch am **Unternehmen beteiligt**, ist er **Mitunternehmer** und erzielt **Einkünfte aus Gewerbebetrieb** i.S. des § 15 Abs. 1 Nr. 2 EStG.

c) Geschäftsführer von Vereinen

1150 Der Geschäftsführer eines Vereins kann **selbständig** tätig sein, wenn er wie ein **freier Mitarbeiter tätig** ist. Dies ist bei dem Geschäftsführer eines Lohnsteuerhilfevereins u.a. deshalb anerkannt worden, weil er zur Abgeltung seiner Aufwendungen einschließlich der Aufwendungen für evtl. beschäftigte Hilfskräfte eine nach den Bruttobeitragseinnahmen des Vereins bemessene Vergütung erhielt (BFH, Urteil vom 18.5.1988, BFH/NV 1989 S. 262).

3. Sozialversicherung

1151 Bei Geschäftsführern, die nicht am Stammkapital der GmbH beteiligt sind (sog. Fremdgeschäftsführer), liegt nach der Rechtsprechung des Bundessozialgerichts grundsätzlich ein abhängiges und damit sozialversicherungspflichtiges Beschäftigungsverhältnis vor (vgl. Urteile vom 22.8.1973 – 12 RK 24172 –, USK 73122, und vom 24.6.1982 – 12 RK 45180 –, USK 82160). In seinem Urteil vom 22.8.1973 (a.a.O.) hat sich das Bundessozialgericht ausführlich mit der versicherungsrechtlichen Beurteilung von Fremdgeschäftsführern auseinandergesetzt und ein abhängiges Beschäftigungsverhältnis festgestellt. Insbesondere hat es dargelegt, dass allein aus der weisungsfreien Ausführung einer fremdbestimmten Arbeit nicht auf eine selbständige Tätigkeit geschlossen werden kann, da der Fremdgeschäftsführer ansonsten in einer nicht von ihm selbst gegebenen Ordnung des Betriebs eingegliedert ist und auch nur im Rahmen des Gesellschaftsvertrags und der Gesellschafterbeschlüsse handeln darf, so dass er – selbst bei Belassung großer Freiheiten – der Überwachung durch die Gesellschafter unterliegt (vgl. § 46 Nr. 6 GmbHG). Dies gilt auch dann, wenn die Gesellschafter von ihrer Überwachungsbefugnis regelmäßig keinen Gebrauch machen. Die Weisungsgebundenheit des Fremdgeschäftsführers verfeinert sich dabei – wie bei Diensten höherer Art üblich – zur funktionsgerecht dienenden Teilhabe am Arbeitsprozess (vgl. auch BSG, Urteile vom 29.3.1962 – 3 RK 74/57 –, Sozialversicherungsbeitrag-Handausgabe 2001 R 7 IV/5, und vom 29.8.1963 – 3 RK 86/59 –, Sozialversicherungsbeitrag-Handausgabe 2001 R 7 IV/8). Dem steht nicht entgegen, dass Fremdgeschäftsführer – gegenüber den sonstigen Arbeitnehmern – Funktionen eines Arbeitgebers wahrnehmen, denn auch wer selbst Arbeitgeberfunktionen ausübt, kann seinerseits – als leitender Angestellter – bei einem Dritten persönlich abhängig beschäftigt sein (vgl. BSG, Urteil vom 13.12.1960 – 3 RK 2/56 –, Sozialversicherungsbeitrag-Handausgabe 2001 R 7 IV/3; im Übrigen fehlt ihm das die selbständige Tätigkeit kennzeichnende Unternehmerrisiko. In seinem Urteil vom 24.6.1982 (a.a.O.) zu einem Gesellschafter-Geschäftsführer hat das Bundessozialgericht in seiner Entscheidungsbegründung hinsichtlich der versicherungsrechtlichen Beurteilung von Fremdgeschäftsführern noch einmal bestätigt, dass diese grundsätzlich abhängig beschäftigt sind.

Nur ausnahmsweise können bei Geschäftsführern, die am Stammkapital der GmbH nicht beteiligt sind, die Verhältnisse so liegen, dass ein abhängiges Beschäftigungsverhältnis zu verneinen ist. So können in Fällen einer Familien-GmbH oder in Gesellschaften, in denen familienhafte Bindungen zu Mehrheitsgesellschaftern bestehen, die Verhältnisse durchaus dafür sprechen, dass für einen Geschäftsführer ohne Kapitalbeteiligung kein abhängiges Beschäftigungsverhältnis vorliegt, wie dies auch von der Rechtsprechung des Bundessozialgerichts bestätigt wurde. Bei der Mitarbeit in einer Familien-GmbH kann hiernach die Geschäftsführertätigkeit mehr durch familienhafte Rücksichtnahmen und ein gleichberechtigtes Nebeneinander als durch einen für ein Arbeitnehmer-Arbeitgeberverhältnis typischen Interessengegen-

satz gekennzeichnet sein. Die familiäre Verbundenheit kann hierbei ein Gefühl erhöhter Verantwortung füreinander schaffen und einen Einklang der Interessen bewirken (vgl. BSG, Urteil vom 8.12.1987 – 7 RAr 25/86 –, USK 87170). Insoweit kann es an der für eine Beschäftigung unabdingbaren Voraussetzung der persönlichen Abhängigkeit fehlen, so dass der Geschäftsführer nicht für ein fremdes, sondern im „eigenen" Unternehmen weisungsfrei und somit selbständig tätig wird (vgl. BSG, Urteil vom 11.2.1993 – 7 RAr 48/92 –, USK 9347 und Besprechungsergebnis der Spitzenverbände vom 22./23.11.2000 – Sozialversicherungsbeitrag-Handausgabe 2001 VL 7 IV/14).

Geschenke

1. Arbeitslohn

1152 Auch der von einem Dritten zugewendete geldwerte Vorteil kann als **Arbeitslohn steuerpflichtig** sein, selbst wenn es sich dabei um ein Geschenk handelt. Voraussetzung ist lediglich, dass ein Veranlassungszusammenhang zwischen dem Dienstverhältnis und der Zuwendung besteht. Es kommt dagegen nach der ausdrücklichen Regelung in § 19 Abs. 1 Satz 2 EStG nicht darauf an, ob auf die Zuwendung ein **Rechtsanspruch** besteht.

Arbeitslohn können auch solche Geschenke sein, die der Schenker nach § 4 Abs. 5 Nr. 1 EStG selbst **nicht als Betriebsausgaben** absetzen darf (sog. nicht abziehbare Betriebsausgaben); eine korrespondierende Behandlung des Geschenks ist nicht geboten (BFH, Urteil vom 5.7.1996, BStBl II 1996 S. 545, betr. eine Japanreise, zu der ein angestellter Geschäftsführer von einem Geschäftspartner seines Arbeitgebers eingeladen worden war).

Wenn der Arbeitnehmer für den Arbeitgeber **Werbegeschenke für die Kunden** des Arbeitgebers kauft und ihm dieser die Aufwendungen dafür ersetzt, handelt es sich um **Auslagenersatz**, der weder steuer- noch beitragspflichtig ist (→ *Auslagenersatz und durchlaufende Gelder* Rz. 340).

2. Betriebsausgabenabzug

1153 Der Arbeitgeber kann die Aufwendungen für Geschenke nur als Betriebsausgaben abziehen, wenn diese je Empfänger **nicht mehr als 40 € im Kalenderjahr** betragen (§ 4 Abs. 5 Nr. 1 EStG). Dies gilt auch, wenn die Werbegeschenke vom **Arbeitnehmer eingekauft** werden und der Arbeitgeber die Auslagen ersetzt. Wird die Freigrenze von 40 € im Kalenderjahr überschritten, sind die Aufwendungen insgesamt nicht als Betriebsausgaben abziehbar. Weitere Einzelheiten siehe R 21 Abs. 2 bis 4 EStR.

3. Werbungskostenabzug

1154 Ersetzt der Arbeitgeber dem Arbeitnehmer **nicht** die Kosten für Geschenke an Kunden usw., kann sie der Arbeitnehmer ggf. als Werbungskosten abziehen, sofern die **Hingabe der Geschenke beruflich veranlasst** ist. Aber auch hier ist die Freigrenze von **40 €** je Empfänger und Kalenderjahr zu beachten (§ 9 Abs. 5 EStG).

Für die Anerkennung einer **beruflichen Veranlassung** gelten dieselben Grundsätze wie für Bewirtungskosten (→ *Bewirtungskosten* Rz. 584).

Gesellschafter/Gesellschafter-Geschäftsführer

1. Allgemeines

1155 **Gesellschafter** einer Personen- oder Kapitalgesellschaft sind in ihrer **Gesellschaftereigenschaft** arbeitsrechtlich **nicht Arbeitnehmer**, wenn sie für die Gesellschaft tätig sind. Die **Arbeitnehmereigenschaft liegt** jedoch **vor**, wenn die Tätigkeit – was grundsätzlich zulässig ist – im Rahmen eines **abgeschlossenen Arbeitsvertrages** geleistet wird. Ein diesbezüglicher **Scheinarbeitsvertrag** ist natürlich unwirksam und unbeachtlich (vgl. BAG, Urteil vom 9.1.1990, DB 1990 S. 1195). Der **Mehrheitsgesellschafter** einer GmbH kann im Übrigen auch dann kein Arbeitnehmer der Gesellschaft sein, wenn er nicht Geschäftsführer ist (BAG, Urteil vom 6.5.1998, DStR 1998 S. 1645).

Gesellschafter, die in dem Unternehmen **wie Arbeitnehmer** gegen Bezahlung fremdbestimmte Arbeit verrichten, nehmen eine Doppelstellung ein. Dies gilt auch für **Organmitglieder** (z.B. Geschäftsführer einer Gesellschaft mit beschränkter Haftung oder Mitglieder des Vorstands einer Aktiengesellschaft), wenn sie nicht am Unternehmen beteiligt sind. Dies ist bei der lohnsteuerlichen und sozialversicherungsrechtlichen Beurteilung zu beachten. Insbesondere ist hierfür festzustellen, ob nach den tatsächlichen Verhältnissen der Gesellschafter in einem abhängigen Beschäftigungsverhältnis gegen Entgelt zur Gesellschaft steht. Da „**Mitunternehmer**" aber steuerlich – auch hinsichtlich besonderer Tätigkeitsvergütungen für die Gesellschaft – **Einkünfte aus Gewerbebetrieb** erzielen (§ 15 Abs. 1 Nr. 2 EStG), können bei dem nachfolgenden Personenkreis Lohnsteuer- und Sozialversicherungsrecht „auseinander laufen".

2. Gesellschaft bürgerlichen Rechts (BGB-Gesellschaft)

a) Rechtliche Grundlagen

1156 In einer BGB-Gesellschaft (§ 705 BGB) haben alle Gesellschafter in gleicher Weise Rechte und Pflichten. Die Geschäftsführung steht allen Gesellschaftern gemeinsam zu. Durch persönliche Mitarbeit und **persönliche Haftung** wird die BGB-Gesellschaft geprägt. Die Gesellschafter haften grundsätzlich als Gesamtschuldner und mit ihrem Privatvermögen.

b) Lohnsteuer

1157 Die Gewinnanteile der Gesellschafter gehören in vollem Umfang zu den **Einkünften aus Gewerbebetrieb** und unterliegen somit nicht dem Lohnsteuerabzug. Dies gilt nach § 15 Abs. 1 Nr. 2 EStG auch für **zusätzliche Vergütungen**, die der Gesellschafter von der Gesellschaft für seine **Tätigkeit im Dienst der Gesellschaft** bezogen hat, selbst wenn er mit der Gesellschaft ein Arbeitsverhältnis abgeschlossen hat (z.B. als Geschäftsführer); Arbeitslohn wird somit in **gewerbliche Einkünfte** „umqualifiziert" (vgl. BFH, Urteil vom 24.1.1980, BStBl II 1980 S. 271, betr. frühere Arbeitnehmer einer KG, die nach Erwerb eines Kommanditanteils Mitunternehmer wurden, mit der Folge, dass sie keinen dem Lohnsteuerabzug unterliegenden Arbeitslohn mehr erhielten).

c) Sozialversicherung

1158 Auf Grund des besonderen Unternehmerrisikos stehen die Gesellschafter im sozialversicherungsrechtlichen Sinne **nicht in** einem Beschäftigungsverhältnis zur Gesellschaft, selbst wenn sie im Betrieb mitarbeiten.

3. Offene Handelsgesellschaft (OHG)

a) Rechtliche Grundlagen

1159 Wie bei der BGB-Gesellschaft wird die OHG von allen Gesellschaftern gemeinschaftlich geführt (§ 105 HGB). Auch die Geschäftsführung ist Sache der Gesellschafter. Nach den Regelungen des HGB (§ 123) haften die Gesellschafter nicht nur mit ihrem Gesellschaftsvermögen, sondern **auch mit ihrem Privatvermögen**. Ihre Tätigkeit für die OHG ist von einem hohen Unternehmerrisiko geprägt.

b) Lohnsteuer

1160 Wie bei der BGB-Gesellschaft gehören die Gewinnanteile und Tätigkeitsvergütungen zu den **Einkünften aus Gewerbebetrieb** (§ 15 Abs. 1 Nr. 2 EStG) und unterliegen somit nicht dem Lohnsteuerabzug.

c) Sozialversicherung

1161 Eine Beschäftigung im sozialversicherungsrechtlichen Sinne liegt nicht vor.

4. Kommanditgesellschaft (KG)

a) Rechtliche Grundlagen

1162 Bei einer Kommanditgesellschaft (§ 161 HGB) ist bei einem Teil der Gesellschafter die Haftung auf die Gesellschaftsanteile beschränkt (**Kommanditisten**). Bei den anderen Gesellschaftern besteht hinsichtlich der Haftung keine Einschränkung. Sie haften nicht nur mit ihren Gesellschaftsanteilen, sondern auch mit ihrem Privatvermögen (**Komplementäre**).

b) Kommanditisten

aa) Lohnsteuer

1163 Wie bei der BGB-Gesellschaft und der OHG gehören die Gewinnanteile und Tätigkeitsvergütungen zu den **Einkünften aus Gewerbebetrieb** (§ 15 Abs. 1 Nr. 2 EStG) und unterliegen somit nicht dem Lohnsteuerabzug.

Die **Arbeitgeberanteile zur Sozialversicherung** eines Kommanditisten, der sozialversicherungsrechtlich als Arbeitnehmer der KG angesehen wird, gehören ebenfalls zu den Einkünften aus Gewerbebetrieb (BFH, Urteil vom 8.4.1992, BStBl II 1992 S. 812).

Nur in **Ausnahmefällen** kann die Tätigkeit eines Gesellschafters für die Gesellschaft nicht durch das Gesellschaftsverhältnis veranlasst sein, so dass dann dem Lohnsteuerabzug unterliegender Arbeitslohn anzunehmen ist (vgl. BFH, Urteil vom 24.1.1980, BStBl II 1980 S. 271, betr. den Fall, dass das Zusammentreffen von Mitunternehmerschaft und Arbeitsverhältnis, z.B. nach einem Erbfall, nur **vorübergehend** ist und alsbald nach dem Erbfall beendet wird).

[LSt]

bb) Sozialversicherung

1164 Kommanditisten einer KG, die im Betrieb mitarbeiten oder auch die Funktion des Geschäftsführers innehaben, sind durch ihre Gesellschaftsbeteiligung **nicht ohne weiteres von der Versicherungspflicht ausgeschlossen**.

Nach Auffassung der Spitzenverbände der Sozialversicherungsträger (Besprechungsergebnis vom 19. – 21.4.1971, Die Beiträge 1971 S. 171) kann ein **Beschäftigungsverhältnis** im sozialversicherungsrechtlichen Sinne auch dann vorliegen, wenn der Arbeitnehmer zugleich Mitunternehmer (Kommanditist) der Gesellschaft ist. Dies gilt insbesondere dann, wenn zu Handlungen, die über das hinausgehen, was der gewöhnliche Betrieb des Handelsgewerbes mit sich bringt, ein Beschluss sämtlicher Gesellschafter erforderlich ist. Kann der Kommanditist zudem nach den ihm im Gesellschaftsvertrag eingeräumten Befugnissen bzw. einem ihm in Höhe seiner Kapitaleinlage eingeräumten Mitspracherecht keinen maßgeblichen Einfluss in der KG ausüben und somit die Gestaltung seines Arbeitsverhältnisses nicht wesentlich mitbestimmen, liegt ein abhängiges Beschäftigungsverhältnis im sozialversicherungsrechtlichen Sinne vor. Der Versicherungspflicht der in einem Beschäftigungsverhältnis stehenden Kommanditisten steht auch nicht entgegen, dass ihr Arbeitsentgelt auf Grund des Einkommensteuergesetzes nicht dem Lohnsteuerverfahren, sondern der Einkommensteuerpflicht unterliegt.

Dagegen stehen Kommanditisten, die nicht im Rahmen eines Anstellungsvertrages beschäftigt werden, sondern ihre Tätigkeit in der KG **auf Grund gesellschaftsrechtlicher Abmachungen als** persönlichen Beitrag zur Erreichung des Gesellschaftszweckes leisten, grundsätzlich auch dann **nicht** in einem versicherungsrechtlich relevanten **Beschäftigungsverhältnis** zur KG, wenn im Gesellschaftsvertrag eine Vergütungsregelung – für die persönliche Tätigkeit – getroffen ist. Sie sind – ebenso wie der Komplementär – **keine Arbeitnehmer**, sondern ausschließlich Gesellschafter, d.h. selbständige Mitunternehmer.

Ein Kommanditist, der unmittelbar und ausschließlich auf Grund des Gesellschaftsvertrages zur Mitarbeit in der KG verpflichtet ist und kein dem Umfang seiner Dienstleistung entsprechendes Arbeitsentgelt erhält, sondern dessen Vergütung sich als vorweggenommene Gewinnbeteiligung darstellt, steht ebenfalls nicht in einem versicherungsrechtlichen Beschäftigungsverhältnis (BSG, Urteil vom 27.7.1972, BB 1973 S. 386).

c) Komplementäre

1165 Die Rechtsstellung der Komplementäre entspricht der der Gesellschafter einer OHG. Sie sind daher weder lohnsteuerlich noch sozialversicherungsrechtlich als Arbeitnehmer anzusehen.

5. Gesellschaft mit beschränkter Haftung (GmbH)

a) Rechtliche Grundlagen

1166 Bei der Gesellschaft mit beschränkter Haftung handelt es sich um eine **Personenvereinigung mit eigener Rechtspersönlichkeit**. Die GmbH ist eine juristische Person, bei der die einzelnen Gesellschafter – hierbei kann es sich um natürliche und juristische Personen handeln – mit ihrer Einlage am Stammkapital beteiligt sind. Die Gesellschafter haften nicht mit ihrem Privatvermögen, sondern ausschließlich mit ihrer Einlage. Das **Stammkapital** einer neu gegründeten GmbH muss **mindestens 25 000 €** betragen. Die GmbH muss mindestens einen Geschäftsführer haben.

b) Gesellschafter

aa) Lohnsteuer

1167 Die Einnahmen des Gesellschafters einer Kapitalgesellschaft, die er **auf Grund seiner Gesellschafterstellung** erhält, gehören regelmäßig zu den **Einkünften aus Kapitalvermögen** (§ 20 Abs. 1 Nr. 1 EStG) und unterliegen somit nicht dem Lohnsteuerabzug.

Der Gesellschafter kann darüber hinaus für die Gesellschaft eine Tätigkeit ausüben, die z.B. zu den Einkünften **aus selbständiger Tätigkeit** oder auch aus **nichtselbständiger Tätigkeit** führt. Letzteres gilt besonders für die Tätigkeit als Gesellschafter-Geschäftsführer (siehe → Rz. 1169). Eine Tätigkeit als Arbeitnehmer setzt jedoch voraus, dass der **Geschäftsführer** der GmbH dem Gesellschafter gegenüber **weisungsbefugt** ist. Dies ist bei dem Gesellschafter einer GmbH, dem **mehr als 50 % der Stimmen zustehen, nicht der Fall**; über seine Gesellschafterstellung hat er dann einen so großen Einfluss auf die Führung der Gesellschaft, dass er nicht den Weisungsrecht des Geschäftsführers unterliegt (BAG, Urteil vom 6.5.1998, DStR 1998 S. 1645).

Gesellschafter einer **Kapitalgesellschaft** müssen nicht notwendigerweise als **Arbeitnehmer** tätig werden. Sie können auf Grund der bestehenden Vertragsfreiheit auch Einkünfte aus einer **anderen Einkunftsart** erzielen (BFH, Urteile vom 22.1.1964, BStBl III 1965 S. 158, und vom 29.11.1967, BStBl II 1968 S. 234).

Andererseits ist ein Dienstverhältnis auch bei einer Einmanngesellschaft möglich (BFH, Urteil vom 26.6.1970, BStBl II 1970 S. 826).

bb) Sozialversicherung

1168 Die Kranken-, Pflege-, Renten- und Arbeitslosenversicherungspflicht wird nicht dadurch ausgeschlossen, dass eine in einer Gesellschaft mit beschränkter Haftung (GmbH) beschäftigte Person zugleich Mitunternehmer der GmbH ist. Mitarbeitende Gesellschafter einer GmbH können daher durchaus in einem abhängigen Beschäftigungsverhältnis stehen. Nach der ständigen Rechtsprechung des Bundessozialgerichts liegt bei mitarbeitenden Gesellschaftern – und das gilt auch für Gesellschafter-Geschäftsführer – ein abhängiges Beschäftigungsverhältnis zur GmbH vor, wenn die Gesellschafter

– funktionsgerecht dienend am Arbeitsprozess teilhaben,

– für ihre Beschäftigung ein entsprechendes Arbeitsentgelt erhalten und

– keinen maßgeblichen Einfluss auf die Geschicke der Gesellschaft kraft eines eigenen Anteils am Stammkapital geltend machen können.

Vgl. Besprechungsergebnis der Spitzenverbände der Sozialversicherungsträger vom 22./23.11.2000, Sozialversicherungsbeitrag-Handausgabe 2001 VL 7 IV/14.

c) Gesellschafter-Geschäftsführer

aa) Allgemeines

1169 Bei **Gesellschaftern einer GmbH, die gleichzeitig die Geschäftsführung übernehmen**, ist aus steuer- und sozialversicherungsrechtlicher Sicht festzustellen, ob es sich um einen Arbeitnehmer in einem abhängigen Beschäftigungsverhältnis handelt.

Für die Beurteilung ist von Bedeutung, ob der mitarbeitende Gesellschafter zur GmbH in einem persönlichen **Abhängigkeitsverhältnis** steht. Dies liegt dann vor, wenn die GmbH als Arbeitgeberin hinsichtlich der Zeit, der Dauer, des Umfangs und des Ortes der Arbeitsausführung ein Weisungsrecht ausüben kann. Für eine **Arbeitnehmerbeschäftigung** spricht außerdem die wirtschaftliche Abhängigkeit sowie das fehlende Unternehmerrisiko und die Eingliederung in den Betrieb. Vgl. dazu ausführlich zuletzt FG Baden-Württemberg, Urteil vom 20.9.1996, EFG 1997 S. 393, sowie zur versicherungsrechtlichen Beurteilung die Übersicht im Anhang (→ B. Sozialversicherung Rz. 2808).

Ein Gesellschafter-Geschäftsführer ist auch vor dem Hintergrund seiner Sperrminorität bei Entscheidungen über sein Anstellungsverhältnis und bei ausnahmslos praktiziertem Konsensprinzip der Gesellschafter in Bezug auf gesellschaftsrechtliche und geschäftsleitende Maßnahmen kein Arbeitnehmer (BVerfG, Beschluss vom 10.10.1997, StEd 1997 S. 798).

Geschäftsführervergütungen an einen **atypisch still an einer GmbH beteiligten Gesellschafter**, der zugleich die Geschäfte der GmbH führt, sind Sondervergütungen i.S. von § 15 Abs. 1 Nr. 2 2. Halbs. EStG und unterliegen somit nicht dem Lohnsteuerabzug (zuletzt BFH, Urteil vom 31.8.1999, BFH/NV 2000 S. 554, m.w.N.).

bb) Lohnsteuer

1170 Der sog. Gesellschafter-Geschäftsführer kann sowohl

– **steuerpflichtigen Arbeitslohn als Geschäftsführer**, der dem Lohnsteuerabzug unterliegt, als auch

– **Gewinnanteile als Gesellschafter**, die zu den Einkünften aus Kapitalvermögen gehören,

erzielen.

Bei der Prüfung der Frage, ob der Gesellschafter-Geschäftsführer einer GmbH **Arbeitnehmer** ist, **folgt das Finanzamt im Regelfall der Entscheidung der Einzugsstelle der Sozialversicherungsträger**. Das Finanzamt hat aber ein eigenes Prüfungsrecht, wenn die Entscheidung der Einzugsstelle zu begründeten Zweifeln Anlass gibt (OFD Düsseldorf, Verfügung vom 31. 3.1992, StLex 3, 3, 1200).

cc) Sozialversicherung

1171 Kann der Gesellschafter-Geschäftsführer auf Grund seiner Gesellschaftsanteile einen **maßgeblichen Einfluss** auf die Geschicke der GmbH ausüben, liegt ein **abhängiges Beschäftigungsverhältnis zur GmbH nicht** vor. Hier würde es an der persönlichen Abhängigkeit zur Gesellschaft fehlen.

Die Geschicke der Gesellschaft wird ein Gesellschafter insbesondere dann beeinflussen können, wenn sein Anteil am **Stammkapital** der GmbH mindestens **50 % beträgt**. Die anderen Gesellschafter werden ihrerseits niemals von diesem Gesellschafter überstimmt werden können. Eine Versicherungspflicht auf Grund eines abhängigen Beschäftigungsverhältnisses scheidet dabei aus.

Haben sich Gesellschafter vertraglich darauf verständigt, dass Beschlüsse nur mit einer **qualifizierten Mehrheit** gefasst werden können, kann auch bei einer Kapitalbeteiligung von weniger als 50 % am Stammkapital eine persönliche Abhängigkeit ausgeschlossen sein. Dies gilt insbesondere dann, wenn der Gesellschafter-Geschäftsführer mit seiner Kapitalbeteiligung eine Sperrminorität besitzt. Auch hier kann der Gesellschafter-Geschäftsführer Entscheidungen gegen seinen Willen verhindern.

Auch wenn der Gesellschafter-Geschäftsführer die Geschicke der Gesellschaft auf Grund seiner Kapitalbeteiligung bzw. der **Sperrminorität** nicht entscheidend beeinflussen kann, kann daraus nicht zwangsläufig ein abhängiges Arbeitnehmer-Verhältnis abgeleitet werden. In diesen Fällen ist vielmehr sorgfältig abzuwägen, ob ein abhängiges Beschäftigungsverhältnis im sozialversicherungsrechtlichen Sinne vorliegt oder ob der Gesellschafter-Geschäftsführer auf Grund besonderer Verhältnisse einem Weisungsrecht der GmbH nicht unterliegt.

Die **persönliche Abhängigkeit** auf Grund eines abhängigen Beschäftigungsverhältnisses ist dann **nicht gegeben**, wenn der Gesellschafter-Geschäftsführer

– nach der **Gestaltung seiner vertraglichen Beziehungen** zur Gesellschaft und den tatsächlichen Gegebenheiten hinsichtlich Zeit, Dauer, Ort und Art der Tätigkeit im Wesentlichen **weisungsfrei** ist,

– als **einziger über die für die Führung des Betriebes notwendigen Branchenkenntnisse verfügt** und dem Weisungsrecht der anderen Gesellschafter faktisch nicht unterworfen ist,

– die **Tätigkeit** entsprechend den Belangen des Unternehmens, die in Wahrheit mit seinen eigenen Belangen identisch sind, **frei bestimmen** kann.

Sind die Gesellschaftsanteile ausschließlich im Besitz von Familienangehörigen (**sog. Familien-GmbHs**), kann sich der maßgebliche Einfluss des Geschäftsführers auf die Geschicke der Firma bei der sozialversicherungsrechtlichen Beurteilung besonders auswirken. So kann bei einem Geschäftsführer, der nur geringe oder keine Kapitalbeteiligung besitzt, dennoch keine Versicherungspflicht vorliegen, wenn die Geschäftsführertätigkeit mehr durch **familienhafte Rücksichtnahme** und durch ein gleichberechtigtes Nebeneinander als durch ein Arbeitnehmer/Arbeitgeber-Verhältnis typischen Interessengegensatz gekennzeichnet ist. **Familien-GmbHs** werden u.a. aus steuer- und haftungsrechtlichen Gründen gegründet bzw. Einzelfirmen werden in GmbHs umgewandelt. Wenn der bisherige Firmeninhaber „**Kopf und Seele**" des Betriebes geblieben ist und auf Grund seiner fachlichen Überlegenheit keinen Weisungen unterliegt, ist in der Regel von einem **nicht abhängigen Beschäftigungsverhältnis** auszugehen.

Bei Gesellschafter-Geschäftsführern einer bereits errichteten, aber **noch nicht ins Handelsregister eingetragenen GmbH (Vor-GmbH)** ist bei der sozialversicherungsrechtlichen Beurteilung eine **Besonderheit** zu beachten. Denn so lange eine gegründete GmbH noch nicht ins Handelsregister eingetragen ist, haften die Gesellschafter gesamtschuldnerisch (z.B. für Steuer- und Beitragsschulden). Unter Berücksichtigung der bisherigen Rechtsprechung des Bundessozialgerichts (Urteile vom 30.3.1962 – 2 RU 109/60 – und 28.4.1983 – 12 RK 12/82) vertreten die Spitzenverbände der Sozialversicherungsträger die Auffassung, dass die Gesellschafter einer eingetragenen GmbH glei-

chermaßen einer Vor-GmbH auf Grund der gesamtschuldnerischen Haftung die **Arbeitgebereigenschaft erfüllen** und somit **nicht sozialversicherungspflichtig** sind (Besprechungsergebnis vom 16./17.3.1994, Sozialversicherungsbeitrag-Handausgabe 2001 VL 7 IV/1).

Ist der Geschäftsführer einer GmbH durch einen **Treuhandvertrag** im Besitz der Mehrheit am Stammkapital der Gesellschaft, dann scheidet ein beitragspflichtiges Beschäftigungsverhältnis nicht von vornherein aus, wenn er auf Grund der schuldrechtlichen Bindungen durch das Treuhandverhältnis ihm nicht genehme Beschlüsse der Gesellschaft nicht verhindern kann (BSG, Urteil vom 30.1.1997, BB 1997 S. 1642).

Zur versicherungsrechtlichen Beurteilung von Geschäftsführern, die nicht am Stammkapital der GmbH beteiligt sind (sog. Fremdgeschäftsführer) → *Geschäftsführer* Rz. 1147.

Diese detaillierte individuelle versicherungsrechtliche Prüfung kann zwischen den Einzugsstellen und Arbeitsämtern zu unterschiedlichen Ergebnissen führen.

Um eine möglichst einheitliche Beurteilungspraxis zu gewährleisten, haben die Spitzenverbände der Sozialversicherungträger als Arbeitshilfe für die Praxis einen **Fragebogen** entwickelt. Diese Entscheidungshilfe hat in letzter Zeit weitestgehend zu übereinstimmenden beitrags- und leistungsrechtlichen Entscheidungen geführt.

Der ausgefüllte Feststellungsbogen kann gleichzeitig als **Zustimmungsantrag** nach § 336 SGB III angesehen werden. Danach hat die Bundesanstalt für Arbeit auf Antrag des Versicherungspflichtigen zu erklären, ob sie dem Beitragsbescheid der Einzugsstelle über die festgestellte Arbeitslosenversicherungspflicht zustimmt. Stimmt die Bundesanstalt für Arbeit dem Beitragsbescheid zu, ist sie hinsichtlich der Zeiten, für die Versicherungspflicht wirksam festgestellt ist, leistungsrechtlich an die Zustimmung gebunden. Die **Bindung** erstreckt sich dabei auf die **nächsten fünf Versicherungsjahre** nach der Zustimmung. Eine Erklärung der Bundesanstalt für Arbeit für weitere fünf Jahre kann beantragt werden. Der Antrag ist bei der Stelle einzureichen, die den Beitragsbescheid erlassen hat.

Dieses neue Verfahren ist zu empfehlen, wenn hinsichtlich der versicherungsrechtlichen Beurteilung Unklarheiten bestehen.

d) Einzelfragen zum Gesellschafter-Geschäftsführer

aa) Verdeckte Gewinnausschüttung

Nach der ständigen Rechtsprechung des BFH ist bei einem Gesellschafter-Geschäftsführer eine verdeckte Gewinnausschüttung anzunehmen, **wenn keine von vornherein klaren und eindeutigen Abmachungen über die Entgeltlichkeit und die Höhe der Vergütungen an den Anteilseigner bestehen** (Abschn. 31 Abs. 2 KStR). Eine verdeckte Gewinnausschüttung hat zur Folge, dass bei dem Unternehmen insoweit der Betriebsausgabenabzug ausscheidet, andererseits aber beim **Empfänger kein Arbeitslohn**, sondern Einkünfte aus Kapitalvermögen (§ 20 Abs. 1 Nr. 1 Satz 2 EStG) vorliegen. **1172**

Verdeckte Gewinnausschüttungen können sich sowohl hinsichtlich der **Angemessenheit** des laufenden Arbeitslohns als auch der gewährten sonstigen Bezüge ergeben. Wie die Angemessenheitsprüfung der Gesamtbezüge eines Gesellschafter-Geschäftsführers vorzunehmen ist, hat die Finanzverwaltung in verschiedenen Anweisungen geregelt (vgl. z.B. OFD Karlsruhe, Verfügung vom 17.4.2001, DStZ 2001 S. 444).

Eine Vereinbarung zwischen einer GmbH und ihrem Gesellschafter-Geschäftsführer über die **gesonderte Vergütung von Überstunden** entspricht grundsätzlich nicht dem, was ein ordentlicher und gewissenhafter Geschäftsleiter einer GmbH mit einem Fremdgeschäftsführer vereinbaren würde. Dies indiziert die Veranlassung der Vereinbarung durch das Gesellschaftsverhältnis. Das gilt auch für Fälle, in denen die Überstundenvergütungen an mehrere Gesellschafter-Geschäftsführer gezahlt werden und die Geschäftsführer keine Ansprüche auf eine Gewinntantieme haben (BFH, Urteil vom 27.3.2001, BStBl II 2001 S. 655).

bb) Nachversteuerung

1173 Sind Zuwendungen an den Gesellschafter-Geschäftsführer nachzuversteuern und **übernimmt der Arbeitgeber nachträglich die Lohnsteuer**, so ist darin stets eine verdeckte Gewinnausschüttung zu sehen. Bei der Höhe der verdeckten Gewinnausschüttung ist jedoch zu beachten, dass die übernommene Lohnsteuer als verdeckte Gewinnausschüttung keinen zusätzlichen Arbeitslohn darstellt. Eine **Netto-Einzelberechnung** kommt somit **nicht** in Betracht.

Beispiel:

Nachzuversteuernder Betrag (z.B. Pkw-Nutzung)	3 864,— €
Lohnsteuer lt. Brutto-Einzelberechnung	1 932,— €
Kirchensteuer (9 %)	173,88 €
Vom Arbeitgeber nachzuerheben (verdeckte Gewinnausschüttung)	2 105,88 €

Die verdeckte Gewinnausschüttung führt beim **Gesellschafter zu Einnahmen aus Kapitalvermögen** (§ 20 Abs. 1 Nr. 1 Satz 2 EStG), die bei seiner Einkommensteuer-Veranlagung zu erfassen sind. Kapitalertragsteuer ist grundsätzlich nicht zu erheben.

Werden dagegen Gesellschafter-Geschäftsführerbezüge zu Recht mit in eine Lohnsteuer-Pauschalierung einbezogen (weil es sich um Arbeitslohn handelt), so führt die auf die Bezüge entfallende pauschale Lohnsteuer nicht zu einer verdeckten Gewinnausschüttung, da die pauschale Lohnsteuer eine Steuer des Arbeitgebers ist.

cc) Besondere Lohnsteuertabelle, Vorsorgepauschale

1174 Ist der Gesellschafter-Geschäftsführer wegen seines beherrschenden Einflusses auf die GmbH nicht sozialversicherungspflichtig, ist für ihn ggf. der Steuerabzug nach der Besonderen Lohnsteuertabelle (§ 39b Abs. 2 Satz 4, § 38c Abs. 2 EStG; R 120 Abs. 3 Nr. 7 LStR) vorzunehmen bzw. wird im Veranlagungsverfahren die **gekürzte Vorsorgepauschale** gewährt (§ 10c Abs. 3 Nr. 2 EStG). Kommt bei der Veranlagung der Ansatz der Vorsorgepauschale nicht in Betracht, weil der Sonderausgaben-Höchstbetrag die Vorsorgepauschale übersteigt, ist bei Berechnung der zu berücksichtigenden Vorsorgeaufwendungen der Vorwegabzug gemäß § 10 Abs. 3 Nr. 2 Buchst. a EStG zu kürzen.

Voraussetzung für die Anwendung der Besonderen Lohnsteuertabelle, der gekürzten Vorsorgepauschale bzw. der Kürzung des Vorwegabzugsbetrags ist aber **neben der Versicherungsfreiheit** des Gesellschafter-Geschäftsführers, dass ihm vom **Arbeitgeber Anwartschaftsrechte auf eine Altersversorgung** (teilweise) ohne eigene Beitragsleistung eingeräumt worden sind (= **Pensionszusage**; nicht: pauschal versteuerte Beiträge zu einer Direktversicherung). Auf den Wert der Anwartschaft auf die Altersversorgung kommt es dabei nicht an.

dd) Besteuerung von Tantiemen

1175 Tantiemen, die in Form von **Einmalzahlungen** und nicht fortlaufend geleistet werden, gehören zu den **sonstigen Bezügen** (→ *Sonstige Bezüge* Rz. 2232) und sind damit grundsätzlich im **Zeitpunkt des Zuflusses** zu versteuern (→ *Zufluss von Arbeitslohn* Rz. 2685). Besonderheiten gelten jedoch bei Leistungsbeziehungen zwischen einer Kapitalgesellschaft und ihrem **beherrschenden Gesellschafter**. Hier nimmt die Rechtsprechung den Zufluss beim Gesellschafter bereits in dem Zeitpunkt an, in dem der **Anspruch** des Gesellschafters gegenüber der von ihm beherrschten Gesellschaft **fällig** ist, es sei denn, die Kapitalgesellschaft ist im maßgeblichen Zeitpunkt zahlungsunfähig. Dies beruht auf der Erwägung, dass in einem solchen Fall ein Interessengegensatz zwischen den Beteiligten nicht besteht. Würde man den Zufluss erst mit der konkreten Erfüllung des Anspruchs annehmen, hätte es der beherrschende Gesellschafter in der Hand, willkürlich den Zuflusszeitpunkt und damit den Zeitpunkt der Besteuerung zu verschieben (vgl. dazu FG Baden-Württemberg, Urteil vom 7.11.1996, EFG 1997 S. 872, m.w.N.).

Steht einem beherrschenden Gesellschafter ein Anspruch auf Tantiemen zu, welcher nach der **Feststellung des Jahresabschlusses der Gesellschaft fällig** ist, dann ist grundsätzlich ein Zufluss nicht deshalb zu einem vor der Fälligkeit liegenden Zeitpunkt anzunehmen, weil der Jahresabschluss nicht innerhalb der Frist nach § 42a Abs. 2a GmbHG festgestellt worden ist (FG Baden-Württemberg, Urteil vom 7.11.1996, EFG 1997 S. 872). Das Gericht hat die Verwaltungsauffassung abgelehnt, die in einem solchen Fall unterstellt, dass der Tantiemeanspruch mit Ablauf der Frist zur Feststellung des Jahresabschlusses zugeflossen ist.

ee) Beiträge zur Berufsgenossenschaft grundsätzlich kein steuerfreier Arbeitslohn

1176 Ausgaben des Arbeitgebers für die Zukunftssicherung des Arbeitnehmers sind **nach § 3 Nr. 62 EStG steuerfrei**, soweit der Arbeitgeber dazu nach sozialversicherungsrechtlichen oder anderen gesetzlichen Vorschriften verpflichtet ist. Ohne eine derartige Verpflichtung sind die vom Arbeitgeber übernommenen Beiträge steuerpflichtig. Zu den Zukunftssicherungsleistungen gehören grundsätzlich auch Beiträge zur Berufsgenossenschaft als Trägern der gesetzlichen Unfallversicherung.

Die steuerliche Behandlung der vom Arbeitgeber übernommenen Beiträge hängt entscheidend von der **Versicherungspflicht** des Arbeitnehmers ab:

1. Allgemein gilt, dass Personen i.S. von § 6 Abs. 1 Nr. 2 SGB VII (früher § 545 Abs. 1 RVO), zu denen auch beherrschende Gesellschafter-Geschäftsführer einer Kapitalgesellschaft gehören, im Bereich der gewerblichen Berufsgenossenschaften weder als Arbeitnehmer gesetzlich noch kraft Satzung (§ 3 Abs. 1 SGB VII) pflichtversichert sein können. Diesem Personenkreis steht nur das Recht zum Abschluss einer **freiwilligen Versicherung** bei der zuständigen gewerblichen Berufsgenossenschaft zu.

2. Ist im Fall der freiwilligen Versicherung die Beitragsübernahme im Arbeitsvertrag geregelt, so liegt **steuerpflichtiger Arbeitslohn** vor; ist die Beitragsübernahme arbeitsvertraglich nicht geregelt, so liegt insoweit eine **verdeckte Gewinnausschüttung** vor. Die Beiträge können in beiden Fällen als **Werbungskosten** aus nichtselbständiger Arbeit berücksichtigt werden.

ff) Zukunftssicherungsleistungen

1177 Hat sich ein Arbeitnehmer auf Antrag von der Versicherungspflicht befreien lassen und tritt später infolge seiner Stellung als beherrschender Gesellschafter-Geschäftsführer Versicherungsfreiheit kraft Gesetzes ein, sind Arbeitgeberzuschüsse zu einer befreienden Lebensversicherung nicht nach § 3 Nr. 62 Satz 2 EStG steuerfrei. Für die Frage der Steuerfreiheit ist der aktuelle Versicherungsstatus maßgebend (Schleswig-Holsteinisches FG, Urteil vom 12.5.1999, EFG 1999 S. 760, Revision eingelegt, Az. beim BFH: VI R 95/99).

6. Genossenschaften

a) Rechtliche Grundlagen

1178 Die Genossenschaft ist eine dem Verein nachgebildete Körperschaft. Sie erhält ihre Geschäftsfähigkeit durch die **Eintragung im Genossenschaftsregister** des Amtsgerichts. In dieses Genossenschaftsregister werden auch sämtliche Mitglieder der Genossenschaft, genannt Genossen, eingetragen. Organe der Genossenschaft sind die **Vertreterversammlung**, der **Aufsichtsrat** und der **Vorstand**.

b) Lohnsteuer

aa) Mitglieder einer landwirtschaftlichen Produktionsgenossenschaft

1179 Seit dem 1.1.1991 sind die **Tätigkeitsvergütungen und sonstigen Zahlungen der landwirtschaftlichen und gärtnerischen Produktionsgenossenschaften** der ehemaligen DDR an ihre Mitglieder **steuerlich und sozialversicherungsrechtlich wie folgt zu behandeln** (BMF-Schreiben vom 8.3.1991, StEd 1991 S. 146):

– *Tätigkeitsvergütungen*

Die Tätigkeit der Genossenschaftsmitglieder für die Genossenschaft wird regelmäßig im Rahmen eines **Dienstverhältnisses** ausgeübt. Dementsprechend gehören die Tätigkeitsvergütungen

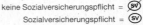

(einschl. Sachbezüge) zu den **Einkünften aus nichtselbständiger Arbeit**, die dem **Lohnsteuerabzug** und somit der **Sozialversicherungspflicht** unterliegen. Die Genossenschaften bzw. die sie vertretenden Personen haben dafür zu sorgen, dass die Lohnsteuer für die Mitglieder ebenso wie für andere Arbeitnehmer von den Tätigkeitsvergütungen einbehalten und an das zuständige Finanzamt abgeführt wird.

(LSt) (SV)

– Landpacht

Zahlungen der Genossenschaft an ihre Mitglieder auf Grund von Pachtverhältnissen über land- und forstwirtschaftliche Flächen gehören zu den **Einkünften aus Vermietung und Verpachtung** nach § 21 EStG.

– Gewinnausschüttungen

Soweit die Genossenschaft an ihre Mitglieder Zahlungen leistet, die weder Tätigkeitsvergütungen noch Pachtzahlungen sind, kann es sich um **Einkünfte aus Kapitalvermögen** handeln.

 (SV)

bb) Vorstandsmitglieder von Genossenschaften

1180 Genossen, die als Vorstandsmitglieder eine **Organstellung** einnehmen, stehen in der Regel in einem **abhängigen Beschäftigungsverhältnis** zur Genossenschaft; dies gilt insbesondere dann, wenn der Vorstand die **laufenden Verwaltungsgeschäfte im Rahmen der Satzungsregelungen** führt und dabei seine **ganze Arbeitskraft einsetzt**. Ein **Unternehmerrisiko besteht** bei einer derartigen Einbindung in der Regel **nicht**.

Tätigkeitsvergütungen und Aufwandsentschädigungen dieser Vorstandsmitglieder sind daher steuer- und beitragspflichtiger Arbeitslohn (BFH, Urteil vom 2.10.1968, BStBl II 1969 S. 185).

(LSt) (SV)

Ein **abhängiges Beschäftigungsverhältnis ist** in der Regel dann **nicht anzunehmen**, wenn der Vorstand **ausschließlich die Funktion des gesetzlichen Vertreters** wahrnimmt und **eine Eingliederung in den Betrieb** der Genossenschaft **nicht vorliegt**.

c) Sozialversicherung

1181 Werden Genossenschaftsmitglieder von der Genossenschaft beschäftigt, besteht ein abhängiges Beschäftigungsverhältnis zur Genossenschaft, das Versicherungspflicht zur Kranken-, Pflege-, Renten- und Arbeitslosenversicherung auslöst. Dies gilt grundsätzlich auch für den **Vorstand einer Genossenschaft**. Voraussetzung hierfür ist jedoch, dass die **volle Arbeitskraft ohne jedes eigene Unternehmerrisiko** der Genossenschaft zur Verfügung gestellt wird. Der Vorstand ist in der Regel an die Bestimmungen der Satzung, der Geschäftsordnung und der Dienstanweisung der Organe gebunden. Nur wenn es sich um eine **reine Organtätigkeit** handelt, tritt keine Versicherungspflicht in der Sozialversicherung ein. Eine solche Organtätigkeit liegt dann vor, wenn der Vorstand lediglich die Funktion wahrnimmt, ohne dabei in den eigentlichen Betrieb der Genossenschaft eingegliedert zu sein.

Getränke: Zuwendung an Arbeitnehmer

1182 Getränke, die der Arbeitgeber den Arbeitnehmern zum **Verzehr im Betrieb kostenlos oder verbilligt überlässt**, gehören als Aufmerksamkeiten (→ *Annehmlichkeiten* Rz. 133) **nicht zum Arbeitslohn** und sind deshalb steuer- und beitragsfrei (R 73 Abs. 2 Satz 1 LStR). Zu den nicht der Lohnsteuer unterliegenden Aufmerksamkeiten gehören nicht nur die Abgabe von nicht alkoholischen Getränken, wie z.B. Kaffee, Tee, Milch, Mineralwasser oder Limonade, sondern auch die Abgabe von **alkoholischen Getränken**. So hat der Bundesfinanzhof entschieden, dass die kostenlose Abgabe von **täglich einem Liter Bier** nicht der Lohnsteuer unterliegt, wenn es sich um Betriebe handelt, in denen die Verwendung von Bier zum Ausgleich von Flüssigkeitsverlusten üblich ist (BFH, Urteil vom 2.10.1968, BStBl II 1969 S. 115).

 (SV)

Getränke, die der Arbeitgeber den Arbeitnehmern zum **häuslichen** Verzehr kostenlos oder verbilligt überlässt, z.B. im Brauereigewerbe oder in der Getränkeindustrie, sind keine Aufmerk-

samkeiten. Sie sind grundsätzlich steuerpflichtiger und somit auch beitragspflichtiger Arbeitslohn (siehe → *Haustrunk* Rz. 1288).

(LSt) (SV)

Gewährleistungsbeträge

1183 Die Gesellschaft für Arbeits- und Wirtschaftsförderung des Freistaats Thüringen mbH (GFAW) zahlt an **ausgeschiedene Arbeitnehmer von Treuhandunternehmen**, die sich zur Teilnahme an **Beschäftigungsprogrammen** verpflichtet haben, bzw. an deren neue **Arbeitgeber** sog. Gewährleistungsbeträge.

Diese werden in folgender Höhe ausgezahlt:

– Als Differenzbeträge zwischen dem niedrigeren Arbeitslohn aus dem neuen Dienstverhältnis und 80 % eines besonders ermittelten Referenzeinkommens,

– als Differenzbeträge zwischen den Lohnersatzleistungen und 80 % des Referenzeinkommens,

– als Gewährleistungsbeträge in Höhe von 80 % des Referenzeinkommens.

Bei diesen Zahlungen handelt es sich um Abfindungen, die bis zu den in § 3 Nr. 9 EStG genannten Beträgen **steuerfrei** sind (siehe → *Entlassungsabfindungen/Entlassungsentschädigungen* Rz. 857). Soweit die Abfindungszahlungen den steuerfreien Betrag des § 3 Nr. 9 EStG übersteigen, handelt es sich um **steuerpflichtigen Arbeitslohn**, der dem Lohnsteuerabzug durch die GFAW und/oder den neuen Arbeitgeber unterliegt.

Beim **Lohnsteuerabzug** durch die GFAW und/oder den neuen Arbeitgeber liegen **folgende Fallgestaltungen** vor:

(1) Der Arbeitnehmer ist bei der **GFAW selbst beschäftigt oder in Kurzarbeit**:

Die GFAW nimmt den Lohnsteuerabzug für den Differenzbetrag unter Berücksichtigung der individuellen Steuerklasse des Arbeitnehmers laut Lohnsteuerkarte vor.

(2) Der Arbeitnehmer bezieht Lohnersatzleistungen des **Arbeitsamtes**:

Die GFAW hat mit dem Landesarbeitsamt den Verzicht auf eine Hinterlegung der Lohnsteuerkarte beim Arbeitsamt vereinbart. Der Lohnsteuerabzug erfolgt wie unter Nr. 1.

(3) Der Arbeitnehmer steht in einem Dienstverhältnis zu einem **neuen Arbeitgeber**:

Da in diesen Fällen der Arbeitnehmer sowohl in einem Dienstverhältnis zu dem neuen Arbeitgeber als auch zur GFAW – soweit diese einen Differenzbetrag zahlt – steht, strebt die GFAW die **Einbeziehung des neuen Arbeitgebers in die Lohnzahlung** an, damit eine Versteuerung mit der individuellen Steuerklasse erfolgen kann. Sofern dies nicht möglich ist, versteuert die GFAW den Differenzbetrag mit der Steuerklasse VI.

(4) Der Arbeitnehmer bezieht **keine anderen Einkünfte** und Leistungen:

Der Lohnsteuerabzug für den Gewährleistungsbetrag erfolgt durch die GFAW unter Berücksichtigung der individuellen Steuerklasse des Arbeitnehmers laut Lohnsteuerkarte.

Die Anwendung eines **ermäßigten Steuersatzes** nach § 34 Abs. 1 EStG i.V.m. § 24 Abs. 1 EStG auf die Gewährleistungsbeträge, die die steuerfreien Beträge des § 3 Nr. 9 EStG übersteigen, ist **nicht möglich**, da die für die Anwendung des ermäßigten Steuersatzes erforderliche Zusammenballung von Einkünften regelmäßig nicht vorliegt (OFD Erfurt, Verfügung vom 28.3.1996, FR 1996 S. 333).

 (LSt) (SV)

Gewerkschaftsbeiträge

1184 Gewerkschaftsbeiträge des Arbeitnehmers dürfen vom Arbeitgeber **nicht steuerfrei ersetzt** werden, weil es hierfür keine Steuerbefreiungsvorschrift gibt (R 70 Abs. 3 Satz 1 LStR).

Sie können jedoch vom Arbeitnehmer als **Werbungskosten** abgesetzt werden (R 36 LStR).

Gewinnbeteiligung

1185 Einmalige gewinn- oder umsatzabhängige Vergütungen an Arbeitnehmer, z.B. Gratifikationen und Tantiemen, sind als sonstige Bezüge (→ *Sonstige Bezüge* Rz. 2232) zu versteuernder **Arbeitslohn**, sofern sie mit Rücksicht auf das Dienstverhältnis gezahlt werden. In der Sozialversicherung besteht Beitragspflicht; die Gewinnbeteiligung wird als Einmalzahlung (→ *Einmalzahlungen* Rz. 802) angesehen.

Gewinnanteile sind in dem **Zeitpunkt zu versteuern**, in dem sie dem Arbeitnehmer zugeflossen sind, d.h. dass er **wirtschaftlich über sie verfügen kann**. Zugeflossen sind sie daher nicht schon dann, wenn der Arbeitgeber dem Arbeitnehmer den Gewinnanteil auf dessen Beteiligungskonto gutschreibt und verzinst, die Guthaben jedoch noch „ohne Wahlmöglichkeit des Arbeitnehmers" für einen bestimmten Zeitraum **im Betrieb stehen bleiben** müssen (BFH, Urteil vom 14.5.1982, BStBl II 1982 S. 469).

Gewinnanteile stellen dagegen – auch wenn „formal" ein Arbeitsvertrag abgeschlossen worden ist – keinen Arbeitslohn dar, sondern Einkünfte aus Gewerbebetrieb (§ 15 EStG), wenn der „Arbeitnehmer" als **Mitunternehmer** anzusehen ist.

Siehe auch → *Geschäftsführer* Rz. 1147; → *Gesellschafter/Gesellschafter-Geschäftsführer* Rz. 1155; → *Gratifikationen* Rz. 1188; → *Tantiemen* Rz. 2369 und → *Vermögensbeteiligungen* Rz. 2520.

Gleisbauarbeiter

1186 Ein Arbeiter, der von einem mitgeführten Werkstattwagen eines Gleisbahnzuges aus Gleisbahnarbeiten verrichtet, hat dort seine **regelmäßige Arbeitsstätte**, so dass die Voraussetzungen einer **Einsatzwechseltätigkeit nicht** vorliegen. Verändert der Gleisbahnzug mit dem Wohnabteil seinen Standort, so folgt daraus nicht wie bei einer Einsatzwechseltätigkeit ein Wechsel der Unterkunft. Ggf. kommt aber eine **doppelte Haushaltsführung** in Betracht (vgl. BFH, Urteil vom 3.10.1985, BStBl II 1986 S. 369, und FG Mecklenburg-Vorpommern, Urteil vom 28.8.1996, EFG 1997 S. 13).

Gnadenbezüge

1187 Dem Lohnsteuerabzug unterliegen auch freiwillige Zahlungen des Arbeitgebers – sog. **Gnadenbezüge** – an die Witwe und andere Hinterbliebenen, insbesondere an die Kinder (vgl. FG Berlin, Urteil vom 24.1.1984, EFG 1984 S. 406). Siehe auch → *Sterbegeld* Rz. 2279.

Gratifikationen

1. Arbeitsrecht

1188 Gratifikationen sind Zahlungen des Arbeitgebers, die dieser neben dem Arbeitsentgelt als Anerkennung für geleistete und Anreiz für zukünftige Arbeitsleistung gewährt. Auf die Zahlung derartiger Leistungen – üblicherweise als **Weihnachtsgeld, Urlaubsgeld**, oder **Jubiläumsgeschenke** bezeichnet – besteht **kein allgemeiner Rechtsanspruch**. Die Ansprüche sind im Pfändungsfall bevorzugt.

Insbesondere ist der Arbeitgeber nicht auf Grund der allgemeinen Fürsorgepflicht zur Zahlung solcher Leistungen verpflichtet. **Der Anspruch des Arbeitnehmers kann sich ergeben aus** dem **Arbeitsvertrag**, einer **betrieblichen Übung**, dem **Gleichbehandlungsgrundsatz**, einem **anwendbaren Tarifvertrag** oder auf Grund **freiwilliger Betriebsvereinbarung**, die nur wirksam ist, soweit nicht eine tarifliche Regelung üblich ist (vgl. § 77 Abs. 3 BetrVG).

Ein Anspruch des Arbeitnehmers kann sich auch aus einer mindestens **dreimaligen Zahlung** des Arbeitgebers ergeben, es sei denn, der Arbeitgeber habe einen **Vorbehalt** getätigt (Freiwilligkeits- oder Widerrufsvorbehalt). Ein solcher **Freiwilligkeitsvorbehalt** ist in jedem Fall **zu empfehlen**; er führt dazu, dass der Arbeitgeber bis zum Auszahlungszeitpunkt frei entscheiden kann, ob und in welcher Höhe er eine Gratifikation zahlt, wobei allerdings der Gleichbehandlungsgrundsatz zu beachten ist (BAG, Urteil vom 12.1.2000, DB 2000 S. 1717).

Nimmt **andererseits** der Arbeitnehmer mit Anspruch auf Gratifikation nach betrieblicher Übung mehrjährig **nachträgliche Freiwilligkeitsvorbehalte** des Arbeitgebers vorbehaltlos hin, so ändert sich der Gratifikationsanspruch entsprechend (BAG-Urteil vom 26.3.1997, DB 1997 S. 1672). Dabei muss der Arbeitgeber allerdings klar und unmissverständlich deutlich machen, dass die betriebliche Übung einer vorbehaltlosen Zahlung zukünftig unter Freiwilligkeitsvorbehalt gestellt werden soll (BAG, Urteil vom 4.5.1999, DB 1999 S. 1907).

2. Lohnsteuer und Sozialversicherung

Gratifikationen sind als **sonstige Bezüge** (→ *Sonstige Bezüge* Rz. 2232) zu versteuern, wenn sie zwar neben dem laufenden Arbeitslohn, aber nicht fortlaufend gezahlt werden (R 115 Abs. 2 Nr. 3 LStR). Sie sind beitragspflichtig i.S. der Sozialversicherung, → *Einmalzahlungen* Rz. 802.

Vgl. auch → *Vermögensbeteiligungen* Rz. 2520.

Grenzgänger

Inhaltsübersicht:

1. Begriff des Grenzgängers

1189 Der Begriff des Grenzgängers stammt aus der Sprachregelung der Doppelbesteuerungsabkommen. Grenzgänger sind Arbeitnehmer, die **im Grenzgebiet** eines Staates **wohnen**, aber im entsprechenden Grenzgebiet des **Nachbarstaates** tätig sind und sich regelmäßig morgens über die Grenze zur Arbeitsstätte begeben und abends wieder zum Wohnsitz zurückkehren. Gelegentliche Übernachtungen am Tätigkeitsort und Unterbrechungen der Grenzüberschreitung durch Urlaub oder Krankheit sind unbeachtlich (→ Rz. 1191). Durch den lediglich arbeitsbedingten Aufenthalt im Tätigkeitsstaat begründet der Arbeitnehmer dort weder Wohnsitz noch gewöhnlichen Aufenthalt i.S. einer unbeschränkten Einkommensteuerpflicht noch Ansässigkeit i.S. der Doppelbesteuerungsabkommen (BFH, Urteil vom 25.1.1989, BStBl II 1990 S. 687).

2. Grenzgängerregelungen

1190 Die von Deutschland abgeschlossenen Doppelbesteuerungsabkommen mit Grenzgängerregelungen und die dort vereinbarten Grenzzonen ergeben sich aus folgender Übersicht:

Staat	Artikel des Doppelbesteuerungs-abkommens	Grenzzone in Kilometer
Belgien	15 Abs. 3 Nr. 5	20
Frankreich	13 Abs. 5	20 für in Deutschland wohnhafte Arbeitnehmer 30 für in Frankreich wohnhafte Arbeitnehmer
Österreich	9 Abs. 4	30
Schweiz	15 Abs. 4	Sonderregelung

Ein Verzeichnis der belgisch/deutschen Grenzgemeinden nach dem Stand 1.1.1977 hat die OFD Köln erstellt (Korn, Dietz, Debatin, Kommentar zum DBA Belgien II/3, S. 75). Eine Übersicht der zum Grenzgebiet i.S. von Art. 13 DBA-Frankreich zählenden deutschen Städte und Gemeinden enthält das BMF-Schreiben vom 11.6.1996, BStBl I 1996 S. 645, und der französischen Orte das BMF-Schreiben vom 1.7.1985, BStBl I 1985 S. 310.

Nach den **Grenzgängerregelungen** hat abweichend vom Grundsatz (→ *Doppelbesteuerungsabkommen bei Einkünften aus nichtselbständiger Arbeit* Rz. 715) der **Wohnsitzstaat** das ausschließliche Besteuerungsrecht (Sonderregelungen zur Grenzgängerregelung Schweiz siehe → Rz. 1193). Die Grenzgängerregelungen gehen der „183-Tage-Regelung" vor.

Die Grenzgängerregelungen sind in Zusatzprotokollen zu den Doppelbesteuerungsabkommen oder Verständigungsvereinbarungen der Vertragsstaaten näher erläutert. Dies gilt insbesondere für Fälle der gelegentlichen Unterbrechung der täglichen Grenzüberschreitung oder des kurzfristigen Verlassens der Grenzzonen; siehe auch → Rz. 1191.

Ob die Grenzgängereigenschaft erfüllt ist, ist nach den Verhältnissen bei Erbringung der Arbeitsleistung, nicht bei Zufluss des Arbeitslohns, zu entscheiden (FG des Saarlandes, Urteil vom 26.3.1997, EFG 1997 S. 856).

Die Besteuerung von Grenzgängern mit den übrigen Nachbarstaaten, mit denen keine Grenzgängerregelung vereinbart worden sind, oder von Grenzgängern, die die Voraussetzungen der Grenzgängerregelung nicht erfüllen, richtet sich nach den allgemeinen Regeln (→ *Doppelbesteuerungsabkommen bei Einkünften aus nichtselbständiger Arbeit* Rz. 715).

3. Ausnahmen von der täglichen Rückkehr zum Wohnort und zum Aufenthalt in den Grenzzonen

1191 Die Grenzgängereigenschaft erfordert grundsätzlich **tägliche Rückkehr** zum Wohnort. **Gelegentliche Übernachtungen** am Arbeitsort und Unterbrechungen der Grenzüberschreitungen durch **Urlaub** und **Krankheit** sind unschädlich.

Nach **Verständigungsverfahren** mit Belgien (BMF-Schreiben vom 9.7.1982, BStBl I 1982 S. 628), Frankreich (BMF-Schreiben vom 22.2.1980, BStBl I 1980 S. 88) und Österreich (BMF-Schreiben vom 30.1.1987, BStBl I 1987 S. 191) geht die **Grenzgängereigenschaft** auch dann **nicht verloren**,

- wenn der Arbeitnehmer während des ganzen Kalenderjahrs in der Grenzzone beschäftigt ist und in dieser Zeit insgesamt an **nicht mehr als 45 betrieblichen Arbeitstagen**
  - nicht an seinen Wohnsitz zurückkehrt oder
  - außerhalb der Grenzzone für den Arbeitgeber tätig ist oder
- wenn der Arbeitnehmer nicht während des ganzen Kalenderjahres in der Grenzzone beschäftigt ist, die Tage der Nichtrückkehr oder der Tätigkeit außerhalb der Grenzzone **20 % der gesamten Werk- bzw. Arbeitstage** im Rahmen des Arbeitsverhältnisses, höchstens 45 Tage, nicht übersteigen. Es handelt sich um eine zulässige Auslegung des Gesetzes (BFH, Urteil vom 21.8.1996, BStBl II 1997 S. 134).

Krankheits- und Urlaubstage zählen nicht als Tage der Nichtrückkehr, ebenso Sonn- und Feiertage einer Dienstreise, auch

wenn für sie ein volles Tagegeld gezahlt wird (FG Saarland, Urteil vom 2.10.1996, EFG 1997 S. 19). Hält sich der Arbeitnehmer während einer **Dienstreise** außerhalb der Grenzzone nicht während des ganzen Tages dort auf, so zählen solche Tage nur dann als Tage außerhalb des Grenzgebiets, wenn der Arbeitgeber für diesen Tag ein volles Tagegeld gewährt. Mit Frankreich ist eine entsprechende Verständigungsvereinbarung getroffen worden. Der Begriff „volles Tagegeld" ist trotz der Änderungen durch das Jahressteuergesetz 1996 weiterhin nach der Rechtslage im Verständigungszeitpunkt auszulegen. Daher sind Tage, an denen sich der Arbeitnehmer nicht während des ganzen Tages außerhalb der Grenzzone aufhält, nur dann zu den Beschäftigungszeiten außerhalb der Grenzzone zu zählen, wenn der Arbeitnehmer mehr als zwölf Stunden für seinen Arbeitgeber außerhalb der Grenzzone tätig ist (OFD Saarbrücken, Verfügung vom 14.3.2000, IStR 2000 S. 315). Nicht zu den Arbeitstagen zählen Arbeitstage, an denen freiwillig und ohne Entgelt Überstunden geleistet werden (BFH, Urteil vom 21.8.1996, BStBl II 1997 S. 135).

Wird die „**45-Tage-Grenze**" überschritten, so steht das Besteuerungsrecht für die gesamten Arbeitseinkünfte regelmäßig dem Tätigkeitsstaat zu. Tritt jedoch ein Wechsel in der Grenzgängereigenschaft ein, so ist das Arbeitsentgelt aufzuteilen (BFH, Urteil vom 18.7.1973, BStBl II 1973 S. 757).

Nach einer Verständigungsvereinbarung mit Österreich ist bei einem als Grenzgänger tätigen **Berufskraftfahrer**, der in Ausübung seiner Berufstätigkeit im Zuge einer Tagestour ein- oder mehrmals die 30-km-Zone verlässt, eine Tätigkeit außerhalb der Grenzzone nur anzunehmen, wenn sich der Fahrer mehr als die Hälfte der täglichen Arbeitszeit außerhalb der Grenzzone aufhält. Arbeitstage mit überwiegendem Aufenthalt außerhalb der Grenzzone sind in die „45-Tage-Prüfung" einzubeziehen (OFD München, Verfügung vom 25.6.1996, DB 1996 S. 1548).

Die Grenzgänger tragen die Beweislast für die Grenzgängereigenschaft (vgl. BFH, Beschluss vom 27.9.1999, BFH/NV 2000 S. 452).

4. Absehen vom Lohnsteuerabzug

1192 In Deutschland darf der Arbeitgeber nur dann vom Lohnsteuerabzug absehen, wenn ihm eine Freistellungsbescheinigung (→ *Freistellungsbescheinigung* Rz. 1087) des Betriebsstättenfinanzamts vorliegt, die vom Arbeitnehmer oder in dessen Auftrag vom Arbeitgeber beantragt werden kann. Eine Ausnahme macht die Grenzgängerregelung Schweiz.

5. Sonderregelung mit der Schweiz

a) Rechtsgrundlagen

1193 Die Regelungen für Grenzgänger i.S. von Art. 15a des DBA-Schweiz in der Fassung des Protokolls vom 21.12.1992, BStBl I 1993 S. 928, ergeben sich aus Art. 3 des Zustimmungsgesetzes vom 30.9.1994, BStBl I 1994 S. 927, unter Berücksichtigung des Verhandlungsprotokolls zum Änderungsprotokoll vom 18.12.1991, BStBl I 1991 S. 929, sowie aus dem BMF-Schreiben vom 19.9.1994, BStBl I 1994 S. 683, zur Neuregelung der ab 1994 geltenden Grenzgängerbesteuerung, ergänzt durch BMF-Schreiben vom 7.7.1997, BStBl I 1997 S. 723.

b) Steuerabzug im Tätigkeitsstaat

1194 Hiernach darf die Lohnsteuer (einschließlich Solidaritätszuschlag) für einen Grenzgänger, der in der Schweiz ansässig und für einen **deutschen Arbeitgeber** tätig ist, grundsätzlich nur bis zu **4,5 % des steuerpflichtigen Arbeitslohns** erhoben werden, wenn die Ansässigkeit des Arbeitnehmers durch eine **amtliche Bescheinigung** der zuständigen Schweizer Finanzbehörde nachgewiesen wird (R 125 Abs. 9 LStR i.V.m. Tz. 04.24 und 25 des BMF-Schreibens vom 19.9.1994). Ein Muster des Vordrucks ist dem vorgenannten BMF-Schreiben beigefügt. Eine **Freistellungsbescheinigung** des Betriebsstättenfinanzamts ist nicht erforderlich. Die **Ansässigkeitsbescheinigung** gilt grundsätzlich für ein Jahr, sie ist bei Arbeitgeberwechsel neu zu beantragen. Bei fehlender Ansässigkeitsbescheinigung ist die Steuer nach innerstaatlichen Vorschriften zu erheben.

Beträgt die „normale Lohnsteuer" weniger als 4,5 % des steuerpflichtigen Arbeitslohns im Lohnzahlungszeitraum, so ist nur die geringere Steuer zu erheben. Der Arbeitgeber hat daher eine **Vergleichsberechnung** durchzuführen. Dies gilt nicht, wenn der Arbeitgeber die Lohnsteuer nach der Steuerklasse VI vornehmen muss.

c) Regelmäßige Rückkehr

1195 Gegenüber anderen Grenzgängerregelungen gibt es **keine Grenzzonen**. Bei der Voraussetzung der „regelmäßigen Rückkehr" bleibt eine Nichtrückkehr aus beruflichen Gründen von höchstens 60 Arbeitstagen unbeachtlich („60-Tage-Grenze"). Einzelheiten zur **60-Tage-Grenze** enthalten die Tz. 11 bis 17 des BMF-Schreibens vom 19.9.1994, ergänzt durch BMF-Schreiben vom 7.7.1997, BStBl I 1997 S. 723. Zur Frage der berufsbedingten Nichtrückkehr und zum Nachweis der Nichtrückkehrtage vgl. FG Baden-Württemberg, Urteile vom 25.2.1998, EFG 1998 S. 924, S. 925 und S. 926 und vom 16.12.1999, EFG 2000 S. 378. Ein Arbeitnehmer, der an mehr als 60 Tagen nicht an seinen Wohnsitz zurückkehrt, unterliegt unter Berücksichtigung von Abschnitt II des Verhandlungsprotokolls vom 18.12.1991 zu Art. 15a Abs. 1 Satz 1 DBA-Schweiz dennoch als Grenzgänger der deutschen Besteuerung, wenn die Nichtrückkehr auf die Wahrnehmung eines gelegentlichen Nachtbereitschaftsdienstes zurückzuführen ist (BFH, Urteil vom 16.5.2001, BStBl II 2001 S. 633). Bei **geringfügigen Arbeitsverhältnissen** liegt eine nicht regelmäßige Rückkehr vor, wenn sich der Arbeitnehmer auf Grund der Arbeitsverträge mindestens an einem Tag pro Woche oder an fünf Tagen pro Monat vom Wohnort an den Arbeitsort und zurück begibt (Tz. 10 des BMF-Schreibens vom 19.9.1994). Stellt der Arbeitgeber am Ende des Jahres oder des Arbeitsverhältnisses fest, dass die Grenzgängereigenschaft wegen der Nichtrückkehrtage entfällt, hat er dies der für die Abzugsteuer zuständigen Steuerbehörde **unaufgefordert auf amtlichem Vordruck zu bescheinigen**. Ein Muster des Vordrucks ist in Anlage 3 des o.g. BMF-Schreibens enthalten. Wenn der Grenzgänger voraussichtlich die 60-Tage-Grenze überschreiten wird, darf der Tätigkeitsstaat vorläufig Lohnsteuer nach seinem Recht erheben. Der Ansässigkeitsstaat hat dem durch Aufschub der Besteuerung oder Herabsetzung der Vorauszahlung Rechnung zu tragen (Tz. 19 des o.g. BMF-Schreibens).

d) Bemessungsgrundlage

1196 Die Bemessungsgrundlage für die Abzugsteuer bestimmt sich nach jeweiligem nationalen Steuerrecht. Die Qualifikation durch den Tätigkeitsstaat bindet den Ansässigkeitsstaat für Zwecke der Steueranrechnung.

e) Vermeidung der Doppelbesteuerung

1197 Ist Deutschland Ansässigkeitsstaat, so wird die Doppelbesteuerung **bei der Veranlagung** durch **Anrechnung** vermieden (siehe → *Anrechnung/Abzug ausländischer Steuern* Rz. 145), wenn die einbehaltene Abzugsteuer durch eine gesonderte Steuererbescheinigung oder einen Steuerausweis auf dem Lohnausweis nachgewiesen wird. Ist mehr als 4,5 % Quellensteuer einbehalten worden, so können nur 4,5 % angerechnet werden, wenn die höhere Steuer „abkommenswidrig" ist. In diesem Fall muss der Arbeitnehmer die Erstattung der Differenz in der Schweiz beantragen (Tz. 22 und 33 des o.g. BMF-Schreibens).

f) Korrektur des Lohnsteuerabzugs durch den Arbeitgeber

1198 Erkennt der Arbeitgeber, dass die Voraussetzungen der Grenzgängereigenschaft nicht mehr erfüllt sind, so muss er bei der jeweils folgenden Lohnzahlung die für vorausgegangene Lohnzahlungszeiträume des Kalenderjahrs noch nicht erhobene Lohnsteuer nachträglich einbehalten. **Abweichend von § 41c Abs. 3 EStG** bleibt die Verpflichtung zur Lohnsteuer-Nacherhebung über den Zeitpunkt der Ausschreibung der Lohnsteuerbescheinigung bestehen. Umgekehrt darf der Arbeitgeber nur bis zur Ausstellung der Lohnsteuerbescheinigung zu viel einbehaltene Lohnsteuer korrigieren. Nach diesem Zeitpunkt kann der schweizerische Grenzgänger zu viel einbehaltene Lohnsteuer nur noch durch einen **Erstattungsanspruch nach § 37 AO** beim Betriebsstät-

tenfinanzamt oder im **Veranlagungsverfahren**, sofern er ausnahmsweise als unbeschränkt Steuerpflichtiger auf Antrag veranlagt wird, geltend machen (vgl. Tz. 32 des o.a. BMF-Schreibens, das die unbeschränkte Steuerpflicht auf Antrag ab 1996 noch nicht berücksichtigt).

g) Bescheinigungspflichten

1199 Ein deutscher Arbeitgeber hat einem schweizerischen Grenzgänger bei Beendigung des Dienstverhältnisses, spätestens am Ende des Kalenderjahrs, auf Antrag – auch für pauschal besteuerten Arbeitslohn! – **eine besondere Lohnsteuerbescheinigung auf amtlichem Vordruck** auszustellen; pauschal besteuerter Arbeitslohn kann in einer angefügten Erklärung bescheinigt werden. Zusätzlich sind zu bescheinigen: Entlassungsentschädigungen, steuerfreie Zuschläge für Sonntags-, Feiertags- oder Nachtarbeit (Tz. 34 und 35 des o.g. BMF-Schreibens).

Die Ausstellung falscher Bescheinigungen kann den Tatbestand des Abgabenbetruges erfüllen. Die zuständigen Behörden können Auskünfte austauschen, die zur Feststellung der Grenzgängerbesteuerung notwendig sind (Tz. 36 des o.g. BMF-Schreibens).

h) Sonderregelungen

1200 Zu Sonderregelungen bei Drittstaateneinkünften, leitenden Angestellten, Schweizer Grenzgängern mit ständigem Wohnsitz/gewöhnlichem Aufenthalt in Deutschland, „Abwanderern" in die Schweiz, Künstlern, Musikern und Artisten, Bordpersonal, öffentlich Bediensteten, Ruhegehaltsempfängern und Tätigkeitsvergütungen an Gesellschafter von Personengesellschaften s. Tz. 38 ff. des o.g. BMF-Schreibens i.V.m. BMF-Schreiben vom 7.7.1997, BStBl I 1997 S. 723. Zur Besteuerung von Arbeitseinkünften der in Deutschland wohnenden leitenden Angestellten einer Kapitalgesellschaft in der Schweiz vgl. FG Baden-Württemberg, Urteil vom 11.3.1998, EFG 1998 S. 923. Es ist auch ernstlich zweifelhaft, ob eine Arbeit nicht auch dann nach Art. 24 Abs. 1 Nr. 1 Buchstabe d DBA-Schweiz „in der Schweiz ausgeübt" wird, wenn ein leitender Angestellter i.S. des Art. 15 Abs. 4 DBA-Schweiz sich auf Dienstreisen außerhalb der Schweiz befindet (BFH, Beschluss vom 15.12.1998, BFH/NV 2000 S. 751). Das FG Baden-Württemberg hat mit Aussetzungs- und Vorlagebeschluss vom 28.4.1998 – 11 K 194/98 eine Entscheidung des Bundesverfassungsgerichts zu der Frage eingeholt, ob §§ 65 Abs. 2, 31 Satz 1 EStG wegen Fehlens einer Teilkindergeldregelung für Grenzgänger nach Nicht-EU-/EWR-Staaten verfassungswidrig ist.

6. Sozialversicherung

1201 Ein Grenzgänger ist nach zwischenstaatlichen Sozialversicherungsabkommen (EWG-VO 1408/71) ein Arbeitnehmer (oder auch Selbständiger), der in einem Mitgliedstaat arbeitet und im Gebiet eines anderen Mitgliedstaats wohnt und i.d.R. täglich, mindestens jedoch einmal wöchentlich, **zurückkehrt**. Die Versicherungspflicht in der Sozialversicherung richtet sich danach, wo die Beschäftigung ausgeübt wird. Hinsichtlich der Leistungsgewährung (insbesondere in der Pflegeversicherung) gelten Sonderregelungen.

Der Europäische Gerichtshof hat am 5.3.1998 entschieden (C 160/96), dass es nicht gegen die Artikel 6 und 48 Abs. 2 EG-Vertrag verstößt, wenn ein Mitgliedsstaat Personen, die in seinem Gebiet arbeiten, jedoch in einem anderen Mitgliedsstaat wohnen, zu Beiträgen zu einem System der sozialen Sicherheit zur Deckung des Risikos der Pflegebedürftigkeit heranzieht, dass es jedoch gegen die Artikel 19 Abs. 1, Artikel 25 Abs. 1 und Artikel 28 Abs. 1 der EWG-VO Nr. 1408/71 verstößt, den Anspruch auf eine Leistung wie das Pflegegeld davon abhängig zu machen, dass der Versicherte in dem Staat wohnt, in dem er der Versicherung angeschlossen ist.

Durch das oben genannte Urteil des Europäischen Gerichtshofs wird klargestellt, dass Grenzgänger, die bei einer gesetzlichen Krankenkasse in Deutschland versichert sind, aber in einem anderen EWR-Staat wohnen, grundsätzlich der Versicherungspflicht in der sozialen Pflegeversicherung unterliegen. Eine Befreiung von der Versicherungs- und Beitragspflicht zur sozialen Pflegeversicherung allein wegen des ausländischen Wohnorts kommt nicht in Betracht. Ebenso wenig kann Anträgen auf Erstattung der gezahlten Beiträge zur Pflegeversicherung entsprochen werden (vgl. Besprechungsergebnis der Spitzenverbände der Sozialversicherungsträger am 17./18.11.1998, Sozialversicherungsbeitrag-Handausgabe 2001 VL 20 XI/1).

Grenzpendler

1202 Mit dem Begriff Grenzpendler werden Personen bezeichnet, die ihre **Einkünfte fast ausschließlich in Deutschland** erzielen, aber **im Ausland wohnen**, die also beschränkt steuerpflichtig sind (→ *Steuerpflicht* Rz. 2297). Der Begriff beruht darauf, dass es sich hierbei vielfach um Personen handelt, die täglich zur Arbeit in die Bundesrepublik einpendeln, und der Begriff **Grenzgänger** bereits „besetzt" ist. Dieser Begriff umschreibt den begünstigten Personenkreis aber nur unvollkommen, denn er umfasst auch Personen, deren Einkunfterzielung unabhängig von einem Aufenthalt in Deutschland ist (z.B. Vermieter, Aktionäre). Grenzpendler werden unter den Voraussetzungen des § 1 Abs. 3 EStG auf Antrag als unbeschränkt steuerpflichtig behandelt. Grenzpendler, die Staatsangehörige eines EU-/EWR-Mitgliedstaates sind und ihre Einkünfte fast ausschließlich im Inland erzielen, werden durch §§ 1, 1a EStG Inländern bezüglich der Besteuerung gleichgestellt (→ *Steuerpflicht* Rz. 2303).

Grundstücke: verbilligte Überlassung

1. Veräußerung

a) Arbeitslohn

1203 Überlässt ein Arbeitgeber einem Arbeitnehmer **verbilligt oder sogar unentgeltlich ein Grundstück** (unbebautes Grundstück, Einfamilienhaus, Eigentumswohnung o.Ä.), so ergibt sich für den Arbeitnehmer ein steuerpflichtiger **geldwerter Vorteil**, sofern das Grundstücksgeschäft **mit Rücksicht auf das Dienstverhältnis** abgeschlossen worden ist (BFH, Urteile vom 10.6.1983, BStBl II S. 642, und zuletzt vom 27.8.1997, BFH/NV 1998 S. 443). Dies gilt selbst dann, wenn der Arbeitgeber Grundstücke außerhalb des normalen Geschäftsverkehrs auch Arbeitnehmern einer (Minderheits-)Beteiligungsgesellschaft verbilligt zum Kauf anbietet (FG Münster, Urteil vom 5.2.1997, EFG 1997 S. 1511).

Ein geldwerter Vorteil kann beim Arbeitnehmer auch durch die **Übernahme von Grunderwerbsteuer**, Gebühren, Notariatskosten usw. durch den Arbeitgeber entstehen.

Steuerpflichtiger Arbeitslohn liegt auch vor, wenn

– das Grundstück zur Hälfte in das **Eigentum der Ehefrau** des Arbeitnehmers übergeht (FG Düsseldorf, Urteile vom 1.7.1977, EFG 1978 S. 23, und vom 23.6.1978, EFG 1979 S. 121). Arbeitslohn wird nur dann nicht anzunehmen sein, wenn der Arbeitnehmer-Ehegatte an der verbilligten Grundstücksübertragung überhaupt nicht beteiligt war (vgl. FG Düsseldorf, Urteil vom 27.8.1998, EFG 1999 S. 117).

– **Veräußerer** des Grundstücks nicht der Arbeitgeber, sondern ein mit diesem **verbundenes Unternehmen** ist (BFH, Urteil vom 7.2.1986, BFH/NV 1986 S. 494).

– der Arbeitgeber die Grundstücke außerhalb des normalen Geschäftsverkehrs auch **Arbeitnehmern einer (Minderheits-)Beteiligungsgesellschaft verbilligt zum Kauf anbietet** (FG Münster, Urteil vom 5.2.1997, EFG 1997 S. 1511).

– ein Arbeitnehmer von einer **Tochtergesellschaft seines Arbeitgebers** ein Grundstück mit Rücksicht auf das Arbeitsverhältnis zu einem Preis

unter dem Verkehrswert erwirbt (Hessisches FG, Urteil vom 29.9.1997, EFG 1998 S. 463).

Der geldwerte Vorteil **fließt dem Arbeitnehmer zu**, wenn er die wirtschaftliche Verfügungsmacht über das Grundstück erlangt. Das ist bei einer Wohnung der Fall, sobald **Besitz, Gefahr, Nutzen und Lasten** auf den Erwerber übergegangen sind. Für einen solchen Übergang kann die Übernahme der Wohnung, die Übergabe der gesamten Schlüssel und die Zahlung von Wohngeld sprechen (BFH, Urteil vom 10.11.1989, BFH/NV 1990 S. 290). § 41 AO kann aber einen früheren Zufluss bewirken, wenn die Vertragsbeteiligten das wirtschaftliche Ergebnis des (zunächst nicht notariell beurkundeten) Kaufvertrags früher eintreten und dann auf Dauer bestehen lassen (Hessisches FG, Urteil vom 29.9.1997, EFG 1998 S. 463).

(LSt) (SV)

b) Bewertung

1204 Zur Bewertung des Vorteils ist von dem **um übliche Preisnachlässe geminderten üblichen Endpreis am Abgabeort** auszugehen (§ 8 Abs. 2 EStG), der jeweils im Ergebnis dem Betrag entspricht, der für Grundstücke gleicher Lage und Art am Ort gezahlt wird (**Verkehrswert**). Im Rahmen der Ermittlung des Verkehrswerts des Grund und Bodens und des Gebäudes ist **Denkmalschutz** wertmindernd zu berücksichtigen, ebenso (allerdings nur geringfügig) ein **Vorkaufsrecht**. Nicht wertmindernd sind dagegen ein **Wiederkaufsrecht** für den Fall, dass das Grundstück alsbald zu einem näher definierten „überhöhten" Preis weiterverkauft wird, und eine **beschränkt persönliche Dienstbarkeit** des Inhalts, dass auf dem – in einer denkmalgeschützten Wohnsiedlung liegenden – Grundstück keine störende gewerbliche oder berufliche Tätigkeit ausgeübt und das Grundstück nicht zu mehr als der Hälfte beruflich oder gewerblich genutzt werden darf (Hessisches FG, Urteil vom 29.9.1997, EFG 1998 S. 463).

Handelt es sich bei dem Grundstück um eine Ware i.S. des § 8 Abs. 3 EStG, die der Arbeitgeber nicht überwiegend für den Bedarf seiner Arbeitnehmer vertreibt (Letzteres z.B. bei Wohnungsgesellschaften oder Bauunternehmen), so sind der **Rabattfreibetrag von 1 224 €** und der **Preisabschlag von 4 %** zu berücksichtigen (→ *Rabatte* Rz. 1938).

c) Kein Arbeitslohn

1205 Kein Arbeitslohn liegt vor, wenn

– der Arbeitgeber einem Arbeitnehmer zwar verbilligt ein Grundstück überlässt, hierzu jedoch **gesetzlich verpflichtet** ist und somit praktisch nur als „Erfüllungsgehilfe" des Staates tätig wird (BFH, Urteil vom 25.5.1992, BStBl II 1993 S. 45, betr. im Bergbauunternehmen, das einem Arbeitnehmer ein mit Mitteln der Kohlenabgabe gefördertes Hausgrundstück zu einem unter dem ortsüblichen Verkehrswert liegenden Kaufpreis überlassen hat).

– der Arbeitgeber von insgesamt 17 Baugrundstücken 16 an Betriebsangehörige, jedoch das 17. Grundstück zu **gleichen Bedingungen an einen Werksfremden** verkauft hat und der Verkehrswert der Grundstücke nicht wesentlich höher als der Verkaufspreis ist (FG Düsseldorf, Urteil vom 5.2.1991, EFG 1991 S. 615).

– der Kaufpreis allein deshalb unterhalb des Verkehrswertes festgesetzt worden ist, weil der Arbeitnehmer in dem vom Arbeitgeber bisher gemieteten Einfamilienhaus **werterhöhende Maßnahmen** durchgeführt hat (BFH, Urteil vom 27.8.1997, BFH/NV 1998 S. 443).

(LSt) (SV)

2. Optionsrecht

1206 Räumt ein Arbeitgeber einem Arbeitnehmer ein – ggf. befristetes – Ankaufsrecht (Optionsrecht) an einem Grundstück zu einem festen Kaufpreis oder zu von der Marktsituation unabhängigen Bedingungen (z.B. Buchwert) ein, so ist ein etwa sich daraus ergebender Unterschiedsbetrag zum Verkehrswert als Ausfluss des Dienstverhältnisses anzusehen. Solange der Arbeitnehmer das **Optionsrecht jedoch nicht ausübt, ist kein Arbeitslohn** gegeben.

Für die Frage eines geldwerten Vorteils bei **einem ausgeübten Optionsrecht** des Arbeitnehmers ist daher nicht der Wert des Grundstücks bei der Einräumung, sondern sein **Wert bei der Ausübung des Optionsrechts** maßgebend (vgl. sinngemäß BFH, Urteile vom 24.1.2001, BStBl II 2001 S. 509 und 512, betr. Aktienoptionen).

Beispiel:

Ein Arbeitgeber errichtet auf einem 2002 zum Preis von 150 000 € erworbenen unbebauten Grundstück ein Einfamilienhaus. Die Baukosten betragen im Zeitpunkt der Bezugsfertigkeit 2004 600 000 €. Das Haus wird einem Arbeitnehmer zur Verfügung gestellt. Dabei wird dem Arbeitnehmer vertraglich das Recht eingeräumt, das Haus frühestens nach Ablauf von acht Jahren zu erwerben. Der Kaufpreis soll dem Buchwert im Zeitpunkt des endgültigen Erwerbs entsprechen. Für die Überlassung hat der Arbeitnehmer bis zu diesem endgültigen Erwerb eine „Kaufpreisrate" von 20 000 € jährlich zu entrichten, die auf den Kaufpreis angerechnet werden soll.

Zum 1.1.2012 wird das Grundstück auf den Arbeitnehmer übertragen. Der Buchwert beträgt 510 000 €; der Arbeitnehmer zahlt 510 000 € ✗ (8 × 20 000 € =) 160 000 € = 350 000 €.

Der Arbeitgeber vertritt die Auffassung, dass das wirtschaftliche Eigentum an dem Grundstück dem Arbeitnehmer im Zeitpunkt des Einzugs 2004 übertragen worden sei. Die Geltendmachung der Absetzungen für Abnutzung durch den Arbeitgeber bedeute für den Arbeitnehmer eine entsprechende Wertminderung. Bei den Zahlungen des Arbeitnehmers handele es sich um echte Kaufpreisvorauszahlungen.

Die Auffassung des Arbeitgebers ist nicht zutreffend. Maßgebend für die Beurteilung, ob dem Arbeitnehmer ein **geldwerter Vorteil** zugeflossen ist, ist der **Verkehrswert im Zeitpunkt der bürgerlich-rechtlichen Eigentumsübertragung in 2012.** Der Verkehrswert soll einschließlich Grund und Boden 1 Mio. € betragen. Der Arbeitnehmer muss 1 Mio. € ./. 350 000 € = 650 000 € versteuern. Die jährlichen Zahlungen stellen **Mietzahlungen** für die Überlassung des Hauses dar, deren **Angemessenheit** (ortsübliche Miete bzw. Kostenmiete, vgl. BFH, Urteil vom 28.10.1977, BB 1978 S. 648) ebenfalls überprüft werden muss. Eine Anrechnung auf den geldwerten Vorteil ist nicht möglich.

⌨ Ⓢⓥ

3. Rückkaufsrecht

1207 Wird ein Wiederkaufsrecht (Rückkaufsrecht) derart vereinbart, dass der das Grundstück veräußernde Arbeitgeber das Grundstück innerhalb einer bestimmten Frist zum **Veräußerungspreis wiederkaufen kann,** wenn der **erwerbende Arbeitnehmer gewisse Bedingungen nicht erfüllt,** so bleibt diese Vereinbarung nach geltendem Recht steuerlich so lange ohne Wirkung, als der Veräußerer das Recht nicht ausübt. Es ist deshalb nicht gerechtfertigt, deswegen etwa den Verkehrswert niedriger anzusetzen.

Wenn der Arbeitgeber sein Wiederkaufsrecht **(Rückkaufsrecht) ausübt** und der Arbeitnehmer vom Arbeitgeber für das noch voll werthaltige Grundstück nur den von ihm tatsächlich bezahlten Betrag, **nicht aber auch den Wert des von ihm versteuerten Preisnachlasses zurückerhält,** ist dieses steuerlich ebenso zu behandeln wie die Rückzahlung von Arbeitslohn (→ *Rückzahlung von Arbeitslohn* Rz. 2119). In Höhe des als Arbeitslohn besteuerten geldwerten Vorteils (Differenz zwischen dem Erwerbspreis und dem Verkehrswert) entstehen im Kalenderjahr der Rückübereignung des Grundstücks beim Arbeitnehmer sog. **negative Einnahmen.** Diese können wie **Werbungskosten** vom steuerpflichtigen Arbeitslohn abgezogen werden. Wirken sich die negativen Einnahmen hierbei nicht oder nicht in vollem Umfang aus, so ist zunächst der Verlustabzug nach § 10d EStG vorzunehmen. Erst dann kommen ggf. Billigkeitsmaßnahmen nach § 227 AO in Betracht.

4. Vorkaufsrecht

1208 Bei der Ausübung eines Vorkaufsrechts erwirbt der Arbeitnehmer hinsichtlich der Verkaufsbedingung keine Vorteile gegenüber einem Dritten. Die Einräumung eines Vorkaufsrechts ist **lohnsteuerlich und somit auch beitragsrechtlich ohne Bedeutung.**

⌨ Ⓢⓥ

5. Erbbaurecht

1209 **Bestellt** der Arbeitgeber seinem Arbeitnehmer mit Rücksicht auf das Dienstverhältnis ein Erbbaurecht zu einem **unangemessen niedrigen Erbbauzins,** so sind die Vorteile, die sich aus dem unentgeltlichen Teil der Erbbaurechtsbestellung ergeben, diesem – anders als bei Einräumung eines Wohnrechts oder Nießbrauchs – bereits **im Jahr der Bestellung des Erbbaurechts zugeflossen.** Dem Lohnsteuerabzug ist die nach der Laufzeit des Erbbaurechts zu berechnende **kapitalisierte Erbbauzinsersparnis** zu unterwerfen (BFH, Urteile vom 10.6.1983, BStBl II 1983 S. 642, und vom 26.5.1993, BStBl II 1993 S. 686).

Veräußert der Arbeitgeber ein mit einem Erbbaurecht belastetes Grundstück an den Arbeitnehmer, liegt **Arbeitslohn** vor, wenn das Grundstück **unter dem Verkehrswert veräußert** wird. Der Verkehrswert ist unter Berücksichtigung der vertraglichen Vereinbarungen sowie sonstiger den Wert beeinflussender Umstände zu ermitteln (vgl. dazu die Wertermittlungsverordnung vom 6.12.1988, BGBl. I 1988 S. 2209). Dabei kann das Erbbaurecht auch dann zu einer Wertminderung des Grundstücks führen, wenn es zu Gunsten des erwerbenden Arbeitnehmers bestellt ist.

⌨ Ⓢⓥ

6. Wohnrecht/Nießbrauch

1210 Nach der Rechtsprechung des Bundesfinanzhofes gelten für das **Wohnrecht** folgende Grundsätze (Urteil vom 22.1.1988, BStBl II 1988 S. 525):

– Überlässt der Arbeitgeber dem Arbeitnehmer **lebenslänglich die unentgeltliche Nutzung** eines Einfamilienhauses im Hinblick auf das zwischen ihnen bestehende **Dienstverhältnis,** so fließt dem Arbeitnehmer auf Grund dieses obligatorischen Wohnrechts **monatlich ein geldwerter Vorteil in Höhe der ersparten ortsüblichen Miete zu.**

– Vereinbaren Arbeitgeber und Arbeitnehmer die **Übertragung des betroffenen Grundstücks** an den Arbeitnehmer zu einem wegen des **Wohnrechts geminderten Kaufpreis,** so fließt hiermit der zu diesem Zeitpunkt bestehende Kapitalwert des obligatorischen Wohnrechts dem Arbeitnehmer als geldwerter Vorteil zu.

– Erfolgt eine solche Vereinbarung im Zusammenhang mit einer vom Arbeitgeber ausgesprochenen Kündigung des Dienstverhältnisses, so kann in diesem Zufluss eine steuerbegünstigte **Abfindung** vorliegen (siehe → *Entlassungsabfindungen/Entlassungsentschädigungen* Rz. 857). Voraussetzung ist aber, dass das Arbeitsverhältnis aufgelöst wird (BFH, Urteil vom 25.8.1993, BStBl II 1994 S. 185).

Räumt der Arbeitgeber dem Arbeitnehmer im Hinblick auf das Dienstverhältnis unentgeltlich den **Nießbrauch an einer Wohnung** ein, so fließt dem Arbeitnehmer der **geldwerte Vorteil** nicht im Zeitpunkt der Bestellung des Nießbrauchs in Höhe des kapitalisierten Wertes, **sondern fortlaufend in Höhe des jeweiligen Nutzungswertes der Wohnung** zu (BFH, Urteil vom 26.5.1993, BStBl II 1993 S. 686). Der Bundesfinanzhof bestätigt in dem letztgenannten Urteil nochmals seine Rechtsprechung, nach der bei Bestellung eines **Erbbaurechts** der geldwerte Vorteil in Höhe des kapitalisierten Wertes bereits im Zeitpunkt der Bestellung des Rechts zufließt. Der Unterschied liegt – so der Bundesfinanzhof – darin, dass der Erbbauberechtigte grundsätzlich das Erbbaurecht durch Beleihung oder Veräußerung realisieren kann. Das ist bei einem obligatorischen Wohnrecht oder Nießbrauch nicht der Fall (vgl. dazu zuletzt FG Düsseldorf, Urteil vom 25.10.1996, EFG 1997 S. 1010, Revision eingelegt, Az. beim BFH: VI R 33/97).

7. Lohnsteuer und Sozialversicherung

1211 Die Lohnsteuer auf den ermittelten geldwerten Vorteil ist grundsätzlich nach den Vorschriften des § 39b Abs. 3 EStG für **sonstige Bezüge** (→ *Sonstige Bezüge* Rz. 2232) zu berechnen. Sozialversicherungsrechtlich wird der geldwerte Vorteil als Einmalzahlung (→ *Einmalzahlungen* Rz. 802) berücksichtigt.

Dabei ist zu beachten, dass es sich um Vergütungen für eine mehrjährige Tätigkeit handeln kann, die **tarifermäßigt (sog. Fünftelregelung)** zu besteuern sind (BFH, Urteil vom 10.6.1983, BStBl II 1983 S. 642). Vgl. → *Arbeitslohn für mehrere Jahre* Rz. 229.

8. Besonderheiten

1212 Hat der Arbeitnehmer seine **Eigentumswohnung mit Verlust verkaufen** müssen, nachdem er – entgegen ursprünglicher Erklärung seines Arbeitgebers – versetzt worden war, und hat er hierfür vom **Arbeitgeber eine Entschädigung** erhalten, so gehört diese zum steuerpflichtigen Arbeitslohn. Denn es besteht ein unmittelbarer Zusammenhang zwischen der Schadensersatzleistung und dem Dienstverhältnis (Hessisches FG, Urteil vom

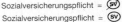
19.2.1981, EFG 1981 S. 629, sowie OFD Hannover, Verfügung vom 15.5.1992, DStR 1992 S. 948).

LSt SV

Der Arbeitnehmer kann im vorstehenden Fall den **Wertverlust** im Übrigen **nicht als Werbungskosten** absetzen, weil derartige Verluste zu den nicht abzugsfähigen Lebenshaltungskosten i.S. des § 12 EStG gehören. Das gilt auch für **Maklerkosten** und eine **Vorfälligkeitsentschädigung** im Zusammenhang mit dem Verkauf des bisher selbstgenutzten Einfamilienhauses (BFH, Urteile vom 24.5.2000, BStBl II 2000 S. 474 und 476). Auch **vergebliche Kosten** für ein **geplantes Arbeitszimmer** sind nach diesen Urteilen nicht abzugsfähig.

Abzugsfähig sind dagegen versetzungsbedingte Aufwendungen in der privaten Vermögenssphäre bei einer **fehlgeschlagenen Veräußerung**, wenn der Arbeitgeber eine Versetzung angekündigt, dann aber wieder rückgängig gemacht hat (BFH, Urteile vom 24.5.2000, BStBl II 2000 S. 584, und vom 23.3.2001, BFH/NV 2001 S. 1379).

Hinsichtlich des **versteuerten geldwerten Vorteils** aus einer verbilligten Grundstücksüberlassung liegen **„Anschaffungskosten"** vor, so dass der Arbeitnehmer auch insoweit Absetzungen für Abnutzung oder die Steuerbegünstigung nach § 10e EStG oder die Eigenheimzulage in Anspruch nehmen kann (FG Münster, Urteil vom 1.3.1994, EFG 1994 S. 703, vom BFH im Urteil vom 27.8.1997, HFR 1998 S. 358, offen gelassen).

LSt SV

Gutschrift von Arbeitslohn

1213 Arbeitslohn fließt dem Arbeitnehmer in dem Zeitpunkt zu, in dem er **wirtschaftlich darüber verfügen** kann. Das kann schon die Gutschrift auf einem Konto des Arbeitnehmers sein, der Zeitpunkt der Auszahlung ist unerheblich (R 104a LStR). Siehe auch → *Zufluss von Arbeitslohn* Rz. 2685.

Abgrenzungsschwierigkeiten ergeben sich oft bei der Frage, ob und wann Arbeitslohn, der im Betrieb „stehen gelassen" wird (freiwillig oder unfreiwillig), dem Arbeitnehmer zufließt. Einzelheiten hierzu siehe → *Einbehaltene Lohnteile* Rz. 799, → *Gehaltsverzicht* Rz. 1102 und → *Zufluss von Arbeitslohn* Rz. 2685.

Haftung für Lohnsteuer: Allgemeine Grundsätze

Wegen der besseren Übersichtlichkeit werden die Ausführungen zum Thema „Haftung für Lohnsteuer" jeweils unter den folgenden Stichworten dargestellt:

– **Haftung für Lohnsteuer: Allgemeine Grundsätze** (Haftungsvorschriften, Ermessensausübung bei Inanspruchnahme des Arbeitgebers usw.),

– **Haftung für Lohnsteuer: Berechnung der Nachforderung** und

– **Haftung für Lohnsteuer: Verfahrensvorschriften**.

Zur Beitragshaftung in der Sozialversicherung siehe → *Haftung für Sozialversicherungsbeiträge* Rz. 1264.

1. Allgemeines

Grundsätzlich **schuldet der Arbeitnehmer** die Lohnsteuer (§ 38 **1214** Abs. 2 EStG), auch wenn der eigentliche Lohnsteuerabzug dem Arbeitgeber obliegt; dies gilt auch für sog. **Nettolohnvereinbarungen**. Der **Arbeitgeber haftet** aber für die korrekte Einbehaltung und Abführung der Lohnsteuer (§ 42d EStG). Dies gilt auch bei → *Lohnzahlung durch Dritte* Rz. 1660 (z.B. Trinkgelder im Gaststätten- und Frisiergewerbe), soweit der Arbeitgeber zur Einbehaltung der Lohnsteuer verpflichtet ist (R 145 Abs. 1 LStR).

Die Haftung des Arbeitgebers setzt nicht voraus, dass das Finanzamt zunächst **vergeblich versucht hat, den Arbeitnehmer als eigentlichen Steuerschuldner in Anspruch zu nehmen**. Sie ist auch grundsätzlich **nicht von einem Verschulden** des Arbeitgebers abhängig. Der Arbeitgeber haftet auch dann, wenn er wegen entschuldbaren Rechtsirrtums zu wenig Lohnsteuer einbehalten hat. Ein **geringfügiges Verschulden oder ein schuldloses Verhalten** ist aber bei der Frage zu würdigen, ob eine Inanspruchnahme des Arbeitgebers **ermessensgerecht** ist. Einschränkungen ergeben sich insbesondere

– bei fehlerhaften **Auskünften oder Zusagen des Finanzamts**,

– wenn die Ansprüche gegenüber dem Arbeitgeber als Haftendem **verjährt** sind oder

– wenn die Inanspruchnahme des Arbeitgebers **ermessenswidrig** wäre. Vgl. dazu R 145 Abs. 4 LStR sowie H 145 (Allgemeines zur Arbeitgeberhaftung) und (Ausübung des Ermessens) LStH.

Die Haftung erstreckt sich auch auf die sog. **Annexsteuern** (Kirchensteuer, Solidaritätszuschlag) sowie auf zu Unrecht gezahlte Arbeitnehmer-Sparzulagen und Bergmannsprämien.

Eine Sonderregelung sieht das Gesetz aber für die **pauschale Lohnsteuer** vor: Diese ist nicht nur grundsätzlich vom **Arbeitgeber zu übernehmen, er ist sogar unmittelbar Steuerschuldner** (vgl. § 40 Abs. 3, § 40a Abs. 5 und § 40b Abs. 4 EStG).

Es wird kritisiert, dass der **Staat dem Arbeitgeber mit dem Lohnsteuerabzug und der Haftung zu weitgehende Pflichten auferlegt habe**, die vor allem die Lohnkosten unnötig in die Höhe trieben. Nach der bisherigen Rechtsprechung des Bundesverfassungsgerichts ist dies aber **nicht verfassungswidrig** (vgl. z.B. BVerfG, Beschluss vom 17.2.1977, BB 1977 S. 435, betr. Verpflichtung des Arbeitgebers zur Einbehaltung der Kirchenlohnsteuer).

2. Gesetzliche Haftungstatbestände

Das Gesetz (§ 42d Abs. 1 EStG) sieht für die Arbeitgeberhaftung **1215** **drei Haftungstatbestände** vor:

a) Nicht korrekt einbehaltene und abgeführte Lohnsteuer

Der Arbeitgeber haftet für die Lohnsteuer, die er einzubehalten **1216** und abzuführen hat (§ 42d Abs. 1 Nr. 1 EStG):

Der Arbeitgeber haftet nach dieser Vorschrift, wenn er nicht alle steuerpflichtigen Leistungen **vorschriftsmäßig dem Lohnsteuerabzug unterwirft**, die Lohnsteuer nicht richtig berechnet (z.B. Ansatz eines falschen Pauschsteuersatzes) oder nicht rechtzeitig einbehält, anmeldet und abführt. Er hat den Lohnsteuerabzug zutreffend vorgenommen, wenn er die Lohnsteuer **entsprechend den Eintragungen auf der Lohnsteuerkarte** berechnet und die für das maßgebende Jahr **gültige Lohnsteuertabelle** zu Grunde gelegt hat, vgl. H 145 (Allgemeines zur Arbeitgeberhaftung) LStH. Ob die Eintragungen auf der Lohnsteuerkarte (Steuerklasse, Freibeträge) zutreffend sind, hat der Arbeitgeber hiernach nicht zu prüfen. Sind die Eintragungen auf der Lohnsteuerkarte falsch und hat es der Arbeitnehmer unterlassen, die Eintragungen ändern zu lassen, kann die zu wenig einbehaltene Lohnsteuer nur vom Arbeitnehmer nachgefordert werden.

Beispiel:

Auf der Lohnsteuerkarte eines Arbeitnehmers wird noch immer die Steuerklasse III eingetragen, obwohl dieser bereits seit Jahren von seiner Ehefrau dauernd getrennt lebt.

In diesem Fall hätte der Arbeitnehmer seine Steuerkarte berichtigen und die Steuerklasse I oder ggf. II (wenn ein Kind zu seinem Haushalt gehört) eintragen lassen müssen (vgl. § 39 Abs. 4 EStG). Der Arbeitgeber kann jedoch nach dem „Steuerkartenprinzip" auf die Richtigkeit der Steuerkarte vertrauen und die Lohnsteuer nach der Steuerklasse III einbehalten. Er kann hierfür nicht haftbar gemacht werden.

Entsprechendes gilt, wenn auf der Lohnsteuerkarte des Arbeitnehmers ein zu hoher Freibetrag eingetragen worden ist.

Führt der Arbeitgeber entgegen § 39c Abs. 1 Satz 1 i.V.m. § 39d Abs. 3 Satz 4 EStG den Lohnsteuerabzug trotz Nichtvorliegen der Bescheinigung gemäß § 39d Abs. 1 Satz 3 EStG nicht nach der Steuerklasse VI, sondern nach der Steuerklasse I durch, kann der Arbeitgeber auch **nach Ablauf des Kalenderjahrs**, für das die Bescheinigung nach § 39d Abs. 1 Satz 3 EStG gilt, grundsätzlich nach § 42d Abs. 1 Nr. 1 EStG in Haftung genommen werden (BFH, Urteil vom 12.1.2001, BFH/NV 2001 S. 963).

b) Im Lohnsteuer-Jahresausgleich zu Unrecht erstattete Lohnsteuer (§ 42d Abs. 1 Nr. 2 EStG)

1217 Der Arbeitgeber haftet für die Lohnsteuer, die er beim Lohnsteuer-Jahresausgleich zu Unrecht erstattet hat (§ 42d Abs. 1 Nr. 2 EStG):

Gemeint ist der **Lohnsteuer-Jahresausgleich des Arbeitgebers** nach § 42b EStG. Es handelt sich hier nur um einen Unterfall der vorhergehenden Regelung, dass der Arbeitgeber den Lohnsteuerabzug nicht richtig vorgenommen hat. Eine vorschriftswidrige Lohnsteuererstattung beim Lohnsteuer-Jahresausgleich entspricht praktisch einer nicht vorschriftsmäßigen Kürzung des Arbeitslohns i.S. der obigen Fallgruppe a (BFH, Urteil vom 24.1.1975, BStBl II 1975 S. 420).

c) Lohnsteuerverkürzung auf Grund fehlerhafter Angaben des Arbeitgebers

1218 Der Arbeitgeber haftet für die Einkommensteuer (Lohnsteuer), die auf Grund fehlerhafter Angaben im **Lohnkonto** oder in der **Lohnsteuerbescheinigung** verkürzt wird (§ 42d Abs. 1 Nr. 3 EStG):

In der Praxis sind dies vor allem die Fälle, in denen auf Grund fehlerhafter Angaben des Arbeitgebers auf der Lohnsteuerkarte bei der **Einkommensteuerveranlagung des Arbeitnehmers** die Steuer zu niedrig festgesetzt oder zu viel Lohnsteuer erstattet worden ist. Die Haftung des Arbeitgebers reicht aber nur soweit, als durch seine fehlerhaften Angaben tatsächlich Lohnsteuer verkürzt worden ist, vgl. H 145 (Allgemeines zur Arbeitgeberhaftung) LStH. „Fehlerhafte" Angaben in diesem Sinne sind nicht nur falsche, sondern auch **fehlende Angaben** (BFH, Urteil vom 12.7.1968, BStBl II 1968 S. 697). Dieser Fallgruppe kommt in der Praxis erhebliche Bedeutung zu, weil **Arbeitgeber immer wieder vergessen, auf der Lohnsteuerkarte die in § 41b EStG geforderten Eintragungen** über steuerfreie Lohnersatzleistungen, Fahrtkostenzuschüsse usw. vorzunehmen. Ob es sich dabei um ein Versehen handelt, ist unerheblich.

Beispiel 1:

Der Arbeitgeber zahlt seinen Arbeitnehmern nach § 3 Nr. 34 EStG **steuerfreie Zuschüsse zu den Aufwendungen für Wege zwischen Wohnung und Arbeitsstätte**. Er hat vergessen, diese auf der Lohnsteuerkarte (Zeile 17) zu bescheinigen. Bei der Einkommensteuerveranlagung der Arbeitnehmer werden die Aufwendungen trotz der steuerfreien Arbeitgeberzuschüsse als Werbungskosten abgezogen.

Der Arbeitgeber haftet für die zu viel erstattete Einkommensteuer, weil er seiner gesetzlichen Verpflichtung (§ 41b Abs. 1 Nr. 5 EStG), diese steuerfreien Arbeitgeberleistungen auf der Lohnsteuerkarte einzutragen, nicht nachgekommen ist.

Entsprechendes gilt, wenn der Arbeitgeber seinen Arbeitnehmern Zuschüsse zu den Aufwendungen für Wege zwischen Wohnung und Arbeitsstätte mit ihrem Pkw zahlt und die Lohnsteuer hierfür nach § 40 Abs. 2 Satz 2 EStG mit 15 % pauschal erhebt. Auch diese **pauschal versteuerten Arbeitgeberleistungen** müssen auf der Lohnsteuerkarte (Zeile 18) eingetragen werden (§ 41b Abs. 1 Nr. 6 EStG).

Beispiel 2:

Der Arbeitgeber hat seinem Arbeitnehmer eine **Abfindung wegen Entlassung** aus dem Dienstverhältnis in Höhe von 25 000 € gezahlt. Hiervon sind nach § 3 Nr. 9 EStG 12 271 € steuerfrei belassen worden, von dem Rest ist die Lohnsteuer zutreffend nach § 39b Abs. 3 Satz 9 EStG mit dem ermäßigten Steuersatz („Fünftelregelung") einbehalten worden. Auf der Lohnsteuerkarte hat der Arbeitgeber die Abfindung nicht eingetragen.

Es ist zwar richtig, dass der steuerfrei bleibende Teil nicht eingetragen werden darf (R 135 Abs. 2 Nr. 2 Buchst. b LStR). Der darüber hinausgehende ermäßigt besteuerte Teilbetrag und die darauf entfallenden Steuerbeträge hätten jedoch in Zeilen 10 bis 14 der Lohnsteuerkarte eingetragen werden müssen (R 135 Abs. 3 Nr. 2 und Abs. 4 Nr. 2 LStR). Bei der Einkommensteuerveranlagung wird daher u.U. die Einkommensteuer zu niedrig festgesetzt, wenn der Arbeitnehmer selbst oder seine Ehefrau noch andere Einkünfte haben. Denn der ermäßigte Steuersatz für die Abfindung ist nach dem höheren Einkommen zu berechnen, das sich bei dem Arbeitnehmer und (bei Zusammenveranlagung) seines Ehegatten ergibt. Der Arbeitgeber haftet für die zu niedrige Steuerfestsetzung, weil er seiner Eintragungspflicht (§ 41b Abs. 1 Nr. 2 EStG) dieser Einkünfte auf der Lohnsteuerkarte nicht nachgekommen ist.

Beispiel 3:

Der Arbeitgeber hat **Kurzarbeitergeld oder Winterausfallgeld** gezahlt, diese Leistungen aber nicht auf der Lohnsteuerkarte (Zeile 15) bescheinigt. Bei der Einkommensteuerveranlagung konnten diese Leistungen daher nicht dem Progressionsvorbehalt unterworfen werden.

Der Arbeitgeber haftet für die zu niedrig festgesetzte Einkommensteuer, weil er seiner Eintragungspflicht (§ 41b Abs. 1 Nr. 4 EStG) dieser Leistungen auf der Lohnsteuerkarte nicht nachgekommen ist.

Eine Haftung nach dieser Vorschrift besteht hingegen nicht, wenn „freiwillige Angaben" auf der Lohnsteuerkarte fehlerhaft sind. Das schließt eine Haftung aus anderen Gründen, z.B. im Falle der Steuerhinterziehung, nicht aus.

Beispiel 4:

Der Arbeitgeber trägt in Zeilen 21 und 22 die von ihm gewährten steuerfreien **Reisekosten bzw. Auslösungen** bei Auswärtstätigkeiten und doppelter Haushaltsführung nicht ein. Die Arbeitnehmer machen diese Aufwendungen in ihrer Einkommensteuererklärung nochmals in voller Höhe als Werbungskosten geltend.

Eine Haftung des Arbeitgebers besteht nicht, weil die Eintragungen auf der Lohnsteuerkarte insoweit „freiwillig" sind. Sie werden von der Finanzverwaltung zur Vermeidung von Rückfragen nur empfohlen (R 135 Abs. 7 LStR).

3. Gesetzliche Haftungsausschlüsse

1219 Selbst wenn einer der vorgenannten Haftungstatbestände gegeben ist, ist nach § 42d Abs. 2 EStG die Haftung des **Arbeitgebers in den folgenden Fällen ganz ausgeschlossen**. Die zu wenig einbehaltene Lohnsteuer ist dann beim **Arbeitnehmer nachzufordern** (vgl. R 139 LStR). Der Arbeitgeber haftet auch dann nicht, wenn dies „fehlschlägt".

a) Vom Arbeitnehmer unterlassene Berichtigung der Lohnsteuerkarte

1220 Der Arbeitgeber ist von der Haftung befreit (§ 42d Abs. 2 Nr. 1 EStG), wenn

– der **Arbeitnehmer** seinen sich aus § 39 Abs. 4 EStG ergebenden **Verpflichtungen, fehlerhafte Eintragungen** (z.B. über den Familienstand oder die Zahl der Kinderfreibeträge oder einen überhöhten Freibetrag) auf seiner **Lohnsteuerkarte berichtigen zu lassen, nicht nachkommt** oder

– das **Finanzamt einen unzutreffenden Freibetrag eingetragen** hat (§ 39a Abs. 5 EStG). Dies gilt auch dann, wenn der Arbeitgeber Kenntnis von den zu günstigen Eintragungen hatte.

b) Erfüllung der Anzeigepflichten durch den Arbeitgeber

1221 Der Haftungsausschluss gilt nach § 42d Abs. 2 Nr. 1 EStG auch, wenn der Arbeitgeber seinen „Anzeigepflichten" nachgekommen ist, d.h. dem Finanzamt mitgeteilt hat,

– dass der **Barlohn des Arbeitnehmers zur Deckung der Lohnsteuer nicht ausreicht** (hat vor allem bei Gewährung von Sachbezügen Bedeutung), der Fehlbetrag vom Arbeitnehmer nicht zur Verfügung gestellt wurde und auch vom Arbeitgeber nicht durch Zurückbehaltung von anderen Bezügen des Arbeitnehmers aufgebracht werden konnte (§ 38 Abs. 4 EStG),

– dass er von seiner **Berechtigung, Lohnsteuer nachträglich einzubehalten, keinen Gebrauch** gemacht hat, wenn ihm der Arbeitnehmer eine **Lohnsteuerkarte mit Eintragungen vorgelegt** hat, die auf einen Zeitpunkt vor Vorlage der Lohnsteuerkarte **zurückwirken** oder er **erkannt hat, dass er die Lohnsteuer bisher nicht vorschriftsmäßig einbehalten** hat,

– oder er in den vorstehenden Fällen Lohnsteuer **nicht nachträglich einbehalten konnte**, da der Arbeitnehmer von ihm **Arbeitslohn nicht mehr bezogen** hat oder er bereits die **Lohnsteuer-Bescheinigung ausgeschrieben** hatte,

– dass er die Lohnsteuer nicht **nachträglich einbehalten konnte**, da **Eintragungen auf der Lohnsteuerkarte** eines Arbeitnehmers, die nach Beginn des Dienstverhältnisses vorgenommen wurden, auf einen **Zeitpunkt vor Beginn des Dienstverhältnisses zurückwirkten** (R 137 Abs. 2 LStR).

Die haftungsbefreiende Wirkung der Anzeige nach § 41c Abs. 4 EStG setzt jedoch voraus, dass die nicht vorschriftsmäßige Einbehaltung der Lohnsteuer **vom Arbeitgeber erkannt** worden ist. **Weicht der Arbeitgeber von einer erteilten Anrufungsauskunft ab**, kann er nicht dadurch einen Haftungsausschluss bewirken, indem er die Abweichung dem Betriebsstättenfinanzamt anzeigt (BFH-Urteil vom 4.6.1993, BStBl II 1993 S. 687). Die Haftung wird auch nicht ausgeschlossen, wenn der Arbeitgeber erst auf Grund von Hinweisen oder Feststellungen im Rahmen der Lohnsteuer-Außenprüfung die fehlerhafte Behandlung anzeigt.

c) Nachversteuerungsfälle

1222 Die Haftung des Arbeitgebers ist nach § 42d Abs. 2 Nr. 3 EStG ebenfalls ausgeschlossen, wenn der Arbeitnehmer die **Steuervergünstigungen für Versicherungs- oder Bausparkassenbeiträge oder Vermögensbeteiligungen** in Anspruch genommen und **die Sperrfristen** nicht eingehalten hat, so dass eine sog. Nachversteuerung durchzuführen ist.

d) Kleinbetrag

1223 Die Haftung des Arbeitgebers ist nach § 42d Abs. 5 EStG ebenfalls ausgeschlossen, wenn der Nachforderungsbetrag **10 € nicht übersteigt**.

4. Arbeitgeber und Arbeitnehmer als Gesamtschuldner

a) Allgemeines

1224 Sofern überhaupt ein Haftungstatbestand erfüllt und die Haftung des Arbeitgebers nicht ausgeschlossen ist oder der Arbeitgeber in Fällen der Pauschalierung der Lohnsteuer selbst Steuerschuldner ist, sind Arbeitgeber und Arbeitnehmer **Gesamtschuldner** (§ 42d Abs. 3 Satz 1 EStG): Jeder schuldet die gesamte Leistung, auch wenn sie nur **einmal** erhoben wird; die Leistung des einen befreit auch den anderen Schuldner (§ 44 Abs. 1 Satz 2 AO). Das Betriebsstättenfinanzamt kann die Steuerschuld oder Haftungsschuld nach **pflichtgemäßem Ermessen** gegenüber jedem Gesamtschuldner geltend machen (§ 42d Abs. 3 Satz 2 EStG). Dabei gilt Folgendes:

– Die Inanspruchnahme des **Arbeitnehmers** als Steuerschuldner ist grundsätzlich **jederzeit möglich**.

Der Arbeitnehmer kann weder verlangen, dass der Arbeitgeber im Haftungswege vorrangig in Anspruch genommen

wird, noch eine gegen ihn gerichtete Nachforderung ablehnen, wenn eine haftungsweise Inanspruchnahme des Arbeitgebers z.B. aus Vertrauensschutzgründen ausscheidet (BFH, Urteil vom 27.3.1991, BStBl II 1991 S. 720).

Beispiel:

Eine Brauerei hatte den Haustrunk ihrer Angestellten nicht versteuert. Bei der Lohnsteuer-Außenprüfung im Jahre 1976 war dies erstmals aufgegriffen worden, die früheren Prüfungen hatten dies nicht beanstandet. Das Finanzamt hat die auf den nicht versteuerten geldwerten Vorteil entfallenden Steuerbeträge unmittelbar beim Arbeitnehmer nachgefordert. Dieser wandte sich gegen seine Inanspruchnahme mit der Begründung, dass die Versteuerung im Hinblick auf die Nichtbeanstandung des Haustrunks bei den vorhergehenden Prüfungen gegen Treu und Glauben verstoße.

Der Bundesfinanzhof hat diese Ansicht zurückgewiesen: Eine Lohnsteuer-Außenprüfung richtet sich nur gegen den Arbeitgeber. Es ist richtig, dass hier die Inanspruchnahme des Arbeitgebers gegen den Grundsatz von Treu und Glauben verstoßen könnte, weil bei den vorhergehenden Prüfungen eine andere Auffassung vertreten worden war. Diese Einwendungen betreffen jedoch nicht das Rechtsverhältnis des Finanzamts zum Arbeitnehmer und stehen seiner Inanspruchnahme somit nicht entgegen (BFH, Urteil vom 27.3.1991, BStBl II 1991 S. 720).

– Die Inanspruchnahme des **Arbeitgebers hängt dagegen von der Ermessensausübung ab.**

Der **Arbeitgeber** kann auch dann in Anspruch genommen werden, wenn der **Arbeitnehmer zur Einkommensteuer veranlagt** wird (§ 42d Abs. 3 Satz 3 EStG). Dies kann der Fall sein, wenn die Steuer gegenüber dem Arbeitnehmer zwar zutreffend festgesetzt, aber **nicht vollstreckbar** ist.

Die Inanspruchnahme des **Arbeitgebers** als Haftungsschuldner ist dagegen in der Regel **ermessensfehlerhaft**, wenn die Steuer beim Arbeitnehmer deshalb nicht nachgefordert werden kann, weil

– seine Einkommensteuerveranlagung bestandskräftig ist und die für eine **Änderung des Steuerbescheids** nach § 173 Abs. 1 Nr. 1 AO erforderlichen Voraussetzungen (neue Tatsachen) nicht vorliegen (BFH, Urteil vom 9.10.1992, BStBl II 1993 S. 169),

– der Steueranspruch **verjährt** ist (vgl. BFH, Urteil vom 1.12.1995, BStBl II 1996 S. 239, m.w.N. sowie → Verjährung Rz. 2511).

Streitig ist dabei, ob bei der Prüfung des Eintritts der Verjährung auf die mit dem jeweiligen Lohnzufluss entstandene **Lohnsteuer** (§ 38 Abs. 2 Satz 2 EStG) oder auf die erst mit Ablauf des Veranlagungszeitraums entstehende **Einkommensteuer** (§ 36 Abs. 1 EStG) abzustellen ist. Der Unterschied ist wesentlich, weil die „Lohnsteuer" früher verjährt, und zwar regelmäßig mit Ablauf des vierten Jahres nach dem Jahr, in dem die **Lohnsteuer-Anmeldung abgegeben** worden ist. Die vierjährige Verjährungsfrist gilt zwar auch für die veranlagte Einkommensteuer, sie beginnt aber im Regelfall erst mit Ablauf des Jahres, in dem die **Einkommensteuererklärung abgegeben** wird (sog. Anlaufhemmung nach § 170 Abs. 2 Nr. 1 AO), d.h. im „Normalfall" ein oder zwei Jahre später. Im Schrifttum (vgl. Thomas, Richter am BFH, in DStR 1995 S. 273, 276) wird die erste Alternative befürwortet mit der Folge, dass eine Haftungsinanspruchnahme des Arbeitgebers für Lohnsteuerschulden des Arbeitnehmers – vom Fall der leichtfertigen Verkürzung oder Hinterziehung der Lohnsteuer abgesehen – nur bis zum Ablauf des vierten, auf das Jahr des Lohnzuflusses bzw. der Abgabe der Lohnsteuer-Anmeldung folgenden Kalenderjahrs möglich ist. Die **Finanzverwaltung** lehnt diese Auffassung ab und stellt auf die Verjährung der Einkommensteuer ab. Andernfalls könnten in einer Vielzahl von Fällen zu wenig einbehaltene Steuern nicht mehr im Haftungswege gegenüber dem Arbeitgeber geltend gemacht werden, sondern müssten durch Erlass oder Änderung von Einkommensteuerbescheiden gegenüber den einzelnen Arbeitnehmern realisiert werden.

b) Die Ermessensausübung

1225 Das Finanzamt muss die Wahl, an welchen Gesamtschuldner es sich halten will, nach pflichtgemäßem Ermessen unter Beachtung der durch **Recht und Billigkeit gezogenen Grenzen** unter verständiger Abwägung der Interessen aller Beteiligten treffen. Die Grundsätze von Recht und Billigkeit verlangen keine vorrangige Inanspruchnahme des Arbeitnehmers als des Steuerschuldners, vgl. H 145 (Ausübung des Ermessens) LStH. Ob das Finanzamt von seinem Ermessen den richtigen Gebrauch gemacht hat, ist eine Rechtsfrage, die von den Steuergerichten zu prüfen ist (BFH, Urteil vom 18.11.1961, BStBl III 1962 S. 107).

Die Ermessensprüfung erfolgt in einem **zweistufigen Verfahren**:

– Sog. **Entschließungsermessen**:

Kann der Arbeitgeber überhaupt in Haftung genommen werden oder ist dies **wegen Unbilligkeit** von vornherein **ausgeschlossen**? In den unter → Rz. 1226 dargestellten Fällen scheidet die Arbeitgeberhaftung hiernach aus.

– Sog. **Auswahlermessen**:

Hat die Prüfung des Entschließungsermessens ergeben, dass der **Arbeitgeber überhaupt als Haftender** in Anspruch genommen werden kann, muss das Finanzamt weiter prüfen, ob nicht zunächst der **Arbeitnehmer als Steuerschuldner vorrangig** in Anspruch genommen werden soll.

Im Haftungsbescheid oder spätestens in der Einspruchsentscheidung muss das **Finanzamt seine Ermessenserwägungen darlegen**, weshalb es den Arbeitgeber als Haftungsschuldner und nicht den Arbeitnehmer als Steuerschuldner in Anspruch nimmt (BFH, Urteil vom 18.9.1981, BStBl II 1981 S. 801).

5. Ausschluss der Arbeitgeberhaftung wegen Unbilligkeit (Entschließungsermessen)

1226 Eine Haftung des Arbeitgebers kann insbesondere dann **unbillig** und damit ermessensfehlerhaft sein, wenn er Lohnsteuer infolge eines **entschuldbaren Rechtsirrtums** nicht zutreffend einbehalten hat (BFH, Urteil vom 18.9.1981, BStBl II 1981 S. 801).

Die Rechtsprechung hat hiernach die **Arbeitgeberhaftung abgelehnt**, wenn – vgl. auch H 145 (Ausübung des Ermessens) LStH –

a) der Arbeitgeber eine **bestimmte Methode der Steuerberechnung angewendet und das Finanzamt hiervon Kenntnis erlangt und nicht beanstandet** hat (BFH, Urteil vom 20.7.1962, BStBl III 1963 S. 23);

b) der Arbeitgeber durch **Prüfung und Erörterung einer Rechtsfrage durch das Finanzamt in einer unrichtigen Rechtsauslegung bestärkt** wurde. Das kann z.B. dann der Fall sein, wenn sich der Arbeitgeber bei Durchführung des Lohnsteuerabzugs in einem **Rechtsirrtum** befunden hat, der durch eine frühere **Lohnsteuer-Außenprüfung hervorgerufen** worden ist oder in welchem der Arbeitgeber durch Maßnahmen des Lohnsteuer-Außenprüfers bestärkt worden ist. Gleiches gilt, wenn das Finanzamt nach einer Lohnsteuer-Außenprüfung Kenntnis von einem fehlerhaften Lohnsteuerabzug durch den Arbeitgeber erlangt und diesen nicht auf den Fehler aufmerksam macht (BFH, Urteil vom 24.1.1992, BStBl II 1992 S. 696);

Beispiel 1:

Eine Brauerei hatte den Haustrunk ihrer Angestellten nicht versteuert. Bei der Lohnsteuer-Außenprüfung im Jahre 1976 war dies erstmals aufgegriffen worden, die früheren Prüfungen hatten dies nicht beanstandet.

Eine Haftung der Brauerei hat der Bundesfinanzhof abgelehnt (Urteil vom 27.3.1991, BStBl II 1991 S. 720). Begründung: Wenn die vom Arbeitgeber angewandte lohnsteuerrechtliche Handhabung in einem Prüfungsbericht einer vorangegangenen Lohnsteuer-Außenprüfung gebilligt worden war oder wenn dem Finanzamt durch einen solchen Prüfungsbericht bekannt geworden war, dass der Arbeitgeber die Sachbezüge seiner Arbeitnehmer für die Steuerberechnung falsch behandelt, es aber unterlassen hat, den Arbeitgeber auf diesen Fehler hinzuweisen, dann verstößt die Inanspruchnahme des Arbeitgebers gegen Treu und Glauben.

Diese Voraussetzungen liegen jedoch **nicht** vor, wenn ein bestimmter Sachverhalt, den der Prüfer nicht unbedingt erkennen musste, bei der **Lohnsteuer-Außenprüfung nicht geprüft** und deshalb nicht beanstandet worden ist. Der Arbeitgeber darf dann nicht ohne weiteres davon ausgehen, dass der von ihm vorgenommene Lohnsteuerabzug einwandfrei ist. Es ist selbstverständlich, dass das Nichtaufgreifen eines Sachverhalts bzw. einer bestimmten Rechtsfrage im Rahmen einer Vorbetriebsprüfung im Allgemeinen keinen Vertrauenstatbestand für die Folgebetriebsprüfung schafft (BFH, Urteil vom 24.4.1997, BFH/NV 1997 S. 751).

Beispiel 2:

Eine Baufirma hat ihren Montagearbeitern zu hohe Auslösungen steuerfrei gezahlt. Sie wendet sich gegen die Inanspruchnahme im Haftungswege nach einer Lohnsteuer-Außenprüfung, weil die steuerliche Behandlung der Auslösungen bei früheren Lohnsteuer-Außenprüfungen nicht beanstandet worden war.

Der Bundesfinanzhof hat dieses „pauschale" Vorbringen abgelehnt, weil die Firma nicht nachweisen konnte, dass der Sachverhalt „Auslösungen" tatsächlich geprüft worden war. Den Hinweis darauf, dass der Prüfer die unzutreffende Steuerfreistellung der Auslösungen schon aus der Buchhaltung hätte erkennen müssen, ließ der Bundesfinanzhof nicht gelten (BFH, Urteil vom 24.1.1992, BStBl II 1992 S. 696).

c) der Arbeitgeber einem **entschuldbaren Rechtsirrtum** unterlegen ist, weil ihm z.B. das **Finanzamt eine unklare oder falsche Auskunft gegeben** hat (BFH, Urteil vom 24.11.1961, BStBl III 1962 S. 37), die **Lohnsteuer-Richtlinien unklar** sind oder er den Angaben in einem **Manteltarifvertrag** über die Steuerfreiheit vertraut hat (BFH, Urteile vom 18.9.1981, BStBl II 1981 S. 801, und vom 25.10.1985, BStBl II 1986 S. 98);

d) der Arbeitgeber den Lohnsteuerabzug in Übereinstimmung mit allgemeinen Weisungen der zuständigen oberen Finanzbehörden der Länder oder des Bundes vorgenommen hat, das können sowohl **Erlasse der Finanzministerien** als auch **Verfügungen der Oberfinanzdirektionen** sein. Dabei kommt es nicht darauf an, ob der Arbeitgeber im konkreten Fall Kenntnis von der diesbezüglichen Anordnung hatte. Dies entspricht dem Haftungszweck, den Arbeitgeber nicht für einen unterbliebenen Lohnsteuerabzug in Anspruch zu nehmen, der für den Fall, dass das Finanzamt den Lohnsteuerabzug durch eigene Bedienstete vornähme, ebenfalls unterbliebe, weil Letztere sich an allgemeine Verwaltungsanweisungen zu halten hätten (BFH, Urteil vom 6.12.1996, BStBl II 1997 S. 413). Das Gleiche gilt, wenn sich der Arbeitgeber an die Rechtsprechung des Bundesfinanzhofes hält (FG Berlin, Urteil vom 22.10.1976, EFG 1977 S. 103). Ein Vertrauensschutz besteht allerdings nicht, wenn dem Arbeitgeber bekannt war, dass das für ihn zuständige Betriebsstättenfinanzamt eine andere Auffassung vertritt;

Beispiel 3:

Eine Kurklinik in Hessen hat ihren Arbeitnehmern Dienstwohnungen zur Verfügung gestellt. Die Arbeitnehmer zahlen nur den „besoldungsrechtlichen Mietwert". Entsprechend einer Verfügung der OFD Bremen hat die Klinik diesen Mietwert auch bei der Lohnsteuer angesetzt.

Dienstwohnungen sind grundsätzlich mit der ortsüblichen Vergleichsmiete anzusetzen (→ *Dienstwohnung* Rz. 656). Da die Klinik aber nach Verfügung der OFD Bremen verfahren ist, scheidet eine Haftung aus. Unerheblich ist, dass es sich um eine für den Arbeitgeber unzuständige Oberfinanzdirektion handelt (BFH-Urteil vom 25.10.1985, BStBl II 1986 S. 98). Der Arbeitgeber kann sich daher in Haftungsfällen auch auf Verwaltungsäußerungen aus anderen Bundesländern berufen.

e) der Arbeitgeber den individuellen Lohnsteuerabzug **ohne Berücksichtigung von Gesetzesänderungen** durchgeführt hat, soweit es ihm in der kurzen Zeit zwischen der Verkündung des Gesetzes und den folgenden Lohnabrechnungen bei Anwendung eines strengen Maßstabs **nicht zumutbar war, die Gesetzesänderungen zu berücksichtigen.**

In diesen Fällen können die zu wenig einbehaltenen Steuern somit nur vom **Arbeitnehmer nachgefordert** werden.

6. Haftung des Arbeitgebers (Auswahlermessen)

a) Ermessensfehlerfreie Arbeitgeberhaftung

Kann der Arbeitgeber nach Prüfung des „Entschließungsermessens" überhaupt in Anspruch genommen werden, so ist seine Heranziehung als Haftungsschuldner in aller Regel **ermessensfehlerfrei**, wenn – vgl. auch H 145 (Ausübung des Ermessens) LStH – **1227**

– die Einbehaltung der Lohnsteuer in einem rechtlich einfach und eindeutig vorliegenden Fall nur deshalb unterblieben ist, weil der **Arbeitgeber sich über seine Verpflichtungen nicht hinreichend unterrichtet hat** (BFH, Urteil vom 5.2.1971, BStBl II 1971 S. 353);

Beispiel:

Rechtsanwalt A hat im Jahre 2002 für einen Stundenlohn von 15 € eine Putzhilfe beschäftigt und die Lohnsteuer nach § 40a Abs. 2 EStG pauschal mit 20 % erhoben.

Die Inanspruchnahme des A als Haftungsschuldner ist vom Finanzgericht des Saarlandes als ermessensgerecht angesehen worden, weil sich A offenbar bewusst und vorsätzlich über die Beschränkungen des § 40a Abs. 2 EStG (der Stundenlohn durfte für das Jahr 2002 höchstens 12 € betragen) hinweggesetzt hat (Urteil vom 23.3.1993, EFG 1993 S. 465).

– sie der **Vereinfachung dient, weil gleiche oder ähnliche Berechnungsfehler bei einer größeren Zahl von Arbeitnehmern (das sind** regelmäßig mehr als 40) gemacht worden sind (BFH, Urteil vom 24.1.1992, BStBl II 1992 S. 696);

– das Finanzamt auf Grund einer **fehlerhaften Unterlassung des Arbeitgebers, z.B. bei Verletzung seiner Aufzeichnungspflichten, aus tatsächlichen Gründen nicht in der Lage ist, die Arbeitnehmer als Schuldner der Lohnsteuer** heranzuziehen (BFH, Urteil vom 7.12.1984, BStBl II 1985 S. 164);

– die **individuelle Ermittlung der Lohnsteuer schwierig** und der Arbeitgeber bereit ist, die Lohnsteuerschulden seiner Arbeitnehmer endgültig zu tragen (BFH, Urteil vom 7.12.1984, BStBl II 1985 S. 170) und keinen Antrag auf Pauschalierung stellt. In diesen und vergleichbaren Fällen kann die nachzufordernde Lohnsteuer unter Anwendung eines **durchschnittlichen Bruttosteuersatzes** – ggf. im Schätzungswege – ermittelt werden (vgl. BFH, Urteil vom 29.10.1993, BStBl II 1994 S. 197). **Zahlt der Arbeitgeber als Haftungsschuldner die nachgeforderte Lohnsteuer ohne dafür bei den Arbeitnehmern Regress zu nehmen, fließt den Arbeitnehmern im Zeitpunkt der Zahlung ein Vorteil zu, der dem Lohnsteuerabzug unterliegt;**

– im Falle einer **Nettolohnvereinbarung** der Arbeitgeber die Lohnsteuer im Innenverhältnis selbst tragen muss (BFH, Urteil vom 12.12.1975, BStBl II 1976 S. 543) oder wenn der Arbeitnehmer nicht weiß, dass der Arbeitgeber die Lohnsteuer nicht angemeldet hat (BFH, Urteil vom 8.11.1985, BStBl II 1986 S. 186);

– der Arbeitgeber die einbehaltene **Lohnsteuer nicht** an das Finanzamt **abgeführt** (FG Hamburg, Urteil vom 16.10.1985, EFG 1986 S. 364) oder vorsätzlich nie Lohnsteuer einbehalten und damit **Steuerhinterziehung** begangen hat (BFH, Urteil vom 12.1.1988, BFH/NV 1988 S. 692);

– der Arbeitnehmer in das **Ausland verzogen** ist und der Nachforderungsbescheid daher unter Umständen nicht vollstreckt werden kann (BFH, Urteil vom 20.7.1988, BStBl II 1989 S. 99, sowie BFH, Beschluss vom 8.11.2000, BFH/NV 2001 S. 448).

Der Inanspruchnahme des Arbeitgebers steht nicht entgegen, dass das **Finanzamt** über einen längeren Zeitraum von seinen Befugnissen zur **Überwachung** des Lohnsteuerabzugs und zur **Beitreibung** der Lohnabzugsbeträge **keinen Gebrauch** gemacht hat (BFH, Urteil vom 11.8.1978, BStBl II 1978 S. 683).

b) Ermessensfehlerhafte Arbeitgeberhaftung

1228 Eine Haftung des Arbeitgebers ist dagegen als ermessensfehlerhaft **abgelehnt** worden, wenn – vgl. auch H 145 (Ausübung des Ermessens) LStH –

– die Lohnsteuer ebenso **schnell und einfach vom Arbeitnehmer nacherhoben** werden könnte, weil dieser z.B. ohnehin zur **Einkommensteuer zu veranlagen** ist (BFH, Urteile vom 12.1.1968, BStBl II 1968 S. 324, und vom 21.1.1972, BStBl II 1972 S. 364);

– der **Arbeitnehmer inzwischen aus dem Betrieb ausgeschieden** ist, weil dann der Arbeitgeber die im Haftungsverfahren entrichtete Lohnsteuer von künftigen Lohnzahlungen nicht mehr einbehalten kann (vgl. zuletzt FG des Landes Brandenburg, Beschluss vom 5.7.1996, EFG 1997 S. 81, m.w.N.). Der **Arbeitgeber** kann aber dann in Anspruch genommen werden, wenn in diesen Fällen der **Versuch des Finanzamts, die Lohnsteuer beim Arbeitnehmer nachzufordern, erfolglos** verlaufen ist und § 173 Abs. 2 AO (Bestandsschutz nach einer Außenprüfung) dem Erlass eines Haftungsbescheids nicht entgegensteht (BFH, Urteil vom 17.2.1995, BStBl II 1995 S. 555). Kann die Steuer beim Arbeitnehmer deshalb nicht nachgefordert werden, weil seine **Einkommensteuerveranlagung bestandskräftig** ist und die für eine Änderung des Steuerbescheids nach § 173 Abs. 1 Nr. 1 AO (neue Tatsachen) erforderlichen Voraussetzungen nicht vorliegen, ist ein Haftungsbescheid gegen den Arbeitgeber in aller Regel ermessensfehlerhaft;

– es **zweifelhaft ist, ob überhaupt ein Dienstverhältnis vorliegt** und der mutmaßliche Arbeitnehmer bekannt ist (BFH, Urteil vom 18.7.1958, BStBl III 1958 S. 384);

– es sich nur um **einige wenige, einzeln bekannte Arbeitnehmer** handelt (BFH, Urteil vom 20.9.1985, BFH/NV 1986 S. 240);

– der Arbeitgeber zu wenig Lohnsteuer einbehalten hat, weil der **Arbeitnehmer** ihm gegenüber unvollständige oder unrichtige Angaben gemacht hat. Das gilt grundsätzlich auch für Arbeitslohn von dritter Seite, z.B. **Trinkgelder** im Gaststätten- oder Frisiergewerbe (R 106 Abs. 5 LStR sowie BFH, Urteil vom 24.10.1997, BStBl II 1999 S. 323);

– der **Arbeitnehmer**, für den zu wenig Lohnsteuer einbehalten wurde, **im Betrieb selbst für den Lohnsteuerabzug verantwortlich** war, z.B. als Geschäftsführer (FG Münster, Urteil vom 28.10.1975, EFG 1976 S. 309);

– wenn der Lohn erst zufließt, nachdem die Arbeitnehmer aus den **Diensten des Arbeitgebers ausgeschieden** sind, und wenn deshalb

die Berechnung der Lohnsteuer für den Arbeitgeber wegen des **Fehlens der Lohnsteuerkarten** der Arbeitnehmer einen **Verwaltungsaufwand** verursachen würde, der deutlich höher wäre als es die Versendung einer Kontrollmitteilung durch die Finanzverwaltung wäre (BFH, Beschluss vom 19.7.1995, BFH/NV 1996 S. 32).

7. Haftung dritter Personen

Neben dem **Arbeitgeber** als Haftendem und dem **Arbeitnehmer** **1229** als Steuerschuldner können auch **dritte Personen als Gesamtschuldner** haften, vgl. ausführlich R 145 Abs. 2 LStR sowie H 145 (Haftung anderer Personen) LStH:

Hierbei handelt es sich insbesondere um **gesetzliche Vertreter natürlicher und juristischer Personen, z.B. Vereinsvorstände, Vermögensverwalter, Konkursverwalter, Geschäftsführer einer GmbH, Rechtsnachfolger**. Voraussetzung ist allerdings, anders als bei der Arbeitgeberhaftung, dass sie ihre steuerlichen Pflichten **vorsätzlich oder grob fahrlässig verletzt** haben (§ 69 AO).

Der **Geschäftsführer einer GmbH** kann als Haftungsschuldner für die von der GmbH nicht abgeführte Lohnsteuer auch insoweit in Anspruch genommen werden, als die Steuer auf seinen eigenen Arbeitslohn entfällt (BFH, Urteil vom 15.4.1987, BStBl II 1988 S. 167). Durch privatrechtliche Vereinbarungen im Gesellschaftsvertrag kann die Haftung der Gesellschafter einer Gesellschaft bürgerlichen Rechts nicht auf das Gesellschaftsvermögen beschränkt werden (BFH, Urteil vom 27.3.1990, BStBl II 1990 S. 939).

Ferner haftet auch der **Übernehmer eines Betriebs im Ganzen** für die seit Beginn des letzten, vor der Übereignung liegenden Kalenderjahres entstandene Lohnsteuer, wenn sie bis zum Ablauf von einem Jahr nach Anmeldung des Betriebs durch den Erwerber festgesetzt oder angemeldet worden ist (§ 75 AO).

Die Haftung des **Entleihers** (ggf. auch des **Verleihers**) im Rahmen der **Arbeitnehmerüberlassung** ist in den § 42d Abs. 6 bis 8 EStG besonders geregelt, es handelt sich dabei nicht um eine „Arbeitgeber-Haftung". Einzelheiten siehe → *Arbeitnehmerüberlassung* Rz. 180.

8. Einwendungen gegen die Haftung

Der **Arbeitgeber** kann im Einspruchsverfahren im Wesentlichen **1230** nur geltend machen, dass

– **kein Arbeitsverhältnis begründet** worden sei,

– er den **Lohnsteuerabzug zutreffend** vorgenommen bzw. bei steuerfreien Leistungen unterlassen habe,

– seine Inanspruchnahme **ermessenswidrig** sei oder

– der Arbeitnehmer **Zahlungen** auf die der Haftung zu Grunde gelegten Steuerschulden **erbracht** hat, indem er die streitigen Lohnbestandteile in seiner Einkommensteuererklärung versteuert hat (BFH, Urteil vom 24.1.1992, BStBl II 1992 S. 696).

In der **Person des Arbeitnehmers liegende Ermäßigungsgründe** (z.B. über den Abzug von Werbungskosten, Sonderausgaben, außergewöhnlichen Belastungen usw., die der Arbeitnehmer im Rahmen einer Einkommensteuerveranlagung hätte geltend machen können) **kann der Arbeitgeber jedoch nicht vorbringen**, maßgeblich sind insoweit vielmehr die Eintragungen auf der Lohnsteuerkarte („**Lohnsteuerkartenprinzip**", vgl. BFH, Urteil vom 26.7.1974, BStBl II 1974 S. 756).

Eine **Ausnahme** gilt, wenn sich Arbeitgeber und Arbeitnehmer über **die Zugehörigkeit von Bezügen zum Arbeitslohn** und damit auch über **die Notwendigkeit der Eintragung** der mit diesen Bezügen zusammenhängenden **Werbungskosten irrten und irren konnten** (BFH, Urteil vom 5.11.1971, BStBl II 1972 S. 137; vgl. im Einzelnen → *Haftung für Lohnsteuer: Berechnung der Nachforderung* Rz. 1233).

Erhält der **Arbeitnehmer selbst einen Nachforderungsbescheid**, so kann er – wie bei einer Einkommensteuerveranlagung – alle **Ermäßigungsgründe vorbringen**, selbst wenn die zweijährige Frist für die sog. Antragsveranlagung abgelaufen ist. Er kann auch einwenden, seine Einkünfte lägen unter dem steuerfrei bleibenden Grundfreibetrag; **ausgeschlossen ist** lediglich eine nachträgliche **Steuererstattung** (BFH, Urteile vom

26.1.1973, BStBl II 1973 S. 423, und vom 15.11.1974, BStBl II 1975 S. 297).

9. Rückgriff gegen den Arbeitnehmer

a) Verzicht als geldwerter Vorteil

1231 Hat der **Arbeitgeber** im Haftungswege für den Arbeitnehmer als eigentlichen Steuerschuldner **Lohnsteuer nachgezahlt**, so hat er – mit Ausnahme bei Nettolohnvereinbarungen – zivilrechtlich **gegen den Arbeitnehmer einen Rückgriffsanspruch** (BAG, Urteil vom 9.12.1976, BStBl II 1977 S. 581). **Verzichtet der Arbeitgeber auf diesen Rückgriffsanspruch**, so wird dadurch dem Arbeitnehmer im Zeitpunkt des Regressverzichts ein **geldwerter Vorteil** zugewendet, der als sonstiger Bezug zu versteuern ist, vgl. H 70 (Beispiele) LStH. Dies gilt auch für **Nettolohnvereinbarungen**. Will der Arbeitgeber auch diese Lohnsteuer übernehmen, so ist der geldwerte Vorteil nach den Grundsätzen der Nettobesteuerung zu ermitteln. Er kann aber stattdessen auch die Festsetzung eines besonderen **Pauschsteuersatzes** beantragen und dann die pauschale Lohnsteuer übernehmen.

Hat sich der **Arbeitgeber** auf Grund einer **Vereinbarung** mit dem Arbeitnehmer eines **Rückgriffsrechts begeben** oder ist ihm auf Grund eines **tarifvertraglichen Ausschlusses** (z.B. nach sechs Monaten) ein **Rückgriff auf den Arbeitnehmer nicht möglich**, so stellt die Übernahme der Steuerabzugsbeträge einen als **Nettozuwendung** an den Arbeitnehmer zu versteuernden geldwerten Vorteil dar.

b) Unfreiwilliger Verzicht kein geldwerter Vorteil

1232 Trägt der Arbeitgeber dagegen die nachentrichteten Steuerbeträge **wider Willen**, weil ihm ein Rückgriff auf den Arbeitnehmer nicht mehr möglich oder aber erfolglos geblieben ist (z.B. weil der Arbeitnehmer inzwischen **entlassen wurde oder zahlungsunfähig** ist), so kann der Arbeitgeber nur mit der **Bruttosteuer** in Anspruch genommen werden, denn in der Übernahme der nachentrichteten Steuerbeträge liegt in derartigen Fällen keine beabsichtigte Zuwendung des Arbeitgebers an den Arbeitnehmer.

Haftung für Lohnsteuer: Berechnung der Nachforderung

Zu den Themen „Haftung für Lohnsteuer" vgl. auch

– → *Haftung für Lohnsteuer: Allgemeine Grundsätze* Rz. 1214
– → *Haftung für Lohnsteuer: Verfahrensvorschriften* Rz. 1251.

1. Nachforderung beim Arbeitgeber

1233 Bei Nachforderungen für das **abgelaufene Kalenderjahr** ist, wenn der Arbeitnehmer während des ganzen Jahres bei demselben Arbeitgeber beschäftigt gewesen ist, die für das ganze Jahr maßgebende Jahreslohnsteuertabelle anzuwenden. Die Lohnsteuer kann nur insoweit nachgefordert werden, als sich unter Berücksichtigung der **Eintragungen auf der Lohnsteuerkarte** und der Vorschriften über den Lohnsteuer-Jahresausgleich, soweit er vom Arbeitgeber durchzuführen ist, ein Mehrbetrag ergibt. Die ggf. im Rahmen einer vom Finanzamt durchgeführten Antragsveranlagung geltend gemachten Antragsgründe und ihre Auswirkungen braucht der Arbeitgeber nicht zu berücksichtigen. Auch auf **Ermäßigungsgründe**, die der Arbeitnehmer überhaupt nicht geltend gemacht hat oder wegen Fristablaufs bei einer Antragsveranlagung nicht mehr geltend machen kann, **kann der Arbeitgeber sich im Haftungsverfahren nicht berufen** (BFH, Urteil vom 5.11.1971, BStBl II 1972 S. 137).

Lediglich wenn Arbeitgeber und Arbeitnehmer über die **Zugehörigkeit von Bezügen zum Arbeitslohn und damit auch über die Notwendigkeit der Eintragung der mit diesen Bezügen zusammenhängenden Werbungskosten irrten**, können insoweit Werbungskosten nachträglich berücksichtigt werden (BFH, Urteil vom 5.11.1971, BStBl II 1972 S. 137). Gleiches gilt, wenn der Arbeitgeber die Lohnsteuer zunächst nach § 40a EStG pauschal erhoben hat, die Pauschalierung dann aber im Rahmen einer Lohnsteuer-Außenprüfung abgelehnt wird, weil die Voraussetzungen hierfür nicht gegeben sind. Beim Erlass des Haftungsbescheids hat dann das Finanzamt zu prüfen, ob und in welcher Höhe Werbungskosten der Arbeitnehmer zu berücksichtigen sind, die bisher nicht geltend gemacht worden sind (FG Baden-Württemberg, Urteil vom 14.5.1997, EFG 1997 S. 1193).

Beispiel:

Eine Baufirma hat ihren Monteuren pauschale Zehrgelder von 8 DM bzw. ab 1.1.2002 4 € steuerfrei gezahlt, weil sie täglich länger als sechs Stunden unterwegs sind. Ob die Mindestabwesenheitsdauer von acht Stunden erfüllt war, wurde nicht geprüft. Bei ihrer Einkommensteuerveranlagung haben die Arbeitnehmer im Hinblick auf die steuerfrei gezahlten Zehrgelder keine Mehraufwendungen für Verpflegung als Werbungskosten angesetzt – auch nicht für die Tage, an denen tatsächlich die Mindestabwesenheitsdauer von acht Stunden erfüllt war.

Nach einer Lohnsteuer-Außenprüfung wurden die Zehrgelder vom Finanzamt versteuert, weil die Firma nicht nachweisen konnte, dass für alle Tage die Mindestabwesenheitsdauer von acht Stunden erfüllt war. Soweit dies im Haftungsverfahren noch nachgewiesen werden kann, ist die Haftungssumme entsprechend zu verringern. Es erscheint verständlich, dass der Arbeitgeber die häufigen Änderungen beim Abzug von Verpflegungsmehraufwendungen nicht ganz „durchblickt" hat.

Das gilt z.B. auch, wenn der Arbeitgeber für die Benutzung des arbeitnehmereigenen Pkw anlässlich von **Dienstreisen eine Pauschale** steuerfrei zahlt und die Aufwendungen des Arbeitnehmers nicht im Rahmen des Veranlagungsverfahrens berücksichtigt worden sind. Der **Irrtum des Arbeitgebers darf aber nicht auf einer groben und für ihn offensichtlichen Verletzung steuerlicher Pflichten beruhen**. Ein solcher **Irrtum ist deshalb z.B. nicht anzuerkennen**, wenn der Arbeitgeber (z.B. bei einer früheren Lohnsteuer-Außenprüfung) auf die Lohnsteuerpflicht bestimmter Zuwendungen hingewiesen wurde (BFH, Urteil vom 10.2.1961, BStBl III 1961 S. 139).

Ausnahmsweise kann aber von einer **Inanspruchnahme des Arbeitgebers abgesehen** werden, wenn es sich um einen oder wenige langfristig beschäftigte und gering entlohnte Arbeitnehmer, für die keine Lohnsteuerkarten vorgelegen haben, handelt und damit gerechnet werden kann, dass ihre Einkünfte keinen materiellen Steueranspruch ausgelöst haben, d.h. **unter dem steuerlichen Grundfreibetrag liegen**. Voraussetzung ist, dass die Namen der Arbeitnehmer und ihre Anschriften bekannt sind und sich das Verhalten des Arbeitgebers nicht als grob fahrlässig darstellt (BFH, Urteil vom 15.11.1974, BStBl II 1975 S. 297).

2. Berechnungsmethoden

1234 Steht die Höhe der nachzuversteuernden Zuwendungen im Einzelnen fest und ist geklärt, dass die Steuerabzugsbeträge vom **Arbeitgeber nachgefordert** werden, so ergeben sich **folgende Berechnungsmöglichkeiten:**

– **Brutto-Einzelberechnung**

– **Netto-Einzelberechnung**

– Anwendung von **Pauschsteuersätzen**

– **Berechnung der Steuernachforderung** bei Fehlen eines Antrags nach § 40 Abs. 1 EStG

(vgl. hierzu OFD Cottbus, Verfügung vom 19.7.1996, FR 1996 S. 606).

a) Brutto-Einzelberechnung

aa) Weiterbelastung an den Arbeitnehmer

1235 Die Brutto-Einzelberechnung kommt in Betracht, wenn Steuerabzugsbeträge von Arbeitnehmern nachzufordern sind, der **Arbeitgeber aber nicht beabsichtigt, die nachgeforderten Steuerabzugsbeträge zu übernehmen.** Der Nachforderungsbetrag ergibt sich unter Anwendung der maßgeblichen Lohnsteuertabelle aus dem Unterschied zwischen der Lohnsteuer, die auf den bisher versteuerten Arbeitslohn, und der Lohnsteuer, die auf den bei der Lohnsteuer-Außenprüfung festgestellten Arbeitslohn entfällt. Die nachzufordernde Lohnsteuer ist also **grundsätzlich individuell zu ermitteln.** Der individuellen Ermittlung der Steuerabzugsbeträge steht nicht entgegen, dass es sich um eine **Vielzahl von Fällen** handelt oder sie mit einem großen Arbeitsaufwand verbunden ist (BFH-Urteil vom 17.3.1994, BStBl II S. 536, und BFH-Beschluss vom 19.7.1995, BFH/NV 1996 S. 32).

Beispiel:

Ein rentenversicherungspflichtiger Arbeitnehmer in München, Steuerklasse III/1, nicht kirchensteuerpflichtig, bewohnt eine Werkswohnung. Nach R 31 Abs. 5 LStR war ihm im Kalenderjahr 2001 ein geldwerter Vorteil von (140 DM × 12 Monate =) 1 680 DM zuzurechnen. Der bisher versteuerte Arbeitslohn betrug 45 600 DM.

Die Nachforderung ist wie folgt zu berechnen:

		Lohnsteuer	Solidaritätszuschlag (5,5 %)
Arbeitslohn	45 600 DM	1 310 DM	0 DM
+ Vorteil	1 680 DM		
insgesamt	47 280 DM	1 602 DM	0 DM
Nachforderung		292 DM	0 DM

Das Finanzamt wird spätestens bei der nächsten Lohnsteuer-Außenprüfung prüfen, ob der Arbeitgeber tatsächlich den Nachzahlungsbetrag von 292 DM (= 149,30 €) vom Arbeitnehmer zurückgefordert hat. Ein **Verzicht des Arbeitgebers auf die Weiterbelastung stellt für den Arbeitnehmer einen geldwerten Vorteil** und damit einen Zufluss von steuerpflichtigem Arbeitslohn dar, der im Zeitpunkt des Verzichts als sonstiger Bezug zu versteuern ist (→ *Haftung für Lohnsteuer: Allgemeine Grundsätze* Rz. 1214). Übernimmt der Arbeitgeber auch die hierauf entfallenden Steuern, so ist eine Nettobesteuerung des sonstigen Bezugs durchzuführen (vgl. → *Nettolöhne* Rz. 1775).

bb) Keine Weiterbelastung an den Arbeitnehmer

1236 Trägt der Arbeitgeber die nachentrichteten Steuerbeträge wider Willen, weil ihm ein Rückgriff auf den Arbeitnehmer nicht mehr möglich oder aber erfolglos geblieben ist (z.B. weil der Arbeitnehmer unbekannt verzogen oder zahlungsunfähig ist), so kann der Arbeitgeber nur mit der Bruttosteuer in Anspruch genommen werden, denn in der Übernahme der nachentrichteten Steuerbeträge liegt in derartigen Fällen keine beabsichtigte Zuwendung des Arbeitgebers an den Arbeitnehmer. Hat sich der Arbeitgeber dagegen auf Grund einer Vereinbarung mit dem Arbeitnehmer eines Rückgriffsrechts begeben oder ist ihm auf Grund eines tarifvertraglichen Ausschlusses (z.B. nach sechs Monaten) ein Rückgriff auf den Arbeitnehmer nicht möglich, so stellt die Übernahme der Steuerabzugsbeträge im Jahr der Zahlung einen weiteren geldwerten Vorteil dar, der mit dem Nettosteuersatz zu versteuern ist.

b) Netto-Einzelberechnung

1237 Eine Netto-Einzelberechnung kommt in folgenden Fällen in Betracht:

aa) Nettolohnvereinbarung

1238 Wird eine Nettolohnvereinbarung (vgl. BFH, Urteil vom 28.2.1992, BStBl II 1992 S. 733) anerkannt, vom Arbeitgeber das Vorliegen einer Nettozuwendung eingeräumt oder ist der **Arbeitgeber aus Vereinfachungsgründen mit der sofortigen Inanspruchnahme**

als Haftungsschuldner mit dem Nettosteuersatz einverstanden, ist die Lohnsteuer für das Jahr des Zuflusses im Wege der **Nettolohnversteuerung** nach R 122 LStR zu berechnen, vgl. dazu ausführlich OFD Düsseldorf, Verfügung vom 29.1.1997, b+p 1997 S. 362 Nr. 20, sowie → *Nettolöhne* Rz. 1775.

bb) Übernahmeerklärung des Arbeitgebers

1239 Wenn der Arbeitgeber von vornherein erklärt, die auf die festgestellten unversteuerten Vorteile entfallenden Steuerbeträge übernehmen zu wollen, ist in entsprechender Anwendung des BFH-Urteils vom 29.10.1993, BStBl II 1994 S. 197, nur die **Bruttosteuer** zu ermitteln, die für die einzelnen Kalenderjahre des Prüfungszeitraums im Einzelfall auf den Nachforderungsgrund entfallen. Die Summe der sich so ergebenden Steuern ist dann als sonstiger Bezug im **Zeitpunkt ihrer Zahlung** durch den Arbeitgeber **netto** zu versteuern.

Die Nettoversteuerung eines sonstigen Bezugs erfolgt in entsprechender Anwendung des H 122 (Beispiele) LStH durch „Abtasten" der Jahreslohnsteuertabelle. Übernimmt der Arbeitgeber auch die auf den sonstigen Bezug entfallende Kirchensteuer, den Solidaritätszuschlag und ggf. die Arbeitnehmeranteile am Gesamtsozialversicherungsbeitrag, so sind für die Berechnung der Nachforderung dem sonstigen Bezug die darauf entfallenden Beträge bei jedem Schritt im Abtastverfahren hinzuzurechnen (R 122 Abs. 4 Satz 2 Nr. 3 LStR).

3. Anwendung von Pauschsteuersätzen

a) Antrag auf Pauschalierung

1240 Die Netto-Einzelberechnung ist insbesondere dann, wenn **mehrere Arbeitnehmer** betroffen sind, mit einem **erheblichen Arbeitsaufwand** verbunden. Ist daher vom Arbeitgeber in einer **größeren Zahl von Fällen** (R 126 Abs. 1 LStR) Lohnsteuer nachzuerheben, weil der Arbeitgeber die Lohnsteuer nicht vorschriftsmäßig einbehalten hat, kann diese mit einem unter Berücksichtigung der allgemeinen Vorschriften über die Lohnbesteuerung zu ermittelnden **Pauschsteuersatz** erhoben werden (§ 40 Abs. 1 Nr. 2 EStG), wenn nicht ein fester Pauschsteuersatz in Betracht kommt (§ 40 Abs. 2, § 40a und § 40b EStG). Voraussetzung für die Anwendung eines Pauschsteuersatzes nach § 40 Abs. 1 Nr. 2 EStG ist, dass der **Arbeitgeber einen entsprechenden Antrag stellt.** Da die in § 40 Abs. 3 EStG vorgeschriebene Übernahme der pauschalen Lohnsteuer durch den Arbeitgeber einen geldwerten Vorteil darstellt, handelt es sich bei dem Pauschsteuersatz regelmäßig um einen **Nettosteuersatz.**

Der Arbeitgeber ist an diesen **Antrag gebunden,** sobald der Pauschalierungsbescheid wirksam geworden, d.h. bekannt gegeben worden ist, vgl. H 126 (Bindung des Arbeitgebers an den Pauschalierungsbescheid) LStH. War sich der Arbeitgeber über Bedeutung und Rechtsfolgen des Antrags auf Pauschalierung der Steuern nicht im Klaren und sind im Einspruchsverfahren seine Einwendungen gegen den Pauschalierungsbescheid als Rücknahme oder Anfechtung des Pauschalierungsantrags zu verstehen, so ist es in der Regel ermessensfehlerhaft, wenn das Finanzamt den Pauschalierungsbescheid aufrechterhält, obwohl es den Steueranspruch durch Erlass eines Haftungsbescheides gegenüber dem Arbeitgeber realisieren kann (BFH, Urteil vom 5.3.1993, BStBl II 1993 S. 692).

Zum Begriff **„größere Zahl von Fällen"** i.S. des § 40 Abs. 1 Satz 1 EStG siehe → *Pauschalierung der Lohnsteuer* Rz. 1808.

1241 Die Anwendung des Pauschsteuersatzes nach § 40 Abs. 1 Nr. 2 EStG soll lediglich der **Arbeits- und Verwaltungsvereinfachung** dienen und darf **nicht zu einer ungerechtfertigten Begünstigung** führen. Grobe und nicht motivierte Schätzungen sind daher grundsätzlich nicht zulässig, vielmehr ist eine Durchschnittsberechnung unumgänglich.

b) Durchführung der Pauschalierung

1242 Die Berechnung der Steuernachforderung darf nur dann nach einem Pauschsteuersatz vorgenommen werden, wenn der **Arbeitgeber bereit ist, die Lohnsteuer in vollem Umfang zu übernehmen.** Der Arbeitgeber wird nämlich in den Fällen der Pauschalierung zum Schuldner der pauschalen Lohnsteuer (§ 40

Abs. 3 EStG). Der pauschal besteuerte Arbeitslohn und die pauschale Lohnsteuer bleiben, im Gegensatz zu dem im Haftungsverfahren festgestellten unversteuerten oder zu gering besteuerten Arbeitslohn und der hier nachzuerhebenden Steuer, bei einer **Einkommensteuerveranlagung außer Betracht**.

c) Ermittlung des Pauschsteuersatzes

1243 Wegen der Ermittlung eines Pauschsteuersatzes nach § 40 Abs. 1 Nr. 2 EStG wird auf die **Beispiele** zu H 126 (Berechnung des durchschnittlichen Steuersatzes) LStH und Pauschalierung der Lohnsteuer (→ *Pauschalierung der Lohnsteuer* Rz. 1805) hingewiesen.

Der **geldwerte Vorteil aus der Steuerübernahme des Arbeitgebers** ist nicht nach den Verhältnissen im Zeitpunkt des Steuernachforderungsbescheids zu versteuern. Vielmehr muss der für die pauschal versteuerten Löhne nach den Verhältnissen der jeweiligen Zuflussjahre errechnete Brutto-Pauschsteuersatz jeweils auf den Netto-Pauschsteuersatz der Jahre hochgerechnet werden, in denen der pauschal versteuerte Arbeitslohn dem Arbeitnehmer zugeflossen ist (BFH, Urteil vom 26.8.1988, BStBl II 1989 S. 304).

Der Arbeitgeber wird Schuldner der pauschalen Lohnsteuer, die nach dem BFH-Urteil vom 6.5.1994, BStBl II S. 715, im Zeitpunkt des Zuflusses beim Arbeitnehmer entsteht, also nicht erst mit Ergehen des Pauschalierungsbescheids. Dieser frühere Zeitpunkt hat für den Arbeitgeber Bedeutung für die Berechnung der Verjährungsfrist (→ *Verjährung* Rz. 2511).

4. Berechnung der Steuernachforderung bei Fehlen eines Pauschalierungsantrags des Arbeitgebers nach § 40 Abs. 1 EStG, Schätzung der Lohnsteuer nach § 162 AO

1244 Eine Pauschalierung der Lohnsteuer nach § 40 Abs. 1 Nr. 2 EStG ist nur zulässig, wenn der Arbeitgeber eine derartige **Pauschalierung beantragt**. Ist der Arbeitgeber dazu nicht bereit, so sind folgende Fälle zu unterscheiden:

– Sind die **nachzuversteuernden Beträge der Höhe nach für jeden Arbeitnehmer eindeutig feststellbar** und ist die Berechnung der individuellen Steuer **möglich** (z.B. Nachversteuerung von geldwerten Vorteilen bei der Überlassung von Werkswohnungen oder bei der privaten Pkw-Nutzung), so ist bei einem Fehlen des Antrags des Arbeitgebers auf Pauschalierung eine **Brutto-Einzelberechnung** oder bei einem **Verzicht auf Regress gegenüber den Arbeitnehmern** eine **Netto-Einzelberechnung** für jeden einzelnen Arbeitnehmer unumgänglich. Eine Ermittlung der Lohnsteuer in Anlehnung an die für eine Pauschalierung nach § 40 Abs. 1 EStG geltenden Grundsätze ist nicht zulässig (vgl. BFH, Urteil vom 17.3.1994, BStBl I S. 536). In derartigen Fällen hat der Arbeitgeber im Rahmen seiner Mitwirkungspflicht dem Lohnsteuerprüfer alle für eine derartige Berechnung erforderlichen Merkmale (Bruttoarbeitslohn, Freibeträge, Steuerklasse usw.) vorzulegen und insbesondere so aufzubereiten, dass die Brutto-Einzelberechnung, ggf. die Netto-Einzelberechnung, möglichst einfach und mit dem geringsten Zeitaufwand durchgeführt werden kann. Dazu sind zweckmäßigerweise in einer Liste alle Arbeitnehmer mit dem sich nach § 39b Abs. 3 Satz 2 EStG ergebenden Jahresarbeitslohn auszuweisen (also ggf. nach Abzug von Versorgungs-Freibetrag, Altersentlastungsbetrag usw.).

– Ist dagegen die **Feststellung der Höhe** der nachzuversteuernden Beträge oder ihre **individuelle Zuordnung auf die einzelnen Arbeitnehmer nicht möglich**, so ist die nachzuerhebende Lohnsteuer in Anlehnung an § 40 Abs. 1 EStG regelmäßig mit einem **Bruttosteuersatz zu schätzen**. Ob die endgültige Übernahme der Steuerabzugsbeträge im Kalenderjahr der Zahlung zu einem weiteren geldwerten Vorteil, der mit dem Nettosteuersatz zu versteuern ist, führt, kann nur im Einzelfall entschieden werden. Entscheidend ist, ob der Arbeitgeber objektiv seinen Ausgleichsanspruch gegen den Arbeitnehmer nicht mehr geltend machen kann (z.B. Arbeitnehmer ist unbekannt verzogen), ob er erfolglos war oder ob er lediglich aus subjektiven Gründen (z.B. zu hoher Verwaltungsaufwand) auf die Geltendmachung seines Anspruchs

verzichtet. Vgl. hierzu BFH-Urteil vom 29.10.1993, BStBl II 1994 S. 197. Eine Schätzung mit einem Nettosteuersatz ist allenfalls bei Vorliegen einer Nettolohnvereinbarung zulässig. Die Steuerbeträge sind durch **Haftungsbescheid** und nicht durch Steuerbescheid zu erheben, da es sich nicht um eine Pauschalierung der Lohnsteuer nach § 40 EStG handelt und der Arbeitgeber demnach nicht Steuerschuldner ist.

5. Weitere Einzelfragen

a) Nettolohnvereinbarungen

Die Verpflichtung zur Einbehaltung der Lohnsteuer besteht auch **1245** bei einer sog. Nettolohnvereinbarung (→ *Nettolöhne* Rz. 1775), bei der der Arbeitgeber alle Steuern (Lohnsteuer, Kirchensteuer, Solidaritätszuschlag) sowie den Arbeitnehmeranteil zur Sozialversicherung übernimmt. Hat der **Arbeitgeber** die Lohnsteuer nicht richtig einbehalten und abgeführt, **haftet er vorrangig**. Der **Arbeitnehmer** kann nur in Anspruch genommen werden, wenn **er weiß, dass der Arbeitgeber die Lohnsteuer nicht angemeldet** hat (BFH-Urteil vom 8.11.1985, BStBl II 1986 S. 186).

Kommt es zur Haftung des Arbeitgebers, so sind zur Feststellung des steuerpflichtigen Arbeitslohns dem Nettolohn die Abzugsbeträge hinzuzurechnen, die der Arbeitgeber hätte anmelden und abführen müssen, also Lohnsteuer, Lohnkirchensteuer, Solidaritätszuschlag und Sozialversicherungsbeiträge (FG Münster, Urteil vom 26.10.1983, EFG 1984 S. 193). Der Nachforderungsbetrag ist durch **Netto-Einzelberechnung** zu ermitteln.

b) Schwarzlohnvereinbarungen

„Schwarzarbeiter" können je nach den Umständen des Einzel- **1246** falles **selbständig oder nichtselbständig** sein (BFH-Urteil vom 21.3.1975, BStBl II S. 513).

Eine Schwarzlohnvereinbarung, bei der Arbeitgeber und Arbeitnehmer einvernehmlich zur Hinterziehung der Lohnsteuer und der Sozialversicherungsbeiträge zusammenwirken, ist keine Nettolohnvereinbarung. Die Nachversteuerung erfolgt auf der Basis des **Nettosteuersatzes** (BFH, Urteil vom 21.2.1992, BStBl II 1992 S. 443), weil ein Rückgriff auf den Arbeitnehmer in diesen Fällen regelmäßig nicht vorgesehen ist.

c) Lohnzahlungen durch Dritte

Die Abführungspflicht und damit auch die Haftung des Arbeit- **1247** gebers besteht auch bei Lohnzahlungen durch Dritte, z.B. bei den sog. **Trinkgeldern**, die im Frisier- und Gaststättengewerbe oder bei Taxifahrern üblicherweise gezahlt werden. Dabei spielt es keine Rolle, ob der Arbeitnehmer einen Rechtsanspruch auf die Lohnzahlung durch den Dritten hat (so z.B. die Bedienungszuschläge im Gaststättengewerbe) oder Trinkgelder freiwillig gewährt werden. Problematisch ist hier eigentlich nur, dass dem Arbeitgeber die Höhe der gezahlten Trinkgelder meist nicht bekannt ist und er sich auf die Angaben seiner Arbeitnehmer verlassen muss (vgl. R 145 Abs. 1 Satz 3 LStR sowie BFH, Urteil vom 24.10.1997, BStBl II 1999 S. 323).

6. Nachforderung vom Arbeitnehmer

a) Allgemeines

Kommt eine **Haftung des Arbeitgebers nicht in Betracht**, weil **1248** der Arbeitnehmer als Alleinschuldner, vgl. H 139 (Einzelfälle) LStH, oder als Gesamtschuldner in Anspruch zu nehmen ist (§ 42d Abs. 3 EStG), so ist die vom Arbeitgeber nicht einbehaltene Lohnsteuer vom **Arbeitnehmer anzufordern**. Für die Nachforderung ist im Allgemeinen das Wohnsitzfinanzamt des Arbeitnehmers zuständig. Soll zu wenig erhobene Lohnsteuer in den Fällen des R 139 Abs. 2 LStR bereits im Laufe des Kalenderjahres nachgefordert werden, dann ist das Betriebsstättenfinanzamt für die Nachforderung zuständig.

Für die Nachforderung vom Arbeitnehmer ergeben sich folgende Möglichkeiten:

– Nachforderung durch **Nachforderungsbescheid**,

– Nachforderung durch Änderung der **Veranlagung zur Einkommensteuer**.

b) Nachforderungsbescheid

1249 Eine Nachforderung durch Nachforderungsbescheid kommt in den Fällen in Betracht, in denen von Einkünften aus nichtselbständiger Arbeit der Steuerabzug vom Arbeitslohn vorschriftswidrig nicht vorgenommen worden ist und die Voraussetzungen des § 46 EStG nicht vorliegen (siehe → *Veranlagung von Arbeitnehmern* Rz. 2502).

Der Arbeitnehmer kann im Nachforderungsverfahren, auch nach Ablauf der zweijährigen Frist für die Einreichung eines Antrags auf Veranlagung zur Einkommensteuer, bisher nicht geltend gemachte **Ermäßigungsgründe nachschieben**. Eine **Erstattung** kann jedoch **nicht verlangt** werden (BFH, Urteil vom 26.1.1973, BStBl II S. 423).

c) Änderung der Veranlagung zur Einkommensteuer

1250 Ist der Steuerabzug vom Arbeitslohn nicht oder nicht in der zutreffenden Höhe vorgenommen worden, so ist die Steuernachforderung i.d.R. im Rahmen der **Veranlagung** des Arbeitnehmers zu realisieren, wenn die Voraussetzungen des § 46 EStG für eine Veranlagung zur Einkommensteuer vorliegen. Eine **bestandskräftige Veranlagung** kann aber nur unter **bestimmten engen verfahrensrechtlichen Voraussetzungen** geändert werden, insbesondere wenn bei einer Lohnsteuer-Außenprüfung nachträglich **neue Tatsachen oder Beweismittel bekannt werden**, die zu einer höheren Steuer führen (§ 173 Abs. 1 Nr. 1 AO). Liegen diese Voraussetzungen nicht vor und kann die Lohnsteuer somit beim Arbeitnehmer nicht nachgefordert werden, so ist die **Inanspruchnahme des Arbeitgebers** als Haftungsschuldner nach § 42d EStG in der Regel ebenfalls **ausgeschlossen**, weil sie ermessensfehlerhaft wäre (BFH, Urteil vom 9.10.1992, BStBl II 1993 S. 169).

Haftung für Lohnsteuer: Verfahrensvorschriften

Zu den Themen „Haftung für Lohnsteuer" vgl. auch

1. Allgemeines

1251 Das Finanzamt kann die Lohnsteuer **vom Arbeitgeber** nacherheben

– durch **Haftungsbescheid**, soweit der Arbeitgeber als Haftender in Anspruch genommen werden soll, oder

– durch **Nachforderungsbescheid**, soweit **pauschale Lohnsteuer** nacherhoben wird, die der **Arbeitgeber** übernimmt; der Arbeitgeber ist insoweit **selbst Steuerschuldner**.

und vom **Arbeitnehmer**

– durch **Nachforderungsbescheid** oder

– Korrektur der **Einkommensteuerveranlagung**.

2. Haftung

a) Allgemeines

Wer kraft Gesetzes für eine Steuer haftet (Haftungsschuldner), **1252** kann durch **Haftungsbescheid** in Anspruch genommen werden. Der Haftungsbescheid ist vom Betriebsstättenfinanzamt schriftlich zu erteilen (§ 191 Abs. 1 AO). Die Inanspruchnahme des Arbeitgebers als Haftenden für die nachzufordernde Lohnsteuer liegt im **Ermessen** des Finanzamts (§ 5 AO). Dabei ist unter Abwägung der Interessen des Arbeitgebers, des Arbeitnehmers und des Finanzamts sowie der Umstände des Einzelfalls zu entscheiden (siehe → *Haftung für Lohnsteuer: Allgemeine Grundsätze* Rz. 1214).

Ein **Haftungsbescheid kann nicht mehr ergehen**,

– soweit die Steuer gegen den **Steuerschuldner nicht festgesetzt** worden ist und wegen Ablaufs der Festsetzungsfrist nicht mehr festgesetzt werden kann oder

– soweit gegen den Steuerschuldner **festgesetzte Steuer verjährt** oder die Steuer erlassen worden ist.

Dies gilt **nicht**, wenn die Haftung darauf beruht, dass der Haftungsschuldner **Steuerhinterziehung** oder Steuerhehlerei begangen hat (§ 191 Abs. 5 AO).

Von einem **Haftungsbescheid** und einem Leistungsgebot kann jedoch **abgesehen** werden,

– soweit **der Arbeitgeber die einzubehaltende Lohnsteuer angemeldet** hat (§ 42d Abs. 4 Nr. 1 EStG)

– oder nach Abschluss einer **Lohnsteuer-Außenprüfung seine Zahlungsverpflichtung** schriftlich anerkennt (§ 42d Abs. 4 Nr. 2 EStG). Eine solche Anerkenntniserklärung ist im Vordruck „Erklärung des Arbeitgebers" enthalten; sie steht einer Lohnsteuer-Anmeldung gleich (§ 167 Abs. 1 Satz 3 AO).

Für die durch Haftungsbescheid oder Nachforderungsbescheid angeforderten Steuerbeträge hat das Finanzamt eine **Zahlungsfrist von einem Monat** zu gewähren (R 145 Abs. 7 LStR).

b) Haftungsbescheid

Kann der **Arbeitgeber für die nachzufordernde Lohnsteuer in** **1253** **Anspruch genommen** werden und hat er seine Zahlungsverpflichtung nach Abschluss der Außenprüfung nicht bereits schriftlich anerkannt, so erlässt das Betriebsstättenfinanzamt einen **Haftungsbescheid**, in dem die für das Entschließungs- und Auswahlermessen maßgebenden Gründe anzugeben sind (R 145 Abs. 5 LStR). Der Haftungsbescheid ist ein (sonstiger) Verwaltungsakt i.S. des § 118 AO und hat damit gem. §§ 119 ff. AO bestimmte Anforderungen an Form und Inhalt zu erfüllen (formelle Voraussetzungen). Danach muss ein Haftungsbescheid

– inhaltlich **hinreichend bestimmt**,

– **begründet** und

– **unterschrieben** sein.

Außerdem muss er das **Leistungsgebot und eine Rechtsbehelfsbelehrung** enthalten.

Die **inhaltliche Bestimmtheit** erfordert die Angabe der Haftungsschuld sowie die namentliche Bezeichnung des Haftungsschuldners und des Anspruchsberechtigten (das ist i.d.R. das Finanzamt). Fehlt eine dieser Angaben, ist der Haftungsbescheid mangels inhaltlicher Bestimmtheit **nichtig**. Vgl. dazu zuletzt Thüringer FG, Urteil vom 5.6.1997, EFG 1997 S. 1417.

Bei der Bezeichnung der Haftungsschuld ergibt sich oft die Frage, ob eine **Aufgliederung des Haftungsbetrags nach Lohnsteuer-Anmeldungszeiträumen oder Kalenderjahren** im Einzelnen erforderlich ist. Das entscheidet sich jeweils nach den Umständen des Einzelfalls. Sind z.B. dem Geschäftsführer einer GmbH als dem zur Einbehaltung und Abführung der Lohnsteuer Verpflichteten die Verhältnisse bekannt, die im Haftungsbescheid angesprochen werden, bedarf es keiner Aufgliederung des Haftungsbetrags auf die einzelnen Lohnsteuer-Anmeldungszeiträume (FG Rheinland-Pfalz, Urteil vom 24.5.1996, EFG 1997 S. 2, m.w.N.).

Zur **Begründung** sind die **tatsächlichen und rechtlichen Grundlagen** der Haftungsschuld grundsätzlich anzugeben. Außerdem muss das Finanzamt seine **Ermessenserwägungen darlegen**, weshalb es den Arbeitgeber als Haftungsschuldner und nicht den Arbeitnehmer als Steuerschuldner in Anspruch nimmt (BFH, Urteil vom 18.9.1981, BStBl II S. 801, und zuletzt FG Münster, Urteil vom 21.11.1997, EFG 1998 S. 822). Bei der Inanspruchnahme eines Steuerhinterziehers als Haftungsschuldner bedarf es hingegen regelmäßig keiner Begründung der Ermessensentscheidung (BFH, Urteil vom 12.1.1988, BFH/NV 1988 S. 692).

Fehlt die Begründung, ist sie unvollständig oder unrichtig, so ist der Haftungsbescheid nicht nichtig, sondern nur **anfechtbar**. Die Begründung kann noch bis zum Abschluss des außergerichtlichen Rechtsbehelfsverfahrens nachgeholt werden (BFH, Urteil vom 18.9.1981, BStBl II S. 801).

Der Haftungsbescheid ergeht regelmäßig als **Sammelhaftungsbescheid**, in dem verschiedene, voneinander unabhängige Haftungsfälle, die zu verschiedenen Zeiten und auf Grund unterschiedlicher Tatumstände entstanden sind, zusammengefasst werden (BFH, Urteil vom 4.7.1986, BStBl II S. 921). Grundsätzlich ist der Haftungsbetrag auf die **einzelnen Arbeitnehmer aufzugliedern**. Dies wird allerdings dann **nicht für erforderlich gehalten**, wenn

- es **objektiv unmöglich** ist: Ein solcher Fall kann z.B. gegeben sein, wenn dem Finanzamt die **Namen der einzelnen Arbeitnehmer nicht bekannt** sind, weil bei dem Arbeitgeber entsprechende Aufzeichnungen fehlen und der Arbeitgeber das Finanzamt auch nicht auf andere Weise von den Namen der Arbeitnehmer in Kenntnis gesetzt hat (BFH, Urteil vom 8.11.1985, BStBl II S. 274),

- es nach den Grundsätzen von Recht und Billigkeit für das **Finanzamt nicht zumutbar** ist, weil sich z.B. nach einer Lohnsteuer-Außenprüfung bei **vielen Arbeitnehmern** meist kleine Nachforderungsbeträge auf Grund von im Wesentlichen gleich liegenden Sachverhalten ergeben haben (BFH, Urteil vom 8.11.1985, BStBl II S. 274),

- der Arbeitgeber bei seinem Arbeitnehmer von vornherein **keinen Regress nehmen will**: Dies kann bei einer Nettolohnvereinbarung der Fall sein oder wenn der Arbeitgeber sich später zur Übernahme der Lohnsteuer bereit erklärt (BFH, Urteil vom 8.11.1985, BStBl II S. 274),

- die Voraussetzungen des § 162 AO für eine **Schätzung** der Lohnsteuer vorliegen oder der Arbeitgeber der Berechnung der Haftungsschuld mit einem **durchschnittlichen Steuersatz** zugestimmt hat, vgl. H 145 (Haftungsverfahren) LStH.

Ficht der Haftungsschuldner einen solchen Sammelhaftungsbescheid nur hinsichtlich ganz bestimmter Haftungsfälle an, so hat dies zur Folge, dass der die übrigen Haftungsansprüche betreffende Teil des Sammelhaftungsbescheides bestandskräftig wird (BFH, Urteil vom 4.7.1986, BStBl II S. 921).

Nach § 219 Satz 2 AO kann die Inanspruchnahme des Arbeitgebers auf Zahlung der Lohnsteuer erfolgen, **ohne** dass sich das Finanzamt **vorher an den Arbeitnehmer als Steuerschuldner wenden muss**. Deshalb ist mit dem Lohnsteuer-Haftungsbescheid regelmäßig auch die **Zahlungsaufforderung** verbunden. Beim Erlass von Haftungsbescheiden sind die Vorschriften über die **Festsetzungsverjährung** (§§ 169 bis 171 AO) entsprechend anzuwenden (§ 191 Abs. 3 AO, siehe → *Verjährung* Rz. 2511).

Wird im Anschluss an eine Außenprüfung **pauschale Lohnsteuer** fälschlicherweise durch einen **Haftungsbescheid geltend gemacht**, kann mit der Aufhebung des Haftungsbescheides die Unanfechtbarkeit i.S. des § 171 Abs. 4 Satz 1 AO und damit das Ende der Ablaufhemmung für die Fristsetzung eintreten (BFH, Urteil vom 6.5.1994, BStBl II S. 715). Der Eintritt der Festsetzungsverjährung kann nur vermieden werden, wenn der inkorrekte Haftungsbescheid erst dann aufgehoben wird, nachdem zuvor der formell korrekte Nachforderungsbescheid erlassen worden ist.

Der Arbeitgeber kann gegen den Haftungsbescheid **Einspruch** einlegen. Dies gilt auch für den **Arbeitnehmer**, soweit er persönlich für die nachgeforderte Lohnsteuer in Anspruch genommen werden kann. Wird der Haftungsbescheid dem Arbeitnehmer – wie üblich – nicht bekannt gegeben, kann er ihn bis zum Ablauf der **Verjährungsfrist**, mindestens aber bis zum Ablauf der **Jahresfrist** des § 356 Abs. 2 AO **anfechten**; die übliche Monatsfrist gilt also nicht (FG Münster, Urteil vom 26.2.1997, EFG 1997 S. 783). In einem allein vom Arbeitnehmer veranlassten Einspruchsverfahren ist der Arbeitgeber nach § 360 AO hinzuzuziehen, vgl. H 145 (Rechtsbehelf gegen den Haftungsbescheid) LStH.

c) Folgen

1254 Durch einen gemäß § 42d EStG gegen den Arbeitgeber als Haftungsschuldner ergehenden Haftungsbescheid (eine Anerkenntniserklärung) werden die betroffenen **Lohnsteuer-Anmeldungen geändert**. Ein für den bereits geprüften Zeitraum **neu aufgedeckter anderer lohnsteuerpflichtiger Sachverhalt** kann nach Aufhebung des Vorbehalts der Nachprüfung wegen der **Änderungssperre** i.S. des § 173 Abs. 2 AO grundsätzlich **nicht mehr zu einer erneuten Inanspruchnahme des Arbeitgebers führen**. Wird ein Sachverhalt nochmals aufgegriffen, der bereits einem Haftungsbescheid zu Grunde lag, so kann im Übrigen eine erneute Inanspruchnahme des Arbeitgebers nur erfolgen, wenn die Voraussetzungen für die Rücknahme des Haftungsbescheids nach § 130 AO gegeben sind und der Vorbehalt der Nachprüfung für die betroffenen Zeiträume noch besteht.

3. Steuerschuld

a) Allgemeines

1255 Steuerschuldner (§ 43 AO) ist, wer nach den Steuergesetzen eine Steuer zu entrichten oder für dessen Rechnung ein Steuerabzug zu erfolgen hat.

b) Nachforderung vom Arbeitnehmer

1256 **Schuldner der Lohnsteuer** ist nach § 38 Abs. 2 Satz 1 EStG grundsätzlich der **Arbeitnehmer**. Die Lohnsteuer ist im Abzugsverfahren bei jeder Lohnzahlung vom Arbeitgeber für Rechnung des Arbeitnehmers einzubehalten (§ 38 Abs. 3 Satz 1 EStG).

Ein **Steuerbescheid (Nachforderungsbescheid) gegen den Arbeitnehmer** zur Festsetzung von Lohnsteuer kann nur erlassen werden (§ 42d Abs. 3 Satz 4 EStG), wenn

- der **Arbeitgeber die Lohnsteuer nicht vorschriftsmäßig einbehalten hat** oder

- der **Arbeitnehmer wusste**, dass der **Arbeitgeber die einbehaltene Lohnsteuer nicht vorschriftsmäßig angemeldet und dies dem Finanzamt nicht unverzüglich mitgeteilt** hat.

Bei **Nettolöhnen** wirkt die Auszahlung des vereinbarten Nettolohns aus der Sicht des Arbeitnehmers so, als ob der Arbeitgeber den Bruttoarbeitslohn vorschriftsmäßig gekürzt hätte (BFH, Urteile vom 18.4.1969, BStBl II S. 525, und vom 8.11.1985, BStBl II 1986 S. 186). Voraussetzung ist aber, dass der Arbeitnehmer dem Arbeitgeber vor Durchführung des Lohnsteuerabzugs **eine Lohnsteuerkarte** ausgehändigt hat (BFH, Urteil vom 28.2.1992, BStBl II S. 733).

c) Nachforderung vom Arbeitgeber

1257 Ist in einer **größeren Zahl von Fällen** Lohnsteuer nachzuerheben, weil der Arbeitgeber die Lohnsteuer nicht vorschriftsmäßig einbehalten hat, kann das Betriebsstättenfinanzamt auf Antrag des Arbeitgebers die **Pauschalbesteuerung** nach § 40 Abs. 1 Nr. 2 EStG zulassen. Demgegenüber kann der Arbeitgeber Zuwendungen an Arbeitnehmer in Fällen des § 40 Abs. 2 EStG ohne besondere Genehmigung pauschal besteuern. Dies gilt auch für die Bezüge von Teilzeitbeschäftigten (§ 40a EStG) und für bestimmte Zukunftssicherungsleistungen (§ 40b EStG).

Der Arbeitgeber hat **in diesen Fällen kraft Gesetzes die pauschale Lohnsteuer zu übernehmen und ist Steuerschuldner** der pauschalen Lohnsteuer (§ 40 Abs. 3 Sätze 1 und 2, § 40a Abs. 5 und § 40b Abs. 4 EStG). Lohnsteuer-Festsetzungen (Lohnsteuer-Nachforderungen) können daher nur gegen den Arbeitgeber als Steuerschuldner und nur mittels **Steuerbescheid**

(Nachforderungsbescheid) erfolgen. Nach § 42d Abs. 4 Satz 2 EStG ist auch eine **Anerkenntniserklärung** möglich. Die Anerkenntniserklärung steht einer Lohnsteuer-Anmeldung gleich (§ 167 Abs. 1 Satz 3 AO).

Führt die Lohnsteuer-Außenprüfung zu einer **Nachforderung von pauschaler Lohnsteuer** und hat der Arbeitgeber seine Zahlungsverpflichtung nach Abschluss der Lohnsteuer-Außenprüfung nicht bereits schriftlich anerkannt, so erteilt das Betriebsstättenfinanzamt einen **Nachforderungsbescheid**.

Ist auf Grund einer Lohnsteuer-Außenprüfung für einen bestimmten Zeitraum ein Nachforderungsbescheid ergangen, dem ein bestimmter Sachverhalt zu Grunde lag, und wird bei einer **nachfolgenden Lohnsteuer-Außenprüfung für den gleichen Zeitraum ein weiterer lohnsteuerpflichtiger Sachverhalt aufgedeckt**, so kann nach Aufhebung des Vorbehalts der Nachprüfung für die betroffenen Lohnsteuer-Anmeldungen im Hinblick auf die **Änderungssperre** des § 173 Abs. 2 AO grundsätzlich kein zusätzlicher Nachforderungsbescheid erlassen werden.

Zweifelhaft ist, ob das Finanzamt gegen einen Arbeitgeber, der **keine Lohnsteueranmeldung** abgegeben hat, einen **Lohnsteuernachforderungsbescheid** gem. § 167 Abs. 1 Satz 1 AO erlassen darf. Das FG Düsseldorf hat diese Frage verneint (Urteil vom 23.4.2001, EFG 2001 S. 1018, m.w.N., Revision eingelegt, Az. beim BFH: I R 54/01).

d) Steuerbescheid

1258 Für den Steuerschuldner wird die Steuer durch **Steuerbescheid** festgesetzt (§ 155 Abs. 1 AO), soweit in den Steuergesetzen nichts anderes vorgeschrieben ist. Der Steuerbescheid ist vom Finanzamt schriftlich zu erteilen. Ergeht ein Steuerbescheid **(Nachforderungsbescheid)** auf Grund einer Lohnsteuer-Außenprüfung, so kann zur Begründung ggf. auf die Ausführungen im Prüfungsbericht verwiesen werden (BFH, Urteil vom 28.11.1990, BStBl II 1991 S. 488).

4. Änderung wegen neuer Tatsachen und neuer Beweismittel, Änderungssperre (§ 173 AO)

a) Haftungsbescheide

1259 Die **Haftung des Arbeitgebers scheidet** aus, wenn die Steuer beim Arbeitnehmer nicht nachgefordert werden kann, weil seine Veranlagung zur Einkommensteuer bestandskräftig ist und die für eine Änderung des Steuerbescheids nach § 173 Abs. 1 Nr. 1 AO erforderlichen Voraussetzungen (neue Tatsachen) nicht vorliegen (BFH, Urteil vom 9.10.1992, BStBl II 1993 S. 169).

b) Nachforderungsbescheide

1260 Wird im Rahmen einer Lohnsteuer-Außenprüfung die nachzuerhebende Lohnsteuer auf Antrag oder mit Zustimmung des Arbeitgebers **pauschal erhoben** (§§ 40 bis 40b EStG), so wird der **Arbeitgeber Schuldner der Lohnsteuer**. Die pauschale Lohnsteuer entsteht nach dem BFH-Urteil vom 6.5.1994, BStBl II S. 715, im **Zeitpunkt des Zuflusses des Arbeitslohns beim Arbeitnehmer**. Die Pauschalsteuer ist deshalb im Nachforderungsbescheid als Steuerschuld des jeweiligen Jahres auszuweisen, in dem der Arbeitslohn zugeflossen ist.

Für die Nacherhebung **pauschaler Lohnsteuer** durch **Nachforderungsbescheid (Steuerbescheid)** gelten im Wesentlichen dieselben Grundsätze wie für Haftungsbescheide, die **Zahlungsfrist** beträgt auch hier **einen Monat** (R 145 Abs. 7 LStR). Der Nachforderungsbescheid lässt die **Lohnsteuer-Anmeldungen unberührt**; er bezieht sich auf bestimmte steuerpflichtige Sachverhalte (R 145 Abs. 6 Satz 1 LStR).

Wird der **Arbeitgeber zugleich als Haftungsschuldner** in Anspruch genommen, so ist die **Steuerschuld von der Haftungsschuld zu trennen**. Dies kann im Entscheidungssatz des zusammengefassten Steuer- und Haftungsbescheids, in der Begründung dieses Bescheids oder in dem dem Arbeitgeber bereits bekannten oder beigefügten Bericht einer Lohnsteuer-Außenprüfung, auf den zur Begründung Bezug genommen ist, geschehen (BFH, Urteil vom 1.8.1985, BStBl II S. 664). Steuerschuld und Haftungsschuld können **äußerlich in einer Verfügung ver-**

bunden werden (BFH, Urteil vom 16.11.1984, BStBl II 1985 S. 266). Wegen weiterer Einzelfragen siehe R 145 Abs. 6 LStR sowie H 145 (Zusammengefasster Steuer- und Haftungsbescheid) LStH.

c) Änderungssperre

1261 Wurde nach einer ergebnislosen Lohnsteuer-Außenprüfung der Vorbehalt der Nachprüfung aufgehoben, steht nach den BFH-Urteilen vom 15.5.1992, BStBl II 1993 S. 840 und 829, einer Änderung der betroffenen Lohnsteuer-Anmeldungen wegen nachträglich bekannt gewordener **neuer Tatsachen** nach § 173 Abs. 1 AO durch Erlass eines **Haftungs- oder Nachforderungsbescheids gegen den Arbeitgeber die Änderungssperre des § 173 Abs. 2 AO entgegen**, es sei denn, es liegt eine Steuerhinterziehung oder eine leichtfertige Steuerverkürzung vor. Gleiches gilt, wenn nach einer Lohnsteuer-Außenprüfung bereits **Haftungs- oder Nachforderungsbescheide ergangen sind** und später für die gleichen Anmeldungszeiträume neue Tatsachen i.S. des § 173 Abs. 1 AO bekannt werden, vgl. H 145 (Haftungsverfahren) LStH.

Hebt das Finanzamt im Anschluss an eine Lohnsteuer-Außenprüfung den **Vorbehalt der Nachprüfung** für die Lohnsteuer-Anmeldungen des Prüfungszeitraums **ohne jede Einschränkung oder Bedingung auf**, so kann es auf Grund der Änderungssperre des § 173 Abs. 2 AO den Arbeitgeber für Lohnsteuer, die im Prüfungszeitraum entstanden ist, selbst dann nicht mehr als Haftungsschuldner in Anspruch nehmen, wenn im Prüfungsbericht auf die Möglichkeit einer späteren Inanspruchnahme für den Fall hingewiesen wurde, dass die **Lohnsteuer nicht von den Arbeitnehmern gezahlt** wird (BFH, Urteil vom 17.2.1995, BStBl II S. 555).

Damit bei beabsichtigter vorrangiger Inanspruchnahme der Arbeitnehmer der spätere Rückgriff auf den Arbeitgeber nicht an der Änderungssperre scheitert, erlassen die Finanzämter gegenüber dem Arbeitgeber

- einen Haftungsbescheid (mit Leistungsgebot) über die unstreitig bei ihm anzufordernden Lohnsteuerbeträge und

- einen weiteren – zunächst nicht mit einem Leistungsgebot versehenen – Haftungsbescheid über diejenigen Beträge, die vorerst bei den Arbeitnehmern angefordert werden.

In dem weiteren Haftungsbescheid wird der Arbeitgeber darauf hingewiesen, dass er die festgesetzte Haftungsforderung vorerst nicht zu begleichen hat, weil insoweit vorrangig die Arbeitnehmer in Anspruch genommen werden. Dieser Hinweis ist als abweichende Fälligkeitsbestimmung i.S. des § 220 Abs. 2 Satz 1 AO anzusehen, so dass die Haftungsforderung nicht bereits mit Bekanntgabe des Haftungsbescheids fällig wird. Die Finanzämter sollen darauf achten, dass bei Aufhebung des Vorbehalts der Nachprüfung für die Lohnsteueranmeldungen des Prüfungszeitraums beide Haftungsbescheide bekannt gegeben worden sind. Die Aufhebung des Vorbehalts der Nachprüfung soll daher mit dem zuletzt ergehenden Haftungs- und Nachforderungsbescheid erfolgen. Außerdem soll der Eintritt der Zahlungsverjährung durch geeignete Maßnahmen überwacht werden (FinMin Sachsen, Erlass vom 19.5.1998, DStR 1998 S. 1307).

Soweit die bestandskräftigen Mehrergebnisse in vollem Umfang durch den Arbeitnehmer gezahlt werden, wird der an den Arbeitgeber gerichtete Haftungsbescheid zurückgenommen. Dies gilt auch, wenn die Festsetzung eines Mehrergebnisses nicht möglich ist, weil Festsetzungsverjährung eingetreten ist oder eine Änderungsmöglichkeit nicht mehr bestanden hat (BFH, Urteil vom 9.10.1992, BStBl II 1993 S. 169).

Auf Sachverhalte, die sich auf **andere Steuerarten** auswirken (z.B. Arbeitsverhältnisse zwischen Ehegatten, Bezüge von Gesellschafter-Geschäftsführern), findet die o.g. Rechtsprechung des Bundesfinanzhofes zur Änderungssperre keine Anwendung.

Die Änderungssperre betrifft nur die Lohnsteuer-Anmeldungen des geprüften Zeitraums, für die der Vorbehalt der Nachprüfung aufgehoben wurde. Sie wirkt nur gegenüber dem Arbeitgeber und **schließt damit eine unmittelbare Inanspruchnahme des Arbeitnehmers als Steuerschuldner nicht aus.**

5. Vorbehalt der Nachprüfung

a) Allgemeines

1262 Eine **Lohnsteuer-Anmeldung** (§ 41a Abs. 1 Nr. 1 EStG) steht nach § 168 Satz 1 AO kraft Gesetzes einer Steuerfestsetzung unter dem Vorbehalt der Nachprüfung gleich. Damit wird eine weitgehende Beseitigung der materiellen Bestandskraft zu Gunsten wie zu Ungunsten des Arbeitgebers bewirkt. Trotzdem ist gegen die Lohnsteuer-Anmeldung als Rechtsbehelf der **Einspruch** gegeben (§ 347 Abs. 1 Nr. 1 AO).

b) Aufhebung, Wirkung der Aufhebung

1263 Solange der **Vorbehalt wirksam** ist, kann die **Steuerfestsetzung** durch das Finanzamt **jederzeit aufgehoben oder geändert** werden (§ 164 Abs. 2 Satz 1 AO).

Der **Vorbehalt selbst kann jederzeit aufgehoben** werden (§ 164 Abs. 3 Satz 1 AO). Er soll nach dem BFH-Urteil vom 30.4.1987, BStBl II S. 486, immer dann aufgehoben werden, wenn der Steuerfall durch eine **Außenprüfung abschließend geprüft** worden ist (§ 164 Abs. 1 Satz 1 und Abs. 3 Satz 3 AO). Kann eine Lohnsteuer-Außenprüfung z.B. **wegen fehlender Unterlagen** für bestimmte Zeiträume ausnahmsweise nicht abschließend durchgeführt werden, so ist für diese Zeiträume der Vorbehalt der Nachprüfung nicht aufzuheben. Ergeben sich nach einer abschließenden Lohnsteuer-Außenprüfung keine Änderungen gegenüber den bisherigen Steuerfestsetzungen, ist der Vorbehalt der Nachprüfung vom Betriebsstättenfinanzamt stets aufzuheben. Wird der **Vorbehalt der Nachprüfung nicht aufgehoben**, so wird er mit Ablauf der Festsetzungsfrist wirkungslos (§ 164 Abs. 4 AO).

Werden bei einer **späteren Lohnsteuer-Außenprüfung lohnsteuerlich noch nicht erfasste Sachverhalte aufgedeckt**, so kann das nach Aufhebung des Vorbehalts wegen der **Änderungssperre** des § 173 Abs. 2 AO beim Arbeitgeber grundsätzlich nicht mehr zu einer Nachforderung von Lohnsteuer führen.

Haftung für Sozialversicherungsbeiträge

1. Allgemeines

1264 Der Arbeitgeber ist verpflichtet, den **Gesamtsozialversicherungsbeitrag** spätestens **bis zum Fälligkeitstag** bei der Einzugsstelle einzuzahlen. Der Gesamtsozialversicherungsbeitrag umfasst dabei den **Arbeitnehmeranteil** und **den vom Arbeitgeber zu tragenden Beitragsanteil**. Werden die Beiträge vom Arbeitgeber nicht bezahlt, haftet er für die gesamten Beitragsansprüche (Arbeitnehmer- und Arbeitgeberanteil) einschließlich der darauf entfallenden **Säumniszuschläge und Stundungszinsen** (§ 28e Abs. 4 SGB IV). Damit der Arbeitgeber den Gesamtsozialversicherungsbeitrag nicht allein tragen muss, räumt der Gesetzgeber dem Arbeitgeber gegen den Beschäftigten einen Anspruch auf den vom Arbeitnehmer zu tragenden Teil des Gesamtsozialversicherungsbeitrags ein (§ 28g Satz 1 SGB IV). Dieser Anspruch kann nur durch **Abzug vom Arbeitsentgelt** geltend gemacht werden. Ein unterbliebener Abzug darf nur bei den **drei nächsten Lohn- oder Gehaltszahlungen** nachgeholt werden. Hat also der Arbeitgeber seit mehreren Monaten die Beiträge nicht einbehalten, haftet er insoweit auch für die Arbeitnehmerbeiträge, die nicht mehr durch einen nachträglichen Lohn- oder Gehaltsabzug zu realisieren sind. Ein Rückgriffsrecht gegenüber dem Arbeitnehmer steht ihm auch **nach bürgerlichem Recht grundsätzlich nicht** zu. Das gilt auch dann, wenn das Beschäftigungsverhältnis beendet ist oder Zahlungen nicht mehr anfallen. Nur wenn den Arbeitgeber kein Verschulden trifft, ist ein weiterer Abzug von Gesamtsozialversicherungsbeiträgen möglich.

Beispiel:

Der Arbeitgeber unterlässt den Beitragsabzug, weil er vom Versicherungsträger eine unrichtige Auskunft erhalten hat. Ihn trifft insoweit kein Verschulden, d.h. sein Rückgriffsrecht ist nicht auf die nächsten drei Lohnzahlungszeiträume beschränkt. Dies gilt jedoch nicht, wenn der Arbeitgeber den Beitragsabzug lediglich aus Rechtsirrtum unterlassen hat.

Eine Besonderheit liegt vor, wenn der Beschäftigte seinen **Auskunftspflichten** gegenüber dem Arbeitgeber vorsätzlich oder grob fahrlässig nicht nachkommt. Dies ist z.B. dann der Fall, wenn ein geringfügig beschäftigter Arbeitnehmer seinem Arbeitgeber **die weitere geringfügige Beschäftigung verschweigt**, obwohl diese durch die Zusammenrechnung der Arbeitszeiten und der Arbeitsentgelte versicherungspflichtig werden würde. Für den durch die Nichtabführung der Beiträge entstandenen Schaden haftet der Arbeitnehmer in Höhe der Arbeitnehmeranteile. Hier gilt nicht die einschränkende Abzugsmöglichkeit in den drei nächsten Entgeltabrechnungszeiträumen.

Zu weiteren Einzelheiten siehe auch → Summenbescheid Rz. 2365.

2. Zahlungsunfähigkeit

1265 Zahlungsunfähigkeit, Betriebseinstellung, Insolvenz o.Ä. eines Arbeitgebers führen nicht zu einem Erlöschen des Anspruchs auf Beitragszahlung; die **Verpflichtung (Haftung) für die Zahlung der Sozialversicherungsbeiträge besteht fort**.

Hinsichtlich der **unterlassenen Abführung der Arbeitnehmeranteile** an den Sozialversicherungsbeiträgen ist auf die Vorschrift des **§ 266a StGB** hinzuweisen. Da die abzuführenden Gesamtsozialversicherungsbeiträge im Regelfall nur zur Hälfte aus dem Vermögen des Betriebes (Arbeitgebers) aufzubringen sind (Arbeitgeberanteile), der andere Teil aber einbehaltenes Arbeitsentgelt des Beschäftigten darstellt (Arbeitnehmeranteile), der von dem verantwortlichen Arbeitgeber nur **treuhänderisch bis zur Abführung** an die Einzugsstelle verwaltet wird, stellt § 266a StGB die **Nichtabführung dieser Arbeitnehmeranteile unter Strafe**. Der Tatbestand wird von den Staatsanwaltschaften „von Amts wegen" verfolgt.

Im Gegensatz zum früheren Recht des § 533 RVO a.F. stellt die Strafvorschrift des § 266a StGB heute nicht mehr auf die unterlassene Abführung **tatsächlich einbehaltener Arbeitnehmeranteile** ab. Für die Verwirklichung des Straftatbestandes genügt, dass die Arbeitnehmeranteile am Fälligkeitstag der berechtigten Einzugsstelle vorenthalten wurden. Nach der Rechtsprechung des BSG (Urteil vom 30.8.1994, Sozialversicherungsbeitrag-Handausgabe 2001 R 23 IV/6) werden Sozialversicherungsbeiträge **unabhängig von der tatsächlichen Auszahlung** des ihnen zu Grunde liegenden (geschuldeten und fälligen) Arbeitsentgelts an dem in der Satzung der Krankenkasse **festgelegten Zahltag fällig**.

Der Bundesgerichtshof hat mit Urteil vom 16.5.2000, DStR 2000 S. 1318, bestätigt, dass Arbeitnehmer-Beiträge zur Sozialversicherung auch dann i.S. des § 266 Abs. 1 StGB vorenthalten sind, wenn für den betreffenden Zeitraum kein Lohn an die Arbeitnehmer ausgezahlt worden ist.

Der Arbeitgeber hat, soweit seine finanziellen Mittel nicht zur Begleichung weiterer Verbindlichkeiten reichen, **vorrangig die Arbeitnehmeranteile** an den Sozialversicherungsbeiträgen **zu entrichten**. Bei einer angespannten wirtschaftlichen Lage des Unternehmens hat der Arbeitgeber durch die Aufstellung eines Liquiditätsplanes oder andere geeignete Maßnahmen sicherzustellen, dass die Arbeitnehmeranteile am Fälligkeitstag der Einzugsstelle zur Verfügung stehen. Ggf. ist auch durch **Kürzung der Löhne und Gehälter** die Abführung der Sozialversicherungsbeiträge zu gewährleisten. So bereitgestellte Mittel dürfen auch nicht zur Ablösung sonstiger Verbindlichkeiten verwendet werden, selbst dann nicht, wenn sie der Aufrechterhaltung des Unternehmens dienen könnten.

Bei Liquiditätsproblemen abgeführte Arbeitnehmeranteile sollten der Einzugsstelle gegenüber deutlich als solche mit Angabe des Zahlungszeitraumes, für die sie gelten, deklariert werden (Hinweis auf dem Überweisungsträger, z.B.: „**Arbeitnehmeranteile für den Monat Mai 2002**", Begleitbrief, z.B.: „**Die Zahlung der Beiträge in Höhe von … € erfolgt zum Ausgleich der Forderung an Arbeitnehmer-Beitragsanteilen für den Monat Mai 2002**"). Auf diese Weise kann eine später mögliche strafrechtliche Bewertung abgewendet werden.

3. Besonderheiten bei einer Gesellschaft mit beschränkter Haftung

1266 Die Gesellschaft mit beschränkter Haftung (GmbH) stellt als juristische Person eine **eigene Rechtspersönlichkeit** dar. **Sie ist Unternehmerin** eines Betriebes. Auch wenn Gesellschafter als Geschäftsführer bestellt sind, sind sie nicht Mitunternehmer des von der GmbH betriebenen Unternehmens. Die Gesellschafter einer GmbH haften für geschuldete Sozialversicherungsbeiträge grundsätzlich nur bis zur Höhe ihrer Kapitaleinlage, selbst wenn sie einen beherrschenden Einfluss auf die Gesellschaft haben (BSG-Urteil vom 1.2.1996, Sozialversicherungsbeitrag-Handausgabe 2001 R 28e IV/18).

Eine **besondere Verantwortung** trifft jedoch auch hier den **Geschäftsführer einer GmbH** für die ordnungsgemäße und zeitgerechte Abführung der **Arbeitnehmeranteile** an den Sozialversicherungsbeiträgen. Die bereits erwähnte Strafvorschrift des § 266a StGB stellt i.S. des § 823 Abs. 2 BGB ein Schutzgesetz dar, aus dem ggf. ein persönlich gegen den Geschäftsführer der GmbH durchsetzbarer **zivilrechtlicher Schadensersatzanspruch** hergeleitet werden kann.

Von Bedeutung ist in diesem Zusammenhang auch die Vorschrift des § 84 Abs. 1 Nr. 2 GmbHG, nach der der Geschäftsführer einer GmbH **strafrechtlich belangt** werden kann, wenn er es unterlässt, bei eingetretener Zahlungsunfähigkeit oder Überschuldung **innerhalb von drei Wochen** (§ 64 Abs. 1 GmbHG) einen Antrag auf Eröffnung des Insolvenzverfahrens zu stellen. § 130b Abs. 1 HGB enthält die entsprechende Vorschrift für den Geschäftsführer einer GmbH & Co. KG.

In seinem Urteil vom 15.10.1996 (VI ZR 319/95) unterstreicht der BGH nochmals die Verantwortung des GmbH-Geschäftsführers hinsichtlich seiner öffentlich-rechtlichen Pflichten zur Abführung der **Arbeitnehmeranteile** an den Sozialversicherungsbeiträgen. Diesen Pflichten können sich die Geschäftsführer einer **mehrgliedrigen Geschäftsleitung** weder durch Zuständigkeitsregelungen noch durch Delegation auf andere Personen entledigen. Zwar können interne Zuständigkeitsregelungen oder die Delegation von Aufgaben seine deliktische Verantwortung beschränken, in jedem Fall verbleiben ihm aber **Überwachungspflichten**, die ihn zum Eingreifen verpflichten. Dies gilt vor allem in finanziellen Krisensituationen, in denen die laufende Erfüllung der Verbindlichkeiten nicht mehr gewährleistet erscheint.

Hausbrand

1267 Die unentgeltliche oder verbilligte Überlassung von Feuerungsmaterial ist Arbeitslohn (BFH-Urteil vom 10.6.1966, BStBl III S. 607). Einzelheiten siehe → *Sachbezüge* Rz. 2138; → *Rabatte* Rz. 1938.

(LSt) (SV)

Haushaltsfreibetrag

0. Vorbemerkung

1268 Allgemeine Hinweise zu den ab 1.1.2002 in Kraft getretenen Änderungen siehe → *Kindergeld/Freibeträge für Kinder* Rz. 1361.

1. Allgemeines

a) Voraussetzungen

1269 Der Haushaltsfreibetrag von **2 340 €** (§ 32 Abs. 7 EStG), der die **kindbedingte Verteuerung des Haushalts** bei Alleinerziehern ausgleichen soll (vgl. BVerfG, Beschluss vom 10.11.1998, BStBl II 1999 S. 182), wird einem **allein Stehenden mit mindestens einem Kind** unter folgenden Voraussetzungen gewährt:

– Er muss für das Kind **Kindergeld oder Freibeträge** nach § 32 Abs. 6 EStG erhalten.

– Das Kind muss in seiner **Wohnung im Inland gemeldet sein, eine Anmeldung mit Zweitwohnung ist ausreichend** (H 182 EStH).

– Der Arbeitnehmer darf **nicht** nach dem **Splittingtarif** besteuert und auch **nicht getrennt zur Einkommensteuer veranlagt** werden.

Beispiel:

Frau A, ledig, ein Kind, ist berufstätig und hat die Lohnsteuerklasse II. Am 1.12.2002 heiratet sie Herrn B, der ebenfalls Arbeitnehmer ist.

Mit der Heirat kann Frau A ihre Lohnsteuerkarte ändern und die Steuerklasse III (verheiratet) eintragen lassen. Sie wird damit zwar nach dem Splittingtarif besteuert, gleichzeitig entfällt aber der Haushaltsfreibetrag. Die „Korrektur" erfolgt spätestens bei der Einkommensteuerveranlagung, die in diesem Fall nach § 46 Abs. 2 Nr. 3a EStG „von Amts wegen" durchzuführen ist.

Der Haushaltsfreibetrag wird nicht besonders auf der Lohnsteuerkarte eingetragen, sondern ist bereits in der **Lohnsteuertabelle eingearbeitet**. Die in Betracht kommenden Arbeitnehmer werden deshalb bereits von der Gemeinde in die **Steuerklasse II** eingeordnet (siehe → *Steuerklassen* Rz. 2286).

b) Übergangsregelung

1270 Der Haushaltsfreibetrag wird stufenweise abgeschmolzen: er beträgt für das Jahr 2002 2 340 €, für die Jahre 2003 und 2004 1 188 € und entfällt ab 2005 ganz (§ 52 Abs. 40a EStG). Der (abgeschmolzene) Haushaltsfreibetrag wird aus **Vertrauensschutzgründen** nach § 32 Abs. 7 Satz 6 EStG aber nur Steuerpflichtigen gewährt, bei denen die Voraussetzungen für den Abzug eines Haushaltsfreibetrags bereits **im Veranlagungszeitraum 2001 vorgelegen** haben.

Treten die Voraussetzungen dagegen erst **im Jahre 2002** ein, also z.B. bei Geburt eines Kindes im Jahre 2002, wird der Haushaltsfreibetrag nicht mehr gewährt. In den sog. **Zuordnungsfällen** kann dies sogar dazu führen, dass beide Elternteile den Haushaltsfreibetrag nicht mehr erhalten.

Beispiel 1:

Die Eltern eines im April 2002 geborenen Kindes sind nicht miteinander verheiratet. Beide erfüllen ihre Unterhaltspflicht und haben damit jeweils Anspruch auf die steuerlichen Freibeträge. Das Kind ist in der Wohnung der Mutter gemeldet.

Der Mutter kann gleichwohl nicht der Haushaltsfreibetrag und damit die Lohnsteuerklasse II gewährt werden, da das Kind erst nach dem 31.12.2001 geboren wurde und deshalb im Jahr 2001 die Voraussetzungen für den Abzug des Haushaltsfreibetrags nicht vorgelegen haben.

Beispiel 2:

Ein Kind war zu Beginn des Kalenderjahres 2001 bei beiden (geschiedenen) Elternteilen gemeldet.

Das Kind wird laut Gesetz der Mutter zugeordnet. Sie hat deshalb für das Jahr 2001 den Haushaltsfreibetrag erhalten und kann diesen deshalb auch in den Jahren 2002 bis 2004 in Anspruch nehmen.

Beispiel 3:

Wie Beispiel 2, da die Mutter jedoch arbeitslos geworden ist, stimmt sie erstmals für das Jahr 2002 zu, dass das Kind dem Vater zugeordnet wird.

Die Mutter erhält für 2002 keinen Haushaltsfreibetrag, da sie der Zuordnung zum Vater zugestimmt hat. Der Vater erhält aber ebenfalls keinen Haushaltsfreibetrag, da er im Jahre 2001 keinen bekommen hat. Auch für die Jahre 2003 bis 2004 geht der Haushaltsfreibetrag – gleiche Verhältnisse vorausgesetzt – bei ihm ins Leere.

Um dieses Ergebnis, bei dem keiner der beiden Elternteile den Haushaltsfreibetrag erhalten würde, zu vermeiden, sieht die Finanzverwaltung hier die Zustimmung der Mutter zur Übertragung des Haushaltsfreibetrags als nichtig an, weil sie „auf etwas Unmögliches gerichtet" ist. Folge: Die Mutter erhält weiterhin den Haushaltsfreibetrag (bzw. die Steuerklasse II), auch wenn er sich bei ihr wegen der Arbeitslosigkeit möglicherweise steuerlich nicht auswirkt.

Dem Vater kann jedoch in keinem Fall der Haushaltsfreibetrag gewährt werden.

Vgl. zu diesen Fällen ausführlich OFD Hannover, Verfügung vom 27.9.2001, DB 2001 S. 2225, die allerdings durch einen neuen Beschluss der obersten Finanzbehörden teilweise überholt ist (siehe bereits b+p 2001 S. 587 Nr. 11). Weitere Verwaltungsanweisungen hierzu sind in Kürze zu erwarten.

2. Zuordnung bei mehreren Elternteilen

1271 Häufig **erfüllen mehrere Elternteile** – gleichzeitig oder zeitlich nacheinander – **die Voraussetzungen für den Haushaltsfreibetrag**, insbesondere wenn das Kind von einem Elternteil zum anderen umzieht und auch umgemeldet wird. In diesem Fall muss das Kind für die Gewährung des Haushaltsfreibetrags einem Elternteil „zugeordnet" werden, weil der Haushaltsfreibetrag für dasselbe Kind nur **einmal gewährt** und auch **nicht** auf beide Elternteile **aufgeteilt** werden kann. Eine „Halbteilung" wie bei den steuerlichen Freibeträgen für Kinder ist hier nicht zulässig (FG Hamburg, Urteil vom 6.8.1999, EFG 1999 S. 1227). Die Zuordnungsregelungen sind verfassungsgemäß (BFH, Beschluss vom 26.1.2001, BFH/NV 2001 S. 779).

Beispiel 1:

Das Kind ist zu Anfang des Jahres bei der Mutter gemeldet und zieht dann im Laufe des Jahres zum Vater um und meldet sich dort auch an.

Nach der gesetzlichen Zuordnungsregelung des § 32 Abs. 7 Satz 2 EStG erhält nur A den Haushaltsfreibetrag und damit die Lohnsteuerklasse II, weil das Kind **zuerst** bei A gemeldet war.

Beispiel 2:

Sachverhalt wie oben, das Kind ist jedoch während des ganzen Jahres (gleichzeitig) bei der Mutter mit Hauptwohnung und beim Vater mit Nebenwohnung gemeldet.

Beide erfüllen die melderechtlichen (und die übrigen) Voraussetzungen für die Gewährung des Haushaltsfreibetrags. Nach der gesetzlichen Zuordnungsregelung des § 32 Abs. 7 Satz 2 EStG wird das Kind der **Mutter zugeordnet**. Wenn sie **zustimmt**, kann es aber auch dem **Vater** zugeordnet werden. Eine Aufteilung ist nicht möglich. Die Zustimmung zur Übertragung kann auch auf Dauer erteilt werden.

Beispiel 3:

Herr A lebt mit Frau B in einem eheähnlichen Verhältnis, beide haben zwei **gemeinsame** Kinder, die in ihrer Wohnung gemeldet sind.

Nach der gesetzlichen Zuordnungsregelung des § 32 Abs. 7 Satz 2 EStG können die Kinder nur entweder der Mutter oder dem Vater zugeordnet werden. Eine Aufteilung zu dem Zweck, dass beide Eltern je einen Haushaltsfreibetrag erhalten, ist nicht möglich.

Nicht zu verwechseln ist dieser Fall mit dem Fall, in dem **keine gemeinsamen** Kinder vorhanden sind. Denn dann erhalten beide den Haushaltsfreibetrag, auch wenn sie in einem Haushalt zusammenleben.

Weitere ausführliche Hinweise und Beispiele zur Zuordnung siehe H 182 EStH sowie OFD Magdeburg, Verfügung vom 12.6.1996, StEd 1996 S. 468. Der Haushaltsfreibetrag kann auch gewährt werden, wenn das „volle" Kindergeld zwar an den anderen Elternteil ausgezahlt wird, der Steuerpflichtige aber über den **zivilrechtlichen Ausgleichsanspruch** nach § 1615g BGB im Ergebnis das „halbe" Kindergeld erhält (OFD Frankfurt, Verfügung vom 24.9.1998, DStR 1999 S. 25).

Der Kinderfreibetrag bzw. das Kindergeld kann auch auf einen **Großelternteil übertragen** werden, wenn dieser das Kind in seinen Haushalt aufgenommen hat (vgl. § 32 Abs. 7 EStG). Dieser erhält dann auch den Haushaltsfreibetrag bzw. die Lohnsteuerklasse II (R 182 Satz 3 EStR).

Haushaltshilfe

1. Hausgehilfin

1272 Eine in den **Haushalt aufgenommene** oder dort **voll beschäftigte** sog. Hausgehilfin ist **Arbeitnehmer**.

Dies gilt auch bei nur **stundenweiser Beschäftigung**, wenn ein **Arbeitsvertrag** abgeschlossen worden ist, in dem Arbeitszeiten sowie -umfang im Wesentlichen vorgegeben sind (vgl. FG Baden-Württemberg, Urteil vom 31.8.1978, EFG 1979 S. 238, betr. Reinigung von Schulen auf Grund eines mit einer Gemeinde abgeschlossenen Werkvertrags).

2. Haushaltshilfe

1273 Bei nur **stundenweise beschäftigten Haushaltshilfen** hält es der Bundesfinanzhof dagegen eher für möglich, dass eine **selb-**

ständige Tätigkeit vorliegt, weil die Beziehungen zwischen dem Steuerpflichtigen und der Haushaltshilfe wesentlich **freier gestaltet** werden können (BFH, Urteil vom 19.1.1979, BStBl II S. 326). Dies gilt besonders für Beschäftigungen in **Privathaushalten**, wenn eine Haushaltshilfe – ohne an eine bestimmte Arbeitszeit gebunden zu sein und ohne nähere Anweisungen zu erhalten – in ganz unregelmäßigen Zeitabständen den allgemein gehaltenen Auftrag: „sauber zu machen" erfüllt (FG Berlin, Urteil vom 20.10.1970, EFG 1971 S. 261).

Beispiel:

A hilft ihrer Nachbarin B in deren Haus gegen einen Stundenlohn von 10 € beim Saubermachen. Welche Arbeiten zu welchem Zeitpunkt zu leisten sind, ist A überlassen. Wird keine Arbeit geleistet, weil z.B. A krank ist, wird kein Lohn gezahlt.

Ein Arbeitsverhältnis wird in diesem Fall nicht begründet. Das gilt auch für andere Personen, die für Frau B gelegentlich mehr aus Gefälligkeit tätig werden; z.B. ein Schüler, der gelegentlich im Garten Laub harkt, oder ein Rentner, der im Haus kleinere Reparaturen ausführt und Schnee fegt (FG Berlin, Urteil vom 20.10.1970, EFG 1971 S. 261).

Eine entsprechende Auffassung hat auch das Thüringer FG vertreten, weil die Haushaltshilfe selbständig – d.h. ohne Vorgaben – tätig wurde, nur nach den **tatsächlich geleisteten Arbeitsstunden entlohnt** wurde und keine Sozialleistungen vereinbart waren (Urteil vom 27.8.1998, EFG 1999 S. 235). Diese Urteile sind seit 1.4.1999 von besonderer Bedeutung, weil danach auch Privathaushalte für geringfügig beschäftigte Haushaltshilfen zumindest Rentenversicherungsbeiträge zahlen müssen und die Steuerbefreiung nach § 3 Nr. 39 EStG nicht zur Anwendung kommt, wenn die Haushaltshilfe noch andere positive Einkünfte hat.

3. Verträge mit nahen Angehörigen

1274 Ein **Arbeitsvertrag** über die Tätigkeit als Haushaltshilfe kann auch zwischen **nahen Angehörigen** abgeschlossen werden (BFH, Urteil vom 6.10.1961, BStBl III S. 549, betr. die auswärts wohnende Mutter als Hausgehilfin der berufstätigen Tochter). Etwas anderes gilt dagegen, wenn Mutter und Tochter in einem **gemeinsamen Haus** leben, weil dann die Haushaltsführung üblicherweise auf familienrechtlicher Grundlage unentgeltlich erfolgt (vgl. FG des Saarlandes, Urteil vom 31.5.1989, EFG 1989 S. 453). Nicht anzuerkennen sind auch **Arbeitsverträge mit dem Ehegatten** über die Haushaltsführung; Einzelheiten siehe → *Angehörige* Rz. 115.

4. Hauswirtschaftliche Beschäftigungsverhältnisse – Sonderausgabenabzug nach § 10 Abs. 1 Nr. 8 EStG

1275 Nach § 10 Abs. 1 Nr. 8 EStG waren Aufwendungen des Steuerpflichtigen für hauswirtschaftliche Beschäftigungsverhältnisse bis zu 18 000 € im Kalenderjahr als Sonderausgaben abziehbar, wenn auf Grund der Beschäftigungsverhältnisse Pflichtbeiträge zur inländischen gesetzlichen Rentenversicherung entrichtet wurden. Dieses sog. Dienstmädchenprivileg ist ab 1.1.2002 ersatzlos gestrichen worden (→ *Kindergeld/Freibeträge für Kinder* Rz. 1361). Einzelfragen zum alten Recht siehe Vorauflage.

Haushaltsscheckverfahren

1. Allgemeines

1276 Wegen über die nachfolgende Darstellung hinausgehender Einzelheiten zum Haushaltsscheckverfahren wird insbesondere auf die gemeinsame Verlautbarung der Spitzenverbände der Sozialversicherungsträger vom 19.12.1996, Sozialversicherungsbeitrag-Handausgabe 2001 VL 28a IV/1, verwiesen.

2. Voraussetzungen

1277 Sofern der Arbeitgeber am Haushaltsscheckverfahren teilnehmen will, kann er der Einzugsstelle für einen im privaten Haushalt versicherungspflichtig Beschäftigten **bei jeder Lohn- oder Ge-**

haltszahlung anstelle der normalen Anmeldung **einen Haushaltsscheck ausstellen**. Bleiben das Arbeitsentgelt und die Arbeitsstunden monatlich unverändert, kann der Haushaltsscheck als „Dauerscheck" gekennzeichnet werden. Dies ist jedoch nur dann möglich, wenn das von ihm gezahlte Arbeitsentgelt 767 € im Kalendermonat nicht übersteigt. Maßgeblich ist hierbei der an den Arbeitnehmer ausgezahlte Geldbetrag zzgl. der durch Abzug vom Arbeitslohn einbehaltenen Steuern (Lohnsteuer, einschließlich evtl. zu zahlender Kirchensteuer und Solidaritätszuschlag). Mit dieser Fiktion wird die bei Nettolohnvereinbarung im Sozialversicherungsrecht ansonsten erforderliche Hinzurechnung der auf das Arbeitsentgelt entfallenden Arbeitnehmerbeitragsanteile ausgeschlossen. Sachbezüge werden nicht berücksichtigt. Gleichzeitig hat der Arbeitgeber der Krankenkasse eine **Einzugsermächtigung** für den Einzug der Sozialversicherungsbeiträge zu erteilen.

3. Haushaltsscheck

1278 Form und Inhalt des Haushaltsschecks werden von den Sozialversicherungsträgern einheitlich festgelegt. Der Privathaushalt als Arbeitgeber muss neben seinem **Namen** und seiner **Adresse** seine **Betriebsnummer**, den ausgezahlten Betrag sowie den **Lohnzahlungszeitraum** mitteilen. Zusätzlich sind die **Personaldaten des Beschäftigten, dessen Adresse, Krankenkasse und Rentenversicherungsnummer** anzugeben. Hinzu kommt die Staatsangehörigkeit, die wöchentliche Arbeitszeit, das monatliche Arbeitsentgelt und das Ende des Beschäftigungsverhältnisses.

4. Beitragsverfahren

1279 Bei der Verwendung eines Haushaltsschecks **berechnet die Einzugsstelle den Gesamtsozialversicherungsbeitrag** und die Umlagen nach dem Lohnfortzahlungsgesetz und zieht den Beitrag vom Arbeitgeber im Wege des Lastschriftverfahrens ein.

5. Beitragsberechnung

1280 Die Beiträge werden von der Krankenkasse **aus dem ausgezahlten Arbeitsentgelt zuzüglich der zuvor in Abzug gebrachten Lohnsteuer** berechnet. Maximal wird ein Betrag in Höhe von 767 € zu Grunde gelegt. Die Beiträge zur Kranken-, Pflege-, Renten- und Arbeitslosenversicherung werden vom Arbeitgeber allein getragen.

6. Meldungen

1281 Die Einzugsstelle meldet zum Jahresende oder beim Ende der Beschäftigung der **Datenstelle der Rentenversicherungsträger** die für die Rentenversicherung und die Bundesanstalt für Arbeit erforderlichen Daten eines jeden Beschäftigten und teilt dem Arbeitnehmer den Inhalt der Meldung schriftlich mit. Zum Jahresende wird dem Arbeitgeber der Zeitraum, für den Pflichtbeiträge zur Rentenversicherung gezahlt wurden, und die Höhe des Arbeitsentgelts sowie die darauf entfallenden Gesamtsozialversicherungsbeiträge und Umlagen durch die Krankenkasse bescheinigt.

Außerdem meldet die Einzugsstelle beim Beginn der Beschäftigung den privaten Haushalt dem zuständigen **Unfallversicherungsträger**.

7. Lohnfortzahlungsversicherung

1282 Ist der im privaten Haushalt Beschäftigte Mitglied einer Krankenkasse, die nicht das **Umlageverfahren nach dem Lohnfortzahlungsgesetz** (→ *Lohnfortzahlung: Erstattung für Kleinbetriebe* Rz. 1480) durchführt, leitet diese die eingezogenen Umlagen an die für die Durchführung zuständige Krankenkasse weiter.

8. Beitragsüberwachung

1283 Eine **Betriebsprüfung** im Privathaushalt **findet nicht statt**. Die Abstimmung der Beiträge mit den gemeldeten Arbeitsentgelten ist ebenfalls entbehrlich.

Zu den lohnsteuerrechtlichen Auswirkungen → *Haushaltshilfe* Rz. 1272.

Häusliche Krankenpflege

1. Hauspflegerinnen

Beauftragt eine **Gemeinde** als Trägerin der örtlichen Sozialhilfe 1284 nur von Fall zu Fall Pflegekräfte (Hauspflegerinnen) mit der Pflege kranker und hilfloser Personen, so üben die Pflegekräfte i.d.R. eine **selbständige Tätigkeit** aus. Die ihnen von der Gemeinde gezahlten Gelder unterliegen dann nicht dem Lohnsteuerabzug (FG Düsseldorf, Urteil vom 26.6.1968, EFG 1968 S. 540).

2. Ambulante Pflegedienste

Ambulante Pflegedienste, die im Bereich der häuslichen Pflege 1285 tätig werden, erzielen regelmäßig Einkünfte aus **Gewerbebetrieb** oder aus **freiberuflicher Tätigkeit** (vgl. zur Abgrenzung ausführlich OFD Frankfurt, Verfügung vom 11.2.1998, FR 1998 S. 584). Die **fest angestellten Mitarbeiter** sind regelmäßig **Arbeitnehmer**.

Der Arbeitgeber kann ihnen – sofern die allgemeinen Voraussetzungen vorliegen (→ *Reisekosten: Allgemeine Grundsätze* Rz. 1994) – **Fahrtkosten und Mehraufwendungen für Verpflegung steuerfrei** erstatten. Das Einsatzgebiet ist **nicht als einheitliche großräumige Arbeitsstätte** i.S. des H 37 (Weiträumiges Arbeitsgebiet) LStH anzusehen, selbst wenn es sich auf den Bereich einer Großstadt beschränkt (OFD Magdeburg, Verfügung vom 1.7.1996, FR 1996 S. 569). Ob eine **Einsatzwechseltätigkeit** ausgeübt wird oder **Dienstreisen** vorliegen, richtet sich nach den allgemeinen Grundsätzen, vgl. die Vereinfachungsregelung in R 37 Abs. 2 Satz 3 LStR (→ *Reisekosten: Allgemeine Grundsätze* Rz. 2002).

3. Arbeitsverhältnis zwischen Pflegebedürftigem und Pflegeperson

Beschäftigt der Pflegebedürftige selbst eine Pflegeperson, kann 1286 ein **Arbeitsverhältnis** begründet werden. Es gelten hierfür die allgemeinen Voraussetzungen und im Wesentlichen die gleichen Grundsätze wie für die Beschäftigung einer **Hausgehilfin** (→ *Arbeitnehmer* Rz. 163; → *Haushaltshilfe* Rz. 1272; → *Pflegeversicherung* Rz. 1902).

Hat der Steuerpflichtige einen pflegebedürftigen Angehörigen in seinen Haushalt aufgenommen, um ihn dort zu pflegen und zu versorgen, und erhält er dafür aus dem Vermögen des Pflegebedürftigen Geldbeträge, so vollziehen sich diese Leistungen und die empfangenen Zahlungen im Regelfall im **Rahmen der familiären Lebensgemeinschaft**. Sie erfüllen grundsätzlich nicht die Voraussetzungen des Erzielens von Einkünften i.S. des § 2 EStG, d.h. dass auch **kein Arbeitnehmerverhältnis** begründet wird (BFH, Urteil vom 14.9.1999, BStBl II S. 776).

4. Steuerfreiheit nach § 3 Nr. 36 EStG

Nach § 3 Nr. 36 EStG sind Einnahmen für Leistungen zur Grund- 1287 pflege oder hauswirtschaftlichen Versorgung bis zur Höhe des Pflegegeldes nach § 37 SGB XI steuerfrei, wenn diese Leistungen von **Angehörigen** des Pflegebedürftigen oder von anderen Personen, die damit eine sittliche Pflicht i.S. des § 33 Abs. 2 EStG gegenüber dem Pflegebedürftigen erfüllen, erbracht werden (z.B. Pflege durch ein uneheliches Kind). Einnahmen, die für die Pflege einer mit dem Pflegenden langjährig befreundeten, aber **nicht verwandten Person** bezogen werden, unterliegen der Einkommensteuer und sind nicht nach § 3 Nr. 36 EStG steuerfrei (Hessisches FG, Urteil vom 20.9.2000, EFG 2001 S. 125).

Die Steuerbefreiung gilt auch, wenn der Pflegebedürftige Pflegegeld aus **privaten Versicherungsverträgen** nach den Vorgaben des SGB XI oder eine Pauschalbeihilfe nach **Beihilfevorschriften** für häusliche Pflege erhält. Einnahmen für die häusliche Pflege pflegebedürftiger Personen sind auch dann nach § 3 Nr. 36 EStG in den dort genannten Grenzen steuerfrei, wenn die Pflegegelder nicht nach dem Pflege-Versicherungsgesetz, sondern nach **anderen Sozialleistungsgesetzen** gezahlt werden. So werden Pflegegelder z.B. auch nach § 69a Bundessozialhilfegesetz, nach § 26c Abs. 8 Bundesversorgungsgesetz, nach § 2 Asylbewerberleistungsgesetz und aus der gesetzlichen Unfallversicherung gezahlt.

Der steuerfreie Betrag ist **aufzuteilen**, wenn die bedürftige Person durch **mehrere Pflegepersonen gepflegt** wird. Die Aufteilung ist grundsätzlich nach der Zahl der Pflegepersonen vorzunehmen, sofern nicht einheitlich eine Aufteilung nach dem Umfang der Pflegeleistung beantragt wird.

Haustrunk

1288 Soweit an Arbeitnehmer im Brauereigewerbe oder in der Getränkeindustrie kostenlos Bier oder alkoholfreie Getränke abgegeben werden, ist dieser Vorteil grundsätzlich steuer- und beitragspflichtig.

Ist auf den Vorteil der Rabattfreibetrag von 1 224 € anzuwenden, weil er vom **eigenen Arbeitgeber** gewährt wird, bleibt er steuer- und beitragsfrei, wenn der Betrag von 1 224 € im Kalenderjahr nicht überschritten wird. Maßgebend ist der um 4 % geminderte Endpreis des Arbeitgebers; → *Rabatte* Rz. 1938.

Ist der Rabattfreibetrag von 1 224 € **nicht** anzuwenden, weil der Vorteil von einem mit dem Arbeitgeber verbundenen Unternehmen gewährt wird, bleibt er steuer- und beitragsfrei, wenn die Freigrenze von 50 € im Kalendermonat nicht überschritten wird (siehe → *Sachbezüge* Rz. 2145).

Heimarbeit

1. Allgemeines

1289 Nach den Vorschriften des Heimarbeitsgesetzes (HAG) ist zu unterscheiden zwischen Heimarbeitern, Hausgewerbetreibenden und Zwischenmeistern:

a) Heimarbeiter

1290 Heimarbeiter ist, wer in selbst gewählter Arbeitsstätte (eigener Wohnung oder selbst gewählter Betriebsstätte) allein oder mit seinen Familienangehörigen im Auftrag von Gewerbetreibenden oder Zwischenmeistern erwerbsmäßig arbeitet, jedoch die Verwertung der Arbeitsergebnisse dem unmittelbar oder mittelbar auftraggebenden Gewerbetreibenden überlässt. Beschafft der Heimarbeiter die Roh- und Hilfsstoffe selbst, so wird hierdurch seine Eigenschaft als Heimarbeiter nicht beeinträchtigt (§ 2 Abs. 1 HAG).

b) Hausgewerbetreibender

1291 Hausgewerbetreibender ist, wer in eigener Arbeitsstätte (eigener Wohnung oder Betriebsstätte) mit nicht mehr als zwei fremden Hilfskräften oder Heimarbeitern im Auftrag von Gewerbetreibenden oder Zwischenmeistern Waren herstellt, bearbeitet oder verpackt, wobei er selbst wesentlich am Stück mitarbeitet, jedoch die Verwertung der Arbeitsergebnisse dem unmittelbar oder mittelbar auftraggebenden Gewerbetreibenden überlässt. Beschafft der Hausgewerbetreibende die Roh- und Hilfsstoffe selbst oder arbeitet er vorübergehend unmittelbar für den Absatzmarkt, so wird hierdurch seine Eigenschaft als Hausgewerbetreibender nicht beeinträchtigt (§ 2 Abs. 2 HAG).

c) Zwischenmeister

1292 Zwischenmeister ist, wer, ohne Arbeitnehmer zu sein, die ihm von Gewerbetreibenden übertragene Arbeit an Heimarbeiter oder Hausgewerbetreibende weitergibt (§ 2 Abs. 3 HAG).

d) Weitere arbeitsrechtliche Fragen

Bestehen **Zweifel an der rechtlichen Einordnung** – selbständige 1293 Unternehmer oder Heimarbeiter –, kommt es nicht allein auf die Vereinbarung, sondern in erster Linie auf die tatsächliche und **praktische Durchführung** der Beziehungen an. Ergibt sich aus dieser praktischen Durchführung eine wirtschaftliche Abhängigkeit vom Unternehmer, so gilt der besondere Schutz des Heimarbeitsgesetzes (vgl. BAG-Urteil vom 3.4.1990, DB 1991 S. 604).

Nicht zu den Heimarbeitern zählen die sog. **Außenarbeitnehmer**, die zwar aus verschiedenen Gründen keinen Arbeitsplatz in einem Betrieb haben, sondern in eigener Wohnung oder Werkstatt arbeiten, wenn sie persönlich abhängig und weisungsgebunden in einem Arbeitsverhältnis stehen.

Heimarbeiter haben einen gewissen **Entgeltschutz** durch bindende Festsetzungen und Überwachung der Entgelte und Vertragsbedingungen, §§ 19 ff. HAG.

Heimarbeiter haben als arbeitnehmerähnliche Personen Anspruch auf **Urlaub** und Urlaubsentgelt nach § 12 BUrlG, Anspruch auf **Feiertagsentgelt** nach § 11 EFZG und Anspruch auf **Entgeltfortzahlung** im Krankheitsfall in Form von Zuschlägen zum Arbeitsentgelt nach § 10 EFZG.

Bei der **Kündigung** des Heimarbeitsverhältnisses sind nach § 29 HAG Kündigungsfristen zu beachten. Das Kündigungsschutzgesetz findet demgegenüber keine Anwendung, wohl aber die **besonderen Kündigungsschutzbestimmungen** für Mutterschutz, Erziehungsurlaub und Schwerbehinderte.

Keine Anwendung findet auch die Schutzvorschrift des § 613a BGB auf Heimarbeiter bei einem **Betriebsübergang** (BAG-Urteil vom 24.3.1998, NZA 1998 S. 1001).

Zu weiteren Einzelheiten siehe auch → *Telearbeit* Rz. 2386.

2. Lohnsteuer

Die Finanzverwaltung sieht i.d.R.   1294

– **Hausgewerbetreibende und Zwischenmeister als selbständig**

– und nur die **Heimarbeiter als Arbeitnehmer** an (R 134 Abs. 2 Satz 1 EStR).

Die Abgrenzung ist jedoch schwierig, weil auch bei Heimarbeitern viele Merkmale vorliegen, die für Selbständigkeit sprechen (keine feste Arbeitszeit, Arbeit in eigenen Räumen, Möglichkeit der Mitarbeit von Angehörigen u.Ä.).

Beispiel 1:

A war früher bei einem Sozialversicherungsträger angestellt. Sie hat nach ihrem Ausscheiden mit ihrem früheren Arbeitgeber einen Werkvertrag abgeschlossen, wonach sie wöchentlich in Heimarbeit nach ihr ausgehändigten Rentenakten bis zu 25 Kontenspiegel aufzustellen hatte.

Der BFH hat A trotz Vereinbarung eines Werkvertrags – die arbeits- und sozialversicherungsrechtliche Beurteilung hielt der BFH für unerheblich – als Arbeitnehmer angesehen, weil sie die Arbeit persönlich ausführen musste ("Delegieren" an andere Personen war nicht zulässig) und sie kein Unternehmerrisiko trug: Alle Kosten wurden ihr vom Sozialversicherungsträger ersetzt; sie hatte keine Möglichkeit, durch einen größeren Arbeitseinsatz ihre Einkünfte zu erhöhen (Urteil vom 13.2.1980, BStBl II S. 303).

Beispiel 2:

Ein Heimschneider, der nur seine Ehefrau und seine zwei Töchter beschäftigt, ist – unabhängig von der Höhe seines Umsatzes und von der Größe seines Betriebsvermögens – als Arbeitnehmer anzusehen, wenn er ausschließlich für einen einzigen Auftraggeber tätig ist, von diesem die vorbereiteten Zuschnitte und das wesentliche Material erhält und wenn sich seine Vergütung nicht nach dem Stückpreis berechnet, sondern er nach einem Arbeitslohntarif für Heimarbeiter entlohnt wird, wobei ihm Lohnsteuer und Sozialversicherungsbeiträge einbehalten werden und er darüber hinaus den ihm zustehenden Urlaub erhält, Lohnausgleich im Krankheitsfall und arbeitsrechtlichen Kündigungsschutz genießt. Bei einer derartigen Sachlage ist es unerheblich, wenn der Heimschneider seine Arbeitsstätte, seine Arbeitszeit und seine Arbeitsmenge selbst bestimmt und er die Arbeitsgeräte selbst stellt und insoweit das Risiko und die Verantwortung trägt (FG Nürnberg, Urteil vom 7.4.1972, EFG 1972 S. 503).

Arbeitnehmer sind ferner die nach § 1 Abs. 2a HAG den **Heimarbeitern gleichgestellten Personen**, die in der Regel allein oder mit ihren Familienangehörigen in eigener Wohnung oder selbst gewählter Betriebsstätte eine sich in regelmäßigen Arbeitsvorgängen wiederholende Arbeit im Auftrag eines anderen gegen Entgelt ausüben, ohne dass ihre Tätigkeit als gewerblich anzusehen oder dass der Auftraggeber ein Gewerbetreibender oder Zwischenmeister ist (R 134 Abs. 2 Satz 3 EStR).

Für die **Unterscheidung von Hausgewerbetreibenden und Heimarbeitern** ist von dem Gesamtbild des einzelnen Falles auszugehen:

Heimarbeiter – und somit Arbeitnehmer – ist nicht, wer fremde Hilfskräfte beschäftigt oder die Gefahr des Unternehmens, insbesondere auch wegen wertvoller Betriebsmittel, trägt. Auch eine größere Anzahl von Auftraggebern und ein größeres Betriebsvermögen können die Eigenschaft als Hausgewerbetreibender begründen. Die Tatsache der Zahlung von Sozialversicherungsbeiträgen durch den Auftraggeber ist für die Frage, ob ein Gewerbebetrieb vorliegt, ohne Bedeutung (R 134 Abs. 2 Satz 6 ff. EStR).

Zur Gewährung **steuerfreier Arbeitgeberleistungen** → *Telearbeit* Rz. 2389.

3. Sozialversicherung

a) Heimarbeiter

1295 Heimarbeiter gelten als **Beschäftigte** (vgl. § 12 Abs. 2 SGB IV). Heimarbeiter sind in der Kranken-, Pflege-, Renten- und Arbeitslosenversicherung versicherungspflichtig.

Heimarbeiter besitzen im Rahmen der **Entgeltfortzahlung** im Krankheitsfall gegen ihren Auftraggeber einen Anspruch auf Zahlung eines Zuschlags zum Arbeitsentgelt. Für die Berechnung der Krankenversicherungsbeiträge ist daher der erhöhte Beitragssatz anzusetzen.

Für den Fall, dass der Arbeitgeber bzw. Auftraggeber den Gesamtsozialversicherungsbeitrag bis zum Fälligkeitstag nicht zahlt, können **Heimarbeiter und Hausgewerbetreibende den Beitrag** selbst zahlen, wobei bei Hausgewerbetreibenden als Gesamtsozialversicherungsbeitrag nur der Beitrag zur Rentenversicherung in Betracht kommt. Soweit Heimarbeiter und Hausgewerbetreibende von der Möglichkeit der Selbsteinzahlung Gebrauch machen, entfällt die Verpflichtung des Arbeitgebers bzw. Auftraggebers zur Zahlung des Gesamtsozialversicherungsbeitrags, nicht jedoch die Aufzeichnungspflicht in den Lohnunterlagen.

Hausgewerbetreibende, die den Gesamtsozialversicherungsbeitrag selbst zahlen, haben auch die Meldungen abzugeben. Das Gleiche gilt für Heimarbeiter. Die Einzugsstellen sind verpflichtet, bei der Abgabe der Meldungen mitzuwirken.

Heimarbeiter und Hausgewerbetreibende, die den Gesamtsozialversicherungsbeitrag zahlen, haben gegen ihren Arbeitgeber bzw. Auftraggeber einen Anspruch auf den vom Arbeitgeber zu tragenden Teil des Gesamtsozialversicherungsbeitrags.

b) Hausgewerbetreibende

1296 Hausgewerbetreibende (vgl. § 12 Abs. 1 SGB IV) sind nach § 2 Nr. 6 SGB VI rentenversicherungspflichtig. In der Kranken-, Pflege- und Arbeitslosenversicherung besteht keine Versicherungspflicht.

4. Heimarbeiterzuschläge

1297 Lohnzuschläge, die den Heimarbeitern zur Abgeltung der mit der Heimarbeit verbundenen Aufwendungen (z.B. Miete, Heizen und Beleuchten der Arbeitsräume, Bereitstellen der Arbeitsgeräte, Zutaten) neben dem Grundlohn gezahlt werden, sind insgesamt aus Vereinfachungsgründen nach **§ 3 Nr. 30 und 50 EStG** steuerfrei, soweit sie **10 % des Grundlohns nicht übersteigen** (R 46 Abs. 2 Satz 1 LStR). Die oberste Finanzbehörde eines Landes kann mit Zustimmung des Bundesministeriums der Finanzen den Vomhundertsatz für bestimmte Gruppen von Heimarbeitern an die tatsächlichen Verhältnisse anpassen (R 46 Abs. 2 Satz 2 LStR).

Im Rahmen dieser Regelung kann auch der pauschale Zuschlag in Höhe von 1,5 % des monatlichen Arbeitsentgelts zum Ausgleich der **Transportkosten** der Heimarbeiter steuerfrei gezahlt werden; eine zusätzliche steuerfreie Erstattung ist also nicht zulässig (BMF-Schreiben vom 6.2.1990, DB 1990 S. 864).

In Heimarbeit Beschäftigte haben nach dem Entgeltfortzahlungsgesetz zur Absicherung des Krankheitsrisikos gegen ihren Auftraggeber einen Anspruch auf Zahlung eines Zuschlags zum Arbeitsentgelt. Der Zuschlag beträgt für Heimarbeiter und für Hausgewerbetreibende ohne fremde Hilfskräfte 3,4 % und für Hausgewerbetreibende mit nicht mehr als 2 fremden Hilfskräften 6,4 %. Nach § 2 Abs. 2 ArEV ist der Zuschlag nach § 10 EFZG nicht dem Arbeitsentgelt i.S. der Sozialversicherung zuzurechnen, also beitragsfrei. Der Zuschlag unterliegt jedoch der Lohnsteuer.

Das sog. **Feiertagsgeld** nach § 11 EFZG unterliegt dagegen sowohl der Lohnsteuer als auch der Sozialversicherung.

Helfer von Wohlfahrtsverbänden

1298 Ehrenamtliche Helfer von Wohlfahrtsverbänden können grundsätzlich **Arbeitnehmer** mit der Folge sein, dass die Vergütungen dem Lohnsteuerabzug unterliegen. Voraussetzung ist jedoch, dass nicht nur „Aufwandsersatz" geleistet wird. Einzelheiten hierzu siehe → *Arbeitnehmer* Rz. 163.

Auch sog. **Ferienbetreuer** können hiernach Arbeitnehmer sein. Die ihnen am Ferienort gewährte **freie Unterkunft und Verpflegung** ist jedoch kein Arbeitslohn, wenn eine ihrer wesentlichen Aufgaben in der Überwachung der Teilnehmer während des Essens und Schlafens besteht und diese Tätigkeit während der gesamten Dauer des Aufenthalts ausgeübt werden muss. Dem Lohnsteuerabzug unterliegen dann lediglich die **Barentschädigungen**, die die Helfer bekommen (BFH, Urteil vom 28.2.1975, BStBl II 1976 S. 134). Diese sind unter den Voraussetzungen des § 3 Nr. 26 EStG bis 1 848 € steuerfrei (→ *Aufwandsentschädigungen für bestimmte nebenberufliche Tätigkeiten* Rz. 297).

Hinzuverdienstgrenzen

1299 Neben der Rente aus der gesetzlichen Rentenversicherung darf – jedenfalls in einem bestimmten Umfang – Geld hinzuverdient werden. Der Rentenanspruch geht dadurch grundsätzlich nicht verloren. Allerdings sind bis zur Vollendung des 65. Lebensjahres bestimmte Hinzuverdienstgrenzen zu beachten. Ganz anders verhält es sich bei den Renten wegen Todes (Erziehungsrente, Witwen- und Witwerrente, Waisenrente). Bei ihnen wird in der Regel oberhalb des Freibetrags liegendes Einkommen anteilig angerechnet, so dass hierdurch die Rente gemindert werden kann. Wie viel im Einzelfall hinzuverdient werden darf, ohne dass der Rentenanspruch verloren geht oder der Höhe nach eingeschränkt wird, hängt von der Rentenart ab. Wegen der gravierenden Auswirkungen ist es empfehlenswert, immer den Rentenversicherungsträger im Vorfeld zu befragen. Dieser trifft die Entscheidung, ob eine Berufstätigkeit bzw. eigenes Einkommen „rentenschädlich" ist.

Hochschullehrer

1. Arbeitnehmer, Arbeitslohn

1300 Hochschullehrer sind **Arbeitnehmer** und beziehen insoweit **Arbeitslohn**. Dies gilt auch für die sog. **Emeritenbezüge** entpflichteter Hochschulprofessoren. Hierbei handelt es sich um Versorgungsbezüge i.S. des § 19 Abs. 1 Nr. 2 EStG, selbst wenn sie weiterhin Vorlesungen halten (BFH, Urteil vom 5.11.1993, BStBl II 1994 S. 238).

Bezüge aus einer **freiwillig eingegangenen Lehrtätigkeit des emeritierten Hochschullehrers** sind Arbeitslohn, da er wieder in den Hochschulbetrieb eingegliedert ist und Dienstaufgaben wahrnimmt (OFD Frankfurt, Verfügung vom 3.6.1996, DStR 1996 S. 1408).

Die unentgeltliche Inanspruchnahme **von Einrichtungen der Hochschule** für außerhalb des Dienstverhältnisses liegende Tätigkeiten ist ein **geldwerter Vorteil** (BFH, Urteil vom 13.11.1969, BStBl II 1970 S. 117).

2. Prüfungsvergütungen

1301 **Prüfungsvergütungen** sind wie folgt zu behandeln (BFH, Urteil vom 29.1.1987, BStBl II 1987 S. 783):

– Die Abnahme von staatlichen Prüfungen, mit denen ein Studium abgeschlossen wird, gehört zu den dienstlichen Obliegenheiten der Hochschullehrer aus dem Hauptamt (sog. **Hochschulprüfungen**). Die hierfür gezahlten Vergütungen sind deshalb Arbeitslohn. Die Steuerbefreiung des § 3 Nr. 26 EStG kann nicht gewährt werden, weil die Einnahmen nicht aus einer nebenberuflichen Tätigkeit bezogen werden (FinMin Baden-Württemberg, Erlass vom 30.1.1991, DB 1991 S. 626).

– Nicht dazu gehört hingegen die Teilnahme an sog. **Staatsprüfungen**, z.B. die Erste oder Zweite Staatsprüfung. Die Mitwirkung eines Hochschullehrers an Staatsprüfungen kann ungeachtet der dienstrechtlichen Verpflichtung zur Übernahme dieser Prüfungstätigkeit nicht als Bestandteil seiner Haupttätigkeit angesehen werden. Die Prüfungsvergütungen sind daher als Einkünfte aus selbständiger Arbeit zu behandeln (BFH, Urteil vom 29.1.1987, BStBl II 1987 S. 783; FinMin Baden-Württemberg, Erlass vom 30.1.1991, DB 1991 S. 626).

Vergütungen für eine **Prüfungstätigkeit der emeritierten Hochschullehrer** sind Einkünfte aus selbständiger Arbeit, denn ein emeritierter Hochschullehrer ist nicht verpflichtet, Prüfungen abzunehmen, selbst wenn er sich zu einer weiteren Lehrtätigkeit verpflichtet hat und in dem betreffenden Lehrfach eine Prüfung erforderlich ist.

3. Aufsichtsvergütungen

1302 Vergütungen für die „reine" Aufsichtsführung bei schriftlichen Prüfungsarbeiten sind der Haupttätigkeit zuzurechnen und damit bei den Hochschulbediensteten steuerpflichtiger Arbeitslohn (siehe → *Aufsichtsvergütungen* Rz. 296; OFD Hannover, Verfügung vom 23.5.1995, StLex 4, 19–19a, 1276).

Hochschulstudium

1303 Ein Arbeitsverhältnis wird begründet, wenn das Hochschulstudium Inhalt eines sog. Ausbildungsdienstverhältnisses ist, vgl. H 34 (Ausbildungsdienstverhältnis) LStH. Die Studienbeihilfen und Stipendien sind dann steuerpflichtiger Arbeitslohn.

Humanitäre Hilfsfonds für ehemalige Zwangsarbeiter

1304 Etliche Firmen errichten „Humanitäre Hilfsfonds" oder zahlen in den von der Bundesregierung gegründeten Fonds ein, aus denen Zahlungen an **ehemalige Zwangsarbeiter** fließen sollen, die während des Zweiten Weltkriegs in deutschen Fabriken arbeiten mussten.

Die Firmen können die Zahlungen als **Betriebsausgaben** abziehen, weil sie betrieblich veranlasst sind. Bei den Zahlungsempfängern handelt es sich um **nicht steuerbare Einnahmen**, weil sie nicht unter die sieben Einkunftsarten des § 2 Abs. 1 EStG fallen. Insbesondere stellen die Auszahlungen **keinen nachträglichen Arbeitslohn** dar, da die frühere Zwangsbeschäftigung kein „Dienstverhältnis" im steuerrechtlichen Sinne (§ 1 Abs. 2 LStDV)

begründete (OFD Frankfurt, Verfügung vom 21.8.2000, DB 2000 S. 1990).

Hundehaltung

1305 Die von Arbeitgebern im **Bewachungsgewerbe** an die Arbeitnehmer für die Wartung und Pflege einschließlich Futtermittelbeschaffung der Wachhunde gezahlten Beträge können als steuerfreier Auslagenersatz i.S. des § 3 Nr. 50 EStG anerkannt werden. Die Voraussetzungen der R 22 Abs. 2 LStR über die Anerkennung pauschalen Auslagenersatzes werden regelmäßig erfüllt sein; vgl. im Einzelnen → *Auslagenersatz und durchlaufende Gelder* Rz. 342.

Die Steuerfreiheit als Werkzeuggeld (→ *Werkzeuggeld* Rz. 2653; § 3 Nr. 30 EStG) kommt jedoch nicht in Betracht, weil ein Wachhund kein Werkzeug ist (vgl. hierzu R 19 Satz 2 LStR).

Incentive-Reisen

1. „Belohnungsreisen"

1306 Veranstaltet der Arbeitgeber sog. Incentive-Reisen, um bestimmte Arbeitnehmer für besondere Leistungen zu belohnen und zu weiteren Leistungssteigerungen zu motivieren, so erhalten die Arbeitnehmer damit einen steuerpflichtigen **geldwerten Vorteil**, wenn auf den Reisen ein **Besichtigungsprogramm angeboten** wird, das einschlägigen Touristikreisen entspricht und der Erfahrungsaustausch zwischen den Arbeitnehmern demgegenüber zurücktritt, vgl. H 74 (Incentive-Reisen) LStH sowie BMF-Schreiben vom 14.10.1996, BStBl I S. 1192. Als Sachbezug ist der volle Wert der Reise anzusetzen (z.B. der vom Veranstalter an das Reisebüro gezahlte Betrag), und zwar auch dann, wenn der Arbeitnehmer eine derartige Reise bei eigener Finanzierung nicht unternommen hätte (FG Nürnberg, Urteil vom 22.11.1983, EFG 1984 S. 347).

Nur in Ausnahmefällen ist der Zufluss von **Arbeitslohn zu verneinen**, so z.B. wenn die **Nichtteilnahme mit Sanktionen verbunden wäre** und dies nachgewiesen werden kann (BFH-Urteil vom 18.2.1994, BFH/NV 1994 S. 708). An diesen Nachweis werden jedoch strenge Anforderungen gestellt, um der Gefahr unkontrollierter Gefälligkeitsbescheinigungen durch den Arbeitgeber zu begegnen (BFH-Urteile vom 25.3.1993, BStBl II S. 674, und vom 17.2.1997, BFH/NV 1997 S. 401).

Beispiel 1:

A ist leitender Angestellter einer großen Firma. Im Frühjahr wird er von seiner Firma zu einer vier Tage dauernden „Konferenzreise" auf einem Ostseeschiff eingeladen. Während dieser Reise sollten wichtige unternehmerische Entscheidungen für die Firma getroffen werden. Der Chef hat daher die Teilnahme aller leitenden Angestellten angeordnet und bei unentschuldigter Abwesenheit damit gedroht, den Betreffenden vom leitenden Angestellten zum einfachen Mitarbeiter herabzustufen.

Entgegen der Vorinstanz hat es der Bundesfinanzhof abgelehnt, die Reiseaufwendungen wegen der Teilnahmepflicht der leitenden Mitarbeiter als im überwiegend eigenbetrieblichen Interesse des Arbeitgebers zu bewerten und damit Arbeitslohn zu verneinen. Begründung:

Trotz des betrieblich veranlassten Erfahrungsaustauschs und der damit verbundenen Festlegung der weiteren Geschäftsstrategie sind keine betriebsfunktionalen Gründe dafür ersichtlich, dass die dienstlichen Besprechungen auf einer Kreuzfahrt stattfinden mussten. Die Kreuzfahrt war auch dadurch veranlasst, den teilnehmenden Mitarbeitern **ein besonderes Erlebnis** zu verschaffen. Abgesehen davon, dass einer Schiffsreise der vorliegenden Art schon ein Erlebniswert für sich innewohnt, wird die Reise durch die Besichtigungen der Städte Helsinki und Stockholm verstärkt einer privaten Urlaubsreise vergleichbar. Diesen Umständen kommt ein **derartiges Eigengewicht** zu, dass die daraus den Arbeitnehmern erwachsenden Vorteile gegenüber dem eigenbetrieblichen Interesse des Arbeitgebers an der Durchführung der Konferenzreise nicht derart in den Hintergrund treten, dass die Vorteilsgewährung als im ganz überwiegend eigenbetrieblichen Interesse des Arbeitgebers liegend gewertet werden könnte. An diesem Ergebnis vermag auch die **Teilnahmepflicht** der Arbeitnehmer nichts zu ändern (BFH-Urteil vom 7.2.1997, BFH/NV 1997 S. 401).

Arbeitslohn ist nach diesem Urteil jedoch zu verneinen, wenn in dem auf die einzelnen Arbeitnehmer entfallenden Reisepreis auch **abgrenzbare Positionen,** wie z.B. Miete für zu beruflichen Zwecken genutzte **Konferenzräume,** enthalten sind.

Ein steuerpflichtiger Sachbezug liegt auch vor, wenn die Reise nicht vom Arbeitgeber selbst, sondern von einem **Dritten,** z.B. von einem Lieferanten, durchgeführt wird (z.B. Verkaufswettbewerb eines Automobilwerkes für Verkäufer der selbständigen Werksvertretungen). Insofern handelt es sich um **Arbeitslohn Dritter.** Eine Verpflichtung zur Einbehaltung der Lohnsteuer durch den Arbeitgeber ist in diesen Fällen jedoch nicht gegeben, weil derartige Zuwendungen nicht „üblich" sind (R 106 Abs. 1 und 2 LStR). Die Versteuerung als Arbeitslohn ist ggf. durch eine Einkommensteuerveranlagung des Arbeitnehmers nach § 46 EStG vorzunehmen (Mitteilung 2/1984 der OFD Düsseldorf, Köln und Münster, DB 1985 S. 628). Vgl. auch → *Lohnzahlung durch Dritte* Rz. 1660.

Beispiel 2:

A, Geschäftsführer einer KG, nahm an einer Japan-Reise teil, die die Firma X finanziert hat. Die Reise diente dazu, die Geschäftsbeziehungen zu festigen und die Teilnehmer davon zu überzeugen, dass die in Japan gefertigten Produkte die Qualität von Inlandsprodukten erreichen.

Der Bundesfinanzhof hat den geldwerten Vorteil der Reise als Arbeitslohn von dritter Seite angesehen, denn A wurde in seiner Eigenschaft als Geschäftsführer der KG zu der Reise eingeladen (Urteil vom 5.7.1996, BStBl II S. 545). Der geldwerte Vorteil ist ihm daher auch mit Rücksicht auf das Dienstverhältnis zugeflossen. Es kommt nicht darauf an, ob A den Vorteil auch subjektiv als „Frucht seiner Dienstleistung für den Arbeitgeber" betrachtet. Der objektive Zusammenhang ist ausreichend.

Arbeitslohn von dritter Seite ist auch anzunehmen, wenn der Geschäftsführer einer GmbH auf Kosten einer Gesellschaft, mit der wesentliche Geschäftsbeziehungen bestehen, **Messen in den USA in touristisch besonders attraktiven Großstädten** jeweils mit einem umfangreichen Beiprogramm besucht (FG Rheinland-Pfalz, Urteil vom 13.5.1998, DStRE 1998 S. 707).

2. „Betreuungsreisen"

1307 Veranstaltet der Arbeitgeber als Werbemaßnahme für seine Kunden sog. Händler-Incentive-Reisen und muss ein Arbeitnehmer zur Betreuung der Kunden oder als Reiseleiter mitfahren, ist wie folgt zu unterscheiden:

– **Kein Arbeitslohn** ist anzunehmen, wenn ganz überwiegend **eigenbetriebliches Interesse** des Arbeitgebers an der Teilnahme des Arbeitnehmers an der Reise nachgewiesen werden kann. Für diesen Nachweis gelten erhöhte Anforderungen, wenn die Reise auch **touristische Aspekte** aufweist (BFH-Urteil vom 16.4.1993, BStBl II S. 640).

Beispiel 1:

Eine Firma führt regelmäßig Händler-Incentive-Reisen u.a. nach Mexiko und Mauritius durch, an denen auch vier bis sechs Arbeitnehmer aus den Abteilungen Vertrieb, Marketing, Technik und Geschäftsführung teilnehmen. Diese sollen nicht nur für einen reibungslosen Ablauf der Reise sorgen, sondern auch intensive Gespräche mit den Händlern führen und persönliche Kontakte zur Verbesserung der Geschäftsbeziehungen aufbauen.

Das FG München hat in diesem Fall keinen Arbeitslohn angenommen, weil die Mitreise der Arbeitnehmer im ganz überwiegenden eigenbetrieblichen Interesse lag (Urteil vom 12.3.1991, EFG 1991 S. 731). Dies ergibt sich z.B. schon daraus, dass nur die Vertriebsmitarbeiter mitfahren sollten, die für die teilnehmenden Händler „zuständig" waren. Der Gedanke der Entlohnung für besonders gute Leistungen trat somit in den Hintergrund.

Ein Arbeitnehmer hat den geldwerten Vorteil einer ihm zugewendeten Reise auch dann nicht zu versteuern, wenn der Vorteil notwendige Begleiterscheinung betriebsfunktionaler Zielsetzung ist, weil dem **Arbeitnehmer die organisatori-**

sche **Durchführung der Reise oblag** (FG Baden-Württemberg, Urteil vom 10.9.1998, StEd 1998 S. 710).

– **Steuerpflichtiger Arbeitslohn** liegt dagegen vor, wenn der Arbeitnehmer lediglich Betreuungsfunktionen hat. Dieser ist mit dem üblichen Reisepreis zu bewerten. Ein Abschlag darf auch im Hinblick auf die vom Arbeitnehmer tatsächlich erbrachten Betreuungsleistungen nicht vorgenommen werden (BFH-Urteil vom 4.8.1994, BStBl II S. 954). Eine Aufteilung der Zuwendung in Arbeitslohn und Leistungen im betrieblichen Interesse kommt grundsätzlich nicht in Betracht (**Gesamtwürdigung**), vgl. H 70 (Allgemeines zum Arbeitslohnbegriff) LStH sowie H 74 (Incentive-Reisen) LStH.

Beispiel 2:

Eine Bank verkaufte auch Urlaubsreisen an ihre Kunden. Der Reiseveranstalter stellte der Bank je Reise einen Freiplatz zur Verfügung, der auf Anordnung des Vorstands jeweils von einem Angestellten der Bank in Anspruch genommen wurde. Ehepartner der Angestellten fuhren nicht mit. Der Angestellte hatte u.a. die Aufgabe, die Kunden während der Reise zu betreuen. Die eigentliche Reiseleitung oblag örtlichen Reiseleitern.

Der Bundesfinanzhof hat die Reise nicht als Dienstreise anerkannt, weil die Teilnahme der Angestellten an der Reise nicht im ganz überwiegend eigenbetrieblichen Interesse der Bank lag. Der geldwerte Vorteil war daher in Höhe des üblichen Reisepreises ohne Abschlag um die Betreuungsleistungen als Arbeitslohn zu versteuern. Begründung:

Die Angestellten wären gar nicht in der Lage gewesen, qualifizierte Aufgaben eines ausgebildeten Reiseleiters wahrzunehmen. Bei den vollständig vorher geplanten Reisen und der ständigen Anwesenheit hauptberuflicher Reiseleiter wäre dies auch nicht erforderlich gewesen (Urteil vom 4.8.1994, BStBl II S. 954).

Arbeitslohn liegt regelmäßig auch immer dann vor, wenn der Arbeitnehmer von seinem **Ehegatten begleitet** wird. Denn die Mitnahme des Ehegatten ist ein **Indiz** dafür, dass auch der Arbeitnehmer selbst wegen der Annehmlichkeiten und des Erlebniswerts ein erhebliches Eigeninteresse an der Reise hat, vgl. H 74 (Incentive-Reisen) LStH sowie BFH-Urteile vom 25.3.1993, BStBl II S. 639, und vom 1.7.1994, BFH/NV 1995 S. 22. Nach dem Gesamtbild der Verhältnisse kann aber auch trotz Mitnahme des Ehegatten das eigenbetriebliche Interesse des Arbeitgebers anzuerkennen sein (BFH, Beschluss vom 31.5.2001, BFH/NV 2001 S. 1549).

Es kommt häufig vor, dass eine **Bank selbst Reisen veranstaltet,** die von Bankmitarbeitern begleitet werden. Wie die an die Reisebegleiter erstatteten Reisekosten steuerlich zu behandeln sind, → *Reiseveranstalter: Arbeitnehmer* Rz. 2105.

3. Höhe des geldwerten Vorteils

Liegt ein steuerpflichtiger geldwerter Vorteil vor, kann die Lohnsteuer unter den Voraussetzungen des § 40 Abs. 1 EStG pauschal erhoben werden. Der Wert der Reise ist mit dem üblichen Endpreis am Abgabeort anzusetzen (§ 8 Abs. 2 EStG). Er entspricht regelmäßig dem **Preis der von Reiseveranstaltern am Markt angebotenen Gruppenreisen** mit vergleichbaren Leistungsmerkmalen (z.B. Hotelkategorie, Besichtigungsprogramme); eine Wertminderung wegen des vom zuwendenden Unternehmen festgelegten Reiseziels, des Reiseprogramms, der Reisedauer und des fest umgrenzten Teilnehmerkreises kommt nicht in Betracht. Rabatte, die dem die Leistung gewährenden Unternehmen eingeräumt werden, bleiben für die Bewertung beim Empfänger ebenfalls außer Betracht; Gleiches gilt für Preisaufschläge, die das Unternehmen speziell für die Durchführung der Reiseleistungen aufwenden muss (BMF-Schreiben vom 14.10.1996, BStBl I S. 1192). **1308**

4. Werbungskostenabzug

Es gelten die allgemeinen Grundsätze für den Werbungskostenabzug bei Auslandsreisen, siehe → *Reisekosten: Allgemeine Grundsätze* Rz. 2008. Abzugsfähige Werbungskosten liegen nur vor, wenn die Reisen ausschließlich oder zumindest weitaus überwiegend im beruflichen Interesse unternommen werden, wenn also die Verfolgung privater Interessen, wie z.B. Erholung, Bildung und Erweiterung des allgemeinen Gesichtskreises, nach **1309** dem Anlass der Reise, dem vorgesehenen Programm und der tatsächlichen Durchführung nahezu ausgeschlossen sind. Andernfalls sind die gesamten Reisekosten nicht abziehbar, soweit sich nicht ein durch den Beruf veranlasster Teil nach objektiven Maßstäben sicher und leicht abgrenzen lässt. Diese Grundsätze gelten nach der Rechtsprechung insbesondere auch für solche Reiseteilnehmer, die im **Auftrag ihres Arbeitgebers die Reise vorbereiten**, auf eigene Kosten an ihr teilnehmen und während der Reise neben hauptamtlichen örtlichen Reiseleitern gewisse **organisatorische Funktionen ausüben**. Reiseleitungstätigkeit durch den Arbeitnehmer wird nur dann als ein die private Mitveranlassung zurückdrängendes Indiz angesehen, wenn die Reisetage für ihn mit normale Arbeitstage mit beruflicher Reiseorganisation ausgefüllt sind. Diese Voraussetzungen werden nicht als erfüllt angesehen, wenn der Arbeitnehmer nur unwesentliche organisatorische Aufgaben, wie z.B. Verteilung der Hotelzimmer und Ankündigung des weiteren Reiseverlaufs, wahrzunehmen hat. Dies gilt auch für Reisen, die von vertriebsorientierten Unternehmen veranstaltet werden und der Umsatzförderung dienen sollen (sog. Incentive-Reisen). Nimmt ein leitender Mitarbeiter eines vertriebsorientierten Unternehmens an einer Reise teil, die für die anderen Reiseteilnehmer Belohnungscharakter hat, so sind die Kosten der Reise für den leitenden Mitarbeiter als Arbeitslohn anzusehen, wenn sie vom Arbeitgeber getragen werden, bzw. nicht als Werbungskosten abzugsfähig, wenn er sie selbst trägt, wenn die private Mitveranlassung nach den o.g. Grundsätzen als nicht ganz untergeordnet zu bewerten ist (vgl. zuletzt BFH, Beschluss vom 8.2.2001, BFH/NV 2001 S. 903, m.w.N.).

Industrieclubbeiträge

1310 Werden dem Geschäftsführer einer GmbH die Mitgliedsbeiträge für einen Industrieclub von der GmbH erstattet, so ist der Erstattungsbetrag kein Arbeitslohn, wenn der Arbeitnehmer im ganz überwiegend eigenbetrieblichen Interesse des Arbeitgebers dem Club beigetreten ist (BFH-Urteil vom 20.9.1985, BStBl II S. 718).

Infektionsschutzgesetz

1. Arbeitsrecht

1311 Nach § 31 IFSG besteht bei bestimmten Krankheiten des Arbeitnehmers oder auch entsprechendem Krankheitsverdacht bei bestimmten Betrieben insbesondere im Lebensmittelbereich ein **Tätigkeitsverbot**.

Fällt der Tatbestand des Tätigkeitsverbots mit **krankheitsbedingter Arbeitsunfähigkeit** des Arbeitnehmers zusammen, so tritt der Entschädigungsanspruch nach dem Infektionsschutzgesetz als subsidiärer Anspruch zurück; daraus folgt, dass der Arbeitnehmer einen **Entgeltfortzahlungsanspruch** nach dem Entgeltfortzahlungsgesetz besitzt und damit der Arbeitgeber keinen Erstattungsanspruch gegen die zuständige Behörde.

Geht dagegen das Beschäftigungsverbot mit der Erkrankung einher, ohne dass Arbeitsunfähigkeit besteht (z.B. bei Krankheitsverdacht oder einer nicht zur Arbeitsunfähigkeit führenden ansteckenden Krankheit), so ist ein Anspruch des Arbeitnehmers nach § 616 BGB wegen **unverschuldeter Leistungsverhinderung** anzunehmen, so dass auch insoweit der Arbeitgeber keinen Erstattungsanspruch gegen die zuständige Behörde besitzt.

Hat der Arbeitnehmer demgegenüber keinen der angeführten Entgeltfortzahlungsansprüche (mehr), so hat er gegen den Arbeitgeber Anspruch auf eine **Entschädigung** wegen des Tätigkeitsverbots nach § 56 IFSG, der Arbeitgeber dagegen einen entsprechenden **Erstattungsanspruch** gegen die zuständige Behörde.

2. Lohnsteuer und Sozialversicherung

1312 Die Entgeltfortzahlung im Krankheitsfall und die Vergütung für unverschuldete Leistungsverhinderung stellen Arbeitslohn dar.

Bei der Entschädigung wegen des Tätigkeitsverbots handelt es sich um eine Entschädigung für **Verdienstausfall**, die zwar nach § 3 Nr. 25 EStG steuer- und beitragsfrei ist, aber nach § 32b Abs. 1 Buchst. e EStG bei der Einkommensteuerveranlagung dem **Progressionsvorbehalt** unterliegt (→ *Progressionsvorbehalt* Rz. 1924). Der Arbeitgeber muss daher die Entschädigungen gesondert im **Lohnkonto eintragen** (§ 41 Abs. 1 Satz 5 EStG) und auf der **Lohnsteuerkarte bescheinigen** (§ 41b Abs. 1 Nr. 4 EStG; vgl. auch → *Lohnkonto* Rz. 1493 sowie → *Lohnsteuerbescheinigung* Rz. 1548). Hat der Arbeitnehmer im Laufe des Jahres Entschädigungen für Verdienstausfall nach dem Infektionsschutzgesetz erhalten, darf der Arbeitgeber **keinen Lohnsteuer-Jahresausgleich** durchführen (§ 42b Abs. 1 Satz 4 Nr. 4 EStG).

Zahlt der Arbeitgeber jedoch freiwillig oder auf Grund einer arbeitsrechtlichen Vereinbarung über den Anspruch nach § 56 IFSG **hinausgehende Beträge**, sind die **Mehrbeträge steuer- und damit auch beitragspflichtig** (OFD Hannover, Verfügung vom 14.5.1976, LSt-Kartei § 19 EStG Fach 2 Nr. 2).

Insolvenz des Arbeitgebers

1. Arbeitsrecht

a) Grundsätze

Wie schon beim bisherigen Konkurs nach der Konkursordnung **1313** gilt auch nach der neuen Insolvenzordnung, dass die allgemeinen arbeitsrechtlichen Vorschriften unabhängig vom Insolvenzantrag und von der Eröffnung des Insolvenzverfahrens fortgelten, soweit nicht in der Insolvenzordnung anderweitige Ausnahmeregelungen enthalten sind.

Der **Bestand des Arbeitsverhältnisses** wird durch die Eröffnung des Insolvenzverfahrens nur insoweit berührt, als Arbeitsvertragspartner des Arbeitnehmers und Schuldner der Leistungsansprüche nunmehr der Insolvenzverwalter, u.U. auch schon der vorläufige Insolvenzverwalter wird.

b) Arbeitnehmerforderungen

Anders als nach bisherigem Konkursrecht sind sämtliche Forde- **1314** rungen der Arbeitnehmer auf rückständige Arbeitsvergütung nunmehr einfache Insolvenzforderungen nach § 38 InsO.

Vergütungsansprüche für die Zeit nach Eröffnung des Insolvenzverfahrens sind demgegenüber Masse-Verbindlichkeiten nach § 55 Abs. 2 InsO.

Für diese Schlechterstellung der Arbeitnehmer enthält die Insolvenzordnung andererseits einen Ausgleich: Das **Insolvenzgeld** (→ *Insolvenzgeld* Rz. 1319), das das bisherige Konkursausfallgeld ablöst, ist für die letzten drei Monate vor Eröffnung des Insolvenzverfahrens zu zahlen. Zum Zweiten sind **Sozialplanansprüche** der Arbeitnehmer anders als bisher Masse-Forderungen, wenn der Sozialplan nach Eröffnung des Insolvenzverfahrens oder nicht früher als drei Monate vor dem Eröffnungsantrag zu Stande gekommen ist.

c) Kündigung in der Insolvenz

Unabhängig vom Insolvenzverfahren bleibt dem Arbeitnehmer **1315** zustehender allgemeiner oder besonderer **Kündigungsschutz** erhalten.

Hinsichtlich der **Kündigungsfristen** gilt nach § 113 Abs. 1 InsO eine Höchstfrist von drei Monaten zum Monatsende, wenn nicht eine kürzere Kündigungsfrist eingreift. Diese Höchstkündigungsfrist gilt gegenüber längeren gesetzlichen, tarifvertraglichen (BAG, Urteil vom 16.6.1999, DB 1999 S. 2472) oder vereinbarten (BAG, Urteil vom 3.12.1998, DB 1999 S. 748) Kündigungsfristen, und zwar auch im Falle von Unkündbarkeitsvorschriften (BAG, Urteil vom 19.1.2000, DB 2000 S. 1184) und im Falle eines nicht kündbaren befristeten Arbeitsvertrags (BAG, Urteil vom 6.6.2000, NZA 2001 S. 23).

Will ein Arbeitnehmer die Unwirksamkeit einer ihm gegenüber durch den Insolvenzverwalter ausgesprochenen Kündigung geltend machen, so muss er zur Vermeidung der ansonsten eintretenden Wirksamkeit der Kündigung innerhalb von drei Wochen nach Zugang der Kündigung arbeitsgerichtliche Klage erheben **(Klagefrist)**, und zwar auch dann, wenn er sich auf andere als die in § 1 KSchG genannten Gründe berufen will, also beispielsweise auf eine fehlende oder fehlerhafte Anhörung des Betriebsrates nach § 102 BetrVG, auf eine Unwirksamkeit der Kündigung wegen Verstoßes gegen § 9 MSchG oder auf eine Unwirksamkeit der Kündigung wegen Betriebsübergangs nach § 613a Abs. 4 BGB.

d) Beschlussverfahren zum Kündigungsschutz

1316 Der Insolvenzverwalter hat nach § 126 InsO die Möglichkeit, ein **Beschlussverfahren** vor dem Arbeitsgericht einzuleiten, in dem er beantragen kann festzustellen, dass die Kündigung des Arbeitsverhältnisses bestimmter Arbeitnehmer durch dringende betriebliche Erfordernisse bedingt und sozial gerechtfertigt ist. Eine auf diesen Antrag hin ergehende Entscheidung hat – sofern sie rechtskräftig ist – Ausschlusswirkung für die Kündigungsschutzklagen der einzelnen Arbeitnehmer: Diese können sich nicht mehr darauf berufen, dass die betriebsbedingten Kündigungen fehlerhaft seien.

2. Lohnsteuer

1317 Die Verpflichtung zur Einbehaltung von Lohnsteuer geht nach § 34 AO auf den Insolvenzverwalter über. Das Finanzamt muss rückständige Forderungen beim Insolvenzverwalter anmelden. Weitere Einzelheiten siehe OFD Hannover, Verfügung vom 23.7.1992, Lohnsteuer-Handausgabe 2001 S. 509.

3. Sozialversicherung

1318 Wegen Besonderheiten im Meldeverfahren → *Meldungen für Arbeitnehmer in der Sozialversicherung* Rz. 1699.

Insolvenzgeld

1. Allgemeines

1319 Arbeitnehmer und ihnen gleichgestellte Personen, die in Insolvenzfällen mit bestehenden Ansprüchen auf Arbeitsentgelt ausfallen, werden durch die Insolvenzgeld-Regelung geschützt. Die gesetzlichen Vorschriften über das Insolvenzgeld (im Wesentlichen §§ 183 bis 189, 208 SGB III) sind mit der Insolvenzordnung am **1.1.1999 in Kraft** getreten. Bis zu diesem Zeitpunkt waren die weitgehend inhaltsgleichen Vorschriften des Arbeitsförderungsgesetzes (AFG) über das Konkursausfallgeld (§§ 141a bis 141n AFG) anzuwenden.

Der Anspruch auf Insolvenzgeld setzt ein **Insolvenzereignis** im Sinne des § 183 Abs. 1 SGB III voraus, das die Zahlungsunfähigkeit des Arbeitgebers dokumentiert. Ein solches liegt vor, wenn über das Vermögen des Arbeitgebers das Insolvenzverfahren eröffnet worden ist, der Antrag auf Eröffnung des Insolvenzverfahrens mangels Masse abgewiesen wurde oder die Betriebstätigkeit des Arbeitgebers im Inland vollständig beendet wurde, wenn ein Antrag auf Eröffnung des Insolvenzverfahrens nicht gestellt worden ist und ein Insolvenzverfahren auch nicht in Betracht kommt.

Der Insolvenzgeldanspruch umfasst das rückständige Arbeitsentgelt, soweit es den letzten dem Insolvenzereignis vorausgehenden drei Monaten des Arbeitsverhältnisses (sog. **Insolvenzgeld-Zeitraum**) zuzuordnen ist. Hat ein Arbeitnehmer in Unkenntnis eines Insolvenzereignisses weitergearbeitet oder die Arbeit aufgenommen, besteht der Anspruch für die dem Tag der Kenntnisnahme vorausgehenden drei Monate des Arbeitsverhältnisses. Zu den **Ansprüchen auf Arbeitsentgelt**, die den Anspruch auf Insolvenzgeld begründen, gehören alle Ansprüche auf Bezüge aus dem Arbeitsverhältnis, die der Arbeitnehmer als Gegenwert für die von ihm geleistete Arbeit zu beanspruchen hat (z.B. laufendes Entgelt, Entgeltfortzahlung im Krankheitsfall, Urlaubsentgelte, ggf. Jahressonderleistungen, Reisekosten usw.). Ein Anspruch besteht nicht für Ansprüche auf Arbeitsentgelt, die der Arbeitnehmer wegen der Beendigung des Arbeitsverhält-

nisses (z.B. Schadensersatzansprüche des Arbeitnehmers nach § 628 Abs. 2 BGB wegen vorzeitiger Beendigung des Arbeitsverhältnisses) oder für die Zeit **nach** der Beendigung des Arbeitsverhältnisses (z.B. Ansprüche auf Urlaubsabgeltung) hat. Das Insolvenzgeld wird in Höhe des für den Insolvenzgeld-Zeitraum geschuldeten **Netto**arbeitsentgelts erbracht. Dieses entspricht dem um die gesetzlichen Abzüge (Sozialversicherungsbeiträge, Steuern, Solidaritätszuschlag) verminderten Bruttoarbeitsentgelt. Eine Leistungsbemessungsgrenze besteht nicht.

Damit dem Arbeitnehmer keine versicherungsrechtlichen Nachteile entstehen, zahlt das Arbeitsamt im Falle der Insolvenz des Arbeitgebers auch den **Gesamtsozialversicherungsbeitrag**, der auf Arbeitsentgelte für den Insolvenzgeld-Zeitraum entfällt.

Sofern ein Insolvenzereignis noch nicht vorliegt, kann das Arbeitsamt einen **Vorschuss** auf das Insolvenzgeld erbringen. Voraussetzung hierfür ist, dass die Eröffnung des Insolvenzverfahrens bereits beantragt wurde, das Arbeitsverhältnis beendet ist und die sonstigen gesetzlichen Voraussetzungen mit hinreichender Wahrscheinlichkeit erfüllt werden. Ist der Anspruch des Arbeitnehmers auf Arbeitsentgelt für den Insolvenzgeld-Zeitraum auf einen **Dritten** übertragen oder zu Gunsten eines Dritten gepfändet oder verpfändet worden, so steht diesem auch das Insolvenzgeld zu. Das Insolvenzgeld ist innerhalb einer **Ausschlussfrist** von zwei Monaten nach dem Insolvenzereignis beim Arbeitsamt (in dessen Bezirk die für den Arbeitnehmer zuständige Lohnabrechnungsstelle des Arbeitgebers liegt) zu beantragen. Bei schuldloser Versäumung der Ausschlussfrist wird eine Nachfrist von zwei Monaten ab Wegfall des Hindernisses eingeräumt.

Die Ansprüche auf Arbeitsentgelt, die den Anspruch auf Insolvenzgeld begründen, gehen nach § 187 SGB III mit der Antragstellung auf das Arbeitsamt über **(Forderungsübergang)**. Das Arbeitsamt macht diese Ansprüche im Insolvenzverfahren beim Insolvenzverwalter oder nach Abschluss des Verfahrens gegebenenfalls unmittelbar gegen den bisherigen Arbeitgeber geltend.

2. Lohnsteuer

1320 Das Insolvenzgeld gehört – ebenso wie die vom Arbeitsamt gezahlten Beiträge zur Sozialversicherung des Arbeitnehmers – zu den **Leistungen nach dem Dritten Buch Sozialgesetzbuch und ist damit steuerfrei** (§ 3 Nr. 2 EStG, R 4 Abs. 2 LStR). Das tatsächlich gezahlte Insolvenzgeld unterliegt jedoch im Rahmen der Einkommensteuerveranlagung dem sog. **Progressionsvorbehalt** des § 32b Abs. 1 Nr. 1a EStG (→ *Progressionsvorbehalt* Rz. 1924).

Der Anspruch des Arbeitnehmers gegen seinen Arbeitgeber auf Zahlung des Arbeitslohns geht auf die **Bundesanstalt für Arbeit über** (§ 187 SGB III). Etwaige spätere Lohnzahlungen des Insolvenzverwalters oder des ehemaligen Arbeitgebers an die Bundesanstalt für Arbeit sind ebenfalls nach § 3 Nr. 2 EStG **steuerfrei**. Dies gilt auch für evtl. vom Insolvenzverwalter **nachträglich entrichtete Sozialversicherungsbeiträge** nach § 208 Abs. 2 SGB III (R 4 Abs. 2 LStR).

Der **Werbungskostenabzug** ist während des Zeitraums, in dem der Arbeitnehmer statt steuerpflichtigem Arbeitslohn steuerfreies Insolvenzgeld erhält, nicht ausgeschlossen, da zwischen den Aufwendungen und dem Insolvenzgeld kein unmittelbarer wirtschaftlicher Zusammenhang i.S. des § 3c EStG besteht (BFH, Urteil vom 23.11.2000, BStBl II 2001 S. 199, betr. Fahrten zur Arbeitsstätte).

Wie zu verfahren ist, wenn ein Steuerpflichtiger im Rahmen des sog. **Verbraucherinsolvenzverfahrens** beim Finanzamt einen Antrag auf Erlass von Steuerschulden stellt, ist in den BMF-Schreiben vom 10.12.1998, FR 1999 S. 173, und vom 17.12.1998, BStBl I 1998 S. 1500, ausführlich dargelegt.

Ⓛ Ⓢ Ⓥ

3. Sozialversicherung

a) Umlage zur Finanzierung des Insolvenzgeldes

1321 Die Mittel für das Insolvenzgeld einschließlich der anfallenden Beiträge, Verwaltungskosten und sonstigen Aufwendungen werden von den Berufsgenossenschaften auf ihre Mitglieder (Betriebe) umgelegt und jährlich nachträglich von den Unfallversicherungsträgern erhoben. Auf diese Umlage sind Abschlagszahlungen in Höhe der Aufwendungen der Bundesanstalt für Arbeit im jeweils abgelaufenen Quartal zu entrichten.

b) Beitragsanspruch der Einzugsstellen

1322 Die Einzugsstellen (Krankenkassen) haben Anspruch auf Zahlung geschuldeter Pflichtbeiträge zur Kranken-, Pflege-, Renten- und Arbeitsförderung für die letzten drei Monate des Arbeitsverhältnisses vor dem Insolvenzereignis (Insolvenzgeld-Zeitraum, vgl. → Rz. 1319). Die Einzugsstelle hat dem Arbeitsamt diese Beiträge nachzuweisen und dafür zu sorgen, dass das beitragspflichtige Bruttoarbeitsentgelt einschließlich des Arbeitsentgeltes, für das Beiträge im Rahmen des Insolvenzgeldes gezahlt werden, dem zuständigen Rentenversicherungsträger zur Speicherung im Versichertenkonto gemeldet wird.

So durch das Arbeitsamt gezahlte Pflichtbeiträge bleiben als Beitragsansprüche gegen den Arbeitgeber bestehen. Die Einzugsstelle hat weiterhin diese Beiträge einzuziehen. Soweit Zahlungen geleistet werden, hat die Einzugsstelle dem Arbeitsamt die – nachträglich – gezahlten Beiträge zu erstatten.

Instrumentengeld

1323 Instrumenten-, Saiten-, Rohr- und Blattgelder, die der Arbeitgeber nach tarifrechtlichen Regelungen hauptberuflichen Musikern zur **Abgeltung aller Mehraufwendungen für Unterhalt und Abnutzung** der Musikinstrumente sowie für Notenbeschaffung zahlt, sind **kein steuerfreies Werkzeuggeld** i.S. des § 3 Nr. 30 EStG. Denn Musikinstrumente sind keine Werkzeuge (BFH, Urteil vom 21.8.1995, BStBl II 1995 S. 906).

 ⌐LSt⌐ (SV)

Soweit mit dem Instrumentengeld aber nur die **laufenden Instandsetzungs- und Erhaltungskosten** der Musikinstrumente abgegolten werden sollen, kann **steuerfreier Auslagenersatz** i.S. des § 3 Nr. 50 EStG anerkannt werden, sofern die Aufwendungen regelmäßig wiederkehren und die pauschale Abgeltung im Großen und Ganzen den tatsächlichen Aufwendungen entspricht. Das sog. **Rohr-, Blatt- und Saitengeld** kann hiernach als steuerfreier Auslagenersatz anerkannt werden (BFH, Urteil vom 21.8.1995, BStBl II 1995 S. 906).

Kein steuerfreier Auslagenersatz ist jedoch das sog. **Instrumentengeld**, weil dieses für die **laufende Abnutzung der Musikinstrumente** gezahlt wird (BFH, Urteil vom 21.8.1995, BStBl II 1995 S. 906). Bei den Instrumenten handelt es sich um Gegenstände mit einer **mehrjährigen Nutzungsdauer** und von nicht geringem Wert, die im Eigentum des Arbeitnehmers stehen. Die Leistungen des Arbeitgebers führen auch beim Arbeitnehmer zu einer Bereicherung und stellen daher für ihn steuerpflichtigen Arbeitslohn dar (steuerpflichtiger Werbungskostenersatz).

Internetkosten

1324 Zur Besteuerung von Internetkosten und der damit verbundenen Nutzung eines Computers siehe → *Computer* Rz. 630 sowie → *Telekommunikation* Rz. 2396.

Jahresarbeitsentgeltgrenze in der gesetzlichen Krankenversicherung

1. Allgemeines

1325 Arbeiter und Angestellte sind in der gesetzlichen Krankenversicherung nur dann versicherungspflichtig, wenn ihr regelmäßiges **Jahresarbeitsentgelt (JAE) die Versicherungspflichtgrenze nicht übersteigt**. Wird diese Jahresarbeitsentgeltgrenze überschritten, besteht kraft Gesetzes Versicherungsfreiheit. In der Renten- und Arbeitslosenversicherung ist die Versicherungspflicht nicht von einer Entgeltgrenze abhängig, d.h. Versicherungspflicht tritt ohne Rücksicht auf die Höhe des Arbeitsentgelts ein. Für Seeleute gilt die Jahresarbeitsentgeltgrenze in der Kran-

kenversicherung nicht, sie sind also immer krankenversicherungspflichtig.

Die Jahresarbeitsentgeltgrenze beträgt 75 % der Beitragsbemessungsgrenze in der Rentenversicherung der Arbeiter und Angestellten; sie beträgt 2002 im gesamten Bundesgebiet 40 500 €.

2. Ermittlung des regelmäßigen Jahresarbeitsentgelts

1326 Zum regelmäßigen Jahresarbeitsentgelt gehören neben dem regelmäßig gewährten laufenden Arbeitsentgelt auch Sonderzuwendungen, die mit an Sicherheit grenzender Wahrscheinlichkeit mindestens einmal jährlich gezahlt werden. Vergütungen für **Bereitschaftsdienst**, die vertraglich vorgesehen sind und nach den Erfordernissen des Betriebes regelmäßig geleistet werden, sind bei der Ermittlung des regelmäßigen Jahresarbeitsentgelts zu berücksichtigen; soweit die Vergütung für den Bereitschaftsdienst in den einzelnen Monaten schwankt, muss der anzurechnende Betrag geschätzt werden (vgl. BSG, Urteil vom 9.12.1981 – 12 RK 19/81, Sozialversicherungsbeitrag-Handausgabe 2001 R 6 V/2). Dagegen gehören Vergütungen für **Überstunden** nicht zum regelmäßigen Jahresarbeitsentgelt und sind daher **nicht zu berücksichtigen**. In einzelnen Tarifbereichen ist vorgesehen, dass in Fällen von Rufbereitschaft neben der Vergütung für die Rufbereitschaft eine zusätzliche Vergütung für die während der Rufbereitschaft angefallene Arbeit (so genannte Aktivstunden) gezahlt wird. Da die Abrufe zur Arbeit während der Rufbereitschaft nicht planbar, sondern unregelmäßig und damit nicht mit hinreichender Sicherheit zu erwarten sind, vertreten die Spitzenverbände der Sozialversicherungsträger (Besprechungsergebnis vom 28./29.3.2001) den Standpunkt, dass Vergütungen für „Aktivstunden" bei der Berechnung des regelmäßigen Jahresarbeitsentgelts nicht berücksichtigt werden können. Werden dagegen feste Pauschalbeträge zur Abgeltung der Überstunden regelmäßig zum laufenden Arbeitsentgelt gezahlt, sind diese Vergütungen bei der Berechnung mit heranzuziehen. Zuschläge, die mit Rücksicht auf den Familienstand gewährt werden, bleiben unberücksichtigt (§ 6 Abs. 1 Nr. 1 SGB V).

Das regelmäßige Jahresarbeitsentgelt wird ermittelt, indem das Monatsentgelt mit zwölf multipliziert wird. Bei Stundenlöhnern wird der Stundenlohn in einen Monatsbetrag umgerechnet (Stundenlohn x individuelle wöchentliche Arbeitszeit ohne Überstunden x 13 : 3 Monate) und dann mit 12 multipliziert. Hinzugerechnet werden die sonstigen anrechnungsfähigen Bezüge. Bei schwankenden Einnahmen (z.B. Vertreter, die auf Provisionsbasis beschäftigt werden, Akkordarbeiter) muss das regelmäßige Jahresarbeitsentgelt durch **Schätzung** ermittelt werden. Eine Korrektur bei unzutreffenden Schätzungen ist dann nur für die Zukunft möglich.

Beispiel:

Monatsentgelt (ohne Überstunden einschließlich Verheiratetenzuschlag)	2 815 € × 12	33 780 €
+ Überstundenpauschale	360 € × 12	4 320 €
+ Vertragliches Urlaubsgeld		1 550 €
+ Vertragliches Weihnachtsgeld		1 550 €
– Verheiratetenzuschlag	50 € × 12	600 €
= regelmäßiges JAE		40 600 €

Die Krankenversicherungspflicht und damit das regelmäßige Jahresarbeitsentgelt ist nicht nur bei Beginn einer Beschäftigung, sondern auch bei jeder Änderung des Arbeitsentgelts zu prüfen. Eine Überprüfung ist auch auf Grund der jährlichen Veränderung der Jahresarbeitsentgeltgrenze vorzunehmen. Tritt auf Grund der Erhöhung der Jahresarbeitsentgeltgrenze Krankenversicherungspflicht ein, hat der Arbeitnehmer die Möglichkeit, sich innerhalb von drei Monaten von der Versicherungspflicht befreien zu lassen. Dies kommt insbesondere dann in Betracht, wenn der Arbeitnehmer zwischenzeitlich bei einem privaten Krankenversicherungsunternehmen versichert war.

3. Aufnahme einer Beschäftigung

1327 Bei Aufnahme einer Beschäftigung ist das regelmäßige Jahresarbeitsentgelt zu ermitteln. Bei der Berechnung des regelmäßigen Jahresarbeitsentgelts ist von den **Verhältnissen bei Beginn der Beschäftigung** auszugehen. Erhöhungen des Arbeitsentgelts dürfen erst dann berücksichtigt werden, wenn der Anspruch auf die höhere Vergütung besteht. Dies gilt selbst dann, wenn die Erhöhung bereits zu Beginn der Beschäftigung feststeht.

4. Änderungen während des Beschäftigungsverhältnisses

1328 Wird die Jahresarbeitsentgeltgrenze erst im Laufe eines Jahres **überschritten**, endet die Krankenversicherungspflicht mit Ablauf des Kalenderjahres, in dem sie überschritten wird. Dies gilt aber nur dann, wenn das regelmäßige Jahresarbeitsentgelt auch die Jahresarbeitsentgeltgrenze des nächsten Jahres übersteigt. Wird bei rückwirkender Erhöhung des Arbeitsentgelts die Jahresarbeitsentgeltgrenze überschritten, endet die Versicherungspflicht mit Ablauf des Kalenderjahres, in dem der Anspruch auf das erhöhte Entgelt entstanden ist.

Versicherungspflichtige Arbeitnehmer, deren Arbeitsverhältnis auf Grund der **gesetzlichen Dienstpflicht** (Wehrdienst oder Zivildienst) unterbrochen wurde, bleiben nach Wiederaufnahme weiterhin Mitglied der gesetzlichen Krankenkasse. Dies gilt auch dann, wenn das Arbeitsentgelt auf Grund seiner neuen Stellung im Betrieb deutlich die Jahresarbeitsentgeltgrenze überschreitet. Die Krankenversicherungspflicht endet vielmehr zum Jahreswechsel, vorausgesetzt, die neue Jahresarbeitsentgeltgrenze wird auch überschritten. Nach Auffassung des BSG (Urteil vom 25.2.1997 – 12 RK 51/96 –) ist ein Beschäftigter bei seiner Rückkehr in das Beschäftigungsverhältnis nach dem Grundwehrdienst nicht mit einem Beschäftigten vergleichbar, der zum selben Zeitpunkt erstmals eine gleichartige Beschäftigung aufgenommen hat und bei dem sofortige Versicherungsfreiheit nach § 6 Abs. 1 Nr. 1 SGB V in Betracht kommt.

Wird durch eine **Verminderung des Arbeitsentgelts** die Jahresarbeitsentgeltgrenze **unterschritten**, tritt sofort Krankenversicherungspflicht ein. Dies gilt nicht, wenn das vorübergehende Unterschreiten der Jahresarbeitsentgeltgrenze auf Kurzarbeit oder auf eine stufenweise Wiedereingliederung eines arbeitsunfähigen Arbeitnehmers in das Erwerbsleben zurückzuführen ist.

5. Mehrere Beschäftigungen

1329 Übt ein Arbeitnehmer mehrere Beschäftigungen aus, dann ist für die Beurteilung der Krankenversicherungspflicht das Arbeitsentgelt aus allen Beschäftigungen zusammenzurechnen. Dagegen werden Arbeitsentgelte aus versicherungsfreien Beschäftigungen nicht angerechnet. Wird neben einer nicht geringfügigen Beschäftigung eine geringfügige Beschäftigung mit einer wöchentlichen Arbeitszeit unter 15 Stunden und einem monatlichen Arbeitsentgelt von nicht mehr als 325 € ausgeübt, sind die **Entgelte** und Arbeitszeiten nach § 8 Abs. 2 SGB IV zusammenzurechnen. Somit kann eine allein betrachtete geringfügige Beschäftigung durch die Zusammenrechnung krankenversicherungspflichtig werden. In diesen Fällen ist das Arbeitsentgelt aus der geringfügig entlohnten (Neben-)Beschäftigung bei der Ermittlung der Jahresarbeitsentgeltgrenze zu berücksichtigen. Wird die Jahresarbeitsentgeltgrenze durch die Aufnahme einer weiteren Beschäftigung überschritten, besteht bis zum Ende des Kalenderjahrs in beiden Beschäftigungen zunächst Krankenversicherungspflicht. Diese endet, wenn das Entgelt die vom Beginn des nächsten Kalenderjahrs an geltende Jahresarbeitsentgeltgrenze ebenfalls übersteigt.

6. Arbeitgeberwechsel

1330 Wechselt ein bisher krankenversicherungspflichtiger Arbeitnehmer das Beschäftigungsverhältnis und liegt das Arbeitsentgelt oberhalb der Jahresarbeitsentgeltgrenze, tritt vom Beginn der Beschäftigung bei dem neuen Arbeitgeber Krankenversicherungsfreiheit ein.

7. Überschreiten der Jahresarbeitsentgeltgrenze

1331 Die Mitgliedschaft endet bei Arbeitnehmern, die wegen **Überschreitens der Jahresarbeitsentgeltgrenze** aus der Krankenversicherungspflicht ausscheiden, nur dann zum Ende eines Kalenderjahres, wenn der Arbeitnehmer innerhalb von zwei Wochen nach Hinweis der Krankenkasse über die Austrittsmöglichkeit seinen Austritt erklärt; andernfalls wird die bisherige Pflichtmitgliedschaft als freiwillige Mitgliedschaft fortgesetzt, es sei denn, die geforderte Vorversicherungszeit für eine freiwillige Versicherung ist nicht erfüllt (siehe → *Freiwillige Krankenversicherung* Rz. 1088). Unabhängig von dieser Regelung hat der Arbeitgeber den Arbeitnehmer zum Jahresende umzumelden, d.h. der Arbeitnehmer muss (mit Abgabegrund 4) zur Kranken-, Pflege-, Renten- und Arbeitslosenversicherung abgemeldet und mit (Abgabegrund 1) zur Renten- und Arbeitslosenversicherung angemeldet werden.

Jahresnetzkarte

1332 Erwirbt ein Arbeitgeber die unpersönliche Jahresnetzkarte der Deutschen Bahn AG, um sie seinen Arbeitnehmern **für dienstlich veranlasste Reisen** zu überlassen, so ist kein steuerpflichtiger Arbeitslohn anzunehmen (→ *Reisekostenerstattungen bei Dienstreisen* Rz. 2037). Dies gilt nach Auffassung der Finanzverwaltung auch, wenn der Arbeitnehmer die Jahresnetzkarte anlässlich einer Dienstreise für private Zwecke nutzt (sog. private Nebennutzung).

Beispiel 1:

Der Arbeitnehmer fährt aus dienstlichen Gründen für eine Woche nach München. Der Arbeitgeber stellt ihm hierfür die unpersönliche Jahresnetzkarte zur Verfügung. An einem Nachmittag fährt er aus privaten Gründen mit der Jahresnetzkarte zum Starnberger See.

Die private Nebennutzung der Jahresnetzkarte ist nicht als geldwerter Vorteil zu erfassen.

Soweit der Arbeitgeber die unpersönliche Jahresnetzkarte seinen Arbeitnehmern jedoch **ausschließlich zur privaten Nutzung** zur Verfügung stellt, z.B. an den Wochenenden oder an Feiertagen, liegt nach einem Beschluss der obersten Finanzbehörden ein **lohnsteuerpflichtiger geldwerter Vorteil** vor. Für die Bewertung dieses Vorteils hat der Arbeitnehmer eine Erklärung abzugeben, in der er die Nutzung der Jahresnetzkarte darlegt und die hierdurch ersparten Fahrtkosten angibt. Gibt der Arbeitnehmer keine solche Erklärung ab, wird aus Vereinfachungsgründen als täglicher geldwerter Vorteil der **Tageswert der Jahresnetzkarte** angesetzt.

Beispiel 2:

Der Arbeitnehmer leiht sich die Jahresnetzkarte des Arbeitgebers an einem verlängerten Wochenende (Freitag bis Montag) aus, um aus privaten Gründen nach München zu fahren. Der Arbeitnehmer erklärt seinem Arbeitgeber, dass er am Wochenende nach München gefahren ist und hierfür 150 € hätte bezahlen müssen.

Die private Nutzung der Jahresnetzkarte ist als geldwerter Vorteil mit 150 € zu erfassen.

Beispiel 3:

Wie Beispiel 2, der Arbeitnehmer gibt aber keine Erklärung ab. Die Jahresnetzkarte kostet 10 175 € im Jahr.

Die private Nebennutzung der Jahresnetzkarte ist als geldwerter Vorteil zu erfassen, und zwar mit 4/365 von 10 175 €, also mit 111,51 €.

Jubiläumsfeier

1333 Trägt der Arbeitgeber die Kosten einer Jubiläumsfeier, müssen für die steuerliche Beurteilung **folgende Fälle unterschieden** werden:

1. Jubiläumsfeier als Betriebsveranstaltung

1334 Eine Jubiläumsfeier ist auch dann als Betriebsveranstaltung anzusehen, wenn sie nur für solche Arbeitnehmer durchgeführt wird, die bereits im Unternehmen ein **rundes (10-, 20-, 25-, 30-, 40-, 50-, 60-jähriges) Arbeitnehmerjubiläum** gefeiert haben oder in Verbindung mit der Betriebsveranstaltung feiern. Dabei ist es unschädlich, wenn neben den Jubilaren auch ein begrenzter Kreis anderer Arbeitnehmer, wie z.B. die engeren Mitarbeiter des Jubilars, eingeladen wird. Der Annahme eines 40-, 50- oder 60-jährigen Arbeitnehmerjubiläums steht nicht entgegen, wenn die Jubilarfeier zu einem Zeitpunkt stattfindet, der **höchstens fünf Jahre** vor den bezeichneten Jubiläumsdienstzeiten liegt (R 72 Abs. 2 Satz 4 Nr. 3 LStR). Soweit die Zuwendungen des Arbeitgebers als **üblich** angesehen werden können, stellen sie **keinen steuerpflichtigen Arbeitslohn** dar. Als üblich werden Zuwendungen je Arbeitnehmer bis **110 €** angesehen (Betrag einschließlich Umsatzsteuer), vgl. R 72 Abs. 4 Satz 2 LStR.

Wird dieser **Betrag überschritten** (Freigrenze!), sind grundsätzlich die **gesamten Leistungen des Arbeitgebers steuerpflichtig**; Einzelheiten siehe → *Betriebsveranstaltungen* Rz. 563.

Beispiel:

Ein Großbetrieb lädt alle Arbeitnehmer, die ein 25-jähriges Dienstjubiläum feiern, und ihre unmittelbaren Kollegen in ein teures Lokal ein. Teilgenommen haben 20 Personen, die Gesamtrechnung hat 5 000 € betragen. Auf jeden Teilnehmer entfallen somit 250 €. Außerdem haben die Jubilare eine Barzuwendung von 500 € erhalten.

Es handelt sich zwar um eine Betriebsveranstaltung; dabei spielt es keine Rolle, dass es sich hier um ein teures Lokal handelt. Da aber die Freigrenze von 110 € überschritten wird, ist grundsätzlich der Gesamtbetrag von 250 € steuerpflichtiger Arbeitslohn.

2. Jubiläumsfeier ohne Betriebsveranstaltungscharakter

1335 Die Ehrung eines **einzelnen Jubilars** oder eines einzelnen Arbeitnehmers bei dessen Ausscheiden aus dem Betrieb, auch unter Beteiligung weiterer Arbeitnehmer, ist keine Betriebsveranstaltung. Die Finanzverwaltung sieht aber trotzdem bei **runden Arbeitnehmerjubiläen** Sachzuwendungen bis **110 €** einschließlich Umsatzsteuer je teilnehmender Person aus solchen Anlässen, soweit sie üblich sind, als **steuerfreie Leistungen** im ganz überwiegenden betrieblichen Interesse des Arbeitgebers an (R 72 Abs. 2 Satz 5 LStR sowie R 70 Abs. 2 Nr. 3 LStR).

Beispiel:

Sachverhalt wie im Beispiel vorher, geehrt wird aber nur das 25-jährige Dienstjubiläum des Verkaufsleiters. Eingeladen werden daher nur zehn Personen, die Gaststättenrechnung hat 2 500 € betragen; außerdem hat der Verkaufsleiter eine Barzuwendung von 500 € erhalten.

Es handelt sich um keine Betriebsveranstaltung, weil nur ein einzelner Arbeitnehmer geehrt wird. Außerdem ist die Üblichkeitsgrenze von 110 € überschritten, so dass auch nicht von steuerfreien Leistungen im ganz überwiegenden betrieblichen Interesse des Arbeitgebers ausgegangen werden kann.

Folge: Die gesamten Zuwendungen des Arbeitgebers von insgesamt 3 000 € stellen grundsätzlich steuerpflichtigen Arbeitslohn dar.

Nicht eindeutig geklärt ist bisher die Frage, ob dem „feiernden Jubilar" auch die Kosten für solche Teilnehmer an der Feier als Arbeitslohn zugerechnet werden können, die er gar **nicht eingeladen** hat. Hier kann es sich um den Firmenchef selbst oder auch um Mitglieder des Betriebsrats handeln, die in „offizieller Funktion" an der Feier teilnehmen. Der Bundesfinanzhof neigt wohl dazu, nach den Grundsätzen der „aufgedrängten Bereicherung" (vgl. dazu → *Arbeitslohn* Rz. 223) insoweit keinen Arbeitslohn anzunehmen (Urteil vom 16.9.1986, BStBl II 1987 S. 37). Eine endgültige Entscheidung steht jedoch aus.

Jubiläumsgeschenke

1336 Jubiläumszuwendungen anlässlich eines Arbeitnehmer- oder Geschäftsjubiläums unterliegen dem Lohnsteuerabzug. Die Besteuerung erfolgt grundsätzlich als **sonstiger Bezug** (→ *Sonstige Bezüge* Rz. 2232).

Jubiläumszuwendungen gehören in vollem Umfang zum beitragspflichtigen Arbeitsentgelt i.S. der Sozialversicherung (vgl. Gemeinsames Rundschreiben der Spitzenverbände der Sozialversicherungsträger vom 31.3.1999, Sozialversicherungsbeitrag-Handausgabe 2001 VL 17 IV/16).

Im Allgemeinen wird es sich um eine Entlohnung für eine **mehrjährige Tätigkeit** handeln, so dass die Tarifermäßigung nach § 34 Abs. 1, 2 EStG („Fünftelregelung") in Betracht kommt (→ *Arbeitslohn für mehrere Jahre* Rz. 229). Voraussetzung ist jedoch wie z.B. bei Entlassungsentschädigungen eine **Zusammenballung von Einnahmen**, also von Jubiläumszuwendungen und „normalem" Arbeitslohn; vgl. → *Entschädigungen* Rz. 894. Kein tarifbegünstigter Arbeitslohn für eine mehrjährige Tätigkeit liegt im Übrigen vor, wenn Zuwendungen z.B. anlässlich eines Geschäftsjubiläums allen Arbeitnehmern ohne Rücksicht auf die Dauer ihrer Betriebszugehörigkeit gewährt werden. Beträge bis **150 €** sind stets dem **laufenden Arbeitslohn** hinzuzurechnen (§ 39b Abs. 3 Satz 8 EStG). Der Arbeitgeber kann auch die **Pauschalierung der Lohnsteuer** nach § 40 Abs. 1 EStG beantragen (siehe → *Pauschalierung der Lohnsteuer* Rz. 1806).

Die **„Zusammenballung" kann der Arbeitgeber im Lohnsteuerabzugsverfahren unterstellen**, wenn die Jubiläumszuwendung an einen Arbeitnehmer gezahlt wird, der voraussichtlich bis Ende des Kalenderjahres nicht aus dem Dienstverhältnis ausscheidet (BMF-Schreiben vom 10.1.2000, BStBl I 2000 S. 138).

⌐L͟s͟t͟⌐ Ⓢ⃝Ⓥ⃝

Kaminfeger/Kaminkehrer

1337 Die **Überlassung typischer Berufskleidung an Kaminfeger** ist nach § 3 Nr. 31 EStG und R 20 LStR steuerfrei. Dies gilt unter den in § 3 Nr. 31 EStG genannten Voraussetzungen auch für die **Barablösung** einer Verpflichtung zur Gestellung typischer Berufskleidung. Steuerfrei ist auch das tarifliche **Kleidergeld der Kaminkehrergesellen** (→ *Berufskleidung* Rz. 537).

Das nach dem Bundestarifvertrag für das Schornsteinfegerhandwerk (§ 7) gezahlte **Waschgeld der Kaminkehrergesellen** ist steuerpflichtiger Arbeitslohn. Es kann nicht als Auslagenersatz i.S. des § 3 Nr. 50 EStG anerkannt werden. Da es sich um eine Barleistung handelt, kann es auch nicht als Arbeitgeberleistung zur Verbesserung der Arbeitsbedingungen oder als Aufmerksamkeit (R 73 LStR) steuerfrei bleiben (BMF-Schreiben vom 26.2.1991, FR 1991 S. 217, sowie FG Rheinland-Pfalz, Urteil vom 1.12.1993, EFG 1994 S. 656).

⌐L͟s͟t͟⌐ Ⓢ⃝Ⓥ⃝

Kaskoversicherung

1. Versicherung des Arbeitgebers

1338 Hat der **Arbeitgeber** eine **Dienstreise-Kaskoversicherung** für die seinen Arbeitnehmern gehörenden Pkw abgeschlossen, so führt die Prämienzahlung bei den Arbeitnehmern **nicht zum Lohnzufluss** (BFH, Urteil vom 27.6.1991, BStBl II 1992 S. 365). Der Abschluss der Versicherung liegt im **eigenbetrieblichen Interesse des Arbeitgebers**, weil nach dem Arbeitsrecht der Arbeitgeber grundsätzlich zum Ersatz des Schadens verpflichtet ist, den der Arbeitnehmer durch Unfall auf einer Dienstfahrt mit dem eigenen Pkw erlitten hat. Durch die Dienstreise-Kaskoversicherung deckt der Arbeitgeber im Ergebnis also nur sein eigenes Haftungsrisiko ab. Der Arbeitgeber kann dem Arbeitnehmer **darüber hinaus den vollen für Dienstreisen geltenden pauschalen km-Satz von 0,30 €** steuerfrei erstatten. Das o.g. Urteil, nach dem in diesen Fällen – sofern der Arbeitnehmer keine eigene Kaskoversicherung abgeschlossen hat – dem Arbeitnehmer nur ein geminderter km-Pauschsatz erstattet werden darf, wendet die Finanzverwaltung aus Vereinfachungsgründen nicht an (BMF-Schreiben vom 31.3.1992, BStBl I 1992 S. 270).

⌐L͟s͟t͟⌐ Ⓢ⃝Ⓥ⃝

2. Versicherung des Arbeitnehmers

1339 Hat der **Arbeitnehmer** eine **private Fahrzeug-Vollversicherung** abgeschlossen und werden ihm vom Arbeitgeber für Dienstreisen mit dem eigenen Pkw neben dem pauschalen km-Satz von 0,30 € auch die anteiligen **Prämien für die Versicherung erstattet**, so stellt diese Erstattung **steuerpflichtigen Arbeitslohn** dar. Es handelt sich bei den Prämien um laufende Kfz-Kosten, die mit dem pauschalen km-Satz abgegolten werden sollen. Der Arbeitgeber darf die Prämien nicht noch einmal im Wege der Einzelerstattung steuerfrei zuwenden (BFH, Urteil vom 21.6.1991, BStBl II 1991 S. 814, sowie BFH, Beschluss vom 30.6.2000, BFH/NV 2000 S. 1343).

Erstattet der Arbeitgeber dem Arbeitnehmer **die gesamten Kosten der Fahrzeug-Vollversicherung**, so sind die erstatteten Prämien auch insoweit steuerpflichtiger Arbeitslohn, als sie auf **Privatfahrten und Wege zwischen Wohnung und Arbeitsstätte entfallen** (BFH, Urteil vom 8.11.1991, BStBl II 1992 S. 204).

 ⓛⓢⓣ ⓢⓥ

Katastrophenschutzhelfer

1340 **Helfer** im Katastrophenschutz können Arbeitnehmer sein, wenn eine abhängige Beschäftigung mit Gewinnerzielungsabsicht ausgeübt wird (BMF-Schreiben vom 16.7.1973, DB 1973 S. 1427). Dies ist bei sog. **Deichläufern** nicht der Fall (FG des Landes Brandenburg, Urteil vom 17.5.2001, EFG 2001 S. 1280).

 ⓛⓢⓣ ⓢⓥ

Die von der **Gemeinde** gezahlten Entschädigungen bleiben als Aufwandsentschädigungen (→ *Aufwandsentschädigungen im öffentlichen Dienst* Rz. 309) nach § 3 Nr. 12 Satz 2 EStG teilweise steuerfrei. Beim **Ersatz des Verdienstausfalls** durch die Gemeinde liegt eine **Lohnzahlung durch Dritte** vor. Da die Gemeinde in diesen Fällen nicht als Arbeitgeber angesehen werden kann und auch der Arbeitgeber im Hauptberuf nicht zur Einbehaltung und Abführung der Lohnsteuer verpflichtet ist, weil die Voraussetzungen des § 38 Abs. 1 Satz 2 EStG nicht vorliegen, können diese Zahlungen nur im Rahmen einer Einkommensteuerveranlagung erfasst werden.

  ⓛⓢⓣ ⓢⓥ

Kaufkraftausgleich

1. Allgemeines

a) Arbeitnehmer im öffentlichen Dienst und Gleichgestellte

1341 Bei Arbeitnehmern im öffentlichen Dienst ist Arbeitslohn aus einer inländischen öffentlichen Kasse für eine Tätigkeit im Ausland (Auslandsdienstbezüge) insoweit steuerfrei, als er den Arbeitslohn übersteigt, der dem Arbeitnehmer bei einer gleichwertigen Tätigkeit am Ort der zahlenden inländischen öffentlichen Kasse zustehen würde (§ 3 Nr. 64 Satz 1 EStG). Dasselbe gilt, wenn das Dienstverhältnis zwar nicht zu einer inländischen juristischen Person besteht, der Arbeitslohn aber entsprechend den Vorschriften des öffentlichen Dienstes ermittelt, aus einer öffentlichen Kasse gezahlt und ganz oder im Wesentlichen aus öffentlichen Mitteln aufgebracht wird. Zu den **Auslandsdienstbezügen** gehören bei Bundesbediensteten der Auslandszuschlag nach § 55 BBesG, der Auslandskinderzuschlag nach § 56 BBesG, der Mietzuschuss nach § 57 BBesG und bestimmte Erschwerniszulagen nach § 47 BBesG. Die vergleichbaren Bezüge von Landesbediensteten sind ebenso zu behandeln. Zu Zulagen für Lehrkräfte siehe → *Auslandslehrer* Rz. 366.

Bewohnt der Bedienstete eine **ausländische Dienstwohnung**, so unterliegt der Mietwert als geldwerter Vorteil dem Lohnsteuerabzug bzw. der Einkommensteuer, soweit er die nach § 10 BBesG zu entrichtende Dienstwohnungsvergütung übersteigt; dieser Betrag bleibt jedoch insoweit steuerfrei, als er dem Bediensteten als steuerfreier Mietzuschuss gezahlt werden könnte; zur Berechnung des Mietwerts siehe → *Dienstwohnung* Rz. 673.

Muss ein Bundesbediensteter über seine **Dienstbezüge in der Währung seines ausländischen Dienstorts verfügen**, ist der Unterschied zwischen der Kaufkraft der fremden Währung und der Kaufkraft in Euro im Wege des **Kaufkraftausgleichs** durch Zu- oder Abschläge auszugleichen. Der Kaufkraftausgleich ist nach § 54 BBesG auf 60 % der Dienstbezüge mit Ausnahme des Mietzuschusses begrenzt. Der Kaufkraftausgleich ist in voller Höhe steuerfrei; Einzelheiten zu den Kaufkraftzuschlägen siehe → Rz. 1345.

b) Arbeitnehmer in der Privatwirtschaft

1342 Bei **Arbeitnehmern außerhalb des öffentlichen Dienstes** ist der ihnen von einem **inländischen Arbeitgeber** gewährte **Kaufkraftausgleich** unter den Voraussetzungen des § 3 Nr. 64 Satz 3 EStG steuerfrei.

Die Regelungen haben bei Arbeitnehmern außerhalb des öffentlichen Dienstes regelmäßig **nur Bedeutung für den Progressionsvorbehalt** (→ *Progressionsvorbehalt* Rz. 1924), weil das Besteuerungsrecht für Arbeitslohn aus einer Auslandstätigkeit in vielen Fällen durch ein Doppelbesteuerungsabkommen (→ *Doppelbesteuerungsabkommen: Allgemeines* Rz. 705) nur dem ausländischen Staat zugewiesen ist oder eine Freistellung nach dem Auslandstätigkeitserlass (→ *Auslandstätigkeitserlass* Rz. 374) in Betracht kommt. Der Progressionsvorbehalt hat **ausschließlich im Veranlagungsverfahren, nicht jedoch im Lohnsteuerabzugsverfahren Bedeutung**. Die folgenden Ausführungen erläutern dennoch Einzelheiten zur Steuerfreiheit des Kaufkraftausgleichs.

Zur Überlassung von **Wohnungen** im Ausland an Arbeitnehmer im Rahmen einer Auslandstätigkeit (R 31 Abs. 6 Satz 10 LStR) vgl. → *Dienstwohnung* Rz. 673.

2. Voraussetzungen für die Steuerfreiheit in der Privatwirtschaft

1343 In Fällen, in denen der Kaufkraftausgleich nicht schon auf Grund eines Doppelbesteuerungsabkommens oder des Auslandstätigkeitserlasses steuerfrei ist, und für Zwecke des Progressionsvorbehalts ist der Kaufkraftausgleich entsprechend § 3 Nr. 64 Satz 3 EStG nicht zu erfassen,

- **wenn** der Arbeitnehmer
  - aus dienstlichen Gründen **ins Ausland entsandt** wird,
  - dort für einen **begrenzten Zeitraum** einen Wohnsitz oder seinen gewöhnlichen Aufenthalt hat (siehe → *Steuerpflicht: unbeschränkte* Rz. 2326 und → *Steuerpflicht: unbeschränkte* Rz. 2327) und
- wenn er von einem **inländischen Arbeitgeber** als **gesonderter Lohnbestandteil** gewährt wird,
- **soweit** er den für den öffentlichen Dienst nach § 54 BBesG zulässigen Betrag nicht übersteigt.

3. Entsendungszeitraum

1344 Eine Entsendung für einen **begrenzten Zeitraum** ist anzunehmen, wenn eine **Rückkehr** des Arbeitnehmers nach Beendigung der Tätigkeit **vorgesehen** ist. Es ist unerheblich, ob der Arbeitnehmer tatsächlich zurückkehrt oder nicht (R 26 Abs. 1 LStR). Mit der **Anknüpfung der Steuerfreiheit an den ausländischen Wohnsitz/gewöhnlichen Aufenthalt** soll die Steuerfreiheit des Kaufkraftausgleichs nur eintreten, wenn eine **gewisse Bindung an den ausländischen Staat** besteht. Bei einer Aufenthaltsdauer von **mehr als sechs Monaten** im Ausland hat der Arbeitnehmer dort seinen **gewöhnlichen Aufenthalt**. Bei einer befristeten Aufenthaltsdauer von **weniger als sechs Monaten** wird man regelmäßig weder von der Begründung eines Wohnsitzes noch des gewöhnlichen Aufenthalts ausgehen können, so dass in diesem Fall **kein steuerfreier Kaufkraftausgleich** gezahlt werden kann.

4. Umfang der Steuerfreiheit

1345 Der Umfang der Steuerfreiheit des Kaufkraftausgleichs bestimmt sich nach den **Sätzen des Kaufkraftzuschlags** zu den **Auslandsdienstbezügen im öffentlichen Dienst**. Die für die einzelnen Länder in Betracht kommenden Kaufkraftzuschläge werden in regelmäßigen Abständen jeweils **im Bundessteuerblatt Teil I veröffentlicht** (zum Stand 1.1.2001 vgl. BMF-Schreiben vom 3.1.2001, BStBl I 2001 S. 50, zuletzt geändert durch BMF-Schreiben vom 8.10.2001, BStBl I 2001 S. 697).

Die **Zuschläge beziehen sich** jeweils auf den **Auslandsdienstort einer Vertretung der Bundesrepublik Deutschland** und gelten grundsätzlich jeweils für den gesamten konsularischen Amtsbezirk. Die Vertretungen und deren Amtsbezirke ergeben sich aus dem Verzeichnis der Vertretungen der Bundesrepublik Deutschland im Ausland. Änderungen dazu werden im Bundesanzeiger veröffentlicht (R 26 Abs. 3 LStR).

Die regionale Begrenzung der Zuschlagssätze gilt auch für die Steuerbefreiung des Kaufkraftausgleichs. Für ein Land, das von einer Vertretung der Bundesrepublik Deutschland nicht erfasst wird, kann der Zuschlagssatz angesetzt werden, der für einen vergleichbaren konsularischen Amtsbezirk eines Nachbarlandes festgesetzt worden ist (R 26 Abs. 4 LStR).

Da eine dem öffentlichen Dienst vergleichbare Bemessungsgrundlage außerhalb des öffentlichen Dienstes regelmäßig nicht vorhanden ist, ist der steuerfreie Teil des Kaufkraftausgleichs durch Anwendung eines entsprechenden Abschlagssatzes nach den Gesamtbezügen einschließlich des Kaufkraftausgleichs zu bestimmen. Dabei ist es gleichgültig, ob die Bezüge im Inland oder im Ausland ausgezahlt werden.

Der Abschlagssatz errechnet sich nach der Formel:

$$\frac{\text{Zuschlagssatz} \times 600}{1\,000 + 6 \times \text{Zuschlagssatz}}$$

Er kann folgender Tabelle entnommen werden:

Zuschlags-satz von ... %	entspricht einem Abschlagssatz von ... %	Zuschlags-satz von ... %	entspricht einem Abschlagssatz von ... %
5	2,91	55	24,81
10	5,66	60	26,47
15	8,26	65	28,06
20	10,71	70	29,58
25	13,04	75	31,03
30	15,25	80	32,43
35	17,36	85	33,77
40	19,35	90	35,06
45	21,26	95	36,31
50	23,08	100	37,50

Ergibt sich **durch die Anwendung des Abschlagssatzes** ein **höherer Betrag als der tatsächlich gewährte** Kaufkraftausgleich, so ist **nur der niedrigere Betrag steuerfrei**. Zu den Gesamtbezügen, auf die der Abschlagssatz anzuwenden ist, gehören nicht steuerfreie Reisekostenvergütungen und steuerfreie Vergütungen für Mehraufwendungen bei doppelter Haushaltsführung (R 26 Abs. 5 LStR).

Beispiel:

Der verheiratete A ist für seinen inländischen Arbeitgeber für ein Jahr im Ausland tätig. Sein monatlicher Arbeitslohn von 4 500 € wird um einen Kaufkraftausgleich von 1 500 € erhöht. Zusätzlich erhält der Arbeitnehmer steuerfreie Vergütungen zur Erstattung der Reisekosten und der Aufwendungen für doppelte Haushaltsführung. Der Kaufkraftzuschlag beträgt 35 % für dieses Land.

A hat aus dienstlichen Gründen für einen begrenzten Zeitraum einen Wohnsitz im Ausland. Er erhält von seinem inländischen Arbeitgeber einen Kaufkraftausgleich. Dieser ist in folgender Höhe steuerfrei:

Monatlicher Arbeitslohn	4 500 €
Kaufkraftausgleich	1 500 €
Für die Berechnung des steuerfreien Kaufkraftausgleichs maßgebende Gesamtbezüge	6 000 €
Der Zuschlagssatz von 35 % entspricht einem Abschlagssatz von 17,36 %	
Steuerfreier Kaufkraftausgleich = 6 000 € × 17,36 % =	1 042 €
zu versteuern sind danach	4 958 €

Bei rückwirkender Erhöhung eines Zuschlagssatzes kann der Arbeitgeber die bereits **abgeschlossenen Lohnabrechnungen**

insoweit **wieder aufrollen** und bei der nächstfolgenden Lohnzahlung zu viel einbehaltene Lohnsteuer erstatten. § 41c Abs. 2 und 3 EStG gilt entsprechend: Danach hat der Arbeitgeber den Erstattungsbetrag der einbehaltenen oder übernommenen Lohnsteuer zu entnehmen. Ein **Fehlbetrag** wird dem Arbeitgeber auf Antrag vom Betriebsstättenfinanzamt erstattet. Nach Ablauf des Kalenderjahrs oder Beendigung des Dienstverhältnisses ist eine Änderung des Lohnsteuerabzugs nur bis zur **Ausschreibung der Lohnsteuerbescheinigung** zulässig. Nach Ablauf des Kalenderjahrs ist eine Erstattung nur im Wege des **Lohnsteuer-Jahresausgleichs** durch den Arbeitgeber unter Anwendung der Jahreslohnsteuertabelle zulässig. Die **Herabsetzung des Zuschlagssatzes** ist **erstmals** bei der Lohnabrechnung des Arbeitslohns zu berücksichtigen, der für einen nach der Veröffentlichung der Herabsetzung beginnenden Lohnzahlungszeitraum gezahlt wird (R 26 Abs. 6 LStR).

Auswirkungen des Kaufkraftausgleichs auf den Werbungskostenabzug:

Bezieht der Arbeitnehmer einen steuerfreien Kaufkraftausgleich, so sind seine Werbungskosten regelmäßig zu dem Teil nicht abziehbar, der dem Verhältnis der steuerfreien Einnahmen zu den Gesamteinnahmen entspricht (BFH, Urteil vom 13.8.1997, BStBl II 1998 S. 21, m.w.N.).

Kautionszahlung im Strafprozess

Zahlt der Arbeitgeber für einen Arbeitnehmer in einem straf- **1346** prozessualen Verfahren eine Kaution, kann die Zahlung im ganz überwiegend **eigenbetrieblichen Interesse des Arbeitgebers** liegen und deshalb **nicht zum Arbeitslohn** gehören (vgl. FG Nürnberg, Urteil vom 13.3.1986, EFG 1986 S. 493, betr. Verkehrsunfall eines Arbeitnehmers auf einer Geschäftsfahrt durch die damalige DDR).

Im Allgemeinen dürfte aber **Arbeitslohn** anzunehmen sein, insbesondere wenn kein konkreter Zusammenhang mit dem Dienstverhältnis besteht. Die Tatsache allein, dass mit der Zahlung der Kaution eine Gefängnisstrafe des Arbeitnehmers abgewendet werden soll und der Arbeitgeber sich damit die Arbeitskraft des Arbeitnehmers erhalten will, dürfte nicht ausreichen.

Kellner

Kellner werden ebenso wie **Aushilfskellner** regelmäßig als **Ar- 1347 beitnehmer** tätig (BFH, Urteil vom 24.11.1961, BStBl III 1962 S. 37). Dies gilt selbst dann, wenn der Arbeitslohn in einer Umsatzprovision besteht. Für die Annahme einer selbständigen Tätigkeit fehlt es an dem Unternehmerrisiko (→ *Arbeitnehmer* Rz. 163). Es besteht lediglich ein gewisses Vergütungsrisiko, das aber für Arbeitnehmer in der Gastronomie berufstypisch ist.

Zum steuerpflichtigen Arbeitslohn gehören auch Trinkgelder (→ *Trinkgelder* Rz. 2429), soweit sie den nach § 3 Nr. 51 EStG steuerfreien Betrag von 1 224 € übersteigen. **Fehlbeträge beim Abkassieren** dürfen nicht mit dem steuerpflichtigen Trinkgeld verrechnet, sondern lediglich bei der Einkommensteuerveranlagung als Werbungskosten abgesetzt werden (BFH, Urteil vom 4.10.1963, BStBl III 1964 S. 7).

Kinderbetreuung (Tagesmütter u.a.)

1. Steuerfreiheit von Pflegegeldern und Erziehungsgeldern

a) Öffentliches Pflegegeld

Personen, die ein **fremdes Kind versorgen** und erziehen, er- **1348** halten in bestimmten Fällen wegen der damit verbundenen Kosten z.B. vom Jugendamt Pflegegeld und einen Erziehungsbeitrag **(Erziehungsgeld)**. Sowohl das Pflegegeld als auch das Erziehungsgeld stellen **steuerfreie Einnahmen** i.S. des § 3 Nr. 11 EStG dar. Das gilt auch bei Tages- oder Kurzzeitpflege, nicht dagegen, wenn die Pflege erwerbsmäßig betrieben wird (OFD Frankfurt, Verfügung vom 31.7.1996, FR 1996 S. 682, sowie Fin-Min Baden-Württemberg, Erlass vom 19.3.1999, StLex 3, 3, 79). Letzteres ist der Fall, wenn mehr als **fünf Kinder** betreut werden, in Sonderfällen aber auch schon bei der Pflege von weniger als sechs Kindern (OFD Hannover, Verfügung vom 23.11.1998, StEd 1999 S. 25). Pflegesätze, die für die Unterbringung von Kindern in einem **Kinderhaus** gezahlt werden, sind keine steuerfreien Beihilfen i.S. des § 3 Nr. 11 EStG (BFH, Urteile vom 23.9.1998, BStBl II 1999 S. 133, und BFH/NV 1999 S. 600).

Bezüge aus öffentlichen Mitteln können als Beihilfe i.S. des § 3 Nr. 11 EStG allerdings nur für denjenigen steuerfrei sein, dem sie bewilligt werden. Werden Eltern aus kommunalen Mitteln Beihilfen zur Deckung von Aufwendungen für die Betreuung eines Kindes durch Dritte bewilligt (sog. **kommunales Erziehungsgeld**) und erfolgt die Zahlung auf Antrag der Eltern unmittelbar an die Betreuungsperson, so sind diese Einnahmen der Betreuungsperson nicht steuerbefreit (BFH, Urteil vom 19.6.1997, BStBl II 1997 S. 652). Die Zahlungen unterliegen jedoch nicht dem Lohnsteuerabzug, weil die **Betreuung fremder Kinder eine selbständige Tätigkeit** entweder i.S. des § 18 Abs. 1 Nr. 1 EStG (bei Anerkennung einer erzieherischen Tätigkeit) oder zumindest des § 18 Abs. 1 Nr. 3 EStG darstellt.

b) Pflegegeld von privater Seite

1349 Bei den Vergütungen, die eine Pflegeperson für die Betreuung eines fremden Kindes erhält, handelt es sich um **steuerpflichtige Einnahmen aus einer sonstigen selbständigen Tätigkeit** i.S. des § 18 Abs. 1 Nr. 3 EStG. Dies gilt auch für den Teil der Vergütung, der für den unmittelbaren Lebensunterhalt der betreuten Person verwendet wird. Eine nach § 3 Nr. 11 EStG entsprechende Steuerbefreiung gibt es für Zahlungen aus privaten Mitteln nicht.

Die Aufwendungen für den Lebensunterhalt und die Betreuung des Kindes können jedoch als **Betriebsausgaben** geltend gemacht werden. Hierfür hat die Finanzverwaltung **Pauschsätze** aufgestellt, z.B. bei Vollzeit-/Dauerpflege 383 € monatlich. Weitere Einzelheiten siehe OFD Frankfurt, Verfügung vom 31.7.1996, FR 1996 S. 682, sowie FinMin Baden-Württemberg, Erlass vom 19.3.1999, StLex 3, 3, 79.

c) Tagespflegepersonen

1350 Tagespflegepersonen, die das Kind in der **Wohnung der leiblichen Eltern betreuen**, werden regelmäßig als **Arbeitnehmer** beschäftigt. Sie müssen jedoch – sofern überhaupt der Arbeitnehmer-Pauschbetrag von 1 044 € überschritten wird – ihre Werbungskosten (z.B. Fahrtkosten) nachweisen; die o.g. Betriebsausgaben-Pauschalen gelten insoweit nicht (OFD Frankfurt, Verfügung vom 31.7.1996, FR 1996 S. 682).

d) Zahlungen an sog. Erziehungs- und Familienhelfer

1351 Sog. Erziehungs- und Familienhelfer sollen das Kind/den Jugendlichen/die Familie durch pädagogische und therapeutische Hilfen bei der Bewältigung von Entwicklungsproblemen oder bei der Erfüllung von Erziehungsaufgaben unterstützen. Sie werden von den Trägern der Jugendhilfe bezahlt und teilweise als **Arbeitnehmer**, teilweise im Rahmen von sog. Honorarverträgen als freie Mitarbeiter beschäftigt. Zur Arbeitnehmereigenschaft der sog. Erziehungs- und Familienhelfer und zur Gewährung von Steuerbefreiungen, z.B. nach § 3 Nr. 26 EStG, siehe ausführlich OFD Frankfurt, Verfügung vom 30.6.2000, DB 2000 S. 1735.

e) Leistungen aus der Pflegeversicherung

1352 Leistungen aus der Pflegeversicherung sind beim Anspruchsberechtigten (hier: das zu pflegende Kind) nach § 3 Nr. 1a EStG steuerfrei. Werden diese Leistungen an die Pflegefamilie weitergeleitet, sind sie nach § 3 Nr. 36 EStG unter den dort genannten Voraussetzungen steuerfrei; weitere Einzelheiten siehe FinMin Baden-Württemberg, Erlass vom 19.3.1999, StLex 3, 3, 79.

2. Arbeitgeberersatz und Werbungskostenabzug

1353 Aufwendungen für die Kinderbetreuung sind nach der ständigen Rechtsprechung des Bundesverfassungsgerichts sowie des Bundesfinanzhofes selbst dann nicht als Werbungskosten abzugsfähig, wenn die Beschäftigung einer Kinderpflegerin **unerlässliche Voraussetzung für die Ausübung des Berufs ist**, weil die Kinder während der beruflich bedingten Abwesenheit nicht alleine gelassen werden können. Es stellt keinen Verstoß gegen Art. 3 Abs. 1 i.V.m. Art. 6 Abs. 1 GG dar, wenn Kosten für Unterhalt und Betreuung von Kindern nur im Rahmen des **Kinderleistungsausgleichs** und grundsätzlich nur **pauschal** – ohne Beachtung der im Einzelfall entstehenden tatsächlichen Kosten – berücksichtigt werden (vgl. zuletzt BFH, Urteil vom 23.11.2000, BStBl II 2001 S. 132, sowie BVerfG, Beschluss vom 23.11.1999, HFR 2000 S. 219, m.w.N.).

Ausnahmen gelten nach § 3 Nr. 34 EStG für **Zuschüsse des Arbeitgebers für die Unterbringung von nicht schulpflichtigen Kindern in Kindergärten** oder vergleichbaren Einrichtungen, sofern die Voraussetzungen dieser Steuerbefreiung vorliegen (→ *Kindergarten* Rz. 1355).

Unter bestimmten Voraussetzungen kommt insbesondere bei allein Erziehenden ein Abzug von Kinderbetreuungskosten als **außergewöhnliche Belastung** in Betracht (siehe → *Lohnsteuer-Ermäßigungsverfahren* Rz. 1621). Der Splittingtarif (→ *Steuertarif* Rz. 2334) wird ihnen jedoch nicht gewährt (vgl. zuletzt BFH, Urteil vom 31.7.1997, BFH/NV 1998 S. 439, und BVerfG, Beschluss vom 12.7.1999, StEd 1999 S. 672).

3. Sozialversicherung

1354 Eine **Tagesmutter**, die auf Vermittlung und mit Erlaubnis des Jugendamtes in ihrer eigenen Wohnung zwei Kinder einer allein erziehenden Mutter nach deren zeitlichen Vorgaben betreut, steht zu der Kindesmutter in einem versicherungsrechtlich relevanten Beschäftigungsverhältnis; dabei ist unerheblich, dass die den Kindern für die Fremdbetreuung bewilligte wirtschaftliche Jugendhilfe, deren Höhe sich nach der Anzahl der Betreuungsstunden richtet, ebenso wie eine Fahrkostenpauschale für das Abholen und Zurückbringen der Kinder der Einfachheit halber unmittelbar vom Jugendamt an die Tagesmutter gezahlt werden (BSG, Urteil vom 17.2.1998 – B 2 U 3/97 R –, WzS 1999 S. 208). Im Allgemeinen liegt aber kein abhängiges Beschäftigungsverhältnis vor, weil die Übernahme der Betreuung der Kinder für Fremde nicht durch eine Weisungsabhängigkeit geprägt ist (vgl. Anlage 4 des Rundschreibens der Spitzenverbände der Sozialversicherungsträger vom 20.12.1999, Stichwort „Tagesmütter", Sozialversicherungsbeitrag-Handausgabe 2001 VL 7 IV/19).

Kindergarten

1. Allgemeines

1355 Zuschüsse des Arbeitgebers zu den Kosten für die Unterbringung der Kinder seiner Arbeitnehmer in **betriebsfremden** Kindergärten sind grundsätzlich Arbeitslohn (BFH, Urteil vom 25.7.1986, BStBl II 1986 S. 868). Die kostenlose oder verbilligte Unterbringung der Kinder in einem **betriebseigenen** Kindergarten hatte die Finanzverwaltung hingegen nicht als Arbeitslohn, sondern als Maßnahme zur Verbesserung der Arbeitsbedingungen angesehen (OFD Münster, Verfügung vom 29.5.1990, DB 1990 S. 1212).

Seit 1992 gilt die Steuerbefreiung des § 3 Nr. 33 EStG: Danach sind Leistungen des Arbeitgebers **(Bar- und Sachleistungen)** zur Unterbringung und Betreuung von **nicht schulpflichtigen Kindern** der Arbeitnehmer in **Kindergärten oder vergleichbaren Einrichtungen** steuerfrei, sofern sie **zusätzlich zum ohnehin geschuldeten Arbeitslohn** erbracht werden.

Die Voraussetzungen ergeben sich im Einzelnen aus R 21a LStR.

2. Umfang der begünstigten Arbeitgeberleistungen

1356 Die Steuerfreiheit nach § 3 Nr. 33 EStG beschränkt sich auf **Arbeitgeberleistungen, die zur Unterbringung, einschließlich Unterkunft und Verpflegung, und Betreuung** von nicht schulpflichtigen Kindern des Arbeitnehmers in Kindergärten oder vergleichbaren Einrichtungen bestimmt sind. **Nicht steuerfrei** sind aber Leistungen, die der Arbeitgeber für die **bloße Vermittlung von Unterbringungs- und Betreuungsmöglichkeiten** durch Dritte gewährt.

Das bedeutet aber nicht, dass nicht von der Steuerbefreiung nach § 3 Nr. 33 EStG erfasste Arbeitgeberleistungen in jedem Fall steuerpflichtiger Arbeitslohn wären. **Kein Arbeitslohn** liegt z.B. vor, wenn ein Vorteil der **Belegschaft als Gesamtheit** zugewendet wird (vgl. R 70 Abs. 2 Nr. 4 LStR).

Beispiel:

Ein großes Unternehmen schließt mit einem „Kinderbüro/Familienservice" einen Vertrag ab, nach dem dieses sich verpflichtet, den interessierten Arbeitnehmern Tagesmütter, Babysitter und andere geeignete Betreuungspersonen zu vermitteln und deren Zuverlässigkeit zu überwachen. Die Firma vergütet diese Leistung mit einem Pauschalbetrag, der sich zwar an der Größe des Unternehmens orientiert, nicht aber an den Leistungen, die der einzelne Arbeitnehmer tatsächlich in Anspruch nimmt.

Die „reine" Vermittlung von Unterbringungs- und Betreuungsmöglichkeiten der Kinder durch Dritte fällt zwar nicht unter die Steuerbefreiung des § 3 Nr. 33 EStG. Hier liegt aber schon deshalb kein Arbeitslohn vor, weil ein geldwerter Vorteil gar nicht individuell einem einzelnen Arbeitnehmer zugeordnet werden könnte. Die Leistung des „Kinderbüros/Familienservice" dient der Belegschaft als Ganzem (FinMin Bayern, Erlass vom 29.4.1996, Lohnsteuer-Handausgabe 1998, 3 LStR H 46).

Auch Zuwendungen des Arbeitgebers an einen Kindergarten oder vergleichbare Einrichtungen, durch die er für die Kinder seiner Arbeitnehmer ein **Belegungsrecht** ohne Bewerbungsverfahren und Wartezeit erwirbt, sind den Arbeitnehmern nicht als geldwerter Vorteil zuzurechnen.

3. Begünstigte Einrichtungen

1357 Es ist gleichgültig, ob die Unterbringung und Betreuung **in betrieblichen oder außerbetrieblichen Kindergärten** erfolgt. **Vergleichbare Einrichtungen** sind z.B. die Schulkindergärten, Kindertagesstätten, Kinderkrippen, Tagesmütter, Wochenmütter und Ganztagspflegestellen. Die Einrichtung muss gleichzeitig zur Unterbringung und Betreuung von Kindern geeignet sein. Die **alleinige Betreuung im Haushalt**, z.B. durch Kinderpflegerinnnen, Hausgehilfinnen oder Familienangehörige, **genügt nicht.** Soweit Arbeitgeberleistungen auch den **Unterricht eines Kindes** ermöglichen, so z.B. beim Besuch sog. **Vorschulen** (BMF-Schreiben vom 2.12.1998, DB 1999 S. 121), oder nicht unmittelbar der Betreuung eines Kindes dienen, z.B. die **Beförderung zwischen Wohnung und Kindergarten**, sind sie **nicht steuerfrei.**

4. Nicht schulpflichtige Kinder

1358 Begünstigt sind nur Leistungen zur Unterbringung und Betreuung von nicht schulpflichtigen Kindern. Dies sind Kinder, die

– das 6. Lebensjahr noch nicht vollendet haben oder

– im laufenden Kalenderjahr das 6. Lebensjahr nach dem 30. Juni vollendet haben, es sei denn, sie sind vorzeitig eingeschult worden, oder

– im laufenden Kalenderjahr das 6. Lebensjahr vor dem 1. Juli vollendet haben, in den Monaten Januar bis Juli dieses Jahres.

5. Zusätzliche Leistungen

1359 Die Arbeitgeberleistungen müssen **zusätzlich zum ohnehin geschuldeten Arbeitslohn** erbracht werden (R 21c LStR). Einzelheiten zu dieser Voraussetzung, die z.B. auch für die Steuerbefreiung nach § 3 Nr. 34 EStG (Fahrtkostenzuschüsse bei Benutzung öffentlicher Verkehrsmittel) gilt, siehe → *Barlohnumwandlung* Rz. 410.

6. Verfahren

1360 **Sachleistungen** an den Arbeitnehmer, die über den nach § 3 Nr. 33 EStG steuerfreien Betrag hinausgehen, sind regelmäßig mit dem Wert nach § 8 Abs. 2 Satz 1 EStG (üblicher Endpreis) dem Arbeitslohn hinzuzurechnen. **Barzuwendungen** an den Arbeitnehmer sind nur steuerfrei, soweit der Arbeitnehmer dem Arbeitgeber die **zweckentsprechende Verwendung nachgewiesen** hat. Der Arbeitgeber hat die Nachweise im Original als **Belege zum Lohnkonto** aufzubewahren.

Kindergeld/Freibeträge für Kinder

1. Gesetzesänderungen

1361 Ab dem Jahr 2002 muss nach dem Beschluss des **Bundesverfassungsgerichts** vom 10.11.1998, BStBl II 1999 S. 182, auch der sog. **Erziehungsaufwand** eines Kindes steuerlich berücksichtigt und gleichzeitig der **Haushaltsfreibetrag** für Alleinstehende mit Kindern gestrichen werden. Zur Umsetzung dieser Beschlüsse gilt nach dem Zweiten Gesetz zur Familienförderung vom 16.8.2001, BStBl I 2001 S. 533, Folgendes:

1. Das **Kindergeld** für 1. und 2. Kind wurde um rund 30 DM angehoben und beträgt – ebenso wie das Kindergeld für das 3. Kind – künftig 154 € monatlich. Das Kindergeld für vierte und weitere Kinder wurde nicht angehoben.

2. Wenn es steuerlich günstiger ist (**es erfolgt wie bisher eine „Günstigerprüfung"** durch das Finanzamt) gibt es anstelle des Kindergeldes einen **Freibetrag von 3 648 €** für das sächliche Existenzminimum des Kindes (**Kinderfreibetrag**) und einen **neuen Freibetrag von 2 160 €** für den Betreuungs- und Erziehungs- oder Ausbildungsbedarf eines Kindes; der bisherige Betreuungsfreibetrag und die Ausbildungsfreibeträge gehen in diesem Freibetrag auf.

3. Wichtige Änderungen enthält das Gesetz für die **Einkommensgrenze** (für das Jahr 2002 7 188 €) betr. eigene Einkünfte und Bezüge des Kindes, bei deren Überschreiten Kindergeld bzw. Freibeträge für Kinder nach § 32 Abs. 6 EStG wegfallen. Es wurde im Gesetz klargestellt, was unter „Bezügen" des Kindes zu verstehen ist. Dazu gehören nunmehr z.B. auch Einnahmen aus Kapitalvermögen des Kindes bis zur Höhe des Sparer-Freibetrags (1 550 €) und Versorgungsbezüge bis zur Höhe des Versorgungs-Freibetrags (3 072 €).

   Ferner wurde im Gesetz angeordnet, dass auch Einkünfte des Kindes im Übergangsmonat von der Berufsausbildung in die Berufsausübung als Einkommen des Kindes zu berücksichtigen sind, soweit sie auf den Ausbildungszeitraum entfallen. Nur die nach Abschluss der Ausbildung erzielten Einkünfte werden nicht angerechnet.

   Die großzügigere gegenteilige Rechtsprechung des Bundesfinanzhofes ist daher ab 2002 insoweit gegenstandslos.

4. Die bisherigen **Ausbildungsfreibeträge** entfallen. Bei **volljährigen Kindern**, die sich in Berufsausbildung befinden und auswärtig untergebracht sind, wird jedoch ein sog. **Sonderbedarf** anerkannt und durch einen **neuen Freibetrag** nach § 33a Abs. 2 EStG in Höhe von **924 €** berücksichtigt.

   Eigene Einkünfte und Bezüge des Kindes über 1 848 € werden auf den Freibetrag angerechnet.

5. Nachgewiesene **Kinderbetreuungskosten** für Kinder bis 14 Jahren oder behinderte Kinder bis 27 Jahren, die wegen Erwerbstätigkeit, Ausbildung, körperlicher, geistiger oder seelischer Behinderung oder wegen Krankheit (diese muss mindestens zusammenhängend drei Monate bestanden haben!) erwachsen, können – soweit sie 1 548 € (entspricht dem bisherigen Betreuungsfreibetrag in Höhe von 3 024 DM) übersteigen – als **außergewöhnliche Belastung nach § 33c EStG** abgezogen werden. Der Abzug ist auf einen **Höchstbetrag von 1 500 € je Kind** begrenzt.

   Diesen Abzug können insbesondere berufstätige Alleinerziehende und doppelverdienende Eltern geltend machen.

6. Der **Haushaltsfreibetrag** für Alleinstehende mit Kindern, der der Lohnsteuerklasse II entspricht, wird schrittweise abgebaut

auf **2 340 €** im Jahr 2002 und auf 1 188 € in den Jahren 2003 und 2004. Ab dem Jahr 2005 entfällt er ganz.

Ausgenommen von dieser Übergangsregelung sind „**Neufälle**", in denen die Voraussetzungen für die Gewährung des Haushaltsfreibetrags erst nach dem 31.12.2001 eintreten, also z.B. bei Geburt eines Kindes im Laufe des Jahres 2002. Begründet wird dies damit, dass diese Personen durch den Wegfall des Haushaltsfreibetrags keine Schlechterstellung erfahren; siehe dazu auch → *Haushaltsfreibetrag* Rz. 1270.

7. Weggefallen ist auch das sog. **Dienstmädchenprivileg**, d.h. der Sonderausgabenabzug für ein rentenversicherungspflichtiges hauswirtschaftliches Beschäftigungsverhältnis bis 18 000 DM im Jahr nach § 10 Abs. 1 Nr. 8 EStG.

2. Allgemeines

1362 Die Voraussetzungen für die Gewährung des Kindergeldes/der Freibeträge für Kinder nach § 32 Abs. 6 EStG sind zwar im Wesentlichen im **Einkommensteuergesetz** geregelt (§§ 32, 62 ff. EStG). Das **Bundeskindergeldgesetz** ist aber nicht völlig aufgehoben worden. Es enthält noch Kindergeldansprüche insbesondere für Eltern, die in Deutschland nicht einkommensteuerpflichtig sind, aber trotzdem Kindergeld erhalten sollen, z.B.

– **deutsche Arbeitnehmer, die für einige Jahre zu einer ausländischen Tochtergesellschaft wechseln und im Ausland ihren Wohnsitz nehmen,**

– **Grenzgänger,** die in Deutschland beschäftigt sind, aber nach Doppelbesteuerungsabkommen in Deutschland nicht steuerpflichtig sind.

Für das **Lohnbüro** haben diese Fragen nur noch **geringe Bedeutung**, zumal das Kindergeld nicht mehr vom Arbeitgeber, sondern nur noch von den „**Familienkassen**" der Arbeitsämter bzw. bei öffentlich Bediensteten von den Besoldungsstellen ausgezahlt wird. Künftig soll daher auf die Darstellung von Einzelfragen verzichtet werden. Das Bundesamt für Finanzen hat für die Eltern ein umfangreiches und allgemein verständliches **Kindergeld-Merkblatt** aufgelegt (Schreiben vom 12.3.2001, BStBl I 2001 S. 207), in dem die Voraussetzungen für die Kindergeldgewährung dargestellt sind; im Wesentlichen gilt dies auch für die steuerlichen Freibeträge für Kinder nach § 32 Abs. 6 EStG. Weitere Erläuterungen enthalten

– zum **Kindergeld** die Dienstanweisung des Bundesamts für Finanzen vom 12.5.2000, BStBl I S. 636,

– zum **Kinderfreibetrag** das BMF-Schreiben vom 9.3.1998, BStBl I 1998 S. 347, sowie R 175 bis 181a EStR und die dazugehörigen Hinweise im Einkommensteuer-Handbuch.

Im **Jahr 2001** sind folgende neuen Urteile des Bundesfinanzhofs von allgemeiner Bedeutung veröffentlicht worden (vgl. zur älteren Rechtsprechung die Vorauflage):

– Der Bundesfinanzhof hat in mehreren Urteilen dazu Stellung genommen, unter welchen Voraussetzungen für ein **Kind, das sich im Ausland aufhält**, Kindergeld gewährt werden kann (Urteile vom 23.11.2000, BStBl II 2001 S. 279 und 295).

– Der BFH hat entschieden, dass bei der Berechnung der Einkunftsgrenze für den Wegfall von Kindergeld/Kinderfreibetrag künftig auch der sog. **ausbildungsbedingte Mehrbedarf** (z.B. Studiengebühren, Arbeitsmittel, Fahrten zwischen Wohnung und Ausbildungsstätte, ggf. auch Familienheimfahrten) abgezogen werden muss, auch wenn es sich hier bei nicht um Werbungskosten, sondern um Sonderausgaben (Ausbildungskosten) des Kindes handelt (zuletzt Urteile vom 25.7.2001, BFH/NV 2001 S. 1497 und S. 1558, m.w.N.).

Abgelehnt hat der Bundesfinanzhof hingegen

– die Gewährung von Kindergeld/Kinderfreibetrag für **Eltern verheirateter Kinder**, weil dann der Ehemann vorrangig unterhaltspflichtig ist. Ausnahme: Der Ehegatte ist aus finanziellen Gründen zur Unterhaltsleistung nicht in der Lage (Urteil vom 2.3.2000, BStBl II 2000 S. 522). Um Härten für die Vergangenheit zu vermeiden, hat die Finanzverwaltung zu diesem Urteil eine Übergangsregelung erlassen, wonach diese Rechtsprechung erst ab 1.1.2001 anzuwenden ist (BMF-Schreiben vom 5.10.2000, BStBl I 2000 S. 1391, sowie Schreiben des Bundesamts für Finanzen vom 4.8.2000, BStBl I 2000 S. 1216);

– die Auffassung des Niedersächsischen Finanzgerichts, dass es für die Einkommensgrenze für den Wegfall des Kindergeldes bzw. Kinder-

freibetrags nicht auf die „Einkünfte" des Kindes, sondern auf „**das zu versteuernde Einkommen**" (dann wäre ein Abzug von Vorsorgeaufwendungen u.Ä. möglich gewesen) ankommt (Urteil vom 21.7.2000, BStBl II 2000 S. 566). Gegen das Urteil ist jedoch **Verfassungsbeschwerde** erhoben worden (Az. beim BVerfG: 2 BvR 1781/2000), vgl. BfF-Schreiben vom 22.11.2000, BStBl I 2000 S. 1515.

Höhe des Kindergeldes, der Freibeträge und der Einkommensgrenze:

	2001	2002
1. Kindergeld/Freibeträge für Kinder		
a) 1. Alternative		
Kindergeld (monatlich)		
für das 1. und 2. Kind	270 DM	154 €
für das 3. Kind	300 DM	154 €
für jedes weitere Kind	350 DM	179 €
oder		
b) 2. Alternative (wenn steuerlich günstiger)		
● **Kinderfreibetrag für das sächliche Existenzminimum (jährlich)** für alle Kinder einheitlich	6 912 DM	3 648 €
● **Freibetrag für den Betreuungs- und Erziehungs- oder Ausbildungsbedarf (jährlich)** Hinweis: Dieser Freibetrag wird nicht zusätzlich zum Kindergeld gewährt!	⁄	2 160 €
2. Einkommensgrenze für Kinder über 18 Jahre Wegfall Kindergeld und der Freibeträge bei eigenen Einkünften und Bezügen des Kindes über	14 040 DM	7 188 €
3. Freibetrag für Sonderbedarf für auswärts untergebrachte Kinder über 18 Jahre		
● Höhe des Freibetrags (ersetzt die bisherigen Ausbildungsfreibeträge)	⁄	924 €
● Anrechnung eigener Einkünfte und Bezüge des Kindes über	⁄	1 848 €

Wichtig ist, dass im laufenden Jahr immer nur Kindergeld gewährt werden kann. Erst bei der **Einkommensteuerveranlagung** prüft das Finanzamt, ob durch das Kindergeld das steuerliche Existenzminimum des Kindes (einschließlich Erziehungs- und Betreuungsbedarf) steuerfrei belassen worden sind oder die steuerlichen Freibeträge gewährt werden müssen (sog. **Günstigerprüfung** nach § 31 Satz 3 EStG). Das gezahlte Kindergeld wird dann der Einkommensteuer hinzugerechnet.

Hinsichtlich der einkommensteuerlichen „Günstigerprüfung" wrid auf die im Stollfuß Verlag erscheinende Tabelle „Einkommensteuer mit Kinder- und Bedarfsfreibetragsoption" hingewiesen.

3. Kinder im Lohnsteuerverfahren

1363 Der Kinderfreibetrag und der neue Freibetrag für den Betreuungs- und Erziehungs- oder Ausbildungsbedarf werden bei der Berechnung der **Lohnsteuer** grundsätzlich nicht berücksichtigt. Die Lohnsteuer ist daher für Arbeitnehmer mit und ohne Kinder gleich.

Trotzdem wird von der Gemeinde oder dem Finanzamt (insbesondere bei Kindern über 18 Jahre) die **Zahl der Kinder** auf der **Lohnsteuerkarte eingetragen**: Bedeutung haben diese Freibeträge für die sog. **Annexsteuern (Kirchensteuer und Solidaritätszuschlag)**. Denn bei der Berechnung dieser Steuern wird nicht die tatsächlich zu zahlende Lohnsteuer zu Grunde gelegt, sondern die **(fiktive) Lohnsteuer**, die sich ergeben würde, wenn – auch wenn das Kindergeld günstiger ist – die steuerlichen Freibeträge abgezogen würden (§ 51a Abs. 2 EStG). Ohne den Abzug dieser Freibeträge wäre die Bemessungsgrundlage für die Annexsteuern zu hoch, weil die Unterhaltsleistungen für Kinder bei diesen Steuern sonst überhaupt nicht berücksichtigt würden.

Berücksichtigt wird nicht nur der Kinderfreibetrag, sondern – anders als bei dem in 2001 geltenden Betreuungsfreibetrag – auch der **neue Freibetrag für den Betreuungs- und Erziehungs-**

oder Ausbildungsbedarf. Der frühere Betreuungsfreibetrag konnte im Lohnsteuerverfahren auch bei der Bemessung der Annexsteuern dagegen nicht berücksichtigt werden, weil er nur für Kinder Anwendung fand, die das 16. Lebensjahr noch nicht vollendet hatten, die Eintragung der Kinder auf der Lohnsteuerkarte diese altersmäßige Differenzierung jedoch nicht zuließ (der Betreuungsfreibetrag wurde also erst im Rahmen einer Einkommensteuerveranlagung berücksichtigt). Da es bei den neuen Freibeträgen für Kinder keine solchen Differenzierungen nach dem Alter mehr gibt, werden **ab 1.1.2002 alle Freibeträge** für Kinder bei den Annexsteuern auch im Lohnsteuerverfahren berücksichtigt.

Eltern, die **keinen Anspruch auf Kindergeld** haben, das sind

– unbeschränkt einkommensteuerpflichtige Arbeitnehmer mit **Kindern im Ausland** außerhalb eines EU- oder EWR-Staates sowie

– unbeschränkt einkommensteuerpflichtige **Ausländer ohne Aufenthaltsgenehmigung** mit Kindern im Inland,

können beim Finanzamt die **Eintragung** der steuerlichen Freibeträge **auf der Lohnsteuerkarte beantragen** (§ 39a Abs. 1 Nr. 6 EStG). Die von der Gemeinde eingetragene Zahl der Kinderfreibeträge ist für diese Kinder ggf. zu mindern, um eine Doppelberücksichtigung auszuschließen.

Kindergeldauszahlung

1364 Alle Arbeitnehmer erhalten **ab 1.1.1999 Kindergeld nur noch von den Familienkassen der Arbeitsämter.** Dies gilt auch für Arbeitnehmer, die im **öffentlichen Dienst beschäftigt** sind. Die jeweilige Besoldungsstelle ist selbst „Familienkasse" und zahlt Kindergeld aus (§ 72 EStG).

Kinderzuschläge

1365 Kinderzuschläge und Kinderbeihilfen, die auf Grund der Besoldungsgesetze, besonderer Tarife oder ähnlicher Vorschriften gewährt werden, sind **steuerpflichtiger Arbeitslohn** (§ 3 Nr. 11 Satz 2 EStG).

Bei der **Feststellung der Krankenversicherungspflicht** bleiben Zuschläge, die mit Rücksicht auf den Familienstand gezahlt werden, unberücksichtigt, d.h. bei der Ermittlung des regelmäßigen Jahresarbeitsentgelts werden diese Zuschläge **nicht berücksichtigt** (siehe → *Jahresarbeitsentgeltgrenze in der gesetzlichen Krankenversicherung* Rz. 1325).

Kirchenbedienstete

1. Arbeitnehmereigenschaft

a) Hauptberufliche Mitarbeiter

aa) Lohnsteuer

1366 **Hauptamtliche Kirchenbedienstete** (Pfarrer, Pastoren usw.) sind Arbeitnehmer der Kirche.

Wenn sie **nebenberuflich und in geringem Umfang an Schulen Religionsunterricht erteilen,** üben sie insoweit im Allgemeinen eine **selbständige** nebenberufliche Tätigkeit aus (OFD Düsseldorf, Verfügung vom 23.4.1961, DB 1961 S. 625), die unter die Steuerbefreiung des § 3 Nr. 26 EStG fällt (→ *Aufwandsentschädigungen für bestimmte nebenberufliche Tätigkeiten* Rz. 297). Werden durchschnittlich in der Woche sechs oder mehr Unterrichtsstunden erteilt, kann auch ein **Arbeitsverhältnis** zum Schulträger begründet werden (R 68 LStR).

bb) Sozialversicherung

1367 In der Sozialversicherung nehmen hauptamtliche Kirchenbedienstete allerdings eine **Sonderstellung** ein. So sind Geistliche der als öffentlich-rechtliche Körperschaften anerkannten Religionsgesellschaften, wenn sie nach beamtenrechtlichen Vor-

schriften oder Grundsätzen bei Krankheit Anspruch auf Fortzahlung der Bezüge und auf Beihilfe haben (vgl. § 6 Abs. 1 Nr. 4 SGB V), **krankenversicherungsfrei. Auch** in der **Renten- und Arbeitslosenversicherung** besteht für diese Arbeitnehmer Versicherungsfreiheit, vorausgesetzt, ihnen wird nach beamtenrechtlichen Vorschriften oder Grundsätzen oder entsprechenden kirchenrechtlichen Regelungen Anwartschaft auf Versorgung bei verminderter Erwerbsfähigkeit und im Alter sowie auf Hinterbliebenenversorgung gewährleistet und die Erfüllung dieser Gewährleistung ist gesichert. Ob diese Voraussetzungen erfüllt sind, entscheidet in der Regel die oberste Verwaltungsbehörde des Landes, in dem der Arbeitgeber bzw. die Religionsgesellschaft ihren Sitz hat. Diese hauptamtlichen Kirchenbediensteten haben aber die Verpflichtung, einen anteiligen beihilfekonformen **Versicherungsvertrag** zur **Pflegeversicherung** bei einem privaten Pflegeversicherungsunternehmen abzuschließen. Besteht bei einer gesetzlichen Krankenkasse dagegen eine **freiwillige Krankenversicherung,** tritt in der sozialen Pflegeversicherung automatisch auch die Versicherungspflicht in der Pflegeversicherung ein.

b) Nebenberufliche Mitarbeiter

1368 Arbeitnehmer sind regelmäßig auch die nebenamtlichen Kirchenbediensteten, z.B. **Hilfsküster und Hilfsmesner** (FinMin Bremen, Erlass vom 8.8.1982, DStZ/E 1982 S. 308). Bei diesen kann die Lohnsteuer ggf. ohne Vorlage der Lohnsteuerkarte pauschal erhoben werden, sofern die Einnahmen nicht nach § 3 Nr. 39 EStG steuerfrei sind. Einzelheiten siehe → *Pauschalierung der Lohnsteuer* Rz. 1805 ff.

Nebenberufliche Kirchenmusiker können je nach den im Einzelfall getroffenen Vereinbarungen selbständig oder nichtselbständig tätig sein. Es gelten die in R 68 LStR und H 68 LStH für Nebentätigkeiten aufgestellten Grundsätze. Danach ist bei Organisten und Chorleitern regelmäßig eine selbständige Tätigkeit anzunehmen, wenn das Gesamtbild der Verhältnisse im Einzelfall nicht eine andere Beurteilung erfordert (FinMin Bremen, Erlass vom 8.8.1982, DStZ/E 1982 S. 308). Einnahmen bis 1 848 € im Jahr sind nach § 3 Nr. 26 EStG (→ *Aufwandsentschädigungen für bestimmte nebenberufliche Tätigkeiten* Rz. 297) steuerfrei (OFD Düsseldorf, Verfügung vom 7.5.2001, DB 2001 S. 1225, betr. Organisten).

Eine **nichtselbständige Tätigkeit** liegt z.B. vor, wenn ein **Arbeitsverhältnis vereinbart** sowie tatsächlich durchgeführt wird und **Anspruch auf Urlaub sowie Entgeltfortzahlung** besteht (Hessisches FG, Urteil vom 15.11.1979, EFG 1980 S. 241). Das Gleiche gilt, wenn Organisten oder Chorleiter zugleich Hilfsküster oder Hilfsmesner sind, es liegt dann insgesamt eine nichtselbständige Tätigkeit vor (FinMin Bremen, Erlass vom 8.8.1982, DStZ/E 1982 S. 308).

Kirchenrendanten, denen die Kassenverwaltung und Rechnungsführung für die Kirchengemeinde obliegt, können nach den Verhältnissen des Einzelfalles selbständig oder unselbständig tätig sein (FinMin Bremen, Erlass vom 8.8.1982, DStZ/E 1982 S. 308). Im Allgemeinen liegt ein kein abhängiges Beschäftigungsverhältnis vor (vgl. Anlage 4 des Rundschreibens der Spitzenverbände der Sozialversicherungsträger vom 20.12.1999, Stichwort „Rendanten", Sozialversicherungsbeitrag-Handausgabe 2001 VL 7 IV/19).

Nicht als Arbeitnehmer tätig werden hingegen regelmäßig Ordensangehörige (→ *Ordensangehörige* Rz. 1795), sie erfüllen ihre Aufgaben als Mitglied der Gemeinschaft (BFH, Urteil vom 30.7.1965, BStBl III 1965 S. 525).

2. Umfang des Arbeitslohns

1369 Müssen Geistliche auf einen bestimmten Prozentsatz ihres **Gehaltes verzichten,** um z.B. Neueinstellungen von Pastoren zu ermöglichen, so ist dieser Gehaltsverzicht (→ *Gehaltsverzicht*

Rz. 1102) auch steuerlich zu berücksichtigen, sofern der Verzicht ohne Verwendungsauflagen erfolgt, vgl. H 70 (Lohnverwendungsabrede) LStH.

Bei Bediensteten der evangelischen Kirche, die auf Grund eines privatrechtlichen Dienstverhältnisses für den CVJM-Gesamtverband tätig werden, gehören die weiterhin von der evangelischen Kirche gezahlten **Beihilfeleistungen** sowie die vom CVJM-Gesamtverband als Arbeitgeber gegenüber der evangelischen Kirche erbrachten Leistungen zur Erstattung des Beihilfeaufwands nicht zum steuerpflichtigen Arbeitslohn (FinMin Hessen, Erlass vom 25.9.1997, DB 1997 S. 2355).

Pfarrer, die eine **Pfarrhaushälterin** beschäftigen, die in nicht unerheblichem Maße im Pfarramtsbereich tätig ist, müssen sowohl den von ihnen selbst getragenen Teil des Arbeitslohns als auch den Zuschuss, den sie hierfür von ihrer Diözese erhalten, dem Lohnsteuerabzug unterwerfen (→ *Lohnzahlung durch Dritte* Rz. 1660).

Bei der Besteuerung der **Dienstbezüge des Geistlichen** ist auch der von der Diözese gewährte Zuschuss zur Entlohnung der Haushälterin zusammen mit den übrigen Bezügen des Geistlichen in voller Höhe dem Lohnsteuerabzug zu unterwerfen (FinMin Niedersachsen, Erlass vom 3.9.1997, NWB 1997 Fach 1 S. 314).

Die **Gehaltsabrechnung** der Pfarrhaushälterinnen erfolgt nicht durch den jeweiligen Pfarrer, sondern durch die (Erz-)Bistümer. Da dies im überwiegenden Interesse der Bistümer geschieht, ist dem Pfarrer insoweit kein geldwerter Vorteil (Arbeitslohn) zuzurechnen. Auch Zusage und oder Zahlung einer Zusatzversorgung durch das (Erz-)Bistum über die **Haushälterinnen-Zusatzversorgungswerke** können dem Geistlichen, der diese Haushälterin beschäftigt hat, nicht zugerechnet werden. Diese Versorgungsleistungen sind im Leistungsfall von den ehemaligen Haushälterinnen als Arbeitslohn nach § 19 Abs. 2 Nr. 2 EStG (→ *Versorgungsbezüge* Rz. 2560) zu versteuern.

Katholische Geistliche, die in einem Inkardinationsverhältnis zu einer Diözese stehen (Diözesangeistliche), haben Beiträge zur **Ruhegehaltskasse** des (Erz-)Bistums, zum **Diaspora-Priesterhilfswerk und zur Haushälterinnen-Zusatzversorgung** zu leisten. Zur steuerlichen Behandlung dieser Beiträge siehe ausführlich BMF-Schreiben vom 6.12.1994, BStBl I 1994 S. 921, sowie FinMin Thüringen, Erlass vom 29.7.1998, StEd 1998 S. 570.

Kirchensteuer

1. Allgemeines

a) Gesetzliche Grundlagen

1370 Das Grundgesetz (Art. 140 GG i.V.m. Art. 137 Abs. 6 der Weimarer Verfassung) garantiert **den als Körperschaften des öffentlichen Rechts anerkannten Religionsgemeinschaften** (kirchensteuerberechtigte Religionsgemeinschaften), **von ihren Mitgliedern** „auf Grund der bürgerlichen Steuerlisten" nach Maßgabe der landesrechtlichen Bestimmungen **Kirchensteuern** zu erheben. Kirchensteuerrecht ist daher **Landesrecht.** Die einzelnen **Bundesländer** haben unterschiedliche **Kirchensteuer(rahmen)gesetze.** Diese werden **durch Vorschriften** und Beschlüsse **der Kirchensteuer erhebenden Kirchen** und Körperschaften **ergänzt,** die insbesondere Regelungen über Art und Höhe der Kirchensteuer enthalten.

Die folgenden Ausführungen gehen im Wesentlichen auf die in Grundzügen gleichen Regelungen ein. Fragen zum Kirchensteuerrecht beantwortet die zuständige Kirchenverwaltung.

Obwohl die Kirchensteuergesetze auch noch andere Erhebungsformen vorsehen, wird die Kirchensteuer i.d.R. als **Zuschlagsteuer zur Einkommen- oder Lohnsteuer** oder als **Kirchgeld** (z.B. als Ortskirchgeld oder besonderes Kirchgeld für glaubensverschiedene, Ehegatten) erhoben.

Die Kirchensteuergesetze von Berlin, Hamburg, Schleswig-Holstein und dem Saarland enthalten die Möglichkeit zur Erhebung einer **Mindestkirchensteuer,** die nicht mit dem Mindestbetrag der Kirchensteuer als Zuschlagsteuer zur Einkommen-/Lohnsteuer zu verwechseln ist. Mindestkirchensteuer wird derzeit in keinem Land erhoben.

Für das Lohnbüro hat nur die Zuschlagsteuer zur Lohnsteuer Bedeutung.

Die allgemeinen und die pauschalen Kirchensteuersätze und die Aufteilung der Kirchensteuer bei Pauschalierung sind in einer **zusammengefassten Übersicht** im Anhang abgedruckt, vgl. → *A. Lohnsteuer* Rz. 2803.

b) Kirchensteuerpflicht (Gläubiger, Schuldner, Beginn, Ende)

aa) Kirchensteuergläubiger

1371 Zu den **kirchensteuerberechtigten Religionsgemeinschaften** gehören insbesondere die evangelischen Landeskirchen und die römisch-katholische Kirche. Die Landeskirchengesetze bestimmen, wer Gläubiger der Kirchensteuer ist. Als solche gelten z.B. für die römisch-katholische Kirche die Diözese, für das israelitische Bekenntnis der Landesverband der israelischen Kultusgemeinde.

bb) Kirchensteuerschuldner

1372 Die Kirchensteuerpflicht knüpft an die **Kirchenmitgliedschaft** (Bekenntniszugehörigkeit) und an einen Wohnsitz/gewöhnlichen Aufenthalt an. Wegen des Territorialprinzips kann Kirchensteuer nur von Kirchenmitgliedern erhoben werden (BFH, Urteil vom 7.12.1994, BStBl II 1995 S. 507), die ihren **Wohnsitz oder gewöhnlichen Aufenthalt in einem Bundesland** (Geltungsbereich eines Kirchensteuergesetzes) haben. Daher sind kirchensteuerpflichtig alle – auch ausländische – Kirchenangehörigen, die nach § 1 Abs. 1 EStG unbeschränkt einkommensteuerpflichtig sind, nicht jedoch erweitert unbeschränkt Steuerpflichtige i.S. des § 1 Abs. 2 EStG (z.B. deutsche Diplomaten im Ausland), nach § 1 Abs. 3 EStG auf Antrag unbeschränkt Steuerpflichtige oder beschränkt einkommensteuerpflichtige i.S. des § 1 Abs. 4 EStG (→ *Steuerpflicht* Rz. 2298).

Die **Kirchenmitgliedschaft** richtet sich nach **innerkirchlichem Recht,** so dass hierüber die **Kirchen entscheiden** (BFH, Urteil vom 18.1.1995, BStBl II 1995 S. 475, und Tz. 2 des BMF-Schreibens vom 17.7.2001, BStBl I 2001 S. 480). Sie knüpft an die Aufnahme in die Religionsgemeinschaft (Bekenntniszugehörigkeit) an, die in der katholischen und der evangelischen Kirche vor allem durch Taufe begründet wird. Wegen der nach dem Grundgesetz gewährleisteten Bekenntnisfreiheit sehen die staatlichen Kirchensteuergesetze die Möglichkeit des Kirchenaustritts vor, der nach den meisten Gesetzen durch förmliche Erklärung gegenüber dem Standesamt oder dem Amtsgericht erfolgt. Ein Wiedereintritt ist möglich.

- **Beginn der Kirchensteuerpflicht:**
  - bei **Aufnahme in die Religionsgemeinschaft** und/oder
  - bei **Zuzug**

  am ersten Tag des auf das jeweilige Ereignis **folgenden Monats**;

  - bei **Übertritt** aus einer anderen Kirche in Bremen, Hamburg, Hessen, Niedersachsen und Rheinland-Pfalz, Sachsen, Schleswig-Holstein

  mit dem Ende der bisherigen Steuerpflicht.

- **Ende der Kirchensteuerpflicht:**
  - bei **Tod** oder
  - **Wegzug** aus dem Gebiet der Religionsgemeinschaft

  mit **Ablauf des Monats**, in den das Ereignis fällt;

  - bei **Austritt**, Übertritt

  in den Ländern Baden-Württemberg, Bayern, Niedersachsen, Nordrhein-Westfalen, Rheinland-Pfalz und Saarland **mit Ablauf des Austrittsmonats**,

  in den Ländern Berlin, Brandenburg, Bremen, Hamburg, Hessen, Mecklenburg-Vorpommern, Sachsen, Sachsen-Anhalt, Schleswig-Holstein und Thüringen erst **mit Ablauf des dem Austrittsmonat folgenden Monats**. Eine noch längere Heranziehung hat das Bundesverfassungsgericht für verfassungswidrig erklärt (Urteil vom 8.2.1977, BVerfGE 44, 37 [40]). Wegen des Grundsatzes der Bekenntniszugehörigkeit kann bei glaubensverschiedenen Ehegatten nur der einer steuerberechtigten Religionsgemeinschaft angehörende Ehegatte Kirchensteuerschuldner sein.

2. Kirchensteuer als Zuschlagsteuer zur Einkommensteuer bzw. Lohnsteuer

a) Allgemeines

1373 Die Kirchensteuer wird **in allen Bundesländern** als **Zuschlagsteuer zur Einkommensteuer** festgesetzt und erhoben und ist als **Zuschlagsteuer zur Lohnsteuer (Lohnkirchensteuer)** vom **Arbeitgeber** einzubehalten, anzumelden und abzuführen.

b) Bemessungsgrundlage bei ganzjähriger Kirchensteuerpflicht

1374 Die Kirchensteuer wird grundsätzlich bemessen:

- Bei Kirchensteuerpflichtigen, die zur Einkommensteuer veranlagt werden, nach der **festgesetzten Einkommensteuer**,
- im Lohnsteuerabzugsverfahren nach der **einbehaltenen Lohnsteuer**.

Sind **Kinder** zu berücksichtigen, kann die festgesetzte Einkommensteuer/Lohnsteuer nicht uneingeschränkt für die Bemessung der Kirchensteuer übernommen werden, weil die Freistellung des Kinderexistenzminimums seit 1996 regelmäßig durch die Gewährung von Kindergeld erfolgt. Für die Kirchensteuer ist Bemessungsgrundlage die Einkommensteuer, die unter Berücksichtigung von Freibeträgen nach § 32 Abs. 6 EStG (Kinderfreibetrag und Freibetrag für den Betreuungs- und Erziehungs- oder Ausbildungsbedarf des Kindes) in allen Fällen des § 32 EStG festzusetzen wäre (§ 51a Abs. 2 EStG). Zur Berücksichtigung von Kindern bei der Lohnkirchensteuer durch das Lohnbüro → Rz. 1384.

Sofern bei der Ermittlung der festgesetzten Einkommensteuer die pauschalierte Anrechnung der Gewerbesteuer (§ 35 EStG) oder das sog. Halbeinkünfteverfahren (§§ 3 Nr. 40, 3c EStG) in Betracht kommt, sind diese Regelungen gem. § 51a Abs. 2 EStG bei der Kirchensteuer nicht anzuwenden.

c) Bemessungsgrundlage bei unterjähriger Kirchensteuerpflicht

1375 Bei Beginn und Ende der Kirchensteuerpflicht während des Kalenderjahrs ist Bemessungsgrundlage für die Kirchensteuer nur die Einkommensteuer, die auf die Zeit der Kirchensteuerpflicht entfällt. Stimmt der Zeitraum der Kirchensteuerpflicht nicht mit dem Zeitraum der unbeschränkten Steuerpflicht überein, so ist die Einkommensteuer – ggf. unter Berücksichtigung der Kinderfreibeträge – zu ermitteln und dann **zu zwölfteln**. Die anteilige Einkommensteuer ist Bemessungsgrundlage für die Kirchensteuer. Dadurch erhöht z.B. auch ein nach Wegfall der Kirchensteuerpflicht erzieltes höheres Einkommen die Kirchensteuer. Diese in den Kirchensteuergesetzen enthaltene Zwölftelungsregelung ist verfassungsgemäß (BFH, Urteil vom 15.10.1997, BFH/NV 1998 S. 405). Wird das höhere Einkommen während der Kirchensteuerpflicht erzielt, so wirkt sich die Zwölftelung zu Gunsten des Steuerpflichtigen aus.

Nach der Änderung des § 2 Abs. 7 EStG stimmen beim **Wechsel von unbeschränkter zu beschränkter Einkommensteuerpflicht** oder umgekehrt die Zeiträume der Kirchensteuerpflicht und der Bemessung der Einkommensteuer nicht mehr überein, so dass eine Aufteilung der Maßstabsteuer vorzunehmen ist. In den Einkommensteuererklärungen ist daher bei Zuzug oder Wegzug der Zeitraum der Kirchensteuerpflicht anzugeben.

d) Höhe der Kirchensteuer

aa) Steuersatz

1376 Die Zuschlagsteuer beträgt zurzeit in % der Maßstabsteuer:

- **8 %** in den Ländern Baden-Württemberg, Bayern,
- **9 %** in **den anderen** Bundesländern.

Bei der Berechnung dieser Steuer bleiben Centbruchteile außer Betracht.

bb) Kappung

1377 In einzelnen Ländern (mit **Ausnahme** von **Bayern** und **Mecklenburg-Vorpommern** außerhalb der Pommerschen Kirche) gibt es bei höheren Einkommen eine Kappung der Kirchensteuer, das heißt eine **Begrenzung** der Kirchensteuer auf einen **bestimmten geringeren Prozentsatz des zu versteuernden Einkommens** bzw. des auf das zu versteuernde Einkommen umzurechnenden Arbeitslohns, von dem die Lohnsteuer berechnet wird. Die Kappung ist zum Teil mit **Rechtsanspruch** ausgestaltet, zum Teil als **Billigkeitsmaßnahme** vorgesehen. Der Billigkeitsantrag ist innerhalb bestimmter Fristen zu stellen.

Die in den einzelnen Ländern bestehenden **Kappungsregeln** ergeben sich aus der **Übersicht** im Anhang, vgl. → *A. Lohnsteuer* Rz. 2803.

Beispiel:

Ein lediger Arbeitnehmer mit Wohnsitz und Arbeitsstätte in Hannover erhält 2002 einen Jahresarbeitslohn von 120 000 €

Berechnung der Kirchensteuer:

Jahresarbeitslohn	120 000,— €
abzüglich	
Arbeitnehmer-Pauschbetrag	1 044,— €
Sonderausgaben-Pauschbetrag	36,— €
Vorsorgepauschale	1 980,— €
= zu versteuerndes Einkommen	116 940,— €
Einkommensteuer lt. Grundtabelle	46 846,— €
Kirchensteuer in Niedersachsen 9 %	4 216,14 €
Kappung auf 3,5 % des auf den Stufeneingangsbetrag abgerundeten zu versteuernden Einkommens	
116 928 € × 3,5 % =	4 092,48 €

cc) Mindestbetrag

1378 Ein Mindestbetrag an Kirchensteuer wird erhoben in Baden-Württemberg, Hamburg, Hessen, Niedersachsen, Sachsen (nicht von röm.-kath. Diözesen), Sachsen-Anhalt (nicht von röm.-kath. Diözesen), Thüringen (nicht von röm.-kath. Diözesen) und Schleswig-Holstein, sofern Einkommensteuer festzusetzen oder Lohnsteuer einzubehalten ist.

Die Mindestbeträge ergeben sich aus der Übersicht im Anhang; vgl. → *A. Lohnsteuer* Rz. 2803.

In **Hessen** ist der Mindestbetrag nur einzubehalten, wenn Einkommensteuer festgesetzt oder Lohnsteuer einbehalten wird bzw. unter Berücksichtigung von Freibeträgen nach § 32 Abs. 6 EStG festgesetzt oder einbehalten würde. In Hamburg und Schleswig-Holstein ist in Steuerklasse V und VI kein Mindestbetrag einzubehalten.

e) Besonderheiten der Kirchensteuerbemessung bei Ehegatten

1379 Das Kirchensteuerrecht unterscheidet zwischen Ehegatten, die sind:

– **Konfessionsgleich** (beide Ehegatten haben die gleiche Konfession, sind also z.B. beide evangelisch oder beide römisch-katholisch),

– **konfessionsverschieden** (beide Ehegatten gehören unterschiedlichen steuerberechtigten Konfessionen an, z.B. der eine Ehegatte ist evangelisch, der andere katholisch),

– **glaubensverschieden**

1. Fallgruppe:

Ein Ehegatte gehört einer steuerberechtigten Religionsgemeinschaft an, der andere Ehegatte gehört keiner Kirche an.

2. Fallgruppe:

Ein Ehegatte gehört einer steuerberechtigten Religionsgemeinschaft, der andere Ehegatte gehört einer nicht steuerberechtigten Religionsgemeinschaft an.

Grundsätzlich gilt auch bei der Kirchensteuer der **Grundsatz der Individualbesteuerung.**

Da nur von Mitgliedern Kirchensteuer erhoben werden darf, darf bei glaubensverschiedenen Ehegatten die Kirchensteuer nur von dem einer steuerberechtigten Religionsgemeinschaft angehörenden Ehegatten erhoben werden. Bei zusammen veranlagten **glaubensverschiedenen Ehegatten** ist die **Einkommen-/Lohnsteuer aufzuteilen** (nach § 15 der Kirchensteuerordnung der Nordelbischen Ev.-Luth. Kirche und nach § 8 des saarländischen Kirchensteuergesetzes im Verhältnis der Steuerbeträge, die sich bei Anwendung der Grundtabelle auf die Anteile jedes Ehegatten am Gesamtbetrag der Einkünfte ergeben würden; BStBl I 1997 S. 168, 226, 268, in den anderen Ländern erfolgt die Aufteilung nach der Summe der Einkünfte). Bei der Aufteilung bleiben Zuflüsse, die sich lediglich auf die Höhe der Einkommensteuer auswirken (→ *Progressionsvorbehalt* Rz. 1924) außer Betracht (Urteil des FG München vom 30.11.1999, EFG 2000 S. 394, Revision eingelegt, Az. beim BFH: I R 9/00). Gesetzesregelungen, wonach in glaubensverschiedenen Ehen Kirchensteuer des Kirchenmitglieds aus dem Teil der Einkommensteuer erhoben wird, der auf dieses entfällt, sind nicht verfassungswidrig; glaubensverschiedene Ehegatten haben keinen Anspruch auf entsprechende Anwendung des in einigen Ländern bei konfessionsverschiedenen Ehen geltenden und verfassungsgemäßen Halbteilungsgrundsatzes (BFH, Urteile vom 8.4.1997, BStBl II 1997 S. 545, und vom 11.2.1998, BFH/NV 1998 S. 1262).

In den meisten Bundesländern gilt bei **konfessionsverschiedenen Eheleuten** (im Fall der Zusammenveranlagung) der sog. **Halbteilungsgrundsatz:**

Der Halbteilungsgrundsatz bedeutet, dass die Kirchensteuer von 8 % bzw. 9 % je zur Hälfte auf die beiden Religionsgemeinschaften aufgeteilt wird.

Zur Berücksichtigung des Halbteilungsgrundsatzes ist bei konfessionsverschiedenen Ehen auf der Lohnsteuerkarte ein Kirchensteuermerkmal für den Ehegatten eingetragen (→ *Lohnsteuerkarte* Rz. 1645).

Den **Halbteilungsgrundsatz** gibt es **nicht** in den Ländern:

– **Bayern,**

– **Bremen,**

– **Niedersachsen.**

Insoweit ist die Kirchensteuer mit dem maßgebenden Steuersatz für jeden Ehegatten nach der auf ihn entfallenden Steuer festzusetzen und nur an seine Religionsgemeinschaft abzuführen, und zwar auch dann, wenn auf der Lohnsteuerkarte ein Kirchensteuermerkmal für den Ehegatten eingetragen ist.

f) Rechtsbehelfe

1380 Gegen die Kirchensteuerfestsetzung ist der **Einspruch bzw. Widerspruch** gegeben. Der Einwand, die Maßstabsteuer (Einkommensteuer/Lohnsteuer) sei unzutreffend festgesetzt worden, kann **nur** gegen die Festsetzung der Einkommen-/Lohnsteuer geltend gemacht werden. Eine Änderung der Einkommen-/Lohnsteuer führt automatisch zur Änderung der Kirchensteuer. In den Ländern Baden-Württemberg, Bayern, Hamburg, Mecklenburg-Vorpommern, Nordrhein-Westfalen und Saarland ist der **Finanzrechtsweg**, in allen anderen Bundesländern der **Verwaltungsrechtsweg** gegeben.

3. Besonderheiten beim Lohnsteuerabzug

a) Allgemeines

1381 Für die Kirchensteuer gelten die **Vorschriften über den Lohnsteuerabzug** sinngemäß (siehe → *Abführung der Lohnsteuer* Rz. 6). Bei kirchensteuerpflichtigen Arbeitnehmern hat der Arbeitgeber entsprechend der Lohnsteuer Lohnkirchensteuer vom Arbeitslohn einzubehalten und an das Betriebsstättenfinanzamt (siehe → *Betriebsstättenfinanzamt* Rz. 562) abzuführen.

Die Lohnkirchensteuer bemisst sich nach der Lohnsteuer. Sie ist grundsätzlich mit dem maßgebenden Kirchensteuersatz von der Lohnsteuer zu erheben. Besonderheiten ergeben sich bei der Berücksichtigung von Kindern, bei sonstigen Bezügen und in den Fällen der Pauschalierung.

b) Lohnsteuerkartenprinzip

1382 Der Arbeitgeber hat bei Arbeitnehmern, die eine Lohnsteuerkarte vorgelegt haben, **keine Prüfung** der Kirchensteuerpflicht vorzunehmen. Er hat den Lohnkirchensteuerabzug **nach den Merkmalen auf der Lohnsteuerkarte** vorzunehmen. Aus ihnen ergibt sich, ob und ggf. welcher steuerberechtigten Religionsgemeinschaft der Arbeitnehmer angehört und ggf. für welchen Zeitraum die Kirchensteuerpflicht bestanden hat. Ist ein Kirchensteuermerkmal eingetragen, darf der Arbeitgeber auch dann nicht vom Lohnkirchensteuerabzug absehen, wenn der Arbeitnehmer ihm eine amtliche **Austrittsbestätigung** vorweist. Der Arbeitnehmer muss vielmehr seine **Lohnsteuerkarte ändern lassen,** wenn der Arbeitgeber vom Lohnkirchensteuerabzug Abstand nehmen soll. In Niedersachsen ist Lohnkirchensteuer nicht abzuziehen, wenn der Arbeitnehmer eine entsprechende Bescheinigung einer Landeskirche, Diözese oder anderen Religionsgemeinschaft vorlegt (FinMin Niedersachsen, Bekanntmachung vom 29.5.2000, BStBl I 2000 S. 1200).

Die **Religionszugehörigkeit** trägt **die Gemeinde** auf der Lohnsteuerkarte ein.

Es gibt folgende Kennzeichen auf der Lohnsteuerkarte für die Kirchensteuerpflicht:

römisch-katholisch	rk
evangelisch (protestantisch)	ev
evangelisch-lutherisch	lt
evangelisch-reformiert	rf
französisch-reformiert	fr
altkatholisch	ak
israelitisch, jüdische Kultussteuer	ib, il, is, iw, jd
freireligiös	fa, fb, fg, fm, fs
unitarische Religionsgemeinschaft freie Protestanten	ur

Zu den länderunterschiedlichen Werten in der Lohnsteuer-Anmeldung 2002 siehe BMF-Schreiben vom 16.8.2001, BStBl I 2001 S. 524.

Ist keine Kirchensteuer einzubehalten, so sind **zwei Striche** „– –" eingetragen (R 108 Abs. 4 Satz 4 LStR).

Bei nicht dauernd getrennt lebenden **Ehegatten** mit Wohnsitz/gewöhnlichem Aufenthalt im Inland ist das Kirchensteuermerkmal für den Ehegatten nur bei konfessionsverschiedenen, nicht aber bei konfessionsgleichen oder glaubensverschiedenen Eheleuten zu bescheinigen (R 108 Abs. 4 Satz 5 LStR), damit ggf. der Halbteilungsgrundsatz (→ Rz. 1379) angewendet werden kann.

Ist danach nur **ein Kirchensteuermerkmal** auf der Lohnsteuerkarte eingetragen, ist Kirchensteuer unter Berücksichtigung des jeweiligen Steuersatzes einzubehalten und an die betreffende

Kirche abzuführen. Sind **zwei Kirchensteuermerkmale** eingetragen (z.B. rk ev oder ev rk), so muss die einbehaltene Lohnkirchensteuer – sofern der Halbteilungsgrundsatz anzuwenden ist – gleichmäßig auf die beiden Religionsgemeinschaften aufgeteilt werden. Anderenfalls ist die Kirchensteuer nur an die Kirche des Arbeitnehmers abzuführen. Liegt dem Arbeitgeber für einen Arbeitnehmer mit Wohnsitz/gewöhnlichem Aufenthalt im Inland **keine Lohnsteuerkarte** vor, so gelten die Regelungen für den Lohnsteuerabzug bei fehlender Lohnsteuerkarte (§ 39c EStG) entsprechend. Danach muss der Arbeitgeber grundsätzlich Kirchensteuer einbehalten, wenn der Arbeitnehmer die Lohnsteuerkarte schuldhaft nicht vorlegt.

Zum Lohnsteuerkartenprinzip bei der Berücksichtigung von Kindern siehe → Rz. 1384.

Wird wegen des Lohnsteuerkartenprinzips zu hohe Lohnkirchensteuer einbehalten, ist der Differenzbetrag dem Arbeitnehmer bei der Veranlagung zu erstatten.

c) Betriebsstättenprinzip

1383 Die Kirchensteuer richtet sich **grundsätzlich** nach dem am **Wohnsitz** bzw. Ort des gewöhnlichen Aufenthalts des Steuerpflichtigen maßgeblichen Recht.

Für den **Kirchensteuerabzug vom Arbeitslohn** gilt aber das „Betriebsstättenprinzip". Der Arbeitgeber hat daher die Kirchensteuer regelmäßig nach dem für den Ort der Betriebsstätte maßgeblichen Recht einzubehalten, auch wenn am Wohnort des Arbeitnehmers andere Rechtsvorschriften gelten, z.B. ein anderer Steuersatz anzuwenden ist oder die Anwendung des Halbteilungsgrundsatzes nicht einheitlich ist. Der **Arbeitgeber** soll sich also **nicht mit den verschiedenen Vorschriften** unterschiedlicher Orte **befassen müssen**.

Beispiel:

Der Arbeitnehmer A wohnt in Aschaffenburg und arbeitet in Frankfurt am Main. Sein Arbeitgeber hat eine Lohnkirchensteuer von 9 % einzubehalten, obwohl der Steuersatz am Wohnsitz des Arbeitnehmers nur 8 % beträgt.

Wird auf Grund des Betriebsstättenprinzips **zu viel Lohnkirchensteuer einbehalten**, ist der Differenzbetrag bei der Veranlagung zur Einkommensteuer oder, wenn eine Veranlagung nicht durchgeführt wird, von der Kirchenbehörde gesondert zu erstatten. Ist zu wenig Lohnkirchensteuer einbehalten worden, ist der „Fehlbetrag" im Rahmen der Einkommensteuerveranlagung oder gesondert von der Kirchenbehörde nachzufordern; einige Kirchenbehörden gewähren insoweit (Teil-)Erlass. In Niedersachsen, Nordrhein-Westfalen und Rheinland-Pfalz kann beim Finanzamt die Erhebung der Kirchensteuer nach dem Steuersatz am Wohnsitz des Arbeitnehmers beantragt werden.

Bei Arbeitnehmern mit Kirchensteuermerkmal ib oder iw auf der Lohnsteuerkarte hat der Arbeitgeber auch dann Lohnkirchensteuer einzubehalten, wenn sich die Betriebsstätte außerhalb des Kirchengebiets, aber in Baden-Württemberg befindet (FinMin Baden-Württemberg, Bekanntmachung über die Kirchensteuerbeschlüsse im Land Baden-Württemberg für das Kalenderjahr 2000 vom 10.7.2000, BStBl I 2000 S. 1201).

d) Berücksichtigung von Kindern im Steuerabzugsverfahren

1384 Beim Steuerabzug vom laufenden Arbeitslohn und beim Jahresausgleich ist auszugehen von der **fiktiven Lohnsteuer**, die sich bei Abzug von Freibeträgen nach § 32 Abs. 6 EStG (Kinderfreibetrag und Freibetrag für den Betreuungs- und Erziehungs- oder Ausbildungsbedarf des Kindes) ergeben würde (→ *Kindergeld/Freibeträge für Kinder* Rz. 1363). Beim Steuerabzug vom laufenden Arbeitslohn und beim Jahresausgleich ist daher die Lohnsteuer Bemessungsgrundlage, die sich unter Berücksichtigung eines Betrages pro Kind in den Steuerklassen I, II und III von 3 648 € + 2 160 € = 5 808 € und in der Steuerklasse IV von 1 824 € + 1 080 € = 2 904 € ergibt. Freibeträge für Kinder sind bei der Berechnung der Bemessungsgrundlage für die Kirchensteuer unabhängig von der Dauer des Berücksichtigungszeitraums mit dem **Jahresbetrag** anzusetzen. Ist für ein Kind ein Freibetrag mit unterschiedlichen Werten zu berücksichtigen (bei wechselnden

Wohnsitzstaaten), ist der höchste Monatsbetrag in einen Jahresbetrag umzurechnen (BMF-Schreiben vom 9.3.1998, BStBl I 1998 S. 347, Rz. 26). Maßgeblich ist die auf der Lohnsteuerkarte eingetragene Zahl der Kinderfreibeträge (Lohnsteuerkartenprinzip, § 51a Abs. 2a Satz 2 EStG). Kinderfreibeträge für in Ländern mit niedrigen Lebenshaltungskosten lebende Kinder, sog. Drittenkinder (§ 32 Abs. 6 Satz 2 EStG), können im Abzugsverfahren nicht berücksichtigt werden. Wird dadurch eine zu hohe Kirchensteuer festgesetzt, so erfolgt eine Erstattung entweder im Einkommensteuerveranlagungsverfahren oder durch gesonderten Bescheid der kirchlichen Stellen. Dasselbe gilt bei der Berechnung der Lohnkirchensteuer für sonstige Bezüge, weil insoweit generell keine Freibeträge für Kinder berücksichtigt werden (§ 51a Abs. 2a EStG).

Beispiel:

Ein Arbeitnehmer, der in Wolfsburg (Niedersachsen) wohnt und arbeitet, hat folgende Merkmale auf der Lohnsteuerkarte: Steuerklasse II, 2 Kinderfreibeträge, Religionsgemeinschaft ev. Sein Arbeitslohn beträgt im Jahr 2002 30 000 €.

Berechnung der Lohnkirchensteuer:

Jahresarbeitslohn	30 000,— €
abzüglich	
Arbeitnehmer-Pauschbetrag	1 044,— €
Sonderausgaben-Pauschbetrag	36,— €
Vorsorge-Pauschale	1 980,— €
Haushaltsfreibetrag	2 340,— €
zu versteuerndes Einkommen (Bemessungsgrundlage für die Lohnsteuer)	24 600,— €
abzüglich 2 Kinderfreibeträge = 2 × 3 648 €	7 296,— €
abzüglich 2 Freibeträge für Betreuung, Erziehung und Ausbildung = 2 × 2 160 €	4 320,— €
verbleiben	12 984,— €
Steuer lt. Grundtabelle	1 336,— €
(Bemessungsgrundlage für die Lohnkirchensteuer)	
Lohnkirchensteuer = 1 336 € × 9 %	= 120,24 €

Der **Arbeitgeber** braucht die Berechnung der Bemessungsgrundlage für die Lohnkirchensteuer aber regelmäßig nicht selbst vorzunehmen. In den u.a. vom Stollfuß Verlag erhältlichen **Lohnsteuertabellen** sind in einer besonderen Spalte regelmäßig auch die **Lohnkirchensteuerbeträge** nach der jeweiligen Steuerklasse, Anzahl der Kinderfreibeträge und dem Kirchensteuersatz **eingearbeitet**.

e) Kirchensteuerberechnung bei sonstigen Bezügen

Bei der Berechnung der Lohnkirchensteuer für sonstige Bezüge **1385** (→ *Sonstige Bezüge* Rz. 2232) dürfen generell **keine Kinderfreibeträge** berücksichtigt werden. Es ist daher **nicht zulässig – entsprechend der Ermittlung der Lohnsteuer** auf den sonstigen Bezug – die Lohnkirchensteuer für den Arbeitslohn ausschließlich des sonstigen Bezugs und die Lohnkirchensteuer für den Arbeitslohn einschließlich des sonstigen Bezugs aus der Lohnsteuertabelle abzulesen und die Differenz als Lohnkirchensteuer für den sonstigen Bezug einzubehalten und abzuführen. Vielmehr muss die Lohnkirchensteuer für den sonstigen Bezug **stets** durch **Anwendung des maßgeblichen Kirchensteuersatzes auf die Lohnsteuer für den sonstigen Bezug** ermittelt werden (§ 51a Abs. 2a Satz 1 erster Halbsatz EStG).

Beispiel:

Ein Arbeitnehmer, der in Berlin wohnt und arbeitet, erhält einen monatlichen Arbeitslohn von 2 500 € und im Dezember ein 13. und 14. Monatsgehalt von je 2 500 €. Auf der Lohnsteuerkarte sind die Merkmale Steuerklasse II, 2 Kinderfreibeträge und ev eingetragen.

Ermittlung der Steuerabzugsbeträge für den sonstigen Bezug:

Lohnsteuer für 35 000 € (laufender Arbeitslohn zuzüglich sonstiger Bezug)	6 281 €
Lohnsteuer für 30 000 € (laufender Arbeitslohn)	4 631 €
Lohnsteuer für das 13. und 14. Monatsgehalt	1 650 €
Lohnkirchensteuer für das 13. und 14. Monatsgehalt:	
1 650 € × 9 % =	148,50 €

Soweit hiernach gegenüber der Jahreskirchensteuer zu viel Lohnkirchensteuer einbehalten wird, erfolgt eine Erstattung im Lohnsteuer-Jahresausgleich durch den Arbeitgeber (→ *Lohn-*

steuer-Jahresausgleich durch den Arbeitgeber Rz. 1626) oder im Rahmen der Einkommensteuerveranlagung durch das Finanzamt.

f) Pauschalierung von Lohnkirchensteuer

aa) Grundsätze

1386 Die **Pauschalierung der Lohnsteuer führt zwangsläufig auch zur Pauschalierung der Lohnkirchensteuer.** Für Arbeitnehmer ohne inländischen Wohnsitz oder gewöhnlichen Aufenthalt fällt allerdings mangels Kirchensteuerpflicht keine pauschale Lohnkirchensteuer an.

Bemessungsgrundlage der pauschalen Lohnkirchensteuer ist die **pauschale Lohnsteuer.**

Bei der pauschalen Lohnkirchensteuer gibt es **keinen Mindestbetrag.**

Gewährt der Arbeitgeber **einzelnen** Arbeitnehmern Zuwendungen, die er pauschal besteuert (z.B. Fahrtkostenzuschüsse, Mahlzeiten, Erholungsbeihilfen), so muss er Kirchensteuer auf Grund des im Lohnkonto aufgezeichneten Religionsbekenntnisses ermitteln. Bei Arbeitnehmern, bei denen eine Lohnsteuerkarte mit Kirchensteuermerkmal vorliegt oder von denen eine Lohnsteuerkarte schuldhaft nicht vorgelegt wurde, **muss** der Arbeitgeber Lohnkirchensteuer anmelden und abführen.

bb) Nachweis fehlender Kirchensteuerpflicht einzelner Arbeitnehmer

1387 Zahlt der Arbeitgeber mehreren Arbeitnehmern Arbeitslohn, den er pauschal versteuert, so kann er zwischen einem **vereinfachten Verfahren** und einem **Nachweisverfahren wählen.** Der Arbeitgeber kann seine Methodenwahl sowohl für jeden Lohnsteuer-Anmeldungszeitraum als auch für die jeweils angewandte Pauschalierungsvorschrift und darüber hinaus für die in den einzelnen Rechtsvorschriften aufgeführten Pauschalierungstatbestände unterschiedlich treffen (gleich lautende Ländererlasse vom 19.5.1999, BStBl I 1999 S. 509 und vom 8.5.2000, BStBl I 2000 S. 612).

Nach der **Vereinfachungsregelung** hat der Arbeitgeber in allen Fällen der Pauschalierung der Lohnsteuer (§§ 40, 40a, 40b EStG) für **sämtliche Arbeitnehmer Kirchensteuer** zu entrichten. Dabei ist ein gegenüber dem Regelsteuersatz **ermäßigter Steuersatz** anzuwenden, der in pauschaler Weise dem Umstand Rechnung trägt, dass nicht alle Arbeitnehmer kirchensteuerpflichtig sind. Die pauschale Lohnkirchensteuer ist **nach einem festen Schlüssel stets nur auf die katholische und die evangelische Kirche aufzuteilen,** auch dann, wenn die Arbeitnehmer einer anderen Religionsgemeinschaft angehören. Der Arbeitgeber kann allerdings die Kirchensteuer auch durch Individualisierung der jeweils steuererhebenden Religionsgemeinschaft zuordnen.

Der **Kirchensteuersatz bei Pauschalierungen und das Verhältnis der Aufteilung auf die evangelische und die katholische Kirche** der pauschalen Lohnkirchensteuer sind im Anhang wiedergegeben, vgl. → *A. Lohnsteuer* Rz. 2803.

Wählt der Arbeitgeber nicht die Vereinfachungsregelung, sondern macht er von der **Nachweismöglichkeit** Gebrauch, dass **einzelne Arbeitnehmer keiner steuererhebenden Religionsgemeinschaft** angehören, so kann er hinsichtlich dieser Arbeitnehmer von der Entrichtung der auf die pauschale Lohnsteuer entfallenden Kirchensteuer absehen (BFH, Urteil vom 30.11.1989, BStBl II 1990 S. 993); **für die übrigen Arbeitnehmer** gilt beim Nachweisverfahren der allgemeine, und nicht der ermäßigte Kirchensteuersatz.

Die **Nichtzugehörigkeit** zu einer steuererhebenden Religionsgemeinschaft ist durch die Lohnsteuerkarte nachzuweisen. Der Arbeitgeber hat einen Vermerk anzufertigen, dass der Arbeitnehmer die Nichtzugehörigkeit zu einer kirchensteuererhebenden Religionsgemeinschaft durch Vorlage der Lohnsteuerkarte nachgewiesen hat, und die ausstellende Gemeindebehörde aufzuzeichnen (R 130 Abs. 4 Satz 3 LStR). In den Fällen des § 40a EStG (Aushilfskräfte oder Teilzeitbeschäftigte) genügt nach R 130 Abs. 4 Satz 4 LStR i.V.m. o.g. Erlassen als Nachweis eine Erklärung nach folgendem amtlichen Muster:

Muster

Erklärung gegenüber dem Betriebsstättenfinanzamt zur Religionszugehörigkeit für die Erhebung der pauschalen Lohnsteuer nach § 40a EStG

Finanzamt ....

Arbeitgeber:
Name der Firma ....

Anschrift ....

Arbeitnehmer:
Name, Vorname ....

Anschrift: ....

Ich, der vorbezeichnete Arbeitnehmer erkläre, dass ich

☐ bereits zu Beginn meiner Beschäftigung bei dem oben genannten Arbeitgeber

☐ seit dem ....

keiner Religionsgemeinschaft angehöre, die Kirchensteuer erhebt.

Ich versichere, die Angaben in dieser Erklärung wahrheitsgemäß nach bestem Wissen und Gewissen gemacht zu haben, und werde den Eintritt in eine steuererhebende Religionsgemeinschaft dem Arbeitgeber unverzüglich anzeigen. Mir ist bekannt, dass die Erklärung als Grundlage für das Besteuerungsverfahren dient und meinen Arbeitgeber berechtigt, von der Entrichtung von Kirchensteuer auf den Arbeitslohn abzusehen.

....
Ort, Datum   Unterschrift des Arbeitnehmers

Diese und jede weitere Erklärung über den Beitritt zu einer steuererhebenden Religionsgemeinschaft sind vom Arbeitgeber zum Lohnkonto zu nehmen.

Der Nachweis über die fehlende Kirchensteuerpflicht in Form des Arbeitgebervermerks oder vorgenannter Erklärung müssen **als Beleg zum Lohnkonto** aufbewahrt werden (R 130 Abs. 4 Satz 2 LStR).

Die auf die **kirchensteuerpflichtigen** Arbeitnehmer entfallende pauschale Lohnsteuer muss anhand des in den Lohnkonten aufzuzeichnenden Religionsbekenntnisses ermittelt werden. Werden ein Sammelkonto (§ 4 Abs. 2 Nr. 8 Satz 2 LStDV) oder bei Beschäftigung von Aushilfen oder Teilzeitbeschäftigten Aufzeichnungen geführt, ist dort das Religionsbekenntnis der betreffenden Arbeitnehmer anzugeben. Soweit im Rahmen der Lohnsteuer-Pauschalierung der auf die einzelnen Arbeitnehmer entfallende Anteil der pauschalen Lohnsteuer nicht ermittelt werden kann, weil die einzelnen Arbeitnehmer Zuwendungen in unterschiedlicher Höhe erhalten haben, kann nach Tz. 2 Buchstabe c der o.g. Erlasse vom 19.5.1999 aus Vereinfachungsgründen die gesamte pauschale Lohnsteuer im Verhältnis der Anzahl der kirchensteuerpflichtigen zu den nicht kirchensteuerpflichtigen Arbeitnehmern aufgeteilt werden. Der auf die kirchensteuerpflichtigen Arbeitnehmer entfallende Anteil ist Bemessungsgrundlage für die pauschale Lohnkirchensteuer, die unter Anwendung des **allgemeinen Kirchensteuersatzes** erhoben wird. Die Aufteilung der pauschalen Lohnkirchensteuer auf die steuererhebungsberechtigten Religionsgemeinschaften erfolgt im Nachweisverfahren genauso wie bei dem eingangs aufgezeigten Vereinfachungsregelung.

Der **Arbeitgeber sollte ggf. prüfen, ob die Vereinfachungsregelung oder das Nachweisverfahren günstiger sind.** Da im Nachweisverfahren generell der Regelkirchensteuersatz angewendet wird, kann es sein, dass die Vereinfachungsregelung im Ergebnis zu einer niedrigeren Steuerbelastung führt.

Beispiel:

Ein Arbeitgeber in Magdeburg pauschaliert nach § 40 Abs. 2 Nr. 2 EStG mit 25 % die Lohnsteuer für Zuwendungen bei einer Betriebsveranstaltung von insgesamt 1 500 € für 50 Arbeitnehmer. 20 Arbeitnehmer sind nachweislich nicht kirchensteuerpflichtig.

Berechnung der pauschalen Lohnsteuer:
1 500 € × 25 % =   375,— €
Berechnung der pauschalen Lohnkirchensteuer, wenn der Arbeitgeber die nicht kirchensteuerpflichtigen Arbeitnehmer aus der Berechnung herausnimmt:
375 € × 3/5 = 225 €; 225 € × 9 % =   20,25 €
Berechnung der pauschalen Lohnkirchensteuer, wenn der Arbeitgeber die nicht kirchensteuerpflichtigen Arbeitnehmer nicht aus der Berechnung herausnimmt (Vereinfachungsregelung):
375 € × 5 % =   18,75 €

Im vorstehenden Fall ist es trotz des hohen Anteils nicht kirchensteuerpflichtiger Arbeitnehmer günstiger, die Pauschalierung auf alle Arbeitnehmer anzuwenden.

g) Haftung des Arbeitgebers

1388 Der Arbeitgeber **haftet** nicht nur für die richtige Einbehaltung und Abführung der Lohnsteuer (Haftung für Lohnsteuer), sondern auch für die richtige Einbehaltung und Abführung der Lohnkirchensteuer.

Ist sich der Arbeitgeber nicht sicher, ob und ggf. in welcher Höhe Lohnkirchensteuer einzubehalten ist, kann er das Haftungsrisiko durch Einholung einer Anrufungsauskunft beim Betriebsstättenfinanzamt vermeiden (→ *Auskünfte und Zusagen des Finanzamts* Rz. 323).

h) Rundung

1389 In Niedersachsen können die Kirchensteuerbeträge für die einzelnen Religionsgemeinschaften bei der Anmeldung auf volle Cent zu Gunsten des Arbeitgebers gerundet werden (BMF-Schreiben vom 16.8.2001, BStBl I 2001 S. 524).

i) Rechtsbehelfe

1390 Die Anmeldung der Lohnsteuer und der Lohnkirchensteuer stehen jeweils einer Steuerfestsetzung unter dem Vorbehalt der Nachprüfung gleich. Gegen die Lohnsteueranmeldung ist der Einspruch, gegen die Lohnkirchensteuerfestsetzung der Einspruch bzw. Widerspruch gegeben. Wegen des zulässigen Rechtswegs vgl. → Rz. 1380.

4. Sonderausgabenabzug der Kirchensteuer

1391 Die gezahlte Kirchensteuer einschließlich Lohnkirchensteuer gehört nach § 10 Abs. 1 Nr. 4 EStG zu den unbeschränkt abziehbaren Sonderausgaben. Sie kommt für die Eintragung eines Freibetrags auf der Lohnsteuerkarte in Betracht. Vgl. im Einzelnen → *Lohnsteuer-Ermäßigungsverfahren* Rz. 1580.

Kommunion/Konfirmation

1392 Zuwendungen des Arbeitgebers an den Arbeitnehmer anlässlich der Konfirmation bzw. Kommunion eines Kindes sind durch das individuelle Dienstverhältnis veranlasst und deshalb Arbeitslohn (BFH, Urteil vom 9.8.1985, BStBl II 1986 S. 95). Sie können allenfalls im Rahmen der für Gelegenheitsgeschenke (→ *Gelegenheitsgeschenke* Rz. 1105) geltenden Grundsätze steuerfrei bleiben.

Kontogebühren

1393 Kontoeröffnungs- und Kontoführungsgebühren, die der Arbeitgeber seinen Arbeitnehmern erstattet, sind **steuerpflichtiger Arbeitslohn**, kein steuerfreier Auslagenersatz (R 70 Abs. 3 Satz 2 Nr. 1 LStR). Dies gilt auch für die auf die Gutschrift des Arbeitslohns entfallende Buchungsgebühr, selbst wenn der Arbeitgeber die unbare Zahlung verlangt hat.

Bei **Arbeitnehmern des Bank- und Kreditgewerbes** stellt die kostenlose Kontoführung zwar ebenfalls einen geldwerten Vorteil dar. In diesem Fall ist jedoch der Rabattfreibetrag zu berücksichtigen, so dass Kontoführungsgebühren bis zu 1 224 € im Jahr steuerfrei bleiben (→ *Rabatte* Rz. 1938).

Der Arbeitnehmer kann bei seiner Einkommensteuerveranlagung pauschal **16 € im Jahr als Werbungskosten** geltend machen (FinMin Niedersachsen, Erlass vom 20.12.1984, DB 1985 S. 258; entsprechende neue Erlasse ergehen in Kürze).

Korrespondenten

Korrespondenten bei Hörfunk und Fernsehen sind selbständig, **1394** soweit sie nur für einzelne Produktionen (z.B. einen aktuellen Beitrag) tätig werden (BMF-Schreiben vom 5.10.1990, BStBl I 1990 S. 638).

Im **Sozialversicherungsrecht** gilt dies gleichermaßen, wenn der Korrespondent ohne vorherige vertragliche Verpflichtung den Anbietern von Hörfunk und Fernsehen Beiträge liefert. Selbständige im publizistischen Bereich sind jedoch in der Regel im Rahmen der Künstlersozialversicherung in der Kranken-, Pflege- und Rentenversicherung versicherungspflichtig.

Zur Besteuerung von **Auslandskorrespondenten** inländischer Rundfunk- und Fernsehanstalten sowie inländischer Zeitungsunternehmen siehe BMF-Schreiben vom 13.3.1998, BStBl I 1998 S. 351.

Kraftfahrzeugveräußerung

1. Allgemeines

Übereignet ein Arbeitgeber seinem Arbeitnehmer kostenlos oder **1395** verbilligt ein Kfz, so ergibt sich für den Arbeitnehmer ein steuerpflichtiger geldwerter Vorteil. Zur Bewertung eines solchen Vorteils ist i.d.R. von dem um übliche Preisnachlässe geminderten üblichen Endpreis am Abgabeort auszugehen (§ 8 Abs. 2 Satz 1 EStG, R 31 Abs. 2 LStR).

2. Schätzung

Soweit der Veräußerungspreis, den der Arbeitnehmer entrichtet **1396** hat, auf einer Schätzung durch die DAT (Deutsche Automobil Treuhand) beruht bzw. dem Taxwert eines vereidigten Sachverständigen entspricht, kann dieser Wert anerkannt werden, wenn es sich dabei um einen **Händlerverkaufspreis** (nicht Händlereinkaufspreis) handelt. Ferner ist zu beachten, dass die Schätzwerte i.d.R. **nicht die Umsatzsteuer (USt)** beinhalten. Zur Ermittlung des Endpreises am Abgabeort ist diese dem Schätzwert noch hinzuzurechnen. Ein **Abschlag** vom Händlerverkaufspreis kann vorgenommen werden, wenn die Leistungen des Arbeitgebers nicht den Leistungen des Händlers entsprechen (z.B. letzte Inspektion wurde nicht vorgenommen; keine Garantieleistungen usw.).

Kann der Arbeitgeber keine Schätzungsurkunde vorlegen, muss der Endpreis am Abgabeort zum Verkaufsstichtag auf eine andere Art ermittelt werden, d.h. unter Berücksichtigung von Baujahr, Erstzulassung, Anschaffungsdatum, Kaufpreis, Ausstattung, Buchwert im Zeitpunkt des Verkaufs usw. Der Wert des Gebrauchtwagens wird auch maßgeblich durch den Zustand und die km-Leistung bestimmt. Fahrleistung und Zustand des Fahrzeugs ergeben sich u.U. aus den letzten Inspektions- und Reparaturrechnungen.

Der **Endpreis am Abgabeort** wird außerdem wesentlich beeinflusst durch nachträgliche **Zusatzausstattungen** (Komfortsitze, Autoradio, Standheizung, Klimaanlage, Spezialfelgen, Gürtelreifen, Winterreifen, Spezialverglasung usw.).

Stehen keine örtlichen Unterlagen über Verkäufe von Gebrauchtwagen zur Verfügung, bieten der von Zeit zu Zeit erscheinende „Marktspiegel" der **Zeitschrift „Auto, Motor, Sport"** und Aufstellungen über Gebrauchtwagenpreise in der **ADAC-Zeitschrift „Motorwelt"** eine brauchbare Schätzungsgrundlage.

Ebenso kann der Endpreis am Abgabeort in Anlehnung an die monatlich erscheinenden **„Schwacke-Berichte"** für den Gebrauchtwagenhandel (ggf. bei Kfz-Händlern) festgestellt werden. Dabei ist von den Händlerverkaufspreisen (einschließlich USt) auszugehen, die in besonderen „Schwacke-Berichten" (Einkauf und Verkauf für Händler) ausgewiesen werden.

3. Fremdverkäufe

1397 Bietet der Arbeitgeber die zu bewertende Ware unter vergleichbaren Bedingungen in nicht unerheblichem Umfang fremden Letztverbrauchern zu einem niedrigeren als dem üblichen Preis an, ist dieser niedrigere Preis anzusetzen (R 31 Abs. 2 Satz 4 LStR). Solche vergleichbaren Bedingungen können dann vorliegen, wenn die Lieferung der an Arbeitnehmer oder an fremde Dritte veräußerten Fahrzeuge nach § 4 Nr. 28 UStG **von der Umsatzsteuer (USt) befreit** ist und der Arbeitgeber aus diesem Grund den Schätzwert ohne USt einheitlich als Kaufpreis bestimmt hat. In einem derartigen Fall vergleichbarer Bedingungen ist eine fiktive Hinzurechnung der USt entbehrlich und der tatsächliche Kaufpreis ohne USt als Endpreis anzusetzen; den Arbeitnehmern ist kein geldwerter Vorteil zugeflossen.

Etwas anderes gilt jedoch dann, wenn die Veräußerung einiger Fahrzeuge nicht von der USt befreit ist, weil für diese Fahrzeuge z.B. die Voraussetzungen des § 4 Nr. 28 UStG nicht erfüllt sind. Wegen des Umstands, dass auf Grund gesetzlicher Bestimmungen USt zu entrichten ist, sind die Verkaufsbedingungen für die umsatzsteuerfrei bzw. -steuerpflichtig veräußerten Fahrzeuge nicht mehr vergleichbar. Denn der einheitlich als Kaufpreis festgelegte Schätzwert setzt sich in diesen Fällen aus unterschiedlichen Bestandteilen zusammen. Da die Voraussetzungen der R 31 Abs. 2 Satz 4 LStR nicht erfüllt sind, ist der Sachbezug zwingend mit dem üblichen Endpreis anzusetzen. Zur Ermittlung dieses üblichen Endpreises ist die USt dem Schätzwert ohne USt hinzuzurechnen.

4. Sonstiges

1398 Die vorstehenden Ausführungen gelten entsprechend bei der **Veräußerung von Kfz durch Arbeitnehmer an Arbeitgeber** (geldwerter Vorteil aus der Überbezahlung des Kfz).

Zur Ermittlung des geldwerten Vorteils beim Erwerb eines Kfz vom Arbeitgeber in der Automobilbranche vgl. BMF-Scheiben vom 30.1.1996, BStBl I 1996 S. 114, und zur steuerlichen Behandlung der Rabatte für Kfz, die Arbeitnehmern von dritter Seite eingeräumt werden (z.B. durch Rahmenabkommen), vgl. BMF-Schreiben vom 27.9.1993, BStBl I 1993 S. 814.

Krankengeld/Krankenbezüge

1. Allgemeines

a) Entgeltfortzahlung

1399 Wird der Arbeitnehmer infolge Krankheit unverschuldet an seiner Arbeitsleistung verhindert, hat der Arbeitgeber nach § 3 EFZG für **sechs Wochen das Arbeitsentgelt weiterzuzahlen**.

Unter welchen Voraussetzungen und in welchem Umfang der Arbeitgeber Entgeltfortzahlung im Krankheitsfall zu gewähren hat, ist unter dem Stichwort Entgeltfortzahlung (→ *Entgeltfortzahlung* Rz. 826) ausführlich beschrieben.

Diese „Entgeltfortzahlung" ist als normaler Arbeitslohn zu versteuern. Das Gleiche gilt für die im öffentlichen Dienst nach § 37 BAT gezahlten Krankenbezüge.

b) Krankengeld aus der gesetzlichen Krankenversicherung

1400 In der gesetzlichen Krankenversicherung haben **pflichtversicherte Arbeitnehmer** Anspruch auf Krankengeld, wenn sie wegen Krankheit arbeitsunfähig sind oder auf Kosten der Krankenkasse stationär in einem Krankenhaus oder in einer Vorsorge- oder Rehabilitationseinrichtung behandelt werden. Der **Anspruch auf Krankengeld** besteht grundsätzlich vom Tag nach Feststellung der Arbeitsunfähigkeit bzw. bei einer stationären Behandlung vom Aufnahmetag an. Der Krankengeldanspruch ruht allerdings für die Zeit, in der der Arbeitgeber zur Entgeltfortzahlung verpflichtet ist (siehe oben).

Die Krankenkasse kann durch Satzungsregelung den Anspruch auf Krankengeld für **freiwillige Mitglieder** ausschließen oder zu einem späteren Zeitpunkt entstehen lassen. Somit haben in der Regel auch Arbeitnehmer, deren Jahresarbeitsentgelt die Jahres-

arbeitsentgeltgrenze in der gesetzlichen Krankenversicherung überschreitet und die bei einer gesetzlichen Krankenkasse freiwillig versichert sind, einen Anspruch auf Krankengeld (→ *Jahresarbeitsentgeltgrenze in der gesetzlichen Krankenversicherung* Rz. 1325).

Das **Krankengeld beträgt 70 %** des erzielten regelmäßigen Arbeitsentgelts (Regelentgelt), höchstens jedoch 90 % des bisher erzielten Nettoarbeitsentgelts. Das Regelentgelt aus dem laufenden Arbeitsentgelt wird nach § 47 Abs. 2 Satz 6 SGB V um den 360. Teil des einmalig gezahlten Arbeitsentgelts erhöht, das in den letzten abgerechneten zwölf Kalendermonaten vor Beginn der Arbeitsunfähigkeit nach § 23a SGB IV der Beitragsberechnung zu Grunde gelegen hat (Hinzurechnungsbetrag). Maßgebend für die Ermittlung des Hinzurechnungsbetrags ist der in der Krankenversicherung beitragspflichtige Teil der Einmalzahlung.

Während des Krankengeldbezuges bleibt die Mitgliedschaft in der gesetzlichen Krankenversicherung bestehen, und zwar **beitragsfrei** (siehe → *Beitragsfreiheit* Rz. 489); dies gilt nicht, wenn während des Krankengeldbezugs eine Einmalzahlung (siehe → *Einmalzahlungen* Rz. 802) gewährt wird. Die Beitragsfreiheit in der Krankenversicherung bedeutet auch, dass freiwillig versicherte Arbeitnehmer während des Krankengeldbezugs **keinen Anspruch** auf einen **Beitragszuschuss** nach § 257 SGB V bzw. § 61 SGB XI haben.

Während des Krankengeldbezugs hat der **Arbeitnehmer** vom Krankengeld seinen **Beitragsanteil** zur Pflege-, Renten- und Arbeitslosenversicherung **zu entrichten**.

2. Krankengeld in der Privatwirtschaft

a) Lohnsteuer

Das Krankengeld ist nach § 3 Nr. 1a EStG steuerfrei, unterliegt jedoch bei einer Einkommensteuerveranlagung dem sog. Progressionsvorbehalt (§ 32b Abs. 1 Nr. 1b EStG; siehe → *Progressionsvorbehalt* Rz. 1924). Der Arbeitgeber muss deshalb sowohl im Lohnkonto als auch auf der Lohnsteuerkarte (Zeile 2) bei Lohnfortzahlung für mindestens **fünf aufeinander folgende Arbeitstage den Großbuchstaben „U"** (d.h. Unterbrechung) eintragen (§ 41 Abs. 1 Satz 6 EStG, § 41b Abs. 1 Nr. 1 EStG, R 131 LStR). Zum **Krankentagegeld** siehe → *Krankentagegeld* Rz. 1417. **1401**

b) Krankenversicherung

Privat versicherte Arbeitnehmer erhalten in Abhängigkeit des jeweiligen Versicherungsvertrages eine dem Krankengeld gleichgestellte Entgeltersatzleistung. Von diesem **Krankentagegeld** sind zwar keine Sozialversicherungsbeiträge (Pflege-, Renten- und Arbeitslosenversicherungsbeiträge) zu zahlen, jedoch hat der Versicherungsnehmer – im Gegensatz zur gesetzlichen Krankenversicherung – für die Dauer des Leistungsbezuges Beiträge zur privaten Krankenversicherung zu zahlen. Privatversicherte können zur Vermeidung von Lücken im Rentenkonto die Rentenversicherungspflicht in der gesetzlichen Rentenversicherung beantragen (§ 4 Abs. 3 SGB VI); den Beitrag haben sie dann allerdings allein zu tragen. **1402**

Während des Bezuges von Krankentagegeld durch ein privates Krankenversicherungsunternehmen besteht auch Versicherungspflicht in der Arbeitslosenversicherung. Das Unternehmen hat diese Beiträge in Höhe von 70 % der Jahresarbeitsentgeltgrenze in der gesetzlichen Krankenversicherung zu zahlen. 🄛🅢🅣 Ⓢⓥ

3. Krankenbezüge im öffentlichen Dienst

Die für Angestellte des **öffentlichen Dienstes** gem. § 37 BAT geleisteten **Krankenbezüge** werden grundsätzlich nicht über den Zeitpunkt hinaus gezahlt, von dem an der Angestellte Bezüge aus der gesetzlichen Rentenversicherung oder aus einer zusätzlichen Alters- und Hinterbliebenenversorgung erhält. Soweit Beträge über den hiernach maßgebenden Zeitpunkt hinaus gezahlt werden, gelten sie als **Vorschüsse auf die zustehenden Bezüge aus der gesetzlichen Rentenversicherung** oder aus einer zusätzlichen Alters- und Hinterbliebenenversorgung. Die Rentenansprüche des Angestellten gehen insoweit auf den Arbeitgeber über. **1403**

Steuerlich ergibt sich daraus Folgendes:

Die Grundsätze über die Rückzahlung von Arbeitslohn (→ *Rückzahlung von Arbeitslohn* Rz. 2119) sind nicht anzuwenden. Krankenbezüge, die als Vorschüsse auf die zustehenden Beträge aus der gesetzlichen Rentenversicherung oder aus einer zusätzlichen Alters- und Hinterbliebenenversorgung anzusehen sind, **gelten rückwirkend als Altersrenten**, die nach § 22 Nr. 1 Satz 3 Buchst. a EStG nur mit dem **Ertragsanteil** zu versteuern sind.

Daher sind

– die bisher lohnsteuerpflichtigen Krankenbezüge als sonstige Einkünfte mit dem **Ertragsanteil** zu versteuern und

– die Erfassung der Krankenbezüge als **Arbeitslohn rückgängig** zu machen. Vgl. dazu ausführlich R 185 Abs. 4 EStR, bestätigt zuletzt durch FG Baden-Württemberg, Urteil vom 19.7.2001, EFG 2001 S. 1371, Revision eingelegt, Az. beim BFH: X R 46/01, m.w.N.

Wirkt die nachträgliche Feststellung des Rentenanspruchs auf **Zeiträume zurück**, für die bereits Steuerbescheide vorliegen, so sind diese nach § 175 Abs. 1 Satz 1 Nr. 2 AO zu ändern (OFD Frankfurt, Verfügung vom 25.7.2000, DB 2000 S. 2043).

Die **Korrektur erfolgt bei der Veranlagung zur Einkommensteuer** (→ *Veranlagung von Arbeitnehmern* Rz. 2502), die zu diesem Zweck beantragt werden muss.

Krankengeld bei Erkrankung eines Kindes

1404 Versicherte der gesetzlichen Krankenkassen haben gem. § 45 SGB V einen **Anspruch auf Krankengeld**, wenn es nach ärztlichem Zeugnis erforderlich ist, dass sie zur **Beaufsichtigung, Betreuung oder Pflege ihres erkrankten** und **versicherten Kindes** der Arbeit fernbleiben, eine andere in ihrem Haushalt lebende Person das Kind nicht beaufsichtigen, betreuen oder pflegen kann und das Kind das zwölfte Lebensjahr noch nicht vollendet hat. Dieser Anspruch besteht auch für Stiefkinder und Enkel, wenn das Mitglied das Kind zuvor überwiegend unterhalten hat. Ein Anspruch auf Krankengeld ist jedoch dann **nicht** gegeben, wenn die Versicherung des Mitglieds nicht mit einem Krankengeldanspruch ausgestattet ist (z.B. bei versicherten Rentnern oder freiwilligen Mitgliedern, die nicht in einem Arbeitsverhältnis stehen). Der Anspruch auf Krankengeld bei Erkrankung eines Kindes besteht in jedem Kalenderjahr für jedes Kind **längstens für zehn Arbeitstage**. Wenn beide Elternteile berufstätig sind, können auch beide die Leistung für zehn Arbeitstage in Anspruch nehmen. **Allein erziehende** Versicherte haben einen Anspruch auf Krankengeld für **längstens 20 Arbeitstage**. Innerhalb eines Jahres ist der Krankengeldanspruch jedoch auf 25 Arbeitstage, für allein erziehende Versicherte auf nicht mehr als 50 Arbeitstage beschränkt, wenn mehrere Kinder im Haushalt leben, die das zwölfte Lebensjahr noch nicht beendet haben.

Während des Krankengeldbezugs sind vom Krankengeld **auch Beiträge** zur Pflege-, Renten- und Arbeitslosenversicherung vom Leistungsbezieher und -träger zu entrichten. In der Krankenversicherung besteht Beitragsfreiheit.

Versicherte mit Anspruch auf Krankengeld bei Erkrankung eines Kindes haben für die Dauer des Anspruchs gegen ihren Arbeitgeber Anspruch auf **unbezahlte Freistellung** von der Arbeitsleistung, soweit nicht aus dem gleichen Grund Anspruch auf bezahlte Freistellung besteht. Der Freistellungsanspruch kann nicht durch Vertrag ausgeschlossen oder beschränkt werden. Dagegen kann der Anspruch auf eine bezahlte Freistellung, die nach der Rechtsprechung des Bundesarbeitsgerichts (vgl. Urteile vom 20.6.1979, EEK I/626, I/638 und I/639) nach § 616 BGB für alle Arbeitnehmer besteht, einzel- oder tarifvertraglich abbedungen werden. In diesen Fällen tritt dann die Krankenkasse mit Krankengeld ein.

Wird Krankengeld von der gesetzlichen Krankenkasse gewährt, gelten hinsichtlich der Beitragsfreiheit möglicher **Arbeitgeberzuschüsse** zum Krankengeld sowie der Beitragsberechnung während eines Teillohnzahlungszeitraums die gleichen Regelungen wie bei der Krankengeldgewährung auf Grund von Ar-

beitsunfähigkeit des Versicherten (siehe → *Beitragsfreiheit* Rz. 489; → *Teillohnzahlungszeitraum* Rz. 2371).

Mit der Neuregelung der gesetzlichen Unfallversicherung zum 1.1.1997 (SGB VII) gewährt nunmehr auch der Unfallversicherungsträger im Falle der Beaufsichtigung, Betreuung oder Pflege eines durch einen Versicherungsfall verletzten Kindes Verletztengeld (§ 45 Abs. 4 SGB VII). Dabei gelten die gleichen Regelungen wie in der gesetzlichen Krankenversicherung (§ 45 SGB V).

Krankengeldzuschüsse

1405 Zuschüsse zum Krankengeld, die der Arbeitgeber dem Arbeitnehmer nach Ablauf der sechswöchigen Lohnfortzahlung bis zur Höhe des letzten Nettoverdienstes zahlt, sind steuerpflichtiger Arbeitslohn. Dies gilt unabhängig davon, ob das Krankengeld von der gesetzlichen Krankenkasse oder von einer privaten Krankenversicherung gezahlt wird. Wird das Krankengeld von der **gesetzlichen Krankenversicherung** gezahlt, sind Zuschüsse des Arbeitgebers hierzu **beitragsfrei**, soweit sie zusammen mit dem Krankengeld das Nettoarbeitsentgelt nicht übersteigen.

Die Höhe des Krankengeldzuschusses ist grundsätzlich auf der Basis des **Bruttokrankengeldes** (→ *Lohnersatzleistungen* Rz. 1479) zu berechnen (vgl. BAG, Urteil vom 24.4.1996, DB 1997 S. 880 – zu einem tariflichen Krankengeldzuschuss).

Durch das Gesetz zur Neuregelung der sozialversicherungsrechtlichen Behandlung von einmalig gezahltem Arbeitsentgelt (Einmalzahlungs-Neuregelungsgesetz) vom 21.12.2000 (BGBl. I 2000 S. 1971), ist bei der Berechnung des Krankengeldes für Versicherte, deren Krankengeldanspruch erstmalig nach dem 21.6.2000 entstanden ist, neben dem laufenden Arbeitsentgelt auch einmalig gezahltes Arbeitsentgelt zu berücksichtigen. Dies gilt nach § 47a SGB V auch rückwirkend für die dort näher bezeichneten Fälle. Durch die Erhöhung des Regelentgelts in derartigen Nachzahlungsfällen erhöht sich i.d.R. auch die Bemessungsgrundlage für die bei Bezug von Krankengeld zu zahlenden Beiträge zur Pflege-, Renten- und Arbeitslosenversicherung. Die bereits gezahlten Beiträge sind unter Berücksichtigung des neuen Regelentgelts zu korrigieren.

Die Spitzenverbände der Sozialversicherungsträger (Besprechungsergebnis vom 27.6.2001) vertreten den Standpunkt, dass dies auch in den Fällen gilt, in denen ein Arbeitgeberzuschuss zum Krankengeld gezahlt wurde und eine Krankengeldnachzahlung nur gekürzt oder überhaupt nicht erfolgt, weil der Arbeitgeber den Krankengeldzuschuss nicht oder nur zum Teil zurückfordert.

Die leistungsrechtliche Kürzung des Krankengeldes bzw. der Krankengeldnachzahlung i.S. des § 49 Abs. 1 Nr. 1 SGB V hat keine Auswirkungen auf die Beitragsberechnung. Der vom Arbeitgeber gezahlte Zuschuss wird trotz grundsätzlich bestehender Beitragspflicht nicht mit Beiträgen belegt. Folge dieser beitragsrechtlichen Bewertung ist, dass auch eine Kürzung der Bemessungsgrundlage für die aus dem Krankengeld zu zahlenden Beiträge nicht erfolgen darf, weil nach § 166 Abs. 1 Nr. 2 SGB VI und § 345 Nr. 5 SGB III nur (weitergezahltes) beitragspflichtiges Arbeitsentgelt aus einer Beschäftigung die Beitragsbemessungsgrundlage mindert.

Im Übrigen ist der Beitragsanteil des Versicherten sofern er an der Aufbringung der Beiträge beteiligt ist, vom Zahlbetrag der Leistung zu ermitteln. Unter Zahlbetrag ist der unter Anwendung aller Ruhens-, Versagens- und Kürzungsvorschriften zur Auszahlung gelangende (Brutto-)Betrag zu verstehen. Der Anteil des Versicherten an den Beiträgen ist demnach aus dem tatsächlich gezahlten (Brutto-)Krankengeld zu ermitteln. Das ist das neu berechnete Krankengeld abzüglich des Teils des Arbeitgeberzuschusses, um den das Krankengeld zum Ruhen gebracht wird (gekürztes Krankengeld). Nur in den Fällen, in denen sich eine Krankengeldnachzahlung ergibt, sind vom Versicherten Beitragsanteile zu tragen.

Sowohl **steuer- als auch beitragspflichtig** sind jedoch die Krankengeldzuschüsse des Arbeitgebers, wenn sie

– für eine Zeit gezahlt werden, in der **Krankengeld** aus der gesetzlichen Krankenversicherung **nicht** (oder nicht mehr) **gewährt** wird oder wenn

– sie **nicht neben einem Krankengeld aus der gesetzlichen Krankenversicherung**, sondern z.B. neben einem solchen aus einer **privaten Krankenversicherung** gezahlt werden. LSt SV

Krankenhauspersonal

1406 Zur Besteuerung der Anteile von Assistenz-, Stations- und Oberärzten an den Einnahmen des Chefarztes für die Behandlung von **Privatpatienten** siehe → *Arzt* Rz. 284. Zur Abgrenzung der Einkünfte bei der Erstellung von **Gutachten** siehe → *Arzt* Rz. 281.

Wegen der **Arbeitnehmer-Eigenschaft** siehe → *Krankenschwestern* Rz. 1416.

Zur Bewertung der **Personalunterkünfte** siehe → *Sachbezüge* Rz. 2138.

Zur Frage, ob bei der verbilligten Abgabe medizinischer Artikel der Rabattfreibetrag von 1 224 € abgezogen werden darf, siehe → *Rabatte* Rz. 1943.

Krankenkassenwahlrecht

1. Allgemeines

1407 Mit dem Gesetz zur Neuregelung der Krankenkassenwahlrechte vom 27.7.2001 (BGBl. I 2001 S. 1946) wird das Krankenkassenwahlrecht umgestaltet. Die Krankenkassenwahlrechte der Versicherten sollen mit dem Ziel geändert werden, eine Verstetigung der Krankenkassenwechsel im Jahresverlauf zu erreichen und die Wahlrechte der Versicherungspflichtigen und der freiwillig Versicherten anzugleichen. Ab 1.1.2002 können Versicherungspflichtige und Versicherungsberechtigte die Mitgliedschaft bei ihrer Krankenkasse zum Ablauf des übernächsten Kalendermonats kündigen und eine andere Krankenkasse wählen. An die Wahlentscheidung sind die Mitglieder grundsätzlich 18 Monate gebunden. Die Spitzenverbände der Krankenkassen werden hierzu ergänzende Verlautbarungen herausgeben. Sollten sich dadurch Veränderungen ergeben, informieren wir Sie durch unseren aktuellen Informationsdienst (siehe Benutzerhinweise auf Seite IV).

2. Wählbare Krankenkassen

1408 Versicherungspflichtige und Versicherungsberechtigte können folgende Krankenkassen wählen:

– Die AOK des Beschäftigungs- oder Wohnortes,

– jede Ersatzkasse, deren Zuständigkeit sich nach der Satzung auf den Beschäftigungs- oder Wohnort erstreckt,

– eine Betriebs- oder Innungskrankenkasse, wenn sie in einem Betrieb beschäftigt sind, für den eine Betriebs- oder Innungskrankenkasse besteht,

– eine Betriebs- oder Innungskrankenkasse, wenn die Satzung der Krankenkasse diese Möglichkeit vorsieht,

– die Krankenkasse, bei der vor Beginn der Versicherungspflicht oder Versicherungsberechtigung zuletzt eine Mitgliedschaft oder Familienversicherung bestanden hat,

– die Krankenkasse, bei der der Ehegatte versichert ist,

– die Bundesknappschaft oder die See-Krankenkasse, wenn die knappschaftliche Rentenversicherung oder die Seekasse für die Leistungsgewährung zuständig ist.

Bei **Studenten** tritt an die Stelle des Beschäftigungsortes die Wahlmöglichkeit zu einer Krankenkasse am Hochschulort. Rentner, Rentenantragsteller, Personen in Einrichtungen der Jugendhilfe, Teilnehmer an berufsfördernden Maßnahmen sowie Behinderte in Werkstätten, Anstalten, Heimen und gleichartigen Einrichtungen können auch die Krankenkasse wählen, bei der die Eltern (ein Elternteil) versichert sind.

Die Regelungen haben zur Folge, dass Versicherungspflichtige und Versicherungsberechtigte die Mitgliedschaft bei einer bestimmten Krankenkasse nur durch eine entsprechende schriftliche Willenserklärung (Wahl) erlangen können, d.h., dass sie nach § 175 Abs. 1 SGB V die Wahl gegenüber der jeweiligen Krankenkasse erklären müssen. Diese darf die Mitgliedschaft nicht ablehnen.

Die im Zuständigkeitsbereich der Bundesknappschaft und der See-Krankenkasse Beschäftigten werden weiterhin kraft Gesetzes bei diesen Krankenkassen versichert und haben kein Wahlrecht zu einer anderen Krankenkasse. Im Umkehrschluss können diese Krankenkassen nicht von Beschäftigten gewählt werden. Eine Ausnahme besteht für Mitglieder und ehemalige Mitglieder der Bundesknappschaft und See-Krankenkasse. Sie können Mitglied ihrer Krankenkasse bleiben bzw. zurückkehren, wenn die knappschaftliche Rentenversicherung bzw. die Seekasse für die Leistungsgewährung zuständig ist.

3. Krankenkassenwahlrecht für versicherungspflichtig Beschäftigte

1409 Das Krankenkassenwahlrecht ist vom Versicherten selbst gegenüber der von ihm gewählten Krankenkasse zu erklären. Die Krankenkasse darf die Mitgliedschaft eines Wahlberechtigten nicht ablehnen. Der Aufnahmeantrag des Versicherten ist eine einseitige, empfangsbedürftige Willenserklärung. Bei einem Arbeitgeberwechsel hat der Versicherte dafür Sorge zu tragen, dass der neue Arbeitgeber eine Mitgliedsbescheinigung seiner Krankenkasse erhält. Dies gilt auch, wenn auf Grund der Bindungsfrist noch kein neues Krankenkassenwahlrecht besteht.

Ab 1.1.2002 darf eine neu gewählte Krankenkasse ihre Mitgliedsbescheinigung erst ausstellen, wenn ihr eine Kündigungsbestätigung der bisherigen Krankenkasse vorgelegt wird. Die Vorlage einer solchen Kündigungsbestätigung setzt eine Kündigung bei der bisherigen Krankenkasse des Mitglieds voraus.

Wird das Wahlrecht vom Versicherten nicht selbst wahrgenommen oder eine Mitgliedsbescheinigung nicht rechtzeitig vorgelegt, so ist der Arbeitgeber verpflichtet, den Versicherten bei der Krankenkasse anzumelden, bei der der Arbeitnehmer zuletzt versichert war. Als letzte Krankenkasse gilt die Krankenkasse, bei der zuletzt eine Mitgliedschaft oder – sofern innerhalb der letzten 18 Monate keine Mitgliedschaft bestanden hat – eine Familienversicherung bestand. Diese Krankenkasse hat eine Prüfung ihrer Zuständigkeit durchzuführen.

In den Ausnahmefällen, in denen der Beschäftigte sein Krankenkassenwahlrecht nicht selbst ausübt und er zugleich noch bei keiner Krankenkasse versichert war, hat ihn sein Arbeitgeber bei einer wählbaren Krankenkasse anzumelden. Die Wahl trifft der Arbeitgeber. Er ist verpflichtet, seinen Beschäftigten über die letztlich gewählte Krankenkasse zu unterrichten.

Für die Fälle, in denen das Wahlrecht vom Arbeitnehmer nicht ausgeübt wird und auch keine Anmeldung des Arbeitgebers erfolgt, wird der Beschäftigte zunächst der Krankenkasse zugewiesen, bei der er bislang versichert war. Dies kann auch eine Krankenkasse sein, bei der zuletzt eine Familienversicherung bestand. Diese Krankenkasse hat ihre Zuständigkeit zu prüfen. Ist eine letzte Krankenkasse nicht vorhanden, kommt es auch für zurückliegende Zeiten, in Anlehnung an die beiden letzten Ziffern der Betriebsnummer des Arbeitgebers, zu einer Zuweisung der Versicherten zu einer Krankenkasse.

Betriebsnummern-Endziffer	zuständige Krankenkasse
00 – 33	AOK
34 – 49	BKK-Bundesverband Albrechtstr. 22, 10117 Berlin
50 – 57	Innungskrankenkasse
58 – 71	Barmer Ersatzkasse
72 – 83	Deutsche Angestellten Krankenkasse
84 – 91	Techniker Krankenkasse
92 – 95	Kaufmännische Krankenkasse
96	Hamburg-Münchener Ersatzkasse
97	Hanseatische Krankenkasse
98 – 99	Gmünder Ersatzkasse

4. Bindungswirkung und Kündigung der Mitgliedschaft

a) Bindungswirkung

1410 Die 18-monatige Bindungswirkung gilt für alle ab dem 1.1.2002 ausgeübten Wahlrechte sowie für Versicherte, die von ihrem Wahlrecht keinen Gebrauch machen (passives Wahlrecht) und deshalb von der zur Meldung verpflichteten Stelle bei einer bestimmten Krankenkasse angemeldet werden. Das Wahlrecht bei einem Arbeitgeberwechsel ist grundsätzlich entfallen. Demzufolge kann zum Zeitpunkt der Aufnahme eines neuen Beschäftigungsverhältnisses auch keine neue Bindungsfrist ausgelöst werden. Lediglich in den Fällen, in denen nach Ablauf der 18-monatigen Bindungsfrist und bei fristgerechter Kündigung ein Arbeitgeberwechsel zum Anlass genommen wird, gleichzeitig auch die Krankenkasse zu wechseln, wird mit Aufnahme der neuen Beschäftigung auch eine Bindungsfrist ausgelöst.

Ist bei Eintritt eines neuen Versicherungsgrundes die Bindungsfrist noch nicht erfüllt, kann der Versicherte erst zum Ablauf der Bindungsfrist die Mitgliedschaft kündigen und von seinem Krankenkassenwahlrecht Gebrauch machen. Die Bindungsfrist ist ein Zeitraum von 18 zusammenhängenden Zeitmonaten und berechnet sich von dem Zeitpunkt, an dem die Mitgliedschaft bei der gewählten Krankenkasse beginnt und nicht von dem Zeitpunkt der Ausübung der Krankenkassenwahl oder der Kündigung bei der bisherigen Krankenkasse. Unterbrechungen der Mitgliedschaft führen nicht dazu, dass die 18-Monats-Frist bei der gleichen Krankenkasse erneut beginnt.

Bei einer Unterbrechung der Mitgliedschaft von mehr als 18 Monaten ist die Wahl einer anderen Krankenkasse unabhängig von der Dauer der Mitgliedschaft bei der früheren Krankenkasse möglich. Die Begrenzung des Unterbrechungszeitraums auf 18 Monate vermeidet Ungleichbehandlungen, da auch bei ununterbrochener Mitgliedschaft ein Krankenkassenwechsel möglich wäre.

Die Bindungsfrist bezieht sich auf die Krankenkasse, bei der zuletzt eine Mitgliedschaft bestand und nicht auf die Kasse, bei der die Familienversicherung durchgeführt wurde. Deshalb ist die Anmeldung bei der Krankenkasse, bei der zuletzt eine Familienversicherung durchgeführt wurde, nur dann möglich, wenn entweder die Mitgliedschaft bei der vorherigen Krankenkasse wirksam gekündigt wurde oder zwischen dem Beginn der Beschäftigung und der zuletzt nachgewiesenen Mitgliedschaft ein Zeitraum von mehr als 18 Monaten liegt. Meldet der Arbeitgeber einen Arbeitnehmer bei einer Krankenkasse an, bei der eine Familienversicherung bestand, so darf diese die Mitgliedschaft nur begründen, wenn ihr eine Kündigungsbestätigung vorliegt oder geklärt hat, dass in den letzten 18 Monaten keine Mitgliedschaft bei einer anderen Krankenkasse bestand. Ergeben die Feststellungen, dass die 18-Monats-Frist bei der bisherigen Krankenkasse noch nicht verstrichen ist, hat sie den Arbeitgeber zu veranlassen, die Anmeldung zu stornieren und den Arbeitnehmer bei der bisherigen Krankenkasse anzumelden. Bereits gezahlte Gesamtsozialversicherungsbeiträge sind zu erstatten.

b) Kündigung

1411 Eine Kündigung der Mitgliedschaft ist zum Ablauf des übernächsten Kalendermonats möglich, gerechnet von dem Monat, in dem das Mitglied die Kündigung erklärt. Die Krankenkasse kann nur gewechselt werden, wenn die Mitgliedschaft bei der bisherigen Krankenkasse gekündigt wurde. Die abgewählte Krankenkasse hat dem Versicherten unverzüglich, spätestens innerhalb von zwei Wochen, eine Kündigungsbestätigung auszustellen. Die neu gewählte Krankenkasse darf die Mitgliedschaft erst nach Vorlage der Kündigungsbestätigung der bisherigen Krankenkasse begründen. Sofern in den letzten 18 Monaten vor Beginn der Mitgliedschaft keine Mitgliedschaft bei einer Krankenkasse bestanden hat, ist jedoch ein Wechsel der Krankenkasse auch ohne eine Kündigung bzw. Kündigungsbestätigung möglich. Wird die Kündigung zu einem Zeitpunkt ausgesprochen, zu dem ein Krankenkassenwahlrecht noch nicht möglich ist, weil z.B. die Bindungsfrist noch nicht abgelaufen ist, ist die Kündigung von der

Krankenkasse in eine Kündigung zum nächstmöglichen Zeitpunkt umzudeuten.

Eine Kündigung wird zum Ablauf der Kündigungsfrist wirksam, dies aber nur dann, wenn der Versicherte seinem Arbeitgeber bis zu diesem Zeitpunkt die Mitgliedschaft bei einer anderen Krankenkasse durch eine Mitgliedsbescheinigung nachweist. Der Arbeitgeber hat daraufhin seinen Beschäftigten zum Ende der Kündigungsfrist bei der bisherigen Krankenkasse abzumelden und zum Folgetag bei der gewählten Krankenkasse anzumelden. Die ausgesprochene Kündigung ist damit zunächst nur schwebend unwirksam mit der Folge, dass dann, wenn dem Arbeitgeber keine Mitgliedsbescheinigung einer neu gewählten Krankenkasse vorgelegt wird, die Kündigung keine Bestandskraft hat. Die Mitgliedschaft wird in diesen Fällen bei der bisherigen Krankenkasse fortgesetzt. Ein Krankenkassenwechsel wäre erst wieder nach der Abgabe einer erneuten Kündigung möglich d.h., die Krankenkassen müssen bei Kündigungen den Eingang der von den Arbeitgebern abzugebenden Abmeldungen überwachen. Ohne die Vorlage einer neuen Mitgliedsbescheinigung ist eine Abmeldung durch den Arbeitgeber unzulässig.

5. Außerordentliches Wahlrecht

a) Errichtung einer Betriebs- oder Innungskrankenkasse

1412 Ein kurzfristiges, außerordentliches Kündigungsrecht steht durch die Errichtung oder Ausdehnung einer Betriebs- oder Innungskrankenkasse oder durch betriebliche Veränderungen den zu diesem Zeitpunkt im Trägerbetrieb Beschäftigten zu. Diese Regelung greift aber nur, wenn der Beschäftigte innerhalb von zwei Wochen nach dem Zeitpunkt der Errichtung, Ausdehnung oder betrieblichen Veränderung die neu errichtete oder ausgedehnte Betriebs- oder Innungskrankenkasse selbst wählt. In diesen Fällen ist innerhalb der zweiwöchigen Beitrittsfrist zur Betriebs- oder Innungskrankenkasse eine Kündigung bei der bisherigen Krankenkasse auszusprechen. Das kurzfristige Wahlrecht gilt nicht für andere – betriebsfremde – Arbeitnehmer, einschließlich der Ehegatten der in den betroffenen Betrieben Beschäftigten. Sofern sich eine Betriebs- oder Innungskrankenkasse auch für betriebsfremde Personen öffnet, besteht für (betriebsfremde) Arbeitnehmer kein Anspruch auf einen kurzfristigen Kassenwechsel. Sie dürfen von einer Betriebs- oder Innungskrankenkasse nicht aufgenommen werden. Betriebsfremde Arbeitnehmer können somit frühestens unter Berücksichtigung der Kündigungsfrist und nach Erfüllung der 18-Monats-Frist zu einer Betriebs- oder Innungskrankenkasse wechseln (BSG, Urteil vom 10.8.2000, SozR 3-2500 § 175 Nr. 4).

b) Beitragssatzerhöhung

1413 Den Mitgliedern einer Krankenkasse steht ein Sonderkündigungsrecht zu, wenn die Krankenkasse ihren Beitragssatz erhöht. Es kann sich dabei nur um die Erhöhung des allgemeinen Beitragssatzes handeln. Eine spezielle Kündigungsfrist für das Wirksamwerden ist nicht vorgesehen. Es ist also die allgemeine Kündigungsfrist anzuwenden, d.h., dass die Kündigungsfrist mit dem In-Kraft-Treten der Beitragssatzanpassung beginnt und mit Ablauf des übernächsten Kalendermonats endet. Die 18-monatige Bindungsfrist gilt hier jedoch nicht. Die Kündigung selbst muss bis zum Ablauf des Kalendermonats, in dem die Beitragssatzerhöhung wirksam wird, der Krankenkasse zugegangen sein.

6. Freiwillig Krankenversicherte

a) Kündigung

1414 Für freiwillig Versicherte, die ihr Wahlrecht ab dem 1.1.2002 ausüben, gelten die gleichen Kündigungsfristen und die gleiche Bindungswirkung wie bei Pflichtversicherten. Dies gilt jedoch nicht, wenn sie ihre bisherige Krankenkasse wegen eines Anspruchs auf eine Familienversicherung kündigen oder ihren Austritt erklären, um nach Beendigung der freiwilligen Versicherung eine private Krankenversicherung abzuschließen oder keine Versicherung begründen. Die Mitgliedschaft endet in diesen Fällen mit Ablauf des auf die Kündigung folgenden übernächsten Kalendermonats.

Das Sonderkündigungsrecht bei Beitragssatzerhöhungen gilt auch für freiwillig Versicherte. Eine freiwillige Mitgliedschaft endet kraft Gesetzes mit dem Eintritt einer Versicherungspflicht. Eine Kündigung der Mitgliedschaft seitens des Versicherten ist für die Beendigung der freiwilligen Mitgliedschaft daher nicht notwendig. Er kann zu diesem Zeitpunkt von seinem Wahlrecht jedoch nur dann Gebrauch machen und Mitglied einer anderen Krankenkasse werden, wenn die 18-Monats-Frist bei der bisherigen Krankenkasse verstrichen ist und die Mitgliedschaft wirksam gekündigt wurde. Ist die Bindungsfrist noch nicht erfüllt oder wurde die zuletzt bestandene Mitgliedschaft nicht wirksam gekündigt, bleibt für die Durchführung der versicherungspflichtigen Mitgliedschaft die bisherige Krankenkasse zuständig.

b) Begründung einer freiwilligen Mitgliedschaft

1415 Im Anschluss an eine Pflichtversicherung kann eine freiwillige Mitgliedschaft begründet werden, wenn der Versicherte die Vorversicherungszeit erfüllt. Eine andere Krankenkasse kann für die Durchführung der freiwilligen Versicherung nur gewählt werden, wenn die 18-monatige Bindungsfrist bei der bisherigen Krankenkasse, die die Pflichtversicherung durchgeführt hat, erfüllt ist und die dortige Mitgliedschaft wirksam gekündigt wurde. Die neue Krankenkasse benötigt eine Kündigungsbestätigung der bisherigen Krankenkasse. Ist die Bindungswirkung bei der bisherigen Krankenkasse noch nicht erfüllt, kann die freiwillige Mitgliedschaft nur bei dieser Krankenkasse begründet werden.

Krankenschwestern

1416 Krankenschwestern stehen auch bei aushilfsweiser Beschäftigung regelmäßig in einem Arbeitsverhältnis zum Krankenhaus und sind **Arbeitnehmer.**

Zum steuerpflichtigen Arbeitslohn gehören auch die Anteile aus dem sog. Liquidationsfonds (siehe → *Arzt* Rz. 281). Als Arbeitgeber ist entweder das Krankenhaus selbst oder der liquidationsberechtigte Chefarzt anzusehen (BMF-Schreiben vom 27.4.1982, BStBl I 1982 S. 530).

Freie Schwestern sind dagegen selbständig, auch wenn sie sich einem Schwesternheim anschließen, dessen Oberin Arbeitsgelegenheiten vermittelt (RFH, Urteil vom 17.7.1930, RStBl 1930 S. 677). Vgl. auch → *Diakonissen* Rz. 646; → *Ordensangehörige* Rz. 1795.

Werden **Krankenpfleger oder -schwestern** von privaten Einrichtungen oder Unternehmen oder für Träger der freien Wohlfahrtspflege für die **häusliche Krankenpflege** im Sinne der Krankenversicherung oder zur häuslichen Pflege und zur hauswirtschaftlichen Versorgung im Sinne der Pflegeversicherung eingestellt, handelt es sich ebenfalls um Arbeitnehmer.

Die Krankenkassen bzw. die Pflegekassen können mit entsprechend qualifiziertem Pflegepersonal **Versorgungsverträge** zur Erbringung der o.a. Leistungen abschließen. Auch wenn diese Versorgungsverträge mit den Kranken- bzw. Pflegekassen Angaben über Inhalt, Umfang, Vergütung sowie Prüfung der Qualität und Wirtschaftlichkeit der Dienstleistungen enthalten, stehen diese **Pflegefachkräfte** nicht in einem Beschäftigungsverhältnis zur Kranken- oder Pflegekasse. Sie sind selbständig tätig. Allerdings besteht in der **gesetzlichen Rentenversicherung** für Pflegepersonen, die in der Kranken-, Wochen-, Säuglings- oder Kinderpflege tätig sind und im Zusammenhang mit ihrer selbständigen Tätigkeit keinen versicherungspflichtigen Arbeitnehmer beschäftigen, Versicherungspflicht (vgl. § 2 Nr. 2 SGB VI).

Zu Krankenschwestern, die von einer **Gemeinde** als Trägerin der **örtlichen Sozialhilfe** nur von Fall zu Fall mit der Pflege kranker

und hilfloser Personen betraut werden, siehe → *Häusliche Krankenpflege* Rz. 1284.

Krankentagegeld

1. Lohnsteuer

a) Kein Arbeitslohn

Krankentagegeldzahlungen aus einer privaten Krankenver- **1417** sicherung sind **kein Arbeitslohn**. Dies gilt auch, wenn der Versicherungsschutz im Zusammenhang mit dem Arbeitsverhältnis gewährt wird (BFH, Beschluss vom 25.1.2000, BFH/NV 2000 S. 836). Krankentagegelder, die ein Arbeitnehmer als **Mitglied einer (schweizerischen) Betriebskrankenkasse** auf Grund eigener Beiträge selbst beanspruchen kann, sind auch dann kein Arbeitslohn, wenn der Arbeitnehmer arbeitsrechtlich zum Versicherungsbeitritt verpflichtet war und der Arbeitgeber sowohl in den Beitragseinzug als auch in die Auszahlung der Versicherungsleistungen eingeschaltet ist (BFH, Urteil vom 26.5.1998, BStBl II 1998 S. 581).

Krankentagegeld aus einer **Gruppenunfallversicherung**, die der Arbeitgeber für Autounfälle auf Dienstreisen abgeschlossen hat, ist kein steuerpflichtiger Arbeitslohn (BFH, Urteil vom 13.4.1976, BStBl II 1976 S. 694).

b) Arbeitslohn

Um steuerpflichtigen **Arbeitslohn** handelt es sich dagegen bei **1418** Versicherungsleistungen, die **vom Arbeitgeber an den Arbeitnehmer weitergeleitet** werden, wenn sich der Arbeitgeber zur Finanzierung arbeitsrechtlicher Ansprüche rückversichert und selbst alleiniger Anspruchsberechtigter gegenüber dem Versicherungsunternehmen ist. Der Arbeitslohncharakter hängt grundsätzlich nicht davon ab, ob der Arbeitgeber in die Auszahlung des Krankentagegeldes eingeschaltet ist (BFH, Beschluss vom 25.1.2000, BFH/NV 2000 S. 836).

Vgl. hierzu außerdem BMF-Schreiben vom 17.7.2000, BStBl I 2000 S. 1204, betr. steuerrechtliche Behandlung von **freiwilligen Unfallversicherungen** der Arbeitnehmer (→ *Unfallversicherung: freiwillige* Rz. 2474).

2. Sozialversicherung

Privat versicherte Arbeitnehmer, die während der Arbeitsunfähig- **1419** keit ein **Krankentagegeld von dem privaten Krankenversicherungsunternehmen** erhalten, sind **nicht** wie in der gesetzlichen Kranken- und Pflegeversicherung während des Leistungsbezugs **beitragsfrei versichert**, vielmehr haben sie die übliche Prämie weiterzuentrichten. Für diese Zeit steht diesen Arbeitnehmern jedoch **kein Beitragszuschuss** zu. Dieser ist nur dann gegeben, wenn während der Arbeitsunfähigkeit auch Beiträge zur gesetzlichen Kranken- und Pflegeversicherung zu entrichten wären. Ebenso werden während des Krankentagegeldbezugs **keine Beiträge zur Rentenversicherung** entrichtet mit der Folge, dass bei einer späteren Leistungsgewährung ggf. finanzielle Nachteile eintreten.

Der Versicherte hat aber die Möglichkeit, während des Bezugs von Krankentagegeld einen **Antrag** auf **Rentenversicherungspflicht** zu stellen. Die Beiträge für diese **Antragspflichtversicherung** hat der Versicherte allein zu tragen. In der **Arbeitslosenversicherung** hat dagegen das private Krankenversicherungsunternehmen Beiträge für die Zeit des Krankentagegeldbezuges zu entrichten, wenn der Versicherungsnehmer unmittelbar vor Beginn der Arbeitsunfähigkeit in einer arbeitslosenversicherungspflichtigen Beschäftigung gestanden hat. Die Beiträge werden von einem Arbeitsentgelt in Höhe von 70 % der Jahresarbeitsentgeltgrenze in der gesetzlichen Krankenversicherung berechnet.

Krankenversicherung: gesetzliche

1. Allgemeines

1420 Die **gesetzliche Krankenversicherung** hat als Solidargemeinschaft nach den Regelungen des Fünften Buches Sozialgesetzbuch (SGB V) die Aufgabe, die Gesundheit ihrer Versicherten zu erhalten, wiederherzustellen oder zu verbessern. Die **Krankenkassen** haben dabei durch Aufklärung, Beratung und Leistungen zu helfen und auf gesunde Lebensverhältnisse hinzuwirken. Dazu stellen sie **folgende Leistungen** zur Verfügung:

a) Förderung der Gesundheit

1421 Dazu gehört:

– Die Mitwirkung bei der Verhütung arbeitsbedingter Gesundheitsgefahren,

– die Verhütung von Zahnerkrankungen,

– die medizinische Vorsorgeleistung (z.B. Vorsorgekur),

– die Beratung über Fragen der Empfängnisregelung.

b) Früherkennung von Krankheiten

1422 Dazu gehört:

– Die Gesundheitsuntersuchung zur Früherkennung von Krankheiten (z.B. von Herz-Kreislauf- und Nierenerkrankungen sowie der Zuckerkrankheit),

– die Untersuchung zur Früherkennung von Krebserkrankungen,

– die Untersuchung zur Früherkennung von Krankheiten bei Kindern bis zum sechsten Lebensjahr.

c) Krankenbehandlung

1423 Dazu gehört:

– Die ärztliche und zahnärztliche Behandlung,

– die Versorgung mit Arznei-, Verband-, Heil- und Hilfsmitteln,

– der Zuschuss zu den Zahnersatzkosten,

– die Krankenhausbehandlung,

– der Zuschuss zu stationärer oder teilstationärer Hospizversorgung,

– die medizinischen und ergänzenden Leistungen zur Rehabilitation,

– die Müttergenesungskuren,

– die Haushaltshilfe,

– das Krankengeld.

d) Leistungen bei Schwangerschaft und Mutterschaft

1424 Dazu gehört:

– Das Mutterschafts- und Entbindungsgeld,

– die Hebammenhilfe,

– die Entbindungsanstaltspflege,

– die häusliche Pflege.

e) Sterbegeld

1425 Das Sterbegeld zählt nur unter bestimmten Voraussetzungen zu den Leistungen der Krankenversicherung.

2. Organisation

1426 **Träger der Krankenversicherung** sind die Allgemeinen Ortskrankenkassen (AOK), Betriebs- und Innungskrankenkassen, landwirtschaftlichen Krankenkassen, See-Krankenkasse, Bundesknappschaft und Ersatzkassen. Seit 1.1.1996 besteht für die Versicherten weitgehende **Entscheidungsfreiheit** bei der **Wahl** ihrer **Krankenkasse** (→ *Krankenkassenwahlrecht* Rz. 1407). Die Krankenkassen sind rechtsfähige Körperschaften des öffentlichen Rechts mit Selbstverwaltung; das bedeutet, dass die Krankenkassen ihre Aufgaben im Rahmen des Gesetzes und ihrer Satzung in eigener Verantwortung erfüllen. Die Krankenkassen unterliegen hinsichtlich ihrer Aufgabenerfüllung der staatlichen Aufsicht.

Krankenkassen sind **öffentliche Kassen**, vgl. H 14a (Öffentliche Kassen) LStH, und können daher **steuerfreie Aufwandsentschädigungen** nach § 12 Nr. 2 EStG (→ *Aufwandsentschädigungen im öffentlichen Dienst* Rz. 309) sowie **Reisekosten** nach § 3 Nr. 13 EStG (→ *Reisekostenvergütungen aus öffentlichen Kassen* Rz. 2095) leisten.

3. Aufgaben

1427 Unabhängig von ihren originären Aufgaben, die im Fünften Buch Sozialgesetzbuch festgeschrieben sind, nehmen die Krankenkassen auch noch die Funktion der **Einzugsstelle** für den Einzug der Gesamtsozialversicherungsbeiträge wahr, d.h. die Krankenkassen ziehen nicht nur ihre eigenen Beiträge, sondern **auch die Pflege-, Renten- und Arbeitslosenversicherungsbeiträge** ein (→ *Beiträge zur Sozialversicherung* Rz. 438). Die AOK, IKK, See-Krankenkasse und die Bundesknappschaft führen außerdem die **Lohnausgleichsversicherung nach dem LFZG für kleinere Betriebe** durch (→ *Lohnfortzahlung: Erstattung für Kleinbetriebe* Rz. 1480). Damit sollen die Aufwendungen für die Entgeltfortzahlung ausgeglichen werden. Darüber hinaus werden von den Krankenkassen im Rahmen von öffentlich-rechtlichen Vereinbarungen noch eine Reihe von weiteren Auftragsleistungen durchgeführt.

4. Versicherter Personenkreis

a) Versicherungspflichtige Personen

1428 In der gesetzlichen Krankenversicherung sind u.a. kraft Gesetzes versichert:

– Arbeiter und Angestellte, wenn deren regelmäßiges Jahresarbeitsentgelt die Jahresarbeitsentgeltgrenze nicht übersteigt (→ *Jahresarbeitsentgeltgrenze in der gesetzlichen Krankenversicherung* Rz. 1325),

– Auszubildende, wenn sie gegen Engelt beschäftigt sind (→ *Auszubildende* Rz. 403),

– Personen in der Zeit, für die sie Arbeitslosengeld, Arbeitslosenhilfe oder Unterhaltsgeld nach dem SGB III beziehen oder nur deshalb nicht beziehen, weil der Anspruch ab Beginn des zweiten Monats bis zur zwölften Woche einer Sperrzeit (§ 144 SGB III) ruht; dies gilt auch, wenn die Entscheidung, die zum Bezug der Leistung geführt hat, rückwirkend aufgehoben oder die Leistung zurückgefordert oder zurückgezahlt worden ist (→ *Arbeitslosengeld/Arbeitslosenhilfe* Rz. 231),

– Landwirte und ihre mitarbeitenden Familienangehörigen (→ *Land- und Forstwirtschaft* Rz. 1461),

– Künstler und Publizisten (→ *Künstler [und Verwandte Berufe]* Rz. 1441),

– Rehabilitanden,

– behinderte Menschen in anerkannten Werkstätten (→ *Behinderte Menschen* Rz. 436),

– Studenten (→ *Studenten* Rz. 2351),

– Praktikanten sowie zur Berufsausbildung Beschäftigte ohne Arbeitsentgelt (→ *Praktikanten* Rz. 1915),

– Rentner (→ *Rentner* Rz. 2113).

b) Freiwillige Krankenversicherung

1429 Sind Personen nicht kraft Gesetzes versicherungspflichtig, können sie sich unter ganz engen Voraussetzungen in der gesetzlichen Krankenversicherung freiwillig versichern. Der gesetzlichen Krankenversicherung können freiwillig beitreten:

– Personen, die als Mitglieder aus der Versicherungspflicht ausgeschieden sind und in den letzten fünf Jahren vor dem Ausscheiden mindestens 24 Monate oder unmittelbar vor dem Ausscheiden ununterbrochen mindestens zwölf Monate versichert waren,

– Personen, deren Familienversicherung erlischt,

– Personen, die erstmals eine Beschäftigung aufnehmen und bereis ein Jahresarbeitsentgelt erzielen, das die Jahresarbeitsentgeltgrenze (→ *Jahresarbeitsentgeltgrenze in der ge-*

setzlichen Krankenversicherung Rz. 1325) übersteigt und somit kraft Gesetzes Versicherungsfreiheit besteht,

– schwer behinderte Menschen i.S. des SGB IX, wenn sie oder ihr Ehegatte in den letzten fünf Jahren vor dem Beitritt mindestens drei Jahre versichert waren,

– Arbeitnehmer, deren Beschäftigung im Ausland endete, wenn sie innerhalb von zwei Monaten nach Rückkehr in das Inland wieder eine Beschäftigung aufnehmen.

Der Beitritt ist der Kasse innerhalb von drei Monaten nach Beendigung der vorhergehenden Versicherung anzuzeigen (→ *Freiwillige Krankenversicherung* Rz. 1088).

c) Familienversicherung

1430 In der gesetzlichen Krankenversicherung sind auch der Ehegatte und die Kinder von Versicherten kostenfrei mitversichert, wenn

– die Familienangehörigen ihren Wohnsitz oder gewöhnlichen Aufenthalt im Inland haben,

– keine Versicherungspflicht oder freiwillige Versicherung besteht,

– keine Versicherungsfreiheit besteht und/oder keine Befreiung von der Versicherungspflicht ausgesprochen wurde,

– diese nicht hauptberuflich selbständig erwerbstätig sind und

– sie keine Einnahmen haben, die regelmäßig im Monat 1/7 der monatlichen Bezugsgröße übersteigen (für 2002: 335 € – dieser Grenzwert gilt sowohl für die alten als auch für die neuen Bundesländern; siehe → *Bezugsgröße* Rz. 604).

Kinder sind grundsätzlich bis zur Vollendung des 18. Lebensjahres mitversichert. Die Versicherung kann bis zum 25. Lebensjahr verlängert werden, wenn die Kinder sich noch in Schul- oder Berufsausbildung befinden.

d) Ausschluss von der Versicherungspflicht

1431 Die **Pflichtversicherung** in der gesetzlichen Krankenversicherung ist u.a. **ausgeschlossen**, wenn eine hauptberufliche selbständige Tätigkeit ausgeübt wird (§ 5 Abs. 5 SGB V), die Beschäftigung geringfügig ist (§ 7 SGB V i.V.m. § 8 SGB IV) oder wenn im Rahmen eines Dienstverhältnisses nach beamtenrechtlichen Vorschriften oder Grundsätzen bei Krankheit Anspruch auf Fortzahlung der Bezüge und auf Beihilfe oder Heilfürsorge besteht. Außerdem sind **Studenten** in einer Beschäftigung, die während der Dauer ihres Studiums als ordentliche Studierende einer Hochschule oder einer der fachlichen Ausbildung dienenden Schule ausgeübt wird, unter bestimmten Voraussetzungen krankenversicherungsfrei (vgl. hierzu → *Studenten* Rz. 2350). Personen, die nach Vollendung des 55. Lebensjahres versicherungspflichtig werden, sind versicherungsfrei, wenn sie in den letzten fünf Jahren vor Eintritt der Versicherungspflicht nicht gesetzlich versichert waren. Weitere Voraussetzung ist, dass diese Personen mindestens die Hälfte dieser Zeit versicherungsfrei, von der Versicherungspflicht befreit oder auf Grund einer hauptberuflich selbständigen Erwerbstätigkeit nicht versicherungspflichtig waren. Auf Grund dieser Regelung sind Personen, die nicht zum Personenkreis der gesetzlichen Krankenversicherten gehören, bei Eintritt eines Versicherungspflichttatbestandes nach Vollendung des 55. Lebensjahres krankenversicherungsfrei, wenn sie zuvor in den letzten fünf Jahren nicht gesetzlich krankenversichert waren. Bei bislang selbständig Tätigen kommt Krankenversicherungsfreiheit dann in Betracht, wenn ein selbständig Tätiger neben der selbständigen Tätigkeit keine Beschäftigung ausgeübt hat.

e) Befreiung von der Versicherungspflicht

1432 Personen, die bisher bei einem privaten Krankenversicherungsunternehmen versichert waren und bei denen auf Grund der Erhöhung der Jahresarbeitsentgeltgrenze (→ *Jahresarbeitsentgeltgrenze in der gesetzlichen Krankenversicherung* Rz. 1325) oder auf Grund des Bezugs von Leistungen nach dem SGB III oder auf Grund anderer Tatbestände Krankenversicherungspflicht eintritt, können sich unter bestimmten Voraussetzungen auf Antrag von der Versicherungspflicht befreien lassen. Bezieher von Arbeitslosengeld, Arbeitslosenhilfe oder Unterhaltsgeld dürfen in den

letzten fünf Jahren zuvor nicht gesetzlich krankenversichert gewesen sein. Außerdem muss bei einem privaten Krankenversicherungsunternehmen ein Versicherungsvertrag bestehen, nach dem der Antragsteller Vertragsleistungen erhält, die der Art und dem Umfang nach den Leistungen des SGB V entsprechen.

Der Antrag auf Befreiung ist innerhalb von drei Monaten nach Beginn der Versicherungspflicht bei der Krankenkasse zu stellen. Die Befreiung wirkt vom Beginn der Versicherungspflicht an, wenn seit diesem Zeitpunkt noch keine Leistungen in Anspruch genommen wurden, sonst vom Beginn des Kalendermonats an, der auf die Antragstellung folgt. Die Befreiung kann nicht widerrufen werden.

5. Finanzierung

1433 Die Leistungen und sonstigen Ausgaben der Krankenkassen werden durch **Beiträge** und sonstige Einnahmen (z.B. aus Ersatzansprüchen und einem Risikostrukturausgleich) finanziert. Dazu entrichten die Mitglieder und die Arbeitgeber Beiträge, die sich in der Regel nach den beitragspflichtigen Einnahmen der Mitglieder richten. Für versicherte Familienangehörige werden Beiträge nicht erhoben. Die Krankenkassen erhalten keine Zuschüsse aus Steuermitteln. Die Beiträge sind so zu bemessen, dass sie die im Haushaltsplan vorgesehenen Ausgaben und die vorgeschriebene Auffüllung der Rücklage für die jeweilige Krankenkasse decken. Auf Grund dieser Regelungen bestehen – in Abhängigkeit der jeweiligen Risikostruktur – zwischen den einzelnen Krankenkassen **unterschiedliche Beitragssätze**. Weitere Einzelheiten zur Beitragsberechnung vgl. → *Beiträge zur Sozialversicherung* Rz. 438.

6. Zugehörigkeit – Wahl der Krankenkasse

1434 Einzelheiten vgl. → *Krankenkassenwahlrecht* Rz. 1407.

7. Arbeitgeberaufwendungen zur Krankenversicherung

1435 Zu den steuerfreien Ausgaben des Arbeitgebers für die Zukunftssicherung des Arbeitnehmers (§ 2 Abs. 2 Nr. 3 Satz 1 LStDV) gehören insbesondere die Beitragsanteile des Arbeitgebers am Sozialversicherungsbeitrag (Rentenversicherung, Krankenversicherung, Pflegeversicherung, Arbeitslosenversicherung).

Aufwendungen des Arbeitgebers für die Krankenversicherung seiner Arbeitnehmer sind somit nach § 3 Nr. 62 EStG i.V.m. R 24 LStR steuerfrei, soweit sie auf Grund gesetzlicher Verpflichtung geleistet werden. Einzelheiten siehe → *Zukunftssicherung: Gesetzliche Altersversorgung* Rz. 2762 und → *Beiträge zur Sozialversicherung* Rz. 438.

Krankheitskosten

1436 Die Erstattung von Krankheitskosten durch die **Krankenversicherung** ist nach § 3 Nr. 1 Buchst. a EStG **steuerfrei**.

Krankheitskosten, die der **Arbeitgeber** dem Arbeitnehmer ersetzt, sind grundsätzlich steuerpflichtiger **Arbeitslohn** (BFH-Urteil vom 14.3.1975, BStBl II 1975 S. 632), können aber nach § 3 Nr. 11 EStG i.V.m. R 11 LStR als Beihilfe bzw. Unterstützung wegen Krankheit steuerfrei sein (→ *Unterstützungen* Rz. 2487). Die Übernahme von **Massagekosten für Bildschirmarbeitnehmer** durch den Arbeitgeber stellt keinen steuerpflichtigen Arbeitslohn dar, wenn mit den Massagen einer spezifisch berufsbedingten Beeinträchtigung der Gesundheit des Arbeitnehmers vorgebeugt oder entgegen gewirkt werden soll; der Arbeitgeber muss allerdings nachweisen, dass er mit der Verabreichung der Massagen **besonders wichtige betriebsfunktionale Zielsetzungen** (z.B. die Minderung des Krankheitsstandes der Bildschirmarbeitnehmer) verfolgt und die Massagen für die Erreichung dieses Zwecks besonders geeignet waren (BFH, Urteil vom 30.5.2001,

BStBl II 2001 S. 671). Wegen Kurkosten siehe → *Erholung: Arbeitgeberzuwendungen* Rz. 918.

Übernimmt der Arbeitgeber die **Mehrkosten für die Unterbringung eines leitenden Angestellten im Einbettzimmer**, damit dieser dort ungestört arbeiten und auch mit seinem Arbeitgeber vertrauliche Telefongespräche führen kann, handelt es sich **nicht um steuerpflichtigen Arbeitslohn**. Die Unterbringung im Einbettzimmer erfolgt dann weitaus überwiegend im **eigenbetrieblichen Interesse** des Arbeitgebers (OFD Köln, Gruppenbesprechung Februar/März 1985, StLex 4, 19 – 19a, 1113).

Steuerpflichtiger Arbeitslohn liegt dagegen vor, wenn der Arbeitgeber auch die **Kosten der Chefarztbehandlung übernimmt**, selbst wenn er sich dadurch eine schnellere Genesung und somit einen kürzeren Arbeitsausfall seines Arbeitnehmers erhofft. Denn dem betrieblichen Interesse des Arbeitgebers stehen in diesem Fall auch nicht unbedeutende Interessen des Arbeitnehmers (größeres Vertrauen zum Chefarzt) gegenüber. Der vom Arbeitgeber getragene Kostenanteil gehört deshalb zum steuerpflichtigen Arbeitslohn, soweit er nicht als Beihilfe im Krankheitsfall nach § 3 Nr. 11 EStG i.V.m. R 11 LStR steuerfrei gezahlt werden kann (OFD Köln, Gruppenbesprechung Februar/März 1985, StLex 4, 19 – 19a, 1113).

Erkrankt ein sozialversicherter Arbeitnehmer anlässlich eines **dienstlichen Aufenthalts im Ausland**, so hat dieser Arbeitnehmer gem. § 17 Abs. 1 SGB V einen Anspruch auf Krankenbehandlung (Leistungsanspruch). Dies gilt selbst dann, wenn die Behandlungskosten im Ausland höher als im Inland sind. In diesem Fall hat der **Arbeitgeber** wegen der von ihm veranlassten Entsendung seines Arbeitnehmers ins Ausland die **Differenz zwischen Auslands- und Inlandskrankheitskosten zu tragen**. Diese Erstattung ist wegen des gegenüber der Krankenversicherung grundsätzlich bestehenden Leistungsanspruchs nach § 3 Nr. 1a EStG **steuerfrei**.

Erstattet aber der **Arbeitgeber** seinem im Ausland behandelten Arbeitnehmer **darüber hinaus Kosten**, auf die der Arbeitnehmer **keinen Anspruch gegenüber seiner Krankenversicherung** hat (z.B. für Chefarztbehandlung oder Einzelzimmerzuschläge bei Krankenhausaufenthalt), so beruhen diese Beträge nicht auf der Krankenversicherung, sondern haben ihre Ursache im Dienstverhältnis und stellen grundsätzlich **steuerpflichtigen Arbeitslohn** dar. Sie können jedoch unter den Voraussetzungen der R 11 Abs. 2 LStR als Unterstützungen bis zu einem Betrag von 600 € jährlich steuerfrei belassen werden.

Kreditkosten

1437 Übernimmt der Arbeitgeber für seine Arbeitnehmer Kreditkosten wie z.B. Teilzahlungszuschläge, so handelt es sich selbst dann um Arbeitslohn, wenn die Arbeitnehmer mit dem Kredit Produkte aus dem Unternehmen des Arbeitgebers erworben haben (Hessisches FG, Urteil vom 5.3.1990, EFG 1990 S. 523).

Kundenbindungsprogramme

1. Allgemeines

1438 Viele Unternehmen, insbesondere Fluggesellschaften, haben Kundenbindungsprogramme eingeführt, bei denen der Kunde für die Inanspruchnahme einer Leistung Bonuspunkte erhält, die wiederum unter bestimmten Voraussetzungen in Sachprämien umgewandelt werden können.

Beispiel:

Bei der Lufthansa existiert das Prämienprogramm „Miles & More". Bei diesem Programm erhält der Fluggast für Flüge, die er mit der Lufthansa durchführt, Bonuspunkte, die sich im Wesentlichen nach der Zahl der geflogenen Flugmeilen richten. Bonuspunkte werden aber auch für die Inanspruchnahme mit der Lufthansa kooperierender Gesellschaften, z.B. Hotels oder Mietwagenunternehmen, gewährt. Diese Bonuspunkte, auch Freimeilen genannt, können vom Kunden in bestimmte Prämien eingelöst werden, z.B. Freiflüge, Hotelübernachtungen, Ballonfahrten.

Erhält ein Arbeitnehmer Bonuspunkte für eine dienstlich veranlasste Inanspruchnahme einer Leistung, für die der Arbeitgeber die Kosten trägt, und verpflichtet der Arbeitgeber den Arbeitnehmer, die erworbenen Bonuspunkte nur **für dienstliche Zwecke** einzusetzen, so sind die von der Gesellschaft gewährten Prämien weder steuer- noch beitragspflichtig.

Verzichtet der Arbeitgeber jedoch **auf die Herausgabe** dienstlich erworbener Bonuspunkte, so sind die gewährten Prämien grundsätzlich steuer- und beitragspflichtig.

Es handelt sich insoweit um im Rahmen eines Dienstverhältnisses üblicherweise von einem Dritten für eine Arbeitsleistung, nämlich die Durchführung einer Dienstreise, gezahlten Arbeitslohn, der dem Lohnsteuerabzug unterliegt (§ 38 Abs. 1 Satz 2 EStG, BMF-Schreiben vom 27.9.1993, BStBl I 1993 S. 814). Die Höhe des geldwerten Vorteils bestimmt sich nach § 8 Abs. 2 EStG nach dem üblichen Endpreis am Abgabeort. Das ist z.B. bei Bonuspunkten von Fluggesellschaften der tarifgemäße Flugpreis für die gutgeschriebenen Freimeilen (FinMin Berlin, Erlass vom 13.3.1995, DStR 1995 S. 542, betr. Behandlung der durch Geschäftsreisen erzielten Prämien aus den Vielfliegerprogrammen der Luftverkehrsgesellschaften bei der Gewinnermittlung). Deshalb hat der Arbeitnehmer dem Arbeitgeber für Zwecke des Lohnsteuerabzugs mitzuteilen, dass er Bonuspunkte privat verwendet hat.

2. Freibetrag von 1 224 €

1439 Für Sachprämien, die der Steuerpflichtige **für die persönliche Inanspruchnahme** von Dienstleistungen von Unternehmen unentgeltlich erhält, die diese zum Zwecke der Kundenbindung im allgemeinen Geschäftsverkehr in einem jedermann zugänglichen planmäßigen Verfahren gewähren, gibt es einen **Steuerfreibetrag von 1 224 €** (§ 3 Nr. 38 EStG). Preisnachlässe, Skonti und Rückvergütungen sind nicht begünstigt.

Nach der Gesetzesbegründung setzt die Steuerfreiheit voraus, dass die den Prämien zu Grunde liegenden Leistungen vom Prämienempfänger persönlich in Anspruch genommen worden sind. Dies entspreche den derzeitig angebotenen Bonusprogrammen und unterscheide die Prämien von anderen Boni, die üblicherweise dem Empfänger einer Leistung zugute kommen. Deshalb ist die Steuerfreiheit auf Prämien beschränkt, die für **Dienstleistungen** gewährt werden, weil nur bei Dienstleistungen eine Anknüpfung an die persönliche Inanspruchnahme möglich ist. Soweit privat verwertete Prämien auf privaten Leistungen beruhen oder Prämien beruflich verwertet werden, hat die Steuerbefreiung nur deklaratorische Bedeutung, denn insoweit handelt es sich nicht um steuerpflichtige Vorgänge.

3. Pauschalbesteuerung durch den Prämienanbieter

1440 Der Prämienanbieter von Kundenbindungsprogrammen hat die Möglichkeit der Pauschalversteuerung.

Nach § 37a EStG kann **das Finanzamt auf Antrag** zulassen, dass das Unternehmen, das Sachprämien i.S. des § 3 Nr. 38 EStG gewährt, die Einkommensteuer für den Teil der Prämien, der nicht steuerfrei ist, pauschal erhebt. Zuständig für den Pauschalierungsantrag ist das Betriebsstättenfinanzamt des Prämienanbieters (§ 37a Abs. 3 EStG).

Bemessungsgrundlage der pauschalen Einkommensteuer ist der **gesamte Wert der Prämien**, die den im Inland ansässigen

Steuerpflichtigen zufließen. Dabei ist nach folgenden Grundsätzen zu verfahren (FinMin Nordrhein-Westfalen, Erlass vom 3.7.1998, StEd 1998 S. 522):

– Der Besteuerung unterliegen nur die tatsächlich in Anspruch genommenen Prämien und nicht bereits die Gutschriften von Bonuspunkten auf dem Prämienkonto.

– Freiflüge sind grundsätzlich mit den jeweils für Mitarbeiterflüge maßgeblichen Flugkilometerwerten ohne Abschläge anzusetzen (→ *Freiflüge* Rz. 1081).

– Upgrades können anhand des Punkte-/Meilenverbrauchs in einen Flugkilometerwert umgerechnet und mit dem Wert angesetzt werden, der sich für einen entsprechenden Mitarbeiterflug ergeben würde.

– Wegen der schwierigen Feststellung des für Erlebnisprämien maßgeblichen üblichen Endpreises ist es aus Vereinfachungsgründen zulässig, die oben dargestellte Berechnungsmethode auch auf Erlebnisprämien anzuwenden.

Der Pauschsteuersatz beträgt 2 % (§ 37a Abs. 1 EStG). Auf die pauschale Einkommensteuer ist § 40 Abs. 3 EStG sinngemäß anzuwenden (§ 37a Abs. 2 Satz 1 EStG). Das bedeutet, dass **der Prämienanbieter** die pauschale Einkommensteuer **zu übernehmen hat** und Schuldner der pauschalen Einkommensteuer ist. Das bedeutet aber auch, dass die pauschal besteuerten Einkünfte und die pauschale Einkommensteuer **bei der Einkommensteuerveranlagung des Prämienempfängers außer Ansatz** bleiben. Daher hat das pauschalierende Unternehmen den Prämienempfänger auch über die abgeltende Pauschalbesteuerung zu unterrichten (§ 37a Abs. 2 Satz 2 EStG). Die pauschale Einkommensteuer gilt als Lohnsteuer und ist von dem Prämienanbieter in der Lohnsteuer-Anmeldung der betreffenden Betriebsstätte anzumelden (§ 37a Abs. 4 EStG).

Ein Arbeitnehmer, der an einem Kundenbindungsprogramm teilnimmt und eine solche Mitteilung von dem Prämienanbieter erhält, sollte eine Fotokopie dieser Bescheinigung seinem Arbeitgeber einreichen. Für den Arbeitgeber bedeutet diese Mitteilung, dass er **keine weiteren Ermittlungen** über die Höhe eines etwaigen geldwerten Vorteils anstellen muss. Er sollte deshalb **die Bescheinigung zum Lohnkonto des Arbeitnehmers** nehmen.

Künstler (und verwandte Berufe)

1. Allgemeines

1441 Zur Abgrenzung zwischen selbständiger Tätigkeit und nichtselbständiger Arbeit sowie für den Lohnsteuerabzug bei Künstlern und verwandten Berufen, soweit sie eine **unmittelbare Vertragsbeziehung zum Arbeitgeber/Auftraggeber** begründen, gilt das BMF-Schreiben vom 5.10.1990, BStBl I 1990 S. 638.

Die Spitzenverbände der Sozialversicherungsträger haben einen **neuen „Abgrenzungskatalog für die im Bereich Theater, Orchester, Rundfunk- und Fernsehanbieter, Film- und Fernsehproduktion tätigen Personen"** herausgegeben, der u.a. in der Sozialversicherungsbeitrag-Handausgabe 2001 VL 7 IV/13 veröffentlicht ist.

Hinzuweisen ist ferner auf das Besprechungsergebnis der Spitzenverbände vom 16./17.11.1999, Sozialversicherungsbeitrag-Handausgabe 2001 VL 7 IV/12 zum Beginn und Ende des versicherungsrechtlichen Beschäftigungsverhältnisses von **Schauspielern mit Drehtagverpflichtung**.

2. Einzelfragen zum steuerlichen Künstlererlass

1442 Zu Tz. 1:

– Zahlt ein Musiktheater an seine **angestellten Orchestermusiker** Vergütungen für die **Übertragung von Leistungsschutzrechten** betreffend Fernsehausstrahlungen, so handelt es sich nicht um Arbeitslohn, sondern um Einnahmen aus **selbständiger Arbeit**, wenn die Leistungsschutzrechte nicht bereits auf Grund des Arbeitsvertrags auf den Arbeitgeber übergegangen und die Höhe der jeweiligen Vergütungen in gesonderten Vereinbarungen festgelegt worden sind (BFH, Urteil vom 6.3.1995, BStBl II 1995 S. 471).

– Einnahmen aus **Musikveranstaltungen** sind nicht allein deshalb als Einkünfte aus nichtselbständiger Arbeit zu qualifizieren, weil für die Abrechnung die **Verrechnungsstelle** für Musiker, Bühnen-, Hotel- und Gaststättenangestellte in Hannover **eingeschaltet** worden ist und Lohn- sowie Lohnkirchensteuer und Sozialversicherungsbeiträge an die betreffenden Stellen abgeführt hat (BVerfG, Beschluss vom 30.3.1996, StEd 1996 S. 574).

Zu Tz. 1.1.2:

– Das FG Hamburg hat die Verwaltungsauffassung bestätigt, dass ein **spielzeitverpflichteter Orchestermusiker**, der in einem seit vielen Jahren laufenden Musical mitwirkt, **nichtselbständig** ist, weil er sich bis zu letzten Einzelheiten einem Regiekonzept unterwerfen muss. Das gilt auch für eine Vertretung; auf die Häufigkeit der Vertretungsfälle sowie auf die Frage, ob Rechtsbeziehungen zu dem Orchesterbetreiber oder dem Vertretenen bestehen, kommt es regelmäßig nicht entscheidend an (Urteil vom 6.6.1995, EFG 1995 S. 1079).

– Ein **Opernsänger**, der bei Gastspielen das **Vergütungsrisiko trägt** und nicht vollständig in den Bühnenbetrieb des jeweiligen Opernhauses eingegliedert ist, ist insoweit **selbständig** tätig. Die Weisungsgebundenheit hinsichtlich Ort, Zeit und Inhalt der Tätigkeit ist in diesem Fall von untergeordneter Bedeutung (FG Köln, Urteil vom 11.12.1990, EFG 1991 S. 354).

– Bei der Frage, ob eine gastspielverpflichtete Opernsängerin in den Theaterbetrieb eingegliedert und deshalb nichtselbständig oder ob sie selbständig tätig ist, ist nicht einseitig auf die Verpflichtung zur **Teilnahme an Proben** abzustellen (BFH, Urteil vom 30.5.1996, BStBl II 1996 S. 493).

Der Bundesfinanzhof hat deshalb entgegen dem „Künstlererlass" eine Opernsängerin trotz Probenverpflichtung als **selbständige Unternehmerin** angesehen. Die Finanzverwaltung hat gegen dieses Urteil Bedenken und deshalb einen **„Nichtanwendungserlass"** herausgegeben (FinMin Brandenburg, Erlass vom 12.3.1997, DB 1997 S. 1009). Sie sieht die **Probenverpflichtung als wesentliches Abgrenzungsmerkmal** zwischen selbständiger und nichtselbständiger Arbeit an, zumal hierdurch die Einordnung sowohl für den Arbeitgeber als auch für das Finanzamt vereinfacht wird. Es ist jedoch kaum damit zu rechnen, dass der Bundesfinanzhof in einem neuen Verfahren seine Rechtsprechung ändern wird. Arbeitgeber sollten, wenn das Finanzamt Lohnsteuer nachfordert, gegen den Haftungsbescheid Einspruch einlegen.

– Das FG Baden-Württemberg hat Zweifel, ob ein **bekannter Theater- und Fernsehschauspieler**, der in einer Fernsehserie mitwirkt, tatsächlich als **Arbeitnehmer** tätig wird; es lehnt die gegenteilige 25-jährige Rechtsprechung des Bundesfinanzhofes und damit auch die Auffassung der Finanzverwaltung ausdrücklich ab (Urteil vom 22.10.1998, DStRE 1999 S. 371).

Zu Tz. 1.3.1:

Der **Redakteur** einer Rundfunkanstalt kann auch dann **Arbeitnehmer** sein, wenn er auf der Basis von Einzelhonorarverträgen tätig ist (FG Rheinland-Pfalz, Urteil vom 27.6.1988, EFG 1989 S. 22).

Zu Tz. 1.5:

Nach dem BFH, Urteil vom 6.3.1995, BStBl II 1995 S. 471, sind Wiederholungshonorare entgegen dem „Künstlererlass" als Einnahmen aus **selbständiger Arbeit** zu behandeln und unterliegen somit nicht dem Lohnsteuerabzug, wenn die Leistungsschutzrechte nicht bereits auf Grund des Arbeitsvertrages auf den Arbeitgeber übergegangen und die Höhe der jeweiligen Vergütungen in gesonderten Vereinbarungen festgelegt worden sind.

Kur/Kurkosten

1443 Der Begriff „Kur" wurde durch das Entgeltfortzahlungsgesetz mit Wirkung ab 1.6.1994 durch den inhaltsgleichen Begriff „Maßnahmen der medizinischen Vorsorge und Rehabilitation" ersetzt

(§ 9 EFZG). Zu weiteren Einzelheiten vgl. → *Entgeltfortzahlung* Rz. 826 und → *Erholung: Arbeitgeberzuwendungen* Rz. 915.

Kurzarbeitergeld

1. Allgemeines

1444 Kurzarbeitergeld wird Arbeitnehmern bei einem auf wirtschaftlichen Gründen oder auf einem unabwendbaren Ereignis beruhenden **vorübergehenden und nicht vermeidbaren Arbeitsausfall** mit Entgeltausfall gewährt. Hierzu müssen im Kalendermonat mindestens ein Drittel der Beschäftigten von einem Entgeltausfall von jeweils mehr als 10 % ihres Bruttoentgelts betroffen sein. Das Kurzarbeitergeld dient der Erhaltung von Arbeitsplätzen. Es bemisst sich nach dem **Unterschiedsbetrag** (Nettoentgeltdifferenz) **zwischen dem pauschalierten Nettoentgelt aus dem Sollentgelt** (Bruttoarbeitsentgelt, das der Arbeitnehmer ohne den Arbeitsausfall erzielt hätte, vermindert um Entgelte für Mehrarbeit) **und dem pauschalierten Nettoentgelt aus dem Istentgelt** (tatsächlich erzieltes Bruttoarbeitsentgelt des Arbeitnehmers einschließlich aller zustehenden Entgeltanteile). Bei der Ermittlung von Sollentgelt und Istentgelt bleibt Arbeitsentgelt, das einmalig gezahlt wird, außer Betracht. Das Kurzarbeitergeld beträgt bei Arbeitnehmern, die ein Kind i.S.d. § 32 Abs. 1 Nr. 2, Abs. 3 bis 5 EStG haben, 67 % und bei den übrigen Arbeitnehmern 60 % der Nettoentgeltdifferenz.

Ein **Lohnzuschuss** des Arbeitgebers zum Kurzarbeitergeld wird zwar auf Nettobeträge berechnet, ist jedoch **brutto zu zahlen** (BAG, Urteil vom 21.6.2000, NZA 2001 S. 666).

2. Lohnsteuer

1445 Das Kurzarbeitergeld ist nach § 3 Nr. 2 EStG **steuerfrei**, unterliegt jedoch bei der Einkommensteuerveranlagung nach § 32b Abs. 1 Nr. 1a EStG dem sog. Progressionsvorbehalt (→ *Progressionsvorbehalt* Rz. 1924). Der Arbeitgeber muss deshalb das Kurzarbeitergeld sowohl im **Lohnkonto** besonders aufzeichnen (§ 41 Abs. 1 Satz 5 EStG) als auch in der **Lohnsteuerbescheinigung** auf der Lohnsteuerkarte (Zeile 15 der Rückseite) gesondert bescheinigen (§ 41b Abs. 1 Nr. 4 EStG, R 135 Abs. 3 Nr. 4 LStR sowie FinMin Sachsen-Anhalt, Erlass vom 16.5.1991, DStR 1991 S. 878).

3. Sozialversicherung

a) Grundsätze

1446 Die Mitgliedschaft versicherungspflichtiger Arbeitnehmer in der Kranken- und Pflegeversicherung sowie in Bezug auf das rentenversicherungspflichtige Beschäftigungsverhältnis bleibt erhalten, solange sie **Kurzarbeitergeld** oder Winterausfallgeld beziehen.

Hinsichtlich der **Beitragsberechnung sind Besonderheiten** zu berücksichtigen. Die Spitzenverbände der Sozialversicherungsträger haben die Auswirkungen in einem Gemeinsamen Rundschreiben vom 17.9.1997 dargestellt. **Die Inhalte sind nachfolgend zusammengefasst und ergänzt:**

b) Kranken- und Pflegeversicherung

1447 **Bemessungsgrundlage** für die Berechnung der Kranken- und Pflegeversicherungsbeiträge der Empfänger von Kurzarbeitergeld ist zunächst das tatsächlich erzielte Arbeitsentgelt (Kurzlohn). Diese Beiträge sind in der üblichen Weise zu berechnen und grundsätzlich je zur Hälfte vom Arbeitgeber und Arbeitnehmer zu tragen. Für die Beiträge, die auf den Entgeltausfall mit Anspruch auf Kurzarbeitergeld oder Winterausfallgeld entfallen, ist ein **fiktives Arbeitsentgelt** anzusetzen. Ausgangsbasis für das fiktive Arbeitsentgelt ist der **auf 80 % verminderte Unterschiedsbetrag** zwischen dem Bruttoarbeitsentgelt, das der Arbeitnehmer ohne den Arbeitsausfall im Anspruchszeitraum (Kalendermonat) erzielt hätte (Sollentgelt), und dem Bruttoarbeitsentgelt, das er im Kalendermonat tatsächlich erzielt hat (Istentgelt). Dabei sind das Sollentgelt und das Istentgelt – anders als für das Leistungsrecht der Arbeitslosenversicherung vorgeschrieben – nicht auf den nächsten durch 20 teilbaren Euro-Betrag zu runden. Der auf 80 %

verminderte Unterschiedsbetrag zwischen dem ungerundeten Sollentgelt und dem ungerundeten Istentgelt ist in der zweiten Dezimalstelle kaufmännisch zu runden.

Für die **Berechnung der Kranken- und Pflegeversicherungsbeiträge** wird die maßgebende Bemessungsgrundlage durch Addition des tatsächlich erzielten Arbeitsentgelts (laufendes Arbeitsentgelt) und des fiktiven Arbeitsentgelts (= SV-Entgelt) ermittelt.

Der Berechnung der Kranken- und Pflegeversicherungsbeiträge kann allerdings nur ein Arbeitsentgelt bis zur Beitragsbemessungsgrenze in der Kranken-/Pflegeversicherung zu Grunde gelegt werden. **Übersteigt** das für die Bemessung der Beiträge zu Grunde zu legende SV-Entgelt die Beitragsbemessungsgrenzen des Entgeltabrechnungszeitraums, so sind wegen der unterschiedlichen Beitragslastverteilung die Beiträge zunächst vom tatsächlich erzielten Arbeitsentgelt zu berechnen. Der Unterschiedsbetrag zwischen dem tatsächlich erzielten Arbeitsentgelt und dem SV-Entgelt ist danach nur insoweit für die Beitragsberechnung heranzuziehen, als die Beitragsbemessungsgrenze noch nicht durch das tatsächlich erzielte Arbeitsentgelt ausgeschöpft ist.

Beispiel:

Eine Schreinerei in Essen ist im Monat Februar 2002 von Kurzarbeit betroffen. Der krankenversicherungspflichtige S arbeitete im Februar tatsächlich 40 Stunden. Von der Sollarbeitszeit von 160 Stunden fielen daher 120 Stunden wegen der Kurzarbeit aus. Die Arbeitsstunde wird mit 16,50 € vergütet.

Sollentgelt =	2 640,— € (16,50 € × 160 Std.)
Istentgelt =	660,— € (16,50 € × 40 Std.)
Unterschiedsbetrag zwischen Sollentgelt und Istentgelt	1 980,— €
80 % des Unterschiedsbetrages	1 584,— €
Gesamt =	2 244,— €

Für die Berechnung der Kranken-, Pflege- und Rentenversicherungsbeiträge ist ein Arbeitsentgelt von 2 244,— € zu Grunde zu legen. Arbeitslosenversicherungsbeiträge werden nur aus dem tatsächlich erzielten Entgelt berechnet (660 €).

Für Empfänger von Kurzarbeitergeld, die Anspruch auf Fortzahlung des Arbeitsentgelts für mindestens sechs Wochen haben, ist der **allgemeine Beitragssatz in der Krankenversicherung** auch hinsichtlich des Teils des Beitrags maßgebend, der auf den Unterschiedsbetrag zwischen dem tatsächlich erzielten Arbeitsentgelt und dem SV-Entgelt entfällt.

c) Rentenversicherung

1448 Die Beiträge zur Rentenversicherung werden von Beziehern von Kurzarbeitergeld wie in der Kranken- und Pflegeversicherung vom tatsächlich erzielten Arbeitsentgelt und für den Entgeltausfall von einem fiktiven Arbeitsentgelt berechnet. Das **fiktive Arbeitsentgelt** ist der auf 80 % verminderte Unterschiedsbetrag zwischen dem Soll- und dem Istentgelt. Die Bemessungsgrundlage wird durch Addition des tatsächlich erzielten Arbeitsentgelts und des fiktiven Arbeitsentgelts gebildet.

Der **Berechnung der Rentenversicherungsbeiträge** kann nur ein Arbeitsentgelt bis zur Beitragsbemessungsgrenze der Rentenversicherung zu Grunde gelegt werden. **Übersteigt** das für die Berechnung der Beiträge ermittelte Arbeitsentgelt die Beitragsbemessungsgrenze des Entgeltabrechnungszeitraums, sind die Beiträge zunächst vom tatsächlich erzielten Arbeitsentgelt zu berechnen. Aus dem gekürzten fiktiven Arbeitsentgelt sind nur dann Beiträge zu berechnen, wenn die Beitragsbemessungsgrenze noch nicht durch das tatsächlich erzielte Arbeitsentgelt ausgeschöpft ist.

d) Arbeitslosenversicherung

1449 Beiträge zur Arbeitslosenversicherung sind für Bezieher von Kurzarbeitergeld **lediglich aus** dem tatsächlich erzielten Arbeitsentgelt **(Kurzlohn)** zu berechnen.

e) Umlage nach dem Lohnfortzahlungsgesetz

1450 Für die Berechnung der Umlagen (Krankheit U1 und Mutterschaft U2) nach dem Lohnfortzahlungsgesetz wird **nur das tatsächlich**

keine Sozialversicherungspflicht = Ⓢ⃠Ⓥ
Sozialversicherungspflicht = ⓈⓋ

erzielte **rentenversicherungspflichtige Arbeitsentgelt** herangezogen. Das Kurzarbeitergeld sowie das ausgefallene Entgelt sind ohne Bedeutung.

f) Meldungen

1451 In die nachfolgende **Ab-, Jahres- oder Unterbrechungsmeldung** ist das Arbeitsentgelt einzutragen, von dem die Beiträge berechnet worden sind, also vom tatsächlich erzielten und dem fiktiven Arbeitsentgelt (80 % des Unterschiedsbetrages zwischen dem Soll- und dem Istentgelt).

g) Beitragslastverteilung

1452 Die Kranken-, Pflege- und Rentenversicherungsbeiträge, die auf das tatsächlich erzielte Arbeitsentgelt entfallen, sind vom **Arbeitnehmer und Arbeitgeber je zur Hälfte zu tragen.**

Sofern der Beschäftigungsort des Arbeitnehmers allerdings in einem Bundesland liegt, in dem die am 31.12.1993 bestehende Anzahl der gesetzlichen landesweiten Feiertage nicht um einen Feiertag, der stets auf einen Werktag fiel, vermindert worden ist, beträgt der Arbeitnehmerbeitragsanteil zur Pflegeversicherung 1,35 % und der Arbeitgeberbeitragsanteil 0,35 % des Arbeitsentgelts.

Dagegen hat der Arbeitgeber den Teil des Beitrags zur Kranken- und Rentenversicherung, der für den Unterschiedsbetrag zwischen dem tatsächlich erzielten Arbeitsentgelt und dem SV-Entgelt zu zahlen ist, in voller Höhe allein aufzubringen. Gleiches gilt für die Beiträge zur Pflegeversicherung. Die Pflegeversicherungsbeiträge, die auf den Unterschiedsbetrag zwischen dem tatsächlich erzielten Arbeitsentgelt und dem SV-Entgelt entfallen, sind selbst dann vom Arbeitgeber in voller Höhe zu tragen, wenn der Beschäftigungsort des Arbeitnehmers in einem Bundesland liegt, in dem kein gesetzlicher landesweiter Feiertag, der stets auf einen Werktag fiel, aufgehoben worden ist.

Beispiel 1:

Aus konjunkturellen Gründen wird in einem Betrieb im Monat August 2002 Kurzarbeit geleistet. Die Sollarbeitsleistung ohne Kurzarbeit würde 165 Stunden betragen. Der Arbeitsausfall wegen Kurzarbeit beläuft sich auf 37,5 Stunden. Für eine Arbeitsstunde wird ein Lohn von 21,50 € gezahlt.

Sollentgelt =	3 547,50 €	(21,50 € × 165 Std.)
Istentgelt =	2 741,25 €	(21,50 € × 127,5 Std.)
Unterschiedsbetrag zwischen Sollentgelt und Istentgelt	806,25 €	
80 % des Unterschiedsbetrages	645,— €	

Anmerkung: Krankenversicherungspflicht wird unterstellt

Für die Beitragsberechnung ist folgendes Bemessungsentgelt zu Grunde zu legen:

Ein-kommensart	KV/PV	RV	ArblV	Meldungen
Istentgelt	2 741,25 €	2 741,25 €	2 741,25 €	2 741,25 €
80 % des Unterschieds-betrages	634,75 €[1]	645 €	—	645 €
Gesamt	3 375,— € (= SV-Entgelt)	3 386,25 € (= SV-Entgelt)	2 741,25 €	3 386,25 € (= SV-Entgelt)

1) Das fiktive Arbeitsentgelt in Höhe von 80 % des Unterschiedsbetrages (645 €) kann in der Kranken- und Pflegeversicherung für die Ermittlung des SV-Entgelts nicht in voller Höhe berücksichtigt werden, weil die Differenz zwischen Istentgelt und Beitragsbemessungsgrenze nur 634,75 € beträgt.

Beitragsbemessungsgrenze RV/ArblV 2002 (West)	4 500 €
Beitragsbemessungsgrenze KV/PV 2002	3 375 €

Die Beiträge sind mit nachstehenden Beitragssätzen wie folgt zu berechnen:

Krankenversicherung	13,8 %
Pflegeversicherung	1,7 %
Rentenversicherung	19,1 %
Arbeitslosenversicherung	6,5 %

	AN-Anteil	AG-Anteil
Kurzlohn		
= Krankenversicherung	189,15 €	189,15 €
= Pflegeversicherung	23,30 €	23,30 €
= Rentenversicherung	261,79 €	261,79 €
= Arbeitslosenversicherung	89,09 €	89,09 €
Fiktiver Lohn		
= Krankenversicherung		87,60 €
= Pflegeversicherung		10,79 €
= Rentenversicherung		123,20 €
= Arbeitslosenversicherung		
Gesamtbetrag	**563,33 €**	**784,92 €**

In der nachfolgenden Ab-, Jahres- oder Unterbrechungsmeldung hat der Arbeitgeber für diesen Zeitraum ein Entgelt von 3 386,25 € zu bescheinigen.

Beispiel 2:

Es gilt der gleiche Sachverhalt wie in Beispiel 1, jedoch besteht Krankenversicherungsfreiheit. Für eine Arbeitsstunde wird ein Lohn von 25 € gezahlt.

Sollentgelt =	4 125,— €	(25 € × 165 Std.)
Istentgelt =	3 187,50 €	(25 € × 127,5 Std.)
Unterschiedsbetrag zwischen Sollentgelt und Istentgelt	937,50 €	
80 % des Unterschiedsbetrages	750,— €	

Für die Beitragsberechnung ist folgendes Bemessungsentgelt zu Grunde zu legen:

Ein-kommensart	KV/PV	RV	ArblV	Meldungen
Istentgelt	entfällt, da Krankenver-sicherungs-freiheit besteht	3 187,50 €	3 187,50 €	3 187,50 €
80 % des Unterschieds-betrages		750,— €		750,— €
Gesamt		3 937,50 € (= SV-Entgelt)	3 187,50 €	3 937,50 € (= SV-Entgelt)

Die Beiträge sind mit nachstehenden Beitragssätzen wie folgt zu berechnen:

Krankenversicherung	13,8 %
Pflegeversicherung	1,7 %
Rentenversicherung	19,1 %
Arbeitslosenversicherung	6,5 %

	AN-Anteil	AG-Anteil
Kurzlohn		
= Krankenversicherung		
= Pflegeversicherung		
= Rentenversicherung	304,41 €	304,41 €
= Arbeitslosenversicherung	103,59 €	103,59 €
Fiktiver Lohn		
= Krankenversicherung		
= Pflegeversicherung		
= Rentenversicherung		143,25 €
= Arbeitslosenversicherung		
Gesamtbetrag	**408,— €**	**551,25 €**

In der nachfolgenden Ab-, Jahres- oder Unterbrechungsmeldung hat der Arbeitgeber für diesen Zeitraum ein Entgelt von 3 938 € zu bescheinigen.

h) Beitragszuschuss zur Kranken- und Pflegeversicherung für Bezieher von Kurzarbeitergeld oder Winterausfallgeld

1453 Bezieher von Kurzarbeitergeld oder Winterausfallgeld, die in der gesetzlichen Krankenversicherung **freiwillig versichert sind,** erhalten nach § 257 Abs. 1 Satz 1 SGB V von ihrem Arbeitgeber als **Beitragszuschuss** die Hälfte des Beitrags, der für einen krankenversicherungspflichtigen Arbeitnehmer bei der Krankenkasse, bei der die Mitgliedschaft besteht, zu zahlen wäre. Dies bedeutet, dass auch insoweit, als für Bezieher von Kurzarbeitergeld oder Winterausfallgeld ein fiktives Arbeitsentgelt zu Grunde gelegt wird, nur **die Hälfte** des hierauf entfallenden Beitrags bezuschusst werden kann. Nach § 257 Abs. 1 Satz 3 SGB V wird jedoch Beziehern von Kurzarbeitergeld oder Winterausfallgeld zusätzlich zu dem Zuschussbetrag nach § 257 Abs. 1 Satz 1 SGB V ein Betrag in Höhe der Hälfte des Beitrags eingeräumt, den der Arbeitgeber bei krankenversicherungspflichtigen Arbeitnehmern nach § 249 Abs. 2 Nr. 3 SGB V als Beitrag (allein) zu tragen hat. Im Ergebnis bedeutet dies, dass in Bezug auf das fiktive Arbeitsentgelt ein Beitragszuschuss in Höhe von 100 % des Beitrags zu zahlen ist.

Beispiel:

Infolge der Kurzarbeit fällt die Hälfte der Arbeitszeit (82 Stunden) aus.

Sollentgelt		4 100,— €
Beitragssatz der Krankenkasse		13,8 %
Monatlicher Beitrag zur freiwilligen Krankenversicherung		465,75 €
Monatlicher Beitragszuschuss (6,9 % von 3 375,— €)		232,87 €
Istentgelt (Kurzlohn)	2 050,— €	
Hierauf entfallener Beitragszuschuss (6,9 % von 2 050,— €)		141,45 €
80 % des Unterschiedsbetrages zwischen Sollentgelt und Istentgelt (4 100 € ⁄ 2 050,— € × 80 % = 1 640,— €, gekürzt auf BBG KV)	1 325,— €	
Hierauf entfallener Beitragszuschuss (6,9 % von 1 325,— €)		91,43 €
Zuzüglich eines Beitrags in Höhe der Hälfte des bei Krankenversicherungspflicht vom Arbeitgeber allein zu tragenden Beitrags		91,43 €
Insgesamt		324,31 €

Der monatliche Beitragszuschuss zur freiwilligen Krankenversicherung beträgt 324,31 €. Die Neuregelung führt dazu, dass der Beitragszuschuss die Hälfte des monatlichen Krankenversicherungsbeitrags übersteigt.

Auch im Bereich der Pflegeversicherung wird in Bezug auf das fiktive Arbeitsentgelt der Beitragszuschuss gleichermaßen auf 100 % des Beitrages aufgestockt (§ 61 Abs. 1 Satz 3 SGB XI).

Für die bei einem **privaten Krankenversicherungsunternehmen** versicherten Arbeitnehmer, die Kurzarbeitergeld oder Winterausfallgeld beziehen, wird hinsichtlich des Beitragszuschusses zur Krankenversicherung in § 257 Abs. 2 Satz 4 SGB V die Vorschrift des § 257 Abs. 1 Satz 3 SGB V für entsprechend anwendbar erklärt. Dies bedeutet, dass die privat krankenversicherten Arbeitnehmer in Bezug auf das Kurzarbeitergeld oder Winterausfallgeld als Beitragszuschuss einen Betrag erhalten, der sich unter Anwendung eines (vollen) durchschnittlichen allgemeinen Beitragssatzes und des bei Krankenversicherungspflicht zu Grunde zu legenden fiktiven Arbeitsentgelts ergibt. Nach ausdrücklicher Bestimmung in § 257 Abs. 2 Satz 4 SGB V erhält der Arbeitnehmer als Beitragszuschuss aber höchstens den Betrag, den er an das private Krankenversicherungsunternehmen zu zahlen hat.

Eine dem § 257 Abs. 2 Satz 4 SGB V vergleichbare Regelung enthält seit dem 1.1.1998 § 61 Abs. 2 Satz 3 SGB XI für den Bereich der Pflegeversicherung, d.h. die in der **privaten Pflegeversicherung** versicherten Arbeitnehmer erhalten in Bezug auf das Kurzarbeitergeld bzw. Winterausfallgeld als Beitragszuschuss einen Betrag in Höhe von 1,7 % des fiktiven Arbeitsentgelts. Höchstens wird aber als Beitragszuschuss der Betrag gezahlt, den der Arbeitnehmer für seine private Pflegeversicherung aufwendet.

i) Beitragsnachweis

1454 In den Zeiträumen, in denen Kurzarbeit geleistet wurde, kann die Einzugsstelle die Beiträge mit den gemeldeten Arbeitsentgelten nicht abstimmen. Der Beitragsnachweis ist daher entsprechend zu kennzeichnen.

Kurzarbeitergeldzuschüsse

1. Lohnsteuer

1455 In mehreren Tarifverträgen ist für Arbeitnehmer neben einem längerfristigen Kündigungsschutz die Regelung enthalten, nach der von den **Arbeitgebern** unter bestimmten Voraussetzungen **Zu-**

zahlungen zum Kurzarbeiter- bzw. Unterhaltsgeld vorgenommen werden.

Die Zuschüsse des Arbeitgebers können im Falle einer betriebsbedingten Kündigung an die Stelle einer **Entlassungsabfindung** treten und eine weiter gehende Belastung des Arbeitgebers aus einem Sozialplan entsprechend § 112 des Betriebsverfassungsgesetzes (BetrVG) ausschließen.

Zuzahlungen zum Kurzarbeiter- und Unterhaltsgeld werden in einigen Tarifverträgen so bemessen, dass sie zusammen mit dem Kurzarbeiter- bzw. Unterhaltsgeld einen bestimmten Prozentsatz des Nettoarbeitsentgelts ausmachen. In diesen Fällen stellen die vom Arbeitgeber ausgezahlten Beträge lohnsteuerrechtlich **Nettobeträge** dar.

Für die steuerliche Behandlung von **Arbeitgeberzuzahlungen** zum Kurzarbeiter- bzw. Unterhaltsgeld gilt Folgendes:

Zuzahlungen des Arbeitgebers beruhen auf Ansprüchen, die der Arbeitnehmer bis zur Auflösung des Dienstverhältnisses erlangt hat. Sie stellen deshalb **weder eine Abfindung** dar noch werden sie wegen der Auflösung des Dienstverhältnisses gezahlt.

Damit sind die Voraussetzungen für die Anwendung des § 3 Nr. 9 EStG nicht gegeben. Die Arbeitgeberzuschüsse gehören zum **steuerpflichtigen Arbeitslohn** (FinMin Sachsen-Anhalt, Erlass vom 16.5.1991, DStR 1991 S. 878).

LSt

2. Sozialversicherung

1456 Zuschüsse des Arbeitgebers zum Kurzarbeitergeld werden nicht dem beitragspflichtigen Arbeitsentgelt in der Sozialversicherung zugerechnet, **soweit sie zusammen mit dem Kurzarbeitergeld das fiktive Arbeitsentgelt** (= 80 % der Differenz zwischen dem ohne den Arbeitsausfall erzielten und dem tatsächlich erzielten Entgelt, d.h. des Unterschiedsbetrages zwischen dem Soll- und dem Istentgelt) **nicht übersteigen**. Das bedeutet, dass diese **Zuschüsse** in der Regel **bei der Berechnung der Beiträge außer Ansatz bleiben** (vgl. Gemeinsames Rundschreiben der Spitzenverbände der Sozialversicherungsträger vom 29.12.1998, Sozialversicherungsbeitrag-Handausgabe 2001 VL 17/15).

Beispiel:

Aus konjunkturellen Gründen wird in einem Betrieb in Dortmund im Monat Juli 2002 Kurzarbeit geleistet. Die Sollarbeitsleistung ohne Kurzarbeit würde 165 Stunden betragen. Der Arbeitsausfall wegen Kurzarbeit beläuft sich auf 75 Stunden. Der Arbeitnehmer Müller (Lohnsteuerkarte III, ohne Kinder) erhält für eine Arbeitsstunde (ohne Kurzarbeit) einen Stundenlohn von 15 €. Der Arbeitgeber zahlt auf Grund einer besonderen Betriebsvereinbarung einen Zuschuss zum Kurzarbeitergeld von 150 €.

Das Kurzarbeitergeld für den Monat Juli 2002 beträgt 424,37 € und übersteigt einschließlich des Kurzarbeitergeldzuschusses von 150 € (zusammen = 574,37 €) nicht das fiktive Arbeitsentgelt (80 % des Unterschiedsbetrages zwischen dem **Sollentgelt** = 165 Stunden × 15 € = **2 475 €** und dem **Istentgelt** = 90 Stunden × 15 € = **1 350 €**) in Höhe von **900 €**. Der Kurzarbeitergeldzuschuss ist somit beitragsfrei in der Sozialversicherung.

SV

Land- und Forstwirtschaft

1. Lohnsteuer

a) Allgemeines

1457 Auch die in der Land- und Forstwirtschaft abhängig Beschäftigten sind Arbeitnehmer. Ein etwaiges Verwandtschaftsverhältnis zwischen Betriebsinhaber und Arbeitnehmer ändert hieran nichts (→ *Angehörige* Rz. 108). Dies gilt auch für Mitglieder von Genossenschaften der Land- und Forstwirtschaft in den neuen Bundesländern (BMF-Schreiben vom 27.2.1991, DB 1991 S. 576).

LSt SV

b) Aushilfskräfte und Saisonarbeiter

1458 Auf Grund der Abhängigkeit land- und forstwirtschaftlicher Betriebe von saisonalen Saat- und Erntearbeiten bieten sich für die Land- und Forstwirte Beschäftigungsverhältnisse mit sog. Saisonarbeitern oder kurzfristig beschäftigten Aushilfskräften an, da diese, sofern sie mit typisch land- und forstwirtschaftlichen Arbeiten beschäftigt sind, der mit 5 % festgelegten pauschalierten Lohnsteuer unterliegen, → *Pauschalierung der Lohnsteuer bei Aushilfs- und Teilzeitbeschäftigten* Rz. 1859.

c) Besonderheiten für ausländische Saisonarbeiter

1459 Seit 1991 besteht die Möglichkeit, Saison- und Aushilfskräfte aus Polen, Rumänien, Ungarn, der Slowakei, der Tschechischen Republik, Bulgarien, Slowenien, Kroatien sowie den weiteren Staaten des ehemaligen Jugoslawiens für eine Dauer von drei Monaten zu beschäftigen. Dabei ist allerdings – neben bestimmten verfahrensrechtlichen Voraussetzungen – erforderlich, dass vor Ort keine deutschen oder aus EG-Ländern stammenden Aushilfskräfte vorhanden sind (zu den weiteren Voraussetzungen siehe Merkblatt der Zentralstelle für Arbeitsvermittlung, Frankfurt/Main).

Die II. Verordnung zur Änderung des Arbeitserlaubnisrechts vom 30.9.1996 (BGBl. I 1996 S. 1491) beschränkt auch Beschäftigungsverhältnisse mit weiteren, oben nicht genannten ausländischen Saisonarbeitern (keine Beschränkung für EG-Mitgliedstaaten) **ab 1998** auf fünf Monate pro Betrieb. Die Verordnung enthält zur Vermeidung wirtschaftlicher Härten Übergangsregelungen.

d) Landwirtschaftliche Entschädigungszahlungen

1460 **Entschädigungen** für eine Tätigkeit als Erheber bei der EG-Strukturerhebung sind als Aufwandsentschädigungen nach § 3 Nr. 12 EStG steuerfrei (FinMin Niedersachsen, Erlass vom 30.1.1967, DB 1967 S. 445).

Entschädigungen an ehrenamtliche und nebenamtliche **Vorstandsmitglieder landwirtschaftlicher Genossenschaften** sind dagegen nicht nach § 3 Nr. 12 EStG steuerfrei.

(LSt) (SV)

Ältere Arbeitnehmer, die ihren **Arbeitsplatz** in einem land- und forstwirtschaftlichen Betrieb in den neuen Bundesländern auf Veranlassung des Arbeitgebers im Rahmen von Maßnahmen zur Produktionseinschränkung, Betriebsstilllegung oder Rationalisierung **aufgeben** müssen, erhalten unter gewissen Voraussetzungen sog. **Anpassungshilfen und Ausgleichsgelder.** Zur steuerlichen Behandlung siehe → *Anpassungshilfe* Rz. 137 sowie → *Ausgleichsgeld nach dem FELEG* Rz. 314.

(LSt) (SV)

2. Sozialversicherung

1461 Selbständige Landwirte sind nach den besonderen Regelungen des KVLG 1989 krankenversicherungspflichtig. Grundsätzlich gilt bei Arbeitsverhältnissen in der Landwirtschaft Sozialversicherungspflicht. Besonderheiten gelten jedoch in folgenden Bereichen:

(LSt) (SV)

a) Mitarbeitende Familienangehörige

1462 Nach dem Zweiten Gesetz über die Krankenversicherung der Landwirte (§ 2 Abs. 1 Nr. 3 KVLG 1989) sind **mitarbeitende Familienangehörige** eines landwirtschaftlichen Unternehmens, wenn sie das 15. Lebensjahr vollendet haben oder als Auszubildende in dem landwirtschaftlichen Unternehmen beschäftigt sind, grundsätzlich versicherungspflichtig in der **landwirtschaftlichen Krankenversicherung** (LKV) (wegen weiterer Einzelheiten vgl. Müller, INF 1996 S. 628 f. und die Gemeinsame Verlautbarung der Spitzenverbände der Krankenkassen vom 1.12.1994, Sozialversicherungsbeitrag-Handausgabe 2001 VL 5 V/17). Daneben besteht eine Versicherungspflicht in der Pflegeversicherung bei der Landwirtschaftlichen Pflegekasse (LPK), wenn eine Mitgliedschaft bei der LKV besteht. Hinsichtlich der **Renten- und Arbeitslosenversicherungspflicht** gelten die gemeinsamen Grundsätze zur Beurteilung der Versicherungspflicht in der Renten- und Arbeitslosenversicherung von mitarbeitenden Familienangehörigen in der Landwirtschaft vom 29.12.1998. Auf Grund dieser gemeinsamen Grundsätze besteht mangels Vorliegens

eines entgeltlichen Beschäftigungsverhältnisses eine **Versicherungspflicht grundsätzlich dann nicht**, wenn im Jahr 2002 die monatlichen Bruttobezüge 580 € in den **alten Bundesländern** bzw. 490 € in den **neuen Bundesländern** nicht überschreiten.

(LSt) (SV)

b) Geringfügig beschäftigte fremde Dritte

1463 Nach § 8 SGB IV ist in der Kranken-, Pflege-, Renten- und Arbeitslosenversicherung versicherungsfrei, wer lediglich eine **geringfügige Beschäftigung** in der Land- und Forstwirtschaft ausübt. Für versicherungsfreie geringfügig entlohnte Beschäftigungen hat der Arbeitgeber unter bestimmten Voraussetzungen Pauschalbeiträge zur Kranken- und Rentenversicherung zu zahlen (→ *Geringfügig Beschäftigte* Rz. 1115).

Land- und forstwirtschaftliche Betriebshilfsdienste

1464 Diese von Land- und Forstwirten oder von der landwirtschaftlichen Alterskasse getragenen Vereine setzen **Betriebshelfer und Landfrauenvertreterinnen** ein, wenn der Land- und Forstwirt oder sein Ehegatte durch Tod, Unfall oder Krankheit ausfällt. Diese Aushilfskräfte sind Fachkräfte, so dass eine Pauschalierung der Lohnsteuer mit 5 % (§ 40a Abs. 3 EStG) nicht zulässig ist. Darüber hinaus sind die Betriebshilfsdienste keine Betriebe i.S. des § 13 EStG (→ *Pauschalierung der Lohnsteuer bei Aushilfs- und Teilzeitbeschäftigten* Rz. 1859).

Zu der Frage, ob Land- und Forstwirte, die als Betriebshelfer in anderen Betrieben tätig werden, **als Arbeitnehmer der Einsatzbetriebe** anzusehen sind, gilt Folgendes (OFD Frankfurt, Verfügung vom 3.6.1991 – S 2331 A - 40 - St II 30 –):

– Die Tätigkeit der **selbständigen Landwirte**, die diese als **Mitglieder eines Maschinenringes** und durch dessen Vermittlung oder allein durch Vermittlung eines Maschinenringes und Betriebshilfsdienstes bei anderen selbständigen Landwirten (Einsatzbetrieben) ausüben, ist als selbständige Hilfs- und Nebentätigkeit anzusehen. Vergütungen, die aus dieser Tätigkeit zufließen, sind deshalb **kein Arbeitslohn.** Dies gilt auch dann, wenn die Vergütung für die Betriebshilfe nicht über den Maschinenring abgerechnet, sondern dem Landwirt unmittelbar vom Einsatzbetrieb gezahlt wird.

– Wird als Betriebshelfer durch Vermittlung des Maschinenringes **nicht ein selbständiger Landwirt**, sondern einer **seiner Arbeitnehmer** oder ein **ohne Arbeitsvertrag tätiger Angehöriger** eingesetzt, so kann in aller Regel davon ausgegangen werden, dass der Betriebshelfer weder Arbeitnehmer des Maschinenringes noch des Einsatzbetriebes wird. Dementsprechend hat **der Landwirt, der sein Personal zur Verfügung stellt, die Arbeitgeberpflichten zu erfüllen.** Soweit er die Vergütungen für die Betriebshilfe, die er entweder unmittelbar vom Einsatzbetrieb oder von diesem über den Maschinenring erhält, an seine Arbeitnehmer weitergibt, hat er den Lohnsteuerabzug nach den allgemeinen Grundsätzen vorzunehmen.

– Eine andere steuerliche Beurteilung ist geboten, wenn die **Vergütung** für die Betriebshilfe dem Betriebshelfer **unmittelbar ausgezahlt und nicht über den Maschinenring oder den entsendenden Betrieb abgerechnet wird.** In diesem Fall kann nicht mehr angenommen werden, dass der Betriebshelfer dem Einsatzbetrieb nur zur Verfügung gestellt wird. Vielmehr ist davon auszugehen, dass zwischen Betriebshelfer und Einsatzbetrieb unmittelbare Rechtsbeziehungen entstehen, die in der Regel **als Arbeitsverhältnis** anzusehen sind. Deshalb hat der Einsatzbetrieb den Steuerabzug vom Arbeitslohn vorzunehmen. Hat der Betriebshelfer die Vergütung für die Betriebshilfen mit dem Einsatzbetrieb frei vereinbart, so ist ein Arbeitsverhältnis zum Einsatzbetrieb auch dann anzunehmen, wenn die dem Betriebshelfer zugeflossene Vergütung über den Maschinenring oder den entsendenden Betrieb verrechnet wird. Hierbei handelt es sich nur um eine Zahlungsmodalität.

Landwirtschaftliche Produktionsgenossenschaft (LPG)

1465 Die **Tätigkeitsvergütungen** an Mitglieder einer Landwirtschaftlichen Produktionsgenossenschaft (LPG) sind seit 1991 als Arbeitslohn zu erfassen.

Gewinnausschüttungen an ein Mitglied der LPG sind kein Arbeitslohn, sondern Einkünfte aus Kapitalvermögen. Die **Verpachtung land- und forstwirtschaftlicher Flächen** an die LPG führt zu Einkünften aus Vermietung und Verpachtung oder zu Einkünften aus Land- und Forstwirtschaft.

Wegen weiterer Einzelheiten vgl. BMF-Schreiben vom 27.2.1991, DB 1991 S. 576, und vom 8.3.1991, DB 1991 S. 1048, sowie BFH, Urteil vom 12.5.1995, BStBl II 1995 S. 579.

Laufender Arbeitslohn

1466 Laufender Arbeitslohn ist der Arbeitslohn, der dem Arbeitnehmer **regelmäßig fortlaufend** für den Lohnzahlungszeitraum (Monat, Woche, Tag) zufließt. Er kann auch in der Höhe schwanken, wie z.B. laufend zufließende Tantiemen.

Beispiele für laufenden Arbeitslohn nach R 115 Abs. 1 LStR:

- Monatsgehälter,
- Wochen- und Tagelöhne,
- Mehrarbeitsvergütungen,
- Zuschläge und Zulagen,
- geldwerte Vorteile aus der ständigen Überlassung von Dienstwagen zur privaten Nutzung,
- Nachzahlungen und Vorauszahlungen, wenn sich diese ausschließlich auf Lohnzahlungszeiträume beziehen, die im Kalenderjahr der Zahlung enden,
- Arbeitslohn für Lohnzahlungszeiträume des abgelaufenen Kalenderjahrs, der innerhalb der ersten drei Wochen des nachfolgenden Kalenderjahrs zufließt.

Beispiel:

Der Arbeitgeber zahlt seinen Arbeitnehmern das Dezembergehalt für 2001 erst am 10.1.2002 aus.

Beim Dezembergehalt handelt es sich um Arbeitslohn für einen Lohnzahlungszeitraum des abgelaufenen Kalenderjahrs. Da es innerhalb der ersten drei Wochen des nachfolgenden Kalenderjahrs (also bis zum 21.1.2002) zufließt, ist laufender Arbeitslohn anzunehmen. Das Dezembergehalt ist trotz der Auszahlung am 10.1.2002 bereits im Kalenderjahr 2001 zu versteuern.

Laufender Arbeitslohn ist nach dem in § 39b Abs. 2 EStG beschriebenen Verfahren zu besteuern (→ *Lohnsteuertabellen* Rz. 1655).

Vom laufenden Arbeitslohn sind die **sonstigen Bezüge** zu unterscheiden (→ *Sonstige Bezüge* Rz. 2232).

Lebensführung: Aufwendungen

1467 Aufwendungen für die Lebensführung sind nach § 12 EStG grundsätzlich weder bei den einzelnen Einkunftsarten noch vom Gesamtbetrag der Einkünfte abziehbar. Ausgenommen hiervon sind die **Sonderausgaben** sowie die **außergewöhnlichen Belastungen** (→ *Lohnsteuer-Ermäßigungsverfahren* Rz. 1599).

Aufwendungen für die **Lebensführung sind Kosten**, die **nicht ausschließlich durch die Einkunftserzielung veranlasst** sind. In § 12 EStG werden hierfür beispielhaft Aufwendungen für den **Haushalt und den Unterhalt von Familienangehörigen** genannt. Das bedeutet, dass damit insbesondere die Aufwendungen für Ernährung, Wohnung sowie Kleidung grundsätzlich nicht abziehbar sind. Etwas anderes gilt nur, wenn sie ausschließlich beruflich veranlasst sind. Die Abgrenzung abzugsfähige **Werbungskosten** – nicht abzugsfähige Kosten der Lebensführung ist ausführlich bei den einzelnen Stichworten und

besonders bei → *Lohnsteuer-Ermäßigungsverfahren* Rz. 1580 dargestellt.

Für den **Arbeitgeber** bedeutet dies, dass er Aufwendungen für die Lebensführung des Arbeitnehmers diesem nicht steuerfrei ersetzen darf; ein solcher Ersatz ist immer **steuerpflichtiger Arbeitslohn**.

Lebensversicherung

1. Allgemeines

Aufwendungen des **Arbeitgebers** zu einer Lebensversicherung 1468 des Arbeitnehmers sind grundsätzlich lohnsteuerpflichtig (§ 2 Abs. 2 Nr. 3 LStDV).

Soweit der Arbeitgeber Zuschüsse zu einer Lebensversicherung leistet, weil der Arbeitnehmer von der Versicherungspflicht in der gesetzlichen Rentenversicherung befreit worden ist, sind die Zuschüsse nach § 3 Nr. 62 EStG lohnsteuer- und beitragsfrei.

Versicherungsbeiträge des Arbeitgebers für die Zukunftssicherung des Arbeitnehmers können als **Sonderausgaben** des Arbeitnehmers abgezogen werden, es sei denn, dass der Arbeitgeber die Lohnsteuer für diese Beiträge **pauschal** berechnet und übernommen hat. Einzelheiten zur Lohnsteuerpauschalierung → *Zukunftssicherung: Betriebliche Altersversorgung* Rz. 2736.

Aufwendungen des **Arbeitnehmers** zu einer Lebensversicherung können als Sonderausgaben steuermindernd berücksichtigt werden (→ *Lohnsteuer-Ermäßigungsverfahren* Rz. 1580).

2. Besonderheiten für Zuschüsse des Arbeitgebers

Zahlt der Arbeitgeber zu einer Lebensversicherung seines Arbeit- 1469 nehmers Zuschüsse, ist allerdings zu unterscheiden zwischen einer zusätzlichen, ggf. neben der gesetzlichen Rentenversicherung abgeschlossenen Lebensversicherung und einer „befreienden" Lebensversicherung.

a) „Zusatz"-Lebensversicherung

Prämienzahlungen des Arbeitgebers für eine neben der Renten- 1470 versicherung zusätzlich abgeschlossene Lebensversicherung seines Arbeitnehmers gehören zum Arbeitsentgelt und sind damit sowohl lohnsteuerpflichtig als auch beitragspflichtig in der Sozialversicherung, es sei denn, der Arbeitgeber hat die Pauschalbesteuerung beantragt und führt sie durch. Einzelheiten zur Lohnsteuerpauschalierung → *Zukunftssicherung: Betriebliche Altersversorgung* Rz. 2736.

b) „Befreiende" Lebensversicherung

Anders ist der Sachverhalt zu beurteilen, wenn der Arbeitnehmer 1471 von der gesetzlichen Rentenversicherung befreit wurde und der Arbeitgeber **auf Grund gesetzlicher Verpflichtung** Zuschüsse zu einer „befreienden" Lebensversicherung zahlt. Diesen Zuschüssen gleichgestellt sind auch die **Aufwendungen des Arbeitgebers** für

- die mit einer betrieblichen Pensionskasse abgeschlossenen Lebensversicherungsverträge,
- eine freiwillige Weiterversicherung in der gesetzlichen Rentenversicherung,
- eine öffentlich-rechtliche Versicherungs- oder Versorgungseinrichtung seiner Berufsgruppe.

Zu möglichen **Befreiungen** von der gesetzlichen Rentenversicherung siehe R 24 Abs. 3 LStR.

Ein Befreiungstatbestand ist dann zu verneinen, wenn der Arbeitgeber trotz Wegfalls der Lohnzahlung (etwa bei unbezahltem Urlaub) die Lebensversicherung seines Arbeitnehmers freiwillig

Lebensversicherung

weiterhin bezuschusst. Diese Zuschüsse sind dann ebenfalls als steuerpflichtiger Arbeitslohn zu qualifizieren.

Zuschüsse des Arbeitgebers zu einer Lebensversicherung des Arbeitnehmers, der auf seinen Antrag hin von der gesetzlichen **Rentenversicherung befreit wurde**, sind in ihrer Höhe insoweit **steuerfrei**, als sie insgesamt bei Befreiung von der Rentenversicherung der Angestellten die Hälfte und bei Befreiung von der Versicherungspflicht in der knappschaftlichen Rentenversicherung zwei Drittel der Gesamtaufwendungen des Arbeitnehmers nicht übersteigen und insgesamt nicht höher sind als der Arbeitgeberanteil bei Versicherungspflicht.

Der **steuerfreie Arbeitgeberzuschuss** kann **unmittelbar** an den **Versicherungsträger** gezahlt werden. **Auch** an den **Arbeitnehmer** ist die Zahlung möglich, jedoch hat dieser dann bis zum 30. April eines Jahres eine Bescheinigung des Versicherungsträgers über die Einzahlung vorzulegen. Diese **Bescheinigung** ist zu den Personalunterlagen zu nehmen (R 24 Abs. 4 LStR). Einzelheiten → *Zukunftssicherung: Gesetzliche Altersversorgung* Rz. 2762.

Lehrabschlussprämien

1472 Lehrabschlussprämien werden Auszubildenden häufig als Belohnung nach Bestehen ihrer Prüfung gezahlt, solche Vergütungen sind steuerpflichtig.

Wird lediglich ein **Sachgeschenk** bis zu einem Wert von 40 € als Prämie überreicht, liegt eine steuerfreie Aufmerksamkeit vor, → *Annehmlichkeiten* Rz. 134.

Lehrzulagen

1473 Lehrzulagen, die Arbeitnehmern, die für die Ausbildung im Betrieb zuständig sind, neben dem laufenden Arbeitslohn gezahlt werden, sind steuerpflichtig.

Im öffentlichen Dienst können solche Zahlungen als Aufwandsentschädigungen steuerfrei sein (→ *Aufwandsentschädigungen im öffentlichen Dienst* Rz. 309).

Leitende Angestellte

1474 Eine **Sonderstellung** im Betrieb und damit auch in der Betriebsverfassung nehmen die **leitenden Angestellten** nach § 5 Abs. 3 und 4 BetrVG ein. Sie sind zwar in ihrer arbeitsrechtlichen Stellung Arbeitnehmer, **also keine Arbeitgeber**, jedoch „**Arbeitnehmer mit Unternehmerfunktionen**". Das ist letztlich auch entscheidender Inhalt des Begriffes „Leitender Angestellter" nach § 5 Abs. 3 BetrVG. Zu weiteren Einzelheiten siehe auch → *Arbeitnehmer* Rz. 163; → *Gesellschafter/Gesellschafter-Geschäftsführer* Rz. 1155; → *Geschäftsführer* Rz. 1147; → *Vorstandsmitglieder* Rz. 2584.

Lesezirkel: Werbe-Vergütungen

1475 Lesezirkel erhalten von Illustrierten- und Zeitschriftenverlagen Geldbeträge, die an die Boten als Vergütung für die Reklamebeschriftung der boteneigenen Fahrzeuge weitergegeben werden. Diese Vergütungen sind Arbeitslohn der Boten, von dem der Lesezirkel den Lohnsteuerabzug vorzunehmen hat (FG Schleswig-Holstein, Urteil vom 24.11.1964, EFG 1965 S. 286).

Lohnabrechnungszeitraum

Der Zeitraum, für den jeweils der laufende Arbeitslohn gezahlt **1476** wird, wird als Lohnzahlungszeitraum bezeichnet, vgl. R 118 Abs. 2 LStR sowie → *Berechnung der Lohnsteuer* Rz. 521.

Das Sozialgesetzbuch regelt für den Bereich der **Sozialversicherung** nicht ausdrücklich die Zeitspannen für Lohnabrechnungszeiträume. Lediglich § 23 SGB IV legt eine monatliche Fälligkeit der Beiträge fest, so dass von einem monatlichen Lohnabrechnungszeitraum im Regelfall auszugehen ist. Denkbar und gelegentlich auch noch anzutreffen sind aber auch vier- oder fünfwöchentliche oder kürzere Lohnabrechnungszeiträume (→ *Fälligkeit der Sozialversicherungsbeiträge* Rz. 974).

Erstreckt sich der Lohnabrechnungszeitraum über ein Kalenderjahr hinaus, so ist er **für die Berechnung der Sozialversicherungsbeiträge aufzuteilen**. Dies gilt ggf. auch für die Monate, zu deren Beginn sich Beitragssätze zu einzelnen Zweigen der Sozialversicherung im Laufe eines Jahres ändern.

Beispiel 1:

Der Beitragssatz zur Krankenversicherung ist zum 1.7. von 13,2 % auf 13,6 % angehoben worden.

Lohnabrechnungszeitraum ist der 15.6.–14.7.

Die Berechnung der Beiträge zur Krankenversicherung erfolgt

– vom 15.6.–30.6. mit 13,2 % und

– vom 1.7.–14.7. mit 13,6 %.

Dabei dürfen die monatlichen Beitragsbemessungsgrenzen nicht überschritten werden, so dass die Monate immer mit 30 Tagen anzusetzen sind.

Beispiel 2:

Lohnabrechnungszeitraum ist der 15.7.–14.8.

Zum 1.8. wird eine Beitragssatzänderung wirksam

Aufzuteilen ist:

– vom 15.7.–31.7. = **16 Tage** (nicht 17!),

– vom 1.8.–14.8. = 14 Tage,

so dass sich insgesamt ein Abrechnungszeitraum von 30 Tagen ergibt.

Die Beitragsbemessungsgrenze ist für jeden Teilabrechnungszeitraum individuell zu ermitteln.

Beispiel 3:

Teilabrechnungszeitraum ist die Zeit vom 15.7.–31.7.2002 = 16 Beitragstage (s.o.).

Die Beitragsbemessungsgrenze in der Kranken- und Pflegeversicherung beträgt monatlich 2002 = 3 375 € oder täglich 112,50 €. Für den Teilabrechnungszeitraum liegt die Beitragsbemessungsgrenze somit bei 1 800 €.

Wird in einem Kalendervierteljahr zweimal für vier Wochen und einmal für fünf Wochen abgerechnet, ist die jeweilige Beitragsbemessungsgrenze entsprechend zu ermitteln.

Besteht z.B. wegen des Beginns oder Endes des Beschäftigungsverhältnisses oder wegen Beitragsfreiheit bei Krankengeldbezug Beitragspflicht nur für einen Teillohnzahlungszeitraum, sind die Beiträge für die tatsächlichen Kalendertage unter Berücksichtigung der Teil-Beitragsbemessungsgrenze zu ermitteln. Weitere Ausführungen siehe → *Beiträge zur Sozialversicherung* Rz. 438; → *Teillohnzahlungszeitraum* Rz. 2371.

Vermögenswirksame Leistungen sind ggf. dem Arbeitsentgelt in voller Höhe hinzuzurechnen, es sei denn, durch entsprechende Vereinbarungen ist festgelegt, dass die vermögenswirksame Leistung in einem Teillohnabrechnungszeitraum tageweise aufgeteilt wird. In diesem Fall ist nur der auf die Entgeltzeit entfallende Teil beitragspflichtig; der auf die Krankengeldbezugszeit entfallende Teil wird als Zuschuss zum Krankengeld behandelt.

Lohnausgleichskasse

1. Lohnsteuer

Nach tarifvertraglichen Regelungen haben Arbeitnehmer im **Bau-** **1477** **gewerbe** sowie im **Dachdeckerhandwerk** für die arbeitsfreien Tage vom 24. Dezember bis zum 26. Dezember und vom 31. Dezember bis zum 1. Januar Anspruch auf einen Lohnausgleich. Im Gerüstbaugewerbe gilt der Zeitraum vom 24. Dezember bis 1. Januar. Die hierfür erforderlichen Mittel werden durch Abführung bestimmter Prozentsätze der Bruttolohnsumme an die Ausgleichskassen durch den **Arbeitgeber aufgebracht**. Diese für die Durchführung des Lohnausgleiches an die Lohnausgleichskassen abzuführenden Beiträge des Arbeitgebers sind kein steuer- oder sozialversicherungspflichtiger Arbeitslohn.

⌐LSt⌐ (SV)

Die **Auszahlung des Lohnausgleiches** durch den Arbeitgeber an seinen Beschäftigten ist steuer- und in der Sozialversicherung beitragspflichtiger Arbeitslohn. Dabei ist der Lohnausgleichsbetrag auf die Lohnabrechnungszeiträume zu verteilen, für die er gezahlt wurde. Wegen seiner Zeitbezogenheit handelt es sich hierbei nicht um einmalig gezahltes, sondern um **laufendes Arbeitsentgelt**. Vgl. auch → *Dachdeckerhandwerk: Lohnausgleich* Rz. 635.

⌐LSt⌐ (SV)

2. Sozialversicherung

1478 Ist der Arbeitnehmer innerhalb des Lohnausgleichszeitraumes arbeitsunfähig krank und bezieht er Krankengeld, ruht für die Dauer der Lohnausgleichszahlung der Anspruch auf Krankengeld nach § 49 SGB V mit der Maßgabe, dass auch Sozialversicherungsbeiträge zeitraumbezogen zu entrichten sind.

Wurde aus Anlass der Arbeitsunfähigkeit bereits eine Unterbrechungsmeldung erstattet, ist das beitragspflichtige Entgelt/der Lohnausgleich zeitraumbezogen zu melden (→ *Meldungen für Arbeitnehmer in der Sozialversicherung* Rz. 1699).

Lohnersatzleistungen

1479 Lohnersatzleistungen (wie z.B. das Krankengeld, Arbeitslosengeld, Teilarbeitslosengeld, Winterausfallgeld, vgl. im Übrigen die Aufzählung im § 32b EStG) sind regelmäßig steuerfrei (§ 3 Nr. 2 EStG). Sie unterliegen allerdings dem Progressionsvorbehalt, → *Progressionsvorbehalt* Rz. 1924.

⌐LSt⌐

Mit Wirkung vom 1.1.1984 ist die **Beitragspflicht der „Lohnersatzleistungen"**, d.h. der Geldleistungen der Sozialversicherungsträger, eingeführt worden. Danach haben diese, aber auch die Träger der Kriegsopferversorgung und -fürsorge, die anstelle des ausgefallenen Arbeitsentgeltes z.B. Krankengeld, Übergangsgeld, Verletztengeld usw. gewähren, Beiträge aus den Geldleistungen zu zahlen. Diese Beiträge werden **je zur Hälfte durch den Versicherten** im Wege des Einbehalts an der zustehenden Geldleistung (wie beim Entgeltabzugsverfahren durch den Arbeitgeber) und **durch den Leistungsträger** aus seinem Vermögen aufgebracht. Der Leistungsträger tritt insoweit an die Stelle des Arbeitgebers; ihm obliegen grundsätzlich die gleichen Verpflichtungen hinsichtlich der Berechnung, Abführung und Meldung z.B. an den Rentenversicherungsträger.

Lohnfortzahlung: Erstattung für Kleinbetriebe

1. Recht der Lohn-/Entgeltfortzahlung

Das Recht der Lohn-(Entgelt-)fortzahlung ist seit dem 1.6.1994 in dem „Gesetz über die Zahlung des Arbeitsentgeltes an Feiertagen und im Krankheitsfall – Entgeltfortzahlungsgesetz (EFZG)" zusammengefasst und vereinheitlicht worden (→ *Entgeltfortzahlung* Rz. 826). Dieses Gesetz löst in weiten Teilen das frühere „Gesetz über die Lohnfortzahlung des Entgelts im Krankheitsfalle – Lohnfortzahlungsgesetz (LFZG)" ab, ohne es insgesamt zu ersetzen. Das LFZG regelt in den §§ 10 ff. weiterhin den **Ausgleich von Arbeitgeberaufwendungen im Krankheitsfalle des Arbeitnehmers durch** die Teilnahme der Betriebe an der Entgeltfortzahlungsversicherung (Umlageverfahren) und die Höhe der Erstattungsansprüche bei fortgezahltem Arbeitsentgelt. Es handelt sich also um ein überbetriebliches Ausgleichsverfahren. **1480**

2. Voraussetzungen für Teilnahme am Umlageverfahren

a) Allgemeines

Durchgeführt wird die Lohnfortzahlungsversicherung nur von den Allgemeinen Ortskrankenkassen, den Innungskrankenkassen sowie von der See-Krankenkasse und der Bundesknappschaft. Die Ersatzkassen sind hieran nicht beteiligt, so dass Betriebe, deren Arbeitnehmer teilweise oder ausschließlich bei Ersatzkassen versichert sind, zusätzlich das Ausgleichsverfahren nach dem LFZG bei der Krankenkasse durchführen, bei der der Arbeitnehmer ohne Mitgliedschaft in einer Ersatzkasse versichert wäre. **1481**

Die **Teilnahme des Arbeitgebers** wird von den Kranken-(Umlage-)kassen bei der Eröffnung des Betriebes, ansonsten zu Beginn eines Kalenderjahres **festgestellt**. Nicht zwingend erforderlich ist eine förmliche Bestätigung der Teilnahme an der Lohnfortzahlungsversicherung. Die Teilnahme gilt grundsätzlich bis zum Ende des Kalenderjahres. Zum neuen Jahr ist auf der Grundlage der Beschäftigtenzahlen des Vorjahres über die weitere Teilnahme zu entscheiden.

b) Anrechenbare Arbeitnehmer

Der Lohnfortzahlungsversicherung gehören die Arbeitgeber an, die **regelmäßig nicht mehr als 20 Arbeitnehmer** beschäftigen. Durch Satzungsbestimmung der Kranken-(Umlage-)kassen **kann** diese Grenze **auf 30 Arbeitnehmer angehoben werden**. Hiervon wurde insbesondere in den neuen Bundesländern Gebrauch gemacht. **1482**

Bei der **Ermittlung der maßgeblichen Zahl der Beschäftigten** werden grundsätzlich alle Arbeitnehmer des Betriebes ohne Rücksicht auf ihre versicherungsrechtliche Stellung oder ihre Krankenkassenzugehörigkeit einbezogen. **Dies gilt jedoch nicht für**

– die zu ihrer Berufsausbildung Beschäftigten (Auszubildende, Praktikanten, Volontäre),

– Arbeitnehmer während des Wehr- oder Zivildienstes,

– Vorruhestandsgeldbezieher,

– Heimarbeiter und Hausgewerbetreibende,

– Schwerbehinderte und ihnen Gleichgestellte.

Auch Personen, die im Rahmen von **Arbeitsbeschaffungsmaßnahmen** nach §§ 260 ff. SGB III den Betrieben zugewiesen sind, werden bei der Ermittlung nicht miteinbezogen, weil sie nicht „regelmäßig" beim Arbeitgeber beschäftigt sind.

Arbeitnehmer im Erziehungsurlaub werden dann mitgezählt, wenn für sie kein anderer Arbeitnehmer beschäftigt wird.

Bei **Teilzeitbeschäftigten** ist für die Feststellung der Teilnahme an der Lohnfortzahlungsversicherung die regelmäßige wöchentliche Arbeitszeit maßgebend. Angerechnet werden Arbeitnehmer mit einer wöchentlichen Arbeitszeit von

– mehr als 30 Stunden mit dem Faktor 1,

– mehr als 20 bis 30 Stunden mit dem Faktor 0,75,

– mehr als 10 bis 20 Stunden mit dem Faktor 0,5.

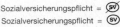
Beträgt die wöchentliche Arbeitszeit eines Arbeitnehmers bis zu 10 Stunden, erfolgt keine Anrechnung auf die Zahl der im Betrieb Beschäftigten.

Beispiel 1:

Im Betrieb Beschäftigte	Anrechnung nach LFZG
	Zahl der Arbeitnehmer × Faktor = Summe
3 vollzeitbeschäftigte Angestellte	3 × 1 = 3,0
2 teilzeitbeschäftigte Angestellte mit 25 Wochenarbeitsstunden	2 × 0,75 = 1,5
9 vollzeitbeschäftigte Arbeiter	9 × 1 = 9,0
3 Beschäftigte mit 10 Wochenarbeitsstunden	keine Anrechnung
2 Beschäftigte mit 15 Wochenarbeitsstunden	2 × 0,5 = 1,0
1 Wehrdienstleistender	keine Anrechnung
1 Auszubildender	keine Anrechnung
1 Schwerbehinderter	keine Anrechnung
22 Arbeitnehmer	**Zahl der anrechenbaren Arbeitnehmer: 14,5**

Das Unternehmen nimmt an der Lohnfortzahlungsversicherung teil, weil es nicht mehr als 20 (anrechenbare) Arbeitnehmer beschäftigt.

Bei Arbeitgebern mit mehreren Betrieben wird die Zahl der Beschäftigten zusammengerechnet.

Beispiel 2:

Der Arbeitgeber unterhält in A. einen Produktionsbetrieb mit zwölf anrechenbaren Mitarbeitern. In B. und C. betreibt er Einzelhandelsgeschäfte mit fünf bzw. sieben ebenso anrechenbaren Mitarbeitern.

Die Gesamtzahl der Mitarbeiter beträgt 24, also keine Teilnahme an der Lohnfortzahlungsversicherung.

Eine Zusammenrechnung mehrerer Betriebe erfolgt dann nicht, wenn der Arbeitgeber an zwei voneinander unabhängigen, rechtlich selbständigen Betrieben beteiligt ist.

Beispiel 3:

Der Arbeitgeber unterhält in A. als Einzelfirma einen Betrieb mit 18 Mitarbeitern. In seinem Haushalt ist zusätzlich eine Hausangestellte tätig. Daneben ist er an einer GmbH beteiligt, die 15 Mitarbeiter beschäftigt.

Beide Betriebe nehmen an der Lohnfortzahlungsversicherung teil. Die Hausangestellte ist der Einzelfirma zuzurechnen, jedoch wird die Zahl von 20 Beschäftigten nicht erreicht. Die GmbH ist als rechtlich selbständiger Betrieb unabhängig von dem Einzelunternehmen zu bewerten.

c) Berücksichtigung betrieblicher Besonderheiten

1483 Der Arbeitgeber nimmt an der Lohnfortzahlungsversicherung und damit am Ausgleich seiner Aufwendungen für die Entgeltfortzahlung nur teil, wenn er im **Vorjahr** regelmäßig, d.h. **in einem Zeitraum von mindestens acht Monaten nicht mehr als 20** (30) **Arbeitnehmer** beschäftigt hat.

Beispiel für die Feststellung der „Regelmäßigkeit" zur Teilnahme an der Lohnfortzahlungsversicherung für das Jahr 2002:

Zahl der Arbeitnehmer 2001		Zahl der Monate mit weniger als 20 Arbeitnehmern
Januar bis Mai	= 17	5
Juni bis September	= 21	–
Oktober bis Dezember	= 19	3
gesamt:		8

Da in einem Zeitraum von acht Monaten weniger als 20 Arbeitnehmer im Vorjahr 2001 beschäftigt waren, nimmt der Arbeitgeber am Umlageverfahren teil.

Hat der **Betrieb nicht während des gesamten Vorjahres bestanden**, besteht die Teilnahmeverpflichtung, wenn während des Zeitraumes des Bestehens des Betriebes in der überwiegenden Zahl der Kalendermonate nicht mehr als 20 (30) Arbeitnehmer beschäftigt wurden.

Beispiel:

Neuerrichtung des Betriebes im Mai 2001,

Zahl der verbleibenden Monate im Jahr 2001 = 8

Zahl der Arbeitnehmer 2001		Zahl der Monate
Mai bis Juli	= 15	3
August bis Dezember	= 21	5

Der Betrieb nimmt 2002 **nicht** an der Entgeltfortzahlungsversicherung teil, weil in der überwiegenden Zahl der Monate mehr als 20 Arbeitnehmer beschäftigt wurden.

Wird der **Betrieb im Laufe des Jahres neu errichtet**, ist die Teilnahme vorgesehen, wenn anzunehmen ist, dass die Zahl der Beschäftigten in der überwiegenden Zahl der Kalendermonate dieses Jahres 20 (30) nicht übersteigt. Entwickeln sich die tatsächlichen Verhältnisse anders als angenommen, verbleibt es bis zum Jahresende bei der getroffenen Entscheidung.

3. Erstattungsanspruch

a) Antrag

1484 Die Erstattung der Arbeitgeberaufwendungen bei Entgeltfortzahlung erfolgt auf Antrag; Zwischenabrechnungen sind möglich.

b) Beginn und Ende

1485 Der Erstattungsanspruch des Arbeitgebers gegen die Kranken-(Umlage-)kasse **beginnt** mit dem Tag der Teilnahme an der Lohnfortzahlungsversicherung; das gilt auch dann, wenn die Verpflichtung zur Weiterzahlung des Entgeltes schon vor der Teilnahme an der Lohnfortzahlungsversicherung eingesetzt hat. **Endet** die Teilnahme am Umlageverfahren mit Ablauf des Kalenderjahres, weil es für die Zukunft (vorläufig) an den notwendigen Voraussetzungen fehlt (z.B. Anstieg der Zahl anrechenbarer Arbeitnehmer über das nach dem LFZG zulässige Maß hinaus), sind auch nur bis zu diesem Zeitpunkt die Aufwendungen erstattungsfähig.

Beispiel:

Teilnahme an der Lohnfortzahlungsversicherung vom 1.1.2001 bis 31.12.2001

Umlagepflicht vom 1.1.2001 bis 31.12.2001

1. Entgeltfortzahlung durch Arbeitgeber vom 20.12.2000 bis 27.1.2001
   Erstattungsanspruch vom 1.1.2001 bis 27.1.2001

2. Entgeltfortzahlung durch Arbeitgeber vom 11.12.2001 bis 15.1.2002
   Erstattungsanspruch vom 11.12.2001 bis 31.12.2001

c) Dauer und Höhe der Erstattung

1486 Der Erstattungsanspruch für das vom Arbeitgeber fortgezahlte Arbeitsentgelt erstreckt sich auf die Dauer der Entgeltfortzahlung, **höchstens** jedoch auf **sechs Wochen.**

Erstattet wird das an Arbeiter und Auszubildende – nicht an Angestellte – während einer Arbeitsunfähigkeit fortgezahlte Arbeitsentgelt in Höhe von **höchstens 80 %** sowie die auf das fortgezahlte Arbeitsentgelt entfallenden Arbeitgeberanteile an den Gesamtsozialversicherungsbeiträgen.

Die Satzungen der Kranken-(Umlage-)kassen können den Erstattungsanspruch weiter **beschränken,** sehen zum Teil aber auch abgestufte, durch den Arbeitgeber wählbare Erstattungssätze vor. Dabei richtet sich dann die Höhe des Umlagesatzes nach der Höhe des gewählten Erstattungssatzes. Im Rahmen ihrer Satzungsautonomie können die Kassen auch die Erstattung der Arbeitgeberanteile an den Gesamtsozialversicherungsbeiträgen anders handhaben. Häufig wird die Erstattung der Beitragsanteile als mit der Erstattung des fortgezahlten Entgeltes für abgegolten erklärt. Im Einzelfall ist hier die Auskunft der Kranken-(Umlage-)kasse einzuholen.

Weiter werden in voller Höhe, d.h. zu 100 % erstattet

– der vom Arbeitgeber gezahlte **Zuschuss zum Mutterschaftsgeld,**

– das vom Arbeitgeber bei **Beschäftigungsverboten** nach § 11 Mutterschutzgesetz gezahlte Entgelt sowie die hierauf entfallenden Arbeitgeberanteile zur Sozialversicherung.

Dagegen sind die Arbeitgeberanteile, die auf die bei Beschäftigungsverboten nach dem Mutterschutzgesetz gezahlten Entgelte entfallen, **in voller Höhe zu erstatten**.

Durch das Gesetz zur Änderung des Mutterschutzrechts vom 20.12.1996 (BGBl. I 1996 S. 2110) sind auf Grund dessen Artikel 2 (Änderung des Lohnfortzahlungsgesetzes) diese Erstattungssätze mit Wirkung **zum 1.1.1997** aus dem Gestaltungsrahmen der Satzung der einzelnen Kranken-(Umlage-)kasse herausgenommen und einheitlich festgelegt worden; eine Kürzung dieser 100 %-Erstattung durch Satzungsbestimmung ist also nicht zulässig.

Erstattungsfähig ist das nach den maßgebenden Rechtsvorschriften fortgezahlte **laufende Arbeitsentgelt**. Einmalzahlungen während der Dauer des Entgeltfortzahlungszeitraumes gehören nicht zu den erstattungsfähigen Aufwendungen.

Beruht die Arbeitsunfähigkeit auf einem Ereignis, für das ein **Dritter** (Schädiger) **schadensersatzpflichtig** ist, hat der Arbeitgeber zwar den Anspruch auf Entgeltfortzahlung zu erfüllen, jedoch geht der gegen den Schädiger gerichtete Ersatzanspruch des Arbeitnehmers auf Verdienstausfall in Höhe des fortgezahltes Entgeltes und der Nebenleistungen (z.B. Arbeitgeberanteile an den Sozialversicherungsbeiträgen, Urlaubs- und Weihnachtsgeld, zusätzliche Aufwendungen für die Altersversorgung) anteilig auf den Arbeitgeber über. Der Arbeitnehmer hat dem Arbeitgeber alle zur Durchsetzung des Schadensersatzanspruches notwendigen Angaben zu machen. Kommt der Beschäftigte dieser Verpflichtung nicht nach, kann der Arbeitgeber für die Dauer der Weigerung die Entgeltfortzahlung versagen.

Die Erstattung der Arbeitgeberaufwendungen aus der Lohnfortzahlungsversicherung bedingt, dass der Arbeitgeber einen evtl. auf ihn übergegangenen Schadensersatzanspruch anteilig an die Kranken-(Umlage-)kasse abtritt.

d) Verjährung

1487 Der Erstattungsanspruch verjährt in vier Jahren nach Ablauf des Kalenderjahres, in dem er entstanden ist.

Beispiel:

Entgeltfortzahlung vom 20.12.2001 bis 29.12.2001

Erstattungsanspruch für den Zeitraum 20.12.2001 bis 29.12.2001

Erstattungsanspruch verjährt am 31.12.2005

4. Finanzierung

a) Allgemeines

1488 Die Finanzierung des Erstattungsverfahrens erfolgt durch eine **Umlage, die ausschließlich von den Betrieben aufzubringen ist** (kein Gesamtsozialversicherungsbeitrag). Dabei werden getrennte Kassen für die Erstattungen der Aufwendungen für **Krankheit (Umlage 1)** und bei **Mutterschaft (Umlage 2)** mit unterschiedlichen Umlagesätzen geführt. Festgesetzt wird die Höhe des Umlagesatzes ausschließlich durch die Arbeitgebervertreter in den Verwaltungsräten der Krankenkassen, weil die Versicherten nicht an der Finanzierung beteiligt sind.

b) Bemessungsgrundlage

1489 Bemessungsgrundlage für die Umlagebeträge ist das Entgelt, nach dem die Beiträge zu den gesetzlichen Rentenversicherungen für die im Betrieb Beschäftigten berechnet werden oder bei Versicherungspflicht in den gesetzlichen Rentenversicherungen zu berechnen wären. Dadurch ist gewährleistet, dass auch für solche Beschäftigte Umlagebeträge erhoben werden, die z.B. wegen Geringfügigkeit der Beschäftigung nicht versicherungspflichtig sind, für die der Arbeitgeber aber gleichwohl nach dem Urteil des BAG vom 9.10.1991 – 5 AZR 598/90 – (in Fortsetzung einer Entscheidung des Europäischen Gerichtshofes vom 13.7.1989 – Rs 171/88 –) das Entgelt in gleichem Umfang wie für versicherungspflichtig Beschäftigte fortzuzahlen hat und einen Erstattungsanspruch geltend machen kann.

Dabei werden sowohl das laufende Arbeitsentgelt als auch einmalig gezahltes Arbeitsentgelt zu Grunde gelegt. **Nicht umlagepflichtig** sind dagegen die Vergütungen für

- Heimarbeiter und Hausgewerbetreibende sowie für
- Vorruhestandsgeldbezieher.

c) Berechnung

1490 Für die Berechnung der Umlage werden neben den Arbeitsentgelten der Arbeitgeber auch die an Schwerbehinderte und die an geringfügig Beschäftigte gezahlten Entgelte herangezogen, weil dieser Personenkreis nach In-Kraft-Treten des EFZG infolge einer Entscheidung des Europäischen Gerichtshofes in die Entgeltfortzahlung einzubeziehen ist und die an diesen Personenkreis geleistete Entgeltfortzahlung erstattungsfähig ist (→ *Entgeltfortzahlung* Rz. 826).

Für **Bezieher von Kurzarbeiter- und Winterausfallgeld** ist nur das **tatsächlich erzielte Arbeitsentgelt** Grundlage für die Umlageberechnung. Die Leistungen des Arbeitsamtes sowie das ausgefallene Entgelt sind hier ohne Bedeutung.

Bei der Berechnung der Umlage für den Ausgleich der Arbeitgeberaufwendungen bei der Entgeltfortzahlung wegen Krankheit **(Umlage 1)** werden berücksichtigt:

- die Löhne der Arbeiter,
- die Vergütungen für Auszubildende in Arbeiter- **und** Angestelltenberufen.

Außer Ansatz bleiben hier Vergütungen für Angestellte.

Dagegen sind bei der Berechnung der Umlage für den Ausgleich der Mutterschaftsaufwendungen **(Umlage 2)** einzubeziehen:

- die Löhne der Arbeiter,
- die Vergütungen für Auszubildende in Arbeiter- und Angestelltenberufen,
- die Gehälter der Angestellten.

Die Umlage für die Erstattung der Arbeitgeberaufwendungen bei Mutterschaft (Umlage 2) ist auch von solchen Betrieben aufzubringen, die **keine Arbeitnehmerinnen** beschäftigen (BSG vom 24.6.1992, 1 RK 34/91 und 1 RK 37/91).

5. Lohnsteuer

1491 Entgeltfortzahlung im Krankheitsfall führt beim Arbeitnehmer zu Lohn und hat den Abzug von Lohnsteuer zur Folge.

⌊LSt⌋

6. Beitragsnachweise/Sozialversicherung

1492 Die Lohnersatzleistungen im Rahmen der Entgeltfortzahlung sind sozialversicherungspflichtig.

Die Umlagen zu den Ausgleichsverfahren werden mit den **Sozialversicherungsbeiträgen** in die Beitragsnachweise eingetragen und gezahlt. Da insbesondere für die Umlage 2 häufig nur geringfügige monatliche Zahlbeträge zu leisten sind, erklären sich die Kranken-(Umlage-)kassen oft mit einem jährlichen Nachweis der Umlagebeträge einverstanden, wenn die Zahlung bis zum 15. Januar des Folgejahres für das Vorjahr geleistet wird und der Anspruch durch diese Jahreszahlung nicht gefährdet ist.

Hinweis: Die Höhe der Umlagebeträge und der Prozentsatz der Erstattung kann bei der jeweils zuständigen Kranken-(Umlage-)kasse erfragt werden. Einzelheiten → *Entgeltfortzahlung* Rz. 826.

Lohnkonto

1. Grundsätze

1493 Der Arbeitgeber hat am Ort der Betriebsstätte **für jeden Arbeitnehmer** und **für jedes Kalenderjahr** ein Lohnkonto zu führen (§ 41 Abs. 1 Satz 1 EStG). In das Lohnkonto sind die für den Lohnsteuerabzug erforderlichen Merkmale aus der Lohnsteuerkarte (→ *Lohnsteuerkarte* Rz. 1638), aus einer entsprechenden Bescheinigung (→ *Lohnsteuerbescheinigung* Rz. 1548) oder aus der Bescheinigung nach § 39a Abs. 6 EStG (→ *Geringfügig Beschäftigte* Rz. 1139) zu übernehmen. Die aus lohnsteuerlicher Sicht erforderlichen Angaben ergeben sich aus § 4 LStDV und die aus sozialversicherungsrechtlicher Sicht aus § 28f SGB IV i.V.m. § 2 der Beitragsüberwachungsverordnung; sie sind nachfolgend im Einzelnen dargestellt.

Da der Arbeitgeber für jeden Arbeitnehmer und für jedes Kalenderjahr ein Lohnkonto zu führen hat, ist zu Beginn des Kalenderjahrs stets ein **neues Lohnkonto** anzulegen.

Es ist **immer ein Lohnkonto zu führen**, wenn Arbeitnehmer beschäftigt werden.

Die Aufzeichnungen im Lohnkonto sind erforderlich, weil sie zum einen die Grundlage für die Bescheinigung auf der Lohnsteuerkarte nach Ablauf des Kalenderjahrs bilden, zum anderen sind sie als Nachweis bei einer Lohnsteuer-Außenprüfung gedacht.

Bei **Arbeitgebern, die ein maschinelles Verfahren** für die Lohnabrechnung anwenden, kann die **Oberfinanzdirektion Ausnahmen von den nachfolgend dargestellten Aufzeichnungspflichten zulassen**, wenn die Möglichkeit zur Nachprüfung in anderer Weise sichergestellt ist. Die Möglichkeit der Nachprüfung ist allerdings nur dann gegeben, wenn die Zahlung der Bezüge und die Art ihrer Aufzeichnung im Lohnkonto vermerkt ist (R 130 Abs. 2 Satz 2 LStR).

2. Allgemeine Aufzeichnungen

1494 Der Arbeitnehmer hat im Lohnkonto des Arbeitnehmers Folgendes aufzuzeichnen (§ 4 Abs. 1 LStDV):

- Den **Vornamen**,
- den **Familiennamen**,
- den **Geburtstag**,
- den **Wohnort**,
- die **Wohnung**,
- die **Gemeinde**, die die Lohnsteuerkarte ausgestellt hat,
- das **Finanzamt**, in dessen Bezirk die Lohnsteuerkarte oder die entsprechende Bescheinigung ausgestellt worden ist,
- die **Steuerklasse**,
- die Zahl der **Kinderfreibeträge**,
- die **Religionszugehörigkeit**,
- soweit die einbehaltene oder übernommene Lohnsteuer unter Berücksichtigung der Vorsorgepauschale nach § 10c Abs. 3 EStG ermittelt worden ist (besondere Lohnsteuertabelle), den **Großbuchstaben „B"** (zu der Frage, wann dies der Fall ist, siehe → *Lohnsteuertabellen* Rz. 1655),
- die auf der Lohnsteuerkarte eingetragenen jährlichen und monatlichen (wöchentlichen bzw. täglichen) **Freibeträge und Hinzurechnungsbeträge** und ihre Gültigkeit (Geltungsdauer von – bis),
- die **Beschäftigungsdauer**,
- den Zeitraum, für den die **Lohnsteuerkarte** schuldhaft **nicht vorgelegt** hat bzw. den Nachweisbeleg, dass der Arbeitnehmer die Nichtvorlage nicht zu vertreten hatte,
- bei Arbeitnehmern, die eine Freistellungsbescheinigung nach § 39b Abs. 6 EStG vorlegen, einen Hinweis darauf, dass eine Bescheinigung vorliegt; den Zeitraum, für den die Lohnsteuerbefreiung gilt; das Finanzamt, das die Bescheinigung

ausgestellt hat, und den Tag der Ausstellung (→ *Freistellungsbescheinigung* Rz. 1087).

Diese Angaben ergeben sich im Wesentlichen aus der Vorderseite der Lohnsteuerkarte des Arbeitnehmers.

3. Aufzeichnungspflichten bei der Lohnsteuer

a) Aufzeichnungen bei der Lohnabrechnung

Der Arbeitgeber hat **bei jeder Lohnabrechnung** im Lohnkonto **1495** Folgendes aufzuzeichnen (§ 4 Abs. 2 LStDV):

aa) Lohnzahlung

Bei jeder Lohnabrechnung ist der **Tag der Lohnzahlung** und der **1496** **Lohnzahlungszeitraum** im Lohnkonto aufzuzeichnen.

bb) Großbuchstabe „U"

In den Fällen, in denen zwar das Beschäftigungsverhältnis weiter-**1497** besteht, der Anspruch auf Arbeitslohn aber für **mindestens fünf aufeinander folgende Arbeitstage** im Wesentlichen weggefallen ist, hat der Arbeitgeber jeweils den **Großbuchstaben U** (U = Unterbrechung) im Lohnkonto einzutragen. Der Zeitraum, für den der Arbeitslohnanspruch weggefallen ist, muss nicht eingetragen werden.

Der Anspruch auf Arbeitslohn ist im Wesentlichen weggefallen, wenn während der Unterbrechung der Lohnzahlung (unbezahlter Urlaub, Wehrübung ohne Lohnfortzahlung u.Ä.) z.B. lediglich vermögenswirksame Leistungen oder Krankengeldzuschüsse gezahlt werden oder wenn während unbezahlter Fehlzeiten (z.B. Erziehungsurlaub) eine Beschäftigung mit reduzierter Arbeitszeit aufgenommen wird (R 131 LStR).

Unter dem **Begriff „fünf aufeinander folgende Arbeitstage"** sind nicht etwa fünf Kalendertage zu verstehen (vgl. BFH, Urteil vom 28.1.1994, BStBl II 1994 S. 421, betr. Begriff des Arbeitstages i.S. des § 40a EStG). Dabei ist auch unbeachtlich, ob die Arbeitstage in einem Lohnzahlungszeitraum liegen oder nicht.

Beispiel 1:

Ein Arbeitnehmer bezieht vom 30.1.2002 (Mittwoch) bis 5.2.2002 (Dienstag) Kinder-Krankengeld von der Krankenkasse. Samstag und Sonntag wird in der Firma nicht gearbeitet.

Es handelt sich um „fünf aufeinander folgende Arbeitstage", weil die arbeitsfreien Tage nicht mitzuzählen sind. Unbeachtlich ist auch, dass die Tage in zwei verschiedenen Lohnzahlungszeiträumen liegen. Der Arbeitgeber hat im Lohnkonto ein „U" zu vermerken.

Da das Lohnkonto für jedes Kalenderjahr getrennt zu führen ist, kann sich der Zeitraum von fünf Arbeitstagen auch nur auf das Kalenderjahr beziehen (vgl. auch § 2 Abs. 7 EStG). **Erstreckt sich die Unterbrechung über den Jahreswechsel hinaus**, so ist jedes Kalenderjahr für sich zu betrachten.

Beispiel 2:

Ein Arbeitnehmer erhält vom 21.12.2001 (Freitag) bis 3.1.2002 (Donnerstag) Krankengeld. Samstag und Sonntag wird in der Firma nicht gearbeitet, Heiligabend und Silvester sind ebenfalls arbeitsfrei.

Im Kalenderjahr 2001 liegen drei Arbeitstage (der 21., 27. und 28.12.) im Kalenderjahr 2002 zwei Arbeitstage (der 2. und 3.1.). Jedes Kalenderjahr ist für sich zu betrachten, so dass weder in 2001 noch in 2002 ein „U" im Lohnkonto einzutragen ist.

Der Großbuchstabe U ist **je Unterbrechung einmal** im Lohnkonto einzutragen (R 131 Satz 2 LStR).

Dabei kommt es auf den einzelnen Unterbrechungszeitraum an, der u.U. auch durch zwei verschiedene Sachverhalte verwirklicht werden kann.

Beispiel 3:

Ein Arbeitnehmer bezieht vom 10.9.2002 (Dienstag) bis 13.9.2002 (Freitag) Krankengeld von der Krankenkasse. Am 16.9.2002 (Montag) nimmt er unbezahlten Urlaub.

Es handelt sich um „fünf aufeinander folgende Arbeitstage", weil die Unterbrechungen zusammenzuzählen sind. Es liegt ein einheitlicher Unterbrechungszeitraum vor. Der Arbeitgeber hat im Lohnkonto ein „U" zu vermerken.

Werden **Kurzarbeitergeld**, Winterausfallgeld, der Zuschuss zum Mutterschaftsgeld nach dem Mutterschutzgesetz, der Zuschuss nach § 4a der Mutterschutzverordnung oder einer entsprechenden Landesregelung, die Entschädigung für Verdienstausfall nach dem Infektionsschutzgesetz, Aufstockungsbeträge oder Altersteilzeitzuschläge gezahlt, ist **kein Großbuchstabe U** in das Lohnkonto einzutragen (R 131 Satz 3 LStR), vgl. aber die nachfolgenden Ausführungen.

cc) Kurzarbeitergeld, Winterausfallgeld usw.

1498 Folgende steuerfreie, aber dem **Progressionsvorbehalt** unterliegende Bezüge sind im Lohnkonto u.a. gesondert einzutragen:

- das Kurzarbeitergeld,
- das Winterausfallgeld,
- der Zuschuss zum Mutterschaftsgeld nach dem Mutterschutzgesetz,
- der Zuschuss nach § 4a der Mutterschutzverordnung oder einer entsprechenden Landesregelung,
- die Entschädigung für Verdienstausfall nach dem Infektionsschutzgesetz,
- die Aufstockungsbeträge und Altersteilzeitzuschläge.

Es sind immer die tatsächlich ausgezahlten Beträge einzutragen.

Das Kurzarbeiter- oder Winterausfallgeld ist im Lohnkonto des Kalenderjahrs einzutragen, in dem der **Lohnzahlungszeitraum endet**, für den das Kurzarbeiter- oder Winterausfallgeld gezahlt wird. Wird Kurzarbeiter- oder Winterausfallgeld vom **Arbeitnehmer zurückgezahlt**, so ist der zurückgezahlte Betrag im Lohnkonto des Kalenderjahrs einzutragen, in dem die Rückzahlung durch den Arbeitnehmer erfolgt. Eine Saldierung der Beträge ist nicht möglich (BFH, Urteil vom 12.10.1995, BStBl II 1996 S. 201).

Die Eintragungen im Lohnkonto sind in erster Linie wichtig für die Bescheinigung dieser Beträge auf der Lohnsteuerkartenrückseite (**Lohnsteuerbescheinigung**). Allerdings sind die Eintragungen auch für den Arbeitgeber wichtig: Nach § 42b Abs. 1 Nr. 4 EStG darf in diesen Fällen **kein Lohnsteuer-Jahresausgleich** durch den Arbeitgeber durchgeführt werden.

dd) Arbeitslohn

1499 Der Arbeitgeber hat den **steuerpflichtigen Bruttoarbeitslohn**, getrennt nach Barlohn und Sachbezügen, im Lohnkonto aufzuzeichnen. Der Bruttoarbeitslohn darf dabei nicht um den Versorgungs-Freibetrag (§ 19 Abs. 2 EStG) und den Altersentlastungsbetrag (§ 24a EStG) gekürzt werden. Versorgungsbezüge sind darüber hinaus als solche zu kennzeichnen.

Vom Arbeitgeber gezahlte **vermögenswirksame Leistungen**, die zum vereinbarten Bruttoarbeitslohn hinzukommen, müssen im steuerpflichtigen Bruttoarbeitslohn enthalten sein.

ee) Sachbezüge

1500 Sachbezüge sind einzeln zu bezeichnen und – unter Angabe des Abgabetags oder bei laufenden Sachbezügen des Abgabezeitraums, des Abgabeorts und des Entgelts – zu erfassen. Als **Entgelt** ist der steuerliche Wert maßgebend (§ 4 Abs. 2 Nr. 3 LStDV). Dies ist z.B. bei Sachbezügen, für die Sachbezugswerte festgesetzt worden sind (z.B. Mahlzeiten, Unterkunft), der Sachbezugswert und bei der Gestellung von Kraftfahrzeugen der sich aus § 8 Abs. 2 Sätze 3 bis 6 EStG ergebende Wert oder der übliche Endpreis am Abgabeort (der um übliche Preisnachlässe geminderte Einzelhandelspreis gegenüber Letztverbrauchern einschließlich Umsatzsteuer). **Waren oder Dienstleistungen**, für die der **Rabattfreibetrag** nach § 8 Abs. 3 EStG in Betracht kommt, sind als solche kenntlich zu machen und ohne Kürzung um die 1 224 € im Lohnkonto einzutragen.

Das **Betriebsstättenfinanzamt** soll auf Antrag des Arbeitgebers nach § 4 Abs. 3 LStDV **Aufzeichnungserleichterungen** bei Sachbezügen im Sinne von § 8 Abs. 3 EStG zulassen, wenn durch betriebliche Regelungen und Überwachungsmaßnahmen sichergestellt ist, dass der Freibetrag von 1 224 € je Arbeitnehmer

nicht überschritten wird. In diesen Fällen braucht der Arbeitgeber die Sachbezüge nach § 8 Abs. 3 EStG nicht im Lohnkonto aufzuzeichnen. Zusätzlicher Überwachungsmaßnahmen bedarf es in diesen Fällen nicht (R 130 Abs. 3 LStR, vgl. → *Rabatte* Rz. 1973). Gleiches gilt für Sachbezüge, bei denen sichergestellt ist, dass sie die Freigrenze von monatlich 50 € (§ 8 Abs. 2 Satz 9 EStG) nicht übersteigen, vgl. → *Sachbezüge* Rz. 2145.

ff) Nettolöhne

1501 Trägt der Arbeitgeber im Falle der Nettolohnzahlung die auf den Arbeitslohn entfallende Steuer selbst, so ist in jedem Fall der **Bruttoarbeitslohn einzutragen**. Die auf diesen Bruttoarbeitslohn entfallenden Steuern sind – wie bei anderen Bruttolöhnen auch – getrennt einzutragen. Einzelheiten zur Nettolohnzahlung → *Nettolöhne* Rz. 1775.

gg) Sonstige Bezüge

1502 Soweit es sich bei dem gezahlten Arbeitslohn um einen sonstigen Bezug handelt, der nach dem in § 39b Abs. 3 EStG beschriebenen Verfahren besteuert wird, ergeben sich keine Besonderheiten. Auch hier sind die Aufzeichnungen im Lohnkonto genauso vorzunehmen wie beim laufenden Arbeitslohn. Werden sonstige Bezüge **pauschal mit einem besonders ermittelten Durchschnittssteuersatz besteuert**, so sind diese gesondert aufzuzeichnen, damit die für diese Pauschalbesteuerung geltende 1 000-€-Grenze (→ *Pauschalierung der Lohnsteuer* Rz. 1809) vom Finanzamt überprüft werden kann.

hh) Steuern

1503 Die vom Bruttoarbeitslohn einbehaltene Lohnsteuer, der Solidaritätszuschlag und die Kirchensteuer sind im Lohnkonto aufzuzeichnen.

b) Besondere Aufzeichnungen im Lohnkonto

1504 Für bestimmte Arten von Arbeitslohn hat der Arbeitgeber besondere Aufzeichnungen im Lohnkonto vorzunehmen. Dabei sind diese gesondert einzutragenden Beträge bei der Ermittlung des **Bruttoarbeitslohns nicht zu berücksichtigen**. In erster Linie haben diese Aufzeichnungen **Kontrollfunktionen**.

aa) Steuerfreie Bezüge

1505 Steuerfreier Arbeitslohn des Arbeitnehmers ist im Lohnkonto gesondert einzutragen (§ 4 Abs. 2 Nr. 4 LStDV), z.B.

- steuerfreier Arbeitslohn aus einer geringfügigen Beschäftigung (§ 3 Nr. 39 EStG),
- steuerfreie Abfindungen,
- steuerfreie Beihilfen und Unterstützungen,
- steuerfreie Auslösungen, Reisekostenvergütungen, Trennungsgelder oder Umzugskostenvergütungen,
- steuerfreies Werkzeuggeld oder Erstattungen für Berufskleidung,
- steuerfreie Fahrtkostenzuschüsse des Arbeitgebers für Fahrten zwischen Wohnung und Arbeitsstätte mit öffentlichen Verkehrsmitteln oder die Sammelbeförderung von Arbeitnehmern,
- steuerfreie Beiträge des Arbeitgebers an eine Pensionskasse oder einen Pensionsfonds,
- steuerfreie Arbeitgeberzuschüsse zur freiwilligen Krankenversicherung,
- steuerfreie Kindergartenzuschüsse,
- andere steuerfreie Sachbezüge, z.B. anlässlich von Betriebsveranstaltungen.

Steuerfreie Bezüge i.S. von § 3 Nr. 45 EStG (Privatnutzung des Arbeitnehmers von betrieblichen Personalcomputern und Telekommunikationsgeräten) müssen **nicht im Lohnkonto eingetragen** werden. Das Gleiche gilt für **Trinkgelder**, wenn anzunehmen ist, dass die Trinkgelder 1 224 € im Kalenderjahr nicht übersteigen (→ *Trinkgelder* Rz. 2429).

Das **Betriebsstättenfinanzamt** kann allerdings auf Antrag des Arbeitgebers **zulassen, dass steuerfreier Arbeitslohn nicht im Lohnkonto** aufzuzeichnen ist, wenn es sich um Fälle von geringer

Bedeutung handelt oder wenn die Möglichkeit zur Nachprüfung in anderer Weise sichergestellt ist. Dies kann allerdings nicht für steuerfreie Fahrtkostenzuschüsse für Fahrten zwischen Wohnung und Arbeitsstätte gelten, weil diese auf der Lohnsteuerkarte zu bescheinigen sind (§ 41b Abs. 1 Nr. 5 EStG).

bb) Auslandsbezüge

1506 Bezüge, die nach einem **Abkommen zur Vermeidung der Doppelbesteuerung oder nach dem Auslandstätigkeitserlass** nicht der Lohnsteuerabzug unterliegen, sind im Lohnkonto getrennt aufzuzeichnen (§ 4 Abs. 2 Nr. 5 LStDV). Soweit das Finanzamt eine Freistellungsbescheinigung erteilt hat, ist diese als Beleg zum Lohnkonto zu nehmen.

cc) Außerordentliche Einkünfte

1507 Außerordentliche Einkünfte i.S. des § 34 Abs. 1, 2 Nr. 2 und 4 EStG, also

– Arbeitslohn, der eine **Vergütung für eine mehrjährige Tätigkeit** darstellt (→ *Arbeitslohn für mehrere Jahre* Rz. 229), und

– **Entschädigungen**, z.B. der steuerpflichtige Teil von Entlassungsabfindungen (→ *Entschädigungen* Rz. 881),

sind im Lohnkonto getrennt vom übrigen Arbeitslohn aufzuzeichnen (§ 4 Abs. 2 Nr. 6 LStDV). Dies gilt auch für die darauf entfallende Lohnsteuer, den Solidaritätszuschlag und die Kirchensteuer.

dd) Pauschal versteuerter Arbeitslohn

1508 Arbeitslohn, der pauschal besteuert worden ist, ist im Lohnkonto getrennt vom übrigen Arbeitslohn aufzuzeichnen (§ 4 Abs. 2 Nr. 8 LStDV). Dies gilt auch für die darauf entfallende Lohnsteuer, den Solidaritätszuschlag und die Kirchensteuer (zu den Pauschalierungsmöglichkeiten → *Pauschalierung der Lohnsteuer* Rz. 1805).

Wegen der Möglichkeit, pauschal besteuerten Arbeitslohn in einem Sammellohnkonto einzutragen, siehe → Rz. 1514. Zu den Aufzeichnungspflichten bei Teilzeitbeschäftigten siehe → *Pauschalierung der Lohnsteuer bei Aushilfs- und Teilzeitbeschäftigten* Rz. 1842.

ee) Vermögenswirksame Leistungen

1509 Vermögenswirksame Leistungen sind nicht auf der **Lohnsteuerkarte** zu bescheinigen. Entsprechend sind auch die Eintragungen der vermögenswirksamen Leistungen im Lohnkonto entfallen. Allerdings muss der Arbeitgeber weiterhin die vermögenswirksamen Leistungen an das **Anlageinstitut überweisen**. Deshalb dürfte eine Aufzeichnung der überwiesenen Beträge aus Gründen der Beweissicherung gegenüber dem Arbeitnehmer weiterhin ratsam sein.

ff) Vermögensbeteiligungen

1510 Bietet der Arbeitgeber seinen Arbeitnehmern **Vermögensbeteiligungen** an seinem Unternehmen an, so hat er gewisse Aufzeichnungspflichten. Wegen dieser Aufzeichnungspflichten → *Vermögensbildung der Arbeitnehmer* Rz. 2557.

c) Aufzeichnungspflichten bei der Kindergeldauszahlung

1511 Da der Arbeitgeber das Kindergeld **nicht mehr auszuzahlen** hat, gibt es keine **Aufzeichnungspflichten** mehr.

d) Aufzeichnungspflichten bei Teilzeitbeschäftigten

1512 Wenn der Arbeitslohn nach § 40a EStG pauschal versteuert wird, also bei kurzfristig beschäftigten Arbeitnehmern, bei Teilzeitbeschäftigten oder bei Aushilfen in der Land- und Forstwirtschaft, müssen die oben genannten Aufzeichnungen im Lohnkonto **nicht in der angegebenen Ausführlichkeit erfolgen** (§ 4 Abs. 2 Nr. 8 LStDV). Vgl. hierzu im Einzelnen → *Pauschalierung der Lohnsteuer bei Aushilfs- und Teilzeitbeschäftigten* Rz. 1842.

Wegen der sozialversicherungsrechtlichen Aufzeichnungspflichten siehe → Rz. 1517.

e) Aufzeichnungspflichten bei geringfügig Beschäftigten

1513 Wenn der Arbeitnehmer dem Arbeitgeber eine Bescheinigung des Finanzamts (Freistellungsbescheinigung, → *Geringfügig Beschäftigte* Rz. 1139) vorlegt, dass der Arbeitslohn nach § 3 Nr. 39 EStG steuerfrei ausgezahlt werden kann, so hat der Arbeitgeber die für den Lohnsteuerabzug erforderlichen **Merkmale aus der Bescheinigung im Lohnkonto** aufzuzeichnen.

f) Sammellohnkonto

1514 Sammellohnkonto ist ein Lohnkonto, das für **mehrere Arbeitnehmer zusammen** geführt wird. Ein solches Sammellohnkonto darf **allerdings nur unter folgenden Voraussetzungen** geführt werden (§ 4 Abs. 2 Nr. 8 LStDV):

– Die Lohnsteuer wird mit einem Pauschsteuersatz ermittelt, weil

   a) in einer größeren Zahl von Fällen Lohnsteuer nachzuerheben ist, da der Arbeitgeber die Lohnsteuer nicht vorschriftsmäßig einbehalten hat (§ 40 Abs. 1 Nr. 2 EStG), oder

   b) Mahlzeiten, Zuwendungen aus Anlass von Betriebsveranstaltungen, Erholungsbeihilfen, Verpflegungszuschüsse oder Zuschüsse zu den Internetkosten gewährt bzw. Personalcomputer übereignet werden (§ 40 Abs. 2 EStG) und

– der Arbeitgeber kann die auf den einzelnen Arbeitnehmer entfallenden Beträge nicht ohne weiteres ermitteln.

Das Sammellohnkonto muss folgende Angaben enthalten:

– **Tag** der Zahlung,

– **Zahl** der Arbeitnehmer,

– **Summe** der insgesamt gezahlten Bezüge,

– Höhe der Lohnsteuer sowie

– Hinweise auf die als Belege zum Sammellohnkonto aufzubewahrenden Unterlagen, insbesondere Zahlungsnachweise oder die Bestätigung des Finanzamts über die Zulassung der Lohnsteuer-Pauschalierung.

Wird der Arbeitslohn nicht mit dem ermäßigten Kirchensteuersatz (→ *Kirchensteuer* Rz. 1386) besteuert, so ist zusätzlich der **fehlende Kirchensteuerabzug aufzuzeichnen** und auf die als Beleg aufzubewahrende Unterlage hinzuweisen, aus der hervorgeht, dass der Arbeitnehmer keiner Religionsgemeinschaft angehört, für die die Kirchensteuer von den Finanzbehörden erhoben wird (R 130 Abs. 4 LStR).

g) Formvorschriften

1515 Für das Lohnkonto ist von Seiten der Finanzverwaltung **keine besondere Form** vorgeschrieben. Der Arbeitgeber kann das Lohnkonto daher seinen individuellen Bedürfnissen anpassen. Die Aufzeichnungen müssen nur **fortlaufend** und für jedes Kalenderjahr und für **jeden Arbeitnehmer getrennt** geführt werden. Dabei sind die oben dargestellten Aufzeichnungen als **Mindestanforderungen** zu verstehen; dem Arbeitgeber steht es frei, weitere für ihn wichtige Eintragungen im Lohnkonto vorzunehmen. Soweit der Arbeitgeber die Lohnabrechnung manuell durchführt, ist ein Lohnkonto in Karteiform empfehlenswert. Bei maschineller Lohnabrechnung werden die erforderlichen Angaben elektronisch gespeichert (z.B. mit der vom Stollfuß Verlag herausgegebenen Software „Gehalt und Lohn").

h) Aufbewahrungsfristen

1516 Die Lohnkonten sind bis zum **Ablauf des sechsten Kalenderjahrs**, das auf die zuletzt eingetragene Lohnzahlung folgt, aufzubewahren (§ 41 Abs. 1 Satz 9 EStG). Das bedeutet, dass die Lohnkonten für das Jahr 2002 bis Ende 2008 aufzubewahren sind.

Die Änderung des § 147 Abs. 3 AO durch das Steueränderungsgesetz 1998, mit dem die Aufbewahrungsfrist für Buchungsbelege und bestimmte Geschäftsunterlagen und Aufzeichnungen von sechs auf zehn Jahre verlängert worden ist, hat keine Auswirkungen auf die sechsjährige Aufbewahrungsfrist der Lohnkonten und der dort aufzubewahrenden Belege und Freistellungsbescheinigungen (OFD Hannover, Verfügung vom 18.2.2000, StEd 2000 S. 531).

4. Aufzeichnungspflichten in der Sozialversicherung

1517 Wie im Steuerrecht gibt es auch für die Belange der Sozialversicherung **keine besonderen Formvorschriften** für die Führung der Lohnkonten. Die **Beitragsüberwachungsverordnung** legt jedoch die zwingenden **Mindestanforderungen** hinsichtlich der aufzeichnungspflichtigen Daten fest.

a) Personenbezogene Aufzeichnungspflichten

1518 **Für jeden Beschäftigten – nicht nur für Versicherungspflichtige** – sind in die Lohnunterlagen folgende Angaben aufzunehmen:

– Der Familien- und Vorname, ggf. das betriebliche Ordnungsmerkmal,

– das Geburtsdatum,

– die Anschrift,

– den Beginn und das Ende der Beschäftigung,

– den Beginn und das Ende der Altersteilzeitarbeit,

– die Beschäftigungsart,

– die für die Versicherungsfreiheit oder die Befreiung von der Versicherungspflicht maßgebenden Angaben,

– das Arbeitsentgelt nach § 14 SGB IV, seine Zusammensetzung und zeitliche Zuordnung, ausgenommen sind Belegschaftsrabatte, soweit für sie eine Aufzeichnungspflicht nach dem Lohnsteuerrecht nicht besteht,

– das beitragspflichtige Arbeitsentgelt bis zur Beitragsbemessungsgrenze der Rentenversicherung, seine Zusammensetzung und zeitliche Zuordnung, auch summiert für die erforderlichen Meldungen,

– das Wertguthaben aus flexibler Arbeitszeit einschließlich Änderungen, den Abrechnungsmonat der ersten Gutschrift sowie den Abrechnungsmonat für jede Änderung; bei Wertguthaben bis 250 Stunden sind besondere Aufzeichnungen über beitragspflichtige Arbeitsentgelte entbehrlich; bei auf Dritte übertragenen Wertguthaben sind diese beim Dritten zu kennzeichnen,

– den bei Altersteilzeitarbeit für die Bemessung der Rentenversicherungsbeiträge maßgebenden Unterschiedsbetrag,

– den Beitragsgruppenschlüssel,

– die Einzugsstelle für den Gesamtsozialversicherungsbeitrag,

– der vom Beschäftigten zu tragende Anteil am Gesamtsozialversicherungsbeitrag, nach Beitragsgruppen getrennt,

– die für die Erstattung von Meldungen erforderlichen Daten, soweit sie in anderen aufzeichnungspflichtigen Daten nicht enthalten sind,

– bei Entsendung: Eigenart und zeitliche Begrenzung der Beschäftigung,

– Daten in Zusammenhang mit der Vereinbarung über Altersteilzeit,

– die Erklärung eines geringfügig entlohnten Beschäftigten gegenüber dem Arbeitgeber, dass er auf die Versicherungsfreiheit in der Rentenversicherung verzichtet,

– die Kopie eines Antrags an die BfA zur Klärung des Status eines Erwerbstätigen (selbständig oder unselbständig) inklusive der für die Entscheidung benötigten Unterlagen sowie

– der Bescheid der BfA nach Abschluss des Anfrageverfahrens,

– die Niederschrift über den Nachweis der für ein Arbeitsverhältnis geltenden wesentlichen Bedingungen entsprechend dem Nachweisgesetz,

– Nachweise zur Staatsangehörigkeit und die Arbeitsgenehmigung der Bundesanstalt für Arbeit bei Ausländern aus Staaten außerhalb des Europäischen Wirtschaftsraums.

Ferner sind das gezahlte Kurzarbeiter-, Winterausfall- sowie Überbrückungsgeld und das ausgefallene meldepflichtige Arbeitsentgelt anzugeben.

Die Angaben zum Arbeitsentgelt, zur Berechnung und Abführung der Beiträge sowie die Aufzeichnungen zum Kurzarbeiter-, Winterausfall- sowie Überbrückungsgeld sind für jeden Lohn-/Gehaltsabrechnungszeitraum erforderlich.

Die **Aufzeichnungen** zur Beschäftigungsart, zur Versicherungsfreiheit bzw. zur Befreiung von der Versicherungspflicht sowie zur Einzugsstelle können **verschlüsselt** werden; ein entsprechendes Schlüsselverzeichnis ist dann vorzuhalten.

Berichtigungen und Stornierungen einzelner Angaben sind besonders kenntlich zu machen.

Bestehen die Lohnunterlagen aus mehreren Teilen, sind diese Teile durch ein betriebliches Ordnungsmerkmal zu verbinden.

Zu den Lohnunterlagen gehören auch **sonstige Unterlagen** zum Nachweis der Versicherungsfreiheit oder Befreiung von der Versicherungspflicht, zur Entsendung sowie die Mitgliedsbescheinigung der Krankenkasse und die Belege über erstattete Meldungen.

Die Lohnunterlagen können auch mit Hilfe automatischer Einrichtungen oder auf Bildträgern geführt werden.

b) Aufzeichnungen zur Beitragsberechnung

1519 Zur Prüfung der Vollständigkeit der Lohn-/Gehaltsabrechnungen sowie der Eintragungen im Beitragsnachweis hat der Arbeitgeber **für jeden Abrechnungszeitraum alle Beschäftigten** listenmäßig entsprechend der Sortierfolge der Lohnunterlagen und nach Einzugsstellen getrennt **mit den folgenden Angaben zu erfassen:**

– Familien- und Vornamen, ggf. mit dem betrieblichen Ordnungsmerkmal,

– beitragspflichtiges Arbeitsentgelt bis zur Beitragsbemessungsgrenze in der Rentenversicherung,

– Beitragsgruppenschlüssel,

– Sozialversicherungstage,

– Gesamtsozialversicherungsbeitrag, getrennt nach Beitragsgruppen,

– gezahltes Kurzarbeiter-, Winterausfall- sowie Überbrückungsgeld und das ausgefallene meldepflichtige Arbeitsentgelt sind bis zur Beitragsbemessungsgrenze in der Rentenversicherung anzugeben, zu summieren und die hierauf entfallenden Beiträge zur Kranken- und Rentenversicherung auszuweisen.

Für Beschäftigte, für die keine Beiträge oder Beitragsanteile zur Rentenversicherung, wohl aber zur Bundesanstalt für Arbeit gezahlt werden, ist im Falle der Zahlung von Kurzarbeiter-, Winterausfall- sowie Überbrückungsgeld das Ausfallentgelt anzugeben.

Die Beiträge sind nach Beitragsgruppen zu summieren, aus den Endsummen der einzelnen Beträge ist die Gesamtsumme aller Beiträge zu bilden. Berichtigungen und Stornierungen sind besonders kenntlich zu machen.

In die Beitragsabrechnung sind auch die Beschäftigten mit Namen, Vornamen, ggf. betrieblichem Ordnungsmerkmal und dem Entgelt aufzunehmen, für die Beiträge nicht gezahlt werden.

Für jede Einzugsstelle hat eine **gesonderte** Beitragsabrechnung zu erfolgen.

Die Lohnunterlagen sind **nach Kalenderjahren getrennt** in deutscher Sprache und im Inland zu führen und bis zum Ablauf des auf die letzte Beitragsüberwachung (Betriebsprüfung) folgenden Kalenderjahres geordnet aufzubewahren.

Die Verpflichtung zur Führung von Lohnunterlagen gilt nicht für die **in privaten Haushalten Beschäftigten**, selbst dann nicht, wenn sie versicherungspflichtig sind, siehe auch → *Summenbescheid* Rz. 2365, → *Haushaltsscheckverfahren* Rz. 1276.

c) Lohnunterlagen in Euro

1520 Historische DM-Beträge sind nach der Währungsumstellung nicht in Euro-Beträge umzuwandeln. Das heißt: Wenn die Lohn- und Gehaltsbuchhaltung bis 31.12.2001 mit DM als Währung gearbeitet hat, so sind die Lohn- und Gehaltsunterlagen bis zu diesem Zeitpunkt auch in DM aufzubewahren bzw. abzuspeichern.

Lohnkostenzuschüsse

1521 Lohnkostenzuschüsse, die ein Arbeitgeber für bestimmte Zwecke aus öffentlichen Mitteln erhält, z.B. zur Wiedereinstellung von Arbeitslosen, sind als Betriebseinnahmen zu erfassen (BMF-Schreiben vom 21.5.1975, BB 1975 S. 727). Bei diesen Förderleistungen der Bundesanstalt für Arbeit handelt es sich **insbesondere** um:

– Lohnkostenzuschüsse bei Arbeitsbeschaffungsmaßnahmen – ABM (§§ 260 ff. SGB III),

– Eingliederungszuschüsse (§§ 217 ff. SGB III),

– Einstellungszuschuss bei Neugründungen (§§ 225 ff. SGB III),

– Strukturanpassungsmaßnahmen (§§ 272, 415 SGB III),

– Beschäftigungshilfen für Langzeitarbeitslose (Richtlinien des BMA zur „Aktion Beschäftigungshilfen für Langzeitarbeitslose").

Die an die Arbeitnehmer gezahlten Arbeitslöhne sind in voller Höhe als Betriebsausgaben abzuziehen. Der an die Arbeitnehmer ausgezahlte Arbeitslohn unterliegt in voller Höhe dem Lohnsteuerabzug.

Lohnpfändung

1522 Die Pfändungsfreibeträge sind zum **1.1.2002 deutlich erhöht** und gleichzeitig auf Euro umgestellt worden. Ziel der Neuregelung ist es, die Freibeträge so zu bemessen, dass der Schuldner in seiner Motivation gestärkt wird, aus eigener Kraft seinen Lebensunterhalt zu verdienen und seine Verschuldung zu überwinden.

1. Begriff und Beteiligte

1523 Mit der Pfändung von Lohn- und Gehaltsansprüchen können Gläubiger des Arbeitnehmers auf dessen Arbeitseinkommen zurückgreifen, wobei allerdings der Arbeitnehmer als Schuldner besonderen Pfändungsschutz bzgl. des in Geld zahlbaren Arbeitsentgelts nach den Vorschriften der §§ 850 ff. ZPO für sich in Anspruch nehmen kann.

Der Pfändungsschutz zu Gunsten des Arbeitnehmers mit der teilweisen Unpfändbarkeit von Arbeitsentgelt soll dem Arbeitnehmer und seiner Familie die Führung eines menschenwürdigen Lebens trotz Schulden ermöglichen; der Pfändungsschutz ist deshalb grundsätzlich zwingend und insbesondere **nicht im Voraus verzichtbar**. Ob die **Bearbeitungskosten** für eine Lohnpfändung vom Arbeitgeber durch Vereinbarung dem Arbeitnehmer ange-

lastet werden können erscheint zweifelhaft (ablehnend BGH, Urteile vom 18.5.1999 und vom 19.10.1999, DB 1999 S. 2259 und DB 2000 S. 515).

Voraussetzung für den besonderen Pfändungsschutz für Arbeitsentgelt ist, dass das Arbeitsverhältnis die **Erwerbstätigkeit des Arbeitnehmers vollständig oder doch zu einem wesentlichen Teil in Anspruch nimmt**, wie sich aus § 850 Abs. 2 ZPO ergibt.

Daraus folgt umgekehrt, dass ein Arbeitsentgelt vom besonderen Pfändungsschutz nicht umfasst ist, das der Arbeitnehmer aus einer Tätigkeit bezieht, die ihn nur zu einem unwesentlichen Teil in Anspruch nimmt. Einkünfte aus **Nebentätigkeiten** unterfallen daher regelmäßig **nicht dem besonderen Pfändungsschutz**. Ansonsten gilt bei Einkommen des Arbeitnehmers aus zwei oder mehr Arbeitsverhältnissen besonderer Pfändungsschutz im jeweiligen Arbeitsverhältnis; eine **Zusammenrechnung** kommt nur im Rahmen des § 850e Nr. 2, 2a ZPO in Betracht.

Die Pfändung von Arbeitseinkommen gehört zum Recht der **Zwangsvollstreckung** nach der ZPO. Insoweit ist die Zwangsvollstreckung wegen Geldforderungen zulässig, die in §§ 828 ff. ZPO geregelt ist.

Insoweit sind begrifflich als **Beteiligte am Vollstreckungsverfahren** zu unterscheiden:

– Der die Pfändung des Arbeitsentgelts betreibende **Gläubiger des Arbeitnehmers**,

– der **Arbeitnehmer als Schuldner** der Gläubigerforderung, dessen Arbeitsentgelt zu Pfändungszwecken in Anspruch genommen wird,

– der **Arbeitgeber als Drittschuldner**, der mit der Pfändung auf Auszahlung des Arbeitsentgelts an den Gläubiger in Anspruch genommen wird.

2. Pfändungs- und Überweisungsbeschluss

1524 Die Pfändung von Arbeitseinkommen wird bewirkt durch einen sog. Pfändungs- und Überweisungsbeschluss des zuständigen Amtsgerichts als Vollstreckungsgericht, § 828 Abs. 2 ZPO.

a) Welche Forderungen sind gepfändet?

1525 In dem regelmäßig formularmäßig erlassenen Pfändungs- und Überweisungsbeschluss muss die Forderung aufgeführt sein, in die vollstreckt werden soll. Bei einer Lohn- und Gehaltspfändung ist insoweit regelmäßig die Angabe enthalten, die Pfändung richte sich auf **Zahlung aller jetzigen und künftigen Bezüge** an Arbeitseinkommen oder auf Zahlungsansprüche aus dem Arbeitsverhältnis. Mit derartigen Formulierungen sind als Arbeitseinkommen alle Vergütungsansprüche erfasst, die aus dem Arbeitsverhältnis resultieren. Neben der eigentlichen Vergütung gehören hierzu auch einmalige Vergütungsleistungen, Sonderzuwendungen, Abfindungen, Zulagen, Zuschläge, Mehrarbeitsvergütung usw.

b) Unterbrochenes/beendetes/noch nicht begründetes Arbeitsverhältnis

1526 Voraussetzung für die Entfaltung einer Wirkung des Pfändungs- und Überweisungsbeschlusses ist ein **zur Zeit der Pfändung bestehendes Arbeitsverhältnis**. Ist zu dem genannten Zeitpunkt das Arbeitsverhältnis bereits beendet und das Arbeitseinkommen im weiteren Sinne bereits ausgezahlt, so geht die Pfändung ins Leere. Dies gilt ebenso, wenn im Zeitpunkt der Zustellung des Pfändungs- und Überweisungsbeschlusses ein Arbeitsverhältnis noch nicht begründet ist.

Bei unterbrochenem und später neu begründetem Arbeitsverhältnis ist grundsätzlich eine erneute Pfändung erforderlich; eine im früheren Arbeitsverhältnis wirksam gewordene Pfändung lebt nicht automatisch wieder auf (vgl. BAG, Urteil vom 24.3.1993, DB 1993 S. 1625). Aber: Nach der **Neuregelung** gem. § 833 Abs. 2 ZPO gilt ab 1.1.1999, dass bei **Neubegründung** des Arbeitsverhältnisses **innerhalb von neun Monaten** eine Pfändung aus dem früheren Arbeitsverhältnis wieder auflebt.

c) Wirkung der Pfändung

1527 Der Pfändungs- und Überweisungsbeschluss entfaltet Wirksamkeit erst **mit Zustellung an den Drittschuldner;** erst von diesem Zeitpunkt an muss er vom Arbeitgeber beachtet werden. Ausnahmsweise entfaltet er Wirkung vor Zustellung bei vorheriger Zustellung eines **vorläufigen Zahlungsverbotes** (Vorpfändung) nach § 845 ZPO bei nachfolgender Zustellung des Pfändungs- und Überweisungsbeschlusses binnen eines Monats.

Voraussetzung für eine wirksame Pfändung ist also, um es zu betonen, eine förmliche Zustellung **an den richtigen Arbeitgeber;** eine förmliche Zustellung an einen falschen Arbeitgeber mit formloser Weiterleitung an den richtigen Arbeitgeber reicht nicht aus.

Auf Verlangen des Gläubigers wird der Drittschuldner, also der Arbeitgeber, mit der Zustellung der Pfändung durch den – funktionell zuständigen – Gerichtsvollzieher gemäß § 840 ZPO zur **Beantwortung von bestimmten Fragen,** die im Zusammenhang mit der Pfändung stehen, verpflichtet. Binnen zwei Wochen hat er die Auskunft zu erteilen. Bei Nichtbeantwortung **haftet der Arbeitgeber** dem Gläubiger für den Schaden, der sich aus der Nichterfüllung seiner Beantwortungspflicht ergibt.

Im Übrigen verpflichtet der Pfändungs- und Überweisungsbeschluss den Arbeitgeber, den pfändbaren Teil des Entgeltanspruchs des Arbeitnehmers unmittelbar **an den Gläubiger zu zahlen;** umgekehrt darf eine Auszahlung insoweit an den Arbeitnehmer nicht mehr erfolgen. Der Arbeitnehmer kann den Arbeitgeber auf Zahlung an den Gläubiger oder die Gläubiger verklagen (BGH, Urteil vom 5.4.2001, DB 2001 S. 2143).

Wichtig: Zahlt der Arbeitgeber dennoch an den Schuldner pfändbare Teile des Arbeitseinkommens aus, so „entpflichtet" ihn dies nicht gegenüber dem Gläubiger. In einem solchen Fall besteht daher **für den Arbeitgeber das Risiko einer Doppelzahlung** mit der Gefahr, Rückzahlungsansprüche gegen den Arbeitnehmer aus ungerechtfertigter Bereicherung nicht mehr verwirklichen zu können.

Also: Der **Arbeitgeber muss einen Pfändungs- und Überweisungsbeschluss beachten,** auch wenn er beispielsweise auf Grund glaubhaft erscheinender Angaben des Arbeitnehmers gutgläubig davon ausgeht, der Pfändungs- und Überweisungsbeschluss sei zu Unrecht erlassen. Der Arbeitgeber muss und darf sich insoweit auf die Richtigkeit des Pfändungs- und Überweisungsbeschlusses verlassen, bis dieser aufgehoben und die Aufhebung dem Arbeitgeber bekannt gemacht worden ist.

d) Rechtsbehelfe/Einwendungen

1528 Da dem Pfändungs- und Überweisungsbeschluss eine vollstreckbare Forderung und damit ein vollstreckungsfähiger Titel zu Grunde liegen muss, kann der **Arbeitnehmer** als Schuldner im Vollstreckungsverfahren nur noch Vollstreckungsabwehrklage (§ 767 ZPO) erheben.

Ebenso kann der **Arbeitgeber** als Drittschuldner gegen den vollstreckungsfähigen Titel im Hinblick auf die erfolgte Pfändung nicht mit Aussicht auf Erfolg vorgehen.

Arbeitgeber und Arbeitnehmer können wegen **Mängeln und Fehlern des Pfändungs- und Überweisungsbeschlusses** im Wege der **Erinnerung** nach § 766 ZPO vorgehen, aber nicht mit dem Argument, die titulierte Forderung bestehe nicht oder nur zum Teil. Die Erinnerung passt, wenn formelle Einwendungen gegen die Art und Weise der Zwangsvollstreckung erhoben werden. Der Arbeitgeber muss ein eigenes Interesse an der Entscheidung haben.

Die Erinnerung ist beim den Pfändungsbeschluss überweisenden Vollstreckungsgericht einzulegen, schriftlich und eigenhändig unterschrieben. Es ist keine Frist einzuhalten.

Im Übrigen kann der Arbeitgeber natürlich als **Drittschuldner alle Einwendungen geltend machen,** die den **Grund und die Höhe der Entgeltforderung des Arbeitnehmers** betreffen. Er kann sich also z.B. darauf berufen, eine Forderung des Arbeitnehmers sei durch Aufrechnung (→ *Aufrechnung* Rz. 292) mit einer Gegenforderung des Arbeitgebers erloschen; zulässig ist auch der Einwand, der Arbeitgeber habe die Forderung des Arbeitnehmers

schon längst erfüllt gehabt. Zulässig ist beispielsweise auch der Einwand des Arbeitgebers, die Forderung des Arbeitnehmers sei bereits verjährt oder nach einer tariflichen Ausschlussfrist verfallen.

3. Umfang des Pfändungsschutzes

a) Unterschiedliche Bezüge = Unterschiedliche Pfändbarkeit

1529 Hinsichtlich der Pfändbarkeit von Arbeitnehmerforderungen ist zu unterscheiden:

– **Unpfändbare Beträge** (§ 850a ZPO) werden von der Pfändung nicht berührt.

– **Bedingt pfändbare Bezüge** sind nach § 850b ZPO zu behandeln.

– **Bezüge besonderer Art,** z.B. eine Abfindung, werden nur auf Antrag des Arbeitnehmers geschützt, unterliegen aber ansonsten voll der Pfändung, § 850i ZPO.

– **Begrenzt pfändbare Bezüge** sind nach § 850c ZPO nur teilweise geschützt.

b) Berechnung der pfändbaren Bezüge

1530 Beim Normalfall der Pfändung der üblichen Formen des Arbeitsentgelts bei wiederkehrend zahlbarer Vergütung ist wie folgt vorzugehen:

Zunächst sind die **Gesamt-Bruttobezüge** des Arbeitnehmers für einen bestimmten Monat zur Ermittlung des pfändbaren Netto-Entgelts um die unpfändbaren Bezüge gemäß § 850a ZPO (Bruttoabzug insoweit, LAG Berlin, Urteil vom 14.1.2000, NZA-RR 2000 S. 657) zu kürzen.

Weiterhin ist das Brutto-Einkommen um die gesetzlichen Abzüge und um angelegte vermögenswirksame Leistungen zu bereinigen.

Die **Berechnung des Nettoeinkommens** ist demnach wie folgt vorzunehmen:

Monatliches Bruttoeinkommen	.... €
⁄ unpfändbare Bezüge nach § 850a ZPO	.... €
⁄ angelegte vermögenswirksame Leistungen	.... €
⁄ Lohnsteuer	.... €
⁄ Solidaritätszuschlag	.... €
⁄ Kirchensteuer	.... €
⁄ Sozialversicherungsbeiträge	.... €
verbleibendes Nettoeinkommen	.... €

Ist hiernach das **Netto-Entgelt** des Arbeitnehmers bestimmt, so ist der genaue Pfändungsbetrag der **tabellarischen Anlage zu § 850c ZPO** unter Berücksichtigung der Kürzungsbeträge für Unterhaltspflichten zu entnehmen.

Zur **Zusammenrechnung** des Einkommens mit anderen Bezügen, z.B. mit weiteren Arbeitseinnahmen, mit Sozialleistungen oder Naturalleistungen siehe § 850e ZPO.

Wählt der (verheiratete) Vollstreckungsschuldner nach der Pfändung seines Anspruchs auf Arbeitslohn **ohne sachlichen Grund** statt der Steuerklasse IV die Steuerklasse V, um so Einkommensbeträge der Pfändung zu entziehen, so kann das Vollstreckungsgericht in entsprechender Anwendung von § 850h ZPO anordnen, dass sich der Schuldner bei der Berechnung des pfändbaren Teils seines Lohns so behandeln lassen muss, als werde er nach der Steuerklasse IV besteuert. Dagegen muss der Gläubiger eine **vor der Pfändung getroffene Wahl der Steuerklasse** durch den Schuldner und dessen Ehegatten (für das laufende Jahr) gegen sich gelten lassen (OLG Köln, Beschluss vom 3.1.2000, NWB 2000 Fach 1 S. 247).

c) Berücksichtigung von Unterhaltsberechtigten

1531 Bei der Feststellung der Zahl der Personen, denen der Arbeitnehmer Unterhalt leistet, darf der Arbeitgeber davon ausgehen, dass der Arbeitnehmer den in seiner **Lohnsteuerkarte** genannten Personen auch tatsächlich Unterhalt leistet. Bei der sich häufig stellenden Frage, ob der **mitverdienende Ehepartner** als Unterhaltsberechtigter mitzuzählen ist, darf nach der Rechtsprechung des Bundesarbeitsgerichts (vgl. BAG-Urteil vom 21.1.1975, DB 1975 S. 1370) davon ausgegangen werden, dass nur ein sehr ho-

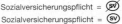
her Verdienst des mitverdienenden Ehegatten dessen Unterhaltsanspruch gegen den anderen Ehegatten entfallen lässt.

Nach neuerem Recht kann allerdings der Gläubiger **beim Vollstreckungsgericht beantragen**, dass ein oder mehrere Angehörige des Schuldners mit eigenem Einkommen voll oder teilweise bei der Berechnung der pfändbaren Bezüge unberücksichtigt zu bleiben haben. Eine derartige, vom Vollstreckungsgericht im Pfändungs- und Überweisungsbeschluss getroffene Regelung muss vom Arbeitgeber beachtet werden.

4. Besonderheiten bei Pfändung wegen Unterhaltsansprüchen

1532 Betreibt der Gläubiger die Pfändung wegen ihm zustehender gesetzlicher Unterhaltsansprüche, so ist der **Pfändungsschutz des Schuldners gem. § 850d ZPO eingeschränkt**. Auf entsprechende **besondere Angaben im Pfändungs- und Überweisungsbeschluss** muss der Arbeitgeber bei der Berechnung der pfändbaren Bezüge besonders achten; die Festsetzung durch das Amtsgericht/Vollstreckungsgericht ist im arbeitsgerichtlichen Drittschuldnerprozess verbindlich (LAG Düsseldorf, Urteil vom 6.3.2001, DB 2001 S. 1424).

5. Rangproblem bei mehreren Pfändungen

a) Mehrfache Pfändung

1533 Das Arbeitseinkommen verschuldeter Arbeitnehmer wird nicht selten **mehrfach gepfändet**, so dass der Arbeitgeber sich vor die Frage gestellt sieht, welche der Pfändungen er zu bedienen hat. Insoweit ist gemäß § 804 Abs. 3 ZPO der Rang der Pfändungen entscheidend: Es gilt insoweit der **Grundsatz der Priorität**, d.h. eine frühere Pfändung geht einer späteren vor. Der Arbeitgeber muss also zunächst die frühere Pfändung bis zur Tilgung der Forderung bedienen, sodann die nächstfolgende Pfändung bis zu deren Tilgung usw. Der Arbeitnehmer kann die korrekte Bedienung der Gläubiger durch Klage erzwingen (BFH, Urteil vom 5.4.2001, DB 2001 S. 2143).

Gerade bei mehreren Pfändungen läuft der Arbeitgeber Gefahr, eine **Bedienung in falscher Reihenfolge** vorzunehmen. Insoweit ist zu beachten, dass der Arbeitgeber bei fälschlicher Bedienung eines nachrangigen Berechtigten gegenüber dem vorrangigen Gläubiger nicht frei wird; der Arbeitgeber müsste also an den vorrangigen Gläubiger noch einmal zahlen. Insoweit sollte der Arbeitgeber in Zweifelsfällen von der Möglichkeit der **Hinterlegung** des Schuldbetrags Gebrauch machen.

b) Rangverhältnis bei Abtretung/Pfändung und Aufrechnung/Pfändung

1534 Nach dem **Grundsatz der Priorität** geht eine vor Zustellung eines Pfändungs- und Überweisungsbeschlusses erfolgte wirksame Abtretung von Entgeltansprüchen der Pfändung vor (→ *Abtretung des Arbeitslohns* Rz. 21). Entscheidend für den Vorrang ist insoweit nicht der Zeitpunkt, zu dem der Arbeitgeber von der Abtretung Kenntnis erlangt hat, sondern der **Zeitpunkt des Abtretungsgeschäftes**. Allerdings braucht der Arbeitgeber die Abtretung erst von dem Zeitpunkt an – ggf. vorrangig – zu beachten, in dem er von der Abtretung **Kenntnis** erlangt.

Treffen Aufrechnung (→ *Aufrechnung* Rz. 292) und Pfändung des Arbeitsentgelts zusammen, so ist nach der Regelung des § 392 BGB zu verfahren: Die Aufrechnung ist ausgeschlossen, wenn der aufrechnende Arbeitgeber seine Forderung erst nach der Beschlagnahme (= Pfändung) erworben hat oder wenn seine Forderung erst nach der Beschlagnahme (= Pfändung) und später als die gepfändete Forderung fällig geworden ist.

c) Hinterlegung in Zweifelsfällen

1535 Ist sich der Arbeitgeber bei einem Zusammentreffen von Pfändung und Abtretung über die Rangfolge der Gläubiger nicht im Klaren, so sollte er auch hier von der gemäß § 853 ZPO eröffneten Möglichkeit Gebrauch machen, den pfändbaren Betrag **beim Amtsgericht zu hinterlegen**. Unter Anzeige der Sachlage und unter Aushändigung der ihm zugestellten Beschlüsse kann der Arbeitgeber nach § 853 ZPO bei dem Amtsgericht hinterlegen,

dessen Beschluss ihm zuerst zugestellt wurde. Durch diese Hinterlegung wird der Arbeitgeber als Drittschuldner von seiner Verpflichtung zur Zahlung des Arbeitsentgelts frei. Der Arbeitgeber entgeht somit dem Risiko einer Doppelzahlung bei fehlerhafter Beurteilung von Rangfragen. Es ist sodann Sache der beteiligten Gläubiger, sich über die Verteilung des hinterlegten Betrages beim Amtsgericht auseinander zu setzen.

6. Drittschuldnerklage

1536 Zahlt der Arbeitgeber als Drittschuldner nach Zustellung des Pfändungs- und Überweisungsbeschlusses an den die Pfändung betreibenden Gläubiger nicht, so kommt es – neben der Auskunftsklage bei fehlender oder unvollständiger Auskunftserteilung – häufig zur sog. Drittschuldnerklage. Bei dieser Drittschuldnerklage verklagt der Gläubiger den Arbeitgeber als Drittschuldner auf Auszahlung des pfändbaren Arbeitsentgeltes. Durch die gem. § 841 ZPO bei einer solchen Klage gebotene **Streitverkündung** wird der Arbeitnehmer als eigentlicher Schuldner in das Verfahren einbezogen.

In einem solchen Drittschuldnerprozess muss der **Gläubiger darlegen und beweisen**, dass der Arbeitnehmer als Schuldner eine pfändbare Forderung gegen den Arbeitgeber auf Arbeitsentgelt besitzt. In der Praxis reicht es insoweit aus, dass der Gläubiger Art und Umfang der vom Arbeitnehmer wahrgenommenen Tätigkeit im Arbeitsverhältnis darlegt und beweist und darüber hinaus Angaben zu dem entsprechenden üblichen Verdienst macht, wenn der Arbeitgeber Angaben verweigert. Durch einen solchen Sachvortrag wird das Gericht in die Lage versetzt, die **übliche Vergütung** zu ermitteln und den Pfändungsbetrag festzusetzen. Bei wahrheitsgemäßen Angaben des Arbeitgebers, beispielsweise durch Vorlage des Lohnkontos, ist natürlich von den sich hieraus ableitenden Pfändungsbeträgen auszugehen.

7. Lohnbegrenzungsverträge und verschleiertes Arbeitseinkommen

a) Lohnbegrenzungsvertrag

1537 Von einem Lohnbegrenzungsvertrag spricht man, wenn Arbeitgeber und Arbeitnehmer vereinbaren, die Arbeitsleistung ganz oder teilweise **an einen Dritten zu vergüten**. In diesen Fällen umfasst die Pfändung ohne weiteres den Anspruch des Dritten gegen den Arbeitgeber als Drittschuldner.

b) Verschleiertes Arbeitseinkommen

1538 In den Fällen des verschleierten Arbeitseinkommens erbringt der Schuldner im Arbeitsverhältnis mit dem Drittschuldner eine üblicherweise zu vergütende Arbeitsleistung **unentgeltlich oder gegen eine unverhältnismäßig geringe Entlohnung**. In diesen Fällen fingiert die Vorschrift des § 850h Abs. 2 ZPO eine **angemessene Vergütung** im Verhältnis zum Gläubiger als geschuldet. Die Pfändbarkeit bestimmt sich dann nach dieser angemessenen Vergütung, und zwar gerade unabhängig davon, dass diese Vergütung tatsächlich an den Arbeitnehmer nicht gezahlt werden sollte.

Diese Regelung gilt im Übrigen auch bei **Arbeitsleistung auf Grund familienrechtlicher Verpflichtung**, wenn die Mitarbeit nicht gerade allein in der Erfüllung der Unterhaltspflicht besteht. Auch bei Beschäftigung von Angehörigen gilt daher im Verhältnis zu Gläubigern des Angehörigen bei unverhältnismäßig geringer Vergütung eine angemessene Vergütung als geschuldet.

8. Pfändbarkeitskatalog

1539 Abschließend sei die Pfändbarkeit von Entgeltformen und Sonderformen des Arbeitsentgelts zusammengestellt:

Abfindungen

Abfindungen aus Anlass der Beendigung des Arbeitsverhältnisses wegen des Verlustes des Arbeitsplatzes gem. §§ 9, 10 KSchG sind eine nicht wiederkehrende zahlbare Vergütung i.S. des § 850i ZPO, die erst durch gerichtliche Entscheidung auf Antrag des Schuldners in der Pfändbarkeit eingeschränkt werden kann, ansonsten uneingeschränkt pfändbar ist.

Akkordvergütung

Die Akkordvergütung unterliegt als Arbeitsentgelt dem Zugriff der Gläubiger im dargestellten Umfang gem. §§ 850c, 850d ZPO.

Arbeitnehmersparzulage

Arbeitnehmersparzulagen gem. § 13 des 5. VermBG werden endgültig bei der Besteuerung durch das zuständige Finanzamt festgesetzt: Gepfändet werden kann der Anspruch, wenn er (mit Ablauf des Kalenderjahres) entstanden ist.

Aufwandsentschädigungen

Aufwandsentschädigungen wie Spesen, Reisekosten, Auslösungsgelder, Tage-/Übernachtungsgelder, Trennungsentschädigungen, Umzugskostenvergütungen sind Beträge zur Deckung von Auslagen und damit pfändungsfrei.

Beihilfen

Die als Beihilfen bezeichneten Unterstützungsleistungen des Arbeitgebers in Krankheits-, Geburts- und Todesfällen sind als aufwendungsbezogene Sonderleistungen grundsätzlich unpfändbar, vgl. § 850a Nr. 5 und 7 ZPO.

Beteiligungen

Gewinn- und Umsatzbeteiligungen sind Arbeitsentgelt. Die Beteiligungen werden bei jährlicher Auszahlung der Monatsvergütung im Abschlussmonat hinzugerechnet. Ist eine Mindestbeteiligung vereinbart, auf welche monatliche Abschläge gezahlt werden, so ist der jeweilige Abschlag im jeweiligen Auszahlungsmonat zu berücksichtigen.

Blindenzulagen

Blindenzulagen sind gem. § 850d Nr. 8 ZPO unpfändbar.

Dreizehntes Monatsgehalt

Das 13. Monatsgehalt ist ein jährlich zusätzlicher Anspruch des Arbeitnehmers auf zusätzliches Arbeitsentgelt. Im Auszahlungsmonat ist das 13. Monatsgehalt der Monatsvergütung des Arbeitnehmers hinzuzurechnen. Die Gesamtvergütung unterliegt sodann der Pfändung unter Berücksichtigung der normalen Pfändungsbeschränkungen gem. §§ 850c bzw. 850d ZPO. Soweit ein 13. Monatsgehalt als **Weihnachtsvergütung** gezahlt wird, gelten die pfändungsrechtlichen Begünstigungen nach § 850a Nr. 4 ZPO. Siehe auch unten „Gratifikationen".

Erziehungsgeld

Erziehungsgeld ist nach § 850a Nr. 6 ZPO unpfändbar.

Fahrtkosten

Fahrtkosten sind als Aufwandsentschädigung, soweit sie den Rahmen des Üblichen nicht übersteigen, gem. § 850a Nr. 3 ZPO unpfändbar.

Familienzuschläge

Familienzuschläge sind als Alters-, Orts- und Kinderzuschlag Teil des Arbeitsentgelts und damit pfändbar gem. §§ 850c, 850d ZPO.

Fortbildungskosten

Wird im Rahmen einer Fortbildungsmaßnahme dem Arbeitnehmer eine Beihilfeleistung zum Unterhalt gezahlt bzw. das bisherige Arbeitsentgelt weitergezahlt, so sind diese Leistungen wie das Arbeitsentgelt unter Berücksichtigung der §§ 850c, 850d ZPO pfändbar.

Gratifikationen

Gratifikationen sind als Urlaubszuwendung (zusätzliches **Urlaubsgeld**) und als **Jubiläumszuwendung** gem. § 850a Nr. 2 ZPO grundsätzlich unpfändbar, soweit sie den Rahmen des Üblichen nicht übersteigen. Erfolgt die Pfändung wegen bestehender Unterhaltsansprüche, so sind sie gem. § 850d Abs. 1 Satz 2 2. Halbs. ZPO lediglich zur Hälfte der Pfändung entzogen.

Weihnachtszuwendungen als Weihnachtsgratifikationen sind gem. § 850a Nr. 4 ZPO bis zur Hälfte des monatlichen Arbeitseinkommens, höchstens aber bis zu einem Betrag in Höhe von 500 € unpfändbar. Erfolgt die Pfändung wegen bestehender Unterhaltsansprüche, so gilt auch hier gem. § 850d Abs. 1 Satz 2 2. Halbs. ZPO der Pfändungsschutz nur zur Hälfte, so dass sich der Pfändungsschutz auf ein Viertel reduziert.

Kindergeld

Nur für Unterhaltsansprüche von Geschwistern dürfen Gerichte im begrenzten Maße Kindergeld pfänden.

Krankengeld

Das nach Ablauf der sechswöchigen Lohnfortzahlung von der Krankenkasse zu zahlende Krankengeld ist im Wesentlichen unpfändbar und insbesondere von der Lohnpfändung nicht umfasst, da die Leistung nicht vom Drittschuldner (Arbeitgeber), sondern von der Krankenkasse zu erbringen ist. Zu beachten ist § 850e Nr. 2a ZPO bei Zusammenrechnung. Zur Pfändung bei der Krankenkasse vgl. § 54 Abs. 4 SGB I.

Kurzarbeitergeld

Kurzarbeitergeld ist staatliche Sozialleistung, die gem. § 54 Abs. 3 SGB I wie Arbeitsentgelt gepfändet werden kann. Ein Lohnpfändungsanspruch umfasst diesen Anspruch nur bei **ausdrücklicher** Erstreckung. Dies muss beim Antrag auf Erlass des Pfändungs- und Überweisungsantrags daher beantragt werden, ggf. verbunden mit dem Antrag gem. § 850e Nr. 2a ZPO.

Lohnfortzahlung/Entgeltfortzahlung

Das während der Arbeitsunfähigkeit vom Arbeitgeber weiterzuzahlende Entgelt (Lohn oder Gehalt) ist Arbeitseinkommen i.S. des § 850 ZPO und unterliegt der Pfändung nach § 850c bzw. § 850d ZPO (→ *Entgeltfortzahlung* Rz. 826).

Mehrarbeit

Unter Mehrarbeit im pfändungsrechtlichen Sinne ist die Arbeit zu verstehen, die die gesetzliche, tarifliche oder betriebliche Arbeitszeit überschreitet. Gem. § 850a Nr. 1 ZPO ist die Mehrarbeitsvergütung in diesem Sinne zur Hälfte pfändbar. Erfolgt die Pfändung wegen bestehender Unterhaltsansprüche, so reduziert sich der Pfändungsschutz auf ein Viertel der Mehrarbeitsvergütung (§ 850d Abs. 1 Satz 2 2. Halbs. ZPO).

Naturalleistung

Erhält der Schuldner neben dem Arbeitsentgelt Naturalleistungen, so hat der Drittschuldner Arbeitsentgelt und Naturalleistung zusammenzurechnen und aus dem so ermittelten Gesamtentgelt die Pfändbarkeit gem. §§ 850c bzw. 850d ZPO zu bestimmen. Die Naturalbezüge sind dabei mit einem ortsüblichen Wert in Ansatz zu bringen, zur Wertermittlung können Richtsätze des Steuerrechtes herangezogen werden.

Prämie

Der eigentliche Prämienlohn unterliegt als Arbeitsentgelt der Pfändbarkeit gemäß §§ 850c und 850d ZPO.

Zusatzprämien wie **Anwesenheits- und Pünktlichkeitsprämie** werden als Sondervergütung zusätzlich zum Arbeitsentgelt gezahlt. Sie sind als Teil des Arbeitseinkommens anzusehen. Werden sie regelmäßig, d.h. mit der jeweiligen Auszahlung des Arbeitsentgelts entrichtet, so ergeben sich die Pfändungsgrenzen unter Berücksichtigung der §§ 850c und 850d ZPO. Handelt es sich um nicht wiederkehrende Leistungen (beispielsweise bei zwei Zahlungen im Jahr), so ist der Betrag grundsätzlich insgesamt pfändbar. Pfändungsschutz tritt insoweit nur auf Antrag ein, über den das Vollstreckungsgericht, das die Höhe der Unpfändbarkeit sodann festzulegen hat, zu entscheiden hat, vgl. § 850i ZPO.

Treueprämien sind – soweit sie den Rahmen des Üblichen nicht übersteigen – unpfändbar, vgl. § 850a Nr. 2 ZPO. Erfolgt die Pfändung wegen bestehender Unterhaltsansprüche, so gilt auch hier gem. § 850d Abs. 1 Satz 2 2. Halbs. ZPO der Pfändungsschutz nur zur Hälfte.

Provision

Provisionen sind Arbeitsentgelt und unterliegen der Pfändung gem. §§ 850c und 850d ZPO.

Prozente

Prozente sind Arbeitsentgelt, das ebenfalls der Pfändbarkeit gem. §§ 850c und 850d ZPO unterliegt.

Eine Besonderheit ergibt sich hier daraus, dass der Arbeitnehmer bei einer Bezahlung auf Grund sog. Bedienungsprozente berechtigt ist, die Prozente als Teile des kassierten Entgeltes unmittelbar für sich zu behalten. In diesen Fällen muss bei Vorliegen eines Pfändungs- und Überweisungsbeschlusses der Arbeitgeber notfalls unter Androhung einer fristlosen Kündigung vom Arbeitnehmer zum Zwecke einer korrekten Berechnung der pfändbaren Vergütung die Herausgabe der kassierten Prozente verlangen.

Sozialplanabfindung

Abfindungen aus Sozialplänen sind Arbeitseinkommen i.S. von § 850 ZPO und werden von formularmäßig erlassenen Pfändungs- und Überweisungsbeschlüssen erfasst. Pfändungsschutz nach der Anlage zu § 850c ZPO besteht allerdings nicht, vielmehr handelt es sich um eine nicht wiederkehrende zahlbare Leistung i.S. des § 850i ZPO, für die Pfändungsschutz nur auf gesonderten Antrag des Schuldners gewährt wird.

Im Rahmen der allgemeinen Fürsorgepflicht ist der Arbeitgeber nicht verpflichtet, den Arbeitnehmer über die Möglichkeit eines Vollstreckungsschutzantrages zu belehren (vgl. BAG, Urteil vom 13.11.1991, EzA Nr. 4 zu § 850 ZPO).

Trinkgeld

Die vom Arbeitgeber dem Arbeitnehmer eröffnete Möglichkeit, Trinkgelder in Empfang zu nehmen, erhöht den Verdienst des Arbeitnehmers. Grundsätzlich wird daher auch das erhaltene Trinkgeld dem Arbeitsentgelt zugerechnet werden müssen; zweifelhaft aber nach BAG, Urteil vom 28.6.1995, DB 1996 S. 266.

Übergangsgeld

Ein – regelmäßig tarifvertraglich normiertes – Übergangsgeld ist eine Überbrückungszahlung des Arbeitgebers in Zusammenhang mit der Beendigung des Arbeitsvertrages. Übergangsgeld ist Arbeitsentgelt und unterliegt der Pfändung gem. §§ 850c und 850d ZPO.

Urlaubsentgelt/Urlaubsabgeltung

Ansprüche auf Urlaubsentgelt als Vergütung während des bewilligten Urlaubs und Urlaubsabgeltung als Zahlungsausgleich bei Beendigung des Arbeitsverhältnisses für nicht gewährten Urlaub sind höchstpersönlicher Natur. Es ist dennoch im gleichen Umfang pfändbar wie Arbeitsentgelt (BAG, Urteil vom 20.6.2000, DB 2000 S. 2327).

Urlaubsgeld ist als Gratifikation im Rahmen des Üblichen gem. § 850a Nr. 2 ZPO unpfändbar. Bei der Pfändung wegen Unterhaltsansprüchen reduziert sich der Pfändungsschutz gem. § 850d Abs. 1 Satz 2 2. Halbs. ZPO auf die Hälfte.

Vermögenswirksame Leistungen

Vermögenswirksame Leistungen nach dem 5. VermBG sind Bestandteil des Arbeitseinkommens. Der Anspruch auf die vermögenswirksame Leistung gegen den Arbeitgeber ist allerdings gem. § 2 Abs. 7 des Gesetzes nicht übertragbar und daher **unpfändbar**. Daher ist die vermögenswirksame Leistung bei der Berechnung des Arbeitseinkommens abzuziehen. Das hieraus gebildete **Sparguthaben** ist allerdings **gesondert pfändbar**.

Weihnachtsgeld/Weihnachtsgratifikation

Für Weihnachtsvergütungen gelten die pfändungsrechtlichen Begünstigungen zu „Gratifikationen", gleichgültig, ob die Vergütung als 13. Monatsgehalt oder als Gratifikation vereinbart ist.

Winterausfallgeld

Winterausfallgeld ist staatliche Sozialleistung, die gem. § 54 Abs. 4 SGB I wie Arbeitsentgelt gepfändet werden kann.

Wintergeld

Die Grundsätze zu „Kurzarbeitergeld" und „Winterausfallgeld" gelten entsprechend.

Zeitvergütung

Die Zeitvergütung als die übliche Zahlung des Arbeitsentgelts unterliegt der Pfändung gem. §§ 850c und 850d ZPO.

Zulagen

Als **Gefahren-, Schmutz-** und **Erschwerniszulagen** gezahlte Beträge sind grundsätzlich unpfändbar gem. § 850a Nr. 3 ZPO, soweit diese Bezüge den Rahmen des Üblichen nicht übersteigen.

Allgemeine Zulagen, Funktionszulagen, Leistungszulagen, persönliche Zulagen und **Sozialzulagen** erhöhen das Arbeitsentgelt und unterliegen der normalen Pfändung gem. §§ 850c und 850d ZPO.

Zuschläge

Als vereinbarte oder tariflich abgesicherte **Spätschicht- oder Nachtzuschläge** sind sie Teil des Arbeitsentgelts, die der Pfändung gem. §§ 850c und 850d ZPO unterliegen; dies gilt auch für **Feiertagszuschläge**.

Zuschüsse

Zuschüsse zu Sport und Kulturveranstaltungen sind als freiwillige Sonderleistungen des Arbeitgebers nicht als Arbeitsentgelt anzusehen und von der Zweckbestimmung her betrachtet grundsätzlich nicht der Pfändung unterworfen. **Essenzuschüsse** sind ebenfalls als pfändungsfrei anzusehen.

Lohnsteuer

1540 Die Lohnsteuer ist eine besondere Erhebungsform der Einkommensteuer, die vom Arbeitgeber durch Abzug vom Arbeitslohn einzubehalten und an das Finanzamt abzuführen ist (§ 38 Abs. 1 EStG). Bei der Einkommensteuerveranlagung des Arbeitnehmers ist die einbehaltene Lohnsteuer auf die Einkommensteuer anzurechnen (§ 36 Abs. 2 Nr. 2 EStG); es handelt sich mithin lediglich um eine Art „Einkommensteuervorauszahlung". Zum Verfahren siehe → *Abführung der Lohnsteuer* Rz. 6 und → *Anmeldung der Lohnsteuer* Rz. 121.

Lohnsteuer-Anerkenntnis

1541 Wenn der Arbeitgeber nach Abschluss einer Lohnsteuer-Außenprüfung seine Zahlungsverpflichtung schriftlich anerkennt (§ 42d Abs. 4 Nr. 2 EStG), so steht dieses Anerkenntnis einer **Steueranmeldung** und somit einer Steuerfestsetzung unter Vorbehalt der Nachprüfung gleich (§§ 167 Abs. 1 Satz 3, 168 Satz 1 AO). Kommt der Arbeitgeber seiner Zahlungsverpflichtung nicht nach, so muss das Finanzamt **keinen zusätzlichen Haftungsbescheid erlassen**. Der Arbeitgeber kann seine Zahlungsanerkenntnis nur mit Zustimmung des Finanzamts ändern oder widerrufen (→ *Anmeldung der Lohnsteuer* Rz. 121).

Lohnsteuer-Außenprüfung

1. Allgemeines

1542 Für die Überwachung der ordnungsgemäßen Einbehaltung und Abführung der Lohnsteuer sowohl durch private als auch durch öffentlich-rechtliche Arbeitgeber ist das Betriebsstättenfinanzamt zuständig (§ 42f Abs. 1 EStG). Die Lohnsteuer-Außenprüfung ist eine Außenprüfung i.S. der §§ 193 ff. AO; durch sie soll festgestellt werden, ob der Arbeitgeber die Lohnsteuer zutreffend einbehalten und abgeführt hat.

2. Prüfungsumfang

1543 Im Rahmen der Lohnsteuer-Außenprüfung sind die steuerlichen Verhältnisse von Arbeitgeber und Arbeitnehmer sowohl **zu Gunsten als auch zu Ungunsten der Beteiligten** zu prüfen.

Weiterhin sind auch zu prüfen:

– Solidaritätszuschlag,

– Kirchenlohnsteuer,

– Verpflichtungen des Arbeitgebers nach dem Vermögensbildungsgesetz,

– Kindergeldauszahlung,

– Bergmannsprämien,

– Kapitalertragsteuer (allerdings nicht in allen Bundesländern),

– Steuerabzug bei beschränkt Steuerpflichtigen nach § 50a EStG (allerdings nicht in allen Bundesländern),

– Umsatzsteuer auf Sachzuwendungen und sonstige Leistungen an Arbeitnehmer sowie der Vorsteuerabzug bei Reisekosten der Arbeitnehmer (allerdings nicht in allen Bundesländern).

3. Prüfungsort

1544 Nach § 200 Abs. 2 AO hat die Lohnsteuer-Außenprüfung in den **Geschäftsräumen des Arbeitgebers** stattzufinden. Soweit ein zur Durchführung der Prüfung **geeigneter Geschäftsraum nicht vorhanden** ist, kann die Außenprüfung auch in den Wohnräumen des Arbeitgebers oder an Amtsstelle erfolgen. Zu der Frage, ob die Lohnsteuer-Außenprüfung auch **im Büro des Steuerberaters** durchgeführt werden kann oder ob in Ausnahmesituationen auch das **Finanzamt** als Prüfungsort in Betracht kommt, vertritt die Finanzverwaltung folgende Auffassung (OFD Bremen, Verfügung vom 31.8.1995, DB 1995 S. 2398):

1. Prüfung im Büro des Steuerberaters

Der Bundesfinanzhof hat zwar in einem besonders gelagerten Fall durch Beschluss vom 30.11.1988, BStBl II 1989 S. 265, entschieden, dass auf Antrag des Arbeitgebers auch eine Prüfung im Büro des Steuerberaters in Betracht kommen kann, wenn der Prüfung dort keine zumindest gleichwertigen Verwaltungsinteressen entgegenstehen. Indes wird an der wiederholt vertretenen Auffassung festgehalten, dass eine Lohnsteuer-Außenprüfung im Regelfall in den Geschäftsräumen des Arbeitgebers und nur unter bestimmten Voraussetzungen im Büro des steuerlichen Beraters durchzuführen ist, wenn z.B. der Arbeitgeber keinen geeigneten Raum oder Arbeitsplatz für die Prüfungsdurchführung zur Verfügung stellen kann. Bei Abwägung der Interessen von Verwaltung und Arbeitgeber wird zu Gunsten der Verwaltung immer zu berücksichtigen sein, dass eine Prüfung in den Geschäftsräumen des Arbeitgebers dem Zweck der Lohnsteuer-Außenprüfung am besten gerecht wird. Insbesondere lassen sich vor Ort eher die folgenden gesetzlich vorgesehenen Ermittlungen anstellen:

– Auskunftserteilung durch den Arbeitgeber (§ 200 Abs. 1 Satz 2 AO),

– Auskunftserteilung durch andere Betriebsangehörige, z.B. Arbeitnehmer (§ 200 Abs. 1 Satz 3 AO),

– Besichtigung von Grundstücken und Betriebsräumen (§ 200 Abs. 3 Satz 2 AO).

Sofern doch ausnahmsweise eine Prüfung im Büro des Steuerberaters in Betracht kommt, sollte von der Möglichkeit einer Besichtigung des Betriebs gleichwohl in der Regel nicht abgesehen werden. Bei Abwägung für oder gegen eine Besichtigung wird der Betriebsart und -größe sowie der Anzahl von Arbeitnehmern immer besonderes Gewicht beizumessen sein.

2. Prüfung im Finanzamt

Die nach § 200 Abs. 2 AO vorgesehene Prüfung an Amtsstelle wird – wegen der eingeschränkten Ermittlungsmöglichkeiten – Ausnahmefällen vorbehalten bleiben müssen, z.B. wenn der Arbeitgeber keinen geeigneten Platz zur Verfügung stellen kann und das Steuerberatungsbüro sich außerhalb des Finanzamtsbezirks befindet.

4. Pflichten des Arbeitgebers

1545 Der Arbeitgeber hat dem Prüfer **Einsicht** in die von ihm aufbewahrten Lohnsteuerkarten der Arbeitnehmer, in die nach § 4 LStDV vorgeschriebenen Aufzeichnungen und die Lohnbücher der Betriebe sowie Geschäftsbücher und Unterlagen zu gewähren. Hierzu rechnen auch Personalakten und Personalunterlagen der Arbeitnehmer, da diese Verträge und andere Unterlagen Daten enthalten können, die für den Lohnsteuerabzug von Bedeutung sind (Niedersächsisches FG, Urteil vom 4.3.1955, EFG 1955 S. 277). Der Prüfer wird dabei die Einsicht in die Personalakten und in andere Geschäftspapiere und Urkunden auf das zur Durchführung der Lohnsteuerprüfung notwendige Maß beschränken.

Der Arbeitgeber hat dem Lohnsteuerprüfer die zum Verständnis der Aufzeichnungen von diesem erbetene **Erläuterung zu geben**. Ferner hat der Arbeitgeber auf Verlangen weitere erforderliche Auskünfte zu geben. Dies gilt auch für Auskünfte über sonstige für den Betrieb tätige Personen, bei denen streitig ist, ob sie Arbeitnehmer des Betriebs sind. Sind der Arbeitgeber oder die von ihm benannten Personen nicht in der Lage, ausreichende Auskünfte zu erteilen, kann sich der Prüfer nach Abstimmung auch an andere Betriebsangehörige wenden.

Werden die erforderlichen **Aufzeichnungen auf Datenträgern** (z.B. Magnetplatten, Magnetbänder, Disketten) geführt, hat der Arbeitgeber dem Prüfer die erforderlichen Hilfsmittel zur Verfügung zu stellen, damit die Aufzeichnungen lesbar gemacht werden können. Der Prüfer kann jedoch auch verlangen, dass die Unterlagen ganz oder teilweise ausgedruckt werden sollen; bei diesem Ausdruckverlangen hat der Prüfer allerdings die tatsächlichen Prüfungsmöglichkeiten und die für den Arbeitgeber entstehenden Kosten im Rahmen einer Ermessenserwägung zu berücksichtigen.

5. Rechte des Arbeitgebers

1546 Vor Beginn der Lohnsteuer-Außenprüfung ist dem Arbeitgeber eine **schriftliche Prüfungsanordnung** zu erteilen, aus der sich die zu prüfenden Steuerarten, der Prüfungszeitraum, der voraussichtliche Prüfungsbeginn und der Name des Prüfers ergeben müssen. Die Prüfungsanordnung soll in der Regel 14 Tage vor Beginn der Prüfung bekannt gegeben werden. Der Beginn der Lohnsteuer-Außenprüfung kann auf Antrag des Arbeitgebers verschoben werden, wenn hierfür wichtige Gründe vorhanden sind, z.B. Krankheit des Arbeitgebers, Steuerberaters oder Lohnbuchhalters.

Der Arbeitgeber wird regelmäßig vom Prüfer über die festgestellten **Sachverhalte unterrichtet**. Gleichwohl hat der Arbeitgeber das Recht, dass über das Ergebnis der Lohnsteuer-Außenprüfung eine Besprechung **(Schlussbesprechung)** abgehalten

wird, in der alle Beanstandungen des Prüfers erörtert werden. Eine Schlussbesprechung wird nicht abgehalten, wenn der Arbeitgeber darauf verzichtet oder wenn die Prüfung zu keiner Änderung der Besteuerungsgrundlagen geführt hat. Anschließend hat der Prüfer einen schriftlichen Bericht **(Prüfungsbericht)** zu fertigen, der dem Arbeitgeber zugesandt wird. Der Arbeitgeber kann beantragen (§ 202 Abs. 2 AO), dass ihm der Prüfungsbericht noch vor seiner Auswertung übersandt wird, damit er zu den Prüfungsfeststellungen Stellung nehmen kann. Ergibt sich keine Änderung der Besteuerungsgrundlagen, so reicht es aus, wenn der Arbeitgeber hierüber informiert wird.

6. Steuerstraf- und Steuerordnungswidrigkeitenverfahren

1547 Ergeben sich im Laufe der Prüfung Sachverhalte, die den Verdacht einer **Steuerstraftat oder Steuerordnungswidrigkeit** nahe legen, und richtet sich der Verdacht gegen den Arbeitgeber, so dürfen die Ermittlungen bei dem Betroffenen erst fortgesetzt werden, wenn ihm die Einleitung des Straf- oder Bußgeldverfahrens mitgeteilt worden ist (§ 397 AO). Soweit die Feststellungen auch für Zwecke eines Steuerstraf- oder Bußgeldverfahrens verwendet werden können, darf die **Mitwirkung des Arbeitgebers bei der Aufklärung der Sachverhalte nicht mehr erzwungen** werden (§ 393 Abs. 1 AO). Wirkt der Arbeitgeber nicht mehr mit, so können daraus allerdings im Besteuerungsverfahren insoweit für ihn nachteilige Folgerungen gezogen werden, als das Finanzamt die **Besteuerungsgrundlagen zu schätzen hat**, falls eine zutreffende Ermittlung des Sachverhalts deswegen nicht möglich ist (§ 162 AO).

Wegen der Prüfungen durch die **Rentenversicherungsträger** → Beitragsüberwachung Rz. 493.

Lohnsteuerbescheinigung

Lohnsteuerbescheinigung

1. Allgemeines

1548 Bei Beendigung eines Dienstverhältnisses oder am Ende des Kalenderjahrs hat der Arbeitgeber das **Lohnkonto des Arbeitnehmers abzuschließen** (§ 41b Abs. 1 EStG). Anschließend hat der Arbeitgeber auf Grund der Eintragungen im Lohnkonto auf der Rückseite der Lohnsteuerkarte des Arbeitnehmers Folgendes zu bescheinigen **(Lohnsteuerbescheinigung)**:

– Die Dauer des Dienstverhältnisses während des Kalenderjahrs,

– die Anzahl der vermerkten Großbuchstaben U,

– die Art und Höhe des gezahlten Arbeitslohns,

– die einbehaltene Lohnsteuer sowie zusätzlich den Großbuchstaben B, wenn das Dienstverhältnis vor Ablauf des Kalenderjahrs endet und der Arbeitnehmer für einen abgelaufenen Lohnzahlungszeitraum oder Lohnabrechnungszeitraum des Kalenderjahrs unter Berücksichtigung der gekürzten Vorsorgepauschale nach § 10c Abs. 3 EStG (→ *Lohnsteuertabellen* Rz. 1655) zu besteuern war,

– das Kurzarbeitergeld, das Winterausfallgeld, den Zuschuss zum Mutterschaftsgeld nach dem Mutterschutzgesetz, die Entschädigungen für Verdienstausfall nach dem Infektionsschutzgesetz, Aufstockungsbeträge sowie Altersteilzeitzuschläge,

– die auf die Entfernungspauschale anzurechnenden steuerfreien Arbeitgeberleistungen für Fahrten zwischen Wohnung und Arbeitsstätte,

– die pauschal besteuerten Arbeitgeberleistungen für Fahrten zwischen Wohnung und Arbeitsstätte,

– steuerfreie Einnahmen i.S. von § 3 Nr. 39 EStG (geringfügige Beschäftigung).

Der Arbeitgeber hat die in der Lohnsteuerbescheinigung geforderten Angaben auf Grund der **Eintragungen im Lohnkonto** zu machen (→ *Lohnkonto* Rz. 1493), vgl. R 135 Abs. 8 LStR.

Der **Hinzurechnungsbetrag muss nicht vom Arbeitgeber** in der Lohnsteuerbescheinigung **eingetragen** werden, denn dieser wird bereits vom Finanzamt auf der Vorderseite der Lohnsteuerkarte eingetragen. Einzelheiten siehe → *Übertragung des Grundfreibetrags* Rz. 2443.

Liegt dem Arbeitgeber eine Lohnsteuerkarte des Arbeitnehmers nicht vor, hat er die Lohnsteuerbescheinigung nach einem entsprechenden amtlich vorgeschriebenen Vordruck zu erteilen, die sog. **Besondere Lohnsteuerbescheinigung** (§ 41b Abs. 1 Satz 3 EStG). Der Arbeitnehmer darf die Eintragungen des Arbeitgebers nicht ändern.

Der Arbeitgeber sollte die Lohnsteuerbescheinigung sehr gewissenhaft ausfüllen:

Bewirkt die fehlerhafte Lohnsteuerbescheinigung durch den Arbeitgeber, dass der Arbeitnehmer zu einer überhöhten Einkommensteuer veranlagt wird, so kann dem Arbeitnehmer gegen den Arbeitgeber ein Schadensersatzanspruch zustehen (BFH, Urteil vom 20.9.1996, BStBl II 1997 S. 144).

Das Muster der Lohnsteuerkarte 2002 ist von der Finanzverwaltung bestimmt und bekannt gemacht worden (BMF-Schreiben vom 17.7.2001, BStBl I 2001 S. 480).

Ein Muster der Lohnsteuerbescheinigung auf der Rückseite ist nachfolgend abgedruckt.

IV. Lohnsteuerbescheinigung für das Kalenderjahr 2002 und besondere Angaben:

		Euro	Ct
1. Dauer des Dienstverhältnisses	vom-bis		
2. Zeiträume ohne Anspruch auf Arbeitslohn	Anzahl „U":		
3. Bruttoarbeitslohn einschl. Sachbezüge ohne 9. und 10.			
4. Einbehaltene Lohnsteuer von 3.			
5. Einbehaltener Solidaritätszuschlag von 3.			
6. Einbehaltene Kirchensteuer des Arbeitnehmers von 3.			
7. Einbehaltene Kirchensteuer des Ehegatten von 3. (nur bei konfessionsverschiedener Ehe)			
8. In 3. enthaltene steuerbegünstigte Versorgungsbezüge			
9. Steuerbegünstigte Versorgungsbezüge für mehrere Kalenderjahre			
10. Ermäßigt besteuerter Arbeitslohn für mehrere Kalenderjahre (ohne 9.) und ermäßigt besteuerte Entschädigungen			
11. Einbehaltene Lohnsteuer von 9. und 10.			
12. Einbehaltener Solidaritätszuschlag von 9. und 10.			
13. Einbehaltene Kirchensteuer des Arbeitnehmers von 9. und 10.			
14. Einbehaltene Kirchensteuer des Ehegatten von 9. und 10. (nur bei konfessionsverschiedener Ehe)			
15. Kurzarbeitergeld, Winterausfallgeld, Zuschuss zum Mutterschaftsgeld, Verdienstausfallentschädigung (Infektionsschutzgesetz), Aufstockungsbetrag und Altersteilzeitzuschlag			
16. Steuerfreier Arbeitslohn nach	Doppelbesteuerungsabkommen		
	Auslandstätigkeitserlass		
17. Steuerfreie Arbeitgeberleistungen für Fahrten zwischen Wohnung und Arbeitsstätte			
18. Pauschal besteuerte Arbeitgeberleistungen für Fahrten zwischen Wohnung und Arbeitsstätte			
19. Steuerfreie Beiträge des Arbeitgebers an eine Pensionskasse oder einen Pensionsfonds			
20. Steuerpflichtige Entschädigungen und Arbeitslohn für mehrere Kalenderjahre, die nicht ermäßigt besteuert wurden – in 3. enthalten			
21. Steuerfreie Verpflegungszuschüsse bei Auswärtstätigkeit			
22. Steuerfreie Arbeitgeberleistungen bei doppelter Haushaltsführung			
23. Steuerfreie Arbeitgeberzuschüsse zur freiwilligen Krankenversicherung und zur Pflegeversicherung			
24. Arbeitnehmeranteil am Gesamtsozialversicherungsbeitrag			
25. Ausgezahltes Kindergeld		–	

(Spalte 20–24: Um Rückfragen zu vermeiden, wird die Ausfüllung empfohlen.)

Anschrift des Arbeitgebers (lohnsteuerliche Betriebsstätte) Firmenstempel, Unterschrift;

Finanzamt, an das die Lohnsteuer abgeführt wurde **(Name und dessen vierstellige Nr.)**

2. Eintragungen in der Lohnsteuerbescheinigung

1549 In den einzelnen Zeilen der Lohnsteuerbescheinigung sind folgende Eintragungen zu machen, dabei sind alle Beträge in Euro einzutragen.

a) Zeile 1 – Dauer des Dienstverhältnisses

1550 In dieser Zeile ist die **Dauer des Dienstverhältnisses** beim Arbeitgeber während des Kalenderjahrs einzutragen. Soweit Zeiträume vorliegen, in denen dem Arbeitnehmer kein Lohn gezahlt wurde, z.B. bei Bezug von Krankengeld, unterbrechen diese die Dauer des Dienstverhältnisses nicht; vgl. allerdings → Rz. 1551.

Beispiel:

Der Arbeitnehmer ist beim Arbeitgeber vom 1.7.2002 bis 31.12.2002 beschäftigt. Er war allerdings vom 15.10.2002 bis 10.12.2002 krank. Ab dem 26.11.2002 bis zum 10.12.2002 erhielt er deshalb keinen Arbeitslohn, sondern Krankengeld.

In Zeile 1 ist als Dauer des Dienstverhältnisses der Zeitraum 1.7.2002 bis 31.12.2002 einzutragen.

b) Zeile 2 – Zeiträume ohne Anspruch auf Arbeitslohn

1551 In dieser Zeile ist **die Anzahl** der im Lohnkonto vermerkten **Großbuchstaben U** einzutragen (zu der Frage, wann ein Großbuchstabe U im Lohnkonto einzutragen ist, → *Lohnkonto* Rz. 1495). Der Arbeitgeber hat nur die Anzahl der Unterbrechungen, nicht die Dauer der Unterbrechung einzutragen.

Beispiel:

Der Arbeitnehmer ist während des Kalenderjahrs 2002 zweimal länger als sechs Wochen krank gewesen. Er hat deshalb vom 12.3.2002 bis 21.3.2002 und vom 20.8.2002 bis zum 29.8.2002 Krankengeld bezogen. Darüber hinaus hat er vom 15.10.2002 bis 22.10.2002 unbezahlten Urlaub genommen.

In Zeile 2 ist lediglich die Zahl „3" oder das Wort „Drei" einzutragen.

c) Zeile 3 – Bruttoarbeitslohn

1552 In dieser Zeile ist der **Bruttoarbeitslohn** einzutragen. Dabei ist Folgendes zu beachten (R 135 Abs. 2 LStR):

Es ist der Gesamtbetrag des Bruttoarbeitslohns – **einschließlich des Werts der Sachbezüge** – zu bescheinigen, den der Arbeitnehmer aus dem Dienstverhältnis im Kalenderjahr bezogen hat. Bruttoarbeitslohn ist die Summe aus dem laufenden Arbeitslohn, der für Lohnzahlungszeiträume gezahlt worden ist, die im Kalenderjahr geendet haben, und den **sonstigen Bezügen**, die dem Arbeitnehmer im Kalenderjahr zugeflossen sind. **Netto gezahlter Arbeitslohn** ist mit dem umgerechneten Bruttobetrag anzusetzen. Der Bruttoarbeitslohn darf nicht um den Versorgungs-Freibetrag (§ 19 Abs. 2 EStG) und den Altersentlastungsbetrag (§ 24a EStG) gekürzt werden. Auf der Lohnsteuerkarte eingetragene Freibeträge sind gleichfalls nicht abzuziehen und Hinzurechnungsbeträge nicht hinzuzurechnen. Sachbezüge i.S. des § 8 Abs. 3 EStG sind um den **Rabattfreibetrag** von 1 224 € zu kürzen (R 135 Abs. 2 Nr. 1 LStR).

Bei der Bescheinigung des Bruttoarbeitslohns sind **nicht anzugeben** (R 135 Abs. 2 Nr. 2 LStR):

– Ermäßigt besteuerte **Entschädigungen** und ermäßigt besteuerte **Vergütungen für eine mehrjährige Tätigkeit** (§ 34 EStG); diese Vergütungen sind gesondert in Zeile 10 zu bescheinigen.

– **Bezüge**, die **nicht zum steuerpflichtigen Arbeitslohn** gehören, z.B. steuerfreies Insolvenzgeld, steuerfreier Reisekostenersatz und Auslagenersatz, steuerfreie Umzugskostenvergütungen und Auslösungen sowie steuerfreie Zuschläge für Sonntags-, Feiertags- und Nachtarbeit,

– **Bezüge**, die auf Grund eines **Abkommens zur Vermeidung der Doppelbesteuerung oder auf Grund des Auslandstätigkeitserlasses von der Lohnsteuer freigestellt** sind; diese Vergütungen sind gesondert zu bescheinigen,

– **Bezüge**, für die die Lohnsteuer nach §§ 40 bis 40b EStG **pauschal erhoben** worden ist.

d) Zeile 4 – Lohnsteuer

1553 In dieser Zeile ist die Lohnsteuer zu bescheinigen, die der Arbeitgeber vom bescheinigten Bruttoarbeitslohn einbehalten hat. Als einbehaltene Lohnsteuer ist stets der Betrag zu bescheinigen, der sich **nach Verrechnung** mit der vom Arbeitgeber für das Kalenderjahr beim **Lohnsteuer-Jahresausgleich** erstatteten Lohn-

steuer ergibt. Übersteigt der erstattete Betrag die vom Arbeitgeber einbehaltene Lohnsteuer, so ist als einbehaltene Lohnsteuer der übersteigende Betrag **in Rot** zu bescheinigen oder mit einem **deutlichen Minuszeichen** zu versehen (R 135 Abs. 4 Nr. 1 LStR).

Ist **keine Lohnsteuer** einbehalten worden, ist die Zeile 4 durch einen **waagerechten Strich** auszufüllen bzw. eine „0" einzutragen.

In Zeile 4 darf **nicht eingetragen** werden:

– Die Lohnsteuer, die auf ermäßigt besteuerte **Entschädigungen** und ermäßigt besteuerte **Vergütungen für eine mehrjährige Tätigkeit** (§ 34 EStG) entfällt; die Lohnsteuer hierfür ist gesondert zu bescheinigen,

– **pauschale Lohnsteuer**, die der Arbeitgeber nach §§ 40 bis 40b EStG schuldet.

Endet das Dienstverhältnis vor Ablauf des Kalenderjahrs und muss der Arbeitgeber deshalb die Lohnsteuerbescheinigung während des Kalenderjahrs ausschreiben, so ist neben der bescheinigten Lohnsteuer zusätzlich der **Großbuchstabe B** einzutragen, wenn die Lohnsteuer unter Berücksichtigung der Vorsorgepauschale nach § 10c Abs. 3 EStG ermittelt worden ist (besondere Lohnsteuertabelle), → *Lohnsteuertabellen* Rz. 1657.

e) Zeile 5 – Solidaritätszuschlag

1554 In dieser Zeile ist der Solidaritätszuschlag zu bescheinigen, den der Arbeitgeber vom bescheinigten Bruttoarbeitslohn einbehalten hat (R 135 Abs. 4 Nr. 1 LStR). Für die Bescheinigung des Solidaritätszuschlags gelten die Ausführungen unter → Rz. 1553 entsprechend.

f) Zeile 6 – Kirchensteuer

1555 In dieser Zeile ist die Kirchensteuer zu bescheinigen, die der Arbeitgeber vom bescheinigten Bruttoarbeitslohn einbehalten hat, wenn

– auf der Lohnsteuerkarte **nur ein Kirchensteuermerkmal** eingetragen ist, z.B. „ev" oder „rk",

– auf der Lohnsteuerkarte **zwei Kirchensteuermerkmale** eingetragen sind und sich die Betriebsstätte des Arbeitgebers **in den Ländern Bayern, Bremen und Niedersachsen** befindet.

Wechselt der Arbeitnehmer im Laufe des Kalenderjahrs die Konfession, so hat das auf die Eintragung der Kirchensteuer in Zeile 6 keinen Einfluss.

Beispiel:

Der Arbeitnehmer ist bis zum 31.3.2002 evangelisch. Ab 1.4.2002 wechselt er die Konfession und ist danach römisch-katholisch.

Die insgesamt einbehaltene Kirchensteuer, unabhängig von der Konfession, ist in Zeile 6 zu bescheinigen.

Für die Bescheinigung der Kirchensteuer gelten die Ausführungen unter → Rz. 1553 entsprechend.

Bei Ehegatten gelten jedoch Besonderheiten, vgl. → Rz. 1556.

g) Zeile 7 – Kirchensteuer des Ehegatten

1556 Die Zeile 7 ist nur bei **verheirateten Arbeitnehmern** von Bedeutung. Sind auf der Lohnsteuerkarte **zwei Kirchensteuermerkmale** eingetragen, weil es sich um eine konfessionsverschiedene Ehe handelt, z.B. „ev rk" oder „rk ev", so ist der auf den Ehegatten entfallende Anteil der Kirchensteuer in Zeile 7 einzutragen. Der Anteil des Ehegatten beträgt immer 50 % der insgesamt abgeführten Kirchensteuer und ist eine Folge des „Halbteilungsgrundsatzes" bei der Kirchensteuer (siehe → *Kirchensteuer* Rz. 1379).

Diese **Halbteilung** der Kirchensteuer kommt in den Ländern Bayern, Bremen und Niedersachsen nicht in Betracht. Daher ist in diesen Ländern – auch bei konfessionsverschiedenen Ehegatten – die Kirchensteuer **immer in Zeile 6** insgesamt zu bescheinigen.

Beispiel 1:

Ein verheirateter Arbeitnehmer hat auf seiner Lohnsteuerkarte das Kirchensteuermerkmal „ev rk". Die im Kalenderjahr 2002 einbehaltene Kirchensteuer beträgt insgesamt 300 €.

Die Kirchensteuer ist je zur Hälfte vom Arbeitgeber in den Zeilen 6 und 7 einzutragen, also mit jeweils 150 €.

Beispiel 2:

Wie Beispiel 1, die lohnsteuerliche Betriebsstätte befindet sich in Hannover.

In Niedersachsen (sowie in Bayern und Bremen) gibt es keine Halbteilung der Kirchensteuer. Die Kirchensteuer ist in Höhe von 300 € in Zeile 6 einzutragen.

Wird die Konfession vom Arbeitnehmer oder seinem Ehegatten im Laufe des Kalenderjahrs gewechselt, so gilt der Halbteilungsgrundsatz nur für die Zeit der Konfessionsverschiedenheit.

Beispiel 3:

Ein verheirateter Arbeitnehmer hat auf seiner Lohnsteuerkarte das Kirchensteuermerkmal „ev rk". Die im Kalenderjahr 2002 einbehaltene Kirchensteuer beträgt insgesamt 300 €. Der Ehegatte wechselt jedoch zum 1.5.2002 die Konfession. Ab 1.5.2002 ist daher als Kirchensteuermerkmal auf der Lohnsteuerkarte „ev" eingetragen.

Für die Zeit vom 1.1.2002 bis 30.4.2002 gilt der Halbteilungsgrundsatz. Die auf diesen Zeitraum entfallende Kirchensteuer von 100 € ist je zur Hälfte auf die Ehegatten aufzuteilen und getrennt zu bescheinigen (50 € in Zeile 6, 50 € in Zeile 7). Ab 1.5.2002 fällt die Halbteilung weg, weil die Eheleute nicht mehr konfessionsverschieden sind. Die auf den Zeitraum 1.5.2002 bis 31.12.2002 entfallende Kirchensteuer (200 €) ist in Zeile 6 zu bescheinigen. Insgesamt sind in Zeile 6 somit 250 € (50 € + 200 €) zu bescheinigen und 50 € in Zeile 7.

Beispiel 4:

Wie Beispiel 3, die lohnsteuerliche Betriebsstätte befindet sich in Hannover.

In Niedersachsen (sowie in Bayern und Bremen) gibt es keine Halbteilung der Kirchensteuer. Die Kirchensteuer ist in Höhe von 300 € in Zeile 6 einzutragen.

h) Zeile 8 – Versorgungsbezüge

1557 In dieser Zeile sind die im **Bruttoarbeitslohn** (Zeile 3) **enthaltenen Versorgungsbezüge** zu bescheinigen. Der Bruttoarbeitslohn in Zeile 3 darf also nicht um die Versorgungsbezüge gekürzt werden. Einzutragen ist in Zeile 8 der Bruttobetrag der Versorgungsbezüge. Der Versorgungs-Freibetrag darf also ebenfalls nicht vorher abgezogen werden.

Da die Versorgungsbezüge im in Zeile 3 zu bescheinigenden Bruttoarbeitslohn enthalten sind, müssen die auf den Versorgungsbezug entfallenden Steuerabzugsbeträge (Lohnsteuer, Solidaritätszuschlag, Kirchensteuer) ebenfalls in den in den Zeilen 4 bis 7 zu bescheinigenden Beträgen enthalten sein.

i) Zeile 9 – Versorgungsbezüge für mehrere Jahre

1558 In dieser Zeile sind Versorgungsbezüge zu bescheinigen, die für mehrere Kalenderjahre gezahlt werden (R 135 Abs. 3 Nr. 1 LStR). Solche Versorgungsbezüge werden nach der sog. Fünftelregelung (§ 34 Abs. 1 EStG) tarifermäßigt besteuert, → *Arbeitslohn für mehrere Jahre* Rz. 229. Versorgungsbezüge für mehrere Jahre dürfen **nicht** in dem in Zeile 3 zu bescheinigenden Bruttoarbeitslohn enthalten sein. Versorgungsbezüge für mehrere Jahre liegen z.B. vor, wenn der Arbeitgeber Versorgungsbezüge nachzahlt und die Nachzahlung sich auf mehr als zwölf Monate bezieht.

j) Zeile 10 – Ermäßigt besteuerter Arbeitslohn für mehrere Kalenderjahre und ermäßigt besteuerte Entschädigungen

1559 In dieser Zeile sind die im Lohnsteuerabzugsverfahren ermäßigt besteuerten Entschädigungen und der ermäßigt besteuerte Arbeitslohn für mehrere Kalenderjahre in einer Summe zu bescheinigen (R 135 Abs. 3 Nr. 2 LStR). Solche Arbeitslöhne werden nach der sog. Fünftelregelung (§ 34 Abs. 1 EStG) tarifermäßigt besteuert, → *Arbeitslohn für mehrere Jahre* Rz. 229 sowie → *Entschädigungen* Rz. 881. Ermäßigt besteuerter Arbeitslohn für mehrere Kalenderjahre und ermäßigt besteuerte Ent-

schädigungen dürfen **nicht** in dem in Zeile 3 zu bescheinigenden Bruttoarbeitslohn enthalten sein. Ermäßigt besteuerter Arbeitslohn für mehrere Jahre liegt z.B. vor, wenn der Arbeitgeber eine Nachzahlung leistet, die sich auf mehr als 12 Monate bezieht. Der häufigste Anwendungsfall für eine ermäßigt besteuerte Entschädigung ist der steuerpflichtige Teil von Entlassungsabfindungen (der steuerfreie Teil ist nicht auf der Lohnsteuerkarte zu bescheinigen).

Entschädigungen und Arbeitslohn für mehrere Kalenderjahre ,die **nicht ermäßigt besteuert** wurden, sind nicht in Zeile 10, sondern **in Zeile 20** einzutragen. Die in Zeile 20 eingetragenen Beträge müssen auch in dem unter Zeile 3 bescheinigten Bruttoarbeitslohn enthalten sein.

Versorgungsbezüge für mehrere Jahre sind ebenfalls **nicht** in Zeile 10, **sondern** in Zeile 9 zu bescheinigen.

k) Zeile 11, 12, 13 + 14 – Steuerabzugsbeträge für Arbeitslohn für mehrere Jahre und Entschädigungen

In den Zeilen 11 bis 14 sind die auf den ermäßigt besteuerten Arbeitslohn sowie die ermäßigt besteuerten Versorgungsbezüge für mehrere Jahre bzw. auf ermäßigt besteuerte Entschädigungen entfallenden Steuerabzugsbeträge einzutragen (R 135 Abs. 4 Nr. 2 LStR) und zwar **1560**

– in Zeile 11 die Lohnsteuer; hier gelten die Ausführungen in → Rz. 1553 sinngemäß,

– in Zeile 12 der Solidaritätszuschlag; hier gelten die Ausführungen in → Rz. 1554 sinngemäß,

– in Zeile 13 die Kirchensteuer; hier gelten die Ausführungen in → Rz. 1555 sinngemäß,

– in Zeile 14 die Kirchensteuer für den Ehegatten bei Halbteilung der Kirchensteuer; hier gelten die Ausführungen in → Rz. 1556 sinngemäß.

Hat der Arbeitnehmer **sowohl ermäßigt besteuerte Entschädigungen als auch ermäßigt besteuerte Vergütungen für mehrere Jahre bezogen**, ist die Summe der davon einbehaltenen Lohnsteuer, des davon einbehaltenen Solidaritätszuschlags und der davon einbehaltenen Kirchensteuer **in einer Summe** zu bescheinigen.

l) Zeile 15 – Kurzarbeitergeld, Winterausfallgeld usw.

In Zeile 15 sind folgende Beträge **in einer Summe** einzutragen: **1561**

– das Kurzarbeitergeld,

– das Winterausfallgeld,

– der Zuschuss zum Mutterschaftsgeld nach dem Mutterschutzgesetz oder nach § 4a der Mutterschutzverordnung und einer entsprechenden Landesregelung,

– die Verdienstausfallentschädigung nach dem Infektionsschutzgesetz,

– der Aufstockungsbetrag nach dem Altersteilzeitgesetz,

– der Zuschlag, den versicherungsfrei Beschäftigte i.S. des § 27 Abs. 1 Nr. 1 bis 3 SGB III (z.B. Beamte) zur Aufstockung der Bezüge bei Altersteilzeit nach beamtenrechtlichen Vorschriften oder Grundsätzen erhalten.

Es sind immer die **tatsächlich ausgezahlten Beträge einzutragen**. Fordert der Arbeitgeber ausgezahlte Beträge vom Arbeitnehmer ganz oder teilweise zurück, so darf nur das um den Rückforderungsbetrag geminderte Kurzarbeitergeld oder Winterausfallgeld bescheinigt werden. Ergibt die Verrechnung von ausgezahlten und zurückgeforderten Beträgen einen negativen Betrag, so ist dieser Betrag – als negativ gekennzeichnet – zu bescheinigen (R 135 Abs. 3 Nr. 4 LStR).

m) Zeile 16 – Arbeitslohn nach Doppelbesteuerungsabkommen oder Auslandstätigkeitserlass

In dieser Zeile ist der Arbeitslohn einzutragen, der nach einem **Abkommen zur Vermeidung der Doppelbesteuerung** oder nach dem **Auslandstätigkeitserlass** von der Lohnsteuer freige- **1562** stellt ist. Die Eintragungen sind **getrennt voneinander** vorzunehmen (auf der Lohnsteuerkarte sind dafür 2 Zeilen vorhanden).

n) Zeile 17 – Steuerfreie Leistungen für Fahrten zwischen Wohnung und Arbeitsstätte

1563 In dieser Zeile sind die nach § 3 Nr. 34 EStG steuerfreien Arbeitgeberleistungen für Fahrten zwischen Wohnung und Arbeitsstätte einzutragen (R 135 Abs. 3 Nr. 5 LStR). Steuerfreie Arbeitgeberleistungen nach § 3 Nr. 32 EStG oder nach § 8 Abs. 3 EStG sind nicht in Zeile 17 zu bescheinigen, weil diese Leistungen die Entfernungspauschale nicht mindern. Einzelheiten, insbesondere zur Wertermittlung der zu bescheinigenden Arbeitgeberleistungen, siehe → *Wege zwischen Wohnung und Arbeitsstätte* Rz. 2623.

Der Arbeitgeber ist nach § 41b Abs. 1 Nr. 5 EStG **gesetzlich verpflichtet die Eintragung in Zeile 17 vorzunehmen**. Füllt er die Zeile nicht aus, obwohl er solche steuerfreien Fahrtkostenzuschüsse gezahlt hat, so **haftet** er nach § 42d Abs. 1 Nr. 3 EStG für evtl. verkürzte Lohnsteuer. Hat der Arbeitgeber keine steuerfreien Fahrtkostenzuschüsse gezahlt, so sollte er die Zeile 17 durch einen waagerechten Strich ausfüllen bzw. eine „0" eintragen.

o) Zeile 18 – Pauschal besteuerte Leistungen für Fahrten zwischen Wohnung und Arbeitsstätte

1564 In dieser Zeile sind die pauschal besteuerten Arbeitgeberleistungen für Fahrten zwischen Wohnung und Arbeitsstätte einzutragen.

Der Arbeitgeber ist nach § 41b Abs. 1 Nr. 6 EStG **gesetzlich verpflichtet, die Eintragung in Zeile 18 vorzunehmen**. Füllt er die Zeile nicht aus, obwohl er pauschal versteuerte Fahrtkostenzuschüsse gezahlt hat, so **haftet** er nach § 42d Abs. 1 Nr. 3 EStG für evtl. verkürzte Lohnsteuer. Hat der Arbeitgeber keine pauschal besteuerten Fahrtkostenzuschüsse gezahlt, so sollte er die Zeile 18 durch einen waagerechten Strich ausfüllen bzw. eine „0" eintragen.

p) Zeile 19 – Steuerfreie Beiträge des Arbeitgebers an eine Pensionskasse oder einen Pensionsfonds

1565 In dieser Zeile sind die **nach § 3 Nr. 63 EStG steuerfrei gezahlten Beiträge** einzutragen. Nach § 3 Nr. 63 EStG steuerfrei sind Beiträge aus dem ersten Dienstverhältnis an eine Pensionskasse oder einen Pensionsfonds, soweit sie insgesamt im Kalenderjahr 4 % der Beitragsbemessungsgrenze in der Rentenversicherung der Arbeiter und Angestellten nicht übersteigen und der Arbeitnehmer nicht die individuelle Besteuerung wegen der Altersvorsorgezulage oder den Sonderausgabenabzug verlangt (→ *Altersvermögensgesetz* Rz. 72).

Der Arbeitgeber ist nach § 41b Abs. 1 Nr. 8 EStG **gesetzlich verpflichtet, die Eintragung in Zeile 19 vorzunehmen**. Füllt er die Zeile nicht aus, obwohl er steuerfreie Beiträge nach § 3 Nr. 63 EStG gezahlt hat, so **haftet** er nach § 42d Abs. 1 Nr. 3 EStG für evtl. verkürzte Lohnsteuer. Hat der Arbeitgeber keine steuerfreien Beiträge nach § 3 Nr. 63 EStG gezahlt, so sollte er die Zeile 19 durch einen waagerechten Strich ausfüllen bzw. eine „0" eintragen.

q) Zeile 20 – Nicht ermäßigt besteuerter Arbeitslohn für mehrere Kalenderjahre und nicht ermäßigt besteuerte Entschädigungen

1566 In dieser Zeile **soll** der Arbeitgeber den Arbeitslohn für mehrere Kalenderjahre und Entschädigungen eintragen, die im Lohnsteuerabzugsverfahren **nicht ermäßigt** besteuert wurden (R 135 Abs. 7 LStR). Die eingetragenen Beträge müssen auch in dem unter Zeile 3 bescheinigten Bruttoarbeitslohn enthalten sein.

Eine **Verpflichtung hierzu besteht nicht**. Allerdings kann der Arbeitgeber durch die entsprechende Eintragung eine zeitaufwendige Beantwortung von Rückfragen durch die Finanzämter vermeiden.

r) Zeile 21 – Steuerfreie Verpflegungszuschüsse bei Auswärtstätigkeit

1567 In dieser Zeile **soll** der Arbeitgeber die steuerfreien Verpflegungszuschüsse bei Auswärtstätigkeit (Dienstreise, Fahrtätigkeit, Einsatzwechseltätigkeit) eintragen (R 135 Abs. 7 LStR). Eine **Verpflichtung hierzu besteht nicht**.

Bei der Bescheinigung ist zu beachten, dass die unentgeltliche Gewährung von Mahlzeiten sowie die Zuzahlung des Arbeitnehmers zu gewähren Mahlzeiten **auf die Höhe** der zu bescheinigenden Beträge **keinen Einfluss** haben (BMF-Schreiben vom 17.11.1998, BStBl I 1998 S. 1447).

s) Zeile 22 – Steuerfreie Arbeitgeberleistungen bei doppelter Haushaltsführung

1568 In dieser Zeile **soll** der Arbeitgeber die steuerfreien Arbeitgeberleistungen bei doppelter Haushaltsführung eintragen (R 135 Abs. 7 LStR). Eine **Verpflichtung** hierzu besteht allerdings **nicht**.

t) Zeile 23 – Steuerfreie Arbeitgeberzuschüsse zur freiwilligen Krankenversicherung und zur Pflegeversicherung

1569 In dieser Zeile **soll** der Arbeitgeber die steuerfreien Arbeitgeberzuschüsse zur freiwilligen Krankenversicherung und zur Pflegeversicherung eintragen (R 135 Abs. 7 LStR). Eine **Verpflichtung** hierzu besteht allerdings **nicht**.

Bei der Bescheinigung der steuerfreien Arbeitgeberzuschüsse zur freiwilligen Krankenversicherung und zur Pflegeversicherung ist Folgendes zu beachten (BMF-Schreiben vom 4.10.2001, BStBl I 2001 S. 693):

– Steuerfreie Beitragszuschüsse des Arbeitgebers zur sozialen Pflegeversicherung (Beschäftigte, die in der gesetzlichen Krankenversicherung freiwillig versichert sind) und zur privaten Pflegeversicherung sind zusammen mit den steuerfreien Arbeitgeberzuschüssen zur freiwilligen Krankenversicherung in Zeile 23 einzutragen.

– Die steuerfreien Beitragszuschüsse sind **nicht um Beiträge zu kürzen**, die auf **steuerfreien Arbeitslohn** entfallen, z.B. auf Arbeitslohn, der nach dem Auslandstätigkeitserlass oder auf Grund eines Doppelbesteuerungsabkommens steuerfrei ist.

u) Zeile 24 – Arbeitnehmeranteil am Gesamtsozialversicherungsbeitrag

1570 In dieser Zeile **soll** der Arbeitgeber den Arbeitnehmeranteil am Gesamtsozialversicherungsbeitrag (Renten-, Kranken-, Pflege- und Arbeitslosenversicherung) eintragen (R 137 Abs. 7 LStR). Eine **Verpflichtung** hierzu besteht allerdings **nicht**.

Bei der Bescheinigung des Arbeitnehmeranteils am Gesamtsozialversicherungsbeitrag ist Folgendes zu beachten (BMF-Schreiben vom 4.10.2001, BStBl I 2001 S. 693):

– Der Gesamtsozialversicherungsbeitrag umfasst auch die **Beiträge zur sozialen Pflegeversicherung** bei Beschäftigten, die in der gesetzlichen Krankenversicherung pflichtversichert sind. Der Arbeitnehmeranteil für die soziale Pflegeversicherung ist im Gesamtsozialversicherungsbeitrag in Zeile 24 einzutragen.

– Es dürfen **keine Beiträge** bescheinigt werden, die auf **steuerfreien Arbeitslohn** entfallen, z.B. auf Arbeitslohn, der nach dem Auslandstätigkeitserlass oder auf Grund eines Doppelbesteuerungsabkommens steuerfrei ist. Die nicht zu bescheinigenden Beiträge sind in den Fällen, in denen in einem Lohnzahlungszeitraum die für die Beitragsberechnung **maßgebenden Beitragsbemessungsgrenzen überschritten** werden, durch Aufteilung der Beiträge **nach dem Verhältnis** der Kalendertage, in denen der Arbeitnehmer steuerfreien Arbeitslohn bezogen hat, zur Gesamtzahl der Kalendertage des Lohnzahlungszeitraums zu ermitteln.

v) Zeile 25 – Ausgezahltes Kindergeld

1571 Da der Arbeitgeber **außerhalb des öffentlichen Dienstes ab 1999** das Kindergeld **nicht mehr auszuzahlen** hat, entfällt grundsätzlich eine Eintragung in Zeile 25.

w) Vorletzte Zeile – Anschrift des Arbeitgebers

1572 In der vorletzten Zeile ist die **vollständige Anschrift** des Arbeitgebers einzutragen (R 135 Abs. 5 LStR). Hierbei ist wegen der Zerlegung der Lohnsteuer und der Beteiligung der Gemeinden an der Einkommensteuer die Anschrift der Betriebsstätte (§ 41 Abs. 2 EStG) einzutragen; Firmenstempel sind ggf. zu ergänzen.

x) Letzte Zeile – Zuständiges Finanzamt

1573 In der letzten Zeile ist das Finanzamt anzugeben, an das die Lohnsteuer abgeführt worden ist, sowie dessen **vierstellige Finanzamtsnummer** (R 135 Abs. 5 LStR). Finanzamtsaußenstellen sind mit der eigenen Nummer einzutragen.

Die Finanzamtsnummer wird auf Anfrage vom Betriebsstättenfinanzamt mitgeteilt oder kann aus dem Finanzamtsverzeichnis entnommen werden, das mit Stand vom 1.1.2002 im Bundessteuerblatt Teil I veröffentlicht wird. Ein Adressverzeichnis aller Finanzämter einschließlich der Finanzamtsnummer steht auch auf den Internetseiten des Bundesamts für Finanzen zum Download bereit (http://www.bff-online.de/Behoerdenverzeichnis/fadat.zip).

y) Ergänzung der Lohnsteuerkarte

1574 Reichen die auf der Lohnsteuerkarte für die Lohnsteuerbescheinigung vorgesehenen Eintragungsfelder nicht aus, so ist die Lohnsteuerbescheinigung auf einem **besonderen Zettel** zu erteilen, der die auf der Lohnsteuerkarte vorgesehenen Angaben in gleicher Anordnung sämtlich enthält und der vom Arbeitgeber mit der Lohnsteuerkarte fest zu verbinden ist (R 135 Abs. 6 LStR).

z) Bescheinigung bei geringfügig Beschäftigten

1575 Der Arbeitgeber hat die steuerfreien Einnahmen i.S. des § 3 Nr. 39 EStG aus einer geringfügigen Beschäftigung in einer besonderen Bescheinigung einzutragen (vgl. BMF-Schreiben vom 17.7.2000, BStBl I S. 1206). Einzelheiten siehe → *Geringfügig Beschäftigte* Rz. 1141.

3. Ausnahmeregelungen

1576 Das Finanzamt kann auf Antrag zulassen, dass Arbeitgeber, die Arbeitnehmer beschäftigen, deren **Dienstverhältnis nur kurze Zeit** dauert, von der Ausschreibung der Lohnsteuerbescheinigung jeweils nach Beendigung des Dienstverhältnisses für die Arbeitnehmer absehen (R 135 Abs. 11 LStR). In diesem Fall ist erst **nach Ablauf des Kalenderjahrs** für jeden im abgelaufenen Kalenderjahr beschäftigt gewesenen Arbeitnehmer die Lohnsteuerbescheinigung auszuschreiben und außerdem eine besondere Lohnsteuerbescheinigung dem Betriebsstättenfinanzamt einzusenden.

4. Maschinelle Lohnsteuerbescheinigung

1577 Arbeitgeber mit maschineller Lohnabrechnung können die Lohnsteuerbescheinigung maschinell erstellen (R 135 Abs. 10 LStR). Voraussetzung ist, dass die maschinell angefertigte Lohnsteuerbescheinigung die in den **amtlichen Vordrucken enthaltenen Angaben in gleicher Anordnung sämtlich enthält**. Für die maschinelle Erstellung von Lohnsteuerbescheinigungen sind Vordrucke allgemein zugelassen worden. Diese Vordrucke werden im **Bundessteuerblatt veröffentlicht**. Für 2002 gelten die **zwei Vordruckmuster**, die durch BMF-Schreiben vom 4.10.2001 (BStBl I 2001 S. 690) veröffentlicht wurden. Der Arbeitgeber hat die maschinellen Lohnsteuerbescheinigungen auf eigene Kosten zu erstellen. Die maschinell erstellte Lohnsteuerbescheinigung muss nicht handschriftlich unterschrieben werden.

Die maschinell erstellte Lohnsteuerbescheinigung muss vom Arbeitgeber mit der **Lohnsteuerkarte fest verbunden** werden. Dabei ist eine flächendeckende Verbindung mit der Rückseite der

Lohnsteuerkarte nicht erforderlich; es genügt, wenn die maschinell erstellte Lohnsteuerbescheinigung z.B. am oberen Rand der Lohnsteuerkartenrückseite so angeklebt wird, dass die Verbindung ohne Beschädigung der Lohnsteuerkarte oder der Lohnsteuerbescheinigung nicht mehr gelöst werden kann. Beim Aufkleben der Lohnsteuerbescheinigung sollte der Arbeitgeber darauf achten, dass er keine Bescheinigungen früherer Arbeitgeber überklebt.

Kann ein Arbeitgeber, der für die Lohnabrechnung ein maschinelles Verfahren anwendet, die Lohnsteuerbescheinigung nicht sofort bei Beendigung des Dienstverhältnisses ausschreiben, so hat er die **Lohnsteuerkarte** bis zur Ausschreibung der Lohnsteuerbescheinigung **zurückzubehalten** und dem Arbeitnehmer **eine Bescheinigung** über alle auf der Lohnsteuerkarte des Arbeitnehmers eingetragenen Merkmale auszuhändigen; in dieser Bescheinigung ist außerdem der Zeitpunkt einzutragen, zu dem das Dienstverhältnis beendet worden ist (§ 41b Abs. 1 Satz 6 EStG). In diesem Fall ist die Ausschreibung der Lohnsteuerbescheinigung **innerhalb von acht Wochen** nachzuholen.

Ein **Muster der Ersatz-Bescheinigung** ist nachfolgend abgedruckt.

Arbeitgeber (Stempel)

Ersatz-Bescheinigung
für die Lohnsteuerkarte (§ 41b Abs. 1 Satz 6 EStG)
zur Vorlage beim neuen Arbeitgeber

Herr/Frau

| Vorname | Name | geboren am |

| Straße | PLZ | Wohnort |

hat am _____ das Arbeitsverhältnis bei mir beendet.

Die Lohnsteuerkarte ____ konnte dem o.g. Arbeitnehmer **noch nicht ausgehändigt** werden.

Die Lohnsteuerkarte ____ enthält folgende Eintragungen:

| Gemeinde | AGS |

| Finanzamt | Nr. |

Steuerklasse	Zahl der Kinderfreibeträge	Kirchensteuerabzug

Für die Berechnung der Lohnsteuer sind vom Arbeitslohn als steuerfrei **abzuziehen:**

Euro	Euro	Euro	Euro
Jahresbetrag	monatlich	wöchentlich	täglich

Für die Berechnung der Lohnsteuer sind dem Arbeitslohn **hinzuzurechnen:**

Euro	Euro	Euro	Euro
Jahresbetrag	monatlich	wöchentlich	täglich

_____, den _____

Unterschrift des Arbeitgebers

5. Besondere Lohnsteuerbescheinigung

Hat dem Arbeitgeber für einen Arbeitnehmer eine Lohnsteuerkarte **1578** bei Abschluss des Lohnkontos nicht vorgelegen, so hat er eine besondere Lohnsteuerbescheinigung **nach amtlich vorgeschriebenem Vordruck** zu erteilen (R 135 Abs. 9 LStR). Dies gilt

– für Arbeitnehmer, die es unterlassen haben, ihre Lohnsteuerkarte dem Arbeitgeber auszuhändigen (§ 39c Abs. 1 EStG),

– für die im Ausland wohnhaften Arbeitnehmer i.S. des § 1 Abs. 2 und 3 EStG,

– in den Fällen, in denen der Arbeitgeber für einen vor Ablauf des Kalenderjahrs ausgeschiedenen Arbeitnehmer die Lohnsteuerbescheinigung auf der Lohnsteuerkarte entgegen seiner Verpflichtung nicht ausgeschrieben hat,

– bei beschränkt einkommensteuerpflichtigen Arbeitnehmern auf Verlangen (§ 39d Abs. 3 Satz 5 EStG).

Der Arbeitgeber sollte auch dann eine besondere Lohnsteuerbescheinigung für den Arbeitnehmer ausstellen, wenn dieser ihn darum bittet, weil ihm seine Lohnsteuerkarte nach Ausstellung der Lohnsteuerbescheinigung verloren gegangen ist. Mit Hilfe dieser besonderen Lohnsteuerbescheinigung kann der Arbeitnehmer dann seine Einkommensteuererklärung beim Finanzamt abgeben.

Der Vordruck „Besondere Lohnsteuerbescheinigung" wird jedes Jahr im Bundessteuerblatt von der Finanzverwaltung veröffentlicht (vgl. für 2002 BMF-Schreiben vom 4.10.2001, BStBl I 2001 S. 693). Der Vordruck wird dem Arbeitgeber auf Verlangen **kostenlos** vom Finanzamt zur Verfügung gestellt.

Der Arbeitgeber kann den Vordruck „Besondere Lohnsteuerbescheinigung" auch **maschinell** auf eigene Kosten im Format DIN A4 oder DIN A5 herstellen. Die maschinell erstellte „Besondere Lohnsteuerbescheinigung" muss nicht handschriftlich unterschrieben werden.

6. Verbleib der Lohnsteuerkarten und der Lohnsteuerbescheinigungen

1579 Der Arbeitgeber hat dem **Arbeitnehmer** die Lohnsteuerkarte mit der Lohnsteuerbescheinigung oder die besondere Lohnsteuerbescheinigung **auszuhändigen**, wenn das Dienstverhältnis vor Ablauf des Kalenderjahrs beendet wird oder der Arbeitnehmer zur Einkommensteuer veranlagt wird (R 135 Abs. 12 LStR).

Im letzteren Falle ist die Lohnsteuerbescheinigung **nach dem 31. Dezember unverzüglich auszuhändigen**. Die Lohnsteuerbescheinigungen, die den Arbeitnehmern nicht ausgehändigt worden sind, sind nach Durchführung des vom Arbeitgeber vorzunehmenden Lohnsteuer-Jahresausgleichs bis zum Ablauf des Folgejahrs, für 2002 also **bis zum 31.12.2003 dem Betriebsstättenfinanzamt einzureichen**.

Arbeitnehmer, die am Schluss des Kalenderjahrs im Besitz ihrer Lohnsteuerkarte sind, z.B. weil sie zu diesem Zeitpunkt nicht in einem Dienstverhältnis gestanden haben, haben die Lohnsteuerkarte spätestens bis zum Ablauf des Folgejahrs, für 2002 also bis zum **31.12.2003, dem Finanzamt einzusenden**, in dessen Bezirk die Gemeinde liegt, die die Lohnsteuerkarte ausgestellt hat. Das gilt nicht, wenn die Lohnsteuerkarte einer Einkommensteuererklärung beizufügen ist (R 135 Abs. 13 LStR).

Lohnsteuer-Ermäßigungsverfahren

1. Allgemeines

1580 Bei der **Lohnsteuer** gibt es eine Reihe von Freibeträgen, die verfahrensmäßig unterschiedlich berücksichtigt werden:

- Die in § 39b Abs. 2 Satz 6 EStG aufgeführten **„Tabellen-Freibeträge"** sind bereits in die Lohnsteuertabellen eingearbeitet und werden daher beim Lohnsteuerabzug „automatisch" berücksichtigt. Dies sind
  – der **Arbeitnehmer-Pauschbetrag** von 1 044 €;
  – der **Sonderausgaben-Pauschbetrag** von 36/72 € (allein Stehende/Verheiratete);
  – die **Vorsorgepauschale**;
  – der **Haushaltsfreibetrag** für allein Stehende mit Kindern von 2 340 €, der der Steuerklasse II entspricht.

- Folgende Freibeträge werden zwar nicht auf der Lohnsteuerkarte eingetragen, sind aber **vom Arbeitgeber** vor Anwendung der Lohnsteuertabelle **abzuziehen** (§ 39b Abs. 2 Satz 2 EStG):
  – **Versorgungs-Freibetrag**;
  – **Altersentlastungsbetrag**.

- Die **Pauschbeträge für Behinderte und Hinterbliebene** werden regelmäßig schon von der **Gemeinde** auf der Lohnsteuerkarte eingetragen, andernfalls kann die Eintragung beim Finanzamt beantragt werden (§ 39a Abs. 2 Satz 1 und 2 EStG, R 111 Abs. 1a LStR).

- Folgende Aufwendungen können nur **vom Finanzamt als Freibetrag auf der Lohnsteuerkarte eingetragen** werden (§ 39a Abs. 1 EStG):
  – **Werbungskosten**, soweit sie den Arbeitnehmer-Pauschbetrag von 1 044 € übersteigen.
  – **Sonderausgaben**, z.B. Ausbildungskosten, Spenden, Kirchensteuer, jedoch **nicht Versicherungsbeiträge** (Vorsorgeaufwendungen), die im Lohnsteuerabzugsverfahren durch die Vorsorgepauschale (siehe → *Vorsorgepauschale* Rz. 2579) berücksichtigt werden. Der Sonderausgaben-

Pauschbetrag von 36/72 € (allein Stehende/Verheiratete) ist gegenzurechnen.

- **Außergewöhnliche Belastungen.** Für die Kürzung um die zumutbare Belastung nach § 33 Abs. 3 EStG ist vom voraussichtlichen Jahresarbeitslohn auszugehen (Einzelheiten siehe R 111 Abs. 6 LStR).

- Vergünstigungen für das **selbst genutzte Wohneigentum.**

- **Verluste** aus anderen Einkunftsarten.

- **Freibeträge** für Kinder, für die **kein Anspruch auf Kindergeld** besteht (→ *Kindergeld/Kinderfreibetrag* Rz. 1363).

- **Tabellenfreibetrag,** soweit er sich im ersten Dienstverhältnis steuerlich nicht auswirkt (→ *Übertragung des Grundfreibetrags* Rz. 2443).

Nicht auf der Lohnsteuerkarte eingetragen wird die Bescheinigung des Finanzamts nach § 39a Abs. 6 EStG, dass der Arbeitslohn eines **geringfügig Beschäftigten** nach § 3 Nr. 39 EStG steuerfrei belassen werden kann. Hierfür hat die Finanzverwaltung besondere Vordrucke aufgelegt (→ *Geringfügig Beschäftigte* Rz. 1139).

Die Eintragung eines Freibetrags (ausgenommen der Pauschbetrag für Behinderte bzw. Hinterbliebene) auf der Lohnsteuerkarte führt dazu, dass für den Arbeitnehmer nach Ablauf des Jahres eine **Veranlagung** zur Einkommensteuer durchgeführt werden muss und der Arbeitnehmer somit zur **Abgabe einer Einkommensteuererklärung** verpflichtet ist (§ 46 Abs. 2 Nr. 4 EStG). Dabei kann es zu **Nachzahlungen** kommen, weil z.B. auf Grund des Freibetrags beim Lohnsteuerabzug zunächst höhere Werbungskosten berücksichtigt wurden, als bei der endgültigen Einkommensteuerveranlagung anerkannt werden.

Die Eintragung eines Freibetrags auf der Lohnsteuerkarte ist eine gesonderte Feststellung von Besteuerungsgrundlagen, die nach der ausdrücklichen Regelung in § 39a Abs. 4 Satz 1 EStG **unter dem Vorbehalt der Nachprüfung** steht. Eine endgültige Entscheidung über die Abzugsfähigkeit von Aufwendungen erfolgt erst bei der **Einkommensteuerveranlagung,** bei der das Finanzamt denselben Sachverhalt anders beurteilen kann; eine rechtliche Bindung an die im Lohnsteuer-Ermäßigungsverfahren getroffene Entscheidung besteht nicht (BFH, Urteile vom 29.5.1979, BStBl II 1979 S. 650, und vom 7.6.1989, BStBl II 1989 S. 976).

Für **Kinder** werden zwar seit 1996 bei der Berechnung der Lohnsteuer **keine Kinderfreibeträge** mehr gewährt. Die Kinderfreibeträge haben aber weiterhin Bedeutung für die Berechnung der sog. **Annexsteuern** (Solidaritätszuschlag, Kirchensteuer) und werden daher auf der Lohnsteuerkarte eingetragen. Aus diesem Grund ist es wichtig, z.B. für über 18 Jahre alte, in Ausbildung befindliche Kinder rechtzeitig eine Eintragung auf der Lohnsteuerkarte zu beantragen.

Für die Eintragung eines Freibetrags auf der Lohnsteuerkarte gibt es bei den Finanzämtern zwei Vordrucke:

- Das **sechsseitige Formular** „Antrag auf Lohnsteuer-Ermäßigung" (LSt 3), wenn erstmals ein Freibetrag eingetragen oder aber ein höherer Freibetrag als im Vorjahr beantragt wird.

- Das nur **zweiseitige Formular** „Vereinfachter Antrag auf Lohnsteuer-Ermäßigung" (LSt 3A), wenn nur der Kinderfreibetrag oder Haushaltsfreibetrag (= Steuerklasse II) oder der Vorjahresfreibetrag eingetragen werden sollen.

Bei der Berechnung der **Sozialversicherungsbeiträge** dürfen die auf der Lohnsteuerkarte eingetragenen Freibeträge nicht abgezogen werden.

2. Eintragungsverfahren

a) Antragsfrist

1581 Ein Freibetrag auf der Lohnsteuerkarte wird vom Finanzamt nur auf **Antrag** eingetragen, dem die Lohnsteuerkarte beizufügen ist. Den Antrag muss der Arbeitnehmer für das **Kalenderjahr 2002 bis spätestens zum 30.11.2002** auf amtlich vorgeschriebenem Vordruck bei seinem Wohnsitzfinanzamt einreichen.

Beispiel:

A erhält im Oktober 2001 von der Gemeinde seine Lohnsteuerkarte. Er kann sogleich bei seinem Wohnsitzfinanzamt einen Freibetrag wegen erhöhter Werbungskosten usw. eintragen lassen. Dies hat den Vorteil, dass schon ab 1.11.2002 nicht zu viel Lohnsteuer einbehalten wird und Änderungen im Laufe des Jahres 2002 vermieden werden.

Spätestens muss der Freibetrag aber bis zum 30.11.2002 beantragt werden.

b) Vereinfachungsregelung

1582 Für die Praxis ist folgende Vereinfachungsregelung von erheblicher Bedeutung:

Wenn der Arbeitnehmer höchstens den auf seiner Lohnsteuerkarte für **das Vorjahr eingetragenen Freibetrag beantragt** und versichert, dass die maßgebenden Verhältnisse sich nicht wesentlich geändert haben, wird das Finanzamt ohne nähere Prüfung den „Vorjahresfreibetrag" eintragen (§ 39a Abs. 2 Satz 5 EStG, R 111 Abs. 1 LStR). Für solche Anträge wurden **vereinfachte Vordrucke** aufgelegt, in denen nur **ein Kästchen angekreuzt** werden muss.

c) Antragsgrenze

1583 Aus Gründen der **Verwaltungsvereinfachung** können Werbungskosten, Sonderausgaben sowie außergewöhnliche Belastungen nur auf der Lohnsteuerkarte eingetragen werden, wenn die Aufwendungen bzw. die abziehbaren Beträge eine sog. **Antragsgrenze von 600 €** übersteigen (§ 39a Abs. 2 Satz 4 EStG).

Diese Antragsgrenze ist wie folgt zu berechnen (vgl. R 111 Abs. 3 LStR):

- **Werbungskosten** können nicht in voller Höhe, sondern lediglich insoweit angesetzt werden, als sie den Arbeitnehmer-Pauschbetrag von 1 044 € überschreiten.

- **Sonderausgaben** sind dagegen mit den tatsächlichen Aufwendungen anzusetzen, auch wenn sie den Sonderausgaben-Pauschbetrag von 36/72 € (allein Stehende/Verheiratete) nicht übersteigen. Erst bei der Eintragung eines etwaigen Freibetrags ist der Pauschbetrag anzurechnen.

- Die in § 39a Abs. 1 Nr. 4 und 5 EStG bezeichneten Beträge (dazu gehören insbesondere die Behinderten-Pauschbeträge und die Steuervergünstigungen für den Wohnungsbau) sowie Vorsorgeaufwendungen (§ 10 Abs. 1 Nr. 2 und 3 EStG), auch soweit sie die Vorsorgepauschale (§ 10c Abs. 2 und 3 EStG) übersteigen, bleiben außer Betracht.

- **Außergewöhnliche Belastungen allgemeiner Art** nach § 33 EStG (z.B. Krankheitskosten) sind für die Berechnung der Antragsgrenze nicht um die zumutbare Belastung zu kürzen, sondern auch erst bei der Eintragung eines etwaigen Freibetrags.

- Bei den **anderen außergewöhnlichen Belastungen** (Unterhalt von Angehörigen, Ausbildungsfreibeträge, Haushaltshilfen, Pflege-Pauschbetrag, Kinderbetreuungskosten) sind dagegen nur die steuerlich abzugsfähigen Beträge maßgebend.

Bei Anträgen von **Ehegatten** werden die Aufwendungen und abziehbaren Beträge zusammengerechnet, dabei wird aber die **Antragsgrenze von 600 € nicht verdoppelt.** Weitere Einzelheiten siehe R 113 LStR.

Beispiel:

Ein lediger Arbeitnehmer mit einem voraussichtlichen Jahresarbeitslohn von 50 000 € macht folgende Aufwendungen geltend:

Werbungskosten (Fahrten mit dem Pkw zur Arbeit) =	2 415 €
Sonderausgaben (Kirchensteuer 300 €, Spenden 100 €)	400 €
Außergewöhnliche Belastungen (Arztkosten)	1 000 €
zusammen	3 815 €

Für die Prüfung, ob die 600-€-Antragsgrenze überschritten wird, ist wie folgt zu rechnen:

– Werbungskosten	2 415 €
∕ Arbeitnehmer-Pauschbetrag	1 044 €
verbleiben	1 371 €
– Sonderausgaben	400 €
– Außergewöhnliche Belastungen	1 000 €
zusammen	2 771 €

Da die Antragsgrenze überschritten ist, kann A die Eintragung eines Freibetrags auf der Lohnsteuerkarte beantragen.

Das bedeutet aber nicht, dass der Betrag von 2 771 € in voller Höhe als Freibetrag auf der Lohnsteuerkarte eingetragen wird. Anzurechnen ist jetzt nicht nur der in der Lohnsteuertabelle enthaltene Sonderausgaben-Pauschbetrag von 36 €, sondern bei den außergewöhnlichen Belastungen auch die zumutbare Belastung. Der Freibetrag errechnet sich somit wie folgt:

– Werbungskosten	2 415 €	
∕ Arbeitnehmer-Pauschbetrag	1 044 €	1 371 €
– Sonderausgaben	400 €	
∕ Sonderausgaben-Pauschbetrag	36 €	364 €
– Außergewöhnliche Belastungen	1 000 €	
∕ zumutbare Belastung 6 %	2 855 €	0 €
von 47 585 €		
(voraussichtlicher Jahresarbeitslohn		
abzüglich Werbungskosten)		
ergibt Freibetrag auf der Lohnsteuer-		
karte		1 735 €

d) Aufteilung des Freibetrags bei Ehegatten

1584 Bei Ehegatten ist der Freibetrag **grundsätzlich zur Hälfte** auf beide Ehegatten aufzuteilen, wenn sie beide eine Lohnsteuerkarte haben; dies gilt nicht für den sog. Hinzurechnungsbetrag nach § 39a Abs. 1 Nr. 7 EStG (→ *Übertragung des Grundfreibetrags* Rz. 2443). Auf Antrag der Ehegatten kann aber auch eine **andere Aufteilung** vorgenommen werden. Ein Freibetrag wegen erhöhter Werbungskosten sowie ein Pauschbetrag für Behinderte darf nur bei dem Ehegatten eingetragen werden, der die Voraussetzungen für die steuerliche Berücksichtigung erfüllt (R 113 Abs. 5 LStR).

e) Aufteilung des Freibetrags auf mehrere Lohnsteuerkarten

1585 Wurden für den Arbeitnehmer auf Grund mehrerer Beschäftigungsverhältnisse mehrere Lohnsteuerkarten ausgestellt, so kann der Lohnsteuerpflichtige die Aufteilung des Freibetrags auf die entsprechenden Steuerkarten beantragen.

Dies gilt auch für die Aufteilung bzw. Eintragung der Freibeträge für Behinderte und Hinterbliebene auf Lohnsteuerkarten mit Steuerklasse VI.

Im Gegensatz dazu ist auf Lohnsteuerkarten, auf denen die Steuerklasse V oder VI bescheinigt wird, die Zahl der Kinderfreibeträge **nicht** anzugeben (vgl. R 108 Abs. 7 LStR).

3. Werbungskosten

a) Allgemeine Grundsätze

1586 Werbungskosten sind nach § 9 Abs. 1 Satz 1 EStG Aufwendungen zur Erwerbung, Sicherung und Erhaltung der Einnahmen, also alle Aufwendungen, die durch den **Beruf veranlasst** sind (R 33 LStR). Ein **steuerfreier Arbeitgeberersatz** ist für derartige Aufwendungen grundsätzlich **nicht zulässig**, es sei denn, dass es dafür eine besondere Steuerbefreiungsvorschrift gibt (R 70 Abs. 3 Satz 1 LStR).

Im Gesetz sind **beispielhaft** einige Arten von Werbungskosten aufgeführt, z.B. Beiträge zu Berufsverbänden, Fahrten zwischen Wohnung und Arbeitsstätte, doppelte Haushaltsführung. Die Aufzählung ist jedoch **nicht abschließend**. Die **Notwendigkeit** und **Angemessenheit** von Werbungskosten hat das Finanzamt grundsätzlich nicht zu prüfen. Der Arbeitnehmer kann frei entscheiden, welche Aufwendungen **er** für notwendig hält. Es gibt auch kein „Kargheitsgebot" (vgl. z.B. BFH, Urteil vom 31.1.1986, BStBl II 1986 S. 355).

Eine **Angemessenheitsprüfung** ist zwar grundsätzlich **zulässig;** die Finanzverwaltung nimmt eine solche aber nur in **Ausnahmefällen** vor, insbesondere bei der Anschaffung **teurer Kraftfahrzeuge** (vgl. dazu zuletzt Hessisches FG, Urteil vom 1.10.1998, EFG 1999 S. 276, betr. den Ferrari 328 GTS eines Steuerberaters – als angemessen wurden die Anschaffungskosten höchstens bis 125 000 DM, umgerechnet ca. 63 911 € anerkannt) oder der Nutzung eines **Privatflugzeugs** zu Dienstreisen (R 33 Abs. 1 Satz 3 LStR). Denkbar ist eine Angemessenheitsprüfung allerdings auch bei der Ausstattung eines Arbeitszimmers mit sehr **teuren Teppichen** (vgl. dazu BFH-Urteil vom 8.11.1996, BFH/NV 1997 S. 341).

Bei **steuerfreien Einkünften** sind nach § 3c EStG Werbungskosten zu dem Teil nicht abziehbar, der dem Verhältnis der steuerfreien Einnahmen zu den Gesamteinnahmen entspricht (vgl. zuletzt BFH, Urteil vom 13.8.1997, BStBl II 1998 S. 21, betr. Auslandslehrer, sowie OFD Hannover, Verfügung vom 10.12.1998, StEd 1999 S. 153, betr. Auslandsverwendungszuschlag für Soldaten in Kroatien usw.). **Steuerfreie Reisekosten**, auf die der Arbeitnehmer einen Rechtsanspruch hat, mindern nach § 3c EStG auch dann die als Reisekosten abziehbaren Werbungskosten, wenn der Arbeitgeber die Reisekosten erst im nächsten Jahr steuerfrei erstattet (vgl. zuletzt FG Köln, Urteil vom 1.9.1999, EFG 1999 S. 1286).

Betreffen Werbungskosten **mehrere Einkunftsarten**, sind sie nach Möglichkeit aufzuteilen. Ist eine Aufteilung nicht möglich, sind sie bei der Einkunftsart abzuziehen, zu der sie nach Art und Weise die engere Beziehung haben (vgl. z.B. BFH, Urteil vom 15.3.1994, BStBl II 1994 S. 516, betr. Vergütungen für die Mitnahme eines Arbeitskollegen auf der Fahrt zur Arbeit).

b) Vorweggenommene Werbungskosten

1587 Werbungskosten können schon vor Aufnahme einer beruflichen Tätigkeit anfallen und sind dann steuerlich abzugsfähig, ggf. im Wege des Verlustabzugs nach § 10d EStG.

Beispiel:

A hat in der Zeit vom 1.1. bis 30.6. rund 1 000 € für Bewerbungen und Vorstellungsreisen ausgegeben. Ab 1.10. hat er endlich eine Anstellung gefunden.

A kann die Bewerbungskosten als vorweggenommene Werbungskosten absetzen. Die Vorstellungsreisen kann er wie Dienstreisen „abrechnen" (R 37 Abs. 1 Satz 2 LStR).

Während des **Erziehungsurlaubs** „laufen viele Werbungskosten weiter" (z.B. Gewerkschaftsbeiträge); außerdem können Fortbildungskosten entstehen, die den Wiedereinstieg in die berufliche Tätigkeit erleichtern sollen. Es ist bisher nicht eindeutig geklärt, ob die Aufwendungen voll abzugsfähige vorweggenommene Werbungskosten oder aber nur auf 920 €, bei auswärtiger Unterbringung 1 227 €, beschränkt abzugsfähige Sonderausgaben i.S. des § 10 Abs. 1 Nr. 7 EStG darstellen (Kosten der Weiterbildung in einem nicht ausgeübten Beruf).

Mehrere Finanzgerichte haben im Gegensatz zum BFH (Urteil vom 7.5.1993, BStBl II 1993 S. 676) Aufwendungen für die Wiederaufnahme der beruflichen Tätigkeit (d.h. für Fachliteratur, Arbeitszimmer, Computer usw.) nach Beendigung des Erziehungsurlaubs als vorab entstandene Werbungskosten anerkannt (z.B. Niedersächsisches FG, Urteil vom 21.2.2001, EFG 2001 S. 812, Revision eingelegt, Az. beim BFH: VI R 103). Die Entscheidung des BFH in diesem und anderen Verfahren (z.B. Revisionsverfahren VI R 137/ 99) bleibt abzuwarten.

Nicht abzugsfähig sind hingegen im Normalfall Aufwendungen eines **Arbeitslosen** für ein **häusliches Arbeitszimmer** (FG Baden-Württemberg, Urteil vom 3.8.1999, EFG 1999 S. 1117), es sei denn, dass es im Einzelfall tatsächlich so gut wie ausschließlich beruflich genutzt wird, z.B. zur Erstellung von Bewerbungsschreiben und zur Vorbereitung auf Vorstellungsgespräche; der Abzug ist jedoch auf 1 250 € im Jahr beschränkt, weil das Arbeitszimmer nicht der Mittelpunkt der auf Erlangung eines Arbeitsplatzes gerichteten Tätigkeit ist (Urteile des FG Nürnberg vom 2.9.1999, DStRE 2001 S. 683, und vom 8.3.2001, DStRE 2001 S. 681).

c) Nachträgliche Werbungskosten

1588 Werbungskosten, die nach Beendigung der Berufstätigkeit anfallen, können ebenfalls noch als Werbungskosten abgezogen werden, wenn sie in einem wirtschaftlichen Zusammenhang mit dem früheren Arbeitsverhältnis stehen.

Beispiel:

A war Geschäftsführer einer GmbH. Da er schuldhaft versäumt hatte, Beiträge in Höhe von 18 000 € an die AOK abzuführen, ist er zu einer Strafe von vier Monaten Gefängnis verurteilt worden. Außerdem hat er sich in einem Schuldanerkenntnis verpflichtet, der AOK den ausstehenden Betrag zu zahlen.

Die Zahlungen an die AOK kann A auch nach seinem Ausscheiden aus dem Arbeitsverhältnis als nachträgliche Werbungskosten absetzen, weil sie im Zusammenhang mit seiner früheren Tätigkeit stehen (BFH, Urteil vom 14.10.1960, BStBl III 1961 S. 20).

d) Vergebliche Werbungskosten

1589 Vergebliche Werbungskosten liegen vor, wenn sie der Aufnahme einer Berufstätigkeit dienen sollten, letztlich jedoch erfolglos waren.

Beispiel:

A hat rund 3 000 € für Bewerbungen und Vorstellungsreisen ausgegeben. Eine Anstellung hat er leider nicht gefunden. Seine Ehefrau ist berufstätig.

A kann die Bewerbungskosten als Werbungskosten absetzen. Die Vorstellungsreisen kann er wie Dienstreisen „abrechnen" (R 37 Abs. 1 Satz 2 LStR). Es ergibt sich ein „Verlust" bei den Einkünften aus nichtselbständiger Arbeit, der mit den positiven Einkünften der Ehefrau verrechnet werden kann („Verlustausgleich").

Keine vergeblichen Werbungskosten sind Veräußerungsverluste und Finanzierungskosten beim Verkauf eines Einfamilienhauses auf Grund eines beruflich veranlassten Umzugs, selbst soweit sie auf ein geplantes Arbeitszimmer entfallen (BFH, Urteil vom 24.5.2000, BStBl II 2000 S. 474), wohl aber Verluste durch einen zunächst geplanten Umzug, von dem aus beruflichen Gründen Abstand genommen wird (vgl. zuletzt BFH, Urteil vom 23.3.2001, BFH/NV 2001 S. 1379, m.w.N.).

e) Nicht abzugsfähige Werbungskosten

1590 Für bestimmte Werbungskosten gelten Abzugsbeschränkungen, so z.B. für das häusliche Arbeitszimmer, die doppelte Haushaltsführung nach Ablauf von zwei Jahren bei einer Beschäftigung am selben Ort, Geschenke und Bewirtungskosten (§ 4 Abs. 5 i.V.m. § 9 Abs. 5 EStG).

f) Unfreiwillige Aufwendungen

1591 Unfreiwillige Aufwendungen, z.B. Kosten für den Ersatz von Diebstahlsverlusten während einer beruflichen Tätigkeit, können bei beruflicher Veranlassung ebenfalls als Werbungskosten abgezogen werden, vgl. z.B. → *Diebstahl* Rz. 647.

g) Drittaufwand

1592 Für den Abzug von Werbungskosten spielt es grundsätzlich keine Rolle, ob der Arbeitnehmer die Aufwendungen aus eigenen Mitteln, mit Kredit oder aus geschenkten Mitteln tätigt. Er muss jedoch eine **eigene Verbindlichkeit** tilgen.

Beispiel:

A führt einen doppelten Haushalt. Mieter der Zweitwohnung am Arbeitsort ist sein Vater, der auch die Miete bezahlt.

A kann die Miete nicht als Werbungskosten absetzen, wenn der Vater Mieter der Wohnung ist und deshalb mit Zahlung der Miete eine eigene Verbindlichkeit begleicht (BFH, Urteil vom 13.3.1996, BStBl II 1996 S. 375, bestätigt durch BFH, Urteil vom 24.2.2000, BStBl II 2000 S. 314, betr. Schuldzinsen als Drittaufwand).

Geklärt ist inzwischen die Frage, inwieweit ein Arbeitnehmer **Absetzungen für Abnutzung** und die laufenden Kosten für ein häusliches Arbeitszimmer geltend machen kann, wenn die Wohnung im Mit- oder Alleineigentum des Ehegatten steht, vgl. dazu ausführlich die Beschlüsse des Großen Senats des BFH vom 23.8.1999, BStBl II 1999 S. 774, 778, 782 und 787, sowie zuletzt BFH, Urteil vom 4.9.2000, BFH/NV 2001 S. 107.

h) Abgrenzung zu Lebenshaltungskosten

1593 Aufwendungen für **Ernährung, Kleidung und Wohnung** gehören zu den steuerlich nicht abzugsfähigen Kosten der Lebensführung (§ 12 Nr. 1 EStG). Schwierigkeiten bereitet in der Praxis vor allem die Beurteilung **„gemischter Aufwendungen"**, die zum Teil beruflich, zum Teil aber auch privat veranlasst sind. Hierfür gilt das sog. **Aufteilungs- und Abzugsverbot**, an dem der BFH trotz massiver Kritik bislang festhält (siehe dazu R 33 Abs. 2 LStR sowie zuletzt BFH, Beschlüsse vom 14.12.2000 – IX B 89/00, n.v., m.w.N. und vom 26.1.2001, BFH/NV 2001 S. 809, betr. ein beruflich und privat genutztes Reitpferd einer Reitlehrerin):

– Sind die Aufwendungen **so gut wie ausschließlich beruflich** veranlasst, sind sie in voller Höhe als Werbungskosten abzugsfähig.

Beispiel 1:

Ein Schreibtisch wird fast ausschließlich für berufliche Zwecke genutzt. Nur gelegentlich wird auch mal ein privater Brief geschrieben (Privatanteil etwa 5 %).

Die Aufwendungen können in voller Höhe als Werbungskosten geltend gemacht werden. Eine Kürzung um den (geringen) privaten Nutzungsanteil erfolgt nicht (BFH, Urteil vom 18.2.1977, BStBl II 1977 S. 464).

– Sind die Aufwendungen **nur zum Teil beruflich veranlasst** und lässt sich dieser Teil nach objektiven Merkmalen leicht und einwandfrei von dem **privaten Teil trennen**, ist nur der „berufliche" Anteil abzugsfähig, der ggf. geschätzt werden muss.

Beispiel 2:

A wäscht seine Berufskleidung zu Hause zusammen mit Privatkleidung.

Der berufliche Anteil ist als Werbungskosten abzugsfähig, er muss ggf. geschätzt werden. Einzelheiten siehe → *Berufskleidung* Rz. 537.

Eine Trennung und Aufteilung der Kosten ist außerdem bei **Kraftfahrzeugkosten** (nach Fahrtenbuch), bei **Versicherungsbeiträgen** (nach Auskunft des Versicherungsunternehmens über die Kalkulation seiner Prämien) und bei **Computer-, Telefon-** und **Internetkosten** zugelassen worden.

– Ist eine solche **Trennung** nach eindeutigen Abgrenzungskriterien **nicht möglich**, sind die Aufwendungen insgesamt nicht abzugsfähig (sog. **Aufteilungs- und Abzugsverbot** des § 12 Nr. 1 Satz 2 EStG).

Beispiel 3:

Ein Reitpferd wird von einer Reitlehrerin zu je 50 % zu beruflichen und privaten Zwecken genutzt.

Die Aufwendungen sind insgesamt steuerlich nicht abzugsfähig. Es spielt keine Rolle, dass das Pferd zu 50 % beruflich genutzt wird (vgl. BFH, Beschluss vom 26.1.2001, BFH/NV 2001 S. 809).

Weitere Beispiele für solche „gemischten" nicht abzugsfähigen Aufwendungen: **Bekleidung, Bücher mit allgemein bildendem Inhalt, Zeitschriften, Studienreisen, Sprachkurse, Bewirtungskosten**, bei denen berufliche und private Zwecke „zusammenfallen".

Das Finanzgericht des Landes Sachsen-Anhalt hat bei einem Dozenten an einer EDV-Bildungseinrichtung AfA für einen Computer als Werbungskosten anerkannt, obwohl dieser den Computer zu mehr als 10 % (im Urteilsfall 14 %) privat genutzt hat. Das Gericht stellt die sog. **10 %-Grenze in Frage**, die für Freizeitgegenstände wie Sportgeräte und Sportkleidung für Sportlehrer zutreffend sein mag, **nicht aber für unabdingbar notwendige Arbeitsmittel** wie einen Computer bei einem EDV-Dozenten (Urteil vom 10.9.1999, EFG 2000 S. 168, Revision eingelegt, Az. beim BFH: VI R 30/00). Es bleibt abzuwarten, ob der BFH an seiner bisherigen Rechtsprechung festhalten oder aber – wie vielfach gefordert – bei den Kosten für Arbeitsmittel ebenso wie schon lange z.B. bei Kfz-Kosten, Telefonkosten oder Kosten der Reinigung von Berufskleidung in der privaten Waschmaschine die Aufteilung nach der zeitlichen Inanspruchnahme zulassen wird. Dies würde jedenfalls der neuen, vom Finanzgericht Rheinland-Pfalz in zwei Urteilen bestätigten Verwaltungsauffassung zu Computer-/Internetkosten entsprechen (→ *Computer* Rz. 632, → *Telekommunikation* Rz. 2396), so dass eine Gleichbehandlung auch sachlich geboten wäre.

i) Abgrenzung zu Sonderausgaben (insbesondere Ausbildungskosten)

1594 Ausbildungskosten sind steuerlich – anders als Fortbildungskosten – nicht in voller Höhe als Werbungskosten i.S. des § 9 EStG abzugsfähig. Ein Abzug kommt lediglich als Sonderausgaben bis zu den Höchstbeträgen nach § 10 Abs. 1 Nr. 7 EStG in Betracht (**920 €, bei auswärtiger Unterbringung 1 227 €**). Besonderheiten gelten aber bei **Ausbildungsdienstverhältnissen**: Da Gegenstand des Arbeitsvertrags die Ausbildung selbst ist, können auch die damit zusammenhängenden Ausbildungskosten in voller Höhe als Werbungskosten abgezogen werden, vgl. H 34 (Ausbildungsdienstverhältnis) LStH. Weitere Einzelheiten siehe → *Fortbildung* Rz. 1048.

Hängen die Aufwendungen des Arbeitnehmers mit Tätigkeiten zusammen, die nach § 10 Abs. 1 Nr. 7 EStG als Sonderausgaben begünstigt sind (insbesondere **Ausbildungskosten**), entfällt der Werbungskostenabzug – anders als bei einem Zusammenhang mit sonstigen privaten Tätigkeiten – nicht von vornherein. Die Aufwendungen sind dann allenfalls auf **Werbungskosten und Sonderausgaben aufzuteilen**, sofern eine Aufteilung möglich ist. Andernfalls **geht der Werbungskostenabzug** vor, so dass ggf. ein **voller Abzug** solcher „gemischter Aufwendungen" bei den Einkünften aus der Berufstätigkeit möglich ist (zuletzt BFH, Beschluss vom 22.11.2000, BFH/NV 2001 S. 451, m.w.N.).

Beispiel 1:

A ist als wissenschaftliche Assistentin an einer Hochschule tätig. Sie war nach dem Dienstvertrag verpflichtet, in Forschung und Lehre mitzuwirken. Außerdem sollte sie an einem Forschungsvorhaben mitarbeiten und hierüber eine Dissertation erstellen. In ihrer Einkommensteuererklärung hat sie u.a. Aufwendungen für ein häusliches Arbeitszimmer und für Computer als Werbungskosten geltend gemacht.

Der Bundesfinanzhof hat zu diesem Fall entschieden, dass A ihre gesamten Aufwendungen als Werbungskosten absetzen könne. Denn die Aufwendungen hingen untrennbar sowohl mit ihrer Erwerbstätigkeit als auch mit dem Promotionsvorhaben zusammen (Urteil vom 18.4.1996, BFH/NV 1996 S. 740; ebenso FG Münster, Urteil vom 5.12.1996, EFG 1997 S. 608, betr. Anerkennung einer **doppelten** Haushaltsführung als Werbungskosten trotz Verbindung der Berufstätigkeit mit einer Promotion).

Beispiel 2:

B, Chemielaborant, studiert neben seinem Beruf an der Ingenieur-Fachschule, um graduierter Chemieingenieur zu werden. Er hat für seine berufliche Tätigkeit einen Computer angeschafft, den er zu 50 % für sein Studium benutzt (Aufteilung nach zeitlicher Nutzung).

Die Aufwendungen des B für das Studium sind keine „voll" als Werbungskosten abzugsfähigen Fortbildungskosten, sondern nur begrenzt als Sonderausgaben abzugsfähige Ausbildungskosten (BFH, Urteil vom 10.12.1971, BStBl II 1972 S. 254). Da hier eine Aufteilung der Kosten möglich erscheint, sind die Kosten auf Werbungskosten und Sonderausgaben aufzuteilen (vgl. auch BFH, Urteil vom 22.6.1990, BStBl II S. 901, betr. Aufteilung der Kosten für ein häusliches Arbeitszimmer).

j) Zeitpunkt des Abzugs

1595 Werbungskosten müssen grundsätzlich im **Jahr der Zahlung** abgesetzt werden (§ 11 Abs. 2 EStG). Dies ist bei unbarer Zahlung die Hingabe eines Überweisungsauftrags an die Bank, eines Schecks (BFH, Urteil vom 20.3.2001, BStBl II 2001 S. 482) oder einer Scheck- oder Kreditkarte (H 116 EStH). Die Fälligkeit, das Datum der Rechnung oder der Zeitpunkt der Lieferung sind unerheblich. Die spätere **Erstattung** von Werbungskosten ist „voll steuerpflichtig" (→ *Negative Einnahmen und Werbungskosten* Rz. 1774).

Bei Wirtschaftsgütern mit einer Nutzungsdauer von mehr als einem Jahr können jedoch nur die jährlichen **Absetzungen für Abnutzung** berücksichtigt werden, ausgenommen sog. geringwertige Wirtschaftsgüter bis 410 €.

k) Nachweis

1596 Werbungskosten müssen vom Arbeitnehmer möglichst durch Rechnungen nachgewiesen oder zumindest **glaubhaft** gemacht werden, er trägt die Beweislast (BFH, Urteile vom 17.7.1980, BStBl II 1981 S. 14, und vom 5.7.1996, BFH/NV 1996 S. 888, betr. Übernachtungskosten bzw. Reisekosten). Sind die Aufwendungen dem Grunde nach unbestritten, können sie **ge-** schätzt werden (BFH, Urteil vom 12.9.2001, BStBl II 2001 S. 775, betr. Übernachtungskosten bei doppelter Haushaltsführung).

l) Pauschbeträge

1597 Zur Vereinfachung enthält § 9a Nr. 1 EStG einen sog. **Arbeitnehmer-Pauschbetrag** von **1 044 €**, mit dem die Werbungskosten bis zu dieser Höhe pauschal abgegolten sind. Der Pauschbetrag ist bereits in die Lohnsteuertabellen der Steuerklassen I bis V eingearbeitet, siehe → *Arbeitnehmer-Pauschbetrag* Rz. 178.

Für bestimmte Berufsgruppen (**Artisten, darstellende Künstler, Journalisten**) wurden zuletzt in R 47 LStR 1999 zusätzlich zum Arbeitnehmer-Pauschbetrag bestimmte Werbungskosten-Pauschbeträge festgesetzt. Diese Regelung ist mit Wirkung **ab 1.1.2000 aufgehoben** worden.

m) Beispiele für Werbungskosten

1598 Die nachstehende Aufzählung kann sich nur auf „Stichworte" beschränken. Wenn Sie genauere Informationen wünschen, lesen Sie bitte die angegebenen Rechtsquellen nach.

Abordnung

Bei vorübergehender Abordnung an eine auswärtige Arbeitsstelle sind die **ersten drei Monate als Dienstreise** anzusehen, daran kann sich eine **doppelte Haushaltsführung** anschließen. Folge: Abzug von Mehraufwendungen für Verpflegung, Fahrtkosten, Unterkunft. Einzelheiten siehe → *Doppelte Haushaltsführung: Allgemeines* Rz. 730 und → *Reisekosten: Allgemeine Grundsätze* Rz. 1994.

Keine Dienstreise liegt bei Abordnungen mit dem Ziel der **Versetzung** vor, in diesem Fall wird die neue Arbeitsstätte sofort neue **regelmäßige** Arbeitsstätte (R 37 Abs. 3 Satz 3 LStR). Folge: Abzug von Aufwendungen nur im Rahmen der Doppelten Haushaltsführung. Tägliche Fahrten zwischen Wohnung und Arbeitsstätte können nur mit der Entfernungspauschale berücksichtigt werden.

Absetzungen für Abnutzung

Arbeitsmittel (z.B. Computer, Schreibtisch) können nicht sofort im Jahr der Zahlung als Werbungskosten abgesetzt werden, sondern sind auf die voraussichtliche **Nutzungsdauer zu verteilen**, d.h. dass nur die jährlichen Absetzungen für Abnutzung (AfA) abgesetzt werden dürfen. Bei Anschaffung in der ersten Jahreshälfte kann dabei aus Vereinfachungsgründen die volle Jahres-AfA, bei Anschaffung in der zweiten Jahreshälfte die halbe Jahres-AfA angesetzt werden (R 44 Satz 3 LStR). Die Nutzungsdauer richtet sich nach der **„AfA-Tabelle für allgemein verwendbare Anlagegüter"** (BMF-Schreiben vom 15.12.2000, BStBl I 2000 S. 1532). Für **Büromöbel** werden z.B. **dreizehn Jahre**, bei **Computern drei** und **Pkw sechs Jahre** angesetzt, vgl. H 38 (Einzelnachweis) LStH.

Sog. **geringwertige Wirtschaftsgüter bis 410 €** (mit 16 %iger Umsatzsteuer 475,60 €) können in voller Höhe im Jahr der Anschaffung abgesetzt werden (R 44 Satz 1 LStR). Voraussetzung ist, dass sie **selbständig nutzungsfähig** sind, so z.B. die einzelnen, miteinander nicht fest verbundenen Teile einer Schreibtischkombination, bestehend aus Tisch, Rollcontainer und seitlichem Computertisch (BFH, Urteil vom 21.7.1998, BStBl II S. 789).

Wegen weiterer Einzelfragen siehe R 44 LStR sowie H 44 (Absetzung für Abnutzung) LStH.

Aktenschrank

Als Werbungskosten abzugsfähig, selbst wenn der – eindeutig beruflichen Zwecken dienende – Schrank im Wohnzimmer steht (BFH, Urteil vom 18.2.1977, BStBl II S. 464).

Aktentasche

Als Werbungskosten abzugsfähig, wenn sie so gut wie ausschließlich beruflich genutzt wird (FG Berlin, Urteil vom 2.6.1978, EFG 1979 S. 225, betr. Aktentasche eines Betriebsprüfers).

Anzeigen

Als Werbungskosten abzugsfähig, wenn sie eindeutig beruflich bedingt sind, z.B. Anzeige bei einer **Stellensuche**, nicht dagegen Anzeigen für eine **Kinderpflegerin**, selbst wenn durch deren Beschäftigung erst die eigene Berufstätigkeit ermöglicht werden soll (→ *Kinderbetreuung (Tagesmütter u.a.)* Rz. 1348).

Arbeitsgemeinschaft

Fahrtkosten usw. sind als Werbungskosten abzugsfähig, wenn die „private" Arbeitsgemeinschaft eindeutig berufliche Themen zum Gegenstand hat, z.B. die Vorbereitung auf eine Meisterprüfung, und dies nachgewiesen werden kann (BFH, Urteile vom 5.3.1993, BFH/NV 1993 S. 533, und vom 20.9.1996, BFH/NV 1997 S. 349).

Arbeitsmittel

Als Werbungskosten abzugsfähig, wenn sie **so gut wie ausschließlich** beruflichen Zwecken dienen, d.h. **Privatanteil nicht mehr als 10 %** (H 44 LStH).

Lohnsteuer-Ermäßigungsverfahren

Die Aufwendungen müssen grundsätzlich auf die **Nutzungsdauer verteilt** werden, ausgenommen sog. **geringwertige Wirtschaftsgüter**.

Übersteigen die Aufwendungen nicht **102 €, verzichtet die Finanzverwaltung** im Allgemeinen auf die **Vorlage von Belegen**. Voraussetzung ist jedoch, dass die Aufwendungen in der Steuererklärung der Art und Höhe nach genau bezeichnet werden (FinMin Baden-Württemberg, Erlass vom 12.4.1990, StLex 3, 9, 1468). Im finanzgerichtlichen Verfahren werden solche behördeninternen „Nichtbeanstandungsgrenzen" nicht berücksichtigt (FG Köln, Urteil vom 26.7.1993, EFG 1994 S. 29). Auf die Anwendung dieser „Arbeitsmittelpauschale" besteht auch dann kein Rechtsanspruch, wenn das Finanzamt diese in den Vorjahren berücksichtigt hat (FG des Landes Brandenburg, Urteil vom 25.2.1999, EFG 1999 S. 601).

Arbeitszimmer

Ein häusliches Arbeitszimmer ist steuerlich nur anzuerkennen, wenn es **so gut wie ausschließlich beruflich genutzt** wird (Privatanteil bis 10 %) und deutlich von den **Privaträumen getrennt** ist. Es darf sich nicht um ein sog. Durchgangszimmer handeln. Ob die Tätigkeit des Arbeitnehmers dagegen ein häusliches Arbeitszimmer erfordert, hat das Finanzamt nicht zu prüfen.

Werbungskosten sind insbesondere die

- **anteiligen Raumkosten**, also Miete, Heizung, Strom, Hausratversicherung usw., die nach dem Verhältnis der Fläche des Arbeitszimmers zur Wohnfläche zu ermitteln sind,

- die dem Arbeitszimmer **„direkt" zurechenbaren Aufwendungen** (z.B. für die Renovierung),

- Aufwendungen für die **Einrichtung** (Schreibtisch, Bücherschränke usw.), die ggf. auf die voraussichtliche Nutzungsdauer zu verteilen sind,

- bei einem **eigenen Haus** bzw. Eigentumswohnung anstelle der Miete die **anteilige Gebäudeabschreibung** (AfA-Satz nach § 7 Abs. 4 EStG im Regelfall 2 % jährlich), **Schuldzinsen, Erhaltungsaufwendungen** (auch z.B. die anteiligen Kosten einer Dachreparatur), Grundsteuer usw.

Seit 1996 sind aber die Voraussetzungen für den Abzug der Aufwendungen für ein häusliches Arbeitszimmer **erheblich „verschärft"**: Die meisten Arbeitnehmer dürfen danach künftig **überhaupt keine Aufwendungen** mehr steuerlich geltend machen; vgl. im Einzelnen BMF-Schreiben vom 16.6.1998, BStBl I 1998 S. 863, sowie → Arbeitszimmer Rz. 272.

Ausbildungskosten

Sie können im Gegensatz zu **Fortbildungskosten** nicht als Werbungskosten abgezogen werden, sind jedoch bis höchstens 920 €, bei auswärtiger Unterbringung 1 227 €, im Jahr als **Sonderausgaben** abzugsfähig (§ 10 Abs. 1 Nr. 7 EStG). Weitere Einzelheiten siehe → Fortbildung Rz. 1048 sowie R 34 LStR und H 34 (Fortbildungskosten) und (Fortbildungskosten als vorweggenommene Werbungskosten) LStH.

Betriebsausflug

Grundsätzlich nur bei den „Organisatoren" als Werbungskosten abzugsfähig (OFD Düsseldorf, Verfügung vom 19.5.1988, DStR 1988 S. 685, sowie FG Köln, Urteil vom 26.10.1988, EFG 1989 S. 171).

Betriebssport

Grundsätzlich nicht als Werbungskosten abzugsfähig, weil der Sport lediglich der Verbesserung des „Arbeitsklimas" dient (OFD Düsseldorf, Verfügung vom 19.5.1988, DStR 1988 S. 685). Weitere Einzelheiten siehe → Sportanlagen Rz. 2276.

Bewerbungskosten

Als Werbungskosten abzugsfähig, selbst wenn sie erfolglos sind. Vorstellungsreisen sind wie Dienstreisen zu behandeln (R 37 Abs. 1 Satz 2 LStR).

Bewirtungskosten

Grundsätzlich nur bei Arbeitnehmern mit „erfolgsabhängigen Bezügen" als Werbungskosten abzugsfähig, **begrenzt auf 80 %** der Aufwendungen (vgl. FG Rheinland-Pfalz, Urteil vom 13.5.1998, NWB 1998 Fach 1 S. 214, betr. Bewirtungs- und Geschenkaufwendungen eines leitenden Angestellten mit Festgehalt an Kunden/Geschäftsfreunde des Arbeitgebers, sowie zuletzt FG Baden-Württemberg, Urteil vom 18.1.2000, EFG 2000 S. 312, betr. Bewirtungskosten eines Beamten für seine Kollegen).

Aufwendungen für **private Feiern** sind nicht als Werbungskosten abzugsfähig, selbst wenn es sich wie bei Beförderungen oder Dienstjubiläen um berufliche Anlässe handelt (vgl. zuletzt FG Baden-Württemberg vom 1.12.1999, EFG 2000 S. 311, betr. Bewirtungsaufwendungen eines Universitätsprofessors anlässlich seiner Antrittsvorlesung); vgl. auch → Bewirtungskosten Rz. 584. Vgl. ferner die für Arbeitnehmer sinngemäß geltende Rechtsprechung zum betrieblichen Bereich, zuletzt BFH, Urteil vom 4.11.1999, BFH/NV 1999 S. 467: Kein Betriebsausgabenabzug für ein „Sommerfest" bei zeitlichem Zusammenhang mit dem Geburtstag des Firmengründers.

Bilder

Bilder am Arbeitsplatz oder im häuslichen Arbeitszimmer sind nicht als Werbungskosten abzugsfähig (BFH, Urteil vom 12.3.1993, BStBl II 1993 S. 506). Ausnahme: Der Arbeitnehmer hat Repräsentationspflichten zu erfüllen.

Brillen

Keine Werbungskosten, allenfalls spezielle Schutzbrillen, z.B. Bildschirmbrillen (BFH, Urteil vom 23.10.1992, BStBl II 1993 S. 193).

Bücher

Als Werbungskosten abzugsfähig sind nur Fachbücher, nicht dagegen Bücher mit allgemein bildendem Inhalt. Ausnahme: Es kann nachgewiesen werden, dass die Bücher tatsächlich ausschließlich im Beruf verwendet werden. Dazu muss für jedes Fachbuch der Titel angegeben und die jeweilige Verwendung dargelegt werden (BFH, Beschluss vom 22.12.2000, BFH/NV 2001 S. 774, m.w.N.).

Aufwendungen für Sammelwerke oder sog. Großkommentare über 410 € (ohne Umsatzsteuer) müssen auf die Nutzungsdauer verteilt werden (FG Köln, Urteil vom 31.5.1999, FR 1999 S. 847). Großzügiger offensichtlich FG Düsseldorf (Urteil vom 13.11.2000, EFG 2001 S. 281), wonach jeder einzelne Band eines Sammelwerks ein selbständiges Wirtschaftsgut darstellt und deshalb sofort abgesetzt werden kann.

Bußgelder, Geldstrafen, Ordnungsgelder, Verwarnungsgelder

Keine Werbungskosten, selbst wenn die Ursachen im Beruf liegen, z.B. bei Geschwindigkeitsüberschreitung, um noch pünktlich zur Arbeit zu kommen (§ 4 Abs. 5 Nr. 8, § 9 Abs. 5 und § 12 Nr. 4 EStG). Ausnahme: Die von einem ausländischen Gericht verhängte Strafe verletzt wesentliche Grundsätze der deutschen Rechtsordnung (BFH, Urteil vom 31.7.1991, BStBl II 1992 S. 85).

Bürgschaft

Aufwendungen eines **Gesellschafter-Geschäftsführers** auf Grund Inanspruchnahme aus einer Bürgschaft für Kreditverbindlichkeiten der Gesellschaft sind i.d.R. als Werbungskosten zu berücksichtigen, wenn er an der Gesellschaft nicht wesentlich beteiligt ist. Vgl. zuletzt die Urteile des FG Baden-Württemberg vom 12.1.2001, EFG 2001 S. 632, sowie des FG des Landes Brandenburg vom 7.2.2001, EFG 2001 S. 970.

Camcorder

Als Werbungskosten abzugsfähig nur bei detailliertem Nachweis der **so gut wie ausschließlichen beruflichen Nutzung**. Bei Gegenständen der Unterhaltungselektronik gilt im Allgemeinen der Erfahrungssatz, dass sie auch privat verwendet werden können. Damit ist ein Abzug nach dem Aufteilungs- und Abzugsverbot des § 12 Nr. 1 Satz 2 EStG im Regelfall ausgeschlossen (BFH, Urteil vom 21.6.1994, BFH/NV 1995 S. 216).

Darlehen

Der (wirtschaftliche) Verlust eines Darlehens, das ein Arbeitnehmer seinem Arbeitgeber gewährt hat, kann auch bei Vereinbarung einer normalen Zinshöhe als **Werbungskosten** berücksichtigt werden, wenn der Arbeitnehmer das Risiko des Darlehensverlustes aus **beruflichen Gründen** (z.B. zur Arbeitsplatzsicherung) bewusst auf sich genommen hat (BFH, Urteil vom 7.2.1997, BFH/NV 1997 S. 400 m.w.N.). Ebenso Hessisches FG, Urteil vom 7.9.2000, DStRE 2001 S. 302, Revision eingelegt, Az. beim BFH: VI R 170/00, betr. ein Arbeitgeberdarlehen zum Kauf von Aktien des Arbeitgebers, das Voraussetzung für die Aufnahme des Arbeitsverhältnisses war.

Ein **Werbungskostenabzug** ist jedoch **nicht** zulässig für **Darlehensverluste eines Gesellschafter-Geschäftsführers**, da nur unter ganz außergewöhnlichen Umständen eine Veranlassung durch das Arbeitsverhältnis angenommen werden kann (BFH, Urteil 19.5.1992, BStBl II 1992 S. 902, sowie zuletzt FG Münster, Urteil vom 25.9.1998, EFG 1999 S. 946, Revision eingelegt, Az. beim BFH: VIII R 35/99, und FG Hamburg, Urteil vom 22.4.1999, EFG 1999 S. 885), oder für den **Verlust einer GmbH-Beteiligung** (BFH, Urteil vom 12.5.1995, BStBl II 1995 S. 644) oder für den **Verlust einer „stillen Beteiligung"** als partiarisches Darlehen des Arbeitnehmers (FG Rheinland-Pfalz, Urteil vom 11.8.1997, EFG 1997 S. 1384).

Gibt der Gesellschafter-Geschäftsführer ein **Schuldanerkenntnis** im Hinblick auf Schulden einer GmbH ab, die ohnehin wegen Vermögenslosigkeit gelöscht werden soll, damit der Sicherungsnehmer das ihm zur Sicherheit übereignete Inventar für einen neuen Betreiber des Unternehmens freigibt, der mit dem Gesellschafter-Geschäftsführer ein **Arbeitsverhältnis begründen will**, so ist das Schuldanerkenntnis durch das angestrebte Arbeitsverhältnis veranlasst (FG Köln, Urteil vom 8.2.2001, EFG 2001 S. 624, Revision eingelegt, Az. beim BFH: VI R 36/01).

Diebstahl

Diebstahlverluste können als Werbungskosten berücksichtigt werden, wenn sie **beruflich veranlasst** sind und der Arbeitnehmer alle erforderlichen **Sicherheitsvorkehrungen getroffen** hatte (BFH, Urteil vom 30.6.1995, BStBl II 1995 S. 744, betr. den Diebstahl eines Mantels aus dem Auto während einer Dienstreise). Dies gilt nicht, wenn Gegenstände der Ehefrau gestohlen wurden, die mitgefahren ist. Der Verlust von **Geld oder**

Schmuck auf einer Dienstreise kann nicht berücksichtigt werden (FG München, Urteil vom 7.7.1999, EFG 1999 S. 1216).

Beim **Diebstahl von Arbeitsmitteln** kann der sog. Restbuchwert auch dann in voller Höhe als Werbungskosten abgezogen werden, wenn das „schädigende Ereignis" im privaten Bereich liegt und Herausgabe- oder Schadensersatzansprüche nicht zu realisieren sind (Niedersächsisches FG, Urteil vom 6.8.1997, EFG 1998 S. 33, Revision eingelegt, Az. beim BFH: VI R 185/97, betr. Diebstahl einer teuren Violine durch den getrennt lebenden Ehemann aus der Ehewohnung).

Doktortitel

Keine Werbungskosten, selbst wenn die Promotion für das jeweilige Berufsziel erforderlich ist; ausgenommen der seltene Fall eines sog. Promotionsarbeitsverhältnisses (BFH, Urteil vom 9.10.1992, BStBl II 1993 S. 115).

Ehrenamt

Als Werbungskosten abzugsfähig, wenn die **Übernahme berufsbezogen** ist, z.B. als Mitglied des Personalrats oder der Gewerkschaft (BFH, Urteil vom 28.11.1980, BStBl II 1981 S. 368). Nicht dagegen ehrenamtliche Tätigkeiten als Schützenkönig (FG Düsseldorf, Urteil vom 21.5.1970, EFG 1971 S. 127), als Schöffe beim Finanzgericht (FG Berlin, Urteil vom 6.12.1979, EFG 1980 S. 280) oder als Wahlkonsul (Niedersächsisches FG, Urteil vom 26.2.1975, EFG 1976 S. 74). Kein Werbungskostenabzug, wenn nur Verluste anfallen, sog. **Liebhaberei** (vgl. zuletzt FG Bremen, Urteil vom 6.10.1999, StEd 2000 S. 133, betr. Erstellung von Fachaufsätzen ohne Honorar).

Eigenleistungen

Keine Werbungskosten, weil keine „Aufwendungen" entstehen (vgl. BFH, Urteil vom 27.8.1993, BStBl II 1994 S. 235, betr. die Reparatur eines auf einer Berufsfahrt beschädigten Pkw).

Einbürgerungskosten

Keine Werbungskosten, selbst wenn die Einbürgerung Voraussetzung für die Übernahme ins Beamtenverhältnis ist (BFH, Urteil vom 18.5.1984, BStBl II 1984 S. 588).

Fehlgelder

Fehlbeträge, die der Arbeitnehmer dem Arbeitgeber ersetzen muss, sind Werbungskosten (BFH, Urteil vom 11.7.1969, BStBl II 1970 S. 69).

Fernseh- und Rundfunkgeräte

Keine Werbungskosten, selbst wenn der Arbeitnehmer aus beruflichen Gründen (z.B. bei Journalisten) das Tagesgeschehen verfolgen muss und die Geräte im häuslichen Arbeitszimmer stehen (BFH, Urteil vom 7.9.1989, BStBl II 1990 S. 19). Das **Vorhandensein von Zweitgeräten** in privaten Räumen führt nicht dazu, dass Aufwendungen für entsprechende Geräte im häuslichen Arbeitszimmer als Werbungskosten abziehbar sind; nur bei Nachweis der so gut wie **ausschließlichen beruflichen Nutzung** kommt ein Werbungskostenabzug in Betracht (FG des Saarlandes, Urteil vom 18.12.1996, EFG 1997 S. 603). **Rundfunkgebühren** für ein im beruflich genutzten Kfz betriebenes Autoradio sind abzugsfähig (FG Düsseldorf, Urteil vom 5.7.2000, DStRE 2000 S. 1068).

Filmkamera (und -material)

Es gelten dieselben Grundsätze wie für Camcorder.

Friseurkosten

Keine Werbungskosten, selbst wenn berufsbedingt erhöhte Kosten anfallen, z.B. bei einer Schauspielerin und Fernsehansagerin (BFH, Urteil vom 6.7.1989, BStBl II 1990 S. 49). Entsprechendes gilt für alle Kosten der Körperpflege, z.B. für Kosmetika.

Führerschein

Keine Werbungskosten, selbst wenn der Führerschein für Fahrten zwischen Wohnung und Arbeitsstätte benötigt wird. Auch kein Sonderausgabenabzug als „Ausbildungskosten", weil derartige Aufwendungen der Allgemeinbildung dienen (BFH, Urteil vom 5.8.1977, BStBl II 1977 S. 834).

Abzugsfähig nur in Ausnahmefällen, wenn z.B.

- der Erwerb des Führerscheins zur **Berufsausübung erforderlich** ist, z.B. Führerschein für Lkw, Busse oder Taxen (FG Baden-Württemberg, Urteil vom 24.4.1991, EFG 1991 S. 661);

- der Arbeitgeber den Erwerb des Führerscheins zur **Einstellungsvoraussetzung** gemacht hat, weil der Arbeitnehmer z.B. Dienstreisen mit einem vom Arbeitgeber gestellten Fahrzeug unternehmen soll (vgl. FG des Landes Brandenburg, Urteil vom 7.11.1995, EFG 1996 S. 310);

- ein **Bautischler,** der im Rahmen seines Arbeitsverhältnisses bereits eine Fahrtätigkeit ausübt, auf Veranlassung seines Arbeitgebers die **Fahrerlaubnis für einen Lkw** erwirbt und eine Nutzung außerhalb des Arbeitsverhältnisses nicht ersichtlich ist (FG Münster, Urteil vom 25.2.1998, EFG 1998 S. 941).

Getränke

Keine Werbungskosten, auch wenn berufsbedingt ein erhöhter Verbrauch gegeben ist (FG Hamburg, Urteil vom 24.4.1974, EFG 1974 S. 416).

Gewerkschaft

Als **Werbungskosten** abzugsfähig sind sowohl die Beiträge selbst als auch Aufwendungen für ehrenamtliche Tätigkeiten in der Gewerkschaft, also z.B. Fahrtkosten zum Besuch von Mitgliederversammlungen, Lehrgängen usw. (R 36 LStR).

Keine Werbungskosten sind dagegen Aufwendungen für Ferien- oder Studienreisen mit allgemein-touristischem Inhalt, selbst wenn sie von der Gewerkschaft organisiert worden sind (BFH, Urteil vom 25.3.1993, BStBl II 1993 S. 559).

Hörapparat

Keine Werbungskosten, auch wenn er nur im Dienst getragen wird (BFH, Urteil vom 8.4.1954, BStBl III 1954 S. 174), abzugsfähig sind nur die während der Arbeitszeit verbrauchten Batterien. Anders sieht dies das FG Baden-Württemberg (Urteil vom 11.9.1996, EFG 1997 S. 156).

Kleidung

Nur als Werbungskosten abzugsfähig, wenn es sich um **typische Berufskleidung** handelt; dazu gehört **nicht sog. bürgerliche Kleidung** (siehe zur Abgrenzung → *Berufskleidung* Rz. 537). In der Praxis ist immer wieder die Beurteilung von **Sportkleidung** als Werbungskosten streitig. Die neuere Rechtsprechung erkennt Werbungskosten an, wenn z.B. ein Sportlehrer glaubhaft machen kann, dass er die Kleidung ausschließlich im Sportunterricht verwendet (vgl. zuletzt FG Münster, Urteil vom 12.11.1996, EFG 1997 S. 334, m.w.N.).

Koffer

Koffer und andere Reiseutensilien (z.B. Reisewecker) sind auch dann keine Werbungskosten, wenn sie aus Anlass einer Dienstreise angeschafft werden (FG Hamburg, Urteil vom 24.9.1987, EFG 1988 S. 67).

Kontoführungsgebühren

Als Werbungskosten abzugsfähig, soweit sie auf Gehaltsgutschriften und beruflich veranlasste Überweisungen entfallen (BFH, Urteil vom 9.5.1984, BStBl II 1984 S. 560). Die Finanzverwaltung erkennt ohne Einzelnachweis **pauschal 16 €** im Jahr an (entsprechende Erlasse ergehen in Kürze).

Konzert-, Theater- und Museumsbesuche

Keine Werbungskosten, selbst wenn sie z.B. bei einer Musiklehrerin oder einer Kunsterzieherin einen beruflichen Bezug haben (BFH, Urteil vom 8.2.1971, BStBl II 1971 S. 368; Niedersächsisches FG, Urteil vom 30.12.1997 – XIV 180/96, n.v., betr. Besuch von Kunstausstellungen durch eine Kunsterzieherin).

Krankheits- und Kurkosten

Krankheitskosten sind grundsätzlich nur als außergewöhnliche Belastung nach § 33 EStG abzugsfähig. Werbungskostenabzug nur möglich, wenn

- eine **typische Berufskrankheit** vorliegt. Als solche gilt aber nicht schon ein durch Arbeitsüberlastung herbeigeführter Herzinfarkt (BFH, Urteil vom 4.10.1968, BStBl II 1969 S. 179) oder die Gelenkarthrose eines Sportlehrers (FG Berlin, Urteil vom 10.6.1991, EFG 1992 S. 322);

- die Krankheit eindeutig mit dem **Beruf im Zusammenhang steht,** z.B. ein Unfall auf dem Weg zur Arbeit oder auch im Betrieb (FG Rheinland-Pfalz, Urteil vom 24.10.1989, EFG 1990 S. 226, betr. Sportunfall eines Polizisten beim Dienstsport). Aufwendungen einer Sportlehrerin für den Besuch von Phonetikkursen (FG Baden-Württemberg, Urteil vom 29.4.1997, EFG 1998 S. 32) sowie eines Hochleistungssportlers für Arztbesuche (Hessisches FG, Urteil vom 16.10.2000, EFG 2001 S. 683) sind hiernach als Werbungskosten abzugsfähig.

Entsprechendes gilt für **Kurkosten:** Sie sind nur dann als Werbungskosten abzugsfähig, wenn sie zur Heilung oder Vorbeugung gegen eine typische Berufskrankheit dienen. Die Kneippkur-Kosten eines Bundeswehrpiloten, die als vorbeugende Maßnahme dazu aufgewendet werden, einen allgemeinen Gesundheitszustand („vollständige Fitness") zu erhalten, sind keine Werbungskosten (BFH, Urteil vom 17.7.1992, BFH/NV 1993 S. 19).

Ein **Volkshochschulkurs zur Erlernung der „Kunst des Sehens"** (Augentraining), mit dem nicht nur die nicht durch die berufliche Bildschirmtätigkeit beeinträchtigte Sehkraft wiederhergestellt, sondern auch ganz allgemein geistige Fähigkeiten verbessert werden sollen, ist nicht beruflich veranlasst. Derartige Aufwendungen zur Kompensation körperlicher Behinderungen oder Mängel oder auch zur Gesundheitsvorsorge berühren stets auch die allgemeine Lebensführung und sind somit nach § 12 Nr. 1 Satz 2 EStG steuerlich nicht abzugsfähig (FG München, Urteil vom 26.9.1997, EFG 1998 S. 183).

Kreditkarte

Die **laufenden Gebühren** sind als Werbungskosten abzugsfähig, soweit die Karte zu beruflichen Zwecken eingesetzt wird, z.B. für den Kauf von Arbeitsmitteln. Es gelten dieselben Grundsätze wie für → *Kontoführungs-*

gebühren Rz. 1393, allerdings lässt die Finanzverwaltung für Kreditkarten bisher keinen pauschalen Abzug zu.

Die **Grundgebühr** kann dagegen nicht als Werbungskosten anerkannt werden, wenn die Karte regelmäßig auch für private Zwecke mitgenutzt wird (FG Rheinland-Pfalz, Urteil vom 29.7.1997 – 6 K 2916/96).

Lebensführungskosten

Keine Werbungskosten, auch wenn die Aufwendungen gleichzeitig beruflich veranlasst sind, eine eindeutige Trennung aber nicht möglich ist (§ 12 Nr. 1 Satz 2 EStG sowie R 33 LStR). Siehe auch → Rz. 1593.

Liebhaberei

Grundsätzlich kein Werbungskostenabzug, wenn die Aufwendungen auf Dauer die Einnahmen übersteigen (sog. Liebhaberei). Dies kann z.B. bei einer unentgeltlich ausgeübten Lehrtätigkeit als Honorarprofessor der Fall sein (FG Rheinland-Pfalz, Urteil vom 28.2.1996, NWB Fach 1 S. 99). Ggf. ist sogar schon die Arbeitnehmereigenschaft zu verneinen. Vgl. dazu → *Arbeitnehmer* Rz. 163 sowie → *Fortbildung* Rz. 1061.

Verluste aus einer Nebentätigkeit können ggf. als **Werbungskosten beim Hauptberuf** abgezogen werden, wenn die Übernahme der Nebentätigkeit Voraussetzung für die Ausübung des Hauptberufs ist (vgl. BFH, Urteil vom 22.7.1993, BStBl II 1994 S. 510, sowie zuletzt FG Düsseldorf, Urteil vom 30.11.2000, EFG 2001 S. 423, betr. Nebentätigkeiten von Professoren) oder sich Haupt- und Nebentätigkeit „gegenseitig befruchten (vgl. FG des Saarlandes, Urteil vom 30.9.1988, EFG 1989 S. 17, betr. einen Dipl.-Ingenieur, der auf seinem Fachgebiet an der Universität gegen geringes Entgelt Vorlesungen abhält). Eine solche Wechselwirkung zwischen Haupt- und Nebentätigkeit ist dagegen nicht allein deshalb anzuerkennen, weil sich ein Arbeitnehmer auf seinem Fachgebiet schriftstellerisch betätigt (FG Düsseldorf, Urteil vom 30.11.1993, EFG 1994 S. 514).

Lösegelder

Keine Werbungskosten, Aufwendungen für den Schutz des eigenen Lebens oder die Wiedererlangung der Freiheit sind Kosten der Lebensführung (BFH, Urteil vom 30.10.1980, BStBl II 1981 S. 303). Vgl. auch → *Bewachung* Rz. 578 sowie → *Lösegeld* Rz. 1668.

Messebesuch

Abzugsfähig, wenn es sich um „reine Fachmessen" handelt (vgl. FG Baden-Württemberg, Urteil vom 15.7.1997, EFG 1998 S. 276, betr. die „Klassik-Komm" in Hamburg bei einem Musikredakteur). Nicht anerkannt wurde dagegen der Besuch der Computermesse „CeBit" bei einem Personalratsmitglied, weil ein konkreter beruflicher Anlass fehlte (FG Hamburg, Urteil vom 26.11.1998, EFG 1999 S. 325).

Mitgliedsbeiträge

Der Mitgliedsbeitrag für einen Golfclub ist auch dann nicht den Werbungskosten zuzurechnen, wenn die Steuerpflichtige deshalb auf dem Gelände des Golfclubs spielt, um andere Mitglieder zum Kauf im Golfshop einer GmbH zu bewegen, deren Geschäftsführerin sie ist (FG München, Urteil vom 9.4.1997, EFG 1997 S. 1105). Mitgliedsbeiträge für ein Fitness-Studio sind ebenso wie eine Schwimmbad-Jahreskarte auch bei einem Diplomsportlehrer keine Werbungskosten (FG Baden-Württemberg, Urteil vom 27.1.1999 – 8 K 389/98 –, INF 1/2000 S. IV).

Musikinstrumente, Musik-CD

Als Werbungskosten abzugsfähig, wenn **sie so gut wie ausschließlich** (mindestens 90 %) beruflich genutzt werden. Vgl. dazu zuletzt BFH, Urteile vom 26.1.2001, BStBl II 2001 S. 194, sowie BFH/NV 2001 S. 897, betr. die historische Violine eines Berufsmusikers. Für die Anerkennung gelten wie bei Unterhaltungselektronik (vgl. BFH, Urteil vom 27.9.1991, BStBl II 1992 S. 195, betr. Videorecorder) **strenge Grundsätze**.

Auch **Musik-CDs** können deshalb bei einem Musiklehrer regelmäßig nicht als Werbungskosten anerkannt werden (FG München, Urteil vom 11.5.1999, EFG 1999 S. 891).

Parkplatzkosten

Steuerliche Behandlung wie Garagenkosten, → *Garage* Rz. 1093.

Prozess- und Strafverteidigungskosten

Als Werbungskosten abzugsfähig, wenn sie **berufsbedingt** sind, z.B. bei einem Arbeitsgerichtsprozess, einem Dienststrafverfahren (BFH, Urteil vom 19.2.1982, BStBl II 1982 S. 467) oder einem Disziplinarverfahren (FG des Saarlandes, Urteil vom 25.3.1993, EFG 1993 S. 648), nicht jedoch bei vorsätzlichen Tötungs- und Eigentumsdelikten in Ausübung des Berufs (FG Köln, Urteil vom 3.4.2001, EFG 2001 S. 1107, Revision eingelegt, Az. beim BFH: XI R 35/01, betr. Tötungs- und Eigentumsdelikte einer Altenpflegerin). Kosten für **Beleidigungsprozesse** sind ebenfalls grundsätzlich nicht abzugsfähig (FG Düsseldorf, Urteil vom 18.12.1979, EFG 1980 S. 400).

Psychologische Seminare

Grundsätzlich keine Werbungskosten, weil sie in erheblichem Maße die private Lebensführung berühren; das gilt auch, wenn der Arbeitgeber Bildungsurlaub gewährt hat (BFH, Urteil vom 6.3.1995, BStBl II 1995 S. 393). Werbungskostenabzug nur bei nahezu ausschließlich beruflicher Veran-

lassung (vgl. die Hinweise unter → *Fortbildung* Rz. 1044). Das Finanzamt darf die Aufwendungen aber **nicht „pauschal ablehnen"** mit der Begründung, an derartigen Kursen nähmen viele Bürger aus rein privaten Erwägungen teil, sondern muss **Feststellungen** zu den Lehrinhalten und dem Ablauf des Lehrgangs sowie den teilnehmenden Personen treffen (BFH, Urteil vom 20.9.1996, BFH/NV 1997 S. 110, betr. Supervisionskurs einer Bankkauffrau). Vgl. ferner OFD Frankfurt, Verfügung vom 10.7.1996, FR 1996 S. 648.

Reisekosten

Bei Auswärtstätigkeiten (Dienstreisen, Einsatzwechseltätigkeit, Fahrtätigkeit) können unter bestimmten Voraussetzungen Mehraufwendungen für Unterkunft und Verpflegung sowie Fahrtkosten in voller Höhe abgesetzt werden. Es gelten im Wesentlichen dieselben Grundsätze wie für den steuerfreien Arbeitgeberersatz. Einzelheiten siehe → *Reisekosten: Allgemeine Grundsätze* Rz. 1994.

Reitpferd

Aufwendungen für ein Reitpferd können bei einer Reitlehrerin selbst dann nicht als Werbungskosten anerkannt werden, wenn sie zwei Reitpferde hat, von denen eines (angeblich) nur beruflich und das andere nur zu Hobbyzwecken gehalten wird (FG Rheinland-Pfalz, Urteil vom 26.5.2000 – 4 K 2328/97 –, DStR Heft 44/2000 S. VI sowie BFH, Beschluss vom 26.1.2001, BFH/NV 2001 S. 809).

Rückzahlung von Gehalt

Keine Werbungskosten, aber **wie** Werbungskosten abzugsfähig. Der Arbeitnehmer-Pauschbetrag von 1 044 € wird nicht gegengerechnet (vgl. BFH-Urteil vom 18.9.1964, BStBl III 1964 S. 11). Zur Berücksichtigung im Lohnsteuerabzugsverfahren siehe → *Rückzahlung von Arbeitslohn* Rz. 2119.

Schadensersatzleistungen

Als Werbungskosten abzugsfähig, wenn der **Schaden beruflich veranlasst** ist, z.B. bei Zerstörung einer Maschine oder auch Unfallschäden auf dem Weg zur Arbeit. **Nicht** dagegen, wenn die Verfehlungen privat veranlasst sind, z.B. bei **Unterschlagungen oder Diebstählen** (vgl. zuletzt FG München, Urteil vom 30.9.1998, EFG 1999 S. 108, betr. Schadensersatzleistungen wegen versuchten Versicherungsbetrugs – „Verschwindenlassen" eines beruflich genutzten Pkw) oder bei Handlungen des Arbeitnehmers, die gegen **Straf- und Dienstvorschriften verstoßen** und mit denen der Arbeitnehmer eine Schädigung seines Arbeitgebers bezweckt oder billigend in Kauf nimmt (BFH, Urteil vom 18.9.1987, BFH/NV 1988 S. 353).

Scheidung

Keine Werbungskosten sind Einzahlungen in die gesetzliche Rentenversicherung zu Gunsten des Ehegatten zur Begründung einer Rentenanwartschaft als **Versorgungsausgleich** (BFH, Beschluss vom 19.6.2000, BFH/NV 2000 S. 1467, m.w.N.). Als **Werbungskosten** abzugsfähig sind hingegen Zahlungen eines Beamten an den Dienstherrn zur Abwendung der Pensionskürzung, die den späteren ungeschmälerten Zufluss der Pension sicherstellen sollen (BMF-Schreiben vom 20.7.1981, BStBl I 1981 S. 567), ggf. auch entsprechende Ausgleichszahlungen an den Ehegatten (Schleswig-Holsteinisches FG, Urteil vom 8.12.1999, EFG 2000 S. 351, Revision eingelegt, Az. beim BFH: VI R 19/00; a.A. FG Rheinland-Pfalz, Urteil vom 23.4.2001, DStR Heft 46/2001 S. VI, Revision eingelegt, Az. beim BFH: VI R 123/01).

Schmiergelder

Seit 1.1.1999 generell nicht mehr abzugsfähig (§ 4 Abs. 5 Nr. 10 EStG i.V.m. § 9 Abs. 5 EStG), auch wenn sie eindeutig beruflich veranlasst sind, um z.B. einen Auftrag zu bekommen (vgl. BFH, Urteil vom 18.5.1990, BFH/NV 1991 S. 151, sowie OFD Frankfurt, Verfügung vom 29.5.2000, DB 2000 S. 1303).

Schreibmaschine

Keine Werbungskosten, weil nicht unerhebliche private Mitverwendung unterstellt wird (FG Baden-Württemberg, Urteil vom 28.8.1987, EFG 1988 S. 116). Ausnahme: Bei „schreibenden Berufen" wie z.B. bei Richtern und Journalisten kann sie als Arbeitsmittel anerkannt werden (BFH, Urteil vom 29.1.1971, BStBl II 1971 S. 327).

Schreibtisch

Bei nahezu ausschließlich beruflicher Nutzung als Werbungskosten abzugsfähig, selbst wenn er im Wohnzimmer steht (BFH, Urteil vom 18.2.1977, BStBl II 1977 S. 464) oder es sich um ein antiquarisches Möbelstück handelt, das an sich keinem Wertverzehr unterliegt (BFH, Urteil vom 31.1.1986, BStBl II 1986 S. 356). Die Aufwendungen müssen auf die **Nutzungsdauer** verteilt werden.

Schuldzinsen

Als **Werbungskosten** abzugsfähig, wenn ein Kredit für berufliche Zwecke aufgenommen worden ist, z.B. zur Anschaffung teurer Arbeitsmittel oder für ein Arbeitgeberdarlehen, wenn Grundlage des Anstellungsvertrags ein Anteilserwerb bzw. ein Erwerb von Aktien der Gesellschaft (Arbeitgeber) ist

(Hessisches FG, Urteil vom 7.9.2000, EFG 2001 S. 422, Revision eingelegt, Az. beim BFH: VI R 170/00). Abgezogen werden können auch die auf ein häusliches Arbeitszimmer entfallenden Hypothekenzinsen.

Nicht abzugsfähig sind Schuldzinsen, die mit der Anschaffung eines privaten Pkw zusammenhängen, selbst wenn er für Fahrten zur Arbeit genutzt wird – die anteiligen Schuldzinsen sind mit der Entfernungspauschale abgegolten, vgl. H 42 (Finanzierungskosten des Kraftfahrzeugs) LStH. Das gilt auch für den Pauschsatz von 0,30 € je Fahrtkilometer, den behinderte Menschen für Fahrten zur Arbeit oder Arbeitnehmer mit Auswärtstätigkeit (z.B. Dienstreisen) geltend machen können (R 42 Abs. 7 LStR). Schuldzinsen wirken sich in den letztgenannten Fällen somit nur beim Einzelnachweis der Kfz-Kosten aus.

Das Verbot, private Schuldzinsen als Sonderausgaben abzusetzen, ist verfassungsgemäß (BFH-Urteil vom 29.7.1998, BStBl II 1999 S. 81, sowie BFH-Beschluss vom 15.10.1999, BFH/NV 2000 S. 429).

Schulgeld

Aufwendungen für den Schulbesuch von Kindern sind selbst dann nicht als Werbungskosten abzugsfähig, wenn die Eltern nur zeitlich beschränkt im Inland tätig sind und die Kinder deshalb eine internationale Schule besuchen (BFH, Urteil vom 23.11.2000, BStBl II 2000 S. 132). Abzugsfähig sind nach einem beruflich veranlassten Umzug zwar Aufwendungen für Nachhilfeunterricht, Sprachkurse u.Ä., nicht jedoch für den Besuch allgemeinbildender Schulen (OFD Düsseldorf, Verfügung vom 27.3.2000, StEd 2000 S. 310, 324, 329).

Sprachkurs

Als Werbungskosten abzugsfähig, wenn ein **unmittelbarer und konkreter Bezug zu der beruflichen Tätigkeit** gegeben ist, z.B. bei Dolmetschern und Sprachlehrern (BFH, Urteil vom 24.4.1992, BStBl II 1992 S. 666, sowie zuletzt FG Münster, Urteil vom 23.10.1997, EFG 1998 S. 809, betr. den Intensivsprachkurs einer angehenden Steuerberaterin in England) oder bei einem Außendienstmitarbeiter, der Wirtschaftsenglisch lernen muss, weil er diese Kenntnisse für seine berufliche Tätigkeit dringend benötigt (FG Münster, Urteil vom 6.11.1986, EFG 1987 S. 241, sowie FG Hamburg, Urteil vom 19.11.1993, EFG 1994 S. 515).

Werden nur **Grundkenntnisse** erlernt, sind die Aufwendungen bei **Auslandssprachkursen** generell nicht abzugsfähig, allenfalls bei **Inlandssprachkursen**, sofern ein konkreter Zusammenhang mit dem Beruf nachgewiesen werden kann (BFH, Urteile vom 22.7.1993, BStBl II 1993 S. 787, und vom 26.11.1993, BStBl II 1994 S. 248). Nach dem Urteil des Hessischen FG vom 4.3.1997, StEd 1997 S. 396, können demgegenüber auch Aufwendungen einer **Flugbegleiterin** für einen in Italien durchgeführten **Italienisch-Grundkurs** als Werbungskosten **anerkannt** werden, wenn der **Nachweis** erbracht wird, dass durch den Sprachkurs die konkrete Voraussetzung für eine **Gehaltszulage** oder eine Bewerbung um eine **besser bewertete Stelle** geschaffen werden soll. Auch das Niedersächsische Finanzgericht hat die o.g. BFH-Rechtsprechung als nicht mehr zeitgemäß abgelehnt und Aufwendungen eines überwiegend im Ausland tätigen **Außendienstmitarbeiters** für einen **Französisch-Intensiv-Kurs** in Frankreich als Werbungskosten **anerkannt** (Urteil vom 17.5.2000, EFG 2001 S. 487, Revision eingelegt, Az. beim BFH: VI R 168/00); ebenso FG des Landes Brandenburg, Urteil vom 20.6.2001, EFG 2001 S. 1188, betr. einen Englischsprachkurs im Ausland, wenn ein vergleichbarer Kurs im Inland ebenfalls abzugsfähig wäre. Es bleibt abzuwarten, ob der Bundesfinanzhof an seiner engen Rechtsprechung festhält.

Aufwendungen für einen mit einem Sprachkurs verbundenen Auslandsaufenthalt sind jedoch trotz beruflicher Erforderlichkeit diesbezüglicher Sprachkenntnisse keine Werbungskosten, wenn der Kurs zur **Hauptferienzeit in einem Urlaubsgebiet** stattfindet und ein umfangreiches Beiprogramm mit kulturellen Veranstaltungen, Ausflügen und Führungen angeboten wird (BFH, Urteil vom 16.1.1998, BFH/NV 1998 S. 851, betr. Auslandssprachkurs einer Sozialarbeiterin für Gastarbeiterbetreuung).

Nicht abzugsfähig sind Aufwendungen eines ausländischen Arbeitnehmers für einen **Deutschsprachkurs** (FG Köln, Urteil vom 21.9.1998, StEd 1999 S. 19, Nichtzulassungsbeschwerde eingelegt).

Stärkungsmittel

Keine Werbungskosten, auch wenn sie nur im Beruf verwendet werden (Hessisches FG, Urteil vom 23.9.1988, EFG 1989 S. 172).

Steuerberatungskosten

Sie sind als **Werbungskosten** abzugsfähig, soweit die Kosten im Zusammenhang mit der Erstellung der „Anlage N" oder der Führung von Rechtsbehelfen bezüglich der Steuerpflicht von Arbeitslohn oder der Anerkennung von Werbungskosten stehen. Im Übrigen können die Aufwendungen als **Sonderausgaben** abgesetzt werden.

Betragen die Aufwendungen **nicht mehr als 520 €**, erkennt das Finanzamt die vom Steuerpflichtigen vorgenommene Aufteilung problemlos an (R 102 Satz 2 EStR). Ob im Einzelfall der Abzug als Werbungskosten oder als Sonderausgaben günstiger ist, muss unter Berücksichtigung der jeweils geltenden Pauschbeträge (für die Werbungskosten der Arbeitnehmer-Pauschbetrag von 1 044 €, für die Sonderausgaben der Sonderausgaben-Pauschbetrag von 36/72 €) geprüft werden.

Studienreisen, Fachkongresse

Werbungskosten, wenn die Reise oder die Teilnahme an dem Kongress **so gut wie ausschließlich dem Ziel dient, die beruflichen Kenntnisse zu erweitern**. Besonders strenge Kriterien gelten für sog. Informationsreisen, denen kein konkreter beruflicher Anlass (z.B. der Besuch einer Messe oder das Halten eines Vortrags auf einem Kongress) zu Grunde liegt. Einzelheiten siehe R 117a EStR und H 117a EStH sowie OFD Frankfurt, Verfügung vom 3.4.2001, StEd 2001 S. 409, ferner → *Reisekosten: Allgemeine Grundsätze* Rz. 2008.

Das **FG Köln** will abweichend von der bisherigen BFH-Rechtsprechung eine **Aufteilung zulassen** und den beruflichen Anteil als Werbungskosten anerkennen, soweit an einzelnen Tagen einer mehrtägigen Reise ganztägige berufliche Veranstaltungen stattgefunden haben (Urteil vom 21.6.2001, EFG 2001 S. 1186, Revision eingelegt, Az. beim BFH: VI R 94/01).

Telefonkosten

Als Werbungskosten abzugsfähig, soweit sie auf berufliche Gespräche entfallen und die berufliche Nutzung nicht nur von untergeordneter Bedeutung ist. Die Rechtsprechung lässt hier – anders als z.B. bei der Nutzung von Computern – eine **Aufteilung** in einen beruflichen und einen privaten Teil zu (BFH, Urteil vom 21.11.1980, BStBl II 1981 S. 131). Weitere Einzelheiten siehe → *Telekommunikation* Rz. 2396.

Umzugskosten

Umzugskosten können nur bei **beruflicher Veranlassung** als Werbungskosten anerkannt werden, allenfalls bei krankheitsbedingten Umzügen kommt noch eine Berücksichtigung als außergewöhnliche Belastung in Betracht. Die Ausführungen zum steuerfreien Arbeitgeberersatz gelten für den Werbungskostenabzug entsprechend, → *Umzugskosten* Rz. 2447. Die nach dem Bundesumzugskostenrecht steuerfrei erstattungsfähigen Aufwendungen sind jedoch nicht ohne weiteres als Werbungskosten abzugsfähig, da hierbei das **Aufteilungs- und Abzugsverbot** des § 12 Nr. 1 Satz 2 EStG zu beachten ist (vgl. zuletzt FG des Landes Brandenburg, Urteil vom 1.3.2000, EFG 2000 S. 485, sowie FG des Saarlandes, Urteil vom 29.8.2001, EFG 2001 S. 1491, betr. Gardinen, Elektroarbeiten und Telefonanschluss).

Aufwendungen für den **Transport von Arbeitsmitteln** anlässlich eines privaten Umzugs sind keine Werbungskosten (zuletzt BFH, Beschluss vom 22.3.2001, BFH/NV 2001 S. 1025, m.w.N.).

Unfallkosten

Als Werbungskosten abzugsfähig, wenn der Unfall auf einer **beruflichen Fahrt** eingetreten ist und den Arbeitnehmer hieran kein grobes Verschulden wie z.B. bei Einnahme von Alkohol trifft. Die Unfallkosten sind neben den Pauschalen für Fahrten zur Arbeit oder Dienstreisen als Werbungskosten abzugsfähig (siehe ausführlich → *Unfallkosten* Rz. 2465).

Verpflegung

Verpflegungskosten sind mit Ausnahme bei Dienstreisen, Einsatzwechseltätigkeit und Fahrtätigkeit sowie bei doppelter Haushaltsführung grundsätzlich steuerlich **nicht abzugsfähig** (§ 4 Abs. 5 Nr. 5 i.V.m. § 9 Abs. 5 EStG). Dies gilt auch bei mehr als zwölfstündiger Abwesenheit von der Wohnung und sogar bei 24-Stunden-Schichten eines Feuerwehrmannes, der frühere Pauschbetrag von 3 € täglich ist ab 1990 weggefallen (BFH, Urteile vom 21.1.1994, BStBl II 1994 S. 418, und vom 31.1.1997, BFH/NV 1997 S. 475).

Abzugsfähig können jedoch in gewissem Umfang Aufwendungen eines **Restaurantkritikers** für Testessen sein (BFH, Beschluss vom 25.8.2000, BFH/NV 2001 S. 162).

Versicherungsbeiträge

Als Werbungskosten abzugsfähig, soweit sie ausschließlich ein **berufliches Risiko** abdecken, z.B. eine Berufs-Haftpflichtversicherung.

Bei „**kombinierten**" Versicherungen, die sowohl berufliche als auch private Risiken abdecken (z.B. eine Privat- und Berufs-Haftpflichtversicherung), kann der berufliche Anteil als Werbungskosten berücksichtigt werden, wenn der Steuerpflichtige eine **Bescheinigung seines Versicherers** darüber beibringt, welcher Anteil der Gesamtprämie nach der Kalkulation auf den die berufliche Sphäre betreffenden Versicherungsschutz entfällt. Wenn der Versicherer keine Auskunft gibt und seine Kalkulation nicht offen legt, unterbleibt mit der Folge, dass nach dem Aufteilungs- und Abzugsverbot des § 12 Nr. 1 EStG die gesamten Beiträge steuerlich nicht abzugsfähig sind (vgl. BMF-Schreiben vom 23.7.1998, DB 1998 S. 1590, m.w.N.).

Dies gilt auch für **freiwillige Unfallversicherungen**, die Finanzverwaltung lässt hier allerdings eine schätzungsweise Aufteilung zu (BMF-Schreiben vom 17.7.2000, BStBl I 2000 S. 1204).

Bei „**reinen**" Kfz-Versicherungen erkennt die Finanzverwaltung zwar eine Aufteilung nach den jeweils gefahrenen Kilometern an. Der auf Wege zwischen Wohnung und Arbeitsstätte entfallende Anteil ist jedoch mit dem

Ansatz der Entfernungspauschale abgegolten (Ausnahme bei behinderten Menschen). Entsprechendes gilt für den Ansatz des Pauschsatzes von 0,30 € je km bei Dienstreisen usw.

Vertragsstrafe

Als Werbungskosten abzugsfähig bei beruflicher Veranlassung, z.B. weil der Arbeitnehmer gegen ein Wettbewerbsverbot verstoßen oder einen vereinbarten Dienstvertrag nicht eingehalten, sondern einen Vertrag mit einem anderen Arbeitgeber abgeschlossen hat (BFH, Urteil vom 28.2.1992, BStBl II 1990 S. 834).

Videorecorder

Nur im **Ausnahmefall** als Werbungskosten abzugsfähig, wenn die nahezu ausschließlich berufliche Verwendung nachgewiesen werden kann (BFH, Urteil vom 27.9.1991, BStBl II 1992 S. 195). Bei Gegenständen der Unterhaltungselektronik gilt im Allgemeinen der Erfahrungssatz, dass sie auch privat verwendet werden können. Damit ist ein Abzug als Werbungskosten nach dem sog. Aufteilungs- und Abzugsverbot des § 12 Nr. 1 Satz 2 EStG im Regelfall ausgeschlossen (BFH, Urteil vom 21.6.1994, BFH/NV 1995 S. 216, betr. Camcorder).

Vormund/Betreuer

Aufwendungen für einen ausschließlich zur Vermögenssorge bestellten Vormund/Betreuer stellen Betriebsausgaben bzw. Werbungskosten bei den mit dem verwalteten Vermögen erzielten Einkünften dar, sofern die Tätigkeit des Vormunds/Betreuers weder einer kurzfristigen Abwicklung des Vermögens noch der Verwaltung ertraglosen Vermögens dient (BFH, Urteil vom 14.9.1999, BStBl II 2000 S. 69).

Wahlkampfkosten

Als Werbungskosten abzugsfähig, auch wenn der Wahlkampf erfolglos war. Das gilt sogar für einen ehrenamtlichen Stadtrat, sofern die sog. Einkunftserzielungsabsicht anerkannt werden kann (BFH, Urteil vom 25.1.1996, BStBl II 1996 S. 431, sowie OFD München, Verfügung vom 27.9.1996, DB 1996 S. 2309). „Wahlkampfkosten" sind jedoch regelmäßig nicht Bewirtungskosten (OFD Frankfurt, Verfügung vom 21.6.1996, FR 1996 S. 603).

Zeitungen, Zeitschriften

Als Werbungskosten abzugsfähig sind im Allgemeinen nur **Fachzeitschriften, nicht jedoch Tageszeitungen oder Wochenzeitschriften** (z.B. Focus oder Der Spiegel), selbst wenn sie auch aus beruflichen Gründen erworben werden (BFH, Urteil vom 7.9.1989, BStBl II 1990 S. 19, sowie FG Baden-Württemberg, Urteil vom 8.11.2000, EFG 2001 S. 285). Das gilt auch für den Kauf einer Zeitung anlässlich einer Dienstreise (FG Düsseldorf, Urteil vom 22.7.1980, EFG 1981 S. 12). **Ausnahmen** gelten, wenn ein Arbeitnehmer aus beruflichen Gründen mehrere Tageszeitungen allein wegen der darin befindlichen beruflichen Informationen kauft, z.B. bei einem Automobilverkäufer oder einem Arbeitslosen, der Stellenanzeigen sucht (zuletzt FG Düsseldorf, Urteil vom 17.1.2001, DStRE 2001 S. 903, m.w.N.).

Eine recht enge Auffassung vertritt das FG Baden-Württemberg: Es hat sowohl für das „Handelsblatt" (Urteil vom 17.10.1996, EFG 1997 S. 467) als auch für die Zeitschriften **Manager-Magazin, Impulse und Wirtschaftswoche** (Urteil vom 28.3.1996, EFG 1996 S. 850) den Werbungskostenabzug abgelehnt. Der BFH erkennt dagegen das „Handelsblatt" an, wenn die so gut wie ausschließliche berufliche Nutzung nachgewiesen oder glaubhaft gemacht werden kann (Urteil vom 19.1.1996, BFH/NV 1996 S. 402, m.w.N.).

Nicht abzugsfähig sind wegen des weiteren Themenkreises auch die Monatszeitschriften **„test"** sowie **„FINANZtest"** (BMF-Schreiben vom 21.4.1993 – IV B 6 – S 2354 – 12/93, n.v.).

Zur Frage, ob Aufwendungen für Großkommentare oder Zeitschriftensammlungen über 410 € sofort abgezogen werden können oder jeder Teilband ein selbständiges, sofort abzugsfähiges Wirtschaftsgut ist, siehe zuletzt FG Düsseldorf, Urteil vom 13.11.2000, EFG 2001 S. 281.

4. Sonderausgaben

a) Allgemeines

1599 Sonderausgaben sind an sich steuerlich nicht abzugsfähige Kosten der **Lebensführung** (§ 12 EStG), die der Gesetzgeber aus bestimmten Gründen (z.B. Förderung der „Eigenvorsorge" durch den Abzug von Versicherungsbeiträgen) ausdrücklich in § 10 EStG zum Abzug zugelassen hat. Die **Aufzählung** der abzugsfähigen Sonderausgaben ist – im Gegensatz zu den in § 9 Abs. 1 EStG beispielhaft aufgeführten Werbungskosten – **abschließend.**

Zu unterscheiden sind

– **beschränkt abzugsfähige** Sonderausgaben (insbesondere Vorsorgeaufwendungen).

– und **unbeschränkt abzugsfähige** Sonderausgaben (Kirchensteuer usw.).

Ein **steuerfreier Arbeitgeberersatz** für Sonderausgaben ist nicht möglich, der Arbeitnehmer kann sie jedoch unter den o.g. Voraussetzungen als Freibetrag auf der Lohnsteuerkarte eintragen lassen. Ausgenommen sind jedoch Vorsorgeaufwendungen, da für diese bereits die sog. **Vorsorgepauschale in die Lohnsteuertabellen eingearbeitet** ist, die in den meisten Fällen die abzugsfähigen Vorsorgeaufwendungen abdeckt. Höhere Vorsorgeaufwendungen können nur im Rahmen einer Veranlagung zur Einkommensteuer berücksichtigt werden (→ *Veranlagung von Arbeitnehmern Rz. 2502*).

Für die übrigen Sonderausgaben (ausgenommen Vorsorgeaufwendungen) wird ein **Sonderausgaben-Pauschbetrag von 36/72 €** (allein Stehende/Verheiratete) gewährt, der bereits in die Lohnsteuertabellen der Steuerklassen I bis IV (also ohne Steuerklassen V und VI) eingearbeitet ist.

b) Vorsorgeaufwendungen und private Altersvorsorge

1600 Vorsorgeaufwendungen sind vor allem die Beiträge zur gesetzlichen Sozial- und Pflegeversicherung, zu freiwilligen Kranken- und Pflegeversicherungen, Unfall-, Haftpflicht-, Sterbe-, Lebensversicherungen usw., **nicht** dagegen Sachversicherungen wie die **Hausratsversicherung** oder eine **Kaskoversicherung**. Einzelheiten siehe R 88 EStR und H 88 EStH.

Vorsorgeaufwendungen können nur bis zu einem bestimmten **Höchstbetrag** als Sonderausgaben abgesetzt werden, der sich zusammensetzt aus

– dem sog. **Vorwegabzug von 3 068/6 136 €**, der jedoch bei Arbeitnehmern **pauschal um 16 % des Bruttoarbeitslohns gekürzt** wird,

– dem sog. **Grundhöchstbetrag von 1 334/2 668 €** und

– dem sog. **Hälftigen Höchstbetrag von 667/1 334 €.**

Für Beiträge zu einer **zusätzlichen freiwilligen Pflegeversicherung** wird ein **zusätzlicher Höchstbetrag von 184 €** gewährt für Steuerpflichtige, die **nach dem 31.12.1957 geboren** sind (Verdoppelung bei Ehegatten also nur, wenn beide diese persönlichen Voraussetzungen erfüllen!). Bei übersteigenden Aufwendungen wird hier kein zusätzlicher hälftiger Abzug gewährt!

Zum Abzug von Vorsorgeleistungen bei **geringfügig Beschäftigten** siehe ausführlich OFD Frankfurt, Verfügung vom 7.6.2001, StEd 2001 S. 544.

Ein **Berechnungsschema** enthält die amtliche Anleitung zur Einkommensteuererklärung (letzte Seite), die zusammen mit den Einkommensteuer-Erklärungsvordrucken versandt wird.

Die Abzugsbeschränkung auf die schon seit 1993 nicht mehr angehobenen Höchstbeträge ist **verfassungsrechtlich zweifelhaft**. Mehrere Verfahren liegen dem Bundesfinanzhof zur Entscheidung vor, er hat inzwischen das Bundesministerium der Finanzen zum Beitritt aufgefordert (vgl. z.B. den Beschluss vom 23.1.2001, BStBl II 2001 S. 346). Die Finanzverwaltung erlässt daher insoweit **vorläufige Steuerbescheide** (BMF-Schreiben vom 29.6.2001, BStBl I 2001 S. 414).

Zur Förderung der Beiträge zu einer privaten Altervorsorge siehe → *Altersvermögensgesetz Rz. 72.*

c) Unterhaltsleistungen an den geschiedenen oder dauernd getrennt lebenden Ehegatten (§ 10 Abs. 1 Nr. 1 EStG)

1601 Unterhaltsleistungen an den geschiedenen oder dauernd getrennt lebenden unbeschränkt steuerpflichtigen Ehegatten sind bis **höchstens 13 805 €** im Jahr abzugsfähig, wenn der Geber dies **mit Zustimmung des Empfängers beantragt** (hierfür gibt es beim Finanzamt den Vordruck „U"). Der Empfänger muss die Unterhaltsleistungen als sonstige Einkünfte versteuern (§ 22 Nr. 1a EStG). Der Steuervorteil liegt also vor allem in der Auswirkung der Steuerprogression (hohe Steuerersparnis beim Zahlenden, geringe Steuerschuld beim Empfänger). Stimmt der Empfänger diesem sog. Realsplitting nicht zu, können die Unterhaltsaufwendungen nur im Rahmen des § 33a Abs. 1 EStG als **außergewöhnliche Belastung** berücksichtigt werden (vgl. zum Realsplitting ausführlich BFH, Urteil vom 7.11.2000, BStBl II 2001 S. 338).

Nach dem Entwurf eines Lebenspartnerschaftsgesetzes sollen auch Partner einer **gleichgeschlechtlichen Lebensgemeinschaft** nach einer Trennung dieses Realsplitting in Anspruch nehmen können. Während der Partnerschaft sollen die Unterhaltsleistungen sogar bis 20 452 € im Jahr als Sonderausgaben abgesetzt werden können und sind beim Empfänger in gleicher Höhe zu versteuern. Sollte das Gesetz trotz der Bedenken des Bundesrates noch verabschiedet worden, informieren wir Sie durch unseren aktuellen Informationsdienst (vgl. Benutzerhinweise auf Seite IV).

d) Renten und dauernde Lasten (§ 10 Abs. 1 Nr. 1a EStG)

1602 Renten und dauernde Lasten sind als Sonderausgaben abzugsfähig, wenn sie weder Werbungskosten noch Betriebsausgaben sind, auf besonderen Verpflichtungsgründen beruhen und nicht mit steuerfreien Einkünften zusammenhängen (R 87 EStR). Abzugsfähig sind hiernach z.B. **Altenteilsleistungen** in der Landwirtschaft oder **Versorgungsleistungen** im Zusammenhang mit einem unentgeltlich übertragenen Grundstück. **Nicht** abzugsfähig sind hingegen **Unterhaltszahlungen** an gesetzlich unterhaltsberechtigte Personen (Kinder, Ehegatten) oder an deren Ehegatten. Weitere Einzelheiten siehe R 87 EStR und H 87 EStH sowie BMF-Schreiben vom 23.12.1996, BStBl I 1996 S. 1508.

e) Kirchensteuer (§ 10 Abs. 1 Nr. 4 EStG)

1603 Abzugsfähig ist die im jeweiligen Kalenderjahr auf Grund gesetzlicher Bestimmungen **gezahlte Kirchensteuer**. Bei Arbeitnehmern ist die laut Lohnsteuerkarte einbehaltene Kirchensteuer um die im selben Kalenderjahr **erstattete Kirchensteuer** (z.B. aus der Einkommensteuerveranlagung des Vorjahres) **zu mindern. Freiwillige Beiträge** sind keine Kirchensteuern, können jedoch ggf. als Spenden abgezogen werden. Auch Zahlungen an Religionsgemeinschaften, die nicht zur Erhebung von Kirchensteuer berechtigt sind, können als Spenden abgesetzt werden.

Einige als Körperschaften des öffentlichen Rechts anerkannte Religionsgemeinschaften erheben, obwohl sie dazu berechtigt sind, keine Kirchensteuer, sondern finanzieren sich aus **freiwilligen Beiträgen und Umlagen**. In diesem Fall können die Beiträge bis zu der Höhe wie Kirchensteuer abgezogen werden, in der in dem jeweiligen Bundesland Kirchensteuer gezahlt wird. Übersteigende Beträge können als Spenden berücksichtigt werden.

f) Zinsen für Steuernachforderungen (§ 10 Abs. 1 Nr. 5 EStG)

1604 § 10 Abs. 1 Nr. 5 EStG wurde durch das **Steuerentlastungsgesetz 1999/2000/2002** vom 24.3.1999, BStBl I 1999 S. 304, mit Wirkung ab 1.1.1999 gestrichen.

g) Steuerberatungskosten (§ 10 Abs. 1 Nr. 6 EStG)

1605 Steuerberatungskosten können als Sonderausgaben abgesetzt werden, sofern sie nicht schon als Werbungskosten oder Betriebsausgaben abzugsfähig sind. Zu den Steuerberatungskosten gehören auch Aufwendungen für **Fachliteratur oder PC-Programme**, Steuertabellen, Beiträge zu **Lohnsteuerhilfevereinen** sowie Fahrtkosten zum Steuerberater einschließlich etwaiger Unfallkosten auf einer solchen Fahrt, **nicht dagegen Rechtsanwaltskosten** zur Erlangung der Zustimmung des geschiedenen Ehegatten zum begrenzten Realsplitting (BFH, Urteil vom 10.3.1999, BStBl II 1999 S. 522) sowie Aufwendungen im Zusammenhang mit einem **Steuerstrafverfahren** (vgl. FinMin Nordrhein-Westfalen, Erlass vom 28.9.2001, DB 2001 S. 2173). Bei **Beträgen bis 520 €** erkennt die Finanzverwaltung die vom Arbeitnehmer erklärte Zuordnung zu Werbungskosten oder Sonderausgaben ohne weitere Nachprüfung an. Weitere Einzelheiten siehe R 102 EStR und H 102 EStH.

h) Berufsausbildung bzw. Weiterbildung im nicht ausgeübten Beruf (§ 10 Abs. 1 Nr. 7 EStG)

1606 Kosten für die Berufsausbildung oder die Weiterbildung in einem nicht ausgeübten Beruf sind bis zu **920 €** als Sonderausgaben abzugsfähig. Der Betrag erhöht sich auf **1 227 €**, wenn der Steuerpflichtige wegen der Ausbildung oder Weiterbildung **auswärtig untergebracht** ist (doppelte Haushaltsführung). Es handelt sich um Jahresbeträge, die auch bei kürzeren Ausbildungszeiten nicht zu kürzen sind.

Zu den abziehbaren Aufwendungen gehören z.B.

- die **Schul-, Lehrgangs-, Studien- und Prüfungsgebühren**,

- Aufwendungen für **Lernmittel** (Schreibwaren, Kopien, Fachbücher, Computerprogramme usw.), nicht jedoch Aufwendungen für Tageszeitungen oder Wochenzeitschriften (FG Baden-Württemberg, Urteil vom 5.11.2000, EFG 2001 S. 285, betr. den FOCUS eines Studenten der Politologie),

- **Arbeitsmittel** wie z.B. Schreibtisch und Computer, die bei Aufwendungen über 410 € – mit 16 % Umsatzsteuer über 475,60 € – auf die voraussichtliche Nutzungsdauer zu verteilen sind (BFH, Urteil vom 7.5.1993, BStBl II 1993 S. 676),

- Aufwendungen für **Wege zwischen Wohnung und Ausbildungs- bzw. Weiterbildungsstätte** in voller Höhe einschließlich etwaiger Unfallkosten (bei Benutzung eines Pkw kann wie bei Dienstreisen der Pauschsatz von 0,30 € je km angesetzt werden),

- bei auswärtiger Unterbringung auch die **Kosten für Unterkunft und Verpflegung** am Ausbildungs- bzw. Weiterbildungsort (BFH, Urteil vom 20.3.1992, BStBl II 1992 S. 1033),

- **Zinsen für Ausbildungsdarlehen**, nicht dagegen die Rückzahlung eines BAföG-Darlehens (FG Hamburg, Urteil vom 9.12.1999, EFG 2000 S. 548).

Die Abzugsbeschränkungen für ein häusliches Arbeitszimmer und Verpflegungsmehraufwendungen gelten entsprechend (vgl. BMF-Schreiben vom 16.6.1998, BStBl I 1998 S. 863, Rz. 18, 19).

Zweckgebundene **steuerfreie Bezüge** sind von den Aufwendungen abzusetzen, soweit sie unmittelbar zur Förderung der Aus- oder Weiterbildung gewährt werden (z.B. Leistungen für Fortbildungsmaßnahmen nach § 45 AFG), nicht dagegen Leistungen für den Lebensunterhalt (z.B. das Unterhaltsgeld nach § 44 AFG). Weitere Einzelheiten siehe R 103 EStR und H 103 EStH.

i) Hauswirtschaftliche Beschäftigungsverhältnisse (§ 10 Abs. 1 Nr. 8 EStG)

1607 Aufwendungen für eine „rentenversicherungspflichtige Hausgehilfin" konnten **bis höchstens 18 000 DM** als Sonderausgaben abgesetzt werden. Ab 1.1.2002 ist dieses sog. Dienstmädchenprivileg weggefallen.

j) Schulgeld (§ 10 Abs. 1 Nr. 9 EStG)

1608 Schulgeld für ein Kind, für das der Steuerpflichtige das Kindergeld oder den Kinderfreibetrag erhält, kann **pauschal mit 30 % als Sonderausgaben** abgesetzt werden, wenn

- das Kind eine staatlich genehmigte oder nach Landesrecht erlaubte **Ersatzschule** in freier Trägerschaft („Privatschule"), dazu gehören z.B. die Freien Waldorfschulen, oder

- eine nach Landesrecht anerkannte allgemein bildende **Ergänzungsschule** besucht, vgl. dazu BFH, Urteil vom 17.9.1998, BFH/NV 1999 S. 178.

Deutsche **Schulen im Ausland** sowie nicht in das inländische Schulsystem integrierte Schulen im Inland fallen nicht unter die Vorschrift (vgl. zuletzt BFH-Urteil vom 16.12.1998, BFH/NV 1999 S. 918, m.w.N., betr. eine „Europäische Schule"), auch nicht individueller Privat- sowie Nachhilfeunterricht. Soweit das Schulgeld auch Beherbergung, Betreuung und Verpflegung enthält, ist es ebenfalls nicht abzugsfähig. Weitere Einzelheiten siehe R 104 EStR und H 104 EStH sowie BFH, Urteile vom 11.6.1997, BStBl II 1997 S. 615, 617 und 621.

k) Spenden für gemeinnützige Zwecke (§ 10b Abs. 1 EStG)

1609 Ausgaben zur Förderung mildtätiger, kirchlicher, religiöser, wissenschaftlicher und der als besonders förderungswürdig anerkannten gemeinnützigen Zwecke sind bis zur Höhe von insgesamt **5 % des Gesamtbetrags der Einkünfte** als Sonderausgaben abzugsfähig. Für wissenschaftliche, mildtätige und als besonders förderungswürdig anerkannte kulturelle Zwecke erhöht sich der Vomhundertsatz um **weitere 5 %**.

Voraussetzung für die steuerliche Anerkennung ist grundsätzlich eine besondere **Spendenbestätigung**. Der **Einzahlungsbeleg** reicht jedoch aus

– bei Einzahlungen auf ein von einer Wohlfahrtsorganisation usw. eingerichtetes **Sonderkonto in Katastrophenfällen**

– und bei Einzahlungen **bis 52 €** an bestimmte Organisationen oder auf **vorgedruckten Überweisungsbelegen**.

Erläuterungen zur Neuordnung des Spendenrechts ab 2000 (u.a. zum Wegfall des Durchlaufspendenverfahrens) enthält die Verfügung der OFD Düsseldorf vom 1.12.1999, DB 1999 S. 2606.

l) Spenden an politische Parteien und Wählervereinigungen (§ 10b Abs. 2 EStG)

1610 Mitgliedsbeiträge und Spenden an politische Parteien sind bis zur Höhe von **1 534 €**, bei zusammen veranlagten Ehegatten bis **3 068 €** als Sonderausgaben abzugsfähig. Dies gilt aber nur, soweit nicht der **Steuerabzug nach § 34g EStG** in Betracht kommt. Nach dieser Vorschrift ermäßigt sich die tarifliche Einkommensteuer für Mitgliedsbeiträge und Spenden an

– politische Parteien i.S. des § 2 des Parteiengesetzes sowie

– an unabhängige Wählervereinigungen

um **50 % der Ausgaben, höchstens aber um 767/1 534 €** (allein Stehende/Ehegatten).

Beispiel:

A, ledig, ist Mitglied der X-Partei. Seine Mitgliedsbeiträge und Spenden haben insgesamt 5 000 € betragen.

Hiervon werden zunächst 1 534 € im Rahmen des § 34g EStG begünstigt: A kann den höchstmöglichen Betrag von 767 € direkt von seiner Steuerschuld abziehen.

Von dem Restbetrag von 3 466 € (5 000 € ./. 1 534 €) kann A nochmals den Höchstbetrag von 1 534 € als Sonderausgaben absetzen.

Mitgliedsbeiträge und Spenden an **unabhängige Wählervereinigungen** sind demgegenüber nur nach § 34g EStG begünstigt, ein Sonderausgabenabzug nach § 10b EStG ist daneben nicht möglich.

Weitere Einzelheiten siehe R 112 EStR und H 112 (Spendenabzug) EStH sowie H 213b (Abzugsbetrag nach § 34g EStG) EStH.

m) Verlustabzug (§ 10d EStG)

1611 Hat ein Arbeitnehmer **Verluste aus anderen Einkunftsarten**, kann er diese als Freibetrag auf der Lohnsteuerkarte eintragen lassen (R 112 LStR).

Beispiel:

Arbeitnehmer A hat ein Mehrfamilienhaus gebaut, das im März 2002 fertig gestellt worden ist. Der voraussichtliche Verlust bei den Einkünften aus Vermietung und Verpachtung beträgt im Jahre 2002 etwa 25 000 € (insbesondere durch Inanspruchnahme der degressiven Gebäudeabschreibung nach § 7 Abs. 5 EStG und Finanzierungskosten).

A kann den Verlust auf der Lohnsteuerkarte als Freibetrag eintragen lassen, allerdings nicht schon für das Jahr der Fertigstellung, sondern erstmals für das Folgejahr, d.h. für das Kalenderjahr 2003, vgl. H 112 (Vermietung und Verpachtung) LStH.

5. Außergewöhnliche Belastung allgemeiner Art (§ 33 EStG)

1612 Erwachsen einem Arbeitnehmer **zwangsläufig** (d.h. aus rechtlichen, tatsächlichen oder sittlichen Gründen) **größere Aufwendungen als der überwiegenden Mehrzahl der Steuerpflich-**

---

tigen gleicher Einkommens- und Vermögensverhältnisse und gleichen Familienstands, so können die Aufwendungen – soweit sie **notwendig und angemessen** sind – als außergewöhnliche Belastung abgesetzt werden.

Einen gewissen **Eigenanteil** soll aber jeder Steuerpflichtige selber tragen. Der Gesetzgeber hat daher in § 33 Abs. 3 EStG eine nach Einkommen und Familienstand gestaffelte sog. **zumutbare Belastung** festgelegt, um die die steuerlich abzugsfähigen Aufwendungen gekürzt werden (die Kürzung ist verfassungsgemäß, vgl. BFH, Beschluss vom 8.12.1999, BFH/NV 2000 S. 704, m.w.N.). Sie beträgt:

bei einem Gesamtbetrag der Einkünfte	bis 15 340 €	15 341 € bis 51 130 €	über 51 130 €
bei allein Stehenden ohne Kinder	5 %	6 %	7 %
bei Verheirateten ohne Kinder	4 %	5 %	6 %
bei Arbeitnehmern mit 1 oder 2 Kindern	2 %	3 %	4 %
bei Arbeitnehmern mit 3 oder mehr Kindern	1 %	1 %	2 %

Zu den als außergewöhnliche Belastung abzugsfähigen Aufwendungen gehören insbesondere **Krankheits- und Kurkosten, Beerdigungskosten, Scheidungskosten, Pflegekosten** bei eigener Pflegebedürftigkeit. Erstattungen von dritter Seite, z.B. von der Krankenkasse, sind gegenzurechnen, bei Beerdigungskosten ggf. auch der Nachlass. Weitere Einzelheiten siehe R 186 bis 189 EStR und H 186 bis 189 EStH.

6. Außergewöhnliche Belastung in besonderen Fällen (§ 33a EStG)

a) Allgemeines

1613 Für bestimmte häufig wiederkehrende Fälle außergewöhnlicher Belastungen hat der Gesetzgeber abschließende („typisierende") Regelungen in § 33 a EStG getroffen. Bei diesen durch **Höchstbeträge** begrenzten Abzügen ist eine (wahlweise) Berücksichtigung der Aufwendungen oder über die Höchstbeträge hinausgehender Aufwendungen nach der allgemeinen Regelung des § 33 EStG nicht möglich. Andererseits werden diese Aufwendungen **nicht mehr um die zumutbare Belastung gekürzt**. Es handelt sich um folgende Fälle:

b) Unterhalt bedürftiger Angehöriger (§ 33a Abs. 1 EStG)

1614 Hierunter fallen seit 1996 nur noch Aufwendungen für den Unterhalt und eine etwaige Berufsausbildung einer dem Arbeitnehmer oder seinem Ehegatten gegenüber **gesetzlich unterhaltsberechtigten Person**. Dies sind nach § 1601 BGB lediglich **Verwandte in gerader Linie** (Eltern, Kinder, Großeltern), **nicht** aber Verwandte in der Seitenlinie (Geschwister, Onkel und Tanten, Neffen usw.). Es reicht für die steuerliche Berücksichtigung also **nicht** mehr aus, dass eine Unterhaltsverpflichtung aus **tatsächlichen oder sittlichen Gründen** bestanden hat. Diese enge Auslegung des Begriffs „gesetzliche Unterhaltspflicht" hält der Bundesfinanzhof offensichtlich für **zweifelhaft**, insbesondere wenn Verwandte im Ausland unterstützt werden. Er hat inzwischen das Bundesministerium der Finanzen zum Beitritt aufgefordert (Beschluss vom 8.3.2001, BStBl II 2001 S. 307).

Gesetzlich unterhaltsberechtigt ist auch der getrennt lebende oder geschiedene **Ehegatte**. Ein Abzug als außergewöhnliche Belastung kommt jedoch nur in Betracht, wenn die Unterhaltsaufwendungen **nicht als Sonderausgaben** geltend gemacht werden.

Einer **gesetzlich unterhaltsberechtigten Person gleichgestellt** ist eine Person, bei der **öffentliche Mittel** im Hinblick auf die Unterhaltszahlungen des Arbeitnehmers **gekürzt** werden.

Beispiel:

Herr A lebt mit Frau B in einer eheähnlichen Lebensgemeinschaft. Frau B bezieht Sozialhilfe, die jedoch wegen der Unterhaltszahlungen des Herrn A gekürzt wird.

An sich wären die Unterhaltszahlungen des Herrn A nicht abzugsfähig, weil Frau B keine gesetzlich unterhaltsberechtigte Person ist. Wegen der Anrechnung der Unterhaltsaufwendungen auf die Sozialhilfe wird sie aber steuerlich einer gesetzlich unterhaltsberechtigten Person gleichgestellt.

Voraussetzung für den Abzug der Aufwendungen ist, dass weder der Arbeitnehmer noch eine andere Person Anspruch auf Kindergeld oder einen Kinderfreibetrag für die unterstützte Person hat.

Die Aufwendungen sind nur bis zu einem **Höchstbetrag von 7 188 €** im Kalenderjahr abzugsfähig. Der Höchstbetrag ermäßigt sich um 1/12 für jeden vollen Monat, in dem die Voraussetzungen nicht vorgelegen haben, weil z.B. die Unterhaltszahlungen erst im Laufe des Jahres begonnen haben.

Der Höchstbetrag von 7 188 € ist um die **eigenen Einkünfte und Bezüge der unterstützten Person**, die zur Bestreitung des Unterhalts bestimmt oder geeignet sind, zu kürzen, lediglich **624 € bleiben anrechnungsfrei.** Ausbildungshilfen aus öffentlichen Mitteln werden voll angerechnet.

Besonderheiten gelten für **Unterhaltszahlungen ins Ausland:** Für Länder mit einem **niedrigeren Lebensstandard gelten auf 1/3 oder 2/3 des Höchstbetrags verminderte Sätze,** diese Länder werden regelmäßig vom Bundesministerium der Finanzen in einer sog. **Ländergruppeneinteilung** bekannt gegeben (siehe zuletzt BMF-Schreiben vom 26.10.2000, BStBl I 2000 S. 1502).

Weitere Einzelheiten und Berechnungsbeispiele siehe R 190 EStR und H 190 EStH sowie für „Auslandsfälle" BMF-Schreiben vom 15.9.1997, BStBl I 1997 S. 826. Wie zu verfahren ist, wenn „normale" Unterhaltsaufwendungen und Aufwendungen für außergewöhnlichen Bedarf (z.B. wegen Krankheit und Pflegebedürftigkeit) zusammentreffen, siehe BMF-Schreiben vom 26.2.1999, BStBl I 1999 S. 270.

c) Freibetrag für Sonderbedarf (§ 33a Abs. 2 EStG)

1615 Der Unterhalt von Kindern wird grundsätzlich durch **Kindergeld bzw. steuerliche Freibeträge** (→ *Kindergeld/Freibeträge für Kinder* Rz. 1361) berücksichtigt. Hinzu kommt bei **volljährigen Kindern**, die sich in Berufsausbildung befinden, ein Freibetrag für den sog. Sonderbedarf in Höhe von **924 €.**

Dieser Freibetrag **vermindert sich um die eigenen Einkünfte und Bezüge** (hierzu gehören auch der **Sparer-Freibetrag** sowie der **Versorgungs-Freibetrag**) **des Kindes,** die zur Bestreitung seines Unterhalts oder seiner Berufsausbildung bestimmt oder geeignet sind, soweit diese den sog. **anrechnungsfreien Betrag von 1 848 €** im Jahr übersteigen. Ausbildungshilfen aus öffentlichen Mitteln (z.B. BAföG) werden voll angerechnet.

Der Freibetrag wird um je 1/12 für jeden Monat gekürzt, in dem die Voraussetzungen nicht vorgelegen haben (z.B. bei Beendigung der Ausbildung im Laufe des Jahres). Einkünfte, die in diesen Zeiträumen bezogen werden, werden nicht auf die 1 848-€-Grenze angerechnet. Die Anrechnung der in den Semesterferien erzielten Einkünfte des Kindes kann nicht dadurch „umgangen" werden, dass die Eltern für diese Zeit ihren Unterhalt für das Kind einstellen (BFH, Urteil vom 22.3.1996, BStBl II 1997 S. 30).

Für **Kinder im Ausland** gibt es entsprechend der o.g. Ländergruppeneinteilung um 1/3 bzw. 2/3 verminderte Beträge.

Wegen weiterer Einzelfragen siehe R 191 EStR und H 191 EStH.

d) Haushaltshilfe (§ 33a Abs. 3 EStG)

1616 Aufwendungen für die Beschäftigung einer Hilfe im Haushalt können bis zu den folgenden Höchstbeträgen als außergewöhnliche Belastung berücksichtigt werden:

– **624 €,** wenn der Arbeitnehmer oder sein nicht dauernd getrennt lebender Ehegatte das **60. Lebensjahr vollendet** hat oder wenn wegen **Krankheit** des Arbeitnehmers oder seines Ehegatten oder einer anderen haushaltszugehörigen Person (insbesondere Kinder) die Beschäftigung einer Hilfe im Haushalt erforderlich ist.

– **924 €,** wenn eine der o.g. Personen nicht nur vorübergehend „hilflos" oder schwer behindert ist, d.h. dass der **Grad der Behinderung mindestens 45** beträgt.

e) Heimunterbringung (§ 33a Abs. 3 EStG)

Wenn der Arbeitnehmer oder sein nicht dauernd getrennt leben- **1617** der Ehegatte in einem Heim (z.B. Altenheim) oder dauernd zur Pflege untergebracht ist, so können die Aufwendungen für die Unterbringung

– bis **624 €** bei Heimunterbringung **ohne Pflegebedürftigkeit** und

– bis **924 €** bei Unterbringung zur **dauernden Pflege**

abgezogen werden. Voraussetzung ist, dass die Aufwendungen für das Heim Kosten für Dienstleistungen enthalten, die mit denen einer Hilfe im Haushalt vergleichbar sind. Auch diese Höchstbeträge sind um je 1/12 für jeden vollen Monat zu kürzen, in dem die Voraussetzungen nicht vorlegen haben, weil z.B. die Haushaltshilfe nicht das ganze Jahr beschäftigt worden ist.

Weitere Einzelheiten siehe R 192 EStR und H 192 EStH.

7. Pauschbeträge für Behinderte, Hinterbliebene und Pflegepersonen (§ 33b EStG)

a) Behinderte Menschen

Behinderte Menschen erhalten zur Abgeltung ihrer laufenden be- **1618** hinderungsbedingten Mehraufwendungen nach dem Grad ihrer Behinderung gestaffelte Pauschbeträge, wenn

● der Grad der Behinderung auf **mindestens 50** festgestellt ist oder

● der Grad der Behinderung **auf weniger als 50, aber mindestens auf 25** festgestellt ist und

– dem behinderten Menschen wegen seiner Behinderung **Renten** u.Ä. zustehen (z.B. Unfallrente) oder

– die Behinderung zu einer **dauernden Einbuße der körperlichen Beweglichkeit** geführt hat oder auf einer **typischen Berufskrankheit** beruht.

Folgende Pauschbeträge sind zu berücksichtigen:

bei einem Grad der Behinderung	Pauschbetrag
von 25 und 30	310 €
von 35 und 40	430 €
von 45 und 50	570 €
von 55 und 60	720 €
von 65 und 70	890 €
von 75 und 80	1 060 €
von 85 und 90	1 230 €
von 95 und 100	1 420 €
Hilflose und Blinde	3 700 €

Diese Beträge sind zwar seit 1975 nicht mehr angehoben worden, Bundesfinanzhof und Bundesverfassungsgericht halten dies aber für verfassungsgemäß (vgl. zuletzt BFH, Beschluss vom 30.10.1998, BFH/NV 1999 S. 635, m.w.N.).

Die Pauschbeträge werden im Allgemeinen bereits von der **Gemeinde auf der Lohnsteuerkarte** eingetragen.

Außergewöhnliche Krankheitskosten (z.B. für Krankenhausaufenthalte oder Operationen) können neben den Pauschbeträgen berücksichtigt werden. Wenn es für den Arbeitnehmer günstiger ist, kann er auch seine **gesamten Krankheitskosten nachweisen** und als außergewöhnliche Belastung nach § 33 EStG absetzen. Anders als bei den Pauschbeträgen ist auf die nachgewiesenen tatsächlichen Krankheitskosten jedoch die **zumutbare Belastung** anzurechnen.

b) Hinterbliebene

Personen, denen laufende Hinterbliebenenbezüge, z.B. nach dem **1619** Bundesversorgungsgesetz oder der gesetzlichen Unfallversicherung, bewilligt worden sind, erhalten auf Antrag einen **Hinterblie-**

benen-Pauschbetrag von 370 € jährlich. Steht der Pauschbetrag einem Kind zu, kann er auf die Eltern übertragen werden.

c) Pauschbetrag für Pflegepersonen

1620 Wer eine nicht nur vorübergehend hilflose Person pflegt, kann anstelle seiner tatsächlichen Aufwendungen einen **Pflege-Pauschbetrag von 924 €** geltend machen, wenn er für die Pflege keine Einnahmen erhält (vgl. dazu BMF-Schreiben vom 7.11.1996, BStBl I 1996 S. 1433).

Es handelt sich bei dem Pflege-Pauschbetrag um einen **Jahresbetrag**: Er wird also auch dann in voller Höhe gewährt, wenn die Pflege erst im Laufe des Jahres beginnt oder endet, z.B. durch Tod der gepflegten Person.

Wegen weiterer Einzelfragen zu § 33b EStG siehe R 194 EStR und H 194 EStH.

8. Kinderbetreuungskosten (§ 33c EStG)

1621 Nach der Streichung des § 33c EStG a.F. ab 2000 ist ab 1.1.2002 in § 33c EStG erneut ein Abzug von (insbesondere **berufsbedingten**) **Kinderbetreuungskosten** eingeführt worden, der insbesondere Alleinerziehenden mit Kindern zugute kommen soll, die durch den stufenweisen Wegfall des Haushaltsfreibetrags finanzielle Einbußen hinnehmen müssen. Die Voraussetzungen sind jedoch relativ eng:

- Es müssen Aufwendungen für **Dienstleistungen** (die Eigenbetreuung scheidet damit aus) zur Betreuung eines zum **Haushalt des Steuerpflichtigen** gehörenden Kindes entstehen. **Anerkannt** werden können z.B. Aufwendungen
  - für die Unterbringung von Kindern in Kindergärten, -tagesstätten, -horten, -heimen und -krippen sowie bei Tages- oder Wochenmüttern und in Ganztagspflegestellen,
  - die Beschäftigung von Kinderpflegerinnen, Erzieherinnen und Kinderschwestern,
  - die Beschäftigung von Hilfen im Haushalt, soweit sie Kinder betreuen,
  - die Beaufsichtigung von Kindern bei der Erledigung der häuslichen Schulaufgaben.

  Nicht anerkannt werden dagegen Aufwendungen für den Unterricht, die Vermittlung besonderer Fähigkeiten sowie für sportliche und andere Freizeitbetätigungen (§ 33c Abs. 1 Satz 5 EStG).

- Der Abzug kommt nur für **Kinder** in Betracht, die
  - das **14. Lebensjahr noch nicht vollendet** haben
  - oder wegen einer vor dem 27. Lebensjahr eingetretenen körperlichen, geistigen oder seelischen **Behinderung** außerstande sind, sich selbst zu unterhalten (diese Voraussetzungen gelten auch für die Gewährung von Kindergeld und der steuerlichen Freibeträge).

- Die Aufwendungen müssen einem **Steuerpflichtigen** entstehen, der
  - entweder **erwerbstätig ist**
  - oder sich in **Ausbildung befindet**
  - oder **körperlich, geistig oder seelisch behindert oder krank** ist.

    Erwachsen die Aufwendungen wegen **Krankheit** des Steuerpflichtigen, muss diese innerhalb eines zusammenhängenden Zeitraums von mindestens **drei Monaten** bestanden haben, es sei denn, der Krankheitsfall tritt unmittelbar im Anschluss an eine Erwerbstätigkeit oder Ausbildung ein.

Bei zusammenlebenden Ehegatten müssen beide diese Voraussetzungen erfüllen, d.h. dass nicht nur **berufstätige Alleinerzieher**, sondern auch sog. **doppelverdienende Eheleute** den Abzug von Kinderbetreuungskosten geltend machen können.

- Es können nur die (erhöhten) Kinderbetreuungskosten abgezogen werden, die bei **Ehegatten über 1 548 € je Kind** (dieser Betrag entspricht dem früheren Betreuungsfreibetrag von 3 024 DM) und bei **Alleinerziehenden über 774 € hinausgehen**.

  Für viele Alleinerziehende hat die neue Vorschrift daher keine Bedeutung, weil sie entweder keine Aufwendungen haben oder ihre Kindergartenbeiträge usw. auf Grund einer Sozialstaffelung unter diesem Betrag liegen.

- Der Abzug ist auf einen **Höchstbetrag von 1 500 € je Kind** (bei Ehegatten, die einen vollen Kinderfreibetrag erhalten) bzw. **750 €** (bei Alleinerziehenden, die im Regelfall den halben Kinderfreibetrag erhalten) begrenzt (§ 33c Abs. 2 EStG).

- Die o.g. Mindest- und Höchstbeträge vermindern sich um **1/3 oder 2/3**, wenn das Kind **nicht unbeschränkt einkommensteuerpflichtig** ist, d.h. im Ausland lebt und die Lebenshaltungskosten dort niedriger sind (§ 33c Abs. 3 EStG). Die sog. Ländergruppeneinteilung gilt hier entsprechend (BMF-Schreiben vom 26.10.2000, BStBl I 2000 S. 1502).

  Sie vermindern sich außerdem um je 1/12 für jeden vollen Monat, in dem die **Voraussetzungen nicht vorgelegen** haben (z.B. bei Geburt eines Kindes im Laufe des Jahres).

Eine Anrechnung der sog. **zumutbaren Belastung** entfällt jedoch künftig!

9. Freibetrag wegen Förderung des Wohneigentums

1622 Für selbst genutztes Wohneigentum wird **seit 1996 die Eigenheimzulage** nach dem Eigenheimzulagengesetz gewährt, diese wird jährlich vom Finanzamt ausgezahlt und ist daher lohnsteuerlich ohne Bedeutung.

Grundsätzlich wird bei Bauanträgen bzw. Kaufverträgen vor dem 1.1.1996 noch die „**alte**" **Steuervergünstigung nach § 10e EStG** und ggf. zusätzlich das „**Baukindergeld**" nach § 34f EStG gewährt. Diese Vergünstigungen können weiterhin als **Freibetrag** auf der Lohnsteuerkarte eingetragen werden, das Baukindergeld von 512 € wird dabei in einen Freibetrag von 2 048 € „umgerechnet". Zur Eintragung von Freibeträgen wegen der Steuerbegünstigung nach § 10f EStG für zu eigenen Wohnzwecken genutzten **Baudenkmalen** und Gebäuden in Sanierungsgebieten und städtebaulichen Entwicklungsbereichen siehe OFD München, Verfügung vom 7.4.2000, DB 2000 S. 900.

10. Freibetrag bei Kapitaleinkünften

1623 Auf der Lohnsteuerkarte können lediglich negative Einkünfte aus Kapitalvermögen eingetragen werden. Der Bundesfinanzhof hat unter Änderung seiner bisherigen Rechtsprechung die Eintragung von Steuerabzugsbeträgen (Zinsabschlagsteuer) oder hoher Werbungskosten abgelehnt (Urteil vom 21.11.1997, BStBl II 1998 S. 208).

11. Geringfügige Beschäftigungsverhältnisse

1624 Einnahmen aus geringfügigen Beschäftigungsverhältnissen sind unter bestimmten Voraussetzungen nach § 3 Nr. 39 EStG steuerfrei. Damit der Arbeitgeber Arbeitslohn für eine geringfügige Beschäftigung steuerfrei auszahlen kann, muss der Arbeitnehmer beim Finanzamt eine entsprechende Bescheinigung beantragen (§ 39a Abs. 6 EStG). Einzelheiten dazu siehe R 113a LStR sowie → *Geringfügig Beschäftigte* Rz. 1141.

12. Hinzurechnungsbetrag auf der Lohnsteuerkarte

1625 Ein steuerlich nicht ausgenutzter „Tabellenfreibetrag" kann auf eine zweite Lohnsteuerkarte übertragen werden (§ 39a Abs. 1 Nr. 7 EStG sowie R 111 Abs. 7 LStR). Einzelheiten siehe → *Übertragung des Grundfreibetrags* Rz. 2443.

Lohnsteuer-Jahresausgleich durch den Arbeitgeber

1. Allgemeines

1626 Der **Lohnsteuer-Jahresausgleich des Arbeitgebers** (§ 42b EStG) soll für den Arbeitnehmer eine möglichst rasche Erstattung der Lohnsteuer ermöglichen, wenn im Laufe des Jahres z.B. auf Grund schwankenden Arbeitslohns oder späterer Eintragung eines Freibetrags auf der Lohnsteuerkarte zu viel Lohnsteuer einbehalten wurde. Ein Antrag des Arbeitnehmers ist hierzu nicht erforderlich. Führt der Arbeitgeber den Lohnsteuer-Jahresausgleich nicht durch, weil er hierzu entweder gesetzlich nicht verpflichtet ist oder einer der Ausschlussfälle vorliegt, dann kann der **Arbeitnehmer selbst** nach Ablauf des Kalenderjahrs innerhalb von **zwei Jahren** beim Finanzamt eine **Veranlagung zur Einkommensteuer beantragen** (diese „Antragsveranlagung" nach § 46 Abs. 2 Nr. 8 EStG entspricht dem früheren „Lohnsteuer-Jahresausgleich" des Arbeitnehmers).

2. Die Grundvoraussetzungen

1627 Unabhängig von den unter → Rz. 1629 dargestellten Ausnahmefällen gelten folgende Grundvoraussetzungen (R 143 Abs. 1 LStR):

– Der Arbeitgeber darf den Lohnsteuer-Jahresausgleich nur für **unbeschränkt einkommensteuerpflichtige Arbeitnehmer** durchführen, die **während des gesamten Ausgleichsjahrs** ihren Wohnsitz oder ihren gewöhnlichen Aufenthalt im Inland hatten. Ausgeschlossen sind damit auch Fälle, in denen der Arbeitnehmer im Laufe des Kalenderjahrs aus dem Ausland zugezogen ist oder wieder ins Ausland zieht.

Ausgeschlossen sind ferner im Ausland wohnende und damit beschränkt steuerpflichtige **„Grenzpendler"**, selbst wenn sie z.B. nur inländische Einkünfte erzielen (z.B. Dauerarbeitsverhältnis bei einem deutschen Arbeitgeber) und somit nach § 1 Abs. 3 EStG auf Antrag wie unbeschränkt Steuerpflichtige behandelt werden. Diese Arbeitnehmer erhalten schon keine Lohnsteuerkarte, die aber Voraussetzung für die Durchführung eines Lohnsteuer-Jahresausgleichs durch den Arbeitgeber ist (vgl. § 42b Abs. 1 Satz 3 EStG).

– Der Arbeitgeber darf den Lohnsteuer-Jahresausgleich nur für Arbeitnehmer durchführen, die **während des Ausgleichsjahrs ständig in einem Dienstverhältnis gestanden haben**, also auch bei Arbeitnehmern, die im Laufe des Jahres mehrfach die Arbeitsstelle gewechselt haben. Wichtig ist nur, dass eine „lückenlose Beschäftigung" vorliegt, d.h. dass die Lohnsteuerkarte **keine Fehlzeiten** aufweist.

Nicht erforderlich ist, dass der Arbeitnehmer ununterbrochen „gearbeitet" hat. Das Dienstverhältnis besteht auch weiter, wenn der Arbeitnehmer z.B. unbezahlten Urlaub erhalten hat oder zum Wehr- oder Zivildienst einberufen worden ist.

Beispiel:

Arbeitnehmer A hat das ganze Jahr bei der Firma B gearbeitet, am 1.10. ist er zum Wehrdienst einberufen worden.

Der Arbeitgeber darf den Lohnsteuer-Jahresausgleich durchführen, da das Beschäftigungsverhältnis zu A trotz dessen Einberufung „weiterläuft".

In die Feststellung, ob diese Voraussetzung erfüllt ist, sind auch Zeiträume einzubeziehen, für die der Arbeitnehmer laufenden Arbeitslohn aus einem **früheren Dienstverhältnis** erhalten hat.

– Der Arbeitgeber darf den Lohnsteuer-Jahresausgleich nur für Arbeitnehmer durchführen, die am **31. Dezember des Ausgleichsjahrs in seinen Diensten stehen** oder zu diesem Zeitpunkt von ihm Arbeitslohn aus einem früheren Dienstverhältnis beziehen. Diese Regelung klärt die „Zuständigkeit", wenn der Arbeitnehmer im Laufe des Jahres bei mehreren Arbeitgebern tätig war – nur der „letzte Arbeitgeber" darf den Lohnsteuer-Jahresausgleich durchführen.

– Der Arbeitgeber darf den Lohnsteuer-Jahresausgleich nur durchführen, wenn ihm die **Lohnsteuerkarte** des Arbeitnehmers (noch) vorliegt. Er darf sie nicht schon dem Arbeitnehmer ausgehändigt haben. Hat der Arbeitnehmer vorher woanders gearbeitet, müssen auf der Lohnsteuerkarte die Lohnbescheinigungen aus allen früheren Dienstverhältnissen lückenlos eingetragen sein (§ 42b Abs. 1 Satz 3 EStG).

3. Verpflichtung bzw. Berechtigung zum Lohnsteuer-Jahresausgleich

Der Arbeitgeber ist zur Durchführung des Lohnsteuer-Jahresausgleichs **gesetzlich verpflichtet, wenn er am 31. Dezember des Ausgleichsjahrs mindestens zehn Arbeitnehmer beschäftigt** (§ 42b Abs. 1 Satz 2 EStG). Hierbei zählen auch Teilzeitbeschäftigte ohne Lohnsteuerkarte, für die die Lohnsteuer pauschal nach § 40a EStG ermittelt wird, sowie Arbeitnehmer, für die ein Lohnsteuer-Jahresausgleich gesetzlich ausgeschlossen ist. **1628**

Beschäftigt der Arbeitgeber am 31. Dezember des Ausgleichsjahres weniger als zehn Arbeitnehmer, so ist er zur Durchführung des Lohnsteuer-Jahresausgleich zwar **nicht verpflichtet, aber doch berechtigt**. In der Praxis machen die Arbeitgeber im Interesse ihrer Arbeitnehmer hiervon Gebrauch.

4. Gesetzliche Ausschlussfälle

Das Gesetz enthält eine Reihe von Ausschlusstatbeständen, bei denen der Arbeitgeber den Lohnsteuer-Jahresausgleich nicht durchführen darf (§ 42b Abs. 1 Satz 4 Nr. 1 bis 6 EStG). Es handelt sich dabei vor allem um Fälle, in denen der **Arbeitnehmer** nach Ablauf des Jahres voraussichtlich zur **Einkommensteuer veranlagt** werden muss. So soll verhindert werden, dass der Arbeitgeber Lohnsteuer erstattet, die dann bei der Einkommensteuerveranlagung des Arbeitnehmers wieder erhoben werden müsste. **1629**

Selbst wenn alle übrigen Voraussetzungen vorliegen (z.B. eine „lückenlose Lohnsteuerkarte"), darf der Arbeitgeber den **Lohnsteuer-Jahresausgleich nicht durchführen**, wenn

– der **Arbeitnehmer es beantragt**, weil er z.B. gleich nach Ablauf des Jahres eine Einkommensteuer-Veranlagung beantragen will, oder

– der Arbeitnehmer für das Ausgleichsjahr oder für einen Teil des Ausgleichsjahres nach den **Steuerklassen V oder VI zu besteuern war** oder

– der Arbeitnehmer für einen Teil des Ausgleichsjahres nach den **Steuerklassen III oder IV zu besteuern war** oder

– der Arbeitnehmer im Ausgleichsjahr **bestimmte Lohnersatzleistungen** (Kurzarbeitergeld, Schlechtwettergeld, Winterausfallgeld, Zuschuss zum Mutterschaftsgeld nach dem Mutterschutzgesetz, Zuschuss nach § 4a Mutterschutzverordnung oder einer entsprechenden Landesregelung, Entschädigungen für Verdienstausfall nach dem Infektionsschutzgesetz oder Aufstockungsbeträge nach dem Altersteilzeitgesetz usw.) bezogen hat, die zwar steuerfrei sind, aber dem sog. Progressionsvorbehalt unterliegen (→ *Progressionsvorbehalt* Rz. 1924) oder

– die Anzahl der im Lohnkonto eingetragenen oder auf der Lohnsteuerkarte **bescheinigten Großbuchstaben U mindestens eins beträgt** (d.h., dass der Arbeitnehmer für mindestens fünf aufeinander folgende Tage z.B. wegen Krankheit keinen Arbeitslohn bezogen hat, Einzelheiten siehe → *Lohnkonto* Rz. 1493) oder

- der Arbeitnehmer im Ausgleichsjahr unter Berücksichtigung der ungekürzten Vorsorgepauschale (§ 10c Abs. 2 EStG) und der gekürzten Vorsorgepauschale (§ 10c Abs. 3 EStG) **zu besteuern war** oder

- der Arbeitnehmer im Ausgleichsjahr **ausländische Einkünfte** aus nichtselbständiger Arbeit bezogen hat, die nach einem Abkommen zur Vermeidung der Doppelbesteuerung unter Progressionsvorbehalt nach § 34c Abs. 5 EStG von der Lohnsteuer freigestellt waren oder

- auf der Lohnsteuerkarte des Arbeitnehmers ein **Hinzurechnungsbetrag** nach § 39a Abs. 1 Nr. 7 EStG eingetragen ist (Einzelheiten dazu siehe → *Übertragung des Grundfreibetrags* Rz. 2443).

5. Frist

1630 Der Arbeitgeber darf den Lohnsteuer-Jahresausgleich

- **frühestens** bei der Lohnabrechnung für den letzten im Ausgleichsjahr endenden Lohnzahlungszeitraum,

- **spätestens** bei der Lohnabrechnung für den letzten Lohnzahlungszeitraum, der im Monat März des dem Ausgleichsjahr folgenden Kalenderjahres endet, durchführen (§ 42b Abs. 3 Satz 1 EStG).

Nach R 121 Abs. 3 LStR darf der Arbeitgeber den Jahresausgleich mit der Ermittlung der Lohnsteuer für den letzten im Ausgleichszeitraum endenden Lohnzahlungszeitraum zusammenfassen. Da auf den „Lohnzahlungszeitraum" abgestellt wird, ist es unerheblich, wann der Arbeitslohn tatsächlich ausgezahlt wird.

Beispiel:

Firma A beschäftigt 20 Arbeitnehmer, die monatlich entlohnt werden. Der Lohn wird im Voraus gezahlt.

Die Firma ist zur Durchführung des Jahresausgleichs verpflichtet (mindestens zehn Arbeitnehmer). Sie kann den Jahresausgleich frühestens Ende November mit der Lohnabrechnung für den Monat Dezember oder spätestens Ende Februar mit der Lohnabrechnung für den Monat März des Folgejahres vornehmen.

Voraussetzung ist aber besonders im letzten Fall, dass der Arbeitgeber **die Lohnsteuerkarte noch nicht den Arbeitnehmern ausgehändigt** hat (§ 42b Abs. 1 Satz 3 EStG).

6. Ermittlung des Jahresarbeitslohns

1631 Für den Lohnsteuer-Jahresausgleich hat der Arbeitgeber den Jahresarbeitslohn des Arbeitnehmers

- aus dem zu ihm bestehenden Dienstverhältnis nach den Eintragungen im **Lohnkonto**

- und aus etwaigen vorangegangenen Dienstverhältnissen nach den **Lohnsteuerbescheinigungen auf der Lohnsteuerkarte**, die der Arbeitgeber „ungeprüft" übernehmen darf,

festzustellen (§ 42b Abs. 2 Satz 1 EStG).

Zum Jahresarbeitslohn gehören alle **steuerpflichtigen Bar- und Sachbezüge**, die der Arbeitnehmer im Ausgleichsjahr bezogen hat. Laufender Arbeitslohn gilt in dem Jahr als bezogen, in dem der Lohnzahlungszeitraum endet, sonstige Bezüge dagegen im Jahr des Zuflusses (→ *Sonstige Bezüge* Rz. 2232). Im Übrigen gilt Folgendes:

- **Pauschal besteuerter Arbeitslohn** bleibt außer Betracht (§ 40 Abs. 3 Satz 3, § 40a Abs. 5, § 40b Abs. 4 Satz 1 EStG).

- **Sonstige Bezüge** bleiben außer Betracht, wenn sie pauschal versteuert worden sind. Sonstige Bezüge bis 150 € gehören dagegen zum laufenden Arbeitslohn und sind in den Jahresarbeitslohn einzubeziehen (§ 39b Abs. 3 Satz 8 EStG).

- **Nettolöhne** sind auf einen Bruttolohn „hochzurechnen".

- **Tarifermäßigt besteuerter Arbeitslohn** (→ *Entschädigungen* Rz. 881) sowie **Vergütungen für eine mehrjährige Tätigkeit** (→ *Arbeitslohn für mehrere Jahre* Rz. 229) bleiben außer Betracht, wenn der Arbeitnehmer nicht ausdrücklich ihre Einbeziehung beantragt (§ 42b Abs. 2 Satz 2 EStG). Hierdurch

soll verhindert werden, dass die beim laufenden Lohnsteuerabzug gewährte Tarifmäßigung beim Lohnsteuer-Jahresausgleich, bei dem nur die „normale" Lohnsteuertabelle angewendet werden kann, wieder rückgängig gemacht wird.

Vor Ermittlung der Jahreslohnsteuer sind vom Jahresarbeitslohn ggf. **abzusetzen** (§ 42b Abs. 2 Satz 3 EStG)

- der **Versorgungs-Freibetrag**,

- der **Altersentlastungsbetrag** sowie

- ein auf der **Lohnsteuerkarte eingetragener Freibetrag**. Ist dieser im Laufe des Jahres vom Finanzamt geändert worden, ist der zuletzt eingetragene Freibetrag maßgebend (R 143 Abs. 2 LStR).

Beispiel:

Auf der Lohnsteuerkarte des Arbeitnehmers ist für den Zeitraum vom 1.1. bis 31.12. ein Jahresfreibetrag von 18 000 € (1 500 € monatlich) bescheinigt. Auf Grund eines Wohnungswechsels ergibt sich ab dem 1.6. ein Jahresfreibetrag von 7 500 € (ab 1.6. 0 € monatlich).

Im Rahmen des Lohnsteuer-Jahresausgleichs ist vom Jahresarbeitslohn ein Jahresfreibetrag von 7 500 € abzuziehen.

Maßgebend sind die auf das **„ganze Jahr"** bezogenen Freibeträge, die monatlichen Höchstgrenzen sind nicht zu beachten, so dass vom Arbeitgeber insbesondere der volle Altersentlastungsbetrag (§ 24a EStG) und der volle Versorgungs-Freibetrag (§ 19 Abs. 2 EStG) ermittelt werden muss, vgl. die Beispiele zu → *Altersentlastungsbetrag* Rz. 38 und → *Versorgungs-Freibetrag* Rz. 2565.

7. Ermittlung der Jahressteuer

Für den festgestellten Jahresarbeitslohn ist nach Maßgabe der auf **1632** der Lohnsteuerkarte **zuletzt eingetragenen Steuerklasse die Jahreslohnsteuer** nach § 39b Abs. 2 Satz 6 und 7 EStG **zu ermitteln** (§ 42b Abs. 2 Satz 4 EStG). Diese Regelung hat besonders für Steuerklassenänderungen im Laufe des Jahres Bedeutung. Steuerklassenänderungen von III/V nach IV/IV und umgekehrt oder auch der Wechsel von Steuerklasse I zu III nach einer Heirat bewirken allerdings den **Ausschluss des Lohnsteuer-Jahresausgleichs** durch den Arbeitgeber (siehe Nr. 4), eine Erstattung kann dann nur über eine Veranlagung zur Einkommensteuer erreicht werden (siehe → *Veranlagung von Arbeitnehmern* Rz. 2502).

Beispiel:

B, ledig, hat im April ein Kind bekommen und heiratet anschließend. Sofort nach der Heirat lässt sie ihre bisherige Steuerklasse I/0 ändern in III/1 Kinderfreibetrag.

In diesem Fall ist ein Lohnsteuer-Jahresausgleich durch den Arbeitgeber gesetzlich ausgeschlossen (§ 42b Abs. 1 Satz 4 Nr. 3 EStG), weil für einen Teil des Ausgleichszeitraums die Steuerklasse III angewendet worden ist.

8. Ermittlung des Erstattungsbetrags

Soweit die sich hiernach ergebende Jahreslohnsteuer die von **1633** dem zu Grunde gelegten Jahresarbeitslohn insgesamt erhobene Lohnsteuer unterschreitet, ist sie dem Arbeitnehmer zu **erstatten**. Bei der Ermittlung der insgesamt erhobenen Lohnsteuer ist die **Lohnsteuer auszuscheiden**, die von den **tarifermäßigt** besteuerten und deshalb außer Ansatz gebliebenen Bezügen einbehalten worden ist (§ 42b Abs. 2 Sätze 5 und 6 EStG).

Bei der **Zusammenfassung des Lohnsteuer-Jahresausgleichs mit der Dezember-Abrechnung** hat der Arbeitgeber für diesen Monat nur den Differenzbetrag als Lohnsteuer einzubehalten. **Übersteigt die erhobene Lohnsteuer die ermittelte Jahreslohnsteuer**, so ist der Unterschiedsbetrag dem Arbeitnehmer zu erstatten (R 143 Abs. 5 LStR).

Ist die **Jahreslohnsteuer identisch** mit der im Laufe des Jahres erhobenen Lohnsteuer, ergibt sich kein Erstattungsbetrag.

Ist die **Jahreslohnsteuer sogar höher** als die im Laufe des Jahres erhobene Lohnsteuer, sind folgende Fälle zu unterscheiden:

- Ist der **Lohnsteuerabzug zutreffend** vorgenommen worden, hat der Arbeitgeber nichts zu veranlassen: Er darf weder vom

Arbeitnehmer **Lohnsteuer nacherheben noch ist er verpflichtet, das Finanzamt zu unterrichten.**

Ein im Laufe des Jahres zwar korrekter, auf das Jahr gesehen jedoch zu niedriger Lohnsteuerabzug ist – abgesehen von Tabellenrundungen – möglich, wenn der Arbeitgeber z.B. bei der Besteuerung eines sonstigen Bezugs von einem zu geringen Jahresarbeitslohn ausgegangen ist.

– Stellt der Arbeitgeber fest, dass er beim **Lohnsteuerabzug Fehler** gemacht hat, muss er die Lohnsteuer entweder nacherheben oder den Fehler unverzüglich dem **Betriebsstättenfinanzamt anzeigen** (§ 41c Abs. 4 EStG). Zu Einzelheiten → *Änderung des Lohnsteuerabzugs* Rz. 101.

Stellt der Arbeitgeber fest, dass ihm beim **Lohnsteuer-Jahresausgleich ein Fehler** unterlaufen ist, und kann er diesen nicht mehr korrigieren, weil er die Lohnsteuerbescheinigung bereits ausgeschrieben hat, muss er das Betriebsstättenfinanzamt unterrichten (§ 41c Abs. 4 Nr. 3 EStG); er schließt damit gleichzeitig seine Haftung aus (§ 42d Abs. 2 Nr. 1 EStG).

9. Entnahme aus dem Lohnsteueraufkommen

1634 Die zu erstattende Lohnsteuer hat der Arbeitgeber dem Betrag zu entnehmen, den er für seine Arbeitnehmer für den Lohnzahlungszeitraum insgesamt an Lohnsteuer erhoben hat. Wenn die zu erstattende Lohnsteuer aus dem Betrag nicht gedeckt werden kann, der insgesamt an Lohnsteuer einzubehalten oder zu übernehmen ist, wird der **Fehlbetrag dem Arbeitgeber auf Antrag vom Betriebsstättenfinanzamt** erstattet (§ 42b Abs. 3 Sätze 2 und 3 EStG).

10. Solidaritätszuschlag

1635 Für die Festsetzung und Erhebung der sog. Zuschlagsteuern (→ *Solidaritätszuschlag* Rz. 2214; → *Kirchensteuer* Rz. 1370), die nach der Einkommensteuer bemessen werden, gelten die Vorschriften des Einkommensteuergesetzes – und somit auch die über das Lohnsteuer-Abzugsverfahren – entsprechend (§ 51a Abs. 1 EStG). Wenn der Arbeitgeber für den Arbeitnehmer einen **Lohnsteuer-Jahresausgleich durchführt, ist auch für den Solidaritätszuschlag ein Jahresausgleich durchzuführen** (Tz. 2.1 des Merkblatts zum Solidaritätszuschlag im Lohnsteuer-Abzugsverfahren ab 1996, BMF-Schreiben vom 20.9.1994, BStBl I 1994 S. 757).

Der Solidaritätszuschlag darf nicht einfach mit 5,5 % der Jahreslohnsteuer errechnet werden, sondern muss der **Jahrestabelle** entnommen werden. Dies liegt daran, dass der volle Solidaritätszuschlag auf Grund der sog. **Nullzone und des Übergangsbereichs** erst zu erheben ist ab einer Jahreslohnsteuer

– in den Steuerklassen I, II und IV von 1 345 € und

– in der Steuerklasse III von 2 690 €. Weitere Einzelheiten siehe → *Solidaritätszuschlag* Rz. 2214.

Außerdem kann der Solidaritätszuschlag nicht unmittelbar von der Einkommensteuer (Lohnsteuer) berechnet werden. Maßgebend ist in allen Fällen – selbst wenn nur Kindergeld gewährt wird – die Einkommensteuer, die sich **nach Abzug der steuerlichen Freibeträge für Kinder** ergibt (sog. **Maßstabslohnsteuer**). Den sich im Einzelfall ergebenden Solidaritätszuschlag kann der Arbeitgeber jedoch ohne zusätzliche Berechnungen den u.a. vom Stollfuß Verlag herausgegebenen **Steuertabellen oder maschinellen Abrechnungsprogrammen entnehmen.**

Übersteigt die Summe der einbehaltenen Zuschlagsbeträge den Jahresbetrag des Solidaritätszuschlags, so ist der Unterschiedsbetrag dem Arbeitnehmer zu **erstatten.** Übersteigt hingegen der Jahresbetrag des Solidaritätszuschlags die Summe der einbehaltenen Zuschlagsbeträge, so kommt eine **nachträgliche Einbehaltung durch den Arbeitgeber** grundsätzlich nicht in Betracht. Ausnahmen gelten in den Fällen des § 41c Abs. 1 EStG, in denen eine Änderung des Lohnsteuerabzugs zulässig oder zumindest das Betriebsstättenfinanzamt entsprechend zu unterrichten ist (→ *Änderung des Lohnsteuerabzugs* Rz. 101).

Beispiel 1:

Der Lohnsteuer-Jahresausgleich für Arbeitnehmer A ergibt hinsichtlich der Lohnsteuer keinen Erstattungsbetrag, hinsichtlich des Solidaritätszuschlags dagegen einen Minderbetrag von 25 €.

Der Arbeitgeber darf vom Arbeitnehmer den Solidaritätszuschlag grundsätzlich nicht nacherheben.

Auch eine Verrechnung mit zu erstattender Lohnsteuer ist unzulässig (Tz. 2.3 des o.g. Merkblatts zum Solidaritätszuschlag).

Beispiel 2:

Der Lohnsteuer-Jahresausgleich für Arbeitnehmer A ergibt hinsichtlich der Lohnsteuer einen Erstattungsbetrag von 250 €, hinsichtlich des Solidaritätszuschlags dagegen einen Minderbetrag von 10 €.

Der Arbeitgeber hat die überzahlte Lohnsteuer in voller Höhe dem Arbeitnehmer zu erstatten. Eine Verrechnung mit dem Solidaritätszuschlag ist nicht vorzunehmen.

11. Kirchensteuer

Wenn der Arbeitgeber für den Arbeitnehmer einen Lohnsteuer-Jahresausgleich durchführt, ist auch für die Kirchensteuer ein Jahresausgleich durchzuführen. Die Kirchensteuer ist – wie auch der Solidaritätszuschlag – nach der Einkommensteuer zu berechnen, die sich in allen Fällen **nach Abzug der steuerlichen Freibeträge für Kinder** ergibt. Der sich im jeweiligen Einzelfall ergebende Betrag kann auch hier den u.a. vom Stollfuß Verlag herausgegebenen **Tabellen und maschinellen Abrechnungsprogrammen** entnommen werden. **1636**

Der **Kirchensteuersatz ist in den einzelnen Bundesländern unterschiedlich** (→ *Kirchensteuer* Rz. 1370). Für den Kirchensteuer-Jahresausgleich gilt daher Folgendes:

– Hat der Arbeitnehmer im Ausgleichsjahr in Orten mit verschieden hohen Kirchensteuersätzen gewohnt oder

– weicht der Kirchensteuersatz am Wohnort von dem der Betriebsstätte ab,

hat der Arbeitgeber die Jahreskirchensteuer einheitlich nach dem **Kirchensteuersatz zu berechnen, der am Ort der Betriebsstätte gilt.** Ergibt sich hierdurch eine Erstattung, ist dem Arbeitnehmer der Differenzbetrag zu erstatten. Dagegen darf der Arbeitgeber keine Kirchensteuer nachfordern.

Beispiel 1:

A hat zum 1. Juli seinen Arbeitgeber gewechselt und ist daher im Laufe des Jahres von Niedersachsen (Kirchensteuersatz 9 %) nach Bayern (Kirchensteuersatz 8 %) verzogen.

Beim Lohnsteuer-Jahresausgleich hat der Arbeitgeber die Kirchensteuer mit 8 % zu berechnen. Da in der ersten Jahreshälfte die Kirchensteuer jedoch mit 9 % einbehalten worden ist, ergibt sich hierdurch – bezogen auf die Kirchensteuer – eine nicht unerhebliche Erstattung.

Beispiel 2:

A hat zum 1. Juli seinen Arbeitgeber gewechselt und ist daher im Laufe des Jahres von Bayern (Kirchensteuersatz 8 %) nach Niedersachsen (Kirchensteuersatz 9 %) verzogen.

Beim Lohnsteuer-Jahresausgleich hat der Arbeitgeber die Kirchensteuer mit 9 % zu berechnen. Da in der ersten Jahreshälfte die Kirchensteuer nur mit 8 % einbehalten worden ist, ergibt sich hierdurch – bezogen auf die Kirchensteuer – eine Nachforderung. Der Arbeitgeber darf diese jedoch weder nacherheben noch mit evtl. zu erstattender Lohnsteuer verrechnen. Die Differenz kann zwar bei einer Veranlagung zur Einkommensteuer nacherhoben werden, nicht aber beim Lohnsteuer-Jahresausgleich des Arbeitgebers (vgl. FG Münster, Urteil vom 23.4.1971, EFG 1971 S. 601).

Beispiel 3:

A wohnt in Hessen (Kirchensteuersatz 9 %) und arbeitet in Bayern (Kirchensteuersatz 8 %).

Der Arbeitgeber darf nach dem Betriebsstättenprinzip die Kirchensteuer nur mit 8 % einbehalten.

Ist der Arbeitnehmer **im Laufe des Jahres aus der Kirche aus- oder in die Kirche eingetreten**, wird die nach der Jahreslohnsteuer errechnete Jahreskirchensteuer entsprechend der Anzahl der Monate gekürzt, in denen Kirchensteuer nicht zu erheben war (BFH, Urteil vom 24.10.1975, BStBl II 1976 S. 101).

Beispiel 4:

A wohnt und arbeitet in Niedersachsen, ist zum 1. Juli aus der Kirche ausgetreten. Beim Lohnsteuer-Jahresausgleich des Arbeitgebers ergibt sich eine Lohnsteuererstattung von 100 €, auf die eine Lohnkirchensteuererstattung von 9 € entfiele (Kirchensteuersatz in Niedersachsen 9 %).

Beim Kirchensteuer-Jahresausgleich kann nur die Hälfte, d.h. 4,50 € erstattet werden, weil A nur ein halbes Jahr lang der Kirche angehört hat.

Zu weiteren Einzelheiten der Kirchensteuer-Berechnung vgl. → *Kirchensteuer* Rz. 1370.

12. Formvorschriften

1637 Der Arbeitgeber hat im **Lohnkonto**

– für das Ausgleichsjahr den **Inhalt etwaiger Lohnsteuerbescheinigungen** aus vorangegangenen Dienstverhältnissen des Arbeitnehmers einzutragen sowie

– die im **Lohnsteuer-Jahresausgleich erstattete Lohnsteuer** gesondert einzutragen (§ 42b Abs. 4 Satz 1 EStG).

Auf der **Lohnsteuerkarte** für das Ausgleichsjahr sind die Lohnsteuer, der Solidaritätszuschlag und die Kirchensteuer zu bescheinigen, die der Arbeitgeber vom bescheinigten Bruttoarbeitslohn einbehalten hat. Als einbehaltene Lohnsteuer, einbehaltener Solidaritätszuschlag und einbehaltene Kirchensteuer sind stets die Beträge zu **bescheinigen, die sich nach Verrechnung** mit beim Lohnsteuer-Jahresausgleich erstatteten Beträgen ergeben. Übersteigen die erstatteten Beträge die vom Arbeitgeber einbehaltenen Steuerbeträge, so ist als einbehaltener Steuerbetrag jeweils der übersteigende **Betrag in Rot zu bescheinigen** oder mit einem deutlichen **Minuszeichen** zu versehen (R 135 Abs. 4 Nr. 1 LStR).

Lohnsteuerkarte

1. Allgemeines

1638 Arbeitnehmer sind nach § 39b Abs. 1 EStG verpflichtet, dem Arbeitgeber vor Beginn des Kalenderjahrs oder beim Eintritt in das Dienstverhältnis eine **Lohnsteuerkarte vorzulegen**. Diese Verpflichtung besteht allerdings nur für **unbeschränkt einkommensteuerpflichtige Arbeitnehmer**. Für **beschränkt einkommensteuerpflichtige Arbeitnehmer** werden keine Lohnsteuerkarten ausgestellt (§ 39b Abs. 1 EStG), sie erhalten auf Antrag **Bescheinigungen zur Durchführung des Lohnsteuerabzugs**. Somit erkennt der Arbeitgeber aus der Vorlage der Lohnsteuerkarte, dass der Arbeitnehmer unbeschränkt einkommensteuerpflichtig ist.

Wenn der Arbeitnehmer dem Arbeitgeber weder eine Lohnsteuerkarte noch eine Bescheinigung des Finanzamts, dass er beschränkt steuerpflichtig ist, vorlegt, hat der Arbeitgeber die

Lohnsteuer grundsätzlich nach der **Steuerklasse VI** zu berechnen (→ *Nichtvorlage der Lohnsteuerkarte* Rz. 1783).

Übersteigt der Arbeitslohn gewisse Grenzen nicht, so kann auf die Vorlage der Lohnsteuerkarte verzichtet werden, wenn der Arbeitgeber die **Lohnsteuer pauschal erhebt** (→ *Pauschalierung der Lohnsteuer* Rz. 1805).

Kann ein Arbeitnehmer zu Beginn des Dienstverhältnisses die Lohnsteuerkarte nicht vorlegen, weil sie ihm vom bisherigen Arbeitgeber noch nicht ausgehändigt worden ist, so hat er die vom bisherigen Arbeitgeber ausgestellte „**Ersatz-Bescheinigung**" vorzulegen (→ *Lohnsteuerbescheinigung* Rz. 1577); zur sofortigen Ausstellung dieser Bescheinigung ist der bisherige Arbeitgeber verpflichtet (§ 41b Abs. 1 Satz 7 EStG).

Arbeitnehmer, Arbeitgeber oder andere Personen dürfen die **Eintragungen auf der Lohnsteuerkarte nicht ändern** oder ergänzen (§ 39 Abs. 6 Satz 4 EStG). Änderungen oder Ergänzungen dürfen allein vom Finanzamt oder von der Gemeinde vorgenommen werden.

2. Ausstellung der Lohnsteuerkarte durch die Gemeinde

1639 Die Gemeinde stellt die Lohnsteuerkarten für die Arbeitnehmer aus (§ 39 Abs. 1 EStG). Hierbei ist – sowohl von der Gemeinde als auch vom Arbeitnehmer – Folgendes zu beachten (R 108 LStR):

a) Zuständigkeit der Gemeinde

1640 Zuständig für die Ausstellung der Lohnsteuerkarte ist die Gemeinde, in deren Bezirk der Arbeitnehmer am **20. September** des dem Kalenderjahr, für das die Lohnsteuerkarte gilt, vorangehenden Jahrs, für 2002 also der 20.9.2001, seine **Hauptwohnung oder seinen gewöhnlichen Aufenthalt** hat. Bei späterem Zuzug aus dem Ausland ist der Tag des Zuzugs maßgebend.

Bei **verheirateten Arbeitnehmern**, deren Ehegatte unbeschränkt einkommensteuerpflichtig ist und die von ihrem Ehegatten nicht dauernd getrennt leben, ist die Gemeinde örtlich zuständig, in deren Bezirk die Ehegatten am maßgebenden Stichtag – wenn sie nur eine Wohnung haben – für diese Wohung oder – wenn sie mehrere Wohnungen haben – für die Hauptwohnung gemeldet sind. Sind die Ehegatten weder für eine Wohnung noch für eine Hauptwohnung gemeldet, so ist die Gemeinde örtlich zuständig, in deren Bezirk der **ältere Ehegatte** am maßgebenden Stichtag für seine Wohnung, bei mehreren Wohnungen für seine Hauptwohnung, gemeldet ist; dies gilt auch dann, wenn nur für einen Ehegatten eine Lohnsteuerkarte auszustellen ist.

b) Grundlagen für die Ausstellung der Lohnsteuerkarten

1641 Die Gemeinde hat die Lohnsteuerkarten auf Grund ihrer **melderechtlichen Unterlagen**, z.B. Melderegister oder Einwohnerkartei, auszustellen. In der Anschrift des Arbeitnehmers muss der Familienname eindeutig erkennbar sein; ist der Familienname zuerst angegeben, so wird er durch ein Komma von dem/den Vornamen getrennt. Die Eintragung eines Künstlernamens ist möglich, sofern er in den melderechtlichen Unterlagen enthalten ist. Die Lohnsteuerkarten sind sofort nach der Ausstellung durch ihr Personal oder durch die Post den Arbeitnehmern zu übermitteln. Werbezettel oder Prospekte irgendwelcher Art dürfen den Lohnsteuerkarten nicht beigefügt werden. Auf den Briefumhüllungen darf kein Hinweis auf den Inhalt gedruckt sein. Die Lohnsteuerkarten und die Briefumhüllungen dürfen auch nicht anderweitig zu Werbezwecken verwendet werden (BMF-Schreiben vom 17.7.2001, BStBl I 2001 S. 480). Die Ausstellung und Übermittlung der Lohnsteuerkarten ist so durchzuführen, dass sich die Lohnsteuerkarten spätestens am **31. Oktober im Besitz der Arbeitnehmer** befinden (R 108 Abs. 1 LStR).

c) Bescheinigung der Steuerklasse

1642 Die Gemeinde hat in Abschnitt I der Lohnsteuerkarte die **Steuerklasse in Buchstaben** zu bescheinigen (§§ 38b, 39 Abs. 3 Nr. 2 EStG). Für die Eintragung der Steuerklasse sind die **Verhältnisse**

zu Beginn des Kalenderjahrs maßgebend, für das die Lohnsteuerkarte gilt (§ 39 Abs. 3 b Satz 1 EStG). Auf Antrag des Arbeitnehmers kann eine für ihn ungünstigere Steuerklasse auf der Lohnsteuerkarte eingetragen werden (§ 39 Abs. 3 b Satz 2 EStG). Ein einmal gestellter Antrag ist auch bei der Ausstellung der Lohnsteuerkarten für die Folgejahre so lange zu berücksichtigen, bis er widerrufen wird, vgl. H 108 (Bescheinigung der Steuerklasse) LStH.

Die Steuerklasse II darf ab 2002 nur noch dann bescheinigt werden, wenn die Voraussetzungen für den Abzug des Haushaltsfreibetrags beim Arbeitnehmer bereits in 2001 vorgelegen haben (→ *Haushaltsfreibetrag* Rz. 1270).

d) Bescheinigung von Kindern

1643 Kinder sind von der Gemeinde im Allgemeinen Ausstellungsverfahren nur zu bescheinigen, wenn sie zu Beginn des Kalenderjahrs **unbeschränkt einkommensteuerpflichtig** sind, das **18. Lebensjahr noch nicht vollendet** haben und es sich weder um Pflegekinder noch um Kinder eines Arbeitnehmers handelt, die zu Beginn des Kalenderjahrs Pflegekinder eines anderen Steuerpflichtigen sind. Wegen weiterer Einzelheiten vgl. H 108 (Bescheinigung von Kindern) LStH.

Bei der **Bescheinigung der Kinder unter 18 Jahren** ergeben sich für 2002 **keine Änderungen**, weil im Lohnsteuerabzugsverfahren der neue Freibetrag zur Berücksichtigung des Betreuungs- und Erziehungs- oder Ausbildungsbedarfs nach demselben Merkmalen wie der Kinderfreibetrag (sächliches Existenzminimum) zu berücksichtigen ist (BMF-Schreiben vom 17.7.2001, BStBl I 2001 S. 480).

e) Zahl der Kinderfreibeträge

1644 Die Zahl der Kinderfreibeträge wird für jedes zu berücksichtigende Kind grundsätzlich mit dem **Zähler 0,5** bescheinigt. Der **Zähler 1** gilt für ein Kind,

– das bei verheirateten Arbeitnehmern in Steuerklasse III oder IV zu beiden Ehegatten in einem steuerlichen Kindschaftsverhältnis steht,

– dessen anderer Elternteil vor dem Beginn des Kalenderjahrs verstorben ist oder

– das ein Arbeitnehmer oder sein nicht dauernd getrennt lebender Ehegatte allein angenommen hat.

Auf Antrag des Arbeitnehmers kann eine **geringere Zahl der Kinderfreibeträge** auf der Lohnsteuerkarte eingetragen werden (§ 39 Abs. 3 b Satz 2 EStG). Ein einmal gestellter Antrag ist auch bei der Ausstellung der Lohnsteuerkarten für die Folgejahre so lange zu berücksichtigen, bis er widerrufen wird, vgl. auch H 108 (Bescheinigung von Kindern) LStH.

f) Bescheinigung der Religionsgemeinschaft

1645 Aus den Angaben auf der Lohnsteuerkarte müssen die Religionsgemeinschaften erkennbar sein, die die Erhebung der Kirchensteuer den Finanzbehörden übertragen haben und einen Anspruch auf die im Einzelfall einzubehaltende Kirchensteuer haben (R 108 Abs. 4 LStR). Wegen der gebräuchlichsten Abkürzungen → *Kirchensteuer* Rz. 1382.

Für einzelne Länder können noch weitere Abkürzungen möglich sein. In Zweifelsfällen geben die Oberfinanzdirektionen oder die Kirchenbehörden Auskunft über die Bedeutung der Abkürzung. Ist keine Kirchensteuer einzubehalten, so sind zwei Striche „– –" einzutragen. Dies gilt auch dann, wenn der Arbeitnehmer zwar einer Religionsgemeinschaft angehört, diese aber nicht zur Erhebung von Kirchensteuer berechtigt ist.

Bei **nicht dauernd getrennt lebenden Ehegatten** wird das Kirchensteuermerkmal des Ehegatten nur noch bei konfessionsverschiedenen Eheleuten eingetragen. Bei konfessionsgleichen oder glaubensverschiedenen Eheleuten wird das Kirchensteuermerkmal des Ehegatten nicht mehr bescheinigt.

Beispiele:

| Konfessionszugehörigkeit | | Eintragung im Feld |
Arbeitnehmer	Ehegatte	Kirchensteuerabzug
ev	rk	ev rk
rk	ak	rk ak
ev	ev	ev
rk	– –	rk
– –	ak	– –
– –	– –	– –

Aus der Nichteintragung des Kirchensteuermerkmals für den Ehegatten kann also nicht geschlossen werden, dass der Ehegatte keiner kirchensteuererhebungsberechtigten Religionsgemeinschaft angehört.

Eine Eintragung in der Lohnsteuerkarte, aus der die Nichtzugehörigkeit zu einer kirchensteuererhebungsberechtigten Religionsgemeinschaft ersichtlich wird, verstößt nicht gegen die verfassungsrechtlich geschützte Freiheit zur Verschweigung der religiösen Überzeugung (BVerfG, Beschluss vom 25.5.2001, StEd 2001 S. 582).

g) Eintragung des Gemeindeschlüssels und der Nummer des Finanzamts

1646 Auf der Lohnsteuerkarte ist neben der Gemeinde auch ihr amtlicher Gemeindeschlüssel (AGS) und außer der Bezeichnung des Finanzamts auch dessen vierstellige Nummer nach dem bundeseinheitlichen Finanzamtsschlüssel anzugeben (R 108 Abs. 5 LStR).

h) Eintragung der Pauschbeträge für behinderte Menschen und Hinterbliebene

1647 Die **Gemeinden** haben die Pauschbeträge für behinderte Menschen und Hinterbliebene bei der Ausstellung der Lohnsteuerkarten in eigener Zuständigkeit als Freibetrag auf den Lohnsteuerkarten einzutragen (§ 39a Abs. 2 EStG). Hierfür sind den Gemeinden von dem zuständigen Finanzamt die betreffenden Arbeitnehmer und die erforderlichen Merkmale mitzuteilen (R 108 Abs. 6 LStR). Wegen der für 2002 zu bescheinigenden Pauschbeträge siehe BMF-Schreiben vom 17.7.2001, BStBl I 2001 S. 480.

i) Ausstellung von Lohnsteuerkarten mit den Steuerklassen V und VI

1648 **Arbeitnehmer, die gleichzeitig mehrere Arbeitsverhältnisse haben**, benötigen für jedes Arbeitsverhältnis eine Lohnsteuerkarte. Die Gemeinde stellt in diesen Fällen eine entsprechende Anzahl von Lohnsteuerkarten aus (Zweite Lohnsteuerkarte, Dritte Lohnsteuerkarte usw.). Die Ausstellung dieser weiteren Lohnsteuerkarten hat die **Gemeinde kostenlos vorzunehmen**. Sie entsprechen inhaltlich der „normalen" Lohnsteuerkarte. Lediglich als Steuerklasse wird immer die Steuerklasse VI bescheinigt.

Auf Lohnsteuerkarten, auf denen die Steuerklasse V oder VI bescheinigt wird, wird die Zahl der Kinderfreibeträge nicht angegeben; dagegen wird die Religionsgemeinschaft bezeichnet. Im Übrigen kann die Gemeinde bereits im Rahmen des allgemeinen Ausstellungsverfahrens eine Lohnsteuerkarte mit der Steuerklasse V oder VI ausstellen, wenn für den Arbeitnehmer auch im Vorjahr eine Lohnsteuerkarte mit der Steuerklasse V oder VI ausgestellt worden ist (R 108 Abs. 7 LStR).

j) Ausstellung von Lohnsteuerkarten für Gefangene und Haftentlassene

1649 Wenn ein Gefangener oder Haftentlassener, der unter der Anschrift der Justizvollzugsanstalt gemeldet ist, vermeiden will, dass seine Lohnsteuerkarte die **Anschrift der Justizvollzugsanstalt enthält**, kann er auf die Ausstellung der Lohnsteuerkarte im Allgemeinen Ausstellungsverfahren verzichten. Beantragt er nach der Haftentlassung eine Lohnsteuerkarte, so ist deren nachträgliche Ausstellung, für die nach wie vor die Gemeinde örtlich zuständig ist, in deren Bezirk sich die Justizvollzugsanstalt befindet, mit der Anmeldung bei der ersten Wohnsitzgemeinde nach der Haftentlassung in der Weise zu verbinden, dass die neue Meldeadresse eingetragen wird (R 108 Abs. 8 LStR).

k) Verpflichtung der Gemeinde und des Arbeitnehmers

1650 Die Gemeinde hat den Abschluss der Übermittlung der Lohnsteuerkarten **öffentlich bekannt zu machen** mit der Aufforderung, die Ausstellung etwa fehlender Lohnsteuerkarten zu beantragen. Der Arbeitnehmer hat vor Beginn des Kalenderjahrs oder vor Beginn eines Dienstverhältnisses bei der zuständigen Gemeinde die Ausstellung einer Lohnsteuerkarte zu beantragen, wenn ihm die Lohnsteuerkarte nicht im Rahmen des allgemeinen Ausstellungsverfahrens zugegangen ist. Die Gemeinde hat einen mit einer Rechtsbehelfsbelehrung versehenen schriftlichen Bescheid zu erteilen, wenn dem Antrag des Arbeitnehmers auf Ausstellung der Lohnsteuerkarte nicht entsprochen wird (R 108 Abs. 9 LStR).

3. Änderungen und Ergänzungen der Lohnsteuerkarte

1651 Für die Eintragungen auf der Lohnsteuerkarte sind grundsätzlich die **Verhältnisse zu Beginn des Kalenderjahrs**, für das die Lohnsteuerkarte gilt, maßgebend (§ 39 Abs. 3b EStG). **Ändert sich die Zahl der Kinderfreibeträge zu Gunsten** des Arbeitnehmers, z.B. bei einer Eheschließung oder der Geburt eines Kindes im Laufe des Kalenderjahrs, so ist die Lohnsteuerkarte auf Antrag zu ergänzen; der Antrag kann nur bis **zum 30. November des laufenden Kalenderjahrs gestellt** werden, für 2002 also nur bis zum **30.11.2002** (§ 39 Abs. 5 Satz 1 EStG). Ändert sich die Zahl der Kinderfreibeträge **zu Ungunsten** des Arbeitnehmers, so kann die Lohnsteuerkarte grundsätzlich unverändert bleiben. Dies gilt auch für die nachträgliche Ausstellung der Lohnsteuerkarte im Laufe des Kalenderjahrs, vgl. H 109 (Allgemeines) LStH.

Beispiel:

Ein Arbeitnehmer hat am 20.9.2002 geheiratet. Auf der Lohnsteuerkarte ist die Steuerklasse I eingetragen. Mit Wirkung vom Tage der Eheschließung an ist die Steuerklasse III zu bescheinigen, wenn der Ehegatte keinen Arbeitslohn bezieht oder im Laufe des Kalenderjahrs bezogen hat. Wenn beide Ehegatten Arbeitslohn beziehen oder im Laufe des Kalenderjahrs bezogen haben, ist mit Wirkung vom Tage der Eheschließung an auf den Lohnsteuerkarten beider Ehegatten die Steuerklasse IV einzutragen, es sei denn, dass die Ehegatten die Bescheinigung der Steuerklassen III und V beantragen.

Eintragungen auf der Lohnsteuerkarte, denen die Verhältnisse zu Beginn des Kalenderjahrs zu Grunde zu legen waren und die **unrichtig sind, sind auf Antrag zu ändern**. Die vorgeschriebene Antragsfrist (30. November) gilt nur für Anträge auf Änderungen und Ergänzungen der Lohnsteuerkarte, die bei einer im Laufe des Kalenderjahrs eingetretenen Änderung der Verhältnisse gestellt werden. Unrichtige Eintragungen auf der Lohnsteuerkarte sind deshalb auch noch nach Ablauf des Kalenderjahrs, für das die Lohnsteuerkarte gilt, zu berichtigen, wenn der Arbeitnehmer hieran ein begründetes Interesse hat (BFH, Urteil vom 8.11.1972, BStBl II 1973 S. 223).

Wegen weiterer Einzelheiten, die bei der Änderung und Ergänzung der Lohnsteuerkarte – insbesondere durch die Gemeinde – zu beachten sind, z.B.

– bei der Änderung der Steuerklassen (→ *Steuerklassen* Rz. 2295),

– beim Steuerklassenwechsel (→ *Steuerklassen* Rz. 2296),

– bei der Änderung der Eintragungen für Kinder durch die Gemeinde oder das Finanzamt,

– bei der Übertragung eines Kinderfreibetrags oder

– hinsichtlich der zeitlichen Wirkung der Eintragung und der örtlichen Zuständigkeit der Gemeinde,

wird auf R 109 Abs. 2 bis 11 LStR sowie auf H 109 LStH verwiesen.

4. Nachträgliche Ausstellung von Lohnsteuerkarten

1652 Die Gemeinde hat für Arbeitnehmer, die **erst im Laufe des Kalenderjahrs Arbeitslohn beziehen**, für das Kalenderjahr auf Antrag nachträglich eine Lohnsteuerkarte auszustellen und dem Arbeitnehmer auszuhändigen. Nach Ablauf des Kalenderjahrs darf mit Wirkung für das abgelaufene Kalenderjahr eine Lohnsteuerkarte nicht mehr ausgestellt werden. Arbeitnehmern, die Arbeitslohn aus mehreren gegenwärtigen oder früheren Dienstverhältnissen gleichzeitig von verschiedenen Arbeitgebern erhalten, ist auf Antrag eine zweite oder weitere Lohnsteuerkarte auszustellen. Die allgemeinen Ausstellungsregeln gelten auch für die nachträgliche Ausstellung von Lohnsteuerkarten; dies gilt auch hinsichtlich der Zuständigkeit der Gemeinden für die nachträgliche Ausstellung von Lohnsteuerkarten (R 110 Abs. 1 LStR).

Einzelheiten zur nachträglichen Ausstellung einer Lohnsteuerkarte

– bei Eheschließung,

– für den Ehegatten eines Arbeitnehmers,

– bei Auflösung der Ehe und

– bei Tod des Ehegatten

sind in R 110 Abs. 2 bis 5 LStR geregelt.

5. Ersatz-Lohnsteuerkarte

1653 Wenn eine Lohnsteuerkarte verloren gegangen, unbrauchbar geworden oder zerstört worden ist, hat die Gemeinde eine Ersatz-Lohnsteuerkarte auszustellen. Hierfür kann die ausstellende Gemeinde von dem Arbeitnehmer eine Gebühr bis 5 € erheben (§ 39 Abs. 1 Satz 4 EStG). Die Gemeinde hat die Ausstellung einer Ersatz-Lohnsteuerkarte dem für den Arbeitnehmer örtlich zuständigen Finanzamt unverzüglich mitzuteilen. Die Mitteilung erfolgt zur Verhinderung des steuerlichen Missbrauchs von Lohnsteuerkarten.

Wird für einen Arbeitnehmer eine Ersatz-Lohnsteuerkarte ausgestellt, so ist sie als „Ersatz-Lohnsteuerkarte" zu kennzeichnen.

Geht die Lohnsteuerkarte verloren, nachdem der Arbeitgeber die Lohnsteuerbescheinigung ausgestellt hat, so kann der Arbeitnehmer keine Ersatz-Lohnsteuerkarte bei der Gemeinde beantragen. In diesen Fällen reicht es aus, wenn der Arbeitgeber gebeten wird, eine besondere Lohnsteuerbescheinigung (→ *Lohnsteuerbescheinigung* Rz. 1578) auszustellen. Diese ist dann zusammen mit einer Erklärung, dass die Lohnsteuerkarte verloren gegangen ist, der Einkommensteuererklärung beizufügen.

6. Behandlung der Lohnsteuerkarte durch den Arbeitgeber

1654 Der Arbeitgeber hat die Lohnsteuerkarten während der Dauer des Dienstverhältnisses **aufzubewahren** (§ 39b Abs. 1 Satz 2 EStG). Er darf sie dem **Arbeitnehmer** während des Dienstverhältnisses **nur vorübergehend überlassen** (§ 39 Abs. 1 Satz 3 EStG).

Verlangt der Arbeitnehmer die vorübergehende Überlassung der Lohnsteuerkarte, so hat er dem Arbeitgeber gegenüber glaubhaft zu machen, dass er die Lohnsteuerkarte zur Vorlage beim Finanzamt oder bei der Gemeinde benötigt (R 114 Abs. 1 LStR).

Vor **Ablauf des Kalenderjahrs** darf der Arbeitgeber die Lohnsteuerkarte dem Arbeitnehmer nur dann endgültig herausgeben, wenn das **Dienstverhältnis beendet** ist und er dem Arbeitnehmer keinen Arbeitslohn mehr zahlt. Vor der Herausgabe hat der Arbeitgeber auf der Lohnsteuerkarte die **Lohnsteuerbescheinigung auszuschreiben** (→ *Lohnsteuerbescheinigung* Rz. 1548). Kann die Lohnsteuerbescheinigung erst nach Beendigung des Dienstverhältnisses ausgeschrieben werden, so muss der Arbeitgeber die Lohnsteuerkarte bis zu diesem Zeitpunkt weiterhin aufbewahren (R 114 Abs. 2 LStR).

Der Arbeitgeber darf die Lohnsteuerkarte auch dann endgültig herausgeben, wenn ein Arbeitnehmer die vom Arbeitgeber aufbewahrte Lohnsteuerkarte gegen eine bisher einem anderen Arbeitgeber vorgelegte **Lohnsteuerkarte austauschen** will (Steuerkartenwechsel). Auch in diesem Fall hat der Arbeitgeber vor der Herausgabe der Lohnsteuerkarte auf der Lohnsteuerkarte die Lohnsteuerbescheinigung auszuschreiben. Nach dem Steuerkartenwechsel ist der Lohnsteuerabzug nach den Eintragungen der neu vorgelegten Lohnsteuerkarte vorzunehmen; eine Änderung des Lohnsteuerabzugs nach § 41c EStG ist nicht vorzunehmen (R 114 Abs. 3 LStR).

Der Arbeitgeber hat wegen etwaiger Ansprüche gegen den Arbeitnehmer **kein Zurückbehaltungsrecht**. Er muss dem Arbeitnehmer die Lohnsteuerkarte in jedem Fall aushändigen, denn sie dient dem öffentlichen Interesse. Der Anspruch auf Herausgabe der Arbeitspapiere kann vom Arbeitnehmer vor den Arbeitsgerichten verfolgt werden (vgl. zuletzt BAG, Urteil vom 20.2.1997, BB 1997 S. 2382). Bis zu einer Entscheidung des Gerichts kann der Arbeitnehmer ggf. eine Ersatz-Lohnsteuerkarte bei der Gemeinde beantragen. Ein Missbrauch der Ersatz-Lohnsteuerkarte muss aber ausgeschlossen sein.

Lohnsteuertabellen

1. Allgemeines

1655 Durch das Steuersenkungsgesetz vom 23.10.2000 (BStBl I 2000 S. 1428) ist § 38c EStG, der die **gesetzliche Verpflichtung zur Aufstellung und Bekanntmachung von Lohnsteuertabellen** durch das Bundesministerium der Finanzen vorsah, **aufgehoben** worden.

Die Abschaffung der gesetzlichen Lohnsteuertabellen für das Lohnsteuerabzugsverfahren ist eine Folge des geänderten Einkommensteuertarifs (→ *Steuertarif* Rz. 2334). Darüber hinaus wird die Lohnsteuer nach Auffassung des Gesetzgebers seit vielen Jahren überwiegend maschinell berechnet, so dass das Einkommensteuergesetz nunmehr als Grundregel von der maschinellen Berechnung der Lohnsteuer ausgeht. **Gedruckte Lohnsteuertabellen**, z.B. die vom Stollfuß-Verlag herausgegebenen Lohnsteuertabellen, sind **gesetzlich weiterhin zugelassen**.

Die Umstellung erfolgt über drei Schritte in 2001, 2002 und abschließend im Jahr 2003:

Seit 2001 ist zunächst die gesetzliche Verpflichtung, Lohnsteuertabellen aufzustellen und bekannt zu machen, entfallen. Die maschinelle Lohnsteuerermittlung anhand der Tarifformel ist zur Grundregel erhoben und dazu die gesetzliche Verpflichtung zur Veröffentlichung eines Programmablaufplans eingeführt worden (§ 39b Abs. 8 EStG). Lohnsteuertabellen sind übergangsweise amtlicherseits auf neuer Ermächtigungsgrundlage veröffentlicht worden.

Ab 2002 wird dann die Umstellung auf den Euro vollzogen.

Ab 2003 werden vom Bundesministerium der Finanzen keine amtlichen Lohnsteuertabellen mehr herausgegeben. Die Herausgabe von Lohnsteuertabellen soll den **privaten Tabellenverlagen**, z.B. dem Stollfuß-Verlag, überlassen bleiben. Deren Produkte werden schon heute in der Praxis ganz überwiegend benutzt, weil sie neben der Lohnsteuer auch die anderen Abzugsbeträge enthalten. Die Herstellung der Privattabellen wird vom Bundesministerium der Finanzen dadurch gesteuert, dass die für die Aufstellung von Lohnsteuertabellen erforderlichen Parameter (Stufenbreite, Bemessungsgrundlage für die Vorsorgepauschale, Steuerberechnung nach der Stufenobergrenze) in einem **amtlichen Programmablaufplan** veröffentlicht werden (§ 51 Abs. 4 Nr. 1a EStG i.V.m. § 52 Abs. 59c EStG).

Für die Berechnung der Lohnsteuer 2002 sind **zwei verschiedene** Lohnsteuertabellen vom Bundesministerium der Finanzen nach § 51 Abs. 4 Nr. 1a EStG aufgestellt worden,

– die **allgemeine Lohnsteuertabelle** für Arbeitnehmer, bei denen die ungekürzte Vorsorgepauschale (§ 10c Abs. 2 EStG) zu berücksichtigen ist, und

– die **besondere Lohnsteuertabelle** für Arbeitnehmer, bei denen die gekürzte Vorsorgepauschale (§ 10c Abs. 3 EStG) zu berücksichtigen ist.

Beide Lohnsteuertabellen unterscheiden sich nur in der Höhe der eingearbeiteten Vorsorgepauschale. Die Vorsorgepauschale soll die anfallenden Sozialversicherungsbeiträge bereits beim Lohnsteuerabzug in pauschaler Weise abgelten. Bestimmte Arbeitnehmer, die in der gesetzlichen Rentenversicherung versicherungsfrei sind, z.B. Beamte, erhalten nach § 10c EStG nur eine gekürzte Vorsorgepauschale (→ *Vorsorgepauschale* Rz. 2579). Daher ist für diesen Personenkreis auch eine „besondere" Lohnsteuertabelle aufgestellt worden, in der die ge-

kürzte Vorsorgepauschale eingearbeitet ist. Diese Lohnsteuertabelle weist deshalb – bei gleichem Arbeitslohn – eine höhere Lohnsteuer aus; ein besonderer Einkommensteuertarif liegt dem aber nicht zu Grunde.

Beispiel:

Bruttoarbeitslohn (Monat)	Lohnsteuer (StKl I) nach der allgemeinen Lohnsteuertabelle	Lohnsteuer (StKl I) nach der besonderen Lohnsteuertabelle
1 000 €	23,50 €	47,41 €
1 500 €	149,75 €	172,66 €
2 000 €	292,41 €	313,83 €
2 500 €	448,75 €	472,66 €
3 000 €	621,91 €	648,16 €
3 500 €	810,66 €	839,25 €
4 000 €	1 017,25 €	1 048,33 €
4 500 €	1 240,58 €	1 274,08 €
5 000 €	1 478,33 €	1 513,33 €

2. Allgemeine Lohnsteuertabelle

Die allgemeine Lohnsteuertabelle (ungekürzte Vorsorgepauschale) ist nach R 120 Abs. 2 LStR insbesondere anzuwenden für 1656

– Arbeitnehmer, die einen **Beitragsanteil zur gesetzlichen Rentenversicherung** (Arbeitnehmeranteil) entrichten. Das gilt auch dann, wenn der Arbeitnehmeranteil vom Arbeitgeber übernommen wird;

Beispiel 1:

Der Arbeitgeber hat für seinen Arbeitnehmer bei der Lohnabrechnung einen **Arbeitnehmeranteil** zur gesetzlichen Rentenversicherung errechnet, der vom Arbeitslohn des Arbeitnehmers einbehalten und zusammen mit dem **Arbeitgeberanteil** an den Sozialversicherungsträger abgeführt wird.

Es ist die **allgemeine** Lohnsteuertabelle anzuwenden.

Beispiel 2:

Der Arbeitgeber übernimmt den **Arbeitnehmeranteil** zur gesetzlichen Rentenversicherung.

Es ist die **allgemeine** Lohnsteuertabelle anzuwenden. Der vom Arbeitgeber übernommene Arbeitnehmeranteil erhöht den Arbeitslohn des Arbeitnehmers entsprechend, so dass die Lohnsteuer vom erhöhten Bruttoarbeitslohn zu berechnen ist.

– Arbeitnehmer, die von der Versicherungspflicht in der gesetzlichen Rentenversicherung auf Antrag nach § 6 Abs. 1 Satz 1 Nr. 1 SGB VI befreit worden sind und für die der Arbeitgeber nach § 172 Abs. 2 SGB VI die Hälfte des **Beitrags zu einer berufsständischen Versorgungseinrichtung** trägt;

Beispiel 3:

Ein angestellter Arzt hat sich von der Versicherungspflicht in der gesetzlichen Rentenversicherung befreien lassen. Er zahlt nunmehr Beiträge an die Ärzteversorgung; die Hälfte dieser Beiträge hat der Arbeitgeber zu zahlen.

Es ist die **allgemeine** Lohnsteuertabelle anzuwenden.

– Arbeitnehmer, die von der Versicherungspflicht in der gesetzlichen Rentenversicherung auf Antrag befreit worden sind und die deshalb **steuerfreie Arbeitgeberzuschüsse für eine Lebensversicherung** oder für die freiwillige Versicherung in der gesetzlichen Rentenversicherung erhalten können (§ 3 Nr. 62 Satz 2 EStG);

Beispiel 4:

Ein Arbeitnehmer hat sich von der gesetzlichen Rentenversicherung befreien lassen, weil er eine befreiende Lebensversicherung abgeschlossen hat. Der Arbeitgeber zahlt einen nach § 3 Nr. 62 Satz 2 EStG steuerfreien Arbeitgeberzuschuss.

Es ist die **allgemeine** Lohnsteuertabelle anzuwenden.

– Arbeitnehmer, die wegen **geringfügiger Beschäftigung**, ihres geringen Arbeitslohns oder als Praktikanten keinen Beitragsanteil zur gesetzlichen Rentenversicherung entrichten. Dabei kommt es nicht darauf an, dass der Arbeitgeber für sozialversicherungspflichtige Arbeitnehmer mit geringem Arbeitslohn

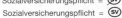
den gesamten Sozialversicherungsbeitrag zu übernehmen hat;

Beispiel 5:

Der Arbeitnehmer übt in Hannover eine geringfügig entlohnte Beschäftigung aus und erhält einen monatlichen Arbeitslohn von 300 €. Die Beschäftigung ist deshalb für den Arbeitnehmer rentenversicherungsfrei. Die Lohnsteuer wird vom Arbeitgeber **nicht pauschaliert**.

Es ist die **allgemeine** Lohnsteuertabelle anzuwenden.

Beispiel 6:

Wie Beispiel 5, die wöchentliche Arbeitszeit beträgt jedoch **mehr als 15 Stunden**, so dass es sich nicht um eine geringfügig entlohnte Beschäftigung handelt (→ *Geringfügig Beschäftigte* Rz. 1115). Da das monatliche Arbeitsentgelt 325 € nicht übersteigt, hat der Arbeitgeber die Sozialversicherungsbeiträge insgesamt, also auch den **Arbeitnehmeranteil** zu übernehmen.

Es ist die **allgemeine** Lohnsteuertabelle anzuwenden. Der vom Arbeitgeber übernommene **Arbeitnehmeranteil** erhöht nicht den Arbeitslohn des Arbeitnehmers, denn der Arbeitgeber übernimmt die Sozialversicherungsbeiträge kraft Gesetz, so dass die Steuerfreiheit nach § 3 Nr. 62 EStG eingreift.

– Arbeitnehmer, die von ihrem Arbeitgeber **nur Versorgungsbezüge** i.S. von § 19 Abs. 2 Satz 2 Nr. 2 EStG (Werkspensionäre) erhalten. Das gilt aus Vereinfachungsgründen beim Lohnsteuerabzug auch dann, wenn dem Arbeitgeber bekannt ist, dass der Arbeitnehmer Altersrente aus der gesetzlichen Rentenversicherung bezieht, z.B. weil sich die Altersrente auf die Höhe der Werkspension auswirkt; der Arbeitgeber darf jedoch in diesen Fällen die besondere Lohnsteuertabelle anwenden, wenn der Arbeitnehmer es beantragt hat oder nicht widerspricht;

Beispiel 7:

Der Arbeitgeber zahlt an frühere Arbeitnehmer eine Betriebsrente. Dem Arbeitgeber ist nicht bekannt, ob die sog. Werkspensionäre daneben eine Altersrente aus der gesetzlichen Rentenversicherung erhalten.

Es ist die **allgemeine** Lohnsteuertabelle anzuwenden. Sollte der Arbeitnehmer neben seiner Betriebsrente dennoch eine Altersrente aus der gesetzlichen Rentenversicherung beziehen, so dass ihm nur die gekürzte Vorsorgepauschale zusteht (§ 10c Abs. 3 Nr. 4 EStG), wird dies im Rahmen der Einkommensteuerveranlagung ausgeglichen. Nach § 46 Abs. 2 Nr. 3 EStG besteht für den Arbeitnehmer eine Veranlagungspflicht. Der Arbeitgeber selbst braucht deshalb nicht nachzuprüfen, ob der Werkspensionär eine Altersrente aus der gesetzlichen Rentenversicherung bezieht.

Beispiel 8:

Dem Arbeitgeber ist bekannt, dass der Werkspensionär eine Altersrente aus der gesetzlichen Rentenversicherung bezieht.

Der Arbeitgeber **kann** dennoch die allgemeine Lohnsteuertabelle anwenden. Er **darf** jedoch auch die besondere Lohnsteuertabelle anwenden, wenn der Arbeitnehmer dies beantragt oder der Anwendung der besonderen Lohnsteuertabelle nicht widerspricht.

Für den Werkspensionär bedeutet die Anwendung der allgemeinen Lohnsteuertabelle: Er hat einen höheren monatlichen Nettobetrag zur Verfügung. Allerdings führt die Anwendung auch regelmäßig zu einer Nachzahlung im Rahmen der Einkommensteuerveranlagung, so dass die Anwendung der allgemeinen Lohnsteuertabelle einem zinslosen Kredit gleichkommt. Wer allerdings lieber monatlich etwas mehr zahlen möchte, um eine Steuernachzahlung zu vermeiden, sollte die Anwendung der besonderen Lohnsteuertabelle beantragen.

– **ausländische Arbeitnehmer**, die mit dem Arbeitslohn aus der Tätigkeit für einen inländischen Arbeitgeber von der gesetzlichen Rentenversicherungspflicht befreit worden sind, weil sie in der **Sozialversicherung des Heimatstaates** versichert sind;

Beispiel 9:

Der Arbeitgeber beschäftigt einen belgischen Arbeitnehmer, der in der belgischen Sozialversicherung versichert ist. Von der deutschen Rentenversicherung ist der Arbeitnehmer befreit.

Es ist die **allgemeine** Lohnsteuertabelle anzuwenden, vgl. hierzu auch → *Einstrahlung* Rz. 816.

– **Vorstandsmitglieder** von Aktiengesellschaften und **beherrschende Gesellschafter-Geschäftsführer** einer GmbH,

deren betriebliche Altersversorgung lediglich in der Leistung von Arbeitgeberbeiträgen zu einer zu Gunsten des Arbeitnehmers abgeschlossenen Direktversicherung oder einer Pensionskasse besteht.

Beispiel 10:

Ein Gesellschafter-Geschäftsführer einer GmbH hat keine Versorgungszusage. Die GmbH hat lediglich zu seinen Gunsten eine Direktversicherung abgeschlossen, deren Beiträge nach § 40b EStG mit 20 % pauschal versteuert werden.

Es ist die **allgemeine** Lohnsteuertabelle anzuwenden. Der Gesellschafter-Geschäftsführer einer GmbH ist zwar nicht sozialversicherungspflichtig, weil er kein Arbeitnehmer i.S. des Sozialversicherungsrechts ist (→ *Geschäftsführer* Rz. 1147), er gehört jedoch nicht zu dem in § 10c Abs. 3 EStG genannten Personenkreis. Mit dem Abschluss einer Direktversicherung erwirbt der Geschäftsführer eine Altersversorgung; durch die Pauschalversteuerung ist sie allerdings einer Altersversorgung gleichzustellen, die mit eigener Beitragsleistung erworben wird.

3. Besondere Lohnsteuertabelle

Die besondere Lohnsteuertabelle (gekürzte Vorsorgepauschale) **1657** ist nach R 120 Abs. 3 LStR insbesondere anzuwenden für

– **Beamte**, Richter, Berufssoldaten, Soldaten auf Zeit;

Beispiel 1:

Ein öffentlich-rechtlicher Arbeitgeber beschäftigt neben Angestellten auch Beamte. Für diesen Personenkreis werden keine Sozialversicherungsbeiträge entrichtet.

Es ist die **besondere** Lohnsteuertabelle anzuwenden.

– Arbeitnehmer, die nach § 5 Abs. 1 Satz 1 Nr. 2 und 3 SGB VI versicherungsfrei sind, z.B. Beschäftigte bei Trägern der Sozialversicherung, Geistliche der als öffentlich-rechtliche Körperschaften anerkannten Religionsgemeinschaften;

Beispiel 2:

Die in der Diözese Hildesheim beschäftigten Geistlichen erhalten von ihrer Diözese eine Anwartschaft auf Ruhegehalt, so dass sie in der gesetzlichen Rentenversicherung befreit sind.

Es ist die **besondere** Lohnsteuertabelle anzuwenden.

– Arbeitnehmer, die von ihrem Arbeitgeber nur **Versorgungsbezüge** i.S. von § 19 Abs. 2 Satz 2 **Nr. 1** EStG erhalten, z.B. Beamtenpensionäre, Bezieher von Witwen- oder Waisengeld auf Grund beamtenrechtlicher oder entsprechender gesetzlicher Vorschriften;

Beispiel 3:

Ein ehemaliger Beamter erhält von seinem Dienstherrn Pensionsbezüge.

Es ist die **besondere** Lohnsteuertabelle anzuwenden.

– Arbeitnehmer, die keinen Beitragsanteil zur gesetzlichen Rentenversicherung entrichten, weil sie von einem früheren Arbeitgeber **Versorgungsbezüge** i.S. von § 19 Abs. 2 Satz 2 **Nr. 1** EStG erhalten;

Beispiel 4:

Ein Arbeitgeber beschäftigt einen Arbeitnehmer, der gleichzeitig Pensionsbezüge als ehemaliger Beamter erhält.

Es ist die **besondere** Lohnsteuertabelle anzuwenden. Der Arbeitnehmer hat keinen Beitragsanteil zur gesetzlichen Rentenversicherung zu zahlen, weil er bereits eine Beamtenpension erhält. Der Arbeitgeber muss im Übrigen gleichwohl einen **Arbeitgeberanteil** zur gesetzlichen Rentenversicherung zahlen (→ *Rentner* Rz. 2114).

– Arbeitnehmer, die für einen Arbeitslohn aus einer aktiven Tätigkeit keinen Beitragsanteil zur gesetzlichen Rentenversicherung entrichten, weil sie bereits Altersrente aus der gesetzlichen Rentenversicherung oder wegen Erreichens einer Altersgrenze eine Versorgung nach beamten- oder kirchenrechtlichen Regelungen oder nach den Regelungen einer berufsständischen Versorgungseinrichtung erhalten. Dies gilt auch für weiterbeschäftigte Werkspensionäre, wenn der Arbeitslohn nicht der Rentenversicherungspflicht unterliegt. Für Werkspension und Arbeitslohn ist der Lohnsteuerabzug insgesamt nach der besonderen Lohnsteuertabelle vorzunehmen, weil lohnsteuerlich ein **einheitliches Dienstverhältnis** vorliegt;

Beispiel 5:

Ein Arbeitgeber beschäftigt einen Arbeitnehmer, der bereits Altersrente aus der gesetzlichen Rentenversicherung bezieht. Der **Arbeitgeber** entrichtet keine **Arbeitnehmeranteile** zur gesetzlichen Rentenversicherung, wohl aber **Arbeitgeberanteile**.

Es ist die **besondere** Lohnsteuertabelle anzuwenden.

Beispiel 6:

Der Arbeitnehmer erhält neben seiner aktiven rentenversicherungsfreien Tätigkeit eine Werkspension (für die Werkspension allein könnte die allgemeine Lohnsteuertabelle angewandt werden).

Es ist die **besondere** Lohnsteuertabelle anzuwenden. Lohnsteuerlich liegt ein einheitliches Dienstverhältnis vor, deshalb ist für die Werkspension und den Arbeitslohn aus der aktiven Tätigkeit der Lohnsteuerabzug insgesamt nach der besonderen Lohnsteuertabelle vorzunehmen. Ggf. kommt aber für die aktive Tätigkeit eine Pauschalbesteuerung für Teilzeitbeschäftigte in Betracht, wenn die Voraussetzungen hierfür vorliegen (→ *Pauschalierung der Lohnsteuer bei Aushilfs- und Teilzeitbeschäftigten* Rz. 1840).

– Arbeitnehmer, die auf Antrag des Arbeitgebers von der gesetzlichen Rentenversicherungspflicht befreit worden sind, z.B. Lehrkräfte an nicht öffentlichen Schulen, bei denen eine Altersversorgung nach beamtenrechtlichen oder entsprechenden kirchenrechtlichen Grundsätzen gewährleistet ist;

Beispiel 7:

Ein Arbeitnehmer ist als Lehrer an einer Waldorfschule beschäftigt, die ihren Lehrern eine Altersversorgung nach beamtenrechtlichen Grundsätzen zugesagt hat. Er hat sich von der gesetzlichen Rentenversicherung befreien lassen.

Es ist die **besondere** Lohnsteuertabelle anzuwenden.

– Arbeitnehmer, die nicht der gesetzlichen Rentenversicherungspflicht unterliegen und denen ganz oder teilweise ohne eigene Beitragsleistung eine betriebliche Altersversorgung zugesagt worden ist, z.B. Vorstandsmitglieder von Aktiengesellschaften, beherrschende Gesellschafter-Geschäftsführer einer GmbH; auf Bezüge i.S. des § 19 Abs. 2 Satz 2 Nr. 2 EStG, die nach dem Eintritt in den Ruhestand gezahlt werden, ist die allgemeine Lohnsteuertabelle anzuwenden.

Beispiel 8:

Ein beherrschender Gesellschafter-Geschäftsführer hat von der GmbH eine Versorgungszusage erhalten. Für die Versorgungszusage wendet der Arbeitnehmer keine eigenen Beitragsleistungen auf.

Es ist die **besondere** Lohnsteuertabelle anzuwenden. Der beherrschende Gesellschafter-Geschäftsführer einer GmbH ist zwar nicht sozialversicherungspflichtig, weil er kein Arbeitnehmer i.S. des Sozialversicherungsrechts ist (→ *Geschäftsführer* Rz. 1147), er gehört jedoch zu dem in § 10c Abs. 3 Nr. 2 EStG genannten Personenkreis. Mit der Versorgungszusage der GmbH erwirbt der Geschäftsführer eine Altersversorgung ohne eigene Beitragsleistung.

Beispiel 9:

Der beherrschende Gesellschafter-Geschäftsführer tritt in den Ruhestand und erhält von der GmbH die zugesagten Versorgungsleistungen.

Es ist die **allgemeine** Lohnsteuertabelle anzuwenden.

4. Besonderheiten bei der besonderen Lohnsteuertabelle

1658 Bei Anwendung der besonderen Lohnsteuertabelle (gekürzte Vorsorgepauschale) hat der **Arbeitgeber** folgende Besonderheiten zu berücksichtigen:

– Im **Lohnkonto** ist bei jeder Lohnzahlung neben der einbehaltenen Lohnsteuer der **Großbuchstabe B** einzutragen (§ 41 Abs. 1 Satz 4 EStG). Im Übrigen sind die allgemeinen Aufzeichnungsvorschriften zu beachten (→ *Lohnkonto* Rz. 1493).

– Auf der **Lohnsteuerkarte** ist der **Großbuchstabe B** neben der bescheinigten Lohnsteuer einzutragen, wenn das Dienstverhältnis vor Ablauf des Kalenderjahrs endet und der Arbeit-

geber deshalb die Lohnsteuerbescheinigung während des Kalenderjahrs ausschreiben muss (§ 41b Abs. 1 Nr. 3 EStG; → *Lohnsteuerbescheinigung* Rz. 1553).

Wird die Lohnsteuerbescheinigung nach Ablauf des Kalenderjahrs ausgestellt, so muss der Arbeitgeber für die am 31.12.2002 beschäftigten Arbeitnehmer den Großbuchstaben B in der Lohnsteuerbescheinigung nicht eintragen, weil das Finanzamt bei der Einkommensteuerveranlagung selbständig prüft, welche Vorsorgepauschale anzuwenden ist. Allerdings ist der Arbeitgeber auch nicht verpflichtet, die Eintragung des Großbuchstabens B zu unterlassen. Er kann also – wenn es aus technischen Gründen erforderlich ist – **in allen Fällen** bei Ausschreibung der Lohnsteuerbescheinigung den Großbuchstaben B eintragen.

5. Besonderheiten beim Wechsel der Lohnsteuertabelle

1659 Beim Wechsel der Lohnsteuertabelle innerhalb des Kalenderjahrs sind nachfolgende Besonderheiten zu beachten:

● Der Arbeitgeber darf **keinen Lohnsteuer-Jahresausgleich** für den Arbeitnehmer durchführen, wenn der Arbeitslohn im Ausgleichsjahr unter Berücksichtigung der Vorsorgepauschale nach § 10c Abs. 2 EStG (allgemeine Lohnsteuertabelle) und der Vorsorgepauschale nach § 10c Abs. 3 EStG (besondere Lohnsteuertabelle) zu besteuern war (§ 42b Abs. 1 Nr. 5 EStG). Das bedeutet, dass ein Lohnsteuer-Jahresausgleich in folgenden Fällen ausgeschlossen ist:

– Der Arbeitnehmer hat den Arbeitgeber gewechselt. Der frühere Arbeitgeber hat auf der Lohnsteuerkarte ein „B" bescheinigt, der jetzige Arbeitgeber ermittelt die Lohnsteuer aber unter Berücksichtigung der Vorsorgepauschale nach § 10c Abs. 2 EStG (allgemeine Lohnsteuertabelle).

– Der Arbeitnehmer hat den Arbeitgeber gewechselt. Der frühere Arbeitgeber hat kein „B" bescheinigt, der jetzige Arbeitgeber ermittelt die Lohnsteuer unter Berücksichtigung der Vorsorgepauschale nach § 10c Abs. 3 EStG (besondere Lohnsteuertabelle).

– Der Arbeitnehmer hat den Arbeitgeber nicht gewechselt. Der Arbeitgeber hat jedoch die Lohnsteuer für einige Monate unter Berücksichtigung der Vorsorgepauschale nach § 10c Abs. 3 EStG (besondere Lohnsteuertabelle) und für einige Monate unter Berücksichtigung der Vorsorgepauschale nach § 10c Abs. 2 EStG (allgemeine Lohnsteuertabelle) ermittelt.

● Der Arbeitgeber darf **keinen permanenten Lohnsteuer-Jahresausgleich** für den Arbeitnehmer durchführen, wenn ein Wechsel von der Vorsorgepauschale nach § 10c Abs. 2 EStG zur Vorsorgepauschale nach § 10c Abs. 3 EStG (= Wechsel von der allgemeinen zur besonderen Lohnsteuertabelle) oder umgekehrt stattfindet (R 121 Abs. 1 Nr. 7 LStR).

Von diesem Grundsatz gibt es allerdings eine **Ausnahme:** Da in den Steuerklassen V und VI keine Vorsorgepauschale eingearbeitet ist (→ *Steuertarif* Rz. 2342), ist ein Wechsel in diesen Steuerklassen völlig unerheblich.

Lohnzahlung durch Dritte

1. Allgemeines

1660 Der Arbeitgeber ist nach § 38 Abs. 1 EStG bei der Auszahlung von Arbeitslohn zur Einbehaltung der Lohnsteuer verpflichtet. Dies gilt auch für Arbeitslohn, der im Rahmen eines Dienstverhältnisses **üblicherweise von einem Dritten für eine Arbeitsleistung gezahlt** wird, **sog. echte Lohnzahlung** eines Dritten (§ 38 Abs. 1 Satz 2 EStG). Es besteht daher für den Arbeitgeber nicht die Möglichkeit, die Einbehaltungspflicht der Lohnsteuer dadurch zu umgehen, dass er von dem Arbeitslohn nicht selbst auszahlt, sondern einen Dritten dies für ihn erledigen lässt. Ebenso ist der Arbeitgeber zur Einbehaltung von Lohnsteuer verpflichtet, wenn es sich um eine **sog. unechte Lohnzahlung** eines Dritten handelt. Eine

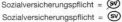
solche ist dann anzunehmen, wenn der Dritte lediglich als Leistungsmittler fungiert (BFH, Urteil vom 30.5.2001, BFH/NV 2001 S. 1482).

Zur Einbehaltung der Lohnsteuer ist **immer der Arbeitgeber verpflichtet;** der Dritte hat keine lohnsteuerlichen Pflichten zu erfüllen. Deshalb verbleibt die Pflicht zur Einbehaltung der Lohnsteuer und ggf. die Haftung für nicht abgeführte Lohnsteuerbeträge stets beim **Arbeitgeber.**

Der Arbeitgeber ist aber nicht in jedem Fall zum Lohnsteuerabzug verpflichtet. Soweit der Arbeitgeber nicht zum Lohnsteuerabzug verpflichtet ist, hat der Arbeitnehmer den Arbeitslohn im Rahmen seiner **Einkommensteuererklärung** zu versteuern (der Arbeitnehmer hat den nicht dem Lohnsteuerabzug unterliegenden Arbeitslohn in der Anlage N einzutragen).

2. Verpflichtung zur Einbehaltung der Lohnsteuer

1661 Der Arbeitgeber ist bei einer Lohnzahlung durch Dritte **in folgenden Fällen** zur Einbehaltung der Lohnsteuer verpflichtet:

– Es besteht zwischen Arbeitgeber und Drittem eine enge Beziehung.

– Die Zahlung erfolgt im Rahmen des Dienstverhältnisses für eine Arbeitsleistung und ist üblich.

– Der Dritte gewährt dem Arbeitnehmer bei Mitwirkung des Arbeitgebers einen Rabatt.

a) Enge Beziehung

1662 Der Arbeitgeber ist grundsätzlich zur Einbehaltung der Lohnsteuer verpflichtet, wenn er in irgendeiner Form tatsächlich oder rechtlich **in die Arbeitslohnzahlung eingeschaltet** ist (BFH, Urteil vom 13.3.1974, BStBl II 1974 S. 411). Er hat aber auch dann die Lohnsteuer vom Arbeitslohn einzubehalten, wenn ein Dritter tatsächlich oder rechtlich in die Auszahlung des Arbeitslohns eingeschaltet wird. Der Arbeitgeber ist deshalb z.B. auch dann zur Einbehaltung der Lohnsteuer verpflichtet, wenn der Arbeitslohn von einem Dritten ausgezahlt wird und **zwischen dem Arbeitgeber und dem Dritten eine enge wirtschaftliche oder tatsächliche Verflechtung** oder enge Beziehung sonstiger Art besteht, z.B. Organverhältnis (BFH, Urteil vom 21.2.1986, BStBl II 1986 S. 768), oder der Dritte in der praktischen Auswirkung nur die **Stellung einer zahlenden Kasse** hat, z.B. selbständige Kasse zur Zahlung von Unterstützungsleistungen (BFH, Urteil vom 28.3.1958, BStBl III 1958 S. 268) oder von Erholungsbeihilfen (BFH, Urteil vom 27.1.1961, BStBl III 1961 S. 167). Dabei ist es ohne Bedeutung, ob der Dritte im Inland oder im Ausland ansässig ist, vgl. R 106 Abs. 1 LStR und H 106 (Lohnsteuerabzug) LStH.

Zur Behandlung der Mitarbeiterbeteiligung an den Liquidationseinnahmen der Chefärzte (→ *Arzt* Rz. 284).

b) Zahlung für eine Arbeitsleistung

1663 Auch wenn zwischen dem Arbeitgeber und einem Arbeitslohn zahlenden Dritten keine Beziehungen bestehen, so hat der Arbeitgeber dennoch die Lohnsteuer einzubehalten und die damit verbundenen sonstigen Pflichten zu erfüllen, wenn der Arbeitslohn von einem Dritten

– im Rahmen des Dienstverhältnisses,

– üblicherweise und

– für eine Arbeitsleistung

gezahlt wird (R 106 Abs. 2 LStR). Diese Voraussetzungen sind z.B. in folgenden Fällen erfüllt:

– **Freiwillige Trinkgelder**, die im Dienstleistungsgewerbe vom Kunden gezahlt werden (→ *Trinkgelder* Rz. 2429),

– **Provisionszahlungen** von Bausparkassen oder Versicherungsunternehmen an Arbeitnehmer der Kreditinstitute für Vertragsabschlüsse, die während der Arbeitszeit vermittelt werden; wenn zum Aufgabengebiet des Arbeitnehmers der direkte Kontakt mit dem Kunden des Kreditinstituts gehört, gilt

dies auch für die Provisionen der Vertragsabschlüsse außerhalb der Arbeitszeit (→ *Provisionen* Rz. 1933),

– **Remunerationen** an Vorstandsmitglieder von Sparkassen; als Remunerationen werden Vergütungen bezeichnet, die Vorstandsmitglieder auf Grund von Kooperationsabkommen zwischen Sparkassen auf der einen und Bausparkassen bzw. Versicherungen auf der anderen Seite erhalten; diese Kooperationsabkommen regeln die Vermittlung von Dienstleistungen der Bausparkassen und Versicherungen durch die Sparkassen.

Beispiel:

Der Sparkassenvorstand S erhält von der Bausparkasse B als Remunerationen bezeichnete Vergütungen.

Die Remunerationen, die S erhält, sind Ausfluss seines Arbeitsverhältnisses zur Sparkasse und gehören zu den Einkünften aus nichtselbständiger Arbeit. Derartige Vergütungen sind im Kooperationsfall üblich. Mithin stellen diese Remunerationen Lohnzahlungen Dritter dar, die nach § 38 Abs. 1 Satz 2 EStG dem Lohnsteuerabzug unterliegen. Soweit die Sparkasse als Arbeitgeber diese Bezüge nicht selbst ermitteln kann, hat sie der Sparkassenvorstand für jeden Lohnzahlungszeitraum anzuzeigen (R 106 Abs. 2 Satz 3 LStR). Von dieser Behandlung sind lediglich die Fälle ausgenommen, in denen der Lohnsteuerabzug durch die Bausparkasse oder Versicherung erfolgt, weil auf Grund besonderer Vereinbarungen ein Dienstverhältnis zwischen diesem Institut und dem Sparkassenvorstand besteht (BMF-Schreiben vom 26.10.1998, DB 1999 S. 309).

c) Rabattgewährung von dritter Seite

1664 Die Finanzverwaltung hat zu der steuerlichen Behandlung von Preisvorteilen, die Arbeitnehmer von dritter Seite erhalten, im BMF-Schreiben vom 27.9.1993, BStBl I 1993 S. 814, Stellung genommen. Zu Einzelheiten siehe → *Rabatte* Rz. 1951.

Soweit die Rabattvorteile von dritter Seite nach diesem BMF-Schreiben zum Arbeitslohn gehören, unterliegen sie dem Lohnsteuerabzug (§ 38 Abs. 1 Satz 1 EStG).

3. Lohnsteuerabzugsverfahren

1665 Wenn der Arbeitgeber die **Höhe der Lohnzahlungen** von dritter Seite nicht selbst ermitteln kann, sollte der **Arbeitnehmer** sie ihm für jeden Lohnzahlungszeitraum **schriftlich anzeigen.** Der Arbeitnehmer sollte die Richtigkeit seiner Angaben durch Unterschrift bestätigen. Der Arbeitgeber hat die Anzeige als Beleg zum Lohnkonto **aufzubewahren** und die bezeichneten Bezüge zusammen mit dem übrigen Arbeitslohn des Arbeitnehmers dem Lohnsteuerabzug zu unterwerfen (R 106 Abs. 2 Sätze 3 bis 5 LStR). **Dabei kann folgende Erklärung verwendet werden:**

Erklärung

(☐ = Zutreffendes jeweils ankreuzen bzw. ausfüllen,
nicht Zutreffendes streichen)

Mir ist bekannt, dass Zahlungen, die ich von dritter Seite im Rahmen meines Dienstverhältnisses üblicherweise erhalte, lohnsteuerpflichtig sind.

Ich erkläre hiermit unter Versicherung der Richtigkeit meiner Angaben, dass ich

☐ im Monat ....

☐ in der Zeit vom ....

bis ....

☐ .... € erhalten habe.

☐ keine der oben genannten Zahlungen erhalten habe.

.... , den ....

(Unterschrift)

Wenn der vom Arbeitgeber geschuldete **Barlohn zur Deckung der Lohnsteuer nicht ausreicht**, hat der Arbeitnehmer dem Arbeitgeber den Fehlbetrag zur Verfügung zu stellen (§ 38 Abs. 4 EStG). Soweit der Arbeitnehmer seiner Verpflichtung nicht nachkommt, kann der Arbeitgeber dies dem Betriebsstättenfinanzamt (§ 41a Abs. 1 Satz 1 Nr. 1 EStG) anzeigen. Das Finanzamt hat die zu wenig erhobene Lohnsteuer vom Arbeitnehmer nachzufordern.

Nach Auffassung des Bundesfinanzhofs (Urteil vom 24.10.1997, BStBl II 1999 S. 323, betr. Trinkgelder im Gaststättengewerbe) unterliegen Drittlöhne dem Lohnsteuerabzug durch den Arbeitgeber aber nur insoweit, als dieser über deren Höhe in Kenntnis gesetzt wird, z.B. dadurch, dass er in den Zahlungsvorgang eingeschaltet wird oder dass der Arbeitnehmer über derartige Zuflüsse Angaben macht. Jedenfalls hat der Arbeitgeber keine Handhabe, den Arbeitnehmer zu einer Erklärung zu zwingen.

Der Arbeitgeber hat keine Lohnsteuer einzubehalten von Bezügen, die nicht im Rahmen des Dienstverhältnisses gezahlt werden, z.B. vom Arbeitslohn aus einem zweiten oder weiteren Dienstverhältnis (R 106 Abs. 2 Satz 6 LStR). Dasselbe gilt, wenn keine engen Beziehungen bestehen, bei Bezügen, die nicht üblicherweise von einem Dritten oder nicht für eine Arbeitsleistung gezahlt werden (R 106 Abs. 2 Satz 7 LStR). Zahlt im Fall unerlaubter Arbeitnehmerüberlassung der Entleiher anstelle des Verleihers den Arbeitslohn an die Arbeitnehmer, so ist nach R 106 Abs. 2 Satz 8 LStR der Entleiher regelmäßig nicht Dritter, sondern Arbeitgeber i.S. des § 38 Abs. 1 Satz 1 Nr. 1 EStG (vgl. R 146 Abs. 1 LStR).

4. Haftung

1666 Der **Arbeitgeber haftet grundsätzlich nicht** für die Lohnsteuer, die er **infolge unvollständiger oder unrichtiger Angaben** des **Arbeitnehmers** zu wenig einbehalten hat (R 106 Abs. 5 LStR).

5. Sozialversicherung

1667 Die steuerlichen Grundsätze für die Lohnzahlung durch Dritte gelten für die Sozialversicherung entsprechend. Obwohl § 14 SGB IV (Arbeitsentgelt) keine entsprechende Regelung enthält, kann unter Bezugnahme auf die Rechtsprechung des Bundessozialgerichts (Urteil vom 26.10.1988 – 12 RK 18/87 – USK 8899) insoweit von einem Gleichklang ausgegangen werden.

Siehe auch → *Arbeitnehmerüberlassung* Rz. 180.

Lösegeld

1668 Höchstrichterlich noch nicht eindeutig geklärt ist, ob Lösegeldzahlungen des Arbeitgebers zur Befreiung von Arbeitnehmern

- steuerpflichtiger **Arbeitslohn** sind (in diesem Sinne BFH, Beschluss vom 22.2.2001 BFH/NV 2001 S. 1048, betr. Lösegeldzahlungen einer GmbH für ihren Gesellschafter als verdeckte Gewinnausschüttung)

- oder **im ganz überwiegenden betrieblichen Interesse des Arbeitgebers liegen und damit kein Arbeitslohn** sind (so FG Nürnberg, Urteil vom 13.3.1986, EFG 1986 S. 493, betr. Übernahme der Kaution für einen Berufskraftfahrer, der auf einer Geschäftsfahrt durch die DDR einen schweren Unfall verursacht hatte).

U.E. ist **Arbeitslohn** anzunehmen, weil die Arbeitnehmer immer auch ein erhebliches Eigeninteresse an der Übernahme des Lösegeldes durch den Arbeitgeber haben dürften, der geldwerte Vorteil zudem von erheblichem Gewicht ist (es handelt sich regelmäßig um hohe Zahlungen) und bei Kostenübernahme von Aufwendungen für die Lebensführung – hierunter fallen alle Aufwendungen zum Schutz des eigenen Lebens – durch den Arbeitgeber typisierend Arbeitslohn anzunehmen ist (vgl. BFH, Urteil vom 5.5.1994, BStBl II 1994 S. 771, betr. die verbilligte Mahlzeitengewährung durch den Arbeitgeber).

⌐LSt⌐ ⌐SV⌐

Zu Aufwendungen des Arbeitnehmers für die Bewachung von Arbeitnehmern und für Sicherheitseinrichtungen am Haus oder dem Pkw seiner Arbeitnehmer siehe → *Bewachung* Rz. 578.

Lotsen

1669 Lotsen sind in der Regel keine Arbeitnehmer, sondern üben eine freiberufliche Tätigkeit i.S. des § 18 Abs. 1 Nr. 1 EStG aus (zuletzt BFH, Urteil vom 31.7.1996, BFH/NV 1997 S. 279). Zum Abzug der Fahrtkosten siehe FinMin Schleswig-Holstein, Erlass vom 31.7.1998, DStR 1998 S. 1555.

Mahlzeiten

1. Allgemeines

1670 Die Aufwendungen des Arbeitnehmers für Essen und Trinken sind im Allgemeinen Kosten der privaten Lebensführung und damit keine Werbungskosten bei den Einkünften aus nichtselbständiger Arbeit. Dies gilt auch dann, wenn berufsbedingt erhöhte Kosten anfallen (BFH, Urteil vom 21.1.1994, BStBl II 1994 S. 414). Auch ungewöhnlich lange Arbeitsschichten, z.B. der 24-Stunden-Dienst eines Feuerwehrmanns, berechtigen nicht zur Abziehbarkeit von Verpflegungsmehraufwendungen als Werbungskosten (BFH, Urteil vom 31.1.1997, BFH/NV 1997 S. 475). Ein **Werbungskostenabzug** kommt nach diesem Urteil allenfalls für „vergebliche Speisen" in Betracht, wenn z.B. ein Feuerwehrmann sein Essen wegen eines Einsatzes nicht einnehmen konnte und er nach Rückkehr, weil die Speise ungenießbar geworden war, erneut ein Essen herrichten musste. Solche vergeblichen Aufwendungen müssen aber im Einzelnen nachgewiesen werden.

Ausnahmen von diesem grundsätzlichen Nichtabzugsverbot von Mahlzeiten gelten bei

- Mehraufwendungen für Verpflegung anlässlich von Auswärtstätigkeiten (→ *Reisekosten: Allgemeine Grundsätze* Rz. 1994);

- Mehraufwendungen für Verpflegung anlässlich einer doppelten Haushaltsführung (→ *Doppelte Haushaltsführung: Allgemeines* Rz. 730).

Trägt der Arbeitgeber ganz oder teilweise **die Aufwendungen für** die während der Arbeitszeit eingenommenen **Mahlzeiten** des Arbeitnehmers, so besteht darin grundsätzlich ein **geldwerter Vorteil des Arbeitnehmers**, der auch steuer- und beitragspflichtig ist.

 ⌐LSt⌐ ⌐SV⌐

In folgenden Ausnahmefällen ist die Gewährung von Mahlzeiten allerdings als **im ganz überwiegenden betrieblichen Interesse des Arbeitgebers** nicht als Arbeitslohn anzusehen und damit nicht steuer- und beitragspflichtig:

- Mahlzeiten im Rahmen herkömmlicher Betriebsveranstaltungen (→ *Betriebsveranstaltungen* Rz. 563),

- Mahlzeiten anlässlich und während eines außergewöhnlichen Arbeitseinsatzes (→ *Arbeitsessen* Rz. 213),

- Mahlzeiten anlässlich einer geschäftlich veranlassten Bewirtung (→ *Bewirtungskosten* Rz. 584),

- Zusatzverpflegung in gesundheitsgefährdeten Betrieben (→ *Zusatzverpflegung* Rz. 2773).

⌐Lȿ⌐ ⌐SV⌐

2. Definition des Begriffs Mahlzeit

1671 Zu den Mahlzeiten gehören alle Speisen und Lebensmittel, die üblicherweise der Ernährung dienen, einschließlich der dazu üblichen Getränke, vgl. H 31 (7) (Begriff der Mahlzeit) LStH. Zu den Mahlzeiten gehören demnach alle warmen und kalten Speisen, unabhängig davon, ob es sich um eine vollständige Mahlzeit oder um eine Teilmahlzeit handelt, z.B. belegte Brötchen, eine Suppe, ein Salat, Würstchen mit Brot oder ein Drei-Gänge-Menü. Getränke gehören zu den Mahlzeiten, wenn sie üblicherweise zu den Mahlzeiten eingenommen werden, z.B. ein Erfrischungsgetränk zum Essen oder ein Kaffee im unmittelbaren Anschluss an ein Mittagessen.

Getränke, die nicht unmittelbar zur Mahlzeit gereicht werden, z.B. kostenlose Getränke zwischen den Mahlzeiten, sind nicht mit einzubeziehen; diese Getränke gehören in der Regel als Aufmerksamkeiten nicht zum Arbeitslohn (→ *Annehmlichkeiten* Rz. 134).

Zu den Mahlzeiten, die mit dem Sachbezugswert anzusetzen sind (→ *Mahlzeiten* Rz. 1672), gehören auch Lebensmittel, die der Arbeitnehmer in der Kantine einkauft, um sie während der Arbeitszeit zu verzehren, z.B. Brot, Butter, Wurst, Gebäck. Dabei ist der Grund für den Einkauf der Lebensmittel nebensächlich. Es kann sein, dass der Arbeitgeber keine warmen Mahlzeiten in der Kantine herstellt. Es kann aber auch sein, dass der Arbeitnehmer die Gerichte gesundheitlich nicht verträgt, dass sie ihm nicht gefallen oder dass er zu den kantinenüblichen Esszeiten nicht im Betrieb anwesend ist (BFH, Urteil vom 21.3.1975, BStBl II 1975 S. 486). Nach Auffassung der Finanzverwaltung ist auch ein kleiner Imbiss in Form von belegten Broten, Joghurt oder Kuchen, der zum Frühstück ausgegeben wird, mit dem Sachbezugswert von 1,40 € anzusetzen.

Nach Ansicht des Bundesfinanzhofs (Urteil vom 7.11.1975, BStBl II 1976 S. 50) ist auch ein Verzehr im unmittelbaren Anschluss an die Arbeitszeit unschädlich für die Bewertung mit dem Sachbezugswert, und zwar unabhängig davon, ob der Arbeitnehmer tagsüber auswärts tätig war oder nicht.

3. Ansatz der Sachbezugswerte

a) Anwendungsbereich

1672 Mahlzeiten, die dem Arbeitnehmer vom Arbeitgeber als Sachbezug zur Verfügung gestellt werden, sind mit dem maßgebenden amtlichen Sachbezugswert nach der Sachbezugsverordnung zu bewerten (R 31 Abs. 7 Nr. 1 LStR).

Die Sachbezugswerte für Mahlzeiten dürfen jedoch in folgenden Fällen **nicht angesetzt** werden:

– Soweit der Arbeitgeber die Mahlzeiten überwiegend nicht für die Arbeitnehmer zubereitet und der Wert des geldwerten Vorteils nach § 8 Abs. 3 EStG mit dem Endpreis am Abgabeort zu ermitteln ist (allerdings nach Abzug eines Bewertungsabschlags von 4 % und des Rabattfreibetrags von 1 224 €), vgl. → *Rabatte* Rz. 1938.

Beispiel 1:

Ein Hotelbetrieb gewährt seinen Arbeitnehmern ein Mittagessen für 3 €, das speziell für die Arbeitnehmer zubereitet wird und nicht auf der Speisekarte steht.

Die Mahlzeit ist mit dem Sachbezugswert für eine Mahlzeit zu bewerten; ein geldwerter Vorteil entsteht nicht.

Beispiel 2:

Die Arbeitnehmer können sich die Mahlzeit von der Speisekarte aussuchen.

Der Sachbezugswert ist nicht anzusetzen, sondern die Bewertung der Mahlzeit erfolgt nach § 8 Abs. 3 EStG (Preis auf der Speisekarte abzgl. 4 % Abschlag unter Beachtung des Freibetrags von jährlich 1 224 €).

– Soweit der Arbeitgeber Zuschüsse an die Arbeitnehmer auszahlt und die Verwendung der Zuschüsse nicht kontrolliert; in diesem Fall ist der Wert des Zuschusses als Arbeitslohn zu erfassen.

Beispiel 3:

Ein Arbeitgeber ohne eigene Kantine gewährt seinen Arbeitnehmern jeweils für eine Mittagsmahlzeit einen Zuschuss in Höhe von 5 €. Der Zuschuss wird den Arbeitnehmern wöchentlich bar ausgezahlt. Den Arbeitnehmern steht es frei, ob und wo sie essen gehen.

Der „Essenzuschuss" ist nicht mit dem Sachbezugswert anzusetzen, sondern mit dem tatsächlichen Wert von 5 € der Lohnversteuerung zu unterwerfen.

Auf Mahlzeiten, die der Arbeitgeber nicht zur üblichen arbeitstäglichen Beköstigung seiner Arbeitnehmer abgibt, sind die amtlichen Sachbezugswerte ebenfalls nicht anwendbar. Diese Mahlzeiten sind mit ihren üblichen Endpreisen zu bewerten (BFH, Urteil vom 6.2.1987, BStBl II 1987 S. 355), soweit sie zum Arbeitslohn gehören (→ *Arbeitsessen* Rz. 212).

b) Höhe der Sachbezugswerte

aa) Monatliche Werte

1673 Der Wert der einem Arbeitnehmer zur Verfügung gestellten Verpflegung beträgt nach § 1 SachBezV **monatlich 192,60 €**. Wird Verpflegung teilweise zur Verfügung gestellt, sind anzusetzen

– für Frühstück	42,10 €,
– für Mittagessen	75,25 €,
– für Abendessen	75,25 €.

Diese Werte gelten einheitlich **in den alten und neuen Bundesländern**. Für Jugendliche unter 18 Jahren und Auszubildende vermindern sich diese Werte seit 1999 nicht mehr. Wird die Verpflegung keinen ganzen Monat gewährt, so ist für jeden Tag, an dem der Arbeitnehmer verpflegt wird, ein Dreißigstel des Monatswerts zu Grunde zu legen. **Seit 1999** sind die Berechnungen der anteiligen Sachbezugswerte **jeweils auf zwei Dezimalstellen** durchzuführen. Dabei ist die letzte Dezimalstelle kaufmännisch zu runden.

Eine **Tabelle mit allen Einzelwerten** in Euro ist im Anhang abgedruckt, vgl. → *B. Sozialversicherung* Rz. 2807.

Wird Verpflegung nicht nur dem Arbeitnehmer, sondern auch seinen **nicht bei demselben Arbeitgeber** beschäftigten Familienangehörigen zur Verfügung gestellt, so erhöhen sich diese Werte für jeden Familienangehörigen,

– der das 18. Lebensjahr vollendet hat, um	**80 %**,
– der das 14., aber noch nicht das 18. Lebensjahr vollendet hat, um	**60 %**,
– der das 7., aber noch nicht das 14. Lebensjahr vollendet hat, um	**40 %**,
– der das 7. Lebensjahr noch nicht vollendet hat, um	**30 %**.

Bei der Berechnung des Wertes für **Kinder** bleibt das Lebensalter des Kindes im ersten Lohnzahlungszeitraum des Kalenderjahrs maßgebend. Ist ein Ehepaar bei demselben Arbeitgeber beschäftigt, ist für jeden Ehegatten der volle Sachbezugswert anzusetzen. Für Kinder sind die Erhöhungswerte dann beiden Ehegatten je zur Hälfte zuzurechnen.

Beispiel:

Ein Arbeitnehmer erhält von seinem Arbeitgeber für sich und seine nicht berufstätige Tochter freie Verpflegung. Die Tochter hat am 8.3.2002 das 14. Lebensjahr vollendet.

Die Tochter hat im Januar 2002 das 14. Lebensjahr noch nicht vollendet, so dass der Zuschlag für die Verpflegung der Tochter 40 % beträgt, und zwar für das ganze Kalenderjahr 2002. Der Sachbezugswert beträgt monatlich:

– Für den Arbeitnehmer (100 % von 192,60 €)	192,60 €
– für die Tochter (40 % von 192,60 €)	77,04 €
Insgesamt	269,64 €

bb) Arbeitstägliche Werte

1674 Mahlzeiten, die der Arbeitgeber **arbeitstäglich** unentgeltlich oder verbilligt im Betrieb abgibt, z.B. in einer **selbst betriebenen Kantine, Gaststätte** oder vergleichbaren Einrichtung, sind mit dem maßgebenden amtlichen Sachbezugswert nach der Sachbezugsverordnung zu bewerten (R 31 Abs. 7 Nr. 1 LStR). **Dabei sind die Tageswerte maßgebend**, die die Finanzverwaltung durch Verwaltungsanweisung jährlich festsetzt (z.B. für 2002 durch BMF-Schreiben vom 9.11.2001, BStBl I 2001 S. 817).

Die Sachbezugswerte 2002 für **Frühstück, Mittag- und Abendessen** betragen für lohnsteuerliche Zwecke:

	Arbeitnehmer	Jugendliche/Auszubildende
Frühstück	1,40 €	1,40 €
Mittagessen	2,51 €	2,51 €
Abendessen	2,51 €	2,51 €

cc) Unentgeltliche und (teil-)entgeltliche Mahlzeiten

1675 Diese Werte sind für eine Mahlzeit anzusetzen, wenn der Arbeitnehmer die Mahlzeit **unentgeltlich** erhält. Muss der Arbeitnehmer dagegen für die Mahlzeit ein Entgelt zahlen, ist die Mahlzeitengewährung also nicht unentgeltlich, sondern zumindest **teilentgeltlich**, so ist ein geldwerter Vorteil als Arbeitslohn zu erfassen, wenn und soweit der vom Arbeitnehmer für eine Mahlzeit gezahlte Preis (einschließlich Umsatzsteuer) den maßgebenden amtlichen Sachbezugswert unterschreitet. D.h., zahlt der Arbeitnehmer jeweils ein Entgelt in Höhe des Sachbezugswerts, ist ein geldwerter Vorteil nicht zu erfassen (R 31 Abs. 7 Nr. 3 LStR).

Beispiel 1:

Die Arbeitnehmer müssen für jedes Mittagessen im Betrieb 2 € bezahlen.

Die Arbeitnehmer (einschließlich Jugendliche und Auszubildende) haben pro Mahlzeit 0,51 € (2,51 € ⁄ 2 €) als Arbeitslohn zu versteuern.

Der Sachbezugswert gilt demnach auch für preiswerte Mahlzeiten, deren tatsächlicher Wert unter dem Sachbezugswert liegt. Ein Wahlrecht zwischen dem Sachbezugswert und dem tatsächlichen Preis besteht nicht.

Beispiel 2:

Der Arbeitgeber gewährt in der eigenen Kantine kostenlose Mahlzeiten. Ein Arbeitnehmer bestellt sich zum Mittagessen eine Frikadelle mit Pommes frites im Wert von 2,20 €.

Die Mahlzeit ist mit dem Sachbezugswert von 2,51 € anzusetzen und zu versteuern, obwohl der tatsächliche Wert der Mahlzeit geringer ist.

Andererseits deckt der Sachbezugswert **auch** den **Preis für die Getränke** mit ab, so dass der Preis für ein Getränk auf den Sachbezugswert angerechnet wird.

Beispiel 3:

Der Arbeitgeber gewährt in der eigenen Kantine kostenlose Mahlzeiten. Ein Arbeitnehmer bestellt sich zum Mittagessen ein 3-Gänge-Menü im Wert von 13 €. Zum Essen bestellt er sich ein Bier, für das er 2,60 € zahlt.

Da die üblichen Getränke zu den Mahlzeiten gehören, zahlt der Arbeitnehmer insgesamt für das Mittagessen einen Preis von 2,60 €. Dieser Preis liegt über dem Sachbezugswert, so dass keine Versteuerung erfolgt.

Gewährt der Arbeitgeber seinen Arbeitnehmern **unentgeltlich** Mahlzeiten, so sind diese auch dann mit den Sachbezugswerten anzusetzen, wenn der tatsächliche Wert der Mahlzeit den Sachbezugswert überschreitet.

Beispiel 4:

Ein Arbeitgeber hat für seine Arbeitnehmer eine Kantine eingerichtet. Der Wert der an die Arbeitnehmer abgegebenen Mittagessen beträgt 8 €.

Die Arbeitnehmer haben lediglich den Sachbezugswert von 2,51 € als Arbeitslohn zu versteuern. Der restliche Wert der Mahlzeit (5,49 €) fließt den Arbeitnehmern steuerfrei zu.

4. Mahlzeiten im Betrieb

1676 Wie bereits erwähnt, sind Mahlzeiten, die arbeitstäglich durch eine **vom Arbeitgeber selbst betriebene Kantine, Gaststätte** oder vergleichbare Einrichtung abgegeben werden, mit dem anteiligen amtlichen Sachbezugswert nach der Sachbezugsverordnung zu bewerten. Dabei spielt es keine Rolle, ob der Arbeitgeber für seine Arbeitnehmer Essenmarken ausgibt oder nicht; ebenso bedeutungslos ist der Wert der evtl. ausgegebenen Essenmarken. Bei einer Mahlzeitengewährung **im Betrieb** ist immer der Sachbezugswert (gemindert um Zahlungen des Arbeitnehmers für die Mahlzeit) anzusetzen.

Wenn der Arbeitgeber **unterschiedliche Mahlzeiten** zu unterschiedlichen Preisen verbilligt oder unentgeltlich an die Arbeitnehmer abgibt und die Lohnsteuer nach § 40 Abs. 2 EStG pauschal erhoben werden soll, kann der geldwerte Vorteil mit dem Durchschnittswert der Pauschalbesteuerung zu Grunde gelegt werden. Die Durchschnittsbesteuerung braucht nicht tageweise durchgeführt zu werden, sie darf sich auf den gesamten Lohnzahlungszeitraum erstrecken (R 31 Abs. 7 Nr. 5 LStR). Die Durchschnittsberechnung bleibt auch dann zulässig, wenn sich bei der Berechnung der pauschal zu versteuernden Mahlzeiten kein geldwerter Vorteil ergibt.

Bietet der Arbeitgeber bestimmte Mahlzeiten nur einem Teil seiner Arbeitnehmer an, z.B. in einem Vorstandskasino, so sind diese Mahlzeiten nicht in die Durchschnittsberechnung einzubeziehen. Unterhält der Arbeitgeber mehrere Kantinen, so ist der Durchschnittswert für jede einzelne Kantine zu ermitteln.

Ist die Ermittlung des Durchschnittswerts wegen der Menge der zu erfassenden Daten besonders aufwendig, kann sie für einen repräsentativen Zeitraum und bei einer Vielzahl von Kantinen für eine repräsentative Auswahl der Kantinen durchgeführt werden.

Beispiel 1:

Ein Arbeitgeber gibt in einer selbst betriebenen Kantine verschiedene Menüs zu verschiedenen Preisen ab. Nach Ablauf des Monats Juli (Monat = Lohnzahlungszeitraum) ergibt sich folgende Situation:

Menüart	Preis	Anzahl der Essen	Insgesamt
Tagesmenü A	2,20 €	500	1 100 €
Tagesmenü B	3,20 €	400	1 280 €
Vegetarisches Menü	2,70 €	200	540 €
Schlemmermenü	4,— €	300	1 200 €
Quickmenü	1,80 €	600	1 080 €
Insgesamt		**2 000**	**5 200 €**

Der Durchschnittswert aller Menüs errechnet sich wie folgt:

$$\frac{\text{Menüpreis für alle Arbeitnehmer}}{\text{Anzahl der insgesamt ausgegebenen Menüs}} = \frac{5\,200\,€}{2\,000} = 2,60\,€$$

Für den Monat Juli ist kein geldwerter Vorteil bei den einzelnen Arbeitnehmern zu versteuern, denn der Durchschnittsbetrag ist höher als der amtliche Sachbezugswert von 2,51 €. Die teuren Essen haben den „Vorteil" bei den billigen Essen ausgeglichen.

Beispiel 2:

Der Arbeitgeber bietet in einer selbst betriebenen Kantine verschiedene Menüs „unentgeltlich" an. Auf Grund einer Betriebsvereinbarung werden jedem der 70 Arbeitnehmer pro Monat als Ausgleich hierfür 25 € vom Arbeitslohn einbehalten; bei den 5 Auszubildenden beträgt der Einbehalt nur 15 €. Die während des Mittagessens verkauften Getränke werden getrennt vom übrigen Getränkeverkauf aufgezeichnet. Im Monat November betragen sie 575 €. Im Monat November sind insgesamt 950 Mahlzeiten abgegeben worden, davon 50 Mahlzeiten an Auszubildende.

Die Abgabe der Mahlzeiten erfolgt nicht unentgeltlich, denn der Einbehalt ist als Zuzahlung der Arbeitnehmer anzusehen; dies gilt auch für die während des Mittagessens abgegebenen Getränke. Im Monat November ergibt sich somit folgende Berechnung:

– Summe der Sachbezugswerte

   a) Abgabe an Arbeitnehmer:
   900 Mahlzeiten × 2,51 € =   2 259,— €

   b) Abgabe an Auszubildende:
   50 Mahlzeiten × 2,51 € =   125,50 €

   Sachbezugswerte insgesamt   2 384,50 €

– Summe der Zuzahlungen

   a) Pauschale Zahlungen der Arbeitnehmer:
   70 Arbeitnehmer × 25 € =   1 750,— €

   b) Pauschale Zahlungen der Auszubildenden:
   5 Auszubildende × 15 € =   75,— €

   Pauschale Zahlungen insgesamt   1 825,— €

   c) Zuzahlungen aus Getränkeverkauf   575,— €

   Zuzahlungen insgesamt   2 400,— €

Die Zuzahlungen der Arbeitnehmer übersteigen insgesamt die Sachbezugswerte für die abgegebenen Mahlzeiten, so dass für November kein Sachbezug zu versteuern ist.

5. Mahlzeiten außerhalb des Betriebes

1677 Mahlzeiten, die die Arbeitnehmer in einer nicht vom Arbeitgeber selbst betriebenen Kantine, Gaststätte oder vergleichbaren Einrichtung erhalten, sind ebenfalls mit dem anteiligen amtlichen Sachbezugswert zu bewerten, wenn der Arbeitgeber **auf Grund vertraglicher Vereinbarung** durch Barzuschüsse oder andere Leistungen, z.B. durch verbilligte Überlassung von Räumen, Energie oder Einrichtungsgegenständen, **zur Verbilligung der Mahlzeiten beiträgt**. Es ist nicht erforderlich, dass die Mahlzeiten im Rahmen eines Reihengeschäfts zunächst an den Arbeitgeber und danach von diesem an die Arbeitnehmer abgegeben werden (R 31 Abs. 7 Nr. 2 LStR).

6. Essenmarken

1678 Erhält ein Arbeitnehmer von seinem Arbeitgeber **Essenmarken** (Essengutscheine, Restaurantschecks), die von einer Gaststätte oder vergleichbaren Einrichtung bei der Abgabe von Mahlzeiten in Zahlung genommen werden, so ist die Essenmarke **nur unter besonderen Voraussetzungen** nicht mit ihrem ausgewiesenen Verrechnungswert, sondern die Mahlzeit als Sachbezug dem Arbeitslohn zuzurechnen und mit dem amtlichen Sachbezugswert anzusetzen (R 31 Abs. 7 Nr. 4 LStR):

a) Bewertung als Sachbezug

1679 Die Erfassung der Mahlzeit als Sachbezug anstelle der Essenmarke und ihre Bewertung mit dem Sachbezugswert setzen nach R 31 Abs. 7 Nr. 4 LStR voraus, dass

– **tatsächlich eine Mahlzeit** abgegeben wird. Lebensmittel sind nur dann als Mahlzeit anzuerkennen, wenn sie zum unmittelbaren Verzehr geeignet oder zum Verbrauch während der Essenpausen bestimmt sind,

– für jede Mahlzeit lediglich **eine Essenmarke täglich** in Zahlung genommen wird,

– der Verrechnungswert der Essenmarke den amtlichen Sachbezugswert einer Mittagsmahlzeit **um nicht mehr als 3,10 € übersteigt**,

– die Essenmarke **nicht an Arbeitnehmer** ausgegeben wird, die eine **Dienstreise** ausführen oder die eine **Einsatzwechseltätigkeit** oder eine **Fahrtätigkeit** ausüben.

Dies gilt auch dann, wenn zwischen Arbeitgeber und der Gaststätte keine unmittelbaren vertraglichen Beziehungen bestehen, weil ein Unternehmen eingeschaltet ist, das die Essenmarken ausgibt.

Um sicherzustellen, dass lediglich eine Essenmarke täglich in Zahlung genommen wird, hat der Arbeitgeber für jeden Arbeitnehmer die Tage der Abwesenheit z.B. infolge von Dienstreisen, Urlaub oder Erkrankung festzustellen und die für diese Tage ausgegebenen Essenmarken zurückzufordern oder die Zahl der im Folgemonat auszugebenden Essenmarken um die Zahl der Abwesenheitstage zu vermindern. **Die Pflicht zur Feststellung der Abwesenheitstage** und zur Anpassung der Zahl der Essenmarken im Folgemonat **entfällt für Arbeitnehmer**, die im Kalenderjahr durchschnittlich an nicht mehr als drei Arbeitstagen je Kalendermonat Dienstreisen ausführen, wenn **keiner** dieser Arbeitnehmer im Kalendermonat **mehr als 15 Essenmarken** erhält.

b) Höhe des Sachbezugswerts

1680 Ist bei Essenmarken der Wert der erhaltenen Mahlzeit **mit dem Sachbezugswert** anzusetzen und muss der Arbeitnehmer ein Entgelt für die Essenmarke zahlen, so ist diese Zahlung vom Sachbezugswert abzuziehen. Als geldwerter Vorteil ist lediglich der Differenzbetrag zwischen dem amtlichen Sachbezugswert und dem Entgelt des Arbeitnehmers für die Mahlzeit, höchstens aber der Wert der Essenmarke anzusetzen (R 31 Abs. 7 Nr. 4 LStR).

Beispiel 1:

Ein Arbeitgeber gibt an seine Arbeitnehmer Essenmarken im Wert von 1,25 € kostenlos aus, die in der von einem Pächter bewirtschafteten Kantine entgegengenommen werden. Der Arbeitnehmer zahlt für jedes Essen 1,50 €.

Sachbezugswert für das Mittagessen:	2,51 €
Zuzahlung des Arbeitnehmers:	1,50 €
Differenz	1,01 €
Wert der Essenmarke	1,25 €

Da die Differenz zwischen Sachbezugswert und Zuzahlung des Arbeitnehmers **niedriger** ist als der Wert der Essenmarke, ist die Differenz von 1,01 € als geldwerter Vorteil zu versteuern.

Beispiel 2:

Der Arbeitnehmer isst eine Currywurst mit Brot im Wert von 1,60 € und zahlt lediglich 0,35 €.

Sachbezugswert für das Mittagessen:	2,51 €
Zuzahlung des Arbeitnehmers:	0,35 €
Differenz	2,16 €
Wert der Essenmarke	1,25 €

Da die Differenz zwischen Sachbezugswert und Zuzahlung des Arbeitnehmers **höher** ist als der Wert der Essenmarke, ist der Wert der Essenmarke von 1,25 € als geldwerter Vorteil zu versteuern.

Beispiel 3:

Der Arbeitnehmer isst eine Currywurst mit Brot im Wert von 1,60 € und zahlt lediglich 0,35 €, die Kantine wird allerdings vom Arbeitgeber **selbst** betrieben.

Sachbezugswert für das Mittagessen:	2,51 €
Zuzahlung des Arbeitnehmers:	0,35 €
Differenz	2,16 €

Bei einer vom Arbeitgeber selbst betriebenen Kantine ist **immer** der Sachbezugswert (abzgl. Zuzahlung des Arbeitnehmers) anzusetzen. Der Wert der Essenmarke ist in diesen Fällen bedeutungslos. Der geldwerte Vorteil beträgt somit 2,16 €.

c) Barlohnverzicht

Wird der Arbeitsvertrag dahin gehend **geändert**, dass der Arbeitnehmer **anstelle von Barlohn Essenmarken** erhält, so vermindert sich dadurch der Barlohn in entsprechender Höhe (BFH, Beschluss vom 20.8.1997, BStBl II 1997 S. 667). Die Essenmarken sind in diesem Falle zu erfassen, und zwar entweder mit dem Sachbezugswert oder mit dem Verrechnungswert (R 31 Abs. 7 Nr. 4 Buchst. c LStR). **1681**

Beispiel 1:

Ein Arbeitnehmer hat bislang einen monatlichen Barlohn von 3 500 €. Er vereinbart mit seinem Arbeitgeber, dass dieser ihm zukünftig monatlich 15 Essenmarken gibt, die einen Verrechnungswert von jeweils 5 € haben. Im Hinblick auf die Essenmarken wird **im Arbeitsvertrag der Barlohn** von 3 500 € um 50 € auf 3 450 € **herabgesetzt**.

Der Verrechnungswert der Essenmarken übersteigt den Sachbezugswert von 2,51 € um nicht mehr als 3,10 € (5 € ✗ 2,51 € = 2,49 €). Dem Barlohn von 3 450 € ist daher der Wert der Mahlzeit mit dem Sachbezugswert von 37,65 € (15 × 2,51 €) hinzuzurechnen. Der Arbeitnehmer hat in diesem Falle monatlich 3 487,65 € zu versteuern.

Beispiel 2:

Sachverhalt wie Beispiel 1, jedoch beträgt der Verrechnungswert der Essenmarken jeweils 6 €.

Der Verrechnungswert der Essenmarken übersteigt den Sachbezugswert von 2,51 € um mehr als 3,10 € (6 € ✗ 2,51 € = 3,49 €). Dem Barlohn von 3 450 € ist daher der Wert der Mahlzeit mit dem Verrechnungswert der Essenmarken von 90 € (15 × 6 €) hinzuzurechnen. Der Arbeitnehmer hat in diesem Falle monatlich 3 540 € zu versteuern.

Ohne Änderung des Arbeitsvertrags führt der Austausch von Barlohn durch Essenmarken nicht zu einer Herabsetzung des steuerpflichtigen Barlohns. In diesem Fall ist der Betrag, um den sich der ausgezahlte Barlohn verringert, als Entgelt für die Mahlzeit oder Essenmarke anzusehen und von dem für die Essenmarke maßgebenden Wert abzusetzen.

Beispiel 3:

Ein Arbeitnehmer hat einen monatlichen Barlohn von 3 500 €. Er vereinbart mit seinem Arbeitgeber, dass dieser ihm zukünftig monatlich 15 Essenmarken gibt, die einen Verrechnungswert von jeweils 5 € haben. Im Hinblick auf die Essenmarken zahlt der Arbeitnehmer dem Arbeitgeber **ohne Änderung des Arbeitsvertrags** monatlich 50 € für die Essenmarken.

Der Verrechnungswert der Essenmarken übersteigt den Sachbezugswert von 2,51 € um nicht mehr als 3,10 € (5 € ✗ 2,51 € = 2,49 €). Der Wert der Mahlzeit ist mit dem Sachbezugswert von 37,65 € (15 × 2,51 €) anzusetzen. Hiervon ist das Entgelt des Arbeitnehmers von 50 € abzuziehen, so dass der Arbeitnehmer keinen Vorteil durch die Essenmarken hat. Der Arbeitnehmer hat – wie bisher auch – monatlich 3 500 € zu versteuern.

Beispiel 4:

Sachverhalt wie Beispiel 3, jedoch beträgt der Verrechnungswert der Essenmarken jeweils 6 €.

Der Verrechnungswert der Essenmarken übersteigt den Sachbezugswert von 2,51 € um mehr als 3,10 € (6 € ✗ 2,51 € = 3,49 €). Der Wert der Mahlzeit ist mit dem Verrechnungswert von 90 € (15 × 6 €) anzusetzen. Hiervon ist das Engelt des Arbeitnehmers von 50 € abzuziehen, so dass der Arbeitnehmer einen Vorteil von 40 € durch die Essenmarken hat. Der Arbeitnehmer hat monatlich 3 540 € zu versteuern.

7. Nachweispflichten des Arbeitgebers

1682 Der Arbeitgeber hat die vom Arbeitnehmer geleistete Zahlung grundsätzlich in nachprüfbarer Form **nachzuweisen**. Der **Einzelnachweis** der Zahlungen ist nur dann nicht erforderlich, wenn gewährleistet ist, dass

– die Zahlung des Arbeitnehmers für eine Mahlzeit den anteiligen amtlichen Sachbezugswert nicht unterschreitet oder
– der Wert der Essenmarke als Arbeitslohn zu erfassen ist.

Die von Gaststätten oder vergleichbaren Einrichtungen **eingelösten Essenmarken** brauchen allerdings **nicht an den Arbeitgeber zurückgegeben** und von ihm **nicht aufbewahrt** werden, wenn **die Gaststätte** über Essenmarken **mit dem Arbeitgeber abrechnet** und die Abrechnungen, aus denen sich ergibt, wie viel Essenmarken mit welchem Verrechnungswert eingelöst worden sind, vom Arbeitgeber aufbewahrt werden. Dasselbe gilt, wenn ein Essenmarkenemittent eingeschaltet ist und der Arbeitgeber von diesem eine entsprechende Abrechnung erhält und aufbewahrt (R 31 Abs. 7 Nr. 4 Buchst. d LStR).

Ein Einzelnachweis ist auch nicht erforderlich, wenn der Arbeitgeber eine **Durchschnittsberechnung** anwendet.

Beispiel 1:

Ein Arbeitgeber hat mit einer Gaststätte vereinbart, dass seine Arbeitnehmer dort das Mittagessen einnehmen können; die vom Arbeitgeber kostenlos ausgegebenen Essenmarken im Wert von 2 € werden entgegengenommen, auch die übrigen Voraussetzungen für eine Bewertung mit dem Sachbezugswert sind erfüllt. Dem Arbeitgeber wird vom Gastwirt monatlich bestätigt, dass das billigste Essen in der Gaststätte 5 € kostet.

Ein Einzelnachweis der Zuzahlungen der Arbeitnehmer entfällt, weil sichergestellt ist, dass die Arbeitnehmer mindestens 3 € zuzahlen müssen und die Zuzahlung damit den Sachbezugswert von 2,51 € übersteigt.

Beispiel 2:

Ein Arbeitgeber gibt Essenmarken im Wert von 1 € aus, die von verschiedenen Gaststätten in Zahlung genommen werden. Aus Vereinfachungsgründen verzichtet der Arbeitgeber auf einen Einzelnachweis und versteuert den Wert der Essenmarken als geldwerten Vorteil.

Da der Arbeitgeber den Wert der Essenmarke als Arbeitslohn erfasst, ist ein Einzelnachweis nicht notwendig.

Beispiel 3:

Ein Arbeitgeber gibt an seine Arbeitnehmer Essenmarken im Wert von 1 € kostenlos aus, die in der von einem Pächter bewirtschafteten Kantine entgegengenommen werden. Der Pächter bietet den Arbeitnehmern keine festen Menüs an, sondern die Arbeitnehmer können sich ihr Essen aus verschiedenen Komponenten selbst zusammenstellen (Komponenten-Essen). Die Essenmarke wird auf den individuellen Preis des Komponenten-Essens angerechnet. Für den Monat Mai ergibt sich Folgendes:

– Einnahmen aus dem Komponenten-Essen (ohne Essenmarken):	7 800 €
– Anzahl der Essenmarken:	3 000 Stück

Der Pächter rechnet die eingelösten Essenmarken mit dem Arbeitgeber ab. Er erhält hierfür 3 000 € (3 000 × 1 €); darüber hinaus zahlt der Arbeitgeber dem Pächter noch einen Zuschuss in Höhe von 5 000 € für die Sach- und Personalaufwendungen (z.B. Strom, Heizung, Arbeitslöhne).

Grundsätzlich ist nicht nur die Ausgabe von Essenmarken an die Arbeitnehmer, sondern auch die Zuschusszahlung als geldwerter Vorteil anzusehen. Allerdings werden bei der arbeitstäglichen Mahlzeitengewährung nicht die vom Arbeitgeber tatsächlich aufgewendeten Beträge, sondern nur die Sachbezugswerte bzw. der Wert der Essenmarken angesetzt.

Bei der Durchschnittsberechnung ergibt sich eine durchschnittliche Zuzahlung von 2,60 € (7 800 € : 3 000) je Essen. Die Verbilligung der Mahlzeiten durch die Essenmarken und den Zuschuss zu den Sach- und Personalaufwendungen des Pächters führt daher zu keinem geldwerten Vorteil. Der Einzelnachweis der vom Arbeitnehmer geleisteten Zuzahlungen entfällt, weil der Arbeitgeber die Durchschnittsberechnung anwendet.

8. Lohnsteuerpauschalierung

1683 Soweit sich bei der Mahlzeitengewährung ein geldwerter Vorteil ergibt, z.B. weil die Mahlzeit unentgeltlich gewährt wird oder weil die Zuzahlung des Arbeitnehmers niedriger ist als der Sachbezugswert, kann der geldwerte Vorteil entweder individuell dem Arbeitnehmer zugerechnet (entsprechend erhöht sich der Bruttoarbeitslohn des Arbeitnehmers) oder nach § 40 Abs. 2 Nr. 1 EStG mit **25 % pauschal** versteuert werden.

Bei der Pauschalbesteuerung ist zu beachten, dass die Mahlzeiten **arbeitstäglich** im Betrieb des Arbeitgebers abgegeben werden müssen oder es müssen Barzuschüsse an ein anderes Unternehmen geleistet werden, das seinerseits **arbeitstäglich** Mahlzeiten abgibt. Die Pauschalbesteuerung ist aber auch möglich, wenn **mehrere Mahlzeiten** am Tag abgegeben werden, z.B. Mittag- und Abendessen. Voraussetzung ist allerdings, dass die Mahlzeiten **nicht als Lohnbestandteile** vereinbart sind. Als Lohnbestandteile sind Mahlzeiten vielfach im Hotel- und Gaststättengewerbe, beim Krankenhauspersonal oder in der Land- und Forstwirtschaft vereinbart.

Ein besonderer Antrag – dem das Finanzamt zustimmen muss – ist nicht Voraussetzung für die Pauschalierung. Ebenso muss auch keine größere Zahl von Fällen vorliegen, damit der geldwerte Vorteil pauschal besteuert werden kann. Daher ist die Pauschalierung auch zulässig, wenn nur einem einzelnen Arbeitnehmer arbeitstäglich Mahlzeiten gewährt werden.

Voraussetzung für die Pauschalierung ist nach § 40 Abs. 3 EStG, dass der Arbeitgeber die pauschale Lohnsteuer zu übernehmen hat. Aber auch hier gilt die Rechtsprechung des Bundesarbeitsgerichts (BAG, Urteil vom 5.8.1987, DB 1988 S. 182), nach der die Lohnsteuer im Innenverhältnis auf den Arbeitnehmer überwälzt werden kann; hierdurch mindert sich jedoch nicht die steuerliche Bemessungsgrundlage (→ *Abwälzung der pauschalen Lohnsteuer auf den Arbeitnehmer* Rz. 24). Neben der pauschalen Lohnsteuer entsteht noch der Solidaritätszuschlag sowie ggf. die pauschale Kirchensteuer. Bei der pauschalen Kirchensteuer ist zu beachten, dass der Arbeitgeber ein „Wahlrecht" hat. Er kann entweder die Kirchensteuer **für alle Arbeitnehmer** mit dem ermäßigten Kirchensteuersatz (in Niedersachsen z.B. 6 %) oder, wenn er für einen Teil seiner **Arbeitnehmer** die Nichtzugehörigkeit zu einer kirchensteuererhebenden Körperschaft nachweist, für die restlichen Arbeitnehmer mit dem vollen Kirchensteuersatz (in Niedersachsen z.B. 9 %) erheben, vgl. → *Kirchensteuer* Rz. 1386.

Soweit der geldwerte Vorteil pauschal versteuert wird, sind die Einnahmen nach § 2 Abs. 1 Nr. 2 ArEV **sozialversicherungsfrei**.

Beispiel 1:

Ein Arbeitgeber in Celle bietet in einer selbst betriebenen Kantine verschiedene Menüs „unentgeltlich" an. Im Monat Februar werden insgesamt 200 Menüs ausgegeben. Der geldwerte Vorteil wird pauschal versteuert.

Der Pauschalbesteuerung ist der amtliche Sachbezugswert zu Grunde zu legen, d.h. pro Mahlzeit 2,51 €. Dieser Betrag ist nicht zu kürzen, denn die Arbeitnehmer müssen keine Zuzahlungen leisten. Insgesamt entsteht ein geldwerter Vorteil von 502 € (200 × 2,51 €).

Die Pauschalsteuer beträgt

– Lohnsteuer (25 % von 502 €)	125,50 €
– Solidaritätszuschlag (5,5 % von 125,50 €)	6,90 €
– Kirchensteuer (6 % von 125,50 €)	7,53 €
Insgesamt	139,93 €

Beispiel 2:

Wie Beispiel 1, aber der Arbeitgeber hat mit seinen Arbeitnehmern vereinbart, dass sie die pauschale Steuer übernehmen.

Die Übernahme der pauschalen Lohnsteuer durch den Arbeitnehmer **mindert nicht mehr die steuerliche Bemessungsgrundlage**. Die Pauschalsteuer wird ermittelt wie im Beispiel 1 dargestellt. Den Gesamtbetrag von 139,93 € (Lohnsteuer 125,50 €, Solidaritätszuschlag 6,90 € und Kirchensteuer 7,53 €) hat der Arbeitgeber von den Nettolöhnen der Arbeitnehmer einzubehalten.

Der geldwerte Vorteil kann aber auch mit dem Durchschnittswert der Pauschalbesteuerung zu Grunde gelegt werden, wenn der Arbeitgeber **unterschiedliche Mahlzeiten** zu unterschiedlichen Preisen verbilligt oder unentgeltlich an die Arbeitnehmer abgibt. Bei der Durchschnittswertermittlung wird die Summe der Entgelte durch die Zahl der ausgegebenen Mahlzeiten geteilt. Dies setzt grundsätzlich die Erfassung der Entgelte in einer besonderen Kasse voraus. In dieser Kasse können auch die Getränke, die in Verbindung mit den Speisen erworben werden und die deshalb zu den Mahlzeiten gehören, mit erfasst werden. Nicht mit einbezogen werden dürfen die Umsätze von Getränken, die außerhalb der Mahlzeiten erworben werden, sowie andere Umsätze, z.B. die Umsätze des Frühstücks. Werden Mahlzeiten nur einem bestimmten Teil der Arbeitnehmer angeboten, z.B. den leitenden

Angestellten in einem Vorstandskasino, so sind diese Umsätze nicht in die Durchschnittsberechnung einzubeziehen. Das schließt aber nicht aus, dass diese Mahlzeiten im Einzelfall pauschal besteuert werden. Unterhält der Arbeitgeber mehrere Kantinen, so ist der Durchschnittswert für jede einzelne Kantine zu ermitteln.

Die Durchschnittsbesteuerung braucht nicht tageweise durchgeführt zu werden, sie darf sich auf den gesamten Lohnzahlungszeitraum erstrecken (R 31 Abs. 7 Nr. 5 LStR). Ein längerer Zeitraum für die Durchschnittsberechnung, z.B. das Kalenderjahr, ist nicht möglich. Ist die Ermittlung des Durchschnittswerts wegen der Menge der zu erfassenden Daten allerdings besonders aufwendig, so kann nach R 31 Abs. 7 Nr. 5 Satz 5 LStR die Ermittlung des Durchschnittswerts für einen **repräsentativen Zeitraum** und bei einer Vielzahl von Kantinen für eine **repräsentative Auswahl der Kantinen** durchgeführt werden. Diese „repräsentative Durchschnittsermittlung" sollte nur im Benehmen mit dem Betriebsstättenfinanzamt durchgeführt werden.

Beispiel 3:

Ein Arbeitgeber in Niedersachsen gibt in einer selbst betriebenen Kantine verschiedene Menüs zu verschiedenen Preisen ab. Nach Ablauf des Monats Juli (Monat = Lohnzahlungszeitraum) ergibt sich folgende Situation:

Menüart	Preis	Anzahl der Essen	Insgesamt
Tagesmenü A	1,60 €	600	960,— €
Tagesmenü B	2,— €	500	1 000,— €
Vegetarisches Menü	2,15 €	300	645,— €
Schlemmermenü	3,50 €	200	700,— €
Quickmenü	1,10 €	400	440,— €
Insgesamt		2 000	3 745,— €

Der Durchschnittswert aller Menüs errechnet sich wie folgt:

$$\frac{\text{Menüpreis für alle Arbeitnehmer}}{\text{Anzahl der insgesamt ausgegebenen Menüs}} = \frac{3\ 745\ €}{2\ 000} = 1,87\ €$$

Für den Monat Juli ist **ein geldwerter Vorteil** zu versteuern, denn der Durchschnittsbetrag ist niedriger als der amtliche Sachbezugswert von 2,51 €.

Zu versteuern ist die Differenz zwischen dem maßgebenden Sachbezugswert und dem Durchschnittswert, also 0,64 € (2,51 € ∕ 1,87 €) je Essen. Bei 2 000 abgegebenen Mahlzeiten ergibt sich ein Betrag von 1 280 €.

Die Pauschalsteuer beträgt

–	Lohnsteuer (25 % von 1 280 €)	320,— €
–	Solidaritätszuschlag (5,5 % von 320 €)	17,60 €
–	Kirchensteuer (6 % von 320 €)	19,20 €
	Insgesamt	**356,80 €**

Die Durchschnittsermittlung darf – wie bereits erwähnt – nur durchgeführt werden, wenn der geldwerte Vorteil **pauschal besteuert** wird. Soll hingegen der Vorteil individuell dem einzelnen Arbeitnehmer zugeordnet werden, ist sie nicht zulässig.

9. Rabattfreibetrag bei der Mahlzeitengewährung

1684 Der Rabattfreibetrag von 1 224 € nach § 8 Abs. 3 EStG kann grundsätzlich auch bei der Mahlzeitengewährung berücksichtigt werden. Voraussetzung ist allerdings, dass die Mahlzeiten vom Arbeitgeber **nicht überwiegend** für den Bedarf seiner Arbeitnehmer hergestellt werden und keine Pauschalierung nach § 40 Abs. 2 Nr. 1 EStG erfolgt.

In diesen Fällen ist der Wert der Mahlzeiten nicht mit dem maßgebenden amtlichen Sachbezugswert anzusetzen, sondern mit dem um 4 % geminderten Endpreis des Arbeitgebers, abzüglich des Rabattfreibetrags von 1 224 € im Kalenderjahr (→ *Rabatte* Rz. 1938).

Im Regelfall werden in einer vom Arbeitgeber betriebenen Kantine die Mahlzeiten **überwiegend** an Arbeitnehmer abgegeben, so dass der Rabattfreibetrag **nicht angewendet** werden kann.

Anders ist es aber im Hotel- und Gaststättengewerbe, wenn die Arbeitnehmer sich ihr Essen von der Speisekarte aussuchen können.

Beispiel 1:

Ein Hotelbetrieb gewährt seinen Arbeitnehmern arbeitstäglich ein kostenloses Mittagessen, das die Arbeitnehmer von der Speisekarte des Hotelrestaurants frei wählen können. Arbeitnehmer A ist am 1.9.2002 eingestellt worden. Er hat im Kalenderjahr 2002 insgesamt 100 Essen erhalten, deren Wert lt. Speisekarte insgesamt 1 100 € beträgt.

Für die Bewertung der Mahlzeiten ist § 8 Abs. 3 EStG anwendbar, weil die Mahlzeiten nicht überwiegend an die Arbeitnehmer abgegeben werden. Der geldwerte Vorteil bemisst sich also nicht nach dem maßgebenden amtlichen Sachbezugswert, sondern nach dem Wert des Essens lt. Speisekarte. Der geldwerte Vorteil ermittelt sich wie folgt:

	Wert der Mahlzeiten im Kalenderjahr	1 100 €
∕	Abschlag von 4 %	44 €
=	Endpreis des Arbeitgebers	1 056 €
∕	Rabattfreibetrag von 1 224 €	1 224 €
=	geldwerter Vorteil	0 €

Die Gewährung der Mahlzeiten ist nicht zu versteuern, weil sich nach Abzug des Rabattfreibetrags von 1 224 € kein geldwerter Vorteil ergibt.

Wenn sich nach Abzug des Rabattfreibetrags ein geldwerter Vorteil ergibt, so besteht die Möglichkeit, diesen nach § 40 Abs. 2 Nr. 1 EStG pauschal zu versteuern, wenn die Mahlzeiten arbeitstäglich abgegeben werden. Denn nach R 32 Abs. 1 Nr. 4 LStR kann bei jedem **einzelnen Sachbezug**, für den die Voraussetzungen des § 8 Abs. 3 und des § 40 Abs. 2 Nr. 1 EStG gleichzeitig vorliegen, zwischen der Pauschalbesteuerung und der Anwendung des § 8 Abs. 3 EStG gewählt werden, d.h. für jede einzelne Mahlzeit kann entweder der Rabattfreibetrag oder die Pauschalbesteuerung in Anspruch genommen werden. Macht der Arbeitgeber von der Möglichkeit der Pauschalbesteuerung Gebrauch, so ist für die Bewertung der Mahlzeiten der Sachbezugswert maßgebend.

Beispiel 2:

Ein Hotelbetrieb gewährt seinen Arbeitnehmern arbeitstäglich ein kostenloses Mittagessen, das die Arbeitnehmer von der Speisekarte des Hotelrestaurants frei wählen können. Arbeitnehmer B hat im Kalenderjahr 2002 insgesamt 280 Essen erhalten. Jedes Essen hat lt. Speisekarte einen Wert von 10,20 € gehabt.

Für jede einzelne Mahlzeit kann zwischen dem Rabattfreibetrag und der Pauschalbesteuerung gewählt werden. Der Arbeitgeber wird so lange die Rabattbesteuerung wählen, bis der Rabattfreibetrag voll ausgeschöpft ist. Dieser Betrag errechnet sich unter Berücksichtigung des Abschlags von 4 % wie folgt:

$$\frac{\text{Rabattfreibetrag} \times 100}{100 \ ∕\ 4\ \%\ \text{Abschlag}} = \frac{1\ 224\ € \times 100}{100 \ ∕\ 4} = 1\ 275\ €$$

Die Besteuerung der kostenlosen Mahlzeiten ist wie folgt vorzunehmen (für einen Teil der Arbeitnehmer wird keine pauschale Kirchensteuer entrichtet):

–	Rabattbesteuerung	
	125 Mahlzeiten × 10,20 €	1 275,— €
	∕ 4 % Abschlag	51,— €
	Endpreis des Arbeitgebers	1 224,— €
	∕ Rabattfreibetrag	1 224,— €
	= geldwerter Vorteil	0,— €
	= Steuern auf den geldwerten Vorteil	0,— €
–	Pauschalbesteuerung	
	155 Mahlzeiten × 2,51 €	389,05 €
	Lohnsteuer (25 % von 389,05 €)	97,26 €
	Solidaritätszuschlag (5,5 % von 97,26 €)	5,35 €
	Kirchensteuer (9 % von 97,26 €)	8,75 €
	= Steuern auf den geldwerten Vorteil	111,36 €

Beispiel 3:

Wie Beispiel 2, der Arbeitgeber wendet die Pauschalbesteuerung **nicht** an. Die individuelle Grenzsteuerbelastung des Arbeitnehmers wird mit 30 % angenommen (zur Grenzsteuerbelastung, → *Steuertarif* Rz. 2340).

Die Besteuerung der kostenlosen Mahlzeiten ist wie folgt vorzunehmen:

Rabattbesteuerung	
280 Mahlzeiten × 10,20 €	2 856,— €
∕ 4 % Abschlag	114,24 €
Endpreis des Arbeitgebers	2 741,76 €
∕ Rabattfreibetrag	1 224,— €
= geldwerter Vorteil	1 517,76 €
Lohnsteuer (30 % von 1 517,76 €)	455,33 €
Solidaritätszuschlag (5,5 % von 455,33 €)	25,04 €
Kirchensteuer (9 % von 455,33 €)	40,98 €
= Steuern auf den geldwerten Vorteil	521,35 €

Beispiel 4:

Wie Beispiel 2, da die Sachbezüge nach § 8 Abs. 3 EStG besonders im Lohnkonto zu erfassen sind, verzichtet der Arbeitgeber auf die Anwendung der Rabattbesteuerung, indem er **alle Mahlzeiten** der Pauschalbesteuerung unterwirft.

Die Besteuerung der kostenlosen Mahlzeiten ist wie folgt vorzunehmen (für einen Teil der Arbeitnehmer wird keine pauschale Kirchensteuer entrichtet):

Pauschalbesteuerung

280 Mahlzeiten × 2,51 €	702,80 €
Lohnsteuer (25 % von 702,80 €)	175,70 €
Solidaritätszuschlag (5,5 % von 175,70 €)	9,66 €
Kirchensteuer (9 % von 175,70 €)	15,81 €
= Steuern auf den geldwerten Vorteil	201,17 €

Der Rabattfreibetrag kann aber auch bei betriebseigenen Kantinen, in denen auch Nichtbetriebsangehörige in größerem Umfang essen können, angewendet werden, wenn die Zahl der Mahlzeiten, die an Nichtbetriebsangehörige ausgegeben werden, die Zahl der an Arbeitnehmer ausgegebenen Mahlzeiten **überwiegt**.

Beispiel 5:

Der Arbeitgeber betreibt in eigener Regie eine Kantine. Jedes dort ausgegebene Essen kostet 7 €. In der Kantine dürfen nicht nur die eigenen Arbeitnehmer essen, sondern auch fremde Personen, die dieses Angebot reichlich nutzen. Die eigenen Arbeitnehmer erhalten vom Arbeitgeber im Kalenderjahr Essenmarken **zum Preis von 1 €**, für die sie in der Kantine ein Essen im Wert von 7 € erhalten. Für jeden Arbeitnehmer werden **213 Essenmarken** ausgegeben; die Anzahl der Essenmarken ergibt sich aus den maximalen Arbeitstagen im Kalenderjahr nach Abzug von Wochenenden, Urlaub und Feiertagen.

Im Kalenderjahr 2002 ergibt sich folgende Situation:

Abgabe von Essen im Kalenderjahr 2002	40 000 Essen
davon auf Essenmarken, also an eigene Arbeitnehmer	18 000 Essen

Der Arbeitgeber hat im Kalenderjahr 2002 die Mahlzeiten nicht überwiegend an seine eigenen Arbeitnehmer abgegeben, daher kann die Rabattregelung nach § 8 Abs. 3 EStG angewendet werden. In diesem Fall sind nicht die Sachbezugswerte, sondern der Endpreis des Arbeitgebers zu Grunde zu legen, zu dem der Arbeitgeber die Mahlzeiten fremden Letztverbrauchern im Allgemeinen Geschäftsverkehr anbietet, also 7 €.

Der **höchstmögliche Vorteil** für den einzelnen Arbeitnehmer errechnet sich wie folgt:

Preis der Mahlzeit	7,— €
╱ 4 % Abschlag	0,28 €
= Endpreis des Arbeitgebers	6,72 €
╱ Zuzahlung des Arbeitnehmers	1,— €
= Vorteil des Arbeitnehmers pro Tag	5,72 €
Vorteil im Kalenderjahr (5,72 × 213 Tage)	1 218,36 €
╱ Rabattfreibetrag	1 224,— €
= zu versteuern	0,— €

Da sich beim höchstmöglichen Vorteil für den einzelnen Arbeitnehmer kein geldwerter Vorteil ergibt, bleibt die verbilligte Mahlzeitengewährung **bei allen Arbeitnehmern** steuer- und beitragsfrei.

In diesem Fall wird das Betriebsstättenfinanzamt einem Antrag auf Aufzeichnungserleichterungen nach § 4 Abs. 3 Satz 2 LStDV entsprechen, weil der Rabattfreibetrag **in keinem Fall** überschritten werden kann (→ *Rabatte* Rz. 1973).

10. Umsatzsteuer

1685 Wendet der Arbeitgeber seinen Arbeitnehmern unentgeltliche oder verbilligte Mahlzeiten zu, können daraus neben den lohnsteuerlichen auch **umsatzsteuerliche Konsequenzen** entstehen. So erfasst das Umsatzsteuerrecht grundsätzlich auch unentgeltliche oder verbilligte Sachzuwendungen oder Leistungen, die ein Arbeitgeber an seine Arbeitnehmer oder deren Angehörige auf Grund eines Dienstverhältnisses ausführt (§ 1 Abs. 1 und § 3 UStG).

Einzelheiten siehe → *Sachbezüge* Rz. 2146.

Mahlzeiten aus besonderem Anlass

1. Allgemeines

1686 Neben den typischen „Kantinenessen" (→ *Mahlzeiten* Rz. 1670), die dem Arbeitnehmer arbeitstäglich angeboten werden, kann er auch aus einem besonderen Anlass eine unentgeltliche oder verbilligte Mahlzeit erhalten. Für die steuerliche Berücksichtigung dieser besonderen Mahlzeitengestellung sind zu unterscheiden

– Mahlzeiten, die der **Arbeitgeber oder auf dessen Veranlassung ein Dritter** aus besonderem Anlass an Arbeitnehmer abgibt (R 31 Abs. 8 LStR):

Die Mahlzeitengestellung kann steuerfrei oder aber ein mit den Sachbezugswerten oder auch dem tatsächlichen Wert zu bewertender geldwerter Vorteil sein.

– Mahlzeiten, die **Dritte aus anderen Gründen** abgeben und die deshalb steuerlich überhaupt nicht zu erfassen sind.

2. Voraussetzungen der „Arbeitgeberveranlassung"

1687 Die Versteuerung der unentgeltlichen Mahlzeitengestellung ist in der Praxis – auch wenn im Regelfall nur die niedrigen Sachbezugswerte angesetzt werden – recht kompliziert. Schwierigkeiten wirft besonders die Frage auf, wann eine Mahlzeitengestellung durch den Arbeitgeber oder auf dessen Veranlassung von einem Dritten vorliegt und wie Zuzahlungen des Arbeitnehmers zu behandeln sind.

Die günstige Versteuerung mit Sachbezugswerten gilt nur für Mahlzeiten, die zur **üblichen Beköstigung** der Arbeitnehmer anlässlich oder während einer Dienstreise, Fahrtätigkeit, Einsatzwechseltätigkeit oder im Rahmen einer doppelten Haushaltsführung

– entweder vom **Arbeitgeber** selbst oder

– auf **Veranlassung des Arbeitgebers von einem Dritten**

abgegeben werden (R 31 Abs. 8 LStR).

Eine unentgeltliche Mahlzeitengewährung auf Veranlassung des Arbeitgebers kann nach Auffassung der Finanzverwaltung nur bei Vorliegen bestimmter Voraussetzungen anerkannt werden. So ist die Abgabe einer Mahlzeit nur dann vom Arbeitgeber veranlasst, wenn er **Tag und Ort der Mahlzeit bestimmt** hat. Hierzu ist es erforderlich, dass er sich vor Beginn der Auswärtstätigkeit seines Arbeitnehmers **direkt mit dem Unternehmen schriftlich** in Verbindung setzt, das dem Arbeitnehmer die Mahlzeiten zur Verfügung stellen soll. Es reicht nicht aus, dass der Arbeitgeber den Arbeitnehmer ermächtigt, sich auf seine Rechnung in einer oder – etwa unter Einschaltung einer Essenbonorganisation – mehreren Vertragsgaststätten zu beköstigen. Erfordern Dienstreisen wegen ihres besonderen Charakters (z.B. Tagungen) eine **besondere organisatorische Vorbereitung**, so wird die Abgabe von Mahlzeiten durch Dritte auch dann als vom Arbeitgeber veranlasst angesehen, wenn dieser die Organisation der Dienstreise einschließlich der Verpflegung bei einem Dritten in Auftrag gegeben hat (R 31 Abs. 8 Nr. 2 Sätze 2 bis 5 LStR). Wegen weiterer Einzelheiten siehe BMF-Schreiben vom 5.6.1996, BStBl I 1996 S. 656, das durch BMF-Schreiben vom 27.3.1997, DB 1997 S. 851, in einigen Punkten „gelockert" worden ist.

Sind diese Voraussetzungen erfüllt, ist es unerheblich, wie die Gaststätten- oder Hotelrechnung beglichen wird, ob mittels einer Firmenkreditkarte oder durch Banküberweisung des Arbeitgebers (R 31 Abs. 8 Nr. 2 Satz 6 LStR).

Beispiel 1:

A ist von seinem Arbeitgeber zu einem Fortbildungslehrgang geschickt worden. Unterkunft und Verpflegung hat der Arbeitgeber bestellt.

Es handelt sich um eine Dienstreise, der Arbeitgeber kann die nach der jeweiligen Abwesenheit gestaffelten Verpflegungspauschalen steuerfrei erstatten. Die auf Veranlassung des Arbeitgebers abgegebenen Mahlzeiten müssen jedoch mit den Sachbezugswerten versteuert werden.

Beispiel 2:

Im Rahmen einer zwölfstündigen Dienstreise haben Arbeitgeber und Arbeitnehmer ein Restaurant besucht und ein Mittagessen eingenommen, das der Arbeitgeber bezahlt hat.

Der Arbeitnehmer kann bei einer mindestens achtstündigen Dienstreise den Pauschbetrag von 6 € beanspruchen. Trotz der unentgeltlich gewährten Mahlzeit ist dieser Betrag nicht zu mindern. Allerdings muss der Arbeitnehmer das Mittagessen mit dem maßgebenden amtlichen Sachbezugswert nach der Sachbezugsverordnung in Höhe von 2,51 € versteuern, weil das Mittagessen auf Veranlassung des Arbeitgebers von einem Dritten (Restaurant) abgegeben worden ist.

Mahlzeiten aus besonderem Anlass

Beispiel 3:

Wie Beispiel 2, der Arbeitgeber erstattet dem Arbeitnehmer jedoch außerdem die übrigen im Laufe des Tages angefallenen nachgewiesenen Verpflegungskosten in Höhe von 36 €.

Für die Besteuerung ergibt sich Folgendes:

Nachgewiesene Verpflegungsmehraufwendungen	36 €
davon pauschal steuerfrei	6 €
steuerpflichtiger Betrag	30 €

Steuerpflichtig sind 30 €, davon kann der Arbeitgeber 6 € nach § 40 Abs. 2 Nr. 4 EStG mit 25 % pauschal versteuern, der Rest unterliegt der normalen Besteuerung. Zusätzlich muss der Sachbezugswert für das Mittagessen in Höhe von 2,51 € versteuert werden.

Kann die „Arbeitgeberveranlassung" nicht anerkannt werden und erstattet der Arbeitgeber seinem Arbeitnehmer gleichwohl die Kosten für Mahlzeiten, handelt es sich um die **Erstattung von Reisekosten**, die nur im Rahmen der Pauschbeträge steuerfrei bleibt (Rz. 7 des Arbeitgeber-Merkblatts 1996, BStBl I 1995 S. 719, sowie BMF-Schreiben vom 5.6.1996, BStBl I 1996 S. 656).

Beispiel 4:

A ist als Handelsvertreter täglich unterwegs, die Abwesenheit beträgt täglich acht bis 14 Stunden. Die Gaststätten, in denen er seine Mahlzeiten einnimmt, sucht er selbst aus. Soweit Kreditkarten akzeptiert werden, bezahlt er die Rechnungen mit der Firmenkreditkarte. Andernfalls legt er alle Rechnungen seinem Arbeitgeber vor, die dieser in vollem Umfang erstattet.

Der Arbeitgeber kann nur eine Verpflegungspauschale von 6 € täglich steuerfrei zahlen. Indem er die Verpflegungskosten „voll" übernimmt, erstattet er höhere Reisekosten als steuerlich zulässig. Die Differenz ist daher steuerpflichtiger Arbeitslohn, wovon 6 € (doppelter Pauschbetrag abzüglich des steuerfreien Pauschbetrags von 6 €) nach § 40 Abs. 2 Nr. 4 EStG mit 25 % pauschal versteuert werden können.

Eine Versteuerung der Mahlzeiten erfolgt nicht, weil diese nicht auf Veranlassung des Arbeitgebers abgegeben werden, auch wenn sie mit der Firmenkreditkarte bezahlt worden sind.

Die Abgrenzung kann manchmal schwierig sein, wann Mahlzeiten auf Veranlassung des Arbeitgebers abgegeben werden. Dies kann auch der Fall sein, wenn die **Mahlzeitengewährung durch einen Verband** erfolgt, den der Arbeitgeber durch Umlagen finanziert.

Beispiel 5:

Der Hauptverband der gewerblichen Berufsgenossenschaften führt für die Anwärter aller Berufsgenossenschaften im Rahmen ihrer fachtheoretischen Ausbildung zentrale Lehrgänge durch, bei denen die Anwärter unentgeltlich verpflegt werden.

Auch wenn nicht die Kriterien der „Arbeitgeberveranlassung" der Mahlzeitengewährung nach R 31 Abs. 8 Nr. 2 Sätze 2 und 3 LStR vorliegen (die einzelnen Berufsgenossenschaften haben weder den Ort für die Abgabe der Mahlzeiten bestimmt noch liegen entsprechende schriftliche Vereinbarungen mit dem Hauptverband vor), vertritt die Finanzverwaltung die Auffassung, dass gleichwohl die Mahlzeiten auf Veranlassung des Arbeitgebers (der einzelnen Berufsgenossenschaften) abgegeben werden. Denn es besteht ein Einvernehmen zwischen dem Hauptverband, der von den einzelnen Berufsgenossenschaften durch Beiträge im Umlageverfahren finanziell getragen wird, und den einzelnen Berufsgenossenschaften, dass die Dienstanwärter unentgeltlich untergebracht und verpflegt werden müssen. Die Kosten für die Unterbringung und die Verpflegung der Dienstanwärter werden also letztlich im Umlageverfahren von den Mitgliedsgenossenschaften getragen. Die Fälle sind daher mit der im öffentlichen Dienst „amtlich angeordneten Unterbringung und Verpflegung" vergleichbar.

Die Verwaltungsregelung zur „Mahlzeitengewährung auf Veranlassung des Arbeitgebers" ist in der **Öffentlichkeit heftig kritisiert** worden, weil es **praxisfremd** sei, dass der Arbeitgeber vor Antritt einer Dienstreise seines Arbeitnehmers Tag und Ort der Mahlzeit bestimmt. Dies mag richtig sein, die Finanzverwaltung wollte durch diese restriktive Regelung aber **Missbräuche verhindern**. Zudem ist die sehr moderate Versteuerung mit den niedrigen Sachbezugswerten günstiger als die frühere Kürzung der Verpflegungspauschalen um bis zu 75 % und dürfte somit im Interesse aller Beteiligten liegen.

3. Fälle der Mahlzeitengewährung auf Veranlassung des Arbeitgebers

1688 Für die steuerliche Erfassung und Bewertung von Mahlzeiten, die der **Arbeitgeber** oder auf dessen Veranlassung ein **Dritter** (z.B.

das Hotel, in dem der Arbeitnehmer übernachtet) aus besonderem Anlass an Arbeitnehmer abgibt, gilt Folgendes (R 31 Abs. 8 LStR):

a) Betrieblich veranlasste Mahlzeiten

Mahlzeiten, die im **ganz überwiegenden betrieblichen Interesse** des Arbeitgebers an die Arbeitnehmer abgegeben werden, gehören **nicht zum Arbeitslohn**. **1689**

Die Gewährung einer Mahlzeit erfolgt nicht bereits deswegen im ganz überwiegend eigenbetrieblichen Interesse, weil für sie betriebliche Gründe sprechen, beim Arbeitgeber also Betriebsausgaben vorliegen. Vielmehr muss sich aus den Begleitumständen wie Anlass, Art und Höhe des Vorteils, Auswahl der Begünstigten, freie oder nur gebundene Verfügbarkeit, Freiwilligkeit oder Zwang zur Annahme der Mahlzeit und seiner besonderen Geeignetheit ergeben, dass diese Zielsetzung ganz im Vordergrund steht und ein damit einhergehendes eigenes Interesse des Arbeitnehmers, die Mahlzeit zu erhalten, deshalb vernachlässigt werden kann.

Hierzu gehören Mahlzeiten, die

– im Rahmen herkömmlicher **Betriebsveranstaltungen** (→ *Betriebsveranstaltungen* Rz. 563)

– als sog. **Arbeitsessen** (→ *Arbeitsessen* Rz. 212) oder

– bei Teilnahme des Arbeitnehmers an einer **geschäftlich veranlassten Bewirtung** (→ *Bewirtungskosten* Rz. 584) abgegeben werden.

Beispiel 1:

Eine Firma lädt alle Außendienstmitarbeiter zu einer eintägigen Fortbildungsveranstaltung in ein abseits und ruhig gelegenes Hotel ein. Auf Grund der umfangreichen Tagesordnung ist nur eine Mittagspause von einer halben Stunde vorgesehen, in der ein vom Arbeitgeber bereits vorbestelltes, einfaches Essen gereicht wird. Andere Essensmöglichkeiten gibt es in der Nähe nicht.

In diesem Fall kann die Mahlzeitengewährung den Arbeitnehmern nicht als Arbeitslohn zugerechnet werden, weil das eigenbetriebliche Interesse des Arbeitgebers an der reibungslosen Abwicklung der Fortbildungsveranstaltung den Vorteil des Arbeitnehmers durch die unentgeltliche Mittagsmahlzeit bei weitem überwiegt. Hinzu kommt, dass nur ein „einfaches Essen" gereicht wird (vgl. BFH, Urteil vom 5.5.1994, BStBl II 1994 S. 771).

Beispiel 2:

A, Vertriebsleiter, nimmt anlässlich der Hannover-Messe an einem Abendessen teil, zu dem sein Arbeitgeber die wichtigsten Kunden eingeladen hat.

Das Abendessen ist A nicht als geldwerter Vorteil zuzurechnen. Der Arbeitgeber kann außerdem die volle Verpflegungspauschale von 24 € zahlen. Eine Kürzung ist nicht deshalb vorzunehmen, weil A zum Abendessen eingeladen wurde.

Beispiel 3:

Sachverhalt wie im Beispiel 2, A bewirtet jedoch selbst einen Kunden und lässt sich die Rechnung (100 €) vom Arbeitgeber erstatten.

Die Erstattung der 100 € ist als Auslagenersatz nach § 3 Nr. 50 EStG steuerfrei, weil A die Ausgaben für Rechnung des Arbeitgebers macht, auch wenn dies zunächst im eigenen Namen geschieht (R 22 Abs. 1 Nr. 1 LStR). Dies gilt auch für den Spesenanteil, der auf A entfällt.

Das Abendessen ist A nicht als geldwerter Vorteil zuzurechnen. Der Arbeitgeber kann außerdem die volle Verpflegungspauschale von 24 € zahlen. Eine Kürzung ist nicht deshalb vorzunehmen, weil A ein unentgeltliches Abendessen erhält.

Es ist die Frage gestellt worden, wie Mahlzeiten zu behandeln sind, die in der öffentlichen Verwaltung anlässlich von **Präsidenten-, Direktoren-, Arbeitskreis- und Referentensitzungen** von der einladenden Verwaltung oder dem einladenden Bundesland an die Teilnehmer abgegeben werden. Weil die Bewirtung auf einer gewissen Gegenseitigkeit beruht, wurde verschiedentlich die Auffassung vertreten, die Mahlzeitenabgabe sei vom Arbeitgeber veranlasst und daher mit dem Sachbezugswert zu versteuern.

Nach Auffassung der obersten Finanzbehörden des Bundes und der Länder ist in diesen Fällen jedoch von einer **Versteuerung** der unentgeltlich gewährten Mahlzeiten **abzusehen**, weil regelmäßig die Beteiligung an einer **„geschäftlich veranlassten Bewirtung"** i.S. der R 31 Abs. 8 Nr. 1 LStR angenommen werden kann. Nach dem neuen Reisekostenrecht wird in derartigen Fällen ohnehin vom Tagegeld mindestens der Sachbezugswert für die unentgeltlich gewährten Mahlzeiten einbehalten, so dass eine Besteuerung der unentgeltlichen Verpflegung auch aus diesem Grund entfällt.

b) Mahlzeiten bei Auswärtstätigkeiten und doppelter Haushaltsführung

1690 Mahlzeiten, die zur **üblichen Beköstigung** der Arbeitnehmer anlässlich oder während einer **Auswärtstätigkeit** (Dienstreise, Fahrtätigkeit oder Einsatzwechseltätigkeit), einer **Bildungsmaßnahme** (z.B. **auswärtige Fortbildungsveranstaltung) oder einer doppelten Haushaltsführung** abgegeben werden, gehören zum **Arbeitslohn**. Sie sind mit dem maßgebenden **amtlichen Sachbezugswert** nach der Sachbezugsverordnung anzusetzen (vgl. im Anhang → B. Sozialversicherung Rz. 2807). Eine „übliche Beköstigung" liegt nach Auffassung der Finanzverwaltung ab 2002 nur vor, wenn das Essen einschließlich Getränke **nicht mehr als 40 €** kostet. Sind die Aufwendungen für das Essen einschließlich Getränke höher als 40 €, ist der tatsächliche Wert („Wert laut Speisekarte") anzusetzen (ein BMF-Schreiben hierzu ist in Vorbereitung).

Eine Versteuerung erfolgt aber nur, soweit der vom **Arbeitnehmer gezahlte Preis einschließlich Umsatzsteuer den maßgebenden Sachbezugswert unterschreitet** (R 31 Abs. 8 Nr. 4 LStR). Durch die **Zahlung eines Entgelts** mindestens in Höhe des geringen Sachbezugswerts kann also der Arbeitnehmer die Versteuerung der Mahlzeitengewährung vermeiden.

Beispiel 1:

A ist von seinem Arbeitgeber zu einem in einem Tagungshotel stattfindenden Lehrgang entsandt worden. Hotel und Verpflegung (Mittag- und Abendessen) hat der Arbeitgeber bestellt, das Hotel rechnet unmittelbar mit dem Arbeitgeber ab (die Kosten für Übernachtung haben 50 €, die für Verpflegung 25 € betragen). Für Zwischenmahlzeiten und Getränke erstattet der Arbeitgeber zusätzlich 10 € am Tag. A fährt jeden Tag, die tägliche Abwesenheit hat achteinhalb Stunden betragen.

A übt eine Dienstreise aus, Verpflegungsmehraufwendungen können pauschal in Höhe von 6 € täglich (Abwesenheit mindestens acht, aber weniger als 14 Stunden) steuerfrei erstattet werden. Eine Kürzung dieser Pauschale um die unentgeltliche Mahlzeitengestellung erfolgt nicht. Der übersteigende Barbetrag von 4 € ist dem steuerpflichtigen Arbeitslohn zuzurechnen.

Außerdem sind aber die vom Arbeitgeber bzw. auf dessen Veranlassung von einem Dritten (Hotel) an A unentgeltlich abgegebenen Mahlzeiten mit den Sachbezugswerten zu versteuern, das sind für Mittag- und Abendessen jeweils 2,51 €, zusammen also 5,02 € täglich. Es spielt keine Rolle, dass der tatsächliche Wert dieser Mahlzeiten höher ist.

Beispiel 2:

Sachverhalt wie im Beispiel 1, A hat jedoch für die Mahlzeiten 2,51 € zu zahlen.

Eine Versteuerung entfällt, weil kein geldwerter Vorteil entstanden ist. A hat ein Entgelt in Höhe des Sachbezugswerts entrichtet.

c) Mahlzeiten zur Belohnung

1691 Mahlzeiten, die der Arbeitgeber als **Gegenleistung** für das **Zurverfügungstellen der individuellen Arbeitskraft** an seine Arbeitnehmer abgibt, sind mit ihrem tatsächlichen Preis („**Wert laut Speisekarte**") anzusetzen.

Hierzu gehören Mahlzeiten, die

– im Rahmen **unüblicher Betriebsveranstaltungen** (→ Betriebsveranstaltungen Rz. 563),

– bei **regelmäßigen Geschäftsleitungssitzungen** (→ Arbeitsessen Rz. 212) oder

– als **Belohnungsessen** („Incentive-Essen") abgegeben werden.

Als Arbeitslohn ist ein geldwerter Vorteil nur in der Höhe als Arbeitslohn zu erfassen, in der der vom Arbeitnehmer gezahlte Preis (einschließlich Umsatzsteuer) den tatsächlichen Preis der Mahlzeit unterschreitet.

4. Abgrenzung unentgeltliche – entgeltliche Mahlzeitengewährung

Ein als Sachbezug zu versteuernder **geldwerter Vorteil ist nicht** **1692** **anzunehmen, wenn der Arbeitnehmer mindestens einen dem Sachbezugswert entsprechenden Betrag als Entgelt für die Mahlzeit entrichtet** (R 31 Abs. 8 Nr. 4 LStR). Dies kann z.B. dadurch geschehen,

– dass er tatsächlich einen **Geldbetrag in Höhe der Sachbezugswerte zahlt** (dieser kann auch vom Nettoarbeitslohn einbehalten werden, wenn der Arbeitgeber wegen Nichterreichens der Mindestabwesenheit von acht Stunden keine steuerfreie Reisekostenvergütung zahlt) oder

– dass der Arbeitgeber vereinbarungsgemäß einen entsprechenden Teil der dem Arbeitnehmer zustehenden Reisekostenvergütung gar nicht erst an den Arbeitnehmer auszahlt, sondern im Hinblick auf die gewährte Mahlzeit **als Entgelt einbehält, also mit der Reisekostenvergütung verrechnet** (vgl. Beispiel 2). Als steuerfreier Verpflegungszuschuss ist auf der Lohnsteuerkarte die ungekürzte Verpflegungspauschale zu bescheinigen (R 31 Abs. 8 Nr. 4 Satz 3 LStR).

Beispiel 1:

Der Arbeitgeber veranstaltet eine Fortbildungsveranstaltung in einem Tagungshotel, das vom Arbeitgeber ausgesuchte und bestellte Mittagessen ist für den Arbeitnehmer A unentgeltlich (Wert 25 €). Die Veranstaltung hat mindestens acht Stunden gedauert, einschließlich Hin- und Rückfahrt war A neun Stunden unterwegs. Der Arbeitgeber erstattet für Nebenkosten (Zwischenmahlzeit, Getränke) ein Tagegeld von 6 €.

Die Erstattung ist steuerfrei, weil der Pauschbetrag von 6 € (bei mindestens achtstündiger Abwesenheit) nicht überschritten wird. A muss aber das unentgeltlich gewährte Mittagessen mit dem Sachbezugswert von 2,51 € versteuern, weil die Mahlzeitenabgabe auf Veranlassung des Arbeitgebers erfolgt (R 31 Abs. 8 Nr. 4 LStR).

Beispiel 2:

Wie Beispiel 1, der Arbeitgeber zieht aber den Sachbezugswert von 2,51 € vom Tagegeld ab und zahlt somit nur 3,49 € aus.

A hat in diesem Fall ein Entgelt mindestens in Höhe des Sachbezugswerts gezahlt, so dass eine Versteuerung des unentgeltlich gewährten Mittagessens entfällt. Auch die gezahlten 3,49 € sind steuerfrei, weil sie zusammen mit dem einbehaltenen Entgelt von 2,51 € den maßgebenden Pauschbetrag von 6 € nicht überschreiten.

Der Arbeitgeber muss auf der Lohnsteuerkarte trotzdem die volle Reisekostenvergütung von 6 € bescheinigen.

Beispiel 3:

Wie Beispiel 2, der Arbeitgeber zahlt aber zunächst das volle Tagegeld aus. Für das Mittagessen wird später der Sachbezugswert von 2,51 € vom Nettoarbeitslohn einbehalten.

A hat auch in diesem Fall ein Entgelt mindestens in Höhe des Sachbezugswerts gezahlt, so dass eine Versteuerung des unentgeltlich gewährten Mittagessens entfällt. Die 6 € Tagegeld sind ebenfalls steuerfrei, weil der maßgebende Pauschbetrag von 6 € nicht überschritten wird.

Ein Vergleich dieser drei Beispiele zeigt, dass Beispiel 1 steuerlich am günstigsten ist. Der Arbeitnehmer wird sicher lieber den Sachbezugswert von 2,51 € versteuern als tatsächlich 2,51 € an den Arbeitgeber zahlen.

Zahlt der Arbeitnehmer etwas für die Mahlzeit, weil sie nicht unentgeltlich, sondern nur verbilligt abgegeben wird, so ist der Sachbezugswert um das Arbeitnehmerentgelt zu kürzen. Muss der Arbeitnehmer nur für das **Getränk** ein Entgelt entrichten, so darf der Sachbezugswert nicht um diesen Betrag gekürzt werden, wenn der Arbeitgeber nur das Essen, aber keine Getränke stellt bzw. wenn er nur die Abgabe von Essen ohne Getränke veranlasst. Eine Kürzung ist hingegen – umgekehrt – zulässig, wenn der Arbeitgeber Essen und Getränke stellt (R 31 Abs. 8 Nr. 4 Satz 4 LStR).

Beispiel 4:

Der Arbeitgeber veranstaltet eine Tagung mit allen Außendienstmitarbeitern in einem Hotel. Das vom Arbeitgeber ausgesuchte und bestellte Mittagessen ist für die Arbeitnehmer unentgeltlich, aber **ohne Getränke**. Die Außendienstmitarbeiter bestellen sich zum Essen jeweils ein Glas Wein und bezahlen dafür 3 €.

Die Außendienstmitarbeiter müssen das unentgeltlich gewährte Mittagessen mit dem Sachbezugswert von 2,51 € versteuern. Das für das Getränk entrichtete Entgelt von 3 € darf nicht auf den Sachbezugswert angerechnet werden, weil der Arbeitgeber nur ein **Essen ohne Getränk** veranlasst hat.

Beispiel 5:

Wie Beispiel 4, allerdings hat der Arbeitgeber das Mittagessen **einschließlich einem Glas Wein** ausgesucht und bestellt. Mit den Außendienstmitarbeitern ist vereinbart worden, dass sie das Getränk selbst zahlen.

Die Außendienstmitarbeiter haben das unentgeltlich gewährte Mittagessen nicht zu versteuern. Da der Arbeitnehmer ein **Essen einschließlich Getränk** veranlasst hat, ist das für das Getränk entrichtete Entgelt von 3 € auf den Sachbezugswert anzurechnen, so dass kein geldwerter Vorteil verbleibt. Unerheblich ist, ob die Arbeitnehmer ein Entgelt nur für das Getränk zu entrichten haben oder für die Mahlzeit einschließlich Getränk.

In der Praxis bereitet die **Abgrenzung**, wann eine **unentgeltliche Mahlzeitengewährung** oder aber eine **entgeltliche Zuzahlung** des Arbeitnehmers vorliegt, immer wieder Schwierigkeiten. Es kommt darauf an, ob der Arbeitnehmer auch bei unentgeltlicher Mahlzeitengestellung

– einen **Rechtsanspruch auf ein volles Tagegeld hat** oder

– aber dieses **von vornherein nach der betrieblichen Reisekostenregelung gekürzt wird** (Letzteres war im öffentlichen Dienst bis einschließlich 1996 der Fall).

Den Unterschied sollen folgende Beispiele verdeutlichen:

Beispiel 6:

Ein Arbeitnehmer macht eine Dienstreise mit einer Dauer von 16 Stunden zum Zweigbetrieb des Arbeitgebers nach München. Er isst in der dortigen Kantine zu Mittag. Nach der betrieblichen Reisekostenregelung hat der Arbeitnehmer **Anspruch** auf eine Verpflegungspauschale in Höhe von **15 €.** Erhält der Arbeitnehmer auf einer Dienstreise eine Mittagsmahlzeit, so muss er für diese mindestens ein Entgelt in Höhe von 3,50 € entrichten.

Von der Reisekostenerstattung von 15 € kann der Arbeitgeber 12 € steuerfrei auszahlen (Abwesenheit mindestens 14 Stunden), in Höhe von 3 € liegt steuerpflichtiger Arbeitslohn vor.

Das Entgelt des Arbeitnehmers in Höhe von 3,50 € überschreitet den Sachbezugswert von 2,51 €. Der Arbeitnehmer erhält daher keine Mittagsmahlzeit unentgeltlich. Es ist kein geldwerter Vorteil zu erfassen. Der Arbeitgeber muss jedoch das Entgelt in Höhe von 3,50 € vom Nettoarbeitslohn oder dem Nettoauszahlungsbetrag der Reisekostenvergütung abziehen und auf der Lohnsteuerkarte 12 € steuerfreies Tagegeld bescheinigen.

Wird dagegen wegen der gewährten Mahlzeit bereits der **Anspruch des Arbeitnehmers auf Reisekostenvergütung gekürzt** und nur der gekürzte Betrag an den Arbeitnehmer ausgezahlt, bleibt die Mahlzeit weiterhin unentgeltlich, so dass deren Sachbezugswert als Arbeitslohn zu erfassen ist. Vgl. dazu folgendes Beispiel nach H 31 (8) (Reisekostenabrechnungen) LStH:

Beispiel 7:

Ein Arbeitnehmer ist durch eine Dienstreise an einem Kalendertag 15 Stunden abwesend. Nach der betrieblichen Reisekostenregelung beträgt die Reisekostenvergütung bei einer 15-stündigen Abwesenheit 15 €, die bei Gewährung einer Mahlzeit um 30 % zu kürzen ist. Der Arbeitnehmer hat deshalb nur Anspruch auf eine Reisekostenvergütung von 10,50 € in bar.

– Der Arbeitnehmer erhält auf der Dienstreise vom Arbeitgeber eine Mittagsmahlzeit unentgeltlich.

   Der geldwerte Vorteil der Mahlzeit ist mit dem Sachbezugswert 2,51 € dem steuerpflichtigen Arbeitslohn hinzuzurechnen.

– Der Arbeitnehmer erhält vom Arbeitgeber eine Mittagsmahlzeit, für die ein Entgelt von 2,51 € vereinbart ist. Dieses Entgelt wird von der Reisekostenvergütung einbehalten. Statt 10,50 € erhält der Arbeitnehmer nur 7,99 € ausgezahlt.

   Die Zurechnung eines geldwerten Vorteils zum Arbeitslohn entfällt. Als Reisekostenvergütung sind nach § 4 Abs. 2 LStDV 10,50 € einzutragen. Auf die Höhe des auf der Lohnsteuerkarte zu bescheinigenden Arbeitslohns hat die Mahlzeit ebenfalls keinen Einfluss.

5. Sonstige Fälle unentgeltlicher Mahlzeitengewährung

1693 Mahlzeiten, die **nicht vom Arbeitgeber** selbst und auch nicht auf seine Veranlassung von einem Dritten abgegeben werden, können dem Arbeitnehmer

– **weder als steuerpflichtiger geldwerter Vorteil zugerechnet** werden

– **noch werden die ihm zustehenden Verpflegungspauschalen gekürzt**.

Das kann der Fall sein,

– wenn der Arbeitnehmer während der Dienstreise durch das **besuchte Unternehmen kostenlos bewirtet** wird, selbst wenn es sich um ein Mutter- oder Tochterunternehmen des Arbeitgebers handelt (vgl. R 21 Abs. 7 Satz 2 EStR),

– bei der **Bordverpflegung** bei Flug- und Schiffsreisen,

– bei der **kostenlosen Bewirtung von Geschäftsfreunden des Arbeitgebers**, auch wenn dieser nicht an der Bewirtung teilnimmt,

– bei **privaten Einladungen** des Arbeitnehmers, z.B. durch einen Bekannten.

Beispiel:

A wird während der Hannover-Messe nach einem erfolgreichen Geschäftsabschluss vom Kunden zum Abendessen eingeladen.

Der Arbeitgeber kann A die volle Verpflegungspauschale von 24 € steuerfrei erstatten. Auch eine Versteuerung des Abendessens als Sachbezug entfällt, weil es nicht vom Arbeitgeber oder auf dessen Veranlassung von einem Dritten abgegeben wird.

Soweit der **Arbeitnehmer selbst Geschäftsfreunde seines Arbeitgebers bewirtet**, kann er die ihm hierdurch entstehenden Aufwendungen als steuerfreien **Auslagenersatz** gegenüber seinem Arbeitgeber abrechnen (§ 3 Nr. 50 EStG). Bei der **Bewirtung von Geschäftsfreunden in der Wohnung des Arbeitnehmers** gehören die Aufwendungen stets zu den steuerlich nicht zu berücksichtigenden Kosten der Lebensführung (§ 12 Nr. 1 EStG). Soweit diese Aufwendungen vom Arbeitgeber ersetzt werden, gehört der Ersatz zum **steuerpflichtigen Arbeitslohn**. Einzelheiten siehe → *Bewirtungskosten* Rz. 584.

Maifeier/Maigeld

Zuwendungen des Arbeitgebers anlässlich des Maifeiertags **1694**
(Maigeld) gehören zum steuerpflichtigen Arbeitslohn (BFH, Urteil vom 30.8.1972, BStBl II 1973 S. 64).

Maschinelle Lohnabrechnung

Durch das Steuersenkungsgesetz vom 23.10.2000 (BStBl I 2000 **1695**
S. 1428) ist § 38c EStG, der die gesetzliche Verpflichtung zur Aufstellung und Bekanntmachung von Lohnsteuertabellen durch das Bundesministerium der Finanzen vorsah, aufgehoben worden (→ *Lohnsteuertabellen* Rz. 1655). Die **maschinelle Berechnung der Lohnsteuer ist zur Grundregel** erhoben worden.

Die Finanzverwaltung ist **ab 2001** gesetzlich verpflichtet, einen **Programmablaufplan** für die maschinelle Berechnung der Lohnsteuer aufzustellen und bekannt zu machen (§ 39b Abs. 8 EStG). Der ab 1.1.2002 geltende Euro-Programmablaufplan ist im BMF-Schreiben vom 28.9.2001, BStBl I 2000 S. 672, abgedruckt. Mit Hilfe dieses Programmablaufplans kann ein Lohnsteuerabrechnungsprogramm selbst erstellt werden.

Arbeitgeber, die sich kein eigenes Lohnabrechnungsprogramm erstellen wollen, können auf dem Software-Markt ein solches Programm erwerben (z.B. das beim Stollfuß Verlag erschienene Programm „Gehalt & Lohn 2002"). Diese Lohnabrechnungsprogramme bieten zu einem vergleichsweise geringen Preis eine leistungsfähige Lohn- und Gehaltsabrechnung unter Berücksichtigung zahlreicher Vorschriften zur Lohnsteuer, zum Solidaritätszuschlag, zur Kirchensteuer und zur Sozialversicherung.

Mehrfachbeschäftigung

1. Arbeitsrecht

Die Mehrfachbeschäftigung eines Arbeitnehmers ist arbeits- **1696**
rechtlich unbedenklich und wird in **vielfachen Formen** praktisch ausgeführt, z.B. mit einer haupt- und einer nebenberuflichen Tä-

tigkeit, mit mehreren Teilzeitarbeitsverhältnissen bzw. auch mit mehreren geringfügigen Beschäftigungen nebeneinander.

Derartige Mehrfachbeschäftigungen sind **unzulässig**, wenn die Summe der Arbeitszeit die vom **Arbeitszeitgesetz** festgelegte Grenze erheblich und regelmäßig übersteigt. Dennoch behält der Arbeitnehmer auch für die unzulässige Arbeitszeit seinen Anspruch auf Arbeitsvergütung (vgl. BAG, Urteil vom 19.6.1959, DB 1959 S. 1086).

Unzulässig ist die Aufnahme einer Nebenbeschäftigung, wenn dies im Hauptarbeitsvertrag oder durch eine Betriebsvereinbarung oder durch einen Tarifvertrag ausgeschlossen wird. Ein solcher Ausschluss ist jedoch nur eingeschränkt zulässig, denn der Arbeitnehmer darf grundsätzlich nicht gehindert werden, seine gesamte Arbeitskraft zu verwerten, wie sich aus dem Persönlichkeitsrecht, Art. 2 GG, und dem Recht auf freie Wahl des Arbeitsplatzes, Art. 12 GG, ergibt. In dieser freien Verwertung seiner Arbeitskraft darf der Hauptarbeitgeber den Arbeitnehmer nur einschränken, wenn er hieran ein berechtigtes Interesse besitzt.

Wichtig: Der Arbeitnehmer hat bei Mehrfachbeschäftigung in jedem Arbeitsverhältnis die normalen Arbeitnehmeransprüche, z.B. auf **Urlaub, Entgeltfortzahlung im Krankheitsfall**, anteilige **Sozial- und Sonderleistungen** sowie auf Einhaltung der **Kündigungsschutzbestimmungen**.

Zu weiteren Einzelheiten siehe auch → *Geringfügig Beschäftigte* Rz. 1115; → *Nebentätigkeit* Rz. 1768; → *Teilzeitbeschäftigte* Rz. 2385.

2. Lohnsteuer

1697 Arbeitet ein Arbeitnehmer bei mehreren Arbeitgebern, so hat er jedem Arbeitgeber eine Lohnsteuerkarte vorzulegen. Der Arbeitnehmer kann wählen, welchem Arbeitgeber er die erste Lohnsteuerkarte und welchem er die Lohnsteuerkarte mit der Steuerklasse VI vorlegt. Im Regelfall wird diese Entscheidung von der Höhe des Arbeitslohns abhängen. Seit 2000 kann der ggf. bei dem ersten Dienstverhältnis nicht ausgenutzte Tabellenfreibetrag auf eine zweite Lohnsteuerkarte übertragen werden (→ *Übertragung des Grundfreibetrags* Rz. 2443).

Sind die Voraussetzungen für die Pauschalierung der Lohnsteuer bei einem Dienstverhältnis erfüllt, so kann der Arbeitslohn auch pauschal versteuert werden, denn die Voraussetzungen für die Pauschalierung sind bei jedem Dienstverhältnis einzeln zu prüfen. Die Steuerbefreiung nach § 3 Nr. 39 EStG wegen geringfügiger Beschäftigung dürfte i.d.R. nicht in Betracht kommen.

3. Sozialversicherung

1698 Bei sozialversicherungspflichtigen Arbeitnehmern, die gleichzeitig in mehreren Beschäftigungsverhältnissen stehen, sind die Beiträge für jedes Beschäftigungsverhältnis nach den allgemeinen Regeln zu ermitteln, sofern die Beitragsbemessungsgrenze in den einzelnen Versicherungszweigen nicht überschritten wird. Übersteigt die Summe der Arbeitsentgelte jedoch die Bemessungsgrenze, sind für den jeweiligen Versicherungszweig die beitragspflichtigen Einnahmen nach dem Verhältnis ihrer Höhe so zu vermindern, dass sie zusammen höchstens die Beitragsbemessungsgrenze erreichen. Dabei kann **folgende Formel** zu Grunde gelegt werden:

$$\frac{\text{Beitragsbemessungsgrenze} \times \text{Entgelt aus der einzelnen Beschäftigung}}{\text{Summe der Entgelte aus allen Beschäftigungen}}$$

Beispiel:

Der Arbeitnehmer erhält 2002 folgende monatlichen Arbeitsentgelte:

Bei Arbeitgeber A:	2 300 €
Bei Arbeitgeber B:	2 900 €

Die Beitragsbemessungsgrenze liegt für 2002 im Rechtskreis West in der Renten- und Arbeitslosenversicherung bei 4 500 €.

Arbeitgeber A: (4 500 × 2 300 : 5 200) =	1 990,38 €
Arbeitgeber B: (4 500 × 2 900 : 5 200) =	2 509,62 €
	4 500,— €

Beim Arbeitgeber A beträgt somit das beitragspflichtige Arbeitsentgelt 1 990,38 €, beim Arbeitgeber B 2 509,62 €.

Bei der Berechnung des Arbeitgeberzuschusses zu einer freiwilligen Kranken- und Pflegeversicherung ist entsprechend zu verfahren.

Siehe auch → *Nebentätigkeit* Rz. 1768.

Meldungen für Arbeitnehmer in der Sozialversicherung

0. Aktuelle Änderung

1699 Der bisherige Meldevordruck wurde um das Ankreuzfeld „Beamtenähnliche Gesamtversorgung" erweitert. Dieses Feld ist anzukreuzen, wenn für den Beschäftigten eine Pflichtversicherung in einer Zusatzversorgung i.S. des § 10 EStG besteht. Hierbei handelt es sich um Beschäftigte, die kraft zusätzlicher Versorgungsregelung in einer Zusatzversorgung pflichtversichert sind und bei denen eine der Versorgung der Beamten ähnliche Gesamtversorgung aus der Summe der Leistungen der gesetzlichen Rentenversicherung und der Zusatzversorgung gewährleistet ist. Sind Meldungen für Beschäftigte zu erstatten, für die der vorgenannte Sachverhalt nicht zutrifft, darf bis zum 31.12.2002 auch der bisherige Vordruck verwendet werden.

1. Allgemeines

1700 Das Meldeverfahren zur Kranken-, Pflege-, Renten- und Arbeitslosenversicherung ist in den §§ 28a ff. SGB IV mit ergänzenden Rechtsvorschriften einheitlich für diese Zweige der Sozialversicherung geregelt. **Eingangs- und Annahmestellen** für alle Meldungen **sind die Krankenkassen**; direkte Meldungen des Versicherten oder des Arbeitgebers an die übrigen Träger sind nicht vorgesehen.

Mit dem Gesetz zur Neuregelung der geringfügigen Beschäftigungsverhältnisse vom 24.3.1999 (BGBl. I S. 388) wurde vom 1.4.1999 an das Meldeverfahren für geringfügig Beschäftigte dem Meldeverfahren für versicherungspflichtig Beschäftigte angeglichen und das derzeitige Sondermeldeverfahren für geringfügig Beschäftigte insoweit abgelöst. Die sich daraus ergebenden Änderungen sind in den nachfolgenden Punkten eingearbeitet.

Die bisher bei der Datenstelle der Rentenversicherungsträger gespeicherten Meldungen für geringfügig Beschäftigte bleiben vorerst bestehen und stehen den Betriebsprüfern zu Prüfzwecken – hier insbesondere zur Feststellung von Mehrfachbeschäftigungen – zur Verfügung. Diese Daten werden erst mit Ablauf der Verjährungsfrist am 2.1.2004 gelöscht.

Meldungen haben Ordnungscharakter, sie begründen – mit Ausnahmen im Bereich der Rentenversicherung – grundsätzlich keine Rechtsansprüche; diese ergeben sich ausschließlich aus dem bestehenden Mitgliedschafts- bzw. Versicherungsverhältnis.

Für die **Rentenversicherung** gilt auf Grund des § 199 SGB VI die Vermutung, dass bei Beschäftigungszeiten, die dem Rentenversicherungsträger ordnungsgemäß gemeldet worden sind, für die gemeldete Zeit und das gemeldete Arbeitsentgelt ein versicherungspflichtiges Beschäftigungsverhältnis mit wirksamer Beitragsentrichtung bestanden hat. Mit In-Kraft-Treten des Gesetzes über die **Soziale Pflegeversicherung** am 1.1.1995 gilt dies auch für Zeiten einer nicht erwerbsmäßigen häuslichen Pflege (→ *Pflegeversicherung* Rz. 1879). Die Krankenkassen sind unter strenger Beachtung des Datenschutzes verpflichtet, die Meldedaten unverzüglich an die Rentenversicherungsträger und die Bundesanstalt für Arbeit weiterzuleiten.

2. DEÜV

1701 Durch Rechtsverordnung können Inhalt, Form und Frist der zu erstattenden Meldungen bestimmt und anzuwendende Prüfverfahren festgelegt werden. Seit dem 1.1.1999 ist die neue Datenerfassungs- und -übermittlungsverordnung – DEÜV – vom 10.2.1998 (BGBl. I S. 343) in Kraft. Sie ersetzt die bis dahin gültige Zweite Datenerfassungs-Verordnung – 2. DEVO – und die Zweite Verordnung über die Datenübermittlung auf maschinell verwertbaren Datenträgern – 2. DÜVO –.

Geregelt ist neben den manuellen Meldungen, **die im Übrigen jetzt auch PC-unterstützt gefertigt werden dürfen**, die Abgabe von Meldungen auf maschinell verwertbaren Datenträgern. Die mit elektronischen Datenverarbeitungsanlagen arbeitenden Betriebe können Vereinfachungen im Meldeverfahren nutzen, wenn sie als Ergebnis ihrer maschinellen Lohn-/Gehaltsabrechnungsprogramme die für die Sozialversicherung erforderlichen Meldungen automatisch erzeugen und mittels Datenträger oder Datenfernübertragung den Krankenkassen weiterleiten. Die Anwendung dieses maschinellen Meldeverfahrens setzt die Zulassung durch eine Krankenkasse voraus. **Wird eine bereits systemgeprüfte Software eingesetzt, wird** nach der neuen DEÜV **eine Zulassung ohne weitere Prüfung ausgesprochen.** In den anderen Fällen ist eine Zulassungsprüfung vor Ort erforderlich. Die Erstattung von Jahresmeldungen auf Endlosformularen ist nach der DEÜV nicht mehr zulässig.

Die Meldeinhalte sind so gestaltet, dass die notwendigen Informationen für alle beteiligten Versicherungsträger enthalten sind. Auf Grundlage der Meldungen führt die Krankenkasse ihr Versichertenverzeichnis. Sie übermittelt die Daten dem Rentenversicherungsträger, der seinerseits das Versichertenkonto für eine spätere Leistungsgewährung anlegt bzw. fortschreibt, sowie der

Bundesanstalt für Arbeit, die die Meldungen für ihre arbeitsmarktsteuernden Aufgaben analysiert.

3. Organisationsmittel und Ordnungsbegriffe

1702 Zur Abwicklung des Meldeverfahrens, das aus Gründen der Kostenminimierung und zur Beschleunigung beim Informationsaustausch weitgehend maschinell durchgeführt wird, sind eindeutige Ordnungsbegriffe notwendig, die zusätzlich auch für Statistiken und Analysen im Bereich der Sozialdaten und der Arbeitsmarktbeobachtung verwertbar sind.

a) Sozialversicherungsausweis

1703 Bis zum 31.3.1998 erhielt der Arbeitnehmer bei Vergabe seiner Rentenversicherungsnummer ein Sozialversicherungsnachweisheft. Wegen der Umstellung vieler Arbeitgeber auf Verfahren der Datenübermittlung und der hohen Kosten der Ausstattung aller Versicherten mit einem Sozialversicherungsnachweisheft wurde zu Gunsten eines bundeseinheitlichen Meldevordrucks bereits ab dem 1.4.1998 auf das Ausstellen neuer Sozialversicherungsnachweishefte verzichtet. Die Pflicht des Arbeitgebers zur Aufbewahrung des Sozialversicherungsnachweisheftes ist mit dem 31.12.1998 erloschen. Damit erhält der Sozialversicherungsausweis (→ *Sozialversicherungsausweis* Rz. 2262) als amtliche Dokumentation der Sozialversicherungsnummer des Versicherten zusätzliche Bedeutung.

b) Versicherungsnummer

1704 Die Rentenversicherungsnummer ist als eindeutiges Identifizierungsmerkmal von besonderer Bedeutung, weil unter diesem Ordnungsbegriff der Versicherungsverlauf gespeichert wird. Ist die Versicherungsnummer bei einer notwendigen Meldung noch nicht vergeben oder nicht bekannt, sind die für ihre Vergabe erforderlichen Daten zusätzlich in die Meldung aufzunehmen.

Dies sind:

– die Angabe der Staatsangehörigkeit des Arbeitnehmers,

– sein Geschlecht,

– sein Geburtsdatum,

– sein Geburtsort und

– ggf. der Geburtsname.

c) Abgabegründe

1705 In den Meldungen ist zu kennzeichnen, aus welchem Grund die Meldung erstattet wird. Hierfür ist ein zweistelliger Schlüssel vorgesehen, der folgende Bedeutung hat:

Anmeldungen

10 Anmeldung wegen Beginn einer Beschäftigung

11 Anmeldung wegen Krankenkassenwechsel

12 Anmeldung wegen Beitragsgruppenwechsel

13 Anmeldung wegen sonstiger Gründe/Änderungen im Beschäftigungsverhältnis,

z.B.
– Anmeldung nach unbezahltem Urlaub oder Streik von länger als einem Monat nach § 7 Abs. 3 Satz 1 SGB IV
– Anmeldung wegen Rechtskreiswechsel ohne Krankenkassenwechsel
– Anmeldung wegen Wechsel des Entgeltabrechnungssystems (optional)
– Anmeldung wegen Änderung des Personengruppenschlüssels ohne Beitragsgruppenwechsel

Abmeldungen

30 Abmeldung wegen Ende einer Beschäftigung

31 Abmeldung wegen Krankenkassenwechsel

32 Abmeldung wegen Beitragsgruppenwechsel

33 Abmeldung wegen sonstiger Gründe/Änderungen im Beschäftigungsverhältnis

34 Abmeldung wegen Ende einer Beschäftigung nach einer Unterbrechung von länger als einem Monat

35 Abmeldung wegen Arbeitskampf von länger als einem Monat

36 Abmeldung wegen Wechsel des Entgeltabrechnungssystems (optional)

40 Gleichzeitige An- und Abmeldung wegen Ende der Beschäftigung

49 Abmeldung wegen Tod

Jahres-, Unterbrechungs- und Sondermeldung

50 Jahresmeldung

51 Unterbrechungsmeldung wegen Bezug von bzw. Anspruch auf Entgeltersatzleistungen

52 Unterbrechungsmeldung wegen Erziehungsurlaub

53 Unterbrechungsmeldung wegen gesetzlicher Dienstpflicht

54 Meldung eines einmalig gezahlten Arbeitsentgelts (Sondermeldung)

55 Meldung von nicht vereinbarungsgemäß verwendetem Wertguthaben (Störfall)

56 Meldung des Unterschiedsbetrags bei Entgeltersatzleistungen während Altersteilzeit

Meldungen in Insolvenzfällen

70 Jahresmeldung für freigestellte Arbeitnehmer

71 Meldung des Vortages der Insolvenz/der Freistellung

72 Entgeltmeldung zum rechtlichen Ende der Beschäftigung

Für die praktische Anwendung ergeben sich beispielhaft auf Grund der vielschichtigen Meldesachverhalte folgende Konstellationen:

Sachverhalt	Abgabe-grund	Meldeart
Aufnahme einer versicherungspflichtigen oder geringfügigen Beschäftigung	10	Anmeldung
Ende einer versicherungspflichtigen oder geringfügigen Beschäftigung	30	Abmeldung
Ende einer versicherungspflichtigen Beschäftigung wegen Tod	49	Abmeldung
Beginn und Ende einer versicherungspflichtigen oder geringfügigen Beschäftigung, wenn zum Zeitpunkt der Abmeldung noch keine Anmeldung abgegeben wurde – nur zulässig, wenn die Versicherungsnummer bekannt ist – als Meldefrist gilt die Frist für Anmeldungen	40	An- und Abmeldung
Krankenkassenwechsel bei fortbestehendem Beschäftigungsverhältnis	31 11	Abmeldung Anmeldung
Beitragsgruppenwechsel bei fortbestehendem Beschäftigungsverhältnis	32 12	Abmeldung Anmeldung
Jahresmeldung für das abgelaufene Kalenderjahr	50	Jahresmeldung
Einmalig gezahltes Arbeitsentgelt als Sondermeldung	54	Sondermeldung
Unterbrechung der Beschäftigung ohne Fortzahlung des Arbeitsentgelts für mindestens einen Kalendermonat wegen des Bezuges z.B. von Kranken- und Mutterschaftsgeld	51	Unterbrechungsmeldung
Unterbrechung der Beschäftigung wegen Erziehungsurlaub	52	Unterbrechungsmeldung
Unterbrechung der Beschäftigung wegen Ableistung der gesetzlichen Dienstpflicht von mehr als einem Kalendermonat	53	Unterbrechungsmeldung
Unterbrechung der Beschäftigung ohne Fortzahlung des Arbeitsentgelts von mehr als einem Monat, • z.B. wegen unbezahltem Urlaub	34 13	Abmeldung Wiederanmeldung
• wegen Arbeitskampf	35 13	Abmeldung Wiederanmeldung
Wechsel von einer geringfügig entlohnten in eine kurzfristige Beschäftigung oder umgekehrt	30 10	Abmeldung Anmeldung
Änderung des Arbeitsentgelts, wenn die 325-€-Grenze über- oder unterschritten wird	30 10	Abmeldung Anmeldung

Sachverhalt	Abgabe-grund	Meldeart
Beginn der Beschäftigung nach Ende der Berufsausbildung beim gleichen Arbeitgeber		
• ohne Beitragsgruppenwechsel	33 13	Abmeldung Anmeldung
• mit Beitragsgruppenwechsel	32 12	Abmeldung Anmeldung
Beginn einer Beschäftigung nach dem Altersteilzeitgesetz beim gleichen Arbeitgeber		
• ohne Krankenkassenwechsel und ohne Beitragsgruppenwechsel	33 13	Abmeldung Anmeldung
• mit Krankenkassenwechsel ggf. auch Beitragsgruppenwechsel	31 11	Abmeldung Anmeldung
• mit Beitragsgruppenwechsel	32 12	Abmeldung Anmeldung
Wechsel des Entgeltabrechnungssystems beim Arbeitgeber – Nicht jeder Wechsel eines Abrechnungssystems macht innerhalb der Systeme das An- und Abmelden erforderlich. Sollten jedoch Meldungen erforderlich sein, so ist der gesonderte Abgabegrund zu verwenden.	36 13	Abmeldung Anmeldung
Wechsel einer Betriebsstätte von den alten in die neuen Bundesländer (Rechtskreiswechsel) oder umgekehrt beim gleichen Arbeitgeber		
• ohne Krankenkassenwechsel	33 13	Abmeldung Anmeldung
• mit Krankenkassenwechsel	31 11	Abmeldung Anmeldung

d) Betriebsnummer

Die Betriebsnummer wird **auf Antrag** des Betriebes **von den** **1706** Dienststellen der **Bundesanstalt für Arbeit** (örtliches Arbeitsamt) vergeben. Dabei kennzeichnen die ersten drei Stellen der Betriebsnummer den Bezirk des Arbeitsamtes, das die Betriebsnummer vergeben hat. Eine Betriebsnummer wird nicht neu vergeben, wenn der Betrieb seinen Sitz in den Bezirk eines anderen Arbeitsamtes verlegt.

e) Personengruppen

Neu im Meldeverfahren ist der dreistellige Personengruppen- **1707** schlüssel, der die genauere Berufsbildzuordnung des Versicherten zulässt. Die 1. Stelle des Schlüssels ist fest vergeben. Bei Arbeitgebermeldungen ist es immer die „1". Andere Schlüssel in der 1. Stelle sind anderen meldenden Stellen vorbehalten. Grundsätzlich ist der Schlüssel 101 bzw. 140 zu verwenden. Hat das Beschäftigungsverhältnis **besondere Merkmale**, gelten die Schlüssel 102 ff. bzw. 141 ff. Treffen mehrere besondere Merkmale zu, ist die niedrigste Schlüsselzahl zu vermerken. Die Schlüssel 109 und 110 haben jedoch immer Vorrang.

Schlüsselzahl	Personenkreis	Erläuterung
101	Sozialversicherungspflichtig Beschäftigte ohne besondere Merkmale	Beschäftigte, die kranken-, pflege-, renten- oder arbeitslosenversicherungspflichtig sind oder für die Arbeitgeberanteile zur Renten- oder Arbeitslosenversicherung zu zahlen sind
102	Auszubildende	Personen, die eine betriebliche Berufsausbildung in einem anerkannten Ausbildungsberuf durchlaufen oder die Ausbildung für einen Beruf erlernen, die üblich oder anerkannt ist
103	Beschäftigte in Altersteilzeit	Beschäftigung nach dem Altersteilzeitgesetz
104	Hausgewerbetreibende	Personen, die in eigener Arbeitsstätte im Auftrag anderer tätig sind

Schlüsselzahl	Personenkreis	Erläuterung
105	Praktikanten	Personen, die eine in der Studien- oder Prüfungsordnung vorgeschriebene berufspraktische Tätigkeit im Rahmen eines Praktikums verrichten
106	Werkstudenten	Studenten, die eine Beschäftigung ausüben und darin kranken-, pflege- und arbeitslosenversicherungsfrei sind
107	Behinderte Menschen in anerkannten Werkstätten oder gleichartigen Einrichtungen	Personen, die für eine Erwerbstätigkeit befähigt werden sollen oder in Einrichtungen tätig sind
108	Bezieher von Vorruhestandsgeld	–
109	Geringfügig entlohnte Beschäftigung nach § 8 Abs. 1 Nr. 1 SGB IV	Geringfügig Beschäftigte bis 325 € monatlich und weniger als 15 Wochenstunden
110	Kurzfristig Beschäftigte nach § 8 Abs. 1 Nr. 2 SGB IV	Geringfügig Beschäftigte mit einer Befristung auf zwei Monate oder 50 Arbeitstage
111	Personen in Einrichtungen der Jugendhilfe, Berufsbildungswerken oder ähnlichen Einrichtungen für behinderte Menschen	durch den zuständigen Träger der Einrichtung sind Meldungen zu erstatten
112	Mitarbeitende Familienangehörige in der Landwirtschaft	ohne Auszubildende
113	Nebenerwerbslandwirte	Personen, die neben der Bewirtschaftung einer Landwirtschaft in einem abhängigen Dauerarbeitsverhältnis stehen
114	Nebenerwerbslandwirte (saisonal beschäftigt)	Personen, die neben der Bewirtschaftung einer Landwirtschaft eine befristete Beschäftigung ausüben
116	Ausgleichsgeldempfänger nach dem FELEG	Ehemalige Landwirte und rentenversicherungspflichtig mitarbeitende Familienangehörige
118	Unständig Beschäftigte	Versicherungspflichtige Beschäftigung, die auf weniger als eine Woche befristet ist
119	Versicherungsfreie Altersvollrentner und Versorgungsbezieher wegen Alters	Personen, die eine Altersrente aus der gesetzlichen Rentenversicherung oder einer berufsständischen Versorgungseinrichtung beziehen
120	Scheinselbständige	Personen, die vertraglich als Selbständige gelten sollen, bei denen jedoch eine Beschäftigung vermutet wird (§ 7 Abs. 4 SGB IV)
140	Seeleute	ohne Lotsen
141	Auszubildende in der Seefahrt	wie Schlüssel 102
142	Seeleute in Altersteilzeit	wie Schlüssel 103
143	Seelotsen	Rentenversicherungspflichtig Selbständige

f) Beitragsgruppen

1708 Da die Krankenkassen auch Einzugsstellen für die Pflege-, Renten- und Arbeitslosenversicherungsbeiträge sind, die Bedingungen für die Versicherungspflicht bzw. -freiheit aber nicht immer gleich sind, ist bei der Anmeldung zu kennzeichnen, zu welchen Zweigen Versicherungs- und damit Beitragspflicht besteht. Dies geschieht durch die jeweilige Beitragsgruppe (→ *Beiträge zur Sozialversicherung* Rz. 438). Die Grundstruktur des bisherigen Beitragsgruppenschlüssels ist erhalten geblieben. Neu ist

jedoch die Erweiterung um den vierten Zweig, die Pflegeversicherung, sowie die Möglichkeit, in der Krankenversicherung die freiwilligen Mitglieder, für die der Arbeitgeber den Beitrag abführt, mit dem Schlüssel „9" als Firmenzahler zu kennzeichnen.

Der Beitragsgruppenschlüssel ist somit vierstellig und kennzeichnet in der ersten Stelle die Versicherungspflicht/-freiheit zur Krankenversicherung, in der zweiten Stelle zur Rentenversicherung, in der dritten Stelle die Beitragspflicht zur Arbeitslosenversicherung und in der vierten Stelle die Versicherungspflicht/-freiheit zur Pflegeversicherung. Da vom 1.4.1999 an für geringfügig Beschäftigte auch Pauschalbeiträge zur Kranken- und Rentenversicherung zu zahlen sind, sind bei den An- und Abmeldungen für geringfügig Beschäftigte auch Beitragsgruppen anzugeben.

Der Beitragsgruppenschlüssel setzt sich wie folgt zusammen:

Krankenversicherung

0 = kein Beitrag
Keine Krankenversicherungspflicht z.B. wegen Überschreitens der Jahresarbeitsentgeltgrenze

1 = allgemeiner Beitrag
Krankenversicherungspflicht

2 = erhöhter Beitrag
Krankenversicherungspflicht, aber keine Entgeltfortzahlung für mindestens sechs Wochen

3 = ermäßigter Beitrag
Krankenversicherungspflicht, ohne Anspruch auf Krankengeld

4 = Beitrag zur landwirtschaftlichen Krankenversicherung

5 = Arbeitgeberbeitrag zur landwirtschaftlichen Krankenversicherung

6 = Pauschalbeitrag für geringfügig Beschäftigte

9 = freiwillige Krankenversicherung – Firmenzahler

Rentenversicherung

0 = kein Beitrag
z.B. wegen Mitgliedschaft in einer berufsständischen Altersversorgung

1 = voller Beitrag zur Arbeiterrentenversicherung

2 = voller Beitrag zur Angestelltenrentenversicherung

3 = halber Beitrag zur Arbeiterrentenversicherung – nur Arbeitgeberanteil

4 = halber Beitrag zur Angestelltenrentenversicherung – nur Arbeitgeberanteil

5 = Pauschalbeitrag zur Arbeiterrentenversicherung für geringfügig Beschäftigte

6 = Pauschalbeitrag zur Angestelltenrentenversicherung für geringfügig Beschäftigte

Arbeitslosenversicherung

0 = kein Beitrag
z.B. wegen Beschäftigung unter 15 Wochenstunden

1 = voller Beitrag

2 = halber Beitrag – nur Arbeitgeberanteil

Pflegeversicherung

0 = kein Beitrag
z.B. wegen Befreiung auf Grund eines privaten Pflegeversicherungsvertrages

1 = voller Beitrag

2 = halber Beitrag
z.B. wegen des Anspruchs auf freie Heilfürsorge

g) Angaben zur Tätigkeit

1709 Mit dem Betriebsnummernschlüssel erhält der Arbeitgeber vom Arbeitsamt das Schlüsselverzeichnis für die Angaben zur Tätigkeit. Der Schlüssel besteht aus dem Teil A „ausgeübte Tätigkeit", B1 „Stellung im Beruf" und B2 „Ausbildung des Versicherten". Er ist zur Zeit fünfstellig und linksbündig in den Meldevordruck einzutragen. Die Erweiterung auf einen neunstelligen Schlüssel ist beabsichtigt. Der Schlüssel 996 (Beschäftigte in Altersteilzeit) in Teil A ist weggefallen, weil die Zuordnung jetzt über den Personengruppenschlüssel erfolgt.

Folgende Bedeutungen sind für den Schlüssel B festgelegt:

1. Stelle:

– Vollzeitbeschäftigte:

0 = Auszubildender
1 = Arbeiter, der nicht als Facharbeiter tätig ist
2 = Arbeiter, der als Facharbeiter tätig ist
3 = Meister, Polier (gleichgültig ob Arbeiter oder Angestellter)
4 = Angestellter (aber nicht Meister im Angestelltenverhältnis)
7 = Heimarbeiter/Hausgewerbetreibender

– Teilzeitbeschäftigte
mit einer Wochenarbeitszeit von:

8 = weniger als 18 Stunden
9 = 18 Stunden und mehr, jedoch nicht vollbeschäftigt.

2. Stelle:

– Grund-/Hauptschule, mittlere Reife oder gleichwertige Schulbildung:

1 = ohne abgeschlossene Berufsausbildung
2 = mit abgeschlossener Berufsausbildung (abgeschlossene Lehr-
   oder Anlernausbildung, Abschluss einer Berufsfach-/Fachschule)

– Abitur (Hochschulreife allgemein oder fachgebunden)

3 = ohne abgeschlossene Berufsausbildung
4 = mit abgeschlossener Berufsausbildung (abgeschlossene Lehr-
   oder Anlernausbildung, Abschluss einer Berufsfach-/Fachschule)

– Abschluss einer Fachhochschule (frühere Bezeichnung: Höhere Fachschule):

5

– Hochschul-/Universitätsabschluss:

6

– Ausbildung unbekannt, Angabe nicht möglich:

7

h) Staatsangehörigkeitsschlüssel

1710 In den Meldungen zur Sozialversicherung ist auch die Staatsangehörigkeit des Arbeitnehmers anzugeben. Einzutragen ist der
vom Statistischen Bundesamt festgelegte Schlüssel. Die häufig
vorkommenden Staatsangehörigkeitsschlüssel befinden sich auf
der Rückseite des Meldeformulars.

i) Vordrucke

1711 Der neue Meldevordruck wurde so konzipiert, dass er für folgende
Meldetatbestände verwendet werden kann: An- und Abmeldung,
Sofortmeldung, Kontrollmeldung, Unterbrechungsmeldung, Jah-
resmeldung, Meldung von einmalig gezahltem Arbeitsentgelt,
Stornierung, Änderung des Namens und der Staatsangehörigkeit
und sonstige Meldungen. Lediglich die Kontrollmeldung bei
Arbeitnehmerüberlassung, die vom Entleiher zu tätigen ist, ist ein
separater Meldevordruck.

Neu ist, dass der Meldevordruck mit Hilfe automatischer Einrichtungen (z.B. PC) erstellt werden darf.

4. Pflichten und Aufgaben

a) Arbeitnehmer

1712 Der Arbeitnehmer ist verpflichtet, dem Arbeitgeber seinen **Sozialversicherungsausweis vorzulegen** und alle für die Durchführung des Meldeverfahrens erforderlichen Angaben zu machen.
Er ist auch verpflichtet, der Einzugsstelle den Verlust des Sozialversicherungsausweises oder sein Wiederauffinden unverzüglich
anzuzeigen. Unbrauchbare Sozialversicherungsausweise sind
zurückzugeben. Zerstörte, verlorene oder unbrauchbar gewordene Sozialversicherungsausweise werden auf Antrag ersetzt.
Der Arbeitnehmer darf nur **einen** auf seinen Namen ausgestellten
Sozialversicherungsausweis besitzen; evtl. Mehrexemplare sind
zurückzugeben.

Ist der Arbeitnehmer in einem Gewerbezweig beschäftigt, in dem
die **besonderen Mitführungspflichten** für den Sozialversicherungsausweis (→ Sozialversicherungsausweis Rz. 2264) bei der
Arbeitsausübung gelten, hat er diesen Ausweis mit seinem Lichtbild zu versehen und ständig bei sich zu führen.

Bei **Bezug von Sozialleistungen** zu Lasten der Krankenkassen,
der Arbeits- oder Sozialämter oder bei **Entgeltfortzahlung**
durch den Arbeitgeber kann von den leistungspflichtigen Stellen
die **Hinterlegung des Sozialversicherungsausweises** verlangt
werden; der Beschäftigte hat dies zu dulden. Wird der Aufforderung nicht Folge geleistet, sind für die Dauer der Nichtvorlage
Leistungseinschränkungen möglich, es sei denn, den Be-

schäftigten trifft kein Verschulden an der Nichtvorlage. Der Sozialversicherungsausweis ist spätestens bei Wegfall der Leistung
unverzüglich zurückzugeben.

b) Arbeitgeber

1713 Der Arbeitgeber hat sich zu Beginn der Beschäftigung des Arbeitnehmers den **Sozialversicherungsausweis vorlegen** zu lassen. Beschäftigte, die zur Mitführung des Sozialversicherungsausweises (→ Sozialversicherungsausweis Rz. 2264) verpflichtet
sind, hat er hierüber zu belehren.

Von **jeder Meldung** erhält der **Arbeitnehmer** eine **Mehrausfertigung**; der Versicherungsnachweis (Meldevordruck) enthält
eine entsprechend gekennzeichnete Durchschrift. Arbeitgeber,
die die Meldungen auf elektronisch verwertbaren Datenträgern
erstatten, haben über die Meldung einen Beleg zu erstellen und
dem Arbeitnehmer auszuhändigen.

Die Verpflichtung zur Abgabe der erforderlichen Meldungen liegt
ausschließlich beim Arbeitgeber.

c) Krankenkassen

1714 Die Krankenkassen haben dafür zu sorgen, dass die erforderlichen Meldungen rechtzeitig erstattet und die Angaben
vollständig und richtig gemacht werden. Zu diesem Zweck werden die Meldungen **auf** maschinell verwertbare **Datenträger**
übernommen, **auf Plausibilität geprüft** und ggf. mit Be-
standsdaten abgeglichen. Die Daten werden anschließend zur
Aktualisierung des Mitgliederverzeichnisses der Krankenkasse
weiterverarbeitet, wobei Meldungen, die nicht krankenversicherungspflichtige Beschäftigte betreffen, von der Weiter-
verarbeitung in den Datenbeständen der Krankenkasse ausgeschlossen sind.

d) Rentenversicherungsträger

1715 Die Rentenversicherungsträger unterhalten eine Datenstelle, bei
der alle Personen, denen von einem Träger der Rentenversicherung eine Versicherungsnummer zugeteilt wurde, so erfasst sind,
dass bei Angabe der für die Vergabe der Versicherungsnummer
erforderlichen Daten die Versicherungsnummer und der zuständige Träger der Rentenversicherung ermittelt werden kann.

Darüber hinaus speichern die Rentenversicherungsträger **vorwiegend Beschäftigungszeiträume und Arbeitsentgelte aus
Jahresmeldungen und Abmeldungen** in dem „persönlichen
Versicherungskonto" des Arbeitnehmers, um sie bei einem Leis-
tungsantrag sofort verwendbar abrufen zu können.

e) Bundesanstalt für Arbeit

1716 Die Rentenversicherungsträger übermitteln Meldedaten an die
Bundesanstalt für Arbeit, soweit diese zur Durchführung ihrer
Aufgaben auf die Daten angewiesen ist. Die Bundesanstalt für
Arbeit verwendet die Meldedaten hauptsächlich zur Beobachtung
und Analyse des Arbeitsmarktes.

5. Meldepflichtige Beschäftigungen und Meldetatbestände

a) Versicherungspflichtige

1717 Der Arbeitgeber hat jeden in der Kranken-, Pflege-, Renten- und/
oder Arbeitslosenversicherung **versicherungspflichtig Beschäftigten oder die Person, für die Beitragsanteile (Arbeitgeberanteile) zu entrichten sind**, der zuständigen Krankenkasse zu melden.

Meldepflichtig ist:

– Beginn und Ende der Beschäftigung,

– das Ende der Mitgliedschaft in der Krankenversicherung,
  wenn die Mitgliedschaft ohne Entgeltzahlung fortbesteht
  (§ 192 SGB V),

– das Ende der Entgeltzahlung,

– die Änderung der Beitragspflicht,

– der Wechsel der Krankenkasse (Einzugsstelle),

– die Unterbrechung der Beschäftigung oder Entgeltzahlung,

– die Auflösung des Arbeitsverhältnisses,

– die Änderung des Familien- oder Vornamens,

– die Änderung der Staatsangehörigkeit,

– das Jahresentgelt für jeden Beschäftigten,

– einmalig gezahltes Arbeitsentgelt, sofern es nicht in einer Meldung aus anderem Anlass erfasst wird,

– Beginn und Ende der Berufsausbildung,

– der Wechsel von einer Betriebsstätte im Beitrittsgebiet zu einer Betriebsstätte im Übrigen Bundesgebiet oder umgekehrt (Änderung des Rechtskreises),

– Beginn und Ende der Altersteilzeitarbeit,

– die Änderung des Arbeitsentgelts, wenn die Geringfügigkeitsgrenze von 325 € im Monat über- oder unterschritten wird,

– die nicht bestimmungsgemäße Verwendung eines Wertguthabens im Rahmen einer Vereinbarung über flexible Arbeitszeit und der Wechsel von einem Wertguthaben, das in einem neuen Bundesland, und einem Wertguthaben, das in einem alten Bundesland erzielt wurde.

– Wird ein Wertguthaben aufgelöst und gleichzeitig Arbeitsentgelt gezahlt, ist das Wertguthaben nur dann gesondert zu melden, wenn nicht beide zusammen im Beitrittsgebiet oder zusammen in den übrigen Bundesländern erzielt wurden.

Bis zum 31.12.1998 waren nur Angaben in DM, ab 1.1.2002 sind nur Angaben in Euro zulässig. Für die Zeit vom 1.1.1999 bis zum 31.12.2001 sind die Angaben entweder in DM oder in Euro möglich. Maßgebend ist die Währung, in der die Entgeltabrechnung erfolgt.

Werden nach dem 31.12.2001 Meldungen für das Jahr 2001 abgegeben, so sind die Angaben weiterhin in DM zu machen. Ausnahme: Der Arbeitgeber hatte bereits vor dem 31.12.2001 die Lohnabrechnung auf Euro umgestellt und dies gemeldet.

b) Versicherungspflichtige oder Versicherungsfreie

1718 Unabhängig von einer Versicherungs- oder Beitragspflicht sind zu erstatten:

- **Sofortmeldungen**

  für Arbeitnehmer in Wirtschaftszweigen, die verpflichtet sind, ihren Sozialversicherungsausweis (→ *Sozialversicherungsausweis* Rz. 2264) bei der Arbeitsausübung mit sich zu führen.

  § 103 SGB IV verpflichtet die Arbeitgeber, für diese Beschäftigten spätestens am Tage der Beschäftigungsaufnahme unverzüglich eine „Sofortmeldung" zu erstatten. Dabei ist ohne Bedeutung, ob es sich um eine versicherungspflichtige oder versicherungsfreie Beschäftigung handelt. Die Verpflichtung trifft alle Beschäftigten im

  – Baugewerbe,

  – Gaststätten- und Beherbergungsgewerbe,

  – Personen- und Güterbeförderungsgewerbe,

  – Schaustellergewerbe,

  – Gebäudereinigungsgewerbe sowie

  – Beschäftigte von Unternehmen, die sich am Auf- und Abbau von Messen und Ausstellungen beteiligen und

  – für nicht im Güterbeförderungsgewerbe mit Ausnahme des Werkverkehrs i.S. des Güterkraftverkehrsgesetzes beschäftigte Personen, die an der Beförderung von Gütern mit Kraftfahrzeugen einschließlich Be- und Entladens von Gütern beteiligt sind, es sei denn, die Personen werden auf Grundstücken im Besitz ihres Arbeitgebers tätig.

  Die **Sofortmeldung ersetzt nicht die „ordentliche" Anmeldung** bei der Krankenkasse. Personen, die durch eine Sofortmeldung der Krankenkasse gemeldet werden, werden (noch) nicht in das Mitgliederverzeichnis aufgenommen.

  Die Sofortmeldung kann unterbleiben, wenn am Tag der Beschäftigungsaufnahme eine Anmeldung vorgenommen wird.

- **Kontrollmeldungen,**

  wenn der Beschäftigte bei Beschäftigungsbeginn seinen Sozialversicherungsausweis nicht vorlegt und dies nicht innerhalb von drei Tagen nachholt. Die Kontrollmeldung ist jedoch unverzüglich am Tag der Beschäftigungsaufnahme zu erstatten, wenn auch eine Sofortmeldung zu erstatten ist. Beide

Meldungen sind dann zu verbinden. Diese Meldungen können, wenn schon möglich, auch mit der Anmeldung des Beschäftigten verbunden werden.

Eine besondere Meldung – ebenfalls Kontrollmeldung genannt – ist von dem Entleiher bei der Überlassung von Arbeitnehmern gegen Vergütung durch Zeitarbeitsfirmen einzureichen (→ *Arbeitnehmerüberlassung* Rz. 180).

c) Geringfügig Beschäftigte

1719 Für geringfügig Beschäftigte, d.h. für geringfügig entlohnte und kurzfristig Beschäftigte sind grundsätzlich die gleichen Meldungen zu erstatten wie für versicherungspflichtig Beschäftigte. Bei kurzfristig Beschäftigten sind jedoch keine Unterbrechungsmeldungen und keine Jahresmeldungen abzugeben. Einzelheiten hierzu siehe unter Meldungen für geringfügig Beschäftigte (→ Rz. 1699).

d) Ausnahme von der Meldepflicht für Versicherungsfreie

1720 Die Verpflichtung zur Erstattung der

– Kontrollmeldung bei Nichtvorlage des Sozialversicherungsausweises und

– der Sofortmeldung

gelten nicht für

– Beschäftigte, die in ihrer Beschäftigung kranken- und rentenversicherungsfrei sind oder befreit wurden und für die keine Beiträge zur Arbeitslosenversicherung zu entrichten sind (z.B. Beamte), es sei denn, die Beschäftigung wird geringfügig ausgeübt,

– Beschäftigte im Haushalt, wenn die einzelne Beschäftigung nicht die Grenzen für eine geringfügige Beschäftigung überschreitet,

– mitarbeitende Familienangehörige eines landwirtschaftlichen Unternehmers,

– Beschäftigte bis zum vollendeten 16. Lebensjahr, die eine allgemein bildende Schule besuchen, wenn die einzelne Beschäftigung die Grenzen für eine geringfügige Beschäftigung überschreitet,

– Beschäftigte, die im Rahmen eines außerhalb der Bundesrepublik Deutschland bestehenden Beschäftigungsverhältnisses nach Deutschland entsandt werden. Diese Arbeitnehmer haben sich jedoch bei einer Krankenkasse ihrer Wahl anstelle des Sozialversicherungsausweises einen Ersatzausweis ausstellen zu lassen.

6. Meldeinhalte

1721 Auf dem neuen Meldevordruck können mehrere Meldetatbestände gleichzeitig angezeigt werden. Der Meldevordruck ist als Dreifachsatz gestaltet. Dabei wird das Original der Krankenkasse zugeleitet, die erste Durchschrift ist für den Arbeitnehmer bestimmt, die zweite für den Arbeitgeber. Die Meldungen sollen möglichst mit Schreibmaschine und nur in den dafür vorgesehenen umrandeten Felder ausgefüllt werden, um eine hohe maschinelle Lesbarkeit zu erreichen. Am linken Rand des Vordrucks sind Felder vorgedruckt, die ein exaktes Einstellen der Schreibmaschine ermöglichen.

Unterschriften sind bei der Verwendung des Meldevordruckes nicht vorgesehen.

In den Meldungen ist immer die Versicherungsnummer des Arbeitnehmers einzutragen. Ist sie noch nicht zugeteilt worden oder aus sonstigen Gründen nicht bekannt, sind in dem Vordruck die für die Vergabe der Versicherungsnummer zusätzlich notwendigen Angaben wie Staatsangehörigkeit, Geschlecht, Geburtsort, Geburtsdatum und ggf. Geburtsname anzugeben. Die Angaben sind zur eindeutigen Ermittlung bzw. Vergabe der persönlichen Versicherungsnummer erforderlich.

a) Anmeldung

1722 Eine Anmeldung ist zu erstatten, wenn eine Beschäftigung aufgenommen wird, die zumindest in einem Zweig der Sozialversicherung Versicherungspflicht begründet oder für die der Arbeitgeber seinen Beitragsanteil zu entrichten hat. Tritt **Versicherungs- oder Beitragspflicht erst im Laufe der Beschäftigung** ein, ist dieses Datum als „Beschäftigungszeit von" anzugeben.

Beispiel 1:

Die Arbeitnehmerin ist seit 1994 im Betrieb geringfügig beschäftigt. Zum 14.5.2002 wird der Beschäftigungsumfang auf 20 Stunden angehoben. Versicherungspflicht tritt mit diesem Tag ein.

In das Feld „Beschäftigungszeit von" ist das Datum 14.5.2002 einzutragen.
Hinweis:
Auf Grund der ab 1.4.1999 geltenden Neuregelung für geringfügige Beschäftigungsverhältnisse war die Beschäftigte zum 1.4.1999 als geringfügig Beschäftigte anzumelden (Personengruppenschlüssel 109, Beitragsgruppe 6500, Grund der Abgabe 10). Mit Veränderung der wöchentlichen Arbeitszeit und Eintritt der Versicherungspflicht ist eine Abmeldung zum 13.5.2002 (Personengruppenschlüssel 109, Beitragsgruppe 6500 und beitragspflichtiges Bruttoarbeitsentgelt, Grund der Abgabe 30) zu erstellen. Vom 14.5.2002 ist eine Anmeldung für versicherungspflichtige Arbeitnehmer einzureichen.

Eine Anmeldung wird auch dann erstattet, wenn zuvor die Mitgliedschaft in der Krankenversicherung beendet war, z.B. bei einem **unbezahlten Urlaub** von mehr als einem Monat, und nunmehr die Arbeit wieder aufgenommen wird.

Beispiel 2:

Der Arbeitnehmer hat unbezahlten Urlaub vom 15.12.2001 bis zum 6.2.2002. Mit dem Tag der Arbeitsaufnahme am 7.2.2002 ist eine Anmeldung vorzunehmen.

Bleibt die Mitgliedschaft trotz unterbrochener Arbeitsleistung und Entgeltzahlung des Arbeitgebers wegen des Bezuges z.B. von **Krankengeld** in der Krankenversicherung erhalten, ist bei der Wiederaufnahme der Arbeit keine neue Anmeldung zu erstatten (→ *Arbeitsunterbrechungen durch Arbeitnehmer Rz. 235*).

Beispiel 3:

Der Arbeitnehmer war vom 5.1.2002 bis 3.4.2002 arbeitsunfähig krank. Im Anschluss an die Entgeltfortzahlung bezog er vom 16.2.2002 an Krankengeld bis zum 3.4.2002. Eine Neuanmeldung bei Wiederaufnahme der Arbeit ist nicht erforderlich.

b) Abmeldung

1723 Der Arbeitgeber hat das Ende der versicherungspflichtigen Beschäftigung bzw. das Ende der Versicherungspflicht durch eine **Abmeldung** anzuzeigen. Wird die Beschäftigung bei Wegfall des Arbeitsentgeltes wenigstens einen Kalendermonat unterbrochen, ohne dass die Mitgliedschaft in der Krankenversicherung dadurch endet, ist eine **Unterbrechungsmeldung** (→ Rz. 1726) zu erstatten. Abmeldungen können auch bei Änderungen in der Versicherungspflicht oder bei einem Kassenwechsel notwendig werden (→ Rz. 1729).

In das Feld „Beschäftigungszeit" ist der Zeitraum einzutragen, in dem der Arbeitnehmer **in dem Jahr** beschäftigt war, in dem das gemeldete Arbeitsentgelt erzielt wurde. Sind in einem Kalenderjahr bereits Zeiträume gemeldet worden (z.B. bei einer Unterbrechungsmeldung oder einer Abmeldung wegen Änderungen), darf diese Zeit und das Entgelt nicht erneut gemeldet werden. Vielmehr wird bei einer notwendig werdenden Abmeldung nur noch der noch nicht bescheinigte Zeitraum bis zum Ende des Beschäftigungsverhältnisses/Versicherungsverhältnisses aufgenommen.

Das **beitragspflichtige Bruttoarbeitsentgelt** wird in DM- oder Euro-Beträgen ohne Pfennige/Cent bescheinigt, wobei angefallene Pfennig-/Centbeträge bis einschließlich 49 nach unten und über 49 nach oben auf volle DM-/Euro-Beträge gerundet werden. Das Entgelt ist grundsätzlich mit sechs Stellen anzugeben, wobei ggf. die ersten Stellen durch eine Null zu belegen sind.

Bei der **Bescheinigung des Arbeitsentgelts** ist darauf zu achten, dass die Beitragsbemessungsgrenze der Rentenversicherung – auch nicht in einzelnen Lohnabrechnungsperioden – überschritten wird. Gegebenenfalls ist dem Bruttoarbeitsentgelt der noch nicht gemeldete beitragspflichtige Betrag einer Einmalzahlung hinzuzurechnen. Wurde im bescheinigten Zeitraum Kurzarbeiter- oder Winterausfallgeld (bis 31.12.1995 = Schlecht-

wettergeld) bezogen, ist neben dem tatsächlich erzielten auch ausgefallenes Arbeitsentgelt für die Stunden, für die eine der Leistungen gezahlt wurde, einzutragen. Dabei werden 80 % des Stundensatzes berücksichtigt, nach dem sich das Kurzarbeiter- bzw. Winterausfallgeld richtet.

Die in der Abmeldung angegebene Beitragsgruppe muss mit der aus der letzten Anmeldung gemeldeten Beitragsgruppe übereinstimmen.

c) Sofortmeldung

Für Beschäftigte, die zur Mitführung des Sozialversicherungsausweises verpflichtet sind, ist spätestens am Tage der Beschäftigungsaufnahme eine Sofortmeldung zu erstatten. Diese entfällt, wenn bereits an diesem Tage die normale Anmeldung getätigt wird. **1724**

d) Kontrollmeldung

Wird der Sozialversicherungsausweis bis zum Ablauf des dritten Tages nach dem Beginn der Beschäftigung nicht vorgelegt, ist unverzüglich eine Kontrollmeldung zu erstatten. Sofern auch eine Sofortmeldung abzugeben ist, muss die Kontrollmeldung zusammen mit dieser erstellt werden. **1725**

e) Unterbrechungsmeldung

In der **Krankenversicherung** bleibt die **Mitgliedschaft** Versicherungspflichtiger **auch ohne Zahlung von Arbeitsentgelt erhalten, solange** **1726**

– Anspruch auf Lohnersatzleistungen besteht, wie Kranken-, Verletzten- oder Übergangsgeld sowie Versorgungskrankengeld oder Mutterschaftsgeld,

– Elternzeit in Anspruch genommen wird oder Erziehungsgeld bezogen wird,

– der Arbeitnehmer Wehr- oder Zivildienst leistet oder an einer Eignungsübung teilnimmt,

– das Beschäftigungsverhältnis bei einem unbezahlten Urlaub von längstens einem Monat, im Falle eines rechtmäßigen Arbeitskampfes bis zu dessen Beendigung fortbesteht oder

– Anspruch auf Kurzarbeiter-/Winterausfallgeld besteht.

In der **Rentenversicherung** hingegen werden Versicherungszeiten nur dann angerechnet, wenn der Beitrags-(Kalender-)Monat mit Versicherungsbeiträgen, ggf. auch nur für Teilzeiträume, belegt ist. Ist demnach ein voller Kalendermonat nicht mit Versicherungsbeiträgen aus dem Arbeitsverhältnis belegt, muss dies dem Rentenversicherungsträger bekannt gemacht werden. Dieses zur Krankenversicherung unterschiedliche Recht macht die Abgabe von Unterbrechungsmeldungen dann erforderlich, wenn bei fortbestehendem Arbeitsverhältnis und ohne Unterbrechung der Mitgliedschaft bzw. des Versicherungsverhältnisses bei geringfügig Beschäftigten in der Krankenversicherung **für einen vollen Kalendermonat** kein **Beitrag zur Rentenversicherung** entrichtet wird.

Beispiel 1:

– Beginn der versicherungspflichtigen Beschäftigung am 15.9.1994
– Ende des Anspruchs auf Entgeltfortzahlung wegen Arbeitsunfähigkeit am 4.10.2002
– Krankengeld vom 5.10.2002 bis 25.11.2002, Arbeitsaufnahme am 26.11.2002

Eine Unterbrechungsmeldung ist nicht erforderlich, weil die Unterbrechung ohne Entgeltfortzahlung keinen vollen Monat umfasst. Die Zeit vom 1.10. bis 4.10. und vom 26.11. bis 30.11.2002 ist mit Beiträgen zur Rentenversicherung belegt.

Beispiel 2:

In dem ersten Beispiel wäre bei einer Krankengeldzahlung bis 4.12.2002 und einer Arbeitsaufnahme am 5.12.2002 eine Unterbrechungsmeldung notwendig geworden, weil der November als voller Monat nicht mit Beiträgen belegt ist.

Beispiel 3:

– Beginn der versicherungspflichtigen Beschäftigung am 1.4.1995
– Ende des Anspruchs auf Entgeltfortzahlung wegen Arbeitsunfähigkeit am 26.7.2002

Meldungen für Arbeitnehmer in der Sozialversicherung

- Krankengeld vom 27.7.2002 bis 9.8.2002
- Unbezahlter Urlaub vom 10.8.2002 bis 31.8.2002
- Arbeitsaufnahme am 3.9.2002

Eine Unterbrechungsmeldung ist zu erstatten, weil der Monat August 2002 nicht mit Beiträgen in der Rentenversicherung belegt ist. In der Krankenversicherung bewirken sowohl die Krankengeldzahlung als auch der unbezahlte Urlaub von nicht mehr als einem Monat den Erhalt der Mitgliedschaft.

Mit der Unterbrechungsmeldung wird das Arbeitsentgelt vom Beginn des Jahres bzw. bei späterem Einsetzen der Versicherungspflicht von dem Tag der versicherungspflichtigen Beschäftigung an bis zu dem Tag gemeldet, der als letzter vor der Unterbrechung mit Beiträgen belegt ist.

Zu Beispiel 2:

Zu melden ist das Arbeitsentgelt für die Zeit vom 1.1.2002 bis zum 4.10.2002.

Zu Beispiel 3:

Zu melden ist das Arbeitsentgelt für die Zeit vom 1.1.2002 bis zum 26.7.2002.

Wurde bereits im laufenden Jahr eine Unterbrechungsmeldung erstattet, darf der bereits gemeldete Zeitraum nicht erneut gemeldet werden.

Beispiel 4:

- Ende des Anspruchs auf Entgeltfortzahlung: 29.1.2002
- Krankengeld vom 30.1.2002 bis 5.3.2002, Arbeitsaufnahme am 6.3.2002
- Unterbrechungsmeldung für die Zeit vom 1.1. bis 29.1.2002 ist erstattet
- Erneute Krankengeldzahlung vom 25.6. bis 13.8.2002, Arbeitsaufnahme am 14.8.2002

Mit der zweiten Unterbrechungsmeldung ist das Arbeitsentgelt für die Zeit vom 6.3.2002 bis 24.6.2002 zu melden.

Auf Grund der seit 1.4.1999 geltenden Neuregelung für geringfügige Beschäftigungsverhältnisse ist für geringfügig entlohnte Beschäftigte eine Unterbrechungsmeldung abzusetzen, wenn die geringfügig entlohnte Beschäftigung ohne Entgeltzahlung mindestens einen Kalendermonat unterbrochen ist.

Beispiel 5:

Ein geringfügig entlohnter Beschäftigter nimmt in der Zeit vom 22.5.2002 bis 30.7.2002 unbezahlten Urlaub. Seine Arbeit nimmt er wieder am 31.7.2002 auf.

Für die mit Pauschalbeiträgen zur Kranken- und Rentenversicherung angemeldete geringfügig entlohnte Beschäftigung ist zum 21.5.2002 eine Unterbrechungsmeldung einzureichen. Hier ist der Zeitraum vom 1.1.2002 bis 21.5.2002 zu bescheinigen.

Für kurzfristig Beschäftigte sind keine Unterbrechungsmeldungen abzugeben.

Arbeitsentgelte und die entsprechenden Versicherungszeiten, die mit Unterbrechungsmeldungen bereits gemeldet wurden, dürfen in die Jahresmeldung nicht erneut aufgenommen werden. Beginndatum für die nächste Unterbrechungsmeldung, Jahres- oder Abmeldung ist der Tag der Wiederaufnahme der Entgeltzahlung.

Unterbrechungsmeldungen werden mit dem Meldevordruck und den Abgabegründen „51–53" abgegeben; bei Wiederaufnahme der Arbeit und der Entgeltzahlung ist keine neue Anmeldung zu erstatten.

f) Jahresmeldung

1727 Nach Ablauf eines Kalenderjahres, spätestens bis zum 15. April des folgenden Jahres, haben die Arbeitgeber für die Versicherungspflichtigen den Zeitraum der Beschäftigung im vergangenen Jahr und die Höhe des beitragspflichtigen Arbeitsentgelts – unter Berücksichtigung der Beitragsbemessungsgrenze in der Renten- und Arbeitslosenversicherung – zu melden. Die **Jahresmeldung ist nur zu erstatten, wenn** das Beschäftigungsverhältnis über das Jahresende hinaus unverändert fortbesteht. Ist zum Jahresende eine Abmeldung notwendig, z.B. wegen Ende des Beschäftigungsverhältnisses oder Ende der Versicherungspflicht, entfällt

die Jahresmeldung; die notwendigen Daten werden mit der Abmeldung an den Rentenversicherungsträger übermittelt. Wurde bereits in dem Kalenderjahr eine Unterbrechungsmeldung oder wegen versicherungsrechtlicher Änderungen eine Abmeldung und Neuanmeldung erstattet, darf nur das noch nicht gemeldete beitragspflichtige Arbeitsentgelt in die Jahresmeldung aufgenommen werden.

Beispiel 1:

Der Beschäftigte wechselt zum Jahresende in den Vorruhestand. Da das Versicherungsverhältnis fortbesteht, aber versicherungsrechtliche Änderungen eintreten (in der Krankenversicherung besteht kein Anspruch auf Krankengeld mehr, Wegfall der Beitragspflicht in der Arbeitslosenversicherung), ist eine Abmeldung aus den bisherigen Beitragsgruppen (z.B. 1111) und eine Neuanmeldung (z.B. in den Beitragsgruppen 3101) zum Jahreswechsel erforderlich. Eine Jahresmeldung wird nicht erstattet, weil die Entgeltdaten mit der Abmeldung übermittelt wurden.

Beispiel 2:

Das Beschäftigungsverhältnis besteht seit Jahren. Zum 1.6.2002 wechselte der Arbeitnehmer beim gleichen Arbeitgeber aus einem Arbeiterberuf in das Angestelltenverhältnis. Zum 31.5.2002 wurde deshalb eine Abmeldung mit der Beitragsgruppe 1111 und dem Arbeitsentgelt von 1.1.2002 bis zum 31.5.2002 sowie eine Neuanmeldung mit der Beitragsgruppe 1211 der Krankenkasse vorgelegt. In die Jahresentgeltmeldung darf nur noch das noch nicht gemeldete Arbeitsentgelt vom 1.6.2002 bis zum 31.12.2002 aufgenommen werden.

Beispiel 3:

Wegen einer längerfristigen Arbeitsunfähigkeit war zum 14.8.2002 eine Unterbrechungsmeldung notwendig. Die Arbeit wurde am 22.10.2002 wieder aufgenommen. In die Jahresentgeltmeldung wird das Arbeitsentgelt aus der Zeit vom 22.10.2002 bis 31.12.2002 aufgenommen.

Hinsichtlich der Jahresentgeltmeldung bei Bezug von **Kurzarbeiter- bzw. Winterausfallgeld** (bis 31.12.1995 = Schlechtwettergeld) gelten Besonderheiten. Zu melden ist neben dem tatsächlich erzielten Arbeitsentgelt auch ausgefallenes Arbeitsentgelt für die Stunden, für die eine dieser Leistungen gezahlt wurde. Dabei werden 80 % des Stundensatzes, nach dem sich das Kurzarbeiter- bzw. Winterausfallgeld bemisst, berücksichtigt.

Für geringfügig entlohnte Beschäftigte waren erstmals für die Zeit vom 1.4.1999 bis 31.12.1999 Jahresmeldungen bei der Einzugsstelle einzureichen. Für kurzfristig Beschäftigte sind dagegen keine Jahresmeldungen abzugeben.

In die **Jahresmeldung** ist das **Bruttoarbeitsentgelt** des bescheinigten Zeitraumes, ggf. unter Beachtung der zeitgleich geltenden Beitragsbemessungsgrenze der Rentenversicherung sowie ggf. unter Hinzurechnung der noch nicht gemeldeten Einmalzahlung, einzutragen. Dabei ist die für den bescheinigten Zeitraum geltende Beitragsbemessungsgrenze in der Renten- und Arbeitslosenversicherung zu beachten. Einzutragen sind nur DM-/Euro-Beträge ohne Pfennige/Cent. Sind Pfennig-/Centbeträge angefallen, werden sie bis 49 nach unten und über 49 nach oben auf volle DM-/Euro-Beträge gerundet.

g) Entgeltmeldung bei einmalig gezahltem Arbeitsentgelt

Für die Meldung beitragspflichtiger Einmalzahlungen während 1728 eines fortbestehenden Beschäftigungsverhältnisses gilt grundsätzlich, dass sie in die **nächste Entgeltmeldung einbezogen** werden. Dies gilt auch für den Fall, dass das Beschäftigungsverhältnis unterbrochen oder beendet ist, wenn die zu erstattende Abmeldung zum Zeitpunkt der Einmalzahlung noch nicht erstattet ist oder nach der Unterbrechung noch laufendes Arbeitsentgelt in dem Kalenderjahr zu melden ist. Dabei ist ohne Bedeutung, ob die nächste Meldung eine Abmeldung wegen Änderungen, eine Jahres-, Unterbrechungs- oder Abmeldung ist und ob der zu meldende Zeitraum den Zeitraum einschließt, dem die Einmalzahlung für die Beitragsberechnung zuzuordnen ist. Ohne Bedeutung ist auch, ob durch die Einbeziehung der Einmalzahlung die Beitragsbemessungsgrenze für den zu meldenden Zeitabschnitt überschritten wird. Ist für das laufende Kalenderjahr keine weitere Meldung mehr zu fertigen, enthält die folgende Meldung innerhalb des Kalenderjahres kein **laufendes** beitragspflichtiges Arbeitsentgelt. Sind zwischenzeitlich Veränderungen in der Beitragsgruppe eingetreten, ist die Einmalzahlung gesondert zu melden.

Beispiel 1:

– Laufendes Arbeitsentgelt vom 1.1.2002 bis 31.12.2002
– Einmalzahlungen im Juni und Dezember 2002

Meldung des laufenden Arbeitsentgeltes und der Einmalzahlungen in der Jahresmeldung für den Zeitraum vom 1.1.2002 bis 31.12.2002

Beispiel 2:

– Laufendes Arbeitsentgelt vom 1.1.2002 bis 26.6.2002 und vom 23.8.2002 bis 31.12.2002
– Krankengeld vom 27.6.2002 bis 22.8.2002
– Einmalzahlungen im Mai und Dezember 2002

Die Einmalzahlung für Mai 2002 kann mit der Unterbrechungsmeldung zum 26.6.2002 gemeldet werden. War dies nicht möglich, kann sie auch mit der Jahresmeldung für die Zeit vom 23.8.2002 bis 31.12.2002 unter Einbeziehung der Einmalzahlung für Dezember 2002 gemeldet werden.

Wesentlich ist, dass die Beitragsberechnung für die Einmalzahlung nach den Beitragsgruppen erfolgt, die auch in der Meldung anzugeben sind.

Ist diese Bedingung nicht erfüllt, ist die **Einmalzahlung durch eine „Sondermeldung" mitzuteilen.** Dazu wird der Grund der Abgabe mit der Ziffer „54" verschlüsselt.

Beispiel 3:

– Laufendes Arbeitsentgelt vom 1.1.2002 bis 31.12.2002
– Ende der Versicherungspflicht in der Arbeitslosenversicherung: 31.7.2002
– Abmeldung wegen Änderungen (Abmeldung mit Abgabegrund 32) mit der Bescheinigung des Entgeltes für die Zeit vom 1.1. bis 31.7.2002, Beitragsgruppe 1111, Neuanmeldung zum 1.8.2002 mit dem Abgabegrund 12 und der Beitragsgruppe 1101
– Einmalzahlung im September 2002

Die Einmalzahlung ist in die Jahresmeldung für die Zeit vom 1.8. bis 31.12.2002 einzubeziehen.

Beispiel 4:

– Laufendes Arbeitsentgelt vom 1.1.2002 bis 16.8.2002
– Krankengeld vom 17.8.2002 bis 13.1.2003, Unterbrechungsmeldung ist zum 16.8.2002 erstattet
– Einmalzahlung im Dezember

Meldung der Einmalzahlung durch Sondermeldung Grund „54", da für das laufende Kalenderjahr keine weitere Meldung mehr abgegeben wird.

Einmalzahlungen in den Monaten Januar bis März eines Jahres werden **ggf. dem letzten Abrechnungszeitraum des vorangegangenen Jahres zugeordnet** (→ *Einmalzahlungen* Rz. 802). Folglich muss der beitragspflichtige Teil der Einmalzahlung auch in der letzten Entgeltmeldung für das Vorjahr erfasst werden; die Einmalzahlung aus dem Folgejahr fließt somit noch in die Entgeltmeldung des Vorjahres ein. Sind für das Vorjahr bereits alle erforderlichen Meldungen getätigt, ist eine Sondermeldung mit Abgabegrund „54" zu erstatten.

Beispiel 5:

Das Arbeitsentgelt für das Jahr 2001 wurde am 30.1.2002 gemeldet.

Am 20.3.2002 wird eine Einmalzahlung fällig.

Diese Einmalzahlung wird durch eine Sondermeldung für das Jahr 2001 gemeldet.

Durch Ausdehnung der Meldefrist für Jahresmeldungen bis zum 15. April des Folgejahres hat der Arbeitgeber in aller Regel die Möglichkeit, Einmalzahlungen, die unter die Märzklausel fallen, mit der Jahresmeldung für das abgelaufene Kalenderjahr zu melden.

Beispiel 6:

– Laufendes Arbeitsentgelt vom 1.1.2001 bis 31.12.2001
– Einmalzahlung mit Märzklausel am 15.3.2002
– Erstellen der Jahresmeldung für das Jahr 2001 am 10.4.2002

Das beitragspflichtige Bruttoarbeitsentgelt für das Jahr 2001 beinhaltet die Einmalzahlung.

h) Veränderungsmeldungen

1729 Veränderungen im Beschäftigungs- oder Versicherungsverhältnis erfordern Meldungen bei folgenden Sachverhalten:

– Änderung der Beitragsgruppe oder des Personengruppenschlüssels
– Wechsel der Krankenkasse
– Wechsel von einer Betriebsstätte in den alten Bundesländern zu einer Betriebsstätte in den neuen Bundesländern (oder umgekehrt)
– Beendigung des Ausbildungsverhältnisses
– Übergang in Altersteilzeitarbeit
– Währungsumstellung während eines Kalenderjahres.

i) Meldungen von Änderungen/Stornierungen

1730 Fehlerhaft abgegebene Meldungen müssen storniert und in richtiger Form neu erstattet werden. Die aus dem alten Verfahren bekannten Berichtigungsmeldungen sind entfallen. Die neue (richtige) Meldung kann mit der Stornierung auf einem Vordruck kombiniert werden. Namensänderungen und der Wechsel der Staatsangehörigkeit sind unverzüglich, Anschriftenänderungen mit der nächsten Meldung zu tätigen.

j) Meldungen für geringfügig Beschäftigte

1731 Auf Grund der seit 1.4.1999 geltenden Regelung für geringfügige Beschäftigungsverhältnisse sind für geringfügig entlohnte und für kurzfristig Beschäftigte grundsätzlich die gleichen Meldungen zu erstatten wie für versicherungspflichtig Beschäftigte. Im bisherigen Meldeverfahren für geringfügige Beschäftigte gab es für bestimmte Personenkreise Ausnahmen von der Meldepflicht. Diese sind mit der o.a. Regelung gänzlich entfallen, so dass vom 1.4.1999 an auch

– grundsätzlich versicherungsfreie Beschäftigte, die eine geringfügige Beschäftigung ausüben (z. B. Beamte),

– geringfügig Beschäftigte in Privathaushalten,

– mitarbeitende Familienangehörige eines landwirtschaftlichen Unternehmers,

– Beschäftigte vor Vollendung des 16. Lebensjahrs, wenn sie eine allgemein bildende Schule besuchen,

– Personen, die aus dem Ausland nach Deutschland entsandt werden,

– Personen im Schaustellergewerbe oder Personen, die eine Beschäftigung im Rahmen des Auf- und Abbaus von Messen und Ausstellungen ausüben, auch wenn deren Beschäftigung innerhalb eines Monats nach ihrer Eigenart auf längstens sechs Tage begrenzt ist,

– Personen in der Land- und Forstwirtschaft, deren Beschäftigungsverhältnis innerhalb von drei Monaten auf längstens 18 Tage begrenzt ist,

auf Grund einer geringfügigen Beschäftigung zu melden sind.

Für kurzfristig Beschäftigte, deren Beschäftigungsverhältnis innerhalb eines Monats nach seiner Eigenart auf längstens 6 Tage begrenzt zu sein pflegt oder im Voraus auf diesen Zeitraum vertraglich begrenzt ist, ohne dass diese Beschäftigung regelmäßig ausgeübt wird, können die Meldungen durch den Arbeitgeber bis zum fünften Werktag eines jeden Monats für den vorangegangenen Monat in Listenform erfolgen. Diese Liste muss folgende Angaben enthalten:

– Name, Anschrift und Betriebsnummer des Arbeitgebers,

– Versicherungsnummer, Name, ggf. Geburtsname, Vorname (Rufname), Geburtsdatum und Anschrift des Beschäftigten,

– Beschäftigungstage,

– Schlüsselzahl der Angaben zur Tätigkeit,

– Schlüssel der Staatsangehörigkeit des Beschäftigten.

Die Übernahme des Meldeverfahrens für geringfügig Beschäftigte in das Meldeverfahren für versicherungspflichtig Beschäftigte hat dabei folgende Auswirkungen:

● **Meldefristen**

Für geringfügig Beschäftigte gelten generell die gleichen Meldefristen (→ Rz. 1699) wie für versicherungspflichtig Beschäftigte, d.h. dass Anmeldungen innerhalb von zwei Wochen nach Aufnahme der Beschäftigung, im maschinellen Meldeverfahren innerhalb von sechs Wochen durchzuführen sind.

Meldungen für Arbeitnehmer in der Sozialversicherung

• Abgabegründe

Für geringfügig Beschäftigte gelten generell die gleichen Abgabegründe (→ Rz. 1699) wie für versicherungspflichtig Beschäftigte.

Ausnahme: Für kurzfristig Beschäftigte sind keine Jahres- und Unterbrechungsmeldungen und keine Meldungen bei einmalig gezahltem Arbeitsentgelt zu erstatten. Die Abgabegründe 50–54 kommen somit hier nicht zur Anwendung. Für die geringfügig entlohnten Beschäftigten bedeutet dies aber, dass sowohl Jahresmeldungen als auch Unterbrechungsmeldungen zu erstatten sind. Bei den Unterbrechungstatbeständen ist zu beachten, dass bei einer Unterbrechung der Entgeltzahlung von länger als einem Kalendermonat, z.B. bei unbezahltem Urlaub oder im Krankheitsfall, nach Ablauf eines Kalendermonats nach Ablauf der Entgeltzahlung eine Abmeldung mit Abgabegrund 34 zu erstellen ist.

Bei einer Unterbrechung wegen des Bezuges von Verletzten- oder Übergangsgeld ist jedoch zum letzten Tag der Entgeltfortzahlung eine Unterbrechungsmeldung mit Abgabegrund 51 zu erstellen.

Für beide Personengruppen gilt jedoch, dass z.B. der Wechsel der Krankenkasse oder ein Beitragsgruppenwechsel ein meldepflichtiger Tatbestand ist.

• Beschäftigungszeit

Im bisherigen Meldeverfahren für geringfügig Beschäftigte konnten in einer Meldung Zeiträume auch über den Jahreswechsel bescheinigt werden. Dies ist nach der Änderung des Meldeverfahrens zum 1.4.1999 nicht mehr möglich.

• Personengruppenschlüssel

Die bisherigen Personengruppenschlüssel

109 = geringfügig entlohnte Beschäftigung nach § 8 Abs. 1 Nr. 1 SGB IV

110 = kurzfristige Beschäftigung nach § 8 Abs. 1 Nr. 2 SGB IV

sind erhalten geblieben und in der Meldung zur Sozialversicherung stets anzugeben. Tritt auf Grund der Zusammenrechnung mit einer nicht geringfügigen Beschäftigung (Hauptbeschäftigung) oder mehreren geringfügigen Beschäftigungen Versicherungspflicht (→ *Geringfügig Beschäftigte* Rz. 1115) ein, ist eine erneute Meldung für versicherungspflichtige Arbeitnehmer mit dem Personengruppenschlüssel 101 und dem Merkmal „Mehrfachbeschäftigung" abzusetzen.

• Beitragsgruppe

Für die Anmeldung von Arbeitnehmern in geringfügig entlohnten Beschäftigungen wurden folgende neue Beitragsgruppen eingeführt:

Krankenversicherung

6 = Pauschalbeitrag für geringfügig Beschäftigte

Rentenversicherung

5 = Pauschalbeitrag zur Arbeiterrentenversicherung für geringfügig Beschäftigte

6 = Pauschalbeitrag zur Angestelltenrentenversicherung für geringfügig Beschäftigte

Hat der Beschäftigte auf die Rentenversicherungsfreiheit verzichtet (→ *Geringfügig Beschäftigte* Rz. 1115), sind in der Rentenversicherung die Beitragsgruppen

1 = voller Beitrag zur Rentenversicherung der Arbeiter

2 = voller Beitrag zur Rentenversicherung der Angestellten

zu verwenden. Grundsätzlich müssen alle Meldungen für geringfügig Beschäftigte Beitragsgruppen beinhalten. Bei den kurzfristig Beschäftigten sind generell für die Kranken-, Renten-, Arbeitslosen- und Pflegeversicherung vier Nullen (0000) einzutragen.

Beispiel 1:

Anmeldung einer geringfügig entlohnten Beschäftigung

Versicherungs-zweig	Krankenver-sicherung	Rentenver-sicherung	Arbeitslosen-versicherung	Pflegever-sicherung
Beitragsgruppe	6	5/6	0	0

Beispiel 2:

Anmeldung einer geringfügig entlohnten Beschäftigung mit privater Krankenversicherung (z.B. Beamter)

Versicherungs-zweig	Krankenver-sicherung	Rentenver-sicherung	Arbeitslosen-versicherung	Pflegever-sicherung
Beitragsgruppe	0	6	0	0

Beispiel 3:

Anmeldung einer geringfügig entlohnten Beschäftigung mit Verzicht auf die Rentenversicherungsfreiheit

Versicherungs-zweig	Krankenver-sicherung	Rentenver-sicherung	Arbeitslosen-versicherung	Pflegever-sicherung
Beitragsgruppe	6	1/2	0	0

Beispiel 4:

Anmeldung einer kurzfristigen Beschäftigung

Versicherungs-zweig	Krankenver-sicherung	Rentenver-sicherung	Arbeitslosen-versicherung	Pflegever-sicherung
Beitragsgruppe	0	0	0	0

Tritt auf Grund der Zusammenrechnung mit einer nicht geringfügigen Beschäftigung (Hauptbeschäftigung) oder mehreren geringfügigen Beschäftigungen Versicherungspflicht ein (→ *Geringfügig Beschäftigte* Rz. 1115), sind die Beitragsgruppen für versicherungspflichtig beschäftigte Arbeitnehmer zu verwenden. Außerdem ist das Merkmal „Mehrfachbeschäftigung" anzukreuzen.

• Angaben zur Tätigkeit

Im Feld B der Angaben zur Tätigkeit (→ Rz. 1699) ist der Tätigkeitsschlüssel bestehend aus den Teilen B1 = Stellung im Beruf und B2 = Ausbildung des Beschäftigten wie bei versicherungspflichtigen Arbeitnehmern anzugeben.

• Staatsangehörigkeit

Eingetragen wird der vom Statistischen Bundesamt festgelegte Schlüssel für Staatsangehörigkeitsschlüssel (→ Rz. 1699).

• Bruttoarbeitsentgelt

Hier ist das Bruttoarbeitsentgelt aus der geringfügigen Beschäftigung einzutragen, für das in dem angegebenen Zeitraum Beiträge entrichtet wurden oder zu entrichten waren. Hat der Beschäftigte auf die Rentenversicherungsfreiheit verzichtet und liegt das Arbeitsentgelt unter der Mindestbemessungsgrundlage von 155 €, dann ist mindestens ein monatliches Arbeitsentgelt von 155 € zu bescheinigen.

Beispiel 5:

Der Arbeitgeber hat für einen geringfügig entlohnten Arbeitnehmer eine Jahresmeldung für die Zeit vom 1.4.2001 bis 31.12.2001 zu erstellen. Der Arbeitnehmer hat auf die Rentenversicherungsfreiheit verzichtet. Das monatliche Arbeitsentgelt beträgt 140 €. In der Meldung sind folgende Daten zu bescheinigen:

Versicherungs-zweig	Krankenver-sicherung	Rentenver-sicherung	Arbeitslosen-versicherung	Pflegever-sicherung
Beitragsgruppe	6	1	0	0
beitragspflichtiges Bruttoarbeitsentgelt		1 395 €		

Bei einer kurzfristigen Beschäftigung sind als beitragspflichtiges Bruttoarbeitsentgelt sechs Nullen anzugeben.

• Annahmestellen

Die Meldungen für geringfügig entlohnte Beschäftigungen sind bei der Krankenkasse einzureichen, bei der der geringfügig Beschäftigte versichert (ggf. familienversichert) ist. Ist der geringfügig Beschäftigte nicht in der gesetzlichen Krankenversicherung versichert, ist die Meldung in der entsprechenden Anwendung der Krankenkassenwahlrechte (→ *Krankenkassenwahlrecht* Rz. 1407) gegenüber der Krankenkasse zu erstatten, bei der zuletzt eine Versicherung bestand; war der geringfügig Beschäftigte noch nie in der gesetzlichen Krankenversicherung versichert, ist die Meldung bei einer nach § 173 SGB V (→ *Krankenkassenwahlrecht*

Rz. 1407) wählbaren Krankenkasse zu erstatten. Dies gilt entsprechend für Meldungen von kurzfristig Beschäftigten im Sinne des § 8 Abs. 1 Nr. 2 SGB IV.

Da pauschale Krankenversicherungsbeiträge nur für Versicherte einer gesetzlichen Krankenkasse zu entrichten sind, die auf Grund der bestehenden Versicherung bereits Sachleistungsansprüche haben (→ *Beiträge zur Sozialversicherung* Rz. 438), hat die Meldung für die Krankenkasse eine zusätzliche Bedeutung. Die die Versicherung durchführende Krankenkasse erhält auch die pauschalen Beiträge.

● **Meldeverarbeitung bei der Krankenkasse**

Für den o.a. Personenkreis wird ein neuer Datenbestand angelegt, mit dem auch ein Abgleich auf bereits bestehende nicht geringfügige oder andere geringfügige Beschäftigungsverhältnisse erfolgt. Darüber hinaus werden die Daten von der Krankenkasse an den zuständigen Rentenversicherungsträger weitergeleitet, der ebenfalls einen Abgleich durchführt. Hat ein Arbeitgeber die Krankenkassenzuständigkeit nicht ausreichend geprüft und liegen somit Meldungen für einen Arbeitnehmer bei unterschiedlichen Krankenkassen vor, informiert der Rentenversicherungsträger die erstmeldende Krankenkasse. Werden derartige Fehlmeldungen erst bei der turnusmäßigen Betriebsprüfung festgestellt, können bei nicht beachteten weiteren Beschäftigungen erhebliche Beitragsnachforderungen entstehen.

k) Meldungen bei Insolvenz

1732 Durch die Insolvenz eines Unternehmens enden nicht automatisch die Arbeitsverhältnisse der Arbeitnehmer. Vielmehr hat das BSG in zwei Urteilen vom 26.11.1985 (vgl. Besprechungsergebnis der Spitzenverbände der Sozialversicherungsträger vom 5./6.11.1996, Sozialversicherungsbeitrag-Handausgabe 2001 VL 7 IV/5) festgestellt, dass ein **versicherungspflichtiges Beschäftigungsverhältnis** nach der Konkurseröffnung **längstens bis zur Aufnahme einer anderweitigen Beschäftigung fortbesteht**. In einem weiteren Urteil vom 22.3.1995 (vgl. Besprechungsergebnis der Spitzenverbände der Sozialversicherungsträger vom 14./15.11.1995, Sozialversicherungsbeitrag-Handausgabe 1999 VL 28 c IV/4) hat das BSG unter Aufgabe früherer Rechtsprechung entschieden, dass sich der Anspruch auf Konkursausfallgeld nicht auf den Tag der Konkurseröffnung erstreckt. Dies gilt gleichermaßen für den Tatbestand der **Abweisung eines Konkursantrages mangels** einer die Verfahrenskosten deckenden Masse. Bei der Abmeldung eines sozialversicherungspflichtig Beschäftigten ist deshalb auf den **Tag vor dem Insolvenzereignis** abzustellen.

Nach § 28a Abs. 3 Satz 2 Nr. 2 Buchst. b SGB IV ist in Abmeldungen und Jahresmeldungen „das beitragspflichtige Arbeitsentgelt in €/Euro" anzugeben. Die DEÜV ergänzt diese Aussage dahin gehend, dass „das Bruttoentgelt einzutragen ist, für das in dem angegebenen Zeitraum Beiträge oder Beitragsanteile entrichtet wurden **oder zu entrichten waren**". Daraus folgt, dass weder die tatsächliche Beitragszahlung noch die Zahlung von Arbeitsentgelt, sondern ausschließlich der rechtliche Anspruch des Beschäftigten maßgebend ist für die Angaben in der Entgeltbescheinigung.

Die Spitzenverbände der Sozialversicherungsträger haben in verschiedenen Besprechungen hierzu die Auswirkungen auf das Meldeverfahren in der Sozialversicherung beraten:

Sofern der Arbeitnehmer über den Insolvenztag hinaus **weiterbeschäftigt** wird, ist zunächst eine Abmeldung bis zum **Tag vor der Insolvenz** mit Abgabegrund „30" unter Angabe des tatsächlich erzielten Arbeitsentgelts bzw. des Entgelts abzugeben, auf das Anspruch besteht. Die erneute Anmeldung vom Insolvenztag an wird mit dem Abgabegrund „10" erstattet, dabei kann die Betriebsnummer des insolventen Unternehmens verwendet werden.

Wird der **Arbeitnehmer infolge der Insolvenz freigestellt**, ist zum **Tag vor der Insolvenz** eine Abmeldung mit **Abgabegrund „71"** vorzunehmen. Gleichzeitig ist **ohne erneute Anmeldung die weitere Entgeltmeldung mit dem Abgabegrund „72"** zum Tage des rechtlichen Endes des Beschäftigungsverhältnisses zu fertigen. Liegt das **rechtliche Ende** des Beschäftigungsverhältnisses **im Folgejahr**, ist außerdem für das laufende Jahr eine Jahres-

meldung mit dem **Abgabegrund „70"** zu erstatten. In diesen Meldungen ist das beitragspflichtige Arbeitsentgelt zu bescheinigen, auf das der Arbeitnehmer in dem jeweils angegebenen Zeitraum Anspruch hat.

Diese Meldungen sind unabhängig davon zu erstatten, ob sich der Beitragsanspruch noch realisieren lässt.

Ist das Beschäftigungsverhältnis des Arbeitnehmers am Insolvenztag ohne Fortzahlung des Arbeitsentgelts unterbrochen, kann er nicht schlechter gestellt werden als der Arbeitnehmer, dessen Beschäftigungsverhältnis nicht unterbrochen war. Zu erstatten ist deshalb eine Abmeldung mit dem Grund der Abgabe „71" für die Zeit bis zum Vortag der Insolvenz und eine Meldung mit dem Grund der Abgabe „72" vom Insolvenztag bis zum rechtlichen Ende des Beschäftigungsverhältnisses.

Beispiel:

– Insolvenz: 31.8.2002
– Rechtliches Ende des Beschäftigungsverhältnisses: 31.3.2003
– Arbeitsunfähigkeit mit Krankengeldzahlung vom 13.8.2002 bis 19.9.2002

Folgende Meldungen sind zu erstatten:
● Abmeldung mit Abgabegrund „71" zum 30.8.2002
● Meldung mit Abgabegrund „70" vom 31.8. bis 31.12.2002
● Meldung mit Abgabegrund „72" vom 1.1. bis 31.3.2003

7. Meldefristen

Folgende Meldefristen sind zu beachten: **1733**

Anmeldung	– Zwei Wochen nach Aufnahme der Beschäftigung – bei Datenübermittlung sechs Wochen
Sofortmeldung	– Am Tage der Beschäftigungsaufnahme für Personen, die den Sozialversicherungsausweis mitführen müssen – entfällt bei sofortiger Anmeldung
Kontrollmeldung	– Bis zum Ablauf des dritten Tages bei Nichtvorlage des Sozialversicherungsausweises – Die Kontrollmeldung kann auch direkt mit einer Sofort- oder Anmeldung abgegeben werden
Abmeldung	– Sechs Wochen nach Ende der Beschäftigung – An- und Abmeldung können, innerhalb der Meldefrist für Anmeldungen, zusammen abgegeben werden; Voraussetzung ist, dass die Versicherungsnummer bekannt ist.
Wechsel des Wertguthabens vom Beitrittsgebiet zu einem Wertguthaben im übrigen Bundesgebiet und umgekehrt	– Taggenaue Meldung innerhalb von sechs Wochen nach dem Wechsel
Unterbrechungsmeldung	– Zwei Wochen nach Ablauf des ersten Kalendermonats der Unterbrechung
Jahresmeldung	– bis 15. April des Folgejahres
Sondermeldung für einmalig gezahltes Arbeitsentgelt	– unverzüglich
Sonstige Meldungen bei Veränderungen im Beschäftigungs- oder Versicherungsverhältnis	– innerhalb von zwei Wochen
Meldungen für geringfügig Beschäftigte	– innerhalb einer Woche
Stornierungen	– unverzüglich
Änderungen	– Namensänderungen und Wechsel der Staatsangehörigkeit **unverzüglich** – Anschriftenänderungen mit der nächsten Meldung
Kontrollmeldung (bei Arbeitnehmerüberlassung)	– Beginn und Ende jeweils innerhalb von zwei Wochen

keine Sozialversicherungspflicht =
Sozialversicherungspflicht =

8. Zuständige Krankenkasse

1734 Hinsichtlich der zuständigen Krankenkasse gelten die Ausführungen zum Stichwort → *Krankenkassenwahlrecht* Rz. 1407.

Für **geringfügig Beschäftigte**, die auch einer nicht geringfügigen und damit versicherungspflichtigen Beschäftigung nachgehen, ist die Krankenkasse zuständig, bei der die Krankenversicherung (ggf. auch Familienversicherung) durchgeführt wird.

Für Beschäftigte, die **bei keiner Krankenkasse versichert** sind, ist die Krankenkasse zuständig, bei der zuletzt eine Versicherung bestanden hat. Dies kann auch eine Familienversicherung gewesen sein. Lässt sich danach keine Krankenkasse bestimmen, hat die meldende Stelle die Meldung einer wählbaren Krankenkasse vorzulegen.

9. Bußgeld bei Verstoß gegen die Meldevorschriften

1735 Ordnungswidrig handelt, wer vorsätzlich oder leichtfertig gegen die Meldevorschriften verstößt. Die Ordnungswidrigkeit kann von dem Versicherungsträger mit einer Geldbuße bis zu 5 000 € geahndet werden.

Mindestlohn für das Baugewerbe

1736 Auf Grund der tariflichen Bestimmungen für das Baugewerbe sind die Arbeitgeber des Baugewerbes verpflichtet, ihren Arbeitnehmern ab 1.9.2000 einen **Stundenlohn** von **mindestens 9,65 € (18,87 DM)** und ab 1.9.2001 von mindestens 9,80 € (19,17 DM) in den alten Bundesländern und Berlin (**Rechtskreis West**) und von **8,49 € (16,60 DM)** und ab 1.9.2001 von mindestens 8,63 € (16,87 DM) in den neuen Bundesländern (**Rechtskreis Ost**) zu zahlen.

Nach § 1 des **Arbeitnehmer-Entsendegesetzes** in der Fassung vom 19.12.1998, BGBl. I 1998 S. 3843, ist es zulässig, dass der Bundesminister für Arbeit durch **Verordnung** den Mindestlohntarifvertrag für allgemein verbindlich erklären kann mit der Folge, dass die Mindestlohnsätze von allen Arbeitgebern zu beachten sind. Die **verfassungsrechtliche Zulässigkeit** dieser Regelung des Arbeitnehmer-Entsendegesetzes ist nunmehr geklärt (BVerfG, Beschluss vom 18.7.2000, DB 2000 S. 1768).

Die zweite **Verordnung über zwingende Arbeitsbedingungen im Baugewerbe** ist mit Wirkung ab 1.9.2000 erlassen worden (Verordnung vom 17.8.2000, BGBl. I S. 1290).

Mit der Ausdehnung des Mindestlohns auf Arbeitnehmer, die aus dem Ausland entsandt sind, haben auch sie nach dem Arbeitnehmer-Entsendegesetz Anspruch auf diesen Mindestlohn.

Der **Geltungsbereich** dieser Verordnung ist außerordentlich kompliziert. Zunächst werden nach § 1 der Verordnung nur die Arbeitnehmer und Arbeitgeber erfasst, die unter den Geltungsbereich des „Tarifvertrags zur Regelung eines Mindestlohns im Baugewerbe im Gebiet der Bundesrepublik Deutschland" vom 26.5.1999 fallen, wenn der Betrieb überwiegend Bauleistungen i.S. des § 211 Abs. 1 SGB III erbringt. In dieser Vorschrift sind schon gewisse Ausnahmen vorgesehen. Der Tarifvertrag enthält eine Reihe weiterer Ausnahmen. Sein betrieblicher Geltungsbereich ist in der Anlage 1 der Verordnung abgedruckt. Schließlich enthalten § 2 der Verordnung und ihre Anlage 2 weitere Ausnahmen vom fachlichen Geltungsbereich. Zahlreiche „baunahe" Branchen gehören danach nicht zum fachlichen Geltungsbereich der Verordnung.

Die Bundesanstalt für Arbeit sowie die Hauptzollämter **prüfen** die Einhaltung dieser Verpflichtung der in- und ausländischen Arbeitgeber zur Zahlung eines Mindestlohnes. Verstöße gegen diese Verpflichtung können mit **Bußgeldern** bis zu 100 000 € geahndet werden.

Mobilitätshilfen

1737 Vom Arbeitsamt gezahlte Mobilitätshilfen zur Abgeltung der durch die Aufnahme einer weit vom Wohnort entfernten betrieblichen Berufsausbildung entstehenden Mehraufwendungen sind nach § 3 Nr. 2 EStG steuerfrei. Aufwendungen für eine damit in unmittelbarem Zusammenhang stehende doppelte Haushalts-

führung können nach § 3c EStG nicht als Werbungskosten berücksichtigt werden (FG Köln, Urteil vom 21.9.2000, EFG 2001 S. 81, Revision eingelegt, Az. beim BFH: VI R 172/00).

Musiker

1. Allgemeines

Die **arbeits-, lohnsteuer- und sozialversicherungsrechtliche** **1738** **Behandlung** von Musikern ist von den Rechtsverhältnissen im Einzelfall abhängig. Eine typisierende Abgrenzung der Leistungen in „selbständige" und „nichtselbständige" Tätigkeit wurde für das Lohnsteuer- und Sozialversicherungsrecht durch die sog. **„Künstlererlasse"** vorgenommen. Einzelheiten hierzu → *Künstler (und verwandte Berufe)* Rz. 1441.

2. Musiker als Arbeitnehmer

Musiker, die bei **Staatsorchestern** angestellt sind, sind im Regelfall Arbeitnehmer. Das gilt auch für Musiker, die **bekannten** **1739** **Orchestern** angehören. Sie sind Arbeitnehmer des Bandleaders, insbesondere wenn die Orchester unter dem Namen des Bandleaders auftreten (BFH, Urteil vom 10.9.1976, BStBl II 1977 S. 178).

3. Musiker als selbständig Tätige

Musiker, die für bestimmte Aufnahmen im **Rundfunk** oder bei **1740** **Schallplattenherstellern** herangezogen werden, sind keine Arbeitnehmer, ein Lohnsteuerabzug entfällt (FG Köln, Urteil vom 21.7.1981, EFG 1982 S. 345).

4. Von Gastwirten beschäftigte Musikkapellen

Der Bundesfinanzhof hat in seinem Urteil vom 10.9.1976, BStBl II **1741** 1977 S. 178, zur steuerlichen Behandlung der von **Gastwirten** an Musiker und Musikkapellen gezahlten Vergütungen Stellung genommen. Das Urteil hat grundsätzliche Bedeutung auch für **andere Veranstalter**, etwa Vereine, Tanzkreise usw. Die Finanzverwaltung verfährt nach folgenden Grundsätzen (OFD Frankfurt, Verfügung vom 26.6.1996, DStR 1996 S. 1407):

– **Haupt- oder nebenberuflich tätige Musiker** und andere Unterhaltungskünstler, die für Gastwirte, Vereine oder ähnliche Veranstalter tätig werden, erzielen regelmäßig **Einkünfte aus selbständiger Arbeit bzw. Gewerbebetrieb** (zur Abgrenzung vgl. unten). Sind sie nur für **ein oder zwei Abende oder für ein Wochenende verpflichtet** werden. Zur weiteren Abgrenzung zwischen selbständiger Tätigkeit und nichtselbständiger Arbeit und einen ggf. notwendigen Steuerabzug vom Arbeitslohn wird auf das BMF-Schreiben vom 5.10.1990, BStBl I 1990 S. 638, verwiesen.

– Ein **Arbeitsverhältnis zum Veranstalter** ist i.d.R. auch dann zu verneinen, wenn eine **Kapelle selbständig als Gesellschaft** oder der **Kapellenleiter als Arbeitgeber** der Musiker aufgetreten ist. In diesen Fällen sind die Kapellen oder der Arbeitgeber-Kapellenleiter einkommensteuerlich zu erfassen.

Tritt die **Kapelle** sowohl beim Abschluss der Verträge als auch bei ihren späteren Darbietungen **als Einheit auf**, indem sie beispielsweise unter ihrem **Kapellennamen in Erscheinung tritt**, so bildet die Gesamtheit der beteiligten Musiker eine GbR; i.d.R. sind in diesen Fällen die Mitglieder der Kapelle nach den zwischen ihnen getroffenen Vereinbarungen als **Mitunternehmer** i.S. des § 15 Abs. 1 Nr. 2 EStG anzusehen.

Soweit dagegen der **Kapellenleiter** die Musikkapelle nicht nur musikalisch, sondern auch **organisatorisch und wirtschaftlich führt**, selbst die Verträge mit den Veranstaltern in eigenem Namen abschließt und Inhalt und Zusammensetzung der musikalischen Darbietungen bestimmt, wird zwischen dem **Kapellenleiter und den übrigen Kapellenmitgliedern ein Arbeitsverhältnis** anzunehmen sein, es sei denn, dass ein Musiker nur für einen **einzelnen Auftritt** vom Kapellenleiter engagiert wird (vgl. BFH, Urteil vom 7.9.1961, HFR 1962 S. 68). In der Beurteilung sind insbesondere auch die zwischen dem Kapellenleiter und den Kapellenmitgliedern getroffenen Vereinbarungen einzubeziehen. Maßgeblich ist das Gesamtbild der Verhältnisse.

– Ein **Arbeitsverhältnis zum Veranstalter** kann für sich allein auch eine etwaige **Vertragsklausel**, dass „Lohn- und Einkommensteuer, Kirchensteuer zu Lasten des Veranstalters gehen", nicht begründen. Einer derartigen Vereinbarung kommt lediglich Indizwirkung zu, vgl. BFH, Urteil vom 10.9.1976, BStBl II 1977 S. 178.

– Ist nach den vorstehenden Grundsätzen das Vorliegen eines **Arbeitsverhältnisses zu verneinen**, so werden in aller Regel Einkünfte aus **Gewerbebetrieb** anzunehmen sein. In einzelnen Fällen kann die Tätigkeit der Musiker jedoch als künstlerische anzusehen sein und daher zu Einkünften aus **selbständiger (freiberuflicher) Arbeit** führen (vgl. hierzu die Ausführungen des Bundesfinanzhofs in dem Urteil vom 19.8.1982, BStBl II 1983 S. 7). Die Entscheidung darüber, ob der vom Bundesfinanzhof geforderte Qualitätsstandard vorliegt, wird sich im Zweifelsfall nur nach Einschaltung des Gutachterausschusses für Musik entscheiden lassen. Vor einer Einschaltung des Gutachterausschusses ist jedoch besonders sorgfältig zu prüfen, ob die Einordnung der Einkünfte überhaupt von steuerlicher Bedeutung ist.

Mutterschaftsgeld

1. Voraussetzungen für den Erhalt

1742 Voraussetzung für einen Anspruch auf Mutterschaftsgeld ist, dass die Frauen bei Beginn der Mutterschutzfrist in einem Arbeitsverhältnis (gleichgültig welcher Art) gestanden haben, sie in Heimarbeit beschäftigt waren oder dass ihr Arbeitsverhältnis während der Schwangerschaft vom Arbeitgeber – und nicht von der Frau – zulässig aufgelöst worden ist.

Unter **Mutterschutzfrist** ist ein vom Mutterschutzgesetz vorgesehener Zeitraum vor und nach der Entbindung zu verstehen, für den Beschäftigungsverbote für die werdende Mutter bzw. Wöchnerin gelten.

Werdende Mütter dürfen in den **letzten sechs Wochen** vor der Entbindung nicht beschäftigt werden, es sei denn, dass sie sich zur Arbeitsleistung ausdrücklich bereit erklären. Diese Erklärung kann jederzeit widerrufen werden (§ 3 Abs. 2 MuSchG). Für die Berechnung der Sechs-Wochen-Frist ist das Zeugnis eines Arztes oder einer Hebamme über den mutmaßlichen Tag der Entbindung maßgebend. Das Zeugnis darf nicht früher als eine Woche vor Beginn der Mutterschutzfrist ausgestellt sein. Irrt sich der Arzt oder die Hebamme über den Zeitpunkt der Entbindung, verlängert sich die Mutterschutzfrist entsprechend (§ 200 Abs. 3 RVO).

Wöchnerinnen dürfen **bis zum Ablauf von acht Wochen** nach der Entbindung nicht beschäftigt werden. Für Mütter nach Früh- und Mehrlingsgeburten verlängert sich diese Frist auf zwölf Wochen, bei Frühgeburten zusätzlich um den Zeitraum, der nach § 3 Abs. 2 MuSchG nicht in Anspruch genommen werden konnte (§ 6 Abs. 1 MuSchG).

Während dieser Zeit kann sich die Mutter grundsätzlich nicht zur Arbeitsleistung bereit erklären (BAG, Urteil vom 26.8.1960, DB 1961 S. 170). Lediglich bei Tod ihres Kindes kann die Mutter auf ihr ausdrückliches Verlangen schon vor Ablauf dieser Fristen wieder beschäftigt werden, wenn nach ärztlichem Zeugnis nichts dagegen spricht. Nach einer Fehlgeburt steht der Arbeitnehmerin keine Schutzfrist zu.

Zur Abgrenzung des Mutterschaftsgelds siehe → *Mutterschutzlohn* Rz. 1753.

2. Zahlungspflichtige

Sind Frauen in einer gesetzlichen Krankenkasse freiwillig oder **1743** pflichtversichert, erhalten sie für die Zeit der Mutterschutzfristen **Mutterschaftsgeld von der Krankenkasse** nach den Vorschriften der Reichsversicherungsordnung oder des Gesetzes über die Krankenversicherung der Landwirte (§ 13 MuSchG).

Frauen, die nicht in einer gesetzlichen Krankenkasse versichert sind, erhalten für die Zeit der Mutterschutzfristen **Mutterschaftsgeld vom Bundesversicherungsamt**.

3. Höhe des Mutterschaftsgeldes

Frauen, die in einer **gesetzlichen Krankenkasse** freiwillig oder **1744** pflichtversichert sind, erhalten von der Krankenkasse ein Mutterschaftsgeld von **höchstens 13 €** je Kalendertag (§ 200 Abs. 2 Satz 2 RVO).

Frauen, die **nicht in einer gesetzlichen Krankenkasse** versichert sind, z.B.

– Frauen, die bei einer privaten Krankenversicherung versichert sind,

– Frauen, die in Heimarbeit beschäftigt sind, oder

– Frauen, deren Arbeitsverhältnis während der Schwangerschaft vom Arbeitgeber – und nicht von der Frau selbst – zulässig aufgelöst worden ist,

erhalten vom Bundesversicherungsamt ebenfalls ein Mutterschaftsgeld bis zu 13 € am Tag, **höchstens jedoch insgesamt 210 €**.

Das Mutterschaftsgeld ist **steuer- und beitragsfrei** (§ 3 Nr. 1 Buchst. d EStG).

Die Höhe des Mutterschaftsgelds richtet sich nach dem um die gesetzlichen Abzüge verminderten **durchschnittlichen kalendertäglichen Arbeitsentgelt der letzten drei Monate** vor Beginn der Mutterschutzfrist. Einmalig gezahltes Arbeitsentgelt und unverschuldete Verdienstkürzungen bleiben außer Betracht.

⌶ Ⓢ

4. Zuschuss des Arbeitgebers

a) Höhe des Zuschusses

Da das Mutterschaftsgeld für Frauen, die in einer gesetzlichen **1745** Krankenkasse freiwillig oder pflichtversichert sind, höchstens 13 € je Kalendertag beträgt, würden diese Frauen bei einem höheren Nettoeinkommen während der Mutterschutzfrist eine Lohneinbuße erleiden. Nach § 14 MuSchG hat der Arbeitgeber daher einen **Zuschuss** zum Mutterschaftsgeld in Höhe des Differenzbetrags zwischen 13 € und dem um die gesetzlichen Abzüge verminderten durchschnittlichen kalendertäglichen Arbeitsentgelt zu leisten. Das durchschnittliche kalendertägliche Arbeitsentgelt ist aus den letzten drei abgerechneten Kalendermonaten, bei wöchentlicher Abrechnung aus den letzten 13 abgerechneten Wochen vor Beginn der Schutzfrist zu berechnen. Einmalige Zuwendungen oder Verdienstkürzungen infolge Kurzarbeit, Arbeitsausfällen oder unverschuldeter Arbeitsversäumnis bleiben außer Betracht. Wird das Arbeitsentgelt rückwirkend durch eine Tariflohnerhöhung erhöht, muss diese nachträgliche Tariflohnerhöhung auch bei der Bemessung des Arbeitgeberzuschusses erhöhend berücksichtigt werden (BAG, Urteil vom 6.4.1994, DB 1994 S. 1783).

Darüber hinaus sind auch nicht nur vorübergehende Erhöhungen des Arbeitsentgelts, die während der Schutzfristen wirksam werden, ab diesem Zeitpunkt einzubeziehen (§ 14 Abs. 1 Satz 3 MuSchG). Der Gesetzgeber hat damit § 14 MuSchG an die Rechtsprechung des Bundesarbeitsgerichts angepasst (BAG, Urteil vom 31.7.1996, BB 1996 S. 2410).

Ein **rechtsmissbräuchlicher Steuerklassenwechsel** oder ähnliche Vorgänge im Zusammenhang mit den Mutterschutzfristen wirken sich für den Arbeitgeber nicht nachteilig auf die Höhe des Zuschusses aus (BAG, Urteile vom 22.10.1986, DB 1987 S. 944, und vom 18.9.1991, DB 1992 S. 787). Vgl. auch → Rz. 1750.

Die Verfassungsmäßigkeit des Arbeitgeber-Zuschusses wird immer wieder in Frage gestellt, wurde aber vom Bundesarbeitsgericht (BAG, Urteil vom 1.11.1995, DB 1996 S. 477) bestätigt.

Der Zuschuss ist – wie das Mutterschaftsgeld – **steuer- und beitragsfrei** (§ 3 Nr. 1 Buchst. d EStG, § 2 Abs. 2 Ziffer 2 ArEV).

b) Besonderheit bei Nichtmitgliedschaft in einer gesetzlichen Krankenkasse

1746 Auch Frauen, die nicht in einer gesetzlichen Krankenkasse versichert sind und deshalb vom Bundesversicherungsamt ein Mutterschaftsgeld von höchstens 210 € monatlich bekommen, erhalten vom Arbeitgeber lediglich einen Zuschuss in Höhe des Differenzbetrages zwischen 13 € und dem um die gesetzlichen Abzüge verminderten durchschnittlichen kalendertäglichen Arbeitsentgelt.

c) Nettoarbeitsentgelt

1747 Nettoarbeitsentgelt ist das um die **gesetzlichen Abzüge** verminderte Arbeitsentgelt. Zu den gesetzlichen Abzügen gehören die Lohnsteuer, die Kirchensteuer, der Solidaritätszuschlag sowie die gesetzlichen Anteile der Arbeitnehmerin an den Beiträgen zur gesetzlichen Krankenversicherung, zu den gesetzlichen Rentenversicherungen, zu einer öffentlich-rechtlichen Versicherungs- oder Versorgungseinrichtung i.S. des § 7 Abs. 2 AVG, zur gesetzlichen Pflegeversicherung und zur Bundesanstalt für Arbeit.

Zu den gesetzlichen Abzügen gehören dagegen **nicht** Beiträge zu freiwilligen Versicherungen, gepfändete Lohnbeiträge und andere Abzüge, die gesetzlich nicht zwingend vorgeschrieben sind, wie z.B. Abzüge für vermögenswirksame Leistungen, Bausparkassenbeiträge oder Gewerkschaftsbeiträge.

d) Zuschuss zur freiwilligen Krankenversicherung

1748 Einer Arbeitnehmerin, die Mutterschaftsgeld erhält, steht für diese Zeit kein Arbeitgeber-Zuschuss zur freiwilligen Krankenversicherung nach § 257 SGB V zu (BMI-Schreiben vom 6.10.1997, Sozialversicherungsbeitrag-Handausgabe 2001 VL 257 V/3). Dies gilt auch dann, wenn sie für diese Zeit die Versicherungsprämien zu ihrer privaten Krankenversicherung weiterzahlen muss. Zahlt der Arbeitgeber trotzdem den Zuschuss weiter, so ist dieser **nicht nach § 3 Nr. 62 EStG steuerfrei**, weil es sich um eine freiwillige Leistung des Arbeitgebers handelt. Der Zuschuss ist daher in voller Höhe steuer- und beitragspflichtig.

e) Vermögenswirksame Leistung

1749 Frauen, die auf Grund der Schutzfristen des Mutterschutzgesetzes nicht arbeiten, gelten auch für diese Zeit als Arbeitnehmerinnen. Deshalb kann der **Arbeitgeber-Zuschuss** zum Mutterschaftsgeld auch **vermögenswirksam angelegt** werden.

f) Steuerrechtliche und sozialversicherungsrechtliche Aspekte im Übrigen

1750 Das Mutterschaftsgeld und der Arbeitgeber-Zuschuss zum Mutterschaftsgeld sind zwar nach § 3 Nr. 1 Buchst. d EStG steuerfrei, die Zahlungen unterliegen aber dem Progressionsvorbehalt. Daher muss der Arbeitgeber den Zuschuss zum Mutterschaftsgeld im Lohnkonto vermerken und auf der **Lohnsteuerkarte** in Zeile 15 gesondert bescheinigen.

Da der Zuschuss des Arbeitgebers vom Nettoarbeitsentgelt abhängig ist und dieser wiederum durch die Eintragungen auf der Lohnsteuerkarte beeinflusst wird, stellt sich die Frage, ob die Arbeitnehmerin durch eine **bewusste Änderung der Steuerklassen** einen höheren Arbeitgeber-Zuschuss zum Mutterschaftsgeld erreichen kann.

Beispiel 1:

Zur Verdeutlichung der Auswirkungen beim Steuerklassentausch

Eine Arbeitnehmerin in Magdeburg hat ein Monatsgehalt von 1 250 €. Da ihr Ehemann ebenfalls als Arbeitnehmer tätig ist, ist auf ihrer Lohnsteuerkarte die Steuerklasse V/0 eingetragen. Vier Monate vor Beginn der Mutterschutzfrist wechselt sie in die Steuerklasse III/0.

Der Zuschuss zum Mutterschaftsgeld errechnet sich **bei der Steuerklasse V/0** wie folgt:

	Monatslohn	1 250,— €
✗	Lohnsteuer	298,— €
✗	Solidaritätszuschlag (5,5 % von 298 €)	16,39 €
✗	Kirchensteuer (9 % von 298 €)	26,82 €
✗	Arbeitnehmer-Anteile zur Rentenversicherung (½ von 19,1 %)	119,38 €
✗	Arbeitnehmer-Anteile zur Arbeitslosenversicherung (½ von 6,5 %)	40,63 €
✗	Arbeitnehmer-Anteile zur Krankenversicherung (½ von 14,5 %)	90,63 €
✗	Arbeitnehmer-Anteile zur Pflegeversicherung (½ von 1,7 %)	10,63 €
=	monatliches Nettoarbeitsentgelt	647,52 €
	geteilt durch 30 Kalendertage	
=	tägliches Nettoarbeitsentgelt	21,58 €
✗	Mutterschaftsgeld	13,— €
=	täglicher Arbeitgeber-Zuschuss zum Mutterschaftsgeld	8,58 €
×	30 Kalendertage	
=	monatlicher Arbeitgeber-Zuschuss zum Mutterschaftsgeld	257,40 €

Der Zuschuss zum Mutterschaftsgeld errechnet sich **bei der Steuerklasse III/0** wie folgt:

	Monatslohn	1 250,— €
✗	Lohnsteuer	0,— €
✗	Solidaritätszuschlag (5,5 % von 0 €)	0,— €
✗	Kirchensteuer (9 % von 0 €)	0,— €
✗	Arbeitnehmer-Anteile zur Rentenversicherung (½ von 19,1 %)	119,38 €
✗	Arbeitnehmer-Anteile zur Arbeitslosenversicherung (½ von 6,5 %)	40,63 €
✗	Arbeitnehmer-Anteile zur Krankenversicherung (½ von 14,5 %)	90,63 €
✗	Arbeitnehmer-Anteile zur Pflegeversicherung (½ von 1,7 %)	10,63 €
=	monatliches Nettoarbeitsentgelt	988,73 €
	geteilt durch 30 Kalendertage	
=	tägliches Nettoarbeitsentgelt	32,96 €
✗	Mutterschaftsgeld	13,— €
=	täglicher Arbeitgeber-Zuschuss zum Mutterschaftsgeld	19,96 €
×	30 Kalendertage	
=	monatlicher Arbeitgeber-Zuschuss zum Mutterschaftsgeld	598,80 €

Wäre der Wechsel der Steuerklasse zwischen den Ehegatten bei der Berechnung des Arbeitgeberzuschusses zum Mutterschaftsgeld zu beachten, ergäbe sich ein monatlich höherer Zuschuss von 341,40 €.

Wie das Beispiel zeigt, ist der Einkommensvorteil durch den Wechsel der Steuerklassen beachtlich. Die Arbeitnehmerin hätte es also in Zusammenspiel mit ihrem Ehemann in der Hand, durch bewusste Steuerklassenänderung oder durch Umschichtung von Freibeträgen auf der Lohnsteuerkarte sich einen erheblichen Vorteil zu Lasten des Arbeitgebers zu verschaffen. Zwar ist im Mutterschutzgesetz keine Regelung enthalten, die einen willkürlichen Steuerklassentausch gesetzlich verbietet. Dennoch hat das **Bundesarbeitsgericht** entschieden, dass eine anspruchsberechtigte Arbeitnehmerin rechtsmißbräuchlich handelt, wenn sie durch Änderung von steuerlichen Merkmalen die Höhe der ihr im Bezugszeitraum zufließenden Nettovergütung allein deshalb beeinflusst, um einen höheren Zuschuss des Arbeitgebers zum Mutterschaftsgeld zu erlangen (BAG, Urteil vom 22.10.1986, DB 1987 S. 944). Dies gilt **auch bei der erstmaligen Wahl** der Steuerklassenkombination nach der Eheschließung (BAG, Urteil vom 18.9.1991, DB 1992 S. 787). Soweit der Wechsel der Steuerklassen jedoch sachlich zu begründen ist, stellt dies keine missbräuchliche Änderung dar; eine solche Änderung hat der Arbeitgeber daher zu beachten. Die von der Finanzverwaltung herausgegebenen Tabellen zur Steuerklassenwahl 2002 für Ehegatten dienen dabei als Anhaltspunkt (vgl. b+p 2001 S. 593 Nr. 13).

Eine weitere steuerrechtliche Besonderheit ist die **Erhöhung des Steuerfreibetrags** im Zusammenhang mit dem Arbeitgeberzuschuss zum Mutterschaftsgeld.

Beispiel 2:

Die Arbeitnehmerin befindet sich ab Mitte Dezember 2002 in Mutterschutz. Sie ließ sich ab September 2002 einen Steuerfreibetrag von etwa 1 000 € auf der Steuerkarte eintragen und erhielt deshalb seitdem eine erhöhte Nettovergütung ausgezahlt. Der Freibetrag war vorher auf der Steuerkarte des Ehemannes der Arbeitnehmerin eingetragen.

Hat die Arbeitnehmerin zulässigerweise eine Lücke ausgenutzt?

Die Frage nach der Zulässigkeit eines solchen Vorgehens der Arbeitnehmerin ist ähnlich wie im vorhergehenden Fall des bewussten Steuerklassentauschs zu entscheiden. Auch hier ist von einer solchen rechtsmissbräuchlichen Absicht bei zeitnaher Änderung der Steuermerkmale zum Bezugszeitraum für den Zuschuss auszugehen. Diesen Absichtszusammenhang kann die Arbeitnehmerin nur ausnahmsweise entkräften, wenn sie einen triftigen sonstigen sachlichen Grund für die Änderung darlegen kann.

Ein besonderer Fall ist der Zuschuss zum Mutterschaftsgeld bei einer Grenzgängerin.

Beispiel 3:

A, eine Arbeitnehmerin aus Österreich, ist als sog. Grenzgängerin in Deutschland beschäftigt, wobei ihre Sozialversicherung in Deutschland, ihre Lohnsteuer in Österreich abgeführt wird.

A ist schwanger. Für den ihr zustehenden Anspruch auf Zuschuss zum Mutterschaftsgeld ist zu entscheiden, ob sich die Höhe nach dem tatsächlichen Nettogehalt oder nach dem fiktiv errechneten Entgelt richtet, wobei der Zuschuss zum Mutterschaftsgeld auch in Österreich steuerfrei ist.

Die Frage ist, soweit ersichtlich, **obergerichtlich noch nicht entschieden worden.** Insoweit ist anzuführen, dass Sinn und Zweck der gesetzlichen Regelung des Zuschusses zum Mutterschaftsgeld nach § 14 MuSchG darauf gerichtet ist, der Mutter in den gesetzlichen Schutzfristen den Lebensstandard durch das Arbeitsentgelt aufrechtzuerhalten bzw. ihr etwaige durch die Mutterschutzfristen entstehende Lohnnachteile auszugleichen. Diesem Grundsatz muss bei der Ermittlung des maßgeblichen Nettoentgelts hinsichtlich der „gesetzlichen Abzüge" Rechnung getragen werden. So hat das Bundesarbeitsgericht (Urteil vom 1.6.1988, NZA 1988 S. 691) entschieden, dass vom Arbeitgeber an die Arbeitnehmerin mit den Bruttobezügen zur Selbstabführung ausgezahlte Beiträge zu einer Versorgungsanstalt „gesetzliche Abzüge" darstellen.

In diesem Sinne müsste auch die in Österreich abzuführende Lohnsteuer bei einer Grenzgängerin zu berücksichtigende gesetzliche Abzüge darstellen, die den Zuschuss zum Mutterschaftsgeld mindern. Ansonsten würde der Lebensstandard durch Einfließen der Steuer in den Zuschuss erhöht. Dies ist, wie gesagt, nicht Sinn der Zuschussregelung.

5. Berechnungsbeispiel

1751 Die Berechnung des Arbeitgeberzuschusses zum Mutterschaftsgeld soll an nachfolgendem Beispiel erläutert werden:

Beispiel:

Eine Arbeitnehmerin in Weimar, Steuerklasse V/0, Kirchensteuermerkmal ev, erhält im Kalenderjahr 2002 einen Monatslohn von 1 500 € zuzüglich Überstundenvergütungen und Urlaubsgeld. Die vereinbarte Arbeitszeit beträgt 35 Stunden in der Woche. Sie legt ihrem Arbeitgeber ein Attest über den mutmaßlichen Tag der Entbindung vor, den 20.11.2002.

Der Arbeitgeber-Zuschuss ist aus den letzten drei abgerechneten Kalendermonaten vor Beginn der Schutzfrist zu berechnen. Maßgebend ist dabei der laufende Arbeitslohn einschließlich Zulagen, Zuschläge, Überstundenvergütungen, vermögenswirksame Leistungen, aber ohne einmalig gezahltes Arbeitsentgelt. Die Schutzfrist beginnt sechs Wochen vor dem mutmaßlichen Entbindungstag, also am 9.10.2002. Für die Berechnung des Arbeitgeberzuschusses sind daher die Nettoarbeitsentgelte der Monate Juli, August und September 2002 maßgebend. Diese betragen:

	Juli	August	September
Monatslohn	1 500,— €	1 500,— €	1 500,— €
+ Überstunden	300,— €	200,— €	100,— €
insgesamt	1 800,— €	1 700,— €	1 600,— €
⁒ Lohnsteuer	503,— €	462,— €	423,50 €
⁒ Solidaritäts- zuschlag (5,5 %)	27,66 €	25,41 €	23,29 €
⁒ Kirchensteuer (9 %)	45,27 €	41,58 €	38,11 €
⁒ Rentenversiche- rung (½ von 19,1 %)	171,90 €	162,35 €	152,80 €
⁒ Arbeitslosenver- sicherung (½ von 6,5 %)	58,50 €	55,25 €	52,— €
⁒ Krankenver- sicherung (½ von 14,5 %)	130,50 €	123,25 €	116,— €
⁒ Pflegeversiche- rung (½ von 1,7 %)	15,30 €	14,45 €	13,60 €
= monatliches Netto- arbeitsentgelt	847,87 €	815,71 €	780,70 €
Nettoarbeitsentgelt für drei Monate			2 444,28 €

Der Zuschuss des Arbeitgebers berechnet sich nach dem arbeitstäglichen Nettoarbeitsentgelt, dabei ist der Kalendermonat mit 30 Tagen anzusetzen.

Nettoarbeitsentgelt für drei Monate geteilt durch 90 Kalendertage		2 444,28 €
= tägliches Nettoarbeitsentgelt		27,16 €
⁒ Mutterschaftsgeld		13,— €
= täglicher Arbeitgeber-Zuschuss zum Mutter- schaftsgeld		14,16 €

Der Betrag von täglich 14,16 € ist steuer- und beitragsfrei, muss aber im Lohnkonto und in der Lohnsteuerbescheinigung eingetragen werden.

Für den Monat Oktober 2002 ergibt sich folgende Lohnabrechnung:

● **Aufteilung des Monatslohns**
Da die Mutterschutzfrist für die Arbeitnehmerin am 9.10.2002 beginnt, hat sie nur fünf Arbeitstage im Monat. Der Monatslohn ist entsprechend aufzuteilen. Dabei sind zunächst die Monatsstunden zu ermitteln, und zwar nach **folgender Formel:**

$$\frac{\text{tarifliche Wochenstunden} \times 52 \text{ Wochen}}{12 \text{ Monate}}$$

Es ergeben sich folgende Monatsstunden:
– bei einer 40-Stunden-Woche: 173,3 Stunden
– bei einer 38,5-Stunden-Woche: 166,8 Stunden
– bei einer 35-Stunden-Woche: 151,6 Stunden

Für die fünf Tage ergibt sich folgende anteilige Vergütung:

$$\frac{1\ 500 \text{ € } \times 5 \text{ Arbeitstage} \times 7 \text{ Stunden}}{151,6 \text{ Stunden}} = 346,31 \text{ €}$$

● **Berechnung der Lohnsteuer**
Bei der Lohnsteuer ergibt sich kein Teillohnzahlungszeitraum, weil das Arbeitsverhältnis fortbesteht. Daher sind auch solche Arbeitstage mitzuzählen, für die die Arbeitnehmerin keinen Lohn bezieht (R 118 Abs. 2 Satz 3 LStR). Die Lohnsteuer ist daher für den Monat zu berechnen.

● **Berechnung der Sozialversicherungsbeiträge**
Sozialversicherungsrechtlich entsteht ein Teillohnzahlungszeitraum vom 1.10. bis 8.10.2002 (acht Kalendertage). Die anteilige Beitragsbemessungsgrenze für die neuen Bundesländer beträgt für acht Kalendertage:

– in der Kranken- und Pflegeversicherung 900 €,
– in der Renten- und Arbeitslosenversicherung 1 000 €.

Da der Arbeitslohn die anteilige Beitragsbemessungsgrenze nicht übersteigt, sind die Beiträge aus dem anteiligen Arbeitslohn zu berechnen.

● **Lohnabrechnung**

Arbeitslohn für fünf Arbeitstage	346,31 €
⁒ Lohnsteuer	51,58 €
⁒ Solidaritätszuschlag (5,5 %)	0,— €
⁒ Kirchensteuer (9 %)	4,64 €
⁒ Rentenversicherung (½ von 19,1 %)	33,07 €
⁒ Arbeitslosenversicherung (½ von 6,5 %)	11,26 €
⁒ Krankenversicherung (½ von 14,5 %)	25,11 €
⁒ Pflegeversicherung (½ von 1,7 %)	2,94 €
= Nettolohn	217,71 €
+ Zuschuss zum Mutterschaftsgeld für 23 Tage im Oktober (14,16 € × 23 Tage)	325,68 €
= auszuzahlender Betrag	543,39 €

6. Ausgleichsverfahren bei Kleinbetrieben

1752 Zur Verminderung des Risikos der Lohnfortzahlung ist nach §§ 10 ff. LFZG für Betriebe mit nicht mehr als 20 (30) Beschäftigten (ausschl. Auszubildender) ein Ausgleichsverfahren vorgesehen.

Zu weiteren Einzelheiten → *Lohnfortzahlung: Erstattung für Kleinbetriebe* Rz. 1480.

Mutterschutzlohn

1. Begriff, Voraussetzungen und Abgrenzung zum Mutterschaftsgeld

1753 Frauen i.S. des § 1 MuSchG steht gem. § 11 MuSchG, soweit sie nicht Mutterschaftsgeld nach den Vorschriften der Reichsversicherungsordnung beziehen können, bei Beschäftigungsverbot eine Entgeltfortzahlung von Seiten des Arbeitgebers zu, der sog. Mutterschutzlohn.

Während der Mutterschutzfristen erhalten Frauen, die Anspruch auf Mutterschaftsgeld haben, ein solches von der Krankenkasse, sind sie nicht Mitglied in einer solchen vom Bundesversicherungsamt. Daneben erhalten die Frauen bei Vorliegen bestimmter Voraussetzungen einen Arbeitgeber-Zuschuss (→ *Mutterschaftsgeld* Rz. 1742).

Aber außerhalb der Mutterschutzfristen, in welchen der Arbeitgeber verpflichtet ist, Mutterschaftsgeld an die Frauen zu zahlen, kann er zu Zahlungen verpflichtet sein, dann nämlich, wenn bestimmte Beschäftigungsverbote für die Zeit außerhalb der Mutterschutzfristen vorliegen, für die Mutterschaftsgeld-Zuschuss gezahlt wird. Der Frau dürfen gem. § 11 Abs. 1 MuSchG aus der gegebenen Situation keine Nachteile entstehen. Für die Zeit dieser Beschäftigungsverbote hat der Arbeitgeber Mutterschutzlohn zu zahlen.

Durch die Gewährung von **Stillzeiten** darf nach § 7 Abs. 2 MuSchG ebenfalls kein Verdienstausfall eintreten. Für die Stillzeiten ist dasjenige Arbeitsentgelt fortzuzahlen, das die Arbeitnehmerin bei einer Weiterarbeit verdient hätte. Ein Vor- oder Nacharbeiten der Stillzeiten ist unzulässig.

§ 16 MuSchG bestimmt schließlich, dass der Arbeitgeber der Frau **Freizeit für** im Rahmen der Schwangerschaft erforderlich werdende **Untersuchungen** zu gewähren hat und dass für diese Zeiten das Arbeitsentgelt fortzuzahlen ist.

Nach einem Urteil des Bundesarbeitsgerichts (Urteil vom 22.3.1995, DB 1995 S. 2274), besteht kein Anspruch auf Mutterschutzlohn bei **krankheitsbedingter Arbeitsunfähigkeit** der Schwangeren, ohne dass ein Ursachenzusammenhang zu einem mutterschutzrechtlichen Beschäftigungsverbot gegeben ist; vielmehr wird Mutterschutzlohn nach § 11 Abs. 1 MuSchG nur geschuldet, wenn allein das ärztliche Beschäftigungsverbot für die Nichtleistung der Arbeit ursächlich ist (BAG, Urteil vom 5.7.1995, DB 1995 S. 2480).

2. Höhe des Mutterschutzlohns

1754 Der Arbeitgeber hat der Frau mindestens den **Durchschnittsverdienst** der letzten 13 Wochen oder der letzten drei Monate vor Beginn des Monats, in dem die Schwangerschaft eingetreten ist, weiter zu gewähren. Wird das Arbeitsverhältnis erst nach Eintritt der Schwangerschaft begonnen, so ist der Durchschnittsverdienst aus den ersten 13 Wochen oder drei Monaten der Beschäftigung zu berechnen.

Maßgebend ist der **Gesamtverdienst** im Bezugszeitraum, den die Frau für ihre Arbeitsleistung erhalten hat. Auch hier sind **Verdiensterhöhungen** nicht nur vorübergehender Natur bei der Berechnung zu berücksichtigen. Der Gesamtverdienst ist also so zu berechnen, als hätte der höhere Lohn schon während des ganzen Bezugszeitraumes gegolten.

Verdienstkürzungen im Bezugszeitraum infolge von Kurzarbeit, Arbeitsausfällen oder unverschuldeten Arbeitsversäumnissen bleiben auch hier außer Betracht.

3. Beschäftigungsverbote

1755 Außerhalb der Zeit, für die Mutterschaftsgeld gezahlt wird, bestehen für werdende oder stillende Mütter folgende **Beschäftigungsverbote**:

- Allgemeines Beschäftigungsverbot, soweit nach ärztlichem Zeugnis (zum **Beweiswert** der ärztlichen Bescheinigung siehe BAG, Urteil vom 31.7.1996, DB 1997 S. 101; zur **Erschütterung** des Beweiswertes bei ernsthaften Zweifelstatsachen siehe BAG, Urteil vom 1.10.1997, DB 1998 S. 80; zur **Offenbarungspflicht** der Arbeitnehmerin und Arzt siehe BAG, Urteil vom 12.3.1997, DB 1997 S. 1570) Leben oder Gesundheit von Mutter und Kind gefährdet ist (§ 3 Abs. 1 MuSchG),

- Beschäftigungsverbot bei schwerer körperlicher Arbeit oder im Umgang mit gesundheitsgefährdenden Stoffen, insbesondere

- mit Arbeiten, bei denen regelmäßig Lasten von mehr als fünf Kilogramm Gewicht oder gelegentlich Lasten von mehr als zehn Kilogramm Gewicht ohne mechanische Hilfsmittel von Hand gehoben, bewegt oder befördert werden; sollen größere Lasten mit mechanischen Hilfsmitteln von Hand gehoben, bewegt oder befördert werden, so darf die körperliche Beanspruchung der werdenden Mutter nicht größer sein als bei Arbeiten ohne mechanische Hilfsmittel,

- nach Ablauf des fünften Monats der Schwangerschaft mit Arbeiten, bei denen sie ständig stehen müssen, soweit diese Beschäftigung täglich vier Stunden überschreitet (nur werdende Mütter),

- mit Arbeiten, bei denen sie sich häufig erheblich strecken oder beugen oder bei denen sie dauernd hocken oder sich gebückt halten müssen,

- mit der Bedienung von Geräten und Maschinen aller Art mit hoher Fußbeanspruchung, insbesondere von solchen mit Fußantrieb,

- mit dem Schälen von Holz,

- mit Arbeiten, bei denen sie infolge ihrer Schwangerschaft in besonderem Maße der Gefahr, an einer Berufskrankheit zu erkranken, ausgesetzt sind oder bei denen durch das Risiko der Entstehung einer Berufskrankheit eine erhöhte Gefährdung für die werdende Mutter oder eine Gefahr für die Leibesfrucht besteht,

- nach Ablauf des dritten Monats der Schwangerschaft auf Beförderungsmitteln (nur werdende Mütter),

- mit Arbeiten, bei denen sie erhöhten Unfallgefahren, insbesondere der Gefahr auszugleiten, zu fallen oder abzustürzen, ausgesetzt ist,

- Beschäftigungsverbot mit Akkord- und Fließbandarbeit,

- Beschäftigungsverbot bei Mehrarbeit sowie bei Nacht- und Sonntagsarbeit,

- Beschäftigungsverbot für Arbeiten, die die Leistungsfähigkeit der stillenden Mutter übersteigt, sofern diese nach ärztlichem Zeugnis nicht voll leistungsfähig ist.

4. Lohnsteuer und Sozialversicherung

Der Mutterschutzlohn ist – wie jeder andere vom Arbeitgeber gezahlte Arbeitslohn – **steuer- und beitragspflichtig**.

1756

Als Besonderheit ist lediglich zu beachten, dass die in dem Durchschnittsverdienst eventuell enthaltenen **Zuschläge für Sonntags-, Feiertags- oder Nachtarbeit**, die normalerweise nach § 3b EStG steuerfrei wären, nicht nach § 3b EStG steuerfrei sind, weil sie nicht für tatsächlich geleistete Sonntags-, Feiertags- oder Nachtarbeit gezahlt worden sind (BFH, Urteil vom 26.10.1984, BStBl II 1985 S. 57; → *Zuschläge für Sonntags-/Feiertags- und Nachtarbeit* Rz. 2791).

Nachforderung von Steuern und Beiträgen

1. Lohnsteuer

Schuldner der Steuerabzugsbeträge (Lohnsteuer, Kirchensteuer und Solidaritätszuschlag) ist grundsätzlich der Arbeitnehmer (§ 38 Abs. 2 EStG). Daher ist eine **Nachforderung beim Arbeitnehmer** als Steuerschuldner **immer möglich**, wenn der Arbeitgeber die Steuerabzugsbeträge nicht nach den gesetzlichen Vorschriften vom Arbeitslohn einbehalten hat.

1757

Ein Nachforderungsbescheid wird insbesondere dann **gegen den Arbeitnehmer** erlassen, wenn der Arbeitgeber auf Grund eines gesetzlichen Haftungsausschlusses nicht haften muss, vgl. → *Haftung für Lohnsteuer: Allgemeine Grundsätze* Rz. 1219.

Eine **Nachforderung beim Arbeitgeber** kommt in Betracht, wenn dieser die Steuernachforderung für den Arbeitnehmer übernehmen will, vgl. → *Haftung für Lohnsteuer: Verfahrensvorschriften* Rz. 1257.

Wegen weiterer Einzelheiten vgl. → *Haftung für Lohnsteuer: Allgemeine Grundsätze* Rz. 1214, → *Haftung für Lohnsteuer: Berechnung der Nachforderung* Rz. 1233 und → *Haftung für Lohnsteuer: Verfahrensvorschriften* Rz. 1251.

2. Sozialversicherungsbeiträge

1758 Der Arbeitgeber hat gegenüber seinem Beschäftigten einen Anspruch darauf, dass dieser die Hälfte des Gesamtsozialversicherungsbeitrages trägt (Arbeitnehmeranteil). Nur **auf dem Weg des Lohn-/Gehaltsabzuges** kann der Arbeitgeber seinen **Anspruch geltend machen**. Wegen weiterer Einzelheiten vgl. → *Haftung für Sozialversicherungsbeiträge* Rz. 1264.

Nachzahlungen

1. Überblick

1759 Für die lohnsteuerliche Behandlung von Nachzahlungen ergibt sich folgende Übersicht:

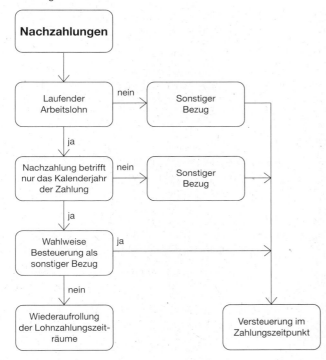

2. Lohnsteuer

a) Nachzahlung von sonstigen Bezügen

1760 Nachzahlungen sind **sonstige Bezüge**, wenn sich der Gesamtbetrag oder ein Teilbetrag der Nachzahlung auf Lohnzahlungszeiträume bezieht, die **in einem anderen Kalenderjahr** als dem der Zahlung enden (R 115 Abs. 2 Nr. 8 LStR).

Bei der Nachzahlung von sonstigen Bezügen ergeben sich keine Besonderheiten; die Nachzahlung ist **im Zahlungszeitpunkt** als sonstiger Bezug lohnzuversteuern, → *Sonstige Bezüge* Rz. 2232.

b) Nachzahlung von laufendem Arbeitslohn

1761 Nachzahlungen stellen **laufenden Arbeitslohn** dar, wenn sie sich ausschließlich auf Lohnzahlungszeiträume beziehen, die **im Kalenderjahr der Zahlung** enden (R 115 Abs. 1 Nr. 6 LStR).

Beispiel 1:

Ein Arbeitnehmer erhält am 20.11.2002 eine Nachzahlung für die Monate Mai bis Oktober in Höhe von 600 €.

Die Nachzahlung von 600 € gehört zum laufenden Arbeitslohn, weil sie Lohnzahlungszeiträume des laufenden Kalenderjahrs betrifft.

Beispiel 2:

Ein Arbeitnehmer erhält am 14.1.2002 eine Nachzahlung für die Monate Oktober 2001 bis Dezember 2001 in Höhe von 400 €.

Die Nachzahlung von 400 € gehört nicht zum laufenden Arbeitslohn, weil sie Lohnzahlungszeiträume des abgelaufenen Kalenderjahrs betrifft; die Nachzahlung ist als sonstiger Bezug zu versteuern.

Beispiel 3:

Ein Arbeitnehmer erhält am 17.12.2002 eine Nachzahlung für die Monate Oktober 2001 bis November 2002 in Höhe von 700 €.

Die Nachzahlung von 700 € gehört nicht zum laufenden Arbeitslohn, weil sie teilweise Lohnzahlungszeiträume des abgelaufenen Kalenderjahrs betrifft; die Nachzahlung ist als sonstiger Bezug zu versteuern. Bei der Nachzahlung handelt es sich um eine Vergütung für eine mehrjährige Tätigkeit, weil sich die Nachzahlung auf einen Zeitraum von mehr als zwölf Monaten bezieht. Zur Berechnung der Lohnsteuer bei einer Vergütung für eine mehrjährige Tätigkeit siehe → *Arbeitslohn für mehrere Jahre* Rz. 229.

Handelt es sich bei der Nachzahlung um laufenden Arbeitslohn, so ist die Nachzahlung für die Berechnung der Lohnsteuer den Lohnzahlungzeiträumen zuzurechnen, für die sie geleistet werden. Das bedeutet, dass der Arbeitgeber die Nachzahlung auf die einzelnen Zeiträume der Nachzahlung aufteilen und für diese Lohnzahlungszeiträume die Lohnsteuer neu berechnen muss (**Wiederaufrollung der Lohnzahlungszeiträume**).

Um dieses komplizierte Verfahren zu vermeiden, ist in R 118 Abs. 4 LStR zugelassen worden, dass die Nachzahlungen, auch wenn sie 150 € nicht übersteigen, **als sonstige Bezüge** behandelt werden können, wenn der Arbeitnehmer dieser Besteuerung nicht widerspricht. Der Arbeitnehmer kann also jederzeit die Besteuerung der Nachzahlung als laufenden Arbeitslohn vom Arbeitgeber verlangen. Selbst wenn die Vereinfachungsregelung angewandt wird und die Nachzahlung als sonstiger Bezug behandelt wird, bleibt sie begrifflich laufender Arbeitslohn. Eine Pauschalierung der Nachzahlung nach § 40 Abs. 1 Nr. 1 EStG ist deshalb nicht zulässig.

Beispiel 4:

Ein rentenversicherungspflichtiger Arbeitnehmer (Steuerklasse III) mit einem laufenden Bruttoarbeitslohn von 2 500 € monatlich erhält im September 2002 von seinem niedersächsischen Arbeitgeber eine rückwirkende Gehaltserhöhung von 50 € monatlich. Die Nachzahlung von 400 € für die Monate Januar bis August wird im September ausgezahlt. Von dem Monatslohn von 2 500 € ist eine Lohnsteuer von 181 € einzubehalten sowie Solidaritätszuschlag von 3,80 € und Kirchensteuer von 16,29 €.

Von dem um die anteilige Nachzahlung von 50 € (400 € : 8 Monate) erhöhten Monatslohn von 2 550 € ist eine Lohnsteuer von 192,83 € einzubehalten sowie Solidaritätszuschlag von 6,16 € und Kirchensteuer von 17,35 €.

Die Steuerabzugsbeträge auf die Nachzahlung berechnen sich wie folgt:

a) Lohnsteuer

Lohnsteuer auf Monatslohn einschließlich anteiliger Nachzahlung (2 550 €)	192,83 €
Lohnsteuer auf Monatslohn ohne anteilige Nachzahlung (2 500 €)	181,— €
Differenz	11,83 €
Differenz × 8 Monate	94,64 €

b) Solidaritätszuschlag

Solidaritätszuschlag auf Monatslohn einschließlich anteiliger Nachzahlung (2 550 €)	6,16 €
Solidaritätszuschlag auf Monatslohn ohne anteilige Nachzahlung (2 500 €)	3,80 €
Differenz	2,36 €
Differenz × 8 Monate	18,88 €

c) Kirchensteuer (9 %)

Kirchensteuer auf Monatslohn einschließlich anteiliger Nachzahlung (2 550 €)	17,35 €
Kirchensteuer auf Monatslohn ohne anteilige Nachzahlung (2 500 €)	16,29 €
Differenz	1,06 €
Differenz × 8 Monate	8,48 €

Von dem im September ausgezahlten Arbeitslohn von 2 950 € (2 550 € + 400 €) ist eine Lohnsteuer von 287,47 € (192,83 € + 94,64 €) einzubehalten sowie ein Solidaritätszuschlag von 25,04 € (6,16 € + 18,88 €) und Kirchensteuer von 25,83 € (17,35 € + 8,48 €).

Nachzahlungen

Beispiel 5:

Der Arbeitgeber behandelt die Nachzahlung als sonstigen Bezug nach R 118 Abs. 4 Satz 2 LStR. Der Arbeitnehmer widerspricht dieser Berechnung der Steuerabzugsbeträge nicht.

Es ergibt sich folgende Berechnung der Steuerabzugsbeträge:

Der voraussichtliche Jahresarbeitslohn beträgt (8 × 2 500 € + 4 × 2 550 €)	30 200,— €
Lohnsteuer nach der Jahreslohnsteuertabelle auf Jahresarbeitslohn einschließlich Nachzahlung (30 200 € + 400 € = 30 600)	2 314,— €
Lohnsteuer nach der Jahreslohnsteuertabelle auf Jahresarbeitslohn ohne Nachzahlung (30 200 €)	2 208,— €
Lohnsteuer auf die Nachzahlung	106,— €
Solidaritätszuschlag auf die Nachzahlung (5,5 %)	5,83 €
Kirchensteuer auf die Nachzahlung (9 %)	9,54 €

Von dem im September ausgezahlten Arbeitslohn von 2 950 € (2 550 € + 400 €) ist eine Lohnsteuer von 298,83 € (192,83 € + 106 €) einzubehalten sowie ein Solidaritätszuschlag von 11,99 € (6,16 € + 5,83 €) und Kirchensteuer von 26,89 € (17,35 € + 9,54 €). Da die Versteuerung der Nachzahlung als sonstiger Bezug insgesamt **günstiger** ist als die Wiederaufrollung der Lohnzahlungszeiträume, wird der Arbeitnehmer dieser Berechnungsart kaum widersprechen.

3. Sozialversicherung

1762 Unabhängig vom Zeitpunkt der Abrechnung oder der Auszahlung des Arbeitsentgelts sind die Sozialversicherungsbeiträge in dem Zeitabschnitt zu berücksichtigen, in dem sie tatsächlich erzielt worden sind. Dies gilt selbstverständlich auch für Nachzahlungen eines von Anfang an geschuldeten Arbeitsentgelts. Ohne Belang ist hierbei, dass der von der Nachzahlung betroffene Arbeitnehmer unterdessen aus dem Betrieb ausgeschieden ist. Die Aufsplittung einer Nachzahlung auf die einzelnen Lohnabrechnungszeiträume, in dem es erzielt wurde, bedeutet, dass auch die bisherige Beitragsberechnung für die Lohnabrechnungszeiträume zu berichtigen ist. Die Beiträge werden also so berechnet, als hätte der Arbeitgeber vom Beginn an das tatsächlich zu zahlende Arbeitsentgelt ausgezahlt.

Beispiel 1:

Bei der Lohnabrechnung (Monatslohn 2 900 €) hat der Arbeitgeber die ab September geltende neue Altersstufe nicht berücksichtigt und weiterhin den niedrigeren Alterszuschlag ausgezahlt. Auf Grund eines Hinweises des Arbeitnehmers wird mit der Lohnabrechnung im Dezember der fällige Lohnanspruch in Höhe von 300 € nachgezahlt.

Bei der Beitragsberechnung darf der Nachzahlungsbetrag von 300 € nicht dem Monat Dezember zugeordnet werden, vielmehr ist der Nachzahlungsbetrag auf die Monate aufzuteilen, für die diese auch tatsächlich gezahlt wurde, d.h. hier, dass eigentlich die Lohnabrechnung für die Monate September, Oktober und November durch den Arbeitgeber korrigiert werden müssten.

Aus Vereinfachungsgründen ist es nach Auffassung der Spitzenverbände der Sozialversicherungsträger (vgl. Gemeinsames Rundschreiben zum Haushaltsbegleitgesetz 1984 vom 18.11.1983, BKK S. 46 ff.) jedoch möglich, **den Nachzahlungsbetrag wie einmalig gezahltes Arbeitsentgelt** zu behandeln und die nachzuzahlenden Lohnbezüge den anteiligen Jahres-Beitragsbemessungsgrenzen des Nachzahlungszeitraums gegegenüberzustellen (vgl. → *Einmalzahlungen* Rz. 802).

Beispiel 2:

Es gilt der vorgenannte Sachverhalt.
Nachzahlungszeitraum 1.9. bis 30.11.

Beitragspflichtiges monatliches Arbeitsentgelt bisher	2 900 €
Nachzahlungsbetrag	300 €
Anteilige Jahres-BBG vom 1.9. bis 30.11.	
(KV/PV: 40 500 € x 90 : 360)	10 125 €
(RV/AV: 54 000 € x 90 : 360)	13 500 €

	KV/PV	RV/AV
bisher beitragspflichtiges Arbeitsentgelt für den o.a. Zeitraum	8 700 €	8 700 €
Bemessungsgrenze für die Einmalzahlung (Nachzahlungszeitraum)	1 425 €	4 800 €
Beitragspflichtige Nachzahlung	300 €	300 €

Die Nachzahlung in Höhe von 300 € ist somit voll beitragspflichtig. Für den Monat Dezember ergibt dies folgende Beitragsberechnung:

laufendes Arbeitsentgelt im Dezember	3 000 €
Nachzahlungsbetrag für die Monate Sept.-Nov.	300 €
Gesamtbetrag	3 300 €
Arbeitgeberanteil zur	
Krankenversicherung (13,8 % : 2 = 6,9 %)	227,70 €
Pflegeversicherung (1,7 % : 2 = 0,85 %)	28,05 €
Rentenversicherung (19,1 % : 2 = 9,55 %)	315,15 €
Arbeitslosenversicherung (6,5 % : 2 = 3,25 %)	107,25 €
Arbeitnehmeranteil zur	
Krankenversicherung (13,8 % : 2 = 6,9 %)	227,70 €
Pflegeversicherung (1,7 % : 2 = 0,85 %)	28,05 €
Rentenversicherung (19,1 % : 2 = 9,55 %)	315,15 €
Arbeitslosenversicherung (6,5 % : 2 = 3,25 %)	107,25 €

Eine Ausnahme von diesem Grundsatz gilt für sog. hinausgeschobene Fälligkeitskonstellationen (Akkordspitzen, Überstundenvergütungen, Montagebeteiligung oder Provisionen). In derartigen Fällen darf eine Behandlung als Einmalzahlung nicht in Erwägung gezogen werden; es ist vielmehr die Verteilung auf die entsprechenden Abrechnungszeiträume vorzunehmen (vgl. hierzu für den Fall der Montagebeteiligung BSG, Urteil vom 27.10.89 – 12 RK 8/81 – SozR 2200 § 393 Nr. 9).

NATO: Mitarbeiter

1763 Grundsätzlich unterliegen Personen im Wohnsitzstaat mit ihrem Welteinkommen der unbeschränkten Steuerpflicht und im Tätigkeitsstaat mit den – aus Sicht des Tätigkeitsstaates – inländischen Einkünften der beschränkten Steuerpflicht (→ *Steuerpflicht* Rz. 2297).

Von diesem Grundsatz gibt es **Ausnahmen für Angehörige der Streitkräfte.**

Sofern die Steuerpflicht vom Wohnsitz/gewöhnlichen Aufenthalt abhängt, gelten nach Artikel X des Abkommens zwischen den Parteien des Nordatlantikvertrages vom 19.6.1951 über die Rechtsstellung ihrer Truppen (NATO-Truppenstatut, NTS) und nach §§ 68 Abs. 4, 73 des Zusatzabkommens zum NTS (NTS-ZAbk) die Zeitabschnitte, in denen sich ein **Mitglied einer Truppe,** ein Mitglied des **zivilen Gefolges oder eine technische Fachkraft** (Zivilpersonal) oder deren **Angehörige** (Ehegatte oder unterhaltsberechtigte Kinder) **nur in dieser Eigenschaft** im Hoheitsgebiet dieses Staates aufhalten, i.S. der Steuerpflicht nicht als Zeiten des Aufenthalts in diesem Gebiet oder als Änderung des Wohnsitzes/gewöhnlichen Aufenthalts, es sei denn, sie haben die Staatsangehörigkeit des Aufnahmestaates. Zur Definition der technischen Fachkraft vgl. die deutsch-amerikanische Vereinbarung vom 19.5.1998, BStBl I 1998 S. 881. Zur Einstufung als ziviles Gefolge vgl. BMF-Schreiben vom 15.6.2000, BStBl I 2000 S. 807. Die Mitglieder des zivilen Gefolges und die technischen Fachkräfte dürfen außerdem nicht staatenlos oder Staatsangehörige eines Nicht-NATO-Staates sein und ihren gewöhnlichen Aufenthalt im Aufnahmestaat haben. Die Regelungen des NTS-ZAbk für technische Fachkräfte und Angehörige gelten nicht für Deutsche im Ausland. Halten sich die Mitglieder der Truppe, des zivilen Gefolges und die technischen Fachkräfte nur in dieser Eigenschaft im Aufnahmestaat auf, so sind sie im Aufnahmestaat von jeder Steuer auf Bezüge und Einkünfte befreit, die ihnen in dieser Eigenschaft vom Entsendestaat gezahlt werden, sowie von jeglicher Steuer auf bewegliche Sachen, die sich nur wegen des vorübergehenden Aufenthalts im Aufnahmestaat befinden. Beruht die Anwesenheit im Aufnahmestaat **nicht mehr allein auf dem Umstand der Beschäftigung bei den Streitkräften,** ist unbeschränkte Steuerpflicht nach den allgemeinen Regeln gegeben. Ob dies der Fall ist, ist Tatfrage. Danach ist ein Mitglied der ausländischen Streitkräfte, das zusammen mit seinem Ehegatten, der die Staatsangehörigkeit des Aufnahmestaates besitzt, und ggf. seinen Kindern außerhalb des Kasernenbereichs eine **gemeinsame Familienwohnung** im Aufnahmestaat bezogen hat, im Aufnahmestaat unbeschränkt steuerpflichtig (BFH, Urteile vom 24.2.1988, BStBl II 1989 S. 290, vom 26.4.1991, BFH/NV 1992 S. 373, und BFH, Beschluss vom 16.10.1996, BFH/NV 1997 S. 468). Für die Zuweisung des Besteuerungsrechts ist das jeweilige Doppelbesteuerungsabkommen zu beachten.

Es kommt immer wieder vor, dass in Deutschland lebenden Ehegatten von Angehörigen ausländischer Streitkräfte unter Hinweis auf Art. X NTS die **Steuerklasse III verwehrt** wird. Hier sollte der Arbeitgeber seinem Arbeitnehmer ggf. den Rat geben, diese Entscheidung beim Finanzamt überprüfen zu lassen.

Beispiel 1:

Der US-amerikanische Ehemann E der deutschen Angestellten A eines Unternehmens in Frankfurt arbeitet beim zivilen Gefolge der US-Armee in Deutschland. Die Einkünfte des A von den Streitkräften übersteigen 12 272 €. Die Eheleute wohnen außerhalb der Kaserne. Das Finanzamt hat bislang die Eintragung der Steuerklasse III auf der Lohnsteuerkarte der A abgelehnt.

Da E vor allem mit Rücksicht auf die Eheschließung mit der deutschen Staatsangehörigen A in Deutschland lebt, hält er sich hier **nicht nur in der Eigenschaft als Mitglied der zivilen Truppe** auf. Die Eheleute sind damit beide unbeschränkt steuerpflichtig und A hat Anspruch auf Steuerklasse III mit Splittingtarif und höheren Freibeträgen. Nach Art. 19 Abs. 1a des Doppelbesteuerungsabkommens USA (→ *Doppelbesteuerungsabkommen: Allgemeines* Rz. 705) sind die Einkünfte des E von den Streitkräften in Deutschland steuerfrei, bei der Zusammenveranlagung der Eheleute werden diese Einkünfte jedoch nach Art. 23 DBA-USA und § 32b EStG im Wege des Progressionsvorbehalts berücksichtigt (→ *Progressionsvorbehalt* Rz. 1924).

Beispiel 2:

Ein Mitglied der französischen Truppe in Deutschland wohnt mit seiner Ehefrau und seinem zehnjährigen Kind, alle mit französischer Staatsangehörigkeit, im Kasernenbereich. Der Ehemann erzielt Einkünfte von 25 000 €. Die Ehefrau nimmt eine Arbeit bei einem deutschen Arbeitgeber an und erzielt Einkünfte von 12 000 €.

Die Ehefrau ist mit ihren Einkünften beschränkt steuerpflichtig nach § 1 Abs. 4 EStG. Sie kann aber nach § 1 Abs. 3 EStG als unbeschränkt steuerpflichtig auf Antrag behandelt werden. Obwohl sie die Staatsangehörigkeit eines EU-Mitgliedstaates hat, kann sie nicht die familienbezogenen Entlastungen des § 1a EStG geltend machen. Die Zusammenveranlagung (Steuerklasse III) mit ihrem Ehemann scheidet aus, weil nicht mindestens 90 % des gemeinsamen Einkommens der Eheleute der deutschen Besteuerung unterliegen und die nicht der deutschen Einkommensteuer unterliegenden Einkünfte 12 272 € übersteigen (§ 1a Abs. 1 Nr. 2 EStG). Für das Kind kann kein Haushaltsfreibetrag gewährt werden, weil die Eheleute nicht dauernd getrennt leben (§ 1a Abs. 1 Nr. 3 EStG). Die Geltendmachung von Unterhaltsaufwendungen an den Ehemann nach § 33a EStG und eine Eintragung einer entsprechenden Steuerentlastung vom Finanzamt auf der besonderen Bescheinigung nach § 39d EStG scheidet wegen der Höhe der Einkünfte des Ehemannes aus (siehe auch OFD Frankfurt, Verfügung vom 28.9.2000, RIW 2001 S. 239).

Nebenberufliche Lehr- und Prüfungstätigkeit

1. Zurechnung zur Haupttätigkeit

1764 Von den nebenberuflichen Lehrkräften an Schulen sind zunächst die **hauptamtlichen Lehrkräfte** zu unterscheiden, die für ihren „Hauptarbeitgeber" an der eigenen Schule oder an einer anderen Schule derselben Schulform **zusätzlichen Unterricht** geben und hierfür eine besondere Vergütung erhalten. Sie werden auch insoweit als **Arbeitnehmer** tätig. Diese zusätzliche Tätigkeit gehört zu den **eigentlichen Dienstobliegenheiten**, die der Arbeitgeber erwarten darf. Eine Tätigkeit wird also nicht nebenberuflich ausgeübt, wenn sie als Teil der Haupttätigkeit anzusehen ist, vgl. R 68 LStR sowie H 68 (Nebenberufliche Lehrtätigkeit) LStH und H 68 (Nebentätigkeit bei demselben Arbeitgeber) LStH.

Die Vergütungen sind zusammen mit den Bezügen für die „Haupttätigkeit" dem **Lohnsteuerabzug** zu unterwerfen.

Zur Arbeitnehmereigenschaft von Dozenten an Fachhochschulen, Volkshochschulen, Weiterbildungsinstituten siehe → *Arbeitnehmer* Rz. 176.

[LSt] [SV]

2. Selbständige oder unselbständige nebenberufliche Lehrtätigkeit

1765 Die **nebenberufliche Lehrtätigkeit** eines Arbeitnehmers wird regelmäßig als Ausübung eines **freien Berufs** anzusehen sein. Das gilt insbesondere für die nebenberufliche Lehrtätigkeit von **Hand-** werksmeistern an Berufs- und Meisterschulen, vgl. H 68 (Nebenberufliche Lehrtätigkeit) LStH. Auch die **nebenberufliche Prüfungstätigkeit** ist regelmäßig als selbständige Tätigkeit zu beurteilen, vgl. H 68 (Nebenberufliche Prüfungstätigkeit) LStH.

3. Lehrtätigkeit an Schulen

Abgrenzungsschwierigkeiten ergeben sich bei nebenberuflichen **1766** Lehrtätigkeiten an einer **Schule oder einem Lehrgang mit einem allgemein feststehenden und nicht nur von Fall zu Fall aufgestellten Lehrplan.** Hier ist wie folgt zu unterscheiden (R 68 LStR):

Grundsätzlich ist davon auszugehen, dass die Lehrkräfte als **Arbeitnehmer** tätig werden.

Hingegen liegt eine **selbständige Tätigkeit** vor, wenn die Lehrkräfte in den Schul- oder Lehrgangsbetrieb **nicht fest eingegliedert** sind. Hat die **Lehrtätigkeit nur einen geringen Umfang,** so kann das ein Anhaltspunkt dafür sein, dass eine feste Eingliederung in den Schul- oder Lehrgangsbetrieb nicht vorliegt. Ein geringer Umfang in diesem Sinne kann stets angenommen werden, wenn die nebenberuflich tätige Lehrkraft bei der einzelnen Schule oder dem einzelnen Lehrgang in der Woche durchschnittlich **nicht mehr als sechs Unterrichtsstunden** erteilt.

Der **Zahl der Wochenstunden darf aber keine allein entscheidende Bedeutung beigemessen** werden:

– Ergibt sich nach dem Auftragsverhältnis, dass eine **selbständige Arbeit** vorliegt (so z.B. bei einem nebenberuflich tätigen Lehrbeauftragten an der Fachhochschule Rheinland-Pfalz), so kann dieses Ergebnis nicht dadurch in Frage gestellt werden, dass der Unterricht eine bestimmte Wochenstundenzahl überschreitet (BFH, Urteil vom 4.10.1984, BStBl II 1985 S. 51, im Urteilsfall wurden bis zu acht Stunden wöchentlich unterrichtet).

– Wird hingegen ein **Arbeitsvertrag vereinbart,** kann auch bei einer wesentlich geringeren Stundenzahl (auch bei nur zwei Stunden wöchentlich) steuerlich ein Arbeitsverhältnis begründet werden.

Beispiel:

A ist bei der Firma X als Ingenieur tätig. Er hatte mit dem Land Niedersachsen einen „Dienstvertrag" abgeschlossen, wonach er „stundenweise" an der Staatlichen Technischen Abendschule Unterricht erteilen sollte. Die Zahl der Wochenstunden betrug laut Vertrag vier, tatsächlich wurden aber nur zwei Stunden Unterricht erteilt. Die Vergütung erfolgte nach Jahreswochenstunden, sie wurde also auch bei Urlaub und Krankheit weitergezahlt. Außerdem sollten nach dem Vertrag die sozialversicherungsrechtlichen Bestimmungen Anwendung finden.

Da in diesem Fall ein Arbeitsvertrag gewollt war, hat der Bundesfinanzhof A auch hinsichtlich seiner nebenberuflichen Lehrtätigkeit als Arbeitnehmer angesehen (Urteil vom 4.12.1975, BStBl II 1976 S. 292).

Die **Sechs-Stunden-Regelung gilt nur,** wenn die nebenberufliche Lehrtätigkeit an einem Lehrgang mit einem **allgemein feststehenden** und nicht nur von Fall zu Fall aufgestellten **Lehrplan** erfolgt. **Volkshochschullehrveranstaltungen** können jedoch nicht als ein solcher Lehrgang mit allgemein feststehendem Lehrplan angesehen werden. Hiernach ist die Ausübung einer nebenberuflichen Lehrtätigkeit an Volkshochschulen i.d.R. als Ausübung eines **freien Berufs** anzusehen, es sei denn, dass z.B. ein **Arbeitsvertrag** für die Arbeitnehmereigenschaft spricht (FinMin Bayern, Erlass vom 29.12.1982, DStZ/E 1983 S. 45).

4. Steuerfreie Aufwandsentschädigung

Vergütungen für eine nebenberufliche **Lehr- und Prüfungstä- 1767 tigkeit** können unter bestimmten Voraussetzungen nach § 3 Nr. 26 EStG (z.B. bei Lehrtätigkeit an Volkshochschulen) oder teilweise nach § 3 Nr. 12 EStG (z.B. bei Lehrtätigkeit an Verwaltungsschulen) **steuerfrei** belassen werden. Einzelheiten siehe → *Aufwandsentschädigungen für bestimmte nebenberufliche Tätigkeiten* Rz. 297.

Nebentätigkeit

1. Arbeitsrecht

a) Begriff/Zulässigkeit

1768 Die Nebentätigkeit (oder auch Nebenbeschäftigung) im arbeitsrechtlichen Sinne ist dadurch gekennzeichnet, dass der Arbeitnehmer seine Arbeitskraft **neben einem Hauptbeschäftigungsverhältnis** bei einem anderen oder auch bei demselben Arbeitgeber zur Verfügung stellt. Es handelt sich also um eine besondere Form des Teilzeitarbeitsverhältnisses.

Die nebenberufliche Arbeit kann im Rahmen eines Werk- oder Dienstvertrages geleistet werden, worauf hier nicht näher einzugehen ist, oder eben weisungsgebunden und persönlich abhängig im Rahmen eines Arbeitsverhältnisses.

Für Beschäftigte im **öffentlichen Dienst** gelten besondere Bestimmungen hinsichtlich der Ausübung einer Nebentätigkeit, z.B. nach § 11 BAT und nach Beamtenrecht.

In Betracht kommt neben der unselbständigen aber auch eine **selbständige** Nebentätigkeit. Der Begriff des „Selbständigen" ist gesetzlich nicht abschließend definiert. Ein Hinweis darauf, was unter dem Begriff zu verstehen ist, findet sich in § 84 Abs. 1 Satz 2 HGB bei der Definition des Handelsvertreters. Danach ist selbständig, wer im Wesentlichen frei seine Tätigkeit gestalten und seine Arbeitszeit bestimmen kann (→ *Arbeitnehmer* Rz. 163).

Handelt es sich um eine **unselbständige Nebentätigkeit**, wird zwischen dem Arbeitnehmer (vgl. § 1 LStDV) und dem Arbeitgeber ein **Nebenbeschäftigungsvertrag** wie jeder normale Arbeitsvertrag mündlich oder schriftlich abgeschlossen.

Da der Arbeitnehmer seinem Hauptarbeitgeber nicht seine ganze Arbeitskraft, sondern nur eine bestimmte Zeitspanne zur Verfügung stellt, steht es ihm grundsätzlich frei eine Nebenbeschäftigung aufzunehmen. Der Arbeitnehmer ist auch grundsätzlich nicht verpflichtet, seinem Hauptarbeitgeber die Aufnahme einer Nebenbeschäftigung mitzuteilen.

b) Beschränkungen/Verbote

1769 Der Abschluss eines Nebenbeschäftigungsvertrages ist insoweit **verboten**, als die **Summe der Arbeitszeit** aus Haupt- und Nebentätigkeit die von Arbeitszeitgesetz oder Tarifverträgen gesetzten Grenzen erheblich und regelmäßig übersteigt (vgl. BAG, Urteil vom 19.6.1959, DB 1959 S. 1086). Die gesetzliche Arbeitszeit von 48 Stunden (§ 3 ArbZG) darf nicht **überschritten** werden. Ein Verstoß gegen das Verbot führt zur Nichtigkeit des Teils der Nebentätigkeit, der über die zulässige Arbeitszeit hinausgeht.

Unzulässig ist die Aufnahme einer Nebenbeschäftigung, wenn dies im Hauptarbeitsvertrag oder durch eine Betriebsvereinbarung oder durch einen Tarifvertrag **ausgeschlossen** wird. Ein solcher **Ausschluss** ist jedoch nur eingeschränkt zulässig, denn der Arbeitnehmer darf grundsätzlich nicht gehindert werden, seine gesamte Arbeitskraft zu verwerten. In dieser freien Verwertung seiner Arbeitskraft darf der Hauptarbeitgeber den Arbeitnehmer nur einschränken, wenn er hieran ein **berechtigtes Interesse** besitzt (BAG, Urteil vom 26.8.1976, DB 1977 S. 544).

Typische **zulässige Versagungsgründe** sind

– Beeinträchtigung des Hauptarbeitsverhältnisses wegen Überschreitung der Arbeitskraft in der Nebentätigkeit,

– Verletzung von Wettbewerbsinteressen des Arbeitgebers,

– Schwarzarbeit (→ *Schwarzarbeit* Rz. 2205),

– Erwerbstätigkeit im Erholungsurlaub,

– Genesungsprozess beeinträchtigende Erwerbstätigkeit bei Arbeitsunfähigkeit.

Eine lediglich **geringfügige und/oder gelegentliche Überschreitung** der Arbeitszeitgrenzen führt nicht zur Nichtigkeit oder Teilnichtigkeit des Nebenbeschäftigungsvertrages. Ist jedoch ein Nebenbeschäftigungsvertrag wegen erheblicher Überschreitung der zulässigen Arbeitszeit ganz oder teilweise nichtig, so kann der Arbeitnehmer die Erfüllung der unzulässig verlangten Arbeit verweigern; der Arbeitgeber kann die Annahme der Arbeit ablehnen. Allerdings bleibt der Anspruch des Arbeitnehmers auf **Vergütung für unzulässig geleistete Arbeit** bestehen nach den Grundsätzen des faktischen Arbeitsverhältnisses.

Auch bei einer grundsätzlich genehmigungsfreien Nebentätigkeit muss bei Berührung mit Arbeitgeberinteressen die Tätigkeit mitgeteilt werden; insoweit besteht auch eine **Auskunftspflicht** des Arbeitnehmers (BAG, Urteil vom 18.1.1996, DB 1996 S. 2182).

c) Folgen eines Verstoßes gegen Nebenbeschäftigungsverbot

1770 Ein Verstoß des Arbeitnehmers gegen ein **berechtigtes Nebenbeschäftigungsverbot** kann nach Abmahnung eine verhaltensbedingte **Kündigung** nach § 1 Abs. 2 KSchG, ggf. eine außerordentliche Kündigung nach § 626 BGB rechtfertigen, wenn Umstände vorliegen, die eine Fortsetzung des Dienstverhältnisses unzumutbar erscheinen lassen. Umgekehrt gilt: Hat der Hauptarbeitgeber dem Arbeitnehmer ohne innere Berechtigung eine Nebenbeschäftigung untersagt, so **darf** der Arbeitnehmer gegen dieses **unberechtigte Nebenbeschäftigungsverbot verstoßen;** eine auf diesen Verstoß gestützte Kündigung des Arbeitgebers ist unwirksam.

Leistet der Arbeitnehmer im Hauptarbeitsverhältnis infolge der Nebentätigkeit **schlechte Arbeit**, z.B. weil er übermüdet ist, so kann dies zu einem **Schadensersatzanspruch** (→ *Schadensersatz* Rz. 2168) des Hauptarbeitgebers führen.

Bei unzulässiger Erwerbstätigkeit **im Urlaub** kann der Arbeitgeber das gezahlte Urlaubsentgelt zurückverlangen bzw. er kann die Zahlung verweigern.

d) Entgeltfortzahlung/Urlaub/Überstunden/ Kündigung

1771 Wird der Arbeitnehmer arbeitsunfähig krank, so hat er Anspruch auf **Entgeltfortzahlung** sowohl gegen seinen Hauptarbeitgeber als auch in seinem Nebenbeschäftigungsverhältnis.

Dauert das Nebenbeschäftigungsverhältnis länger als einen Monat, so hat der Arbeitnehmer **Urlaubsansprüche** wie eine Vollzeitkraft. Hinsichtlich der zeitlichen Gewährung des Urlaubs muss der Arbeitgeber sich dem Urlaub des Arbeitnehmers in dessen Hauptarbeitsverhältnis anpassen, soweit ihm dies bei Berücksichtigung seiner eigenen betrieblichen Belange zuzumuten ist.

Leistet der in Nebenbeschäftigung tätige Arbeitnehmer über die vereinbarte Arbeitszeit hinaus zusätzliche Arbeit, so stellt sich die Frage nach einem Anspruch auf **Überstunden- oder Mehrarbeitsvergütung**. Insoweit ist nach neuerer Rechtsprechung grundsätzlich kein Anspruch auf Zuschläge gegeben (EuGH, Urteil vom 15.12.1994, DB 1995 S. 49).

Für die **Kündigung**, die Anwendung des allgemeinen und besonderen Kündigungsschutzes und für die Kündigungsfristen gelten im nebenberuflichen Arbeitsverhältnis keine Besonderheiten gegenüber dem normalen oder dem Teilzeitarbeitsverhältnis.

2. Lohnsteuer

a) Abgrenzungskriterien für die Arbeitnehmereigenschaft

1772 Die Frage, ob eine Nebentätigkeit in einem Dienstverhältnis oder selbständig ausgeübt wird, ist nach den allgemeinen Abgrenzungsmerkmalen des § 1 Abs. 1 und 2 LStDV zu entscheiden. Je nachdem, ob die Tätigkeit unselbständig oder selbständig ausgeübt wird, ist die Vergütung als „Arbeitslohn" anzusehen oder nicht. Gemäß § 2 LStDV sind unter Arbeitslohn alle **Einnahmen** zu verstehen, die dem **Arbeitnehmer aus dem Dienstverhältnis** zufließen.

Bei der **Prüfung, ob eine Nebentätigkeit selbständig oder nichtselbständig** ausgeübt wird, können neben den allgemeinen Abgrenzungsmerkmalen vor allem die folgenden Gesichtspunkte bedeutsam sein:

– Wird eine Tätigkeit nur **kurzfristig** oder neben einer Haupttätigkeit ausgeübt, so schließt dies die Eingliederung in den Betrieb des Auftraggebers und damit die Arbeitnehmereigenschaft nicht aus.

– Bei einer zeitlich nur kurzen Berührung mit dem Betrieb des Auftraggebers ist die Eingliederung des Beauftragten sorgfältig zu prüfen. Dabei kann auch die Eigenart der Tätigkeit bedeutsam sein. Bei **einfachen Arbeiten**, vor allem bei Handarbeiten, bei denen das Weisungsrecht des Auftraggebers sich stärker auswirkt, ist **eher eine Eingliederung in den Betrieb** und die Gestellung der Arbeitskraft anzunehmen als bei gehobenen Arbeiten, in denen die Weisungsbefugnis des Auftraggebers sich mehr auf äußere und organisatorische Dinge beschränkt, während im Übrigen der Beauftragte in der Gestaltung seiner Arbeit freie Hand hat und der Arbeitserfolg wichtiger ist als Dauer und Umfang der Arbeitsleistung.

– Muss der Beauftragte die Arbeit **in der Betriebsstätte des Auftraggebers** leisten, so spricht das eher für die Eingliederung in den Betrieb, als wenn er die Arbeit außerhalb der Betriebsstätte leisten kann.

– Gegen die Unselbständigkeit spricht es, wenn jemand die übernommene Arbeit auch durch eine andere Person, z.B. einen Familienangehörigen, leisten lassen kann; denn ein Arbeitnehmer muss i.d.R. persönlich tätig werden.

– Wesentlich ist, ob der Beauftragte seine Arbeit zu einer vom Auftraggeber **festgesetzten Zeit** leisten muss. Es spricht eher für Selbständigkeit, wenn ein Beauftragter die übernommene Arbeit erledigen kann, wann er will, ohne dabei an die Weisungen seines Auftraggebers gebunden zu sein.

– Ein Arbeitnehmer ist kein Unternehmer und trägt kein unternehmerisches Risiko. Trägt darum der Beauftragte in größerem oder geringerem Umfang das **Risiko des Arbeitserfolgs**, so ist er selbständig.

– Möglich ist, dass kein Arbeitsverhältnis begründet wird, sondern der Gedanke der **Gefälligkeit** in den Vordergrund tritt. Dann ist das Entgelt nicht Arbeitslohn. Ob es in eine andere Einkunftsart fällt, ist im Einzelfall zu prüfen.

– Handelt es sich um eine **ehrenamtliche Tätigkeit**, z.B. Sanitätshelfer des Deutschen Roten Kreuzes, so ist zu prüfen, ob die gezahlten Entschädigungen die Aufwendungen des ehrenamtlich Tätigen regelmäßig nicht nur unwesentlich übersteigen. Nur in diesen Fällen sind die Entschädigungen Arbeitslohn.

– Die **Behandlung bei der Sozialversicherung** ist für die steuerliche Beurteilung nicht ausschlaggebend.

Siehe zur Abgrenzung auch → *Arbeitnehmer* Rz. 165. Einzelbeispiele siehe → *Arbeitnehmer* Rz. 176.

b) Zurechnung zur Haupttätigkeit

1773 Die Nebentätigkeit oder Aushilfstätigkeit ist **i.d.R. für sich allein zu beurteilen**, sofern nicht ausnahmsweise die Nebentätigkeit mit der Ausübung des Hauptberufs unmittelbar zusammenhängt und ihn zur Voraussetzung hat. Einnahmen aus der **Nebentätigkeit** eines Arbeitnehmers, die er **im Rahmen des Dienstverhältnisses für denselben Arbeitgeber** leistet, für den er die Haupttätigkeit ausübt, sind Arbeitslohn, wenn

– **Haupt- und Nebentätigkeit gleichartig** sind und die Nebentätigkeit unter ähnlichen organisatorischen Bedingungen ausgeübt wird wie die Haupttätigkeit

– **oder** wenn der Steuerpflichtige mit der Nebentätigkeit ihm aus seinem Dienstverhältnis faktisch oder rechtlich obliegende **Nebenpflichten erfüllt**, die zwar im Arbeitsvertrag nicht ausdrücklich vorgesehen sind, deren Erfüllung der Arbeitgeber aber nach der tatsächlichen Gestaltung des Dienstverhältnisses und nach der Verkehrsauffassung erwarten darf, auch wenn er die zusätzlichen Leistungen besonders vergüten muss, vgl. H 68 (Nebentätigkeit bei demselben Arbeitgeber) LStH sowie zuletzt BFH, Urteil vom 20.12.2000, BStBl II 2001 S. 496, betr. Beratungshonorare für Verhandlungen über den Verkauf des Betriebes.

Demgegenüber ist ein Arbeitnehmer im Rahmen einer Nebentätigkeit **selbständig tätig**, wenn er eigene Unternehmerinitiative entfaltet und eigenes Unternehmerrisiko trägt (vgl. zuletzt BFH, Urteil vom 20.12.2000, BStBl II 2001 S. 496, m.w.N.).

Die Abgrenzung hat nicht nur bei der Einkommensteuer Bedeutung (z.B. für die Anwendung der Steuerbefreiung nach § 3 Nr. 26 EStG), sondern auch für die **Umsatzsteuer** und ggf. **Gewerbesteuer**.

Beispiel 1:

Ein Arbeitnehmer hat seinen Chef, der Direktor eines Hotels ist, beim Verkauf des Hotels beraten und hierfür ein Honorar erhalten. Das Finanzamt hat eine selbständige gewerbliche Tätigkeit angenommen und einen Gewerbesteuermessbescheid erlassen.

Der Bundesfinanzhof hat das Honorar als Arbeitslohn angesehen, weil die Nebentätigkeit in einem unmittelbaren Zusammenhang mit der nichtselbständigen Tätigkeit des Arbeitnehmers stand (Urteil vom 20.12.2000, BStBl II 2001 S. 496). Die Gewerbesteuerpflicht entfällt somit.

Beispiel 2:

A ist bei einem Sparkassen- und Giroverband, dem auch die Sparkassenschule angegliedert ist, als Schreibkraft tätig. Sie muss jedes Jahr etwa für zwei Wochen die schriftlichen Abschlussarbeiten der „Prüflinge" beaufsichtigen und erhält hierfür eine besondere Vergütung.

Die Aufsichtsführung ist nach Auffassung der Finanzverwaltung der Haupttätigkeit zuzurechnen, weil der Arbeitgeber diese Nebentätigkeit erwarten darf. Daraus folgt, dass die Vergütungen zusammen mit den „normalen" Arbeitslohn dem Lohnsteuerabzug zu unterwerfen sind und dass die nur für „nebenberufliche" Tätigkeiten in Betracht kommende Steuerbefreiung des § 3 Nr. 26 EStG keine Anwendung findet. Im Übrigen wäre diese Vergünstigung hier aber auch deshalb abzulehnen, weil die reine Aufsichtsführung – selbst wenn gewisse Prüfungserfahrungen erforderlich sind – keine begünstigte ausbilderische Tätigkeit i.S. des § 3 Nr. 26 EStG darstellt.

Vgl. hierzu auch OFD Nürnberg, Verfügung vom 26.6.1991, StLex 4, 19–19a, 1217, betr. Aufsichtsvergütungen bei juristischen Staatsprüfungen, oder auch FinMin Thüringen, Erlass vom 16.2.1996, DB 1996 S. 809, betr. Vergütungen, die an das Aufsichtspersonal bei medizinischen Tests gezahlt werden.

Negative Einnahmen und Werbungskosten

Zahlt ein Arbeitnehmer steuerpflichtigen Arbeitslohn zurück, so **1774** handelt es sich um sog. negative Einnahmen, die ohne Anrechnung des Arbeitnehmer-Pauschbetrags von 1 044 € steuermindernd berücksichtigt werden können (BFH, Urteil vom 18.9.1964, BStBl III 1965 S. 11). Zur Berücksichtigung im Lohnsteuerverfahren siehe → *Rückzahlung von Arbeitslohn* Rz. 2119.

Werden **Werbungskosten im Folgejahr erstattet**, so handelt es sich um **steuerpflichtige Einnahmen** bei der Einkunftsart, bei der die Aufwendungen vorher als Werbungskosten abgezogen worden sind, bei Arbeitnehmern also um Einkünfte aus nichtselbständiger Arbeit. Das gilt auch dann, wenn ein **Dritter**, z.B. eine Versicherungsgesellschaft, die Werbungskosten erstattet (BFH, Beschluss vom 13.7.2000, BFH/NV 2000 S. 1470).

Beispiel:

A hat mit seinem Pkw auf der Fahrt zur Arbeit im Jahr 2002 einen Unfall erlitten (Restwert des Autos 10 000 €). Im Jahr 2003 werden ihm von der Versicherung 8 000 € erstattet; in diesem Jahr hat er andere Werbungskosten von 5 000 €.

A muss die Absetzungen für außergewöhnliche Abnutzung ohne Rücksicht auf evtl. Erstattungen unbedingt im Jahr 2002 steuerlich geltend machen (BFH, Urteil vom 13.3.1998, BStBl II 1998 S. 443). Die Erstattung im Jahr 2003 von 8 000 € ist als steuerpflichtige Einnahme zu behandeln.

Bei Annahme „negativer Werbungskosten" könnte demgegenüber im Jahr 2003 nur eine Verrechnung bis 0 € erfolgen; der übersteigende Betrag von 3 000 € würde steuerlich „unter den Tisch fallen". Dies hat der Bundesfinanzhof allerdings abgelehnt.

Weder der Arbeitgeber noch die Versicherung hat in diesem Fall den **Lohnsteuerabzug** vorzunehmen. Die Zahlungen sind aber ggf. im Rahmen einer **Einkommensteuerveranlagung** zu erfassen und deshalb vom Arbeitnehmer in der Einkommensteuererklärung anzugeben.

Nettolöhne

1. Allgemeines

1775 Eine **Nettolohnvereinbarung liegt vor**, wenn der Arbeitgeber nach dem Arbeitsvertrag – bzw. nach einer Betriebsvereinbarung oder einem Tarifvertrag – verpflichtet ist, zuzüglich zu dem vereinbarten Nettolohn die darauf entfallende Lohnsteuer, den Solidaritätszuschlag, die Kirchensteuer und die Arbeitnehmeranteile zur Sozialversicherung zu tragen. Wegen der Außergewöhnlichkeit einer Nettolohnvereinbarung und ihrer Folgen muss der Abschluss einer Nettolohnvereinbarung **klar und einwandfrei feststellbar** sein, wenn sie anerkannt werden soll. Dies gilt sowohl arbeitsrechtlich (BAG, Urteil vom 18.1.1974, DB 1974 S. 778) als auch steuerrechtlich (BFH, Urteil 28.2.1992, BStBl II 1992 S. 733 m.w.N.). Fehlt es an dem eindeutigen Nachweis einer Nettolohnvereinbarung, so schuldet der Arbeitgeber lediglich den Bruttolohn, d.h. Steuern und Sozialversicherungsbeiträge werden vom vereinbarten Arbeitslohn abgezogen.

Unterbleibt ein Lohnsteuerabzug, weil die Beteiligten eines Dienstverhältnisses irrtümlich von freier Mitarbeit ausgehen, so liegt keine Nettolohnvereinbarung vor. Als Arbeitslohn sind die zugeflossenen Einnahmen (Barlohn und Sachbezüge) zu erfassen und nicht ein hochgerechneter Bruttolohn, der sich ergäbe, wenn den zugeflossenen Beträgen die auf sie entfallenden Lohnsteuerbeträge zugerechnet würden (BFH, Urteil vom 23.4.1997, BFH/NV 1997 S. 656).

Eine **Nettolohnvereinbarung liegt auch nicht vor**, wenn Arbeitgeber und Arbeitnehmer vereinbaren, dass ein bestimmter Betrag **steuerfrei** auszahlt werden soll. Erweist sich diese Behauptung als falsch, so schuldet **der Arbeitnehmer** und nicht der Arbeitgeber die nicht abgeführten Steuern und Sozialversicherungsbeiträge.

Beispiel:

Der Arbeitgeber vereinbart mit dem Arbeitnehmer, dass er eine monatliche Pauschale von 25 € zur Abgeltung von Repräsentationsaufwendungen steuerfrei erhält. Der Arbeitgeber zahlt den Betrag steuerfrei aus. Nach acht Monaten stellt der Arbeitgeber fest, dass die Pauschale steuerpflichtiger Arbeitslohn ist.

Arbeitgeber und Arbeitnehmer haben keine Nettolohnvereinbarung abgeschlossen, weil es an einer klaren und eindeutigen Regelung fehlt. Deshalb schuldet der Arbeitnehmer die nachzuentrichtenden Steuern und Sozialversicherungsbeiträge.

Die entsprechende Verpflichtung des Arbeitgebers, Steuern und Sozialversicherungsbeiträge übernehmen zu wollen, berührt dabei lediglich **das Innenverhältnis**, so dass der Arbeitnehmer selbst Schuldner der Steuern bzw. Beiträge bleibt (§ 38 Abs. 2 EStG für die Lohnsteuer). Die Übernahme der Steuern bzw. Beitragslasten stellt für den Arbeitnehmer zusätzlich zu seinem Nettogehalt gezahlten Arbeitslohn dar. Steuerpflichtiger Bruttoarbeitslohn ist in diesen Fällen die Summe aus ausgezahltem Nettolohn und den vom Arbeitgeber übernommenen Steuern bzw. Arbeitnehmeranteilen am Gesamtsozialversicherungsbeitrag.

Soweit der Arbeitgeber für die Nettolohnabrechnung **kein maschinelles Verfahren** anwendet, hat er aus der für die Steuerklasse des Arbeitnehmers maßgebenden Spalte der Lohnsteuertabelle **durch „Abtasten"** auf ein Bruttoentgelt umzurechnen. Ausgehend vom Nettolohn wird der Bruttolohn ermittelt, in dem die zu entrichtenden Steuern und die Arbeitnehmeranteile zur Sozialversicherung ggf. unter Beachtung der Beitragsbemessungsgrenzen dem Nettoentgelt so lange zugerechnet werden, bis sich für den Bruttolohn keine höheren Steuern und Sozialversicherungsabgaben mehr ergeben. Der so ermittelte Bruttoarbeitslohn ist der maßgebende Arbeitslohn i.S. des Lohnsteuerrechts und das maßgebende Arbeitsentgelt i.S. des Sozialversicherungsrechts. Daher ist **dieser Betrag** – und nicht etwa der Nettolohn – sowohl in die Lohnsteuerbescheinigung auf der Lohnsteuerkarte als auch in die Entgeltbescheinigung für die Sozialversicherung einzutragen. Die aus dem Bruttoarbeitslohn berechnete Lohnsteuer und die Sozialversicherungsbeiträge sind vom Arbeitgeber an das Finanzamt bzw. an die Einzugsstelle abzuführen.

Da bei einer Nettolohnvereinbarung der Arbeitnehmer Anspruch auf Auszahlung des vereinbarten Nettolohns hat, wirken sich Änderungen im Familienstand des Arbeitnehmers (z.B. Änderung der Steuerklasse nach einer Scheidung) sowie Gesetzesänderungen, die zu einer höheren Steuerbelastung führen (z.B. Einführung des Solidaritätszuschlags) nur auf den hochgerechneten Bruttoarbeitslohn aus. Dies gilt auch für eine Erhöhung der Sozialversicherungsbeiträge. Will der Arbeitgeber diese unabsehbaren Folgen vermeiden, so darf er keine Nettolohnvereinbarung abschließen.

Soweit bei Teilzeitbeschäftigten und Aushilfskräften die Lohnsteuer pauschaliert wird, wird der Arbeitgeber nach § 40 Abs. 3 EStG Steuerschuldner der pauschalen Lohnsteuer. Hierin liegt aber noch keine Nettolohnvereinbarung, denn der Arbeitgeber kann die pauschale Lohnsteuer im Innenverhältnis auf den Arbeitnehmer abwälzen (→ *Abwälzung der pauschalen Lohnsteuer auf den Arbeitnehmer* Rz. 24). Eine Nettolohnvereinbarung liegt nur dann vor, wenn Arbeitgeber und Arbeitnehmer unabhängig von einer etwaigen Pauschalierungsmöglichkeit die Auszahlung eines Nettolohns vereinbaren. Dies ist insbesondere dann wichtig, wenn sich die Pauschalierung nachträglich als unzulässig erweist („missglückte" Pauschalierung).

Ist eine Nettolohnvereinbarung getroffen worden, hat der Arbeitgeber die gegenüber der Pauschalierung höheren Steuern und ggf. die Sozialversicherungsbeiträge zu tragen, anderenfalls kann er Rückgriff auf den Arbeitnehmer nehmen (→ *Haftung für Lohnsteuer: Allgemeine Grundsätze* Rz. 1214).

Kommt es zu Streitigkeiten, ob eine Nettolohnvereinbarung vorliegt oder nicht, so ist für diesen Streit **nicht der Finanzrechtsweg** gegeben (BFH, Beschluss vom 29.6.1993, BStBl II 1993 S. 760).

Da der **Arbeitnehmer** bei einer Nettolohnvereinbarung Schuldner der Lohnsteuer bleibt – im Gegensatz zur Pauschalierung der Lohnsteuer, bei der der Arbeitgeber Schuldner der Lohnsteuer wird –, ist der ermittelte Bruttoarbeitslohn als Einnahmen aus nichtselbständiger Arbeit auch dann in die Einkommensteuerveranlagung des Arbeitnehmers einzubeziehen, wenn die vom Arbeitgeber einbehaltene Lohnsteuer höher als die später durch die Veranlagung festgesetzte Einkommensteuer ist und der Arbeitnehmer den daraus resultierenden Erstattungsanspruch im Rahmen der Nettolohnvereinbarung an den Arbeitgeber abgetreten hat (BFH, Beschluss vom 12.12.1975, BStBl II 1976 S. 543, sowie Urteil vom 16.8.1979, BStBl II 1979 S. 771).

Ergibt sich auf Grund der Durchführung einer Einkommensteuerveranlagung ein Erstattungsanspruch des Arbeitnehmers, den dieser entsprechend den bestehenden arbeitsvertraglichen Vereinbarungen – bzw. den kollektiven Regelungen der Betriebsvereinbarung oder des Tarifvertrags – an den Arbeitgeber abzutreten bzw. auszukehren hat, bleibt dieser Umstand ohne Auswirkungen auf die Einkommensteuerveranlagung des entsprechenden Veranlagungszeitraums (BFH, Urteil vom 16.8.1979, BStBl II 1979 S. 771). Die Einkommensteuererstattung führt vielmehr zu **negativen Einnahmen** des Arbeitnehmers aus nichtselbständiger Tätigkeit, die in dem Kalenderjahr der tatsächlichen Rückzahlung an den Arbeitgeber steuerlich zu berücksichtigen sind (→ *Rückzahlung von Arbeitslohn* Rz. 2119).

Bei Bestehen einer Nettolohnvereinbarung ist grundsätzlich bei der Einkommensteuerveranlagung des Arbeitnehmers die vom Arbeitgeber einbehaltene Lohnsteuer auf die Einkommensteuerschuld ohne Rücksicht darauf anzurechnen, ob der Arbeitgeber die Lohnsteuer tatsächlich an das Finanzamt abgeführt hat (BFH, Urteile vom 26.2.1982, BStBl II 1982 S. 403, vom 13.11.1987, BFH/NV 1987 S. 566, sowie vom 28.2.1992, BStBl II 1992 S. 733). Hier ist entscheidend, dass bei Vorliegen einer Nettolohnvereinbarung regelmäßig **aus Sicht des Arbeitnehmers** mit der Auszahlung des Nettobetrags der Bruttoarbeitslohn entsprechend den gesetzlichen Vorschriften um den Lohnsteuerabzug gekürzt worden ist (§ 42d Abs. 3 Satz 4 Nr. 2 EStG).

2. Berechnung des Nettolohns bei laufendem Arbeitslohn

1776 Bei einer Nettolohnvereinbarung ist die Lohnsteuer aus dem Bruttoarbeitslohn zu berechnen, der nach Abzug der Lohnsteuer, des Solidaritätszuschlags, der Kirchensteuer und der Arbeitnehmeranteile zur Sozialversicherung den vereinbarten und auszuzahlenden Nettolohn ergibt. Dieser Betrag ist durch „Abtasten" aus den jeweiligen Lohnsteuertabellen (Monats-, Wochen- oder Tagestabelle) zu ermitteln.

Aus Vereinfachungsgründen sind nach R 122 Abs. 2 LStR **vor der Steuerberechnung** vom Nettolohn folgende Beträge abzuziehen, wenn die Voraussetzungen für den Abzug dieser Beträge jeweils erfüllt sind:

– der auf den Lohnzahlungszeitraum entfallende Anteil des **Versorgungs-Freibetrags** (höchstens monatlich 256 €, wöchentlich 59,80 €, täglich 8,55 €),

– der auf den Lohnzahlungszeitraum entfallende Anteil des **Altersentlastungsbetrags** (höchstens monatlich 159 €, wöchentlich 37,10 €, täglich 5,30 €),

– ein auf der Lohnsteuerkarte eingetragener **Freibetrag**.

Ein auf der Lohnsteuerkarte eingetragener **Hinzurechnungsbetrag** ist vor der Steuerberechnung hinzuzurechnen.

Für **die Sozialversicherung** gilt dies nicht. Bei der Berechnung der Sozialversicherungsbeiträge dürfen diese Beträge nicht abgezogen bzw. hinzugerechnet werden.

Wird bei der Berechnung des Bruttolohns zur Beurteilung der **Jahresarbeitsverdienstgrenze** in der Kranken- und Pflegeversicherung bei einer Nettolohnvereinbarung der Grenzwert bereits durch das Hinzurechnen der Steuern überschritten, tritt Versicherungsfreiheit ein. Kranken- und Pflegeversicherungspflicht bleiben jedoch bestehen, wenn der Grenzwert nur durch das Hinzurechnen der Arbeitnehmeranteile überschritten würde.

Die manuelle Ermittlung des Bruttolohns gestaltet sich sehr kompliziert. Zur Berechnung empfiehlt sich daher die zum Ratgeber „ABC des Lohnbüros" angebotene Software „Gehalt und Lohn 2002", ISBN 3-08-410 402-6.

3. Berechnung des Nettolohns bei sonstigen Bezügen

1777 Sonstige Bezüge, die netto gezahlt werden, z.B. Nettogratifikationen, sind grundsätzlich nach den allgemeinen Regelungen, die für die Besteuerung sonstiger Bezüge gelten, zu versteuern, d.h. die Lohnsteuer auf den sonstigen Bezug ist die Differenz zwischen der Jahreslohnsteuer auf den voraussichtlichen Jahresarbeitslohn mit dem sonstigen Bezug und der Jahreslohnsteuer auf den voraussichtlichen Jahresarbeitslohn ohne den sonstigen Bezug. Folgende Besonderheiten sind dabei zu beachten (R 122 Abs. 3 LStR):

– Bei der Ermittlung des maßgebenden Jahresarbeitslohns sind der voraussichtliche laufende Jahresarbeitslohn und frühere, netto gezahlte sonstige Bezüge mit den entsprechenden **Bruttobeträgen** anzusetzen.

– Nach § 39b Abs. 3 Satz 8 EStG sind sonstige Bezüge von insgesamt nicht mehr als 150 €, die in einem Lohnzahlungszeitraum neben laufendem Arbeitslohn gezahlt werden, dem laufenden Arbeitslohn hinzuzurechnen. Für die Anwendung dieser Vorschrift kann bei einem netto gezahlten sonstigen Bezug ohne weitere Prüfung davon ausgegangen werden, dass der in dieser Vorschrift genannte Betrag von 150 € immer dann nicht überschritten wird, wenn der netto gezahlte sonstige Bezug **115 € nicht übersteigt**.

– Übernimmt der Arbeitgeber auch den auf den sonstigen Bezug entfallenden Solidaritätszuschlag, die Kirchensteuer und ggf. den Arbeitnehmeranteil am Gesamtsozialversicherungsbeitrag, so sind bei der Ermittlung des Bruttobetrags des sonstigen Bezugs außer der Lohnsteuer auch diese weiteren Lohnabzugsbeträge zu berücksichtigen. Bruttobezug des sonstigen Bezugs ist in jedem Fall der Nettobetrag zuzüglich der tatsächlich abgeführten Beträge an Lohnsteuer, Solidaritätszuschlag, Kirchensteuer und übernommenem Arbeit-nehmeranteil am Gesamtsozialversicherungsbeitrag. Der hiernach ermittelte Bruttobetrag ist auch bei späterer Zahlung sonstiger Bezüge im selben Kalenderjahr bei der Ermittlung des maßgebenden Jahresarbeitslohns zu Grunde zu legen.

Die manuelle Ermittlung des Bruttolohns bei sonstigen Bezügen gestaltet sich sehr kompliziert. Zur Berechnung empfiehlt sich daher die zum Ratgeber „ABC des Lohnbüros" angebotene Software „Gehalt und Lohn 2002", ISBN 3-08-410 402-6.

4. Geringfügig Beschäftigte

1778 Wegen der seit 1.4.1999 geltenden Regelungen vgl. die Ausführungen zu geringfügig Beschäftigten (→ *Geringfügig Beschäftigte* Rz. 1115).

5. Lohnsteuer-Jahresausgleich durch den Arbeitgeber (§ 42b EStG)

1779 Der Arbeitgeber ist unter den Voraussetzungen des § 42b EStG berechtigt bzw. verpflichtet, für unbeschränkt steuerpflichtige Arbeitnehmer einen Lohnsteuer-Jahresausgleich durchzuführen (→ *Lohnsteuer-Jahresausgleich durch den Arbeitgeber* Rz. 1626); dies gilt auch in den Fällen einer Nettolohnvereinbarung.

Bei Vorliegen einer Nettolohnvereinbarung hat der Arbeitgeber die zutreffende Jahreslohnsteuer durch Hochrechnung des Jahresnettolohns auf den entsprechenden Jahresbruttolohn zu ermitteln und diesen auf der von ihm zu erstellenden Lohnsteuerbescheinigung (§ 41b EStG) zu vermerken.

Führt die Durchführung des Lohnsteuer-Jahresausgleichs zu Steuererstattungen, ist die zu bescheinigende einbehaltene Lohnsteuer entsprechend zu vermindern.

Dieses Verfahren berücksichtigt, dass eine im Lohnsteuer-Jahresausgleichsverfahren vorgenommene Erstattung regelmäßig dem Arbeitgeber verbleibt und sich dementsprechend die zu bescheinigenden Bruttobezüge durch Rückzahlung von Arbeitslohn entsprechend mindern.

Hat der Arbeitnehmer im Ausgleichsjahr vor Ausstellung der Lohnsteuerbescheinigung eine Einkommensteuererstattung auf Grund Durchführung einer Einkommensteuerveranlagung für ein Vorjahr erhalten und diese an seinen Arbeitgeber weitergeleitet, kann der nach den vorgenannten Grundsätzen ermittelte Bruttoarbeitslohn um diesen Erstattungsbetrag gekürzt werden.

Als vom Arbeitgeber einbehaltene Lohnsteuer ist dann die um den Erstattungsbetrag geminderte Lohnsteuer auszuweisen.

6. Steuerliche Behandlung der Einkommensteuererstattung bei Nettolohnvereinbarungen und unbeschränkter Steuerpflicht

1780 An den Arbeitgeber weitergeleitete Einkommensteuererstattungen sind **als negative Einnahmen** im Kalenderjahr des Abflusses (§ 11 Abs. 2 EStG) beim Arbeitnehmer steuermindernd zu berücksichtigen (→ *Rückzahlung von Arbeitslohn* Rz. 2119). Ein Abfluss in diesem Sinne erfolgt dabei regelmäßig noch nicht mit der wirksamen Abtretung des Erstattungsanspruchs (§ 46 Abs. 2 AO) an den Arbeitgeber, sondern erst in dem Zeitpunkt, in dem die Erstattung tatsächlich an den Arbeitgeber geleistet wird (BFH, Urteil vom 22.6.1990, BFH/NV 1991 S. 156).

Anders als bei der Rückzahlung eines irrtümlich überhöht gezahlten Nettolohns durch den Arbeitnehmer ist diese negative Einnahme nicht auf einen fiktiven Bruttobetrag hochzurechnen, da es sich bei der Einkommensteuererstattung lediglich um die Rückzahlung der entsprechenden Steuern auf den Nettolohn handelt.

Im Lohnsteuerabzugsverfahren kann der Arbeitgeber den Rückfluss von Arbeitslohn durch eine Minderung des laufenden Bruttoarbeitslohns – also nicht durch Abzug vom übrigen Nettolohn – berücksichtigen (OFD Düsseldorf, Verfügung vom 27.3.2000, StEd 2000 S. 310 und S. 324).

Nettolöhne

Beispiel:

Ein Arbeitnehmer (Steuerklasse III/0, ohne Religionszugehörigkeit, nicht sozialversicherungspflichtig) mit Nettolohnvereinbarung erhält im Kalenderjahr 2002 monatliche Nettobezüge in Höhe von 3 500 €. Im April des Jahrs wird die Erstattung aus der Einkommensteuerveranlagung 2001 in Höhe von 1 500 € vom Finanzamt an den Arbeitgeber überwiesen.

Die Lohnsteuer für den Monat April 2002 ist wie folgt zu berechnen:

ursprünglicher Bruttoarbeitslohn	4 210,18 €
abzüglich Einkommensteuererstattung	1 500,— €
bereinigter Bruttoarbeitslohn	2 710,18 €
Lohnsteuer hiervon	234,83 €
Solidaritätszuschlag (5,5 %)	12,91 €

Bei Durchführung des betrieblichen Lohnsteuer-Jahresausgleichs ist → Rz. 1779 zu beachten.

Macht der Arbeitgeber von der Möglichkeit, die Rückzahlung von Arbeitslohn im Lohnsteuerabzugsverfahren zu berücksichtigen, **keinen Gebrauch**, kann der Arbeitnehmer die zurückgezahlten Beträge bei seiner Veranlagung zur Einkommensteuer – im Beispielsfall für das Jahr 2002 – als negative Einnahme geltend machen.

7. Weitere Fragen im Zusammenhang mit Nettolohnvereinbarungen

1781 Wegen weiterer Fragen im Zusammenhang mit Nettolohnvereinbarungen, z.B. zur steuerlichen Behandlung der Einkommensteuererstattung bei Nettolohnvereinbarungen **nach Wegfall der unbeschränkten Steuerpflicht**, vgl. OFD Düsseldorf, Verfügung vom 27.3.2000, StEd 2000 S. 310 und S. 324.

Nichteheliche Lebensgemeinschaft

1782 Arbeitnehmer, die in einer **eheähnlichen** (zwischen Mann und Frau) oder **gleichgeschlechtlichen Lebensgemeinschaft** leben, können steuerlich nicht Verheirateten gleichgestellt werden, weil sie nicht unter das Schutzgebot des Art. 6 GG fallen (vgl. zuletzt BFH, Urteil vom 4.4.2001, BFH/NV 2001 S. 1384, betr. **doppelte Haushaltsführung** bei nichtehelichen Lebensgemeinschaften). Sie erhalten damit ebenso wie allein Stehende mit Kindern nur die **Steuerklasse I oder II** (BVerfG, Urteil vom 3.11.1982, BStBl II S. 717, und zuletzt BVerfG, Beschluss vom 12.7.1999, StEd 1999 S. 672).

Im Übrigen ist es nicht nur in anderen Bereichen des Einkommensteuerrechts abgelehnt worden, Eheleute und nichteheliche Lebensgemeinschaften steuerlich gleichzustellen (vgl. zuletzt BFH, Urteil vom 10.7.1996, BStBl II 1998 S. 111, betr. den sog. Objektverbrauch bei der Wohnungsbauförderung), sondern auch bei anderen Steuerarten (zuletzt BFH, Urteil vom 25.4.2001, BStBl II 2001 S. 610, keine Grunderwerbsteuerbefreiung für nichteheliche Lebensgemeinschaft).

Führen die Partner einer solchen Lebensgemeinschaft aus beruflichen Gründen einen **doppelten Haushalt**, kann der Arbeitgeber Mehraufwendungen wegen doppelter Haushaltsführung steuerfrei erstatten. Einzelheiten siehe → *Doppelte Haushaltsführung: Allgemeines* Rz. 730.

Zur **Anerkennung von Arbeitsverträgen** zwischen den Partnern einer nichtehelichen Lebensgemeinschaft siehe → *Angehörige* Rz. 108.

Unterhaltsaufwendungen an den Partner einer **gleichgeschlechtlichen Lebensgemeinschaft** sollen ab 2001 in beschränktem Umfang als Sonderausgaben zum Abzug zugelassen werden, siehe dazu → *Lohnsteuer-Ermäßigungsverfahren* Rz. 1601. Damit soll eine dem Ehegatten-Splitting (= Steuerklasse III) vergleichbare Steuervergünstigung gewährt werden.

Nichtvorlage der Lohnsteuerkarte

1. Allgemeines

1783 Für die Durchführung des Lohnsteuerabzugs hat grundsätzlich jeder Arbeitnehmer seinem Arbeitgeber vor Beginn des Kalenderjahrs oder beim Eintritt in das Dienstverhältnis eine Lohnsteuerkarte vorzulegen (§ 39b Abs. 1 EStG). Diese Verpflichtung zur Vorlage der Lohnsteuerkarte gilt nicht

– für Arbeitnehmer, die nach § 1 Abs. 2 EStG unbeschränkt einkommensteuerpflichtig sind (§ 39c Abs. 3 EStG),

– für Arbeitnehmer, die nach § 1 Abs. 3 EStG als unbeschränkt einkommensteuerpflichtig behandelt werden (§ 39c Abs. 4 EStG),

– für Arbeitnehmer, die nach § 1 Abs. 4 EStG beschränkt einkommensteuerpflichtig sind und

– für Arbeitnehmer, deren Arbeitslohn der Arbeitgeber pauschal versteuert,

– für Arbeitnehmer, deren Arbeitslohn nach § 3 Nr. 39 EStG steuerfrei ist (→ *Geringfügig Beschäftigte* Rz. 1131).

Ist der Arbeitnehmer zur Vorlage der Lohnsteuerkarte verpflichtet, legt er sie dem Arbeitgeber aber schuldhaft nicht vor oder verzögert er die Rückgabe der ihm ausgehändigten Lohnsteuerkarte schuldhaft, hat der Arbeitgeber die **Lohnsteuer nach der Steuerklasse VI** zu ermitteln. Die Ermittlung der Lohnsteuer nach der Steuerklasse VI hat große Auswirkungen auf die Höhe der Lohnsteuer, wie das nachfolgende Beispiel zeigt.

Beispiel 1:

Ein Arbeitnehmer legt seinem Arbeitgeber die Lohnsteuerkarte schuldhaft nicht vor. Auf der nicht vorgelegten Lohnsteuerkarte ist die Steuerklasse I/0 vermerkt. Der Arbeitslohn beträgt monatlich 2 500 €.

Der Arbeitgeber hat die Lohnsteuer nach der Steuerklasse VI zu erheben.

Die Lohnsteuer beträgt monatlich 861,75 € zuzüglich 47,39 € Solidaritätszuschlag. Bei Steuerklasse I/0 hätte die Lohnsteuer nur 448,75 € (zuzüglich 24,68 € Solidaritätszuschlag) betragen.

Differenz monatlich: 413 € (zuzüglich 22,71 € Solidaritätszuschlag).

Beispiel 2:

Wie Beispiel 1, aber auf der nicht vorgelegten Lohnsteuerkarte ist die Steuerklasse III/0 vermerkt.

Der Arbeitgeber hat die Lohnsteuer nach der Steuerklasse VI zu erheben.

Die Lohnsteuer beträgt monatlich 861,75 € zuzüglich 47,39 € Solidaritätszuschlag. Bei Steuerklasse III/0 hätte die Lohnsteuer 181 € (zuzüglich 3,80 € Solidaritätszuschlag) betragen.

Differenz monatlich: 680,75 € (zuzüglich 43,59 € Solidaritätszuschlag).

Wird die Lohnsteuerkarte vom Arbeitnehmer schuldhaft nicht vorgelegt, hat der Arbeitgeber die Lohnsteuer ohne Rücksicht auf die ihm bekannten Familienverhältnisse des Arbeitnehmers nach der Steuerklasse VI zu ermitteln, und zwar so lange, bis ihm der Arbeitnehmer die Lohnsteuerkarte vorlegt. Der Arbeitnehmer wird damit so besteuert, als ob er seine Lohnsteuerkarte einem anderen Arbeitgeber vorgelegt hätte und deshalb Arbeitslohn aus einem zweiten Arbeitsverhältnis bezieht. So wird erreicht, dass vom Arbeitslohn des Arbeitnehmers nicht zu wenig Lohnsteuer einbehalten wird.

Bei der Kirchensteuer gilt Folgendes (FinMin Bayern, Erlass vom 14.3.1968, GVBl. S. 84):

„Legt ein Arbeitnehmer seine Lohnsteuerkarte dem Arbeitgeber schuldhaft nicht vor oder verzögert er schuldhaft die Rückgabe der Lohnsteuerkarte, so hat der Arbeitgeber die Lohnsteuer aus der Steuerklasse VI der Lohnsteuertabelle abzulesen, bis der Arbeitnehmer die Lohnsteuerkarte dem Arbeitgeber vorlegt oder zurückgibt. Der Kirchenlohnsteuerabzug ist dabei in Höhe von 8 % der einbehaltenen Lohnsteuer für die umlageerhebende(n) Gemeinschaft(en) vorzunehmen, der der Arbeitnehmer und ggf. sein Ehegatte nach Kenntnis des Arbeitgebers angehören. Soweit sich eine Zugehörigkeit des Arbeitnehmers und seines Ehegatten zu einer umlageerhebenden Gemeinschaft aus den übrigen, besonders früheren, dem Arbeitgeber vorliegenden Unterlagen nicht ergibt, hat der Arbeitgeber den Arbeitnehmer über dessen und ggf. seines Ehegatten Zugehörigkeit bzw. Nichtzugehörigkeit zu einer umlageerhebenden Gemeinschaft zu befragen (Art. 25 KiStG) und das Ergebnis der Befragung im Lohnkonto zu vermerken."

2. Schuldhafte Nichtvorlage

1784 Die Ermittlung der Lohnsteuer nach der Steuerklasse VI wegen Nichtvorlage oder Nichtrückgabe der Lohnsteuerkarte setzt **ein schuldhaftes Verhalten des Arbeitnehmers** voraus. Ein schuldhaftes Verhalten liegt vor, wenn der Arbeitnehmer vorsätzlich oder fahrlässig die Vorlage oder Rückgabe der Lohnsteuerkarte verzögert.

Der Arbeitgeber kann nach R 124 Abs. 2 LStR davon ausgehen, dass **den Arbeitnehmer kein Verschulden** trifft, wenn der Arbeitnehmer

– die Lohnsteuerkarte für das laufende Kalenderjahr bis zum **31. März** vorlegt,

– eine ihm von dem Arbeitgeber während des Dienstverhältnisses ausgehändigte Lohnsteuerkarte innerhalb von sechs Wochen zurückgibt,

– die Lohnsteuerkarte nach Eintritt in das Dienstverhältnis innerhalb von sechs Wochen vorlegt oder

– der Arbeitnehmer nach einem Arbeitgeberwechsel beim Eintritt in das neue Dienstverhältnis eine Bescheinigung des alten Arbeitgebers vorlegt, dass dieser wegen Anwendung eines maschinellen Verfahrens die Lohnsteuerbescheinigung nicht sofort ausschreiben konnte; diese Bescheinigung muss alle auf der Lohnsteuerkarte des Arbeitnehmers eingetragenen Merkmale und den Zeitpunkt, zu dem das Dienstverhältnis beendet worden ist, enthalten (wegen des Musters einer solchen Bescheinigung siehe → *Lohnsteuerbescheinigung* Rz. 1577); in diesem Fall ist die Lohnsteuerkarte innerhalb von zehn Wochen dem neuen Arbeitgeber vorzulegen (dies ist auch möglich, weil der alte Arbeitgeber verpflichtet ist, innerhalb von acht Wochen die Lohnsteuerbescheinigung auszustellen).

Werden die oben genannten Zeiträume überschritten, so kann ein Verschulden des Arbeitnehmers unterstellt werden, es sei denn, der Arbeitnehmer weist nach, dass er die Verzögerung nicht zu vertreten hat. Der Nachweisbeleg ist zum Lohnkonto zu nehmen.

3. Lohnsteuerabzug bei unverschuldeter Nichtvorlage

1785 Weist der Arbeitnehmer nach, dass er die Nichtvorlage oder verzögerte Rückgabe der Lohnsteuerkarte nicht zu vertreten hat, so hat der Arbeitgeber für die Lohnsteuerberechnung

– im Falle der Nichtvorlage der Lohnsteuerkarte zu Beginn des Kalenderjahrs oder bei Eintritt in das Dienstverhältnis die ihm bekannten oder durch amtliche Unterlagen nachgewiesenen Familienverhältnisse des Arbeitnehmers, d.h. Familienstand und Zahl der Kinderfreibeträge,

– im Falle der Nichtrückgabe einer ausgehändigten Lohnsteuerkarte die bisher eingetragenen Merkmale der Lohnsteuerkarte

zu Grunde zu legen (R 124 Abs. 3 LStR). Nach Vorlage oder Rückgabe der Lohnsteuerkarte ist der Lohnsteuerabzug ggf. zu ändern (→ *Änderung des Lohnsteuerabzugs* Rz. 101).

4. Januar-Regelung

1786 Der Arbeitgeber kann die Lohnsteuer von dem Arbeitslohn für den **Monat Januar** eines Kalenderjahrs auf Grund der Eintragungen auf der Lohnsteuerkarte für das vorhergehende Kalenderjahr ermitteln, für Januar 2002 also auf Grund der Eintragungen auf der Lohnsteuerkarte 2001, wenn der Arbeitnehmer eine Lohnsteuerkarte für das neue Kalenderjahr bis zur Lohnabrechnung nicht vorgelegt hat (Januar-Regelung). Wird diese Sonderregelung angewendet, so ist ein auf der Lohnsteuerkarte für das vorhergehende Kalenderjahr eingetragener steuerfreier Jahresbetrag oder Jahreshinzurechnungsbetrag

– bei monatlicher Lohnzahlung mit 1/12, aufgerundet auf den nächsten vollen Euro-Betrag,

– bei wöchentlicher Lohnzahlung mit 7/360, aufgerundet auf den nächsten durch zehn teilbaren Centbetrag, und

– bei täglicher Lohnzahlung nur mit 1/360, aufgerundet auf den nächsten durch fünf teilbaren Centbetrag,

zu berücksichtigen (R 124 Abs. 4 LStR).

Beispiel:

Der Arbeitnehmer hat zum Zeitpunkt der Lohnabrechnung für den Monat Januar 2002 die Lohnsteuerkarte 2002 noch nicht vorgelegt. Auf der Lohnsteuerkarte 2001 ist die Steuerklasse III/0 eingetragen sowie ab

1.11.2001 ein monatlicher Freibetrag von 2 400 DM (Jahresbetrag 4 800 DM).

Der Arbeitgeber kann bei der Lohnabrechnung für Januar 2002 die auf der Lohnsteuerkarte 2001 vermerkte Steuerklasse III/0 berücksichtigen. Als Freibetrag darf er 1/12 des Jahresbetrags von 4 800 DM, also 400 DM berücksichtigen (und nicht etwa den Dezember-Freibetrag von 2 400 DM). Der Betrag von 400 DM ist in Euro umzurechnen, so dass im Januar 2002 ein Freibetrag von 205 € (400 DM : 1,95583 = 204,52 €) berücksichtigt werden kann.

Nach Vorlage der Lohnsteuerkarte ist die Lohnsteuerermittlung für den Monat Januar zu überprüfen und erforderlichenfalls zu ändern. Legt der Arbeitnehmer **bis zum 31. März** keine Lohnsteuerkarte vor, ist **nachträglich die Steuerklasse VI** anzuwenden. Die zu wenig oder zu viel einbehaltene Lohnsteuer ist jeweils bei der nächsten Lohnabrechnung auszugleichen.

5. Regelung für erweitert unbeschränkt steuerpflichtige Arbeitnehmer

Für Arbeitnehmer, die nach § 1 Abs. 2 EStG unbeschränkt einkommensteuerpflichtig sind, hat der Arbeitgeber die Lohnsteuer unabhängig von einer Lohnsteuerkarte zu ermitteln. Dabei ist die Steuerklasse maßgebend, die normalerweise auf einer Lohnsteuerkarte des Arbeitnehmers einzutragen wäre (→ *Steuerklassen* Rz. 2286). Auf Antrag des Arbeitnehmers erteilt das Betriebsstättenfinanzamt über die maßgebende Steuerklasse, die Zahl der Kinderfreibeträge und einen etwa in Betracht kommenden Freibetrag oder Hinzurechnungsbetrag eine Bescheinigung, für die die Vorschriften über die Eintragungen auf der Lohnsteuerkarte sinngemäß anzuwenden sind (§ 39c Abs. 3 EStG). **1787**

6. Regelung für auf Antrag unbeschränkt steuerpflichtige Arbeitnehmer

Arbeitnehmer, die nach § 1 Abs. 3 EStG als unbeschränkt einkommensteuerpflichtig behandelt werden, haben ihrem Arbeitgeber vor Beginn des Kalenderjahrs oder beim Eintritt in das Dienstverhältnis eine Bescheinigung über ihre Besteuerungsmerkmale vorzulegen. **1788**

Die Bescheinigung wird auf Antrag des Arbeitnehmers vom Betriebsstättenfinanzamt des Arbeitgebers erteilt. In die Bescheinigung, für die die Vorschriften über die Eintragungen auf der Lohnsteuerkarte sinngemäß anzuwenden sind, trägt das Finanzamt die maßgebende Steuerklasse, die Zahl der Kinderfreibeträge und einen etwa in Betracht kommenden Freibetrag oder Hinzurechnungsbetrag ein (§ 39c Abs. 4 EStG).

Ist der Arbeitnehmer gleichzeitig bei mehreren Arbeitgebern tätig, ist für die Erteilung jeder weiteren Bescheinigung das Betriebsstättenfinanzamt zuständig, das die erste Bescheinigung ausgestellt hat.

Bei Ehegatten, die beide Arbeitslohn beziehen, ist für die Erteilung der Bescheinigung das Betriebsstättenfinanzamt des älteren Ehegatten zuständig.

7. Bescheinigungspflichten des Arbeitgebers

Der Arbeitgeber hat den Zeitraum der schuldhaften Nichtvorlage der Lohnsteuerkarte im Lohnkonto des Arbeitnehmers aufzuzeichnen. Auf der Lohnsteuerkarte oder in der Lohnsteuerbescheinigung hat der Arbeitgeber dies jedoch nicht zu vermerken. Wenn dem Arbeitgeber die Lohnsteuerkarte bei Beendigung des Dienstverhältnisses im Laufe des Kalenderjahrs oder bei Abschluss des Lohnkontos am Ende des Kalenderjahrs nicht vorliegt, so hat er eine „Besondere Lohnsteuerbescheinigung" auszustellen (→ *Lohnsteuerbescheinigung* Rz. 1578). **1789**

8. Arbeitgeber-Haftung

Soweit der Arbeitgeber bei schuldhafter Nichtvorlage der Lohnsteuerkarte die Lohnsteuer nach der Steuerklasse VI ermitteln muss, hat er **keinen Ermessensspielraum**. Kommt er dieser gesetzlichen Verpflichtung nicht nach, so haftet er für die nicht ordnungsgemäß einbehaltene Lohnsteuer. Das Finanzamt kann da- **1790** her den Arbeitgeber auch für die nach der Steuerklasse VI berechnete Lohnsteuer in Haftung nehmen.

Hierzu gilt im Einzelnen Folgendes:

– Hat der Arbeitnehmer seine Lohnsteuerkarte für das **laufende Kalenderjahr** schuldhaft nicht vorgelegt und der Arbeitgeber trotzdem die Lohnsteuer **nicht nach der Steuerklasse VI** ermittelt, so kann er wegen des vollen Betrags, der sich aus § 39c Abs. 1 EStG ergibt, haftbar gemacht werden. Zur Frage, wann eine Lohnsteuerkarte schuldhaft nicht vorgelegt worden ist, vgl. → Rz. 1784. Sind die dort genannten Zeiträume überschritten worden, so kann auch davon ausgegangen werden, dass den Arbeitnehmer ein Verschulden an der Nichtvorlage trifft.

– Wurde die Lohnsteuerkarte **für ein abgelaufenes Kalenderjahr** schuldhaft nicht vorgelegt, so kann der Arbeitgeber ebenfalls **wegen des vollen Betrags**, der sich aus § 39c Abs. 1 EStG ergibt, haftbar gemacht werden (BFH, Urteil vom 12.1.2001, DB 2001 S. 1343) Der Bundesfinanzhof hat damit die für den Arbeitgeber günstigere Auffassung des Hessischen Finanzgerichts (Urteil vom 10.6.1998, EFG 1999 S. 290) abgelehnt.

– Hat der Arbeitnehmer für einen Zeitraum des **laufenden Kalenderjahrs** die Lohnsteuerkarte schuldhaft nicht vorgelegt, liegt die Lohnsteuerkarte **im Zeitpunkt einer Lohnsteuer-Außenprüfung** dem Arbeitgeber jedoch **bereits vor**, so kann der Arbeitgeber nur insoweit haftbar gemacht werden, als sich bei Anwendung der zutreffenden Steuerklasse höhere Steuerabzugsbeträge ergeben hätten.

Öffentliche Kassen

1791 Der Begriff der „öffentlichen Kasse" ist für die Steuerfreiheit bestimmter Arbeitgeberleistungen von Bedeutung, insbesondere für → *Reisekostenvergütungen aus öffentlichen Kassen* Rz. 2095.

Öffentliche Kassen sind die Kassen der **inländischen juristischen Personen des öffentlichen Rechts** und solche Kassen, die einer **Dienstaufsicht und Prüfung** der Finanzgebarung durch die inländische **öffentliche Hand unterliegen** (BFH, Urteil vom 7.8.1986, BStBl II 1986 S. 848).

Zu den öffentlichen Kassen gehören danach neben den Kassen des **Bundes, der Länder und der Gemeinden** insbesondere auch die Kassen der öffentlich-rechtlichen **Religionsgemeinschaften**, die **Ortskrankenkassen**, Landwirtschaftliche Krankenkassen, Innungskrankenkassen und Ersatzkassen sowie die Kassen des Bundeseisenbahnvermögens, der **Deutschen Bundesbank**, der öffentlich-rechtlichen **Rundfunkanstalten**, der **Berufsgenossenschaften** (vgl. dazu FG Hamburg, Urteil vom 13.3.1997, EFG 1997 S. 856), **Gemeindeunfallversicherungsverbände**, der Träger der gesetzlichen **Rentenversicherungen**, der **Knappschaften** und die Unterstützungskassen der Postunternehmen, vgl. auch H 14a (Öffentliche Kassen) LStH.

Öffnungsklausel

1. Arbeitsrecht

1792 Die Rechtsnormen eines Tarifvertrags, die den Inhalt, den Abschluss oder die Beendigung von Arbeitsverhältnissen ordnen, gelten bei Bindung an den Tarifvertrag unmittelbar und zwingend zwischen den Arbeitsvertragsparteien. Abweichende Abmachungen sind nach § 4 Abs. 3 TVG nur zulässig, soweit sie durch den Tarifvertrag gestattet sind oder eine Änderung der Regelungen zu Gunsten des Arbeitnehmers enthalten. Die Vereinbarung in einem Tarifvertrag, dass bestimmte tarifvertragliche Regelungen durch Betriebsvereinbarung oder durch Arbeitsvertrag anders geordnet werden können, wird „Öffnungsklausel" genannt.

2. Lohnsteuer

1793 Eine Öffnungsklausel hat auch lohnsteuerliche Bedeutung. Ist in einem Tarifvertrag eine Öffnungsklausel vereinbart, die besagt, dass für bestimmte Leistungen des Arbeitgebers vorhandene be-

triebliche Systeme unberührt bleiben, so kann die Zuwendung nur dann steuerfrei sein, wenn sie **zusätzlich** zu den Leistungen erbracht wird, die der Arbeitgeber auf Grund des Tarifvertrags oder im Falle eines „vorhandenen Systems" auf Grund dieses Systems ohnehin geschuldet hätte (BFH, Urteil vom 12.3.1993, BStBl II 1993 S. 521).

Ökologisches Jahr

1794 Das freiwillige ökologische Jahr kann **zwischen dem 16. und 27. Lebensjahr** geleistet werden. Die Mindestdauer beträgt sechs Monate, die Höchstdauer zwölf Monate. Den Teilnehmern dürfen nur Unterkunft, Verpflegung, Arbeitskleidung und ein angemessenes Taschengeld (bis 6 % der Beitragsbemessungsgrenze in der gesetzlichen Rentenversicherung 2002 = 270 €/225 € monatlich) gewährt sowie Aufwendungen für Beiträge zum Zwecke der Höherversicherung in der gesetzlichen Rentenversicherung ersetzt werden (§ 1 Nr. 4 FÖJG). Werden Unterkunft, Verpflegung und Arbeitskleidung nicht gestellt, dürfen jeweils Geldersatzleistungen gewährt werden.

Die Teilnehmer am freiwilligen ökologischen Jahr sind **Arbeitnehmer**. Die ihnen gewährten Bezüge sind als Arbeitslohn zu versteuern, und zwar unabhängig davon, ob sie ihnen als Barlohn (Taschengeld) oder als Sachbezug (Verpflegung, Unterkunft) gewährt werden. Die Beiträge zur Kranken-, Pflege- und Rentenversicherung werden nach der Summe des Taschengelds und dem ungekürzten Sachbezugswert bemessen. Dies gilt auch für die Beiträge zur Arbeitslosenversicherung, wenn sich das ökologische Jahr nicht unmittelbar an eine versicherungspflichtige Beschäftigung anschließt. Ansonsten sind die Beiträge zur Arbeitslosenversicherung nach § 344 Abs. 2 SGB III in Höhe der monatlichen Bezugsgröße (2002 = 2 345 € West/1 960 € Ost) zu berechnen, wenn unmittelbar vorher ein Versicherungspflichtverhältnis bestanden hat.

Für die Gestellung der **Arbeitskleidung** kommt ggf. die Steuerbefreiung nach § 3 Nr. 31 EStG in Betracht (siehe → *Berufskleidung* Rz. 537).

Die Versicherungsfreiheit bei geringfügiger Beschäftigung gilt nicht für Teilnehmer am freiwilligen ökologischen Jahr.

Für ein Kind, das ein freiwilliges ökologisches Jahr leistet und zu Beginn des Veranlagungszeitraums das 27. Lebensjahr noch nicht vollendet hat, können Kindergeld oder die steuerlichen Freibeträge für Kinder gewährt werden (siehe → *Kindergeld/Kinderfreibetrag* Rz. 1361).

Ordensangehörige

1. Lohnsteuer

a) Rechtsbeziehungen zwischen Orden und Ordensangehörigen

1795 Angehörige eines katholischen Ordens oder einer evangelischen Gemeinschaft (Ordensangehörige) sind **nicht Arbeitnehmer** ihres Ordens bzw. ihrer Gemeinschaft. Dies gilt auch insoweit, als sie innerhalb ihres Ordens bzw. ihrer Gemeinschaft wirtschaftlich tätig werden. Es besteht vielmehr – soweit nicht ausdrücklich ein Arbeitsverhältnis vereinbart worden ist – ein **familienähnliches Verhältnis** eigener Art, das auf dem religiösen Gelübde begründet ist (BFH, Urteil vom 30.7.1965, BStBl III 1965 S. 525).

b) Rechtsbeziehungen zwischen Dritten und Ordensangehörigen

1796 Wird ein Ordensangehöriger auf Grund eines vom Orden oder der Gemeinschaft abgeschlossenen **Gestellungsvertrags mit Dritten**, z.B. Schule, Krankenhaus, Altenheim oder Kindergarten, tätig, liegt kein steuerliches Dienstverhältnis zwischen dem Dritten und dem Ordensangehörigen vor (BFH, Urteil vom 11.5.1962, BStBl III 1962 S. 310). Dies gilt auch dann, wenn sich der Orden oder die Gemeinschaft verpflichtet, ein bestimmtes Mitglied abzustellen (FinMin Niedersachsen, Erlass vom 28.2.1966, DB 1966 S. 561). Auch die den Ordensangehörigen gewährte Unterkunft, Verpflegung und Bekleidung ist deshalb nicht als Arbeitslohn anzusehen.

Tritt der Ordensangehörige dagegen **selbst in ein Dienstverhältnis** zu einem Dritten (Schule, Krankenhaus, Altenheim oder Kindergarten) und wird er wie üblich entlohnt, so liegt ein **Arbeitsverhältnis** vor (BFH, Urteil vom 11.5.1962, BStBl III 1962 S. 310). Dies ist stets der Fall, wenn er z.B. in ein Beamtenverhältnis berufen wird (OFD Düsseldorf, Verfügung vom 5.6.1963, DB 1963 S. 913).

c) Umfang des Arbeitslohns

1797 Beiträge einer als Arbeitnehmerin tätigen Diakonisse an ein Diakonissenmutterhaus, die der Arbeitgeber vom Gehalt einbehält, sind **durchlaufende Gelder** (siehe → *Auslagenersatz und durchlaufende Gelder* Rz. 340), so das Finanzgericht Düsseldorf (Urteil vom 22.10.1993, EFG 1994 S. 282). Vgl. hierzu auch das BFH, Urteil vom 25.11.1993, BStBl II 1994 S. 424, betr. „Vorabzug" vom Grundgehalt bei einer Rote-Kreuz-Schwester, bei dem nur der geminderte Arbeitslohn der Lohnsteuer unterliegt (siehe auch → *Gehaltsverzicht* Rz. 1102).

2. Sozialversicherung

1798 In der **Kranken- und Pflegeversicherung** sind **Mitglieder geistlicher Genossenschaften, Diakonissen und ähnliche Personen**, die sich aus überwiegend religiösen oder sittlichen Beweggründen mit der Krankenpflege, dem Unterricht oder anderen gemeinnützigen Tätigkeiten beschäftigen, **versicherungsfrei**. Hinsichtlich der Entgeltlichkeit ihrer Beschäftigung ist Voraussetzung, dass sie nicht mehr als **freien Unterhalt oder ein geringes Entgelt** beziehen, das nur zur Beschaffung der unmittelbaren Lebensbedürfnisse an Wohnung, Verpflegung, Kleidung und dergleichen ausreicht (§ 6 Abs. 1 Nr. 7 SGB V).

Auch wenn die gesetzliche Vorschrift alternativ von dem Bezug des freien Unterhalts **oder** eines geringen Entgelts ausgeht, bestehen keine Bedenken, beide Bezugsformen nebeneinander zu tolerieren und Krankenversicherungsfreiheit anzunehmen. Als **geringes Entgelt** ist dabei ein Betrag bis zu **einem Einundzwanzigstel der Bezugsgröße** (2002 = 111,67 €) anzusehen. Selbst wenn über diesen Grenzwert hinaus Barmittel zufließen, bleibt Versicherungsfreiheit bestehen, wenn der übersteigende Betrag der Gemeinschaft **zweckgebunden** für notwendige Kleidung usw. zur Verfügung gestellt wird, der eigentlich von der Gemeinschaft als Sachbezug ihren Mitgliedern zufließen würde (Besprechungsergebnis der Spitzenverbände der Sozialversicherungsträger vom 12./13.5.1992, Sozialversicherungsbeitrag-Handausgabe 1996 VL 6 VI 14). Durch die GKV-Gesundheitsreform 2000 hat es für nicht satzungsmäßige Mitglieder geistlicher Genossenschaften, die außerschulisch für den Dienst in einer solcher Gemeinschaft ausgebildet werden (Postulanten und Novizen), die Klarstellung gegeben, dass diese der Kranken- und Pflegeversicherungspflicht unterliegen.

Für die **Arbeitslosenversicherung** ergibt sich **Versicherungsfreiheit** nach § 27 Abs. 1 SGB III.

In der **Rentenversicherung** besteht für **satzungsgemäße Mitglieder geistlicher Genossenschaften, Diakonissen und Angehörige ähnlicher Gemeinschaften Versicherungsfreiheit, wenn** ihnen nach den Regeln der Gemeinschaft **Anwartschaft auf die in der Gemeinschaft übliche Versorgung** bei verminderter Erwerbsfähigkeit und im Alter gewährleistet ist. Dabei muss die Erfüllung der Gewährleistung gesichert sein (§ 5 Abs. 1 Nr. 3 SGB VI). Durch Ausdehnung der Gewährleistung der Versorgungsanwartschaft auf weitere Beschäftigungsverhältnisse tritt auch in diesen Beschäftigungen Rentenversicherungsfreiheit ein.

Outplacement

1. Allgemeines

Unter dem Begriff der Outplacement-Beratung sind **Beratungs-** **1799** **und Betreuungsleistungen** zur beruflichen Neuorientierung zu verstehen. In weiterem Sinne werden auch andere **berufliche Qualifizierungsmaßnahmen** wie die Fort- und Weiterbildung hierunter gefasst, um einem zur Entlassung anstehenden Mitarbeiter bessere Arbeitsmarktchancen zu sichern. Solche Maßnahmen werden vom **Arbeitgeber selbst**, aber auch von sog. **Beschäftigungsgesellschaften** durchgeführt. Häufig bedienen sich Arbeitgeber bzw. Beschäftigungsgesellschaften aber auch **externer Personalberatungs- und Fortbildungsunternehmen**. Die Outplacement-Beratung ist regelmäßig **Teil der Abfindungsvereinbarung**. Viele Arbeitnehmer stimmen einem Aufhebungsvertrag nur zu, wenn sie bei der Suche nach einem anderen Arbeitsplatz Unterstützung durch eine Beratung erhalten.

2. Arbeitslohn

Leistungen im Zusammenhang mit der Auflösung eines Dienst- **1800** verhältnisses gehören grundsätzlich zum steuerpflichtigen Arbeitslohn, soweit nicht die Steuerbefreiung nach § 3 Nr. 9 EStG greift (→ *Entlassungsabfindungen/Entlassungsentschädigungen* Rz. 857). Auch eine vom Arbeitgeber finanzierte Outplacement-Beratung für den Arbeitnehmer stellt deshalb grundsätzlich einen lohnsteuerpflichtigen **geldwerten Vorteil** dar, der zusammen mit der meist gezahlten Barabfindung als **einheitliche Entschädigung** wegen vorzeitiger Entlassung aus dem Dienstverhältnis zu beurteilen ist (FG Köln, Urteil vom 16.2.2000, EFG 2000 S. 498, Revision eingelegt, Az. beim BFH: XI R 22/00; FG Düsseldorf, Urteil vom 5.4.2000, EFG 2000 S. 740).

Die **Lohnsteuer-Richtlinien** enthalten allerdings eine **Ausnahme** von dem Grundsatz, dass Arbeitgeberleistungen für eine Outplacement-Beratung, die im Zusammenhang mit der Entlassung aus einem Dienstverhältnis steht, lohnsteuerpflichtiger Arbeitslohn sind. Danach ist von einer **steuerfreien Arbeitgeberleistung** im ganz überwiegend betrieblichen Interesse bei **dem SGB III entsprechenden Qualifizierungs- und Trainingsmaßnahmen** auszugehen, die der Arbeitgeber oder eine zwischengeschaltete Beschäftigungsgesellschaft im Zusammenhang mit der Auflösungsvereinbarung erbringt (R 74 Abs. 2 Satz 3 LStR). Hierbei handelt es sich um Maßnahmen, die zur Verbesserung der Eingliederung in das Arbeitsleben von staatlicher Seite für maximal acht Wochen gefördert werden. Nach § 48 SGB III sind danach z.B. Aufwendungen des Arbeitgebers für **folgende Trainingsmaßnahmen begünstigt**:

– Bewerbungstraining,

– Vermittlung von Kenntnissen und Fähigkeiten, die die Vermittlung eines Arbeitsplatzes oder den Abschluss einer beruflichen Aus- oder Weiterbildung erheblich erleichtern,

– Beratung über Möglichkeiten der Arbeitsplatzsuche,

– Feststellung der Eignung des Arbeitslosen für die berufliche Tätigkeit.

Als Leistung im überwiegenden betrieblichen Interesse kann der Arbeitgeber neben den Lehrgangs- und Prüfungsgebühren auch **Fahrgeld** sowie **Kosten der Betreuung von aufsichtsbedürftigen Kindern** des Arbeitnehmers übernehmen.

Diese Regelung steht im Widerspruch zu den o.g. Finanzgerichtsurteilen. Da gegen das Urteil des Finanzgerichts Köln Revision eingelegt wurde, ist eine baldige höchstrichterliche Klärung dieser Frage zu erwarten.

3. Tarifermäßigung

Handelt es sich bei den Qualifizierungsmaßnahmen des Arbeit- **1801** gebers im Zusammenhang mit Auflösungsvereinbarungen **nicht** um Leistungen, die den Trainingsmaßnahmen des § 48 SGB III entsprechen, sieht auch die Finanzverwaltung in der Outplacement-Beratung einen lohnsteuerpflichtigen geldwerten Vorteil. Ist eine solche Bildungsmaßnahme **Bestandteil einer Abfindungsvereinbarung**, wird dadurch die **ermäßigte Besteuerung** nach § 34 EStG für die gesamte Entlassungsabfindung (auch für die Barabfindung!) **ausgeschlossen**, wenn die einzelnen steuerpflichtigen Teile in unterschiedlichen Kalenderjahren zufließen. Dies gilt nach Auffassung des Finanzgerichts Köln auch dann, wenn neben der Barabfindung in einem späteren Veranlagungszeitraum nur ein **geringer Betrag** für eine Outplacement-Beratung ausgezahlt wird (FG Köln, Urteil vom 16.2.2000, EFG 2000 S. 498, Revision eingelegt, Az. beim BFH: XI R 22/00). Im Hinblick auf dieses Revisionsverfahren lassen die Finanzämter in solchen Fällen Einsprüche ruhen (§ 363 Abs. 2 AO).

4. Werbungskostenabzug

1802 Sofern Arbeitslohn angenommen wird, kann der Arbeitnehmer den als Arbeitslohn versteuerten geldwerten Vorteil als Werbungskosten absetzen (R 33 Abs. 4 Satz 2 LStR). Dies beseitigt jedoch die steuerliche Belastung nicht völlig, weil sich Werbungskosten steuerlich nur auswirken, wenn und soweit sie den Arbeitnehmer-Pauschbetrag von 1 044 € übersteigen. Nachteile entstehen außerdem bei der Sozialversicherung, weil der volle Arbeitslohn beitragspflichtig ist.

Parkgebühren: Erstattung

1803 Parkgebühren, die der Arbeitgeber im Zusammenhang mit Fahrten zwischen Wohnung und Arbeitsstätte dem Arbeitnehmer ersetzt, gehören zum **Arbeitslohn**. Der Arbeitnehmer kann die Parkgebühren **nicht als Werbungskosten** neben der Entfernungspauschale von 0,36 € bzw. 0,40 € (§ 9 Abs. 1 Nr. 4 EStG) geltend machen, denn durch die Entfernungspauschale sind sämtliche Aufwendungen abgegolten, die durch die Wege zwischen Wohnung und Arbeitsstätte veranlasst sind (§ 9 Abs. 2 EStG).

Dies gilt selbst dann, wenn

– der Arbeitnehmer nur deshalb mit dem Auto zur Arbeit gefahren ist, weil er es für **Dienstreisen** benötigt, oder

– der Arbeitgeber keinen Firmenparkplatz zur Verfügung gestellt hat (BFH, Beschluss vom 12.1.1994, BFH/NV 1994 S. 777).

Die vom Arbeitgeber ersetzten Parkgebühren können nach § 40 Abs. 2 Satz 2 EStG **pauschal mit 15 % versteuert** werden, soweit die vom Arbeitgeber ersetzten Aufwendungen insgesamt nicht höher sind als der Betrag, den der Arbeitnehmer als Werbungskosten geltend machen könnte, also 0,36 € für die ersten zehn Kilometer und 0,40 € für jeden weiteren Kilometer der Entfernung zwischen Wohnung und Arbeitsstätte.

Beispiel:

Dem Arbeitnehmer werden vom Arbeitgeber die monatlichen Parkgebühren in der Parkgarage in Höhe von 80 € ersetzt. Die Entfernung zwischen Wohnung und Arbeitsstätte beträgt 15 km, der Arbeitnehmer benutzt das Fahrzeug an 20 Tagen im Monat.

Der Arbeitnehmer könnte als Werbungskosten für Fahrten zwischen Wohnung und Arbeitsstätte 112 € (20 Tage × 10 km × 0,36 € zuzüglich 20 Tage × 5 km × 0,40 €) im Monat geltend machen. Die vom Arbeitgeber ersetzten Parkgebühren sind niedriger, daher können sie pauschal mit 15 % versteuert werden. Der Arbeitnehmer kann allerdings nur noch 32 € (112 € ./. 80 €) im Monat als Werbungskosten in seiner Einkommensteuererklärung geltend machen.

Zu Einzelheiten im Zusammenhang mit der Pauschalierung der Lohnsteuer siehe → *Pauschalierung der Lohnsteuer* Rz. 1826.

Parkgebühren, die als **Reisenebenkosten** (R 40a Abs. 1 Nr. 3 LStR) anlässlich einer Dienstreise, Fahrtätigkeit oder Einsatzwechseltätigkeit vom Arbeitgeber erstattet werden, sind steuer- und beitragsfrei (R 40a Abs. 3 LStR).

Parkplätze: Überlassung

1804 Stellt der Arbeitgeber seinen Arbeitnehmern für das Abstellen der Pkw während der Arbeitszeit Parkplätze unentgeltlich zur Verfügung, so handelt es sich hierbei um Leistungen, die der Arbeit-

geber im ganz überwiegenden **eigenbetrieblichen Interesse** erbringt. Die Leistungen sind daher steuer- und beitragsfrei. Dies gilt auch insoweit, als der Arbeitgeber Park- oder Einstellplätze von Dritten anmietet, um sie seinen Arbeitnehmern unentgeltlich zur Verfügung zu stellen (FinMin Nordrhein-Westfalen, Erlass vom 17.12.1980, DB 1981 S. 42).

Anders aber, wenn der Arbeitgeber den Arbeitnehmern die Parkgebühren ersetzt (→ *Parkgebühren: Erstattung* Rz. 1803).

Pauschalierung der Lohnsteuer

Inhaltsübersicht: Rz.

1. Allgemeines   1805
2. Pauschalierung von sonstigen Bezügen (§ 40 Abs. 1 Nr. 1 EStG)   1806
   a) Grundsätze   1806
   b) Sonstige Bezüge   1807
   c) Größere Anzahl von Fällen   1808
   d) 1 000-€-Grenze   1809
   e) Übernahme der Lohnsteuer   1810
   f) Zustimmung des Betriebsstättenfinanzamts   1811
   g) Ermittlung des besonderen Pauschsteuersatzes   1812
   h) Kirchensteuer   1813
   i) Solidaritätszuschlag   1814
   j) Sozialversicherungsbeiträge   1815
3. Pauschalierung bei der Nacherhebung von Lohnsteuer (§ 40 Abs. 1 Nr. 2 EStG) 1816
   a) Grundsätze   1816
   b) Verfahrensregelungen   1817
   c) Berechnung der pauschalen Lohnsteuer   1818
   d) Solidaritätszuschlag   1819
   e) Sozialversicherung   1820
4. Pauschalierung von Mahlzeiten (§ 40 Abs. 2 Nr. 1 EStG)   1821
5. Pauschalierung bei Betriebsveranstaltungen (§ 40 Abs. 2 Nr. 2 EStG) 1822
6. Pauschalierung bei Erholungsbeihilfen (§ 40 Abs. 2 Nr. 3 EStG)   1823
7. Pauschalierung bei Verpflegungsmehraufwendungen (§ 40 Abs. 2 Nr. 4 EStG) 1824
8. Pauschalierung bei Übereignung von Personalcomputern und Gewährung von Zuschüssen für die Internetnutzung des Arbeitnehmers (§ 40 Abs. 2 Nr. 5 EStG) 1825
9. Pauschalierung bei Fahrtkostenzuschüssen (§ 40 Abs. 2 Satz 2 EStG) 1826
   a) Grundsätze   1826
   b) Höhe des pauschalierungsfähigen Betrags   1827
   c) Zusätzliche Leistungen   1828
   d) Ausschluss des Werbungskostenabzugs   1829
   e) Eintragung auf der Lohnsteuerkarte   1830
   f) Berechnungsbeispiele   1831
   g) Günstigerprüfung Pauschalbesteuerung oder Regelbesteuerung   1832
   h) Pauschalierung bei Aushilfskräften und Teilzeitbeschäftigten   1833
10. Pauschalierung bei kurzfristig beschäftigten Arbeitnehmern (§ 40a Abs. 1 EStG) 1834
11. Pauschalierung bei Teilzeitbeschäftigten (§ 40a Abs. 2 EStG)   1835
12. Pauschalierung bei Aushilfskräften in der Land- und Forstwirtschaft (§ 40a Abs. 3 EStG) 1836
13. Pauschalierung von Beiträgen zu Direktversicherungen oder Zuwendungen an Pensionskassen (§ 40b Abs. 1 EStG) 1837
14. Pauschalierung von Unfallversicherungsbeiträgen (§ 40b Abs. 3 EStG) 1838
15. Pauschalierung bei Kundenbindungsprogrammen (§ 37a EStG)   1839

1. Allgemeines

1805 Die Besteuerung der Arbeitslöhne von Arbeitnehmern ist grundsätzlich nach den allgemeinen Vorschriften des Lohnsteuerabzugs vorzunehmen. Unter bestimmten Voraussetzungen können

die Steuerabzugsbeträge jedoch **pauschal ermittelt** werden (§§ 40, 40a und 40b EStG sowie § 37a EStG).

Bei der Pauschalierung der Lohnsteuer ist zu unterscheiden zwischen der Pauschalierung des **gesamten Arbeitslohns** und der Pauschalierung von **bestimmten Teilen des Arbeitslohns**. Die Pauschalierung des gesamten Arbeitslohns ist nur bei Aushilfskräften und Teilzeitbeschäftigten möglich (soweit nicht die Steuerfreiheit nach § 3 Nr. 39 EStG in Betracht kommt), während die Pauschalierung von bestimmten Teilen des Arbeitslohns grundsätzlich bei allen Arbeitnehmern möglich ist.

Ein weiteres Unterscheidungsmerkmal ist der Pauschsteuersatz: Zum einen ist eine Pauschalierung mit **festen Pauschsteuersätzen** möglich, zum anderen gibt es einen **besonders zu ermittelnden Pauschsteuersatz**.

Nach dem Einkommensteuergesetz hat der Arbeitgeber die pauschale Lohnsteuer zu übernehmen (§ 40 Abs. 3 EStG). Allerdings besteht immer die arbeitsrechtliche Möglichkeit, dass die pauschale Lohnsteuer im Innenverhältnis auf den Arbeitnehmer abgewälzt wird, die Abwälzung mindert allerdings nicht mehr die Bemessungsgrundlage für die Pauschalsteuer, vgl. → *Abwälzung der pauschalen Lohnsteuer auf den Arbeitnehmer* Rz. 24.

Eine Pauschalierung der Lohnsteuer ist in folgenden Fällen möglich:

- **Pauschalierung mit besonderem Pauschsteuersatz:**

  – Gewährung von sonstigen Bezügen in einer größeren Zahl von Fällen (§ 40 Abs. 1 Nr. 1 EStG),

  – Nacherhebung von Lohnsteuer in einer größeren Zahl von Fällen (§ 40 Abs. 1 Nr. 2 EStG).

- **Pauschalierung mit festen Pauschsteuersätzen:**

  – Arbeitstägliche Abgabe von **Mahlzeiten** im Betrieb (§ 40 Abs. 2 Nr. 1 EStG): **25 %**,

  – Zahlung von Arbeitslohn aus Anlass von **Betriebsveranstaltungen** (§ 40 Abs. 2 Nr. 2 EStG): **25 %**,

  – Gewährung von **Erholungsbeihilfen** (§ 40 Abs. 2 Nr. 3 EStG); **25 %**,

  – Gewährung von steuerpflichtigen **Verpflegungsmehraufwendungen** (§ 40 Abs. 2 Nr. 4 EStG): **25 %**,

  – **Übereignung von Personalcomputern** und Gewährung von Zuschüssen für die **Internetnutzung** des Arbeitnehmers (§ 40 Abs. 2 Nr. 5 EStG): **25 %**,

  – Gewährung von Fahrtkostenzuschüssen für **Fahrten zwischen Wohnung und Arbeitsstätte** (§ 40 Abs. 2 Satz 2 EStG): **15 %**,

  – Arbeitslohnzahlungen an kurzfristig beschäftigte Arbeitnehmer, sog. **Aushilfskräfte** (§ 40a Abs. 1 EStG): **25 %**,

  – Arbeitslohnzahlungen an in geringem Umfang gegen geringen Arbeitslohn beschäftigte Arbeitnehmer, sog. **Teilzeitbeschäftigte** (§ 40a Abs. 2 EStG): **20 %**,

  – Arbeitslohnzahlungen an **Aushilfskräfte** in der **Land- und Forstwirtschaft** (§ 40a Abs. 3 EStG): **5 %**,

  – Zahlung von Beiträgen für eine **Direktversicherung** oder Zuwendungen an eine Pensionskasse (§ 40b Abs. 1 EStG): **20 %**,

  – Zahlung von Beiträgen für eine **Unfallversicherung** (§ 40b Abs. 3 EStG): **20 %**,

  – Gewährung von **Sachprämien** im Rahmen von Kundenbindungsprogrammen (§ 37a EStG): **2 %**.

2. Pauschalierung von sonstigen Bezügen (§ 40 Abs. 1 Nr. 1 EStG)

a) Grundsätze

Gewährt der Arbeitgeber seinen Arbeitnehmern in einer größeren Zahl von Fällen sonstige Bezüge, so kann das Betriebsstättenfinanzamt auf Antrag des Arbeitgebers zulassen, dass die Lohnsteuer mit einem Pauschalsteuersatz erhoben wird. Die Pauschalierung ist allerdings nur möglich, soweit der Arbeitgeber einem Arbeitnehmer sonstige Bezüge **von nicht mehr als 1 000 €** im Kalenderjahr gewährt (§ 40 Abs. 1 Satz 3 EStG) und er die Lohnsteuer übernimmt (§ 40 Abs. 3 EStG). Bei der Ermittlung des Pauschsteuersatzes ist zu berücksichtigen, dass die vorgeschriebene Übernahme der Lohnsteuer durch den Arbeitgeber für den Arbeitnehmer einen geldwerten Vorteil darstellt (§ 40 Abs. 1 Satz 2 EStG). Die Lohnsteuer ist daher nach einem Nettosteuersatz zu berechnen. Dem Antrag hat der Arbeitgeber eine Berechnung beizufügen, aus der sich der durchschnittliche Steuersatz unter Zugrundelegung der durchschnittlichen Jahresarbeitslöhne und der durchschnittlichen Jahreslohnsteuer in jeder Steuerklasse für diejenigen Arbeitnehmer ergibt, denen die Bezüge gewährt werden sollen (§ 40 Abs. 1 Satz 4 EStG). **1806**

Voraussetzungen für eine Pauschalierung sind also:

- Gewährung von **sonstigen Bezügen**,
- eine **größere Zahl von Fällen**,
- Beachtung der **1 000-€-Grenze**,
- **Übernahme** der Lohnsteuer **durch den Arbeitgeber**,
- Zustimmung des Betriebsstättenfinanzamts,
- **Ermittlung** des besonderen Pauschsteuersatzes.

b) Sonstige Bezüge

Ein sonstiger Bezug ist nach R 115 Abs. 2 LStR der Arbeitslohn, der nicht als laufender Arbeitslohn gezahlt wird, vgl. → *Sonstige Bezüge* Rz. 2233. **1807**

Entscheidend ist, dass es sich begrifflich um einen sonstigen Bezug handelt. Auf die lohnsteuerliche Behandlung als laufender Arbeitslohn (→ *Sonstige Bezüge* Rz. 2245) kommt es nicht an. Deshalb können auch sonstige Bezüge bis zu 150 € auf Antrag des Arbeitgebers pauschal besteuert werden.

c) Größere Anzahl von Fällen

Eine **größere Zahl von Fällen** ist ohne weitere Prüfung anzunehmen, wenn gleichzeitig **mindestens 20 Arbeitnehmer** in die Pauschalbesteuerung einbezogen werden (R 126 Abs. 1 Satz 1 LStR). Wird ein Antrag auf Lohnsteuerpauschalierung für weniger als 20 Arbeitnehmer gestellt, so kann unter Berücksichtigung der besonderen Verhältnisse des Arbeitgebers und der mit der Pauschalbesteuerung angestrebten Vereinfachung eine größere Zahl von Fällen auch bei weniger als 20 Arbeitnehmern angenommen werden (R 126 Abs. 1 Satz 2 LStR). **1808**

Diese Regelung hält das Finanzgericht Münster (Urteil vom 21.11.1997, EFG 1998 S. 822) für zweifelhaft.

d) 1 000-€-Grenze

Die Pauschalierung der Lohnsteuer für sonstige Bezüge mit einem besonderen Steuersatz ist **nur zulässig**, soweit der **Gesamtbetrag** der pauschal besteuerten Bezüge eines Arbeitnehmers **im Kalenderjahr** den Betrag von **1 000 € nicht übersteigt**. Anhand der Aufzeichnungen im Lohnkonto ist vom Arbeitgeber **vor jedem Pauschalierungsantrag** zu prüfen, ob die Summe aus den im laufenden Kalenderjahr bereits gezahlten sonstigen Bezügen, für die die Lohnsteuer mit einem besonderen Steuersatz erhoben worden ist, und aus dem sonstigen Bezug, der nunmehr an den einzelnen Arbeitnehmer gezahlt werden soll, den Jahresbetrag von 1 000 € übersteigt. Wird der Jahresbetrag durch den sonstigen Bezug, der gewährt werden soll, überschritten, ist die Besteuerung dieses sonstigen Bezugs für den betreffenden Arbeitnehmer insoweit nach der Regelbesteuerung sonstiger Bezüge vorzunehmen, als der Betrag von 1 000 € überschritten wird (R 126 Abs. 2 LStR). **1809**

Pauschalierung der Lohnsteuer

Beispiel 1:

Die Arbeitnehmer erhalten im Februar 2002 zum 25-jährigen Geschäftsjubiläum eine Jubiläumszuwendung in Höhe von 400 €, die pauschal versteuert wird. Im Juli 2002 erhalten die Arbeitnehmer ein Urlaubsgeld von 250 €, das auch pauschal versteuert wird. Auch das im Dezember 2002 gezahlte Weihnachtsgeld von 1 000 € soll pauschal versteuert werden.

Die Pauschalierung der sonstigen Bezüge im Februar und im Juli 2002 ist möglich, weil die 1 000-€-Grenze noch nicht überschritten ist (400 € + 250 € = 650 €). Das Weihnachtsgeld von 1 000 € kann allerdings nicht in voller Höhe pauschaliert werden, da die 1 000-€-Grenze überschritten wird (400 € + 250 € + 1 000 € = 1 650 €). Vom Weihnachtsgeld können nur 350 € pauschal besteuert werden, der Restbetrag von 650 € ist der Regelbesteuerung zu unterwerfen. Will der Arbeitgeber auch für diesen Betrag die Lohnsteuer übernehmen, so ist eine Nettolohnberechnung durchzuführen (siehe → *Nettolöhne* Rz. 1775).

Beispiel 2:

Wie Beispiel 1, aber das Weihnachtsgeld beträgt nicht 1 000 €, sondern nur 500 €.

Da der Betrag des Weihnachtsgelds, der nicht pauschal besteuert werden kann, lediglich 150 € beträgt (400 € + 250 € + 500 € = 1 150 € abzgl. 1 000 € = 150 €), ist der sonstige Bezug dem laufenden Arbeitslohn hinzuzurechnen.

Bei der Beachtung der 1 000-€-Grenze sind nur sonstige Bezüge zu berücksichtigen, die nach dem **besonderen Pauschsteuersatz** pauschal besteuert werden. Sonstige Bezüge, die nach § 40 Abs. 2 EStG mit einem festen Pauschsteuersatz pauschal versteuert werden (Fahrtkostenzuschüsse, Mahlzeiten usw.), werden nicht auf die 1 000-€-Grenze angerechnet (R 127 Abs. 2 LStR).

Die 1 000-€-Grenze gilt **getrennt für jedes Arbeitsverhältnis**. Hat der Arbeitnehmer mehrere Arbeitsverhältnisse oder wechselt er im Laufe des Kalenderjahrs den Arbeitgeber, so ist jeder einzelne Arbeitgeber berechtigt, die 1 000-€-Grenze auszuschöpfen.

Da die Lohnsteuerpauschalierung mit einem besonderen Pauschsteuersatz grundsätzlich Sozialversicherungspflicht in der Sozialversicherung auslöst (→ Rz. 1815), führt die Übernahme der Sozialversicherungsbeiträge durch den Arbeitgeber ebenfalls zu einem geldwerten Vorteil. Sofern diese Beiträge pauschal versteuert werden sollen, sind sie auf die 1 000-€-Grenze anzurechnen.

Beispiel 3:

Ein Arbeitgeber hat 25 Arbeitnehmer. Im Juli 2002 erhalten die Arbeitnehmer ein Urlaubsgeld, dessen Höhe abhängig ist von der Beschäftigungsdauer. Der Arbeitgeber will das Urlaubsgeld pauschal versteuern. Ebenso will er auch die Sozialversicherungsbeiträge übernehmen. An die Arbeitnehmer wird folgendes Urlaubsgeld ausgezahlt:

- 10 Arbeitnehmer erhalten je   400 €,
- 5 Arbeitnehmer erhalten je   600 €,
- 7 Arbeitnehmer erhalten je   800 €,
- 3 Arbeitnehmer erhalten je   1 200 €.

Unter Beachtung der 1 000-€-Grenze sind pauschalierungsfähig:

-	10 ×	400 €	4 000 €
-	5 ×	600 €	3 000 €
-	7 ×	800 €	5 600 €
-	3 ×	1 200 €, maximal aber 1 000 €	3 000 €
insgesamt			15 600 €

Obwohl das Urlaubsgeld pauschal versteuert wird, sind die Zuwendungen als einmalig gezahltes Arbeitsentgelt sozialversicherungspflichtig (§ 2 Abs. 2 Nr. 1 ArEV). Da der Arbeitgeber auch die Sozialversicherungsbeiträge übernimmt, liegt in der Übernahme der Sozialversicherungsbeiträge ein geldwerter Vorteil, der ebenfalls lohnsteuerpflichtig ist. Soweit die 1 000-€-Grenze noch nicht überschritten ist, kann der Arbeitgeber diesen Vorteil in die Lohnsteuerpauschalierung einbeziehen. Für die Berechnung des geldwerten Vorteils aus der Übernahme der Sozialversicherungsbeiträge ergibt sich folgende Berechnung (dabei wird unterstellt, dass die Arbeitnehmer die Beitragsbemessungsgrenzen in der Sozialversicherung nicht überschreiten):

Arbeitnehmeranteil zur Sozialversicherung (Annahme)   20,55 %

Da die Übernahme der Lohnsteuer und der Sozialversicherungsbeiträge ebenfalls ein geldwerter Vorteil ist, ist der Beitragssatz auf einen „Bruttobeitragssatz" hochzurechnen:

$$\frac{\text{Beitragssatz} \times 100}{100 \div \text{Beitragssatz}} = \text{Bruttobeitragssatz, also } \frac{20{,}55 \times 100}{100 \div 20{,}55} = 25{,}86 \%$$

In die Pauschalierung sind einzubeziehen:

-	10 × 103,44 € (25,86 % von 400 €)	1 034,40 €
-	5 × 155,16 € (25,86 % von 600 €)	775,80 €
-	7 × 200,— € (25,86 % von 800 €, höchstens aber noch 200 €)	1 400,— €
-	3 × 0,— € (1 000-€-Grenze schon ausgeschöpft)	0,— €
insgesamt		3 210,20 €

Insgesamt können also 18 810,20 € (15 600 € + 3 210,20 €) pauschal besteuert werden. Für die zehn Arbeitnehmer, bei denen die 1 000-€-Grenze überschritten ist, sind die Sozialversicherungsbeiträge im Wege einer Nettolohnberechnung zu versteuern (→ *Nettolöhne* Rz. 1775).

e) Übernahme der Lohnsteuer

1810 Schuldner der pauschalen Lohnsteuer ist nach § 40 Abs. 3 EStG der Arbeitgeber. Nach der Rechtsprechung des Bundesarbeitsgerichts ist es zwar arbeitsrechtlich zulässig, dass der Arbeitgeber die pauschale Lohnsteuer **im Innenverhältnis** auf den Arbeitnehmer überwälzt (BAG, Urteil vom 5.8.1987, DB 1988 S. 182), die Abwälzung mindert aber nicht mehr die Bemessungsgrundlage für die Pauschalsteuer; die auf den Arbeitnehmer abgewälzte pauschale Lohnsteuer gilt als zugeflossener Arbeitslohn (§ 40 Abs. 3 Satz 2 zweiter Halbsatz EStG), → *Abwälzung der pauschalen Lohnsteuer auf den Arbeitnehmer* Rz. 24.

f) Zustimmung des Betriebsstättenfinanzamts

1811 Sind die oben genannten Voraussetzungen erfüllt, wird das Betriebsstättenfinanzamt dem Antrag des Arbeitgebers zustimmen.

g) Ermittlung des besonderen Pauschsteuersatzes

1812 Der Arbeitgeber hat den besonderen Pauschsteuersatz selbst zu ermitteln und die Ermittlung seinem Antrag auf Lohnsteuerpauschalierung beizufügen.

Die Verpflichtung, den durchschnittlichen Steuersatz zu errechnen, kann der Arbeitgeber nach R 126 Abs. 3 LStR dadurch erfüllen, dass er

- den **Durchschnittsbetrag** der pauschal zu versteuernden Bezüge,

- die **Zahl der betroffenen Arbeitnehmer** nach Steuerklassen getrennt in folgenden drei Gruppen:

    – Arbeitnehmer in den Steuerklassen I, II und IV,

    – Arbeitnehmer in der Steuerklasse III und

    – Arbeitnehmer in den Steuerklassen V und VI sowie

- die **Summe der Jahresarbeitslöhne** der betroffenen Arbeitnehmer, **gemindert** um

    – die Versorgungs-Freibeträge und Altersentlastungsbeträge sowie die abziehbaren Freibeträge auf den Lohnsteuerkarten der Arbeitnehmer (§ 39b Abs. 3 Satz 2 EStG),

    – den Haushaltsfreibetrag von 2 340 € bei der Steuerklasse II,

  und **erhöht** um den Hinzurechnungsbetrag

ermittelt. Werden die sonstigen Bezüge sowohl Arbeitnehmern gewährt, für die die ungekürzte Vorsorgepauschale gilt, als auch Arbeitnehmern, für die die gekürzte Vorsorgepauschale gilt, so ist diese Berechnung für beide Gruppen jeweils gesondert vorzunehmen. Hiervon kann **aus Vereinfachungsgründen abgesehen** werden, wenn die Zahl der zu einer Gruppe gehörenden Arbeitnehmer im Verhältnis zur Gesamtzahl der in Betracht kommenden Arbeitnehmer **von ganz untergeordneter Bedeutung** ist (R 126 Abs. 3 Satz 2 LStR).

Aus Vereinfachungsgründen kann für die Ermittlungen der Summe der Jahresarbeitslöhne und die Einordnung der Arbeitnehmer in die drei Gruppen eine **repräsentative Auswahl** der betroffenen Arbeitnehmer zu Grunde gelegt werden. Zur Festsetzung eines Pauschsteuersatzes für das laufende Kalenderjahr können für die Ermittlung der Summe der Jahresarbeitslöhne auch **die Verhältnisse des Vorjahrs** zu Grunde gelegt werden. Aus der Summe der Jahresarbeitslöhne hat der Arbeitgeber den durchschnittlichen Jahresarbeitslohn der erfassten Arbeitnehmer zu berechnen. Für jede der drei Gruppen hat der Arbeitgeber sodann den Steuerbetrag zu ermitteln, dem der Durchschnittsbetrag der pauschal zu versteuernden Bezüge unterliegt, wenn er dem durchschnittlichen Jahresarbeitslohn hinzugerechnet wird (BFH, Urteil vom 11.3.1988, BStBl II 1988 S. 726).

Dabei ist maßgebend:

– für die Gruppe der Arbeitnehmer in den Steuerklassen I, II und IV   die **Steuerklasse I**,

– für die Gruppe der Arbeitnehmer in der Steuerklasse III   die **Steuerklasse III**,

– für die Gruppe der Arbeitnehmer in den Steuerklassen V und VI   die **Steuerklasse V.**

Der **Durchschnittsbetrag** der pauschal zu versteuernden Bezüge ist auf den nächsten durch **216 teilbaren Euro-Betrag aufzurunden**. Durch Multiplikation der Steuerbeträge mit der Zahl der in der entsprechenden Gruppe erfassten Arbeitnehmer und Division der sich hiernach ergebenden Summe der Steuerbeträge durch die Gesamtzahl der Arbeitnehmer und der gerundeten Durchschnittsbetrag der pauschal zu besteuernden Bezüge ist hiernach die durchschnittliche Steuerbelastung zu berechnen, der die pauschal zu besteuernden Bezüge unterliegen (R 126 Abs. 3 Satz 8 LStR).

Das Finanzamt hat den Pauschsteuersatz nach dieser Steuerbelastung so zu berechnen, dass unter Berücksichtigung der Übernahme der pauschalen Lohnsteuer durch den Arbeitgeber insgesamt nicht zu wenig Lohnsteuer erhoben wird (**Berücksichtigung des Nettosteuersatzes**). Die Prozentsätze der durchschnittlichen Steuerbelastung und des Pauschsteuersatzes sind mit einer Dezimalstelle anzusetzen, die nachfolgenden Dezimalstellen sind fortzulassen (R 126 Abs. 3 Sätze 9 und 10 LStR).

Beispiel:

Ein Arbeitgeber in Hannover ermittelt für seine 35 rentenversicherungspflichtigen Arbeitnehmer den durchschnittlichen Betrag der pauschal zu besteuernden Bezüge mit 275 €. Seine Arbeitnehmer verteilen sich auf die drei Gruppen wie folgt:

– in den Steuerklassen I, II und IV: 20 Arbeitnehmer,
– in der Steuerklasse III: 12 Arbeitnehmer,
– in den Steuerklassen V und VI: 3 Arbeitnehmer.

Von der Summe der Jahresarbeitslöhne der betroffenen Arbeitnehmer sind die Summe aller Freibeträge auf den Lohnsteuerkarten, die Versorgungs-Freibeträge und Altersentlastungsbeträge sowie der Haushaltsfreibetrag von 2 340 € bei der Steuerklasse II abzuziehen. Das so ermittelte Ergebnis beträgt 610 190 €. Dies ergibt einen durchschnittlichen Jahresarbeitslohn von 17 434 € (610 190 € : 35).

Der Durchschnittsbetrag von 275 € ist auf den nächsten durch 216 teilbaren Euro-Betrag aufzurunden, also auf 432 €. Die Erhöhung des durchschnittlichen Jahresarbeitslohns von 17 434 € um 432 € ergibt den Betrag von 17 866 €. Für 2002 ergibt sich folgende Steuerberechnung:

a) Steuerklasse I:

Lohnsteuer nach Steuerklasse I vom durchschnittlichen Jahresarbeitslohn **mit** dem sonstigen Bezug (17 434 € + 432 € = 17 866 €)	1 750 €
Lohnsteuer nach Steuerklasse I vom durchschnittlichen Jahresarbeitslohn **ohne** den sonstigen Bezug (17 434 €)	1 620 €
Differenz = Lohnsteuer auf den sonstigen Bezug	130 €

b) Steuerklasse III:

Lohnsteuer nach Steuerklasse III vom durchschnittlichen Jahresarbeitslohn **mit** dem sonstigen Bezug (17 434 € + 432 € = 17 866 €)	0 €
Lohnsteuer nach Steuerklasse III vom durchschnittlichen Jahresarbeitslohn **ohne** den sonstigen Bezug (17 434 €)	0 €
Differenz = Lohnsteuer auf den sonstigen Bezug	0 €

c) Steuerklasse V:

Lohnsteuer nach Steuerklasse V vom durchschnittlichen Jahresarbeitslohn **mit** dem sonstigen Bezug (17 434 € + 432 € = 17 866 €)	4 586 €
Lohnsteuer nach Steuerklasse V vom durchschnittlichen Jahresarbeitslohn **ohne** den sonstigen Bezug (17 434 €)	4 428 €
Differenz = Lohnsteuer auf den sonstigen Bezug	158 €

Die durchschnittliche Steuerbelastung der pauschal zu versteuernden Bezüge ist hiernach wie folgt zu berechnen:

Steuerklasse	Anzahl	Differenz	Gesamtbetrag
I	20	130 €	2 600 €
III	12	0 €	0 €
V	3	158 €	474 €
Insgesamt			3 074 €

Der durchschnittliche Pauschsteuersatz errechnet sich wie folgt:

$$\frac{\text{Steuerbelastung insgesamt} \times 100}{\text{Durchschnittsbetrag sonstiger Bezug} \times \text{Anzahl der Arbeitnehmer}} =$$

$$\frac{3\ 074\ € \times 100}{432 \times 35} = 20{,}330687\ \%,$$

abgerundet auf eine Dezimalstelle: 20,3 % (Bruttosteuersatz).

Umgerechnet in einen Nettosteuersatz beträgt der Pauschsteuersatz:

$$\frac{20{,}3 \times 100}{100 \not\times 20{,}3} = 25{,}470514\ \%,$$

abgerundet auf eine Dezimalstelle: 25,4 % (Nettosteuersatz).

Die pauschale Lohnsteuer auf die sonstigen Bezüge ermittelt sich wie folgt:

Sonstige Bezüge × Anzahl der Arbeitnehmer (275 € × 35)	9 625,— €
Gesamtbetrag × Nettosteuersatz (25,4 %) = abzuführende pauschale Lohnsteuer	2 444,75 €
Der Solidaritätszuschlag beträgt 5,5 % von 2 444,75 €	134,46 €
Die Kirchensteuer beträgt 6 % von 2 444,75 €	146,68 €

Die Übernahme des Solidaritätszuschlags und der Kirchensteuer wäre ebenso ein geldwerter Vorteil. Auf Grund bundeseinheitlicher Verwaltungsanweisungen wird der Solidaritätszuschlag und die Kirchensteuer allerdings nicht dem zu versteuernden Betrag hinzugerechnet, vgl. die nachfolgenden Ausführungen zur Kirchensteuer und zum Solidaritätszuschlag.

Die pauschale Lohnsteuer, der Solidaritätszuschlag und die Kirchensteuer sind nicht beitragspflichtig in der Sozialversicherung. Bei der Veranlagung der Arbeitnehmer bleiben pauschal versteuerte Bezüge außer Ansatz, der Arbeitgeber darf sie deshalb nicht auf der Lohnsteuerkarte bescheinigen.

h) Kirchensteuer

1813 Wenn der Arbeitgeber bereit ist, die Lohnsteuer zu pauschalieren und als Steuerschuldner zu übernehmen, hat er auch die pauschale Kirchensteuer zu übernehmen. Der Antrag auf Pauschalierung der Lohnsteuer zieht auch die Pauschalierung der Kirchensteuer nach sich (BFH, Urteil vom 30.11.1989, BStBl II 1990 S. 993). Einzelheiten zur Pauschalierung der Kirchensteuer vgl. → *Kirchensteuer* Rz. 1370.

Die Übernahme der Kirchensteuer ist ebenso ein geldwerter Vorteil wie die Übernahme der pauschalen Lohnsteuer oder der Sozialversicherungsbeiträge. Allerdings ist **aus Vereinfachungsgründen von der Finanzverwaltung zugelassen** worden, dass die Kirchensteuer bei der Ermittlung des besonderen Pauschsteuersatzes nach § 40 Abs. 1 Nr. 1 oder 2 EStG dem zu versteuernden Betrag **nicht hinzuzurechnen** ist (FinMin Niedersachsen, Erlass vom 16.3.1972, LSt-Kartei OFD Hannover, § 40 EStG Nr. 4).

i) Solidaritätszuschlag

1814 Wird die Lohnsteuer pauschaliert, so beträgt der Solidaritätszuschlag **stets 5,5 % der pauschalen Lohnsteuer.** Einzelheiten hierzu → *Solidaritätszuschlag* Rz. 2222.

Die Übernahme des Solidaritätszuschlags ist ebenso ein geldwerter Vorteil wie die Übernahme der pauschalen Lohnsteuer oder der Sozialversicherungsbeiträge. Allerdings ist **aus Vereinfachungsgründen von der Finanzverwaltung zugelassen** worden, dass der Solidaritätszuschlag bei der Ermittlung des besonderen Pauschsteuersatzes nach § 40 Abs. 1 Nr. 1 oder 2 EStG dem zu versteuernden Betrag **nicht hinzuzurechnen** ist (FinMin Niedersachsen, Erlass vom 15.2.1995, DB 1995 S. 505).

j) Sozialversicherungsbeiträge

1815 § 2 Abs. 1 Satz 1 ArEV macht durch die Formulierung „erheben kann" für die Praxis deutlich, dass es für die Nichthinzurechnung zum Arbeitsentgelt **nur auf die Möglichkeit einer Pauschalbe-**

steuerung, nicht aber auf den Zeitpunkt ihrer Durchführung und auch nicht auf den Zeitpunkt der Fälligkeit des Gesamtsozialversicherungsbeitrags ankommt.

Ist vertraglich geregelt, dass die Durchführung der Pauschalbesteuerung auf **geringere Werte** als die steuerlichen Höchstgrenzen beschränkt ist, können die pauschal besteuerbaren Bezüge auch **nur in Höhe** dieser tarif- oder arbeitsvertraglichen Grenzwerte **beitragsfrei belassen werden**. Insoweit ist zu beachten, dass bei Beiträgen, die die vertraglichen Grenzwerte übersteigen, das Regelbesteuerungsverfahren durchzuführen ist und deshalb Beitragspflicht besteht.

Der Sachverhalt, dass für die Nichthinzurechnung zum Arbeitsentgelt **die Möglichkeit der Pauschalbesteuerung ausreicht**, ist für

1. die in § 40 Abs. 1 Satz 1 EStG genannten sonstigen Bezüge, soweit die nicht einmalig gezahltes Arbeitsentgelt sind,

2. die in § 40 Abs. 2 EStG genannten Einnahmen und

3. die in § 40b EStG aufgeführten Zukunftssicherungsleistungen

von Bedeutung.

Die in § 2 Abs. 1 Satz 1 ArEV genannten Bezüge sind dann dem Arbeitsentgelt zuzurechnen und in der Folge **beitragspflichtig**, wenn der Arbeitgeber **nicht von der Pauschalbesteuerung Gebrauch macht** und tatsächlich das Regelbesteuerungsverfahren (§§ 39b, 39c, oder 39d EStG) durchführt (Gemeinsames Rundschreiben der Spitzenverbände der Sozialversicherungsträger vom 29.12.1998, Sozialversicherungsbeitrag-Handausgabe 2001 VL 17 IV/15).

3. Pauschalierung bei der Nacherhebung von Lohnsteuer (§ 40 Abs. 1 Nr. 2 EStG)

a) Grundsätze

1816 Ist **in einer größeren Zahl von Fällen Lohnsteuer nachzuerheben**, weil der Arbeitgeber die Lohnsteuer nicht vorschriftsmäßig einbehalten hat, so kann das Betriebsstättenfinanzamt auf Antrag des Arbeitgebers zulassen, dass die Lohnsteuer mit einem Pauschalsteuersatz erhoben wird. Der typische Anwendungsfall für diese Regelung ist die Lohnsteuer-Nachforderung nach einer Lohnsteuer-Außenprüfung. Die Pauschalierung ist in diesen Fällen immer möglich, die **1 000-€-Grenze** findet hier **keine Anwendung**. Ebenso ist nicht Voraussetzung, dass es sich um sonstige Bezüge handeln muss; es kann daher auch die Lohnsteuer, die auf laufenden Arbeitslohn entfällt, pauschal nachgefordert werden.

Da im Bereich der Lohnsteuer-Nachforderung bei einer Lohnsteuer-Außenprüfung die 1 000-€-Grenze nicht gilt, könnte der Arbeitgeber bei der Gewährung sonstiger Bezüge, die die 1 000-€-Grenze übersteigen, zunächst „versehentlich" von einer Lohnversteuerung, die nach den allgemeinen Regelungen zu erfolgen hätte, absehen. Würde der Fehler später „bemerkt", käme ja eine Pauschalbesteuerung ohne Beachtung der 1 000-€-Grenze in Betracht. Um dieser missbräuchlichen Inanspruchnahme der pauschalen Nachversteuerung vorzubeugen, hat die Finanzverwaltung in R 126 Abs. 2 Satz 3 LStR festgelegt:

„Hat der Arbeitgeber die Pauschalierungsgrenze mehrfach nicht beachtet, sind Anträge auf Lohnsteuerpauschalierung nach § 40 Abs. 1 Satz 1 Nr. 2 EStG **nicht zu genehmigen**."

b) Verfahrensregelungen

1817 Die Pauschalierung der Lohnsteuer nach § 40 Abs. 1 Nr. 2 EStG setzt – wie die Pauschalierung von sonstigen Bezügen – **einen Antrag des Arbeitgebers** voraus. Wird seinem Antrag entsprochen, so wird er Schuldner der pauschalen Lohnsteuer (§ 40 Abs. 3 EStG). Nach der Rechtsprechung des Bundesarbeitsgerichts ist es zwar arbeitsrechtlich zulässig, dass der Arbeitgeber die pauschale Lohnsteuer **im Innenverhältnis** auf den Arbeitnehmer überwälzt (BAG, Urteil vom 5.8.1987, DB 1988 S. 182), die Abwälzung mindert aber nicht mehr die Bemessungsgrundlage für die Pauschalsteuer; die auf den Arbeitnehmer abgewälzte pauschale Lohnsteuer gilt als zugeflossener Arbeitslohn (§ 40 Abs. 3 Satz 2 zweiter Halbsatz EStG), → *Abwälzung der pauschalen Lohnsteuer auf den Arbeitnehmer* Rz. 24.

Der Arbeitgeber ist an seinen rechtswirksam gestellten Antrag auf Pauschalierung der Lohnsteuer gebunden, sobald der Lohnsteuer-Pauschalierungsbescheid wirksam wird (BFH, Urteil vom 5.3.1993, BStBl II 1993 S. 692). Wird auf den Einspruch des Arbeitgebers ein gegen ihn ergangener Lohnsteuer-Pauschalierungsbescheid aufgehoben, so kann der dort berücksichtigte Arbeitslohn bei der Veranlagung des Arbeitnehmers erfasst werden (BFH, Beschluss vom 18.1.1991, BStBl II 1991 S. 309).

Bei einer Pauschalierung nach § 40 Abs. 1 Nr. 2 EStG erhält der Arbeitgeber – da er selbst der Steuerschuldner ist – vom Finanzamt einen **Nachforderungsbescheid** (R 145 Abs. 6 LStR). Für seine Arbeitnehmer bedeutet die Lohnsteuerpauschalierung, dass der so besteuerte Arbeitslohn bei der Einkommensteuerveranlagung außer Ansatz bleibt (§ 40 Abs. 3 Satz 3 EStG).

Von dem Nachforderungsbescheid ist der **Haftungsbescheid** zu unterscheiden. Beantragt der Arbeitgeber nicht die Pauschalierung der Lohnsteuer, so kann es zur Inanspruchnahme des Arbeitgebers im Haftungswege kommen (siehe → *Haftung für Lohnsteuer: Allgemeine Grundsätze* Rz. 1214). In diesem Fall bleibt aber der Arbeitnehmer Steuerschuldner.

c) Berechnung der pauschalen Lohnsteuer

Nach einer Lohnsteuer-Außenprüfung wird das Finanzamt die Höhe des Pauschsteuersatzes selbst ermitteln. Dabei ist die unter → Rz. 1812 dargestellte Ermittlung des besonderen Pauschsteuersatzes auch vom Finanzamt anzuwenden. Der vom Finanzamt ermittelte Pauschsteuersatz wird auch in diesen Fällen in einen **Nettosteuersatz** umgerechnet, weil die vorgeschriebene Übernahme der Lohnsteuer durch den Arbeitgeber für den Arbeitnehmer einen geldwerten Vorteil darstellt. 1818

Die Ermittlung erfolgt nach der Formel:

$$\frac{\text{Bruttosteuersatz} \times 100}{100 \div \text{Bruttosteuersatz}} = \text{Nettosteuersatz}$$

Die Auswirkungen der Umrechnung von Bruttosteuersatz in Nettosteuersatz verdeutlicht folgende Tabelle:

Umrechnungstabelle Bruttosteuersatz — Nettosteuersatz	
Der Bruttosteuersatz von	ergibt einen Nettosteuersatz von
20 %	25,0 %
25 %	33,3 %
30 %	42,8 %
35 %	53,8 %
40 %	66,6 %
45 %	81,8 %
48,5 %	94,1 %

Der geldwerte Vorteil aus der Steuerübernahme des Arbeitgebers ist nicht nach den Verhältnissen im Zeitpunkt der Steuernachforderung zu versteuern. Vielmehr muss der für die pauschalierten Löhne **nach den Verhältnissen der jeweiligen Zuflussjahre** errechnete Bruttosteuersatz jeweils auf den Nettosteuersatz der Jahre hochgerechnet werden, in denen die pauschalierten Löhne zugeflossen sind und in denen die pauschale Lohnsteuer entsteht (BFH, Urteil vom 6.5.1994, BStBl II 1994 S. 715); dabei sind aber die Lohnsteuer-Zusatztabellen für die Jahre 1993 bis 1995 nicht anzuwenden (§ 61 Abs. 2 Satz 2 EStG 1994). Die pauschalen Steuerbeträge sind im Pauschalierungsbescheid auf die einzelnen Jahre aufzuteilen (BFH, Urteil vom 18.7.1985, BStBl II 1986 S. 152).

Beispiel:

Bei einer Lohnsteuer-Außenprüfung wird festgestellt, dass der Arbeitgeber Arbeitslöhne teilweise nicht versteuert hat. Im Einzelnen ist Folgendes festgestellt worden:

– **Feststellung 1:**

Der Arbeitgeber hat Mietwohnungen verbilligt an seine Arbeitnehmer überlassen, ohne den sich ergebenden geldwerten Vorteil zu versteuern. Es ergeben sich folgende nachzuversteuernde Beträge:

a) 1997: 6 000 DM,
b) 2000: 4 000 DM,
c) 2001: 2 000 DM.

– **Feststellung 2:**

Einigen Arbeitnehmern sind Schadensersatzforderungen erlassen worden, ohne dass der hieraus resultierende geldwerte Vorteil (BFH, Urteil vom 27.3.1992, BStBl II 1992 S. 837) lohnversteuert wurde. Hier ergeben sich folgende Beträge:

a)	1997:	30 000 DM,
b)	2001:	80 000 DM.

Der Arbeitgeber erklärt sich im Rahmen der Lohnsteuer-Außenprüfung mit der Übernahme der auf die unversteuerten Beträge entfallenden Abzugssteuern einverstanden und beantragt die Pauschalierung.

Die Lohnsteuer-Außenprüfung ermittelt die besonderen Bruttosteuersätze in der nachfolgend dargestellten Höhe. Es ergibt sich folgende nachzufordernde Summe:

Kalenderjahr	unversteuerte Beträge	Bruttosteuersatz	Steuerbetrag
– **Feststellung 1:**			
1997:	6 000 DM	28 %	1 680 DM
2000:	4 000 DM	26 %	1 040 DM
2001:	2 000 DM	31 %	620 DM
– **Feststellung 2:**			
1997:	30 000 DM	42 %	12 600 DM
2000:	80 000 DM	45 %	36 000 DM
Insgesamt			51 940 DM

Da der Arbeitgeber die Steuerabzugsbeträge übernimmt, ergeben sich für die Arbeitnehmer geldwerte Vorteile von 51 940 DM. Der Bruttosteuersatz ist deshalb **im Zuflusszeitpunkt** in einen Nettosteuersatz umzurechnen. Nach der oben abgedruckten Formel ergeben sich folgende Nettosteuersätze:

Bruttosteuersatz	Nettosteuersatz
26 %	35,1 %
28 %	38,8 %
31 %	44,9 %
42 %	72,4 %
45 %	81,8 %

Die vom Arbeitgeber nachzuentrichtende Lohnsteuer beträgt danach:

Kalenderjahr	unversteuerte Beträge	Nettosteuersatz	Steuerbetrag
– **Feststellung 1:**			
1997:	6 000 DM	38,8 %	2 328 DM
2000:	4 000 DM	35,1 %	1 404 DM
2001:	2 000 DM	44,9 %	898 DM
– **Feststellung 2:**			
1997:	30 000 DM	72,4 %	21 720 DM
2001:	80 000 DM	81,8 %	65 440 DM
Insgesamt			91 790 DM

Für die Berechnung des Solidaritätszuschlags und der Kirchensteuer gilt Folgendes:

Die Übernahme des Solidaritätszuschlags und der Kirchensteuer wäre an sich auch ein geldwerter Vorteil. Auf Grund bundeseinheitlicher Verwaltungsanweisungen wird der Solidaritätszuschlag und die Kirchensteuer allerdings nicht dem zu versteuernden Betrag hinzugerechnet.

Für den Solidaritätszuschlag ergibt sich **folgende Berechnung:**

a) 1997:

Betrag aus Feststellung 1:	6 000 DM	
Nettosteuersatz:	38,8 %	
Lohnsteuer (38,8 % von 6 000 DM)		2 328,— DM
Solidaritätszuschlag (7,5 % von 2 328 DM)		174,60 DM
Betrag aus Feststellung 2:	30 000 DM	
Nettosteuersatz:	72,4 %	
Lohnsteuer (72,4 % von 30 000 DM)		21 720,— DM
Solidaritätszuschlag (7,5 % von 21 720 DM)		1 629,— DM

b) 2000:

Betrag aus Feststellung 1:	4 000 DM	
Nettosteuersatz:	35,1 %	
Lohnsteuer (35,1 % von 4 000 DM)		1 404,— DM
Solidaritätszuschlag (5,5 % von 1 404 DM)		77,22 DM

c) 2001:

Betrag aus Feststellung 1:	2 000 DM	
Nettosteuersatz:	44,9 %	
Lohnsteuer (44,9 % von 2 000 DM)		898,— DM
Solidaritätszuschlag (5,5 % von 898 DM)		49,39 DM
Betrag aus Feststellung 2:	80 000 DM	
Nettosteuersatz:	81,8 %	
Lohnsteuer (81,8 % von 80 000 DM)		65 440,— DM
Solidaritätszuschlag (5,5 % von 65 440 DM)		3 599,20 DM

Der Solidaritätszuschlag beträgt insgesamt:

–	Feststellung 1 für 1997	174,60 DM
–	Feststellung 2 für 1997	1 629,— DM
–	Feststellung 1 für 2000	77,22 DM
–	Feststellung 1 für 2001	49,39 DM
–	Feststellung 2 für 2001	3 599,20 DM
Insgesamt		5 529,41 DM

Die **pauschale Kirchensteuer** wird auf die gesamte Nachzahlung fällig. Sie beträgt (in Niedersachsen) 6 % von 91 790 DM, also 5 507,40 DM.

Die vom Arbeitgeber im Kalenderjahr 2002 insgesamt nachzufordernden Beträge belaufen sich nach Umrechnung auf Euro-Beträge (DM-Beträge : 1,95583) auf

–	Lohnsteuer	46 931,48 €
–	Solidaritätszuschlag	2 827,14 €
–	Kirchensteuer	2 815,89 €
Insgesamt		52 574,51 €

d) Solidaritätszuschlag

Der Grundsatz, dass der geldwerte Vorteil aus der Steuerübernahme des Arbeitgebers nicht nach den Verhältnissen im Zeitpunkt der Steuernachforderung zu versteuern ist, sondern **nach den Verhältnissen der jeweiligen Zuflussjahre**, gilt auch für die Erhebung des Solidaritätszuschlags. Das bedeutet, dass Solidaritätszuschlag bei der pauschalen Nachversteuerung nur anfällt,   **1819**

- bei **laufendem Arbeitslohn**, der für einen Lohnzahlungszeitraum gezahlt worden ist, der endete

  – **nach dem 31.12.1994** und **vor dem 1.1.1998** in Höhe von **7,5 %**,

  – **nach dem 31.12.1997** in Höhe von **5,5 %**,

- bei **sonstigen Bezügen**, wenn der sonstige Bezug zugeflossen ist,

  – **nach dem 31.12.1994** und **vor dem 1.1.1998** in Höhe von **7,5 %**,

  – **nach dem 31.12.1997** in Höhe von **5,5 %**.

Wegen der Berechnung des Solidaritätszuschlags vgl. Beispiel in → Rz. 1818.

Der Solidaritätszuschlag ist bei der Ermittlung des besonderen Pauschsteuersatzes dem zu versteuernden Betrag nicht hinzuzurechnen, → Rz. 1814.

e) Sozialversicherung

Wird als Ergebnis einer Lohnsteuer-Außenprüfung von dem Finanzamt Lohnsteuer in einer größeren Zahl von Fällen pauschal nacherhoben, hat dies insoweit Auswirkungen auf das Beitragsrecht der Sozialversicherung, als zu prüfen ist, ob **im Einzelfall** durch die fehlerhafte Steuerermittlung **auch Sozialversicherungsbeiträge fehlerhaft festgestellt** wurden. Trifft dies zu, ist eine **individuelle Berichtigung** der Sozialversicherungsbeiträge vorzunehmen.   **1820**

Die im Steuerrecht mögliche **vereinfachte Pauschalabführung** der nachzuentrichtenden Steuern ist für einen vergleichbaren Sachverhalt **im Sozialversicherungsrecht** wegen der personenbezogenen Beitragsabführung **nicht möglich**. So könnten beispielsweise pauschal nacherhobene Beiträge zur Rentenversicherung nicht im Versicherungskonto des Arbeitnehmers gutgeschrieben werden.

Eine nachträgliche pauschalierte Steuerentrichtung des Arbeitgebers erhöht nicht den für die Berechnung der Beiträge maßgeblichen Bruttolohn des Arbeitnehmers.

Kommt es wegen **fehlerhafter Abführung der Sozialversicherungsbeiträge zu einer Beitragsnachentrichtung** durch den Arbeitgeber an den Träger der Sozialversicherung, so stellt sich die Frage, ob in der Übernahme der Sozialversicherungsbeiträge durch den Arbeitgeber lohnsteuerlich wiederum ein geldwerter Vorteil entsteht.

Hierzu hat der Bundesfinanzhof entschieden, dass hinsichtlich der Arbeitnehmeranteile **nur dann** die Gewährung zusätzlichen steuerpflichtigen Arbeitslohnes vorliegt, wenn Arbeitgeber und

Arbeitnehmer eine **Nettolohnvereinbarung** getroffen haben oder der Arbeitgeber **zwecks Steuer- und Beitragshinterziehung** die Unmöglichkeit einer späteren Rückbelastung beim Arbeitnehmer **bewusst** in Kauf genommen hat.

Eine Gewährung zusätzlichen Arbeitslohns liegt dagegen nicht vor, wenn es der Arbeitgeber **irrtümlich** unterlässt, den Barlohn des Arbeitnehmers um den gesetzlichen Arbeitnehmeranteil zu kürzen und die Unmöglichkeit einer Rückbelastung **wegen Eintritts der gesetzlichen Lastenverschiebung nach § 28g SGB IV** zum endgültigen Verbleiben des Vorteils beim Arbeitnehmer führt (BFH, Urteil vom 29.10.1993, BStBl II 1994 S. 194).

4. Pauschalierung von Mahlzeiten (§ 40 Abs. 2 Nr. 1 EStG)

1821 Der Arbeitgeber kann die Lohnsteuer pauschal mit 25 % erheben, soweit er **arbeitstäglich Mahlzeiten im Betrieb** an die Arbeitnehmer unentgeltlich oder verbilligt abgibt oder Barzuschüsse an ein anderes Unternehmen leistet, das arbeitstäglich Mahlzeiten an die Arbeitnehmer unentgeltlich oder verbilligt abgibt. Voraussetzung ist, dass die Mahlzeiten nicht als Lohnbestandteile vereinbart sind. Die Pauschalversteuerung bewirkt Beitragsfreiheit in der Sozialversicherung, § 2 Abs. 1 Nr. 2 ArEV. Einzelheiten siehe → *Mahlzeiten* Rz. 1683.

5. Pauschalierung bei Betriebsveranstaltungen (§ 40 Abs. 2 Nr. 2 EStG)

1822 Der Arbeitgeber kann die Lohnsteuer pauschal mit 25 % erheben, soweit er Arbeitslohn **aus Anlass von nicht üblichen Betriebsveranstaltungen** oder nicht üblichen Zuwendungen zahlt. Voraussetzung ist, dass es sich um eine Betriebsveranstaltung handelt (BFH, Urteil vom 9.3.1990, BStBl II 1990 S. 711). Dies ist der Fall, wenn die Möglichkeit der Teilnahme **allen** Betriebsangehörigen offen steht oder – falls die Veranstaltung nur für einen beschränkten Kreis der Arbeitnehmer von Interesse ist – die sich ergebende Begrenzung des Teilnehmerkreises keine Bevorzugung bestimmter Arbeitnehmergruppen darstellt. Die Pauschalversteuerung bewirkt Beitragsfreiheit in der Sozialversicherung, § 2 Abs. 1 Nr. 2 ArEV. Einzelheiten siehe → *Betriebsveranstaltungen* Rz. 571.

6. Pauschalierung bei Erholungsbeihilfen (§ 40 Abs. 2 Nr. 3 EStG)

1823 Der Arbeitgeber kann die Lohnsteuer pauschal mit 25 % erheben, soweit **er Erholungsbeihilfen gewährt** und diese nicht ausnahmsweise als steuerfreie Unterstützungen anzusehen sind. Voraussetzung ist, dass die Erholungsbeihilfen zusammen mit Erholungsbeihilfen, die in demselben Kalenderjahr früher gewährt worden sind, 156 € für den Arbeitnehmer, 104 € für dessen Ehegatten und 52 € für jedes Kind nicht übersteigen und der Arbeitgeber sicherstellt, dass die Beihilfen zu Erholungszwecken verwendet werden. Die Pauschalversteuerung bewirkt Beitragsfreiheit in der Sozialversicherung, § 2 Abs. 1 Nr. 2 ArEV. Einzelheiten siehe → *Erholung: Arbeitgeberzuwendungen* Rz. 917.

7. Pauschalierung bei Verpflegungsmehraufwendungen (§ 40 Abs. 2 Nr. 4 EStG)

1824 Der Arbeitgeber kann die Lohnsteuer pauschal mit 25 % erheben, soweit er Vergütungen für Verpflegungsmehraufwendungen anlässlich von Dienstreisen, bei einer Fahrtätigkeit oder bei einer Einsatzwechseltätigkeit (nicht jedoch bei doppelter Haushaltsführung) zahlt, die **nicht nach § 3 Nr. 13 oder 16 EStG steuerfrei** sind. Eine Pauschalversteuerung ist **nur möglich, soweit** die steuerpflichtigen Beträge nicht mehr als 100 % der steuerfreien Beträge betragen. Die Pauschalversteuerung bewirkt Beitragsfreiheit in der Sozialversicherung, § 2 Abs. 1 Nr. 2 ArEV. Einzelheiten siehe → *Reisekostenerstattungen bei Dienstreisen* Rz. 2069.

8. Pauschalierung bei Übereignung von Personalcomputern und Gewährung von Zuschüssen für die Internetnutzung des Arbeitnehmers (§ 40 Abs. 2 Nr. 5 EStG)

1825 Der Arbeitgeber kann die Lohnsteuer pauschal mit 25 % erheben, soweit er seinen Arbeitnehmern unentgeltlich oder verbilligt Personalcomputer übereignet. Das gilt auch für Zubehör und Internetzugang. Zuschüsse des Arbeitgebers zu den Aufwendungen des Arbeitnehmers für die Internetnutzung können ebenfalls mit 25 % pauschal versteuert werden. Eine Pauschalversteuerung ist nur möglich, soweit die Leistungen des Arbeitgebers zusätzlich zum ohnehin geschuldeten Arbeitslohn erbracht werden (→ *Barlohnumwandlung* Rz. 410). Die Pauschalversteuerung bewirkt Beitragsfreiheit in der Sozialversicherung, § 2 Abs. 1 Nr. 2 ArEV. Einzelheiten siehe → *Computer* Rz. 630, → *Telekommunikation* Rz. 2405.

9. Pauschalierung bei Fahrtkostenzuschüssen (§ 40 Abs. 2 Satz 2 EStG)

a) Grundsätze

1826 Der Arbeitgeber kann steuerpflichtige **Sachbezüge in Form der unentgeltlichen oder verbilligten Beförderung** eines Arbeitnehmers **zwischen Wohnung und Arbeitsstätte** pauschal mit 15 % versteuern. Dies gilt auch für steuerpflichtige Zuschüsse zu den Aufwendungen des Arbeitnehmers für Fahrten zwischen Wohnung und Arbeitsstätte, soweit sie **zusätzlich zum ohnehin geschuldeten Arbeitslohn** geleistet werden. Soweit der Arbeitgeber die Sachbezüge oder Fahrtkostenzuschüsse pauschal mit 15 % versteuert, sind sie dem sozialversicherungsrechtlichen Arbeitsentgelt nicht zuzurechnen (§ 2 Abs. 1 Nr. 2 ArEV).

LSt Ⓢ Ⓥ

Bevor der Arbeitgeber sich für eine Pauschalbesteuerung entschließt, sollte er zunächst prüfen, ob die **Sachbezüge oder Zuschüsse nicht steuerfrei** sind. **Steuerfrei sind**

– Zuschüsse des Arbeitgebers zu den Aufwendungen des Arbeitnehmers für Fahrten zwischen Wohnung und Arbeitsstätte **mit öffentlichen Verkehrsmitteln im Linienverkehr** sowie die auf Grund eines Dienstverhältnisses unentgeltliche oder verbilligte Nutzung öffentlicher Verkehrsmittel im Linienverkehr zu Fahrten zwischen Wohnung und Arbeitsstätte (Einzelheiten siehe → *Wege zwischen Wohnung und Arbeitsstätte* Rz. 2633).

– die unentgeltliche oder verbilligte **Sammelbeförderung** eines Arbeitnehmers zwischen Wohnung und Arbeitsstätte (Einzelheiten siehe → *Wege zwischen Wohnung und Arbeitsstätte* Rz. 2625).

b) Höhe des pauschalierungsfähigen Betrags

1827 Die Pauschalierung ist nur möglich, soweit die Sachbezüge oder Fahrtkostenzuschüsse **den Betrag nicht übersteigen, den der Arbeitnehmer** nach § 9 Abs. 1 Nr. 4 und Abs. 2 EStG **als Werbungskosten geltend machen könnte,** wenn die Arbeitgeberleistungen nicht pauschal besteuert würden. Eine Pauschalierung der Lohnsteuer ist demnach möglich

• für den Wert der **unentgeltlichen oder teilentgeltlichen Überlassung** eines Pkw zu Fahrten zwischen Wohnung und Arbeitsstätte

– **bei behinderten Arbeitnehmern** i.S. des § 9 Abs. 2 EStG (Grad der Behinderung mindestens 70 oder Grad der Behinderung mindestens 50 mit Merkzeichen „G" im Ausweis) **in vollem Umfang,**

– **bei allen anderen Arbeitnehmern** bis zu einem Teilbetrag des privaten Nutzungswerts **von 0,36 € für die ersten zehn Kilometer und 0,40 € für jeden weiteren Kilometer der Entfernung,** multipliziert mit der Zahl der Arbeitstage, an denen das Kraftfahrzeug zu Fahrten zwischen Wohnung und Arbeitsstätte benutzt wird; aus Vereinfachungsgründen wird dabei unterstellt, dass das Kraftfahrzeug an 15 Arbeitstagen monatlich zu Fahrten zwischen Wohnung und Arbeitsstätte benutzt wird (R 127 Abs. 5 Nr. 1 Buchst. b zweiter Halbsatz LStR),

- für den Ersatz von Aufwendungen des Arbeitnehmers für Fahrten zwischen Wohnung und Arbeitsstätte **(Fahrtkostenzuschüsse)**

  - bei **behinderten Arbeitnehmern** i.S. des § 9 Abs. 2 EStG (Grad der Behinderung mindestens 70 oder Grad der Behinderung mindestens 50 mit Merkzeichen „G" im Ausweis) **in vollem Umfang,**

  - bei **allen anderen Arbeitnehmern**

    a) bei Benutzung eines eigenen oder nicht vom Arbeitgeber zur Nutzung überlassenen Kraftfahrzeugs die Aufwendungen des Arbeitnehmers **in Höhe der Entfernungspauschale** nach § 9 Abs. 1 Nr. 4 EStG,

    b) bei der Benutzung anderer Verkehrsmittel in Höhe der tatsächlichen Aufwendungen des **Arbeitnehmers, höchstens 5 112 €**

  vgl. hierzu → *Wege zwischen Wohnung und Arbeitsstätte* Rz. 2605.

Bei Benutzung öffentlicher Verkehrsmittel im Linienverkehr und steuerfreier Sammelbeförderung ist eine **Pauschalierung nicht möglich.** Entsprechendes gilt bei Mitfahrern einer Fahrgemeinschaft, soweit diesen keine Aufwendungen entstehen (R 127 Abs. 5 Sätze 4 und 5 LStR).

c) Zusätzliche Leistungen

1828 Als Fahrtkostenzuschüsse sind nur solche Leistungen des Arbeitgebers anzusehen, die **zusätzlich zu dem ohnehin geschuldeten Arbeitslohn erbracht** werden. Das bedeutet, dass eine Pauschalierung nur möglich ist, wenn die Zuschüsse zum geschuldeten Arbeitslohn hinzukommen. Eine Umwandlung von Arbeitslohn, auf den der Arbeitnehmer einen Rechtsanspruch hat, ist nicht möglich (→ *Barlohnumwandlung* Rz. 410).

d) Ausschluss des Werbungskostenabzugs

1829 Die pauschal besteuerten Bezüge **mindern die abziehbaren Werbungskosten des Arbeitnehmers** (§ 40 Abs. 2 Satz 3 EStG). Nach dem Willen des Gesetzgebers ist der Pauschsteuersatz von 15 % nur gerechtfertigt, wenn gleichzeitig der Werbungskostenabzug beim Arbeitnehmer entfällt.

e) Eintragung auf der Lohnsteuerkarte

1830 Damit das Finanzamt feststellen kann, ob der Arbeitnehmer pauschal besteuerte Fahrtkostenzuschüsse erhalten hat, ist der Arbeitgeber **gesetzlich verpflichtet** (§ 41b Abs. 1 Nr. 6 EStG), die Höhe der pauschal besteuerten Fahrtkostenzuschüsse auf der Lohnsteuerkarte des Arbeitnehmers zu bescheinigen (→ *Lohnsteuerbescheinigung* Rz. 1564). Füllt er die Zeile nicht aus, obwohl er pauschal besteuerte Fahrtkostenzuschüsse gezahlt hat, so haftet er nach § 42d Abs. 1 Nr. 3 EStG für die evtl. verkürzte Lohnsteuer.

f) Berechnungsbeispiele

1831 Die Auswirkungen der Pauschalbesteuerung und des Ausschlusses des Werbungskostenabzugs sollen **an folgenden Beispielen verdeutlicht** werden:

Beispiel 1:

Arbeitnehmer A wohnt in Braunschweig und arbeitet in Hannover. Die Entfernung zwischen seiner Wohnung und der Arbeitsstätte beträgt 65 km. A fährt 2002 an 230 Tagen täglich mit dem eigenen Pkw zur Arbeit und zurück. Sein Arbeitgeber zahlt ihm einen monatlichen Fahrtkostenzuschuss von 100 €.

Der Fahrtkostenzuschuss ist grundsätzlich steuer- und beitragspflichtig.

Der Arbeitgeberzuschuss beträgt 12 × 100 €	1 200,— €
A kann als Werbungskosten geltend machen (230 Tage × 10 km × 0,36 € zuzüglich 230 Tage × 55 km × 0,40 €	5 888,— €
pauschalierungsfähig ist der Arbeitgeberzuschuss, maximal der als Werbungskosten zu berücksichtigende Betrag	1 200,— €

Der Arbeitgeber kann den gesamten Zuschuss mit 15 % pauschalieren, dadurch ist der Zuschuss beitragsfrei in der Sozialversicherung. **Die Pauschalsteuer ermittelt sich wie folgt:**

Fahrtkostenzuschuss	1 200,— €
pauschale Lohnsteuer (15 % von 1 200 €)	180,— €
Solidaritätszuschlag (5,5 % von 180 €)	9,90 €
Kirchensteuer (6 % von 180 €)	10,80 €

Der Arbeitnehmer kann als Werbungskosten geltend machen:

230 Tage × 10 km × 0,36 € zuzüglich 230 Tage × 55 km × 0,40 €	5 888,— €
⁒ pauschal versteuerter Fahrtkostenzuschuss	1 200,— €
abziehbare Werbungskosten	4 688,— €

Beispiel 2:

Sachverhalt wie Beispiel 1, aber: Sein Arbeitgeber zahlt ihm einen monatlichen Fahrtkostenzuschuss in Höhe der Entfernungspauschale.

Der Fahrtkostenzuschuss ist grundsätzlich steuer- und beitragspflichtig.

Der Arbeitgeberzuschuss beträgt 230 Tage × 10 km × 0,36 € zuzüglich 230 Tage × 55 km × 0,40 €	5 888,— €
A kann als Werbungskosten geltend machen (230 Tage × 10 km × 0,36 € zuzüglich 230 Tage × 55 km × 0,40 €)	5 888,— €
pauschalierungsfähig ist der Arbeitgeberzuschuss, maximal der als Werbungskosten zu berücksichtigende Betrag	5 888,— €

Der Arbeitgeber kann den gesamten Zuschuss mit 15 % pauschalieren, dadurch ist der Zuschuss beitragsfrei in der Sozialversicherung. **Die Pauschalsteuer ermittelt sich wie folgt:**

Fahrtkostenzuschuss	5 888,— €
pauschale Lohnsteuer (15 % von 5 888 €)	883,20 €
Solidaritätszuschlag (5,5 % von 883,20 €)	48,57 €
Kirchensteuer (6 % von 883,20 €)	52,99 €

Der Arbeitnehmer kann als Werbungskosten geltend machen:

230 Tage × 10 km × 0,36 € zuzüglich 230 Tage × 55 km × 0,40 €	5 888,— €
⁒ pauschal versteuerter Fahrtkostenzuschuss	5 888,— €
abziehbare Werbungskosten	0,— €

Beispiel 3:

Sachverhalt wie Beispiel 1, aber: Sein Arbeitgeber zahlt ihm einen monatlichen Fahrtkostenzuschuss von 0,30 € je Kilometer, also 0,60 € je Entfernungskilometer.

Der Fahrtkostenzuschuss ist grundsätzlich steuer- und beitragspflichtig.

Der Arbeitgeberzuschuss beträgt 230 Tage × 65 Entfernungs-km × 0,60 €	8 970,— €
A kann als Werbungskosten geltend machen (230 Tage × 10 km × 0,36 € zuzüglich 230 Tage × 55 km × 0,40 €)	5 888,— €
pauschalierungsfähig ist der Arbeitgeberzuschuss, maximal der als Werbungskosten zu berücksichtigende Betrag	5 888,— €

Der Arbeitgeber kann den Zuschuss in Höhe von 5 888 € mit 15 % pauschalieren, dadurch ist der Zuschuss in dieser Höhe beitragsfrei in der Sozialversicherung. Der restliche Zuschuss von 3 082 € ist der Regelbesteuerung zu unterwerfen und beitragspflichtig in der Sozialversicherung. Die Pauschalsteuer ermittelt sich wie im Beispiel 2.

Beispiel 4:

Sachverhalt wie Beispiel 1, aber: Sein Arbeitgeber zahlt ihm einen monatlichen Fahrtkostenzuschuss von 0,30 € je Kilometer, also 0,60 € je Entfernungskilometer. A ist behindert mit einem Grad der Behinderung von 70.

Der Fahrtkostenzuschuss ist grundsätzlich steuer- und beitragspflichtig.

Der Arbeitgeberzuschuss beträgt 230 Tage × 65 Entfernungs-km × 0,60 €	8 970,— €
A kann als Werbungskosten geltend machen (230 Tage × 65 Entfernungs-km × 0,60 €)	8 970,— €
pauschalierungsfähig sind	8 970,— €

Der Arbeitgeber kann den gesamten Zuschuss mit 15 % pauschalieren, dadurch ist der Zuschuss beitragsfrei in der Sozialversicherung. **Die Pauschalsteuer ermittelt sich wie folgt:**

Fahrtkostenzuschuss	8 970,— €
pauschale Lohnsteuer (15 % von 8 970 €)	1 345,50 €
Solidaritätszuschlag (5,5 % von 1 345,50 €)	74,— €
Kirchensteuer (6 % von 1 345,50 €)	80,73 €

Pauschalierung der Lohnsteuer

Der Arbeitnehmer kann als Werbungskosten geltend machen:

230 Tage × 65 Entfernungs-km × 0,60 €	8 970,— €
⊁ pauschal versteuerter Fahrtkostenzuschuss	8 970,— €
abziehbare Werbungskosten	0,— €

Beispiel 5:

Sachverhalt wie Beispiel 1, aber: Für „normale" Fahrten zwischen Wohnung und Arbeitsstätte zahlt der Arbeitgeber keinen Fahrgeldzuschuss. Für „Extrafahrten" im Rahmen von Bereitschaftsdiensten wird aber an 50 Tagen ein Fahrtkostenzuschuss von 0,60 € pro Entfernungskilometer gezahlt (vgl. b+p 1996 S. 187).

Der Fahrtkostenzuschuss ist grundsätzlich steuer- und beitragspflichtig.

Der Arbeitgeberzuschuss beträgt	
50 Tage × 65 Entfernungs-km × 0,60 €	1 950,— €
A kann als Werbungskosten nur eine Fahrt am Tag geltend machen	
(230 Tage × 10 km × 0,36 € zuzüglich	
230 Tage × 55 km × 0,40 €)	5 888,— €
pauschalierungsfähig ist der Arbeitgeberzuschuss, maximal der als Werbungskosten zu berücksichtigende Betrag	1 950,— €

Der Arbeitgeber kann den gesamten Zuschuss mit 15 % pauschalieren, dadurch ist der Zuschuss beitragsfrei in der Sozialversicherung. **Die Pauschalsteuer ermittelt sich wie folgt:**

Fahrtkostenzuschuss	1 950,— €
pauschale Lohnsteuer (15 % von 1 950 €)	292,50 €
Solidaritätszuschlag (5,5 % von 292,50 €)	16,08 €
Kirchensteuer (6 % von 292,50 €)	17,55 €

Der Arbeitnehmer kann als Werbungskosten geltend machen:

230 Tage × 10 km × 0,36 € zuzüglich	
230 Tage × 55 km × 0,40 €	5 888,— €
⊁ pauschal versteuerter Fahrtkostenzuschuss	1 950,— €
abziehbare Werbungskosten	3 938,— €

g) Günstigerprüfung Pauschalbesteuerung oder Regelbesteuerung

1832 Durch den Ausschluss des Werbungskostenabzugs muss die Pauschalversteuerung **nicht** unbedingt **günstiger** sein als die Regelversteuerung bei gleichzeitigem Werbungskostenabzug.

(1) Für den Arbeitgeber ist die Pauschalversteuerung günstiger, wenn

– der **Arbeitnehmer die Beitragsbemessungsgrenze** in der Rentenversicherung **nicht überschreitet** und die Sozialversicherungspflicht der Fahrtkostenzuschüsse den Arbeitgeber-Anteil zur Sozialversicherung erhöhen würde **und**

– die pauschale Lohnsteuer **im Innenverhältnis auf den Arbeitnehmer abgewälzt** wird (→ *Abwälzung der pauschalen Lohnsteuer auf den Arbeitnehmer* Rz. 24).

(2) Für den Arbeitnehmer ist die Pauschalversteuerung günstiger, wenn

– der **Arbeitnehmer die Beitragsbemessungsgrenze** in der Rentenversicherung **nicht überschreitet** und die Sozialversicherungspflicht der Fahrtkostenzuschüsse den Arbeitnehmer-Anteil zur Sozialversicherung erhöhen würde **und**

– der **Arbeitgeber die pauschale Lohnsteuer** auf die Fahrtkostenzuschüsse **trägt.**

(3) Für den Arbeitgeber ist die Regelversteuerung günstiger, wenn

– der **Arbeitnehmer die Beitragsbemessungsgrenze** in der Rentenversicherung **überschreitet** und sich damit die Sozialversicherungspflicht der Zuschüsse nicht auf den Arbeitgeber-Anteil zur Sozialversicherung auswirkt **und**

– die pauschale Lohnsteuer **nicht im Innenverhältnis** auf den Arbeitnehmer **abgewälzt** werden kann.

(4) Für den Arbeitnehmer ist die Regelversteuerung günstiger, wenn

– der **Arbeitnehmer die Beitragsbemessungsgrenze** in der Rentenversicherung **überschreitet** und sich damit die Sozialversicherungspflicht der Zuschüsse nicht auf den Arbeitnehmer-Anteil zur Sozialversicherung auswirkt,

– der **Arbeitnehmer** durch andere Werbungskosten **den Arbeitnehmer-Pauschbetrag überschreitet** und sich die Aufwendungen für Fahrten zwischen Wohnung und Arbeitsstätte in der Einkommensteuer-Erklärung **voll als Werbungskosten** auswirken und

– die pauschale Lohnsteuer **im Innenverhältnis** auf den Arbeitnehmer **abgewälzt** wird (→ *Abwälzung der pauschalen Lohnsteuer auf den Arbeitnehmer* Rz. 24).

h) Pauschalierung bei Aushilfskräften und Teilzeitbeschäftigten

1833 Die Lohnsteuer-Pauschalierungsmöglichkeit nach § 40 Abs. 2 Satz 2 EStG **gilt auch für Teilzeitbeschäftigte** i.S. des § 40a EStG. Dabei sind die pauschal besteuerten Beförderungsleistungen und Fahrtkostenzuschüsse in die Prüfung der Arbeitslohngrenzen des § 40a EStG nicht einzubeziehen (§ 40 Abs. 2 Satz 3 zweiter Halbsatz EStG).

10. Pauschalierung bei kurzfristig beschäftigten Arbeitnehmern (§ 40a Abs. 1 EStG)

1834 Der Arbeitgeber kann die Lohnsteuer pauschal mit 25 % erheben, soweit er **Arbeitnehmer nur kurzfristig beschäftigt.** Eine kurzfristige Beschäftigung liegt vor, wenn der Arbeitnehmer bei dem Arbeitgeber gelegentlich, nicht regelmäßig wiederkehrend beschäftigt wird, die Dauer der Beschäftigung 18 zusammenhängende Arbeitstage nicht übersteigt und

– der Arbeitslohn **während der Beschäftigungsdauer 62 €** durchschnittlich je Arbeitstag nicht übersteigt oder

– die Beschäftigung **zu einem unvorhergesehenen Zeitpunkt sofort erforderlich** wird.

Einzelheiten siehe → *Pauschalierung der Lohnsteuer bei Aushilfs- und Teilzeitbeschäftigten* Rz. 1851.

11. Pauschalierung bei Teilzeitbeschäftigten (§ 40a Abs. 2 EStG)

1835 Der Arbeitgeber kann die Lohnsteuer pauschal mit 20 % erheben, soweit er Arbeitnehmer **nur in geringem Umfang und gegen geringen Arbeitslohn** beschäftigt. Eine Beschäftigung in geringem Umfang und gegen geringen Arbeitslohn liegt vor, wenn **der Arbeitslohn 325 €** im Monat nicht übersteigt. Einzelheiten siehe → *Pauschalierung der Lohnsteuer bei Aushilfs- und Teilzeitbeschäftigten* Rz. 1856.

12. Pauschalierung bei Aushilfskräften in der Land- und Forstwirtschaft (§ 40a Abs. 3 EStG)

1836 Der Arbeitgeber kann die Lohnsteuer pauschal mit 5 % erheben, soweit er **Aushilfskräfte in einem Betrieb der Land- und Forstwirtschaft** ausschließlich mit typisch land- oder forstwirtschaftlichen Arbeiten beschäftigt. Aushilfskräfte sind Personen, die für die Ausführung und für die Dauer von Arbeiten, die nicht ganzjährig anfallen, beschäftigt werden. Eine Beschäftigung mit **anderen land- und forstwirtschaftlichen Arbeiten** ist unschädlich, wenn deren Dauer 25 % der Gesamtbeschäftigungsdauer nicht überschreitet. Aushilfskräfte sind nicht Arbeitnehmer, die zu den land- und forstwirtschaftlichen Fachkräften gehören oder die der Arbeitgeber mehr als 180 Tage im Kalenderjahr beschäftigt. Einzelheiten siehe → *Pauschalierung der Lohnsteuer bei Aushilfs- und Teilzeitbeschäftigten* Rz. 1859.

13. Pauschalierung von Beiträgen zu Direktversicherungen oder Zuwendungen an Pensionskassen (§ 40b Abs. 1 EStG)

1837 Der Arbeitgeber kann die Lohnsteuer von den **Beiträgen für eine Direktversicherung des Arbeitnehmers** und von den Zuwendungen an eine Pensionskasse mit einem Pauschsteuersatz von 20 % der Beiträge und Zuwendungen erheben. Die Pauschalierung der Lohnsteuer von Beiträgen für eine Direktversicherung ist nur zulässig, wenn die Versicherung nicht auf den

Erlebensfall eines früheren als des 60. Lebensjahrs abgeschlossen und eine vorzeitige Kündigung des Versicherungsvertrags durch den Arbeitnehmer ausgeschlossen worden ist. Eine Pauschalierung ist grundsätzlich nur für Beiträge möglich, soweit diese im Kalenderjahr 1 752 € nicht übersteigen. Einzelheiten siehe → *Zukunftssicherung: Betriebliche Altersversorgung* Rz. 2736.

14. Pauschalierung von Unfallversicherungs-beiträgen (§ 40b Abs. 3 EStG)

1838 Der Arbeitgeber kann die Lohnsteuer von den **Beiträgen für eine Unfallversicherung** des Arbeitnehmers mit einem Pauschsteuersatz von 20 % der Beiträge erheben, wenn mehrere Arbeitnehmer gemeinsam in einem Unfallversicherungsvertrag versichert sind und der Teilbetrag, der sich bei einer Aufteilung der gesamten Beiträge nach Abzug der Versicherungssteuer durch die Zahl der begünstigten Arbeitnehmer ergibt, 62 € im Kalenderjahr nicht übersteigt. Einzelheiten siehe → *Unfallversicherung: freiwillige* Rz. 2478.

15. Pauschalierung bei Kundenbindungsprogrammen (§ 37a EStG)

1839 Nach § 37a EStG kann **das Unternehmen**, das Sachprämien **im Rahmen von Kundenbindungsprogrammen** gewährt, die Einkommensteuer für den Teil der Prämien, der nicht nach § 3 Nr. 38 EStG steuerfrei ist, mit einem Pauschsteuersatz von 2 % der gesamten ·Prämien ermitteln. Einzelheiten siehe → *Kundenbindungsprogramme* Rz. 1438.

Pauschalierung der Lohnsteuer bei Aushilfs- und Teilzeitbeschäftigten

1. Lohnsteuer

1840 Unter diesem Stichwort ist allein die **Pauschalierung der Lohnsteuer für Aushilfs- und Teilzeitbeschäftigte** dargestellt. Wenn Sie sich über die **Steuerbefreiung für geringfügig Beschäftigte** nach § 3 Nr. 39 EStG informieren wollen, so sehen Sie bitte unter dem Stichwort → *Geringfügig Beschäftigte* Rz. 1131 nach.

a) Grundsätze

1841 Die Besteuerung von Aushilfskräften und Teilzeitbeschäftigten ist grundsätzlich nach den allgemeinen Vorschriften des Lohnsteuerabzugs vorzunehmen, soweit nicht die Steuerfreiheit nach § 3 Nr. 39 EStG in Betracht kommt. Unter bestimmten Voraussetzungen können die Steuerabzugsbeträge für Aushilfskräfte und Teilzeitbeschäftigte jedoch mit einem **festen Pauschsteuersatz** erhoben werden (§ 40a EStG).

Dabei ist es nicht zulässig, im Laufe eines Kalenderjahrs zwischen der Regelbesteuerung und der Pauschbesteuerung **zu wechseln**, wenn dadurch allein die Ausnutzung der mit den Einkünften aus nichtselbständiger Arbeit verbundenen Frei- und Pauschbeträge erreicht werden soll (BFH, Urteil vom 20.12.1991, BStBl II 1992 S. 695). Ein Wechsel in der Besteuerungsart ist jedoch weiterhin möglich, wenn sich die Veranlassung dazu aus dem Arbeitsverhältnis ergibt. Dies ist z.B. dann der Fall, wenn

– der Arbeitnehmer im Laufe des Kalenderjahrs aus dem Dienstverhältnis ausscheidet (Ruhestand, Kündigung) und er bei demselben Arbeitgeber in einem neuen Arbeitsverhältnis unter Pauschalierung der Lohnsteuer weiter- bzw. wiederbeschäftigt wird (BFH, Urteil vom 27.7.1990, BStBl II 1990 S. 931) oder

– die Pauschalierungsgrenzen des § 40a EStG wegen des schwankenden Arbeitslohns teilweise über- bzw. unterschritten werden.

Darüber hinaus kann innerhalb der Festsetzungsfrist für das gesamte Jahr von der Pauschalierung nach § 40a EStG zur Besteuerung nach der Lohnsteuerkarte übergegangen werden (FG Brandenburg, Urteil vom 16.7.1998, EFG 1998 S. 1409). Ein rückwirkender Widerruf der Lohnsteuer-Pauschalierung soll aber nach Ansicht des Hessischen Finanzgerichts bei Ehegatten nicht möglich sein, wenn dadurch Vorteile bei der Veranlagung entstehen (Urteil vom 5.11.1998, EFG 1999 S. 474, Revision eingelegt, Az. beim BFH: VI R 10/99).

Die Pauschalierung der Lohnsteuer ist in § 40a EStG i.V.m. R 128 LStR geregelt für

– kurzfristig beschäftigte Arbeitnehmer, sog. **Aushilfskräfte** (§ 40a Abs. 1 EStG): **25 %**,

– in geringem Umfang gegen geringen Arbeitslohn beschäftigte Arbeitnehmer, sog. **Teilzeitbeschäftigte** (§ 40a Abs. 2 EStG): **20 %**,

– **Aushilfskräfte in der Land- und Forstwirtschaft** (§ 40a Abs. 3 EStG): **5 %.** ·

Für alle Gruppen gelten folgende gemeinsame Voraussetzungen:

– Die **Vorlage einer Lohnsteuerkarte** ist **nicht erforderlich**.

– Die Pauschalierung der Lohnsteuer ist **nicht abhängig von einem Antrag** des Arbeitgebers; er bedarf daher keiner Zustimmung des Finanzamts.

– Der Arbeitgeber darf **die Pauschalbesteuerung nachholen**, solange keine Lohnsteuerbescheinigung ausgeschrieben ist, eine Lohnsteuer-Anmeldung noch berichtigt werden kann und noch keine Festsetzungsverjährung eingetreten ist.

– Eine **fehlerhafte Pauschalbesteuerung** ist für die Veranlagung zur Einkommensteuer **nicht bindend** (BFH, Urteil vom 10.6.1988, BStBl II 1988 S. 981).

– Der Stundenlohn darf während der Beschäftigungsdauer 12 € nicht übersteigen. Die Stundenlohngrenze gilt einheitlich in allen Bundesländern, also auch in den neuen Bundesländern.

– Bei der Prüfung der Voraussetzungen für die Pauschalierung ist von den Merkmalen auszugehen, die sich **für das einzelne Dienstverhältnis** ergeben.

– Die Pauschalierung ist **sowohl bei unbeschränkt als auch bei beschränkt einkommensteuerpflichtigen Arbeitnehmern** möglich.

– Der pauschal besteuerte Arbeitslohn und die pauschale Lohnsteuer bleiben **bei einer Einkommensteuer-Veranlagung** des Arbeitnehmers **außer Ansatz** (§ 40a Abs. 5, § 40 Abs. 3 EStG).

– **Schuldner** der pauschalen Lohnsteuer **ist der Arbeitgeber**, er hat die pauschale Lohnsteuer zu übernehmen (§ 40a Abs. 5, § 40 Abs. 3 EStG). Es ist jedoch arbeitsrechtlich möglich, dass die pauschale Lohnsteuer **im Innenverhältnis** vom Arbeitnehmer getragen wird, die Abwälzung mindert aber nicht mehr die Bemessungsgrundlage für die Pauschalsteuer; die auf den Arbeitnehmer abgewälzte pauschale Lohnsteuer gilt als zugeflossener Arbeitslohn (§ 40a Abs. 5 i.V.m. § 40 Abs. 3 Satz 2 zweiter Halbsatz EStG) → *Abwälzung der pauschalen Lohnsteuer auf den Arbeitnehmer* Rz. 24.

b) Gemeinsame Voraussetzungen für die Pauschalierung

aa) Keine Zustimmung des Finanzamts erforderlich

1842 Die Pauschalierung der Lohnsteuer ist nicht abhängig von einem Antrag des Arbeitgebers; er bedarf daher keiner Zustimmung des Finanzamts. Der Arbeitgeber kann vielmehr von sich aus entscheiden, ob er den Arbeitslohn des Arbeitnehmers pauschal besteuert oder nicht. Dabei muss die Pauschalierung **nicht einheitlich** für alle in Betracht kommenden Arbeitnehmer durchgeführt werden; der Arbeitgeber kann die Pauschalierung auch auf bestimmte Arbeitnehmer beschränken (BFH, Urteil vom 3.6.1982, BStBl II 1982 S. 710).

Da für die Pauschalierung keine Zustimmung des Finanzamts erforderlich ist, ist die **Pauschalierung auch im Insolvenzverfahren** möglich. Stellt der Insolvenzverwalter nach Eröffnung des Insolvenzverfahrens fest, dass vor Eröffnung des Insolvenzverfahrens Aushilfslöhne gezahlt worden sind, die zwar dem Grunde nach pauschalierungsfähig, bisher aber steuerlich nicht erfasst worden sind, so kann er die Aushilfslöhne pauschal versteuern. Das Finanzamt hat – anders als in den Fällen des § 40 EStG – auch dann **keine Möglichkeit, die Pauschalierung zu untersagen**, wenn die Steuernachforderung im Insolvenzverfahren offensichtlich nicht oder nicht in vollem Umfang befriedigt werden wird. Eine Inanspruchnahme des Arbeitnehmers ist in diesen Fällen wegen der Steuerschuldnerschaft des Arbeitgebers ebenfalls ausgeschlossen. Die pauschale Lohnsteuer gehört zu den Masse-Verbindlichkeiten (§ 55 Abs. 2 InsO), da sie durch die – nach Eröffnung des Insolvenzverfahrens getroffene – Entscheidung des Insolvenzverwalters zur Pauschalierung begründet wird.

bb) Durchschnittlicher Stundenlohn während der Beschäftigungsdauer

1843 Nach § 40a Abs. 4 Nr. 1 EStG **ist die Pauschalierung** – im Gegensatz zur Sozialversicherung – **unzulässig**, wenn der Arbeitslohn durchschnittlich je Arbeitsstunde **12 € übersteigt**.

Als Beschäftigungsdauer ist der zwischen dem Arbeitgeber und dem Arbeitnehmer gewählte Lohnzahlungs- oder Lohnabrechnungszeitraum anzusehen. Für die Berechnung des durchschnittlichen Stundenlohns während der Beschäftigungsdauer ist auf die während dieses Zeitraums tatsächlich geleisteten Arbeitsstunden abzustellen.

Beispiel 1:

Der Arbeitgeber beschäftigt den Arbeitnehmer im Kalenderjahr 2002 jeweils montags, mittwochs und sonntags. Der Stundenlohn beträgt montags und mittwochs 9 € sowie sonntags 14 €. Der Lohn wird monatlich abgerechnet. Der Arbeitnehmer arbeitet im Monat montags und mittwochs insgesamt 20 Stunden und sonntags insgesamt zehn Stunden.

Berechnung des durchschnittlichen Stundenlohns:

20 Stunden à 9 € =	180 €	
10 Stunden à 14 € =	140 €	
30 Stunden =	320 €	
1 Stunde =	320 €	: 30 Stunden = 10,67 €

Der durchschnittliche Stundenlohn übersteigt nicht die Stundenlohngrenze von 12 €.

Ein vereinbarter Stundenlohn ist nicht erforderlich. Eine Pauschalierung ist deshalb grundsätzlich auch bei nach Stückzahlen entlohnten Heimarbeitern zulässig, wenn in sich schlüssige Aufzeichnungen über die tatsächlichen Arbeitsstunden eine Umrechnung in einen durchschnittlichen Stundenlohn ermöglichen.

Der Begriff „Arbeitsstunde" in § 40a Abs. 4 EStG ist als **Zeitstunde** zu verstehen (BFH, Urteil vom 10.8.1990, BStBl II 1990 S. 1092). Wird der Arbeitslohn für kürzere Zeiteinheiten (z.B. 45 Minuten) gezahlt, ist der Lohn zur Prüfung der Stundenlohngrenze des § 40a Abs. 4 EStG entsprechend umzurechnen, vgl. H 128 (Arbeitsstunde) LStH.

Beispiel 2:

Der Arbeitnehmer ist im Kalenderjahr 2002 aushilfsweise als Fahrlehrer tätig. Er erhält für eine Fahrstunde von 45 Minuten einen Lohn von 10 €.

Durch die Umrechnung ergibt sich ein maßgebender Stundenlohn von 13,33 €, so dass wegen Überschreitens der Stundenlohngrenze von 12 € eine Versteuerung nach § 40a EStG ausscheidet.

Bei der Prüfung, ob die Stundenlohngrenze überschritten wird oder nicht, sind **alle Einnahmen**, die dem Arbeitnehmer aus der Teilzeitbeschäftigung zufließen, **zu berücksichtigen**. Steuerfreie Einnahmen bleiben allerdings außer Betracht. Erhalten teilzeitbeschäftigte Arbeitnehmer neben dem laufenden Arbeitslohn sons-

tige steuerpflichtige Bezüge (z.B. Weihnachtsgeld, Urlaubsgeld, Leistungsprämie, Erholungsbeihilfen, Sachzuwendungen bei Betriebsveranstaltungen), sind diese bei der Berechnung des durchschnittlichen Stundenlohns rechnerisch gleichmäßig auf die Lohnzahlungs- oder Lohnabrechnungszeiträume zu verteilen, in denen die Arbeitsleistung erbracht wird, für die die Bezüge eine Belohnung darstellen (BFH, Urteile vom 13.1.1989, BStBl II 1989 S. 1030, und vom 21.7.1989, BStBl II 1989 S. 1032). Das gilt auch, wenn die sonstigen Bezüge nach § 40 EStG pauschal besteuert worden sind (Ausnahme: Pauschal besteuerter Fahrtkostenersatz nach § 40 Abs. 2 Satz 2 EStG wird nicht miteinbezogen, vgl. § 40 Abs. 2 Satz 3 zweiter Halbsatz EStG).

cc) Mehrere Dienstverhältnisse

1844 Bei der Prüfung der Voraussetzungen für die Pauschalierung ist von den Merkmalen auszugehen, die sich **für das einzelne Dienstverhältnis** ergeben. Der Arbeitgeber muss daher nicht prüfen, ob der Arbeitnehmer noch in einem Dienstverhältnis zu einem anderen Arbeitgeber steht (R 128 Abs. 1 LStR). Die Pauschalierung ist daher – **im Gegensatz zur Sozialversicherung**, wo mehrere nebeneinander für verschiedene Arbeitgeber ausgeübte Tätigkeiten grundsätzlich zusammengerechnet werden – auch bei **mehreren gleichzeitig ausgeübten Teilzeitbeschäftigungen** möglich.

Es ist daher unerheblich, ob die Teilzeitbeschäftigung in einem zweiten oder weiteren Arbeitsverhältnis ausgeübt wird. Die Voraussetzungen sind jeweils **für das einzelne Arbeitsverhältnis zu prüfen**. Dabei ist jedoch zu beachten, dass **ein Arbeitnehmer nicht für denselben Arbeitgeber in zwei** (gegenwärtigen) **Arbeitsverhältnissen** mit der Folge unterschiedlicher steuerlicher Behandlung der beiden Arbeitsverhältnisse beschäftigt sein kann. Das gilt auch dann, wenn es sich um unterschiedliche Tätigkeiten handelt. Übt der Arbeitnehmer daher für denselben Arbeitgeber neben seiner Haupttätigkeit eine Nebentätigkeit mit den Merkmalen einer Teilzeitbeschäftigung aus, ist die Pauschalierung der Lohnsteuer nach § 40a Abs. 4 Nr. 2 EStG ausgeschlossen.

Beispiel 1:

Der Arbeitgeber A (Einzelunternehmer) beschäftigt in seinem Betrieb den Arbeitnehmer B als Schlosser. An den Wochenenden pflegt B den Privatsitz des A (z.B. Rasenschneiden, kleinere Hausreparaturen, Kfz-Pflege). A entlohnt B für diese Tätigkeit privat. Der Umfang der Tätigkeit und die Höhe des Lohns liegen im Rahmen des § 40a EStG.

Eine Versteuerung des laufenden Arbeitslohns als Schlosser nach den Merkmalen der Steuerkarte und eine Pauschalbesteuerung nach § 40a EStG für die Wochenendtätigkeit ist nach § 40a Abs. 4 Nr. 2 EStG nicht zulässig.

Bei Zahlung von Betriebsrenten bzw. Vorruhestandsgeldern ist **ausnahmsweise eine isolierte Anwendung** des § 40a EStG **zulässig** (BFH, Urteil vom 27.7.1990, BStBl II 1990 S. 931). Handelt es sich dagegen um zwei gegenwärtige (aktive) Beschäftigungsverhältnisse bei demselben Arbeitgeber (vgl. das vorstehende Beispiel), so ist § 40a Abs. 4 Nr. 2 EStG anzuwenden, dass ein Arbeitnehmer für ein und denselben Arbeitgeber nur ein einheitliches Beschäftigungsverhältnis ausüben kann.

Bei zwar rechtlich selbständigen, aber verbundenen und von einem einheitlich beherrschten Willen geprägten Unternehmen (z.B. **Konzerngesellschaften, Mutter- und Tochtergesellschaft**, Personenidentität der Gesellschafter) handelt es sich grundsätzlich um zwei oder ggf. mehrere verschiedene Arbeitgeber mit der Folge einer gesonderten steuerrechtlichen Betrachtung der einzelnen Arbeitsverhältnisse.

Beispiel 2:

Eine Beteiligungs-GmbH beschäftigt eine fest angestellte Arbeitnehmerin, die gleichzeitig eine Nebentätigkeit bei einer GmbH & Co. KG ausübt, an der die GmbH als Komplementärin beteiligt ist. Eine Pauschalierung nach § 40a EStG für die Nebentätigkeit ist hier möglich.

Eine gesonderte steuerliche Betrachtung wäre nur dann nicht geboten, wenn die GmbH & Co. KG keinen eigenen Tätigkeitsbereich hätte oder die Arbeitnehmer die „Aushilfstätigkeit" im Auftrag ihres „Hauptarbeitgebers" ausüben (z.B. während der vereinbarten Arbeitszeit) und lediglich die Zahlung durch die GmbH & Co. KG erfolgen würde. Im zuletzt genannten Fall wären die Zahlungen dann als Lohnzahlungen Dritter von der GmbH dem Steuerabzug zu unterwerfen (R 106 Abs. 1 LStR).

dd) Beschäftigungsdauer

1845 Beschäftigungsdauer i.S. des § 40a EStG ist stets **die Beschäftigungsdauer im Lohnzahlungs- oder Lohnabrechnungszeitraum**. Zur Beschäftigungsdauer gehören auch solche Zeiträume, in denen der Arbeitslohn wegen Urlaubs, Krankheit oder gesetzlicher Feiertage fortgezahlt wird. Bei der Pauschalierung nach § 40a Abs. 2 EStG kommt es ab 2002 nicht mehr auf den zeitlichen Umfang der Beschäftigung an. Die Beschäftigung ist unabhängig von der Zahl der geleisteten Arbeitsstunden zulässig, wenn die Lohngrenzen (Monatslohn höchstens 325 €, Stundenlohn höchstens 12 €) nicht überschritten werden (R 128 Abs. 5 LStR).

Beispiel:

Ein teilzeitbeschäftigter Arbeitnehmer, für den die Steuerbefreiung nach § 3 Nr. 39 EStG nicht in Betracht kommt, wird regelmäßig nur für drei Tage im Monat beschäftigt. Er arbeitet jeweils acht Stunden am Tag und erhält hierfür einen Arbeitslohn von 240 €.

Unabhängig davon, ob als Lohnzahlungszeitraum **der Monat oder die Woche** vereinbart worden ist, kann der Arbeitslohn pauschal versteuert werden.

ee) Bemessungsgrundlage für die Pauschalierung

1846 Zur Bemessungsgrundlage der pauschalen Lohnsteuer gehören alle Einnahmen, die dem Arbeitnehmer aus der Teilzeitbeschäftigung zufließen (§ 2 LStDV). Auch vermögenswirksame Leistungen, Direktversicherungsbeiträge des Arbeitgebers, soweit sie nicht nach § 40b EStG besteuert werden, und vom Arbeitgeber ohne gesetzliche Verpflichtung übernommene Arbeitnehmer-Anteile zur Sozialversicherung zählen dazu. **Steuerfreie Einnahmen** bleiben für die Lohnsteuer-Erhebung jedoch **außer Betracht** (R 128 Abs. 3 Sätze 1 bis 3 LStR). Mit Hilfe der steuerfreien Zuwendungen ist es möglich, dem Arbeitnehmer höhere monatliche Bezüge als in § 40a EStG vorgesehen auszuzahlen, ohne die Möglichkeit der Pauschalierung zu verlieren. **Folgende steuerfreie Zuwendungen kommen insbesondere in Betracht:**

- steuerfreie Heirats- und Geburtsbeihilfen,
- steuerfreie Reisekosten,
- steuerfreies Werkzeuggeld,
- steuerfreie Kindergartenzuschüsse,
- steuerfreie Fahrtkostenzuschüsse für Fahrten zwischen Wohnung und Arbeitsstätte mit öffentlichen Verkehrsmitteln,
- steuerfreie Überlassung von Telekommunikationsgeräten,
- steuerfreie Sonntags-, Feiertags- oder Nachtzuschläge,
- steuerfreie Rabatte.

Beispiel 1:

Eine Reinigungskraft, für die die Steuerbefreiung nach § 3 Nr. 39 EStG nicht in Betracht kommt, erhält von ihrem Arbeitgeber in Niedersachsen monatlich 300 € für ihre Teilzeitbeschäftigung. Sie fährt mit öffentlichen Verkehrsmitteln zur Arbeit. Die Kosten für die Monatskarte in Höhe von 40 € übernimmt ihr Arbeitgeber. Im Mai 2002 heiratet sie und erhält hierfür vom Arbeitgeber eine Heiratsbeihilfe von 300 €. Für den Monat Mai 2002 wird der Lohn wie folgt abgerechnet:

Arbeitslohn	300 €
Fahrtkostenzuschuss	40 €
Heiratsbeihilfe	300 €
insgesamt	640 €

Bei einem Arbeitslohn von 640 € ist die Pauschalierungsgrenze von 325 € überschritten. Steuerfreie Leistungen bleiben bei der Prüfung der Pauschalierungsgrenze jedoch außer Betracht. Da der Fahrtkostenzuschuss nach § 3 Nr. 34 EStG und die Heiratsbeihilfe nach § 3 Nr. 15 EStG steuerfrei sind, werden diese Zahlungen bei der Prüfung der Pauschalierungsgrenze nicht berücksichtigt. Übrig bleibt allein der Arbeitslohn von 300 €, so dass die Pauschalierungsgrenze von 325 € **nicht überschritten** wird. Der Arbeitslohn für den Monat Mai 2002 kann also pauschal besteuert werden. Die Belastung für den Arbeitgeber errechnet sich in diesem Monat wie folgt:

Arbeitslohn	300,— €
Fahrtkostenzuschuss	40,— €
Heiratsbeihilfe	300,— €
Auszahlungsbetrag an den Arbeitnehmer	640,— €
+ pauschale Lohnsteuer (20 % von 300 €)	60,— €
+ Solidaritätszuschlag (5,5 % von 60 €)	3,30 €
+ pauschale Kirchensteuer (6 % von 60 €)	3,60 €
+ pauschale Krankenversicherung (10 % von 300 €)	30,— €
+ pauschale Rentenversicherung (12 % von 300 €)	36,— €
Belastung insgesamt	772,90 €

Sozialversicherungsrechtlich sind sowohl der Fahrtkostenzuschuss als auch die Heiratsbeihilfe beitragsfrei (§ 1 ArEV), beide Zuwendungen bleiben auch hier bei der Berechnung der monatlichen Entgeltgrenzen außer Betracht. Das Beschäftigungsverhältnis ist damit auch bei der Sozialversicherung ein geringfügiges Beschäftigungsverhältnis, so dass der Arbeitgeber Pauschalbeiträge in Höhe von 10 % an die Kranken- und 12 % an die Rentenversicherung zu leisten hat.

Beispiel 2:

In einem Restaurant in Hannover wird eine Kellnerin, für die Steuerbefreiung nach § 3 Nr. 39 EStG nicht in Betracht kommt, als Aushilfe beschäftigt. Sie erhält einen Stundenlohn von 8 €. Für die Arbeit zu bestimmten Zeiten erhält sie zusätzlich Zuschläge, und zwar für

Sonntagsarbeit	50 %,
Feiertagsarbeit	125 %,
Nachtarbeit (20 Uhr bis 6 Uhr)	25 %.

Im Oktober 2002 hat sie folgende Stunden gearbeitet:
24 Stunden an Wochentagen, davon 15 Stunden nach 20 Uhr,
10 Stunden an Sonntagen, davon 5 Stunden nach 20 Uhr,
5 Stunden an Feiertagen, davon 4 Stunden nach 20 Uhr.

Es ergibt sich folgende Lohnabrechnung für den Monat:

–	9 Wochentags-Stunden à 8 €	72,— €
	15 Wochentags-Stunden mit Nachtarbeitszuschlag à 10 € (8 € + 25 % Zuschlag)	150,— €
–	5 Sonntags-Stunden à 12 € (8 € + 50 % Zuschlag)	60,— €
–	5 Sonntags-Stunden mit Nachtarbeitszuschlag à 14 € (8 € + 75 % Zuschlag)	70,— €
–	1 Feiertags-Stunde à 18 € (8 € + 125 % Zuschlag)	18,— €
–	4 Feiertags-Stunden mit Nachtarbeitszuschlag à 20 € (8 € + 150 % Zuschlag)	80,— €
	insgesamt	450,— €

Die Zuschläge für Sonntags-, Feiertags- oder Nachtarbeit sind in voller Höhe steuerfrei, weil sie die gesetzlichen Grenzen des § 3b EStG nicht übersteigen, sie bleiben daher für die Überprüfung der Pauschalierungsgrenze und der Stundenlohngrenze außer Betracht. Der steuerpflichtige Arbeitslohn beträgt 312 € (39 Stunden à 8 €), so dass die Pauschalierungsgrenze von 325 € **nicht überschritten** wird. Eine Pauschalbesteuerung ist daher für den Monat Oktober 2002 möglich. Die Belastung für den Arbeitgeber in diesem Monat errechnet sich wie folgt:

Arbeitslohn	450,— €
+ pauschale Lohnsteuer (20 % von 312 €)	62,40 €
+ Solidaritätszuschlag (5,5 % von 62,40 €)	3,43 €
+ pauschale Kirchensteuer (6 % von 62,40 €)	3,74 €
+ pauschale Krankenversicherung (10 % von 312 €)	31,20 €
+ pauschale Rentenversicherung (12 % von 312 €)	37,44 €
Belastung insgesamt	588,21 €

Sozialversicherungsrechtlich sind die Zuschläge für Sonntags-, Feiertags- oder Nachtarbeit beitragsfrei (§ 1 ArEV), die Zuschläge bleiben auch hier bei der Berechnung der monatlichen Entgeltgrenzen außer Betracht. Das Beschäftigungsverhältnis ist damit auch bei der Sozialversicherung ein geringfügiges Beschäftigungsverhältnis, so dass der Arbeitgeber Pauschalbeiträge in Höhe von 10 % an die Kranken- und 12 % an die Rentenversicherung zu leisten hat.

Bei der Prüfung der Pauschalierungsgrenzen bleiben **nur steuerfreie Einnahmen außer Ansatz**. Alle steuerpflichtigen Einnahmen sind hingegen miteinzubeziehen. Dies gilt auch für Bezüge, die nach § 40 EStG **pauschal versteuert** werden. Wird durch die Hinzurechnung der pauschal versteuerten Bezüge die Pauschalierungsgrenze überschritten, so ist der laufende Arbeitslohn der Regelversteuerung zu unterwerfen (liegt keine Lohnsteuerkarte vor, so muss die Versteuerung nach der Steuerklasse VI erfolgen, siehe → *Nichtvorlage der Lohnsteuerkarte* Rz. 1783). Die Pauschalversteuerung nach § 40 EStG bleibt hingegen bestehen.

Beispiel 3:

Eine Teilzeitbeschäftigte, für die die Steuerbefreiung nach § 3 Nr. 39 EStG nicht in Betracht kommt, erhält einen monatlichen Arbeitslohn von 320 €. Im Juli 2002 wird ihr eine Erholungsbeihilfe von 150 € gewährt.

Die Erholungsbeihilfe gehört zum steuerpflichtigen Arbeitslohn, sie kann aber mit 25 % pauschal versteuert werden. Die Erholungsbeihilfe als sonstiger Bezug ist rechnerisch gleichmäßig auf die Lohnzahlungszeiträume zu verteilen. Auf die einzelnen Monate entfällt ein Betrag von 12,50 € (150 € : 12 Monate). Der erhöhte Arbeitslohn von monatlich 332,50 € übersteigt die Pauschalierungsgrenze von 325 €, so dass die Pauschalierung für das Kalenderjahr 2002 **unzulässig** ist. Der Arbeitslohn von 320 € ist daher der Regelbesteuerung zu unterwerfen (ggf. Steuerklasse VI). Für die Erholungsbeihilfe von 150 € bleibt die Pauschalbesteuerung mit 25 % bestehen.

Von dem Grundsatz, dass pauschal besteuerte Bezüge bei der Prüfung der Pauschalierungsgrenze miteinzubeziehen sind, gibt es eine Ausnahme. **Kraft ausdrücklicher gesetzlicher Regelung** in § 40 Abs. 2 Satz 3 EStG bleiben **pauschal besteuerte Fahrtkostenzuschüsse** des Arbeitgebers für Fahrten des Arbeitnehmers zwischen Wohnung und Arbeitsstätte bei der Prüfung der Pauschalierungsgrenze außer Ansatz.

Beispiel 4:

Ein in Celle teilzeitbeschäftigter Arbeitnehmer, für den die Steuerbefreiung nach § 3 Nr. 39 EStG nicht in Betracht kommt, erhält 2002 für eine Beschäftigung an 15 Tagen im Monat einen monatlichen Arbeitslohn von 250 €. Der Arbeitgeber zahlt ihm darüber hinaus für die Fahrten mit dem eigenen Pkw Fahrtkostenzuschüsse von 0,30 € je Kilometer. Der Arbeitnehmer wohnt 20 km von der Arbeit entfernt, so dass die tägliche Fahrtstrecke 40 km beträgt. Der Arbeitgeber rechnet wie folgt ab:

Arbeitslohn	250,— €
+ Fahrtkostenzuschuss	
(15 Tage × 40 km × 0,30 €)	180,— €
Insgesamt	430,— €

Die Pauschalierungsgrenze von 325 € ist bei weitem überschritten. Nach § 40 Abs. 2 Satz 3 EStG bleiben jedoch Fahrtkostenzuschüsse für Fahrten des Arbeitnehmers zwischen Wohnung und Arbeitsstätte, soweit sie vom Arbeitgeber pauschal besteuert werden, bei der Prüfung der Pauschalierungsgrenze außer Ansatz.

Eine Pauschalierung der Fahrtkostenzuschüsse des Arbeitgebers ist nach § 40 Abs. 2 Satz 2 EStG möglich, soweit der Arbeitnehmer die Aufwendungen als Werbungskosten geltend machen könnte, wenn die Aufwendungen nicht pauschal besteuert werden würden. Der Arbeitnehmer kann i.d.R. 0,36 € für die ersten zehn Kilometer und 0,40 € für jeden weiteren Kilometer der Entfernung zwischen Wohnung und Arbeitsstätte als Werbungskosten geltend machen. Im vorliegenden Fall kann der Arbeitgeber also einen Betrag von 114 € pauschal mit 15 % versteuern (15 Tage × 10 km × 0,36 € zuzüglich 15 Tage × 10 km × 0,40 €). Dieser Betrag bleibt bei der Prüfung, ob die Pauschalierungsgrenze überschritten ist, außer Ansatz, so dass die Pauschalierungsgrenze von 325 € nicht überschritten ist (430 € ∕ 114 € = 316 €). Der Arbeitslohn kann also pauschal besteuert werden.

Die Belastung für den Arbeitgeber in diesem Monat errechnet sich wie folgt:

Arbeitslohn	430,— €
+ pauschale Lohnsteuer für den Arbeitslohn (ohne pauschal besteuerte Fahrtkostenzuschüsse)	
20 % von 316 €	63,20 €
+ Solidaritätszuschlag (5,5 % von 63,20 €)	3,47 €
+ pauschale Kirchensteuer (6 % von 63,20 €)	3,79 €
+ pauschale Lohnsteuer für den Fahrtkostenzuschuss	
(15 % von 114 €)	17,10 €
+ Solidaritätszuschlag (5,5 % von 17,10 €)	0,94 €
+ pauschale Kirchensteuer (6 % von 17,10 €)	1,02 €
+ pauschale Krankenversicherung (10 % von 316 €)	31,60 €
+ pauschale Rentenversicherung (12 % von 316 €)	37,92 €
Belastung insgesamt	589,04 €

Sozialversicherungsrechtlich ist der pauschal besteuerte Fahrtkostenzuschuss beitragsfrei (§ 1 ArEV), die Zuwendung bleibt auch hier bei der Berechnung der monatlichen Entgeltgrenzen außer Betracht. Das Beschäftigungsverhältnis ist damit auch bei der Sozialversicherung ein geringfügiges Beschäftigungsverhältnis, so dass der Arbeitgeber Pauschalbeiträge in Höhe von 10 % an die Kranken- und 12 % an die Rentenversicherung zu leisten hat.

Im Gegensatz zu den pauschal besteuerten Fahrtkostenzuschüssen sind **Direktversicherungsbeiträge des Arbeitgebers** stets bei der Prüfung der Pauschalierungsgrenze zu berücksichtigen (R 128 Abs. 4 Satz 1 LStR). Dies gilt auch, wenn die Direktversicherungsbeiträge nach § 40b EStG zulässigerweise pauschal versteuert werden, weil es sich um das **erste Dienstverhältnis** handelt. Zu der Pauschalbesteuerung von Direktversicherungsbeiträgen siehe auch → *Zukunftssicherung* Rz. 2736.

Beispiel 5:

Ein teilzeitbeschäftigter Arbeitnehmer erhält 2002 einen monatlichen Arbeitslohn von 310 €. Zusätzlich zahlt der Arbeitgeber monatlich Direktversicherungsbeiträge von 25 €, die zulässigerweise nach § 40b EStG pauschal besteuert werden.

Eine Pauschalierung der Lohnsteuer für die Teilzeitbeschäftigung ist **unzulässig**, weil die Direktversicherungsbeiträge – auch wenn sie pauschal versteuert werden – bei der Prüfung der Pauschalierungsgrenze miteinbezogen werden.

In Gegensatz zur Auffassung der Finanzverwaltung sieht das Finanzgericht Düsseldorf **Direktversicherungsbeiträge**, die der Arbeitgeber an ein Versicherungsunternehmen zahlt, **als Sachbezüge** i.S. des § 8 Abs. 2 Satz 9 EStG **an**, die deshalb nicht in die Berechnung der Pauschalierungsgrenze des § 40a EStG einzubeziehen seien (Urteil vom 4.4.2001, EFG 2001 S. 1422 Revision eingelegt, Az. beim BFH: VI R 68/01). Nach Auffassung des Finanzgerichts Düsseldorf wäre im vorstehenden Beispiel die Pauschalierungsgrenze daher nicht überschritten, denn der Direktversicherungsbeitrag von monatlich 25 € überschreitet nicht die 50-€-Freigrenze des § 8 Abs. 2 Satz 9 EStG.

Bezüge, die **nicht zum laufenden Arbeitslohn** gehören, sind für die Feststellung, ob die Pauschalierungsgrenzen eingehalten sind, rechnerisch gleichmäßig auf die Lohnzahlungs- oder Lohnabrechnungszeiträume zu verteilen, in denen die Arbeitsleistung erbracht wird, für die sie eine Belohnung darstellen. Weihnachtsgeld, Urlaubsgeld und Einmalbeiträge für eine Direktversicherung sind deshalb i.d.R. auf die gesamte Beschäftigungszeit des Kalenderjahrs zu verteilen (BFH, Urteil vom 21.7.1989, BStBl II 1989 S. 1032).

Ergibt sich bei **der Verteilung dieser Bezüge**, dass die Pauschalierungsgrenzen in dem Lohnzahlungs- oder Lohnabrechnungszeitraum eingehalten sind, in dem sie zugeflossen sind, so wird in diesem Zeitraum der Lohn einschließlich des sonstigen Bezugs pauschal besteuert. Wenn diese Bezüge **erst nach Ablauf des Kalenderjahrs gezahlt werden**, in dem die entsprechende Arbeitsleistung erbracht worden ist, sind sie nur bei den Pauschalierungsgrenzen des Lohnzahlungs- oder Lohnabrechnungszeitraums zu berücksichtigen, in dem sie gezahlt worden sind (R 128 Abs. 4 Satz 2 LStR).

Ist in einem Lohnzahlungs- oder Lohnabrechnungszeitraum die **Pauschalierungsgrenze überschritten worden**, so darf für diesen Zeitraum das Pauschalierungsverfahren nicht angewendet werden; die Zulässigkeit des Pauschalierungsverfahrens für andere Zeiträume wird hiervon nicht berührt.

Hierzu ein Beispiel, vgl. H 128 (Sonstige Bezüge) LStH:

Beispiel 6:

Das Arbeitsverhältnis einer Teilzeitbeschäftigten, für die die Steuerbefreiung nach § 3 Nr. 39 EStG nicht in Betracht kommt, beginnt am 1.3.2002. Es ist ihr erstes Dienstverhältnis. Sie erhält einen monatlichen Barlohn von 225 € und hat Anspruch auf Urlaubsgeld. Der Arbeitgeber hat sich außerdem verpflichtet, in Höhe eines monatlichen Betrags von 25 € eine Direktversicherung für die Teilzeitbeschäftigte abzuschließen.

Im März zahlt der Arbeitgeber neben dem Barlohn von 225 € den **Direktversicherungsbeitrag** für ein Jahr in Höhe von 300 €.

Die rechnerische Verteilung dieses Beitrags auf zehn Monate Beschäftigung im Kalenderjahr 2002 ergibt einen anteiligen Monatsbetrag von 30 €. Die Summe aus diesem anteiligen Beitrag und dem Barlohn, nämlich 255 €, überschreitet nicht die monatliche Pauschalierungsgrenze von 325 €. Im März werden deshalb 225 € Barlohn pauschal nach § 40a EStG und 300 € Direktversicherungsbeitrag pauschal nach § 40b EStG versteuert.

Im Juli wird ein **Urlaubsgeld** von 150 € neben dem Barlohn von 225 € gezahlt.

Die Verteilung auf die Beschäftigungszeit im Kalenderjahr ergibt ein anteiliges monatliches Urlaubsgeld von 15 €. Die Summe aus diesem Betrag, dem anteiligen Direktversicherungsbeitrag und dem Barlohn ergibt 270 €. Die monatliche Pauschalierungsgrenze ist nicht überschritten. Im Juli werden deshalb insgesamt 375 € pauschal nach § 40a EStG versteuert.

Im September wird wegen **Überstunden** ein Barlohn von 260 € gezahlt. Auch unter Berücksichtigung des Urlaubsgelds und des Direktversicherungsbeitrags ist die Pauschalierungsgrenze nicht überschritten. Der Lohn von 260 € wird deshalb pauschal nach § 40a EStG versteuert.

Im Dezember zahlt der Arbeitgeber neben dem Barlohn von 225 € freiwillig ein **Weihnachtsgeld** von 300 €.

Nach rechnerischer Verteilung des Weihnachtsgelds auf zehn Monate Beschäftigungszeit im Kalenderjahr und unter Berücksichtigung des anteiligen Urlaubsgelds und des anteiligen Direktversicherungsbeitrags zeigt sich, dass auch im Dezember die Pauschalierungsgrenze nicht überschritten ist. Im Dezember werden insgesamt 525 € pauschal versteuert.

Überschritten ist jetzt jedoch **die Pauschalierungsgrenze im Monat September**. Die Pauschalversteuerung für September war deshalb unzulässig; sie ist rückgängig zu machen. Der Barlohn von 260 € für September ist nach allgemeinen Grundsätzen zu versteuern.

Das Beispiel zeigt, dass der Arbeitgeber bei einer Pauschalbesteuerung und der Zahlung von sonstigen Bezügen, insbesondere zum Ende des Kalenderjahrs, auch den laufenden Arbeitslohn der abgelaufenen Monate im Auge haben muss, damit die Pauschalierung nicht **rückwirkend unzulässig** wird. Denn eine Besteuerung nach den allgemeinen Grundsätzen bedeutet, soweit eine Lohnsteuerkarte vom Arbeitnehmer nicht vorgelegt wird, eine Lohnbesteuerung nach der Steuerklasse VI. Darüber hinaus sollte der Arbeitgeber bei der Zahlung von sonstigen Bezügen am Ende des Kalenderjahrs auch mögliche Gestaltungsspielräume nutzen.

Beispiel 7:

Sachverhalt wie Beispiel 6. Allerdings wird das Weihnachtsgeld in Höhe von 300 € nicht in einer Summe vom Arbeitgeber ausgezahlt. Der Arbeitgeber hat vor der Auszahlung des Weihnachtsgelds errechnet, dass bei einer Zahlung von 200 € auch die Pauschalierungsgrenze im Monat September nicht überschritten wird:

Pauschalierungsgrenze		325 €
Arbeitslohn	225 €	
+ Überstunden	35 €	
= ausgezahlter Barlohn im September	260 €	
+ anteilige Direktversicherungsbeiträge	30 €	
+ anteiliges Urlaubsgeld	15 €	
insgesamt	305 €	305 €
verbleiben		20 €

multipliziert mit der Anzahl der Monate im Kalenderjahr ergibt den Betrag, der im Dezember höchstens als Weihnachtsgeld gezahlt werden darf, um die Pauschalierung im September nicht unzulässig werden zu lassen (10 Monate) .... 200 €

Der Arbeitgeber zahlt im Dezember 2002 nur 200 € aus. Die restlichen 100 € Weihnachtsgeld werden erst im Januar 2003 gezahlt.

Da das Weihnachtsgeld in Höhe von 100 € erst nach Ablauf des Kalenderjahrs gezahlt wird, in dem die entsprechende Arbeitsleistung erbracht worden ist, ist es nicht rechnerisch auf die Beschäftigungszeit in 2002 zu verteilen. Die Pauschalversteuerung in 2002 kann daher unverändert bleiben.

Das Weihnachtsgeld in Höhe von 100 € ist allerdings bei der Prüfung der Pauschalierungsgrenze im Januar 2002 zu berücksichtigen. Für diesen Monat ergibt sich folgende Berechnung:

Arbeitslohn	225 €
+ Weihnachtsgeld	100 €
+ anteilige Direktversicherungsbeiträge	
(300 € : 12 Monate)	25 €
Insgesamt	350 €

Da der Betrag von 350 € die Pauschalierungsgrenze von 325 € übersteigt, ist für diesen Monat die Pauschalversteuerung nach § 40a EStG nicht zulässig.

Wird ein **Arbeitnehmer** beschäftigt, der **älter als 64 Jahre** ist, so darf der Arbeitslohn für die Ermittlung der pauschalen Lohnsteuer **nicht um den Altersentlastungsbetrag** (§ 24a EStG) gekürzt werden (R 128 Abs. 3 Satz 4 LStR).

ff) Abwälzung der pauschalen Lohnsteuer auf den Arbeitnehmer

1847 Schuldner der pauschalen Lohnsteuer bei Aushilfskräften und Teilzeitbeschäftigten ist der Arbeitgeber (§ 40a Abs. 5 i.V.m. § 40 Abs. 3 EStG). Dennoch ist es möglich, dass der Arbeitgeber die pauschale Lohnsteuer **im Innenverhältnis** auf den Arbeitnehmer überwälzt (→ *Abwälzung der pauschalen Lohnsteuer auf den Arbeitnehmer* Rz. 24).

Die Steuerschuldnerschaft des Arbeitgebers wird durch eine solche Vereinbarung allerdings nicht berührt. Das bedeutet, dass der Arbeitgeber die pauschale Lohnsteuer beim Finanzamt anmelden und abführen muss, und zwar **als Steuerschuldner** und nicht im Namen und im Auftrag des Arbeitnehmers.

Wird die Pauschalsteuer arbeitsrechtlich zulässig auf den Arbeitnehmer abgewälzt, so muss der Arbeitgeber die pauschale Lohnsteuer, den Solidaritätszuschlag und die Kirchensteuer vom vereinbarten Arbeitslohn errechnen, denn eine Abwälzung ist

lohnsteuerrechtlich nicht mehr zulässig (→ *Abwälzung der pauschalen Lohnsteuer auf den Arbeitnehmer* Rz. 25). Diese Abzugsbeträge kann sich der Arbeitgeber dann vom Arbeitnehmer erstatten lassen.

Beispiel 1:

Ein in Hannover teilzeitbeschäftigter Arbeitnehmer hat lt. Tarifvertrag einen Stundenlohn von 12 €. Die Arbeitszeit beträgt monatlich 30 Stunden. Es ergibt sich somit ein monatlicher Tariflohn von 360 €. Damit wäre eine Pauschalierung nicht möglich, denn die Grenze von 325 € ist überschritten. Der Arbeitnehmer will jedoch keine Lohnsteuerkarte vorlegen und vereinbart mit dem Arbeitgeber, dass er im Innenverhältnis die pauschalen Steuerabzugsbeträge bei einer Pauschalierung trägt.

Die Abwälzung mindert nicht mehr die Bemessungsgrundlage für die Pauschalsteuer; die auf den Arbeitnehmer abgewälzte pauschale Lohnsteuer gilt als zugeflossener Arbeitslohn. Wird die Pauschalsteuer arbeitsrechtlich zulässig auf den Arbeitnehmer abgewälzt, so muss der Arbeitgeber die pauschale Lohnsteuer, den Solidaritätszuschlag und die Kirchensteuer vom vereinbarten Arbeitslohn errechnen; dieser ist auch maßgebend für die Prüfung, ob die Pauschalierungsgrenze überschritten ist. Da der vereinbarte Arbeitslohn 360 € beträgt, ist eine **Pauschalierung der Lohnsteuer** wegen Überschreitens der Pauschalierungsgrenze von 325 € **nicht möglich**.

Auch bei der sozialversicherungsrechtlichen Prüfung, ob eine geringfügige Beschäftigung vorliegt, ist das vereinbarte **Bruttoentgelt** entscheidend, soweit ein solches tarif- oder arbeitsvertraglich vereinbart worden ist. Da das Bruttoentgelt 360 € beträgt und damit die Geringfügigkeitsgrenze von 325 € übersteigt, besteht Versicherungspflicht in allen Zweigen der Sozialversicherung.

Besteht hingegen **kein tarifgebundenes Arbeitsverhältnis**, können Arbeitgeber und Arbeitnehmer den Stundenlohn frei vereinbaren. Dies ist sowohl für die lohnsteuerrechtliche als auch **für die sozialversicherungsrechtliche Beurteilung** von Bedeutung.

Beispiel 2:

Sachverhalt wie Beispiel 1. Das Arbeitsverhältnis ist allerdings nicht tarifgebunden. Deshalb vereinbaren Arbeitgeber und Arbeitnehmer einen Stundenlohn von 8,32 € und die Übernahme der pauschalen Steuern und Sozialversicherungsbeiträge durch den Arbeitgeber.

Die Belastung für den Arbeitgeber bei 30 Arbeitsstunden errechnet sich wie folgt:

Arbeitslohn (30 Stunden × 8,32 €)	249,60 €
+ pauschale Lohnsteuer (20 % von 249,60 €)	49,92 €
+ pauschaler Solidaritätszuschlag	
(5,5 % von 49,92 €)	2,74 €
+ pauschale Kirchensteuer (6 % von 49,92 €)	2,99 €
+ pauschale Krankenversicherung (10 % von 249,60 €)	24,96 €
+ pauschale Rentenversicherung (12 % von 249,60 €)	29,95 €
Belastung insgesamt	360,16 €

Bei der Prüfung, ob die Pauschalierungsgrenzen überschritten sind, kommt es auf den vereinbarten Arbeitslohn an. Da dieser 249,60 € beträgt, ist eine Pauschalierung möglich.

Bei der sozialversicherungsrechtlichen Prüfung bleiben die vom Arbeitgeber getragenen Steuern (Lohnsteuer, Solidaritätszuschlag und Kirchensteuer) und pauschalen Sozialversicherungsbeiträge (Kranken- und Rentenversicherung) außer Betracht, so dass das vereinbarte Bruttoentgelt von 249,60 € die Grenze für geringfügige Beschäftigungsverhältnisse von 325 € nicht übersteigt. Das Beschäftigungsverhältnis ist damit auch bei der Sozialversicherung ein geringfügiges Beschäftigungsverhältnis; der Arbeitgeber hat Pauschalbeiträge in Höhe von 10 % an die Kranken- und 12 % an die Rentenversicherung zu leisten.

gg) Auswirkung auf die Einkommensteuer des Arbeitnehmers

1848 Nach § 40a Abs. 5 i.V.m. § 40 Abs. 3 EStG bleibt der **pauschal besteuerte Arbeitslohn** und die **pauschale Lohnsteuer bei einer Veranlagung des Arbeitnehmers außer Ansatz**. Dies gilt gleichermaßen für den pauschalen Solidaritätszuschlag sowie die pauschale Kirchensteuer. Ebenso ist die pauschale Lohnsteuer, der pauschale Solidaritätszuschlag und pauschale Kirchensteuer nicht auf die Einkommensteuer des Arbeitnehmers anzurechnen. Die pauschale Lohnsteuer stellt damit eine **endgültige Besteuerung** des so besteuerten Arbeitslohns dar. Der Arbeitnehmer kann daher Aufwendungen, die mit dem pauschal besteuerten Arbeitslohn zusammenhängen, auch nicht als Werbungskosten abziehen (R 128 Abs. 1 Satz 5 LStR).

Allerdings besteht im Einkommensteuer-Veranlagungsverfahren des Arbeitnehmers **keine verfahrensrechtliche Bindung** an die im Lohnsteuer-Pauschalierungsverfahren getroffenen Entscheidungen. Das Finanzamt kann deshalb bei **Verneinung der Pauschalierungsvoraussetzungen** auch den pauschal besteuerten Arbeitslohn in die Veranlagung einbeziehen, ohne dass es einer vorherigen Änderung der Lohnsteuer-Anmeldung bedarf (BFH, Urteil vom 10.6.1988, BStBl II 1988 S. 981).

hh) Pauschalierung beim Ehegatten-Arbeitsverhältnis

1849 Ist ein Ehegatten-Arbeitsverhältnis steuerlich anzuerkennen (→ *Angehörige* Rz. 115), so kann der Arbeitslohn auch pauschal versteuert werden, wenn die übrigen Voraussetzungen für die Pauschalierung vorliegen. **Zusätzliche Voraussetzungen für die Pauschalierung bei Ehegatten-Arbeitsverhältnissen gibt es nicht**. Es ist daher auch nicht zu prüfen, ob die Pauschalierung insgesamt zu einer Steuerersparnis führt oder nicht.

Bei Ehegatten-Arbeitsverhältnissen ist jedoch besonders zu beachten, dass nach der Rechtsprechung des Bundesfinanzhofs der Übergang vom Lohnsteuerabzug nach den allgemeinen Grundsätzen (mit Lohnsteuerkarte) zur Lohnsteuer-Pauschalierung nach § 40a EStG oder umgekehrt im Laufe eines Kalenderjahrs **als Gestaltungsmissbrauch** zu beurteilen ist, wenn dieser Wechsel allein zum Ziel hat, durch Ausnutzung des Arbeitnehmer-Pauschbetrags einen Teil des Arbeitslohns der Besteuerung zu entziehen (BFH, Urteil vom 20.12.1991, BStBl II 1992 S. 695).

Beispiel 1:

Die Ehefrau des Arbeitnehmers betreibt ein Taxi- und Mietwagenunternehmen. Der Ehemann (die Steuerbefreiung nach § 3 Nr. 39 EStG kommt nicht in Betracht) ist ab 1.1.2002 als Taxifahrer für 261 € im Monat angestellt. Das Ehegatten-Arbeitsverhältnis ist steuerlich anzuerkennen. In 2002 wird der Monatslohn von 261 € in der Zeit vom 1.1. bis 30.4. (4 × 261 € = 1 044 €) dem normalen Lohnsteuerabzug auf der Grundlage der Lohnsteuerkarte mit der Steuerklasse III unterworfen. Für die Zeit vom 1.5. bis 31.12.2002 wird der Lohn pauschal nach § 40a EStG besteuert. Dieses Verfahren soll auch in der Zeit vom 1.1. bis 30.8.2003 beibehalten, um den Lohn vom 1.9. bis 31.12.2003 wieder dem allgemeinen Lohnsteuerabzug zu unterwerfen. In der Einkommensteuer-Erklärung für die Jahre 2002 und 2003 soll der Arbeitslohn des Ehemanns mit 1 044 € angegeben werden. Wegen des Arbeitnehmer-Pauschbetrags (§ 9a Nr. 1 Buchst. a EStG) betragen die Einkünfte des Ehemannes aus nichtselbständiger Arbeit jeweils 0 €.

Der Arbeitgeber kann von den Möglichkeiten des § 40a EStG Gebrauch machen, wenn die Voraussetzungen dieser Vorschrift gegeben sind. Dies gilt auch dann, wenn die Pauschalierung zu Steuervorteilen führt. Daher kann dem Arbeitgeber grundsätzlich auch nicht verwehrt sein, im Laufe des Kalenderjahrs die Art der Lohnsteuer-Erhebung zu wechseln, sofern das Arbeitsverhältnis Veranlassung dazu gibt.

In diesem Fall geben aber **nicht die Besonderheiten des Arbeitsverhältnisses** Anlass für einen Wechsel der Steuererhebungsart, sondern allein die Steuervermeidung durch Ausnutzung des Arbeitnehmer-Pauschbetrags, der im Rahmen einer Pauschalierung nicht zur Anwendung kommen darf. Daher **fehlen** nach Ansicht des Bundesfinanzhofs nicht nur **wirtschaftliche oder sonst beachtliche außersteuerliche Gründe** für den Wechsel, vielmehr läuft ein solcher Wechsel der Zielrichtung des § 40a EStG entgegen. Diese Vorschrift soll dem Arbeitgeber durch ein vereinfachtes Verfahren die Lohnsteuererhebung in bestimmten Fällen erleichtern. Ein Wechsel zwischen normalem Lohnsteuerabzug und Lohnsteuer-Pauschalierung oder umgekehrt bewirkt aber gerade **keine Erleichterung der Lohnsteuer-Erhebung**, sondern hat beim Arbeitgeber erhöhten Verwaltungsaufwand zur Folge. Daher sind nach Auffassung des Bundesfinanzhofs Arbeitgeber und Arbeitnehmer **für ein Kalenderjahr an die zu Beginn des Jahres gewählte Art** der Lohnsteuererhebung gebunden, sofern nicht Besonderheiten des Arbeitsverhältnisses einen Wechsel in der Art der Lohnsteuer-Erhebung rechtfertigen.

Übersteigt der Arbeitslohn in einzelnen Monaten die jeweilige Pauschalierungsgrenze, so ist auch bei Ehegatten-Arbeitsverhältnissen ein Wechsel von der Lohnsteuer-Pauschalierung zur Regelbesteuerung erforderlich. Hieraus ergeben sich wiederum Gestaltungsmöglichkeiten zur Reduzierung der Lohnsteuerbelastung.

Beispiel 2:

Die Ehefrau des Arbeitnehmers betreibt ein Taxi- und Mietwagenunternehmen. Der Ehemann (die Steuerbefreiung nach § 3 Nr. 39 EStG kommt

---

nicht in Betracht) ist ab 1.1.2002 als Taxifahrer für 250 € im Monat angestellt. Das Ehegatten-Arbeitsverhältnis ist steuerlich anzuerkennen. In den Monaten Mai und Dezember leistet der Ehemann viele Überstunden, so dass der Monatslohn 500 € beträgt.

In den Monaten Mai und Dezember ist eine Pauschalierung der Lohnsteuer wegen Überschreitens der Pauschalierungsgrenze von 325 € unzulässig. Der Arbeitnehmer hat eine Lohnsteuerkarte vorzulegen und die Lohnsteuer wird nach den allgemeinen Vorschriften ermittelt.

Legt der Ehemann z.B. eine Lohnsteuerkarte mit der Steuerklasse III vor, fallen weder Lohnsteuer, Solidaritätszuschlag noch Kirchensteuer an. Der Arbeitslohn von 1 000 €, der auf der Lohnsteuerkarte bescheinigt wird, bleibt bei einer Veranlagung nach Abzug des Arbeitnehmer-Pauschbetrags außer Ansatz.

Bei Ehegatten ist darüber hinaus **kein rückwirkender Widerruf** der Lohnsteuer-Pauschalierung möglich, wenn dadurch Vorteile bei der Veranlagung entstehen (Hessisches FG, Urteil vom 5.11.1998, EFG 1999 S. 474, Revision eingelegt, Az. beim BFH: VI R 10/99).

Die Beurteilung der Sozialversicherungspflicht bestimmt sich nach den Regeln, die für geringfügig entlohnte Beschäftigungsverhältnisse gelten (→ *Geringfügig Beschäftigte* Rz. 1115).

ii) Aufzeichnungsvorschriften bei der Pauschalierung

1850 Der Arbeitgeber hat auch bei der Pauschalierung der Lohnsteuer bestimmte Aufzeichnungspflichten zu erfüllen. Nach § 4 Abs. 2 Nr. 8 letzter Satz LStDV und R 128 Abs. 7 LStR hat der Arbeitgeber ein **Sammelkonto mit folgenden Angaben für den einzelnen Arbeitnehmer zu führen:**

- **Name und Anschrift** des Arbeitnehmers,

- **Tag der Zahlung,**

- **Höhe des Arbeitslohns,**

- **Verteilung des Arbeitslohns** auf die Beschäftigungszeit bei sonstigen Bezügen wie z.B. Urlaubs- oder Weihnachtsgeld (R 128 Abs. 7 Satz 2 LStR) und

- **Art der Beschäftigung** bei Aushilfskräften in der Land- und Forstwirtschaft.

Ein Unterzeichnen oder Quittieren der Lohnabrechnung durch den Arbeitnehmer ist nicht erforderlich.

Das Lohnsteuer-Sammelkonto hat nur den Charakter einer Ordnungsvorschrift und ist nicht materiell-rechtliche Voraussetzung für die Pauschalierung (BFH, Urteil vom 12.6.1986, BStBl II 1986 S. 681). Soweit Arbeitgeber für das Lohnsteuer-Sammelkonto vorgesehene Aufzeichnungen nicht vorlegen können, haben sie grundsätzlich die Möglichkeit glaubhaft zu machen, dass die Voraussetzungen für die Pauschalierung nach § 40a EStG gleichwohl vorgelegen haben. Dabei kann sich der **Arbeitgeber aller zulässigen Beweismittel bedienen, z.B.**

- Arbeitsnachweise,

- Zeitkontrollen oder

- Zeugenaussagen.

Allerdings sollte sich jeder Arbeitgeber darüber im Klaren sein, dass verbleibende Unklarheiten zu seinen Lasten gehen.

Die Aufzeichnungen über die Beschäftigungsdauer müssen den Zweck erfüllen, den Stundenlohn zu ermitteln. Als Beschäftigungsdauer ist jeweils die Zahl der tatsächlichen Arbeitsstunden (= 60 Minuten) in dem jeweiligen Lohnzahlungs- oder Lohnabrechnungszeitraum aufzuzeichnen (BFH, Urteil vom 10.9.1976, BStBl II 1977 S. 17). Deshalb genügen bei Aushilfskräften i.S. des § 40a Abs. 2 EStG Aufzeichnungen über die Anzahl der tatsächlichen, z.B. monatlichen Arbeitsstunden z.B. anhand von Stunden- oder Strichlisten. Nicht erforderlich ist dagegen die Aufzeichnung des Tages und der Uhrzeit, z.B. 3.4.2002, 9 bis 13 Uhr. Stundenaufzeichnungen sind im Übrigen auch dann entbehrlich, wenn Arbeitstage und Arbeitszeiten arbeitsvertraglich vereinbart oder anderweitig festgelegt sind und evtl. Abweichungen festgehalten werden.

Lediglich bei **kurzfristigen Aushilfskräften** i.S. des § 40a Abs. 1 EStG ist neben den tatsächlichen Arbeitsstunden zur Überprüfung der Voraussetzungen die Zahl der Arbeitstage festzuhalten.

Die Finanzverwaltung legt großen Wert auf **die korrekte Aufzeichnung der Arbeitslohnempfänger** (Namen und Anschrift), denn sie hat bei Lohnsteuer-Außenprüfungen häufig feststellen müssen, dass die in den Aushilfsquittungen bezeichneten Personen tatsächlich keine Arbeitslohnzahlungen erhalten haben.

c) Aushilfskräfte (§ 40a Abs. 1 EStG)

aa) Gesetzliche Regelung

1851 Der Arbeitgeber kann unter Verzicht auf die Vorlage einer Lohnsteuerkarte bei Arbeitnehmern, die **nur kurzfristig beschäftigt** werden (Aushilfskräfte), die Lohnsteuer mit einem Pauschsteuersatz von **25 %** des Arbeitslohns erheben.

Eine kurzfristige Beschäftigung liegt nach § 40a Abs. 1 EStG vor, wenn

- der Arbeitnehmer bei dem Arbeitgeber **gelegentlich**, nicht regelmäßig wiederkehrend beschäftigt wird,

- die Dauer der Beschäftigung **18 zusammenhängende Arbeitstage** nicht übersteigt **und**

- der Arbeitslohn während der Beschäftigungsdauer **62 €** durchschnittlich je Arbeitstag nicht übersteigt **oder**

- die Beschäftigung zu einem **unvorhergesehenen Zeitpunkt** sofort erforderlich wird.

bb) Gelegentliche, nicht regelmäßig wiederkehrende Beschäftigung

1852 Als gelegentliche, nicht regelmäßig wiederkehrende Beschäftigung ist eine ohne feste Wiederholungsabsicht ausgeübte Tätigkeit anzusehen. Tatsächlich kann es zu Wiederholungen der Tätigkeit kommen. Entscheidend ist, dass die erneute Tätigkeit nicht bereits von vornherein vereinbart worden ist. Es kommt dann nicht darauf an, wie oft die Aushilfskräfte tatsächlich im Laufe des Jahres tätig werden (R 128 Abs. 1a LStR).

Kann der Arbeitgeber dagegen auf einen Stamm von Arbeitnehmern zurückgreifen, die auf Abruf bereitstehen, so kommt es darauf an, wie oft es zu einer Tätigkeit im Laufe des Jahres kommt. Dabei ist auch zu beachten, ob diese Handlungsweise nicht nach § 42 AO einen Missbrauch von Formen und Gestaltungsmöglichkeiten darstellt.

Bei der Beurteilung, ob eine gelegentliche, nicht regelmäßig wiederkehrende Beschäftigung vorliegt, kommt es nach der Rechtsprechung des Bundesfinanzhofs letztlich nur auf die Dauer der Tätigkeit an (BFH, Urteil vom 24.8.1990, BStBl II 1991 S. 318).

Beispiel 1:

Ein Arbeitgeber benötigt häufig Sargträger. Ihm ist ein Kreis von Personen bekannt, der ohne feste Wiederholungsabsicht bereit ist, nach Abkömmlichkeit auf Anruf auszuhelfen.

Falls der Arbeitgeber im Laufe eines Jahres einen Sargträger mehrfach (z.B. 50-mal) genommen hat, handelt es sich gleichwohl um kurzfristige Beschäftigungen. Es ist jedoch vorrangig zu prüfen, ob die Steuerbefreiung nach § 3 Nr. 39 EStG oder eine Pauschalierung für Teilzeitkräfte in Betracht kommt.

Beispiel 2:

Ein Arbeitgeber benötigt eine Buchhaltungshilfe. Er vereinbart mit einem Arbeitnehmer, dass er an den letzten drei Tagen des Monats im Betrieb arbeiten soll.

Es handelt sich nicht um eine kurzfristige Beschäftigung.

cc) Dauer der Beschäftigung

1853 Der Zeitraum von 18 zusammenhängenden Arbeitstagen wird durch Tage, an denen üblicherweise nicht gearbeitet wird, nicht unterbrochen. Als Arbeitstage zählen nur die Tage, an denen der Arbeitnehmer tatsächlich tätig ist. Sowohl für die Frage des **zusammenhängenden Einsatzes** als auch des **Zeitraums von 18**

Tagen bleiben Sonn- und Feiertage, Sonnabende, einzelne Werktage (sog. Freizeittage), unbezahlte Krankheits- und Urlaubstage außer Betracht (FG Hamburg, Urteil vom 9.12.1977, EFG 1978 S. 335).

Beispiel:

Ein Arbeitnehmer wird im Dezember 2002 für das Weihnachtsgeschäft 2002 eingestellt. Er arbeitet vom 3.12.2002 bis 30.12.2002 (28 Kalendertage) jeweils von Montag bis Freitag.

Sonn- und Feiertage sowie Sonnabende bleiben bei der Prüfung, ob der Zeitraum von 18 zusammenhängenden Arbeitstagen überschritten wird, außer Betracht. Daher ergibt sich folgende Berechnung:

1. Woche:	3. bis 6.12.2002:	4 Arbeitstage
2. Woche:	9. bis 13.12.2002:	5 Arbeitstage
3. Woche:	16. bis 20.12.2002:	5 Arbeitstage
4. Woche:	23. und 27.12.2002:	2 Arbeitstage
5. Woche:	30.12.2002:	1 Arbeitstag
Insgesamt		17 Arbeitstage

Es liegt eine kurzfristige Beschäftigung vor, denn der Zeitraum von 18 zusammenhängenden Arbeitstagen wird nicht überschritten.

dd) Durchschnittslohn je Arbeitstag

1854 Der Betrag von 62 € arbeitstäglich ist ein Durchschnittsbetrag und errechnet sich aus dem Gesamtlohn einschließlich sonstiger Bezüge und der Zahl der tatsächlichen Arbeitstage. Der Betrag kann also an einzelnen Tagen, z.B. durch Überstunden, über 62 € liegen. Einzubeziehen sind zum Teil auch andere pauschal besteuerte Bezüge.

Der Begriff „Arbeitstag" ist dabei nicht immer als Kalendertag zu verstehen. Als ein „Arbeitstag" kann auch eine sich auf zwei Kalendertage erstreckende Nachtschicht angesehen werden (BFH, Urteil vom 28.1.1994, BStBl II 1994 S. 421).

Beispiel:

Eine Aushilfskraft arbeitet nicht regelmäßig wiederkehrend als Taxifahrer und erhält für eine Nachtschicht 120 €.

Eine Pauschalierung mit 25 % ist nicht möglich, weil die Nachtschicht, auch wenn sie sich über zwei Kalendertage erstreckt, für die Prüfung der 62-€-Grenze nur als ein Kalendertag i.S. von § 40a Abs. 1 Nr. 1 EStG anzusehen ist.

ee) Beschäftigung zu einem unvorhergesehenen Zeitpunkt

1855 Bei der Beschäftigung zu einem unvorhergesehenen Zeitpunkt ist die Begrenzung auf 62 € je Arbeitstag nicht zu beachten. Beschäftigungen zu einem unvorhergesehenen Zeitpunkt (nicht Zeitraum) sind dann gegeben, wenn sie für den Arbeitgeber durch **Geschehnisabläufe, die**

- überraschend eintreten,

- außerhalb der Wahrscheinlichkeit liegen,

- nicht kalkulierbar sind,

erforderlich werden. Als **derartige Ereignisse sind z.B. anzusehen**

- Fälle der höheren Gewalt wie

  - Eintritt besonderer Witterungsverhältnisse (z.B. Unwetter, plötzlicher Frost oder Schneefall),

  - plötzlicher Stromausfall,

  - Ausfall von Arbeitskräften durch Krankheit

  oder

- akuter Bedarf zusätzlicher Arbeitskräfte (R 128 Abs. 2 Satz 1 LStR).

Die Beschäftigung von Aushilfskräften, deren **Einsatzzeitpunkt längere Zeit vorher feststeht**, z.B. bei Volksfesten oder Messen, oder deren **kurzfristiger Einsatz betriebstypisch** ist, z.B. bei Reinigungsunternehmen, Hafenbetrieben oder Markthändlern, kann grundsätzlich **nicht als unvorhersehbar und sofort erforderlich angesehen werden** (FG Düsseldorf, Urteil vom 4.2.1974, EFG 1974 S. 334, Niedersächsisches FG, Urteil vom 5.6.1979, EFG 1979 S. 605). Auch ein kurzfristiger Einsatz zusätzlicher Aushilfen im Baugewerbe nach alljährlich wiederkehrenden Schlechtwetterperioden kann nicht als zu einem unvorhergesehenen Zeitpunkt sofort erforderlich angesehen werden, weil ein derartiger Einsatz in dieser Branche insoweit betriebstypisch ist. Ebenso kann nicht von einem Einsatz zu einem unvorhersehbaren Zeitpunkt gesprochen werden, wenn dem Arbeitgeber ein gewisser Stamm von erfahrenen und fachlich geeigneten Aushilfskräften auf Abruf zur Verfügung steht. Eine andere Beurteilung ist z.B. aber hinsichtlich solcher Aushilfskräfte möglich, deren Einstellung entgegen dem vorhersehbaren Bedarf an Arbeitskräften notwendig geworden ist (R 128 Abs. 2 Satz 2 LStR).

d) Teilzeitbeschäftigte (§ 40a Abs. 2 EStG)

aa) Gesetzliche Regelung

1856 Der Arbeitgeber kann unter Verzicht auf die Vorlage einer Lohnsteuerkarte bei Arbeitnehmern, die nur **in geringem Umfang** und **gegen geringen Arbeitslohn** beschäftigt werden (Teilzeitbeschäftigte), die Lohnsteuer mit einem Pauschsteuersatz von **20 %** des Arbeitslohns erheben.

Eine **Beschäftigung in geringem Umfang und gegen geringen Arbeitslohn** liegt nach § 40a Abs. 2 Satz 2 EStG vor, wenn

– der **Arbeitslohn 325 €** im Monat nicht übersteigt (die Wochenlohngrenze ist ab 2002 entfallen!)

und

– der **Stundenlohn** höchstens **12 €** beträgt.

Die Pauschalierungsgrenzen gelten **einheitlich für alle Bundesländer.**

bb) Maßgeblichkeit der Grenzen

1857 Die genannte Grenze gilt für einen monatlichen Lohnzahlungs- oder Lohnabrechnungszeitraum. Für kürzere Lohnzahlungs- oder Lohnabrechnungszeiträume ist **keine Umrechnung** vorzunehmen.

Ab 2002 kommt es bei der Pauschalierung nach § 40a Abs. 2 EStG **nicht mehr auf den zeitlichen Umfang der Beschäftigung** an. Die Pauschalierung ist daher unabhängig von der Zahl der geleisteten Arbeitsstunden zulässig, wenn die Lohngrenzen des § 40a Abs. 2 Satz 2 und Abs. 4 Nr. 1 EStG (Monatslohn höchstens 325 €, Stundenlohn höchstens 12 €) nicht überschritten werden.

Beispiel 1:

Ein Arbeitgeber beschäftigt im Kalenderjahr 2002 jeweils laufend über das Monatsende für vier Arbeitstage eine Aushilfskraft, für die die Steuerbefreiung nach § 3 Nr. 39 EStG nicht in Betracht kommt. Der Arbeitslohn beträgt bei einer täglichen Arbeitszeit von acht Stunden insgesamt für vier Tage 320 €. Als Lohnzahlungszeitraum ist die Woche vereinbart.

Entscheidend ist, dass der Arbeitslohn 325 € im Monat nicht übersteigt, auf den Lohnzahlungszeitraum kommt es ab 2002 nicht mehr an. Daher liegen die Voraussetzungen für eine Pauschalierung der Lohnsteuer mit 20 % vor (Stundenlohn nicht über 12 €, Monatslohn nicht über 325 €).

Beispiel 2:

Ein Arbeitnehmer (die Steuerbefreiung nach § 3 Nr. 39 EStG kommt nicht in Betracht) arbeitet im Kalenderjahr 2002 in einem 14-tägigen Rhythmus in einem Gaststättenbetrieb dienstags bis freitags (vier Tage) für 100 €. Es wird jeweils nach der Beschäftigungszeit abgerechnet. Im März 2002 erhält der Arbeitnehmer insgesamt 200 € (2 × 100 €).

Die Voraussetzungen für eine Pauschalierung nach § 40a Abs. 2 EStG sind gegeben, weil der Arbeitslohn im Monat nicht mehr als 325 € beträgt.

Beispiel 3:

Eine Aushilfskraft mit einem Stundenlohn von 10 € hat vereinbarungsgemäß 30 Stunden im Monat zu arbeiten. Darüber hinaus geleistete Arbeitsstunden werden einem Arbeitszeitkonto gutgeschrieben und in Zeiten geringeren Arbeitsanfalls durch Freistellung ausgeglichen. Die Steuerbefreiung nach § 3 Nr. 39 EStG kommt für die Aushilfskraft nicht in Betracht.

Da monatlich nur 300 € (30 Stunden × 10 €) ausgezahlt werden, sind die Pauschalierungsgrenzen nicht überschritten. Der Arbeitslohn kann pauschal versteuert werden, vgl. H 128 (Arbeitszeitkonto) LStH.

Ergibt sich für den Monat, dass mindestens eine der maßgebenden Grenzen überschritten worden ist, so darf für diesen Zeitraum das Pauschalierungsverfahren **nicht angewendet** werden; der Arbeitslohn ist der Regelversteuerung zu unterwerfen (nach Steuerklasse VI, wenn der Arbeitnehmer keine Lohnsteuerkarte vorlegt). Die Zulässigkeit der Pauschalierung für andere Zeiträume wird hiervon nicht berührt.

Anders als bei der Sozialversicherung (→ *Geringfügig Beschäftigte* Rz. 1129) gilt dies auch dann, wenn die Zeit- und Arbeitslohngrenzen **nur gelegentlich und nicht vorhersehbar** (z.B. durch Krankheitsvertretung) überschritten werden. Auch die Pauschalierungsmöglichkeit für Aushilfskräfte kommt nicht in Betracht, weil ein Teilzeitbeschäftigter nicht gelegentlich beschäftigt wird.

cc) Verhältnis der Pauschalierungsvorschriften für Aushilfskräfte und für Teilzeitbeschäftigte zueinander

Die Pauschalierungsmöglichkeiten für Aushilfskräfte und für Teilzeitbeschäftigte schließen sich nach der Rechtsprechung des Bundesfinanzhofs (Urteil vom 24.8.1990, BStBl II 1991 S. 318) gegenseitig nicht aus. Bis zu den Pauschalierungsgrenzen für Teilzeitbeschäftigte ist danach stets von einer Tätigkeit in geringem Umfang und gegen geringen Arbeitslohn auszugehen. Erst wenn diese Grenzen überschritten sind, kommt ggf. eine Pauschalierung wegen kurzfristiger Beschäftigung in Betracht. **1858**

Beispiel 1:

Ein Arbeitnehmer ohne weitere Einkünfte wird im Juli 2002 bei einem niedersächsischen Arbeitgeber an zehn Arbeitstage tätig. Die Arbeitszeit beträgt vier Stunden täglich, der Stundenlohn 8 €. Als Lohnabrechnungszeitraum ist der Kalendermonat vereinbart.

Sozialversicherungsrechtlich handelt es sich um ein **kurzfristiges Beschäftigungsverhältnis**, das **sozialversicherungsfrei** ist. Daher kommt die Steuerbefreiung nach § 3 Nr. 39 EStG nicht in Betracht, denn hierfür ist Voraussetzung, dass der Arbeitgeber Pauschalbeiträge zur Rentenversicherung entrichten muss.

Der Monatslohn des Arbeitnehmers beträgt 320 € (10 Tage × 4 Stunden × 8 €). Die Pauschalierungsgrenze für eine Teilzeitbeschäftigung ist nicht überschritten, so dass die Lohnsteuer mit 20 % pauschaliert werden darf.

Die Belastung für den Arbeitgeber errechnet sich wie folgt:

Arbeitslohn		320,— €
+	pauschale Lohnsteuer (20 % von 320 €)	64,— €
+	Solidaritätszuschlag (5,5 % von 64 €)	3,52 €
+	pauschale Kirchensteuer (6 % von 64 €)	3,84 €
Belastung insgesamt		391,36 €

Beispiel 2:

Wie Beispiel 1, allerdings ist als Stundenlohn 8,15 € vereinbart worden.

Der Monatslohn des Arbeitnehmers beträgt 326 € (10 Tage × 4 Stunden × 8,15 €), die Pauschalierungsgrenze für eine Teilzeitbeschäftigung ist überschritten. Da es sich aber um eine kurzfristige Beschäftigung handelt, kommt eine Pauschalierung mit 25 % in Betracht.

Die Belastung für den Arbeitgeber errechnet sich wie folgt:

Arbeitslohn		326,— €
+	pauschale Lohnsteuer (25 % von 326 €)	81,50 €
+	Solidaritätszuschlag (5,5 % von 81,50 €)	4,48 €
+	pauschale Kirchensteuer (6 % von 81,50 €)	4,89 €
Belastung insgesamt		416,87 €

e) Aushilfskräfte in der Land- und Forstwirtschaft (§ 40a Abs. 3 EStG)

aa) Gesetzliche Regelung

Der Arbeitgeber kann unter Verzicht auf die Vorlage einer Lohnsteuerkarte bei Arbeitnehmern, die als Aushilfskräfte in der Land- und Forstwirtschaft beschäftigt werden (L+F-Aushilfskräfte), die Lohnsteuer mit einem Pauschsteuersatz von **5 %** des Arbeitslohns erheben. **1859**

Eine Beschäftigung als L+F-Aushilfskraft liegt nach § 40a Abs. 3 EStG und R 128 Abs. 6 LStR vor, wenn die Aushilfskraft

– **in einem land- und forstwirtschaftlichen Betrieb** i.S. des § 13 Abs. 1 Nr. 1 bis 4 EStG tätig ist,

– **ausschließlich typische land- und forstwirtschaftliche Tätigkeiten** ausübt,

– **keine land- und forstwirtschaftliche Fachkraft** ist,

– **nicht mehr als 180 Tage im Kalenderjahr beschäftigt** wird,

– für die Ausführung und für die Dauer von Arbeiten, **die nicht ganzjährig anfallen**, beschäftigt wird; eine Beschäftigung mit anderen land- und forstwirtschaftlichen Arbeiten ist **unschädlich**, wenn deren Dauer 25 % der Gesamtbeschäftigungsdauer nicht überschreitet und

– einen **Stundenlohn** von höchstens 12 € erhält; es ist allerdings **unschädlich**, wenn der Arbeitslohn während der Beschäftigung die Arbeitslohngrenzen bei Aushilfskräften (62 € täglich) oder bei Teilzeitbeschäftigten (325 € im Monat) übersteigt.

bb) Land- und forstwirtschaftlicher Betrieb

1860 Zu den Einkünften aus Land- und Forstwirtschaft i.S. des § 13 Abs. 1 Nr. 1 bis 4 EStG **zählen**

– Einkünfte aus dem Betrieb von Landwirtschaft, Forstwirtschaft, Weinbau, Gartenbau, Obstbau, Gemüsebau, Baumschulen und aus allen Betrieben, die Pflanzen und Pflanzenteile mit Hilfe der Naturkräfte gewinnen,

– Einkünfte aus der Tierzucht und Tierhaltung innerhalb bestimmter Grenzen,

– Einkünfte aus sonstiger land- und forstwirtschaftlicher Nutzung (§ 62 BewG),

– Einkünfte aus Jagd, wenn diese mit dem Betrieb einer Landwirtschaft oder einer Forstwirtschaft im Zusammenhang steht,

– Einkünfte von Hauberg-, Wald-, Forst- und Laubgenossenschaften und ähnlichen Realgemeinden i.S. des § 3 Abs. 2 KStG.

Eine Pauschalierung der Lohnsteuer für L+F-Aushilfskräfte setzt nach § 40a Abs. 3 EStG voraus, dass die L+F-Aushilfskräfte in einem land- oder forstwirtschaftlichen Betrieb i.S. des § 13 Abs. 1 Nr. 1 bis 4 EStG beschäftigt werden. Diese Voraussetzung ist dann **nicht mehr erfüllt**, wenn ein Betrieb (z.B. ein Weingut) **infolge erheblichen Zukaufs** fremder Erzeugnisse aus dem Tätigkeitsbereich des § 13 Abs. 1 EStG ausgeschieden und einheitlich als Gewerbebetrieb zu beurteilen ist (BFH, Urteil vom 3.8.1990, BStBl II 1990 S. 1002). Etwas anderes gilt auch nicht für Neben- oder Teilbetriebe, die für sich allein die Merkmale eines land- und forstwirtschaftlichen Betriebes erfüllen. Für L+F-Aushilfskräfte, die in einem solchen Gewerbebetrieb beschäftigt werden, kommt demnach eine Pauschalierung der Lohnsteuer nach § 40a Abs. 3 EStG selbst dann nicht in Betracht, wenn diese Aushilfskräfte in diesem Betrieb mit typischen land- und forstwirtschaftlichen Arbeiten beschäftigt werden (vgl. auch Hessisches FG, Urteil vom 13.5.1997, EFG 1997 S. 1191; Revision eingelegt, Az. beim BFH: VI R 89/98).

Demgegenüber ist die Pauschalierung der Lohnsteuer nach § 40a Abs. 3 EStG **zulässig**, wenn ein Betrieb, der Land- und Forstwirtschaft betreibt, **ausschließlich wegen seiner Rechtsform** (z.B. Kapitalgesellschaft) als Gewerbebetrieb gilt, vgl. H 128 (Land- und Forstwirtschaft) LStH. Dies ist bei Gewerbebetrieben kraft Rechtsform (§ 2 Abs. 2 GewStG, Abschn. 16 GewStR) dann der Fall, wenn nach den Abgrenzungskriterien von R 135 EStR ein Betrieb der Land- und Forstwirtschaft anzunehmen wäre. Bei einem Gewerbebetrieb kraft Rechtsform ist die Anwendung des § 40a Abs. 3 EStG nicht davon abhängig, dass er ggf. nach § 3 GewStG von der Gewerbesteuer befreit ist.

In den nachstehenden Sonderfällen gilt Folgendes:

– **Winzergenossenschaften** sind berechtigt, die Aushilfslöhne mit 5 % zu pauschalieren, wenn nach den oben stehenden Kriterien ein Betrieb der Land- und Forstwirtschaft anzunehmen ist.

– Rebveredelungsarbeiten in **Rebveredelungsbetrieben** sind typisch landwirtschaftliche Arbeiten, weil es sich hierbei um die Gewinnung von Pflanzen bzw. Pflanzenteilen unter Ausnutzung der Naturkraft des Grund und Bodens handelt. Dasselbe gilt auch für entsprechende Tätigkeiten im **Obstbau** und für **Baumschulen**. Auch das Veredeln von Rosen ist eine landwirtschaftliche Tätigkeit in diesem Sinne.

Dies gilt auch bei **wissenschaftlicher und züchterischer Arbeit** (BFH, Urteil vom 6.5.1954, BStBl III 1954 S. 197). Im Gegensatz zum Blumenbinden und zum Verkauf der landwirtschaftlichen Erzeugnisse werden die Reben durch die Rebveredelung – also durch Bodennutzung und Kulturtechnik – erst zum Verkauf reif gemacht; sie erfahren dadurch eine Wesensänderung.

– In der Rechtsform eines eingetragenen Vereins organisierte landwirtschaftliche **Betriebshilfedienste**, die landwirtschaftlichen Betrieben in Notfällen Aushilfskräfte zur Verfügung stellen und entlohnen (z.B. bei längerer Erkrankung des Landwirtes), sind **keine Betriebe** i.S. des § 13 EStG. Außerdem handelt es sich bei den beschäftigten Aushilfskräften regelmäßig um land- und forstwirtschaftliche Fachkräfte.

cc) Typische land- und forstwirtschaftliche Tätigkeit

Zu den „typisch land- und forstwirtschaftlichen Arbeiten" i.S. des **1861** § 40a Abs. 3 Satz 1 EStG rechnen grundsätzlich alle anfallenden Arbeiten bis zur Fertigstellung der land- und forstwirtschaftlichen Erzeugnisse, die im Rahmen des erzeugenden land- und forstwirtschaftlichen Betriebs anfallen.

Weitere Voraussetzung ist, dass die Aushilfskräfte **ausschließlich mit typisch land- und forstwirtschaftlichen Arbeiten** beschäftigt worden sind. Werden die Aushilfskräfte zwar in einem land- und forstwirtschaftlichen Betrieb i.S. des § 13 Abs. 1 Nr. 1 bis 4 EStG beschäftigt, üben sie aber keine typische land- und forstwirtschaftliche Tätigkeit aus, z.B. Blumenbinder, Verkäufer, ist eine Pauschalierung der Lohnsteuer nach § 40a Abs. 3 EStG nicht zulässig.

Eine Beschränkung des Pauschalierungsverfahrens auf wachstums- und witterungsabhängige Arbeit besteht nicht. **Im Weinbau** gehören deshalb bei einem Erzeugerbetrieb auch die saisonbedingten Kellerarbeiten zu den typisch land- und forstwirtschaftlichen Arbeiten. Im Besonderen fallen hierunter die Maßnahmen der Traubenverarbeitung (z.B. Keltern) sowie weitere anschließende Arbeiten bis zum ersten Abstich. Dabei ist zu beachten, dass beim Ausbau des Weines erfahrungsgemäß in verstärktem Maße Fachkräfte eingesetzt werden, für die die Anwendung des Pauschalierungsverfahrens nach § 40a Abs. 3 EStG ausgeschlossen ist. **Werden bei Erntearbeiten** (z.B. Zuckerrübenernte) u.a. Kraftfahrer als Aushilfskräfte beschäftigt, die das Erntegut von den Feldern zum Verwertungsbetrieb (z.B. Zuckerfabrik) fahren, so ist diese Tätigkeit ebenso wie die Feldarbeit der übrigen Aushilfskräfte als im Rahmen eines Ernteeinsatzes ausgeübte land- und forstwirtschaftliche Tätigkeit anzusehen. Zu den typisch forstwirtschaftlichen Tätigkeiten gehört grundsätzlich auch der Bau von Waldwegen, die der Erschließung oder Ausnutzung eines Waldgebietes dienen. Voraussetzung ist aber, dass die Wald- oder Wirtschaftswege von dem Forstwirt in seiner Eigenschaft als Inhaber eines forstwirtschaftlichen Betriebs angelegt werden. Diese Bedingung ist nicht erfüllt, wenn die Gemeinden die Waldwege ausschließlich oder auch in ihrer Eigenschaft als öffentlich-rechtliche Gebietskörperschaft und in Erfüllung der öffentlichen Daseinsvorsorge zur Erschließung eines Gebietes als Erholungsgebiet oder zur Verbesserung der Zufahrtsmöglichkeiten auch für andere land- und forstwirtschaftliche Betriebe erstellen. In diesen Fällen sind die Aushilfskräfte nicht in einem Betrieb der Land- und Forstwirtschaft ausschließlich mit typisch land- und forstwirtschaftlichen Arbeiten beschäftigt (BFH, Urteil vom 12.6.1986, BStBl II 1986 S. 681).

dd) Land- und forstwirtschaftliche Fachkräfte

Keine L+F-Aushilfskräfte, für die die Lohnsteuer mit einem **1862** Pauschsteuersatz von 5 % des Arbeitslohns erhoben werden kann, sind Arbeitnehmer, die zu den **land- und forstwirtschaftlichen Fachkräften** gehören (§ 40a Abs. 3 Satz 3 EStG).

Nach der Rechtsprechung des Bundesfinanzhofs sind dabei folgende Abgrenzungskriterien zu beachten (Urteil vom 12.6.1986, BStBl II 1986 S. 681):

„Ob jemand als Fachkraft zu beurteilen ist, hängt von der Art der Tätigkeit und von den Kenntnissen ab, die er zur Verrichtung dieser Tätigkeit erworben hat. Hat der Arbeitnehmer die Fertigkeiten für die zu beurteilende Tätigkeit im Rahmen einer Berufsausbildung erlernt, so gehört er in jedem Fall zu den Fachkräften. Da aber im Berufsleben auch angelernte Arbeiter im

Rahmen ihrer besonderen Tätigkeit den Facharbeitern gleichgestellt werden, zählen auch angelernte Arbeiter zu den Fachkräften i.S. des § 40a Abs. 3 EStG. Daher ist grundsätzlich der Arbeitnehmer, der von seinen – auch angelernten – Tätigkeiten her in der Lage ist, eine Fachkraft zu ersetzen und auch anstelle einer Fachkraft tatsächlich eingesetzt ist, selbst als Fachkraft i.S. des § 40a Abs. 3 Satz 3 EStG zu qualifizieren. Wird hingegen ein Arbeitnehmer lediglich unter Anleitung eines als Fachkraft zu beurteilenden anderen Arbeitnehmers tätig und erbringt er dabei Handlangerdienste oder andere einfache Tätigkeiten, die außer einer kurzen Anleitung kein weiteres Anlernen erfordern, so ist dieser Arbeitnehmer regelmäßig nicht als Fachkraft i.S. des § 40a Abs. 3 EStG anzusehen."

ee) Beschäftigungsdauer höchstens 180 Tage

1863 L+F-Aushilfskräfte dürfen **nicht mehr als 180 Tage im Kalenderjahr** beschäftigt werden (§ 40a Abs. 3 Satz 3 EStG).

Beispiel:

Eine L+F-Aushilfskraft arbeitet im Frühjahr 60 Tage bei einem Landwirt im Rahmen der Pflanzarbeit. Im Sommer wird die L+F-Aushilfskraft für weitere 90 Tage zur Ernte beschäftigt. Im Herbst soll die L+F-Aushilfskraft für einen weiteren Ernteeinsatz eingestellt werden.

Wenn die L+F-Aushilfskraft im Herbst an mehr als 30 Tagen beschäftigt wird, war sie mehr als 180 Tage im Kalenderjahr bei dem Arbeitgeber beschäftigt. In diesem Fall ist eine Pauschalierung nach § 40a Abs. 3 EStG für das gesamte Kalenderjahr – also auch rückwirkend – unzulässig.

ff) Beschäftigung mit Arbeiten, die nicht ganzjährig anfallen

1864 Gegenstand der Pauschalierung nach § 40a Abs. 3 EStG sind die saisonbedingten Arbeiten, wie etwa Pflanzen und Ernten. Durchgehend das Jahr über anfallende Arbeiten, wie z.B. Viehfüttern oder saisonunabhängige Kellerarbeiten (z.B. Abfüllen, Etikettieren), können daher grundsätzlich nicht in die Pauschalierung nach § 40a Abs. 3 EStG einbezogen werden.

Allerdings darf die L+F-Aushilfskraft **auch mit anderen land- und forstwirtschaftlichen Arbeiten**, also Arbeiten, die das ganze Jahr über anfallen, beschäftigt werden, wenn die Dauer dieser Tätigkeiten **25 % der Gesamtbeschäftigungsdauer nicht überschreitet** (§ 40a Abs. 3 Satz 2 zweiter Halbsatz EStG).

Beispiel:

Eine L+F-Aushilfskraft wird von einem Weinbauern zur Weinlese für 20 Tage eingestellt. Da es an fünf Tagen so regnet, dass eine Weinlese nicht möglich ist, wird die Aushilfskraft mit dem Spülen der Weinflaschen beschäftigt.

Das Spülen der Weinflaschen ist keine Saisonarbeit, so dass eine Pauschalierung der Lohnsteuer nach § 40a Abs. 3 EStG für diese Tätigkeit grundsätzlich nicht möglich ist. Da die L+F-Aushilfskraft aber zur Weinlese – einer Saisonarbeit – eingestellt worden ist und das Weinflaschenspülen nur 25 % der Gesamtbeschäftigungsdauer beträgt, ist eine Pauschalierung der Lohnsteuer nach § 40a Abs. 3 EStG möglich.

gg) Pauschalierung nach § 40a Abs. 1 oder Abs. 2 EStG

1865 Soweit die Voraussetzungen des § 40a Abs. 3 EStG nicht vorliegen, kann ggf. die Lohnsteuer nach § 40a Abs. 1 oder Abs. 2 EStG (Pauschalierung für Aushilfskräfte bzw. Teilzeitbeschäftigte) pauschaliert werden. Hat der Arbeitgeber – unzulässigerweise – nach § 40a Abs. 3 EStG pauschaliert, tritt hierdurch allerdings nicht auch eine Bindung für das Pauschalierungsverfahren nach § 40a Abs. 1 oder Abs. 2 EStG ein. Der Arbeitgeber muss sich vielmehr eindeutig erklären, ob in der von ihm vorgenommenen Pauschalierung nach § 40a Abs. 3 EStG zugleich auch die Bereitschaft liegt, Schuldner einer pauschalen Lohnsteuer nach § 40a Abs. 1 oder Abs. 2 EStG zu sein, falls die Voraussetzungen des § 40a Abs. 3 EStG nicht erfüllt sind (BFH, Urteil vom 25.5.1984, BStBl II 1984 S. 569).

Im Übrigen kann das Finanzamt auch nicht ohne weiteres eine Nettolohnvereinbarung unterstellen. Von einer Nettolohnvereinbarung kann nur dann ausgegangen werden, wenn der Abschluss einer derartigen Vereinbarung klar und einwandfrei feststellbar ist (BFH, Urteile vom 14.3.1986, BStBl II 1986 S. 886, und vom 13.10.1989, BStBl II 1990 S. 30).

f) Zusammenfassung: Entscheidungshilfen zur Pauschalierung der Lohnsteuer

1866 Folgende zusammenfassende **Übersicht** kann bei der Wahl nach dem richtigen Pauschsteuersatz **im Kalenderjahr 2002** angewandt werden:

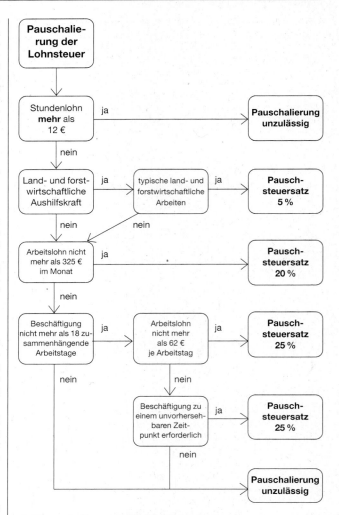

g) Pauschalierung der Kirchensteuer

1867 Wenn der Arbeitgeber bereit ist, die Lohnsteuer zu pauschalieren und als Steuerschuldner zu übernehmen, hat er auch die pauschale Kirchensteuer zu übernehmen. Der Antrag auf Pauschalierung der Lohnsteuer zieht auch die Pauschalierung der Kirchensteuer nach sich (BFH, Urteil vom 30.11.1989, BStBl II 1990 S. 993). Einzelheiten zur Pauschalierung der Kirchensteuer vgl. → *Kirchensteuer* Rz. 1386.

h) Solidaritätszuschlag

1868 Wird die Lohnsteuer pauschaliert, so beträgt der Solidaritätszuschlag stets 5,5 % der pauschalen Lohnsteuer. Einzelheiten hierzu → *Solidaritätszuschlag* Rz. 2222.

2. Sozialversicherung

1869 Sozialversicherungsrechtlich stellt sich die Frage, ob die **pauschale Steuer als Arbeitsentgelt i.S. der Sozialversicherung** anzusehen ist, insbesondere auch dann, wenn der Arbeitgeber im Innenverhältnis seinen Arbeitnehmer damit belastet.

Mit Urteil vom 12.11.1975 – 3/12 RK 8/74 – (Sozialversicherungsbeitrag-Handausgabe 2001 R 14 IV/1) hat das Bundessozialgericht festgestellt, dass die vom Arbeitgeber übernommene pauschalierte Lohnsteuer nicht dem Nettolohn zuzurechnen ist. Danach bleiben **geringfügig entlohnte Beschäftigungen**, bei denen das pauschal besteuerte Entgelt nicht die Grenze des § 8 SGB IV übersteigt (325 €), **versicherungsfrei**, vorausgesetzt die Zeitgrenzen werden nicht überschritten (→ *Geringfügig Beschäftigte* Rz. 1115). Allerdings hat der Arbeitgeber für geringfügig entlohnte Beschäftigte einen pauschalen Krankenversicherungsbeitrag von 10 % und einen pauschalen Rentenversicherungsbeitrag von 12 % zu zahlen.

Des Weiteren hat das Bundesarbeitsgericht wiederholt entschieden (Urteile vom 22.6.1978, DB 1978 S. 208 und vom

5.8.1987, BB 1988 S. 206), dass der Arbeitgeber im **Innen-verhältnis** vereinbarungsgemäß seinen Arbeitnehmer mit der Lohnsteuer belasten kann. Die Spitzenverbände der Sozial-sicherungsträger haben in ihrer Besprechung vom 24./25.4.1989 (Sozialversicherungsbeitrag-Handausgabe 1996 VL 8 IV/6) ge-prüft, ob sich hieraus Konsequenzen für die versicherungs-rechtliche Beurteilung ergeben. Nach ihrer Auffassung hat die **Übernahme der pauschalen Steuer keinen Einfluss auf die Sozialversicherung.** Vielmehr bleibt für die versicherungs-rechtliche Beurteilung das zwischen Arbeitgeber und Arbeit-nehmer vereinbarte Bruttoentgelt maßgebend. Sie halten es ins-besondere für nicht zulässig, das vereinbarte Bruttoentgelt um die vom Arbeitnehmer getragene pauschale Lohn- und Kirchensteuer sowie des Solidaritätszuschlags zu vermindern und hieran die versicherungsrechtliche Beurteilung auszurichten. Wird die **pau-schale Steuer vom Arbeitgeber alleine getragen,** ist sie – mit Hinweis auf das o.a. Urteil des Bundessozialgerichts – **nicht als Arbeitsentgelt** i.S. der Sozialversicherung anzusehen.

Pensionäre

1. Lohnsteuer

a) Grundsätze

1870 Als „Pensionäre" werden Personen bezeichnet, die nach Aus-scheiden aus dem Berufsleben auf Grund ihres früheren Dienst-verhältnisses Versorgungsbezüge (→ *Versorgungsbezüge* Rz. 2560) erhalten, die nach § 19 Abs. 1 Nr. 2 EStG i.V.m. § 2 Abs. 2 Nr. 2 LStDV als **Arbeitslohn anzusehen** sind und dem Lohnsteuerabzug unterliegen. Dies gilt auch, wenn die Versor-gungsbezüge dem **Rechtsnachfolger** (z.B. der Beamtenwitwe) gezahlt werden. Versorgungsbezüge sind nicht nur die von öf-fentlichen Arbeitgebern an Beamte von Bund, Län-dern und Gemeinden gezahlten **„echten" Pensionen,** sondern auch die sog. **Betriebs- oder Werksrenten,** die von „privaten" Arbeitgebern auf Grund einer betrieblichen Versorgungszusage ohne eigene Beitragsleistungen des Arbeitnehmers gezahlt wer-den (siehe auch → *Zukunftssicherung: Betriebliche Alters-versorgung* Rz. 2708).

Für den **Lohnsteuerabzug** gelten die allgemeinen Grundsätze, d.h. dass der Pensionär seinem früheren Arbeitgeber eine Lohn-steuerkarte vorlegen muss.

Besonderheiten gelten bei Auslandspensionen (→ *Auslands-pensionen* Rz. 370), die an Pensionäre im Ausland gezahlt wer-den. Zu beachten ist bei Pensionen, dass

– der Arbeitgeber vor Berechnung der Lohnsteuer den **Versor-gungs-Freibetrag** (→ *Versorgungs-Freibetrag* Rz. 2565; 40 % der Versorgungsbezüge, höchstens 3 072 € im Jahr bzw. 256 € monatlich) abziehen muss, der nicht auf der Lohnsteuerkarte eingetragen ist,

– für Betriebsrenten i.d.R. die ungekürzte Vorsorgepauschale (R 120 Abs. 2 Nr. 5 LStR) und

– für „echte" Pensionen an Beamte usw. die gekürzte Vorsor-gepauschale (R 120 Abs. 3 Nr. 3 LStR) gilt. Einzelheiten siehe → *Lohnsteuertabellen* Rz. 1655.

⌧ Ⓢⓥ

b) Abgrenzung Versorgungsbezüge/Altersrenten

1871 **Altersrenten,** die auf Grund **eigener Beitragsleistung** insbe-sondere aus der gesetzlichen Rentenversicherung gezahlt wer-den, sind demgegenüber nur mit dem **Ertragsanteil** als „sonstige Einkünfte" i.S. des § 22 Nr. 1 Satz 3 Buchst. a EStG einkommen-steuerpflichtig, Lohnsteuer ist somit nicht einzuhalten. Dies gilt auch für Zusatzrenten z.B. von der **Versorgungsanstalt des Bundes und der Länder** (VBL) oder der **Bundesbahn-Ver-sicherungsanstalt,** weil die an diese Einrichtung gezahlten Bei-träge der Lohnsteuer unterlegen haben (vgl. zuletzt BFH, Urteil vom 24.7.1996, BStBl II 1996 S. 650). Einzelheiten hierzu und zur Verfassungsmäßigkeit der unterschiedlichen Besteuerung von Renten und Pensionen siehe → *Altersrenten* Rz. 41.

⌧ Ⓢⓥ

2. Sozialversicherung

Pensionäre sind aus dem aktiven Berufsleben ausgeschieden; sie 1872 stehen nicht mehr in einem Beschäftigungsverhältnis, das Ver-sicherungspflicht und in der Folge Beitragspflicht in den ver-schiedenen Zweigen der Sozialversicherung begründen könnte, gleich ob es sich um eine Beamtenpension, Werkspension o.Ä. handelt. Für die **Kranken- und Pflegeversicherung** ist jedoch zu beachten, dass Versorgungsbezüge als beitragspflichtige Ein-nahmen zur Finanzierung der gesetzlichen Kranken- und Pflege-versicherung herangezogen werden (§§ 229 SGB V und 57 SGB XI; siehe auch → *Versorgungsbezüge* Rz. 2560).

3. Besonderheiten bei Nebentätigkeiten von Pensionären

a) Lohnsteuer

Geht ein Pensionär noch einer anderen Beschäftigung als Arbeit-nehmer nach, so hat er seinem (zweiten) Arbeitgeber eine **zweite Lohnsteuerkarte** vorzulegen (ggf. Steuerklasse VI). Dieser Ar-beitgeber muss für 2002, falls der beschäftigte Pensionär vor dem 2.1.1938 geboren ist, allerdings auch den Altersentlastungsbetrag (→ *Altersentlastungsbetrag* Rz. 38) absetzen, da dieser nur für bereits steuerbegünstigte Versorgungsbezüge ausgeschlossen ist, nicht aber für zusätzlich verdienten „normalen" Arbeitslohn. Der Arbeitgeber hat in allen Fällen, also auch bei der Beschäfti-gung von Betriebsrentnern, die gekürzte Vorsorgepauschale zu berücksichtigen (R 120 Abs. 3 Nr. 4 und 5 LStR). 1873

b) Sozialversicherung

In der **Krankenversicherung** bleiben Bezieher einer **Beamten-pension** und Personen mit vergleichbarem Rechtsstatus bei einer nebenher ausgeübten Beschäftigung dann versicherungsfrei, wenn ihnen ein **Anspruch auf Ruhegehalt zuerkannt ist und sie Anspruch auf Beihilfe im Krankheitsfall** nach beamten-rechtlichen Vorschriften oder Grundsätzen haben. Die Ver-sicherungsfreiheit in der Krankenversicherung bewirkt auch die Versicherungsfreiheit in der **Pflegeversicherung.** 1874

In der **Rentenversicherung** sind die eine Nebentätigkeit aus-übenden Pensionäre dann versicherungsfrei, wenn sie nach be-amtenrechtlichen Vorschriften oder Grundsätzen eine **Versor-gung nach Erreichen einer Altersgrenze beziehen.** Dies gilt auch für solche Pensionäre, die nach berufsständischen Versor-gungsregelungen oder kirchenrechtlichen Regelungen nach Er-reichen einer Altersgrenze Versorgungsbezüge erhalten. Jedoch muss der Arbeitgeber seinen Beitragsanteil unabhängig von der Versicherungsfreiheit entrichten.

Wird die Nebenbeschäftigung nur geringfügig i. S. des § 8 Abs. 1 Nr. 1 SGB IV ausgeübt, d.h. die wöchentliche Arbeitszeit beträgt regelmäßig weniger als 15 Stunden und das Arbeitsentgelt über-steigt den Grenzwert von 325 € nicht, hat der Arbeitgeber einen Pauschalbeitrag zur Rentenversicherung in Höhe von 12 % zu entrichten. Dies gilt unabhängig von der Versicherungsfreiheit in der Rentenversicherung auf Grund einer Versorgung aus einem öffentlich-rechtlichen Dienstverhältnis nach Erreichen der Alters-grenze. In der Krankenversicherung wäre bei einer Versiche-rungsfreiheit auf Grund einer geringfügigen Beschäftigung vom Arbeitgeber nur dann ein Pauschalbeitrag in Höhe von 10 % zu zahlen, wenn der Pensionär bei einer gesetzlichen Krankenkasse versichert ist. Dabei ist es unerheblich, ob es sich bei dieser Ver-sicherung um eine Pflichtversicherung (z.B. als Rentner oder als Leistungsbezieher nach dem Dritten Buch Sozialgesetzbuch) oder eine freiwillige Versicherung oder eine Familienversicherung handelt (→ *Beiträge zur Sozialversicherung* Rz. 438, → *Gering-fügig Beschäftigte* Rz. 1115).

In der **Arbeitslosenversicherung** gelten für beschäftigte Pensio-näre die gleichen Regeln wie für andere Arbeitnehmer. Beitrags-freiheit besteht somit u.a., wenn

– der Beschäftigte das 65. Lebensjahr vollendet hat (mit Ablauf des Monates der Vollendung tritt Beitragsfreiheit ein, jedoch hat der Arbeitgeber wie in der Rentenversicherung „seinen" Beitragsanteil zu tragen),

– die Beschäftigung geringfügig ist.

Bezieher einer **betrieblichen Pension, Werksrente** o.Ä. sind grundsätzlich versicherungspflichtig, es sei denn, die Beschäftigung ist geringfügig oder es gelten für die Arbeitslosenversicherung die oben dargestellten Voraussetzungen.

Permanenter Lohnsteuer-Jahresausgleich

1. Begriff

1875 Nach § 39b Abs. 2 Satz 7 EStG kann die Oberfinanzdirektion allgemein oder auf Antrag des Arbeitgebers ein Verfahren zulassen, durch das die Lohnsteuer für **laufenden Arbeitslohn** unter den Voraussetzungen des § 42b Abs. 1 EStG (→ *Lohnsteuer-Jahresausgleich durch den Arbeitgeber* Rz. 1626) **nach dem voraussichtlichen Jahresarbeitslohn** ermittelt wird, wenn gewährleistet ist, dass die zutreffende Jahreslohnsteuer (§ 38a Abs. 2 EStG) nicht unterschritten wird. Dieses besondere Verfahren der Lohnsteuerermittlung wird **permanenter Lohnsteuer-Jahresausgleich** genannt. Mit diesem Verfahren kann bei stark schwankenden Arbeitslöhnen eine ständige Über- bzw. Unterzahlung von Lohnsteuer vermieden werden.

2. Voraussetzungen

1876 Der permanente Lohnsteuer-Jahresausgleich nach R 121 Satz 2 LStR darf nur durchgeführt werden, wenn

– der Arbeitnehmer **unbeschränkt einkommensteuerpflichtig** ist,

– dem Arbeitgeber die **Lohnsteuerkarte** des Arbeitnehmers **vorliegt**,

– der Arbeitnehmer seit Beginn des Kalenderjahrs **ständig in einem Dienstverhältnis gestanden** hat; es ist nicht notwendig, dass der Arbeitnehmer ständig bei demselben Arbeitgeber beschäftigt war; vielmehr darf die **Lohnsteuerkarte keine Unterbrechungen** aufweisen,

– die **zutreffende Jahreslohnsteuer** (§ 38a Abs. 2 EStG) nicht unterschritten wird,

– der Arbeitnehmer **kein Kurzarbeiter- oder Winterausfallgeld**, keinen Zuschuss zum Mutterschaftsgeld nach dem Mutterschutzgesetz oder § 4a Mutterschutzverordnung oder einer entsprechenden Landesregelung und keine Entschädigung für Verdienstausfall nach dem Infektionsschutzgesetz bezogen hat,

– im Lohnkonto kein **Großbuchstabe U** eingetragen ist,

– im Kalenderjahr nicht sowohl die ungekürzte als auch die gekürzte Vorsorgepauschale zu berücksichtigen sind und

– der Arbeitnehmer keinen Arbeitslohn bezogen hat, der nach einem **Doppelbesteuerungsabkommen** oder nach dem **Auslandstätigkeitserlass** von der deutschen Lohnsteuer freigestellt ist.

Sind diese Voraussetzungen erfüllt, so **gilt** die **Genehmigung** der Oberfinanzdirektion grundsätzlich **als erteilt**, wenn sie nicht im Einzelfall widerrufen wird. Ein besonderer Antrag des Arbeitgebers ist daher im Regelfall nicht notwendig (R 121 Satz 4 LStR).

Auf die **Steuerklasse** des Arbeitnehmers kommt es dabei nicht an (R 121 Satz 3 LStR). Der permanente Lohnsteuer-Jahresausgleich kann daher auch dann durchgeführt werden, wenn der Arbeitnehmer im Laufe des Kalenderjahrs die **Steuerklasse wechselt**.

Der permanente Lohnsteuer-Jahresausgleich ist **nicht möglich**, wenn der **Großbuchstabe U im Lohnkonto** oder auf der Lohnsteuerkarte des Arbeitnehmers eingetragen ist. Da die Voraussetzungen für die Eintragung des Großbuchstabens U häufig gegeben sind (→ *Lohnkonto* Rz. 1495), bedeutet dies, dass in diesen häufigen Fällen die Anwendung des permanenten Lohnsteuer-Jahresausgleichs nicht mehr möglich ist.

Die besondere Lohnsteuerermittlung nach dem voraussichtlichen Jahresarbeitslohn beschränkt sich im Übrigen auf den **laufenden**

Arbeitslohn; für die Lohnsteuerermittlung von **sonstigen Bezügen** ist stets das für sonstige Bezüge geltende Verfahren anzuwenden (R 121 Satz 5 LStR); → *Sonstige Bezüge* Rz. 2232.

3. Verfahren

Zur Anwendung des permanenten Lohnsteuer-Jahresausgleichs **1877** ist nach Ablauf eines jeden Lohnzahlungszeitraums oder in den Fällen, in denen der Arbeitgeber Abschlagszahlungen leistet, nach Ablauf des Lohnabrechnungszeitraums der **laufende Arbeitslohn** der abgelaufenen Lohnzahlungs- oder Lohnabrechnungszeiträume **auf einen Jahresbetrag hochzurechnen**, z.B. der laufende Arbeitslohn für die Monate Januar bis April × 3 (12/4). Von dem Jahresbetrag sind der **Versorgungs-Freibetrag** (§ 19 Abs. 2 EStG) und der **Altersentlastungsbetrag** (§ 24a EStG), wenn die Voraussetzungen für den Abzug jeweils erfüllt sind, sowie nach Maßgabe der Eintragungen auf der Lohnsteuerkarte ein etwaiger **Jahresfreibetrag abzuziehen** oder ein etwaiger **Jahreshinzurechnungsbetrag hinzuzurechnen**. Für den verbleibenden Jahreslohn ist die **Jahreslohnsteuer zu ermitteln**. Dabei ist die auf der Lohnsteuerkarte eingetragene Steuerklasse maßgebend. Sodann ist der **Teilbetrag der Jahreslohnsteuer** zu ermitteln, der **auf die abgelaufenen Lohnzahlungs- oder Lohnabrechnungszeiträume entfällt**. Von diesem Steuerbetrag ist die **Lohnsteuer abzuziehen**, die von dem laufenden Arbeitslohn der abgelaufenen Lohnzahlungs- oder Lohnabrechnungszeiträume **bereits erhoben worden** ist; der Restbetrag ist die Lohnsteuer, die für den zuletzt abgelaufenen Lohnzahlungs- oder Lohnabrechnungszeitraum zu erheben ist (R 121 Sätze 6 bis 11 LStR).

Beispiel 1:

Der Arbeitnehmer, Steuerklasse I/0, rk, ist beim Arbeitgeber in Hannover seit dem 1.7.2002 beschäftigt. Für die Zeit vom 1.1. bis 30.6.2002 sind auf der Lohnsteuerkarte bescheinigt:

– Bruttoarbeitslohn:	14 820,— €
Lohnsteuer:	2 633,46 €
Solidaritätszuschlag:	144,84 €
Kirchensteuer:	237,— €

Für den Monat Juli 2002 erhält er einen Bruttoarbeitslohn von 3 118 €. **Für den Monat Juli errechnen sich die Steuerabzugsbeträge wie folgt:**

Bruttoarbeitslohn 1.1. bis 30.6.2002	14 820,— €
+ Bruttoarbeitslohn für Juli 2002	3 118,— €
= Insgesamt	17 938,— €
Umgerechnet auf Jahresarbeitslohn $\frac{17\,938\ € \times 12\ \text{Monate}}{7\ \text{Monate}}$	30 750,85 €
Jahreslohnsteuer (Steuerklasse I/0)	5 636,— €
Jahressolidaritätszuschlag (Steuerklasse I/0)	309,98 €
Jahreskirchensteuer (Steuerklasse I/0)	507,24 €
Lohnsteuer für die Zeit vom 1.1. bis 31.7.2002 $\frac{5\,636\ € \times 7\ \text{Monate}}{12\ \text{Monate}}$	3 287,66 €
./. Lohnsteuer für die Zeit vom 1.1. bis 30.6.2002	2 633,46 €
Lohnsteuer für Juli 2002	654,20 €
Solidaritätszuschlag für die Zeit vom 1.1. bis 31.7.2002 (7/12 von 309,98 €)	180,82 €
./. Solidaritätszuschlag für die Zeit vom 1.1. bis 30.6.2002	144,84 €
Solidaritätszuschlag für Juli 2002	35,98 €
Kirchensteuer für die Zeit vom 1.1. bis 31.7.2002 (7/12 von 507,24 €)	295,89 €
./. Kirchensteuer für die Zeit vom 1.1. bis 30.6.2002	237,— €
Kirchensteuer für Juli 2002	58,89 €

In den Fällen, in denen die **maßgebende Steuerklasse während des Kalenderjahrs gewechselt hat**, ist anstelle der Lohnsteuer, die vom laufenden Arbeitslohn der abgelaufenen Lohnzahlungs- oder Lohnabrechnungszeiträume erhoben worden ist, die Lohnsteuer abzuziehen, die nach der **zuletzt maßgebenden Steuerklasse** vom laufenden Arbeitslohn bis zum vorletzten abgelaufenen Lohnzahlungs- oder Lohnabrechnungszeitraum zu erheben gewesen wäre (R 121 Satz 12 LStR).

Beispiel 2:

Ein Arbeitnehmer wechselt ab 1.6.2002 die Steuerklasse von IV/0 nach III/0.

Für die Ermittlung der einzubehaltenden Lohnsteuer für Juni 2002 ist die nach der Steuerklasse III/0 ermittelte anteilige Jahreslohnsteuer um die Lohnsteuer zu kürzen, die in den Monaten Januar bis Mai nach der Steuerklasse III/0 einzubehalten gewesen wäre.

In den Fällen, in denen ein **Freibetrag oder Hinzurechnungsbetrag auf der Lohnsteuerkarte nicht mit Wirkung vom Beginn des Kalenderjahrs eingetragen** worden ist, sind Abweichungen gegenüber der normalen Lohnsteuerermittlung auszugleichen, wenn das Dienstverhältnis vor Ablauf des Kalenderjahrs endet (R 121 Satz 13 LStR).

Bei Arbeitnehmern, für die der **Arbeitgeber** nach § 42b Abs. 1 EStG einen **Lohnsteuer-Jahresausgleich durchführen darf**, ist es dem Arbeitgeber gestattet, den Jahresausgleich mit der Ermittlung der Lohnsteuer für den letzten im Ausgleichsjahr endenden Lohnzahlungszeitraum zusammenzufassen. Hierbei ist die Jahreslohnsteuer nach den für den Lohnsteuer-Jahresausgleich geltenden Regeln (→ *Lohnsteuer-Jahresausgleich durch den Arbeitgeber* Rz. 1626) zu ermitteln und der Lohnsteuer, die von dem Jahresarbeitslohn erhoben worden ist, gegenüberzustellen. Übersteigt die ermittelte Jahreslohnsteuer die erhobene Lohnsteuer, so ist der Unterschiedsbetrag die Lohnsteuer, die für den letzten Lohnzahlungszeitraum des Ausgleichsjahrs einzubehalten ist. Übersteigt die erhobene Lohnsteuer die ermittelte Jahreslohnsteuer, so ist der Unterschiedsbetrag dem Arbeitnehmer zu erstatten (R 143 Abs. 5 LStR).

4. Teilzeitbeschäftigte und Aushilfskräfte

1878 Insbesondere **bei Teilzeitbeschäftigten und Aushilfskräften bietet der permanente Lohnsteuer-Jahresausgleich Vorteile**, wenn die Arbeitnehmer eine Lohnsteuerkarte mit der **Steuerklasse V oder VI** vorlegen, die dem Arbeitgeber das ganze Kalenderjahr zur Verfügung gestellt wird.

Beispiel 1:

Ein Arbeitnehmer legt dem Arbeitgeber in Köln, bei dem er regelmäßig Aushilfstätigkeiten durchführt, zu Beginn des Kalenderjahrs eine Lohnsteuerkarte mit der Steuerklasse V vor. Im Mai 2002 erhält der Arbeitnehmer für seine Tätigkeit in der Zeit vom 1.5. bis 31.5.2002 einen Monatslohn von 295 €.

Bei Anwendung der Monatstabelle (Steuerklasse V) müsste der Arbeitgeber folgende Beträge einbehalten:

Lohnsteuer	41,41 €
Solidaritätszuschlag	0,— €
Kirchensteuer (9 %)	3,72 €

Dem Arbeitnehmer könnten also nur 249,87 € ausgezahlt werden. Sozialversicherungsbeiträge fallen beim Arbeitnehmer nicht an. Entweder ist das Beschäftigungsverhältnis als kurzfristige oder geringfügige Beschäftigung sozialversicherungsfrei oder der Arbeitgeber muss für den Arbeitnehmer als sog. Geringverdiener die gesamten Sozialversicherungsbeiträge übernehmen.

Der Arbeitgeber kann aber den permanenten Lohnsteuer-Jahresausgleich anwenden, weil der Arbeitnehmer eine Lohnsteuerkarte mit der Steuerklasse V vorgelegt hat, die für den Zeitraum 1.1. bis 30.4.2002 keine Eintragungen enthält. **Die Lohnsteuer für den Monat Mai 2002 berechnet sich wie folgt:**

	Bruttoarbeitslohn 1.1. bis 30.4.2002	0,— €
+	Bruttoarbeitslohn für Mai 2002	295,— €
=	Insgesamt	295,— €
	Umgerechnet auf Jahresarbeitslohn	
	295 € × 12 Monate	
	5 Monate	708,— €
	Jahreslohnsteuer (Steuerklasse V/0)	0,— €
	Jahressolidaritätszuschlag (Steuerklasse V/0)	0,— €
	Jahreskirchensteuer (Steuerklasse V/0)	0,— €
	Lohnsteuer für die Zeit vom 1.1. bis 31.5.2002	
	0 € × 5 Monate	
	12 Monate	0,— €
⌧	Lohnsteuer für die Zeit vom 1.1. bis 30.4.2002	0,— €
	Lohnsteuer für Mai 2002	0,— €
	Solidaritätszuschlag für Mai 2002	0,— €
	Kirchensteuer für Mai 2002	0,— €

Der Arbeitgeber kann also den Monatslohn für Mai 2002 ungekürzt in Höhe von 295 € dem Arbeitnehmer auszahlen.

Erhält der Arbeitnehmer im Juni 2002 nochmals 295 €, so ergibt sich Folgendes:

	Bruttoarbeitslohn 1.1. bis 31.5.2002	295,— €
+	Bruttoarbeitslohn für Juni 2002	295,— €
=	Insgesamt	590,— €
	Umgerechnet auf Jahresarbeitslohn	
	590 € × 12 Monate	
	6 Monate	1 180,— €
	Jahreslohnsteuer (Steuerklasse V/0)	25,— €
	Jahressolidaritätszuschlag (Steuerklasse V/0)	0,— €
	Jahreskirchensteuer (Steuerklasse V/0)	2,25 €
	Lohnsteuer für die Zeit vom 1.1. bis 30.6.2002	
	25 € × 6 Monate	
	12 Monate	12,50 €
⌧	Lohnsteuer für die Zeit vom 1.1. bis 31.5.2002	0,— €
	Lohnsteuer für Juni 2002	12,50 €
	Solidaritätszuschlag für die Zeit vom 1.1. bis 30.6.2002 (6/12 von 0 €)	0,— €
⌧	Solidaritätszuschlag für die Zeit vom 1.1. bis 31.5.2002	0,— €
	Solidaritätszuschlag für Juni 2002	0,— €
	Kirchensteuer für die Zeit vom 1.1. bis 30.6.2002 (6/12 von 2,25 €)	1,12 €
⌧	Kirchensteuer für die Zeit vom 1.1. bis 31.5.2002	0,— €
	Kirchensteuer für Juni 2002	1,12 €

Bei Rückgabe der Lohnsteuerkarte an den Arbeitnehmer nach Ablauf des Monats Juni hätte der Arbeitgeber Folgendes zu bescheinigen:

Dauer des Dienstverhältnisses:	1.1. bis 30.6.2002
Bruttoarbeitslohn:	590,— €
Lohnsteuer:	12,50 €
Solidaritätszuschlag:	0,— €
Kirchensteuer:	1,12 €

Bleibt die Lohnsteuerkarte allerdings beim Arbeitgeber und erhält der Arbeitnehmer im September 2002 nochmals 295,— €, so ergibt sich Folgendes:

	Bruttoarbeitslohn 1.1. bis 31.8.2002	590,— €
+	Bruttoarbeitslohn für September 2002	295,— €
=	Insgesamt	885,— €
	Umgerechnet auf Jahresarbeitslohn	
	885 € × 12 Monate	
	9 Monate	1 180,— €
	Jahreslohnsteuer (Steuerklasse V/0)	25,— €
	Jahressolidaritätszuschlag (Steuerklasse V/0)	0,— €
	Jahreskirchensteuer (Steuerklasse V/0)	2,25 €
	Lohnsteuer für die Zeit vom 1.1. bis 30.9.2002	
	25 € × 9 Monate	
	12 Monate	18,75 €
⌧	Lohnsteuer für die Zeit vom 1.1. bis 31.8.2002	12,50 €
	Lohnsteuer für September 2002	6,25 €
	Solidaritätszuschlag für die Zeit vom 1.1. bis 30.9.2002 (9/12 von 0 €)	0,— €
⌧	Solidaritätszuschlag für die Zeit vom 1.1. bis 31.8.2002	0,— €
	Solidaritätszuschlag für September 2002	0,— €
	Kirchensteuer für die Zeit vom 1.1. bis 30.9.2002 (9/12 von 2,25 €)	1,68 €
⌧	Kirchensteuer für die Zeit vom 1.1. bis 31.8.2002	1,12 €
	Kirchensteuer für September 2002	0,56 €

Bei Rückgabe der Lohnsteuerkarte an den Arbeitnehmer **nach Ablauf des Kalenderjahrs** hat der Arbeitgeber Folgendes zu bescheinigen:

Dauer des Dienstverhältnisses:	1.1. bis 31.12.2002
Bruttoarbeitslohn:	885,— €
Lohnsteuer:	18,75 €
Solidaritätszuschlag:	0,— €
Kirchensteuer:	1,68 €

Einen Lohnsteuer-Jahresausgleich darf der Arbeitgeber für den Arbeitnehmer **nicht** durchführen, weil der Arbeitnehmer für das Kalenderjahr nach der Steuerklasse V zu besteuern war (→ *Lohnsteuer-Jahresausgleich durch den Arbeitgeber* Rz. 1629).

Der permanente Lohnsteuer-Jahresausgleich kommt **auch für kurzfristig beschäftigte Arbeitnehmer** in Betracht, bei denen entweder die betraglichen oder zeitlichen Grenzen für eine Pauschalbesteuerung mit 25 % überschritten sind oder es sich nicht um eine Beschäftigung zu einem unvorhergesehenen Zeitpunkt handelt.

In diesen Fällen **muss der Arbeitnehmer** dem Arbeitgeber eine **Lohnsteuerkarte vorlegen** oder – wenn der Arbeitnehmer keine Lohnsteuerkarte vorlegt – die Lohnbesteuerung nach der Steuerklasse VI erfolgen, wobei in beiden Fällen die Steuer für den Tag zu berechnen ist. Infolge der Steuerprogression führt dies regelmäßig zu hohen Steuerabzügen. Wenn jedoch der Arbeitnehmer immer wieder beim gleichen Arbeitgeber aushilft, sollte der Arbeitgeber **gleich zu Beginn des Kalenderjahrs vom Arbeitnehmer eine Lohnsteuerkarte verlangen**. Selbst wenn der Arbeitnehmer noch anderweitig in einem Dienstverhältnis steht und er dort bereits seine (erste) Lohnsteuerkarte abgegeben hat, sollte er sich von der Gemeinde eine Lohnsteuerkarte mit der Steuerklasse VI ausstellen lassen. Der Arbeitnehmer erhält **von der Gemeinde kostenlos** so viele Lohnsteuerkarten mit der Steuerklasse VI, wie er benötigt. Der Arbeitgeber kann nun die Lohnbesteuerung nach dem permanenten Lohnsteuer-Jahresausgleich durchführen.

Beispiel 2:

Ein Arbeitnehmer legt dem Arbeitgeber in Bochum, bei dem er regelmäßig kurzfristig beschäftigt ist, zu Beginn des Kalenderjahrs eine Lohnsteuerkarte mit der Steuerklasse VI vor. Im Mai 2002 erhält der Arbeitnehmer für eine Tätigkeit in der Zeit vom 12.5. bis 14.5.2002 eine Vergütung von 195 €.

Bei Berechnung der Lohnsteuer für den Tag (Steuerklasse VI) müsste der Arbeitgeber folgende Beträge einbehalten:

Lohnsteuer:	(3 × 20,10 €)	60,30 €
Solidaritätszuschlag:	(3 × 1,10 €)	3,30 €
Kirchensteuer (9 %)	(3 × 1,80 €)	5,40 €

Dem Arbeitnehmer könnten also nur 126 € (195 € ∕ 69 €) ausgezahlt werden. Die Steuerbelastung beträgt also insgesamt 35,38 % des Arbeitslohns.

Der Arbeitgeber kann aber den permanenten Lohnsteuer-Jahresausgleich anwenden, weil der Arbeitnehmer eine Lohnsteuerkarte mit der Steuerklasse VI vorgelegt hat, die für den Zeitraum 1.1. bis 11.5.2002 keine Eintragungen enthält. Die Lohnsteuer für den Zeitraum 12. bis 14.5.2002 berechnet sich wie folgt:

Bruttoarbeitslohn 1.1. bis 11.5.2002	0,— €
+ Bruttoarbeitslohn 12. bis 14.5.2002	195,— €
= Insgesamt	195,— €

Umgerechnet auf Jahresarbeitslohn

$\frac{195 \text{ € } \times 360 \text{ Tage}}{134 \text{ Tage}}$

(4 Monate à 30 Tage + 14 Tage im Mai)	523,88 €
Jahreslohnsteuer (Steuerklasse VI/0)	103,— €
Jahressolidaritätszuschlag (Steuerklasse VI/0)	0,— €
Jahreskirchensteuer (Steuerklasse VI/0)	9,27 €

Lohnsteuer für die Zeit vom 1.1. bis 14.5.2002

$\frac{103 \text{ € } \times 134 \text{ Tage}}{360 \text{ Tage}}$

	38,33 €
∕ Lohnsteuer für die Zeit vom 1.1. bis 11.5.2002	0,— €
Lohnsteuer für die Zeit vom 12. bis 14.5.2002	38,33 €

Solidaritätszuschlag für die Zeit vom 1.1. bis 14.5.2002

$\frac{0 \text{ € } \times 134 \text{ Tage}}{360 \text{ Tage}}$

	0,— €
∕ Solidaritätszuschlag für die Zeit vom 1.1. bis 11.5.2002	0,— €
Solidaritätszuschlag für die Zeit vom 12. bis 14.5.2002	0,— €

Kirchensteuer für die Zeit vom 1.1. bis 14.5.2002

$\frac{9,27 \text{ € } \times 134 \text{ Tage}}{360 \text{ Tage}}$

	3,45 €
∕ Kirchensteuer für die Zeit vom 1.1. bis 11.5.2002	0,— €
Kirchensteuer für die Zeit vom 12. bis 14.5.2002	3,45 €

Bei Rückgabe der Lohnsteuerkarte an den Arbeitnehmer nach dem 14.5.2002 hätte der Arbeitgeber Folgendes zu bescheinigen:

–	Dauer des Dienstverhältnisses:	1.1. bis 14.5.2002
–	Bruttoarbeitslohn:	195,— €
–	Lohnsteuer:	38,33 €
–	Solidaritätszuschlag:	0,— €
–	Kirchensteuer:	3,45 €

Behält der Arbeitgeber dagegen die Lohnsteuerkarte und beschäftigt er den Arbeitnehmer im November 2002 nochmals kurzfristig vom 17.11. bis 19.11.2002 für 195 €, so ergibt sich Folgendes (bei Berechnung der Lohnsteuer für den Tag hätte der Arbeitgeber wiederum Lohnsteuer in Höhe von 60,30 €, Solidaritätszuschlag in Höhe von 3,30 € und Kirchensteuer in Höhe von 5,40 € einzubehalten):

Bruttoarbeitslohn 1.1. bis 16.11.2002	195,— €
+ Bruttoarbeitslohn 17.11. bis 19.11.2002	195,— €
= Insgesamt	390,— €

Umgerechnet auf Jahresarbeitslohn

$\frac{390 \text{ € } \times 360 \text{ Tage}}{319 \text{ Tage}}$

(10 Monate à 30 Tage + 19 Tage im November)	440,12 €
Jahreslohnsteuer (Steuerklasse VI/0)	89,— €
Jahressolidaritätszuschlag (Steuerklasse V/0)	0,— €

Jahreskirchensteuer (Steuerklasse V/0)	8,01 €

Lohnsteuer für die Zeit vom 1.1. bis 19.11.2002

$\frac{89 \text{ € } \times 319 \text{ Tage}}{360 \text{ Tage}}$

	78,86 €
∕ Lohnsteuer für die Zeit vom 1.1. bis 16.11.2002	38,33 €
Lohnsteuer für die Zeit vom 17. bis 19.11.2002	40,53 €

Solidaritätszuschlag für die Zeit vom 1.1. bis 19.11.2002

$\frac{0 \text{ € } \times 319 \text{ Tage}}{360 \text{ Tage}}$

	0,— €
∕ Solidaritätszuschlag für die Zeit vom 1.1. bis 16.11.2002	0,— €
Solidaritätszuschlag für die Zeit vom 17. bis 19.11.2002	0,— €

Kirchensteuer für die Zeit vom 1.1. bis 19.11.2002

$\frac{8,01 \text{ € } \times 319 \text{ Tage}}{360 \text{ Tage}}$

	7,09 €
∕ Kirchensteuer für die Zeit vom 1.1. bis 16.11.2002	3,45 €
Kirchensteuer für die Zeit vom 17. bis 19.11.2002	3,64 €

Bei Rückgabe der Lohnsteuerkarte an den Arbeitnehmer nach dem 19.11.2002 hätte der Arbeitgeber Folgendes zu bescheinigen:

–	Dauer des Dienstverhältnisses:	1.1. bis 19.11.2002
–	Bruttoarbeitslohn:	390,— €
–	Lohnsteuer:	78,86 €
–	Solidaritätszuschlag:	0,— €
–	Kirchensteuer:	7,09 €

Bleibt die Lohnsteuerkarte allerdings beim Arbeitgeber und erhält der Arbeitnehmer die Lohnsteuerkarte **erst nach Ablauf des Kalenderjahrs** zurück, so hat der Arbeitgeber Folgendes zu bescheinigen:

–	Dauer des Dienstverhältnisses:	1.1. bis 31.12.2002
–	Bruttoarbeitslohn:	390,— €
–	Lohnsteuer:	78,86 €
–	Solidaritätszuschlag:	0,— €
–	Kirchensteuer:	7,09 €

Einen Lohnsteuer-Jahresausgleich darf der Arbeitgeber für den Arbeitnehmer **nicht durchführen**, weil der Arbeitnehmer für das Kalenderjahr nach der Steuerklasse VI zu besteuern war (siehe → *Lohnsteuer-Jahresausgleich durch den Arbeitgeber* Rz. 1629).

Eine Gegenüberstellung der beiden Verfahren – Berechnung der Lohnsteuer für den Tag und permanenter Lohnsteuer-Jahresausgleich – zeigt, dass die Anwendung des permanenten Lohnsteuer-Jahresausgleichs zu einer wesentlich geringeren Steuerbelastung führt:

	Berechnung der Lohnsteuer für den Tag	Permanenter Lohnsteuer-Jahresausgleich
Arbeitslohn	390,— €	390,— €
Lohnsteuer	120,60 €	78,86 €
Solidaritätszuschlag	6,60 €	0,— €
Kirchensteuer	10,80 €	7,09 €
Steuerbelastung	138,— €	85,95 €
Durchschnittsbelastung	35,38 %	22,03 %

Im Übrigen ist es bei Anwendung des permanenten Lohnsteuer-Jahresausgleichs in den Steuerklassen V und VI **nicht bedeutend, ob die ungekürzte oder gekürzte Vorsorgepauschale zu berücksichtigen ist**; dies gilt auch für einen Wechsel im Laufe des Kalenderjahrs, weil in diesen Steuerklassen keine Vorsorgepauschale eingearbeitet ist.

Pflegeversicherung

0. Geplante rechtliche Änderungen

1879 Das Bundesverfassungsgericht hat am 3.4.2001, BGBl. I 2001 S. 774 zur Vereinbarkeit der Pflegeversicherung mit dem Grundgesetz Stellung genommen. Bemängelt wurden hauptsächlich der begrenzte Zugang zur Pflegeversicherung und die Benachteiligung von Eltern auf der Beitragsseite.

Konkret war einem Behinderten auf Grund der gesetzlichen Rahmenbedingungen der Zugang zur Pflegeversicherung verwehrt. Der Verfassungsbeschwerde wurde stattgegeben, weil dies gegen den allgemeinen Gleichheitsgrundsatz verstoße. Dem Gesetzgeber wurde aufgegeben, bis zum 31.12.2001 eine entsprechende Regelung zu schaffen. Da sich bis zum Redaktionsschluss kein neuer Stand ergab, informieren wir Sie weiter über unseren aktuellen Informationsdienst (siehe Benutzerhinweise auf Seite IV).

Da die Pflegeversicherung im Besonderen ein Risiko abdeckt, das maßgeblich vom Älterwerden der Versicherten abhängt, werden Versicherte ohne Kinder bei der Beitragsbemessung begünstigt. Die heutigen Regelungen dürfen längstens bis zum 31.12.2004 weiter angewandt werden. Danach ist eine Neuregelung erforderlich. Bei der Bemessung dieser Übergangszeit hat das Bundesverfassungsgericht berücksichtigt, dass diese Entscheidung durchaus auch Auswirkungen auf die Kranken- und Rentenversicherung haben kann.

1. Allgemeines

1880 Seit dem 1.1.1995 gibt es die Pflegeversicherung als **eigenständigen Zweig des Sozialversicherungsrechts** (geregelt im SGB XI). Die Pflegeversicherung soll die Versorgung Pflegebedürftiger gewährleisten und entstehende Belastungen für die von der Pflegebedürftigkeit Betroffenen dämpfen. Die Leistungen wurden in zwei Stufen eingeführt, und zwar seit 1.4.1995 Leistungen bei **häuslicher Pflege** und seit 1.7.1996 Leistungen bei **stationärer Pflege**.

Die **Krankenkasse** fungiert **als Einzugsstelle** insbes. der Pflegeversicherungsbeiträge, die der Arbeitgeber wie die Lohnsteuer und die übrigen Sozialversicherungsbeiträge abführen muss. Der **Arbeitgeber** ist hinsichtlich des Arbeitgeber- und des Arbeitnehmeranteils **Beitragsschuldner** der Pflegekasse.

2. Zuständige Pflegekasse

1881 Die Pflegeversicherung wird für Versicherungspflichtige bei der Pflegekasse durchgeführt, die bei der **Krankenkasse** errichtet ist, die auch die Krankenversicherung durchführt (→ *Krankenkassenwahlrecht* Rz. 1407).

Bei einem Wechsel der Krankenkasse wechselt somit auch die zuständige Pflegekasse.

Fehlt es an einer eigenständigen Mitgliedschaft in der Krankenversicherung, ist die Pflegekasse zuständig, die bei der Krankenkasse errichtet ist, die die Leistungen auftragsweise gewährt. Sofern sich hiernach keine Zuständigkeit ergibt, kann der Versicherte die Pflegekasse wählen, der er bei Versicherungspflicht in der Krankenversicherung oder bei einer freiwilligen Versicherung angehören würde (→ *Krankenkassenwahlrecht* Rz. 1407).

Die gewählte Pflegekasse darf die Mitgliedschaft nicht ablehnen.

Die Familienversicherung führt die Pflegekasse durch, bei der auch das Mitglied versichert ist.

Weiterversicherte in der Pflegeversicherung gehören der Kasse an, bei der zuletzt die Mitgliedschaft bestanden hat.

3. Versicherter Personenkreis

1882 Die Versicherungspflicht in der sozialen Pflegeversicherung erstreckt sich auf **alle Personen, die Mitglieder der gesetzlichen Krankenversicherung sind**. Unerheblich ist, ob es sich um eine Pflichtversicherung oder eine freiwillige Versicherung handelt. Daneben sind auch die **familienversicherten** Ehegatten und Kinder in den Schutz der sozialen Pflegeversicherung eingeschlossen. Da die Pflegeversicherung in vielen Details den Regelungen der Krankenversicherung folgt, gilt der Grundsatz „Pflegeversicherung folgt Krankenversicherung" (→ *Krankenversicherung: gesetzliche* Rz. 1420).

Privat krankenversicherte Personen sind verpflichtet, einen gleichwertigen privaten Pflegeversicherungsschutz bei einem privaten Versicherungsunternehmen abzuschließen.

a) Beschäftigte

1883 Soweit auf Grund der Beschäftigung Versicherungspflicht in der Krankenversicherung (→ *Krankenversicherung: gesetzliche* Rz. 1420) besteht, gilt dies auch für die Pflegeversicherung. Andererseits sind versicherungsfreie oder von der Krankenversicherung befreite Arbeitnehmer grundsätzlich nicht in den Schutz der sozialen Pflegeversicherung einbezogen. Zu prüfen ist, ob ggf. im Rahmen der Familienversicherung Schutz in der sozialen Pflegeversicherung besteht, z.B. bei versicherungsfreien geringfügig Beschäftigten.

b) Freiwillig Krankenversicherte

1884 Alle in der gesetzlichen Krankenversicherung freiwillig Versicherten **sind in die soziale Pflegeversicherung als Pflichtversicherte einbezogen**. Dabei ist ohne Bedeutung, auf welcher Rechtsgrundlage die freiwillige Krankenversicherung zu Stande gekommen ist und ob die freiwillige Krankenversicherung satzungsgemäße Leistungsbeschränkungen vorsieht.

c) Ausschluss der Versicherungspflicht in der Pflegeversicherung

1885 Bei Personen, die mindestens in den letzten zehn Jahren weder in der Kranken- noch in der Pflegeversicherung versichert waren, wird bei Aufnahme einer **Beschäftigung von untergeordneter wirtschaftlicher Bedeutung** gesetzlich vermutet, dass eine versicherungspflichtige Beschäftigung oder selbständige Tätigkeit nicht vorliegt. Damit tritt keine Versicherungspflicht ein, die ggf. zu einem Leistungsbezug berechtigen könnte. Dies gilt insbesondere bei Beschäftigungen unter Familienangehörigen (→ *Angehörige* Rz. 108). Die gesetzliche Vermutung des Ausschlusses der Versicherungspflicht kann durch geeignete Beweismittel widerlegt werden.

Mit dieser Regelung wird den Pflegekassen ein Instrument zur Missbrauchsvermeidung – insbesondere bei Beschäftigungen unter Familienangehörigen – in Form einer gesetzlichen Beweislastumkehr an die Hand gegeben.

d) Sonstige Personen

1886 Versicherungspflicht in der sozialen Pflegeversicherung besteht auch für

– Vorruhestandsgeldbezieher (sofern sie unmittelbar vor Beginn des Vorruhestandes versicherungspflichtig waren und das Vorruhestandsgeld mindestens in Höhe von 65 % des früheren Bruttoarbeitsentgelts gezahlt wird),

– Leistungsempfänger nach dem Dritten Buch Sozialgesetzbuch (SGB III) unter Berücksichtigung der Sperrfrist,

– Landwirte, mitarbeitende Familienangehörige (→ *Angehörige* Rz. 108) und Altenteiler,

– Künstler und Publizisten,

– Jugendliche, Rehabilitanden, Behinderte,

– Rentner, Rentenantragsteller,

– Personen mit Wohnsitz oder gewöhnlichem Aufenthalt in der Bundesrepublik Deutschland, die einen Anspruch auf Heil- oder Krankenbehandlung nach dem Bundesversorgungsgesetz (BVG) haben und weder gesetzlich noch privat versichert sind.

In die Versicherungspflicht werden nicht nur die Beschäftigten, sondern auch deren Hinterbliebene einbezogen, sofern sie Anspruch auf Krankenbehandlung haben und nicht durch die Familienversicherung geschützt sind.

Für Soldaten auf Zeit besteht dann Versicherungspflicht in der sozialen Pflegeversicherung, wenn sie weder gesetzlich noch privat versichert sind. Dies gilt auch dann noch, wenn der Soldat aus dem Dienstverhältnis ausscheidet, aber Übergangsgebührnisse erhält.

Einbezogen in die soziale Pflegeversicherung sind darüber hinaus noch weitere Personen, die hier jedoch gänzlich außer Betracht bleiben können.

e) Familienversicherung

1887 Für **Familienangehörige eines Mitgliedes** besteht in der sozialen Pflegeversicherung unter den gleichen Voraussetzungen wie in der Krankenversicherung Anspruch auf beitragsfreie Versicherung. Bei der Prüfung der Frage, ob das Gesamteinkommen des Familienangehörigen 1/7 der monatlichen Bezugsgröße (→ *Bezugsgröße* Rz. 604) übersteigt, bleibt ein evtl. gezahltes Pflegegeld aus der Pflegeversicherung unberücksichtigt. Das gilt auch für eine eventuelle finanzielle Anerkennung, die ein Pflegebedürftiger der Pflegeperson zahlt, wenn der Betrag das dem Umfang der Pflegetätigkeit entsprechende Pflegegeld nicht übersteigt. Das sind in der Pflegestufe I = 205 €, in der Pflegestufe II = 410 € und in der Pflegestufe III = 665 €.

Die Familienversicherung bleibt bei Kindern, die auf Grund gesetzlicher Verpflichtung mehr als drei Tage Wehr- oder Zivildienst leisten oder die im Rahmen einer besonderen Auslandsverwendung i.S. des Soldatengesetzes freiwillig Wehrdienst leisten, für die Dauer des Dienstes bestehen.

f) Versicherungspflicht in der privaten Pflegeversicherung

1888 An der Durchführung der Pflegeversicherung sind neben den gesetzlichen Krankenkassen auch die privaten Krankenversicherungsunternehmen beteiligt, um das **Ziel** einer **weitgehend lückenlosen Absicherung gegen das Risiko der Pflegebedürftigkeit** zu erreichen. Deshalb haben Personen, die bei einem privaten Krankenversicherungsunternehmen mit Anspruch auf allgemeine Krankenhausleistungen versichert sind, zur Absicherung des Risikos der Pflegebedürftigkeit für sich und ihre Familienangehörigen einen Versicherungsvertrag abzuschließen. Eine private Zusatz- oder Krankenhaustagegeldversicherung löst hingegen diese Versicherungspflicht nicht aus.

Personen, die nach beamtenrechtlichen Vorschriften oder Grundsätzen bei Pflegebedürftigkeit Anspruch auf **Beihilfe** haben, sind zum Abschluss eines „beihilfekonformen" Versicherungsvertrages verpflichtet, wenn sie nicht nach anderen Vorschriften pflegeversichert sind. Dies gilt auch für Heilfürsorgeberechtigte, die nicht in der sozialen Pflegeversicherung versichert sind (z.B. Polizeivollzugsbeamte im Bundesgrenzschutz, Berufssoldaten), sowie für Beamte der Unternehmen der ehemaligen Deutschen Bundespost und des Bundeseisenbahnvermögens, soweit sie Mitglieder der Postbeamtenkrankenkasse oder der Krankenversorgung der Bundesbahnbeamten sind.

4. Befreiung von der Versicherungspflicht

a) Freiwillige Mitglieder gesetzlicher Krankenkassen

1889 Freiwillige Mitglieder der gesetzlichen Krankenkassen können sich von der Versicherungspflicht in der sozialen Pflegeversicherung befreien lassen, wenn sie einen gleichwertigen privaten Pflegeversicherungsschutz nachweisen. Dieser Nachweis ist auch für die Angehörigen zu führen, wenn diese ansonsten im Rahmen der Familienversicherung Leistungen beanspruchen könnten. Die Leistungen aus der privaten Pflegeversicherung müssen in Art und Umfang denen der sozialen Pflegeversicherung entsprechen.

b) Beihilfeberechtigte

1890 Personen, die im Falle der Pflegebedürftigkeit Beihilfeleistungen erhalten (z.B. Beamte), sind **zum Abschluss einer entsprechenden anteiligen Versicherung verpflichtet**, mit der die durch die Behilfeleistungen nicht gedeckten Aufwendungen ergänzt werden (Restkostenversicherung). Beihilfeleistungen und Versicherungsleistungen müssen zusammen den Leistungen der sozialen Pflegeversicherung entsprechen und ggf. auch die Leistungsansprüche für Familienangehörige in dem Umfang einschließen, wie die soziale Pflegeversicherung sie im Rahmen der Familienversicherung vorsieht.

c) Antragstellung

1891 Der Antrag auf Befreiung von der Versicherungspflicht in der sozialen Pflegeversicherung kann nur **innerhalb von drei Monaten nach Beginn der Versicherungspflicht** gestellt werden. Fällt der letzte Tag dieser Antragsfrist auf einen Samstag, Sonntag oder arbeitsfreien Feiertag, verlängert sich die Frist auf den nächstfolgenden Werktag.

Beispiel:

Beginn der Beschäftigung und Eintritt der Versicherungspflicht:	1.2.1997
Ende der Versicherungspflicht wegen Überschreitens der Jahresarbeitsentgeltgrenze:	31.12.2001
Weiterversicherung als freiwilliges Mitglied in der gesetzlichen Krankenversicherung zum:	1.1.2002
Beginn der Antragsfrist:	1.1.2002
Ende der Antragsfrist:	2.4.2002

Die Befreiung wirkt vom Beginn der Versicherungspflicht an, wenn seit diesem Zeitpunkt keine Leistungen in Anspruch genommen wurden, ansonsten vom Beginn des Kalendermonates an, der auf die Antragstellung folgt.

Eine einmal ausgesprochene **Befreiung** von der sozialen Pflegeversicherung **kann nicht widerrufen werden**. Die Befreiung gilt für die Dauer der freiwilligen Mitgliedschaft in der gesetzlichen Krankenversicherung. Die Befreiung verliert ihre Wirkung, wenn auf Grund anderer Vorschriften wiederum Versicherungspflicht in der sozialen Pflegeversicherung oder Familienversicherung einsetzt. Ohne Wirkung bleibt ein **Arbeitgeberwechsel**, wenn die freiwillige Krankenversicherung nahtlos fortbesteht. Dies gilt auch dann, wenn mit dem Arbeitgeberwechsel verbunden eine neue Krankenkasse gewählt wird.

Der Antrag auf Befreiung ist bei der Pflegekasse zu stellen, die bei der Krankenkasse errichtet ist, die die freiwillige Mitgliedschaft durchführt.

d) Zukunftsverpflichtung

1892 Für Personen, die wegen des Abschlusses eines privaten Versicherungsvertrages von der sozialen Pflegeversicherung befreit sind, besteht die in die Zukunft wirkende Verpflichtung, den privaten Versicherungsschutz für die Dauer der Befreiung und im erforderlichen Umfang aufrechtzuerhalten. Diese Verpflichtung überwachen die privaten Versicherungsunternehmen; ggf. wird das Bundesversicherungsamt informiert. Wer vorsätzlich oder leichtfertig dieser Verpflichtung zur Aufrechterhaltung seines Versicherungsvertrages nicht nachkommt, handelt ordnungswidrig.

e) Weiterversicherung

1893 Wie in der gesetzlichen Krankenversicherung haben Personen,

– die **aus der Versicherungspflicht ausscheiden** oder

– deren **Familienversicherung erlischt,**

die Möglichkeit, die soziale Pflegeversicherung auf Antrag freiwillig fortzusetzen, vorausgesetzt, es tritt keine Versicherungspflicht bei einem privaten Krankenversicherungsunternehmen ein und eine Vorversicherungszeit wird nachgewiesen.

Gefordert wird, dass entweder

– in den letzten fünf Jahren vor dem Ausscheiden mindestens 24 Monate oder

– unmittelbar vor dem Ausscheiden mindestens zwölf Monate

ein Versicherungsverhältnis in der sozialen Pflegeversicherung bestanden hat.

Als **Vorversicherungszeiten** werden angerechnet Zeiten der Versicherungspflicht, der Weiterversicherung sowie der Familienversicherung in der sozialen Pflegeversicherung. Reichen die für die Feststellung der Vorversicherungszeiten zu berücksichtigenden Zeiträume bis zur Zeit vor In-Kraft-Treten des Pflegeversicherungs-Gesetzes nicht, können – fiktiv – Zeiten berücksichtigt werden, wenn die Pflegeversicherung seinerzeit schon bestanden hätte.

Keine Vorversicherungszeit wird gefordert für Personen, die aus der Familienhilfe ausscheiden oder für Neugeborene, deren Familienversicherung wegen der Höhe der Einkünfte des Mitgliedes nicht zu Stande kommt.

Für den **Antrag** auf Weiterversicherung gilt eine **Frist von drei Monaten.**

Das Recht der Weiterversicherung steht auch Personen zu, die wegen **Verlegung ihres Wohnsitzes** oder gewöhnlichen Aufenthalts **ins Ausland** aus der Versicherungspflicht ausscheiden. Nach der BT-Drucksache 12/5262 soll das Recht der Weiterversicherung auch **Grenzgängern** eingeräumt werden, die im Ausland wohnen, in Deutschland aber beschäftigt sind, wenn ihre Versicherungspflicht bei Aufgabe der Beschäftigung in Deutschland endet. Die Weiterversicherung umfasst auch die versicherten **Familienangehörigen**, die gemeinsam **mit dem Mitglied** ihren Wohnsitz oder gewöhnlichen Aufenthaltsort **ins Ausland** verlegen. Verbleibt der Familienangehörige im Inland, endet die Familienversicherung mit dem Tag, an dem das Mitglied seinen Wohnsitz oder gewöhnlichen Aufenthalt ins Ausland verlegt.

Ein **Antrag** auf Weiterversicherung ist hier **innerhalb eines Monats** zu stellen.

5. Meldungen

a) Versicherte einer Krankenkasse

1894 Die Meldung zur gesetzlichen Krankenversicherung schließt die Meldung zur sozialen Pflegeversicherung ein. Seit dem 1.1.1999 ist die Versicherungspflicht/-freiheit in der Pflegeversicherung durch die vierte Stelle in dem Beitragsgruppenschlüssel besonders zu kennzeichnen. Bei freiwilligen Mitgliedern einer Krankenkasse gilt die Beitrittserklärung zur Krankenversicherung auch als Meldung zur Pflegeversicherung (→ *Meldungen für Arbeitnehmer in der Sozialversicherung* Rz. 1699).

b) Sonstige Versicherte

1895 Für die sonstigen Versicherten (vgl. → Rz. 1886) haben die leistungsgewährenden, betreuenden Stellen die Meldung zur Pflegeversicherung zu erstatten.

6. Beiträge

1896 Das Beitragsrecht zur sozialen Pflegeversicherung entspricht grundsätzlich dem der Krankenversicherung. Beiträge zur sozialen Pflegeversicherung werden von dem Bemessungsentgelt erhoben, von dem auch die Beiträge zur Krankenversicherung berechnet werden. Dies schließt auch die Beitragsbemessungsgrenze in der Krankenversicherung als Obergrenze ein. Für 2002 beträgt die Beitragsbemessungsgrenze bundeseinheitlich:

Zeitraum	
Jahr	40 500,— €
Monat	3 375,— €
Woche	787,50 €
Kalendertag	112,50 €

Bei freiwillig Versicherten werden die Einnahmen zum Lebensunterhalt als Bemessungsgrundlage herangezogen, Beiträge jedoch mindestens in Höhe der auch für die Krankenversicherung geltenden Untergrenze von 781,67 € erhoben. Für freiwillig versicherte selbständig Tätige sind Beiträge aus den Einnahmen bis zur Beitragsbemessungsgrenze, mindestens aber nach dem 40. Teil der Bezugsgröße (1 758,75 €) zu zahlen.

a) Beitragssatz

1897 Der Beitragssatz zur sozialen Pflegeversicherung beträgt **bundeseinheitlich 1,7 %.**

Personen, die nach beamtenrechtlichen Vorschriften oder Grundsätzen bei Krankheit und Pflegebedürftigkeit Anspruch auf **Beihilfe** oder Heilfürsorge haben, zahlen infolge der Halbierung ihrer Leistungsansprüche nur den halben Beitragssatz, erhalten aber auch keinen Beitragszuschuss (→ *Beitragszuschuss zur Pflegeversicherung* Rz. 509). **Hierzu gehören insbesondere:**

– die Beamten, Richter, Soldaten auf Zeit sowie Berufssoldaten,

– sonstige Beschäftigte des Bundes, der Länder, eines Gemeindeverbandes, einer Gemeinde,

– Beschäftigte von öffentlich-rechtlichen Körperschaften, Anstalten und Stiftungen oder Verbänden öffentlich-rechtlicher Körperschaften oder deren Spitzenverbänden,

– Geistliche der als öffentlich-rechtliche Körperschaften anerkannten Religionsgemeinschaften,

– Pensionäre sowie

– Soldaten auf Zeit.

Der „halbe" Beitragssatz ist auch anzuwenden bei:

– beschäftigten Beamtenwitwen/-witwern,

– Vollwaisen von Beamten sowie

– versicherungspflichtigen Rentnern, wenn sie nach beamtenrechtlichen Vorschriften oder Grundsätzen bei Krankheit und Pflege einen **eigenen Anspruch** auf Beihilfe haben.

Dies gilt entsprechend auch für die versicherungspflichtigen Altenteiler und Bezieher von Produktionsaufgaberente oder Ausgleichsgeld.

b) Beitragsfreiheit

aa) Beitragsfreiheit kraft Gesetzes

1898 In weitgehender Anlehnung an das Recht der Krankenversicherung besteht Beitragsfreiheit in der sozialen Pflegeversicherung bei

• Familienangehörigen für die Dauer der Familienversicherung,

• Rentenantragstellern vom Zeitpunkt der Rentenantragstellung bis zum Beginn der Rente einschließlich einer Rente nach dem Gesetz über die Alterssicherung der Landwirte für

– den hinterbliebenen Ehegatten eines Rentners, der bereits Rente bezogen hat, wenn Hinterbliebenenrente beantragt wird,

– die Waise eines Rentners, der bereits Rente bezogen hat, vor Vollendung des 18. Lebensjahres; dies gilt auch für Waisen, deren verstorbener Elternteil eine Rente nach dem Gesetz über die Alterssicherung der Landwirte bezogen hat,

– den hinterbliebenen Ehegatten eines Rentenbeziehers nach dem Gesetz über die Alterssicherung der Landwirte, wenn die Ehe vor Vollendung des 65. Lebensjahres des Verstorbenen geschlossen wurde,

– den hinterbliebenen Ehegatten eines Beziehers von Landabgabenrente.

Die Beitragsfreiheit tritt nicht ein, wenn der Rentenantragsteller eine eigene Rente, Arbeitsentgelt, Arbeitseinkommen oder Versorgungsbezüge erhält.

Beitragsfrei sind **auch** Versicherte für die Dauer des Bezuges von Mutterschaftsgeld oder Erziehungsgeld. Dabei erstreckt sich die Beitragsfreiheit jedoch nur für die beiden genannten Leistungen, nicht aber auf sonstige Bezüge wie Arbeitsentgelt, sonstige Renten oder Versorgungsbezüge. Bei Krankengeldbezug sind vom Zahlbetrag des Krankengeldes gleichfalls Beiträge zu entrichten.

bb) Beitragsfreiheit auf Antrag

1899 In der sozialen Pflegeversicherung tritt Beitragsfreiheit auf Antrag ein, wenn

- sich das Mitglied auf nicht absehbare Dauer in stationärer Pflege befindet,
- keine Familienangehörigen in die Familienversicherung einbezogen sind und
- eine der folgenden Entschädigungsleistungen bezogen wird:
  - Leistungen nach § 34 Beamten-Versorgungsgesetz, die ein Beamter, Richter oder Soldat erhält, der auf Grund eines Dienstunfalles pflegebedürftig ist, oder
  - Leistungen der Anstaltspflege, die der Unfallversicherungsträger nach Eintritt eines Arbeitsunfalles erbringt, oder
  - Leistungen der stationären Pflege nach dem Bundesversorgungsgesetz in Form der Übernahme der Kosten für Unterkunft, Verpflegung und Betreuung einschließlich der notwendigen Pflege unter Anrechnung der Versorgungsbezüge.

Gleiches gilt bei Bezug entsprechender Leistungen nach den Gesetzen, die eine Anwendung des Bundesversorgungsgesetzes vorsehen.

Die Beitragsfreiheit kann unter Beifügung geeigneter Nachweise formlos auch rückwirkend beantragt werden.

7. Beitragszuschuss

1900 Freiwillig krankenversicherte Arbeitnehmer, die in der Pflegeversicherung kraft Gesetzes pflichtversichert sind oder bei einem privaten Krankenversicherungsunternehmen versicherte Arbeitnehmer, die nach den Vorschriften des Pflegeversicherungsgesetzes verpflichtet sind, eine private Pflegeversicherung abzuschließen, erhalten von ihrem Arbeitgeber nach § 61 Abs. 1 Satz 1 SGB XI einen Zuschuss zu ihrem Pflegeversicherungbeitrag; weitere Einzelheiten → *Beitragszuschuss zur Pflegeversicherung* Rz. 509.

8. Beitragserstattung

1901 Zu Unrecht entrichtete Beiträge zur Pflegeversicherung sind grundsätzlich zu erstatten. Für die Erstattung dieser Pflegeversicherungsbeiträge ist die Pflegekasse zuständig. Zu weiteren Einzelheiten siehe → *Beitragserstattung* Rz. 481.

9. Soziale Sicherung der Pflegepersonen

1902 **Pflegebedürftig** ist, wer wenigstens Leistungen der Pflegeversicherung nach Stufe I bezieht.

Pflegeperson ist, wer

- einen Pflegebedürftigen nicht erwerbsmäßig pflegt,
- die Pflege in der häuslichen Umgebung leistet und
- wenigstens 14 Stunden wöchentlich Pflege leistet.

Wird die Pflegetätigkeit von Angehörigen, Verwandten, Freunden oder Nachbarn übernommen, besteht, ungeachtet der Höhe einer finanziellen Anerkennung oder Zuwendung, die der Pflegebedürftige an die Pflegeperson leistet, die widerlegbare Vermutung einer nicht erwerbsmäßigen Pflegetätigkeit. Dies gilt auch, wenn die Pflegetätigkeit von anderen Personen übernommen wird und die Zuwendung nicht den Betrag des nach der Pflegebedürftigkeit bemessenen Pflegegeldes übersteigt. Dies sind in der

Pflegestufe I	205 € mtl.
Pflegestufe II	410 € mtl.
Pflegestufe III	665 € mtl.

Die genannten Beträge bezeichnen **keine absoluten Grenzwerte**. Werden sie im Einzelfall überschritten, ist zu prüfen, ob dennoch die Pflegetätigkeit nicht erwerbsmäßig ausgeübt wird.

Die o.a. Werte gelten auch dann, wenn der Pflegebedürftige statt des Pflegegeldes die Kombinationsleistung oder die Pflegesachleistung gewählt hat.

Soweit mehrere Pflegepersonen einen Pflegebedürftigen betreuen, ist das dem Umfang der jeweiligen Pflegetätigkeit entsprechende Pflegegeld anteilig zu berücksichtigen.

a) Versicherungspflicht in der Rentenversicherung

Die Rentenversicherungspflicht **beginnt** grundsätzlich mit dem **1903** Tag, an dem der Pflegebedürftige Leistungen nach dem Pflegeversicherungs-Gesetz beantragt, frühestens jedoch zu dem Zeitpunkt, zu dem die Voraussetzungen für die Versicherungspflicht vorliegen. Wird der Antrag später als einen Monat nach Eintritt der Pflegebedürftigkeit gestellt, beginnt die Versicherungspflicht frühestens mit Beginn des Monats der Antragstellung. Der Eintritt der Versicherungspflicht löst gleichzeitig auch die **Beitragszahlpflicht der Pflegekasse** aus. Für die Durchführung der Versicherungspflicht benötigt die Pflegekasse die persönlichen Daten des Pflegenden.

Die **Voraussetzungen für den Eintritt der Versicherungspflicht** sind im Einzelnen:

- die Pflege eines Pflegebedürftigen,
- die nicht erwerbsmäßige Pflege,
- der Umfang der Pflegetätigkeit von wöchentlich regelmäßig 14 Stunden,
- die Pflege in der häuslichen Umgebung und
- der Anspruch des Pflegebedürftigen auf Leistungen aus der sozialen oder privaten Pflegeversicherung. Dabei kommen als Leistungen das Pflegegeld, die Kombinationsleistung und die Tages- und Nachtpflege in Betracht. Auch bei Gewährung von Pflegesachleistungen insbesondere bei den Stufen II und III kann zusätzlicher Pflegebedarf durch nicht erwerbsmäßige Pflegetätigkeit bestehen.

Teilen sich mehrere Personen die Pflegetätigkeit, werden sie jeweils für sich selbst in der Rentenversicherung versichert, wenn jede Person die Voraussetzungen erfüllt (z.B. 14 Stunden Pflegetätigkeit).

Die Versicherungspflicht in der Rentenversicherung für Pflegende ist **nicht dadurch ausgeschlossen**, dass Versicherungspflicht auch noch nach anderen Vorschriften besteht, z.B. auf Grund einer Beschäftigung, so dass zeitgleiche Mehrfachversicherungen möglich sind. Nicht erwerbsmäßig Pflegende sind jedoch nur dann in die Rentenversicherung einbezogen, wenn sie daneben regelmäßig nicht mehr als 30 Stunden wöchentlich beschäftigt oder selbständig tätig sind.

Nicht erwerbsmäßig tätige Pflegepersonen bleiben in der Rentenversicherung dann versicherungsfrei, wenn sie nach sonstigen, allgemeinen Voraussetzungen nicht in der Rentenversicherung versichert sind. Das gilt insbesondere, wenn sie

- eine Vollrente wegen Alters beziehen,
- nach beamtenrechtlichen Vorschriften oder Grundsätzen oder entsprechenden kirchenrechtlichen Regeln oder nach den Regeln berufsständischer Versorgungseinrichtungen eine Versorgung wegen Erreichens der Altersgrenze beziehen oder die in der Gemeinschaft übliche Versorgung im Alter erhalten oder
- bis zur Vollendung des 65. Lebensjahres nicht versichert waren oder nach Vollendung des 65. Lebensjahres eine Beitragserstattung aus ihrer Versicherung erhalten haben.

Personen, die auf ihren Antrag hin **von der Versicherungspflicht in der Rentenversicherung befreit** worden sind (§ 6 SGB VI), unterliegen gleichwohl der Versicherungspflicht auf Grund einer nicht erwerbsmäßigen Pflegetätigkeit, wenn die übrigen Voraussetzungen gegeben sind. Dies gilt auch für selbständig Tätige, die am 31.12.1991 in den neuen Bundesländern auf Grund eines Versicherungsvertrages von der Rentenversicherung befreit waren.

Gleiches gilt für

– Angestellte, die im Zusammenhang mit der Erhöhung oder dem Wegfall des Jahresarbeitsentgeltgrenze,

– Handwerker,

– Empfänger von Versorgungsbezügen,

die von der Rentenversicherung befreit waren. Durch eine nicht erwerbsmäßige Pflegetätigkeit erwerben sie Versicherungspflichtzeiten in der Rentenversicherung.

Die **Versicherungspflicht endet**, wenn eine der o.a. Voraussetzungen entfällt. Auch die Unterbrechung der Pflegetätigkeit (z.B. durch Urlaub oder Erkrankung des Pflegenden) beendet zunächst die Versicherungpflicht. Dies gilt jedoch dann nicht, wenn die Unterbrechung durch eine stationäre Krankenhausbehandlung oder Rehabilitationsmaßnahme des Pflegebedürftigen begründet ist und das Pflegegeld weitergezahlt wird.

b) Zuständiger Rentenversicherungsträger

1904 Durchgeführt wird die Versicherung von dem Rentenversicherungsträger, bei dem die Pflegeperson

– zuletzt versichert war oder

– derzeit versichert ist.

Sind vor Beginn der Versicherungspflicht auf Grund einer nicht erwerbsmäßigen Pflegetätigkeit keine Beiträge zur gesetzlichen Rentenversicherung entrichtet worden, ist die Bundesversicherungsanstalt für Angestellte zuständig, es sei denn, es wird ein Träger der Rentenversicherung der Arbeiter gewählt. Dieses Wahlrecht besteht nur einmal.

c) Beiträge

1905 Die beitragspflichtige Bemessungsgrundlage (Ausgangswert) bestimmt sich bei Pflegepersonen nach dem pflegerischen Aufwand. Dabei wird nicht nur auf die jeweilige Stufe der Pflegebedürftigkeit abgestellt, sondern zusätzlich innerhalb der Stufen nach dem zeitlichen Aufwand differenziert. Damit wird der unterschiedlichen Belastung der Pflegenden Rechnung getragen.

Der Ausgangswert für die Berechnung der Beiträge wird in Vomhundertsätzen der Bezugsgröße festgesetzt. Dabei ist der Ort, an dem die Pflegetätigkeit geleistet wird, entscheidend für die Bestimmung der Bezugsgröße nach dem Rechtskreis Ost oder West. Der Wohnort des Pflegenden ist hierbei ohne Bedeutung.

Die nachfolgende **Tabelle** gibt einen **Überblick** über die Ausgangswerte und die Differenzierungen nach dem jeweiligen Pflegebedarf:

Bezugsgröße West 2002 = 2 345,— € monatlich

Bezugsgröße Ost 2002 = 1 960,— € monatlich

Pflege-stufe		ergibt Bemessungs-grundlage (2004) in €		Ausgangs-wert in % der Be-zugsgröße	ergibt mtl. Beiträge in € vom 1.1.– 31.12.2002	
		West	Ost		West	Ost
I	14 Std.	625,33	522,67	26,6667	119,44	99,83
II	14 Std.	833,78	696,89	35,5555	159,25	133,11
	21 Std.	1 250,67	1 045,33	53,3333	238,88	199,66
III	14 Std.	938,—	784,—	40	179,16	149,74
	21 Std.	1 407,—	1 176,—	60	268,74	224,62
	28 Std.	1 876,—	1 568,—	80	358,32	299,49

Die Beiträge werden ohne Beteiligung des Versicherten von der Pflegekasse alleine getragen.

d) Unfallversicherungsschutz

1906 Pflegepersonen sind während ihrer pflegerischen Tätigkeit in den Schutz der gesetzlichen Unfallversicherung einbezogen; dies schließt Arbeitsunfälle, Wegeunfälle und Berufskrankheiten ein.

Versichert sind die Pflegetätigkeiten im Bereich der Körperpflege und – soweit diese Verrichtungen überwiegend dem Pflegebedürftigen zugute kommen – in den Bereichen der Ernährung, Mobilität und der hauswirtschaftlichen Versorgung.

Zuständig für die Durchführung der Unfallversicherung sind die Gemeinden und Gemeindeunfallversicherungsverbände.

Praktikanten

1. Arbeitsrecht

a) Begriff

1907 Praktikant ist üblicherweise, wer sich **im Rahmen einer Gesamtausbildung einer betrieblichen Tätigkeit und Ausbildung** (keine systematische Berufsausbildung) unterzieht, weil dies für die Zulassung zum Studium, zu einer Prüfung oder zu anderen Zwecken erforderlich ist. Das Praktikantenverhältnis ist nur von vorübergehender Dauer.

b) Abgrenzung zu ähnlichen Vertragsformen

aa) Abgrenzung Arbeitsverhältnis

1908 Grundsätzlich ist auch der **Praktikant Arbeitnehmer**. Das Praktikantenverhältnis unterscheidet sich allerdings vom normalen Arbeitsverhältnis dadurch, dass beim Praktikanten die **Ausbildung im Vordergrund** der Vertragsbeziehungen steht, während das Arbeitsverhältnis in erster Linie den reinen Austausch der Arbeitsleistung gegen Arbeitsvergütung zum Inhalt hat.

bb) Abgrenzung zum Ausbildungsverhältnis

1909 Das normale Berufsausbildungsverhältnis nach dem Berufsbildungsgesetz unterscheidet sich vom Praktikantenvertrag dadurch, dass im Berufsausbildungsverhältnis die Ausbildung nach der vorgegebenen Berufsausbildungsordnung für einen **anerkannten Ausbildungsberuf bis zum Prüfungsabschluss erfolgt.**

cc) Abgrenzung zum Werkstudenten

1910 Studenten nehmen häufig während der Semesterferien und auch während des Studiums eine Tätigkeit als Werkstudent (→ *Studenten Rz. 2350*) auf, insbesondere um ihr Studium zu finanzieren. Derartige Werkstudenten-Arbeitsverhältnisse sind arbeitsrechtlich als **normale Arbeitsverhältnisse** einzuordnen; es handelt sich nicht um Praktikantenverträge. Die Werkstudentenverträge sind lediglich unter bestimmten Voraussetzungen bei der Sozialversicherung privilegiert.

dd) Abgrenzung zum Schülerpraktikum

1911 In den letzten Jahren hat sich ein Betriebspraktikum für Schüler (→ *Schüler Rz. 2201*) verstärkt herausgebildet. Ein derartiges Betriebspraktikum hat den Zweck, einen Schüler und angehenden Auszubildenden/Arbeitnehmer mit dem praktischen Arbeits- und Berufsleben vertraut zu machen, und zwar noch vor dem Schulabschluss. Für die Durchführung derartiger Betriebspraktika für Schüler im Rahmen der Schulausbildung bestehen in den meisten Bundesländern Richtlinien und Erlasse. Bei den Betriebspraktika im vorgenannten Sinne handelt es sich nicht um arbeitsrechtlich relevante Praktikantenverhältnisse, sondern um eine schulische Ausbildung im Rahmen einer Schulveranstaltung in den Betrieben.

Praktikanten

c) Hochschul- und Fachhochschulpraktikanten

1912 Bei verschiedenen Studiengängen eines Hochschulstudiums oder eines Fachhochschulstudiums ist eine praktische Ausbildung während der Studienzeit Bestandteil der Ausbildung. Der betreffende Student muss also diese praktische Ausbildung während des Studiums ggf. erfolgreich ablegen und nachweisen, um sein Studienziel erreichen zu können. Es handelt sich also um eine **eigenständige schulische Ausbildung bzw. Hochschulausbildung** außerhalb des Berufsbildungsgesetzes.

Studenten haben deshalb für ihr Studienpraktikum beispielsweise

– **keinen Anspruch auf Urlaub, Urlaubsentgelt oder Urlaubsgeld**,

– **keinen Anspruch auf Arbeitsentgelt**, Ausbildungsvergütung oder Unterhaltsbeihilfe,

– **keinen Anspruch** auf Einhaltung der besonderen **Kündigungsschutzbestimmungen** nach dem Berufsbildungsgesetz.

d) Praktikum vor und nach dem Studium

1913 Da nach der Rechtsprechung des Bundesarbeitsgerichts lediglich das Praktikum innerhalb des Studiums und als dessen Bestandteil als besonderer schulischer Ausbildungsgang von den Vorschriften des Berufsbildungsgesetzes ausgenommen ist, ergibt sich umgekehrt:

Ein Praktikum **vor Aufnahme** eines Hochschulstudiums oder einer Fachhochschulausbildung ist ein arbeitsrechtlich in vollem Umfang relevantes **Praktikantenverhältnis**, auf das gem. § 19 des Berufsbildungsgesetzes (BBiG) die Schutzregelungen nach §§ 3 bis 18 BBiG Anwendung finden. Dies gilt auch dann, wenn das Betriebspraktikum Voraussetzung für die Aufnahme des Studiums ist.

Dasselbe gilt für ein Berufspraktikum, das **im Anschluss an ein Studium** absolviert wird und ggf. absolviert werden muss.

2. Lohnsteuer

1914 Praktikanten, die für ihre Tätigkeit entlohnt werden, sind Arbeitnehmer. Es gelten daher die allgemeinen Bestimmungen über den Lohnsteuerabzug. Für **ausländische Praktikanten** können auf Grund von Doppelbesteuerungsabkommen Steuerbefreiungen in Betracht kommen (→ *Ausländische Praktikanten* Rz. 351; → *Ausländische Studenten* Rz. 353).

[LSt]

3. Sozialversicherung

a) Grundsätze

1915 Zum Zweck der Berufsausbildung beschäftigte Personen und damit auch Praktikanten sind **grundsätzlich sozialversicherungspflichtig**.

Auf Grund der Vielgestaltigkeit und der Besonderheiten der einzelnen Praktikanten haben sich jedoch infolge von gesetzgeberischen Aktivitäten oder höchstrichterlichen Entscheidungen folgende **Fallkonstellationen** herausgebildet, die in sozialversicherungsrechtlicher Hinsicht **unterschiedlich** zu behandeln sind:

b) Zwischenpraktikum

1916 Unter einem Zwischenpraktikum ist der in der jeweiligen **Studien- oder Prüfungsordnung vorgeschriebene praktische Ausbildungsteil** zu verstehen, den ordentlich Studierende einer Hochschule oder einer sonstigen der wissenschaftlichen oder fachlichen Ausbildung dienenden Schule **während ihres Studiums** zu absolvieren haben. Für Zwischenpraktikanten besteht auf Grund der BSG-Rechtsprechung (BSG, Urteile vom 30.1.1980 und 17.12.1980, Sozialversicherungsbeitrag-Handausgabe 2001 R 6 V/16 und R 7 IV/20) in der sozialversicherungsrechtlichen Beurteilung faktisch die Gleichstellung mit den Studenten. **Bis zum 30.9.1996** bestand grundsätzlich Sozialversicherungsfreiheit auf Grund dieses sog. „Studentenprivilegs" (§ 6 Abs. 1 Nr. 3 SGB V,

§ 20 Abs. 1 Nr. 10 SGB XI, § 5 Abs. 3 a.F. SGB VI, § 169b Satz 1 Nr. 2 AFG). Unerheblich war dabei die **Dauer** oder die **wöchentliche Stundenarbeitszeit** sowie ein ggf. gezahltes **Arbeitsentgelt** (→ *Studenten* Rz. 2351, → *Ausländische Praktikanten* Rz. 352).

Durch das Wachstums- und Beschäftigungsförderungsgesetz vom 25.9.1996 ist die Vorschrift des § 5 Abs. 3 SGB VI über die **Rentenversicherungsfreiheit** der von Studenten ausgeübten Beschäftigungen **aufgehoben worden**. Dies hätte zur Folge, dass eingeschriebene Studenten, die während ihres Studiums ein Praktikum als Zwischensemester oder Praxissemester absolvieren, **bei einem Praktikumsbeginn nach dem 30.9.1996** stets rentenversicherungspflichtig wären. Es stellt sich nunmehr aber die Frage, ob immatrikulierte Zwischenpraktikanten, die ein in einer Studienordnung vorgeschriebenes Praktikum ableisten, in einem versicherungsrechtlich relevanten Beschäftigungsverhältnis stehen oder ob es sich um eine in den Betrieb verlagerte schulische Ausbildung handelt.

Die Spitzenverbände der Sozialversicherungsträger haben in ihrer Besprechung am 15./16.4.1997 hierzu die Auffassung vertreten, dass in diesen Fällen ein Beschäftigungsverhältnis i.S. des § 7 Abs. 2 SGB IV regelmäßig zu verneinen ist. Diese Praktika sind integrierter Bestandteil der Ausbildung und werden durch die Schule begleitet. Ein Beschäftigungsverhältnis wird selbst dann nicht angenommen, wenn dem Praktikanten eine Vergütung gezahlt wird.

Dies gilt auch hinsichtlich der Renten- und Arbeitslosenversicherung für Praktikanten der Landwirtschaftsschulen während der Ableistung des fachpraktischen Semesters in der elterlichen Landwirtschaft. In der landwirtschaftlichen Krankenversicherung sowie in der Pflegeversicherung besteht hingegen für diese Praktikanten Versicherungspflicht nach § 2 Abs. 1 Nr. 3 i.V.m. § 2 Abs. 4 Satz 1 KVLG 1989 bzw. nach § 20 Abs. 1 Satz 2 Nr. 3 i.V.m. Satz 1 SGB XI.

Praktikanten, die ein **nicht vorgeschriebenes Praktikum** ableisten, unterliegen seit 1.10.1996 als Arbeitnehmer der Rentenversicherungspflicht.

Unabhängig hiervon bleibt der Student/Praktikant im Rahmen der **studentischen Versicherung** krankenversicherungspflichtig und in der Folge nach § 20 Abs. 1 Nr. 9 SGB XI versicherungspflichtig in der Pflegeversicherung.

Gleiches gilt für die an einer ausländischen Hochschule immatrikulierten Studenten, die in Deutschland ein Praktikum absolvieren.

c) Vor- und Nachpraktikum

Die zuvor beschriebenen Regelungen finden jedoch dann keine **1917** Anwendung, wenn ein in einer Studien- oder Prüfungsordnung vorgeschriebenes Praktikum absolviert wird, der Praktikant aber **nicht** an einer Hochschule oder Fachhochschule **immatrikuliert** ist.

Wird das vorgeschriebene Praktikum ohne Anspruch auf Arbeitsentgelt geleistet, kann in der Kranken- und Pflegeversicherung zwar keine Versicherungspflicht **als Arbeitnehmer** eintreten, jedoch ergibt sich in der Krankenversicherung auf Grund der **Sondervorschrift** des § 5 Abs. 1 Nr. 10 SGB V und in der Pflegeversicherung nach § 20 Abs. 1 Nr. 10 SGB XI **Versicherungspflicht**, wenn keine Familienversicherung dies ausschließt. Zu beachten ist weiterhin, dass der Praktikant nach § 8 Abs. 1 Nr. 5 SGB V in der Krankenversicherung und mit gleichzeitiger Wirkung auch für die Pflegeversicherung die **Befreiung beantragen** kann.

In der **Renten- und Arbeitslosenversicherung** sind diese Praktikanten als zur Berufsausbildung Beschäftigte auch ohne Entgeltzahlung nach § 1 Satz 1 Nr. 1 SGB VI bzw. § 25 Abs. 1 SGB III versicherungspflichtig. Für die Berechnung der Beiträge gelten die Regelungen des § 162 Nr. 1 SGB VI bzw. des § 342 SGB III; danach wird ein **fiktives monatliches Entgelt** in Höhe von 1 % der monatlichen Bezugsgröße angesetzt (2002 im Rechtskreis West = 23,45 €, im Rechtskreis Ost = 19,60 €).

d) Schülerpraktikanten

1918 Häufig leisten Schüler während ihrer schulischen Ausbildung für eine befristete Zeit – in der Regel zwei bis drei Wochen – in Betrieben ihrer Wahl ein Praktikum, um Eindrücke aus dem Arbeitsleben und möglicherweise Entscheidungshilfen für eine spätere Berufswahl zu gewinnen. Diese Praktika begründen als Teil der schulischen Ausbildung keine Arbeitsverhältnisse, so dass keine Versicherungspflicht eintreten kann.

e) Fachschulpraktikum

1919 Für Fachschulpraktika gelten regelmäßig die Grundsätze der Sozialversicherungsfreiheit wie bei Hochschulstudenten.

Wird das Praktikum hingegen vor oder nach dem Fachschulbesuch abgeleistet, sind diese Praktikanten sozialversicherungspflichtig in der Kranken-, Pflege-, Renten- und Arbeitslosenversicherung. Die Sondervorschrift des § 5 Abs. 1 Nr. 10 SGB V ist auf Fachschüler nicht anwendbar (Besprechungsergebnis der Spitzenverbände der Sozialversicherungsträger vom 20./21.4.1982, Sozialversicherungsbeitrag-Handausgabe 1999 VL 6 V/9).

Prämien

1920 Prämien (z.B. Anreiz-, Anwesenheits-, Fang-, Qualitäts-, Treueprämien) werden vom Arbeitgeber gezahlt, um den Arbeitnehmer für **besondere Leistungen zu honorieren**, und zwar entweder den Arbeitnehmer als Einzelnen oder eine bestimmte Gruppe von Arbeitnehmern.

Alle Prämien, die dem Arbeitnehmer im Rahmen seines Dienstverhältnisses zufließen, gehören zum **Arbeitslohn** (BFH, Urteil vom 11.3.1988, BStBl II 1988 S. 726, betr. Sicherheitsprämien, die ein Arbeitgeber im Rahmen eines Sicherheitswettbewerbs zur Eindämmung der betrieblichen Unfälle an seine Arbeitnehmer zahlt).

Hierzu gehören auch Prämien, die der Arbeitgeber seinen Arbeitnehmern für **unfallfreies Fahren** innerhalb eines bestimmten Zeitraums gewährt. Auch Prämienrückvergütungen, die Versicherungsunternehmen dem Arbeitgeber wegen geringer Unfälle gewähren und die dieser wiederum an seine Arbeitnehmer weiterleitet, gehören zum Arbeitslohn der betroffenen Arbeitnehmer. Dies gilt auch dann, wenn der Arbeitgeber die Prämienrückvergütungen unter den in Betracht kommenden Arbeitnehmern **verlost** (→ Verlosungsgeschenke/Verlosungsgewinne Rz. 2517).

Preise

1. Abgrenzung zu steuerfreien Einnahmen

1921 Preise gehören bei Arbeitnehmern nur zum **steuerpflichtigen Arbeitslohn**, wenn sie in untrennbarem wirtschaftlichem Zusammenhang mit dem Dienstverhältnis stehen. Dieser Zusammenhang ist gegeben, wenn die Preisverleihung wirtschaftlich den **Charakter eines leistungsbezogenen Entgelts** hat und wenn sie sowohl Ziel als auch unmittelbare Folge der Tätigkeit ist. Das ist insbesondere der Fall, wenn der Preisträger zur Erzielung des Preises ein **besonderes Werk geschaffen** oder eine besondere Leistung erbracht hat (BMF-Schreiben vom 5.9.1996, BStBl I 1996 S. 1150).

Bei der Verleihung von **Filmpreisen für künstlerische Einzelleistungen**, z.B. Preise für darstellerische Leistungen, Regie, Drehbuch, Kameraführung bzw. Bildgestaltung, Schnitt, Filmmusik, Ausstattung, Kostüme, ist davon auszugehen, dass mit dem Preis in erster Linie eine bestimmte berufliche Leistung des Preisträgers gewürdigt werden soll, so dass die Preise zu den steuerpflichtigen Einkünften gehören.

Keinen Zusammenhang mit dem Dienstverhältnis haben dagegen Einnahmen aus Preisen, deren Verleihung in erster Linie dazu bestimmt ist,

– das **Lebenswerk** oder Gesamtschaffen des Empfängers zu **würdigen**,

– die **Persönlichkeit des Preisträgers** zu ehren,

– eine **Grundhaltung auszuzeichnen** oder

– eine **Vorbildfunktion herauszustellen** (BFH, Urteil vom 9.5.1985, BStBl II 1985 S. 427).

Dies kann ausnahmsweise auch angenommen werden, wenn zwar ein bestimmtes Werk oder eine **bestimmte Leistung Anlass für die Preisverleihung** war, zur Auswahl des Preisträgers jedoch dessen **Gesamtpersönlichkeit** oder (bisheriges) Gesamtschaffen entscheidend beigetragen haben. Davon ist z.B. bei der Vergabe des **Nobelpreises** auszugehen.

2. Preise von Arbeitgebern

Preise, die der Arbeitnehmer im Zusammenhang mit dem Dienstverhältnis vom Arbeitgeber erhält, sind steuer- und beitragspflichtig. Ein typischer Anwendungsfall hierfür ist die **Auslobung einer Reise für den erfolgreichsten Verkäufer** einer bestimmten Periode (→ Incentive-Reisen Rz. 1306). **1922**

Beispiel:

In einem Möbelgeschäft wird ein Preiswettbewerb veranstaltet. Der Arbeitnehmer, der im 1. Halbjahr die höchsten Umsätze tätigt, erhält als Preis eine Wochenendreise nach Hamburg.

Die Kosten der Reise sind als Sachbezug zu versteuern, weil der Arbeitnehmer die Reise nur wegen seiner besonderen Arbeitsleistung erhält.

Aber auch Preise, die die Arbeitnehmer anlässlich einer betrieblichen Verlosung vom Arbeitgeber erhalten, sind im Regelfall steuerpflichtiger Arbeitslohn. Zu den Ausnahmen siehe → Verlosungsgeschenke/Verlosungsgewinne Rz. 2517.

3. Preise von Dritten

Preise, die der Arbeitnehmer von dritter Seite erhält, sind ebenfalls Arbeitslohn, wenn sie **im Rahmen des Dienstverhältnisses zufließen** (BFH, Urteil vom 5.7.1996, BStBl II 1996 S. 545). Dabei ist nicht entscheidend, ob es sich um Geldpreise oder Sachpreise handelt. Der **Arbeitgeber** ist aber nur dann zum **Lohnsteuerabzug verpflichtet**, wenn der Preis im Rahmen des Dienstverhältnisses **üblicherweise** und **für eine Arbeitsleistung** gezahlt wird (→ Lohnzahlung durch Dritte Rz. 1660). **1923**

Beispiel:

Ein Arbeitnehmer ist an einer Hochschule für Verwaltungswissenschaften tätig. Neben seiner Lehrtätigkeit fertigt er eine Habilitationsschrift. Auf Vorschlag des Rektors der Verwaltungshochschule wird ihm für diese Habilitationsschrift der mit 5 000 € dotierte „Förderpreis des Deutschen Bundestags für wissenschaftlichen und publizistischen Nachwuchs" verliehen.

Das Preisgeld gehört zum steuerpflichtigen Arbeitslohn des Arbeitnehmers (Schleswig-Holsteinisches FG, Urteil vom 15.3.2000, EFG 2000 S. 787).

Progressionsvorbehalt

1. Bedeutung für den Arbeitgeber

1924 Der sog. Progressionsvorbehalt nach § 32b EStG bewirkt, dass Lohnersatzleistungen usw. zwar **steuerfrei bleiben**, dass aber das übrige steuerpflichtige Einkommen mit dem – **grundsätzlich höheren – Steuersatz besteuert** wird, der sich ergibt, wenn die Lohnersatzleistungen usw. für die Ermittlung des Steuersatzes dem zu versteuernden Einkommen hinzugerechnet werden (vgl. ausführlich → Rz. 1926). Eine Auswirkung ergibt sich danach nur in den Fällen, in denen der Steuerpflichtige oder auch sein mit ihm zusammen veranlagter Ehegatte im selben Jahr dem Progressionsvorbehalt unterliegende Leistungen (wie z.B. Arbeitslosengeld) und steuerpflichtige Einkünfte erzielt hat (weil z.B. die Arbeitslosigkeit nur einige Monate bestanden hat), nicht jedoch, wenn der Steuerpflichtige das ganze Jahr neben den dem Progressionsvorbehalt unterliegenden Leistungen wie Arbeitslosengeld, Krankengeld usw. keine steuerpflichtigen Einkünfte bezieht.

Die Besteuerung mit dem Progressionsvorbehalt erfolgt zwar ausschließlich bei der **Einkommensteuerveranlagung** des Arbeitnehmers, so dass der **Arbeitgeber** diese oftmals schwierige Berechnung nicht durchzuführen hat. Er ist aber insoweit in das Verfahren zumindest „mittelbar eingebunden", indem er gesetzlich verpflichtet ist, die vom Progressionsvorbehalt erfassten **und von ihm gezahlten Lohnersatzleistungen usw.** (vgl. ausführlich → Rz. 1930) **sowohl im Lohnkonto besonders aufzuzeichnen als auch auf der Lohnsteuerkarte des Arbeitnehmers zu bescheinigen**. Er muss daher wissen, welche Leistungen von § 32b EStG erfasst werden. Die Kenntnis dieser Regelung ist für ihn darüber hinaus von Bedeutung, weil Arbeitnehmer immer wieder – wenn es bei ihnen auf Grund des Progressionsvorbehalts bei der Einkommensteuerveranlagung zu Nachzahlungen kommt – meinen, der **Lohnsteuerabzug sei vom Arbeitgeber nicht zutreffend durchgeführt** worden.

2. Sinn und Zweck des Progressionsvorbehalts

1925 Bei der Einkommensteuer gilt das **Jahresprinzip**, d.h., dass der Grundfreibetrag, der Arbeitnehmer-Pauschbetrag und andere steuerliche Regelungen (z.B. der progressive Aufbau der Steuertabelle) nicht danach ausgerichtet sind, ob der Steuerpflichtige sein steuerliches Einkommen (bei Arbeitnehmern also den Arbeitslohn) ununterbrochen während des ganzen Jahres oder nur in einigen wenigen Monaten erzielt hat. Vor Einführung des Progressionsvorbehalts erhielten Steuerpflichtige, die nicht das ganze Jahr gearbeitet und für diese Zeit z.B. Arbeitslosengeld bezogen hatten, oft ihre gesamte Lohnsteuer zurück, so dass sie in der Summe von Arbeitslohn, Lohnersatzleistungen und Steuererstattung einen höheren Betrag erhielten als Steuerpflichtige mit Aktivbezügen, die den Lohnersatzleistungen entsprachen. Mit dem Progressionsvorbehalt verfolgt der Gesetzgeber das **Ziel, Empfänger von Lohnersatzleistungen nicht besser zu stellen als „aktive Arbeitnehmer".** Der Progressionsvorbehalt bei ausländischen Einkünften soll ebenfalls der wirtschaftlichen Leistungsfähigkeit zutreffender Rechnung tragen.

Das **Bundesverfassungsgericht** hat entschieden, dass der Progressionsvorbehalt für Lohnersatzleistungen mit dem Grundgesetz vereinbar ist (Beschluss vom 3.5.1995, BStBl II 1995 S. 758).

3. Berechnung der Einkommensteuer mit Progressionsvorbehalt

1926 Die tarifliche Einkommensteuer bemisst sich nach dem zu versteuernden Einkommen und kann „normalerweise" **ohne zusätzliche Berechnungen der Grundtabelle** oder Splittingtabelle entnommen werden (§ 32a Abs. 1 Satz 1 EStG).

Dies gilt nicht, wenn **Lohn- und Einkommensersatzleistungen**, aber auch **ausländische Einkünfte** (bei Arbeitnehmern z.B. nach dem **Auslandstätigkeitserlass**), dem Progressionsvorbehalt un-

terliegen. Die Einkommensteuer muss dann **wie folgt berechnet** werden:

– Zunächst ist das zu versteuernde Einkommen **ohne** die steuerfreien Lohn- und Einkommensersatzleistungen bzw. die steuerfreien Einkünfte zu ermitteln.

– Dem vorstehend ermittelten zu versteuernden Einkommen sind die dem **Progressionsvorbehalt unterliegenden Leistungen und Einkünfte** (→ Rz. 1927) **hinzuzurechnen** (positiver Progressionsvorbehalt) oder – sofern der Betrag negativ ist – von ihm **abzuziehen** (sog. **negativer Progressionsvorbehalt**); die in den in § 32b Abs. 1 Nr. 2 und 3 EStG (vgl. → Rz. 1929) enthaltenen außerordentlichen Einkünfte sind dabei mit einem Fünftel anzusetzen.

Ein negativer Progressionsvorbehalt kann sich z.B. dadurch ergeben, dass unter den Progressionsvorbehalt fallende Lohn- und Einkommensersatzleistungen zurückgezahlt werden. Denn **Rückzahlungen** sind unabhängig davon, ob die zurückgezahlten Beträge im Jahr des Bezugs dem Progressionsvorbehalt unterlegen haben, von den im selben Kalenderjahr bezogenen Leistungsbeträgen abzuziehen. Ergibt sich ein negativer Betrag, weil die Rückzahlungen höher sind als die empfangenen Beträge oder weil keine Leistungen bezogen worden sind, so ist der negative Betrag bei der Berechnung des besonderen Steuersatzes nach § 32b EStG zu berücksichtigen.

In bestimmten Fällen können Lohn- und Einkommensersatzleistungen rückwirkend wegfallen, so z.B. der Anspruch auf Krankengeld oder die Leistungen nach dem SGB III nach Zubilligung einer Rente. Zu Folgerungen bei **rückwirkendem Wegfall** siehe R 185 Abs. 4 EStR und zuletzt FG Baden-Württemberg, Urteil vom 19.7.2001, EFG 2001 S. 1371, Revision eingelegt, Az. beim BFH: X R 46/01.

Die Lohn- und Einkommensersatzleistungen sind mit den Beträgen anzusetzen, die als **Leistungsbeträge nach den einschlägigen Leistungsgesetzen** festgestellt werden. Kürzungen, die sich im Fall der Abtretung oder durch den Abzug von Versichertenanteilen an den Beiträgen zur Renten-, Arbeitslosen- und ggf. Kranken- und Pflegeversicherung ergeben, bleiben unberücksichtigt (R 185 Abs. 2 EStR). Hat der Arbeitnehmer im Kalenderjahr steuerpflichtigen Arbeitslohn von weniger als 1 044 € bezogen, ist der bei der Ermittlung der Einkünfte aus nichtselbständiger Arbeit nicht ausgeschöpfte Arbeitnehmer-Pauschbetrag von den Lohn- bzw. Einkommensersatzleistungen abzuziehen. Andererseits sind die ausländischen Werbungskosten bei der Ermittlung der dem Progressionsvorbehalt unterliegenden ausländischen Einkünfte auch dann in voller Höhe zu berücksichtigen, wenn bei der Ermittlung des tatsächlichen zu versteuernden Einkommens wegen geringerer Werbungskosten der Arbeitnehmer-Pauschbetrag angesetzt worden ist (FG Berlin, Urteil vom 27.1.2000, EFG 2000 S. 495). Die in den in § 32b Abs. 1 Nr. 2 und 3 EStG enthaltenen außerordentlichen Einkünfte sind mit einem Fünftel zu berücksichtigen.

– Der sich nach der vorstehenden Ermittlung ergebende durchschnittliche Steuersatz ist auf das zu versteuernde Einkommen ohne die steuerfreien Lohn- und Einkommensersatzleistungen bzw. Einkünfte anzuwenden.

Die dem Progressionsvorbehalt unterliegenden Leistungen/Einkünfte werden also **nicht tatsächlich besteuert**, sie erhöhen (beim positiven Progressionsvorbehalt) oder vermindern (beim negativen Progressionsvorbehalt) aber den **Steuersatz**, der auf das eigentliche zu versteuernde Einkommen anzuwenden ist. Der Progressionsvorbehalt ist auch anwendbar, wenn das zu versteuernde Einkommen unterhalb des Grundfreibetrags liegt (BFH, Urteil vom 9.8.2001, BStBl II 2001 S. 778). Durch den negativen Progressionsvorbehalt kann sich die Steuer bis auf 0 € mindern.

Beispiel:

1. Der verheiratete Arbeitnehmer A wurde im Laufe des Jahres 2002 arbeitslos. Er bezog Arbeitslosengeld von 5 000 €. Das zu versteuernde Einkommen betrug 20 000 €.

2. Der verheiratete Arbeitnehmer B musste 2002 Arbeitslosengeld von 1 000 € zurückzahlen. Das zu versteuernde Einkommen betrug ebenfalls 20 000 €.

Die Steuerberechnung erfolgt unter Berücksichtigung des Progressionsvorbehalts wie folgt:

Arbeitnehmer	A	B
zu versteuerndes Einkommen	20 000 €	20 000 €
Arbeitslosengeld (Fall A) oder	5 000 €	
zurückgezahltes Arbeitslosengeld (Fall B)		1 000 €
zu versteuerndes Einkommen für die Berechnung des Steuersatzes	25 000 €	19 000 €
Abrundung auf den durch 36 ohne Rest teilbaren Betrag und Erhöhung um 18 €	25 020 €	18 972 €
Steuer lt. Splittingtabelle	2 438 €	988 €
durchschnittlicher Steuersatz (bezogen auf 25 020 € bzw. 18 972 €, berechnet bis auf vier Stellen hinter dem Komma)	9,7442 %	5,2076 %
Die Anwendung des durchschnittlichen Steuersatzes auf das auf durch 36 ohne Rest teilbare und um 18 € erhöhte zu versteuernde Einkommen (19 980 €) ergibt als Steuer	1 946 €	1 040 €

Zum Vergleich:

Ohne Progressionsvorbehalt hätte sich bei beiden Arbeitnehmern eine Einkommensteuer von 1 222 € ergeben. Das heißt,

– bei A ergibt sich durch den Progressionsvorbehalt eine Steuerbelastung von 724 €,

– bei B dagegen ein Vorteil von 182 € (allerdings kein „echter" Vorteil, weil die seinerzeit erhaltenen Lohnersatzleistungen ebenfalls dem Progressionsvorbehalt unterlegen haben).

4. Dem Progressionsvorbehalt unterliegende Leistungen/Einkünfte

1927 Dem Progressionsvorbehalt unterliegen insbesondere Lohn- und Einkommensersatzleistungen sowie bestimmte steuerfreie – insbesondere ausländische – Einkünfte:

a) Lohn- und Einkommensersatzleistungen (§ 32b Abs. 1 EStG)

1928 Hierzu gehören

– **Arbeitslosengeld**, Teilarbeitslosengeld, **Kurzarbeitergeld**, Winterausfallgeld, **Insolvenzgeld**, Arbeitslosenhilfe, Übergangsgeld, Altersübergangsgeld, Altersübergangsgeld-Ausgleichsbetrag, Unterhaltsgeld als Zuschuss, Eingliederungshilfe und Überbrückungsgeld nach SGB III oder dem AFG, das aus dem Europäischen Sozialfonds finanzierte Unterhaltsgeld und die aus Landesmitteln ergänzten Leistungen aus dem Europäischen Sozialfonds zur Aufstockung des Überbrückungsgeldes nach SGB III oder dem AFG, Leistungen nach § 10 SGB III, die dem Lebensunterhalt dienen,

– **Krankengeld, Mutterschaftsgeld,** Verletztengeld, Übergangsgeld oder vergleichbare Lohnersatzleistungen nach SGB V, SGB VI oder SGB VII, dem Gesetz über die Krankenversicherung der Landwirte oder dem Zweiten Gesetz über die Krankenversicherung der Landwirte (**nicht** jedoch Leistungen nach der Berufskrankheitenverordnung sowie das Krankentagegeld aus einer privaten Krankenversicherung),

– **Mutterschaftsgeld,** Zuschuss zum Mutterschaftsgeld, die Sonderunterstützung nach dem Mutterschutzgesetz sowie der Zuschuss nach § 4a MuSchBV oder einer entsprechenden Landesregelung,

– Arbeitslosenbeihilfe oder **Arbeitslosenhilfe** nach dem Soldatenversorgungsgesetz,

– Entschädigungen für den Verdienstausfall nach dem Infektionsschutzgesetz,

– Versorgungskrankengeld oder Übergangsgeld nach dem Bundesversorgungsgesetz,

– Aufstockungsbeträge nach dem Altersteilzeitgesetz, Zuschläge, die versicherungsfreie Beschäftigte i.S. des § 27 Abs. 1 Nr. 1 bis 3 SGB III zur Aufstockung der Bezüge bei Ar-

beitsteilzeit nach beamtenrechtlichen Vorschriften oder Grundsätzen erhalten,

– Verdienstausfallentschädigung nach dem Unterhaltssicherungsgesetz,

– Vorruhestandsgeld nach der Verordnung über die Gewährung von Vorruhestandsgeld vom 8.2.1990 (GBl. Nr. 7 S. 42), die nach dem Einigungsvertragsgesetz vom 23.9.1990 (BGBl. 1990 II S. 885, 1209) modifiziert weitergilt.

b) Bestimmte steuerfreie ausländische Einkünfte

Hierzu gehören **1929**

– nach § 32b Abs. 1 Nr. 2 EStG sämtliche **ausländischen Einkünfte,** die im Veranlagungszeitraum **nicht der deutschen Einkommensteuer unterlegen** haben im Fall der nur zeitweisen unbeschränkten Steuerpflicht einschließlich des Wechsels der Steuerpflicht, und zwar auch dann, wenn zwischenstaatliche Vereinbarungen dies nicht vorsehen; die Finanzverwaltung lässt insoweit Einsprüche wegen anhängiger Gerichtsverfahren auf Antrag ruhen und gewährt Aussetzung der Vollziehung (u.a. OFD Koblenz, Verfügung vom 8.1.2001, DB 2001 S. 408; FG Köln, Urteil vom 14.3.2000, EFG 2000 S. 1006, Revision eingelegt, Az. beim BFH: I R 63/00, FG Berlin, Urteil vom 27.11.2000, EFG 2001 S. 822, Revision eingelegt, Az. beim BFH: I R 40/01; zur Aussetzung der Vollziehung, FG Baden-Württemberg, Urteil vom 12.3.1999, EFG 1999 S. 610). Es sollte daher in entsprechenden Fällen Einspruch eingelegt und Aussetzung der Vollziehung beantragt werden.

– nach § 32b Abs. 1 Nr. 3 EStG Einkünfte, die nach einem Doppelbesteuerungsabkommen oder sonstigen zwischenstaatlichen Übereinkommen unter Progressionsvorbehalt steuerfrei sind oder bei unbeschränkter Steuerpflicht auf Antrag nach § 1 Abs. 3 EStG, bei Anwendung des § 1a EStG (Splitting, Realsplitting, Haushaltsfreibetrag für Angehörige im Ausland) oder des § 50 Abs. 5 Satz 4 Nr. 2 EStG (Veranlagung eines beschränkt steuerpflichtigen EU-/EWR-Arbeitnehmers mit Wohnsitz/gewöhnlichem Aufenthalt im EU-/EWR-Mitgliedstaat) im Veranlagungszeitraum nicht der deutschen Einkommensteuer unterliegende positive Summe der Einkünfte. Streitig ist, ob der Progressionsvorbehalt auch dann angewendet werden kann, wenn zwischenstaatliche Vereinbarungen dies nicht vorsehen (s.o.). Einzelheiten siehe → *Steuerpflicht* Rz. 2297;

– die nach dem **Auslandtätigkeitserlass** (→ *Auslandstätigkeitserlass* Rz. 374) steuerfreien Einkünfte.

Nicht dem Progressionsvorbehalt nach § 32b Abs. 1 Nrn. 2 und 3 EStG unterliegen Leistungen, die nach § 3 Nr. 6 EStG steuerfrei sind (BFH, Urteil vom 22.1.1997, BStBl II 1997 S. 359). Dasselbe muss nach der Systematik auch für andere steuerfreie Leistungen nach § 3 EStG gelten, die bei inländischem Bezug nicht dem Progressionsvorbehalt unterliegen.

5. Lohnkonto/Lohnbescheinigung/ Lohnsteuer-Jahresausgleich

Nicht alle vom Progressionsvorbehalt erfassten Lohn- und Einkommensersatzleistungen werden vom **Arbeitgeber** gezahlt. Soweit dies aber der Fall ist, muss er diese Leistungen sowohl im **Lohnkonto** als auch auf der Lohnbescheinigung eintragen. Das gilt für folgende Leistungen: **1930**

– Kurzarbeitergeld, Winterausfallgeld, Zuschuss zum Mutterschaftsgeld nach dem Mutterschutzgesetz und nach § 4a MuschBV oder einer entsprechenden Landesregelung, Entschädigungen für Verdienstausfall nach dem Infektionsschutzgesetz sowie Aufstockungsbeträge nach dem Altersteilzeitgesetz und Zuschläge, die versicherungsfrei Beschäftigte i.S. des § 27 Abs. 1 Nr. 1 bis 3 SGB III zur Aufstockung der Bezüge bei Altersteilzeit nach beamtenrechtlichen Vorschriften oder Grundsätzen erhalten (§ 41 Abs. 1 Satz 5 EStG);

– Bezüge, die nach einem **Doppelbesteuerungsabkommen** oder unter Progressionsvorbehalt nach § 34c Abs. 5 EStG von der Lohnsteuer freigestellt sind, insbesondere nach dem **Auslandstätigkeitserlass** (→ *Auslandstätigkeitserlass* Rz. 374) steuerfrei gezahlter Arbeitslohn (§ 4 Abs. 2 Nr. 5 LStDV).

Die aufgezeichneten Angaben hat der Arbeitgeber ferner auf der **Lohnsteuerkarte** (Zeilen 15 und 16) zu bescheinigen, damit das Finanzamt den Progressionsvorbehalt ggf. bei der Einkommensteuerveranlagung des Arbeitnehmers berücksichtigen kann (§ 41b Abs. 1 EStG sowie R 135 Abs. 3 Nr. 3 und 4 LStR).

Sofern der **Anspruch auf Arbeitslohn** während der Dauer des Arbeitsverhältnisses **für mehr als fünf aufeinander folgende Arbeitstage im Wesentlichen entfallen** ist, ohne dass die oben aufgeführten besonders aufzuzeichnenden Lohnersatzleistungen gezahlt werden, ist gem. § 41 Abs. 1 Satz 6 EStG **jeweils der Großbuchstabe U** im Lohnkonto des Arbeitnehmers zu vermerken. Die Bescheinigung des Großbuchstabens U auf der Lohnsteuerkarte gibt dem Finanzamt einen Anhaltspunkt für das Vorliegen von Lohnersatzleistungen.

In Fällen, in denen der Arbeitgeber Lohnersatzleistungen oder Einkünfte gezahlt hat, die dem Progressionsvorbehalt unterliegen, darf er **keinen Lohnsteuer-Jahresausgleich** durchführen (§ 42b Abs. 1 Satz 4 Nr. 4 und 6 EStG). Dasselbe gilt, wenn im Lohnkonto oder auf der Lohnsteuerkarte der Großbuchstabe U eingetragen ist (§ 42b Abs. 1 Satz 4 Nr. 4a EStG).

6. Einzelfragen insbesondere zur Einkommensteuerveranlagung

a) Allgemeines

1931 Für einen Arbeitnehmer ist stets eine **Pflichtveranlagung** zur Einkommensteuer durchzuführen, wenn die dem Progressionsvorbehalt unterliegenden Einkünfte und Leistungen insgesamt die Bagatellgrenze von 410 € übersteigen (§ 46 Abs. 2 Nr. 1 EStG). Diese Grenze verdoppelt sich nicht bei zusammen veranlagten Ehegatten.

b) Fehlende Lohn- oder Einkommensersatzleistungen

1932 Hat ein Arbeitnehmer trotz Arbeitslosigkeit kein Arbeitslosengeld oder keine Arbeitslosenhilfe erhalten, weil ein entsprechender Antrag abgelehnt worden ist, so kann dies durch die Vorlage des Ablehnungsbescheids nachgewiesen werden. Hat der Arbeitnehmer keinen Antrag gestellt, so kann dies durch die Vorlage der vom Arbeitgeber nach § 312 SGB III ausgestellten Arbeitsbescheinigung im Original belegt werden. Kann ein Arbeitnehmer weder durch geeignete Unterlagen nachweisen noch in sonstiger Weise glaubhaft machen, dass er keine Lohn- oder Einkommensersatzleistungen erhalten hat, kann das Finanzamt bei dem für den Arbeitnehmer zuständigen Arbeitsamt eine Bescheinigung darüber anfordern, ggf. Negativbescheinigung (R 185 Abs. 5 EStR).

Provisionen

1. Lohnsteuer

a) Allgemeines

1933 Erhalten Arbeitnehmer von ihren Arbeitgebern Vermittlungsprovisionen, so sind diese **grundsätzlich Arbeitslohn**, wenn sie für die Beschäftigung gezahlt werden. Beruhen die Zahlungen dagegen auf einem anderen Rechtsgrund, können ggf. gewerbliche oder sonstige Einkünfte angenommen werden (→ *Arbeitslohn* Rz. 225).

Provisionen, die Versicherungsgesellschaften ihren im Innendienst beschäftigten Angestellten für die gelegentliche **Vermittlung von Versicherungen** zahlen, und Provisionen im Bankgewerbe für die **Vermittlung von Wertpapiergeschäften** sind Arbeitslohn, wenn die Vermittlungstätigkeit im Rahmen des Dienstverhältnisses des Angestellten ausgeübt wird (BFH, Urteil vom 7.10.1954, BStBl III 1955 S. 17). Die Weiterleitung von **Provisionszahlungen Dritter** durch den Arbeitgeber an den Arbeitnehmer ist gleichfalls Arbeitslohn (R 71 Abs. 1 Satz 2 LStR).

Als Provisionszahlungen bezeichnete Preisnachlässe des Arbeitgebers bei Geschäften, die mit dem Arbeitnehmer als Kunden

abgeschlossen werden, sind als Preisvorteile nach § 8 Abs. 3 EStG (→ *Rabatte* Rz. 1938) zu erfassen.

b) Provisionszahlungen von Bausparkassen und Versicherungen an Arbeitnehmer von Kreditinstituten

1934 Die steuerliche Behandlung der **Provisionszahlungen** von Bausparkassen und Versicherungen an Arbeitnehmer von Kreditinstituten ist in R 71 Abs. 2 LStR und ergänzenden Verwaltungsanweisungen (z.B. OFD Düsseldorf, Verfügung vom 23.5.2000, FR 2001 S. 505) geregelt. Dabei ist Folgendes zu beachten:

– Bei **Arbeitnehmern mit direktem Kundenkontakt** (z.B. hauptberufliche Kreditsachbearbeiter, Anlageberater, Kundenberater im Schalterdienst) sind **sämtliche Provisionszahlungen steuerpflichtiger Arbeitslohn**.

  Bei diesen Arbeitnehmern wird somit **nicht danach unterschieden**, ob sie die Vertragsabschlüsse während der **Arbeitszeit oder in der Freizeit vermittelt** haben und ob die Provisionen für Verträge mit Fremden, für Abschlüsse im Verwandtenbereich oder für eigene Verträge gezahlt werden.

– Bei **Arbeitnehmern ohne direkten Kundenkontakt** handelt es sich bei den Provisionen für **Vertragsabschlüsse während der Arbeitszeit** mit Ausnahme der Provisionen für eigene Verträge um **steuerpflichtigen Arbeitslohn**.

  Provisionszahlungen für in der **Freizeit** abgeschlossene Verträge sind bei diesen Arbeitnehmern dagegen **keine Einkünfte aus nichtselbständiger Arbeit**.

– Ist bei Vertragsabschlüssen und Eigenversicherungen durch Arbeitnehmer des Kreditinstituts nach den schriftlichen Vereinbarungen der Bausparkasse oder des Versicherungsunternehmens mit dem Kreditinstitut **ausschließlich das Kreditinstitut provisionsberechtigt**, so handelt es sich bei den von dem Kreditinstitut an die Arbeitnehmer **weitergeleiteten Provisionen stets um steuerpflichtigen Arbeitslohn**.

  Es ist unerheblich, ob es sich dabei um Arbeitnehmer mit oder ohne direkten Kundenkontakt handelt oder ob die Verträge während der Arbeitszeit oder in der Freizeit vermittelt worden sind.

– Findet entsprechend den o.g. Tatbeständen die Vermittlungstätigkeit ihre Grundlage jedoch offensichtlich nicht in einer – ungeschriebenen – Nebenleistungspflicht aus dem Arbeitsvertrag, sondern beruhen die Provisionszahlungen an die Arbeitnehmer des Kreditinstituts dagegen ausschließlich auf **konkreten schriftlichen Vereinbarungen der Bausparkassen oder des Versicherungsunternehmens mit den Arbeitnehmern des Kreditinstituts**, so handelt es sich bei den Provisionszahlungen **nicht um steuerpflichtigen Arbeitslohn** aus dem Dienstverhältnis der Arbeitnehmer zum Kreditinstitut, sondern bei einer nachhaltigen Vermittlungstätigkeit um **Einkünfte aus Gewerbebetrieb** (§ 15 EStG) und bei einer nur gelegentlichen Vermittlungstätigkeit um **sonstige Einkünfte** (§ 22 Nr. 3 EStG).

  Bei einer **nachhaltigen Vermittlungstätigkeit** sind auch die Provisionen für Eigenversicherungen als Einnahmen aus Gewerbebetrieb zu erfassen. Nach dem BFH, Urteil vom 27.2.1991, BFH/NV 1991 S. 453, ist nämlich davon auszugehen, dass sich diese Provisionen allein auf das gewerbliche Vertragsverhältnis zwischen Versicherungsgesellschaft (Bausparkasse) und Versicherungsvertreter gründen. Einem fremden Dritten würden für Eigenversicherungen nämlich keine Provisionen gezahlt. Die Frage, für wen eine Versicherung abgeschlossen wird, kann deshalb für die Qualifikation als gewerbliche Einkünfte keine Bedeutung haben. Bei einer erstmaligen oder gelegentlichen Vermittlungstätigkeit sind die Provisionen für Eigenversicherungen als Einnahmen nach § 22 Nr. 3 EStG zu erfassen (BFH, Urteil vom 27.5.1998, BStBl II 1998 S. 619).

c) Verfahren

1935 Zur lohnsteuerlichen Erfassung der Provisionen hat der **Arbeitnehmer seinem Arbeitgeber deren Höhe für jeden Lohn-**

zahlungszeitraum schriftlich anzuzeigen (R 106 Abs. 2 Sätze 3 bis 5 LStR). Der Arbeitgeber hat den Arbeitnehmer zu einer entsprechenden Anzeige zu veranlassen. Für infolge unvollständiger oder unrichtiger Angaben des Arbeitnehmers zu wenig einbehaltene Lohnsteuer, Solidaritätszuschlag und Kirchensteuer haftet der Arbeitgeber nicht (R 106 Abs. 5 LStR).

Provisionen, die nicht zum Arbeitslohn gehören, weil z.B. der Versicherungsvertrag außerhalb der Arbeitszeit vermittelt worden ist, sind in der Einkommensteuererklärung anzugeben.

2. Sozialversicherung

1936 Provisionen sind beitragsrechtlich nicht als einmalige Zuwendungen, sondern als laufendes Arbeitsentgelt zu behandeln und für die Beitragsberechnung dem Monat zuzuordnen, für den sie gezahlt werden. Vielfach werden Provisionen mit einer Verspätung von ein bis zwei Monaten ausgezahlt, so dass eine Neuberechnung der Beiträge erforderlich wäre. Um den dadurch entstehenden Aufwand zu vermeiden, können diese Provisionen dem Monat zugeordnet werden, in dem die Abrechnung erfolgt.

Bei betriebsüblich noch späteren Abrechnungen (viertel- oder halbjährlich) sind die Gehaltsabrechnungen rückwirkend zu berichtigen. Dabei können die Provisionen gleichmäßig auf den Zahlungszeitraum verteilt werden. Werden Provisionen erst nach Beendigung des Beschäftigungsverhältnisses ausgezahlt, sollte die Zuordnung entsprechend der während des Beschäftigungsverhältnisses üblichen Handlungsweise vorgenommen werden. Monatlich ausgezahlte Provisionen sind demnach dem letzten Lohnabrechnungszeitraum des Beschäftigungsverhältnisses zuzuordnen, während in größeren Abständen ausgezahlte Provisionen auf die entsprechenden Abrechnungszeiträume zu verteilen sind (vgl. Besprechungsergebnis der am gemeinsamen Beitragseinzug beteiligten Versicherungsträger, Die Beiträge 1984 S. 201).

Provisionen, die ohne Zuordnung auf bestimmbare Lohnabrechnungszeiträume gezahlt werden, können als einmalige Zuwendung behandelt werden.

Für Stornoreserven, die als einbehaltene Provisionen von Versicherungsgesellschaften zum Teil mit erheblichen Verzögerungen ausgezahlt werden, gilt nach Auffassung der am gemeinsamen Beitragseinzug beteiligten Versicherungsträger (Die Beiträge 1986 S. 27) die für Provisionszahlungen geschilderte Regelung entsprechend.

Prozesskosten: Arbeitgeberersatz

1937 Ersetzt der Arbeitgeber dem Arbeitnehmer Prozesskosten, so ist der Arbeitgeberersatz steuer- und beitragspflichtiger **Arbeitslohn**.

Dies gilt auch dann, wenn der strafrechtliche Schuldvorwurf, gegen den sich der Arbeitnehmer zur Wehr setzt, durch sein **berufliches Verhalten veranlasst** gewesen ist und der Arbeitnehmer die Prozesskosten deshalb als Werbungskosten abziehen kann (BFH, Urteil vom 19.2.1982, BStBl II 1982 S. 467, sowie sinngemäß FG Düsseldorf, Urteil vom 24.11.1999, DStRE 2000 S. 575, Revision eingelegt, Az. beim BFH: VI R 29/00, betr. Übernahme von im Auslieferungsverkehr verursachten Verwarnungsgeldern durch den Arbeitgeber). Ein steuerfreier **Werbungskostenersatz** durch den Arbeitgeber ist nicht möglich, weil es hierfür keine besondere Steuerbefreiungsvorschrift gibt (R 70 Abs. 3 Satz 1 LStR). Zum Werbungskostenabzug siehe auch → *Lohnsteuer-Ermäßigungsverfahren* Rz. 1586.

LSt SV

Rabatte

Inhaltsübersicht:

1. Allgemeines

Arbeitslohn sind grundsätzlich alle Einnahmen in Geld oder Geldeswert, die durch ein individuelles Dienstverhältnis veranlasst sind. Ein Veranlassungszusammenhang zwischen Einnahmen und einem Dienstverhältnis ist anzunehmen, wenn die Einnahmen dem Empfänger **nur mit Rücksicht auf das Dienstverhältnis** zufließen und sich als Ertrag seiner nichtselbständigen Arbeit darstellen. Die letztgenannte Voraussetzung ist erfüllt, wenn sich die Einnahmen im weitesten Sinne als Gegenleistung für das Zurverfügungstellen der individuellen Arbeitskraft erweisen (R 70 Abs. 1 LStR). **1938**

Überlässt der Arbeitgeber seinen Arbeitnehmern Waren oder Dienstleistungen unentgeltlich oder verbilligt, so liegt in dem Unterschiedsbetrag zwischen dem vereinbarten Preis und dem üblichen Preis **ein geldwerter Vorteil**, wenn der Arbeitnehmer die Verbilligung nur deshalb erhalten hat, weil er bei seinem Arbeitgeber beschäftigt ist. Dabei kommt es nicht darauf an, ob der Arbeitgeber es „wünscht", dass der Arbeitnehmer bei ihm einkauft. Eine **aufgezwungene Bereicherung führt nur dann nicht zum Arbeitslohn**, wenn der Vorteil dem Arbeitnehmer aufgedrängt wird, ohne dass ihm eine Wahl bei der Annahme des Vorteils bleibt und ohne dass der Vorteil eine Marktgängigkeit besitzt, wie z.B. bei Vorsorgeuntersuchungen leitender Angestellter (BFH, Urteil vom 25.7.1986, BStBl II 1986 S. 868).

LSt SV

Erhält der Arbeitnehmer einen Preisnachlass, den ein fremder Dritter auch erhält, ist der Rabatt nicht durch das Dienstverhältnis veranlasst und führt daher nicht zu Arbeitslohn (vgl. FG Münster, Urteil vom 22.4.1997, EFG 1997 S. 1182, betr. Beitragsnachlass für Krankenkassenangestellte).

Beispiel 1:

Der Arbeitgeber führt einen Jubiläumsverkauf durch, bei dem alle Waren mit einem Rabatt von 30 % verkauft werden.

Kauft ein Arbeitnehmer solche Waren mit einem Rabatt von 30 %, gehört der Vorteil gegenüber dem Normalpreis nicht zum Arbeitslohn.

Von steuerpflichtigem Arbeitslohn kann ebenfalls nicht ausgegangen werden, wenn der Arbeitgeber an von den Arbeitnehmern benannte Dritte Rabatte gewährt, die auf Seiten der Arbeitnehmer nicht zu einer objektiven Bereicherung führen (Niedersächsisches FG, Urteil vom 3.12.1998, EFG 1999 S. 335).

Beispiel 2:

Der Arbeitgeber betreibt ein Reiseunternehmen. Er gibt Reiseleistungen nicht nur an seine Arbeitnehmer, sondern auch an von seinen Arbeitnehmern benannte und mit diesen gemeinsam reisende, nicht mit ihnen verwandte Dritte verbilligt ab.

Das Finanzgericht hat die Preisvorteile, die die Dritten erhalten haben, nicht als Arbeitslohn der Arbeitnehmer angesehen.

Zur Vereinfachung des Besteuerungsverfahrens sind bei Rabatten, die der Arbeitnehmer von seinem Arbeitgeber erhält, **besondere Bewertungsvorschriften** eingeführt worden sowie ein **Rabattfreibetrag von 1 224 €** (§ 8 Abs. 3 EStG).

2. Berechnung der Lohnsteuer bei Rabatten

1939 Gewährt der Arbeitgeber den Arbeitnehmern verbilligt Waren oder Dienstleistungen, so ist deren Geldwert mit dem laufenden Arbeitslohn zusammenzurechnen. Hat der Arbeitnehmer für die Waren oder Dienstleistungen eine Zahlung zu leisten, so kann die Zahlung auch mit dem auszuzahlenden Arbeitslohn verrechnet werden. Dieser Betrag darf nicht vom Bruttogehalt, sondern **nur vom Nettobetrag** abgezogen werden.

Beispiel:

Ein Arbeitnehmer in Köln (Steuerklasse III, rk) mit einem Bruttoarbeitslohn von 36 000 € im Jahr (3 000 € im Monat) erhält von seinem Arbeitgeber die Einrichtung für ein Kinderzimmer zum Preis von 1 000 €, die der Arbeitgeber üblicherweise für 1 500 € verkauft. Die 1 000 € werden vom laufenden Arbeitslohn einbehalten. Weitere Rabatte hat der Arbeitnehmer im laufenden Jahr nicht erhalten.

Der Rabatt von 500 € ist unter Anwendung des Rabattfreibetrags von 1 224 € lohnsteuerfrei. Es ergibt sich folgende Lohnabrechnung:

Bruttogehalt		3 000,— €
+ Kinderzimmer-Einrichtung	1 500,— €	
╱ Zahlung des Arbeitnehmers	1 000,— €	
	500,— €	
╱ Rabattfreibetrag	1 224,— €	
	0,— €	0,— €
= lohnsteuerpflichtiges Brutto		3 000,— €
╱ Lohnsteuer		321,50 €
╱ Solidaritätszuschlag (5,5 % von 321,50 €)		17,68 €
╱ Kirchensteuer (9 % von 321,50 €)		28,93 €
╱ Sozialversicherung (geschätzt)		616,50 €
= Nettobetrag		2 015,39 €
╱ Zahlung des Arbeitnehmers zur Kinderzimmer-Einrichtung		1 000,— €
= Auszahlungsbetrag		1 015,39 €

3. Bewertungsvorschriften

1940 Für die Frage, welche Bewertungsvorschrift für den verbilligten oder unentgeltlichen Bezug von Sachbezügen Anwendung findet, kommt es entscheidend darauf an, ob der **Rabattfreibetrag von 1 224 €** zum Abzug kommt oder nicht. Die besondere Regelung des Rabattfreibetrags nach § 8 Abs. 3 EStG geht der Einzelbewertung nach allgemeinen Grundsätzen (üblicher Endpreis) und der Bewertung mit amtlichen Sachbezugswerten vor. Es ist deshalb nach folgendem Schema vorzugehen:

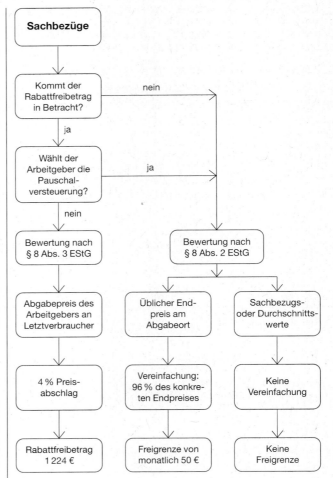

Der Arbeitgeber muss bei der Bewertung stets folgende zwei Entscheidungskriterien prüfen:

- **Kann auf den gewährten Sachbezug der Rabattfreibetrag von 1 224 € angewendet werden?**

  Wird diese Frage bejaht, ist der Sachbezug nach den Vorschriften des § 8 Abs. 3 EStG zu bewerten. Maßgebend ist deshalb der um 4 % geminderte Endpreis, zu dem der Arbeitgeber oder der am Abgabeort nächstansässige Abnehmer die Waren oder Dienstleistungen fremden Letztverbrauchern anbietet. Der Ansatz von Sachbezugswerten und die Anwendung der monatlichen Freigrenze von 50 € ist ausgeschlossen.

  Ist der Rabattfreibetrag von 1 224 € nicht anwendbar, so ist in diesen Fällen die Bewertung immer nach § 8 Abs. 2 EStG vorzunehmen (üblicher Endpreis am Abgabeort, Sachbezugswert, Durchschnittswert).

Durch den **Rabattfreibetrag begünstigt** ist die unentgeltliche oder verbilligte Überlassung von

- Waren und Dienstleistungen,

- die der Arbeitnehmer auf Grund seines Dienstverhältnisses erhält, wobei es sich auch um ein früheres oder künftiges Dienstverhältnis handeln kann,

- die vom Arbeitgeber nicht überwiegend für den Bedarf der Arbeitnehmer hergestellt, vertrieben oder erbracht werden.

Der **Rabattfreibetrag gilt nicht**

- für Waren und Dienstleistungen, die der Arbeitgeber überwiegend für den Bedarf der Arbeitnehmer herstellt, vertreibt oder erbringt (z.B. Kantinenmahlzeiten),

- soweit Arbeitnehmer Waren beziehen oder Dienstleistungen erhalten können, die in einem mit dem Arbeitgeber im Konzern verbundenen Unternehmen hergestellt, gehandelt oder erbracht werden,

- wenn der Arbeitnehmer den als Lohn zu beurteilenden Sachbezug auf Veranlassung des Arbeitgebers **von einem Dritten** erhält, es sich also nicht um Waren oder Dienstleistungen des Arbeitgebers handelt. Dies gilt auch, wenn die Vorteilsgewährung durch den früheren Arbeitgeber (z.B. Konzernmutter), aber im Hinblick auf die Tätigkeit beim gegenwärtigen Arbeitgeber (z.B. Konzerntochter) erfolgt (BFH, Urteil vom 8.11.1996, BStBl II 1997 S. 330),

– für Waren und Dienstleistungen, die der Arbeitgeber **nicht als eigene** liefert oder erbringt. Die Rabattbesteuerung greift nur ein, wenn der Sachbezug eine eigene Leistung des Arbeitgebers betrifft (BFH, Urteil vom 4.11.1994, BStBl II 1995 S. 338).

Beispiel 1:

Der Arbeitgeber vermietet seinem Arbeitnehmer eine Wohnung zu einer verbilligten Miete.

- Ist der Arbeitgeber **ein Wohnungsunternehmen**, das überwiegend an fremde Dritte vermietet, kann der Rabattfreibetrag angewendet werden.

  Maßgebend ist die Miete, die der Arbeitgeber von Dritten erzielt, abzüglich 4 % Abschlag.

- Vermietet der Arbeitgeber **nicht überwiegend** an fremde Dritte, kann der Rabattfreibetrag nicht angewendet werden.

  Maßgebend ist die ortsübliche Miete.

Beispiel 2:

Der Arbeitgeber vermietet seinem Arbeitnehmer ein möbliertes Zimmer zu einer verbilligten Miete.

- Betreibt der Arbeitgeber **ein Hotel**, kann der Rabattfreibetrag angewendet werden.

  Maßgebend ist der Zimmerpreis, den der Arbeitgeber von Dritten verlangt, abzüglich 4 % Abschlag.

- Vermietet der Arbeitgeber möblierte Zimmer **nicht überwiegend** an fremde Dritte, kann der Rabattfreibetrag nicht angewendet werden.

  Maßgebend ist der Sachbezugswert für eine Unterkunft.

Beispiel 3:

Der Arbeitgeber gewährt seinem Arbeitnehmer ein verbilligtes Mittagessen.

- Betreibt der Arbeitgeber **eine Gaststätte** und darf sich der Arbeitnehmer das Essen nach der Speisekarte aussuchen, kann der Rabattfreibetrag angewendet werden, weil diese Speisen überwiegend für fremde Dritte zubereitet werden.

  Maßgebend ist der Preis lt. Speisekarte, abzüglich 4 % Abschlag.

- Betreibt der Arbeitgeber **eine Gaststätte** und wird das Essen **extra für das Personal zubereitet**, kann der Rabattfreibetrag nicht angewendet werden, weil diese Speisen nicht überwiegend für fremde Dritte zubereitet werden.

  Maßgebend ist der Sachbezugswert.

- **Soll der Sachbezug pauschal nach § 40 Abs. 1 EStG versteuert werden?**

  Wird diese Frage bejaht, so ist der Sachbezug **nicht** nach den Vorschriften des § 8 Abs. 3 EStG, sondern nach § 8 Abs. 2 EStG zu bewerten. Maßgebend ist deshalb der um übliche Preisnachlässe geminderte übliche Endpreis am Abgabeort bzw. ein etwaiger Sachbezugs- oder Durchschnittswert. Die monatliche Freigrenze von 50 € ist zu beachten, soweit es sich nicht um Sachbezugs- oder Durchschnittswerte handelt. Der Rabattfreibetrag von 1 224 € kann nicht abgezogen werden.

Beispiel 4:

Der Arbeitgeber betreibt **eine Gaststätte** und gewährt seinem Arbeitnehmer ein verbilligtes Mittagessen. Der Arbeitnehmer darf sich das Essen nach der Speisekarte aussuchen. Der Arbeitgeber versteuert den geldwerten Vorteil pauschal nach § 40 EStG.

Der Rabattfreibetrag kann nicht angewendet werden. Maßgebend für die Pauschalversteuerung ist der Sachbezugswert.

4. Gegenstand der Rabattgewährung

1941 Voraussetzung für die Bewertung nach § 8 Abs. 3 EStG ist, dass der Arbeitnehmer auf Grund seines Dienstverhältnisses **Waren oder Dienstleistungen** erhält, die vom Arbeitgeber nicht überwiegend für den Bedarf seiner Arbeitnehmer hergestellt, vertrieben oder erbracht werden und deren Bezug nicht nach § 40 EStG pauschal versteuert wird.

a) Veranlassung durch das Dienstverhältnis

Die Sachbezüge müssen dem Arbeitnehmer auf Grund **seines** **1942** **Dienstverhältnisses** zufließen. Dabei kann es sich auch um Sachbezüge handeln, die dem Arbeitnehmer **ausschließlich wegen seines früheren oder künftigen Dienstverhältnisses** zufließen. Diese Voraussetzung ist nur dann erfüllt, wenn das frühere Dienstverhältnis nicht nur eine notwendige, sondern eine ausreichende Bedingung für die Vorteilsgewährung darstellt und es unerheblich ist, ob der ehemalige Arbeitnehmer noch und ggf. bei wem berufstätig ist. Ist aber eine der Voraussetzungen für die Vorteilsgewährung die gegenwärtige Beschäftigung im Konzernverbund, wird der Vorteil nicht ausschließlich auf Grund des früheren Dienstverhältnisses gewährt; der Rabattfreibetrag kann nicht gewährt werden (BFH, Urteil vom 8.11.1996, BStBl II 1997 S. 330). Steht der Arbeitnehmer im Kalenderjahr nacheinander oder nebeneinander in mehreren Dienstverhältnissen, so sind die Sachbezüge aus jedem Dienstverhältnis unabhängig voneinander zu beurteilen. Auf Sachbezüge, die der Arbeitnehmer nicht unmittelbar vom Arbeitgeber erhält, ist § 8 Abs. 3 EStG nicht anwendbar (R 32 Abs. 1 Nr. 1 LStR); zur steuerlichen Erfassung und Bewertung derartiger Sachbezüge (→ *Sachbezüge* Rz. 2141).

Beispiel 1:

Ein Arbeitgeber gewährt allen früheren Arbeitnehmern, die Altersrente beziehen, die gleichen Rabattvorteile wie den aktiven Arbeitnehmern.

Der Rabattfreibetrag ist grundsätzlich auch bei den Rentnern anzuwenden, weil sie die Sachbezüge ausschließlich auf Grund ihres früheren Dienstverhältnisses erhalten.

Beispiel 2:

Ein Arbeitgeber gliedert eine Betriebsabteilung aus. Die früheren Arbeitnehmer erhalten weiterhin die gleichen Rabattvorteile wie vor der Ausgliederung.

Der Rabattfreibetrag ist nicht anzuwenden, weil die Rabattgewährung nicht ausschließlich auf Grund des früheren Dienstverhältnisses erfolgt. Wollte man dies bejahen, so müsste der Arbeitgeber allen ausgeschiedenen Arbeitnehmern – also auch denen, die jetzt bei einem anderen Arbeitgeber arbeiten – die Rabattvorteile zubilligen (BFH, Urteil vom 8.11.1996, BStBl II 1997 S. 330).

b) Waren und Dienstleistungen

Die Sachbezüge müssen in der Überlassung von Waren oder in **1943** Dienstleistungen bestehen.

Diese Voraussetzung ist auch dann erfüllt, wenn der Arbeitgeber freiwillig gezahltes Weihnachtsgeld nicht als Geldbetrag auszahlt, sondern in **Form von Warengutscheinen** seinen Arbeitnehmern aushändigt. Voraussetzung ist allerdings, dass den Arbeitnehmern **kein Wahlrecht** eingeräumt wird. In diesem Fall fließt dem Arbeitnehmer der Sachbezug als Arbeitslohn bei Einlösung des Gutscheins zu, vgl. → *Warengutscheine* Rz. 2598.

Beispiel 1:

Die Arbeitnehmer eines Warenhauskonzerns erhalten im Dezember 2001 statt eines freiwilligen Weihnachtsgelds Warengutscheine in gleicher Höhe. Ein Wahlrecht wird den Arbeitnehmern nicht zugestanden. Ein Arbeitnehmer löst seinen Gutschein in Höhe von 2 400 DM (=1 227,10 €) im Januar 2002 beim Kauf eines Computers ein.

Dem Arbeitnehmer fließt der Vorteil nicht bei Erhalt des Gutscheins, sondern bei dessen Einlösung zu, also im Januar 2002. Da der Rabattfreibetrag von 1 224 € sowie der Abschlag von 4 % zum Tragen kommt, hat der Arbeitnehmer **keinen geldwerten Vorteil** zu versteuern.

Zu den **Waren** gehören alle Wirtschaftsgüter, die im Wirtschaftsverkehr wie Sachen (§ 90 BGB) behandelt werden (R 32 Abs. 1 Nr. 2 LStR), z.B. bewegliche und unbewegliche Sachen wie **Grundstücke, Strom, Wärme, Gas, Wasser, Tabak, Zigaretten, Freiflüge, Deputate, Freitrunk**. Sie umfassen die gesamte eigene Lieferpalette des jeweiligen Arbeitgebers.

Beispiel 2:

Das Personal eines Altenheimes erhält arbeitstäglich eine verbilligte Kantinenmahlzeit. Die Mahlzeiten entsprechen denen der Heimbewohner.

Bei der verbilligten Überlassung von Verpflegung handelt es sich um eine Ware. Der Rabattfreibetrag ist anwendbar, weil der Arbeitgeber ein eigenständiges Personalessen nicht besonders zubereiten lässt und er die Ware

„Verpflegung" damit überwiegend für Fremde und nicht für den Bedarf der Arbeitnehmer herstellt.

Für die Bewertung gelten deshalb nicht die amtlichen Sachbezugswerte, sondern es gilt die besondere Bewertungsvorschrift des § 8 Abs. 3 EStG. Anzusetzen ist hiernach der den Heimbewohnern abverlangte Endpreis abzüglich 4 % (Sächsisches FG, Urteil vom 27.1.1994, EFG 1994 S. 468).

Auf **Rohstoffe, Zutaten** und **Halbfertigprodukte** ist der Rabattfreibetrag anwendbar, wenn diese mengenmäßig überwiegend in die Erzeugnisse des Betriebs eingehen. **Betriebs- und Hilfsstoffe**, die mengenmäßig überwiegend nicht an fremde Dritte abgegeben werden, sind dagegen nicht begünstigt (R 32 Abs. 1 Nr. 3 LStR).

Beispiel 3:

Ein Krankenhaus verkauft Artikel des medizinischen Bedarfs an seine Arbeitnehmer, im Übrigen werden die Artikel nur zur Versorgung der Krankenhauspatienten verbraucht.

Der Rabattfreibetrag ist nicht anwendbar, weil die Artikel des medizinischen Bedarfs nicht überwiegend an fremde Dritte abgegeben werden (BMF-Schreiben vom 1.7.1996, Steuer-Telex 1996 S. 693).

Eine andere Auffassung vertreten das Hessische Finanzgericht (Urteil vom 23.5.1997, EFG 1997 S. 1014) und das Niedersächsische Finanzgericht (Urteil vom 14.7.1998, EFG 1998 S. 1509), die in diesem Fall die Anwendung des § 8 Abs. 3 EStG für rechtens halten. Da die Finanzverwaltung jeweils Revision eingelegt hat, bleibt der Ausgang der Revisionsverfahren abzuwarten (Az. beim BFH: VI R 63/97 sowie VI R 158/98).

Als **Dienstleistungen** kommen alle anderen Leistungen in Betracht, die üblicherweise gegen Entgelt erbracht werden (R 32 Abs. 1 Nr. 2 LStR), z.B. auch **Beförderungsleistungen, Beratung, Werbung, Datenverarbeitung, Kontenführung und Versicherungsschutz sowie Reiseveranstaltungen**. Dienstleistungen umfassen nicht nur solche i.S. von § 611 BGB, sondern alle Sachbezüge der eigenen Leistungspalette des jeweiligen Arbeitgebers. Insoweit reicht es aus, wenn der Arbeitnehmer durch die Dienstleistung **bereichert** wird, z.B. Kontoführung oder die unentgeltliche Inspektion eines Kraftfahrzeugs oder einer Heizungsanlage. Die leih- oder mietweise Überlassung von Grundstücken, Wohnungen, möblierten Zimmern oder von Kraftfahrzeugen, Maschinen und anderen beweglichen Sachen sowie die Gewährung von Darlehen sind ebenfalls Dienstleistungen (BFH, Urteil vom 4.11.1994, BStBl II 1995 S. 338).

Beispiel 4:

Ein Hotelbetrieb stellt einem Angestellten ein übliches Hotelzimmer unentgeltlich zur Verfügung. Da die Nutzungsüberlassung zu den Dienstleistungen des Arbeitgebers zählt, ist der Abzug des Rabattfreibetrags möglich.

Die Bewertung erfolgt nach § 8 Abs. 3 EStG, es gilt der um 4 % geminderte Endpreis, zu dem der Arbeitgeber das Hotelzimmer fremden Letztverbrauchern, also Hotelgästen, anbietet.

Der amtliche Sachbezugswert nach § 8 Abs. 2 EStG ist anzusetzen, soweit dem Angestellten eine Unterkunft zur Verfügung gestellt wird, die fremden Letztverbrauchern nicht angeboten wird, und die übrigen Voraussetzungen der Sachbezugsverordnung erfüllt sind.

c) Sachbezüge vom Arbeitgeber

1944 Voraussetzung für die Gewährung des Rabattfreibetrags ist ferner, dass es sich um Waren handelt, die **vom Arbeitgeber** hergestellt oder vertrieben werden, oder um Dienstleistungen, die vom Arbeitgeber erbracht werden.

Der Begriff des Arbeitgebers ist zwar im Einkommensteuerrecht nicht definiert. In Umkehrung des Begriffs des Arbeitnehmers (§ 1 Abs. 2 LStDV) ergibt sich aber, dass Arbeitgeber derjenige ist, dem der Arbeitnehmer die Arbeitsleistung schuldet, unter dessen Leitung er tätig wird oder dessen Weisungen er zu folgen hat. Dies ist regelmäßig der Vertragspartner des Arbeitnehmers aus dem Dienstvertrag. **Im Falle eines Konzerns** sind Arbeitnehmer grundsätzlich nur im Verhältnis zu dem Konzernunternehmen arbeitsvertraglich gebunden, mit dem ihr Dienstvertrag geschlossen ist; **nur dieses Konzernunternehmen hat unmittelbar Weisungsrechte**. Der Arbeitnehmer hat auch nur gegenüber diesem Unternehmen Rechtsansprüche (z.B. auf Zahlung des Arbeitslohns, einer Entgeltfortzahlung oder des Urlaubsgelds), die er grundsätzlich auch nur gegenüber diesem Unternehmen gericht-

lich durchsetzen könnte (BFH, Urteil vom 21.2.1986, BStBl II 1986 S. 768).

Das bedeutet, dass **Arbeitnehmer von Konzernunternehmen** oder ein **überbetrieblicher Belegschaftshandel nicht** durch den Rabattfreibetrag **steuerlich begünstigt werden**. Diese Auffassung ist vom Bundesfinanzhof bestätigt worden (Urteil vom 15.1.1993, BStBl II 1993 S. 356).

Bei Waren oder Dienstleistungen kann der Rabattfreibetrag nur angewendet werden, wenn sie **vom Arbeitgeber hergestellt, vertrieben oder erbracht** werden. Es ist jedoch nicht erforderlich, dass die Leistungen des Arbeitgebers zu seinem üblichen Geschäftsgegenstand gehören. Es reicht aber nicht aus, dass der Arbeitgeber die Waren oder Dienstleistungen nur vermittelt (BFH, Urteil vom 7.2.1997, BStBl II 1997 S. 363).

Beispiel 1:

Eine Konzernobergesellschaft hat vier Konzerntöchter. Die Konzerngesellschaft A stellt Computer her, die Konzerngesellschaft B Nahrungsmittel, die Konzerngesellschaft C ist im Bankgeschäft tätig und die Konzerngesellschaft D vertreibt die von A und B hergestellten Waren. Alle Arbeitnehmer des Konzerns erhalten Rabattvorteile bei den hergestellten Waren und können bei C verbilligt ein Konto führen. Die im Bankgeschäft tätige C vermittelt gelegentlich den Verkauf von Computern der A an ihre Kunden.

Zur Anwendung des Rabattfreibetrags gilt Folgendes:

– Die **Arbeitnehmer der Konzernobergesellschaft** erhalten beim verbilligten Bezug der Waren oder für die verbilligte Kontenführung bei C **keinen Rabattfreibetrag**, weil ihr Arbeitgeber weder Waren oder Dienstleistungen herstellt, vertreibt oder erbringt.

– Die **Arbeitnehmer von A** erhalten auf den verbilligten Bezug von Computern den Rabattfreibetrag, weil ihr Arbeitgeber Computer herstellt. Auf den Bezug von Nahrungsmitteln oder für die verbilligte Kontenführung bei C kann der Rabattfreibetrag nicht gewährt werden.

– Die **Arbeitnehmer von B** erhalten auf den verbilligten Bezug von Nahrungsmitteln den Rabattfreibetrag, weil ihr Arbeitgeber Nahrungsmittel herstellt. Auf den Bezug von Computern oder für die verbilligte Kontenführung bei C kann der Rabattfreibetrag nicht gewährt werden.

– Die **Arbeitnehmer von C** erhalten auf die verbilligte Kontenführung den Rabattfreibetrag, weil ihr Arbeitgeber die Dienstleistung erbringt. Auf den Bezug von Computern und Nahrungsmitteln kann der Rabattfreibetrag nicht gewährt werden. Für die Gewährung des Rabattfreibetrags reicht es nicht aus, dass C Computer der A vermittelt (BFH, Urteil vom 7.2.1997, BStBl II 1997 S. 363).

– Die **Arbeitnehmer von D** erhalten auf den verbilligten Bezug von Computern und Nahrungsmitteln den Rabattfreibetrag, weil ihr Arbeitgeber Computer und Nahrungsmittel vertreibt. Auf die verbilligte Kontenführung bei C kann der Rabattfreibetrag nicht gewährt werden.

Beispiel 2:

Mitarbeiter einer nur mit dem Druck beauftragten Druckerei erhalten mit Einverständnis der von der Druckerei rechtlich selbständigen Herausgeberfirma Freiexemplare einer Tageszeitung. Die Herausgeberfirma ist allerdings mit der Druckerei konzernverbunden.

Die Freiexemplare sind nicht durch die Rabattregelung des § 8 Abs. 3 EStG begünstigt. Das Druckerzeugnis „Zeitung" ist (auch) steuerrechtlich allein der auftraggebenden Herausgeberfirma zuzurechnen und wird daher von der Druckerei nicht i.S. des § 8 Abs. 3 EStG hergestellt (FG Münster, Urteil vom 26.4.1999, EFG 1999 S. 692, Revision eingelegt, Az. beim BFH: VI R 88/99). Vgl. hierzu auch FG Düsseldorf, Urteil vom 4.9.1998, DStRE 2001 S. 513, Revision eingelegt, Az. beim BFH: VI R 175/00).

Weitere Voraussetzung ist nach Auffassung des Finanzgerichts Düsseldorf (Urteil vom 18.6.1998, EFG 1998 S. 1508), dass der Arbeitgeber die Waren und Dienstleistungen **„im Allgemeinen Geschäftsverkehr"** fremden Letztverbrauchern anbietet.

Beispiel 3:

Ein Arbeitgeber gewährt seinen Arbeitnehmern zinslose Darlehen. Darüber hinaus hat der Arbeitgeber lediglich verbundenen Unternehmen Darlehen eingeräumt.

Den Arbeitnehmern kann der Rabattfreibetrag nicht gewährt werden, weil der Arbeitgeber keine Darlehensgeschäfte im Allgemeinen Geschäftsverkehr erbringt. Zweck der Darlehenshingabe an die verbundenen Unternehmen ist nicht – wie bei üblichen Bankgeschäften – die Erzielung von Einnahmen in Form von Kapitaleinkünften, sondern vielmehr die Verstärkung der Betriebsmittel der verbundenen Unternehmen selbst (FG Düsseldorf, Urteil vom 18.6.1998, EFG 1998 S. 1508, Revision eingelegt, Az. beim BFH: VI R 134/99).

Diese Auffassung wird allerdings vom Finanzgericht Hamburg (Urteil vom 27.3.2001, EFG 2001 S. 1124, Revision eingelegt, Az. beim BFH: VI R 54/01) **abgelehnt**. Nach Ansicht des Finanzgerichts Hamburg setzt § 8 Abs. 3 EStG nicht voraus, dass unternehmensspezifische Waren oder Dienstleistungen an den Arbeitnehmer überlassen oder erbracht werden. Es bleibt abzuwarten, wie der Bundesfinanzhof in den Revisionsverfahren entscheiden wird.

Ebenso sind Waren, die der Arbeitgeber **überwiegend für seine Arbeitnehmer herstellt**, z.B. Kantinenmahlzeiten, oder überwiegend an seine Arbeitnehmer vertreibt, und Dienstleistungen, die der Arbeitgeber überwiegend für seine Arbeitnehmer erbringt, nicht nach § 8 Abs. 3 EStG begünstigt; für die Wertermittlung ist in diesen Fällen § 8 Abs. 2 EStG anzuwenden.

Beispiel 4:

Die Arbeitnehmer einer Mietwagenfirma können vom Arbeitgeber Neuwagen und Gebrauchtwagen erwerben. Neuwagen verkauft die Mietwagenfirma normalerweise nicht, dagegen werden die Mietwagen nach Ablauf einer bestimmten Zeit auch an fremde Dritte veräußert.

Soweit die Arbeitnehmer einen Neuwagen verbilligt kaufen, steht ihnen der Rabattfreibetrag nicht zu, weil der Arbeitgeber nicht mit Neuwagen handelt. Beim Kauf eines Gebrauchtwagens kann dagegen der Rabattfreibetrag berücksichtigt werden, denn diese werden auch an fremde Dritte veräußert.

Beispiel 5:

Der Arbeitnehmer eines Reisebüros hat für eine vom Arbeitgeber vermittelte Pauschalreise, die im Katalog des Reiseveranstalters zum Preis von 2 000 € angeboten wird, nur 1 500 € zu zahlen. Vom Preisnachlass entfallen 300 € auf die Reiseleistung des Veranstalters und 200 € auf die Vermittlung des Arbeitgebers, der insoweit keine Vermittlungsprovision erhält, vgl. H 32 (Anwendung des Rabatt-Freibetrags – Beispiel 2) LStH.

Die unentgeltliche **Vermittlungsleistung** ist nach § 8 Abs. 3 EStG unter Anwendung des Rabattfreibetrags von 1 224 € jährlich zu bewerten. Auf die darüber hinausgehende Verbilligung der Pauschalreise um 300 € ist der Rabattfreibetrag nicht anwendbar, weil die Reiseveranstaltung nicht **vom Arbeitgeber durchgeführt** wird; sie ist deshalb nach § 8 Abs. 2 EStG ohne Anwendung des Rabattfreibetrags von 1 224 € jährlich zu bewerten.

Der geldwerte Vorteil errechnet sich wie folgt:

a) Vermittlungsleistung

Unentgeltliche Vermittlungsleistung		200 €
╱ 4 % Abschlag		8 €
= Endpreis des Arbeitgebers		192 €
╱ Rabattfreibetrag		1 224 €
= geldwerter Vorteil		0 €

b) Verbilligung der Pauschalreise

Katalogpreis des Reiseveranstalters	2 000 €	
╱ Vermittlungsprovision	200 €	1 800 €
╱ 4 % Abschlag (Vereinfachungsregelung nach R 31 Abs. 2 Satz 9 LStR)		72 €
= üblicher Endpreis am Abgabeort		1 728 €
╱ Zahlung des Arbeitnehmers		1 500 €
= geldwerter Vorteil		228 €

Der Arbeitnehmer hat einen geldwerten Vorteil von 228 € zu versteuern. Die Finanzverwaltung hat dem Deutschen Reisebüroverband gegenüber die im Beispiel vertretene Auffassung bekräftigt, dass bei einem Reisevermittler nur der im Sachbezug enthaltene Teil der Vermittlungsleistung nach § 8 Abs. 3 EStG bewertet werden kann (OFD Berlin, Verfügung vom 17.12.1996, FR 1997 S. 276). Dies ist vom Bundesfinanzhof bestätigt worden (BFH, Beschluss vom 20.8.1997, BFH/NV 1998 S. 163).

Arbeitgeber, die den **Vertrieb ihrer Erzeugnisse über selbständige Vertragshändler** abwickeln, sind zum Teil aus verschiedenen Gründen nicht bereit, den Belegschaftshandel abweichend von dem gewählten Vertriebsweg zu organisieren. Um auch den hiervon betroffenen Arbeitnehmern den steuerbegünstigten Erwerb der Waren ihres Arbeitgebers zu ermöglichen, ist es nach Auffassung der Finanzverwaltung unschädlich, wenn die Überlassung der Waren des Arbeitgebers auch über selbständige Vertragshändler erfolgt, die im eigenen Namen handeln, sofern sichergestellt ist, dass im Verhältnis zwischen Arbeitgeber und Vertragshändler der Rabatt in vollem Umfang vom Arbeitgeber getragen wird (vgl. BFH, Urteil vom 4.6.1993, BStBl II 1993 S. 687).

Trägt dagegen **der Vertragshändler den Rabatt zum Teil selbst**, z.B. durch eine Minderung der üblichen Händlerprovision, so ist

nach den allgemeinen Grundsätzen zu prüfen, ob diese **Zuwendung als Lohnzahlung eines Dritten** steuerpflichtiger Arbeitslohn ist. Ist dies der Fall, sind die Voraussetzungen des § 8 Abs. 3 EStG aus den o.g. Gründen nicht erfüllt (OFD Münster, Verfügung vom 10.1.1990, DB 1990 S. 298).

Beispiel 6:

Ein Automobilunternehmen verkauft an die Arbeitnehmer keine Fahrzeuge. Die Arbeitnehmer können aber bei den Vertragshändlern des Automobilwerks ein Fahrzeug mit einem Rabatt von 20 % erwerben. Dieser Rabatt wird vom Automobilwerk in voller Höhe getragen.

Beim Kauf eines Fahrzeugs kann der Rabattfreibetrag berücksichtigt werden.

5. Bewertung nach § 8 Abs. 3 EStG

a) Allgemeines

Steht fest, dass der **Rabattfreibetrag berücksichtigt werden kann**, ist die besondere Bewertung nach § 8 Abs. 3 EStG anzuwenden. Das bedeutet: **1945**

Der steuerlichen Bewertung der Sachbezüge sind die **Endpreise** (einschließlich Umsatzsteuer) zu Grunde zu legen, zu denen der **Arbeitgeber** oder der nächstansässige Abnehmer die Waren oder Dienstleistungen fremden Letztverbrauchern im Allgemeinen Geschäftsverkehr **anbietet**. Im Einzelhandel sind dies die Preise, mit denen die Waren ausgezeichnet werden. Es kommt nicht darauf an, welcher Preis von einem Letztverbraucher als Ergebnis individueller Verhandlungen schließlich entrichtet worden ist, da das **Gesetz auf den angebotenen** und nicht auf den schließlich vereinbarten **Preis abstellt** (BFH, Urteil vom 4.6.1993, BStBl II 1993 S. 687). Die Bewertung basiert nicht auf üblichen Marktpreisen bzw. Durchschnittspreisen. Der **Preisabschlag von 4 %** soll die zum üblichen Marktpreis möglichen Preisunterschiede ausgleichen. Ein Preisabschlag, den der Arbeitgeber Groß- oder Dauerkunden einräumt, ist nicht zulässig.

In den Fällen, in denen der Arbeitgeber mit fremden Letztverbrauchern nicht in Geschäftsbeziehungen tritt (z.B. Großhändler oder Hersteller), sind die Endpreise maßgebend, zu denen der dem Abgabeort des Arbeitgebers **nächstansässige Abnehmer** die Waren oder Dienstleistungen **fremden Letztverbrauchern anbietet**. In Fällen, in denen Waren nicht am Betriebssitz des Arbeitgebers, sondern an dritter Stelle abgegeben werden, gilt als Abgabeort der Ort, an dem die organisatorischen Vorkehrungen für die Rabattgewährung getroffen werden (BFH, Urteil vom 4.6.1993, BStBl II 1993 S. 687).

Bei einem **umfangreichen Warenangebot**, von dem fremde Letztverbraucher ausgeschlossen sind, kann der Endpreis einer Ware, zu dem der nächstansässige Abnehmer die Waren fremden Letztverbrauchern im Allgemeinen Geschäftsverkehr anbietet, auch **auf Grund repräsentativer Erhebungen** über die relative Preisdifferenz **für die gängigsten Einzelstücke** jeder Warengruppe ermittelt werden. Das bedeutet, dass sich der Arbeitgeber über die Angebotspreise der gängigsten Einzelstücke beim nächstansässigen Abnehmer erkundigen muss. Aus der so ermittelten Preisdifferenz zu seinen Verkaufspreisen kann er dann die Endpreise aller anderen Waren ableiten (R 32 Abs. 2 Satz 4 LStR).

Der so festgestellte Endpreis ist **um 4 % zu mindern**, wobei der geminderte Endpreis den Geldwert des Sachbezugs darstellt. Als steuerpflichtiger geldwerter Vorteil ist der Unterschiedsbetrag zwischen diesem Geldwert und dem vom Arbeitnehmer gezahlten Entgelt anzusetzen, soweit dieser aus dem Dienstverhältnis im Kalenderjahr insgesamt 1 224 € übersteigt.

Beispiel:

Ein Arbeitnehmer erhält von seinem Arbeitgeber, einem Teppichhersteller, für sein Einfamilienhaus Teppichboden für 130 qm zu einem Preis von 13 € je qm.

Da der Arbeitgeber Teppichboden nicht selbst an Letztverbraucher veräußert, ist der Angebotspreis maßgebend, zu dem der nächstansässige Abnehmer des Teppichherstellers den Teppichboden anbietet. Der Arbeitgeber stellt fest, dass der nächstansässige Abnehmer den Teppichboden zu einem Quadratmeterpreis von 25 € anbietet. Bei einer Abnahme von 130 qm würde er aber – sofern der Kunde verhandelt – den Teppichboden für 22 € je qm verkaufen.

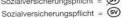
Rabatte

Maßgebend ist der Angebotspreis des Abnehmers, nicht der Verkaufspreis. Der geldwerte Vorteil errechnet sich wie folgt:

Angebotspreis des nächstansässigen Abnehmers (130 qm × 25 €)	3 250 €
∕ 4 % Abschlag	130 €
= Endpreis i.S. von § 8 Abs. 3 EStG	3 120 €
∕ Zahlung des Arbeitnehmers (130 qm × 13 €)	1 690 €
= Vorteil	1 430 €
∕ Rabattfreibetrag	1 224 €
= geldwerter Vorteil	206 €

Der Arbeitnehmer hat einen geldwerten Vorteil von 206 € zu versteuern.

b) Sonderregelung in der Automobilbranche

1946 In der Automobilbranche ist **die Feststellung des Endpreises mit Schwierigkeiten** verbunden. Dies liegt insbesondere daran, dass der einzelne Verkaufspreis eines Kraftfahrzeugs sehr hoch ist und sich bereits Abweichungen von einem Prozent bei der Feststellung des Endpreises erheblich auswirken. Früher ist die Finanzverwaltung davon ausgegangen, dass in der Automobilbranche regelmäßig der sog. **Listenpreis** als Endpreis anzusetzen ist.

Es ist aber festgestellt worden, dass nach den Gepflogenheiten in der Automobilbranche Kraftfahrzeuge im Allgemeinen Geschäftsverkehr fremden Letztverbrauchern tatsächlich häufig zu einem Preis angeboten werden, der **unter dem Listenpreis des Herstellers liegt**. Deshalb kann nach der Rechtsprechung des Bundesfinanzhofs (Urteil vom 4.6.1993, BStBl II 1993 S. 687) auch der tatsächliche Angebotspreis anstelle des empfohlenen Listenpreises angesetzt werden.

Da die **Ermittlung des tatsächlichen Angebotspreises sehr schwierig** ist, hat die Finanzverwaltung **folgende Vereinfachungsregelung zugelassen** (BMF-Schreiben vom 30.1.1996, BStBl I 1996 S. 114):

„Im Hinblick auf die Schwierigkeiten bei der Ermittlung des tatsächlichen Angebotspreises ist es nicht zu beanstanden, wenn als Endpreis i.S. des § 8 Abs. 3 EStG der Preis angenommen wird, der sich ergibt, wenn **die Hälfte des Preisnachlasses**, der durchschnittlich beim Verkauf an fremde Letztverbraucher im Allgemeinen Geschäftsverkehr tatsächlich gewährt wird, von dem empfohlenen Preis abgezogen wird. Dabei ist der durchschnittliche Preisnachlass modellbezogen nach den tatsächlichen Verkaufserlösen in den vorangegangenen drei Kalendermonaten zu ermitteln und jeweils der Endpreisfeststellung im Zeitpunkt der Bestellung (Bestellbestätigung) zu Grunde zu legen.“

In der Automobilbranche werden aber oftmals auch **gebrauchte Kraftfahrzeuge in Zahlung** genommen und durch einen überhöhten Anrechnungspreis ein **verdeckter Rabatt** gewährt, währenddessen bei neu erworbenen Kraftfahrzeugen nur ein geminderter Nachlass zugestanden wird. Um bei der Bewertung ein sachgerechtes Ergebnis zu erzielen, sind nach Auffassung der Finanzverwaltung bei der Preisermittlung **nur solche Preisnachlässe** zu berücksichtigen, die im Allgemeinen Geschäftsverkehr beim Verkauf von **Kraftfahrzeugen ohne Inzahlungnahme** eines gebrauchten Kraftfahrzeuges eingeräumt werden.

Beispiel:

Ein Automobilunternehmen verkauft seine Fahrzeuge nur über selbständige Kraftfahrzeughändler. Auf Grund der Händlerverkaufsstatistik erkennt das Automobilunternehmen, dass der nächstansässige Kraftfahrzeughändler folgende durchschnittliche Preisnachlässe gewährt hat:

Monat	Modell A	Modell B	Modell C
Januar 2002	9,8 %	6,5 %	4,0 %
Februar 2002	8,8 %	8,7 %	5,7 %
März 2002	8,4 %	5,8 %	8,3 %
Durchschnitt	9,0 %	7,0 %	6,0 %

Für Fahrzeuge, die im April 2002 von Arbeitnehmern des Automobilunternehmens bestellt werden, ergeben sich somit auf Grund des 50%igen Ansatzes vom Durchschnittspreis folgende Abschläge bei den einzelnen Modellen:

– Modell A: 4,5 %,
– Modell B: 3,5 %,
– Modell C: 3,0 %.

Ein Arbeitnehmer bestellt am 12.4.2002 ein Fahrzeug des Modells A, das einen Listenpreis von 15 000 € hat. Der Arbeitnehmer muss hierfür bei

Lieferung einen Preis von 12 500 € zahlen. Der geldwerte Vorteil ermittelt sich wie folgt:

Listenpreis des Automobilunternehmens	15 000 €
∕ Abschlag (4,5 %)	675 €
= Angebotspreis	14 325 €
∕ 4 % Abschlag	573 €
= Endpreis des Arbeitgebers	13 752 €
∕ Kaufpreis des Arbeitnehmers	12 500 €
= Vorteil	1 252 €
∕ Rabattfreibetrag nach § 8 Abs. 3 EStG	1 224 €
= vom Arbeitnehmer zu versteuern	28 €

Der Arbeitnehmer hat für den Kauf des Fahrzeugs 28 € im Zeitpunkt der Lieferung zu versteuern. Dabei ist unerheblich, wie hoch die Abschläge an fremde Letztverbraucher im Zeitpunkt der Lieferung tatsächlich sind, maßgebend ist allein der Zeitpunkt der Bestellung.

Nach Auffassung des Finanzgerichts München (Urteil vom 13.2.2001, EFG 2001 S. 746, Nichtzulassungsbeschwerde eingelegt, Az. beim BFH: VI B 85/01) ist als Angebotspreis – entgegen dem BMF-Schreiben vom 30.1.1996 (BStBl I 1996 S. 114) – der Listenpreis **nach Abzug des vollen durchschnittlich eingeräumten Rabatts** anzusehen. **Einsprüche**, die sich auf dieses Urteil beziehen, können nach Auffassung der Finanzverwaltung **ruhen**, Aussetzung der Vollziehung ist allerdings nicht zu gewähren (OFD München, Verfügung vom 8.5.2001, DB 2001 S. 1170).

c) Unterschiede in der Bewertung nach § 8 Abs. 2 EStG und § 8 Abs. 3 EStG

Die unterschiedlichen Bewertungsmaßstäbe des § 8 Abs. 3 und des § 8 Abs. 2 EStG sollen noch einmal gegenübergestellt werden: **1947**

Bewertung nach § 8 Abs. 3 EStG	Bewertung nach § 8 Abs. 2 EStG
Konkreter Endpreis des Arbeitgebers oder nächstansässigen Abnehmers	**Üblicher** Endpreis am Abgabeort ggf. 96 % des konkreten Endpreises
Kein Ansatz von Sachbezugswerten	**Ansatz** von Sachbezugswerten, wenn festgesetzt (zwingend)
Abschlag **4 %**	**Kein** Abschlag
Rabattfreibetrag **1 224 €** jährlich	Freigrenze **50 €** monatlich

6. Pauschalierung

Für die Anwendung des Rabattfreibetrags und der besonderen **1948** Bewertung für die unentgeltliche oder verbilligte Überlassung von Waren oder Dienstleistungen nach § 8 Abs. 3 EStG ist Voraussetzung, dass die Sachbezüge **nicht pauschal** besteuert werden. **Pauschalierung und Anwendung des Rabattfreibetrags schließen sich grundsätzlich aus.**

Macht der Arbeitgeber von der Möglichkeit der Pauschalierung Gebrauch, so ist für die Bewertung der Sachbezüge § 8 Abs. 2 EStG anzuwenden. Als für den Rabattfreibetrag **schädliche Pauschalierungen** kommen in Betracht:

– **§ 40 Abs. 1 Nr. 1 EStG**

Sonstige Bezüge in einer größeren Zahl von Fällen (→ *Pauschalierung der Lohnsteuer* Rz. 1806).

– **§ 40 Abs. 1 Nr. 2 EStG**

Nachversteuerung in einer größeren Zahl von Fällen (→ *Pauschalierung der Lohnsteuer* Rz. 1816).

– **§ 40 Abs. 2 Nr. 1 EStG**

Mahlzeiten im Betrieb (→ *Mahlzeiten* Rz. 1683).

– **§ 40 Abs. 2 Nr. 2 EStG**

Betriebsveranstaltungen (→ *Betriebsveranstaltungen* Rz. 571),

– **§ 40 Abs. 2 Nr. 5 EStG**

Übereignung von Personalcomputern (→ *Computer* Rz. 630).

Diese Aufzählung ist abschließend. Daher ist es möglich, dass auch Aushilfskräfte und Teilzeitbeschäftigte, deren Lohnsteuer nach § 40a EStG pauschal erhoben wird (→ *Pauschalierung der Lohnsteuer bei Aushilfs- und Teilzeitbeschäftigten* Rz. 1840), sowie geringfügig Beschäftigte, für die die Steuerbefreiung nach § 3 Nr. 39 EStG in Betracht kommt (→ *Geringfügig Beschäftigte* Rz. 1131), in den Genuss des Rabattfreibetrags kommen können.

Die Pauschalierung schließt die gleichzeitige Anwendung des Rabattfreibetrags aus. Es ist **nicht möglich**, für **einen** Sachbezug den Rabattfreibetrag anzuwenden und für den übersteigenden Preisnachlass eine Pauschalierung durchzuführen. Das **Wahlrecht „Rabattfreibetrag oder Pauschalierung"** steht dem Arbeitgeber für **jeden einzelnen Sachbezug** zu, ohne dass eine Aufteilung des Sachbezugs zulässig ist.

Beispiel 1:

Frau R, Kunsthistorikerin aus Köln, erhält von ihrer Arbeitgeberin, einer Galeristin, eine Plastik von Thevenin zu einem Preis von 50 000 €. Normalerweise bietet die Galeristin solche Plastiken für 54 000 € an.

Der geldwerte Vorteil errechnet sich wie folgt:

Angebotspreis des Arbeitgebers	54 000 €
∕ 4 % Abschlag	2 160 €
= Endpreis i.S. von § 8 Abs. 3 EStG	51 840 €
∕ Zahlung des Arbeitnehmers	50 000 €
= Vorteil	1 840 €
∕ Rabattfreibetrag	1 224 €
= geldwerter Vorteil	616 €

Es ist **nicht zulässig**, den Betrag von 616 € pauschal nach § 40 Abs. 1 Nr. 1 EStG zu versteuern.

Die Aufteilung **eines Sachbezugs** ist **nur zulässig**, wenn die Pauschalierung der Lohnsteuer beantragt wird und die Pauschalierungsgrenze des § 40 Abs. 1 Satz 3 EStG überschritten wird (R 32 Abs. 1 Nr. 4 LStR).

Beispiel 2:

Wie Beispiel 1. Die Galeristin will die auf den Sachbezug entfallende Lohnsteuer pauschal versteuern. Der ortsübliche Endpreis am Abgabeort wird nach der Vereinfachungsregelung der R 31 Abs. 2 Satz 9 LStR ermittelt.

Der geldwerte Vorteil errechnet sich wie folgt:

Angebotspreis des Arbeitgebers	54 000 €
∕ 4 % Abschlag (Vereinfachungsregelung)	2 160 €
= üblicher Endpreis i.S. von § 8 Abs. 2 EStG	51 840 €
∕ Zahlung des Arbeitnehmers	50 000 €
= Vorteil	1 840 €

Dieser Betrag kann nur bis zur Höhe von 1 000 € pauschal versteuert werden (§ 40 Abs. 1 Satz 3 EStG). Darüber hinaus ist eine Pauschalierung ausgeschlossen. Auf den restlichen Betrag von 840 € kann der Rabattfreibetrag von 1 224 € angewendet werden, so dass dieser Vorteil steuerfrei ist.

Für die Frage, ob ein **einzelner Sachbezug** vorliegt, ist auf den **Zufluss** abzustellen. Bei einem Zufluss zu verschiedenen Zeitpunkten handelt es sich jeweils um einzelne Sachbezüge.

Beispiel 3:

Der Koch eines Hotels erhält arbeitstäglich eine kostenlose Mahlzeit lt. Speisekarte.

Die Mahlzeiten stellen einzelne Sachbezüge dar, so dass zwischen Rabattfreibetrag und Pauschalierung gewählt werden kann. Die Anwendung des Rabattfreibetrags bis zu 1 224 € ist möglich, es gilt § 8 Abs. 3 EStG, d.h. Endpreis lt. Speisekarte abzüglich 4 %. Sobald der Rabattfreibetrag ausgeschöpft ist, kann der Arbeitgeber weitere Sachbezüge nach § 40 Abs. 2 Nr. 1 EStG pauschal versteuern. Es findet § 8 Abs. 2 EStG mit dem Ansatz des amtlichen Sachbezugswertes Anwendung.

7. Rabattgewährung an Angehörige

1949 Arbeitslohn sind alle Einnahmen, die dem Arbeitnehmer aus dem Dienstverhältnis zufließen. Dies gilt auch für Einnahmen, die **nicht dem Arbeitnehmer selbst**, sondern einem Dritten (Ehegatte, Angehörige, nahe stehende Personen, Bekannte) zufließen, solange sie Ausfluss aus dem Dienstverhältnis des Arbeitnehmers sind.

Einkünfte aus nichtselbständiger Arbeit sind demjenigen zuzuordnen, der sie erzielt hat (§ 2 Abs. 1 EStG). Erzielt hat die Einkünfte grundsätzlich derjenige, der sie durch eigene Arbeitskraft erwirtschaftet, d.h. derjenige, der sein Dienstverhältnis mit dem Arbeitgeber diesen zur Zahlung des Arbeitslohns veranlasst.

Ist die Möglichkeit, dass Angehörige unentgeltlich oder verbilligt Waren beziehen oder Dienstleistungen in Anspruch nehmen, **ausschließlich durch das Dienstverhältnis des Arbeitnehmers veranlasst** und nur hierdurch zu erklären und handelt es sich nicht um ein selbständiges Angebot an Dritte, ist sie als Ausfluss der nichtselbständigen Tätigkeit im Rahmen dieses Dienstverhältnisses zu versteuern. Die Sachbezüge an Angehörige sind ebenso zu beurteilen wie die Zuwendungen an den Arbeitnehmer selbst, insbesondere ist ein eventueller geldwerter Vorteil auf den Rabattfreibetrag des Arbeitnehmers anzurechnen (vgl. R 72 Abs. 5 Nr. 1 LStR betr. Zuwendungen an Angehörige anlässlich von Betriebsveranstaltungen).

8. Mehrfache Gewährung des Rabattfreibetrags

1950 Der Rabattfreibetrag ist an das Dienstverhältnis gekoppelt. Steht der Arbeitnehmer im Kalenderjahr **nacheinander oder nebeneinander in mehreren Dienstverhältnissen**, so sind die Sachbezüge aus jedem Dienstverhältnis unabhängig voneinander zu beurteilen. Das bedeutet, dass der Arbeitnehmer den Rabattfreibetrag bei jedem Dienstverhältnis in voller Höhe in Anspruch nehmen kann. Dabei ist es gleichgültig, ob es sich bei dem Dienstverhältnis um ein „normales" Arbeitsverhältnis oder um eine Teilzeitbeschäftigung oder Aushilfstätigkeit handelt.

Beispiel 1:

Eine Arbeitnehmerin übernimmt im Kalenderjahr drei Aushilfstätigkeiten bei verschiedenen Arbeitgebern.

Bei jeder Aushilfstätigkeit steht ihr der Rabattfreibetrag von 1 224 € zu, so dass sie unter Umständen Rabattvorteile in Höhe von insgesamt 3 672 € nicht versteuern muss.

Erwerben mehrere Arbeitnehmer eines Arbeitgebers **gemeinsam eine Ware**, so kann der Rabattfreibetrag für jeden Arbeitnehmer gewährt werden. Voraussetzung ist jedoch, dass alle beteiligten Arbeitnehmer Eigentümer der Ware werden. Eine Mehrfachberücksichtigung des Preisabschlags von 4 % kommt nicht in Betracht.

Beispiel 2:

Die Eheleute sind bei einem Automobilwerk beschäftigt und erwerben verbilligt einen Pkw. Eine Gewährung des Rabattfreibetrags für jeden Arbeitnehmer ist nur dann zulässig, wenn der Kaufvertrag von beiden Eheleuten abgeschlossen wird.

Beispiel 3:

Vater und Sohn sind bei einem Elektrizitätsversorgungsunternehmen beschäftigt. Sie bewohnen gemeinsam ein Einfamilienhaus und erhalten vom Arbeitgeber Strom verbilligt über einen Stromzähler geliefert. Eine Gewährung des Rabattfreibetrags für jeden Arbeitnehmer ist nur dann zulässig, wenn beide Vertragspartner für die Stromlieferung sind. Davon ist auszugehen, wenn der Stromzähler auf die Namen beider Arbeitnehmer eingetragen ist.

9. Rabattgewährung durch Dritte

a) Allgemeines

1951 Arbeitslohn kann auch die unentgeltliche oder verbilligte **Überlassung von Waren oder Dienstleistungen eines Dritten** sein, wenn sie Entgelt für eine Leistung ist, die der Arbeitnehmer im Rahmen seines individuellen Arbeitsverhältnisses für den Arbeitgeber erbringt; demgemäß muss auch hier der Zusammenhang zwischen der Leistung des Dritten und dem Dienstverhältnis gewahrt sein. Dies ist der Fall, wenn der Arbeitnehmer die Zuwendung eines Dritten vernünftigerweise als Frucht seiner Leistung für den Arbeitgeber ansehen kann (BFH, Urteil vom 5.7.1996, BStBl II 1996 S. 545), nicht aber, wenn die Zuwendung bzw. Einnahme auf eigenen unmittelbaren rechtlichen oder wirtschaftlichen Beziehungen des Arbeitnehmers zu dem Dritten beruht (BFH, Urteil vom 7.8.1987, BStBl II 1987 S. 822).

In den Fällen, in denen der Rabatt durch Dritte gewährt wird, kommt die **Anwendung des Rabattfreibetrags nicht in Betracht**, weil der Vorteil nicht vom Arbeitgeber gewährt wird (vgl. → Rz. 1944). Die Bewertung dieser Vorteile hat nach § 8 Abs. 2 EStG mit dem um übliche Preisnachlässe geminderten üblichen Endpreis am Abgabeort zu erfolgen.

Beispiel 1:

Der Arbeitnehmer arbeitet in einer Automobilwerkstatt. Da er die Fahrzeuge eines Kaufhausbesitzers immer zu dessen vollster Zufriedenheit in Stand setzt, gewährt dieser ihm beim Kauf in seinem Geschäft einen Rabatt von 10 %.

Soweit der Arbeitnehmer beim Kaufhausbesitzer Waren mit Rabatt erwirbt, gehört dieser Vorteil zum Arbeitslohn, denn der Rabatt wird für eine Leistung gewährt, die der Arbeitnehmer im Rahmen seines Dienstverhältnisses erbringt. Der Rabattfreibetrag ist nicht anwendbar, die Bewertung der Vorteile erfolgt nach § 8 Abs. 2 EStG.

Beispiel 2:

Ein Arbeitnehmer eines Getränkehandels erhält von einer Brauerei, zu der der Getränkehandel in ständiger Geschäftsbeziehung steht, eine Reise in die Schweiz geschenkt.

Die dem Arbeitnehmer zugewendete Reise ist steuerpflichtiger Arbeitslohn, denn sie wird ihm im Rahmen seines Dienstverhältnisses zugewendet (FG Baden-Württemberg, Urteil vom 12.1.1995, EFG 1995 S. 666, vom BFH bestätigt). Der Rabattfreibetrag ist nicht anwendbar, die Bewertung der Vorteile erfolgt nach § 8 Abs. 2 EStG.

Die Finanzverwaltung hat zur steuerlichen Behandlung der Preisvorteile, die dem Arbeitnehmer beim Erwerb von Waren oder der Nutzung von Dienstleistungen von einem Dritten eingeräumt werden, wie folgt Stellung genommen (BMF-Schreiben vom 27.9.1993, BStBl I 1993 S. 814):

b) Mitwirkung des Arbeitgebers

1952 Preisvorteile gehören zum Arbeitslohn, wenn der Arbeitgeber an der Verschaffung dieser Preisvorteile mitgewirkt hat. Eine Mitwirkung des Arbeitgebers in diesem Sinne liegt nur in folgenden Fällen vor:

– Aus dem Handeln des Arbeitgebers ist ein **Anspruch** des Arbeitnehmers auf den Preisvorteil entstanden.

Ein Anspruch des Arbeitnehmers auf die Rabattgewährung liegt immer dann vor, wenn der Arbeitgeber mit dem Dritten **einen Rahmenvertrag abschließt**, nach dem sich der Dritte verpflichtet, den Arbeitnehmern einen bestimmen Rabatt zu gewähren.

Beispiel 1:

Ein Unternehmen schließt mit einem Automobilhersteller einen Vertrag ab, nach dem alle Arbeitnehmer, die im Außendienst tätig sind und ihren Privatwagen für ihre berufliche Tätigkeit nutzen, einen Rabatt von 10 % auf den Neuwagenpreis erhalten. Das Unternehmen verpflichtet sich gegenüber dem Automobilunternehmen, nur für die Außendienstmitarbeiter entsprechende Bescheinigungen auszustellen. Alle übrigen Arbeitnehmer erhalten keine Bescheinigung und damit auch keinen Rabatt.

Der Preisvorteil gehört zum Arbeitslohn, weil der Arbeitnehmer durch den Vertrag seines Arbeitgebers mit dem Automobilunternehmen einen **Anspruch** auf den Rabatt erhält.

– Der Arbeitgeber übernimmt für den Dritten **Verpflichtungen**, z.B. Inkassotätigkeit oder Haftung.

Beispiel 2:

Ein Versandunternehmen bietet einem Arbeitgeber an, seinen Arbeitnehmern Preisnachlässe in Höhe von 15 % zu gewähren. Voraussetzung ist jedoch, dass die Arbeitnehmer per Sammelbestellung über ihn bestellen und er die Rechnungen in einer Summe begleicht.

Der Preisvorteil der Arbeitnehmer gehört zum Arbeitslohn, weil der Arbeitgeber für das Versandunternehmen das Inkasso übernimmt.

– Zwischen dem Arbeitgeber und dem Dritten besteht eine **enge wirtschaftliche oder tatsächliche Verflechtung** oder enge Beziehung sonstiger Art, z.B. Organschaftsverhältnis.

Hierunter fallen die sog. „Konzernrabatte", d.h. Preisvorteile, die nicht unmittelbar vom Arbeitgeber gewährt werden, son-

dern von einem Unternehmen, das mit dem Arbeitgeber konzernrechtlich verbunden ist.

Beispiel 3:

Das Kaufhausunternehmen hat ein Tochterunternehmen, das sich auf den Verkauf von Computerartikeln spezialisiert hat. Die Mitarbeiter des Tochterunternehmens erhalten beim Kaufhausunternehmen dieselben Rabattkonditionen wie die eigenen Mitarbeiter.

Die Rabatte, die die Mitarbeiter des Tochterunternehmens beim Kaufhausunternehmen erhalten, gehören zum Arbeitslohn, weil beide Unternehmen konzernrechtlich verbunden sind.

Das Finanzgericht Münster (Urteil vom 4.2.1998, EFG 1998 S. 1126) sieht einen Preisvorteil, den eine Konzerngesellschaft den Arbeitnehmern einer anderen Konzerngesellschaft durch verbilligten Warenbezug einräumt, als Arbeitslohn der Arbeitnehmer an, wenn die Vertriebsgesellschaft im eigenen Namen, aber für Rechnung einer Gesellschaft handelt, deren Anteile zu je 1/2 im Eigentum der Muttergesellschaft und einer konzernfremden Gesellschaft stehen, ihr örtlicher Verkaufsstellenleiter die Preise nach den Marktpreisen des Abgabeorts kalkuliert und nur Arbeitnehmer des Konzerns diese Waren erwerben dürfen. Gegen das Urteil ist Revision eingelegt worden (Az. beim BFH: VI R 45/98); der Ausgang des Verfahrens bleibt abzuwarten.

– Dem Arbeitnehmer werden Preisvorteile von einem Unternehmen eingeräumt, dessen Arbeitnehmer ihrerseits Preisvorteile vom Arbeitgeber erhalten **(gegenseitige Rabattgewährung)**.

Beispiel 4:

Ein Unternehmen der Möbelbranche stellt nur Küchenmöbel her. Ein anderes – selbständiges – Unternehmen stellt nur Wohnzimmermöbel her. Ohne dass eine Vereinbarung zwischen den selbständigen Unternehmen besteht, gewähren die Unternehmen auch den Arbeitnehmern des anderen Unternehmens dieselben Rabattkonditionen wie den eigenen Mitarbeitern.

Die Rabatte gehören zum Arbeitslohn, weil eine gegenseitige Rabattgewährung vorliegt.

c) Keine Mitwirkung des Arbeitgebers

Eine Mitwirkung des Arbeitgebers an der Verschaffung von Preisvorteilen ist **nicht anzunehmen**, wenn sich seine Beteiligung darauf beschränkt, 1953

– **Angebote Dritter** in seinem Betrieb **bekannt zu machen** oder

– **Angebote Dritter** an die Arbeitnehmer seines Betriebs **zu dulden** oder

– **die Betriebszugehörigkeit** der Arbeitnehmer **zu bescheinigen**.

Beispiel 1:

Dem Arbeitgeber wird von einem Reiseveranstalter mitgeteilt, dass er allen Beschäftigten einen Rabatt von 5 % auf den Reisepreis gewährt. Er bittet den Arbeitgeber, dieses Schreiben am „schwarzen Brett" auszuhängen und den Arbeitnehmern – sofern sie keinen Firmenausweis haben – die Betriebszugehörigkeit zu bescheinigen.

Der Preisvorteil gehört nicht zum Arbeitslohn, weil der Arbeitgeber lediglich das Angebot des Dritten seinen Arbeitnehmern bekannt macht und die Betriebszugehörigkeit bescheinigt.

An einer Mitwirkung des Arbeitgebers fehlt es auch dann, wenn bei der Verschaffung von Preisvorteilen allein eine vom Arbeitgeber unabhängige **Selbsthilfeeinrichtung der Arbeitnehmer** mitwirkt.

Beispiel 2:

Die Arbeitnehmer eines Unternehmens gründen einen selbständigen Verein, dessen Zweck es ist, den Mitgliedern Rabatte bei anderen Unternehmen zu verschaffen.

Die Rabatte gehören nicht zum Arbeitslohn, weil eine Selbsthilfeeinrichtung der Arbeitnehmer und nicht der Arbeitgeber mitwirkt.

Soweit der **Betriebsrat oder Personalrat** an der Verschaffung der Preisvorteile durch Dritte **mitwirkt**, ist dies dem Arbeitgeber **nicht zuzurechnen**. Die Preisvorteile, an denen der Betriebsrat oder Personalrat mitgewirkt hat, gehören daher **nicht zum Arbeitslohn**. Wenn allerdings der Arbeitgeber an der Verschaffung der Preisvorteile mitwirkt, wird die Zurechnung von Preisvorteilen zum Arbeitslohn nicht dadurch ausgeschlossen, dass der Betriebsrat oder Personalrat ebenfalls mitgewirkt hat.

Beispiel 3:

Der Betriebsrat eines Unternehmens hat mit einem Automobilhändler schriftlich vereinbart, dass die Arbeitnehmer einen Rabatt von 8 % auf den Kaufpreis erhalten.

Der Rabatt ist nicht dem Arbeitslohn zuzurechnen, weil lediglich der Betriebsrat mitgewirkt hat.

Beispiel 4:

Wie Beispiel 3, zusätzlich zu dem Vertrag des Betriebsrats übernimmt der Arbeitgeber die Haftung für den Kaufpreis.

Der Rabatt ist dem Arbeitslohn zuzurechnen, weil der Arbeitgeber die Haftung für den Kaufpreis übernommen hat. Die Mitwirkung des Betriebsrats ändert hieran nichts.

d) Arbeitslohn ohne Mitwirkung

1954 Auch wenn der **Arbeitgeber** an den Rabattvorteilen im o.g. Sinne **nicht mitwirkt**, gehören Preisvorteile, die Arbeitnehmern von einem Dritten eingeräumt werden, zum **Arbeitslohn**, wenn sie **Entgelt für eine Leistung** sind, die der Arbeitnehmer im Rahmen seines Dienstverhältnisses für den Arbeitgeber erbringt (→ *Lohnzahlung durch Dritte* Rz. 1660).

e) Bewertung der Rabattvorteile

1955 Die Bewertung der zum Arbeitslohn gehörenden Preisvorteile erfolgt nach § 8 Abs. 2 EStG. Maßgebend ist also der um übliche Preisnachlässe geminderte übliche Endpreis am Abgabeort. Hierbei kann die Vereinfachungsregelung der R 31 Abs. 2 Satz 9 LStR **(Ansatz mit 96 % des konkreten Endpreises des Dritten)** angewendet werden. Sind für den Sachbezug Sachbezugswerte festgesetzt worden, so sind diese maßgebend (→ *Sachbezüge* Rz. 2141).

Soweit eine Bewertung mit Sachbezugswerten nicht in Betracht kommt, kann die **Freigrenze von 50 € monatlich berücksichtigt** werden (→ *Sachbezüge* Rz. 2145). Danach ergibt sich **folgende Übersicht:**

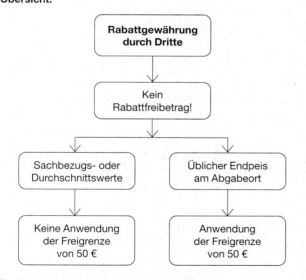

Erwirbt der Arbeitnehmer verschiedene Waren und sind die Preise gegenüber dem örtlichen Markt teilweise niedriger und teilweise höher, so ist **keine Saldierung** vorzunehmen (FG Münster, Urteil vom 4.2.1998, EFG 1998 S. 1126, Revision eingelegt, Az. beim BFH: VI R 45/98).

f) Lohnsteuerabzug

1956 Soweit Rabatte vorliegen, die auf Grund der Mitwirkung des Arbeitgebers zum Arbeitslohn gehören, **unterliegen sie immer dem Lohnsteuerabzug** nach § 38 Abs. 1 Satz 1 EStG.

Soweit Rabatte zum Arbeitslohn gehören, **ohne dass der Arbeitgeber mitwirkt**, unterliegen sie dem Lohnsteuerabzug, wenn

sie **üblicherweise von einem Dritten für eine Arbeitsleistung** gewährt werden (§ 38 Abs. 1 Satz 2 EStG).

Zum Lohnsteuerabzug ergibt sich folgende Übersicht:

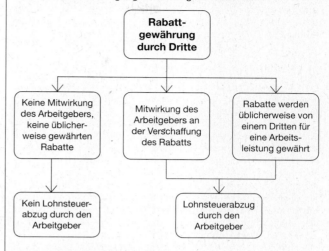

g) Anzeige des Arbeitnehmers

1957 Wenn der Arbeitgeber die Höhe der Lohnzahlungen von dritter Seite nicht selbst ermitteln kann, weil er z.B. nicht in den Zahlungsvorgang eingeschaltet wird, sollte der Arbeitnehmer sie ihm **für jeden Lohnzahlungszeitraum schriftlich anzeigen**.

Der Arbeitnehmer sollte die Richtigkeit seiner Angaben durch Unterschrift bestätigen. Der Arbeitgeber hat die Anzeige **als Beleg zum Lohnkonto** aufzubewahren und die bezeichneten Bezüge zusammen mit dem übrigen Arbeitslohn des Arbeitnehmers dem Lohnsteuerabzug zu unterwerfen. Dabei kann folgende Erklärung verwendet werden:

Erklärung

(☐ = Zutreffendes jeweils ankreuzen bzw. ausfüllen,
nicht Zutreffendes streichen)

Mir ist bekannt, dass Preisvorteile, die Arbeitnehmer durch die Mitwirkung des Arbeitgebers von dritter Seite erhalten, **lohnsteuerpflichtig** sind.

Lohnsteuerpflichtig sind auch Preisvorteile, die ohne Mitwirkung des Arbeitgebers eingeräumt werden, wenn sie Entgelt für eine Leistung sind, die im Rahmen des Dienstverhältnisses erbracht worden ist.

Ich erkläre hiermit unter Versicherung der Richtigkeit meiner Angaben, dass ich

☐ im Monat ....

☐ in der Zeit vom ....

bis ....

☐ **keine** der oben genannten Preisvorteile erhalten habe.

☐ folgende Waren oder Dienstleistungen verbilligt erhalten habe:

Ware/Dienstleistung	Entgelt	Rabatt
....	....	....
....	....	....

........................, den ....

(Unterschrift)

Wenn der vom Arbeitgeber geschuldete Barlohn zur Deckung der Lohnsteuer nicht ausreicht, hat der **Arbeitnehmer dem Arbeitgeber den Fehlbetrag zur Verfügung zu stellen** (§ 38 Abs. 4 EStG). Soweit der Arbeitnehmer seiner Verpflichtung nicht nachkommt, hat der Arbeitgeber dies dem Betriebsstättenfinanzamt (§ 41a Abs. 1 Satz 1 Nr. 1 EStG) anzuzeigen. Das Finanzamt hat die zu wenig erhobene Lohnsteuer vom Arbeitnehmer nachzufordern. Gibt der Arbeitnehmer allerdings keine Erklärung ab, so unterliegen die Rabatte nach Auffassung des Bundesfinanzhofs nicht dem Lohnsteuerabzug (BFH, Urteil vom 24.10.1997, BStBl II 1999 S. 323).

Zu weiteren Einzelheiten zur Lohnzahlung von dritter Seite siehe → *Lohnzahlung durch Dritte* Rz. 1660.

10. Rabattgewährung bei beschädigter oder gebrauchter Ware

1958 Zur steuerlichen Bewertung **von beschädigten oder gebrauchten Waren**, die der Arbeitgeber unentgeltlich oder verbilligt an seine Arbeitnehmer abgibt, vertritt die Finanzverwaltung folgende Auffassung (BMF-Schreiben vom 7.8.1990, DB 1990 S. 1743):

a) Waren mit unerheblichen Mängeln

1959 Geräte und Möbelstücke, die nur **unerhebliche Mängel** oder Schäden aufweisen (z.B. Kratzer am Gehäuse eines Fernsehgeräts) oder bei denen lediglich die Verpackung mangelhaft oder beschädigt ist, sind **wie unbeschädigte Waren** zu behandeln. **Die steuerliche Bewertung dieser Waren richtet sich nach § 8 Abs. 3 EStG**, soweit die Artikel einer einzelnen Warengruppe vom Arbeitgeber nicht überwiegend an seine Arbeitnehmer abgegeben werden. Dies gilt auch dann, wenn die beschädigten Artikel einer einzelnen Warengruppe überwiegend an die Arbeitnehmer abgegeben werden. Der steuerlichen Bewertung sind hiernach die Endpreise zu Grunde zu legen, zu denen der Arbeitgeber oder der dem Abgabeort nächstansässige Abnehmer die unbeschädigten Waren fremden Letztverbrauchern im Allgemeinen Geschäftsverkehr anbietet. Von diesem Preis ist der Abschlag von 4 % abzuziehen sowie der Rabattfreibetrag von 1 224 €.

b) Waren mit erheblichen Mängeln oder gebrauchte Waren

1960 Bei Geräten und Möbeln, die **nicht unerheblich** beschädigt oder **zu Vorführzwecken erkennbar benutzt** worden sind, handelt es sich um Waren, die eine **andere Marktgängigkeit** als unbeschädigte oder ungebrauchte Waren haben. Dabei ist eine nicht unerhebliche Beschädigung eines Geräts insbesondere dann anzunehmen, wenn sie die Funktion des Geräts beeinträchtigt. **Die steuerliche Bewertung dieser Waren richtet sich nur dann nach § 8 Abs. 3 EStG**, wenn die beschädigten oder gebrauchten Artikel der einzelnen Warengruppe vom Arbeitgeber nicht überwiegend an seine Arbeitnehmer abgegeben werden. Dabei sind die Endpreise zu Grunde zu legen, zu denen der Arbeitgeber oder der dem Abgabeort nächstansässige Abnehmer die beschädigten oder gebrauchten Waren fremden Letztverbrauchern im Allgemeinen Geschäftsverkehr anbietet. Wenn der Arbeitgeber die beschädigten oder gebrauchten Waren überwiegend an seine Arbeitnehmer abgibt, richtet sich die steuerliche Bewertung nach § 8 Abs. 2 EStG. Hiernach sind die Preise zu Grunde zu legen, zu denen die beschädigten oder gebrauchten Waren im Allgemeinen Geschäftsverkehr am Abgabeort angeboten werden. Aus Vereinfachungsgründen kann auch der konkrete Endpreis des Arbeitgebers abzüglich 4 % Abschlag angesetzt werden. Die Freigrenze von 50 € monatlich ist anzuwenden.

11. Rabattgewährung bei nachträglicher Gutschrift

1961 Wenn der Arbeitnehmer die Waren oder Dienstleistungen zunächst **zum normalen Preis** erwirbt, **später aber eine Gutschrift** von seinem Arbeitgeber oder von einem Dritten, z.B. am Jahresende, **erhält, ist der Rabattfreibetrag grundsätzlich nicht anwendbar**. Der Arbeitnehmer erhält keine verbilligten Sachbezüge, sondern erwirbt die Sachbezüge zum regulären Preis. Die spätere Gutschrift ist als normale Lohnzahlung der Besteuerung zu unterwerfen.

Etwas anderes gilt nur dann, wenn die **Rabattkonditionen**, die zu den späteren Gutschriften führen, **bereits in dem Zeitpunkt bestehen**, in dem die Waren **vom Arbeitgeber** dem Arbeitnehmer überlassen werden oder zu dem die Dienstleistung **vom Arbeitgeber** gegenüber dem Arbeitnehmer erbracht wird (R 32 Abs. 1 Satz 4 LStR).

Nachträgliche Gutschriften eines Dritten sind aber in keinem Fall als Verbilligung zu werten, sondern – soweit es sich um Arbeitslohn handelt – immer als Lohnzahlung eines Dritten zu versteuern (R 32 Abs. 1 Satz 5 LStR).

12. Rabattgewährung im Versicherungsgewerbe

1962 In der Versicherungsbranche gibt es ein aufsichtsrechtlich vorgegebenes Spartentrennungsgebot. Insoweit ist es nicht möglich, den Arbeitnehmern einen „Rundum-Versicherungsschutz" aus einer Hand durch ein einheitliches Arbeitgeber-Versicherungsunternehmen anzubieten.

Wegen **der besonderen Verhältnisse** in der Versicherungswirtschaft ist beantragt worden, die Anwendung des § 8 Abs. 3 EStG und damit die Anwendung des Rabattfreibetrags von 1 224 € auch auf Rabatte zuzulassen, die Arbeitnehmern von **Konzerngesellschaften** eingeräumt werden. Dieses Anliegen hat die Finanzverwaltung abgelehnt. Sie sah sich nicht in der Lage, diesem Antrag zu entsprechen, da es für die gewünschte Ausnahmeregelung an einer gesetzlichen Grundlage fehlt (BMF-Schreiben vom 27.4.1990, DB 1990 S. 1112).

Die verschiedentlich vertretene Auffassung, dass es bei der Gewährung von Versicherungsschutz für die Feststellung, ob ein steuerpflichtiger Vorteil vorliegt, auf **das billigste Angebot** ankomme, für das Versicherungsschutz am Markt zu erhalten sei, ist von der Finanzverwaltung abgelehnt worden. Nach Auffassung der Finanzverwaltung ist vielmehr Grundlage für die Feststellung, ob ein steuerpflichtiger Vorteil vorliegt, das **jeweilige konkrete Angebot des Arbeitgebers** an seine Arbeitnehmer. Der Bundesfinanzhof hat die Auffassung der Finanzverwaltung **bestätigt** (Urteil vom 30.5.2001, BFH/NV 2001 S. 1482) und die **gegenteilige Auffassung des Hessischen Finanzgerichts** (Urteil vom 14.3.2000, EFG 2000 S. 1001) **abgelehnt**. Nach Ansicht des Bundesfinanzhofs ist die Frage, ob eine geldwerter Vorteil i.S. von § 8 Abs. 2 EStG durch die verbilligte Ware oder Dienstleistung gegeben ist, allein anhand des üblichen Endpreises für die konkrete Ware oder Dienstleistung zu ermitteln.

Ein geldwerter Vorteil ist auch dann gegeben – so der Bundesfinanzhof –, wenn der übliche Endpreis für funktionsgleiche und qualitativ gleichwertige Waren oder Dienstleistungen anderer Hersteller oder Dienstleister geringer ist als der der konkreten Ware oder Dienstleistung, die verbilligt überlassen wird. Allerdings kann der Arbeitgeber, der den Abschluss von Versicherungsverträgen vermittelt, seinen Arbeitnehmern auch dadurch einen geldwerten Vorteil i.S. des § 8 Abs. 3 EStG (mit Berücksichtigung des Rabattfreibetrags!) gewähren, dass er im Voraus auf die ihm zustehende Vermittlungsprovision verzichtet, sofern das Versicherungsunternehmen auf Grund dieses Verzichts den fraglichen Arbeitnehmern den Abschluss von Versicherungsverträgen zu günstigeren Tarifen gewährt, als das bei anderen Versicherungsnehmern der Fall ist (BFH, Urteil vom 30.5.2001, BFH/NV 2001 S. 1482).

Soweit den Arbeitnehmern in der Versicherungsbranche verbilligt Versicherungsschutz von Konzernunternehmen angeboten wird, ist der Vorteil nach § 8 Abs. 2 EStG mit dem um übliche Preisnachlässe geminderten üblichen Endpreis am Abgabeort für gleichartige Versicherungsverträge (auch hinsichtlich der Versicherungsbedingungen und des Leistungsumfangs) zu erfassen oder mit dem konkreten Endpreis des Unternehmens, zu der der Versicherer eine gleichartige Einzelversicherung im Allgemeinen Geschäftsverkehr fremden Dritten anbietet, abzüglich 4 % Abschlag (R 31 Abs. 2 Satz 9 LStR). Die Freigrenze von 50 € monatlich ist zu berücksichtigen.

Auch bei **Haustarifen für Konzernmitarbeiter** ist die Preisdifferenz zwischen Haustarif und den entsprechenden Einzelverträgen als Arbeitslohn zu erfassen.

13. Rabattgewährung bei Gruppenversicherungen

1963 Soweit Arbeitgeber für ihre Arbeitnehmer **Gruppenversicherungen** abschließen, ergeben sich häufig Prämienvorteile gegenüber Einzelversicherungen. So gibt es z.B. in der Lebens-, Unfall- und Krankenversicherung Gruppenversicherungen mit eigenständig kalkulierten Gruppentarifprämien. Nach Auffassung der Finanzverwaltung gehören die bei Gruppenversicherungen gegenüber Einzelversicherungen entstehenden Prämienvorteile **nicht zum Arbeitslohn** (BMF-Schreiben vom 20.3.1996, DB 1996 S. 655).

Aus der aufsichtsrechtlichen Behandlung von **Gruppenversicherungen** folgt, dass diese lohnsteuerlich **nicht mit Einzelversicherungen gleichgesetzt** werden können. Für beide Versicherungsarten gelten unterschiedliche Tarife. Prämienunterschiede beruhen deshalb auf Versicherungsrecht und stellen keinen Arbeitslohn dar, soweit sie sich nicht aus zusätzlich eingeräumten Vergünstigungen ergeben, die aber aufsichtsrechtlich nicht zulässig sind.

14. Rabattgewährung im Bankgewerbe

1964 Im Bankgewerbe erhalten die Arbeitnehmer unterschiedliche Rabattvorteile. Die Mitarbeiter erhalten auf ihre Guthaben einen **Vorzugszins**, ihnen werden **zinsgünstige Darlehen** eingeräumt und darüber hinaus ist bei ihnen die **Kontoführung kostenlos** oder verbilligt. Zu den einzelnen Vorteilen gilt Folgendes:

a) Verbilligte Darlehen

1965 Nachdem der Bundesfinanzhof entschieden hat, dass auch Nutzungsüberlassungen zu den Dienstleistungen i.S. des § 8 Abs. 3 EStG gehören (BFH,Urteil vom 4.11.1994, BStBl II 1995 S. 338), ist auch die zinslose oder verbilligte Darlehensgewährung, soweit sie nicht überwiegend für den Bedarf der eigenen Arbeitnehmer erbracht wird, nach § 8 Abs. 3 EStG zu bewerten. In diesem Fall kann zwar der Rabattfreibetrag von 1 224 € berücksichtigt werden, die Ermittlung des Vorteils aus der Darlehensgewährung ist jedoch **nach dem konkreten Zinssatz des Arbeitgebers** und nicht nach dem in R 31 Abs. 11 LStR festgelegten Durchschnittszins von 5,5 % vorzunehmen. Die Bewertung nach § 8 Abs. 3 EStG kann trotz des Rabattfreibetrags **ungünstiger** sein als die Bewertung nach § 8 Abs. 2 EStG. Im Einzelnen gilt Folgendes (BMF-Schreiben vom 28.4.1995, BStBl I 1995 S. 273):

aa) Ermittlung des Vorteils nach § 8 Abs. 3 EStG

1966 Der steuerpflichtige Vorteil aus zinsgünstigen Darlehen ist nach § 8 Abs. 3 EStG zu ermitteln, wenn

– der Arbeitgeber Sachen gleicher Art nicht nur seinen Arbeitnehmern, sondern **überwiegend betriebsfremden Dritten** zur Nutzung überlässt und

– der Vorteil **nicht** nach § 40 EStG **pauschal besteuert** wird.

Bei Darlehen ist die Voraussetzung des Überwiegens erfüllt, wenn der Arbeitgeber Geld darlehensweise überwiegend betriebsfremden Dritten überlässt. **Unterschiedliche Konditionen** bei der Überlassung des Geldes, z.B.

– unterschiedliche Laufzeit,

– unterschiedliche Zinsfestlegungsfristen oder

– unterschiedliche Sicherung des Darlehens

sind dabei **unerheblich**.

Bei der Bewertung des Vorteils nach § 8 Abs. 3 EStG ist der Preis zu Grunde zu legen, zu dem der Arbeitnehmer die Leistung fremden Letztverbrauchern im Allgemeinen Geschäftsverkehr **anbietet**. Das ist der Preis, der nach §§ 3 und 4 der Preisangabenverordnung vom 14.3.1985 in Preisverzeichnissen anzugeben ist, die im Geschäftslokal oder am Ort des Leistungsangebots anzubringen oder zur Einsichtnahme bereitzuhalten sind.

Dabei ist der Preis maßgebend, der in dem Zeitpunkt gilt, in dem der Vorteil dem Arbeitnehmer zufließt. Wenn **das Entgelt für die Nutzung einer Sache für einen bestimmten Zeitpunkt festgelegt** wird und der Arbeitgeber entsprechende Festlegungen auch gegenüber fremden Letztverbrauchern trifft, so ist für den gesamten Zeitraum der Preis maßgebend, zu dem der Arbeitgeber im **Zeitpunkt der Festlegung** (Zeitpunkt des Vertragsabschlusses) die Nutzung fremden Letztverbrauchern im Allgemeinen Geschäftsverkehr angeboten hat.

Beispiel 1:

Der Arbeitnehmer schließt mit seinem Arbeitgeber, einer Bank, am 8.1.2002 einen Vertrag über ein Hypothekendarlehen mit zehnjähriger Zinsfestlegung zu 4 % ab. Das Darlehen wird am 24.6.2002 ausgezahlt.

Gegenüber fremden Kunden beträgt der Effektivzinssatz bei Hypothekendarlehen mit zehnjähriger Zinsfestlegung

– am 8.1.2002: 7,0 %,
– am 24.6.2002: 6,5 %.

Für die Berechnung des geldwerten Vorteils ist der gegenüber fremden Kunden für Hypothekendarlehen mit zehnjähriger Zinsbindungsfrist geltende Effektivzins am 8.1.2002 maßgebend. Dies gilt für die gesamte Zinsbindungsfrist.

Bei Darlehen mit Zinsfestlegung ist für den gesamten Festlegungszeitraum der Effektivzins maßgebend, zu dem der Arbeitgeber **im Zeitpunkt der Festlegung** Darlehen fremden Letztverbrauchern im Allgemeinen Geschäftsverkehr mit einer Zinsfestlegung **angeboten** hat, die der mit dem Arbeitnehmer vereinbarten Festlegungsdauer **am nächsten** kommt.

Beispiel 2:

Der Arbeitnehmer erhält ein Hypothekendarlehen mit siebenjähriger Zinsbindungsfrist. Gegenüber fremden Kunden werden nur Hypothekendarlehen mit fünf- oder zehnjähriger Zinsbindungsfrist angeboten.

Maßgebend ist der gegenüber fremden Kunden geltende Effektivzins für Hypothekendarlehen mit fünfjähriger Zinsbindungsfrist.

Als Zuflusszeitpunkt ist der Zeitpunkt der Fälligkeit des Nutzungsentgelts anzusehen. Bei unentgeltlicher Nutzungsüberlassung ist der Zufluss in dem Zeitpunkt anzunehmen, in dem das Entgelt üblicherweise fällig wäre.

bb) Übergangsregelung

1967 Die im BMF-Schreiben vom 28.4.1995, BStBl I 1995 S. 273, enthaltene Übergangsregelung ist am 31.12.2000 abgelaufen und somit im Kalenderjahr 2002 nicht mehr gültig.

cc) Pauschalierung bei Darlehen

1968 Ein Antrag auf Pauschalierung nach § 40 Abs. 1 Nr. 1 EStG kann nur für sonstige Bezüge gestellt werden (→ *Pauschalierung der Lohnsteuer* Rz. 1807). **Zinsvorteile sind nur dann sonstige Bezüge**, wenn der maßgebende Verzinsungszeitraum den jeweiligen Lohnzahlungszeitraum **überschreitet**.

Beispiel 1:

Der Arbeitnehmer ist bei einer Bank angestellt. Er erhält am 4.3.2002 einen Kredit in Höhe von 45 000 € zu einem Zinssatz von 5,5 %. Kunden der Bank zahlen für einen solchen Kredit Zinsen in Höhe von 11 %. Die Zinsen sind monatlich fällig.

Der geldwerte Vorteil nach § 8 Abs. 3 EStG beträgt:

Endpreis des Arbeitgebers (11 % von 45 000 € für zehn Monate)		4 125,— €
⁒	4 % Abschlag	165,— €
=	Endpreis des Arbeitgebers	3 960,— €
⁒	Zahlung des Arbeitnehmers (5,5 % von 45 000 € für zehn Monate)	2 062,50 €
=	Vorteil	1 897,50 €
⁒	Rabattfreibetrag nach § 8 Abs. 3 EStG	1 224,— €
=	vom Arbeitnehmer zu versteuern	673,50 €

Der Arbeitgeber kann **keinen Antrag auf Pauschalierung** stellen, denn die Zinsvorteile – da monatliche Zinszahlung – gehören zum laufenden Arbeitslohn, für den eine Pauschalierung nach § 40 Abs. 1 Nr. 1 EStG **nicht zulässig** ist.

Beispiel 2:

Wie Beispiel 1, die Zinsen sind aber vierteljährlich fällig.

Ein Antrag auf Pauschalierung ist möglich, weil die Zinsvorteile als sonstige Bezüge anzusehen sind (der Verzinsungszeitraum überschreitet den Lohnzahlungszeitraum).

Bei einem Antrag auf Pauschalierung ist der Vorteil nach R 31 Abs. 11 LStR zu bewerten, d.h., Zinsvorteile sind nur anzunehmen, wenn der Effektivzins für das Darlehen 5,5 % unterschreitet. Das ist hier der Fall, so dass nach R 31 Abs. 11 LStR **kein Zinsvorteil** zu versteuern ist.

Der Arbeitgeber sollte einen Antrag auf Pauschalierung stellen, denn so erspart er dem Arbeitnehmer die Versteuerung von 673,50 €, während ihn der Antrag „nichts kostet".

Wird der Nutzungsvorteil aus einem zinsgünstigen Darlehen nur **zum Teil pauschal** versteuert, weil der Vorteil die Pauschalierungsgrenze von 1 000 € überschreitet (→ *Pauschalierung der Lohnsteuer* Rz. 1809), so ist bei der Bewertung des individuell zu versteuernden Nutzungsvorteils der Teilbetrag des Darlehens außer Ansatz zu lassen, für den die Zinsvorteile unter Anwendung der R 31 Abs. 11 LStR pauschal versteuert werden.

Beispiel 3:

Ein Kreditinstitut überlässt seinen Arbeitnehmern Darlehen zum Effektivzinssatz von 3,5 %. Die Zinsen werden vierteljährlich fällig. Darlehen gleicher Art bietet das Kreditinstitut fremden Kunden im Allgemeinen Geschäftsverkehr zu einem Effektivzinssatz von 10 % an. Das Kreditinstitut beantragt die Besteuerung nach § 40 Abs. 1 Nr. 1 EStG.

Ein Arbeitnehmer hat ein Darlehen von 75 000 € erhalten. Mangels anderer pauschal besteuerter Leistungen kann der Zinsvorteil dieses Arbeitnehmers bis zum Höchstbetrag von 1 000 € pauschal besteuert werden. Ein Vorteil in dieser Höhe ergibt sich unter Berücksichtigung der nach R 31 Abs. 11 LStR ermittelten Zinsverbilligung von 2 % (= 5,5 % ╱ 3,5 %) für ein Darlehen von

$$\frac{1\ 000\ \text{€ (Pauschalierungsgrenze)} \times 100}{2\ \text{(Zinsvorteil)}} = 50\ 000\ \text{€}.$$

Mithin wird durch die Pauschalbesteuerung nur der Zinsvorteil aus einem Darlehensteilbetrag von 50 000 € abgedeckt. Der Zinsvorteil aus dem restlichen Darlehensteilbetrag von 25 000 € ist individuell zu versteuern. Der zu versteuernde Betrag ist wie folgt zu ermitteln:

Endpreis des Arbeitgebers (10 % von 25 000 €)	2 500 €
╱ 4 % Abschlag	100 €
= Endpreis des Arbeitgebers	2 400 €
╱ Zahlung des Arbeitgebers (3,5 % von 25 000 €)	875 €
= Vorteil	1 525 €
╱ Rabattfreibetrag nach § 8 Abs. 3 EStG	1 224 €
= vom Arbeitnehmer zu versteuern (Jahresbetrag)	301 €
= vierteljährlich der Lohnsteuer zu unterwerfen	75,25 €

Nach Auffassung des Hessischen Finanzgerichts (Urteil vom 9.2.2001, EFG 2001 S. 623) gilt § 8 Abs. 3 EStG entgegen der Auffassung der Finanzverwaltung nicht für Zinsvorteile aus zinsgünstigen **Darlehen der Deutschen Bundesbank** an ihre Mitarbeiter. Für sonstige Bankdienstleistungen (kostenlose Kontoführung, provisionsfreie Abrechnung von Wertpapiergeschäften) ist der Rabattfreibetrag von 1 224 € hingegen zu berücksichtigen, weil diese sich innerhalb der auch anderen Letztverbrauchern offen stehenden Angebotspalette der Deutschen Bundesbank bewegen.

b) Verbilligte Kontenführung

1969 Die im Bankgewerbe **übliche kostenlose oder verbilligte Kontenführung** sowie andere Preisnachlässe, z.B. bei der Beschaffung von Devisen, der Vermietung von Schließfächern und der Depotführung, sind Rabattvorteile, für die der Rabattfreibetrag Anwendung findet (R 32 Abs. 1 Nr. 2 Satz 3 LStR).

Endpreis i.S. des § 8 Abs. 3 EStG für die von einem Kreditinstitut gegenüber seinen Mitarbeitern erbrachten Dienstleistungen ist der Preis, **der für diese Leistungen im Preisaushang** der kontoführenden Zweigstelle des Kreditinstituts **angegeben ist.** Dieser Preisaushang ist für die steuerliche Bewertung auch der Dienstleistungen maßgebend, die vom Umfang her den Rahmen des standardisierten Privatkundengeschäfts übersteigen, es sei denn, dass für derartige Dienstleistungen in den Geschäftsräumen besondere Preisverzeichnisse ausgelegt werden (BMF-Schreiben vom 15.4.1993, BStBl I 1993 S. 339).

Beispiel 1:

Ein Arbeitnehmer ist bei einer Bank beschäftigt. Er verkauft Aktien im Wert von 125 000 €; hierfür hat er eine Provision von 0,5 % des Umsatzes, also 625 €, zu entrichten. Privatkunden haben nach dem Preisaushang eine Gebühr von 1 % des Umsatzes zu bezahlen. Es ist in dieser Bank jedoch üblich, Kunden, deren Umsatzhöhe 100 000 € übersteigt, **auf Anfrage** eine Provisionsermäßigung zu gewähren.

Als Endpreis i.S. von § 8 Abs. 3 EStG gilt der Betrag von 1 250 € (1 % von 125 000 €), denn diese Gebühr wird Privatkunden regelmäßig in Rechnung gestellt. Nach Abzug des Abschlags von 4 % (50 €) und der vom Arbeitnehmer zu zahlenden Provision (625 €) ergibt sich ein Sachbezug von 575 €, von dem der Rabattfreibetrag von 1 224 € – soweit er nicht bereits ausgeschöpft ist – abgezogen werden kann.

Wegen der Vielzahl der Vorteile, die zudem in der betragsmäßigen Höhe sehr gering sind, hat die Finanzverwaltung dem Bankengewerbe nach dem o.g. BMF-Schreiben **folgende Aufzeichnungserleichterungen zugestanden:**

„Das Betriebsstättenfinanzamt kann auf Antrag eines Kreditinstituts auf die Aufzeichnung der Vorteile verzichten, die sich aus der unentgeltlichen oder verbilligten

– **Kontenführung** (dazu gehören auch die Ausgabe von Überweisungsvordrucken, Scheckvordrucken, Scheckkarten und Reiseschecks, die Einrichtung und Löschung von Daueraufträgen, die Verfügung am Geldautomaten sowie aus Vereinfachungsgründen die Ausgabe von Kreditkarten),

– **Depotführung** bis zu einem Depotnennwert von 100 000 DM (= 51 129,19 €), maßgebend ist der Depotnennwert, nach dem die Depotgebühren berechnet werden,

– **Vermietung von Schließfächern** und Banksafes und

– **Beschaffung** und Rücknahme **von Devisen** durch Barumtausch

ergeben.

Voraussetzung hierfür ist, dass

a) der **durchschnittliche Betrag** des Vorteils aus den von der Aufzeichnung befreiten Dienstleistungen unter Berücksichtigung des Preisabschlags nach § 8 Abs. 3 EStG von 4 % je Arbeitnehmer **ermittelt** wird (Durchschnittsbetrag).

Der Durchschnittsbetrag ist jeweils im letzten Lohnzahlungszeitraum eines Kalenderjahrs aus der summarischen Erfassung sämtlicher aufzeichnungsbefreiter Vorteile der vorangegangenen zwölf Monate für die Arbeitnehmer eines Kreditinstituts (einschließlich sämtlicher inländischer Zweigstellen) zu ermitteln. Dabei sind auch die Vorteile einzubeziehen, die das Kreditinstitut Personen einräumt, die mit den Arbeitnehmern verbunden sind. Falls erforderlich, können für allein stehende und verheiratete Arbeitnehmer unterschiedliche Durchschnittsbeträge festgesetzt werden.

Ist die summarische Erfassung der aufzeichnungsbefreiten Vorteile im Einzelfall technisch nur mit unverhältnismäßigem Mehraufwand möglich, kann der Durchschnittsbetrag geschätzt werden. In diesem Fall ist der Durchschnittsbetrag vom Betriebsstättenfinanzamt festzusetzen. Hat ein Kreditinstitut mehrere lohnsteuerliche Betriebsstätten, so ist der Aufzeichnungsverzicht und ggf. die Festsetzung des Durchschnittsbetrags mit den anderen Betriebsstättenfinanzämtern abzustimmen.

b) der Arbeitgeber im letzten Lohnzahlungszeitraum des Kalenderjahrs den Betrag **pauschal nach § 40 Abs. 1 EStG versteuert**, um den die Summe der Vorteile aus den nicht aufzeichnungsbefreiten Dienstleistungen und dem Durchschnittsbetrag bei den einzelnen Arbeitnehmern den Rabattfreibetrag von 1 224 € übersteigt. Dabei ist der übersteigende Betrag wenigstens bis zur Höhe des Durchschnittsbetrags zu versteuern. Soweit die Vorteile pauschal versteuert werden, sind sie nach § 8 Abs. 2 EStG zu bewerten; die Minderung der Vorteile um 4 % ist insoweit rückgängig zu machen."

Die letzte Aussage in dem BMF-Schreiben, dass die Minderung der Vorteile um 4 % rückgängig zu machen ist, **ist durch die Vereinfachungsregelung** in R 31 Abs. 2 Satz 9 LStR **überholt.** Auch bei einer Bewertung nach § 8 Abs. 2 Satz 1 EStG kann ein Abschlag von 4 % berücksichtigt werden.

Beispiel 2:

Der durchschnittliche Vorteil wird auf der Basis der Endpreise ermittelt mit	350 €
Nach Abzug des Abschlags von 4 % (350 € × 4 %)	14 €
ergibt sich ein Durchschnittsbetrag von	336 €
Nach § 4 Abs. 2 Nr. 3 LStDV sind im Lohnkonto des Arbeitnehmers als Sachbezüge i.S. von § 8 Abs. 3 EStG aufgezeichnet worden	991 €
Die Summe von	1 327 €
übersteigt den Rabattfreibetrag von	1 224 €
um	103 €

Der auf diesen Teil des Durchschnittsbetrags entfallende Bewertungsabschlag muss nicht rückgängig gemacht werden, weil auch für die bei der Pauschalierung der Lohnsteuer anzuwendende Bewertung nach § 8 Abs. 2 EStG aus Vereinfachungsgründen ein Abschlag von 4 % auf den konkreten Endpreis des Arbeitgebers möglich ist.

Für den Betrag von 103 € ist die Lohnsteuer pauschal nach § 40 Abs. 1 Nr. 1 EStG zu erheben.

c) Vorzugszins

1970 Soweit Arbeitnehmer von Kreditinstituten und ihre Angehörigen von ihrem Arbeitgeber eine höhere Verzinsung als andere Privatkunden auf ihre Einlagen erhalten, gehört dieser „Vorzugszins" nach Auffassung der Finanzverwaltung zum Arbeitslohn, weil die höheren Zinsen durch das Dienstverhältnis veranlasst sind (BMF-Schreiben vom 2.3.1990, BStBl I 1990 S. 141). **Aus Verein-**

fachungsgründen beanstandet es die Finanzverwaltung jedoch nicht, wenn der Zusatzzins als Einnahmen aus Kapitalvermögen behandelt wird, sofern der dem Arbeitnehmer und seinen Angehörigen eingeräumte Zinssatz **nicht mehr als 1 %** über dem Zinssatz liegt, den die kontoführende Stelle des Arbeitgebers betriebsfremden Anlegern im Allgemeinen Geschäftsverkehr anbietet.

Diese Vereinfachungsregelung gilt auch für Mitarbeiter der Deutschen Bundesbank sowie für Mitarbeitereinlagen bei bankfremden Arbeitgebern (FinMin Sachsen, Erlass vom 26.3.1997, FR 1997 S. 428).

d) Veranstaltung von Reisen

1971 Vielfach organisieren Banken Urlaubsreisen für ihre Kunden. Soweit die Bank dafür vom Reiseveranstalter Freiplätze erhält, die sie an Arbeitnehmer der Bank kostenlos weitergibt, entsteht in Höhe des Reisepreises ein geldwerter Vorteil für den Arbeitnehmer. Der **Rabattfreibetrag** ist nur dann **anwendbar,** wenn die Bank **Veranstalter** der Reise ist; wird die Bank lediglich als Vermittler tätig, kann dieser nicht berücksichtigt werden (BFH, Urteil vom 7.2.1997, BStBl II 1997 S. 363).

Ist der Bankmitarbeiter allerdings während der Reise **als Reiseleiter** tätig, gehört der Vorteil der Reise **nicht zum Arbeitslohn.** Einzelheiten → *Reiseveranstalter: Arbeitnehmerreisen* Rz. 2105.

15. Rabattgewährung im Hotelgewerbe

1972 Bei Betrieben im Hotelgewerbe ist es üblich, Arbeitnehmern die Möglichkeit zu bieten, in den Hotels des Arbeitgebers **zu einem verbilligten Preis** zu übernachten. Zur Bewertung dieser Vorteile gilt nach Auffassung der Finanzverwaltung Folgendes (BMF-Schreiben vom 18.4.1995, FR 1995 S. 421):

„Auch die Überlassung einer Wohnung gehört zu den Dienstleistungen i.S. von § 8 Abs. 3 EStG. Der steuerpflichtige Vorteil aus einer verbilligten Hotelübernachtung ist deshalb **nach § 8 Abs. 3 EStG** zu ermitteln, wenn dem Arbeitnehmer ein Zimmer **im Hotel seines Arbeitgebers** überlassen wird, das der Arbeitgeber nicht überwiegend für seinen Arbeitnehmer bereithält, und der Vorteil nicht nach § 40 EStG pauschal besteuert wird.

Der Bewertung des Vorteils aus der verbilligten Hotelübernachtung ist in diesen Fällen der Endpreis zu Grunde zu legen. Das ist nach R 32 Abs. 2 LStR der Angebotspreis, der in dem nach § 5 Abs. 4 der Preisangabenverordnung **im Zimmer anzubringenden Preisverzeichnis** ausgewiesen ist. Wird die Hotelunterkunft Arbeitnehmern während einer nachfragearmen Zeit oder für einen mehrtägigen Zeitraum (z.B. ein Wochenendarrangement) zu einem niedrigeren Preis überlassen und bietet dieses Hotel in derartigen Fällen die Unterkunft im Allgemeinen Geschäftsverkehr fremden Letztverbrauchern ebenfalls **zu einem Sonderpreis an,** so ist dieser maßgebend. Das setzt voraus, dass dieses Angebot

– in Preislisten oder Anzeigen festgelegt ist,

– sich an die Allgemeinheit richtet, also jedermann zugänglich ist und keine Personen ausschließt,

– keine Preisnachlässe enthält, die auf der Abnahme einer bestimmten Anzahl von Zimmern beruhen.

Um ein **Haftungsrisiko** zu vermeiden, empfiehlt es sich, **die entsprechende Preisliste oder Anzeige als Beleg zum Lohnkonto aufzubewahren.“**

16. Aufzeichnungsvorschriften

1973 Grundsätzlich sind alle Sachbezüge, die der Arbeitgeber den Arbeitnehmern gewährt, im **Lohnkonto des Arbeitnehmers aufzuzeichnen** (→ *Lohnkonto* Rz. 1495). Dies gilt auch dann, wenn die Sachbezüge auf Grund des Rabattfreibetrags von 1 224 € im Ergebnis steuerfrei bleiben. Nach § 4 Abs. 3 LStDV kann das Betriebsstättenfinanzamt jedoch **auf Antrag** des Arbeitgebers **Aufzeichnungserleichterungen** zulassen, wenn **durch betriebliche Regelungen und entsprechende Überwachungsmaßnahmen** sichergestellt ist, dass **der Rabattfreibetrag von 1 224 € nicht überschritten wird.** In diesem Fall sind die Sachbezüge **nicht im Lohnkonto aufzuzeichnen.**

Beispiel 1:

Ein Computergeschäft gewährt seinen Arbeitnehmern bei Kauf von Computern und Zubehör einen Rabatt von 24 %. Dies gilt allerdings nur für Waren im Wert von 6 120 € im Kalenderjahr. Darüber hinaus wird nur noch ein Rabatt von 4 % gewährt. Die Einhaltung des Jahreshöchstbetrags wird durch ein Softwareprogramm sichergestellt, das jeden Personaleinkauf entsprechend registriert.

Da der Rabattfreibetrag anwendbar ist, bleiben die Rabattvorteile der Arbeitnehmer steuerfrei, wenn die Vorteile nicht mehr als 1 224 € im Kalenderjahr betragen. Wenn der Arbeitgeber sich von der Pflicht befreien lassen will, die einzelnen Rabattvorteile der Arbeitnehmer aufzuzeichnen, muss sichergestellt sein, dass der Rabattfreibetrag von 1 224 € nicht überschritten wird. Dies kann nach folgender Formel ermittelt werden:

$$\frac{\text{Rabattfreibetrag} \times 100}{\text{Rabatt} \diagup 4\ \% \ \text{Abschlag}} = \text{Maximale Einkäufe im Kalenderjahr.}$$

Für den Beispielsfall bedeutet dies, dass der Rabattfreibetrag nicht überschritten werden kann:

Maximaler Verkaufswert der Computer	6 120,— €
∕ 4 % Abschlag	244,80 €
= Endpreis des Arbeitgebers	5 875,20 €
∕ Zahlung des Arbeitnehmers (76 % von 6 120 €)	4 651,20 €
= Vorteil	1 224,— €
∕ Rabattfreibetrag	1 224,— €
= geldwerter Vorteil	0,— €

Der darüber hinausgehende Rabatt von 4 % ist unschädlich, weil sich hierdurch unter Berücksichtigung des 4 %igen Abschlags keine Erhöhung des geldwerten Vorteils ergeben kann. Das Betriebsstättenfinanzamt wird dem Antrag des Arbeitgebers auf Befreiung von den Aufzeichnungsvorschriften für die gewährten Rabatte entsprechen.

Der nachfolgenden Tabelle ist zu entnehmen, auf welchen Betrag die Rabattvorteile bei den verschiedenen Rabatthöhen begrenzt werden müssen, damit der Rabattfreibetrag nicht überschritten wird:

Höhe des Rabatts	Maximale Einkäufe im Kalenderjahr
5 %	122 400 €
6 %	61 200 €
7 %	40 800 €
8 %	30 600 €
9 %	24 480 €
10 %	20 400 €
12 %	15 300 €
16 %	10 200 €
20 %	7 650 €
24 %	6 120 €
28 %	5 100 €
34 %	4 080 €
40 %	3 400 €
50 %	2 661 €
100 %	1 275 €

Darüber hinaus hat das Betriebsstättenfinanzamt einem Antrag des Arbeitgebers auf Befreiung von den Aufzeichnungspflichten zu entsprechen, wenn es **im Hinblick auf die betrieblichen Verhältnisse nach der Lebenserfahrung** so ausgeschlossen ist, dass der Rabattfreibetrag von 1 224 € im Einzelfall überschritten wird (R 130 Abs. 3 LStR). Zusätzlicher Überwachungsmaßnahmen des Arbeitgebers bedarf es in diesen Fällen nicht.

Beispiel 2:

Die Arbeitnehmer eines Schuhherstellers können Schuhe mit einem Rabatt von 20 % erwerben. Weitere Rabatte erhalten die Arbeitnehmer nicht.

Da der Rabattfreibetrag anwendbar ist, bleiben die Rabattvorteile der Arbeitnehmer steuerfrei, wenn die Vorteile nicht mehr als 1 224 € im Kalenderjahr betragen. Wenn der Arbeitgeber sich von der Pflicht befreien lassen will, die einzelnen Rabattvorteile der Arbeitnehmer aufzuzeichnen, muss er prüfen, bis zu welcher Höhe er Rabatte gewähren kann, ohne dass der Rabattfreibetrag von 1 224 € überschritten wird. Nach der oben abgedruckten Tabelle können die 20 % Rabatt für maximal 7 650 € einkaufen, ohne dass der Rabattfreibetrag überschritten wird.

Nach allgemeiner Lebenserfahrung ist es ausgeschlossen, dass ein Arbeitnehmer für mehr als 7 650 € im Kalenderjahr Schuhe kauft. Dem Antrag des Arbeitgebers auf Befreiung von den Aufzeichnungsvorschriften für die gewährten Rabatte wird das Betriebsstättenfinanzamt entsprechen.

17. Umsatzsteuer

Unentgeltliche oder verbilligte Sachbezüge des Arbeitgebers an **1974** seine Arbeitnehmer oder dessen Angehörige unterliegen grundsätzlich der Umsatzsteuer (§ 1 Abs. 1 und § 3 UStG).

Die **umsatzsteuerliche Bemessungsgrundlage** bei der unentgeltlichen Abgabe von Gegenständen oder Leistungen ist der Einkaufspreis zuzüglich Nebenkosten, die Selbstkosten oder die bei Ausführung sonstiger Leistungen entstandenen Kosten einschließlich der anteiligen Gemeinkosten (§ 10 Abs. 4 UStG). Liegt im Falle der verbilligten Abgabe das vom Arbeitnehmer gezahlte Entgelt unter den Selbstkosten des Arbeitgebers, sind die Selbstkosten als umsatzsteuerliche Bemessungsgrundlage anzusetzen (sog. Mindestbemessungsgrundlage). Eine Kürzung der umsatzsteuerlichen Bemessungsgrundlage um den Rabattfreibetrag von 1 224 € ist unzulässig.

Bei der **Einräumung von Belegschaftsrabatten** durch den Arbeitgeber stellt demgegenüber das tatsächlich von den Arbeitnehmern gezahlte Entgelt die umsatzsteuerliche Bemessungsgrundlage dar, weitere Einzelheiten siehe → *Sachbezüge* Rz. 2146.

18. Sozialversicherung

1975 Entsprechend § 1 ArEV gilt auch hier, dass den Arbeitnehmern eingeräumte Rabatte beitragsfrei in der Sozialversicherung bleiben, wenn sie steuerfrei sind. Das bedeutet auch, dass steuerpflichtige Belegschaftsrabatte unabhängig von der Art der Versteuerung beitragspflichtig sind.

Sofern Belegschaftsrabatte auf Antrag des Arbeitgebers mit einem besonders festgestellten Pauschalsteuersatz versteuert werden, kann der Arbeitgeber unter Bezugnahme auf § 6 Abs. 3 der Sachbezugsverordnung einen Durchschnittswert des pauschal versteuerten Rabattes ermitteln und dem einzelnen Arbeitnehmer zuordnen. Dabei ist es auch möglich, den Durchschnittswert des Vorjahres zu Grunde zu legen. Die so ermittelten Werte werden als Einmalzahlung dem letzten Lohnabrechnungszeitraum des Kalenderjahres zugeordnet. Diese Handhabe setzt voraus, dass der Arbeitgeber den auf den Durchschnittsbetrag entfallenden Teil der Arbeitnehmeranteile selbst trägt.

Folgende Besonderheiten sind jedoch zu beachten:

Werden Mahlzeiten oder Zuwendungen aus Anlass von Betriebsveranstaltungen nach § 40 Abs. 2 EStG pauschal versteuert, besteht auf Grund des § 2 Abs. 1 Nr. 2 ArEV in der Sozialversicherung Beitragsfreiheit.

Rechtsbehelfe

1. Lohnsteuer

a) Einspruch

aa) Allgemeines

1976 Der Arbeitgeber kann gegen alle „förmlichen" Bescheide des Finanzamts **Einspruch** einlegen. Dies gilt nicht nur für einen **Haftungsbescheid** im Anschluss an eine Lohnsteuer-Außenprüfung, sondern z.B. auch für einen Bescheid über eine **verbindliche Auskunft**. Der Einspruch ist ferner statthaft gegen **Lohnsteuer-Anmeldungen** oder wenn geltend gemacht wird, dass über einen Antrag auf Erlass eines bestimmten Verwaltungsaktes ohne Mitteilung eines unzureichenden Grundes in einer angemessenen Frist sachlich nicht entschieden worden ist.

Ist der Einspruch erfolglos, können die Finanzgerichte angerufen werden (Klage beim Finanzgericht und Revision beim Bundesfinanzhof).

Durch die Einlegung des Einspruchs wird die Vollziehung des angefochtenen Verwaltungsakts i.d.R. nicht gehemmt; weitere Einzelheiten siehe → *Aussetzung der Vollziehung* Rz. 387.

bb) Rechtsbehelfsfrist

1977 Der Einspruch muss innerhalb **eines Monats** nach Bekanntgabe, also Zustellung, des Steuerbescheids eingelegt werden (§ 355 Abs. 1 AO). Die Frist beginnt mit dem Ablauf des Tages der Bekanntgabe, also einen Tag, nachdem der Steuerbescheid zugestellt ist. **Als zugestellt gilt** ein Steuerbescheid am dritten Tag nach Aufgabe zur Post, das Postaufgabedatum ist im Allgemeinen das Datum des Steuerbescheids.

Beispiel:

Arbeitgeber A erhält nach einer Lohnsteuer-Außenprüfung am 26.6.2002 einen Haftungsbescheid, der das Datum 25.6.2002 trägt. Der Bescheid gilt als bekannt gegeben am 28.6.2002 (dritter Tag nach Aufgabe zur Post, auch wenn ihn A schon zwei Tage früher erhalten hat). Die Einspruchsfrist von einem Monat beginnt einen Tag nach Bekanntgabe zu laufen, also am 29.6.2002, und endet mit Ablauf des 28.7.2002 (Sonntag). Wenn das Ende der Frist auf einen Samstag, Sonntag oder Feiertag fällt, läuft die Frist erst mit Ende des nächstfolgenden Werktags ab. Wenn A also fristgerecht Einspruch einlegen will, muss er diesen bis spätestens 29.7.2002 24.00 Uhr in den Hausbriefkasten des Finanzamts werfen. Es reicht nicht aus, den Einspruch lediglich am 29.7.2002 zur Post zu geben.

Wenn die Einspruchsfrist ohne Verschulden versäumt wurde (z.B. im Falle plötzlicher Erkrankung oder Verzögerungen bei der Post), kann **„Wiedereinsetzung in den vorigen Stand"** (§ 110 AO) gewährt werden. Der Antrag auf Wiedereinsetzung ist innerhalb eines Monats nach Wegfall des Hindernisses zu stellen; die Tatsachen zur Begründung sind glaubhaft zu machen. **Fehlt** es dem Bescheid an einer **Rechtsbehelfsbelehrung** oder ist sie unrichtig, verlängert sich die Frist auf ein Jahr.

Bei **Lohnsteuer-Anmeldungen** beginnt die Einspruchsfrist mit dem Eingang beim Finanzamt, denn eine Steueranmeldung steht einer Steuerfestsetzung unter Vorbehalt der Nachprüfung gleich (§ 168 Satz 1 AO). Führt die Anmeldung zu einer Herabsetzung der bisher zu entrichtenden Steuer oder zu einer Erstattung (Rotbetrag), beginnt die Einspruchsfrist erst mit der Auszahlung der entsprechenden Beträge (BMF-Schreiben vom 15.7.1998, BStBl I 1998 S. 630, zu § 355 AO).

cc) Form und Inhalt des Rechtsbehelfs

1978 Der Rechtsbehelf muss **schriftlich eingereicht oder zur Niederschrift** erklärt werden. Ein Rechtsbehelf ist dann zur Niederschrift erklärt, wenn ein Beamter der zuständigen Behörde ein Protokoll über die ihm gegenüber erteilte Erklärung aufgenommen hat.

Bei schriftlicher Einlegung muss aus dem Schriftstück hervorgehen, **wer** den Einspruch eingelegt hat.

Einlegung durch Telegramm und Fax ist zulässig.

Bei der Einlegung soll der Verwaltungsakt **angegeben** werden, gegen den der Einspruch gerichtet ist. Angegeben werden soll insbesondere auch, inwieweit er angefochten und seine Aufhebung beantragt wird. Ferner sollen die Tatsachen zur Begründung und die Beweismittel (z.B. Zeugen, Unterlagen) bezeichnet werden.

dd) Zuständige Behörde

1979 Der Einspruch ist grundsätzlich bei der Behörde (meist das Finanzamt) einzulegen, deren Verwaltungsakt angefochten wird oder bei der Antrag auf Erlass eines solchen gestellt worden ist. Wird der Einspruch bei einer anderen Behörde eingelegt, so ist das unschädlich, wenn er vor Ablauf der Einspruchsfrist der zuständigen Behörde übermittelt wird. Da dies in der Praxis nicht immer sichergestellt werden kann, sollte es vermieden werden, Einsprüche an die vorgesetzten Behörden (Finanzministerien, Oberfinanzdirektionen) zu schicken.

ee) Rechtsbehelfsverzicht

1980 Auf die Einlegung eines Einspruchs kann verzichtet werden, grundsätzlich allerdings erst nach Erlass eines Verwaltungsakts (z.B. Steuerbescheids). Bei **Steueranmeldungen** kann der Verzicht jedoch bereits mit Abgabe der Anmeldung für den Fall ausgesprochen werden, dass die Steuer nicht abweichend von der Steueranmeldung festgesetzt wird. Durch den Verzicht wird der Einspruch unzulässig (§ 354 Abs. 1 AO).

Der Verzicht ist grundsätzlich **schriftlich** zu erklären. Er ist **unwirksam**, wenn

– das Finanzamt den Verzicht durch Drohung oder Täuschung oder sonstige unlautere Beeinflussung veranlasst hat,

– der Verzicht unter einer Bedingung abgegeben worden ist oder

– bei Steueranmeldungen die Steuer abweichend von der Steueranmeldung festgesetzt wird.

Der Verzicht muss **ausdrücklich** und **eindeutig** erklärt werden. Stimmt der **Arbeitgeber dem Ergebnis einer Außenprüfung zu**, so können solche Erklärungen über ihren eigentlichen Inhalt hinaus nicht zu Ungunsten des Arbeitgebers als Rechtsbehelfsverzicht ausgelegt werden. Denn der Arbeitgeber erklärt damit nicht eindeutig, dass er sich hinsichtlich der Einlegung des Rechtsbehelfs seiner Handlungsfreiheit begeben will. Daher ist auch die **schriftliche Anerkennung der Lohnsteuer-Nachforderung** nach § 42d Abs. 4 Nr. 2 EStG **nicht als Rechtsbehelfsverzicht** zu werten (BFH, Urteil vom 17.9.1974, BStBl II 1975 S. 49, sowie OFD Hannover, Verfügung vom 1.11.1979, AO-Kartei § 354 AO Karte 1).

ff) „Ruhensliste"

1981 Gerade im Lohnsteuerbereich werden immer wieder Fragen streitig, die für viele Arbeitgeber und Arbeitnehmer von Bedeutung sind. Um den mit sog. **Masseneinsprüchen** verbundenen Verwaltungsaufwand in Grenzen zu halten, hat der Gesetzgeber **seit 1.1.1996** eine wichtige **Vereinfachungsregelung** getroffen:

Nach § 363 Abs. 2 Satz 2 AO **„ruhen" künftig Einspruchsverfahren kraft Gesetzes**, wenn sie sich in ihrem Einspruch auf ein beim Europäischen Gerichtshof, beim Bundesverfassungsgericht oder einem obersten Bundesgericht (also vor allem beim Bundesfinanzhof) anhängiges Verfahren berufen. Ein besonderer Antrag an das Finanzamt, den Einspruch ruhen zu lassen, ist dann nicht mehr erforderlich. Zur Vereinfachung gibt das **Bundesministerium der Finanzen** in Abstimmung mit dem Bundesfinanzhof eine „Verfahrensliste" heraus, die als Beilage zum Bundessteuerblatt Teil II veröffentlicht und **vierteljährlich aktualisiert** wird (die Liste zum 31.12.2001 lag bei Redaktionsschluss noch nicht vor). Vgl. dazu auch OFD Frankfurt, Verfügung vom 3.8.1998, DB 1998 S. 1940.

Daneben kann die Finanzverwaltung wie bisher das **Ruhenlassen durch Verfügung anordnen**: Dies wird insbesondere dann in Betracht kommen, wenn ein Verfahren erst noch bis zum Bundesverfassungsgericht oder Bundesfinanzhof gebracht werden soll, zunächst aber noch beim Finanzgericht anhängig ist.

gg) „Vorläufigkeitsliste"

1982 Die Finanzverwaltung erlässt zur Vermeidung von „Masseneinsprüchen" in bestimmten Fällen **vorläufige Steuerfestsetzungen** und hat hierzu einen Vorläufigkeitskatalog aufgestellt, der zurzeit folgende Punkte enthält (vgl. zuletzt BMF-Schreiben vom 29.6.2001, BStBl I 2001 S. 414):

1. Beschränkte Abziehbarkeit von **Vorsorgeaufwendungen** (§ 10 Abs. 3 EStG)

   Siehe dazu → *Lohnsteuer-Ermäßigungsverfahren* Rz. 1600

2. Besteuerung von **Versorgungsbezügen** (§ 19 Abs. 1 Nr. 2 EStG)

   Siehe dazu → *Altersrenten* Rz. 42

3. Anwendung des § 32c EStG für Veranlagungszeiträume ab 1994

   Siehe dazu → *Steuertarif* Rz. 2339

Diese Maßnahme hat sich in der Praxis bewährt und liegt auch im Interesse des Steuerpflichtigen, weil er dann gar nicht erst Einspruch einlegen muss.

Viele alte **Vorläufigkeitsvermerke** sind weggefallen, nachdem sich die beim Bundesfinanzhof oder Bundesverfassungsgericht anhängigen Verfahren erledigt haben. Da in der Praxis immer wieder Fragen zu den bestehenden oder bereits erledigten Vorläufigkeitsvermerken gestellt werden, hat die OFD München hierzu ausführliche Erläuterungen gegeben (Verfügung vom 31.10.2000, StEd 2001 S. 42).

b) Dienstaufsichtsverfahren

1983 Unabhängig vom sog. förmlichen Rechtsbehelfsverfahren (Einspruch, Klage, Revision) kann sich der Arbeitgeber im **Dienstaufsichtswege** (sog. Dienstaufsichtsbeschwerde) an die **vorgesetzten Behörden** (Oberfinanzdirektion, Finanzministerium) oder auch mit einer **Petition** an den Deutschen Bundestag bzw. jeweiligen Landtag (Artikel 17 des Grundgesetzes) wenden, um eine Entscheidung des Finanzamts überprüfen zu lassen. Dies empfiehlt sich vor allem, wenn eine Frage von grundsätzlicher Bedeutung vorliegt, die noch nicht eindeutig geklärt ist oder zu der innerhalb des Bundesgebietes unterschiedliche Verwaltungsregelungen erlassen worden sind. Die **obersten Finanzbehörden** haben dann die Möglichkeit, eine bundeseinheitliche Regelung herbeizuführen, die im Bundessteuerblatt veröffentlicht wird und damit allgemein verbindlich ist. Der Dienstaufsichtsweg kann auch parallel zu einem finanzgerichtlichen Verfahren zum Erfolg führen, wenn z.B. ein Finanzgericht eine für den Arbeitgeber günstige Verwaltungsregelung nicht anwenden will. Gerichte sind grundsätzlich nicht an Verwaltungsregelungen gebunden. Etwas anderes gilt nur bei **Typisierungsregelungen** sowie **Übergangsregelungen**, die aus Gründen des Vertrauensschutzes die Anpassung der Verwaltungspraxis an eine verschärfende Rechtsprechung oder an eine geänderte Rechtsauffassung erleichtern sollen. Selbst an die **Lohnsteuer-Richtlinien** sind die Finanzgerichte daher nur gebunden, soweit sie Typisierungsvorschriften enthalten (vgl. ausführlich Thüringer FG, Urteil vom 28.2.2001, EFG 2001 S. 884). Eine Dienstaufsichtsbeschwerde oder Petition sollte aber nur **zusätzlich zu einem Einspruch oder einer Klage** eingelegt werden, weil andernfalls der Bescheid des Finanzamts bestandskräftig wird und dann selbst bei einer positiven Entscheidung der Dienstaufsichtsbehörde nicht mehr geändert werden könnte.

c) Kosten eines Einspruchs und einer Dienstaufsichtsbeschwerde

1984 **Einspruch und Dienstaufsichtsbeschwerde sind kostenlos**, im **gerichtlichen Verfahren** entstehen allerdings **Kosten**, wenn die Klage bzw. Revision keinen Erfolg hat.

Die **eigenen Kosten**, z.B. für einen **Steuerberater**, werden im Einspruchsverfahren auch im Falle des Obsiegens nicht erstattet, sondern nur im finanzgerichtlichen Verfahren; dies ist mit dem Grundgesetz vereinbar (BFH, Beschluss vom 23.7.1996, Stbg 1997 S. 127).

Sind dem Finanzbeamten jedoch bei der Bearbeitung **grobe Fehler** unterlaufen, können erforderliche Rechtsverfolgungskosten im Wege des **Schadensersatzes** gegen das Land geltend gemacht werden (§ 839 BGB i.V.m. Art. 34 GG); Voraussetzung ist ein **vorsätzliches** oder zumindest **fahrlässiges** Verhalten des Finanzbeamten. In einer Vielzahl von Fällen hat die Rechtsprechung derartige **Schadensersatzansprüche anerkannt** (vgl. dazu ausführlich Rößler in DStR 2000 S. 1551 sowie LG Berlin, Urteil vom 27.11.1997, BB 1999 S. 1591).

2. Sozialversicherung

a) Allgemeines zum Widerspruch

1985 Gegen Entscheidungen der Sozialversicherungsträger oder der Bundesanstalt für Arbeit kann der **Rechtsbehelf des Widerspruches** eingelegt werden. Dabei regelt der X. Teil des Sozialgesetzbuches das Verwaltungsverfahren; das Sozialgerichtsgesetz ermöglicht einen umfassenden **Rechtsschutz gegen**

Verwaltungsakte der Versicherungsträger, durch die sich Versicherte oder Arbeitgeber in ihren Rechten beeinträchtigt fühlen.

b) Verwaltungsakt

1986 Formell ist der **Verwaltungsakt** die nach außen wirkende Regelung eines Einzelfalles auf dem Gebiet des öffentlichen Rechts. Dabei muss der Verwaltungsakt inhaltlich hinreichend bestimmt sein und den erlassenden Versicherungsträger erkennen lassen. Der Verwaltungsakt kann schriftlich, mündlich oder in anderer Weise erlassen werden. Die Schriftform ist jedenfalls immer dann zu wählen, wenn hieran ein berechtigtes Interesse besteht oder der Betroffene dies verlangt.

Bevor ein Verwaltungsakt erlassen wird, der in die Rechte eines Beteiligten eingreift, ist ihm in aller Regel Gelegenheit zu geben, sich zu den rechtserheblichen Tatsachen zu äußern.

c) Form und Frist

1987 Verwaltungsakte, die in die Rechte von Beteiligten eingreifen, werden in aller Regel mit einer schriftlich erteilten **Rechtsbehelfsbelehrung** versehen. Sie klärt über die Möglichkeit, Ort, Form und Frist auf, in der Widerspruch gegen den Verwaltungsakt eingelegt werden kann. Dabei beträgt die **Widerspruchsfrist einen Monat**, gerechnet von der Bekanntgabe des Verwaltungsaktes an. Wurde diese Frist versäumt, ist der Verwaltungsakt bindend, d.h., er kann nicht mehr angefochten werden.

Der Widerspruch kann **schriftlich**, aber auch „zur Niederschrift", d.h. mündlich – zu Protokoll – bei der erlassenden Stelle eingelegt werden.

Fehlt die schriftliche Rechtsbehelfsbelehrung oder ist sie unvollständig, verlängert sich die Widerspruchsfrist auf ein Jahr.

War der Beschwerte ohne Verschulden verhindert, die gesetzlich festgelegte Verfahrensfrist (ein Monat oder ein Jahr) einzuhalten, kann ihm auf seinen Antrag hin **„Wiedereinsetzung in den vorigen Stand"** gewährt werden. Dabei ist die „Wiedereinsetzung" innerhalb einer Frist von einem Monat zu beantragen, beginnend mit dem Tag, an dem das Hindernis beseitigt ist.

d) Zuständige Behörde/Entscheidung

1988 Über den Widerspruch entscheidet die von dem Selbstverwaltungsorgan des Versicherungsträgers gebildete **Widerspruchsstelle**. Sie setzt sich im Allgemeinen paritätisch aus Vertretern der Versicherten und Arbeitgeber zusammen (bei Ersatzkassen: nur Versicherten); Mitarbeiter des betroffenen Versicherungsträgers haben bei den Entscheidungen des Widerspruchsausschusses kein Stimmrecht. Die Widerspruchsstelle ist bei ihren Entscheidungen zwar an Rechtsvorschriften gebunden, wird aber die Verwaltungsentscheidung sorgfältig prüfen und kann sie bestätigen, aufheben oder ändern. Die Entscheidung der Widerspruchsstelle wird dem Beteiligten schriftlich als Verwaltungsakt mit Rechtsmittelbelehrung bekannt gegeben. Gegen diese Entscheidung kann innerhalb eines Monats mit der Klage das Sozialgericht angerufen werden.

Rechtskreise (Ost und West)

1989 In der Zeit der staatlichen Trennung Deutschlands haben sich die Sozialversicherungssysteme in den beiden Teilen unterschiedlich entwickelt. In dem Vertrag zur Wirtschafts-, Währungs- und Sozialunion verpflichtete sich die ehemalige DDR, die Voraussetzungen für eine gegliederte Sozialversicherung zu schaffen.

Im Wesentlichen ist die Einheit im Sozialversicherungsrecht ab 1.1.1991 stufenweise und mit Übergangsregelungen in der Form hergestellt worden, dass das Recht der alten Bundesländer nach den Regelungen des Einigungsvertrages und ergänzender Gesetze angewendet wird.

Die unterschiedlichen Wirtschafts- und Einkommensverhältnisse in den alten und neuen Bundesländern zwangen dazu, die für das Sozialversicherungsrecht geltenden Grenzwerte wie z.B. die Bezugsgröße mit ihren weiteren Abhängigkeiten, die Beitragsbemessungsgrenzen, die Jahresarbeitsverdienstgrenze, die Sachbezugswerte, aber auch die Rentenanpassungsgrößen und an-

dere aus dem früheren DDR-Recht für fortbestehend erklärte Rechtsvorschriften differenziert zum Recht der alten Bundesländer zu gestalten. Aus dieser Notwendigkeit heraus bildete sich der sog. Begriff der „Rechtskreise". Dabei umfasst der Rechtskreis West die Länder der alten Bundesrepublik, der Rechtskreis Ost die Bundesländer Mecklenburg-Vorpommern, Brandenburg, Sachsen-Anhalt, Sachsen und Thüringen. Die besondere Situation in Berlin führte dazu, dass mit Wirkung vom 1.1.1995 an für dieses Bundesland in der Kranken- und Pflegeversicherung einheitlich das „West-Recht" für anwendbar erklärt wurde. Durch das Gesetz zur Rechtsangleichung in der Kranken- und Pflegeversicherung wird ab 1.1.2001 bei der Beitragsbemessungsgrenze (siehe → *Beiträge zur Sozialversicherung* Rz. 442) in diesen beiden Zweigen nicht mehr nach alten und neuen Bundesländern unterschieden. Hier gilt einheitlich die Grenze der alten Bundesländer.

Die Zuordnung zum jeweiligen Rechtskreis richtet sich

– bei Beschäftigten grundsätzlich nach dem Beschäftigungsort

– bei der sozialen Sicherung der Pflegepersonen (→ *Pflegeversicherung* Rz. 1879) nach dem Ort, an dem die Pflegetätigkeit ausgeübt wird.

Siehe auch → *Ausstrahlung* Rz. 389.

Rechtsnachfolger

Rechtsnachfolger von Arbeitnehmern sind nach § 1 Abs. 1 Satz 2 **1990** LStDV selbst Arbeitnehmer, soweit sie Arbeitslohn aus dem früheren Dienstverhältnis ihres Rechtsvorgängers beziehen. Diese Regelung findet insbesondere dann Anwendung, wenn der Arbeitnehmer verstirbt und der Arbeitslohn nach dem Tod des Arbeitnehmers ausbezahlt wird. Zu den hierbei zu beachtenden Sonderregelungen siehe auch → *Tod des Arbeitnehmers* Rz. 2421.

Rechtsschutzversicherung

Wenn eine Rechtsschutzversicherung **ausschließlich ein berufliches Risiko** abdeckt, dann können die Beiträge vom Arbeitnehmer als **Werbungskosten** abgesetzt werden (z.B. die Fahrer-Rechtsschutzversicherung eines Omnibusfahrers). Ein **steuerfreier Arbeitgeberersatz** ist jedoch nicht möglich, weil es hierfür keine Steuerbefreiungsvorschrift gibt (R 70 Abs. 3 Satz 1 LStR). **1991**

Vom Arbeitgeber dürfen lediglich Beiträge des Arbeitnehmers zu **Kraftfahrzeug-Rechtsschutzversicherungen** als Reisekosten steuerfrei ersetzt werden, soweit der Arbeitnehmer mit seinem Fahrzeug **Dienstreisen** unternimmt und die anteiligen tatsächlichen Kfz-Kosten, zu denen auch die Beiträge zu diesen Versicherungen gehören, erstattet werden. Werden diese Kosten hingegen mit dem pauschalen km-Satz von 0,30 € erstattet, dann sind damit auch diese Beiträge abgegolten. Der Anteil, der auf die Fahrten zwischen Wohnung und Arbeitsstätte entfällt, kann ebenfalls nicht steuerfrei erstattet werden; für diese Fahrten ist lediglich eine Pauschalierung der Lohnsteuer mit 15 % bis zur Höhe der Entfernungspauschale, die diese Kosten ebenfalls mit abdeckt, zulässig (§ 40 Abs. 2 Satz 2 EStG).

Beiträge zu **kombinierten Rechtsschutzversicherungen** (z.B. eine Familien- und Verkehrsrechtsschutzversicherung für Lohn- und Gehaltsempfänger) können nur dann in (steuerlich nicht abzugsfähige) Aufwendungen für die Lebensführung und in **abzugsfähige Werbungskosten aufgeteilt** werden, wenn der **Versicherer bescheinigt**, welcher Anteil der Gesamtprämie auf den die berufliche Sphäre betreffenden Versicherungsschutz entfällt. Lehnt der Versicherer eine solche Aufteilung ab, ist die Gesamtprämie steuerlich nicht abzugsfähig, sog. **Aufteilungs- und Abzugsverbot** nach § 12 Nr. 1 EStG (BFH, Urteil vom 31.1.1997, BFH/NV 1997 S. 346). Eine schätzungsweise Aufteilung (auch nach den Angaben des Verbandes der Versicherungswirtschaft) wird von der Finanzverwaltung abgelehnt (BMF-Schreiben vom 23.7.1998, DB 1998 S. 1590).

Referendare

1992 Referendare werden als **Arbeitnehmer** tätig, selbst wenn sie nur einen Unterhaltszuschuss erhalten (BFH, Urteil vom 12.8.1983, BStBl II 1983 S. 718). **Nebentätigkeiten** bei einem Anwalt können je nach Fallgestaltung selbständig oder nichtselbständig ausgeübt werden. Bei Urlaubsvertretung eines Anwalts wird regelmäßig ein Arbeitsverhältnis vorliegen.

Obwohl Referendare als Arbeitnehmer gelten, **tritt nicht automatisch Sozialversicherungspflicht ein.** Haben sie wie Beamte (→ *Beamte* Rz. 420) **nach beamtenrechtlichen Vorschriften** oder Grundsätzen bei Krankheit einen Anspruch auf Fortzahlung der Bezüge und auf Beihilfe oder Heilfürsorge, besteht **in der Kranken- und Arbeitslosenversicherung Versicherungsfreiheit.** In der **Pflegeversicherung** gelten besondere Regelungen (→ *Pflegeversicherung* Rz. 1879). In der **Rentenversicherung ist Versicherungsfreiheit nur dann gegeben,** wenn nach beamtenrechtlichen Vorschriften Anwartschaft auf Versorgung bei verminderter Erwerbsfähigkeit und im Alter sowie auf Hinterbliebenenversorgung gewährleistet und die Erfüllung der Gewährleistung gesichert ist. Wird zusätzlich eine **Nebenbeschäftigung** ausgeübt, gelten die gleichen sozialversicherungsrechtlichen Regelungen wie bei Beamten.

Reisegepäckversicherung

1993 Schließt ein Arbeitgeber für seine Arbeitnehmer eine Reisegepäckversicherung ab, aus der den Arbeitnehmern ein eigener Anspruch gegenüber dem Versicherer zusteht, so führt die Zahlung der **Prämien durch den Arbeitgeber** zu **Arbeitslohn** (BFH, Urteil vom 19.2.1993, BStBl II 1993 S. 519). Dieser ist i.d.R. gem. § 3 Nr. 16 EStG als Reisekosten **(Reisenebenkosten)** steuerfrei, wenn sich der Versicherungsschutz auf eine beruflich bedingte Abwesenheit von einer ortsgebundenen regelmäßigen Arbeitsstätte beschränkt, vgl. H 40a (Reisegepäckversicherung) LStH.

Für eine sog. **Kollektiv-Reisegepäckversicherung**, die auch **private Reisen** und das Gepäck von **Begleitpersonen** einschließt, gilt Folgendes (BFH, Urteil vom 19.2.1993, BStBl II 1993 S. 519):

– Bezieht sich der Versicherungsschutz auf **sämtliche Reisen** des Arbeitnehmers, so ist eine **Aufteilung** der gesamten Prämie in einen beruflichen und einen privaten Anteil dann **zulässig,** wenn der Versicherer eine Auskunft über die Kalkulation seiner Prämien erteilt, die eine Aufteilung ohne weiteres ermöglicht. Lehnt dies die Versicherung ab, ist die gesamte Prämie als steuerpflichtiger Arbeitslohn zu erfassen.

– Eine Aufteilung, die auf Grund der Auskunft des Versicherers möglich wäre, hat zu unterbleiben mit der Folge, dass dann die **gesamte Prämie als steuerpflichtiger Arbeitslohn** anzusehen ist, wenn der **Arbeitnehmer nur sporadisch oder gar keine Dienstreisen** durchführt.

Reisekosten: Allgemeine Grundsätze

1. Vorbemerkung

Unter diesem Stichwort werden zur besseren Übersichtlichkeit **1994** nur die Begriffe und die allgemeinen Grundsätze für den steuerfreien Reisekostenersatz durch den Arbeitgeber erläutert. Der Sammelbegriff „Reisekosten" umfasst

– Dienstreisen (→ *Reisekostenerstattungen bei Dienstreisen* Rz. 2035),

– Einsatzwechseltätigkeit (→ *Reisekostenerstattungen bei Einsatzwechseltätigkeit* Rz. 2073) und

– Fahrtätigkeit (→ *Reisekostenerstattungen bei Fahrtätigkeit* Rz. 2087),

nicht dagegen die Doppelte Haushaltsführung (→ *Doppelte Haushaltsführung: Allgemeines* Rz. 730).

Näheres über **Höhe und Dauer der erstattungsfähigen Beträge** ist unter den o.g. Hauptstichworten zu finden.

2. Vorteile des steuerfreien Reisekostenersatzes

Der steuerfreie Reisekostenersatz durch den Arbeitgeber hat in **1995** der Praxis erhebliche Bedeutung, weil er sowohl für den Arbeitnehmer als auch für den Arbeitgeber Vorteile bringt:

– Die Aufwendungen des Arbeitnehmers für die o.g. Auswärtstätigkeiten (insbesondere Fahrtkosten, Mehraufwendungen für Verpflegung, Übernachtungskosten sowie Reisenebenkosten) können vom Arbeitgeber nach § 3 Nr. 13 bzw. 16 EStG **steuerfrei ersetzt** werden. Ein steuerfreier Ersatz anderer **Werbungskosten** des Arbeitnehmers durch den Arbeitgeber ist sonst grundsätzlich **nicht mehr zulässig** (R 70 Abs. 3 Satz 1 LStR).

– Anders als bei den übrigen Steuerbefreiungen, z.B. von Kindergartenzuschüssen nach § 3 Nr. 33 EStG, ist auch eine sog. **Barlohnumwandlung** (→ *Barlohnumwandlung* Rz. 410) zulässig, d.h., dass steuerpflichtiger Barlohn in **steuerfreie Reisekostenvergütungen** nach § 3 Nr. 16 EStG umgewandelt werden kann (BFH, Urteil vom 27.4.2001, BStBl II 2001 S. 601). Voraussetzung für die Steuerbefreiung ist lediglich, dass die Herabsetzung des Lohnanspruchs und die Umwandlung in eine Vergütung i.S. des § 3 Nr. 16 EStG **vor** der Entstehung des Vergütungsanspruchs zwischen Arbeitgeber und Arbeitnehmer vereinbart worden ist. Es genügt nicht, dass der Arbeitgeber lediglich aus dem Arbeitslohn Teile heraus- rechnet und als steuerfrei behandelt. Die Umwandlung führt beim Arbeitnehmer zu einer vollen Steuerersparnis. Beim Werbungskostenabzug würden sich dagegen nur die Auf- wendungen steuerlich auswirken, die über den **Arbeit- nehmer-Pauschbetrag** von 1 044 € hinausgehen.

– Anders als bei „normalen" Tätigkeiten können bei den o.g. Auswärtstätigkeiten **Mehraufwendungen für Verpflegung** berücksichtigt werden. Bei allen anderen Tätigkeiten ist dies nicht mehr möglich, nachdem der frühere Pauschbetrag von 3 DM wegen mehr als zwölfstündiger Abwesenheit von der Wohnung weggefallen ist (BFH, Urteil vom 21.1.1994, BStBl II S. 418). Auch ungewöhnlich lange Arbeitsschichten, z.B. der 24-Stunden-Dienst eines Feuerwehrmanns, berechtigen nicht zur Abziehbarkeit von Verpflegungsmehraufwendungen als Werbungskosten (BFH, Urteil vom 31.1.1997, BFH/NV 1997 S. 475). Ein Werbungskostenabzug kommt nach diesem Urteil allenfalls für **„vergebliche Speisen"** in Betracht, wenn z.B. ein Feuerwehrmann sein Essen wegen eines Einsatzes nicht ein- nehmen konnte und er nach Rückkehr, weil die Speise unge- nießbar geworden war, erneut ein Essen herrichten musste. Solche vergeblichen Aufwendungen müssen aber im Einzel- nen nachgewiesen werden.

– Aufwendungen für **Wege zwischen Wohnung und Tätig- keitsstätte** können auch bei Benutzung eines Kfz in voller Höhe steuerlich berücksichtigt und vom Arbeitgeber steuerfrei erstattet werden, die Beschränkung auf die niedrigere Entfer- nungspauschale gilt nur für Wege zwischen Wohnung und Ar- beitsstätte.

– Die steuerfreien Arbeitgeberleistungen unterliegen **nicht der Sozialversicherungspflicht.**

3. Notwendige Unterscheidung der einzelnen Auswärtstätigkeiten

1996 Auch wenn es für alle Arten von Auswärtstätigkeiten **einheitliche Verpflegungspauschbeträge** gibt, so müssen **aus folgenden Gründen** trotzdem Dienstreisen, Fahrtätigkeit, Einsatzwechseltä- tigkeit und doppelte Haushaltsführung **unterschieden** werden:

– **Fahrtkosten** mit dem eigenen Pkw des Arbeitnehmers kön- nen bei **Dienstreisen in voller Höhe** steuerfrei ersetzt wer- den. Bei **Einsatzwechseltätigkeit** gilt dies dagegen nur für Entfernungen **über 30 km** und bei einer Tätigkeit an dersel- ben Einsatzstelle **für längstens drei Monate.**

– Die **Abwesenheitsdauer** für den maßgeblichen Pauschbetrag für **Verpflegungsmehraufwendungen** richtet sich bei **Dienstreisen** nach der Abwesenheitsdauer sowohl von der regelmäßigen Arbeitsstätte als auch von der Wohnung. Bei der **Fahrtätigkeit** und der **Einsatzwechseltätigkeit** wird hinge- gen ausschließlich auf die Abwesenheitsdauer von der Woh- nung abgestellt – bei Berührung des Betriebs „läuft die Zeit also weiter".

– Für die **doppelte Haushaltsführung** gibt es **keine Möglich- keit der Pauschalversteuerung** nach § 40 Abs. 2 Satz 1 Nr. 4 EStG mit 25 % von Verpflegungszuschüssen des Ar- beitgebers; ausgenommen die Fälle, in denen eine doppelte Haushaltsführung mit anderen Auswärtstätigkeiten, z.B. einer Einsatzwechseltätigkeit, zusammentrifft (Einzelheiten dazu siehe → *Reisekostenerstattungen bei Dienstreisen* Rz. 2071). Außerdem können **Familienheimfahrten** mit dem Pkw nur in Höhe der Entfernungspauschale (0,40 € je Entfernungskilo- meter) steuerfrei erstattet werden. Auf die Unterscheidung Dienstreise – doppelte Haushaltsführung ist besonders bei längeren, vorübergehenden Auswärtstätigkeiten eines Arbeit- nehmers zu achten (nur die ersten drei Monate stellen eine Dienstreise dar).

4. Erstattungsfähige Reisekosten

1997 Der Arbeitgeber kann folgende Aufwendungen als Reisekosten steuerfrei erstatten:

– **Fahrtkosten,**
– **Verpflegungsmehraufwendungen,**
– **Übernachtungskosten** sowie
– **Reisenebenkosten.**

Einzelheiten siehe → *Reisekostenerstattungen bei Dienstreisen* Rz. 2035; → *Reisekostenerstattungen bei Einsatzwechseltätigkeit* Rz. 2073; → *Reisekostenerstattungen bei Fahrtätigkeit* Rz. 2087; → *Reisekostenvergütungen aus öffentlichen Kassen* Rz. 2095.

Zahlt der Arbeitgeber **höhere Reisekosten als gesetzlich zu- lässig,** muss er von dem übersteigenden Betrag den Lohn- steuerabzug vornehmen, sofern nicht – wie ab 1997 bei der Er- stattung von Verpflegungsmehraufwendungen – eine Pauschalie- rung der Lohnsteuer in Betracht kommt. Zahlt ein **Dritter** Reisekostenvergütungen und ist der Arbeitgeber nicht zum Lohnsteuerabzug verpflichtet (→ *Lohnzahlung durch Dritte* Rz. 1660), muss der Arbeitnehmer den steuerpflichtigen Teilbe- trag ggf. in seiner **Einkommensteuererklärung** angeben.

Beispiel:

Der Sächsische Gemeindeunfallversicherungsverband zahlt auf der Grundlage seiner Satzung den Teilnehmern von Ausbildungslehrgängen Reisekostenvergütungen.

Nach § 3 Nr. 13 EStG ist nicht der gesamte Betrag steuerfrei. Da die steu- erpflichtigen Anteile nicht für eine Arbeitsleistung gezahlt werden, unter- liegen sie nicht dem Lohnsteuerabzug des Arbeitgebers. Der Arbeitnehmer hat diese Einnahmen als nicht dem Lohnsteuerabzug unterworfene Ein- nahmen aus nichtselbständiger Tätigkeit in der Einkommensteuererklärung anzugeben.

Die Höhe der steuerpflichtigen Anteile ist durch eine Bescheinigung des Sächsischen Gemeindeunfallversicherungsverbandes nachzuweisen. Eine Mitteilungspflicht des Sächsischen Gemeindeunfallversicherungsverban- des besteht nicht.

Nicht zu den erstattungsfähigen Reisekosten gehören dagegen Aufwendungen für **Bekleidung, Koffer und andere Reiseaus- rüstung,** selbst wenn diese Gegenstände aus Anlass einer Dienstreise angeschafft worden sind (R 37 Abs. 1 Satz 5 LStR).

Voraussetzung für den steuerfreien Reisekostenersatz ist, dass die Reisekosten

– **so gut wie ausschließlich durch die berufliche Tätigkeit des Arbeitnehmers**

– **außerhalb seiner Wohnung und einer ortsgebundenen re- gelmäßigen Arbeitsstätte veranlasst** sind (R 37 Abs. 1 Satz 1 LStR).

5. Berufliche Veranlassung

Berufliche Gründe für eine Dienstreise liegen vor, wenn ihr (of- **1998** fensichtlich) ein unmittelbarer **konkreter beruflicher Anlass** zu Grunde liegt (BFH, Urteil vom 22.1.1993, BStBl II 1993 S. 612). Das ist z.B. der Fall, wenn die Auswärtstätigkeit auf einer **Wei- sung des Arbeitgebers** beruht. Aber nicht jede auf Weisung des Arbeitgebers unternommene Reise muss beruflich veranlasst sein. Gegen eine berufliche Veranlassung können in Einzelfällen u.a. die **Art der Reise und das Reiseziel** sprechen (BFH, Urteile vom 22.1.1993, BStBl II S. 612, und vom 16.4.1993, BStBl II S. 640). Dies gilt besonders für **Informations- und Studienreisen** ins Ausland, insbesondere wenn diese mit einem Privataufenthalt verbunden werden (→ Rz. 2012) oder der Ehegatte mitgenommen wird (→ Rz. 2014).

Erledigt der Arbeitnehmer im Zusammenhang mit seiner aus- wärtigen beruflichen Tätigkeit auch in einem mehr als gering- fügigen Umfang **private Angelegenheiten** (z.B. einen Erho- lungsurlaub), so sind die beruflich veranlassten von den privat veranlassten Aufwendungen zu trennen. Ist das nicht – auch nicht durch Schätzung – leicht und einwandfrei möglich, so gehören die gesamten Aufwendungen beim Arbeitnehmer zu den nach § 12 Nr. 1 Satz 2 EStG nicht abziehbaren **Aufwendungen für die Le- bensführung** (R 37 Abs. 1 Sätze 3 und 4 LStR; a.A. FG Köln, Ur- teil vom 21.6.2001, EFG 2001 S. 1186, Revision eingelegt, Az. beim BFH: VI R 94/01). Eine steuerfreie Erstattung durch den Ar- beitgeber ist dann nicht möglich (vgl. BFH, Urteil vom 9.8.1996, BStBl II 1997 S. 97, betr. eine Außendienst-Mitarbeiter-Tagung auf Kreta mit freien Tagen).

6. Ortsgebundene regelmäßige Arbeitsstätte

a) Allgemeines

1999 Die Unterscheidung **Dienstreise – Fahrtätigkeit – Einsatzwechseltätigkeit** bei Auswärtstätigkeiten richtet sich danach, ob der Arbeitnehmer außerhalb einer ortsgebundenen regelmäßigen Arbeitsstätte tätig wird:

- Bei Arbeitnehmern mit einer **ortsgebundenen regelmäßigen Arbeitsstätte** (das ist im Allgemeinen der **Betrieb** des Arbeitgebers) liegen grundsätzlich **Dienstreisen** vor.

- Arbeitnehmer **ohne ortsgebundene regelmäßige Arbeitsstätte** (das sind z.B. **Fahrzeuge**) können allenfalls eine **Fahrtätigkeit** oder **Einsatzwechseltätigkeit** ausüben.

Da eine Dienstreise steuerlich meistens günstiger ist als die übrigen Auswärtstätigkeiten, ist in jedem Einzelfall zunächst zu prüfen, ob eine Dienstreise vorliegt.

b) Begriff „regelmäßige Arbeitsstätte"

2000 „Regelmäßige Arbeitsstätte" ist nach R 37 Abs. 2 LStR der **ortsgebundene Mittelpunkt der dauerhaft angelegten beruflichen Tätigkeit des Arbeitnehmers**. Bei Arbeitnehmern, die praktisch nur im „Innendienst" tätig sind, ist dies im Regelfall **der Betrieb oder Zweigbetrieb**.

Beispiel 1:

A ist als Sachbearbeiter bei einer Versicherung beschäftigt und bearbeitet Schadensfälle. Gelegentlich sucht er mit seinem Pkw Kunden und Werkstätten auf.

A übt eine reine Innendiensttätigkeit aus. Die gelegentlichen Auswärtstätigkeiten stellen Dienstreisen dar. Der Arbeitgeber kann die Fahrtkosten zu den Kunden entweder in voller Höhe oder mit dem pauschalen km-Satz von 0,30 € sowie – bei Überschreiten der erforderlichen Mindestabwesenheitsdauer von acht Stunden – Verpflegungsmehraufwendungen mit den gesetzlichen Pauschbeträgen steuerfrei ersetzen.

Problematisch ist die Beurteilung, wenn der Arbeitnehmer häufiger „Außendienst verrichtet":

Der Betrieb (Zweigbetrieb) wird nur dann als regelmäßige Arbeitsstätte angesehen, wenn der Arbeitnehmer dort **wenigstens einen Teil der ihm insgesamt übertragenen Arbeiten verrichtet**. Es muss sich aus der **Häufigkeit des Aufenthalts** im Betrieb (Zweigbetrieb) und dem **Umfang der dort ausgeübten Tätigkeit** ergeben, dass der Betrieb (Zweigbetrieb) **beruflicher Mittelpunkt** des Arbeitnehmers ist und im Vergleich zu vorübergehenden Tätigkeitsstätten ein eindeutiges und bestimmendes Übergewicht besitzt. Voraussetzung ist, dass der Arbeitnehmer nach Auswärtstätigkeiten immer wieder in den Betrieb (Zweigbetrieb) zurückkehrt, um dort vom zeitlichen Ablauf einen wesentlichen Teil seiner Arbeitsleistung zu erbringen (BFH, Urteil vom 10.10.1994, BStBl II 1995 S. 137).

Beispiel 2:

Sachverhalt wie oben, A ist vorwiegend im Außendienst tätig und daher täglich unterwegs.

In diesem Fall muss genauer geprüft werden, ob der Betrieb noch die regelmäßige Arbeitsstätte des A ist und er somit Dienstreisen unternimmt oder ob eine sog. Einsatzwechseltätigkeit vorliegt. Bei Einsatzwechseltätigkeit (vgl. dazu auch FG Rheinland-Pfalz, Urteil vom 14.3.1996, EFG 1996 S. 585, betr. einen Betriebsprüfer des Bundesamts für Finanzen, der – anders als z.B. Betriebsprüfer des Finanzamts – am Sitz der Behörde keine regelmäßige Arbeitsstätte hat) richtet sich z.B. die Höhe der in Betracht kommenden Pauschale für Verpflegungsmehraufwendungen nach der gesamten Abwesenheitszeit von der Wohnung.

Eine **regelmäßige Arbeitsstätte im Betrieb wird nicht allein schon dadurch begründet**, dass der Arbeitnehmer

- **im Betrieb eingestellt** wird,

- **vom Betrieb aus zur jeweiligen Einsatzstelle befördert** wird,

- im **Betrieb seinen Lohn** erhält,

- an **Betriebsversammlungen teilnimmt**,

- den Betrieb nur zur **Angabe der geleisteten Arbeitsstunden**, zur **Entgegennahme neuer Arbeitsaufträge** oder zum **Abholen von Werkzeug oder Material** aufsucht.

c) Tätigkeitsdauer

2001 Mitentscheidend für die Anerkennung einer Dienstreise ist, in welchem **zeitlichen Verhältnis** die Dauer der Tätigkeit am ortsgebundenen Mittelpunkt (Betrieb, Teilbetrieb) zur Dauer der Tätigkeit an der jeweiligen tatsächlichen Arbeitsstätte steht. Daher können auch solche Arbeitnehmer eine regelmäßige Arbeitsstätte haben, die infolge der Eigenart ihrer beruflichen Tätigkeit zwar **vorwiegend außerhalb des Betriebs beschäftigt sind, aber immer wieder zum Betrieb zurückkehren, um dort Arbeiten zu verrichten**.

Der Betrieb kann im Allgemeinen als regelmäßige Arbeitsstätte **anerkannt** werden bei

- **Bauleitern, Polieren, Schachtmeistern**, wenn sie den Betrieb regelmäßig zur Berichterstattung und Verrichtung vorbereitender und abschließender Arbeiten aufsuchen,

- **Monteuren** im Fertigteilbau, wenn sie im Betrieb Fertigteile zur Montage vorbereiten,

- **Maschinisten und Mechanikern**, wenn sie regelmäßig in der Werkstatt Baumaschinen und Geräte warten, reinigen und reparieren.

Beispiel 1:

A ist in der Montageabteilung eines Industrieunternehmens tätig; er wohnt mit seiner Familie in Berlin. In mehr oder weniger großen zeitlichen Abständen wird er regelmäßig immer wieder am Sitz des Arbeitgebers in München tätig (insgesamt etwa 45 Tage im Jahr). Hier projektiert er seine Arbeiten, die er im Anschluss daran jeweils unterschiedlich lange an den verschiedenen Einsatzorten auszuführen hat. In München übernachtet er immer in demselben Hotel, das sein Arbeitgeber für ihn immer bei Bedarf anmietet und die Kosten erstattet.

A übt keine Einsatzwechseltätigkeit aus; der Firmensitz stellt seine **regelmäßige Arbeitsstätte** dar, weil er dort einen wesentlichen Teil seiner Arbeitsleistung erbringt (FG Münster, Urteil vom 21.11.1997, EFG 1998 S. 444).

Beispiel 2:

Bei einem Außendienstmitarbeiter, der den Betriebssitz seines Arbeitgebers im gesamten Jahr nur an 26 Tagen aufsucht, stellt der Betrieb dagegen schon wegen der geringen Dauer des Aufenthalts keine Arbeitsstätte dar. Die gelegentlichen Fahrten von der Wohnung zum Betrieb sind Dienstreisen (FG des Saarlandes, Urteil vom 13.10.1997, EFG 1998 S. 184).

Ein nur stundenweiser Aufenthalt im Betrieb reicht nicht aus. Danach werden insbesondere bei **Verkaufsfahrern**, die ihr Fahrzeug täglich am Betriebssitz be- und entladen und über Inkassobeträge abrechnen, **keine Dienstreisen** anerkannt werden können (anders noch BFH, Urteil vom 11.5.1979, BStBl II S. 474); vielmehr liegt eine **Einsatzwechseltätigkeit** vor. Die Unterscheidung hat zwar für die Erstattung von **Verpflegungsmehraufwendungen** – abgesehen von der unterschiedlichen Berechnung der Abwesenheitszeit – kaum Bedeutung. Der Arbeitgeber darf jedoch für Einsatzwechseltätigkeiten seines Arbeitnehmers nur in beschränktem Umfang **Fahrtkosten** steuerfrei erstatten (Drei-Monats-Frist, 30-km-Grenze), vgl. → *Reisekostenerstattungen bei Einsatzwechseltätigkeit* Rz. 2074.

d) Zeitliche Vereinfachungsregelung

2002 Die Feststellung, wo sich der Mittelpunkt der Tätigkeit des Arbeitnehmers befindet, stößt in der Praxis besonders bei solchen Arbeitnehmern auf Schwierigkeiten, die **täglich sowohl im als auch außerhalb des Betriebs tätig sind, z.B. Kundendiensttechniker, Monteure, Kraftfahrer**. Wegen der erheblichen steuerlichen Auswirkungen muss aber unterschieden werden, ob der Arbeitnehmer Dienstreisen oder eine Einsatzwechseltätigkeit oder eine Fahrtätigkeit ausübt.

Für die Praxis hat die Finanzverwaltung eine wichtige (wiederholt geänderte) **Vereinfachungsregelung** erlassen. Nach R 37 Abs. 2 Satz 3 LStR kann bei einem Arbeitnehmer, der außerhalb des Betriebs tätig wird, der **Betrieb ohne weitere Ermittlungen als regelmäßige Arbeitsstätte** anerkannt werden kann, wenn

- er regelmäßig **in der Woche mindestens 20 % seiner vertraglichen Arbeitszeit**

– **oder** durchschnittlich im Kalenderjahr an **einem Arbeitstag je Woche**

im Betrieb tätig wird. Wie lang der Arbeitstag sein muss, ist nicht näher bestimmt, es kann also auch der **Tag mit der kürzesten Arbeitszeit** sein. „Durchschnittlich" bedeutet im Übrigen, dass die Tätigkeit im Betrieb auch an **zusammenhängenden Arbeitstagen** abgeleistet werden kann.

Beispiel 1:

A, Kundendienstmonteur, repariert regelmäßig die Geräte in den Haushalten der Kunden. Einige Geräte lassen sich jedoch nur in der Werkstatt in Stand setzen. A nimmt auch diese Reparaturen vor und ist daher **jeden Freitag ausschließlich** in der Werkstatt tätig. Die Arbeitszeit in der Firma an diesem Tag ist von 8 bis 13 Uhr.

Nach der o.g. Vereinfachungsregelung hat A seine regelmäßige Arbeitsstätte in der Werkstatt, da er dort **einen ganzen Arbeitstag** in der Woche tätig wird. Es ist unerheblich, dass die Arbeitszeit an diesem Tag nur fünf Stunden beträgt. Die Fahrten zu den Kunden stellen somit Dienstreisen dar.

Beispiel 2:

A, Diplom-Informatiker, entwickelt Software. Die Entwicklungsarbeit dauert etwa drei Monate. Den Rest des Jahres verbringt A damit, die Software bei den Kunden (Firmen, Verwaltungen, Krankenhäuser) zu installieren und die betroffenen Mitarbeiter zu schulen.

Der Betrieb ist als regelmäßige Arbeitsstätte anzusehen, wenn A dort durchschnittlich mindestens einen Wochenarbeitstag tätig ist. Diese „Mindestzeit" kann auch zusammenhängend abgeleistet werden. A muss daher bei 48 Arbeitswochen (52 Wochen abzüglich vier Wochen Urlaub) mindestens 48 Tage ausschließlich im Betrieb tätig sein, damit dieser als regelmäßige Arbeitsstätte anerkannt werden kann. Ist diese Voraussetzung erfüllt, kann der Arbeitgeber Fahrten mit dem Pkw zu den Kunden in voller Höhe oder mit dem pauschalen km-Satz von 0,30 € sowie – bei Überschreiten der erforderlichen Mindestabwesenheitsdauer – Verpflegungsmehraufwendungen mit den gesetzlichen Pauschbeträgen steuerfrei ersetzen.

Beispiel 3:

Sachverhalt wie vorher, A macht jedoch im Monat eine ganze Woche „Innendienst" und die übrigen drei Wochen „Außendienst".

A ist durchschnittlich mehr als einen Arbeitstag wöchentlich im Betrieb tätig. Seine Auswärtstätigkeit ist daher ebenfalls als Dienstreise anzusehen.

Beispiel 4:

Sachverhalt wie Beispiel 1, A ist jedoch täglich nur zwei Stunden im Betrieb tätig, um die Geräte zu reparieren und anschließend auszuliefern. Die wöchentliche Arbeitszeit beträgt 40 Stunden.

Nach R 37 Abs. 2 Satz 3 LStR sind **Dienstreisen** anzunehmen, weil A regelmäßig in der Woche mindestens 20 % seiner vertraglichen Arbeitszeit von 40 Stunden (das sind im Beispiel mindestens acht Stunden) ausschließlich im Betrieb tätig ist (hier sogar zehn Stunden).

Bei vielen Arbeitnehmern werden die **Anwesenheitszeiten im Betrieb stark schwanken**; oftmals steht erst am Jahresende fest, ob der Betrieb nach der o.g. Verwaltungsregelung als regelmäßige Arbeitsstätte angesehen werden kann und der Arbeitnehmer somit Dienstreisen ausgeführt hat. Die Finanzverwaltung lässt daher bei Anwendung dieser Regelung eine **„Zukunftsbetrachtung"** zu, d.h., dass der Arbeitgeber von den voraussehbaren Verhältnissen (z.B. nach dem Arbeitsvertrag) ausgehen darf. Ändern diese sich wider Erwarten, müssen die Reisekostenabrechnungen für die Vergangenheit nicht geändert werden.

Beispiel 5:

A ist als Bauleiter vom 1. Januar bis 31. Dezember ausschließlich auf einer etwa 20 km entfernten Großbaustelle (Bau einer Eisenbahnstrecke) tätig gewesen. Der Arbeitgeber ist zunächst von „Dienstreisen" ausgegangen und hat die Fahrtkosten in voller Höhe erstattet. Er ging dabei davon aus, dass das Bauvorhaben planmäßig am 31. Oktober abgeschlossen und der Bauleiter dann den Rest des Jahres ausschließlich in der Firma tätig sein würde, um ein neues Projekt vorzubereiten. Nur auf Grund der schlechten Witterung hat sich die Fertigstellung des Bauprojekts um zwei Monate verzögert.

A hat die zeitlichen Voraussetzungen für die Annahme einer **Dienstreise** nicht mehr erfüllt. Seine Tätigkeit stellt sich somit „rückschauend" für das ganze Jahr als **Einsatzwechseltätigkeit** dar. Die Fahrtkosten hätten deshalb vom Arbeitgeber nur in voller Höhe steuerfrei erstattet werden dürfen, weil Fahrten bis 30 km als „normale" Wege zwischen Wohnung und Arbeitsstätte gelten (→ *Reisekostenerstattungen bei Einsatzwechseltätigkeit*).

Rz. 2075). Der Arbeitgeber braucht jedoch die Reisekostenabrechnungen nicht zu ändern, weil er zu Recht zunächst von Dienstreisen ausgehen durfte. Dies gilt u.E. entsprechend für die Einkommensteuer-Veranlagung, eine „Nachversteuerung" scheidet somit aus.

e) Wohnung als regelmäßige Arbeitsstätte

Bei Berufen mit **überwiegender Reisetätigkeit** kommt es vor, dass der Arbeitnehmer überhaupt keinen Arbeitsplatz im Betrieb des Arbeitgebers hat. In diesen Fällen kann aber ggf. das **häusliche Arbeitszimmer** als regelmäßige Arbeitsstätte angesehen werden, wenn der Arbeitnehmer dort **ein Büro unterhält und mit seiner Tätigkeit zusammenhängende Arbeiten („Innendienst")** erledigt (vgl. z.B. BFH, Urteil vom 12.2.1988, BFH/NV 1988 S. 439, betr. einen angestellten **Handelsvertreter**). Das häusliche Arbeitszimmer muss dabei nicht die strengen Anforderungen an die steuerliche Anerkennung eines „häuslichen Arbeitszimmers" erfüllen. Eine strikte Trennung des Büros von den Privaträumen ist somit z.B. nicht erforderlich. **2003**

Die Finanzverwaltung hat ferner bei sog. **Verbandsprüfern** die Wohnung als regelmäßige Arbeitsstätte anerkannt (OFD Frankfurt, Verfügung vom 25.7.2000, DB 2000 S. 1991). Entsprechendes gilt auch für **Versicherungsvertreter, Pharmaberater, Gerichtsvollzieher sowie Heimarbeiter.**

7. Weiträumiges Arbeitsgebiet

Regelmäßige Arbeitsstätte kann auch ein weiträumig zusammenhängendes Arbeitsgebiet sein. Dies ist nach der Rechtsprechung des Bundesfinanzhofes aber nur dann der Fall, wenn es sich **2004**

– entweder um ein **zusammenhängendes Gelände des Arbeitgebers** handelt, z.B. ein größeres zusammenhängendes **Werksgelände oder Forstrevier**

Beispiel 1:

Ein Automobilhersteller hat ein Werksgelände mit mehreren Werkhallen, Verwaltungsgebäuden, Testgelände usw.

Regelmäßige Arbeitsstätte ist das gesamte in sich geschlossene Werksgelände. Das gilt auch dann, wenn das Gelände durch öffentliche Straßen oder ähnliche Flächen unterbrochen wird.

– oder – falls das Gelände nicht dem Arbeitgeber zugerechnet werden kann – die **Einsatzstellen aneinander grenzen und in unmittelbarer Nähe zueinander liegen**, vgl. BFH, Urteil vom 2.2.1994, BStBl II S. 422, sowie H 37 (Weiträumiges Arbeitsgebiet) LStH.

Beispiel 2:

Hierunter fallen z.B.: Neubaugebiet, Kehrbezirk oder Zeitungszustellungsbezirk. Auch ein **Gleisbauarbeiter**, der von einem mitgeführten Werkstattwagen eines Gleiszugs aus Gleisbauarbeiten verrichtet, hat im Umfeld des Gleiszuges seine regelmäßige Arbeitsstätte und übt somit **keine Einsatzwechseltätigkeit** aus (FG Mecklenburg-Vorpommern, Urteil vom 28.8.1996, EFG 1997 S. 13). Es kann jedoch eine **doppelte Haushaltsführung** vorliegen, wenn er in dem Gleiszug wohnt (BFH, Urteil vom 3.10.1985, BStBl II 1986 S. 369).

Die Abgrenzung führt aber immer wieder zu Streitigkeiten:

Früher wurde auch ein **Hafengebiet** als weiträumige Arbeitsstätte angesehen. Im Jahre 1997 hat allerdings der Bundesfinanzhof seine frühere Rechtsprechung aufgegeben und bei einem **Stauer**, der auf Seeschiffen an unterschiedlichen Liegeplätzen im Hamburger Hafen arbeitet, eine **Einsatzwechseltätigkeit anerkannt** (Urteil vom 7.2.1997, BStBl II S. 333). Begründung: Der Hamburger Hafen kann schon von seiner Größe her nicht mehr als einheitliche Arbeitsstätte beurteilt werden, zumal die Einsatzstellen eines Stauers (Liegeplätze der Seeschiffe) in **unvorhersehbarer Weise an unterschiedlichen Stellen** anfallen.

Abweichend von der Verwaltungsauffassung hat auch das FG des Landes Brandenburg den **Kehrbezirk eines Schornsteinfegers**, der in einem Gebiet von vier Gemeinden tätig ist, nicht als weiträumige Arbeitsstätte angesehen und ebenfalls eine **Einsatzwechseltätigkeit** anerkannt (Urteil vom 9.10.1996, EFG 1997 S. 100). Es bleibt abzuwarten, ob die neuere Rechtsprechung den Begriff der weiträumigen Arbeitsstätte weiter zu Gunsten der Anerkennung einer Einsatzwechseltätigkeit einengen wird.

Ein weiträumig zusammenhängendes Arbeitsgebiet liegt auch **nicht** schon deshalb vor, weil der Arbeitnehmer ständig nur in einem **Gemeindegebiet**, im Bereich einer **Großstadt** oder eines **Ballungsgebietes** oder nur innerhalb eines **bestimmten Radius** um den Betriebsort oder die Wohnung herum tätig wird, vgl. H 37 (Weiträumiges Arbeitsgebiet) LStH.

Beispiel 3:

A ist bei einem Malerbetrieb in einer Großstadt beschäftigt. Er wird zwar so gut wie ausschließlich nur im Stadtgebiet tätig, muss jedoch damit rechnen, auch außerhalb eingesetzt zu werden.

Für A ist das Großstadtgebiet keine weiträumige Arbeitsstätte. Seine Fahrten zur Arbeit stellen somit keine Wege zwischen Wohnung und (weiträumiger) regelmäßiger Arbeitsstätte dar, die steuerlich nur mit der Entfernungspauschale berücksichtigt und vom Arbeitgeber überhaupt nicht steuerfrei ersetzt werden könnten (zulässig wäre lediglich die Pauschalierung mit 15 % nach § 40 Abs. 2 Satz 2 EStG).

A übt eine Einsatzwechseltätigkeit aus, der Arbeitgeber kann ihm daher seine Fahrtkosten (Mindestentfernung 30 km und längstens für drei Monate an derselben Tätigkeitsstätte) sowie Verpflegungsmehraufwendungen (Mindestabwesenheitsdauer von der Wohnung 8 Stunden) als Reisekosten steuerfrei erstatten. Vgl. hierzu BFH, Urteil vom 5.5.1994, BStBl II S. 534.

Auch für **häusliche Krankenpfleger** stellt der Bereich einer Großstadt keine einheitliche großräumige Arbeitsstätte dar. Die Krankenpfleger üben daher eine **Einsatzwechseltätigkeit** oder – sofern sie im Betrieb einen wesentlichen Teil ihrer Arbeitsleistung erbringen und dieser somit „regelmäßige Arbeitsstätte" ist – **Dienstreisen** aus (OFD Magdeburg, Verfügung vom 1.7.1996, FR 1996 S. 569).

Ferner können Dienstreisen vorliegen, wenn Arbeitnehmer mit einem **festen regelmäßigen Arbeitsplatz** noch weitere Orte in **einem abgrenzbaren Gebiet aufsuchen.**

Beispiel 4:

Ein Baubetreuer, Architekt, Wirtschaftsprüfer oder Betriebsprüfer sucht längere Zeit Baustellen, Kunden, Mandanten oder Betriebe in einer bestimmten Stadt auf.

Es handelt sich dabei um Dienstreisen.

8. Mehrere regelmäßige Arbeitsstätten

2005 Ein Arbeitnehmer kann innerhalb desselben Dienstverhältnisses mehrere regelmäßige Arbeitsstätten haben, wenn er an diesen **nachhaltig und dauerhaft tätig** ist. Fahrten zwischen den einzelnen regelmäßigen Arbeitsstätten sind dann **wie Dienstreisen** zu behandeln (d.h. steuerfreie Erstattung des pauschalen km-Satzes von 0,30 €, keine Beschränkung auf die Entfernungspauschale!), weil sich der Arbeitnehmer insoweit nicht durch eine entsprechende Wohnsitznahme einrichten kann; vgl. R 37 Abs. 3 Satz 5 LStR und H 38 (Dienstreisen) LStH sowie zuletzt BFH, Urteil vom 25.11.1999, BFH/NV 2000 S. 699, m.w.N.

Beispiel 1:

A ist Gebietsleiter für fünf verschiedene Filialen, die er durchschnittlich 40-mal im Jahr aufsucht. Manchmal fährt er auch zuerst zu einer Filiale, dann von dort zur zweiten und von dieser nach Feierabend direkt nach Hause. Er legt alle Strecken mit seinem Pkw zurück.

A unternimmt keine Dienstreisen, sondern Fahrten zwischen Wohnung und Arbeitsstätte, da er die einzelnen Filialen auf Grund seines Arbeitsvertrags mit gewisser Nachhaltigkeit und Dauerhaftigkeit aufsucht (vgl. zu einem ähnlichen Fall FG Köln, Urteil vom 17.1.2001, EFG 2001 S. 747, Revision eingelegt, Az. beim BFH: VI R 53/01, betr. den Bezirksleiter einer Einzelhandelskette). Die einzelnen Filialen stellen für A mehrere regelmäßige Arbeitsstätten dar. Die Aufwendungen für die **Fahrten zwischen Wohnung und Filialen** dürfen vom Arbeitgeber somit nicht steuerfrei ersetzt, aber mit 15 % pauschal versteuert werden (§ 40 Abs. 2 Satz 2 EStG).

Die **Fahrten zwischen den einzelnen Filialen** sind zwar ebenfalls keine „echten" Dienstreisen, gelten aber hinsichtlich der Fahrtkosten als Dienstreisen (R 37 Abs. 3 Satz 5 LStR). Diese Kosten dürfen also vom Arbeitgeber steuerfrei ersetzt werden. Dies gilt nur für die Berücksichtigung von Fahrtkosten, nicht für Verpflegungsmehraufwendungen.

Beispiel 2:

Ein angestellter Architekt hat im Betrieb des Arbeitgebers seine „Hauptarbeitsstätte", von der aus er fortlaufend wöchentlich ein- bis zweimal eine auswärtige Großbaustelle aufsucht, um dort architektentypische Tätigkeiten zu verrichten (Bauleitertätigkeit).

In den ersten drei Monaten handelt es sich um eine Dienstreise. Nach Ablauf von drei Monaten wird die auswärtige Großbaustelle zu einer (weiteren) regelmäßigen Arbeitsstätte. Die Fahrten zwischen der Wohnung und dem Betrieb des Arbeitgebers sowie zwischen Wohnung und auswärtiger Großbaustelle sind **Wege zwischen Wohnung und Arbeitsstätte.** Wie **Dienstreisen** sind jedoch die Fahrten zwischen dem Betrieb des Arbeitgebers und der Großbaustelle zu behandeln (FG München, Urteil vom 4.11.1997, EFG 1998 S. 442, Revision eingelegt, Az. beim BFH: VI R 70/98). Für den Arbeitgeberersatz gelten die in Beispiel 1 dargestellten Grundsätze entsprechend.

Mehrere regelmäßige Arbeitsstätten neben der Kaserne hat z.B. auch ein BGS-Beamter, der ausschließlich im Wechsel für jeweils ein bis zwei Tage im Wachdienst an **zwei Schutzobjekten** seines Dienstherrn eingesetzt wird; er unternimmt dorthin **keine Dienstreisen** (FG Köln, Urteil vom 20.4.1995, EFG 1996 S. 312). Dieses Urteil ist auch auf Arbeitnehmer im **Bewachungsgewerbe** übertragbar.

Auch eine **auswärtige Schulungsstätte**, die der Arbeitnehmer im Rahmen seines Dienstverhältnisses über einen längeren Zeitraum dauerhaft und nachhaltig aufsucht, kann bereits vom **ersten Tag an** eine zweite regelmäßige Arbeitsstätte sein (vgl. BFH, Urteil vom 2.2.1994, BFH/NV 1994 S. 546, betr. den Besuch einer Hochschule durch einen teilweise vom Unterricht freigestellten Lehrer; siehe auch → *Auszubildende* Rz. 395).

Bei bestimmten Arbeitnehmern kann das **häusliche Arbeitszimmer** eine zweite regelmäßige Arbeitsstätte darstellen (z.B. bei einem Handelsvertreter). Die Fahrten zum Betrieb bleiben aber trotzdem „normale" Wege zwischen Wohnung und Arbeitsstätte, für die zum einen die Abzugsbeschränkung auf die Entfernungspauschale von 0,36 € bzw. 0,40 € je Entfernungskilometer zu beachten ist und die zum anderen vom Arbeitgeber nicht steuerfrei ersetzt werden dürfen. Maßgebend für diese Beurteilung ist allein, dass die **Wohnung Ausgangs- und Endpunkt der Fahrten** zwischen Wohnung und Arbeitsstätte i.S. des § 9 Abs. 1 Satz 3 Nr. 4 EStG ist (vgl. zuletzt BFH, Beschluss vom 26.9.2000, BFH/NV 2001 S. 350, m.w.N.).

Beispiel 3:

Ein Lehrer an einer Privatschule hat ein häusliches Arbeitszimmer, das auch steuerlich anerkannt ist (Abzugsbeschränkung auf 1 250 € im Jahr). Er begehrt von seinem Arbeitgeber die Erstattung der tatsächlichen Fahrtkosten bzw. des pauschalen km-Satzes von 0,30 € für die Fahrten von der Wohnung zur Schule als Reisekosten. Begründung: Er habe wöchentlich durchschnittlich einen Arbeitstag in seinem Arbeitszimmer gearbeitet, so dass Fahrten zwischen zwei regelmäßigen Arbeitsstätten vorlägen.

Die Rechtsprechung hat dies in einer Vielzahl von Urteilen abgelehnt (s.o.). Denn auch wenn ein Arbeitnehmer ein häusliches Arbeitszimmer hat und dort eine regelmäßige Arbeitsstätte ist, so ist dieses doch Bestandteil der „Wohnung". Für Wege zwischen Wohnung und Arbeitsstätte gelten aber die o.g. Einschränkungen.

9. Dienstreise

a) Begriff

2006 Eine Dienstreise ist ein **Ortswechsel** (auf die politischen Gemeindegrenzen kommt es nicht an) einschließlich der Hin- und Rückfahrt aus Anlass einer **vorübergehenden Auswärtstätigkeit** auf Anordnung des Arbeitgebers. Eine Auswärtstätigkeit liegt vor, wenn der Arbeitnehmer außerhalb seiner Wohnung und seiner regelmäßigen Arbeitsstätte beruflich tätig wird (R 37 Abs. 3 Sätze 1 und 2 LStR). **Voraussetzung** für eine Dienstreise ist also, dass der Arbeitnehmer aus

– **dienstlichen oder beruflichen Gründen**

– **außerhalb der regelmäßigen Arbeitsstätte** und **außerhalb seiner Wohnung** (ohne Beachtung einer Mindestentfernung)

– **vorübergehend beruflich tätig** wird.

Beispiel:

A ist Auszubildender. Freitags muss er die Berufsschule besuchen.

Die Fahrten zur Berufsschule stellen Dienstreisen dar (vgl. dazu → *Auszubildende* Rz. 395). Unerheblich ist, ob A von seiner Wohnung „direkt" zur Berufsschule fährt oder erst noch den Betrieb aufsucht.

Für die Berücksichtigung von **Fahrtkosten** gelten auch Fahrten

– **zwischen mehreren regelmäßigen Arbeitsstätten** in demselben Dienstverhältnis oder

– innerhalb eines **weiträumigen Arbeitsgebietes** von einer Tätigkeitsstätte zur nächsten

als Dienstreisen.

Der Arbeitgeber kann also solche **Fahrtkosten** auch bei Pkw-Benutzung durch den Arbeitnehmer als Reisekosten steuerfrei ersetzen, **nicht aber Verpflegungsmehraufwendungen** (R 37 Abs. 3 Satz 5 LStR).

b) Berufliche Gründe, Abgrenzung zu Privatfahrten

2007 Der Arbeitgeber darf Reisekosten nur dann steuerfrei erstatten, wenn diese **so gut wie ausschließlich durch die berufliche Tätigkeit** des Arbeitnehmers außerhalb seiner Wohnung und einer ortsgebundenen regelmäßigen Arbeitsstätte veranlasst sind (R 37 Abs. 1 Satz 1 LStR). Erledigt der Arbeitnehmer im Zusammenhang mit seiner beruflichen Tätigkeit auch in einem mehr als geringfügigen Umfang **private Angelegenheiten**, so sind die beruflich veranlassten von den privat veranlassten Aufwendungen zu **trennen**. Ist eine **Trennung – auch durch Schätzung – nicht leicht und einwandfrei möglich**, so gehören die **gesamten Aufwendungen** beim Arbeitnehmer zu den nach § 12 EStG nicht abziehbaren **Aufwendungen für die Lebensführung** (R 37 Abs. 1 Sätze 3 und 4 LStR). Eine steuerfreie Erstattung durch den Arbeitgeber ist dann nicht möglich (vgl. BFH, Urteil vom 9.8.1996, BStBl II 1997 S. 97, betr. eine Außendienst-Mitarbeiter-Tagung auf Kreta mit freien Tagen).

Dies gilt auch für sog. **Kongressreisen**, wenn der Arbeitnehmer ohne konkreten beruflichen Anlass (wie z.B. das Halten eines Fachvortrags auf einem Fachkongress) zur besten Jahreszeit einen Kongress an einem im Ausland gelegenen Ferienort besucht. Vgl. dazu zuletzt BFH, Urteile vom 18.4.1996, BFH/NV 1997 S. 18, betr. Fortbildungskurse eines Arztes in **Davos im Winter/Frühling**, und vom 12.9.1996, BFH/NV 1997 S. 219, betr. eine Fortbildungsveranstaltung von Rechtsanwälten in Sils Maria (Schweiz): Der **BFH** hat die steuerliche Anerkennung schon deshalb **abgelehnt**, weil die Tagungen ausreichend Zeit und Gelegenheit boten (u.a. eine **vierstündige Mittagspause**), damit die Teilnehmer das **umfangreiche Freizeitprogramm** dieser Kurorte nutzen konnten. Die Tatsache, dass ein Kongress im Ausland stattfindet und ein **Rahmenprogramm angeboten** wird, spricht dagegen nicht ohne weiteres für eine nennenswerte private Mitveranlassung (FG Hamburg, Urteil vom 30.7.1997, EFG 1997 S. 1425).

Bei einer **Unterbrechung der Dienstreise** aus privaten Gründen kommt es darauf an, ob die fortgesetzte Fahrt ihrem Charakter nach noch eine Dienstreise ist.

Beispiel 1:

Zu Beginn einer Dienstreise macht A einen kurzen Abstecher, um sein Kind in den Kinderhort zu bringen. Auf diesem Umweg erleidet er einen Unfall.

Die Unfallkosten sind privat veranlasst und können somit vom Arbeitgeber nicht als Reisekosten steuerfrei erstattet werden (BFH, Urteil vom 13.3.1996, BStBl II S. 375).

Entsprechendes gilt für kurze Abstecher zu einem Supermarkt, selbst wenn dort Getränke (Kaffee usw.) zum Verzehr am Arbeitsplatz eingekauft werden sollten (BFH, Urteil vom 12.1.1996, BFH/NV 1996 S. 538).

Beispiel 2:

A unterbricht die Rückfahrt von einem Kundenbesuch (Dienstreise), um den Zahnarzt aufzusuchen (Dauer: eine Stunde). Auf dem Weg zwischen Zahnarzt und Wohnung erleidet er einen Unfall.

Die Unfallkosten können vom Arbeitgeber als Reisekosten steuerfrei ersetzt werden. Durch die kurze Unterbrechung hat sich der Charakter der Fahrt als „Dienstreise" noch nicht verändert (vgl. FG Münster, Urteil vom 28.11.1983, EFG 1984 S. 340).

Beispiel 3:

Sachverhalt wie oben, A unterbricht jedoch die Heimfahrt, um in der Firmenmannschaft Fußball zu spielen. Auf der nächtlichen Heimfahrt erleidet er einen Unfall.

Hier hat sich der Charakter der Heimfahrt als berufliche Fahrt verändert, es handelt sich um die Rückfahrt von einer privaten Veranstaltung. Eine Aufteilung in einen beruflichen und privaten Teil ist nicht möglich. Ersetzt

der Arbeitgeber die Unfallkosten, handelt es sich um steuerpflichtigen Arbeitslohn (vgl. FG Berlin, Urteil vom 19.3.1987, EFG 1987 S. 400).

Berufliche Gründe für eine Dienstreise liegen vor, wenn ihr (offensichtlich) ein unmittelbarer **konkreter beruflicher Anlass** zu Grunde liegt und die Reise im betrieblichen Interesse liegt, wie z.B. **Besuch eines Kunden** oder einer **Fachmesse** (vgl. aber FG Hamburg, Urteil vom 26.11.1998, EFG 1999 S. 325: Besuch der CeBit in Hannover durch ein Personalratsmitglied abgelehnt) oder **Halten eines Vortrags** auf einer Fortbildungsveranstaltung. Diese Voraussetzung wird meistens erfüllt sein, wenn der **Arbeitgeber die Reise angeordnet hat und die Reisekosten ersetzt**. Ersetzt der Arbeitgeber die Reisekosten **nicht** oder zahlt er nur einen **geringen Zuschuss**, so deutet dies darauf hin, dass die Reise nicht im ausschließlichen dienstlichen/betrieblichen Interesse des Arbeitgebers gelegen hat (vgl. BFH, Beschluss vom 22.11.1996, BFH/NV 1997 S. 288). Das gilt nicht, wenn – wie besonders im öffentlichen Dienst – **lediglich entsprechende Haushaltsmittel fehlten** (vgl. z.B. FG Köln, Urteil vom 23.3.1982, EFG 1982 S. 560, betr. Klassenfahrten eines Lehrers). Für eine private Mitveranlassung kann dagegen sprechen, wenn der Arbeitgeber **weder Sonderurlaub noch Dienstbefreiung** gewährt hat.

Auch können im Einzelfall **private Gründe die beruflichen Gründe** für eine Dienstreise – insbesondere bei Auslandsreisen – **„überlagern"**. So kann das **Halten eines Fachvortrags** je nach Art der beruflichen Tätigkeit zwar ein Indiz für den unmittelbaren beruflichen Anlass einer Reise sein; dieser Schluss ist aber nicht zwingend, d.h. in jedem Fall gerechtfertigt (BFH, Urteil vom 18.7.1997, BFH/NV 1998 S. 157, betr. einen wissenschaftlichen Mitarbeiter einer Universität, der einen Fachkongress in London besucht und dort einen 30-minütigen Fachvortrag gehalten hat). Vgl. zu dieser Frage bereits BFH, Urteil vom 23.1.1997, BStBl II S. 357, in dem der Betriebsausgabenabzug für die Reise eines syrischen Zahnarztes zu einem Kongress nach Damaskus trotz Halten eines Fachvortrags abgelehnt worden war. Abzuwarten bleibt, ob künftig entsprechend der Auffassung des **Finanzgerichts Köln** eine **Aufteilung der Kosten** vorgenommen werden kann, soweit einzelne Tage ausschließlich beruflich genutzt werden (siehe dazu Rz. 2008).

Grundsätzlich ist es unerheblich, ob der Arbeitnehmer auf einer Dienstreise seine **Ehefrau mitnimmt**. Weitere Einzelheiten siehe → Rz. 2014.

Auch nicht jede auf Weisung des Arbeitgebers unternommene Reise muss beruflich veranlasst sein. **Gegen eine berufliche Veranlassung** können in Einzelfällen u.a. die **Art der Reise und das Reiseziel** sprechen (vgl. BFH, Urteil vom 9.8.1996, BStBl II 1997 S. 97, betr. die Außendienst-Mitarbeiter-Tagung auf Kreta mit freien Tagen). Abgrenzungsschwierigkeiten ergeben sich besonders bei **Incentive-Reisen** (→ *Incentive-Reisen* Rz. 1306), selbst wenn der Arbeitnehmer Betreuungsfunktionen hat, bei unentgeltlichen oder verbilligten **Reisen von Mitarbeitern von Reisebüros und Reiseveranstaltern** (→ *Reiseveranstalter: Arbeitnehmerreisen* Rz. 2099) sowie bei **Gruppeninformations- und Studienreisen**.

Nimmt ein Steuerpflichtiger ohne unmittelbaren beruflichen Anlass an einer **Kreuzfahrt** teil, ist von einer gewichtigen privaten Mitveranlassung auszugehen. Die Aufwendungen können in diesem Fall nicht als Betriebsausgaben oder Werbungskosten abgezogen werden (BFH, Beschluss vom 11.11.1998, BFH/NV 1999 S. 611).

c) Gruppeninformations- und Studienreisen

aa) Allgemeine Grundsätze

Auslandsreisen können sowohl dem beruflichen Bereich als **2008** auch der privaten Lebensführung zugehören. Die Reisekosten sind nur dann als Werbungskosten oder Betriebsausgaben abziehbar, wenn die Reisen **ausschließlich oder zumindest weitaus überwiegend im beruflichen Interesse** unternommen werden und die Verfolgung privater Interessen i.S. des § 12 Nr. 1 EStG, wie z.B. Erholung, Bildung und Erweiterung des allgemeinen Gesichtskreises, nach dem Anlass der Reise, dem vorgesehenen Programm und der tatsächlichen Durchführung nahezu ausgeschlossen ist. Andernfalls sind die gesamten Reisekosten nicht abziehbar, soweit sich nicht ein durch den Beruf veranlasster Teil nach objektiven Maßstäben sicher und leicht abgrenzen läßt (vgl. zuletzt FG Köln, Urteil vom 21.6.2001, EFG 2001 S. 1186, Revision eingelegt, Az. beim BFH: VI R 94/01, sowie OFD Frankfurt, Verfügung vom 3.4.2001, StEd 2001 S. 409, mit ausführlichen Rechtsprechungsnachweisen).

Aufwendungen eines Arbeitnehmers für **Gruppeninformations- und Studienreisen** sind im Allgemeinen den nach § 12 Nr. 1 Satz 2 EStG steuerlich nicht abzugsfähigen **Kosten der Lebensführung** zuzurechnen, und zwar auch dann, wenn durch die Reise zugleich das **berufliche Wissen erweitert** wird.

Beispiel:

Werden von einem Architektenehepaar im Rahmen von fremd oder selbst organisierten Reisen touristisch interessante Städte aufgesucht, können die Reiseaufwendungen nicht deshalb als Werbungskosten berücksichtigt werden, weil an diesen Orten auch architektonisch interessante Bauten besichtigt wurden (FG Münster, Urteil vom 28.8.1997, StEd 1998 S. 34).

bb) Arbeitslohn

2009 Dementsprechend gehören auch Zuschüsse des Arbeitgebers zu den Kosten oder die Übernahme aller Kosten durch den Arbeitgeber im Allgemeinen zum **steuerpflichtigen Arbeitslohn**. Eine **Ausnahme** gilt nur dann, wenn die Reise **so gut wie ausschließlich** (d.h. zu mindestens 90 %) beruflich veranlasst ist und der Arbeitnehmer deshalb die entsprechenden Aufwendungen als Werbungskosten geltend machen könnte. Diese Grundsätze gelten entsprechend für die Beurteilung, ob in bestimmten Leistungen durch den Arbeitgeber an den Arbeitnehmer ein steuerfreier Reisekostenersatz i.S. des § 3 Nr. 16 EStG oder aber zusätzlicher Arbeitslohn i.S. des § 19 Abs. 1 Nr. 1 EStG zu sehen ist (BFH, Urteil vom 9.8.1996, BStBl II 1997 S. 97, betr. eine Außendienst-Mitarbeiter-Tagung auf Kreta mit freien Tagen).

Arbeitslohn kann auch vorliegen, wenn die **Reisekosten von dritter Stelle getragen** werden.

Beispiel:

A ist Geschäftsführer einer GmbH. Auf Einladung der Firma B, mit der die GmbH Geschäftsbeziehungen unterhält, fährt A zu einer dreitägigen Messe in die USA, die Kosten werden von der Firma B getragen. Die Messe ist mit einem umfangreichen Beiprogramm verbunden.

Es handelt sich um steuerpflichtigen Arbeitslohn von dritter Seite (FG Rheinland-Pfalz, Urteil vom 13.5.1998, DStRE 1998 S. 707). Ein Lohnsteuerabzug ist insoweit nicht vorzunehmen, A muss den geldwerten Vorteil in seiner Einkommensteuererklärung angeben.

cc) Abgrenzung

2010 Für die Beurteilung der Frage, ob für eine Reise in nicht unerheblichem Umfang Gründe der privaten Lebensführung eine Rolle gespielt haben, hat der Bundesfinanzhof in erster Linie auf ihren **Zweck abgestellt** (vgl. OFD Frankfurt, Verfügung vom 3.4.2001, StEd 2001 S. 409, mit ausführlichen Rechtsprechungsnachweisen):

- Reisen, denen offensichtlich **ein unmittelbarer beruflicher Anlass zu Grunde liegt** (z.B. das Halten eines Vortrags auf einem Kongress, die Durchführung eines Forschungsauftrags oder das Aufsuchen eines Geschäftspartners), sind in aller Regel ausschließlich der beruflichen Sphäre zuzurechnen, selbst wenn solche Reisen in mehr oder weniger großem Umfang auch zu privaten Unternehmungen genutzt werden. Bei solchen Reisen tritt die Bedeutung von privaten Unternehmungen regelmäßig jedenfalls dann in den Hintergrund, wenn die Verfolgung privater Interessen nicht einen Schwerpunkt der Reise bildet (vgl. zuletzt FG Hamburg, Urteil vom 29.6.2001, EFG 2001 S. 1423: Kongressreise eines wissenschaftlichen Assistenten in die USA in Begleitung seines Professors anerkannt, weil er einen Vortrag halten musste und die übrige Zeit dem wissenschaftlichen Erfahrungsaustausch diente).

- Bei Reisen **ohne einen konkreten beruflichen Anlass** müssen die jeweils für eine berufliche oder private Veranlassung sprechenden Beurteilungsmerkmale gegeneinander abgewogen werden. Eine Qualifizierung als Werbungskosten scheidet bereits dann aus, wenn das Hineinspielen der Lebensführung ins Gewicht fällt und nicht nur von ganz unter-

geordneter Bedeutung ist; ein bloßes Überwiegen der beruflichen Veranlassung gegenüber den privaten Elementen reicht nicht aus. Die gesamten Reisekosten sind dann nicht abziehbar, soweit sich nicht ein durch den Beruf veranlasster Teil nach objektiven Maßstäben sicher und leicht abgrenzen lässt (vgl. zuletzt Hessisches FG, Urteil vom 15.3.2001, EFG 2001 S. 1271, Revision eingelegt, Az. beim BFH: VI R 63/01: Australienstudienreise eines Lehrers abgelehnt).

Unter welchen Voraussetzungen **Aufwendungen für Studienreisen als Werbungskosten** abgesetzt werden können, ist in R 117a EStR und H 117a EStH und zuletzt in der Verfügung der OFD Frankfurt vom 3.4.2001, StEd 2001 S. 409, ausführlich dargestellt. Streitig war, ob das Finanzamt zur Prüfung des Merkmals „**Homogenität des Teilnehmerkreises**" von den Steuerpflichtigen im Verzeichnis mit den Namen und Anschriften der übrigen Reiseteilnehmer anfordern darf oder ob diesem Verlangen der **Datenschutz** entgegensteht. Die obersten Finanzbehörden halten die Anforderung von **Teilnehmerverzeichnissen** – auch gegenüber Dritten (das kann z.B. der Reiseveranstalter sein) – nach § 93 AO im Einzelfall für zulässig und zwingend erforderlich, um das o.g. Merkmal prüfen zu können. Zulässig seien auch **Mitteilungen an die Wohnsitzfinanzämter** der anderen Reiseteilnehmer, damit diese ggf. ebenfalls den Werbungskostenabzug ablehnen (OFD Hannover, Verfügung vom 3.2.1999, DB 1999 S. 408). Zweifelsfrei ist die Auffassung der Finanzverwaltung sicher nicht: So hat z.B. das FG Düsseldorf die Rechtmäßigkeit eines an die Industrie- und Handelskammer gerichteten Auskunftsersuchens abgelehnt (Urteil vom 15.1.1997, EFG 1997 S. 582).

Eine berufliche Veranlassung kann nur anerkannt werden, wenn die Reise im **weitaus überwiegenden beruflichen oder betrieblichen Interesse** unternommen wird. Ein Indiz dafür kann die Veranlassung durch den Arbeitgeber (z.B. Beurlaubung usw.) sein. Liegen diese Voraussetzungen vor, so kann der Arbeitgeber die Kosten der Reise nach den für **Dienstreisen** maßgebenden Grundsätzen steuerfrei erstatten.

Ein weitaus überwiegendes berufliches Interesse kann im Allgemeinen bei einer **lehrgangsmäßigen Organisation**, die eine private Betätigung weitestgehend ausschließt, angenommen werden.

Für ein **erhebliches privates Interesse** sprechen dagegen Reisen, die in ihrem Ablauf den von Touristikunternehmen üblicherweise angebotenen **Besichtigungsreisen** entsprechen. Auch das Aufsuchen allgemein bekannter **touristischer Zentren oder Sehenswürdigkeiten** spricht gegen ein berufliches Interesse. Letztlich kann auch die **Zusammensetzung des Teilnehmerkreises** für eine überwiegende private Veranlassung sprechen, z.B. wenn Arbeitnehmer unterschiedlicher Fachrichtungen verschiedene Veranstaltungen oder Einrichtungen aufsuchen, die jeweils nur für wenige Arbeitnehmer von Interesse sind.

Beispiel:

A ist als Landrat zugleich Verwaltungsratsvorsitzender des regionalen Rechenzentrums. Er hat an einer vom Verwaltungsrat des Rechenzentrums veranstalteten Informationsreise nach Skandinavien teilgenommen, bei der auch touristisch interessante Sehenswürdigkeiten besichtigt wurden. Außerdem hatten etliche Teilnehmer keine Kenntnisse im EDV-Bereich (also keine „homogene Gruppe").

Da die Voraussetzungen für die steuerliche Anerkennung nicht vorliegen, hat A den geldwerten Vorteil als Arbeitslohn zu versteuern (FG Baden-Württemberg, Urteil vom 28.4.1998, EFG 1998 S. 1125).

dd) Rechtsprechung

2011 Zur Abzugsfähigkeit von Aufwendungen für Gruppeninformations- und Studienreisen als **Werbungskosten** liegt eine umfangreiche Rechtsprechung vor, die auch für den **steuerfreien Reisekostenersatz** nach § 3 Nr. 16 EStG zu beachten ist (vgl. BFH, Urteil vom 9.8.1996, BStBl II 1997 S. 97). Allgemein ist dabei die Tendenz festzustellen, dass der Bundesfinanzhof einen wesentlich engeren Standpunkt annimmt als die Finanzgerichte. In folgenden neueren Urteilen hat daher der Bundesfinanzhof den **Werbungskostenabzug abgelehnt:**

- BFH, Urteil vom 18.7.1997, BFH/NV 1998 S. 157, betr. eine Kongressreise nach London mit eigenem Vortrag in Begleitung der Lebensgefährtin.

- BFH, Urteil vom 16.1.1998, BFH/NV 1998 S. 851, betr. den Auslandssprachkurs einer Sozialarbeiterin in Griechenland, die beruflich griechische Gastarbeiter zu betreuen hatte.

- BFH, Beschlüsse vom 23.10.2000, BFH/NV 2001 S. 443, und vom 19.2.2001, BFH/NV 2001 S. 904, betr. Auslandsaufenthalte von Hochschullehrern zu Forschungszwecken ohne einen konkreten Auftrag oder eine Weisung des Dienstherrn.

Anerkannt wurde dagegen der Werbungskostenabzug bzw. steuerfreie Arbeitgeberersatz zuletzt bei Aufwendungen

- einer Gemeinde, die für ihre Arbeitnehmer, die als Mitglieder einer Delegation in eine ausländische Partnerstadt entsandt wurden, die Kosten für eine angeordnete Dienstreise übernommen hat. In der Übernahme dieser Kosten liegt zumindest dann kein geldwerter Vorteil, wenn den Arbeitnehmern nur unwesentlich Zeit für eigenständige Initiativen verbleibt (Hessisches FG, Urteil vom 13.1.2000, EFG 2000 S. 625).

- einer Lehrerin für ein im Rahmen eines Ergänzungsstudiums vorgeschriebenes Geländepraktikum in Form einer Exkursion nach Südfrankreich und Nordspanien (Thüringer FG, Urteil vom 12.4.2000, EFG 2000 S. 1237, Revision eingelegt, Az. beim BFH: VI R 93/00).

- einer Fachärztin für Orthopädie für eine Reise nach Peking zur Teilnahme an einem internationalen Fortbildungskongress für Akupunktur und traditionelle chinesische Medizin, weil das Programm wenig Zeit für private Unternehmungen ließ – deshalb war auch die Mitnahme der Mutter „unschädlich" (FG Köln, Urteil vom 11.4.2001, StEd 2001 S. 355).

- eines EDV-Controllers für einen Messebesuch in den USA, soweit sie auf ausschließlich beruflich genutzte Tage entfallen (FG Köln, Urteil vom 21.6.2001, EFG 2001 S. 1186, Revision eingelegt, Az. beim BFH: VI R 94/01; das Gericht lehnt das Aufteilungs- und Abzugsverbot entgegen der Rechtsprechung des Bundesfinanzhofes ab!).

- eines wissenschaftlichen Assistenten für eine Kongressreise in die USA in Begleitung seines Professors, weil er einen Vortrag halten musste und die übrige Zeit dem wissenschaftlichen Erfahrungsaustausch diente (FG Hamburg, Urteil vom 29.6.2001, EFG 2001 S. 1423).

d) Verbindung mit Privataufenthalt

aa) Mittelbarer Anlass bei Gruppeninformations- oder Studienreisen

2012 Wird eine allgemeine Gruppeninformations- oder Studienreise **ohne unmittelbaren betrieblichen Anlass**, die für sich allein noch als beruflich veranlasst zu beurteilen wäre, weil nach dem Anlass der Reise, dem vorgelegten Programm und der tatsächlichen Durchführung eine weitaus überwiegende berufliche Veranlassung für die Reise gegeben ist, mit einem **Privataufenthalt von nicht untergeordneter Bedeutung verbunden**, so ist die **gesamte Reise als privat veranlasst anzusehen**, wenn beide Teile der Reise im Zusammenhang miteinander geplant und durchgeführt und damit insbesondere auch die **Beförderungskosten** für beide Teile aufgewendet werden (Beschluss des Großen Senats des BFH vom 27.11.1978, BStBl II 1979 S. 213). Eine **untergeordnete Bedeutung** einer privaten Mitveranlassung ist immer dann anzunehmen, wenn die **privat veranlassten Aufenthaltstage außer den ggf. freien Wochenenden weniger als 10 % der gesamten Aufenthaltstage ausmachen.** Allerdings kann bei kürzeren Veranstaltungen auch die **Einbeziehung vieler Sonn- und Feiertage**, die zur freien Verfügung stehen, gegen einen beruflichen Anlass für die Reise sprechen, vgl. H 117a (Betriebliche/berufliche Veranlassung von Studienreisen und Fachkongressen) EStH.

Bei einer **insgesamt als privat zu würdigenden Reise** sind jedoch Aufwendungen, die **ausschließlich beruflich** veranlasst und von den übrigen Kosten **eindeutig abgrenzbar** sind, nicht als Arbeitslohn zu erfassen. Hierzu gehören insbesondere Kursgebühren, Eintrittsgelder, Fahrtkosten, zusätzliche Unterbringungskosten und Mehraufwendungen für Verpflegung, vgl. H 117a (Einzelaufwendungen) EStH.

Beispiel 1:

Der Arbeitnehmer nimmt auf Veranlassung seines Arbeitgebers an einer achttägigen Informationsreise des Fachverbandes des Arbeitgebers in die USA teil. Anschließend verbringt er einen dreiwöchigen Urlaub in Kalifornien.

Durch den anschließenden Urlaub wird die gesamte Reise zu einer privaten Reise. Nur die beruflich veranlassten Kosten der Informationsreise für Unterkunft und Verpflegung können vom Arbeitgeber steuerfrei ersetzt wer-

den. Die nicht aufteilbaren Flugkosten sind dagegen privat zu tragen und bei Ersatz durch den Arbeitgeber zu versteuern (vgl. auch BFH, Urteil vom 23.4.1992, BStBl II S. 898).

Beispiel 2:

Der Arbeitgeber trägt für die erfolgreichsten Mitarbeiter die Kosten für eine Reise nach Japan. Im Rahmen dieser Veranstaltung werden in erster Linie bekannte Sehenswürdigkeiten besucht. Aber auch einige Betriebe, die dem des Arbeitgebers entsprechen, werden besichtigt.

Die Reise ist weitaus überwiegend privat bedingt. Die vom Arbeitgeber übernommenen Kosten stellen daher Arbeitslohn der Arbeitnehmer dar. Zwar wird durch die Besichtigung der Betriebe u.U. auch der Beruf der Arbeitnehmer gefördert, dadurch ändert sich jedoch der Charakter der Reise nicht.

Beispiel 3:

Arbeitnehmer A verbringt seinen Jahresurlaub am Starnberger See. Sein Arbeitgeber beauftragt ihn, während dieser Zeit Verkaufsverhandlungen mit einem Kunden in München zu führen. A fährt daher an einem Tag vom Starnberger See nach München und kehrt noch am selben Tag an seinen Urlaubsort zurück.

Die Reise an den Starnberger See ist eindeutig eine private Urlaubsreise. Dagegen ist die Fahrt vom Starnberger See nach München und zurück ausschließlich beruflich veranlasst. Der Arbeitgeber kann daher die Kosten für die Fahrt vom Starnberger See nach München und zurück sowie Mehraufwendungen für Verpflegung für diesen Tag mit den für Dienstreisen geltenden Pauschbeträgen steuerfrei ersetzen.

Abweichend von der bisherigen Rechtsprechung des Bundesfinanzhofes hat das **Finanzgericht Köln** eine **(schätzungsweise) Aufteilung der Kosten** für den Fall zugelassen, dass an einzelnen Tagen der Reise ganztägige berufliche Veranstaltungen stattgefunden haben (Urteil vom 21.6.2001, EFG 2001 S. 1186, Revision eingelegt, Az. beim BFH: VI R 94/01).

Beispiel 4:

A hat an einer Konferenz in den USA teilgenommen, Aufenthaltsdauer sieben Tage, von denen vier Tage auf die Konferenz entfielen.

Das Finanzamt hat die Kosten insgesamt nicht anerkannt, weil die Reise nicht zu mindestens 90 % beruflich veranlasst war.

Das Finanzgericht Köln hat eine Aufteilung zugelassen und neben den vollen Konferenzkosten die Kosten für vier Übernachtungen, Verpflegungsmehraufwendungen für fünf Tage und 4/7 der Flugkosten als Werbungskosten anerkannt.

Es bleibt abzuwarten, ob der Bundesfinanzhof seine langjährige Rechtsprechung aufgeben wird.

Des Weiteren mangelt es bei der Teilnahme an **gesellschaftlichen Veranstaltungen** des Berufsverbandes, des Wirtschaftsverbandes, des Fachverbandes oder einer Gewerkschaft – auch wenn die Veranstaltung im Zusammenhang mit einer rein fachlichen Veranstaltung steht und der Teilnahme eine Weisung des Arbeitgebers zu Grunde liegt – an der beruflichen Veranlassung (vgl. auch BFH, Urteil vom 25.3.1993, BStBl II S. 559, betr. eine von einer Gewerkschaft veranstaltete Studienreise, bei der der Schwerpunkt allgemein touristischen Zwecken diente).

bb) Unmittelbarer Anlass bei „echten" Dienstreisen

Liegt der Reise des Arbeitnehmers dagegen – anders als bei einer **2013** Gruppeninformations- oder Studienreise – offensichtlich ein **unmittelbarer betrieblicher Anlass** zu Grunde, so ist die Reise auch dann beruflich veranlasst, wenn sie zwischendurch in mehr oder weniger großem Umfang auch zu privaten Unternehmungen genutzt wird (BFH, Urteil vom 30.4.1993, BStBl II S. 674, sowie BFH, Beschluss vom 19.2.2001, BFH/NV 2001 S. 904).

Beispiel 1:

Arbeitnehmer A fliegt im Auftrag seines Arbeitgebers nach Japan, um mit Kunden in Tokio und Osaka Verkaufsverhandlungen zu führen. Zwischen den Verkaufsverhandlungen mit den einzelnen Kunden liegen mehrere freie Tage, die der Arbeitnehmer zur Entspannung zu privaten Unternehmungen nutzt.

Die gesamten Kosten (Flug-, Übernachtungs- und Verpflegungskosten) einschließlich der verhandlungsfreien Tage sind beruflich veranlasste Reisekosten und können vom Arbeitgeber steuerfrei ersetzt werden.

Verbringt der Arbeitnehmer im Zusammenhang mit einer unmittelbar beruflich veranlassten Reise **vor oder nach Abschluss** der beruflichen Tätigkeit weitere private **Reisetage** (Urlaub) am Ort/im Land der beruflichen Tätigkeit, so sind diese Reisetage nicht beruflich veranlasst. Vom Arbeitgeber insoweit erstattete **Übernachtungs- und Verpflegungskosten** sind keine steuerfreien Reisekosten, sondern stellen steuerpflichtigen Arbeitslohn dar.

Schwierig ist jedoch die Beurteilung derjenigen Aufwendungen, die auch ohne die Verbindung mit dem Privataufenthalt angefallen wären und die den größten Teil der Kosten ausmachen:

Nach Auffassung der Finanzverwaltung

– können die **Flugkosten** grundsätzlich als **Reisekosten steuerfrei ersetzt** werden, wenn sie durch einen unmittelbaren (konkreten) betrieblichen Anlass bedingt sind.

Beispiel 2:

Arbeitnehmer A nimmt im Auftrag seines Arbeitgebers an Verkaufsverhandlungen mit einem Kunden in Tokio teil. Die Verkaufsverhandlungen erstrecken sich über eine Woche. Der Arbeitgeber trägt die Aufwendungen für Flug, Unterkunft und Verpflegung. Im Hinblick darauf, dass A ohnehin einmal in Japan seinen Urlaub verbringen wollte, ihm dies aber bisher zu teuer war, nimmt er unmittelbar im Anschluss an die Verkaufsverhandlungen seinen Jahresurlaub. Höhere Flugkosten entstehen dadurch nicht.

Die durch den anschließenden Urlaub bedingten Übernachtungs- und Verpflegungskosten sind keine Reisekosten. Den Flugkosten liegt eine konkrete berufliche.Veranlassung zu Grunde. Sie sind als Reisekosten steuerfrei.

– Dies gilt nur dann nicht, wenn die privat veranlassten Reisetage zu einer **nicht abgrenzbaren Erhöhung der Flug (Fahrt-)Kosten führen** (vgl. Tz. 7 des BMF-Schreibens vom 14.9.1994, BStBl I S. 755, betr. unentgeltliche oder verbilligte Reisen bei Mitarbeitern von Reisebüros und Reiseveranstaltern). Der Arbeitgeber darf dann auch nicht die fiktiven Flugkosten steuerfrei ersetzen, die angefallen wären, wenn der Arbeitnehmer sich auf die rein beruflichen Tätigkeiten beschränkt und keinen Anschlussurlaub gemacht hätte.

Die **neuere Rechtsprechung** neigt demgegenüber offensichtlich dazu, schon immer dann die Kosten der Hin- und Rückreise **nicht** mehr als Reisekosten anzuerkennen,

– wenn ein Arbeitnehmer eine Dienstreise aus **eigener Initiative mit einem vorausgehenden oder anschließenden Urlaub** verbindet und es sich um **funktional getrennte Reiseteile** handelt, wobei der private Teil (z.B. ein zehntägiger Urlaub) ein eigenständiges Gewicht hat und **nicht** als eine zu vernachlässigende **Randerscheinung** einer sonst ausschließlich beruflich veranlassten Dienstreise bzw. Fortbildungsveranstaltung angesehen werden kann (vgl. zuletzt BFH, Beschluss vom 30.12.1996, BFH/NV 1997 S. 290, m.w.N., sowie FG Köln, Urteil vom 23.4.1996, EFG 1996 S. 919) oder

– wenn das Eigeninteresse des Arbeitnehmers an der Reise nicht von untergeordneter Bedeutung ist und die **Kosten rein betriebsfunktionaler Elemente, die keinen Arbeitslohn darstellen,** sich nicht leicht und eindeutig von sonstigen Zuwendungen mit Entlohnungscharakter abgrenzen lassen (BFH, Urteil vom 9.8.1996, BStBl II 1997 S. 97, betr. eine Außendienst-Mitarbeiter-Tagung auf Kreta mit freien Tagen).

Beispiel 3:

Ein Arbeitgeber entsandte bestimmte Arbeitnehmer wiederholt auf Dienstreisen und erstattete ihnen u.a. die Kosten für die Hin- und Rückreise. Bei einigen dieser Reisen kam es vor, dass die Arbeitnehmer im Anschluss an das Dienstgeschäft Urlaub machten, unmittelbar aus dem nahe gelegenen Urlaubsort die Dienstreise antraten oder vom Dienstort aus eine urlaubsmäßige Rundreise unternahmen. In einem Fall entfielen z.B. bei einem vierwöchigen Aufenthalt in den USA lediglich fünf Tage auf die Erledigung von Dienstgeschäften.

Das Finanzamt sah in der Übernahme der An- und Rückreisekosten durch den Arbeitgeber steuerpflichtigen Arbeitslohn und erließ gegen ihn einen Haftungsbescheid. Das FG Köln hat dem Finanzamt Recht gegeben (Urteil vom 23.4.1996, EFG 1996 S. 919). Begründung: Bei der hier vorgenommenen Verknüpfung oder Kombination von Dienst- und Urlaubsreisen kann nicht mehr davon ausgegangen werden, dass die Übernahme der Reisekosten im ganz überwiegenden eigenbetrieblichen Interesse des Arbeitgebers lag. Die Arbeitnehmer hatten vielmehr ein erhebliches Eigeninteresse an den Reisen.

Beispiel 4:

Ein Arbeitgeber hatte vom 19. bis 26.5.1990 für seine Außendienst-Mitarbeiter eine Tagung auf Kreta durchgeführt. Von diesen sechs Tagen waren vier mit betrieblichen Veranstaltungen ausgefüllt, während zwei Tage den Mitarbeitern zur freien Verfügung standen. Der Arbeitgeber trug die Reisekosten, ohne sie der Lohnsteuer zu unterwerfen.

Der BFH hat hierzu entschieden, dass in solchen Fällen grundsätzlich eine Kostenaufteilung vorzunehmen sei in

– steuerfreie Arbeitgeberleistungen, die im eigenbetrieblichen Interesse erbracht werden und deshalb nicht zum steuerpflichtigen Arbeitslohn gehören, und

– Zuwendungen des Arbeitgebers mit Entlohnungscharakter, die zum steuerpflichtigen Arbeitslohn gehören.

Voraussetzung für eine solche Aufteilung ist aber, dass die Kosten sich entsprechend leicht und eindeutig abgrenzen lassen. Eine solche Kostenaufteilung ist hier nicht möglich. Begründung:

Trotz des grundsätzlich betrieblich veranlassten Erfahrungsaustauschs der Außendienst-Mitarbeiter wurden keine Gründe dafür plausibel gemacht, dass die innerbetriebliche Besprechung in einem ausländischen Urlaubsgebiet stattfinden musste. Offensichtlich sollte den Arbeitnehmern mit der Reise ein geldwerter Vorteil zugewendet werden. Da ein Drittel der Aufenthaltsdauer in Kreta zur freien Verfügung stand, hatte die Reise für die Arbeitnehmer nicht mehr einen ganz überwiegenden Arbeitscharakter, sondern gewann einen Erholungs- und Urlaubswert, der mit demjenigen einer privaten Urlaubsreise vergleichbar war. Dieser Vorteil weist ein solches Eigengewicht auf, dass es gegenüber dem eigenbetrieblichen Interesse des Arbeitgebers an der Durchführung der Arbeitstagung nicht in den Hintergrund trat. Dann aber liegt die Gewährung des Vorteils nicht im ganz überwiegenden eigenbetrieblichen Interesse des Arbeitgebers.

Die Übernahme der Reisekosten durch den Arbeitgeber war also nicht steuerbefreit. Denn nach § 3 Nr. 16 EStG sind nur solche Reisekosten steuerfrei, die im Falle der Zahlung durch den Arbeitnehmer selbst als Werbungskosten abziehbar sind. Die Voraussetzungen für den Werbungskostenabzug lagen hier aber nicht vor (BFH, Urteil vom 9.8.1996, BStBl II 1997 S. 97).

Abzuwarten bleibt, ob künftig entsprechend der Auffassung des **Finanzgerichts Köln** eine **Aufteilung der Kosten** vorgenommen werden kann, soweit einzelne Tage ausschließlich beruflich genutzt werden (siehe dazu → Rz. 2008).

e) Mitnahme des Ehegatten

In der Praxis kommt es besonders bei Reisen von **Arbeitnehmern** **2014** **in leitender Funktion** vor, dass sie auf einer Dienstreise von ihrem Ehegatten oder auch von Familienangehörigen begleitet werden, möglicherweise weil die Mitnahme von den Geschäftspartnern oder Kollegen erwartet wird oder weil die Angehörigen fremde Städte kennen lernen wollen. Dies gilt besonders für sog. **Kongress- und Studienreisen** ins Ausland.

Steuerlich ist wie folgt zu differenzieren:

aa) „Echte" Dienstreisen

Liegt der Dienstreise ein **unmittelbarer betrieblicher Anlass zu** **2015** **Grunde** (z.B. Fahrt zu Kunden oder Lieferanten, Besuch einer Messe oder einer Fachtagung), ist die Mitnahme von Familienangehörigen „unschädlich" (vgl. z.B. BFH, Urteil vom 12.4.1979, BStBl II 1979 S. 513). Der Arbeitgeber kann die Kosten in dem Umfang nach § 3 Nr. 16 EStG steuerfrei ersetzen, wie sie **ohne Mitnahme der Familienangehörigen entstanden wären** (so auch R 40 Abs. 1 Satz 2 LStR betr. Übernachtungskosten). Der Arbeitnehmer kann nicht steuerfrei erstattete Kosten als Werbungskosten absetzen.

Die **Mehrkosten für die Mitnahme der Familienangehörigen** dürfen dagegen steuerlich auch dann **nicht berücksichtigt** werden, wenn

– die **Mitnahme aus beruflichen Gründen erfolgt,** weil dem Arbeitnehmer aus seiner beruflichen Stellung heraus gewisse **Repräsentationspflichten** obliegen. Die dadurch erwachsenden Aufwendungen sind eine Folge der beruflichen und gesellschaftlichen Stellung dieser Arbeitnehmer und gehören daher zu den steuerlich nicht abzugsfähigen **Kosten der Lebensführung** nach § 12 Nr. 1 Satz 2 EStG, selbst wenn der Beruf des Arbeitnehmers dadurch gefördert wird (vgl. dazu z.B. BFH, Urteil vom 25.3.1993, BStBl II 1993 S. 639, betr. Mitnahme der Ehefrau auf eine vom Arbeitgeber veranstaltete Händler-Incentive-Reise).

– **ausländische Vertragspartner die Familie kennen lernen** wollten (vgl. entsprechend BFH, Urteil vom 26.11.1997, BFH/NV 1998 S. 961, betr. Japanreise eines Gewerbetreibenden mit der Ehefrau und seinen drei Kindern zur Führung von Verkaufsverhandlungen),

– die Ehefrau den Arbeitnehmer bei seiner **Tätigkeit unterstützt** und der Arbeitgeber die Mitnahme ausdrücklich wünscht (vgl. zuletzt BFH, Beschluss vom 23.10.2000, BFH/NV 2001 S. 443, sowie z.B. FG des Saarlandes, Urteil vom 28.2.1992, EFG 1992 S. 442, betr. die Mitnahme der Ehefrau eines Lehrers auf Klassenfahrt als Begleitperson, selbst wenn die Schulbehörde die Mitnahme genehmigt hat),

Etwas anderes gilt ausnahmsweise dann, wenn die **Ehefrau** im Betrieb des Arbeitgebers ebenfalls wie eine **vollwertige Arbeitskraft tätig** ist und die Teilnahme der Ehefrau ebenso als nahezu ausschließlich beruflich anzusehen wäre, wie dies bei der Teilnahme einer fremden Angestellten der Fall gewesen wäre (BFH, Urteile vom 13.2.1980, BStBl II 1980 S. 386, und vom 18.2.1994, BFH/NV 1994 S. 708),

– die Begleitung des Arbeitnehmers aus **gesundheitlichen Gründen erforderlich** ist (vgl. zuletzt BFH, Beschluss vom 23.10.2000, BFH/NV 2001 S. 443).

Soweit Aufwendungen (Flug-, Hotel-, Verpflegungs- oder Nebenkosten) für den mitreisenden Ehegatten oder Familienangehörige vom Arbeitgeber übernommen werden, gehören diese in vollem Umfang zum **steuerpflichtigen Arbeitslohn** des Arbeitnehmers. Ein Werbungskostenabzug ist hinsichtlich der Aufwendungen für die Familienangehörigen nicht zulässig.

Beispiel:

A, GmbH-Geschäftsführer, fuhr zu einer Messe nach Frankreich und hat seine Ehefrau, die als Fremdsprachensekretärin ausgebildet ist, als Dolmetscherin mitgenommen. Während der Reise wurde der Pkw aufgebrochen und diverse Gegenstände, u.a. der Mantel der Ehefrau, gestohlen.

Der Bundesfinanzhof hat nur die dem Ehemann gestohlenen Gegenstände als Werbungskosten anerkannt (Urteil vom 30.6.1995, BStBl II 1995 S. 744). Den Werbungskostenabzug für den Mantel der Ehefrau hat er im Hinblick auf § 12 Nr. 1 Satz 2 EStG abgelehnt. Das gilt nach dem Urteil auch dann, wenn die Ehefrau den Arbeitnehmer bei seiner beruflichen Tätigkeit unterstützt hat.

bb) Studienreisen, Kongressreisen u.Ä.

2016 Die oben dargestellten Grundsätze gelten auch dann, wenn der Reise – wie es bei Studien- und Kongressreisen im Allgemeinen der Fall ist – **kein konkreter beruflicher Anlass zu Grunde** liegt, die Reise vielmehr der allgemeinen Information dienen soll. Die ggf. vom Arbeitgeber übernommenen Kosten für Familienangehörige stellen dann ebenfalls steuerpflichtigen Arbeitslohn dar.

Anders als bei Reisen, denen **ein konkreter beruflicher Anlass zu Grunde** liegt, wird sich bei Studien- und Kongressreisen aus der Teilnahme von Familienangehörigen regelmäßig sogar ein Hinweis auf einen **insgesamt gesellschaftlichen Charakter** der Reise ergeben mit der Folge, dass auch die **Reisekosten des Arbeitnehmers selbst steuerlich nicht berücksichtigt** werden können, ausgenommen etwaige abgrenzbare Mehrkosten wie z.B. Kongressgebühren oder Eintrittsgelder (BFH, Urteil vom 25.3.1993, BStBl II 1993 S. 639). Dies gilt insbesondere für sog. Kongressreisen, wenn der Ehegatte oder Lebensgefährte mitgenommen und der Besuch des Kongresses mit einem **Kurzurlaub** verbunden wird (BFH, Beschluss vom 18.7.1997, BFH/NV 1998 S. 157).

Aber auch hier hat die Rechtsprechung **Ausnahmen** zugelassen, wenn z.B.

– an einer Fachstudienreise, an der 36 Ingenieure teilgenommen haben, **lediglich drei Ehefrauen mitgefahren** sind, die „Homogenität" der Reisegruppe wird dadurch nicht beeinträchtigt (FG Hamburg, Urteil vom 16.12.1992, EFG 1993 S. 506).

– eine Ärztin auf einer Kongressreise von ihrer Mutter begleitet wird, nach dem Ablauf des Programms aber **kaum Zeit für gemeinsame Unternehmungen** bleibt (FG Köln, Urteil vom 11.4.2001, StEd 2001 S. 355).

f) Abgrenzung zu Wegen zwischen Wohnung und Arbeitsstätte und Familienheimfahrten

2017 Es kommt häufig vor, dass ein Arbeitnehmer gebeten wird, auf dem morgendlichen Weg zur Arbeit oder dem Rückweg dienstliche Angelegenheiten zu erledigen, z.B. das **Abholen der Post** oder die **Belieferung eines Kunden**. Wenn in solchen Fällen nur ein kurzer Umweg erforderlich ist und sich der **Charakter der Fahrt** als „Weg zwischen Wohnung und Arbeitsstätte" oder als „Familienheimfahrt" im Rahmen einer doppelten Haushalts-

führung nicht wesentlich ändert, werden diese Fahrten **nicht zu „Dienstreisen"**. Andernfalls hätte es fast jeder Arbeitnehmer in der Hand, durch Aussuchen entsprechender Umwegstrecken zwecks Erledigung beruflicher Angelegenheiten aus einem „Weg zwischen Wohnung und Arbeitsstätte" oder „Familienheimfahrt" eine Fahrt zu machen, die ihn zum vollen Abzug der Kosten und ggf. der steuerfreien Erstattung durch den Arbeitgeber berechtigt (vgl. BFH, Urteile vom 12.10.1990, BStBl II 1991 S. 134, und vom 22.6.1995, BFH/NV 1996 S. 117). Nur evtl. erforderliche **Umwegstrecken** sind als Dienstreise zu werten, vgl. H 42 (Dienstliche Verrichtung auf der Fahrt) LStH.

Beispiel:

A ist praktischer Arzt. Seine Fahrten zwischen Wohnung und Arbeitsstätte verbindet er mit Hausbesuchen.

Durch die Hausbesuche verlieren die Fahrten nicht ihren Charakter als „Wege zwischen Wohnung und Arbeitsstätte", weil das Aufsuchen der Praxis im Vordergrund steht (BFH, Urteil vom 22.6.1995, BFH/NV 1996 S. 117). Es handelt sich nicht um Dienstreisen.

Diese Grundsätze gelten auch für Arbeitnehmer. Vom Arbeitgeber können allenfalls etwaige Umwegstrecken als Dienstreisen steuerfrei erstattet werden.

Ein „Weg zwischen Wohnung und Arbeitsstätte" verliert diesen Charakter auch dann nicht, wenn das Fahrzeug **wie ein Büro eingerichtet** ist und der Arbeitnehmer auf dieser Fahrt – weil das Fahrzeug von einem Fahrer gesteuert wird – berufliche Aufgaben erledigt, z.B. Briefe schreibt bzw. diktiert (BFH, Urteil vom 27.9.1996, BStBl II 1997 S. 147, betr. Vorstandsmitglieder eines Verbandes).

Wenn ein Arbeitnehmer nach Beendigung einer Dienstreise direkt nach Hause fährt, **endet die Dienstreise mit Erreichen der Wohnung**. Die „morgendliche Fahrt" zum Betrieb kann nicht mehr der Dienstreise zugerechnet werden, sondern stellt einen „Weg zwischen Wohnung und Arbeitsstätte" dar (BFH, Urteil vom 20.12.1991, BStBl II 1992 S. 308).

10. Drei-Monats-Frist bei Dienstreisen

a) Vorübergehende und dauerhafte Auswärtstätigkeit

Eine Dienstreise kann immer nur eine **vorübergehende** Auswärtstätigkeit außerhalb der regelmäßigen Arbeitsstätte sein. Eine Auswärtstätigkeit ist **2018**

– **vorübergehend**, wenn der Arbeitnehmer voraussichtlich an die **regelmäßige Arbeitsstätte zurückkehren** und dort seine berufliche Tätigkeit fortsetzen wird, z.B. bei einer zeitlich befristeten Abordnung, vgl. H 37 (Vorübergehende Auswärtstätigkeit) LStH,

– **nicht vorübergehend**, wenn nach dem Gesamtbild der Verhältnisse anzunehmen ist, dass die auswärtige Tätigkeitsstätte vom **ersten Tag an regelmäßige Arbeitsstätte** geworden ist, so z.B. bei einer **Versetzung** oder auch einer **Abordnung mit dem Ziel der Versetzung** (OFD Frankfurt, Verfügung vom 22.8.1988, StLex 3, 9, 1369).

Steuerlich gelten dann im Falle der Übernachtung am Arbeitsort vom ersten Tag an die ungünstigeren Regeln der **Doppelten Haushaltsführung**.

Beispiel:

A ist bei einer großen Bank in Frankfurt beschäftigt. Nach Abschluss des Examens wird er von der Hauptstelle an die Zweigstelle in München **versetzt**. Ihm ist zugesagt worden, dass er bei der nächstbesten Gelegenheit wieder zurückkommt. Er hat deshalb in München nur ein Zimmer gemietet und fährt jedes Wochenende zu seiner Wohnung in Frankfurt, wo er weiterhin seinen Lebensmittelpunkt hat.

Es liegt keine vorübergehende Auswärtstätigkeit außerhalb der regelmäßigen Arbeitsstätte (Hauptstelle) und damit keine Dienstreise vor. Vielmehr wird die auswärtige Zweigstelle vom ersten Tag an als neue regelmäßige Arbeitsstätte angesehen. Die Aufwendungen des A für die Fahrten zwischen München und Frankfurt, für die Unterkunft in München sowie Mehraufwendungen für Verpflegung während der Woche können vom Arbeitgeber nur nach den Grundsätzen der **Doppelten Haushaltsführung** steuerfrei erstattet werden. Für die Familienheimfahrten ist dabei jedoch die Beschränkung auf die Entfernungspauschale von 0,40 € je Entfernungskilometer zu beachten.

b) Drei-Monats-Frist bei längerfristiger vorübergehender Auswärtstätigkeit

2019 Ist die Auswärtstätigkeit zwar „vorübergehend" angelegt (z.B. bei einer **Abordnung** für einen begrenzten Zeitraum), dauert sie aber an **derselben Tätigkeitsstätte länger als drei Monate**, ist nur **für die ersten drei Monate** eine Dienstreise anzuerkennen. Ab dem vierten Monat ist die auswärtige Tätigkeitsstätte als **neue regelmäßige Arbeitsstätte** anzusehen (R 37 Abs. 3 Satz 3 LStR). Das gilt auch dann, wenn der Arbeitnehmer täglich in seine Wohnung zurückkehrt. Die Zahl der Arbeitstage am auswärtigen Tätigkeitsort ist ohne Bedeutung (OFD Düsseldorf, Verfügung vom 24.9.1997, BB 1997 S. 2364).

Übernachtet der Arbeitnehmer am Beschäftigungsort, kann der Arbeitgeber ab dem vierten Monat allenfalls noch Mehraufwendungen nach den ungünstigeren Regeln der **Doppelten Haushaltsführung** steuerfrei erstatten, seit 1996 beschränkt auf **längstens zwei Jahre**. Im Einzelnen bedeutet dies:

– **Verpflegungsmehraufwendungen** dürfen nach drei Monaten ohnehin nicht mehr steuerfrei erstattet werden. Die Drei-Monats-Frist beginnt von neuem, wenn sich eine Dienstreise in eine doppelte Haushaltsführung „umwandelt" (R 43 Abs. 8 Satz 2 LStR).

– Bei **täglicher Rückkehr zur Wohnung** gelten die Regeln für **„Wege zwischen Wohnung und Arbeitsstätte"**. Eine steuerfreie Erstattung der Fahrtkosten durch den Arbeitgeber ist – sofern nicht die Voraussetzungen des § 3 Nr. 34 EStG bei Fahrten mit öffentlichen Verkehrsmitteln vorliegen – nicht mehr zulässig, allenfalls eine Pauschalierung mit 15 % (§ 40 Abs. 2 Satz 2 EStG).

– **Übernachtet** der Arbeitnehmer am auswärtigen Arbeitsort, hat der Arbeitgeber die Beschränkungen der **Doppelten Haushaltsführung** zu beachten, d.h. die Berücksichtigung nur **einer Familienheimfahrt** wöchentlich mit der **Entfernungspauschale** sowie die Beschränkung auf **längstens zwei Jahre** bei einer auswärtigen Beschäftigung am selben Ort.

Beispiel:

Sachverhalt wie im Beispiel vorher, A ist aber nur zur Verstärkung für ein halbes Jahr nach München **abgeordnet** worden.

In diesem Fall liegt in den ersten drei Monaten eine **Dienstreise** vor. Dies hat vor allem Bedeutung für die Berücksichtigung der Heimfahrten. Hierfür kann der Arbeitgeber entweder die vollen nachgewiesenen Pkw-Kosten steuerfrei ersetzen oder aber den pauschalen km-Satz von 0,30 €. Eine zahlenmäßige Beschränkung gibt es nicht, auch Zwischenheimfahrten während der Woche können steuerfrei ersetzt werden.

Ab dem vierten Monat **(doppelte Haushaltsführung)** dürfen die Fahrtkosten nur noch mit der wesentlich geringeren Entfernungspauschale von 0,40 € je Entfernungskilometer (km-Satz also nur 0,20 €) steuerfrei erstattet werden und außerdem nur für eine Familienheimfahrt wöchentlich.

Kein Unterschied besteht demgegenüber bei den Mehraufwendungen für Verpflegung (diese dürfen sowohl bei Dienstreisen als auch bei doppelter Haushaltsführung nur in den ersten drei Monaten berücksichtigt werden, wobei die Dienstreise-Zeit auf die nachfolgende Zeit der doppelten Haushaltsführung angerechnet wird) und Unterkunftskosten (diese kann der Arbeitgeber in beiden Fällen in voller Höhe steuerfrei ersetzen).

„Dieselbe Tätigkeitsstätte" ist jede auswärtige Tätigkeitsstätte, an der der Arbeitnehmer vorübergehend tätig wird (z.B. Filiale oder Baustelle), sowie ein weiträumiges Arbeitsgebiet.

c) Wechsel der Tätigkeitsstätte

2020 Da für die Berechnung der Drei-Monats-Frist auf **dieselbe Tätigkeitsstätte** abgestellt wird, beginnt mit jedem Wechsel der **Tätigkeitsstätte eine neue Drei-Monats-Frist zu laufen.**

Beispiel 1:

Verbandsprüfer A prüft die Genossenschaft X. Nach drei Monaten ist die Prüfung beendet, er wechselt dann zu der in unmittelbarer Nähe liegenden Genossenschaft Y. Seine Wohnung ist von dieser nur zwei km entfernt.

A unternimmt als Verbandsprüfer Dienstreisen. Mit dem Wechsel der Tätigkeitsstätte zur Genossenschaft Y beginnt eine neue **Drei-Monats-Frist**. Die Entfernung zur alten Tätigkeitsstätte oder zur Wohnung ist unerheblich. Der Arbeitgeber darf daher auch weiterhin die Fahrtkosten und ggf. Mehraufwendungen für Verpflegung nach Dienstreisegrundsätzen steuerfrei erstatten.

Wird die Drei-Monats-Frist bei einer Einsatzstelle **nicht voll ausgeschöpft**, so kann der nicht ausgeschöpfte Teil keinesfalls dergestalt auf die nachfolgende Einsatzstelle übertragen werden, dass sich dort die Drei-Monats-Frist entsprechend verlängert.

Beispiel 2:

A wird zunächst für zwei Monate in X, anschließend für vier Monate in Y eingesetzt.

Die Tätigkeit in X stellt eine Dienstreise dar. Beim Wechsel nach Y beginnt eine neue Drei-Monats-Frist zu laufen, so dass in den ersten drei Monaten der Tätigkeit in Y ebenfalls die Voraussetzungen einer Dienstreise erfüllt sind. Der bei der Tätigkeit in X nicht ausgeschöpfte Teil der Drei-Monats-Frist kann nicht auf die Tätigkeit in Y übertragen werden mit der Folge, dass dort für vier Monate die Voraussetzungen einer Dienstreise erfüllt wären.

d) Unterbrechung der Drei-Monats-Frist

Die Dreimonatsregelung ist auch dann zu Grunde zu legen, wenn **2021** der Arbeitnehmer nicht jeden Tag denselben Zielort aufsucht, sondern dazwischen wieder an seiner regelmäßigen Arbeitsstätte tätig wird. Es ist noch **dieselbe Dienstreise** anzunehmen, wenn der Arbeitnehmer nach einer Unterbrechung die Auswärtstätigkeit mit „gleichem Inhalt", am gleichen Ort und im zeitlichen Zusammenhang mit der bisherigen Tätigkeit ausübt. Bei der Entscheidung, ob eine Tätigkeit noch den „gleichen Inhalt" hat, ist maßgebend, welche Berufstätigkeit der Arbeitnehmer im konkreten Zusammenhang ausübt (vgl. dazu FG München, Urteil vom 4.11.1997, EFG 1998 S. 442, Revision eingelegt, Az. beim BFH: VI R 70/98).

Welche Auswirkungen Unterbrechungen im Einzelnen haben, ist in R 37 Abs. 3 Satz 4 Nr. 1 LStR wie folgt geregelt:

– Eine **urlaubs- oder krankheitsbedingte** Unterbrechung der Auswärtstätigkeit an derselben Tätigkeitsstätte hat auf den Ablauf der Drei-Monats-Frist **keinen Einfluss**.

Beispiel 1:

A wird von seinem Arbeitgeber für die Zeit vom 1. Januar bis 30. April in einer auswärtigen Filiale eingesetzt. Er fährt dorthin täglich mit eigenem Pkw. In der Zeit vom 1. März bis 31. März ist A krank.

Nur in den ersten drei Monaten liegt eine Dienstreise vor, der Arbeitgeber darf daher für diese Zeit die Fahrtkosten in voller Höhe bzw. mit dem pauschalen km-Satz von 0,30 € steuerfrei ersetzen. Ab 1. April liegen nur noch Wege zwischen Wohnung und Arbeitsstätte vor, die vom Arbeitgeber – ausgenommen Fahrten mit öffentlichen Verkehrsmitteln (§ 3 Nr. 34 EStG) – nicht mehr steuerfrei erstattet werden dürfen. Zulässig ist nur noch eine Pauschalierung mit 15 % (§ 40 Abs. 2 Satz 2 EStG).

Durch die vierwöchige Krankheit wird die Drei-Monats-Frist nicht wirksam unterbrochen und beginnt daher nicht ab 1. April neu zu laufen. Sie wird auch nicht um die Dauer der Krankheit verlängert.

– **Andere Unterbrechungen**, z.B. durch eine vorübergehende Tätigkeit an der regelmäßigen Arbeitsstätte, führen nur dann zu einem Neubeginn der Drei-Monats-Frist, wenn die Unterbrechung mindestens **vier Wochen** gedauert hat (BFH, Urteil vom 19.7.1996, BStBl II 1997 S. 95, betr. Unterbrechung einzelner Lehrgangsabschnitte einer einheitlichen Fortbildungsmaßnahme durch vorübergehende Tätigkeit im Betrieb). In diesem Fall sind auch Urlaub und Krankheit der Unterbrechungsdauer hinzuzurechnen.

Beispiel 2:

Arbeitnehmer A ist bei einem Warenhauskonzern beschäftigt. Er wird vom 1. März bis 31. Oktober vorübergehend in einer auswärtigen Filiale eingesetzt, muss jedoch jeweils am ersten Samstag im Monat im Haupthaus arbeiten. A fährt täglich mit seinem Pkw zu den jeweiligen Arbeitsstellen.

Die Tätigkeit in der Filiale stellt in den ersten drei Monaten eine Dienstreise dar, so dass der Arbeitgeber z.B. die Fahrtkosten steuerfrei erstatten darf. Nach Ablauf von drei Monaten (also mit Ablauf des 31. Mai) ist die auswärtige Filiale als zweite regelmäßige Arbeitsstätte anzusehen. Die Unterbrechung durch die Tätigkeit im Haupthaus „einmal im Monat" ist unbeachtlich, weil sie nicht mindestens vier Wochen andauert. Die Fahrten zwischen der Wohnung und der Filiale sind nach den ersten drei Monaten nur noch normale Wege zwischen Wohnung und Arbeitsstätte, die vom Arbeitgeber – ausgenommen Fahrten mit öffentlichen Verkehrsmitteln (§ 3 Nr. 34 EStG) – nicht mehr steuerfrei ersetzt werden dürfen, zulässig ist nur noch eine Pauschalierung mit 15 % (§ 40 Abs. 2 Satz 2 EStG).

Beispiel 3:

Sachverhalt wie in Beispiel 2, wegen akuten Personalmangels wird A jedoch in der Zeit vom 15. April bis 31. Mai (sechs Wochen) ins Haupthaus zurückgerufen. In dieser Zeit nimmt er drei Wochen Urlaub.

Die Tätigkeit in der auswärtigen Filiale vom 1. März bis 14. April ist eine Dienstreise. Nach Rückkehr aus dem Haupthaus in die Filiale am 1. Juni beginnt eine neue Dienstreise mit einer neuen Drei-Monats-Frist zu laufen, weil die Tätigkeit des A in der Filiale mehr als vier Wochen unterbrochen wird. Es ist dabei unerheblich, dass A im Haupthaus tatsächlich nur drei Wochen arbeitet, weil bei der Berechnung der Unterbrechungsdauer der Urlaub mitgerechnet wird. Der Urlaub ist hier nicht die Ursache für die Unterbrechung der Tätigkeit in der auswärtigen Filiale. Die Tätigkeit im Zweigbetrieb in den drei Monaten Juni bis August stellt daher eine neue Dienstreise dar. Nach Ablauf dieser drei Monate ist der Zweigbetrieb als zweite regelmäßige Arbeitsstätte anzusehen.

Beispiel 4:

B ist Auszubildender. Während seiner dreijährigen Ausbildung muss er in der Zeit vom 1. Januar bis 31. Mai einen mehrmonatigen Lehrgang besuchen. Dieser Lehrgang wird im April unterbrochen durch eine lehrgangsbezogene Tätigkeit im Betrieb (Dauer vier Wochen).

Zunächst ist die Zeit vom 1. Januar bis 31. März als Dienstreise anzusehen. Im Monat April ist B im Betrieb tätig, d.h. in seiner regelmäßigen Arbeitsstätte, eine Dienstreise liegt insoweit nicht vor. Da die Unterbrechung des Lehrgangs (mindestens) vier Wochen betragen hat, beginnt ab 1. Mai eine neue Drei-Monats-Frist, die bis zum Ende des Lehrgangs andauert; in dieser Zeit sind wieder Dienstreisen anzunehmen (BFH, Urteil vom 19.7.1996, BStBl II 1997 S. 95).

e) Keine Anwendung der Drei-Monats-Frist

2022 Die Drei-Monats-Frist gilt nach R 37 Abs. 3 Satz 4 Nr. 2 LStR **nicht für Arbeitnehmer,**

– deren auswärtige **Tätigkeitsstätte** sich infolge der Eigenart der Tätigkeit **laufend örtlich verändert**, z.B. bei dem Bau einer Autobahn oder Montage von Hochspannungsleitungen (sog. **wandernde Baustellen**),

Beispiel 1:

Bauingenieur A beaufsichtigt für ein halbes Jahr den Neubau einer Bahnstrecke, monatlich werden 5 km fertig gestellt.

Selbst wenn A ein halbes Jahr auf den Baustellen tätig ist, werden diese nicht nach drei Monaten zu seiner regelmäßigen Arbeitsstätte. Sofern er in dem nach R 37 Abs. 2 Satz 3 LStR erforderlichen Umfang im Betrieb tätig ist (z.B. den Rest des Jahres), übt er dieses halbe Jahr beim Eisenbahnbau eine Dienstreisetätigkeit aus. Bei den Gleisbauarbeitern können dagegen keine Dienstreisen anerkannt werden, weil der Gleisbauzug bzw. das dortige Umfeld die regelmäßige (weiträumige) Arbeitsstätte darstellt.

– die über einen längeren Zeitraum hinweg eine Auswärtstätigkeit an **täglich mehrmals wechselnden Tätigkeitsstätten** innerhalb einer Gemeinde oder deren Umgebung ausüben, z.B. **Reisevertreter**. In diesem Fall handelt es sich täglich um eine neue Dienstreise.

Beispiel 2:

Der in Berlin wohnende Reisevertreter A ist bei einem großen Lebensmittelkonzern tätig und muss täglich Großabnehmer (Supermärkte, Großküchen usw.) aufsuchen.

Ein Reisevertreter macht grundsätzlich Dienstreisen, selbst wenn er kaum den Betrieb seines Arbeitgebers aufsucht. Regelmäßige Arbeitsstätte ist im Regelfall seine Wohnung. Die Drei-Monats-Frist ist ohne Bedeutung. Selbst wenn A täglich von seiner Wohnung aus die Kunden aufsucht, handelt es sich jeweils um eine neue Dienstreise. Es ist auch nicht zulässig, das gesamte Einsatzgebiet als weiträumige Arbeitsstätte anzusehen.

11. Fahrtätigkeit

a) Begriff

2023 Eine Fahrtätigkeit liegt bei Arbeitnehmern vor, die ihre **Tätigkeit auf einem Fahrzeug ausüben**, z.B. Berufskraftfahrer, Beifahrer, Linienbusfahrer (BFH, Urteil vom 8.8.1986, BStBl II S. 824), Straßenbahnführer, Taxifahrer, Müllfahrzeugführer, Beton- und Kies-

fahrer (vgl. FG Düsseldorf, Urteil vom 5.8.1997, EFG 1997 S. 1427), Lokführer und Zugbegleitpersonal (R 37 Abs. 4 Satz 1 LStR). Bei diesem Personenkreis ist das **Fahrzeug ihre regelmäßige Arbeitsstätte**. Bei Arbeitnehmern, die vorwiegend eine Fahrtätigkeit oder Einsatzwechseltätigkeit ausüben, kann der Betrieb ohne weitere Ermittlungen als regelmäßige Arbeitsstätte anerkannt werden, wenn der Arbeitnehmer in dem nach R 37 Abs. 2 Satz 3 LStR erforderlichen Umfang im Betrieb tätig wird (z.B. für Abrechnungs- oder Wartungsarbeiten oder für die Verkehrssicherheit vorgeschriebene Kontrollmaßnahmen). Eine Dienstreise ist nur noch dann anzuerkennen, wenn der Arbeitnehmer eine **ortsgebundene regelmäßige Arbeitsstätte** hat (z.B. Betrieb, Zweigbetrieb des Arbeitgebers).

Eine Fahrtätigkeit wird hingegen regelmäßig **nicht anerkannt** bei Polizeibeamten im Streifendienst, Zollbeamten im Grenzaufsichtsdienst, Kraftfahrern im Zustelldienst, Verkaufsfahrern, Kundendienstmonteuren und Fahrlehrern (anderer Auffassung Hessisches FG, Urteil vom 18.11.1999, EFG 2000 S. 422) sowie bei Binnenschiffern und Seeleuten, die auf dem Schiff eine Unterkunft haben (R 37 Abs. 4 Satz 3 LStR). Der Grund liegt bei Letzteren darin, dass sich die Verpflegungssituation von Arbeitnehmern, die auf einem Schiff eine Unterkunft mit Kochgelegenheit haben, grundlegend von der eines Berufskraftfahrers unterscheidet. Bei einem Berufskraftfahrer, der mehrtägig unterwegs ist, **ändert sich ständig die Verpflegungssituation**. Durch die Verköstigung in täglich wechselnden Gaststätten wird regelmäßig ein erhöhter Verpflegungsmehraufwand anfallen. Diese kostenträchtige Verpflegungssituation besteht jedoch **nicht** für Arbeitnehmer, die auf einer **fahrenden Arbeitsstätte wohnen** und sich dort verpflegen können. Die Finanzverwaltung hat es daher auch nach erneuter Prüfung abgelehnt, bei **Binnenschiffern und Besatzungsmitgliedern auf Rettungskreuzern** eine Fahrtätigkeit anzuerkennen. Zu prüfen ist jedoch nach den Umständen des Einzelfalles, ob Arbeitnehmer dieser Berufsgruppen Dienstreisen oder eine Einsatzwechseltätigkeit ausüben.

Auch bei einer **Fahrtätigkeit über zwei oder mehr Kalendertage** ist das Fahrzeug die regelmäßige Arbeitsstätte (BFH, Urteil vom 28.9.1990, BStBl II 1991 S. 363). Die Fahrtätigkeit wird daher nicht zu einer Dienstreise.

Übt ein Arbeitnehmer mit Fahrtätigkeit vorübergehend eine für ihn untypische Tätigkeit aus (z.B. Teilnahme an einer **Fortbildungsveranstaltung**), gilt das Fahrzeug als regelmäßige Arbeitsstätte. Das hat zur Folge, dass er insoweit „echte" Dienstreisen ausübt und somit für den Arbeitgeber unmittelbar die Erstattungsmöglichkeiten für Dienstreisen gelten (R 37 Abs. 4 Satz 2 LStR).

Beispiel:

Ein Berufskraftfahrer besucht zwei Tage einen Erste-Hilfe-Kurs.

Es handelt sich um eine Dienstreise.

Wird ein Arbeitnehmer mit Fahrtätigkeit vorübergehend mit berufstypischen Arbeiten **im Betrieb tätig**, ohne dass dieser vom zeitlichen Umfang her zur regelmäßigen Arbeitsstätte wird (z.B. zur Durchführung von Reparaturarbeiten am Fahrzeug), handelt es sich auch an diesen Tagen noch um „Fahrtätigkeit", so dass ebenfalls die allein von der Dauer der Abwesenheit von der Wohnung maßgeblichen Verpflegungspauschalen gewährt werden können. Anders ist es, wenn der Arbeitnehmer an einigen Tagen eine **andersartige Beschäftigung** aufnimmt, z.B. die Vertretung des Hausmeisters. In dieser Zeit ist dann der Betrieb die regelmäßige Arbeitsstätte, so dass Mehraufwendungen für Verpflegung nicht mehr berücksichtigt werden können.

b) Abgrenzung gegenüber Dienstreisen und Einsatzwechseltätigkeit

2024 Selbst wenn bei den o.g. Berufsgruppen eine Fahrtätigkeit anerkannt wird, ist vorrangig zu prüfen, ob der Arbeitnehmer nicht doch seine regelmäßige Arbeitsstätte im Betrieb hat und deshalb **Dienstreisen** unternimmt. Vgl. dazu ausführlich → Rz. 2002.

Beispiel 1:

Kraftfahrer A ist bis auf den Freitag jeden Tag unterwegs, um Waren ausliefern. Freitags ist er im Betrieb tätig, um Wartungsarbeiten durchzuführen, abzurechnen, die Tourenpläne für die nächste Woche entgegenzunehmen usw.

A unternimmt Dienstreisen, weil er einen Arbeitstag in der Woche im Betrieb tätig ist (R 37 Abs. 2 Satz 3 LStR). Dies ist zwar für die Höhe der Verpflegungspauschalen im Wesentlichen unerheblich, weil diese bei Dienstreise und Fahrtätigkeit gleich sind. Unterschiede bestehen aber bei der Berechnung der für den Ansatz der Pauschale maßgebenden Abwesenheitszeiten: Bei der **Dienstreise** rechnet die Dauer der Abwesenheit von der Wohnung **und** vom Betrieb, bei **Fahrtätigkeit** dagegen die gesamte Abwesenheit von der Wohnung (geringfügige Tätigkeiten im Betrieb, die diesen noch nicht zur regelmäßigen Arbeitsstätte*werden lassen, zählen also mit!).

Auch bei den o.g. Berufsgruppen, bei denen eine **Fahrtätigkeit** abgelehnt wird, ist zu prüfen, ob eine Dienstreise vorliegt. Ist auch die **Dienstreise** zu verneinen, bleibt zu prüfen, ob eine **Einsatzwechseltätigkeit** vorliegt. Die Grenzen sind „fließend".

Beispiel 2:

Fahrlehrer A ist montags bis donnerstags mit dem Schulfahrzeug unterwegs und gibt Fahrunterricht. Freitags erteilt er theoretischen Unterricht.

Da A einen Arbeitstag in der Woche in der Firma arbeitet, tätigt er Dienstreisen (R 37 Abs. 2 Satz 3 LStR).

Beispiel 3:

Kundendienstmonteur B ist ständig im Außendienst tätig, um Elektrogeräte auszuliefern und anzuschließen. Seine Tätigkeit in der Firma beträgt am Tag zwei Stunden (Beladen des Fahrzeugs, Entgegennahme des Tourenplans, vor dem Feierabend Abrechnung der erhaltenen Gelder in der Firma usw.), die gesamte Arbeitszeit acht Stunden.

Nach R 37 Abs. 2 Satz 3 LStR (20 %-Grenze) kann der Betrieb als regelmäßige Arbeitsstätte angesehen werden.

12. Einsatzwechseltätigkeit

a) Begriff

2025 Eine Einsatzwechseltätigkeit liegt bei Arbeitnehmern vor,

– die bei ihrer individuellen beruflichen Tätigkeit **typischerweise nur an ständig wechselnden Tätigkeitsstätten eingesetzt** werden und keine regelmäßige Arbeitsstätte am Betriebssitz des Arbeitgebers haben, z.B. **Bau- und Montagearbeiter, Leiharbeitnehmer** (zweifelnd Thüringer FG, Urteil vom 28.2.2001, EFG 2001 S. 884, wenn ein Leiharbeitnehmer tatsächlich nur eine einzige Arbeitsstätte hat) **und Mitglieder einer Betriebsreserve für Filialbetriebe,**

– sowie bei **Auszubildenden,** bei denen keine Ausbildungsstätte als Mittelpunkt ihrer Ausbildungstätigkeit angesehen werden kann, vgl. R 37 Abs. 5 LStR sowie H 37 (Einsatzwechseltätigkeit) LStH.

Bei diesen Arbeitnehmern **gilt die jeweilige Tätigkeitsstätte als regelmäßige Arbeitsstätte.**

Für die Anerkennung einer Einsatzwechseltätigkeit ist die Anzahl der während eines Kalenderjahrs erreichten Tätigkeitsstätten ohne Bedeutung.

Beispiel:

A ist als Bauarbeiter für ein Jahr auf einer Großbaustelle in Berlin tätig.

A übt als Bauarbeiter eine typische Einsatzwechseltätigkeit aus, auch wenn er tatsächlich ein ganzes Jahr nur auf einer einzigen Baustelle tätig wird (vgl. BFH, Urteil vom 11.7.1980, BStBl II S. 654, betr. einen Betonbauer, der das ganze Jahr nur auf zwei Baustellen war).

Ob eine für ständig wechselnde Tätigkeitsstätten berufstypische Tätigkeit vorliegt, bestimmt sich **nicht nach abstrakten Berufsbildern,** sondern nach der mutmaßlichen Verwendung des Arbeitnehmers im Rahmen des Direktionsrechts des Arbeitgebers (BFH, Urteil vom 20.11.1987, BStBl II 1988 S. 443).

Wird ein Arbeitnehmer der Bauindustrie von seinem Arbeitgeber zu einer Tätigkeit innerhalb einer **Arbeitsgemeinschaft** entsendet und begründet er zu einer neuen Arbeitsverhältnis, bleibt nach den einschlägigen tarifvertraglichen Regelungen für die Bauindustrie daneben sein **Arbeitsverhältnis zur Stammfirma als ruhendes bestehen.** Seine Tätigkeit für die Arbeitsgemeinschaft stellt sich daher als Einsatzwechseltätigkeit dar.

Nach den Grundsätzen der Einsatzwechseltätigkeit können auch Fahrtaufwendungen eines **Theater- und Fernsehschauspielers** sowie Regisseurs zu den besonders bei Außenaufnahmen ständig wechselnden **Dreh- und Produktionsorten** berücksichtigt werden; es handelt sich nicht um Wege zwischen Wohnung und Arbeitsstätte i.S. des § 9 Abs. 1 Satz 3 Nr. 4 EStG (FG Baden-Württemberg, Urteil vom 22.10.1998, DStRE 1999 S. 371).

b) Abgrenzung gegenüber Dienstreisen

2026 Für den **Vorsteuerabzug** hat die Abgrenzung kaum noch Bedeutung (→ *Vorsteuerabzug* Rz. 2590). Unterschiede ergeben sich aber weiterhin

– beim Abzug von **Verpflegungsmehraufwendungen,** zwar nicht bei der Höhe der Pauschbeträge (diese ist für alle Auswärtstätigkeiten gleich), jedoch bei der Berechnung der für den Ansatz der Pauschale maßgebenden **Abwesenheitszeiten:** Bei der **Dienstreise** rechnet die Dauer der Abwesenheit von der Wohnung **und** vom Betrieb, bei **Einsatzwechseltätigkeit** dagegen die gesamte Abwesenheit von der Wohnung (geringfügige Tätigkeiten im Betrieb, die diesen noch nicht zur regelmäßigen Arbeitsstätte werden lassen, zählen also mit!). Außerdem können bei einer Dienstreise bei einer längerfristigen vorübergehenden Tätigkeit an derselben Tätigkeitsstätte die Pauschalen nur in den **ersten drei Monaten** berücksichtigt werden (§ 4 Abs. 5 Satz 1 Nr. 5 Satz 5 i.V.m. § 9 Abs. 5 EStG), bei einer Einsatzwechseltätigkeit mit täglicher Heimkehr (auch bei Fahrtätigkeit) gilt diese Drei-Monats-Frist dagegen nicht (R 39 Abs. 1 Satz 5 LStR).

– beim Abzug bzw. der Erstattung von **Fahrtkosten** durch den Arbeitgeber: Bei der **Dienstreise** können auch Fahrten bis 30 km voll berücksichtigt bzw. vom Arbeitgeber nach § 3 Nr. 16 EStG steuerfrei ersetzt werden (ggf. mit dem pauschalen km-Satz von 0,30 €). Bei der **Einsatzwechseltätigkeit** handelt es sich insoweit um „normale" Wege zwischen Wohnung und Arbeitsstätte (§ 9 Abs. 1 Satz 3 Nr. 4 EStG), die nur mit 0,36 € bzw. 0,40 € je Entfernungskilometer berücksichtigt (km-Satz also nur 0,18 € bzw. 0,20 €) und überdies vom Arbeitgeber nicht steuerfrei ersetzt werden dürfen (zulässig ist lediglich eine Pauschalversteuerung nach § 40 Abs. 2 Satz 2 EStG mit 15 %).

Eine Dienstreise liegt vor, wenn der Arbeitnehmer in dem nach R 37 Abs. 2 Satz 3 LStR erforderlichen Umfang **im Betrieb tätig wird.**

Beispiel:

B ist als Bauingenieur für ein Jahr auf einer Großbaustelle in Berlin tätig. Er kehrt jede Woche für einen Tag in die Firma zurück, um Bericht zu erstatten, Baupläne zu ergänzen und Verhandlungen mit Subunternehmern zu führen.

Da B einen Tag in der Woche in der Firma ist, ist diese seine regelmäßige Arbeitsstätte (R 37 Abs. 2 Satz 3 LStR). B tätigt daher Dienstreisen.

Besucht ein Arbeitnehmer mit Einsatzwechseltätigkeit eine **Fortbildungsveranstaltung** oder wird er **vorübergehend im Betrieb tätig,** gelten die allgemeinen Grundsätze; vgl. auch R 37 Abs. 5 Satz 2 LStR.

c) Weiträumiges Arbeitsgebiet

2027 Eine Einsatzwechseltätigkeit liegt außerdem dann nicht vor, wenn ein Arbeitnehmer **lediglich an verschiedenen Stellen innerhalb eines weiträumigen Arbeitsgebietes eingesetzt wird,** z.B. bei

– **Waldarbeitern** oder

– **Werkschutzmännern.** Vgl. dazu H 37 (Weiträumiges Arbeitsgebiet) LStH sowie → Rz. 2004.

Der Einsatz in diesem Gebiet wird dann wie eine Tätigkeit an der regelmäßigen Arbeitsstätte behandelt, d.h.:

– die **Fahrt von der Wohnung zu dem ersten Einsatzort** ist keine Dienstreise, sondern ein „Weg zwischen Wohnung und Arbeitsstätte". Entsprechendes gilt für die **Rückfahrt** vom letzten Einsatzort zur Wohnung. Die Fahrtkosten mit einem Pkw dürfen vom Arbeitgeber nicht steuerfrei erstattet werden, zulässig ist allenfalls die Pauschalversteuerung mit 15 % (§ 40 Abs. 2 Satz 2 EStG). **Mehraufwendungen für Verpflegung** können nicht steuerfrei ersetzt werden;

– die **Fahrten zwischen den einzelnen Einsatzorten** werden jedoch hinsichtlich der Fahrtkosten wie Dienstreisen behandelt, d.h., dass sie vom Arbeitgeber steuerfrei ersetzt werden dürfen, nicht jedoch Verpflegungsmehraufwendungen (R 37 Abs. 3 Satz 5 LStR).

Beispiel 1:

A ist als Waldarbeiter ständig in dem etwa 11 qkm großen Revier eines Forstamtes tätig. Er fährt von seiner Wohnung aus zuerst zum Waldstück X, dann weiter zum Waldstück Y und von dort nach Feierabend nach Hause.

A übt keine Einsatzwechseltätigkeit aus, weil das gesamte Revier seine Arbeitsstätte ist. „Es würde jeder wirtschaftlichen Betrachtung widersprechen, als Einsatzstellen die einzelnen Hieborte und damit letztlich jeden einzelnen Baum, an dem A gearbeitet hat, anzusehen" (BFH, Urteil vom 19.2.1982, BStBl II 1983 S. 466). Wie eine Dienstreise kann hinsichtlich der Fahrtkosten lediglich die Fahrt zwischen den einzelnen Waldstücken angesehen werden. Verpflegungspauschalen können aber nicht steuerfrei erstattet werden.

Beispiel 2:

B ist Zeitungszusteller.

Bei einem Zeitungszusteller sind die Fahrten von der Wohnung in den Zustellbezirk (d.h. bis zum ersten Kunden) „Wege zwischen Wohnung und Arbeitsstätte", ebenso die Rückfahrt „vom letzten Kunden" zur Wohnung. Die Fahrten innerhalb des Zustellbezirks von einem Kunden zum anderen sind dagegen als Dienstreisen anzusehen, so dass der Arbeitgeber diese Fahrtkosten nach § 3 Nr. 16 EStG steuerfrei erstatten kann, nicht dagegen Mehraufwendungen für Verpflegung (OFD Münster, Verfügung vom 23.4.1991, StLex 3, 9, 1538).

Kein weiträumiges Arbeitsgebiet ist dagegen eine Großstadt oder ein Ballungsgebiet, in denen der Arbeitnehmer ständig an verschiedenen Stellen tätig wird, z.B. Reisevertreter, Kundendienstmonteure, Telefonzellenreiniger (BFH, Urteil vom 5.5.1994, BStBl II S. 534).

13. Nachweise

2028 Der Arbeitnehmer hat seinem Arbeitgeber Unterlagen vorzulegen, aus denen die Voraussetzungen für die steuerfreie Erstattung ersichtlich sein müssen. Der Arbeitgeber hat diese Unterlagen als **Belege zum Lohnkonto** aufzubewahren (R 38 Abs. 4 Sätze 1 und 2 sowie R 40a Abs. 3 Sätze 2 und 3 LStR). Soweit tatsächlich entstandene Aufwendungen erstattet werden, z.B. Fahrt- und Übernachtungskosten, müssen sich aus den Unterlagen auch die tatsächlichen Kosten ergeben. Verpflegungsmehraufwendungen können nur bis zur Höhe der von der Abwesenheitsdauer abhängenden Verpflegungspauschbeträge steuerfrei ersetzt werden. Insoweit ist in den Unterlagen auch die Abwesenheitsdauer anzugeben (vgl. BMF-Schreiben vom 29.9.1998, BB 1998 S. 2461, betr. Reisekostenabrechnungen mittels **Firmenkreditkarte**), siehe auch → *Firmenkreditkarte* Rz. 992.

Die **Beweislast**, dass steuerfreie Reisekostenvergütungen vorgelegen haben, trifft im Lohnsteuerabzugsverfahren den Arbeitgeber, bei der Einkommensteuerveranlagung dagegen den Arbeitnehmer, wobei die Behandlung beim Lohnsteuerabzug das Wohnsitz-Finanzamt bei der Einkommensteuerveranlagung grundsätzlich nicht bindet (BFH, Urteil vom 5.7.1996, BFH/NV 1996 S. 888, und zuletzt BFH, Beschluss vom 3.8.2000, BFH/NV 2001 S. 36).

14. Lohnsteuerabzug von Arbeitgeberleistungen

a) Zusammenfassung der Erstattungsarten

2029 Die Erstattung von Fahrtkosten, Mehraufwendungen für Verpflegung und Übernachtungskosten stellt steuerpflichtigen Arbeitslohn dar, wenn die steuerlich zulässigen Beträge überschritten werden. Die Finanzverwaltung lässt es zu, dass die einzelnen Aufwendungsarten zusammengefasst werden, wobei nach R 16 Satz 2 LStR sogar **mehrere Reisen** zusammengefasst und abgerechnet werden können. Die Reisekostenerstattung des Arbeitgebers bleibt steuerfrei, soweit sie die **Summe** der nach den R 38 bis 40 LStR zulässigen Einzelerstattungen nicht übersteigt (R 16 Satz 1 LStR). Das bedeutet, dass z.B. die Versteuerung einer zu hohen Erstattung von Verpflegungsmehraufwendungen

durch eine zu geringe Erstattung von Fahrtkosten vermieden werden kann.

Beispiel 1:

A ist von seinem Arbeitgeber zu einem vierwöchigen Lehrgang entsandt worden. Der Arbeitgeber hat die Hotelkosten, Verpflegungsmehraufwendungen pauschal mit 25 € täglich und Fahrtkosten (einschließlich wöchentlicher Familienheimfahrten) erstattet, allerdings nur mit den niedrigeren Kosten für öffentliche Verkehrsmittel. Tatsächlich ist A mit seinem Pkw gefahren.

Für die Frage, inwieweit die Reisekostenvergütungen zu versteuern sind, hat der Arbeitgeber folgende Vergleichsrechnung durchgeführt:

Erstattungen des Arbeitgebers

a)	Verpflegung pauschal 25 € x 22 Tage (ohne Wochenenden)	550 €
b)	Fahrtkosten Bundesbahn 8 Fahrten x 50 €	400 €
c)	Übernachtungskosten laut Hotelrechnung 30 Tage x 50 €	1 500 €
	zusammen	2 450 €

Steuerfrei bleibende Beträge

a)	Verpflegung pauschal 24 € x 22 Tage	528 €
b)	Fahrtkosten mit dem Pkw: 2 400 km x 0,30 €/km	720 €
c)	Übernachtungskosten wie oben	1 500 €
	zusammen	2 748 €

Der Arbeitgeber hat zwar täglich 1 € zu viel Tagegeld gezahlt, andererseits hätte er aber die Fahrtkosten mit dem Pkw in voller Höhe oder mit dem pauschalen km-Satz von 0,30 € steuerfrei erstatten können. Nach Zusammenfassung der einzelnen Erstattungsarten verbleibt daher kein zu versteuernder Teilbetrag der Reisekostenvergütung.

Diese **Saldierungsmöglichkeit** kann z.B. **auch von Bedeutung** sein, **wenn der Arbeitgeber**

– für Fahrten mit dem Pkw eine **niedrigere Wegstreckenentschädigung** als 0,30 €/km zahlt (im öffentlichen Dienst z.B. 0,22 €/km),

– sich bei der Zahlung von Verpflegungspauschalen **nicht** genau an die gesetzlich vorgegebene **Zeitstaffelung** der Abwesenheitszeiten hält,

– auch für die **Wochenenden**, an denen der Arbeitnehmer Familienheimfahrten unternimmt, die vollen **Verpflegungspauschalen zahlt**.

Diese Möglichkeit der Zusammenfassung ist auf die **jeweilige Erstattung beschränkt**. Dabei können **mehrere Dienstreisen zusammengefasst** werden, wenn die **Auszahlung** der betreffenden Reisekostenvergütungen in einem Betrag erfolgt. **Nicht zulässig** ist es aber, aus einer Dienstreise ein sog. **Guthabenkonto zu bilden** und dieses Guthaben mit nicht ausgeschöpften steuerfreien Beträgen folgender Erstattungen zu verrechnen (FinMin Nordrhein-Westfalen, Erlass vom 11.10.1996, StEd 1996 S. 752).

Die Verrechnungsmöglichkeit besteht aber nur für **Reisekostenvergütungen**, hierzu gehört **nicht die unentgeltliche oder verbilligte Mahlzeitengewährung** durch den Arbeitgeber oder auf seine Veranlassung durch einen Dritten. Die Versteuerung der **Mahlzeiten** (→ *Mahlzeiten* Rz. 1670) kann nicht durch Verrechnung verhindert werden.

Beispiel 2:

A fährt zu einer Fortbildungsveranstaltung seines Arbeitgebers, der das Tagungshotel bestimmt und auch die Mahlzeiten vorher bestellt hat. Die Fahrtkosten ersetzt der Arbeitgeber nur in Höhe der (fiktiven) Bahnkosten, A ist aber mit seinem Auto gefahren.

Die Mahlzeiten werden auf Veranlassung des Arbeitgebers von einem Dritten unentgeltlich abgegeben und sind daher mit den Sachbezugswerten zu versteuern. Diese Versteuerung kann nicht deshalb unterbleiben, weil der Arbeitgeber A nicht die vollen steuerlich berücksichtigungsfähigen Fahrtkosten (tatsächliche Kfz-Kosten oder pauschal 0,30 €/km) erstattet.

In seiner Einkommensteuer-Erklärung kann A diese Kosten als Werbungskosten geltend machen, muss jedoch die Kostenerstattung des Arbeitgebers abziehen. Ferner kann A Verpflegungsmehraufwendungen mit den vollen Pauschbeträgen geltend machen (keine Kürzung um die unentgeltlich gewährten Mahlzeiten), die Versteuerung mit den Sachbezugswerten wird dadurch mehr als ausgeglichen.

b) Sonstige Bezüge

2030 Soweit auch nach Zusammenfassung der einzelnen Aufwendungsarten die **Reisekostenvergütungen** des Arbeitgebers nicht in voller Höhe steuerfrei belassen werden können, können sie als **sonstige Bezüge behandelt** werden (Rz. 8 des Arbeitgeber-Merkblatts 1996, BStBl I 1995 S. 719). Deshalb entfällt die individuelle Besteuerung, wenn das Betriebsstättenfinanzamt auf Antrag des Arbeitgebers die **Pauschalbesteuerung** nach § 40 Abs. 1 Satz 1 Nr. 1 EStG mit einem besonderen Pauschsteuersatz zulässt (R 127 Abs. 4 Satz 2 LStR). Dies setzt u.a. voraus, dass die pauschal zu besteuernden Beträge – ggf. zusammen mit anderen pauschal besteuerten Bezügen des Arbeitnehmers – **1 044 € jährlich nicht übersteigen** (→ *Pauschalierung der Lohnsteuer* Rz. 1805).

Eine **Pauschalbesteuerung der Sachbezugswerte** für vom Arbeitgeber veranlasste Mahlzeiten **ist nicht möglich**. Der Pauschsteuersatz von 25 % nach § 40 Abs. 2 Nr. 1 EStG gilt nur für arbeitstägliche Mahlzeiten außerhalb von Auswärtstätigkeiten.

c) Pauschalbesteuerung von Vergütungen für Verpflegungsmehraufwendungen

2031 Einzelheiten zu der ab 1997 eingeführten Pauschalbesteuerung von Vergütungen für Verpflegungsmehraufwendungen mit 25 % – soweit die steuerfreien Beträge überschritten werden – siehe → *Reisekostenerstattungen bei Dienstreisen* Rz. 2069.

d) Zeitpunkt der Versteuerung

2032 Grundsätzlich sind die steuerpflichtigen Teile von Reisekostenvergütungen bei der **nächstmöglichen Lohnabrechnung** zu versteuern. Aus Vereinfachungsgründen beanstandet es die Finanzverwaltung jedoch nicht, wenn die steuerpflichtigen Teile von Reisekostenvergütungen bis zu einer **Obergrenze von 256 € monatlich beim einzelnen Arbeitnehmer nur mindestens vierteljährlich abgerechnet und versteuert** werden. Äußere zeitliche Grenze hierbei ist das Kalenderjahr oder die Dauer des Dienstverhältnisses.

Dies gilt auch für die Besteuerung der **Sachbezugswerte** für kostenlose Mahlzeiten, die vom Arbeitgeber oder auf dessen Veranlassung von einem Dritten auf Dienstreisen abgegeben werden (FinMin Brandenburg, Erlass vom 30.4.1996, DB 1996 S. 1059). Anträge von Arbeitgeberseite, die Versteuerung aus Vereinfachungsgründen nur **einmal am Jahresende** vorzunehmen, hat die Finanzverwaltung damit **abgelehnt**.

Bei **Abschlagszahlungen**, die Dienstreisende vor Antritt der Dienstreise erhalten, sind im Zeitpunkt der Zahlung noch keine steuerlichen Folgen zu ziehen, auch wenn die Abschlagszahlung die steuerlich zulässigen Beträge überschreitet.

15. Vorsteuerabzug

2033 Seit dem 1.4.1999 ist der Vorsteuerabzug für Reisekosten (Dienstreisen) von Arbeitnehmern auf Grund der gesetzlichen Regelung in § 15 Abs. 1a Nr. 2 UStG weggefallen. Einzelheiten hierzu → *Vorsteuerabzug* Rz. 2590.

16. Sozialversicherung

2034 Die Steuerfreiheit von Reisekostenvergütungen, Umzugskostenvergütungen und Trennungsgeldern hat zur Folge, dass diese auch nicht dem Arbeitsentgelt in der Sozialversicherung zugerechnet werden können (§ 1 ArEV). Ersetzt der Arbeitgeber geringere Beträge als steuerlich zulässig, kann der Arbeitnehmer die Differenz als **Werbungskosten** absetzen. Werbungskosten mindern jedoch das beitragspflichtige Entgelt in der Sozialversicherung nicht.

Bei der Einkommensteuer bzw. **Lohnsteuer ist eine „Gesamtrechnung" zulässig**, d.h., dass z.B. steuerpflichtige Tagegelder mit nicht „voll" erstatteten Fahrtkosten verrechnet werden können. Diese Regelung kann auf das **Beitragsrecht** der Sozialversicherung **nicht übertragen** werden, weil andernfalls Werbungskosten im Ergebnis zu einer nicht zulässigen Minderung des beitragspflichtigen Entgelts führen würden (Ergebnis der Erörterung

der Spitzenverbände der Sozialversicherungsträger vom 19./20.11.1997, BB 1998 S. 378).

Reisekostenerstattungen bei Dienstreisen

2035 Unter diesem Stichwort wird zur besseren Übersichtlichkeit nur dargelegt, welche Aufwendungen der Arbeitgeber seinen Arbeitnehmern bei Dienstreisen steuerfrei erstatten darf. Übersichten und Tabellen hierzu finden sich im Anhang (→ *A. Lohnsteuer* Rz. 2800).

Zur Definition und Abgrenzung von Dienstreisen, Fahr- und Einsatzwechseltätigkeiten siehe → *Reisekosten: Allgemeine Grundsätze* Rz. 1994.

1. Allgemeines

2036 Die Erstattung von Reisekosten durch **„private" Arbeitgeber** ist nach § 3 Nr. 16 EStG steuerfrei, soweit keine höheren Beträge erstattet werden, als sie beim Arbeitnehmer als **Werbungskosten** abziehbar wären, vgl. H 38 (Werbungskostenabzug und Erstattung durch den Arbeitgeber) LStH, H 39 (Erstattung durch den Arbeitgeber) LStH, H 40 (Steuerfreiheit der Arbeitgebererstattungen) LStH sowie R 40a Abs. 3 LStR und zuletzt BFH, Urteil vom 27.4.2001, BStBl II 2001 S. 601. Für den **öffentlichen Dienst** gilt die Steuerbefreiungsvorschrift des § 3 Nr. 13 EStG (→ *Reise-kostenvergütungen aus öffentlichen Kassen* Rz. 2095).

Welche Reisekosten der Arbeitgeber steuerfrei ersetzen darf, soll nachfolgend dargestellt werden. Zu unterscheiden sind

- Fahrtkosten (→ Rz. 2037),
- Mehraufwendungen für Verpflegung (→ Rz. 2044),
- Übernachtungskosten (→ Rz. 2056) sowie
- Reisenebenkosten (→ Rz. 2067).

Dabei sind bei den einzelnen Auswärtstätigkeiten (Dienstreisen, Fahrtätigkeit, Einsatzwechseltätigkeit) Besonderheiten zu beachten. Zwar wurden ab 1996 die **Verpflegungspauschalen vereinheitlicht**, im Übrigen bestehen aber noch **erhebliche Unterschiede** (→ *Reisekosten: Allgemeine Grundsätze* Rz. 1996). Diese ergeben sich z.B. schon bei der **Berechnung der Abwesenheitszeiten** für die Ermittlung der maßgeblichen Verpflegungspauschale.

2. Fahrtkosten

a) Grundsatz

2037 Der Arbeitgeber darf grundsätzlich **alle Fahrtkosten steuerfrei erstatten**, die Wahl des Verkehrsmittels bleibt dem Arbeitnehmer oder Arbeitgeber überlassen. Eine Einschränkung gilt nur, wenn die Kosten im Einzelfall **unangemessen** sein sollten, wie z.B. bei Nutzung eines Privatflugzeugs zu Dienstreisen (R 33 Abs. 1 Satz 3 LStR). Steuerfrei können dann lediglich die geringeren Kosten für einen Linienflug erstattet werden.

Beispiel:

A ist Geschäftsführer und einziger Gesellschafter einer GmbH, die persönlich haftende Gesellschafterin einer Flugzeugvercharterungs-KG ist. Da er eine private Pilotenlizenz besitzt, unternimmt er alle Dienstreisen mit dem Flugzeug, das er auch selbst fliegt.

Die Kosten können nicht als Reisekosten anerkannt werden, weil sie in erheblichem Umfang durch private Motive, vor allem die Flugbegeisterung des A, mitverursacht sind (Schleswig-Holsteinisches FG, Urteil vom 9.5.1996 – V 737/95, Revision eingelegt, Az. beim BFH: VI R 55/96).

b) Öffentliche Verkehrsmittel

2038 Die Kosten für **öffentliche Verkehrsmittel** (Bahn, Bus, Taxi, Schiff, Flugzeug) können ohne weiteres steuerfrei ersetzt werden. Die Wahl einer **höheren Tarifklasse** (z.B. Business-Class im Flugzeug) ist zulässig. Bei öffentlichen Verkehrsmitteln ist daher grundsätzlich der entrichtete Fahrpreis einschließlich etwaiger Zuschläge (z.B. IC-Zuschlag) anzusetzen. Der Arbeitgeber darf dem Arbeitnehmer auch die Kosten einer **Bahncard** steuerfrei ersetzen, wenn dies für ihn im Ergebnis günstiger ist. Einzelheiten siehe → *Bahncard* Rz. 407.

Zu den Fahrtkosten gehören z.B. auch die **Taxikosten** für Fahrten zum Bahnhof (oder Flughafen) und **am Zielort**, also z.B. zu den jeweiligen Kunden. Das können auch Kosten für einen **Mietwagen** sein.

Der Arbeitgeber muss sich die **Fahrkarten und Rechnungen** vom Arbeitnehmer geben lassen und als **Belege zum Lohnkonto** aufbewahren (R 38 Abs. 4 LStR). Kann dieser Nachweis nicht geführt werden, so genügt es, wenn sich aus anderen Unterlagen (z.B. Hotelrechnungen, Korrespondenz) ergibt, dass der Arbeitnehmer eine Dienstreise unternommen hat. Die Höhe der Fahrtkosten muss dann geschätzt werden.

c) Erstattung der nachgewiesenen Kfz-Kosten

2039 Bei Benutzung eines vom Arbeitnehmer gestellten Kfz darf der Arbeitgeber die **anteiligen Gesamtkosten** des Fahrzeugs steuerfrei ersetzen; es ist dazu das Verhältnis der „Dienstreise-Kilometer" zur Jahresfahrleistung zu ermitteln (R 38 Abs. 1 Satz 3 LStR). Die dienstlich und privat zurückgelegten Fahrtstrecken sind gesondert und laufend in einem **Fahrtenbuch** nachzuweisen. Zu den Mindestanforderungen an ein Fahrtenbuch gibt es eine umfangreiche Rechtsprechung (zuletzt FG München, Urteil vom 19.6.2000, EFG 2000 S. 1116, Nichtzulassungsbeschwerde eingelegt, Az. beim BFH: VI B 231/00, m.w.N.), zu weiteren Ein-

zelheiten siehe R 31 Abs. 9 Nr. 2 LStR sowie → *Firmenwagen zur privaten Nutzung* Rz. 997.

Zu den **Gesamtkosten** gehören die Betriebsstoffkosten (Benzin, Öl), die Wartungs- und Reparaturkosten, die Kosten einer Garage am Wohnort, die Kfz-Steuer, die Aufwendungen für die Halterhaftpflicht- und Fahrzeugversicherungen, die Absetzungen für Abnutzung (AfA) sowie die Zinsen für ein Anschaffungsdarlehen, vgl. H 38 (Einzelnachweis) LStH. Zu den Anschaffungskosten des Kfz, die steuerlich nur über die jährlichen AfA berücksichtigt werden können, gehören auch **Sonderausstattungen** des Kfz (z.B. ABS, Winterreifen), **nicht** dagegen ein **Autotelefon** (vgl. R 31 Abs. 9 Nr. 1 Satz 6 LStR und FG Hamburg, Urteil vom 13.3.1997, EFG 1997 S. 856, betr. Kfz-Zubehör, sowie BFH-Urteil vom 20.2.1997, BStBl II S. 360, betr. Autotelefon).

Den **Absetzungen für Abnutzung** ist bei Pkw und Kombifahrzeugen nach Auffassung der Finanzverwaltung grundsätzlich eine Nutzungsdauer von **sechs Jahren** zu Grunde zu legen, vgl. die Amtliche AfA-Tabelle für allgemein verwendbare Anlagegüter, BMF-Schreiben vom 15.12.2000, BStBl I 2000 S. 1532, sowie H 38 (Einzelnachweis) LStH. Diese bewusst großzügige Verwaltungsregelung beinhaltet praktisch einen **„Nichtanwendungserlass"** zur Rechtsprechung des Bundesfinanzhofes (vgl. Urteil vom 9.12.1999, BStBl II 2001 S. 311, m.w.N.), der im Regelfall von einer achtjährigen Nutzungsdauer ausgeht.

Bei einer **hohen Fahrleistung** kann auch eine **kürzere Nutzungsdauer** anerkannt werden; bei einer Jahresfahrleistung von rund 100 000 km etwa vier Jahre (FG Münster, Urteil vom 20.6.1996, EFG 1996 S. 1157). Bei Kfz, die im Zeitpunkt der Anschaffung **nicht neu** gewesen sind, ist die entsprechende **Restnutzungsdauer** unter Berücksichtigung des Alters, der Beschaffenheit und des voraussichtlichen Einsatzes des Fahrzeugs zu schätzen. Je nach dem Alter und der Kilometerleistung eines gebraucht erworbenen Pkw kann sich bei einer Addition der Nutzungsdauer bis zur Veräußerung und der Restnutzungsdauer eine Gesamtnutzungsdauer von mehr als acht Jahren (bzw. bei Zugrundelegung der amtlichen AfA-Tabelle von mehr als sechs Jahren) ergeben (BFH, Beschluss vom 17.4.2001, BFH/NV 2001 S. 1255).

Wird das Fahrzeug in der **ersten Jahreshälfte** angeschafft, kann als AfA aus Vereinfachungsgründen der volle Jahresbetrag, bei Anschaffung im **zweiten Halbjahr** der halbe Jahresbetrag berücksichtigt werden (R 38 Abs. 1 Satz 5 i.V.m. R 44 Satz 3 LStR).

Die Absetzungen für Abnutzung sind weder um einen etwaigen Veräußerungsgewinn zu kürzen noch zu versagen, wenn sich bei einer späteren **Weiterveräußerung** des Fahrzeugs herausstellen sollte, dass die AfA den tatsächlichen Wertverzehr überschritten haben (BMF-Schreiben vom 28.5.1993, BStBl I S. 483).

Bei einem **geleasten Fahrzeug** gehört eine Leasingsonderzahlung im Kalenderjahr der Zahlung in voller Höhe zu den Gesamtkosten.

Nicht zu den Gesamtkosten gehören demgegenüber z.B. Park- und Straßenbenutzungsgebühren, Aufwendungen für Insassen- und Unfallversicherungen, Aufwendungen infolge von Verkehrsunfällen sowie Verwarnungs-, Ordnungs- und Bußgelder. Diese Aufwendungen – ausgenommen die Verwarnungs-, Ordnungs- und Bußgelder – darf der Arbeitgeber jedoch als **Reisenebenkosten** steuerfrei ersetzen, vgl. R 40a Abs. 1 Nr. 3 LStR sowie H 40a LStH.

Beispiel:

A setzt als Reisevertreter sein eigenes Fahrzeug ein, mit dem er insgesamt rund 50 000 km im Jahr fährt. Nach seinen Aufzeichnungen im Fahrtenbuch entfallen auf Dienstreisen 40 000 km, auf Fahrten zwischen Wohnung und Arbeitsstätte 5 000 km und auf Privatfahrten ebenfalls 5 000 km. Die Gesamtkosten für das Fahrzeug betragen 30 000 €.

Das Fahrzeug wird zu 80 % zu Dienstreisen genutzt. A kann sich daher vom Arbeitgeber 80 % der Gesamtkosten, also 24 000 €, steuerfrei erstatten lassen. Eine steuerfreie Erstattung der auf die Fahrten zwischen Wohnung und Arbeitsstätte entfallenden Kosten ist dagegen nicht möglich. Übernimmt der Arbeitgeber auch diese Kosten, kann er insoweit allenfalls die Lohnsteuer pauschal mit 15 % erheben (§ 40 Abs. 2 Satz 2 EStG).

d) Individuelle Kilometersätze

2040 Der Arbeitgeber kann dem Arbeitnehmer die Fahrtkosten auch mit einem sog. individuellen Kilometersatz steuerfrei erstatten, den der Arbeitnehmer **aus seinen tatsächlichen und nachgewiesenen Gesamtkosten für einen Zeitraum von mindestens zwölf Monaten ermittelt** hat (R 38 Abs. 1 Satz 4 LStR).

Zur Ermittlung des individuellen km-Satzes sind die Gesamtkosten durch die Zahl der während dieser zwölf Monate insgesamt (berufliche und private Fahrten) zurückgelegten **Kilometer zu dividieren**. Die Unterlagen über die ermittelten Gesamtkosten muss sich der Arbeitgeber vom Arbeitnehmer geben lassen und als Belege zum **Lohnkonto** nehmen (R 38 Abs. 4 LStR).

Der individuelle km-Satz darf so lange angesetzt werden, bis sich die Verhältnisse wesentlich ändern, z.B.

– bis zum **Ablauf des sechsjährigen Abschreibungszeitraums**

– oder bis zum **Eintritt veränderter Leasingbelastungen** (R 38 Abs. 1 Satz 4 LStR).

Beispiel 1:

Handelsvertreter A nutzt für seine beruflichen Zwecke ein eigenes Fahrzeug, das er am 2.1.2002 für 54 000 € erworben hat. Am 31.12.2002 legt er seinem Arbeitgeber ein ordnungsgemäß geführtes Fahrtenbuch sowie eine exakte Kostenaufstellung für den Zeitraum 1.1. bis 31.12.2002 vor. Danach haben betragen

Absetzungen für Abnutzung 16,67 % (Nutzungsdauer sechs Jahre)	9 000 €
Benzin, Wartung, Versicherungen usw.	21 000 €
Pkw-Kosten insgesamt	30 000 €

Nach dem Fahrtenbuch sind insgesamt 60 000 km beruflich und privat zurückgelegt worden. Daraus ergibt sich ein „individueller km-Satz" von 0,50 €, der so lange steuerfrei ersetzt werden darf, bis sich die Verhältnisse wesentlich ändern. Das heißt hier längstens bis zum 31.12.2007, weil dann der sechsjährige Abschreibungszeitraum abgelaufen ist, bzw. bis das Fahrzeug veräußert wird.

Der Arbeitgeber, der A im Laufe des Jahres 2002 zunächst nur den pauschalen km-Satz von 0,30 € steuerfrei erstattet hat, kann ihm nun den Differenzbetrag von 0,20 € je km steuerfrei nachzahlen.

Beispiel 2:

Handelsvertreter A hat einen Pkw geleast und hierfür im ersten Jahr eine Sonderzahlung von 5 000 € geleistet.

Die Sonderzahlung gehört in voller Höhe zu den Gesamtkosten (BFH, Urteil vom 5.5.1994, BStBl II S. 643). Würde man auf dieser Basis einen individuellen km-Satz ermitteln, so wäre dieser in den Folgejahren eindeutig zu hoch. Hier kann also erstmals für das zweite Jahr ein individueller km-Satz ermittelt werden, der dann auch für die Folgejahre Gültigkeit hat.

Nach der Rechtsprechung des Bundesfinanzhofes müssen nicht alle Kfz-Kosten nachgewiesen werden; vielmehr ist auch eine **Teilschätzung** der Benzinkosten zulässig (Urteil vom 7.4.1992, BStBl II S. 854). Allerdings muss es dann der Arbeitnehmer hinnehmen, dass das Finanzamt **Abschläge** vornimmt, also z.B. von den niedrigsten Benzinkosten und dem niedrigsten Treibstoffverbrauch ausgeht.

Der Zeitraum von zwölf Monaten für die Ermittlung der Gesamtkosten muss zwar **nicht das Kalenderjahr** umfassen, jedoch **zusammenhängend** sein.

e) Pauschale Kilometersätze

2041 Da die Ermittlung der Gesamtkosten in der Praxis meist als zu aufwendig empfunden wird, machen die meisten Arbeitgeber und Arbeitnehmer von der **Vereinfachungsregelung** der R 38 Abs. 1 Satz 6 LStR Gebrauch. Danach können ohne Einzelnachweis **pauschale km-Sätze** für jeden gefahrenen Kilometer angesetzt werden, die die folgenden Beträge nicht überschreiten dürfen, vgl. BMF-Schreiben vom 20.8.2001, BStBl I 2001 S. 541:

Kraftwagen	**0,30 € je Fahrtkilometer,**
Motorräder/Motorroller	**0,13 € je Fahrtkilometer,**
Moped/Mofa	**0,08 € je Fahrtkilometer,**
Fahrräder	**0,05 € je Fahrtkilometer.**

Diese Pauschbeträge sollen die tatsächlichen Kosten berücksichtigen und sind daher **wesentlich höher** als die – aus umwelt-, verkehrs- und haushaltspolitischen Erwägungen bewusst niedrig gehaltene – **Entfernungspauschale von 0,36 € bzw. 0,40 € (ab 11. km) je Entfernungskilometer für Wege zwischen Wohnung und Arbeitsstätte** (km-Satz also nur 0,18 € bzw. 0,20 €). Das bedeutet aber zugleich, dass eine etwaige **Anhebung** oder gar **Absenkung** der Entfernungspauschale keine Auswirkungen auf den pauschalen km-Satz von 0,30 € hat, da sich dieser Pauschsatz an der Höhe der **Wegstreckenentschädigung im öffentlichen Dienst** orientiert (R 38 Abs. 1 Satz 6 LStR). Wenn einem Arbeitnehmer der Pauschsatz von 0,30 €/km nicht mehr ausreichend erscheint, hat er jederzeit – anders als bei der Entfernungspauschale für Wege zwischen Wohnung und Arbeitsstätte – die Möglichkeit, seine höheren **tatsächlichen Kosten nachzuweisen**. Der Arbeitnehmer kann allerdings nicht den Ansatz eines höheren Pauschbetrags unter Hinweis auf die „ADAC-Tabellen" verlangen, diese Pauschsätze enthalten z.B. auch Rückstellungen für die Neuanschaffung eines Fahrzeugs und entsprechen daher nicht den steuerlichen Regeln (vgl. BFH, Urteil vom 7.4.1992, BStBl II S. 854, in dem der BFH lediglich eine Teilschätzung der laufenden Betriebskosten zugelassen hat).

Für jede Person, die der Arbeitnehmer auf einer Dienstreise **aus beruflicher Veranlassung mitnimmt** (gilt also z.B. nicht für die Mitnahme der Ehefrau), kann der Arbeitgeber zusätzlich folgende pauschale **Mitnahmeentschädigungen** steuerfrei ersetzen, vgl. BMF-Schreiben vom 20.8.2001, BStBl I 2001 S. 541:

Kraftwagen	**0,02 € je Fahrtkilometer,**
Motorräder/Motorroller	**0,01 € je Fahrtkilometer.**

Für die **Mitnahme von Gepäck** gibt es hingegen keine zusätzlichen steuerfreien Beträge, diese Aufwendungen sind durch die pauschalen km-Sätze abgegolten, vgl. BMF-Schreiben vom 20.8.2001, BStBl I 2001 S. 541.

Steuerfrei gezahlt werden können jedoch pauschale Entschädigungen für die Beförderung von **Werkzeugen** zwischen Wohnung und Einsatzstelle (vgl. R 19 Satz 4 LStR).

Mit diesen pauschalen km-Sätzen sind **sämtliche mit dem laufenden Betrieb eines Kfz verbundenen Aufwendungen abgegolten**, dazu gehören z.B. auch die Aufwendungen für eine Fahrzeug-Vollversicherung, vgl. H 38 (Pauschale Kilometersätze) LStH. Werden daher vom Arbeitgeber

– **Kreditzinsen** (BFH, Urteil vom 30.11.1979, BStBl II 1980 S. 141),

– **Prämien für eine Fahrzeug-Vollversicherung** (BFH, Urteil vom 21.6.1991, BStBl II S. 814, sowie BFH, Beschluss vom 30.6.2000, BFH/NV 2000 S. 1343) oder

– Aufwendungen für **Sicherheitseinrichtungen im Fahrzeug**, z.B. Winterreifen, ABS, Schneeketten, Autoradio, Kopfstützen im Fond (FG Hamburg, Urteil vom 13.3.1997, EFG 1997 S. 856)

zusätzlich erstattet, handelt es sich um **steuerpflichtigen Arbeitslohn**.

Eine **Kürzung der pauschalen km-Sätze** kommt auch dann nicht in Betracht, wenn der Arbeitgeber eine **Fahrzeug-Vollversicherung für Dienstreisen** des Arbeitnehmers abgeschlossen hat, vgl. H 38 (Pauschale Kilometersätze) LStH.

Auch die in H 38 (Pauschale Kilometersätze) LStH für den Werbungskostenabzug vorgeschriebene Kürzung der pauschalen km-Sätze im Falle „unzutreffender Besteuerung" ist aus Vereinfachungsgründen beim **Arbeitgeberersatz nicht zu beachten** (R 38 Abs. 4 Satz 3 LStR). Eine **unzutreffende Besteuerung** ist nach Verwaltungsauffassung und Rechtsprechung anzunehmen, wenn

– die Dienstreise-Pauschale die tatsächlich entstandenen Kosten erheblich übersteigt, dies wird bei einer **Jahresfahrleistung von mehr als 40 000 km** angenommen (BFH, Urteil vom 26.7.1991, BStBl 1992 II S. 105; FG Münster, Urteil vom 16.11.1999, EFG 2000 S. 350),

– und die Differenz zwischen den überschlägig und den anhand der pauschalen km-Sätze ermittelten Kosten einen **Mindestbetrag von 1 534 €** im Kalenderjahr übersteigt.

Die Nichtanwendung der Pauschalen soll sich auf Ausnahmefälle beschränken (OFD Köln, Verfügung vom 9.2.1987, StLex 3, 9, 1268).

Die darin liegende Besserstellung von Arbeitnehmern, die von ihrem Arbeitgeber steuerfreien Reisekostenersatz erhalten, hat die Finanzverwaltung aus Vereinfachungsgründen hingenommen:

Beispiel 1:

A ist angestellter Fahrlehrer. Er stellt seinem Arbeitgeber seinen Pkw für die Fahrschulausbildung zur Verfügung und erhält hierfür folgende Vergütungen (insgesamt 25 000 €):

Bruttoarbeitslohn 12 Monate x 833,33 €	= 10 000 €
zusätzlicher steuerfreier Fahrtkostenersatz	
50 000 km x 0,30 €	= 15 000 €
steuerpflichtiger Arbeitslohn	10 000 €
Lohnsteuer nach Steuerklasse I/0	0 €

Beispiel 2:

Wie Beispiel 1, der Arbeitgeber zahlt jedoch aus Vereinfachungsgründen einen Bruttoarbeitslohn von 25 000 € und überlässt es dem Arbeitnehmer, die Fahrtkosten beim Finanzamt als Werbungskosten geltend zu machen. A beantragt deshalb die Eintragung eines entsprechenden Freibetrags auf der Lohnsteuerkarte. Da die Jahresfahrleistung weitaus mehr als 40 000 km beträgt, erkennt das Finanzamt wegen „unzutreffender Besteuerung" nur einen km-Satz von 0,13 € an. Außerdem ist der Arbeitnehmer-Pauschbetrag von 1 044 € gegenzurechnen. Es ergibt sich somit ein Freibetrag von 5 456 € (50 000 km x 0,13 € = 6 500 € ∕ Arbeitnehmer-Pauschbetrag 1 044 €). Steuerberechnung:

Bruttoarbeitslohn 12 Monate x 2 083,33 €	= 25 000 €
zusätzlicher steuerfreier Fahrtkostenersatz	0 €
∕ Freibetrag	5 456 €
steuerpflichtiger Arbeitslohn	19 544 €
Lohnsteuer nach Steuerklasse I/0	2 247 €

Ergebnis:

Wenn sich A die Fahrtkosten vom Arbeitgeber steuerfrei erstatten lässt, hat nicht nur er einen Steuervorteil von 2 247 €. Auch der Arbeitgeber spart Sozialversicherungsbeiträge, weil steuerfreie Reisekostenerstattungen nicht der Sozialversicherungspflicht unterliegen.

f) Nicht abgegoltene Kfz-Kosten

2042 Nicht abgegolten mit den (individuellen oder pauschalen) km-Sätzen sind etwaige **außergewöhnliche Kosten**, wenn diese durch berufliche Fahrten entstanden sind, für die die Kilometersätze anzusetzen sind, also z.B. anlässlich von Dienstreisen, vgl. H 38 (Pauschale Kilometersätze) LStH.

Außergewöhnliche Kosten sind danach aber nur:

– **Nicht voraussehbare** Aufwendungen für **Reparaturen, die nicht auf Verschleiß beruhen**:

Nach der Rechtsprechung sind solche vorzeitigen Verschleißschäden aber nur zu berücksichtigen, soweit sie auf den **beruflichen Nutzungsanteil** entfallen. Denn ein Verschleißschaden ist – anders als z.B. ein Unfallschaden – nicht allein einer Dienstfahrt zuzuordnen, sondern entweder konstruktionsbedingt oder hat seine Ursache in der gesamten Fahrweise und konkretisiert sich lediglich anlässlich der beruflich veranlassten Fahrt (BFH, Urteil vom 24.4.1992, BFH/NV 1993 S. 291, betr. einen Austauschmotor).

Aufwendungen für einen **Austauschmotor** werden nur unter **ganz engen Voraussetzungen** neben dem pauschalen km-Satz anerkannt. Es kommt auf die Würdigung aller Umstände des Einzelfalles an, eine Typisierung hat der Bundesfinanzhof ausgeschlossen (Urteil vom 29.1.1982, BStBl II S. 325). Die Rechtsprechung ist nicht einheitlich:

Beispiel 1:

Bei einem 14 Monate alten FIAT UNO Diesel ist anlässlich einer Dienstfahrt bei einem km-Stand von 43 710 km ein Motorschaden eingetreten, so dass ein Austauschmotor eingebaut werden musste.

Es handelt sich um außergewöhnliche Kosten, die der Arbeitgeber neben dem pauschalen km-Satz von 0,30 € als Reisekosten steuerfrei ersetzen darf. Da der Motorschaden aber gleichermaßen durch die berufliche und die private Nutzung des Kfz verursacht worden ist, können nur die anteilig auf die beruflich gefahrenen Strecken entfallenden Aufwendungen berücksichtigt werden (Hessisches FG, Urteil vom 1.12.1992, EFG 1993 S. 647).

Beispiel 2:

Bei einem Audi 80 GTI mit einer Fahrleistung von 40 000 km und einer Laufzeit von nur 13 Monaten wurde der Motorschaden nicht als au-

ßergewöhnlich beurteilt, weil das leistungsstarke und zusätzlich leistungsgesteigerte Fahrzeug für eine sportliche Fahrweise ausgelegt war (FG Baden-Württemberg, Urteil vom 7.2.1984, EFG 1984 S. 543).

– **Unfallschäden**:

Bei Unfallschäden kommt demgegenüber eine **Kürzung um einen privaten Nutzungsanteil nicht in Betracht** (BFH, Urteil vom 9.11.1979, BStBl II 1980 S. 71). Weitere Einzelheiten siehe → *Unfallkosten* Rz. 2465.

Beispiel 3:

A erleidet auf einer Dienstreise einen Unfall. Die Reparaturkosten seines eigenen Pkw und die Zahlungen an den Unfallgegner betragen zusammen 10 000 €.

Der Arbeitgeber kann diesen Betrag als Reisekosten steuerfrei ersetzen.

– **Absetzungen für außergewöhnliche technische Abnutzung**:

Diese kommen meistens nach Unfällen in Betracht und können – wie Unfallkosten – in voller Höhe berücksichtigt werden, wenn der Schaden auf einer **beruflichen Fahrt** eingetreten ist. Einzelheiten siehe → *Unfallkosten* Rz. 2468.

Beispiel 4:

Beispiel wie oben, der Arbeitnehmer hat sein Fahrzeug jedoch nicht reparieren lassen. Die durch Gutachten nachgewiesene Wertminderung beträgt 5 000 €.

Der Arbeitgeber kann diesen Betrag als Reisekosten steuerfrei ersetzen. Soweit das Fahrzeug aber tatsächlich repariert worden ist, darf der Arbeitgeber zusätzlich zu den Reparaturkosten keine weitere steuerfreie Entschädigung für „Wertminderung" leisten (vgl. BFH, Urteil vom 27.8.1993, BStBl II 1994 S. 235).

– **Diebstahlsverluste**:

Diebstahlsverluste sind ebenfalls **wie Unfallkosten** zu behandeln, d.h. dass sie anlässlich **einer beruflichen Fahrt „voll" berücksichtigt** werden können. Eine Kürzung um den privaten Nutzungsanteil ist nicht vorzunehmen (BFH, Urteil vom 25.5.1992, BStBl II 1993 S. 44).

Steuerfrei ist die Ersatzleistung aber nur in der Höhe, in der die Anschaffungs- oder Herstellungskosten des Pkw im Falle ihrer Verteilung auf die übliche Gesamtnutzungsdauer auf die Zeit nach dem Eintritt des Schadens entfallen würden, d.h. in Höhe des „fiktiven Buchwerts". Es dürfen also weder die ursprünglichen Anschaffungskosten noch der Zeitwert oder gar die Wiederbeschaffungskosten berücksichtigt werden (BFH, Urteil vom 30.11.1993, BStBl II 1994 S. 256). Weitere Einzelheiten siehe → *Diebstahl* Rz. 647 sowie → *Unfallkosten* Rz. 2468.

Beispiel 5:

A ist während einer Dienstreise in der Nacht der vor dem Hotel abgestellte private Pkw gestohlen worden.

Der Wertverlust kann vom Arbeitgeber als Reisekosten steuerfrei ersetzt werden. Denn das Parken des Pkw in der Nacht ist ebenso beruflich veranlasst wie die Übernachtung während einer mehrtägigen Dienstreise (BFH, Urteil vom 25.5.1992, BStBl II 1993 S. 44).

Entsprechende **Schadensersatzleistungen** sind auf diese Kosten **anzurechnen**. Der verbleibende Betrag kann vom Arbeitgeber als Fahrtkosten neben dem pauschalen km-Satz steuerfrei erstattet werden, vgl. H 38 (Pauschale Kilometersätze) LStH.

Park- und Straßenbenutzungsgebühren sowie Aufwendungen für **Insassen- und Unfallversicherungen** können als **Reisenebenkosten** steuerfrei erstattet werden (vgl. R 40a Abs. 1 LStR).

g) Drei-Monats-Frist

In welcher Höhe und wie lange Fahrtkosten bei Dienstreisen vom Arbeitgeber steuerfrei ersetzt werden können, hängt vor allem von der **Drei-Monats-Frist** ab, nach deren Ablauf 2043

– entweder die **Dienstreise endet** (die auswärtige Tätigkeitsstätte gilt dann als **neue regelmäßige Arbeitsstätte**)

– oder im Falle der Übernachtung am auswärtigen Arbeitsort in eine **doppelte Haushaltsführung „umschlägt"** (R 37 Abs. 3 Satz 3 LStR).

Innerhalb der Drei-Monats-Frist kann der Arbeitgeber die Fahrtkosten für folgende Fahrten nach Dienstreisegrundsätzen steuerfrei ersetzen, vgl. H 38 (Dienstreisen) LStH:

– **Fahrten zwischen Wohnung und auswärtiger Tätigkeitsstätte,**

– **Fahrten zwischen der Zweitwohnung (z.B. auch Hotel) am auswärtigen Arbeitsort und der auswärtigen Tätigkeitsstätte,**

– **Fahrten zwischen regelmäßiger Arbeitsstätte (Betrieb) und auswärtiger Tätigkeitsstätte,**

– **Zwischenheimfahrten** (auch Mehrfachfahrten in der Woche), selbst wenn der Arbeitnehmer in der Wohnung der Eltern wohnt und keinen doppelten Haushalt führt,

Beispiel 1:

A ist für drei Monate von seinem Arbeitgeber zu einer auswärtigen Filiale abgeordnet worden. Er hat in der Nähe seiner Arbeitsstelle ein Zimmer gemietet, ist aber trotzdem jeden zweiten Tag nach Hause gefahren.

Bei der auswärtigen Tätigkeit handelt es sich insgesamt um eine Dienstreise, da die Tätigkeit nicht über drei Monate hinausgeht (R 37 Abs. 3 Satz 3 LStR). Alle Fahrten sind somit Dienstreisen, d.h. sowohl die Fahrten zwischen Zweitwohnung (Zimmer) und auswärtiger Arbeitsstelle als auch die Heimfahrten. Für Zwischenheimfahrten bei Dienstreisen gibt es – anders als bei der doppelten Haushaltsführung – keine zahlenmäßige Beschränkung auf eine Familienheimfahrt in der Woche (BFH, Urteil vom 24.4.1992, BStBl II S. 664).

– **Fahrten zwischen mehreren auswärtigen Tätigkeitsstätten, mehreren regelmäßigen Arbeitsstätten oder innerhalb eines weiträumigen Arbeitsgebietes.**

Beispiel 2:

A trägt in einem Stadtteil Zeitungen aus. Er muss vorher die Zeitungen in dem außerhalb des Zustellbezirks gelegenen Lager B abholen.

A hat zwei regelmäßige Arbeitsstätten: Die eine ist die Abholstelle und die andere der Zustellbezirk (sog. weiträumiges Arbeitsgebiet). Die Fahrten zwischen der Wohnung und den regelmäßigen Arbeitsstätten (also die Fahrt von der Wohnung zur Abholstelle sowie die Rückfahrt vom Zustellbezirk zur Wohnung) sind daher Wege zwischen Wohnung und Arbeitsstätte, die vom Arbeitgeber nicht steuerfrei ersetzt werden dürfen; zulässig ist allenfalls eine pauschale Versteuerung mit 15 % (§ 40 Abs. 2 Satz 2 EStG).

Dagegen sind die Fahrten zwischen Abholstelle und Zustellbezirk sowie innerhalb des Zustellbezirkes wie Dienstreisen zu behandeln und können damit vom Arbeitgeber steuerfrei ersetzt werden. Mehraufwendungen für Verpflegung können insoweit aber nicht anerkannt werden, weil es sich nicht um Dienstreisen handelt (OFD Münster, Verfügung vom 23.4.1991, StLex 3, 9, 1538).

Nach Ablauf der Drei-Monats-Frist, nachdem die auswärtige Tätigkeitsstätte zur regelmäßigen Arbeitsstätte geworden ist, können die Fahrtkosten nur noch in folgenden Fällen steuerfrei erstattet werden:

– Fahrten im Rahmen einer **doppelten Haushaltsführung,**

– Fahrten zwischen Wohnung und Arbeitsstätte mit **öffentlichen Verkehrsmitteln** nach § 3 Nr. 34 EStG,

– Fahrten **zwischen mehreren regelmäßigen Arbeitsstätten,**

– Fahrten **innerhalb eines weiträumigen Arbeitsgebietes.**

Keine Bedeutung hat die Drei-Monats-Frist für die Fahrten von Arbeitnehmern, die über einen längeren Zeitraum hinweg zwar täglich denselben Ort aufsuchen, innerhalb dieses Ortes aber an jeweils wechselnden Arbeitsplätzen tätig werden, z.B. **Reisevertreter** (R 37 Abs. 3 Satz 4 Nr. 2 Satz 2 LStR).

Beispiel 3:

A, Handelsvertreter, hat seine regelmäßige Arbeitsstätte in seiner Wohnung in Hannover, von der aus er täglich Dienstreisen zu den Kunden unternimmt. Sein Tätigkeitsgebiet beschränkt sich auf den Großraum Hannover.

Auch wenn A immer nur im selben Einsatzgebiet tätig wird, macht er täglich neue Dienstreisen. Das Einsatzgebiet stellt keine weiträumige regelmäßige Arbeitsstätte dar. Es ist daher nicht zulässig, etwa die Fahrten von der Wohnung zum ersten Kunden sowie die Rückfahrt vom letzten Kunden zur

Wohnung als „Wege zwischen Wohnung und Arbeitsstätte" anzusehen und somit eine steuerfreie Erstattung als Reisekosten durch den Arbeitgeber abzulehnen (vgl. BFH, Urteil vom 2.2.1994, BStBl II S. 422, betr. einen Glas- und Gebäudereiniger).

Das Gleiche würde gelten, wenn ein Reisevertreter für einen längeren Zeitraum in einem auswärtigen Einsatzgebiet (z.B. einer Nachbarstadt) tätig wird, dort ein Hotelzimmer mietet und von dort aus täglich seine Kunden aufsucht.

3. Verpflegungsmehraufwendungen

a) Die gesetzlichen Pauschbeträge

Seit 1997 gibt es für **Inlandsdienstreisen** nur noch folgende, nach Dauer der Abwesenheit von der Wohnung **und** vom Betrieb gestaffelte feste Pauschbeträge (§ 4 Abs. 5 Nr. 5 i.v.m. § 9 Abs. 5 EStG): **2044**

Abwesenheit von Wohnung und Betrieb	Pauschbetrag (Inland)
24 Stunden	**24 €**
14 bis unter 24 Stunden	**12 €**
8 bis unter 14 Stunden	**6 €**
unter 8 Stunden	**0 €**

Tritt der Arbeitnehmer die Dienstreise unmittelbar von seiner Wohnung aus an und kehrt er nach Ende der Dienstreise auch unmittelbar in seine Wohnung zurück, ohne nochmals seine regelmäßige Arbeitsstätte aufzusuchen, so gelten die „vollen" Abwesenheitszeiten von der Wohnung.

Höhere Erstattungen des Arbeitgebers müssen versteuert werden. Zahlt der Arbeitgeber ohne Rücksicht auf die im Einzelfall nachgewiesenen Abwesenheitszeiten **„pauschale Reisekostenvergütungen",** sind diese ebenfalls steuerpflichtig, weil nicht festgestellt werden kann, inwieweit die gesetzlichen Voraussetzungen für die Steuerfreiheit erfüllt sind (Mindestabwesenheit acht Stunden).

Für den Ansatz der Pauschbeträge ist **jeder einzelne Kalendertag** zu betrachten, es **gibt keine Unterscheidung zwischen eintägigen und mehrtägigen Dienstreisen.** Maßgebend ist dabei die **Abwesenheitsdauer**

– bei **Dienstreisen** von der **Wohnung und der regelmäßigen Arbeitsstätte (Betrieb),**

– bei **Fahrtätigkeit und Einsatzwechseltätigkeit** zählt dagegen allein die Dauer der Abwesenheit von der Wohnung.

Beispiel 1:

A fährt am 23.4. auf Anordnung seines Arbeitgebers für 4 Tage zur X-Messe. Er fährt morgens um 9 Uhr zu Hause weg, sucht noch kurz die Firma auf, um Werbeprospekte zu holen, und fährt dann weiter zur Messe. Abfahrt vom Betrieb 10.30 Uhr. Er kehrt am 28.4. um 15 Uhr in den Betrieb zurück.

Bei Dienstreisen sind die Abwesenheitszeiten von der Wohnung **und** der regelmäßigen Arbeitsstätte zu berücksichtigen. Dies ergibt

– für den ersten Tag einen Pauschbetrag von nur 6 €, weil die Abwesenheit vom Betrieb zwar acht, aber nicht mindestens 14 Stunden betragen hat (die längere Abwesenheit von der Wohnung „zählt nicht"),

– für den zweiten und dritten Tag jeweils den vollen Pauschbetrag von 24 €, weil die Abwesenheit sowohl vom Betrieb als auch von der Wohnung 24 Stunden betragen hat und

– für den vierten Tag einen Pauschbetrag von 12 €, weil die Abwesenheit (diese beginnt um 0 Uhr) sowohl vom Betrieb als auch von der Wohnung mindestens 14 Stunden betragen hat.

Der Arbeitgeber darf also Mehraufwendungen für Verpflegung von insgesamt 66 € steuerfrei zahlen. Hinzu kommen Fahrt- und Übernachtungskosten.

Beispiel 2:

Außendienstmitarbeiter A fährt von seiner Wohnung täglich um 7 Uhr in den Betrieb, von wo aus er nach Entgegennahme der Aufträge um 9 Uhr mit seiner Außendiensttätigkeit (Dienstreisen) beginnt. Nachmittags fährt er wieder zum Betrieb zurück (Rückkehr im Betrieb 16.30 Uhr), um Kundengelder abzurechnen, und kehrt anschließend zur Wohnung zurück (Ankunft 17 Uhr). Freitags ist er ganztägig im Betrieb tätig, um die Kundenbesuche für die nächste Woche vorzubereiten. Seine Tätigkeit stellt sich daher als Dienstreise dar (R 37 Abs. 2 Satz 3 LStR).

Der Arbeitgeber darf keine steuerfreie Verpflegungspauschale zahlen, weil die Mindestabwesenheitsdauer von acht Stunden von der Wohnung und von der regelmäßigen Arbeitsstätte (Betrieb) nicht erreicht wird. Die Abwesenheit von der Wohnung beträgt zwar mindestens acht Stunden, nicht aber auch die vom Betrieb (nur siebeneinhalb Stunden). Ein Einzelnachweis der tatsächlich entstandenen Verpflegungsmehraufwendungen ist ebenfalls nicht zulässig.

Mehrere Abwesenheitszeiten an einem Kalendertag sind zusammenzurechnen (R 39 Abs. 1 Satz 4 LStR).

Beispiel 3:

Ein Reisevertreter, der seine regelmäßige Arbeitsstätte in der Wohnung hat, besucht zunächst Kunden im Stadtgebiet von Hannover (Dauer vier Stunden), kehrt dann zum Mittagessen nach Hause zurück und besucht nachmittags nochmals Kunden in Nachbargemeinden (Dauer fünf Stunden). Die Abwesenheit von der Wohnung hat insgesamt neun Stunden betragen.

A unternimmt Dienstreisen. Da die Abwesenheitszeiten zusammenzurechnen sind, kann der Arbeitgeber eine steuerfreie Verpflegungspauschale von 6 € zahlen.

b) „Mitternachtsregelung"

2045 Eine **strikte kalendertagbezogene Berechnung** der Abwesenheitszeiten hätte zu Härten geführt, wenn z.B. Berufskraftfahrer **ohne Übernachtung** „die ganze Nacht durchfahren", trotzdem aber an keinem Tag die Mindestabwesenheitsdauer von acht Stunden erreichen. Für solche Fälle hat der Gesetzgeber in § 4 Abs. 5 Nr. 5 Satz 2 EStG eine Sonderregelung (sog. Mitternachtsregelung) getroffen, die eine **Zusammenrechnung der Abwesenheitszeiten** an den einzelnen Tagen erlaubt:

Eine Tätigkeit, die

– **nach 16 Uhr begonnen und vor 8 Uhr des nachfolgenden Kalendertags beendet** wird,

– **ohne dass eine Übernachtung** stattfindet,

ist mit der gesamten Abwesenheitsdauer dem Kalendertag der überwiegenden Abwesenheit zuzurechnen. Diese zwar in erster Linie für Berufskraftfahrer „gedachte" Regelung gilt für alle Auswärtstätigkeiten, also auch für Dienstreisen.

Beispiel 1:

A unternimmt, ohne zu übernachten, eine Dienstreise, die am 5. Mai um 17 Uhr beginnt und am 6. Mai um 7.30 Uhr endet.

A ist an keinem der beiden Tage acht Stunden abwesend, so dass grundsätzlich kein steuerfreier Ersatz von Verpflegungsmehraufwendungen in Betracht kommt. Auf Grund der „Mitternachtsregelung" können jedoch die Reisezeiten zusammengerechnet werden, so dass sich eine Abwesenheitsdauer von insgesamt 14,5 Stunden ergibt. Die gesamte Abwesenheitsdauer wird dem Kalendertag der überwiegenden Abwesenheit (6. Mai) zugerechnet. Es kann somit für den 6. Mai ein Pauschbetrag von 12 € berücksichtigt werden, weil A insgesamt mindestens 14 Stunden abwesend ist.

Beispiel 2:

Wie Beispiel 1, A unternimmt aber am 6. Mai nachmittags noch eine weitere Inlandsdienstreise (von 14 Uhr bis 23.30 Uhr).

Auf Grund der „Mitternachtsregelung" ist die erste gesamte Dienstreise (14,5 Stunden) dem 6. Mai zuzurechnen. Zu diesen Stunden sind die Abwesenheitszeiten der zweiten Dienstreise am 6. Mai noch hinzuzurechnen (neuneinhalb Stunden). Rechnerisch ergeben sich demnach genau 24 Stunden Abwesenheit. Für den 6. Mai kann deshalb der Arbeitgeber einen pauschalen Betrag von 24 € erstatten, obwohl A an diesem Tag nur 17 Stunden unterwegs war.

Beispiel 3:

Wie Beispiel 1 und 2, A unternimmt zu den Dienstreisen am 5. Mai 17 Uhr bis 6. Mai 7.30 Uhr und am 6. Mai 14 Uhr bis 23.30 Uhr schon am 5. Mai morgens von 8 Uhr bis 12 Uhr eine zusätzliche Dienstreise.

Diese vier Stunden Abwesenheit bleiben unberücksichtigt, da insoweit am 5. Mai die Mindestgrenze von acht Stunden nicht erreicht wird. Denn die Zeiten der Dienstreise am 5. Mai ab 17 Uhr werden über die „Mitternachtsregelung" dem 6. Mai zugerechnet.

c) Drei-Monats-Frist

2046 Nach Ablauf von drei Monaten der **Tätigkeit am selben Ort** kann eine Dienstreise nicht mehr angenommen werden. Mithin darf der

Arbeitgeber nach Ablauf dieser Zeit keine Pauschbeträge mehr steuerfrei zahlen.

Auch soweit der Arbeitnehmer am Beschäftigungsort (weiterhin) übernachtet und somit die **Dienstreise in eine „doppelte Haushaltsführung umschlägt"**, ist eine steuerfreie Erstattung von Verpflegungsmehraufwendungen nicht zulässig. Die Drei-Monats-Frist, in der Verpflegungsmehraufwendungen während der Dienstreise-Zeit steuerfrei erstattet werden können, wird auf die Zeit der doppelten Haushaltsführung angerechnet.

Beispiel:

A ist für ein halbes Jahr zu einem auswärtigen Lehrgang abgeordnet worden, er wohnt am Lehrgangsort in einer Gemeinschaftsunterkunft. An den Wochenenden fährt er mit seinem Pkw nach Hause (Abfahrt montags zum Lehrgangsort 7 Uhr, Rückkehr in der Wohnung freitags 16 Uhr).

Die ersten drei Monate stellen eine **Dienstreise** dar, danach wird der Lehrgangsort als zweite regelmäßige Arbeitsstätte angesehen (R 37 Abs. 3 Satz 3 LStR). Da A am Lehrgangsort übernachtet, führt er ab dem vierten Monat einen doppelten Haushalt.

Der Arbeitgeber darf Verpflegungsmehraufwendungen nur in den ersten drei Monaten mit den in Betracht kommenden Pauschbeträgen steuerfrei erstatten, d.h. für „volle Tage" 24 €. Für die Wochenenden, an denen sich A zu Hause aufgehalten hat, dürfen überhaupt keine steuerfreien Pauschalen gezahlt werden. Für Montag und Freitag können lediglich 12 € steuerfrei erstattet werden (Abwesenheit von der Wohnung mindestens 14, aber weniger als 24 Stunden). Nach drei Monaten „schlägt die Dienstreise zwar in eine **doppelte Haushaltsführung**" um, für den steuerfreien Ersatz von Verpflegungsmehraufwendungen beginnt aber keine neue Drei-Monats-Frist (§ 4 Abs. 5 Nr. 5 Satz 6 EStG).

Die Fahrtkosten kann der Arbeitgeber in den ersten drei Monaten (**Dienstreise**) in Höhe der nachgewiesenen Kosten oder pauschal mit 0,30 €/km steuerfrei ersetzen, ab dem vierten Monat (**doppelte Haushaltsführung**) nur noch eine Familienheimfahrt wöchentlich in Höhe der Entfernungspauschale von 0,40 € je Entfernungskilometer (km-Satz also nur 0,20 €).

Würde A den Lehrgangsort täglich aufsuchen, ergäbe sich in den ersten drei Monaten (Dienstreise) keine abweichende Beurteilung. Nach dieser Zeit wären jedoch „normale Wege zwischen Wohnung und Arbeitsstätte" anzunehmen, die vom Arbeitgeber nicht steuerfrei ersetzt werden dürfen. Zulässig wäre allenfalls eine Pauschalversteuerung mit 15 % (§ 40 Abs. 2 Satz 2 EStG).

4. Besonderheiten bei Auslandsreisen

a) Auslandstagegelder

2047 Für Dienstreisen in das Ausland oder innerhalb des Auslands gelten länderweise unterschiedliche Pauschbeträge (sog. **Auslandstagegelder**), die jeweils vom Bundesministerium der Finanzen auf der Grundlage der höchsten Auslandstagegelder nach dem Bundesreisekostengesetz in einem im Bundessteuerblatt Teil I veröffentlichten Schreiben bekannt gemacht werden (vgl. Anhang → *A. Lohnsteuer* Rz. 2801). Für die in der Bekanntmachung nicht erfassten Länder ist der für **Luxemburg** geltende Pauschbetrag maßgebend und für die nicht erfassten Übersee- und Außengebiete eines Landes der für das **Mutterland** geltende Pauschbetrag (R 39 Abs. 3 Satz 2 LStR).

Diese Pauschbeträge sind – ebenso wie die Inlandspauschalen – nach der **Dauer der Abwesenheit** sowohl von der regelmäßigen Arbeitsstätte als auch von der Wohnung **gestaffelt** (das jeweilige BMF-Schreiben enthält für die einzelnen Länder auch die jeweiligen gekürzten Pauschbeträge für Abwesenheiten zwischen acht und 24 Stunden). Auch bei Auslandsreisen ist ein **Einzelnachweis** selbst dann **nicht zulässig**, wenn die erforderliche Mindestabwesenheitszeit von acht Stunden nicht erreicht wird und somit vom Arbeitgeber kein steuerfreier Pauschbetrag gezahlt werden darf.

Für die Frage, welcher Pauschbetrag maßgebend ist, sind **mehrtägige und eintägige Auslandsdienstreisen zu unterscheiden** (vgl. das jeweilige BMF-Schreiben). Denn hiervon hängt ab, welches Auslandstagegeld maßgebend ist:

aa) Eintägige Auslandsdienstreisen

2048 Für eintägige Reisen ins Ausland, die am selben Tag begonnen und beendet werden, ist der Pauschbetrag des „**letzten Tätigkeitsorts**" im Ausland maßgebend, an dem zuletzt die berufliche Tätigkeit ausgeübt worden ist. Sie werden also in ihrer Gesamtheit wie Auslandsreisen behandelt. Je nach Dauer der Abwesenheit ist der gekürzte Pauschbetrag anzusetzen.

Beispiel:

Außendienstmitarbeiter A sucht im Rahmen einer eintägigen Dienstreise zunächst einen Kunden in Frankreich und danach einen in Luxemburg auf. Er fährt um 7 Uhr los und kehrt um 22 Uhr wieder zurück.

Der Arbeitnehmer ist insgesamt 15 Stunden unterwegs. Der Pauschbetrag richtet sich nach dem letzten Tätigkeitsort. Da dieser in Luxemburg liegt, ist für den ganzen Tag das Tagegeld für Luxemburg maßgebend (41 €).

bb) Mehrtägige Auslandsdienstreisen

2049 Bei mehrtägigen Dienstreisen **vom Inland in das Ausland** bestimmt sich der Pauschbetrag nach dem **Ort, den der Arbeitnehmer vor 24 Uhr Ortszeit zuletzt erreicht** hat. Die Feststellung, welcher Ort zuletzt erreicht worden ist, hat besondere Bedeutung für die Länder, für deren Hauptstädte oder andere größere Städte höhere Auslandstagegelder als für das übrige Land gelten, so z.B. für Paris, London, New York.

Für **Rückreisetage** aus dem Ausland in das Inland ist der **Pauschbetrag des letzten Tätigkeitsorts im Ausland** maßgebend. „Tätigkeitsort" ist der Ort, an dem die auswärtige Tätigkeit ausgeübt wird, bei Fahrtätigkeit das Fahrzeug. Für die Feststellung der Abwesenheitszeit sind auch die Zeiten mitzurechnen, die der Arbeitnehmer schon wieder im Inland ist.

Beispiel:

Außendienstmitarbeiter A fährt am Montag um 7 Uhr vom Betrieb weg, um zunächst Kunden in der Schweiz zu besuchen. Anschließend fährt er weiter nach Mailand (Italien), wo er eine mehrtägige Messe besucht. Ankunft Montagabend 23 Uhr. Nach Messeschluss am Freitag fährt er nach Hause, Rückkehr abends 20 Uhr.

Der Arbeitgeber darf für den ersten Tag nur den anteiligen Pauschbetrag für Mailand von 28 € (Abwesenheit mindestens 14 Stunden) steuerfrei ersetzen, weil dies der letzte vor 24 Uhr erreichte Tätigkeitsort ist. Es spielt dabei keine Rolle, dass A auch in der Schweiz tätig wird und für dieses Land höhere Pauschalen gewährt werden. Für Dienstag bis Donnerstag gibt es die vollen Auslandstagegelder für Mailand von 41 €. Auch für den Rückreisetag (Freitag) kann noch das für Mailand geltende anteilige Auslandstagegeld von 28 € gewährt werden (Abwesenheit mindestens 14 Stunden). Unerheblich ist, dass die 14 Stunden nicht voll in Mailand verbracht worden sind, sondern die gesamte Heimreise durch die Schweiz und Deutschland umfassen.

Ein „Inlandstagegeld" kann daneben nicht gewährt werden.

b) Zusammentreffen von Inlands- und Auslandsreisen

2050 **Mehrere Abwesenheitszeiten** auf Grund mehrerer Dienstreisen an einem Kalendertag sind **zusammenzurechnen**. Führt dabei nur **eine Reise ins Ausland**, kann gleichwohl das höhere Auslandstagegeld angesetzt werden, selbst wenn die **überwiegende Zeit im Inland verbracht** wird (R 39 Abs. 3 Satz 3 LStR).

Beispiel 1:

A, Handelsvertreter mit Wohnort in Konstanz, unternimmt vormittags eine Dienstreise in die Schweiz (Dauer: fünf Stunden), zum Mittagessen ist er wieder zurück. Nachmittags unternimmt er eine weitere Dienstreise nach Ulm (Dauer: vier Stunden).

Die Abwesenheitszeiten sind zusammenzurechnen: Es ergibt sich eine Gesamtabwesenheitszeit von neun Stunden, so dass der Arbeitgeber für diesen Tag die steuerfreie Verpflegungspauschale für Abwesenheiten zwischen acht und 14 Stunden zahlen darf. Maßgebend ist hier das Auslandstagegeld für die Schweiz von 15 €.

Beispiel 2:

A, Kundendiensttechniker, dessen regelmäßige Arbeitsstätte der Betrieb ist, wird zu einer Reparatur nach Belgien gerufen, die unbedingt in der Nacht durchgeführt werden muss (keine Übernachtung). Er beginnt seine Dienstreise nach Belgien am ersten Tag um 22 Uhr und kehrt am zweiten Tag um 6 Uhr zurück. Am zweiten Tag unternimmt er in der Zeit von 14 bis 20 Uhr eine weitere Dienstreise, allerdings nur im Inland.

Die am ersten Tag begonnene Dienstreise ist nach der „Mitternachtsregelung" mit ihrer gesamten Abwesenheitszeit von acht Stunden dem zweiten Tag zuzuordnen. Da A am zweiten Tag eine weitere Dienstreise (Abwesenheit sechs Stunden) unternimmt, beträgt die gesamte Abwesenheitszeit an diesem Tag 14 Stunden. Es ist daher für die gesamte Abwesenheitszeit von 14 Stunden das Auslandstagegeld für Belgien anzusetzen (das sind hier 28 €), auch wenn A tatsächlich nur acht Stunden in Belgien verbracht hat.

Diese Betrachtung erscheint recht **großzügig**, weil auch bei nur kurzem Aufenthalt im Ausland ggf. für den ganzen Tag das höhere Auslandstagegeld zum Ansatz kommen kann. Dies wird aber auch bei einer zusammenhängenden Dienstreise, bei der die Tätigkeitsorte sowohl im Inland als auch im Ausland liegen, in Kauf genommen. Denn maßgebend ist in solchen Fällen das Auslandstagegeld für den letzten Tätigkeitsort im Ausland.

Entsprechendes gilt, wenn eine Dienstreise in **mehrere benachbarte Länder** führt.

Beispiel 3:

Sachverhalt wie Beispiel 2, jedoch führt die zweite Reise in die Niederlande.

Auch hier sind beide Auslandsreisen hinsichtlich der Abwesenheitszeit zusammenzurechnen (15 Stunden) und dem zweiten Tag der überwiegenden Abwesenheit zuzurechnen. Anzusetzen ist das Tagegeld für den letzten Tätigkeitsort im Ausland, also für die Niederlande (28 €).

c) Flugreisen

Auch bei Flugreisen gelten grundsätzlich die Regelungen für eintägige und mehrtägige Auslandsdienstreisen, d.h. maßgebend ist grundsätzlich der Pauschbetrag für das Land, das der Arbeitnehmer **vor 24 Uhr Ortszeit zuletzt erreicht**. Abzustellen ist dabei auf den Zeitpunkt, in dem das **Flugzeug landet**, **Zwischenlandungen** bleiben **unberücksichtigt** (R 39 Abs. 3 Satz 4 Nr. 1 LStR). 2051

Beispiel 1:

Beginn der Dienstreise in München 4 Uhr, Abflug in Frankfurt 8 Uhr, Zwischenlandung in London 10 Uhr, Weiterflug um 12 Uhr nach New York und Landung dort um 19 Uhr (Ortszeit 13 Uhr).

Für den gesamten Tag mit einer Abwesenheit von 4 Uhr bis 24 Uhr (20 Stunden) ist das Auslandstagegeld für New York von 42 € (14 bis 24 Stunden) anzusetzen. Die Zwischenlandung in London bleibt außer Betracht.

Für den **Abflugtag** kommt ein Auslandstagegeld somit nur in Betracht, wenn das Flugzeug vor 24.00 Uhr Ortszeit tatsächlich in einem ausländischen Staat landet, in dem der Arbeitnehmer seine berufliche Tätigkeit ausüben soll oder den Flug zwecks Übernachtung unterbricht. Erstreckt sich der **Flug über zwei Kalendertage**, kommt für den ersten Tag nur die **Inlandspauschale** in Betracht, wenn der Abflughafen im Inland liegt. Erstreckt sich eine Flugreise über mehr als zwei Kalendertage, so ist für die Tage, die zwischen dem Tag des Abflugs und dem Tag der Landung liegen, das für Österreich geltende Tagegeld maßgebend (R 39 Abs. 3 Satz 4 Nr. 1 Satz 2 LStR).

Beispiel 2:

Sachverhalt wie Beispiel 1, auf Grund von Verspätungen startet das Flugzeug in London jedoch erst um 24 Uhr und landet um 7 Uhr des nächsten Tages in New York (Ortszeit 1 Uhr).

Für den Abflugtag ist noch die Inlandspauschale von 12 € anzusetzen. Die höhere Auslandspauschale kommt erstmals für den zweiten Tag in Betracht.

Beispiel 3:

A fährt von Ulm nach Zürich und fliegt von dort nach New York, Ankunft am Folgetag.

Für den Abflugtag ist das Auslandstagegeld für die Schweiz maßgebend, weil Zürich der letzte Ort ist, den A vor 24 Uhr erreicht hat.

Für den Ansatz der nach Abwesenheitszeiten gekürzten Auslandstagegelder ist die Abwesenheitsdauer von der regelmäßigen Arbeitsstätte und von der Wohnung im Inland maßgebend; die **Ortszeit hat hierfür keine Bedeutung**.

Beispiel 4:

A fliegt am 1. Mai von Frankfurt über London (Zwischenlandung) nach New York, Antritt der Dienstreise von der Wohnung aus um 4 Uhr, Abflug 8 Uhr, Ankunft New York 18 Uhr (12 Uhr Ortszeit).

Es ist das Auslandstagegeld für New York anzusetzen, weil A diese Stadt vor 24 Uhr Ortszeit zuletzt erreicht hat. Die Zwischenlandung in London bleibt unberücksichtigt. A war an diesem Tag mindestens 14 Stunden von seiner Wohnung abwesend, es kommt daher ein gekürztes Auslandstagegeld von 42 € in Betracht. Die Ortszeit in New York hat für die Berechnung der Abwesenheitsdauer keine Bedeutung.

Beispiel 5:

Wie Beispiel 4, A fliegt jedoch noch am 1. Mai weiter nach Brasilien, Ankunft dort am 2. Mai um 6 Uhr (Ortszeit 2 Uhr).

Für den 1. Mai kann nur ein Inlandstagegeld von 12 € angesetzt werden (Abwesenheit mindestens 14 Stunden). Es spielt keine Rolle, dass das Flugzeug am 1. Mai vor 24 Uhr in New York zwischengelandet war.

Für den 2. Mai gilt das volle Auslandstagegeld für Brasilien, weil A dieses Land vor 24 Uhr zuletzt erreicht hat und er an diesem Tag von seiner Wohnung bzw. regelmäßigen Arbeitsstätte volle 24 Stunden abwesend war.

Beispiel 6:

Wie Beispiel 5, A fliegt jedoch von Brasilien weiter nach Argentinien. Ankunft dort am 3. Mai um 8 Uhr.

Es handelt sich hier um eine Flugreise, die sich über mehr als zwei Kalendertage erstreckt. Für den Tag zwischen Abflug (1. Mai) und Landung (3. Mai), also für den 2. Mai, ist das Auslandstagegeld für Österreich von 35 € anzusetzen. Für den 1. Mai ist die Inlandspauschale und den 3. Mai das volle Auslandstagegeld für Argentinien anzusetzen. Die Zwischenlandung in Brasilien bleibt außer Betracht.

Für **Rückreisetage von einer mehrtägigen Flugreise und für eintägige Flugreisen** in das Ausland ist das Auslandstagegeld für den letzten Tätigkeitsort im Ausland maßgebend. Zwischenlandungen bleiben auch hier unberücksichtigt.

Beispiel 7:

A fliegt am 1. Mai um 12 Uhr (Ortszeit 6 Uhr) von einer Dienstreise nach New York zurück nach Frankfurt, Ende der Dienstreise am Wohnort um 22 Uhr.

Für diesen Tag kann noch das Auslandstagegeld für New York von 42 € angesetzt werden (Abwesenheit von 0 Uhr bis 22 Uhr, also 22 Stunden).

Beispiel 8:

Wie Beispiel 7, A fliegt jedoch über Island und ist erst am 2. Mai um 3 Uhr zu Hause.

Die Zwischenlandung in Island bleibt unberücksichtigt, für den 1. Mai gilt also noch das Auslandstagegeld für New York. Hier kann das volle Auslandstagegeld von 63 € gewährt werden, weil die Abwesenheit vom Betrieb bzw. der Wohnung 24 Stunden betragen hat. Für den 2. Mai kann kein Pauschbetrag gewährt werden, weil die Mindestabwesenheit von acht Stunden nicht erreicht wird.

Desgleichen gelten für Flugreisen die **„Mitternachtsregelung"** (der Aufenthalt im Flugzeug gilt nicht als Übernachtung) und die Regelungen für das **Zusammentreffen von Auslands- und Inlandsdienstreisen.**

Beispiel 9:

A, Marketingleiter, besucht am 1. Mai von 8 bis 12 Uhr eine Messe in Köln. Am Nachmittag (17 Uhr) fliegt er zu Kundengesprächen nach London. Noch am selben Abend (22 Uhr) fliegt er zurück. Rückkehr in die Wohnung am 2. Mai um 6 Uhr.

Da die Flugreise nach London (ohne Übernachtung) nach 16 Uhr begonnen und vor 8 Uhr des nachfolgenden Tages beendet worden ist, ist die „Mitternachtsregelung" anzuwenden. Der Aufenthalt im Flugzeug gilt nicht als „Übernachtung", selbst wenn A geschlafen haben sollte. Die Abwesenheitsdauer von sechs Stunden am 2. Mai ist dem Tag der überwiegenden Abwesenheit, also dem 1. Mai, zuzurechnen. Die Dienstreise des A nach London hat somit insgesamt 13 Stunden gedauert; hierfür wäre an sich das Auslandstagegeld für London von 19 € anzusetzen.

Hier kommt aber die weitere Besonderheit hinzu, dass A am 1. Mai eine zweite Dienstreise von vier Stunden Dauer unternommen hat, die mit der London-Reise zusammenzufassen ist. Es kommt mithin für eine insgesamt 17-stündige Abwesenheit das Auslandstagegeld für London von 38 € zur Anwendung.

Der Arbeitgeber kann bei Flugreisen die **Fahrtkosten** und daneben **Verpflegungsmehraufwendungen** pauschal ersetzen, auch wenn der Flugpreis bereits die Bordverpflegung beinhaltet. Eine Kürzung der Verpflegungspauschalen ist deshalb nicht vorzunehmen.

Auch eine Versteuerung der an Bord eingenommenen **Verpflegung als Sachbezug entfällt**, weil diese Mahlzeiten nicht vom Arbeitgeber oder auf dessen Veranlassung von einem Dritten ab-

gegeben werden; der Arbeitgeber hat darauf keinen Einfluss (R 31 Abs. 7 LStR sowie BMF-Schreiben vom 5.6.1996, BStBl I S. 656).

Eine steuerfreie **Übernachtungspauschale** darf jedoch für die Dauer der Benutzung von Beförderungsmitteln (dazu gehören auch Flugzeuge) nicht angesetzt werden (R 40 Abs. 2 Satz 6 LStR).

d) Schiffsreisen

Bei **Schiffsreisen** kann der Arbeitgeber – wie bei Flugreisen – zusätzlich zum Fahrpreis ebenfalls Verpflegungspauschalen als Reisekosten steuerfrei ersetzen. Maßgebend ist **2052**

– für die **Tage der Einschiffung und Ausschiffung** das für den **Hafenort** geltende Tagegeld und

– für die **übrige Zeit** (Tage „auf See") das für **Luxemburg** geltende Tagegeld (R 39 Abs. 3 Satz 4 Nr. 2 LStR).

Im Übrigen gelten die gleichen Grundsätze wie für Flugreisen (keine Kürzung der Verpflegungspauschalen, keine Versteuerung der Bordverpflegung, keine Übernachtungspauschale).

Beispiel:

A fährt mit dem Schiff am 1. Mai zu einem Kongress nach Oslo. Beginn der Dienstreise in München 9 Uhr, Abfahrt des Schiffes in Travemünde um 20 Uhr, Ankunft in Oslo am 3. Mai um 12 Uhr.

Für den Tag der Einschiffung (1. Mai) gelten die Inlandspauschbeträge, hier also 12 € (Abwesenheit über 14 Stunden). Für den Tag „auf See" (2. Mai) gilt der Auslandspauschbetrag für Luxemburg, also 41 €. Für den 3. Mai gilt der Auslandspauschbetrag für Norwegen von 57 €.

5. Unentgeltliche Mahlzeitengewährung (Allgemeine Grundsätze)

Die Pauschbeträge für Verpflegungsmehraufwendungen werden **2053** seit 1996 auch dann **nicht mehr gekürzt**, wenn der Arbeitnehmer während einer Dienstreise **unentgeltliche oder verbilligte Mahlzeiten** vom Arbeitgeber oder auf dessen Veranlassung von einem Dritten erhalten hat (R 39 Abs. 1 Satz 3 LStR). Entsprechendes gilt für die Fahrtätigkeit und Einsatzwechseltätigkeit.

Um aber einen **doppelten steuerlichen Vorteil** (voller steuerfreier Pauschbetrag und unentgeltliche Mahlzeitengestellung) **zu vermeiden**, wird „als Ausgleich" ab 1996 die unentgeltliche Mahlzeitengestellung versteuert. Da aber der Wert der Mahlzeiten kaum ermittelt werden kann, werden die Mahlzeiten aus Vereinfachungsgründen mit den **amtlichen Sachbezugswerten bewertet**, die an sich nur für „Kantinenessen" gelten (R 31 Abs. 8 Nr. 2 LStR).

Einzelheiten hierzu siehe → *Mahlzeiten aus besonderem Anlass* Rz. 1686.

6. Abgrenzung unentgeltliche – entgeltliche Mahlzeitengewährung

Zur Abgrenzung der unentgeltlichen – entgeltlichen Mahlzeitengewährung bei einer Auswärtstätigkeit siehe → *Mahlzeiten aus besonderem Anlass* Rz. 1692. **2054**

7. Konkurrenzregelungen

Soweit für denselben Kalendertag Verpflegungsmehraufwendungen wegen einer Dienstreise, Fahrtätigkeit oder Einsatzwechseltätigkeit oder wegen einer doppelten Haushaltsführung anzuerkennen sind, darf der Arbeitgeber nur jeweils den **höchsten Pauschbetrag** steuerfrei zahlen (R 39 Abs. 2 LStR). **2055**

Beispiel:

A, Mitarbeiter einer Bausparkasse, ist an eine auswärtige Filiale versetzt worden und hat am Arbeitsort ein Zimmer gemietet. An einigen Tagen ist er im Außendienst tätig (Abwesenheit acht bis 14 Stunden).

A erfüllt zunächst die Voraussetzungen der **doppelten Haushaltsführung**. Der Arbeitgeber kann somit in den ersten drei Monaten für „volle" Abwesenheit Mehraufwendungen für Verpflegung mit einem Pauschbetrag von 24 € (wie bei Dienstreisen) steuerfrei zahlen.

Für die Zeit, in denen er im Außendienst ist, stehen ihm auch die Pauschbeträge für **Dienstreisen** zu (bei einer Abwesenheit von acht bis 14 Stunden 6 € täglich). Der Arbeitgeber darf hier aber nur den höchsten in Betracht kommenden Pauschbetrag von 24 € steuerfrei zahlen.

8. Übernachtungskosten

a) Allgemeines

2056 Der Arbeitgeber kann dem Arbeitnehmer die Kosten für die Unterkunft am auswärtigen Beschäftigungsort in der **nachgewiesenen Höhe** steuerfrei erstatten.

Steht eindeutig fest, dass der Arbeitnehmer z.B. in Gasthäusern übernachtet hat, hat er jedoch die Belege verloren, so können die **geschätzten Übernachtungskosten** steuerfrei erstattet werden; vgl. H 40 (Übernachtungen im Inland) LStH sowie zuletzt BFH, Urteil vom 12.9.2001, BStBl II 2001 S. 775.

b) Kürzung um Frühstücksanteil

2057 Häufig enthält eine **Hotelrechnung** neben den Kosten der Unterkunft auch die **Kosten des Frühstücks**. Dieses muss dann aus der Rechnung „herausgerechnet" werden, weil es zu den Verpflegungskosten gehört und ggf. mit dem dafür in Betracht kommenden Pauschbetrag abgegolten ist. Kommt ein Verpflegungspauschbetrag nicht in Betracht, weil z.B. die erforderliche Mindestabwesenheit von acht Stunden nicht erreicht wird, sind die vom Arbeitgeber erstatteten Frühstückskosten zu versteuern, bei Abgabe auf Veranlassung des Arbeitgebers mit dem Sachbezugswert.

Beispiel 1:

A ist am 2.1. um 18 Uhr zu einer geschäftlichen Besprechung gefahren. Da es spät geworden ist, hat er am Besprechungsort übernachtet. Nach dem Frühstück ist er unmittelbar in den Betrieb gefahren, Rückkehr am 3.1. um 7 Uhr. A legt seinem Arbeitgeber die Hotelrechnung vor (darin ausgewiesen Übernachtung 100 €, zusätzlich Frühstück 15 €), die dieser erstattet.

Da an beiden Tagen die Mindestabwesenheit von acht Stunden nicht erreicht ist, darf der Arbeitgeber keine steuerfreien Verpflegungspauschalen zahlen. Die „Mitternachtsregelung" findet keine Anwendung, da A übernachtet hat. Die vom Arbeitgeber erstatteten Frühstückskosten von 15 € sind somit als Arbeitslohn zu versteuern. Steuerfrei ist dagegen die Erstattung der „reinen" Übernachtungskosten von 100 €.

Ersetzt der Arbeitgeber die Übernachtungskosten und den gesondert ausgewiesenen Betrag für das Frühstück, wird daneben bei hohen Frühstückspreisen angesichts der niedrigen Pauschalen für Abwesenheiten unter 24 Stunden häufig kein steuerfreies Tagegeld mehr gezahlt werden können.

Beispiel 2:

A beginnt eine Dienstreise am 1. Mai um 8 Uhr und beendet sie am 2. Mai um 15 Uhr. Er legt seinem Arbeitgeber die Hotelrechnung für die Übernachtung vom 1. auf den 2. Mai über 150 € vor, die sich zusammen aus Übernachtung 135 € und Frühstück 15 €. Der Arbeitgeber erstattet die gesamte Hotelrechnung (einschließlich Frühstück) und zahlt zusätzlich für beide Tage ein Tagegeld in Höhe des steuerlichen Pauschbetrags von jeweils 12 € (Abwesenheit an beiden Tagen mindestens 14, aber weniger als 24 Stunden).

Für den **ersten Tag** sind die Voraussetzungen für die Zahlung einer steuerfreien Verpflegungspauschale erfüllt.

Wenn der Arbeitgeber jedoch die Hotelrechnung und damit für den **zweiten Tag** auch das Frühstück von 15 € erstattet, hat er für diesen Tag bereits 3 € zu viel erstattet. Dieser Betrag muss ebenso wie das zusätzlich gezahlte Tagegeld von 12 € für den zweiten Tag versteuert werden (insgesamt also 15 €).

c) Frühstück auf Veranlassung des Arbeitgebers

2058 Hiervon zu unterscheiden ist der Fall, dass der Arbeitnehmer **auf Veranlassung des Arbeitgebers von einem Dritten ein Frühstück unentgeltlich oder teilentgeltlich erhält**. Vgl. zu den Voraussetzungen → *Mahlzeiten aus besonderem Anlass* Rz. 1686.

Beispiel:

Ein Stuttgarter Unternehmen hat eine Niederlassung in Dresden. Da es absehbar ist, dass Arbeitnehmer aus Stuttgart mehrfach Dienstreisen nach Dresden unternehmen werden, wird mit dem Hotel X ein Vertrag geschlossen, wonach der Arbeitgeber einen Sonderpreis erhält. Die Übernachtung kostet 80 € (ohne Frühstück). Vor Antritt der Dienstreise wird vom Arbeitgeber für den Arbeitnehmer ein Zimmer mit Frühstück bestellt. Der

Arbeitnehmer zahlt die Hotelrechnung zunächst selbst und bekommt den Betrag von seinem Arbeitgeber erstattet.

Hat der Arbeitnehmer auf Grund der vor Antritt der Dienstreise bestehenden Vertragsbeziehung auf Veranlassung des Arbeitgebers von einem Dritten (Hotel) ein Frühstück unentgeltlich erhalten, ist dem steuerpflichtigen Arbeitslohn des Arbeitnehmers ein geldwerter Vorteil in Höhe von 1,40 € zuzurechnen. Im Übrigen kann der Arbeitgeber dem Arbeitnehmer die Hotelrechnung über 80 € als steuerfreien Auslagenersatz nach § 3 Nr. 50 EStG ersetzen. Eine Kürzung um 4,50 € ist nicht vorzunehmen. Daneben können Verpflegungsmehraufwendungen in Höhe der steuerlich zulässigen Pauschalen ungekürzt steuerfrei ersetzt werden.

d) Schätzung der Frühstückskosten

Lässt sich der **Preis für das Frühstück nicht genau feststellen**, so ist zur Ermittlung der „reinen" Übernachtungskosten der Gesamtpreis wie folgt zu kürzen: **2059**

- bei einer Übernachtung im **Inland um 4,50 €** und

- bei einer Übernachtung **im Ausland um 20 %** des für den Unterkunftsort maßgebenden **Pauschbetrags** für Verpflegungsmehraufwendungen bei einer mehrtägigen Dienstreise (R 40 Abs. 1 Satz 4 LStR).

Beispiel 1:

Arbeitnehmer A übernachtet während einer Dienstreise am 2./3. September in einem Hotel, das er sich selbst aussucht. Dauer der Abwesenheit von der Wohnung und vom Betrieb am 2. September 15 Stunden, am 3. September zehn Stunden. Die Hotelrechnung von 80 €, in der das Frühstück nicht gesondert ausgewiesen ist, zahlt der Arbeitnehmer selbst und legt anschließend die Rechnung seinem Arbeitgeber B vor.

Arbeitgeber B muss – um die „reinen" Übernachtungskosten zu ermitteln – von der Hotelrechnung 4,50 € Frühstückskosten abziehen (R 40 Abs. 1 Satz 4 Nr. 1 LStR). Er kann also steuerfrei erstatten

• Übernachtungskosten 80 € ∕ 4,50 € Frühstück	75,50 €
• Mehraufwendungen für Verpflegung (einschließlich Frühstück)	
– für den ersten Tag (Abwesenheit 14 bis 24 Stunden)	12,00 €
– für den zweiten Tag (Abwesenheit 8 bis 14 Stunden)	6,00 €
zusammen also	93,50 €

Beispiel 2:

Wie Beispiel 1, der Arbeitnehmer lässt jedoch die Rechnung unmittelbar vom Hotel an den Arbeitgeber schicken. Dieser überweist den Betrag von 80 € an das Hotel.

Es ergeben sich dieselben steuerlichen Folgen wie im Beispiel 1: Der Vorgang ist so zu behandeln, als habe der Arbeitnehmer die Rechnung selbst beglichen und sich dann vom Arbeitgeber erstatten lassen (sog. **abgekürzter Zahlungsweg**). Auch wenn der Arbeitgeber die Rechnung bezahlt hat, handelt es sich nicht um eine unentgeltliche Mahlzeitengestellung auf Veranlassung des Arbeitgebers oder von einem Dritten, die mit dem Sachbezugswert zu versteuern wäre. Auch die Verpflegungspauschalen können in voller Höhe angesetzt werden, weil diese seit 1996 selbst bei unentgeltlich gestellten Mahlzeiten nicht mehr gekürzt werden.

Bei Übernachtungen im Ausland ist in der Hotelrechnung in den meisten Fällen der Preis für das **Frühstück nicht enthalten**. Dies gilt oftmals auch für Übernachtungen in Hotels ausländischer Hotelketten in Deutschland. Die Finanzämter sind angewiesen, von einer Kürzung der Übernachtungskosten um einen (unterstellten) Frühstücksanteil nach R 40 Abs. 1 Satz 4 LStR abzusehen, wenn der Dienstreisende auf der **Hotelrechnung handschriftlich vermerkt**, dass in den Übernachtungskosten das Frühstück nicht enthalten ist (OFD Erfurt, Verfügung vom 5.3.2001, DB 2001 S. 897).

e) Mitnahme von Angehörigen

Benutzt der Arbeitnehmer ein **Mehrbettzimmer** gemeinsam mit **2060** Personen, die zu seinem **Arbeitgeber in keinem Dienstverhältnis** stehen (also insbesondere bei Mitnahme des Ehegatten usw.), so gilt Folgendes (R 40 Abs. 1 Sätze 2 und 3 LStR sowie FinMin Sachsen, Erlass vom 18.2.1992, DB 1992 S. 609):

- Schläft der Arbeitnehmer mit seinem Ehegatten usw. in einem Doppelzimmer, kann der Arbeitgeber die **fiktiven Kosten für ein Einzelzimmer** steuerfrei ersetzen.

– Schläft der Arbeitnehmer mit seinem Ehegatten usw. in einem **Einzelzimmer**, so können nur die „normalen" Kosten für das Einzelzimmer steuerfrei ersetzt werden. **Zusätzliche Kosten**, insbesondere für das Bereitstellen eines zweiten Bettes, müssen außer Betracht bleiben.

– Wird **nicht zwischen Einzel- und Doppelzimmer unterschieden** und ist – unabhängig von der Zahl der im Zimmer übernachtenden Personen – ein einheitlicher Zimmerpreis zu entrichten, so kann dieser ohne Kürzung vom Arbeitgeber steuerfrei erstattet werden.

Beispiel:

A nimmt seine Ehefrau mit auf eine Dienstreise nach München. Das Doppelzimmer kostet ohne Frühstück 150 €, für ein Einzelzimmer hätte A 100 € bezahlen müssen.

Der Arbeitgeber darf A die fiktiven Einzelzimmerkosten von 100 € steuerfrei erstatten.

Führt auch die **weitere Person eine Dienstreise** durch, so sind die tatsächlichen Unterkunftskosten gleichmäßig aufzuteilen, bei Belegung mit zwei Personen also zu halbieren.

f) Pauschalen

2061 Der Arbeitgeber darf dem Arbeitnehmer für **jede Übernachtung im Inland einen Pauschbetrag von 20 €** steuerfrei zahlen, sofern der Arbeitnehmer die **Unterkunft nicht vom Arbeitgeber** oder auf Grund seines Dienstverhältnisses von einem Dritten **unentgeltlich oder teilentgeltlich erhalten** hat (R 40 Abs. 3 Sätze 1 und 2 LStR).

Die unentgeltliche Übernachtung bei **Bekannten** ist unerheblich.

Beispiel 1:

A übernachtet in einem Vertragshotel seines Arbeitgebers unentgeltlich. Der Arbeitgeber hat für A ein Zimmer mit Frühstück bestellt, die Rechnung wird vom Hotel direkt an den Arbeitgeber geschickt.

A hat die Unterkunft auf Veranlassung seines Arbeitgebers erhalten. Ein steuerfreies pauschales Übernachtungsgeld darf daher nicht zusätzlich gezahlt werden. Der Wert des Frühstücks ist mit dem Sachbezugswert von 1,40 € zu versteuern.

Beispiel 2:

A unternimmt eine Dienstreise von Bonn nach Berlin und übernachtet dort kostenlos bei Bekannten.

In diesem Fall darf der Arbeitgeber die Übernachtungspauschale von 20 € steuerfrei zahlen, da der Arbeitnehmer die Unterkunft nicht auf Grund seines Dienstverhältnisses vom Arbeitgeber oder von einem Dritten unentgeltlich erhalten hat. Die kostenlose Unterkunft beruht nicht auf dem Arbeitsverhältnis.

Die Pauschalen können auch angesetzt werden, wenn tatsächlich geringere Übernachtungskosten entstanden sind – der Differenzbetrag ist dann steuerfrei (vgl. dazu BFH, Urteil vom 12.9.2001, BStBl II 2001 S. 775). Nach diesem Urteil muss der Arbeitnehmer jedoch, wenn er in seiner **Einkommensteuererklärung höhere Aufwendungen als Werbungskosten** geltend macht, seine Übernachtungskosten nachweisen, wenn der Arbeitgeber auf Grund eines Tarifvertrags für Unterkunft und Verpflegung ohne Lohnsteuerabzug weniger erstattet, als es ihm nach den LStR möglich wäre. Die Übernachtungskosten dürfen auch nicht in Höhe der tarifvertraglich vereinbarten Übernachtungskosten oder der Pauschalen geschätzt werden.

g) Pauschalierte Gesamt-Reisekosten

2062 Verpflegungsmehraufwendungen und Übernachtungskosten können somit bei Inlandsreisen für „volle Reisetage" (Abwesenheit 24 Stunden) mit **44 €** steuerfrei erstattet werden (24 € für Verpflegung und 20 € für Übernachtung). Zu beachten ist,

– dass für den **An- und Abreisetag** nur die geringeren Verpflegungspauschalen von 6 € oder 12 € gewährt werden können

– und bei einer länger andauernden Dienstreise an **derselben Tätigkeitsstätte** (z.B. Lehrgang) die steuerfreie Erstattung von Verpflegungsmehraufwendungen nur für **längstens drei Monate** zulässig ist.

h) Auslandsreisen

Für Übernachtungen im Ausland werden entsprechend der Regelung für Verpflegungsmehraufwendungen vom Bundesministerium der Finanzen **Pauschbeträge auf der Grundlage der höchsten Auslandsübernachtungsgelder nach dem Bundesreisekostengesetz** festgesetzt (vgl. Anhang → A. Lohnsteuer Rz. 2801). Es gelten die gleichen Grundsätze wie für die Auslandstagegelder, maßgebend ist z.B. der Pauschbetrag für den Ort, den der Arbeitnehmer vor 24 Uhr Ortszeit zuletzt erreicht. Hinzuweisen ist ferner darauf, dass die Auslandsübernachtungsgelder – abweichend vom Inlandspauschbetrag von 20 € – vom Arbeitnehmer auch als **Werbungskosten** abgesetzt werden können. 2063

Steuerfreie Auslandsübernachtungsgelder dürfen vom Arbeitgeber allerdings **nicht gezahlt** werden, wenn der Arbeitnehmer die Unterkunft vom **Arbeitgeber** oder auf Grund seines Dienstverhältnisses von einem Dritten **unentgeltlich oder teilentgeltlich** erhalten hat.

Ferner dürfen die vom Arbeitgeber steuerfrei gezahlten Auslandsübernachtungsgelder beim Arbeitnehmer nicht zu einer **offensichtlich unzutreffenden Besteuerung** führen, wie dies z.B. bei Unterbringung in einer **Gemeinschaftsunterkunft** (z.B. bei Klassenfahrten) der Fall sein kann; vgl. H 40 (Übernachtungen im Ausland) LStH m.w.N. Anders als beim Ersatz von Fahrtkosten mit dem pauschalen km-Satz von 0,30 € hat der **Arbeitgeber die „unzutreffende Besteuerung" hier zu prüfen.**

i) Bahn-, Flug- und Schiffsreisen

Für die **Dauer der Benutzung von Beförderungsmitteln** darf ein **Übernachtungsgeld nicht angesetzt** werden (auch nicht bei Benutzung eines **Schlafwagens oder einer Schiffskabine)**, die steuerfreie Zahlung des Pauschbetrags für eine Übernachtung im Fahrzeug ist nicht zulässig. Der Arbeitgeber darf nur dann einen steuerfreien Pauschbetrag zahlen, wenn die **Übernachtung in einer anderen Unterkunft begonnen oder beendet** worden ist (R 40 Abs. 3 Sätze 3 und 4 LStR). 2064

Beispiel 1:

Handelsvertreter A fährt mit dem Zug abends 23 Uhr von Passau nach Hannover (Ankunft 6 Uhr). Er schläft in einem Liegewagen.

Der Arbeitgeber darf zwar keine steuerfreie Übernachtungspauschale, aber die gesamten Fahrtkosten einschließlich der Zuschläge für den Liegewagen steuerfrei ersetzen.

Beispiel 2:

A hat vor der Rückfahrt (3 Uhr) mit der Bahn von einer mehrtägigen Dienstreise in einem Hotel geschlafen. Er hat einen Schlafwagenplatz gebucht, um dort weiterzuschlafen.

Der Arbeitgeber kann – wenn er die Pauschalregelung in Anspruch nehmen will – nur für die Übernachtung im Hotel eine Übernachtungspauschale von 20 € steuerfrei zahlen. Er kann aber auch die tatsächlichen Hotelkosten sowie die gesamten Kosten der Bahnfahrt einschließlich des Zuschlags für den Schlafwagen steuerfrei ersetzen.

k) Wahlrecht zwischen Pauschale und Einzelnachweis

Bei einer **mehrtägigen** Dienstreise konnten früher die Übernachtungskosten **für sämtliche Reisetage** entweder nur mit den **Pauschbeträgen oder bis zur Höhe der einzeln nachgewiesenen Übernachtungskosten** steuerfrei ersetzt werden. Ein Wechsel des Verfahrens war bei **derselben Reise** nicht zulässig (R 40 Abs. 3 Satz 5 LStR 2000). Diese Regelung ist **ab 1.1.2001 gestrichen** worden, nunmehr ist also ein Wechsel zulässig. 2065

Beispiel:

A macht eine zweiwöchige Dienstreise nach Berlin. Eine Woche übernachtet er im Hotel, die zweite unentgeltlich bei Bekannten.

Der Arbeitgeber kann für die tatsächlichen Kosten der Hotelübernachtung und für die übrigen Übernachtungen die Pauschale steuerfrei zahlen.

Daneben kann er Mehraufwendungen für Verpflegung mit den hierfür in Betracht kommenden Pauschbeträgen steuerfrei erstatten.

l) Werbungskostenabzug

Soweit der Arbeitgeber keine oder nur die geringen Übernachtungspauschalen steuerfrei ersetzt hat, kann der Arbeitnehmer 2066 nur **nachgewiesene höhere Übernachtungskosten als Werbungskosten** absetzen (R 40 Abs. 2 Satz 1 LStR). Denn anders als beim Arbeitgeberersatz von Übernachtungskosten und auch beim Werbungskostenabzug von Verpflegungsmehraufwendungen gibt es für den Werbungskostenabzug von Übernachtungskosten – ausgenommen bei Dienstreisen ins Ausland (R 40 Abs. 2 Satz 2 LStR) – keine Pauschalen; der Bundesfinanzhof hat dies bestätigt (BFH, Urteil vom 12.9.2001, BStBl II 2001 S. 775). Sind jedoch unstreitig Übernachtungskosten entstanden und kann lediglich der Nachweis nicht erbracht werden, sind die als Werbungskosten abzugsfähigen **Übernachtungskosten zu schätzen**. Hierbei sind weder die für den Arbeitgeberersatz bestimmten Übernachtungspauschalen noch tarifvertragliche Bestimmungen über die Höhe von Auslösungsbeträgen maßgeblich (BFH, Urteil vom 12.9.2001, BStBl II 2001 S. 775).

9. Reisenebenkosten

2067 Als Reisenebenkosten können nach R 40a Abs. 1 LStR sowie H 40a LStH z.B. **steuerfrei erstattet** werden Aufwendungen für

– **Beförderung und Aufbewahrung von Gepäck sowie Reisegepäckversicherungen,** soweit sich der Versicherungsschutz auf eine beruflich bedingte Abwesenheit von einer ortsgebundenen regelmäßigen Arbeitsstätte beschränkt,

  Beispiel:

  Arbeitgeber A schließt für seine Arbeitnehmer eine Reisegepäckversicherung ab, die den Verlust und die Beschädigung von Reisegepäck auf Dienstreisen der Arbeitnehmer abdeckt. Die versicherten Arbeitnehmer haben einen eigenen Anspruch gegen die Versicherung.

  Es handelt sich um den Ersatz von Reisenebenkosten, der nach § 3 Nr. 16 EStG steuerfrei bleibt (BFH, Urteil vom 19.2.1993, BStBl II 1993 S. 519).

– **Ferngespräche und Schriftverkehr** beruflichen Inhalts mit dem Arbeitgeber oder dessen Geschäftspartnern,

– **Straßenbenutzung und Parkplatz sowie Schadensersatzleistungen infolge von Verkehrsunfällen,** wenn die jeweils damit verbundenen Fahrtkosten als Reisekosten anzusetzen sind,

– **Unfallversicherungen,** die ausschließlich Berufsunfälle außerhalb einer ortsgebunden regelmäßigen Arbeitsstätte abdecken,

– **Schäden an oder Diebstahlsverluste von mitgeführtem Reisegepäck,** wenn der Arbeitnehmer alle zumutbaren Sicherheitsvorkehrungen getroffen hat. Dabei gelten jedoch strenge Anforderungen, siehe → *Diebstahl* Rz. 647.

  Hat der Arbeitnehmer seinen **Ehegatten mitgenommen,** so gilt dies für dessen Verluste von Kleidung, Gepäck usw. nur dann, wenn die Tätigkeit des Ehegatten auf der Dienstreise (ausnahmsweise) so wichtig ist, dass der Arbeitgeber auch den Ehegatten für seine Dienstleistungen bezahlt (BFH, Urteil vom 30.6.1995, BStBl II 1995 S. 744).

– **Kreditkartengebühren,** soweit diese auf Reisekosten entfallen (→ *Firmenkreditkarte* Rz. 992).

Der Arbeitgeber darf demgegenüber **nicht steuerfrei erstatten**

– **Verwarnungs- und Bußgelder,** die im Zusammenhang mit Dienstreisen verhängt und vom Arbeitgeber übernommen werden (§ 12 Nr. 4 EStG),

– Kosten, die nur mittelbar mit der Dienstreise zusammenhängen, z.B. für die **Anschaffung von Wäsche, Reisekoffer, Reisetasche, Reisewecker und anderen Ausrüstungsgegenständen** (FG Hamburg, Urteil vom 24.9.1987, EFG 1988 S. 67),

– Kosten, die zur „normalen Lebensführung" gehören wie z.B. der Kauf einer **Tageszeitung,** selbst wenn eine zusätzliche Zeitung erworben wird (FG Düsseldorf, Urteil vom 22.7.1980, EFG 1981 S. 12),

– **Krankheitskosten,** auch wenn sie unmittelbar durch die Dienstreise veranlasst sind, z.B. eine Malaria-Erkrankung anlässlich einer Dienstreise nach Afrika,

– **zusätzliche Krankenversicherungsbeiträge,** selbst wenn der zusätzliche Krankenversicherungsschutz allein durch eine berufliche Auslandstätigkeit veranlasst ist (BFH, Urteil vom 16.4.1999, BStBl II 2000 S. 408),

– den Verlust von **Geld oder Schmuck** (vgl. dazu FG München, Urteil vom 7.7.1999, EFG 1999 S. 1216, betr. Schmuck einer Schauspielerin, auch wenn die Produktionsfirma sie aufgefordert hatte, ihren eigenen Schmuck für Dreharbeiten mitzubringen).

Vgl. hierzu auch H 40a LStH m.w.N.

10. Aufzeichnungen und Nachweise

Nach R 37 Abs. 1 Satz 7 LStR hat der **Arbeitnehmer seinem** 2068 **Arbeitgeber Unterlagen über seine Dienstreise vorzulegen,** aus denen die Dauer der Reise, der Reiseweg und – soweit die Reisekosten nicht zulässigerweise pauschal ersetzt werden – auch die entstandenen Reisekosten ersichtlich sein müssen. Als **Nachweise** kommen in Betracht Fahrtenbuch, Tankquittungen, Hotelrechnungen, Schriftverkehr u.Ä. In Ballungsgebieten genügt es nicht, wenn als Aufzeichnungen über Reiseweg oder Reiseorte lediglich eine Aufzählung der aufgesuchten Gemeinden vorgelegt wird; vielmehr ist die genaue Angabe (Anschrift) z.B. des besuchten Kunden unerlässlich. Gehen die Angaben nicht aus den Aufzeichnungen über die Dienstreise hervor, müssen ggf. andere Unterlagen (Tätigkeitsberichte, Auftragsbücher usw.) herangezogen werden. Zum Nachweis bei Benutzung einer **Firmenkreditkarte** → *Firmenkreditkarte* Rz. 992.

Auch wenn der **Arbeitgeber Übernachtungskosten pauschal ersetzt,** muss er sich vom **Arbeitnehmer Unterlagen** vorlegen oder eine Erklärung geben lassen, dass eine Übernachtung stattgefunden hat. Dieser Nachweis kann ggf. durch Arbeitsnachweise über Einsatzort, Dauer der Tätigkeit usw. erfolgen. Die Vorlage einer Hotelrechnung wird im Regelfall nicht verlangt.

Obwohl diese Anforderungen an den Nachweis eine **starke Arbeitsbelastung** mit sich bringen können, kann **nicht auf die Unterlagen verzichtet** werden, zumal der Arbeitnehmer, der Werbungskosten beim Finanzamt geltend machen will, entsprechende Unterlagen vorlegen muss. Lassen die Aufzeichnungen erhebliche Zweifel an der Höhe der zulässigerweise steuerfrei zu lassenden Beträge aufkommen, so gehen diese **zu Lasten des Arbeitgebers und des Arbeitnehmers.** Das gilt insbesondere dann, wenn ein Sachverhalt behauptet wird, der nach der Lebenserfahrung ungewöhnlich ist, wenn also z.B. behauptet wird, der Arbeitnehmer habe auswärts übernachtet, obwohl er ganz in der Nähe wohnt.

Der Arbeitgeber hat diese Unterlagen als **Beleg zum Lohnkonto** zu nehmen, vgl. R 38 Abs. 4 Satz 2 LStR, H 39 (Erstattung durch den Arbeitgeber) LStH, R 40a Abs. 3 Satz 3 LStR. Es reicht dabei aus, wenn die Reisekostenabrechnungen zwar in einem **besonderen Ordner** gesammelt werden, das Lohnkonto aber eindeutige Hinweise enthält, die einen leichten Zugriff auf die Belege ermöglichen (OFD Bremen, Verfügung vom 18.3.1981 – S 2338 – St 210, StLex 4, 41–41 c, 1001).

11. Pauschalversteuerung von Verpflegungszuschüssen

a) Allgemeine Grundsätze

Erstattet der Arbeitgeber höhere Verpflegungszuschüsse als die 2069 steuerlich zulässigen Pauschbeträge, so muss er den Differenzbetrag – ggf. nach Verrechnung mit steuerfrei bleibenden Übernachtungskosten und Fahrtkosten – dem steuerpflichtigen Arbeitslohn hinzurechnen und versteuern (vgl. im Einzelnen → *Reisekosten: Allgemeine Grundsätze* Rz. 1994).

Seit 1997 können Verpflegungszuschüsse des Arbeitgebers, die die steuerfreien Pauschbeträge übersteigen und auch nach Verrechnung nicht steuerfrei bleiben, mit **25 % pauschal versteuert** werden (§ 40 Abs. 2 Nr. 4 EStG). Diese Regelung soll den „betrieblichen Erfassungsaufwand für die individuelle Besteuerung beim Arbeitnehmer minimieren". Gleichzeitig soll erreicht werden, dass diese Lohnteile aus der **sozialversicherungsrechtlichen Beitragspflicht herausgenommen** werden (§ 2 Abs. 1 Nr. 2 ArEV).

Um Missbräuche zu vermeiden, gilt jedoch eine **Obergrenze von 100 % der Pauschbeträge,** d.h. die Pauschalversteuerung gilt nur für Verpflegungszuschüsse bis 12 €, 24 € bzw. 48 €, soweit sie die steuerfrei bleibenden Pauschbeträge übersteigen. Bei Auslandsdienstreisen gelten die doppelten Auslandstagegelder.

Beispiel 1:

Ein Arbeitgeber zahlt allen Reisevertretern Verpflegungszuschüsse von 20 € bei mindestens achtstündiger Abwesenheit.

Hiervon
– sind 6 € steuerfrei (Verpflegungspauschale bei Abwesenheit zwischen acht und 14 Stunden),
– können 6 € mit 25 % pauschal versteuert werden und sind damit auch von der Sozialversicherungspflicht ausgenommen,
– unterliegen die restlichen 8 € der „normalen" Besteuerung. Nur für diesen Teil besteht Sozialversicherungspflicht.

Voraussetzung für die Pauschalversteuerung ist allerdings weiter, dass die steuerfreien Verpflegungspauschalen überhaupt gewährt werden können,

– dass also eine **Diensreise, Fahrtätigkeit oder Einsatzwechseltätigkeit** vorliegt (die pauschale Versteuerung ist nur für Auswärtstätigkeiten i.S. des § 4 Abs. 5 Satz 1 Nr. 5 Sätze 2 bis 4 EStG zugelassen worden; dazu gehört **nicht die doppelte Haushaltsführung!**) und
– die **Mindestabwesenheit von acht Stunden** erreicht wird; der Anwendungsbereich beschränkt sich also auf die Fälle, in denen der Arbeitgeber um bis zu 100 % höhere Pauschalen als steuerlich zulässig zahlt.

Beispiel 2:

Ein Arbeitgeber zahlt allen Arbeitnehmern bereits bei einer sechsstündigen Abwesenheit eine Pauschale von 6 € täglich.

Die Pauschale ist in voller Höhe steuerpflichtiger Arbeitslohn, weil die Mindestabwesenheit von acht Stunden nicht erreicht wird. Eine pauschale Versteuerung mit 25 % ist nicht zulässig.

Die **pauschale Versteuerung ist daher ausgeschlossen** für

– Verpflegungszuschüsse, die im Rahmen einer **doppelten Haushaltsführung** gezahlt werden (R 127 Abs. 1 Nr. 4 LStR), sowie
– für die Versteuerung der **unentgeltlichen Mahlzeitengewährung** mit Sachbezugswerten, die vom Arbeitgeber oder auf dessen Veranlassung von einem Dritten abgegeben werden. Es handelt sich dabei nicht um „Vergütungen für Verpflegungsmehraufwendungen" i.S. des § 40 Abs. 2 Satz 1 Nr. 4 EStG; hierunter fallen nach Auffassung der Finanzverwaltung nur **Geldleistungen**.

Zur Anwendung der neuen Pauschalierungsregelung haben sich in der Praxis Probleme ergeben, die durch die nachfolgend dargestellte großzügige Verwaltungsregelung weitgehend gelöst sein dürften.

b) Verrechnung der einzelnen Aufwandsarten

2070 Dem Gesetzeswortlaut nach kommt die neue Lohnsteuerpauschalierungsmöglichkeit an sich nur für die **Vergütung von Verpflegungsmehraufwendungen** in Betracht. Fraglich war, wie zu verfahren ist, wenn der Arbeitgeber **Verpflegungsmehraufwendungen nicht** oder nur in geringer Höhe erstattet und erst durch die sog. **Verrechnungsmöglichkeit** (vgl. dazu R 16 Satz 2 LStR sowie → *Reisekosten: Allgemeine Grundsätze* Rz. 2029) der einzelnen Aufwandsarten so getan wird, als habe der Arbeitgeber Verpflegungsmehraufwendungen erstattet.

Die Finanzverwaltung hat hierzu eine **großzügige Regelung** getroffen (R 127 Abs. 4 Satz 4 LStR):

Wenn durch die Verrechnungsmöglichkeit Arbeitgeberleistungen bis zur Höhe der Verpflegungspauschalen steuerfrei bleiben, dann werden diese auch als Vergütung von Verpflegungsmehraufwendungen durch den Arbeitgeber angesehen mit der Folge, dass insoweit auch die neue Lohnsteuerpauschalierung in Betracht kommt. Dies soll selbst für den Fall gelten, dass der Arbeitgeber **tatsächlich überhaupt keine Verpflegungspauschalen** erstattet.

Beispiel:

Ein Arbeitnehmer erhält wegen einer Dienstreise von Montag 11 Uhr bis Mittwoch 20 Uhr mit kostenloser Übernachtung und Bewirtung im Gästehaus eines Geschäftsfreundes lediglich pauschalen Fahrtkostenersatz von 250 € (fiktive Bahnkosten), er ist jedoch mit dem eigenem Pkw gefahren (500 km).

Steuerfrei sind
eine Fahrtkostenvergütung von (500 km x 0,30 € =)   150 €
Verpflegungspauschalen von (6 € + 24 € + 12 € =)   42 €
insgesamt   192 €

Steuerpflichtig sind hiernach 58 € (250 € ∕ 192 €). Von diesem Betrag kann der Arbeitgeber 42 € pauschal mit 25 % versteuern, auch wenn er tatsächlich keine Verpflegungsmehraufwendungen – sondern ausschließlich Fahrtkosten – erstattet hat.

c) Zusammentreffen von doppelter Haushaltsführung mit Dienstreisen usw.

Bei einem Arbeitnehmer, der einen doppelten Haushalt führt und 2071 von diesem aus eine Einsatzwechseltätigkeit, eine Fahrtätigkeit oder auch Dienstreisen unternimmt, kann in den ersten drei Monaten nur **eine** – nämlich die **höchste** – Verpflegungspauschale steuerfrei gezahlt werden, sog. **Konkurrenzregelung** nach § 4 Abs. 5 Nr. 5 Satz 6 EStG (vgl. auch R 39 Abs. 2 LStR). Erstattet der Arbeitgeber in diesem Fall bereits den höchsten Pauschsatz von 24 € für die **doppelte Haushaltsführung**, ist für denselben Tag die zusätzliche Erstattung von Verpflegungsmehraufwendungen z.B. wegen einer **Einsatzwechseltätigkeit** nicht mehr zulässig.

Die Finanzverwaltung unterstellt aber in diesen Fällen zu Gunsten der Arbeitgeber und Arbeitnehmer, dass in dem Pauschbetrag von 24 € auch 6 € bzw. 12 € z.B. **wegen der Einsatzwechseltätigkeit** „stecken", und lässt insoweit doch die Pauschalierung zu (R 127 Abs. 4 Satz 6 LStR). Entsprechendes gilt für andere „Auswärtstätigkeiten", die vom auswärtigen Arbeitsort (Ort der doppelten Haushaltsführung) ausgeführt werden.

Beispiel:

Bauarbeiter A ist auf einer auswärtigen Baustelle tätig, an der er auch wohnt. Seine Tätigkeit auf dem Bau dauert täglich etwa zehn Stunden.

Der Arbeitgeber kann drei Monate lang Verpflegungsmehraufwendungen wegen der **doppelten Haushaltsführung** bis zu 24 € täglich steuerfrei erstatten (für Tage mit einer Abwesenheitsdauer von 24 Stunden von der Heimatwohnung). Für den Fall der doppelten Haushaltsführung gibt es an sich keine Möglichkeit der Lohnsteuerpauschalierung für höhere Arbeitgebererstattungen nach § 40 Abs. 2 Satz 1 Nr. 4 EStG.

Die Finanzverwaltung geht jedoch davon aus, dass in der Pauschale von 24 € für die doppelte Haushaltsführung auch 6 € (Abwesenheit 8 bis 14 Stunden von der Wohnung am Arbeitsort, das kann der Baucontainer sein!) bzw. 12 € (Abwesenheit 14 bis 24 Stunden) für die **Einsatzwechseltätigkeit** „stecken", die nur wegen der höheren Verpflegungspauschale von 24 € für die doppelte Haushaltsführung nicht zusätzlich steuerfrei bleiben können. Insoweit soll dem Arbeitgeber aber wenigstens die Möglichkeit der Lohnsteuerpauschalierung eröffnet werden. Wenn er Verpflegungsmehraufwendungen z.B. mit 30 € erstattet, bleiben 24 € schon wegen der doppelten Haushaltsführung steuerfrei, den Mehrbetrag von 6 € kann er pauschal mit 25 % versteuern.

d) Keine Pauschalierung für Mahlzeitengestellung

Die neue Pauschalierungsmöglichkeit nach § 40 Abs. 2 Nr. 4 2072 EStG gibt es nur für **„Vergütungen für Verpflegungsmehraufwendungen"**, das sind nach Auffassung der Finanzverwaltung **nur Geldleistungen, also keine Sachbezüge.**

Der geldwerte Vorteil aus der unentgeltlichen Mahlzeitengestellung darf daher auch dann nicht pauschal versteuert werden, wenn der Arbeitgeber gerade wegen der unentgeltlichen Mahlzeitengestellung niedrigere Verpflegungspauschalen zahlt.

Die **obersten Finanzbehörden** haben eine Einbeziehung der Mahlzeitengestellung in die Lohnsteuerpauschalierung, die aus Vereinfachungsgründen sicher wünschenswert wäre, im Hinblick auf die eindeutige gesetzliche Beschränkung auf Geldleistungen abgelehnt.

Beispiel:

Arbeitgeber A zahlt seinen Arbeitnehmern bei einer Abwesenheit von 8 Stunden eine Verpflegungspauschale von 5 €. Besuchen sie eine auswärtige Zweigstelle, können sie dort unentgeltlich zu Mittag essen.

Der Auszahlungsbetrag von 5 € ist steuerfrei, weil der Pauschbetrag von 6 € nicht überschritten wird. Die unentgeltliche Mahlzeitengestellung ist mit dem Sachbezugswert von 2,51 € zu versteuern. Es spielt keine Rolle, dass der Arbeitgeber die Versteuerung vermeiden könnte, indem er 7,51 € zahlt und sich dann von seinen Arbeitnehmern für das Mittagessen 2,51 € zurückgeben lässt.

Es ist nicht zulässig, die Mahlzeitengestellung mit 25 % pauschal zu versteuern.

Reisekostenerstattungen bei Einsatzwechseltätigkeit

1. Vorbemerkung

2073 Unter diesem Stichwort wird zur besseren Übersichtlichkeit nur dargelegt, welche Aufwendungen Arbeitnehmern bei Einsatzwechseltätigkeit steuerfrei erstattet werden dürfen. Zur Abgrenzung der Einsatzwechseltätigkeit siehe zunächst → *Reisekosten: Allgemeine Grundsätze* Rz. 1994.

Übernachtet ein Arbeitnehmer mit Einsatzwechseltätigkeit am auswärtigen Beschäftigungsort, handelt es sich um eine **doppelte Haushaltsführung**. Zu den Möglichkeiten des steuerfreien Arbeitgeber-Ersatzes siehe → *Doppelte Haushaltsführung: Erstattungsbeträge* Rz. 761.

2. Fahrtkosten

a) Allgemeine Grundsätze

2074 Der Arbeitgeber darf grundsätzlich alle Aufwendungen

– für Fahrten zwischen **Wohnung und Einsatzstelle** sowie

– für **Fahrten zwischen mehreren Einsatzstellen** (z.B. von einer Baustelle zur anderen)

in voller Höhe steuerfrei ersetzen. Dies gilt ausnahmslos für Fahrten mit **öffentlichen Verkehrsmitteln** (§ 3 Nr. 34 EStG), ohne dass es – wie bei Fahrten mit einem Pkw – darauf ankommt, ob die Einsatzstelle mehr oder weniger als 30 km von der Wohnung entfernt ist und ob die Tätigkeit an derselben Einsatzstelle länger als drei Monate dauert.

Grundsätzlich darf der Arbeitgeber auch Fahrten zwischen Wohnung und Einsatzstelle mit einem Pkw steuerfrei erstatten, und zwar entweder in voller Höhe oder mit dem **pauschalen km-Satz für Dienstreisen von 0,30 €**. Dabei gelten allerdings die nachfolgenden Einschränkungen, durch die verhindert werden soll, dass „Einsatzwechseltätige" steuerlich besser behandelt werden als „normale" Arbeitnehmer.

b) 30-km-Grenze

2075 Wenn „Einsatzwechseltätige" nur eine **„übliche Fahrtstrecke"** zwischen Wohnung und Einsatzstelle zurücklegen, sollen keine höheren Fahrtkosten berücksichtigt werden als bei „normalen" Arbeitnehmern, die lediglich die niedrigere Entfernungspauschale von 0,36 € bzw. 0,40 € je Entfernungskilometer geltend machen können (und ohne Möglichkeit des steuerfreien Arbeitgeberersatzes). Als „übliche Fahrtstrecke" wird eine Entfernung bis **30 km** angesehen (R 38 Abs. 3 Satz 1 LStR).

Fahrten zwischen Wohnung und Einsatzstelle sind danach nach den ungünstigeren Regeln für Wege zwischen Wohnung und Arbeitsstätte zu behandeln, wenn

– die jeweilige **Einsatzstelle nicht mehr als 30 km** von der Wohnung entfernt ist oder

– **nach Ablauf von drei Monaten** einer Tätigkeit an einer Einsatzstelle, die mehr als 30 km von der Wohnung entfernt ist, vgl. R 38 Abs. 3 Satz 1 LStR sowie H 38 (Einsatzwechseltätigkeit) LStH.

Diese beiden **Einschränkungen gelten jedoch nicht**, wenn

– an einem Arbeitstag **mehrere Einsatzstellen** aufgesucht werden, von denen **eine** mehr als 30 km von der Wohnung entfernt ist (R 38 Abs. 3 Satz 2 LStR),

– oder wenn die Tätigkeit im Wesentlichen durch **mehrfachen Ortswechsel geprägt** ist, z.B. bei Kundendiensttechnikern oder Gebäudereinigern, vgl. H 38 (Einsatzwechseltätigkeit) LStH.

Beispiel:

Gebäudereiniger A fährt nachts von seiner Wohnung zu verschiedenen Telefonzellen, um diese zu reinigen.

Alle Fahrten können vom Arbeitgeber steuerfrei ersetzt werden, d.h. sowohl die Fahrten zwischen Wohnung und erster bzw. letzter Telefonzelle sowie die Fahrten zwischen den einzelnen Telefonzellen. Bei den Ersteren handelt es sich nicht um Fahrten zwischen Wohnung und Arbeitsstätte: Die Telefonzellen sind schon deshalb keine regelmäßige Arbeitsstätte, da sie nur immer sehr kurz aufgesucht werden, wenn auch in regelmäßigen zeitlichen Abständen. A übt eher eine Art Reisetätigkeit aus, für die es steuerlich keine Abzugsbeschränkung gibt (BFH, Urteil vom 2.2.1994, BStBl II S. 422).

Hat der Arbeitnehmer **mehrere Wohnungen**, muss die 30-km-Entfernungsvoraussetzung für sämtliche Wohnungen erfüllt sein. Bei einem **weiträumigen Arbeitsgebiet** ist für die Entfernungsberechnung die Stelle maßgebend, an der das Arbeitsgebiet verlassen wird (R 38 Abs. 3 Sätze 3 und 4 LStR).

Für den steuerfreien Arbeitgeberersatz sind danach folgende Fälle zu unterscheiden:

aa) Fahrt Wohnung – eine Einsatzstelle täglich

2076 Bei einer Entfernung **bis zu 30 km sind die Fahrten als Wege zwischen Wohnung und Arbeitsstätte** zu behandeln. Die Fahrtkostenerstattung des Arbeitgebers ist grundsätzlich steuerpflichtig. Lediglich Zuschüsse des Arbeitgebers zu Fahrten mit öffentlichen Verkehrsmitteln sind unter den Voraussetzungen des § 3 Nr. 34 EStG steuerfrei (→ *Wege zwischen Wohnung und Arbeitsstätte* Rz. 2603).

Beträgt die Entfernung **mehr als 30 km**, so können die Fahrten als **Reisekosten** steuerfrei ersetzt werden (R 38 Abs. 3 Satz 1 LStR).

bb) Fahrt Wohnung – mehrere Einsatzstellen täglich

2077 Befindet sich **eine** der Einsatzstellen **mehr als 30 km** von der Wohnung entfernt, so können die Fahrtkosten für **sämtliche** Fahrten (also auch für die erste Fahrt Wohnung – Einsatzstelle und für die letzte Fahrt Einsatzstelle – Wohnung) unabhängig von der Entfernung der übrigen Einsatzstellen von der Wohnung als Reisekosten steuerfrei erstattet werden (R 38 Abs. 3 Satz 2 LStR).

Beispiel:

Bauarbeiter A fährt von seiner Wohnung zur 20 km entfernt liegenden Baustelle X, um dort einige Mängelbeseitigungen vorzunehmen. Anschließend fährt er weiter zur Baustelle Y (Entfernung von seiner Wohnung 40 km) und von dort nach Feierabend nach Hause.

Da **eine** Baustelle mehr als 30 km von der Wohnung entfernt ist, kann der Arbeitgeber alle Fahrten zwischen Wohnung und Einsatzstellen – auch für die Fahrt zur nur 20 km entfernten Baustelle X – steuerfrei ersetzen.

cc) Fahrt Einsatzstelle – Einsatzstelle

2078 Unabhängig von der Entfernung zur Wohnung und der Entfernung zwischen den einzelnen Einsatzstellen können die Fahrtkosten als **Reisekosten steuerfrei erstattet** werden, vgl. R 37 Abs. 3 Satz 5 LStR sowie H 42 (Fahrtkosten) LStH.

Beispiel:

Sachverhalt wie Beispiel vorher.

Der Arbeitgeber kann auch die Fahrten zwischen den einzelnen Baustellen steuerfrei ersetzen.

dd) Fahrt Wohnung – gleich bleibender Treffpunkt (Betrieb)

Zu unterscheiden sind

2079

– **Ständige Fahrten:**

Fährt der Arbeitnehmer von der Wohnung erst ständig (so gut wie täglich) zu einem gleich bleibenden Treffpunkt (z.B. Betrieb), um von dort die Einsatzstelle(n) aufzusuchen, so handelt es sich unabhängig von der Entfernung um **Wege zwischen Wohnung und Arbeitsstätte** (BFH, Urteile vom 11.7.1980, BStBl II S. 653, und vom 18.1.1991, BStBl II S. 408). „Ständig" bedeutet nach Auffassung der Finanzverwaltung, dass das Fahrtziel nahezu arbeitstäglich (zu **mehr als 90 %**) angefahren wird; außergewöhnliche Fahrten, z.B. zu Fortbildungen oder Fachtagungen, sind dabei nicht zu berücksichtigen (FinMin Schleswig-Holstein, Erlass vom 31.7.1998, DStR 1998 S. 1555, betr. Lotsen).

Der Arbeitgeberersatz ist steuerpflichtig, soweit nicht bei Benutzung öffentlicher Verkehrsmittel die Voraussetzungen der Steuerbefreiung nach § 3 Nr. 34 EStG gegeben sind.

Beispiel 1:

Bauarbeiter A fährt mit seinem Pkw morgens zum Betrieb und von dort aus mit einem Firmenfahrzeug zu den jeweiligen Baustellen.

Die Fahrten zwischen Wohnung und Betrieb sind „Wege zwischen Wohnung und Arbeitsstätte" und dürfen somit vom Arbeitgeber nicht steuerfrei ersetzt werden.

Beispiel 2:

Gebäudereiniger A fährt mit seinem Pkw morgens täglich zu seinem Betrieb, um dort die täglich wechselnden Aufträge entgegenzunehmen. Abends fährt er zunächst wieder zum Betrieb zurück, um Bericht zu erstatten und abzurechnen, und dann weiter nach Hause.

A übt keine Dienstreisen, sondern eine Einsatzwechseltätigkeit aus. Auch wenn er täglich den Betrieb aufsucht, kann dieser nicht als regelmäßige Arbeitsstätte angesehen werden, wenn er dort immer nur eine kurze Zeit tätig ist (vgl. ausführlich → *Reisekosten: Allgemeine Grundsätze* Rz. 2002). Für die Beurteilung der Wege zwischen Wohnung und Arbeitsstätte wird der Betrieb aber gleichwohl als Arbeitsstätte angesehen, weil er täglich aufgesucht wird (BFH, Urteil vom 2.2.1994, BStBl II S. 422). Der Arbeitgeber darf diese Fahrtkosten daher nicht als Reisekosten steuerfrei ersetzen, zulässig ist lediglich eine Pauschalierung der Lohnsteuer mit 15 % (§ 40 Abs. 2 Satz 2 EStG).

– **Nicht ständige Fahrten**

Bei nicht ständigen Fahrten können die Fahrtkosten bei einer Entfernung von **mehr als 30 km** vom Arbeitgeber als **Reisekosten steuerfrei erstattet** werden. Andernfalls sind sie wie Fahrten zwischen Wohnung und Arbeitsstätte zu behandeln.

c) Drei-Monats-Frist

2080 Nach Ablauf von drei Monaten einer Tätigkeit an derselben Tätigkeitsstätte, die mehr als 30 km von der Wohnung entfernt ist, dürfen Fahrtkosten nicht mehr steuerfrei ersetzt werden. Es handelt sich dann um „normale" **Wege zwischen Wohnung und Arbeitsstätte**, die allenfalls mit 15 % **pauschal versteuert** werden können (§ 40 Abs. 2 Satz 2 EStG).

Für die Frage, wann bei einer **Unterbrechung der Tätigkeit** an derselben Tätigkeitsstätte die Drei-Monats-Frist von neuem zu laufen beginnt, gelten die Ausführungen zu R 37 Abs. 3 LStR sinngemäß (vgl. dazu → *Reisekosten: Allgemeine Grundsätze* Rz. 1994), d.h.

– **urlaubs- oder krankheitsbedingte Unterbrechungen** haben also weder zu einem Neubeginn der Drei-Monats-Frist keinen Einfluss. Sie führen also weder zu einem Neubeginn der Drei-Monats-Frist nach Wiederaufnahme der Tätigkeit an derselben Einsatzstelle noch zu einer um die Dauer des Urlaubs bzw. der Krankheit entsprechenden Verlängerung der Drei-Monats-Frist.

– bei **anderen Unterbrechungen** (z.B. durch eine Tätigkeit im Betrieb) beginnt die Drei-Monats-Frist nur dann neu zu laufen, wenn die Unterbrechung mindestens **vier Wochen** gedauert hat (vgl. zu Dienstreisen BFH, Urteil vom 19.7.1996, BStBl II 1997 S. 95),

– bei sog. **wandernden Tätigkeitsstätten** (z.B. Autobahnbaustellen) gilt die Drei-Monats-Frist nicht.

Bei jedem **Wechsel** der Einsatzstelle beginnt eine neue Drei-Monats-Frist, wenn die Entfernung von der Wohnung mehr als 30 km beträgt. Die neue Tätigkeitsstätte muss hierbei aber nicht gleichzeitig mehr als 30 km von der alten Tätigkeitsstätte entfernt sein.

d) Reisetätigkeiten (Kundendiensttechniker u.a.)

Die 30-km-Grenze und die Drei-Monats-Frist sind nicht zu be- 2081 achten, wenn die Tätigkeit dadurch geprägt ist, dass der Arbeitnehmer **mehrmals am Tag den Tätigkeitsort wechselt (z.B. Reisevertreter, Kundendienstmonteure, Glas- und Gebäudereiniger**, vgl. R 37 Abs. 3 Satz 4 Nr. 2 Satz 2 LStR). Für diesen Fall können die Fahrtkosten mit dem Pkw ohne Rücksicht auf die 30-km-Grenze oder die Drei-Monats-Frist als Reisekosten steuerfrei ersetzt werden (vgl. BFH, Urteil vom 2.2.1994, BStBl II S. 422, betr. Telefonzellenreiniger).

Beispiel:

A ist als Glas- und Gebäudereiniger bei einem Gebäudereinigungsunternehmen angestellt. Seine Tätigkeit besteht darin, Glasflächen und Telefonzellen zu reinigen. U.a. musste er an drei Tagen in der Woche nachts im Stadtgebiet und auf verschiedenen Autobahnparkplätzen etwa 130 Telefonzellen reinigen. Die Einsatzorte lagen alle in einem Umkreis von etwa 20 km von seiner Wohnung.

Auch wenn die Einsatzorte (Telefonzellen) alle im näheren Umkreis liegen und auch über einen längeren Zeitraum immer dieselben Telefonzellen „angefahren" werden, werden die Fahrten zwischen Wohnung und Einsatzstelle nicht zu „normalen" Fahrten zwischen Wohnung und Arbeitsstätte. Die Fahrten sind hier durch den **häufigen Ortswechsel geprägt** und werden in einer **Art Reisetätigkeit** durchgeführt. Schon vom Typus her kann es sich dabei nicht um Wege zwischen Wohnung und Arbeitsstätte i.S. des § 9 Abs. 1 Satz 3 Nr. 4 EStG handeln (BFH, Urteil vom 2.2.1994, BStBl II S. 422).

Der Bundesfinanzhof hat es im Übrigen abgelehnt, das Einsatzgebiet als „großräumige Arbeitsstätte" anzusehen mit der Folge, dass die erste Fahrt von der Wohnung zu diesem großräumigen Bereich und die Fahrt vom letzten Einsatzort innerhalb dieses Bereichs zur Wohnung als Weg zwischen Wohnung und Arbeitsstätte anzusehen wäre.

Zusammenfassend ergeben sich also im Wesentlichen folgende Möglichkeiten:

Wohnung – eine Einsatzstelle täglich	Entfernung bis 30 km „normale" Wege zwischen Wohnung und Arbeitsstätte, also steuerpflichtig; über 30 km steuerfreier Reisekostenersatz, längstens für drei Monate.
Wohnung – mehrere Einsatzstellen täglich	Ist nur eine der Einsatzstellen mehr als 30 km von der Wohnung entfernt, können sämtliche Fahrtkosten als Reisekosten steuerfrei erstattet werden.
Einsatzstelle – Einsatzstelle	Alle Fahrtkosten können als Reisekosten steuerfrei ersetzt werden.
Wohnung – gleich bleibender Treffpunkt	Bei ständigen Fahrten zu einem gleich bleibenden Treffpunkt „normale" Wege zwischen Wohnung und Arbeitsstätte, also steuerpflichtig. Bei nicht ständigen Fahrten gelten die Regeln für „Einsatzwechseltätigkeit", d.h. volle steuerfreie Erstattung bei einer Entfernung von mehr als 30 km.

3. Verpflegungsmehraufwendungen

a) Pauschbeträge

Bei Arbeitnehmern mit Einsatzwechseltätigkeit, die kalendertäg- 2082 lich zur Wohnung zurückkehren, kann der Arbeitgeber für Verpflegungsmehraufwendungen je nach **Abwesenheitsdauer von der Wohnung** folgende Pauschbeträge, die den Dienstreise-Sätzen entsprechen, steuerfrei erstatten (zu den „Auslandstagegeldern" siehe Anhang → *A. Lohnsteuer* Rz. 2801):

Abwesenheit nur von der Wohnung	Pauschbetrag (Inland)
24 Stunden	24 €
14 bis 24 Stunden	12 €
8 bis 14 Stunden	6 €
unter 8 Stunden	0 €

Anders als bei Dienstreisen zählt hier (wie auch bei Fahrtätigkeit) ausschließlich die Dauer der Abwesenheit von der Wohnung. Zu berücksichtigen sind also nicht nur die tatsächlichen Arbeitszeiten, sondern auch **An- und Abfahrten sowie Zeiten, die im Betrieb verbracht** werden (z.B. zum Beladen eines Baufahrzeugs), selbst wenn der Arbeitnehmer außerdem noch in der Kantine eine Mahlzeit einnimmt. Selbst wenn der Arbeitnehmer gelegentlich einen Arbeitstag im Betrieb tätig ist, kann für diesen Tag die Verpflegungspauschale steuerfrei gezahlt werden, der Betrieb wird praktisch wie eine Einsatzstelle angesehen.

Beispiel 1:

A, Bauarbeiter, fährt zunächst zum Betrieb, um Material zu holen, und dann weiter zur Baustelle. Abfahrt von der Wohnung 7 Uhr, Aufenthalt im Betrieb eine Stunde, Rückkehr in die Wohnung 15.30 Uhr.

A war von seiner Wohnung achteinhalb Stunden abwesend. Der Arbeitgeber kann daher eine steuerfreie Verpflegungspauschale von 6 € zahlen. Unerheblich ist, dass sich A eine Stunde im Betrieb aufgehalten hat.

Im Übrigen gelten für Einsatzwechseltätigkeiten die **gleichen Regelungen wie für Dienstreisen**, z.B. über das Zusammenrechnen verschiedener Abwesenheitszeiten an einem Kalendertag oder die **„Mitternachtsregelung"**.

Beispiel 2:

Ein Kundendiensttechniker hat zunächst von 7.00 Uhr bis 17.00 Uhr gearbeitet, er ist um 6 Uhr von der Wohnung weggefahren und um 18 Uhr wieder zurückgekehrt (Abwesenheit insgesamt 12 Stunden). Da er Notdienst hat, musste er abends nochmals von 20 Uhr bis 23 Uhr arbeiten.

Die Zeiten sind zusammenzurechnen. Da die Abwesenheit von der Wohnung zusammengerechnet mehr als 14 Stunden betragen hat, kann der Arbeitgeber für diesen Tag eine steuerfreie Verpflegungspauschale von 12 € zahlen.

Beispiel 3:

A ist aushilfsweise nachts auf einer Autobahnbaustelle eingesetzt worden. Beginn der Tätigkeit am 6.1. um 19 Uhr, Ende der Tätigkeit am 7.1. um 7 Uhr.

Die „kalendertagbezogene" Betrachtung würde dazu führen, dass an keinem der beiden Tage die Mindestabwesenheit von 8 Stunden erreicht würde. Da keine Übernachtung stattgefunden hat, gilt jedoch die „Mitternachtsregelung". D.h., dass die Zeiten vor und nach Mitternacht zusammenzurechnen und dem Tag der überwiegenden Abwesenheit zuzurechnen sind, hier also dem 7.1. An diesem Tag war A somit mindestens 8 Stunden von seiner Wohnung abwesend, so dass der Arbeitgeber für diesen Tag die Pauschale von 6 € steuerfrei erstatten darf.

Die Verpflegungspauschalen können auch gewährt werden, wenn der Arbeitnehmer mit seinem Fahrzeug zunächst zu einer Sammelstelle fährt, von der aus er zu den jeweiligen Einsatzstellen weiterbefördert wird, auch diese Zeiten zählen also mit.

b) Keine Anwendung der Drei-Monats-Frist und der 30-km-Grenze

2083 Eine weitere Besonderheit besteht darin, dass der Arbeitgeber Arbeitnehmern mit Einsatzwechseltätigkeit oder Fahrtätigkeit – anders als bei Dienstreisen – die Verpflegungspauschalen auch bei einer Tätigkeit an derselben Einsatzstelle **über drei Monate hinaus steuerfrei zahlen kann**. Denn die Drei-Monats-Frist bezieht sich auf eine vorübergehende Tätigkeit **außerhalb einer regelmäßigen Arbeitsstätte**, die bei Arbeitnehmern mit Einsatzwechseltätigkeit oder Fahrtätigkeit nicht vorhanden ist, vgl. R 39 Abs. 1 Satz 5 LStR. Diese recht großzügige Verwaltungsauffassung hat zwar das **Thüringer Finanzgericht abgelehnt**, wenn der „Einsatzwechseltätige" tatsächlich an derselben Einsatzstelle tätig ist (Urteil vom 28.2.2001, EFG 2001 S. 884). Die Finanzverwaltung wird das Urteil jedoch nicht anwenden, sondern an der Richtlinienregelung festhalten.

Auch die **30-km-Grenze** ist in diesem Fall – anders als bei Fahrtkostenerstattungen – ohne Bedeutung. Der Arbeitgeber kann daher auch dann die Verpflegungspauschalen steuerfrei zahlen, wenn der Arbeitnehmer in unmittelbarer Nähe seiner Wohnung tätig wird (auch bei Dienstreisen kommt es nicht mehr auf die Einhaltung von Mindestentfernungen an).

c) Übernachtung

Übernachtet der Arbeitnehmer an der Tätigkeitsstätte, können die **2084** Verpflegungspauschalen nach den Regeln der doppelten Haushaltsführung steuerfrei ersetzt werden, d.h.

– in den ersten drei Monaten für volle Tage der Abwesenheit von der „Mittelpunktwohnung" (Familienwohnung) 24 € täglich **wegen „doppelter Haushaltsführung"** (für Tage, an denen Familienheimfahrten durchgeführt werden, können keine bzw. nur die gekürzten Pauschalen steuerfrei gezahlt werden),

– danach pauschal 6 € oder 12 € **wegen der Einsatzwechseltätigkeit**, maßgebend sind die Abwesenheitszeiten von der auswärtigen Wohnung. Streitig ist, ob nicht doch auf die Abwesenheitszeiten von der **Familienwohnung abzustellen** ist. Der **Bundesfinanzhof** hat diese Frage in einem Aussetzungsverfahren offen gelassen und Aussetzung der Vollziehung gewährt; er wird hierüber erst im Hauptsacheverfahren entscheiden (BFH, Beschluss vom 7.5.2001, BFH/NV 2001 S. 1387).

Zu weiteren Einzelheiten siehe → *Doppelte Haushaltsführung: Erstattungsbeträge* Rz. 761.

4. Übernachtungskosten

Übernachtet der Arbeitnehmer an den Tätigkeitsstätten, können **2085** die Übernachtungskosten im Rahmen der doppelten Haushaltsführung steuerfrei erstattet werden (→ *Doppelte Haushaltsführung: Erstattungsbeträge* Rz. 761).

5. Pauschalversteuerung von Verpflegungszuschüssen

Seit 1997 können Verpflegungszuschüsse des Arbeitgebers, die **2086** die steuerfreien Pauschbeträge übersteigen und auch nach Verrechnung nicht steuerfrei bleiben, mit **25 % pauschal versteuert** werden (§ 40 Abs. 2 Nr. 4 EStG) und sind damit **nicht sozialversicherungspflichtig**.

Um Missbräuche zu vermeiden, gilt jedoch eine **Obergrenze von 100 % der Pauschbeträge**, d.h., die Pauschalversteuerung gilt nur für Verpflegungszuschüsse bis 12 €, 24 € bzw. 48 €, soweit sie die steuerfrei bleibenden Pauschbeträge übersteigen. Bei Auslandsdienstreisen gelten die doppelten Auslandstagegelder.

Beispiel:

Ein Arbeitgeber zahlt allen auf der Baustelle tätigen Arbeitnehmern Verpflegungszuschüsse bei mindestens 8-stündiger Abwesenheit von 20 €.

Hiervon

– sind 6 € steuerfrei,

– können 6 € mit 25 % pauschal versteuert werden und sind damit auch von der Sozialversicherungspflicht ausgenommen,

– unterliegen die restlichen 8 € der „normalen" Besteuerung. Nur für diesen Teil besteht Sozialversicherungspflicht.

Übernachtet der „Einsatzwechseltätige" am auswärtigen Arbeitsort, liegt eine **doppelte Haushaltsführung** vor. Die Möglichkeit der **Pauschalversteuerung besteht** für diesen Fall nur insoweit, als in dem Pauschbetrag für die doppelte Haushaltsführung auch Pauschbeträge für die Einsatzwechseltätigkeit „stecken". Weitere Einzelheiten insbesondere zu sozialversicherungsrechtlichen Sonderregelungen → *Reisekostenerstattungen bei Dienstreisen* Rz. 2069.

Reisekostenerstattungen bei Fahrtätigkeit

1. Allgemeines

Unter diesem Stichwort wird zur besseren Übersichtlichkeit nur **2087** dargelegt, welche Aufwendungen Arbeitnehmern bei Fahrtätigkeit steuerfrei erstattet werden dürfen. Zur Abgrenzung siehe → *Reisekosten: Allgemeine Grundsätze* Rz. 1994.

2. Fahrtkosten

2088 Der Arbeitgeber kann zunächst alle Fahrten zwischen Wohnung und Betrieb (oder einer anderen Übernahmestelle des Fahrzeugs) mit **öffentlichen Verkehrsmitteln** nach den Regeln für Wege zwischen Wohnung und Arbeitsstätte nach § 3 Nr. 34 EStG steuerfrei erstatten.

Fahrten zwischen Wohnung und Betrieb, Standort, Fahrzeugdepot oder Einsatzstelle (Übernahmestelle) mit einem Kraftfahrzeug sind wie folgt steuerlich zu behandeln (R 38 Abs. 2 LStR):

a) Fahrten zu gleich bleibenden Übernahmestellen

2089 Bei den Fahrten handelt es sich um **Wege zwischen Wohnung und Arbeitsstätte**. Die Kostenerstattung des Arbeitgebers ist steuerpflichtig, in Betracht kommt allenfalls eine Pauschalversteuerung mit 15 % (§ 40 Abs. 2 Satz 2 EStG).

Beispiel:

A ist Busfahrer im Liniendienst. Er fährt jeden Tag mit seinem Pkw zum 40 km entfernten Busbahnhof, wo er den Bus übernimmt.

A übt eine Fahrtätigkeit aus. Die Fahrt zum Busbahnhof ist jedoch steuerlich wie Wege zwischen Wohnung und Arbeitsstätte zu behandeln, die der Arbeitgeber nicht steuerfrei ersetzen darf. Zulässig ist allenfalls eine Pauschalversteuerung mit 15 % (§ 40 Abs. 2 Satz 2 EStG).

b) Fahrten zu wechselnden Übernahmestellen

2090 In diesem Fall gelten die Regeln der „Einsatzwechseltätigkeit":

Bis zu einer Entfernung von 30 km von der Wohnung liegen Wege zwischen Wohnung und Arbeitsstätte vor. Die Fahrtkostenerstattung des Arbeitgebers ist steuerpflichtig, in Betracht kommt lediglich eine Pauschalversteuerung mit 15 % (§ 40 Abs. 2 Satz 2 EStG).

Bei einer Entfernung von **mehr als 30 km** von der Wohnung können die Fahrtkosten dagegen als **Reisekosten steuerfrei erstattet** werden.

Beispiel:

B ist ebenfalls Busfahrer. Er übernimmt die Busse jedoch an verschiedenen Endhaltestellen, die zwischen 20 und 40 km von seiner Wohnung entfernt sind.

Hier gibt es keine „feste Übernahmestelle". Die Fahrten zu den einzelnen Übernahmestellen sind daher nach den Regeln der Einsatzwechseltätigkeit zu behandeln. Die Fahrten zwischen Wohnung und Einsatzstelle können danach als Reisekosten vom Arbeitgeber steuerfrei erstattet werden, wenn die Entfernung zwischen Wohnung und Einsatzstelle mehr als 30 km beträgt. Andernfalls handelt es sich um Wege zwischen Wohnung und Arbeitsstätte. Die Drei-Monats-Frist hat keine Bedeutung, weil die Übernahmestellen ständig wechseln.

3. Verpflegungsmehraufwendungen

a) Pauschbeträge

2091 Bei Arbeitnehmern mit Fahrtätigkeit, die kalendertäglich zur Wohnung zurückkehren, kann der Arbeitgeber für Verpflegungsmehraufwendungen je nach **Abwesenheitsdauer von der Wohnung** folgende Pauschbeträge, die den Dienstreise-Sätzen entsprechen, steuerfrei erstatten (zu den „Auslandstagegeldern" siehe Anhang → *A. Lohnsteuer* Rz. 2801):

Abwesenheit nur von der Wohnung	Pauschbetrag (Inland)
24 Stunden	24 €
14 bis unter 24 Stunden	12 €
8 bis unter 14 Stunden	6 €
unter 8 Stunden	0 €

Anders als bei Dienstreisen (Abwesenheit von Wohnung und Betrieb) zählt hier ausschließlich die Dauer der Abwesenheit von der Wohnung. Dies ist für den **Arbeitnehmer von großem Vorteil:**

Zu berücksichtigen sind nämlich nicht nur die tatsächlichen Arbeitszeiten, sondern auch

– **die Wegezeiten für die Fahrt von der Wohnung zum Betrieb und zurück,**

– **Zeiten, die im Betrieb verbracht** werden (z.B. zum Beladen eines Fahrzeugs, Wartungsarbeiten, Wartezeiten),

– **Mittagspausen** oder andere Unterbrechungen der Fahrtätigkeit im Betrieb, um z.B. gesetzlich vorgeschriebene **Ruhezeiten** einzulegen (so bei Busfahrern), selbst wenn in dieser Zeit in der Kantine eine Mahlzeit eingenommen wird.

Selbst wenn der Arbeitnehmer gelegentlich einen **Arbeitstag im Betrieb** tätig ist, um z.B. Wartungsarbeiten auszuführen, liegt an diesem Tag eine **Fahrtätigkeit** vor (durch den eintägigen Aufenthalt im Betrieb wird dieser noch nicht zur regelmäßigen Arbeitsstätte), der Arbeitgeber kann somit auch für diesen Tag die Verpflegungspauschale steuerfrei zahlen.

Beispiel 1:

A, Kraftfahrer, fährt zunächst zum Betrieb, um seinen Lkw zu übernehmen und geht anschließend „auf Tour". Abfahrt von der Wohnung 7 Uhr, Aufenthalt im Betrieb zwei Stunden, Rückkehr in die Wohnung 16.30 Uhr.

A war von seiner Wohnung neuneinhalb Stunden abwesend. Der Arbeitgeber kann daher eine steuerfreie Verpflegungspauschale von 6 € zahlen. Unerheblich ist, dass sich A zwei Stunden im Betrieb aufgehalten hat.

Beispiel 2:

Busfahrer A fährt morgens um 6 Uhr zum Betriebshof, wo er seinen Bus übernimmt. Sein Dienst beginnt um 7 Uhr. Mittags hat er eine Stunde Pause, in der er die Kantine im Betriebshof aufsucht. Um 15 Uhr ist Feierabend, A ist um 16.30 Uhr wieder zu Hause.

Die Abwesenheit von der Wohnung hat mindestens acht Stunden betragen, so dass der Arbeitgeber täglich 6 € steuerfrei zahlen darf. Es ist im Gegensatz zum bis 1995 geltenden Recht unerheblich, dass die Fahrtätigkeit am Betriebshof unterbrochen wird und der Arbeitnehmer dort eine Mahlzeit einnehmen kann (so Abschn. 39 Abs. 6 Satz 4 LStR 1993).

Im Übrigen gelten für Fahrtätigkeiten die gleichen Regelungen wie für Dienstreisen, z.B. über das **Zusammenrechnen verschiedener Abwesenheitszeiten** an einem Kalendertag oder die **„Mitternachtsregelung".**

Beispiel 3:

Auslieferungsfahrer A fährt um 7.30 Uhr zur Arbeit und macht die erste Tour von 8 bis 13 Uhr, anschließend fährt er zum Mittagessen nach Hause (Ankunft 13.30 Uhr). Um 15 Uhr fährt er nochmals zur Arbeitsstelle, um seine zweite Tour anzutreten. Um 18.30 Uhr ist er wieder zu Hause.

Bei Fahrtätigkeit rechnen allein die Abwesenheitszeiten von der Wohnung, es ist unerheblich, wie lange der Arbeitnehmer zugleich vom Betrieb abwesend ist. Diese Frage hat lediglich Bedeutung für die Vorfrage, ob der Betrieb möglicherweise „regelmäßige Arbeitsstätte" ist mit der Folge, dass Dienstreisen vorliegen.

Hier betragen die einzelnen Abwesenheitszeiten von der Wohnung zwar nicht mindestens acht Stunden. Da jedoch mehrere Abwesenheitszeiten am Tag zusammenzurechnen sind, ergibt sich insgesamt eine Abwesenheitszeit von der Wohnung von neuneinhalb Stunden. Der Arbeitgeber darf also Mehraufwendungen für Verpflegung von 6 € täglich steuerfrei zahlen.

Beispiel 4:

Fernfahrer A übernimmt seinen Lkw täglich um 21 Uhr, fährt die ganze Nacht durch und ist am Folgetag um 6 Uhr wieder zurück. Den Rest des Tages hat er frei (keine neue Fahrtätigkeit).

Da A nicht übernachtet, können die Zeiten in der Weise zusammengerechnet werden, dass die drei Stunden des ersten Tages dem Folgetag zugerechnet werden. A ist am zweiten Tag praktisch neun Stunden unterwegs, so dass der Arbeitgeber 6 € steuerfrei zahlen darf.

Beispiel 5:

A beginnt am ersten Tag um 20.00 Uhr eine Fahrtätigkeit, von der er am zweiten Tag um 8.00 Uhr zurückkehrt (Abwesenheit: zwölf Stunden). Am selben Tag (zweiten Tag) fährt er um 17.00 Uhr nochmals los und kehrt erst am dritten Tag um 6.00 Uhr zurück (Abwesenheit am zweiten Tag 8 + 7 = 15 Stunden). Die Abwesenheit am ersten Tag hat vier Stunden, am zweiten Tag insgesamt 15 Stunden und die am dritten Tag sechs Stunden betragen, gesamte Abwesenheitsdauer also 25 Stunden.

Die Zeiten für den ersten bis dritten Tag werden dem zweiten Tag „zugeschlagen", da dies der Tag mit der überwiegenden Abwesenheit ist. Die gesamte Abwesenheit hat an diesem Tag – jedenfalls nach steuerlicher Betrachtung – 25 Stunden betragen. Es kann daher der volle Pauschbetrag von 24 € angesetzt werden.

b) Keine Anwendung der Drei-Monats-Frist

2092 Eine weitere Besonderheit besteht darin, dass Arbeitnehmern mit Einsatzwechseltätigkeit oder Fahrtätigkeit – anders als bei Dienstreisen – Mehraufwendungen für Verpflegung auch bei einer Tätigkeit an derselben Einsatzstelle **über drei Monate hinaus steuerfrei gezahlt** werden können. Denn die Drei-Monats-Frist bezieht sich auf eine vorübergehende Tätigkeit **außerhalb einer regelmäßigen Arbeitsstätte**, die bei Arbeitnehmern mit Einsatzwechseltätigkeit oder Fahrtätigkeit nicht vorhanden ist (R 39 Abs. 1 Satz 5 LStR).

4. Übernachtungskosten

2093 Die Übernachtungskosten können wie bei Dienstreisen grundsätzlich mit einem **Pauschbetrag von 20 €** je Übernachtung steuerfrei erstattet werden. Für die **Übernachtung in einem Fahrzeug darf diese Übernachtungspauschale allerdings nicht steuerfrei gezahlt** werden (R 40 Abs. 3 Satz 4 LStR). Die Finanzverwaltung geht davon aus, dass Berufskraftfahrern häufig oder meistens keine Übernachtungskosten entstehen. Sie hält deshalb einen **verschärften Übernachtungsnachweis** für Berufskraftfahrer, denen ein Fahrzeug mit Schlafkabine zur Verfügung steht, für erforderlich. Der Nachweis einer Übernachtung kann nur durch Beleg (Rechnung oder Bestätigung des Hotels) erbracht werden.

Beispiel 1:

A ist als Kraftfahrer bei einem Speditionsunternehmen angestellt. Hin und wieder unterbricht er seine Fahrt und übernachtet in einem Motel. Meistens übernachtet er jedoch in der Schlafkoje.

Wenn A tatsächlich im Hotel übernachtet hat und dies nachweist, kann der Arbeitgeber die nachgewiesenen Übernachtungskosten steuerfrei ersetzen. Für Übernachtungen in der Schlafkoje darf keine steuerfreie Übernachtungspauschale gezahlt werden (so auch FG Rheinland-Pfalz, Urteil vom 3.10.1986, EFG 1987 S. 169).

Beispiel 2:

B ist Reisebusfahrer. Ihm wird in den mit seiner Reisegesellschaft angefahrenen Hotels meistens ein „Fahrerfreiplatz" bereitgestellt. Da es sich hierbei häufig um Zimmer schlechterer Qualität handelt, übernachtet er häufig in nahe gelegenen anderen Hotels.

Der Arbeitgeber kann die Übernachtungskosten steuerfrei erstatten. A ist nicht verpflichtet, den angebotenen Fahrerfreiplatz in Anspruch zu nehmen (vgl. FG des Saarlandes, Urteil vom 14.10.1993, EFG 1994 S. 238).

Beispiel 3:

A übernachtet meistens bei Freunden.

Wenn er dies glaubhaft machen kann, darf der Arbeitgeber die Übernachtungspauschale von 20 € steuerfrei zahlen.

Nachteile sollen dem Berufskraftfahrer aus der belegmäßigen Nachweispflicht aber nicht entstehen. Der Arbeitgeber kann deshalb die Übernachtungskosten auch dann bis zu dem Pauschbetrag von 20 € steuerfrei erstatten, wenn sie laut **Hotelbeleg tatsächlich niedriger** waren (vgl. BFH, Urteil vom 12.9.2001, BStBl II 2001 S. 775).

5. Pauschalversteuerung von Verpflegungszuschüssen

2094 Seit 1997 können Verpflegungszuschüsse des Arbeitgebers, die die steuerfreien Pauschbeträge übersteigen und auch nach Verrechnung nicht steuerfrei bleiben, mit **25 % pauschal versteuert** werden (§ 40 Abs. 2 Nr. 4 EStG) und sind somit auch **nicht sozialversicherungspflichtig.**

Um Missbräuche zu vermeiden, gilt jedoch eine **Obergrenze von 100 % der Pauschbeträge**, d.h., die Pauschalversteuerung gilt nur für Verpflegungszuschüsse bis 12 €, 24 € bzw. 48 €, soweit sie die steuerfrei bleibenden Pauschbeträge übersteigen. Bei Auslandsreisen gelten die doppelten Auslandstagegelder.

Beispiel:

Ein Arbeitgeber zahlt allen Auslieferungsfahrern Verpflegungszuschüsse bei mindestens achtstündiger Abwesenheit von 20 €.

Hiervon
– sind 6 € steuerfrei,
– können 6 € mit 25 % pauschal versteuert werden und sind damit auch von der Sozialversicherungspflicht ausgenommen,
– unterliegen die restlichen 8 € der „normalen" Besteuerung. Nur für diesen Teil besteht Sozialversicherungspflicht.

Weitere Einzelheiten insbesondere zu sozialversicherungsrechtlichen Sonderregelungen → *Reisekostenerstattungen bei Dienstreisen* Rz. 2069.

Reisekostenvergütungen aus öffentlichen Kassen

1. Allgemeines

2095 Für die aus öffentlichen Kassen (Bund, Länder, Gemeinden, Kirchen, Krankenkassen, Berufsgenossenschaften usw.) nach reisekostenrechtlichen Vorschriften gezahlten Reisekostenvergütungen, Umzugskostenvergütungen und Trennungsgelder gilt die besondere Steuerbefreiungsvorschrift des § 3 Nr. 13 EStG, die früher wesentlich günstiger war als die entsprechende Vorschrift des § 3 Nr. 16 EStG für „private Arbeitgeber". Diese Besserstellung ist inzwischen im Wesentlichen beseitigt worden, weil

– die steuerlichen Abzugsbeschränkungen für **Verpflegungsmehraufwendungen** (Ansatz der gesetzlich festgelegten Pauschbeträge usw.) nunmehr auch für den steuerfreien Arbeitgeberersatz im öffentlichen Dienst gelten (§ 3 Nr. 13 Satz 2 EStG). Ferner ist die Steuerfreiheit von **Trennungsgeldern** eingeschränkt worden, **nicht** dagegen die der übrigen Leistungen nach dem Reisekostenrecht **(Fahrtkosten, Übernachtungskosten)**;

– die reisekostenrechtlichen Vorschriften (z.B. das **Bundesreisekostenrecht**) im Wesentlichen dem Steuerrecht angeglichen worden sind, so dass von vornherein im Allgemeinen nur noch die steuerlich zulässigen Beträge erstattet werden;

– das Finanzamt **seit 2000 ein Nachprüfungsrecht** hat, ob die erstatteten Reisekosten Werbungskosten darstellen (→ Rz. 2097).

Von besonderer Bedeutung erscheint die Neuregelung des § 12 Abs. 1 BRKG:

Seit 1997 wird bei **„amtlicher Unterbringung"** vom Tagegeld mindestens ein Betrag in Höhe des maßgebenden Sachbezugswerts **als Entgelt einbehalten**. Mit dieser Entgeltvereinbarung soll die umständliche Besteuerung des Werts unentgeltlich gewährter Mahlzeiten mit Sachbezugswerten vermieden werden.

Beispiel 1:

A, Verwaltungsangestellter, unterrichtet zwei Tage an einer Verwaltungsschule und erhält dort unentgeltlich Unterkunft und Verpflegung (Frühstück, Mittag- und Abendessen). Die Abwesenheit von der Wohnung und der regelmäßigen Arbeitsstätte hat an beiden Tagen mehr als 14 Stunden betragen, so dass A an sich ein Tagegeld von 12 € zusteht. Dieses wird jedoch bei unentgeltlicher Verpflegung von Amts wegen nach § 12 BRKG wie folgt gekürzt: Für Frühstück um 20 %, für Mittag- und Abendessen um je 35 %. Ausgezahlt werden somit nur 10 % des Tagegeldes = 1,20 € je Tag.

Grundsätzlich sind zwar Mahlzeiten, die zur üblichen Beköstigung während einer Dienstreise abgegeben werden, mit dem Sachbezugswert zu versteuern (R 31 Abs. 8 Nr. 2 LStR). Die Versteuerung entfällt hier jedoch, weil vom Tagegeld als Entgelt einbehalten wird, das die Sachbezugswerte sogar übersteigt (z.B. Sachbezugswert Frühstück 1,40 €, 20 % vom Tagegeld = 2,40 €). Der **Differenzbetrag darf nicht als Werbungskosten abgezogen** werden (R 39 Abs. 1 Satz 3 LStR).

Die Versteuerung von Verpflegungsmehraufwendungen ist danach ab 1997 im Allgemeinen entfallen. Bei den übrigen Aufwandsarten, insbesondere der sog. **Wegstreckenentschädigung,** stimmen aber Steuerrecht und Reisekostenrecht weiterhin nicht in allen Punkten überein.

Beispiel 2:

Betriebsprüfer A prüft ein halbes Jahr einen Großbetrieb und fährt mit seinem eigenen Pkw. Er erhält hierfür nach § 3 BRKG für die Dauer der Dienstreise Fahrtkostenerstattung (sog. Wegstreckenentschädigung).

Reisekostenvergütungen aus öffentlichen Kassen

Die Wegstreckenentschädigung ist für den gesamten Zeitraum nach § 3 Nr. 13 EStG steuerfrei. Voraussetzung ist lediglich, dass sie nach **reisekostenrechtlichen Vorschriften** gezahlt wird. Diese enthalten aber keine zeitliche Beschränkung des Begriffs „Dienstreise". Die Regelung der R 37 Abs. 3 Satz 3 LStR, nach der bei einer längerfristigen vorübergehenden Tätigkeit am selben Ort nur in den ersten drei Monaten eine Dienstreise anzunehmen ist (ab dem vierten Monat gilt die auswärtige Tätigkeitsstätte als neue regelmäßige Arbeitsstätte), ist insoweit nicht übernommen worden. Auch die Steuerbefreiung des § 3 Nr. 13 Satz 2 EStG ist ab 1997 nur hinsichtlich der Steuerfreiheit von Vergütungen für **Verpflegungsmehraufwendungen** und bei **Trennungsgeldern** eingeschränkt worden.

Beispiel 3:

Ein Bundesland erstattet seinen im Außendienst tätigen Bediensteten nach dem Landesreisekostengesetz eine Wegstreckenentschädigung von 0,32 €.

Die Wegstreckenentschädigung ist nach § 3 Nr. 13 EStG steuerfrei, obwohl der steuerliche km-Satz, der auch für die Steuerbefreiung nach § 3 Nr. 16 EStG für „private Arbeitgeber" gilt, nur 0,30 € beträgt.

2. Reisekostenvergütungen

2096 Die Steuerbefreiung kommt nur für Reisekosten**vergütungen**, also **Geldleistungen**, in Betracht, nicht für Sachleistungen; der Geldwert der Privatnutzung eines PKW, der dem Arbeitnehmer vom Arbeitgeber – nach den Grundsätzen sog. beamteneigener Fahrzeuge – für Dienst- und Privatfahrten überlassen wird, fällt nicht unter § 3 Nr. 13 EStG (BFH, Urteil vom 26.7.2001, StEd 2001 S. 670).

Steuerfreie Reisekostenvergütungen liegen vor, wenn diese gezahlt werden

– entweder dem Grunde und der Höhe nach unmittelbar nach Maßgabe der **reisekostenrechtlichen Vorschriften** des Bundes oder der Länder (z.B. nach dem Bundesreisekostengesetz) oder

– aber auf Grund von **Tarifverträgen** oder anderen Vereinbarungen, die den **reisekostenrechtlichen Vorschriften** des Bundes oder der Länder **entsprechen** (R 14 Abs. 2 LStR). Diese Regelung dient der Gleichbehandlung aller Arbeitnehmer im öffentlichen Dienst.

Voraussetzung ist jedoch, dass die Erstattungen für **Dienstreisen** und **nicht** etwa – wenn auch nach den Vorschriften des Bundesreisekostengesetzes – für **Wege zwischen Wohnung und Arbeitsstätte** gezahlt werden. Bei dieser Abgrenzung behält sich die Finanzverwaltung ein eigenes Nachprüfungsrecht vor.

Beispiel 1:

A ist Arzt im Bereitschaftsdienst und muss abends nochmals zum Krankenhaus fahren. Die Fahrtkosten werden ihm vom Krankenhausträger nach § 23 BRKG ersetzt.

Steuerlich handelt es sich nach Auffassung der Finanzverwaltung um Wege zwischen Wohnung und Arbeitsstätte, die vom Arbeitgeber nicht steuerfrei erstattet werden dürfen (BMF-Schreiben vom 6.2.1991, DB 1991 S. 469).

Auch das **Trennungsgeld**, das nach § 6 Abs. 1 Trennungsgeldverordnung (TGV) bei **täglicher Rückkehr zum Wohnort** gezahlt wird, kann nicht voll steuerfrei gezahlt werden, da § 3 Nr. 13 letzter Halbsatz EStG insoweit ausdrücklich eine Einschränkung auf Dienstreisen usw. enthält; vgl. dazu R 14 Abs. 4 Satz 3 LStR sowie FinMin Berlin, Erlass vom 27.11.1996, DStR 1997 S. 160:

a) Nach § 6 Abs. 1 TGV erhalten Trennungsgeldberechtigte bei täglicher Rückkehr zum Wohnort auch nach Ablauf von drei Monaten als **Trennungsgeld Fahrtkostenerstattung, Wegstrecken- oder Mitnahmeentschädigung** wie bei Dienstreisen. Es ist gefragt worden, ob dieses Trennungsgeld nach § 3 Nr. 13 EStG steuerfrei belassen werden kann oder nach § 3 Nr. 34 EStG Steuerfreiheit nur dann eintritt, wenn die Fahrten mit öffentlichen Verkehrsmitteln durchgeführt werden.

Hierzu vertreten wir die Auffassung, dass die Zahlungen nach der TGV nur im Rahmen des § 3 Nr. 13 Satz 2 EStG steuerfrei belassen werden können. Deshalb ist der Fahrtkostenersatz nach § 6 Abs. 1 TGV bereits vom **ersten Tag an steuerpflichtig**.

Lediglich für den Fall, dass es sich um eine **befristete Abordnung** handelt, kann die Fahrtkostenerstattung nach § 6 Abs. 1 TGV wie bei einer Dienstreise für die **ersten drei Monate steuerfrei** belassen werden.

b) **Reisebeihilfen für Heimfahrten**, die nach der TGV auch **nach Ablauf der (steuerlichen) Zwei-Jahres-Frist** gezahlt werden, sind gemäß § 3 Nr. 34 EStG steuerfrei, wenn die Heimfahrten mit öffentlichen Verkehrsmitteln im Linienverkehr durchgeführt werden. Hinsichtlich des Nachweises wird auf R 21b Abs. 3 LStR hingewiesen.

c) Arbeitnehmern im öffentlichen Dienst kann bei Dienstreisen mit dem eigenen Kraftfahrzeug für die **Mitnahme von Gepäck** (mehr als 50 kg) eine Entschädigung in Höhe von 0,02 € je gefahrenen Kilometer gezahlt werden. Im öffentlichen Dienst wird als Fahrtkostenerstattung bei Benutzung eines eigenen Kraftfahrzeugs regelmäßig eine Wegstreckenentschädigung von 0,22 € und nicht – wie steuerlich zulässig – von 0,30 € je gefahrenen Kilometer gezahlt. Es stellt sich die Frage, wie die Gepäckentschädigung bei der Ermittlung des steuerpflichtigen Teils der Reisekostenvergütung zu behandeln ist.

Die Gepäckentschädigung ist in die **Berechnung des steuerpflichtigen Teils der Reisekostenvergütung einzubeziehen**, weil der Kilometersatz von 0,30 € die Transportkosten des Gepäcks einschließt; die Gepäckentschädigung (0,02 €) ist somit der Wegstreckenentschädigung (0,22 €) hinzuzurechnen.

d) Hinsichtlich der **Versteuerung des Verpflegungsanteils im Trennungsgeld** gilt Folgendes:

Nach dem Bundesreisekostengesetz (BRKG) ist das Tage- und Übernachtungsgeld bei unentgeltlicher Verpflegung und unentgeltlicher Unterkunft um bestimmte Prozentanteile zu kürzen. Der Anteil beträgt für unentgeltliche Unterkunft 25 v.H. und für unentgeltliche Verpflegung 65 v.H. Da sich die Kürzung nach § 11 Abs. 1 BRKG richtet, verbleibt ein Anteil von 10 v.H., mit dem wie beim Tagegeld nach § 9 BRKG in erster Linie Mehraufwendungen für Erfrischungsgetränke außerhalb der üblichen Mahlzeiten abgegolten werden sollen. Deshalb ist auch der **Verpflegungsanteil im Trennungsgeld mit 75 v.H. anzusetzen**.

Beispiel 2:

A ist im Zuge der Auflösung seiner alten Dienststelle **versetzt** worden, aber wegen seiner bevorstehenden Pensionierung nicht mehr an den neuen Beschäftigungsort umgezogen. Stattdessen fährt er jeden Tag zur 30 km entfernt liegenden neuen Dienststelle und erhält hierfür nach § 6 Trennungsgeldverordnung (TGV) ein Trennungsgeld.

Steuerlich gesehen geht die regelmäßige Arbeitsstätte im Fall der Versetzung bereits vom ersten Tag an mit an den neuen Arbeitsplatz, vgl. H 37 (Vorübergehende Auswärtstätigkeit) LStH. Die Fahrten stellen daher „normale" Wege zwischen Wohnung und Arbeitsstätte dar, die vom Arbeitgeber nicht – auch nicht mehr von „öffentlichen Arbeitgebern" – steuerfrei ersetzt werden dürfen.

Beispiel 3:

Sachverhalt wie Beispiel 2, A ist jedoch nur für ein Jahr **abgeordnet** worden.

In diesem Fall liegt in den ersten drei Monaten eine Dienstreise vor, so dass das Trennungsgeld in dieser Zeit nach § 3 Nr. 13 EStG steuerfrei belassen werden kann. Ab dem vierten Monat stellt dann die neue Dienststelle die regelmäßige Arbeitsstätte dar, die Fahrten sind dann „normale" Wege zwischen Wohnung und Arbeitsstätte dar, die vom Arbeitgeber nicht – auch nicht mehr von „öffentlichen Arbeitgebern" – steuerfrei ersetzt werden dürfen.

Die teilweise Versteuerung von Trennungsgeld seit 1996 verstößt nicht gegen das Grundgesetz (FG Berlin, Urteil vom 26.5.1998, EFG 1998 S. 1594, Revision eingelegt, Az. beim BFH: VI R 167/98). Aus öffentlichen Kassen gezahlte Trennungsgelder können nach Ablauf der **Zwei-Jahres-Frist** für die steuerliche Berücksichtigung von Mehraufwendungen wegen doppelter Haushaltsführung nicht mehr steuerfrei zugewendet werden (BFH, Beschluss vom 7.6.2000, BFH/NV 2000 S. 1465). Gegen diese Entscheidung ist **Verfassungsbeschwerde** erhoben worden (Az. beim BVerfG: 2 BvR 1735/00, StEd 2001 S. 510, betr. einen Beamten, der fortlaufend befristet an denselben anderen Dienstort abgeordnet wurde).

3. Nachprüfungsrecht des Finanzamts

2097 Das Finanzamt hatte nach R 14 Abs. 2 LStR 1999 nur zu prüfen, ob die **reisekostenrechtlichen Vorschriften zutreffend angewendet** worden sind und die Begrenzung der Tagegelder auf die neuen Pauschbeträge für Verpflegungsmehraufwendungen beachtet worden ist. Dagegen hatte das Finanzamt nicht zu prüfen, ob die erstatteten Reisekosten **Werbungskosten** darstellen.

Diese großzügige Regelung hatte der **Bundesfinanzhof wiederholt abgelehnt** und verlangt, Reisekostenvergütungen aus öffentlichen Kassen und aus privaten Kassen nach § 3 Nr. 13 EStG bzw. § 3 Nr. 16 EStG nach den gleichen Regeln steuerfrei zu belassen (zuletzt Urteil vom 27.4.2001, BStBl II 2001 S. 601, m.w.N.). Die Finanzverwaltung hat sich dieser **Rechtsprechung angeschlossen**, indem die gegenteiligen Anweisungen im Rahmen der Lohnsteuer-Richtlinien 2000 gestrichen worden sind, vgl. auch H 14 (Prüfung, ob Werbungskosten) LStH. Reisekostenvergütungen sind demnach nur noch steuerfrei, wenn sie als Werbungskosten abzugsfähig wären.

Beispiel:

Eine Kreissparkasse (Anstalt des öffentlichen Rechts) übernahm für ihren Vorstandsvorsitzenden die Kosten einer Studienreise, ohne Lohnsteuer einzubehalten. Die Reise erfüllte weder vom Ablauf noch von der Zusammensetzung der Teilnehmer her (der Vorstandsvorsitzende hatte – ebenso wie viele andere – seine Ehefrau mitgenommen) die Kriterien, die nach der Rechtsprechung für die Anerkennung derartiger Aufwendungen als Werbungskosten erfüllt sein müssen (vgl. dazu R 117a EStR und H 117a EStH).

Nach Auffassung des Bundesfinanzhofs im Urteil vom 15.10.1982, BStBl II 1983 S. 75, ist die Kostenübernahme durch den Arbeitgeber trotzdem nach § 3 Nr. 13 EStG steuerfrei, weil die Erstattung nach den Vorschriften des Reisekostenrechts zulässig war. Diese Rechtsprechung hat der Bundesfinanzhof schon im Urteil vom 27.5.1994, BStBl II 1995 S. 17, aufgegeben. Die Finanzverwaltung folgt nunmehr der neuen Rechtsprechung.

Steuerpflichtig ist im Regelfall auch die Übernahme der Kosten für die Ehefrau.

Darüber hinaus ist **ab 2001** die Vorschrift der R 14 Abs. 2 Satz 3 LStR zu beachten („§ 12 Nr. 1 EStG bleibt unberührt"). Diese Ergänzung soll gewährleisten, dass in den Fällen, in denen zwar Reisekosten aus öffentlichen Kassen gezahlt werden, es sich jedoch nicht um Reisekosten i.S. der Reisekostengesetze handelt, z.B. für **Incentive-Reisen**, die Steuerfreiheit des Arbeitgeberersatzes versagt werden kann. Handelt es sich allerdings um Reisekosten i.S. der Reisekostengesetze, wie z.B. bei der **Wegstreckenentschädigung**, unterbleibt eine Prüfung der Höhe nach. Wird daher eine höhere Wegstreckenentschädigung als 0,30 € gezahlt, so ist auch der 0,30 € übersteigende Betrag steuerfrei nach § 3 Nr. 13 EStG.

4. Einzelfragen

2098 Bei der Besteuerung gelten im Prinzip die gleichen Grundsätze wie für die Privatwirtschaft, also hinsichtlich der Verrechnungsmöglichkeiten, der vereinfachten Besteuerung als sonstiger Bezug usw.; Einzelheiten siehe → *Reisekosten: Allgemeine Grundsätze* Rz. 1994 sowie FinMin Niedersachsen, Erlass vom 11.4.1996, StEd 1996 S. 319.

Beamte, die ins Ausland versetzt wurden, erhielten ein sog. **Auslandstrennungsgeld**, das nach § 3 Nr. 64 EStG' steuerfrei belassen wurde. Dies wäre nach § 3 Nr. 13 Satz 2 EStG an sich ab 1996 nicht mehr möglich gewesen. Um Nachteile zu vermeiden, sind deshalb die Zahlungen beim Bund und den Ländern ab 1998 in eine **Aufwandsentschädigung** umgewandelt worden, die nach § 3 Nr. 12 Satz 1 EStG steuerfrei ist.

Reiseveranstalter: Arbeitnehmerreisen

1. Allgemeines

2099 Reiseveranstalter oder Reisebüros bieten ihren Mitarbeitern häufig **Reisen mit fachlichem Hintergrund** an. Diese führen naturgemäß zu touristisch interessanten Zielen und deren Reiseverlauf gleicht grundsätzlich denen von Pauschalreisen (z.B. Besichtigung der Sehenswürdigkeiten, Erprobung des Freizeitangebots). Diese Reisen müssen von den Incentive-Reisen (→ *Incentive-Reisen* Rz. 1306) abgegrenzt werden, deren kostenlose oder verbilligte Durchführung zu einem geldwerten Vorteil beim Arbeitnehmer führt (BFH, Urteil vom 9.3.1990, BStBl II 1990 S. 711).

Um eine **einheitliche Verwaltungspraxis** zu gewährleisten, hat die Finanzverwaltung (BMF-Schreiben vom 14.9.1994, BStBl I 1994 S. 755) eine Regelung getroffen, wie **unentgeltliche oder verbilligte Reisen von Mitarbeitern von Reisebüros oder Reiseveranstaltern steuerlich zu behandeln sind. Danach gilt Folgendes:**

Eine vom Arbeitgeber dem Arbeitnehmer unentgeltlich oder verbilligt verschaffte Reise gehört **nicht zum Arbeitslohn**, wenn die Reise im **ganz überwiegenden betrieblichen Interesse des Arbeitgebers durchgeführt** wird. Ein ganz überwiegendes betriebliches Interesse muss über das normale Interesse des Arbeitgebers, das ihn zur Lohnzahlung veranlasst, deutlich hinausgehen. Dieses Interesse muss so stark sein, dass das Interesse des Arbeitnehmers an der Leistung vernachlässigt werden kann. Es müssen daher **nachweisbare betriebsfunktionale Gründe** für die Teilnahme des Arbeitnehmers an der Reise bestehen. Als Reisen im ganz überwiegenden betrieblichen Interesse des Arbeitgebers können **Dienstreisen** und **Fachstudienreisen** unter den nachfolgend aufgeführten Voraussetzungen in Betracht kommen.

2. Dienstreisen

2100 Dienstreisen sind Reisen, denen ein **unmittelbarer betrieblicher Anlass** zu Grunde liegt, z.B. Verhandlungen mit Geschäftspartnern des Arbeitgebers oder die Durchführung eines bestimmten Auftrags (Vorbereitung von Reiseveranstaltungen oder Objektbeschreibungen in Katalogen des Arbeitgebers).

Beispiel:

Der Arbeitnehmer eines Reiseveranstalters fliegt für 14 Tage nach Neuseeland, um dort eine Pauschalreise vorzubereiten, die im nächsten Reisekatalog angeboten werden soll. Er hat Verhandlungen mit den Hotels, mit Restaurants und Mietwagenfirmen zu führen. Darüber hinaus hat er die Objektbeschreibung für den Katalog vorzubereiten.

Bei Dienstreisen ist ein ganz überwiegend betriebliches Interesse des Arbeitgebers nur anzunehmen, mit der Folge, dass ein lohnsteuerpflichtiger Arbeitslohn bzw. geldwerter Vorteil nicht gegeben ist, wenn die **folgenden Voraussetzungen nebeneinander** erfüllt sind:

–   Die Reise wird **auf Anordnung** des Arbeitgebers durchgeführt.

–   Die Reise ist für den Arbeitnehmer **unentgeltlich**.

–   Die Reisetage sind grundsätzlich **wie normale Arbeitstage** mit beruflicher Tätigkeit ausgefüllt (BFH, Urteil vom 12.4.1979, BStBl II 1979 S. 513).

–   Die Reisetage werden **nicht auf den Urlaub** des Arbeitnehmers angerechnet.

3. Fachstudienreisen

2101 Fachstudienreisen sind Reisen, die der **beruflichen Fortbildung des Arbeitnehmers** dienen.

Beispiel:

Ein Reiseveranstalter führt für seine Arbeitnehmer siebentägige Informationsreisen nach Griechenland durch. Ziel der Reise ist es, den Arbeitnehmern zusätzliche Informationen „vor Ort" zu verschaffen. Auf dem Programm der Reise stehen halbtägige Arbeitsseminare mit Themen wie z.B. Produktschulung und Verkaufsargumente. Darüber hinaus sollen die Arbeitnehmer das Freizeitangebot, das von den Gästen des Hotels genutzt werden kann, unter den gleichen Bedingungen „testen" wie die Gäste.

Bei Fachstudienreisen ist ein ganz überwiegend betriebliches Interesse des Arbeitgebers (R 74 LStR) **nur anzunehmen**, wenn die **folgenden Voraussetzungen nebeneinander** erfüllt sind:

●   Der an der Reise teilnehmende Arbeitnehmer ist im **Reisevertrieb** oder mit der **Reiseprogrammbeschreibung**, -gestaltung oder -abwicklung **beschäftigt**.

●   Der Arbeitgeber wertet die Teilnahme an der Reise **als Arbeitszeit** und rechnet jeden vollen Reisetag, der auf einen regelmäßigen Arbeitstag des teilnehmenden Arbeitnehmers entfällt, mit mindestens sechs Stunden auf die vereinbarte regelmäßige Arbeitszeit an.

●   Der Reise liegt eine **feste Programmgestaltung** zu Grunde und das Programm ist auf die **konkreten beruflichen Qualifikations- und Informationsbedürfnisse** der oben genannten Arbeitnehmer zugeschnitten. Das Programm muss Fachveranstaltungen mit einer Gesamtdauer von **mindestens sechs Stunden pro Tag** enthalten. Dabei sind folgende Programmpunkte als Fachveranstaltungen anzuerkennen:

– Kennenlernen der Leistungsträger der gesamten Organisation vor Ort,

– Vorstellung verschiedener Unterkünfte und Unterkunftsbesichtigungen,

– länderkundliche Referate, Zielgebietsschulung,

– ortskundige Führungen,

– Vorträge von Verkehrsämtern und Ausflugsveranstaltern,

– eigene Recherchen nach Aufgabenstellung (Fallstudien, Gruppenarbeit),

– regelmäßige Programmbesprechungen.

● Der Arbeitnehmer nimmt grundsätzlich **an allen vorgesehenen fachlichen Programmpunkten teil** und erstellt ein **Protokoll über den Reiseverlauf.**

● Der Arbeitnehmer nimmt **keine Begleitperson** mit, es sei denn, dass die Mitnahme einer Begleitperson aus zwingenden betrieblichen Gründen erforderlich ist.

4. Nachweispflichten des Arbeitgebers

2102 Der Arbeitgeber hat das ganz überwiegende betriebliche Interesse sowohl bei Dienst- als auch bei Fachstudienreisen **nachzuweisen.** Deshalb hat er folgende Unterlagen aufzubewahren und auf Verlangen der Finanzverwaltung vorzulegen:

● Bei **Dienstreisen** die Unterlagen, aus denen sich der Anlass und der Arbeitsauftrag ergibt.

● Bei Fachstudienreisen

– die Einladung zur Fachstudienreise,

– die Programmunterlagen,

– die Bestätigungen über die Teilnahme des Arbeitnehmers an den fachlichen Programmpunkten,

– das Protokoll des Arbeitnehmers über den Reiseverlauf,

– die Teilnehmerliste.

5. Besonderheiten

a) Privater Anschlussaufenthalt

2103 Wenn sich an eine Dienstreise oder Fachstudienreise, die im ganz überwiegenden betrieblichen Interesse des Arbeitgebers liegt, **ein privater Reiseaufenthalt anschließt,** so **gehören die Leistungen für den Anschlussaufenthalt zum Arbeitslohn.**

(LSt) (SV)

Ob die **Leistungen für die Hin- und Rückfahrt** zum Arbeitslohn gehören, wird bei Dienstreisen und bei Fachstudienreisen unterschiedlich beurteilt.

Bei **Dienstreisen** gehören die Leistungen für die Hin- und Rückfahrt grundsätzlich, also auch im Falle eines Anschlussaufenthalts des Arbeitnehmers, nicht zum Arbeitslohn.

Beispiel 1:

Der Arbeitnehmer eines Reiseveranstalters fliegt für 14 Tage nach Neuseeland, um dort eine Pauschalreise vorzubereiten, die im nächsten Reisekatalog angeboten werden soll. Er hat Verhandlungen mit den Hotels, mit Restaurants und Mietwagenfirmen zu führen. Darüber hinaus hat er die Objektbeschreibung für den Katalog vorzubereiten. Nach Abschluss der Verhandlungen bleibt der Arbeitnehmer noch zusätzlich vier Tage in Neuseeland. Für den Zusatzaufenthalt muss der Arbeitnehmer nichts bezahlen. Normale Reisende müssten für diese vier Tage 200 € entrichten.

Die Aufwendungen für die Dienstreise gehören nicht zum Arbeitslohn des Arbeitnehmers, wenn die unter → Rz. 2100 genannten Voraussetzungen erfüllt sind. Dies gilt auch für die Kosten des Hin- und Rückflugs. Die 200 €, die der Arbeitnehmer für den kostenlosen Zusatzaufenthalt spart, hat er im Rahmen des § 8 Abs. 3 EStG als Arbeitslohn zu versteuern.

Bei Fachstudienreisen hingegen gehören diese Leistungen dann zum Arbeitslohn, wenn der Anschlussaufenthalt **mehr als 10 % der gesamten Reisezeit** in Anspruch nimmt.

Beispiel 2:

Ein Reiseveranstalter führt für seine Arbeitnehmer siebentägige Informationsreisen nach Griechenland durch. Einige Arbeitnehmer bleiben noch einen Tag länger, um sich zu erholen. Dieser Zusatzaufenthalt ist kostenlos, normale Reisende müssten für diesen Verlängerungstag 40 € zahlen. Die Kosten für den Hin- und Rückflug betragen 390 €.

Da die Arbeitnehmer Fachstudienreisen durchführen (→ Rz. 2101), sind im vorliegenden Fall die Kosten des Hin- und Rückflugs insgesamt zu versteuern, denn der private Zusatzaufenthalt beträgt mehr als 10 % der gesamten Reisezeit (Reisezeit insgesamt acht Tage, davon ein Tag Privataufenthalt = 12,5 %). Zusammen mit den fiktiven Kosten für den zusätzlichen Tag in Höhe von 40 € hat der Arbeitnehmer demnach im Rahmen des § 8 Abs. 3 EStG 430 € als Arbeitslohn zu versteuern.

Diese Regelung gilt auch, wenn der Dienstreise oder Fachstudienreise ein privater Reiseaufenthalt **vorangeht.**

b) Leistungen Dritter

2104 Werden Dienst- oder Fachstudienreisen **von dritter Seite unentgeltlich oder verbilligt zur Verfügung gestellt,** so liegt kein Arbeitslohn vor, wenn die Leistungen dem Arbeitnehmer im ganz überwiegenden betrieblichen Interesse des Arbeitgebers zugute kommen. Dies ist gegeben, wenn die zuvor genannten Voraussetzungen erfüllt sind.

Liegen **diese Voraussetzungen nicht vor**, ist nach den Regelungen der Finanzverwaltung über die lohnsteuerliche Behandlung von Rabatten von dritter Seite (BMF-Schreiben vom 27.9.1993, BStBl I 1993 S. 814) zu prüfen, ob Arbeitslohn vorliegt, der dem Lohnsteuerabzug unterliegt (→ *Rabatte* Rz. 1951).

6. Banken als Reiseveranstalter

2105 Es kommt häufig vor, dass eine **Bank selbst Reisen veranstaltet,** die von Bankmitarbeitern begleitet werden. Wie die an die Reisebegleiter erstatteten Reisekosten steuerlich zu behandeln sind, kann nur unter Abwägung aller Verhältnisse des Einzelfalls entschieden werden. Das Finanzgericht Köln hat hierfür einen **Kriterienkatalog** aufgestellt, nach dem jede einzelne Reise beurteilt wird; die Urteile des Finanzgerichts sind danach unterschiedlich ausgefallen, von der Vollstattgabe bis zur Klageabweisung (Urteil vom 3.12.1996, EFG 1997 S. 859).

Danach ist z.B.

– **Arbeitslohn zu verneinen,** wenn die Leistungen im ganz überwiegenden **eigenbetrieblichen Interesse des Arbeitgebers** liegen. Dies kann der Fall sein, wenn immer derselbe Bankmitarbeiter die Reisen begleitet und daher praktisch die Funktion eines **hauptberuflichen** Reiseleiters hat, für den solche Reisen Dienstreisen darstellen;

– dagegen **steuerpflichtiger Arbeitslohn** anzunehmen, wenn die Begleiter häufig wechseln – was deutet auf einen **Belohnungscharakter** hin –, für den Begleiter kaum Arbeiten anfallen, weil die Reise nicht mit häufigen Hotelwechseln verbunden und die Gruppe überdies nur klein ist.

Den **Arbeitgeber** trifft nach diesem Urteil die **Beweislast,** dass diese Voraussetzungen vorgelegen haben und er somit zu Recht vom Lohnsteuerabzug abgesehen hat.

Rentenversicherung

1. Rentenversicherungsträger

2106 Die gesetzliche Rentenversicherung ist Teil des neben der Kranken-, Pflege-, Unfall- und Arbeitslosenversicherung insgesamt fünfgliedrigen Sozialversicherungssystems.

Träger sind die Landesversicherungsanstalten für den Bereich der Rentenversicherung der Arbeiter, die Bahnversicherungsanstalt für die Beschäftigten der Deutschen Bahn AG, die Bundesversicherungsanstalt für Angestellte sowie die knappschaftliche Rentenversicherung die Bundesknappschaft. Daneben bestehen noch besondere Rentenversicherungssysteme für den Bereich der Landwirte durch die Landwirtschaftlichen Alterskassen und für die Beschäftigten in der Seeschifffahrt durch die Seekasse. Die Landesversicherungsanstalten sind dabei regional organisiert; ihr Zuständigkeitsbereich ist jedoch nicht unbedingt mit den Gebieten der Bundesländer identisch.

2. Aufgaben

2107 Die Rentenversicherungsträger haben vorrangig die Aufgabe, die soziale Sicherung der Arbeitnehmer, in eingeschränktem Umfang auch der Selbständigen, und ihrer Angehörigen bzw. Hinterbliebenen sicherzustellen gegen die Risiken

– der Berufs- und Erwerbsunfähigkeit,

– des Alters und

– des Todes.

3. Leistungen

2108 Um diese Ziele zu erreichen, können im Wesentlichen die **folgenden Leistungen** gewährt werden:

– Heilbehandlung, Berufsförderung und andere Leistungen zur Erhaltung, Besserung und Wiederherstellung der Erwerbsfähigkeit einschließlich wirtschaftlicher Hilfen,

– Renten wegen Alters, verminderter Erwerbsfähigkeit sowie Bergmannsrenten und Knappschaftsausgleichsleistungen,

– Renten wegen Todes,

– Witwen- und Witwerrentenabfindungen,

– Zuschüsse zu den Aufwendungen für die Krankenversicherung,

– Leistungen für Kindererziehung.

In der Alterssicherung der Landwirte können darüber hinaus Betriebs- und Haushaltshilfe zur Aufrechterhaltung des Betriebes im Falle des Todes des landwirtschaftlichen Unternehmers gewährt werden.

4. Versicherungsumfang

2109 Der Kreis der in der Rentenversicherung versicherten Personen erstreckt sich vorrangig auf die gegen Entgelt beschäftigten Arbeitnehmer, in geringem Umfang auch auf Selbständige. Er ist weitgehend identisch mit dem Kreis derer, die auch der Kranken-, Pflege- und Arbeitslosenversicherungspflicht unterliegen. Unter bestimmten Voraussetzungen ist in der gesetzlichen Rentenversicherung auch eine freiwillige Versicherung möglich.

Für geringfügig entlohnte Beschäftigte (§ 8 Abs. 1 Nr. 1 SGB IV) haben die Arbeitgeber seit dem 1.4.1999 trotz der grundsätzlich bestehenden Versicherungsfreiheit der Arbeitnehmer u.a. 12 % Rentenversicherungsbeiträge pauschal abzuführen. Grundlage für die Bemessung der Beiträge ist dabei das Arbeitsentgelt aus der geringfügigen Beschäftigung. Die Arbeitnehmer werden nicht belastet.

Der Arbeitnehmer hat aber in der Rentenversicherung die Möglichkeit, **durch eine in die Zukunft wirkende und für die Dauer der geringfügigen Beschäftigung verbindliche Erklärung gegenüber seinem Arbeitgeber auf die Versicherungsfreiheit zu verzichten** und durch eigene zusätzliche Beitragszahlung, die über den Arbeitgeber abgeführt wird, Rentenansprüche zu erwerben. Dabei gilt für die Beitragsbemessung ein Mindestentgelt von 155 € monatlich. Die sonst übliche hälftige Beitragstragung gilt dann nicht. Während der Arbeitgeber 12 % vom **tatsächlichen Arbeitsentgelt** als Rentenversicherungsbeitrag trägt, übernimmt der Arbeitnehmer 7,1 % (Differenz bis zum allgemein gültigen Beitragssatz in der Rentenversicherung) als eigene Beitragsleistung. Liegt das tatsächlich erzielte Arbeitsentgelt aus der geringfügig entlohnten Beschäftigung jedoch unter 155 € monatlich, trägt vom tatsächlich erzielten Entgelt der Arbeitgeber 12 % und der Arbeitnehmer 7,1 %, Letzterer aber vom Differenzbetrag bis 155 € den Gesamtbeitrag unter Anwendung des vollen Rentenversicherungsbeitragssatzes von 19,1 % (§§ 249 Abs. 2 Nr. 1 SGB V und 168 Abs. 1 Nr. 1 SGB VI).

5. Finanzierung

2110 Finanziert werden die Aufwendungen der Rentenversicherung durch die nach dem Solidarprinzip erhobenen Beiträge. Das bedeutet, unabhängig von Alter, Geschlecht, Familienstand oder Gesundheitszustand werden die Beiträge prozentual und ausschließlich nach der Höhe des Arbeitsentgelts bemessen. Die **Rentenversicherungsbeiträge** werden als Teil des Gesamtsozialversicherungsbeitrages mit den Beiträgen zur Kranken-, Pflege- und Arbeitslosenversicherung von den Krankenkassen (Einzugsstellen) erhoben und von ihnen täglich an die Rentenversicherungsträger weitergeleitet. Vom 1.4.1999 an erhalten die Rentenversicherungsträger auch für → *Geringfügig Beschäftigte* (Rz. 1115) einen Pauschalbetrag von 12 %.

Beitragseinnahmen ergeben sich auch aus den Beiträgen für so genannte Lohnersatzleistungen. Zahlen Sozialversicherungsträger wie z.B. Krankenkassen ihren Mitgliedern Krankengeld, sind aus dem Zahlbetrag des Krankengeldes Beiträge an die Rentenversicherungsräger zu entrichten, wobei grundsätzlich auch hier die Teilung der Beitragslast je zur Hälfte gilt. Neben dem Krankengeldbezieher trägt die Krankenkasse aus ihrem Vermögen die andere Hälfte der Beiträge.

Weiterhin erhalten die Rentenversicherungsträger staatliche **Zuschüsse** aus Steuermitteln, weil sie zum Teil auch versicherungsfremde Aufgaben übernehmen, die grundsätzlich in die Leistungspflicht des Staates fallen.

6. Verfahrensregelungen

2111 Für versicherungspflichtige Arbeitnehmer sind keine besonderen Meldungen direkt an die Rentenversicherungsträger zu erstatten. Vielmehr erhalten diese die notwendigen Daten im Wege des Datenaustausches aus den bei den Krankenkassen einzureichenden Meldungen.

Wesentliches Ordnungskriterium für die Rentenversicherungsträger ist die Rentenversicherungsnummer. Unter diesem Ordnungsbegriff, der für jeden Versicherten nur einmal vergeben wird, werden alle im Laufe des Berufslebens für eine Leistungsgewährung notwendigen Daten gespeichert. Durch direkte Plausibilitätsprüfungen kann das Versichertenkonto des Beschäftigten mit gesicherten, ggf. abgeprüften Daten aktuell geführt werden. Eine aufwendige und häufig nicht mehr mögliche Klärung von Zweifelsfragen z.B. zum Ende des Berufslebens bei der Rentenantragstellung entfällt.

Die Rentenversicherungsträger unterrichten zu bestimmten Zeitpunkten ihre Versicherten über die gespeicherten Daten und erteilen Auskünfte zum Versicherungsverlauf.

Rentner

1. Lohnsteuer

2112 Renten aus der gesetzlichen Rentenversicherung unterliegen nicht dem Lohnsteuerabzug (→ *Altersrenten* Rz. 42). Nimmt ein Rentner noch eine **Beschäftigung als Arbeitnehmer** auf, so ist der Lohnsteuerabzug nach den allgemeinen Regeln vorzunehmen, d.h. dass er seinem Arbeitgeber grundsätzlich eine Lohnsteuerkarte vorzulegen hat. Die Lohnsteuer ist unter Berücksichtigung der gekürzten Vorsorgepauschale (→ *Lohnsteuertabellen* Rz. 1657) zu ermitteln (R 120 Abs. 3 Nr. 5 LStR). Dabei muss der Arbeitgeber auch den Altersentlastungsbetrag (wenn der Arbeitnehmer vor dem 2.1.1938 geboren ist) berücksichtigen, auch wenn dieser nicht auf der Lohnsteuerkarte eingetragen ist (→ *Altersentlastungsbetrag* Rz. 39).

LSt SV

2. Sozialversicherung

a) Nicht beschäftigte Rentner

2113 **Krankenversicherungspflichtig** sind die Bezieher einer Rente aus der gesetzlichen Rentenversicherung sowie die Rentenantragsteller, wenn sie seit der erstmaligen Aufnahme einer Erwerbstätigkeit bis zur Stellung des Rentenantrages mindestens neun Zehntel der zweiten Hälfte des Zeitraumes bei einer gesetzlichen Krankenkasse pflichtversichert waren.

Beispiel:

Eintritt in das Berufsleben am 1.4.1962

Rentenantragstellung am 31.3.2002

Der Zeitraum der Erwerbstätigkeit (Rahmenfrist) umfasst die Zeit vom 1.4.1962 bis zum 31.3.2002 = 40 Jahre oder 480 Monate.

Die zweite Hälfte dieses Zeitraumes erstreckt sich auf die Zeit vom 1.4.1982 bis zum 31.3.2002 = 20 Jahre oder 240 Monate.

Neun Zehntel dieses (zweiten) Zeitraumes sind 216 Monate.

Um die erforderliche Vorversicherungszeit für eine Pflichtmitgliedschaft in der Krankenversicherung der Rentner nachweisen zu können, müssen in der Zeit vom 1.4.1982 bis zum 31.3.2002 insgesamt 216 Monate mit entsprechenden Mitgliedszeiten in der gesetzlichen Krankenversicherung belegt sein.

Für den Nachweis der Vorversicherungszeit werden nur Zeiten einer Pflichtversicherung und Zeiten einer auf einer Pflichtversicherung beruhenden Familienversicherung herangezogen. Dabei stehen den Zeiten der Pflichtversicherung bis zum 31.12.1988 Zeiten der Ehe mit einem Pflichtmitglied gleich. Nicht berücksichtigt werden jedoch Ehezeiten, in denen der Rentner mehr als nur geringfügig beschäftigt oder selbständig tätig war. Bis zum 31.12.1992 wurden zur Prüfung der Zugangsvoraussetzungen für die Krankenversicherung der Rentner auch Zeiten einer freiwiligen Versicherung berücksichtigt. Bei einer Rentenantragstellung ab 1.1.1993 wurden nur noch Zeiten einer Pflichtversicherung berücksichtigt. Das Bundesverfassungsgericht hat in seiner Entscheidung vom 15.3.2000, DB 2000 S. 1568, u.a. die gegenwärtige Regelung zur Erfüllung der Vorversicherungszeiten in der Krankenversicherung der Rentner für verfassungswidrig erklärt.

Grundlage für diese Entscheidung ist die Ungleichbehandlung von zwei Rentnergruppen auf Grund der unterschiedlilchen Beitragsregelungen.

Während ein freiwillig versicherter Rentner z.B. auch Beiträge aus Einkünften aus Vermietung und Verpachtung oder aus Einkünften aus Kapitalvermögen entrichten muss, bleiben diese bei einem pflichtversicherten Rentner außer Ansatz.

Der Gesetzgeber ist nun aufgefordert, bis zum 31.3.2002 eine verfassungskonforme Regelung zu erlassen. Übergangsweise behält die gegenwärtige Regelung Gültigkeit. Der Gesetzgeber hat die Alternativen, zukünftig wieder die Zeiten einer freiwilligen Versicherung anzuerkennen oder einheitliche Beitragsberechnungsgrundlagen für pflicht- und freiwillig versicherte Rentner zu schaffen.

Nach derzeitigem Kenntnisstand wird der Gesetzgeber zum 1.4.2002 keine neue Regelung einführen.

Dies hat im Umkehrschluss zur Folge, dass das bis zum 31.12.1992 geltende Recht wieder in Kraft treten würde. Somit wären ab 1.4.2002 die Zeiten einer freiwilligen Versicherung wieder zu berücksichtigen.

Strittig ist zz. die Frage, ob alle als Rentner in der Zeit vom 1.1.1993 bis 31.3.2002 begründeten freiwilligen Mitgliedschaften erneut auf die Voraussetzungen zur Krankenversicherung der Rentner zu überprüfen und ggf. ab 1.4.2002 umzustellen sind. Wir werden Sie über unseren aktuellen Informationsdienst (siehe Benutzerhinweise Seite IV) informieren.

Für die **neuen Bundesländer** gilt, dass die vor In-Kraft-Treten des SGB V (1.1.1991) zurückgelegten Versicherungszeiten einschließlich der Zeiten einer Krankheitskostenversicherung der ehemaligen staatlichen Versicherung der DDR und der Versicherung in einem Sonderversorgungssystem anrechenbare Vorversicherungszeiten darstellen.

Zu weiteren Einzelheiten siehe auch → *Pensionäre* Rz. 1870.

b) Beschäftigte Rentner

aa) Geringfügig beschäftigte Rentner

2114 Die Vorschriften über die Versicherungsfreiheit bei geringfügiger Beschäftigung in der Kranken-, Pflege-, Renten- und Arbeitslosenversicherung gelten für alle Rentner uneingeschränkt, so dass Arbeitsverhältnisse versicherungsfrei bleiben, wenn das Arbeitseinkommen monatlich 325 € nicht übersteigt und die wöchentliche Arbeitszeit weniger als 15 Stunden beträgt (→ *Geringfügig Beschäftigte* Rz. 1115).

LSt ⓈⓋ

bb) Mehr als geringfügig beschäftigte Rentner

– Bezieher einer Altersvollrente oder eines vorgezogenen bzw. flexiblen Altersruhegeldes

Diese Beschäftigten sind versicherungspflichtig in der **Kranken- und Pflegeversicherung.** Dabei ist für die Krankenversicherung wegen des Fortfalles des Anspruches auf Krankengeld nur der ermäßigte Beitragssatz (Beitragsgruppe 3) zu entrichten. In der Rentenversicherung besteht Versicherungsfreiheit, jedoch hat der Arbeitgeber seinen Beitragsanteil abzuführen (Beitragsgruppe 3 oder 4). Hat der Rentenbezieher bereits das 65. Lebensjahr vollendet, entfällt die Versicherungspflicht in der Arbeitslosenversicherung, jedoch besteht auch hier für den Arbeitgeber die Beitragspflicht für seinen Beitragsanteil (Beitragsgruppe 2). **2115**

Die einschlägigen **Hinzuverdienstgrenzen** sind zu beachten, weil ansonsten der Rentenbezug entfallen und damit Versicherungspflicht nach den allgemeinen Regeln eintreten kann.

– Bezieher einer Teilrente oder Hinterbliebenenrente

Diese Beschäftigten sind neben der Versicherungspflicht in der Kranken-, Pflege- und Arbeitslosenversicherung (in der Arbeitslosenversicherung, sofern das 65. Lebensjahr noch nicht vollendet) **auch rentenversicherungspflichtig.** Die einschlägigen Hinzuverdienstgrenzen sind zu beachten.

– Bezieher einer halben Erwerbsminderungsrente

Beschäftigte, die auf dem allgemeinen Arbeitsmarkt mit einem Restleistungsvermögen von drei bis unter sechs Stunden beschäftigt sind, erhalten eine halbe Erwerbsminderungsrente. Diese Beschäftigung ist in allen Zweigen der Sozialversicherung beitragspflichtig.

– Bezieher einer vollen Erwerbsminderungsrente

Beschäftigte, die auf dem allgemeinen Arbeitsmarkt mit einem Restleistungsvermögen von drei Stunden beschäftigt sind, erhalten eine volle Erwerbsminderungsrente. Diese Beschäftigung ist versicherungspflichtig in der Kranken-, Pflege- und Rentenversicherung. Bei der Beitragsentrichtung ist jedoch zu beachten, dass die Bezieher voller Erwerbsminderungsrenten keinen Anspruch auf Krankengeld haben und somit der ermäßigte Beitragssatz in der Krankenversicherung anzuwenden ist (Beitragsgruppe 3). Außerdem führt der Bezug der vollen Erwerbsminderungsrente zur Versicherungsfreiheit in der Arbeitslosenversicherung.

Rückdeckung/ Rückdeckungsversicherung

1. Begriff

Der Begriff der Rückdeckung ist **bei der betrieblichen Altersversorgung der Arbeitnehmer von großer Bedeutung.** Während Ausgaben, die der Arbeitgeber leistet, um einen Arbeitnehmer oder diesem nahe stehende Personen für den Fall der Krankheit, des Unfalls, der Invalidität, des Alters oder des Todes abzusichern **(Zukunftssicherung),** nach § 2 Abs. 2 Nr. 3 Satz 1 LStDV zum steuerpflichtigen Arbeitslohn des Arbeitnehmers gehören, wenn dieser der Zukunftssicherung zustimmt, gehören Ausgaben, die nur dazu dienen, **dem Arbeitgeber die Mittel zur Leistung** einer dem Arbeitnehmer zugesagten Versorgung **zu verschaffen (Rückdeckung),** nach § 2 Abs. 2 Nr. 3 Satz 4 LStDV **nicht zum Arbeitslohn.** **2116**

2. Abgrenzung Direktversicherung – Rückdeckungsversicherung

Für die Abgrenzung zwischen einer Direktversicherung und einer Rückdeckungsversicherung, die vom Arbeitgeber abgeschlossen wird und nur dazu dient, dem Arbeitgeber die Mittel zur Leistung einer dem Arbeitnehmer zugesagten Versorgung zu verschaffen, sind regelmäßig die zwischen Arbeitgeber und Arbeitnehmer getroffenen Vereinbarungen (Innenverhältnis) maßgebend **2117**

und nicht die Abreden zwischen Arbeitgeber und Versicherungs-unternehmen (Außenverhältnis). Deshalb **wird eine Rückde-ckungsversicherung steuerlich** nach R 129 Abs. 3 LStR **nur anerkannt**, wenn die **nachstehenden drei Voraussetzungen sämtlich** erfüllt sind:

– Der Arbeitgeber hat dem Arbeitnehmer **eine Versorgung aus eigenen Mitteln** zugesagt, z.B. eine Werkspension.

– Zur Gewährleistung der Mittel für diese Versorgung hat der Arbeitgeber eine Versicherung abgeschlossen, zu der **der Arbeitnehmer keine eigenen Beiträge** i.S. des § 2 Abs. 2 Nr. 3 Satz 2 LStDV leistet. Keine eigenen Beiträge des Arbeitnehmers liegen vor, wenn der Arbeitgeber seine Beiträge zur Rückdeckungsversicherung ganz oder teilweise durch eine mit dem Arbeitnehmer vereinbarte Gehaltskürzung finanziert und zwischen den Beteiligten Einigkeit besteht, dass die späteren Versorgungsbezüge lohnsteuerpflichtig sind (BFH, Urteil vom 14.2.1964, BStBl III 1964 S. 243).

– **Nur der Arbeitgeber**, nicht aber der Arbeitnehmer **erlangt Ansprüche gegen die Versicherung.** Unschädlich ist jedoch die Verpfändung der Ansprüche aus der Rückdeckungs-versicherung an den Arbeitnehmer, weil dieser bei einer Verpfändung gegenwärtig keine Rechte erwirbt, die ihm einen Zugriff auf die Versicherung und die darin angesammelten Werte ermöglichen. Entsprechendes gilt für eine aufschiebend bedingte Abtretung des Rückdeckungsanspruchs, da die Abtretung rechtlich erst wirksam wird, wenn die Bedingung eintritt (§ 158 Abs. 1 BGB), und für die Abtretung des Rückdeckungsanspruchs zahlungshalber im Falle der Liquidation oder der Vollstreckung in die Versicherungsansprüche durch Dritte.

Handelt es sich in diesem Sinne um eine **Rückdeckungs-versicherung**, so sind die Aufwendungen des Arbeitgebers kein Arbeitslohn des Arbeitnehmers.

3. Steuerpflichtiger Arbeitslohn

2118 Verwendet der Arbeitgeber später **die Mittel aus der Rückde-ckungsversicherung**, um seine Versorgungszusagen zu erfüllen, so sind die Zahlungen des Arbeitgebers beim Arbeitnehmer als Arbeitslohn zu erfassen, → *Versorgungsbezüge* Rz. 2560.

Dies gilt auch dann, wenn ein Anspruch aus einer **Rückde-ckungsversicherung ohne Entgelt auf den Arbeitnehmer übertragen** oder eine bestehende Rückdeckungsversicherung in eine Direktversicherung umgewandelt wird. **Im Zeitpunkt** der Übertragung bzw. Umwandlung fließt dem Arbeitnehmer ein lohnsteuerpflichtiger geldwerter Vorteil zu, der dem geschäfts-planmäßigen Deckungskapital oder dem Zeitwert (§ 176 VVG) der Versicherung entspricht. Entsprechendes gilt, wenn eine aufschiebend bedingte Abtretung rechtswirksam wird.

Rückzahlung von Arbeitslohn

0. Vorbemerkung

Die Rückzahlung zu viel gezahlten Arbeitslohns ist in der Praxis 2119 von erheblicher Bedeutung, auch für den Lohnsteuerabzug. Wie die **einzelnen Fallgestaltungen** lohnsteuerlich zu behandeln sind, ist in **bundeseinheitlichen Verwaltungsregelungen zu-sammengefasst** (vgl. z.B. OFD Frankfurt, Verfügung vom 25.7.2000, FR 2000 S. 1237):

1. Rückzahlung von nicht versteuertem Arbeitslohn

Zahlt ein Arbeitnehmer **Arbeitslohn zurück**, der im Zeitpunkt des 2120 Zuflusses **zu Recht steuerbefreit** war, so ist die Rückzahlung als ein außersteuerlicher Vorgang anzusehen. Der Arbeitnehmer kann im Jahr der Rückzahlung weder Werbungskosten noch negative Einnahmen in entsprechender Höhe geltend machen.

Dies gilt auch für den Fall, dass der Arbeitnehmer Arbeitslohn zurückzahlen muss, bei dem es sich dem Grunde nach zwar um steuerpflichtigen Arbeitslohn gehandelt hat, der aber im Zeitpunkt des Zuflusses **zu Unrecht als steuerfrei behandelt** worden ist.

Beispiel:

Dem Arbeitnehmer ist ein bestimmter Betrag als Reisekostenersatz steuerfrei ausgezahlt worden. Es stellt sich später heraus, dass die Voraus-setzungen einer Dienstreise nicht gegeben waren. Der Arbeitgeber fordert den zu Unrecht gewährten Betrag zurück.

Sieht der Arbeitgeber in derartigen Fällen von einer Rück-forderung des zu Unrecht als steuerfrei behandelten Arbeitslohns ab, muss dieser Arbeitslohn noch nachträglich steuerlich erfasst werden.

2. Rückzahlung von versteuertem Arbeitslohn

Zahlt ein Arbeitnehmer Arbeitslohn zurück, der dem Lohnsteuer- 2121 abzug unterlegen hat, **so bleibt der früher gezahlte Arbeitslohn zugeflossen** (§ 11 Abs. 1 EStG). Die zurückgezahlten Beträge sind im Zeitpunkt der Rückzahlung (§ 11 Abs. 2 EStG) **als nega-tive Einnahmen** zu behandeln. Im Einzelnen ergeben sich fol-gende Fallgestaltungen:

a) Rückzahlung von Arbeitslohn im Kalenderjahr seiner Zahlung bei fortbestehendem Dienstverhältnis

Hat der Arbeitnehmer Arbeitslohn **im selben Kalenderjahr zu- 2122 rückzuzahlen**, in dem er ihn erhalten hat, und steht er im Zeit-punkt der Rückzahlung noch in einem Dienstverhältnis zu dem-selben Arbeitgeber, kann dieser den zurückgezahlten Betrag **im Lohnzahlungszeitraum der Rückzahlung** oder in den auf die Rückzahlung folgenden Lohnzahlungszeiträumen sowie im Lohn-steuer-Jahresausgleich nach § 42b EStG **vom steuerpflichtigen Arbeitslohn absetzen.** Es ist auch möglich, dass der Arbeitgeber stattdessen den Lohnsteuerabzug des früheren Lohnzahlungs-zeitraums auf Grund der Rückzahlung entsprechend ändert.

Die Berücksichtigung des zurückgezahlten Betrags durch den Arbeitgeber ist gemäß § 41c Abs. 3 EStG aber nur **bis zur Aus-stellung einer Lohnsteuerbescheinigung** möglich. Kann der Arbeitgeber deswegen zurückgezahlte Beträge des Arbeit-nehmers nicht mehr berücksichtigen oder macht er von seiner Berechtigung hierzu keinen Gebrauch, kann **der Arbeitnehmer** diese Beträge **bei der Veranlagung zur Einkommensteuer als negative Einnahmen** geltend machen (→ *Negative Einnahmen* Rz. 1774).

b) Rückzahlung von Arbeitslohn in einem späteren Kalenderjahr bei fortbestehendem Dienstverhältnis

2123 Wird Arbeitslohn nicht im Kalenderjahr der Zahlung, sondern **in einem späteren Kalenderjahr zurückgefordert**, stellen die zurückgezahlten Beträge **negative Einnahmen des Rückzahlungsjahrs** dar. Steht der Arbeitnehmer zu dem Arbeitgeber, der den Arbeitslohn überzahlt hat, noch in einem Dienstverhältnis, kann der Arbeitgeber die Rückzahlung im Lohnzahlungszeitraum der Rückzahlung oder in den auf die Rückzahlung folgenden Lohnzahlungszeiträumen sowie im Lohnsteuer-Jahresausgleich nach § 42b EStG berücksichtigen.

Kann der Arbeitgeber zurückgezahlte Beträge des Arbeitnehmers nicht mehr berücksichtigen oder macht er von seiner Berechtigung hierzu keinen Gebrauch, so gilt auch hier, dass **der Arbeitnehmer** diese Beträge **bei der Veranlagung zur Einkommensteuer als negative Einnahmen geltend** machen kann.

c) Rückzahlung von Arbeitslohn nach Beendigung des Dienstverhältnisses

2124 Steht ein Arbeitnehmer im Zeitpunkt der Rückzahlung von Arbeitslohn **nicht mehr in einem Dienstverhältnis** zu dem Arbeitgeber, der den Arbeitslohn überzahlt hat, kann der zurückgezahlte Betrag **nur bei einer Veranlagung zur Einkommensteuer berücksichtigt** werden.

d) Berücksichtigung der Rückzahlung bei der Veranlagung zur Einkommensteuer durch das Finanzamt

2125 Für die Berücksichtigung zurückgezahlten Arbeitslohns als negative Einnahme **bei der Veranlagung zur Einkommensteuer** ist Folgendes zu beachten:

– **Bezieht der Arbeitnehmer** im Jahr der Rückzahlung **Einkünfte aus nichtselbständiger Arbeit**, werden diese durch den zurückgezahlten Arbeitslohn (negative Einnahmen) **entsprechend gemindert**. Da es sich hierbei nicht um Werbungskosten des Arbeitnehmers handelt, wird der Arbeitnehmer-Pauschbetrag von 1 044 € in jedem Fall gewährt.

Beispiel 1:

Ein Arbeitnehmer mit einem Monatslohn von 3 500 € scheidet am 30.9.2002 aus dem Dienstverhältnis aus. Am 1.12.2002 zahlt er an seinen ehemaligen Arbeitgeber versehentlich zu viel gezahlten Arbeitslohn von 500 € zurück. Auf der Lohnsteuerkarte ist ein Arbeitslohn von 31 500 € bescheinigt.

Die Rückzahlung des Arbeitslohns wird in der Einkommensteuerveranlagung berücksichtigt. Die Einkünfte aus nichtselbständiger Arbeit berechnen sich wie folgt:

Arbeitslohn laut Lohnsteuerkarte	31 500 €
∕ Arbeitslohnrückzahlung	500 €
= Arbeitslohn	31 000 €
∕ Arbeitnehmer-Pauschbetrag	1 044 €
= Einkünfte aus nichtselbständiger Arbeit	29 956 €

– Bezieht der Arbeitnehmer im Kalenderjahr der Rückzahlung **keine Einkünfte aus nichtselbständiger Arbeit**, so können die negativen Einnahmen mit anderen Einkünften im Rahmen einer Veranlagung zur Einkommensteuer ausgeglichen werden **(Verlustausgleich)**.

– Soweit dem Arbeitnehmer **im Kalenderjahr der Rückzahlung keine positiven Einkünfte verbleiben**, kann er eine Erstattung von Steuern erreichen, indem er für den zurückgezahlten Arbeitslohn **einen Verlustabzug** von den positiven Einkünften des vorangegangenen Kalenderjahrs **(Verlustrücktrag)** bzw. der folgenden Kalenderjahre **(Verlustvortrag)** nach Maßgabe des § 10d EStG **beantragt**. Kommt für diese Kalenderjahre nicht bereits aus anderen Gründen eine Veranlagung zur Einkommensteuer in Betracht, kann sie der Arbeitnehmer besonders beantragen (§ 46 Abs. 2 Nr. 8 EStG).

– **Die Höhe** der bei der Veranlagung zur Einkommensteuer zu berücksichtigenden **negativen Einnahmen** ist vom Arbeitnehmer **nachzuweisen oder glaubhaft zu machen**. Der Einkommensteuererklärung sollte deshalb, wenn der Arbeitnehmer nicht über andere geeignete Unterlagen verfügt, eine entsprechende Bescheinigung des Arbeitgebers beigefügt werden.

Beispiel 2:

Ein Arbeitnehmer scheidet zum 31.12.2001 aus dem Dienstverhältnis aus. Der Arbeitgeber hat ihm den Januarlohn von 5 000 € bereits überwiesen. Der Arbeitnehmer zahlt den Arbeitslohn für Januar am 19.2.2002 an den Arbeitgeber zurück. Im Jahr 2002 hat der Arbeitnehmer keine weiteren steuerpflichtigen Einkünfte.

Für 2002 ergibt sich ein negativer Gesamtbetrag der Einkünfte von 5 000 €. Dieser kann im Veranlagungszeitraum 2001 wie Sonderausgaben berücksichtigt werden. Der Arbeitnehmer kann aber auch auf Antrag ganz oder teilweise auf den Verlustrücktrag verzichten und stattdessen den Betrag in 2003 wie Sonderausgaben abziehen (Verlustvortrag).

3. Rückzahlung von Versorgungsbezügen

2126 Die oben dargestellten Grundsätze gelten auch, wenn ein Arbeitnehmer im Rahmen eines bestehenden Dienstverhältnisses Versorgungsbezüge an den Arbeitgeber zurückzahlt. Bemessungsgrundlage für den Versorgungs-Freibetrag ist in diesen Fällen der um den zurückgezahlten Arbeitslohn geminderte Betrag.

Beispiel:

Ein Versorgungsempfänger erhält von seinem Arbeitgeber eine Betriebsrente von 1 000 €. Durch einen Computerfehler werden ihm in den Monaten März bis Mai jeweils 150 € zu viel ausgezahlt. Im Juni wird der zu viel ausgezahlte Betrag von 450 € einbehalten.

Bemessungsgrundlage für den Versorgungs-Freibetrag ist der gekürzte Arbeitslohn, also 550 €, so dass ein Versorgungs-Freibetrag von 220 € (40 % von 550 €) berücksichtigt wird.

4. Steuererstattungen im Billigkeitswege (§ 227 AO)

2127 Kann der Arbeitnehmer durch die Berücksichtigung der negativen Einnahmen bei der Veranlagung zur Einkommensteuer **keinen vollen steuerlichen Ausgleich** (einschl. Progressionsnachteile) **erlangen**, kommt regelmäßig eine zusätzliche **Steuererstattung aus sachlichen Billigkeitsgründen (§ 227 AO) nicht in Betracht**, weil der Gesetzgeber Auswirkungen bei der Anwendung der Vorschriften des § 11 EStG (Zufluss von Einnahmen, Abfluss von Ausgaben) oder des § 10d EStG (Verlustabzug) zum Vorteil oder zum Nachteil des Steuerpflichtigen bewusst in Kauf genommen hat. Möglicherweise kommt aber eine Erstattung von Steuerbeträgen **aus persönlichen Billigkeitsgründen** des Arbeitnehmers (z.B. besondere Notlage) in Betracht. Vgl. dazu → *Erlass von Lohnsteuer* Rz. 922.

5. Rückzahlung von Sozialversicherungsbeiträgen

2128 Wurden in der **irrtümlichen Annahme der Versicherungspflicht** oder aus sonstigen Gründen zu Unrecht Sozialversicherungsbeiträge abgeführt, so können sie erstattet bzw. mit anderen abzuführenden Beiträgen verrechnet werden.

a) Allgemeines

2129 Eine **Rückforderung** ist jedoch **immer dann ausgeschlossen, wenn**

– der Versicherungsträger bis zur Geltendmachung des Erstattungsanspruches auf Grund der entrichteten Beiträge oder

– für den Zeitraum, für den die Beiträge zu Unrecht entrichtet worden sind,

Leistungen erbracht hat. Dies gilt jedoch nicht für solche Beiträge, die für Zeiten entrichtet worden sind, die während des Bezugs von Leistungen beitragsfrei waren. Dabei steht der Erstattungsanspruch grundsätzlich dem zu, der die Beiträge tatsächlich getragen hat, in der Regel also je zur Hälfte dem Arbeitgeber und dem Arbeitnehmer.

Rentenversicherungsbeiträge, die in der irrtümlichen Annahme der Versicherungspflicht entrichtet und nicht zurückgefordert werden oder deren Rückforderung wegen zwischenzeitlicher Leistungsgewährung ausgeschlossen ist, gelten, sofern das Recht dazu zum Zeitpunkt der Entrichtung bestand, als für die freiwillige Versicherung entrichtet.

Zu Unrecht entrichtete Arbeitslosenversicherungsbeiträge sind im Rahmen des § 351 SGB III erstattungsfähig. Der Erstattungsanspruch mindert sich dabei um den Betrag der Leistung, die in der irrtümlichen Annahme der Beitragspflicht gezahlt worden ist.

b) Verrechnung

2130 Der Arbeitgeber kann zu viel entrichtete Sozialversicherungsbeiträge in voller Höhe oder Teile hiervon verrechnen, wenn bei Verrechnung

– von Beiträgen in voller Höhe der Beginn des Zeitraumes, für den die Beiträge irrtümlich entrichtet wurden, nicht länger als sechs Kalendermonate zurückliegt,

– von Teilen von Beiträgen der Zeitraum, für den die Beiträge gezahlt wurden, nicht länger als 24 Kalendermonate zurückliegt.

Die unter → Rz. 2129 beschriebenen leistungsrechtlichen Voraussetzungen bei der Erstattung von Beiträgen müssen bei der Verrechnung gleichermaßen beachtet werden. Ggf. ist dies bei den Lohnunterlagen zu dokumentieren. Alle aus Anlass der Verrechnung notwendigen Berichtigungen oder Stornierungen sind ebenfalls in den Lohnunterlagen prüffähig zu vermerken.

Zuviel entrichtete Beiträge können mit den abzuführenden Beiträgen des laufenden Abrechnungszeitraumes verrechnet werden. Bereits erstattete Entgeltmeldungen (z.B. Jahresentgeltmeldung) sind zu berichtigen.

c) Erstattung

2131 Zu Unrecht entrichtete und nicht verrechnete Beiträge werden auf Antrag durch die Krankenkasse erstattet. Stellt sie dabei fest, dass für das Erstattungsverfahren der Träger der Rentenversicherung oder die Bundesanstalt für Arbeit zuständig ist, leitet sie den Antrag zur abschließenden Bearbeitung dorthin weiter (→ *Beitragserstattung* Rz. 481).

6. Steuerliche Folgen aus der Rückzahlung von Sozialversicherungsbeiträgen

2132 Wird bei der Rückzahlung von Arbeitslohn auch die sozialversicherungsrechtliche Behandlung rückgängig gemacht, ist Folgendes zu beachten:

– Fordert der Arbeitgeber vom Arbeitnehmer den Bruttoarbeitslohn ohne Kürzung um den **Arbeitnehmeranteil** zur Sozialversicherung zurück und **erstattet er dem Arbeitnehmer später diesen Anteil**, weil er den Betrag von dem für alle Arbeitnehmer des Betriebs abzuführenden Sozialversicherungsbeiträgen gekürzt oder vom Sozialversicherungsträger erstattet erhalten hat, so stellt die Vergütung keinen steuerpflichtigen Arbeitslohn dar. Fordert der Arbeitgeber dagegen vom Arbeitnehmer **den Bruttoarbeitslohn zunächst gekürzt um den Arbeitnehmeranteil zur Sozialversicherung zurück** und behält er die durch Verrechnung zurückerhaltenen Arbeitnehmeranteile zurück, stellen diese ebenfalls zurückgezahlten Arbeitslohn des Arbeitnehmers dar. Dies gilt unabhängig davon, ob die Sozialversicherungsbeiträge in demselben oder im nachfolgenden Kalenderjahr verrechnet werden.

– Die zurückgezahlten **Arbeitnehmeranteile** zur Sozialversicherung **mindern** im Rückzahlungsjahr **die als Vorsorgeaufwendungen abziehbaren Sozialversicherungsbeiträge**. Der Arbeitgeber hat dies bei der Bescheinigung der einbehaltenen Sozialversicherungsbeiträge zu berücksichtigen.

– Die Erstattung des **Arbeitgeberanteils** zur gesetzlichen Sozialversicherung spielt sich nur im Verhältnis des Arbeitgebers zu den Sozialversicherungsträgern ab und **hat keine Auswirkungen auf die Besteuerung des Arbeitslohns.**

7. Rückzahlung von Arbeitslohn in Fällen der Nettolohnvereinbarung

2133 Für die steuerliche Behandlung von zurückgezahltem Arbeitslohn bei Vorliegen einer Nettolohnvereinbarung gelten die oben genannten Ausführungen entsprechend.

Eine Rückzahlung von Arbeitslohn liegt auch dann vor, wenn der Arbeitnehmer die vom Finanzamt erhaltene Steuererstattung vereinbarungsgemäß an den Arbeitgeber weiterleitet. Selbst wenn das Finanzamt die Steuererstattung auf Grund einer Abtretungserklärung direkt dem Arbeitgeber auszahlt, liegt eine Rückzahlung von Arbeitslohn vor, denn Steuerschuldner und damit auch Erstattungsberechtigter ist der Arbeitnehmer und nicht der Arbeitgeber. Einzelheiten zur Nettolohnvereinbarung → *Nettolöhne* Rz. 1775.

8. Rückzahlung von Arbeitslohn in den Fällen der Lohnsteuerpauschalierung nach §§ 40, 40a und 40b EStG

2134 Die Rückzahlung von Arbeitslohn, der unter Übernahme der Lohnsteuer durch den Arbeitgeber nach

– § 40 EStG (→ *Pauschalierung der Lohnsteuer* Rz. 1805),

– § 40a EStG (→ *Pauschalierung der Lohnsteuer bei Aushilfs- und Teilzeitbeschäftigten* Rz. 1840),

– § 40b EStG (→ *Zukunftssicherung: Betriebliche Altersversorgung* Rz. 2736)

pauschal versteuert worden ist, **hat keine negativen Einnahmen beim Arbeitnehmer zur Folge**. Die Rückzahlung führt vielmehr **zu einem Erstattungsanspruch des Arbeitgebers**. Für die Ermittlung eines eventuellen Steuererstattungsanspruchs sind folgende Fälle zu unterscheiden:

a) Pauschalierung nach §§ 40 Abs. 2, 40a, 40b EStG

2135 Bei diesen Pauschalierungsvorschriften wird die Lohnsteuer mit **festen Steuersätzen pauschaliert** (z.B. 15 % oder 20 %).

Der Arbeitgeber kann den vom Arbeitnehmer zurückgezahlten pauschal versteuerten Arbeitslohn im **Zeitpunkt der Rückzahlung** mit entsprechenden pauschal zu versteuernden Leistungen **verrechnen**, ohne dass es auf die Höhe des ehemaligen Pauschsteuersatzes ankommt.

Soweit eine Verrechnung des zurückgezahlten Arbeitslohns mit entsprechenden Zahlungen im gleichen Anmeldungszeitraum nicht möglich ist, **ergibt sich für den Arbeitgeber ein Steuererstattungsanspruch**. Der Berechnung dieses Anspruchs ist der entsprechende, im Zeitpunkt der Rückzahlung geltende Pauschsteuersatz zu Grunde zu legen. Wegen der Rückzahlung von nach § 40b EStG pauschal besteuertem Arbeitslohn vgl. → *Zukunftssicherung: Betriebliche Altersversorgung* Rz. 2747.

b) Pauschalierung nach § 40 Abs. 1 EStG

2136 Bei dieser Pauschalierungsvorschrift wird die Lohnsteuer mit einem **besonders ermittelten Steuersatz** pauschaliert.

In diesem Fall darf der zurückgezahlte Arbeitslohn nicht mit entsprechenden positiven Zahlungen im gleichen Anmeldungszeitraum verrechnet werden. Die Rückzahlung führt deshalb generell zu einem Steuererstattungsanspruch des Arbeitgebers. Dabei kann **aus Vereinfachungsgründen von dem Betrag ausgegangen** werden, der vorher als pauschale Lohnsteuer für die zurückgezahlten Beträge abgeführt worden ist.

Sabbatjahr

2137 Nach verschiedenen vor allem im öffentlichen Dienst eingeführten neuen Arbeitszeitmodellen ist es möglich, **ein Jahr von der Arbeit freigestellt** zu werden. Grundlage ist, dass das Gehalt

– in den Jahren der „Arbeitsphase" gekürzt

– und als Ausgleich in der „Freizeitphase" weitergezahlt wird.

Lohnsteuerlich ergibt sich Folgendes (vgl. OFD Koblenz, Verfügung vom 28.12.1995, StLex 3, 34, 1038):

– Sowohl in der Arbeits- als auch in der Freizeitphase ist nur der **reduzierte Arbeitslohn** der Besteuerung zu Grunde zu legen.

– Der in der Freizeitphase weitergezahlte Arbeitslohn ist „normal" zu versteuern. Es handelt sich dabei nicht um nach § 34 Abs. 1 EStG tarifmäßig („Fünftelregelung") zu versteuernde Bezüge (→ *Arbeitslohn für mehrere Jahre* Rz. 229). Dies kommt nur in Betracht, wenn das Sabbatjahr nicht in Anspruch genommen wird oder werden kann und deshalb Arbeitslohn nachgezahlt wird (z.B. bei Krankheit oder vorzeitigem Ausscheiden aus dem Dienstverhältnis).

Beispiel:

A erhält fünf Jahre lang nur ein um 20 % reduziertes Gehalt. Nach diesen fünf Jahren bleibt er ein Jahr zu Hause, das Gehalt wird weitergezahlt.

Das in der Freizeitphase weitergezahlte Gehalt unterliegt dem normalen Lohnsteuerabzug.

– Wenn das Sabbatjahr vorgeschaltet ist und die anschließende Arbeitsphase nicht oder nicht vollständig erfüllt wird, muss im Sabbatjahr gezahlter Arbeitslohn **zurückgezahlt** werden. Diese Rückzahlungen stellen „negativen Arbeitslohn" dar, der im Jahr der Rückzahlung mit laufendem Arbeitslohn zu verrechnen ist (→ *Rückzahlung von Arbeitslohn* Rz. 2119).

Sachbezüge

1. Lohnsteuer

a) Allgemeines

2138 Fließt dem Arbeitnehmer Arbeitslohn in Form von Sachbezügen zu, so sind diese **ebenso wie Barlohnzahlungen** entweder dem laufenden Arbeitslohn oder den sonstigen Bezügen zuzuordnen (R 115 LStR). **Für die Besteuerung unentgeltlicher Sachbezüge ist deren Geldwert maßgebend.** Die Auszahlung von Arbeitslohn in **Fremdwährung** ist allerdings **kein Sachbezug** (R 31 Abs. 1 Satz 6 LStR). Bei Auszahlung von Teilen des Arbeitslohns **in ausländischer Währung** sind daher die 50-€-Freigrenze und der Bewertungsabschlag von 4 % nach R 31 Abs. 2 Satz 9 LStR **nicht anwendbar.**

Beispiel:

Ein Arbeitgeber zahlt eine Lohnzulage in Höhe von 52 € nicht in Euro, sondern unter Zugrundelegung des maßgebenden Umrechnungskurses in US-Dollar aus.

Die gezahlten US-Dollar sind nicht als Sachbezug i.S. von § 8 Abs. 2 EStG anzusehen, so dass der Betrag von 52 € voll als steuer- und beitragspflichtiger Arbeitslohn anzusehen ist (R 31 Abs. 1 Satz 6 LStR).

Soweit Arbeitgeber ihren Arbeitnehmern vor dem 1.1.2002 **Euro-Starterpakete** (in Verpackungen zusammengefasste Euromünzen in Wert von 20 DM) überlassen haben, sind diese im Rahmen der für Sachbezüge geltenden Freigrenze **steuerfrei.** Wird je Arbeitnehmer nicht mehr als ein Euro-Starterpaket überlassen, ist aus Vereinfachungsgründen von der Prüfung abzusehen, ob die Freigrenze nach § 8 Abs. 2 Satz 9 EStG (bis 31.12.2001: 50 DM, ab 1.1.2002: 50 €) bereits durch andere Vorteile ausgeschöpft ist (FinMin Bayern, Erlass vom 28.11.2001, DStR 2001 S. 2116).

Erhält der Arbeitnehmer die Sachbezüge nicht unentgeltlich, so ist der **Unterschiedsbetrag** zwischen dem Geldwert des Sachbezugs und dem tatsächlichen Entgelt zu versteuern. Dabei darf der vom Arbeitgeber gezahlte oder im Rahmen der Lohnabrechnung verrechnete Betrag den Bruttoarbeitslohn nicht mindern. Der Geldwert ist entweder durch Einzelbewertung zu ermitteln oder mit einem amtlichen Sachbezugswert anzusetzen. Im Einzelnen kommen für die Bewertung der Sachbezüge folgende Bewertungsvorschriften in Betracht:

– **Einzelbewertung** (§ 8 Abs. 2 Satz 1 EStG),

– **Besondere Bewertung der privaten Nutzung eines betrieblichen Kraftfahrzeugs** (§ 8 Abs. 2 Sätze 2 bis 5 EStG; → *Firmenwagen zur privaten Nutzung* Rz. 997),

– **Amtliche Sachbezugswerte** (§ 8 Abs. 2 Satz 6 EStG),

– **Durchschnittswerte** (§ 8 Abs. 2 Satz 8 EStG),

– **Besondere Bewertungsvorschriften** (§ 8 Abs. 3 EStG; → *Rabatte* Rz. 1938),

– **Gemeiner Wert bei Vermögensbeteiligungen** (§ 19a Abs. 8 EStG; → *Vermögensbeteiligungen* Rz. 2520).

Die steuerliche Behandlung von Sachbezügen ist, soweit sich von den nachstehend dargestellten Grundsätzen Abweichendes ergibt, unter den jeweiligen Stichworten erläutert.

b) Berechnung der Lohnsteuer

Gewährt der Arbeitgeber den Arbeitnehmern Sachbezüge, so ist **2139** deren Geldwert dem laufenden Arbeitslohn hinzuzurechnen. Hat der **Arbeitnehmer** für den Sachbezug eine **Zahlung zu leisten**, die auch mit dem auszuzahlenden Arbeitslohn verrechnet werden kann, so ist nur die **Differenz** zwischen dem Geldwert des Sachbezugs und der Zahlung des Arbeitnehmers hinzuzurechnen. Die Zahlung des Arbeitnehmers darf nicht vom Bruttogehalt, sondern **nur vom Nettobetrag** abgezogen werden.

Beispiel:

Ein Arbeitnehmer (Steuerklasse III, rk) mit einem Bruttoarbeitslohn von 56 100 € im Jahr (4 675 € im Monat) vereinbart mit seinem Arbeitgeber in Düsseldorf, dass dieser ihm einen Firmen-Pkw für Privatfahrten überlässt. Hierfür wird eine Zahlung des Arbeitnehmers von 4 500 € im Jahr (375 € im Monat) vereinbart. Der Vorteil aus der Pkw-Überlassung beträgt 500 € im Monat.

Bruttogehalt		4 675,— €
+ Sachbezug Pkw	500,— €	
./. Zahlung des Arbeitnehmers	375,— €	
= geldwerter Vorteil	125,— €	125,— €
= lohnsteuerpflichtiges Brutto		4 800,— €
./. Lohnsteuer (aus 4 800 €)		860,33 €
./. Solidaritätszuschlag (5,5 % von 860,33 €)		47,31 €
./. Kirchensteuer (9 % von 860,33 €)		77,42 €
./. Sozialversicherung (geschätzt)		866,63 €
= **Nettobetrag**		2 948,31 €
Netto-Abzüge		
./. geldwerter Vorteil Firmen-Pkw	125,— €	
./. Zuzahlung zum Firmen-Pkw	375,— €	
= Netto-Abzüge insgesamt	500,— €	500,— €
= **Auszahlungsbetrag**		2 448,31 €

Verzichtet der Arbeitnehmer allerdings **unter Änderung des Anstellungsvertrags** auf einen Teil seines Barlohns und gewährt ihm der Arbeitgeber stattdessen einen Sachbezug (z.B. in Form eines Nutzungsvorteils), so ist nur der verbleibende Barlohn mit dem Nennwert und der Sachbezug mit den Werten des § 8 Abs. 2 und 3 EStG anzusetzen (BFH, Beschluss vom 20.8.1997, BStBl II 1997 S. 667). Einzelheiten hierzu → *Firmenwagen zur privaten Nutzung* Rz. 1013.

Will der **Arbeitgeber die Lohnsteuer** für die dem Arbeitnehmer gewährten Sachbezüge **übernehmen**, so muss die Lohnsteuer für den Sachbezug als „Nettolohn" **ermittelt** werden (→ *Nettolöhne* Rz. 1775).

c) Bewertungsvorschriften

2140 Für die Frage, welche Bewertungsvorschrift für den verbilligten oder unentgeltlichen Bezug von Sachbezügen Anwendung findet, kommt es entscheidend darauf an, ob der **Rabattfreibetrag von 1 224 €** zum Abzug kommt oder nicht. Die besondere Regelung des Rabattfreibetrages nach § 8 Abs. 3 EStG geht der Einzelbewertung nach allgemeiner Vorschrift und der Bewertung mit amtlichen Sachbezugswerten vor. Es ist deshalb nach folgendem Schema vorzugehen:

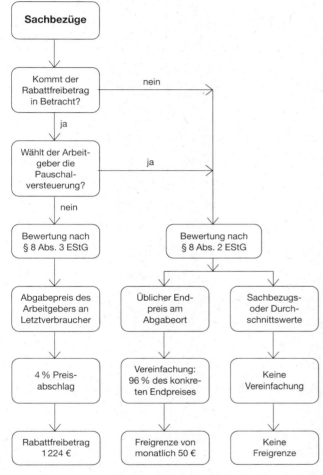

Der Arbeitgeber muss also bei der Bewertung von Sachbezügen stets **folgende zwei Entscheidungskriterien prüfen:**

– Kann auf den gewährten Sachbezug der Rabattfreibetrag von 1 224 € angewendet werden?

– Soll der Sachbezug pauschal nach § 40 Abs. 1 EStG versteuert werden?

Einzelheiten hierzu → *Rabatte* Rz. 1940.

Hinsichtlich der Bewertung von Sachbezügen, auf die der Rabattfreibetrag anwendbar ist, siehe → *Rabatte* Rz. 1938. Zu der Bewertung des geldwerten Vorteils bei der unentgeltlichen oder verbilligten Überlassung von Vermögensbeteiligungen durch den Arbeitgeber siehe → *Vermögensbeteiligungen* Rz. 2520. **Nachfolgend soll die Bewertung der Sachbezüge nach § 8 Abs. 2 EStG erläutert werden.**

d) Bewertung der Sachbezüge nach § 8 Abs. 2 EStG

aa) Amtliche Sachbezugswerte und Durchschnittswerte

2141 Amtliche Sachbezugswerte werden durch die Sachbezugsverordnung, R 31 Abs. 11 Satz 3 LStR, die Bekanntmachung des Werts der Beköstigung in der Seeschifffahrt und Fischerei oder durch Erlasse der obersten Landesfinanzbehörden nach § 8 Abs. 2 Satz 8 EStG festgesetzt. **Die amtlichen Sachbezugswerte sind, soweit nicht die Vorschriften des § 8 Abs. 3 EStG anzuwenden sind, ausnahmslos für die Sachbezüge maßgebend, für die sie bestimmt sind.** Die Sachbezugswerte nach

der Sachbezugsverordnung gelten nach § 8 Abs. 2 Satz 3 EStG auch für Arbeitnehmer, die nicht der gesetzlichen Rentenversicherungspflicht unterliegen. Seit dem 1.1.2000 ist nicht mehr Voraussetzung, dass für diese Arbeitnehmer die Sachbezugswerte nicht offensichtlich unzutreffend sind. Die amtlichen Sachbezugswerte gelten auch dann, wenn in einem Tarifvertrag, einer Betriebsvereinbarung oder in einem Arbeitsvertrag für Sachbezüge höhere oder niedrigere Werte festgesetzt worden sind. Sie gelten **nicht**, wenn die vorgesehenen Sachbezüge durch **Barvergütungen abgegolten** werden (BFH, Urteil vom 16.3.1962, BStBl III 1962 S. 284); in diesen Fällen sind grundsätzlich die Barvergütungen zu versteuern. Werden die Barvergütungen nur gelegentlich oder vorübergehend gezahlt, z.B. bei tageweiser auswärtiger Beschäftigung, für die Dauer einer Krankheit oder eines Urlaubs, so sind die amtlichen Sachbezugswerte weiter anzuwenden, wenn mit der Barvergütung nicht mehr als der tatsächliche Wert der Sachbezüge abgegolten wird; geht die Barvergütung über den tatsächlichen Wert der Sachbezüge hinaus, so ist die Barvergütung der Besteuerung zu Grunde zu legen (R 31 Abs. 4 Satz 4 LStR).

Durch die **Sachbezugsverordnung** sind Sachbezugswerte festgesetzt worden für

– **Verpflegung** (Frühstück, Mittag- und Abendessen), vgl. → *Mahlzeiten* Rz. 1670, und

– **Unterkunft**, vgl. → *Dienstwohnung* Rz. 656.

Zur Höhe der Sachbezugswerte siehe Anhang → *B. Sozialversicherung* Rz. 2807.

Durch R 31 Abs. 11 Satz 3 LStR ist für **Darlehen**, die der Arbeitgeber oder auf Grund des Dienstverhältnisses ein Dritter dem Arbeitnehmer gewährt, ein **Zinssatz von 5,5 %** festgesetzt worden. Unterschreitet der vom Arbeitnehmer gezahlte Effektivzinssatz diesen Sachbezugswert, ist grundsätzlich ein geldwerter Vorteil zu versteuern (→ *Zinsersparnisse/Zinszuschüsse* Rz. 2673).

Durch die **Bekanntmachung des Werts der Beköstigung in der Seeschifffahrt und Fischerei** werden Sachbezugswerte für **Verpflegung** festgesetzt (vgl. für 2001 gleich lautende Erlasse der FinMin Bremen, Hamburg, Mecklenburg-Vorpommern, Niedersachsen und Schleswig-Holstein vom 24.1.2001, BStBl I 2001 S. 184).

Für 2002 werden voraussichtlich **folgende Durchschnittssätze** festgesetzt werden:

– für Beköstigung im Bereich der **Seeschifffahrt** (Kauffahrtei) und im Bereich der **Fischerei** monatlich 192 €,

– für Teilbeköstigung im Bereich der **Kleinen Hochseefischerei und der Küstenfischerei** monatlich 42 € für Frühstück und 75 € für Mittag- und Abendessen,

– für Beköstigung im Bereich der **Kanalsteurer** monatlich 45 € (für halbpartfahrende Kanalsteurer 24 €).

Durch Erlasse der obersten Landesfinanzbehörden nach § 8 Abs. 2 Satz 8 EStG sind **Durchschnittswerte** z.B. festgesetzt worden für

– die Bewertung der Überlassung von **Rundfunk- und Fernsehgeräten** (Einzelheiten siehe → *Fernsehgerät: Zuwendung an Arbeitnehmer* Rz. 985),

– die Bewertung der **von Luftfahrtunternehmen gewährten Flüge** (Einzelheiten siehe → *Freiflüge* Rz. 1076).

bb) Besondere Bewertung der privaten Nutzung eines betrieblichen Kraftfahrzeugs

2142 Für die private Nutzung eines betrieblichen Kraftfahrzeugs durch den Arbeitnehmer enthält § 8 Abs. 2 Sätze 2 bis 5 EStG besondere Bewertungsvorschriften. Nach **der gesetzlichen Regelung** kommen für die Ermittlung des geldwerten Vorteils für die Privatnutzung eines betrieblichen Kraftfahrzeugs **nur noch zwei Methoden** in Betracht:

– Die sog. 1 %-Regelung (1 % des Listenpreises zuzüglich 0,03 % des Listenpreises für Fahrten zwischen Wohnung und Arbeitsstätte pro Monat und ggf. 0,002 % für Familienheimfahrten) und

– Ermittlung der tatsächlichen Kfz-Kosten und Aufteilung anhand eines Fahrtenbuchs.

Einzelheiten zu dieser Regelung → *Firmenwagen zur privaten Nutzung* Rz. 997.

cc) Einzelbewertung von Sachbezügen

2143 **Sachbezüge, für die keine amtlichen Sachbezugswerte festgesetzt sind** und die nicht nach § 8 Abs. 2 Satz 2 bis 5 EStG oder § 8 Abs. 3 EStG unter Berücksichtigung des Rabattfreibetrags von 1 224 € zu bewerten sind, sind nach § 8 Abs. 2 Satz 1 EStG mit den **um übliche Preisnachlässe geminderten** üblichen Endpreisen am Abgabeort im Zeitpunkt der Abgabe anzusetzen. Das ist der Preis, der im Allgemeinen Geschäftsverkehr von Letztverbrauchern in der Mehrzahl der Verkaufsfälle am Abgabeort für gleichartige Waren oder Dienstleistungen tatsächlich gezahlt wird. Er schließt die Umsatzsteuer und sonstige Preisbestandteile ein. Bietet der Arbeitgeber die zu bewertende Ware oder Dienstleistung unter vergleichbaren Bedingungen in nicht unerheblichem Umfang fremden Letztverbrauchern zu einem niedrigeren als dem üblichen Preis an, ist dieser Preis anzusetzen (R 31 Abs. 2 LStR). Die Frage, ob ein geldwerter Vorteil i.S. von § 8 Abs. 2 EStG durch die verbilligte Ware oder Dienstleistung gegeben ist, ist allein anhand des **üblichen Endpreises für die konkrete Ware oder Dienstleistung** zu ermitteln (BFH, Urteil vom 30.5.2001, BFH/NV 2001 S. 1482). Denn ein geldwerter Vorteil ist nach Ansicht des Bundesfinanzhofs auch dann gegeben, wenn der übliche Endpreis für funktionsgleiche und qualitativ gleichwertige Waen oder Dienstleistungen anderer Hersteller oder Dienstleister geringer ist als der der konkreten Ware oder Dienstleistung, die verbilligt überlassen wird.

Bei einem **umfangreichen Warenangebot**, von dem fremde Letztverbraucher ausgeschlossen sind, kann der übliche Preis einer Ware auch auf Grund **repräsentativer Erhebungen** über die relative Preisdifferenz für die gängigsten Einzelstücke jeder Warengruppe ermittelt werden.

Maßgebend für die Preisfeststellung ist der Ort, an dem der Arbeitgeber dem Arbeitnehmer den Sachbezug anbietet. Lässt sich an diesem Ort der übliche Preis nicht feststellen, z.B. weil dort gleichartige Güter an fremde Letztverbraucher nicht abgegeben werden, so ist der übliche Preis zu schätzen. Fallen Bestell- und Liefertag auseinander, sind die Verhältnisse am Bestelltag für die Preisfeststellung maßgebend. Erhält der Arbeitnehmer eine Ware oder Dienstleistung, die einzeln (§ 8 Abs. 2 Satz 1 EStG) zu bewerten ist, so kann sie **aus Vereinfachungsgründen mit 96% des Endpreises** bewertet werden, zu dem sie der Abgebende oder dessen Abnehmer fremden Letztverbrauchern im Allgemeinen Geschäftsverkehr anbietet, also wird hier – wie bei der Bewertung nach § 8 Abs. 3 EStG – ein **Abschlag von 4%** gewährt.

Auf den so ermittelten ortsüblichen Preis ist die **Freigrenze von 50 €** anzuwenden (siehe → Rz. 2145). Das bedeutet, dass die Sachbezüge bei der Besteuerung außer Ansatz bleiben, wenn deren Wert monatlich 50 € nicht übersteigt.

Beispiel:

Ein Elektrofachgeschäft gewährt den Arbeitnehmern der Muttergesellschaft einen Rabatt von 12%. Ein Arbeitnehmer der Muttergesellschaft kauft einen Fernseher für 660 €. Der normale Ladenpreis beträgt 750 €.

Der Rabatt, den der Arbeitnehmer erhält, gehört zum steuerpflichtigen Arbeitslohn. Die Anwendung des Rabattfreibetrags kommt nicht in Betracht, da es sich um einen Konzern-Arbeitnehmer handelt. Maßgebend ist der um übliche Preisnachlässe geminderte übliche Endpreis. Wird festgestellt, dass ein solcher Fernseher in anderen Geschäften z.B. einen Preis von 700 € hat, ist dieser Preis maßgebend, so dass der Arbeitnehmer einen geldwerten Vorteil von 40 € (700 € ╳ 660 €) hat, der unter Berücksichtigung der Freigrenze von 50 € außer Ansatz bleibt. Kann der Arbeitgeber den üblichen Endpreis nicht feststellen, so kann er folgendermaßen rechnen:

Endpreis des Elektrofachgeschäfts	750 €
╳ 4% Abschlag	30 €
= üblicher Endpreis aus Vereinfachungsgründen	720 €
╳ Zahlung des Arbeitnehmers	660 €
= geldwerter Vorteil	60 €

Da die Freigrenze von 50 € überschritten ist, muss der geldwerte Vorteil in **voller Höhe** versteuert werden.

dd) Sonderregelung in der Automobilbranche

2144 Wird Arbeitnehmern beim Erwerb eines Kraftfahrzeugs unter Mitwirkung des Arbeitgebers ein Preisvorteil von dritter Seite eingeräumt, so gehört dieser Preisvorteil zum Arbeitslohn und ist nach § 8 Abs. 2 EStG auf der Grundlage des üblichen Endpreises zu ermitteln (vgl. → *Rabatte* Rz. 1951).

In der Automobilbranche ist **die Feststellung des üblichen Endpreises mit Schwierigkeiten** verbunden. Dies liegt insbesondere daran, dass der einzelne Verkaufspreis eines Kraftfahrzeugs sehr hoch ist und sich bereits Abweichungen von einem Prozent bei der Feststellung des Endpreises erheblich auswirken.

Daher hat die Finanzverwaltung folgende **Vereinfachungsregelung** zugelassen (BMF-Schreiben vom 28.8.1998, DB 1998 S. 1890):

„Zur Feststellung des Endpreises von Kraftfahrzeugen ist mit BMF-Schreiben vom 30.1.1996 (BStBl I 1996 S. 114) eine besondere Vereinfachungsregelung getroffen worden. Hiernach wird es nicht beanstandet, wenn als Endpreis der Preis angenommen wird, der sich ergibt, wenn die Hälfte des Preisnachlasses, der durchschnittlich beim Verkauf an fremde Letztverbraucher tatsächlich gewährt wird, vom Listenpreis abgezogen wird (vgl. → *Rabatte* Rz. 1946). Daraus folgt für die Rabattgewährung von dritter Seite auf Grund von Rahmenabkommen:

1. Der übliche Endpreis nach § 8 Abs. 2 EStG ist grundsätzlich anhand der Verkaufszahlen des Abgabeorts zum Zeitpunkt der Abgabe zu ermitteln.

2. Aus Vereinfachungsgründen kann der Endpreis des § 8 Abs. 2 EStG mit 96% des Angebotspreises i.S. des § 8 Abs. 3 EStG angesetzt werden (R 31 Abs. 2 Satz 9 LStR). Dies ist im Kraftfahrzeuggewerbe entweder
   - der tatsächliche Angebotspreis des Dritten, z.B. dessen Hauspreis, oder
   - der nach der Regelung des BMF-Schreibens vom 30.1.1996 (BStBl I 1996 S. 114) ermittelte Angebotspreis."

e) Anwendung der Freigrenze von 50 €

2145 Die **Freigrenze von 50 € monatlich nach § 8 Abs. 2 Satz 9 EStG** gilt nur für Sachbezüge, die mit dem um übliche Preisnachlässe geminderten **üblichen Endpreis am Abgabeort bewertet** werden.

Für Sachbezüge, die mit dem amtlichen **Sachbezugswert** nach der Sachbezugsverordnung bewertet werden (§ 8 Abs. 2 Satz 6 EStG) oder für die **Durchschnittswerte** festgelegt worden sind (§ 8 Abs. 2 Satz 8 EStG), **ist die Freigrenze nicht anwendbar**. Dies gilt auch bei der besonderen Bewertung der Privatnutzung **betrieblicher Kraftfahrzeuge** (§ 8 Abs. 2 Sätze 2 bis 5 EStG). Ebenso ist die Freigrenze von 50 € nicht anwendbar, wenn der Sachbezug nach den besonderen Bewertungsvorschriften des § 8 Abs. 3 EStG oder des § 19a Abs. 8 EStG zu bewerten ist.

Die Freigrenze von 50 € gilt insbesondere für folgende Sachbezüge, die der Arbeitnehmer vom Arbeitgeber erhält und bei denen im Regelfall der Rabattfreibetrag nicht anwendbar ist:

– Überlassung von **Wohnungen** (→ *Dienstwohnung* Rz. 656),

– Nutzung von **Sportmöglichkeiten** (z.B. Tennis- und Squashplätze), die der Arbeitgeber angemietet hat, (→ *Sportanlagen* Rz. 2273),

– **Belohnungsessen** (→ *Arbeitsessen* Rz. 212),

– **Geschenke** an Arbeitnehmer, die nicht als Aufmerksamkeiten anzusehen sind (→ *Annehmlichkeiten* Rz. 134),

– **Firmenkreditkarte** (→ *Firmenkreditkarte* Rz. 992).

Auch für Waren und Dienstleistungen, die ein Arbeitnehmer von einem Dritten, z.B. von einer **Konzerngesellschaft**, erhält, ist die Freigrenze von 50 € anwendbar. Bei **Gutscheinen** ist die 50-€-Freigrenze nur anwendbar, wenn der Arbeitnehmer mit dem Gutschein einen Sachbezug erhält. Ist der Gutschein dagegen wie Geld zu behandeln, kann die 50-€-Freigrenze nicht berücksichtigt werden. Einzelheiten hierzu siehe → *Warengutscheine* Rz. 2598.

Die Freigrenze von 50 € gilt insbesondere nicht für folgende Sachbezüge:

– **Personalrabatte**, von denen nach § 8 Abs. 3 EStG der Rabattfreibetrag von 1 224 € abzuziehen ist,

– **Kantinenmahlzeiten**, weil diese mit Sachbezugswerten bewertet werden,

L̶S̶t̶ = keine Lohnsteuerpflicht
LSt = Lohnsteuerpflicht

– **Zinsersparnisse**, die nach R 31 Abs. 11 LStR zu bewerten sind, weil diese mit einem Sachbezugswert bewertet werden,

– verbilligte **Versicherungen**, die der **Arbeitgeber** seinen Arbeitnehmern **als Versicherungsnehmer** (z.B. Direktversicherungen) einräumt, weil dies nach Auffassung der Finanzverwaltung so zu bewerten ist, als ob der Arbeitgeber dem Arbeitnehmer die Mittel zur Verfügung stellt und dieser sie zum Erwerb des Versicherungsschutzes verwendet. In Gegensatz zur Auffassung der Finanzverwaltung sieht das Finanzgericht Düsseldorf **Versicherungsbeiträge**, die der Arbeitgeber an ein Versicherungsunternehmen zu Gunsten seines Arbeitnehmers zahlt, **als Sachbezüge** an, auf die die **50-€-Freigrenze** des § 8 Abs. 2 Satz 9 EStG anwendbar ist (Urteil vom 4.4.2001, EFG 2001 S. 1422, Revision eingelegt, Az. beim BFH: VI R 68/01).

Nach der Gesetzesbegründung sollen durch die Freigrenze von 50 € monatlich **kleinliche Bewertungsstreitigkeiten** zwischen der Finanzverwaltung und dem Steuerbürger **vermieden** und der Verwaltungsaufwand bei der Ermittlung eines geldwerten Vorteils im Verhältnis zum steuerlichen Ergebnis auf ein vertretbares Maß reduziert werden. Deshalb sind von der Bagatellgrenze auch bewusst **Sachbezüge ausgenommen** worden, deren Erfassung durch amtliche Sachbezugswerte oder Durchschnittswerte **bereits vereinfacht** ist. Somit ergibt sich folgende Übersicht zur Anwendung der Freigrenze von 50 €:

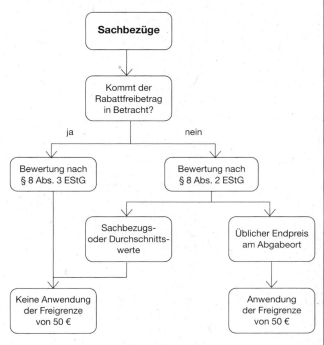

Die Ausgestaltung als **Freigrenze** bedeutet, dass der **gesamte geldwerte Vorteil steuerpflichtig** ist, wenn die **Freigrenze von 50 € auch nur geringfügig überschritten** wird.

Beispiel 1:

Der Arbeitnehmer eines Computergeschäfts erhält von seinem Arbeitgeber wegen eines besonders guten Verkaufsabschlusses drei Flaschen Sekt geschenkt, die der Arbeitgeber für 40 € eingekauft hat.

Die Flaschen Sekt sind grundsätzlich als Sachbezug zu erfassen. Da der festgestellte geldwerte Vorteil die Freigrenze von 50 € nicht übersteigt, bleibt der Vorteil außer Ansatz und ist damit im Ergebnis steuer- und beitragsfrei.

L̶S̶t̶ S̶V̶

Beispiel 2:

Sachverhalt wie Beispiel 1, der Arbeitgeber hat die drei Flaschen Sekt für 52,50 € eingekauft.

Der monatliche geldwerte Vorteil des Arbeitnehmers ermittelt sich wie folgt:

Kaufpreis der Flaschen Sekt	52,50 €
✗ 4 % Abschlag (Vereinfachungsregelung)	2,10 €
= üblicher Endpreis	50,40 €

Der festgestellte geldwerte Vorteil ist in voller Höhe mit 50,40 € zu erfassen, weil die Freigrenze von 50 € – wenn auch nur geringfügig – überschritten wird; der Vorteil ist somit steuer- und beitragspflichtig.

LSt SV

Bei der Freigrenze von 50 € handelt es sich um einen **Monatsbetrag. Eine Übertragung** von nicht ausgeschöpften Beträgen **in andere Kalendermonate** ist nicht möglich. Die Freigrenze von 50 € je Kalendermonat kann also nicht in einen Jahresbetrag von 600 € umgerechnet werden (OFD Erfurt, Verfügung vom 30.1.1996, DB 1996 S. 355).

Beispiel 3:

Ein Arbeitnehmer erhält von einem Tochterunternehmen seines Arbeitgebers eine verbilligte Kraftfahrzeugversicherung. Die Versicherungsprämie wird jährlich fällig. Der Arbeitnehmer zahlt statt der üblichen Jahresprämie von 1 000 € nur 750 €.

Der monatliche geldwerte Vorteil des Arbeitnehmers ermittelt sich wie folgt:

Jahresprämie der Versicherung	1 000,— €
✗ 4 % Abschlag (Vereinfachungsregelung)	40,— €
= üblicher Endpreis	960,— €
✗ Zahlung des Arbeitnehmers	750,— €
= geldwerter Vorteil	210,— €

Der festgestellte geldwerte Vorteil ist in voller Höhe mit 210 € zu erfassen, weil monatlich die Freigrenze von 50 € überschritten wird; der Vorteil ist somit steuer- und beitragspflichtig.

Beispiel 4:

Sachverhalt wie Beispiel 3, die Versicherungsprämie wird allerdings monatlich fällig. Der Arbeitnehmer zahlt statt der üblichen Monatsprämie von 84 € nur 62,50 €.

Der monatliche geldwerte Vorteil des Arbeitnehmers ermittelt sich wie folgt:

Monatsprämie der Versicherung	84,— €
✗ 4 % Abschlag (Vereinfachungsregelung)	3,36 €
= üblicher Endpreis	80,64 €
✗ Zahlung des Arbeitnehmers	62,50 €
= geldwerter Vorteil	18,14 €

Der festgestellte geldwerte Vorteil ist nicht zu erfassen, weil die monatliche Freigrenze von 50 € nicht überschritten wird; der Vorteil ist somit steuer- und beitragsfrei.

Praxishinweis:

Den Beispielen ist zu entnehmen, dass es große steuerliche Auswirkungen hat, ob ein Sachbezug monatlich oder jährlich zufließt. Es sollte daher immer geprüft werden, ob **der Zufluss von Sachbezügen nicht so gesteuert werden** kann, dass sich die monatliche Freigrenze von 50 € optimal ausnutzen lässt.

Hat der Arbeitnehmer **mehrere Dienstverhältnisse**, so kann die Freigrenze bei jedem Arbeitgeber in Anspruch genommen werden. Bei **einem** Arbeitgeber gilt die Freigrenze jedoch für **alle Sachbezüge**, die der Arbeitnehmer insgesamt im Monat erhält. Die Freigrenze kann also **bei verschiedenen Sachbezügen**, z.B. kostenlose Sauna-Nutzung und verbilligte Wohnungsüberlassung, auch **nur einmal in Anspruch genommen** werden. Daher kann die Freigrenze ihrer zugedachten Funktion, kleinliche Auseinandersetzungen über die Höhe des geldwerten Vorteils zu vermeiden, nicht immer gerecht werden. Gerade wenn der Arbeitnehmer mehrere kleinere geldwerte Vorteile erhält, muss der Wert des Vorteils genau ermittelt werden um zu prüfen, ob die Freigrenze von 50 € überschritten wird oder nicht.

Nach Auffassung der Finanzverwaltung sind für die Anwendung der Freigrenze **alle Sachbezüge** i.S. des § 8 Abs. 2 Satz 1 EStG **zusammenzurechnen, auch wenn sie versteuert worden sind** (BMF-Schreiben vom 9.7.1997, BStBl I 1997 S. 735).

Beispiel 5:

Ein Arbeitnehmer erhält von seinem Arbeitgeber verbilligt eine Mietwohnung überlassen. Der Vorteil in Höhe von 60 € wird korrekt versteuert; der Arbeitgeber ist bei der Bewertung nach § 8 Abs. 2 Satz 1 EStG vom üblichen Endpreis ausgegangen. Außerdem hat der Arbeitnehmer im Monat August für 20 € unentgeltlich die firmeneigene Squashhalle benutzt.

Die Nutzung der Squashhalle ist zu versteuern, weil die Summe aller nach § 8 Abs. 2 Satz 1 EStG zu bewertenden Vorteile (hier die Wohnungsüberlassung in Höhe von 60 € und die Squashhallennutzung in Höhe von 20 €, insgesamt also 80 €) die Freigrenze von 50 € monatlich übersteigen.

Beispiel 6:

Der einzige Vorteil, den der Arbeitgeber dem Arbeitnehmer gewährt, liegt in der verbilligten Überlassung einer Wohnung (ortsübliche Miete 400 €). Der Arbeitnehmer zahlt monatlich 350 € (Verbilligung also 50 €).

Die Freigrenze von 50 € nach § 8 Abs. 2 Satz 9 EStG ist nicht überschritten, der geldwerte Vorteil ist nicht zu versteuern. Der Arbeitgeber und auch das Finanzamt haben dann aber in jedem Monat darauf zu achten, dass jedes „Extra-Frühstück", jeder Gang in die firmeneigene Squashhalle oder Sauna zur Überschreitung der Freigrenze und damit zur vollen Steuerpflicht aller geldwerten Vorteile (einschließlich der verbilligten Wohnungsüberlassung) führt.

Beispiel 7:

Sachverhalt wie Beispiel 6, der Arbeitnehmer zahlt aber lediglich 300 € und der Arbeitgeber versteuert monatlich 75 € als Sachbezug, weil er von 375 € als ortsüblicher Miete ausgeht. Erst bei der Lohnsteuer-Außenprüfung werden 400 € als ortsübliche Miete angesetzt.

Der verbleibende Differenzbetrag von 25 € ist als geldwerter Vorteil zu versteuern, weil der geldwerte Vorteil insgesamt 100 € beträgt (400 € ./. 300 € Zahlung des Arbeitnehmers). Es spielt für die Anwendung der Freigrenze keine Rolle, dass der Arbeitgeber bereits 75 € monatlich versteuert hat.

Beispiel 8:

Ein Arbeitgeber hat vor zehn Jahren für seine Arbeitnehmer eine **Direktversicherung** abgeschlossen. Der vom Arbeitgeber getragene monatliche Beitragsanteil für den einzelnen Arbeitnehmer beträgt im Kalenderjahr 2002 50 € und wird pauschal nach § 40b EStG versteuert.

Die Anwendung der Freigrenze von 50 € ist nicht möglich, denn nach Auffassung der Finanzverwaltung ist dies steuerlich so zu beurteilen, als ob der Arbeitgeber dem Arbeitnehmer die Mittel zur Verfügung stellt, die dieser zum Erwerb des Versicherungsschutzes verwendet, der Arbeitnehmer also keinen Sachlohn, sondern Barlohn erhält. Das Finanzgericht Düsseldorf sieht allerdings **Versicherungsbeiträge**, die der Arbeitgeber an ein Versicherungsunternehmen zu Gunsten seines Arbeitnehmers zahlt, **als Sachbezüge** an, auf die die **50-€-Freigrenze** des § 8 Abs. 2 Satz 9 EStG **anwendbar** ist (Urteil vom 4.4.2001, EFG 2001 S. 1422, Revision eingelegt, Az. beim BFH: VI R 68/01).

Beispiel 9:

Der Arbeitgeber ersetzt seinem Arbeitnehmer die **Mittagsmahlzeit** (Rechnung des Restaurants über 53 €), die dieser anlässlich einer siebenstündigen Dienstreise in einem selbst ausgewählten Restaurant zu sich genommen hat.

Da es sich nicht um eine „Mahlzeitengewährung auf Veranlassung des Arbeitgebers" handelt und der Arbeitnehmer auf Grund der Dauer der Dienstreise auch nicht steuerfreien Reisekostenersatz in Form eines Mehraufwands für Verpflegung beanspruchen kann, sind die o.g. 53 € voll dem Lohnsteuerabzug zu unterwerfen. Auch hier ist die Freigrenze des § 8 Abs. 2 Satz 9 EStG überschritten und somit „verbraucht".

Zu beachten ist, dass allerdings nur Vorteile, die mit dem üblichen Endpreis am Abgabeort (§ 8 Abs. 2 Satz 1 EStG) bewertet werden, bei der Prüfung der Freigrenze zusammenzurechnen sind. **Außer Betracht** bleiben danach insbesondere

– Vorteile aus der **Überlassung eines betrieblichen Kraftfahrzeugs** (§ 8 Abs. 2 Satz 2 bis 5 EStG),

– die mit den amtlichen Sachbezugswerten zu bewertende **Unterkunft und Verpflegung** (§ 8 Abs. 2 Satz 6 EStG) sowie

– die nach R 31 Abs. 11 LStR zu erfassenden **Zinsvorteile**.

Beispiel 10:

Dem Arbeitnehmer ist ein Firmenwagen zur privaten Nutzung überlassen worden. Der geldwerte Vorteil aus der Pkw-Überlassung beträgt monatlich 500 € und wird zutreffend lohnversteuert. Im Mai 2002 erhält der Arbeitnehmer von seinem Arbeitgeber wegen eines besonders guten Verkaufsabschlusses eine Flasche Champagner, die der Arbeitgeber für 45 € eingekauft hat.

Der Sachbezug „Firmenwagen" ist bei der Prüfung der Freigrenze von 50 € nicht mit zu berücksichtigen, weil er nach § 8 Abs. 2 Sätze 2 bis 5 EStG zu bewerten ist. Die Flasche Champagner im Wert von 45 € übersteigt nicht die Freigrenze von 50 €. Dieser geldwerte Vorteil bleibt daher außer Ansatz und ist deshalb im Ergebnis steuer- und beitragsfrei.

Grundsätzlich sind alle **Sachbezüge**, die der Arbeitgeber den Arbeitnehmern gewährt, im Lohnkonto des Arbeitnehmers aufzuzeichnen (→ *Lohnkonto* Rz. 1495). Dies gilt auch dann, wenn die Sachbezüge auf Grund der Freigrenze von 50 € im Ergebnis steuerfrei bleiben. Nach § 4 Abs. 3 LStDV kann das Betriebsstättenfinanzamt jedoch **auf Antrag des Arbeitgebers Aufzeich-**

nungserleichterungen zulassen, wenn durch betriebliche Regelungen und entsprechende Überwachungsmaßnahmen sichergestellt ist, dass die monatliche Freigrenze von 50 € nicht überschritten wird. In diesem Fall sind die Sachbezüge nicht im Lohnkonto aufzuzeichnen.

Beispiel 11:

Die Arbeitnehmer einer Holdinggesellschaft erhalten die Möglichkeit, bei einem Konzernunternehmen, das Schuhe herstellt und vertreibt, Schuhe mit einem Rabatt von 10 % zu erwerben. Weitere Sachbezüge erhalten die Arbeitnehmer nicht.

Der Rabattfreibetrag ist nicht anwendbar, weil die Arbeitnehmer der Holdinggesellschaft die Vorteile nicht vom eigenen Arbeitgeber erhalten. Da die Sachbezüge mit dem um übliche Preisnachlässe geminderten üblichen Endpreis am Abgabeort zu bewerten sind, kommt die Freigrenze von monatlich 50 € zur Anwendung. Der Arbeitgeber muss prüfen, bis zu welcher Höhe er Sachbezüge gewähren kann, ohne dass die Freigrenze von 50 € überschritten wird. Dies kann nach folgender Formel ermittelt werden:

$$\frac{\text{Freigrenze} \times 100}{\text{Rabatt} \, \diagup \, 4 \, \% \text{ Abschlag}} = \text{Maximale monatliche Einkäufe}$$

Für den Beispielsfall bedeutet dies, dass die Arbeitnehmer für maximal 833,33 € einkaufen können, ohne dass die Freigrenze überschritten wird:

Verkaufswert der Schuhe	833,33 €
⟋ 4 % Abschlag (Vereinfachungsregelung)	33,33 €
= üblicher Endpreis	800,— €
⟋ Zahlung des Arbeitnehmers (90 % von 833,33 €)	750,— €
= geldwerter Vorteil	50,— €

Wenn also die Holdinggesellschaft sicherstellt, dass ihre Arbeitnehmer bei der Schuhfabrik nur für maximal 833,33 € mit einem 10 %igen Rabatt einkaufen können, kann das Betriebsstättenfinanzamt zulassen, dass die Sachbezüge nicht aufgezeichnet zu werden brauchen. Unschädlich ist, wenn die Arbeitnehmer für Einkäufe über 833,33 € noch einen Rabatt von 4 % erhalten. Hierdurch kann sich unter Berücksichtigung des 4 %igen Abschlags keine Erhöhung des geldwerten Vorteils ergeben. Weitere Voraussetzung ist allerdings, dass keine zusätzlichen Sachbezüge i.S. von § 8 Abs. 2 Satz 1 EStG gewährt werden.

2. Umsatzsteuer

a) Allgemeines

Neben den lohnsteuerlichen können auch **umsatzsteuerliche Konsequenzen** aus der Gewährung von Sachbezügen entstehen. So erfasst das Umsatzsteuerrecht grundsätzlich auch unentgeltliche oder verbilligte Sachzuwendungen oder Leistungen, die ein Arbeitgeber an sein Personal oder dessen Angehörige auf Grund eines Dienstverhältnisses ausführt. Als Personal bzw. dessen Angehörige sind **folgende Personen** anzusehen: **2146**

– Eigene **aktive** Arbeitnehmer und deren Angehörige,

– **ausgeschiedene Arbeitnehmer** und deren Angehörige,

– **Auszubildende** (Abschn. 12 Abs. 2 Satz 3 UStR) und

– **Praktikanten**.

Umsatzsteuer fällt demgegenüber nicht an bei **Aufmerksamkeiten** (§ 3 Abs. 9a Nr. 1 UStG) oder bei der Anwendung von **Umsatzsteuerbefreiungsvorschriften**.

Ein **entscheidender Unterschied** bei der umsatzsteuerlichen Erfassung von Sachbezügen gegenüber der lohnsteuerlichen Behandlung besteht insbesondere darin, dass nicht nur der geldwerte Vorteil erfasst wird, sondern die **gesamte Lieferung oder sonstige Leistung** an den Arbeitnehmer umsatzbesteuert wird und dabei als **Bemessungsgrundlage** die Nettoeinstandspreise bzw. die Nettokosten zu Grunde gelegt werden (§ 10 Abs. 4 UStG). Aus Vereinfachungsgründen können für die Ermittlung der Umsatzsteuer die lohnsteuerlichen Werte zu Grunde gelegt werden (z.B. bei Deputaten, Firmenwagengestellung), die aber als Bruttowerte um die enthaltene Umsatzsteuer bereinigt werden müssen (Abschn. 12 Abs. 8 Satz 3 UStR). Findet der erhöhte Umsatzsteuersatz Anwendung (z.B. bei der Firmenwagennutzung), ist die Umsatzsteuer aus dem lohnsteuerlichen Wert mit **13,79 %** herauszurechnen. Bei Anwendung des ermäßigten Steuersatzes von 7 % (z.B. Deputaten) ist demgegenüber ein Prozentsatz von **6,54 %** anzuwenden (wegen weiterer Berechnungsmöglichkeiten der Umsatzsteuer aus Bruttorechnungsbeträgen vgl. Abschn. 194 Abs. 3 UStR).

Bei der Ermittlung der Bemessungsgrundlage für die Berechnung der Umsatzsteuer sind der **Rabattfreibetrag** in Höhe von 1 224 € (§ 8 Abs. 3 EStG) gem. Abschn. 12 Abs. 8 Satz 4 UStR und die **Freigrenze in Höhe von 50 €** (§ 8 Abs. 2 EStG) für die Lohnversteuerung bestimmter Sachbezüge nicht anwendbar.

b) Umsatzsteuerbare Sachzuwendungen

2147 Es können grundsätzlich **folgende Fallgruppen unterschieden** werden:

– Der Arbeitgeber bewirkt mit einem **Sachlohn**, der neben dem Barlohn als Vergütung für geleistete Dienste dem Arbeitnehmer zugewendet wird, eine entgeltliche Leistung (§ 1 Abs. 1 Nr. 1 Satz 1 UStG), für die der Arbeitnehmer einen Teil seiner Arbeitsleistung als Gegenleistung aufwendet.

– **Lieferungen oder sonstige Leistungen**, die der Arbeitgeber an seine Arbeitnehmer oder deren Angehörige auf Grund eines Dienstverhältnisses zwar gegen ein **besonders berechnetes Entgelt, aber verbilligt** ausführt, unterliegen ebenfalls grundsätzlich der Umsatzsteuer (§ 1 Abs. 1 Nr. 1 Satz 1 UStG).

– **Lieferungen oder sonstige Leistungen**, die der Arbeitgeber an seine Arbeitnehmer oder deren Angehörige ausführt, sind auch dann umsatzsteuerbar, wenn der Empfänger der Leistung **kein besonderes Entgelt** aufwendet (z.B. Arbeitnehmersammelbeförderung). Ein Leistungsaustausch ist – wie bei vorstehenden Fallgruppen – nicht erforderlich. Voraussetzung ist aber, dass die betreffenden Leistungen aus betrieblichen Gründen für den privaten, außerhalb des Dienstverhältnisses liegenden Bedarf der Arbeitnehmer ausgeführt werden (Abschn. 12 Abs. 2 Satz 2 UStR).

c) Umsatzsteuerbefreiungen

2148 Auch auf Leistungen im Zusammenhang mit Sachbezügen an Arbeitnehmer sind bestimmte Umsatzsteuerbefreiungsvorschriften anwendbar (Abschn. 12 Abs. 5 UStR). In Betracht kommen insbesondere folgende Leistungen der Arbeitgeber an Arbeitnehmer:

– Gewährung eines unentgeltlichen oder niedrig verzinslichen **Arbeitgeber-Darlehens** (§ 4 Nr. 8 Buchst. a UStG),

– Verschaffung von **Versicherungsschutz** (§ 4 Nr. 10 Buchst. b UStG),

– Überlassung von **Werkdienstwohnungen** (§ 4 Nr. 12 UStG),

– Gewährung von **Beherbergung, Beköstigung und üblicher Naturalleistungen an Arbeitnehmer** bestimmter in § 4 Nrn. 18, 23 und 24 UStG aufgeführter begünstigter Einrichtungen (z.B. Wohlfahrtsverbände, Deutsches Jugendherbergswerk und Träger der öffentlichen Jugendhilfe).

d) Bemessungsgrundlage

2149 Die Bemessungsgrundlage für entgeltliche Leistungen ist das **Entgelt** (§ 10 Abs. 1 UStG). Bei verbilligten Lieferungen oder sonstigen Leistungen an Arbeitnehmer ist Bemessungsgrundlage grundsätzlich die tatsächliche Zahlung des Arbeitnehmers, vermindert um die darin enthaltene Umsatzsteuer. Ist das vom Arbeitnehmer gezahlte Entgelt **niedriger als der Einkaufspreis, die Selbstkosten bzw. die Kosten** des Arbeitgebers, erfolgt der Ansatz der sog. **Mindestbemessungsgrundlage** (§ 10 Abs. 5 Nr. 2 UStG i.V.m. § 10 Abs. 4 UStG).

Beruht die Verbilligung auf einem **Belegschaftsrabatt** (z.B. bei der Lieferung von Jahreswagen an Werksangehörige in der Automobilindustrie), liegen die Voraussetzungen für die Anwendung der Mindestbemessungsgrundlage nicht vor. Bemessungsgrundlage ist in diesen Fällen der **tatsächlich aufgewendete Betrag** ohne die enthaltene Umsatzsteuer (Abschn. 12 Abs. 6 UStR).

Die Bemessungsgrundlage für **unentgeltliche Lieferungen** des Arbeitgebers an den Arbeitnehmer ist der **Einkaufspreis** für den Gegenstand zum Zeitpunkt der Abgabe an den Arbeitnehmer (Abschn. 12 Abs. 7 UStR). Der Einkaufspreis entspricht regelmäßig den Wiederbeschaffungskosten. In Ermangelung eines Einkaufspreises kann von den Selbstkosten ausgegangen werden, die alle durch den betrieblichen Prozess entstehenden Kosten umfassen.

Demgegenüber sind die unentgeltlich abgegebenen Produkte, die **im Betrieb des Arbeitgebers hergestellt worden sind**, mit den Selbstkosten der Umsatzsteuer zu unterwerfen. Diese entsprechen grundsätzlich den ertragsteuerlichen **Herstellungskosten** (R 33 EStR).

Bei der Ermittlung der Bemessungsgrundlage für unentgeltliche sonstige Leistungen ist von den bei der Ausführung dieser Leistungen entstandenen Kosten (inklusive anteiliger Gemeinkosten) auszugehen (§ 10 Abs. 4 Nr. 2 und 3 UStG). Bei der Ermittlung der Bemessungsgrundlage sonstiger Leistungen, die nicht in der Verwendung eines Unternehmensgegenstandes bestehen, sind die Kosten auszuscheiden, die nicht zum vollen oder teilweisen Vorsteuerabzug berechtigt haben (Abschn. 12 Abs. 7 UStR).

e) Einzelfälle

aa) Unentgeltliche Unterkunft und Verpflegung

2150 Gewährt der Arbeitgeber einem Arbeitnehmer **unentgeltliche Unterkunft und Verpflegung** (z.B. im Gastronomiebereich), liegen umsatzsteuerlich eine gem. § 4 Nr. 12 Buchst. a UStG **befreite Vermietungsleistung** (inklusive Heizung und Beleuchtung als Nebenleistung) und eine umsatzsteuerpflichtige **Essensgewährung** zum erhöhten Steuersatz in Höhe von 16 % vor. Der ermäßigte Umsatzsteuersatz ist nur in den Fällen anwendbar, in denen eine Essensabgabe an den Arbeitnehmer nicht zum Verzehr an Ort und Stelle erfolgt (Abschn. 12 Abs. 9 Satz 3 UStR).

Die **Bemessungsgrundlage** für die Essenslieferungen stellen grundsätzlich die **Selbstkosten** dar. Aus Vereinfachungsgründen ist jedoch von den lohnsteuerlichen Sachbezugswerten gemäß Sachbezugsverordnung in der jeweils aktuellen Fassung auszugehen (Abschn. 12 Abs. 9 Satz 1 UStR).

Beispiel:

Ein Arbeitgeber gewährt einem Arbeitnehmer in 2002 unentgeltliche Vollverpflegung:

Amtlicher Sachbezugswert für Vollverpflegung (§ 1 SachBezV)

Bruttowert	192,60 €
enthaltene Umsatzsteuer (13,79 %)	⁄ 26,55 €
umsatzsteuerliche Bemessungsgrundlage	166,05 €

Eine **umsatzsteuerpflichtige Vermietungsleistung** liegt demgegenüber vor, wenn ein Arbeitgeber in seiner Pension Räume an eigene Saisonarbeitnehmer überlässt, die alternativ zur vorübergehenden Beherbergung von Gästen oder zur Unterbringung des Saisonpersonals bereitgehalten werden (Abschn. 84 Abs. 2 Satz 3 UStR).

bb) Incentive-Reisen

2151 Incentive-Reisen liegen vor, wenn der Arbeitgeber seinen Arbeitnehmern zum Beispiel als Anerkennung für besondere Verkaufsleistungen eine Reise zuwendet. Eine unentgeltliche Wertabgabe (§ 3 Abs. 9a Nr. 2 UStG) unterliegt grundsätzlich der Umsatzsteuer. Sie stellt umsatzsteuerlich eine „Reiseleistung" des Arbeitgebers dar, die der **Margenbesteuerung** gem. § 25 UStG unterliegt. Umsatzsteuer ergibt sich jedoch regelmäßig nicht, da sich die Kosten des Arbeitgebers (§ 10 Abs. 4 Nr. 3 UStG) mit den Aufwendungen für die Reise decken (Abschn. 274 Abs. 5 Nr. 1 UStR), mithin eine Marge nicht entsteht.

cc) Job-Ticket

2152 Eine unentgeltliche Sachzuwendung liegt bei unentgeltlicher oder verbilligter Abgabe von Job-Tickets nicht vor, da Leistungsbeziehungen zwischen Beförderungsunternehmer und Arbeitnehmer bestehen (FinMin Rheinland-Pfalz, Erlass vom 15.2.1994, DB 1994 S. 709). Die auf die einzelnen Arbeitnehmer ausgestellten Job-Tickets werden nicht für das Unternehmen des Arbeitgebers bezogen. Ein **Vorsteuerabzug** scheidet bei ihm daher aus (Abschn. 195 Abs. 1 Sätze 2 und 3 UStR).

dd) Mahlzeiten

– **Unternehmenseigene/fremdbewirtschaftete Kantine** **2153**

Die Ermittlung der zutreffenden umsatzsteuerlichen Bemessungsgrundlage bei der Abgabe von Mahlzeiten erfordert die Abgrenzung zwischen unternehmenseigener und fremdbewirtschafteter Kantine, da bei der unentgeltlichen Abgabe von Mahlzeiten an Arbeitnehmer durch **unternehmenseigene Kantinen** im Gegensatz zur Abgabe durch fremdbewirtschaftete Kantinen aus Vereinfachungsgründen als Bemessungsgrundlage von den **amtlichen Sachbezugswerten** gemäß Sachbezugsverordnung ausgegangen werden kann.

Eine **unternehmenseigene Kantine** liegt nach Abschn. 12 Abs. 10 UStR vor, wenn der Unternehmer (Arbeitgeber) die Mahlzeiten entweder selbst herstellt oder die Mahlzeiten vor deren Auslieferung an die Arbeitnehmer mehr als nur geringfügig be- oder verarbeitet bzw. aufbereitet oder ergänzt.

Eine **nicht selbst betriebene Kantine** liegt demgegenüber vor, wenn die Mahlzeiten nicht vom Arbeitgeber/Unternehmer selbst – d.h. durch eigenes Personal – zubereitet und an die Arbeitnehmer geliefert werden.

Eine unternehmenseigene Kantine i.S. des Abschn. 12 Abs. 10 UStR liegt im Übrigen auch dann vor, wenn eine **Konzerntochtergesellschaft** (Konzern-Caterer), die die Bewirtschaftung aller Konzernkantinen für die Konzernunternehmen durchführt, nach Art einer Betriebsabteilung wirtschaftlich in das Gesamtunternehmen eingegliedert ist. Davon kann ausgegangen werden, wenn der Konzernkantinenbetrieb eine Organgesellschaft und sonst unselbständiger Bestandteil des Unternehmens ist (BMF-Schreiben vom 3.4.1996, DB 1996 S. 913).

– **Abgabe von Mahlzeiten durch eine unternehmenseigene Kantine**

Nach Abschn. 12 Abs. 11 Satz 1 UStR ist für die Ermittlung der Bemessungsgrundlage für die Abgabe von unentgeltlichen Mahlzeiten an Arbeitnehmer durch unternehmenseigene Kantinen aus Vereinfachungsgründen von den Werten auszugehen, die den **amtlichen Sachbezugswerten** nach der Sachbezugsverordnung entsprechen (R 31 Abs. 7 LStR). Dabei sind **Abschläge** für Jugendliche, Auszubildende und Angehörige der Arbeitnehmer nicht zulässig.

Beispiel 1:

Wert der Mahlzeit	2,51 €
Zahlung des Arbeitnehmers	1,50 €
maßgeblicher Wert	2,51 €
darin enthaltene Umsatzsteuer 16 % (13,79 %)	0,34 €
Bemessungsgrundlage	2,17 €

Zahlt der Arbeitnehmer einen höheren Betrag als den amtlichen Sachbezugswert, ist der tatsächlich gezahlte Wert der Besteuerung zu Grunde zu legen.

Beispiel 2:

Wert der Mahlzeit	2,51 €
Zahlung des Arbeitnehmers	3,— €
maßgeblicher Wert	3,— €
darin enthaltene Umsatzsteuer 16 % (13,79 %)	0,41 €
Bemessungsgrundlage	2,59 €

Werden verschiedene Mahlzeiten zu unterschiedlichen Preisen verbilligt an die Arbeitnehmer abgegeben, kann der Arbeitgeber zur Ermittlung der unterschiedlichen Bemessungsgrundlagen von dem für lohnsteuerliche Zwecke ermittelten Durchschnittswert ausgehen. Aus Vereinfachungsgründen kann der Arbeitgeber dabei den für die pauschale Erhebung der Lohnsteuer nach § 40 Abs. 2 EStG ermittelten Durchschnittswert als umsatzsteuerrechtliche Bemessungsgrundlage zu Grunde legen.

Der Umsatzsteuersatz für die Abgabe von Speisen und Getränken zum Verzehr an Ort und Stelle **beträgt derzeit 16 %** (§ 12 Abs. 2 Nr. 1 UStG). Die Abgabe von Speisen und Getränken zum Verzehr an Ort und Stelle ist **als sonstige Leistung** zu beurteilen.

Eine Abgabe **zum Verzehr an Ort und Stelle** liegt vor, wenn

1. Speisen und Getränke nach den Umständen der Abgabe dazu bestimmt sind, an einem Ort verzehrt zu werden, der mit dem Abgabeort in einem räumlichen Zusammenhang steht, und

2. besondere Vorrichtungen für den Verzehr an Ort und Stelle bereitgehalten werden (vgl. hierzu BMF-Schreiben vom 24.11.1999, BStBl I 1999 S. 1039).

Die als sonstige Leistungen anzusehenden Restaurationsumsätze sind im Wege der Typisierung von den Nahrungsmittellieferungen nach den gleichen Kriterien abzugrenzen, die bisher für die Abgrenzung der begünstigten von den nicht begünstigten Lieferungen (§ 12 Abs. 2 Nr. 1 Sätze 2 und 3 UStG a.F.) gegolten haben. Die Grundsätze des Abschn. 25a UStR sind nunmehr anzuwenden.

Eine Abgabe von Speisen und Getränken zum Verzehr an Ort und Stelle ist auch dann gegeben, wenn ein Arbeitgeber seine Arbeitnehmer in der eigenen Kantine oder in ähnlichen Einrichtungen verpflegt (Abschn. 25a Abs. 1 Satz 3 UStR).

– **Abgabe von Mahlzeiten durch eine fremdbewirtschaftete Kantine**

Erwirbt der Arbeitnehmer die Mahlzeiten von einem Gastronomieunternehmer (Kantinenpächter), ohne dass Leistungsvereinbarungen zwischen diesem und dem Arbeitgeber bestehen, und bezahlt der Arbeitnehmer den Essenpreis – ggf. vermindert um einen Zuschuss des Arbeitgebers –, so erbringt der Gastronomieunternehmer einen entgeltlichen Gastronomieumsatz zum allgemeinen Steuersatz **direkt gegenüber dem Arbeitnehmer**. In diesem Fall stellt die Zahlung des Arbeitnehmers, zuzüglich der eventuellen Zuzahlung des Arbeitgebers (Entgelt von dritter Seite), abzüglich der enthaltenen Umsatzsteuer, die umsatzsteuerliche Bemessungsgrundlage dar. Die amtlichen Sachbezugswerte sind in diesen Fällen nicht anwendbar.

Sofern der Arbeitgeber dem Gastronomieunternehmer Küchen- und Kantinenräume, Einrichtungs- und Ausstattungsgegenstände sowie Koch- und Küchengeräte unentgeltlich zur Verfügung stellt, ist der Wert der Gebrauchsüberlassung bei der Ermittlung der Bemessungsgrundlage für die Mahlzeiten nicht zu berücksichtigen (Abschn. 12 Abs. 10 Satz 4 UStR).

Beispiel 3:

Der Arbeitgeber erwirbt in einer Gaststätte ein Mittagessen zum Preis von 5 €. Den Essenpreis begleicht er durch Hingabe einer Essensmarke seines Arbeitgebers zum Wert von 3 € und einer eigenen Zuzahlung von 2 €. Der Gastronomieunternehmer lässt sich den Wert der Essensmarken monatlich vergüten.

Der Gastwirt erbringt gegenüber dem Arbeitnehmer eine sonstige Leistung, deren Bemessungsgrundlage 5 € (abzüglich 16 % Umsatzsteuer) beträgt. Der Arbeitgeber erbringt gegenüber dem Arbeitnehmer keine Sachzuwendung. Ein Vorsteuerabzug steht dem Arbeitgeber wegen fehlender Leistungsbeziehung im Verhältnis zum Gastwirt nicht zu.

– **Weitergabe erworbener Mahlzeiten durch den Arbeitgeber**

Wendet der Arbeitgeber die von einem Gastronomieunternehmer erworbenen Speisen seinen Arbeitnehmern zu und hat der Gastronomieunternehmer einen Zahlungsanspruch gegen den Arbeitgeber, liegen zwei hintereinander geschaltete Leistungsverhältnisse vor. Der Lieferant bewirkt eine sonstige Leistung an den Arbeitgeber. Dieser führt eine weitere sonstige Leistung (mit demselben Leistungsgegenstand) an seine Arbeitnehmer aus.

Dem Arbeitgeber steht aus dem Erwerb der Mahlzeiten ein Vorsteuerabzug zu.

Beispiel 4:

Der Arbeitgeber bezieht von einer Großküche 100 Mahlzeiten zum Nettopreis von 250 € zuzüglich 40 € Umsatzsteuer (16 %). Die erworbenen Essen gibt er in der eigenen Kantine zum Preis von jeweils 2 € (brutto) an die Arbeitnehmer ab. Die Bemessungsgrundlage beträgt 250 € **zuzüglich 16 % Umsatzsteuer** (Verzehr an Ort und Stelle), da der Abgabepreis **unter** dem Einkaufspreis der Mahlzeiten liegt (§ 10 Abs. 4 Nr. 2 UStG).

ee) Unentgeltliche Warenabgaben/Deputate

Unentgeltliche Wertabgaben werden neben dem Barlohn in bestimmten Bereichen (z.B. Brauereien, Landwirtschaft etc.) gewährt. Diese Wertabgaben sind umsatzsteuerbar, soweit bei Erwerb oder Herstellung des abgegebenen Gegenstandes ein Vorsteuerabzug in Anspruch genommen werden konnte (§ 3 Abs. 1b

2154

Nr. 2 UStG). Die Bemessungsgrundlage sind grundsätzlich der Einkaufspreis oder die Selbstkosten (§ 10 Abs. 4 Nr. 1 UStG). Die Verwaltung lässt aber aus Vereinfachungsgründen den Ansatz der nach lohnsteuerlichen Regelungen ermittelten Werte zu (R 31 Abs. 2 LStR, R 32 Abs. 2 LStR).

Der für lohnsteuerliche Zwecke zu berücksichtigende Rabattfreibetrag in Höhe von 1 224 € ist bei der Ermittlung der umsatzsteuerlichen Bemessungsgrundlage nicht zu berücksichtigen.

Getränke und Genussmittel, die der Arbeitgeber den Arbeitnehmern unentgeltlich zum Verzehr im Betrieb zur Verfügung stellt, sind als Aufmerksamkeiten nicht umsatzsteuerbar (§ 3 Abs. 1b Nr. 2 UStG). Demgegenüber unterliegt die Abgabe derartiger Waren der Umsatzsteuer, wenn sie zum häuslichen Verzehr erfolgt. Als Bemessungsgrundlage sind in diesen Fällen die Selbstkosten bzw. der Einkaufspreis anzusetzen. Zur Bemessungsgrundlage beim Haustrunk (Selbstkostenpauschale) siehe z.B. OFD Koblenz, Verfügung vom 7.9.1995, StEd 1995 S. 797.

Sachgeschenke an Arbeitnehmer gelegentlich eines Arbeitnehmer- oder Firmenjubiläums sind der Umsatzsteuer zu unterwerfen, sofern es sich nicht um Aufmerksamkeiten oder Leistungen im überwiegenden betrieblichen Interesse handelt.

Zuwendungen im Rahmen von Betriebsveranstaltungen sind ebenfalls umsatzsteuerbar, wenn sie sich nicht im üblichen Rahmen halten.

Bemessungsgrundlage in den vorgenannten Fällen sind der Einkaufspreis oder die Selbstkosten. Aus Vereinfachungsgründen können auch hier die nach lohnsteuerrechtlichen Regelungen ermittelten Werte zu Grunde gelegt werden (s.o.).

ff) Arbeitnehmer-Sammelbeförderung

2155 Die Beförderung von Arbeitnehmern durch den Arbeitgeber von ihrem Wohnsitz, persönlichen Aufenthalt oder von einer Sammelhaltestelle (z.B. Bahnhof) zum Arbeitsplatz mit unternehmenseigenen oder gemieteten Fahrzeugen (z.B. Beauftragung eines Omnibusunternehmens) ist grundsätzlich steuerbar (§ 3 Abs. 9a Satz 1 Nr. 2 UStG) und steuerpflichtig.

Der Arbeitgeber erbringt eine **entgeltliche Beförderungsleistung**, wenn er sie als Vergütung für geleistete Dienste ausführt (Verpflichtung aus Tarifvertrag oder durch Einzelvereinbarung).

Aber auch die freiwillige (ohne rechtliche Verpflichtung) **unentgeltlich ausgeführte Arbeitnehmerbeförderung** zwischen Wohnung und Arbeitsstätte ist **umsatzsteuerlich relevant** (§ 3 Abs. 9a Satz 1 Nr. 2 UStG), da es sich um Fahrten zur Befriedigung des privaten Bedarfs und nicht zur Gestaltung der Dienstausübung handelt.

Arbeitnehmer-Sammelbeförderungen lösen demgegenüber dann **keine Umsatzsteuer** aus, wenn sie im **überwiegenden betrieblichen Interesse** liegen. Hiervon ist beispielsweise **in folgenden Fällen** auszugehen:

- die Beförderung könnte mit öffentlichen Verkehrsmitteln nicht oder nur mit unverhältnismäßig hohem Zeitaufwand durchgeführt werden,
- die Arbeitnehmer werden an ständig wechselnden Tätigkeitsstätten oder verschiedenen Stellen eines weiträumigen Arbeitsgebietes eingesetzt,
- der Arbeitsablauf erfordert eine gleichzeitige Arbeitsaufnahme der beförderten Arbeitnehmer,
- die Beförderungsleistungen werden im Einzelfall wegen eines außergewöhnlichen Arbeitseinsatzes erforderlich,
- die Beförderungsleistungen dienen hauptsächlich dem Materialtransport und Arbeitnehmer werden dabei unentgeltlich mitgenommen.

Beförderungsleistungen unterliegen grundsätzlich dem ermäßigten Umsatzsteuersatz in Höhe von 7 %, sofern es sich im verkehrsrechtlichen Sinne um Beförderungen im genehmigten Linienverkehr (einfache Entfernung bis 50 km) handelt (Abschn. 175 Abs. 1 und 2 sowie Abschn. 173 Abs. 6 UStR).

Eine Sammelbeförderung **geringfügig beschäftigter Arbeitnehmer** kann ebenfalls eine nicht steuerbare Leistung des Arbeitgebers darstellen, wenn sich das Angebot der Beförderung an alle Arbeitnehmer richtet, die Arbeitsleistung aber unabhängig von der Annahme dieses Angebots allein auf Grund der Barlohnvereinbarung geschuldet und erbracht wird (BFH, Urteil vom 10.6.1999, BStBl II 1999 S. 582).

Als Bemessungsgrundlage für die unentgeltlichen Beförderungsleistungen sind die dem Arbeitgeber entstandenen Kosten anzusetzen. Kosten, die nicht mit Umsatzsteuer belastet sind, sind ebenfalls in die Bemessungsgrundlage einzubeziehen. Ersatzweise können diese geschätzt werden, soweit der Arbeitgeber die Beförderung mit betriebseigenen Fahrzeugen durchführt (Abschn. 12 Abs. 15 UStR). Danach kann der Arbeitgeber die Bemessungsgrundlage eines Monats zum Beispiel pauschal aus der Zahl der durchschnittlich beförderten Arbeitnehmer und aus dem Preis für eine Monatskarte der Deutschen Bahn AG/2. Klasse für die kürzeste und weiteste gefahrene Strecke (Durchschnitt) ableiten (Abschn. 12 Abs. 15 Satz 3 UStR).

Beispiel:

Ein Arbeitgeber hat in einem Monat durchschnittlich sechs Arbeitnehmer mit einem betriebseigenen Fahrzeug unentgeltlich von ihrer Wohnung zur Arbeitsstätte befördert. Die kürzeste Strecke von der Wohnung eines Arbeitnehmers zur Arbeitsstelle beträgt 10 km, die weiteste 30 km (Durchschnitt 20 km).

Die Bemessungsgrundlage für die Beförderungsleistungen in diesem Monat berechnet sich wie folgt:

Sechs Arbeitnehmer × 80 € (Monatskarte für 20 km)	480,— €
∕ Umsatzsteuer (Steuersatz 7 %)	31,40 €
= Bemessungsgrundlage	448,60 €

Beauftragt der Arbeitgeber einen selbständigen Beförderungsunternehmer mit der Durchführung der Arbeitnehmersammelbeförderung zur Arbeitsstelle, liegt umsatzsteuerlich eine Leistung des Beförderungsunternehmers an den Arbeitgeber und eine Leistung des Arbeitgebers an die Arbeitnehmer vor. Bemessungsgrundlage für die Beförderungsleistung des Arbeitgebers an seine Arbeitnehmer sind die ihm durch den Beförderungsunternehmer in Rechnung gestellten Kosten. Der ermäßigte Umsatzsteuersatz ist auf diese Leistung zwischen Arbeitgeber und Arbeitnehmer nicht anwendbar (Abschn. 175 Abs. 3 UStR).

gg) Freifahrten der Arbeitnehmer von Verkehrsbetrieben

2156 Freifahrten, die von Verkehrsbetrieben aus betrieblichen Gründen für den privaten, außerhalb des Dienstverhältnisses liegenden Bedarf der Arbeitnehmer, ihrer Angehörigen und ihrer Pensionäre gewährt werden, sind umsatzsteuerbar (§ 3 Abs. 9a Satz 1 Nr. 2 UStG). Die als Bemessungsgrundlage anzusetzenden Kosten sind nach den jeweiligen örtlichen Verhältnissen zu ermitteln und können im Allgemeinen mit 25 % des normalen Preises für den überlassenen Fahrschein angenommen werden (Abschn. 12 Abs. 16 UStR). Die Umsatzsteuer ist zum jeweiligen Steuersatz herauszurechnen.

hh) Firmenwagen zur privaten Nutzung

2157 Für die umsatzsteuerliche Behandlung der als Sachzuwendung zu beurteilenden Überlassung von unternehmerischen Kraftfahrzeugen durch einen Arbeitgeber an sein Personal (Arbeitnehmer) für Privatfahrten, für Fahrten zwischen Wohnung und Arbeitsstätte sowie Familienheimfahrten aus Anlass einer doppelten Haushaltsführung gilt Folgendes (BMF-Schreiben vom 29.5.2000, BStBl I 2000 S. 819):

- **Entgeltliche Überlassung**

  Die Überlassung eines Kraftfahrzeugs durch den Arbeitgeber an seinen Arbeitnehmer zur privaten Nutzung ist nach Auffassung der Verwaltung grundsätzlich als entgeltliche Leistung i.S. des § 1 Abs. 1 Nr. 1 Satz 1 UStG (Abschn. 12 Abs. 1 UStR) zu beurteilen.

  Die private Nutzung umfasst dabei die reinen **Privatfahrten**, die **Fahrten zwischen Wohnung und Arbeitsstätte** sowie **Familienheimfahrten** aus Anlass einer doppelten Haushaltsführung. Die Überlassung eines Kraftfahrzeugs ist danach als Vergütung für geleistete Dienste (Entgelt) anzusehen, wenn sie

  - im Arbeitsvertrag geregelt ist,
  - auf mündlicher Abrede oder

– auf sonstigen Umständen des Arbeitsverhältnisses (faktische betriebliche Übung) beruht.

Dabei spricht stets für die **Entgeltlichkeit**, wenn das Kraftfahrzeug dem Arbeitnehmer für eine gewisse Dauer und nicht nur gelegentlich zur Privatnutzung überlassen wird.

Bei der entgeltlichen Fahrzeugüberlassung zu Privatzwecken liegt ein tauschähnlicher Umsatz vor (§ 3 Abs. 12 Satz 2 UStG). Die umsatzsteuerliche Bemessungsgrundlage ist der Wert der nicht durch den Barlohn abgegoltenen Arbeitsleistung des Arbeitnehmers (§ 10 Abs. 2 Satz 2 i.V.m. § 10 Abs. 1 Satz 1 UStG). Diese kann nach dem vorbezeichneten BMF-Schreiben anhand der **Gesamtkosten des Arbeitgebers** für die Überlassung des Fahrzeugs geschätzt werden. Aus diesen Gesamtkosten dürfen die dem Arbeitgeber entstandenen Kosten, die nicht mit Vorsteuer belastet sind (z.B. Kfz-Versicherung, Kfz-Steuer o.Ä.), **nicht** ausgeschieden werden. Bei dem so ermittelten Wert handelt es sich um einen **Nettowert**, auf den die Umsatzsteuer mit dem allgemeinen Umsatzsteuersatz aufzuschlagen ist.

Etwaige **Zuzahlungen des Arbeitnehmers**, um z.B. seinen persönlichen Wünschen entsprechende Sonderausstattungen zu erhalten, oder Zuzahlungen zu den laufenden Unterhaltskosten dürfen die umsatzsteuerliche Bemessungsgrundlage nicht mindern. Einzelheiten zur umsatzsteuerlichen Behandlung von Zuzahlungen des Arbeitnehmers bei Firmenwagenüberlassung vgl. BMF-Schreiben vom 30.12.1997, BStBl I 1998 S. 110.

Treffen Arbeitgeber und Arbeitnehmer Aussagen zu dem **Wert der Arbeitsleistung**, so kann dieser als Bemessungsgrundlage zu Grunde gelegt werden, wenn er die Kosten für die Fahrzeugüberlassung übersteigt.

Die Finanzverwaltung beanstandet es aus Vereinfachungsgründen nicht, wenn für die umsatzsteuerliche Bemessungsgrundlage anstelle der Kosten von den **lohnsteuerlichen Pauschalwerten** ausgegangen wird, aus denen – da es sich um Bruttowerte handelt – die Umsatzsteuer mit **13,79 %** herauszurechnen ist (Abschn. 12 Abs. 8 UStR).

Wird für lohnsteuerliche Zwecke für die entgeltliche Fahrzeugüberlassung für Privatfahrten und für Fahrten zwischen Wohnung und Arbeitsstätte nach § 8 Abs. 2 Satz 2 und 3 i.V.m. § 6 Abs. 1 Nr. 4 Satz 2 EStG der vom Listenpreis abgeleitete **Pauschalwert** angesetzt (R 31 Abs. 9 Nr. 1 LStR), kann dieser Wert auch der Umsatzbesteuerung zu Grunde gelegt werden. Auch insoweit sind Kürzungen um Zuzahlungen des Arbeitnehmers unzulässig.

Bei **Familienheimfahrten** ist aus Vereinfachungsgründen der Pauschalwert mit 0,002 % des Listenpreises je Kilometer zwischen den Orten des Hausstandes und der Beschäftigung zu berücksichtigen. Aus dem so ermittelten Bruttowert ist die Umsatzsteuer mit 13,79 % herauszurechnen. **Ein pauschaler Abschlag in Höhe von 20 % für nicht mit Vorsteuer belastete Kosten ist in diesen Fällen ebenfalls unzulässig.**

Beispiel:

Ein Arbeitnehmer mit einer am 1.1.2002 begründeten doppelten Haushaltsführung nutzt einen Firmenwagen mit einem Listenpreis einschließlich Umsatzsteuer von 30 000 € im gesamten Kalenderjahr 2002 zu Privatfahrten, zu Fahrten zur 10 km entfernten Arbeitsstätte und zu 20 Familienheimfahrten zum 150 km entfernten Wohnsitz der Familie.

Die Umsatzsteuer für die Firmenwagenüberlassung ist wie folgt zu ermitteln (BMF-Schreiben vom 29.5.2000, BStBl I S. 819):

a) für die allgemeine Privatnutzung
   1 % von 30 000 € × 12 Monate 3 600,— €
b) für Fahrten zwischen Wohnung und Arbeitsstätte
   0,03 % von 30 000 € × 10 km × 12 Monate 1 080,— €
   lohnsteuerlicher geldwerter Vorteil 4 680,— €
c) für Familienheimfahrten
   0,002 % von 30 000 € × 150 km × 20 Fahrten 1 800,— €
Bruttowert der sonstigen Leistung an den
Arbeitnehmer 6 480,— €
Die darin enthaltene Umsatzsteuer beträgt 16/116
von 6 480 € 893,79 €

Ermittelt der Arbeitgeber den privaten Nutzungsanteil durch ein ordnungsgemäß geführtes **Fahrtenbuch** anhand der durch Belege nachgewiesenen Gesamtkosten (R 31 Abs. 9 Nr. 2 LStR), ist dieser Wert auch als Bemessungsgrundlage für die sonstigen Leistungen an den Arbeitnehmer zu Grunde zu legen. Zu den Privatfahrten sind dann auch die Fahrten zwischen Wohnung und Arbeitsstelle und die Familienheimfahrten zu zählen.

Aus den Gesamtkosten dürfen keine Kosten ausgeschieden werden, bei denen ein Vorsteuerabzug nicht möglich ist.

Beispiel:

Ein Firmenwagen mit einer Jahresfahrleistung von 20 000 km wird von einem Arbeitnehmer lt. ordnungsgemäß geführtem Fahrtenbuch an 180 Tagen jährlich für Fahrten zur 10 km entfernten Arbeitsstätte benutzt. Die übrigen Privatfahrten des Arbeitnehmers belaufen sich auf insgesamt 3 400 km. Die gesamten Kraftfahrzeugkosten (Nettoaufwendungen einschließlich Abschreibung) betragen 9 000 €.

Von den Privatfahrten des Arbeitnehmers entfallen 3 600 km auf Fahrten zwischen Wohnung und Arbeitsstätte (180 Tage × 20 km) und 3 400 km auf sonstige Fahrten. Dies entspricht einer Privatnutzung von insgesamt 35 % (7 000 km von 20 000 km). Für die umsatzsteuerliche Bemessungsgrundlage ist von einem Betrag von 35 % von 9 000 € = 3 150 € auszugehen. Die Umsatzsteuer beträgt 16 % von 3 150 € = 504 € (BMF-Schreiben vom 29.5.2000, BStBl I 2000 S. 819).

● **Unentgeltliche Überlassung**

Die **unentgeltliche Überlassung** eines Kraftfahrzeugs durch den Arbeitgeber an den Arbeitnehmer i.S. des § 3 Abs. 9a Satz 1 Nr. 1 UStG (Abschn. 12 Abs. 2 UStR) **stellt nach Verwaltungsauffassung einen Ausnahmefall dar**. Sie wird dann angenommen, wenn die vereinbarte private Nutzung des Fahrzeugs derart gering ist, dass sie für die Gehaltsbemessung keine wirtschaftliche Rolle spielt, und wenn nach den objektiven Gegebenheiten eine weitere private Nutzungsmöglichkeit ausscheidet (BFH, Urteil vom 4.10.1984, BStBl II 1984 S. 654). Die Finanzverwaltung geht unter Bezugnahme auf Tz. I.3 des BMF-Schreibens vom 28.5.1996, BStBl I 1996 S. 654, nur dann von einer Unentgeltlichkeit aus, wenn das Kraftfahrzeug dem Arbeitnehmer **gelegentlich an nicht mehr als fünf Kalendertagen im Kalendermonat** für private Zwecke überlassen wird.

Bemessungsgrundlage für die unentgeltliche Kraftfahrzeugüberlassung sind die Kosten (§ 10 Abs. 4 Satz 1 Nr. 2 UStG). Aus diesen sind die nicht mit Vorsteuer belasteten Kosten auszuscheiden. Der hiernach ermittelte Wert ist ein **Nettowert**, auf den der allgemeine Umsatzsteuersatz aufzuschlagen ist.

Auch für diese Fälle beinhaltet das BMF-Schreiben vom 29.5.2000 eine **Vereinfachungsregelung**:

Danach kann für Umsatzsteuerzwecke von den lohnsteuerlichen Werten ausgegangen werden, aus denen – da es sich insoweit um Bruttowerte handelt – die Umsatzsteuer mit **13,79 %** herauszurechnen ist (Abschn. 12 Abs. 8 UStR). Falls in diesen Fällen die Nutzung des Fahrzeugs zu Privatfahrten und zu Fahrten zwischen Wohnung und Arbeitsstätte je Fahrtkilometer mit 0,001 % des inländischen Listenpreises des Kraftfahrzeugs bewertet wird (Tz. I.3 des BMF-Schreibens vom 28.5.1996, BStBl I 1996 S. 654), kann für die nicht mit Vorsteuer belasteten Kosten ein **Abschlag in Höhe von 20 %** vorgenommen werden.

ii) Telefonnutzung

Ersetzt der Arbeitgeber die für den Anschluss eines Telefons und **2158** dessen laufende Nutzung anfallenden Kosten, knüpfen sich hieran keine umsatzsteuerlichen Folgen, da es sich um eine nicht umsatzsteuerbare Geldleistung handelt. Dem Arbeitgeber steht insoweit kein Vorsteuerabzug zu, da der Arbeitnehmer Vertragspartner des Telefondienstleisters ist. Gleiches gilt für die Anschluss- und Unterhaltskosten eines Autotelefons oder Handys.

Wird einem Arbeitnehmer für dessen Privatzwecke kostenlos ein betrieblicher Telefonanschluss zur Verfügung gestellt, erbringt der Arbeitgeber grundsätzlich gegenüber dem Arbeitnehmer eine steuerbare und steuerpflichtige Wertabgabe (§ 3 Abs. 9a UStG). Wenn die Nutzung betrieblicher Einrichtungen in solchen Fällen zwar auch die Befriedigung eines privaten Bedarfs der Arbeitnehmer zur Folge hat, diese Folge aber durch die mit der Nutzung angestrebten betrieblichen Zwecke überlagert wird, liegen überwiegend durch das betriebliche Interesse des Arbeitgebers veranlasste nicht steuerbare Leistungen vor (Abschnitt 12 Abs. 4 UStR). Eine Umsatzsteuerbelastung tritt daher in derartigen Fällen regelmäßig nicht ein.

jj) Nicht steuerbare Sachzuwendungen des Arbeitgebers

2159 Aufmerksamkeiten (§ 3 Abs. 9a UStG) und Leistungen, die überwiegend durch das betriebliche Interesse des Arbeitgebers veranlasst sind (BFH, Urteil vom 11.3.1988, BStBl II 1988 S. 643), sind keine steuerbaren Umsätze.

– **Aufmerksamkeiten**

Aufmerksamkeiten sind nach Abschn. 12 Abs. 3 Satz 1 UStR Zuwendungen des Arbeitgebers, die nach ihrer Art und nach ihrem Wert Geschenken entsprechen, die im gesellschaftlichen Verkehr üblicherweise ausgetauscht werden und zu keiner ins Gewicht fallenden Bereicherung des Arbeitnehmers führen (BFH, Urteil vom 22.3.1985, BStBl II 1985 S. 641, R 73 LStR).

Die Begriffe Aufmerksamkeit im umsatzsteuerlichen und lohnsteuerlichen Sinne entsprechen sich.

– **Leistungen im überwiegenden Interesse des Arbeitgebers**

Leistungen im überwiegenden Interesse des Arbeitgebers sind ebenfalls nicht umsatzsteuerbar. Sie liegen vor, wenn betrieblich veranlasste Maßnahmen zwar auch die Befriedigung eines privaten Bedarfs der Arbeitnehmer zur Folge haben, diese Folgen aber durch die mit diesen Maßnahmen angestrebten betrieblichen Zwecke überlagert werden. Dies ist dann anzunehmen, wenn die Maßnahme die dem Arbeitgeber obliegende Gestaltung der Dienstausübung betrifft (BFH, Urteil vom 9.7.1998, BStBl II 1998 S. 635).

Derartige Leistungen sind beispielhaft (aus Abschn. 12 Abs. 4 UStR):

- Leistungen zur Verbesserung der Arbeitsbedingungen, z.B. die Bereitstellung von Aufenthalts- und Erholungsräumen sowie von betriebseigenen Dusch- und Badeanlagen, die grundsätzlich von allen Betriebsangehörigen in Anspruch genommen werden können,

- die betriebsärztliche Betreuung sowie die Vorsorgeuntersuchung des Arbeitnehmers, wenn sie im ganz überwiegenden betrieblichen Interesse des Arbeitgebers liegt (BFH, Urteil vom 17.9.1982, BStBl II 1983 S. 39),

- betriebliche Fort- und Weiterbildungsleistungen,

- die Überlassung von Arbeitsmitteln zur beruflichen Nutzung einschließlich der Arbeitskleidung, wenn es sich um typische Berufskleidung, insbesondere um Arbeitsschutzkleidung, handelt, deren private Nutzung so gut wie ausgeschlossen ist,

- das Zurverfügungstellen von Parkplätzen auf dem Betriebsgelände,

- Zuwendungen im Rahmen von Betriebsveranstaltungen, soweit sie sich im üblichen Rahmen halten. Die Üblichkeit der Zuwendungen ist bis zu einer Höhe von 110 € einschließlich Umsatzsteuer je Arbeitnehmer und Betriebsveranstaltung nicht zu prüfen. Satz 2 gilt nicht für mehrtägige Betriebsveranstaltungen sowie bei mehr als zwei Betriebsveranstaltungen im Jahr. Die lohnsteuerrechtliche Beurteilung gilt entsprechend (R 72 LStR),

- das Zurverfügungstellen von Betriebskindergärten,

- das Zurverfügungstellen von Übernachtungsmöglichkeiten in gemieteten Zimmern, wenn der Arbeitnehmer an weit von seinem Heimatort entfernten Tätigkeitsstellen eingesetzt wird (BFH, Urteil vom 21.7.1994, BStBl II 1994 S. 881),

- Schaffung und Förderung der Rahmenbedingungen für die Teilnahme an einem Verkaufswettbewerb (BFH, Urteil vom 16.3.1995, BStBl II 1995 S. 651),

- die Sammelbeförderung unter den in Abschn. 12 Abs. 14 Satz 2 UStR bezeichneten Voraussetzungen.

Dem Arbeitgeber steht aus derartigen Aufwendungen grundsätzlich der Vorsteuerabzug unter den weiteren Voraussetzungen des § 15 UStG zu, da es sich um Leistungsbezüge für sein Unternehmen handelt (→ *Vorsteuerabzug* Rz. 2590).

3. Sozialversicherung

a) Allgemeines

Die durch den Arbeitgeber gewährten Sachbezüge gehören zum **2160** beitragspflichtigen Arbeitsentgelt in der Sozialversicherung. Um Rechtssicherheit zu schaffen und um eine Gleichbehandlung sicherzustellen, stellt die Bundesregierung jährlich im Voraus durch Rechtsverordnung (§ 17 Abs. 1 Nr. 3 SGB IV) mit Zustimmung des Bundesrates den amtlichen Wert der Sachbezüge insbesondere für Verpflegung und Unterkunft fest. Nach § 8 Abs. 2 EStG sind diese Werte bei Arbeitnehmern, deren Sachbezüge durch die o.a. Rechtsverordnung festgestellt sind, auch für die Bemessung der Lohnsteuer maßgebend. Damit ist ein Gleichklang mit der Sozialversicherung gewährleistet, vgl. → Rz. 2141.

Die für 2002 geltenden Werte sind der im Anhang abgedruckten Übersicht zu entnehmen (→ *B. Sozialversicherung* Rz. 2807).

b) Unterkunft und Verpflegung

Der Wert der Verpflegung ist für 2002 ohne Trennung nach **2161** Rechtskreisen bundeseinheitlich festgesetzt. Dabei gilt für das Frühstück ein monatlicher Betrag von 42,10 € (kalendertäglich 1,40 €) und für Mittagessen und Abendessen jeweils 75,25 € (kalendertäglich 2,51 €).

Für Jugendliche bis 18 Jahre und Auszubildende werden seit 1999 keine geminderten Werte mehr angesetzt.

Wird Verpflegung nicht nur dem Arbeitnehmer, sondern auch dessen nicht bei dem Arbeitgeber beschäftigten Familienangehörigen gewährt, erhöhen sich die Werte entsprechend:

- für den Ehegatten und jedes Kind nach Vollendung des 18. Lebensjahres um 80 %,
- für jedes Kind über 14 Jahre bis 18 Jahre um 60 %,
- für jedes Kind über 7 Jahre bis 14 Jahre um 40 % und
- für jedes Kind bis 7 Jahre um 30 %.

Von dem Begriff der „Unterkunft" ist auszugehen, wenn der Arbeitnehmer die Stellung eines Untermieters hat oder in einer Gemeinschaftsunterkunft lebt. Die Werte für Unterkunft sind derzeit in den alten und neuen Bundesländern noch unterschiedlich; sie sind auf 185,65 € bzw. 164 € monatlich festgesetzt. Diese Werte schließen die Kosten für Heizung und Beleuchtung ein.

Ist der Arbeitnehmer in den Haushalt des Arbeitgebers aufgenommen oder handelt es sich um eine Gemeinschaftsunterkunft, wird der anzusetzende Wert um 15 % gekürzt. Der gleiche Kürzungssatz gilt für Jugendliche bis 18 Jahre oder Auszubildende. Ist die Unterkunft mit mehreren Personen belegt, sind weitere Kürzungen vorgesehen:

- bei Belegung mit zwei Beschäftigten   40 %
- bei Belegung mit drei Beschäftigten   50 %
- bei Belegung mit mehr als drei Beschäftigten   60 %.

Für Jugendliche bis zur Vollendung des 18. Lebensjahres oder Auszubildende wird übergangsweise der Wert für freie Unterkunft um 21 % gekürzt, wenn der Betreffende nicht in den Haushalt des Arbeitgebers aufgenommen ist und auch nicht in einer Gemeinschaftsunterkunft wohnt.

c) Freie Wohnung

Lebt der Arbeitnehmer in einer geschlossenen Einheit von Räumen, in denen ein selbständiger Haushalt geführt werden kann, ist **2162** von einer „Wohnung" auszugehen. Eine Wohnung, die ihm vom Arbeitgeber kostenlos zur Verfügung gestellt wird, ist mit dem ortsüblichen Mietpreis zu bewerten. Bei zusätzlicher Übernahme der Kosten für Wasser, Energie und der sonstigen Nebenkosten durch den Arbeitgeber ist der ortsübliche Preis anzusetzen. Für den Fall, dass die ortsübliche Miete nur schwierig festzustellen ist, gelten pauschalierte Beträge:

– in den alten Bundesländern
3,05 € pro qm,
2,55 € pro qm bei einfacher Ausstattung ohne Sammelheizung und ohne Bad/Dusche,

– in den neuen Bundesländern
2,65 € pro qm,
2,30 € pro qm bei einfacher Ausstattung ohne Sammelheizung und ohne Bad/Dusche.

Werden Verpflegung und/oder Unterkunft nicht unentgeltlich, sondern lediglich verbilligt gewährt, ist zunächst der maßgebliche Gesamtwert festzustellen und um den Betrag zu vermindern, den der Arbeitnehmer übernimmt. Der Unterschiedsbetrag ist sozialversicherungspflichtiges Arbeitsentgelt.

d) Sonstige Sachbezüge

2163 Werden sonstige Sachbezüge gewährt, sind ihre steuerlichen Bewertungen zu berücksichtigen. Generell gilt als Wert der übliche Endpreis am Abgabeort, es sei denn, die oberste Finanzbehörde des Landes hat mit Zustimmung des Bundesfinanzministeriums für weitere Sachbezüge Durchschnittswerte nach § 8 Abs. 2 Satz 8 EStG festgesetzt.

e) Beitragsberechnung

2164 Die genannten Werte für Sachbezüge sind dem daneben gewährten Bruttolohn zuzurechnen und insgesamt für die Beitragsberechnung heranzuziehen.

Beispiel 1:

Bruttolohn	425,— €
Unterkunft	185,65 €
Frühstück	42,10 €
Mittagessen	75,25 €
Abendessen	75,25 €
beitragspflichtiger Bruttolohn	**803,25 €**

Übernimmt der Arbeitgeber zusätzlich zu den Sachbezügen auch die Lohnsteuer und/oder die Arbeitnehmeranteile zur Sozialversicherung (Nettolohnzahlung), ist dies als geldwerter Vorteil aus dem Arbeitsverhältnis lohnsteuer- und beitragspflichtig. Ausgehend vom Nettolohn ist der maßgebliche Bruttolohn dann in der Weise zu ermitteln, dass die zu entrichtenden Steuern und die Arbeitnehmeranteile zur Sozialversicherung ggf. unter Beachtung der Beitragsbemessungsgrenzen dem Entgelt so lange zugerechnet werden, bis sich für den Bruttolohn keine höheren Steuern und keine höheren Sozialversicherungsbeiträge mehr ergeben; zu weiteren Einzelheiten siehe → *Nettolöhne* Rz. 1775.

Entfallen Sachbezüge auf Teillohnzahlungszeiträume, ist der kalendertägliche Betrag zu Grunde zu legen, der durch Division des Monatswertes durch 30 auf zwei Kommastellen errechnet wird. Dieser Wert ist anschließend mit der Zahl der beitragspflichtigen Tage zu multiplizieren und jeweils auf zwei Dezimalstellen kaufmännisch zu runden. Soweit Zu- oder Abschläge zu berücksichtigen sind, werden diese nach der Feststellung des Tageswertes hinzu- oder abgerechnet.

Beispiel 2:

Bruttolohnberechnung für Teillohnzahlungszeiträume mit Sachbezug für Frühstück und Mittagessen

Bruttobarlohn für die Zeit vom 13.1.2002 bis 31.1.2002 = 19 Arbeitstage	300,— €
Sachbezüge für die Zeit vom 13.1.2002 bis 31.1.2002 = 19 Arbeitstage =	
– Frühstück (42,10 € : 30 × 19 Tage)	26,60 €
– Mittagessen (75,25 € : 30 × 19 Tage)	47,69 €
Bruttolohn	**374,29 €**

Die vollen Sachbezugswerte gelten auch dann, wenn der Sachbezug nur arbeitstäglich oder werktäglich (Fünf- oder Sechs-Tage-Woche) bezogen wird. Eine anteilige Kürzung ist nur dann vorzunehmen, wenn **arbeitsvertraglich ausdrücklich vereinbart** ist, dass Sachbezüge nicht kalendertäglich, sondern nur arbeits- oder werktäglich zur Verfügung gestellt werden. Dabei ist anstelle einer monatlichen Ermittlung der Ausfalltage ein durchschnittlich gleich bleibender Wert anzusetzen.

Sammelbeförderung

Nach § 3 Nr. 32 EStG ist die unentgeltliche oder verbilligte Sammelbeförderung eines Arbeitnehmers zwischen Wohnung und Arbeitsstätte mit einem vom Arbeitgeber gestellten Kraftfahrzeug steuerfrei, soweit die Sammelbeförderung für den betrieblichen Einsatz des Arbeitnehmers notwendig ist. Einzelheiten siehe → *Wege zwischen Wohnung und Arbeitsstätte* Rz. 2625. **2165**

Säumniszuschlag

1. Lohnsteuer

Bei verspäteter Zahlung einer Steuer sind nach § 240 AO Säumniszuschläge zu entrichten; dies gilt auch, wenn der Arbeitgeber Lohnsteuer erst nach Fälligkeit entrichtet. Für jeden angefangenen Monat der Säumnis wird ein Säumniszuschlag von **1 %** des rückständigen, auf 50 € nach unten abgerundeten Steuerbetrages erhoben. Weitere Einzelheiten zur Erhebung von Säumniszuschlägen bei verspätet angemeldeter Lohnsteuer siehe → *Abführung der Lohnsteuer* Rz. 6, vor allem zu der in diesem Zusammenhang gem. § 240 Abs. 3 AO zu beachtenden fünftägigen Schonfrist. **2166**

Säumniszuschläge fallen auch an, wenn der Arbeitgeber in einem Haftungsbescheid festgesetzte **Haftungsschulden** verspätet zahlt (§ 240 Abs. 1 Satz 2 AO).

Liegen die allgemeinen Voraussetzungen vor (→ *Erlass von Lohnsteuer* Rz. 922), können Säumniszuschläge auf Antrag **erlassen** werden. Dies gilt jedoch nicht, wenn ein Steuerberater Lohnsteuer regelmäßig verspätet anmeldet und abführt und unter Ausnutzung der Schonfrist der Zahlungseingang erst am Tag nach Ablauf der Frist des § 240 Abs. 3 AO erfolgt (FG Hamburg, Urteil vom 30.12.1999, EFG 2000 S. 475).

2. Sozialversicherung

Für Beiträge und Beitragsvorschüsse, die nicht bis zum Ablauf des Fälligkeitstages gezahlt sind, ist gem. § 24 Abs. 1 SGB IV ein Säumniszuschlag für jeden angefangenen Monat in Höhe von 1 % des rückständigen, auf 50 € abgerundeten Betrages zu erheben. Bei einem rückständigen Betrag unter 100 € ist der Säumniszuschlag nicht zu erheben, wenn er gesondert schriftlich anzufordern wäre. Dem Zahlungspflichtigen kann keine Schonfrist mehr eingeräumt werden. Nach der **gemeinsamen Verlautbarung der Spitzenverbände der Sozialversicherungsträger** vom 9.11.1994 heißt es hierzu: „Der Zahlungspflichtige hat dafür zu sorgen, dass die Einzugsstelle spätestens am Fälligkeitstag im Besitz der geschuldeten Beiträge ist." (vgl. Sozialversicherungsbeitrag-Handausgabe 2001 VL 24 IV 1 Nr. 5; → *Fälligkeit der Sozialversicherungsbeiträge* Rz. 974). **2167**

Nach Auffassung des Bundessozialgerichts, Urteil vom 23.2.1988 – 12 RK 50/86 –, wird im Falle der **Beitragsstundung** die Fälligkeit der geforderten Beiträge hinausgeschoben mit der Folge, dass für den Stundungszeitraum Säumniszuschläge nicht zu erheben sind (vgl. Sozialversicherungsbeitrag-Handausgabe 2001 R 24 IV/2; → *Fälligkeit der Sozialversicherungsbeiträge* Rz. 974; → *Stundung* Rz. 2364). Wird eine Beitragsforderung durch Bescheid mit Wirkung für die Vergangenheit festgestellt, so ist gem. § 24 Abs. 2 SGB IV ein darauf entfallender Säumniszuschlag nicht zu erheben, soweit der Schuldner glaubhaft macht, dass er unverschuldet keine Kenntnis von der Zahlungspflicht hatte.

Der Säumniszuschlag soll den Zahlungspflichtigen anhalten, seine Beiträge pünktlich zu zahlen; gleichzeitig ist er aber auch eine Gegenleistung für das Hinausschieben der Zahlung (Ausgleich für Zinsverlust). Die Festsetzung des Säumniszuschlages ist zwingend und nicht in das Ermessen der Einzugsstelle gestellt. Der Säumniszuschlag kann erlassen werden, wenn sein Einzug nach Lage des Einzelfalles **unbillig** wäre.

Die Spitzenverbände der Sozialversicherungsträger haben in der bereits genannten gemeinsamen Verlautbarung eine tabellarische Übersicht zum Erlass der Säumniszuschläge veröffentlicht:

Fallgruppe	Antrag	Erlass/Teil-erlass
Unabwendbares Ereignis	Antrag erforderlich; der Grund für die verspätete Zahlung ist glaubhaft zu machen	Erlass in voller Höhe
Bisher pünkt-licher Beitrags-zahler	Antrag erforderlich; der Grund für die verspätete Zahlung ist glaubhaft zu machen	Erlass in voller Höhe
Zahlungsun-fähigkeit/ Überschuldung	Antrag erforderlich; der Nach-weis der Zahlungsunfähigkeit/ Überschuldung ist zu erbringen. Im Konkursverfahren ist bei Masse-unzulänglichkeit eine schriftliche Erklärung des Konkursverwalters erforderlich	Erlass zur Hälfte
Gefährdung der wirtschaftlichen Existenz	Antrag erforderlich; die Gefähr-dung der wirtschaftlichen Existenz ist glaubhaft zu machen	Erlass zur Hälfte
Vorliegen der Voraussetzun-gen für den Er-lass der Haupt-schuld	Kein besonderer Antrag erfor-derlich; Antrag für den Erlass der Hauptschuld reicht aus	Erlass in voller Höhe
Sonstige Fälle	Antrag erforderlich	Nach Lage des Einzelfal-les in voller Höhe oder zur Hälfte

Schadensersatz

2168 Schadensersatzpflichtig kann sich sowohl der Arbeitnehmer ge-genüber dem Arbeitgeber als auch umgekehrt der Arbeitgeber gegenüber dem Arbeitnehmer machen.

1. Schadensersatzpflicht des Arbeitgebers gegenüber dem Arbeitnehmer

a) Arbeitsrecht

2169 Eine Schadensersatzpflicht kann den Arbeitgeber infolge unter-schiedlicher Sachverhalte treffen, z.B. bei Verletzung von Schutz-pflichten (bzgl. Leben und Gesundheit des Arbeitnehmers oder bzgl. der vom Arbeitnehmer in den Betrieb berechtigterweise ein-gebrachten Sachen etc.).

Erleidet der Arbeitnehmer bei der Erledigung seiner Arbeits-leistung Schaden an seiner Person oder seinem Eigentum, so stellt sich die Frage, inwieweit hierfür eine Haftung des Arbeit-gebers in Betracht kommen kann.

Nach der Rechtsprechung des Bundesarbeitsgerichts haftet der Arbeitgeber nicht für das typische Schadensrisiko, das bei der Durchführung der Arbeitsleistung entsteht, sondern nur in Aus-nahmefällen.

– In Betracht kommt zunächst die Erstattung **von Sach-schäden**. Von besonderer Bedeutung sind Sachschäden am **Privatfahrzeug des Arbeitnehmers**, das dieser zu einer Dienstfahrt benutzt:

Nach der Rechtsprechung des Bundesarbeitsgerichts (BAG, Urteil vom 14.12.1995, NZA 1996 S. 417) muss der Arbeitgeber dem Arbeitnehmer die an dessen Fahrzeug ohne Verschulden des Arbeitgebers entstandenen Unfallschäden erst dann er-setzen, wenn das Fahrzeug mit Billigung des Arbeitgebers ohne besondere Vergütung hierfür im Betätigungsbereich des Arbeitgebers im Einsatz war. Ein Einsatz **im Betätigungbe-reich des Arbeitgebers** ist dann gegeben, wenn ohne Einsatz des Fahrzeugs des Arbeitnehmers der Arbeitgeber ein eigenes Fahrzeug einsetzen und damit dessen Unfallgefahr hätte tra-gen müssen. Ein Mitverschulden des Arbeitnehmers bei der Entstehung des Schadens ist nach § 254 BGB zu berück-sichtigen (BAG, Urteil vom 27.1.2000, DB 2000 S. 1127).

Der Arbeitgeber sollte für Fälle, in denen der Arbeitnehmer dauernd oder zumindest regelmäßig sein privates Fahrzeug zu

dienstlichen Fahrten nutzt, den Arbeitnehmer auffordern, das Fahrzeug bei Erstattung der hierfür erforderlichen Auf-wendungen kaskozuversichern.

Diese Grundsätze für die Haftung des Arbeitgebers gelten auch bei Einsatz eines privaten Nutzfahrzeugs des Arbeit-nehmers für betriebliche Zwecke (vgl. BAG, Urteil vom 17.7.1997, NZA 1997 S. 1346).

– Für **Personenschäden** hat der Arbeitnehmer grundsätzlich keinen Ersatzanspruch gegen den Arbeitgeber. Die diesbe-zügliche Einschränkung folgt aus §§ 104 ff. SGB VII. Eine Haftung greift nur dann ein, wenn der Arbeitgeber den Ar-beitsunfall vorsätzlich herbeigeführt hat oder wenn der Ar-beitsunfall als Wegeunfall vom Arbeitgeber verursacht worden ist.

– Bei Verletzung des **Persönlichkeitsrechts** des Arbeitnehmers (fehlender Schutz vor ungerechter Behandlung durch Vorge-setzte, Mobbing, Verletzung der Verschwiegenheitspflicht bzgl. der Persönlichkeit des Arbeitnehmers, zu weitgehende Beschränkung der freien Entfaltung, Mithören von Telefonaten etc.) kann nach dem Bundesarbeitsgericht ggf. ein Anspruch auf **Schmerzensgeld** nach § 847 BGB geltend gemacht wer-den, sofern es sich um einen ausreichend schwerwiegenden Eingriff handelt und das Persönlichkeitsrecht auf andere Art nicht ausreichend geschützt werden kann (BAG, Urteil vom 21.12.1979, DB 1979 S. 1513).

– Speziell geregelt ist der Entschädigungsanspruch gegen den Arbeitgeber wegen **Geschlechtsdiskriminierung** bei Be-gründung eines Arbeitsverhältnisses in § 611a BGB.

– Eine Haftung des Arbeitgebers kommt auch bei verzögerter Lohnzahlung wegen **Schuldnerverzugs** in Betracht. Diese Schadensersatzpflicht kann sich (bei Verschulden) auch auf einen sog. **Steuerschaden** des Arbeitnehmers erstrecken (vgl. BAG, Urteil vom 14.5.1998, ArbuR 1998 S. 376, b+p 1999 S. 445).

b) Lohnsteuer

aa) Allgemeines

2170 Schadensersatzleistungen des Arbeitgebers oder eines Dritten (z.B. einer Versicherung) an Arbeitnehmer stellen nur dann **lohn-steuerpflichtigen Arbeitslohn** dar, wenn die Zuwendungen auf dem **Dienstverhältnis beruhen**. Nicht als Arbeitslohn anzusehen sind hingegen insbesondere Schadensersatzleistungen, soweit der Arbeitgeber dazu **gesetzlich verpflichtet** ist oder soweit er einen zivilrechtlichen Schadensersatzanspruch des Arbeit-nehmers wegen schuldhafter Verletzung arbeitsvertraglicher Für-sorgepflichten erfüllt, vgl. H 70 (Beispiele) LStH. Für die Frage der Steuerpflicht muss daher in jedem Einzelfall der **Rechtsgrund** der Zahlung festgestellt werden.

bb) „Steuerfreie" Schadensersatzleistungen

2171 In den folgenden Fällen hat die Rechtsprechung den Zusammen-hang der Zahlung mit dem Dienstverhältnis verneint, so dass kein steuerpflichtiger Arbeitslohn anzunehmen ist:

– Zahlungen auf Grund **unerlaubter Handlung oder Gefähr-dungshaftung**, also insbesondere **Schmerzensgeld** nach §§ 823 bis 853 BGB oder Zahlungen für die **Beseitigung von Unfallfolgen**, z.B. Arzt- und Heilmittelkosten (vgl. BFH, Urteil vom 13.4.1976, BStBl II 1976 S. 694).

– Zahlungen wegen **Verletzung des allgemeinen Persönlichkeits-rechts** (§ 847 BGB) des Arbeitnehmers (BFH, Urteil vom 29.10.1963, BStBl III 1964 S. 12).

– **Zinsen für rückständigen Arbeitslohn**; es handelt sich insoweit aber um Einkünfte aus Kapitalvermögen (FG Köln, Urteil vom 19.6.1989, EFG 1989 S. 640).

– Schadensersatzleistungen des Arbeitgebers, wenn dieser eine **fehler-hafte Lohnbescheinigung ausgestellt** hat und der Arbeitnehmer so-mit eine zu hohe Einkommensteuer nachzahlen musste (BFH, Urteil vom 20.9.1996, BStBl II 1997 S. 144).

cc) Steuerpflichtige Schadensersatzleistungen

2172 Ein Zusammenhang mit dem Dienstverhältnis und damit Arbeits-lohn bejaht wurde für:

Schadensersatz

– Schadensersatzleistungen an einen **entlassenen**. **Arbeitnehmer** für den **Umbau** eines am neuen Beschäftigungsort erworbenen **Einfamilienhauses** (BFH, Urteil vom 28.2.1975, BStBl II 1975 S. 520).

– Schadensersatzleistungen für **entgehenden oder entgangenen Arbeitslohn auf Grund eines Unfalls** (BFH, Urteil vom 29.10.1959, BStBl III 1960 S. 87).

– Schadensersatzleistungen für ein am **Arbeitsplatz gestohlenes Kleidungsstück** des Arbeitnehmers (FG Köln, Urteil vom 8.6.1990, EFG 1991 S. 193).

– **Tagegelder, die als Verdienstausfallentschädigungen** von einer Unfallversicherung über den Arbeitgeber an die Arbeitnehmer weitergeleitet werden, nicht jedoch eine Todesfall-Versicherungsleistung selbst (BFH, Urteil vom 22.4.1982, BStBl II 1982 S. 496).

– **Entschädigungen**, die ein Beamter von seinem Dienstherrn wegen **pflichtwidrig unterlassener Beförderung** erhält. Dazu gehören nicht die Prozesszinsen, diese zählen zu den tariflich zu besteuernden Einkünften aus Kapitalvermögen (FG Köln, Urteil vom 19.6.1989, EFG 1989 S. 640).

[LSt]

dd) Aufteilung

2173 Decken – vor allem von Versicherungen in einer Summe gezahlte – Schadensersatzleistungen **mehrere Schäden** ab (z.B. Verdienstausfall, Krankheitskosten, Schmerzensgeld), so muss die Zahlung – ggf. im Schätzungswege – in einen **steuerpflichtigen und einen steuerfreien Teil** aufgeteilt werden (BFH, Urteil vom 29.10.1959, BStBl III 1960 S. 87). Der Bundesfinanzhof geht davon aus, dass ggf. im Rahmen einer vernünftigen Schätzung ermittelt werden kann, in welcher Höhe die zur Auszahlung gelangte Entschädigungssumme auf die einzelnen Schadenspositionen entfällt, mithin also auf den steuerpflichtigen oder den steuerfreien Teil.

ee) Verfahren

2174 Steuerpflichtige Schadensersatzzahlungen, die der **Arbeitgeber** zahlt, muss er dem **Lohnsteuerabzug** unterwerfen (BAG, Urteil vom 16.11.1995, DB 1996 S. 630, betr. Schadensersatz wegen Vorenthaltung eines vertraglich auch zur privaten Nutzung zugesagten Kfz).

Demgegenüber kommt bei Schadensersatzzahlungen eines **Dritten** (z.B. einer Versicherung), die als Arbeitslohn steuerpflichtig sind, ein **Lohnsteuerabzug nicht** in Betracht, weil die Versicherung nicht der Arbeitgeber des Geschädigten ist. Die Zahlungen sind dann ggf. im Rahmen der **Einkommensteuerveranlagung** des Arbeitnehmers zu erfassen.

Zu Zahlungen aus einer **Unfallversicherung** siehe → *Unfallversicherung: freiwillige* Rz. 2474.

c) Sozialversicherung

2175 Stehen dem Arbeitnehmer auf Grund gesetzlicher Verpflichtung des Arbeitgebers Schadensersatzleistungen zu, liegt auch dann **kein sozialversicherungspflichtiges Arbeitsentgelt** i.S. des § 14 SGB IV vor, wenn die Ansprüche wegen einer Schädigung des Arbeitnehmers mit dem Arbeits- oder Dienstverhältnis in Zusammenhang stehen.

2. Schadensersatzpflicht des Arbeitnehmers gegenüber dem Arbeitgeber

2176 Auch der Arbeitgeber kann auf Grund unterschiedlicher Sachverhalte einen Anspruch auf Schadensersatz haben, z.B. wegen eines ihm entstehenden Schadens infolge außerordentlicher Kündigung wegen Verletzung der Arbeitspflicht (endgültiges und rechtswidriges Sich-Lösen vom Vertrag), § 628 Abs. 2 BGB, infolge vorübergehender Nichtleistung ("Blaumachen" u.a.) sowie infolge nur mangelhafter Arbeitsleistung (Schlechtleistung).

a) Arbeitsrecht

aa) Außerordentliche Kündigung

2177 Der Arbeitgeber kann innerhalb einer Frist von zwei Wochen seit Beginn der Arbeitsniederlegung das Arbeitsverhältnis gem. § 626 BGB fristlos kündigen, wenn ihm die **Fortsetzung des Arbeitsverhältnisses** infolge der Verletzung der Arbeitspflicht nicht zuzumuten ist.

Nach § 628 Abs. 2 BGB hat der **Arbeitnehmer** den durch die Aufhebung des Arbeitsverhältnisses entstehenden **Schaden** des Arbeitgebers zu **ersetzen**. Voraussetzung ist, dass der Arbeitnehmer seine Arbeitspflicht schuldhaft verletzt hat, ihm also Vorsatz oder Fahrlässigkeit (§ 276 BGB) vorzuwerfen ist.

Ist dies der Fall, hat der Arbeitnehmer nach § 628 Abs. 2 BGB den durch die Aufhebung des Vertrages ausgelösten Schaden zu ersetzen. In zeitlicher Hinsicht endet dieser Schadensersatzanspruch spätestens zu dem Zeitpunkt, zu dem der Arbeitnehmer selbst außerordentlich oder ordentlich kündigen konnte.

Beispiel:
Der Arbeitgeber kündigt am 1. Juli dem Arbeitnehmer außerordentlich gem. § 626 BGB wegen Verletzung seiner Arbeitspflicht. Die tarifliche Kündigungsfrist beträgt zwei Wochen. Der Arbeitgeber kann nur für den Zeitraum vom 1. bis 14. Juli Schadensersatz verlangen.

Der Arbeitnehmer muss den vollen Schaden einschließlich des entgangenen Gewinns ersetzen (BAG, Urteil vom 27.1.1972, DB 1972 S. 1299).

Der Arbeitgeber hat sowohl das Verschulden des Arbeitnehmers darzulegen und zu beweisen als auch einen konkreten Schaden nachzuweisen.

Zu ersetzen ist z.B. die Lohndifferenz bei Einstellung einer teureren Ersatzkraft (BAG, Urteil vom 25.5.1970, DB 1970 S. 1134) oder Kosten für Stellenanzeigen, sofern die Kosten bei ordnungsgemäßer Einhaltung der arbeitsvertraglichen Kündigungsfrist vermeidbar gewesen wären (BAG, Urteil vom 23.3.1984, DB 1984 S. 1731). Unklar ist eine Ersatzpflicht, wenn der Arbeitgeber selbst Mehrarbeit übernimmt. Das BAG hat das allerdings bejaht, obgleich im zu entscheidenden Fall zusätzliche Kosten nicht angefallen waren (BAG, Urteil vom 24.8.1967, BB 1967 S. 1377).

Zum Zwecke der Beweiserleichterung kann für den Fall des Vertragsbruchs pauschalierter Schadensersatz vereinbart werden.

bb) Vorübergehende geringfügige Nichtleistung

2178 Der Arbeitgeber kann ganz unabhängig von einer Kündigung für die Zeit der Nichtleistung der Arbeit Schadensersatz verlangen. Nach der h.M. sind Anspruchsgrundlage die Regelungen über den Schuldnerverzug in §§ 284 ff. BGB.

Voraussetzung für den Schadensersatzanspruch ist Verschulden. Der Arbeitnehmer kann die gesetzliche Vermutung für das Verschulden widerlegen.

cc) Schlechtleistung

2179 Der Arbeitnehmer erfüllt bei der Schlechtleistung zwar die Arbeitspflicht, die Arbeitsleistung aber ist mangelhaft (unterdurchschnittlich, fehlerhafte Arbeitsergebnisse). Infolge der Mangelhaftigkeit muss dem Arbeitgeber ein Schaden entstanden sein.

Hat der Arbeitgeber einen Schadensersatzanspruch, hat er grundsätzlich die Möglichkeit, mit der Arbeitsvergütung des Arbeitnehmers aufzurechnen.

Bei rechtswidriger und schuldhafter Schlechtleistung hat der Arbeitgeber Anspruch auf Schadensersatz aus sog. positiver Forderungsverletzung. Es sind aber die von der Rechtsprechung entwickelten Grundsätze zur eingeschränkten Haftung im Arbeitsverhältnis zu berücksichtigen (BAG/GS, Beschluss vom 27.9.1994, DB 1994 S. 2237).

Eine Lohnkürzung bei fehlendem Verschulden ist nicht zulässig.

Für die sog. **Mankohaftung** des Arbeitnehmers gelten von der Rechtsprechung entwickelte besondere Grundsätze (vgl. z.B. BAG, Urteile vom 17.9.1998, DB 1998 S. 2610, und vom 2.12.1999, NZA 2000 S. 715).

b) Lohnsteuer

2180 Verzichtet der Arbeitgeber auf eine ihm zustehende Schadensersatzforderung, so stellt dies für den Arbeitnehmer einen geldwerten Vorteil dar. Dieser ist in dem Zeitpunkt lohnsteuerlich zu erfassen, in dem der Arbeitgeber zu erkennen gibt, dass er keinen Rückgriff nehmen wird (vgl. BFH, Urteil vom 27.3.1992, BStBl II 1992 S. 837, betr. einen Fall, in dem der Arbeitnehmer im Zustand der absoluten Fahruntüchtigkeit ein firmeneigenes Kfz beschädigt hat).

Zum Werbungskostenabzug siehe → *Lohnsteuer-Ermäßigungsverfahren* Rz. 1598 „Schadensersatzleistungen".

LSt

c) Sozialversicherung

2181 Hat der Arbeitnehmer dem Arbeitgeber Schadensersatz zu leisten, ist eine **Berücksichtigung** der Aufwendungen des Arbeitnehmers bei der Bemessung der abzuführenden Sozialversicherungsbeiträge **nicht möglich**. Allerdings hat der Arbeitnehmer dadurch einen Vorteil, dass das für die Bemessung von Lohnersatzzahlungen maßgebliche Arbeitsentgelt ebenfalls nicht durch die Schadensersatzforderung gemindert wird, die Schadensersatzforderung also keinen Einfluss auf die Höhe des Arbeitsentgelts hat.

Scheinselbständigkeit/Förderung der Selbständigkeit

1. Abgrenzung zwischen Beschäftigung und Selbständigkeit

2182 Das Gesetz zur Förderung der Selbständigkeit weist in § 7 Abs. 1 SGB IV nochmals ausdrücklich darauf hin, dass Anhaltspunkte für eine Beschäftigung die Tätigkeit nach Weisungen und die Eingliederung in die Arbeitsorganisation des Weisungsgebers sind. Somit sind die Kriterien, wie z.B. das Direktionsrecht über Inhalt, Art, Durchführung, Zeit, Dauer und Ort der Beschäftigung, die bereits vor dem 1.1.1999 für die Beurteilung maßgebend waren, weiterhin heranzuziehen.

Für die Beurteilung der versicherungspflichtigen Beschäftigung gilt der Amtsermittlungsgrundsatz. Der Sozialversicherungsträger hat die Tatsachen zu ermitteln, die für die Beurteilung erforderlich sind. Die von der Rechtsprechung entwickelten Kriterien sind weiterhin maßgebend. Treffen mehrere Tatbestände zu, muss eine Gesamtwürdigung erfolgen. Grundlage für die Entscheidung ist der § 7 Abs. 1 SGB IV.

2. Vermutungsregelung

2183 Der Kriterienkatalog des § 7 Abs. 4 SGB IV ist um ein weiteres Merkmal erweitert worden. Neben einer Klarstellung der einzelnen Kriterien müssen mindestens drei der nachstehenden fünf Merkmale erfüllt sein:

1. Die Person beschäftigt im Zusammenhang mit ihrer Tätigkeit regelmäßig keinen versicherungspflichtigen Arbeitnehmer, dessen Arbeitsentgelt aus diesem Beschäftigungsverhältnis regelmäßig im Monat 325 € übersteigt;

2. sie ist auf Dauer und im Wesentlichen nur für einen Auftraggeber tätig;

3. ihr Auftraggeber oder ein vergleichbarer Auftraggeber lässt entsprechende Tätigkeiten regelmäßig durch von ihm beschäftigte Arbeitnehmer verrichten;

4. ihre Tätigkeit lässt typische Merkmale unternehmerischen Handelns nicht erkennen;

5. ihre Tätigkeit entspricht dem äußeren Erscheinungsbild nach der Tätigkeit, die sie für denselben Arbeitgeber zuvor auf Grund eines Beschäftigungsverhältnisses ausgeübt hatte.

Wichtig ist, dass die Vermutungsregelung nur in Ausnahmefällen dann zur Anwendung kommt, wenn dem Sozialversicherungsträger eine vollständige Sachverhaltsaufklärung aus Gründen, die er nicht zu vertreten hat, unmöglich ist.

Für selbständige Handelsvertreter findet die Vermutungsregelung keine Anwendung. Nach § 84 HGB ist Handelsvertreter, wer als selbständiger Gewerbetreibender ständig damit betraut ist, für einen anderen Unternehmer Geschäfte zu vermitteln oder in dessen Namen Geschäfte abzuschließen. Selbständig ist, wer im Wesentlichen frei seine Tätigkeit gestalten und seine Arbeitszeit bestimmen kann.

Der **selbständige Handelsvertreter** ist selbst Unternehmer und tritt seinem Auftraggeber, der ebenfalls Unternehmer ist, gleichgeordnet gegenüber. Jeder von beiden trägt sein eigenes Unternehmerrisiko.

Als **Angestellter** gilt nach § 84 Abs. 2 HGB jedoch der Mitarbeiter, der ohne selbständig zu sein ständig damit betraut ist, für den Unternehmer Geschäfte zu vermitteln oder in dessen Namen abzuschließen, wie z.B. Außendienstmitarbeiter.

Auf **mitarbeitende Gesellschafter** (z.B. Gesellschafter-Geschäftsführer einer GmbH) sind die Regelungen des § 7 Abs. 4 SGB IV nicht anzuwenden. Ihre versicherungsrechtliche Beurteilung bestimmt sich ausschließlich nach den allgemeinen Vorschriften über die Versicherungspflicht bzw. -freiheit unter besonderer Berücksichtigung der Rechtsprechung des Bundessozialgerichts (→ *Gesellschafter/Gesellschafter-Geschäftsführer* Rz. 1155, → *B. Sozialversicherung* Rz. 2808).

Ist der Auftraggeber eine Gesellschaft (z.B. GmbH oder OHG) schließt dies ein abhängiges Beschäftigungsverhältnis zum Auftraggeber aus. Im Hinblick auf Gesellschafter einer eingetragenen Partnerschaftsgesellschaft ist eine abhängige Beschäftigung des Auftragnehmers zum Auftraggeber nicht schon deshalb ausgeschlossen, weil der Auftragnehmer Gesellschafter einer Partnerschaftsgesellschaft ist. In diesen Fällen muss das Vorliegen einer abhängigen Beschäftigung im Einzelfall geprüft werden (Besprechungsergebnis der Spitzenverbände der Sozialversicherungsträger vom 22./23.11.2000, Sozialversicherungsbeitrag-Handausgabe 2001 VL 7 IV/15).

Um die Klarstellung des § 7 Abs. 4 SGB IV zu erreichen, war das Gesetz rückwirkend zum 1.1.1999 in Kraft getreten. Versicherungsverhältnisse, die auf Grund einer Entscheidung nach § 7 Abs. 4 SGB IV in der alten Fassung bereits unanfechtbar festgestellt worden sind, wurden nicht rückwirkend aufgehoben. Die Bescheide konnten auf Antrag der Beteiligten nur für die Zukunft und frühestens mit Wirkung vom 1.1.2000 an aufgehoben werden.

3. Anfrageverfahren

a) Allgemeines

2184 Durch § 7a SGB IV haben die Beteiligten (Auftragnehmer und/oder Auftraggeber) die Möglichkeit, im Rahmen eines Anfrageverfahrens bei der Bundesversicherungsanstalt für Angestellte den Status ihrer Zusammenarbeit klären zu lassen. Dieses Verfahren darf nur in objektiven Zweifelsfällen zur Anwendung kommen.

Hat bereits ein Sozialversicherungsträger einen Fragebogen übersandt oder ein Rentenversicherungsträger eine Betriebsprüfung angekündigt, entfällt die Möglichkeit des Anfrageverfahrens.

Die Bundesversicherungsanstalt für Angestellte wird nach Vorliegen des Antrags die Beteiligten schriftlich – unter Fristsetzung – zur Vorlage von Unterlagen auffordern. Sollte die Frist nicht eingehalten werden, findet die Vermutungsregelung des § 7 Abs. 4 SGB IV Anwendung.

Nach Abschluss der Ermittlungen bekommen die Beteiligten Gelegenheit, sich zu der beabsichtigten Entscheidung der Bundesversicherungsanstalt für Angestellte zu äußern. Nach Abschluss des Verfahrens erhalten die Beteiligten einen rechtsbehelfsfähigen begründenden Bescheid. Sollte ein versicherungspflichtiges Beschäftigungsverhältnis vorliegen, wird zusätzlich die Einzugsstelle (Krankenkasse) informiert.

Wird das Anfrageverfahren innerhalb eines Monats nach Aufnahme der Tätigkeit beantragt, so beginnt die Versicherungspflicht erst mit Bekanntgabe der Entscheidung, wenn der Beschäftigte dieser Regelung zustimmt und er für den Zwischenzeitraum eine Absicherung des Krankheitsrisikos und eine Altersvorsorge nachweisen kann. Stimmt der Beschäftigte nicht zu, beginnt die Versicherungspflicht mit Aufnahme der Beschäftigung.

Wird das Anfrageverfahren erst nach Ablauf eines Monats nach Aufnahme der Beschäftigung beantragt, tritt die Versicherungspflicht, unter der Voraussetzung der o.a. Punkte, auch erst mit dem Tag der Bekanntgabe der Entscheidung ein. Hier muss jedoch zusätzlich die Voraussetzung erfüllt sein, dass weder der Beschäftigte noch sein Arbeitgeber vorsätzlich oder grob fahrlässig von einer selbständigen Tätigkeit ausgegangen ist.

Erstmalige Statusanfragen, die bis zum 30.6.2000 bei der Bundesversicherungsanstalt für Angestellte gestellt wurden, führten grundsätzlich erst mit Bekanntgabe der Entscheidung zur Versicherungspflicht. Die Zustimmung des Beschäftigten sowie die soziale Absicherung zur Kranken- und Rentenversicherung sind hier nicht gefordert.

Entgegen der sonstigen Gepflogenheiten haben Widerspruch und Klage gegen die Statusentscheidung aufschiebende Wirkung. Dies gilt nicht nur für Statusentscheidungen der Bundesversicherungsanstalt für Angestellte, sondern auch für Statusentscheidungen der Krankenkassen und der anderen Rentenversicherungsträger im Rahmen der Betriebsprüfung.

b) Beitragsabzugsverfahren im Rahmen des Statusfeststellungsverfahrens

aa) Statusfeststellungsverfahren im Rahmen eines Anfrageverfahrens bei späterer Antragstellung

2185 Im o.a. Fall werden die Gesamtsozialversicherungsbeiträge erst dann fällig, wenn die Entscheidung unanfechtbar geworden ist. Die Arbeitnehmeranteile für diesen Zeitraum kann der Arbeitgeber vom Arbeitsentgelt einbehalten. Für die Entgeltabrechnungszeiträume, die vor dem Eingang des Antrags auf Statusfeststellung bereits abgerechnet waren, dürfen die Arbeitnehmeranteile nur für die letzten drei Abrechnungen einbehalten werden.

bb) Statusfeststellungsverfahren im Rahmen einer Betriebsprüfung

2186 Wird die Entscheidung über das Vorliegen einer Beschäftigung im Rahmen einer Betriebsprüfung getroffen, werden die Gesamtsozialversicherungsbeiträge erst fällig, wenn die Entscheidung unanfechtbar geworden ist. Für den Zeitraum des Verfahrens kann der Arbeitgeber die Arbeitnehmeranteile voll einbehalten. Für bereits vor der Statusentscheidung abgerechnete Entgeltabrechnungszeiträume dürfen die Arbeitnehmeranteile nur für die letzten drei Abrechnungen einbehalten werden.

4. Beitragspflicht

a) Allgemeines

2187 Für erwerbsmäßig tätige Personen, auf die die Vermutungsregelung des § 7 Abs. 4 Satz 1 SGB IV Anwendung findet, haben die Auftraggeber die Berechnung und Abführung der Beiträge zu

übernehmen. Die erzielten Einnahmen aus dieser Erwerbstätigkeit stellen Arbeitsentgelt nach § 14 SGB IV dar.

Im Übrigen hat der Beschäftigte seinem Arbeitgeber die zur Durchführung des Meldeverfahrens und der Beitragszahlung erforderlichen Angaben zu machen und ggf. erforderliche Unterlagen vorzulegen.

b) Nicht nach dem Einkommensteuerrecht bewertete Personen

2188 Sofern der Arbeitgeber für den Arbeitnehmer Steuern abführt, **behandelt er ihn wie einen Beschäftigten**. Die von dem scheinselbständigen Arbeitnehmer in dieser Beschäftigung erzielten Einnahmen sind Arbeitsentgelt und der Beitragsberechnung zu Grunde zu legen.

c) Nach dem Einkommensteuerrecht bewertete Personen

2189 Sofern der Arbeitnehmer steuerlich wie ein Selbständiger behandelt wird und seine Steuern selbst unmittelbar an das Finanzamt abführt, gilt nach § 14 Abs. 4 SGB IV ein **besonderes Verfahren zur Feststellung der Beitragsbemessungsgrundlagen**.

Zunächst gelten auch hier auf Grund der Vermutung eines Beschäftigungsverhältnisses die **Einnahmen aus der Beschäftigung als beitragspflichtiges Arbeitsentgelt**. Dabei wird auf den Inhalt des letzten Einkommensteuerbescheides zurückgegriffen. Ist dies noch nicht möglich, sind die Beiträge unter Berücksichtigung der Bezugsgröße zu ermitteln.

d) Beitragspflichtige Einnahmen in Anlehnung an die Bezugsgröße

2190 Zu Beginn einer versicherungspflichtigen Beschäftigung liegt noch kein Einkommensteuerbescheid vor. Deshalb hat der Arbeitgeber zur Beitragsberechnung **einen Betrag in Höhe der Bezugsgröße** (→ *Bezugsgröße* Rz. 604) heranzuziehen. Diese – fiktiven – Einnahmen gelten bis zur Vorlage des Einkommensteuerbescheides aus der Beschäftigung.

Jedoch wird in den ersten drei Jahren nach der **erstmaligen Aufnahme** einer Beschäftigung als Arbeitnehmer der Beitragsberechnung **auf Antrag** nur ein Betrag in Höhe von 50 % der Bezugsgröße zu Grunde gelegt. Diese Regelung gilt **bis zur Vorlage eines Einkommensteuerbescheides** aus der Beschäftigung. Der Antrag ist an die zuständige Krankenkasse zu richten und wirkt, wenn er innerhalb von zwei Wochen nach der ersten Beschäftigung als Arbeitnehmer gestellt wird, auf den Beginn dieses Beschäftigungsverhältnisses zurück, ansonsten mit Beginn des auf den Antragsmonat folgenden Kalendermonats.

e) Beitragspflichtige Einnahmen nach dem letzten Einkommensteuerbescheid

2191 Für die Ermittlung der beitragspflichtigen Einnahmen verweist § 14 Abs. 4 SGB IV auf eine Vorschrift aus dem Recht der Rentenversicherung (§ 165 Abs. 1 Satz 2 bis 10 SGB VI). Diese Vorschrift verwendet als Einnahmebegriff den Begriff des „Arbeitseinkommens" (§ 15 SGB IV).

Arbeitseinkommen ist der nach den allgemeinen Gewinnermittlungsvorschriften des Einkommensteuerrechts ermittelte Gewinn aus einer selbständigen Tätigkeit – hier: der scheinselbständigen Beschäftigung. Unter Arbeitseinkommen ist daher je nach der Ermittlungsart des Gewinns entweder der Unterschied zwischen dem Betriebsvermögen am Schluss eines Kalenderjahrs und dem Betriebsvermögen am Schluss des vorausgegangenen Kalenderjahrs oder der Überschuss der Betriebseinnahmen über die Betriebsausgaben zu verstehen.

Nach § 28o SGB IV hat der Beschäftigte dem Arbeitgeber die zur Durchführung des Meldeverfahrens und der Beitragszahlung erforderlichen Angaben zu machen und erforderlichenfalls Unterlagen vorzulegen. Dies verpflichtet auch den Arbeitnehmer, den letzten sich auf diese Tätigkeit beziehenden Einkommensteuerbescheid vorzulegen.

Als **Nachweis** eines von der Bezugsgröße abweichenden Arbeitseinkommens sind die sich aus dem letzten Einkommensteuerbescheid für das **zeitnächste Kalenderjahr** ergebenden Einkünfte aus der versicherungspflichtigen Beschäftigung so lange maßgebend, bis ein neuer Einkommensteuerbescheid vorgelegt wird.

Spätestens zwei Kalendermonate nach seiner Ausfertigung ist der Einkommensteuerbescheid dem Arbeitgeber vorzulegen. Daten aus diesem Bescheid, die sich nicht auf das Arbeitseinkommen aus der versicherungspflichtigen Tätigkeit beziehen, können unleserlich gemacht werden. Ersatzweise kann auch eine Bescheinigung des Finanzamts über die Höhe des nachgewiesenen Arbeitseinkommens aus der Beschäftigung, das Veranlagungsjahr und das Datum des Steuerbescheides vorgelegt werden. Änderungen des Arbeitsentgelts werden vom **Ersten des auf die Vorlage des Bescheides folgenden Kalendermonats** berücksichtigt, spätestens aber vom Beginn des dritten Kalendermonats nach Erstellung des Steuerbescheides.

Der durch Vorlage des letzten Einkommensteuerbescheides nachgewiesene Gewinn aus der versicherungspflichtigen Beschäftigung **wird jährlich dynamisiert**. Dies geschieht durch Multiplikation mit dem Vomhundertsatz, der sich aus dem Verhältnis des vorläufigen Durchschnittsentgelts für das Kalenderjahr, für das das Arbeitseinkommen nachzuweisen ist, zu dem Durchschnittsentgelt für das maßgebende Veranlagungsjahr des Einkommensteuerbescheides ergibt (§ 165 Abs. 1 Satz 4 SGB VI).

Dynamisierungsfaktoren für 2002 sind:

Veranlagungsjahr des Einkommensteuerbescheides	Faktor
1996	1,0793
1997	1,0697
1998	1,0539
1999	1,0424
2000	1,0232
2001	1,0200
2002	1,0000

Wird für die **Beitragsberechnung des Jahres 2002** der Steuerbescheid des Jahres 1997 vorgelegt, sind die darin ausgewiesenen beitragspflichtigen Einnahmen um den Faktor 1,0697 zu erhöhen.

Ein Zwölftel der so dynamisierten Jahreseinkünfte, jedoch ggf. begrenzt durch die monatliche Beitragsbemessungsgrenze, stellt das beitragspflichtige Arbeitsentgelt dar. Es ist entweder bis zum Beginn des neuen Kalenderjahres, zu dem eine erneute Dynamisierung notwendig wird, oder bis zur Vorlage eines neuen Einkommensteuerbescheides maßgebend.

Der für das Rentenrecht geltende Mindestbetrag für die **Bemessung der Beiträge** von 325 € ist im Rahmen des Gesamtsozialversicherungsbeitrages auch für Berechnung der Beiträge in den anderen Sozialversicherungszweigen anzuwenden.

Wurde das Beschäftigungsverhältnis bereits vor dem 1.1.1999 ausgeübt, bestimmt sich das beitragspflichtige Arbeitsentgelt aus dem **letzten vorliegenden Einkommensteuerbescheid**. Liegt dieser noch nicht vor, sind die Beiträge nach der Bezugsgröße zu berechnen.

f) Beitragssatz und Beitragstragung

2192 Für die Beitragsberechnung gelten die allgemeinen Beitragssätze. In der Krankenversicherung ist jedoch zu beachten, dass der **erhöhte Beitragssatz** anzuwenden ist, wenn für den Arbeitnehmer **kein Anspruch auf Entgeltfortzahlung im Krankheitsfall** besteht.

Die Sozialversicherungsbeiträge sind ebenfalls entsprechend den allgemeinen Regeln je zur Hälfte von dem Arbeitnehmer und seinem Auftraggeber (Arbeitgeber) zu tragen. Letzterer hat das Recht des **Beitragseinbehalts** an der zu zahlenden Vergütung und ist verpflichtet, den Gesamtsozialversicherungsbeitrag an die Krankenkasse abzuführen. Wegen des rückwirkenden Einbehalts von Sozialversicherungsbeiträgen → *Nachforderung von Steuern und Beiträgen* Rz. 1757.

5. Meldeverfahren

Der Personengruppenschlüssel 120 findet nur dann Anwendung, **2193** wenn Versicherungspflicht auf Grund der Vermutungsregelung des § 7 Abs. 4 SGB IV vorliegt.

Wird die Vermutungsregelung widerlegt oder tritt Versicherungspflicht nach § 7 Abs. 1 SGB IV ein, ist die Meldung mit dem Personengruppenschlüssel 120 zu stornieren. Bei Vorliegen eines versicherungspflichtigen Beschäftigungsverhältnisses nach § 7 Abs. 1 SGB IV gelten die sonstigen Vorschriften der DEÜV.

6. Arbeitnehmerähnliche Selbständige in der Rentenversicherung

Selbständige, die keinen versicherungspflichtigen Arbeitnehmer **2194** beschäftigen, dessen Arbeitsentgelt regelmäßig 325 € im Monat übersteigt und die auf Dauer und im Wesentlichen nur für einen Auftraggeber tätig sind, sind nach § 2 Satz 1 Nr. 9 SGB VI rentenversicherungspflichtig.

Nach § 6 Abs. 1a SGB VI haben Existenzgründer die Möglichkeit, sich für einen Zeitraum von drei Jahren nach der erstmaligen Aufnahme einer selbständigen Tätigkeit von der Rentenversicherungspflichtbefreien zu lassen.

Personen, die das 58. Lebensjahr vollendet haben und nach einer selbständigen Tätigkeit erstmals nach § 2 Satz 1 Nr. 9 SGB VI rentenversicherungspflichtig werden, werden auf Antrag ebenfalls befreit.

Wer am 31.12.1998 eine selbständige Tätigkeit ausgeübt hat, in der er nicht rentenversicherungspflichtig war, jetzt aber nach § 2 Satz 1 Nr. 9 SGB VI rentenversicherungspflichtig wird, kann sich beim Nachweis bestehender privater Absicherung ebenfalls befreien lassen.

Zuständig für die Befreiungsanträge ist grundsätzlich die Bundesversicherungsanstalt für Angestellte.

7. Abführung der Sozialversicherungsbeiträge

Handelt es sich bei dem Erwerbstätigen tatsächlich um einen Ar- **2195** beitnehmer, so ist er auch sozialabgabepflichtig. Die Pflicht zur Beitragsabführung obliegt dem **Arbeitgeber**, und zwar sowohl für den Arbeitgeber- als auch den Arbeitnehmeranteil. **Beitragsbemessungsgrundlage** ist das Bruttoarbeitsentgelt bis zur Beitragsbemessungsgrenze.

So wird z.B. die Krankenkasse bei einem nachgewiesenen Arbeitsverhältnis **Beiträge** in voller Höhe **nachfordern**.

8. Führung von Lohnunterlagen

Die Lohnunterlagen sind nach den Bestimmungen der Beitrags- **2196** überwachungsverordnung zu führen. Zu den Lohnunterlagen sind auch zu nehmen:

– Die Vereinbarung mit dem Arbeitnehmer,

– der Antrag über die Einleitung eines Statusfeststellungsverfahrens,

– der Bescheid eines Versicherungsträgers über ein Statusfeststellungsverfahren,

– Mitteilungen über Rechtsmittel gegen Statusfeststellungen,

– bei einkommensgerechter Beitragszahlung in Fällen der Rechtsvermutung nach § 7 Abs. 4 SGB IV die letzten Einkommensteuerbescheide und

– im Zusammenhang mit der geltend gemachten Widerlegung der Vermutung einer bestehenden Beschäftigung eine Mehrausfertigung des Antrages an den Versicherungsträger sowie der Bescheid des Versicherungsträgers.

Entscheidungen von Versicherungsträgern über das Bestehen einer selbständigen Tätigkeit sollten aus Beweissicherungsgründen zu den Vertragsunterlagen genommen werden.

9. Haftung für nicht abgeführte Steuern

2197 Lohnsteuerschuldner ist zwar der Arbeitnehmer, der Arbeitgeber aber ist **Haftungsschuldner** (§ 42d EStG). Eine verschärfte Haftung wird durch vorsätzliche Falschbehandlung des Arbeitsverhältnisses begründet (§ 71 AO), Haftung für verkürzte Steuern. Der Umfang der Haftung hängt insbesondere davon ab, inwieweit Erwerbstätiger und Auftraggeber ihre steuerlichen Pflichten selbst ordnungsgemäß erfüllt haben.

Die **Verjährung** bestimmt sich nach § 191 Abs. 3 AO. Haftet der Arbeitgeber nach § 42d EStG, beträgt die Festsetzungsfrist vier Jahre, bei einer Haftung nach § 71 AO zehn Jahre. Der früheste Beginn für die Festsetzung der Frist ist das Ende des Kalenderjahrs, in dem der Anspruch auf Abführung der Steuern entstanden ist.

Möglicherweise vom Erwerbstätigen in Rechnung gestellte **Umsatzsteuer** kann vom Auftraggeber dann auch nicht mehr als Vorsteuer in Abzug gebracht werden, eine Berechtigung des Erwerbstätigen zum gesonderten Umsatzsteuerausweis entfällt.

Gem. § 25 SGB IV **verjähren** Ansprüche auf Sozialversicherungsbeiträge in vier Jahren nach Ablauf des Kalenderjahrs, in dem sie fällig geworden sind. Bei mindestens bedingtem Vorsatz verlängert sich die Verjährungsfrist auf 30 Jahre nach Ablauf des Kalenderjahrs, in dem die Beiträge fällig geworden sind. Eine billigende Inkaufnahme – die schon den bedingten Vorsatz begründet –, dass tatsächlich Sozialabgabepflicht besteht, wird schon dadurch begründet, dass bei der Krankenkasse keine Rückfrage erfolgt ist. Es sollte also im Zweifel eine solche unbedingt unternommen und ausreichend nachweisbar dokumentiert werden.

Zu weiteren Einzelheiten siehe auch → *Freie Mitarbeiter* Rz. 1075; → *Beiträge zur Sozialversicherung* Rz. 438.

Schichtlohnzuschläge

2198 Zuschläge, die zur **Abgeltung von Erschwernissen** gezahlt werden, die mit dem Schichtdienst zusammenhängen, sind steuer- und beitragspflichtig (vgl. R 70 Abs. 1 Satz 2 Nr. 1 LStR). Von diesen Schichtlohnzuschlägen kann kein Teil als steuerfreier Zuschlag für Nachtarbeit abgezogen werden; siehe → *Wechselschichtzulage* Rz. 2602.

(LSt) (SV)

Wird hingegen ein Spätarbeitszuschlag für die **Arbeit zu bestimmten Zeiten** gewährt, so ist er insoweit steuerfrei, als er für die nach § 3b EStG begünstigten Nachtzeiten gewährt wird. Zu Einzelheiten siehe → *Zuschläge für Sonntags-/Feiertags- und Nachtarbeit* Rz. 2779.

(LSt) (SV)

Beispiel:

Auf Grund tarifvertraglicher Vereinbarung erhält ein Arbeitnehmer für die Arbeit in der Zeit von 18 bis 22 Uhr einen Spätarbeitszuschlag.

Der für die Zeit von 20 bis 22 Uhr gezahlte Spätarbeitszuschlag ist ein nach § 3b EStG begünstigter Zuschlag für Nachtarbeit.

Schmiergelder

2199 Grundsätzlich können auch Einnahmen aus **rechts- oder sittenwidrigen Tätigkeiten** einkommensteuerpflichtig sein (vgl. zuletzt BFH, Urteil vom 23.2.2000, BStBl II 2000 S. 610, betr. Anbieter von Telefonsex).

Schmiergelder (**Bestechungsgelder**), die ohne Wissen und Wollen des Arbeitgebers von einem **Dritten gezahlt** werden, um den Arbeitnehmer zu einem bestimmten Handeln zu veranlassen (z.B. der Auftragsvergabe an ein bestimmtes Unternehmen), sind jedoch **kein Arbeitslohn**, weil sie nicht durch das Dienstverhältnis, sondern durch ein besonderes rechtliches oder wirtschaftliches Verhältnis zu den Zahlenden veranlasst sind (siehe → *Bestechungsgelder* Rz. 555). Vgl. zu dieser Frage auch FG Berlin, Urteil vom 25.11.1977, EFG 1978 S. 280, betr. eine an einen **Bundesligaspieler** gezahlte „Verliererprämie", mit der der Ausgang eines Fußballspiels beeinflusst werden sollte. Das Finanzgericht

neigte dazu, Arbeitslohn von dritter Seite anzunehmen, ließ diese Frage aber letztlich offen.

Ein Arbeitnehmer, der zu Lasten seines Arbeitgebers in erheblichem Umfang **eigene Geschäfte** tätigt, kann insoweit sogar eine **gewerbliche Tätigkeit** ausüben (BFH, Urteil vom 3.7.1991, BStBl II 1991 S. 802, betr. einen leitenden Bankangestellten, der unter Ausnutzung seiner Vertrauensstellung eigene Bankgeschäfte mit Wertpapieren zu Lasten der Bank tätigte).

(LSt) (SV)

Schreibmaschine

Entschädigungen des Arbeitgebers für die betriebliche Nutzung **2200** der Schreibmaschine des Arbeitnehmers sind steuerpflichtiger Arbeitslohn; sie können nicht als Werkzeuggeld nach § 3 Nr. 30 EStG steuer- und beitragsfrei belassen werden (R 19 Satz 2 LStR). Der Bundesfinanzhof hat die Verwaltungsauffassung bestätigt (BFH, Urteil vom 21.8.1995, BStBl II 1995 S. 906).

(LSt) (SV)

Schüler

1. Arbeitsrecht

a) Schülerpraktika

Bei den Betriebspraktika von Schülern nach Richtlinien und Er- **2201** lassen der Länder handelt es sich nicht um arbeitsrechtlich relevante Praktikanten- oder Arbeitsverhältnisse, sondern um eine **schulische Ausbildung** im Rahmen einer Schulveranstaltung in den Betrieben mit einer Dauer von zwei bis vier Wochen. Es besteht **weder** eine arbeitsrechtliche **Pflicht zur Zahlung von Arbeitsentgelt** für den Betrieb **noch** ein Recht bzw. eine **Pflicht zur Arbeitsleistung**. Ob der Arbeitgeber den Schülern ohne rechtliche Verpflichtung eine Art **Anerkennungsentgelt** oder **Taschengeld** zukommen lässt, sollte mit dem pädagogischen Leiter des Betriebspraktikums abgesprochen werden.

Die Beschäftigung von Schülern im Rahmen eines Betriebspraktikums während der Vollzeitschulpflicht ist gem. § 5 Abs. 2 Nr. 2 JArbSchG auch für noch nicht 15 Jahre alte Schüler (Kinder) zulässig.

b) Schülerbeschäftigung im Arbeitsverhältnis

Schüler, die der **Vollzeitschulpflicht** unterliegen, sind entweder **2202** Kinder oder gelten nach § 2 Abs. 3 JArbSchG als Kinder. Insoweit ist die Beschäftigung neben dem Unterricht nach § 5 Abs. 1 JArbSchG **grundsätzlich** – bei einigen neu geregelten Ausnahmen mit zeitlicher Begrenzung für Kinder über 13 Jahre – **verboten**.

Zulässig ist demgegenüber nach § 5 Abs. 4 JArbSchG die Beschäftigung von Jugendlichen von **über 15 Jahre während der Schulferien** für höchstens vier Wochen im Kalenderjahr. Insoweit sind die Schutzvorschriften nach §§ 8 bis 31 JArbSchG zu beachten.

Für eine solche Schülerbeschäftigung während der Schulferien gelten ansonsten die zwingenden arbeitsrechtlichen Vorschriften; es handelt sich insoweit in aller Regel um normale **Aushilfsarbeitsverhältnisse**.

2. Lohnsteuer

Es gelten dieselben Grundsätze wie für Studenten, → *Studenten* **2203** Rz. 2350.

3. Sozialversicherung

Schüler, die während des Besuches einer allgemein bildenden **2204** Schule (Grund-/Hauptschule, Realschule, Gymnasium) eine Beschäftigung ausüben, sind beitragsfrei in der Arbeitslosenversicherung. Dies gilt jedoch nicht, wenn schulische Einrichtungen besucht werden, die der Fortbildung außerhalb der üblichen Arbeitszeit dienen, z.B. Abend- oder Volkshochschulen (§ 27 Abs. 4 SGB III).

In der Kranken-, Pflege- und Rentenversicherung gibt es keine die Versicherungspflicht von Schülern ausschließende Vorschrift, so dass grundsätzlich Versicherungs- und Beitragspflicht bestehen. Jedoch ist in der Regel anzunehmen, dass die Beschäftigung von Schülern wegen ihrer Geringfügigkeit die Voraussetzungen des § 8 SGB IV bzw. i.V.m. §§ 7 SGB V, 5 Abs. 2 SGB VI und 27 Abs. 2 SGB III erfüllen und deshalb Versicherungsfreiheit gegeben ist (Ferienjobs). Siehe auch → *Geringfügig Beschäftigte* Rz. 1115.

Als Zeitpunkt der Schulentlassung ist in Anlehnung an die Regelungen des BAföG der Tag der Ausstellung des letzten Zeugnisses anzusehen.

Zur Sozialversicherungspflicht von Studenten vgl. → *Studenten* Rz. 2350.

Schwarzarbeit

1. Begriff

2205 Was unter Schwarzarbeit zu verstehen ist, ergibt sich aus dem Gesetz zur Bekämpfung der Schwarzarbeit (§ 1 SchwarzArbG). Es handelt sich um die Erbringung von Dienst- oder Werkleistungen in erheblichem Umfange, wenn damit einhergeht, dass die Mitteilungspflicht gegenüber einer Dienststelle der Bundesanstalt für Arbeit, einem Träger der gesetzlichen Kranken-, Unfall- oder Rentenversicherung oder einem Träger der Sozialhilfe die Meldepflicht gegenüber den Ausländerbehörden verletzt wird, weiterhin dann, wenn der Verpflichtung zur Anzeige vom Beginn des selbständigen Betriebes eines stehenden Gewerbes (§ 14 GewO) nicht nachgekommen oder eine erforderliche Reisegewerbekarte (§ 55 GewO) nicht erworben wurde, oder dass ein Handwerk als stehendes Gewerbe selbständig betrieben wird, ohne dass eine Eintragung in der Handwerksrolle vorliegt.

Schwarzarbeit liegt nicht vor, wenn Dienst- oder Werkleistungen auf Gefälligkeit oder Nachbarschaftshilfe beruhen, sowie im Falle der Selbsthilfe in dem Sinne, dass Arbeitsleistungen vom Bauherrn selbst, von seinen Angehörigen oder von anderen unentgeltlich oder auf Gegenseitigkeit zur Durchführung eines Bauvorhabens erbracht werden (§ 1 Abs. 3 SchwarzArbG, § 36 Abs. 2 II. WobauG), siehe → *Angehörige* Rz. 108.

Vgl. hierzu auch den Erlass des Niedersächsischen Ministeriums für Wirtschaft, Technologie und Verkehr vom 24.3.1997, Niedersächsisches Ministerialblatt 1997 S. 779, betr. Bekämpfung der Schwarzarbeit.

Ordnungswidrig handelt nicht nur derjenige, der die Dienst- oder Werkleistungen erbringt, § 1 Abs. 2 SchwarzArbG, sondern gem. § 2 SchwarzArbG auch derjenige, der den Auftrag zur Ausführung der Leistung erteilt. Sowohl der Leistende als auch der Auftraggeber können mit einer Geldbuße bis zu 100 000 € belegt werden.

Voraussetzung ist auf beiden Seiten mindestens grobe Fahrlässigkeit.

2. Steuerrecht

2206 Schwarzarbeit ist steuerlich als Nebentätigkeit zu bewerten (→ *Nebentätigkeit* Rz. 1768). Ob diese Tätigkeit selbständig oder unselbständig ausgeübt wird, hängt von den Umständen des Einzelfalles ab. Dabei ist nicht entscheidend, ob der Schwarzarbeiter im Hauptberuf Arbeitnehmer ist oder nicht, denn die Tätigkeit im Hauptberuf ist im Allgemeinen nicht Voraussetzung für die Ausübung der Schwarzarbeit, auch wenn dem Schwarzarbeiter das beruflich erworbene Wissen und Können zugute kommt. Ob und inwieweit die Schwarzarbeit **gesetzeswidrig** ist, ist steuerlich ohne Bedeutung (vgl. zuletzt BFH, Urteil vom 23.2.2000, BStBl II 2000 S. 610, betr. Anbieter von Telefonsex).

Bauhandwerker sind bei nebenberuflicher „Schwarzarbeit" i.d.R. keine Arbeitnehmer des Bauherrn (BFH, Urteil vom 21.3.1975,

BStBl II 1975 S. 513). Arbeitnehmereigenschaft wird dagegen begründet, wenn ein „Schwarzarbeiter" z.B. bei einem größeren Bauvorhaben tatsächlich weisungsgebunden ist und die Arbeiten zu vom Auftraggeber festgelegten Zeiten ausführen muss; der Auftraggeber haftet dann für nicht angemeldete und abgeführte Lohnsteuer (FG Düsseldorf, Beschluss vom 21.4.1997, EFG 1997 S. 1117).

3. Nachzahlung von Lohnsteuer und Sozialversicherungsbeiträgen

2207 Der Grund für die Schwarzarbeit ist i.d.R. der, dass beide Parteien Lohnabzüge vermeiden wollen. Es werden damit also Schwarzgeldvereinbarungen getroffen, einvernehmlich mit dem Zweck, **Lohnsteuer** und **Sozialversicherungsbeiträge** zu **hinterziehen**. Teilweise wird die Vergütung insgesamt, teilweise z.B. nur die Überstundenvergütung schwarz ausbezahlt.

a) Steuernachzahlung

2208 Solche Vereinbarungen sind unzulässig und damit unwirksam mit der **Folge**, dass sowohl die Steuern als auch die nicht abgezogenen Sozialversicherungsbeiträge nachgezahlt werden müssen. Zu berücksichtigen ist, dass es sich bei der Schwarzlohnvereinbarung um keine Nettolohnvereinbarung handelt (BFH, Urteil vom 21.2.1992, BStBl II 1992 S. 443).

Regelmäßig erfolgt die Nachzahlung durch den Arbeitgeber als **Haftungsschuldner** gegenüber dem Finanzamt. Zu versteuern sind der schwarz ausgezahlte Barlohn, die auf den Schwarzlohn entfallenden Steuern, für die der Arbeitgeber haftet, die vom Arbeitgeber nachzuzahlenden Arbeitnehmeranteile zur Sozialversicherung, die Steuern, die auf die Nacherhebung der Arbeitnehmeranteile zur Sozialversicherung entfallen, wobei insbesondere in den letzten drei Positionen geldwerte Vorteile für den Arbeitnehmer zu erblicken sind (Prinzip des Nettosteuersatzes).

Andererseits gilt nach der Rechtsprechung des Bundesfinanzhofs Folgendes: Haftet der Arbeitgeber wegen fehlender Aufzeichnungen gem. § 42d EStG für die von den Arbeitnehmern geschuldete Lohnsteuer, so ist die Höhe der Haftungsschuld selbst dann mit dem (niedrigeren) **Bruttosteuersatz** und nicht mit dem (höheren) Nettosteuersatz zu berechnen, wenn feststeht, dass der Arbeitgeber nach der Zahlung wegen des Fehlens von Aufzeichnungen bei seinen Arbeitnehmern keinen Regress wird nehmen können (BFH, Urteil vom 29.10.1993, BStBl II 1994 S. 197). Es bleibt dem Finanzamt jedoch unbenommen, nach Zahlung der Haftungsschuld zu prüfen, ob der Arbeitgeber tatsächlich bei seinen Arbeitnehmern Regress nimmt. Tut er dies nicht, weil ihm dies z.B. wegen fehlender Aufzeichnungen nicht möglich ist, so liegen nunmehr die Voraussetzungen für einen weiteren Zufluss von Lohn bei den Arbeitnehmern vor und es kann ein weiterer Haftungsbescheid erlassen werden.

Die Finanzämter sind bei Schwarzarbeit nach § 31a AO berechtigt, den Sozialversicherungsträgern die bekannt gewordenen Tatsachen mitzuteilen. Die Bindung an das Steuergeheimnis (§ 30 AO) wird insoweit eingeschränkt. Vgl. hierzu Anwendungserlass zur AO, BMF-Schreiben vom 15.7.1998, BStBl I 1998 S. 630 – zu § 31a AO: Mitteilungen zur Bekämpfung der illegalen Beschäftigung und des Leistungsmissbrauchs.

b) Sozialversicherungsbeitrags-Nachzahlung

2209 Die Versicherungs- und Beitragspflicht in der Sozialversicherung hängt nicht von dem Willen der beteiligten Arbeitnehmer oder Arbeitgeber ab, sie bestimmt sich ausschließlich unter Würdigung der tatsächlichen Verhältnisse nach gesetzlichen Vorgaben. Eine Schwarzarbeit ist wegen einer möglichen Versicherungspflicht nach den allgemeinen Grundsätzen des Sozialversicherungsrechts zu bewerten.

Haftungsschuldner ist bei festgestellter Versicherungspflicht auch hier der Arbeitgeber. Der Arbeitgeber hat die Arbeitgeber- als auch die Arbeitnehmeranteile sowohl für den ausgezahlten Schwarzlohn als auch für die von ihm übernommene Lohn- und Kirchensteuer nachzuentrichten, weil er die Nichtabführung mitverschuldet hat (siehe → *Beiträge zur Sozialversicherung* Rz. 438). Haftet der Arbeitgeber nachträglich für die erhobene Lohn- oder

Kirchensteuer, so handelt es sich insoweit um die Zuwendung eines Vermögensvorteils an den Arbeitnehmer mit sich daran anschließender entsprechender Beitragslast. Die Krankenkassen dürfen davon ausgehen, dass der Arbeitgeber bei einer einvernehmlichen Steuerhinterziehung die Steuern, die nachträglich erhoben wurden, selbst trägt. Diese Vermutung kann der Arbeitgeber widerlegen.

Wird der Arbeitgeber auf Zahlung der hinterzogenen Sozialversicherungsbeiträge in Anspruch genommen, so liegt darin in Höhe der Arbeitnehmeranteile eine Lohnzuwendung des Arbeitgebers an seine Arbeitnehmer, die ihrerseits dem Lohnsteuerabzug unterliegt (BFH, Urteil vom 21.2.1992, BStBl II 1992 S. 443).

Nur in den Fällen werden die Steuern bei der Nachentrichtung der Sozialversicherungsbeiträge nicht mitberücksichtigt, in denen der Arbeitgeber bei dem **Arbeitnehmer** hinsichtlich der nacherhobenen Steuern Regress nimmt.

Die Verletzung der Meldepflicht kann dem Arbeitgeber ggf. als **Ordnungswidrigkeit** mit der Folge eines Bußgeldes zur Last gelegt werden.

c) Regress beim Arbeitnehmer

2210 Für einen Rückgriff des Arbeitgebers beim Arbeitnehmer ist erforderlich, dass die Inanspruchnahme des Arbeitnehmers rechtlich und tatsächlich möglich ist.

Im Einzelnen ist wie folgt zu unterscheiden:

– Bezüglich der **Sozialversicherungsbeiträge** ist bei Verschulden des Arbeitgebers lediglich eine Einbehaltung bei einer der nächsten drei Lohnzahlungen möglich.

– Bezüglich der **Lohnsteuer** ist der Arbeitnehmer dem Arbeitgeber gegenüber erstattungspflichtig. Das aber ist nur möglich, wenn der Arbeitnehmer noch auffindbar ist oder Aufzeichnungen beim Arbeitgeber vorhanden sind, die einen Regress gegenüber dem Arbeitnehmer ermöglichen.

– **Ausschlussfristen** sind zu beachten, sofern solche arbeitsvertraglich oder tariflich vereinbart wurden. Ausgelöst wird diese regelmäßig erst mit der nachträglichen Abführung der Steuern an das Finanzamt (BAG, Urteil vom 20.3.1984, NZA 1984 S. 121).

d) Festsetzungsverjährung

2211 Zur Festsetzungsverjährung gelten die Ausführungen zur Scheinselbständigkeit (→ *Scheinselbständigkeit* Rz. 2182) entsprechend.

[LSt] (SV)

Seeschifffahrt

2212 Arbeitgeber, die eigene oder gecharterte Handelsschiffe betreiben, können vom Gesamtbetrag der anzumeldenden und abzuführenden Lohnsteuer, → *Anmeldung der Lohnsteuer* Rz. 121, einen Betrag von **40 % der Lohnsteuer abziehen** und einbehalten (§ 41a Abs. 4 EStG). Voraussetzung hierfür ist, dass

– das Besatzungsmitglied in einem zusammenhängenden Arbeitsverhältnis **von mehr als 183 Tagen beschäftigt** wird,

– die Handelsschiffe in einem **inländischen Seeschifffahrtsregister** eingetragen sind, die **deutsche Flagge** führen und zur Beförderung von Personen oder Gütern im Verkehr mit oder zwischen ausländischen Häfen, innerhalb eines ausländischen Hafens oder zwischen einem ausländischen Hafen und der hohen See betrieben werden; Gleiches gilt, wenn Seeschiffe überwiegend außerhalb der deutschen Hoheitsgewässer zum Schleppen, Bergen oder Aufsuchen von Bodenschätzen oder zur Vermessung von Energielagerstätten unter dem Meeresboden eingesetzt werden.

Bemessungsgrundlage für den Steuereinbehalt nach § 41a Abs. 4 EStG ist die Lohnsteuer, die auf den für die Tätigkeit an Bord von Schiffen gezahlten Arbeitslohn entfällt, wenn der betreffende Arbeitnehmer mehr als 183 Tage bei dem betreffenden Reeder beschäftigt ist. Der Lohnsteuereinbehalt durch den Reeder nach § 41a Abs. 4 EStG gilt für den **Kapitän und alle Besatzungsmit-**

glieder – einschließlich des Servicepersonals –, die über ein Seefahrtsbuch verfügen und deren Arbeitgeber er ist. Der Lohnsteuereinbehalt kann durch **Korrespondent- oder Vertragsreeder** nur vorgenommen werden, wenn diese mit der Bereederung des Schiffes in ihrer Eigenschaft als Mitgesellschafter an der Eigentümergesellschaft beauftragt sind. Bei Vertragsreedern ist dies regelmäßig nicht der Fall. Bei Korrespondentreedern ist der Lohnsteuereinbehalt nur für die Heuern der Seeleute zulässig, die auf den Schiffen tätig sind, bei denen der Korrespondentreeder auch Miteigentümer ist (R 133 Abs. 5 LStR).

Beispiel 1:

Ein Reeder in Hamburg betreibt eigene Handelsschiffe, die die Voraussetzungen des § 41a Abs. 4 EStG erfüllen. Von den 20 Besatzungsmitgliedern (alle Steuerklassen I bis IV) werden 15 Besatzungsmitglieder in einem zusammenhängenden Arbeitsverhältnis von mehr als 183 Tagen beschäftigt. Im Mai 2002 beträgt die gesamte Lohnsteuer für die 20 Besatzungsmitglieder 9 000 €, darauf entfallen auf die nach § 41a Abs. 4 EStG begünstigten Arbeitnehmer 7 000 €.

Der Reeder hat an das Finanzamt Lohnsteuer in Höhe von 6 200 € abzuführen, denn er kann 2 800 € der einbehaltenen Lohnsteuer (40 % von 7 000 €) für seinen Betrieb einbehalten. Der Solidaritätszuschlag und die Kirchensteuer dürfen hingegen nicht gekürzt werden.

Ist für den Lohnsteuerabzug die Lohnsteuer nach den **Steuerklassen V und VI** zu ermitteln, so bemisst sich der Einbehalt nach der Lohnsteuer der **Steuerklasse I**. Der Lohnsteuer-Einbehalt von 40 % gilt im Übrigen **auch bei der pauschalen Lohnsteuer.**

Beispiel 2:

Sachverhalt wie Beispiel 1, allerdings haben vier Besatzungsmitglieder die Steuerklasse V. Die auf sie entfallende Lohnsteuer beträgt 2 000 €. Hätten sie die Steuerklasse I, würde die Lohnsteuer insgesamt nur 1 100 € betragen.

Der Lohnsteuer-Einbehalt errechnet sich wie folgt:

Lohnsteuer für die Besatzungsmitglieder mit Steuerklasse I bis IV (7 000 € 2 000 €)	5 000 €
+ fiktive Lohnsteuer nach der Steuerklasse I für die Besatzungsmitglieder mit Steuerklasse V oder VI	1 100 €
= Insgesamt	6 100 €
davon 40 %	2 440 €

Der Reeder hat an das Finanzamt Lohnsteuer in Höhe von 6 560 € abzuführen, denn er kann 2 440 € der einbehaltenen Lohnsteuer (40 % von 6 100 €) für seinen Betrieb einbehalten. Der Solidaritätszuschlag und die Kirchensteuer dürfen hingegen nicht gekürzt werden.

Die EU-Kommission hat die 40 %ige Nichtabführung der Lohnsteuer gebilligt (Bekanntmachung vom 21.12.1998, BStBl I 1999 S. 828).

Sofortmeldung

2213 Arbeitnehmer in bestimmten Wirtschaftszweigen sind verpflichtet, ihren Sozialversicherungsausweis bei der Arbeitsausübung mit sich zu führen. § 103 SGB IV verpflichtet den Arbeitgeber, für diese Beschäftigten spätestens am Tage der Beschäftigungsaufnahme unverzüglich eine Meldung – **Sofortmeldung** – zu erstatten. Dabei ist ohne Bedeutung, ob es sich um eine versicherungspflichtige oder versicherungsfreie Beschäftigung handelt. **Diese Verpflichtung trifft alle Beschäftigten im**

– Baugewerbe,

– Gaststätten- und Beherbergungsgewerbe,

– Personen- und Güterbeförderungsgewerbe,

– Schaustellergewerbe,

– Gebäudereinigungsgewerbe sowie

– Beschäftigte von Unternehmen, die sich am Auf- und Abbau von Messen und Ausstellungen beteiligen, und

– für nicht im Güterbeförderungsgewerbe mit Ausnahme des Werkverkehrs i.S. des Güterkraftverkehrsgesetzes beschäftigte Personen, die an der Beförderung von Gütern mit Kraftfahrzeugen einschließlich Be- und Entladens von Gütern beteiligt sind, es sei denn, die Personen werden auf Grundstücken im Besitz ihres Arbeitgebers tätig.

Die **Sofortmeldung kann unterbleiben, wenn** der Arbeitgeber spätestens am Tag der Beschäftigungsaufnahme eine Anmeldung erstattet.

In der Sofortmeldung sind neben dem Namen und Vornamen des Beschäftigten anzugeben:

– die Versicherungsnummer der Rentenversicherung oder, falls diese unbekannt ist, das Geburtsdatum,

– der Beginn der Beschäftigung,

– der Name des Arbeitgebers.

Die Sofortmeldung **ersetzt nicht** die **Anmeldung zur Krankenversicherung.** Sie soll lediglich besondere Kontrollmöglichkeiten im Rahmen der Bekämpfung der illegalen Beschäftigung eröffnen.

Zu weiteren Einzelheiten siehe auch → *Meldungen für Arbeitnehmer in der Sozialversicherung* Rz. 1699 und → *Sozialversicherungsausweis* Rz. 2262.

Solidaritätszuschlag

1. Allgemeines

a) Höhe und Bemessungsgrundlage

2214 Nach dem Solidaritätszuschlaggesetz 1995 (SolZG) wird seit 1995 ein unbefristeter Solidaritätszuschlag zur Einkommen- und Lohnsteuer erhoben, der vom Arbeitgeber bereits beim Lohnsteuerabzug sowohl vom laufenden Arbeitslohn als auch von sonstigen Bezügen zusätzlich zur Lohnsteuer einzuhalten ist. Für den Steuerabzug gelten nach § 51a Abs. 1 EStG die Vorschriften des Einkommensteuergesetzes über das Lohnsteuerabzugsverfahren sinngemäß.

Der Zuschlag beträgt ab 1998 im Regelfall 5,5 % der Lohnsteuer, ggf. nach Abzug der steuerlichen Freibeträge für Kinder.

Bei der Bemessungsgrundlage muss wie folgt unterschieden werden:

– Bei **sonstigen Bezügen** (→ *Sonstige Bezüge* Rz. 2232) und **pauschaler Lohnsteuer** nach den §§ 40, 40a, 40b EStG (→ *Pauschalierung der Lohnsteuer* Rz. 1805) wird der Solidaritätszuschlag **stets unmittelbar nach der Lohnsteuer** berechnet.

– Bei **laufendem Arbeitslohn** sind dagegen ggf. die **Null- und Gleitzone** sowie **die steuerlichen Freibeträge für Kinder** zu berücksichtigen, so dass der Solidaritätszuschlag niedriger als 5,5 % der Lohnsteuer sein kann.

Diese unterschiedliche Behandlung ist in der Rechtsprechung auf Kritik gestoßen: Das FG Rheinland-Pfalz will die Freigrenze des § 3 Abs. 3 Nr. 2 SolZG auch auf **pauschal erhobene Lohnsteuer anwenden** (Urteil vom 22.4.1998, EFG 1998 S. 970, Revision eingelegt, Az. beim BFH: VI R 171/98). Die Finanzverwaltung wendet dieses Urteil nicht an und verweist auf den eindeutigen Wortlaut des § 3 Abs. 3 SolZG (OFD Hannover, Verfügung vom 17.7.1998, DB 1998 S. 1591). Die Entscheidung des Bundesfinanzhofes bleibt abzuwarten.

b) Null- und Gleitzone

2215 Beim Abzug von **laufendem Arbeitslohn** gelten jedoch

– eine **Nullzone** von 81/162 € (allein Stehende/Verheiratete): Liegt der Solidaritätszuschlag „rechnerisch" unter diesen Beträgen, wird von der Erhebung des Zuschlags ganz abgesehen (§ 3 Abs. 3 SolZG);

– eine **„Gleitregelung"** (§ 4 SolZG), nach der der Solidaritätszuschlag nicht höher sein darf als 20 % der Differenz zwischen der jeweils einbehaltenen monatlichen Lohnsteuer und den freigestellten Beträgen in Höhe von 81 € bzw. 162 € monatliche Lohnsteuer.

Arbeitgeber brauchen diese komplizierten Berechnungen aber nicht durchzuführen, sie können den jeweiligen Solidaritätszuschlag den u.a. vom Stollfuß Verlag herausgegebenen Lohnsteuertabellen oder -berechnungsprogrammen entnehmen. Die Finanzverwaltung hat darüber hinaus für den Arbeitgeber Tabellen für die Erhebung des Solidaritätszuschlags innerhalb der „Gleitregelung" (BMF-Schreiben vom 19.9.2001, BStBl I 2001 S. 667)

sowie ein besonderes Merkblatt zu allgemeinen Fragen bei der Erhebung des Solidaritätszuschlags herausgegeben (BMF-Schreiben vom 20.9.1994, BStBl I S. 757, nachfolgend „Merkblatt" genannt).

Der Solidaritätszuschlag ist von **allen Arten von Arbeitslohn zu erheben.** Er ist für den Steuerabzug vom laufenden Arbeitslohn, für den Steuerabzug von sonstigen Bezügen und für die Lohnsteuerpauschalierung nach den §§ 40 bis 40b EStG jeweils gesondert zu ermitteln (Tz. 1.2 des „Merkblatts"), weil die Berechnung des Solidaritätszuschlags unterschiedlich ist.

Bei der Berechnung des Solidaritätszuschlags bleiben **Bruchteile eines Cents jeweils außer Betracht** (Tz. 1.5 des „Merkblatts").

2. Abzug von Freibeträgen für Kinder

Seit 1996 erfolgt der „Familienleistungsausgleich" vorrangig über **2216** das **Kindergeld,** d.h. dass bei der Steuerberechnung – auch beim Lohnsteuerabzug – generell **keine Freibeträge für Kinder** mehr abgezogen werden (→ *Kindergeld/Freibeträge für Kinder* Rz. 1361). Die auf der Lohnsteuerkarte eingetragene „Zahl der Kinderfreibeträge" hat aber **weiterhin Bedeutung für die sog. Annexsteuern** (Kirchensteuer und Solidaritätszuschlag):

Bemessungsgrundlage ist nicht die zu erhebende Lohnsteuer, sondern eine **fiktive Lohnsteuer.** Es wird nach § 3 Abs. 2a SolZG die Lohnsteuer zu Grunde gelegt, die sich **nach Abzug von Kinderfreibeträgen** und (ab 2002) des Freibetrags für den Betreuungs- und Erziehungs- oder Ausbildungsbedarf des Kindes ergeben hätte (sog. **Maßstabslohnsteuer**). Diese Maßstabslohnsteuer und den sich danach ergebenden Solidaritätszuschlag kann der Arbeitgeber ohne zusätzliche eigene Berechnungen den u.a. vom Stollfuß Verlag herausgegebenen **Steuertabellen oder maschinellen Abrechnungsprogrammen** entnehmen.

3. Laufender Arbeitslohn

a) Höhe des Zuschlags

Der Solidaritätszuschlag beträgt im Allgemeinen **5,5 % der 2217 Lohnsteuer.** Bei Arbeitnehmern mit **Kindern** ist die sog. **Maßstabslohnsteuer** zu Grunde zu legen.

Zu berücksichtigen sind ferner **Null- und Gleitzone,** die ebenfalls in den Lohnsteuertabellen eingearbeitet sind. Solidaritätszuschlag fällt somit erst an, wenn die **Maßstabslohnsteuer** im jeweiligen Lohnzahlungszeitraum die folgenden Beträge übersteigt:

Steuerklasse	Monatslohn	Wochenlohn	Tageslohn
III	163,49 €	38,14 €	5,44 €
I, II, IV–VI	81,40 €	18,98 €	2,74 €

Dies entspricht folgenden **Arbeitslöhnen:**

Steuerklasse: (ohne Kinderfreibeträge)	Nullzone: kein Zuschlag bis Monatslohn	
	allgemeine Lohnsteuertabelle	besondere Lohnsteuertabelle
I	1 256,99 €	1 142,99 €
II	1 436,99 €	1 337,99 €
III	2 426,99 €	2 201,99 €
IV	1 256,99 €	1 142,99 €
V	494,99 €	494,99 €
VI	407,99 €	407,99 €

b) Bemessungsgrundlage

Der Solidaritätszuschlag ist von **laufendem Arbeitslohn zu er- 2218 heben** in Höhe von

– **5,5 %,** wenn der Arbeitslohn **für** einen nach dem 31.12.1997 endenden Lohnzahlungszeitraum gezahlt wird.

Auf den **Zahlungszeitpunkt** kommt es hier anders als bei sonstigen Bezügen **nicht** an, maßgebend ist vielmehr der **Zahlungszeitraum.**

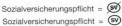
„**Laufender Arbeitslohn**" ist nach R 115 Abs. 1 LStR der Arbeitslohn, der dem Arbeitnehmer **regelmäßig fortlaufend zufließt**, z.B. Monatsgehälter, Wochen- und Tagelöhne, Mehrarbeitsvergütungen, Zuschläge und Zulagen, geldwerte Vorteile aus der ständigen Überlassung von Dienstwagen zur privaten Nutzung sowie Nachzahlungen und Vorauszahlungen, wenn sich diese ausschließlich auf Lohnzahlungszeiträume beziehen, die im Kalenderjahr der Zahlung enden.

4. Sonstige Bezüge

a) Höhe des Zuschlags

2219 Der Solidaritätszuschlag beträgt hier **stets 5,5 % der Lohnsteuer**. Anders als beim laufenden Arbeitslohn ist die Maßstabslohnsteuer, die sich nach Abzug der steuerlichen Freibeträge für Kinder ergibt, **nicht maßgebend**. Auch die **Nullzone und Gleitregelung** gelten nicht (Tz. 42 des Arbeitgeber-Merkblatts 1996, BStBl I 1995 S. 719).

b) Sonstige Bezüge bis 150 €

2220 Sonstige Bezüge bis 150 €, die neben laufendem Arbeitslohn gezahlt werden, sind dem **laufenden Arbeitslohn hinzuzurechnen** (R 119 Abs. 2 LStR). Für die Erhebung des Solidaritätszuschlags bedeutet dies, dass auch die Maßstabslohnsteuer (Abzug von Freibeträgen für Kinder) sowie **Nullzone und Gleitregelung** zu beachten sind. Der sich im Einzelfall ergebende Betrag kann jedoch der Lohnsteuertabelle entnommen werden.

c) Sonstige Bezüge über 150 €

2221 Hier handelt es sich um „echte" sonstige Bezüge, für die der Solidaritätszuschlag **stets mit 5,5 % der entsprechenden Lohnsteuer** (also ohne Kinderfreibeträge usw.) zu ermitteln ist. Werden die sonstigen Bezüge zusammen mit laufendem Arbeitslohn ausgezahlt, so muss die Berechnung des Solidaritätszuschlags getrennt erfolgen. Berechnungsbeispiele sind unter → *Sonstige Bezüge* Rz. 2232 dargestellt.

Von einem sonstigen Bezug ist ein Solidaritätszuschlag i.H. von 5,5 % zu erheben.

5. Pauschalierung der Lohnsteuer

2222 Bei der Pauschalierung der Lohnsteuer nach §§ 40 bis 40b EStG ist der Solidaritätszuschlag ebenfalls stets **mit 5,5 % der pauschalen Lohnsteuer** zu berechnen. Es ist dabei unerheblich, ob die Lohnsteuer mit individuellen oder festen Pauschsteuersätzen ermittelt wird. Das Finanzgericht Rheinland-Pfalz will demgegenüber auch hier die Nullzone anwenden.

6. Nettolohnvereinbarungen

2223 **Übernimmt der Arbeitgeber** in den Fällen einer Nettolohnvereinbarung auch den **Solidaritätszuschlag**, so ist die Lohnsteuer nach dem Bruttoarbeitslohn zu berechnen, der nach Kürzung um die Lohnabzüge einschließlich des Solidaritätszuschlags den ausgezahlten Nettolohnbetrag ergibt (sog. **Abtastverfahren**). Einzelheiten mit Beispielen auch zum Solidaritätszuschlag siehe → *Nettolöhne* Rz. 1775.

Übernimmt der Arbeitgeber den Solidaritätszuschlag nicht, so bleibt dieser bei der Berechnung des Bruttoarbeitslohns außer Betracht. Der Nettolohn ist um den Solidaritätszuschlag zu mindern (Tz. 1.3 des „Merkblatts").

7. Nachzahlungen oder Vorauszahlungen von Arbeitslohn

2224 Ob, wann und in welcher Höhe Solidaritätszuschlag zu erheben ist, richtet sich nach den allgemeinen Grundsätzen für die Abgrenzung von laufendem Arbeitslohn und sonstigen Bezügen, vgl. dazu ausführlich → *Nachzahlungen* Rz. 1759:

– Nachzahlungen und Vorauszahlungen sind „**laufender Arbeitslohn**", wenn sie sich ausschließlich auf **Lohnzahlungszeiträume** beziehen, **die im Kalenderjahr der Zahlung enden** (R 115 Abs. 1 Nr. 6 LStR).

Sie sind somit lohnsteuerlich dem Lohnzahlungszeitraum zuzuordnen, **für** den sie gezahlt werden; der Zahlungszeitpunkt ist unerheblich. Endet der Lohnzahlungszeitraum nach dem 31.12.1997, beträgt der Solidaritätszuschlag 5,5 %.

– Nachzahlungen und Vorauszahlungen stellen „**sonstige Bezüge**" dar, wenn sich der Gesamtbetrag oder ein Teilbetrag auf **Lohnzahlungszeiträume** bezieht, die **in einem anderen Jahr als dem der Zahlung enden** (R 115 Abs. 2 Nr. 8 LStR).

Der Solidaritätszuschlag ist daher in Höhe von 5,5 % zu erheben, wenn die Zahlung nach dem 31.12.1997 **zufließt**.

– Nachzahlungen oder Vorauszahlungen, die für das **laufende Jahr** gezahlt werden und damit an sich „**laufender Arbeitslohn**" sind, können aus Vereinfachungsgründen **als sonstiger Bezug behandelt** werden, auch wenn sie 150 € nicht übersteigen (R 118 Abs. 4 Satz 2 LStR).

Für den Solidaritätszuschlag gelten dann ebenfalls die Regeln für sonstige Bezüge, d.h. dass es für die Erhebung des Solidaritätszuschlags und dessen Höhe allein auf den **Zahlungszeitpunkt** ankommt.

8. Beschränkt Steuerpflichtige

2225 Bei beschränkt steuerpflichtigen Arbeitnehmern gilt der Solidaritätszuschlag durch den **Steuerabzug** als abgegolten, soweit sie nicht zur Einkommensteuer veranlagt werden (§ 51a Abs. 1 i.V.m. § 50 Abs. 5 Satz 1 EStG).

9. Permanenter Lohnsteuer-Jahresausgleich

2226 Wird die Lohnsteuer nach dem voraussichtlichen Jahresarbeitslohn des Arbeitnehmers unter Anwendung der Jahreslohnsteuertabelle berechnet (→ *Permanenter Lohnsteuer-Jahresausgleich* Rz. 1875), so ist der Solidaritätszuschlag nach der in diesem Verfahren ermittelten Lohnsteuer zu berechnen. Der Solidaritätszuschlag kann unmittelbar der **Jahreslohnsteuertabelle** entnommen werden (Tz. 1.4 des „Merkblatts").

10. Rückwirkende Änderungen

2227 Wird die Lohnsteuer infolge rückwirkender Änderungen von Besteuerungsmerkmalen (z.B. rückwirkende Änderungen der Zahl der Kinderfreibeträge) neu ermittelt, so ist auch der Solidaritätszuschlag neu zu ermitteln. In diesen Fällen ist ein **zu viel einbehaltener Solidaritätszuschlag** dem Arbeitnehmer zu **erstatten**; ein **zu wenig einbehaltener Solidaritätszuschlag** ist **nachzuerheben**. Das gilt auch bei **nachträglicher Eintragung von Freibeträgen** auf der Lohnsteuerkarte (Tz. 1.6 des „Merkblatts").

11. Lohnsteuer-Jahresausgleich des Arbeitgebers

2228 Wenn der Arbeitgeber für den Arbeitnehmer einen Lohnsteuer-Jahresausgleich durchführt, ist auch für den Solidaritätszuschlag ein Jahresausgleich durchzuführen. Der Jahresbetrag des Solidaritätszuschlags kann aus der vom Stollfuß Verlag herausgegebenen **Lohnsteuertabelle „Jahresausgleich" 2002** entnommen werden.

Übersteigt die Summe der einbehaltenen Zuschlagsbeträge den Jahresbetrag des Solidaritätszuschlags, so ist der Unterschiedsbetrag dem Arbeitnehmer vom Arbeitgeber zu **erstatten**.

Im umgekehrten Falle kommt jedoch – wie bei der Lohnsteuer – eine **nachträgliche Einbehaltung** durch den Arbeitgeber grundsätzlich **nicht in Betracht**. Der Arbeitgeber ist entsprechend § 41c EStG zur **nachträglichen Einbehaltung nur berechtigt**, wenn

– ihm der Arbeitnehmer eine **Lohnsteuerkarte mit Eintragungen** vorlegt, die auf einen Zeitpunkt vor Vorlage der Lohnsteuerkarte **zurückwirken** oder

– er erkennt, dass er die Lohnsteuer und somit auch den Solidaritätszuschlag bisher nicht **vorschriftsmäßig einbehalten** hat (vgl. Tz. 2.3 des „Merkblatts").

Will der Arbeitgeber den Solidaritätszuschlag **nicht nachträglich einbehalten, hat er dies dem Betriebsstättenfinanzamt anzuzeigen.** Der Solidaritätszuschlag wird dann im Allgemeinen vom Wohnsitzfinanzamt zusammen mit der Lohnsteuer vom Arbeitnehmer nachgefordert, sofern der Arbeitnehmer nicht zur Einkommensteuer veranlagt wird (vgl. auch → *Berechnung der Lohnsteuer* Rz. 521).

12. Verhältnis zur Kirchensteuer

2229 Der Solidaritätszuschlag bezieht sich nur auf die Lohnsteuer, nicht auf die Kirchensteuer. Die Kirchensteuer bemisst sich nach der Lohnsteuer ohne den Solidaritätszuschlag (Tz. 3 des „Merkblatts").

13. Verfahrensvorschriften

2230 Für den Solidaritätszuschlag gelten die gleichen Verfahrensvorschriften wie für die Lohnsteuer (§ 51a Abs. 1 EStG), d.h. dass der Solidaritätszuschlag **zusammen mit der Lohnsteuer anzumelden und abzuführen** ist.

Ferner ist der Solidaritätszuschlag im Lohnkonto (→ *Lohnkonto* Rz. 1493), in der **Lohnsteuer-Anmeldung** und in der Lohnsteuerbescheinigung (→ *Lohnsteuerbescheinigung* Rz. 1548) auf der Lohnsteuerkarte gesondert neben der Lohnsteuer und der Kirchensteuer einzutragen (Tz. 4 des „Merkblatts").

Ferner gelten die Vorschriften

– über die **Haftung** des Arbeitgebers,

– die **Anrufungsauskunft** oder die **Lohnsteuer-Außenprüfung.**

Für die Außenprüfung bedarf es jedoch einer besonderen Anordnung durch das Finanzamt (OFD Münster, Verfügung vom 17.9.1991, DB 1991 S. 2162).

Sonderausgaben

2231 Sonderausgaben sind insbesondere die sog. **Vorsorgeaufwendungen**, aber auch **Kirchensteuer, Ausbildungskosten usw.** Ein **steuerfreier Arbeitgeberersatz** für Sonderausgaben ist nicht möglich.

Der Arbeitnehmer kann seine Sonderausgaben jedoch unter bestimmten Voraussetzungen als **Freibetrag auf der Lohnsteuerkarte** eintragen lassen. Dies gilt jedoch nicht für Vorsorgeaufwendungen, da für diese bereits die sog. Vorsorgepauschale (→ *Vorsorgepauschale* Rz. 2579) bei der Berechnung der Lohnsteuer berücksichtigt wird, die in den meisten Fällen die abzugsfähigen Vorsorgeaufwendungen abdeckt. Höhere Vorsorgeaufwendungen können nur im Rahmen einer Veranlagung zur Einkommensteuer berücksichtigt werden (→ *Veranlagung von Arbeitnehmern* Rz. 2502). Für die übrigen Sonderausgaben (Kirchensteuer usw.) wird ein **Sonderausgaben-Pauschbetrag von 36 €/72 €** gewährt, der bereits bei der Berechnung der Lohnsteuer in den Steuerklassen I bis IV (also ohne Steuerklassen V und VI) berücksichtigt wird. Weitere Einzelheiten siehe → *Lohnsteuer-Ermäßigungsverfahren* Rz. 1599.

Sonstige Bezüge

1. Allgemeines

Neben dem Arbeitslohn, der dem Arbeitnehmer regelmäßig wiederkehrend gezahlt wird, z.B. jeden Monat, kommen in der Praxis auch Arbeitslohnzahlungen vor, die nur zu einem bestimmten Zeitpunkt oder zu einem bestimmten Ereignis, z.B. Urlaubsgeld, Weihnachtsgeld oder Jubiläumszuwendungen, ausgezahlt werden. **Für diese „Sonderzahlungen" gibt es sowohl im Lohnsteuerrecht als auch im Sozialversicherungsrecht Sonderregelungen hinsichtlich der Ermittlung der darauf entfallenden Lohnsteuer bzw. Sozialversicherungsbeiträge.** **2232**

Lohnsteuerrechtlich werden diese „Sonderzahlungen" **sonstige Bezüge** genannt, während das **Sozialversicherungsrecht** den Begriff des **einmalig gezahlten Arbeitsentgelts** (§ 23a SGB IV) verwendet.

Über die **Transmissionswirkung** des § 1 ArEV gilt, dass **im Regelfall die sozialversicherungsrechtliche Beurteilung von Bezügen der lohnsteuerrechtlichen Behandlung folgt.**

Die nachfolgenden Ausführungen beinhalten **ausschließlich** die **lohnsteuerliche Behandlung** der sonstigen Bezüge. Zu Einzelheiten der **sozialversicherungsrechtlichen** Beurteilung → *Einmalzahlungen* Rz. 802.

2. Begriff und Besteuerungsgrundsätze

Als sonstige Bezüge bezeichnet man den Arbeitslohn, der nicht als laufender Arbeitslohn gezahlt wird (→ *Laufender Arbeitslohn* Rz. 1466). Sonstige Bezüge sind also Zahlungen, die nicht regelmäßig fortlaufend dem Arbeitnehmer zufließen, sondern nur aus besonderem Anlass gezahlt werden. Zu den sonstigen Bezügen gehören deshalb insbesondere einmalige Arbeitslohnzahlungen, die neben dem laufenden Arbeitslohn gezahlt werden. **2233**

Beispiele für sonstige Bezüge nach R 115 Abs. 2 LStR:

– 13. und 14. Monatsgehälter,

– einmalige Abfindungen und Entschädigungen,

– Gratifikationen und Tantiemen, die nicht fortlaufend gezahlt werden,

– Jubiläumszuwendungen,

– Urlaubsgelder, die nicht fortlaufend gezahlt werden, und Entschädigungen zur Abgeltung nicht genommener Urlaubs,

– Vergütungen für Erfindungen,

– Weihnachtszuwendungen,

– Nachzahlungen und Vorauszahlungen, wenn sich der Gesamtbetrag oder ein Teilbetrag der Nachzahlung oder Vorauszahlung auf Lohnzahlungszeiträume bezieht, **die in einem anderen Jahr als dem der Zahlung** enden. Nachzahlungen liegen auch vor, wenn Arbeitslohn für Lohnzahlungszeiträume des abgelaufenen Kalenderjahrs später als drei Wochen nach Ablauf dieses Jahres zufließen.

Beispiel:

Der Arbeitgeber zahlt seinen Arbeitnehmern das Dezembergehalt für 2001 erst am 24.1.2002 aus.

Beim Dezembergehalt handelt es sich um Arbeitslohn für einen Lohnzahlungszeitraum des abgelaufenen Kalenderjahrs. Da es nicht innerhalb der ersten drei Wochen des nachfolgenden Kalenderjahrs (also nicht bis zum 21.1.2002) zufließt, ist ein sonstiger Bezug anzunehmen. Das Dezembergehalt ist daher im Kalenderjahr 2002 zu versteuern.

Weitere Beispiele für sonstige Bezüge sind:

– Arbeitslohn aus Anlass von Betriebsveranstaltungen, soweit er nicht steuerfrei ist,

– Erholungsbeihilfen,

– Heirats- und Geburtsbeihilfen, soweit die Zuwendung nicht steuerfrei ist,

– steuerpflichtige Sachbezüge, soweit sie nicht fortlaufend gewährt werden,

– Prämien für eine Direktversicherung des Arbeitgebers, soweit die Prämien nicht monatlich fortlaufend gezahlt werden,

– Abfindungszahlungen zur Abgeltung von Versorgungsansprüchen oder -anwartschaften.

Von einem sonstigen Bezug ist die Lohnsteuer stets in dem Zeitpunkt einzubehalten, in dem er zufließt. Daher kommt es bei sonstigen Bezügen – im Gegensatz zum laufenden Arbeitslohn – entscheidend darauf an, wann der sonstige Bezug dem Arbeitnehmer zufließt. Der Arbeitgeber hat also gewisse Gestaltungsmöglichkeiten, was die Besteuerung der sonstigen Bezüge betrifft (→ *Zufluss von Arbeitslohn* Rz. 2685). Der Lohnsteuerermittlung sind die auf der Lohnsteuerkarte eingetragenen Merkmale zu Grunde zu legen, die für den Tag des Zuflusses gelten, nicht die Verhältnisse der Jahre, für welche die Zahlung geleistet wird (BFH, Beschluss vom 29.5.1998, BFH/NV 1998 S. 1477).

3. Berücksichtigung der Jahreslohnsteuer

2234 Für die Einbehaltung der Lohnsteuer von einem sonstigen Bezug hat der Arbeitgeber den **voraussichtlichen Jahresarbeitslohn ohne den sonstigen Bezug** festzustellen. Für den Jahresarbeitslohn ist die Jahreslohnsteuer zu ermitteln. Außerdem ist die Jahreslohnsteuer für den maßgebenden Jahresarbeitslohn **unter Einbeziehung des sonstigen Bezugs** zu ermitteln. **Der Unterschiedsbetrag** zwischen den ermittelten Jahreslohnsteuerbeträgen ist die Lohnsteuer, die vom sonstigen Bezug einzubehalten ist. Bei dieser Berechnungsmethode wird i.d.R. eine zu hohe Lohnbesteuerung durch die progressive Wirkung des Steuertarifs vermieden, denn der sonstige Bezug wird durch die Berücksichtigung der Jahreslohnsteuer so besteuert, als wenn er gleichmäßig jeden Monat mit einem Zwölftel dem Arbeitnehmer zugeflossen wäre. In Einzelfällen ist aber nicht auszuschließen, dass die auf Grund der Jahreslohnsteuer ermittelte **Lohnsteuer für den sonstigen Bezug höher** ist als die Lohnsteuer, die anfallen würde, wenn der sonstige Bezug als laufender Arbeitslohn besteuert werden würde. In diesen Fällen wird die entlastende Wirkung dieser Besteuerungsmethode durch den inversen Verlauf der Vorsorgepauschale (→ *Vorsorgepauschale* Rz. 2579) kompensiert.

Diese Berechnung gilt nur für die Ermittlung der Lohnsteuer. Beim **Solidaritätszuschlag** und bei der **Kirchensteuer** sind die Beträge **nicht aus der Jahreslohnsteuer** zu ermitteln. Der Solidaritätszuschlag beträgt vielmehr 5,5 % der Lohnsteuer, die auf den sonstigen Bezug entfällt (Arbeitgeber-Merkblatt zum Solidaritätszuschlag vom 20.9.1994, BStBl I 1994 S. 757 – allerdings ist die Senkung des Solidaritätszuschlags auf 5,5 % seit 1998 zu berücksichtigen –). Dies gilt auch für die Kirchensteuer (§ 51a Abs. 2 Satz 1 EStG); hier beträgt die Kirchensteuer 8 % oder 9 % der Lohnsteuer, die auf den sonstigen Bezug entfällt. Auf Grund dieser Besonderheiten bietet der Stollfuß Verlag eine spezielle Lohnsteuertabelle „Sonstige Bezüge" für die Besteuerung von sonstigen Bezügen an.

Bei der Ermittlung der Jahreslohnsteuer ist von den Eintragungen auf der vom Arbeitnehmer vorgelegten Lohnsteuerkarte auszugehen. Maßgebend ist dabei die Steuerklasse und ein auf der Lohnsteuerkarte eingetragener Frei- oder Hinzurechnungsbetrag, der **im Zeitpunkt des Zuflusses des sonstigen Bezugs** gilt. Hat sich also z.B. die Steuerklasse im Kalenderjahr geändert, so ist jeweils die Steuerklasse maßgebend, die im Zuflusszeitpunkt gilt.

Beispiel:

Ein Arbeitnehmer hat seinem Arbeitgeber für 2002 eine Lohnsteuerkarte mit der Steuerklasse III abgegeben. Die Steuerklasse wird mit Wirkung vom 1.8.2002 in Steuerklasse V geändert. Der Arbeitnehmer erhält von seinem Arbeitgeber am 1.7.2002 Urlaubsgeld in Höhe von 500 € und am 1.12.2002 Weihnachtsgeld in Höhe eines zusätzlichen Monatslohns.

Für die Besteuerung der sonstigen Bezüge ist die Steuerklasse maßgebend, die im Zeitpunkt des Zuflusses gilt. Das Urlaubsgeld ist also nach der Jahreslohnsteuer der Steuerklasse III zu ermitteln, das Weihnachtsgeld nach der Jahreslohnsteuer der Steuerklasse V.

Von der Berücksichtigung der Jahreslohnsteuer bei der Besteuerung eines sonstigen Bezugs **gibt es zwei Ausnahmen:**

– Sonstige Bezüge, die neben laufendem Arbeitslohn gezahlt werden und innerhalb eines Lohnzahlungszeitraums **insgesamt 150 € nicht übersteigen**, sind stets als laufender Arbeitslohn zu behandeln (§ 39b Abs. 3 Satz 8 EStG),

– Sonstige Bezüge, die in einer größeren Zahl von Fällen gewährt werden, können unter bestimmten Voraussetzungen **mit einem besonderen Pauschsteuersatz** versteuert werden (→ *Pauschalierung der Lohnsteuer* Rz. 1806).

Für die Besteuerung sonstiger Bezüge ergibt sich folgende Übersicht:

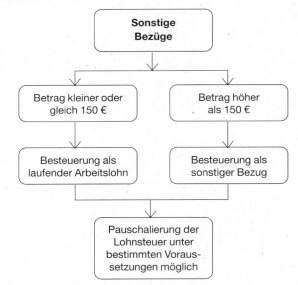

4. Maßgebender Jahresarbeitslohn

Nach § 39b Abs. 3 Satz 3 EStG ist die Jahressteuer für den **2235** **maßgebenden Jahresarbeitslohn** zu ermitteln. Der maßgebende Jahresarbeitslohn errechnet sich aus dem voraussichtlichen Jahresarbeitslohn nach Abzug des Versorgungs-Freibetrags, des Altersentlastungsbetrags und eines etwaigen Freibetrags auf der Lohnsteuerkarte sowie nach Hinzurechnung eines etwaigen Hinzurechnungsbetrags auf der Lohnsteuerkarte.

Besonderheiten bei der Ermittlung ergeben sich bei ehemaligen Arbeitnehmern (vgl. → Rz. 2250).

a) Voraussichtlicher Jahresarbeitslohn

Zur Ermittlung der von einem sonstigen Bezug einzubehaltenden **2236** Lohnsteuer ist jeweils der **voraussichtliche Jahresarbeitslohn** des Kalenderjahrs zu Grunde zu legen, in dem der sonstige Bezug dem Arbeitnehmer zufließt. Dabei sind der laufende Arbeitslohn, der für die im Kalenderjahr bereits abgelaufenen Lohnzahlungszeiträume zugeflossen ist, und die in diesem Kalenderjahr bereits gezahlten sonstigen Bezüge mit dem laufenden Arbeitslohn zusammenzurechnen, der sich voraussichtlich für die Restzeit des Kalenderjahrs ergibt. Stattdessen kann der voraussichtlich für die Restzeit des Kalenderjahrs zu zahlende laufende Arbeitslohn durch Umrechnung des bisher zugeflossenen laufenden Arbeitslohns, einschließlich der als laufender Arbeitslohn behandelten sonstigen Bezüge, ermittelt werden. Die im Kalenderjahr früher gezahlten sonstigen Bezüge, die eine Entschädigung oder eine Entlohnung für eine mehrjährige Tätigkeit darstellen und deshalb ermäßigt besteuert werden, sind nur mit einem Fünftel anzusetzen. **Künftige sonstige Bezüge**, deren Zahlung bis zum Ablauf des Kalenderjahrs zu erwarten ist, **sind nicht zu erfassen** (R 119 Abs. 3 LStR).

Danach sind bei der Ermittlung des voraussichtlichen Jahresarbeitslohns einzubeziehen:

– Laufender Arbeitslohn, der in den Vormonaten bezogen worden ist. Dies gilt auch dann, wenn der Arbeitslohn von einem früheren Arbeitgeber gezahlt wurde. Maßgebend ist in diesem Falle der auf der Lohnsteuerkarte bescheinigte Arbeitslohn.

– Laufender Arbeitslohn, der in dem Monat bezogen wird, in dem die sonstigen Bezüge gezahlt werden.

– Laufender Arbeitslohn, der sich voraussichtlich für die Restzeit des Kalenderjahrs ergibt. Dabei sind etwaige abzusehende Lohnerhöhungen zu berücksichtigen.

Aus Vereinfachungsgründen kann auf die genaue Ermittlung des voraussichtlich zu zahlenden Arbeitslohns verzichtet und stattdessen für die Restzeit des Kalenderjahrs der zu zahlende laufende Arbeitslohn durch Umrechnung des bisher zugeflossenen laufenden Arbeitslohns, einschließlich der als laufender Arbeitslohn behandelten sonstigen Bezüge, ermittelt werden.

– Sonstige Bezüge, die bereits im Kalenderjahr gezahlt worden sind. Sonstige Bezüge, die eine Entschädigung darstellen oder die für eine mehrjährige Tätigkeit gezahlt werden, sind nur mit einem Fünftel einzubeziehen (Fünftelregelung).

Bei der Ermittlung des voraussichtlichen Jahresarbeitslohns sind nicht einzubeziehen:

– Sonstige Bezüge, deren Zahlung bis zum Ablauf des Kalenderjahrs zu erwarten ist.

– Steuerfreie Beträge, wie z.B. steuerfreie Reisekostenerstattungen oder Zuschläge für Sonntags-, Feiertags- oder Nachtarbeit.

b) Versorgungs-Freibetrag

2237 Vom voraussichtlichen Jahresarbeitslohn ist der Versorgungs-Freibetrag abzuziehen, wenn im Kalenderjahr Versorgungsbezüge vom Arbeitgeber gezahlt werden. Zur Höhe des Versorgungs-Freibetrags → *Versorgungs-Freibetrag* Rz. 2565. Soweit der Versorgungs-Freibetrag noch nicht bei der Feststellung des maßgebenden Jahresarbeitslohns berücksichtigt worden ist, kann er beim sonstigen Bezug berücksichtigt werden. Dies gilt allerdings nicht, soweit es sich bei dem sonstigen Bezug um eine Entschädigung oder eine Vergütung für eine mehrjährige Tätigkeit handelt, auf die die Fünftelregelung (siehe → Rz. 2246) angewendet wird (§ 39b Abs. 3 Satz 6 EStG).

c) Altersentlastungsbetrag

2238 Vom voraussichtlichen Jahresarbeitslohn ist der Altersentlastungsbetrag abzuziehen, wenn die Voraussetzungen für die Gewährung vorliegen. Zu den Voraussetzungen und der Höhe des Altersentlastungsbetrags siehe → *Altersentlastungsbetrag* Rz. 38. Soweit der Altersentlastungsbetrag noch nicht bei der Feststellung des maßgebenden Jahresarbeitslohns berücksichtigt worden ist, kann er beim sonstigen Bezug berücksichtigt werden. Dies gilt allerdings nicht, soweit es sich bei dem sonstigen Bezug um eine Entschädigung oder eine Vergütung für eine mehrjährige Tätigkeit handelt, auf die die Fünftelregelung (siehe → Rz. 2246) angewendet wird (§ 39b Abs. 3 Satz 6 EStG).

d) Freibetrag auf der Lohnsteuerkarte

2239 Vom voraussichtlichen Jahresarbeitslohn ist ein auf der Lohnsteuerkarte eingetragener Freibetrag abzuziehen. Dabei ist nicht der monatliche Freibetrag entscheidend, sondern der **Jahresfreibetrag**.

Nach Abzug des Jahresfreibetrags kann der **maßgebende Arbeitslohn** nach § 39b Abs. 3 EStG **auch negativ** sein (R 119 Abs. 1 Satz 3 LStR). Dies ist für die Berechnung eines sonstigen Bezugs dann von Bedeutung, wenn der auf der Lohnsteuerkarte eingetragene Freibetrag höher ist als der laufende Arbeitslohn.

Beispiel:

Ein Arbeitnehmer in Hannover (Steuerklasse I, ev) hat einen laufenden Arbeitslohn von 3 000 € im Monat. Auf der Lohnsteuerkarte ist ein Jahresfreibetrag von 60 000 € eingetragen. Im Dezember wird eine Tantieme von 50 000 € ausgezahlt. Die Steuern auf die Tantieme ermitteln sich wie folgt:

Laufender Arbeitslohn (12 × 3 000 €)	36 000,— €
⌐ Freibetrag auf der Lohnsteuerkarte	60 000,— €
= Jahresarbeitslohn **ohne sonstigen Bezug**	⌐ 24 000,— €
+ Sonstiger Bezug	50 000,— €
= Jahresarbeitslohn **mit sonstigem Bezug**	26 000,— €
Lohnsteuer (I/0) von 26 000 €	4 116,— €
⌐ Lohnsteuer (I/0) von ⌐ 24 000 €	0,— €
= Lohnsteuer auf den sonstigen Bezug	4 116,— €
Solidaritätszuschlag (5,5 % von 4 116 €)	226,38 €
Kirchensteuer (9 % von 4 116 €)	370,44 €

e) Hinzurechnungsbetrag auf der Lohnsteuerkarte

2240 Zum voraussichtlichen Jahresarbeitslohn ist ein auf der Lohnsteuerkarte eingetragener Hinzurechnungsbetrag hinzuzurechnen. Einzelheiten zum Hinzurechnungsbetrag siehe → *Übertragung des Grundfreibetrags* Rz. 2443. Dabei ist nicht der monatliche Hinzurechnungsbetrag entscheidend, sondern der **Jahreshinzurechnungsbetrag**.

f) Berechnungsschema

2241 Für die Berechnung des maßgebenden Jahresarbeitslohns ergibt sich folgendes Berechnungsschema:

aa) Genaue Ermittlung des laufenden Arbeitslohns

Laufender Arbeitslohn der Vormonate und des Zahlungsmonats, auch soweit von früheren Arbeitgebern gezahlt	**2242** _____ €
+ Laufender Arbeitslohn für die Folgemonate, ggf. Schätzung	_____ €
= **Laufender Jahresarbeitslohn**	_____ €

bb) Schätzung des laufenden Arbeitslohns

Laufender Arbeitslohn der Vormonate und des Zahlungsmonats, auch soweit von früheren Arbeitgebern gezahlt	**2243** _____ €

Umrechnung auf 12 Monate:

$$\frac{\text{Laufender Arbeitslohn} \times 12\ \text{Monate}}{\text{abgelaufene Monate}}$$

= **Laufender Jahresarbeitslohn**	_____ €

cc) Ermittlung des maßgebenden Jahresarbeitslohns

Laufender Jahresarbeitslohn nach Buchstabe aa) oder bb)	**2244** _____ €
+ bereits gezahlte sonstige Bezüge	_____ €
= Voraussichtlicher Jahresarbeitslohn	_____ €
⌐ Versorgungs-Freibetrag (§ 19 Abs. 2 EStG)	_____ €
⌐ Altersentlastungsbetrag (§ 24a EStG)	_____ €
⌐ Freibetrag auf der Lohnsteuerkarte	_____ €
+ Hinzurechnungsbetrag auf der Lohnsteuerkarte	_____ €
= **maßgebender Jahresarbeitslohn**	_____ €

5. Besteuerung sonstiger Bezüge als laufender Arbeitslohn

2245 Sonstige Bezüge, die **neben laufendem Arbeitslohn** gezahlt werden und innerhalb eines Lohnzahlungszeitraums **insgesamt 150 € nicht übersteigen**, sind stets als laufender Arbeitslohn zu behandeln (§ 39b Abs. 3 Satz 8 EStG). Sie sind dem laufenden Arbeitslohn des Lohnzahlungszeitraums hinzuzurechnen, **in dem** sie gezahlt werden; stattdessen können sie auch dem laufenden Arbeitslohn zugerechnet werden, **mit dem** sie gezahlt werden (R 119 Abs. 2 Satz 2 LStR). Für die Feststellung der 150-€-Grenze sind **nur die steuerpflichtigen sonstigen Bezüge** und bei den Pauschalierungen (§ 40 Abs. 1 EStG) nur der nicht pauschalierte Teil der sonstigen Bezüge maßgebend (R 119 Abs. 2 Satz 3 LStR).

Beispiel:

Anlässlich des 25-jährigen Geschäftsjubiläums am 1.5.2002 erhält der Arbeitnehmer von seinem Arbeitgeber in Bonn eine Jubiläumszuwendung

von 150 €. Der Arbeitnehmer, der erst am 1.1.2002 beim Arbeitgeber angefangen hat, erhält einen Monatslohn von 2 500 € (Steuerklasse III, 2 Kinder, Religion: rk). Die Jubiläumszuwendung wird am 1.5.2002 mit den April-Bezügen ausgezahlt.

Die Jubiläumszuwendung ist nicht mehr steuerfrei, so dass die 150 € lohnzuversteuern sind. Der sonstige Bezug beträgt nicht mehr als 150 €, daher ist er dem laufenden Arbeitslohn hinzuzurechnen.

Es liegt keine Vergütung für eine mehrjährige Tätigkeit vor, weil die Zuwendung eine mehrjährige Betriebszugehörigkeit voraussetzt (BFH, Urteil vom 3.7.1987, BStBl II 1987 S. 820). § 34 Abs. 1 EStG ist damit nicht anwendbar. Der Betrag kann entweder den April-Bezügen (mit dem er gezahlt wird) oder den Mai-Bezügen (in dem er gezahlt wird) hinzugerechnet werden. Es ergibt sich folgende Berechnung:

Monatslohn	2 500,— €
+ steuerpflichtige Jubiläumszuwendung	150,— €
= Insgesamt	2 650,— €
Lohnsteuer im Monat	216,66 €
Solidaritätszuschlag im Monat (5,5 %)	0,— €
Kirchensteuer im Monat (9 %)	0,— €

Da der sonstige Bezug dem laufenden Arbeitslohn zugerechnet worden ist, sind auch die Beträge für den Solidaritätszuschlag und die Kirchensteuer für den Monat zu berechnen. Die Regelung, dass bei sonstigen Bezügen der Solidaritätszuschlag immer 5,5 % der auf den sonstigen Bezug entfallenden Lohnsteuer und die Kirchensteuer immer 8 % bzw. 9 % der auf den sonstigen Bezug entfallenden Lohnsteuer beträgt, gilt in diesem Fall nicht.

Voraussetzung für die Besteuerung sonstiger Bezüge als laufender Arbeitslohn ist, dass der sonstige Bezug **neben laufendem Arbeitslohn** gezahlt wird. Diese Regelung gilt also nicht, wenn der Arbeitnehmer keinen laufenden Arbeitslohn mehr vom Arbeitgeber bezieht. In diesen Fällen sind die Steuerbeträge „normal" unter Berücksichtigung der Jahreslohnsteuer zu ermitteln.

Werden in einem Lohnzahlungszeitraum mehrere sonstige Bezüge gezahlt, so sind diese für die Prüfung der 150-€-Grenze zusammenzurechnen. Übersteigt die Summe der sonstigen Bezüge die 150-€-Grenze, so sind die Steuerbeträge insgesamt unter Berücksichtigung der Jahreslohnsteuer zu ermitteln.

Auch sonstige Bezüge unter 150 €, die nach § 39b Abs. 3 Satz 8 EStG dem laufenden Arbeitslohn hinzuzurechnen sind, **bleiben ihrer Art nach sonstige Bezüge**. Daher ist auch bei diesen Bezügen, sofern sie in einer größeren Zahl von Fällen gezahlt werden, eine Pauschalbesteuerung möglich (→ *Pauschalierung der Lohnsteuer* Rz. 1806).

6. Anwendung der Fünftelregelung

2246 Arbeitslohn, der eine **Entschädigung** oder eine **Vergütung für eine mehrjährige Tätigkeit** darstellt, wird nach § 34 Abs. 1 EStG ermäßigt besteuert. Dabei wird bei der Einkommensteuerveranlagung die „Fünftelregelung" angewendet, d.h., es wird die Differenz ermittelt zwischen der Einkommensteuer ohne diese Bezüge und der Einkommensteuer mit einem Fünftel dieser Bezüge. Die ermittelte Differenz wird verfünffacht; dies ist die Einkommensteuer auf die ermäßigt zu besteuernden Vergütungen.

Diese Berechnung kann nach § 39b Abs. 3 Satz 9 EStG schon im Lohnsteuerabzugsverfahren angewendet werden, wenn eine Zusammenballung i.S. von § 34 Abs. 1 EStG vorliegt (zur Zusammenballung → *Entschädigungen* Rz. 894). Dabei wird die Lohnsteuer in der Weise ermittelt, dass der tarifbegünstigte sonstige Bezug mit einem Fünftel angesetzt und die ermittelte Lohnsteuer auf den tarifbegünstigten sonstigen Bezug verfünffacht wird.

Die **Fünftelregelung** kann im Einzelfall, insbesondere bei niedrigen Bezügen, **zu einer höheren Lohnsteuer** führen als die normale Besteuerung als sonstiger Bezug. Da die Lohnsteuer nach dem Wortlaut des Einkommensteuergesetzes zu ermäßigen ist, darf **in diesen Fällen** die Fünftelregelung **nicht angewendet** werden. Der Arbeitgeber hat daher eine **Vergleichsberechnung** durchzuführen (Günstigerprüfung) und die Fünftelregelung nur anzuwenden, wenn sie zu einer niedrigeren Lohnsteuer führt als die Besteuerung als nicht begünstigter sonstiger Bezug (BMF-Schreiben vom 10.1.2000, BStBl I 2000 S. 138). Die Aufzeichnung

und Angabe in der Lohnsteuerbescheinigung folgen anschließend der tatsächlichen Behandlung. Wird der Arbeitslohn nicht ermäßigt besteuert, so hat der Arbeitgeber den Arbeitslohn mit in Zeile 3 der Lohnsteuerbescheinigung einzutragen. Darüber hinaus sollte der begünstigte Arbeitslohn in Zeile 20 der Lohnsteuerbescheinigung eingetragen werden (→ *Lohnsteuerbescheinigung* Rz. 1566).

Bei **beschränkt einkommensteuerpflichtigen Arbeitnehmern** ist die Fünftelregelung nach § 39b Abs. 3 Satz 9 EStG **nicht anzuwenden** (§ 50 Abs. 1 Satz 5 EStG).

Zur Frage, welche Bezüge eine Entschädigung darstellen, siehe → *Entschädigungen* Rz. 881. Eine **typische Entschädigung ist der steuerpflichtige Teil von Entlassungsabfindungen.** Zur Frage, welche Bezüge eine Vergütung für eine mehrjährige Tätigkeit sind, siehe → *Arbeitslohn für mehrere Jahre* Rz. 229.

Beispiel 1:

Ein Arbeitnehmer in Bochum erhält zu seinem 25-jährigen Dienstjubiläum in 2002 eine Jubiläumszuwendung von 1 000 €. Der Monatslohn des Arbeitnehmers beträgt 2 400 €. Auf seiner Lohnsteuerkarte ist die Steuerklasse III bescheinigt sowie das Kirchensteuermerkmal ev.

Die Jubiläumszuwendung ist seit 1999 nicht mehr teilweise steuerfrei. Sie stellt allerdings eine Vergütung für eine mehrjährige Tätigkeit dar, die nach der sog. Fünftelregelung versteuert wird.

Die Steuern auf die Jubiläumszuwendung ermitteln sich wie folgt:

a) Anwendung der Fünftelregelung

Jahresarbeitslohn ohne sonstigen Bezug (12 × 2 400)		28 800,— €
+ Jubiläumszuwendung	1 000 €	
davon 1/5	200 €	200,— €
= Jahresarbeitslohn **mit sonstigem Bezug**		29 000,— €
Lohnsteuer (III/0) von 29 000 €		1 926,— €
∕ Lohnsteuer (III/0) von 28 800 €		1 874,— €
= Differenz		52,— €
Differenz × 5		
= Lohnsteuer auf den tarifbegünstigten sonstigen Bezug		260,— €

b) Anwendung der Normalbesteuerung von sonstigen Bezügen

Jahresarbeitslohn ohne sonstigen Bezug (12 × 2 400)		28 800,— €
+ Jubiläumszuwendung		1 000,— €
= Jahresarbeitslohn **mit sonstigem Bezug**		29 800,— €
Lohnsteuer (III/0) von 29 800 €		2 120,— €
∕ Lohnsteuer (III/0) von 28 800 €		1 874,— €
= Lohnsteuer auf den sonstigen Bezug		246,— €

Die Fünftelregelung würde zu einer höheren Steuer führen als die Normalbesteuerung, deshalb darf in diesem Fall die **Fünftelregelung nicht angewendet** werden. Der Arbeitgeber hat daher die **Normalbesteuerung** durchzuführen. Der Betrag von 1 000 € ist zusammen mit dem übrigen Arbeitslohn in Zeile 3 der Lohnsteuerbescheinigung einzutragen. Zusätzlich sollte der Betrag von 1 000 € in Zeile 20 der Lohnsteuerbescheinigung eingetragen werden, damit im Rahmen einer Einkommensteuerveranlagung die Tarifbegünstigung erneut geprüft werden kann. Es ergeben sich daher folgende Steuern:

Lohnsteuer auf den sonstigen Bezug	246,— €
Solidaritätszuschlag (5,5 % von 246 €)	13,53 €
Kirchensteuer (9 % von 246 €)	22,14 €

Variante:

Trifft ein sonstiger Bezug, für den die Fünftelregelung gilt, mit einem normal zu besteuernden sonstigen Bezug zusammen, so ist zunächst die Lohnsteuer für den normalen sonstigen Bezug und danach die Lohnsteuer für den tarifbegünstigten sonstigen Bezug zu ermitteln (R 119 Abs. 5 LStR).

Beispiel 2:

Ein Arbeitgeber zahlt seinem Arbeitnehmer in Köln, dessen Jahresarbeitslohn 40 000 € beträgt und der nach Steuerklasse I zu besteuern ist, im Dezember 2002 einen sonstigen Bezug (Weihnachtsgeld) in Höhe von 3 000 € und daneben eine Jubiläumszuwendung von 4 000 €, von dem die Lohnsteuer nach der Fünftelregelung einzubehalten ist.

Die Lohnsteuer ist wie folgt zu ermitteln:

a) Weihnachtsgeld

Jahresarbeitslohn ohne sonstigen Bezug	**40 000,— €**
+ Weihnachtsgeld	3 000,— €
= Jahresarbeitslohn **mit sonstigem Bezug**	**43 000,— €**
Lohnsteuer (I/0) von 43 000 €	10 129,— €
∕ Lohnsteuer (I/0) von 40 000 €	8 955,— €
= Lohnsteuer auf das Weihnachtsgeld	1 174,— €

b) Jubiläumszuwendung

Jahresarbeitslohn **mit** Weihnachtsgeld, aber **ohne** Jubiläumszuwendung		**43 000,— €**
+ Jubiläumszuwendung	4 000 €	
davon 1/5	800 €	800,— €
= Jahresarbeitslohn **mit** Weihnachtsgeld und Jubiläumszuwendung		**43 800,— €**
Lohnsteuer (I/0) von 43 800 €		10 449,— €
∕ Lohnsteuer (I/0) von 43 000 €		10 129,— €
= Differenz		320,— €
Differenz × 5		
= Lohnsteuer auf die Jubiläumszuwendung		1 600,— €

c) Steuerabzug

Lohnsteuer auf das Weihnachtsgeld	1 174,— €
Lohnsteuer auf die Jubiläumszuwendung	1 600,— €
Lohnsteuer insgesamt	2 774,— €
Solidaritätszuschlag (5,5 % von 2 774 €)	152,57 €
Kirchensteuer (9 % von 2 774 €)	249,66 €

Der **Versorgungs-Freibetrag** oder der **Altersentlastungsbetrag** darf bei Anwendung der Fünftelregelung **nicht berücksichtigt** werden, selbst wenn die Voraussetzungen hierfür vorliegen (§ 39b Abs. 3 Satz 6 EStG).

7. Anwendung des halben Steuersatzes

2247 Seit 1999 ist der „halbe Steuersatz" für Arbeitnehmer abgeschafft worden. Stattdessen gilt für Entschädigungen – ebenso wie für Vergütungen für eine mehrjährige Tätigkeit – nunmehr die sog. **Fünftelregelung**. Zur Anwendung der Fünftelregelung bei sonstigen Bezügen → Rz. 2246.

8. Nachzahlung von laufendem Arbeitslohn

2248 Nachzahlungen stellen **laufenden Arbeitslohn** dar, wenn sie sich ausschließlich auf Lohnzahlungszeiträume beziehen, die **im Kalenderjahr der Zahlung** enden (R 115 Abs. 1 Nr. 6 LStR). Sie sind für die Berechnung der Lohnsteuer den Lohnzahlungszeiträumen zuzurechnen, für die sie geleistet werden (**Wiederaufrollung der Lohnzahlungszeiträume**).

Um dieses komplizierte Verfahren zu vermeiden, ist in R 118 Abs. 4 LStR zugelassen worden, dass die Nachzahlungen, auch wenn sie 150 € nicht übersteigen, **als sonstige Bezüge** behandelt werden können, wenn der Arbeitnehmer dieser Besteuerung nicht widerspricht. Zu Einzelheiten siehe → *Nachzahlungen* Rz. 1759.

9. Sonstige Bezüge bei Steuerklasse V oder VI

2249 Hat ein Arbeitnehmer seinem Arbeitgeber eine Lohnsteuerkarte mit der Steuerklasse V oder VI vorgelegt und erhält er einen sonstigen Bezug, ergeben sich **keine Besonderheiten** für die Ermittlung des sonstigen Bezugs. Die Lohnsteuer für den sonstigen Bezug ist unter Berücksichtigung der Jahreslohnsteuer zu ermitteln. Sowohl bei der Steuerklasse V als auch bei der Steuerklasse VI sind der Versorgungs-Freibetrag und der Altersentlastungsbetrag zu berücksichtigen, wenn die Voraussetzungen hierfür erfüllt sind. Der Solidaritätszuschlag ist mit 5,5 % und die Kirchensteuer mit 8 % bzw. 9 % der auf den sonstigen Bezug entfallenden Lohnsteuer zu ermitteln.

10. Sonstige Bezüge nach Ausscheiden aus dem Dienstverhältnis

2250 Werden sonstige Bezüge gezahlt, nachdem der Arbeitnehmer aus dem Dienstverhältnis ausgeschieden ist, so hat der ehemalige Arbeitnehmer seinem früheren Arbeitgeber für die Besteuerung des sonstigen Bezugs **eine Lohnsteuerkarte vorzulegen**. Ist der Arbeitnehmer zum Zeitpunkt der Zahlung in keinem Dienstverhältnis, z.B. weil er arbeitslos ist oder bereits Altersrente bezieht, kann er die **erste Lohnsteuerkarte** vorlegen. Ist er hingegen bei einem anderen Arbeitgeber beschäftigt, muss er sich von der Gemeinde eine **zweite Lohnsteuerkarte** mit der Steuerklasse VI ausstellen lassen, die er seinem früheren Arbeitgeber vorzulegen hat.

Für die Besteuerung des sonstigen Bezugs gelten die allgemeinen Regelungen für die Ermittlung der Lohnsteuer, des Solidaritätszuschlags und der Kirchensteuer, d.h. die Lohnsteuer für den sonstigen Bezug ist unter Berücksichtigung der Jahreslohnsteuer zu ermitteln.

Zu beachten ist allerdings, dass die Regelung nach § 39b Abs. 3 Satz 8 EStG, wonach sonstige Bezüge, die 150 € nicht übersteigen, stets als laufender Arbeitslohn zu behandeln sind, in diesen Fällen keine Anwendung findet. Sonstige Bezüge an ehemalige Arbeitnehmer werden **nicht neben laufendem Arbeitslohn** gezahlt; dies ist aber Voraussetzung für die Versteuerung von sonstigen Bezügen als laufender Arbeitslohn. **Daher sind die Steuerbeträge für sonstige Bezüge an ehemalige Arbeitnehmer immer unter Berücksichtigung der Jahreslohnsteuer zu ermitteln, auch wenn der Betrag 150 € nicht übersteigt.**

Bei der **Ermittlung des maßgebenden Jahresarbeitslohns** ergeben sich bei ehemaligen Arbeitnehmern folgende Besonderheiten:

a) Erste Lohnsteuerkarte

2251 Bezieht der Arbeitnehmer zur Zeit der Zahlung des sonstigen Bezugs keinen Arbeitslohn von einem anderen Arbeitgeber, so kann er seinem ehemaligen Arbeitgeber die erste Lohnsteuerkarte vorlegen. **Für die Feststellung des voraussichtlichen Jahresarbeitslohns kann dann der auf der ersten Lohnsteuerkarte eingetragene Arbeitslohn in einen Jahresarbeitslohn umgerechnet werden.** Ist mit dem Zufließen von weiterem Arbeitslohn im Laufe des Kalenderjahrs nicht zu rechnen, z.B. wegen Alters oder Erwerbsunfähigkeit, so gilt nach R 119 Abs. 4 Satz 5 LStR Folgendes:

– Enthält die Lohnsteuerbescheinigung auf der ersten Lohnsteuerkarte keine Eintragung, so ist der voraussichtliche Arbeitslohn mit 0 € anzunehmen.

– In anderen Fällen kann der auf der ersten Lohnsteuerkarte bescheinigte Arbeitslohn als voraussichtlicher Jahresarbeitslohn zu Grunde gelegt werden.

Enthält die Lohnsteuerbescheinigung keine Eintragung, ist aber gleichwohl anzunehmen, dass dem Arbeitnehmer künftig Arbeitslohn in mehr als unerheblichem Umfang zufließen wird, so ist der voraussichtliche Jahresarbeitslohn **zu schätzen**. Soweit er sich nicht ohne weiteres aus dem Lohnkonto ergibt, ist die Berechnung des Arbeitgebers im Lohnkonto kenntlich zu machen (R 119 Abs. 4 Sätze 6 und 7 LStR).

Beispiel 1:

Ein Arbeitnehmer in Celle ist zum 31.12.2001 entlassen worden. Der Arbeitnehmer hat gegen seine Entlassung geklagt. Am 1.7.2002 einigen sich Arbeitnehmer und Arbeitgeber außergerichtlich. Der Arbeitgeber zahlt dem Arbeitnehmer eine Abfindung von 15 000 €, von der 12 271 € steuerfrei sind. Der Arbeitnehmer legt dem Arbeitgeber seine erste Lohnsteuerkarte mit der Steuerklasse I/0/ev vor. Auf der Lohnsteuerkarte ist ein Arbeitslohn von 7 500 € für die Zeit vom 1.1. bis 30.6.2002 bescheinigt.

Die Steuern für den sonstigen Bezug von 2 729 € ermitteln sich wie folgt:

Arbeitslohn 1.1. bis 30.6.2002 lt. Lohnsteuerkarte		7 500,— €
Umrechnung auf 12 Monate: $\dfrac{7\,500\ \text{€} \times 12}{6}$		15 000,— €
Jahresarbeitslohn ohne sonstigen Bezug		**15 000,— €**
+ steuerpflichtige Abfindung	2 729 €	
davon 1/5	545 €	545,— €
= Jahresarbeitslohn **mit sonstigem Bezug**		**15 545,— €**
Lohnsteuer (I/0) von 15 545 €		1 086,— €
∕ Lohnsteuer (I/0) von 15 000 €		954,— €
= Differenz		132,— €
Differenz × 5		
= Lohnsteuer auf den tarifbegünstigten sonstigen Bezug		660,— €
Solidaritätszuschlag (5,5 % von 660 €)		36,30 €
Kirchensteuer (9 % von 660 €)		59,40 €

Beispiel 2:

Ein Arbeitnehmer in Duisburg ist zum 31.12.2001 wegen Erreichens der Altersgrenze von 65 Jahren aus dem Dienstverhältnis ausgeschieden. Am 1.2.2002 erhält der Arbeitnehmer nachträglich eine Tantieme in Höhe von 15 000 €. Der Arbeitnehmer legt seine erste Lohnsteuerkarte mit der Steuerklasse III/0/ev vor. Arbeitslohn ist auf der Lohnsteuerkarte nicht eingetragen.

Da der Arbeitnehmer wegen Erreichens der Altersgrenze aus dem Dienstverhältnis ausgeschieden ist und die Lohnsteuerkarte keine Eintragung enthält, kann der Arbeitgeber den voraussichtlichen Jahresarbeitslohn mit 0 € annehmen.

Die Steuern für den sonstigen Bezug von 15 000 € ermitteln sich wie folgt:

	Jahresarbeitslohn ohne sonstigen Bezug	**0,— €**
+	Tantieme	15 000,— €
=	Jahresarbeitslohn **mit sonstigem Bezug**	**15 000,— €**
	Lohnsteuer (III/0/ev) von 15 000 €	0,— €
⁒	Lohnsteuer (III/0/ev) von 0 €	0,— €
=	Lohnsteuer auf den sonstigen Bezug	0,— €
	Solidaritätszuschlag (5,5 % von 0 €)	0,— €
	Kirchensteuer (9 % von 0 €)	0,— €

Beispiel 3:

Sachverhalt wie Beispiel 2, der Arbeitnehmer hat allerdings im Januar noch für einen anderen Arbeitgeber gearbeitet, so dass auf der Lohnsteuerkarte ein Arbeitslohn von 4 500 € für die Zeit vom 1.1. bis 31.1.2002 bescheinigt ist.

Da der Arbeitnehmer wegen Erreichens der Altersgrenze aus dem Dienstverhältnis ausgeschieden ist, kann der Arbeitgeber den auf der ersten Lohnsteuerkarte bescheinigten Arbeitslohn als voraussichtlichen Jahresarbeitslohn zu Grunde legen.

Die Steuern für den sonstigen Bezug von 15 000 € ermitteln sich wie folgt:

	Jahresarbeitslohn ohne sonstigen Bezug	**4 500,— €**
+	Tantieme	15 000,— €
=	Jahresarbeitslohn **mit sonstigem Bezug**	**19 500,— €**
	Lohnsteuer (III/0/ev) von 19 500 €	20,— €
⁒	Lohnsteuer (III/0/ev) von 4 500 €	0,— €
=	Lohnsteuer auf den sonstigen Bezug	20,— €
	Solidaritätszuschlag (5,5 % von 20 €)	1,10 €
	Kirchensteuer (9 % von 20 €)	1,80 €

Beispiel 4:

Sachverhalt wie Beispiel 2, der Arbeitnehmer ist aber nicht wegen Alters ausgeschieden, sondern auf eigenen Wunsch. Dem Arbeitgeber ist bekannt, dass der Arbeitnehmer am 1.3.2002 eine neue Arbeitsstelle gefunden hat.

Der Arbeitgeber geht davon aus, dass der Arbeitnehmer beim neuen Arbeitgeber mit Sicherheit nicht weniger verdient als bei ihm. Da der Arbeitslohn in 2001 bei ihm monatlich umgerechnet 3 000 € betragen hat, schätzt er den voraussichtlichen Jahresarbeitslohn mit 30 000 € (3 000 € × 10 Monate).

Die Steuern für den sonstigen Bezug von 15 000 € ermitteln sich wie folgt:

	Jahresarbeitslohn ohne sonstigen Bezug	**30 000,— €**
+	Tantieme	15 000,— €
=	Jahresarbeitslohn **mit sonstigem Bezug**	**45 000,— €**
	Lohnsteuer (III/0/ev) von 45 000 €	6 450,— €
⁒	Lohnsteuer (III/0/ev) von 30 000 €	2 172,— €
=	Lohnsteuer auf den sonstigen Bezug	4 278,— €
	Solidaritätszuschlag (5,5 % von 4 278 €)	235,92 €
	Kirchensteuer (9 % von 4 278 €)	385,02 €

b) Zweite Lohnsteuerkarte

2252 Bezieht der Arbeitnehmer zur Zeit der Zahlung des sonstigen Bezugs Arbeitslohn von einem anderen Arbeitgeber, so hat er dem Arbeitgeber für die Besteuerung des sonstigen Bezugs eine zweite oder weitere Lohnsteuerkarte vorzulegen. Der sonstige Bezug ist dann unter Anwendung der Steuerklasse VI zu besteuern. Ist auf der zweiten Lohnsteuerkarte kein Arbeitslohn eingetragen, so ist der sonstige Bezug als Jahresarbeitslohn anzusetzen. Hiervon ist – wie auch bei der ersten Lohnsteuerkarte – ein eingetragener Freibetrag auf der Lohnsteuerkarte sowie der Versorgungs-Freibetrag und der Altersentlastungsbetrag, wenn die Voraussetzungen hierfür erfüllt sind, abzuziehen.

Beispiel 1:

Ein Arbeitgeber in Bielefeld zahlt seinem früheren Arbeitnehmer am 1.3.2002 nachträglich eine Tantieme von 10 000 € aus. Der Arbeitnehmer legt ihm eine zweite Lohnsteuerkarte mit der Steuerklasse VI vor, auf der keine Eintragungen vorhanden sind.

Die Tantieme ist als Jahresarbeitslohn anzusetzen. Die Steuern für den sonstigen Bezug von 10 000 € ermitteln sich wie folgt:

	Jahresarbeitslohn ohne sonstigen Bezug	**0,— €**
+	Tantieme	10 000,— €
=	Jahresarbeitslohn **mit sonstigem Bezug**	**10 000,— €**
	Lohnsteuer (VI) von 10 000 €	2 296,— €
⁒	Lohnsteuer (VI) von 0 €	0,— €
=	Lohnsteuer auf den sonstigen Bezug	2 296,— €
	Solidaritätszuschlag (5,5 % von 2 296 €)	126,28 €
	Kirchensteuer (9 % von 2 296 €)	206,64 €

Ist auf der zweiten Lohnsteuerkarte bereits Arbeitslohn bescheinigt, so ist der bescheinigte Arbeitslohn als laufender Jahresarbeitslohn anzusehen.

Beispiel 2:

Ein Arbeitgeber in Winterberg zahlt seinem früheren Arbeitnehmer am 1.6.2002 nachträglich eine Entlassungsabfindung von 20 000 €, von der 12 271 € steuerfrei sind. Der Arbeitnehmer legt ihm eine zweite Lohnsteuerkarte mit der Steuerklasse VI vor, auf der folgende Eintragungen vorhanden sind:

–	Arbeitslohn für die Zeit vom 1.1. bis 30.4.2002	2 000 €,
–	Jahresfreibetrag	500 €.

Der bescheinigte Arbeitslohn ist abzüglich des Freibetrags als laufender Jahresarbeitslohn anzusetzen. Die Steuern für den sonstigen Bezug von 7 729 € ermitteln sich wie folgt:

	Laufender Jahresarbeitslohn		2 000,— €
⁒	Freibetrag		500,— €
=	maßgebender Jahresarbeitslohn		1 500,— €
	Jahresarbeitslohn **ohne sonstigen Bezug**		**1 500,— €**
+	steuerpflichtige Abfindung	7 729 €	
	davon 1/5	1 545 €	1 545,— €
=	Jahresarbeitslohn **mit sonstigem Bezug**		**3 045,— €**
	Lohnsteuer (VI) von 3 045 €		605,— €
⁒	Lohnsteuer (VI) von 1 500 €		297,— €
=	Differenz		308,— €
	Differenz × 5		
=	Lohnsteuer auf den tarifbegünstigten sonstigen Bezug		1 540,— €
	Solidaritätszuschlag (5,5 % von 1 540 €)		84,70 €
	Kirchensteuer (9 % von 1 540 €)		138,60 €

c) Keine Lohnsteuerkarte

2253 Legt der Arbeitnehmer dem Arbeitgeber keine Lohnsteuerkarte vor, so hat der Arbeitgeber die Besteuerung des sonstigen Bezugs nach der Steuerklasse VI durchzuführen und dem Arbeitnehmer eine besondere Lohnsteuerbescheinigung auszustellen.

11. Versorgungsbezüge als sonstige Bezüge

2254 Zahlt der Arbeitgeber Versorgungsbezüge an den Arbeitnehmer, z.B. eine Betriebsrente, so bleibt hiervon nach § 19 Abs. 2 EStG ein Betrag von 40 % der Bezüge, höchstens jedoch 3 072 € im Kalenderjahr steuerfrei (Versorgungs-Freibetrag). Werden Versorgungsbezüge als laufender Arbeitslohn gezahlt, so bleibt höchstens der auf den jeweiligen Lohnzahlungszeitraum entfallende Anteil des Versorgungs-Freibetrags steuerfrei, also höchstens monatlich 256 €, wöchentlich 59,80 €, täglich 8,55 €. Der dem Lohnzahlungszeitraum entsprechende anteilige Höchstbetrag darf auch dann nicht überschritten werden, wenn in früheren Lohnzahlungszeiträumen desselben Kalenderjahrs wegen der damaligen Höhe der Versorgungsbezüge ein niedrigerer Betrag als der Höchstbetrag berücksichtigt worden ist. Der Versorgungs-Freibetrag ist auch beim Lohnsteuerabzug nach der Steuerklasse VI zu berücksichtigen. Wegen weiterer Einzelheiten siehe → *Versorgungsbezüge* Rz. 2560 und → *Versorgungs-Freibetrag* Rz. 2565.

Werden Versorgungsbezüge **als sonstige Bezüge** gezahlt, so darf nach § 39b Abs. 3 Satz 6 EStG der Versorgungs-Freibetrag von dem sonstigen Bezug nur abgezogen werden, soweit er bei der Feststellung des maßgebenden Jahresarbeitslohns oder bei der Zahlung von früheren sonstigen Bezügen nicht verbraucht ist. Bei der Frage, ob der Versorgungs-Freibetrag schon verbraucht ist oder nicht, ist von der Höhe der im voraussichtlichen Jahresarbeitslohn enthaltenen Versorgungsbezüge auszugehen, und zwar unabhängig davon, ob der Freibetrag insgesamt schon berücksichtigt worden ist oder nicht.

Beispiel 1:

Ein Arbeitnehmer in Xanten erhält vom Arbeitgeber für die Monate Januar bis Juni 2002 laufenden Arbeitslohn in Höhe von 2 500 €. Zum 1.7.2002 geht er in Rente und erhält vom Arbeitgeber eine Betriebsrente in Höhe von 1 000 € monatlich. Am 1.11.2002 erhält der Arbeitnehmer eine Betriebsrentennachzahlung von 2 000 €, die als sonstiger Bezug zu versteuern ist. Der Arbeitnehmer hat eine Lohnsteuerkarte mit der Steuerklasse I.

Die Steuern für den sonstigen Bezug von 2 000 € ermitteln sich wie folgt:

a) Versorgungs-Freibetrag beim laufenden Arbeitslohn:

Versorgungsbezüge (6 × 1 000 €)	6 000 €
davon 40 %, max. 3 072 €	2 400 €

Diese Berechnung gilt unabhängig davon, dass im Lohnsteuerverfahren bislang lediglich ein Versorgungs-Freibetrag von 1 536 € (6 × 256 €) berücksichtigt wurde.

b) Versorgungs-Freibetrag beim sonstigen Bezug:

Betriebsrentennachzahlung	2 000 €
davon 40 %, max. 3 072 €	800 €
höchstens jedoch der beim laufenden Arbeitslohn noch nicht verbrauchte Versorgungs-Freibetrag von 672 € (3 072 € ⁒ 2 400 €)	672 €

c) Berücksichtigung der Vorsorgepauschale:

Bei Betriebsrenten ist die ungekürzte Vorsorgepauschale anzuwenden, und zwar auch dann, wenn dem Arbeitgeber bekannt ist, dass der Arbeitnehmer neben der Werksrente Altersrente aus der gesetzlichen Rentenversicherung bezieht. Der Arbeitgeber darf jedoch auch die gekürzte Vorsorgepauschale berücksichtigen, wenn der Arbeitnehmer dies beantragt oder einer Anwendung der gekürzten Vorsorgepauschale nicht widerspricht (→ *Lohnsteuertabellen* Rz. 1655).

Im vorliegenden Beispielsfall beantragt der Arbeitnehmer die Anwendung der gekürzten Vorsorgepauschale.

d) Ermittlung der Steuern auf den sonstigen Bezug:

Laufender Arbeitslohn (2 500 € × 6 Monate)		15 000,— €
+ Versorgungsbezüge (1 000 € × 6 Monate)		6 000,— €
Insgesamt		21 000,— €
⁒ Versorgungs-Freibetrag 40 % von 6 000 €, max. 3 072 €		2 400,— €
= maßgebender Jahresarbeitslohn		18 600,— €
Jahresarbeitslohn ohne sonstigen Bezug		**18 600,— €**
+ Betriebsrentennachzahlung	2 000 €	
⁒ Versorgungs-Freibetrag	672 €	1 328,— €
= Jahresarbeitslohn mit sonstigem Bezug		**19 928,— €**
Lohnsteuer (I/0) von 19 928 €		2 592,— €
⁒ Lohnsteuer (I/0) von 18 600 €		2 227,— €
= Lohnsteuer auf den sonstigen Bezug		365,— €
Solidaritätszuschlag (5,5 % von 365 €)		20,07 €
Kirchensteuer (9 % von 365 €)		32,85 €

Zahlt der Arbeitgeber in einem Kalenderjahr mehrmals Versorgungsbezüge als sonstige Bezüge, so darf der Versorgungs-Freibetrag nur mit insgesamt bis 3 072 € berücksichtigt werden. Würden also im vorstehenden Beispielsfall im Dezember nochmals Versorgungsbezüge gezahlt werden, so darf ein Versorgungs-Freibetrag **nicht abgezogen** werden.

Werden sonstige Bezüge gezahlt, für die die Fünftelregelung (siehe → Rz. 2246) anzuwenden ist, darf der Versorgungs-Freibetrag ebenfalls **nicht berücksichtigt** werden (§ 39b Abs. 3 Satz 6 EStG).

Werden laufende Versorgungsbezüge erstmals gezahlt, nachdem im selben Kalenderjahr bereits Versorgungsbezüge als sonstige Bezüge gewährt worden sind, so darf der Arbeitgeber den steuerfreien Höchstbetrag von 3 072 € bei den laufenden Bezügen nur berücksichtigen, soweit er sich bei den sonstigen Bezügen nicht ausgewirkt hat.

Beispiel 2:

Ein Arbeitnehmer erhält von seinem Arbeitgeber in Emden am 4.2.2002 Versorgungsbezüge in Höhe von 6 000 €, die als sonstiger Bezug versteuert werden.

Bei der Versteuerung wird ein Versorgungs-Freibetrag von 2 400 € berücksichtigt (40 % von 6 000 €, max. 3 072 €).

Beispiel 3:

Wie Beispiel 2, ab 1.7.2002 erhält der Arbeitnehmer laufende Versorgungsbezüge von monatlich 1 000 €.

Da bereits ein Versorgungs-Freibetrag von 2 400 € bei der Besteuerung des sonstigen Bezugs „verbraucht" wurde, dürfen bei der laufenden Besteuerung nicht mehr 256 € im Monat berücksichtigt werden, sondern nur noch 672 € (3 072 € ⁒ 2 400 €) für das Restjahr. Dieser Betrag ist auf die verbleibenden sechs Monate aufzuteilen (672 € : 6 Monate), so dass monatlich ein Versorgungs-Freibetrag von 112 € berücksichtigt werden kann.

Beispiel 4:

Der Arbeitgeber weiß bei der Besteuerung des sonstigen Bezugs, dass er dem Arbeitnehmer ab 1.7.2002 Versorgungsbezüge in Höhe von monatlich 1 000 € zahlen wird. Die Versorgungsbezüge betragen aufs Jahr gesehen 6 000 €, so dass 2 400 € (40 % von 6 000 €, max. 3 072 €) verbraucht werden. Die restlichen 672 € können bei der Besteuerung des sonstigen Bezugs angerechnet werden.

12. Altersentlastungsbetrag bei sonstigen Bezügen

Arbeitnehmer, die vor dem Beginn des Kalenderjahrs das **64. Le-** **2255** **bensjahr** vollendet haben (für 2002 also diejenigen, die **vor dem 2.1.1938** geboren sind), erhalten einen Altersentlastungsbetrag. Er beträgt 40 % des Arbeitslohns und der positiven Summe der Einkünfte, die nicht solche aus nichtselbständiger Arbeit sind, höchstens jedoch insgesamt **1 908 €** im Kalenderjahr. Außer Betracht bleiben jedoch:

– **Versorgungsbezüge** (wegen des Abzugs eines Versorgungs-Freibetrags bis zu 3 072 € im Jahr),

– **Leibrenten** i.S. des § 22 Nr. 1 Satz 3 EStG (wegen der Besteuerung mit einem geringen Ertragsanteil).

Vom laufenden Arbeitslohn ist höchstens der sich ergebende, auf den jeweiligen Lohnzahlungszeitraum entfallende Anteil des Altersentlastungsbetrags abzuziehen. Dieser Anteil beträgt höchstens monatlich 159 €, wöchentlich 37,10 €, täglich 5,30 €. Der dem Lohnzahlungszeitraum entsprechende anteilige Höchstbetrag darf auch dann nicht überschritten werden, wenn in früheren Lohnzahlungszeiträumen desselben Kalenderjahrs wegen der damaligen Höhe des Arbeitslohns ein niedrigerer Betrag als der Höchstbetrag berücksichtigt worden ist. Der Altersentlastungsbetrag ist auch beim Lohnsteuerabzug nach der Steuerklasse VI zu berücksichtigen. Wegen weiterer Einzelheiten siehe → *Altersentlastungsbetrag* Rz. 38.

Der Altersentlastungsbetrag darf bei der Besteuerung eines sonstigen Bezuges berücksichtigt werden, soweit er bei der Feststellung des maßgebenden Jahresarbeitslohns oder bei der Zahlung von früheren sonstigen Bezügen nicht verbraucht ist. Bei der Frage, ob der Altersentlastungsbetrag schon verbraucht ist oder nicht, ist von der Höhe des im voraussichtlichen Jahresarbeitslohn enthaltenen Arbeitslohns (ohne Versorgungsbezüge) auszugehen, und zwar unabhängig davon, ob der Altersentlastungsbetrag insgesamt schon berücksichtigt worden ist oder nicht.

Beispiel:

Ein Arbeitgeber in Essen zahlt im April 2002 einem 65-jährigen Arbeitnehmer mit der Steuerklasse I einen sonstigen Bezug (Umsatzprovision für das vorangegangene Kalenderjahr) in Höhe von 5 000 €. Der Arbeitnehmer ist am 28.2.2002 in den Ruhestand getreten. Der Arbeitslohn betrug bis dahin monatlich 2 300 €. Seit dem 1.3.2002 erhält der Arbeitnehmer neben dem Altersruhegeld aus der gesetzlichen Rentenversicherung eine Betriebsrente von monatlich 900 €. Der Arbeitnehmer ist damit einverstanden, dass zur Vermeidung etwaiger späterer Nachzahlungen die Lohnsteuer unter Anwendung der gekürzten Vorsorgepauschale ermittelt wird (→ *Lohnsteuertabellen* Rz. 1655).

Die Steuern für den sonstigen Bezug von 5 000 € ermitteln sich wie folgt:

a) Versorgungs-Freibetrag beim laufenden Arbeitslohn:

Versorgungsbezüge (900 € × 10 Monate)	9 000 €
davon 40 %, max. 3 072 €	3 072 €

Diese Berechnung gilt unabhängig davon, dass im Lohnsteuerverfahren bislang lediglich ein Versorgungs-Freibetrag von 2 560 € (10 × 256 €) berücksichtigt wurde.

b) Altersentlastungsbetrag beim laufenden Arbeitslohn:

Arbeitslohn (2 300 € × 2 Monate)	4 600 €
davon 40 %, max. 1 908 €	1 840 €

Diese Berechnung gilt unabhängig davon, dass im Lohnsteuerverfahren bislang lediglich ein Altersentlastungsbetrag von 318 € (2 × 159 €) berücksichtigt wurde.

c) Versorgungs-Freibetrag beim sonstigen Bezug:

Die Umsatzprovision ist kein Versorgungsbezug, so dass kein Versorgungs-Freibetrag abgezogen werden darf. Im Übrigen wäre auch bei einem Versorgungsbezug kein Versorgungs-Freibetrag zu berücksichtigen, weil dieser bereits in voller Höhe beim laufenden Arbeitslohn berücksichtigt wurde.

d) Altersentlastungsbetrag beim sonstigen Bezug:

Umsatzprovision	5 000 €
davon 40 %, max. 1 908 €	1 908 €
höchstens jedoch der beim laufenden Arbeitslohn noch nicht verbrauchte Altersentlastungsbetrag von 68 € (1 908 € ∕ 1 840 €)	68 €

e) Ermittlung des maßgebenden Jahresarbeitslohns:

Laufender Arbeitslohn (2 300 € × 2 Monate)		4 600,— €
+ Versorgungsbezüge (900 € × 10 Monate)		9 000,— €
Insgesamt		13 600,— €
∕ Versorgungs-Freibetrag 40 % von 9 000 €, max. 3 072 €		3 072,— €
∕ Altersentlastungsbetrag 40 % von 4 600 €, max. 1 908 €		1 840,— €
= maßgebender Jahresarbeitslohn		8 688,— €
Jahresarbeitslohn ohne sonstigen Bezug		8 688,— €
+ Umsatzprovision	5 000 €	
∕ Altersentlastungsbetrag	68 €	4 932,— €
= Jahresarbeitslohn **mit sonstigem Bezug**		13 620,— €

f) Ermittlung der Steuern auf den sonstigen Bezug:

Lohnsteuer (I/0) von 13 620 €	954,— €
∕ Lohnsteuer (I/0) von 8 688 €	0,— €
= Lohnsteuer auf den sonstigen Bezug	954,— €
Solidaritätszuschlag (5,5 % von 954 €)	52,47 €
Kirchensteuer (9 % von 954 €)	85,86 €

13. Solidaritätszuschlag

2256 Seit dem 1.1.1995 wird nach dem Solidaritätszuschlagsgesetz 1995 ein Solidaritätszuschlag erhoben. Die Erhebung des Solidaritätszuschlags erstreckt sich auf alle sonstigen Bezüge, die nach dem 31.12.1994 gezahlt werden (Arbeitgeber-Merkblatt zum Solidaritätszuschlag vom 20.9.1994, BStBl I 1994 S. 757). **Bei sonstigen Bezügen beträgt der Solidaritätszuschlag seit 1998 stets 5,5 % der Lohnsteuer.** Der Solidaritätszuschlag darf daher nicht aus der Jahreslohnsteuer berechnet werden.

14. Nettobesteuerung

2257 Sonstige Bezüge, die netto gezahlt werden, z.B. Nettogratifikationen, sind grundsätzlich nach den allgemeinen Regelungen, die für die Besteuerung sonstiger Bezüge gelten, zu versteuern, d.h., die Lohnsteuer auf den sonstigen Bezug ist die **Differenz** zwischen der Jahreslohnsteuer auf den voraussichtlichen Jahresarbeitslohn **mit** dem sonstigen Bezug und der Jahreslohnsteuer auf den voraussichtlichen Jahresarbeitslohn **ohne** den sonstigen Bezug.

Werden sonstige Bezüge, die eine Entschädigung oder eine Entlohnung für eine mehrjährige Tätigkeit darstellen, netto gezahlt, so ist auch hier die **Fünftelregelung** (siehe → Rz. 2246) anzuwenden. Deshalb werden die sonstigen Bezüge bei der Nettolohnberechnung auch nur zu einem Fünftel berücksichtigt.

Zu Einzelheiten im Zusammenhang mit **Nettolöhnen**, insbesondere zur sozialversicherungsrechtlichen Behandlung von Nettolöhnen siehe → *Nettolöhne* Rz. 1777.

15. Beispiele

2258 Die Berechnung des maßgebenden Jahresarbeitslohns sowie die Ermittlung der Lohnsteuer bei sonstigen Bezügen soll anhand folgender Beispiele erläutert werden:

Beispiel 1:

Ein Arbeitgeber in Niedersachsen zahlt im September 2002 einen sonstigen Bezug (Urlaubsgeld) in Höhe von 600 € an einen Arbeitnehmer (Steuerklasse I, ev.), auf dessen Lohnsteuerkarte Folgendes bescheinigt ist:

a) Dienstverhältnis beim früheren Arbeitgeber A vom 1.1. bis 10.4., Arbeitslohn 4 000 €,

b) Dienstverhältnis beim früheren Arbeitgeber B vom 1.5. bis 15.5., Arbeitslohn 800 €.

Beim jetzigen Arbeitgeber steht der Arbeitnehmer seit dem 1.6. in einem Dienstverhältnis; er hat für die Monate Juni bis August ein Monatsgehalt von 1 200 € bezogen, außerdem erhielt er am 20.8. einen sonstigen Bezug von 250 €. Vom 1.9. an erhält er ein Monatsgehalt von 1 400 € zuzüglich eines weiteren (13.) Monatsgehalts am 1.12.

Ermittlung der Lohnsteuer auf das Urlaubsgeld (September):

Der voraussichtliche Jahresarbeitslohn (ohne den sonstigen Bezug, für den die Lohnsteuer ermittelt werden soll) beträgt hiernach:

Arbeitslohn 1.1. bis 10.4.	4 000 €
+ Arbeitslohn 1.5. bis 15.5.	800 €
+ Arbeitslohn 1.6. bis 31.8. (3 × 1 200 €)	3 600 €
+ Sonstiger Bezug am 20.8.	250 €
+ Arbeitslohn für September	1 400 €
+ voraussichtlicher Arbeitslohn Oktober bis Dezember (3 × 1 400 €)	4 200 €
= voraussichtlicher Jahresarbeitslohn	14 250 €

Das 13. Gehalt ist ein zukünftiger sonstiger Bezug und bleibt daher unberücksichtigt (R 119 Abs. 3 Satz 5 LStR).

Die Steuern für September ermitteln sich wie folgt:

a) Laufender Arbeitslohn

Monatslohn	1 400,— €
Lohnsteuer laut Monatstabelle (I/0)	118,91 €
Solidaritätszuschlag (5,5 %)	6,54 €
Kirchensteuer (9 %)	10,70 €

b) Sonstiger Bezug

Jahresarbeitslohn **ohne sonstigen Bezug**	14 250,— €
+ sonstiger Bezug	600,— €
= Jahresarbeitslohn **mit sonstigem Bezug**	14 850,— €
Lohnsteuer (I/0) von 14 850 €	920,— €
∕ Lohnsteuer (I/0) von 14 250 €	773,— €
= Lohnsteuer auf den sonstigen Bezug	147,— €
Solidaritätszuschlag (5,5 % von 147 €)	8,08 €
Kirchensteuer (9 % von 147 €)	13,23 €
Lohnsteuer auf den laufenden Arbeitslohn	118,91 €
Lohnsteuer auf den sonstigen Bezug	147,— €
= Lohnsteuer insgesamt für September	265,91 €
Solidaritätszuschlag auf den laufenden Arbeitslohn	6,54 €
Solidaritätszuschlag auf den sonstigen Bezug	8,08 €
= Solidaritätszuschlag insgesamt für September	14,62 €
Kirchensteuer auf den laufenden Arbeitslohn	10,70 €
Kirchensteuer auf den sonstigen Bezug	13,23 €
= Kirchensteuer insgesamt für September	23,93 €

Beispiel 2:

Ein Arbeitnehmer in Köln erhält einen Monatslohn von 1 500 € sowie im Dezember ein 13. Gehalt. Im Juli 2002 hat er ein Urlaubsgeld von 1 250 € erhalten, das als sonstiger Bezug versteuert worden ist. Der Arbeitnehmer ist verheiratet; auf der Lohnsteuerkarte ist die Steuerklasse V und das Kirchensteuermerkmal ev eingetragen. Am 4.8.2002 werden dem Arbeitnehmer Zwillinge geboren. Die Ehegatten nehmen zum 1.9.2002 einen Steuerklassenwechsel vor. Der Arbeitnehmer erhält nunmehr die Steuerklasse III/2. Gleichzeitig wird ab 1.9.2002 ein monatlicher Freibetrag von 125 € (Jahresfreibetrag 500 €) eingetragen. Durch die Geburt der Kinder erhält der Arbeitnehmer ab September eine Gehaltserhöhung von 100 €. Gleichzeitig zahlt der Arbeitgeber dem Arbeitnehmer mit dem September-Gehalt eine Geburtsbeihilfe von 1 400 € aus.

September-Abrechnung

Der voraussichtliche Jahresarbeitslohn (ohne den sonstigen Bezug, für den die Lohnsteuer ermittelt werden soll) beträgt hiernach:

Arbeitslohn 1.1. bis 31.8. (8 × 1 500 €)	12 000 €
+ Arbeitslohn für September	1 600 €
= Insgesamt	13 600 €

Umrechnung auf 12 Monate: $\dfrac{13\,600\,€ \times 12}{9}$ 18 133 €

+ Sonstiger Bezug im Juli	1 250 €
∕ Jahresfreibetrag	500 €
= voraussichtlicher Jahresarbeitslohn	18 883 €

Das 13. Gehalt ist ein zukünftiger sonstiger Bezug und bleibt daher unberücksichtigt.

Die Steuern für September ermitteln sich wie folgt:

a) Laufender Arbeitslohn

Monatslohn	1 600,— €
∕ monatlicher Freibetrag	125,— €
= zu versteuernder Arbeitslohn	1 475,— €
Lohnsteuer laut Monatstabelle (III/2)	0,— €
Solidaritätszuschlag (5,5 %)	0,— €
Kirchensteuer (9 %)	0,— €

b) Sonstiger Bezug

Jahresarbeitslohn **ohne sonstigen Bezug**		**18 883,— €**
+ Geburtsbeihilfe	1 400 €	
∕ steuerfreier Betrag (2 × 358 €)	716 €	684,— €
= Jahresarbeitslohn **mit sonstigem Bezug**		**19 567,— €**
Lohnsteuer (III/2) von 19 567 €		34,— €
∕ Lohnsteuer (III/2) von 18 883 €		0,— €
= Lohnsteuer auf den sonstigen Bezug		34,— €
Solidaritätszuschlag (5,5 % von 34 €)		1,87 €
Kirchensteuer (9 % von 34 €)		3,06 €
Lohnsteuer auf den laufenden Arbeitslohn		0,— €
Lohnsteuer auf den sonstigen Bezug		34,— €
= Lohnsteuer insgesamt für September		34,— €
Solidaritätszuschlag auf den laufenden Arbeitslohn		0,— €
Solidaritätszuschlag auf den sonstigen Bezug		1,87 €
= Solidaritätszuschlag insgesamt für September		1,87 €
Kirchensteuer auf den laufenden Arbeitslohn		0,— €
Kirchensteuer auf den sonstigen Bezug		3,06 €
= Kirchensteuer insgesamt für September		3,06 €

Wie bereits oben erwähnt, sind der Solidaritätszuschlag und die Kirchensteuer nicht aus der Jahreslohnsteuer zu berechnen. Vielmehr beträgt der **Solidaritätszuschlag immer 5,5 %** der auf den sonstigen Bezug entfallenden Lohnsteuer; die **Kirchensteuer beträgt immer 8 % bzw. 9 %** der auf den sonstigen Bezug entfallenden Lohnsteuer.

Sozialgesetzbuch

2259 Die in den unterschiedlichsten Gesetzeswerken normierten Sozialgesetze sollen nach und nach in einem „Sozialgesetzbuch" zusammengefasst werden. Nach dem derzeitigen Stand der Überlegungen wird das Sozialgesetzbuch in 14 einzelne Bücher gegliedert. Regelungen zu folgenden Bereichen enthalten:

Nr.	Inhalt	in Kraft seit
I	Allgemeiner Teil	1.1.1976
II	Ausbildungsförderung	
III	Arbeitsförderung	1.1.1998
IV	Gemeinsame Vorschriften für die Sozialversicherung	1.7.1977
V	Krankenversicherung	1.1.1989
VI	Rentenversicherung	1.1.1992
VII	Unfallversicherung	1.1.1997
VIII	Kinder- und Jugendhilfe	1.1.1991
IX	Rehabilitation und Teilhabe behinderter Menschen	1.7.2001
X	Verwaltungsverfahren, Schutz der Sozialdaten, Zusammenarbeit der Leistungsträger und ihre Beziehungen zu Dritten	1.1.1981
XI	Pflegeversicherung	1.1.1995
XII	Wohngeld	
XIII	Sozialhilfe	
XIV	Kindergeld, Erziehungsgeld	

Soweit die beabsichtigten Bücher des Sozialgesetzbuches noch nicht in Kraft getreten sind, werden die Rechtsverhältnisse derzeit noch durch andere Gesetzeswerke geregelt.

Sozialplan

1. Arbeitsrecht

Unternehmer und Betriebsrat haben über den Ausgleich oder die **2260** Milderung wirtschaftlicher Nachteile, die den Arbeitnehmern infolge der geplanten Betriebsänderung entstehen, eine Einigung durch Sozialplan herbeizuführen (§ 112 Abs. 1 Satz 2 BetrVG), sei es durch Betriebsvereinbarung, sei es durch Spruch der Einigungsstelle. Insoweit hat der Betriebsrat ein erzwingbares **Mitbestimmungsrecht**.

Voraussetzung ist daher allgemein, dass die geplante Betriebsänderung Grund für eine daraus folgende **wesentliche wirtschaftliche Benachteiligung der betroffenen Arbeitnehmer** ist. Solche wesentlichen **Nachteile können beispielsweise sein:** Versetzungen, verbunden mit Umzug und damit **Umzugskosten** bzw. längeren Anfahrtwegen und somit **zusätzlichen Fahrtkosten**, insbesondere aber auch die **Kündigung des Arbeitsverhältnisses**.

Welche **Maßnahmen** hier in Betracht kommen, kann nur nach den Umständen des Einzelfalles festgelegt werden. Dabei sind insbesondere auch Vorteile der geplanten Betriebsänderung zu berücksichtigen. Maßnahmen des Ausgleichs bzw. der Milderung sind beispielsweise Erstattung von Fahrgeld, Übernahme oder teilweise Übernahme von Umzugskosten, Zurverfügungstellung von Werkswohnungen, die Übernahme von Kosten notwendiger Umschulungs- oder Berufsbildungsmaßnahmen usw.; bei Entlassungen werden üblicherweise **Abfindungen** vereinbart, die in der Regel nach Lebensalter und Betriebszugehörigkeit gestaffelt sind.

2. Lohnsteuer

Zahlungen des Arbeitgebers (hier: Fahrtkostenzuschüsse wegen **2261** Betriebsverlegung) auf Grund eines Sozialplans gem. § 112 Abs. 1 BetrVG erfolgen grundsätzlich nicht im eigenbetrieblichen Interesse des Arbeitgebers und stellen daher steuer- und beitragspflichtigen Arbeitslohn dar (FG Baden-Württemberg, Urteil vom 28.6.1989, EFG 1989 S. 574).

[LSt] (SV)

Sozialplanabfindungen können, sofern die Voraussetzungen des § 3 Nr. 9 EStG vorliegen, teilweise steuerfrei bzw. steuerbegünstigt ausgezahlt werden; zu weiteren Einzelheiten, insbesondere auch zur sozialversicherungsrechtlichen Beurteilung, vgl. → *Entlassungsabfindungen/Entlassungsentschädigungen* Rz. 857 sowie → *Entschädigungen* Rz. 881.

Sozialversicherungsausweis

1. Grundsätze

a) Verwendungszweck

Jeder Beschäftigte erhält **durch den Rentenversicherungsträ- 2262 ger** einen Sozialversicherungsausweis, der ggf. bei der Ausübung der Beschäftigung mitzuführen, beim Arbeitgeber bei Beginn der Beschäftigung oder bei Kontrollen zur Aufdeckung von illegalen Beschäftigungsverhältnissen vorzulegen oder zur Verhinderung von Leistungsmissbrauch bei dem jeweiligen Leistungsträger auf Aufforderung zu hinterlegen ist (§ 95 Abs. 1 SGB IV). **Hiervon ausgenommen sind lediglich:**

– Beschäftigte, die weder kranken-, pflege-, renten- oder arbeitslosenversicherungspflichtig sind (z.B. Beamte, wenn sie keine weitere Beschäftigung außerhalb ihres Dienstverhältnisses ausüben), es sei denn, die Beschäftigung wird geringfügig ausgeübt,

– geringfügig Beschäftigte in privaten Haushalten,

– mitarbeitende Familienangehörige eines landwirtschaftlichen Unternehmers,

– Beschäftigte, die im Rahmen eines im Ausland bestehenden Beschäftigungsverhältnisses in das Inland entsandt sind,

– geringfügig beschäftigte Schüler bis zum vollendeten 16. Lebensjahr.

Der Sozialversicherungsausweis darf nur für die oben beschriebenen Zwecke und zur Feststellung der Versicherungsnummer, nicht aber zum automatischen Abruf personenbezogener Daten verwendet werden. Eine **Ausnahmeberechtigung** besteht lediglich für die bei der Bekämpfung der illegalen Beschäftigung zusammenarbeitenden Stellen hinsichtlich des automatischen Abrufs von Meldedaten sowie von Daten über Leistungsbezug bei den Arbeitsämtern und von Leistungsmissbrauch. Dabei sind die personenbezogenen Daten sofort zu vernichten, wenn sich kein Anhaltspunkt für eine illegale Beschäftigung oder Leistungsmissbrauch ergeben hat (§ 95 Abs. 3 SGB IV).

b) Ausstellung des Ausweises

2263 Der Sozialversicherungsausweis wird bei der Vergabe einer Versicherungsnummer, **auch für geringfügig Beschäftigte, und auf Antrag ausgestellt**. Ein Antrag ist dabei an die zuständige Krankenkasse, nicht direkt an den Rentenversicherungsträger zu richten (§ 96 Abs. 1 SGB IV).

Zerstörte, unbrauchbare und verlorene Sozialversicherungsausweise werden auf Antrag neu ausgestellt; dabei sind **unbrauchbare** Sozialversicherungsausweise zurückzugeben (§ 96 Abs. 2 SGB IV). Dies gilt auch, wenn ausnahmsweise mehrere Sozialversicherungsausweise auf einen Namen ausgestellt wurden; jeder Beschäftigte darf **nur einen** auf seinen Namen ausgestellten Sozialversicherungsausweis besitzen. Der **Verlust** und ggf. das Wiederauffinden eines Sozialversicherungsausweises sind der Krankenkasse unverzüglich anzuzeigen.

Von Amts wegen wird der Sozialversicherungsausweis erneut ausgestellt, wenn sich die Versicherungsnummer, der Name oder der Vorname ändern.

Folgeausweise werden vom Rentenversicherungsträger mit einer fortlaufenden Nummer nach dem Ausstellungsdatum gekennzeichnet.

c) Im Ausweis enthaltene Daten, Mitteilungspflicht

2264 Der Sozialversicherungsausweis ist durch einen mehrsprachigen **Aufdruck** als solcher gekennzeichnet und trägt den Namen des ausstellenden Rentenversicherungsträgers, das Ausstellungsdatum, eine fortlaufende Vordrucknummer, die keine Angaben über den Ausweisinhaber enthalten darf und ggf. eine Folgenummer bei mehrfach ausgestellten Sozialversicherungsausweisen.

An **personenbezogenen Daten** werden ausschließlich folgende Angaben aufgenommen (§ 97 Abs. 1 SGB IV):

– Versicherungsnummer,

– Familiennamen und ggf. Geburtsnamen,

– Vornamen.

In das auf dem Ausweis hierfür vorgesehene Feld ist ein Lichtbild des Ausweisinhabers einzukleben, wenn der Beschäftigte zur **Mitführung des Sozialversicherungsausweises (§ 99 Abs. 2 SGB IV) bei der Ausübung seiner Beschäftigung verpflichtet ist** (vgl. hierzu auch Gemeinsame Rundschreiben der Spitzenverbände der Sozialversicherungsträger vom 8.7.1993 und 19./20.11.1997, Sozialversicherungsbeitrag-Handausgabe 2001 VL 99 IV/1 und 2). **Dies sind die Beschäftigten im**

– Baugewerbe (siehe ergänzend zur Klarstellung auch das Besprechungsergebnis der Spitzenverbände der Sozialversicherungsträger vom 17./18.11.1998, Sozialversicherungsbeitrag-Handausgabe 2001 VL 99 IV/3),

– Gaststätten- und Beherbergungsgewerbe,

– Personen- und Güterbeförderungsgewerbe,

– Schaustellergewerbe,

– Gebäudereinigungsgewerbe sowie

– Beschäftigte von Unternehmen, die sich am Auf- und Abbau von Messen und Ausstellungen beteiligen, und

– für nicht im Güterbeförderungsgewerbe mit Ausnahme des Werkverkehrs i.S. des Güterkraftverkehrsgesetzes beschäftigte Personen, die an der Beförderung von Gütern mit Kraftfahrzeugen einschließlich Be- und Entladens von Gütern beteiligt sind, es sei denn, die Personen werden auf Grundstücken im Besitz ihres Arbeitgebers tätig.

d) Ausländische Arbeitnehmer

2265 Werden ausländische Arbeitnehmer, die nicht der deutschen Sozialversicherungspflicht unterliegen, in die Bundesrepublik entsandt, müssen sie sich bei der Krankenkasse ihrer Wahl einen **Ersatzausweis** für die Dauer ihrer **Entsendung** ausstellen lassen; der Ausweis ist nach Beendigung der Beschäftigung der ausstellenden Krankenkasse zurückzugeben. **Von** dieser **Verpflichtung freigestellt** sind entsandte Werkvertragsarbeitnehmer, die auf der Grundlage einer zwischenstaatlichen Vereinbarung über die Beschäftigung von Arbeitnehmern auf der Grundlage von Werkverträgen tätig werden. Sie haben bei der Ausübung der Beschäftigung ihre Arbeitserlaubnis mitzuführen. Des Weiteren sind entsandte Beschäftigte freigestellt, die keiner Arbeitserlaubnis bedürfen mit Ausnahme von Beschäftigten, die firmeneigene Messestände auf- und abbauen und betreuen oder die im Zusammenhang mit Montage- und Instandhaltungsarbeiten sowie Reparaturen an gelieferten Anlagen und Maschinen beschäftigt werden.

2. Vorlagepflicht

a) Meldungen durch den Arbeitgeber

2266 Jeder Beschäftigte hat **zu Beginn** seiner **Beschäftigung** dem Arbeitgeber seinen Sozialversicherungsausweis vorzulegen (§ 99 Abs. 1 SGB IV); der Arbeitgeber ist verpflichtet, sich von jedem Beschäftigten diesen Ausweis vorlegen zu lassen (§ 98 Abs. 1 SGB IV). Damit gehört der Sozialversicherungsausweis zu den Unterlagen, die **zwingend** zu Beginn einer Beschäftigung dem Arbeitgeber zur Einsichtnahme vorzulegen sind.

Kann der Arbeitnehmer den Sozialversicherungsausweis nicht unmittelbar vorlegen, hat er dies unverzüglich **nachzuholen**. Der Arbeitgeber ist verpflichtet, der Krankenkasse die Nichtvorlage des Sozialversicherungsausweises unverzüglich mit dem **Meldevordruck** „Meldung zur Sozialversicherung" durch Ankreuzen des Feldes Kontrollmeldung anzuzeigen, wenn die Vorlage nicht innerhalb von drei Tagen nachgeholt wird. Die Meldung ist am Tag der Beschäftigungsaufnahme **unverzüglich** abzugeben, wenn der Beschäftigte zur Mitführung seines Sozialversicherungsausweises verpflichtet ist.

In der Meldung sind – soweit bekannt – die Versicherungsnummer des Arbeitnehmers, sein Familien- und Vorname sowie seine Anschrift anzugeben. Die „Kontrollmeldung" kann mit anderen Meldungen für diesen Arbeitnehmer (Anmeldung, Sofortmeldung) bei entsprechender Kennzeichnung verbunden werden, wenn der Arbeitgeber diese Meldungen schon erstatten kann. Kontrollmeldungen sind sowohl für die versicherungspflichtigen Arbeitnehmer als auch für versicherungsfrei geringfügig Beschäftigte zu erstatten.

Bei **geringfügig Beschäftigten** kann die Aufbewahrung des Sozialversicherungsausweises zwischen Arbeitgeber und Arbeitnehmer für die Dauer der Beschäftigung vereinbart werden, um zu vermeiden, dass der geringfügig Beschäftigte ohne Wissen des Arbeitgebers eine weitere Beschäftigung ausübt, die durch das Zusammenrechnen mehrerer geringfügiger Beschäftigungen Versicherungs- und Beitragspflicht bewirkt (→ *Geringfügig Beschäftigte* Rz. 1115). Ist der Arbeitnehmer zur Mitführung seines Sozialversicherungsausweises verpflichtet, hat der Arbeitnehmer ein mit Lichtbild versehenes **Ersatzdokument** bei sich zu führen.

b) Entgeltfortzahlung/Leistungsbezug

2267 Der Arbeitgeber ist berechtigt, während einer Lohn-/Gehaltszahlung aus Anlass einer Arbeitsunfähigkeit die **Hinterlegung** des Sozialversicherungsausweises zu verlangen (§ 100 Abs. 2

SGB IV). Er kann die **Entgeltfortzahlung** so lange verweigern, bis der Arbeitnehmer der Aufforderung zur Vorlage und Hinterlegung nachkommt, es sei denn, der Arbeitnehmer hat die Unmöglichkeit der Hinterlegung nicht zu vertreten. Kommt der Arbeitnehmer verspätet der Aufforderung des Arbeitgebers zur Hinterlegung nach, ist der Arbeitgeber auch für die davor liegende Zeit zur nachträglichen Entgeltfortzahlung verpflichtet (BAG-Urteil vom 14.6.1995, BB 1995 S. 149). Mit Ablauf des Anspruches auf Entgeltfortzahlung ist der Sozialversicherungsausweis auch bei fortbestehender Arbeitsunfähigkeit unverzüglich an den Arbeitnehmer zurückzugeben.

Auch beim Bezug von **Leistungen des Arbeitsamtes** oder des Sozialamtes soll der Sozialversicherungsausweis bei diesen Stellen hinterlegt werden. Die Krankenkasse kann bei der Zahlung von Krankengeld die Hinterlegung verlangen.

Zu weiteren Einzelheiten siehe auch → *Meldungen für Arbeitnehmer in der Sozialversicherung* Rz. 1699.

Sparkassenbedienstete: Aufwandsentschädigungen und Renumerationen

1. Steuerbefreiung von Aufwandsentschädigungen und Reisekosten

2268 Sparkassen sind zwar „**öffentliche Kassen**", vgl. H 14a (Öffentliche Kassen) LStH. Da die Sparkassenbediensteten jedoch **keine** „**öffentlichen Dienste**" leisten – es handelt sich um Betriebe gewerblicher Art –, können die Sparkassen keine steuerfreien Aufwandsentschädigungen nach § 3 Nr. 12 Satz 2 EStG zahlen, vgl. H 13 (Fiskalische Verwaltung) LStH. Dies gilt auch für die ehrenamtliche Tätigkeit der Mitglieder des **Verwaltungsrates** einer Sparkasse (FinMin Sachsen, Erlass vom 8.8.1994 – 32 – S 2337 – 24/2).

Die Tätigkeit der **Sparkassen- und Giroverbände** ist hingegen regelmäßig im Wesentlichen dem Bereich der schlichten Hoheitsverwaltung zuzurechnen. Die von Sparkassen- und Giroverbänden gezahlten Aufwandsentschädigungen können daher unter den Voraussetzungen des § 3 Nr. 12 Satz 2 EStG steuerfrei bleiben (BFH, Urteil vom 27.2.1976, BStBl II 1976 S. 418).

Die Steuerfreiheit von Reisekostenvergütungen richtet sich nach § 3 Nr. 13 EStG (→ *Reisekostenvergütungen aus öffentlichen Kassen* Rz. 2095).

2. Abgrenzung der Einkunftsart •

a) Arbeitslohn

2269 Die **Sparkassenbediensteten** sind Arbeitnehmer. Abgrenzungsschwierigkeiten ergeben sich aber immer wieder bei den **Mitgliedern des Verwaltungsrates** einer Sparkasse:

– Wenn der Leiter einer Kommune (z.B. Landrat oder Bürgermeister) kraft Gesetzes Vorsitzender des Verwaltungsrates einer Sparkasse ist und hierfür eine Aufwandsentschädigung erhält, stellt diese bei ihm wegen der **engen Verknüpfung mit der Arbeitnehmertätigkeit Arbeitslohn** dar. Es handelt sich um Arbeitslohn durch **Dritte** (§ 38 Abs. 1 Satz 2 EStG); den Lohnsteuerabzug hat der Dienstherr vorzunehmen.

– Eine (teilweise) **Steuerbefreiung der Aufwandsentschädigung** ist nicht möglich, der Steuerpflichtige kann seine Aufwendungen für die Verwaltungsratstätigkeit lediglich in seiner Einkommensteuererklärung als Werbungskosten absetzen. Eine **pauschale Anerkennung** von Werbungskosten ist **nicht möglich**.

Zum steuerpflichtigen Arbeitslohn gehören auch Vergütungen (sog. **Renumerationen**), die **Vorstandsmitglieder** der Sparkassen von Bausparkassen bzw. Versicherungen auf Grund von Kooperationsabkommen dafür erhalten, dass die Sparkassen Dienstleistungen der Bausparkassen oder Versicherungen vermitteln (z.B. Bausparverträge). Es handelt sich um **Lohnzahlungen von dritter Seite**, die dem Lohnsteuerabzug unterliegen. Soweit die Sparkasse diese Bezüge nicht selbst ermitteln kann, hat sie der Sparkassenvorstand für jeden Lohnzahlungszeitraum seinem Ar-

beitgeber anzuzeigen (R 106 Abs. 2 Satz 3 LStR). Es kommt auch vor, dass auf Grund besonderer Vereinbarungen insoweit ein Dienstverhältnis zwischen der Bausparkasse bzw. Versicherung und dem Sparkassenvorstand besteht; den Lohnsteuerabzug hat dann die Bausparkasse bzw. Versicherung vorzunehmen (BMF-Schreiben vom 26.10.1998, DB 1999 S. 309).

b) Selbständige Tätigkeit

Einnahmen aus selbständiger Tätigkeit i.S. des § 18 Abs. 1 Nr. 3 **2270** EStG, die nicht dem Lohnsteuerabzug unterliegen, erzielen dagegen

– die **weiteren Mitglieder des Verwaltungsrates** (FG Baden-Württemberg, Urteil vom 29.11.1968, EFG 1969 S. 234) sowie

– die **Beschäftigten der Sparkasse, die dem Verwaltungsrat angehören** (wie Arbeitnehmer-Aufsichtsräte, vgl. → *Aufsichtsratsvergütungen* Rz. 295).

Die den Mitgliedern des Verwaltungsrates gezahlten **Sitzungsgelder** sind steuerlich wie Aufwandsentschädigungen zu behandeln, sind also ebenfalls steuerpflichtig (FinMin Sachsen, Erlass vom 8.8.1994 – 32 – S 2337 – 24/2).

Sparprämien

Zahlt der Arbeitgeber seinen Arbeitnehmern Sparprämien, wenn **2271** sie am sog. Belegschaftssparen teilnehmen, so sind die Prämien Arbeitslohn.

Spielbank: Mitarbeiter

Die dem spieltechnischen Personal (technische Leiter, Saalchefs, **2272** Croupiers usw.) aus dem sog. Tronc **gezahlten Bezüge sind steuerpflichtiger Arbeitslohn**; die Steuerbefreiung des § 3 Nr. 51 EStG für Trinkgelder findet keine Anwendung (BFH, Urteil vom 19.7.1963, BStBl III 1963 S. 479). Für **Sonntags-, Feiertags- oder Nachtarbeit** können nach § 3b EStG steuerfreie Zuschläge gezahlt werden, wenn neben dem Grundlohn tatsächlich ein Zuschlag für effektiv geleistete Sonntags-, Feiertags- oder Nachtarbeit gezahlt wird (R 30 Abs. 1 Satz 1 LStR); ein **pauschales „Herausrechnen"** aus der Gesamtvergütung ist nicht zulässig (FinMin Niedersachsen, Erlass vom 22.1.1976, LSt-Kartei § 3b EStG Nr. 4).

Fundgelder (z.B. Jetons oder Bargeld, das Mitarbeiter oft in nicht unbeträchtlicher Höhe in den Räumlichkeiten der Spielbank auffinden), die Arbeitnehmer mit Wissen und Billigung des Arbeitgebers behalten dürfen, sind steuerpflichtiger **Arbeitslohn**. Der **Arbeitgeber haftet**, wenn er den Lohnsteuerabzug nicht vornimmt (FG Rheinland-Pfalz, Urteil vom 22.3.1990, DStZ 1992 S. 54).

Als Aufwendungen für **typische Berufskleidung** können beim spieltechnischen Personal nur die Aufwendungen für schwarze Anzüge, Smokinghemden und Binder angesehen und somit vom Arbeitgeber nach § 3 Nr. 31 EStG steuer- und damit auch beitragsfrei ersetzt werden (→ *Berufskleidung* Rz. 537).

Kosten für Schuhe, Socken, normale Oberhemden und für die Haarpflege sind dagegen nicht zu berücksichtigen.

Sportanlagen

In der Praxis ist immer wieder streitig, wann Aufwendungen des **2273** Arbeitgebers für den **Betriebssport** steuerpflichtiger Arbeitslohn sind und ob ggf. entsprechende Aufwendungen des Arbeitnehmers als **Werbungskosten** abgesetzt werden können.

1. Arbeitgeberaufwendungen als Arbeitslohn

a) Verwaltungsauffassung

2274 Nach Auffassung der Finanzverwaltung gilt Folgendes (OFD Frankfurt, Verfügung vom 8.7.1996, FR 1996 S. 649):

Die Aufwendungen des **Arbeitgebers für den Betriebssport stellen grundsätzlich Arbeitslohn** dar. Lediglich die für das Betreiben von **Mannschaftssportarten (z.B. Handball, Fußball)** übernommenen Kosten für Platz- und Gerätemiete können wegen der schwierigen persönlichen Zurechnung sowie des im Allgemeinen geringen persönlichen Vorteils des Arbeitnehmers außer Ansatz bleiben. Soweit der Arbeitgeber dagegen seinen Arbeitnehmern kostenlos oder verbilligt die Ausübung von **Einzelsportarten wie z.B. Tennis oder Golf** ermöglicht, ist der geldwerte Vorteil dem Arbeitnehmer zuzurechnen und als Arbeitslohn zu versteuern. Für die Bewertung des Vorteils ist § 8 Abs. 2 EStG maßgeblich. d. h. dass die um übliche Preisnachlässe geminderten üblichen Endpreise am Abgabeort anzusetzen sind.

Ein Zuschuss des Arbeitgebers an die Betriebssportgemeinschaft für die **Anschaffung von Sportkleidung** ist lohnsteuerrechtlich unbeachtlich. Voraussetzung dazu ist jedoch, dass die bezuschusste Sportkleidung zivilrechtlich und wirtschaftlich im Eigentum der Sportgemeinschaft verbleibt und eine Nutzung außerhalb der betrieblichen Sportveranstaltungen ausgeschlossen ist.

b) Rechtsprechung

2275 Die **unentgeltliche** Nutzung von **Tennis- oder Squashplätzen**, die der Arbeitgeber gemietet hat, durch Arbeitnehmer führt bei diesen zu steuerpflichtigem **Arbeitslohn**, und zwar unabhängig davon, wie der Arbeitgeber die Nutzung der überlassenen Plätze im Einzelnen organisiert hat (BFH, Urteil vom 27.9.1996, BStBl II 1997 S. 146). Dies gilt auch für den Fall, dass der Arbeitgeber seinen Arbeitnehmern angemietete Plätze zu einem **verbilligten Preis** überlässt; der Preisvorteil stellt dann einen als Arbeitslohn zu erfassenden geldwerten Vorteil dar (BFH, Urteil vom 8.11.1996, BFH/NV 1997 S. 473). Entsprechendes gilt für die unentgeltliche oder verbilligte Überlassung von **Golfplätzen, Reitpferden, Segelbooten** usw.

Arbeitslohn liegt auch vor, wenn

– der Arbeitgeber seinen Arbeitnehmern unentgeltlich **Eintrittskarten für Fitnesscenter, Kegelbahnen, Tennishallen** usw. überlässt (FG Münster, Urteil vom 21.9.1989, EFG 1990 S. 178),

– der Arbeitgeber **Zuschüsse zur „Betriebssportgruppe Tennis"** zahlt, weil sie messbare Vorteile für die einzelnen Spieler beinhalten (FG Rheinland-Pfalz, Urteil vom 27.1.1999, NWB 1999 Fach 1 S. 101),

– eine GmbH zu Gunsten ihres Geschäftsführers Zahlungen für die Spielberechtigung in einem **Golfclub** leistet (FG Düsseldorf, Urteil vom 24.10.2000, DStRE 2001 S. 171).

Die geldwerten Vorteile bleiben jedoch **steuerfrei**, wenn sie die **Freigrenze von insgesamt 50 € im Kalendermonat** nicht übersteigen (§ 8 Abs. 2 Satz 9 EStG).

(LSt) (SV)

2. Werbungskostenabzug

2276 Aufwendungen eines Arbeitnehmers für die Teilnahme am Betriebssport (z.B. Fahrtkosten, Mehraufwendungen für Verpflegung, evtl. Nebenkosten wie z.B. Unfallkosten) sind **Kosten der Lebensführung** (§ 12 Nr. 1 EStG) und können daher nicht als Werbungskosten abgesetzt werden (FG Berlin, Urteil vom 19.3.1987, EFG 1987 S. 400, betr. Unfall auf der Fahrt zu einer Betriebssportveranstaltung). Vgl. dazu folgende Verfügung der OFD Düsseldorf vom 19.5.1988, DStR 1988 S. 685:

Sportliche Aktivitäten im Bereich des Betriebssports liegen im **privaten Bereich** des Teilnehmers. Dass der Sport im Kollegenkreis betrieben wird, das Arbeitsklima fördert und das Zusammengehörigkeitsgefühl der Belegschaft stärkt und häufig der Arbeitgeber diese Aktivitäten seiner Mitarbeiter fördert, führt nicht dazu, dass diese Art der privaten Freizeitgestaltung beruflichen Charakter bekäme. Die Teilnahme am Betriebssport ist in der Regel völlig freiwilliger Natur. Die **wohlwollende Förderung des Betriebssports durch Arbeitgeber** kann wegen des bestehenden Aufteilungs- und Abzugsverbots nach § 12 Nr. 1 EStG **nicht** dazu führen, dass Aufwendungen (Fahrtkosten, Mehrverpflegungsaufwand und eventuelle Nebenkosten wie z.B. Unfallkosten) anlässlich von Betriebssport-

veranstaltungen steuermindernd als **Werbungskosten** berücksichtigt werden.

Eine **dienstliche Veranlassung** dürfte aber in den Fällen angenommen werden, in denen Arbeitnehmer von Arbeitgebern in **offizieller Funktion** zur Organisation und Durchführung von regionalen bzw. überregionalen Betriebssportveranstaltungen abgeordnet werden.

Ein **Werbungskostenabzug** ist **darüber hinaus** möglich, wenn z.B. bei einem Polizeibeamten Tennis als **Dienstsport anerkannt** ist und die Tennisstunden auf die Dienstzeit angerechnet werden (FG des Saarlandes, Urteil vom 19.3.1991, EFG 1991 S. 377). Aufwendungen für die **allgemeine sportliche Betätigung** sind dagegen selbst bei Sportlehrern nicht abzugsfähig (zuletzt FG Baden-Württemberg, Urteil vom 27.1.1999 – 8 K 389/98 –, INF 1/ 2000 S. IV, betr. einen Sportlehrer, der Aufwendungen für eine Schwimmbad-Jahreskarte und für die Mitgliedschaft in einem Fitness-Studio als Werbungskosten absetzen wollte).

Sprachkurse

2277 Übernimmt der Arbeitgeber für Arbeitnehmer die Kosten für Sprachkurse, liegt grundsätzlich **steuerpflichtiger Arbeitslohn** vor, auch wenn die Aufwendungen beim Arbeitnehmer als **Werbungskosten** abzugsfähig sein sollten (R 70 Abs. 3 Satz 1 LStR). Einzelheiten zum Werbungskostenabzug siehe → *Lohnsteuer-Ermäßigungsverfahren* Rz. 1586.

Steuerfrei sind dagegen Ersatzleistungen des Arbeitgebers bzw. vom Arbeitgeber selbst unentgeltlich angebotene Sprachkurse, wenn die Kurse **im ganz überwiegenden betrieblichen Interesse des Arbeitgebers** durchgeführt werden. Dies ist der Fall, wenn der Arbeitgeber die Sprachkenntnisse in dem für den Arbeitnehmer vorgesehenen Aufgabengebiet verlangt (R 74 Abs. 2 Satz 4 LStR); dies gilt auch für Sprachgrundkurse. Dabei ist unerheblich, ob der Arbeitnehmer den Sprachkurs **während der Arbeitszeit oder aber in seiner Freizeit besucht** (→ *Fortbildung* Rz. 1044). Welche Kosten steuerfrei ersetzt werden können, richtet sich nach den Regeln für Reisekosten (→ *Reisekosten: Allgemeine Grundsätze* Rz. 1994).

Zum **Werbungskostenabzug** siehe → *Lohnsteuer-Ermäßigungsverfahren* Rz. 1598, Stichwort „Sprachkurs".

Springer

2278 Arbeitnehmer, die ausschließlich als **Aushilfen bei Personalengpässen** infolge Krankheit, Urlaub oder unvorhergesehenen Arbeitsanfalls in Filialen z.B. von Supermarktketten oder Banken eingesetzt werden (sog. **Springer**), üben eine **Einsatzwechseltätigkeit** aus (BFH, Urteil vom 20.11.1987, BStBl II 1988 S. 443). Fahrtkosten und Mehraufwendungen für Verpflegung können daher nach den Grundsätzen für Reisekosten steuerfrei ersetzt werden (→ *Reisekosten: Allgemeine Grundsätze* Rz. 1994).

Sterbegeld

1. Begriffsbestimmung

a) Arbeitslohn bis zum Todestag

2279 Wenn der Arbeitnehmer während des Kalendermonats verstirbt, so hat er mindestens bis zum Todestag Anspruch auf Arbeitslohn. Zur Besteuerung und der sozialversicherungsrechtlichen Behandlung dieses Arbeitslohns siehe → *Tod des Arbeitnehmers* Rz. 2421.

b) Sterbegeld als fortgezahlter Arbeitslohn

2280 In Tarifverträgen, Betriebsvereinbarungen oder in Einzelarbeitsverträgen ist häufig vorgesehen, dass die Hinterbliebenen des Arbeitnehmers den Arbeitslohn für den restlichen Monat und ggf. für weitere Monate erhalten. Auch diese Zahlungen werden Sterbegeld genannt. Das Sterbegeld ist steuerpflichtig. Sozialversicherungsrechtlich ist diese Zuwendung keine Zahlung von Arbeitsentgelt. Daher ist lediglich das in dem laufenden Abrechnungszeitraum bis zum Todestag erzielte Arbeitsentgelt als beitragspflichtig anzusehen.

c) Sterbegeld als Zuwendungen durch die gesetzliche Kranken- bzw. Unfallversicherung

2281 Der Anspruch auf Sterbegeld bei Tod des Versicherten oder eines berechtigten Familienangehörigen wurde mit Wirkung vom 1.1.1989 aus dem Leistungskatalog der gesetzlichen Krankenversicherung als eine für die Krankenversicherung untypische Leistung gestrichen.

Jedoch wird beim Tod eines Versicherten ein Zuschuss in Höhe von 1 050 € – bei verstorbenen Familienangehörigen von 525 € – zu den Bestattungskosten gezahlt, wenn der Verstorbene am 1.1.1989 versichert war. Das Sterbegeld wird dem gezahlt, der die Bestattung besorgt hat. Sterbegeld, das von der gesetzlichen Krankenversicherung oder von der gesetzlichen Unfallversicherung gezahlt wird, ist nach § 3 Nr. 1a EStG steuer- und beitragsfrei.

2. Sterbegeld im öffentlichen Dienst

a) Steuerpflichtiges Sterbegeld

2282 Im öffentlichen Dienst erhalten der überlebende Ehegatte oder die anderen im Beamtenversorgungsgesetz genannten Personen ein Sterbegeld in Höhe des zweifachen Betrags der Dienstbezüge, des Ruhegehalts oder des Unterhaltsbeitrags des Verstorbenen (§ 18 Abs. 1, Abs. 2 Nr. 1 und Abs. 3 BeamtVG). Das Sterbegeld wird neben dem Witwengeld in einer Summe ausgezahlt. Es ist keine nach § 3 Nr. 11 EStG steuerfreie Beihilfe (FinMin Nordrhein-Westfalen, Erlass vom 1.3.1962, DB 1962 S. 353), sondern steuerpflichtiger Arbeitslohn (§ 19 Abs. 1 Satz 1 Nr. 2 EStG). Tarifermäßigungen wie z.B. die Anwendung der Fünftelregelung (→ *Entschädigungen* Rz. 881; → *Arbeitslohn für mehrere Jahre* Rz. 229) kommen nicht in Betracht. Das Sterbegeld ist jedoch ein **steuerbegünstigter Versorgungsbezug** (§ 19 Abs. 2 EStG, R 75 Abs. 1 Nr. 1 LStR; → *Versorgungsbezüge* Rz. 2560). Hinsichtlich der Versteuerung des Sterbegelds siehe → *Tod des Arbeitnehmers* Rz. 2421.

b) Steuerfreies Sterbegeld

2283 Sterbegeld, das an **sonstige Personen** bis zur Höhe ihrer Aufwendungen auf Grund des § 18 Abs. 2 Nr. 2 BeamtVG gezahlt wird, ist nach § 3 Nr. 11 EStG steuer- und beitragsfrei. In diesen Fällen wird stets ein Notfall i.S. des § 3 Nr. 11 EStG unterstellt (OFD Düsseldorf, Verfügung vom 1.9.1964, DB 1964 S. 1393).

3. Sterbegeld im privaten Dienst

2284 Für Sterbegelder, die im privaten Dienst gezahlt werden, gelten die oben dargestellten Ausführungen entsprechend. So ist das auf Grund eines Tarifvertrags oder einer Betriebsvereinbarung bzw. einer einzelvertraglichen Regelung gezahlte Sterbegeld steuerpflichtiger, aber beitragsfreier Arbeitslohn, der als sonstiger Bezug i.S. des § 19 Abs. 1 Satz 1 Nr. 2 EStG von den Hinterbliebenen versteuert werden muss. Dies gilt auch für den Fall, dass als Sterbegeld mehrere Monatsgehälter gezahlt werden, weil es sich hierbei dem Grunde nach nur um die ratenweise Zahlung eines Einmalbetrags handelt. Hinsichtlich der Versteuerung des Sterbegelds siehe → *Tod des Arbeitnehmers* Rz. 2421.

Zur Anwendung des Versorgungs-Freibetrags gilt Folgendes (R 76 Abs. 3 Nr. 2 LStR):

– Der **Arbeitslohn für den Sterbemonat** stellt, wenn er arbeitsrechtlich für den gesamten Lohnzahlungszeitraum zu zahlen ist, **keinen Versorgungsbezug** i.S. des § 19 Abs. 2 EStG dar.

– Besteht dagegen ein Anspruch auf Lohnzahlung **nur bis zum Todestag**, handelt es sich bei den darüber hinausgehenden Leistungen an die Hinterbliebenen um **Versorgungsbezüge**.

Dies gilt entsprechend für den Fall, dass die arbeitsrechtlichen Vereinbarungen für den Sterbemonat lediglich die Zahlung von Hinterbliebenenbezügen vorsehen oder keine vertraglichen Abmachungen über die Arbeitslohnbemessung bei Beendigung des Dienstverhältnisses im Laufe des Lohnzahlungszeitraums bestehen. Auch in diesen Fällen stellt nur der Teil der Bezüge, der auf die Zeit nach dem Todestag entfällt, einen Versorgungsbezug dar. Zur Berechnung des Freibetrags für Versorgungsbezüge siehe → *Versorgungs-Freibetrag* Rz. 2565.

Beispiel 1:

Ein Arbeitnehmer hat nach dem Tarifvertrag Anspruch auf Arbeitslohn bis zum Todestag. Dieser wird den Hinterbliebenen ausgezahlt.

Die Leistungen an die Hinterbliebenen sind keine Versorgungsbezüge.

Beispiel 2:

Ein Arbeitnehmer hat nach dem Tarifvertrag Anspruch auf Arbeitslohn für den vollen Kalendermonat. Dieser wird den Hinterbliebenen ausgezahlt.

Die Leistungen an die Hinterbliebenen sind keine Versorgungsbezüge.

Beispiel 3:

Ein Arbeitnehmer hat nach dem Tarifvertrag Anspruch auf Arbeitslohn bis zum Todestag. Dieser wird den Hinterbliebenen ausgezahlt. Darüber hinaus zahlt der Arbeitgeber freiwillig auch den Arbeitslohn für den restlichen Monat an die Hinterbliebenen.

Die Leistungen an die Hinterbliebenen sind Versorgungsbezüge, soweit sie auf die Zeit vom Todestag bis zum Ende des Kalendermonats entfallen. Die Leistungen bis zum Todestag sind keine Versorgungsbezüge.

4. Besteuerung des Sterbegeldes bei mehreren Anspruchsberechtigten

2285 Sind **mehrere Erben** oder Hinterbliebene anspruchsberechtigt und zahlt der Arbeitgeber den Arbeitslohn an **einen** Erben oder **einen** Hinterbliebenen aus, so ist der Lohnsteuerabzug nur nach dessen Besteuerungsmerkmalen durchzuführen. Die an die übrigen Anspruchsberechtigten weitergegebenen Beträge stellen im Kalenderjahr der Weitergabe **negative Einnahmen** dar (R 76 Abs. 2 LStR). Zu weiteren Einzelheiten, insbesondere zur Berücksichtigung des Versorgungs-Freibetrags bei der Ermittlung der negativen Einnahmen, siehe → *Tod des Arbeitnehmers* Rz. 2421.

Steuerklassen

1. Allgemeines

2286 Für den Lohnsteuerabzug werden Arbeitnehmer in verschiedene Steuerklassen eingereiht (§§ 38b Satz 1, 39d Abs. 1 Satz 1 EStG), für die in den Lohnsteuertabellen (→ *Lohnsteuertabellen* Rz. 1655) die den Arbeitnehmern zustehenden Tarife (Grundtabelle oder Splittingtabelle) sowie Pausch- und Freibeträge (z.B. der Arbeitnehmer-Pauschbetrag von 1 044 €) bereits eingearbeitet sind. Hierdurch soll der Lohnsteuerabzug vereinfacht werden, der Arbeitgeber braucht also beim Lohnsteuerabzug nur auf der Lohnsteuerkarte oder der besonderen Bescheinigung nach § 39c Abs. 4 EStG (für Arbeitnehmer ohne Wohnsitz oder gewöhnlichen Aufenthalt im Inland) eingetragenen Freibeträge, ggf. den Altersentlastungsbetrag (→ *Altersentlastungsbetrag* Rz. 38), und den Versorgungs-Freibetrag (→ *Versorgungs-Freibetrag* Rz. 2565) abzuziehen und einen etwaigen Hinzurechnungsbetrag nach § 39a Abs. 1 Nr. 7 EStG hinzuzurechnen. Zum Lohnsteuerabzug ohne Vorlage einer Lohnsteuerkarte bzw. besonderen Bescheinigung siehe → *Nichtvorlage der Lohnsteuerkarte* Rz. 1783. **Zuständig** für die Eintragung der Steuerklasse auf der Lohnsteuerkarte ist grundsätzlich die **Gemeinde** (§ 39 Abs. 3 Nr. 1 EStG). Ausnahme: Das **Finanzamt** ist zuständig, wenn ein Arbeitnehmer mit **EU-/ EWR-Staatsangehörigkeit** auf Antrag in die Steuerklasse III einzuordnen ist (§ 39 Abs. 3 Satz 2 EStG), vgl. → Rz. 2290. Zuständig für die Eintragung der Steuerklasse auf der besonderen Bescheinigung ist ausschließlich das Finanzamt. Der Arbeitgeber ist an die auf der Lohnsteuerkarte oder der besonderen Bescheinigung eingetragene Steuerklasse gebunden, selbst wenn sie falsch sein sollte. Er muss den Arbeitnehmer zwecks Änderung an die Gemeinde bzw. das Finanzamt verweisen.

Zu Einzelheiten, welcher Tarif und welche Pausch- und Freibeträge in welcher Steuerklasse „automatisch" berücksichtigt werden, siehe → *Steuertarif* Rz. 2334. Dort ist auch dargestellt, bis zu welcher Höhe Arbeitslöhne in den jeweiligen Steuerklassen steuerfrei bleiben.

2. Einordnungsmerkmale

a) Allgemeines

2287 Die **Einordnung** des Arbeitnehmers in die Steuerklasse ist wesentlich von seinen **familiären Verhältnissen** abhängig. Außerdem richtet sie sich danach, ob der Arbeitnehmer gleichzeitig von **mehreren Arbeitgebern** Arbeitslohn bezieht. Für die Einordnung sind grundsätzlich die Verhältnisse zu Beginn des Kalenderjahrs maßgebend, für das die Lohnsteuerkarte oder die besondere Bescheinigung gilt (§§ 39 Abs. 3b, 39c Abs. 4 EStG).

b) Steuerklasse I

2288 In die **Steuerklasse I** gehören nach §§ 38b Satz 2 Nr. 1, 39c Abs. 4 Satz 3, 39d Abs. 1 Satz 1 EStG folgende Arbeitnehmer:

– **Ledige**, die nicht in die Steuerklasse II gehören,

– **Verheiratete, Verwitwete oder Geschiedene**, bei denen **nicht die Voraussetzungen für die Steuerklasse II, III, IV oder V** erfüllt sind.

c) Steuerklasse II

2289 In die **Steuerklasse II** gehören nach §§ 38b Satz 2 Nr. 2, 39c Abs. 4 Satz 3 EStG Arbeitnehmer, für die nicht die Steuerklasse III, IV oder V in Betracht kommt, die aber zusätzlich Anspruch auf einen **Haushaltsfreibetrag** (→ *Haushaltsfreibetrag* Rz. 1268) haben. Zum Anspruch auf einen Haushaltsfreibetrag bei einem Kind, das in der Wohnung des Arbeitnehmers im Ausland wohnt, siehe → *Steuerpflicht* Rz. 2304.

Danach ist unter Berücksichtigung des § 1a Abs. 1 Nr. 3 und Abs. 2 EStG auch für die folgenden unter Steuerklasse I aufgeführten Arbeitnehmer mit **Auslandsbezug** die Steuerklasse II auf der Lohnsteuerkarte oder der Besonderen Bescheinigung nach § 39c Abs. 4 EStG einzutragen:

– Der Arbeitnehmer mit **EU-/EWR-Staatsangehörigkeit** ist unbeschränkt (§ 1 Abs. 1 EStG), erweitert unbeschränkt (§ 1 Abs. 2 EStG) oder unbeschränkt steuerpflichtig auf Antrag (§ 1 Abs. 3 EStG) (→ *Steuerpflicht* Rz. 2297),

– seine **Einkünfte** unterliegen im Kalenderjahr mindestens zu 90 % der deutschen Einkommensteuer oder die nicht der deutschen Einkommensteuer unterliegenden Einkünfte betragen nicht mehr als 6 136 € im Kalenderjahr (ggf. Kürzung nach Lebensstandard, → *Steuerpflicht* Rz. 2304); die Einkunftsgrenzen brauchen nicht erfüllt zu sein, wenn der Arbeitnehmer und das Kind erweitert unbeschränkt steuerpflichtig nach § 1 Abs. 2 EStG sind,

– in seiner Wohnung im **EU-/EWR-Mitgliedstaat** bzw. bei öffentlich Bediensteten am **Dienstort** außerhalb der Bundesrepublik ist ein Kind gemeldet, für das er Anspruch auf Kindergeld oder einen Freibetrag nach § 32 Abs. 6 EStG hat (→ *Kindergeld/Freibeträge für Kinder* Rz. 1361),

– er lebt – falls er verheiratet ist – von seinem Ehegatten dauernd **getrennt** (siehe auch BMF-Schreiben vom 19.3.1996, BStBl I 1996 S. 373).

Beispiel 1:

Die ledige ausländische Arbeitnehmerin G wohnt und arbeitet in Deutschland und erzielt hier ihr gesamtes Einkommen. Sie hat die norwegische Staatsangehörigkeit; ihr 14-jähriges Kind lebt in ihrer Wohnung in Oslo.

Da G ihre Einkünfte ausschließlich in Deutschland erzielt und Staatsangehörige eines EWR-Mitgliedstaates ist und ihr Kind in ihrer in einem Mitgliedstaat des EWR belegenen Wohnung gemeldet ist, kann sie in Steuerklasse II eingestuft werden.

Beispiel 2:

Wie Beispiel 1, aber G hat die türkische Staatsangehörigkeit; ihr Kind lebt in ihrer Wohnung in Ankara.

Da G nicht die EU- oder EWR-Staatsangehörigkeit hat, kann sie nicht in die Steuerklasse II eingereiht werden.

Beispiel 3:

Der deutsche Lehrer L an einer deutschen Schule in der Volksrepublik China lebt mit seinem 6-jährigen Kind am ausländischen Dienstort. Er erzielt außer seinen Dienstbezügen keine weiteren Einkünfte.

L erfüllt nicht die Voraussetzungen der erweiterten unbeschränkten Steuerpflicht nach § 1 Abs. 2 EStG, weil er keinen konsularischen oder diplomatischen Status hat. Da die Einkünfte des L ausschließlich der deutschen Einkommensteuer unterliegen, er die deutsche (EU-) Staatsangehörigkeit hat und das Kind mit ihm am ausländischen Dienstort lebt, kann er in die Steuerklasse II eingereiht werden, wenn er auf Antrag nach § 1 Abs. 3 EStG als unbeschränkt steuerpflichtig behandelt wird. Wird L pensioniert und bleibt er in China wohnen, kann er nicht mehr in Steuerklasse II eingereiht werden, weil die erweiterten familienbezogenen Entlastungen nach § 1a Abs. 2 EStG nur für die aktive Dienstzeit gelten.

d) Steuerklasse III

In die **Steuerklasse III** gehören nach § 38b Satz 2 Nr. 3 EStG **2290** folgende Arbeitnehmer:

● **Verheiratete**, wenn beide Ehegatten unbeschränkt steuerpflichtig sind und nicht dauernd getrennt leben

und der Ehegatte des Arbeitnehmers entweder

– keinen Arbeitslohn bezieht oder

– auf Antrag beider Ehegatten in die Steuerklasse V eingereiht wird;

● **Verwitwete**, wenn sie und ihr verstorbener Ehegatte im Zeitpunkt seines Todes unbeschränkt steuerpflichtig waren und nicht dauernd getrennt gelebt haben, für das Todesjahr (siehe → Rz. 2295) und das Jahr, das dem Sterbejahr folgt;

● Arbeitnehmer, deren **Ehe aufgelöst** worden ist, im Jahr der Auflösung der Ehe, wenn im Kalenderjahr der Auflösung der Ehe beide Ehegatten unbeschränkt steuerpflichtig waren, nicht dauernd getrennt lebten, der andere Ehegatte wieder geheiratet hat, von seinem neuen Ehegatten nicht dauernd getrennt lebt und er und sein neuer Ehegatte unbeschränkt steuerpflichtig sind.

Welche Personen **Ehegatten** sind, bestimmt sich nach den Vorschriften des **bürgerlichen Rechts** einschließlich des deutschen internationalen Privatrechts; bei Ausländern sind die Voraussetzungen für jeden Beteiligten nach den Gesetzen des Staates zu beurteilen, dem er angehört, es sei denn, diese Gesetze verstoßen gegen die guten Sitten oder den Zweck eines Gesetzes (BFH, Urteil vom 17.4.1998, BStBl II 1998 S. 473). Hat ein Arbeitnehmer mehrere Ehefrauen (z.B. nach islamischem Recht), die in Deutschland tätig sind, so erhält nur eine Ehefrau die Steuerklasse III, IV oder V. Die anderen Ehefrauen erhalten Steuerklasse I oder II. Zu weiteren Einzelheiten auch bei Verschollenen siehe H 174 EStH. Paare, die eine eingetragene Lebenspartnerschaft begründet haben, sind Ehegatten in Bezug auf die Einordnung in Steuerklassen nicht gleichgestellt.

Die **Voraussetzungen für Steuerklasse III liegen nicht mehr vor**, wenn die Ehegatten zu Beginn des Kalenderjahrs **dauernd getrennt** leben. Ein dauerndes Getrenntleben ist anzunehmen, wenn die zum Wesen der Ehe gehörende Lebens- und Wirtschaftsgemeinschaft auf Dauer nicht mehr besteht (BFH, Urteil vom 15.6.1973, BStBl II 1973 S. 640). Eine auf Dauer herbeigeführte räumliche Trennung ist zwar Indiz für ein Ge-

┌──┐
│Lst│ = keine Lohnsteuerpflicht
└──┘
┌──┐
│Lst│ = Lohnsteuerpflicht
└──┘

Steuerklassen

trenntleben; ein dauerndes Getrenntleben ist aber nicht allein deshalb anzunehmen, weil sich die Ehegatten nur vorübergehend, z.B. wegen eines beruflich bedingten Auslandsaufenthalts, Krankheit oder Verbüßung einer Freiheitsstrafe, räumlich trennen (R 174 Abs. 1 EStR).

Die **Einstufung in die Steuerklasse III** setzt grundsätzlich **unbeschränkte oder erweiterte unbeschränkte Steuerpflicht** nach § 1 Abs. 1 oder 2 EStG **beider Ehegatten** voraus.

Zur Einstufung in die Steuerklasse III in Fällen, in denen nicht beide Ehegatten im Inland wohnen oder erweitert unbeschränkt steuerpflichtig nach § 1 Abs. 2 EStG sind, vgl. → *Steuerpflicht* Rz. 2304 und H 124a LStH.

Die **Einstufung in Steuerklasse III** erfolgt

– bei Arbeitnehmern mit inländischem Wohnsitz oder gewöhnlichem Aufenthalt **ausschließlich** durch Eintragung auf der **Lohnsteuerkarte**,

– bei nach § 1 Abs. 2 EStG **erweitert unbeschränkt steuerpflichtigen** Arbeitnehmern, deren **Ehegatte** ebenfalls **erweitert unbeschränkt** steuerpflichtig **oder unbeschränkt steuerpflichtig ist, formlos** durch den Arbeitgeber **oder** durch eine besondere **Bescheinigung des Betriebsstättenfinanzamts**,

– in allen anderen Fällen, also **bei Arbeitnehmern ohne Wohnsitz oder gewöhnlichen Aufenthalt im Inland, deren Ehegatte nach § 1a EStG** für die Zusammenveranlagung (Steuerklasse III) **als unbeschränkt steuerpflichtig behandelt** wird, **ausschließlich durch eine besondere Bescheinigung** des Betriebsstättenfinanzamts (R 109 Abs. 4a LStR).

Die Eintragung der Steuerklasse III auf der Lohnsteuerkarte oder in der Bescheinigung des Betriebsstättenfinanzamts führt stets zu einer **Pflichtveranlagung zur Einkommensteuer**, wenn beide Ehegatten Arbeitslohn bezogen haben und einer für den Veranlagungszeitraum oder einen Teil davon nach Steuerklasse V oder VI besteuert worden ist (§ 46 Abs. 2 Nr. 3a EStG) oder wenn die Berücksichtigung des Ehegatten auf § 1a EStG beruht (§ 46 Abs. 2 Nr. 7 EStG; → *Steuerpflicht* Rz. 2304).

Auf der Lohnsteuerkarte des Ehegatten mit Steuerklasse III sind auch die Kinder der Eheleute einzutragen (§ 39b Abs. 3b EStG).

e) Steuerklasse IV

2291 In die **Steuerklasse IV** gehören nach § 38b Satz 2 Nr. 4 EStG **verheiratete Arbeitnehmer**, wenn beide Ehegatten unbeschränkt bzw. erweitert unbeschränkt steuerpflichtig sind, nicht dauernd getrennt leben und Arbeitslohn beziehen. Die Ehegatten können statt der Steuerklassenkombination IV/IV die Steuerklassenkombination III/V wählen (vgl. → Rz. 2294). In die Steuerklasse IV gehört auch ein verheirateter Arbeitnehmer, der unbeschränkt steuerpflichtig nach § 1 Abs. 1 EStG, erweitert unbeschränkt steuerpflichtig nach § 1 Abs. 2 EStG oder unbeschränkt steuerpflichtig auf Antrag gem. § 1 Abs. 3 EStG ist und der mit seinem im Ausland lebenden Ehegatten, der ebenfalls in Deutschland Arbeitslohn bezieht, die Steuerklasse III wählen könnte, aber nicht wählt (→ Rz. 2290). Nach dem Urteil des Finanzgerichts Hamburg (Urteil vom 19.7.2000, EFG 2000 S. 1328) ist ein Arbeitnehmer in Steuerklasse IV einzureihen, wenn der nicht dauernd getrennt lebende Ehepartner Arbeitslohn von einem inländischen Arbeitgeber erzielt, der nach DBA Frankreich in Deutschland steuerfrei ist und kein Antrag auf Steuerklasse III gestellt wird. Gegen das Urteil ist Revision eingelegt worden (Az. beim BFH: I R 88/00).

f) Steuerklasse V

2292 In die **Steuerklasse V** gehören nach § 38b Satz 2 Nr. 5 EStG **verheiratete** Arbeitnehmer, die unbeschränkt bzw. erweitert unbeschränkt steuerpflichtig sind und deren Ehegatte auf gemeinsamen Antrag in die Steuerklasse III eingereiht wird; vgl. → Rz. 2290.

g) Steuerklasse VI

2293 In die **Steuerklasse VI** gehören nach §§ 38b Satz 2 Nr. 6, 39d Abs. 1 Satz 2 EStG Arbeitnehmer, die **nebeneinander von mehreren Arbeitgebern Arbeitslohn** beziehen, für das zweite und jedes weitere Arbeitsverhältnis. Der bei der Lohnbesteuerung im ersten Arbeitsverhältnis nicht ausgeschöpfte Grundfreibetrag kann auf der Lohnsteuerkarte mit Steuerklasse VI als Freibetrag übertragen werden (→ *Übertragung des Grundfreibetrags* Rz. 2443).

Für unbeschränkt steuerpflichtige Arbeitnehmer mit Steuerklasse VI ist nach § 46 Abs. 2 Nr. 2 EStG stets eine **Pflichtveranlagung** zur Einkommensteuer durchzuführen.

3. Steuerklassenwahl bei Ehegatten

Ehegatten, die die Voraussetzungen für die Steuerklasse IV erfüllen, können statt der Steuerklassenkombination IV/IV die **Steuerklassenkombination III/V wählen**. **2294**

Für die Frage, ob und ggf. für welchen Ehegatten die Steuerklasse III gewählt werden soll mit der Folge, dass der andere Ehegatte zwangsläufig in die Steuerklasse V eingestuft wird, oder ob beide Ehegatten in die Steuerklasse IV eingereiht werden sollen, ist der **Aufbau der Lohnsteuertabellen** bzw. die Berechnung der Lohnsteuer nach § 39b Abs. 2 EStG in den jeweiligen Steuerklassen **von Bedeutung.**

In der **Steuerklasse V** wird die Lohnsteuer nach einem besonderen, vom Splittingtarif abgeleiteten Tarif, mindestens aber mit dem Eingangssteuersatz von 19,9 % bemessen (§ 39b Abs. 2 Satz 7 EStG). Die Lohnsteuer wird mit dem Betrag erhoben, der sich ergibt, wenn von der für den gemeinsamen Arbeitslohn von beiden Ehegatten geschuldeten Lohnsteuer die vom Ehegatten mit der Steuerklasse III geschuldete Lohnsteuer abgezogen wird. Bei der für dieses Verfahren erforderlichen Ermittlung der „Gesamtlohnsteuer" wird unterstellt, dass der Arbeitslohn des Ehegatten mit **Steuerklasse III 60 % und der Arbeitslohn des Ehegatten mit Steuerklasse V 40 %** des gesamten Arbeitslohns beider Ehegatten ausmacht. Beträgt der Arbeitslohn des Ehegatten mit Steuerklasse III weniger als 40 % des „Gesamtlohns", so wird eine zu geringe Lohnsteuer erhoben und es kommt im Rahmen der Einkommensteuerveranlagung zu einer **Nachzahlung**. Die **Steuerklassenkombination III/V** führt daher gem. § 46 Abs. 2 Nr. 3a EStG zur **Pflichtveranlagung**.

Da der Grundfreibetrag und der Sonderausgaben-Pauschbetrag sowie die Vorsorgepauschale des Ehegatten mit der Steuerklasse V bei der Bemessung der Lohnsteuer für den Ehegatten mit der **Steuerklasse III** steuermindernd berücksichtigt wird, ist der Lohnsteuerabzug des Ehegatten mit der Steuerklasse V **verhältnismäßig hoch**. Der Ehegatte mit der Steuerklasse V zahlt daher während des laufenden Jahres einen Teil der Steuer, die auf den anderen Ehegatten entfällt. Wer das nicht möchte, der sollte es bei der Steuerklassenkombination IV/IV belassen. Außerdem kann die Höhe des Nettolohns für **außersteuerliche Angelegenheiten** von Bedeutung sein. Da manche **(Lohnersatz-) Leistungen** – wie z.B. Arbeitslosengeld/-hilfe, Unterhalts-, Kranken- oder Mutterschaftsgeld – vom zuletzt bezogenen Nettomonatslohn bemessen werden, kann die Steuerklasse V, die zu einem niedrigeren Nettolohn führt als die Steuerklasse III oder IV, zu einer Minderung entsprechender Leistungen führen.

Die **Steuerklassenkombination IV/IV** führt zum **zutreffenden Lohnsteuerabzug, wenn beide Ehegatten Arbeitslohn in gleicher Höhe beziehen**. Bei unterschiedlicher Lohnhöhe kann die Steuerklassenkombination IV/IV allenfalls zu einem **überhöhten Lohnsteuerabzug** führen. Der überhöhte Steuerabzug ist im Rahmen einer **Antragsveranlagung**, → *Veranlagung von Arbeitnehmern* Rz. 2502, zu erstatten. Allein die Steuerklassenkombination IV/IV ist kein Pflichtveranlagungsgrund.

Hiernach gilt grundsätzlich:

– Die Ehegatten verdienen etwa **gleich viel** oder ein Ehegatte möchte nicht im laufenden Jahr einen Teil der Lohnsteuer des anderen Ehegatten mittragen, weil sich z.B. außersteuerliche Geldleistungen mindern:

  Wahl der Steuerklassen IV/IV.

– Ein Ehegatte verdient wesentlich weniger:

  Wahl der Steuerklassen III/V, und zwar für den höher verdienenden Ehegatten Steuerklasse III und für den geringer verdienenden Ehegatten Steuerklasse V.

Die obersten Finanzbehörden geben alljährlich ein **Merkblatt** zur Steuerklassenwahl heraus, das insbesondere **Tabellen zur Erleichterung der Wahl** enthält (vgl. b+p 2001 S. 593 Nr. 13).

4. Änderung der Steuerklassen

2295 Für die Eintragung der Steuerklasse sind die **Verhältnisse zu Beginn des Kalenderjahrs** maßgebend, für das die Lohnsteuerkarte gilt (§ 39 Abs. 3b Satz 1 EStG). Ist die Eintragung, gemessen an den Verhältnissen zu Beginn des Kalenderjahrs, unrichtig, ist sie auf Antrag des Arbeitnehmers zu ändern. Eine Antragsfrist besteht insoweit nicht. Weicht die Eintragung **zu Gunsten des Arbeitnehmers** ab, weil sich z.B. Ehegatten nach Ausstellung der Lohnsteuerkarten dauernd getrennt haben, **muss** der Arbeitnehmer **die Lohnsteuerkarte ändern** lassen (§ 39 Abs. 4 Satz 1 EStG).

Eine **ungünstigere Steuerklasse** kann eingetragen werden oder bestehen bleiben (§ 39 Abs. 3b Satz 2 EStG). Ein Antrag auf Eintragung einer ungünstigeren Steuerklasse ist auch bei der Ausstellung der Lohnsteuerkarte für die Folgejahre bis zu seinem Widerruf zu berücksichtigen (R 108 Abs. 2 LStR).

Bei **Änderungen der Verhältnisse während des Kalenderjahrs**, für das die Lohnsteuerkarte gilt, gilt Folgendes:

Treten die Voraussetzungen für eine günstigere Steuerklasse ein, so kann der Arbeitnehmer **bis zum 30. November** bei der Gemeinde bzw. dem Finanzamt eine **Änderung der Steuerklasse beantragen** (§ 39 Abs. 5 EStG). Der Arbeitnehmer kann aber die ungünstigere Steuerklasse (z.B. Steuerklasse I nach der Heirat) beibehalten. Bei Ehegatten, **deren Ehe aufgelöst** wurde oder die sich **getrennt haben**, dürfen die Steuerklassen nicht geändert werden, es sei denn, die Voraussetzungen für einen Steuerklassenwechsel liegen vor. Das gilt nicht, wenn der Ehegatte des Arbeitnehmers wieder geheiratet hat und der Arbeitnehmer die Voraussetzungen für die Steuerklasse III erfüllt, vgl. → Rz. 2290. Bei einem **verwitweten** Arbeitnehmer ist auf Antrag mit Wirkung von dem auf den Sterbemonat folgenden Monat die Steuerklasse III einzutragen, wenn die Ehegatten zu Beginn des Jahres die Voraussetzungen für die Steuerklassenwahl erfüllten.

Kinder von geschiedenen oder dauernd getrennt lebenden Ehepaaren, die bei beiden Elternteilen mit Wohnung im Inland gemeldet sind, werden dem Elternteil zugeordnet, in dessen Wohnung sie im Kalenderjahr zuerst gemeldet waren. Im Übrigen werden sie der Mutter oder mit deren Zustimmung dem Vater zugeordnet. Daraus resultiert die Bescheinigung der Steuerklasse II beim Vater und ggf. eine Änderung der Steuerklasse bei der Mutter. Beide Änderungen sind vom Beginn des Kalenderjahrs bzw. von dem maßgeblichen Zeitpunkt an vorzunehmen (§ 32 Abs. 7 Satz 2 EStG und R 109 Abs. 4 LStR).

Beispiel 1:

Eheleute M und N haben sich im Jahr 2000 getrennt. Obwohl die Trennung der Gemeinde mit der Ummeldung von M und des Kindes K, das bei der Mutter lebt, mitgeteilt worden ist, wurde M und N für 2002 je eine Lohnsteuerkarte mit Steuerklasse IV und einem Kinderfreibetrag (statt II/0,5 und I/0,5) ausgestellt.

Die Eintragung wirkt sich zu Ungunsten der M aus und ist – unabhängig von einer Frist – auf Antrag der M in II/0,5 zu ändern. Da die Eheleute nicht die Voraussetzungen der Steuerklasse IV erfüllen und die Steuerklassenkombination II/IV unzulässig ist, hat die Gemeinde auch die unrichtige Eintragung bei N zu ändern.

Beispiel 2:

Sachverhalt wie Beispiel 1, die Trennung der Eheleute und die Ummeldung erfolgen 2002.

Im Jahr der Trennung ist eine Änderung der Steuerklasse unzulässig. Dem Antrag der M auf Eintragung der Steuerklasse III kann nicht entsprochen werden. Es kommt allenfalls ein Steuerklassenwechsel unter den dort genannten Voraussetzungen in Betracht. Dafür ist die Vorlage beider Lohnsteuerkarten und ein gemeinsamer Antrag erforderlich (siehe hierzu auch OFD Magdeburg, Verfügung vom 12.6.1996, StEd 1996 S. 468).

5. Steuerklassenwechsel

2296 Bei Ehegatten, die beide in einem Dienstverhältnis stehen, kann die Gemeinde auf gemeinsamen Antrag der Ehegatten die auf den Lohnsteuerkarten eingetragenen Steuerklassen wie folgt ändern (= Steuerklassenwechsel), vgl. § 39 Abs. 5 Sätze 3 und 4 EStG, R 109 Abs. 5 LStR:

Steuerklasse auf der Lohnsteuerkarte vor Änderung		Steuerklasse auf der Lohnsteuerkarte nach Änderung	
Ehemann	Ehefrau	Ehemann	Ehefrau
IV	IV	III	V
IV	IV	V	III
III	V	IV	IV
III	V	V	III
V	III	IV	IV
V	III	III	V

Der Steuerklassenwechsel darf frühestens mit Wirkung vom Beginn des Kalendermonats an erfolgen, der auf die Antragstellung folgt. Der Antrag kann **nur bis zum 30. November** des Kalenderjahrs gestellt werden, für das die Lohnsteuerkarten gelten, für 2002 also bis zum 30.11.2002.

In einem Kalenderjahr kann jeweils **nur ein Antrag** gestellt werden. **Das gilt nicht**, wenn eine Änderung der vorgenommenen Eintragung deshalb beantragt wird, weil

– ein **Ehegatte keinen steuerpflichtigen Arbeitslohn mehr bezieht oder verstorben** ist,

– sich die Ehegatten auf Dauer **getrennt** haben oder

– wenn nach einer **Arbeitslosigkeit** ein Arbeitsverhältnis wieder aufgenommen wird (§ 39 Abs. 5 Satz 3 EStG, R 109 Abs. 5 Satz 5 LStR).

Eine nach Erhalt der Lohnsteuerkarten, aber vor Beginn des Kalenderjahrs, für das die Lohnsteuerkarten gelten, vorgenommene Steuerklassenänderung ist ebenso keine Änderung im obigen Sinne wie die erstmalige Änderung der Steuerklassen aus Anlass der Eheschließung.

Steuerpflicht

1. Persönliche und sachliche Steuerpflicht

2297 Voraussetzungen für den (Lohn-)Steuerabzug bzw. die Festsetzung von Einkommensteuer sind die **persönliche Steuerpflicht** i.S. des § 1 EStG und die **sachliche Steuerpflicht**, d.h. das Vorliegen steuerbarer Einkünfte.

2. Arten der Steuerpflicht

2298 Man unterscheidet zwischen folgenden Arten der Steuerpflicht:

– **Unbeschränkte** Steuerpflicht nach § 1 Abs. 1 EStG

– **beschränkte** Steuerpflicht nach § 1 Abs. 4 EStG

Sonderformen:

– **Erweiterte unbeschränkte** Steuerpflicht nach § 1 Abs. 2 EStG

– **unbeschränkte Steuerpflicht auf Antrag** nach § 1 Abs. 3 EStG

– **erweiterte beschränkte** Steuerpflicht nach § 1 Abs. 4 EStG i.V.m. § 2 AStG.

Nachfolgendes Schema soll bei der Orientierung helfen:

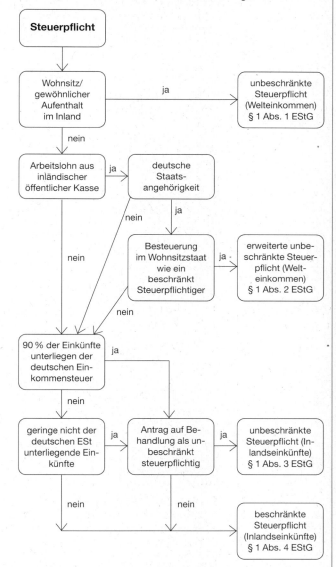

a) Unbeschränkte Steuerpflicht (§ 1 Abs. 1 EStG)

2299 Unbeschränkt steuerpflichtig sind nach § 1 Abs. 1 EStG alle Personen, die in der Bundesrepublik Deutschland (Inland) einen Wohnsitz (§ 8 AO) oder ihren gewöhnlichen Aufenthalt (§ 9 AO) haben (Näheres siehe → *Steuerpflicht: unbeschränkte* Rz. 2325).

b) Erweiterte unbeschränkte Steuerpflicht (§ 1 Abs. 2 EStG)

2300 Erweitert unbeschränkt steuerpflichtig nach § 1 Abs. 2 EStG sind

• deutsche Staatsangehörige ohne Wohnsitz/gewöhnlichen Aufenthalt im Inland, die zu einer inländischen juristischen Person des öffentlichen Rechts in einem Dienstverhältnis stehen und dafür **Arbeitslohn** aus einer **inländischen öffentli-**

chen Kasse, vgl. H 14a (Öffentliche Kassen) LStH, beziehen, sowie

• ihre zum **Haushalt gehörenden Angehörigen**, die

– **deutsche Staatsangehörige** sind

– oder **keine bzw. nur im Inland steuerpflichtige Einkünfte** haben.

Weitere Voraussetzung ist, dass die vorgenannten Personen im Wohnsitzstaat nur in einem der beschränkten Steuerpflicht ähnlichen Umfang besteuert werden. Beim **Arbeitnehmer** selbst kommt es dabei auf die **Rechtsvorschriften** des ausländischen Staates, bei den Angehörigen auf die faktische Besteuerung an. Daher ist auch der ausländische Ehegatte, der die Staatsangehörigkeit des Wohnsitzstaates besitzt, aber keine Einkünfte hat, erweitert unbeschränkt einkommensteuerpflichtig (R 1 EStR). Danach fallen unter die erweiterte unbeschränkte Steuerpflicht insbesondere von der Bundesrepublik Deutschland ins Ausland entsandte Mitglieder einer **diplomatischen Mission oder konsularischen Vertretung** und ihre Angehörigen (→ *Diplomaten und Konsularbeamte* Rz. 699), in **NATO**-Mitgliedstaaten stationierte Bundeswehrsoldaten (→ *NATO: Mitarbeiter* Rz. 1763) und an deutsche Schulen in den USA entsandte oder nach Ecuador oder Kolumbien vermittelte Lehrkräfte und andere nicht entsandte Arbeitnehmer (→ *Auslandslehrer* Rz. 366).

Erfüllt ein Arbeitnehmer zwar **allein, nicht** aber mit **seinem Ehegatten** die Voraussetzungen der erweiterten unbeschränkten Steuerpflicht, z.B. weil der Ehegatte nicht deutscher Staatsangehöriger ist und geringe Einkünfte im Wohnsitzstaat hat, so kann der Ehegatte i.V.m. **§ 1a Abs. 1 unter den Voraussetzungen des Abs. 2 EStG** für Zwecke des § 26 EStG (Zusammenveranlagung bzw. Steuerklasse III mit Splitting) als unbeschränkt steuerpflichtig behandelt werden.

Unter den Voraussetzungen des § 1a Abs. 2 EStG kann ein erweitert unbeschränkt steuerpflichtiger allein stehender Arbeitnehmer, der am ausländischen Dienstort mit seinen Kindern zusammenlebt, auch einen Haushaltsfreibetrag erhalten (→ *Haushaltsfreibetrag* Rz. 1268). Eine **Billigkeitsregelung** für den Fall, dass der Arbeitnehmer und sein Ehegatte zunächst unter den Voraussetzungen des § 1 Abs. 2 oder Abs. 3 EStG unbeschränkt steuerpflichtig war bzw. so behandelt wurde, der Arbeitnehmer dann aus dienstlichen Gründen ins Inland versetzt wird und der nicht dauernd getrennt lebende Ehegatte aus persönlichen Gründen noch für kurze Zeit im Ausland verbleibt, enthält das BMF-Schreiben vom 8.10.1996, BStBl I 1996 S. 1191.

Der erweiterten unbeschränkten Steuerpflicht unterliegt das **Welteinkommen**. Das deutsche Besteuerungsrecht kann jedoch durch Doppelbesteuerungsabkommen wesentlich eingeschränkt sein (→ *Doppelbesteuerungsabkommen: Allgemeines* Rz. 705).

c) Unbeschränkte Steuerpflicht auf Antrag (§ 1 Abs. 3 EStG)

2301 Auf **Antrag** werden Personen ohne Wohnsitz/gewöhnlichen Aufenthalt im Inland nach § 1 Abs. 3 EStG als unbeschränkt einkommensteuerpflichtig behandelt,

• **soweit** sie **inländische Einkünfte** haben und

• wenn ihre **Einkünfte** im Kalenderjahr

– mindestens zu **90 %** der deutschen Einkommensteuer unterliegen oder

– die nicht der deutschen Einkommensteuer unterliegenden Einkünfte nicht mehr als **6 136 €** im Kalenderjahr betragen; dieser Betrag ist zu kürzen, soweit es nach den Verhältnissen des Wohnsitzstaates (Lebensstandard) des Steuerpflichtigen notwendig und angemessen ist (§ 1 Abs. 3 Satz 2 EStG).

Zur Einkunftsgrenze vgl. im Einzelnen → Rz. 2304.

Die Behandlung als unbeschränkt steuerpflichtig auf Antrag ist bei Erfüllen der Einkommensgrenze **unabhängig von der Staatsangehörigkeit** und dem ausländischen Wohnsitz des Steuerpflichtigen möglich. Die Steuerpflicht i.S. des § 1 Abs. 3 EStG ist ein „Zwitter" zwischen beschränkter (§ 1 Abs. 4 EStG) und unbeschränkter (§ 1 Abs. 1 EStG) Steuerpflicht, weil sie nicht das

Welteinkommen, sondern nur inländische Einkünfte erfasst, und ein nur bei beschränkt Steuerpflichtigen vorzunehmender Steuerabzug nach § 50a EStG unabhängig von einem Antrag nach § 1 Abs. 3 EStG zu erfolgen hat (§ 1 Abs. 3 Satz 5 EStG), andererseits aber personen- und in mehr oder weniger großem Umfang familienbezogene Entlastungen für Angehörige im Ausland berücksichtigt werden, → Rz. 2304.

d) Beschränkte Steuerpflicht (§ 1 Abs. 4 EStG)

2302 Personen **ohne Wohnsitz** oder **gewöhnlichen Aufenthalt** im Inland sind grundsätzlich nach § 1 Abs. 4 EStG **nur mit ihren inländischen Einkünften** i.S. des § 49 EStG **beschränkt steuerpflichtig,** sofern sie nicht ausnahmsweise erweitert unbeschränkt steuerpflichtig nach § 1 Abs. 2 EStG (insbesondere Diplomaten, Konsularbeamte) sind oder unter den Voraussetzungen des § 1 Abs. 3 EStG (insbesondere Einkunftserzielung fast ausschließlich in Deutschland) als unbeschränkt steuerpflichtig auf Antrag behandelt werden. Im Einzelnen siehe → Rz. 2306.

Zu den beschränkt steuerpflichtigen Arbeitnehmern können insbesondere Grenzgänger oder Grenzpendler gehören (→ *Grenzgänger* Rz. 1189; → *Grenzpendler* Rz. 1202).

3. Einfluss der Art der Steuerpflicht auf die Höhe der Steuer/Steuerklasse/Freibeträge

2303 Die **unterschiedlichen Arten** der persönlichen Steuerpflicht **bestimmen,** nach welchen **Modalitäten** die Steuerfestsetzung erfolgt, insbesondere,

– welche Einkünfte der deutschen Besteuerung unterliegen

– ob und ggf. in welchem Umfang **personen- und (ehe- oder kindbezogene) familienbezogene Entlastungen** gewährt werden (z.B. Abzug von Sonderausgaben, außergewöhnlichen Belastungen oder Freibeträge für Kinder, Kinderbetreuungskosten, Splitting)

– ob der Arbeitnehmer zur Durchführung des Lohnsteuerabzugs eine Lohnsteuerkarte oder eine besondere Bescheinigung (→ *Lohnsteuerbescheinigung* Rz. 1578) nach § 39a Abs. 3 oder 4 oder § 39d EStG erhält oder

– ob nach Ablauf des Kalenderjahrs eine Veranlagung möglich oder die Einkommensteuer bei Arbeitnehmern mit dem Lohnsteuerabzug abgegolten ist.

Personen sind grundsätzlich dort, wo sie einen Wohnsitz oder ihren gewöhnlichen Aufenthalt haben, unbeschränkt steuerpflichtig mit ihrem **Welteinkommen** (siehe → *Steuerpflicht: unbeschränkte* Rz. 2325). Erzielen sie **außerhalb** des Wohnsitzstaates Einkünfte, sind sie dort, also im Quellen- bzw. Tätigkeitsstaat mit den aus Sicht des Tätigkeitsstaats inländischen Einkünften **beschränkt steuerpflichtig.**

Zur Vermeidung der Doppelbesteuerung bei Auseinanderfallen von Wohnsitz- und Tätigkeitsstaat siehe → *Doppelbesteuerung* Rz. 704. Es obliegt grundsätzlich dem Wohnsitzstaat, bei der Besteuerung persönliche und familiäre Umstände zu berücksichtigen. Bei beschränkt Steuerpflichtigen werden deshalb grundsätzlich keine personen- und familienbezogenen Entlastungen abgezogen. Bestimmte familienbezogene Entlastungen (in Deutschland insbesondere Splitting/Steuerklasse III) hängen darüber hinaus davon ab, dass auch die Familienangehörigen ihren Wohnsitz bzw. gewöhnlichen Aufenthalt in demselben Staat haben müssen wie der Steuerpflichtige. Da jedoch auf Grund der Rechtsprechung des Europäischen Gerichtshofs (insbesondere Urteil vom 14.2.1995, Rechtssache Schumacker, BB 1995 S. 450) Staatsangehörige eines EU-Mitgliedstaates, die ihre Tätigkeit in einem anderen EU-Mitgliedstaat ausüben und dort fast ausschließlich ihre Einkünfte erzielen, mit den im Tätigkeitsstaat wohnenden Personen gleichgestellt werden müssen, gelten abweichend von den o.g. „Grundregeln" der Besteuerung unbeschränkt und beschränkt Steuerpflichtiger folgende Regelungen:

– **Steuerpflichtige mit fast ausschließlich inländischen Einkünften** (sog. 90 %-Grenze) werden unabhängig vom Wohnsitz/gewöhnlichen Aufenthalt und ihrer Staatsangehörigkeit nach § 1 Abs. 3 EStG **auf Antrag als unbeschränkt steuerpflichtig** behandelt (→ Rz. 2301). Sie erhalten – ggf. bereits

im Lohnsteuerabzugsverfahren (→ Rz. 2324) – personenbezogene Entlastungen (z.B. Berücksichtigung von außergewöhnlichen Belastungen) und – soweit diese von der unbeschränkten Steuerpflicht der Familienangehörigen abhängig sind – auch familienbezogene Entlastungen (z.B. Freibeträge für Kinder, Unterhaltsaufwendungen als außergewöhnliche Belastungen).

– Steuerpflichtige mit Staatsangehörigkeit eines Mitgliedstaates der Europäischen Union oder des Europäischen Wirtschaftsraums **(EU-/EWR-Staatsangehörige),** die (ggf. mit ihrem Ehepartner) ihr Einkommen fast ausschließlich in Deutschland erzielen, erhalten als unbeschränkt Steuerpflichtige (§ 1 Abs. 1 EStG), erweitert beschränkt Steuerpflichtige (§ 1 Abs. 2 EStG) oder unbeschränkt Steuerpflichtige auf Antrag (§ 1 Abs. 3 EStG) ggf. bereits im Lohnsteuerabzugsverfahren unter den Voraussetzungen des § 1a EStG auch **für Familienangehörige im Ausland Splitting/Steuerklasse III, Haushaltsfreibetrag und Realsplitting** (→ Rz. 2304).

– **Arbeitnehmer mit EU-/EWR-Staatsangehörigkeit** und Wohnsitz/gewöhnlichem Aufenthalt in einem EU-/EWR-Mitgliedstaat haben unabhängig vom Umfang ihrer Inlandseinkünfte stets ein **Veranlagungswahlrecht nach § 50 Abs. 5 Nr. 2 EStG** und können daher insbesondere bei schwankenden oder unterjährigen Einkünften die Progression mindern (→ Rz. 2319).

Danach ist neben dem Wohnort/Aufenthalt die Höhe der inländischen Einkünfte und die Staatsangehörigkeit bedeutend für die Art der Steuerpflicht bzw. den Umfang der steuerlichen Entlastungen.

Beispiel:

In einer Automobilfabrik in Deutschland arbeiten ein belgischer (B), ein italienischer (I), ein türkischer (T) und ein deutscher (D) Arbeitnehmer in einer Arbeitseinheit und erzielen neben ihrem Lohn kein weiteres Einkommen. B wohnt mit seiner Familie in Belgien außerhalb der Grenzzone und ist daher nicht Grenzgänger i.S. der Grenzgängerregelung (→ *Grenzgänger* Rz. 1189); I wohnt in Deutschland, seine Familie lebt in Mailand; T wohnt in Deutschland, seine Familie lebt in Ankara; D lebt mit seiner Familie in Deutschland. Die Ehefrauen B, T und D erzielen keine Einkünfte. I erzielt in Italien Einkünfte von 20 000 €.

B und D erhalten sämtliche personen- und familienbezogenen Entlastungen des Einkommensteuergesetzes (insbesondere Splitting und Steuerklasse III sowie Kinderfreibeträge). T und I erhalten personen- und familienbezogene Entlastungen, soweit sie nicht von der unbeschränkten Steuerpflicht der Familienangehörigen abhängen, den Abzug außergewöhnlicher Belastungen, z.B. Freibeträge für Kinder. I erhält kein Splitting/Steuerklasse III, weil das Ehegatteneinkommen nicht fast ausschließlich in Deutschland erzielt wird; I kann sich aber nach § 50 Abs. 5 Nr. 2 EStG nach Ablauf des Kalenderjahrs zur Einkommensteuer veranlagen lassen. T erhält kein Splitting/Steuerklasse III, weil seine Ehefrau nicht im EU/EWR-Mitgliedstaat lebt (siehe auch Urteil des FG Hamburg vom 9.12.1999, EFG 2000 S. 866).

4. Familienbezogene Entlastungen für Angehörige im Ausland

Steuerpflichtige mit **inländischem Wohnsitz/gewöhnlichem** **2304** **Aufenthalt** haben grundsätzlich Anspruch auf **personen- und familienbezogene Entlastungen** (z.B. Abzug von Sonderausgaben und Aufwendungen für außergewöhnliche Belastungen wie Krankheitskosten, Unterhaltsaufwendungen). Das gilt auch für Steuerpflichtige ohne inländischen Wohnsitz/gewöhnlichen Aufenthalt, wenn sie **erweitert unbeschränkt steuerpflichtig** nach § 1 Abs. 2 EStG sind oder nach § 1 Abs. 3 EStG **auf Antrag als unbeschränkt steuerpflichtig** behandelt werden.

Folgende familienbezogene Entlastungen hängen außerdem von der **unbeschränkten Steuerpflicht des (ehemaligen) Ehegatten** und/oder der **Kinder** ab:

– Zusammenveranlagung (§§ 26, 26b EStG) mit **Splitting** und Verdoppelung bestimmter Höchst- und Freibeträge **(Steuerklasse III);** nach Auffassung der Finanzverwaltung kann die Steuerklasse III auch nicht aus Billigkeitsgründen gewährt werden, wenn ein Ehepartner unbeschränkt steuerpflichtig ist und dem anderen die Einreise in die Bundesrepublik verwehrt wird,

– **Realsplitting** (§ 10 Abs. 1 Nr. 1 EStG),

– **Haushaltsfreibetrag** (§ 32 Abs. 7 EStG).

Da hierdurch indirekt Personen von diesen Entlastungen ausgeschlossen werden, deren Familie im Ausland lebt, können nach den Gesetzesänderungen (§§ 1, 1a EStG) auf Grund der Rechtsprechung des Europäischen Gerichtshofs vorstehende Steuerentlastungen **auch für im Ausland lebende Angehörige** in Betracht kommen, wenn

– der **Steuerpflichtige** selbst die **EU-Staatsangehörigkeit** oder (aus Gleichbehandlungsgründen) die **EWR-Staatsangehörigkeit** hat und mindestens **90 % der Einkünfte** in Deutschland erzielt oder die nicht der deutschen Einkommensteuer unterliegenden Einkünfte nicht mehr als 6 136 € betragen (dieser Betrag ist ggf. zu kürzen – sog. Drittelregelung s.u.) **und**

– der **Angehörige** im **EU-/EWR-Mitgliedstaat** lebt; zu Besonderheiten bei Arbeitnehmern des öffentlichen Dienstes vgl. im Einzelnen → *Auslandsbeamte* Rz. 363; → *Auslandspensionen* Rz. 370.

Der Europäische Gerichtshof hat mit Urteil vom 14.9.1999, BStBl II 1999 S. 841, die sog. 90 %-Grenze der §§ 1 Abs. 3, 1a EStG für mit EU-Recht vereinbar erklärt.

Für die Gewährung des Splitting/der Steuerklasse III müssen die gesamten Einkünfte der Eheleute zumindest zu 90 % der deutschen Einkommensteuer unterliegen oder die nicht der deutschen Einkommensteuer unterliegenden Einkünfte dürfen nicht mehr als 12 272 € (ggf. zu kürzen nach der Drittelregelung, s.u.) betragen. Zur **Ermittlung der Einkunftsgrenze** siehe BMF-Schreiben vom 30.12.1996, BStBl I 1996 S. 1506. Inländische Einkünfte, die nach einem Doppelbesteuerungsabkommen nur der Höhe nach beschränkt besteuert werden dürfen (z.B. Dividenden), gelten als nicht der deutschen Einkommensteuer unterliegend (§ 1 Abs. 3 Satz 4 EStG; → *Doppelbesteuerungsabkommen: Allgemeines* Rz. 705). Zur Frage, ob im Ausland bezogene Einnahmen (z.B. ausländisches Arbeitslosengeld) für die Prüfung der Einkommensgrenzen „steuerfrei i.S. des § 3 EStG" sind, vgl. OFD Frankfurt/M., Verfügung vom 10.2.1999, StEd 1999 S. 299. Bei der Prüfung der 90 %-Grenze ist der pauschal besteuerte Arbeitslohn nicht einzubeziehen. In Grenzfällen sollte daher geprüft werden, ob sich durch Verzicht auf eine mögliche Pauschalierung insgesamt eine niedrigere Steuerbelastung ergibt, weil die Einbeziehung des entsprechenden Arbeitslohns zur Überschreitung der 90 %-Grenze und damit zur Möglichkeit personen- und familienbezogener Entlastungen führt. Die absolute Einkommensgrenze von **6 136 €** wird bei Ländern der Ländergruppe 2 um ein Drittel, bei Ländern der Ländergruppe 3 um zwei Drittel gekürzt. Die **Ländergruppeneinteilung** wird im Bundessteuerblatt Teil I veröffentlicht (zuletzt siehe BMF-Schreiben vom 26.10.2000, BStBl I 2000 S. 1502). Die **Höhe der nicht der deutschen Einkommensteuer unterliegenden Einkünfte** ist durch eine **Bescheinigung der zuständigen ausländischen Steuerbehörde nachzuweisen (§ 1 Abs. 3 Satz 4 EStG)**. Beim Finanzamt sind amtliche Vordrucke für entsprechende Bescheinigungen in verschiedenen Sprachen zu bekommen. Für den Antrag auf Behandlung als unbeschränkt steuerpflichtig im Lohnsteuer-Abzugsverfahren und im Einkommensteuer-Veranlagungsverfahren sind jeweils unterschiedliche Vordrucke zu verwenden. Aus Vereinfachungsgründen können die in der Bescheinigung der ausländischen Steuerbehörde genannten Beträge übernommen werden. Bei EU-/EWR-Mitgliedstaaten kann nicht auf die gesetzlich vorgesehene Bescheinigung verzichtet werden. Für in Großbritannien Ansässige ist ein besonderer Vordruck erforderlich (OFD Münster vom 19.2.1998, RIW 1998 S. 500). Ist zuständige Behörde die Steuerbehörde eines Nicht-EU-/EWR-Mitgliedstaates, so reichen auch andere Bestätigungen dieser Steuerbehörde über die Höhe der ausländischen Einkünfte (z.B. Steuerbescheid) aus. Gibt es in einem Nicht-EU-/EWR-Mitgliedstaat keine Steuerbehörden oder erteilen diese keine Bescheinigungen nach § 1 Abs. 3 Satz 4 EStG, so genügt eine Bescheinigung des Steuerpflichtigen i.V.m. einer Bestätigung einer deutschen Auslandsvertretung. Der Steuerpflichtige hat auch hier den amtlichen Vordruck für die Erteilung einer Bescheinigung der ausländischen Steuerbehörde zu verwenden (BMF-Schreiben vom 30.12.1996,

BStBl I 1996 S. 1506, vgl. im Einzelnen auch OFD Koblenz, Verfügung vom 24.1.1997, IDW 1997 S. 251). Kann der Steuerpflichtige nachweisen, dass in der Bescheinigung der ausländischen Steuerbehörde auch Einkünfte enthalten sind, die (auch) der inländischen Besteuerung uneingeschränkt unterliegen, ist dies bei der Entscheidung, ob die Einkünfte überwiegend der inländischen Besteuerung unterliegen, zu Gunsten des Steuerpflichtigen zu berücksichtigen (OFD Frankfurt/M., Verfügung vom 11.3.1999, FR 1999 S. 613).

Die Entlastungen knüpfen nach **§ 1a EStG** an eine **bestimmte Staatsangehörigkeit** des Steuerpflichtigen, bestimmte Einkunftsgrenzen und an einen bestimmten Aufenthalt des Angehörigen an. Damit werden Steuerpflichtige, die die Voraussetzungen des § 1a EStG erfüllen, völlig gleichgestellt, und zwar unabhängig davon, ob sie im Inland oder im Ausland wohnen.

Liegen die Voraussetzungen des § 1a EStG nicht vor, so können Personen, die unbeschränkt steuerpflichtig sind oder auf Antrag so behandelt werden, für ihre im Ausland lebenden Ehegatten nur Entlastungen durch Abzug von Aufwendungen als außergewöhnliche Belastungen erhalten. Für ihre Kinder ist bei Vorliegen der entsprechenden Voraussetzungen der Abzug von Kinderfreibeträgen, Freibeträgen für den Betreuungs-, Erziehungs-, Ausbildungsbedarf, Kinderbetreuungskosten und von Aufwendungen als außergewöhnliche Belastungen möglich.

Die nachfolgende **Übersicht** zeigt nochmals, ob und unter welchen Voraussetzungen Arbeitnehmern der Privatwirtschaft familienbezogene Entlastungen gewährt werden, die grundsätzlich von der unbeschränkten Steuerpflicht des Angehörigen abhängen:

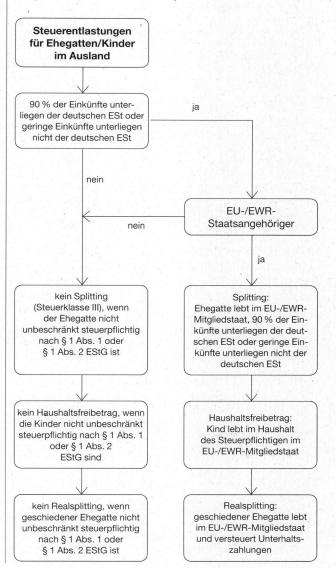

Steuerpflicht

Ob **ein Arbeitnehmer der Privatwirtschaft mit EU- oder EWR-Staatsangehörigkeit**, der in Deutschland arbeitet, **Steuerklasse III** erhalten kann, ergibt sich aus nachfolgender Tabelle:

Arbeitnehmer Staatsangehörig-keit/Wohnsitz	Ehegatte Staatsangehö-rigkeit/Wohnsitz	Splitting
EU/EU	EU/EU	ja
EU/EU	EU/Nicht-EU	nein
EU/EU	Nicht-EU/EU	ja
EU/EU	Nicht-EU/Nicht-EU	nein
EU/Nicht-EU	EU/EU	ja
EU/Nicht-EU	EU/Nicht-EU	nein
EU/Nicht-EU	Nicht-EU/EU	nein
EU/Nicht-EU	Nicht-EU/Nicht-EU	nein

Beispiel 1:

Der verheiratete französische Arbeitnehmer M wohnt mit seiner amerikanischen Frau F in Frankreich und arbeitet in Deutschland. M und F erzielen keine weiteren Einkünfte.

Die Eheleute können auf Antrag mit Splitting zusammen veranlagt werden bzw. M kann den Lohnsteuerabzug nach Steuerklasse III erhalten, weil er die EU-Staatsangehörigkeit hat, seine Frau in Frankreich (EU-Staat) lebt und das Ehegatteneinkommen ausschließlich in Deutschland erzielt wird.

Beispiel 2:

Wie Beispiel 1, aber statt M ist F Arbeitnehmerin. F und M leben in Frankreich.

Die Eheleute können kein Splitting (Steuerklasse III) erhalten, weil F keine EU-/EWR-Staatsangehörige ist. F kann aber, wenn sie sich als unbeschränkt steuerpflichtig nach § 1 Abs. 3 EStG behandeln lässt, Unterhaltszahlungen an M als außergewöhnliche Belastung geltend machen.

Beispiel 3:

Wie Beispiel 2, aber F wohnt in Deutschland.

Die Eheleute können kein Splitting (Steuerklasse III) erhalten, weil F nicht die EU-/EWR-Staatsangehörigkeit besitzt. Unerheblich ist, dass M die EU-/EWR-Staatsangehörigkeit besitzt und M und F in einem EU-/EWR-Staat wohnen. F kann als unbeschränkt Steuerpflichtige Unterhaltszahlungen an M als außergewöhnliche Belastung geltend machen.

Beispiel 4:

Wie Beispiel 1, aber die Eheleute wohnen in der Schweiz, F arbeitet in Deutschland.

Die Eheleute können kein Splitting (Steuerklasse III) erhalten, weil F nicht EU-/EWR-Staatsangehörige ist.

In Deutschland beschäftigte Arbeitnehmer, die **nicht EU-/EWR-Staatsangehörige** sind und die nicht in einem EU-/EWR-Mitgliedstaat wohnen, können **nie** Steuerklasse III erhalten, auch dann nicht, wenn sie ihre Einkünfte fast ausschließlich in Deutschland erzielen.

5. Lohnsteuerabzugs-/Veranlagungsverfahren bei unbeschränkt Steuerpflichtigen

2305 Siehe im Einzelnen die Erläuterungen zu → *Steuerpflicht: unbeschränkte* Rz. 2330.

6. Lohnsteuerabzugs-/Veranlagungsverfahren/Steuerabzug nach § 50a EStG bei beschränkt Steuerpflichtigen

a) Einkünfte aus nichtselbständiger Arbeit

2306 Die Einkünfte, mit denen beschränkt Steuerpflichtige der deutschen Einkommensteuer unterliegen, sind in § 49 EStG abschließend aufgezählt. Demnach sind beschränkt steuerpflichtig nach § 49 Abs. 1 Nr. 4 EStG

Einkünfte aus nichtselbständiger Arbeit, die

- **im Inland ausgeübt** wird oder worden ist oder
- **im Inland verwertet** wird oder worden ist oder
- aus **inländischen öffentlichen Kassen** einschließlich der Kassen des Bundeseisenbahnvermögens und der deutschen Bundesbank mit Rücksicht auf ein gegenwärtiges oder früheres Dienstverhältnis gewährt werden, ohne dass ein Zahlungsanspruch gegenüber dieser Kasse bestehen muss (danach unterliegen insbesondere Bedienstete des Goethe-Insti-

tuts und des Deutschen Akademischen Austauschdienstes der deutschen beschränkten Einkommensteuerpflicht; sie werden jedoch regelmäßig die Voraussetzungen für die unbeschränkte Steuerpflicht auf Antrag erfüllen), oder

- als Vergütung für eine Tätigkeit als **Geschäftsführer, Prokurist** oder **Vorstandsmitglied** einer Gesellschaft mit Geschäftsleitung im **Inland** bezogen werden.

aa) Tätigkeit oder Verwertung im Inland

2307 Zu der im **Inland** ausgeübten/verwerteten nichtselbständigen Arbeit gehört nicht die nichtselbständige Arbeit, die auf einem **deutschen Schiff** während seines Aufenthalts in einem ausländischen Küstenmeer/Hafen ausgeübt wird von Arbeitnehmern ohne Wohnsitz/gewöhnlichen Aufenthalt im Inland (R 125 Abs. 2 Satz 3 LStR). Unerheblich ist, ob der Arbeitslohn zu Lasten eines inländischen Arbeitgebers gezahlt wird.

bb) Ehemalige Tätigkeit

2308 Auch Vorruhestandsgelder, die an in ihre Heimatländer zurückgekehrte beschränkt steuerpflichtige Arbeitnehmer gezahlt werden, gehören zu den der deutschen Besteuerung unterliegenden Einkünften i.S. des § 49 Abs. 1 Nr. 4 EStG, weil es sich um Einkünfte aus einer Tätigkeit handelt, die im Inland ausgeübt oder verwertet worden ist (BMF-Schreiben vom 15.11.1984, BStBl I 1985 S. 13). Das Besteuerungsrecht wird in Doppelbesteuerungsabkommen insoweit grundsätzlich dem Wohnsitzstaat zugewiesen (→ *Doppelbesteuerungsabkommen bei Einkünften aus nichtselbständiger Arbeit* Rz. 715).

cc) Ausübung im Inland

2309 Die nichtselbständige Tätigkeit wird im Inland ausgeübt, wenn der Arbeitnehmer dort persönlich tätig wird. Bei Ausübung der Tätigkeit im Inland kommt es nicht darauf an, ob ein inländischer oder ausländischer Arbeitgeber den Arbeitslohn zahlt (R 125 Abs. 2 LStR).

dd) Verwertung im Inland

2310 Eine Tätigkeit wird im Inland verwertet, wenn der Arbeit**nehmer** das **Ergebnis** einer **im Ausland** ausgeübten Tätigkeit **im Inland** seinem Arbeitgeber zuführt. Die nichtselbständige Arbeit muss also an einem anderen Ort als dem der Ausübung verwertet werden. Unbeachtlich ist die Tätigkeit für einen inländischen Arbeitgeber und die Zahlung des Arbeitslohns vom Inland.

Arbeitgeber in diesem Sinne ist die **Stelle im Inland** (z.B. auch eine Betriebsstätte oder der inländische Vertreter eines ausländischen Arbeitgebers), die ohne Rücksicht auf die formalen Vertragsverhältnisse zu einem möglichen ausländischen Arbeitgeber die **wesentlichen Rechte und Pflichten des Arbeitgebers tatsächlich wahrnimmt;** inländischer Arbeitgeber ist auch ein inländisches Unternehmen bezüglich der Arbeitnehmer, die bei rechtlich unselbständigen Betriebsstätten, Filialen oder Außenstellen im Ausland beschäftigt sind (R 125 Abs. 2 Satz 5 LStR).

Beispiel 1:

Ein lediger Wissenschaftler ohne Wohnsitz/gewöhnlichen Aufenthalt in Deutschland wird im Rahmen eines Forschungsvorhabens in Südamerika tätig. Er übergibt entsprechend den getroffenen Vereinbarungen einen Forschungsbericht seinem Arbeitgeber, der aber von einer kommerziellen Auswertung absieht.

Der Wissenschaftler ist mit den Bezügen, die er für die Forschungstätigkeit von seinem Arbeitgeber erhält, ohne Rücksicht auf eine Auswertung beschränkt steuerpflichtig; die Bezüge unterliegen deshalb dem Lohnsteuerabzug.

Beispiel 2:

Der bei einer inländischen Reederei beschäftigte Kapitän ohne Wohnsitz/gewöhnlichen Aufenthalt in Deutschland ist auf einem unter ausländischer Flagge fahrenden Schiff außerhalb der deutschen Hoheitsgewässer tätig.

Der Kapitän ist mit seinen Bezügen in Deutschland nicht steuerpflichtig, weil er weder hier ansässig noch tätig ist noch das Ergebnis seiner im Ausland ausgeübten Tätigkeit seinem Arbeitgeber im Inland zuführt (BFH, Urteil vom 12.11.1986, BStBl II 1987 S. 377).

Beispiel 3:

Der Angestellte ohne Wohnsitz/gewöhnlichen Aufenthalt im Inland betreibt allgemeine Kontaktpflege im Ausland.

Der Angestellte A ist mit seinen Bezügen in Deutschland nicht steuerpflichtig, weil er weder hier ansässig noch tätig ist noch das Ergebnis seiner im Ausland ausgeübten Tätigkeit seinem Arbeitgeber im Inland zuführt (BFH, Urteil vom 12.11.1986, BStBl II 1987 S. 379).

Beispiel 4:

Wie Beispiel 3, stattdessen übermittelt A seinem inländischen Arbeitgeber aber Marktanalyseberichte.

A ist mit den Bezügen, die er für die Marktanalysen von seinem Arbeitgeber erhält, beschränkt steuerpflichtig, weil er das Ergebnis seiner Auslandstätigkeit seinem Arbeitgeber im Inland nutzbar macht.

Beispiel 5:

Der in Italien wohnende Angestellte A einer deutschen Luftverkehrsgesellschaft ist für seinen Arbeitgeber auf dem Flughafen in Rom tätig.

A ist mit seinen Bezügen nicht steuerpflichtig, weil er seine im Ausland ausgeübte Tätigkeit seinem Arbeitgeber nicht im Inland, sondern im Ausland zuführt (BFH, Urteil vom 12.11.1986, BStBl II 1987 S. 381).

Beispiel 6:

Der in Madrid wohnende Ingenieur I erbringt Leistungen für ein deutsches Ingenieurbüro im Zusammenhang mit der Errichtung eines Gebäudes in Madrid.

I ist mit seinen Bezügen nicht steuerpflichtig, weil seine Auslandstätigkeit nicht im Inland verwertet wird (BFH, Urteil vom 12.11.1986, BStBl II 1987 S. 379).

Beispiel 7:

Der in Belgien wohnende G ist **als Geschäftsführer** für eine deutsche GmbH in Antwerpen tätig.

Die Tätigkeit wird zwar weder im Inland ausgeübt noch verwertet, G ist aber mit den Vergütungen beschränkt steuerpflichtig, weil die Tätigkeit für eine deutsche Gesellschaft mit Geschäftsleitung im Inland ausgeübt wird.

Bei verschiedenartiger Tätigkeit ist die Steuerpflicht für jede einzelne Tätigkeit zu untersuchen (BFH, Urteil vom 12.11.1986, BStBl II 1987 S. 383). Da es sich um „Auslandssachverhalte" handelt, obliegt den Beteiligten gegenüber dem Finanzamt eine erhöhte Mitwirkungspflicht (§ 90 Abs. 2 AO). Wird für eine Tätigkeit, die nur teilweise im Inland verwertet wird, ein einheitliches Entgelt gezahlt, so ist dieses im Schätzungswege aufzuteilen.

ee) Steuerbefreiung beim Verwertungstatbestand

2311 Einkünfte aus der Verwertung einer ausländischen Tätigkeit im Inland bleiben steuerfrei,

– wenn ein Doppelbesteuerungsabkommen besteht und der Lohnsteuerabzug unterbleiben darf (→ *Doppelbesteuerungsabkommen bei Einkünften aus nichtselbständiger Arbeit* Rz. 727),

– in anderen Fällen aus Billigkeitsgründen auf der Grundlage des § 50 Abs. 7 EStG, wenn nachgewiesen oder glaubhaft gemacht wird, dass von diesen Einkünften im Tätigkeitsstaat eine der deutschen Einkommensteuer entsprechende Steuer tatsächlich erhoben wird; der Nachweis ist nicht erforderlich, wenn die Voraussetzungen des Auslandstätigkeitserlasses vorliegen (R 125 Abs. 3 LStR; → *Auslandstätigkeitserlass* Rz. 374). Hat der Steuerpflichtige nach dem Ermessen des Finanzamts **glaubhaft gemacht**, dass er mit den Einkünften im Ausland zur Besteuerung herangezogen wird, so ist die Heranziehung ausreichend nachgewiesen (FinMin Nordrhein-Westfalen, Erlass vom 8.12.1992, Korn/Debatin III 16 Anhang B). Der Nachweis kann hiernach für bis zu drei Jahren anerkannt werden, wenn ein jährlicher Nachweis unzumutbar ist.

Der im Inland ausgezahlte Arbeitslohn wird grundsätzlich dem Lohnsteuerabzug unterliegen. Der Teil des Arbeitslohns, der bereits nach §§ 3, 3b EStG steuerfrei ist, ist vor Anwendung von R 125 Abs. 3 LStR vom Lohnsteuerabzug auszunehmen (OFD Münster, Verfügung vom 15.2.1980, Korn/Debatin III 16c Anhang B). R 125 Abs. 3 LStR kann auch bei einem Doppelbesteuerungsabkommen in Betracht kommen, wenn die Doppelbesteuerung durch dieses nicht beseitigt wird. Bei Arbeitnehmern, die für einen Arbeitgeber im Ausland tätig sind und ihren

Wohnsitz im **Drittstaat** haben, kann R 125 Abs. 3 LStR nicht angewendet werden, wenn im **Tätigkeitsstaat** eine der deutschen Einkommensteuer entsprechende Steuer nicht erhoben wird, weil dann vornehmlich der Wohnsitzstaat die Doppelbesteuerung beheben muss. Besteht mit dem Wohnsitzstaat des Arbeitnehmers ein Doppelbesteuerungsabkommen, so kommt nur eine Freistellung nach diesem Abkommen in Betracht.

Beispiel 1:

A wohnt in den Niederlanden und wird für seinen deutschen Arbeitgeber in Libyen tätig.

Nach Art. 16 und 10 DBA-Niederlande sind die Einkünfte in Deutschland freizustellen.

Beispiel 2:

A wohnt in Libyen und wird für seinen deutschen Arbeitgeber in Frankreich tätig.

Mit Libyen besteht kein Doppelbesteuerungsabkommen. Das DBA-Frankreich findet mangels Abkommensberechtigung (→ *Doppelbesteuerungsabkommen: Allgemeines* Rz. 705) keine Anwendung. Da Frankreich als Tätigkeitsstaat eine Steuer erhebt, ist der Arbeitslohn in Deutschland nach R 125 Abs. 3 LStR freizustellen.

Beispiel 3:

Sachverhalt wie Beispiel 2, aber Libyen erhebt eine Steuer.

Hier muss vornehmlich Libyen die Doppelbesteuerung beseitigen.

b) Lohnsteuerabzugsverfahren (§ 39d EStG)

aa) Anzuwendende Tabelle und besondere Bescheinigung

2312 Beschränkt steuerpflichtige Arbeitnehmer erhalten keine Lohnsteuerkarte. Sie werden für die Durchführung des Lohnsteuerabzugs in die Steuerklasse I, für weitere Arbeitsverhältnisse in die Steuerklasse VI eingereiht (§ 39d Abs. 1 EStG). Die Lohnsteuer ist bei beschränkt Steuerpflichtigen in der Privatwirtschaft **stets** nach der **allgemeinen Lohnsteuertabelle** zu ermitteln. Die Besondere Lohnsteuertabelle kommt nur bei Arbeitslohn aus einer inländischen öffentlichen Kasse in Betracht.

Auf Antrag (nur nach amtlichem Vordruck) des Arbeitnehmers oder in dessen Auftrag des Arbeitgebers (R 125 Abs. 7 LStR) erteilt das Betriebsstättenfinanzamt (§ 41a Abs. 1 Nr. 1 EStG) eine **besondere Bescheinigung**, für die die Vorschriften über die Eintragungen auf der Lohnsteuerkarte sinngemäß gelten, auf der also alle für den Lohnsteuerabzug maßgebenden Merkmale einzutragen sind (§ 39d Abs. 1 EStG). Neben der Steuerklasse können auf Antrag eingetragen werden:

– **Werbungskosten** bei den Einkünften aus nichtselbständiger Arbeit, soweit sie den – gegebenenfalls zeitanteiligen (§ 50 Abs. 1 Satz 6 und 7 EStG) – Arbeitnehmer-Pauschbetrag übersteigen (R 125 Abs. 8 Satz 3 LStR),

– als Sonderausgaben abziehbare Spenden (§ 10b EStG), soweit sie den – gegebenenfalls zeitanteiligen (§ 50 Abs. 1 Satz 6 und 7 EStG) – Sonderausgaben-Pauschbetrag übersteigen (R 125 Abs. 8 Satz 3),

– wie Sonderausgaben abziehbare Beträge nach § 10e oder § 10i EStG **(Förderung des eigengenutzten Wohneigentums).**

Die Berücksichtigung **anderer personenbezogener Entlastungen** (auch des → *Altersentlastungsbetrag* Rz. 38) **oder von familienbezogenen Entlastungen** ist bei beschränkt Steuerpflichtigen **ausgeschlossen.** Der Arbeitnehmer sollte daher bereits im Lohnsteuerabzugsverfahren prüfen, ob er die Voraussetzungen für die Behandlung als unbeschränkt steuerpflichtig auf Antrag erfüllt und ob er einen solchen Antrag stellen sollte. Für den Antrag ist der Vordruck „Antrag auf Lohnsteuerermäßigung" mit der Anlage „Grenzpendler EU/EWR" (mehrsprachig) oder „Grenzpendler außerhalb EU/EWR" (mehrsprachig) zu verwenden, die beim Finanzamt zu erhalten sind. Die Zahlung von nach den gesetzlichen Vorschriften steuerfreiem Arbeitslohn (z.B. Abfindungen, Reisekosten, Auslösungen) ist auch bei beschränkt steuerpflichtigen Arbeitnehmern möglich!

Der **Antrag** auf Erteilung der besonderen Lohnsteuerbescheinigung kann vom Arbeitnehmer oder in dessen Namen vom Arbeitgeber **nur bis zum Ablauf des Kalenderjahrs** gestellt werden, für das die Bescheinigung gilt. Bei Nichtvorlage der besonderen Lohnsteuerbescheinigung hat der Arbeitgeber gem. R 125 Abs. 7 LStR die bei Nichtvorlage der Lohnsteuerkarte zu beachtenden Vorschriften des § 39c Abs. 1 und 2 EStG entsprechend zu berücksichtigen (→ *Nichtvorlage der Lohnsteuerkarte* Rz. 1783). Bei schuldhafter Nichtvorlage der Bescheinigung im Laufe des Kalenderjahrs ist danach der Lohnsteuerabzug nach Steuerklasse VI vorzunehmen. Daher muss der beschränkt steuerpflichtige Arbeitnehmer grundsätzlich **zwangsläufig** rechtzeitig eine besondere Bescheinigung beantragen, damit diese noch im Lohnsteuerabzugsverfahren berücksichtigt werden kann. Anderenfalls gehen mögliche Entlastungen – soweit nicht ausnahmsweise für EU-/EWR-Staatsangehörige ein Veranlagungsrecht besteht – wegen der **Abgeltungswirkung** der Lohnsteuer verloren und er muss den Abzug nach Steuerklasse VI hinnehmen. Führt der Arbeitgeber den Lohnsteuerabzug trotz Nichtvorliegen der Bescheinigung nicht nach Steuerklasse VI, sondern nach Steuerklasse I durch, kann er auch nach Ablauf des Jahres grundsätzlich in Haftung genommen werden (BFH, Urteil vom 12.1.2001, DB 2001 S. 1343).

bb) Besonderheiten bei Artisten

2313 Aus **Vereinfachungsgründen** kann bei beschränkt steuerpflichtigen **Artisten**, deren nichtselbständige Arbeit im Inland ausgeübt oder verwertet wird, die darauf entfallende Lohnsteuer mit einem **Pauschsatz** von **25 %** erhoben werden, wenn der Artist die Lohnsteuer trägt; trägt der Arbeitgeber die Lohnsteuer, beträgt der Pauschsteuersatz **33,33 %** (R 125 Abs. 6 LStR). Der Solidaritätszuschlag beträgt unabhängig davon, wer die Lohnsteuer trägt, jeweils zusätzlich 5,5 % der Lohnsteuer.

cc) Besonderheiten bei Künstlern

2314 Hinsichtlich der Abgrenzung nichtselbständiger/selbständiger Arbeit gelten die Ausführungen zu → *Künstler (und verwandte Berufe)* Rz. 1441. Bei nichtselbständiger Tätigkeit ist die Lohnsteuer grundsätzlich nach den für beschränkt steuerpflichtige Arbeitnehmer geltenden allgemeinen Regelungen zu erheben. Allerdings ist zu beachten, dass in Fällen eines Doppelbesteuerungsabkommens Deutschland bei Künstlern unabhängig von der Aufenthaltsdauer ein Besteuerungsrecht haben kann – Art. 17 OECD-MA, jedoch bei künstlerischen Tätigkeiten im Rahmen des **Kulturaustauschs** in **Doppelbesteuerungsabkommen** häufig eine Freistellung der Lohnsteuer vorgesehen ist (→ *Doppelbesteuerungsabkommen bei Einkünften aus nichtselbständiger Arbeit* Rz. 715). Zur Freistellung von Kulturorchestern von der deutschen Einkommensteuer nach § 50 Abs. 7 EStG siehe BMF-Schreiben vom 20.7.1983, BStBl I 1983 S. 382, und vom 30.5.1995, BStBl I 1995 S. 336. Werden die Vergütungen nicht von einem inländischen Arbeitgeber gezahlt, ist der Steuerabzug nach § 50a EStG vorzunehmen (H 125 Abs. 5 LStH; → Rz. 2322).

● Vereinfachungsmaßnahme

Wegen der **besonderen Schwierigkeiten**, die mit der Anwendung der Regelvorschriften zur Besteuerung der Einkünfte bei **nur kurzfristig beschäftigten** Künstlern verbunden sind, kann die Lohnsteuer nach Maßgabe der **BMF-Schreiben vom 15.1.1996, BStBl I 1996 S. 55, und vom 3.3.1998, BStBl I 1998 S. 261, pauschal** erhoben werden, wenn der Arbeitnehmer nicht die Regelbesteuerung verlangt.

● Begünstigter Personenkreis

Die Vereinfachungsmaßnahme gilt für beschränkt steuerpflichtige, nichtselbständig tätige Künstler, die als

– **gastspielverpflichtete Künstler** bei Theaterbetrieben,

– **freie Mitarbeiter** für den **Hör- oder Fernsehfunk** oder

– **Mitarbeiter** in der **Film- und Fernsehproduktion**

vom Arbeitgeber **nur kurzfristig – höchstens für drei zusammenhängende Monate** – beschäftigt werden (vgl. dazu ausführlich OFD Berlin, Verfügungen vom 12.6.1996 und 28.4.1997, FR 1997 S. 463, mit zahlreichen Beispielen).

Beispiel 1:

Die Beschäftigungsdauer eines beschränkt steuerpflichtigen Künstlers ist vom 1.2. bis 31.5.2002 vereinbart, das Beschäftigungsverhältnis wird jedoch vorzeitig zum 31.3.2002 aufgelöst.

Die Pauschalierung der Lohnsteuer ist möglich, weil die tatsächliche Beschäftigungsdauer nicht mehr als drei Monate beträgt.

Beispiel 2:

Die zunächst vertraglich vorgesehene Beschäftigungsdauer vom 1.2. bis 31.3.2002 wird bis zum 31.5.2002 verlängert oder für den Zeitraum 1.4. bis 31.5.2002 wird ein neuer Vertrag bei demselben Arbeitgeber abgeschlossen. Der Arbeitnehmer wird tatsächlich nur in den Monaten März und Mai tätig.

Die Pauschalierung der Lohnsteuer ist nicht möglich, weil die tatsächliche Beschäftigungsdauer bei demselben Arbeitgeber mehr als drei Monate beträgt.

Der Begriff der **kurzfristigen Beschäftigung** i.S. des BMF-Schreibens vom 15.1.1996 ist **nicht identisch** mit dem Begriff **„für kurze Zeit einspringen"** i.S. des BMF-Schreibens vom 5.10.1990 zur Abgrenzung der nichtselbständigen von der selbständigen Tätigkeit! Die Steuer eines Künstlers, der nach dem BMF-Schreiben vom 5.10.1990, BStBl I 1990 S. 638, selbständig tätig ist, weil er nur für kurze Zeit einspringt, kann daher nicht nach Maßgabe des BMF-Schreibens vom 15.1.1996 pauschal erhoben werden (→ *Künstler (und verwandte Berufe)* Rz. 1441).

● Höhe der pauschalen Steuer

Bemessungsgrundlage sind die **gesamten Einnahmen** des Künstlers einschließlich der Beträge i.S. des § 3 Nr. 13 und 16 EStG (insbesondere Reisekosten, Verpflegungsmehraufwendungen). Abzüge jeder Art, z.B. für Werbungskosten, Sonderausgaben, Steuern, sind nicht zulässig. Die Bemessungsgrundlage entspricht damit derjenigen für den Steuerabzug nach § 50a Abs. 4 EStG. Mit Beschluss vom 28.5.2001 (IStR 2001 S. 443) hat das Finanzgericht Berlin dem Europäischen Gerichtshof die Frage vorgelegt, ob die Besteuerung beschränkt steuerpflichtiger Künstler nach § 50a Abs. 4 EStG gegen Gemeinschaftsrecht verstößt.

Lohnsteuer derzeit in % der Bemessungsgrundlage	wenn der Arbeitgeber trägt
30,00	keine Steuer
43,89	Lohnsteuer und Solidaritätszuschlag
30,50	Solidaritätszuschlag

Der Solidaritätszuschlag beträgt unabhängig davon, wer die Steuer nach den Vereinbarungen trägt, jeweils zusätzlich 5,5 % der Lohnsteuer.

● Lohnsteuerbescheinigung und ggf. Veranlagungsverfahren

Die Verpflichtung des Arbeitgebers, auf Verlangen des Künstlers eine Lohnsteuerbescheinigung zu erteilen, sowie das Veranlagungswahlrecht nach § 50 Abs. 5 Satz 4 Nr. 2 EStG oder das Antragsrecht auf Behandlung als unbeschränkt steuerpflichtig nach § 1 Abs. 3 EStG bleiben unberührt. In die Lohnsteuerbescheinigung sind aber die Beträge i.S. des § 3 Nr. 13 und 16 EStG nicht einzubeziehen. Die pauschale Lohnsteuer ist ggf. nach § 36 Abs. 2 Satz 2 Nr. 2 EStG bei der Einkommensteuerveranlagung anzurechnen.

dd) Lohnsteuer-Jahresausgleich

2315 Der **Lohnsteuer-Jahresausgleich** nach § 42b EStG ist für beschränkt steuerpflichtige Arbeitnehmer **ausgeschlossen**.

ee) Auswirkungen von Doppelbesteuerungsabkommen

2316 Zur Auswirkung von Steuerbefreiung nach Doppelbesteuerungsabkommen siehe → *Doppelbesteuerungsabkommen bei Einkünften aus nichtselbständiger Arbeit* Rz. 715.

ff) Besondere Lohnsteuerbescheinigung des Arbeitgebers

2317 Auf Verlangen des Arbeitnehmers hat der Arbeitgeber eine **besondere Lohnsteuerbescheinigung** auf amtlichem Vordruck auszustellen, der beim Finanzamt erhältlich ist und die Angaben der Rückseite der Lohnsteuerkarte enthält.

c) Abgeltungscharakter der Lohnsteuer

2318 Bei beschränkt Steuerpflichtigen gilt die Einkommensteuer auf Einkünfte aus nichtselbständiger Tätigkeit, die dem Lohnsteuerabzug unterliegen, grundsätzlich mit dem Lohnsteuerabzug als abgegolten (§ 50 Abs. 5 Satz 1 EStG).

d) Veranlagungswahlrecht

aa) Wahlrecht zur Behandlung als unbeschränkt steuerpflichtig nach § 1 Abs. 3 EStG

2319 Der Arbeitnehmer sollte – sofern im Lohnsteuerabzugsverfahren noch nicht geschehen – **prüfen**, ob er die Voraussetzungen für die **Behandlung als unbeschränkt steuerpflichtig auf Antrag** erfüllt und ob er einen entsprechenden Antrag, verbunden mit dem Antrag auf Veranlagung, stellen sollte. Für den Antrag auf Behandlung als unbeschränkt Steuerpflichtiger gibt es amtliche Vordrucke jeweils für EU-/EWR-Staatsangehörige und Nicht-EU-/EWR-Staatsangehörige und in mehreren Sprachen. Der Antrag ist bei Arbeitnehmern innerhalb von zwei Jahren zu stellen (vgl. § 46 Abs. 2 EStG).

bb) Wahlrecht für EU-/EWR-Staatsangehörige nach § 50 Abs. 5 Satz 4 Nr. 2 EStG

2320 Ist der Arbeitnehmer **Staatsangehöriger eines EU-/EWR-Mitgliedstaates** und hat er in einem dieser Staaten einen Wohnsitz/seinen gewöhnlichen Aufenthalt, so kann er eine Veranlagung als beschränkt Steuerpflichtiger beantragen.

Im **Veranlagungsverfahren** bestehen **keine weiteren Möglichkeiten einer personenbezogenen Entlastung** als im Lohnsteuerabzugsverfahren bei beschränkter Steuerpflicht, d.h., es gibt nur den Abzug von Spenden und in Ausnahmefällen Entlastungen für das eigengenutzte Wohneigentum. Insbesondere das Ehegattensplitting, Freibeträge für Kinder, der Altersentlastungsbetrag und der Abzug außergewöhnlicher Belastungen können nicht gewährt werden.

Eine Veranlagung kann sich insbesondere lohnen, wenn die zulässigen **personenbezogenen Entlastungen höher sind als im Steuerabzugsverfahren berücksichtigt oder bei schwankendem Arbeitslohn oder bei unterjähriger Beschäftigung**, weil der Arbeitnehmer-Pauschbetrag, der Sonderausgaben-Pauschbetrag und die Vorsorgepauschale anders als im Lohnsteuerabzugsverfahren nicht gezwölftelt werden. Allerdings werden andere beschränkt steuerpflichtige Einkünfte des Arbeitnehmers, die dem Steuerabzug nach § 50a EStG oder vom Kapitalertrag unterlegen haben, steuersatzerhöhend im Rahmen des Progressionsvorbehalts berücksichtigt (→ *Progressionsvorbehalt* Rz. 1924). Es kann daher sein, dass der Progressionsnachteil den Vorteil aus der Minderung der Bemessungsgrundlage aufhebt, so dass sich eine Veranlagung nicht lohnt.

Zuständig für die Veranlagung ist das Betriebsstättenfinanzamt, bei mehreren Betriebsstättenfinanzämtern dasjenige, in dessen Bezirk der Arbeitnehmer zuletzt unter Anwendung der Steuerklasse I beschäftigt war.

e) Steuerabzugsverfahren nach § 50a EStG

2321 Bestimmte Einkünfte, von denen kein Lohnsteuerabzug vorzunehmen ist, unterliegen bei beschränkt Steuerpflichtigen einem besonderen Steuerabzugsverfahren nach § 50a EStG. Wer demnach Vergütungen an eine Person ohne Wohnsitz/gewöhnlichen Aufenthalt im Inland zahlt, hat zu prüfen, ob ihn – ähnlich wie im Lohnsteuerabzugsverfahren – die Verpflichtung zur Einbehaltung, Anmeldung und Abführung der Abzugsteuer nach § 50a EStG trifft. Dem Steuerabzug nach § 50a EStG unterliegen neben Aufsichtsratsvergütungen und Einkünften aus der Nutzung beweglicher Sachen oder aus Rechten

– nach § 50a Abs. 4 Nr. 1 EStG Einkünfte, die durch im Inland ausgeübte oder verwertete **künstlerische, sportliche, artistische oder ähnliche Darbietungen** erzielt werden, einschließlich der Einkünfte aus anderen mit diesen Einkünften zusammenhängenden Leistungen, unabhängig davon, wem die Einnahmen zufließen (§ 49 Abs. 1 Nr. 2 Buchst. d EStG) oder

– nach § 50a Abs. 4 Nr. 2 EStG Einkünfte aus der Ausübung oder Verwertung einer Tätigkeit als **Künstler, Berufssportler, Schriftsteller, Journalist oder Bildberichterstatter** einschließlich solcher Tätigkeiten für Rundfunk oder Fernsehen (§ 49 Abs. 1 Nr. 2 bis 4 EStG), soweit diese Einkünfte nicht dem Lohnsteuerabzug unterliegen; zur Abgrenzung nichtselbständiger/selbständiger Arbeit siehe → *Künstler (und verwandte Berufe)* Rz. 1441.

Der Steuerabzug ist **unabhängig** davon vorzunehmen, ob der Steuerpflichtige einen **Antrag auf Behandlung als unbeschränkt steuerpflichtig** nach § 1 Abs. 3 EStG stellt (§ 1 Abs. 3 Satz 5 EStG) oder ob das Besteuerungsrecht durch ein **Doppelbesteuerungsabkommen** eingeschränkt ist (→ *Doppelbesteuerungsabkommen: Allgemeines* Rz. 705). Der Steuerabzug beträgt **25 % des vollen Betrags der Einnahmen** (einschließlich z.B. Erstattungen für Reisekosten, BMF-Schreiben vom 23.1.1996, BStBl I 1996 S. 89) und ohne Abzüge für Werbungskosten/Betriebsausgaben, Sonderausgaben und Steuern.

Die maßgeblichen Berechnungssätze auch unter Berücksichtigung der Umsatzsteuer mit und ohne Übernahme der Abzugsteuern nach § 50a Abs. 4 EStG und des Solidaritätszuschlags durch den Vergütungsschuldner ergeben sich aus der folgenden **Tabelle** und sind auf die jeweilige Nettovergütung anzuwenden.

Steuersätze in %			Berechnungssätze in % ohne Übernahme von Abzugsteuern und SolZ			Berechnungssätze in % und Übernahme von Abzugsteuern und SolZ		
§ 50a EStG	SolZ	USt	§ 50a EStG	SolZ	USt	§ 50a EStG	SolZ	USt
25	5,5	–	25	1,37	–	33,96	1,86	–
25	5,5	7	26,75	1,47	7	37,27	2,04	9,75
25	5,5	16	29,00	1,59	16	41,78	2,29	23,05

Werden Amateuren ausschließlich Kosten erstattet bzw. übernimmt der Veranstalter die Kosten, ist aus Billigkeitsgründen kein Steuerabzug nach § 50a Abs. 4 EStG vorzunehmen. Der Schuldner der Vergütungen hat den **Steuerabzug** für Rechnung des Gläubigers (Steuerschuldners) vorzunehmen, **die innerhalb eines Kalendervierteljahrs einbehaltene Abzugsteuer bis zum 10. des dem Kalendervierteljahr folgenden Monats auf amtlichem Vordruck, der beim Finanzamt erhältlich ist, bei dem für ihn zuständigen Finanzamt anzumelden und sie dorthin abzuführen** (§ 50a Abs. 5 EStG, § 73e EStDV).

Ist es zweifelhaft, ob der Gläubiger beschränkt oder unbeschränkt steuerpflichtig ist, so darf die Einbehaltung der Steuer nur unterlassen werden, wenn der Gläubiger der Vergütungen durch eine Bescheinigung des für die Besteuerung seines Einkommens zuständigen Finanzamts nachweist, dass er unbeschränkt steuerpflichtig ist (§ 73e Satz 5 EStDV).

Die Steueranmeldung hat wie die Lohnsteueranmeldung die Wirkung einer Steuerfestsetzung und kann vom Vergütungsschuldner und -gläubiger mit dem Einspruch angefochten werden. Die Steuerfestsetzung kann nur gegenüber dem Vergütungsschuldner vollzogen werden. Die Vollziehung kann nicht ausgesetzt werden, indem die Erstattung an den Vergütungsgläubiger erfolgt. Der Vergütungsgläubiger kann Rechtsschutz im Freistellungs- bzw. Erstattungsverfahren beantragen (BFH, Urteil vom 13.8.1997, BStBl II S. 700). Gegen Haftungs- und Nachforderungsbescheide ist ebenfalls der Einspruch gegeben. Weitere Einzelheiten zum Steuerabzug nach § 50a Abs. 4 EStG enthält das BMF-Schreiben vom 23.1.1996, BStBl I S. 89.

Der Steuerabzug nach § 50a Abs. 4 EStG hat grundsätzlich Abgeltungswirkung, es sei denn, der Steuerpflichtige wird auf Antrag als unbeschränkt steuerpflichtig nach § 1 Abs. 3 EStG behandelt oder es liegt ein Wechsel der Steuerpflicht vor (→ *Steuerpflicht: Wechsel* Rz. 2332). Auch der Vertragspartner des Steuerschuldners sollte insbesondere bei Nettovereinbarungen für die Vertragsverhandlungen wissen, dass der beschränkt Steuerpflichtige die Erstattung der Abzugsteuer beantragen kann, soweit sie 50 % des Unterschiedsbetrags zwischen Einnahmen und in deren Zusammenhang stehenden Aufwendungen übersteigt (§ 50 Abs. 5 Satz 4 Nr. 3 EStG).

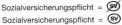
Beispiel:

Einnahmen:	10 000 €	
Abzugsteuer		2 500 €
tatsächliche Aufwendungen	7 000 €	
Überschuss	3 000 €	
darauf entfallende Steuer (50 %)		1 500 €
zu erstatten		1 000 €

Der **Antrag auf Erstattung** ist bis zum Ablauf des Kalenderjahrs, das dem Zuflussjahr der Vergütung folgt, nach amtlich vorgeschriebenem Muster beim **Bundesamt für Finanzen** zu stellen (§ 50 Abs. 5 Satz 4 Nr. 3 EStG). **Mit dem Erstattungsantrag gilt die Zustimmung zur Auskunfterteilung an den Wohnsitzstaat des beschränkt Steuerpflichtigen als erteilt.**

Wichtiger Hinweis:

Durch das Steueränderungsgesetz 2001 ist der Steuersatz nach § 50a Abs. 4 EStG bei im Inland ausgeübten **künstlerischen, sportlichen, artistischen oder ähnlichen Darbietungen** geändert worden. Dieser beträgt bei Einnahmen

- bis 250 €   0 %,
- über 250 € bis 500 €   10 %,
- über 500 € bis 1 000 €   15 %,
- über 1 000 €   25 %.

f) Steuerabzug nach § 50a Abs. 7 EStG

2322 Zur Sicherung des Steueranspruchs gegenüber beschränkt Steuerpflichtigen kann das Finanzamt nach § 50a Abs. 7 EStG einen besonderen Steuerabzug gegenüber dem Vergütungsschuldner anordnen (sog. Sicherungseinbehalt), der sowohl vom Vergütungsgläubiger als auch vom Vergütungsschuldner angefochten werden kann und für den der Vergütungsschuldner haftet, wenn er Vergütungen nach Anordnung ohne Sicherungseinbehalt auszahlt (BMF-Schreiben vom 31.3.1999, BStBl I 1999 S. 687).

7. Lohnsteuerabzugs-/Veranlagungsverfahren bei erweitert unbeschränkt Steuerpflichtigen

2323 Der **Arbeitgeber** hat die **Lohnsteuer unabhängig von einer Lohnsteuerkarte** zu ermitteln (§ 39c Abs. 3 EStG). Dabei ist die Steuerklasse (→ *Steuerklassen* Rz. 2286) maßgebend, die nach § 39 Abs. 3 bis 5 EStG auf eine Lohnsteuerkarte des Arbeitnehmers einzutragen wäre.

Auf **Antrag** des Arbeitnehmers oder in dessen Auftrag des Arbeitgebers erteilt das **Betriebsstättenfinanzamt** (§ 41a Abs. 1 Nr. 1 EStG) eine **Bescheinigung** über

- die maßgebende **Steuerklasse,**
- die Zahl der **Kinderfreibeträge,**
- einen etwa in Betracht kommenden **Freibetrag.**

Ohne Bescheinigung des Betriebsstättenfinanzamts darf allerdings nicht der Steuerabzug nach der Steuerklasse III vorgenommen werden, wenn der Ehegatte nicht unbeschränkt einkommensteuerpflichtig nach § 1 Abs. 1 oder Abs. 2 EStG ist.

8. Lohnsteuerabzugs-/Veranlagungsverfahren bei auf Antrag unbeschränkt Steuerpflichtigen

2324 Der Antrag auf Behandlung als unbeschränkt steuerpflichtig kann sowohl **schon im Lohnsteuerabzugsverfahren**/Einkommensteuervorauszahlungsverfahren als auch erst im Veranlagungsverfahren gestellt werden (amtliche Vordrucke Anlage Grenzpendler EU/EWR bzw. Anlage Grenzpendler außerhalb EU/EWR). Er ist beim zuständigen Finanzamt zu stellen. Das ist grundsätzlich im Lohnsteuerabzugsverfahren das Betriebsstättenfinanzamt des Arbeitgebers und im Einkommensteuer-Vorauszahlungs-/Veranlagungsverfahren das Finanzamt, in dessen Bezirk sich das Vermögen des Steuerpflichtigen befindet bzw. in dessen Bezirk die Tätigkeit ausgeübt oder verwertet wird oder worden ist (§ 19 Abs. 1 AO), für Angehörige des öffentlichen Dienstes das Finanzamt, in dessen Bezirk sich die zahlende öffentliche Kasse befindet

(§ 19 Abs. 1 Satz 3 AO). Im Lohnsteuer-Ermäßigungsverfahren kann auf die Bestätigung der ausländischen Steuerbehörde auf den o.g. amtlichen Vordrucken verzichtet werden, wenn für einen der beiden vorangegangenen Veranlagungszeiträume bereits eine von der ausländischen Steuerbehörde bestätigte Anlage „Bescheinigung EU/EWR" bzw. „Bescheinigung außerhalb EU/EWR" vorliegt und sich die Verhältnisse nach Angaben des Steuerpflichtigen nicht geändert haben (BMF-Schreiben vom 25.11.1999, BStBl I 1999 S. 990).

Der Lohnsteuerabzug ist unabhängig davon vorzunehmen, ob der Arbeitnehmer einen Antrag nach § 1 Abs. 3 EStG stellt oder nicht.

Der Arbeitgeber erkennt einen Arbeitnehmer, der auf Antrag als unbeschränkt steuerpflichtig behandelt wird, aus den Eintragungen in der Bescheinigung des Betriebsstättenfinanzamts nach § 39c Abs. 4 EStG. Denn Arbeitnehmer, die nach § 1 Abs. 3 EStG als unbeschränkt einkommensteuerpflichtig behandelt werden, haben ihrem Arbeitgeber gem. § 39c Abs. 4 EStG vor Beginn des Kalenderjahrs oder bei Eintritt in das Dienstverhältnis eine Bescheinigung vorzulegen, die auf Antrag des Arbeitnehmers vom Betriebsstättenfinanzamt des Arbeitgebers erteilt wird. Die Bescheinigung enthält die maßgebende Steuerklasse, die Zahl der Kinderfreibeträge und ggf. einen Freibetrag nach § 39a EStG. Ist der Arbeitnehmer gleichzeitig bei mehreren inländischen Arbeitgebern tätig, ist für die Erteilung jeder weiteren Bescheinigung das Betriebsstättenfinanzamt zuständig, das die erste Bescheinigung ausgestellt hat; bei Ehegatten, die beide Arbeitslohn beziehen, ist das Finanzamt für den älteren Ehegatten zuständig (§ 39c Abs. 4 Satz 4 und 5 EStG). Umstritten ist, ob der Arbeitgeber für einen Arbeitnehmer, der auf Antrag als unbeschränkt steuerpflichtig behandelt wird, einen Lohnsteuer-Jahresausgleich nach § 42b EStG durchführen darf. § 39c Abs. 4 EStG spricht aber für die Möglichkeit des Jahresausgleichs. Gegebenenfalls sollte das Betriebsstättenfinanzamt um Auskunft gebeten werden.

Steuerpflicht: unbeschränkte

1. Allgemeines

2325 Unbeschränkt steuerpflichtig sind alle Personen, die in der Bundesrepublik Deutschland (Inland) einen Wohnsitz (§ 8 AO) oder ihren gewöhnlichen Aufenthalt (§ 9 AO) haben (§ 1 Abs. 1 EStG).

Es kommt z.B. nicht darauf an, ob sie geschäftsfähig, ausländische Staatsbürger sind oder im Ausland ebenfalls einen Wohnsitz haben. Schiffe unter Bundesflagge rechnen auf hoher See zum Inland (BFH, Urteil vom 12.11.1986, BStBl II 1987 S. 337).

2. Wohnsitzbegriff (§ 8 AO)

2326 Einen Wohnsitz hat nach § 8 AO jemand dort, wo er

- eine **Wohnung**
- unter Umständen
- innehat, die darauf schließen lassen, dass er sie
- **beibehalten oder benutzen wird.**

Anders als der bürgerlich-rechtliche Wohnsitzbegriff knüpft der steuerliche Begriff an **tatsächliche** und nicht an rechtliche **Gestaltungen** an. Subjektive Gesichtspunkte des Steuerpflichtigen sowie allein die An- bzw. Abmeldung einer Wohnung sind unerheblich (BFH, Urteil vom 17.5.1995, BStBl II 1996 S. 2). Der Wohnsitz setzt neben zum dauerhaften Wohnen geeigneten Räumlichkeiten (**Wohnung**) das **Innehaben** der Wohnung in dem Sinne voraus, dass der Steuerpflichtige tatsächlich über sie verfügen kann (**rechtliche Verfügungsmacht**), sie ihm also objektiv jederzeit (wann immer er will) als Bleibe zur Verfügung steht, und er sie als Bleibe zumindest mit einer gewissen Regelmäßigkeit aufsucht (**regelmäßige Nutzung über einen längeren Zeitraum**). Das gelegentliche Übernachten auf einem inländischen Betriebsgelände (z.B. einem Büro, einer Baracke, „Schlafstelle") begründet keinen Wohnsitz (BFH, Urteil vom 6.2.1985, BStBl II 1985 S. 331). Die Nutzung einer Wohnung zweimal im Jahr über einen längeren Zeitraum kann ausreichen, nicht jedoch ein nur gelegentliches Verweilen während unregelmäßig aufeinander folgender kurzer Zeiträume nur zu Erholungszwecken (BFH, Urteil vom 23.22.1988, BStBl II 1989 S. 182). Eine Mindestzahl von Tagen oder Wochen des Aufenthalts im Jahr ist nicht erforderlich (BFH, Urteil vom 19.3.1997, BStBl II 1997 S. 447). Ein Steuerpflichtiger, der sich neben seinem Familienwohnsitz im Ausland ein möbliertes Zimmer in Deutschland gemietet hat, das er an ca. 50 Tagen im Jahr nutzt, ist unbeschränkt steuerpflichtig (BFH, Urteil vom 16.12.1998, BStBl II 1999 S. 207). Außer dem Innehaben setzt der Wohnsitzbegriff **Umstände** voraus, die darauf schließen lassen, dass die Wohnung durch den Inhaber **beibehalten** und als solche genutzt werden soll. Ob entsprechende Umstände vorliegen, kann nur nach Würdigung der Umstände des Einzelfalls entschieden werden. Aus äußeren Tatsachen sind Schlüsse auf künftiges Verhalten zu ziehen. Bezüglich dieser objektiven Umstände kann auf die Wohnungsausstattung und die tatsächliche Nutzung abgestellt werden (BFH, Urteil vom 19.3.1997, BStBl II 1997 S. 447). In der subjektiven Bestimmung liegt der Unterschied zwischen dem bloßen Aufenthaltnehmen und dem Wohnsitz (BFH, Urteil vom 22.11.1994, BStBl II 1994 S. 887). Die Beurteilung im Einzelfall liegt weitgehend auf tatsächlichem Gebiet (BFH, Urteil vom 23.11.2000, BStBl II 2001 S. 279), so dass eine umfangreiche Rechtsprechung besteht. Bei einem ins Ausland versetzten Arbeitnehmer begründet die Beibehaltung einer eingerichteten Wohnung im Inland die Vermutung für das Fortbestehen eines inländischen Wohnsitzes (BFH, Urteile vom 17.5.1995, BStBl II 1996 S. 2, und vom 27.9.1999, BFH/NV 2000 S. 673). Vermietet ein vorübergehend im Ausland tätiger Arbeitnehmer seine Wohnung in der Absicht, sie nach Rückkehr wieder zu nutzen, behält er die Wohnung bei.

Beispiel 1:

Ein Strafgefangener sitzt in der JVA ein.

Er begründet in der JVA keinen Wohnsitz, weil er keine Wohnung innehat, kann aber dort seinen gewöhnlichen Aufenthalt haben.

Beispiel 2:

Ein Opernsänger hat sich in Hamburg auf Dauer eine Hotelsuite gemietet, die er bei Auftritten in Deutschland regelmäßig nutzt.

Der Opernsänger hat in Deutschland einen Wohnsitz. Ein gemietetes Hotelzimmer begründet grundsätzlich keinen Wohnsitz, weil der Nutzer das Zimmer nicht mit einer gewissen Regelmäßigkeit nutzt. Die Hotelsuite ist hier jedoch eine Wohnung, die der Opernsänger auf Grund der regelmäßigen Nutzung auch innehat (vgl. BFH, Urteil vom 23.11.1989, BStBl II S. 182). Er ist unbeschränkt steuerpflichtig.

Beispiel 3:

Der verheiratete polnische Saison-Arbeitnehmer P ist in Deutschland während der Erdbeerernte tätig und wohnt in der Scheune des Landwirts.

P hat in Deutschland keinen Wohnsitz, weil die Scheune keine Wohnung ist. Bei einem Aufenthalt über sechs Monate kann er aber seinen gewöhnlichen Aufenthalt in Deutschland begründen. Bei einem Aufenthalt unter sechs Monaten ist er nicht unbeschränkt steuerpflichtig.

Beispiel 4:

Ein Artist zieht mit seinem Zirkuswagen durch Deutschland.

Er begründet keinen Wohnsitz, weil er keine Wohnung innehat. Bei einer Aufenthaltsdauer von mehr als sechs Monaten hat er jedoch seinen gewöhnlichen Aufenthalt in Deutschland, so dass er dann unbeschränkt steuerpflichtig wird.

Beispiel 5:

Der ledige Arbeitnehmer verkauft seine Wohnung und geht für seinen Arbeitgeber für zwei Jahre ins Ausland. Seine Möbel stellt er bei Freunden unter.

Der Arbeitnehmer hat in dieser Zeit keinen Wohnsitz in Deutschland.

Eine Person kann **mehrere Wohnsitze** haben. Sie ist bereits dann unbeschränkt steuerpflichtig, wenn sie **einen** Wohnsitz in Deutschland hat (BFH, Urteil vom 4.6.1975, BStBl II 1975 S. 708). Bei mehrfachem Wohnsitz in mehreren Staaten bestimmt bei Vorhandensein eines Doppelbesteuerungsabkommens dieses die Ansässigkeit i.S. der Doppelbesteuerungsabkommen (→ Doppel-

besteuerungsabkommen: Allgemeines Rz. 705). Das Merkmal der Ansässigkeit ist nur bedeutsam für die Verteilung der Besteuerungsrechte nach dem Doppelbesteuerungsabkommen, nicht für die Bestimmung der Steuerpflicht nach dem Einkommensteuergesetz. Deshalb ist unbeschränkte Steuerpflicht bei einem Wohnsitz im Inland unabhängig davon gegeben, ob es sich um den Erst- oder Zweitwohnsitz handelt oder ob sich dort der Mittelpunkt der Lebensinteressen des Steuerpflichtigen befindet (BFH, Urteil vom 24.1.2001, IStR 2001 S. 349). Sofern es im Falle einer Auslandtätigkeit für den Arbeitnehmer günstiger ist, in Deutschland nicht unbeschränkt steuerpflichtig zu sein, sollte er ggf. in Deutschland keinen Wohnsitz begründen bzw. seinen Wohnsitz aufgeben.

Bei **Ehegatten** und sonstigen **Familienangehörigen** ist der Wohnsitzbegriff **für jede Person gesondert** zu prüfen. Personen können aber über ihre Familienangehörigen einen Wohnsitz **beibehalten**. Ein Ehegatte, der nicht dauernd getrennt von seiner Familie lebt, hat seinen Wohnsitz grundsätzlich dort, wo seine Familie lebt (BFH, Urteile vom 6.2.1985, BStBl II 1985 S. 331, und vom 9.8.1999, BFH/NV 2000 S. 42).

Beispiel 6:

Der Geschäftsführer einer deutschen Firma geht für längere Zeit ins Ausland. Seine Familie bleibt in Deutschland wohnen.

Der Geschäftsführer behält seinen Wohnsitz in Deutschland bei.

Beispiel 7:

Der Arbeitnehmer wohnt mit seiner Familie in der Schweiz. Die Familie will nach Deutschland ziehen. Der Ehemann zieht zunächst allein in das erworbene Haus. Die Ehefrau verbleibt mit den Kindern noch im Ausland.

Der Arbeitnehmer begründet seinen Wohnsitz im Inland, nicht aber die Familie. Die Ehefrau und die Kinder begründen den inländischen Wohnsitz erst mit dem Zuzug, denn die Wohnung war zuvor niemals Familienwohnsitz. In entsprechenden Fällen können Angehörige von Arbeitnehmern im öffentlichen Dienst nach dem BMF-Schreiben vom 8.10.1996, BStBl I 1996 S. 1191, wenn sie vorher über den Arbeitnehmer nach § 1 Abs. 2 EStG erweitert unbeschränkt steuerpflichtig waren, aus Billigkeitsgründen weiterhin als unbeschränkt steuerpflichtig behandelt werden, wenn der Arbeitnehmer aus dienstlichen Gründen ins Inland versetzt wird und der Ehegatte noch für kurze Zeit im Ausland verbleibt.

Studenten begründen am Studienort regelmäßig keinen Wohnsitz, wenn sie dort „in einer Studentenbude" leben und die Bindung zum Elternhaus unverändert bestehen bleibt (vgl. aber FG Berlin, Urteil vom 9.3.2000, EFG 2000 S. 748). Dies gilt auch für ausländische Studenten, die sich vorübergehend zu Studienzwecken in Deutschland aufhalten (→ Ausländische Studenten Rz. 353). Sie begründen in Deutschland aber oft ihren gewöhnlichen Aufenthalt. Halten sich **Kinder** für **mehrere Jahre** zu Ausbildungszwecken (Schule/Studium) **im Ausland** auf, so haben sie die elterliche Wohnung im Inland nicht inne, wenn der Auslandsaufenthalt nicht in erster Linie durch den Ausbildungszweck bestimmt ist und die Kinder die elterliche Wohnung nicht zum zwischenzeitlichen Wohnen in der ausbildungsfreien Zeit nutzen. Bei langjährigen Aufenthalten ausländischer Kinder im Heimatland der Eltern hat die Rechtsprechung das Innehaben der inländischen elterlichen Wohnung grundsätzlich verneint. Kurzfristige Aufenthalte bei den Eltern mit Besuchscharakter, die nicht einem Aufenthalt mit Wohncharakter gleichkommen, führen auch dann nicht zum Beibehalten des elterlichen Inlandswohnsitzes, wenn die Rückkehr nach Deutschland nach Abschluss der Ausbildung geplant ist (BFH, Urteil vom 23.11.2000, BStBl II 2001 S. 279). Inlandswohnsitz kann dagegen gegeben sein, wenn sich das Kind mehrere Monate im Jahr in der elterlichen Inlandswohnung aufhält (BFH, Urteil vom 23.11.2000, BStBl II 2001 S. 291).

Vgl. hierzu auch den sog. AO-Anwendungserlass (BMF-Schreiben vom 15.7.1998, BStBl I 1998 S. 630, zu § 8 AO: Wohnsitz) und die umfangreiche weitere Rechtsprechung.

3. Begriff des gewöhnlichen Aufenthalts (§ 9 AO)

Seinen gewöhnlichen Aufenthalt hat gem. § 9 AO jemand dort, wo er sich unter Umständen **aufhält**, die erkennen lassen, dass er an diesem **Ort**/in diesem **Gebiet nicht nur vorübergehend** verweilt.

2327

Steuerpflicht: unbeschränkte

Bei einer Aufenthaltsdauer von mehr als sechs Monaten wird gem. § 9 Satz 2 AO ohne weitere Voraussetzung ein gewöhnlicher Aufenthalt angenommen.

Vgl. zum Begriff des gewöhnlichen Aufenthalts auch den sog. AO-Anwendungserlass (BMF-Schreiben vom 15.7.1998, BStBl I S. 630, zu § 9 AO: Gewöhnlicher Aufenthalt). Zum Begriff des gewöhnlichen Aufenthalts gibt es wie zum Wohnsitzbegriff umfangreiche Rechtsprechung.

Beim gewöhnlichen Aufenthalt kommt es auf den **tatsächlichen Aufenthalt** an. Im Gegensatz zum Wohnsitz kann eine Person immer **nur einen gewöhnlichen Aufenthalt** haben. Kurzfristige Inlandsaufenthalte führen daher nicht zur Begründung eines gewöhnlichen Aufenthalts. Ein Grenzgänger begründet im Tätigkeitsstaat regelmäßig keinen gewöhnlichen Aufenthalt (BFH-Urteile vom 10.5.1989, BStBl II S. 755, und vom 10.7.1996, BStBl II 1997 S. 15; → *Grenzgänger* Rz. 1189).

Bei **kurzfristigen Unterbrechungen** – z.B. durch Urlaub, Geschäftsreisen – läuft die Sechs-Monats-Frist weiter und die Unterbrechungszeit wird mitgerechnet. Dies ist streitig bei der „183-Tage-Regelung" der Doppelbesteuerungsabkommen. Anders als bei der „183-Tage-Regelung" muss der Sechs-Monats-Zeitraum nicht in ein Kalender- bzw. Steuerjahr fallen. Bei einem weniger als sechs Monate dauernden Aufenthalt kann ein gewöhnlicher Aufenthalt begründet werden, wenn Inlandsaufenthalte nacheinander folgen, die sachlich miteinander verbunden sind, und der Arbeitnehmer beabsichtigt länger im Inland zu bleiben (BFH, Urteil vom 3.8.1977, BStBl II 1978 S. 118).

Beispiel:

Ein ausländischer Saisonarbeiter beabsichtigt, nur zur Erfüllung seines vom 1.11.2001 bis zum 15.2.2002 während Arbeitsvertrages in Deutschland zu verweilen. Er lebt in einer Gemeinschaftsunterkunft, die ihm vom Arbeitgeber gestellt wird. Sein Arbeitsvertrag wird unerwartet bis zum 31.5.2002 verlängert.

Der Arbeitnehmer ist sowohl 2001 als auch 2002 in Deutschland unbeschränkt einkommensteuerpflichtig, weil er hier seinen gewöhnlichen Aufenthalt hat.

4. Sonderfälle

2328 In vielen zwischenstaatlichen Vereinbarungen gibt es Wohnsitzfiktionen, die § 8 AO vorgehen. So gelten deutsche Bedienstete der EG als im Inland ansässig (Art. 14 des Protokolls über die Vorrechte und Befreiungen der Europäischen Gemeinschaften vom 8.4.1965, BGBl II S. 1482).

Zu Angehörigen der Streitkräfte siehe → *NATO: Mitarbeiter* Rz. 1763.

5. Umfang der Steuerpflicht

2329 Unbeschränkt Steuerpflichtige unterliegen mit ihren inländischen und ausländischen Einkünften (**Welteinkommen**) der Einkommensteuer. Das deutsche **Besteuerungsrecht kann eingeschränkt sein** insbesondere durch Doppelbesteuerungsabkommen oder andere zwischenstaatliche Vereinbarungen (→ *Doppelbesteuerungsabkommen: Allgemeines* Rz. 705). Eine Übersicht der steuerlichen Vorrechte und Befreiungen auf Grund zwischenstaatlicher Vereinbarungen u.a. für Beschäftigte von Organisationen und Einrichtungen der Verteidigung, Friedenssicherung, Rüstungskontrolle, den Vereinten Nationen, zivilen Weltorganisationen und europäischen Organisationen enthält das BMF-Schreiben vom 18.4.2001, BStBl I 2001 S. 286. Zur Besteuerung der Einkünfte von Bediensteten des Europäischen Patentamts siehe BFH, Urteil vom 2.11.1999, BFH/NV 2000 S. 692. Nach § 34c Abs. 5 EStG kann die auf ausländische Einkünfte entfallende **deutsche Einkommensteuer ganz oder zum Teil erlassen** oder in einem Pauschbetrag festgesetzt werden, wenn es aus volkswirtschaftlichen Gründen zweckmäßig oder eine Vermeidung der Doppelbesteuerung durch Anrechnung ausländischer Steuern schwierig ist. Auf der Grundlage des § 34c

Abs. 5 EStG beruht insbesondere der Auslandtätigkeitserlass (→ *Auslandstätigkeitserlass* Rz. 374).

Zu familienbezogenen Entlastungen für Angehörige im Ausland siehe → *Steuerpflicht* Rz. 2297.

6. Lohnsteuerabzugsverfahren bei unbeschränkter Steuerpflicht

2330 Bei unbeschränkt steuerpflichtigen Arbeitnehmern ist der **Lohnsteuerabzug** vom Arbeitgeber gem. § 39b EStG nach den Merkmalen (Steuerklasse, Zahl der Kinderfreibeträge, monatliche Freibeträge) der **Lohnsteuerkarte** vorzunehmen.

7. Veranlagungsverfahren

2331 Unbeschränkt steuerpflichtige Arbeitnehmer können, sofern sie nicht von Amts wegen zu veranlagen sind, insbesondere zur Anrechnung der Lohnsteuer auf die Einkommensteuer, die Veranlagung **beantragen** (→ *Veranlagung von Arbeitnehmern* Rz. 2502).

Ist Lohnsteuer einbehalten worden, obwohl weder beschränkte noch unbeschränkte Steuerpflicht vorliegt, ist diese in einem zusätzlichen Erstattungsverfahren analog dem Verfahren bei Doppelbesteuerungsabkommen nach § 50d Abs. 1 EStG zu erstatten. Erlässt das Finanzamt einen Einkommensteuerbescheid wegen angeblich bestehender unbeschränkter Steuerpflicht, so muss zunächst dessen Aufhebung und anschließend die Erstattung der einbehaltenen Lohnsteuer beantragt werden (BFH, Urteil vom 16.2.1996, DB 1996 S. 1217).

Steuerpflicht: Wechsel

1. Lohnsteuerabzugsverfahren (§ 39 Abs. 5a EStG)

2332 Ist ein **Arbeitnehmer**, für den eine **Lohnsteuerkarte ausgestellt** ist, beschränkt einkommensteuerpflichtig geworden, so hat er dies dem Finanzamt unter Vorlage der Lohnsteuerkarte unverzüglich **anzuzeigen** (§ 39 Abs. 5a EStG). Das Finanzamt hat die Lohnsteuerkarte vom Zeitpunkt des Eintritts der beschränkten Steuerpflicht an ungültig zu machen. Sofern die Lohnsteuerkarte bereits dem Arbeitgeber vorliegt, hat sich der Arbeitnehmer die Lohnsteuerkarte zur Vorlage beim Finanzamt aushändigen zu lassen. Unterbleibt die Anzeige, hat das Finanzamt **zu wenig erhobene Lohnsteuer** von mehr als 10 € **vom Arbeitnehmer nachzufordern**.

2. Veranlagungsverfahren (§ 2 Abs. 7 EStG)

2333 Besteht während eines Kalenderjahrs **sowohl beschränkte als auch unbeschränkte Steuerpflicht**, so findet **nur eine Veranlagung** für das Kalenderjahr statt, in der die während der beschränkten Steuerpflicht erzielten inländischen Einkünfte – und zwar auch diejenigen, die dem Steuerabzug unterliegen, der bei beschränkt Steuerpflichten Abgeltungswirkung hat – den während der unbeschränkten Steuerpflicht erzielten Einkünften hinzuzurechnen sind (§ 2 Abs. 7 EStG). In diesem Fall sind sämtliche ausländische Einkünfte, die im Veranlagungszeitraum nicht der deutschen Einkommensteuer unterlegen haben, bei der Berechnung des Steuersatzes zu berücksichtigen (→ *Progressionsvorbehalt* Rz. 1924). Wird nach Beendigung der unbeschränkten Steuerpflicht vom ausländischen Arbeitslohn zu Unrecht Lohnsteuer einbehalten, so ist auch diese Lohnsteuer auf die festgesetzte Einkommensteuer anzurechnen (BFH, Urteil vom 23.5.2000, BStBl II 2000 S. 581).

Zur steuerlichen Behandlung der Einkommensteuererstattung bei Nettolohnvereinbarung nach Wegfall der unbeschränkten Steuerpflicht siehe OFD Düsseldorf, Verfügung vom 27.3.2000, StEd 2000 S. 310 und 324. Soweit dort die Auffassung vertreten wird, familien- und personenbezogene Steuerentlastungen könnten im Jahr des Wechsels der Steuerpflicht nur anteilig berücksichtigt werden, ist dies streitig.

Steuertarif

1. Überblick

a) Senkung des Einkommensteuertarifs

2334 Durch das Steuersenkungsgesetz vom 23.10.2000, BStBl I S. 1428, und das Steuersenkungsergänzungsgesetz vom 19.12.2000, BStBl I 2001 S. 25, ist der Einkommensteuertarif in mehreren Stufen wie folgt abgesenkt worden:

	2001	2002	2003/2004	ab 2005
Grundfreibetrag¹)	14 093 DM	7 235 €	7 426 €	7 664 €
Eingangs-steuersatz	19,9 %	19,9 %	17,0 %	15,0 %
Spitzen-steuersatz	48,5 %	48,5 %	47,0 %	42,0 %
ab zu ver-steuerndem Einkommen¹)	107 568 DM	55 008 €	52 293 €	52 152 €

¹) Verdoppelung bei Verheirateten

b) Wegfall der Tarifstufen des Einkommensteuertarifs

2335 Früher wurde die Einkommensteuer in der Weise ermittelt, dass das zu versteuernde Einkommen auf einen durch **54 teilbaren Betrag abgerundet** wurde – hierdurch hat sich eine an sich zu niedrige Einkommensteuer ergeben. Seit dem Jahre 2001 fällt diese Abrundung schrittweise weg:

– Im **Jahre 2001** wurden zwar noch die Tarifstufen von 54 DM beibehalten. Die Einkommensteuer wurde jedoch nicht mehr für den untersten Wert einer Tarifstufe ermittelt, sondern für den mittleren Wert (sog. **Mittelwertverfahren**). Das heißt, dass das zu versteuernde Einkommen wie bisher zunächst auf den durch 54 teilbaren Betrag abgerundet, dann jedoch um (1/2 von 54 DM) **27 DM erhöht** wurde. Die Einkommensteuer soll dadurch der ab 2003 geltenden Einkommensteuerermittlung ohne Tarifstufen angenähert werden.

– Im **Jahre 2002**, in dem der Einkommensteuertarif ohnehin auf Euro umgestellt wird, beträgt die **Tarifstufe 36 €**; das **Mittelwertverfahren** wird beibehalten (**Erhöhung um 18 €**).

– **Ab 2003** fallen die Tarifstufen ganz weg, die Einkommensteuer ist dann nach der im Gesetz festgelegten **Tarifformel** zu ermitteln (§ 32a Abs. 1 EStG).

c) Wegfall der gesetzlichen Einkommen- und Lohnsteuertabellen

aa) Lohnsteuertabellen

2336 Für Arbeitgeber besonders wichtig ist der schrittweise **Wegfall der gesetzlichen Lohnsteuertabellen ab 2001**, allerdings werden die Tabellenverlage (auch der **Stollfuß Verlag**) weiterhin Lohnsteuertabellen und maschinelle Abrechnungsprogramme auflegen, denen der Arbeitgeber dann die Lohnsteuer entnehmen kann.

Ab 2001 ist die gesetzliche Verpflichtung (§ 38c Abs. 1 Satz 1 EStG) zur Aufstellung und Bekanntmachung von Lohnsteuertabellen aufgehoben und die **maschinelle Lohnsteuerermittlung** anhand der Tarifformel, die in der Praxis schon jetzt stark überwiegt, zur **Grundregel** erhoben worden. Das Bundesministerium der Finanzen hat jedoch im Einvernehmen mit den obersten Finanzbehörden der Länder einen **Programmablaufplan** für die maschinelle Berechnung der Lohnsteuer aufzustellen und bekannt zu machen (§ 39b Abs. 8 EStG). Diesen Programmablaufplan gab es zwar schon in der Vergangenheit, jedoch lediglich als freiwillige Serviceleistung des Bundesministeriums der Finanzen. Der Programmablaufplan für das Jahr 2002 ist inzwischen veröffentlicht worden, vgl. BMF-Schreiben vom 28.9.2001, BStBl I 2001 S. 672).

Der **Wegfall der gesetzlichen Lohnsteuertabellen** erfolgt auch hier in **mehreren Schritten**:

– Für die **Jahre 2001 und 2002** muss das Bundesministerium der Finanzen auf Grund der für diese Jahre geltenden Ermächtigung in § 51 Abs. 4 Nr. 1a EStG übergangsweise „als Serviceleistung" noch **amtliche Lohnsteuertabellen aufstellen** und im Bundesanzeiger veröffentlichen.

– Ab dem **Jahre 2003** entfällt diese Verpflichtung, so dass dann die Herausgabe von Lohnsteuertabellen zur manuellen Berechnung der Lohnsteuer ganz den **privaten Tabellenverlagen** überlassen bleibt.

Die für die Aufstellung der Lohnsteuertabellen erforderlichen **Parameter** sind dem vom Bundesministerium der Finanzen aufzustellenden **amtlichen Programmablaufplan** zu entnehmen. Gesetzlich ist hierzu in § 51 Abs. 4 Nr. 1a EStG in der für die Jahre ab 2003 geltenden Fassung (vgl. § 52 Abs. 59c EStG) festgelegt, dass der **Lohnstufenabstand 36 €** beträgt und die in den Tabellenstufen auszuweisende Lohnsteuer aus der **Obergrenze** der Tabellenstufen zu berechnen ist und an der Obergrenze mit der maschinell berechneten Lohnsteuer übereinstimmen muss.

Hierdurch soll es insbesondere kleineren Arbeitgebern ermöglicht werden, an Stelle der maschinellen Lohnsteuerermittlung den Lohnsteuerabzug auch künftig mit Hilfe entsprechender Tabellen „manuell" vorzunehmen. Da die Lohnsteuer nach den Obergrenzen der Tabellenstufen zu ermitteln ist, wird bei Anwendung der Lohnsteuertabellen unter Umständen zuviel Lohnsteuer einbehalten, die jedoch im Rahmen einer Veranlagung zur Einkommensteuer erstattet werden kann (→ *Veranlagung von Arbeitnehmern* Rz. 2502).

bb) Einkommensteuertabellen

2337 Verzichtet wird **ab 2001** auch auf die Aufstellung **gesetzlicher Einkommensteuertabellen**. Zur Konkretisierung der gesetzlichen Tarifvorschrift in § 32a EStG wird die Einkommensteuertabelle jedoch als Serviceleistung des Bundesministeriums der Finanzen im Bundessteuerblatt veröffentlicht (vgl. für das Jahr 2002 BMF-Schreiben vom 27.9.2001, BStBl I 2001 S. 635). Darüber hinaus wird im **Internet** ein Rechenprogramm veröffentlicht, so dass jeder Steuerzahler seine Einkommensteuer selbst errechnen kann. Auch die privaten Tabellenverlage (u.a. der **Stollfuß Verlag**) geben weiterhin Einkommensteuertabellen heraus.

2. Allgemeines

2338 Der Arbeitgeber entnimmt die jeweilige Lohnsteuer der maßgebenden Lohnsteuertabelle, die vom Bundesministerium der Finanzen auf der Grundlage der Einkommensteuertabellen aufgestellt wird (§ 38c EStG). Zu unterscheiden sind dabei die

– **Allgemeine Jahreslohnsteuertabelle** für Arbeitnehmer, die der **Sozialversicherungpflicht** unterliegen und deshalb die „volle" Vorsorgepauschale erhalten, → *Vorsorgepauschale* Rz. 2579,

– und die **Besondere Jahreslohnsteuertabelle** für Arbeitnehmer, die **nicht der Sozialversicherungspflicht** unterliegen und deshalb nur eine gekürzte Vorsorgepauschale erhalten, z.B. Beamte.

Einzelheiten zum Aufbau der Lohnsteuertabellen siehe → *Lohnsteuertabellen* Rz. 1655.

Der Tarif für die Einkommensteuer und Lohnsteuer ist gleich.

3. Grundbegriffe

a) Grundtabelle/Splittingtabelle

2339 Zu unterscheiden sind folgende Tabellen (vgl. § 32a EStG):

– **Grundtabelle für ledige und andere allein stehende Personen**, z.B. Geschiedene, dauernd getrennt Lebende, Verwitwete (außer im Todesjahr des Ehegatten und dem folgenden Jahr). Die Grundtabelle entspricht im Lohnsteuerabzugsverfahren der **Steuerklasse I**, bei allein Erziehenden mit Kind der **Steuerklasse II**.

– **Splittingtabelle für Ehegatten**, die zusammen veranlagt werden; sie entspricht im Allgemeinen der Steuerklasse III (zu Steuerklassenkombinationen bei zwei verdienenden Ehegatten siehe → *Steuerklassen* Rz. 2286).

Die Splittingtabelle ist im Allgemeinen günstiger, denn der Gesetzgeber geht davon aus, dass Ehegatten regelmäßig eine **Erwerbs- und Wirtschaftsgemeinschaft** bilden, d.h., dass die Einkünfte von den Ehegatten **gemeinschaftlich erzielt** werden. Es wird daher beim Ehegattensplitting unterstellt, dass jeder Ehegatte – selbst wenn tatsächlich nur **ein** Ehegatte erwerbstätig ist – die Hälfte der gesamten Einkünfte erzielt habe. Für jeden Ehegatten wird daher die Einkommensteuer auf die halbierten Gesamteinkünfte zunächst nach der Grundtabelle ermittelt und der sich ergebende Betrag anschließend verdoppelt; das Ergebnis ist die Einkommensteuer laut Splittingtabelle. Diese auf zwei Personen aufgeteilte Steuerberechnung führt zu einer **doppelten Gewährung des Grundfreibetrags** sowie zu einer erheblichen **Senkung der Steuerprogression** gegenüber einem allein stehenden Steuerpflichtigen. Der Splittingvorteil ist um so größer, je weiter die Einkommen der Ehegatten „auseinander laufen", am größten also bei Alleinverdienern (der maximale Splittingvorteil beträgt für das Jahr 2002 9872 €). Überhaupt **kein Vorteil** ergibt sich hingegen, wenn beide Ehegatten **gleich hohe Einkommen** haben.

Beispiel:

Die Eheleute A haben ein zu versteuerndes Einkommen von 100 000 €, A ist Alleinverdiener. Die Einkommensteuer 2002 ist wie folgt zu berechnen:

Aufteilung des zu versteuernden Einkommens auf beide Ehegatten	50 000 €
Einkommensteuer laut Grundtabelle	14 440 €
Verdoppelung ergibt Einkommensteuer laut **Splittingtabelle**	28 880 €

Nach der **Grundtabelle** ergäbe sich demgegenüber eine Einkommensteuer von 38 623 €, der Splittingvorteil beträgt mithin 9 743 €. Dabei ist allerdings zu berücksichtigen, dass mit diesem Splittingvorteil auch die Unterhaltszahlungen an den nicht verdienenden Ehegatten abgegolten sind. Der „echte" Vorteil ist somit geringer.

Das Ehegatten-Splitting entspricht den Grundwertungen des Familienrechts und stellt daher nach Auffassung des Bundesverfassungsgerichts und des Bundesfinanzhofs **keine beliebig veränderbare Steuer-„Vergünstigung"** dar (vgl. zuletzt BFH, Urteil vom 15.3.1995, BStBl II 1995 S. 547, m.w.N.). Auch der Beschluss des Bundesverfassungsgerichts vom 10.11.1998, BStBl II 1999 S. 182, zum Familienleistungsausgleich geht offensichtlich von der Verfassungsmäßigkeit des Ehegatten-Splittings aus (Einzelheiten siehe → *Kindergeld/Freibeträge für Kinder* Rz. 1361).

Die **auf zusammenlebende Ehegatten beschränkte Gewährung des Splittingtarifs** wird besonders von **allein Erziehenden mit Kindern kritisiert**, die wie alle übrigen allein Stehenden grundsätzlich unter die steuerlich ungünstigere **Grundtabelle** fallen. Das **Bundesverfassungsgericht** hat es jedoch in ständiger Rechtsprechung abgelehnt, allein Stehenden mit Kindern den **Splittingtarif** zuzubilligen (Urteil vom 3.11.1982, BStBl II 1982 S. 717, und zuletzt Beschluss vom 12.7.1999, StEd 1999 S. 672). In seinem Beschluss vom 10.11.1998, BStBl II 1999 S. 182, fordert das Bundesverfassungsgericht sogar die Gewährung des Haushaltsfreibetrags und den Abzug von Kinderbetreuungskosten auch bei zusammenlebenden Eltern, um eine steuerliche Besserstellung von allein Erziehenden mit Kindern auszuschließen (→ *Kindergeld/Freibeträge für Kinder* Rz. 1361). Steuerliche Vergünstigungen für allein Erziehende dürften damit künftig entfallen. Das Splittingverfahren kommt ferner **nicht für gleichgeschlechtliche Lebensgemeinschaften** in Betracht, selbst wenn sie nach dem Lebenspartnerschaftsgesetz „eingetragen" sind.

Strittig ist zurzeit, ob die geltende Besteuerung, die unter Berücksichtigung aller Steuern im Einzelfall **mehr als 50 %** des Einkommens betragen kann, gegen das **„Übermaß-Besteuerungsverbot"** des Bundesverfassungsgerichts (Beschluss vom 22.6.1995, BStBl II 1995 S. 655, zur Vermögensteuer) verstößt und deshalb **verfassungswidrig** ist. Die Finanzverwaltung verneint dies und lehnt daher sowohl Billigkeitsmaßnahmen als auch

ein Ruhen von Einsprüchen ab (BMF-Schreiben vom 17.3.1999, DB 1999 S. 938). Auch der Bundesfinanzhof sieht keine Veranlassung, diese Rechtsprechung auf die Einkommensteuer zu übertragen (vgl. Urteil vom 11.8.1999, BStBl II 1999 S. 771). Inzwischen liegt diese Frage dem **Bundesverfassungsgericht** zur Entscheidung vor (Az. 2 BvR 2194/99, vgl. dazu StEd 1999 S. 782).

Strittig ist ferner, ob die ermäßigte **Besteuerung gewerblicher Einkünfte** nach § 32c EStG (bis zum Jahre 2000) gegenüber anderen Einkünften verfassungsgemäß ist. Der Bundesfinanzhof hält diese Regelung für verfassungswidrig (Beschluss vom 24.2.1999, BStBl II 1999 S. 450) und hat deshalb diese Frage dem **Bundesverfassungsgericht vorgelegt** (Az. beim BVerfG: 2 BvL 2/99, vgl. StEd 1999 S. 306). Die Finanzverwaltung lässt zwar Einsprüche insoweit ruhen, lehnt aber eine Aussetzung der Vollziehung ab (FinMin Sachsen, Erlass vom 20.7.1999, DB 1999 S. 1832). Die Tarifbegrenzung des § 32c EStG ist auf Steuerpflichtige mit Einkünften aus **selbständiger Arbeit** nicht anzuwenden (BFH, Urteil vom 4.11.1999, BStBl II 2000 S. 186). Denn da diese keine Gewerbesteuer zahlen, ist nach dem Sinn und Zweck des § 32c EStG, der eine Doppelbelastung mit Einkommen- und Gewerbesteuer vermeiden will, diese Vorschrift auf diesen Personenkreis von vornherein nicht anwendbar. Die Finanzverwaltung erlässt gleichwohl in allen Fällen – **unabhängig von der Art der Einkünfte** – Steuerfestsetzungen vorläufig (FinMin Bremen, Erlass vom 24.8.2000, DStR 2000 S. 1828, sowie BMF-Schreiben vom 29.6.2001, BStBl I 2001 S. 414).

b) Grenzsteuersatz/Durchschnittssteuersatz

Diese Begriffe werden häufig verwechselt: **2340**

– **Grenzsteuersatz** ist der Steuersatz, mit dem der „letzte Euro" des jeweiligen Einkommens besteuert wird. Dieser Steuersatz beginnt praktisch bei Null (Einkommenserhöhungen bleiben bis zum Grundfreibetrag von 7 235 € ganz steuerfrei) und steigt dann von 19,9 % allmählich an bis zum Spitzensteuersatz von 48,5 %.

– **Durchschnittssteuersatz** ist die Einkommensteuer in %, die sich auf das gesamte zu versteuernde Einkommen bezieht. Dieser Satz liegt wesentlich unter dem Grenzsteuersatz. Der Durchschnittssteuersatz nähert sich mit zunehmendem Einkommen immer mehr dem Spitzensteuersatz von 48,5 %, ohne ihn je zu erreichen.

Beispiel:

A (Steuerklasse I) hat einen Bruttoarbeitslohn von monatlich 4 000 €. Die Lohnsteuer beträgt nach der allgemeinen Lohnsteuertabelle 1 017,25 €, das ergibt bezogen auf den Bruttoarbeitslohn einen Durchschnittssteuersatz von 25,43 %. Die „Grenzsteuerbelastung" beträgt in diesem Einkommensbereich aber bereits 42,75 %. Wenn A also eine Gehaltserhöhung von 100 € bekommt, muss er hiervon schon etwa die Hälfte an Steuern, d.h. Lohnsteuer, Solidaritätszuschlag und ggf. Kirchensteuer bezahlen.

Folgende Tabelle soll einen Überblick über die Höhe der Grenz- und Durchschnittssteuersätze für 2002 geben:

Höhe des zu versteuernden Einkommens	Grenzsteuersatz (Steuer auf die letzten 1 000 €)		Durchschnittssteuersatz (Steuerbelastung des gesamten Einkommens)	
Euro	Grundtab. in %	Splittingtab. in %	Grundtab. in %	Splittingtab. in %
10 000	22,4	0	6,11	0
15 000	26,1	12,2	12,35	0,81
20 000	28,9	23,4	16,18	6,11
25 000	31,8	24,8	19,03	9,75
30 000	34,6	26,2	21,39	12,35
35 000	37,4	27,8	23,48	14,47
40 000	40,2	29,0	25,40	16,18
45 000	43,0	30,6	27,20	17,71
50 000	44,1	32,0	28,88	19,03
60 000	48,9	34,8	32,04	21,39
70 000	48,8	37,6	34,40	23,48
80 000	48,9	40,4	36,17	25,40

4. Aufbau der Einkommensteuertabelle

2341 Der Einkommensteuertarif 2002 setzt sich aus „mehreren Schichten" zusammen:

- **Grundfreibetrag**: Bis 7 235 € beträgt die Einkommensteuer 0 € (**Nullzone**, § 32a Abs. 1 Nr. 1 EStG). Mit diesem Betrag soll das sog. **Existenzminimum** des Steuerpflichtigen **steuerfrei** belassen werden.

- An diese Nullzone schließt sich die **Progressionszone** bis zu einem Einkommen von 55 007 € an. Einkommensteile in diesem Bereich werden progressiv mit 19,9 % (**Eingangssteuersatz**) bis zum höchsten Grenzsteuersatz von 48,5 % (**Spitzensteuersatz**) besteuert.

- Einkommensteile ab 55 008 € werden gleichmäßig mit einem Grenzsteuersatz (Spitzensteuersatz) von 48,5 % besteuert (**obere Proportionalzone**).

Bei **zusammen veranlagten Ehegatten gelten die doppelten €-Beträge.**

5. Aufbau der Lohnsteuertabellen

a) Aufstellung der Lohnsteuertabellen

2342 Die Lohnsteuertabellen sind aus der Einkommensteuertabelle abgeleitet, indem das zu versteuernde Einkommen in einen Jahresarbeitslohn umgerechnet wird durch Hinzurechnung

- des **Arbeitnehmer-Pauschbetrags** von 1 044 € für die Steuerklassen I bis V,

- des **Sonderausgaben-Pauschbetrags** von 36 € für die Steuerklassen I, II und IV und von 72 € für die Steuerklasse III,

- der **Vorsorgepauschale** für die Steuerklassen I bis IV,

- des **Haushaltsfreibetrags** von 2 916 € für die Steuerklasse II.

b) Besteuerungsgrenzen

2343 Welche Freibeträge in welcher Steuerklasse berücksichtigt sind, ist aus folgender Tabelle zu ersehen, die zeigt, ab wann „die Besteuerung beginnt" (Tarif 2002):

I. Allgemeine Lohnsteuertabelle

Eingearbeitete Freibeträge	Steuerklassen		
	I	II	III
Grundfreibetrag	7 235,—	7 235,—	14 471,—
AN-Pauschbetrag	1 044,—	1 044,—	1 044,—
SA-Pauschbetrag	36,—	36,—	72,—
Haushaltsfreibetrag	–	2 340,—	–
Vorsorgepauschale	2 052,—	2 448,—	3 888,—
Rundungsbetrag	0,99	0,99	0,99
Bis zu dieser Höhe bleibt Arbeitslohn **jährlich** „steuerfrei"	10 367,99	13 103,99	19 475,99
Bis zu dieser Höhe bleibt Arbeitslohn **monatlich** „steuerfrei"	863,99	1 091,99	1 622,99

Eingearbeitete Freibeträge	Steuerklassen		
	IV	V	VI
Grundfreibetrag	7 235,—	–	–
AN-Pauschbetrag	1 044,—	1 044,—	–
SA-Pauschbetrag	36,—	–	–
Haushaltsfreibetrag	–	–	–
Vorsorgepauschale	2 052,—	–	–
Rundungsbetrag	0,99	35,99	35,99
Bis zu dieser Höhe bleibt Arbeitslohn **jährlich** „steuerfrei"	10 367,99	1 079,99	35,99
Bis zu dieser Höhe bleibt Arbeitslohn **monatlich** „steuerfrei"	863,99	89,99	2,99

II. Besondere Lohnsteuertabelle

Eingearbeitete Freibeträge	Steuerklassen		
	I	II	III
Grundfreibetrag	7 235,—	7 235,—	14 471,—
AN-Pauschbetrag	1 044,—	1 044,—	1 044,—
SA-Pauschbetrag	36,—	36,—	72,—
Haushaltsfreibetrag	–	2 340,—	–
Vorsorgepauschale	1 116,—	1 116,—	2 268,—
Rundungsfreibetrag	0,99	0,99	0,99
Bis zu dieser Höhe bleibt Arbeitslohn **jährlich** „steuerfrei"	9 431,99	11 771,99	17 855,99
Bis zu dieser Höhe bleibt Arbeitslohn **monatlich** „steuerfrei"	785,99	980,99	1 487,99

Eingearbeitete Freibeträge	Steuerklassen		
	IV	V	VI
Grundfreibetrag	7 235,—	–	–
AN-Pauschbetrag	1 044,—	1 044,—	–
SA-Pauschbetrag	36,—	–	–
Haushaltsfreibetrag	–	–	–
Vorsorgepauschale	1 116,—	–	–
Rundungsfreibetrag	0,99	35,99	35,99
Bis zu dieser Höhe bleibt Arbeitslohn **jährlich** „steuerfrei"	9 431,99	1 079,99	35,99
Bis zu dieser Höhe bleibt Arbeitslohn **monatlich** „steuerfrei"	785,99	89,99	2,99

Stipendien

1. Allgemeines

2344 Stipendien oder Studienbeihilfen, die mit **öffentlichen Geldern** finanziert und für Zwecke bewilligt werden, die geeignet sind, die Bereiche Erziehung, Ausbildung, Wissenschaft oder Kunst unmittelbar zu fördern, sind unter bestimmten Voraussetzungen nach § 3 Nr. 11 oder nach § 3 Nr. 44 EStG steuerfrei.

Da eine vergleichbare Befreiungsvorschrift für aus **privaten Mitteln** stammende Studienbeihilfen nicht besteht, liegt insoweit Steuerpflicht vor. Von **privaten Arbeitgebern** gewährte Stipendien und Beihilfen stellen, sofern diese Arbeitslohn sind, grundsätzlich steuerpflichtigen Arbeitslohn dar. Stipendien, die den Voraussetzungen des § 3 Nr. 44 EStG entsprechen, sind in jedem Falle sozialversicherungsfrei.

⌐LSt¬ ⌐SV¬

Sofern es sich aber um eine öffentliche Förderung im o.g. Sinne handelt, ist es unabhängig von den übrigen Voraussetzungen des § 3 Nr. 11 oder Nr. 44 EStG erforderlich, dass der Empfänger mit den Bezügen nicht zu einer bestimmten wissenschaftlichen oder künstlerischen Gegenleistung oder zu einer Arbeitnehmertätigkeit verpflichtet wird.

2. Begriffsbestimmung

2345 Voraussetzung für die Steuerfreiheit ist, dass es sich um **öffentliche Mittel** oder um Mittel aus einer **öffentlichen Stiftung** handelt:

Öffentliche Mittel sind Mittel des Bundes, der Länder, der Gemeinden und Gemeindeverbände und der als juristische Personen des öffentlichen Rechts anerkannten Religionsgemeinschaften.

Eine **öffentliche Stiftung** liegt vor, wenn

- die Stiftung selbst eine juristische Person des öffentlichen Rechts ist oder

- das Stiftungsvermögen im Eigentum einer juristischen Person des öffentlichen Rechts steht oder

- die Stiftung von einer juristischen Person des öffentlichen Rechts verwaltet wird.

Im Übrigen richtet sich der Begriff „Öffentliche Stiftung" nach Landesrecht, vgl. H 6 Nr. 11 (Öffentliche Stiftung) EStH.

Beispiele für öffentliche Stiftungen sind etwa die Friedrich-Ebert-Stiftung oder die Friedrich-Thyssen-Stiftung.

3. Steuerfreiheit nach § 3 Nr. 11 EStG

2346 Bezüge aus öffentlichen Mitteln oder aus Mitteln einer öffentlichen Stiftung, die als Beihilfe zu dem Zweck bewilligt werden, die Erziehung oder Ausbildung, die Wissenschaft oder Kunst unmittelbar zu fördern, sind nach § 3 Nr. 11 EStG steuerfrei.

Voraussetzung ist eine offene Verausgabung nach Maßgabe der haushaltsrechtlichen Vorschriften und eine gesetzliche Kontrolle (BFH, Urteile vom 9.4.1975, BStBl II 1975 S. 577, und vom 15.11.1983, BStBl II 1984 S. 113). Dabei können Empfänger einer steuerfreien Beihilfe nur die Personen sein, denen sie im Hinblick auf den Zweck der Leistung bewilligt worden ist (BFH, Urteil vom 19.6.1997, BStBl II 1997 S. 650).

Zu den steuerfreien Erziehungs- und Ausbildungsbeihilfen gehören z.B. die Leistungen nach dem Bundesausbildungsförderungsgesetz sowie die Ausbildungszuschüsse nach § 5 Abs. 4 des Soldatenversorgungsgesetzes.

Nicht zu den steuerfreien Erziehungs- und Ausbildungsbeihilfen gehören:

– Unterhaltszuschüsse an Beamte im Vorbereitungsdienst – Beamtenanwärter – (BFH, Urteil vom 12.8.1983, BStBl II 1983 S. 718),

– die zur Sicherstellung von Nachwuchskräften gezahlten Studienbeihilfen,

– die für die Fertigung einer Habilitationsschrift gewährten Beihilfen (BFH, Urteil vom 4.5.1972, BStBl II 1972 S. 566).

4. Steuerfreiheit nach § 3 Nr. 44 EStG

2347 Stipendien, die unmittelbar aus öffentlichen Mitteln oder von zwischenstaatlichen oder überstaatlichen Einrichtungen, denen die Bundesrepublik Deutschland als Mitglied angehört, zur Förderung der Forschung oder zur Förderung der wissenschaftlichen oder künstlerischen Ausbildung oder Fortbildung gewährt werden, sind steuerfrei (§ 3 Nr. 44 EStG). Das Gleiche gilt für Stipendien, die zu diesen Zwecken von einer Einrichtung, die von einer Körperschaft des öffentlichen Rechts errichtet ist oder verwaltet wird, oder von einer Körperschaft, Personenvereinigung oder Vermögensmasse i.S. von § 5 Abs. 1 Nr. 9 KStG gegeben werden. **Voraussetzung für die Steuerfreiheit ist**, dass

– die Stipendien einen für die Erfüllung der Forschungsaufgabe oder für die Bestreitung des Lebensunterhalts und die Deckung des Ausbildungsbedarfs erforderlichen Betrag nicht übersteigen und nach den von dem Geber erlassenen Richtlinien vergeben werden,

– der Empfänger im Zusammenhang mit dem Stipendium nicht zu einer bestimmten wissenschaftlichen oder künstlerischen Gegenleistung oder zu einer Arbeitnehmertätigkeit verpflichtet ist,

– bei Stipendien zur Förderung der wissenschaftlichen oder künstlerischen Fortbildung im Zeitpunkt der erstmaligen Gewährung eines solchen Stipendiums der Abschluss der Berufsausbildung des Empfängers nicht länger als zehn Jahre zurückliegt. Die Zehn-Jahres-Frist verletzt weder den Gleichheitssatz noch verstößt sie gegen das Verbot der Diskriminierung auf Grund des Geschlechts (FG Köln, Urteil vom 8.2.2001, EFG 2001 S. 619).

Beispiel 1:

Das Land Niedersachsen zahlt jungen Kunsthistorikern mit abgeschlossenem Hochschulstudium für eine Tätigkeit am Zentralinstitut für Kunstgeschichte in München ein Stipendium von monatlich 750 € für die Dauer von einem bis zwei Jahren (Niedersächsisches Ministerium für Wissenschaft und Kultur, Erlass vom 3.8.1999, Niedersächsisches Ministerialblatt S. 566). Der Stipendiat wird nach den Richtlinien vom Zentralinstitut **nicht zur Erbringung von Arbeitsleistungen verpflichtet**. Er ist lediglich aufgefordert, an den wissenschaftlichen Veranstaltungen des Instituts teilzunehmen.

Das Stipendium fällt unter die Steuerbefreiung des § 3 Nr. 44 EStG, weil der Stipendiat nicht zur Erbringung von Arbeitsleistungen verpflichtet ist. Es handelt sich **nicht um steuerpflichtigen Arbeitslohn**.

Stipendien **zur unmittelbaren Förderung der Forschung** sind nach § 3 Nr. 44 EStG nur insoweit steuerfrei, als die Mittel zur Schaffung der sachlichen Voraussetzungen zur Erfüllung einer Forschungsaufgabe verwendet werden (Sachbeihilfe), z.B. Beschaffung der erforderlichen Rohstoffe, Apparate, Bücher, Miete der notwendigen Räume, Bezahlung der erforderlichen Hilfskräfte (R 6 Nr. 44 EStR).

Beihilfen für die **persönliche Lebensführung** des Empfängers sind nach § 18 oder § 19 EStG steuerpflichtig (BFH, Urteil vom 4.5.1972, BStBl II 1972 S. 566), aber beitragsfrei.

(LSt) (SV)

Beispiel 2:

Im Rahmen des Programms TMR (Ausbildung und Mobilität der Forscher) der Europäischen Union werden den Universitäten zur Auszahlung an ausländische Stipendiaten, die vorübergehend in Deutschland tätig sind, Beträge zugewiesen, die zwischen 3 000 und 3 500 € im Monat liegen können. Teilweise haben die Universitäten mit den Stipendiaten Arbeitsverträge auf „BAT-Basis" abgeschlossen und wollen die Stipendien nach § 3 Nr. 44 EStG steuerfrei lassen.

Die obersten Finanzbehörden haben dies in Anbetracht der Höhe der Stipendien abgelehnt, weil diese einen für die Erfüllung der Forschungsaufgabe oder für die Bestreitung des Lebensunterhalts und die Deckung des Ausbildungsbedarfs erforderlichen Betrag übersteigen. Außerdem fehlt es an der Voraussetzung, dass die Stipendien unmittelbar von zwischenstaatlichen Einrichtungen, denen die Bundesrepublik als Mitglied angehört, gewährt werden. Denn die Stipendien werden nicht direkt von der Europäischen Union, sondern über die jeweilige Universität zugewendet (FinMin Bremen, Erlass vom 25.9.1996 – S 2121 – 5215 – 110). Die Stipendien sind daher steuerpflichtiger Arbeitslohn.

Beispiel 3:

Sog. Butenandt-Stipendien der Max-Planck-Gesellschaft sowie Stipendien nach dem Heisenberg-Programm fallen ebenfalls nicht unter die Steuerbefreiung des § 3 Nr. 44 EStG, weil sie einen für die Bestreitung des Lebensunterhaltes und die Deckung des Ausbildungsbedarfs erforderlichen Betrag übersteigen: Die Stipendien sind den Einkünften aus freiberuflicher (wissenschaftlicher) Tätigkeit i.S. des § 18 Abs. 1 Nr. 1 EStG zuzurechnen (OFD Hannover, Verfügung vom 5.5.1998, StEd 1998 S. 456).

Das Finanzgericht Berlin hat diese **Verwaltungsauffassung abgelehnt**. Danach ist dem Wortlaut des § 3 Nr. 44 EStG – entgegen R 6 Nr. 44 EStR – nicht zu entnehmen, dass Stipendien nur dann steuerfrei sind, wenn sie „unmittelbar" der Förderung der Forschung dienen. Auch Forschungsstipendien können nach Auffassung des Finanzgerichts unter bestimmten Voraussetzungen steuerfrei sein, soweit sie einen für die Bestreitung des Lebensunterhalts erforderlichen Betrag nicht überschreiten (FG Berlin, Urteil vom 12.12.2000, EFG 2001 S. 483, Revision eingelegt, Az. beim BFH: IV R 15/01).

Stipendien **zur Förderung der wissenschaftlichen oder künstlerischen Ausbildung oder Fortbildung** sind steuerfrei, gleichgültig, ob sie zur Bestreitung des Lebensunterhalts des Empfängers oder für den durch die Ausbildung oder Fortbildung verursachten Aufwand bestimmt sind. Die Steuerfreiheit eines Ausbildungs- oder Fortbildungsstipendiums wird nicht berührt, wenn daneben eine Sachbeihilfe zur Durchführung einer Forschungsaufgabe gewährt wird (R 6 Nr. 44 EStR).

Die Prüfung, ob die gesetzlichen Voraussetzungen – mit Ausnahme der Zehn-Jahres-Frist – für die volle oder teilweise Steuerfreiheit der Stipendien vorliegen, hat das Finanzamt vorzunehmen, das für die Veranlagung des Stipendiengebers zur Körperschaftsteuer zuständig ist oder zuständig sein würde, wenn der Geber steuerpflichtig wäre. Dieses Finanzamt hat auf Anforderung des Stipendienempfängers oder des für ihn zuständigen Finanzamts **eine Bescheinigung** über die Voraussetzungen der Steuerfreiheit zu erteilen.

Zwischen einem nach § 3 Nr. 44 EStG **steuerfrei gewährten Stipendium** für Studienzwecke und den im Zusammenhang mit dem Studium entstehenden **Mehraufwendungen** besteht regelmäßig ein unmittelbarer wirtschaftlicher Zusammenhang i.S. des § 3c EStG (BFH, Urteil vom 9.11.1976, BStBl II 1977 S. 207), so dass die **Ausgaben nicht als Betriebsausgaben oder Werbungskosten abgezogen werden dürfen.**

Strafverfahren: Kostenübernahme

2348 Die Übernahme von **Strafverteidigungskosten** durch den Arbeitgeber für einen Arbeitnehmer stellt selbst dann steuerpflichtigen **Arbeitslohn** dar, wenn der Schuldvorwurf durch ein **berufliches Verhalten** veranlasst war (vgl. FG Düsseldorf, Urteil vom 24.11.1999, DStRE 2000 S. 575, Revision eingelegt, Az. beim BFH: VI R 29/00, betr. die Übernahme von Verwarnungsgeldern wegen Falschparkens). In diesem Fall kann der Arbeitnehmer die Kosten zwar als **Werbungskosten** absetzen (BFH, Urteil vom 19.2.1982, BStBl II 1982 S. 467). Ein steuerfreier Arbeitgeberersatz ist jedoch nicht möglich, weil es hierfür keine Befreiungsvorschrift gibt (R 70 Abs. 3 Satz 1 LStR). Vgl. auch → *Bußgelder* Rz. 628 und → *Prozesskosten: Arbeitgeberersatz* Rz. 1937.

Eine **Ausnahme** ist nach dem Grundsatz der **„aufgedrängten Bereicherung"** (→ *Arbeitslohn* Rz. 225) allenfalls denkbar, wenn der Arbeitgeber seinem Arbeitnehmer dessen Vertretung durch einen renommierten Strafverteidiger aus geschäftlichem Interesse „aufgedrängt" hat, während dieser auf eine Verteidigung verzichten wollte (vgl. RFH, Urteil vom 7.12.1939, RStBl 1940 S. 423).

Strom: verbilligter Bezug

2349 Soweit Arbeitnehmer von Energieversorgungsunternehmen kostenlos oder verbilligt Strom von ihrem Arbeitgeber erhalten, ist dieser Vorteil grundsätzlich steuer- und beitragspflichtig.

Ist der Rabattfreibetrag von 1 224 € anzuwenden, weil der Vorteil vom **eigenen Arbeitgeber** gewährt wird, bleibt er steuer- und beitragsfrei, wenn der Betrag von 1 224 € im Kalenderjahr nicht überschritten wird. Maßgebend ist der um 4 % geminderte Endpreis des Stroms des Arbeitgebers (siehe → *Rabatte* Rz. 1938).

Der Rabattfreibetrag von 1 224 € kann auf die Lieferung von Strom grundsätzlich angewendet werden, denn zu den Waren i.S. von § 8 Abs. 3 EStG gehören alle Wirtschaftsgüter, die im Wirtschaftsverkehr wie Sachen (§ 90 BGB) behandelt werden, also auch elektrischer Strom und Wärme (R 32 Abs. 1 Nr. 2 Satz 2 LStR).

Bislang konnte der Arbeitnehmer häufig allerdings **nicht direkt von seinem Arbeitgeber** mit Strom beliefert werden, sondern wurde von einem **anderen Energieversorgungsunternehmen** beliefert. So war die Lieferung durch den Arbeitgeber nicht möglich, wenn der Arbeitnehmer seinen Wohnsitz außerhalb des Versorgungsgebiets seines Arbeitgebers hatte. Hierzu hat der Bundesfinanzhof entschieden, dass der Rabattfreibetrag von 1 224 € einem Arbeitnehmer nicht zusteht, der außerhalb des Versorgungsbereichs seines Arbeitgebers Strom bezieht, den der Arbeitgeber nicht produziert hat und den der fremde Lieferer lediglich mit dem Arbeitgeber verrechnet (BFH, Urteil vom 15.1.1993, BStBl II 1993 S. 356).

Wegen der Frage, wann der Rabattfreibetrag von 1 224 € in derartigen Fällen zur Anwendung kam und wann nicht, vgl. OFD Hannover, Verfügung vom 19.10.1990, DStR 1991 S. 152.

Durch das **Gesetz zur Neuregelung des Energiewirtschaftsrechts** vom 24.4.1998, BGBl. I S. 730, ist das Energiewirtschaftsgesetz geändert worden. Nunmehr können **Energieversorgungsunternehmen auch Kunden in fremden Versorgungsgebieten beliefern.** Hierfür sieht das Gesetz zwei Möglichkeiten vor:

– Durchleitungsfall (§ 6 EnWG)

Im Durchleitungsfall gestattet das Energieversorgungsunternehmen, in dem der Kunde wohnt, dem fremden Energieversorgungsunternehmen, mit dem der Kunde den Vertrag über die Stromlieferung abgeschlossen hat, die Durchleitung des Stroms an den Kunden.

– Netzzugangsalternative (§ 7 EnWG)

Bei der Netzzugangsalternative bekommt der Kunde den Strom weiterhin vom Energieversorgungsunternehmen seines Wohnsitzes. Das Energieversorgungsunternehmen ist aber verpflichtet, vom fremden Energieversorgungsunternehmen, mit dem der Kunde den Vertrag über die Stromlieferung abgeschlossen hat, so viel Strom zu beziehen, wie der Kunde von seinem Vertragspartner bezieht.

Auf Grund dieser Neuregelung ergeben sich **Änderungen hinsichtlich der lohnsteuerrechtlichen Beurteilung** der verbilligten Energielieferungen an die Arbeitnehmer der Versorgungsunternehmen, wenn die Arbeitnehmer nicht im Versorgungsgebiet ihres Arbeitgebers wohnen.

Die obersten Finanzbehörden vertreten hierzu folgende Auffassung (FinMin Niedersachsen, Erlass vom 13.12.1999, StEd 2000 S. 73):

„Auch weiterhin kann bei der verbilligten Überlassung von Energie (Strom oder Gas) § 8 Abs. 3 EStG nur angewandt werden, wenn genau dieselbe Ware, die der Arbeitnehmer von einem Dritten erhält, vom Arbeitgeber zuvor hergestellt oder vertrieben worden ist (Nämlichkeit). Dabei ist unter ‚Vertreiben' nicht eine bloße Vermittlungsleistung zu verstehen – der Arbeitgeber muss die Dienstleistung als eigene erbringen (BFH, Urteil vom 7.2.1997, BStBl II 1997 S. 363). Die Voraussetzung der Nämlichkeit ist erfüllt, wenn das Versorgungsunternehmen, das den Arbeitnehmer beliefert, diese Energie zuvor von dem Versorgungsunternehmen, bei dem der Arbeitnehmer beschäftigt ist, erhalten hat. Erhält jedoch das Versorgungsunternehmen, das den Arbeitnehmer mit Energie beliefert, seine Energielieferungen nicht unmittelbar durch das Versorgungsunternehmen, bei dem der Arbeitnehmer beschäftigt ist, ist der geldwerte Vorteil aus der verbilligten Energielieferung nach § 8 Abs. 2 EStG zu versteuern (vgl. BFH, Urteil vom 15.1.1993, BStBl II 1993 S. 356).

In den Fällen der sog. **Durchleitung** (= verhandelter Netzzugang gemäß §§ 5, 6 EnWG) muss das örtliche Versorgungsunternehmen, in dessen Bereich der Arbeitnehmer wohnt, sein Versorgungsnetz dem anderen Versorgungsunternehmen – gegen Gebühr – zur Durchleitung von Strom zur Verfügung stellen. Ist dieses andere Versorgungsunternehmen der Arbeitgeber, ist die **Voraussetzung des § 8 Abs. 3 EStG erfüllt**, weil der Arbeitnehmer Strom erhält, der vom Arbeitgeber hergestellt oder vertrieben worden ist und von diesem unmittelbar an seinen Arbeitnehmer unter Zuhilfenahme des örtlichen Versorgungsunternehmens geliefert wird.

In den Fällen der sog. **Netzzugangsalternative** ist das Versorgungsunternehmen, in dessen Bereich der Arbeitnehmer wohnt, verpflichtet, den Strom abzunehmen, den dieser Arbeitnehmer bei einem anderen Versorgungsunternehmen gekauft hat (§ 7 Abs. 2 EnWG). Anschließend liefert das örtliche Versorgungsunternehmen diesen Strom an den Arbeitnehmer weiter. Auch bei dieser Alternative erhält das örtliche Versorgungsunternehmen tatsächlich den Strom des anderen Versorgungsunternehmens. Ist dieses andere Versorgungsunternehmen der Arbeitgeber, ist auch in dem Fall der Netzzugangsalternative nach § 7 Abs. 2 EnWG die Voraussetzung der Nämlichkeit und damit die **Voraussetzung des § 8 Abs. 3 EStG erfüllt.**

Diese Grundsätze gelten gleichermaßen für Arbeitgeber, die als Versorgungsunternehmen den Strom lediglich verteilen oder aber auch selbst Strom erzeugen. Sie sind hingegen **nicht anzuwenden**, wenn die entsprechende Energie **tatsächlich nicht** zwischen den Versorgungsunternehmen **vertrieben**, sondern nur **als Rechnungsposten gehandelt** wird."

Studenten

1. Lohnsteuer

Für Studenten gelten lohnsteuerlich keine Besonderheiten. Sie sind – auch wenn sie nur vorübergehend in einem Betrieb tätig sind – **Arbeitnehmer**, wenn nach den allgemeinen Grundsätzen ein **Arbeitsverhältnis vorliegt** (→ *Arbeitnehmer* Rz. 163). Vgl. dazu BAG, Urteil vom 12.6.1996, b+p 1997 S. 151 Nr. 1, in dem ein Student, der an einer Bundesautobahn-Tankstelle regelmäßig mindestens neun Schichten im Monat arbeitet, als Arbeitnehmer angesehen worden ist. **2350**

Studenten, aber auch Schüler, die in den Ferien eine Arbeitnehmertätigkeit ausüben, müssen ihrem Arbeitgeber dazu eine

Lohnsteuerkarte vorlegen, sofern sie nicht lediglich eine **Aushilfstätigkeit oder Teilzeitarbeit** ausüben und die Voraussetzungen der Steuerbefreiung nach § 3 Nr. 39 EStG vorliegen (→ *Geringfügig Beschäftigte* Rz. 1115) oder die Lohnsteuer vom Arbeitgeber pauschal erhoben wird (→ *Pauschalierung der Lohnsteuer bei Aushilfs- und Teilzeitbeschäftigten* Rz. 1840). In vielen Fällen wird die „normale" Besteuerung mit der Lohnsteuerkarte günstiger sein, weil die **Steuerfreibeträge laut Tabelle nicht überschritten** werden (→ *Steuertarif* Rz. 2343). Da der Arbeitgeber bei unständig beschäftigten Arbeitnehmern keinen Lohnsteuer-Jahresausgleich durchführen darf (→ *Lohnsteuer-Jahresausgleich durch den Arbeitgeber* Rz. 1626), muss der Student allerdings – um seine einbehaltene Lohnsteuer erstattet zu bekommen – eine Veranlagung zur Einkommensteuer beantragen (§ 46 Abs. 2 Nr. 8 EStG; → *Veranlagung von Arbeitnehmern* Rz. 2502).

Beispiel:

A, Student, arbeitet in den Semesterferien (Juli bis September 2001). Sein Arbeitslohn beträgt monatlich 2 237 €, hiervon sind monatlich einzubehalten Lohnsteuer 364,33 €, Solidaritätszuschlag (5,5 %) 20,03 € sowie Kirchensteuer (9 %) 32,78 €.

Der Arbeitslohn für drei Monate beträgt zusammen 6 711 € und liegt damit unter dem „Jahressteuerfreibetrag" von 10 367,99 € für die Steuerklasse I (→ *Steuertarif* Rz. 2343). Der Arbeitgeber darf keinen Lohnsteuer-Jahresausgleich durchführen. Zwecks Erstattung der Lohnsteuer usw. muss A daher bis spätestens 31.12.2003 eine Veranlagung zur Einkommensteuer beantragen.

Zur Besteuerung **ausländischer Studenten** siehe → *Ausländische Arbeitnehmer* Rz. 345.

2. Sozialversicherung

a) Nicht beschäftigte Studenten

2351 Studenten, die an staatlichen oder staatlich anerkannten Hochschulen eingeschrieben sind, sind für die Dauer ihres Studiums bis zum Abschluss des 14. Fachsemesters, längstens bis zur Vollendung des 30. Lebensjahres, kranken- und pflegeversicherungspflichtig in der **studentischen Kranken- und Pflegeversicherung**. Diese **Versicherungspflicht** besteht unabhängig davon, ob die Studenten ihren Wohnsitz oder gewöhnlichen Aufenthaltsort im Inland haben, wenn für sie auf Grund über- oder zwischenstaatlichen Rechts kein Anspruch auf Sachleistungen besteht. Studenten nach Abschluss des 14. Fachsemesters oder nach Vollendung des 30. Lebensjahres sind nur versicherungspflichtig, wenn die Art der Ausbildung oder aber familiäre oder persönliche Gründe, insbesondere der Erwerb der Zugangsvoraussetzungen in einer Ausbildungsstätte des zweiten Bildungsweges, die Überschreitung der Altersgrenze oder eine längere Fachstudienzeit rechtfertigen.

Gründe können u.a. sein:

- schwere Erkrankungen und Behinderungen,
- Schwangerschaft und Erziehungsurlaub,
- Betreuung behinderter oder auf Hilfe angewiesener Kinder,
- Dienstpflicht,
- Nichtzulassung zur gewählten Ausbildung im Auswahlverfahren.

Auch die politisch motivierte Nichtzulassung von Studenten in der ehemaligen DDR bzw. die aus den gleichen Gründen veranlasste Unterbrechung des Studiums wird als Verlängerungsgrund anerkannt.

Mit der Frage der Versicherungspflicht in der studentischen Krankenversicherung bei der **Aufnahme eines Zweitstudiums** haben sich die Spitzenverbände der Krankenversicherungsträger in ihrer Besprechung vom 11.2.1992 befasst (vgl. Sozialversicherungsbeitrag-Handausgabe 2001 VL 5 V/10). Sie vertreten die Auffassung, dass sich die Begrenzung auf 14 Fachsemester immer nur auf einen Studiengang bezieht, wobei es keine Rolle spielt, ob das Erststudium abgeschlossen oder abgebrochen wurde. Die Krankenversicherungspflicht auf Grund des Zweitstudiums endet vielmehr mit Ablauf des 14. Fachsemesters bzw. mit der Vollendung des 30. Lebensjahres. Wurden im Erststudium

bereits mehr als 14 Fachsemester studiert und endete deshalb die studentische Krankenversicherung, tritt bei Aufnahme des Zweitstudiums erneut Krankenversicherungspflicht ein, sofern das 30. Lebensjahr noch nicht vollendet wurde.

Der Bezug von **Leistungen nach dem Bundesausbildungsförderungsgesetz** – auch über das 30. Lebensjahr hinaus – führt nicht zu einem Fortbestand der Krankenversicherung.

Die **studentische Krankenversicherung** ist jedoch **nachrangig, wenn** auf Grund anderer Vorschriften bereits Versicherungspflicht besteht oder Anspruch auf die Leistungen der Familienversicherung gegeben ist. Sie tritt ebenfalls nicht ein, wenn der Student bereits nach anderen gesetzlichen Vorschriften versicherungsfrei ist oder auf seinen Antrag hin von der Versicherungspflicht befreit wurde.

b) Beschäftigte Studenten

aa) Grundsätze

2352 Studenten, die während der Dauer ihres Studiums als ordentliche Studierende einer Hochschule oder einer sonstigen der wissenschaftlichen oder fachlichen Ausbildung dienenden Schule gegen Entgelt beschäftigt sind, sind unter dem **Vorbehalt** der folgenden Ausführungen kranken-, pflege- und arbeitslosenversicherungsfrei. Die Beschäftigung unterliegt jedoch der Rentenversicherungspflicht.

bb) Vorbereitungsstudium

2353 Nicht dem Kreis der **„ordentlich Studierenden"** werden Personen zugerechnet, die neben dem Besuch eines Studienkollegs zum Erlernen der deutschen Sprache und zur Vorbereitung auf das Studium einer Beschäftigung nachgehen. Diese Personen können (noch) nicht die Berechtigung zum Studium an einer Universität vorweisen, weil die Vorbildung nicht ausreicht oder das Abitur des Heimatlandes nicht als gleichwertig anerkannt ist. Die Vorbereitung auf das eigentliche Studium kann bis zu zwei Jahren dauern, wenn nach einem halbjährigen Deutschkurs weitere Aufbau- bzw. Vorbereitungskurse zur Berechtigung zum Studium absolviert werden müssen. Von den Universitäten wird für dieses Vorbereitungsstudium vielfach eine Semesterbescheinigung mit der Bezeichnung „0. Fachsemester" ausgestellt. Beschäftigungen in dieser Zeit unterliegen grundsätzlich der Versicherungspflicht, weil noch kein ordentliches Studium vorliegt. Da es sich bei diesem vorbereitenden Studium auch nicht um den Besuch einer allgemein bildenden Schule handelt, kann in der Arbeitslosenversicherung auch keine Beitragsfreiheit nach § 27 Abs. 4 SGB III hergeleitet werden.

cc) Beschäftigungen bis 20 Stunden wöchentlich (Zeitgrenze)

2354 Nicht jede neben dem Studium ausgeübte Beschäftigung ist versicherungsfrei. Das Bundessozialgericht hat in mehreren Urteilen festgestellt, dass Versicherungsfreiheit nur dann eintritt, wenn Zeit und Arbeitskraft des Studenten überwiegend durch das Studium in Anspruch genommen werden. Dabei gilt im Regelfall, dass Studenten, die neben dem Studium eine Beschäftigung von wöchentlich mehr als 20 Stunden ausüben, ihrem Erscheinungsbild nach als Arbeitnehmer anzusehen sind. Beträgt die wöchentliche Arbeitszeit weniger als 20 Stunden, kann – unabhängig von der Höhe des erzielten Arbeitseinkommens – von Versicherungsfreiheit, außer in der Rentenversicherung, ausgegangen werden, weil das Studium überwiegt.

Diese **Zeitgrenze** ist jedoch nicht starr. In seinem Urteil vom 22.2.1980 – 12 RK 34/79 – (Sozialversicherungsbeitrag-Handausgabe 2001 R 6 V/17) hat das Bundessozialgericht die **20-Stunden-Grenze** dahin gehend **modifiziert**, dass die Dauer der wöchentlichen Arbeitsbelastung kein allein ausschlaggebendes Kriterium für die versicherungsrechtliche Beurteilung sein kann, vor allem dann nicht, wenn die Arbeitszeit im Einzelfall so liegt, dass sie sich den Erfordernissen des Studiums anpasst oder unterordnet.

Beispiel 1:

Der Student arbeitet bei einem Bewachungsinstitut. An fünf Tagen in der Woche arbeitet er von 22 Uhr bis 24 Uhr, am Wochenende übernimmt er samstags und sonntags jeweils für sechs Stunden Wachaufgaben. Obwohl seine wöchentliche Arbeitszeit 20 Stunden übersteigt, kann davon ausgegangen werden, dass er seinem Erscheinungsbild nach weiterhin Student und nicht überwiegend Arbeitnehmer ist.

Wird eine während des Studiums ausgeübte Beschäftigung mit einer wöchentlichen Arbeitszeit von nicht mehr als 20 Stunden in den **vorlesungsfreien Zeiten** (Semesterferien) ausgeweitet, so dass die wöchentliche Arbeitszeit 20 Stunden überschreitet, ist auch für die vorlesungsfreie Zeit Versicherungsfreiheit in der Kranken-, Pflege- und Arbeitslosenversicherung anzunehmen. In der Rentenversicherung besteht Versicherungspflicht.

Beispiel 2:

Eine Studentin arbeitet seit November 2001 während der Vorlesungszeit arbeitstäglich zwei Stunden in einem Supermarkt. In den Semesterferien wird die Beschäftigung für zweieinhalb Monate auf eine wöchentliche Arbeitszeit von 35 Stunden ausgedehnt. Mit Ausnahme in der Rentenversicherung besteht Versicherungsfreiheit.

Für einen Studenten, der nach einem Urlaubssemester, in dem er Vollzeit gearbeitet hat, die Arbeitszeit wieder auf 20 Wochenstunden reduziert, kommt Versicherungsfreiheit in der Kranken-, Pflege- und Arbeitslosenversicherung nur dann in Betracht, wenn bereits vor dem Urlaubssemester Versicherungsfreiheit bestanden hat (Besprechungsergebnis der Spitzenverbände der Sozialversicherungsträger vom 22./23.11.2000, Sozialversicherungsbeitrag-Handausgabe 2001 VL 6 V/7).

dd) Geringfügige Beschäftigungen (Geringfügigkeits-/Entgeltgrenze)

2355 Übt ein Student eine geringfügige Beschäftigung aus, ist seine Versicherungsfreiheit nach den Vorschriften des § 8 SGB IV zu beurteilen (→ *Geringfügig Beschäftigte* Rz. 1115).

Sofern hiernach Versicherungsfreiheit besteht, gilt diese auch für die Rentenversicherung.

Mit Einführung des Gesetzes zur Neuregelung der geringfügigen Beschäftigungsverhältnisse vom 24.3.1999 (BGBl. I S. 388) sind vom 1.4.1999 an auch für geringfügige Beschäftigungen mit einer wöchentlichen Arbeitszeit von weniger als 15 Stunden und einem monatlichen Arbeitsentgelt von nicht mehr als 325 € (versicherungsfreie Arbeitnehmer nach § 8 Abs. 1 Nr. 1 SGB IV) pauschale Beiträge zu leisten, und zwar

– in der Krankenversicherung in Höhe von 10 % des Arbeitsentgelts

und

– in der Rentenversicherung in Höhe von 12 % des Arbeitsentgelts.

Für die Zahlung des Pauschalbeitrags zur Krankenversicherung wird vorausgesetzt, dass der Arbeitnehmer in der geringfügig entlohnten Beschäftigung krankenversicherungspflichtig oder nicht krankenversicherungspflichtig ist. Der Pauschalbeitrag ist somit auch für solche Arbeitnehmer zu zahlen, die z.B. aus einem der in § 6 SGB V genannten Gründe krankenversicherungsfrei oder nach § 8 SGB V von der Krankenversicherungspflicht befreit worden sind. Der Pauschalbeitrag ist mithin auch für nach § 6 Abs. 1 Nr. 3 SGB V krankenversicherungsfreie Werkstudenten zu zahlen, die eine geringfügig entlohnte Beschäftigung ausüben und krankenversicherungsfrei sind. Für Werkstudenten, die einer mehr als geringfügig entlohnten Beschäftigung nachgehen, aber gleichwohl nach § 6 Abs. 1 Nr. 3 SGB V krankenversicherungsfrei sind, weil sie wöchentlich nicht mehr als 20 Stunden arbeiten, fällt hingegen der Pauschalbeitrag zur Krankenversicherung nicht an (→ *Beiträge zur Sozialversicherung* Rz. 438).

Kurzfristige Beschäftigungen, die zwar länger als zwei Monate andauern, aber ausschließlich auf die vorlesungsfreie Zeit beschränkt sind, bleiben – mit Ausnahme in der Rentenversicherung – ebenfalls versicherungsfrei (Gemeinsames Rundschreiben der Spitzenverbände der Sozialversicherungsträger vom 6.10.1999, Sozialversicherungsbeitrag-Handausgabe 2001 Anhang 4).

ee) Mehrfache Beschäftigungen

2356 Übt der Student im Laufe eines Jahres mehrmals eine Beschäftigung aus, ist zu prüfen, ob er seinem **Erscheinungsbild** nach **noch als Studierender anzusehen** oder schon dem Kreis der Beschäftigten zuzuordnen ist. Von Letzterem ist jedenfalls dann auszugehen, wenn der Student im Laufe eines Jahres mehr als 26 Wochen beschäftigt ist. Dabei wird der Jahreszeitraum in der Weise ermittelt, dass von dem voraussichtlichen Ende der zu beurteilenden Beschäftigung ein Jahr zurückgerechnet wird. Alle **Beschäftigungen** mit mehr als 20 Wochenarbeitsstunden, die in diesen Jahreszeitraum fallen, sind unabhängig von ihrer versicherungsrechtlichen Beurteilung **anzurechnen**. Dabei ist auch ohne Bedeutung, ob diese Beschäftigungen bei demselben Arbeitgeber oder bei verschiedenen Arbeitgebern ausgeübt wurden. Versicherungspflicht ist vom Beginn der zu beurteilenden Beschäftigung bzw. von dem Zeitpunkt an gegeben, zu dem die Verlängerung vertraglich vereinbart wurde oder erkennbar ist, dass der genannte Zeitraum überschritten wird, wenn die Zusammenrechnung Beschäftigungszeiten von mehr als 26 Wochen ergibt.

Beispiel:

Eine befristete Beschäftigung mit einer Wochenarbeitszeit von 30 Stunden ist für die Zeit vom 10.2.2002 bis 29.3.2002 (= 7 Wochen) geplant.

Vorbeschäftigungen im letzten Jahr (30.3.2001–29.3.2002):

6.5.2001–6.7.2001 mit 22 Wochenarbeitsstunden (= 9 Wochen)

30.9.2001–12.10.2001 mit 18 Wochenarbeitsstunden (= 2 Wochen)

21.10.2001–20.12.2001 mit 25 Wochenarbeitsstunden (= 9 Wochen)

Versicherungsfreiheit besteht, weil die Beschäftigungsdauer im letzten Jahr nicht mehr als 26 Wochen umfasst. Dabei wird die Zeit vom 30.9.2001–12.10.2001 nicht angerechnet, weil die wöchentliche Arbeitszeit unter 20 Stunden lag.

ff) Studium während eines vorher eingegangenen Beschäftigungsverhältnisses

2357 Mit Urteil vom 18.4.1975 (SozR 2200 § 172 Nr. 2) hat das Bundessozialgericht entschieden, dass Arbeitnehmer, die für die Dauer ihres Studiums beurlaubt sind, in der vorlesungsfreien Zeit (Semesterferien) aber in ihrem **bisherigen Betrieb arbeiten**, in dieser Zeit versicherungspflichtig sind. In einer weiteren Entscheidung (Urteil vom 12.11.1975, 3/12 RK 13/74, Sozialversicherungsbeitrag-Handausgabe 2001 R 6 V/13) hat das BSG festgestellt, dass Arbeitnehmer, die für die Dauer ihres Studiums unter Fortzahlung eines geringfügig gekürzten Entgeltes beurlaubt werden, weiterhin dem Kreis der Beschäftigten zuzurechnen sind. Nach Auffassung der Spitzenverbände der Sozialversicherungsträger kommt – unabhängig davon, ob der Student im Betrieb arbeitet – Versicherungspflicht in diesen Fällen jedoch nur für die Zeiten in Betracht, in denen das fortgezahlte **Arbeitsentgelt mehr als ein Sechstel der monatlichen Bezugsgröße** beträgt.

Bei Arbeitnehmern, die ein Studium aufnehmen und deren **Arbeitsverhältnis** vom Umfang her **den Erfordernissen des Studiums angepasst** wird, vertraten die Spitzenverbände der Sozialversicherungsträger bisher die Auffassung, dass Versicherungsfreiheit in der Kranken-, Pflege- und Arbeitslosenversicherung vorlag.

Im gemeinsamen Rundschreiben vom 6.10.1999 haben die Spitzenverbände unter Hinweis auf das Urteil des Bundessozialgerichtes vom 10.12.1998 – B 12 KR 22/97 R – (vgl. Sozialversicherungsbeitrag-Handausgabe 2001 Anhang 4 sowie R 6 V/27) diese Haltung aufgegeben. Diese Regelung, die den o.a. Personenkreis als Arbeitnehmer sieht, wird seit dem Sommersemester 2000 praktiziert.

Eine Beendigung des bisherigen Arbeitsverhältnisses mit anschließender Begründung eines neuen – dem Studium angepassten – Arbeitsverhältnisses **beim selben Arbeitgeber** führt nicht ohne weiteres zur Versicherungsfreiheit. Versicherungsfreiheit kommt nur dann in Betracht, wenn zwischen der Beendigung des bisherigen und der Begründung eines neuen Arbeitsverhältnisses beim selben Arbeitgeber ein Zeitraum von mindestens **zwei Zeitmonaten** liegt.

gg) Zweitstudium, Doktoranden

2358 Für Studenten, die nach Erreichen eines berufsqualifizierenden Abschlusses in der gleichen oder in einer anderen Fachrichtung ein weiteres bzw. neues Studium aufnehmen, das wiederum mit einer Hochschulprüfung abschließt, gelten die o.a. Regelungen gleichermaßen. Die bloße Weiterbildung bzw. Spezialisierung nach einem Hochschulabschluss begründet hingegen bei gleichzeitig ausgeübter Beschäftigung in dieser Beschäftigung keine Versicherungsfreiheit (BSG, Urteil vom 31.1.1974 – 5 RKn 6/72).

Bleibt der Student nach seinem Hochschulabschluss z.B. zum Zweck der Promotion weiter immatrikuliert, besteht für diese Doktoranden bei gleichzeitiger Ausübung einer Beschäftigung keine Versicherungsfreiheit mehr, weil die Hochschulausbildung mit dem Ablegen der Abschlussprüfung beendet ist (BSG, Urteil vom 27.8.1970 –11 RA 109/68).

hh) Neuregelungen in der Rentenversicherung seit 1.10.1996

2359 Durch das Wachstums- und Beschäftigungsförderungsgesetz vom 25.9.1996 sind die Vorschriften über die Versicherungsfreiheit der Studenten in der Rentenversicherung mit Wirkung ab 1.10.1996 aufgehoben worden. Studenten, die vor dem 1.10.1996 eine rentenversicherungsfreie Beschäftigung aufgenommen haben und bei denen die Besitzstandsregelung weiterhin Rentenversicherungsfreiheit bewirkt (§ 230 Abs. 4 SGB VI), können beantragen, dass die Versicherungsfreiheit endet. Ein entsprechender Antrag ist an den Rentenversicherungsträger bzw. die Krankenkasse zu richten.

Der Antrag ist **nicht fristgebunden**. Er kann jederzeit gestellt werden und entfaltet Rechtswirkung nur für die Zukunft. Die Rentenversicherungspflicht beginnt dann mit dem Tag, der auf den Tag des Eingangs des Antrages beim Versicherungsträger folgt, sofern der Student nicht einen späteren Zeitpunkt wählt. Ein rückwirkender Beginn der Rentenversicherungspflicht ist ausgeschlossen.

Diese Regelung der Besitzstandswahrung findet jedoch keine Anwendung mehr, wenn das Dauerbeschäftigungsverhältnis für mindestens einen vollen Kalendermonat unterbrochen wird. Ab Wiederaufnahme des Beschäftigungsverhältnisses besteht Rentenversicherungspflicht. Zeiten einer Arbeitsunfähigkeit sowie Werks- oder Betriebsferien sind hierbei unschädlich (Besprechungsergebnis der Spitzenverbände der Sozialversicherungsträger vom 22./23.11.2000, Sozialversicherungsbeitrag-Handausgabe 2001 VL 230 VI/3).

ii) Sozialversicherungsausweis, Meldewesen

2360 Die Regelungen zum Sozialversicherungsausweis, zu Kontroll- und Sofortmeldungen (§§ 95 ff. SGB IV) **gelten nicht für Beschäftigte, die versicherungsfrei sind**. Durch den Wegfall der Versicherungsfreiheit in der Rentenversicherung sind die o.a. Meldungen für beschäftigte Studenten nunmehr zu erstatten, auch wenn die Beschäftigung des Studenten weiterhin wegen Geringfügigkeit versicherungsfrei bleibt.

Studenten erhalten nunmehr auch einen **Sozialversicherungsausweis**, der dem Arbeitgeber vorzulegen ist und in bestimmten Wirtschaftszweigen bei der Ausübung der Arbeit mitzuführen ist (→ *Sozialversicherungsausweis* Rz. 2262).

Im Übrigen gelten die **Meldevorschriften** für Arbeitnehmer in der Sozialversicherung **uneingeschränkt** (→ *Meldungen für Arbeitnehmer in der Sozialversicherung* Rz. 1699).

Zuständige Krankenkasse für die Annahme der Meldungen und Beiträge ist die Krankenkasse, bei der der Student krankenversichert ist, ggf. auch im Rahmen der Familienversicherung. Ist der Student bei keiner Krankenkasse versichert, ist die „letzte" Krankenkasse zuständig, bei der ein Versicherungsverhältnis – ggf. auch im Rahmen der Familienversicherung – bestanden hat. Ansonsten ist die Meldung an eine wählbare Krankenkasse zu erstatten.

Studienreisen

2361 Übernimmt der Arbeitgeber für Arbeitnehmer die Kosten für Studienreisen, liegt grundsätzlich **steuerpflichtiger Arbeitslohn** vor,

auch wenn die Aufwendungen beim Arbeitnehmer als Werbungskosten abzugsfähig sein sollten (R 70 Abs. 3 Satz 1 LStR). Zur Frage, unter welchen Voraussetzungen der Arbeitnehmer Aufwendungen für eine Studienreise als **Werbungskosten** absetzen kann, siehe ausführlich R 117a EStR und H 117a EStH, OFD Frankfurt, Verfügung vom 3.4.2001, StEd 2001 S. 409, sowie → *Reisekosten: Allgemeine Grundsätze* Rz. 1994.

Steuerfrei sind dagegen Ersatzleistungen des Arbeitgebers, wenn eine Studienreise im **ganz überwiegenden betrieblichen Interesse des Arbeitgebers** durchgeführt worden sein sollte (vgl. R 74 Abs. 1 LStR).

Stundung

1. Lohnsteuer des Arbeitnehmers

Die Stundung von Lohnsteuer, deren Schuldner **der Arbeit-** 2362 **nehmer** ist, ist nach § 222 Sätze 3 und 4 AO **gesetzlich ausgeschlossen** (R 134 Satz 4 LStR). Nach dieser Vorschrift können Steueransprüche gegen den Steuerschuldner (Arbeitnehmer) nicht gestundet werden, soweit ein Dritter (Entrichtungsschuldner = Arbeitgeber) die Steuer für Rechnung des Steuerschuldners zu entrichten, insbesondere einzubehalten und abzuführen hat.

Nicht zulässig ist auch eine sog. **Verrechnungsstundung** in Fällen, in denen durch sie die Zahlung des Arbeitgebers an das Finanzamt und eine umgehende Rückzahlung eines Erstattungsanspruchs durch das Finanzamt vermieden werden könnte (FinMin Thüringen, Erlass vom 14.7.1997, DStR 1997 S. 1371). Vgl. hierzu auch BFH, Urteil vom 23.8.2000, BStBl II 2001 S. 742, betr. Kapitalertragsteuer.

2. Lohnsteuer des Arbeitgebers

Die vorgenannten Grundsätze sind nicht anzuwenden bei An- 2363 trägen von Arbeitgebern auf Stundung der

- **pauschalen Lohnsteuer**, weil insoweit der Arbeitgeber selbst Schuldner ist (§ 40 Abs. 3 EStG),
- Lohnsteuer, die der Arbeitgeber auf Grund eines **Haftungsbescheids** (§ 42d EStG) als Haftungsschuldner selbst schuldet. Die Stundung ist nach § 222 Satz 4 AO jedoch auch hier ausgeschlossen, soweit der Arbeitgeber tatsächlich Lohnsteuer einbehalten hat.

In diesen Fällen hat das Finanzamt im Einzelfall zu prüfen, ob die Einziehung der Steuern bei Fälligkeit eine erhebliche Härte i.S. des § 222 AO bedeuten würde.

3. Sozialversicherung

Sozialversicherungsbeiträge dürfen die **Einzugsstellen nur** 2364 **stunden**, wenn die sofortige Einziehung mit erheblichen Härten für den Zahlungspflichtigen verbunden wäre und der Anspruch durch die Stundung nicht gefährdet wird. Dabei soll die Stundung nur gegen **angemessene Verzinsung** und i.d.R. gegen Sicherheitsleistungen gewährt werden.

In einem **Stundungsantrag** sollte dargelegt werden, aus welchem Grund die Zahlung nicht bis zum Fälligkeitstermin geleistet und zu welchem Zeitpunkt sie tatsächlich erwartet werden kann. Der Stundungsantrag sollte auch Hinweise zu Sicherheitsleistungen enthalten bzw. Sicherheiten anbieten.

Die Stundung von Beitragsansprüchen schließt die Forderungen aller beteiligten Versicherungsträger ein; über den Antrag entscheidet die Krankenkasse als Einzugsstelle für die Gesamtsozialversicherungsbeiträge auch im Namen der anderen beteiligten Versicherungsträger nach pflichtgemäßem Ermessen. Eine **angemessene Verzinsung** ist dann noch anzunehmen, wenn sie 2 % über dem Diskontsatz der Deutschen Bundesbank liegt.

Summenbescheid

2365 Der prüfende Rentenversicherungträger kann die **Beiträge zur Kranken-, Pflege-, Renten- und Arbeitslosenversicherung ohne individuelle Zuordnung** auf die einzelnen Arbeitnehmer auf der Basis der insgesamt gezahlten Arbeitsentgelte (Lohn- und Gehaltssumme) **festsetzen.** Voraussetzung hierfür ist, dass der Arbeitgeber seine Aufzeichnungspflichten (→ *Lohnkonto* Rz. 1493) derart verletzt, dass die Beschäftigten und/oder deren Arbeitsentgelt nicht mehr oder nur mit unverhältnismäßig großem Verwaltungsaufwand festgestellt werden können.

Lässt sich auch die Lohn-/Gehaltssumme nicht oder nur mit großem Aufwand ermitteln, kann die Einzugsstelle diese ebenfalls **schätzen.** Dabei sind ortsübliche Maßstäbe zu Grunde zu legen (Tariflohn, Arbeitszeit etc.). Grundlage für eine Schätzung kann auch der Umsatz des Betriebes sein.

Bestreitet der Arbeitgeber z.B. bei einer Prüfung die Versicherungs- und Beitragspflicht bzw. -höhe, liegt die **Beweislast** nicht mehr bei der Einzugsstelle, sondern vielmehr bei ihm selbst.

Werden **nachträglich Unterlagen** zur Feststellung der Versicherungs- und Beitragspflicht aller oder einzelner Beschäftigter vorgelegt, sind die Beiträge neu zu berechnen und der Summenbescheid insofern zu ändern.

Tabakwaren

2366 Tabakwaren, die der Arbeitgeber den Arbeitnehmern zum **Verzehr im Betrieb** kostenlos oder verbilligt überlässt, gehören als Aufmerksamkeiten (→ *Annehmlichkeiten* Rz. 134) nicht zum Arbeitslohn und sind deshalb **steuer- und beitragsfrei** (R 73 Abs. 2 Satz 1 LStR).

Tabakwaren, die der Arbeitgeber den Arbeitnehmern zum **häuslichen Verzehr** kostenlos oder verbilligt überlässt, z.B. in der Tabakindustrie, sind keine Aufmerksamkeiten. Sie sind grundsätzlich **steuerpflichtiger Arbeitslohn.**

Ist der Rabattfreibetrag von 1 224 € anzuwenden, weil der Vorteil vom **eigenen Arbeitgeber** gewährt wird, bleibt er steuer- und beitragsfrei, wenn der Betrag von 1 224 € im Kalenderjahr nicht überschritten wird. Maßgebend ist der um 4 % geminderte Endpreis des Arbeitgebers (→ *Rabatte* Rz. 1938).

Ist der Rabattfreibetrag von 1 224 € **nicht** anzuwenden, weil der Vorteil von einem **mit dem Arbeitgeber verbundenen Unternehmen** gewährt wird, bleibt er steuer- und beitragsfrei, wenn die Freigrenze von 50 € im Kalendermonat nicht überschritten wird (→ *Sachbezüge* Rz. 2145).

Tageszeitungen

2367 Wenn der Arbeitgeber dem Arbeitnehmer Aufwendungen für regionale oder überregionale Tageszeitungen ersetzt, so sind diese Zahlungen steuer- und beitragspflichtiger Arbeitslohn, denn Aufwendungen für Tageszeitungen gehören im Allgemeinen zu den nicht abziehbaren **Kosten der Lebensführung** i.S. von § 12 EStG (siehe ausführlich → *Lohnsteuer-Ermäßigungsverfahren* Rz. 1598 „Zeitungen, Zeitschriften"). Ein steuerfreier Arbeitgeberersatz für Werbungskosten wäre überdies grundsätzlich nicht möglich (R 70 Abs. 3 Satz 1 LStR).

Bei **Zeitungsverlagen** gehört die kostenlose Überlassung einer Tageszeitung an Arbeitnehmer zu den geldwerten Vorteilen (vgl. → *Zeitungen: Kostenlose Überlassung* Rz. 2667).

Tallyman

2368 Ein Tallyman, der im Hamburger Hafen Waren an Schiffspersonal verkauft, übt mit dieser Tätigkeit eine **Einsatzwechseltätigkeit**

aus, denn das Hafengebiet des Hamburger Hafens stellt keine einheitliche Arbeitsstätte dar (BFH, Urteil vom 7.2.1997, BStBl II 1997 S. 333).

Zu den Aufwendungen, die Arbeitnehmern bei Einsatzwechseltätigkeit steuerfrei erstattet werden dürfen, → *Reisekostenerstattungen bei Einsatzwechseltätigkeit* Rz. 2073.

Tantiemen

1. Lohnsteuer

Tantiemen sind Vergütungen, die sich nach dem Gewinn oder 2369 Umsatz eines Unternehmens bemessen. Wenn sie an Arbeitnehmer (z.B. an leitende Mitarbeiter) gezahlt werden, so gehören sie zum Arbeitslohn.

Zu unterscheiden sind:

– Tantiemen an Arbeitnehmer, **die fortlaufend gezahlt werden** (z.B. eine monatlich zu zahlende Umsatzbeteiligung), gehören zum laufenden Arbeitslohn. Sie sind zusammen mit dem übrigen laufenden Arbeitslohn zu versteuern (→ *Lohnsteuertabellen* Rz. 1655).

– Tantiemen an Arbeitnehmer, **die nicht fortlaufend gezahlt werden** (z.B. eine jährlich zu zahlende Gewinnbeteiligung), gehören zu den **sonstigen Bezügen** (R 115 Abs. 2 Nr. 3 LStR). Besonderheiten gelten bei **Gesellschafter-Geschäftsführern**, siehe dazu → *Gesellschafter/Gesellschafter-Geschäftsführer* Rz. 1172.

2. Sozialversicherung

Im Beitragsrecht der Sozialversicherung sind Tantiemen wie 2370 andere lohnsteuerpflichtige Gewinnanteile beitragspflichtig. Werden die Tantiemen an Arbeitnehmer laufend gezahlt, sind sie dem laufenden Arbeitsentgelt zuzurechnen. Einmalig gezahlte Tantiemen sind beitragsrechtlich wie einmalige Zuwendungen zu behandeln. Einzelheiten siehe → *Einmalzahlungen* Rz. 802.

Teillohnzahlungszeitraum

1. Begriff

Bei monatlich entlohnten Arbeitnehmern wird der Arbeitslohn für 2371 den Monat gezahlt und ist insoweit unabhängig von der Zahl der Arbeitstage und der Zahl der Arbeitsstunden im Monat. Bei regelmäßiger Arbeit oder bei einem **Arbeitsausfall, den der Arbeitgeber vergüten muss,** z.B. Krankheit oder Urlaub, bestehen keine Besonderheiten: Der Arbeitgeber zahlt den monatlichen Arbeitslohn in der vereinbarten Höhe.

Wenn bei einem vereinbarten Monatslohn allerdings **Ausfallzeiten des Arbeitnehmers** auftreten, für die der **Arbeitgeber nicht vergütungspflichtig** ist, wird der Arbeitslohn nicht für den vollen Kalendermonat gezahlt; es entsteht ein Teillohnzahlungszeitraum. Dies kann der Fall sein z.B. bei

   – Eintritt des Arbeitnehmers im laufenden Monat,

   – Entlassung des Arbeitnehmers im laufenden Monat,

   – unentschuldigten Fehlzeiten,

   – unbezahltem Urlaub oder

   – Ablauf des Sechs-Wochen-Zeitraums bei der Entgeltfortzahlung im laufenden Monat bei fortdauernder Krankheit.

2. Berechnung des Arbeitslohns für einen Teillohnzahlungszeitraum

2372 In den oben genannten Fällen wird der Arbeitgeber den vereinbarten Monatslohn entsprechend kürzen. Für die Berechnung des Arbeitslohns für den Teillohnzahlungszeitraum sind folgende Berechnungsarten möglich (vgl. Besgen in Handbuch Betrieb und Personal Fach 6 Rz 60.1 ff.):

a) Berechnungsmethode nach abstrakten Kalendertagen

2373 Der Arbeitslohn wird entsprechend § 191 BGB durch 30 Tage geteilt, und zwar **unabhängig** von der tatsächlichen Anzahl der Kalendertage des betreffenden Monats, und mit der Zahl der Kalendertage der Beschäftigung vervielfacht.

Beispiel:

Der Arbeitnehmer wird am 11.2.2002 eingestellt. Der vereinbarte Monatslohn beträgt 2 500 €. Der Arbeitslohn für 18 Kalendertage beträgt

18/30 von 2 500 € =   1 500,— €

b) Berechnungsmethode nach konkreten Kalendertagen

2374 Der Arbeitslohn wird durch die **tatsächliche** Anzahl der Kalendertage des Monats geteilt, also durch 31, 30, 29 oder 28, und mit der Zahl der Kalendertage der Beschäftigung vervielfacht.

Beispiel:

Der Arbeitnehmer wird am 11.2.2002 eingestellt. Der vereinbarte Monatslohn beträgt 2 500 €. Der Arbeitslohn für 18 Kalendertage beträgt

18/28 von 2 500 € =   1 607,14 €

c) Berechnungsmethode nach abstrakten Arbeitstagen

2375 Der Arbeitslohn wird durch die Anzahl der Arbeitstage geteilt, und zwar

   – bei einer Sechs-Tage-Woche durch 25,

   – bei einer Fünf-Tage-Woche durch 22,

ohne Rücksicht auf die konkreten Arbeitstage des Monats, und mit der Zahl der Arbeitstage der Beschäftigung vervielfacht.

Beispiel:

Der Arbeitnehmer wird am 11.2.2002 eingestellt. Der vereinbarte Monatslohn beträgt 2 500 €. Der Arbeitslohn für 14 Arbeitstage beträgt bei einer Fünf-Tage-Woche

14/22 von 2 500 € =   1 590,91 €

d) Berechnungsmethode nach konkreten Arbeitstagen

2376 Der Arbeitslohn wird durch die Anzahl der konkreten Arbeitstage geteilt, einschließlich gesetzlicher Feiertage und bezahlter Freistellungstage (z.B. Rosenmontag, Fastnachtsdienstag), und mit der Zahl der Arbeitstage der Beschäftigung vervielfacht.

Beispiel:

Der Arbeitnehmer wird am 11.2.2002 eingestellt. Der vereinbarte Monatslohn beträgt 2 500 €. Der Februar hat bei einer Fünf-Tage-Woche 20 Arbeitstage. Der Arbeitslohn für 14 Arbeitstage beträgt

14/20 von 2 500 € =   1 750,— €

e) Berechnungsmethode nach abstrakten Arbeitsstunden

2377 Der Arbeitslohn wird durch die Anzahl der Arbeitsstunden geteilt nach der Formel

$$\frac{\text{Wochenstunden lt. Arbeitsvertrag} \times 52 \text{ Wochen}}{12 \text{ Monate}},$$

und zwar z.B.

   – bei einer 40-Stunden-Woche durch 173,

   – bei einer 38,5-Stunden-Woche durch 167,

   – bei einer 37,5-Stunden-Woche durch 163,

   – bei einer 35-Stunden-Woche durch 152,

ohne Rücksicht auf die konkreten Arbeitsstunden des Monats, und mit der Zahl der Arbeitsstunden der Beschäftigung vervielfacht.

Beispiel:

Der Arbeitnehmer wird am 11.2.2002 eingestellt. Der vereinbarte Monatslohn beträgt 2 500 €. Der Arbeitnehmer hat eine 37,5-Stunden-Woche. Er arbeitet in den drei Wochen insgesamt 110 Stunden, und zwar

– 1. Woche (11. bis 15.2.2002)	36 Stunden
– 2. Woche (18. bis 22.2.2002)	43 Stunden
– 3. Woche (25. bis 28.2.2002)	31 Stunden
Insgesamt	110 Stunden

110/163 von 2 500 € =   1 687,12 €

f) Berechnungsmethode nach konkreten Arbeitsstunden

2378 Der Arbeitslohn wird durch die Anzahl der konkreten Arbeitsstunden des Monats geteilt und mit der Zahl der Arbeitsstunden der Beschäftigung vervielfacht.

Beispiel:

Der Arbeitnehmer wird am 11.2.2002 eingestellt. Der vereinbarte Monatslohn beträgt 2 500 €. Der Arbeitnehmer hat eine 37,5-Stunden-Woche, so dass die Sollarbeitszeit im Februar 150 Arbeitsstunden beträgt (7,5 Stunden × 20 Tage). Er arbeitet in den drei Wochen insgesamt 110 Stunden, und zwar

– 1. Woche (11. bis 15.2.2002)	36 Stunden
– 2. Woche (18. bis 22.2.2002)	43 Stunden
– 3. Woche (25. bis 28.2.2002)	31 Stunden
Insgesamt	110 Stunden

110/150 von 2 500 € =   1 833,33 €

Die Beispiele zeigen, dass je nach Berechnungsart unterschiedliche Arbeitslöhne zu zahlen sind. Es stellt sich daher die Frage, welches die **richtige Berechnungsmethode** ist.

Bei der **Entgeltfortzahlung im Krankheitsfall** ist gesetzlich das sog. Lohnausfallprinzip zwingend vorgeschrieben, d.h. das für die maßgebliche regelmäßige Arbeitszeit zustehende Arbeitsentgelt ist fortzuzahlen; tariflich kann hiervon abgewichen werden, vgl. § 4 Abs. 4 EFZG. Zu weiteren Einzelheiten → *Entgeltfortzahlung* Rz. 826. Aus der Anwendung des Lohnausfallprinzips folgt, dass die Berechnung des Arbeitslohns für den Teillohnzahlungszeitraum nach **konkreten Monatsarbeitstagen** durchzuführen ist (BAG, Urteil vom 14.8.1985, DB 1986 S. 130).

In allen anderen Fällen ist eine Berechnungsart gesetzlich **nicht vorgeschrieben**, so dass der Arbeitgeber grundsätzlich frei wählen kann, nach welcher Berechnungsart er den anteiligen Arbeitslohn ermittelt. Dabei muss er allerdings Regelungen in einem Tarifvertrag, einer Betriebsvereinbarung oder in einem Einzelarbeitsvertrag beachten. Empfehlenswert ist jedoch, die vom **Bundesarbeitsgericht** als gerechte Berechnungsart anerkannte Berechnung nach **konkreten Monatsarbeitstagen oder Arbeitsstunden anzuwenden** (vgl. Besgen in Handbuch Betrieb und Personal Fach 6 Rz. 60.4).

Für diese Berechnungen ergeben sich folgende Formeln:

   – Konkrete Monatsarbeitstage:

$$\frac{\text{Monatslohn} \times \text{Anzahl der tatsächlichen Arbeitstage im Monat}}{\text{Anzahl der Arbeitstage des Monats}}$$

– konkrete Arbeitsstunden:

$$\frac{\text{Monatslohn} \times \text{Anzahl der geleisteten Arbeitsstunden im Monat}}{\text{Anzahl der Arbeitsstunden des Monats}}$$

3. Lohnsteuer

a) Berechnung bei Teillohnzahlungszeiträumen

2379 Für die Einbehaltung der Lohnsteuer hat der Arbeitgeber die Höhe des Arbeitslohns und den Lohnzahlungszeitraum festzustellen (vgl. § 39b Abs. 2 Satz 1 EStG). Die Lohnsteuer ist dann nach dem in § 39b Abs. 2 EStG beschriebenen Verfahren zu ermitteln und an das Finanzamt abzuführen. In der Regel ist der Lohnzahlungszeitraum der Monat, so dass die Lohnsteuer für den Monat errechnet wird.

Wenn das Dienstverhältnis während eines Monats beginnt oder endet, so kann die Lohnsteuer **nicht für den Monat** errechnet werden, es entsteht ein Teillohnzahlungszeitraum. Daher ist der Arbeitslohn auf die einzelnen Kalendertage umzurechnen. Die Lohnsteuer, die sich für den Tag ergibt, ist mit der Zahl der Kalendertage zu multiplizieren. Auf diese Weise erhält man die Lohnsteuer auf den gezahlten Arbeitslohn.

Beispiel:

Ein Arbeitnehmer in Hannover mit einem vereinbarten Monatsgehalt von 2 500 € (Steuerklasse III, Kirchensteuermerkmal ev) beginnt seine Tätigkeit am 11.2.2002. Für Februar ergibt sich folgende Lohnabrechnung:

● **Berechnung des Arbeitslohns**

Lohnanspruch besteht vom 11.2. bis 28.2.2002, also für 14 Arbeitstage (von 20 Arbeitstagen). Der Arbeitslohn beträgt

$$\frac{2\,500\,€ \times 14}{20} = \qquad\qquad 1\,750,— €$$

● **Berechnung der Lohnsteuer**

Die Lohnsteuer für den Arbeitslohn von 1 750 € ist für den Tag zu ermitteln. Dabei ist der Arbeitslohn auf einen Kalendertag umzurechnen. Der Zeitraum 11.2. bis 28.2.2002 enthält 18 Kalendertage:

Kalendertäglicher Arbeitslohn (1 750 € : 18)	97,22 €
Lohnsteuer für den Tag	9,87 €
Solidaritätszuschlag für den Tag	0,54 €
Kirchensteuer für den Tag (9 %)	0,88 €

Umrechnung auf den Zeitraum 11.2. bis 28.2.2002:

Lohnsteuer 9,87 € × 18 Tage	177,66 €
Solidaritätszuschlag 0,54 € × 18 Tage	9,72 €
Kirchensteuer 0,88 € × 18 Tage	15,84 €

● **Berechnung der Sozialversicherungsbeiträge**

Ermittlung der Teil-Beitragsbemessungsgrenze nach der Formel:

$$\frac{\text{jährliche Beitragsbemessungsgrenze (KV)} \times \text{beitragspflichtige Tage}}{360}$$

d.h.

$$\frac{40\,500\,€ \times 18}{360} = 2\,025\,€ \text{ Teilbeitragsbemessungsgrenze}$$

Da die Teilbeitragsbemessungsgrenze in der Kranken- und Pflegeversicherung – und damit auch in der Renten- und Arbeitslosenversicherung – nicht überschritten wird, ist keine Begrenzung des beitragspflichtigen Entgelts auf die Beitragsbemessungsgrenze vorzunehmen.

Beitragssätze:

Krankenversicherung (angenommen)	13,8 %
Pflegeversicherung	1,7 %
Rentenversicherung	19,1 %
Arbeitslosenversicherung	6,5 %

Beiträge:

Krankenversicherung:	$\frac{1\,750\,€ \times 13,8}{100}$	=	241,50 €
Pflegeversicherung:	$\frac{1\,750\,€ \times 1,7}{100}$	=	29,75 €
Rentenversicherung:	$\frac{1\,750\,€ \times 19,1}{100}$	=	334,25 €
Arbeitslosenversicherung:	$\frac{1\,750\,€ \times 6,5}{100}$	=	113,75 €

● **Abrechnung des Arbeitslohns**

Arbeitslohn 11.2. bis 28.2.2002	1 750,— €
⁒ Lohnsteuer	177,66 €
⁒ Solidaritätszuschlag	9,72 €
⁒ Kirchensteuer	15,84 €
⁒ Krankenversicherung (1/2 von 241,50 €)	120,75 €
⁒ Pflegeversicherung (1/2 von 29,75 €)	14,88 €
⁒ Rentenversicherung (1/2 von 334,25 €)	167,13 €
⁒ Arbeitslosenversicherung (1/2 von 113,75 €)	56,88 €
= ausgezahlter Betrag	1 187,14 €

Der Arbeitgeber muss die Lohnsteuer auch dann nach dem **Tag** berechnen, wenn zwar der Arbeitslohn monatlich berechnet und ausgezahlt, im Laufe eines Kalendermonats allerdings erst die – unbeschränkte oder beschränkte – **Einkommensteuerpflicht begründet** wird (FG Köln, Urteil vom 30.9.1998, EFG 1999 S. 385, Revision eingelegt, Az. beim BFH: VI R 27/99).

b) Unterbrechungen ohne Entstehen eines Teillohnzahlungszeitraums

Ein Teillohnzahlungszeitraum entsteht lohnsteuerlich aber nicht **2380** bei jeder Unterbrechung der Lohnzahlung. Liegt dem Arbeitgeber die Lohnsteuerkarte **während des ganzen Kalendermonats** vor und besteht das Dienstverhältnis fort, so zählen auch die Arbeitstage mit, für die der Arbeitnehmer keinen Arbeitslohn bezogen hat (R 118 Abs. 2 Satz 3 LStR), z.B. bei Krankheit nach Ablauf der Sechs-Wochen-Frist, Mutterschutz oder unbezahltem Urlaub. Die Lohnsteuer kann daher weiterhin nach dem **Monat** ermittelt werden.

aa) Kein Teillohnzahlungszeitraum – nur bei der Lohnsteuer

In folgenden Fällen entsteht daher lohnsteuerlich **kein Teillohn-** **2381** **zahlungszeitraum – im Gegensatz zur Sozialversicherung:**

● **Unterbrechung der Lohnzahlung** wegen des Bezugs von
  – Erziehungsgeld,
  – Krankengeld,
  – Mutterschaftsgeld,
  – Übergangsgeld,
  – Verletztengeld,
● Teilnahme an einer **Wehrübung** von mehr als drei Tagen,
● **Tod** des Arbeitnehmers im Laufe eines Monats,
● **Pflege des Kindes** ohne Anspruch auf Arbeitsentgelt (§ 45 SGB V).

Ein Teillohnzahlungszeitraum entsteht auch nicht, wenn dem Arbeitgeber während der **Zeit des Wehr- oder Zivildienstes die Lohnsteuerkarte verbleibt.** In diesen Fällen hat der Arbeitgeber die Zeit des Wehr- oder Zivildienstes bei der Bescheinigung auf der Lohnsteuerkarte miteinzubeziehen und im Lohnkonto und auf der Lohnsteuerkarte den Großbuchstaben „**U**" zu vermerken (→ *Lohnkonto* Rz. 1495). Gibt der Arbeitgeber dem Arbeitnehmer die Lohnsteuerkarte zu Beginn des Wehr- oder Zivildienstes zurück, so entsteht auch in diesem Fall ein Teillohnzahlungszeitraum.

Nimmt der Arbeitnehmer für den Arbeitgeber eine **Auslandstätigkeit** auf und ist der Arbeitslohn für diese Zeit nach dem Auslandstätigkeitserlass oder einem Doppelbesteuerungsabkommen steuerfrei, so entsteht lohnsteuerlich kein Teillohnzahlungszeitraum.

In allen Fällen bleibt das **Dienstverhältnis lohnsteuerlich bestehen**, solange dem Arbeitgeber die Lohnsteuerkarte des Arbeitnehmers vorliegt. Der Arbeitgeber kann daher unabhängig davon, ob er dem Arbeitnehmer den vollen Lohn für einen Monat auszahlt oder nicht, die Lohnsteuer nach dem Monat ermitteln.

bb) Kein Teillohnzahlungszeitraum – bei der Lohnsteuer und Sozialversicherung

Es gibt Fälle, in denen nicht nur lohnsteuerlich, sondern auch **2382** **sozialversicherungsrechtlich kein Teillohnzahlungszeitraum** entsteht:
  – Unbezahlter Urlaub,
  – Streik,
  – Kurzarbeit.

c) Sonderfall: Lohnzahlungszeitraum ist die Kalenderwoche

2383 Ist der **Lohnzahlungszeitraum die Kalenderwoche** und besteht das Dienstverhältnis nicht eine volle Kalenderwoche, so gelten die vorstehenden Ausführungen sinngemäß.

Beispiel:

Eine Kellnerin hat einen Wochenlohn von 500 €. Das Dienstverhältnis beginnt nicht an einem Montag, sondern an einem Donnerstag. Für die erste Woche erhält die Kellnerin 2/5 von 500 €, also 200 €.

Der Arbeitslohn je Kalendertag, an dem das Dienstverhältnis in dieser Woche bestand (Donnerstag bis Sonntag), beträgt 50 € (200 € : 4 Tage). Die Lohnsteuer, der Solidaritätszuschlag und ggf. die Kirchensteuer sind mit 50 € für den Tag zu berechnen und mit 4 zu vervielfältigen.

4. Sozialversicherung

2384 Bei Arbeitsverhältnissen, die nicht für den vollen Kalendermonat bestehen oder bei denen aus sonstigen Gründen Beiträge nicht für den vollen Kalendermonat zu entrichten sind, werden die Beiträge nur für die auf den Teillohnzahlungszeitraum entfallenden Kalendertage berechnet. Gründe für die Beitragsberechnung **nach Teillohnzahlungszeiträumen** können z.T. abweichend von der lohnsteuerlichen Beurteilung sein (→ Rz. 2371):

- Beginn oder Ende des Beschäftigungsverhältnisses,
- Beitragsfreiheit wegen des Bezuges von Geldleistungen wie
  - Krankengeld, auch bei der Pflege eines erkrankten Kindes (§ 45 SGB V),
  - Verletztengeld,
  - Übergangsgeld,
  - Mutterschaftsgeld,
- Zahlung von Erziehungsgeld,
- Beginn oder Ende des Wehr-/Zivildienstes,
- Teilnahme an Wehrübungen von mehr als drei Tagen,
- Tod des Arbeitnehmers.

Bei der Berechnung der Beiträge für Teillohnzahlungszeiträume sind in jedem Fall die für den gleichen Zeitraum geltenden, ggf. zu ermittelnden **Beitragsbemessungsgrenzen zu beachten,** weil sie die im Beitragsrecht der Sozialversicherung verbindlichen Berechnungsobergrenzen darstellen. Dabei gelten für die **Kranken- und Pflegeversicherung andere Grenzwerte als zur Renten- und Arbeitslosenversicherung.** Siehe auch → *Beitragsbemessungsgrenzen* Rz. 448.

Die Beitragsberechnungsrichtlinien sehen keine Beitragsbemessungsgrenzen (BBG) für Arbeits- oder Werktage vor. Vielmehr ist bei Teillohnzahlungszeiträumen grundsätzlich **nur mit Kalendertagen** zu rechnen. Der auf den Kalendertag entfallende Teil der Jahresbeitragsbemessungsgrenze (1/360) wird ungerundet mit der Anzahl der auf den Teillohnzahlungszeitraum entfallenden Kalendertage multipliziert. Dabei ist der Wert auf zwei Dezimalstellen auszurechnen, wobei die zweite Stelle um 1 erhöht wird, wenn in der dritten Stelle eine der Zahlen 5 bis 9 erscheint. **Somit lässt sich nach folgender Formel arbeiten:**

$$\frac{\text{Jährliche BBG} \times \text{Zahl der mit Beiträgen belegten Kalendertage}}{360}$$

Durch das Gesetz zur Rechtsangleichung in der Kranken- und Pflegeversicherung (siehe → *Krankenversicherung: gesetzliche* Rz. 1428) gibt es seit 1.1.2001 **in der Kranken- und Pflegeversicherung nur noch eine Beitragsbemessungsgrundlage für die alten und neuen Bundesländer:**

Für die Praxis lässt sich hieraus **folgende Tabelle der Beitragsbemessungsgrenzen 2002 für Teillohnzahlungszeiträume** entwickeln:

Kalendertage	Kranken- und Pflegeversicherung	Renten- und Arbeitslosenversicherung	
		West	Ost
1	112,50	150,—	125,—
2	225,—	300,—	250,—
3	337,50	450,—	375,—
4	450,—	600,—	500,—
5	562,50	750,—	625,—
6	675,—	900,—	750,—
7	787,50	1 050,—	875,—
8	900,—	1 200,—	1 000,—
9	1 012,50	1 350,—	1 125,—
10	1 125,—	1 500,—	1 250,—
11	1 237,50	1 650,—	1 375,—
12	1 350,—	1 800,—	1 500,—
13	1 462,50	1 950,—	1 625,—
14	1 575,—	2 100,—	1 750,—
15	1 687,50	2 250,—	1 875,—
16	1 800,—	2 400,—	2 000,—
17	1 912,50	2 550,—	2 125,—
18	2 025,—	2 700,—	2 250,—
19	2 137,50	2 850,—	2 375,—
20	2 250,—	3 000,—	2 500,—
21	2 362,50	3 150,—	2 625,—
22	2 475,—	3 300,—	2 750,—
23	2 587,50	3 450,—	2 875,—
24	2 700,—	3 600,—	3 000,—
25	2 812,50	3 750,—	3 125,—
26	2 925,—	3 900,—	3 250,—
27	3 037,50	4 050,—	3 375,—
28	3 150,—	4 200,—	3 500,—
29	3 262,50	4 350,—	3 625,—
30	3 375,—	4 500,—	3 750,—

Liegt das erzielte Arbeitsentgelt unter der für den Teilabrechnungszeitraum ermittelten Beitragsbemessungsgrenze, ist dieses in voller Höhe für die Beitragsberechnung heranzuziehen. Ein **höherer Betrag** als die ermittelte Beitragsbemessungsgrenze darf für die Beitragsberechnung **nicht** zu Grunde gelegt werden.

Beispiel 1:

Der Arbeitnehmer A aus Leipzig nimmt am 8.1.2002 eine Beschäftigung auf und verdient in diesem Monat 2 250 €. Da die Beitragsbemessunsgrenze in der Kranken- und Pflegeversicherung für 26 Tage bei 2 925 € und in der Renten- und Arbeitslosenversicherung (Ost) bei 3 250,– € liegt, ist das Entgelt in voller Höhe beitragspflichtig.

Beispiel 2:

Der Arbeitnehmer B aus Köln nimmt am 13.1.2002 eine Beschäftigung auf und verdient in diesem Monat 2 200 €. In der Kranken- und Pflegeversicherung liegt die Beitragsbemessungsgrenze für 19 Tage bei 2 137,50 €, so dass nur bis zu diesem Betrag Beitragspflicht besteht. In der Renten- und Arbeitslosenversicherung ist das Entgelt in voller Höhe beitragspflichtig, weil die Beitragsbemessungsgrenze (West) für 19 Tage 2 850 € nicht überschritten wird.

Wird der Beitragsberechnungszeitraum z.B. wegen einer **Krankengeldzahlung** unterbrochen und endet der Anspruch auf Krankengeld an einem Freitag, sind der folgende Samstag und Sonntag wegen der kalendertäglichen Berechnungsweise für die Beitragsberechnung heranzuziehen, auch wenn die Entgeltzahlung erst montags wieder einsetzt.

Beispiel 3:

Der Arbeitnehmer C aus Rostock hat vom 13.1. bis 24.1.2002 Krankengeld erhalten. Für Januar 2002 steht ihm ein Arbeitslohn in Höhe von 2 400 € zu. Im Januar 2002 sind 19 Kalendertage beitragspflichtig.

Die Beitragsbemessungsgrenze liegt in der Kranken- und Pflegeversicherung für 19 Tage bei 2 137,50 € und in der Renten- und Arbeitslosenversicherung (Ost) bei 2 375 €, so dass nur bis zu diesen Grenzen Beiträge zu erheben sind.

Vermögenswirksame Leistungen für den gesamten Entgeltabrechnungszeitraum werden bei der Ermittlung des beitragspflichtigen Arbeitsentgeltes für den Teillohnzahlungszeitraum ggf. in voller Höhe hinzugerechnet, es sei denn, es ist ausdrücklich vereinbart, dass die vermögenswirksame Leistung für Zeiträume, die sowohl mit Arbeitsentgelt als auch z.B. mit Krankengeld belegt sind, **tageweise aufgeteilt** wird. In diesem Fall ist nur der auf die Arbeitstage entfallende Teil der vermögenswirksamen Anlage beitragspflichtig, wenn der auf die Krankengeldbezugszeit entfallende Anteil als Zuschuss zum Krankengeld behandelt wird.

Eine während des Bezuges von Krankengeld etc. gezahlte **einmalige Zuwendung** ist beitragspflichtig. Ein **unbezahlter Urlaub** bis zu einem Monat oder ein rechtmäßiger **Arbeitskampf** unterbrechen nicht die Mitgliedschaft in der Krankenversicherung, so dass auch **kein Teillohnzahlungszeitraum** entsteht. Das erzielte Arbeitsentgelt, möglicherweise unter Einbeziehung einmaliger Zuwendungen, ist deshalb auf den gesamten Abrechnungszeitraum verteilt der Beitragspflicht zu unterwerfen.

Beispiel 4:

Entgelt für Arbeitsleistung im Gebiet der alten
Bundesländer
vom 1.2.2002 bis 11.2.2002 = 11 Kalendertage   = 920,— €

Arbeitskampf vom 12.2.2002 bis 18.2.2002
einmalige Zuwendung am 14.2.2002   = 625,— €

Entgelt für Arbeitsleistung vom 19.2.2002 bis 28.2.2002 = 825,— €

beitragspflichtiges Arbeitsentgelt für Februar 2002   = 2 370,— €

Es gelten die Beitragsbemessungsgrenzen (West) für den gesamten Monat und nicht für 21 Tage, weil der Arbeitskampf nicht zu einem Teillohnzahlungszeitraum führt.

Teilzeitbeschäftigte

2385 **Wichtiger Hinweis:** Die Teilzeitarbeit ist mit Wirkung ab 1.1.2001 gesetzlich neu geregelt im **Teilzeit- und Befristungsgesetz** (TzBfG).

Das Teilzeitarbeitsverhältnis ist dadurch gekennzeichnet, dass nach dem Arbeitsvertrag auf Dauer eine **kürzere als die Regelarbeitszeit** eines vergleichbaren vollzeitbeschäftigen Arbeitnehmers vereinbart ist, § 2 Abs. 1 TzBfG. Die Verkürzung der Arbeitszeit kann so geschehen, dass nur an einigen Tagen der Woche, des Monats oder des Jahres bzw. an allen Arbeitstagen oder nur an einigen Arbeitstagen verkürzt gearbeitet wird, wobei Elemente der flexiblen Arbeitszeit einbezogen werden können.

Das Teilzeitarbeitsverhältnis ist ein **normales Arbeitsverhältnis**, das hinsichtlich der zur Anwendung kommenden Gesetze, Tarifverträge und Betriebsvereinbarungen praktisch keine Unterschiede zum Vollzeitarbeitsverhältnis aufweist.

Beim **Arbeitsentgelt** im engen wie im weiteren Sinne, insbesondere bei (freiwilligen) Sonderleistungen, ist der spezielle **Gleichbehandlungsgrundsatz** nach § 4 Abs. 1 TzBfG zu beachten: Teilzeitbeschäftigte dürfen nicht wegen der Teilzeitarbeit gegenüber Vollzeitbeschäftigten unterschiedlich behandelt werden, es sei denn, es gebe sachliche Gründe für eine unterschiedliche Behandlung.

Nach ständiger Rechtsprechung des Europäischen Gerichtshofs muss im Übrigen wegen des überwiegenden Anteils von Frauen an der Zahl der Teilzeitkräfte das Verbot der **mittelbaren Geschlechtsdiskriminierung** beachtet werden.

Beim **Urlaubsanspruch** der Teilzeitbeschäftigten muss die Zahl der Urlaubstage nach dem Verhältnis zur Arbeitszeit eines Vollbeschäftigten berechnet werden.

Beispiel:

Urlaubsanspruch nach Tarifvertrag 30 Arbeitstage. Die Arbeitszeit einer Teilzeitkraft drei Arbeitstage pro Woche gegenüber regulär fünf Arbeitstagen.

Berechnungsformel: 30 : 5 × 3 = 18.

Diese Teilzeitkraft hat also Anspruch auf eine urlaubsbedingte Befreiung von der Arbeitspflicht an 18 ihrer Teilzeitarbeitstage.

Bei **Wechsel** von Teilzeitarbeit in Vollzeitarbeit wie auch bei umgekehrtem Wechsel ist der Urlaubsanspruch, auch der noch nicht verbrauchte Urlaubsanspruch, vom Zeitpunkt des Wechsels an nach der neuen Arbeitszeit zu berechnen (BAG, Urteil vom 28.4.1998, NZA 1999 S. 156).

Bei **Überstunden** besteht nach nunmehr geklärter Rechtslage für Teilzeitbeschäftigte grundsätzlich kein allgemeiner Anspruch auf Überstundenzuschläge (vgl. EuGH, Urteil vom 15.12.1994, DB 1995 S. 49; BAG, Urteil vom 20.6.1995, DB 1996 S. 687).

Zur **lohnsteuerlichen** und **sozialversicherungsrechtlichen Beurteilung** vgl. → *Aushilfskraft/Aushilfstätigkeit* Rz. 320; → *Geringfügig Beschäftigte* Rz. 1115; → *Pauschalierung der Lohnsteuer bei Aushilfs- und Teilzeitbeschäftigten* Rz. 1840.

Telearbeit

1. Allgemeines

Infolge des Ausbaus der elektronischen Kommunikationsmöglichkeiten gewinnt die Telearbeit inzwischen stärkere Bedeutung. Es ist davon auszugehen, dass künftig immer mehr Arbeitsplätze aus der räumlichen Einheit eines Betriebes ausgelagert und z.B. in den häuslichen Bereich überführt werden. Besondere rechtliche Regelungen existieren derzeit für diese besondere Form der Arbeitsleistung nicht, so dass bei rechtlichen Beurteilungen von den allgemein gültigen Grundsätzen auszugehen ist. Die Bundesregierung geht in einer Stellungnahme (vgl. Initiative Telearbeit, Aktuelle Beiträge zur Wirtschafts- und Finanzpolitik Nr. 16/1996) davon aus, dass die meisten der mit Telearbeit Beschäftigten als **Arbeitnehmer** und nur zu einem **geringen Teil als Heimarbeiter** zu klassifizieren sind. **2386**

2. Begriff der Telearbeit

Begrifflich werden unter „Telearbeit" solche Tätigkeiten verstanden, die dezentral an einem aus der direkten betrieblichen Organisation ausgelagerten Arbeitsplatz unter Einsatz informationstechnischer Endgeräte (z.B. „PC") in selbst gewählten oder zur Verfügung gestellten Räumlichkeiten verrichtet werden; dabei besteht über elektronische Kommunikationsnetze eine Verbindung zum Auftraggeber. **2387**

Die häufigste Form der Telearbeit ist derzeit wohl die auftragsgemäße Arbeit am **häuslichen PC**, der über das Fernmeldenetz mit der Datenverarbeitungsanlage des Auftraggebers verbunden ist oder bei der durch Austausch von Datenträgern die Arbeitsleistung zur Verfügung gestellt wird. Dabei kann Telearbeit auch in **Nachbarschaftsbüros** o.Ä. geleistet werden, in denen mehrere Mitarbeiter in räumlicher Nähe zu ihrem Wohnort zusammengefasst arbeiten.

Telearbeit kann auch als **„mobile Telearbeit"** z.B. durch Außendienstmitarbeiter ohne festen Arbeitsplatz geleistet werden. Dabei besteht lediglich die Möglichkeit, Daten über Kommunikationsnetze bei einer zentralen Stelle des Auftraggebers abzurufen oder dorthin zu übermitteln.

Ein **Tarifvertrag über Telearbeit** ist neuerdings für die Telekom AG/T-Mobil abgeschlossen (abgedruckt in NZA 1998 S. 1214).

3. Vertragsformen

Telearbeit ist im Wesentlichen in den folgenden Formen anzutreffen: **2388**

– Im Rahmen eines abhängigen Beschäftigungsverhältnisses,

– als Heimarbeit,

– als freie Mitarbeit oder

– im Rahmen eines Dienst- bzw. Werkvertrages (Subunternehmervertrag).

Bei der rechtlichen Einordnung eines „Telearbeiters" wird neben der vertraglichen Gestaltung wesentlich **die tatsächliche Ausgestaltung des Arbeitsverhältnisses** zu bewerten sein (vgl. zur Abgrenzung auch Anlage 4 des Rundschreibens der Spitzenverbände der Sozialversicherungsträger vom 20.12.1999, Stichwort „Telearbeit", m.w.N., Sozialversicherungsbeitrag-Handausgabe 2001 VL 7 IV/19).

Eine **Arbeitnehmereigenschaft** wird immer dann anzunehmen sein, wenn der Beschäftigte in seiner Arbeitsleistung „persönlich und wirtschaftlich" abhängig ist, er sich also insgesamt in die betrieblichen Arbeitsabläufe eingliedern muss, Weisungen für sein Tätigwerden entgegenzunehmen und zu befolgen hat, seine Arbeits-, Urlaubs- und Freizeit festgelegt und kontrolliert wird, er also wesentlich wie andere Arbeitnehmer behandelt wird.

Bei entsprechender vertraglicher Gestaltung kann Telearbeit auch als **Heimarbeit** geleistet werden. Nach der Definition des Heimarbeitsgesetzes ist Heimarbeiter, wer in selbst gewählter Arbeitsstätte (eigene Wohnung oder Betriebsstätte) allein oder mit Familienangehörigen im Auftrag von Gewerbetreibenden oder Zwischenmeistern erwerbsmäßig arbeitet, die Verwertung der Arbeitsergebnisse jedoch dem Gewerbetreibenden überlässt, also selbst nicht unmittelbar für den Absatzmarkt arbeitet. Die eigenständige Beschaffung notwendiger Arbeitsmittel (Roh- und Hilfsstoffe) durch den Heimarbeiter beeinträchtigt seine Stellung nicht.

Telearbeit in Heimarbeit wird sich auf einfachere Angestelltentätigkeiten wie z.B. Erledigung von Schreibarbeiten, Buchführungsarbeiten, technische Zeichnungen usw. beschränken. Derzeit noch umstritten ist die Frage, ob auch qualifizierte Tätigkeiten in einem Heimarbeitsverhältnis ausgeübt werden können (vgl. BAG, Beschluss vom 25.3.1992, DB 1992 S. 1782).

Telearbeit in **freier Mitarbeit** setzt im Wesentlichen die persönliche Selbständigkeit voraus. Dies kann dann angenommen werden, wenn ggf. für mehrere Auftraggeber ohne Abhängigkeiten und Beschränkungen ein frei ausgehandeltes Vertragsbeziehungen auf eigenes betriebliches Risiko gearbeitet wird. Dabei ist nicht die vertragliche Gestaltung der Rechtsbeziehungen entscheidend, sondern vielmehr ihre tatsächliche Ausgestaltung. Freie Mitarbeit bewegt sich häufig nahe der Grenze zur Scheinselbständigkeit bzw. in der Grauzone zwischen Unternehmertätigkeit und Arbeitsverhältnis.

Dies gilt auch für die Telearbeit im Rahmen eines **Dienst- oder Werkvertrages/Subunternehmervertrages**. Bei diesen Vertragsgestaltungen wird auch wesentlich zu prüfen sein, ob eine selbständig, unabhängig erbrachte Leistung vorliegt oder über die besondere Vertragsgestaltung möglicherweise der Arbeitnehmerstatus verdeckt werden soll (→ *Scheinselbständigkeit* Rz. 2182).

4. Lohnsteuer

2389 In der Praxis ist am häufigsten der Fall anzutreffen, dass Arbeitnehmer ihre Arbeit teilweise beim Arbeitgeber (in der Firma) und teilweise bei sich zu Hause (Telearbeit) verrichten.

Für die Arbeit am häuslichen Arbeitsplatz stellt der Arbeitgeber dem Arbeitnehmer die erforderlichen technischen Arbeitsmittel (PC, Drucker, Faxgerät, spezielles EDV-Mobiliar etc.) zur Verfügung und sorgt ggf. für den Anschluss der Geräte an das Datennetz des Unternehmens (i.d.R. über ISDN-Anschluss).

Der Umfang der vom Arbeitnehmer zu Hause bzw. im Unternehmen zu leistenden Arbeit kann variieren. Unterschiede ergeben sich auch, in welchem Umfang dem Arbeitnehmer im Unternehmen ein eigener Arbeitsplatz zur Verfügung gestellt wird.

Zur steuerlichen Behandlung der bei der Schaffung von Telearbeitsplätzen anfallenden Aufwendungen gilt Folgendes (OFD München, Verfügung vom 23.7.1997 – S 2354 – 30 St 415, b + p 1999 S. 29 Nr. 16, die allerdings durch die ab 2000 geltenden neuen Steuervergünstigungen für Computer und Telekommunikation teilweise überholt ist):

a) Computer, Telekommunikationsgeräte, Internet

2390 Die Überlassung betrieblicher Geräte, die im **Eigentum des Arbeitgebers** stehen, bleibt auch insoweit lohnsteuerfrei, als die Geräte vom Arbeitnehmer privat genutzt werden (§ 3 Nr. 45 EStG). Dies gilt auch für den Ersatz der privaten Telefonkosten usw. für diese Geräte.

Sozialversicherungsfrei sind derartige Vorteile allerdings nur, wenn sie **zusätzlich zu Löhnen und Gehältern** gewährt werden, die „Gehaltsumwandlung" ist nicht begünstigt (§ 1 ArEV).

Weitere Einzelheiten, auch zur **arbeitnehmereigenen Geräten**, siehe → *Telekommunikation* Rz. 2396.

b) Sonstige Arbeitsmittel

2391 Bleiben die übrigen vom Arbeitgeber gestellten Arbeitsmittel (z.B. Schreibtisch und -stuhl, Bücherschränke, Kopiergerät etc.) im **Eigentum des Arbeitgebers** und dürfen sie ausschließlich für

Zwecke der Telearbeit verwendet, also nicht privat genutzt werden, erwächst dem Arbeitnehmer aus der Gestellung kein steuerpflichtiger geldwerter Vorteil (R 70 Abs. 2 Nr. 1 LStR).

Eine gelegentliche private Nutzung wird zu vernachlässigen sein. Zumindest entsteht dann kein geldwerter Vorteil, wenn sich der Arbeitgeber die anfallenden **Kosten einer privaten Nutzung ersetzen** lässt.

Beispiel:

A hat einen Telearbeitsplatz. Der Arbeitgeber hat ihm auch ein modernes Kopiergerät zur Verfügung gestellt.

Kopiergeräte fallen nicht unter die in § 3 Nr. 45 EStG genannten Telekommunikationseinrichtungen, so dass eine private Mitbenutzung grundsätzlich steuerpflichtig wäre. Zu beachten ist hier allerdings, dass nach der ab 1.1.2002 auf monatlich 50 € angehobenen Freigrenze des § 8 Abs. 2 Satz 9 EStG im Regelfall keine Steuerpflicht entsteht. Diese könnte im Übrigen dadurch vermieden werden, dass sich der Arbeitgeber die tatsächlichen Kopierkosten für private Kopien erstatten lässt, z.B. 10 Cent je Kopie. Denn dann entsteht von vornherein kein geldwerter Vorteil.

Wird dagegen der **Arbeitnehmer Eigentümer**, kann ihm der Arbeitgeber die Kosten nicht steuerfrei ersetzen. Die Voraussetzungen für die Zahlung steuerfreien Auslagenersatzes nach § 3 Nr. 50 EStG liegen nicht vor, weil der Arbeitnehmer an den Gegenständen regelmäßig ein nicht unerhebliches Eigeninteresse hat (siehe → *Auslagenersatz und durchlaufende Gelder* Rz. 341 sowie sinngemäß die Rechtsprechung zu → *Telearbeit* Rz. 2394).

c) Ersatz von Betriebskosten für die Arbeitsmittel (Auslagenersatz)

2392 Werden dem Arbeitnehmer die Betriebskosten (Stromkosten) für den Betrieb der Arbeitsmittel (PC, Drucker, Fax) ersetzt, liegt steuerfreier Auslagenersatz nach § 3 Nr. 50 EStG vor.

Pauschaler Auslagenersatz führt dabei regelmäßig zu steuerpflichtigem Arbeitslohn. Die Höhe des Ersatzes richtet sich i.d.R. nach der durchschnittlichen Betriebszeit und dem bekannten Stromverbrauch der Geräte. Im Interesse einer vereinfachten Abwicklung kann auf vorgenannter Grundlage in Einzelfällen vom zuständigen Betriebsstättenfinanzamt ein pauschaler Erstattungsbetrag festgelegt werden (R 22 Abs. 2 LStR).

d) Arbeitszimmer

2393 Leistet der Arbeitnehmer Telearbeit in seinem häuslichen Arbeitszimmer und steht ihm während dieser Zeit kein eigener Arbeitsplatz in der Firma zur Verfügung, gilt Folgendes:

Unter der Voraussetzung, dass ein steuerlich anzuerkennendes Arbeitszimmer vorliegt, kann der Arbeitnehmer die Raumkosten nach § 9 Abs. 5 i.V.m. § 4 Abs. 5 Nr. 6b EStG bis zum Höchstbetrag von **1 250 €** als Werbungskosten abziehen, wenn er entweder mehr als die Hälfte seiner gesamten beruflichen Tätigkeit im Arbeitszimmer verrichtet oder ihm für die im Arbeitszimmer verrichteten Arbeiten kein anderer Arbeitsplatz zur Verfügung steht (vgl. dazu BMF-Schreiben vom 16.6.1998, BStBl I 1998 S. 863, Rz. 11 bis 13). Der Umfang der in seinem häuslichen Arbeitszimmer geleisteten Arbeit spielt keine Rolle.

Arbeitnehmer, bei denen das Arbeitszimmer den Mittelpunkt der beruflichen Tätigkeit bildet und die bei ihrem Arbeitgeber **keinen** weiteren Arbeitsplatz haben, können die Kosten für das Arbeitszimmer **unbeschränkt** als Werbungskosten abziehen.

e) Ersatz von Kosten des Arbeitszimmers

2394 Erhält der Arbeitnehmer Kosten für sein Arbeitszimmer ersetzt, z.B. für Heizung und Beleuchtung, so ist die Erstattung als steuerpflichtiger Arbeitslohn (Ersatz von Werbungskosten) zu behandeln. Zahlt der Arbeitgeber einem Angestellten einen **pauschalen Bürokostenzuschuss**, weil dieser ein häusliches Arbeitszimmer benötigt, handelt es sich ebenfalls um steuerpflichtigen Arbeitslohn. Auch wenn der Arbeitgeber dadurch Ausgaben für eigene Betriebsstätten erspart, erfolgen derartige Zahlungen nicht im überwiegenden eigenbetrieblichen Interesse des Arbeitgebers; es handelt sich auch nicht um steuerfreien Auslagenersatz i.S. des § 3 Nr. 50 EStG (FG Hamburg, Urteil

Lst̶ = keine Lohnsteuerpflicht
Lst = Lohnsteuerpflicht

vom 26.2.2001, EFG 2001 S. 875, Revision eingelegt, Az. beim BFH: VI R 48/01).

5. Sozialversicherung

2395 Bei der sozialversicherungsrechtlichen Beurteilung von Tele-Arbeitnehmern ist auf deren Beschäftigungsort abzustellen. Dies ist regelmäßig der Wohnort des Tele-Arbeitnehmers.

Liegt der Wohnort im Ausland, so gilt das Sozialversicherungsrecht des Staats, in dem sich die Arbeitsstätte befindet. Dies gilt auch umgekehrt. Beschäftigt ein ausländischer Arbeitgeber Tele-Arbeitnehmer mit Wohnsitz in der BRD, ist das deutsche Sozialversicherungsrecht anzuwenden (Besprechungsergebnis der Spitzenverbände der Sozialversicherungsträger vom 22./23.11.2000, Sozialversicherungsbeitrag-Handausgabe 2001 VL 3 bis 6 IV/3).

Lst SV

Telekommunikation

0. Änderungen ab 2002

2396 Nach Einführung der Steuerbefreiung des § 3 Nr. 45 EStG für Vorteile aus der privaten Nutzung von betrieblichen Personalcomputern und Telekommunikationsgeräten ist künftig nur noch zu unterscheiden, ob die Telekommunikationsgeräte im **Eigentum des Arbeitgebers oder des Arbeitnehmers** stehen. Die neue Gliederung dieses Stichworts folgt dieser Rechtsänderung.

Die Möglichkeit, berufliche Telekommunikationskosten **pauschal als Auslagenersatz** steuerfrei zu ersetzen oder pauschal als **Werbungskosten** anzuerkennen, ist ab 2002 in R 21e Abs. 2 LStR bzw. R 33 Abs. 5 LStR neu geregelt worden. Die alten „Telefonerlasse" (BMF-Schreiben vom 11.6.1990, BStBl I 1990 S. 290, betr. häusliche Telefone, und vom 14.10.1993, BStBl I 1993 S. 908, betr. Auto- und Mobiltelefone) sind deshalb mit Wirkung ab 1.1.2002 aufgehoben worden (BMF-Schreiben vom 20.11.2001 – IV C 5 – S 2336 – 9/01 II, das im Bundessteuerblatt Teil I veröffentlicht wird).

1. Arbeitgebereigene Telekommunikationsgeräte

a) Berufliche Nutzung

2397 Soweit Telekommunikationsgeräte (dazu gehören Telefone, Handys, Autotelefone, Faxgeräte, Anrufbeantworter, Internet) zu beruflichen Zwecken genutzt werden, ergeben sich lohnsteuerlich keine Folgerungen. Denn der Wert der unentgeltlich zur beruflichen Nutzung überlassenen Arbeitsmittel ist kein Arbeitslohn (R 70 Abs. 2 Nr. 1 LStR).

Lst̶ SV̶

b) Steuerfreie private Nutzung (§ 3 Nr. 45 EStG)

aa) Lohnsteuer

2398 Ein geldwerter Vorteil entsteht zwar, wenn betriebliche Telekommunikationsgeräte vom Arbeitnehmer privat genutzt werden. Nach der rückwirkend ab 2000 eingeführten Steuerbefreiung des § 3 Nr. 45 EStG bleiben jedoch die Vorteile des Arbeitnehmers aus der privaten Nutzung von **betrieblichen Personalcomputern und Telekommunikationsgeräten** steuerfrei. Diese Vorschrift ist zwar in erster Linie geschaffen worden, um Schwierigkeiten bei der – ursprünglich vorgesehenen – lohnsteuerlichen Erfassung der Vorteile aus einer privaten Internetnutzung am Arbeitsplatz zu vermeiden („Surfsteuer"). Die letztlich beschlossene Regelung geht aber weit darüber hinaus und stellt die private Nutzung betrieblicher Telekommunikationsgeräte generell steuerfrei.

Voraussetzung für die Anwendung der Steuerbefreiung ist allerdings, dass es sich um „**betriebliche**" **Telekommunikationsgeräte** handelt, sie dürfen dem Arbeitnehmer also nur leihweise überlassen werden und **nicht in sein Eigentum übergehen**. Der Arbeitgeber selbst muss dagegen nicht Eigentümer sein, er kann die Geräte auch gemietet oder geleast haben.

Die Steuerfreiheit beschränkt sich nicht nur auf die Nutzung solcher Geräte im Betrieb des Arbeitgebers. Die Geräte können sich auch im **Besitz des Arbeitnehmers und sogar in seiner Wohnung befinden** (z.B. das Mobiltelefon eines Außendienstmitarbeiters).

Die Privatnutzung betrieblicher Telekommunikationsgeräte (und Personalcomputer) durch den Arbeitnehmer ist **unabhängig vom Verhältnis der beruflichen zur privaten Nutzung steuerfrei** (dies gilt sogar bei einer Privatnutzung von 100 %!). Die Steuerfreiheit umfasst auch die private Nutzung von **Zubehör und Software** sowie die vom Arbeitgeber getragenen **Verbindungsentgelte** (Grundgebühr und sonstige laufende Kosten). Für die Steuerfreiheit kommt es nicht darauf an, ob die Vorteile **zusätzlich zum ohnehin geschuldeten Arbeitslohn** oder auf Grund einer Vereinbarung mit dem Arbeitgeber über die Herabsetzung von Arbeitslohn („Gehaltsumwandlung") erbracht werden.

Die **Steuerbefreiung gilt** somit insbesondere für folgende private Nutzungen **arbeitgebereigener Telekommunikationsgeräte**:

– Privatgespräche vom Firmentelefon (Orts- und Ferngespräche) einschließlich der privaten Nutzung des Internets,

– die private Nutzung betrieblicher Computer einschließlich der privaten Internetnutzung,

– das Versenden privater Telefaxe und E-Mails von firmeneigenen Geräten,

– Privatgespräche vom häuslichen Telefon einschließlich der privaten Nutzung des Internets, wenn die Telekommunikationsgeräte dem Arbeitgeber gehören (z.B. bei einem Telearbeitsplatz),

– Privatgespräche vom Mobiltelefon, das dem Arbeitnehmer vom Arbeitgeber überlassen wird, oder vom Autotelefon im Firmenwagen.

Lst̶ SV̶

Die **Steuerbefreiung kommt dagegen nicht in Betracht**, wenn der Arbeitgeber seinen Arbeitnehmern

– entweder **Telekommunikationsgeräte schenkt**

– oder den Kauf von Telekommunikationsgeräten durch einen Arbeitnehmer mit einem **Zuschuss** unterstützt oder lediglich die laufenden **Gebühren** übernimmt.

Diese steuerpflichtigen Arbeitgeberleistungen können jedoch ggf. **pauschal versteuert** werden (→ Rz. 2405).

[LSt]

bb) Sozialversicherung

2399 Die o.g. Vorteile sind gemäß § 1 ArEV dann kein Arbeitsentgelt im Sinne der Sozialversicherung, wenn sie zusätzlich zu Löhnen und Gehältern gewährt werden.

Verzichtet der Arbeitnehmer jedoch auf Lohn oder Gehalt, damit er die Geräte auch privat nutzen kann, mindert dies das beitragspflichtige Arbeitsentgelt nicht.

Durch diese Änderung wird die bisherige Regelung, nach der die unentgeltliche oder verbilligte private Nutzung von Telekommunikationsgeräten des Arbeitgebers durch den Arbeitnehmer als vermögenswerter Vorteil angesehen wurde und dann zum Arbeitsentgelt gehörte, wenn alle geldwerten Vorteile aus diesem Beschäftigungsverhältnis 50 DM monatlich überstiegen, aufgehoben.

(SV)

2. Arbeitnehmereigene Telekommunikationsgeräte

a) Allgemeines

2400 Schenkt der Arbeitgeber einem Arbeitnehmer ein Telekommunikationsgerät, liegt steuerpflichtiger Arbeitslohn vor, der nach den allgemeinen Regeln versteuert werden muss. Denn die Möglichkeit der Pauschalversteuerung nach § 40 Abs. 2 Satz 1 Nr. 5 Satz 1 EStG mit einem Pauschsteuersatz von 25 % gilt nur für die unentgeltliche oder verbilligte Übereignung von Personalcomputern sowie Zubehör und Internetzugang.

Beispiel:

Als Anerkennung für besondere Leistungen schenkt Arbeitgeber A seinem erfolgreichsten Außendienstmitarbeiter ein Handy (ohne Internetzugang), Neupreis 500 €.

Der Arbeitgeber hat den Sachbezug mit dem um übliche Preisnachlässe geminderten üblichen Endpreis am Abgabeort dem Lohnsteuerabzug zu unterwerfen (§ 8 Abs. 2 Satz 1 EStG).

In den meisten Fällen haben Arbeitnehmer jedoch selbstbeschaffte, in ihrem Eigentum stehende Telekommunikationsgeräte, die sie oft in erheblichem Umfang für berufliche Zwecke mitbenutzen (z.B. bei Handelsvertretern). Der Umfang der privaten Nutzung ist dann für den Arbeitgeber zwar ohne Bedeutung, Schwierigkeiten können sich aber bei der Zahlung steuerfreien Auslagenersatzes nach § 3 Nr. 50 EStG dadurch ergeben, dass – weil nur die **beruflichen Kosten steuerfrei ersetzt** werden dürfen – die Gesamtkosten in einen beruflichen und einen privaten Teil aufgeteilt werden müssen.

Im Einzelnen gelten folgende Regelungen:

b) Auslagenersatz (Allgemeine Grundsätze)

2401 Der Arbeitgeber kann wie bisher die auf die berufliche Nutzung entfallenden **laufenden** (Gebühren für die Telefon- und Internetnutzung) **und festen Kosten** (für den Grundpreis der Anschlüsse, sog. **Grundgebühren u.Ä.**) als Auslagenersatz nach § 3 Nr. 50 EStG i.V.m. R 22 LStR steuerfrei ersetzen.

Der **berufliche Anteil der laufenden Kosten** kann regelmäßig den Telefon- und (beim Internet) Providerrechnungen entnommen werden, andernfalls muss ihn der Arbeitnehmer anhand **geeigneter Aufzeichnungen glaubhaft machen**. Der **berufliche Anteil der festen Kosten** ist nach dem Verhältnis der beruflichen zur privaten Nutzung zu ermitteln (R 22 Abs. 2 Satz 3 LStR). Dies erscheint m.E. nicht ausreichend, weil nach der Rechtsprechung des Bundesfinanzhofs auch **„ankommende Gespräche"** berücksichtigt werden müssen (vgl. Urteil vom 21.11.1980, BStBl II 1981 S. 131). Dies hat besonders Bedeutung für **Arbeitnehmer mit Bereitschaftsdienst**, die eher zu Hause angerufen werden, als dass sie selbst berufliche Gespräche tätigen. Werden auch „ankommende Gespräche" berücksichtigt, erhöht sich der steuerlich berücksichtigungsfähige berufliche Anteil der Grundgebühren entsprechend. Entsprechendes gilt für Internetkosten.

Nicht als Auslagenersatz steuerfrei ersetzt werden dürfen dagegen insbesondere

– die Aufwendungen für die **Anschaffung der Geräte** (Anschaffungskosten)

– und für etwaige **Ersatzbeschaffungen**.

Bei diesen Aufwendungen ist davon auszugehen, dass sie zugleich im **Eigeninteresse des Arbeitnehmers** getätigt werden und deshalb nicht die Voraussetzungen für die Erstattung als steuerfreier Auslagenersatz erfüllen (siehe ausführlich → *Auslagenersatz und durchlaufende Gelder* Rz. 341). Diese Aufwendungen kann der Arbeitnehmer jedoch ggf. als **Werbungskosten** absetzen (siehe → Rz. 2412).

[LSt] (SV)

3. Pauschaler Auslagenersatz

a) Grundregel

2402 Aus Vereinfachungsgründen leisten viele Arbeitgeber an ihre Arbeitnehmer zur Abgeltung der **beruflichen Kosten** für Telekommunikationsgeräte pauschale Zahlungen. Nach R 22 Abs. 2 Satz 1 LStR ist pauschaler Auslagenersatz zwar **grundsätzlich lohnsteuerpflichtig**.

Abweichend hiervon erkennt aber die Finanzverwaltung pauschalen Auslagenersatz nach R 22 Abs. 2 Satz 2 LStR als **steuerfrei** an, wenn

– er **regelmäßig wiederkehrt**

– und der Arbeitnehmer die entstandenen Aufwendungen für einen **repräsentativen Zeitraum von drei Monaten im Einzelnen nachweist**.

Dabei können bei Aufwendungen für Telekommunikation auch die Aufwendungen für das **Nutzungsentgelt einer Telefonanlage** sowie für den **Grundpreis der Anschlüsse** entsprechend dem beruflichen Anteil der Verbindungsentgelte an den gesamten Verbindungsentgelten (Telefon und Internet) steuerfrei ersetzt werden.

Beispiel:

Handelsvertreter A nutzt sein häusliches Telefon weitgehend für berufliche Gespräche. Er kann durch den sog. Einzelverbindungsnachweis der Telekom nachweisen, dass von seinen monatlichen Telefonrechnungen von 200 € die Hälfte (= 100 €) auf berufliche Gespräche entfällt.

Wenn A seinem Arbeitgeber die Telefonrechnungen für die **Monate Januar bis März** vorlegt und die Höhe des beruflichen Anteils nachweist, kann ihm der Arbeitgeber monatlich 100 € als pauschalen Auslagenersatz steuerfrei erstatten (R 22 Abs. 2 Satz 2 LStR).

Die Rechnungen ab April braucht A seinem Arbeitgeber nach dieser Pauschalregelung nicht mehr vorzulegen.

Da in diesem Fall die beruflichen Kosten in vollem Umfang steuerfrei ersetzt werden, verbleibt kein als **Werbungskosten** abzugsfähiger Restbetrag.

Der Nachteil dieser Regelung besteht darin, dass der **berufliche Anteil genau ermittelt** werden muss, wenn auch nur für einen repräsentativen Dreimonatszeitraum (das können z.B. auch die Monate März bis Mai sein!). Eine **„griffweise Schätzung"** ist nicht zulässig. Die **Telefonrechnungen** müssen dem Arbeitgeber vorgelegt und – zumindest als Fotokopie – als **Belege zum Lohnkonto** genommen werden.

b) Vereinfachungsregelungen

2403 Um diesen Nachteil zu vermeiden, sieht der neue R 22 Abs. 2 Satz 3 LStR zur Vereinfachung vor, dass **ohne Einzelnachweis der beruflichen Kosten bis zu 20 % des Rechnungsbetrags, höchstens 20 € monatlich, steuerfrei ersetzt** werden dürfen, wenn bei dem jeweiligen Arbeitnehmer erfahrungsgemäß beruflich veranlasste Telekommunikationsaufwendungen anfallen (so z.B. bei **Handelsvertretern, Kundendienstmonteuren, Geschäftsführern**).

Beispiel:

Wie Beispiel oben, A möchte aber seinem Arbeitgeber keinen Nachweis für die von ihm geführten Gespräche vorlegen.

A gehört zu einer Berufsgruppe, bei der erfahrungsgemäß beruflich veranlasste Telekommunikationsaufwendungen anfallen. Der Arbeitgeber kann ihm daher **pauschal 20 % der monatlichen Telefonrechnungen, höchstens jedoch 20 € monatlich,** als pauschalen Auslagenersatz steuerfrei ersetzen (R 22 Abs. 2 Satz 3 LStR).

Sollte A nach Ablauf des Jahres beim Ausfüllen seiner Einkommensteuererklärung meinen, der Umfang der beruflichen Nutzung sei höher, kann er jederzeit die nachgewiesenen beruflichen Kosten als Werbungskosten geltend machen, muss jedoch den vom Arbeitgeber gezahlten steuerfreien Auslagenersatz anrechnen (R 33 Abs. 5 Satz 6 LStR).

Der Nachteil auch dieser Regelung besteht darin, dass der Arbeitnehmer seinem Arbeitgeber **alle Telefonrechnungen vorlegen** muss, die dieser wiederum als **Belege zum Lohnkonto** nehmen muss.

Zur weiteren Vereinfachung kann daher der **monatliche Durchschnittsbetrag,** der sich aus den Rechnungsbeträgen für einen **repräsentativen Zeitraum von drei Monaten** ergibt, für den pauschalen Auslagenersatz fortgeführt werden (R 22 Abs. 2 Satz 5 LStR).

Beispiel:

Wie Beispiel oben, der monatliche Durchschnittsbetrag der monatlichen Telefonrechnungen beträgt für den repräsentativen Zeitraum Januar bis März 200 €.

Der Arbeitgeber kann nicht nur für die Monate Januar bis März 20 % der monatlichen Telefonrechnungen, höchstens jedoch 20 € als pauschalen Auslagenersatz steuerfrei zahlen, sondern diesen auch für die restlichen Monate fortführen.

Es entfallen somit ab April die Vorlage von Telefonrechnungen und deren Aufbewahrung beim Lohnkonto.

Sollte A nach Ablauf des Jahres beim Ausfüllen seiner Einkommensteuererklärung meinen, der Umfang der beruflichen Nutzung sei höher, kann er jederzeit die nachgewiesenen beruflichen Kosten als Werbungskosten geltend machen, muss jedoch den vom Arbeitgeber gezahlten steuerfreien Auslagenersatz anrechnen (R 33 Abs. 5 Satz 6 LStR).

c) Dauer der Anerkennung

2404 Der Arbeitgeber kann den nach den vorstehenden Grundsätzen ermittelten pauschalen Auslagenersatz so lange – also auch noch in den **Folgejahren** – steuerfrei ersetzen, bis sich die **Verhältnisse wesentlich ändern** (R 22 Abs. 2 Satz 6 LStR). Eine wesentliche Änderung der Verhältnisse kann sich insbesondere im Zusammenhang mit einer **Änderung der Berufstätigkeit** des Arbeitnehmers ergeben (R 22 Abs. 2 Satz 7 LStR), z.B. weil ein Außendienstmitarbeiter in den Innendienst versetzt wird.

4. Pauschalversteuerung mit 25 %

a) Pauschalierung nach § 40 Abs. 2 Satz 1 Nr. 5 Satz 1 EStG

2405 Die Pauschalierung nach § 40 Abs. 2 Satz 1 Nr. 5 Satz 1 EStG mit einem **Pauschsteuersatz von 25 %** kommt nur in Betracht, wenn der Arbeitgeber seinen Arbeitnehmern **zusätzlich zum ohnehin geschuldeten Arbeitslohn unentgeltlich oder verbilligt Personalcomputer übereignet; das gilt auch für Zubehör und Internetzugang.**

Diese Pauschalierung kommt nur bei **Sachzuwendungen** des Arbeitgebers in Betracht. Hierzu rechnet die **Übereignung von Hardware einschließlich technischem Zubehör und Software** als Erstausstattung oder als Ergänzung, Aktualisierung und Austausch vorhandener Bestandteile. Die Pauschalierung ist auch möglich, wenn der Arbeitgeber ausschließlich technisches Zubehör oder Software übereignet.

Telekommunikationsgeräte, die nicht Zubehör eines Personalcomputers sind oder nicht für die Internetnutzung verwendet werden können, sind von der Pauschalierung ausgeschlossen (R 127 Abs. 4a Satz 4 LStR).

b) Pauschalierung nach § 40 Abs. 2 Satz 1 Nr. 5 Satz 2 EStG

aa) Allgemeine Grundsätze

2406 Hat der Arbeitnehmer einen **Internetzugang,** kann die Lohnsteuer für **Barzuschüsse des Arbeitgebers** für die Internetnutzung des Arbeitnehmers nach § 40 Abs. 2 Satz 1 Nr. 5 Satz 2 EStG **ebenfalls mit 25 % pauschal erhoben werden.**

Zu den **Aufwendungen für die Internetnutzung** in diesem Sinne gehören sowohl die **laufenden Kosten** (z.B. Grundgebühr für den Internetzugang, laufende Gebühren für die Internetnutzung, Flatrate) als auch die **Kosten der Einrichtung des Internetzugangs** (z.B. ISDN- oder DSL-Anschluss, Modem, Personalcomputer).

Beispiel:

Arbeitgeber A übernimmt für seine Arbeitnehmer 50 % der Kosten für die Internetnutzung von ihrem häuslichen Computer aus. Er erwartet, dass sich die Arbeitnehmer dadurch schneller an dieses neue Medium gewöhnen und die gewonnenen Erfahrungen somit auch dem Betrieb zugute kommen. Arbeitnehmer B legt ihm seine Rechnung für den Monat Mai in Höhe von 50 € vor, Arbeitgeber A erstattet ihm daraufhin 50 % = 25 €.

Der Arbeitgeber kann die erstatteten 25 € mit 25 % pauschal versteuern. Hinzu kommen der Solidaritätszuschlag und ggf. Lohnkirchensteuer.

bb) Vereinfachungsregelungen

2407 Aus **Vereinfachungsgründen** kann der Arbeitgeber den vom Arbeitnehmer erklärten Betrag für die laufende Internetnutzung (Gebühren) als pauschalierungsfähig ansetzen,

– soweit dieser **50 € im Monat nicht übersteigt,**

– falls der **Arbeitnehmer erklärt, einen Internetzugang zu besitzen**

– und dafür **im Kalenderjahr durchschnittlich Aufwendungen in der erklärten Höhe entstehen** (R 127 Abs. 4a Satz 7 LStR).

Auf die Vorlage der **Einzelbelege kann dann verzichtet** werden. Der Arbeitgeber hat diese Erklärung als **Beleg zum Lohnkonto** aufzubewahren (R 127 Abs. 4a Satz 8 LStR).

Bei **höheren Zuschüssen** zur Internetnutzung muss sich der Arbeitgeber die Kosten der Internetnutzung grundsätzlich einzeln nachweisen lassen. Die Finanzverwaltung lässt es jedoch zu, wenn Arbeitgeber und Arbeitnehmer hier sinngemäß nach den **Regeln für den pauschalen Auslagenersatz** in R 22 Abs. 2 LStR verfahren; siehe dazu → Rz. 2402. Dies gilt auch für die Änderung der Verhältnisse (R 127 Abs. 4a Satz 9 LStR).

Beispiel:

Arbeitnehmer A weist durch Vorlage der Rechnungen des Providers nach, dass er monatliche Internetkosten von 100 € im Monat hat.

Der Arbeitgeber kann ihm die Kosten erstatten und die Lohnsteuer dafür mit 25 % erheben. Die Rechnungen für die Monate April bis Dezember muss er sich nicht mehr vorlegen lassen. Auch in den Folgejahren kann so verfahren werden, bis sich die Verhältnisse wesentlich ändern.

5. Gehaltsumwandlung

a) Lohnsteuer

2408 Die **Steuerbefreiung** des § 3 Nr. 45 EStG ist auch im Fall der „Gehaltsumwandlung" anzuwenden, wenn also der Arbeitnehmer auf einen Teil seines Gehaltes zu Gunsten eines kostenlosen Telekommunikationsgeräts einschließlich der Verbindungsentgelte verzichtet.

Die **Pauschalversteuerung** nach § 40 Abs. 2 Satz 1 Nr. 5 EStG kommt demgegenüber nur für Arbeitgeberleistungen in Betracht, die **zusätzlich zum ohnehin geschuldeten Arbeitslohn** gezahlt werden (§ 40 Abs. 2 Satz 1 Nr. 5 Satz 2 EStG).

b) Sozialversicherung

2409 Soweit die Arbeitgeberleistungen nach § 40 Abs. 2 Satz 1 Nr. 5 EStG **pauschal versteuert** werden, sind sie nicht sozialversicherungspflichtig, da sie nicht zum sozialversicherungspflichtigen Arbeitsentgelt gehören (§ 2 Abs. 1 Nr. 2 ArEV).

6. Übersicht zum steuerfreien Arbeitgeber-Ersatz

2410

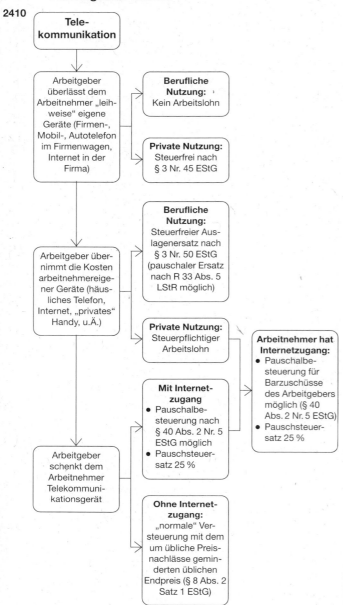

7. Sonstige steuerfreie Ersatzmöglichkeiten

2411 Wenn der Arbeitnehmer unterwegs (z.B. vom Hotel oder einer Telefonzelle aus) ein berufliches Gespräch führt (z.B. Verabredung mit Kunden), darf der Arbeitgeber auch diese Kosten als **Auslagenersatz** nach § 3 Nr. 50 EStG steuerfrei ersetzen, sofern sie **einzeln abgerechnet** werden (R 22 Abs. 1 Satz 1 Nr. 2 LStR).

Berufliche Gespräche anlässlich einer Auswärtstätigkeit (**Dienstreise** usw.) darf der Arbeitgeber als **Reisenebenkosten** steuerfrei erstatten (R 40a Abs. 1 LStR).

8. Werbungskostenabzug

a) Allgemeine Grundsätze

2412 Der Arbeitnehmer kann die beruflich veranlassten Kosten für Telekommunikationsgeräte, die in seinem Eigentum stehen, als Werbungskosten abziehen.

Als Werbungskosten abzugsfähig sind nicht nur die **laufenden beruflichen Kosten** für Telefon, Internet usw. („Gesprächsgebühren"), sondern auch die **anteiligen festen Kosten** für die entsprechenden **Anschlüsse** (**Telefonanschluss, Telefoneinrichtung**) sowie die anteiligen monatlichen **Grundgebühren**, z.B.

für Telefon oder Internet, Kosten der Einrichtung eines ISDN- oder DSL-Anschlusses und für die Nutzung des Internets. Der berufliche Anteil der festen Kosten kann nach dem **Verhältnis der Zahl der beruflich zu den privat geführten Gespräche ermittelt** werden (R 33 Abs. 5 Satz 3 LStR). Abweichend hiervon sind m.E. auch die **ankommenden Gespräche** zu berücksichtigen (siehe → Rz. 2401). Der **berufliche Anteil der laufenden Kosten** kann regelmäßig den Telefon- und (beim Internet) Providerrechnungen entnommen werden, andernfalls muss ihn der Arbeitnehmer anhand **geeigneter Aufzeichnungen glaubhaft machen.**

Abzugsfähig sind ferner die **Anschaffungskosten** der Geräte, soweit sie beruflich genutzt werden. Dabei müssen nach § 7 Abs. 1 EStG, der auch für Werbungskosten gilt (§ 9 Abs. 5 EStG), **Aufwendungen über 410 € (mit 16 % Umsatzsteuer 475,60 €)** für ein einzelnes Wirtschaftsgut auf die **Nutzungsdauer verteilt** werden und können steuerlich somit nur im Wege der **„Absetzungen für Abnutzung"** berücksichtigt werden. Die **Nutzungsdauer** beträgt für Telekommunikationsgeräte **5 Jahre**, siehe die „amtliche AfA-Tabelle" (BMF-Schreiben vom 15.12.2000, BStBl I 2000 S. 1532).

Nach der **Vereinfachungsregelung** der R 44 Satz 3 LStR kann jedoch

– im Jahr der Anschaffung oder Herstellung für die im **ersten Halbjahr** angeschafften oder hergestellten Arbeitsmittel der **volle Jahresbetrag**

– und für die im **zweiten Halbjahr** angeschafften oder hergestellten Arbeitsmittel der **halbe Jahresbetrag** abgezogen werden.

Beispiel 1:

Handelsvertreter A hat im Jahr 2002 folgende Aufwendungen, von denen 1/3 beruflich sind:

a) Telefon

– Anschaffung eines Handys (neuestes Modell) am 2.6.2002	600,00 €
– Anschlusskosten	30,00 €
– mtl. Grundgebühren 12 € × 12	144,00 €
– Telefongebühren lt. Einzelverbindungsnachweis	1 200,00 €

b) Internet

– Anschaffung eines externen Modems für den Anschluss des Computers an das Internet	120,00 €
– mtl. Kosten für Provider 10 € x 12	120,00 €
– Telefonkosten für Internet lt. Rechnung Telekom	510,00 €

A kann als Werbungskosten absetzen:

a) Telefon

– die beruflich veranlassten Gesprächsgebühren (1/3)	400,00 €
– 1/3 der Grundgebühr	48,00 €
– 1/3 der Anschlusskosten	10,00 €
– jährliche Absetzungen für Abnutzung für das Handy: Nutzungsdauer 5 Jahre, ergibt jährlich 120 €, davon 1/3 berufliche Nutzung	40,00 €*
zusammen	498,60 €

* Da das Gerät in der ersten Jahreshälfte 2002 angeschafft worden ist, kann A für das Jahr 2002 die volle Jahres-AfA = 120 € geltend machen (R 44 Satz 3 LStR).

b) Internet

– die beruflichen Telefonkosten (1/3)	170,00 €
– die anteiligen Providerkosten (1/3)	40,00 €
– die anteiligen Kosten des Modems (1/3)	40,00 €
zusammen	250,00 €

A kann insgesamt als Werbungskosten absetzen (498,60 € + 250,00 € =) 748,60 €.

Ein voller Werbungskostenabzug als **Arbeitsmittel** kommt regelmäßig auch bei einem **Handy** nicht in Betracht, weil diese erfahrungsgemäß in nicht unerheblichem Umfang privat genutzt werden (vgl. z.B. FG Rheinland-Pfalz, Urteil vom 25.1.1995, EFG 1995 S. 512, betr. das Handy eines Lehrers). Streitig ist in der Praxis jedoch häufig, ob bei Handys ein **höherer beruflicher Anteil geschätzt** werden kann als allgemein üblich. Die Rechtsprechung neigt wohl dazu, einen höheren Anteil anzuerkennen, weil Privatgespräche wegen der niedrigeren Kosten im Allgemeinen vom „normalen" Telefon geführt würden. Das FG Rheinland-Pfalz hat deshalb z.B. den **beruflichen Anteil auf 75 %** (statt z.B. 20 %) geschätzt (Urteil vom 28.11.1997 – 4 K 1694/96), das FG München bei einem Autotelefon sogar auf **90 %** (Urteil vom 17.10.1994, EFG 1995 S. 307). In Anbetracht der zunehmenden

Verbreitung von Mobiltelefonen und der wiederholt gesenkten Gebühren dürfte diese Argumentation heute kaum noch gelten können, weil Handys inzwischen auch für die private Nutzung „erschwinglich" geworden sind. Um solche Streitigkeiten zu vermeiden, sollte der berufliche Anteil der Gespräche durch die Gebührenabrechnungen nachgewiesen werden.

b) Vereinfachungsregelung

2413 Zur Vereinfachung erlaubt R 33 Abs. 5 Satz 2 LStR in entsprechender Anwendung der Regelung in R 22 Abs. 2 Satz 2 LStR zum **steuerfreien Auslagenersatz** Folgendes:

„Weist der Arbeitnehmer den Anteil der beruflich veranlassten Aufwendungen an den Gesamtaufwendungen für einen **repräsentativen Zeitraum von drei Monaten** im Einzelnen nach, kann dieser berufliche Anteil für den gesamten Veranlagungszeitraum zugrunde gelegt werden."

Beispiel:

Wie Beispiel vorher, A ermittelt den beruflichen Anteil seiner Telefonkosten aber nur für die **Monate Januar bis März**, die repräsentativ sind. Daraus ergibt sich ein beruflicher Anteil von 1/3.

Maßgebend für den **gesamten Veranlagungszeitraum** ist das Verhältnis der beruflichen zu den privaten Gesprächen, wie es sich aus den Rechnungen für die **Monate Januar bis März** ergibt. Das Finanzamt wird dies allenfalls für diese drei Monate prüfen, nicht aber mehr für die restlichen Monate April bis Dezember und 1/3 der Kosten als Werbungskosten anerkennen.

Gleichwohl muss A dem Finanzamt auch die Rechnungen für die Monate April bis Dezember als Nachweis für die Höhe der Kosten vorlegen. Für A tritt somit nur insoweit eine Vereinfachung ein, als sich die genaue Prüfung des beruflichen Anteils lediglich auf drei Monate beschränkt.

Der Nachteil dieser Regelung besteht somit darin, dass der **berufliche Anteil weiterhin genau ermittelt** werden muss, wenn auch nur für einen repräsentativen Dreimonatszeitraum (das können z.B. auch die Monate März bis Mai sein!), und ferner die **Telefonrechnungen dem Finanzamt vorgelegt** werden müssen.

c) Pauschalregelung

2414 Um diesen Nachteil zu vermeiden, sieht der neue R 33 Abs. 5 Satz 4 LStR zur weiteren Vereinfachung vor, dass

– **bei Arbeitnehmern, bei denen erfahrungsgemäß beruflich veranlasste Telekommunikationsaufwendungen anfallen (z.B. bei Handelsvertretern, Kundendienstmonteuren, Geschäftsführern),**

– **ohne Einzelnachweis bis zu 20 % des Rechnungsbetrags, jedoch höchstens 20 € monatlich, als Werbungskosten anerkannt werden.**

Beispiel:

Wie Beispiel vorher, A verzichtet jedoch auf die genaue Ermittlung seiner beruflichen Gesprächskosten und legt dem Finanzamt lediglich die Telefonrechnungen vor (das Verhältnis der beruflichen bzw. privaten Gespräche ist daraus nicht erkennbar).

A gehört zu einer Berufsgruppe, bei der erfahrungsgemäß beruflich veranlasste Telekommunikationsaufwendungen anfallen. A kann daher für den jeweiligen Monat **pauschal 20 % der Telefonrechnungen** als Werbungskosten absetzen, z.B.

Monat	Rechnungs-betrag	davon abzugsfähig 20 %, höchstens 20 €
Januar	110	20
Februar	100	20
März	90	18
April	80	16
Mai	120	20
Juni	130	20
Juli	105	20
August	100	20
September	95	19
Oktober	100	20
November	90	18
Dezember	100	20
bei der Einkommensteuer pauschal als Werbungs-kosten abzugsfähig	1 220	**231**

Es ist danach eine „**Monatsbetrachtung**" vorzunehmen, d.h. die Begrenzung auf höchstens 20 € in einzelnen Monaten kann **nicht** dadurch ausgeglichen werden, dass in anderen Monaten der Höchstbetrag nicht ausgeschöpft ist (geht man von der Jahressumme aus, wären 20 % von 1 220 € = 244 € pauschal abzugsfähig, höchstens jedoch 240 € im Jahr).

Sollte A meinen, der Umfang der beruflichen Nutzung sei höher als die hiernach anzusetzenden Pauschalbeträge, kann er jederzeit die **nachgewiesenen** beruflichen Kosten als Werbungskosten geltend machen.

Der Nachteil dieser Regelung besteht darin, dass der Arbeitnehmer dem Finanzamt alle **Telefonrechnungen vorlegen** muss.

d) „Durchschnittsregelung"

2415 Zur weiteren Vereinfachung kann der **monatliche Durchschnittsbetrag**, der sich aus den Rechnungsbeträgen für einen **repräsentativen Zeitraum von drei Monaten** ergibt, für den gesamten Veranlagungszeitraum fortgeführt werden (R 33 Abs. 5 Satz 5 LStR).

Beispiel:

Wie Beispiel vorher, der Durchschnittsbetrag der abzugsfähigen Werbungskosten aus den Rechnungen für Januar bis März (die Monate sind repräsentativ) beträgt 19 € (1/3 von 58 €).

A kann auf weitere Berechnungen des beruflichen Anteils und die Vorlage von Rechnungen verzichten und in seiner Einkommensteuererklärung 228 € (12 x 19 €) als Werbungskosten absetzen, wenn er nicht höhere Kosten nachweisen will.

e) Dauer der Anerkennung

2416 Anders als beim steuerfreien Auslagenersatz (R 22 Abs. 2 Satz 6 LStR), der – wenn die Höhe einmal festgestellt ist – für **mehrere Jahre** fortgeführt werden kann (bis sich die Verhältnisse wesentlich ändern), gilt die Regelung beim Werbungskostenabzug nur für den **jeweiligen Veranlagungszeitraum.**

f) Kürzung der Werbungskosten

2417 Die Werbungskosten sind zunächst um **steuerfreien Auslagenersatz** des Arbeitgebers zu kürzen (R 33 Abs. 5 Satz 6 LStR).

Abzusetzen sind darüber hinaus auch die **pauschal versteuerten Arbeitgeberleistungen**, z.B. Zuschüsse des Arbeitgebers zu den Internetkosten (R 127 Abs. 4a Satz 10 LStR).

Dabei sind **zu Gunsten des Arbeitnehmers zwei wichtige Verwaltungsregelungen** zu beachten:

– Die pauschal besteuerten Arbeitgeberzuschüsse zu den Internetkosten sind **zunächst auf den privat veranlassten Teil der Aufwendungen anzurechnen** (R 127 Abs. 4a Satz 11 LStR).

– **Bei Zuschüssen bis zu 50 € im Monat** wird aus Vereinfachungsgründen von einer **Anrechnung auf Werbungskosten völlig abgesehen** (R 127 Abs. 4a Satz 12 LStR).

Beispiel 1:

Arbeitgeber A schenkt seinem Arbeitnehmer B am 2.1. einen Computer mit allem Zubehör für 2 000 € und beteiligt sich zusätzlich mit einem monatlichen Zuschuss von 60 € (im Jahr 720 €) an den Internetkosten. Er erhofft sich dadurch, dass sich seine Arbeitnehmer schneller an das neue Medium „Internet" gewöhnen und die dadurch gewonnenen Erfahrungen letztlich auch dem Betrieb zugute kommen. Die tatsächlichen Internetkosten betragen etwa 150 € im Monat (= 1 800 € im Jahr), davon sind laut Einzelverbindungsnachweis 50 % beruflich.

Der Arbeitgeber kann nach § 40 Abs. 2 Satz 1 Nr. 5 EStG die Lohnsteuer pauschal mit 25 % von 2 720 € erheben (2 000 € Computer + 720 € Zuschuss zu den Internetkosten), das ergibt 680 € (hinzu kommen der Solidaritätszuschlag und ggf. Kirchensteuer). Für den Arbeitnehmer fällt keine weitere Lohnsteuer an.

Die beruflich veranlassten Internetkosten von 900 € (50 % von 1 800 €) sind zwar Werbungskosten. A müsste aber grundsätzlich den pauschal versteuerten Anteil von 720 € abziehen (R 127 Abs. 4a Satz 10 LStR). Abzugsfähig blieben mithin nur noch 180 €.

Nach der Regelung in R 127 Abs. 4a Satz 11 LStR sind aber zu Gunsten des Arbeitnehmers die pauschal besteuerten Zuschüsse (720 €) zunächst auf den privat veranlassten Teil der Aufwendungen (900 €) anzurechnen. Da der private Teil den Arbeitgeberzuschuss übersteigt, ist er nach dieser Anrechnung „aufgebraucht".

Eine Kürzung von Werbungskosten entfällt somit. A kann 900 € Internet-kosten als Werbungskosten absetzen.

Beispiel 2:

Wie Beispiel 1, der Arbeitgeberzuschuss beträgt jedoch nur 50 € im Monat.

A kann ebenfalls 900 € Werbungskosten abziehen. Da der Arbeitgeberzu-schuss die 50-€-Grenze nicht übersteigt, braucht von vornherein nicht weiter geprüft zu werden, ob eine Anrechnung dem Grunde nach vorge-nommen werden könnte.

9. Nachweise

2418 Grundsätzlich müssen die beruflichen Telekommunikationskosten dem **Finanzamt nachgewiesen** oder zumindest glaubhaft ge-macht werden. Wird der Nachweis nicht geführt, muss das Fi-nanzamt den beruflich veranlassten Anteil der Telekommuni-kationskosten **schätzen** (zuletzt BFH, Beschluss vom 22.12.2000, BFH/NV 2001 S. 774, m.w.N.). Eine **„griffweise Schätzung"** ist dabei nicht zulässig, auch wenn die Finanzämter dies (zumindest bei kleineren Beträgen) häufig anerkennen. Eine Schätzungsre-gelung, wie sie in den alten Telefonerlassen enthalten war (BMF-Schreiben vom 11.6.1990, BStBl I 1990 S. 290, und vom 14.11.1993, BStBl I 1993 S. 909), gibt es nach Aufhebung dieser Erlasse nicht mehr.

Bei der Schätzung kommt es für die Ermittlung des Umfangs der beruflichen Kosten in besonderem Maße auf die **Mitwirkung des Steuerpflichtigen** an. Seiner Mitwirkungspflicht kommt dieser am besten dadurch nach, dass er geeignete **Aufzeichnungen führt**, weil er auch insoweit – wie bei allen Werbungskosten – zur Beweisvorsorge verpflichtet ist. Hat das Finanzamt abweichend hiervon jahrelang z.B. 50 % der angefallenen Telekommunika-tionskosten anerkannt, ist es hieran nach dem Grundsatz der **Abschnittsbesteuerung** nicht gebunden (siehe → *Abschnitts-besteuerung* Rz. 20 sowie zuletzt BFH, Beschluss vom 22.12.2000, BFH/NV 2001 S. 774, m.w.N.).

10. Umsatzsteuer

2419 Die entgeltliche Überlassung von betrieblichen Kommunikations-geräten oder Computern für private Zwecke der Arbeitnehmer stellt einen umsatzsteuerlich relevanten Vorgang dar, bei dem es sich um eine entgeltliche sonstige Leistung handelt.

Werden Telekommunikationsgeräte oder Computer den Arbeit-nehmern kostenlos für ihre Privatzwecke zur Verfügung gestellt, erbringt der Arbeitgeber gegenüber dem Arbeitnehmer steuerbare und steuerpflichtige Wertabgaben (§ 3 Abs. 9a UStG). Wenn die Nutzung betrieblicher Einrichtungen in solchen Fällen zwar auch die Befriedigung eines privaten Bedarfs der Arbeitnehmer zur Folge hat, diese Folge aber durch die mit der Nutzung ange-strebten betrieblichen Zwecke überlagert wird, liegen nach Ab-schnitt 12 Abs. 4 UStR nicht steuerbare Leistungen vor, die über-wiegend duch das betriebliche Interesse des Arbeitgebers ver-anlasst sind. Eine Umsatzsteuerbelastung tritt daher in derartigen Fällen regelmäßig nicht ein.

Auch der Ersatz der Kosten eines dienstlichen Telefonan-schlusses und der laufenden Kosten durch den Arbeitgeber an den Arbeitnehmer ist als reine Geldzahlung umsatzsteuerlich irre-levant.

Tod des Arbeitgebers

2420 Hat ein Arbeitgeber in seinem **Testament** bestimmt, dass Arbeit-nehmer nach Maßgabe ihrer bisherigen und weiteren Zugehörig-keit zum Betrieb einen angemessenen jährlichen Betrag von dem Gewinn aus dem bisherigen und nunmehr auf die Erbin überge-gangenen Anteil an dem Unternehmen erhalten sollen, so un-terliegen die daraufhin geleisteten Zahlungen als **Arbeitslohn** der Einkommensteuer (Lohnsteuer) und **nicht der Erbschaftsteuer**, wenn sie mit Rücksicht auf das Dienstverhältnis gezahlt werden (FG Berlin, Urteil vom 24.1.1984, EFG 1984 S. 406). ⓛⓢⓣ ⓢⓥ

Erhält der Arbeitnehmer durch letztwillige Verfügung vom Arbeit-geber eine **Zuwendung**, so ist die Zuwendung in der Regel kein Arbeitslohn, wenn allein die letztwillige Verfügung Rechtsgrund-

lage für die Zuwendung ist (BFH, Urteil vom 15.5.1986, BStBl II 1986 S. 609). ⓛⓢⓣ ⓢⓥ

Tod des Arbeitnehmers

1. Lohnsteuer

a) Allgemeines

Arbeitslohn, der **nach dem Tod des Arbeitnehmers** gezahlt wird, 2421 darf grundsätzlich unabhängig vom Rechtsgrund der Zahlung **nicht mehr nach den steuerlichen Merkmalen des Verstorbe-nen versteuert** werden. Durch die Zahlung dieser Vergütung an die Erben oder Hinterbliebenen werden diese steuerlich zu Arbeitnehmern (§ 1 Abs. 1 Satz 2 LStDV; BFH, Urteil vom 29.7.1960, BStBl III 1960 S. 404). Sie haben dem Arbeitgeber eine Lohnsteuerkarte, ggf. für ein zweites Dienstverhältnis, vorzulegen. Legt der Erbe dem Arbeitgeber keine Lohnsteuerkarte vor, so hat der Arbeitgeber die Versteuerung nach der Steuerklasse VI vor-zunehmen (siehe → *Nichtvorlage der Lohnsteuerkarte* Rz. 1783). Zu der Ausstellung einer Lohnsteuerkarte bei Tod des Ehegatten siehe R 110 Abs. 5 LStR.

b) Lohnsteuerabzug

Beim Lohnsteuerabzug **hat der Arbeitgeber nach** R 76 LStR 2422 **Folgendes zu beachten:**

– Beim Arbeitslohn, der noch **für die aktive Tätigkeit** des ver-storbenen Arbeitnehmers gezahlt wird, ist, wie dies bei einer Zahlung an den Arbeitnehmer der Fall gewesen wäre, zwi-schen **laufendem Arbeitslohn**, z.B. Lohn für den Sterbe-monat oder den Vormonat, und **sonstigen Bezügen**, z.B. Er-folgsbeteiligung, **zu unterscheiden**.

– Der **Arbeitslohn für den Sterbemonat** stellt, wenn er ar-beitsrechtlich für den gesamten monatlichen Lohnzahlungs-zeitraum zu zahlen ist, **keinen Versorgungsbezug** i.S. des § 19 Abs. 2 EStG dar.

– Besteht dagegen ein **Anspruch auf Lohnzahlung nur bis zum Todestag**, handelt es sich bei den darüber hinaus-gehenden Leistungen an die Hinterbliebenen um **Versor-gungsbezüge**. Dies gilt entsprechend für den Fall, dass die arbeitsrechtlichen Vereinbarungen für den Sterbemonat le-diglich die Zahlung von Hinterbliebenenbezügen vorsehen oder keine vertraglichen Abmachungen über die Arbeits-lohnbemessung bei Beendigung des Dienstverhältnisses im Laufe des Lohnzahlungszeitraums bestehen. Auch in diesen Fällen stellt nur der Teil der Bezüge, der auf die Zeit nach dem Todestag entfällt, einen Versorgungsbezug dar. Zur Berech-nung des Freibetrags für Versorgungsbezüge siehe → *Versor-gungs-Freibetrag* Rz. 2565.

– Das **Sterbegeld** ist ein Versorgungsbezug und stellt grund-sätzlich einen **sonstigen Bezug** dar. Dies gilt auch für den Fall, dass als Sterbegeld mehrere Monatsgehälter gezahlt werden, weil es sich hierbei dem Grunde nach nur um die ra-tenweise Zahlung eines Einmalbetrags handelt.

– Die **laufende Zahlung von Witwen- oder Hinterblie-benengeldern** i.S. des § 19 Abs. 1 Satz 1 Nr. 2 EStG durch den Arbeitgeber ist demgegenüber regelmäßig als laufender Arbeitslohn **(Versorgungsbezug)** zu behandeln.

c) Vereinfachungsregelung

Für **laufenden Arbeitslohn**, der **im Sterbemonat** oder für den 2423 Sterbemonat gezahlt wird, hat die **Finanzverwaltung** in R 76 Abs. 1 Satz 2 LStR folgende **Vereinfachungsregelung** zuge-lassen:

„Bei laufendem Arbeitslohn, der **im Sterbemonat** oder für den Sterbe-monat gezahlt wird, kann der Steuerabzug **aus Vereinfachungsgründen** noch nach den **steuerlichen Merkmalen des Verstorbenen** vorgenom-men werden; die **Lohnsteuerbescheinigung ist jedoch auch in diesem Fall auf der Lohnsteuerkarte des Erben** auszuschreiben."

Wird von dieser Vereinfachungsregelung Gebrauch gemacht, ist der **Versorgungs-Freibetrag in keinem Fall zu berück-**

sichtigen, und zwar auch dann nicht, wenn es sich bei dem Arbeitslohn vom Todestag an um Versorgungsbezüge handelt.

Beispiel:

Ein verheirateter Arbeitnehmer in Hannover (Steuerklasse III/zwei Kinderfreibeträge) mit einem Monatslohn von 2 500 € verstirbt am 17.1.2002. Nach seinem Arbeitsvertrag besteht ein arbeitsvertraglicher Anspruch auf Zahlung des vollen Arbeitslohns im Sterbemonat. Darüber hinaus ist geregelt, dass den Hinterbliebenen ein **Sterbegeld von zwei vollen Monatsbezügen** zu zahlen ist. Der Arbeitgeber zahlt den Gesamtbetrag von 7 500 € am 5.2.2002 an die Witwe aus. Die Witwe legt dem Arbeitgeber eine Lohnsteuerkarte vor, auf der für Januar die Steuerklasse V und ab 1.2.2002 die Steuerklasse III/2 bescheinigt ist.

Auf Grund der Vereinfachungsregelung kann der Arbeitgeber den Januar-Lohn noch nach den **steuerlichen Merkmalen des Verstorbenen** lohnversteuern, also nach der Steuerklasse III/2 (der Arbeitslohn für den Sterbemonat stellt keinen Versorgungsbezug dar, weil ein arbeitsrechtlicher Anspruch auf den Arbeitslohn besteht). Der Arbeitslohn und die einbehaltene Lohnsteuer sind aber **in jedem Fall** auf der Lohnsteuerkarte der Witwe zu bescheinigen.

Das Sterbegeld von 5 000 € ist ein sonstiger Bezug. Bei der Lohnversteuerung von sonstigen Bezügen ist die Steuerklasse maßgebend, die im Zeitpunkt der Auszahlung des sonstigen Bezugs gilt. Zu der Berechnung der Lohnsteuer bei sonstigen Bezügen siehe → *Sonstige Bezüge* Rz. 2232. Bei der Berechnung des voraussichtlichen Jahresarbeitslohns ist dabei die Regelung in R 119 Abs. 4 LStR anzuwenden. Das bedeutet, dass als voraussichtlicher Jahresarbeitslohn der für Januar 2002 bescheinigte Arbeitslohn anzunehmen ist, denn die Witwe hat vom Arbeitgeber ihres verstorbenen Ehemannes mit keinem Arbeitslohn zu rechnen. Zunächst ist aber der Versorgungs-Freibetrag von 2 000 € (40 % von 5 000 €) abzuziehen. Als sonstiger Bezug sind demnach nur 3 000 € zu versteuern.

Es ergibt sich folgende Lohnabrechnung:

● **Laufender Arbeitslohn:**

Laufender Arbeitslohn für Januar 2002	2 500,— €
Lohnsteuer für den Monat (Steuerklasse III/2)	181,— €
Solidaritätszuschlag (5,5 %)	0,— €
Kirchensteuer (9 %)	0,— €

● **Sterbegeld**

Voraussichtlicher laufender Jahresarbeitslohn **ohne** Sterbegeld	2 500 €
+ Sterbegeld (sonstiger Bezug)	3 000 €
= Voraussichtlicher laufender Jahresarbeitslohn **mit** Sterbegeld	5 500 €

Lohnsteuer für das Jahr vom voraussichtlichen laufenden Jahresarbeitslohn **mit** Sterbegeld (5 500 €) nach der Steuerklasse III/2	0,— €
Lohnsteuer für das Jahr vom voraussichtlichen laufenden Jahresarbeitslohn **ohne** Sterbegeld (2 500 €) nach der Steuerklasse III/2	0,— €
= Lohnsteuer auf den sonstigen Bezug	0,— €

Da die Lohnsteuer auf den sonstigen Bezug 0 € beträgt, fallen auch kein Solidaritätszuschlag und keine Kirchensteuer an.

In der Sozialversicherung sind Zuwendungen des Arbeitgebers an Angehörige – im Gegensatz zur Lohnsteuer – kein beitragspflichtiges Arbeitsentgelt (vgl. → Rz. 2427).

d) Mehrere Erben

2424 Sind **mehrere Erben** oder Hinterbliebene anspruchsberechtigt und zahlt der Arbeitgeber den Arbeitslohn an **einen** Erben oder **einen** Hinterbliebenen aus, so ist der Lohnsteuerabzug vorbehaltlich der unter → Rz. 2423 beschriebenen Vereinfachungsregelung nur nach **dessen Besteuerungsmerkmalen** durchzuführen. Die an die übrigen Anspruchsberechtigten **weitergegebenen Beträge** stellen im Kalenderjahr der Weitergabe **negative Einnahmen** dar. Handelt es sich dabei um Versorgungsbezüge i.S. des § 19 Abs. 2 EStG, so ist für die Berechnung der negativen Einnahmen zunächst vom Bruttobetrag der an die anderen Anspruchsberechtigten weitergegebenen Beträge auszugehen; dieser Bruttobetrag ist sodann um den Unterschied zwischen dem beim Lohnsteuerabzug berücksichtigten Versorgungs-Freibetrag und dem auf den verbleibenden Anteil des Zahlungsempfängers entfallenden Versorgungs-Freibetrag zu kürzen (R 76 Abs. 2 LStR).

Beispiel:

Nach dem Tod des Arbeitnehmers ist an dessen Witwe und die drei Kinder ein Sterbegeld von 3 000 € zu zahlen. Der Arbeitgeber zahlt den Versorgungsbezug an die Witwe aus. Dabei wurde die Lohnsteuer nach den auf der Lohnsteuerkarte der Witwe eingetragenen Merkmalen unter Berücksichtigung des Versorgungs-Freibetrags von 1 200 € (40 % von 3 000 €) erhoben. Die Witwe gibt später jeweils 750 € an ihre Kinder weiter (insgesamt 2 250 €). Auf den ihr verbleibenden Anteil von 750 € entfällt ein Versorgungs-Freibetrag von 300 €. Beim Lohnsteuerabzug wurden 1 200 € berücksichtigt. Der Unterschiedsbetrag von 900 € ist von der Gesamtsumme der an die Kinder weitergegebenen Beträge abzuziehen, so dass sich negative Einnahmen von 1 350 € (2 250 € abzüglich 900 €) ergeben.

Die Auseinandersetzungszahlungen sind bei den Empfängern, ggf. vermindert um den Versorgungs-Freibetrag (§ 19 Abs. 2 EStG), als Einkünfte aus nichtselbständiger Arbeit **im Rahmen einer Veranlagung** zur Einkommensteuer zu erfassen (§ 46 Abs. 2 Nr. 1 EStG).

e) Altersentlastungsbetrag

2425 Soweit es sich bei den Zahlungen an die Erben oder Hinterbliebenen **nicht um Versorgungsbezüge** handelt, ist zu prüfen, ob der **Altersentlastungsbetrag** (§ 24a EStG) zum Ansatz kommt. Dabei ist auf das Lebensalter des jeweiligen Zahlungsempfängers abzustellen. Zu der Berechnung des Altersentlastungsbetrags siehe → *Altersentlastungsbetrag* Rz. 38. Auch hier gilt: Ist Arbeitslohn an Miterben auszuzahlen, so ist für die Berechnung der negativen Einnahmen zunächst vom **Bruttobetrag** der an die anderen Anspruchsberechtigten weitergegebenen Beträge auszugehen. Der Bruttobetrag ist sodann um den Unterschied zwischen dem beim Lohnsteuerabzug berücksichtigten Altersentlastungsbetrag und dem auf den verbleibenden Anteil des Zahlungsempfängers entfallenden Altersentlastungsbetrag zu kürzen (R 76 Abs. 3 Nr. 4 LStR).

f) Erben im Ausland

2426 Soweit Zahlungen an **im Ausland wohnhafte Erben** oder Hinterbliebene erfolgen, bei denen die **Voraussetzungen** für eine **unbeschränkte Einkommensteuerpflicht** nach § 1 Abs. 2 oder 3 EStG **nicht vorliegen**, ist beim Steuerabzug nach den für Lohnzahlungen an beschränkt einkommensteuerpflichtige Arbeitnehmer geltenden Vorschriften zu verfahren (siehe → *Steuerpflicht* Rz. 2297). Die unter → Rz. 2423 beschriebene Vereinfachungsregelung gilt auch in diesen Fällen. Dabei ist jedoch zu beachten, dass das Besteuerungsrecht auf Grund eines Doppelbesteuerungsabkommens dem Wohnsitzstaat zustehen kann (→ *Doppelbesteuerungsabkommen: Allgemeines* Rz. 705).

2. Sozialversicherung

2427 Mit dem Tod des Arbeitnehmers **endet das Arbeitsverhältnis**, ohne dass es einer besonderen Kündigung oder Erklärung bedarf. Übernimmt ein **Erbe** mit Zustimmung des Arbeitgebers trotzdem die **Arbeit des Verstorbenen**, wird ein **neues Beschäftigungsverhältnis** begründet.

Die Mitgliedschaft in der Kranken- und Pflegeversicherung **endet mit dem Todestag**. Stand der Verstorbene in einem versicherungspflichtigen Beschäftigungsverhältnis, ist eine **Abmeldung mit dem Abgabegrund „49"** zu veranlassen (vgl. auch → *Meldungen für Arbeitnehmer in der Sozialversicherung* Rz. 1699).

Die oben dargestellten lohnsteuerlichen Regeln gelten nicht im Sozialversicherungsrecht. Das bis zum Todestag erzielte Arbeitsentgelt ist noch dem Beschäftigungsverhältnis des Verstorbenen zuzuordnen und entsprechend den für dieses Beschäftigungsverhältnis geltenden Beitragsfaktoren der Beitragspflicht zu unterwerfen (vgl. auch → *Sterbegeld* Rz. 2279).

Treueprämien

2428 Treueprämien, die Arbeitnehmern nach einer gleich bleibenden Anzahl von Jahren der Betriebszugehörigkeit gezahlt werden, **z.B. nach jeweils fünf Jahren**, sind steuer- und beitragspflichtig. Dies gilt seit 1999 für alle Treueprämien, denn die Steuerfreiheit für

Jubiläumszuwendungen ist entfallen (→ *Jubiläumsgeschenke* Rz. 1336).

(LSt) (SV)

Trinkgelder

1. Allgemeines

2429 Der Arbeitgeber ist nach § 38 Abs. 1 EStG bei der Auszahlung von Arbeitslohn zur Einbehaltung der Lohnsteuer verpflichtet. Dies gilt auch für Arbeitslohn, der im Rahmen eines Dienstverhältnisses üblicherweise **von einem Dritten** für eine Arbeitsleistung gezahlt wird (§ 38 Abs. 1 Satz 2 EStG).

Diese Voraussetzungen sind bei Trinkgeldern typischerweise erfüllt, so dass der **Arbeitgeber auch die Trinkgelder lohnversteuern** muss; die steuerlichen Regelungen gelten auf Grund der Arbeitsentgeltverordnung **gleichermaßen** auch für die **sozialversicherungsrechtliche Beurteilung.** Im Einzelnen gilt Folgendes:

2. Trinkgelder mit Rechtsanspruch

2430 Trinkgelder, auf die der Arbeitnehmer einen Rechtsanspruch hat, z.B. der **Bedienungszuschlag von 10 oder 15 % im Gaststättengewerbe und die Metergelder im Möbeltransportgewerbe** (BFH, Urteil vom 9.3.1965, BStBl III 1965 S. 426), unterliegen in **voller Höhe dem Lohnsteuerabzug.** Ihre Höhe ist in einer arbeitsrechtlichen Anordnung oder in einer Vereinbarung zwischen dem Arbeitgeber und dem Trinkgeldgeber festgesetzt. Der Arbeitgeber hat den ermittelten Betrag zusammen mit dem übrigen laufenden Arbeitslohn des Arbeitnehmers dem Lohnsteuerabzug zu unterwerfen (R 106 Abs. 3 LStR).

(LSt) (SV)

3. Freiwillige Trinkgelder

2431 Trinkgelder, auf die der Arbeitnehmer **keinen Rechtsanspruch** hat (freiwillige Trinkgelder), sind zusätzlicher Arbeitslohn (BFH, Urteile vom 23.10.1992, BStBl II 1993 S. 117, und vom 24.10.1997, BStBl II 1999 S. 323). Sie unterliegen der Lohnsteuer nur insoweit, als sie **insgesamt 1 224 €** im Kalenderjahr **übersteigen** (Freibetrag nach § 3 Nr. 51 EStG). Freiwillige Trinkgelder **bis zu 1 224 €** im Kalenderjahr sind also steuer- und beitragsfrei (R 106 Abs. 4 Satz 1 LStR). Die Besteuerung von Trinkgeldern ist verfassungsgemäß (BFH, Urteil vom 19.2.1999, BStBl II 1999 S. 361).

Ein freiwilliges Trinkgeld ist nach R 106 Abs. 4 Satz 2 LStR auch der Betrag, um den der Trinkgeldgeber das Trinkgeld, auf das der Arbeitnehmer einen Rechtsanspruch hat, erhöht **(Übertrinkgeld, Sondertrinkgeld).**

Zu den freiwilligen Trinkgeldern gehören auch übliche Geldgeschenke an **Hausmeister, Müllwerker, Briefträger oder Zeitungsausträger** insbesondere zu Weihnachten oder Neujahr, die als kleine Anerkennung für die geleisteten Dienste gedacht sind. Früher waren solche Geldleistungen als Gelegenheitsgeschenke unabhängig von ihrer Höhe steuerfrei. Nachdem der Bundesfinanzhof den Begriff des steuerfreien Gelegenheitsgeschenks aufgegeben hat (Urteil vom 22.3.1985, BStBl II 1985 S. 641), sind auch solche Geldleistungen nur im Rahmen des § 3 Nr. 51 EStG bis 1 224 € im Kalenderjahr steuerfrei.

Hinsichtlich der Bezüge, die dem spieltechnischen Personal von Spielbanken aus dem sog. **Tronc** gezahlt werden, vgl. → *Spielbank: Mitarbeiter* Rz. 2272.

4. Ermittlung und Einbehaltung der Lohnsteuer

a) Trinkgelder mit Rechtsanspruch

2432 Bei Trinkgeldern, auf die der Arbeitnehmer **einen Rechtsanspruch** hat, ergeben sich keine Probleme mit der Lohnversteuerung. Dem Arbeitgeber sind die Beträge durch den Tarifvertrag, die Betriebsvereinbarung oder durch die einzelvertragliche Vereinbarung bekannt. Die Beträge sind daher ganz normal dem übrigen Arbeitslohn hinzuzurechnen und lohnzuversteuern.

b) Freiwillige Trinkgelder

2433 Bei **freiwillig gezahlten Trinkgeldern** ist die Lohnversteuerung für den Arbeitgeber schwieriger. Im Regelfall weiß der Arbeitgeber nicht, wie hoch das vom Arbeitnehmer vereinnahmte Trinkgeld ist. Dennoch ist auch hier der Arbeitgeber grundsätzlich verpflichtet, für eine zutreffende Lohnversteuerung zu sorgen. Daher hat der **Arbeitnehmer dem Arbeitgeber die ihm zugeflossenen freiwilligen Trinkgelder anzuzeigen** (R 106 Abs. 4 Satz 3 LStR). Grundsätzlich ist eine solche Anzeige nur erforderlich, wenn anzunehmen ist, dass der Freibetrag von 1 224 € im Kalenderjahr überschritten wird. Der Arbeitgeber sollte jedoch **in jedem Fall eine Erklärung des Arbeitnehmers anfordern**, auch wenn die folgenden Beträge voraussichtlich nicht überschritten werden:

– Im Kalenderjahr:	1 224,— €
– im Monat:	102,— €
– in der Woche:	23,80 €
– täglich:	3,40 €

Der Arbeitgeber hat die Anzeige als **Beleg zum Lohnkonto** aufzubewahren und den angegebenen Betrag, soweit er 102 € monatlich, 23,80 € wöchentlich oder 3,40 € täglich übersteigt, zusammen mit dem übrigen laufenden Arbeitslohn des Arbeitnehmers dem Lohnsteuerabzug zu unterwerfen (R 106 Abs. 4 Satz 4 LStR).

Für die Erklärung des Arbeitnehmers kann folgender vom **Bayerischen Hotel- und Gaststättenverband entworfener und mit der Finanzverwaltung abgestimmter Vordruck** verwendet werden (FinMin Bayern, Erlass vom 21.12.1994, StLex 3, 3, 65):

Trinkgelderklärung für Servicemitarbeiter

Hiermit erkläre ich, ... (Name, Vorname),

dass ich im Monat .... Trinkgeld in Höhe von € ....

erhalten habe.

Mir ist bekannt, dass Trinkgeld, soweit es jährlich einen Freibetrag von 1 224,— € übersteigt, steuerpflichtigen und sozialversicherungspflichtigen Arbeitslohn darstellt. Ich versichere hiermit, die obigen Angaben nach bestem Wissen und Gewissen gemacht zu haben.

Besondere Bemerkungen zur Höhe des Trinkgeldes:

☐ Einnahmeausfälle durch Zechpreller in Höhe von € ....

☐ Manko beim Wechselgeld in Höhe von € ....

☐ Arbeitsunfähig während .... Tagen

☐ sonstige Fehlzeiten während .... Tagen (z.B. Einbringung freier Tage, Beschäftigungsverbot nach dem Mutterschutzgesetz, Freistellung während einer Wehrübung, sonstige Ausfallzeiten)

☐ geschlossene Veranstaltung

☐ bei Festlohnempfängern: merklicher Umsatzrückgang

☐ Sonstiges (Angabe des Grundes)
....
....

....
(Ort, Datum)   (Unterschrift)

Der Arbeitnehmer wird hiermit arbeitsvertraglich verpflichtet, am Ende eines Lohnzahlungszeitraums (in der Regel am Monatsende) eine ordnungsgemäße Trinkgelderklärung abzugeben.

Der Arbeitgeber weist ausdrücklich darauf hin, dass die inhaltlichen Angaben zum Trinkgeld allein vom Arbeitnehmer zu verantworten sind. Dem Arbeitnehmer wird daher empfohlen, **schlüssige und glaubhafte Angaben** zu machen.

Der Arbeitnehmer bestätigt hiermit, obigen Hinweis sorgfältig gelesen und verstanden zu haben.

....
(Ort, Datum)   (Unterschrift)

Darüber hinaus hat der Bayerische Hotel- und Gaststättenverband ein mit der Finanzverwaltung abgestimmtes **„Merkblatt für Arbeitnehmer und Arbeitgeber"** zum Trinkgeldnachweis entworfen:

Trinkgeldnachweis
– Merkblatt für Arbeitnehmer und Arbeitgeber –

Zu den Einnahmen aus nichtselbständiger Arbeit rechnen, wie der vom Arbeitgeber gezahlte Arbeitslohn, auch Zuwendungen Dritter, die im wirtschaftlichen Zusammenhang mit dem Arbeitsverhältnis zufließen. Dementsprechend gehören auch die freiwilligen Trinkgelder zum Arbeitslohn. Das Gebot steuerlicher Gleichbehandlung aller Arbeitnehmer verlangt, dass auch diese von Dritten gezahlten Teile des Arbeitslohns besteuert werden. Aus Vereinfachungsgründen bleiben gem. § 3 Nr. 51 des Einkommensteuergesetzes von dem freiwilligen Trinkgeld jährlich 1 224 € (monatlich 102 €, wöchentlich 23,80 €, täglich 3,40 €) steuerfrei.

Von dem übersteigenden Betrag hat der **Arbeitgeber** den **Lohnsteuerabzug** vorzunehmen. Damit der Arbeitgeber dieser gesetzlichen Verpflichtung nachkommen kann, muss ihm der Arbeitnehmer das erhaltene freiwillige Trinkgeld angeben. Die Erklärung kann nicht in pauschaler Weise erfolgen, etwa in der Art, dass das freiwillige Trinkgeld den Freibetrag nicht überstiegen habe. Anzugeben ist vielmehr der Betrag des im Lohnzahlungszeitraum zugeflossenen freiwilligen Trinkgelds. Erst bei der Berechnung der Lohnsteuer bringt der Arbeitgeber den Freibetrag zum Abzug.

Der Arbeitgeber ist verpflichtet, von seinen Arbeitnehmern, die als Trinkgeldbezieher in Betracht kommen, eine solche Erklärung zu verlangen, die angegebenen Beträge nach Abzug des Freibetrags dem Lohnsteuerabzug zu Grunde zu legen und den Trinkgeldnachweis als Beleg zu seinen Lohnunterlagen zu nehmen. Kommt er dieser Verpflichtung nicht nach, haftet er für die zu wenig einbehaltenen Steuerabzugsbeträge.

Unabhängig davon kann sich das Finanzamt bei fehlenden oder unrichtigen Angaben über die Höhe des Trinkgelds auch unmittelbar an den **Arbeitnehmer** als **Steuerschuldner** wenden und dabei die Höhe der Trinkgeldeinnahmen schätzen; z.B. auf der Grundlage des vom Kellner erzielten Umsatzes (BFH, Urteil vom 23.10.1992, BStBl II 1993 S. 117). Da die Feststellungen des Finanzamts in der Regel längere Zeiträume betreffen, sind in solchen Fällen erhebliche Nachforderungen nicht auszuschließen, während die laufende Erfassung des freiwilligen Trinkgelds beim Lohnsteuerabzug den Arbeitnehmer bei weitem nicht so stark belastet. Abgesehen von Steuernachforderungen können fehlende oder falsche Angaben über die Höhe des Trinkgelds auch zur Einleitung eines Straf- oder Bußgeldverfahrens führen.

Der Erfassung des freiwilligen Trinkgelds kommt schließlich nicht nur steuerliche Bedeutung zu. Der zu versteuernde Betrag gehört vielmehr auch zur Bemessungsgrundlage bei der **Sozialversicherung**. Die Angabe der freiwilligen Trinkgelder führt somit vielfach zu höheren Sozialversicherungsbeiträgen auch durch den Arbeitgeber und so zu einer besseren Altersvorsorge. Darüber hinaus erhöht sich durch Einbeziehung des freiwilligen Trinkgelds der für viele Geldleistungen aus der sozialen Sicherung als Bemessungsgrundlage maßgebende Nettoverdienst (z.B. Entgeltfortzahlung im Krankheitsfall, Arbeitslosengeld, Krankengeld, Mutterschaftsgeld u.Ä.).

Allerdings unterliegen freiwillige Trinkgelder nach Auffassung des Bundesfinanzhofs (Urteil vom 24.10.1997, BStBl II 1999 S. 323) aber **nur insoweit dem Lohnsteuerabzug**, als der Arbeitgeber über deren Höhe in Kenntnis gesetzt wird, z.B. dadurch, dass er in den Zahlungsvorgang eingeschaltet wird oder dass seine Arbeitnehmer über derartige Zuflüsse Angaben machen. Jedenfalls hat der Arbeitgeber keine Handhabe, den Arbeitnehmer zu einer Erklärung seiner Trinkgelder zu zwingen. Er ist auch nicht befugt, die Trinkgeldeinnahmen zu schätzen. Der Bundesfinanzhof hat diese Auffassung nochmals bestätigt (Urteil vom 20.7.2000, HFR 2001 S. 125) und das gegenteilige Urteil des Finanzgerichts Düsseldorf (Urteil vom 20.11.1997, EFG 1998 S. 570) aufgehoben. Darüber hinaus hat der Bundesfinanzhof festgestellt, dass die Lohnsteuer für Trinkgelder, die wegen fehlender Kenntnis des Arbeitgebers dem Lohnsteuerabzug nicht unterliegen, auch nicht im Pauschalierungsverfahren nach § 40 Abs. 1 EStG (→ *Pauschalierung der Lohnsteuer* Rz. 1816) erhoben werden kann, denn die pauschalierte Lohnsteuer darf nur für solche Einkünfte aus nichtselbständiger Arbeit erhoben werden, die dem Lohnsteuerabzug unterlägen, wenn der Arbeitgeber keinen Pauschalierungsantrag gestellt hätte.

Da der Arbeitgeber den Lohnsteuerabzug für **jeden Lohnzahlungszeitraum** vorzunehmen hat, sollte der Arbeitnehmer für jeden Lohnzahlungszeitraum eine entsprechende Trinkgelderklärung abgeben. Übersteigt das Trinkgeld **in einigen Monaten** den anteiligen Freibetrag, in anderen Monaten nicht, so darf der Arbeitgeber dies erst beim Lohnsteuer-Jahresausgleich berücksichtigen. Eine **Saldierung** im Laufe des Kalenderjahrs ist **nicht zulässig**.

5. Arbeitgeberhaftung

2434 **Der Arbeitgeber haftet grundsätzlich nicht für die Lohnsteuer**, die er infolge unvollständiger oder unrichtiger Angaben des Arbeitnehmers zu wenig einbehalten hat (R 106 Abs. 5 LStR).

6. Nachforderung beim Arbeitnehmer

2435 Auch wenn der Arbeitgeber auf Grund fehlender Trinkgelderklärungen seines Arbeitnehmers keinen Lohnsteuerabzug vornehmen kann, befreit dies den Arbeitnehmer nicht von seiner Verpflichtung **als Steuerschuldner**. Wenn das Finanzamt vermutet, dass der Arbeitnehmer die Trinkgeldeinnahmen nicht oder zu niedrig erklärt hat, kann es die **Höhe der Trinkgeldeinnahmen schätzen**. Eine Schätzung ist nach der Rechtsprechung des Bundesfinanzhofs auch dann möglich, wenn der Arbeitnehmer zwar Trinkgelderklärungen abgegeben hat, die Angaben aber nach der Lebenserfahrung unglaubhaft sind (Urteil vom 23.10.1992, BStBl II 1993 S. 117). Im Übrigen ist die Besteuerung von Trinkgeldern verfassungsgemäß (BFH, Urteil vom 19.2.1999, BStBl II 1999 S. 361).

Nach Auffassung der Finanzverwaltung kann nur dann von einer Überschreitung des Freibetrags von 1 224 € ausgegangen werden, wenn die Angaben auf Grund der **Lebenserfahrung** und der **besonderen Umstände des Einzelfalls unschlüssig** sind. Soweit gleichwohl eine Schätzung der Trinkgeldeinnahmen notwendig wird, ist maßvoll vorzugehen (FinMin Bayern, Erlass vom 29.4.1996, DStR 1996 S. 2018). Hierzu weist die Finanzverwaltung auf das Urteil des Finanzgerichts Nürnberg (Urteil vom 31.1.1996, DStR 1996 S. 1125) hin, in dem das Finanzgericht für ein einfaches Lokal 1 % des Umsatzes nicht als außergewöhnlich niedriges Trinkgeldaufkommen ansieht.

Für die **Schätzung** können Anhaltspunkte zu Grunde gelegt werden, wie z.B.

– Art und Preisniveau des Lokals,

– Zahlungsbereitschaft des typischen Kundenkreises,

– besondere Tätigkeiten des Arbeitnehmers (z.B. Thekendienst) und

– sonstige Gesichtspunkte.

Die Finanzverwaltung und die Finanzgerichte schätzen die Trinkgeldeinnahmen regelmäßig in Abhängigkeit vom **Kellnerumsatz**. Diese Schätzungsmethode hat der **Bundesfinanzhof nicht** beanstandet (Urteil vom 23.10.1992, BStBl II 1993 S. 117). Er sieht auch die Voraussetzungen, unter denen Trinkgeldeinnahmen von Kellnern geschätzt werden dürfen, als geklärt an (BFH, Beschluss vom 19.1.2001, BFH/NV 2001 S. 600).

Beispiele für die Schätzung der Trinkgeldeinnahmen:

– FG Köln, Urteil vom 30.8.1982, EFG 1983 S. 520:

Die von einem Kellner eingenommenen Trinkgelder sind in der Regel **auf mindestens 1 %** des von ihm getätigten Umsatzes zu schätzen.

– FG Baden-Württemberg, Urteil vom 11.12.1986, EFG 1987 S. 409:

Die von einer Serviererin in einem herausgehobenen Restaurant eingenommenen freiwilligen Trinkgelder sind **auf 2,5 %** der von ihr erzielten Umsätze zu schätzen. Dabei ist berücksichtigt, dass der Trinkgeldanteil bei Einnahmen, die durch Überweisung auf Grund nachträglicher Rechnungserstellung erzielt werden, niedriger ist als bei Bar- und bei Scheck- oder Kreditkartenumsätzen.

– FG Baden-Württemberg, Urteil vom 29.11.1988, EFG 1989 S. 272:

Erzielt eine Kellnerin jährlich Umsätze von rund 125 000 €, so ist das von ihr vereinnahmte Trinkgeld **mit 2 %** ihres Jahresumsatzes angemessen zu schätzen.

– FG Köln, Urteil vom 8.2.1993, EFG 1993 S. 444:

Auch wenn in einem Speiserestaurant pro Zahlungsvorgang höhere Beträge anfallen und die relative Trinkgeldhöhe dabei degressiv abfällt, ist eine Schätzung des Trinkgeldes **auf 1,5 %** des Kellnerumsatzes eher zu niedrig als zu hoch.

– FG Düsseldorf, Urteil vom 25.8.1993, EFG 1994 S. 300:

Die Schätzung von Trinkgeldern in Höhe **von 2 %** der Tageseinnahmen begegnet keinen Bedenken.

– FG Saarland, Urteil vom 4.7.1995, EFG 1995 S. 910:

Die Schätzung von Trinkgeldern bei einer Serviererin in einem gutbürgerlichen Restaurant in Höhe **von 2,5 %** der Umsätze stößt auf keine Bedenken.

– FG Düsseldorf, Urteil vom 30.1.1997, EFG 1997 S. 671:

In einer einfachen Bierkneipe im Altstadtzentrum einer Großstadt kann unter bestimmten Umständen das Trinkgeld **auf lediglich 0,5 %** des Kellnerumsatzes geschätzt werden, wenn der Kellner das Risiko von Zechprellerei und aller sonstigen Fehlgelder trägt.

– Schleswig-Holsteinisches FG, Urteil vom 28.8.1997, EFG 1998 S. 571:

Bei einem Familienrestaurant kleineren Zuschnitts ist eine Schätzung von Trinkgeldern in Höhe **von 1,5 %** des Kellnerumsatzes nicht zu beanstanden.

– FG München, Urteil vom 12.7.2000, EFG 2000 S. 136:

Eine Trinkgeldschätzung für eine Serviererin in einem gutbürgerlichen Speiselokal **mit mindestens 3 %** des Umsatzes ist zulässig und angemessen.

Schätzungen nach **einheitlichen Maßstäben – typisierend etwa für eine Branche – sind dagegen unzulässig.** So kann nach der Entscheidung des FG Düsseldorf vom 23.9.1986 – III 42/81 – die Schätzung von Trinkgeldern nicht auf allgemeine Angaben (wie z.B. Bedienung von 20 Personen täglich, Trinkgeld pro Person 0,50 € oder nach der Lebenserfahrung erhält der Arbeitnehmer ein tägliches Trinkgeld von 10 € o.Ä.) gestützt werden.

Im Rahmen einer **Lohnsteuer-Außenprüfung** werden deshalb vom Prüfer **Kontrollmitteilungen** über die Höhe des Kellnerumsatzes gefertigt, wenn es sich um zweifelhafte Fälle handelt. Das Wohnsitzfinanzamt prüft dann, ob der Arbeitnehmer die Trinkgelder in zutreffender Höhe erklärt hat. Ist das Finanzamt der Auffassung, dass die bisherigen Angaben der Höhe nach unvollständig sind, wird es die Trinkgeldeinnahmen schätzen und dem Arbeitnehmer einen berichtigten Einkommensteuerbescheid zusenden.

Überbrückungsbeihilfen

2436 Überbrückungsbeihilfen und andere Beihilfen (z.B. Erholungsbeihilfen), die ein Arbeitgeber seinen Arbeitnehmern zahlt, gehören – soweit sie nicht ausnahmsweise als Unterstützungen steuerfrei belassen werden können – grundsätzlich zum steuerpflichtigen **Arbeitslohn** (→ *Unterstützungen* Rz. 2487). Das gilt regelmäßig auch dann, wenn die Beihilfen von einem **Dritten** gewährt werden und eine ausreichende Beziehung zwischen dem Dritten und dem Arbeitgeber es rechtfertigt, die Zahlung des Dritten als Arbeitslohn zu behandeln, vgl. H 11 (Beihilfen von einem Dritten) LStH sowie R 106 Abs. 1 LStR.

Eine Überbrückungsbeihilfe, die vom Arbeitgeber im Zusammenhang mit einer **Entlassung aus dem Dienstverhältnis** gezahlt wird, kann als Abfindung nur im Rahmen des § 3 Nr. 9 EStG steuerfrei belassen werden (→ *Entlassungsabfindungen/Entlassungsentschädigungen* Rz. 857). Dies ist z.B. anerkannt worden für Überbrückungsbeihilfen nach § 4 des „Tarifvertrags Soziale Sicherung", die Arbeitnehmer bei den Stationierungsstreitkräften, deren Dienststellen aufgelöst oder verlegt worden sind, erhalten. Der den steuerfreien Teil übersteigende Betrag kann nicht nach § 34 Abs. 1 EStG tarifmäßig besteuert werden, weil die Überbrückungsbeihilfen monatlich gezahlt werden und deshalb keine Zusammenballung von Einnahmen gegeben ist (FinMin Nordrhein-Westfalen, Erlass vom 17.12.1982, StLex 4, 19 – 19 a, 1062).

Steuerpflichtig ist dagegen die in der **Bauwirtschaft** vom Arbeitgeber bis zum Bezug von Winterausfallgeld (§ 214 SGB III) gezahlte tarifliche Winterausfallgeld-Vorausleistung (§ 211 Abs. 3 SGB III; → *Winterausfallgeld* Rz. 2658).

Ebenso gehört ein vom Arbeitgeber nach dem Rationalisierungsabkommen gezahltes Überbrückungsgeld zum steuerpflichtigen Arbeitslohn (BMF-Schreiben vom 28.6.1991, DStR 1991 S. 1186).

(LSt) (SV)

Von den vom Arbeitgeber gezahlten Überbrückungsbeihilfen bzw. -geldern abzugrenzen ist das **Überbrückungsgeld** gem. § 57 SGB III. Dieses wird von der Bundesanstalt für Arbeit an einen Arbeitslosen bei Aufnahme einer selbständigen Tätigkeit gezahlt. Es ist nach § 3 Nr. 2 EStG steuerfrei, unterliegt jedoch im Rahmen

einer Einkommensteuerveranlagung dem Progressionsvorbehalt (§ 32b Abs. 1 Nr. 1 Buchst. a EStG).

Übergangsbeihilfen im Bau- und Gerüstbaugewerbe

Nach § 7 des Tarifvertrags Lohnausgleich (TV Lohnausgleich) **2437** können Arbeitnehmern des **Baugewerbes**, denen ein Lohnausgleich für Lohnausfall nach § 3 dieses Tarifvertrags nicht zusteht, unter bestimmten Voraussetzungen Übergangsbeihilfen gewährt werden. **Der Anspruch auf Übergangsbeihilfe besteht unmittelbar gegenüber der Urlaubs- und Lohnausgleichskasse der Bauwirtschaft (ULAK).**

Die Übergangsbeihilfen sind als **Lohnzahlungen Dritter** anzusehen. Eine **Pauschalbesteuerung** durch die ULAK ist **nicht zulässig.** Da der Empfänger der Zahlung in keinem Dienstverhältnis steht, kann auch **kein Arbeitgeber den Lohnsteuerabzug durchführen.** Die Übergangsbeihilfen sind daher im Rahmen einer Veranlagung zur Einkommensteuer der anspruchsberechtigten Arbeitnehmer zu erfassen. Hierzu hat die **ULAK** dem Zahlungsempfänger eine entsprechende **Bescheinigung auszustellen**, in der auch ein Hinweis darauf enthalten sein muss, dass der Betrag in der Einkommensteuer-Erklärung anzugeben ist. In der Praxis häufen sich die Fälle, in denen Arbeitnehmer ihrer Erklärungspflicht nicht nachkommen. Im Rahmen von Lohnsteuer-Außenprüfungen bei der ULAK werden in allen steuerlich relevanten Fällen Kontrollmitteilungen vom zuständigen Betriebsstättenfinanzamt an die Wohnsitzfinanzämter geschickt, die dann die entsprechenden Steuerbeträge nachfordern.

Soweit die Übergangsbeihilfen jedoch **vom (letzten) Arbeitgeber ausgezahlt** werden, der dann bei der ULAK einen Erstattungsantrag stellt, hat dieser Arbeitgeber den **Lohnsteuerabzug vorzunehmen.** Eine Bescheinigung an den Arbeitnehmer entfällt in diesem Fall (FinMin Rheinland-Pfalz, Erlass vom 26.3.1992, StEd 1992 S. 237). Die Übergangsbeihilfen stellen in diesem Fall kein Arbeitsentgelt in der Sozialversicherung dar und sind demnach beitragsfrei (Besprechungsergebnis der Spitzenverbände der Sozialversicherungsträger vom 11./12.11.1987, Sozialversicherungsbeitrag-Handausgabe 2001 VL 14 IV/8).

Entsprechende Grundsätze gelten für Übergangsbeihilfen im **Gerüstbaugewerbe und im Maler- und Lackiererhandwerk**, die nach ähnlichen Kriterien wie in der Bauwirtschaft gezahlt werden (FinMin Sachsen, Erlasse vom 18.9.1992 und vom 8.2.1993, Lohnsteuer-Handausgabe 2001 S. 406 und 408).

Wichtiger Hinweis:
Es wird zurzeit geprüft, ob der **Lohnsteuerabzug** unter bestimmten Voraussetzungen **Dritten übertragen** werden kann (siehe → *Anmeldung der Lohnsteuer* Rz. 132). Ebenso wird eine pauschale Erhebung der Lohnsteuer geprüft. Hintergrund ist zum einen, die steuerliche Erfassung der Zahlungen der ULAK sicherzustellen. Zum anderen wird es als unbefriedigend empfunden, dass diejenigen Arbeitnehmer, bei denen der Lohnsteuerabzug nicht vorgenommen wurde, bei der Einkommensteuerveranlagung den sog. **Härteausgleich** erhalten. Wegen der Ungleichbehandlung gegenüber Arbeitnehmern, die ihre Urlaubsabgeltung vom Arbeitgeber ausgezahlt erhalten, hat das **Thüringer Finanzgericht** den Härteausgleich für Entschädigungszahlungen der ULAK für nicht angetretenen Urlaub abgelehnt (Urteil vom 15.4.1999, EFG 2000 S. 629, Revision eingelegt, Az. beim BFH: VI R 74/00). Das **Finanzgericht Münster** will hingegen in diesen Fällen den Härteausgleich gewähren (Urteil vom 4.5.2000, EFG 2000 S. 1330). Eine baldige höchstrichterliche Klärung wäre wünschenswert.

Sollte sich für das Jahr 2002 noch eine Änderung ergeben, informieren wir Sie durch unseren aktuellen Informationsdienst (vgl. Benutzerhinweise auf Seite IV).

Übergangsgelder/Übergangsbeihilfen

1. Allgemeines

2438 Übergangsgelder und -beihilfen werden wie **Überbrückungsbeihilfen vom Arbeitgeber** ebenfalls regelmäßig im Zusammenhang mit der (vorzeitigen) Auflösung eines Dienstverhältnisses gezahlt. Rechtsgrundlage können gesetzliche Vorschriften, aber z.B. auch Tarifverträge sein (vgl. § 62 BAT). Die steuerliche Behandlung richtet sich danach, wofür die Überbrückungsbeihilfe gezahlt wird und ob es dafür ggf. eine besondere Steuerbefreiungsvorschrift gibt.

2. Steuerbefreiung nach § 3 Nr. 1 und 6 EStG

2439 Leistungen, die nach den Vorschriften des **Dritten Buches Sozialgesetzbuch** oder dem Arbeitsförderungsgesetz vom Arbeitsamt oder nach dem **Sechsten Buch Sozialgesetzbuch** vom Rentenversicherungsträger gezahlt werden, bleiben schon nach § 3 Nr. 1 Buchst. c sowie Nr. 2 EStG in voller Höhe steuerfrei, unterliegen jedoch bei der Einkommensteuer-Veranlagung dem Progressionsvorbehalt (§ 32b Abs. 1 Nr. 1 Buchst. a und b EStG; → *Progressionsvorbehalt* Rz. 1924).

Steuerfrei sind nach § 3 Nr. 6 EStG auch Übergangsgelder, die nach dem **Bundesversorgungsgesetz** gezahlt werden; auch auf diese Leistungen ist der Progressionsvorbehalt anzuwenden (§ 32b Abs. 1 Nr. 1 Buchst. f EStG).

3. Steuerbefreiung nach § 3 Nr. 9 EStG

2440 Übergangsgelder und -beihilfen, die aus Anlass einer Entlassung aus dem Dienstverhältnis gezahlt werden, können im Rahmen des § 3 Nr. 9 EStG steuerfrei bleiben (siehe → *Entlassungsabfindungen/Entlassungsentschädigungen* Rz. 875).

4. Steuerbefreiung nach § 3 Nr. 10 EStG

2441 Übergangsgelder und Übergangsbeihilfen, die auf Grund gesetzlicher Vorschriften wegen Entlassung aus einem Dienstverhältnis gezahlt werden, sind ab 1.1.1999 auch bei Beamten, Soldaten und Ministern nicht mehr generell steuerfrei, sondern nur noch bis **höchstens 12 271 €.** Darüber hinausgehende Beträge können im Regelfall nach § 34 EStG **tarifermäßigt besteuert** werden, sog. Fünftelregelung (→ *Arbeitslohn für mehrere Jahre* Rz. 229, → *Entschädigungen* Rz. 881).

Unter die Steuerbefreiung fallen nach R 10 Abs. 1 LStR (keine abschließende Aufzählung)

– das **Übergangsgeld** nach § 47 des **Beamtenversorgungsgesetzes** in Verbindung mit dessen § 67 Abs. 4 und entsprechende Leistungen auf Grund der Beamtengesetze der Länder, wenn die Leistungen nicht wegen einer planmäßigen Beendigung des Dienstverhältnisses gezahlt werden.

– die **Übergangsbeihilfe** nach den §§ 12 und 13 und das **Übergangsgeld** nach § 37 des **Soldatenversorgungsgesetzes.**

– das **Entlassungsgeld** nach den §§ 52c, 54 Abs. 4, 55, 70 Abs. 5 und 71 des Gesetzes zu Artikel 131 GG.

Nicht unter diese Steuerbefreiung fallen dagegen nach R 10 Abs. 2 LStR sowie H 10 LStH

– die **Übergangsgebührnisse** nach § 11 des Soldatenversorgungsgesetzes (zuletzt FG Münster, Urteil vom 30.5.1996, EFG 1997 S. 147, m.w.N.).

– die **Ausgleichsbezüge** nach § 11a des Soldatenversorgungsgesetzes.

– das **Übergangsgeld,** das einem auf Zeit berufenen **(Wahl-)Beamten** wegen Ablaufs der Zeit, für die er berufen war, bei seinem Ausscheiden aus dem Dienstverhältnis gewährt wird (BFH, Urteil vom 2.8.1956, BStBl III S. 292). Dies gilt auch dann, wenn das bei planmäßiger Beendigung des Dienstverhältnisses geschuldete Übergangsgeld früher, z.B. bei vorzeitiger Auflösung des Dienstverhältnisses, gezahlt wird.

– das **Übergangsgeld** nach § 14 des **Bundesministergesetzes** und entsprechende Leistungen auf Grund der Gesetze der Länder.

5. Steuerpflichtige Übergangsgelder

Liegen die Voraussetzungen für eine Steuerbefreiung nach den 2442 o.g. Vorschriften von vornherein nicht vor, ist das Übergangsgeld **steuerpflichtiger Arbeitslohn.** Es kann jedoch – sofern die Voraussetzungen der jeweiligen Vorschriften vorliegen – ermäßigt versteuert werden. Eine einheitliche Behandlung „aller Übergangsgelder" ist dabei nicht möglich, maßgebend ist vielmehr die **jeweilige Funktion des einzelnen Übergangsgeldes** (BFH, Urteil vom 1.9.1991, BStBl II 1992 S. 34):

– Wird es als **Ersatz für entgangene oder entgehende Einnahmen** oder für die **Aufgabe oder Nichtausübung einer Tätigkeit** gezahlt, kann die Tarifermäßigung **(sog. Fünftelregelung)** nach § 34 Abs. 1 und 2 EStG in Betracht kommen (siehe → *Entschädigungen* Rz. 881).

– Wird es mit **Rücksicht auf die in der Vergangenheit geleisteten Dienste** als zusätzliches Entgelt gezahlt, handelt es sich um Arbeitslohn für mehrere Jahre (→ *Arbeitslohn für mehrere Jahre* Rz. 229), der ebenfalls nach § 34 Abs. 1 und 2 EStG tarifermäßigt besteuert werden kann (sog. **Fünftelregelung**).

– Wird es wegen Erreichens einer **Altersgrenze** oder wegen **Berufsunfähigkeit oder Erwerbsunfähigkeit** gezahlt, kann es unter den Voraussetzungen des § 19 Abs. 2 EStG als **Versorgungsbezüge** angesehen und der Versorgungs-Freibetrag abgezogen werden (→ *Versorgungsbezüge* Rz. 2560; → *Versorgungs-Freibetrag* Rz. 2565). Beim Übergangsgeld nach § 47 BeamtVG sind diese Voraussetzungen nach Auffassung der obersten Finanzbehörden nicht erfüllt.

Beispiel:

A war bei einem Forschungsinstitut auf Grund eines zeitlich befristeten Arbeitsvertrags beschäftigt. Das Arbeitsverhältnis endete zum 30.6.2001, weil das laufende Forschungsprojekt abgeschlossen war. A erhielt nach § 62 Abs. 1 BAT ein Übergangsgeld von rund 4 000 €, das in zwei Teilbeträgen im Jahre 2002 ausgezahlt wurde.

Nach Ansicht des Bundesfinanzhofs, Urteil vom 18.9.1991, BStBl II 1992 S. 34,

– findet die Steuerbefreiung des § 3 Nr. 9 EStG hier keine Anwendung, weil das Dienstverhältnis zeitlich befristet und daher nicht auf Veranlassung des Arbeitgebers gekündigt worden war,

– findet die Steuerbefreiung des § 3 Nr. 10 EStG keine Anwendung, weil Übergangsgelder nach dem BAT nicht auf einer gesetzlichen Vorschrift beruhen,

– ist das Übergangsgeld hier keine tarifbegünstigte Entschädigung nach § 24 Nr. 1 Buchst a EStG, weil es nicht auf Grund einer neuen Rechts- oder Billigkeitsgrundlage als Ersatz für entgangene oder entgehende Einnahmen gezahlt wurde. Das Übergangsgeld wurde vielmehr im Rahmen der vertraglichen Vereinbarungen gezahlt,

– ist das Übergangsgeld keine tarifbegünstigte Entschädigung nach § 24 Nr. 1 Buchst b EStG, weil es nicht als Gegenleistung für die Aufgabe oder Nichtausübung der Tätigkeit gezahlt wurde.

Das Übergangsgeld kann aber nach § 34 Abs. 1, 2 EStG (Fünftelregelung) ermäßigt versteuert werden, weil es seinem Charakter nach als zusätzliches Entgelt für die in der Vergangenheit geleisteten Dienste anzusehen war. Die Tarifermäßigung hat der Arbeitgeber bereits beim Lohnsteuerabzug zu berücksichtigen (§ 39b Abs. 3 Satz 9 EStG). Einzelheiten siehe → *Arbeitslohn für mehrere Jahre* Rz. 229.

Übertragung des Grundfreibetrags

1. Allgemeines

Viele Arbeitnehmer haben mehrere Arbeitsverhältnisse mit jeweils 2443 geringen Arbeitslöhnen, so insbesondere beim Bezug von **Betriebsrenten.** Dabei wird der Eingangsbetrag der Steuertabelle insbesondere wegen der Höhe des **Grundfreibetrags** (für das Jahr 2002 **7 235 €)** im ersten Dienstverhältnis oftmals **nicht ausgeschöpft.** Dagegen unterliegt der Arbeitslohn aus dem zweiten Dienstverhältnis mit der Lohnsteuerklasse VI voll dem Lohnsteuerabzug, weil in dieser Steuerklasse keine Freibeträge berücksichtigt sind (→ *Steuertarif* Rz. 2342). Der Lohnsteuerabzug nach der Steuerklasse VI ist in diesen Fällen auch dann vorzunehmen, wenn das zu versteuernde Einkommen unterhalb des steuerlichen Grundfreibetrags liegt und deshalb die einbehaltene

Lohnsteuer nach Ablauf des Kalenderjahrs im Rahmen einer Einkommensteuerveranlagung zu erstatten ist. Der Arbeitgeber darf auch in solchen Fällen nicht von der Vornahme des Lohnsteuerabzugs absehen (vgl. R 104 Satz 3 LStR).

Für die betroffenen Arbeitnehmer war dies nachteilig: Sie mussten nicht nur lange auf ihre Steuererstattung warten, sondern auch jedes Jahr zwecks Erstattung eine Einkommensteuerveranlagung beantragen.

2. Übertragung des nicht ausgeschöpften Tabellenfreibetrags

2444 Um derartige Härten zu vermeiden, kann der Arbeitnehmer auf der **Lohnsteuerkarte für ein zweites oder weiteres Dienstverhältnis** den Teil des Eingangsbetrags der Jahreslohnsteuertabelle als **Freibetrag** eintragen lassen, der sich beim Lohnsteuerabzug für den Arbeitslohn aus dem ersten Dienstverhältnis steuerlich nicht auswirkt (§ 39a Abs. 1 Nr. 7 Satz 1 EStG). Dabei wird keine Begrenzung auf bestimmte Personengruppen (z.B. geringfügig Beschäftigte, Arbeitnehmer mit geringem Arbeitslohn aus mehreren Dienstverhältnissen, Betriebsrentner mit Versorgungsbezügen aus mehreren früheren Dienstverhältnissen) vorgenommen, weil sich die sachliche und persönliche Begrenzung der Neuregelung aus der Anknüpfung an den Arbeitslohn aus dem ersten Dienstverhältnis ergibt.

Voraussetzung für die Übertragung ist, dass der Jahresarbeitslohn aus dem ersten Dienstverhältnis unterhalb der dafür maßgebenden Eingangsstufe der Jahreslohnsteuertabelle liegt, bis zu der keine Lohnsteuer zu erheben ist. Maßgebend ist die Steuerklasse der ersten Lohnsteuerkarte, meist der Steuerklasse I, II, III oder IV (Steuerklasse V wird wegen der niedrigen Eingangsstufe in der Praxis wegfallen).

Als Ausgleich ist in Höhe des Freibetrags auf der **Lohnsteuerkarte für das erste Dienstverhältnis** ein dem **Arbeitslohn hinzuzurechnender Betrag („Hinzurechnungsbetrag")** einzutragen (§ 39a Abs. 1 Nr. 7 Satz 2 EStG sowie R 111 Abs. 7 LStR).

Beispiel:

A, verheiratet, ist halbtags als Verkäufer mit einem Bruttolohn von 1 250 € tätig, er hat seinem Arbeitgeber hierfür eine Lohnsteuerkarte mit der Steuerklasse III vorgelegt. Nebenher bezieht er noch eine Betriebsrente von monatlich 250 €, hierfür hat er seinem ehemaligen Arbeitgeber eine Lohnsteuerkarte mit der Steuerklasse VI vorgelegt.

Der Lohnsteuerabzug wird im „Normalfall" wie folgt vorgenommen:

	Steuerklasse III	Steuerklasse VI
Bruttolohn monatlich	1 250,— €	250,— €
Lohnsteuer monatlich	0,— €	49,83 €
Eingangsfreibetrag	1 622,99 €	
Steuerlich nicht ausgenutzter Differenzbetrag	372,99 €	

Stellt A beim Finanzamt den Antrag, auf seiner zweiten Lohnsteuerkarte (Steuerklasse VI) einen Freibetrag von 250 € einzutragen, wird ihm die Betriebsrente ohne Lohnsteuerabzug voll ausgezahlt. Auf seiner ersten Lohnsteuerkarte ist zwar ein entsprechender Hinzurechnungsbetrag einzutragen. Aber auch unter Berücksichtigung dieses Hinzurechnungsbetrags werden die Tabellenfreibeträge der Lohnsteuerklasse III nicht überschritten, so dass weiterhin kein Lohnsteuerabzug vorzunehmen ist.

Der Lohnsteuerabzug wird nach Übertragung des Tabellenfreibetrags wie folgt vorgenommen:

	Steuerklasse III	Steuerklasse VI
Bruttolohn monatlich	1 250,— €	250,— €
Hinzurechnungsbetrag/Freibetrag	+ 250,— €	∕ 250,— €
= lohnsteuerliche Bemessungsgrundlage	1 500,— €	0,— €
Lohnsteuer monatlich	0,— €	0,— €

Soll auf der Lohnsteuerkarte für das erste Dienstverhältnis auch ein **Freibetrag wegen erhöhter Werbungskosten** usw. eingetragen werden, so ist nur der diesen Freibetrag übersteigende Betrag als Hinzurechnungsbetrag einzutragen. Ist der Freibetrag höher als der Hinzurechnungsbetrag, so ist nur der den Hinzu-

rechnungsbetrag übersteigende Freibetrag einzutragen (§ 39a Abs. 1 Nr. 7 Satz 3 EStG).

3. Verfahrensvorschriften

Es gelten dieselben Grundsätze wie für „normale Freibeträge" auf 2445 der Lohnsteuerkarte, d.h. dass der Arbeitnehmer die Eintragung eines entsprechenden Freibetrags auf der Lohnsteuerkarte für das zweite Dienstverhältnis im Rahmen eines Lohnsteuerermäßigungsantrags für das jeweilige Jahr **bis spätestens 30. November** des Jahres beantragen muss. Zuständig für die Eintragung ist das **Finanzamt**, nicht die Gemeinde; dies war wegen der Saldierung des Hinzurechnungsbetrags mit anderen Freibeträgen erforderlich.

Der Arbeitgeber muss den Hinzurechnungsbetrag im **Lohnkonto** eintragen (§ 4 Abs. 1 Nr. 2 LStDV). Soweit Lohnkonten ein gesondertes Eintragungsfeld für den Hinzurechnungsbetrag nicht vorsehen, kann dieser im vorhandenen Eintragungsfeld für einen Freibetrag eingetragen werden. Er ist dann vom Freibetrag in deutlicher Weise abzugrenzen, z.B. durch ein „+" oder eine Abkürzung „H" (= Hinzurechnungsbetrag).

Ist auf der Lohnsteuerkarte eines Arbeitnehmers ein Hinzurechnungsbetrag eingetragen, darf der **Arbeitgeber keinen Lohnsteuer-Jahresausgleich** durchführen (§ 42b Abs. 1 Satz 4 Nr. 3a EStG). Hierdurch soll vermieden werden, dass es bei einer etwaigen Veranlagung zur Einkommensteuer zu Nachforderungen kommt. Wenn keine Lohnsteuer einbehalten wird, muss der Arbeitnehmer zwar grundsätzlich **nicht zur Einkommensteuer veranlagt** werden. Bestehen bleibt aber die **Pflichtveranlagung** für Arbeitnehmer, die nebeneinander von mehreren Arbeitgebern Arbeitslohn (§ 46 Abs. 2 Nr. 2 EStG) oder die noch andere Einkünfte von mehr als 410 € bezogen haben, die nicht dem Lohnsteuerabzug zu unterwerfen waren, z.B. Renten oder Vermietungseinkünfte (§ 46 Abs. 2 Nr. 1 EStG).

Umsatzsteuer

Neben lohnsteuerlichen und sozialversicherungsrechtlichen Fol- 2446 gen können sich aus Leistungen eines Arbeitgebers an seine Arbeitnehmer, deren Angehörige und ehemalige Arbeitnehmer unter Umständen umsatzsteuerliche Konsequenzen ergeben, sofern der Arbeitgeber als Unternehmer i.S. des § 2 UStG anzusehen ist.

Folgende **umsatzsteuerlich relevante Fallgruppen** sind dabei zu unterscheiden:

- Leistungen des Arbeitgebers gegen ein **besonders berechnetes Entgelt** unterliegen grundsätzlich der Umsatzsteuer (§ 1 Abs. 1 Nr. 1 Satz 1 UStG). Sie sind damit **umsatzsteuerbar** und nur in gesetzlich vorgeschriebenen Fällen von der Umsatzsteuer befreit (z.B. Gewährung eines verzinslichen Kredits, § 4 Nr. 8 Buchst. a UStG). Dies gilt auch für Leistungen, die der Arbeitgeber verbilligt ausführt (Abschn. 12 Abs. 1 UStR).

- Bei Leistungen des Arbeitgebers, für die die Arbeitnehmer oder deren Angehörige kein besonders berechnetes Entgelt aufgewendet haben, ist wiederum zu unterscheiden:

  - Wird die Leistung **auf Grund des Dienstverhältnisses** ausgeführt, ist sie umsatzsteuerbar (§ 3 UStG). Die Steuerbarkeit entfällt jedoch, wenn es sich hierbei um eine **Aufmerksamkeit** handelt.

  - Ist die Leistung **überwiegend durch das betriebliche Interesse** des Arbeitgebers veranlasst, unterliegt sie nicht der Umsatzsteuer. Dergleichen liegt vor, wenn betrieblich veranlasste Maßnahmen zwar auch die Befriedigung eines privaten Bedarfs der Arbeitnehmer zur Folge haben, diese Folge aber durch die mit den Maßnahmen angestrebten betrieblichen Zwecke überlagert wird.

Die Unterscheidung zwischen vorstehenden Fallgruppen hat insbesondere **Auswirkungen auf die umsatzsteuerliche Bemessungsgrundlage** (→ *Sachbezüge* Rz. 2146; → *Vorsteuerabzug* Rz. 2590).

Umzugskosten

1. Allgemeines

2447 Die Erstattung von Umzugskosten durch den Arbeitgeber ist **steuerfrei**

– im **öffentlichen Dienst** nach § 3 Nr. 13 EStG, soweit die umzugskostenrechtlichen Vorschriften eingehalten werden (R 14 Abs. 1 und 4 LStR). Die Finanzverwaltung hat hier – wie bei Reisekostenvergütungen – nicht zu prüfen, ob der Umzug beruflich veranlasst ist und die entstandenen Kosten angemessen sind.

– im **privaten Dienst** nach § 3 Nr. 16 EStG, wenn der Umzug **beruflich veranlasst** ist und soweit die Umzugskosten die beruflich veranlassten **Mehraufwendungen nicht übersteigen**. Ob diese Voraussetzungen vorliegen, hat grundsätzlich die Finanzverwaltung zu prüfen. Die Erstattung der Umzugskosten durch den Arbeitgeber ist nur steuerfrei, soweit keine höheren Beträge erstattet werden, als sie beim Arbeitnehmer als **Werbungskosten** abziehbar wären (R 41 Abs. 3 Satz 1 LStR).

Ob die teilweise immer noch unterschiedliche steuerliche Behandlung „öffentlicher und privater" Arbeitnehmer **verfassungsgemäß** ist, ist zweifelhaft (siehe → *Reisekostenvergütungen aus öffentlichen Kassen* Rz. 2095).

Der Arbeitnehmer hat seinem Arbeitgeber **Unterlagen vorzulegen**, aus denen die tatsächlichen Aufwendungen ersichtlich sein müssen. Der Arbeitgeber hat diese Unterlagen als Belege zum **Lohnkonto** aufzubewahren (R 41 Abs. 3 Sätze 2 und 3 LStR).

2. Berufliche Veranlassung

a) Allgemeine Grundsätze

2448 Ein Wohnungswechsel ist nach H 41 (Berufliche Veranlassung) LStH, der allerdings keine abschließende Aufzählung enthält, beruflich veranlasst, wenn

– durch ihn die **Entfernung zwischen Wohnung und Arbeitsstätte erheblich verkürzt** wird und die verbleibende Wegezeit im Berufsverkehr als normal angesehen werden kann oder sich sonst die **Arbeitsbedingungen erheblich verbessert** haben:

Eine erhebliche Verkürzung der Entfernung zwischen Wohnung und Arbeitsstätte ist anzunehmen, wenn sich die Dauer der täglichen Hin- und Rückfahrt insgesamt wenigstens zeitweise um **mindestens eine Stunde ermäßigt** (vgl. dazu zuletzt BFH, Urteile vom 23.3.2001, BStBl II 2001 S. 585, sowie BFH/NV 2001 S. 1380 m.w.N.). Da Hin- und Rückfahrt zusammenzurechnen sind, reicht je Fahrt also eine Verkürzung um eine halbe Stunde aus, sofern die **verbleibende Wegezeit noch als normal** angesehen werden kann. Diese Grundsätze

gelten nach der o.g. Rechtsprechung auch für Umzüge innerhalb einer **Großstadt**.

Beispiel 1:

A zieht um. Da er jetzt Anschluss an den öffentlichen Nahverkehr hat, verkürzt sich die Fahrtzeit je Fahrt von einer Stunde auf 30 Minuten.

Der Umzug ist beruflich veranlasst, der Arbeitgeber kann die Umzugskosten steuerfrei ersetzen. Es spielt dabei keine Rolle, ob der Arbeitnehmer näher an die Arbeitsstätte heranzieht. Es kommt ausschließlich darauf an, ob sich die Fahrtzeit für die täglichen Fahrten zwischen Wohnung und Arbeitsstätte verkürzt.

Beispiel 2:

B zieht ebenfalls um, seine Fahrtzeit verkürzt sich von zwei Stunden je Fahrt auf eineinhalb Stunden, also ebenfalls täglich zusammen um eine Stunde. Er hat früher 100 km von der Arbeitsstätte entfernt gewohnt, jetzt sind es nur noch 80 km.

Auch wenn die „Zeitgrenze" erfüllt ist, kann der Umzug nicht als beruflich veranlasst angesehen werden. Denn es verbleibt noch eine Wegezeit, die im täglichen Berufsverkehr nicht als normal angesehen werden kann. Es ist daher davon auszugehen, dass für den Umzug nicht unerhebliche private Motive mitgespielt haben – sonst wäre B sicher noch näher an den Arbeitsplatz herangezogen (BFH, Urteil vom 22.11.1991, BStBl II 1992 S. 494).

Die Ein-Stunden-Regelung ist jedoch keine allgemein gültige Grenze. Der **Bundesfinanzhof** neigt offensichtlich dazu, im Einzelfall Umzugskosten auch dann als **beruflich veranlasst** anzuerkennen, wenn sich die Zeit für den Weg zur Arbeit und zurück zwar nicht um mindestens eine Stunde täglich verringert, die Arbeitsstätte aber künftig **ohne Verkehrsmittel zu Fuß** erreicht werden kann (BFH, Beschluss vom 2.2.2000, BFH/NV 2000 S. 945). Die Möglichkeit allein, die Arbeitsstätte mit dem Fahrrad zu erreichen, ist nicht ausreichend (FG Nürnberg, Urteil vom 20.2.2001, DStRE 2001 S. 567).

Steht bei einem Umzug eine arbeitstägliche Fahrzeitersparnis des Arbeitnehmers von **mindestens einer Stunde** fest, treten die meist mit einem Umzug verbundenen **privaten Motive generell in den Hintergrund**. Ein Umzug ist daher auch dann noch beruflich veranlasst, wenn der Umzug im Zusammenhang mit einer **heiratsbedingten Gründung eines gemeinsamen Haushalts** steht oder wegen **Familienzuwachses** erforderlich ist (BFH, Urteile vom 23.3.2001, BStBl II 2001 S. 585, sowie BFH/NV 2001 S. 1380). Entsprechendes gilt nach diesem Urteil, wenn bei **Trennung der Eheleute** der ausziehende Ehegatte den neuen Wohnort so wählt, dass sich zu seinem Arbeitsplatz eine erhebliche Fahrtzeitersparnis ergibt.

Erfolgt ein Umzug aus Anlass der Eheschließung von getrennten Wohnorten in eine gemeinsame Familienwohnung, so ist die berufliche Veranlassung des Umzugs eines jeden Ehegatten gesondert zu beurteilen (BFH, Urteil vom 23.3.2001, BStBl II 2001 S. 585).

Fahren **Ehegatten zusammen zur Arbeit**, dürfen die Fahrzeitersparnisse nicht zusammengerechnet werden (BFH, Urteil vom 27.7.1995, BStBl II 1995 S. 728). Es ist daher grundsätzlich auf jeden Ehegatten gesondert abzustellen. Nach Auffassung des **Finanzgerichts Rheinland-Pfalz** bedeutet dies aber nicht, dass z.B. Umzugskosten beim Ehemann als Werbungskosten anerkannt werden müssten, wenn sich zwar sein Arbeitsweg um mehr als 30 km verkürzt, sich aber gleichzeitig der Arbeitsweg der Ehefrau um mehr als 30 km verlängert; in diesem Fall müssen auch die verschlechterten Verhältnisse beim Ehegatten berücksichtigt werden (Urteil vom 16.8.2001, DStR Heft 44/2001 S. VI, Revision eingelegt, Az. beim BFH: VI R 128/01).

– er im **ganz überwiegenden betrieblichen Interesse des Arbeitgebers durchgeführt** wird, insbesondere beim Beziehen oder Räumen einer Dienstwohnung, die aus betrieblichen Gründen bestimmten Arbeitnehmern vorbehalten ist, um z.B. deren **jederzeite Einsatzmöglichkeit** zu gewährleisten, z.B. in Alarmfällen.

Beispiel 3:

A ist Hausmeister eines Supermarktes. Der Arbeitgeber verlangt von A den Umzug in unmittelbare Nähe des Geschäftes, damit er in Alarmfällen sofort im Geschäft sein kann.

Der Umzug ist beruflich veranlasst, die Kosten können vom Arbeitgeber steuerfrei ersetzt werden.

Diese Voraussetzung liegt auch vor, wenn der Arbeitnehmer nach **Eintritt in den Ruhestand** aus einer Dienstwohnung, die dem Arbeitgeber gehört, ausziehen muss.

– er aus Anlass der **erstmaligen Aufnahme einer beruflichen Tätigkeit** durchgeführt wird (anderer Auffassung FG Düsseldorf, Urteil vom 21.1.2000, EFG 2000 S. 485, betr. junge Menschen, die im Regelfall nicht nur wegen eines neuen Arbeitsplatzes, sondern zugleich aus persönlichen Gründen – z.B. Wunsch nach Unabhängigkeit – aus dem Elternhaus ausziehen).

Berufliche Gründe liegen regelmäßig ebenfalls vor bei einem Umzug auf Grund eines **Wechsels des Arbeitgebers** (vgl. FG Rheinland-Pfalz, Urteil vom 29.8.1986, EFG 1989 S. 18) oder **Arbeitsplatzwechsels** z.B. nach einer Versetzung (streitig bei Versetzung auf eigenen Wunsch, siehe FG Köln, Urteil vom 19.4.1988, EFG 1988 S. 467).

– er das **Beziehen oder die Aufgabe der Zweitwohnung** bei einer beruflich veranlassten **doppelten Haushaltsführung** betrifft (vgl. zuletzt BFH, Urteil vom 24.5.2000, BStBl II 2000 S. 474).

Beispiel 4:

A, verheiratet, ist für drei Jahre von München nach Berlin versetzt worden und hat dort eine Wohnung gemietet (doppelte Haushaltsführung). Nach Ablauf dieser drei Jahre kehrt er an seinen alten Arbeitsplatz zurück und gibt die Wohnung in Berlin auf.

Die Kosten für die Umzüge von München nach Berlin und den „Rückumzug" kann der Arbeitgeber steuerfrei erstatten, da sie beruflich veranlasst sind.

Kann nach den o.g. Grundsätzen eine **berufliche Veranlassung** des Umzugs anerkannt werden, ist es unerheblich, wenn bei der Auswahl der neuen Wohnung **private Motive** eine Rolle gespielt haben. Umzugskosten können daher vom Arbeitgeber auch bei einem Umzug des Arbeitnehmers ins **eigene Einfamilienhaus** steuerfrei erstattet werden (zuletzt BFH, Urteile vom 23.3.2001, BStBl II 2001 S. 585 sowie BFH/NV 2001 S. 1380, m.w.N.).

Beispiel 5:

A, verheiratet, ist von München nach Berlin versetzt worden und hat dort eine Wohnung gemietet (doppelte Haushaltsführung). Nach zehn Jahren zieht die Familie ebenfalls nach Berlin. In München hatte sie eine kleine Mietwohnung bewohnt, in Berlin jetzt ein großes Haus erworben.

Dieser Umzug, mit dem die doppelte Haushaltsführung beendet wird, ist ebenfalls beruflich veranlasst. Unerheblich ist, dass gleichzeitig ein Einfamilienhaus erworben wird und dass der Umzug erst nach zehn Jahren stattfindet (BFH, Urteil vom 21.7.1989, BStBl II 1989 S. 917).

Zieht der Arbeitnehmer zunächst in eine provisorische Wohnung am neuen Arbeitsort und erst später in die endgültige Wohnung, weil er z.B. nicht so schnell eine familiengerechte Wohnung finden kann (**„Umzug in Etappen"**), ist der Umzug in die endgültige Wohnung regelmäßig privat mitveranlasst, so dass ein Werbungskostenabzug bzw. ein steuerfreier Arbeitgeberersatz insoweit ausscheidet; dies gilt auch für die **Möbeleinlagerungskosten** (BFH, Urteil vom 21.9.2000, BStBl II 2001 S. 70).

Eine doppelte Haushaltsführung, die zunächst **„privat entstanden"** ist und später aus **beruflichen Gründen fortgeführt** wird, kann steuerlich nicht berücksichtigt werden.

Beispiel 6:

A studierte bis Ende 2001 in Berlin und hat dort eine Wohnung gemietet. Nach Abschluss des Studiums bleibt er in Berlin wohnen, weil er dort zum 1.1.2002 eine Arbeitsstelle gefunden hat. Seine Wohnung im Elternhaus in Köln hat er beibehalten, weil er nach Möglichkeit wieder nach Köln zurückkehren will.

Auch wenn die Aufrechterhaltung der doppelten Haushaltsführung ab 1.1.2002 beruflich veranlasst ist, kann A keine Mehraufwendungen wegen doppelter Haushaltsführung steuerlich absetzen, weil die doppelte Haushaltsführung in Berlin privat entstanden ist (FG Köln, Urteil vom 11.5.2000, EFG 2000 S. 786). Auch ein steuerfreier Arbeitgeberersatz ist somit nicht möglich.

Entsprechendes gilt für Zeiten, in denen A während der Semesterferien „gejobbt" hat.

b) Rückumzugskosten

Ob sog. **Rückumzugskosten** noch beruflich veranlasst sind, **2449** hängt im Wesentlichen davon ab, ob der Arbeitnehmer befristet oder unbefristet auswärts tätig war:

– Kosten eines Rückumzugs bei **Beendigung einer inländischen doppelten Haushaltsführung** durch Aufgabe der Wohnung am Arbeitsplatz sind im Allgemeinen beruflich veranlasst. Der Rückumzug wird nach **Verwaltungsauffassung** (R 43 Abs. 10 Satz 3 LStR) aber noch der „doppelten Haushaltsführung" zugerechnet mit der Folge, dass die Kosten nicht abzugsfähig sind, wenn der **Rückumzug erst nach zwei Jahren stattfindet** (vgl. dazu → *Doppelte Haushaltsführung: Erstattungsbeträge* Rz. 775). Dies gilt auch, wenn der **Rückumzug selbst beruflich veranlasst** ist, weil der Arbeitnehmer an seinem Heimatort eine andere Beschäftigung aufnimmt.

Das **Finanzgericht Nürnberg** hat die Verwaltungsauffassung abgelehnt (Urteil vom 25.10.2000 – III 155/2000, Revision eingelegt, Az. beim BFH: VI R 47/01; ebenso wohl auch FG des Landes Brandenburg, Urteil vom 31.1.2001, NWB 2001 Fach 1 S. 201). Es hat die Aufwendungen eines Arbeitnehmers für einen Umzug in die Familienwohnung (Rückumzug) als **allgemeine Werbungskosten** nach § 9 Abs. 1 Satz 1 EStG anerkannt, weil der Arbeitnehmer von seinem bisherigen Arbeitgeber an seinen bisherigen Arbeitsplatz versetzt worden ist. Die Umzugskosten können damit auch nach Ablauf der Zwei-Jahres-Frist für die Anerkennung einer doppelten Haushaltsführung steuerlich berücksichtigt werden.

– Rückumzugskosten sind auch dann im Allgemeinen **beruflich veranlasst**, wenn – ohne dass eine doppelte Haushaltsführung vorliegen muss – der Arbeitnehmer nur **befristet** an einem Ort tätig war.

– Rückumzugskosten sind dagegen **privat veranlasst**, wenn ein Arbeitnehmer nach einer **langjährigen unbefristeten auswärtigen Tätigkeit wieder an seinen Heimatort zurückkehrt**.

Nicht anerkannt wurden daher Rückumzugskosten

– eines ausländischen Arbeitnehmers, der mit seiner Familie viele Jahre im Inland gelebt hat und erst mit Eintritt in den Ruhestand in sein Heimatland zurückkehrt (BFH, Urteil vom 8.11.1996, BStBl II 1997 S. 207),

– eines Arbeitnehmers, der nach Kündigung seines Arbeitsverhältnisses vom Bodensee zurück in das Ruhrgebiet gezogen ist (FG Düsseldorf, Urteil vom 21.11.1997, EFG 1998 S. 642),

– eines Politikers nach Erreichen der Pensionsgrenze und der Aufgabe seiner politischen Ämter (BFH, Beschluss vom 22.7.1999, BFH/NV 2000 S. 37).

c) Vergebliche Umzugskosten

Auch vergebliche Aufwendungen für einen geplanten Umzug **2450** können als Werbungskosten berücksichtigt bzw. vom Arbeitgeber steuerfrei ersetzt werden, wenn die Absicht umzuziehen aufgegeben wird, weil eine vorgesehene Versetzung nicht durchgeführt wird (BFH, Urteil vom 24.5.2000, BStBl II 2000 S. 584). Dies gilt auch, wenn die vergeblichen Aufwendungen im Ausland anfallen und die für den geplanten Umzug ins Werk gesetzten Maßnahmen nur rückgängig gemacht werden, um weiter – wie bisher – durch die Verwertung der Arbeitskraft im Inland Einkünfte zu erzielen. Denn dann wird der Entschluss, Eigentum an einem ins Auge gefassten anderen Arbeitsplatz zu erwerben, durch das Bestreben überlagert, den bisherigen Arbeitsplatz nunmehr beizubehalten (BFH, Urteil vom 23.3.2001, BFH/NV 2001 S. 1379).

3. Erstattungsfähige Kosten

Grundsätzlich darf der Arbeitgeber seinem Arbeitnehmer **alle 2451 tatsächlichen Umzugskosten steuerfrei erstatten**. Er muss dann allerdings prüfen, inwieweit in den vom Arbeitnehmer vorgelegten Rechnungen nach § 12 Nr. 1 EStG steuerlich nicht abzugsfähige **Kosten der Lebensführung** enthalten sind, hierzu gehören vor allem Aufwendungen für die Neuanschaffung von Möbeln (R 41 Abs. 2 Satz 3 LStR) sowie **Vermögensverluste**, vgl. dazu im Einzelnen → Rz. 2458.

Wenn der Arbeitgeber diese Prüfung vermeiden will, kann er dem Arbeitnehmer ohne weitere Prüfung **die Kosten erstatten, die**

einem Bundesbeamten nach dem Bundesumzugskostenrecht als Umzugskostenvergütung höchstens gezahlt werden könnten. Maßgebend sind dabei folgende Rechtsvorschriften:

– Das Bundesumzugskostengesetz und

– die Auslandsumzugskostenverordnung ohne die §§ 11, 12 AUV; vgl. R 41 Abs. 2 Satz 1 LStR sowie H 41 (Höhe der Umzugskosten) LStH.

Werden anlässlich eines Umzugs für die Umzugstage **Mehraufwendungen für Verpflegung** erstattet, ist die Erstattung nur mit den Pauschbeträgen im Rahmen der zeitlichen Voraussetzungen des § 4 Abs. 5 Satz 1 Nr. 5 EStG steuerfrei (R 14 Abs. 4 Satz 2 sowie R 41 Abs. 2 Satz 1 LStR). Die anstelle eines Trennungsgelds gegebenenfalls bewilligten **Mietbeiträge** sind nicht nach § 3 Nr. 13 EStG steuerfrei (BFH, Urteil vom 16.7.1971, BStBl II 1971 S. 772). **Trennungsgeld**, das bei täglicher Rückkehr zum Wohnort gezahlt wird, ist nur nach Maßgabe der R 37 bis 39 LStR steuerfrei, soweit es sich um Dienstreisen handelt; dies ist insbesondere bei einer Versetzung nicht der Fall (R 14 Abs. 4 Satz 3 LStR).

4. Umzugskostenrechtliche Vorschriften

2452 Im Einzelnen können vom Arbeitgeber steuerfrei erstattet werden:

a) Beförderungsauslagen (§ 6 BUKG)

2453 Hierzu gehören die notwendigen Auslagen für das Befördern des Umzugsguts von der bisherigen zur neuen Wohnung, also in erster Linie die Transportkosten für den **Spediteur**, aber auch nachgewiesene Zahlungen für „**private Helfer**". „Umzugsgut" ist die gesamte Wohnungseinrichtung, auch soweit sie dem Ehegatten, Kindern oder anderen haushaltszugehörigen Personen gehört.

b) Reisekosten (§ 7 BUKG)

2454 Erstattungsfähig sind zunächst die beim **Umzug selbst** anfallenden Reisekosten für den Arbeitnehmer, die Kinder und alle haushaltszugehörigen Personen nach den für Reisekosten geltenden Grundsätzen, d.h. Fahrtkosten, Mehraufwendungen für Verpflegung in Höhe der gesetzlichen Pauschbeträge und ggf. sogar Übernachtungskosten.

Erstattungsfähig sind darüber hinaus

– **zwei** Reisen **einer** Person

– oder **eine** Reise von **zwei** Personen

zum **Suchen oder Besichtigen** einer Wohnung – Tage- und Übernachtungsgeld aber jeweils für höchstens **zwei Reisetage und zwei Aufenthaltstage**.

c) Mietentschädigung (§ 8 BUKG)

2455 Erstattungsfähig ist die Miete

– für die **alte Wohnung** bis zu dem Zeitpunkt, zu dem das Mietverhältnis wegen Kündigungsfristen frühestens gelöst werden könnte, **längstens jedoch für sechs Monate**,

– für die **neue Wohnung**, wenn diese nach Lage des Wohnungsmarktes schon gemietet werden musste, aber noch nicht genutzt werden konnte (z.B. wegen ausstehender Renovierungsarbeiten), **längstens jedoch für drei Monate**. Voraussetzung ist, dass für dieselbe Zeit gleichzeitig Miete für die alte Wohnung gezahlt werden musste.

d) Andere Auslagen (§ 9 BUKG)

2456 Hierunter fallen

– die notwendigen ortsüblichen **Maklergebühren** für die Vermittlung der neuen Wohnung, **nicht** aber bei Anschaffung eines eigenen **Einfamilienhauses bzw. Eigentumswohnung** (BFH, Urteil vom 24.5.2000, BStBl II 2000 S. 586, sowie R 41 Abs. 2 Satz 1 LStR),

– die Kosten für den **umzugsbedingten zusätzlichen Unterricht der Kinder**, z.B. auf Grund eines Schulwechsels, bis zu einem bestimmten **Höchstbetrag**, der jährlich vom Bundesministerium der Finanzen festgelegt wird. Er beträgt:

Unterrichtskosten-Höchstbetrag je Kind

(BMF-Schreiben vom 22.8.2001, BStBl I 2001 S. 542):

Umzug in der Zeit	Höchstbetrag
ab 1.1.2001	2 581 DM
ab 1.1.2002	1 349 €

Die **Unterrichtskosten** können jedoch nicht einfach bis zu diesen Höchstbeträgen steuerfrei erstattet werden: Erstattet werden können die tatsächlichen Kosten lediglich bis **50 %** des Höchstbetrags voll und darüber hinaus zu **75 %**.

Beispiel:

Kosten für den zusätzlichen Unterricht	1 500,00 €	
davon voll abzugsfähig bis 50 % von 1 349 € (Höchstbetrag)	674,50 €	→ 674,50 €
Restbetrag	825,50 €	
davon abzugsfähig 75 %, **höchstens** jedoch bis zur zweiten Hälfte von 1 349 € (Höchstbetrag)	619,12 € 674,50 €	→ 619,12 €
Abzugsfähige Unterrichtskosten		1 293,62 €

– die Auslagen für die Beschaffung eines **Kochherds** bis zu einem Betrag von 230 € sowie für **Öfen** bis zu einem Betrag von 164 € je Zimmer, wenn ihre Beschaffung beim Bezug der neuen Wohnung notwendig ist, weil sie z.B. nicht vom Vermieter gestellt werden.

e) Pauschvergütung für sonstige Umzugsauslagen (§ 10 BUKG)

2457 Da mit den vorgenannten Beträgen nicht alle denkbaren Umzugskosten ersetzt werden, gewährt das Bundesumzugskostengesetz noch eine Pauschale für sonstige Umzugsauslagen, die jährlich vom Bundesministerium der Finanzen festgesetzt wird. Sie beträgt:

Pauschvergütung für sonstige Umzugsauslagen – Inland

(BMF-Schreiben vom 22.8.2001, BStBl I 2001 S. 542):

Umzug in der Zeit	Ledige	Verheiratete	Erhöhungsbetrag für jede weitere Person
ab 1.1.2001	1 027 DM	2 054 DM	452 DM
ab 1.1.2002	537 €	1 074 €	237 €

Der **Begriff „Verheiratete"** ist hier recht weit gefasst: Dem Verheirateten stehen gleich der Verwitwete und der Geschiedene sowie derjenige, dessen Ehe aufgehoben oder für nichtig erklärt worden ist, ferner der Ledige, der auch in der neuen Wohnung Verwandten bis zum vierten Grade, Verschwägerten bis zum zweiten Grade, Pflegekindern oder Pflegeeltern aus gesetzlicher oder sittlicher Verpflichtung nicht nur vorübergehend Unterkunft und Unterhalt gewährt, sowie der Ledige, der auch in der neuen Wohnung eine andere Person aufgenommen hat, deren Hilfe er aus beruflichen oder gesundheitlichen Gründen nicht nur vorübergehend bedarf (§ 10 Abs. 2 BUKG).

Voraussetzung für den Ansatz der vollen Pauschale ist, dass der Arbeitnehmer aus einer „Wohnung" auszieht und wieder in eine „Wohnung" einzieht. Hatte er vor dem Umzug **keine eigene Wohnung**, so vermindert sich die Pauschale auf 30 % bei Verheirateten bzw. 20 % bei Ledigen.

Beispiel 1:

A, geschieden, hat bisher im Einfamilienhaus ihrer Eltern gewohnt und wird von ihrem Arbeitgeber nach Beendigung der Lehre an eine auswärtige Zweigstelle versetzt. Sie richtet am neuen Arbeitsort erstmals eine eigene Wohnung ein.

Die A überlassenen Räumlichkeiten im elterlichen Einfamilienhaus stellen keine Wohnung dar. Der Arbeitgeber darf daher A für ihre sonstigen Umzugsauslagen nur die gekürzte Pauschale von 107,40 € (20 % von 537 €) steuerfrei erstatten.

Beispiel 2:

Wie Beispiel 1 mit folgendem Sachverhalt:

Wäre A **verheiratet** und hätte der Ehemann bisher ebenfalls noch im Haushalt ihrer Eltern gelebt, wäre für die beiden eine Pauschale von 30 % von 1 074 € = 322,20 € zum Ansatz gekommen.

Dieselben **Prozentsätze** gelten auch, wenn vor dem Umzug eine „Wohnung" vorhanden war, eine solche am neuen Arbeitsort aber nicht wieder eingerichtet wird, weil z.B. wegen des nur vorübergehenden Aufenthalts am neuen Arbeitsort nur ein **möbliertes Zimmer** gemietet wird. Bei Anmietung eines Einzimmer-Appartements mit Kochgelegenheit und separater Toilette liegt dagegen schon eine „Wohnung" vor.

Die o.g. Pauschalen erhöhen sich um 50 %, wenn innerhalb von fünf Jahren schon einmal ein beruflich veranlasster Umzug durchgeführt worden ist (sog. **Häufigkeitszuschlag**). Bei diesem und dem vorhergehenden Umzug muss jedoch sowohl vorher als auch nachher eine Wohnung gegeben sein, so dass die ungekürzten Pauschalen zu gewähren sind.

f) Einzelnachweis der sonstigen Umzugsauslagen

2458 Seit 1990 wird im **öffentlichen Dienst** für „sonstige Umzugsauslagen" nur noch die o.g. **Pauschvergütung** gewährt, ein Einzelnachweis höherer Kosten ist nicht mehr zulässig. Diese Einschränkung ist aber für das Einkommensteuerrecht nicht übernommen worden: Der Arbeitnehmer kann hier gegenüber dem Finanzamt wahlweise **die höheren nachgewiesenen sonstigen Umzugsauslagen** geltend machen (R 41 Abs. 2 Satz 4 LStR). Hat der Arbeitgeber alle Kosten des Umzugs steuerfrei ersetzt, kann der Arbeitnehmer auch pauschale Umzugsauslagen nicht als Werbungskosten geltend machen (vgl. OFD Düsseldorf, Verfügung vom 27.3.2000, StEd 2000 S. 310, 324, 328).

Ein Einzelnachweis ist ferner zulässig, wenn die Pauschvergütung von vornherein nicht zum Ansatz kommt, so

– bei einem Umzug anlässlich der Begründung oder Beendigung einer **doppelten Haushaltsführung** oder

– der Beendigung einer doppelten Haushaltsführung durch den **Rückumzug eines Arbeitnehmers in das Ausland** (R 43 Abs. 10 Satz 1 LStR).

Voraussetzung für die steuerliche Anerkennung ist jedoch, dass es sich bei den geltend gemachten Kosten **tatsächlich um „Werbungskosten" handelt.** Beim Einzelnachweis wird das Finanzamt näher prüfen, inwieweit die Kosten nicht abzugsfähige **Kosten der Lebensführung** (§ 12 Nr. 1 Satz 2 EStG) darstellen, wie z.B. Aufwendungen für die Neuanschaffung von Einrichtungsgegenständen (R 41 Abs. 2 Satz 3 LStR).

Anerkannt werden können im Wesentlichen die Aufwendungen, die in der früheren Verordnung über die Erstattung der nachgewiesenen sonstigen Umzugsauslagen vom 22.1.1974, BGBl. I S. 103, aufgeführt waren, also z.B.

– außertarifliche Zuwendungen an das **Umzugspersonal** (Trinkgelder).

– Abbau von **Herd, Öfen, Lampen, Haushaltsgeräten** in der alten und Anschluss in der neuen Wohnung.

– Abbau und Anbringen von **Antennen** oder Satelliten-Empfangsanlagen.

– Anschluss oder Übernahme eines **Telefons** in der neuen Wohnung.

– Anschaffung neuer **Kfz-Kennzeichen**.

– Umschreiben von **Personalausweisen** usw.

– **Schönheitsreparaturen** in der alten Wohnung, wenn der Arbeitnehmer nach dem Mietvertrag dazu beim Auszug verpflichtet ist.

– Aufwendungen für die **vorzeitige Auflösung des Mietvertrags** am bisherigen Wohnort (BFH, Urteil vom 1.12.1993, BStBl II 1994 S. 323).

Beim **Einzelnachweis nicht anerkannt** werden können z.B.

– alle Aufwendungen, die mit der **Veräußerung des bisherigen Eigenheims** zusammenhängen, z.B. Maklerkosten, Vorfälligkeitsentschädigung sowie Veräußerungskosten (BFH, Urteile vom 24.5.2000, BStBl II 2000 S. 474 und 476).

– Kosten für **neue Möbel, Gardinen, Elektroarbeiten und einen Telefonanschluss** (zuletzt FG Münster, Urteil vom 22.7.1999, DStRE 2000 S. 181, Revision eingelegt, Az. beim BFH: VI R 147/99, sowie zuletzt FG des Saarlandes, Urteil vom 29.8.2001, EFG 2001 S. 1491, m.w.N.).

– **Maklergebühren** für die Vermittlung eines **Einfamilienhauses** oder einer Eigentumswohnung **am neuen Wohnort**; ein Abzug dieser Kosten ist auch insoweit nicht möglich, als sie bei Vermittlung einer vergleichbaren Mietwohnung angefallen wären (BFH, Urteil vom 24.5.2000, BStBl II 2000 S. 586, sowie R 41 Abs. 2 Satz 1 LStR). Maklergebühren für die Vermittlung einer **Mietwohnung** fallen dagegen unter § 9 BUKG und können daher steuerfrei ersetzt werden. Ein Werbungskostenabzug ist auch im Fall einer **fehlgeschlagenen Veräußerung** z.B. für die Maklerkosten möglich, wenn der Arbeitgeber eine Versetzung angekündigt, dann aber wieder rückgängig gemacht hat (BFH, Urteile vom 24.5.2000, BStBl II 2000 S. 584, und vom 23.3.2001, BFH/NV 2001 S. 1379).

– **Renovierungskosten** der neuen Wohnung sowie **Abstandszahlungen** an den bisherigen Mieter der neuen Wohnung für übernommene Gegenstände (BFH, Urteil vom 2.8.1963, BStBl III S. 482, und zuletzt FG Köln, Urteil vom 30.9.1998, EFG 1999 S. 144, m.w.N., Revision eingelegt, Az. beim BFH: VI R 188/98).

– Transport- bzw. Reparaturkosten für eine **Segelyacht** (FG Baden-Württemberg, Urteil vom 22.2.1999, DStRE 2000 S. 123).

5. Besonderheiten bei Auslandsumzügen

a) Allgemeine Voraussetzungen

Für Auslandsumzüge gelten die Vorschriften der §§ 13, 14 BUKG **2459** i.V.m. der Auslandsumzugskostenverordnung (AUV) vom 4.5.1991 (BGBl. I S, 1072). Der Arbeitgeber kann auch in diesem Fall seinen Arbeitnehmern die Umzugskosten **pauschal** bis zu der Höhe erstatten, die nach diesen Vorschriften im **öffentlichen Dienst höchstens gezahlt werden könnten** (vgl. R 41 Abs. 2 Satz 1 LStR).

Ein nach § 3 Nr. 16 EStG **steuerfreier Arbeitgeberersatz** ist nur zulässig, soweit der Arbeitgeber entsprechende Aufwendungen als **Werbungskosten** absetzen könnte (R 41 Abs. 3 Satz 1 LStR). **Aufwendungen für die Beschaffung klimabedingter Kleidung** (§ 11 AUV) und der sog. **Ausstattungsbeitrag** nach § 12 AUV können weder als Werbungskosten abgesetzt noch vom Arbeitgeber steuerfrei ersetzt werden (R 41 Abs. 2 Satz 1 LStR sowie OFD Hannover, Verfügung vom 8.1.2001, DB 2001 S. 304; ebenso FG Düsseldorf, Urteil vom 23.5.2001, DStRE 2001 S. 1079).

Auslandsumzüge sind Umzüge zwischen Inland und Ausland sowie im Ausland (§ 13 Abs. 1 BUKG). Als Auslandsumzüge gelten **nicht** Umzüge aus Anlass einer Einstellung, Versetzung, Abordnung oder Kommandierung im Inland einschließlich ihrer Aufhebung, wenn die neue Wohnung oder die bisherige im Ausland liegt (§ 13 Abs. 2 Nr. 4 BUKG). Diese Einschränkungen gelten jedoch nicht für die steuerliche Berücksichtigung von Umzugskosten (OFD Düsseldorf, Verfügung vom 23.7.1982, DB 1982 S. 1647). Auch der Bundesfinanzhof hat für den Werbungskostenabzug zumindest im Schätzungswege die Anwendung der höheren Auslandspauschalen zugelassen (Urteile vom 6.11.1986, BStBl II 1987 S. 188, und vom 4.12.1992, BStBl II 1993 S. 722). Entsprechendes muss daher für den steuerfreien Arbeitgeberersatz gelten (vgl. R 41 Abs. 3 Satz 1 LStR).

Beispiel:

A ist Führungskraft einer großen japanischen Autofirma, die in Deutschland zwei Niederlassungen in Hamburg und München hat. A wird für zwei Jahre nach Deutschland versetzt: Das erste Jahr verbringt er in Hamburg und das zweite in München. Er zieht jeweils an den neuen Arbeitsort um. Für alle drei Umzüge möchte die Firma ihrem Arbeitnehmer die Pauschvergütung für sonstige Umzugsauslagen nach § 10 AUV steuerfrei erstatten.

Für die Umzüge zwischen Japan und Deutschland kann dem Antrag der Firma entsprochen werden, nicht dagegen für den Umzug von Hamburg nach München. Für diesen darf der Arbeitgeber lediglich die für Inlandsumzüge in Betracht kommenden Beträge steuerfrei ersetzen (siehe oben). Vgl. zu einem ähnlichen Fall OFD Koblenz, Verfügung vom 18.7.1996, DStR 1996 S. 1286, sowie FG Hamburg, Urteile vom 7.5.1998, EFG 1998 S. 1387, und vom 7.5.1998, EFG 1998 S. 1389.

b) Einzelheiten zur Auslandsumzugskostenverordnung

Will der Arbeitgeber seine steuerfreien Ersatzmöglichkeiten voll **2460** ausschöpfen, muss er sich im Detail mit den recht komplizierten Vorschriften der Auslandsumzugskostenverordnung befassen. Erstattungsfähig sind auch hier zunächst die Beförderungsauslagen, evtl. Kosten für das Lagern und Unterstellen von Umzugsgut, Reisekosten, Mietentschädigung, Auslagen zur Erlangung der Wohnung (z.B. Maklerkosten), Beiträge zum Beschaffen technischer Geräte, Auslagen für umzugsbedingten zusätzlichen Unterricht der Kinder sowie Beiträge zum Instandsetzen der Wohnung.

Von besonderer Bedeutung sind folgende Regelungen:

Für **sonstige Umzugsauslagen** wird auch hier eine **Pauschvergütung** gewährt (§ 10 AUV). Diese beträgt das **Zweifache** der Pauschvergütung für Inlandsumzüge, d.h. die im BMF-Schreiben vom 22.8.2001, BStBl I S. 542, genannten „Inlandspauschalen" sind zu **verdoppeln**:

Pauschvergütung für sonstige Umzugsauslagen – Ausland

(BMF-Schreiben vom 22.8.2001, BStBl I S. 542):

Umzug in der Zeit	Ledige	Verheiratete	Erhöhungsbetrag für jede weitere Person
ab 1.1.2001	2 054 DM	4 108 DM	904 DM
ab 1.1.2002	1 074 €	2 148 €	474 €

Bei einem **Umzug vom Ausland in das Inland** beträgt die Pauschvergütung 80 % der o.g. Beträge (§ 10 Abs. 4 AUV). § 10 AUV enthält weitere Sonderregelungen über **Zu- und Abschläge** (z.B. bei anderer Stromspannung am neuen Wohnort), auf die hier nicht näher eingegangen werden soll. Dies gilt auch für die Vorschrift des § 17 AUV betr. Ansatz gekürzter Pauschvergütungen bei einer Auslandsverwendung von weniger als zwei Jahren.

Anders als bis zum 31.12.2000 können nach R 41 Abs. 2 Satz 1 LStR **ab 1.1.2001 nicht mehr berücksichtigt** werden

– der **Ausstattungsbeitrag** nach § 12 AUV (vgl. bisher BMF-Schreiben vom 2.7.1999, BStBl I S. 680) sowie

– der **Beitrag zum Beschaffen klimabedingter Kleidung** nach § 11 AUV (vgl. bisher BMF-Schreiben vom 2.7.1999, BStBl I S. 680),

weil es sich bei diesen Aufwendungen um typische steuerlich nicht abzugsfähige Kosten der Lebensführung (§ 12 Nr. 1 EStG) handelt (OFD Hannover, Verfügung vom 8.1.2001, DB 2001 S. 304). Der Ausstattungsbeitrag nach § 12 AUV kann deshalb auch nicht als Werbungskosten abgezogen werden (FG Düsseldorf, Urteil vom 23.5.2001, DStRE 2001 S. 1079).

6. Vorsteuerabzug bei Umzugskosten

2461 Erstattet der Arbeitgeber Umzugskosten für einen dienstlich bedingten Wohnungswechsel des Arbeitnehmers, sind die darauf entfallenden Vorsteuerbeträge wegen Streichung des § 39 UStDV seit 1.4.1999 nicht mehr abzugsfähig.

Unbezahlter Urlaub

1. Arbeitsrecht

2462 Der zumeist im Interesse und auf ausdrücklichen Wunsch des Arbeitnehmers gewährte unbezahlte Sonderurlaub, z.B. zur Kinderbetreuung oder für einen längeren Heimaturlaub bei ausländischen Arbeitnehmern, wird dadurch gekennzeichnet, dass die Pflicht zur Arbeitsleistung einerseits und die Pflicht zur Lohnzahlung andererseits ruhen. Ein allgemeiner Anspruch des Arbeitnehmers auf unbezahlten Sonderurlaub besteht nicht, so dass regelmäßig eine **Vereinbarung** mit dem Arbeitgeber **erforderlich** ist. Der Arbeitgeber kann über Gewährung oder Nichtgewährung frei nach den betrieblichen Gegebenheiten entscheiden.

Wegen des im unbezahlten Urlaub ruhenden Arbeitsverhältnisses besteht bei **Arbeitsunfähigkeit** kein Anspruch auf Entgeltfortzahlung (vgl. BAG, Urteile vom 2.10.1974, DB 1975 S. 157, und vom 25.5.1983, DB 1983 S. 2526).

Ebenso besteht bei einem in den unbezahlten Urlaub fallenden **Feiertag** kein Anspruch auf Feiertagsvergütung (vgl. BAG, Urteil vom 27.7.1973, AP Nr. 21 zu § 1 Feiertagslohngesetz).

Der unbezahlte Urlaub ist demgegenüber ohne Einfluss auf den **Urlaubsanspruch** des Arbeitnehmers; auch während der Dauer

des unbezahlten Urlaubs wächst daher der Anspruch auf Erholungsurlaub weiter an (vgl. BAG, Urteil vom 30.7.1986, DB 1986 S. 2394; zu weiteren arbeitsrechtlichen Fragen siehe b + p 1986 S. 340 ff.).

2. Lohnsteuer

2463 Lohnsteuerlich ergeben sich bei der Gewährung unbezahlten Urlaubs keine Probleme: Solange das Dienstverhältnis fortbesteht und dem Arbeitgeber die Lohnsteuerkarte vorliegt, sind auch solche in den Lohnzahlungszeitraum fallende Arbeitstage mitzuzählen, für die der Arbeitnehmer keinen Lohn bezogen hat (R 118 Abs. 2 Satz 3 LStR). Es entsteht insbesondere **kein** Teillohnzahlungszeitraum mit der Folge, dass die Lohnsteuer nach der Wochen- oder Tageslohnsteuertabelle ermittelt werden müsste (→ *Teillohnzahlungszeitraum* Rz. 2380).

Beispiel:

A (Steuerklasse III) hat in der Zeit vom 17. bis 31.10.2002 unbezahlten Urlaub erhalten. Sein „normaler" Arbeitslohn beträgt 2 500 €, er erhält für diesen halben Monat nur 1 250 €.

Der Arbeitgeber hat die Lohnsteuer nach dem Monat zu berechnen, auch wenn A nur zwei Wochen gearbeitet hat. Die Lohnsteuer beträgt 0 €, weil bei dieser Steuerklasse erst ab einem Monatslohn von 1 623 € Lohnsteuer anfällt.

Allerdings hat der Arbeitgeber sowohl im **Lohnkonto** (§ 41 Abs. 1 Satz 6 EStG) als auch auf der **Lohnsteuerkarte** (§ 41b Abs. 1 Nr. 1 EStG) den **Großbuchstaben „U"** (für Unterbrechung) einzutragen, wenn der Anspruch auf Arbeitslohn für **mindestens fünf aufeinander folgende Arbeitstage** im Wesentlichen weggefallen ist.

3. Sozialversicherung

2464 Die Mitgliedschaft versicherungspflichtiger Arbeitnehmer bleibt in der Kranken- und Pflegeversicherung ebenso wie das Beschäftigungsverhältnis i.S. der Renten- und Arbeitslosenversicherung erhalten, solange das Beschäftigungsverhältnis ohne Entgeltzahlung fortbesteht, längstens jedoch für einen Monat. Dauert ein unbezahlter Urlaub (ein unentschuldigtes Fehlen) länger, endet die Mitgliedschaft in der Kranken- und Pflegeversicherung mit Ablauf des Monates; ggf. ist eine freiwillige Kranken- und Pflegeversicherung abzuschließen. Der Arbeitnehmer ist abzumelden und nach seiner Arbeitsaufnahme wieder anzumelden.

Die Zeit des unbezahlten Urlaubs/Fehlens ist keine beitragsfreie Zeit, sie ist vielmehr wegen des Fehlens von Arbeitsentgelt nicht mit Beiträgen „belegt". Sofern in dem Monat des unbezahlten Urlaubs/Fehlens kein Arbeitsentgelt angefallen ist, werden auch keine Beiträge fällig. Im Übrigen ist bei der Beitragsberechnung davon auszugehen, als hätte das Beschäftigungsverhältnis auch während des unbezahlten Urlaubes bestanden. Werden für den Abrechnungszeitraum des unbezahlten Urlaubs/des Fehlens noch Teilentgelte fällig, werden diese auf den gesamten Abrechnungszeitraum verteilt der Beitragsberechnung unterworfen. Einmalige Zuwendungen, die während dieser Zeit gezahlt werden, sind somit nach den allgemeinen Regeln beitragspflichtig.

Beispiel 1:

Der Arbeitnehmer hat vom 15.11 bis 30.11.2002 unbezahlten Urlaub. Sein Gehaltsanspruch wird für den Monat November 2002 auf 1 500 € reduziert. Beiträge für den gesamten Monat November 2002 bemessen sich auf der Grundlage von 1 500 €.

Beispiel 2:

Der Arbeitnehmer hat im gesamten Monat Juni 2002 unbezahlten Urlaub. Laufendes Arbeitsentgelt wird nicht gezahlt, jedoch ein Urlaubsgeld in Höhe von 325 €. Für dieses Urlaubsgeld besteht im Juni 2002 Beitragspflicht.

Beispiel 3:

Der Arbeitnehmer hat vom 9.4. bis 26.4.2002 unbezahlten Urlaub. Für die verbleibenden Arbeitstage steht ihm ein Lohnanspruch von 325 € zu. Am 17.4.2002 wird eine Gewinnbeteiligung von 400 € gezahlt. Das beitragspflichtige Entgelt beträgt im April 2002 = 725 €.

Unfallkosten

1. Arbeitnehmereigene Fahrzeuge

a) Allgemeines

2465 Unfallkosten eines **Arbeitnehmers bei beruflichen Fahrten mit seinem eigenen Pkw** (dazu gehören vor allem Fahrten zwischen Wohnung und Arbeitsstätte, Familienheimfahrten bei doppelter Haushaltsführung, Dienstreisen, Einsatzwechseltätigkeit, Fahrtätigkeit) sind bei ihm grundsätzlich als **Werbungskosten** abzugsfähig, und zwar sogar **neben der Entfernungspauschale** für Wege zwischen Wohnung und Arbeitsstätte sowie Familienheimfahrten bzw. dem pauschalen km-Satz für Dienstreisen usw., vgl. H 38 (Pauschale Kilometersätze) LStH sowie H 42 (Außergewöhnliche Kosten und Unfallschäden) LStH m.w.N. Ein **steuerfreier Arbeitgeberersatz** ist aber nur zulässig, wenn es dafür eine besondere Steuerbefreiungsvorschrift gibt (R 70 Abs. 3 Satz 1 LStR).

Nicht als Werbungskosten abgezogen werden können Unfallkosten, die anlässlich einer **privaten Fahrt** oder selbst einer **beruflichen Fahrt** eintreten, wenn der Unfall durch **Alkoholeinfluss** des Arbeitnehmers herbeigeführt wurde (BFH, Urteil vom 27.3.1992, BStBl II 1992 S. 837, m.w.N.). Allein „**fahrlässiges Verhalten**" reicht jedoch für die Versagung des Werbungskostenabzugs nicht aus: Das Finanzgericht Düsseldorf hat deshalb Unfallkosten eines GmbH-Geschäftsführers auf einer beruflichen Fahrt als Werbungskosten anerkannt, obwohl er durch **fahrlässiges Verhalten** den Unfall verursacht und den Tod eines anderen Menschen herbeigeführt hat. Begründung: Der einmal begründete berufliche Veranlassungszusammenhang wird durch das fahrlässige Verhalten des Arbeitnehmers nicht unterbrochen. Das Gericht ließ offen, ob eine vorsätzlich begangene Straftat den Veranlassungszusammenhang unterbrechen könnte (Urteil vom 11.10.2000, INF 5/2001 S. IV; FR 3/2001 S. V).

Der Arbeitgeber ist aus seiner Fürsorgepflicht gehalten, dem Arbeitnehmer eine etwa vom Finanzamt verlangte **Bescheinigung** zur berufsbedingten Entstehung der Unfallkosten zu erteilen.

b) Erstattung als Reisenebenkosten

2466 Unfallkosten am **eigenen Fahrzeug gehören nicht zu den Gesamtkosten** des Fahrzeugs; vgl. H 38 (Einzelnachweis) LStH m.w.N.; sie sind bei Dienstreisen usw. jedoch als **Reisenebenkosten** zu berücksichtigen (R 40a LStR). Das bedeutet, dass Unfallkosten vom **Arbeitgeber**

- auch im Falle des Einzelnachweises aller Kfz-Kosten **nicht steuerfrei erstattet** werden können, wenn der Arbeitnehmer auf einer **privaten Fahrt** einen Unfall erleidet,

- dagegen umgekehrt bei einem Unfall auf einer **Dienstreise** usw. in **voller Höhe steuerfrei ersetzt** werden können, auch wenn der Arbeitnehmer das Kfz zum Teil privat fährt.

Beispiel 1:

A, Handelsvertreter, hat ein eigenes Kfz, das er zu 80 % beruflich nutzt. Auf einer Privatfahrt hat er einen Unfall erlitten, die Kosten haben 10 000 € betragen. Am Jahresende beantragt er von seinem Arbeitgeber die Erstattung folgender Kosten:

Gesamtkosten des Fahrzeugs (Benzin, Wartung, Versicherungen, Absetzungen für Abnutzung usw.)	50 000 €
zzgl. Unfallkosten	10 000 €
tatsächliche Gesamtkosten	60 000 €
davon 80 % beruflicher Anteil	48 000 €

Der Arbeitgeber darf nur 80 % der „bereinigten" Gesamtkosten von 50 000 € = **40 000 € für Dienstreisen steuerfrei erstatten**, weil die Unfallkosten nicht zu den Gesamtkosten zählen. Die Unfallkosten auf der privaten Fahrt können somit auch nicht anteilig – soweit das Kfz beruflich genutzt wird – steuerfrei erstattet werden.

Beispiel 2:

Beispiel wie oben, der Unfall ist jedoch auf einer Dienstreise eingetreten.

Der Arbeitgeber darf in diesem Fall außer den 40 000 € für das Kfz die vollen 10 000 € als Reisenebenkosten steuerfrei erstatten. Eine Kürzung um den privaten Nutzungsanteil des Kfz erfolgt nicht.

c) Abgrenzung der verschiedenen Fahrten

2467 Für die Frage, wann Unfallkosten an **Fahrzeugen des Arbeitnehmers** vom Arbeitgeber steuerfrei erstattet werden können, müssen die einzelnen Fallgruppen unterschieden werden:

- Ereignet sich der Unfall während einer **Dienstreise, Einsatzwechseltätigkeit oder Fahrtätigkeit**, so können die Unfallkosten als Reisenebenkosten in voller Höhe **steuerfrei ersetzt** werden (§ 3 Nr. 16 EStG). Das Gleiche gilt für Unfälle bei **Vorstellungsreisen oder Umzügen.**

(LSt̶) (SV)

Ein **geldwerter Vorteil** ist jedoch beim Arbeitnehmer zu versteuern, wenn dieser im Zustand der absoluten Fahruntüchtigkeit ein firmeneigenes Kfz beschädigt hat und gleichwohl der Arbeitgeber auf die ihm zustehende **Schadensersatzforderung verzichtet** (BFH, Urteil vom 27.3.1992, BStBl II S. 837).

- Ereignet sich der Unfall während einer Fahrt zwischen Wohnung und Arbeitsstätte, stellen die erstatteten Unfallkosten ebenso wie die erstatteten Fahrtkosten selbst **steuerpflichtigen Arbeitslohn** dar.

(LSt) (SV)

Der Arbeitgeber kann die Lohnsteuer jedoch nach § 40 Abs. 2 Satz 2 EStG mit einem **Pauschsteuersatz von 15 %** erheben. Die Begrenzung auf die Entfernungspauschale von 0,36 € bzw. 0,40 € je Entfernungskilometer gilt für Unfallkosten nicht, weil diese daneben abzugsfähig sind. Die pauschal besteuerten Bezüge bleiben beim Werbungskostenabzug des Arbeitnehmers außer Betracht (R 127 Abs. 5 Satz 3 LStR).

(LSt) (SV̶)

- Ereignet sich der Unfall während einer wöchentlichen **Familienheimfahrt im Rahmen einer beruflich veranlassten doppelten Haushaltsführung**, so sind die Ersatzleistungen in voller Höhe steuerfrei. Nach § 8 Abs. 2 Satz 5 EStG wird aus Vereinfachungsgründen auf die Erfassung eines geldwerten Vorteils für die Überlassung eines firmeneigenen Kfz verzichtet, wenn der Arbeitnehmer entsprechende Fahrtkosten als Werbungskosten absetzen könnte (d.h. **eine** Familienheimfahrt wöchentlich). Nach Ablauf der Zwei-Jahres-Frist für die steuerliche Anerkennung der doppelten Haushaltsführung sind die Familienheimfahrten als **Wege zwischen Wohnung und Arbeitsstätte** zu behandeln (R 43 Abs. 7 Satz 2 LStR), d.h., dass auch für den Ersatz von Unfallkosten die o.g. Grundsätze gelten.

(LSt̶) (SV)

- Ereignet sich der Unfall während einer **Privatfahrt**, liegt bei der Erstattung der Unfallkosten in vollem Umfang steuerpflichtiger Arbeitslohn vor, der „normal" versteuert werden muss (keine Pauschalierung). Privatfahrten sind auch kurze Abstecher, um auf dem Weg zur Arbeit das Kind in den Kindergarten zu bringen oder Kaffee zum Verzehr am Arbeitsplatz einzukaufen (BFH, Urteile vom 13.3.1996, BStBl II S. 375, und vom 12.1.1996, BFH/NV 1996 S. 538). Die sozialversicherungsrechtliche Beurteilung eines Unfalls als **Berufsunfall** ist für die steuerliche Beurteilung der Kosten entweder als abzugsfähige Werbungskosten oder aber als nicht abzugsfähige Kosten der Lebensführung unerheblich (vgl. FG Baden-Württemberg, Urteil vom 4.11.1998, EFG 1999 S. 219).

(LSt) (SV)

d) Begriff „Unfallkosten"

2468 Erstattungsfähig sind unter den o.g. Voraussetzungen die gesamten zur Beseitigung des Unfalls aufgewendeten Beträge; es kommt dabei nicht darauf an, in welchem Umfang das Fahrzeug üblicherweise privat und beruflich genutzt wird (BFH, Urteil vom 19.3.1982, BStBl II S. 442).

Zu den Unfallkosten gehören in erster Linie:

- Die **Reparaturkosten** des eigenen Fahrzeugs sowie des Fahrzeugs des Unfallgegners, wenn der Arbeitnehmer diese unter Verzicht auf die Inanspruchnahme seiner gesetzlichen Haftpflichtversicherung selbst getragen hat; Entsprechendes gilt für **Schadensersatzzahlungen an den Unfallgegner** (z.B. Schmerzensgeld). Bei Schäden am eigenen Fahrzeug, die von der **Vollkaskoversicherung unter Anrechnung der Selbstbeteiligung** erstattet worden sind, kann diese als Unfallkosten berücksichtigt werden (BFH, Urteil vom 9.8.1963, BStBl III S. 502).

– Die **Wertminderung** durch Absetzungen für außergewöhnliche Abnutzung (AfaA), wenn der Arbeitnehmer das Fahrzeug nicht reparieren lässt. Die Wertminderung errechnet sich dabei nach dem Buchwert vor dem Unfall und dem Zeitwert nach dem Unfall:

Beispiel:

A, Handelsvertreter, hat am 1.6.2001 für 54 000 € einen Pkw angeschafft, den er für seine Dienstreisen nutzt. Der Arbeitgeber erstattet ihm für jeden dienstlich gefahrenen Kilometer den pauschalen km-Satz von 0,30 €. Am 30.6.2002 erleidet A auf einer Dienstreise einen Unfall, der Wagen hat laut Sachverständigengutachten danach nur noch einen Schrottwert von 5 000 €.

Die Wertminderung errechnet sich wie folgt (die Nutzungsdauer wird entsprechend dem BMF-Schreiben vom 15.12.2000, BStBl I 2000 S. 1532, mit sechs Jahren angenommen):

Anschaffungskosten	54 000 €
AfA für 2001 (volle AfA, weil Anschaffung in der ersten Jahreshälfte; R 44 Satz 3 LStR)	./. 9 000 €
Buchwert zum 31.12.2001	45 000 €
AfA bis zum Unfalltag 30.6.2002, d.h. für 6 Monate (1/2 von 9 000 €)	./. 4 500 €
Buchwert zum 30.6.2002	40 500 €
Zeitwert (Verkehrswert) nach dem Unfall	./. 5 000 €
als Absetzung für außergewöhnliche Abnutzung zu berücksichtigende Wertminderung	35 500 €

Der Arbeitgeber darf A außer den sonstigen Unfallkosten die Wertminderung in Höhe von 35 500 € steuerfrei erstatten.

Voraussetzung für den Abzug von AfaA ist danach, dass überhaupt noch ein **abschreibungsfähiger Restbuchwert vorhanden** ist, vgl. H 42 (Unfallschäden) LStH. Dies ist bei einem zwölf Jahre alten Fahrzeug unabhängig davon nicht der Fall, ob und in welchem Umfang für das Fahrzeug tatsächlich steuerlich Abschreibungen geltend gemacht wurden (FG München, Urteil vom 18.3.1998, EFG 1998 S. 1083). In der Regel ist von einer Nutzungsdauer von **acht Jahren** auszugehen (Hessisches FG, Urteil vom 9.5.2000, EFG 2000 S. 1377).

AfaA eines durch Unfall beschädigten Pkw sind nur im **Veranlagungszeitraum des Schadenseintritts** abziehbar. Es besteht kein Wahlrecht, mit der Geltendmachung der AfaA zu warten, bis feststeht, ob und in welcher Höhe der Schaden z.B. durch eine Versicherung ersetzt wird (BFH, Urteil vom 13.3.1998, BStBl II 1998 S. 443).

– Aufwendungen für die Beseitigung **von Schäden an Kleidung, Gepäck** usw. (vgl. BFH, Urteil vom 30.6.1995, BStBl II 1995 S. 744).

– Kosten für einen **Mietwagen**, solange der eigene Wagen in der Werkstatt steht.

– Aufwendungen für **Sachverständige, Anwalt, Gericht** usw., jedoch **nicht Geldstrafen oder Bußgelder** (§ 12 Nr. 4 EStG).

– **Zinsen für einen Kredit**, der zur Bezahlung der Unfallkosten aufgenommen wurde (BFH, Urteil vom 2.3.1962, BStBl III S. 192).

– **Nebenkosten**, z.B. für den Abschleppwagen, Taxifahrten zum Anwalt oder Gericht, Telefonkosten.

Keine Unfallkosten sind dagegen

– die in den Folgejahren erhöhten **Beiträge für die Haftpflicht- und Fahrzeugversicherung**, wenn die Versicherung in Anspruch genommen worden ist, sowie

– der sog. **merkantile Minderwert** eines reparierten und weiterhin benutzten Fahrzeugs; vgl. H 42 (Unfallschäden) LStH m.w.N.

2. Firmenwagen

a) Unfallkostentragung durch Arbeitgeber kein Arbeitslohn

2469 Anders als bei arbeitnehmereigenen Fahrzeugen (vgl. → Rz. 2465) gehören Unfallkosten an einem Firmenwagen zu den **Gesamtkosten** des Fahrzeugs (R 31 Abs. 9 Nr. 2 Satz 8 LStR sowie ausführlich OFD Erfurt, Verfügung vom 26.1.1999, DStR 1999 S. 594). Die Zurechnung zu den Gesamtkosten ist unabhängig davon vorzunehmen, ob der Unfall auf einer Dienstreise bzw. Einsatzwechseltätigkeit, einer Fahrt zwischen Wohnung und Arbeitsstätte, einer Familienheimfahrt oder einer Privatfahrt eingetreten ist.

Diese Unterscheidung ist von wesentlicher Bedeutung, weil die vom Arbeitgeber getragenen Unfallkosten dem Arbeitnehmer **nicht unmittelbar als steuerpflichtiger Arbeitslohn zugerechnet** werden können, selbst wenn der Unfall auf einer Privatfahrt eingetreten ist: Es erhöht sich lediglich der Kilometersatz, der – bei Anwendung der „Fahrtenbuch-Methode" – dem Arbeitnehmer für die Überlassung des Firmenwagens als geldwerter Vorteil zuzurechnen ist.

Beispiel 1:

Handelsvertreter A hat auf einer Privatfahrt einen Unfall erlitten, die Kosten hat der Arbeitgeber getragen. A besteuert den geldwerten Vorteil für seine Privatfahrten nach der „Fahrtenbuch-Methode".

Die Unfallkosten gehen in die Gesamtkosten ein, die Kostenübernahme als solche stellt daher für A keinen steuerpflichtigen Arbeitslohn dar. Allerdings erhöht sich der Kilometersatz für das Fahrzeug, so dass A für seine Privatfahrten einen höheren Nutzungswert versteuern muss. Ein geldwerter Vorteil kann jedoch in dem Verzicht des Arbeitgebers auf die Durchsetzung von Schadensersatzansprüchen gegen A liegen, der im Zeitpunkt des Verzichts zu versteuern ist (BFH, Urteil vom 27.3.1992, BStBl II 1992 S. 837).

Beispiel 2:

A hat auf einer Dienstreise einen Unfall erlitten, die Kosten hat der Arbeitgeber getragen. Er besteuert den geldwerten Vorteil für seine Privatfahrten nach der „Fahrtenbuch-Methode".

Die Unfallkosten gehen in die Gesamtkosten ein und erhöhen somit – auch wenn der Unfall auf einer Dienstreise eingetreten ist – den geldwerten Vorteil aus der Privatnutzung des Firmenwagens.

Mit der Anwendung der **pauschalen 1 %-Regelung** sind dagegen auch die vom Arbeitgeber getragenen Unfallkosten abgegolten. Dies gilt auch, wenn diese eindeutig bei einer privaten Fahrt angefallen sind (OFD Erfurt, Verfügung vom 26.1.1999, DStR 1999 S. 594).

b) Verzicht auf Schadensersatzforderung als Arbeitslohn

2470 Steuerpflichtiger Arbeitslohn kann dagegen vorliegen, wenn der Arbeitnehmer dem Arbeitgeber für den von ihm angerichteten Schaden schadensersatzpflichtig ist (insbesondere bei einem Unfall auf einer Privatfahrt), der Arbeitgeber jedoch auf die ihm zustehende Schadensersatzforderung verzichtet. Dieser Arbeitslohn ist im Zeitpunkt des Verzichts zu versteuern (BFH, Urteil vom 27.3.1992, BStBl II 1992 S. 837).

Unfallverhütungsprämien

1. Lohnsteuer

2471 Unternehmen führen häufig Wettbewerbe durch, um die Sicherheit am Arbeitsplatz zu erhöhen. Dabei werden am Ende eines Kalenderjahrs in einzelnen Betrieben oder Betriebsteilen die Unfallhäufigkeit festgestellt und Sachprämien an die Mitarbeiter gegeben, bei denen die Zahl der meldepflichtigen Arbeitsunfälle am geringsten ist.

Solche Unfallverhütungs- und Sicherheitsprämien gehören regelmäßig zum steuerpflichtigen Arbeitslohn (BFH, Urteil vom 11.3.1988, BStBl II 1988 S. 726; siehe → *Belohnungen* Rz. 515).

Diese Prämien werden überwiegend nach § 40 Abs. 1 Nr. 1 EStG pauschal besteuert (→ *Pauschalierung der Lohnsteuer* Rz. 1806).

2. Sozialversicherung

2472 Für die beitragsrechtliche Behandlung ist zu entscheiden, ob die Prämien als laufendes oder einmalig gezahltes Arbeitsentgelt anzusehen sind.

Einmalige Zuwendungen sind Arbeitsentgelt, das nicht in einem Abrechnungszeitraum, sondern über längere Zeiträume erworben wird. Außerdem hängt die Zahlung einer Unfallverhütungsprämie nicht von der unfallfreien Arbeit eines Einzelnen in einem Abrechnungszeitraum ab, sondern von der einer Gruppe über einen längeren Zeitraum (Jahr). Die Sozialversicherungsträger vertreten die Auffassung, dass Unfallverhütungsprämien als einmalig gezahltes, beitragspflichtiges Arbeitsentgelt anzusehen sind, auch wenn die Prämien als Sachbezug und nicht in Geld gewährt werden.

Demnach ist der Geldwert der Sachprämie als Berechnungsgrundlage zu ermitteln. Nach § 6 Abs. 3 Satz 4 der Sachbezugsverordnung ist es möglich, dem einzelnen Arbeitnehmer den Durchschnittswert des pauschal versteuerten Sachbezugs zuzuordnen und danach den Beitrag zu berechnen, wenn der Wert des Sachbezugs 80 € nicht übersteigt und der Arbeitgeber die Arbeitnehmeranteile an den Sozialversicherungsbeiträgen übernimmt. Dieser vermögenswerte Vorteil ist dem letzten Entgeltabrechnungszeitraum des Kalenderjahrs zuzuordnen.

3. Prämien der Berufsgenossenschaft

2473 Belohnungen, die die **Berufsgenossenschaften** den Arbeitnehmern für Vorschläge zur Verhütung von Unfällen zahlen, sind regelmäßig kein steuerpflichtiger und damit auch kein beitragspflichtiger Arbeitslohn (BFH, Urteil vom 22.3.1963, BStBl III 1963 S. 306).

Unfallversicherung: freiwillige

1. Allgemeines

2474 Hat der Arbeitgeber für seine Arbeitnehmer eine Unfallversicherung abgeschlossen und übernimmt er dafür die Beiträge, handelt es sich bei den begünstigten Arbeitnehmern **grundsätzlich um steuerpflichtigen Arbeitslohn;** ausgenommen ist lediglich der Versicherungsschutz für Unfälle bei **Dienstreisen.** Steuerlich ist dies so zu bewerten, als ob der Arbeitgeber dem Arbeitnehmer die **Mittel zur Verfügung stellt** und dieser sie zum Erwerb des Versicherungsschutzes verwendet. Beiträge zu **Direktversicherungen bzw. Gruppenunfallversicherungen,** in denen der Arbeitgeber als Versicherungsnehmer auftritt, stellen daher **keinen Sachbezug, sondern Barlohn dar.** Die für bestimmte Sachbezüge geltende **50-€-Freigrenze** nach § 8 Abs. 2 Satz 9 EStG (siehe → *Sachbezüge* Rz. 2145) findet deshalb hier **keine Anwendung** (R 31 Abs. 3 Satz 2 LStR).

Ist der **Arbeitgeber selbst der Versicherer** und gewährt er seinen Arbeitnehmern unentgeltlich bzw. verbilligt Versicherungsschutz (es handelt sich dabei um eine **Dienstleistung**), ist dieser Sachbezug nach § 8 Abs. 3 EStG zu bewerten, d.h. dass der **Rabattfreibetrag** bis 1 224 € abgezogen und der **Bewertungsabschlag** von 4 % berücksichtigt werden können (BFH, Urteil vom 4.11.1994, BStBl II 1995 S. 338).

Räumt ein **Versicherer einem fremden Arbeitnehmer** verbilligten Versicherungsschutz ein, können – wenn der Arbeitgeber an der Verschaffung der Preisvorteile mitgewirkt hat – unter den Voraussetzungen des BMF-Schreibens vom 27.9.1993, BStBl I 1993 S. 814, **Rabatte von dritter Seite** vorliegen, die nach § 8 Abs. 2 Satz 1 EStG zu bewerten sind (→ *Rabatte* Rz. 1951). In diesem Fall ist die 50-€-Freigrenze des § 8 Abs. 2 Satz 9 EStG zu berücksichtigen.

Prämienvorteile, die bei Gruppenversicherungen gegenüber Einzelversicherungen entstehen, gehören nicht zum Arbeitslohn. Die Prämienunterschiede beruhen auf Versicherungsrecht, da für beide Versicherungsarten unterschiedliche Tarife gelten, und führen mithin nicht zu einem lohnsteuerlich zu erfassenden geldwerten Vorteil. D.h., dass lohnsteuerlich Gruppenversicherungen nicht mit Einzelversicherungen verglichen werden dürfen. Folglich

darf der Beitrag für eine Einzelversicherung nicht automatisch in allen Fällen, in denen Arbeitnehmern im Rahmen einer Gruppenversicherung verbilligter Versicherungsschutz eingeräumt wird, als üblicher Endpreis i.S. des § 8 Abs. 2 EStG herangezogen werden. Entscheidend ist allein, ob für die **Arbeitnehmer Einzel- oder Gruppenversicherungen abgeschlossen** worden sind. Ein geldwerter Vorteil bemisst sich je nach Art der abgeschlossenen Versicherung (Einzel- oder Gruppenversicherung) danach, ob den Arbeitnehmern dabei Konditionen eingeräumt werden, die von denen abweichen, die fremden Dritten für die gleiche Versicherung (Einzel- oder Gruppenversicherung) gewährt werden. Dies gilt unabhängig, ob es sich um Gruppenversicherungen innerhalb oder außerhalb der Pauschalierungsregelung des § 40b EStG handelt (BMF-Schreiben vom 20.3.1996, Lohnsteuer-Handausgabe 2001 S. 197). § 40b EStG stellt keine besondere Bewertungsvorschrift dar, die § 8 EStG vorgeht, sondern regelt die Möglichkeit der Pauschalierung bei bestimmten Zukunftssicherungsleistungen.

2. Rechtsprechung

2475 Der Bundesfinanzhof hat mit Urteilen vom 16.4.1999, BStBl II 2000 S. 406 und 408, entschieden, dass bei Unfallversicherungen in Form einer **Fremdversicherung,** bei der

– der **Arbeitnehmer** zwar materiell Inhaber des Rechtsanspruchs gegenüber dem Versicherer ist,

– der Anspruch jedoch nur vom **Arbeitgeber** als Versicherungsnehmer (= Vertragspartner der Versicherung) geltend gemacht werden kann,

dem Arbeitnehmer im Zeitpunkt der Beitragsleistung des Arbeitgebers noch kein geldwerter Vorteil zufließt. Der Bundesfinanzhof ist damit der Verwaltungsauffassung in Tz. 2 des BMF-Schreibens vom 18.2.1997, BStBl I 1997 S. 278, nicht gefolgt. Dieses ging bei Fremdversicherungen wegen des zwischen Arbeitgeber als Versicherungsnehmer und Arbeitnehmer als Versichertem bestehenden gesetzlichen Treuhandverhältnisses vom **Zufluss eines geldwerten Vorteils bereits im Zeitpunkt der Beitragsleistung** aus, da der Arbeitgeber verpflichtet ist, die Versicherungsleistung an den Beschäftigten auszukehren.

Nach der **Rechtsprechung** des Bundesfinanzhofs sind demgegenüber nicht bereits die Versicherungsbeiträge, sondern erst die späteren Versicherungsleistungen beim Arbeitnehmer steuerlich zu erfassen (sog. **nachgelagerte Besteuerung**).

3. Der Erlass vom 17.7.2000

2476 Die obersten Finanzbehörden mussten daher das o.g. Schreiben ändern; nach dem BMF-Schreiben vom 17.7.2000, BStBl I 2000 S. 1204, gilt Folgendes (die Nummerierung folgt der Gliederung dieses Schreibens):

1. Versicherungen des Arbeitnehmers

1.1 Versicherung gegen Berufsunfälle

Aufwendungen des Arbeitnehmers für eine Versicherung **ausschließlich** gegen Unfälle, die mit der **beruflichen Tätigkeit** in unmittelbarem Zusammenhang stehen (einschließlich der Unfälle auf dem Weg von und zur Arbeitsstätte), sind **Werbungskosten** (§ 9 Abs. 1 Satz 1 EStG).

1.2 Versicherung gegen außerberufliche Unfälle

Aufwendungen des Arbeitnehmers für eine Versicherung gegen außerberufliche Unfälle (also Unfälle im privaten Bereich) sind **Sonderausgaben** (§ 10 Abs. 1 Nr. 2 Buchst. a EStG).

1.3 Versicherung gegen alle Unfälle

Aufwendungen des Arbeitnehmers für eine Unfallversicherung, die das **Unfallrisiko sowohl im beruflichen als auch im außerberuflichen Bereich** abdeckt, sind zum einen Teil Werbungskosten und zum anderen Teil Sonderausgaben. Der Gesamtbetrag einschließlich Versicherungsteuer für beide Risiken ist entsprechend **aufzuteilen** (vgl. BFH, Urteil vom 22.6.1990, BStBl II S. 901). Für die Aufteilung sind die Angaben des Versicherungsunternehmens darüber maßgebend, welcher Anteil des Gesamtbeitrags das berufliche Unfallrisiko abdeckt. Fehlen derartige Angaben, ist der Gesamtbetrag durch **Schätzung** aufzuteilen. Es bestehen keine Bedenken, wenn die Anteile auf **jeweils 50 % des Gesamtbeitrags geschätzt** werden.

Beispiel:

Arbeitnehmer A zahlt im Jahr 600 € für eine Unfallversicherung, die berufliche und private Unfälle abdeckt. Er hat die Versicherung vor allem abgeschlossen, weil er täglich mit dem Auto zur Arbeit fährt.

A kann nach dem Erlass 50 % = 300 € als Werbungskosten absetzen, auch soweit sie auf Fahrten zwischen Wohnung und Arbeitsstätte entfallen. Denn die Kosten für eine Unfallversicherung gehören nicht zu den Kfz-Kosten und sind daher nicht mit der Entfernungspauschale von 0,36 € bzw. 0,40 € je Entfernungskilometer abgegolten, vgl. H 40a (Unfallversicherung) LStH.

1.4 Übernahme der Beiträge durch den Arbeitgeber

Vom Arbeitgeber übernommene Beiträge des Arbeitnehmers sind **steuerpflichtiger Arbeitslohn**. Das gilt **nicht**, soweit Beiträge zu Versicherungen gegen berufliche Unfälle und Beiträge zu Versicherungen gegen alle Unfälle (Tz. 1.1 und 1.3) auch das **Unfallrisiko bei Dienstreisen** (R 37 Abs. 3 LStR) abdecken. Der auf Unfälle bei Dienstreisen entfallende Beitrag ist als Vergütung von Reisennebenkosten steuerfrei (§ 3 Nr. 13 und 16 EStG, H 40a [Unfallversicherung] LStH). Es bestehen keine Bedenken, wenn bei der Aufteilung des auf den beruflichen Bereich entfallenden Beitrags in steuerfreie Reisekostenvergütungen und steuerpflichtigen Werbungskostenersatz der auf **steuerfreie Reisekostenvergütung entfallende Anteil auf 40 % des auf den beruflichen Bereich entfallenden Beitrags/Beitragsanteils (das entspricht 20 % des Gesamtbeitrags) geschätzt** wird. Der als Werbungskostenersatz dem Lohnsteuerabzug zu unterwerfende Beitragsanteil gehört zu den Werbungskosten des Arbeitnehmers.

Beispiel:

Sachverhalt wie Beispiel oben. Der Arbeitgeber erstattet A jedoch die gesamten Beiträge in Höhe von 600 €, weil A häufig auf Dienstreisen ist.

Auf den beruflichen Anteil entfallen wie im obigen Beispiel 300 €. Hiervon bleibt als Reisekostenersatz der Anteil steuerfrei, der das Unfallrisiko bei Dienstreisen abdeckt (§ 3 Nr. 16 EStG). Dieser Anteil kann pauschal mit 20 % des Gesamtbeitrags angesetzt werden, das sind 120 € (20 % von 600 €).

Der Restbetrag von 480 € ist vom Arbeitgeber dem Lohnsteuerabzug zu unterwerfen. A kann den auf das berufliche Risiko entfallenden Restbetrag von 180 € (120 € sind bereits steuerfrei erstattet worden) als Werbungskosten und den auf den Privatbereich entfallenden Anteil (300 €) als Sonderausgaben absetzen, auch wenn diese sich auf Grund der Höchstbetragsbegrenzung in den meisten Fällen steuerlich nicht auswirken dürften.

2. Versicherungen des Arbeitgebers

Handelt es sich bei vom Arbeitgeber abgeschlossenen Unfallversicherungen seiner Arbeitnehmer um **Versicherungen für fremde Rechnung** (§ 179 Abs. 2 i.V.m. §§ 75 bis 79 VVG), bei denen die Ausübung der Rechte aus dem Versicherungsvertrag ausschließlich dem Arbeitgeber zusteht, so stellen die **Beitragsleistungen des Arbeitgebers keinen Arbeitslohn** dar (BFH, Urteil vom 16.4.1999, BStBl II 2000 S. 406).

Dagegen gehören die Beiträge als Zukunftssicherungsleistungen zum **Arbeitslohn** (§ 19 Abs. 1 Satz 1 Nr. 1 EStG, § 2 Abs. 2 Nr. 3 Satz 1 LStDV), wenn der **Arbeitnehmer den Versicherungsanspruch unmittelbar gegenüber dem Versicherungsunternehmen geltend machen kann**. Das gilt unabhängig davon, ob es sich um eine Einzelunfallversicherung oder eine Gruppenunfallversicherung handelt. Beiträge zu Gruppenunfallversicherungen sind ggf. nach der Zahl der versicherten Arbeitnehmer auf diese aufzuteilen (§ 2 Abs. 2 Nr. 3 Satz 3 LStDV).

Steuerfrei sind Beiträge oder Beitragsteile, die das Unfallrisiko auf **Dienstreisen** (R 37 Abs. 3 LStR) abdecken und deshalb zu den steuerfreien Reisekostenvergütungen gehören (H 40a [Unfallversicherung] LStH). Für die Aufteilung eines auf den beruflichen Bereich entfallenden Gesamtbeitrags in steuerfreie Reisekostenvergütung und steuerpflichtigen Werbungskostenersatz ist die Vereinfachungsregelung in Tz. 1.4 anzuwenden.

3. Werbungskosten- oder Sonderausgabenabzug

Der Arbeitnehmer kann die dem Lohnsteuerabzug unterworfenen Versicherungsbeiträge als **Werbungskosten oder als Sonder-**

ausgaben geltend machen. Für die Zuordnung gelten die Regelungen in Tz. 1. bis 1.3.

4. Leistungen aus Unfallversicherungen

4.1 Zuordnung zu den Einkünften aus nichtselbständiger Arbeit

4.1.1 Stellen die im Kalenderjahr des Versicherungsfalles geleisteten **Beiträge** des Arbeitgebers **keinen** Arbeitslohn dar, weil die Ausübung der Rechte aus dem Versicherungsvertrag ausschließlich ihm zustehen, gilt **für die vom Arbeitgeber an den Arbeitnehmer ausgekehrte Leistung** aus der Unfallversicherung Folgendes:

– Bei einem im **privaten Bereich** eingetretenen Versicherungsfall gehört die Leistung in voller Höhe zum **steuerpflichtigen Arbeitslohn** und unterliegt dem Lohnsteuerabzug.

– Bei einem im **beruflichen Bereich** eingetretenen Unfall gehört die Auskehrung des Arbeitgebers **nicht zum Arbeitslohn**, soweit der Arbeitgeber gesetzlich zur Schadensersatzleistung verpflichtet ist oder soweit der Arbeitgeber einen zivilrechtlichen Schadensersatzanspruch des Arbeitnehmers wegen schuldhafter Verletzung arbeitsvertraglicher Fürsorgepflichten erfüllt (BFH, Urteil vom 20.9.1996, BStBl II 1997 S. 144).

4.1.2 Handelt es sich um **Leistungen aus einer Unfallversicherung, die der Arbeitnehmer gegenüber dem Versicherungsunternehmen geltend machen kann**, sind die Leistungen **Arbeitslohn**, soweit sie **Entschädigungen** für entgangene oder entgehende Einnahmen im Sinne des § 24 Nr. 1 Buchst. a EStG darstellen, der Unfall im beruflichen Bereich eingetreten ist und die Beiträge ganz oder teilweise Werbungskosten waren (bzw. steuerfreie Reisenebenkostenvergütungen). Die Versicherungsleistungen unterliegen **nicht dem Lohnsteuerabzug**; der als Entschädigung i.S. des § 24 Nr. 1 Buchst. a EStG steuerpflichtige Anteil, der im Rahmen der **Veranlagung** des Arbeitnehmers zur Einkommensteuer zu erfassen ist, ist durch Schätzung zu ermitteln.

4.2 Zuordnung zu den sonstigen Einkünfte

Die wiederkehrenden Leistungen aus der Unfallversicherung können, soweit sie nicht steuerpflichtiger Arbeitslohn sind (Tz. 4.1), zu den Einkünften nach § 22 Nr. 1 Satz 1 EStG gehören. Leistungen aus der Unfallversicherung, die in Form gleichbleibender Bezüge auf Lebenszeit des Versicherungsberechtigten gezahlt werden, sind ggf. Leibrenten nach § 22 Nr. 1 Satz 3 Buchst. a EStG. Schadensersatzrenten zum Ausgleich vermehrter Bedürfnisse (§ 843 Abs. 1 2. Alternative BGB) sowie Schmerzensgeldrenten nach § 847 BGB sind nicht steuerbar (vgl. BMF-Schreiben vom 8.11.1995, BStBl I 1995 S. 705).

5. Lohnsteuerabzug von Beitragsleistungen

Soweit die vom Arbeitgeber übernommenen Beiträge (Tz. 1.4) oder die Beiträge zu Versicherungen des Arbeitgebers (Tz. 2) dem steuerpflichtigen Arbeitslohn zuzuordnen sind, sind sie im Zeitpunkt ihrer Zahlung dem steuerpflichtigen Arbeitslohn des Arbeitnehmers zuzurechnen und dem Lohnsteuerabzug zu unterwerfen, wenn nicht eine **Pauschalbesteuerung** nach § 40b Abs. 3 EStG durchgeführt wird. Voraussetzung für die Lohnsteuerpauschalierung ist, dass der nach der Zahl der versicherten Arbeitnehmer aufgeteilte steuerpflichtige Gesamtbeitrag – ohne Versicherungssteuer – **keinen höheren Durchschnittsbeitrag als 62 € jährlich** ergibt (siehe auch → Rz. 2478). Der Pauschalbesteuerung unterliegen nur die als Arbeitslohn zu erfassenden Arbeitgeberleistungen.

6. Übergangsregelung

Das neue BMF-Schreiben vom 17.7.2000, BStBl I 2000 S. 1204, ist grundsätzlich mit Wirkung **ab 1.1.2000 anzuwenden**. Für die **Jahre bis einschließlich 2000 besteht ein Wahlrecht**, Einzelheiten siehe Vorauflage.

Ab dem Jahr 2001 kann die Lohnsteuerpflicht der Versicherungsleistungen beim Arbeitnehmer dadurch vermieden werden, dass dem **Arbeitnehmer eigene Ansprüche** gegen das Versicherungsunternehmen eingeräumt werden. Die vom Arbeitgeber gezahlten **Beiträge** stellen dann beim Arbeitnehmer zwar steuerpflichtigen Arbeitslohn dar, nicht aber die im Versicherungsfall geleisteten **Versicherungsleistungen** (§ 2 Abs. 2 Nr. 2 Satz 2 LStDV).

4. Einzelfragen

2477 Die Aufteilung der Beiträge in Werbungskosten und Sonderausgaben gilt **nicht für Unfallversicherungen mit Prämienrückgewähr**, bei denen eine reine Unfallversicherung mit einer Zusatzversicherung auf Rückgewähr der eingezahlten Prämien (= Lebensversicherung) kombiniert ist. Der Steuerpflichtige muss dabei ein Mehrfaches der bei einer reinen Unfallversicherung zu zahlenden Prämien aufbringen. Der Versicherer ist verpflichtet, die Prämien ohne Zinsen nach Ablauf des Vertrags oder beim Eintritt bestimmter Ereignisse (z.B. Tod, Invalidität) ohne Abzug für etwa geleistete Unfallentschädigungen zurückzuerstatten. Ein solches Versicherungsverhältnis ist i.d.R. nicht aufteilbar, sondern einheitlich zu beurteilen. Ist der Prämienanteil für die reine Unfallversicherung gegenüber dem Sparanteil gering, so hat der Vertrag wirtschaftlich dieselbe Bedeutung wie eine für die gleiche Zeit abgeschlossene Lebensversicherung mit der Folge, dass ein Werbungskostenabzug ausscheidet.

Der Sonderausgabenabzug kommt nur dann in Betracht, wenn die für Versicherungen auf den Erlebens- oder Todesfall geltenden Bestimmungen (z.B. Mindesttodesfallschutz, siehe BMF-Schreiben vom 6.12.1996, BStBl I 1996 S. 1438) eingehalten sind.

5. Lohnsteuerpauschalierung

a) Allgemeine Voraussetzungen

2478 Von den Beiträgen für eine Unfallversicherung des Arbeitnehmers kann der Arbeitgeber die Lohnsteuer mit einem **Pauschsteuersatz von 20 % der Beiträge** erheben, wenn

– **mehrere Arbeitnehmer gemeinsam in einem Unfallversicherungsvertrag versichert** sind und

– der **steuerpflichtige Durchschnittsbeitrag**, der sich bei einer Aufteilung der gesamten Beiträge **nach Abzug der Versicherungssteuer** durch die Zahl der begünstigten Arbeitnehmer ergibt, **62 € im Kalenderjahr nicht übersteigt** (§ 40b Abs. 3 EStG, R 129 Abs. 12 LStR).

Bei der **Steuerberechnung** ist dagegen die **Versicherungssteuer einzubeziehen**, sie bleibt nur für die Berechnung des Durchschnittsbeitrags außer Betracht.

Beispiel 1:

Der Beitrag für zehn in einem Gruppen-Unfallversicherungsvertrag gemeinsam versicherte Arbeitnehmer beträgt 480 €. Da auf einen Arbeitnehmer ein Teilbetrag von 48 € entfällt, ist der gesamte Beitrag pauschalierungsfähig.

Beispiel 2:

Der Beitrag für zwölf in einem Gruppen-Unfallversicherungsvertrag, der auch berufliche Risiken sowie Unfälle der Arbeitnehmer auf Dienstreisen abdeckt, gemeinsam versicherte Arbeitnehmer beträgt ohne Versicherungssteuer 738 €. Davon sind nach der pauschalen Aufteilungsregelung 20 % = 147,60 € als Reisekostenersatz steuerfrei. Da somit auf jeden Arbeitnehmer ein steuerpflichtiger Durchschnittsbeitrag von 49,20 € entfällt [(738 € ⁄ 147,60 €) : 12], ist eine Pauschalierung der Lohnsteuer durch den Arbeitgeber möglich.

Beispiel 3:

Der Beitrag für zwölf in einem Gruppen-Unfallversicherungsvertrag gemeinsam versicherte Arbeitnehmer beträgt 714 € **zuzüglich** 85,68 € Versicherungssteuer (insgesamt 799,68 €). Da auf einen Arbeitnehmer nach Abzug der Versicherungssteuer ein Teilbetrag von 59,50 € entfällt, ist der gesamte Beitrag von 799,68 € pauschalierungsfähig.

Gemäß § 40b Abs. 1 Satz 1 EStG kann die Lohnsteuer nur von den **tatsächlichen Beiträgen** pauschal erhoben werden. Dies bedeutet, dass für beitragsbegünstigte Versicherungen in Form einer Direktversicherung nur der tatsächlich geleistete Versicherungsbeitrag pauschal zu versteuern ist. Deshalb ist ein ggf. gewährter geldwerter Vorteil individuell zu versteuern.

Beispiel 4:

Ein Arbeitgeber schließt eine Direktversicherung für seinen Arbeitnehmer ab, für die er auf Grund wirtschaftlicher Verflechtung mit dem Versicherer

nur Beiträge in Höhe von 20 € statt üblicherweise 100 € monatlich zu leisten hat.

Die gezahlten Beiträge in Höhe von 20 € monatlich stellen steuerpflichtigen Arbeitslohn dar, der nach § 40b EStG pauschal versteuert werden kann. Daneben ist in der Gewährung des verbilligten Versicherungsschutzes ein geldwerter Vorteil (Rabatt durch Dritte) zu sehen, der dem individuellen Lohnsteuerabzug durch den Arbeitgeber unterliegt.

Nach der Vereinfachungsregelung (R 31 Abs. 2 Satz 9 LStR) kann der geldwerte Vorteil wie folgt ermittelt werden:

konkreter Endpreis	100,00 €	
abzüglich 4 %	4,00 €	
= üblicher Endpreis	96,00 €	
abzüglich Beitragszahlung	20,00 €	→ *pauschale LSt 20 %*
= geldwerter Vorteil	76,00 €	→ *individueller Steuersatz*

b) Berechnung des Durchschnittsbeitrags in Sonderfällen

2479 Bei **konzernumfassenden Gruppenunfallversicherungen** ist der Durchschnittsbeitrag festzustellen, der sich bei Aufteilung der Beitragszahlungen des Arbeitgebers auf die Zahl seiner begünstigten Arbeitnehmer ergibt; es ist nicht zulässig, den Durchschnittsbeitrag durch Aufteilung des Konzernbeitrags auf alle Arbeitnehmer des Konzerns zu ermitteln (R 129 Abs. 12 Satz 2 LStR).

c) Versteuerung bei Überschreiten der 62-€-Freigrenze

2480 Ist die Pauschalierungsmöglichkeit ausgeschlossen, weil der Durchschnittsbeitrag die Freigrenze von 62 € übersteigt, muss der Arbeitgeber die Beiträge bei jedem begünstigten Arbeitnehmer **individuell nach den Merkmalen seiner Lohnsteuerkarte** versteuern. Eine Pauschalierung nach § 40 Abs. 1 Nr. 1 EStG mit einem besonders ermittelten Pauschsteuersatz ist nicht möglich (§ 40b Abs. 4 Satz 2 EStG).

Geht aus dem Versicherungsvertrag der auf den einzelnen Arbeitnehmer entfallende Beitrag hervor, ist dieser Betrag zu versteuern (**individueller Jahresbetrag**). Wenn dagegen für die Arbeitnehmer nur ein Gesamtbeitrag bekannt ist, ist der **Durchschnittsbeitrag** maßgebend (§ 2 Abs. 2 Nr. 3 Satz 3 LStDV).

Die Versteuerung erfolgt grundsätzlich nach den Regeln für **sonstige Bezüge**, weil es sich nicht um laufenden Arbeitslohn handelt (vgl. dazu auch R 115 i.V.m. R 119 LStR). Dabei ist allerdings zu berücksichtigen, dass **sonstige Bezüge von nicht mehr als 156 €** im Jahr nach R 119 Abs. 2 LStR dem laufenden Arbeitslohn zuzurechnen und nach der Monatstabelle zu versteuern sind.

6. Sozialversicherung

2481 Soweit die Beiträge des Arbeitgebers zu einer Unfallversicherung der Arbeitnehmer bei diesen steuerlich Arbeitslohn darstellen und zu versteuern sind, unterliegen sie auch der **Sozialversicherungspflicht**. Die Spitzenverbände der Sozialversicherungsträger haben beschlossen, der o.g. neuen Rechtsprechung des Bundesfinanzhofs zur Lohnsteuer zu folgen (Besprechungsergebnis vom 30./31.5.2000, DB 2000 S. 1467).

Dies gilt allerdings **nicht**, wenn der Arbeitgeber die Lohnsteuer nach § 40b Abs. 3 EStG **mit 20 % pauschal erhebt**. Nach § 2 Abs. 1 Nr. 3 ArEV sind in diesem Fall die Beiträge **nicht dem Arbeitsentgelt** zuzurechnen. Voraussetzung ist allerdings nach dieser Vorschrift, dass die Beiträge **zusätzlich** zu Löhnen und Gehältern gewährt werden. Aus steuerlicher Sicht ist in diesem Fall eine solche Umwandlung möglich (→ *Barlohnumwandlung* Rz. 410).

Unfallversicherung: gesetzliche

1. Sozialversicherung

2482 Die gesetzliche Unfallversicherung ist dem Sozialversicherungsrecht (SGB VII) zuzuordnen. Träger sind die Berufsgenossenschaften (→ *Berufsgenossenschaften* Rz. 536), die sich entsprechend ihren sachlichen Zuständigkeiten in die allgemeine, die landwirtschaftliche und die See-Unfallversicherung gliedern. Primäre **Aufgabe der Unfallversicherungsträger** ist das Verhüten aller arbeitsbedingten Gesundheitsgefahren. Dabei sind die Unfallversicherungsträger ausdrücklich verpflichtet, den Ursachen solcher Gefahren nachzugehen und in diesem Bereich mit den Krankenkassen zusammenzuarbeiten (§§ 1, 14 SBG VII). Nach Eintritt eines Versicherungsfalles entschädigen sie den Verletzten, seine Angehörigen bzw. Hinterbliebenen durch

– Leistungen zur Wiederherstellung der Erwerbsfähigkeit,

– Berufshilfe in Form von Arbeits- und Berufsförderung,

– Erleichterung der Verletzungsfolgen,

– Geldleistungen.

Mitglieder der gesetzlichen Unfallversicherung sind die Unternehmer (Arbeitgeber), nicht die Arbeitnehmer. Die gesetzliche Unfallversicherung tritt mit ihren Leistungen bei Arbeitsunfällen, Wegeunfällen (versicherter Weg zu und von der Arbeitsstelle) und Berufskrankheiten ein.

Darüber hinaus ist der Kreis der in der Unfallversicherung **versicherten Personen** über ihre direkte berufliche Anbindung hinaus erweitert worden. Versichert sind z.B. auch – ohne Bezugnahme zu einem Arbeitsverhältnis –

● Personen,

– die bei Unglücksfällen oder gemeiner Gefahr oder Not Hilfe leisten oder einen anderen aus Lebensgefahr oder erheblicher Gefahr zu retten versuchen,

– die von einem öffentlich Bediensteten zur Unterstützung einer Dienstleistung herangezogen werden und Hilfe leisten,

– die sich bei der Verfolgung oder Festnahme von Verdächtigen oder zum Schutz widerrechtlich Angegriffener persönlich einsetzen,

– die auf Anforderung oder bei Gefahr im Verzuge Luftschutzdienst leisten, sowie freiwillige Helfer des Bundesluftschutzverbandes und Teilnehmer an entsprechenden Ausbildungsmaßnahmen,

● Blutspender und Spender körpereigener Gewebe,

● für öffentliche Stellen ehrenamtlich Tätige,

● die von einem Gericht oder der Staatsanwaltschaft zur Beweiserhebung herangezogenen Zeugen,

● Kinder während des Besuchs von Kindergärten,

● Schüler während des Besuchs allgemein bildender Schulen,

● Lernende während der beruflichen Aus- und Fortbildung,

● Studierende während der Aus- und Fortbildung an Hochschulen,

● Personen, die beim Bau eines Familienheimes o.Ä. einschließlich der Aufschließung, Kultivierung des Geländes oder der Herrichtung von Wirtschafts- und Gemeinschaftsanlagen im Rahmen der Selbsthilfe tätig sind, wenn durch das Bauvorhaben öffentlich geförderte oder steuerbegünstigte Wohnungen geschaffen werden,

● zeitlich befristet im Ausland tätige Entwicklungshelfer einschließlich ihrer Vorbereitungszeit im Inland,

● Rehabilitanden u.Ä. der Sozialversicherungsträger,

● Pflegepersonen bei der Pflege eines Pflegebedürftigen, soweit Pflegetätigkeiten im Bereich der Ernährung, der Mobilität sowie der hauswirtschaftlichen Versorgung geleistet werden.

Die **Mitgliedschaft** des Unternehmers in der Unfallversicherung **beginnt** kraft Gesetzes mit der Eröffnung des Unternehmens bzw. der Aufnahme vorbereitender Arbeiten und ist innerhalb von einer Woche der zuständigen Berufsgenossenschaft unter Angabe des Gegenstandes und der Art des Unternehmens, des Eröffnungstages und der Zahl der Versicherten **anzuzeigen**. Der versicherte Unternehmer wird in das Unternehmensverzeichnis der Berufsgenossenschaft aufgenommen und erhält einen Mitgliedschein.

Die Mittel für die Aufgaben der Berufsgenossenschaften werden durch die **Beiträge** der versicherten Unternehmer alleine aufgebracht und richten sich überwiegend nach den Entgelten der Ver-

sicherten und dem Grad der Unfallgefahr. Eine finanzielle Beteiligung der Beschäftigten an den Beiträgen zur Unfallversicherung ist nicht vorgesehen.

2. Lohnsteuer

Beiträge des Arbeitgebers zur gesetzlichen Unfallversicherung sind nach § 3 Nr. 62 EStG steuerfrei. Leistungen aus einer gesetzlichen Unfallversicherung sind nach § 3 Nr. 1 EStG steuerfrei. **2483**

Unterbrechung der Lohnzahlung

1. Lohnsteuer

Fällt der Anspruch auf Arbeitslohn während der Dauer des Dienstverhältnisses für mindestens fünf aufeinander folgende Arbeitstage im Wesentlichen weg, so hat der Arbeitgeber im Lohnkonto den Großbuchstaben „U" einzutragen (U = Unterbrechung), → *Lohnkonto* Rz. 1495. Der Anspruch auf Arbeitslohn ist im Wesentlichen weggefallen, wenn z.B. lediglich vermögenswirksame Leistungen oder Krankengeldzuschüsse gezahlt werden. Durch die Unterbrechung der Lohnzahlung entsteht lohnsteuerlich kein Teillohnzahlungszeitraum (→ *Teillohnzahlungszeitraum* Rz. 2379; R 118 Abs. 2 Satz 3 LStR). **2484**

2. Sozialversicherung

Bei Arbeitsverhältnissen, die nicht für den vollen Kalendermonat bestehen oder bei denen aus sonstigen Gründen Beiträge nicht für den vollen Kalendermonat zu entrichten sind, werden die Beiträge nur für die auf den Teillohnzahlungszeitraum entfallenden Kalendertage berechnet (zu weiteren Einzelheiten siehe → *Teillohnzahlungszeitraum* Rz. 2371). **2485**

Unterhaltsgeld

Nach § 3 Nr. 2 EStG i.V.m. R 4 Abs. 4 LStR sind das Unterhaltsgeld (§ 153 SGB III), das Teilunterhaltsgeld (§ 154 SGB III) sowie das Anschlussunterhaltsgeld (§ 156 SGB III) steuerfrei, unterliegen jedoch im Rahmen einer Veranlagung zur Einkommensteuer dem sog. Progressionsvorbehalt (§ 32b Abs. 1 Nr. 1 Buchst. a EStG; → *Veranlagung von Arbeitnehmern* Rz. 2502; → *Progressionsvorbehalt* Rz. 1924). **2486**

In mehreren in den neuen Bundesländern abgeschlossenen **Tarifverträgen** ist für Arbeitnehmer neben einem längerfristigen Kündigungsschutz die Regelung enthalten, nach der von den **Arbeitgebern** unter bestimmten Voraussetzungen **Zuzahlungen zum Kurzarbeiter- bzw. Unterhaltsgeld** vorgenommen werden. Einzelheiten hierzu siehe → *Kurzarbeitergeldzuschüsse* Rz. 1455.

Unterstützungen

Unterstützungen sind einmalige oder gelegentliche Zuwendungen an Arbeitnehmer, um sie von bestimmten Aufwendungen (z.B. Krankheitskosten) zu entlasten oder vor bestimmten Aufwendungen zu bewahren (z.B. Vorsorgekuren). Sie können sowohl in der Form von Bar- als auch von Sachzuwendungen gewährt werden. **2487**

Bei der steuerlichen Behandlung von Unterstützungen ist zwischen Unterstützungen aus öffentlichen Mitteln und von privaten Arbeitgebern zu unterscheiden. Unterstützungen aus öffentlichen Mitteln sind **in voller Höhe** steuerfrei, während die Steuerfreiheit von Unterstützungen von privaten Arbeitgebern grundsätzlich auf **600 €** begrenzt ist.

1. Beihilfen und Unterstützungen aus öffentlichen Mitteln

Beihilfen und Unterstützungen aus öffentlichen Mitteln, die wegen **Hilfsbedürftigkeit** gewährt werden, sind nach § 3 Nr. 11 EStG steuerfrei. **2488**

Hierunter fallen nach R 11 Abs. 1 LStR:

- Beihilfen in Krankheits-, Geburts- und Todesfällen nach den Beihilfevorschriften des Bundes und der Länder sowie Unterstützungen in besonderen Notfällen, die aus öffentlichen Kassen gezahlt werden (→ *Öffentliche Kassen* Rz. 1791),

- Beihilfen in Krankheits-, Geburts- und Todesfällen und Unterstützungen in besonderen Notfällen an Arbeitnehmer von Körperschaften, Anstalten und Stiftungen des öffentlichen Rechts auf Grund von Beihilfevorschriften (Beihilfegrundsätzen) und Unterstützungsvorschriften (Unterstützungsgrundsätzen) des Bundes oder der Länder oder von entsprechenden Regelungen,

- Beihilfen und Unterstützungen an Arbeitnehmer von Verwaltungen, Unternehmen oder Betrieben, die sich überwiegend in öffentlicher Hand (Beteiligung mehr als 50 %) befinden, wenn

  - die Verwaltungen, Unternehmen oder Betriebe einer staatlichen oder kommunalen Aufsicht und Prüfung der Finanzgebarung bezüglich der Entlohnung und der Gewährung der Beihilfen unterliegen und

  - die Entlohnung sowie die Gewährung von Beihilfen und Unterstützungen für die betroffenen Arbeitnehmer ausschließlich nach den für Arbeitnehmer des öffentlichen Dienstes geltenden Vorschriften und Vereinbarungen geregelt sind,

- Beihilfen und Unterstützungen an Arbeitnehmer von Unternehmen, die sich nicht überwiegend in öffentlicher Hand (private Beteiligung mehr als 50 %) befinden, z.B. staatlich anerkannte Privatschulen, wenn

  - hinsichtlich der Entlohnung, der Reisekostenvergütungen und der Gewährung von Beihilfen und Unterstützungen nach den Regelungen verfahren wird, die für den öffentlichen Dienst gelten,

  - die für die Bundesverwaltung oder eine Landesverwaltung maßgeblichen Vorschriften über die Haushalts-, Kassen- und Rechnungsführung und über die Rechnungsprüfung beachtet werden und

  - das Unternehmen der Prüfung durch den Bundesrechnungshof oder einen Landesrechnungshof unterliegt.

Wenn Beihilfen nach diesen Grundsätzen nicht steuerfrei sind, kann aber die Steuerfreiheit dieser Beihilfen in Betracht kommen, soweit die Mittel aus einem öffentlichen Haushalt stammen und über die Gelder nur nach Maßgabe der haushaltsrechtlichen Vorschriften des öffentlichen Rechts verfügt werden kann und ihre Verwendung einer gesetzlich geregelten Kontrolle unterliegt (BFH, Urteil vom 15.11.1983, BStBl II 1984 S. 113). Ist das Verhältnis der öffentlichen Mittel zu den Gesamtkosten im Zeitpunkt des Lohnsteuerabzugs nicht bekannt, so kann das Verhältnis gegebenenfalls geschätzt werden.

Beihilfen und Unterstützungen, die den bei den **Postunternehmen** beschäftigten Beamten gezahlt werden, sind steuerfrei, soweit sie ohne die Neuordnung des Postwesens und der Telekommunikation nach § 3 Nr. 11 EStG steuerfrei gewesen wären (§ 3 Nr. 35 EStG).

2. Unterstützungen und Erholungsbeihilfen an Arbeitnehmer im privaten Dienst

a) Unterstützungen

2489 Unterstützungen, die von privaten Arbeitgebern an einzelne Arbeitnehmer gezahlt werden, sind steuerfrei, wenn die Unterstützungen dem Anlass nach gerechtfertigt sind, z.B. in Krankheits- und Unglücksfällen.

Voraussetzung für die Steuerfreiheit ist nach R 11 Abs. 2 LStR, dass die Unterstützungen

- aus einer mit eigenen Mitteln des Arbeitgebers geschaffenen, aber von ihm unabhängigen und mit ausreichender Selbständigkeit ausgestatteten Einrichtung, z.B. Unterstützungskasse oder Hilfskasse für Fälle der Not und Arbeitslosigkeit, gewährt werden; das gilt nicht nur für bürgerlich-rechtlich selbständige

Unterstützungskassen, sondern auch für steuerlich selbständige Unterstützungskassen ohne bürgerlich-rechtliche Rechtspersönlichkeit, auf deren Verwaltung der Arbeitgeber keinen maßgebenden Einfluss hat,

- aus Beträgen gezahlt werden, die der Arbeitgeber dem Betriebsrat oder sonstigen Vertretern der Arbeitnehmer zu dem Zweck überweist, aus diesen Beträgen Unterstützungen an die Arbeitnehmer ohne maßgebenden Einfluss des Arbeitgebers zu gewähren,

- vom Arbeitgeber selbst erst nach Anhörung des Betriebsrats oder sonstiger Vertreter der Arbeitnehmer gewährt oder nach einheitlichen Grundsätzen bewilligt werden, denen der Betriebsrat oder sonstige Vertreter der Arbeitnehmer zugestimmt haben.

Diese Voraussetzungen brauchen nicht vorzuliegen, wenn der Betrieb **weniger als fünf Arbeitnehmer** beschäftigt.

Die Unterstützungen sind bis zu einem Betrag von **600 € je Kalenderjahr** steuerfrei. Der 600 € übersteigende Betrag gehört nur dann zum steuerpflichtigen Arbeitslohn, wenn er aus Anlass eines **besonderen Notfalls** gewährt wird. Bei der Beurteilung, ob ein solcher Notfall vorliegt, sind auch die Einkommensverhältnisse und der Familienstand des Arbeitnehmers zu berücksichtigen. Im Rahmen von Billigkeitsmaßnahmen anlässlich von **Unwetterschäden** erkennt die Finanzverwaltung im Allgemeinen Unterstützungen **bis 800 €** als steuerfrei an.

Anlässe, zu denen der Arbeitnehmer Unterstützungen erhalten kann, sind z.B.

- Krankheitsfälle,

- Unglücksfälle,

- Arbeitslosigkeit,

- Tod des Arbeitnehmers oder naher Angehöriger,

- Vermögensverluste durch höhere Gewalt (Diebstahl, Hochwasser, Hagel, Sturm, Feuer),

- Inanspruchnahme aus Bürgschaften oder Haftung.

Der Anlass der Unterstützung muss nicht allein in der Person des Arbeitnehmers begründet sein. Unterstützungsleistungen können auch dann gezahlt werden, wenn die Ursache der Unterstützung in der Person naher Angehöriger des Arbeitnehmers liegt und der Arbeitnehmer wirtschaftlich belastet ist. Bei der Prüfung der Frage, ob ein Grund für die Unterstützung vorliegt, verfährt die Finanzverwaltung recht großzügig.

Steuerfrei sind auch Leistungen des Arbeitgebers zur Aufrechterhaltung und Erfüllung eines Beihilfeanspruchs nach beamtenrechtlichen Vorschriften sowie zum Ausgleich von Beihilfeaufwendungen früherer Arbeitgeber im Falle der Beurlaubung oder Gestellung von Arbeitnehmern oder des Übergangs des öffentlich-rechtlichen Dienstverhältnisses auf den privaten Arbeitgeber, wenn Versicherungsfreiheit in der gesetzlichen Krankenversicherung nach § 6 Abs. 1 Nr. 2 SGB V besteht (R 11 Abs. 2 Satz 7 LStR).

Die unterschiedliche steuerliche Behandlung der Beihilfezahlungen aus öffentlichen Kassen und vergleichbarer Zahlungen aus privaten Kassen ist verfassungsgemäß (BVerfG, Beschluss vom 25.2.1999, HFR 1999 S. 574).

b) Erholungsbeihilfen

Erholungsbeihilfen, soweit sie nicht ausnahmsweise als Unterstützungen anzuerkennen sind (BFH, Urteil vom 18.3.1960, BStBl III 1960 S. 237), gehören grundsätzlich zum steuerpflichtigen Arbeitslohn. Das gilt regelmäßig auch dann, wenn die Beihilfen und Unterstützungen von einem Dritten gewährt werden und eine ausreichende Beziehung zwischen dem Dritten und dem Arbeitgeber es rechtfertigt, die Zahlung des Dritten als Arbeitslohn zu behandeln (BFH, Urteil vom 27.1.1961, BStBl III 1961 S. 167). Einzelheiten hierzu → *Erholung: Arbeitgeberzuwendungen* Rz. 915.

2490

Urlaubsabgeltung

1. Arbeitsrecht

2491 Kann der Urlaub wegen **Beendigung des Arbeitsverhältnisses** ganz oder teilweise nicht mehr gewährt werden, so ist er nach § 7 Abs. 4 BUrlG abzugelten, d.h. auszubezahlen.

Voraussetzung für die Urlaubsabgeltung ist also die Beendigung des Arbeitsverhältnisses; eine Abgeltung im laufenden Arbeitsverhältnis ist unzulässig, es sei denn, in einem anwendbaren Tarifvertrag sei ausnahmsweise etwas anderes bestimmt.

Eine Urlaubsabgeltung setzt im Übrigen nach nunmehr ständiger Rechtsprechung ebenso wie die Urlaubsgewährung in Natur die **Arbeitsfähigkeit** des Arbeitnehmers voraus (vgl. z.B. BAG, Urteil vom 9.8.1994, DB 1995 S. 379). Bleibt der Arbeitnehmer nach Beendigung des Arbeitsverhältnisses bis zum Ende des gesetzlichen Übertragungszeitraums am 31. März des Folgejahres arbeitsunfähig, so verfällt nunmehr sein Abgeltungsanspruch endgültig (Ausnahme: Einzelvertragliche oder tarifvertragliche anderweitige Sonderregelung).

Schließlich gilt: **Verfallener Urlaub** braucht natürlich auch nicht bei Beendigung des Arbeitsverhältnisses abgegolten zu werden.

2. Lohnsteuer

2492 Als Urlaubsabgeltung gezahlte Entschädigungen des Arbeitgebers sind **steuerpflichtiger Arbeitslohn** (R 70 Abs. 1 Nr. 2 LStR), der als sonstiger Bezug zu versteuern ist (R 115 Abs. 2 Nr. 5 LStR); siehe auch → *Sonstige Bezüge* Rz. 2232.

Außerdem kann die Lohnsteuer für die Urlaubsabgeltung auf **Antrag** des Arbeitgebers unter den Voraussetzungen des § 40 Abs. 1 Nr. 1 EStG (sonstige Bezüge in einer größeren Zahl von Fällen) mit einem **Pauschsteuersatz erhoben** werden, Einzelheiten siehe → *Pauschalierung der Lohnsteuer* Rz. 1806.

⌐LSt⌐

3. Sozialversicherung

2493 Urlaubsabgeltungen, die während eines versicherungspflichtigen Beschäftigungsverhältnisses gezahlt werden, sind beitragspflichtiges Arbeitsentgelt i.S. des § 14 SGB IV und der Arbeitsentgeltverordnung und wie einmalige Zuwendungen dem laufenden Entgelt für die Beitragsberechnung hinzuzurechnen; zu weiteren Einzelheiten siehe → *Einmalzahlungen* Rz. 802.

Bei der Feststellung der Jahresarbeitsentgeltgrenze bleiben erwartete Abgeltungen für nicht in Anspruch genommenen Urlaub außer Betracht, weil hier nicht mit hinreichender Sicherheit und Regelmäßigkeit von einer Zahlung ausgegangen werden kann (BSG, Urteil vom 9.2.1993 – 12 RK 26/90 –, Sozialversicherungsbeitrag-Handausgabe 2001 R 6 V/5).

(SV)

Im Hinblick auf die beitragsrechtliche Behandlung von **„Urlaubsabgeltungen"** bei Beendigung des Beschäftigungsverhältnisses durch **Tod des Arbeitnehmers** ist Folgendes zu berücksichtigen: Die an den Ehegatten bzw. die Angehörigen gezahlten Leistungen – selbst wenn sie in den Tarifverträgen oder Betriebsvereinbarungen als Urlaubsabgeltungen bezeichnet werden – unterliegen nicht der Beitragspflicht zur Kranken-, Pflege-, Renten- und Arbeitslosenversicherung (Besprechungsergebnis der Spitzenverbände der Sozialversicherungsträger vom 5./6.3.1986, Sozialversicherungsbeitrag-Handausgabe 2001 VL 14 IV/4).

 ⌐LSt⌐ (SV)

Urlaubsentgelt

1. Arbeitsrecht

2494 Jeder Arbeitnehmer hat in jedem Kalenderjahr (= Urlaubsjahr) Anspruch auf bezahlten Erholungsurlaub, gesetzlich geregelt im Bundesurlaubsgesetz mit einem **Mindestanspruch** von 24 Werktagen, tariflich oder arbeitsvertraglich zumeist mit einem höheren Anspruch. Für die Zeit des Erholungsurlaubs bzw. von Urlaubsabschnitten hat der Arbeitnehmer Anspruch auf Ur-

laubsvergütung, auf das sog. Urlaubsentgelt (das **Urlaubsgeld** bezeichnet demgegenüber eine zusätzliche freiwillige Leistung des Arbeitgebers, siehe → *Urlaubsgeld* Rz. 2497).

Die **Höhe** des Urlaubsentgelts richtet sich gem. § 11 Abs. 1 BUrlG nach den **durchschnittlichen Arbeitsverdienst** in den letzten 13 Wochen vor Beginn des Urlaubs **(Bezugsmethode)**. Abweichende günstigere Regelungen können durch Tarifvertrag, Betriebsvereinbarung oder Einzelarbeitsvertrag geregelt sein.

Wichtig: Nach der **Neuregelung** durch das Arbeitsrechtliche Beschäftigungsförderungsgesetz werden **seit 1.10.1996 Überstunden** im Bezugszeitraum (Geldfaktor) für die Berechnung des Urlaubsentgelts nicht mehr berücksichtigt, wohl aber Überstunden, die im Urlaub selbst angefallen wären (Zeitfaktor), vgl. BAG, Urteil vom 9.11.1999, DB 2000 S. 1769; Urteil vom 22.2.2000, NZA 2001 S. 268.

Das Urlaubsentgelt ist im gleichen Umfang **pfändbar** wie Arbeitsentgelt (BAG, Urteil vom 20.6.2000, DB 2000 S. 2327).

2. Lohnsteuer

2495 Das an die Stelle des „normalen" Arbeitslohns tretende Urlaubsentgelt stellt – im Gegensatz zum Urlaubsgeld – **laufenden Arbeitslohn** dar. Das Urlaubsentgelt ist auch steuerpflichtig, soweit es **Zuschläge für Sonntags-, Feiertags- oder Nachtarbeit enthält**, weil die Steuerfreiheit nach § 3b EStG nur für tatsächlich geleistete Arbeit zu diesen Zeiten in Betracht kommt (R 30 Abs. 6 Satz 1 LStR); siehe auch → *Urlaubsgeld* Rz. 2497.

⌐LSt⌐

3. Sozialversicherung

2496 Das Urlaubsentgelt gehört als Entgeltfortzahlung während des Urlaubs zum laufenden Arbeitsentgelt und ist dementsprechend beitragspflichtig in der Sozialversicherung.

(SV)

Urlaubsgeld

1. Arbeitsrecht

2497 Das Urlaubsgeld ist eine grundsätzlich **freiwillige zusätzliche Leistung** des Arbeitgebers über das Urlaubsentgelt hinaus, das meist entweder als Prozentsatz vom Urlaubsentgelt, als fester Gesamtbetrag oder als bestimmter Betrag pro Urlaubstag gewährt wird, für **Teilzeitkräfte** anteilig im Verhältnis zu ihrer Arbeitszeit (→ *Urlaubsentgelt* Rz. 2494).

Bei einem vereinbarten **Freiwilligkeitsvorbehalt** kann der Arbeitgeber bis zur vereinbarten Fälligkeit frei darüber entscheiden, ob und in welcher Höhe er Urlaubsgeld zahlt (BAG, Urteil vom 11.4.2000, DB 2000 S. 2328).

Ein gesetzlicher Anspruch des Arbeitnehmers auf Urlaubsgeld besteht nicht. Es ergibt sich vielmehr nur aus einer **tariflichen** Regelung eines im Arbeitsverhältnis anwendbaren Tarifvertrags, aus einer **Betriebsvereinbarung** oder aus einer **einzelvertraglichen Abrede**, ggf. auch aus dem Gleichbehandlungsgrundsatz. Insoweit ist darauf zu achten, ob für den Fall eines vorzeitigen Ausscheidens des Arbeitnehmers bei zu viel genommenem Urlaub oder bei verschuldetem Ausscheiden eine **Rückzahlungsklausel** für Urlaubsgeld vereinbart ist.

2. Lohnsteuer

2498 Das Urlaubsgeld gehört zum steuerpflichtigen Arbeitslohn, ist aber – da es nicht zum laufenden Arbeitslohn gehört – als sonstiger Bezug zu versteuern (R 115 Abs. 2 Nr. 5 LStR). Wenn es **allerdings nicht mehr als 156 €** beträgt, ist es dem **laufenden Arbeitslohn** zuzurechnen (§ 39b Abs. 3 Satz 8 EStG); siehe auch → *Sonstige Bezüge* Rz. 2232.

Außerdem kann die Lohnsteuer für das Urlaubsgeld auf Antrag des Arbeitgebers unter den Voraussetzungen des § 40 Abs. 1 Nr. 1 EStG (sonstige Bezüge in einer größeren Zahl von Fällen) mit einem **Pauschsteuersatz erhoben** werden, Einzelheiten siehe → *Pauschalierung der Lohnsteuer* Rz. 1806.

3. Sozialversicherung

2499 Urlaubsgelder, auch wenn sie in Form einer prozentualen Erhöhung des laufenden Arbeitsentgelts gewährt werden (z.B. im Baugewerbe 30/130 der Urlaubsvergütung, vgl. Besprechungsergebnis der Spitzenverbände der Sozialversicherungsträger vom 11./12.11.1992, Sozialversicherungsbeitrag-Handausgabe 2001 VL 23a IV/12), gehören zum einmalig gezahlten Arbeitsentgelt und sind demzufolge beitragspflichtig in der Sozialversicherung (zu weiteren Einzelheiten siehe → *Einmalzahlungen* Rz. 802).

Urlaubsvergütungen im Baugewerbe

1. Lohnsteuer

2500 Der Beitragsanteil für Urlaub ist – anders als der Beitragsanteil für die Zusatzversorgung – nicht als Arbeitslohn anzusehen (FinMin Nordrhein-Westfalen, Erlass vom 2.3.1962, DB 1962 S. 353); siehe → *Zusatzversorgungskasse im Baugewerbe* Rz. 2775.

Dem Lohnsteuerabzug unterliegen erst die späteren Zahlungen aus der Urlaubskasse. Dabei ist das Urlaubsentgelt, das dem weitergezahlten Arbeitslohn entspricht, als **laufender Arbeitslohn** anzusehen und „normal" zu versteuern (→ *Urlaubsentgelt* Rz. 2494).

Das zusätzlich gezahlte Urlaubsgeld ist dagegen als **„sonstiger Bezug"** zu versteuern (→ *Urlaubsgeld* Rz. 2497; → *Sonstige Bezüge* Rz. 2232). Sozialversicherungsrechtlich handelt es sich um einmalige Zuwendungen (→ *Einmalzahlungen* Rz. 802).

Arbeitnehmer im Baugewerbe haben nach dem Tarifvertrag Anspruch auf **Entschädigung für verfallene Urlaubsansprüche oder Urlaubsabgeltungsansprüche** durch die Urlaubs- und Lohnausgleichskasse der Bauwirtschaft (ULAK). Diese unterliegen nach den gleichen Grundsätzen dem Lohnsteuerabzug wie die Übergangsbeihilfen im Bau- und Gerüstbaugewerbe (FinMin Rheinland-Pfalz, Erlass vom 26.3.1992, StEd 1992 S. 237; siehe auch → *Übergangsbeihilfen im Bau- und Gerüstbaugewerbe* Rz. 2437). Entsprechendes gilt für die durch die Gemeinnützige Urlaubskasse für die im Maler- und Lackiererhandwerk in Sonderfällen gezahlte Urlaubsabgeltung (FinMin Sachsen, Erlass vom 18.9.1992, StEd 1992 S. 624).

2. Sozialversicherung

2501 Das zusätzliche Urlaubsgeld im Baugewerbe – 30/130 der Urlaubsvergütung – ist als einmalig gezahltes Arbeitsentgelt zu behandeln. Seit 1997 betrug das zusätzliche Urlaubsgeld einheitlich 25/125 der Urlaubsvergütung. Die Tarifvertragsparteien haben für die alten Bundesländer eine Erhöhung auf 30/130 für Urlaub, der nach dem 30.6.1999 entstand, vereinbart.

Um den Arbeitgebern die tägliche Praxis zu erleichtern, haben sich die Spitzenverbände der Sozialversicherungsträger darauf geeinigt, bei Urlaubsvergütungen 30/130 als einmalig gezahltes Arbeitsentgelt zu berücksichtigen (Besprechungsergebnis vom 11./12.11.1992, Sozialversicherung-Handausgabe 2001 VL 23a IV/12). Weitere Einzelheiten siehe → *Einmalzahlungen* Rz. 802.

Veranlagung von Arbeitnehmern

1. Allgemeines

2502 Grundsätzlich ist bei Arbeitnehmern die **Einkommensteuer** mit der vom Arbeitgeber einbehaltenen **Lohnsteuer abgegolten** (§ 46 Abs. 4 EStG). Allerdings kann im Lohnsteuerabzugsverfahren nicht immer die zutreffende Einkommensteuer einbehalten werden. Deshalb muss nach Ablauf des Kalenderjahres eine **Einkommensteuerveranlagung durchgeführt** werden, wenn der Arbeitnehmer noch **andere Einkünfte** erzielt hat (z.B. aus Vermietung und Verpachtung). Andererseits kann auch der

Arbeitnehmer selbst eine Einkommensteuerveranlagung beantragen, wenn im Lohnsteuerverfahren z.B. **nicht alle Werbungskosten, Sonderausgaben usw. berücksichtigt** worden sind oder bei Ehegatten z.B. durch eine ungünstige Steuerklassenkombination eine Überzahlung eingetreten ist. Eine Einkommensteuerveranlagung kann daher sowohl zu Erstattungen als auch zu Nachzahlungen führen, in jedem Fall wird die einbehaltene Lohnsteuer auf die Einkommensteuer angerechnet (§ 36 Abs. 2 Nr. 2 EStG).

Lohnsteuer ist bei der Veranlagung auch **anzurechnen**, wenn der Arbeitgeber

– die Lohnsteuerbeträge gegenüber dem Finanzamt **nicht angemeldet und auch nicht abgeführt** hat (BFH, Urteil vom 1.4.1999, BFH/NV 2000 S. 46).

– nach Beendigung der unbeschränkten Steuerpflicht von den im Ausland bezogenen Einkünften aus nicht selbständiger Arbeit **(zu Unrecht) Lohnsteuer einbehält** und an ein inländisches Finanzamt abführt (BFH, Urteil vom 23.5.2000, BStBl II 2000 S. 581).

– für zunächst als steuerfrei behandelten Arbeitslohn **nachträglich Lohnsteuer an das Finanzamt abführt**. Dem Arbeitnehmer fließt hierdurch zusätzlicher Arbeitslohn zu. Das gilt unabhängig davon, ob die nachträglich lohnversteuerten Einkünfte tatsächlich sachlich steuerpflichtig waren oder nicht (BFH, Urteil vom 29.11.2000, BStBl II 2001 S. 195).

Lohnsteuer ist **dagegen nicht anzurechnen**, wenn

– der Arbeitgeber **zu Unrecht Lohnsteuer anmeldet und abführt**, obwohl überhaupt **kein Arbeitslohn zugeflossen** und deshalb auch keine Lohnsteuer zu erheben war. Dem Arbeitgeber steht dann zwar ein Erstattungsanspruch zu, eine Anrechnung der abgeführten Lohnsteuer zu Gunsten des Arbeitnehmers im Rahmen der Einkommensteuerveranlagung findet aber nicht statt (BFH, Beschluss vom 15.11.1999, BFH/NV 2000 S. 547). Dieser Beschluss steht **nicht** im Gegensatz zum o.g. BFH, Urteil vom 23.5.2000, BStBl II 2000 S. 581, weil dort tatsächlich Arbeitslohn zugeflossen war.

– die zugehörigen **Einkünfte nicht bei der Veranlagung erfasst** worden sind (vgl. zuletzt BFH, Urteil vom 19.12.2000, BStBl II 2001 S. 353, betr. Lohnsteuereinbehalt von Sondervergütungen eines Mitunternehmers, die bei der Gewinnfeststellung und folglich bei der Einkommensteuerveranlagung außer Ansatz geblieben sind).

Zu unterscheiden sind die sog. Veranlagung von Amts wegen (**„Pflichtveranlagung"**) und die Veranlagung auf Antrag des Arbeitnehmers (**„Antragsveranlagung"**). Der Unterschied ist von erheblicher Bedeutung, weil die Antragsveranlagung **fristgebunden** ist.

2. Pflichtveranlagung

2503 Die Pflichtveranlagungstatbestände sind in § 46 Abs. 2 Nr. 1 bis 7 EStG abschließend aufgeführt. Es handelt sich dabei um Sachverhalte, bei denen im Lohnsteuerabzugsverfahren die zutreffende Einkommensteuer nicht erhoben werden kann. Die Pflichtveranlagungstatbestände sind im Wesentlichen folgende:

– Der Arbeitnehmer hat **Nebeneinkünfte**, die nicht dem Lohnsteuerabzug unterlegen haben, von **mehr als 410 €** (§ 46 Abs. 2 Nr. 1 erste Alternative EStG). „Einkünfte" heißt Einnahmen abzüglich Betriebsausgaben/Werbungskosten bzw. Arbeitnehmer-Pauschbetrag. Bei **Ehegatten** sind die zusammengerechneten Nebeneinkünfte maßgebend, die „Freigrenze" von 410 € verdoppelt sich also nicht (BFH, Urteil vom 27.9.1990, BStBl II 1991 S. 84).

Beispiel 1:

Arbeitnehmer A hat eine vermietete Eigentumswohnung. Die Einnahmen haben im Jahr 12 000 €, die Ausgaben 11 600 € betragen.

Es ergeben sich Einkünfte aus Vermietung und Verpachtung von 400 €, die im Ergebnis „steuerfrei" bleiben. Eine Einkommensteuerveranlagung ist auch nicht nach § 46 Abs. 2 Nr. 1 EStG durchzuführen, weil die „Nettoeinkünfte" den Mindestbetrag von 410 € nicht übersteigen.

Beispiel 2:

Die Eheleute B sind beide berufstätig. Herr B hat Vermietungseinkünfte von 400 €, Frau B Einkünfte aus nebenberuflicher Lehrtätigkeit von ebenfalls 400 €.

Die Eheleute sind zur Einkommensteuer zu veranlagen, weil die zusammengerechneten Nebeneinkünfte 410 € übersteigen.

– Die Summe der Einkünfte (insbesondere **ausländische Einkünfte**, die nicht der inländischen Besteuerung unterliegen) und Leistungen, die dem **Progressionsvorbehalt** unterliegt, beträgt **mehr als 410 €** (§ 46 Abs. 2 Nr. 1 zweite Alternative EStG); siehe auch → *Progressionsvorbehalt* Rz. 1924.

Beispiel 3:

Arbeitnehmer A hat von der Krankenkasse Krankengeld von 500 € bezogen.

Das Krankengeld ist zwar steuerfrei (§ 3 Nr. 1a EStG), unterliegt jedoch dem sog. Progressionsvorbehalt (§ 32b Abs. 1 Nr. 1 Buchst. b EStG). Dieser kann im Lohnsteuerabzugsverfahren nicht berücksichtigt werden. A muss deshalb zur Einkommensteuer veranlagt werden, weil der Betrag 410 € übersteigt.

– Der Arbeitnehmer hat nebeneinander von **mehreren Arbeitgebern Arbeitslohn** bezogen (§ 46 Abs. 2 Nr. 2 EStG). Es handelt sich dabei regelmäßig um Fälle, in denen Lohnsteuer nach **Steuerklasse VI** einbehalten worden ist. Die Veranlagung ist erforderlich, weil sich durch Zusammenrechnung beider Einkünfte durch den progressiv aufgebauten Steuertarif eine höhere Einkommensteuer ergeben kann als Lohnsteuer einbehalten wurde.

– Der Arbeitnehmer gehört zu dem Personenkreis (z.B. **Beamte**), der nur eine **gekürzte Vorsorgepauschale** erhält. Im Lohnsteuerverfahren ist aber die Lohnsteuer nach den Steuerklassen I bis IV der Allgemeinen Lohnsteuertabelle ermittelt worden (§ 46 Abs. 2 Nr. 3 EStG); siehe auch → *Lohnsteuertabellen* Rz. 1655. Die Vorschrift soll sicherstellen, dass nur die gekürzte Vorsorgepauschale gewährt wird.

– Bei **Ehegatten, die beide Arbeitslohn bezogen** haben, ist einer mindestens für einen Teil des Jahres nach **der Steuerklasse V oder VI** besteuert worden (§ 46 Abs. 2 Nr. 3 Buchst. a EStG).

Beispiel 4:

Die Eheleute A sind beide berufstätig und haben die Steuerklassenkombination III/V gewählt. Der Arbeitslohn des Ehemannes hat 100 000 €, der der Ehefrau 10 000 € betragen.

Nach Ablauf des Jahres müssen die Eheleute zur Einkommensteuer veranlagt werden. Bei dieser Steuerklassenkombination kann sich dabei eine erhebliche Nachzahlung ergeben, wenn ein Ehegatte erheblich höhere Einkünfte hat als der andere. Dies liegt an der besonders gestalteten Steuerklasse V, die nur zu einem zutreffenden Ergebnis führt, wenn die Arbeitslöhne im Verhältnis 3 : 2 zueinander stehen; Einzelheiten siehe → *Lohnsteuertabellen* Rz. 1655.

Bei **Doppelverdienern mit der Steuerklassenkombination IV/IV** können sich demgegenüber keine Nachzahlungen ergeben, weil in der Steuerklasse IV, die im Übrigen der Steuerklasse I für allein Stehende entspricht, im Lohnsteuerabzugsverfahren die zutreffende Einkommensteuer einbehalten wird. Eine Veranlagungspflicht besteht daher für diese Fälle nicht.

– Auf der **Lohnsteuerkarte** des Arbeitnehmers ist zu Beginn des Jahres ein **Freibetrag**, z.B. wegen voraussichtlicher erhöhter Werbungskosten, eingetragen worden. Bei der Einkommensteuerveranlagung muss die Höhe der Werbungskosten endgültig geprüft werden (§ 46 Abs. 2 Nr. 4 EStG).

– Der Arbeitnehmer hat eine **Entschädigung** (→ *Entschädigungen* Rz. 881) oder eine **Vergütung für eine mehrjährige Tätigkeit** (→ *Arbeitslohn für mehrere Jahre* Rz. 229) i.S. des § 34 Abs. 1 und Abs. 2 Nr. 2 und 4 EStG bezogen, für die die Lohnsteuer auf diese sonstigen Bezüge nach § 39b Abs. 3 Satz 9 EStG (sog. **Fünftelregelung**) ermäßigt ermittelt wurde (§ 46 Abs. 2 Nr. 5 EStG). Hierdurch sollen evtl. Fehler beim Lohnsteuerabzug korrigiert werden.

– Für den Arbeitnehmer ist eine Bescheinigung nach § 39a Abs. 6 EStG zur Steuerbefreiung von Arbeitslohn nach § 3 Nr. 39 EStG für eine **geringfügige Beschäftigung** (→ *Geringfügig Beschäftigte* Rz. 1139) ausgestellt worden, die Summe seiner anderen Einkünfte ist jedoch positiv (§ 46 Abs. 2a EStG). Denn nur bei der Veranlagung können die Anspruchsvoraussetzungen für die Steuerbefreiung endgültig geprüft werden.

3. Antragsveranlagung

Wenn der Arbeitnehmer nach diesen Vorschriften nicht ohnehin zur Einkommensteuer veranlagt wird, dann kann er seinerseits beim Finanzamt eine Einkommensteuerveranlagung beantragen, insbesondere **zur Anrechnung von Lohnsteuer auf die Einkommensteuer** (§ 46 Abs. 2 Nr. 8 EStG). Dies kommt insbesondere in Betracht, um **2504**

– einen **überhöhten Lohnsteuerabzug**, z.B. auf Grund einer ungünstigen Steuerklassenkombination oder des Abzugs nach der Steuerklasse VI, **korrigieren zu lassen**. Das Gleiche gilt, wenn der Arbeitnehmer **nicht das ganze Jahr** in einem Dienstverhältnis stand oder „schwankenden Arbeitslohn" bezogen und der Arbeitgeber keinen Lohnsteuerjahresausgleich durchgeführt hat.

– Werbungskosten, Sonderausgaben, außergewöhnliche Belastungen oder Kinderfreibeträge sowie Verluste bei anderen Einkunftsarten steuerlich geltend zu machen.

Für diese Antragsveranlagung gibt es jedoch eine **Ausschlussfrist**:

Der Antrag ist bis zum **Ablauf des auf den Veranlagungszeitraum folgenden zweiten Kalenderjahres** durch Abgabe einer Einkommensteuererklärung zu stellen (§ 46 Abs. 2 Nr. 8 Satz 2 EStG).

Beispiel:

A, ledig, sind im Jahr 2002 Werbungskosten von rund 3 000 € entstanden, außerdem ist ihm Lohnkirchensteuer von 200 € einbehalten worden. Einen Freibetrag auf der Lohnsteuerkarte hat er aus Bequemlichkeitsgründen nicht beantragt.

A sollte für das Jahr 2002 unbedingt eine Einkommensteuerveranlagung beantragen, weil seine Werbungskosten den Arbeitnehmer-Pauschbetrag von 1 044 € und die einbehaltene Kirchensteuer den Sonderausgaben-Pauschbetrag von 36 € übersteigen. A muss die Einkommensteuererklärung 2002 bis spätestens 31.12.2004 beim Finanzamt einreichen.

Diese **Ausschlussfrist kann nicht verlängert** werden (BFH, Urteil vom 3.6.1986, BStBl II 1987 S. 421). Nur bei schuldloser Versäumung ist eine Wiedereinsetzung in den vorigen Stand gem. § 110 AO zu gewähren; dies kommt aber nur in Ausnahmefällen in Betracht.

4. Härteausgleich

Nach § 46 Abs. 3 EStG werden bei einer Einkommensteuerveranlagung nach § 46 Abs. 2 EStG Nebeneinkünfte bis 410 € von der Einkommensteuer freigestellt (sog. **Härteausgleich**). **2505**

Beispiel 1:

Die Eheleute A müssen zur Einkommensteuer veranlagt werden, weil sie die Steuerklassenkombination III/V gewählt hatten (§ 46 Abs. 2 Nr. 3 Buchst. a EStG). Sie haben außerdem noch Einkünfte aus einer vermieteten Eigentumswohnung von 400 €.

Bei der Einkommensteuerveranlagung bleiben die Einkünfte aus der Eigentumswohnung außer Betracht.

Darüber hinaus gibt es einen **erweiterten Härteausgleich** (§ 46 Abs. 5 EStG i.V.m. § 70 EStDV):

Bei **Nebeneinkünften zwischen 411 € und 819 €** wird der Betrag vom Einkommen abgezogen, um den die Nebeneinkünfte niedriger sind als 820 €. Dies bewirkt eine stufenweise Überleitung auf die volle Besteuerung. Nebeneinkünfte zwischen 410 € und 820 € werden nur in folgender Höhe tatsächlich erfasst:

Nebeneinkünfte	Abzugsbetrag	zu versteuernde Einkünfte
410 €	410 €	0 €
500 €	320 €	180 €
600 €	220 €	380 €
700 €	120 €	580 €
800 €	20 €	780 €
820 €	0 €	820 €

Beispiel 2:

Sachverhalt wie Beispiel 1, die Einkünfte aus der vermieteten Eigentumswohnung haben 620 € betragen.

Als Härteausgleich wird ein Betrag von 200 € (820 € abzüglich 620 €) vom Einkommen abgezogen.

Zur Gewährung des Härteausgleichs bei Zahlungen der **Urlaubs- und Lohnausgleichskasse der Bauwirtschaft** siehe → *Übergangsbeihilfen im Bau- und Gerüstbaugewerbe* Rz. 2437.

Verbesserungsvorschläge

1. Allgemeines

2506 Im Hinblick auf die unterschiedliche Vergütungspflicht von Verbesserungsvorschlägen wird arbeitsrechtlich **unterschieden** zwischen qualifizierten technischen Verbesserungsvorschlägen gem. § 20 des Arbeitnehmererfindungsgesetzes (ArbnErfG) und nicht qualifizierten **(einfachen)** Verbesserungsvorschlägen. Die **qualifizierten technischen** Verbesserungsvorschläge gewähren dem Arbeitgeber eine ähnliche Vorzugsstellung wie bei einem gewerblichen Schutzrecht (z.B. Patent), insofern besteht ein angemessener gesetzlicher **Vergütungsanspruch** nach § 20 Abs. 1 ArbnErfG.

2. Lohnsteuer

2507 Prämien für Verbesserungsvorschläge sind **wie Erfindervergütungen steuerpflichtiger Arbeitslohn**, die jedoch als sonstige Bezüge **tarifermäßigt besteuert** werden können (FG Baden-Württemberg, Urteil vom 10.12.1992, EFG 1993 S. 446); siehe auch → *Sonstige Bezüge* Rz. 2232. Voraussetzung für diese Steuerermäßigung ist jedoch, dass mit der Prämie eine **mehrjährige Tätigkeit** des Arbeitnehmers **abgegolten** wird. Das ist **nicht** der Fall, wenn die Prämie nicht nach dem Zeitaufwand des Arbeitnehmers, sondern ausschließlich nach der **Kostenersparnis des Arbeitgebers** in einem bestimmten künftigen Zeitraum berechnet wird (BFH, Urteil vom 16.12.1996, BStBl II 1997 S. 222).

Handelt es sich um Arbeitslohn für mehrere Jahre, wird die Lohnsteuer nach der **Fünftelregelung** des § 39b Abs. 3 Satz 9 EStG **ermäßigt** besteuert (→ *Arbeitslohn für mehrere Jahre* Rz. 229).

Führt der Arbeitgeber im Rahmen **des betrieblichen Vorschlagwesens eine Verlosung** durch, an der alle Arbeitnehmer teilnehmen können, die einen Verbesserungsvorschlag eingereicht haben, so sind die verlosten Sachpreise Arbeitslohn der jeweiligen Gewinner, der auf Antrag des Arbeitgebers unter den Voraussetzungen des § 40 Abs. 1 Nr. 1 EStG (sonstige Bezüge in einer größeren Zahl von Fällen) mit einem **Pauschsteuersatz** erhoben werden kann (→ *Pauschalierung der Lohnsteuer* Rz. 1806). Die Einräumung der bloßen Gewinnchance führt noch nicht zu einem Zufluss von Arbeitslohn (BFH, Urteil vom 25.11.1993, BStBl II 1994 S. 254); siehe auch → *Verlosungsgeschenke/Verlosungsgewinne* Rz. 2517.

3. Sozialversicherung

2508 Auch im Beitragsrecht der Sozialversicherung sind Vergütungen für betriebliche Verbesserungsvorschläge als Arbeitsentgelt anzusehen. Da in aller Regel nicht erkennbar sein wird, in welchem Abrechnungszeitraum der Verbesserungsvorschlag erarbeitet wurde, kann nach Auffassung der Sozialversicherungsträger unterstellt werden, dass der Verbesserungsvorschlag nicht in einem Abrechnungszeitraum, sondern über eine längere Zeitspanne entwickelt wurde. Insoweit erscheint die Bewertung als einmalig gezahltes Arbeitsentgelt gerechtfertigt.

Der Arbeitgeber kann nach § 6 Abs. 3 Satz 4 der Sachbezugsverordnung dem einzelnen Arbeitnehmer den Durchschnittswert des pauschal versteuerten Sachbezuges zuordnen und danach den Beitrag berechnen. Hierzu ist Voraussetzung, dass der Wert der **Prämie 80 € nicht übersteigt** und der Arbeitgeber den Arbeitnehmeranteil an den Sozialversicherungsbeiträgen übernimmt. Der geldwerte Vorteil ist dem letzten Entgeltabrechnungszeitraum des Kalenderjahres zuzuordnen.

Verdienstausfallentschädigungen

2509 Entschädigungen, die dem Arbeitnehmer oder seinem Rechtsnachfolger als **Ersatz für entgangenen oder entgehenden Arbeitslohn** gezahlt werden, sind steuer- und beitragspflichtig (§ 2 Abs. 2 Nr. 4 LStDV); siehe → *Entschädigungen* Rz. 881. Dies gilt auch dann, wenn die Entschädigung von einem **Dritten**, z.B. vom Gericht, ausgezahlt wird (z.B. Zeugengeld).

Soweit **der Arbeitgeber** die Verdienstausfallentschädigung zahlt, sind keine Besonderheiten zu beachten. Der Arbeitgeber hat die gezahlte Verdienstausfallentschädigung zusammen mit dem übrigen Arbeitslohn lohnzuversteuern.

Zahlt hingegen ein **Dritter** die Verdienstausfallentschädigung, so ist der Arbeitgeber nur dann zum Lohnsteuerabzug verpflichtet, wenn er in irgendeiner Form tatsächlich oder rechtlich in die Arbeitslohnzahlung eingeschaltet ist (siehe → *Lohnzahlung durch Dritte* Rz. 1660). Dies ist im Regelfall nicht gegeben, so dass weder der Arbeitgeber noch der Dritte zum Lohnsteuerabzug verpflichtet ist. Die Verdienstausfallentschädigung bleibt aber steuerpflichtiger Arbeitslohn, nur muss ihn der Arbeitnehmer in seiner **Einkommensteuererklärung** zusätzlich zum auf der Lohnsteuerkarte bescheinigten Arbeitslohn angeben, damit er in der Einkommensteuerveranlagung erfasst werden kann.

Beispiel:

Der angestellte Tiefbau-Ingenieur A wird in einem Baurechtsstreit als Sachverständiger zum Prozesstermin vor Gericht geladen. Nachdem er seine Stellungnahme vorgetragen hat, erhält er vom Gericht eine Verdienstausfallentschädigung in Höhe von 100 € ausgezahlt, weil der Arbeitgeber des A den Monatslohn entsprechend kürzen wird.

Die Verdienstausfallentschädigung ist steuerpflichtiger Arbeitslohn (§ 2 Abs. 2 Nr. 4 LStDV). Der Arbeitnehmer hat in diesem speziellen Fall den Entschädigungsbetrag im Rahmen seiner Einkommensteuererklärung anzugeben. Ein Lohnsteuerabzug durch den Arbeitgeber kommt nicht in Betracht, da die Verdienstausfallentschädigung von einem Dritten gezahlt wird.

Soweit die Verdienstausfallentschädigung allerdings wegen einer **Wehrübung** nach dem Unterhaltssicherungsgesetz gezahlt wird, ist diese kraft ausdrücklicher gesetzlicher Regelung (§ 3 Nr. 48 EStG) steuer- und beitragsfrei, unterliegt allerdings dem Progressionsvorbehalt (siehe → *Progressionsvorbehalt* Rz. 1924).

Vereinsbeiträge: Arbeitgeberersatz

2510 Ersetzt der Arbeitgeber einem Arbeitnehmer **Vereinsbeiträge**, handelt es sich im Regelfall um **steuerpflichtigen Arbeitslohn**,

- selbst wenn der Vereinswechsel durch einen **beruflichen Umzug** veranlasst worden ist (FG Münster, Urteil vom 20.6.1978, EFG 1979 S. 16) oder

- wenn eine **Sparkasse** ihren Vorstandsmitgliedern und anderen herausgehobenen Bediensteten Beiträge für die Mitgliedschaft in privaten Vereinen wie Rotary- oder Tennisclub ersetzt, selbst wenn die Mitgliedschaft auf **Beschluss des Vorstands** oder auf Veranlassung eines Vorstandsmitglieds erworben wurde (BFH, Urteil vom 15.5.1992, BStBl II 1993 S. 840).

Kein Arbeitslohn liegt dagegen vor, wenn der **Arbeitgeber** am Beitritt des Arbeitnehmers zu Vereinen usw. ein ganz überwiegendes **eigenbetriebliches Interesse** hat, weil z.B. die Räumlichkeiten des Vereins vom Betrieb des Arbeitgebers mitgenutzt werden (vgl. BFH, Urteil vom 20.9.1985, BStBl II 1985 S. 718, betr. Mitgliedschaft des Geschäftsführers einer GmbH in einem Industrieclub). Vgl. auch → *Sportanlagen* Rz. 2273.

Verjährung

1. Lohnsteuer

2511 Steueransprüche unterliegen besonderen, in der Abgabenordnung geregelten Verjährungsfristen. Zu unterscheiden sind:

a) Festsetzungsverjährung

2512 Nach Ablauf der Festsetzungsfrist können Steuern sowie Erstattungs- oder Vergütungsansprüche nicht mehr festgesetzt werden. Es dürfen auch keine Änderungen, Aufhebungen oder Berichtigungen wegen offenbarer Unrichtigkeit erfolgen, gleichgültig ob zu Gunsten oder zu Ungunsten des Arbeitgebers oder Arbeitnehmers. Sowohl die Ansprüche des Steuergläubigers als auch die des Erstattungsberechtigten sind mit Ablauf der Festsetzungsfrist erloschen (sog. **Festsetzungsverjährung** nach den §§ 169 bis 171 AO).

Die Verjährungsfrist beträgt **im Allgemeinen vier Jahre**, bei leichtfertiger Steuerverkürzung fünf Jahre, bei Steuerhinterziehung jedoch zehn Jahre (§ 169 AO). Die Frist beginnt mit Ablauf des Jahres, in dem die Steuer entstanden ist (§ 170 Abs. 1 AO), für **Lohnsteuer-Anmeldungen** aber erst mit Ablauf des Jahres, in dem diese beim Finanzamt eingereicht werden (§ 170 Abs. 2 Nr. 1 AO).

Beispiel 1:

Im Laufe des Jahres 2002 soll eine Lohnsteuer-Außenprüfung bei der Firma A durchgeführt werden, die zuletzt im Jahr 1996 geprüft worden ist. Die Lohnsteuer-Anmeldungen wurden fristgerecht abgegeben.

Die Festsetzungsfrist beginnt mit Ablauf des Kalenderjahres, in dem die Lohnsteuer-Anmeldung eingereicht wurde (§ 170 Abs. 2 Nr. 1 AO). Mithin beginnt die Festsetzungsfrist für die Lohnsteuer, die mit der Lohnsteuer-Anmeldung November 1997 (einzureichen bis zum 10.12.1997) angemeldet werden musste, mit Ablauf des 31.12.1997. Die Festsetzungsfrist beträgt vier Jahre, sie endet mit Ablauf des 31.12.2001. Im Kalenderjahr 2002 kann daher grundsätzlich für die Lohnsteuer-Anmeldungszeiträume November 1997 und früher keine Lohnsteuer-Außenprüfung mehr durchgeführt werden.

Die Lohnsteuer-Anmeldung Dezember 1997 wurde am 10.1.1998 rechtzeitig eingereicht. Für die damit anzumeldenden Steuerabzugsbeträge beginnt die Festsetzungsfrist mit Ablauf des 31.12.1998, sie endet mit Ablauf des 31.12.2001. Im Kalenderjahr 2002 kann daher der Zeitraum Dezember 1997 noch geprüft werden.

Beispiel 2:

A hatte seinen Arbeitnehmern im Jahre 1995 Aushilfslöhne gezahlt und versehentlich nicht versteuert. Im März 2002 erließ das Finanzamt gegen den Arbeitgeber einen Nachforderungsbescheid, in dem es die pauschale Lohnsteuer anforderte.

Die pauschale Lohnsteuer entsteht in dem Zeitpunkt, in dem dem Arbeitnehmer der Lohn zufließt, hier also im Jahre 1995. Für die Monate Januar bis November 1995 musste die Lohnsteuer-Anmeldung bis spätestens 10.12.1995 beim Finanzamt abgegeben werden. Die vierjährige Verjährungsfrist läuft damit ab 1.1.1996 und endet mit Ablauf des 31.12.1999. Für den Monat Dezember musste die Lohnsteuer-Anmeldung bis spätestens 10.1.1996 beim Finanzamt abgegeben werden. Die vierjährige Verjährungsfrist läuft damit ab 1.1.1997 und endet mit Ablauf des 31.12.2000. Der Nachforderungsbescheid gegen den Arbeitgeber muss daher aufgehoben werden, weil der Steueranspruch im März 2002 verjährt war (Anmerkung: Dieses Beispiel in aktualisierter Fassung beruht auf dem Urteil des Bundesfinanzhofs vom 6.5.1994, BStBl II 1994 S. 715).

Für eine Vielzahl von Tatbeständen hat der Gesetzgeber in § 171 AO Bestimmungen darüber getroffen, wann der Ablauf der Festsetzungsfrist gehemmt ist. Die **Ablaufhemmung** schiebt das Ende der Festsetzungsfrist hinaus. Die Festsetzungsfrist endet in diesen Fällen meist nicht – wie im Normalfall – am Ende, sondern im Laufe eines Kalenderjahres (vgl. Teil A Nr. 4 der Prüfungsanleitung für den Lohnsteueraußendienst).

Beispiel 3:

Bei der Firma B soll im November 2001 eine Lohnsteuer-Außenprüfung durchgeführt werden. Die Prüfung soll sich auf Zeiträume ab Mai 1997 erstrecken (Anschlussprüfung). Auf Antrag des Arbeitgebers vom 4.12.2001 wird der Beginn der Prüfung auf März 2002 verschoben. Die Prüfung wird durchgeführt und führt zu einer Nachforderung beim Arbeitgeber. Der Haftungsbescheid wird am 25.6.2002 unanfechtbar.

Die Festsetzungsfrist für die Zeiträume Mai bis November 1997 ist grundsätzlich mit Ablauf des 31.12.2001 abgelaufen. Da der Beginn der Prüfung auf Grund eines vor Ablauf der Festsetzungsfrist eingegangenen Antrags des Arbeitgebers verschoben worden ist, endet die Festsetzungsfrist erst mit Unanfechtbarkeit des Haftungsbescheids, also mit Ablauf des 25.6.2001 (§ 171 Abs. 4 Satz 1 AO).

Wird vor Ablauf der Festsetzungsfrist mit einer Lohnsteuer-Außenprüfung begonnen oder wird deren Beginn auf Antrag des Arbeitgebers hinausgeschoben, so läuft die Festsetzungsfrist nicht ab, bevor die auf Grund der Lohnsteuer-Außenprüfung zu erlassenden Bescheide unanfechtbar geworden sind. Der Antrag auf Verschiebung des Prüfungsbeginns hat diese Wirkung jedoch nur dann, wenn dem Arbeitgeber vorher die Prüfungsanordnung bekannt gegeben worden ist. Die Ablaufhemmung greift nicht bereits bei einer mündlichen Terminabsprache.

Macht das Finanzamt im Anschluss an eine Lohnsteuer-Außenprüfung gegenüber dem Arbeitgeber **pauschale Lohnsteuer** in einem **(formell fehlerhaften) Haftungsbescheid** geltend, so tritt mit der Aufhebung des angefochtenen Haftungsbescheids durch das Finanzamt eine Unanfechtbarkeit i.S. des § 171 Abs. 4 Satz 1 AO ein. Der Ablauf der Festsetzungsfrist ist damit nicht mehr gehemmt (vgl. BFH, Urteil vom 6.5.1994, BStBl II 1994 S. 715). Das Finanzamt kann in einem solchen Fall den Eintritt der Festsetzungsverjährung vor Geltendmachung des Steueranspruchs dadurch vermeiden, dass es den Haftungsbescheid erst aufhebt, nachdem es zuvor den **(formell rechtmäßigen) Pauschalierungsbescheid** (= Nachforderungsbescheid) erlassen hat.

Führt die **Lohnsteuer-Außenprüfung zu keiner Änderung**, hat eine **entsprechende Mitteilung** nach § 202 Abs. 1 Satz 3 AO zu erfolgen, nach deren Bekanntgabe die Frist für drei Monate gehemmt ist (vgl. § 171 Abs. 4 Satz 1 AO). Hierdurch wird dem Steuerpflichtigen Gelegenheit gegeben, ggf. noch innerhalb der Festsetzungsfrist einen Antrag auf Änderung der Steuerfestsetzung zu seinen Gunsten zu stellen.

Der Ablauf der Festsetzungsfrist wird durch die Lohnsteuer-Außenprüfung nur für solche Steuern gehemmt, die in der **Prüfungsanordnung als Prüfungsgegenstand genannt** werden (vgl. BFH, Urteil vom 18.7.1991, BStBl II 1991 S. 824). Wird die Prüfungsanordnung auf bisher nicht einbezogene Steuern bzw. Prüfungsjahre erweitert, ist die Ablaufhemmung nur wirksam, soweit hinsichtlich der Erweiterung noch keine Festsetzungsverjährung eingetreten ist.

Durch eine beim Arbeitgeber durchgeführte **Lohnsteuer-Außenprüfung tritt die Ablaufhemmung gegenüber dem Arbeitnehmer nicht ein** (BFH, Urteile vom 15.12.1989, BStBl II 1990 S. 526, und vom 9.3.1990, BStBl II 1990 S. 608). Soweit der Steueranspruch gegen den Arbeitnehmer bereits verjährt ist, kann infolge der **Akzessorietät** des Haftungsanspruchs (§ 191 Abs. 5 Satz 1 AO) im Regelfall ein Haftungsbescheid gegen den Arbeitgeber nicht mehr ergehen.

Beispiel 4:

Bei der im Jahre 2002 begonnenen Lohnsteuer-Außenprüfung wird festgestellt, dass der Arbeitgeber einem Angestellten im Jahre 1996 einen geldwerten Vorteil zugewandt hat, von dem aus Unkenntnis keine Steuerabzugsbeträge einbehalten worden sind. Der Arbeitnehmer wird zur Einkommensteuer veranlagt. Er hat seine Steuererklärung für 1996 dem Finanzamt im Jahre 1997 eingereicht.

Eine Nachforderung beim Arbeitnehmer kommt nicht in Betracht, weil die Änderung des Einkommensteuerbescheids wegen Ablaufs der vom 1. Januar 1998 bis 31. Dezember 2001 laufenden Festsetzungsfrist (vgl. § 170 Abs. 2 Nr. 1 AO) nicht mehr zulässig ist. Wegen der Verjährung des Steueranspruchs beim Arbeitnehmer ist auch eine Haftung des Arbeitgebers ausgeschlossen (§ 191 Abs. 5 Satz 1 Nr. 1 AO). Etwas anderes würde gelten, wenn der unterlassene Steuerabzug auf eine Hinterziehungshandlung des Arbeitgebers zurückzuführen wäre (§ 191 Abs. 5 Satz 2 AO).

b) Zahlungsverjährung

Festgesetzte Ansprüche erlöschen durch die sog. Zahlungsverjährung. Die Verjährungsfrist beträgt **fünf Jahre** und beginnt mit Ablauf des Kalenderjahres, in dem der Anspruch erstmals fällig geworden ist (§§ 228, 229 AO). **2513**

2. Sozialversicherung

2514 **Beitragsansprüche** sowie die darauf entfallenden **Nebenforderungen** wie Mahngebühren, Säumniszuschläge, Vollstreckungs- und Gerichtskosten usw. verjähren in vier Jahren nach Ablauf des Kalenderjahres der Fälligkeit. Ansprüche auf vorsätzlich vorenthaltene Beiträge verjähren in 30 Jahren nach Ablauf des Kalenderjahres, in dem sie fällig geworden sind.

Beispiele:

Beiträge für den Monat:	November 2001	Dezember 2001
Fälligkeitstag:	15.12.2001	15. 1.2002
Ablauf des Kalenderjahres	31.12.2001	31.12.2002
Verjährung am:	31.12.2005	31.12.2006

Für die **Hemmung, Unterbrechung** und Wirkung der **Verjährung** gelten die Vorschriften des BGB (§§ 202 ff.) sinngemäß.

Die Verjährung der Beitragsforderung wird durch das Einlegen eines Rechtsbehelfs gegen einen die Versicherungspflicht oder -freiheit feststellenden Bescheid unterbrochen, BSG, Urteil vom 18.4.1975 – 3/12 RK 10/73 – (vgl. Sozialversicherungsbeitrag-Handausgabe 2001 R 25 IV/2).

Die Verjährung ist nach der Entscheidung des Bundessozialgerichts vom 11.11.1975 – 3 RK 8/75 – (vgl. Sozialversicherungsbeitrag-Handausgabe 2001 R 25 IV/4) gehemmt, wenn der Schuldner an den Gläubiger den Antrag stellt, bis zur Klärung einer Rechtsfrage auf den Einzug der Forderung zu verzichten, und der Gläubiger diesen Antrag stillschweigend annimmt.

In entsprechender Anwendung des § 218 Abs. 1 BGB verjähren in 30 Jahren Beitragsforderungen, die durch Feststellung in einem Insolvenzverfahren vollstreckbar geworden sind, BSG, Urteil vom 10.12.1980 – 9 RV 25/80 – (vgl. Sozialversicherungsbeitrag-Handausgabe 2001 R 25 IV/6).

Mit Urteil vom 21.6.1990 – 12 RK 13/89 – (vgl. Sozialversicherungsbeitrag-Handausgabe 2001 R 25 IV/8) hat das Bundessozialgericht entschieden, dass für die Geltung der 30-jährigen Verjährung ausreicht, wenn der Beitragspflichtige die Beiträge mit bedingtem Vorsatz vorenthält, er also eine Beitragspflicht nur für möglich gehalten, die Nichtabführung der Beiträge aber billigend in Kauf genommen hat.

Diese Auffassung wurde vom **Bundessozialgericht** mit Urteil vom 30.3.2000 – B 12 KR 14/99 R – (vgl. Sozialversicherungsbeitrag-Handausgabe 2001 R 25 IV/12) nochmals bekräftigt. Es schätzte jedoch ein, dass für die Beurteilung der Frage, ob auf Grund des Vorliegens eines Lohnsteuerhaftungsbescheids bedingter Vorsatz unterstellt werden kann, **folgende Kriterien** ermittelt werden müssen:

– Handelt es sich um typisches Arbeitsentgelt?

– Besteht zwischen der steuerrechtlichen und der beitragsrechtlichen Behandlung des zu beurteilenden Arbeitsentgelts eine erkennbare Übereinstimmung?

– Wurden die Lohn- und Gehaltsabrechnungen von fachkundigem Personal vorgenommen?

Verletztengeld

1. Lohnsteuer

2515 Das aus der gesetzlichen Unfallversicherung bei Arbeitsunfällen gezahlte Verletztengeld ist zwar nach § 3 Nr. 1 Buchst. a EStG steuerfrei, unterliegt jedoch im Rahmen einer Einkommensteuerveranlagung dem sog. Progressionsvorbehalt (§ 32b Abs. 1 Nr. 1 Buchst. b EStG); siehe auch → *Progressionsvorbehalt* Rz. 1924.

2. Sozialversicherung

2516 Die Zahlung von Verletztengeld führt für den Zeitraum der Zahlung – wie das Kranken- oder Mutterschaftsgeld – zur Beitragsfreiheit in der Sozialversicherung.

Diese Beitragsfreiheit bezieht sich jedoch nur auf die vom Arbeitgeber zu zahlenden Arbeitsentgelte.

Zur **Beitragspflicht der „Entgeltersatzleistungen"** vgl. → *Lohnersatzleistungen* Rz. 1479.

Verlosungsgeschenke/ Verlosungsgewinne

2517 Soweit der Arbeitgeber bei seinen Arbeitnehmern Verlosungen durchführt, führt die **Einräumung einer bloßen Gewinnchance nicht zu einem Zufluss von Arbeitslohn** (BFH, Urteil vom 25.11.1993, BStBl II 1994 S. 254). Dagegen ist die Steuerpflicht der Losgewinne danach zu beurteilen, ob die Teilnahme an der Verlosung an bestimmte Bedingungen geknüpft ist oder alle Arbeitnehmer Lose erhalten können.

1. Wettbewerbspreise

2518 Dürfen an einer betrieblichen Verlosung nur diejenigen Arbeitnehmer teilnehmen, die **bestimmte Voraussetzungen** erfüllen, etwa im Rahmen eines Unternehmenswettbewerbs Verbesserungsvorschläge eingereicht haben, stellen die Gewinne die **Gegenleistung** für ein bestimmtes Verhalten des Arbeitnehmers dar und sind damit **Arbeitslohn**. Dies gilt auch dann, wenn die Verlosung **gelegentlich einer Betriebsveranstaltung** durchgeführt wird und die Bedingungen für die Teilnahme an der Verlosung im Vorfeld der Betriebsveranstaltung erfüllt werden mussten. In einem solchen Fall werden die Gewinne den per Zufall ermittelten Arbeitnehmern für ein bestimmtes Verhalten zugewendet. Der Arbeitslohncharakter des Gewinns wird auch nicht dadurch ausgeschlossen, dass die mit der Verlosung bei den Arbeitnehmern verfolgte Zielsetzung, die Einreichung von Verbesserungsvorschlägen zu erreichen, im betrieblichen Interesse des Arbeitgebers liegt. Insoweit kann nichts anderes gelten, als wenn ein Arbeitgeber im Rahmen eines sog. Sicherheitswettbewerbs Prämien an seine Arbeitnehmer zahlt (→ *Prämien* Rz. 1920).

(LSt) (SV)

2. Betriebliche Tombola

2519 Bei einer betriebsinternen für **alle Arbeitnehmer veranstalteten Verlosung**, wie z.B. einer betrieblichen Tombola, kann die Annahme von Arbeitslohn unter dem Gesichtspunkt des ganz überwiegend **eigenbetrieblichen Interesses des Arbeitgebers** ausscheiden (BFH, Urteil vom 25.11.1993, BStBl II 1994 S. 254).

Dies kann aber z.B. bei einer **Tombola im Rahmen einer Betriebsveranstaltung** nur anerkannt werden, wenn **alle** an der Veranstaltung teilnehmenden **Arbeitnehmer** Lose erhalten und die Gewinne **im Rahmen des Üblichen** liegen. Hierbei ist es unschädlich, wenn an der Verlosung auch **Betriebsfremde** teilnehmen. Gewinne aus einer betrieblichen Verlosung sind im Einzelnen steuerlich wie folgt zu behandeln:

– **Sachpreise bleiben steuerfrei**, wenn es den Losgewinnen unter dem Gesichtspunkt des eigenbetrieblichen Interesses am **Entlohnungscharakter fehlt**. Hiervon ist auszugehen, falls der einzelne Sachpreis die für Aufmerksamkeiten geltende **Grenze von 40 €** nicht überschreitet. Für die Prüfung dieser Grenze sind mehrere Losgewinne eines Arbeitnehmers nicht zusammenzurechnen. Entsprechend zu verfahren ist mit Losgewinnen des Ehegatten, die den Arbeitnehmern zuzurechnen sind. Bei Betriebsveranstaltungen sind die Aufwendungen des Arbeitgebers für die üblichen Sachpreise auf die hier zu beachtende 110-€-Freigrenze anzurechnen (→ *Betriebsveranstaltungen* Rz. 569).

Beispiel 1:

Anlässlich einer Betriebsveranstaltung führt der Arbeitgeber eine Tombola durch. Die Sachpreise haben höchstens einen Wert von 40 €. Insgesamt wendet der Arbeitgeber für die Sachpreise 1 000 € auf. Die übrigen Aufwendungen betragen insgesamt 4 000 €. An der Betriebsveranstaltung nehmen 60 Arbeitnehmer teil.

Da die Sachpreise nicht mehr als 40 € betragen, fehlt den Losgewinnen der Entlohnungscharakter. Die Aufwendungen sind allerdings bei der Prüfung der 110-€-Grenze zu berücksichtigen. Die gesamten Aufwendungen für die Betriebsveranstaltung betragen 5 000 € (1 000 € + 4 000 €), auf den einzelnen Arbeitnehmer entfallen 83,33 € (5 000 € : 60), so dass die 110-€-Grenze nicht überschritten ist.

Beispiel 2:

Anlässlich einer Betriebsveranstaltung werden unter allen Teilnehmern drei Preise verlost:

- 1. Preis: Ein Wochenendurlaub im Wert von 150 €,
- 2. Preis: Ein Autoradio im Wert von 100 €,
- 3. Preis: Ein Präsentkorb im Wert von 50 €.

Ein Arbeitnehmer gewinnt den ersten Preis, seine Ehefrau den dritten Preis.

Da die Sachpreise einen Wert von mehr als 40 € haben, ist der einzelne Losgewinn steuerpflichtig. Der Losgewinn der Ehefrau ist dem Arbeitnehmer zuzurechnen. Der Arbeitgeber kann die Verlosungsgewinne von insgesamt 200 € pauschal nach § 40 Abs. 2 Nr. 2 EStG versteuern.

- **Geldpreise** sind unabhängig von ihrer Höhe stets individuell beim einzelnen Arbeitnehmer der **Lohnsteuer** zu unterwerfen. Eine Pauschalierung kommt nur unter den Voraussetzungen des § 40 Abs. 1 Nr. 1 EStG in Betracht (→ *Pauschalierung der Lohnsteuer* Rz. 1806).

Vermögensbeteiligungen

Inhaltsübersicht:

1. Grundsätze zur Steuer- und Beitragsfreiheit

2520 Erhält der Arbeitnehmer im Rahmen eines gegenwärtigen Dienstverhältnisses unentgeltlich oder verbilligt Sachbezüge in Form von Vermögensbeteiligungen i.S. des § 2 Abs. 1 Nr. 1 und Abs. 2 bis 5 5. VermBG, so ist der Vorteil nach § 19a EStG **bis zu 154 € im Jahr steuerfrei**. Durch die Steuerfreiheit besteht Beitragsfreiheit in der Sozialversicherung (§ 1 ArEV).

Die Steuerfreiheit des § 19a EStG gilt für unbeschränkt und beschränkt einkommensteuerpflichtige **Arbeitnehmer**, die in einem **gegenwärtigen Dienstverhältnis** stehen. Die Überlassung von Vermögensbeteiligungen **an frühere Arbeitnehmer** des Arbeitgebers ist deshalb nur steuerbegünstigt, soweit die unentgeltliche oder verbilligte Vermögensbeteiligung im Rahmen einer Abwicklung des früheren Dienstverhältnisses noch als Arbeitslohn **für die tatsächliche Arbeitsleistung** überlassen wird (R 77 Abs. 1 LStR).

Voraussetzung für die Steuerbegünstigung ist nicht, dass der Arbeitgeber Rechtsinhaber der zu überlassenden Vermögensbeteiligung ist. Die Steuerbegünstigung gilt deshalb auch für den geldwerten Vorteil, der bei Überlassung der Vermögensbeteiligung **durch einen Dritten** entsteht, wenn die Überlassung durch das gegenwärtige Dienstverhältnis veranlasst ist. Zur Frage, wann eine steuerbegünstigte Überlassung von Vermögensbeteiligungen durch Dritte vorliegt, vgl. R 77 Abs. 2 LStR.

2. Überlassung als Sachbezug

2521 Die Steuerbegünstigung gilt nur für den geldwerten Vorteil, den der Arbeitnehmer durch die unentgeltliche oder verbilligte Überlassung der Vermögensbeteiligung erhält. Dem Arbeitnehmer muss also ein **Sachbezug** überlassen werden. **Geldleistungen** des Arbeitgebers an den Arbeitnehmer zur Begründung oder zum Erwerb der Vermögensbeteiligung oder für den Arbeitnehmer vereinbarte vermögenswirksame Leistungen i.S. des Fünf-

ten Vermögensbildungsgesetzes, die zur Begründung oder zum Erwerb der Vermögensbeteiligung angelegt werden, sind **nicht steuerbegünstigt** (R 77 Abs. 3 LStR).

Beispiel 1:

Der Arbeitgeber, eine Aktiengesellschaft, zahlt seinen Arbeitnehmern einen Geldbetrag von 400 € aus, damit sie sich Arbeitgeber-Aktien an der Börse kaufen sollen.

Der Geldbetrag ist in voller Höhe steuer- und beitragspflichtig, weil den Arbeitnehmern kein Sachbezug überlassen wird.

Die Gewährung einer Vermögensbeteiligung ist nach R 77 Abs. 4 LStR dann **nicht unentgeltlich oder verbilligt**, wenn die Vermögensbeteiligung ganz oder teilweise **an die Stelle von Arbeitslohn** tritt, der zum Zeitpunkt der Überlassung der Vermögensbeteiligung ohnehin geschuldet wird (→ *Barlohnumwandlung* Rz. 410).

Beispiel 2:

Der Arbeitgeber vereinbart mit seinen Arbeitnehmern, dass sie anstelle des tarifvertraglich zustehenden Urlaubsgelds von 250 € eine Vermögensbeteiligung im Wert von 500 € für 250 € erhalten.

Die Vermögensbeteiligung tritt an die Stelle des tarifvertraglich geschuldeten Urlaubsgelds. Es liegt daher kein Sachbezug vor, der nach § 19a EStG begünstigt ist.

Beispiel 3:

Die Arbeitnehmer erhalten statt des Urlaubsgelds von 250 € eine Vermögensbeteiligung im Wert von 500 € für 150 €.

In Höhe des tarifvertraglich zustehenden Urlaubsgelds liegt kein Sachbezug vor, weil Barlohn in eine Vermögensbeteiligung umgewandelt wird. Soweit der Arbeitnehmer darüber hinaus in Höhe von 100 € einen Vorteil erhält, wird ihm eine verbilligte Vermögensbeteiligung gewährt, die insoweit nach § 19a EStG begünstigt ist.

Dagegen liegt **keine Umwandlung** vor, wenn die Vermögensbeteiligung auf Grund einer **tarifvertraglichen Öffnungsklausel** überlassen wird, nach der im Fall der Vereinbarung einer Vermögensbeteiligung ein Anspruch des Arbeitnehmers auf eine entsprechende Barleistung nicht entsteht (→ *Öffnungsklausel* Rz. 1792).

Beispiel 4:

Auf Grund einer tarifvertraglichen Öffnungsklausel gewährt der Arbeitgeber den Arbeitnehmern anstatt einer Barleistung in Höhe von 250 € eine unentgeltliche Vermögensbeteiligung in gleicher Höhe.

Es liegt hier ein Sachbezug vor, der nach § 19a EStG begünstigt ist.

3. Begriff der Vermögensbeteiligungen

Ab 2002 enthält § 19a EStG **keinen eigenständigen Katalog** von **2522** begünstigten Vermögensbeteiligungen mehr. Durch den Verweis auf den Katalog der im Fünften Vermögensbildungsgesetz begünstigten Vermögensbeteiligungen ist der stete Gleichklang von Einkommensteuergesetz und Vermögensbildungsgesetz im Anlagenkatalog sichergestellt. Gleichzeitig ist die Vorschrift des § 19a EStG gestrafft worden.

Steuerbegünstigen Vermögensbeteiligungen i.S. des § 19a EStG sind Vermögensbeteiligungen i.S. des § 2 Abs. 1 Nr. 1 und Abs. 2 bis 5 5. VermBG, also

- Aktien,
- Wandel- und Gewinnschuldverschreibungen,
- Genussscheine,
- Anteilscheine an in- und ausländischen Aktienfonds und an Beteiligungs-Sondervermögen,
- Genossenschaftsguthaben,
- GmbH-Anteile,
- stille Beteiligungen,
- Darlehensforderungen,
- Genussrechte.

Einzelheiten hierzu siehe → *Vermögensbildung der Arbeitnehmer* Rz. 2539 sowie Abschn. 4 des BMF-Schreibens vom 16.7.1997, BStBl I 1997 S. 738 und das BMF-Schreiben vom 24.8.2000, BStBl I 2000 S. 1227, in dem auf die ab 1.1.1999 eingetretenen

Änderungen des Fünften Vermögensbildungsgesetzes hingewiesen wird.

4. Wert der Vermögensbeteiligung

2523 Als Wert der Vermögensbeteiligung ist **der gemeine Wert** anzusetzen. Für bestimmte Vermögensbeteiligungen sieht § 19a EStG allerdings besondere Bewertungsregeln vor.

So werden z.B. **Aktien, Wandel- und Gewinnschuldverschreibungen oder Genussscheine**, die am Tag der Beschlussfassung über die Überlassung an einer deutschen Börse zum amtlichen Handel oder zum geregelten Markt zugelassen oder in den geregelten Freiverkehr einbezogen sind, mit dem **niedrigsten Börsenkurs am Beschlusstag** bewertet, wenn die Überlassung **nicht mehr als neun Monate** nach dem Tag der Beschlussfassung erfolgt. Liegt am Beschlusstag eine Börsennotierung nicht vor, so werden diese Vermögensbeteiligungen mit dem letzten innerhalb von 30 Tagen notierten Börsenkurs angesetzt. Sind am Überlassungstag mehr als neun Monate vergangen, so ist der **niedrigste Börsenkurs am Überlassungstag** maßgebend.

Der Arbeitgeber kann einen Beschluss über die Überlassung von Aktien an seine Arbeitnehmer aufheben und durch einen anderen Überlassungsbeschluss ersetzen. In diesem Fall ist der geldwerte Vorteil nach § 19a EStG auf den Tag des (Zweit-)Beschlusses zu berechnen, auf dem die Überlassung der Aktien tatsächlich beruht (BFH, Urteil vom 4.4.2001, BStBl II 2001 S. 677).

Einzelheiten zur Bewertung von Vermögensbeteiligungen siehe § 19a Abs. 2 EStG sowie R 77 Abs. 6 bis 11 LStR.

Nach Auffassung des Finanzgerichts Köln (Urteil vom 6.4.2000, EFG 2000 S. 737) ist die Bewertungsvorschrift des § 19a Abs. 2 EStG **eine Spezialvorschrift** zu § 8 Abs. 2 EStG. Sie gilt daher für alle Vermögensbeteiligungen i.S. des § 19a EStG, unabhängig davon, ob der Erwerb nach § 19a EStG steuerbegünstigt ist (so auch R 77 Abs. 6 LStR). Mit Urteil vom 4.4.2001, BB 2001 S. 2304, hat der Bundesfinanzhof zwar das Urteil des Finanzgerichts Köln aufgehoben, die **Frage**, ob § 19a Abs. 2 EStG die sonst geltende Bewertungsvorschrift des § 8 Abs. 2 EStG verdrängt, aber **ausdrücklich offen gelassen**. Im Urteilsfall hatte der Arbeitgeber Wertpapiere an seine Arbeitnehmer gegen einen **fest und unabänderlich bezifferten Preisnachlass** überlassen. Für diesen Fall hat der Bundesfinanzhof entschieden, dass sich der geldwerte Vorteil **nach diesem Preisnachlass richtet** und § 19a Abs. 2 EStG insoweit keine Anwendung findet.

Beispiel:

Ein Arbeitgeber in Düsseldorf beschließt am 7.1.2002, seinen Arbeitnehmern fünf Aktien am 1.7.2002 verbilligt zu überlassen. Der Preisnachlass soll 30 € je Aktie von dem amtlich festgestellten Einheitskurs der Aktie an der Rheinisch-Westfälischen Börse zu Düsseldorf am Ausgabetag (1.7.2002) betragen.

Der geldwerte Vorteil aus der verbilligten Aktienüberlassung beträgt 30 € je Aktie, also 150 € insgesamt. In diesem Fall ist § 19a Abs. 2 EStG nicht anwendbar (BFH, Urteil vom 4.4.2001, BB 2001 S. 2304). Unter der Voraussetzung, dass der Arbeitnehmer mindestens 150 € für die fünf Aktien zahlt, ist der Vorteil steuer- und beitragsfrei, vgl. → Rz. 2524.

5. Ermittlung des steuerfreien geldwerten Vorteils

2524 Der geldwerte Vorteil ergibt sich aus dem Unterschied zwischen dem Wert der Vermögensbeteiligung und dem Preis, zu dem die Vermögensbeteiligung dem Arbeitnehmer überlassen wird. Die **Steuerfreiheit** des geldwerten Vorteils ist der Höhe nach **doppelt begrenzt, und zwar auf den halben Wert der Vermögensbeteiligung, höchstens aber auf 154 € jährlich** (§ 19a Abs. 1 EStG). Daraus folgt, dass der geldwerte Vorteil nur insoweit zum steuerpflichtigen Arbeitslohn gehört, als er die Hälfte des Werts der Vermögensbeteiligung übersteigt. Ist der geldwerte Vorteil höher als 154 € im Kalenderjahr, so gehört der 154 € übersteigende Teil des geldwerten Vorteils auch dann zum steuerpflichtigen Arbeitslohn, wenn die Hälfte des Werts der Vermögensbeteiligung nicht überschritten wird.

Beispiel 1:

Der Arbeitgeber überlässt dem Arbeitnehmer Aktien im Wert von 200 € für 75 €.

Der geldwerte Vorteil für den Arbeitnehmer beträgt

(200 € ⁒ 75 €)	125 €
Der halbe Wert der Aktien beträgt (200 € : 2)	100 €
Steuerfrei ist der kleinere Betrag, höchstens aber 154 €, also	100 €

Der Arbeitnehmer hat 25 € zu versteuern, 100 € sind steuerfrei.

Beispiel 2:

Der Arbeitgeber überlässt dem Arbeitnehmer Aktien im Wert von 500 € für 200 €.

Der geldwerte Vorteil für den Arbeitnehmer beträgt

(500 € ⁒ 200 €)	300 €
Der halbe Wert der Aktien beträgt (500 € : 2)	250 €
Steuerfrei ist der kleinere Betrag, höchstens aber 154 €, also	154 €

Der Arbeitnehmer hat 146 € zu versteuern, 154 € sind steuerfrei.

Die Auswirkungen dieser doppelten Begrenzung der Steuerfreiheit soll folgende Übersicht erläutern:

Eigenleistung des Arbeitnehmers	Wert der Beteiligung	steuerfrei	steuerpflichtig
0 €	50 €	25 €	25 €
0 €	100 €	50 €	50 €
0 €	150 €	75 €	75 €
0 €	200 €	100 €	100 €
0 €	250 €	125 €	125 €
0 €	300 €	150 €	150 €
0 €	350 €	154 €	196 €
0 €	400 €	154 €	246 €
0 €	450 €	154 €	296 €
0 €	500 €	154 €	346 €
25 €	50 €	25 €	0 €
50 €	100 €	50 €	0 €
75 €	150 €	75 €	0 €
100 €	200 €	100 €	0 €
125 €	250 €	125 €	0 €
150 €	300 €	150 €	0 €
175 €	350 €	154 €	21 €
200 €	400 €	154 €	46 €
225 €	450 €	154 €	71 €
250 €	500 €	154 €	96 €
50 €	250 €	125 €	75 €
50 €	375 €	154 €	171 €
50 €	500 €	154 €	296 €
100 €	250 €	125 €	25 €
100 €	375 €	154 €	121 €
100 €	500 €	154 €	246 €
150 €	250 €	100 €	0 €
150 €	375 €	154 €	71 €
150 €	500 €	154 €	196 €
250 €	300 €	50 €	0 €

Der steuerfreie Höchstbetrag ist **auf das Dienstverhältnis** bezogen. Steht der Arbeitnehmer im Kalenderjahr nacheinander oder nebeneinander in mehreren Dienstverhältnissen, so kann der steuerfreie Höchstbetrag in jedem Dienstverhältnis in Anspruch genommen werden.

Die Übernahme der mit der Überlassung von Vermögensbeteiligungen verbundenen **Depotgebühren** und **Nebenkosten** durch den Arbeitgeber, z.B. Notariatsgebühren, Eintrittsgelder im Zusammenhang mit Geschäftsguthaben bei einer Genossenschaft und Kosten für Registereintragungen, ist **kein Arbeitslohn**. Ebenfalls kein Arbeitslohn sind Barzuschüsse des Arbeitgebers an den Arbeitnehmer zu Depotgebühren, die dem Arbeitnehmer durch die Festlegung der Wertpapiere für die Dauer der Sperrfrist entstehen (R 77 Abs. 3 Sätze 3 und 4 LStR).

 (LSt) (SV)

6. Sperrfrist

Ab 2002 ist durch das Steueränderungsgesetz 2001 die **sechs-** **2525** **jährige Sperrfrist entfallen**. Durch den Wegfall der Sperrfrist soll der Verwaltungsaufwand erheblich reduziert werden. Im Übrigen geht der Gesetzgeber davon aus, dass Arbeitgeber und Arbeitnehmer entsprechend dem Grundgedanken der Mitarbeiterbeteiligung zivilrechtlich eine längere Haltedauer für die überlassenen Vermögensbeteiligungen vereinbaren. Der Wegfall der sechsjährigen Sperrfrist bedeutet, dass ab 2002 **keine Nachversteuerung** mehr durchzuführen ist.

Wegen einer Nachversteuerung bei einer schädlichen Verfügung vor dem 1.1.2002 vgl. die Vorauflage.

7. Aufzeichnungspflichten des Arbeitgebers

2526 **Aufzeichnungspflichten** des Arbeitgebers bestehen **ab 2002** wegen des Wegfalls der sechsjährigen Sperrfrist durch das Steueränderungsgesetz 2001 **nicht mehr.**

8. Anzeigepflichten des Arbeitgebers

2527 **Anzeigepflichten** des Arbeitgebers bestehen **ab 2002** wegen des Wegfalls der sechsjährigen Sperrfrist durch das Steueränderungsgesetz 2001 **nicht mehr.**

Wegen der Anzeigepflichten bei einer schädlichen Verfügung vor dem 1.1.2002 vgl. die Vorauflage.

Vermögensbildung der Arbeitnehmer

1. Allgemeines

2528 Die Vermögensbildung der Arbeitnehmer wird durch den Staat gefördert, und zwar einmal dadurch, dass der Arbeitnehmer für vermögenswirksame Leistungen eine **Arbeitnehmer-Sparzulage** erhält, wenn er bestimmte Voraussetzungen erfüllt, und zum anderen durch den **Steuerfreibetrag von 154 €** für Vermögensbeteiligungen, die der Arbeitnehmer vom Arbeitgeber unentgeltlich oder verbilligt erhält. Wegen der unentgeltlichen oder verbilligten Überlassung von Vermögensbeteiligungen durch den Arbeitgeber

siehe → *Vermögensbeteiligungen* Rz. 2520. Nachfolgend ist die staatliche Förderung durch das Fünfte Vermögensbildungsgesetz erläutert.

Die Arbeitnehmer-Sparzulage beträgt für Vermögensbeteiligungen 20 % von höchstens 408 € und zusätzlich 10 % von höchstens 480 € für Anlagen nach dem Wohnungsbau-Prämiengesetz und Aufwendungen zum Wohnungsbau. Arbeitnehmer mit Hauptwohnsitz im Beitrittsgebiet erhalten 25 % Arbeitnehmer-Sparzulage für Vermögensbeteiligungen. Die Einkommensgrenzen betragen 17 900 €/35 800 €.

In vielen Tarifverträgen ist die Zahlung zusätzlicher vermögenswirksamer Leistungen vorgesehen, so haben z.B. in den alten Bundesländern etwa 95 % aller tarifvertraglich erfassten Arbeitnehmer Anspruch auf vermögenswirksame Leistungen. Auch wenn der Arbeitnehmer keinen Anspruch auf Arbeitnehmer-Sparzulage hat, weil er die **Einkommensgrenzen von 17 900 €/ 35 800 €** überschreitet, dürfte für ihn die Anlage von vermögenswirksamen Leistungen interessant sein. Denn nur wenn er einen Vertrag über die Anlage vermögenswirksamer Leistungen abschließt, hat er Anspruch auf die vom Arbeitgeber **zusätzlich zum normalen Arbeitslohn** gewährten vermögenswirksamen Leistungen. Schließt er dagegen keinen Vertrag ab, erhält er auch nicht diese zusätzliche Arbeitgeberleistung.

Der Arbeitnehmer steht immer vor der Frage, in **welche Art von Vertrag** er seine vermögenswirksamen Leistungen anlegt. Das Fünfte Vermögensbildungsgesetz sieht hier verschiedene Möglichkeiten vor. So kann der Arbeitnehmer einerseits Vermögensbeteiligungen erwerben. Diese Anlageform ist sicherlich risikoreicher als die Anlage in einem Bausparvertrag. Dafür bietet sie allerdings auch die Möglichkeit, eine höhere Rendite zu erwirtschaften als beim risikolosen Bausparvertrag. Auch für die Höhe der Arbeitnehmer-Sparzulage spielt die Anlageform eine Rolle. Bei Vermögensbeteiligungen beträgt die Arbeitnehmer-Sparzulage **20 %**, im Beitrittsgebiet sogar **25 %**. Bei Bausparverträgen oder Aufwendungen zum Wohnungsbau beträgt die Arbeitnehmer-Sparzulage dagegen nur **10 %** der vermögenswirksamen Leistungen.

Es besteht auch die Möglichkeit, einen **Sparvertrag oder einen Lebensversicherungsvertrag** mit vermögenswirksamen Leistungen anzusparen. Bei diesen Verträgen gibt es aber **keine Arbeitnehmer-Sparzulage**, denn diese Verträge unterliegen der sog. **Nullförderung.** Das bedeutet, dass der Arbeitnehmer, der einen solchen Vertrag abgeschlossen hat, zwar Anspruch auf vermögenswirksame Leistungen hat, aber in keinem Fall eine Arbeitnehmer-Sparzulage erhält. Diese Anlageformen sind also für Arbeitnehmer interessant, die in jedem Fall die Einkommensgrenzen überschreiten und nur die vermögenswirksamen Leistungen vom Arbeitgeber erhalten wollen.

Letztlich hat der Arbeitnehmer die „Qual der Wahl". Der Arbeitgeber kann seine Arbeitnehmer nur über die verschiedenen Anlageformen und die unterschiedlichen Risiken informieren. Welche Anlageform der Arbeitnehmer dann wählt, bleibt ihm selbst überlassen. Dies sieht das Fünfte Vermögensbildungsgesetz in § 12 ausdrücklich vor. Danach werden vermögenswirksame Leistungen nur dann gefördert, wenn der **Arbeitnehmer die Anlageform und das Anlageunternehmen frei wählen** kann. Ab 1.1.1999 steht einer Förderung jedoch nicht entgegen, dass durch Tarifvertrag die Anlage auf Vermögensbeteiligungen und Anlagen nach dem Wohnungsbau-Prämiengesetz oder Aufwendungen zum Wohnungsbau beschränkt wird (§ 12 Satz 2 5.VermBG und BMF-Schreiben vom 24.8.2000, BStBl I 2000 S. 1227).

2. Rechtsnatur der vermögenswirksamen Leistungen

Vermögenswirksame Leistungen sind **Geldleistungen**, die der 2529 Arbeitgeber für den Arbeitnehmer in einer der im Fünften Vermögensbildungsgesetz genannten Anlageformen anlegt. Der Arbeitgeber hat für den Arbeitnehmer grundsätzlich **unmittelbar an das Unternehmen**, das Institut oder den Gläubiger zu leisten, bei dem nach Wahl des Arbeitnehmers die vermögenswirksame Anlage erfolgen soll.

Vermögenswirksame Leistungen sind **arbeitsrechtlich Bestandteil des Lohns oder Gehalts** (§ 2 Abs. 7 5.VermBG). Der Anspruch auf vermögenswirksame Leistungen ist nicht übertragbar und damit nach § 851 ZPO auch **nicht pfändbar**.

Da die vermögenswirksamen Leistungen Teil des Lohns oder Gehalts sind, sind sie immer dann zu zahlen, wenn der Arbeitnehmer auch sonst Anspruch auf Zahlung von Lohn oder Gehalt hat. Dies gilt z.B. für die **Zeit der Erkrankung** des Arbeitnehmers während der **Entgeltfortzahlung** oder bei **bezahltem Urlaub**. Das bedeutet umgekehrt, dass der Arbeitgeber zur Zahlung vermögenswirksamer Leistungen nicht verpflichtet ist, wenn kein Anspruch auf Zahlung von Arbeitslohn besteht.

Wenn der **Arbeitnehmer vorzeitig über die vermögenswirksamen Leistungen verfügt**, hat der Arbeitgeber grundsätzlich keinen Rückforderungsanspruch für bereits geleistete Zahlungen (BAG, Urteil vom 30.4.1975, DB 1975 S. 1800).

3. Steuer- und sozialversicherungsrechtliche Behandlung

2530 **Steuerrechtlich** gehören vermögenswirksame Leistungen zu den steuerpflichtigen Einnahmen (§ 2 Abs. 6 5.VermBG). Da nur Arbeitnehmer Anspruch auf vermögenswirksame Leistungen haben, sind die vermögenswirksamen Leistungen Arbeitslohn. Die Versteuerung ist nach den allgemeinen Vorschriften des Lohnsteuerrechts vorzunehmen. Soweit bei Teilzeitbeschäftigten eine Pauschalierung der Lohnsteuer vorgenommen wird, können auch die vermögenswirksamen Leistungen pauschal versteuert werden.

Sozialversicherungsrechtlich sind vermögenswirksame Leistungen Arbeitsentgelt (§ 2 Abs. 6 5.VermBG). Daher sind bei ihnen, wie bei anderem Arbeitsentgelt auch, Sozialversicherungsbeiträge einzuhalten.

4. Begünstigter Personenkreis

2531 Das Fünfte Vermögensbildungsgesetz gilt für alle **Arbeitnehmer im arbeitsrechtlichen Sinne** sowie für Beamte, Richter und Soldaten. Das Arbeitsverhältnis muss **deutschem Arbeitsrecht** unterliegen (→ *Arbeitnehmer* Rz. 163).

Das Fünfte Vermögensbildungsgesetz gilt z.B. **auch** bei

- **deutschen Grenzgängern** (Abschn. 1 Abs. 4 Nr. 1 des BMF-Schreibens vom 16.7.1997, BStBl I 1997 S. 738),
- **Familienangehörigen**, wenn ein „echtes Arbeitsverhältnis" begründet wird (→ *Angehörige* Rz. 108),
- **Heimarbeitern** (§ 1 Abs. 2 Satz 2 5.VermBG),
- **Frauen**, die auf Grund der Schutzfristen des **Mutterschutzgesetzes** nicht arbeiten, aber vom Arbeitgeber einen Zuschuss zum Mutterschaftsgeld erhalten,
- **Arbeitnehmern**, die **während des Erziehungsurlaubs** vom Arbeitgeber auf Grund vertraglicher Vereinbarung weiterhin vermögenswirksame Leistungen erhalten,
- **Kommanditisten** oder **stillen Gesellschaftern**, soweit sie arbeitsrechtlich Arbeitnehmer sind,
- **Wehrpflichtigen** oder **Zivildienstleistenden**, wenn sie in einem ruhenden Arbeitsverhältnis stehen, aus dem sie noch Arbeitslohn erhalten,
- **Behinderte Menschen**, die sich in sog. **beschützenden Werkstätten** befinden und zu der Werkstatt in einem Beschäftigungsverhältnis stehen, das nach seiner Ausgestaltung als Arbeitsverhältnis anzusehen ist,
- **Personen, die aus dem Arbeitsverhältnis ausgeschieden sind**, aber im Rahmen ihrer Abwicklung noch Entgelt für geleistete Arbeit erhalten (Abschn. 1 Abs. 4 Nr. 2 des BMF-Schreibens vom 16.7.1997, BStBl I 1997 S. 738).

Das Fünfte Vermögensbildungsgesetz gilt z.B. **nicht** bei

- **Vorstandsmitgliedern**,
- **Geschäftsführern** von GmbHs,
- **Mitgliedern** von Aufsichtsräten,
- **Organmitgliedern** von Gemeinden, Kreisen und anderen öffentlichen Körperschaften,

- **Geschäftsführern** von offenen Handelsgesellschaften, Kommanditgesellschaften, BGB-Gesellschaften,
- **Entwicklungshelfern** i.S. des Entwicklungshelfer-Gesetzes,
- **Wehrpflichtigen** und **Zivildienstleistenden**, wenn sie **nicht** in einem ruhenden Arbeitsverhältnis stehen,
- Helferinnen und Helfern, die ein **freiwilliges soziales oder ökologisches Jahr** i.S. des Gesetzes zur Förderung eines freiwilligen sozialen oder ökologischen Jahres ableisten,
- **Bediensteten internationaler Organisationen**, deren Arbeitsverhältnis nicht deutschem Arbeitsrecht unterliegt,
- Rentnern.

5. Begründung von vermögenswirksamen Leistungen

a) Vereinbarung vermögenswirksamer Leistungen

2532 Vereinbarungen über die Anlage vermögenswirksamer Leistungen können nach § 10 5.VermBG getroffen werden zwischen

- dem Arbeitgeber und einzelnen Arbeitnehmern (= **Einzelverträge**),
- dem Arbeitgeber und dem Betriebsrat (= **Betriebsvereinbarungen**),
- zwischen den Tarifvertragsparteien (= **Tarifvertrag**).

Hinzu kommen die bindenden Festsetzungen für Heimarbeiter sowie eine gesetzliche Regelung für Beamte, Richter und Soldaten.

Bei **tarifvertraglichen Vereinbarungen sind** im Übrigen die Regelungen des § 10 Abs. 2 bis 5 5.VermBG zu beachten.

b) Durchführung der Vereinbarungen

2533 Um die Vereinbarungen über vermögenswirksame Leistungen durchführen zu können, benötigt der Arbeitgeber vom Arbeitnehmer Angaben über die Art und den Zeitpunkt der Anlage sowie über das Unternehmen, bei dem die vermögenswirksamen Leistungen angelegt werden sollen.

In der Regel wird der Arbeitnehmer seiner Anzeigepflicht dadurch nachkommen, dass er dem Arbeitgeber einen **Vordruck** des betreffenden Unternehmens oder Anlageinstituts aushändigt, der die entsprechenden Angaben enthält. Soweit der Arbeitnehmer die erforderlichen Angaben nicht macht, ist eine Anlage von vermögenswirksamen Leistungen nicht möglich.

c) Anlage von Teilen des Arbeitslohns als vermögenswirksame Leistungen

2534 Arbeitnehmer, die vom Arbeitgeber keine vermögenswirksamen Leistungen zusätzlich zum Arbeitslohn erhalten, können Teile des noch nicht zugeflossenen Arbeitslohns vermögenswirksam anlegen, um in den Genuss der staatlichen Förderung zu kommen (§ 11 5.VermBG).

Es können nur Teile des Arbeitslohns vermögenswirksam angelegt werden, die zu den Einkünften aus nichtselbständiger Arbeit nach § 19 EStG gehören (Arbeitslohn im steuerlichen Sinne). **Zum Arbeitslohn zählt auch pauschal besteuerter oder steuerfreier Arbeitslohn.** Voraussetzung ist, dass der Arbeitslohn dem Arbeitnehmer noch nicht zugeflossen ist; die **nachträgliche Umwandlung von zugeflossenem Arbeitslohn ist grundsätzlich nicht möglich**. Lediglich bei **Grenzgängern**, bei denen ein Kreditinstitut die Pflichten des Arbeitgebers wahrnimmt, kann der Arbeitslohn auf das Konto des Arbeitnehmers ausgezahlt und anschließend vermögenswirksam angelegt werden.

Kein Arbeitslohn im steuerlichen Sinne sind dagegen:

- Steuerfreie Lohnersatzleistungen (Winterausfallgeld, Konkursausfallgeld, Mutterschaftsgeld, Arbeitslosengeld),
- Ersatz von Aufwendungen des Arbeitnehmers,
- die Arbeitnehmer-Sparzulage,
- die Bergmannsprämie,
- Vergütungen, die ein Kommanditist für seine Tätigkeit im Dienst der Kommanditgesellschaft erhält.

d) Form und Inhalt des Antrags

2535 Soweit der Arbeitnehmer die Anlage von Teilen seines Arbeitslohns als vermögenswirksame Leistungen wünscht, hat er einen **schriftlichen Antrag beim Arbeitgeber** zu stellen (§ 11 Abs. 1 5.VermBG). Wenn der Arbeitnehmer den Arbeitgeber wechselt, so hat er seinen Antrag auf Anlage von vermögenswirksamen Leistungen beim neuen Arbeitgeber zu wiederholen.

Auch hier wird der Arbeitnehmer i.d.R. einen **Vordruck** des betreffenden Unternehmens oder Anlageinstituts einreichen, der die notwendigen Angaben enthält.

e) Kontrahierungszwang

2536 Wenn der Arbeitnehmer die Anlage vermögenswirksamer Leistungen ordnungsgemäß beantragt hat und keine sonstigen Ablehnungsgründe vorliegen, ist der **Arbeitgeber nach Prüfung zum Abschluss des Vertrags verpflichtet** (§ 11 Abs. 1 5.VermBG). Der Arbeitgeber hat dann die sich für ihn daraus ergebenden Pflichten zu erfüllen (z.B. Einbehaltung und Überweisung des Betrags an das Anlageinstitut, Mitteilungspflichten). Deshalb ist der Arbeitgeber **schadensersatzpflichtig**, wenn er einen Antrag ohne hinreichenden Grund nicht annimmt oder den Vertrag nicht ordnungsgemäß durchführt.

Um den Arbeitgeber allerdings vor **allzu großem Verwaltungsaufwand zu schützen**, schränkt das Gesetz die Möglichkeiten des Arbeitnehmers, seine Vertragswünsche zu variieren, ein, vgl. im Einzelnen § 11 Abs. 3 bis 6 5.VermBG.

f) Anlage von vermögenswirksamen Leistungen

2537 Der Arbeitgeber hat nach § 3 Abs. 2 5.VermBG die vermögenswirksamen Leistungen **unmittelbar** an das Unternehmen oder Institut zu überweisen, ohne dass der Arbeitnehmer zwischenzeitlich über die Mittel verfügen darf. Es ist daher nicht möglich, dem Arbeitnehmer Beträge als vermögenswirksame Leistungen zu erstatten, die dieser selbst auf einen begünstigten Vertrag (z.B. Bausparvertrag) einbezahlt hat.

Soweit der Arbeitnehmer vermögenswirksame Leistungen auf Grund eines **Wertpapier-Kaufvertrags**, **Beteiligungs-Vertrags** oder **Beteiligungs-Kaufvertrags** beim Arbeitgeber anlegt, kann dieser die vermögenswirksamen Leistungen verrechnen.

Es ist aber Sache des Arbeitnehmers, mit dem Unternehmen oder Institut **vorher** den für die Anlage erforderlichen Vertrag abzuschließen und dies seinem Arbeitgeber mitzuteilen. Rechtsbeziehungen aus diesem Vertrag bestehen nur zwischen Arbeitnehmer und Unternehmen bzw. Institut, weil der Arbeitgeber stets nur **für den Arbeitnehmer** einzahlt.

Von dem Grundsatz, dass der Arbeitgeber die vermögenswirksamen Leistungen unmittelbar an das Unternehmen oder Institut zu überweisen hat, gibt es **zwei Ausnahmen**:

- Bei einer Anlage zum **Wohnungsbau oder -erwerb** kann der Arbeitgeber die vermögenswirksamen Leistungen direkt dem Arbeitnehmer überweisen, wenn der Arbeitnehmer dem Arbeitgeber eine **schriftliche Bestätigung** seines Gläubigers aushändigt, dass die Anlage die Voraussetzungen als vermögenswirksame Leistung erfüllt (§ 3 Abs. 3 5.VermBG).

- Bei **deutschen Grenzgängern** und bei Arbeitnehmern, die bei diplomatischen oder konsularischen Vertretungen ausländischer Staaten im Inland tätig sind, kann der ausländische Arbeitgeber auch dadurch vermögenswirksame Leistungen anlegen, dass er eine andere Person mit der Überweisung oder Einzahlung in seinem Namen und auf seine Rechnung beauftragt, vgl. im Einzelnen Abschn. 2 Abs. 3 des BMF-Schreibens vom 16.7.1997, BStBl I 1997 S. 738.

Da die höchstmögliche Arbeitnehmer-Sparzulage nur erhalten kann, wer sowohl in Vermögensbeteiligungen als auch in Bausparverträgen bzw. in Anlagen für den Wohnungsbau anlegt, ist der Arbeitgeber verpflichtet, **auch zwei Verträge** zu bedienen (BMF-Schreiben vom 24.8.2000, BStBl I 2000 S. 1227).

g) Insolvenzschutz

2538 Der Arbeitgeber hat **vor der Anlage** vermögenswirksamer Leistungen im eigenen Unternehmen in Zusammenarbeit mit dem Ar-

beitnehmer Vorkehrungen zu treffen, die der Absicherung der angelegten vermögenswirksamen Leistungen bei einer während der Dauer der Sperrfrist eintretenden Zahlungsunfähigkeit des Arbeitgebers dienen (**Insolvenzschutz**). Vorkehrungen des Arbeitgebers gegen Insolvenz sind nicht Voraussetzung für den Anspruch auf Arbeitnehmer-Sparzulage (BMF-Schreiben vom 24.8.2000, BStBl I 2000 S. 1227).

6. Anlageformen

2539 Vermögenswirksame Leistungen können in den nachfolgenden **Anlageformen** angelegt werden. Hierbei ist zu beachten, dass die **Sperrfristen** im Fünften Vermögensbildungsgesetz, anders als bei der Steuerfreiheit nach § 19a EStG (vgl. → *Vermögensbeteiligungen* Rz. 2525), **ab 2002 nicht entfallen**, sondern weiterhin zu berücksichtigen sind.

a) Sparvertrag über Wertpapiere oder andere Vermögensbeteiligungen

2540 Sparverträge über Wertpapiere oder andere Vermögensbeteiligungen i.S. von § 4 5.VermBG sind Verträge mit **inländischen Kreditinstituten**. In dem Vertrag muss sich der Arbeitnehmer verpflichten, **einmalig** oder für die Dauer von **sechs Jahren laufend**, vermögenswirksame Leistungen **zum Zwecke des Erwerbs von Vermögensbeteiligungen** durch den Arbeitgeber einzahlen zu lassen oder andere Beträge selbst einzuzahlen. Vermögensbeteiligungen in diesem Sinne sind:

- Aktien,

- Wandel- und Gewinnschuldverschreibungen,

- Anteilscheine an in- und ausländischen Aktienfonds, an Beteiligungs-Sondervermögen, Investmentfondsanteil-Sondervermögen und Gemischten Wertpapier- und Grundstücks-Sondervermögen,

- Genussscheine,

- Genossenschaftsguthaben,

- GmbH-Anteile,

- stille Beteiligungen,

- Darlehensforderungen,

- Genussrechte.

Einzelheiten hierzu siehe § 2 5.VermBG sowie Abschn. 4 des BMF-Schreibens vom 16.7.1997, BStBl I 1997 S. 738 und BMF-Schreiben vom 24.8.2000, BStBl I 2000 S. 1227.

Der Arbeitnehmer muss bei Vertragsabschluss bereits **die Wahl** treffen, ob er einmalige oder laufende Zahlungen leisten will. Ein **Wechsel der Zahlungsmodalitäten** ist während der Laufzeit des Vertrags nicht möglich, vgl. im Einzelnen Abschn. 5 des BMF-Schreibens vom 16.7.1997, BStBl I 1997 S. 738.

Voraussetzung für die Förderung ist, dass

- die vermögenswirksamen Leistungen spätestens bis zum Ablauf des folgenden Kalenderjahrs zum Erwerb von Vermögensbeteiligungen verwendet und bis zur Verwendung festgelegt werden (**Verwendungsfrist**) und

- die mit den vermögenswirksamen Leistungen erworbenen Vermögensbeteiligungen unverzüglich nach dem Erwerb festgelegt werden und über die Vermögensbeteiligungen bis zum Ablauf der Frist von **sieben Jahren** nicht durch Rückzahlung, Abtretung, Beleihung oder in anderer Weise verfügt wird (**Sperrfrist**).

Die Verwendungsfrist ist auch dann eingehalten, wenn die nicht in Vermögensbeteiligungen angelegten Beträge am Ende eines Kalenderjahrs insgesamt 150 € nicht übersteigen (**Spitzenbeträge**) und bis zum Ablauf der Sperrfrist verwendet oder festgelegt werden.

Die siebenjährige Sperrfrist beginnt für alle auf Grund des Vertrags angelegten vermögenswirksamen Leistungen am **1. Januar** des Kalenderjahrs, in dem der Vertrag abgeschlossen wird. Als Zeitpunkt des Vertragsabschlusses gilt der Tag, an dem die vermögenswirksame Leistung, bei Verträgen über laufende Einzahlungen die erste vermögenswirksame Leistung, beim Kreditinstitut eingeht.

Wird innerhalb der Sperrfrist über das Guthaben durch Auszahlung, Abtretung usw. verfügt, bedeutet dies, dass die Arbeitnehmer-Sparzulage nicht mehr ausgezahlt wird bzw. die schon gewährte **Arbeitnehmer-Sparzulage zurückgezahlt** werden muss. In folgenden Fällen ist die vorzeitige Verfügung über den Vertrag als **unschädlich** zugelassen worden:

- **Tod des Arbeitnehmers** oder **seines Ehegatten,**
- **völlige Erwerbsunfähigkeit des Arbeitnehmers** oder **seines Ehegatten,**
- **Heirat des Arbeitnehmers,**
- **Arbeitslosigkeit des Arbeitnehmers,**
- **Aufnahme einer selbständigen Tätigkeit,**
- **Umschichtung auf andere Wertpapiere,**
- **Wechsel des Kreditinstituts.**

Einzelheiten siehe § 4 Abs. 4 5. VermBG sowie Abschn. 17 und 18 des BMF-Schreibens vom 16.7.1997, BStBl I 1997 S. 738.

b) Wertpapier-Kaufvertrag

2541 Der **Wertpapier-Kaufvertrag** i.S. von § 5 5.VermBG ist ein Vertrag zwischen dem Arbeitnehmer und dem Arbeitgeber zum Erwerb von **verbrieften Vermögensbeteiligungen** durch den Arbeitnehmer. Verbriefte Vermögensbeteiligungen in diesem Sinne sind:

- Aktien,
- Wandel- und Gewinnschuldverschreibungen,
- Anteilscheine an in- und ausländischen Aktienfonds, an Beteiligungs-Sondervermögen, Investmentfondsanteil-Sondervermögen und Gemischten Wertpapier- und Grundstücks-Sondervermögen,
- Genussscheine.

Der Arbeitgeber verpflichtet sich, dem Arbeitnehmer das Eigentum an den Wertpapieren zu verschaffen, die dieser erwerben möchte. Der Arbeitnehmer schuldet den Kaufpreis. Dieser wird durch Verrechnung mit vermögenswirksamen Leistungen oder in anderer Weise gezahlt.

Voraussetzung für die Förderung ist, dass

- mit den vermögenswirksamen Leistungen spätestens bis zum Ablauf des folgenden Kalenderjahrs die Wertpapiere erworben werden (**Verwendungsfrist**) und
- die mit den vermögenswirksamen Leistungen erworbenen Wertpapiere unverzüglich nach dem Erwerb bis zum Ablauf einer Frist von **sechs Jahren** festgelegt werden und über die Wertpapiere bis zum Ablauf der Frist nicht durch Rückzahlung, Abtretung, Beleihung oder in anderer Weise verfügt wird (**Sperrfrist**).

Im Gegensatz zum Sparvertrag über Wertpapiere müssen die vermögenswirksamen Leistungen innerhalb der Verwendungsfrist **vollständig** zum Erwerb von Wertpapieren verwendet werden. Spitzenbeträge sind beim Wertpapier-Kaufvertrag nicht zulässig. Werden innerhalb der Verwendungsfrist die vermögenswirksamen Leistungen nicht oder nicht vollständig zum Erwerb von Wertpapieren verwendet, so entfällt die Zulagebegünstigung für die gesamten vermögenswirksamen Leistungen rückwirkend.

Die sechsjährige Sperrfrist beginnt am **1. Januar** des Kalenderjahrs, in dem die Wertpapiere erworben worden sind. In folgenden Fällen ist die vorzeitige Verfügung über den Vertrag **unschädlich:**

- Tod des Arbeitnehmers oder seines Ehegatten,
- völlige Erwerbsunfähigkeit des Arbeitnehmers oder seines Ehegatten,
- Heirat des Arbeitnehmers,
- Arbeitslosigkeit des Arbeitnehmers,
- Aufnahme einer selbständigen Tätigkeit.

Die Möglichkeit einer Umschichtung von Wertpapieren besteht beim Wertpapier-Kaufvertrag – im Gegensatz zum Sparvertrag über Wertpapiere – nicht.

c) Beteiligungs-Vertrag

Der **Beteiligungs-Vertrag** i.S. von § 6 5.VermBG ist ein Vertrag **2542** zwischen dem Arbeitnehmer und dem Arbeitgeber zur **Begründung von nicht verbrieften Vermögensbeteiligungen** durch den Arbeitnehmer. Ein Beteiligungsvertrag ist auch ein Vertrag zwischen dem Arbeitnehmer und

- einer Konzernobergesellschaft,
- einer Mitarbeiterbeteiligungsgesellschaft,
- einer inländischen Genossenschaft, die ein Kreditinstitut oder eine bestimmte Bau- oder Wohnungsgenossenschaft ist.

Nicht verbriefte Vermögensbeteiligungen in diesem Sinne sind:

- Genossenschaftsguthaben,
- GmbH-Anteile,
- stille Beteiligungen,
- Darlehensforderungen,
- Genussrechte.

Wird ein Beteiligungs-Vertrag abgeschlossen, so müssen die nicht verbrieften Vermögensbeteiligungen **an dem Unternehmen** begründet werden, mit dem der Vertrag abgeschlossen wird.

Voraussetzung für die Förderung ist, dass die Verwendungsfrist und die sechsjährige Sperrfrist eingehalten wird. Hier gelten die gleichen Fristen wie beim Wertpapier-Kaufvertrag. Dies gilt auch für die Frage, ob eine unschädliche Verfügung vorliegt (→ Rz. 2541).

d) Beteiligungs-Kaufvertrag

Der **Beteiligungs-Kaufvertrag** i.S. von § 7 5.VermBG ist ein Ver- **2543** trag zwischen dem Arbeitnehmer und dem Arbeitgeber oder einer GmbH, die Konzernobergesellschaft des Arbeitgebers ist, zum **Erwerb von nicht verbrieften Vermögensbeteiligungen** durch den Arbeitnehmer. Nicht verbriefte Vermögensbeteiligungen in diesem Sinne sind:

- Genossenschaftsguthaben,
- GmbH-Anteile,
- stille Beteiligungen,
- Darlehensforderungen,
- Genussrechte.

Wird ein Beteiligungs-Kaufvertrag mit dem Arbeitgeber abgeschlossen, so müssen die nicht verbrieften Vermögensbeteiligungen – anders als beim Beteiligungs-Vertrag – **nicht am Unternehmen des Arbeitgebers** begründet werden. Es können daher auch Beteiligungen an fremden Unternehmen erworben werden. Soweit der Vertrag mit der Konzernobergesellschaft abgeschlossen wird, müssen GmbH-Anteile an diesem Unternehmen erworben werden.

Voraussetzung für die Förderung ist, dass die Verwendungsfrist und die sechsjährige Sperrfrist eingehalten wird. Hier gelten die gleichen Fristen wie beim Wertpapier-Kaufvertrag. Dies gilt auch für die Frage, ob eine unschädliche Verfügung vorliegt (→ Rz. 2541).

e) Anlagen nach dem Wohnungsbau-Prämiengesetz

Für diese Anlageform sieht das Fünfte Vermögensbildungsgesetz **2544** **keine gesonderte Vertragsform** vor, sondern verweist auf das Wohnungsbau-Prämiengesetz. Demnach sind begünstigt:

- Bausparvertrag,
- Ersterwerb von Anteilen von Bau- und Wohnungsgenossenschaften,
- Wohnbau-Sparvertrag,
- Baufinanzierungsvertrag.

In der Praxis ist aber nur der **Bausparvertrag** von größerer Bedeutung. Einzelheiten siehe Abschn. 8 des BMF-Schreibens vom 16.7.1997, BStBl I 1997 S. 738.

f) Aufwendungen zum Wohnungsbau

Für vermögenswirksame Leistungen des Arbeitnehmers zum **2545** Wohnungsbau sieht das Fünfte Vermögensbildungsgesetz ebenfalls keine besondere Vertragsform vor. Die Aufwendungen können **unmittelbar** für den gewünschten Zweck eingesetzt werden. Bestimmte Verwendungs- oder Sperrfristen müssen nicht eingehalten werden.

Im Einzelnen sind folgende Anlagen zum Wohnungsbau möglich:

– Aufwendungen zum Bau, Erwerb, Ausbau oder Erweiterung,

– Aufwendungen zum Erwerb eines Dauerwohnrechts,

– Aufwendungen zum Erwerb eines Grundstücks,

– Aufwendungen zur Erfüllung von Verpflichtungen in den genannten Fällen, z.B. Darlehenstilgung.

g) Sparvertrag

2546 Für vermögenswirksame Leistungen, die auf Grund eines Sparvertrags nach § 8 5.VermBG angelegt werden, erhält der Arbeitnehmer seit 1990 keine Arbeitnehmer-Sparzulage.

Die Beachtung der Vorschriften des § 8 5.VermBG hat für den Anspruch auf Arbeitnehmer-Sparzulage keine Bedeutung, weil eine Sparzulage nicht gewährt wird. Vielmehr wirkt sich die Beachtung der Vorschriften nur auf die **privatrechtlichen Rechte und Pflichten** aus Verträgen über vermögenswirksame Leistungen (Einzelverträge, Betriebsvereinbarungen oder Tarifverträge) aus. Wenn nämlich ein Sparvertrag den Vorschriften des § 8 5.VermBG entspricht, so kann der Arbeitnehmer verlangen, dass der Arbeitgeber dem Kreditinstitut die vereinbarten vermögenswirksamen Leistungen zur Anlage auf Grund eines Sparvertrags überweist. Der Arbeitgeber kann durch die Überweisung seine Verpflichtung zur Zahlung von vermögenswirksamen Leistungen erfüllen.

Überweist der Arbeitgeber hingegen Leistungen für den Arbeitnehmer auf einen Vertrag, der die Voraussetzungen des § 8 5.VermBG **nicht erfüllt**, so sind dies keine vermögenswirksamen Leistungen; der Arbeitgeber wird daher nicht frei von der Verpflichtung zur Zahlung etwaiger vermögenswirksamer Leistungen.

Sparverträge sind Verträge mit **Kreditinstituten**. In dem Vertrag muss sich der Arbeitnehmer verpflichten, **einmalig** oder für die Dauer von **sechs Jahren laufend** vermögenswirksame Leistungen als Sparbeiträge durch den Arbeitgeber einzahlen zu lassen oder andere Beträge selbst einzuzahlen.

Voraussetzung ist, dass die eingezahlten vermögenswirksamen Leistungen für die Dauer von sieben Jahren festgelegt werden und die Rückzahlungsansprüche aus dem Vertrag weder abgetreten noch beliehen werden (**Sperrfrist**).

Die siebenjährige Sperrfrist beginnt für alle auf Grund des Vertrags angelegten vermögenswirksamen Leistungen am **1. Januar** des Kalenderjahrs, in dem der Vertrag abgeschlossen wird. Als Zeitpunkt des Vertragsabschlusses gilt der Tag, an dem die vermögenswirksame Leistung, bei Verträgen über laufende Einzahlungen die erste vermögenswirksame Leistung, beim Kreditinstitut eingeht.

In folgenden Fällen ist der Arbeitnehmer zur **vorzeitigen Verfügung** – abweichend von den o.a. Vertragsbestimmungen – berechtigt:

– Tod des Arbeitnehmers oder seines Ehegatten,

– völlige Erwerbsunfähigkeit des Arbeitnehmers oder seines Ehegatten,

– Heirat des Arbeitnehmers,

– Arbeitslosigkeit des Arbeitnehmers,

– Aufnahme einer selbständigen Tätigkeit.

Darüber hinaus ist der Arbeitnehmer auch berechtigt, vor Ablauf der Sperrfrist mit den eingezahlten vermögenswirksamen Leistungen bestimmte in § 8 Abs. 4 5.VermBG genannte Vermögensbeteiligungen zu erwerben oder die Überweisung einbezahlter vermögenswirksamer Leistungen auf einen von ihm oder seinem Ehegatten abgeschlossenen **Bausparvertrag** zu verlangen (§ 8 Abs. 5 5.VermBG).

h) Kapitalversicherungsvertrag

Für vermögenswirksame Leistungen, die auf Grund eines Kapitalversicherungsvertrags nach § 9 5.VermBG angelegt werden, erhält der Arbeitnehmer seit 1990 keine Arbeitnehmer-Sparzulage. **2547**

Die Bestimmungen des § 9 5.VermBG sind daher nur noch von Bedeutung, ob vermögenswirksame Leistungen **überhaupt vorliegen** und ob daher der Arbeitgeber verpflichtet ist, entsprechende Leistungen auf Grund von Einzelverträgen, Betriebsvereinbarungen oder Tarifverträgen zusätzlich zum Arbeitslohn zu gewähren.

Kapitalversicherungsverträge sind Verträge zwischen Arbeitnehmern und Versicherungsunternehmen gegen laufenden Beitrag. Die Kapitalversicherung muss als Versicherung auf den **Erlebens- und Todesfall** abgeschlossen sein. Die Laufzeit des Versicherungsvertrags muss **mindestens zwölf Jahre** betragen.

Wegen der weiteren Voraussetzungen vgl. § 9 Abs. 2 bis 5 5.VermBG.

i) Beiträge zur Erfüllung von Verpflichtungen

Vermögenswirksame Leistungen sind auch Aufwendungen des Arbeitnehmers, der die Mitgliedschaft in einer Genossenschaft oder GmbH nach § 18 Abs. 2 oder 3 5.VermBG gekündigt hat, zur **Erfüllung von Verpflichtungen aus der Mitgliedschaft**, die nach dem 31.12.1994 fortbestehen oder entstehen. **2548**

j) Tariffonds

Im Rahmen des Gesetzgebungsverfahrens zum Dritten Vermögensbeteiligungsgesetz vom 7.9.1998, BStBl I 1998 S. 1427, war die Frage umstritten, ob auch von den Tarifvertragsparteien gemeinsam eingerichtete Unternehmensbeteiligungsgesellschaften (Tariffonds) nach dem Fünften Vermögensbildungsgesetz geförderte Beteiligungen anbieten können. Zur Vermeidung von Missverständnissen hat der Vermittlungsausschuss in einem Feststellungsbeschluss klargestellt, dass auch Tariffonds Beteiligungen anbieten können. Denn nach dem eindeutigen Gesetzeswortlaut gilt § 2 Abs. 1 Nr. 1 Buchst. a 5.VermBG für Aktien von Unternehmensbeteiligungsgesellschaften unabhängig davon, wer die Beteiligungsgesellschaft gegründet hat. Aus demselben Grund gilt § 2 Abs. 1 Nr. 1 Buchst. c 5.VermBG für Anteilscheine unabhängig davon, wer die ausgebende Gesellschaft gegründet hat. Dieser Beschluss ist dem Bundestag und dem Bundesrat zusammen mit dem Vermittlungsvorschlag zur Kenntnis gebracht worden. **2549**

k) Gegenüberstellung der Sperrfristen

Nachfolgend sollen noch einmal die unterschiedlichen Sperrfristen bei den einzelnen Anlageformen dargestellt werden: **2550**

Anlageform	Sperrfrist
Sparvertrag über Wertpapiere oder andere Vermögensbeteiligungen (§ 4 5.VermBG)	7 Jahre
Wertpapier-Kaufvertrag (§ 5 5.VermBG)	6 Jahre
Beteiligungs-Vertrag (§ 6 5.VermBG)	6 Jahre
Beteiligungs-Kaufvertrag (§ 7 5.VermBG)	6 Jahre
Anlagen nach dem Wohnungsbau-Prämiengesetz (§ 2 Abs. 1 Nr. 4 5.VermBG)	
– Bausparverträge (§ 2 Abs. 1 Nr. 1 WoPG)	7 Jahre
– Anteile an Bau- und Wohnungsgenossenschaften (§ 2 Abs. 1 Nr. 2 WoPG)	—
– Wohnbau-Sparverträge (§ 2 Abs. 1 Nr. 3 WoPG)	3–6 Jahre
– Baufinanzierungsverträge (§ 2 Abs. 1 Nr. 4 WoPG)	3–8 Jahre
Aufwendungen zum Wohnungsbau (§ 2 Abs. 1 Nr. 5 5.VermBG)	—
Sparvertrag (§ 8 5.VermBG)	7 Jahre
Kapitalversicherungsvertrag (§ 9 5.VermBG)	12 Jahre
Beiträge zur Erfüllung von Verpflichtungen (§ 2 Abs. 1 Nr. 8 5.VermBG)	—

7. Zeitliche Zuordnung der vermögenswirksamen Leistungen

2551 Die Frage, welchem Kalenderjahr die vermögenswirksamen Leistungen **zuzuordnen** sind, ist grundsätzlich nach dem Zuflussprinzip des § 11 EStG zu beantworten. Da die vermögenswirksamen Leistungen steuerrechtlich Arbeitslohn sind, gelten nach § 11 Abs. 1 Satz 3 EStG die speziellen Zuordnungsregeln des § 38a Abs. 1 Sätze 2 und 3 EStG. Danach gilt hinsichtlich der Zuordnung Folgendes:

– **Laufende vermögenswirksame Leistungen** sind – wie laufender Arbeitslohn – dem Lohnzahlungszeitraum zuzuordnen, für den sie gezahlt werden.

– Leistet der Arbeitgeber lediglich **Abschlagszahlungen** und nimmt die Lohnabrechnung für einen längeren Zeitraum vor, so gilt dieser Zeitraum als Lohnzahlungszeitraum, wenn der Zeitraum fünf Wochen nicht übersteigt und die Lohnabrechnung selbst innerhalb von drei Wochen erfolgt. In diesem Fall sind die vermögenswirksamen Leistungen ebenso zu behandeln, d.h., vermögenswirksame Leistungen, die bis zum 21. Januar des neuen Kalenderjahrs erbracht werden, sind dem alten Kalenderjahr zuzuordnen.

– **Einmalige vermögenswirksame Leistungen** sind – wie sonstige Bezüge – dem Kalenderjahr des Zuflusses beim Arbeitnehmer zuzuordnen.

– Auf den Zahlungseingang der vermögenswirksamen Leistungen beim Anlageinstitut kommt es nicht an.

8. Anlagen auf Verträgen naher Angehöriger

2552 Der Arbeitnehmer kann vermögenswirksame Leistungen nicht nur für sich selbst, sondern auch zu Gunsten **naher Angehöriger** anlegen (§ 3 Abs. 1 5.VermBG), und zwar

– zu Gunsten des **Ehegatten**,

– zu Gunsten seiner **Kinder**, soweit sie das 17. Lebensjahr noch nicht vollendet haben,

– zu Gunsten seiner **Eltern**, soweit der Arbeitnehmer das 17. Lebensjahr noch nicht vollendet hat.

Wenn innerhalb eines steuerlich anzuerkennenden **Ehegatten-Arbeitsverhältnisses** vermögenswirksame Leistungen erbracht werden, so können diese sogar zu Gunsten des Arbeitgeber-Ehegatten angelegt werden.

Die Anlage vermögenswirksamer Leistungen zu Gunsten naher Angehöriger ist nicht möglich bei

– Wertpapier-Kaufverträgen,

– Beteiligungs-Verträgen,

– Beteiligungs-Kaufverträgen.

Einzelheiten siehe Abschn. 10 des BMF-Schreibens vom 16.7.1997, BStBl I 1997 S. 738.

9. Höhe der Arbeitnehmer-Sparzulage

2553 **Seit 1999** gibt es **verschiedene Zulagesätze** für verschiedene Arten von vermögenswirksamen Leistungen und **verschieden hohe Begünstigungsvolumen**. Beide Begünstigungen können nebeneinander gewährt werden (sog. **Zwei-Körbe-Förderung**).

Die Zulageförderung beträgt (vgl. auch BMF-Schreiben vom 24.8.2000, BStBl I 2000 S. 1227):

– bei Vermögensbeteiligungen (Sparvertrag über Wertpapiere oder andere Vermögensbeteiligungen, Wertpapier-Kaufvertrag, Beteiligungs-Vertrag, Beteiligungs-Kaufvertrag) **20 %** von höchstens **408 €**.

Bei **Arbeitnehmern**, die ihren **Hauptwohnsitz im Beitrittsgebiet** (neue Bundesländer und ehemaliger Ostteil von Berlin) haben, erhöht sich der Zulagesatz auf **25 %**. Dieser erhöhte Zulagesatz gilt letztmals für vermögenswirksame Leistungen, die im Jahr 2004 angelegt werden.

– bei Anlagen nach dem Wohnungsbau-Prämiengesetz (z.B. Bausparverträge) und Aufwendungen zum Wohnungsbau **10 %** von höchstens **480 €**,

– bei Sparverträgen, Kapitalversicherungsverträgen, die nach dem 31.12.1988 abgeschlossen wurden, und Beiträgen zur Erfüllung von Verpflichtungen **0 %** („Nullförderung").

Hierzu folgende **Übersicht**:

Anlageform	Prozentsatz der Arbeitnehmer-Sparzulage	Begünstigungsvolumen
Vermögensbeteiligungen (Sparvertrag über Wertpapiere oder andere Vermögensbeteiligungen, Wertpapier-Kaufvertrag, Beteiligungs-Vertrag, Beteiligungs-Kaufvertrag)		
– **alte Bundesländer**	20 %	408 €
– **neue Bundesländer** (bis 2004)	25 %	408 €
Anlagen nach dem Wohnungsbau-Prämiengesetz (z.B. Bausparverträge)	10 %	480 €
Aufwendungen zum Wohnungsbau	10 %	480 €
Sparvertrag	0 %	0 €
Kapitalversicherungsvertrag	0 %	0 €
Beiträge zur Erfüllung von Verpflichtungen	0 %	0 €

Da die Zulageförderung für Vermögensbeteiligungen **neben** der Zulageförderung beim Wohnungsbau gewährt werden kann, beträgt das Begünstigungsvolumen insgesamt 888 € (408 € + 480 €) und die Arbeitnehmer-Sparzulage insgesamt 130 € bzw. 150 €, wie folgende Übersicht zeigt:

	Begünstigungsvolumen	Arbeitnehmer-Sparzulage
Alte Bundesländer		
– Vermögensbeteiligungen (20 %)	408 €	82 €
– Anlagen nach dem Wohnungsbau-Prämiengesetz (10 %)	480 €	48 €
= Insgesamt	888 €	130 €
Neue Bundesländer		
– Vermögensbeteiligungen (25 %)	408 €	102 €
– Anlagen nach dem Wohnungsbau-Prämiengesetz (10 %)	480 €	48 €
= Insgesamt	888 €	150 €

10. Festsetzung und Auszahlung der Arbeitnehmer-Sparzulage

2554 Die Arbeitnehmer-Sparzulage wird **auf Antrag** durch das zuständige Finanzamt des Arbeitnehmers (Wohnsitzfinanzamt) festgesetzt. Der Antrag ist auf einem **amtlich vorgeschriebenen Vordruck** zu stellen, der mit der **Einkommensteuererklärung verbunden** ist. Arbeitnehmer, die nicht veranlagt werden und auch keinen Antrag auf Veranlagung stellen (z.B. Arbeitnehmer, die nur pauschal besteuerten Arbeitslohn nach § 40a EStG bezogen haben), müssen trotzdem diesen Vordruck verwenden.

Der Antrag auf Festsetzung der Arbeitnehmer-Sparzulage muss **spätestens bis zum Ablauf des zweiten Kalenderjahrs** nach Ablauf des Kalenderjahrs, in dem die vermögenswirksamen Leistungen angelegt worden sind, abgegeben werden. Diese Frist ist eine **Ausschlussfrist**, die nicht verlängert werden kann. Soweit der Arbeitnehmer ohne Verschulden verhindert war, die Frist einzuhalten, kann **Wiedereinsetzung in den vorigen Stand** nach § 110 AO gewährt werden.

Ein Anspruch auf Arbeitnehmer-Sparzulage besteht, wenn das **zu versteuernde Einkommen** des Arbeitnehmers 17 900 € im Kalenderjahr nicht übersteigt. Bei Ehegatten, die zusammen veranlagt werden, verdoppelt sich das zu versteuernde Einkommen auf **35 800 €**, und zwar unabhängig davon, ob nur ein Ehegatte Arbeitnehmer ist oder beide. Es ist auch ohne Bedeutung, ob in diesem Fall der Arbeitnehmer-Ehegatte für sich gesehen ein Einkommen von weniger als 17 900 € hat oder nicht (FG Düsseldorf, Urteil vom 27.2.1975, EFG 1975 S. 345).

Maßgebend ist das zu versteuernde Einkommen des Kalenderjahrs, in dem die vermögenswirksamen Leistungen angelegt werden. Dabei werden bei Ehegatten mit Kindern bei der Ermittlung des für die Arbeitnehmer-Sparzulage maßgebenden zu versteuernden Einkommens immer die Freibeträge für Kinder abgezogen, und zwar unabhängig davon, ob diese bei der Einkommensteuerveranlagung berücksichtigt werden oder nicht (§ 2 Abs. 5 Satz 2 EStG und BMF-Schreiben vom 24.8.2000, BStBl I 2000 S. 1227.).

Die Auszahlung der Arbeitnehmer-Sparzulage erfolgt erst, nachdem

– die Sperrfristen des **Fünften Vermögensbildungsgesetzes** abgelaufen sind,

– die Sperr- und Rückzahlungsfristen des **Wohnungsbau-Prämiengesetzes** abgelaufen sind,

– der **Bausparvertrag zugeteilt** worden ist oder

– **unschädlich** über die vermögenswirksamen Leistungen **verfügt** worden ist.

Da bei Aufwendungen des Arbeitnehmers unmittelbar zum Wohnungsbau sowie für den ersten Erwerb von Anteilen an Bau- und Wohnungsgenossenschaften keine Sperrfrist vorgesehen ist, wird hier die Arbeitnehmer-Sparzulage jährlich festgesetzt und ausgezahlt.

Nach Ablauf der Sperrfristen wird die Arbeitnehmer-Sparzulage entweder an den Arbeitnehmer oder an das Anlageinstitut zu Gunsten des Arbeitnehmers überwiesen.

Der Anspruch auf Arbeitnehmer-Sparzulage entfällt **mit Wirkung für die Vergangenheit**, wenn die für die gewählte Anlageform **geltenden Sperr-, Festlegungs- oder Verwendungsfristen nicht eingehalten werden** und auch **keine unschädliche Verfügung vorliegt**.

Zusätzlich bestimmt § 13 Abs. 5 5.VermBG, dass der Anspruch auf Arbeitnehmer-Sparzulage **nicht entfällt**, wenn

– der Arbeitnehmer das **Umtausch- oder Abfindungsangebot** eines Wertpapier-Emittenten annimmt; dies gilt auch, wenn der Arbeitnehmer das Abfindungsangebot einer Holding-GmbH angenommen hat (BMF-Schreiben vom 20.4.1998, DB 1998 S. 904).

– Wertpapiere dem Aussteller nach **Auslosung oder Kündigung** durch den Aussteller zur Einlösung vorgelegt werden,

– die mit den vermögenswirksamen Leistungen erworbenen oder begründeten Wertpapiere oder Rechte ohne Mitwirkung des Arbeitnehmers **wertlos** geworden sind.

Wertlosigkeit ist anzunehmen, wenn der Arbeitnehmer **höchstens 33 %** der angelegten vermögenswirksamen Leistungen zurückerhält (Abschn. 16 Abs. 2 Satz 3 des BMF-Schreibens vom 16.7.1997, BStBl I 1997 S. 738).

Die **Kündigung** eines Vertrags ist aber noch keine sparzulagenschädliche Verfügung. Deshalb bleibt die festgesetzte Arbeitnehmer-Sparzulage unverändert bestehen, wenn die Kündigung des Vertrags vor der Rückzahlung der Beträge zurückgenommen wird (BFH-Urteil vom 13.12.1989, BStBl II 1990 S. 220). Eine **Abtretung** stellt hingegen auch dann eine sparzulagenschädliche Verfügung dar, wenn sie später zurückgenommen wird.

Wird nur über einen Teil der vermögenswirksamen Leistungen schädlich verfügt oder wird die Festlegungsfrist nur zum Teil aufgehoben, so **gelten die Beträge in folgender Reihenfolge als zurückgezahlt** (§ 6 Abs. 3 VermBDV):

– Beträge, die **keine** vermögenswirksamen Leistungen sind.

– Vermögenswirksame Leistungen, für die **keine** Arbeitnehmer-Sparzulage festgesetzt worden ist.

– Vermögenswirksame Leistungen, für die eine Arbeitnehmer-Sparzulage festgesetzt worden ist.

Diese Reihenfolge ist für den Arbeitnehmer i.d.R. am günstigsten.

11. Kennzeichnungspflichten des Arbeitgebers

Wenn der Arbeitgeber die vermögenswirksamen Leistungen für **2555** den Arbeitnehmer unmittelbar an das Unternehmen oder Institut überweist, bei dem sie angelegt werden sollen, so hat der Arbeitgeber die vermögenswirksamen Leistungen unter Angabe der Konto- oder Vertragsnummer des Arbeitnehmers **zu kennzeichnen** (§ 3 Abs. 2 Satz 2 5.VermBG).

Darüber hinaus hat der Arbeitgeber **bei Überweisung** vermögenswirksamer Leistungen **im Dezember und Januar** eines Kalenderjahrs nach § 2 Abs. 1 VermBDV dem Unternehmen oder Institut **das Kalenderjahr** mitzuteilen, dem die vermögenswirksamen Leistungen **zuzuordnen** sind (→ Rz. 2551).

Weiter gehende Kennzeichnungspflichten hat der Arbeitgeber seit 1990 nicht mehr.

Geht bei dem Anlageunternehmen ein vom Arbeitgeber als vermögenswirksame Leistung gekennzeichneter Betrag ein und kann dieser **nicht vermögenswirksam** angelegt werden, weil z.B. ein Anlagevertrag nicht besteht, die Einzahlungsfrist für den Vertrag abgelaufen ist oder bei einem Bausparvertrag die Bausparsumme ausgezahlt worden ist, so hat das Anlageunternehmen dies dem Arbeitgeber **unverzüglich schriftlich** mitzuteilen. Nach Eingang der Mitteilung darf der Arbeitgeber für den Arbeitnehmer **keine vermögenswirksamen Leistungen** mehr überweisen.

12. Aufzeichnungspflichten des Arbeitgebers

Seit 1994 sind für den Arbeitgeber die bisherigen Aufzeich- **2556** nungspflichten entfallen. Insbesondere sind entfallen

– die Aufzeichnung der vermögenswirksamen Leistungen im Lohnkonto,

– die Bescheinigung der vermögenswirksamen Leistungen in der Lohnsteuerbescheinigung,

– die Aufbewahrung bestimmter Unterlagen (z.B. Tarifvertrag, Anlageunternehmen usw.) im Lohnkonto.

13. Pflichten des Arbeitgebers bei betrieblichen Beteiligungen

Werden vermögenswirksame Leistungen **beim Arbeitgeber** an- **2557** gelegt, z.B. auf Grund eines Wertpapier-Kaufvertrags, eines Beteiligungs-Vertrags oder eines Beteiligungs-Kaufvertrags, so hat der Arbeitgeber über die „normalen" Pflichten eines Arbeitgebers hinaus gewisse Mitteilungs- und Bescheinigungspflichten. Diese sind nicht in seiner Eigenschaft als Arbeitgeber begründet, sondern als „Anlageinstitut".

Einzelheiten zu diesen Mitteilungs-, Aufzeichnungs- und Anzeigepflichten bei betrieblichen Beteiligungen sind in der Verordnung zur Durchführung des Vermögensbildungsgesetzes geregelt (§§ 2 bis 5, 8 VermBDV).

Arbeitgeber, die **keine betrieblichen Beteiligungen anbieten**, haben diese Pflichten nicht zu erfüllen.

Versichertenälteste

Ein Versichertenältester wird entsprechend § 39 SGB IV von der **2558** Vertreterversammlung gewählt mit der Aufgabe, eine ortsnahe Verbindung des Versicherungsträgers mit den Versicherten und den Leistungsberechtigten herzustellen (§ 39 Abs. 3 SGB IV i.V.m. der Geschäftsanweisung für die Versichertenältesten). Seine Tätigkeit umfasst die Beratung, Auskunft, Betreuung der Versicherten im Bereich der Rentenversicherung und ggf. die Bearbeitung eines Antrags. Auch werden Informationsveranstaltungen abgehalten sowie Informationsschriften erläutert und weitergegeben.

Das Amt ist ein **Ehrenamt**. Der Versichertenälteste steht in **keinem Arbeitsverhältnis** zum Versicherungsträger, die Einkünfte sind nach § 18 Abs. 1 Nr. 3 EStG (sonstige selbständige Arbeit) steuerpflichtig (FG Baden-Württemberg, Urteil vom 14.12.1989, EFG 1990 S. 309).

Die Steuerbefreiung nach § 3 Nr. 12 Satz 2 EStG (→ *Aufwandsentschädigungen im öffentlichen Dienst* Rz. 309) wird nur gewährt, soweit nach § 41 Abs. 1 SGB IV die **Barauslagen ersetzt** werden. Beträge, die als Ersatz für entgangenen Bruttoverdienst oder als Pauschbetrag für Zeitaufwand gewährt werden, gehören zu den steuerpflichtigen Einnahmen aus der ehrenamtlichen Tätigkeit. Die Pauschalregelung der R 13 Abs. 3 LStR darf nicht angewendet werden (OFD Frankfurt, Verfügung vom 13.12.1996, DB 1997 S. 301).

Die Steuerbefreiung des § 3 Nr. 26 EStG (→ *Aufwandsentschädigungen für bestimmte nebenberufliche Tätigkeiten* Rz. 297) kommt nicht in Betracht, weil die Versichertenältesten **keine begünstigte Tätigkeit** ausüben (entsprechende Verwaltungsanweisungen ergehen in Kürze).

Versicherungsnummer

2559 Die Rentenversicherungsträger vergeben bei der erstmaligen Aufnahme einer Beschäftigung **auf Antrag** eine Versicherungsnummer. Dieser Antrag wird über die Krankenkasse an den Rentenversicherungsträger weitergeleitet. Für die Vergabe der Versicherungsnummer sind die persönlichen Daten des Versicherten wie Name, Vorname, Geburtsdatum und Anschrift, aber auch Geburtsort, Geburtsname, Staatsangehörigkeit und Geschlecht erforderlich.

Aus diesen Daten wird die zwölfstellige Versicherungsnummer gebildet, unter der für den Versicherten das persönliche Versicherungskonto geführt wird. Damit ist die eindeutige Zuordnung der im Laufe des Berufslebens gesammelten Daten (z.B. Jahresentgeltmeldungen, Wehr-/Zivildienstzeiten, Arbeitsunfähigkeits-/Kindererziehungszeiten usw.) für den Versicherten bei einer späteren Leistungsentscheidung sichergestellt.

Die Versicherungsnummer setzt sich zusammen aus:

- Der zweistelligen Bereichsnummer des zuständigen Rentenversicherungsträgers,

- dem Geburtsdatum des Versicherten,

- dem Anfangsbuchstaben des Geburtsnamens des Versicherten,

- einer zweistelligen Seriennummer, wobei männliche Versicherte mit den Seriennummern 00–49 und weibliche mit Seriennummern von 50–99 gekennzeichnet werden, und

- einer einstelligen Prüfziffer.

Das unter dieser Versicherungsnummer geführte **Versichertenkonto** enthält alle Angaben, die für die Durchführung der Rentenversicherung sowie die Feststellung und Erbringung von Leistungen einschließlich der Rentenauskunft erforderlich sind. Die Daten werden für einen jederzeitigen Abruf auf **maschinell verwertbaren Datenträgern** gespeichert. Dabei hat der Rentenversicherungsträger darauf hinzuwirken, dass die Daten vollständig und geklärt sind.

Über die im Versichertenkonto gespeicherten Daten unterrichtet der Rentenversicherungsträger die Versicherten regelmäßig, soweit es für die Feststellung der Höhe einer Rentenanwartschaft erheblich ist. Der Versicherte ist zur Mithilfe bei der Klärung des Versichertenkontos verpflichtet; insbesondere soll er den Versicherungsverlauf auf Richtigkeit und Vollständigkeit prüfen und alle für eine **Kontenklärung** erheblichen Tatsachen mit Beweisen beibringen.

Bei **ausländischen Versicherten** steht häufig das verbindliche Geburtsdatum nicht fest, so dass ein ungefähres Geburtsdatum, ggf. auch nur das Geburtsjahr, für die Versicherungsnummer verwendet wird. Wird jedoch das Geburtsjahr eines ausländischen Versicherten nach dem Recht seines Heimatlandes geändert, ist damit kein Anspruch auf **Änderung der Versicherungsnummer** verbunden (BSG, Urteile vom 13.12.1992, 5 RJ 1G/92 und 18.1.1995, 5 RJ 20/94). Insbesondere in dem letztgenannten Urteil stellt das Bundessozialgericht fest, dass kein Anspruch auf die Vormerkung eines bestimmten Geburtsdatums mit der Wirkung einer auch für die Leistungserbringung verbindlichen Feststellung besteht.

Die Spitzenverbände der Sozialversicherungsträger haben sich in ihrer Besprechung vom 7./8.10.1986 auch mit der Frage der **Änderung der Seriennummer (Geschlechtsmerkmal)** in der Ren-

tenversicherungsnummer beschäftigt, wenn der Arbeitnehmer die Änderung des Vornamens nachweist, der im Allgemeinen Sprachgebrauch dem anderen Geschlecht zuzuordnen ist.

Nach dem Transsexuellengesetz ist zu unterscheiden zwischen der alleinigen Änderung des Vornamens und der gerichtlichen Feststellung, dass eine Person als dem anderen Geschlecht zugehörig anzusehen ist.

Danach hat die bloße Änderung des Vornamens noch keine rentenversicherungsrechtlich bedeutsamen Folgen. Der Versicherte wird als dem Geschlecht zugehörig angesehen, das im Geburtsregister eingetragen ist, so dass eine Änderung der Versicherungsnummer ausscheidet. Anders verhält es sich in den Fällen, in denen der Arbeitnehmer durch gerichtliche Feststellung als dem anderen Geschlecht zugehörig anzusehen ist. Mit der Rechtskraft der gerichtlichen Entscheidung kann auf Grund der neuen Geschlechtszugehörigkeit eine neue Rentenversicherungsnummer vergeben werden.

Zu weiteren Fragen im Zusammenhang mit der Versicherungsnummer vgl. auch → *Meldungen für Arbeitnehmer in der Sozialversicherung* Rz. 1699.

Versorgungsbezüge

1. Lohnsteuer

a) Allgemeines

Versorgungsbezüge, die ein aus dem „aktiven Dienst" aus- **2560** geschiedener Arbeitnehmer von seinem früheren Arbeitgeber erhält, **ohne zu seiner Versorgung eigene Beiträge geleistet** zu haben, sind grundsätzlich steuerpflichtiger Arbeitslohn (§ 2 Abs. 2 Nr. 2 LStDV) und werden nach Abzug des **Versorgungs-Freibetrags „voll besteuert"**.

Im Gegensatz dazu unterliegen „**Renten**" nur mit dem sog. **Ertragsanteil** der Einkommensteuer und können nur im Rahmen einer Einkommensteuerveranlagung steuerlich erfasst werden. Dies gilt auch für die im öffentlichen Dienst gezahlten Renten aus der Versorgungsanstalt des Bundes und der Länder (VBL) (BFH, Urteil vom 24.7.1996, BStBl II 1996 S. 650). Zu Einzelheiten und den **verfassungsrechtlichen Bedenken** gegen die derzeitige Besteuerung siehe → *Altersrenten* Rz. 41.

Versorgungsbezüge können auch unter eine **Steuerbefreiungsvorschrift** fallen, so z.B.

- **Vorruhestandsgelder**, die zugleich wegen Auflösung des Dienstverhältnisses gezahlt werden und somit im Rahmen des § 3 Nr. 9 EStG steuerfrei bleiben (BMF-Schreiben vom 3.9.1984, BStBl I 1984 S. 498), oder auch

- Versorgungsbezüge der **Kriegerwitwen** (§ 3 Nr. 6 EStG).

Versorgungsbezüge sind nach § 19 Abs. 2 Satz 2 EStG Bezüge und Vorteile aus früheren Dienstverhältnissen, die

- **im öffentlichen Dienst**

  als Ruhegehalt, Witwen- oder Waisengeld, Unterhaltsbeitrag oder als gleichartiger Bezug

  - auf Grund **beamtenrechtlicher oder entsprechender gesetzlicher Vorschriften**,

  - nach **beamtenrechtlichen Grundsätzen** von Körperschaften, Anstalten oder Stiftungen des öffentlichen Rechts oder öffentlich-rechtlichen Verbänden von Körperschaften oder

- **im „privaten Dienst"**

  wegen Erreichens einer **Altersgrenze**, Berufsunfähigkeit, Erwerbsunfähigkeit oder als Hinterbliebenenbezüge gewährt werden.

  Bezüge, die wegen Erreichens einer **Altersgrenze** gewährt werden, **gelten erst dann als Versorgungsbezüge**, wenn der Steuerpflichtige das **63. Lebensjahr** oder – wenn er **Schwerbehinderter** ist – **das 60. Lebensjahr** vollendet hat. Schwerbehindert im Sinne dieser Vorschrift ist nur eine Person mit einem Grad der Behinderung von wenigstens 50 (BFH, Beschluss vom 29.6.2001, BFH/NV 2001 S. 1401).

Die **Unterscheidung** wird damit begründet, dass sich der mit den Zahlungen verfolgte „Versorgungszweck" im **öffentlichen Dienst** unmittelbar aus den beamten- und versorgungsrechtlichen Vorschriften ergibt. Bei Arbeitnehmern im **privaten Dienst** ist dagegen eine **Mindestaltersgrenze gesetzlich festgelegt** worden, weil andernfalls der Beginn eines Versorgungsbezugs – und damit der Abzug des Versorgungs-Freibetrags – beliebig und willkürlich vereinbart werden könnte.

b) Abgrenzung der Versorgungsbezüge

2561 „Typische" **Versorgungsbezüge** sind nicht nur die **Pensionen der Beamten**, sondern auch die sog. **Betriebsrenten der Werkspensionäre**, sofern diese Leistungen nicht auf eigenen Beiträgen des Arbeitnehmers beruhen.

Renten liegen dagegen vor, wenn

– der **Arbeitnehmer selbst** während seiner Berufstätigkeit **eigene Beiträge** zur betrieblichen Altersversorgung geleistet hat oder wenn

– zwar der **Arbeitgeber die Beiträge geleistet** hat, diese jedoch **beim Arbeitnehmer als Arbeitslohn erfasst** worden sind. Ob dafür vom Arbeitnehmer tatsächlich Lohnsteuer einbehalten worden ist, ist dagegen unerheblich.

Beispiel:

Im öffentlichen Dienst gibt es zusätzlich zur „normalen" Altersversorgung eine Zusatzversorgung durch die Versorgungsanstalt des Bundes und der Länder (VBL), in der die Arbeitnehmer pflichtversichert sind.

Die spätere „VBL-Rente" ist mit dem **Ertragsanteil** nach § 22 Nr. 1 Satz 3 Buchst. a EStG zu versteuern, weil vom Arbeitnehmer selbst Beiträge in die VBL gezahlt und außerdem Beiträge des Arbeitgebers teilweise vom Arbeitnehmer versteuert worden sind (§ 2 Abs. 2 Nr. 2 Satz 2 LStDV). Vgl. auch BFH, Urteil vom 24.7.1996, BStBl II S. 650. Beispiele siehe b+p 1999 S. 225 Nr. 28.

Ob die Versorgungsbezüge **laufend gezahlt** werden, ist unerheblich (BFH, Urteil vom 8.2.1974, BStBl II 1974 S. 303). Eine ausführliche Zusammenstellung der begünstigten Versorgungsbezüge enthalten R 75 LStR sowie H 75 LStH.

Ruhegeldzahlungen nach dem **1. Hamburger Ruhegeldgesetz** sind anders als Zusatzversorgungen der VBL als Versorgungsbezüge nach § 19 Abs. 1 Nr. 2 EStG zu versteuern, also nicht lediglich mit dem Ertragsanteil nach § 22 Satz 1 Nr. 3 Buchst. a EStG (FG Hamburg, Urteil vom 1.2.2000, EFG 2000 S. 626).

Keine Versorgungsbezüge sind dagegen

– **Übergangsgelder und Wartegelder** nach § 11 SVG an einen in den einstweiligen Ruhestand versetzten Beamten (BFH, Urteil vom 1.3.1974, BStBl II 1974 S. 490).

– **Nachzahlungen von Arbeitslohn für die aktive Zeit**, selbst wenn sie nach dem Ausscheiden aus dem Arbeitsleben gezahlt werden (BFH, Urteil vom 27.1.1972, BStBl II 1972 S. 459).

– Zahlungen, die als **Gegenleistung** für im gleichen Zeitraum geschuldete oder **erbrachte Dienstleistungen** geleistet werden (BFH, Urteil vom 19.6.1974, BStBl II 1975 S. 23).

– **Vorruhestandsleistungen**, die nicht wegen Erreichens einer Altersgrenze, sondern im **Hinblick auf die frühere Tätigkeit gezahlt** werden (FG Nürnberg, Urteil vom 6.3.1985, EFG 1985 S. 607, sowie BMF-Schreiben vom 3.9.1984, BStBl I 1984 S. 498).

Ein aus dem aktiven Dienst ausgeschiedener Arbeitnehmer, der **weiterhin oder erneut für seinen Arbeitgeber tätig** ist, kann Versorgungsbezüge und Aktivbezüge nebeneinander beziehen. Der Versorgungs-Freibetrag darf dann aber nur von den Versorgungsbezügen abgezogen werden.

Bezieht ein Versorgungsberechtigter Arbeitslohn aus einem gegenwärtigen Dienstverhältnis und werden deshalb, z.B. nach § 53 BeamtVG, die **Versorgungsbezüge gekürzt**, so sind nur die gekürzten Versorgungsbezüge nach § 19 Abs. 2 EStG steuerbegünstigt. Das Gleiche gilt, wenn Versorgungsbezüge nach der **Ehescheidung gekürzt** werden (§ 57 BeamtVG). **Nachzahlungen** von Versorgungsbezügen an **nicht versorgungsberechtigte Erben** eines Versorgungsberechtigten sind nicht nach § 19 Abs. 2 EStG begünstigt (R 75 Abs. 2 LStR). Zur Frage, wie Zahlungen von Arbeitslohn an die **Erben oder Hinterbliebenen**

eines verstorbenen Arbeitnehmers zu behandeln sind, siehe R 76 LStR sowie → *Sterbegeld* Rz. 2279.

c) Besonderheiten im öffentlichen Dienst

2562 Im öffentlichen Dienst gibt es also **keine Altersgrenze**, maßgebend sind allein die **beamtenrechtlichen Regelungen**. Diese müssen aber **unmittelbar** Anwendung finden; es reicht nicht aus, wenn z.B. ein Vorstandsmitglied einer öffentlich-rechtlichen Körperschaft Versorgungsbezüge „nach „beamtenrechtlichen Grundsätzen" erhält (Niedersächsisches FG, Urteil vom 5.12.1995, EFG 1996 S. 374).

Begünstigte Versorgungsbezüge erhalten demnach auch Ruhestandsbeamte, die schon **vor dem 62. Lebensjahr pensioniert** werden (z.B. Soldaten, Polizeibeamte, Feuerwehrbeamte), wenn nach beamtenrechtlichen Regelungen tatsächlich Ruhegehalt oder ein gleichartiger Bezug gezahlt wird. Dies ist aber nicht der Fall, wenn dem Arbeitnehmer bis zu seiner endgültigen Pensionierung lediglich **Urlaub bzw. Sonderurlaub** gewährt wird, auch wenn das vorzeitige Ausscheiden vom Dienstherrn, z.B. im Zuge der **Verwaltungsreform**, gewünscht wird.

d) Besonderheiten im privaten Dienst

2563 Bezüge wegen **Berufsunfähigkeit, Erwerbsunfähigkeit oder Hinterbliebenenbezüge** stellen unabhängig vom Alter des Bezugsberechtigten begünstigte Versorgungsbezüge dar. Ob eine Berufsunfähigkeit oder Erwerbsunfähigkeit vorliegt, richtet sich nach sozialversicherungsrechtlichen Grundsätzen. Wird eine Berufsunfähigkeitsrente aus der gesetzlichen Rentenversicherung nicht bezogen, muss der **Nachweis** ggf. durch eine Bescheinigung des zuständigen **Versorgungsamtes** geführt werden. **Hinterbliebene** sind die Witwe und die mit dem früheren Arbeitnehmer verwandten Kinder (§ 32 Abs. 1 Nr. 1 EStG).

Beispiel 1:

Arbeitnehmer A ist mit 40 Jahren wegen Berufsunfähigkeit aus der Firma ausgeschieden und erhält zusätzlich zu einer Berufsunfähigkeitsrente eine Betriebsrente. Am 1.7. verstirbt A, die Betriebsrente wird seiner Witwe weitergezahlt.

Für A handelt es sich um einen begünstigten Versorgungsbezug, weil er berufsunfähig ist und dies auch durch den Bezug der Berufsunfähigkeitsrente nachgewiesen ist. Unerheblich ist, dass A noch nicht die allgemeine Altersgrenze von 62 Jahren (bei Schwerbehinderten 60 Jahre) erfüllt. Seine Witwe erhält als Hinterbliebene ebenfalls – unabhängig von ihrem Alter – begünstigte Versorgungsbezüge.

Bezüge wegen **Erreichens einer Altersgrenze** gelten erst dann als Versorgungsbezüge, wenn der Arbeitnehmer das **63. Lebensjahr** oder – wenn er **Schwerbehinderter ist – das 60. Lebensjahr** vollendet hat. Dies gilt auch dann, wenn z.B. in Betriebsvereinbarungen eine niedrigere Altersgrenze festgelegt worden ist. Diese Regelung beinhaltet keine Benachteiligung privater Arbeitnehmer gegenüber dem öffentlichen Dienst (FG Köln, Urteil vom 21.3.2001, EFG 2001 S. 893, Nichtzulassungsbeschwerde eingelegt, Az. beim BFH: VI B 119/01).

Beispiel 2:

B hat in einem Kaufhaus gearbeitet. Sie ist 60 Jahre alt und scheidet auf eigenen Wunsch aus dem Dienstverhältnis aus und beantragt die vorgezogene Altersrente. Der Arbeitgeber gewährt ihr im Hinblick auf die langjährige Zugehörigkeit zum Betrieb ein Übergangsgeld.

Das Übergangsgeld ist kein begünstigter Versorgungsbezug, weil B weder berufs- noch erwerbsunfähig ist und auch nicht die altersmäßigen Voraussetzungen erfüllt (B ist noch nicht 62 Jahre alt). Das Übergangsgeld kann aber nach § 34 EStG (Fünftelregelung) ermäßigt versteuert werden, weil es seinem Charakter nach zusätzliches Entgelt für die in der Vergangenheit geleisteten Dienste anzusehen ist. Diese Tarifermäßigung hat der Arbeitgeber bereits beim Lohnsteuerabzug zu berücksichtigen (§ 39b Abs. 3 Satz 9 EStG). Einzelheiten siehe → *Arbeitslohn für mehrere Jahre* Rz. 229.

2. Sozialversicherung

2564 Für krankenversicherungspflichtige Rentner und versicherungspflichtig Beschäftigte sind von den Versorgungsbezügen (Betriebsrenten, Pensionen usw.) Beiträge zur Kranken- und Pflegeversicherung zu entrichten. Diese Versorgungsbezüge gehören zu den beitragspflichtigen Einnahmen, wenn sie wegen einer Rente

Versorgungsbezüge

wegen verminderter Erwerbsfähigkeit oder zur Alters- oder Hinterbliebenenversorgung gezahlt werden. § 229 SGB V enthält eine **abschließende Aufzählung der Versorgungsbezüge**, die zur Beitragspflicht herangezogen werden:

- Versorgungsbezüge aus einem öffentlich-rechtlichen Dienst- oder Arbeitsverhältnis mit Anspruch auf Versorgung nach beamtenrechtlichen Grundsätzen,

- Bezüge aus der Versorgung der Abgeordneten, Parlamentarischen Staatssekretäre und Minister,

- Renten der Versicherungs- und Versorgungseinrichtungen, die für Angehörige bestimmter Berufe eingerichtet sind,

- Renten und Landabgaberenten nach dem Gesetz über die Altershilfe für Landwirte,

- Renten der betrieblichen Altersversorgung einschließlich der Zusatzversorgung im öffentlichen Dienst und der hüttenknappschaftlichen Zusatzversorgung.

Weiterhin unterliegen auch Versorgungsbezüge aus dem Ausland oder solche, die von einer zwischenstaatlichen oder überstaatlichen Einrichtung bezogen werden, der Beitragspflicht, wenn sie ansonsten den inländischen Versorgungsbezügen vergleichbar sind. **Rentenleistungen ausländischer Rentensysteme** sind jedoch keine Versorgungsbezüge in diesem Sinne.

Wird der Versorgungsbezug durch eine **nicht regelmäßig wiederkehrende Leistung** (z.B. Kapitalabfindung) abgegolten, unterliegt diese ebenfalls der Beitragspflicht in der Weise, dass ein 1/120 der Leistung als monatlicher Zahlbetrag herangezogen wird, längstens jedoch für 120 Monate. Im Ergebnis bedeutet dies eine Verteilung der **Kapitalabfindung** auf zehn Jahre. Werden Versorgungsbezüge für einen kürzeren Zeitraum als zehn Jahre abgefunden und setzt z.B. danach eine laufende Zahlung ein, ist die Abfindung auf den entsprechend kürzeren Zeitraum umzulegen.

Gemeinsames Merkmal der beitragspflichtigen Versorgungsbezüge ist ihr Bezug zu einer früheren Berufstätigkeit. Versorgungsbezüge, die aus anderen Rechtsverhältnissen heraus bezogen werden (z.B. Lebensversicherungen oder Bezüge aus sonstiger privater Vorsorge, Pacht- und Mieteinnahmen oder zugeflossene Erbschaften), unterliegen ebenso wenig der Beitragspflicht wie Entschädigungsleistungen, wie z.B. Unfallrenten.

Für die **Beitragsberechnung** ist bei mehreren Einkommensarten die Rangfolge der zu berücksichtigenden Einnahmen wesentlich, wobei zwischen krankenversicherungspflichtigen Rentnern und Krankenversicherungspflichtigen außerhalb der Krankenversicherung der Rentner zu unterscheiden ist. Nach dem Zahlbetrag der Rente ist ein Versorgungsbezug und ggf. ein daneben erzieltes Arbeitseinkommen beitragspflichtig. Arbeitseinkommen ist hier nach der Begriffsbestimmung des § 15 SGB IV der nach den allgemeinen Gewinnermittlungsvorschriften des Einkommensteuerrechtes ermittelte Gewinn aus einer selbständigen Tätigkeit. Dabei bleiben steuerliche Vergünstigungen unberücksichtigt; Veräußerungsgewinne sind abzuziehen.

Bei **krankenversicherungspflichtigen Rentnern** werden für die Beitragsberechnung nacheinander zunächst der Zahlbetrag der Rente, dann der Zahlbetrag des Versorgungsbezuges und schließlich das Arbeitseinkommen angerechnet, wobei die Beitragsbemessungsgrenze in der Kranken- und Pflegeversicherung als Obergrenze zu berücksichtigen ist. Wird die Beitragsbemessungsgrenze durch die Summe der beitragspflichtigen Einnahmen überschritten, werden die einzelnen Einkünfte **nicht in ihrem Verhältnis zueinander anteilig aufgeteilt;** vielmehr wird der Zahlbetrag der Rente zunächst durch den Zahlbetrag des Versorgungsbezuges bis zur Beitragsbemessungsgrenze aufgestockt. Ist weiterhin Arbeitseinkommen anzurechnen, ist dieser Betrag, ggf. auch nur der Differenzbetrag bis zur Beitragsbemessungsgrenze, hinzuzurechnen. Bezieht der Rentner neben seiner Rente keine weiteren Versorgungsbezüge, aber Arbeitseinkommen, wird dieser Betrag bis zur Beitragsbemessungsgrenze hinzugerechnet.

Beispiel 1:

Beitragsbemessungsgrenze 2002: 3 375,– €

Art der Einnahmen	mtl. Höhe in Euro	beitragspflichtig (in Euro)
Rente	1 200	1 200
Versorgungsbezug	700	700
Arbeitseinkommen	900	900
Summe:	2 800	2 800

Alle Einkommensarten sind unbeschränkt beitragspflichtig.

Beispiel 2:

Art der Einnahmen	mtl. Höhe in Euro	beitragspflichtig (in Euro)
Rente	1 500	1 500
Versorgungsbezug	1 300	1 300
Arbeitseinkommen	600	575
Summe:	3 400	3 375

Das Arbeitseinkommen ist auf den Differenzbetrag bis zur Beitragsbemessungsgrenze zu kürzen.

Bei krankenversicherungspflichtig Beschäftigten werden neben dem Arbeitsentgelt (laufende oder einmalige Einnahmen aus der Beschäftigung) der Zahlbetrag der Rente, die Versorgungsbezüge und evtl. Arbeitseinkommen der Beitragsberechnung zu Grunde gelegt. Dabei ist das Arbeitseinkommen nur dann beitragspflichtig, wenn Rente oder Versorgungsbezüge gewährt werden. Versorgungsbezüge unterliegen auch dann der Beitragspflicht, wenn keine Rente bezogen wird.

Für die **Beitragsberechnung** werden bis zum Höchstbetrag der Beitragsbemessungsgrenze nacheinander **ohne anteilige Aufteilung** berücksichtigt:

- das Arbeitsentgelt,
- die Versorgungsbezüge,
- das Arbeitseinkommen.

Eine Rente aus der gesetzlichen Rentenversicherung bleibt hier unberücksichtigt, sie wird getrennt von den übrigen Einnahmearten berücksichtigt. Dies kann ggf. dazu führen, dass insgesamt Beiträge von einem Gesamtbetrag über der Beitragsbemessungsgrenze erhoben werden.

Damit die Versicherten nicht mit Beiträgen über der Beitragsbemessungsgrenze belastet werden, sieht § 231 SGB V auf Antrag des Betroffenen Regelungen vor, die die Erstattung von Beitragsüberzahlungen aus Versorgungsbezügen und Arbeitseinkommen und die Erstattung von Überzahlungen aus der Rente behandeln.

Für geringe Einnahmen aus Versorgungsbezügen und/oder Arbeitseinkommen besteht keine Beitragspflicht. Liegen die Bezüge aus diesen Einkommensarten unter 1/20 der monatlichen Bezugsgröße, sind keine Beiträge zu entrichten. Insofern ergibt sich eine Untergrenze für 2002 von 117,25 €. Übersteigt der Gesamtbetrag aller Versorgungsbezüge und des Arbeitseinkommens diesen Grenzwert nicht, werden keine Beiträge fällig. Wird der Grenzwert durch eine einmalige Zuwendung oder Nachzahlung überschritten, unterliegt der Gesamtbetrag im Monat des Überschreitens der Beitragspflicht.

Für die Beitragsberechnung aus Versorgungsbezügen und Arbeitseinkommen gelten in der **Krankenversicherung** je Krankenkasse bzw. Landesverband der Krankenkassen **besondere Beitragssätze**, die jeweils zum 1. Juli eines Jahres für das folgende Kalenderjahr festgestellt und den Zahlungspflichtigen von den Krankenkassen mitgeteilt werden. Hinsichtlich der **Pflegeversicherung** gilt der **allgemeine Beitragssatz** von 1,7 %. Beiträge aus Versorgungsbezügen und Arbeitseinkommen trägt der Versicherte allein; die Beteiligung Dritter oder eine Zuschussregelung sind nicht vorgesehen.

Die Zahlstellen der Versorgungsbezüge (Betriebe, Versorgungskassen o.Ä.) halten die Beiträge für die versicherungspflichtigen Rentner an den Versorgungsbezügen ein, weisen sie der Krankenkasse nach und führen sie dorthin ab. Dabei tritt die Fälligkeit, abweichend von den sonstigen Regeln, mit der Auszahlung der Versorgungsbezüge ein.

Die für die Durchführung des Beitragsverfahrens notwendigen Angaben sind den Krankenkassen von den Zahlstellen zu **melden**. Auf Grund gesetzlicher Ermächtigung haben die Spitzenverbände der Krankenkassen mit den Zahlstellen bzw. deren Vertretungen Verwaltungsabsprachen zur praxisnahen Umsetzung des Verfahrens getroffen. Einzelheiten ergeben sich aus der „Verfahrensbeschreibung der Beitragsabführung durch die Zahlstellen" (Sozialversicherungsbeitrag-Handausgabe 2001 VL 202 V/1).

Zahlstellen mit regelmäßig weniger als 30 beitragspflichtigen Versorgungsempfängern können bei der zuständigen Krankenkasse beantragen, dass die Versorgungsempfänger selbst ihre Beiträge an die Krankenkasse entrichten. In diesem Fall führen die Versorgungsempfänger selbst sowie die Versorgungsempfänger, die keine Rente beziehen, die Beiträge an die Krankenkasse ab.

Der **Beitragseinzug** beim Versicherten fällt auch dann in den Aufgabenbereich der Krankenkasse, wenn der Beitragseinbehalt unterblieben und ein Einzug durch die Zahlstelle nicht mehr möglich ist.

Beiträge aus Arbeitseinkommen hat der Rentner bzw. Versorgungsempfänger selbst bei der Krankenkasse einzuzahlen. Über die Höhe der fälligen Beiträge erteilt die Krankenkasse einen **Beitragsbescheid**. Hinsichtlich der Fälligkeit der Beiträge gilt, dass sie spätestens am 15. des Monates **fällig** sind, der dem Monat folgt, in dem das Arbeitseinkommen erzielt wurde.

Versorgungs-Freibetrag

2565 Von Versorgungsbezügen bleibt nach § 19 Abs. 2 EStG ein Betrag in Höhe von **40 % dieser Bezüge, höchstens** jedoch insgesamt ein Betrag von **3 072 €** im Veranlagungszeitraum steuerfrei (**Versorgungs-Freibetrag**). Es ist verfassungsgemäß, dass der Versorgungs-Freibetrag **Steuerpflichtigen mit anderen Einkünften nicht gewährt** wird (BFH, Beschluss vom 21.2.2001, BFH/NV 2001 S. 1022; FG Köln, Urteil vom 21.3.2001, StEd 2001 S. 309, sowie Schleswig-Holsteinisches FG, Urteil vom 4.4.2001, EFG 2001 S. 1147, Nichtzulassungsbeschwerde eingelegt, Az. beim BFH: XI B 83/01).

Der **Arbeitgeber** hat den Versorgungs-Freibetrag beim laufenden Lohnsteuerabzug **vom Arbeitslohn abzuziehen**, wenn die Voraussetzungen für den Freibetrag erfüllt sind (§ 39 Abs. 2 Satz 2 EStG). Ob die Voraussetzungen erfüllt sind, muss der Arbeitgeber selbst entscheiden, da der Versorgungs-Freibetrag nicht auf der Lohnsteuerkarte eingetragen wird.

Der Versorgungsempfänger muss wie jeder andere Arbeitnehmer seinem früheren Arbeitgeber eine **Lohnsteuerkarte vorlegen**; das kann auch eine Lohnsteuerkarte mit der Steuerklasse VI sein, wenn der Ruheständler noch einer anderen Beschäftigung als Arbeitnehmer nachgeht. Übt er hingegen für **denselben Arbeitgeber** noch eine Tätigkeit aus, reicht die Abgabe nur **einer** Lohnsteuerkarte. Der Arbeitgeber muss dann allerdings die Versorgungsbezüge **gesondert** von den übrigen Bezügen auf der Lohnsteuerkarte eintragen (§ 41b Abs. 1 Nr. 2 EStG). Gibt ein „Pensionär" überhaupt **keine Lohnsteuerkarte** ab, ist der Lohnsteuerabzug nach der **Steuerklasse VI** vorzunehmen, allerdings ist auch bei dieser Steuerklasse der **Versorgungs-Freibetrag abzuziehen** (R 116 Abs. 1 Satz 7 LStR).

Werden Versorgungsbezüge als **laufender Arbeitslohn** gezahlt, so bleibt höchstens der auf den jeweiligen Lohnzahlungszeitraum entfallende Anteil des Versorgungs-Freibetrags steuerfrei, **bei monatlicher Lohnabrechnung** also 40 % der Versorgungsbezüge, **höchstens 256 €** (vgl. ausführlich R 116 Abs. 1 Sätze 1 bis 3 LStR).

Der dem Lohnzahlungszeitraum entsprechende anteilige Höchstbetrag darf auch dann nicht überschritten werden, wenn in früheren Lohnzahlungszeiträumen desselben Kalenderjahrs wegen der damaligen Höhe der Versorgungsbezüge ein niedrigerer Betrag als der Höchstbetrag berücksichtigt worden ist. Eine **Verrechnung des in einem Monat nicht ausgeschöpften Höchstbetrags mit den den Höchstbetrag übersteigenden Beträgen eines anderen Monats** ist – mit Ausnahme des permanenten Lohnsteuer-Jahresausgleichs – **nicht zulässig** (R 116 Abs. 1 Sätze 4 bis 6 LStR). Derartige Schwankungen können erst beim

Lohnsteuer-Jahresausgleich durch den Arbeitgeber oder bei einer Veranlagung zur Einkommensteuer ausgeglichen werden.

Beispiel:

A ist ab 1.11.2002 in den Ruhestand getreten, seine monatlichen Versorgungsbezüge betragen 2 000 €. Vorher hatte er einen Bruttoarbeitslohn von 3 000 €.

Von den Versorgungsbezügen ist beim laufenden Lohnsteuerabzug der Versorgungs-Freibetrag von 40 % von 2 000 € = 800 €, höchstens aber 256 € monatlich abzuziehen. Für die Monate November und Dezember sind dies aber zusammen nur 512 €.

Der dem A zustehende Versorgungs-Freibetrag von 40 % der Versorgungsbezüge, höchstens 3 072 € im Jahr, kann erst beim Lohnsteuer-Jahresausgleich des Arbeitgebers berücksichtigt werden. Der maßgebende Jahresarbeitslohn ist wie folgt zu ermitteln:

„Normaler" Arbeitslohn für die Monate Januar bis Oktober (10 Monate x 3 000 €) =		30 000 €
Versorgungsbezüge für die Monate November und Dezember (2 Monate x 2 000 €) =	4 000 €	
./. Versorgungs-Freibetrag 40 %	1 600 €	2 400 €
Maßgebender Jahresarbeitslohn für den Lohnsteuer-Jahresausgleich des Arbeitgebers		32 400 €

Der beim laufenden Lohnsteuerabzug gewährte Versorgungs-Freibetrag von 512 € erhöht sich somit beim Lohnsteuer-Jahresausgleich auf den vollen Betrag von 1 600 € (40 % von 4 000 €). Der Höchstbetrag von 3 072 € wird hier nicht erreicht.

Werden Versorgungsbezüge als sonstige Bezüge gezahlt, darf der Versorgungs-Freibetrag von dem sonstigen Bezug nur abgezogen werden, soweit er bei der **Feststellung des maßgebenden Jahresarbeitslohns nicht verbraucht** ist (siehe → *Sonstige Bezüge* Rz. 2232). Werden laufende Versorgungsbezüge erstmals gezahlt, nachdem im selben Kalenderjahr bereits Versorgungsbezüge als sonstige Bezüge gewährt worden sind, so darf der Arbeitgeber den steuerfreien Höchstbetrag von 3 072 € bei den laufenden Bezügen nur berücksichtigen, soweit er sich bei den sonstigen Bezügen nicht ausgewirkt hat (R 116 Abs. 2 Sätze 1 bis 3 LStR).

Vom Arbeitslohn, von dem die Lohnsteuer nach **§§ 40 bis 40b EStG mit Pauschsteuersätzen** erhoben wird, darf der **Versorgungs-Freibetrag nicht abgezogen** werden (R 116 Abs. 2 Satz 4 LStR).

Versorgungszuschlag

2566 Bei Beamten, die ohne Dienstbezüge beurlaubt sind, ist die Zeit der Beurlaubung grundsätzlich nicht ruhegehaltsfähig. Nur wenn es sich um einen den öffentlichen Belangen dienenden Urlaub handelt (insbesondere für eine vorübergehende Tätigkeit bei einem anderen Dienstherrn), kann diese Zeit als ruhegehaltsfähige Zeit berücksichtigt werden. Dabei kann die Berücksichtigung dieser Zeiten von der Leistung eines „Versorgungszuschlags" abhängig gemacht werden, der entweder durch den beurlaubten Beamten oder durch die beschäftigende Stelle geleistet wird. Zahlt der neue Arbeitgeber den Versorgungszuschlag, handelt es sich um steuerpflichtigen Arbeitslohn. In gleicher Höhe liegen beim Arbeitnehmer jedoch Werbungskosten vor, auf die der Arbeitnehmer-Pauschbetrag anzurechnen ist. Dies gilt auch, wenn der Arbeitnehmer den Versorgungszuschlag zahlt (BMF-Schreiben vom 22.2.1991, BStBl I 1991 S. 951).

Vertreter

1. Allgemeines

2567 Vertreter (Handelsvertreter, Reisevertreter, Versicherungsvertreter usw.) werden nach den vertraglichen Vereinbarungen als Selbständige oder als freie Mitarbeiter tätig. Gelegentlich verbirgt sich jedoch hinter den schriftlichen Vertragsvereinbarungen nach der tatsächlichen Durchführung der Beziehungen nach betrieblicher Eingliederung des „Vertreters" und Weisungsgebundenheit ein Arbeitsverhältnis (Problem der → *Scheinselbständigkeit* Rz. 2182); in dieser letztgenannten Fallgestaltung wäre es zutreffender, den Begriff des „Außendienstangestellten" oder auch

„Außendienstmitarbeiters" zu verwenden. Darüber hinaus ist oft auch die Bezeichnung „Reisender" oder „Handelsreisender" gebräuchlich.

Man unterscheidet im Übrigen zwischen Außendienstangestellten, die selbst Geschäfte abzuschließen oder zu vermitteln haben, und solchen, die ihrerseits Vermittler anwerben, in ihre Tätigkeit einweisen und einarbeiten sowie bei der Vermittlung von Geschäften unterstützen und betreuen. Die Letzteren werden auch als organisierende oder betreuende Außendienstangestellte bezeichnet. Häufig kommen in der Praxis auch Mischformen zwischen beiden Funktionen vor (Seifert im Handbuch Betrieb und Personal, Fach 10 Rz. 202). Wegen der Neuregelungen ab 1.1.1999 bzw. der erneuten Änderungen ab 1.1.2000 siehe → *Scheinselbständigkeit* Rz. 2182.

2. Reisevertreter/Handelsvertreter

2568 Bei einem Reisevertreter ist **im Allgemeinen Selbständigkeit** anzunehmen, wenn er die typische Tätigkeit eines Handelsvertreters i.S. des § 84 HGB ausübt, d.h. Geschäfte für ein anderes Unternehmen vermittelt oder abschließt und ein geschäftliches Risiko trägt. **Unselbständigkeit** ist jedoch gegeben, wenn der „Reisevertreter" in das Unternehmen seines Auftraggebers derart eingegliedert ist, dass er dessen Weisungen zu folgen verpflichtet ist. Ob eine derartige Unterordnung unter den geschäftlichen Willen des Auftraggebers vorliegt, richtet sich nach der von dem Reisevertreter tatsächlich ausgeübten Tätigkeit und der Stellung gegenüber seinem Auftraggeber. Der Annahme der **Unselbständigkeit** steht nicht ohne weiteres entgegen, dass die Entlohnung nach dem Erfolg der Tätigkeit vorgenommen wird. Hinsichtlich der Bewegungsfreiheit eines Vertreters kommt es bei der Abwägung, ob sie für eine Selbständigkeit oder Unselbständigkeit spricht, darauf an, ob das Maß der Bewegungsfreiheit auf der eigenen Machtvollkommenheit des Vertreters oder Ausfluss des Willens des Geschäftsherrn ist. Arbeitnehmereigenschaft kann daher anzunehmen sein, wenn Entgeltfortzahlung im Krankheitsfall gewährt wird (BFH, Urteil vom 7.12.1961, BStBl III 1962 S. 149).

Zur versicherungsrechtlichen Beurteilung von Handelsvertretern siehe ausführlich Anlage 2 des Rundschreibens der Spitzenverbände der Sozialversicherungsträger vom 20.12.1999, Sozialversicherungsbeitrag-Handausgabe 2001 VL 7 IV/19.

3. Versicherungsvertreter

2569 Versicherungsvertreter, die Versicherungsverträge selbst vermitteln (sog. **Spezialagenten**), sind in vollem Umfang als **selbständig** anzusehen. Das gilt auch dann, wenn sie neben Provisionsbezügen ein geringes Fixum bekommen oder wenn sie nur für ein **einziges Versicherungsunternehmen** tätig sein dürfen. Soweit ein Spezialagent nebenbei auch Verwaltungsaufgaben und die **Einziehung von Prämien oder Beiträgen** übernommen hat, sind die Einnahmen daraus als Entgelte für eine **selbständige Nebentätigkeit** zu behandeln. Es ist dabei einerlei, ob sich z.B. Inkassoprovisionen auf Versicherungen beziehen, die der Spezialagent selbst geworben hat, oder auf andere Versicherungen.

Bei den sog. **Generalagenten** kommt eine Aufteilung der Tätigkeit in eine selbständige und in eine unselbständige Tätigkeit im Allgemeinen **nicht** in Betracht. Grundsätzlich ist der Generalagent ein **Gewerbetreibender**, wenn er das Risiko seiner Tätigkeit trägt, ein Büro mit eigenen Angestellten unterhält, trotz der bestehenden Weisungsgebundenheit in der Gestaltung seines Büros und seiner Zeiteinteilung weitgehend frei ist, der Erfolg seiner Tätigkeit nicht unerheblich von seiner Tüchtigkeit und Initiative abhängt und ihn die Beteiligten selbst als Handelsvertreter und nicht als Arbeitnehmer bezeichnen. Diese Voraussetzungen sind bei Versicherungsvertretern, die mit einem eigenen Büro für einen bestimmten Bezirk sowohl den Bestand verwalten als auch neue Geschäfte abzuschließen haben und im Wesentlichen auf Provisionsbasis arbeiten, in der Regel erfüllt.

Im Gegensatz dazu leistet der **echte Versicherungs-Außendienstangestellte** seine Tätigkeit weisungsgebunden und in persönlicher Abhängigkeit vom Arbeitgeber. Besonderheiten ergeben sich dadurch, dass der Außendienstangestellte in der Regel außerhalb der Betriebsstätte des Arbeitgebers tätig wird. Darüber hinaus besteht arbeitsvertraglich meist ein gewisser Spielraum für die Gestaltung der Tätigkeit und die Einteilung der Arbeitszeit. Eine indirekte Kontrolle durch den Arbeitgeber erfolgt durch die Rückkopplung über das Entgelt, z.B. eine Provision oder ähnliche erfolgsabhängige Zahlungen (Seifert in Handbuch Betrieb und Personal, Fach 10 Rz. 204 f.).

Einzelfälle aus der Rechtsprechung:

Eine **selbständige Tätigkeit** wurde angenommen, wenn

– ein Versicherungsvertreter wie ein **selbständiger Handelsvertreter** (§ 84 HGB) tätig ist. Dem steht nicht entgegen, dass er in gewissem Umfang sachbedingte Weisungen zu befolgen hat, Berichtspflichten erfüllen muss und wettbewerbsrechtlichen Beschränkungen unterliegt, wenn er im Wesentlichen seine Tätigkeit frei gestalten und seine Arbeitszeit bestimmen kann (BAG, Urteil vom 15.12.1999, DB 2000 S. 1618; Urteil vom 20.9.2000, DB 2001 S. 280);

– sog. **Einfirmenvertreter** nur für ihr eigenes Vertragsunternehmen Geschäfte vermitteln dürfen. Aus dem tatsächlichen Fehlen einer vom Versicherungsvertreter geschaffenen Innen- und Außenorganisation seiner Generalvertretung kann nicht auf seine Arbeitnehmereigenschaft geschlossen werden. Wie sich aus § 84 Abs. 4 HGB ergibt, finden die Vorschriften des 7. Abschnitts des HGB auch Anwendung, wenn das Unternehmen des Handelsvertreters nach Art oder Umfang einen in kaufmännischer Weise eingerichteten Geschäftsbetrieb nicht erfordert (BAG, Urteile vom 15.12.1999, DB 2000 S. 723 und 879);

– ein Versicherungsvertreter teils auf Provisionsbasis, teils auf Festgehaltsbasis beschäftigt ist und auf seine Kosten zwei Büros mit jeweils einer Angestellten unterhält, auch wenn das Vertragsverhältnis Merkmale eines Angestelltenverhältnisses enthält wie Urlaubs- und Krankengeldanspruch und eine Altersversorgungsregelung (Niedersächsisches FG, Urteil vom 28.5.1998, EFG 1999 S. 130);

– sich mehrere selbständige Versicherungsvertreter zur gemeinsamen Berufsausübung in einer **Agentur** zusammenschließen; die im Gesellschaftsvertrag vereinbarte wechselseitige Verpflichtung der Partner zur Erbringung ihrer vollen Arbeitskraft begründet regelmäßig keine entsprechende Verpflichtung im Verhältnis zu dem Versicherungsunternehmen, mit dem alle Partner individuelle Agenturverträge abgeschlossen haben (BAG, Urteil vom 20.9.2000, BB 2001 S. 48).

Eine **Arbeitnehmertätigkeit** wurde angenommen, wenn

– sich die Tätigkeit nur auf die Abarbeitung vorgegebenen Adressmaterials beschränkt und der Einsatz von Untervertretern untersagt ist (LAG Nürnberg, Urteil vom 25.2.1998, DStR 1998 S. 865, Revision eingelegt, Az. beim BAG: 5 AZR 255/98); vgl. dazu ausführlich b+p 1998 S. 298 Nr. 4.

4. Bausparkassenvertreter

2570 Die o.g. dargestellten Grundsätze gelten auch für Bausparkassenvertreter: Für die Annahme einer selbständigen Tätigkeit sprechen eine im Wesentlichen freie Gestaltung der Tätigkeit und Bestimmung der Arbeitszeit; dem steht nicht entgegen, dass ein Bausparkassenvertreter bestimmten fachlichen Weisungen seines Auftraggebers unterliegt und im Anstellungsvertrag ein Wettbewerbsverbot vereinbart ist (BAG, Urteil vom 15.12.1999, DB 2000 S. 1028).

Verzugszinsen

2571 Zinsen für rückständigen Arbeitslohn (auch Prozesszinsen) sind kein Arbeitslohn, aber ggf. im Rahmen der **Einkünfte aus Kapitalvermögen** zu versteuern (FG Köln, Urteil vom 19.6.1989, EFG 1989 S. 640).

Achtung: Verzug (§ 284 BGB) und Verzugszinssatz (§ 288 BGB) sind neu geregelt!

Vorauszahlung von Arbeitslohn

2572 Der Arbeitslohn unterliegt nach § 38 Abs. 3 EStG bei jeder Lohnzahlung dem Lohnsteuerabzug. Für den Lohnsteuerabzug ist es ohne Bedeutung, ob der Arbeitnehmer den Arbeitslohn bereits verdient hat oder nicht. Aus diesem Grunde ist auch dann der Lohnsteuerabzug vorzunehmen, wenn dem Arbeitnehmer der Lohn im **Voraus** gezahlt wird.

Typische Fälle von Vorauszahlungen sind:

– Abschlagszahlungen,

– Vorschüsse und

– vorschüssige Lohnzahlung.

Bei **Abschlagszahlungen** zahlt der Arbeitgeber den Arbeitslohn für den üblichen Lohnzahlungszeitraum nur in ungefährer Höhe und nimmt eine genaue Lohnabrechnung für einen längeren Zeitraum vor. In diesen Fällen braucht der Arbeitgeber die Lohnsteuer erst bei der Lohnabrechnung einzubehalten, wenn die Voraussetzungen des § 39b Abs. 5 EStG erfüllt sind (→ *Abschlagszahlungen* Rz. 17).

Bei **Vorschüssen** zahlt der Arbeitgeber Arbeitslohn an den Arbeitnehmer, den dieser erst noch zukünftig verdienen muss (→ *Vorschüsse* Rz. 2573).

Bei einer **vorschüssigen Lohnzahlung** zahlt der Arbeitgeber den Monatslohn bereits am Anfang des Monats aus. Im Regelfall ist eine vorschüssige Lohnzahlung in einem Gesetz, Tarifvertrag, einer Betriebsvereinbarung oder in einem Einzelarbeitsvertrag festgelegt, wie z.B. die Auszahlung der Beamtenbezüge. Bei **laufender** vorschüssiger Lohnzahlung ist die Lohnsteuer nach den Merkmalen auf der Lohnsteuerkarte vorzunehmen, die für den Tag gelten, an dem der Lohnzahlungszeitraum endet (§ 38a Abs. 1 Satz 2 EStG). Werden Eintragungen auf der Lohnsteuerkarte zwischen Lohnzahlung und Ende des Lohnzahlungszeitraums rückwirkend geändert, ist der Lohnsteuerabzug evtl. zu berichtigen (→ *Änderung des Lohnsteuerabzugs* Rz. 101).

Die Lohnvorauszahlung ist allerdings von einem **Darlehen des Arbeitgebers** zu unterscheiden. Gewährt der Arbeitgeber dem Arbeitnehmer ein Darlehen, liegt keine Lohnzahlung vor (→ *Darlehen an Arbeitnehmer* Rz. 636).

Vorschüsse

1. Allgemeines

2573 Vorschüsse sind Lohnzahlungen des Arbeitgebers für eine **Arbeitsleistung, die der Arbeitnehmer erst noch erbringen muss**. Auch Vorschüsse unterliegen dem Lohnsteuerabzug, denn nach § 38 Abs. 3 EStG ist bei jeder Lohnzahlung der Lohnsteuerabzug vorzunehmen. Wegen der Lohnsteuerpflicht besteht auch Beitragspflicht in der Sozialversicherung.

Der Vorschuss ist allerdings von einem **Darlehen** des Arbeitgebers zu unterscheiden. Gewährt der Arbeitgeber dem Arbeitnehmer ein Darlehen, liegt nämlich keine Lohnzahlung vor.

2. Vorschüsse als laufender Arbeitslohn

2574 Vorschüsse, die sich **ausschließlich** auf Lohnzahlungszeiträume beziehen, die im Kalenderjahr der Zahlung enden, gehören zum **laufenden Arbeitslohn** (R 115 Abs. 1 Nr. 6 LStR). Sie sind daher für die Berechnung der Lohnsteuer den Lohnzahlungszeiträumen zuzurechnen, für die sie gezahlt werden.

Beispiel:

Ein Arbeitnehmer in Hannover (Steuerklasse III, zwei Kinder, ev) hat einen Monatslohn von 3 500 €. Im Mai 2002 zahlt ihm der Arbeitgeber einen Vorschuss von 5 000 €, der mit den Monatslöhnen der Monate Juni bis Oktober mit jeweils 1 000 € verrechnet wird.

Die Steuern auf den Vorschuss ermitteln sich wie folgt:

a) Monatslohn für die Monate Juni bis Oktober ungekürzt (3 500 € monatlich):

Lohnsteuer	465,50 €
Solidaritätszuschlag (5,5 %)	9,13 €
Kirchensteuer (9 %)	18,68 €

b) Monatslohn für die Monate Juni bis Oktober gekürzt um Vorschuss (2 500 € monatlich):

Lohnsteuer	181,— €
Solidaritätszuschlag (5,5 %)	0,— €
Kirchensteuer (9 %)	0,— €

c) Steuern auf den Vorschuss in Höhe von 5 000 €:

Lohnsteuer auf den ungekürzten Arbeitslohn	465,50 €
Lohnsteuer auf den gekürzten Arbeitslohn	181,— €
= Differenz	284,50 €
× 5 Monate	
= Lohnsteuer auf den Vorschuss	1 422,50 €
Solidaritätszuschlag auf den ungekürzten Arbeitslohn	9,13 €
Solidaritätszuschlag auf den gekürzten Arbeitslohn	0,— €
= Differenz	9,13 €
× 5 Monate	
= Solidaritätszuschlag auf den Vorschuss	45,65 €
Kirchensteuer auf den ungekürzten Arbeitslohn	18,68 €
Kirchensteuer auf den gekürzten Arbeitslohn	0,— €
= Differenz	18,68 €
× 5 Monate	
= Kirchensteuer auf den Vorschuss	93,40 €

Darüber hinaus sind für die Monate Juni bis Oktober 2002 nur die Steuern aus dem Betrag von 2 500 € zu errechnen und abzuführen, vgl. oben b).

Nach R 118 Abs. 4 Satz 2 LStR kann jedoch für Vorauszahlungen folgende **Vereinfachungsregelung** in Anspruch genommen werden:

3. Vereinfachungsregelung

Auch wenn die Vorauszahlung nur Lohnzahlungszeiträume des laufenden Kalenderjahrs betrifft, kann die Vorauszahlung **als sonstiger Bezug** versteuert werden, und zwar unabhängig von der Höhe der Vorauszahlung. Dies gilt aber nur, wenn der Arbeitnehmer dieser Regelung nicht widerspricht. **2575**

Beispiel:

Wie vorhergehendes Beispiel, der Arbeitgeber wendet allerdings die Vereinfachungsregelung der R 118 Abs. 4 Satz 2 LStR an und versteuert den Vorschuss als sonstigen Bezug.

Die Steuern auf den Vorschuss ermitteln sich wie folgt:

Jahresarbeitslohn **ohne sonstigen Bezug** (12 × 3 500 € ⁒ 5 000 € Vorschuss)	**37 000,— €**
+ Vorschuss	5 000,— €
= Jahresarbeitslohn **mit sonstigem Bezug**	**42 000,— €**
Lohnsteuer (III) von 42 000 €	5 586,— €
⁒ Lohnsteuer (III) von 37 000 €	4 144,— €
= Lohnsteuer auf den sonstigen Bezug	1 442,— €
Solidaritätszuschlag (5,5 % von 1 442 €)	79,31 €
Kirchensteuer (9 % von 1 442 €)	129,78 €

4. Vorschüsse als sonstiger Bezug

Vorschüsse, die sich ganz oder teilweise auf Lohnzahlungszeiträume beziehen, die in einem anderen Jahr als dem der Zahlung enden, gehören zu den **sonstigen Bezügen** (R 115 Abs. 2 Nr. 8 LStR). Sie sind daher für die Berechnung der Lohnsteuer als sonstige Bezüge zu behandeln, vgl. → *Sonstige Bezüge* Rz. 2232. **2576**

5. Vorschüsse als Darlehen

Häufig werden Vorschüsse vom Arbeitgeber wie ein **zinsloses Darlehen** behandelt, ohne dass die Voraussetzungen hierfür vorliegen (→ *Darlehen an Arbeitnehmer* Rz. 636). Das bedeutet, dass der Arbeitgeber den Vorschuss ohne Lohnsteuerabzug auszahlt und die Verrechnung in den laufenden Monaten beim Lohnsteuerabzug nicht berücksichtigt, d.h. die Lohnsteuer vom vereinbarten (ungekürzten) Monatslohn ermittelt. In der Regel wird diese Verfahrensweise vom Finanzamt nicht beanstandet, zumal diese Handhabung nicht immer günstiger sein muss. Wenn der Arbeitgeber den Vorschuss als zinsloses Darlehen behandelt, muss er dies aber auch **mit allen Konsequenzen** tun. Das heißt, dass bei einem Vorschuss von mehr als 2 600 € in Höhe des Zinsvorteils ein geldwerter Vorteil für den Arbeitnehmer entsteht. **2577**

Beispiel:

Der Arbeitgeber gewährt einem Arbeitnehmer am 1.1.2002 einen Vorschuss von 3 750 €, der mit dem monatlichen Arbeitslohn mit jeweils 750 € verrechnet wird. Der Vorschuss wird vom Arbeitgeber wie ein Darlehen behandelt, d.h., bei der Auszahlung wird keine Lohnsteuer einbehalten; die monatliche Lohnversteuerung bleibt ebenso unverändert.

Da der Arbeitgeber den Vorschuss als Darlehen behandelt, entsteht auch in Höhe des Zinsvorteils (Zinssatz: 5,5 %, vgl. R 31 Abs. 11 LStR) ein geldwerter Vorteil für den Arbeitnehmer, der steuer- und beitragspflichtig ist. Zur Höhe des Zinsvorteils ergibt sich folgende Bewertung:

- Januar 2002 („Darlehensstand" 3 750 €):

  Geldwerter Vorteil (5,5 % von 3 750 € : 12)   17,19 €

- Februar 2002 („Darlehensstand" 3 000 €):

  Geldwerter Vorteil (5,5 % von 3 000 € : 12)   13,75 €

- März 2002 (Darlehensstand 2 250 €):   0,— €

  Ab März 2002 ist kein geldwerter Vorteil mehr zu erfassen, weil das Darlehen 2 600 € nicht übersteigt.

Der Arbeitgeber hat im Januar einen Betrag von 17,19 € und im Februar 13,75 € als geldwerten Vorteil zu versteuern. Die Freigrenze von 50 € findet keine Berücksichtigung (BMF-Schreiben vom 9.7.1997, BStBl I 1997 S. 735).

6. Sozialversicherung

2578 Da Vorschüsse auf noch nicht fällige Lohn-/Gehaltszahlungen steuerpflichtigen Arbeitslohn darstellen, sind sie auch als Arbeitsentgelt im Sinne der Sozialversicherung zu bewerten. An dieser Beurteilung ändert auch die Tatsache nichts, dass kein Rechtsanspruch auf die Zahlung besteht.

Vorsorgepauschale

1. Allgemeines

2579 Arbeitnehmer können wie andere Steuerpflichtige auch ihre **Vorsorgeaufwendungen** im Rahmen der Einkommensteuerveranlagung als Sonderausgaben absetzen. Im Gegensatz zu anderen Steuerpflichtigen erhalten Arbeitnehmer allerdings **eine Vorsorgepauschale**, die ihre Vorsorgeaufwendungen pauschal abgelten soll. Sofern der Arbeitnehmer keine höheren Vorsorgeaufwendungen geltend macht, wird ihm im Veranlagungsverfahren die Vorsorgepauschale gewährt. Damit dem Arbeitnehmer die Eintragung eines entsprechenden Freibetrags auf der Lohnsteuerkarte erspart bleibt, wird die Vorsorgepauschale bereits bei der Lohnsteuerermittlung **der Steuerklassen I bis IV berücksichtigt** (→ *Steuertarif* Rz. 2342). Da somit die Vorsorgeaufwendungen des Arbeitnehmers im Lohnsteuerabzugsverfahren bereits pauschal berücksichtigt werden, kann der Arbeitnehmer **keine** – auch keine die Vorsorgepauschale übersteigenden – **Vorsorgeaufwendungen als Freibetrag auf der Lohnsteuerkarte eintragen lassen.**

2. Begriff der Vorsorgeaufwendungen

2580 Vorsorgeaufwendungen sind nach § 10 Abs. 1 Nr. 2 EStG Beiträge

- zu Kranken-, Pflege-, Unfall- und Haftpflichtversicherungen,
- zu den gesetzlichen Rentenversicherungen,
- an die Bundesanstalt für Arbeit und
- zu Versicherungen auf den Erlebens- oder Todesfall, wenn es sich handelt um eine
  - Risikoversicherung, die nur für den Todesfall eine Leistung vorsieht,
  - Rentenversicherung ohne Kapitalwahlrecht,
  - Rentenversicherung mit Kapitalwahlrecht gegen laufende Beitragsleistung, wenn das Kapitalwahlrecht nicht vor Ablauf von zwölf Jahren seit Vertragsabschluss ausgeübt werden kann,
  - Kapitalversicherung gegen laufende Beitragsleistung mit Sparanteil, wenn der Vertrag für die Dauer von zwölf Jahren abgeschlossen worden ist.

Aus Billigkeitsgründen sind auch Versicherungen mit vorgezogener Leistung bei bestimmten schweren Erkrankungen anzuerkennen, wenn die Leistung auf folgende Erkrankungen beschränkt ist (sog. Dread-Disease-Versicherung): Herzinfarkt, Bypass-Operation, Krebs, Schlaganfall, Nierenversagen, Aids und Multiple Sklerose (BMF-Schreiben vom 12.9.1997, BStBl I 1997 S. 825).

3. Höhe der Vorsorgepauschale

a) Begriffsabgrenzung

2581 Die Vorsorgepauschale ist abhängig von der **Höhe des Arbeitslohns** und von der **Art des Beschäftigungsverhältnisses**. Bestimmte **nicht sozialversicherungspflichtige Arbeitnehmer erhalten eine gekürzte Vorsorgepauschale**, weil diese Gruppe im Regelfall niedrigere Vorsorgeaufwendungen hat als sozialversicherungspflichtige Arbeitnehmer. Hinsichtlich der Frage, welcher Personenkreis die ungekürzte Vorsorgepauschale erhält und bei wem nur die gekürzte Vorsorgepauschale zur Anwendung kommt siehe → *Lohnsteuertabellen* Rz. 1655. Eine allgemeine Lohnsteuertabelle beinhaltet die ungekürzte Vorsorgepauschale, eine besondere Lohnsteuertabelle die gekürzte Vorsorgepauschale.

b) Ungekürzte Vorsorgepauschale

2582 **Sozialversicherungspflichtige Arbeitnehmer** erhalten die ungekürzte Vorsorgepauschale, die insbesondere den Arbeitnehmer-Anteil am Sozialversicherungsbeitrag abgelten soll. Die **Vorsorgepauschale beträgt grundsätzlich 20 % des Arbeitslohns**. So wie der Sonderausgabenabzug der Vorsorgeaufwendungen auf bestimmte Höchstbeträge begrenzt ist, ist auch die Vorsorgepauschale **der Höhe nach begrenzt**. Da die allgemeine Vorsorgepauschale auch einen pauschalierten Vorwegabzug beinhaltet, ist der Verlauf der Vorsorgepauschale **invers**, d.h., die Vorsorgepauschale beträgt am Anfang 20 % des Arbeitslohns, steigt zunächst mit zunehmendem Arbeitslohn bis zum absoluten Höchstbetrag von 2 052 € bzw. 4 104 € bei Verheirateten und sinkt dann wieder bis auf einen Betrag von 1 980 € bzw. 3 996 € bei Verheirateten.

c) Gekürzte Vorsorgepauschale

2583 **Nicht sozialversicherungspflichtige Arbeitnehmer** erhalten die gekürzte Vorsorgepauschale. Sie kommt insbesondere bei **Beamten**, Richtern, Berufssoldaten usw. in Betracht. Die Vorsorgepauschale beträgt ebenfalls grundsätzlich 20 % des Arbeitslohns, **höchstens jedoch 1 134 €** (bei Steuerklasse III 2 268 €).

Vorstandsmitglieder

1. Lohnsteuer

a) Arbeitnehmer

2584 Vorstandsmitglieder z.B. von **Kapitalgesellschaften**, Genossenschaften und Selbstverwaltungskörperschaften sind steuerlich **Arbeitnehmer**, weil sie in den Organismus des Unternehmens eingegliedert sind.

Beispiele:

- Vorstand einer **Genossenschaft** (BFH, Urteil vom 2.10.1968, BStBl II 1969 S. 185).
- Vorstand einer **Familienstiftung** (BFH, Urteil vom 31.1.1975, BStBl II 1975 S. 358).

LSt

b) Keine Arbeitnehmer

2585 Die Arbeitnehmereigenschaft setzt aber weiter voraus, dass **nicht nur Aufwandsersatz** geleistet wird. Vorstandsvorsitzende von **Vereinen** sind daher im Allgemeinen **keine Arbeitnehmer** (→ *Arbeitnehmer* Rz. 163).

Nicht als Arbeitnehmer angesehen worden sind

– Vorstandsmitglieder der Veranstaltergemeinschaften **lokaler Rundfunksender**, die nicht die laufenden Geschäfte führen, sondern lediglich eine „Überwachungsfunktion" haben.

– Vorstandsmitglieder der **Kassenärztlichen Vereinigungen** und der Kassenärztlichen Bundesvereinigung.

Ⓛⓢⓣ

c) „Mischfälle"

2586 Vorstandsmitglieder von **Wasser- und Bodenverbänden** sind

– **selbständig**, wenn ein Geschäftsführer die laufenden Verwaltungsgeschäfte führt, dagegen

Ⓛⓢⓣ

– **nichtselbständig**, wenn ihnen nach der Satzung die laufende Verwaltung und Vertretung des Verbandes nach außen obliegt. Das gilt selbst dann, wenn zusätzlich ein Geschäftsführer berufen worden ist, weil dieser seine Aufgaben in diesem Fall nicht kraft eigenen Rechts, sondern im Auftrag des Verbandsvorstehers übernimmt (OFD Hannover, Verfügung vom 7.10.1991, StLex 4, 19 - 19 a, 1226).

Ⓛⓢⓣ

2. Sozialversicherung

2587 Im Gegensatz zur lohnsteuerlichen Behandlung ist bei sozialversicherungsrechtlicher Beurteilung von Vorstandsmitgliedern im Einzelfall stets zu prüfen, ob ein abhängiges Beschäftigungsverhältnis gegen Arbeitsentgelt ausgeübt wird.

a) Arbeitnehmer

2588 Vorstandsmitglieder von **Vereinen** und **Genossenschaften**, die gegen Arbeitsentgelt beschäftigt werden, sind grundsätzlich versicherungspflichtig und damit beitragspflichtig in allen Sozialversicherungszweigen. Dies gilt gleichermaßen auch für Vorstandsmitglieder von **öffentlich-rechtlichen Körperschaften**, wenn sie fremdbestimmte Arbeit leisten und funktionell in die Organisation der öffentlich rechtlichen Körperschaft eingegliedert sind (→ *Gesellschafter/Gesellschafter-Geschäftsführer* Rz. 1155). Die Jahresarbeitsentgeltgrenze ist zu beachten (→ *Anhang, B. Sozialversicherung* Rz. 2806).

b) Keine Arbeitnehmer

2589 Dagegen sind Vorstandsmitglieder und stellvertretende Vorstandsmitglieder einer **Aktiengesellschaft** gem. § 1 Satz 4 SGB VI versicherungsfrei in der Rentenversicherung. Dies gilt auch für daneben ausgeübte Beschäftigungen bei anderen Arbeitgebern sowie für mögliche selbständige Tätigkeiten. Für die Arbeitslosenversicherung ergibt sich aus § 27 Abs. 1 Nr. 5 SGB III ebenfalls Versicherungsfreiheit für die ordentlichen und die stellvertretenden Vorstandsmitglieder von Aktiengesellschaften, wobei Konzernunternehmen i.S. des § 18 AktG als ein Unternehmen gelten. Dies bedeutet für die Arbeitslosenversicherung, dass sich die Versicherungsfreiheit auch auf anderweitige Beschäftigungen **im Konzern** erstreckt. Dagegen unterliegen die Beschäftigungen von Vorstandsmitgliedern bzw. stellvertretenden Vorstandsmitgliedern von Aktiengesellschaften außerhalb von Konzernunternehmen der Arbeitslosenversicherungspflicht.

Gleiches gilt für die ordentlichen und stellvertretenden Vorstandsmitglieder von großen Versicherungsvereinen auf Gegenseitigkeit (→ *Gesellschafter/Gesellschafter-Geschäftsführer* Rz. 1155).

Vorsteuerabzug

1. Allgemeines

2590 Seit dem 1.4.1999 sind Vorsteuerbeträge nicht abziehbar, die auf Reisekosten des Unternehmers und seines Personals entfallen, soweit es sich um Verpflegungs-, Übernachtungs- oder um Fahrtkosten für Fahrzeuge des Personals handelt (§ 15 Abs. 1a Nr. 2 UStG). Ab diesem Zeitpunkt sind die Regelungen zur Vornahme des pauschalierten Vorsteuerabzugs aus Reisekosten

(§§ 36 bis 38 UStDV) aufgehoben worden. Entsprechend war weder die Vornahme des Vorsteuerabzugs aus einzeln nachgewiesenen Reisekosten (z.B. aus Hotelrechnungen) noch aus Reisekostenpauschalen zulässig.

Der **Bundesfinanzhof** hat aber durch Urteil vom 23.11.2000, BStBl II 2001 S. 266, entschieden, dass der Unternehmer sich für den Vorsteuerabzug aus Kosten für Reisen seines Personals, soweit es sich um Übernachtungskosten handelt, unmittelbar auf Artikel 17 Abs. 2 der Richtlinie 77/388/EWG (**6. EG-Richtlinie**) berufen kann. Der Ausschluss dieser Ausgaben vom Vorsteuerabzugsrecht nach § 15 Abs. 1a Nr. 2 UStG sei insoweit unanwendbar.

Nach dem BMF-Schreiben vom 28.3.2001, BStBl I 2001 S. 251, **gilt** hierzu **bis zu einer gesetzlichen Neuregelung Folgendes:**

2. Übernachtungskosten

Der Unternehmer kann aus Rechnungen für Übernachtungen anlässlich einer unternehmerisch bedingten Auswärtstätigkeit des Arbeitnehmers (Dienstreise, Einsatzwechseltätigkeit, Fahrtätigkeit, doppelte Haushaltsführung) unter den weiteren Voraussetzungen des § 15 UStG den Vorsteuerabzug in Anspruch nehmen. Voraussetzung hierfür ist, dass der Unternehmer als Empfänger der Übernachtungsleistungen anzusehen ist (vgl. Abschnitt 192 Abs. 13 UStR) und die Rechnung mit dem gesonderten Ausweis der Umsatzsteuer dementsprechend auf den Namen des Unternehmers – nicht jedoch auf den Namen des Arbeitnehmers – ausgestellt ist. Dies gilt grundsätzlich auch für Rechnungen bis zu einem Gesamtbetrag von 100 €. Aus solchen Kleinbetragsrechnungen i.S. des § 33 UStDV kann jedoch der Vorsteuerabzug aus **Vereinfachungsgründen** auch dann gewährt werden, wenn darin der Unternehmer nicht bezeichnet ist. Solche Rechnungen müssen somit mindestens

– die Menge und die handelsübliche Bezeichnung des Liefergegenstandes oder den Umfang der sonstigen Leistung,

– das Entgelt und den Steuerbetrag in einer Summe sowie

– den Steuersatz enthalten.

2591

3. Verpflegungskosten

Erstattet der Arbeitgeber anlässlich einer Auswärtstätigkeit des Arbeitnehmers diesem entstandene Verpflegungsaufwendungen ganz oder teilweise, kann hieraus – weil keine Umsätze für das Unternehmen vorliegen – ein Vorsteuerabzug nicht in Anspruch genommen werden, auch wenn die entstandenen Verpflegungsaufwendungen durch Rechnungen belegt sind. Lediglich in Fällen, in denen die Verpflegungsleistungen anlässlich einer unternehmerisch bedingten Auswärtstätigkeit des Arbeitnehmers vom Arbeitgeber empfangen (d.h. der Arbeitgeber ist Auftraggeber oder Besteller – vgl. Abschnitt 192 Abs. 13 UStR) und in voller Höhe getragen werden, kann dieser den Vorsteuerabzug hieraus in Anspruch nehmen, wenn die Aufwendungen durch Rechnungen mit gesondertem Ausweis der Umsatzsteuer auf den Namen des Arbeitgebers oder durch Kleinbetragsrechnungen i.S. des § 33 UStDV belegt sind.

2592

4. Fahrtkosten

Das Urteil des Bundesfinanzhofs vom 23.11.2000, BStBl II 2001 S. 266, hat jedoch keine Bedeutung für die übrigen in § 15 Abs. 1a UStG aufgeführten Tatbestände des Ausschlusses vom Vorsteuerabzug. Deshalb sind insbesondere Vorsteuerbeträge weiterhin nicht abziehbar, die auf Fahrtkosten für Fahrzeuge des Personals (arbeitnehmereigene Fahrzeuge) entfallen. Der Arbeitgeber kann somit weiterhin keinen Vorsteuerabzug aus der Erstattung der aus Anlass einer Dienstreise eines Arbeitnehmers gezahlten Kilometerpauschalen geltend machen, auch wenn hierüber auf den Namen des Unternehmers ausgestellte Rechnungen vorliegen.

Dem Arbeitgeber steht allerdings weiterhin der Vorsteuerabzug beispielsweise aus Kosten für die Benutzung öffentlicher Verkehrsmittel, von Leasing- oder Mietfahrzeugen sowie Taxen durch seine Arbeitnehmer zu. Voraussetzung ist dabei, dass der Arbeitgeber Leistungsempfänger ist und die Rechnung auf seinen Na-

2593

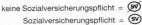
men lautet. Da die §§ 34 und 35 UStDV nicht geändert wurden, kann der Arbeitgeber weiterhin den Vorsteuerabzug aus Fahrausweisen für seine Arbeitnehmer vornehmen.

5. Stellenbewerber

2594 Der Ausschluss des Vorsteuerabzugs aus Reisekosten erstreckt sich auch auf die im Zusammenhang mit Vorstellungsbesuchen von Stellenbewerbern gezahlten Beträge, die nach dem entfallenen § 38 Abs. 2 UStDV als Dienstreisen zu beurteilen waren.

6. Umzugskosten

2595 Erstattet der Arbeitgeber Umzugskosten für einen dienstlich bedingten Wohnungswechsel des Arbeitnehmers, sind die darauf entfallenden Vorsteuerbeträge wegen Streichung des § 39 UStDV nicht abzugsfähig.

Wahlhelfer

2596 Bei politischen Wahlen sind ehrenamtliche Wahlhelfer tätig, die Aufwandsentschädigungen (sog. **Erfrischungsgelder**) erhalten. Mitglieder der Wahlorgane sind keine Arbeitnehmer, nur die von den Gemeinden gestellten Hilfskräfte (FinMin Thüringen, Erlass vom 30.4.1999, DStR 1999 S. 1317). Da nach § 3 Nr. 12 Satz 2 EStG i.V.m. R 13 Abs. 3 Satz 3 LStR ab 2002 Aufwandsentschädigungen für ehrenamtliche Tätigkeiten bis mindestens 154 € monatlich steuerfrei bleiben, hat die Einstufung als Arbeitnehmer keine Bedeutung mehr. Ein Lohnsteuerabzug entfällt in jedem Fall.

Waisengeld

2597 Die vor allem im öffentlichen Dienst gezahlten Waisengelder sind ebenso wie Witwenbezüge (→ *Witwenbezüge* Rz. 2662) steuerpflichtiger **Arbeitslohn**, weil sie dem **Kind als Rechtsnachfolger** des verstorbenen Arbeitnehmers zufließen (R 76 LStR). Das Kind muss dem Arbeitgeber eine eigene Lohnsteuerkarte vorlegen, selbst wenn das Waisengeld zusammen mit dem Witwengeld der Witwe ausgezahlt wird. Da es sich um Hinterbliebenenbezüge und somit um Versorgungsbezüge (→ *Versorgungsbezüge* Rz. 2560) handelt, kann der Versorgungs-Freibetrag (→ *Versorgungs-Freibetrag* Rz. 2565) gewährt werden.

Warengutscheine

1. Lohnsteuer

2598 Erhält der Arbeitnehmer vom Arbeitgeber Warengutscheine, so ist deren lohnsteuerliche Behandlung und der Zuflusszeitpunkt des Arbeitslohns abhängig von der **Ausgestaltung des Warengutscheins**. Zunächst ist zu unterscheiden, ob mit dem Warengutschein lediglich eine bestimmte Sache erworben werden kann oder ob der Warengutschein auf einen bestimmten Geldbetrag ausgeschrieben ist.

a) Warengutscheine in Geld

2599 Ist der Warengutschein **auf einen bestimmten Geldbetrag** ausgeschrieben, z.B. auf 50 €, so ist nach Auffassung der obersten Finanzbehörden **zu unterscheiden**, ob der Gutschein **beim Arbeitgeber oder bei einem Dritten** einzulösen ist (OFD Berlin, Verfügung vom 23.6.2000, FR 2000 S. 1004):

– Kann der Gutschein **nur beim Arbeitgeber** eingelöst werden, so erhält der Arbeitnehmer einen **Sachbezug**, der nach den für Sachbezüge geltenden Regelungen zu bewerten ist. Der Arbeitnehmer erhält mit dem Gutschein lediglich ein Versprechen des Arbeitgebers, dass dieser ihm in Höhe eines bestimmten Geldbetrags einen Sachbezug zukommen lassen will.

Erhält der Arbeitnehmer bei Einlösung des Gutscheins Waren, die vom Arbeitgeber hergestellt oder vertrieben werden, so ist der **Rabattfreibetrag von 1 224 €** anzuwenden. Der Vorteil bleibt steuer- und beitragsfrei, wenn der Betrag von 1 224 € im Kalenderjahr nicht überschritten wird. Maßgebend ist der nach § 8 Abs. 3 EStG um 4 % geminderte Endpreis des Arbeitgebers (→ *Rabatte* Rz. 1938). Wird die Ware nicht vom eigenen Arbeitgeber hergestellt oder vertrieben, ist der Vorteil mit dem üblichen Endpreis am Abgabeort zu bewerten (§ 8 Abs. 2 EStG); in diesem Falle bleibt der Vorteil steuer- und beitragsfrei, wenn die **Freigrenze von 50 €** im Kalendermonat nicht überschritten wird (→ *Sachbezüge* Rz. 2138).

Da der Warengutschein lediglich einen unrealisierten Anspruch gegenüber dem Arbeitgeber dokumentiert, **fließt der Arbeitslohn dem Arbeitnehmer erst zu**, wenn er ihn beim Arbeitgeber einlöst (vgl. BFH, Urteile vom 24.1.2001, BStBl II S. 509 und 512, betr. Aktienoptionen).

– Kann der Gutschein **bei einem Dritten** eingelöst werden, so ist der Gutschein **wie Geld** zu behandeln. Das bedeutet, dass der Nennwert des Gutscheins als Arbeitslohn anzusetzen ist, und zwar ohne Berücksichtigung des Rabattfreibetrags oder der 50-€-Freigrenze. Als Zeitpunkt des Arbeitslohnzuflusses ist die Hingabe des Gutscheins anzusehen.

b) Warengutscheine auf eine bestimmte Sache

2600 Ist der Warengutschein auf eine bestimmte Ware ausgeschrieben, z.B. Gutschein für ein Buch, so erhält der Arbeitnehmer einen Sachbezug, der nach den für Sachbezüge geltenden Regelungen zu bewerten ist. Dies gilt auch dann, wenn zusätzlich der Wert in Euro angegeben ist (z.B. Gutschein für ein Essen mit der Wertangabe 15 €). Zur Bewertung des Sachbezugs vgl. → *Rabatte* Rz. 1938; → *Sachbezüge* Rz. 2138.

Kann der Warengutschein **nur beim Arbeitgeber** eingelöst werden, dokumentiert der Warengutschein auch in diesem Falle nur einen unrealisierten Anspruch gegenüber dem Arbeitgeber, so dass der Arbeitslohn dem Arbeitnehmer erst zufließt, wenn dieser ihn beim Arbeitgeber einlöst.

Kann der Warengutschein **nur bei einem Dritten** eingelöst werden, fließt der Arbeitslohn dem Arbeitnehmer bei Hingabe des Gutscheins zu, denn der Warengutschein räumt dem Arbeitnehmer einen Anspruch gegenüber einem Dritten ein.

2. Sozialversicherung

2601 Soweit Arbeitnehmer Warengutscheine an Stelle von Arbeitsentgelt erhalten, vertreten die Spitzenverbände der Sozialversicherungsträger folgende Auffassung (Besprechungsergebnis vom 6./7.5.1998, Sozialversicherungsbeitrag-Handausgabe 2001 VL 17 IV/14):

– Geldwerte Vorteile aus Warengutscheinen und Sachleistungen, die der Arbeitgeber als freiwillige Leistung **zusätzlich zum Arbeitsentgelt** gewährt, fallen unter § 8 Abs. 3 EStG und gehören – soweit sie hiernach steuerfrei sind – nicht zum Arbeitsentgelt im Sinne der Sozialversicherung.

– Geldwerte Vorteile aus Warengutscheinen und Sachleistungen, die **an Stelle von in den Vorjahren außervertraglich (freiwillig) gezahltem Arbeitsentgelt** gewährt werden, fallen unter § 8 Abs. 3 EStG und gehören – soweit sie hiernach steuerfrei sind – nicht zum Arbeitsentgelt im Sinne der Sozialversicherung.

– Geldwerte Vorteile aus Warengutscheinen und Sachleistungen, die **an Stelle von vertraglich vereinbartem Arbeitsentgelt** gewährt werden, fallen nicht unter § 8 Abs. 3 EStG und gehören somit in voller Höhe zum beitragspflichtigen Arbeitsentgelt im Sinne der Sozialversicherung.

Wechselschichtzulage

2602 Wechselschichtzulagen gem. § 33a BAT, die für **unregelmäßige Arbeitszeiten** gezahlt werden, sind steuerpflichtiger Arbeitslohn (R 70 Abs. 1 Nr. 1 LStR).

Bei der Wechselschichtzulage handelt es sich nicht um einen (pauschalen) Zuschlag für Sonntags-, Feiertags- und Nachtarbeit i.S. des § 3b EStG, sondern um eine **steuerpflichtige Erschwerniszulage** (FG Düsseldorf, Urteil vom 6.4.2000, EFG 2000 S. 918). Voraussetzung für die Zahlung der Zulage ist zwar, dass in einem Zeitraum von sieben Wochen durchschnittlich mindestens 40 Nachtarbeitsstunden geleistet werden. Dadurch erlangt die Zulage aber nicht den Charakter einer Zulage für Nachtarbeit. Vielmehr sollen mit ihr ausschließlich die Erschwernisse abgegolten werden, die sich durch ständige Wechselschichtarbeit ergeben. Die Zulage wird z.B. nicht gewährt, wenn Wechselschichtarbeit häufig oder regelmäßig ausgeübt oder wenn nur nachts gearbeitet wird. Dies zeigt, dass die Zahl der geleisteten Nachtarbeitsstunden lediglich Anknüpfungsmerkmal für die Zahl der Zulage, aber nicht der Grund für den tarifvertraglich vereinbarten Anspruch ist. Wären in der Wechselschichtzulage auch Zuschläge für Nachtarbeit enthalten, dann wären Nachtarbeitszuschläge nach § 35 BAT ausgeschlossen (§ 35 Abs. 2 Satz 2 BAT). Die Abspaltung eines Teils der Zulage als nach § 3b EStG steuerfreie Zuschläge für Sonntags-, Feiertags- oder Nachtarbeit ist nicht möglich, vgl. H 30 (Zuschlag zum Grundlohn) LStH.

□ 🆂🆅

Beispiel 1:

A ist Krankenpflegerin in einem Pflegeheim und macht wöchentliche Wechselschichten (Früh-, Spät- und Nachtschicht). Sie erhält hierfür eine monatliche Pauschale von 100 €.

Auch wenn 25 % der Tätigkeit auf Nachtdienst entfällt, kann nicht pauschal ein Teilbetrag von 25 € als steuerfreier Zuschlag für Sonntags-, Feiertags- oder Nachtarbeit i.S. des § 3b EStG angesehen werden.

Die Steuerbefreiung nach § 3b EStG ist allerdings anzuwenden, wenn eine Wechselschichtzulage ausschließlich für Arbeit zu den begünstigten Zeiten gezahlt wird. Das gilt auch, wenn die Zulage als „Wechselschichtzulage" und nicht als „Nachtarbeitszuschlag" bezeichnet wird (R 30 Abs. 1 Satz 4 LStR). Zu Einzelheiten siehe → *Zuschläge für Sonntags-/Feiertags- und Nachtarbeit Rz. 2779.*

Beispiel 2:

Auf Grund tarifvertraglicher Vereinbarung erhält ein Arbeitnehmer für die Arbeit in der Zeit von 18 bis 22 Uhr einen Spätarbeitszuschlag.

Der für die Zeit von 20 bis 22 Uhr gezahlte Spätarbeitszuschlag ist ein nach § 3b EStG begünstigter Zuschlag für Nachtarbeit.

□ 🆂🆅

Bei der den Polizeibeamten gezahlten Wechselschichtzulage für **Nachtarbeit** handelt es sich um eine Zulage nach § 22 Erschwerniszulagenverordnung. Diese Zulage wird im Hinblick auf den **regelmäßigen Wechsel der täglichen Arbeitszeit** in bestimmten Zeitabschnitten und den damit verbundenen Erschwernissen, nicht jedoch für die Arbeit zu bestimmten Zeiten gezahlt. In diesem Fall liegt daher **kein nach § 3b EStG begünstigter Zeitzuschlag**, sondern steuerpflichtiger Arbeitslohn vor.

Wege zwischen Wohnung und Arbeitsstätte

1. Allgemeines

a) Arbeitnehmer-Aufwendungen

Seit dem 1.1.2001 werden Aufwendungen für **„Wege"** zwischen Wohnung und Arbeitsstätte durch eine **verkehrsmittelunabhängige Entfernungspauschale** berücksichtigt, und zwar ohne Rücksicht darauf, ob hierfür überhaupt Kosten anfielen (§ 9 Abs. 1 Satz 3 Nr. 4 EStG). Die neue Entfernungspauschale soll einen Ausgleich für die im Jahr 2000 drastisch gestiegenen Benzinpreise bieten (die letzte Anhebung der Kilometerpauschale von 0,65 auf 0,70 DM war zum 1.1.1994!) und zugleich die (vermeintliche) Benachteiligung von Bahnfahrern, Radfahrern, Fußgängern, Mitgliedern von Fahrgemeinschaften usw. gegenüber Autofahrern beseitigen. **2603**

Die Entfernungspauschale wird auch für die wöchentlichen **Familienheimfahrten** bei einer beruflich veranlassten **doppelten Haushaltsführung** gewährt (§ 9 Abs. 1 Satz 3 Nr. 5 EStG). Hier gilt jedoch die Besonderheit, dass

– es bereits ab dem **ersten vollen Kilometer die höhere Pauschale von 0,40 €** gibt

– und zudem die **Höchstgrenze von 5 112 € nicht zu beachten** ist.

Nach Ablauf der Zwei-Jahres-Frist für die Berücksichtigung von Mehraufwendungen wegen doppelter Haushaltsführung als Werbungskosten werden die Heimfahrten als **„Wege zwischen Wohnung und Arbeitsstätte"** berücksichtigt. Für diese Fahrten gilt dann wieder die Staffelung (d.h. die ersten 10 Kilometer 0,36 € und darüber hinaus 0,40 € je Entfernungskilometer) und die Höchstgrenze von 5 112 €.

Zu Einzelfragen zur Entfernungspauschale soll in Kürze ein **Erlass** herausgegeben werden, nachfolgend sind bereits die wesentlichen Grundsätze dargestellt, siehe → Rz. 2605.

b) Möglichkeiten des Arbeitgeber-Ersatzes

Erstattet der Arbeitgeber seinen Arbeitnehmern diese Kosten oder stellt er ihm hierfür einen Firmenwagen zur privaten Nutzung zur Verfügung, so handelt es sich **grundsätzlich um steuer- und beitragspflichtigen Arbeitslohn** (R 70 Abs. 3 Nr. 2 LStR); vgl. → *Firmenwagen zur privaten Nutzung Rz. 997.* Hierbei sind jedoch einige Besonderheiten zu beachten: **2604**

– Unter bestimmten Voraussetzungen sind die Ersatzleistungen **steuer- und beitragsfrei**, z.B. bei Sammelbeförderung oder Fahrtkostenzuschüssen zu öffentlichen Verkehrsmitteln

(→ Rz. 2625). Wird der Arbeitgeber-Ersatz der Fahrtkosten **pauschal versteuert**, ist dieser Betrag nicht dem Arbeitsentgelt im Sinne der Sozialversicherung zuzurechnen; in der Kranken-, Pflege-, Renten- und Arbeitslosenversicherung besteht insoweit **Beitragsfreiheit**.

– Im Übrigen darf der Arbeitgeber seine Ersatzleistungen nach § 40 Abs. 2 Satz 2 EStG **pauschal mit 15 % versteuern**, soweit seine Erstattungen den Betrag nicht übersteigen, den der Arbeitnehmer als **Werbungskosten** absetzen könnte.

Der **Arbeitgeber** muss sich daher vor einer pauschalen Versteuerung seiner Ersatzleistungen darüber informieren, in welchem Umfang der Arbeitnehmer Fahrtkosten – dazu gehören ggf. auch Unfallkosten – als **Werbungskosten** absetzen könnte. Diese Fragen sind nicht immer einfach zu beurteilen, zumal es eine Fülle von Urteilen des Bundesfinanzhofes und der Finanzgerichte gibt, auf die an dieser Stelle nicht vollständig hingewiesen werden kann. Bestehen Zweifel, ob und in welchem Umfang Fahrtkostenersatz steuerfrei gezahlt oder mit 15 % pauschal versteuert werden darf, besteht die Möglichkeit, sich im Wege der **Anrufungsauskunft** an das zuständige Betriebsstättenfinanzamt zu wenden.

Für den Arbeitgeberersatz bei Wegen zwischen Wohnung und Arbeitsstätte ergibt sich folgende Übersicht:

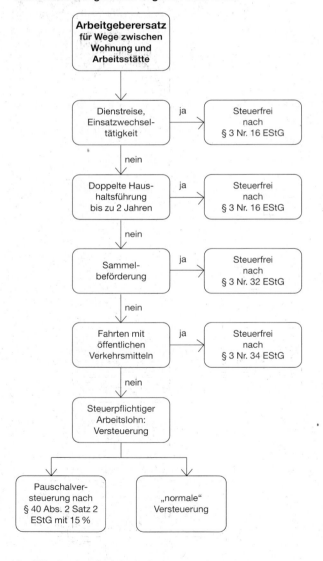

2. Werbungskostenabzug

a) Maßgebliche Wohnung

aa) Allgemeines

2605 Als „Wohnung" i.S. des § 9 Abs. 1 Satz 3 Nr. 4 EStG ist jede Unterkunft anzusehen, die vom Arbeitnehmer zur Übernachtung ge-

nutzt wird und von der aus er seinen Arbeitsplatz aufsucht (R 42 Abs. 1 Satz 2 LStR). Es muss sich jedoch um die **eigene Wohnung** des Arbeitnehmers handeln. Dies kann auch eine gemeinschaftliche, mit einer anderen Person bewohnte, nicht aber eine fremde Wohnung sein (vgl. zuletzt FG Köln, Urteil vom 24.10.2000, EFG 2001 S. 130, m.w.N., betr. Fahrten von der Wohnung der Lebensgefährtin zur Arbeitsstätte). Nur in engen Ausnahmefällen – z.B. wegen Renovierung der eigenen Wohnung – können auch Wege von einer **fremden Wohnung** zur Arbeit steuerlich berücksichtigt werden (BFH, Urteil vom 26.8.1988, BStBl II 1989 S. 144).

bb) Mehrere Wohnungen

Hat der Arbeitnehmer mehrere Wohnungen, können grundsätzlich 2606 nur die Wege von der Wohnung berücksichtigt werden, die der **Arbeitsstätte am nächsten** liegt. Wege von der weiter vom Beschäftigungsort entfernt liegenden Wohnung zur Arbeitsstätte können nur berücksichtigt werden, wenn diese Wohnung

– den **Mittelpunkt der Lebensinteressen** des Arbeitnehmers bildet

– und **nicht nur gelegentlich aufgesucht** wird (§ 9 Abs. 1 Satz 3 Nr. 4 Satz 7 EStG).

Beispiel:

A wohnt in einer Großstadt. Während der Sommermonate lebt seine Familie in einer Ferienwohnung an der Nordsee. A fährt freitags unmittelbar nach Arbeitsschluss zur Ferienwohnung und montags von dort unmittelbar zur Arbeitsstätte.

Die Ferienwohnung stellt während der Sommermonate den Lebensmittelpunkt dar, so dass auch diese Fahrten steuerlich berücksichtigt werden können (BFH, Urteil vom 10.11.1978, BStBl II 1979 S. 335).

Nicht als Lebensmittelpunkt anerkannt werden könnte demgegenüber ein **Wohnwagen**, der während der Sommermonate auf einem Campingplatz abgestellt wird (FG Düsseldorf, Urteil vom 26.9.1997, EFG 1998 S. 185). Dies gilt selbst dann, wenn dort die Ehefrau mit einem Kleinkind in der Zeit von April bis September eines Jahres verweilt (FG Hamburg, Urteil vom 16.10.1998, EFG 1999 S. 222).

cc) Mittelpunkt der Lebensinteressen

Wo sich der Mittelpunkt der Lebensinteressen befindet, ist besonders bei allein stehenden Arbeitnehmern oft streitig. Einzelheiten hierzu siehe → *Doppelte Haushaltsführung: Allgemeines* Rz. 740 ff. 2607

dd) Zahl der Fahrten

Die weiter entfernt liegende Wohnung wird nach Auffassung der 2608 Finanzverwaltung nur dann „**nicht nur gelegentlich" aufgesucht** i.S. des § 9 Abs. 1 Satz 3 Nr. 4 Satz 7 EStG, wenn sie

– von einem **verheirateten** Arbeitnehmer **mindestens sechsmal** im Kalenderjahr und

– von einem **allein stehenden** Arbeitnehmer durchschnittlich mindestens **zweimal monatlich** aufgesucht wird. Dies gilt auch für Heimfahrten bei einer beruflich veranlassten **doppelten Haushaltsführung**, die nach Ablauf der Zwei-Jahres-Frist als Fahrten zwischen Wohnung und Arbeitsstätte anerkannt werden können. Die Finanzverwaltung unterscheidet dabei nicht, ob sich der Lebensmittelpunkt im **Inland oder Ausland** befindet, der Arbeitnehmer also überhaupt in der Lage ist, die geforderte Anzahl von Heimfahrten durchzuführen (vgl. R 42 Abs. 1 Sätze 4 bis 9 LStR).

Auch wenige Fahrten können jedoch ausreichen, wenn dafür der Aufenthalt in der weiter entfernt liegenden, den Mittelpunkt der Lebensinteressen bildenden Zweitwohnung umso länger ist (FG München, Urteil vom 21.6.1995, EFG 1996 S. 744).

Beispiel 1:

B, ledig, wohnt in Bonn bei seinen Eltern. Er ist von seinem Arbeitgeber nach Berlin versetzt worden und hat dort eine Wohnung gemietet. Er fährt jedes Wochenende nach Hause, weil er in Bonn seinen Freundeskreis hat.

B kann zunächst seine Fahrten zwischen der Zweitwohnung in Berlin und seiner Arbeitsstätte in Berlin als Fahrten zwischen Wohnung und Arbeitsstätte absetzen. Dies gilt aber auch für seine wöchentlichen Heimfahrten nach Bonn, weil B in Bonn seinen Lebensmittelpunkt hat. Dieser wird hier vom Finanzamt ohne weiteres anerkannt, weil B mindestens zweimal monatlich nach Hause fährt (R 42 Abs. 3 Satz 8 LStR).

Nach diesen Grundsätzen können z.B. auch nach Ablauf der Zwei-Jahres-Frist für die steuerliche Anerkennung einer doppelten Haushaltsführung die wöchentlichen Heimfahrten als Fahrten zwischen Wohnung und Arbeitsstätte berücksichtigt werden.

Beispiel 2:

C, ledige Kinderkrankenschwester, hat eine Arbeitsstelle in München angetreten, ihr Zimmer im Elternhaus in Würzburg jedoch beibehalten. Sie ist bei jeder sich bietenden Gelegenheit nach Hause gefahren, weil sie ihren gesamten Freundes- und Bekanntenkreis in Würzburg hat und dort auch Mitglied des Gesangvereins ist. Außerdem musste sie ihre Mutter bei der Pflege ihrer querschnittsgelähmten Schwester unterstützen. Wegen der großen Entfernung und häufiger Wochenenddienste konnte sie aber im Jahr nur etwa zehnmal nach Hause fahren. Sie hat dann jedoch die Aufenthalte mit jeweils vier bis fünf Urlaubstagen verlängert und war somit immer durchschnittlich eine ganze Woche zu Hause (bei zehn Fahrten insgesamt 68 Tage).

Da C nicht durchschnittlich zweimal monatlich nach Hause gefahren ist, hat das Finanzamt die Fahrten zwischen Würzburg und München nicht als Fahrten zwischen Wohnung und Arbeitsstätte anerkannt. Das Finanzgericht München hat C Recht gegeben (Urteil vom 21.6.1995, EFG 1996 S. 744). Begründung: Die Anzahl der Aufenthalte ist zwar ein gewichtiges, aber dennoch nicht das alleinige Indiz für die Beurteilung der Frage, wo sich der Mittelpunkt der Lebensinteressen befindet. Mindestens ebenso wichtig ist die jeweilige Verweildauer des Arbeitnehmers am Ort der weiter entfernt liegenden Wohnung. Im vorliegenden Fall hat die Verweildauer im Kalenderjahr 68 Tage betragen. Dies ist länger, als wenn C – wie die Finanzverwaltung es verlangt – jedes zweite Wochenende nur jeweils zwei Tage nach Hause gefahren wäre (24 Heimfahrten x 2 Tage = 48 Tage).

Der Bundesfinanzhof hat dieses Urteil bestätigt (Beschluss vom 12.1.1996 – VI R 80/95, n.v.).

ee) Besonderheiten bei ausländischen Arbeitnehmern

2609 Die Rechtmäßigkeit der Verwaltungsanweisung in R 42 Abs. 1 Sätze 5 bis 9 LStR ist umstritten und vom Bundesfinanzhof leider immer noch nicht ganz geklärt, auch wenn er vereinzelt recht großzügige Entscheidungen getroffen hat (siehe ausführlich → *Doppelte Haushaltsführung: Allgemeines* Rz. 740 ff.).

Problematisch ist besonders bei ausländischen Arbeitnehmern immer wieder die Anerkennung von **Familienheimfahrten nach Ablauf der Zwei-Jahres-Frist für die doppelte Haushaltsführung**, die dann nur noch als „Wege zwischen Wohnung und Arbeitsstätte" berücksichtigt werden können. Voraussetzung ist hierfür einmal, dass der **„Lebensmittelpunkt" im Ausland** anerkannt werden kann. Zum anderen setzt der Abzug voraus, dass der Lebensmittelpunkt **„nicht nur gelegentlich"** aufgesucht wird (§ 9 Abs. 1 Satz 3 Nr. 4 Satz 7 EStG).

Anerkannt als nicht nur gelegentliche Fahrten wurden

– **fünf Heimfahrten eines türkischen Arbeitnehmers** (FG Baden-Württemberg, Urteil vom 13.9.1999, EFG 2000 S. 62, Revision eingelegt, Az. beim BFH: VI R 152/99).

Nicht anerkannt wurden demgegenüber

– **einmal jährlich** durchgeführte Heimfahrten eines **jordanischen Arbeitnehmers** (BFH, Urteil vom 8.11.1996, BFH/NV 1997 S. 341).

– **drei Heimfahrten eines slowakischen Arbeitnehmers** (FG München, Urteil vom 9.10.1997, EFG 1999 S. 1054). Der Bundesfinanzhof hat dieses Urteil aufgehoben (Urteil vom 10.2.2000, BFH/NV 2000 S. 949), weil er offensichtlich schon eine doppelte Haushaltsführung anerkannt. Auf die grundsätzliche Frage, ob drei Heimfahrten „nur gelegentlich" sind, brauchte er daher nicht mehr einzugehen.

b) Maßgebliche Arbeitsstätte

2610 Der Begriff (regelmäßige) Arbeitsstätte richtet sich nach R 37 Abs. 2 LStR (→ *Reisekosten: Allgemeine Grundsätze* Rz. 1994). Im Regelfall handelt es sich um den Betrieb des Arbeitgebers, es kann aber auch ein weiträumiges Arbeitsgebiet sein.

Hat der Arbeitnehmer keine regelmäßige Arbeitsstätte, kann eine Einsatzwechseltätigkeit vorliegen mit der Folge, dass der Arbeitgeber die Fahrtkosten ggf. in voller Höhe steuerfrei erstatten kann (siehe → Rz. 2626).

c) Beschränkung auf einen Weg täglich

2611 Seit dem 1.1.2001 darf nur **ein Weg täglich** anerkannt werden, auch bei Benutzung öffentlicher Verkehrsmittel (§ 9 Abs. 1 Satz 3 Nr. 4 Satz 2 EStG). Im Allgemeinen werden bei einer Fünf-Tage-Woche Fahrten an **230 Arbeitstagen** und bei einer Sechs-Tage-Woche an **280 Arbeitstagen** anerkannt. Die frühere Möglichkeit, sog. **Zweitfahrten** wegen eines zusätzlichen Arbeitseinsatzes (z.B. bei Rufbereitschaft) oder einer Unterbrechung der regelmäßigen Arbeitszeit um mindestens vier Stunden (z.B. bei Verkaufspersonal mit geteilter Arbeitszeit) abzusetzen, ist aus Vereinfachungsgründen entfallen (Streichung des § 9 Abs. 1 Satz 3 Nr. 4 Satz 2 EStG a.F.). Es bleibt allerdings dabei, dass diese **Zweitfahrten beruflich bedingt** sind, so dass z.B. **Unfallschäden** auf solchen Fahrten weiterhin als Werbungskosten abgesetzt werden können.

Lässt sich ein Arbeitnehmer z.B. vom Ehegatten zur Arbeit bringen und nach Feierabend wieder abholen, weil der Ehegatte tagsüber den Pkw benötigt, sind die **„Leerfahrten"** nicht beruflich veranlasst und damit nicht als Werbungskosten abzugsfähig; dies gilt auch für **Unfallkosten** bei solchen Fahrten (vgl. BFH, Urteil vom 11.2.1993, BStBl II 1993 S. 518). Ausnahmen gelten bei Fahrgemeinschaften (→ Rz. 2617) und Behinderten (→ Rz. 2622).

Zur Berücksichtigung der Aufwendungen für Wege zwischen Wohnung und Arbeitsstätte bei **mehreren Dienstverhältnissen** siehe → Rz. 2620.

d) Verkehrsmittelunabhängige Entfernungspauschale

2612 Die Entfernungspauschale ist grundsätzlich **unabhängig vom Verkehrsmittel** anzusetzen. Sie wird also auch Fußgängern, Radfahrern, Benutzern öffentlicher Verkehrsmittel und Mitgliedern von Fahrgemeinschaften gewährt, selbst wenn ihnen keine oder nur geringe Kosten entstehen. Dabei wird in Kauf genommen, dass sich in Einzelfällen Steuererstattungen ergeben, die höher sind als die tatsächlichen Fahrtkosten. Bei Pkw-Benutzern werden dagegen auch künftig die angehobenen Pauschalen die tatsächlichen Kosten nicht annähernd abdecken (siehe zur **Verfassungsmäßigkeit** der Neuregelung → Rz. 2642).

Beispiel 1:

A wohnt in Göttingen und arbeitet in Hannover, Entfernung 110 km. Da er aus familiären Gründen nicht umziehen möchte und eine günstige ICE-Verbindung besteht, fährt er jeden Tag mit dem Zug. Er wendet für eine Jahreskarte rund 1 700 € auf. Sein Jahresbruttolohn beträgt rund 50 000 €.

A kann in seiner Einkommensteuererklärung 2002 absetzen:

230 Tage × 10 km × 0,36 € =	828 €
230 Tage × 100 km × 0,40 € =	9 200 €
zusammen	10 028 €
höchstens jedoch	5 112 €

Steuerersparnis etwa 40 % von 5 112 € = 2 044 €, die somit die tatsächlichen Fahrtkosten weit übersteigt.

Beispiel 2:

A und B bilden eine Fahrgemeinschaft. A fährt allein, verzichtet jedoch aus freundschaftlichen Gründen auf eine Kostenbeteiligung des B. Entfernung zur Arbeit 50 km.

A kann in seiner Einkommensteuererklärung 2002 absetzen:

230 Tage × 10 km × 0,36 € =	828 €
230 Tage × 40 km × 0,40 € =	3 680 €
zusammen	4 508 €

Obwohl B keine Aufwendungen hat, kann er ebenfalls 4 508 € als Werbungskosten absetzen (bisher 0 DM). Zu beachten ist allenfalls die Höchstgrenze von 5 112 €, die hier aber nicht überschritten wird.

e) Höhe der Entfernungspauschale

Für jeden **vollen Entfernungskilometer** („angebrochene" Kilometer dürfen nicht mehr zu Gunsten des Arbeitnehmers aufgerundet werden!) wird folgende **gestaffelte Entfernungspauschale** berücksichtigt:

	2001	ab 2002
für die ersten 10 km	0,70 DM	0,36 €
für Entfernungen ab dem 11. km	0,80 DM	0,40 €*

* Eine genaue Umrechnung in DM (1 Euro = 1,95583 DM) ergibt ab 2002 lediglich 0,78 DM. Im Ergebnis bedeutet dies somit eine – wenn auch geringfügige – Absenkung der Pauschale ab 1.1.2002!

Wege zwischen Wohnung und Arbeitsstätte

Die o.g. Pauschalen gelten für die **einfache Entfernung** zwischen Wohnung und Arbeitsstätte („Entfernungskilometer"). Um den **„echten" km-Satz** zu ermitteln, müssen daher die Beträge halbiert werden, wenn nur **eine „Hin- oder Rückfahrt"** unternommen wird. Das kann der Fall sein, wenn

- nur die Hin- oder Rückfahrt einen „Weg zwischen Wohnung und Arbeitsstätte" darstellt, z.B. wenn sich an die Hinfahrt eine **Dienstreise** anschließt, die in der Wohnung des Arbeitnehmers endet (BFH, Urteil vom 26.7.1978, BStBl II 1978 S. 661),

- Hin- und Rückfahrt sich auf unterschiedliche Wohnungen oder Arbeitsstätten beziehen (BFH, Urteil vom 9.12.1988, BStBl II 1989 S. 296),

- der Arbeitnehmer am **Arbeitsort übernachtet** und erst am Folgetag nach Hause fährt (doppelte Haushaltsführung, siehe R 43 Abs. 1 Satz 1 LStR),

- die Hinfahrt mit einem Pkw erfolgt, die Rückfahrt dagegen mit dem **Flugzeug** (für Flugstrecken darf die Entfernungspauschale nicht angesetzt werden),

- es sich um die **„letzte Fahrt" zur Beendigung einer doppelten Haushaltsführung** nach Ablauf der Zwei-Jahres-Frist handelt, da auch diese Fahrt einen „Weg zwischen Wohnung und Arbeitsstätte" darstellt (vgl. R 43 Abs. 7 Satz 2 LStR).

Beispiel:

A fährt am 2. Mai mit seinem Pkw zur Arbeitsstätte (10 km), lädt dort Material ein und fährt anschließend weiter 20 km zu einer Messe. Nach Messeschluss fährt er direkt zur Wohnung (30 km).

Auch wenn A an diesem Tag eine Messe besucht, stellt die Fahrt zur Arbeit einen **„Weg zwischen Wohnung und Arbeitsstätte"** dar, für den nur die Entfernungspauschale berücksichtigt werden darf – hier allerdings nur die „halbe Pauschale" von 0,18 € je km.

Die Fahrt von der Arbeitsstätte zur Messe und von dort zur Wohnung ist dagegen steuerlich eine **Dienstreise**: Für diese Fahrtkosten kann A entweder die vollen nachgewiesenen Kfz-Kosten oder pauschal 0,30 € je tatsächlich gefahrenem km absetzen.

Als Werbungskosten werden somit für den „Messetag" berücksichtigt:

a) Weg zwischen Wohnung und Arbeitsstätte:	
10 km × 0,18 € (1/2 von 0,36 €)	= 1,80 €
b) Dienstreise: 50 km (20 + 30 km) × 0,30 €	= 15,— €
zusammen	= 16,80 €

Hinzu kommen ggf. noch **Verpflegungsmehraufwendungen**, bei Abwesenheit von der Wohnung und Arbeitsstätte von mindestens 8 Stunden z.B. 6 €.

Fallen **Hin- und Rückfahrt auf verschiedene Arbeitstage**, wird aus Vereinfachungsgründen unterstellt, dass die Fahrten an **einem** Arbeitstag durchgeführt wurden (d.h. Ansatz der vollen Pauschale); nur in den übrigen der o.g. Fälle ist der halbe Pauschbetrag anzusetzen.

f) Benutzung öffentlicher Verkehrsmittel

2613 Übersteigen die Aufwendungen für die Benutzung öffentlicher Verkehrsmittel die anzusetzende Entfernungspauschale (insbesondere im sog. **Kurzstreckenverkehr**), kann der Differenzbetrag zusätzlich zur Entfernungspauschale abgesetzt werden (§ 9 Abs. 2 Satz 2 EStG).

Beispiel:

A fährt jeden Tag (230 Arbeitstage) mit der Straßenbahn zur Arbeit (Entfernung 5 km); Kosten der Monatskarte 40 €.

Als Entfernungspauschale sind lediglich 414 € zu berücksichtigen (230 Tage × 5 km × 0,36 €). Da die tatsächlichen Kosten der öffentlichen Verkehrsmittel mit 480 € höher sind, kann A zusätzlich zur Entfernungspauschale (414 €) den Differenzbetrag von 66 € als Werbungskosten absetzen.

Als „öffentliche Verkehrsmittel" sind auch **Taxikosten** anzusehen. **Ausgenommen** von der Entfernungspauschale sind lediglich **Flugstrecken**, hierfür sind aber die tatsächlichen Kosten als Werbungskosten abzugsfähig. Der Gesetzgeber hat Flüge von der Entfernungspauschale ausgenommen, weil die tatsächlichen Kosten insbesondere bei günstigen Flügen ins entfernte Ausland (die Entfernungspauschale gilt auch für Familienheimfahrten im Rahmen einer doppelten Haushaltsführung!) erheblich niedriger

sind als die Entfernungspauschale. Die **An- und Abfahrten** zum bzw. vom Flughafen mit dem Pkw oder der Bahn können jedoch wieder mit der Entfernungspauschale berücksichtigt werden.

g) Höchstbetrag

Die anzusetzende Entfernungspauschale ist grundsätzlich auf einen **Höchstbetrag von jährlich 5 112 €** begrenzt. Der Höchstbetrag gilt unabhängig von der Zahl der Arbeitstage im Jahr; er wird also **nicht gezwölftelt**, wenn der Arbeitnehmer erst im Laufe des Jahres eine Beschäftigung aufgenommen hat. **2614**

Die Begrenzung auf 5 112 € kommt in der Praxis nur bei **Entfernungen von 56 km** vor (bei 230 Arbeitstagen) und betrifft in erster Linie Bahnfahrer sowie Mitglieder von Fahrgemeinschaften. Der Betrag von 5 112 € soll in etwa den Kosten einer **Bahn-Jahreskarte** der 1. Klasse entsprechen. Der Gesetzgeber geht davon aus, dass Benutzer öffentlicher Verkehrsmittel regelmäßig keine höheren Kosten haben. Sollte dies ausnahmsweise der Fall sein, weil z.B. überwiegend Einzelfahrscheine oder Monatskarten gekauft werden, können die höheren tatsächlichen Kosten berücksichtigt werden (§ 9 Abs. 2 Satz 2 EStG).

Die **Beschränkung auf 5 112 €** gilt

- wenn der Weg zwischen Wohnung und Arbeitsstätte mit einem Motorrad, Motorroller, Moped, Fahrrad oder zu Fuß zurückgelegt wird,

- bei Benutzung eines Kraftwagens für die Teilnehmer an einer Fahrgemeinschaft, und zwar für die Tage, an denen der Arbeitnehmer sein eigenes oder zur Nutzung überlassenes Kraftfahrzeug nicht einsetzt,

- im Fall der Sammelbeförderung,

- bei Benutzung öffentlicher Verkehrsmittel.

Die Beschränkung auf 5 112 € gilt dagegen nicht bei Benutzung eines eigenen oder zur Nutzung überlassenen Kraftwagens (z.B. Fahrten mit dem Pkw der Ehefrau oder der Eltern). Die sog. Fernpendler müssen aber nachweisen oder zumindest glaubhaft machen, dass sie die angegebenen Fahrten zwischen Wohnung und Arbeitsstätte mit einem eigenen oder zur Nutzung überlassenen Kraftwagen tatsächlich durchgeführt haben. Ein **Nachweis der tatsächlichen Aufwendungen** (z.B. die Vorlage von **Tankquittungen**) oder die Vorlage eines **Fahrtenbuches** ist hierfür nicht erforderlich. Die Fahrten und die entsprechende Kilometerleistung sollten allerdings in anderer Weise **glaubhaft gemacht** werden, z.B. durch Angabe des Kilometerstandes am Anfang sowie am Ende des Jahres, ggf. auch durch **Inspektionsrechnungen**, die den jeweiligen Kilometerstand ausweisen.

Beispiel:

A und B fahren täglich zusammen mit dem Pkw des A zur Arbeit (Entfernung Wohnung – Arbeitsstätte 60 km und 230 Arbeitstage).

Berechnung der Entfernungspauschale:

230 Tage × 10 km × 0,36 € =	828 €
230 Tage × 50 km × 0,40 € =	4 600 €
Entfernungspauschale	5 428 €

Wenn A glaubhaft macht, dass er das ganze Jahr mit seinem Pkw gefahren ist und eine entsprechende Wegstrecke zurückgelegt hat (die Kilometerleistung kann z.B. anhand der jährlichen **Inspektionsrechnung** nachgewiesen werden), kann A den vollen Betrag von 5 428 € absetzen.

Bei B ist dagegen die Abzugsbeschränkung auf 5 112 € zu beachten. Diese darf auch dann nicht überschritten werden, wenn B dem A ein Entgelt von mehr als 5 112 € zahlen sollte.

Bei Benutzung **öffentlicher Verkehrsmittel** kann ein höherer Betrag als 5 112 € angesetzt werden, wenn die tatsächlichen Aufwendungen höher sind (§ 9 Abs. 2 Satz 2 EStG).

h) Maßgebende Entfernung

Für die Bestimmung der Entfernung zwischen Wohnung und Arbeitsstätte ist grundsätzlich die **kürzeste (benutzbare) Straßenverbindung** zwischen Wohnung und Arbeitsstätte maßgebend. Dabei sind nur **volle Kilometer** der Entfernung anzusetzen; „angefangene Kilometer" bleiben ab 2001 unberücksichtigt, d.h. dass nicht mehr wie bisher aufgerundet werden darf, sondern **abgerundet** werden muss. Die Entfernungsbestimmung richtet sich – auch bei **zu Fuß oder mit öffentlichen Verkehrsmitteln** **2615** zurückgelegten Wegen – nach der **Straßenverbindung**, die evtl. längere „**Tarifentfernung**" der Bahn darf also nicht angesetzt werden. Die Entfernungsberechnung ist somit unabhängig von dem Verkehrsmittel, das tatsächlich für den Weg zwischen Wohnung und Arbeitsstätte benutzt wird. Deshalb sind auch evtl. **Mehrkilometer**, die sich bei der Kombination von Auto und Bahn ergeben, nicht anzusetzen.

Beispiel 1:

A fährt mit der Bahn zur Arbeit. Durch den Umweg zum Bahnhof, den A zu Fuß zurücklegt, betragen die Wege (Fußwege und Bahnkilometer) 15 km. Die kürzeste Straßenverbindung beträgt nur 10 km.

Für die Ermittlung der Entfernungspauschale ist eine Entfernung von 10 km anzusetzen.

Dies gilt entsprechend, wenn ein Arbeitnehmer mit einem Kraftfahrzeug zum Bahnhof fährt und anschließend mit der Bahn weiter fährt (**Park-And-Ride**). Besonderheiten sind hier allenfalls hinsichtlich der **Höchstgrenze** von 5 112 € zu beachten (→ Rz. 2619).

Streitig war bisher, ob – wie nach altem Recht – auch eine **verkehrsgünstigere längere Strecke** anerkannt werden kann, vgl. H 42 (Abweichende Strecke) LStH. Diese Frage ist zu bejahen, nachdem der Gesetzgeber im Rahmen des **Steueränderungsgesetzes 2001** eine entsprechende Ergänzung des § 9 Abs. 1 Satz 3 Nr. 4 EStG vorgenommen hat: Danach kann eine andere als die kürzeste Straßenverbindung zu Grunde gelegt werden, wenn diese offensichtlich verkehrsgünstiger ist und vom Arbeitnehmer regelmäßig für die Wege zwischen Wohnung und Arbeitsstätte benutzt wird. Nach der Gesetzesbegründung soll insoweit die alte Rechtslage, wie sie sich aus der Rechtsprechung des Bundesfinanzhofes ergibt (Urteil vom 10.10.1975, BStBl II 1975 S. 852), fortgeführt werden.

In erster Linie werden hiernach vor allem Autofahrer die verkehrsgünstigere längere Strecke ansetzen können, aber z.B. auch Nutzer von Linienbussen, die regelmäßig einen ohne Halt über die Autobahn fahrenden „Schnellbus" benutzen. Bei Bahnfahrern verbleibt es dagegen beim Ansatz der kürzesten Straßenverbindung.

Beispiel 2:

A fährt **jeden Tag** über die Autobahn zur Arbeit (25 km), weil sich auf der (kürzeren) Landstraße bedingt durch viele Ampeln regelmäßig Staus bilden. Die Entfernung Wohnung – Arbeitsstätte beträgt 20 km.

Wenn A dem Finanzamt glaubhaft machen kann, dass die Strecke über die Autobahn tatsächlich verkehrsgünstiger ist und zu einer Zeitersparnis führt, ist wie bisher die längere verkehrsgünstigere Strecke anzusetzen.

Würde A dagegen nur **gelegentlich** über die Autobahn fahren, z.B. bei Unfällen, wäre trotzdem die kürzere Straßenverbindung über die Landstraße anzusetzen.

Nicht „benutzbar" sind hingegen Straßen, die nur für den Anliegerverkehr zugelassen sind, oder Privatstraßen, auch wenn tatsächlich viele Arbeitnehmer solche Abkürzungen nutzen sollten. Ist eine Straßenverbindung überhaupt nicht vorhanden (z.B. bei auf einer Insel tätigen Arbeitnehmern), muss die tatsächlich mit einem Beförderungsmittel (z.B. Schiff) zurückgelegte Strecke angesetzt werden. Ein voller Abzug der Fahrtkosten – d.h. ohne Begrenzung auf die Entfernungspauschale – ist auch in diesen Fällen nicht zulässig (vgl. BFH, Urteil vom 10.5.2001, BStBl II 2001 S. 575, betr. Fahrten mit einem **Motorboot** vom Festland zur Arbeitsstätte auf einer Insel).

i) Fährverbindungen

2616 Eine Fährverbindung ist, soweit sie zumutbar erscheint und wirtschaftlich sinnvoll ist, mit in die Entfernungsberechnung einzubeziehen. Die Fahrtstrecke der Fähre selbst ist dann jedoch nicht Teil der maßgebenden Entfernung. An ihrer Stelle können die **tatsächlichen Fährkosten** berücksichtigt werden.

Beispiel:

A wohnt am Rhein und hat seine Arbeitsstätte auf der anderen Flussseite. Die Entfernung zwischen Wohnung und Arbeitsstätte beträgt über die nächstgelegene Brücke 60 km und bei Benutzung einer Autofähre 20 km. Die Fährstrecke beträgt 0,6 km, die Fährkosten betragen 700 € jährlich.

Für die Entfernungspauschale ist eine Entfernung von 19 km anzusetzen (Entfernung 20 km ∕ Fährstrecke 0,6 km = 19,4 km; das sind 19 „volle" km). Neben der Entfernungspauschale kann A die Fährkosten von 700 € als Werbungskosten absetzen. D.h.

230 Tage × 10 km × 0,36 € =	828 €
230 Tage × 9 km × 0,40 € =	828 €
Entfernungspauschale	1 656 €
zuzüglich Fährkosten	700 €
zusammen	2 356 €

Wenn A aber die Fähre **tatsächlich nicht nutzt**, weil ihm z.B. die Wartezeiten zu lang sind oder die Fähre frühmorgens noch nicht verkehrt, ist die längere Straßenverbindung anzusetzen. Das Finanzamt wird allenfalls prüfen, ob A tatsächlich täglich die erheblich längere Strecke fährt.

j) Fahrgemeinschaften

aa) Allgemeines

2617 Bei Fahrgemeinschaften konnte bisher nur der **Fahrer** Fahrtkosten in Höhe der Kilometerpauschale absetzen. Ab 2001 erhalten **alle Teilnehmer** (auch die Mitfahrer!) für die zurückgelegte Strecke grundsätzlich denselben Betrag von (ab 2002) **0,36 € bzw. 0,40 € je Entfernungskilometer**; dabei spielt es keine Rolle, ob die Mitfahrer unentgeltlich mitfahren oder ein Entgelt zahlen. Allerdings dürfen künftig auch bei sog. wechselnden Fahrgemeinschaften **Umwegstrecken** zur Abholung der Mitfahrer **nicht mehr berücksichtigt** werden. Für den Fahrer einer Fahrgemeinschaft kann sich dies durchaus nachteilig auswirken.

Beispiel:

A und B sind in der derselben Firma tätig und fahren jeden Tag gemeinsam zu der 22 km entfernten Arbeitsstätte. A fährt das ganze Jahr mit seinem Pkw und nimmt unterwegs B mit, der 9 km von der Arbeitsstätte entfernt wohnt; er muss hierbei einen Umweg von 2 km machen. Die Arbeitsstätte ist nach kürzester Straßenverbindung 20 km von der Wohnung des A entfernt.

A kann bei Berechnung der Entfernungspauschale nur die **kürzeste Straßenverbindung** von 20 km ansetzen (die **Umwegstrecke** wird nicht mehr berücksichtigt), B kann 9 km zu Grunde legen.

Auch wenn die **Umwegstrecken** bei der Entfernungspauschale nicht mehr berücksichtigt werden, so können dennoch etwaige **Unfallkosten** auf diesen Teilstrecken als Werbungskosten abgesetzt werden. Denn die Fahrten sind weiterhin beruflich bedingt.

Nicht mehr anzuwenden ist auch die frühere Sonderregelung für **Ehegattenfahrgemeinschaften** nach R 42 Abs. 5 Satz 3 LStR 2001, wonach **ein Ehegatte die gesamte Fahrtstrecke** für beide Ehegatten bei sich ansetzen kann. Künftig erhält jeder Ehegatte „seine" Entfernungspauschale.

bb) Wechselseitige Fahrgemeinschaften

2618 Probleme ergeben sich bei **wechselseitigen Fahrgemeinschaften** dadurch, dass für die **Mitfahrer der Höchstbetrag von 5 112 € zu beachten** ist. Für den **Fahrer** gilt diese Begrenzung nicht, soweit er einen eigenen oder ihm zur Nutzung überlassenen Kraftwagen benutzt und die Fahrten glaubhaft machen kann (siehe → Rz. 2614). Aus diesem Grund muss genau geprüft werden, an welchen Tagen der einzelne Teilnehmer der Fahrgemeinschaft „**Fahrer**" und an welchen Tagen er lediglich „**Mitfahrer**" war.

Die **Finanzverwaltung** berechnet in diesen Fällen die Entfernungspauschale zu Gunsten der betroffenen Arbeitnehmer

– zunächst für die „**Mitfahrtage**", wobei höchstens 5 112 € anzusetzen sind,

– und dann die (unbegrenzte) Entfernungspauschale für die Tage, an denen der **Arbeitnehmer selbst gefahren** ist (beide Beträge zusammen ergeben die insgesamt anzusetzende Entfernungspauschale).

Denn soweit ein Arbeitnehmer **seinen eigenen oder ihm zur Nutzung überlassenen Kraftwagen einsetzt, kann der Höchstbetrag von 5 112 € überschritten** werden. Im Ergebnis kann sich somit bei allen Mitgliedern einer wechselseitigen Fahrgemeinschaft eine höhere Entfernungspauschale als 5 112 € ergeben.

Beispiel:

Bei einer aus drei Arbeitnehmern bestehenden wechselseitigen Fahrgemeinschaft beträgt die Entfernung zwischen Wohnung und Arbeitsstätte für jeden Arbeitnehmer 80 km. Bei tatsächlichen 210 Arbeitstagen benutzt jeder Arbeitnehmer seinen eigenen Kraftwagen an 70 Tagen für die Fahrten zwischen Wohnung und Arbeitsstätte.

Die Entfernungspauschale ist für **jeden Teilnehmer** der Fahrgemeinschaft wie folgt zu ermitteln:

1. Zunächst ist die Entfernungspauschale für die Fahrten und Tage zu ermitteln, an denen der Arbeitnehmer **mitgenommen** wurde:

140 Arbeitstage × 10 km × 0,36 € =	504 €
140 Arbeitstage × 70 km × 0,40 € =	3 920 €
abziehbar	4 424 € 4 424 €

Der Höchstbetrag von 5 112 € ist nicht überschritten.

2. Anschließend ist die Entfernungspauschale für die Fahrten und Tage zu ermitteln, an denen der Arbeitnehmer seinen **eigenen Kraftwagen benutzt** hat:

70 Arbeitstage × 10 km × 0,36 € =	252 €
70 Arbeitstage × 70 km × 0,40 € =	1 960 €
abziehbar	2 212 € 2 212 €

3. Insgesamt anzusetzende Entfernungspauschale (Summe aus Nr. 1 und 2)   6 636 €

k) Benutzung verschiedener Verkehrsmittel

2619 Arbeitnehmer legen die Wege zwischen Wohnung und Arbeitsstätte oftmals auf unterschiedliche Weise zurück, z.B. wird für eine Teilstrecke ein Kraftfahrzeug und für die weitere Teilstrecke die Bahn benutzt **(Park-and-Ride)**. Häufig werden aber auch jahreszeitlich bedingt abwechselnd Kraftfahrzeuge und öffentliche Verkehrsmittel benutzt. Im „Normalfall" ergeben sich hierdurch keine Probleme, weil in beiden Fällen die Entfernungspauschale grundsätzlich nach der kürzesten Straßenverbindung zu berechnen ist.

Wird bei dieser Berechnung jedoch der **Höchstbetrag von 5 112 € überschritten** (dies trifft aber nur bei weiten Entfernungen zu!), muss ähnlich wie bei wechselseitigen Fahrgemeinschaften **genau geprüft werden, welche Strecken** der Arbeitnehmer mit dem eigenen oder ihm zur Nutzung überlassenen **Kraftwagen** zurückgelegt hat (insoweit gilt der Höchstbetrag von 5 112 € nicht, wenn er die Fahrten glaubhaft machen kann) und welche mit der **Bahn** (insoweit ist der Höchstbetrag von 5 112 € zu beachten).

Die Finanzverwaltung berechnet auch hier die Entfernungspauschale **zu Gunsten der betroffenen Arbeitnehmer** wie folgt:

- Zunächst ist die **kürzeste Straßenverbindung zu ermitteln** und auf dieser Grundlage die **Entfernungspauschale zu berechnen.**

- Die maßgebende Entfernung ist nicht in Teilstrecken im Verhältnis der tatsächlich benutzten Verkehrsmittel aufzuteilen. Die **Teilstrecke**, die mit dem eigenen **Kraftwagen** zurückgelegt wird, ist in voller Höhe anzusetzen. Der verbleibende Teil der maßgebenden Entfernung ist die Teilstrecke, die auf **öffentliche Verkehrsmittel** entfällt.

- Die anzusetzende Entfernungspauschale ist sodann für die **Teilstrecke und Arbeitstage** zu ermitteln, an denen der Arbeitnehmer seinen **eigenen oder ihm zur Nutzung überlassenen Kraftwagen eingesetzt** hat.

- Anschließend ist die (auf 5 112 € begrenzte) anzusetzende Entfernungspauschale für die **Teilstrecke und Arbeitstage** zu ermitteln, an denen der Arbeitnehmer **öffentliche Verkehrsmittel benutzt** hat.

- Beide Beträge ergeben die **insgesamt anzusetzende Entfernungspauschale**, so dass auch in diesen Mischfällen ein höherer Betrag als 5 112 € angesetzt werden kann.

Beispiel 1:

A fährt an 220 Arbeitstagen im Jahr mit dem eigenen Kraftwagen 10 km zur nächsten Bahnstation und von dort 80 km mit der Bahn zur Arbeitsstätte. Die kürzeste maßgebende Entfernung (Straßenverbindung) beträgt 70 km. Die Aufwendungen für die Bahnfahrten betragen (monatlich 140 € x 12 =) 1 680 €.

Die Entfernungspauschale ist wie folgt zu ermitteln:

1. Zunächst ist die Entfernungspauschale für die Teilstrecke zu ermitteln, die A mit dem **Kraftwagen** zurückgelegt hat (10 km).

220 Arbeitstage × 10 km × 0,36 € =   792 €

2. Anschließend ist die Entfernungspauschale für die verbleibende Teilstrecke der kürzesten Straßenverbindung von 60 km (70 km ⁄ 10 km) zu ermitteln, die A mit der **Bahn** zurückgelegt hat.

220 Arbeitstage × 60 km × 0,40 € = 5 280 €, höchstens aber der **Höchstbetrag**   5 112 €

3. Insgesamt anzusetzende Entfernungspauschale (Summe aus Nr. 1 und 2)   5 904 €

Die tatsächlichen Aufwendungen für die Bahnfahrten in Höhe von 1 680 € bleiben unberücksichtigt, weil sie unterhalb der insgesamt anzusetzenden Entfernungspauschale liegen.

Beispiel 2:

B fährt die ersten drei Monate im Jahr mit dem eigenen Pkw und die letzten neun Monate mit öffentlichen Verkehrsmitteln zur 80 km entfernten Arbeitsstätte.

Die Entfernungspauschale ist wie folgt zu ermitteln:

1. Zunächst ist die Entfernungspauschale für den Zeitraum zu ermitteln, in dem B **öffentliche Verkehrsmittel** benutzt hat, weil insoweit der Höchstbetrag von 5 112 € zu beachten ist:

165 Arbeitstage × 10 km × 0,36 € =	594 €
165 Arbeitstage × 70 km × 0,40 € =	4 620 €
Summe	5 214 €, **höchstens** 5 112 €

2. Danach ist die Entfernungspauschale für den Zeitraum zu ermitteln, in dem B **seinen Pkw** benutzt hat, weil insoweit der Höchstbetrag von 5 112 € **nicht** zu beachten ist:

55 Arbeitstage × 10 km × 0,36 € =	198 €
55 Arbeitstage × 70 km × 0,40 € = 1 540 €, ergibt Summe	1 738 €

3. Entfernungspauschale insgesamt (Summe aus Nr. 1 und 2)   6 850 €

l) Mehrere Dienstverhältnisse

2620 Die Entfernungspauschale kann für die Wege zu **derselben Arbeitsstätte** für jeden Arbeitstag nur **einmal angesetzt** werden (→ Rz. 2611). Diese Einschränkung gilt aber nur für Arbeitnehmer mit **einer** Arbeitsstätte, **nicht für Arbeitnehmer mit mehreren Arbeitsstätten**. Für Letztere gilt Folgendes:

- Bei Arbeitnehmern, die in **mehreren Dienstverhältnissen stehen** und denen Aufwendungen für die Wege zu mehreren auseinander liegenden Arbeitsstätten entstehen, ist die Entfernungspauschale für jeden Weg zur Arbeitsstätte anzusetzen, wenn der Arbeitnehmer am Tag **zwischenzeitlich in die Wohnung zurückkehrt**. Denn die Einschränkung, dass täglich nur **eine** Fahrt anzuerkennen ist, gilt nur für eine, nicht aber für mehrere Arbeitsstätten.

Beispiel 1:

A arbeitet vormittags als Verkäuferin in einem Kaufhaus und abends als Servicererin einer Gaststätte. Den Nachmittag verbringt sie zu Hause.

A kann für beide Wege zur Arbeit die Entfernungspauschale absetzen. Zu beachten ist jedoch die Höchstgrenze von 5 112 € im Jahr, die sich auch dann nicht verdoppelt, wenn ein Arbeitnehmer – wie hier – zwei Fahrten arbeitstäglich absetzen darf und somit eher die Höchstgrenze erreicht.

- Werden täglich mehrere Arbeitsstätten **ohne Rückkehr zur Wohnung** nacheinander aufgesucht, so ist für die Entfernungsberechnung die **Fahrt zur ersten Arbeitsstätte als Umwegfahrt zur nächsten Arbeitsstätte** zu berücksichtigen. Die für die Ermittlung der Entfernungspauschale anzusetzende Entfernung darf **höchstens die Hälfte der Gesamtstrecke** betragen.

Beispiel 2:

Ein Arbeitnehmer fährt vormittags von seiner Wohnung A zur Arbeitsstätte B, nachmittags weiter zur Arbeitsstätte C und abends zur Wohnung A zurück. Die Entfernungen betragen zwischen A und B 30 km, zwischen B und C 40 km und zwischen C und A 50 km.

Die Gesamtentfernung beträgt 30 + 40 + 50 km = 120 km, die Entfernung zwischen der Wohnung und den beiden Arbeitsstätten 30 + 50 km = 80 km. Da dies mehr als die Hälfte der Gesamtentfernung ist, sind (120 km : 2 =) 60 km für die Ermittlung der Entfernungspauschale anzusetzen.

Hiervon zu unterscheiden sind die Fälle, in denen bei **einem Dienstverhältnis mehrere regelmäßige Arbeitsstätten** aufgesucht werden:

– Für die Wege zwischen der Wohnung und der ersten bzw. letzten Arbeitsstätte ist die **Entfernungspauschale** anzusetzen.

– Die Fahrten zwischen den einzelnen Arbeitsstätten sind dagegen wie **Dienstreisen** zu behandeln mit der Folge, dass die Fahrtkosten insoweit in voller Höhe oder mit dem pauschalen km-Satz von 0,30 € abgesetzt werden können (→ *Reisekosten: Allgemeine Grundsätze* Rz. 2005).

m) Abgeltungswirkung

2621 Mit der Entfernungspauschale sind **sämtliche Aufwendungen abgegolten**, die durch die Wege zwischen Wohnung und Arbeitsstätte entstehen (§ 9 Abs. 2 Satz 1 EStG). Dies gilt z.B. auch für **Parkgebühren** für das Abstellen des Kraftfahrzeugs während der Arbeitszeit, **Finanzierungskosten** sowie für Kosten eines **Austauschmotors** anlässlich eines Motorschadens auf einer Fahrt zwischen Wohnung und Arbeitsstätte. Lediglich **Unfallkosten** können als außergewöhnliche Kosten wie bisher neben der Entfernungspauschale berücksichtigt werden.

Aufwendungen für ein **Job-Ticket** können künftig nicht mehr neben der Pauschale geltend gemacht werden (FinMin Nordrhein-Westfalen, Erlass vom 21.12.2000, DB 2001 S. 232).

n) Behinderte

2622 Behinderte Arbeitnehmer können für Fahrten mit einem eigenen Kfz anstelle der Entfernungspauschale die **tatsächlichen Kosten** geltend machen (§ 9 Abs. 2 EStG), sofern

– der **Grad der Behinderung entweder mindestens 70** oder

– zwar **weniger als 70, aber mindestens 50** beträgt und sie in ihrer **Bewegungsfähigkeit im Straßenverkehr erheblich beeinträchtigt** sind (Merkzeichen „G" im Schwerbehindertenausweis).

Wenn der Einzelnachweis nicht geführt wird, erkennt die Finanzverwaltung nach R 42 Abs. 7 LStR aus Vereinfachungsgründen folgende **pauschalen km-Sätze je tatsächlich gefahrenem Kilometer** an, die den „Dienstreise-Sätzen" entsprechen (BMF-Schreiben vom 20.8.2001, BStBl I 2001 S. 541), d.h. für

Kraftwagen	**0,30 € je Fahrtkilometer**
Motorräder/Motorroller	**0,13 € je Fahrtkilometer**
Moped/Mofa	**0,08 € je Fahrtkilometer**
Fahrräder	**0,05 € je Fahrtkilometer**

Bei einem behinderten Arbeitnehmer können ausnahmsweise sogar **Leerfahrten** anerkannt werden, wenn er z.B. von seinem Ehegatten morgens zur Arbeit gefahren und abends wieder abgeholt wird (R 42 Abs. 7 Satz 2 LStR).

o) Anrechnung von Arbeitgeberleistungen

aa) Keine Anrechnung

2623 Jeder Arbeitnehmer erhält die Entfernungspauschale unabhängig von der Höhe seiner Aufwendungen für die Wege zwischen Wohnung und Arbeitsstätte. Nach § 9 Abs. 1 Satz 3 Nr. 4 EStG gilt dies auch dann, wenn

– der Arbeitnehmer vom Arbeitgeber unentgeltlich zur Arbeitsstätte befördert wird (steuerfreie **Sammelbeförderung** von mindestens zwei Arbeitnehmern nach § 3 Nr. 32 EStG, vgl. dazu → Rz. 2625)

– oder die Arbeitgeberleistung nach § 8 Abs. 3 EStG (**Rabattfreibetrag**) steuerfrei ist, z.B. wenn ein Mietwagenverleihunternehmen dem Arbeitnehmer einen Mietwagen für Fahrten zwischen Wohnung und Arbeitsstätte überlässt (vgl. dazu → *Firmenwagen zur privaten Nutzung* Rz. 1036).

bb) Anrechnung

2624 Die folgenden **steuerfreien bzw. pauschalversteuerten Arbeitgeberleistungen** sind jedoch auf die anzusetzende und ggf. auf 5 112 € begrenzte Entfernungspauschale anzurechnen:

– **Steuerfreie Zuschüsse des Arbeitgebers bei Benutzung öffentlicher Verkehrsmittel im Linienverkehr** (hierzu gehört nicht das Taxi) für den Weg zwischen Wohnung und Arbeitsstätte (§ 3 Nr. 34 Satz 1 EStG, vgl. dazu → Rz. 2633).

– **Steuerfreie Sachbezüge in Form von unentgeltlichen oder verbilligten Job-Tickets** (§ 3 Nr. 34 Satz 2 EStG), vgl. dazu → Rz. 2633).

Zur **Vermeidung von Bewertungsschwierigkeiten** ist im Gesetz zur vereinfachten Wertermittlung des Sachbezugs bestimmt, dass der **Preis** (einschließlich der Umsatzsteuer) anzusetzen ist, den der **Arbeitgeber für das Job-Ticket entrichtet**, d.h. dass nicht vom üblichen Endverbraucherpreis auszugehen ist. **Tarifermäßigungen**, die alle Großkunden erhalten, die sich am Job-Ticket-Modell beteiligen und die der Arbeitgeber an seine Arbeitnehmer weitergibt, führen also nicht zu einer Kürzung der Entfernungspauschale.

Beispiel:

Ein Großunternehmen erwirbt auf Grund einer besonderen Vereinbarung mit dem Verkehrsträger im Rahmen eines sog. Job-Ticket-Modells für alle seine 354 Mitarbeiter um 50 % ermäßigte Monatskarten. Da aber nicht alle Arbeitnehmer die Karten abnehmen (viele wollen weiterhin mit dem Auto fahren), werden die Monatskarten mit geringen Aufschlägen an die interessierten Bahnfahrer weitergegeben. Arbeitnehmer A z.B. zahlt somit anstatt „normal" 45 € für seine Monatskarte nur 25 €, die Firma hat diese Karte für 22,50 € erworben.

A kann die volle Entfernungspauschale geltend machen. Ein Sachbezugswert ist nicht anzurechnen, weil A mehr zahlt als der Arbeitgeber an das Verkehrsunternehmen. Dass A im Ergebnis ein stark ermäßigtes Job-Ticket erhalten hat, ist unbeachtlich.

Zuzahlungen des Arbeitnehmers zum Job-Ticket sind nach allgemeinen Grundsätzen von dem Sachbezugswert abzuziehen; der so verminderte Wert ist auf die Entfernungspauschale anzurechnen.

Ist der **Arbeitgeber selbst ein Verkehrsträger** und befördert er seine Arbeitnehmer unentgeltlich zwischen Wohnung und Arbeitsstätte, so hat er als Sachbezugswert für die Beförderungsleistung den Wert eines vergleichbaren Job-Tickets anzusetzen. Kommt für steuerfreie Sachbezüge neben der Steuerbefreiung nach § 3 Nr. 34 EStG (öffentliche Verkehrsmittel) auch eine Steuerfreiheit nach § 8 Abs. 3 EStG (Rabattfreibetrag) in Betracht, so ist vorrangig § 3 Nr. 34 EStG als Sondervorschrift anzuwenden, d.h. dass die steuerfreien Sachbezüge auf die Entfernungspauschale anzurechnen sind.

– **Pauschal versteuerter Ersatz von Aufwendungen durch den Arbeitgeber** bis zur Höhe der Entfernungspauschale von 0,36 bzw. 0,40 € bei Benutzung eines Kraftwagens für den Weg zur Arbeitsstätte (§ 40 Abs. 2 Satz 2 EStG, vgl. dazu → Rz. 2637).

Beispiel:

A wohnt in Göttingen und fährt täglich mit der Bahn nach Hannover zur Arbeit (einfache Entfernung 110 km). Der Arbeitgeber gewährt zu den Kosten für öffentliche Verkehrsmittel einen steuerfreien Zuschuss von 100 € monatlich.

A kann für 2002 folgende Werbungskosten geltend machen:

230 Arbeitstage × 10 km × 0,36 € =	828 €
230 Arbeitstage × 100 km × 0,40 € =	9 200 €
Summe	10 028 €
Höchstbetrag	5 112 €
abzüglich **steuerfreie Erstattung** des Arbeitgebers	1 200 €
als Werbungskosten abzugsfähig	3 912 €

Abwandlung:

Würde A mit dem Auto fahren und ihm der Arbeitgeber – wie bei Fahrten mit öffentlichen Verkehrsmitteln – ebenfalls einen Zuschuss von monatlich 100 € zahlen, wäre dieser zwar nicht nach § 3 Nr. 34 EStG steuerfrei, könnte aber nach § 40 Abs. 2 Satz 2 EStG mit 15 % pauschal versteuert werden. Die Rechnung sähe dann so aus:

230 Arbeitstage × 10 km × 0,36 € =	828 €
230 Arbeitstage × 100 km × 0,40 € =	9 200 €
Summe	10 028 €
(kein Höchstbetrag, weil Fahrten mit dem eigenen Pkw durchgeführt werden)	
abzüglich **pauschal versteuerter Arbeitslohn**	1 200 €
als Werbungskosten abzugsfähig	8 828 €

Ist der **Arbeitgeber selbst ein Verkehrsträger** und erhält der Arbeitnehmer eine Freifahrtberechtigung für Fahrten zwischen Wohnung und Arbeitsstätte, so hat er als Sachbezugswert den Wert eines vergleichbaren Job-Tickets anzusetzen. Es ist also der Preis maßgebend und zu bestimmen, den ein anderer Arbeitgeber für ein der Freifahrtberechtigung entsprechendes Job-Ticket zu bezahlen hätte.

3. Steuerfreie Sammelbeförderung

2625 Steuerfrei ist nach § 3 Nr. 32 EStG die unentgeltliche oder verbilligte Beförderung eines Arbeitnehmers zwischen Wohnung und Arbeitsstätte mit einem vom **Arbeitgeber** oder in dessen Auftrag von einem **Dritten** eingesetzten **Beförderungsmittel** (als „Firmenshuttle" eingesetztes Flugzeug, Omnibus, Kleinbus oder für mehrere Personen zur Verfügung gestellter Pkw), wenn diese Beförderung jeweils für den **betrieblichen Einsatz des Arbeitnehmers notwendig** ist. Auf Grund der Steuerfreiheit ist auch gleichzeitig Beitragsfreiheit in der Sozialversicherung gegeben.

Die **Notwendigkeit** einer Sammelbeförderung ist z.B. in den Fällen **anzunehmen**, in denen

– die Beförderung mit **öffentlichen Verkehrsmitteln** nicht oder nur mit **unverhältnismäßig hohem Zeitaufwand** durchgeführt werden könnte,

– die Arbeitnehmer an **ständig wechselnden Tätigkeitsstätten** oder verschiedenen Stellen eines weiträumigen Arbeitsgebietes eingesetzt werden oder

– der Arbeitsablauf eine **gleichzeitige Arbeitsaufnahme** der beförderten Arbeitnehmer erfordert (R 21 LStR).

Die Notwendigkeit der Sammelbeförderung für den betrieblichen Einsatz ist nicht davon abhängig, ob der Arbeitnehmer über ein **eigenes Kfz** verfügt.

Auch bei der Beförderung von nur **zwei Arbeitnehmern** kann schon eine steuerfreie „Sammelfahrt" vorliegen.

Beispiel:

Firma X lässt ihre beiden weit außerhalb wohnenden Abteilungsleiter täglich mit einem Firmenfahrzeug von zu Hause abholen und abends wieder nach Hause bringen, da sie keinen Anschluss an öffentliche Verkehrsmittel haben.

Es handelt sich um eine steuerfreie Sammelbeförderung, auch hinsichtlich der Fahrergestellung. Die Arbeitnehmer können trotzdem die Entfernungspauschale als **Werbungskosten** absetzen, da die steuerfreie Sammelbeförderung **nicht angerechnet** wird. Deshalb entfällt auch die Eintragung der steuerfreien Sammelbeförderung auf der Lohnsteuerkarte (Zeile 17 Rückseite). Siehe dazu → Rz. 2641.

Eine steuer- und beitragsfreie Sammelfahrt liegt dagegen nicht vor, wenn ein Arbeitnehmer mit dem ihm vom Arbeitgeber unentgeltlich gestellten Dienstwagen laufend oder gelegentlich **Kollegen mitnimmt.**

Soweit ein geldwerter Vorteil anzunehmen ist, weil keine steuerfreie Sammelfahrt anerkannt werden kann, ist bei jedem Arbeitnehmer der **günstigste Fahrpreis für die Benutzung eines öffentlichen Verkehrsmittels** anzusetzen (vgl. sinngemäß das zur Umsatzsteuer ergangene BMF-Schreiben vom 26.2.1991, DB 1991 S. 571, unter II 4 Nr. 15).

4. Einsatzwechseltätigkeit

a) Allgemeines

Bei Arbeitnehmern, die eine Einsatzwechseltätigkeit ausüben **2626** (Bauarbeiter, Monteure usw.), darf der Arbeitgeber grundsätzlich **alle Fahrtkosten für Fahrten zwischen Wohnung und Arbeitsstätte** sowie für Fahrten zwischen mehreren Einsatzstellen als Reisekosten nach § 3 Nr. 16 EStG **steuerfrei ersetzen**. Dies gilt nicht nur für die Kosten öffentlicher Verkehrsmittel, sondern auch für **Pkw-Kosten** (→ *Reisekosten: Allgemeine Grundsätze* Rz. 1994).

Von diesem Grundsatz gibt es **folgende Einschränkungen**, bei denen die Fahrten als „normale" Fahrten zwischen Wohnung und Arbeitsstätte anzusehen sind. Für den Arbeitgeberersatz bedeutet dies, dass die Ersatzleistungen grundsätzlich steuerpflichtig sind. Sie können lediglich nach § 40 Abs. 2 Satz 2 EStG mit **15 % pauschal versteuert** werden.

Bei einer Pauschalbesteuerung tritt in der Sozialversicherung **Beitragsfreiheit** ein (vgl. § 2 Abs. 1 ArEV).

b) 30-km-Grenze bei Fahrten mit einem Pkw

Die Entfernung muss die **übliche Fahrtstrecke** zwischen Woh- **2627** nung und Arbeitsstätte **überschreiten**, da „Einsatzwechseltätige" sonst durch den vollen Abzug ihrer Fahrtkosten steuerlich besser gestellt würden als „normale" Arbeitnehmer (BFH, Urteil vom 10.10.1994, BStBl II 1995 S. 137). Nach R 38 Abs. 3 Satz 1 LStR muss die Entfernung der Einsatzstelle von der Wohnung mehr als 30 km betragen, damit die Fahrtkosten vom Arbeitgeber in voller Höhe steuerfrei ersetzt werden dürfen.

Diese Regelung gilt aber im Wesentlichen nur für Fahrten mit einem **Pkw**. Fährt der Arbeitnehmer mit **öffentlichen Verkehrsmitteln** zur Arbeit, kann der Arbeitgeber diese Fahrtkosten unter den Voraussetzungen des § 3 Nr. 34 EStG ohne Beachtung einer Mindestentfernung steuerfrei erstatten.

c) Drei-Monats-Frist bei Fahrten mit einem Pkw

Die Dauer der Tätigkeit an derselben Einsatzstelle darf drei Mo- **2628** nate nicht übersteigen. Nach Ablauf dieser Zeit wird auch eine mehr als 30 km von der Wohnung entfernte Einsatzstelle als „**regelmäßige Arbeitsstätte" angesehen**, die Fahrten zur Einsatzstelle sind dann „normale" Fahrten zwischen Wohnung und Arbeitsstätte, vgl. BFH, Urteil vom 10.10.1994, BStBl II 1995 S. 137, sowie H 42 (Fahrtkosten) i.V.m. H 38 (Einsatzwechseltätigkeit) LStH. Das bedeutet, dass die Fahrtkosten bei einer längerfristigen Tätigkeit an derselben Einsatzstelle vom Arbeitgeber nur in den ersten drei Monaten in voller Höhe steuerfrei ersetzt werden dürfen.

Beispiel 1:

A, Bauarbeiter, fährt mit seinem Pkw von seiner Wohnung täglich zu einer 50 km entfernt liegenden Baustelle.

Da die Entfernung 30 km übersteigt, kann der Arbeitgeber die Aufwendungen in voller Höhe nach Reisekosten-Grundsätzen (Einsatzwechseltätigkeit) steuerfrei erstatten.

Beispiel 2:

Sachverhalt wie vorher, die Tätigkeit an der Baustelle dauert jedoch länger als drei Monate.

Nach Ablauf von drei Monaten sind die Fahrten zwischen Wohnung und Einsatzstelle als „normale" Wege zwischen Wohnung und Arbeitsstätte zu behandeln. Der Arbeitgeber darf die Aufwendungen dann nicht mehr nach Reisekosten-Grundsätzen steuerfrei erstatten. Er kann seine Ersatzleistungen bis zur Höhe der Entfernungspauschale lediglich mit 15 % pauschal versteuern.

Beispiel 3:

Sachverhalt wie oben, die Baustelle ist jedoch nur 25 km von der Wohnung entfernt.

Alle Fahrten sind bereits vom ersten Tag an als „normale" Fahrten zwischen Wohnung und Arbeitsstätte zu behandeln (R 38 Abs. 3 Satz 1 LStR). Der Arbeitgeber darf die Aufwendungen nicht nach Reisekosten-Grundsätzen steuerfrei erstatten. Er kann seine Ersatzleistungen bis zur Höhe der Entfernungspauschale lediglich mit 15 % pauschal versteuern.

Auch diese Regelung gilt im Wesentlichen nur für Fahrten mit einem **Pkw**. Fährt der Arbeitnehmer mit **öffentlichen Verkehrsmitteln** zur Arbeit, kann der Arbeitgeber diese Fahrtkosten unter den Voraussetzungen des § 3 Nr. 34 EStG ohne Beachtung des Drei-Monats-Zeitraums steuerfrei erstatten.

d) Fahrten zu einem gleich bleibenden Treffpunkt

2629 Ein steuerfreier Arbeitgeberersatz der Fahrtkosten ist – ausgenommen Fahrten mit öffentlichen Verkehrsmitteln – ebenfalls nicht möglich, wenn ein Arbeitnehmer zwar eine Reisetätigkeit (Dienstreisen, Einsatzwechseltätigkeit, Fahrtätigkeit) ausübt, aber

– **ständig** (zum Begriff „ständig" → Rz. 2632) **zu einem gleich bleibenden Treffpunkt fährt**, von dem aus er vom Arbeitgeber zur jeweiligen Einsatzstelle weiterbefördert wird, vgl. H 38 (Einsatzwechseltätigkeit) LStH, oder

– er jeden Tag zur Arbeitsstelle fährt, um sein Fahrzeug gegen einen **Dienstwagen auszutauschen**, mit dem er Dienstreisen ausführt, vgl. H 42 (Fahrtkosten) LStH.

Es handelt sich in diesen Fällen insoweit um „normale" Wege zwischen Wohnung und Arbeitsstätte. Denn der Arbeitnehmer hat – anders als Arbeitnehmer mit ständig wechselnden Einsatzstellen – die Möglichkeit, durch entsprechende Wohnsitznahme in der Nähe des Treffpunktes bzw. seiner regelmäßigen Arbeitsstätte seine Fahrtkosten möglichst gering zu halten.

Beispiel:

A, Verbandsprüfer, fährt montags bis donnerstags zu seiner Arbeitsstelle, steigt dann in einen Dienstwagen um und fährt anschließend zu den jeweils zu prüfenden Betrieben.

Die Fahrten zur Arbeitsstelle sind „normale" Fahrten zwischen Wohnung und Arbeitsstätte, die vom Arbeitgeber nicht steuerfrei ersetzt werden dürfen (BFH, Urteil vom 18.1.1991, BStBl II 1991 S. 408).

5. Dienstreisen

2630 Bei Dienstreisen können vom Arbeitgeber grundsätzlich **alle Fahrten** in voller Höhe oder mit pauschalen km-Sätzen **steuer- und beitragsfrei erstattet** werden, also z.B.

– die Fahrten zwischen Wohnung oder regelmäßiger Arbeitsstätte und auswärtiger Tätigkeitsstätte oder Unterkunft einschließlich sämtlicher Zwischenheimfahrten,

– die Fahrten zwischen mehreren auswärtigen Tätigkeitsstätten oder

– die Fahrten zwischen einer Unterkunft am Ort der auswärtigen Tätigkeitsstätte oder in ihrem Einzugsbereich und auswärtiger Tätigkeitsstätte, vgl. H 38 (Dienstreisen) LStH.

Beispiel 1:

A, Bankkaufmann, ist für drei Monate an eine auswärtige Filiale abgeordnet worden. Er hat dort ein Zimmer gemietet und fährt jedes Wochenende mit seinem Pkw nach Hause.

Der Arbeitgeber darf alle Fahrten als Reisekosten steuerfrei erstatten. Es spielt dabei keine Rolle, ob A von seiner Familienwohnung direkt zur auswärtigen Arbeitsstätte fährt oder erst zur Unterkunft am Arbeitsort und von dort zur Arbeitsstätte. Abzugsfähig sind auch sämtliche Zwischenheimfahrten, die für die doppelte Haushaltsführung geltende Begrenzung auf **eine** Fahrt wöchentlich gilt hier nicht (BFH, Urteil vom 24.4.1992, BStBl II 1992 S. 664).

Die bei der Einsatzwechseltätigkeit zu beachtenden Beschränkungen (30-km-Grenze, Drei-Monats-Frist) gelten hier zwar nicht. Bei einer längerfristigen vorübergehenden Auswärtstätigkeit an **derselben Tätigkeitsstätte** wird allerdings nur für die **ersten drei Monate eine Dienstreise anerkannt** (R 37 Abs. 3 Satz 3 LStR).

Beispiel 2:

A ist für ein halbes Jahr zu einem Lehrgang abgeordnet worden, die Schulungseinrichtung ist 20 km entfernt. A fährt jeden Tag mit seinem Pkw.

Es handelt sich um tägliche Dienstreisen. Der Arbeitgeber kann daher A die Fahrten in voller Höhe oder pauschal mit 0,30 €/km sowie – wenn die Mindestabwesenheitsdauer von acht Stunden erfüllt ist – Mehraufwendungen für Verpflegung mit den in Betracht kommenden Pauschbeträgen steuerfrei ersetzen. Es ist dabei unerheblich, dass die Entfernung hier lediglich 20 km beträgt.

Ab dem vierten Monat wird jedoch die Schulungseinrichtung als zweite regelmäßige Arbeitsstätte angesehen, so dass dann „normale" Fahrten zwischen Wohnung und Arbeitsstätte vorliegen. Diese dürfen vom Arbeitgeber nicht mehr steuerfrei erstattet werden, möglich ist allenfalls bis zur Höhe der Entfernungspauschale eine Pauschalversteuerung mit 15 %.

Fahrten zwischen Wohnung und Arbeitsstätte – und keine Dienstreisen – liegen auch vor, wenn ein Arbeitnehmer ein **häusliches Arbeitszimmer** hat, in dem er einen wesentlichen Teil seiner beruflichen Arbeiten erledigt und von dort die **Fahrt zur regelmäßigen Arbeitsstätte** antritt. Denn die **Wohnung** wird unabhängig von der Art und dem Umfang der darin ausgeführten beruflichen Arbeiten **nicht zu einer zweiten Arbeitsstätte** mit der Folge, dass voll abzugsfähige Aufwendungen für Fahrten zwischen zwei Arbeitsstätten angenommen werden müssten. Vielmehr bleibt die **Wohnung Ausgangspunkt und Endpunkt der Fahrten**, auch wenn der Arbeitnehmer die Fahrt zu seiner regelmäßigen Arbeitsstätte unmittelbar von seinem häuslichen Arbeitszimmer oder einem „häuslichen Büro" antreten sollte (vgl. zuletzt BFH, Beschluss vom 26.9.2000, BFH/NV 2001 S. 350, m.w.N., sowie → *Reisekosten: Allgemeine Grundsätze* Rz. 2005).

Hat der Arbeitnehmer **keine regelmäßige Arbeitsstätte im Betrieb** des Arbeitgebers, kann seine **Wohnung als regelmäßige Arbeitsstätte** anzusehen sein (z.B. bei **Handelsvertretern, Verbandsprüfern, Pharmaberatern, Versicherungsvertretern** u.Ä.). Die Fahrten zu den jeweiligen Kunden stellen dann regelmäßig **Dienstreisen** dar (→ *Reisekosten: Allgemeine Grundsätze* Rz. 2003).

6. Doppelte Haushaltsführung

Ein steuerfreier Fahrtkostenersatz durch den Arbeitgeber für **2631** **Fahrten zwischen Wohnung bzw. Zweitwohnung am auswärtigen Beschäftigungsort und Arbeitsstätte** ist auch dann nicht möglich, wenn der Arbeitnehmer einen beruflich veranlassten doppelten Haushalt führt. Ausgenommen sind lediglich Fahrten mit öffentlichen Verkehrsmitteln nach § 3 Nr. 34 EStG.

Steuerfrei ersetzt werden kann nur die **erste Fahrt** zum Beschäftigungsort und die **letzte Fahrt** zurück zum Ort des eigenen Hausstands sowie in den ersten zwei Jahren **eine „Familienheimfahrt"** wöchentlich. Einzelheiten siehe → *Doppelte Haushaltsführung: Allgemeines* Rz. 730.

Beispiel:

A ist an eine auswärtige Filiale versetzt worden. Er hat am Arbeitsort eine Wohnung gemietet und fährt täglich mit seinem Pkw von der Zweitwohnung zur Arbeitsstätte. An jedem Wochenende fährt er zu seiner Familie nach Hause.

Die täglichen Fahrten zwischen Zweitwohnung und Arbeitsstätte sind „normale" Fahrten zwischen Wohnung und Arbeitsstätte, die der Arbeitgeber auch in Fällen einer beruflich veranlassten doppelten Haushaltsführung nicht steuerfrei erstatten darf. Zulässig ist allenfalls eine Pauschalversteuerung mit 15 % bis zur Höhe der Entfernungspauschale nach § 40 Abs. 2 Satz 2 EStG, dann ist jedoch Beitragsfreiheit gegeben.

Steuerfrei erstatten darf der Arbeitgeber hingegen innerhalb der Zwei-Jahres-Frist die Mehraufwendungen für die doppelte Haushaltsführung. Dazu gehören auch die Kosten für Familienheimfahrten, allerdings beschränkt auf eine Fahrt wöchentlich und bei Fahrten mit einem Pkw auf die Entfernungspauschale.

7. Fahrtätigkeit

Hier sind **zwei Fälle zu unterscheiden**, vgl. H 42 (Fahrtkosten) **2632** LStH i.V.m. R 38 Abs. 2 LStR:

– Wenn der **Einsatzort nicht ständig wechselt**, sind die Fahrten zwischen Wohnung und Betrieb, Standort, Fahrzeugdepot oder Einsatzstelle als **„normale" Fahrten zwischen Wohnung und Arbeitsstätte** anzusehen. Ein steuerfreier Arbeitgeberersatz ist somit für Fahrten mit einem Pkw nicht zulässig, allenfalls eine Pauschalversteuerung mit 15 % bis zur Höhe der Entfernungspauschale.

„Ständig" bedeutet nach Auffassung der Finanzverwaltung, dass das Fahrtziel **nahezu arbeitstäglich (= zu mehr als 90 %)** aufgesucht wird; außergewöhnliche Fahrten, z.B. zu

Fortbildungen oder Fachtagungen, sind dabei nicht zu berücksichtigen (FinMin Schleswig-Holstein, Erlass vom 31.7.1998, DStR 1998 S. 1555).

⸺ (LSt) (SV)

– Wenn dagegen der **Einsatzort ständig wechselt**, sind die Fahrten nach den Regeln für **Einsatzwechseltätigkeit** zu berücksichtigen. Der Arbeitgeber darf dann auch bei Fahrten mit einem Pkw die vollen Kosten bzw. den pauschalen km-Satz von 0,30 € steuerfrei erstatten. Voraussetzung ist allerdings auch hier, dass die jeweilige Einsatzstelle **mehr als 30 km** von der Wohnung des Arbeitnehmers entfernt ist.

> **Beispiel:**
>
> A ist Busfahrer. Er muss die Busse an verschiedenen Endhaltepunkten übernehmen, die monatlich wechseln. Er fährt mit seinem Pkw zu den jeweiligen Übernahmestellen, die alle mehr als 30 km von seiner Wohnung entfernt sind.
>
> Der Arbeitgeber darf die Fahrtkosten steuerfrei ersetzen.

8. Steuerfreie Fahrtkostenzuschüsse bei Benutzung öffentlicher Verkehrsmittel

a) Gesetzliche Steuerbefreiung nach § 3 Nr. 34 EStG

2633 Nach § 3 Nr. 34 EStG sind steuerfrei und damit auch beitragsfrei

– **Zuschüsse des Arbeitgebers, die zusätzlich zum ohnehin geschuldeten Arbeitslohn** zu den Aufwendungen des Arbeitnehmers für Fahrten zwischen Wohnung und Arbeitsstätte mit öffentlichen Verkehrsmitteln im Linienverkehr gezahlt werden.

– Das Gleiche gilt für die **Weitergabe preisermäßigter Job-Tickets** (Preisermäßigung durch Großkundenrabatt u.Ä.) durch den Arbeitgeber an den Arbeitnehmer, sofern der Arbeitnehmer diesen Vorteil zusätzlich zum ohnehin geschuldeten Arbeitslohn in Anspruch nehmen kann.

b) Die Voraussetzungen im Einzelnen

2634 Die einzelnen Voraussetzungen für die Steuerbefreiung von Fahrtkostenzuschüssen (R 21b Abs. 1 LStR) sind:

(1) Die Aufwendungen des Arbeitnehmers müssen für den Erwerb einer Fahrberechtigung auf **öffentlichen Verkehrsmitteln im Linienverkehr** bestimmt sein. Aufwendungen für die Benutzung von privaten Verkehrsmitteln (z.B. Leihwagen), Charterflugzeugen oder Taxis sind nicht begünstigt.

> **Beispiel 1:**
>
> A hat seinen Führerschein verloren und fährt jeden Tag mit dem Taxi zur Arbeit.
>
> Die Kosten können vom Arbeitgeber nicht nach § 3 Nr. 34 EStG steuerfrei ersetzt werden. Taxis sind zwar öffentliche Verkehrsmittel, fahren aber nicht „im Linienverkehr". Ersetzt der Arbeitgeber die Kosten, kann er sie jedoch nach § 40 Abs. 2 Satz 2 EStG mit 15 % pauschal versteuern.

(2) Die Fahrberechtigung muss mindestens für **einen Teil der Strecke zwischen Wohnung und Arbeitsstätte gelten** (z.B. beim „Park-and-ride"). Eine weiter gehende Fahrberechtigung ist unbeachtlich, wenn deren Wert von verhältnismäßig geringer Bedeutung ist. Dasselbe gilt für andere Vorteile, die mit der Fahrberechtigung verbunden sind.

> **Beispiel 2:**
>
> A fährt regelmäßig mit der Straßenbahn zur Arbeit und müsste hierfür Karten der Preisstufe 1 erwerben (Kosten einer Monatskarte 100 €). Er kauft jedoch für 120 € Karten der höheren Preisstufe 2, weil er mit der Bundesbahn fahren möchte. Diese fährt zwar eine Umwegstrecke, durch weniger Haltestellen ist A aber schneller in der Innenstadt und somit an seiner Arbeitsstelle.
>
> Der Arbeitgeber darf die gesamten Kosten von 120 € steuerfrei erstatten. Es reicht aus, dass die Fahrberechtigung für einen Teil der Strecke zwischen Wohnung und Arbeitsstätte gilt. Der Preisaufschlag erscheint auch nicht wesentlich. Anders wäre z.B. der Fall, wenn der Arbeitnehmer eine Netzkarte für das gesamte Streckennetz der Bundesbahn erwerben würde, auch wenn er damit zur Arbeit fahren könnte.

Ein steuerfreier Ersatz wäre auch möglich, wenn der Arbeitnehmer z.B. für eine übertragbare Monatskarte geringfügige Mehrkosten zahlt.

(3) Auf den **Umfang der tatsächlichen Nutzung** der Fahrberechtigung zu Fahrten des Arbeitnehmers zwischen Wohnung und Arbeitsstätte kommt es nicht an. Eine **private Mitbenutzung** der Fahrberechtigung durch den Arbeitnehmer oder seine Familienangehörigen ist unbeachtlich, wenn deren Umfang von verhältnismäßig geringer Bedeutung ist. Unbeachtlich ist auch eine etwa vom Arbeitgeber verlangte zusätzliche Nutzung, z.B. die Nutzung des Fahrausweises als **Parkausweis** für das Betriebsgelände.

> **Beispiel 3:**
>
> Wie Beispiel 2, A benutzt seine Monatskarte auch am Wochenende zu Einkaufsfahrten in die Stadt, außerdem kann er seine Familie kostenlos mitnehmen.
>
> Der Arbeitgeber darf die gesamten Kosten von 120 € steuerfrei erstatten. Die private Nutzungsmöglichkeit der Monatskarte wird als unwesentlich angesehen.

(4) Die Zuschüsse des Arbeitgebers dürfen die **Aufwendungen des Arbeitnehmers im maßgebenden Zeitraum nicht überschreiten**. Maßgebender Zeitraum ist die Dauer des Dienstverhältnisses im Kalenderjahr.

(5) Die Zuschüsse müssen **zusätzlich zum ohnehin geschuldeten Arbeitslohn** erbracht werden. Einzelheiten siehe → *Barlohnumwandlung* Rz. 410.

Für die Weitergabe von **Jobtickets** durch den Arbeitgeber gelten nur die obigen Nr. (2) und (3) sinngemäß.

c) Steuerbefreiung auch bei weiterer Pkw-Benutzung

In der Praxis kommt es häufig vor, dass Arbeitnehmer sich zwar **2635** **Fahrkarten für öffentliche Verkehrsmittel vom Arbeitgeber steuerfrei** erstatten lassen, dann aber trotzdem aus verschiedenen Gründen (Bequemlichkeit, Zeitvorteil, schweres Gepäck, Körperbehinderung usw.) wie bisher mit ihrem **Pkw zur Arbeit fahren**. Der **Steuerfreiheit** der Arbeitgeberleistungen steht dies nach Auffassung der Finanzverwaltung **nicht entgegen**. Denn schon mit dem Kauf der Fahrkarte für öffentliche Verkehrsmittel wird der Zweck der Vorschrift des § 3 Nr. 34 EStG, den öffentlichen Nahverkehr zu stärken, erfüllt. Die Steuerfreiheit entfällt daher auch dann nicht, wenn der Arbeitnehmer die Fahrkarte überhaupt nicht oder lediglich für Privatfahrten oder auch nur als Parkberechtigung für den Firmenparkplatz nutzt (OFD Düsseldorf, Verfügung vom 11.11.1994, FR 1995 S. 82).

> **Beispiel:**
>
> A hat eine Jahreskarte für die Straßenbahn erworben und sich die Kosten vom Arbeitgeber steuerfrei erstatten lassen. Tatsächlich fährt er aber regelmäßig mit seinem Pkw zur Arbeit.
>
> Die Arbeitgeberleistungen sind nach § 3 Nr. 34 EStG steuerfrei, auch wenn A weiterhin mit dem Pkw zur Arbeit fährt.
>
> Wenn A in seiner Einkommensteuererklärung die Fahrten zur Arbeit als Werbungskosten geltend macht, ist die hierfür anzusetzende Entfernungspauschale um die steuerfreien Arbeitgeberleistungen zu kürzen.
>
> Ein zusätzlicher Werbungskostenabzug ist auch dann nicht möglich, wenn A noch einen **Eigenanteil** zu den Fahrtkosten leisten muss und der Erwerb eines „Job-Tickets" notwendig ist, um auf dem **Firmenparkplatz parken** zu dürfen (FinMin Nordrhein-Westfalen, Erlass vom 21.12.2000, DB 2001 S. 232).

d) Nachweisvoraussetzungen

Die Voraussetzungen für die Steuerbefreiung von Fahrtkosten- **2636** zuschüssen kann der Arbeitgeber **wie folgt nachweisen:**

– Entweder lässt er sich **vom Arbeitnehmer die benutzten Fahrausweise** oder

– eine **Erklärung vorlegen**, wonach ihm für Fahrten zwischen Wohnung und Arbeitsstätte mit einem öffentlichen Verkehrsmittel im Linienverkehr Aufwand entsteht, der ebenso hoch oder höher ist als der vom Arbeitgeber gewährte Zuschuss (R 21b Abs. 3 Satz 1 LStR).

Folgendes **Muster, das als Beleg zum Lohnkonto** zu nehmen ist, genügt diesen Anforderungen:

Fahrtkostenerklärung

des/der Herrn/Frau

_____

(Name)   (Vorname)   (geb. am)

_____

(Straße)   (Wohnort)

Für Fahrten zwischen Wohnung und Arbeitsstätte mit öffentlichen Verkehrsmitteln im Linienverkehr erhalte ich von meinem Arbeitgeber

_____

(Firma)

einen steuerfreien Fahrtkostenzuschuss von _____ €
monatlich/jährlich.

Ich versichere, dass mir für den Erwerb von Fahrkarten Kosten mindestens in Höhe des Arbeitgeberzuschusses entstehen. Mir ist bekannt, dass ich meinem Arbeitgeber schriftlich anzeigen muss, wenn meine Kosten für Fahrkarten geringer werden als der Zuschussbetrag.

_____

(Ort, Datum)   (Unterschrift des Arbeitnehmers)

Die Voraussetzungen zu R 21b Abs. 1 Nr. 2 und 3 LStR werden von der Finanzverwaltung aus Vereinfachungsgründen als erfüllt angesehen, „wenn nicht das Gegenteil offensichtlich ist" (R 21b Abs. 3 Satz 2 LStR).

Der **Arbeitnehmer hat dem Arbeitgeber jeden Umstand anzuzeigen**, der die **Steuerfreiheit** des Fahrtkostenzuschusses oder der überlassenen Fahrberechtigung **beeinträchtigt**. Der Arbeitgeber hat die ihm vorgelegten Fahrausweise, Erklärungen und Anzeigen als **Belege zum Lohnkonto** aufzubewahren (R 21b Abs. 3 Sätze 3 und 4 LStR). Der Arbeitgeber **haftet** grundsätzlich nicht für die Lohnsteuer, die er infolge unvollständiger oder unrichtiger Angaben des Arbeitnehmers zu wenig einbehalten hat.

9. Pauschalierung der Lohnsteuer

a) Lohnsteuer

2637 Sind die Voraussetzungen für eine Steuerbefreiung nicht erfüllt, insbesondere bei Benutzung eines **Pkw** für Fahrten zwischen Wohnung und Arbeitsstätte, so kann der Arbeitgeber für zusätzlich zum ohnehin geschuldeten Arbeitslohn gezahlte Zuschüsse zu den **Aufwendungen** des Arbeitnehmers für Fahrten zwischen Wohnung und Arbeitsstätte die Lohnsteuer nach § 40 Abs. 2 Satz 2 EStG mit **15 % pauschal erheben**. Diese Vergünstigung gilt aber nur insoweit, als der Arbeitnehmer für seine Fahrten zwischen Wohnung und Arbeitsstätte **Werbungskosten geltend machen könnte**, d.h. regelmäßig bis zur Höhe der **Entfernungspauschale von 0,36 bzw. 0,40 €** je Entfernungskilometer.

Ausschlaggebend für die Höhe der Zuschüsse sind demnach die **Aufwendungen** des Arbeitnehmers für die Fahrten zwischen Wohnung und Arbeitsstätte. Bei Benutzung eines eigenen oder zur Nutzung überlassenen **Kraftwagens** sind die Aufwendungen des Arbeitnehmers mit der Entfernungspauschale anzusetzen. Bei der Zuschussgewährung hat der Arbeitgeber den Höchstbetrag von 5 112 € nicht zu beachten.

Wird ein **anderes Verkehrsmittel** als der eigene oder zur Nutzung überlassene Kraftwagen benutzt, richtet sich die Höhe der pauschalierungsfähigen Zuschüsse nach den **tatsächlichen Aufwendungen** des Arbeitnehmers. Für die Höhe der tatsächlichen Aufwendungen kann von den pauschalen Kilometersätzen für Dienstreisen ausgegangen werden.

Entstehen dem Arbeitnehmer **tatsächlich keine Aufwendungen** für die Wege zur Arbeit, weil er z.B. zu Fuß geht oder unentgeltlich von Kollegen mitgenommen wird, findet die Pauschalversteuerung nach § 40 Abs. 2 Satz 2 EStG auf etwaige vom Arbeitgeber gezahlte Zuschüsse keine Anwendung.

Beispiel:

B kann als Mitfahrer einer Fahrgemeinschaft künftig 1 000 € als Werbungskosten geltend machen, obwohl er sich an den Fahrtkosten nicht beteiligt. Der Arbeitgeber möchte ihm deshalb ab 2002 zusätzlich zum ohnehin geschuldeten Arbeitslohn diesen Betrag erstatten und beantragt hierfür die Pauschalbesteuerung mit 15 %.

Das Finanzamt wird dies ablehnen, weil nur Zuschüsse des Arbeitgebers zu den **Aufwendungen** des Arbeitnehmers für Fahrten zwischen Wohnung und Arbeitsstätte unter diese Regelung fallen, B hier aber überhaupt keine Aufwendungen hat.

Bei Benutzung **öffentlicher Verkehrsmittel im Linienverkehr** kommt eine Pauschalierung der Lohnsteuer nach § 40 Abs. 2 Satz 2 EStG im Hinblick auf die vorgreifliche Steuerbefreiung in § 3 Nr. 34 EStG (→ Rz. 2633) nicht in Betracht. Entsprechendes gilt bei einer steuerfreien Sammelbeförderung nach § 3 Nr. 32 EStG (→ Rz. 2625).

b) Sozialversicherung

Steuerpflichtige Fahrtkostenzuschüsse bzw. Fahrtkostenerstat- **2638** tungen sowie die geldwerten Vorteile für die unentgeltliche oder verbilligte Beförderung gehören dann **nicht zum beitragspflichtigen Arbeitsentgelt** i.S. der Sozialversicherung, **wenn** diese im Rahmen des § 40 Abs. 2 EStG **pauschal versteuert** werden.

Diese Regelung kann **auch** bei **Grenzgängern** angewandt werden, wenn der Arbeitgeber üblicherweise den Ersatz von Fahrtkosten bzw. Zuschüssen zu den Aufwendungen unter den o.a. Voraussetzungen pauschal versteuert und auf Grund eines Doppelbesteuerungsabkommens eine Pauschalversteuerung nicht erfolgen kann (vgl. Besprechungsergebnis der Spitzenverbände der Sozialversicherungsträger vom 28./29.3.1990, Sozialversicherungsbeitrag-Handausgabe 2001 VL 17 IV/9).

10. Abwälzung der Pauschalsteuer auf den Arbeitnehmer

Die Pauschalversteuerung schließt nicht aus, dass der Arbeit- **2639** geber die pauschale Lohnsteuer im Innenverhältnis auf den Arbeitnehmer abwälzt. Soweit die Abwälzung der Lohnsteuer **arbeitsrechtlich zulässig** ist, wird sie **ab 1.4.1999** von der **Finanzverwaltung nicht mehr akzeptiert**, denn auf den Arbeitnehmer abgewälzte pauschale Lohnsteuer **gilt als zugeflossener Arbeitslohn** und **mindert nicht die Bemessungsgrundlage** (§ 40 Abs. 3 Satz 2 zweiter Halbsatz EStG).

Wird die Pauschalsteuer arbeitsrechtlich zulässig auf den Arbeitnehmer abgewälzt, so muss der Arbeitgeber die pauschale Lohnsteuer, den Solidaritätszuschlag und die Kirchensteuer **vom vereinbarten Fahrtkostenzuschuss errechnen**. Diese Abzugsbeträge kann sich der Arbeitgeber dann vom Arbeitnehmer erstatten lassen.

Im Falle der Abwälzung der pauschalen Steuerbeträge bei pauschal besteuerten **Beförderungsleistungen** oder **Fahrtkostenzuschüssen** zu Aufwendungen für Fahrten zwischen Wohnung und Arbeitsstätte sind die Auswirkungen auf den Werbungskostenabzug des Arbeitnehmers zu beachten (§ 40 Abs. 2 Satz 3 EStG). Der Arbeitgeber muss deshalb auf der Lohnsteuerkarte den Betrag als pauschal besteuerte Arbeitgeberleistung bescheinigen, auf den der gesetzliche Pauschsteuersatz von 15 % angewandt worden ist.

Weitere Einzelheiten siehe → Abwälzung der pauschalen Lohnsteuer auf den Arbeitnehmer Rz. 24.

11. Gestellung eines Firmenfahrzeugs

Überlässt der Arbeitgeber oder auf Grund des Dienstverhältnisses **2640** ein Dritter dem Arbeitnehmer ein Kraftfahrzeug unentgeltlich für Fahrten zwischen Wohnung und Arbeitsstätte, ist dieser **geldwerte Vorteil als steuerpflichtiger Arbeitslohn** zu erfassen (R 31 Abs. 8 LStR). Zusätzlich ist ggf. die Fahrergestellung zu erfassen (R 31 Abs. 9 LStR). Einzelheiten siehe → Firmenwagen zur privaten Nutzung Rz. 997.

12. Aufzeichnungs- und Bescheinigungspflichten

Der Arbeitgeber hat im **Lohnkonto** getrennt vom übrigen Gehalt **2641** die steuerfrei gezahlten Zuschüsse zu den Aufwendungen des

Arbeitnehmers für Fahrten zwischen Wohnung und Arbeitsstätte und bei pauschaler Versteuerung die Höhe des Zuschusses und die darauf entfallenden Steuerabzugsbeträge (Lohnsteuer, Kirchensteuer, Solidaritätszuschlag) aufzuzeichnen (§ 41 Abs. 1 EStG). Bei der **Bescheinigung des Bruttolohns** des Arbeitnehmers und der darauf entfallenden Steuerabzugsbeträge bleiben diese steuerfreien bzw. pauschal versteuerten Arbeitgeberleistungen außer Betracht.

Auf der **Lohnsteuerkarte zu bescheinigen** (in den Zeilen 17 und 18 der Lohnsteuerkarte) sind nach § 41b Abs. 1 Nr. 5 und 6 EStG i.V.m. R 135 Abs. 3 Nr. 5 LStR lediglich noch

– die **steuerfreien Arbeitgeberleistungen nach** § 3 Nr. 34 EStG (das sind **Zuschüsse** zu den Aufwendungen für Fahrten mit öffentlichen Verkehrsmitteln sowie die unentgeltliche oder verbilligte Überlassung sog. **Job-Tickets**)

– sowie die nach § 40 Abs. 2 Satz 2 EStG **pauschal versteuerten Arbeitgeberleistungen**,

weil diese auf die Entfernungspauschale anzurechnen sind. Einzutragen ist die Höhe der Beträge, die bisher zugelassene Eintragung des **Großbuchstabens F** („Fahrtkostenzuschüsse") ist ab 2002 **weggefallen**.

Nicht mehr zu bescheinigen sind dagegen

– die steuerfreie **Sammelbeförderung nach § 3 Nr. 32 EStG**

– und **steuerfreie Sachbezüge** nach § 8 Abs. 3 EStG (z.B. Überlassung eines Pkw durch ein Mietwagenunternehmen an seine Arbeitnehmer).

13. Verfassungsrechtliche Bedenken

2642 Die aus **umwelt-, verkehrs- und finanzpolitischen Erwägungen** vorgenommene Beschränkung des Werbungskostenabzugs für Fahrten mit einem Pkw zwischen Wohnung und Arbeitsstätte auf relativ geringe Pauschalen wird zwar immer wieder heftig kritisiert, ist aber bisher vom **Bundesverfassungsgericht** bestätigt worden (vgl. zuletzt BFH, Urteil vom 15.3.1994, BStBl II 1994 S. 516, m.w.N.). Ob aber die ab 1.1.2001 eingetretene weitere Benachteiligung von Pkw-Fahrern im Vergleich zur deutlichen Besserstellung von Benutzern öffentlicher Verkehrsmittel oder Mitgliedern von Fahrgemeinschaften, die – selbst wenn sie überhaupt keine Kosten haben – im Regelfall die gleiche Entfernungspauschale bekommen, noch verfassungsgemäß ist, erscheint zweifelhaft. Diese Frage wird sicher noch die Gerichte beschäftigen.

Problematisch erscheint überdies der gesonderte Abzug von **Fährkosten** (→ Rz. 2616). Es wäre dann konsequent gewesen und hätte überdies einen zusätzlichen Anreiz für die Benutzung von „Öffis" gegeben, wenn auch beim **Park-and-ride** für die mit der Bahn zurückgelegte Teilstrecke ebenfalls wahlweise die höheren tatsächlichen Kosten zum Abzug zugelassen worden wären. Auch diese Frage wird ggf. noch die Gerichte beschäftigen.

Wegegelder

2643 Als **Fahrtkostenersatz** gezahlte Wegegelder sind steuerfrei, wenn eine besondere **Steuerbefreiungsvorschrift**, z.B. als Aufwandsentschädigungen aus öffentlichen Kassen oder als Reisekosten (dazu gehört auch die Einsatzwechseltätigkeit), in Betracht kommt (vgl. z.B. FinMin Rheinland-Pfalz, Erlass vom 17.9.1982, StLex 4, 19, 1055, betr. tarifliche Wege- und Zehrgelder in der Straßenbauverwaltung).

Werden Wegegelder für **Fahrten zwischen Wohnung und Arbeitsstätte** gezahlt, ist wie folgt zu unterscheiden:

– Benutzt der Arbeitnehmer ein **öffentliches Verkehrsmittel**, kommt die Steuerbefreiung nach § 3 Nr. 34 EStG in Betracht, → *Wege zwischen Wohnung und Arbeitsstätte* Rz. 2603.

– Fährt der Arbeitnehmer dagegen mit seinem **eigenen Pkw**, liegt steuerpflichtiger Arbeitslohn vor, der jedoch nach § 40 Abs. 2 Satz 2 EStG pauschal mit 15 % besteuert werden kann (→ *Pauschalierung der Lohnsteuer* Rz. 1805).

Wegezeitentschädigungen, die z.B. an Waldarbeiter für lange Anmarschwege gezahlt werden, sind als Entschädigungen für Zeitverlust und Verdienstausfall steuerpflichtiger Arbeitslohn.

Wehrübung/Auslandsverwendung

1. Wehrübung von länger als drei Tagen

2644 Dauert eine Wehrübung länger als drei Tage, so gelten hinsichtlich der arbeitsrechtlichen Folgen für den Arbeitnehmer die **gleichen Vorschriften**, als wenn er zum **Grundwehrdienst** einberufen wäre.

2. Auslandsverwendung

2645 Der neue § 6a WPflG ermöglicht es jetzt auch Wehrpflichtigen, vor allem Reservisten, an UN-Einsätzen teilzunehmen. Nach § 16 Abs. 2 ArbPlSchG gelten für sie die Vorschriften über Wehrübungen, z.B. §§ 1 Abs. 1, 2 Abs. 1 (nicht §§ 10, 11), entsprechend. Solche Einsätze können bis zu sieben Monate dauern. Zu Einberufungen kommt es allerdings nur, wenn die betroffenen Arbeitgeber zustimmen.

3. Wehrübung von weniger als drei Tagen

2646 Bei Wehrübungen von weniger als drei Tagen ist die Sondervorschrift des § 11 ArbPlSchG anzuwenden. Bei solchen **Kurzwehrübungen** handelt es sich meist um einmal jährlich stattfindende Übungen der so genannten **territorialen Reserve**, die sich aus gedienten Reservisten zusammensetzt.

Nach § 11 Abs. 1 Satz 1 ArbPlSchG ist der Arbeitnehmer während einer solchen kurzzeitigen Wehrübung unter **Weitergewährung seines Arbeitsentgelts** von der Arbeitsleistung **freigestellt**. Ebenso wie bei der Freistellung für die Wehrerfassung und Musterung ist dem in Betracht kommenden Zeitraum auch die Wegezeit für die An- und Abreise hinzuzurechnen. Fällt die Übung auf einen gesetzlichen Feiertag, ist auch dann das Arbeitsentgelt fortzuzahlen.

§ 11 Abs. 1 Satz 2 ArbPlSchG verweist im Übrigen auf die Vorschriften des Arbeitsplatzschutzgesetzes für die länger als drei Tage dauernden Wehrübungen. **Ausgenommen** sind allerdings **folgende Regelungen:** Der Arbeitnehmer hat keine Entschädigung für die Überlassung von Wohnraum zu zahlen (§ 3 Abs. 3 ArbPlSchG); die Sachbezüge sind auch ohne Verlangen und ohne Entschädigung weiterzugewähren (§ 3 Abs. 4 ArbPlSchG); der Arbeitnehmer kann nicht verlangen, dass der ihm zustehende Jahreserholungsurlaub vor Beginn der Wehrübung zu gewähren ist (§ 4 Abs. 5 Satz 2 ArbPlSchG); die Wehrübung wird auf die Probe- und Ausbildungszeiten angerechnet (§ 6 Abs. 3 ArbPlSchG). Für Bewährungszeiten gilt § 6 Abs. 4 ArbPlSchG.

Der **Arbeitgeber** der privaten Wirtschaft hat nach § 11 Abs. 2 ArbPlSchG gegen den Bund einen **Anspruch auf Erstattung** des weitergewährten Arbeitsentgelts sowie der hierauf entfallenden Arbeitgeberanteile von Beiträgen zur Sozialversicherung und zur Bundesanstalt für Arbeit, wenn die ausfallende Arbeitszeit zwei Stunden am Tag überschreitet.

Der **Anspruch** des Arbeitgebers auf Erstattung seiner Aufwendungen richtet sich **gegen den Bund**. Näheres regelt die Rechtsverordnung zu § 11 ArbPlSchG vom 21.6.1971.

Der Arbeitgeber muss sich an die Wehrbereichsverwaltung wenden, in deren Bezirk der Sitz des Betriebes liegt. Der Antrag des Arbeitgebers ist innerhalb von sechs Monaten nach dem Ende der Wehrübung des Arbeitnehmers zu stellen (Lorenz in Handbuch Betrieb und Personal, Fach 11 Rz. 469 ff.).

4. Lohnsteuer und Sozialversicherung

2647 Zu Einzelheiten → *Bundeswehr* Rz. 615.

Weihnachtsgratifikation

1. Arbeitsrecht

2648 Die Weihnachtsgratifikation bzw. das Weihnachtsgeld gehört grundsätzlich zu den freiwilligen zusätzlichen Arbeitgeberleistungen, d.h., es besteht nicht ohne weiteres ein Rechtsanspruch des Arbeitnehmers auf diese Leistung.

Ein **Rechtsanspruch** des Arbeitnehmers ergibt sich vielmehr erst aus

– einer entsprechenden einzelvertraglichen Vereinbarung,

– einer tarifvertraglichen Regelung nach einem anwendbaren Tarifvertrag,

– einer Betriebsvereinbarung,

– einer dreimaligen vorbehaltlosen Zahlung oder

– aus dem Gleichbehandlungsgrundsatz.

Aus Zahlungen des Arbeitgebers unter **Freiwilligkeitsvorbehalt** (z.B. bei den jeweiligen Zahlungen oder durch Aushang) ergibt sich im Übrigen kein Rechtsanspruch auf zukünftige Leistungen; der Arbeitgeber bleibt mit anderen Worten in dem betreffenden Jahr bis zur Auszahlung in seiner Entscheidung darüber frei, ob er das Weihnachtsgeld zahlt oder nicht, ggf. in welcher möglicherweise gekürzten Höhe (vgl. BAG, Urteil vom 5.6.1996, NZA 1996 S. 1028). Insoweit dürfen Arbeitnehmer im Erziehungsurlaub ohne Gleichbehandlungsverstoß ausgenommen werden (BAG, Urteil vom 12.1.2000, DB 2000 S. 1717).

Nimmt **andererseits** der Arbeitnehmer mit Anspruch auf Gratifikation nach betrieblicher Übung **mehrjährig nachträgliche Freiwilligkeitsvorbehalte** des Arbeitgebers vorbehaltlos hin, so ändert sich der Gratifikationsanspruch entsprechend (BAG, Urteile vom 26.3.1997, DB 1997 S. 1672, und vom 4.5.1999, DB 1999 S. 1908).

Zulässig sind auch sog. **Rückzahlungsklauseln** hinsichtlich des gezahlten Weihnachtsgeldes für den Fall, dass der Arbeitnehmer vor einem bestimmten Zeitpunkt nach Bezug des Weihnachtsgeldes aus dem Arbeitsverhältnis ausscheidet, vorausgesetzt, eine solche Rückzahlungsklausel ist in der Weihnachtsgeldregelung festgelegt. Der Rückzahlungsanspruch des Arbeitgebers richtet sich grundsätzlich auf den **Bruttobetrag** der Gratifikation (BAG, Urteil vom 15.3.2000, NZA 2000 S. 1004; Urteil vom 5.4.2000, NZA 2000 S. 1008).

Rückzahlungsklauseln sind aber nicht unbegrenzt zulässig. Nach der Rechtsprechung sind **folgende Zeitgrenzen zu beachten:**

– Bei einer Gratifikation bis zu 100 € ist eine Rückzahlungsklausel unwirksam (Bagatellgrenze);

– Gratifikationen von 100 € bis zu einem vollen Monatsbezug lassen eine Rückzahlungsklausel mit Bindung bis zum 31. März des Folgejahrs zu;

– Gratifikationen von einem vollen Monatsbezug und mehr erlauben eine Bindung bis nach dem 31. März des Folgejahrs;

– Eine Bindung über den 30. Juni des Folgejahrs hinaus ist unzulässig.

2. Lohnsteuer und Sozialversicherung

2649 Erhält der Arbeitnehmer im Zusammenhang mit dem Weihnachtsfest eine Gratifikation (Weihnachtsgeld), so gehört diese zum steuer- und beitragspflichtigen Arbeitslohn.

LSt SV

Beim Weihnachtsgeld handelt es sich lohnsteuerlich um einen **sonstigen Bezug** (→ *Sonstige Bezüge* Rz. 2232) und sozialversicherungsrechtlich um eine Einmalzahlung (→ *Einmalzahlungen* Rz. 802).

Muss das Weihnachtsgeld zurückgezahlt werden, so handelt es sich bei der **Rückzahlung um negativen Arbeitslohn** (→ *Rückzahlung von Arbeitslohn* Rz. 2119).

Das Weihnachtsgeld gehört lohnsteuerlich zu den sonstigen Bezügen (R 115 Abs. 2 Nr. 7 LStR). Die Lohnsteuer ist daher stets in dem Zeitpunkt einzubehalten, in dem der sonstige Bezug **zufließt**. Dabei sind die auf der Lohnsteuerkarte eingetragenen Merkmale zu Grunde zu legen, die für den Tag des Zuflusses gelten. Die Lohnsteuer für den sonstigen Bezug wird in der Weise ermittelt, dass die Lohnsteuer des voraussichtlichen Jahresarbeitslohns mit und ohne sonstigen Bezug ermittelt wird. Die Differenz ist die Lohnsteuer auf den sonstigen Bezug (vgl. im Einzelnen → *Sonstige Bezüge* Rz. 2232).

Soweit der Arbeitgeber für den Arbeitnehmer einen Lohnsteuer-Jahresausgleich durchführen darf, ist dies nach R 121 Abs. 3 LStR schon bei der Lohnabrechnung für Dezember möglich (→ *Lohnsteuer-Jahresausgleich durch den Arbeitgeber* Rz. 1626). Der Arbeitgeber kann also bei der Dezember-Abrechnung in einer Berechnung sowohl das Weihnachtsgeld als auch den **Lohnsteuer-Jahresausgleich** berücksichtigen.

Soweit dies arbeitsrechtlich zulässig ist, kann der Arbeitgeber die Weihnachtsgratifikation nicht als Geldbetrag auszahlen, sondern in anderer, steuermindernder Form, z.B. als Sachbezug, um den Rabattfreibetrag von 1 224 € auszuschöpfen (→ *Rabatte* Rz. 1943), oder als Direktversicherungsbeitrag, um die Lohnsteuerpauschalierung von 20 % zu nutzen (→ *Zukunftssicherung: Betriebliche Altersversorgung* Rz. 2736).

3. Weihnachtsgeldabrechnung

Die Ermittlung der Lohnsteuer und der Sozialversicherungs- **2650** beiträge für das Weihnachtsgeld soll anhand des nachfolgenden Beispiels erläutert werden:

Beispiel:

Ein Arbeitnehmer (Steuerklasse III/1) in Hannover erhält im Dezember 2002 neben seinem Monatslohn von 3 650 € ein Weihnachtsgeld von 3 500 €. Auf seiner Lohnsteuerkarte ist ab März 2002 ein monatlicher Freibetrag von 150 € eingetragen (Jahresfreibetrag März bis Dezember: 1 500 €). Der Arbeitnehmer hat darüber hinaus im Juli 2002 ein Urlaubsgeld von 1 000 € erhalten.

Die Lohnabrechnung für Dezember 2002 sieht wie folgt aus:

Monatslohn	3 650,— €
+ Weihnachtsgeld	3 500,— €
+ Zuschuss zur Kranken- und Pflegeversicherung	261,57 €
= Bruttobezüge	7 411,57 €
⁒ Lohnsteuer (aus 7 000 €)	1 489,50 €
⁒ Solidaritätszuschlag (5,5 %)	74,61 €
⁒ Kirchensteuer (9 %)	122,09 €
⁒ Arbeitnehmer-Anteil Rentenversicherung	682,83 €
⁒ Arbeitnehmer-Anteil Arbeitslosenversicherung	232,38 €
⁒ Krankenversicherung (Arbeitnehmer- und Arbeitgeber-Anteil)	465,76 €
⁒ Pflegeversicherung (Arbeitnehmer- und Arbeitgeber-Anteil)	57,38 €
Nettobetrag	**4 287,02 €**

1. Berechnung der Lohnsteuer

a) Laufender Arbeitslohn

Monatslohn	3 650,— €
⁒ Freibetrag	150,— €
= Arbeitslohn	3 500,— €
Lohnsteuer laut Monatstabelle (III/1)	465,50 €
Solidaritätszuschlag (5,5 %)	18,29 €
Kirchensteuer (9 %)	29,93 €

b) Weihnachtsgeld

voraussichtlicher Jahresarbeitslohn (12 x 3 650 € + Urlaubsgeld 1 000 €)	44 800,— €
⁒ Jahresfreibetrag auf der Lohnsteuerkarte	1 500,— €
= Jahresarbeitslohn **ohne sonstigen Bezug**	**43 300,— €**
+ Weihnachtsgeld	3 500,— €
= Jahresarbeitslohn **mit sonstigem Bezug**	**46 800,— €**
Lohnsteuer (III/1) von 46 800 €	6 976,— €
⁒ Lohnsteuer (III/1) von 43 300 €	5 952,— €
= Lohnsteuer auf den sonstigen Bezug	1 024,— €
Solidaritätszuschlag (5,5 % von 1 024 €)	56,32 €
Kirchensteuer (9 % von 1 024 €)	92,16 €

c) Dezember insgesamt

Lohnsteuer auf den laufenden Arbeitslohn	465,50 €
Lohnsteuer auf das Weihnachtsgeld	1 024,— €
= Lohnsteuer insgesamt für Dezember	1 489,50 €
Solidaritätszuschlag auf den laufenden Arbeitslohn	18,29 €
Solidaritätszuschlag auf das Weihnachtsgeld	56,32 €
= Solidaritätszuschlag insgesamt für Dezember	74,61 €
Kirchensteuer auf den laufenden Arbeitslohn	29,93 €
Kirchensteuer auf das Weihnachtsgeld	92,16 €
= Kirchensteuer insgesamt für Dezember	122,09 €

2. Berechnung der Sozialversicherungsbeiträge

a) Kranken- und Pflegeversicherung

Das Jahresarbeitsentgelt des Arbeitnehmers übersteigt die Beitragsbemessungsgrenze von 40 500 €. Daher ist der Arbeitnehmer nicht kranken- und pflegeversicherungspflichtig.

Krankenversicherung

13,8 % von 3 375 €	465,76 €	
davon hälftig als Arbeitgeber-Zuschuss		232,88 €
davon hälftig Arbeitnehmer-Anteil		232,88 €

Pflegeversicherung

1,7 % von 3 375 €	57,38 €	
davon hälftig als Arbeitgeber-Zuschuss		28,69 €
davon hälftig Arbeitnehmer-Anteil		28,69 €

Der Zuschuss zur Kranken- und Pflegeversicherung ist steuerfrei (§ 3 Nr. 62 EStG); er ist auch beitragsfrei.

b) Renten- und Arbeitslosenversicherung

Für den Arbeitnehmer besteht aus der Einmalzahlung Beitragspflicht in der Renten- und Arbeitslosenversicherung, weil die Beitragsbemessungsgrenze von 54 000 € nicht überschritten wird.

Beitragsbemessungsgrenze	54 000 €

Von dieser anteiligen Beitragsbemessungsgrenze sind die beitragspflichtigen Entgelte der Monate Januar bis Dezember abzuziehen

(3 650 € x 12 Monate)	⁒ 43 800 €
sowie das Urlaubsgeld von	⁒ 1 000 €
Verbleiben	9 200 €

Das Weihnachtsgeld in Höhe von 3 500 € ist daher voll beitragspflichtig.

Berechnung der Renten- und Arbeitslosenversicherungsbeiträge:

Monatslohn	3 650 €
+ sonstige Bezüge	3 500 €
Insgesamt	7 150 €

Rentenversicherung

19,1 % von 7 150 €	1 365,65 €	
davon hälftig Arbeitgeber-Anteil		682,83 €
davon hälftig Arbeitnehmer-Anteil		682,83 €

Arbeitslosenversicherung

6,5 % von 7 150 €	464,75 €	
davon hälftig Arbeitgeber-Anteil		232,38 €
davon hälftig Arbeitnehmer-Anteil		232,38 €

Weiterverpflichtungsprämie

2651 Weiterverpflichtungsprämien an Zeitsoldaten sind steuerpflichtiger Arbeitslohn, der aber tarifbegünstigt versteuert wird (→ *Arbeitslohn für mehrere Jahre* Rz. 229).

Werbungskosten

2652 Werbungskosten sind nach § 9 Abs. 1 Satz 1 EStG Aufwendungen zur Erwerbung, Sicherung und Erhaltung der Einnahmen, also alle Aufwendungen, die durch den **Beruf veranlasst** sind (R 33 LStR). Ein **steuerfreier Arbeitgeberersatz** ist für derartige Aufwendungen grundsätzlich **nicht mehr zulässig**, es sei denn, dass es dafür eine besondere Steuerbefreiungsvorschrift gibt (R 70 Abs. 3 Satz 1 LStR). Sie können jedoch unter bestimmten Voraussetzungen als **Freibetrag auf der Lohnsteuerkarte** eingetragen werden. Zu weiteren Einzelheiten siehe → *Lohnsteuer-Ermäßigungsverfahren* Rz. 1586.

Werkzeuggeld

2653 Zahlt der Arbeitgeber für die betriebliche Benutzung von Werkzeugen des Arbeitnehmers (z.B. Motorsägen der Waldarbeiter) diesem eine Entschädigung (Werkzeuggeld), so ist die Entschädigung nach § 3 Nr. 30 EStG steuer- und beitragsfrei, soweit sie die entsprechenden Aufwendungen des Arbeitnehmers nicht offensichtlich übersteigt.

Die Steuerbefreiung nach § 3 Nr. 30 EStG beschränkt sich auf die Erstattung der Aufwendungen, die dem Arbeitnehmer durch die betriebliche Benutzung eigener Werkzeuge entstehen. Eine betriebliche Benutzung der Werkzeuge liegt auch dann vor, wenn die Werkzeuge im Rahmen des Dienstverhältnisses außerhalb einer Betriebsstätte des Arbeitgebers eingesetzt werden, z.B. auf einer Baustelle.

Ohne Einzelnachweis der tatsächlichen Aufwendungen sind pauschale Entschädigungen steuerfrei, soweit sie

– die regelmäßigen Absetzungen für Abnutzung der Werkzeuge,

– die üblichen Betriebs-, Instandhaltungs- und Instandsetzungskosten der Werkzeuge sowie

– die Kosten der Beförderung der Werkzeuge zwischen Wohnung und Einsatzstelle

abgelten (R 19 Satz 4 LStR).

Soweit **Entschädigungen für Zeitaufwand** des Arbeitnehmers gezahlt werden, z.B. für die ihm obliegende Reinigung und Wartung der Werkzeuge, gehören sie zum steuerpflichtigen Arbeitslohn.

Als **Werkzeuge** sind nach Auffassung der Finanzverwaltung allgemein nur solche Hilfsmittel anzusehen, die zur leichteren Handhabung, zur Herstellung oder zur Bearbeitung eines Gegenstands verwendet werden. Der Bundesfinanzhof hat diese Verwaltungsauffassung bestätigt und darauf hingewiesen, dass der Begriff des „Werkzeugs" i.S. des § 3 Nr. 30 EStG auf **Handwerkzeug** beschränkt werden muss, dessen Anschaffungskosten in der weitaus überwiegenden Zahl der Fälle tatsächlich **unter 410 €** liegen (BFH, Urteil vom 21.8.1995, BStBl II 1995 S. 906).

Keine Werkzeuge sind danach

– die Schreibmaschine des Arbeitnehmers,

– die Musikinstrumente von Musikern,

– Fotokopiergeräte von Journalisten,

– Fotoapparate von Fotoreportern.

Erstattet in diesen Fällen der Arbeitgeber dem Arbeitnehmer die Aufwendungen für die Beschaffung oder den Unterhalt dieser Geräte, so liegt kein steuerfreies Werkzeuggeld vor, sondern steuer- und beitragspflichtiger Arbeitslohn (so z.B. bei → *Telearbeit* Rz. 2389).

Wertmarken

2654 Erhält der Arbeitnehmer vom Arbeitgeber Wertmarken, die er zu jeder Zeit **in Bargeld eintauschen** kann, so ist mit der Aushändigung der Wertmarken dem Arbeitnehmer der Arbeitslohn zugeflossen und nicht erst beim Umtausch der Wertmarken.

Kann dagegen der Arbeitnehmer die Wertmarken lediglich **in Waren bzw. Dienstleistungen des Arbeitgebers eintauschen**, so ist der Arbeitslohn erst bei Einlösung der Wertmarke zugeflossen. Einzelheiten siehe → *Warengutscheine* Rz. 2598.

Wettbewerbsverbot

1. Arbeitsrecht

2655 Der Arbeitnehmer ist grundsätzlich nach Beendigung des Arbeitsverhältnisses frei, seine Kenntnisse und Fähigkeiten auch im Wettbewerb zu seinem früheren Arbeitgeber zu verwenden. Eine Ausnahme hiervon gilt nur dann, wenn ausdrücklich zwischen Arbeitnehmer und Arbeitgeber ein Wettbewerbsverbot (Konkurrenzverbot) vereinbart ist, das sich nach den Vorschriften der §§ 74 ff. HGB richtet.

Ein solches Wettbewerbsverbot muss nach § 74 Abs. 2 HGB die Verpflichtung des Arbeitgebers enthalten, für die Dauer des Wettbewerbsverbotes eine Entschädigung zu zahlen, die sog. **Karenzentschädigung.** Diese Entschädigung muss mindestens die Hälfte des vom Arbeitnehmer zuletzt bezogenen Arbeitsentgelts erreichen. Eine Ausschlussfrist (Verfallfrist) erfasst i.d.R. auch die Karenzentschädigung (BAG, Urteil vom 17.6.1997, DB 1998 S. 426).

Ein vereinbartes Wettbewerbsverbot ohne die Verpflichtung des Arbeitgebers zur Zahlung der Karenzentschädigung ist **unbeachtlich und nichtig.**

Von der Nichtigkeit ist die bloße Unverbindlichkeit des Wettbewerbsverbotes zu unterscheiden. Das Wettbewerbsverbot ist **unverbindlich,** soweit es den Arbeitnehmer in seiner beruflichen Tätigkeit über das zulässige Maß hinaus beschränkt. Das kann im Fall sein, wenn das Verbot bestimmter Tätigkeiten nicht dem Schutze eines berechtigten geschäftlichen Interesses des Arbeitgebers dient oder wenn es für eine längere Zeit als zwei Jahre vereinbart worden ist. In solchen Fällen ist nicht die ganze Vereinbarung unwirksam, das Verbot wird vielmehr nur auf den zulässigen Rahmen reduziert. Der Arbeitnehmer bleibt verpflichtet, solche Wettbewerbstätigkeiten zu unterlassen, deren Verbot in zulässiger Weise vereinbart werden konnte.

Unverbindlich ist ein Wettbewerbsverbot aber auch dann, wenn eine **zu niedrige Karenzentschädigung** vereinbart worden ist oder wenn es unter der Bedingung steht, dass der Arbeitgeber die Einhaltung des Wettbewerbsverbotes verlangt. In diesen Fällen bedeutet Unverbindlichkeit, dass der **Arbeitnehmer ein Wahlrecht hat.** Er kann einmal die Unverbindlichkeit geltend machen und eine Konkurrenztätigkeit aufnehmen, dann aber auch keine Entschädigung verlangen, oder er kann sich an das Wettbewerbsverbot halten und die vereinbarte eventuell niedrigere – nicht die gesetzliche – Entschädigung verlangen (BAG, Urteil vom 19.1.1978, DB 1978 S. 543).

Es genügt allerdings (BAG, Urteil vom 22.5.1990, DB 1991 S. 709), wenn sich der Arbeitnehmer zu Beginn der Karenzzeit für die eine oder andere Möglichkeit entscheidet. Er braucht dem Arbeitgeber die getroffene Wahl nicht mitzuteilen.

Auf die Unverbindlichkeit eines Wettbewerbsverbotes kann sich immer **nur** der **Arbeitnehmer,** nicht aber der Arbeitgeber berufen (Matthes in Handbuch Betrieb und Personal, Fach 15 Rz. 493 ff.).

2. Lohnsteuer und Sozialversicherung

a) Arbeitslohn

2656 Zahlt der Arbeitgeber einem früheren Arbeitnehmer auf Grund eines Wettbewerbsverbots (§§ 74 ff. HGB) eine **Karenzentschädigung,** so gehört diese nach § 2 Abs. 2 Nr. 4 LStDV zum steuerpflichtigen **Arbeitslohn.** Dies gilt auch dann, wenn der Arbeitnehmer nach Abschluss der Vereinbarung ins **Ausland verzieht** (FG Hamburg, Urteil vom 21.1.1975, EFG 1975 S. 242). Für die Zeit nach Beendigung des Arbeitsverhältnisses gezahlte Karenzentschädigungen wegen eines Wettbewerbsverbotes von längstens zwei Jahren sind trotz der Lohnsteuerpflicht kein Arbeitsentgelt i.S. der Sozialversicherung. Wird die Entschädigung als Abgeltung für die Einnahmen mehrerer Jahre gezahlt ("Zusammenballung"), ist sie als sonstiger Bezug (→ *Sonstige Bezüge* Rz. 2232) tarifermäßigt zu versteuern (BFH, Urteil vom 13.2.1987, BStBl II 1987 S. 386); vgl. auch → *Entschädigungen* Rz. 881.

⌐LSt⌐ ⌐SV⌐

Eine Karenzentschädigung, die im Zusammenhang mit der **Auflösung eines Dienstverhältnisses** gezahlt wird, kann im Rahmen des § 3 Nr. 9 EStG **steuerfrei** bleiben (→ *Entlassungsabfindungen/Entlassungsentschädigungen* Rz. 857). Dabei muss aber genau geprüft werden, ob die Karenzentschädigung tatsächlich **wegen** oder aber nur **gelegentlich** der Auflösung des

Dienstverhältnisses gezahlt wird (BFH, Urteil vom 25.7.1990, BFH/NV 1991 S. 293).

Keine steuerbegünstigte Entschädigung liegt jedoch vor, wenn der Arbeitnehmer freiwillig aus seinem bisherigen Arbeitsverhältnis ausscheidet und der **künftige Arbeitgeber** an den Arbeitnehmer Zahlungen leistet, weil dieser auf Grund eines Wettbewerbsverbots zu Gunsten seines früheren Arbeitgebers für den neuen Arbeitgeber noch nicht tätig werden darf. Die Zahlung unterliegt daher dem vollen Lohnsteuerabzug (FG Nürnberg, Urteil vom 23.4.1980, EFG 1980 S. 444).

⌐LSt⌐ ⌐SV⌐

b) Kein Arbeitslohn

Eine Karenzentschädigung rührt nicht aus einer im **Inland** aus- 2657 geübten nichtselbständigen Tätigkeit und unterliegt damit **nicht dem Lohnsteuerabzug,** wenn sich der Arbeitnehmer weder während der Karenzzeit im Inland aufhält noch die möglichen Wettbewerbshandlungen ihren Schwerpunkt im Inland haben und wenn die **Karenzentschädigung auch nicht mehr mit einer früheren inländischen Tätigkeit zusammenhängt** (FG Baden-Württemberg, Urteil vom 22.9.1983, EFG 1984 S. 183).

Arbeitslohn liegt auch dann nicht vor, wenn eine **eindeutige Zuordnung** zu einer der Einkunftsarten des § 2 Abs. 1 Nr. 1 bis 6 EStG **nicht möglich ist,** weil eine Karenzentschädigung für die Nichtausübung mehrerer unterschiedlich zu qualifizierender Tätigkeiten gezahlt wird. Die Entschädigung gehört dann zu den **sonstigen Einkünften** i.S. des § 22 Nr. 3 EStG (BFH, Urteil vom 12.6.1996, BStBl II 1996 S. 516). Lohnsteuer ist somit nicht einzubehalten.

Winterausfallgeld

Zum **1.11.1999** wurde auf Grund des Gesetzes vom 23.11.1999, 2658 BGBl. I 1999 S. 2230, die Förderung der ganzjährigen Beschäftigung in der Bauwirtschaft **neu geregelt.** Nach wie vor ruht diese auf zwei Säulen. Auf **tarifrechtlicher** Basis gezahlte **Winterausfallgeld-Vorausleistungen** sollen das Witterungsrisiko für bis zu 100 Ausfallstunden auf den Baubetrieb verlagern. Darüber hinausgehende Spitzenbelastungen werden durch die **Sozialleistung Winterausfallgeld** aufgefangen.

1. Tarifvertragliche Winterausfallgeld-Vorausleistungen

Der Tarifvertrag für das Baugewerbe (BRTV Bau) regelt, unter wel- 2659 chen Voraussetzungen Zeitguthaben zur Schaffung von Winterausfallgeld-Vorausleistungen vom Arbeitnehmer erworben werden können. Die Arbeitnehmer erhalten für **bis zu 100 Ausfallstunden volles Entgelt.** Bei einem Minimum von 30 Ansparstunden kann ab der 31. bis zur 100. Ausfallstunde **umlagefinanziertes Winterausfallgeld** (WAG 1) gezahlt werden. Dem Arbeitgeber werden die von ihm allein zu tragenden Sozialversicherungsbeiträge für diese Ausfallzeiten erstattet (Vordrucke WB 63, übrige Bereiche WB 64).

In den übrigen Bereichen der Bauwirtschaft (vgl. → Rz. 2660) ersetzen Winterausfallgeld-Vorausleistungen das Entgelt zwischen 75 und 90 %.

Diese Winterausfallgeld-Vorausleistungen werden wie **Arbeitslohn** behandelt, unterliegen also auch im gleichen Umfang der **Steuerpflicht.** In der Sozialversicherung besteht **Beitragspflicht** wie bei laufendem Arbeitsentgelt, jedoch ist die Abführung der Beiträge davon abhängig, ob das Ausgleichskonto als Brutto- oder Nettolohnkonto geführt wird.

⌐LSt⌐ ⌐SV⌐

2. Winterausfallgeld der Bundesanstalt für Arbeit

Für den Bereich des Baugewerbes wird ab der 101. Ausfallstunde 2660 und für den Bereich des Dachdeckerhandwerks von der 121. ausgefallenen Arbeitsstunde, für die übrigen Bereiche (Garten-,

Landschafts- und Sportplatzbau sowie Gerüstbau) ab der 151. Ausfallstunde an als Leistung des Arbeitsamtes an Arbeiter bei witterungsbedingtem Arbeitsausfall ein **beitragsfinanziertes** Winterausfallgeld (WAG 2) in Höhe von 60 oder 67 % (je nach Familienstand) des pauschalierten Nettoverdienstes gezahlt. Dieses vom Arbeitsamt nach § 214 SGB III gezahlte Winterausfallgeld ist zwar nach § 3 Nr. 2 EStG **steuerfrei**, unterliegt **jedoch** im Rahmen einer Einkommensteuerveranlagung dem sog. **Progressionsvorbehalt** (§ 32 b Abs. 1 Nr. 1 Buchst. a EStG). Der Arbeitgeber muss daher das Winterausfallgeld im **Lohnkonto** eintragen (§ 41 Abs. 1 Satz 5 EStG) und gesondert auf der **Lohnsteuerkarte** (Zeile 15 der Rückseite) bescheinigen (§ 41b Abs. 1 Satz 2 Nr. 4 EStG).

Die **Gesamtsozialversicherungsbeiträge** sind von dem im Abrechnungszeitraum erzielten Arbeitsentgelt zuzüglich 80 % des ausgefallenen Arbeitslohnes zu berechnen. Dies gilt jedoch nicht für die Beiträge zur Arbeitslosenversicherung; hier werden die Beiträge nur für das **tatsächlich erzielte Arbeitsentgelt** fällig. Die Beiträge werden jeweils zur Hälfte vom Arbeitgeber und Arbeitnehmer getragen, jedoch **übernimmt der Arbeitgeber die auf den ausgefallenen Arbeitslohn entfallenden Beitragsanteile ohne Beteiligung des Arbeitnehmers alleine.** Für Ausfallstunden, für die umlagefinanziertes Winterausfallgeld gezahlt wird (WAG 1 – 31. bis 100. Arbeitsstunde – s. o.), werden auf Antrag die Sozialversicherungsaufwendungen des Arbeitgebers erstattet.

Die Nachfolgeregelungen zum Schlechtwettergeld haben zum Teil dazu geführt, dass Unternehmen aus Kostengründen **Mitarbeiter in den Wintermonaten entlassen** haben mit der Folge, dass von diesen Arbeitslosengeld beantragt wurde. Da eine Kündigung grundsätzlich nicht aus witterungsbedingten Gründen ausgesprochen werden kann – dies wäre rechtswidrig –, wird die notwendige Zustimmung des Arbeitnehmers zur vorübergehenden Entlassung mit einer **Wiedereinstellungszusage** des Betriebes für das Frühjahr verbunden. Bei Verstößen gegen das Kündigungsverbot während der Schlechtwetterzeit hat der Arbeitgeber das gezahlte Arbeitslosengeld zu erstatten (§ 147b SGB III).

Die **Bundesanstalt für Arbeit** reagiert auf derartige Praktiken wie folgt:

Grundsätzlich wird bei vorübergehend entlassenen Arbeitnehmern im Baugewerbe bei rechtswidrigen Kündigungen in der Winterzeit bei einer gleichzeitig **verbindlich** abgegebenen Wiedereinstellungszusage davon ausgegangen, dass der betroffene **Arbeitnehmer selbst an der Kündigung mitgewirkt** hat bzw. sich damit einverstanden erklärt hat. In diesen Fällen wird i.d.R. eine **dreimonatige Sperrzeit** für den Bezug von Arbeitslosengeld eintreten.

Wintergeld

2661 Zu den nach § 3 Nr. 2 EStG **steuerfreien Leistungen** gehört auch das **Wintergeld**. Unter diesem Oberbegriff sind das Mehraufwands-Wintergeld (§ 212 SGB III) und das Zuschuss-Wintergeld (§ 213 SGB III) zu subsumieren (R 4 Abs. 3 LStR). Während Ersteres zur Abgeltung der witterungsbedingten Mehraufwendungen bei Arbeit in der witterungsungünstigen Jahreszeit (nur innerhalb der Förderungszeit = 15. Dezember bis Ende Februar) gezahlt wird, dient Letzteres als Zahlung zu Winterausfallgeld-Vorausleistungen. Beschäftigte in Betrieben, die dem BRTV-Bau unterliegen, erhalten ab den 31. Ausfallstunde Zuschuss-Wintergeld, wenn sie hierfür Arbeitszeitguthaben aus ihren Ausgleichskonten auflösen („flexibilisierte Arbeitszeit"). Der Leistungsumfang ist durch § 3 Nr. 1.43 BRTVBau begrenzt. Das Wintergeld beträgt 1,03 € pro Stunde, die innerhalb der betrieblichen (tariflichen) Arbeitszeit geleistet wird bzw. ausfällt. Es unterliegt – anders als das Winterausfallgeld (→ *Winterausfallgeld* Rz. 2658) – **nicht** dem Progressionsvorbehalt nach § 32b Abs. 1 Nr. 1a EStG.

Wintergeld, das **nicht nach dem SGB III** gezahlt wird und somit nicht unter die Steuerbefreiung des § 3 Nr. 2 EStG fällt, ist steuerpflichtiger Arbeitslohn, der als sonstiger Bezug zu versteuern ist (FinMin Bremen, Erlass vom 30.12.1982, StLex 4, 39 – 39 d, 1011,

betr. tarifliches Wintergeld, das an Waldarbeiter bei witterungsbedingter Unterbrechung des Dienstverhältnisses gezahlt wird).

Witwenbezüge

1. Witwengelder und Witwenpensionen

Zum **Arbeitslohn** gehören auch Einnahmen aus einem früheren **2662** Dienstverhältnis, selbst wenn sie dem Rechtsnachfolger zufließen (§ 2 Abs. 2 Nr. 2 LStDV). Sog. Witwen- und Waisengelder werden daher in § 19 Abs. 1 Satz 1 Nr. 2 EStG ausdrücklich den Einkünften aus nichtselbständiger Arbeit zugerechnet. Es handelt sich um Versorgungsbezüge (→ *Versorgungsbezüge* Rz. 2560), so dass der Versorgungs-Freibetrag (→ *Versorgungs-Freibetrag* Rz. 2565) abzusetzen ist (§ 19 Abs. 2 Nr. 1 EStG). Die Witwe wird für die Besteuerung so behandelt, als sei sie **selbst Arbeitnehmerin** (RFH, Urteil vom 14.5.1930, RStBl 1930 S. 704); sie hat daher ihrem „Arbeitgeber" eine **Lohnsteuerkarte** vorzulegen. Der Lohnsteuerabzug erfolgt nach den **für sie maßgebenden Merkmalen**: Steuermäßigungen, die dem verstorbenen Ehemann zugestanden hätten (z.B. ein Pauschbetrag für Behinderte), bleiben außer Betracht (BFH, Urteil vom 29.7.1960, BStBl III 1960 S. 404). Vgl. im Übrigen R 76 LStR sowie Pensionäre (→ *Pensionäre* Rz. 1870).

Witwenbezüge, die der **Witwe vor ihrem Ableben weder gutgeschrieben noch sonst als ihr zugeflossen anzusehen sind, sind ihrem Erben als eigene Einkünfte** aus nichtselbständiger Arbeit zuzurechnen und nach den in seiner Person gegebenen Besteuerungsmerkmalen zu besteuern (BFH, Urteil vom 29.7.1960, BStBl III 1960 S. 404).

Dem Lohnsteuerabzug unterliegen ebenso freiwillige Zahlungen des Arbeitgebers – sog. **Gnadenbezüge** – an die Witwe und andere Hinterbliebene, insbesondere an die Kinder (vgl. FG Berlin, Urteil vom 24.1.1984, EFG 1984 S. 406).

2. Witwenabfindungen

Steuerfrei sind nach § 3 Nr. 3 EStG Witwenabfindungen nach **2663** § 21 BeamtVG (H 5 LStH) oder nach § 3 Nr. 6 EStG Leistungen nach dem Bundesversorgungsgesetz z.B. an Kriegerwitwen.

3. Witwenrenten

Witwenrenten aus der Rentenversicherung sind nur mit dem **Er-** **2664** **tragsanteil als sonstige Einkünfte** einkommensteuerpflichtig; ein Lohnsteuerabzug entfällt (→ *Altersrenten* Rz. 41).

Wohnungseigentümergemeinschaften

Wohnungseigentümergemeinschaften beschäftigen häufig **Haus-** **2665** **meister, Reinigungskräfte** usw. Sie sind insoweit – sofern mit diesen Personen ein Arbeitsverhältnis vereinbart wird (hierfür gelten die allgemeinen Regeln, vgl. → *Arbeitnehmer* Rz. 163) – **Arbeitgeber**, da auch Personenvereinigungen Arbeitgeber sein können (vgl. BFH, Urteil vom 17.2.1995, BStBl II 1995 S. 390). Dies gilt auch, wenn **ein Eigentümer** z.B. als **Hausmeister oder Reinigungskraft** tätig wird, insoweit ist er **Arbeitnehmer** der Wohnungseigentümergemeinschaft. Bei Einkünften aus Gewerbebetrieb gehören zu den Gewinnanteilen der Mitunternehmer zwar auch die Tätigkeitsvergütungen i.S. des § 15 Abs. 1 Satz 1 Nr. 2 EStG; diese Regelung ist jedoch auf andere Einkunftsarten oder auf Gemeinschaften die – wie regelmäßig Wohnungseigentümergemeinschaften – als solche keine Einkünfte erzielen, **nicht anwendbar**.

Eine Tätigkeit als **Hausverwalter** stellt demgegenüber im Regelfall **keine Arbeitnehmertätigkeit** dar, sondern ist als gewerbliche oder sonstige selbständige Tätigkeit i.S. des § 18 Abs. 1 Nr. 3 EStG anzusehen (BFH, Urteil vom 13.5.1966, BStBl III 1966 S. 489).

Die lohnsteuerlichen Arbeitgeberpflichten obliegen regelmäßig dem **Verwalter**. Dieser hat für jede von ihm betreute Wohnungseigentümergemeinschaft eine **gesonderte Lohnsteueranmeldung** abzugeben (OFD Berlin, Verfügung vom 1.2.1999, DB 1999 S. 1299).

Zuständiges **Betriebsstättenfinanzamt** für die Anmeldung und Abführung der Lohnsteuer für die Wohnungseigentümergemeinschaft ist regelmäßig das für die Verwaltungsfirma zuständige Finanzamt (vgl. dazu im Einzelnen → *Betriebsstätte* Rz. 560).

Zehrgelder

2666 Zahlt der Arbeitgeber seinen Außendienstmitarbeitern **Pauschalentschädigungen** für Reisekosten usw., sind diese in vollem Umfang steuerpflichtig. Der Arbeitnehmer kann jedoch seine Reisekosten – sofern die Voraussetzungen für den Abzug vorliegen – im Rahmen der Einkommensteuererklärung als **Werbungskosten** geltend machen. Dies ist aber im Regelfall ungünstiger, weil sich nur die Werbungskosten steuerlich auswirken, die über den **Arbeitnehmer-Pauschbetrag** von 1 044 € hinausgehen. Außerdem erfolgt bei der Sozialversicherung keine Korrektur.

Auch im **öffentlichen Dienst** gezahlte Zehrgelder gehören zum steuerpflichtigen **Arbeitslohn**, wenn nicht eine besondere Steuerbefreiungsvorschrift, z.B. als Aufwandsentschädigungen oder als Reisekosten, in Betracht kommt (FinMin Rheinland-Pfalz, Erlass vom 17.9.1982, DStZ/E 1982 S. 308, betr. tarifliche Zehrgelder in der Straßenbauverwaltung; → *Aufwandsentschädigungen im öffentlichen Dienst* Rz. 309; → *Reisekosten: Allgemeine Grundsätze* Rz. 1994).

Sog. **Außendienstpauschalen**, mit denen vor allem Verpflegungsmehraufwendungen für Auswärtstätigkeiten bis **zu sechs Stunden** abgegolten werden sollen, sind seit 1996 in vollem Umfang steuerpflichtig. Denn die Mindestabwesenheitsdauer für den steuerfreien Ersatz von Verpflegungsmehraufwendungen nach § 4 Abs. 5 Nr. 5 EStG von **acht Stunden** wird regelmäßig nicht erfüllt sein (FinMin Thüringen, Erlass vom 1.2.1996, FR 1996 S. 227). Die Pauschalen bleiben **aber weiterhin** steuerfrei, soweit sie **Reisenebenkosten** (z.B. Parkgebühren) abgelten sollen (in Niedersachsen z.B. pauschal 32 € monatlich bei Steuerfahndungsbeamten).

Zeitungen: kostenlose Überlassung

2667 Wird Arbeitnehmern von Zeitungsverlagen kostenlos eine Tageszeitung überlassen, so ist dieser Vorteil grundsätzlich steuer- und beitragspflichtig. Es handelt sich nicht um eine steuerfreie Annehmlichkeit (BMF-Schreiben vom 18.3.1999, Steuer-Telex 1999 S. 264).

Ist der Rabattfreibetrag von 1 224 € anzuwenden, weil der Vorteil vom **eigenen Arbeitgeber** gewährt wird, bleibt er steuer- und beitragsfrei, wenn der Betrag von 1 224 € im Kalenderjahr nicht überschritten wird. Maßgebend ist der um 4 % geminderte Endpreis des Arbeitgebers.

Beispiel 1:

Ein Arbeitnehmer ist bei einem Zeitungsverlag beschäftigt. Er erhält täglich kostenlos eine Tageszeitung im Wert von 1 €. Bei sechs Wochentagen und 52 Wochen im Jahr ergibt sich ein Vorteil von insgesamt 312 € (1 € × 6 Tage × 52 Wochen).

Der Vorteil ist steuer- und beitragsfrei, da der Freibetrag von 1 224 € nicht überschritten wird.

Ist der Rabattfreibetrag von 1 224 € **nicht** anzuwenden, weil der Vorteil von einem mit dem Arbeitgeber verbundenen Unternehmen gewährt wird, bleibt er nach § 8 Abs. 2 Satz 9 EStG steuer- und beitragsfrei, wenn die **Freigrenze von 50 €** im Kalendermonat nicht überschritten wird (→ *Sachbezüge* Rz. 2145).

Beispiel 2:

Ein Arbeitnehmer erhält täglich kostenlos eine Tageszeitung im Wert von 1 € von einem mit dem Arbeitgeber verbundenen Zeitungsverlag.

Bei höchstens 27 Bezugstagen (31 Tage abzüglich vier Sonntage) ergibt sich ein höchstmöglicher Vorteil von 27 €. Da dieser Wert die Freigrenze von 50 € nicht übersteigt, bleibt der Vorteil aus dem kostenlosen Bezug der Tageszeitung steuer- und beitragsfrei, wenn keine weiteren Sachbezüge hinzukommen.

Zeitungsausträger

1. Arbeitnehmereigenschaft

Zeitungsausträger sind im Regelfall **Arbeitnehmer**, da das Zei- **2668** tungaustragen eine einfache Tätigkeit ist, die von vornherein nur geringe Gestaltungsmöglichkeiten zulässt. Die Weisungsgebundenheit ergibt sich hier in der Regel daraus, dass dem Zusteller ein bestimmter Bezirk mit Kundenliste zugewiesen und ein zeitlicher Rahmen vorgegeben wird (BAG, Urteil vom 16.7.1997, BB 1997 S. 2377, mit ausführlichen Nachweisen auch der Finanz- und Sozialgerichtsrechtsprechung). Arbeitnehmer sind hiernach regelmäßig Zeitungsausträger, die sechs Tage in der Woche Tageszeitungen zustellen.

Ein **Arbeitsverhältnis bejaht** wurde vom Bundesfinanzhof auch (vgl. dazu das Urteil vom 24.7.1992, BStBl II 1993 S. 155, betr. Stromableser)

– bei den Zustellern von **Anzeigenblättern** und den Kontrolleuren der Zusteller (vgl. zuletzt Niedersächsisches FG, Urteil vom 6.5.1999, EFG 1999 S. 1015, sowie Anlage 4 des Rundschreibens der Spitzenverbände der Sozialversicherungsträger vom 20.12.1999, Stichwort „Verteiler von Anzeigenblättern", m.w.N., Sozialversicherungsbeitrag-Handausgabe 2001 VL 7 IV/19) sowie '

– bei den für ein Werbemittelunternehmen tätigen **Verteilern von Wurfsendungen** (Beschluss vom 21.11.1980 – VI S 4/80 –, n.v., ebenso FG Nürnberg, Urteil vom 19.7.1994 – IV 125/91 –, n.v.).

Dagegen ist ein **Arbeitsverhältnis abzulehnen**, wenn die Anzahl der auszutragenden Zeitungen so groß ist, dass der Zusteller **Hilfskräfte** einsetzen muss, um das übernommene Arbeitsvolumen in der vorgegebenen Zeit bewältigen zu können (BAG, Urteil vom 16.7.1997, BB 1997 S. 2377). Ein Arbeitsverhältnis abgelehnt wurde ferner bei

– den Zeitungszustellern einer **Sonntagszeitung**, wenn deren zeitliche Inanspruchnahme – anders als bei Zustellern von Tageszeitungen – nur gering (drei Arbeitsstunden pro Woche) und die Arbeitszeit innerhalb des zeitlichen Rahmens („sonntags zwischen 6.00 und 9.00 Uhr") nicht genau festgelegt ist (ArbG Oldenburg, Urteil vom 7.6.1996, BB 1996 S. 2148, sowie Anlage 4 des Rundschreibens der Spitzenverbände der Sozialversicherungsträger vom 20.12.1999, Stichwort „Ambulante Sonntagshändler", m.w.N., Sozialversicherungsbeitrag-Handausgabe 2001 VL 7 IV/19),

– Vertragsgestaltungen, bei denen die Aushilfszusteller als **selbständige Kleinspediteure** gem. §§ 425 ff. BGB im Verhältnis zum Verlag oder einer selbständigen Vertriebsagentur anerkannt werden können (FinMin Niedersachsen, Erlass vom 8.2.1982 – S 2372 – 27 – 313 sowie BFH, Beschluss vom 30.6.2000, BFH/NV 2001 S. 71). An die steuerliche Anerkennung sind jedoch strenge Anforderungen zu stellen,

– **Verteilern von Zeitschriften**, wenn sie in der Organisation und Zeiteinteilung ihrer Tätigkeit völlig frei sind und vom Auftraggeber lediglich vorgegeben wird, dass die Zeitschriften innerhalb von drei Tagen zu verteilen sind (FG Münster, Urteil vom 23.5.2001, EFG 2001 S. 1200).

2. Werbetätigkeit

Zeitungsausträger werben oft neben ihrer eigentlichen Tätigkeit **2669** neue Abonnenten und erhalten dafür vom Zeitungsverlag Prämien. Nach Auffassung des Bundesfinanzhofs sind diese Prämien dann **kein Arbeitslohn**, wenn die Zeitungsausträger **weder rechtlich noch faktisch** zur Anwerbung neuer Abonnenten verpflichtet sind. Dies gilt auch dann, wenn die Werbung neuer Abonnenten ausschließlich innerhalb des eigenen Zustellbezirks der Zeitungsausträger erfolgt und die Belieferung der neuen Abonnenten in der Folgezeit zu einer Erhöhung des Arbeitslohns des Zeitungsausträgers führt (BFH, Urteil vom 22.11.1996, BStBl II 1997 S. 254). Die steuerliche Regelung unterscheidet sich hier von der sozialversicherungsrechtlichen. Die an Zeitungsausträger für die Neukundenwerbung gezahlten Prämien stellen Arbeitsentgelt im Sinne der Sozialversicherung dar (→ Rz. 2672).

3. Gewährung von Nachtzuschlägen

2670 Soweit Zeitungsausträger neben der Zahlung eines Mindeststücklohns **einen Nachtzuschlag erhalten, kommt die Steuerfreiheit nach § 3b EStG in Betracht** (→ *Zuschläge für Sonntags-/ Feiertags- und Nachtarbeit* Rz. 2779). Hierzu gilt nach einer Verfügung der OFD Hannover vom 30.5.1996 – S 2343 - 71 - StO 211/ S 2343 - 94 - StH 212 (VD) – Folgendes:

„Der Zuschlag ist in **voller Höhe begünstigt**, wenn eine **arbeitsvertragliche Verpflichtung** besteht, die Zeitungen bis spätestens 6.00 Uhr morgens auszuteilen und dem Arbeitgeber keine anderslautenden Erkenntnisse über die Austragungszeiten vorliegen. Erfolgt die Zustellung der Zeitungen auch außerhalb der Nachtzeit, ist der Zuschlag in einen nach § 3b EStG begünstigten Nachtzuschlag und in einen steuerpflichtig zu belassenden Zuschlag **aufzuteilen.** Der Nachweis der tatsächlich geleisteten Nachtarbeit ist durch Einzelnachweis oder mit anderen Beweismitteln zu führen (FG Münster, Urteil vom 14.11.1995, EFG 1996 S. 209). Dies kann dadurch geschehen, dass der Arbeitgeber entweder die Zahl der durchschnittlich vor 6.00 Uhr und nach 6.00 Uhr zugestellten Zeitungen ermittelt und den Zuschlag in diesem Verhältnis in einen steuerfreien und steuerpflichtigen Teil aufteilt. Dieser Aufteilungsmaßstab trägt dem Umstand Rechnung, dass die Zusteller nach der Zahl der ausgetragenen Zeitungen entlohnt werden. Es ist aber auch nicht zu beanstanden, wenn der Arbeitgeber der Aufteilung die durchschnittlichen Arbeitszeiten vor 6.00 Uhr und nach 6.00 Uhr zu Grunde legt. In diesem Fall ist zum **Lohnkonto** eine Erklärung des Arbeitnehmers zu nehmen, die den Aufteilungsmaßstab enthält sowie eine Versicherung, dass generelle Änderungen in der Zustellungszeit unverzüglich dem Arbeitgeber angezeigt werden."

4. Zustellbezirk als weiträumige regelmäßige Arbeitsstätte

2671 Für Zeitungszusteller kann sowohl die Abholstelle als auch der Zustellbezirk die regelmäßige (weiträumige) Arbeitsstätte sein. Für die Berücksichtigung von Fahrtkosten ist dies von praktischer Bedeutung.

Beispiel:

A trägt in einem Stadtteil Zeitungen aus. Er muss vorher die Zeitungen in dem außerhalb des Zustellbezirks gelegenen Lager B abholen.

A hat zwei regelmäßige Arbeitsstätten: Die eine ist die Abholstelle und die andere der Zustellbezirk (sog. weiträumiges Arbeitsgebiet). Die Fahrten zwischen der Wohnung und den regelmäßigen Arbeitsstätten (also die Fahrt von der Wohnung zur Abholstelle sowie die Rückfahrt vom Zustellbezirk zur Wohnung) sind daher Fahrten zwischen Wohnung und Arbeitsstätte, die vom Arbeitgeber nicht steuerfrei ersetzt werden dürfen; zulässig ist allenfalls eine pauschale Versteuerung mit 15 % (§ 40 Abs. 2 Satz 2 EStG).

Dagegen sind die Fahrten zwischen Abholstelle und Zustellbezirk sowie innerhalb des Zustellbezirks wie Dienstreisen zu behandeln und können damit vom Arbeitgeber steuerfrei ersetzt werden. Mehraufwendungen für Verpflegung können insoweit aber nicht anerkannt werden, weil es sich nicht um „echte" Dienstreisen handelt (OFD Münster, Verfügung vom 23.4.1991, StLex 3, 9, 1538).

5. Sozialversicherung

2672 Nach der ständigen **Rechtsprechung des Bundessozialgerichts** sind Zeitungsausträger als **Arbeitnehmer** im Sinne der Sozialversicherung anzusehen (vgl. Urteile vom 19.1.1968 – 3 RK 101/64 – und vom 15.3.1979 – 2 RU 80/78). Vielfach erhalten Zeitungsausträger aber neben ihrer eigentlichen Vergütung noch **Werbeprämien** für die Werbung neuer Abonnenten. Hierzu hat das Bundessozialgericht durch Urteil vom 15.2.1989 – 12 RK 34/ 87 – entschieden, dass die werbende Tätigkeit von Zeitungsausträgern kein von ihrer Trägerbeschäftigung abtrennbarer und einer eigenen rechtlichen Beurteilung fähiger Teil ihrer Gesamttätigkeit ist und die neben dem Trägerlohn bezogenen zusätzlichen Vergütungen (Prämien, Provisionen) **Arbeitsentgelt** im Sinne der Sozialversicherung darstellen.

Die Spitzenverbände der Sozialversicherungsträger vertreten die Auffassung, dass sich die in → Rz. 2669 dargestellte **steuerliche Handhabung nicht auf das Sozialversicherungsrecht übertragen lässt.** Die vom Bundesfinanzhof vorgenommene Trennung zwischen Hauptbeschäftigung (Zeitungsausträger) und Nebenbeschäftigung (Werbung) findet in der Rechtsprechung des Bundessozialgerichts keine Stütze. Das Bundessozialgericht hat vielmehr in seinen Entscheidungen (vgl. u.a. Urteil vom 3.2.1994 – 12 RK 18/93 –) für die Beurteilung der Versicherungs- und Beitragspflicht stets auf das Gesamtbild der Tätigkeit abgestellt und keine getrennte Beurteilung einzelner Betätigungsfelder vorgenommen. Im Übrigen dürfte davon auszugehen sein, dass bei Zeitungsausträgern die Austrägerbeschäftigung grundsätzlich gegenüber der Werbetätigkeit überwiegt, so dass sie auch hinsichtlich dieser Werbetätigkeit sozialversicherungsrechtlich als Arbeitnehmer anzusehen sind und die Werbeprämien als Arbeitsentgelt i.S. des § 14 SGB IV der Beitragspflicht unterliegen (Besprechungsergebnis der Spitzenverbände der Sozialversicherungsträger vom 17./18.11.1998, Sozialversicherungsbeitrag-Handausgabe 2001 VL 14 IV/14).

Zinsersparnisse/Zinszuschüsse

1. Allgemeines

2673 Zinsersparnisse und Zinszuschüsse, die der Arbeitnehmer auf Grund seines Dienstverhältnisses erhält, gehören zum steuerpflichtigen Arbeitslohn. **Zinsersparnisse** sind anzunehmen, wenn der Arbeitnehmer vom Arbeitgeber oder von einem Dritten ein Darlehen zu günstigeren als den marktüblichen Konditionen erhält. **Zinszuschüsse** liegen hingegen vor, wenn der Arbeitnehmer ein Darlehen zu marktüblichen Konditionen aufnimmt und der Arbeitgeber dem Arbeitnehmer die Zinsen ganz oder teilweise erstattet.

Beispiel 1:

Der Arbeitgeber gewährt seinem Arbeitnehmer ein Darlehen zu einem Zinssatz von 5,5 %. Der übliche Zinssatz für solche Darlehen beträgt 10 %.

Der Arbeitnehmer erhält ein zinsverbilligtes Darlehen; es liegen Zinsersparnisse beim Arbeitnehmer vor.

Beispiel 2:

Der Arbeitnehmer nimmt ein Darlehen bei einer Bank mit einem Zinssatz von 10 % auf. Der Arbeitgeber übernimmt die Zinsen, soweit sie mehr als 5,5 % betragen.

Der Arbeitnehmer hat ein normalverzinsliches Darlehen aufgenommen und erhält vom Arbeitgeber Zinszuschüsse.

Die **Unterscheidung** zwischen Zinsersparnissen und Zinszuschüssen ist **entscheidend für die steuerliche Behandlung.**

2. Zinszuschüsse

2674 Bei Zinszuschüssen handelt es sich grundsätzlich um Leistungen, die zusätzlich zum ohnehin geschuldeten Arbeitslohn vom Arbeitgeber an den Arbeitnehmer gezahlt werden.

Sie sind – wie alle anderen Barlohnzahlungen auch – mit dem Nominalwert als Arbeitslohn zu besteuern. Bei Zinszuschüssen gibt es weder eine Freigrenze noch eine Geringfügigkeitsgrenze.

Beispiel:

Ein Arbeitnehmer hat ein Darlehen bei einer Bank aufgenommen. Der Arbeitgeber zahlt ihm monatlich einen Zinszuschuss von 40 €.

Der Zinszuschuss in Höhe von 40 € ist dem monatlichen Arbeitslohn in voller Höhe zuzurechnen und lohnzuversteuern.

3. Zinsersparnisse

a) Allgemeines

2675 Gewährt der Arbeitgeber oder auf Grund des Dienstverhältnisses ein Dritter dem Arbeitnehmer **unverzinsliche oder zinsverbilligte Darlehen** (→ *Darlehen an Arbeitnehmer* Rz. 636), so ist, soweit die Zinsvorteile nicht nach § 8 Abs. 3 EStG zu bewerten sind (→ *Rabatte* Rz. 1965), nach folgenden Grundsätzen zu verfahren (R 31 Abs. 11 LStR):

– Zinsersparnisse sind bei Darlehen **bis einschließlich 2 600 € nicht als Sachbezüge zu versteuern.** Hierbei kommt es auf die Summe der noch nicht getilgten Darlehen am Ende des Lohnzahlungszeitraums an.

Beispiel 1:

Ein Arbeitnehmer erhält von seinem Arbeitgeber am 7.1.2002 ein unverzinsliches Darlehen in Höhe von 2 000 € zum Kauf eines Computers.

Da das Darlehen 2 600 € nicht überschreitet, ist die Zinsersparnis des Arbeitnehmers nicht als Sachbezug zu erfassen.

Beispiel 2:

Wie Beispiel 1, allerdings erhält der Arbeitnehmer ab Juli 2002 ein weiteres unverzinsliches Darlehen in Höhe von 1 000 € zum Kauf eines Schreibtisches.

Ab Juli 2002 übersteigt die Summe der vom Arbeitgeber gewährten Darlehen die Freigrenze von 2 600 €. Ab Juli 2002 sind deshalb die Zinsvorteile als Sachbezug zu versteuern.

– Zinsvorteile sind anzunehmen, soweit der **Effektivzins** für ein Darlehen **5,5 % unterschreitet.** Bei dem Zinssatz von 5,5 % handelt es sich um einen **amtlichen Sachbezugswert** (R 31 Abs. 4 Satz 1 LStR). Wird der Effektivzins von 5,5 % unterschritten, entsteht in Höhe der Differenz immer ein lohnsteuerpflichtiger geldwerter Vorteil. Auf den Nominalzinssatz kommt es nicht an.

Beispiel 3:

Ein Arbeitnehmer erhält von seinem Arbeitgeber im Januar 2002 ein Darlehen zum Kauf eines Pkw in Höhe von 15 000 €. Der Effektivzinssatz beträgt 5,5 %, bei einer Bank würde der Zinssatz 12 % betragen. Das Darlehen ist nach fünf Jahren in einer Summe zurückzuzahlen.

Da der Effektivzinssatz für das Darlehen 5,5 % beträgt, ist kein Zinsvorteil anzunehmen; der Arbeitnehmer hat keinen Sachbezug zu versteuern.

Beispiel 4:

Wie Beispiel 3, der Effektivzinssatz beträgt aber 4 %.

Da der Effektivzinssatz für das Darlehen 5,5 % unterschreitet, entsteht in Höhe von 1,5 % (5,5 % ✗ 4 %) ein geldwerter Vorteil. In 2002 hat der Arbeitnehmer 225 € (1,5 % von 15 000 €) als Sachbezug zu versteuern.

– Bei der Darlehensgewährung durch Dritte ist allerdings Voraussetzung für eine Lohnversteuerung, dass das Darlehen **auf Grund des Dienstverhältnisses** gewährt wird. An diesem Merkmal fehlt es, wenn der Dritte die Darlehen nicht nur den Arbeitnehmern, sondern auch fremden Personen **zu den gleichen Bedingungen** anbietet.

Beispiel 5:

Die R-Bank, ein Tochterunternehmen des Automobilkonzerns R, bietet für den Kauf der Modelle von R eine Finanzierung mit einem effektiven Jahreszins von 1,99 % bei 36 Monaten Laufzeit und einer Anzahlung von 10 % an. Auch Mitarbeiter des Automobilkonzerns R erhalten zum Kauf ihrer Jahreswagen **die gleichen Konditionen** von der R-Bank.

Da die R-Bank die Darlehen den Arbeitnehmern von R zu den **gleichen Bedingungen** anbietet, wie sie auch fremde Autokäufer erhalten, werden die Darlehen **nicht auf Grund des Dienstverhältnisses** gewährt. Ein steuerpflichtiger geldwerter Vorteil entsteht durch die Darlehensgewährung zu 1,99 % nicht.

Beispiel 6:

Sachverhalt wie Beispiel 5, die Arbeitnehmer von R brauchen – im Gegensatz zu fremden Autokäufern – keine Anzahlung von 10 % zu leisten.

Die R-Bank bietet die Darlehen den Arbeitnehmern von R **nicht zu den gleichen Bedingungen** an, wie sie auch fremde Autokäufer erhalten. Daher werden die Darlehen **auf Grund des Dienstverhältnisses** gewährt. Ein geldwerter Vorteil entsteht, soweit der Zinssatz von 5,5 % unterschritten wird. Die Arbeitnehmer von R haben daher die Zinsdifferenz von 3,51 % als geldwerten Vorteil zu versteuern. Bei einem Darlehen von z.B. 15 000 € entsteht ein jährlicher geldwerter Vorteil von 526,50 € (3,51 % von 15 000 €).

Dabei sind **mehrere Darlehen** auch dann **getrennt zu beurteilen,** wenn sie der Finanzierung eines Objekts dienen und dieselbe Laufzeit haben.

Beispiel 7:

Der Arbeitnehmer erhält von seinem Arbeitgeber zum Bau eines Einfamilienhauses folgende Darlehen:

– Darlehen 1: Darlehensbetrag 25 000 €, Effektivzins 2 %, Laufzeit zehn Jahre,

– Darlehen 2: Darlehensbetrag 50 000 €, Effektivzins 6 %, Laufzeit zehn Jahre,

– Darlehen 3: Darlehensbetrag 25 000 €, Effektivzins 10 %, Laufzeit zehn Jahre.

Jedes Darlehen ist getrennt zu bewerten. Da die Darlehen 2 und 3 mit mindestens 5,5 % verzinst sind, entsteht für diese Darlehen kein geldwerter Vorteil. Darlehen 1 ist jedoch mit weniger als 5,5 % verzinst, so dass hier ein geldwerter Vorteil in Höhe von 875 € (5,5 % ✗ 2 % = 3,5 % von 25 000 €) entsteht.

Bei der Prüfung, ob eine Zinsersparnis des Arbeitgebers als Sachbezug zu versteuern ist oder nicht, kommt es weder auf die **Motive des Arbeitgebers** noch auf den **Grund für die Darlehensaufnahme** an. Selbst wenn der Arbeitnehmer mit dem Darlehen z.B. Arbeitsmittel erwirbt, deren Aufwendungen er als Werbungskosten geltend machen kann, ist die Zinsersparnis als geldwerter Vorteil zu erfassen. Allerdings kann der Arbeitnehmer in diesen Fällen den als Sachbezug versteuerten Zinsvorteil als **Werbungskosten** geltend machen (R 33 Abs. 4 Satz 2 LStR).

Beispiel 8:

Der Arbeitnehmer erhält vom Arbeitgeber ein zinsloses Darlehen in Höhe von 3 000 € zum Kauf eines Notebooks. Das Notebook wird vom Arbeitnehmer rein beruflich eingesetzt, so dass er die Aufwendungen für die Anschaffung als Werbungskosten abziehen kann.

Der Arbeitnehmer hat die Zinsersparnis in Höhe von 165 € (5,5 % von 3 000 €) als Sachbezug zu versteuern. Obwohl der Arbeitnehmer keine Zinsen zahlen muss, kann er den versteuerten Sachbezug in Höhe von 165 € als Werbungskosten absetzen (R 33 Abs. 4 Satz 2 LStR).

b) Zeitpunkt der Versteuerung

Zinsersparnisse sind **im Zuflusszeitpunkt lohnzuversteuern.** **2676** Als Zuflusszeitpunkt ist der Zeitpunkt der Fälligkeit des Nutzungsentgelts anzusehen. Bei unentgeltlicher Nutzungsüberlassung ist der Zufluss in dem Zeitpunkt anzunehmen, in dem das Entgelt üblicherweise fällig wäre (BMF-Schreiben vom 28.4.1995, BStBl I 1995 S. 273).

Sind die Zinsen für ein verbilligtes Arbeitgeber-Darlehen daher **monatlich fällig,** ist auch der Sachbezug monatlich lohnzuversteuern. Werden die Zinsen hingegen erst **vierteljährlich fällig,** muss auch der geldwerte Vorteil nur vierteljährlich versteuert werden.

Beispiel:

Der Arbeitgeber gewährt dem Arbeitnehmer am 7.1.2002 ein Darlehen über 27 500 €. Das Darlehen ist mit 2,5 % verzinst und mit monatlich 5 000 € zu tilgen, beginnend am 1.2.2002.

Das Darlehen ist verbilligt, weil der Sachbezugswert nach R 31 Abs. 11 LStR (maßgeblicher Zinssatz von 5,5 %) unterschritten wird. In Höhe der Differenz von 3 % (5,5 % ⁄ 2,5 %) ergibt sich beim Arbeitnehmer ein geldwerter Vorteil.

Im Einzelnen ergibt sich folgende Bewertung:

– Januar 2002 (Darlehensstand 27 500 €):
  geldwerter Vorteil (3 % von 27 500 € : 12)   68,75 €

– Februar 2002 (Darlehensstand 22 500 €):
  geldwerter Vorteil (3 % von 22 500 € : 12)   56,25 €

– März 2002 (Darlehensstand 17 500 €):
  geldwerter Vorteil (3 % von 17 500 € : 12)   43,75 €

– April 2002 (Darlehensstand 12 500 €):
  geldwerter Vorteil (3 % von 12 500 € : 12)   31,25 €

– Mai 2002 (Darlehensstand 7 500 €):
  geldwerter Vorteil (3 % von 7 500 € : 12)   18,75 €

– Juni 2002 (Darlehensstand 2 500 €):
  Ab Juni 2002 ist kein geldwerter Vorteil
  mehr zu erfassen, weil das Darlehen 2 600 €
  nicht übersteigt   0,— €

Die ermittelten Beträge sind im jeweiligen Lohnzahlungszeitraum neben dem „normalen" Arbeitslohn als laufender Arbeitslohn lohnzuversteuern.

c) Zinsersparnisse durch Bauspardarlehen

2677 Zinsersparnisse, die nach R 31 Abs. 11 LStR zu bewerten sind, liegen nicht nur vor, wenn der Arbeitgeber ein unverzinsliches oder verbilligtes Darlehen gewährt, sondern auch dann, wenn ein **Dritter auf Grund des Dienstverhältnisses** dem Arbeitnehmer verbilligte Darlehen einräumt. Diese Regelung haben Bausparkassen aufgegriffen und bieten verschiedene Modelle für Arbeitgeber und Arbeitnehmer an:

– **Modell 1:**

  Der Arbeitgeber schließt mit der Bausparkasse einen Bausparvertrag ab und zahlt die Mindestansparsumme ein. Bei Zuteilung fließt das Sparguthaben an den Arbeitgeber zurück; das Bauspardarlehen erhält ein vom Arbeitgeber benannter Arbeitnehmer. Der Effektivzinssatz des Bauspardarlehens soll 5,5 % nicht unterschreiten.

  Beispiel 1:

  Ein Arbeitgeber schließt bei einer Bausparkasse einen Bausparvertrag über 300 000 € ab. Er zahlt die Mindestansparsumme von 150 000 € sofort ein. Bei Zuteilung des Bausparvertrags fließt das Guthaben von 150 000 € an den Arbeitgeber zurück. Das aus dem Bausparvertrag resultierende Bauspardarlehen von 150 000 € wird geteilt und in Höhe von 25 000 € auf einzelne Arbeitnehmer übertragen, die ein Arbeitgeberdarlehen beantragt haben. Die weitere Abwicklung des Bauspardarlehens wird anschließend zwischen der Bausparkasse und den Arbeitnehmern erfolgen, die die Zins- und Tilgungsleistungen zu erbringen haben. Der Effektivzinssatz des Bauspardarlehens unterschreitet nicht 5,5 %.

  Die Finanzverwaltung vertritt hierzu die Auffassung, dass bei dieser Vertragsgestaltung steuerlich **kein geldwerter Vorteil** entsteht. Der Abschluss eines Bausparvertrags und die Ansparphase bis zur Gewährung des Bauspardarlehens stellen einen Finanzierungsvorgang dar, durch den dem Arbeitnehmer ein Darlehen zu günstigen Konditionen verschafft wird. Ob steuerlich relevante Vorteile bei der Darlehensgewährung – auch soweit diese dem Arbeitnehmer von dritter Seite gewährt werden – entstehen, ist dabei nach R 31 Abs. 11 LStR zu beurteilen. Solange der **Zinssatz 5,5 % nicht unterschreitet**, entsteht kein steuerpflichtiger geldwerter Vorteil (FinMin Sachsen-Anhalt, Erlass vom 6.12.1994, Steuer-Telex 1995 S. 104).

– **Modell 2:**

  Der Arbeitgeber schließt mit der Bausparkasse eine Vereinbarung ab, wonach die Bausparkasse seinen Arbeitnehmern Darlehen zu 5,5 % gewährt und der Arbeitgeber sich verpflichtet, die Differenz zu dem bei der Bausparkasse üblichen Effektivzinssatz zu übernehmen.

Beispiel 2:

Ein Arbeitgeber und eine Bausparkasse vereinbaren eine Zusammenarbeit bei der Vergabe von Darlehen zu wohnwirtschaftlichen Zwecken an die Arbeitnehmer. Der Arbeitgeber beauftragt die Bausparkasse, an einige seiner Arbeitnehmer Darlehen zu wohnwirtschaftlichen Zwecken zu gewähren. Die begünstigten Arbeitnehmer werden im Einzelfall benannt. Die Bausparkasse gewährt den Arbeitnehmern ein Hypothekendarlehen, das nicht getilgt wird (Tilgungsaussetzungsdarlehen). Der Arbeitnehmer zahlt für dieses Tilgungsaussetzungsdarlehen nur die zwischen Arbeitgeber und Bausparkasse vereinbarten Zinsen. Zur Ablösung des Tilgungsaussetzungsdarlehens schließt der Arbeitnehmer bei der Bausparkasse einen Bausparvertrag ab, der mit dem Regelsparbeitrag bespart wird. Nach Zuteilung des Bausparvertrags wird das Tilgungsaussetzungsdarlehen mit den Bausparmitteln (Bausparguthaben und Bauspardarlehen) abgelöst.

Die Bausparkasse vereinbart mit dem Arbeitnehmer für das Tilgungsaussetzungsdarlehen einen Effektivzinssatz, der sich nach dem in R 31 Abs. 11 LStR genannten Zinssatz von zz. 5,5 % richtet. Der Arbeitgeber erstattet der Bausparkasse bis zur Ablösung des Tilgungsaussetzungsdarlehens monatlich im Voraus die Differenz zwischen diesem Effektivzinssatz und dem bei der Bausparkasse marktüblichen Effektivzinssatz. Die Bausparkasse gibt dem Arbeitgeber die Höhe der zu zahlenden Zinsdifferenz gesondert bekannt.

Endet das Arbeitsverhältnis zwischen dem Arbeitgeber und dem Arbeitnehmer, bevor das Tilgungsaussetzungsdarlehen mit den Bausparmitteln abgelöst worden ist, endet auch die Erstattungspflicht des Arbeitgebers gegenüber der Bausparkasse. Ab diesem Zeitpunkt wird die Bausparkasse dem Arbeitnehmer den marktüblichen Zinssatz in Rechnung stellen.

Nach Auffassung der Finanzverwaltung ist auch bei diesem Modell R 31 Abs. 11 LStR anzuwenden, so dass die durch den Arbeitgeber veranlasste Verbilligung des Tilgungsaussetzungsdarlehens **nicht als Arbeitslohn zu erfassen** ist, wenn der effektive Zinssatz für das Darlehen mindestens 5,5 % beträgt (b+p 1996 S. 359 Nr. 12).

d) Berücksichtigung der Freigrenze von 50 € auf Zinsersparnisse

Bei Zinsersparnissen ist die Freigrenze von 50 € **nicht anwend-** **2678** **bar**, denn diese gilt nur für Sachbezüge, die nach § 8 Abs. 2 Satz 1 EStG mit dem um übliche Preisnachlässe geminderten üblichen Endpreis am Abgabeort bewertet werden (§ 8 Abs. 2 Satz 9 EStG). Für Sachbezüge, die mit dem Sachbezugswert bewertet werden, ist die Freigrenze damit nicht anwendbar.

e) Berücksichtigung des Rabattfreibetrags

Auch bei der Bewertung des geldwerten Vorteils aus Zinser- **2679** sparnissen können die besonderen Bewertungsvorschriften des § 8 Abs. 3 EStG (konkreter Endpreis des Arbeitgebers abzüglich 4 %, Rabattfreibetrag von 1 224 €) zur Anwendung kommen (BFH, Urteil vom 4.11.1994, BStBl II 1995 S. 338). Voraussetzung ist, dass der Arbeitgeber Darlehen **nicht überwiegend** an seine Arbeitnehmer gewährt. Diese Voraussetzung dürfte im Regelfall **nur im Bankgewerbe einschließlich Bausparkassen oder bei Versicherungsunternehmen** gegeben sein.

Sind diese Voraussetzungen aber erfüllt, besteht **weder für den Arbeitgeber noch für den Arbeitnehmer eine Wahlmöglichkeit**, denn die Bewertung nach § 8 Abs. 3 EStG geht der Bewertung nach § 8 Abs. 2 EStG vor. Allerdings kann die Bewertung nach § 8 Abs. 3 EStG durch einen Antrag auf Pauschalierung nach § 40 Abs. 1 Nr. 1 EStG „umgangen" werden, wenn es sich bei den Zinsersparnissen um **sonstige Bezüge** handelt. Wegen weiterer Einzelheiten zur Anwendung des Rabattfreibetrags im Bankgewerbe (→ Rabatte Rz. 1965).

4. Übergangsregelung für Zinsersparnisse und Zinszuschüsse zum Wohnungsbau

Die **Übergangsregelung** für Zinsersparnisse und Zinszuschüsse **2680** zum Wohnungsbau, vgl. R 28 LStR 2000, ist **zum 31.12.2000 ausgelaufen. Seit dem 1.1.2001 gelten die allgemeinen Regelungen** für Zinsersparnisse und Zinszuschüsse, vgl. → Rz. 2673.

5. Sozialversicherung

2681 Nach § 1 ArEV sind einmalige Einnahmen, laufende Zulagen, Zuschläge, Zuschüsse sowie ähnliche Einnahmen, die zusätzlich zu Löhnen oder Gehältern gewährt werden, nicht dem Arbeitsentgelt zuzurechnen, soweit sie lohnsteuerfrei sind. Hieraus folgt, dass Zinsersparnisse und Zinszuschüsse, soweit sie lohnsteuerpflichtig sind, auch beitragspflichtig in der Sozialversicherung sind. Bei Zinsersparnissen sind die lohnsteuerlichen Werte maßgebend (vgl. → *Sachbezüge* Rz. 2163).

Zivildienst

2682 Es gelten im Wesentlichen dieselben Grundsätze wie für die Bundeswehr (→ *Bundeswehr* Rz. 615).

1. Lohnsteuer

2683 Zivildienstleistende üben keine Tätigkeit als Arbeitnehmer aus, wenn die **Aufwendungen ständig die Einnahmen übersteigen** (FG Düsseldorf-Köln, Urteil vom 8.11.1978, EFG 1979 S. 75). Unabhängig hiervon sind **Geld- und Sachbezüge** sowie Aufwendungen für die **Heilfürsorge**, die an Zivildienstleistende nach § 35 ZDG gezahlt werden, nach § 3 Nr. 5 EStG steuerfrei. Dies gilt auch für eine kostenlos gestellte **Unterkunft**. Wenn den Zivildienstleistenden von der jeweiligen Beschäftigungsstelle keine dienstlichen Unterkünfte bereitgestellt werden können und sie deshalb eine „**Heimschlaferlaubnis**" erhalten, werden ihnen unter bestimmten Umständen die Fahrtkosten für die Fahrt zwischen Wohnung und Einsatzstelle erstattet. Dieses Fahrgeld ist ebenfalls nach § 3 Nr. 5 EStG steuerfrei (R 7 LStR).

2. Sozialversicherung

2684 Zivildienstleistende stehen **nicht in einem Arbeitsverhältnis zu der Einrichtung** bzw. Person, bei der der **Zivildienst abgeleistet wird**. Versicherungspflicht in der Sozialversicherung kann somit nicht eintreten. Allerdings bleibt während des Zivildienstes die auf Grund einer zuvor ausgeübten (ungekündigten) Beschäftigung bestehende Kranken-, Pflege-, Renten- und Arbeitslosenversicherung bestehen. Der **Arbeitgeber** hat den **Beginn und das Ende des Zivildienstes** der zuständigen Krankenkasse zu melden. Außerdem ist die Unterbrechung des Beschäftigungsverhältnisses mit einer **Unterbrechungsmeldung** (→ *Meldungen für Arbeitnehmer in der Sozialversicherung* Rz. 1699) anzuzeigen.

Zufluss von Arbeitslohn

1. Lohnsteuer

a) Zuflussprinzip und Auswirkungen

2685 Der Zeitpunkt, zu dem der Arbeitslohn dem Arbeitnehmer zufließt, ist für das Entstehen der Lohnsteuerschuld von Bedeutung. Denn nach § 38 Abs. 2 Satz 2 EStG entsteht die Lohnsteuer in dem Zeitpunkt, in dem der Arbeitslohn dem **Arbeitnehmer zufließt**. Ergänzend hierzu ist in § 38a Abs. 1 Satz 2 EStG festgelegt, dass **laufender Arbeitslohn** als in dem Kalenderjahr **bezogen gilt, in dem der Lohnzahlungszeitraum endet**.

Sonstige Bezüge werden demgegenüber nach § 38a Abs. 1 Satz 3 EStG in dem Kalenderjahr bezogen, in dem der sonstige Bezug dem **Arbeitnehmer zufließt**.

Der **Zuflusszeitpunkt** ist aber auch wichtig für die Frage, welche Fassung des Einkommensteuergesetzes, der Lohnsteuer-Durchführungsverordnung und der Lohnsteuer-Richtlinien anzuwenden ist oder nach welchen Besteuerungsmerkmalen (z.B. Steuerklasse, Familienstand oder Freibeträge auf der Lohnsteuerkarte) der Lohnsteuerabzug vorzunehmen ist (vgl. BFH, Urteil vom 4.7.2001, DStR Heft 41/2001 S. VI, betr. Lohnzuflüsse im Beitrittsgebiet in den Jahren 1990 und 1991).

Während der Zuflusszeitpunkt beim laufenden Arbeitslohn durch die Bezugnahme auf den Lohnzahlungszeitraum i.d.R. vorgegeben ist, bestehen beim Zufluss von **sonstigen Bezügen Gestaltungsspielräume**, denn hier kommt es allein darauf an, zu **welchem Zeitpunkt der sonstige Bezug an den Arbeitnehmer ausgezahlt wird**.

Beispiel 1:

Der Arbeitgeber zahlt dem Arbeitnehmer das Dezembergehalt für 2001 erst am 7.1.2002 aus.

Da es sich beim Dezembergehalt um laufenden Arbeitslohn handelt, gilt es bereits mit Ende des Lohnzahlungszeitraums als bezogen. Das Dezembergehalt ist trotz der Auszahlung im Januar 2002 bereits im Kalenderjahr 2001 zu versteuern.

Beispiel 2:

Der Arbeitgeber zahlt dem Arbeitnehmer das Weihnachtsgeld, das an sich bereits am 5.12.2001 fällig wäre, erst am 7.1.2002 aus.

Bei dem Weihnachtsgeld handelt es sich um einen sonstigen Bezug, der im Zeitpunkt des Zuflusses zu versteuern ist, also in 2002.

Hat der Arbeitgeber eine mit dem Arbeitnehmer getroffene **Lohnverwendungsabrede** erfüllt, ist Arbeitslohn zugeflossen, wenn der Arbeitnehmer **wirtschaftlich darüber verfügen** kann (R 104a LStR).

Beispiel 3:

Eine Firma gewährt ausgewählten Arbeitnehmern jährlich Bonuszahlungen, die von der Höhe des Geschäftsergebnisses abhängig sind. Noch bevor feststeht, ob und in welcher Höhe für das laufende Geschäftsjahr Bonuszahlungen geleistet werden, kann der einzelne Arbeitnehmer entscheiden, zu welchem Zeitpunkt er die Auszahlung der Bonuszahlung wünscht. Der frühestmögliche Auszahlungszeitpunkt liegt im März des dem Geschäftsjahr folgenden Jahres. Wünscht der Arbeitnehmer eine spätere Auszahlung (z.B. nach Pensionierung), bleibt die Bonuszahlung im Betrieb „stehen" und wird ab März bis zum Auszahlungszeitpunkt verzinst.

Nach Auffassung der obersten Finanzbehörden ist die Bonuszahlung zum frühestmöglichen Fälligkeitszeitpunkt, also jeweils im März des Folgejahrs, zugeflossen. Die Wahl des Arbeitnehmers stellt eine aufschiebend bedingte Lohnverwendungsabrede dar (vgl. BFH, Urteil vom 10.7.2001, BStBl II 2001 S. 646, betr. Kapitalerträge der Fa. Ambros S.A.). Insbesondere die Tatsache, dass der Bonusbetrag ab März verzinst wird, kann als Anzeichen dafür gewertet werden, dass die Beteiligten die Fälligkeit der Bonuszahlung für März annehmen und lediglich die Auszahlung auf einen späteren Zeitpunkt verschieben.

Arbeitslohn ist zugeflossen bei

– **wirtschaftlicher Verfügungsmacht** des Arbeitnehmers über den Arbeitslohn (BFH, Urteil vom 30.4.1974, BStBl II 1974 S. 541),

– **Zahlung, Verrechnung oder Gutschrift** (BFH, Urteil vom 10.12.1985, BStBl II 1986 S. 342),

– **Entgegennahme eines Schecks** oder Verrechnungsschecks, wenn die bezogene Bank im Fall der sofortigen Vorlage den Scheckbetrag auszahlen oder gutschreiben würde und der sofortigen Vorlage keine zivilrechtlichen Abreden entgegenstehen (BFH, Urteil vom 30.10.1980, BStBl II 1981 S. 305),

– **Einlösung oder Diskontierung** eines zahlungshalber hingegebenen **Wechsels** (BFH, Urteil vom 5.5.1971, BStBl II 1971 S. 624),

– Hingabe eines **Warengutscheins**, der **bei einem Dritten**, z.B. einem Kaufhaus, eingelöst werden kann (→ *Warengutscheine* Rz. 2598),

– **Nachentrichtung von Lohnsteuer** im Zahlungsjahr und nicht erst bei der späteren Anrechnung im Rahmen einer Einkommensteuerveranlagung (BFH, Urteil vom 29.11.2000, BStBl II 2001 S. 195).

Arbeitslohn ist hingegen **noch nicht zugeflossen** bei

– **Verzicht des Arbeitnehmers** auf Arbeitslohnanspruch, wenn er **nicht mit einer Verwendungsauflage** hinsichtlich der frei werdenden Mittel verbunden ist (BFH, Urteil vom 30.7.1993, BStBl II 1993 S. 884),

– **Verzicht des Arbeitnehmers** auf Arbeitslohnanspruch **zu Gunsten von Beitragsleistungen** des Arbeitgebers an eine Versorgungseinrichtung, die dem Arbeitnehmer keine Rechtsansprüche auf Versorgungsleistungen gewährt (BFH, Urteil vom 27.5.1993, BStBl II 1994 S. 246),

– **Gutschriften beim Arbeitgeber** zu Gunsten des Arbeitnehmers auf Grund **eines Gewinnbeteiligungs- und Vermögensbildungsmodells**, wenn der Arbeitnehmer über die gutgeschriebenen Beträge wirtschaftlich nicht verfügen kann (BFH, Urteil vom 14.5.1982, BStBl II 1982 S. 469),

– **Verpflichtung des Arbeitgebers** im Rahmen eines arbeitsgerichtlichen Vergleichs **zu einer Spendenzahlung**, ohne dass der Arbeitnehmer auf die Person des Spendenempfängers Einfluss nehmen kann; diese Vereinbarung enthält noch keine zu Einkünften aus nichtselbständiger Arbeit führende Lohnverwendungsabrede (BFH, Urteil vom 23.9.1998, BStBl II 1999 S. 98),

– **Einräumung eines Anspruchs gegen den Arbeitgeber**, sondern grundsätzlich erst durch dessen Erfüllung; dies gilt auch für den Fall, dass der Anspruch – wie ein solcher auf die spätere Verschaffung einer Aktie zu einem bestimmten Preis (**Aktienoptionsrecht**) – lediglich die Chance eines zukünftigen Vorteils beinhaltet (BFH, Urteile vom 24.1.2001, BStBl II 2001 S. 509 und 512); Zufluss von Arbeitslohn liegt mithin erst im Zeitpunkt der tatsächlichen Ausübung der Option vor und nicht bereits im Zeitpunkt der erstmaligen Ausübbarkeit (BFH, Urteil vom 20.6.2001, BStBl II 2001 S. 689).

– Hingabe eines **Warengutscheins**, der **nur beim Arbeitgeber** eingelöst werden kann (→ *Warengutscheine* Rz. 2598),

– **Beitragszahlungen des Arbeitgebers** zu einer **Gruppenunfallversicherung**, wenn die Ausübung der Rechte aus dem Versicherungsvertrag ausschließlich dem Arbeitgeber zusteht; dies gilt selbst dann, wenn zwar der Arbeitnehmer selbst Anspruchsinhaber der Versicherung ist, der Anspruch aber nur vom Arbeitgeber als Versicherungsnehmer geltend gemacht werden kann (BFH, Urteil vom 16.4.1999, BStBl II 2000 S. 406),

– **Gutschrift** künftigen Arbeitslohns **auf Arbeitszeitkonten** im Zeitpunkt der Gutschrift (BMF-Schreiben vom 4.2.2000, BStBl I 2000 S. 354),

– einer **Änderung der Zahlungsmodalitäten** über eine spätere Auszahlung des steuerpflichtigen Teils einer Entlassungsentschädigung (FG Düsseldorf, Urteil vom 10.5.2000, EFG 2000 S. 793).

Wird **der Anstellungsvertrag** in der Form **geändert**, dass der Barlohn herabgesetzt wird und der Arbeitgeber stattdessen dem Arbeitnehmer einen Sachbezug (z.B. in Form eines Nutzungsvorteils) gewährt, so fließt dem Arbeitnehmer nur der verbleibende Barlohn mit dem Nennwert und der Sachbezug mit den Werten des § 8 Abs. 2 und 3 EStG zu (BFH, Beschluss vom 20.8.1997, BStBl II 1997 S. 667).

Hinsichtlich des Zuflusszeitpunkt bei einer **arbeitnehmerfinanzierten Altersversorgung** vgl. → *Zukunftssicherung: Betriebliche Altersversorgung* Rz. 2695.

b) Bedingter Zufluss von Arbeitslohn

2686 Zu unterscheiden sind zwei Fälle:

– **Aufschiebende Bedingung**
  Bei der aufschiebenden Bedingung wird das Rechtsgeschäft erst mit **Eintritt der Bedingung wirksam** (§ 158 Abs. 1 BGB).

  Beispiel 1:
  Der Bundesligaverein A vereinbart mit seinen Spielern eine sog. Nichtabstiegsprämie, wenn sie den Klassenerhalt doch noch schaffen.
  Steuerpflichtiger Arbeitslohn fließt erst zu, wenn die Prämie ausgezahlt wird.

– **Auflösende Bedingung**
  Bei der auflösenden Bedingung tritt die **Wirkung** des Rechtsgeschäfts dagegen **sofort ein**, endet aber mit Eintritt der Bedingung, d.h., der frühere Rechtszustand tritt wieder ein (§ 158 Abs. 2 BGB). Ein Anspruch, der nach den getroffenen Vereinbarungen unter der Bedingung steht, dass das künftige ungewisse Ereignis nicht eintritt, ist regelmäßig nicht auflösend, sondern aufschiebend bedingt.

  Beispiel 2:
  Arbeitgeber A verkauft seinem Arbeitnehmer B ein Haus unter Verkehrswert. Der Vertrag sieht ein durch Auflassungsvormerkung dinglich gesichertes Wiederkaufsrecht u.a. für den Fall vor, dass der Arbeitnehmer vor Ablauf von 15 Jahren das Arbeitsverhältnis kündigt.

  Als geldwerter Vorteil ist zum Zeitpunkt der Grundstücksübereignung die Differenz zum Verkehrswert zu versteuern. Die Belastung durch das Wiederkaufsrecht darf – ebenso wie bei einem unter einer auflösenden Bedingung übereigneten Grundstück – nicht durch einen Abschlag berücksichtigt werden. Bei evtl. vorzeitiger Rückgabe des Grundstücks ergeben sich negative Einnahmen aus nichtselbständiger Arbeit (FG Düsseldorf, Urteil vom 23.6.1978, EFG 1979 S. 121). Vgl. dazu → *Rückzahlung von Arbeitslohn* Rz. 2119.

2. Sozialversicherung

2687 Sozialversicherungsbeiträge werden **unabhängig von der Auszahlung** des ihnen zu Grunde liegenden (geschuldeten und fälligen) Arbeitsentgelts an dem in der Satzung der Krankenkasse festgelegten Zahltag fällig; wird daher z.B. eine Sonderzahlung dem Arbeitnehmer bei Fälligkeit nicht ausgezahlt, dann sind für sie trotzdem Sozialversicherungsbeiträge zu entrichten.

Zukunftssicherung: Betriebliche Altersversorgung

1. Vorbemerkung

2688 Unter dem Begriff „Zukunftssicherung" sind **Vorsorgeleistungen des Arbeitgebers** zu verstehen, durch die der Arbeitgeber seine Arbeitnehmer oder diesen nahe stehende Personen für den Fall der **Krankheit**, des **Unfalls**, der **Invalidität**, des **Alters** oder des **Todes** absichert (§ 2 Abs. 1 Nr. 3 LStDV).

Für die Besteuerung ist entscheidend, ob der Arbeitgeber die Beiträge **freiwillig oder auf Grund einer gesetzlichen Verpflichtung** leistet.

Unter diesem Stichwort ist **allein die Zukunftssicherung auf Grund freiwilliger Verpflichtung** (betriebliche Altersversorgung) dargestellt. Wenn Sie sich über die Zukunftssicherung auf Grund gesetzlicher Verpflichtung (**gesetzliche Altersversorgung**) informieren wollen, so sehen Sie bitte unter dem Stichwort → *Zukunftssicherung: Gesetzliche Altersversorgung* Rz. 2762 nach.

2. Allgemeines

a) Arbeitsrecht

2689 Die betriebliche Altersversorgung hat als Instrument betrieblicher Sozialpolitik erhebliche Bedeutung.

Dem Arbeitgeber steht es grundsätzlich frei, ob er betriebliche Versorgungsleistungen erbringt und welche Versorgungsform er wählt. Im Übrigen sind aber bei der Ausgestaltung und Durchführung, insbesondere bei beabsichtigter Kürzung der betrieblichen Altersversorgung, einerseits das Mitbestimmungsrecht des Betriebsrats nach § 87 Abs. 1 Nr. 9 BetrVG und andererseits die Regelungen des Gesetzes zur Verbesserung der betrieblichen Altersversorgung zu berücksichtigen. Dies bedeutet insbesondere:

- Betriebliche Versorgungsanwartschaften bleiben auch nach dem Ausscheiden des Arbeitnehmers aus dem Unternehmen unter bestimmten Voraussetzungen erhalten, → Rz. 2707.

- Arbeitnehmer, die vor Vollendung des 65. Lebensjahrs Altersruhegeld der gesetzlichen Rentenversicherung in voller Höhe in Anspruch nehmen, können zugleich auch die Leistungen der betrieblichen Altersversorgung beanspruchen.

- Der Arbeitgeber hat in regelmäßigen Zeitabständen die laufenden Versorgungsleistungen anzupassen bzw. auf eine Anpassung zu überprüfen.

- Die betriebliche Altersversorgung ist im Falle der Insolvenz des Arbeitgebers dadurch gesichert, dass der Pensionssicherungs-Verein in Köln die Zahlungspflicht übernimmt.

In den neuen Bundesländern findet das Gesetz zur Verbesserung der betrieblichen Altersversorgung erst auf Versorgungszusagen Anwendung, die ab 1992 erteilt werden.

b) Altersvermögensgesetz

2690 Mit dem Altersvermögensgesetz vom 26.6.2001 (BGBl. I 2001 S. 1310) beabsichtigt der Gesetzgeber, einerseits einer weiteren Steigerung der Rentenversicherungslasten und damit der Lohnnebenkosten gegenzusteuern und andererseits die sich abzeichnenden Lücken in der gesetzlichen Altersversorgung aufzufangen. Diese Ziele verfolgt der Gesetzgeber

- durch staatliche **Unterstützung privater Altersvorsorge**, vgl. → *Altersvermögensgesetz* Rz. 72 und

- durch **Förderung der betrieblichen Altersversorgung**.

Die Förderung der betrieblichen Altersversorgung erfolgt im Wesentlichen dadurch, dass dem Arbeitnehmer **ab 1.1.2002 ein Rechtsanspruch** gegen den Arbeitgeber auf Umwandlung von Arbeitsentgelt (Kürzung durch Vereinbarung) in eine Anwartschaft auf Leistungen der betrieblichen Altersversorgung eingeräumt wird (§ 1a BetrAVG), vgl. → Rz. 2694.

c) Durchführungswege

2691 Ab 1.1.2002 werden in der betrieblichen Altersversorgung **fünf Durchführungswege** unterschieden:

- **Direktzusagen** des Arbeitgebers (→ Rz. 2708),

- Beiträge des Arbeitgebers an eine **Unterstützungskasse** (→ Rz. 2712),

- Beiträge des Arbeitgebers an eine **Pensionskasse** (→ Rz. 2719),

- Beiträge des Arbeitgebers an einen **Pensionsfonds** (→ Rz. 2724) und

- Beiträge des Arbeitgebers an eine **Direktversicherung** (→ Rz. 2728).

Im Wesentlichen unterscheiden sich diese Formen der betrieblichen Altersversorgung dadurch, dass bei der Direktzusage eine unmittelbare, vom Arbeitgeber zu erfüllende Verpflichtung begründet wird, während bei den übrigen Versorgungszusagen der Arbeitgeber sich zur Erfüllung seiner Verpflichtung einer Versicherungsgesellschaft, einer Pensionskasse, einem Pensionsfonds oder einer Unterstützungskasse bedient (**mittelbare Verpflichtung**). Für den Arbeitgeber entscheidet die Wahl der Versorgungszusage insbesondere darüber, wann ihn die Versorgungszusage wirtschaftlich belastet, wie sie sich steuerlich auswirkt und inwieweit er mit den bereitzustellenden Mitteln weiterhin im Unternehmen arbeiten kann.

Entscheidet sich der Arbeitgeber für eine Durchführung des Versorgungsanspruchs des Arbeitnehmers über einen **Pensionsfonds oder eine Pensionskasse**, so hat **der Arbeitnehmer keine Auswahl**.

Bietet der Arbeitgeber eine **Direktzusage oder eine Unterstützungskassenzusage** an, so kann der Arbeitnehmer dies ablehnen und den Abschluss einer **Direktversicherung verlangen**, unabhängig davon, ob der Arbeitgeber dies anbietet. Dabei obliegt die Auswahl des Versicherungsunternehmens dem Arbeitgeber.

Zu weiteren Einzelheiten vgl. Handbuch Betrieb und Personal, Fach 14, sowie zum Altersvermögensgesetz den „Ratgeber zur Altersvorsorge – Private und betriebliche Vorsorgeformen" aus dem Stollfuß Verlag, ISBN 3-08-212001-6.

d) Übersicht

2692 Je nach Durchführungsweg ergeben sich unterschiedliche steuerliche Rechtsfolgen, wie folgende Übersicht zeigt:

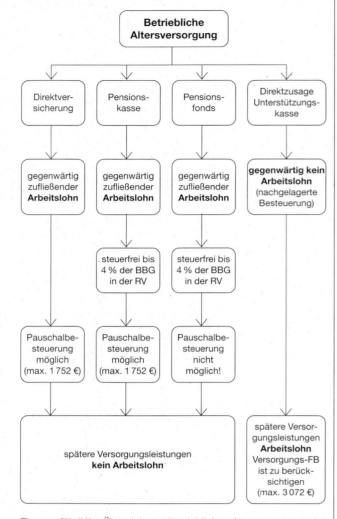

Eine ausführliche Übersicht zur betrieblichen Altersversorgung ist im Anhang abgedruckt, vgl. → *A. Lohnsteuer* Rz. 2805.

3. Freiwillige Leistungen des Arbeitgebers

2693 Ausgaben eines Arbeitgebers zur Zukunftssicherung seiner Arbeitnehmer, die er **ohne gesetzliche Verpflichtung** erbringt und die seinen Pflichtbeiträgen auch nicht gleichgestellt sind, gehören nach § 2 Abs. 2 Nr. 3 LStDV grundsätzlich zum steuerpflichtigen Arbeitslohn und sind somit auch beitragspflichtig in der Sozialversicherung.

Der Arbeitgeber kann aber die Lohnsteuer für Aufwendungen für eine Direktversicherung oder für Zuwendungen an eine Pensionskasse nach § 40b EStG mit einem Pauschalsteuersatz von 20 % erheben.

Es handelt sich um freiwillige Zukunftssicherungsleistungen, wenn

– **der Arbeitnehmer** seiner Zukunftssicherung ausdrücklich und stillschweigend **zustimmt**;

– **der Arbeitgeber** die Ausgaben nicht infolge gesetzlicher, sondern **auf Grund seiner freiwillig eingegangenen Verpflichtung** (Betriebsvereinbarung, Tarifvertrag, Einzelvereinbarung) erbringt;

– die Ausgaben vom Arbeitgeber **unmittelbar an die der Zukunftssicherung dienende Einrichtung** geleistet werden;

– der Arbeitnehmer **einen Rechtsanspruch** auf die späteren Versorgungsleistungen hat.

Für den Arbeitnehmer liegt demnach nach ständiger Rechtsprechung **gegenwärtig zufließender Arbeitslohn** vor, weil die Sache sich – wirtschaftlich betrachtet – so darstellt, als ob der Arbeitgeber dem Arbeitnehmer Beiträge zur Verfügung gestellt und der Arbeitnehmer sie zum Erwerb einer Zukunftssicherung verwendet hätte (BFH, Urteil vom 16.5.1975, BStBl II 1975 S. 642).

Außerdem muss es sich bei den Leistungen des Arbeitgebers um Beiträge handeln, die **zusätzlich zu dem ohnehin geschuldeten Arbeitslohn** erbracht werden. Lediglich bei der Pauschalierung der Lohnsteuer bei Beiträgen an eine Direktversicherung nach § 40b EStG ist eine Umwandlung des geschuldeten Barlohns in Beiträge für eine Direktversicherung unschädlich.

Hat der Arbeitnehmer **keinen Rechtsanspruch** auf Versorgung gegen die Versorgungseinrichtung, so begründen Beitragsleistungen des Arbeitgebers an die Versorgungseinrichtung keinen Lohnzufluss. Dies gilt selbst dann, wenn ein Arbeitgeber in der Vergangenheit derartige Beitragsleistungen als steuerpflichtigen Arbeitslohn behandelt hat (BFH, Urteil vom 27.5.1993, BStBl II 1994 S. 246).

4. Entgeltumwandlung

a) Arbeitsrecht

2694 Arbeitnehmer, die in der gesetzlichen Rentenversicherung pflichtversichert sind, haben seit dem 1.1.2002 einen **Anspruch auf** betriebliche Altersversorgung durch **Entgeltumwandlung** (§ 17 BetrAVG). Der Anspruch auf Entgeltumwandlung besteht nach § 1a Abs. 1 BetrAVG bis zur Höhe von 4 % der jeweiligen Beitragsbemessungsgrenze in der gesetzlichen Rentenversicherung, für 2002 also in den alten Bundesländern bis zu 2 160 € (4 % von 54 000 €) und in den neuen Bundesländern bis zu 1 800 € (4 % von 45 000 €).

Die Durchführung des Anspruchs auf betriebliche Altersvorsorge durch Entgeltumwandlung erfolgt durch **Vereinbarung zwischen Arbeitnehmer und Arbeitgeber**. Die Vereinbarung kann auf individueller, betrieblicher oder auf tariflicher Grundlage erfolgen. Besteht eine Pensionskasse oder wird ein Pensionsfonds eingerichtet, darf der Arbeitgeber diese Möglichkeit anbieten und den Anspruch hierauf beschränken. Im Übrigen kann der Arbeitnehmer den Abschluss einer Direktversicherung durch den Arbeitgeber verlangen (§ 1a Abs. 1 BetrAVG).

Soweit eine **durch Entgeltumwandlung finanzierte betriebliche Altersversorgung besteht**, ist der Anspruch auf Entgeltumwandlung **ausgeschlossen** (§ 1a Abs. 2 BetrAVG). Hierdurch soll der Höchstbetrag von 4 % der jeweiligen Beitragsbemessungsgrenze in der gesetzlichen Rentenversicherung für eine Entgeltumwandlung ausgeschöpft werden können, auch wenn bereits in vergangenen Jahren Entgeltumwandlungen für eine betriebliche Altersversorgung vorgenommen wurden.

Wenn Entgeltansprüche auf einem Tarifvertrag beruhen, können sie für eine Entgeltumwandlung nur genutzt werden, wenn ein Tarifvertrag dies vorsieht oder dies durch Tarifvertrag (im Wege der Betriebsvereinbarung oder durch individuelle Vereinbarung) zugelassen ist. Für tarifgebundene Arbeitnehmer und Arbeitgeber besteht ein **Tarifvorrang** für eine arbeitnehmerfinanzierte betriebliche Altersvorsorge durch Entgeltumwandlung (§ 17 Abs. 5 BetrAVG).

Der Arbeitnehmer kann bei einer Entgeltumwandlung für eine betriebliche Altersversorgung, die über einen Pensionsfonds, eine Pensionskasse oder eine Direktversicherung durchgeführt wird, verlangen, dass die **Voraussetzungen für eine steuerliche Förderung** (Altersvorsorgezulage und Sonderausgabenabzug) **erfüllt werden** (§ 1a Abs. 3 BetrAVG).

b) Lohnsteuer

2695 Bei einer betrieblichen Altersversorgung durch Entgeltumwandlung (**arbeitnehmerfinanzierte betriebliche Altersversorgung**) ist lohnsteuerlich von **folgenden Grundsätzen** auszugehen (BMF-Schreiben vom 4.2.2000, BStBl I 2000 S. 354):

aa) Betriebliche Altersversorgung

2696 Eine betriebliche Altersversorgung liegt nur vor, wenn die **Voraussetzungen des Gesetzes zur Verbesserung der betrieblichen Altersversorgung erfüllt** sind.

Dabei ist zu beachten, dass eine nach versicherungsmathematischen Grundsätzen berechnete Leistung nicht zwingend ist. Eine Gehaltsumwandlung zu Gunsten einer betrieblichen Altersversorgung ist in den Fällen des § 1 Abs. 5 BetrAVG steuerlich auch dann anzuerkennen, wenn die Wertgleichheit außerhalb versicherungsmathematischer Grundsätze berechnet wird und es sich um betriebliche Altersversorgung i.S. des Gesetzes zur Verbesserung der betrieblichen Altersversorgung handelt. Ob diese Voraussetzung erfüllt ist, wird die Finanzverwaltung im Benehmen mit der Arbeitsverwaltung entscheiden.

bb) Zukünftige Gehaltsansprüche

2697 Wenn Arbeitgeber und Arbeitnehmer vereinbaren, Arbeitslohnansprüche, die **dem Grunde nach rechtlich noch nicht entstanden** sind (künftiger Arbeitslohn), zu Gunsten einer betrieblichen Altersversorgung herabzusetzen, führt dies **im Zeitpunkt der Vereinbarung** über die Gehaltsänderung oder der Auszahlung des vereinbarungsgemäß geminderten Arbeitslohns **nicht zum Zufluss** des Teils des Arbeitslohns, der für eine betriebliche Altersversorgung verwandt werden soll.

Dabei ist unbedeutend, ob es sich bei dem „künftigen Arbeitslohn" um laufenden Arbeitslohn oder um sonstige Bezüge, wie z.B. Weihnachtsgeld, Tantieme oder Jubiläumszuwendungen, handelt.

cc) Zeitpunkt des Zuflusses des umgewandelten Arbeitslohns

2698 Der **Zeitpunkt des Zuflusses** dieses Teils des Arbeitslohns richtet sich **nach dem Durchführungsweg** der zugesagten betrieblichen Altersversorgung. Das bedeutet:

– Bei der Versorgung über eine **Direktversicherung, eine Pensionskasse** oder einen **Pensionsfonds** fließt der Lohn im Zeitpunkt der Zahlung der Beiträge durch den Arbeitgeber an die entsprechende Versorgungseinrichtung zu (§ 40b EStG, R 129 LStR), soweit der Arbeitslohn nicht nach § 3 Nr. 63 EStG steuerfrei ist, vgl. auch → Rz. 2719, → Rz. 2724, → Rz. 2728.

– Bei der Versorgung über eine **Direktzusage oder Unterstützungskasse** fließt der Lohn hingegen erst im Zeitpunkt der Zahlung der Altersversorgungsleistungen an den Arbeitnehmer zu. Zur Abgrenzung von Direktzusagen, Rückdeckungsversicherungen und rückgedeckten Unterstützungskassen von der Direktversicherung vgl. R 129 LStR sowie → Rz. 2708, → Rz. 2712.

dd) Unschädlichkeit eines „Schattengehalts"

2699 Bei der **Herabsetzung künftigen Arbeitslohns** zu Gunsten einer betrieblichen Altersversorgung i.S. des Gesetzes zur Verbesserung der betrieblichen Altersversorgung ist es **unschädlich**, wenn der **bisherige ungekürzte Arbeitslohn weiterhin Bemessungsgrundlage für künftige Erhöhungen** des Arbeitslohns oder andere Arbeitgeberleistungen, wie z.B. Weihnachtsgeld, Tantieme, Jubiläumszuwendungen, betriebliche Altersversorgung, bleibt (sog. Schattengehalt).

ee) Unschädlichkeit einer Befristung oder eines Widerrufs

2700 Es ist unschädlich, wenn die Gehaltsminderung **zeitlich begrenzt** ist oder vereinbart wird, dass der Arbeitnehmer oder der Arbeitgeber sie für künftigen Arbeitslohn **einseitig ändern** können.

ff) Biometrisches Risiko

2701 Eine **betriebliche Altersversorgung** liegt nur dann vor, wenn der Arbeitgeber **mindestens ein biometrisches Risiko** (Alter, Tod, Invalidität) übernimmt und – vorbehaltlich der in § 3 BetrAVG geregelten Ausnahmen – Ansprüche auf Leistungen **erst mit dem Eintritt des biologischen Ereignisses fällig** werden.

Das biometrische Risiko ist

– bei der **Altersversorgung** das **altersbedingte Ausscheiden** aus dem Erwerbsleben; hier gilt als **Untergrenze** für betriebliche Altersversorgungsleistungen **die Vollendung des 60.**

Lebensjahrs; nur in Ausnahmefällen können betriebliche Altersversorgungsleistungen auch schon vor Vollendung des 60. Lebensjahrs gewährt werden, so z.B. bei Berufsgruppen wie Piloten, bei denen schon vor Vollendung des 60. Lebensjahrs Versorgungsleistungen üblich sind; ob solche Ausnahmefälle vorliegen, ist auf Grund von gesetzlichen oder tarifvertraglichen Regelungen zu prüfen; die in Einzelfällen, z.B. auf Grund einer Individualvereinbarung vor Vollendung des 60. Lebensjahrs fälligen Versorgungsleistungen stellen dagegen keine betriebliche Altersversorgung dar,

– bei der **Invaliditätsversorgung** der **Invaliditätseintritt** und

– bei der **Hinterbliebenenversorgung** der **Tod des Arbeitnehmers**; die Hinterbliebenenversorgung i.S. des Gesetzes zur Verbesserung der betrieblichen Altersversorgung umfasst Leistungen an die Witwe des Arbeitnehmers bzw. den Witwer der Arbeitnehmerin, die Kinder i.S. des § 32 Abs. 3 und 4 Satz 1 Nr. 1 bis 3 EStG, den früheren Ehegatten, in Einzelfällen auch an die Lebensgefährtin bzw. den Lebensgefährten.

gg) Zahlungsweise der Altersversorgung

2702 Die **Zahlungsweise** der Altersversorgungsleistungen (lebenslange Rentenzahlung, befristete Zahlung, Einmalzahlung) ist für die steuerliche Beurteilung des zu Gunsten der betrieblichen Altersversorgung herabgesetzten künftigen Arbeitslohns **unerheblich**.

hh) Sicherung durch Pensions-Sicherungs-Verein

2703 Ein **Indiz für das Vorliegen von Altersversorgungsleistungen** i.S. des Gesetzes zur Verbesserung der betrieblichen Altersversorgung sind bei der Versorgung über eine Direktzusage oder Unterstützungskasse **Beiträge des Arbeitgebers an den Pensions-Sicherungs-Verein** VVaG, Köln (§ 14 BetrAVG).

ii) Keine betriebliche Altersversorgung

2704 Keine betriebliche Altersversorgung nach dem Gesetz zur Verbesserung der betrieblichen Altersversorgung liegt vor, wenn zwischen Arbeitnehmer und Arbeitgeber die **Vererblichkeit von Anwartschaften** vereinbart ist.

Auch Vereinbarungen, nach denen künftig fällig werdender Arbeitslohn (z.B. Tantiemen) teilweise gutgeschrieben und **ohne Abdeckung eines biometrischen Risikos** zu einem späteren Zeitpunkt (z.B. bei Ausscheiden aus dem Dienstverhältnis) gegebenenfalls mit Wertsteigerung ausgezahlt werden, beziehen sich nicht auf eine betriebliche Altersversorgung. In einer solchen Vereinbarung kann eine Abrede über eine Lohnverwendung liegen, die **im Zeitpunkt der ursprünglich vereinbarten Fälligkeit** zum Zufluss von Arbeitslohn führt, wenn Arbeitgeber und Arbeitnehmer Rechtsgeschäfte wie zwischen fremden Dritten abschließen (z.B. Darlehen), zu deren Erfüllung Barlohn verwendet wird (BFH, Beschluss vom 20.8.1997, BStBl II 1997 S. 667).

Keine betriebliche Altersversorgung liegt ebenfalls vor, wenn die Entgeltumwandlungsvereinbarung zu Gunsten der betrieblichen Altersversorgung eine **Abfindung** vorsieht oder die betriebliche Altersversorgung, z.B. im Falle des Ausscheidens aus dem Betrieb, abgefunden wird. Dies gilt auch in den Fällen, in denen die Anwartschaft noch verfallbar oder nur vertraglich unverfallbar ist. **Unschädlich** ist lediglich die Abfindung gesetzlich unverfallbarer Anwartschaften im Rahmen des § 3 BetrAVG.

jj) Verwendung des Arbeitszeitkontos für Altersversorgung

2705 Wegen der Verwendung von Arbeitszeitkonten für die Altersversorgung vgl. → *Arbeitszeitmodelle* Rz. 248.

c) Sozialversicherung

2706 Bei einer betrieblichen Altersversorgung durch Entgeltumwandlung (**arbeitnehmerfinanzierte betriebliche Altersversorgung**) ist sozialversicherungsrechtlich von **folgenden Grundsätzen** auszugehen:

– Beiträge zur betrieblichen Altersversorgung, die nach § 40b EStG pauschal versteuert werden und aus einer Entgeltumwandlung stammen, gehören zum sozialversicherungspflichtigen Entgelt (§ 2 Abs. 1 Satz 1 Nr. 3 ArEV).

– Beiträge zur betrieblichen Altersversorgung, die nach § 3 Nr. 63 EStG steuerfrei sind und aus einer Entgeltumwandlung stammen, gehören **bis zum 31.12.2008 nicht zum sozialversicherungspflichtigen Entgelt**. Ab dem 1.1.2009 sind solche Beiträge sozialversicherungspflichtig (§ 2 Abs. 2 Nr. 5 ArEV).

5. Unverfallbarkeit von Anwartschaften

2707 **Unverfallbarkeit** in der betrieblichen Altersversorgung bedeutet, dass ein einmal erworbener Anspruch erhalten bleibt. Dies gilt auch dann, wenn das Beschäftigungsverhältnis vor dem Beginn der Zahlung einer betrieblichen Altersversorgung endet. Anwartschaften bei einer durch den Arbeitgeber finanzierten Zusage auf eine betriebliche Altersversorgung werden bei Versorgungszusagen, die **seit dem 1.1.2001** erteilt werden, **unverfallbar**, wenn

– die Versorgungszusage **mindestens fünf Jahre** bestanden hat und

– der Arbeitnehmer das **30. Lebensjahr vollendet** hat (§ 1b Abs. 1 BetrAVG).

Dadurch will der Gesetzgeber die Bedingungen für die Mobilität der Beschäftigten verbessern, weil die Mitnahme einmal erworbener Ansprüche erleichtert wird. Außerdem soll die Verkürzung der Unverfallbarkeitsfristen Frauen zu Gute kommen, die bisher oftmals ihre Betriebsrentenansprüche wegen kindererziehungsbedingter Unterbrechungen der Berufstätigkeit verloren haben.

Bei Arbeitnehmern, die bereits **vor dem 1.1.2001 Versorgungszusagen** erhalten haben, wird die Anwartschaft auf die betriebliche Altersversorgung **unverfallbar**, wenn die Zusage seit dem 1.1.2001 fünf Jahre bestanden hat und der Arbeitnehmer bei Beendigung des Arbeitsverhältnisses das 30. Lebensjahr vollendet hat (§ 30f BetrAVG).

Eine Versorgungsanwartschaft auf betriebliche Altersversorgung, die durch **Entgeltumwandlung** erworben wird, ist **sofort gesetzlich unverfallbar** (§ 1b Abs. 5 BetrAVG).

6. Direktzusagen

a) Begriff

2708 Direktzusagen, für deren Erfüllung der Arbeitgeber Pensionsrückstellungen nach § 6a EStG bildet, räumen dem Arbeitnehmer zwar **einen Rechtsanspruch auf spätere Versorgungsleistungen** ein; derartige Rückstellungen lösen gleichwohl **keinen Arbeitslohn bei dem versorgungsberechtigten Arbeitnehmer** aus, da es an einer Ausgabe des Arbeitgebers an einen Dritten fehlt.

Dagegen stellen die späteren Leistungen des Arbeitgebers bei Eintritt des Versorgungsfalls Arbeitslohn dar.

b) Ablösung von Pensionszusagen

2709 Wird eine **Pensionsrückstellung aufgelöst** und geht die Verpflichtung des Arbeitgebers auf spätere Versorgungsleistungen auf eine Pensionskasse oder durch Abschluss einer Direktversicherung auf ein Lebensversicherungsunternehmen über, so handelt es sich bei den an die Pensionskasse **zuzuführenden Zuwendungen** oder bei den zu leistenden Beiträgen für die Direktversicherung **um gegenwärtig zufließenden Arbeitslohn**, weil der Arbeitnehmer im Zeitpunkt der Übertragung einen unentziehbaren Rechtsanspruch auf die spätere Versorgungsleistung erwirbt.

c) Übertragung auf Pensionsfonds

2710 Die **Übertragung** von Direktzusagen **auf einen Pensionsfonds** führt ebenfalls grundsätzlich zu steuerpflichtigem Arbeitslohn, sie ist jedoch nach § 3 Nr. 66 EStG ab 2002 **steuerfrei**. Die Steuerfreiheit setzt allerdings voraus, dass der Arbeitgeber einen Antrag nach § 4e Abs. 3 EStG stellt und damit die beim Arbeitgeber durch die Übertragung entstehenden zusätzlichen Betriebsausgaben auf zehn Jahre verteilt werden. Die steuerfreie Übertragung

von Versorgungszusagen auf Pensionsfonds ist auch dann möglich, wenn der Arbeitnehmer bereits Versorgungsleistungen erhält.

d) Sozialversicherung

• Neue Rechtslage **2711**

Ab 1.1.2002 gehören zum Arbeitsentgelt nach § 14 Abs. 1 Satz 2 SGB IV auch Entgeltbestandteile, die durch Entgeltumwandlung für eine Direktzusage verwendet werden. Nach § 115 SGB IV sind diese Entgeltbestandteile bis zum 31.12.2008 jedoch kein Arbeitsentgelt, soweit sie 4 % der jährlichen Beitragsbemessungsgrenze der Rentenversicherung der Arbeiter und Angestellten nicht übersteigen (2002 = 2160 €). Der die 4 % übersteigende Betrag ist Arbeitsentgelt und unterliegt somit der Beitragspflicht in der Sozialversicherung.

Eine Entgeltumwandlung in dem Durchführungsweg Direktzusage ist ab dem 1.1.2009 generell Arbeitsentgelt. Es besteht im vollem Umfang Beitragspflicht.

• Altfälle

Nach dem Besprechungsergebnis der Spitzenverbände der Sozialversicherungsträger vom 6./7.5.1998, Sozialversicherungs-Handausgabe 2001 VL 17 IV/11, waren Entgeltumwandlungen zu Gunsten einer Direktzusage kein beitragspflichtiges Arbeitsentgelt in der Sozialversicherung. Das hatte zur Folge, dass das in der Sozialversicherung beitragspflichtige Arbeitsentgelt um den Betrag der Entgeltumwandlung zu mindern war. Für diese Altfälle gibt es keine Übergangsregelung, so dass die neue Rechtslage auch auf sie anzuwenden ist. Vom 1.1.2002 an sind Entgeltumwandlungen zu Gunsten einer Direktzusage nur noch in Höhe von 4 % der Beitragsbemessungsgrenze der Rentenversicherung der Arbeiter und Angestellten beitragsfrei in der Sozialversicherung. Sofern in der Vergangenheit höhere Entgeltbestandteile umgewandelt worden sind, sind sie vom 1.1.2002 an beitragspflichtig in der Sozialversicherung, soweit sie 4 % der Beitragsbemessungsgrenze der Rentenversicherung der Arbeiter und Angestellten überschreiten.

7. Unterstützungskasse

a) Begriff

Eine Unterstützungskasse ist wie die Pensionskasse eine **2712** **rechtsfähige Versorgungseinrichtung** (z.B. eine GmbH, Stiftung, eingetragener Verein), die auf ihre Leistungen jedoch keinen Rechtsanspruch gewährt (vgl. R 27a EStR). Es gibt aber auch **nicht rechtsfähige Unterstützungskassen**, z.B. nicht eingetragene Vereine. Die Unterscheidung hat nur für den **Betriebsausgabenabzug** der Zuwendungen des Arbeitgebers an die Unterstützungskasse Bedeutung.

Für die lohnsteuerliche Behandlung ist allein von Bedeutung, dass der Arbeitnehmer keinen Rechtsanspruch auf die Leistungen aus der Unterstützungskasse hat.

b) Zahlungen an eine Unterstützungskasse

Da der Arbeitnehmer gegen die Unterstützungskasse keinen **2713** Rechtsanspruch hat, stellen für ihn die Einzahlungen des Arbeitgebers **keinen Arbeitslohn** dar (vgl. BFH, Urteil vom 27.5.1993, BStBl II 1994 S. 246, m.w.N.), auch nicht bei einem Gehaltsverzicht zu Gunsten von Beitragsleistungen an eine Unterstützungskasse (vgl. BMF-Schreiben vom 21.4.1998, NWB 1998 Fach 1 S. 154, betr. betriebliche Altersversorgung nach dem Versorgungstarifvertrag der elf Landesrundfunkanstalten). Das gilt auch für Zuwendungen an Unterstützungskassen, die nur einmalige Zahlungen gewähren, z.B. Notstandsbeihilfen.

Leistungen des Arbeitgebers an eine Unterstützungskasse sind auch dann beim Arbeitnehmer **nicht sofort als Arbeitslohn zu versteuern**, wenn auf Grund der Rechtsprechung des Bundesarbeitsgerichts auf die (späteren) Leistungen der Unterstützungskasse ein **Quasi-Rechtsanspruch** besteht und die Unterstützungskasse eine Insolvenz- und Rückdeckungsversicherung abgeschlossen hat. Zu versteuern sind erst die **späteren Versorgungsleistungen** (sog. nachgelagerte Besteuerung). Die Finanzverwaltung folgt damit dem FG Köln (Urteil vom 17.12.1997,

EFG 1998 S. 875), nachdem der Bundesfinanzhof die Nicht-zulassungsbeschwerde als unbegründet zurückgewiesen hat (Beschluss vom 16.9.1998, BFH/NV 2000 S. 457), vgl. OFD Hannover, Verfügung vom 3.3.2000, DB 2000 S. 648.

⌊s̸t⌋ ⓈⓋ

c) Übertragung auf Pensionsfonds

2714 Wie bei der Übertragung von Direktzusagen führt die **Übertragung** von Versorgungsverpflichtungen aus einer Unterstützungskasse **auf einen Pensionsfonds** grundsätzlich zu steuerpflichtigem Arbeitslohn, sie ist jedoch ebenfalls nach § 3 Nr. 66 EStG ab 2002 **steuerfrei**. Die Steuerfreiheit setzt voraus, dass der Arbeitgeber einen Antrag nach § 4d Abs. 3 EStG stellt und damit die beim Arbeitgeber durch die Übertragung entstehenden zusätzlichen Betriebsausgaben auf zehn Jahre verteilt werden. Die steuerfreie Übertragung von Versorgungsverpflichtungen aus einer Unterstützungskasse auf Pensionsfonds ist auch dann möglich, wenn der Arbeitnehmer bereits Versorgungsleistungen erhält.

⌊s̸t⌋ ⓈⓋ

d) Zahlungen aus einer Unterstützungskasse

2715 Steuerpflichtiger Arbeitslohn sind die späteren Leistungen aus der Unterstützungskasse, soweit sie **nicht nur von Fall zu Fall** gewährt werden und somit als Unterstützung **steuerfrei** sind (BFH, Urteil vom 28.3.1958, BStBl III 1958 S. 268); siehe auch → *Unterstützungen* Rz. 2487. Sofern z.B. die altersmäßigen Voraussetzungen erfüllt sind, können sie unter den allgemeinen Voraussetzungen des § 19 Abs. 2 EStG als Versorgungsbezüge angesehen und um den Versorgungs-Freibetrag gekürzt werden (→ *Versorgungsbezüge* Rz. 2560; → *Versorgungs-Freibetrag* Rz. 2565).

⌊Lst⌋ ⓈⓋ

Sind die aus Unterstützungskassen oder Betriebsratskassen (oft auch als „**Freud- und Leidkassen**" bezeichnet) gezahlten Beträge steuerpflichtig und werden die Kassen sowohl aus Zuwendungen des Arbeitgebers als auch aus eigenen versteuerten Mitteln der Arbeitnehmer (z.B. Restcent bei Lohnabrechnungen) getragen, so ist eine **Steuerpflicht** der Beträge nur in der Höhe des **Anteils (Prozentsatz) des Arbeitgebers an den Gesamteinzahlungen** zur Kasse gegeben.

⌊Lst⌋ ⓈⓋ

e) Lohnsteuerabzug

2716 Bei den Leistungen aus der Unterstützungskasse handelt es sich zwar um eine **Lohnzahlung durch Dritte**. Der **Arbeitgeber** hat jedoch den **Lohnsteuerabzug vorzunehmen**, wenn die Unterstützungskasse nur die Stellung einer „zahlenden Kasse" hat, vgl. H 106 (Lohnsteuerabzug) LStH. Die Finanzverwaltung hat zugelassen, dass Leistungen aus Unterstützungskassen in sinngemäßer Anwendung des § 40a EStG unter Verzicht auf die Vorlage einer Lohnsteuerkarte mit **20 % pauschal besteuert** werden, sofern die Unterstützungsleistungen **monatlich 204,52 €** (= 400 DM) **nicht übersteigen** (vgl. FinMin Nordrhein-Westfalen, Erlass vom 15.1.1976, DB 1976 S. 174).

f) Steuersparmodelle

2717 Es sind Steuersparmodelle bekannt geworden, nach denen ein Arbeitgeber (Trägerunternehmen) einem bei ihm beschäftigten (jungen) Arbeitnehmer neben dem (ggf. geminderten) laufenden Gehalt **über eine Unterstützungskasse** eine sofort beginnende (lebenslänglich laufende) **Rente gewährt**. Damit die Unterstützungskasse diese Rentenzahlungen leisten kann, wendet der Arbeitgeber der Kasse einen Betrag in Höhe des **Deckungskapitals** für die laufende Leistung zu. Die **laufenden Gehaltszahlungen des Arbeitgebers** an den Arbeitnehmer sowie die laufenden **Zahlungen der Unterstützungskasse** an den Arbeitnehmer (vor und nach dessen Eintritt in den Ruhestand) sind im jeweiligen Zahlungszeitpunkt **lohnsteuerpflichtig**.

⌊Lst⌋ ⓈⓋ

Die **Einmalzuwendung** des Arbeitgebers an die Unterstützungskasse unterliegt dagegen **nicht der Lohnsteuerpflicht** (OFD Magdeburg, Verfügung vom 18.2.1994, BB 1994 S. 901).

⌊s̸t⌋ ⓈⓋ

g) Sozialversicherung

Es gelten die gleichen Regelungen wie zur Direktzusage **2718** (→ Rz. 2711).

8. Pensionskasse

a) Begriff

Der **Begriff** der Pensionskasse ist in § 1 Abs. 3 BetrAVG definiert. **2719** Danach ist eine Pensionskasse eine rechtsfähige **Versorgungseinrichtung**, die dem Arbeitnehmer oder seinen Hinterbliebenen einen Rechtsanspruch auf ihre Leistungen gewährt. Sie kann von einem Arbeitgeber allein oder von mehreren Arbeitgebern errichtet werden und unterliegt der allgemeinen Aufsicht durch das Bundesaufsichtsamt für das Versicherungs- und Bausparwesen. Pensionskassen können in der Form einer Kapitalgesellschaft, eines Versicherungsvereins auf Gegenseitigkeit oder einer Stiftung betrieben werden.

Die **Mittel** für die von der Pensionskasse zugesagten Versorgungsleistungen werden entweder ausschließlich durch den Arbeitgeber oder vom Arbeitgeber und den Arbeitnehmern gemeinsam erbracht.

b) Zahlungen an eine Pensionskasse

Beiträge aus dem **ersten Dienstverhältnis** an eine Pensions- **2720** kasse sind nach § 3 Nr. 63 EStG steuerfrei, soweit sie insgesamt im Kalenderjahr 4 % der Beitragsbemessungsgrenze in der Rentenversicherung der Arbeiter und Angestellten nicht übersteigen (für 2002 sind also in den alten Bundesländern bis zu 2 160 € und in den neuen Bundesländern bis zu 1 800 € steuerfrei) und der Arbeitnehmer nicht die individuelle Besteuerung wegen der Altersvorsorgezulage oder den Sonderausgabenabzug verlangt (→ *Altersvermögensgesetz* Rz. 72). Bei diesem Betrag handelt es sich um einen Jahresbetrag, so dass die 4 %-Grenze auch dann ausgeschöpft werden kann, wenn der Arbeitnehmer nur einige Monate im Jahr beschäftigt wird. Andererseits muss der Arbeitgeber bereits gezahlte Beiträge eines früheren Arbeitgebers berücksichtigen. Daher hat der Arbeitgeber die steuerfreien Beiträge auf der Lohnsteuerkarte des Arbeitnehmers zu bescheinigen (→ *Lohnsteuerbescheinigung* Rz. 1565).

⌊s̸t⌋ ⓈⓋ

Nicht steuerfreie Zuwendungen des Arbeitgebers an die Pensionskasse sind beim Arbeitnehmer steuer- und beitragspflichtig (§ 2 Abs. 2 Nr. 3 LStDV). Dies gilt selbst dann, wenn die Rechtsposition des Arbeitnehmers noch nicht absolut gefestigt ist. Es ist deshalb unerheblich, ob größere oder geringere Wartezeiten bestimmt sind oder ob ein Arbeitnehmer bei vorzeitigem Ausscheiden unter Umständen leer ausgeht. Auch die Übernahme der Verwaltungskosten einer Pensionskasse durch das Trägerunternehmen unterliegt der Lohnsteuer (FG Baden-Württemberg, Urteil vom 7.2.2000, EFG 2000 S. 495).

⌊Lst⌋ ⓈⓋ

Wenn nur **eine geringe Aussicht** auf den Eintritt des späteren Versorgungsfalls besteht (z.B. bei besonders langen Wartezeiten), können im Hinblick auf die Begründung für die anders lautende Regelung bei Unterstützungskassen Zweifel an der Steuerpflicht der Arbeitgeberleistungen entstehen. Das gilt besonders dann, wenn die Pensionskasse unter einer anderen Bezeichnung firmiert (z.B. Unterstützungsverein). Die Steuerpflicht der Zuwendung an die Kasse ist **immer dann anzunehmen**, wenn die Kasse wie eine Versicherungsgesellschaft **der Aufsicht des Bundesaufsichtsamts für das Versicherungswesen** unterliegt.

Soweit die Zuwendungen des Arbeitgebers an die Pensionskasse steuerpflichtig sind, kommt die **Pauschalierung der Lohnsteuer mit 20 %** in Betracht (BFH, Urteil vom 29.4.1991, BStBl II 1991 S. 647). Zu Einzelheiten siehe → Rz. 2736. In diesem Fall sind die Leistungen regelmäßig beitragsfrei (§ 2 Abs. 1 Nr. 3 ArEV).

⌊Lst⌋ ⓈⓋ

Beispiel:

Ein Arbeitgeber in Hannover entrichtet für seinen Arbeitnehmer (Steuerklasse III) Beiträge an eine Pensionskasse in Höhe von 500 € im Monat.

Soweit eine Lohnsteuerpauschalierung in Betracht kommt, soll diese auch genutzt werden.

Beiträge an Pensionskassen sind gegenwärtig zufließender und zu versteuernder Arbeitslohn. Da der Arbeitnehmer eine Lohnsteuerkarte mit der Steuerklasse III vorgelegt hat, kann der Arbeitgeber davon ausgehen, dass es sich um das erste Dienstverhältnis des Arbeitnehmers handelt (vgl. BFH, Urteil vom 12.8.1996, BStBl II 1997 S. 143). Von dem monatlichen Betrag von 500 € sind

- nach § 3 Nr. 63 EStG steuerfrei (4 % von 4 500 € = monatliche Beitragsbemessungsgrenze in der Rentenversicherung)   180 €,
- nach § 40b EStG mit 20 % pauschal zu versteuern   146 €,
- individuell als laufender Arbeitslohn zu versteuern   174 €.

Für den individuell zu versteuernden Beitrag kommt die Altersvorsorgezulage bzw. der Sonderausgabenabzug in Betracht, vgl. → *Altersvermögensgesetz* Rz. 72.

c) Pauschalzuweisungen

2721 Bei den Leistungen des Arbeitgebers an die Pensionskasse handelt es sich häufig **um Pauschalzuweisungen**, die bei der Versteuerung auf die Zahl der gesicherten Arbeitnehmer zu verteilen sind. Bei Pensionskassen können Zweifel auftreten, ob zu den gesicherten Arbeitnehmern **auch die Versorgungsempfänger** gehören, da es sich bei ihnen um ehemalige Arbeitnehmer des betreffenden Arbeitgebers (Träger der Pensionskasse) handelt.

Beispiel:

Die Gesamtzuwendungen betragen im Kalenderjahr 52 500 €, die Zahl der Arbeitnehmer im aktiven Dienstverhältnis beträgt 300, die Zahl der Pensionäre 50.

Bei einer Verteilung der Zuwendungen auf die aktiven Arbeitnehmer ergibt sich ein Betrag von 175 € je Arbeitnehmer, bei Einbeziehung der Pensionäre ein Betrag von 150 € je Arbeitnehmer.

Nach der Rechtsprechung des Bundesfinanzhofs (Urteil vom 7.7.1972, BStBl II 1972 S. 890) kann bei der Aufteilung die **Zahl der Versorgungsempfänger dann berücksichtigt** werden, wenn sich **die Zuweisung** des Arbeitgebers **auch auf diese Versorgungsempfänger** erstreckt (z.B. Erhöhung des Deckungskapitals, Aufstockung der Leistungen aus der Pensionskasse).

Sonderzahlungen, die der Arbeitgeber zur Finanzierung der Versorgungsleistungen zusätzlich leistet, sind dem Arbeitnehmern zuzurechnen, die zu dem Arbeitgeber in einem gegenwärtigen Dienstverhältnis stehen (R 129 Abs. 7 Satz 6 LStR). Entgegen dieser Regelung hat der Bundesfinanzhof den Zuschuss, den der Bund an die Bahnversicherungsanstalt leistet, nicht als Arbeitslohn bei den dort zusatzversicherten Arbeitnehmern angesehen (BFH, Urteil vom 30.5.2001, DB 2001 S. 1593).

Ebenso stellen **Zahlungen eines Betriebsübernehmers** in eine Zusatzversorgungskasse zum **Ersatz von Versorgungsbezügen** der Arbeitnehmer, die durch den Arbeitgeberwechsel entfallen sind, keinen (erneuten) Arbeitslohn dar (FG Köln, Urteil vom 17.1.2001, EFG 2001 S. 635).

d) Zahlungen aus einer Pensionskasse

2722 Die nach **Eintritt des Versorgungsfalls** zufließenden Leistungen aus der Pensionskasse sind kein Arbeitslohn, weil sie durch die Lohnversteuerung zumindest teilweise auf eigenen Beitragsleistungen des Arbeitnehmers beruhen (§ 2 Abs. 2 Nr. 2 LStDV). Werden laufende Leistungen in Form einer **Leibrente** gewährt, so sind sie als sonstige Einkünfte – wie die Renten aus der gesetzlichen Rentenversicherung auch – mit dem Ertragsanteil zu versteuern (→ *Altersrenten* Rz. 41). Zahlt die Pensionskasse einen kapitalisierten Einmalbetrag, so ist dieser steuerfrei.

Soweit die Beiträge nach § 3 Nr. 63 EStG steuerfrei waren, unterliegen sie als sonstige Einkünfte nach § 22 EStG der Einkommensbesteuerung.

e) Sozialversicherung

2723 Für Zuwendungen an Pensionskassen gelten die Aussagen zur Direktversicherung (→ Rz. 2728).

Steuerfreie Zuwendungen an Pensionskassen, die aus Entgeltumwandlungen stammen, sind jedoch nur bis 31.12.2008 bei-

tragsfrei. § 3 Nr. 63 EStG bestimmt, dass Beiträge des Arbeitgebers aus einem ersten Dienstverhältnis an eine Pensionskasse, soweit sie insgesamt im Kalenderjahr 4 % der Beitragsbemessungsgrenze in der Rentenversicherung der Arbeiter und Angestellten nicht übersteigen, steuerfrei sind. Damit besteht ebenfalls Beitragsfreiheit in der Sozialversicherung. Das gilt jedoch nicht für Arbeitnehmer, die kraft zusätzlicher Versorgungsregelung in einer Zusatzversorgung pflichtversichert sind und bei denen eine der Versorgung der Beamten ähnliche Gesamtversorgung aus der Summe der Leistungen der gesetzlichen Rentenversicherung und der Zusatzversorgung gewährleistet ist (§ 10a Abs. 1 Satz 4 EStG).

Vom 1.1.2009 an sind Zuwendungen an eine Pensionskasse, die nicht aus einer Entgeltumwandlung stammen, kein Arbeitsentgelt, soweit sie 4 % der jährlichen Beitragsbemessungsgrenze der Rentenversicherung der Arbeiter und Angestellten nicht übersteigen.

9. Pensionsfonds

a) Begriff

2724 Pensionsfonds sind **rechtlich selbständige Einrichtungen**, die gegen Zahlung von Beiträgen eine kapitalgedeckte betriebliche Altersversorgung für den Arbeitgeber durchführen (§ 112 Abs. 1 VAG). Pensionsfonds werden durch das **Bundesaufsichtsamt für das Versicherungswesen überwacht**. Außerdem werden die Ansprüche des Arbeitnehmers über den **Pensions-Sicherungs-Verein** abgesichert.

Zur Einführung von Pensionsfonds die Begründung des Gesetzgebers:

„Durch die Einführung eines ‚Pensionsfonds' wird ein neues **modernes und flexibles Instrument der betrieblichen Altersversorgung** geschaffen, das ebenfalls in die steuerliche Förderung des Altersvermögensgesetzes einbezogen werden kann und der betrieblichen Altersversorgung insgesamt neue Perspektiven eröffnet. Der Pensionsfonds ist eine rechtlich selbständige Einrichtung, die gegen Zahlung von Beiträgen kapitalgedeckte betriebliche Altersversorgung für den Arbeitgeber durchführt.

Bestehende Anwartschaften in den internen Durchführungen auf Grund einer Direktzusage oder einer Unterstützungskasse können steuer- und beitragsfrei auf den Pensionsfonds übertragen werden. Dies eröffnet insbesondere für Unternehmen, die sich am internationalen Kapitalmarkt finanzieren, die Möglichkeit, über die Auslagerung von Pensionsrückstellungen und die damit verbundene Verbesserung ihrer Eigenkapitalrelationen günstigere Finanzierungskonditionen zu erhalten. Dies hat vor dem Hintergrund der Internationalisierung der Rechnungslegungsstandards für viele Unternehmen eine besondere Bedeutung. Für die Arbeitnehmer ist damit der Vorteil verbunden, dass sie einen **Rechtsanspruch gegenüber dem Pensionsfonds** erhalten und ihre Ansprüche bei einem Wechsel des Arbeitgebers mitnehmen können.

Der Pensionsfonds soll neben den klassischen **Leistungszusagen auch Beitragszusagen** des Arbeitgebers **ermöglichen**. Die damit erhöhte Kalkulationssicherheit des Arbeitgebers wird zu einer **Erhöhung der Attraktivität** der betrieblichen Altersversorgung insbesondere auch bei kleinen und mittelgroßen Arbeitgebern beitragen und damit die Breitenwirkung der betrieblichen Altersversorgung erheblich erweitern. Auch die flexible Gestaltung von Beiträgen ist möglich. So ist es denkbar, dass der Arbeitgeber verpflichtet, auch einen bestimmten Teil des Betriebsergebnisses pro Geschäftsjahr in den Pensionsfonds einzuzahlen. Damit ist der Pensionsfonds auf der einen Seite planungssicher, aber auch flexibel.

Den Pensionsfonds wird eine größere Freiheit bei der Vermögensanlage eingeräumt, die mit einer Verpflichtung zu einem internationalen Standards entsprechenden Risiko-Management verbunden ist. Damit kann die Anlagestrategie besser abgestimmt werden auf das ‚Profil' der Verpflichtungen gegenüber Versorgungsanwärtern bzw. -berechtigten Rentnern. Die Solvabilität des Pensionsfonds wird aufsichtsbehördlich überwacht.

Als Nebeneffekt werden die Pensionsfonds auch den Finanzplatz Deutschland stärken. Auf Grund des eher langfristigen Charakters der Anlagen ist eine stärkere Orientierung an Substanzwerten wie Aktien und anderen Beteiligungswerten vorgesehen, die dem Kapitalmarkt und damit auch Wachstum und Beschäftigung zusätzliche Impulse geben werden."

Bei **Leistungszusagen** ist ein bestimmter monatlicher Betrag garantiert. Sofern sich die zur Erfüllung dieser Leistung vereinbarten Fondsbeiträge wegen Änderungen in der ursprünglichen Kalkulationsgrundlage als nicht mehr angemessen erweisen, müssen sie den veränderten Verhältnissen angepasst werden. Bei **Beitragszusagen** ist die Höhe der Beiträge während der Ansparphase festgelegt. Eine Ablaufleistung über die Beiträge hinaus ist jedoch nicht garantiert, so dass das eigentliche Anlagerisiko beim Arbeitnehmer liegt.

b) Zahlungen an einen Pensionsfonds

2725 Beiträge aus dem **ersten Dienstverhältnis** an einen Pensionsfonds sind nach § 3 Nr. 63 EStG steuerfrei, soweit sie insgesamt im Kalenderjahr 4 % der Beitragsbemessungsgrenze in der Rentenversicherung der Arbeiter und Angestellten nicht übersteigen (für 2002 sind also in den alten Bundesländern bis zu 2 160 € und in den neuen Bundesländern bis zu 1 800 € steuerfrei) und der Arbeitnehmer nicht die individuelle Besteuerung wegen der Altersvorsorgezulage oder den Sonderausgabenabzug verlangt (→ *Altersvermögensgesetz* Rz. 72). Bei diesem Betrag handelt es sich um einen Jahresbetrag, so dass die 4 %-Grenze auch dann ausgeschöpft werden kann, wenn der Arbeitnehmer nur einige Monate im Jahr beschäftigt wird. Andererseits muss der Arbeitgeber bereits gezahlte Beiträge eines früheren Arbeitgebers berücksichtigen. Daher hat der Arbeitgeber die steuerfreien Beiträge auf der Lohnsteuerkarte des Arbeitnehmers zu bescheinigen (→ *Lohnsteuerbescheinigung* Rz. 1565).

Nicht steuerfreie Zuwendungen des Arbeitgebers an einen Pensionsfonds sind beim Arbeitnehmer steuer- und beitragspflichtig (§ 2 Abs. 2 Nr. 3 LStDV). Dies gilt selbst dann, wenn die Rechtsposition des Arbeitnehmers noch nicht absolut gefestigt ist. Es ist deshalb unerheblich, ob größere oder geringere Wartezeiten bestimmt sind oder ob ein Arbeitnehmer bei vorzeitigem Ausscheiden unter Umständen leer ausgeht. Soweit die Zuwendungen des Arbeitgebers an einen Pensionsfonds steuerpflichtig sind, kommt eine **Pauschalierung der Lohnsteuer nicht in Betracht**.

⌊ᴌˢᵗ⌋ Ⓢⱽ

Beispiel:

Ein Arbeitgeber in Köln entrichtet für seinen Arbeitnehmer (Steuerklasse III) jährlich einen Betrag an einen Pensionsfonds in Höhe von 6 000 €.

Beiträge an Pensionsfonds sind gegenwärtig zufließender und zu versteuernder Arbeitslohn. Da der Arbeitnehmer eine Lohnsteuerkarte mit der Steuerklasse III vorgelegt hat, kann der Arbeitgeber davon ausgehen, dass es sich um das erste Dienstverhältnis des Arbeitnehmers handelt (vgl. BFH, Urteil vom 12.8.1996, BStBl II 1997 S. 143). Eine Lohnsteuerpauschalierung für Beiträge an einen Pensionsfonds ist nach § 40b EStG nicht möglich. Von dem Jahresbetrag von 6 000 € sind

– nach § 3 Nr. 63 EStG steuerfrei (4 % von 54 000 € = Beitragsbemessungsgrenze in der Rentenversicherung)   2 160 €,

– individuell als sonstiger Bezug zu versteuern   3 840 €.

Für den individuell zu versteuernden Beitrag kommt die Altersvorsorgezulage bzw. der Sonderausgabenabzug in Betracht, vgl. → *Altersvermögensgesetz* Rz. 72.

c) Zahlungen aus einem Pensionsfonds

2726 Die nach **Eintritt des Versorgungsfalls** zufließenden Leistungen aus einem Pensionsfonds sind **kein Arbeitslohn**, weil sie durch die Lohnversteuerung zumindest teilweise auf eigenen Beitragsleistungen des Arbeitnehmers beruhen (§ 2 Abs. 2 Nr. 2 LStDV). Werden laufende Leistungen in Form einer **Leibrente** gewährt, so sind sie als sonstige Einkünfte – wie die Renten aus der gesetzlichen Rentenversicherung auch – mit dem Ertragsanteil zu versteuern (→ *Altersrenten* Rz. 41). Zahlt der Pensionsfonds einen kapitalisierten **Einmalbetrag**, so ist dieser steuerfrei.

Soweit die Beiträge nach § 3 Nr. 63 EStG steuerfrei waren, unterliegen sie als sonstige Einkünfte nach § 22 EStG der Einkommensbesteuerung.

d) Sozialversicherung

2727 Zuwendungen an einen Pensionsfonds sind in der Zeit von 2002 bis 2008 – auch wenn sie aus einer Entgeltumwandlung stammen – über § 2 Abs. 2 Nr. 5 ArEV i.V.m. § 3 Nr. 63 EStG kein Arbeitsentgelt im Sinne der Sozialversicherung, soweit sie insgesamt im Kalenderjahr 4 % der Beitragsbemessungsgrenze der Rentenversicherung der Arbeiter und Angestellten nicht übersteigen. Nach

§ 3 Nr. 63 EStG sind steuerfreie Zuwendungen an einen Pensionsfonds, die aus einer Entgeltumwandlung stammen, vom 1.1.2009 an generell Arbeitsentgelt und beitragspflichtig in der Sozialversicherung.

Mit dem Altersvermögensgesetz hat der Gesetzgeber die Möglichkeit geschaffen, bestehende Direktzusagen oder Unterstützungskassenversorgungen auf einen Pensionsfonds zu übertragen. Durch diese Übertragung erwirbt der Arbeitnehmer einen Rechtsanspruch auf eine Versorgungsleistung. Das hat zur Folge, dass mit der Übertragung steuerpflichtiger Arbeitslohn und damit auch beitragspflichtiges Arbeitsentgelt vorliegt. Damit dies nicht geschieht, stellt § 3 Nr. 66 EStG die Übernahme bestehender Versorgungsverpflichtungen oder Versorgungsanwartschaften durch den Pensionsfonds unter bestimmten Voraussetzungen steuerfrei. § 2 Abs. 2 Nr. 6 ArEV sieht vor, dass bei Steuerfreiheit nach § 3 Nr. 66 EStG kein Arbeitsentgelt entsteht.

10. Direktversicherung

a) Begriff

2728 Eine Direktversicherung ist eine **Lebensversicherung** auf das Leben des Arbeitnehmers, die durch den Arbeitgeber bei einem inländischen oder ausländischen Versicherungsunternehmen abgeschlossen worden ist und bei der der Arbeitnehmer oder seine Hinterbliebenen hinsichtlich der Versorgungsleistungen des Versicherers ganz oder teilweise bezugsberechtigt sind (§ 1 Abs. 2 Satz 1 BetrAVG). Dasselbe gilt für eine Lebensversicherung auf das Leben des Arbeitnehmers, die nach Abschluss durch den Arbeitnehmer vom Arbeitgeber übernommen worden ist.

Eine Direktversicherung liegt danach vor, wenn **folgende Kriterien** erfüllt sind:

– Lebensversicherung,

– Arbeitnehmer als versicherte Person,

– Arbeitgeber als Versicherungsnehmer,

– Arbeitnehmer (oder dessen Hinterbliebene) als Bezugsberechtigter.

Der Abschluss einer Lebensversicherung durch eine mit dem Arbeitgeber verbundene **Konzerngesellschaft** schließt die Anerkennung als Direktversicherung nicht aus, wenn der Anspruch auf die Versicherungsleistungen durch das Dienstverhältnis veranlasst ist und der **Arbeitgeber die Beitragslast** trägt. Als Versorgungsleistungen können Leistungen der Alters-, Invaliditäts- oder Hinterbliebenenversorgung in Betracht kommen (R 129 Abs. 1 LStR).

Die Bezugsberechtigung des Arbeitnehmers oder seiner Hinterbliebenen muss vom Versicherungsnehmer (Arbeitgeber) der Versicherungsgesellschaft gegenüber erklärt werden (§ 166 VVG). Die Bezugsberechtigung kann widerruflich oder unwiderruflich sein; bei widerruflicher Bezugsberechtigung sind die Bedingungen eines Widerrufs steuerlich unbeachtlich. Unbeachtlich ist auch, ob die Anwartschaft des Arbeitnehmers arbeitsrechtlich bereits unverfallbar ist (R 129 Abs. 2 Sätze 9 bis 11 LStR).

Als **Direktversicherung** werden folgende Versicherungsarten anerkannt:

– Kapitalversicherung auf den Todes- und Erlebensfall

Bei dieser Versicherung wird die Versicherungsleistung beim Tod des Versicherten, spätestens bei Ablauf der vereinbarten Versicherungsdauer, fällig.

– Kapitalversicherung nur auf den Todesfall

Bei dieser Versicherung wird die Versicherungsleistung nur bei Eintritt des Todes des Versicherten fällig. Auch hier kann ein bestimmter vertraglich festgelegter Zeitraum vereinbart werden.

– Kapitalversicherung mit steigender Todesfallleistung

Bei dieser Versicherung ist die Todesfallleistung am Anfang der Versicherung niedriger als die Versicherungssumme. Die Todesfallleistung steigt während der Laufzeit der Versicherung kontinuierlich an, bis sie die Versicherungssumme im Erlebensfall erreicht.

Solche Versicherungen sind als Direktversicherung anzuerkennen, wenn zu Beginn der Versicherung eine Todesfallleistung von mindestens 10 % der Kapitalleistung im Erlebensfall vereinbart und der Versicherungsvertrag vor dem 1.8.1994 abgeschlossen worden ist. Bei einer nach dem 31.7.1994 und vor dem 1.1.1997 abgeschlossenen Kapitallebensversicherung ist Voraussetzung für die Anerkennung, dass die Todesfallleistung über die gesamte Versicherungsdauer mindestens 50 % der für den Erlebensfall vereinbarten Kapitalleistung beträgt (R 129 Abs. 2 Sätze 2 und 3 LStR). Eine **nach dem 31.12.1996** abgeschlossene Kapitallebensversicherung ist als Direktversicherung anzuerkennen, wenn der Todesfallschutz während der gesamten Laufzeit des Versicherungsvertrags mindestens 60 % der Summe der Beiträge beträgt, die nach dem Versicherungsvertrag für die gesamte Vertragsdauer zu zahlen sind (R 129 Abs. 2 Satz 4 LStR).

– Rentenversicherung

Bei dieser Versicherung ist im Gegensatz zu der Kapitalversicherung grundsätzlich keine einmalige Leistung vorgesehen, sondern eine lebenslängliche Rentenzahlung. Soweit daneben die Möglichkeit der Kapitalabfindung zum Rentenbeginn besteht, ist dieses Wahlrecht unschädlich, solange das Wahlrecht tatsächlich besteht.

– Lebensversicherung mit Wartefrist

Bei Versicherungen, bei denen der Todesfallschutz erst nach Ablauf einer Wartefrist einsetzt oder stufenweise ansteigt, ist diese Voraussetzung erfüllt, wenn der Todesfallschutz spätestens drei Jahre nach Vertragsabschluss mindestens 60 % der Beitragssumme beträgt (BMF-Schreiben vom 6.12.1996, BStBl I 1996 S. 1438).

– Fondsgebundene Lebensversicherungen

Auch fondsgebundene Lebensversicherungen werden – im Gegensatz zum Sonderausgabenabzug nach § 10 EStG – als Direktversicherungen anerkannt.

Keine Direktversicherungen sind folgende Versicherungen:

– Ausschluss des Todesfall- und Rentenwagnisses

Eine Direktversicherung liegt nicht vor, wenn bei einer Versicherung das **typische Todesfallwagnis** und – bereits bei Vertragsabschluss – das **Rentenwagnis** ausgeschlossen worden sind (BFH, Urteil vom 9.11.1990, BStBl II 1991 S. 189).

– Versicherung für den Ehegatten

Keine Direktversicherung liegt vor, wenn der Arbeitgeber für den Ehegatten eines verstorbenen früheren Arbeitnehmers eine Lebensversicherung abschließt, vgl. H 129 (Allgemeines) LStH.

– Unfallversicherung

Eine Unfallversicherung ist keine Direktversicherung, auch wenn bei Unfall mit Todesfolge eine Leistung vorgesehen ist. Allerdings gehören Unfallzusatzversicherungen und Berufsunfähigkeitszusatzversicherungen, die im Zusammenhang mit einer Lebensversicherung abgeschlossen werden, sowie selbständige Berufsunfähigkeitsversicherungen und Unfallversicherungen mit Prämienrückgewähr, bei denen der Arbeitnehmer Anspruch auf die Prämienrückgewähr hat, zu den Direktversicherungen (R 129 Abs. 2 Sätze 7 und 8 LStR).

– Kapitallebensversicherung mit kurzer Vertragsdauer

Kapitalversicherungen mit einer Vertragsdauer von weniger als fünf Jahren können nicht als Direktversicherung anerkannt werden, es sei denn, dass sie im Rahmen einer Gruppenversicherung nach dem arbeitsrechtlichen Grundsatz der Gleichbehandlung abgeschlossen worden sind. Dasselbe gilt für Rentenversicherungen mit Kapitalwahlrecht, bei denen das Wahlrecht innerhalb von fünf Jahren nach Vertragsabschluss wirksam werden kann, und für Beitragserhöhungen bei bereits bestehenden Kapitalversicherungen mit einer Restlaufzeit von weniger als fünf Jahren; aus Billigkeitsgründen können Beitragserhöhungen anerkannt werden, wenn sie im Zusammenhang mit der Anhebung der Pauschalierungsgrenzen durch das Steuerreformgesetz 1990 oder das Jahressteuergesetz 1996 erfolgt sind (R 129 Abs. 2 Sätze 5 und 6 LStR). Das Gleiche gilt nach Auffassung der Finanzverwaltung auch für Beitragsanpassungen auf Grund der Euro-Umstellung.

Beispiel:

Ein Arbeitgeber hat für seinen Arbeitnehmer eine Direktversicherung mit einem Jahresbeitrag von 3 408 DM abgeschlossen. Ab 1.1.2002 beträgt der Jahresbeitrag nach Euro-Umstellung 1 742,48 €. Der Jahresbeitrag wird zum 1.1.2002 an die Pauschalierungsgrenze von 1 752 € angepasst.

Die Beitragserhöhung wird aus Billigkeitsgründen anerkannt, auch wenn die Restlaufzeit der Versicherung weniger als fünf Jahre beträgt.

b) Zahlungen an eine Versicherung

Da der Arbeitnehmer einen unmittelbaren Anspruch auf die Versicherungsleistungen erlangt, gehören die vom Arbeitgeber **gezahlten Prämien zum steuerpflichtigen Arbeitslohn**. Bei der Versteuerung von Prämien an eine Direktversicherung ist es ohne Bedeutung, ob der Anspruch des Arbeitnehmers nach § 1 BetrAVG bereits unverfallbar geworden ist.   **2729**

(LSt) (SV)

Das Finanzgericht Düsseldorf sieht allerdings **Versicherungsbeiträge**, die der Arbeitgeber an ein Versicherungsunternehmen zu Gunsten seines Arbeitnehmers zahlt, **als Sachbezüge** an, auf die die **50-€-Freigrenze** des § 8 Abs. 2 Satz 9 EStG **anwendbar** ist (Urteil vom 4.4.2001, EFG 2001 S. 1422, Revision eingelegt, Az. beim BFH: VI R 68/01).

c) Behandlung der Versicherungsleistungen

Bei einer Lebensversicherung mit Bezugsrecht des Arbeitnehmers (z.B. Direktversicherung) gehören **die späteren Versicherungsleistungen** im Versorgungsfall **nicht zum steuerpflichtigen Arbeitslohn**, da bereits die Beiträge zur Versicherung als Arbeitslohn versteuert worden sind. Soweit die späteren Leistungen in Kapitalform zufließen, sind sie unter den Voraussetzungen des § 20 Abs. 1 Nr. 6 EStG einkommensteuerfrei; soweit sie in Rentenform zufließen, sind sie ggf. nach § 22 EStG als wiederkehrende Bezüge durch Veranlagung des Arbeitnehmers zu erfassen.   **2730**

(L̶St̶) (SV̶)

Im Gegensatz hierzu muss bei einer **Rückdeckungsversicherung** der Berechtigte nach Eintritt des Versorgungsfalls die ihm auf Grund der Versorgungszusage zufließenden Leistungen als Bezüge aus einem früheren Dienstverhältnis versteuern, → *Versorgungsbezüge* Rz. 2560. Zur Abgrenzung zwischen einer Direktversicherung und einer Rückdeckungsversicherung siehe → *Rückdeckung/Rückdeckungsversicherung* Rz. 2116.

(LSt) (SV)

d) Umwandlung einer Rückdeckungsversicherung

Es kommt vor, dass eine **zuerst als Rückdeckungsversicherung** abgeschlossene Lebensversicherung nachträglich **in eine Direktversicherung umgewandelt** wird. In diesem Fall fließt dem Arbeitnehmer im Zeitpunkt der Umwandlung ein geldwerter Vorteil zu. Als Wert dieses Vorteils und damit als steuerpflichtiger Arbeitslohn ist **das geschäftsplanmäßige Deckungskapital** oder der Zeitwert (§ 176 VVG) – also nicht etwa die Summe der bisher aufgebrachten Versicherungsprämien – anzusetzen (R 129 Abs. 3 Satz 3 LStR).   **2731**

(LSt) (SV)

e) Sammel- oder Gruppenversicherungen

Bei Sammel- oder Gruppenversicherungen ist für jeden einzelnen Arbeitnehmer der Teil der Gesamtprämie als Arbeitslohn zu versteuern, der auf den betreffenden Arbeitnehmer entfällt. Ist jedoch der auf den einzelnen Arbeitnehmer entfallende Teil nicht zu ermitteln (z.B. bei Pauschalzuweisungen an das Versicherungsunternehmen), können nach § 2 Abs. 2 Nr. 3 Satz 3 LStDV die Ausgaben des Arbeitgebers **nach der Zahl der gesicherten Arbeitnehmer** auf diese aufgeteilt werden.   **2732**

f) Pauschalierung der Lohnsteuer

Beiträge des Arbeitgebers an eine Direktversicherung können **pauschal mit 20 %** versteuert werden. Einzelheiten hierzu siehe → Rz. 2736.   **2733**

g) Sozialversicherung

2734 Beiträge und Zuwendungen, die nach § 40b EStG pauschal versteuert werden können, sind für eine Übergangszeit (2002 bis 2008) nicht dem Arbeitsentgelt in der Sozialversicherung zuzurechnen; vorausgesetzt, sie werden zusätzlich zu Löhnen oder Gehältern gewährt. Diese Voraussetzung ist gegeben, wenn sie zusätzlich zu Löhnen und Gehältern gezahlt werden oder ausschließlich aus Sonderzuwendungen (Weihnachts-, Urlaubsgeld usw.) geleistet werden.

Arbeitnehmer, die bereits ab 2002 von der steuerlichen Förderung (§ 10a EStG) Gebrauch machen wollen, müssen nach § 82 Abs. 2 EStG die Beiträge zur Pensionskasse individuell versteuern, so dass Beitragsfreiheit nicht in Betracht kommen kann. Dabei ist es unerheblich, ob die Beiträge oder Zuwendungen vom Arbeitgeber zusätzlich zum Lohn oder Gehalt erbracht werden oder der Arbeitnehmer sie durch Entgeltumwandlung finanziert.

Vom 1.1.2009 an sind Beiträge und Zuwendungen für eine durch Entgeltumwandlung finanzierte Direktversicherung generell Arbeitsentgelt, das der Beitragspflicht in der Sozialversicherung unterliegt. Das gilt nicht für Beiträge und Zuwendungen, die nach § 40b EStG pauschal versteuert werden können und zusätzlich zu Löhnen oder Gehältern geleistet werden, wenn sie nicht aus einer Entgeltumwandlung stammen. Das hat zur Folge, dass vom 1.1.2009 an Direktversicherungen nicht mehr aus einmaligen Einnahmen beitragsfrei finanziert werden können.

11. Unfallversicherung

2735 Zu den Aufwendungen für die betriebliche Altersversorgung gehören auch Leistungen des Arbeitgebers, durch die Arbeitnehmer **für den Fall eines Unfalls** abgesichert werden. Einzelheiten siehe → *Unfallversicherung: freiwillige* Rz. 2474.

12. Pauschalierung der Lohnsteuer

a) Allgemeines

2736 Nach § 40b EStG können die **Beiträge zu Direktversicherungen** sowie die **Zuwendungen an Pensionskassen** unter bestimmten Voraussetzungen **pauschal mit 20 % versteuert werden**. Eine Pauschalierung ist jedoch **nur bis zur Höhe von 1 752 € im Kalenderjahr möglich**. Übersteigen die Beiträge und Zuwendungen diesen Betrag, so ist der **übersteigende** Betrag grundsätzlich individuell beim Arbeitnehmer zu versteuern. Die Pauschalierung setzt weiterhin voraus, dass die Zukunftssicherungsleistungen **aus einem ersten Dienstverhältnis** bezogen werden (§ 40b Abs. 2 Satz 1 EStG). Besonderheiten gelten, wenn mehrere Arbeitnehmer gemeinsam versichert sind (→ Rz. 2741) oder bei Beiträgen oder Zuwendungen, die aus Anlass der Beendigung des Dienstverhältnisses erbracht werden (→ Rz. 2745).

b) Pauschalbesteuerungsfähige Leistungen

2737 Nur die Arbeitgeberleistungen für eine Direktversicherung oder eine Pensionskasse unterliegen der Pauschalbesteuerung nach § 40b EStG, die zu Gunsten von Arbeitnehmern oder früheren Arbeitnehmern (BFH, Urteil vom 7.7.1972, BStBl II 1972 S. 890) und deren Hinterbliebenen erbracht werden. Für diese Leistungen kann **die Lohnsteuerpauschalierung nach § 40 Abs. 1 Nr. 1 EStG nicht vorgenommen werden**, selbst dann nicht, wenn sie als sonstige Bezüge gewährt werden (§ 40b Abs. 4 EStG). Die Pauschalierung der Lohnsteuer nach § 40b EStG ist auch dann zulässig, wenn die Zukunftssicherungsleistung **erst nach Ausscheiden des Arbeitnehmers** aus dem Betrieb erbracht wird und er bereits in einem neuen Dienstverhältnis steht (BFH, Urteil vom 18.12.1987, BStBl II 1988 S. 554).

Für die Lohnsteuerpauschalierung nach § 40b EStG kommt es nicht darauf an, ob die Beiträge oder Zuwendungen **zusätzlich zu dem ohnehin geschuldeten Arbeitslohn** oder auf Grund einer Vereinbarung mit dem Arbeitnehmer durch Herabsetzung des individuell zu besteuernden Arbeitslohns erbracht werden (R 129 Abs. 5 LStR).

Das bedeutet, dass die Barlohnkürzung immer möglich ist, und zwar unabhängig davon, ob der arbeitsrechtlich zu beanspru-

chende Arbeitslohn bereits dem Grunde nach rechtlich entstanden ist oder nicht.

Beispiel:

Der Anspruch auf das 13. Monatsgehalt entsteht gemäß Tarifvertrag zeitanteilig nach den vollen Monaten der Beschäftigung im Kalenderjahr. Die Gehaltsumwandlung des 13. Monatsgehalts in einen Direktversicherungsbeitrag wird im Juni des laufenden Kalenderjahrs vereinbart.

Auch auf den Teil des 13. Monatsgehalts, der auf bereits abgelaufene Monate entfällt, kann steuerlich wirksam verzichtet werden. Die Gehaltsumwandlung ist daher für das gesamte 13. Monatsgehalt anzuerkennen.

Im Einkommensteuergesetz wird die arbeitsrechtlich mögliche **Abwälzung** der pauschalen Lohnsteuer auf den Arbeitnehmer **nicht anerkannt**. Nach § 40 Abs. 3 Satz 2 EStG **gilt die auf den Arbeitnehmer abgewälzte pauschale Lohnsteuer als zugeflossener Arbeitslohn** und mindert nicht die Bemessungsgrundlage, vgl. → *Abwälzung der pauschalen Lohnsteuer auf den Arbeitnehmer* Rz. 24. Dies gilt über die Verweisung in § 40b Abs. 4 Satz 1 EStG auch für die Pauschalierung von Zukunftssicherungsleistungen.

Pauschalbesteuerungsfähig sind jedoch nur Zukunftssicherungsleistungen, die der Arbeitgeber auf Grund **ausschließlich eigener rechtlicher Verpflichtung** erbringt (BFH, Urteil vom 29.4.1991, BStBl II 1991 S. 647).

c) Voraussetzungen der Pauschalierung

Die Lohnsteuerpauschalierung setzt bei Beiträgen für eine Direktversicherung voraus, dass 2738

– die Versicherung **nicht auf den Erlebensfall eines früheren als des 60. Lebensjahrs** des Arbeitnehmers abgeschlossen,

– die **Abtretung oder Beleihung** eines dem Arbeitnehmer eingeräumten unwiderruflichen Bezugsrechts **in dem Versicherungsvertrag ausgeschlossen** (BMF-Schreiben vom 6.6.1980, BStBl I 1980 S. 728) und

– eine **vorzeitige Kündigung** des Versicherungsvertrags durch den Arbeitnehmer **ausgeschlossen**

worden ist (§ 40b Abs. 1 Satz 2 EStG). Der Versicherungsvertrag darf keine Regelung enthalten, nach der die Versicherungsleistung für den Erlebensfall vor Ablauf des 59. Lebensjahrs fällig werden könnte. Lässt der Versicherungsvertrag z.B. die Möglichkeit zu, Gewinnanteile zur Abkürzung der Versicherungsdauer zu verwenden, so muss die Laufzeitverkürzung bis zur Vollendung des 59. Lebensjahrs begrenzt sein. Der **Ausschluss einer vorzeitigen Kündigung** des Versicherungsvertrags ist anzunehmen, wenn in dem Versicherungsvertrag zwischen dem Arbeitgeber als Versicherungsnehmer und dem Versicherer folgende Vereinbarung getroffen worden ist (R 129 Abs. 6 LStR):

„Es wird unwiderruflich vereinbart, dass während der Dauer des Dienstverhältnisses eine Übertragung der Versicherungsnehmer-Eigenschaft und eine Abtretung von Rechten aus diesem Vertrag auf den versicherten Arbeitnehmer bis zu dem Zeitpunkt, in dem der versicherte Arbeitnehmer sein 59. Lebensjahr vollendet, insoweit ausgeschlossen sind, als die Beiträge vom Versicherungsnehmer (Arbeitgeber) entrichtet worden sind."

Wird anlässlich der Beendigung des Dienstverhältnisses die Direktversicherung auf den **ausscheidenden Arbeitnehmer übertragen**, bleibt die Pauschalierung der Direktversicherungsbeiträge in der Vergangenheit hiervon unberührt. Das gilt unabhängig davon, ob der Arbeitnehmer den Direktversicherungsvertrag auf einen neuen Arbeitgeber überträgt, selbst fortführt oder kündigt (R 129 Abs. 6 Sätze 5 und 6 LStR).

Die Pauschalierung setzt weiterhin voraus, dass die Zukunftssicherungsleistungen **aus einem ersten Dienstverhältnis** bezogen werden (§ 40b Abs. 2 Satz 1 EStG). Die Pauschalierung ist **bei Arbeitnehmern in der Steuerklasse VI nicht anwendbar** (BFH, Urteil vom 12.8.1996, BStBl II 1997 S. 143).

Bei pauschal besteuerten Teilzeitarbeitsverhältnissen (§ 40a EStG) ist **die Pauschalierung zulässig**, wenn es sich dabei um das **erste Dienstverhältnis handelt** (BFH, Urteil vom 8.12.1989, BStBl II 1990 S. 398).

Die Pauschalierung setzt außerdem voraus, dass der Arbeitgeber die pauschale Lohnsteuer übernimmt (§ 40b Abs. 4 Satz 1 EStG).

Es ist nicht Voraussetzung, dass die Zukunftssicherungsleistungen in einer größeren Zahl von Fällen erbracht werden (R 129 Abs. 6 Satz 5 LStR).

d) Bemessungsgrundlage der pauschalen Lohnsteuer

2739 Die pauschale Lohnsteuer bemisst sich grundsätzlich nach den tatsächlichen Leistungen, die der Arbeitgeber **für den einzelnen Arbeitnehmer** erbringt (R 129 Abs. 7 LStR).

Schließt der Arbeitgeber für den Arbeitnehmer **eine verbilligte Direktversicherung** ab, kann nur der tatsächlich gezahlte Versicherungsbeitrag, nicht aber der geldwerte Vorteil aus der Verbilligung nach § 40b EStG pauschal versteuert werden.

Beispiel:

Ein Arbeitgeber schließt eine Direktversicherung für seinen Arbeitnehmer ab, für die er auf Grund wirtschaftlicher Verflechtung mit dem Versicherer nur Beiträge in Höhe von 20 € statt üblicherweise 100 € monatlich zu leisten hat.

Die gezahlten Beiträge in Höhe von 20 € monatlich stellen steuerpflichtigen Arbeitslohn dar, der nach § 40b EStG pauschal versteuert werden kann. Daneben ist in der Gewährung des verbilligten Versicherungsschutzes ein geldwerter Vorteil (Rabatt durch Dritte) zu sehen, der dem individuellen Lohnsteuerabzug durch den Arbeitgeber unterliegt.

Nach der Vereinfachungsregelung der R 31 Abs. 2 Satz 9 LStR (→ *Sachbezüge* Rz. 2141) kann der geldwerte Vorteil wie folgt ermittelt werden:

„Normaler" Beitrag (= konkreter Endpreis)	100 €
∕ 4 % Abschlag	4 €
= üblicher Endpreis aus Vereinfachungsgründen	96 €
∕ Beitragszahlung	20 €
= geldwerter Vorteil	76 €

Die **Beitragszahlung in Höhe von 20 €** kann nach § 40b EStG **pauschal versteuert** werden. Der geldwerte Vorteil von 76 € ist hingegen der „Regelversteuerung" beim Arbeitnehmer zu unterwerfen. Der Rabattfreibetrag kann nicht berücksichtigt werden, weil der Vorteil nicht vom Arbeitgeber gewährt wird, vgl. → *Rabatte* Rz. 1944.

Versicherungsbeiträge, die **die Verrechnung von Überschussanteilen mit dem Tarifbeitrag** vorsehen, sind versicherungsrechtlich zulässig. Bei Lebensversicherungsverträgen bestehen **zwei Gestaltungsmöglichkeiten**:

– Ein niedriger Tarifbeitrag führt zu einer geringeren Versicherungssumme, die sich durch die Gutschrift von Überschussanteilen erhöht;

– es wird eine höhere Versicherungssumme mit entsprechend höheren Tarifbeiträgen vereinbart, wobei die anfallenden Überschussanteile nicht zur Erhöhung der Versicherungssumme, sondern zur Senkung des Tarifbeitrags verwendet werden.

In beiden Fällen ergibt sich im Ergebnis eine gleich hohe Versicherungssumme, aber ein unterschiedlicher Risikoanteil. Bei einem geringen Tarifbeitrag führt der Risikoanteil im Versicherungsfall vor Ablauf des Versicherungsvertrags ggf. zu einer geringeren Versicherungssumme, während bei einem hohen Tarifbeitrag, der mit Überschüssen verrechnet wird, im Versicherungsfall wegen des höheren Risikoanteils auch eine höhere Versicherungssumme besteht.

Für die Pauschalbesteuerung nach § 40b EStG ist bei beiden Gestaltungsmöglichkeiten auf den vom Arbeitgeber tatsächlich zu **zahlenden** Betrag abzustellen (R 129 Abs. 7 LStR). Bei Verrechnung des Tarifbeitrags mit Überschussanteilen stellt deshalb der ermäßigte Beitrag die Bemessungsgrundlage für die Pauschalbesteuerung dar.

Wird für **mehrere Arbeitnehmer gemeinsam** eine pauschale Leistung erbracht, bei der der Teil, der auf den einzelnen Arbeitnehmer entfällt, nicht festgestellt werden kann, so ist dem einzelnen Arbeitnehmer der Teil der Leistung zuzurechnen, der sich bei der Aufteilung der Leistung **nach der Zahl der begünstigten Arbeitnehmer ergibt** (§ 2 Abs. 2 Nr. 3 Satz 3 LStDV). Werden Leistungen des Arbeitgebers für die tarifvertragliche Zusatzversorgung der Arbeitnehmer mit einem Vomhundertsatz der Bruttolohnsumme des Betriebs erbracht, so ist die Arbeitgeberleistung Bemessungsgrundlage der pauschalen Lohnsteuer. Für die Feststellung der **Pauschalierungsgrenze** bei zusätzlichen pauschalbesteuerungsfähigen Leistungen für einzelne Arbeit-

nehmer ist die Arbeitgeberleistung auf die Zahl der durch die tarifvertragliche Zusatzversorgung begünstigten Arbeitnehmer aufzuteilen (R 129 Abs. 7 Sätze 3 bis 5 LStR).

Sonderzahlungen an Pensionskassen, die der Arbeitgeber zur Finanzierung der Versorgungsleistungen zusätzlich leistet, sind den Arbeitnehmern zuzurechnen, die zu dem Arbeitgeber in einem gegenwärtigen Dienstverhältnis stehen (R 129 Abs. 7 Satz 6 LStR). Entgegen dieser Regelung hat der Bundesfinanzhof den Zuschuss, den der Bund an die Bahnversicherungsanstalt leistet, nicht als Arbeitslohn bei den dort zusatzversicherten Arbeitnehmern angesehen (BFH, Urteil vom 30.5.2001, DB 2001 S. 1593).

e) Pauschalierungsgrenze

2740 Die Lohnsteuerpauschalierung ist allgemein **auf pauschalbesteuerungsfähige Leistungen von 1 752 € jährlich je Arbeitnehmer begrenzt** (§ 40b Abs. 2 Satz 1 EStG). Die Pauschalierungsgrenze kann auch in den Fällen voll ausgeschöpft werden, in denen feststeht, dass dem Arbeitnehmer bereits aus einem vorangegangenen Dienstverhältnis im selben Kalenderjahr pauschal besteuerte Zukunftssicherungsleistungen zugeflossen sind. Soweit pauschalbesteuerungsfähige Leistungen den Grenzbetrag von 1 752 € überschreiten, müssen sie dem normalen Lohnsteuerabzug unterworfen werden (R 129 Abs. 8 LStR).

Beispiel:

Ein Arbeitgeber zahlt für seinen Arbeitnehmer monatlich 200 € in eine Direktversicherung.

Eine Pauschalbesteuerung ist nur bis zur Höhe von 1 752 € zulässig. Der Arbeitgeber kann also in den Monaten Januar bis August die Direktversicherungsbeiträge mit 20 % pauschal versteuern (8 × 200 € = 1 600 €). Im September können von 200 € noch 152 € pauschal versteuert werden, der Restbetrag von 48 € ist mit dem übrigen Arbeitslohn „normal" zu versteuern. Dies gilt auch für die Direktversicherungsbeiträge der Monate Oktober bis Dezember.

Eine Pauschalversteuerung nach § 40 Abs. 1 Nr. 1 EStG ist auf Grund der gesetzlichen Regelung in § 40b Abs. 4 EStG nicht möglich.

f) Durchschnittsberechnung

2741 Wenn **mehrere Arbeitnehmer gemeinsam** in einem Direktversicherungsvertrag oder in einer Pensionskasse versichert sind, so ist für die Feststellung der Pauschalierungsgrenze eine Durchschnittsberechnung anzustellen (§ 40b Abs. 2 Satz 2 EStG). **Ein gemeinsamer Direktversicherungsvertrag** liegt außer bei einer Gruppenversicherung auch dann vor, wenn **in einem Rahmenvertrag** mit einem oder mehreren Versicherern **sowohl die versicherten Personen als auch die versicherten Wagnisse bezeichnet werden** und die Einzelheiten in Zusatzvereinbarungen geregelt sind. Ein Rahmenvertrag, der z.B. nur den Beitragseinzug und die Beitragsabrechnung regelt, stellt keinen gemeinsamen Direktversicherungsvertrag dar (R 129 Abs. 9 LStR).

Im Übrigen ist nach R 129 Abs. 9 Satz 4 LStR wie folgt zu verfahren:

● Sind in der Direktversicherung oder in der Pensionskasse Arbeitnehmer versichert, für die pauschalbesteuerungsfähige Leistungen von jeweils **insgesamt mehr als 2 148 €** jährlich erbracht werden, so **scheiden die Leistungen** für diese Arbeitnehmer **aus der Durchschnittsberechnung aus**. Das gilt z.B. auch dann, wenn mehrere Direktversicherungsverträge bestehen und die Beitragsanteile für den einzelnen Arbeitnehmer insgesamt 2 148 € übersteigen. Die Erhebung der Lohnsteuer auf diese Leistungen richtet sich nach den allgemeinen Voraussetzungen für die Lohnsteuerpauschalierung, also Pauschalierungsgrenze 1 752 €, der Restbetrag muss nach den allgemeinen Grundsätzen versteuert werden.

● Die Leistungen für die übrigen Arbeitnehmer sind zusammenzurechnen und durch die Zahl der Arbeitnehmer zu teilen, für die sie erbracht worden sind. **Bei einem konzernumfassenden gemeinsamen Direktversicherungsvertrag** ist der Durchschnittsbetrag durch Aufteilung der Beitragszahlungen des Arbeitgebers **auf die Zahl seiner begünstigten Arbeitnehmer** festzustellen; es ist nicht zulässig, den Durchschnittsbetrag durch Aufteilung des Konzernbeitrags auf alle Arbeitnehmer des Konzerns zu ermitteln.

– **Übersteigt** der so ermittelte Durchschnittsbetrag **nicht 1 752 €**, so ist dieser für jeden Arbeitnehmer der Pauschalbesteuerung zu Grunde zu legen. Werden für den einzelnen Arbeitnehmer noch weitere pauschalbesteuerungsfähige Leistungen erbracht, so dürfen aber insgesamt nur 1 752 € pauschal besteuert werden.

– **Übersteigt** der Durchschnittsbetrag **1 752 €**, so kommt er **als Bemessungsgrundlage** für die Pauschalbesteuerung **nicht in Betracht**. Der Pauschalbesteuerung sind die tatsächlichen Leistungen zu Grunde zu legen, soweit sie für den einzelnen Arbeitnehmer 1 752 € nicht übersteigen.

● Ist ein **Arbeitnehmer**

– in mehreren Direktversicherungsverträgen gemeinsam mit anderen Arbeitnehmern,

– in mehreren Pensionskassen oder

– in Direktversicherungsverträgen gemeinsam mit anderen Arbeitnehmern und in einer Pensionskasse

versichert, so ist jeweils der Durchschnittsbetrag aus der Summe der Beiträge für mehrere Direktversicherungen, aus der Summe der Zuwendungen an mehrere Pensionskassen oder aus der Summe der Beiträge zu einer Direktversicherung und der Zuwendungen an eine Pensionskasse zu ermitteln. **In diese gemeinsame Durchschnittsbildung dürfen** jedoch solche Verträge **nicht einbezogen werden**, bei denen wegen der 2 148-€-Grenze **nur noch ein Arbeitnehmer übrig bleibt**; in diesen Fällen liegt eine gemeinsame Versicherung, die in die Durchschnittsberechnung einzubeziehen ist, nicht vor.

Werden die pauschalbesteuerungsfähigen Leistungen **nicht in einem Jahresbetrag erbracht**, so gilt nach R 129 Abs. 10 LStR Folgendes:

– Die Einbeziehung der auf den einzelnen Arbeitnehmer entfallenden Leistungen in die Durchschnittsberechnung nach § 40b Abs. 2 Satz 2 EStG entfällt von dem Zeitpunkt an, in dem sich ergibt, dass die Leistungen für diesen Arbeitnehmer **voraussichtlich insgesamt 2 148 € im Kalenderjahr übersteigen** werden.

– Die Lohnsteuerpauschalierung auf der Grundlage des Durchschnittsbetrags entfällt von dem Zeitpunkt an, in dem sich ergibt, dass der **Durchschnittsbetrag voraussichtlich 1 752 € im Kalenderjahr übersteigen** wird.

– Die Pauschalierungsgrenze von 1 752 € ist jeweils insoweit zu vermindern, als sie bei der Pauschalbesteuerung von früheren Leistungen im selben Kalenderjahr bereits ausgeschöpft worden ist. Werden die Leistungen laufend erbracht, so darf die Pauschalierungsgrenze **mit dem auf den jeweiligen Lohnzahlungszeitraum entfallenden Anteil** berücksichtigt werden.

Beispiel:

Es werden ganzjährig laufend monatliche Zuwendungen an eine Pensionskasse geleistet:

(a) für 2 Arbeitnehmer je 250 €	500 €
(b) für 20 Arbeitnehmer je 175 €	3 500 €
(c) für 20 Arbeitnehmer je 120 €	2 400 €
insgesamt	6 400 €

Die Leistungen für die Arbeitnehmer zu a) betragen jeweils mehr als 2 148 € jährlich (12 × 250 € = 3 000 €); sie sind daher in eine Durchschnittsberechnung nicht einzubeziehen.

Die Leistungen für die Arbeitnehmer zu b) (12 × 175 € = 2 100 €) und c) (12 × 120 € = 1 440 €) übersteigen jährlich jeweils nicht 2 148 €; es ist daher der Durchschnittsbetrag festzustellen.

Der Durchschnittsbetrag beträgt 147,50 € monatlich (3 500 € + 2 400 € geteilt durch 40 Arbeitnehmer); er übersteigt hiernach 1 752 € jährlich (12 × 147,50 € = 1 770 €) und kommt **deshalb als Bemessungsgrundlage nicht in Betracht**. Der Pauschalbesteuerung sind also in allen Fällen die tatsächlichen Leistungen zu Grunde zu legen. Der Arbeitgeber kann dabei

in den Fällen zu (a) im ersten bis siebten Monat je 250 € und im achten Monat noch 2 €

oder monatlich je 146 €,

in den Fällen zu (b) im ersten bis zehnten Monat je 175 € und im elften Monat noch 2 €

oder monatlich je 146 €,

in den Fällen zu (c) monatlich je 120 €

pauschal versteuern.

g) Versicherungsleistungen wegen Invalidität

Nach R 129 Abs. 1 LStR kommen als Versorgungsleistungen aus einer Direktversicherung Leistungen der Alters-, Invaliditäts- und Hinterbliebenenversorgung in Betracht. Es handelt sich also auch dann um eine Direktversicherung, wenn nach den vertraglichen Vereinbarungen der **Versorgungsfall wegen Invalidität** eintritt. Die Leistungen für den Fall der Invalidität werden i.d.R. durch eine Zusatzversicherung vereinbart; die Lebensversicherung enthält eine Risiko-(Zusatz)-Versicherung für den Invaliditätsfall. **2742**

Der Invaliditätsfall kann auch **vor Ablauf des 59. Lebensjahrs** des Arbeitnehmers eintreten. § 40b Abs. 1 Satz 2 EStG bestimmt aber, dass eine Pauschalierung nur zulässig ist, wenn die Versicherung nicht auf den Erlebensfall eines früheren als des 60. Lebensjahrs abgeschlossen ist. **Es erscheint also zweifelhaft**, ob die Beiträge an eine Direktversicherung in Form einer Lebensversicherung mit Risiko-(Zusatz-)Versicherung für den Invaliditätsfall mit 20 % versteuert werden können.

Hierzu wird in R 129 Abs. 6 LStR darauf hingewiesen, dass für eine Lohnsteuerpauschalierung der Versicherungsvertrag keine Regelung enthalten darf, nach der die Versicherungsleistung für den Erlebensfall **vor Ablauf des 59. Lebensjahrs** fällig werden könnte. Die Ergänzung in R 129 Abs. 6 LStR könnte zu der Auffassung führen, dass Aufwendungen des Arbeitgebers für eine Direktversicherung, die auch Leistungen für den Fall der Invalidität vorsieht, **nicht pauschal versteuert werden können**. Da andererseits nach R 129 Abs. 1 Satz 4 LStR bei einer Direktversicherung als Versorgungsleistungen ausdrücklich auch Leistungen der Invaliditätsversorgung in Betracht kommen können, ist **gleichwohl in derartigen Fällen eine Pauschalierung der Lohnsteuer möglich**.

Eine andere Auffassung wird dagegen von der Finanzverwaltung vertreten, wenn bei „ohne Invaliditätsrisiko“ abgeschlossenen Versicherungsverträgen den versicherten Arbeitnehmern arbeitsrechtlich **die Möglichkeit eingeräumt wird**, im Falle der Invalidität **den Versicherungsvertrag aufzulösen**. Soweit Berufsunfähigkeit nicht mitversichert ist, handelt es sich bei Invalidität nicht um einen Versicherungsfall. Die vorgesehene Vereinbarung einer Leistung bei Invalidität stellt keine Leistung aus der Direktversicherung dar; vielmehr liegt eine Erlebensfallleistung vor, die bei Invalidität nur auf Grund einer arbeitsrechtlichen Vereinbarung beansprucht wird. Es handelt sich in diesem Fall um eine vorzeitige Kündigung durch den Arbeitnehmer, **die eine Pauschalierung nach § 40b EStG ausschließt**.

h) Umwandlung von Barlohn

Im Allgemeinen handelt es sich bei den Aufwendungen des Arbeitgebers für die Zukunftssicherung seiner Arbeitnehmer **um zusätzliche Leistungen**, die neben dem vertraglich vereinbarten Barlohn erbracht werden. Das gilt auch für die pauschalierungsfähigen Beiträge zu Direktversicherungen. **2743**

Ist der Arbeitgeber nicht bereit, entsprechende Zukunftssicherungsleistungen durch zusätzliche Beiträge an eine Direktversicherung zu erbringen, kann **der Arbeitnehmer Teile des individuell zu besteuernden Arbeitslohns** in Beiträge für die Direktversicherung **umwandeln lassen**. In diesem Fall unterliegt **nur der gekürzte Arbeitslohn dem individuellen Lohnsteuerabzug** (R 129 Abs. 5 LStR).

Voraussetzung für eine Direktversicherung ist, dass der Arbeitgeber als Versicherungsnehmer den Vertrag abschließt und die Beiträge an das Versicherungsunternehmen zahlt. Bei einer Umwandlung von Barlohn muss also der **Arbeitgeber mit dieser Maßnahme einverstanden sein**, den Versicherungsvertrag als Versicherungsnehmer abschließen und die Versicherungsbeiträge entrichten.

Für die pauschale Besteuerung nach § 40b EStG ist es daher **ohne Bedeutung**, ob die Leistung **zusätzlich** zum geschuldeten

Arbeitsentgelt oder an seiner Stelle durch eine so genannte Barlohnkürzung erbracht wird. Anders aber bei der Sozialversicherung, vgl. → Rz. 2761.

Leistet der Arbeitgeber zu Gunsten seiner Arbeitnehmer Beiträge zu einer Direktversicherung und ist er **zur Übernahme** der von ihm geschuldeten **pauschalen Lohnsteuer** sowie des Solidaritätszuschlags (und ggf. der Kirchensteuer) **nicht bereit**, so ist es **nicht zulässig**, dass der nach den Merkmalen der Lohnsteuerkarte zu versteuernde Arbeitslohn um die pauschale Lohnsteuer und den Solidaritätszuschlag (und ggf. die Kirchensteuer) gekürzt wird. Denn im Einkommensteuergesetz wird die arbeitsrechtlich mögliche Abwälzung der pauschalen Lohnsteuer auf den Arbeitnehmer **nicht anerkannt** (→ *Abwälzung der pauschalen Lohnsteuer auf den Arbeitnehmer* Rz. 24).

Wird die Pauschalsteuer **arbeitsrechtlich zulässig** auf den Arbeitnehmer abgewälzt, so muss der Arbeitgeber die pauschale Lohnsteuer, den Solidaritätszuschlag und die Kirchensteuer **vom Nettoarbeitslohn abziehen**.

Der Vorteil bei der Umwandlung von Barlohn in Beiträge zu einer Direktversicherung besteht für den Arbeitnehmer darin, dass von dem insgesamt geschuldeten Arbeitslohn **nur der geringere Barlohn individuell** zu versteuern ist; dadurch ergibt sich **für den Arbeitnehmer eine steuerliche Entlastung**.

Beispiel:

Ein niedersächsischer Arbeitnehmer (Steuerklasse I, keine Kinderfreibeträge, Religion rk) bezieht im Kalenderjahr 2002 einen monatlichen Lohn von 3 000 €. Es ergeben sich folgende Steuerabzugsbeträge:

Lohnsteuer	621,91 €
+ Solidaritätszuschlag (5,5 %)	34,20 €
+ Kirchensteuer (9 %)	55,97 €
= Steuerabzugsbeträge insgesamt	712,08 €

Auf Wunsch des Arbeitnehmers hat der Arbeitgeber eine Direktversicherung in Höhe von 146 € monatlich abgeschlossen. Die Versicherungsprämie sowie die pauschalen Steuern übernimmt der Arbeitnehmer.

Die Abwälzung der pauschalen Steuern auf den Arbeitnehmer mindert **nicht die steuerliche Bemessungsgrundlage für die individuelle Lohnbesteuerung**; die auf den Arbeitnehmer abgewälzte pauschale Lohnsteuer gilt als zugeflossener Arbeitslohn. Wird die Pauschalsteuer arbeitsrechtlich zulässig auf den Arbeitnehmer abgewälzt, so muss der Arbeitgeber die pauschale Lohnsteuer, den Solidaritätszuschlag und die Kirchensteuer vom Nettoarbeitslohn abziehen.

Der Bruttoarbeitslohn von 3 000 € ist daher nur um 146 € zu kürzen, es verbleiben also 2 854 €. Es ergeben sich folgende Steuerabzugsbeträge:

Lohnsteuer	569,33 €
+ Solidaritätszuschlag (5,5 %)	31,31 €
+ Kirchensteuer (9 %)	51,23 €
= Steuerabzugsbeträge	651,87 €

Zu diesen Steuerabzugsbeträgen sind noch die pauschalen Steuerabzugsbeträge auf Grund der Pauschalierung der Direktversicherungsbeiträge zu addieren, die dem Arbeitnehmer **vom Nettoarbeitslohn** abgezogen werden:

pauschale Lohnsteuer	29,20 €
+ pauschaler Solidaritätszuschlag (5,5 %)	1,61 €
+ pauschale Kirchensteuer (9 %)	2,63 €
= Steuerabzugsbeträge insgesamt	685,31 €

Errechnung der Steuerersparnis:

Steuerabzugsbeträge **ohne Umwandlung**	712,08 €
./. Steuerabzugsbeträge **mit Umwandlung**	685,31 €
= Steuerersparnis im Monat	26,77 €

Keine Abwälzung der pauschalen Lohnsteuer liegt aber nach Auffassung der obersten Finanzbehörden vor, wenn die **arbeitsrechtliche Bemessungsgrundlage mit allen Konsequenzen herabgesetzt** wird. So müssen sich z.B. zukünftige Gehaltserhöhungen nach dem geminderten Arbeitslohn berechnen. In diesem Fall liegt auch dann keine Abwälzung der pauschalen Lohnsteuer i.S. von § 40 Abs. 2 Satz 3 EStG vor, wenn die Gehaltsminderung der pauschalen Lohnsteuer entspricht, die der Arbeitgeber zukünftig trägt (BMF-Schreiben vom 10.1.2000, BStBl I 2000 S. 138).

Werden im Rahmen eines steuerlich anzuerkennenden Ehegatten-Arbeitsverhältnisses Beiträge zu einer Direktversicherung

im Wege der Barlohnumwandlung erbracht, sind diese der Höhe nach nur insoweit betrieblich veranlasst, als sie zu **keiner Überversorgung des Arbeitnehmer-Ehegatten** führen (BFH, Urteil vom 16.5.1995, BStBl II 1995 S. 873), vgl. → Rz. 2754.

i) Barzuwendungen an den Arbeitnehmer

Die Anwendung des § 40b EStG setzt entweder Beiträge des Arbeitgebers für eine Direktversicherung oder Zuwendungen des Arbeitgebers an eine Pensionskasse voraus. **Barzuwendungen des Arbeitgebers** an den Arbeitnehmer **können nicht nach § 40b EStG pauschal versteuert** werden, auch wenn sie der unmittelbaren Altersversorgung des Arbeitnehmers dienen. Das gilt selbst dann, wenn der Arbeitnehmer die Zuwendung des Arbeitgebers dem Versicherungsunternehmen zuführt und die zweckentsprechende Verwendung dem Arbeitgeber durch Vorlage einer Bescheinigung nachweist. **2744**

Beispiel:

Der Arbeitnehmer hat für seine Altersversorgung eine befreiende Lebensversicherung abgeschlossen, die Prämie beträgt monatlich 200 €. Der Arbeitgeber zahlt hierzu einen Zuschuss von 100 €. Außerdem hat der Arbeitgeber auf Wunsch des Arbeitnehmers eine Direktversicherung bei dem gleichen Versicherungsunternehmen abgeschlossen, die Versicherungsprämie von 75 € wird dem Arbeitnehmer ersetzt. Der Arbeitnehmer überweist monatlich 275 € an das Versicherungsunternehmen und legt dem Arbeitgeber am Ende des Kalenderjahrs einen Verwendungsnachweis über die geleistete Prämie von monatlich 75 € für die Direktversicherung vor.

Die Pauschalierung der Lohnsteuer für die Versicherungsprämie von 75 € ist nicht zulässig, weil die Beiträge nicht unmittelbar vom Arbeitgeber an das Versicherungsunternehmen überwiesen wurden. Die Zahlung des Zuschusses von 100 € an den Arbeitnehmer ist dagegen für die Steuerfreiheit nach § 3 Nr. 62 EStG unschädlich.

13. Pauschalierungsgrenze bei Beendigung des Dienstverhältnisses

a) Vervielfältigungsregelung

Für Beiträge und Zuwendungen, die der Arbeitgeber für den Arbeitnehmer **aus Anlass der Beendigung des Dienstverhältnisses** erbracht hat, **vervielfältigt sich der Betrag von 1 752 €** mit der Zahl der Kalenderjahre, in denen das Dienstverhältnis des Arbeitnehmers zu dem Arbeitgeber bestanden hat, wobei angefangene Kalenderjahre voll zu rechnen sind. Der vervielfältigte Betrag **vermindert sich** um die pauschal besteuerten Beiträge und Zuwendungen, die der Arbeitgeber **in dem Kalenderjahr**, in dem das Dienstverhältnis beendet wird, **und in den sechs vorangegangenen Kalenderjahren** erbracht hat (§ 40b Abs. 2 Sätze 3 und 4 EStG). **2745**

Die Gründe, aus denen das Dienstverhältnis beendet wird, sind ohne Bedeutung. Die Vervielfältigungsregelung kann daher auch in den Fällen angewendet werden, in denen ein Arbeitnehmer **wegen Erreichens der Altersgrenze** aus dem Dienstverhältnis ausscheidet.

Diese Regelung ermöglicht es den Beteiligten, durch eine **entsprechende vertragliche Gestaltung** der Versorgungszusage und deren Abwicklung bei Eintritt des Versorgungsfalls die steuerliche Belastung möglichst niedrig zu halten.

Beispiel:

Ein niedersächsischer Arbeitgeber hat einem Arbeitnehmer, der seit 1975 bei ihm beschäftigt ist, im Kalenderjahr 1978 eine Direktzusage gemacht, durch die dem Arbeitnehmer beim Ausscheiden wegen Erreichens der Altersgrenze eine zusätzliche Rente (Pension) zugebilligt wird. Zur Erfüllung der Versorgungszusage hat der Arbeitgeber eine Pensionsrückstellung nach § 6a EStG gebildet. Die Bildung der Rückstellung löst noch keine Lohnsteuerpflicht aus; vielmehr sind erst die späteren Renten-(Pensions-)Zahlungen lohnsteuerpflichtig.

Am 1.6.2002 scheidet der Arbeitnehmer wegen Erreichens der Altersgrenze aus dem Dienstverhältnis aus. Unmittelbar vor Eintritt des Versorgungsfalls schließt der Arbeitgeber eine Direktversicherung in Form einer Rentenversicherung **ohne** Kapitalwahlrecht ab, löst die Pensionsrückstellung auf und entrichtet eine Einmalprämie in Höhe von 30 000 € an das Versicherungsunternehmen.

Eine Pauschalierung nach § 40b EStG ist möglich; die Pauschalierungsgrenze liegt bei (27 Beschäftigungsjahre × 1 752 € =) 47 304 €. Der Gesamtbetrag kann daher mit 20 % versteuert werden, das sind 6 000 € zuzüglich Solidaritätszuschlag in Höhe von 330 € und ggf. Kirchensteuer; Lohnsteuer, Solidaritätszuschlag und Kirchensteuer werden vom Arbeitgeber getragen. Die Renten-(Pensions-) Zahlungen sind nun nicht mehr lohnsteuerpflichtig, sie gehören zu den sonstigen Einkünften i.S. des § 22 EStG, die mit dem Ertragsanteil zu besteuern sind.

Bei der Frage, ob sich eine Umwandlung in eine Direktversicherung lohnt, spielen die Beschäftigungsdauer, die Höhe der Einmalprämie sowie die Höhe der Leistungen im Versorgungsfall eine entscheidende Rolle. So ist z.B. die Umwandlung uninteressant, wenn die unmittelbaren Leistungen des Arbeitgebers zwar steuerpflichtigen Arbeitslohn darstellen, die Beträge jedoch **unter dem Betrag** liegen, für den Lohnsteuer einzubehalten ist (→ *Steuertarif* Rz. 2342).

b) Weitere Fallgestaltungen

2746 Schließt der Arbeitgeber die Direktversicherung in Form einer Kapitalversicherung oder in Form einer Rentenversicherung mit Kapitalwahlrecht ab, so ist eine Pauschalierung nach § 40b EStG nur möglich, wenn die Leistungen aus der Versicherung **nicht vor Ablauf von fünf Jahren** nach Vertragsabschluss fällig werden können (R 129 Abs. 2 Sätze 5 und 6 LStR).

Die Pauschalierung der Lohnsteuer nach § 40b EStG ist auch zulässig, wenn die Zukunftssicherungsleistung **erst nach dem Ausscheiden des Arbeitnehmers** aus dem Betrieb erbracht wird und der Arbeitnehmer bereits in einem neuen Dienstverhältnis steht (BFH, Urteil vom 18.12.1987, BStBl II 1988 S. 554).

Die Anwendung der Vervielfältigungsregelung ist nur im Zusammenhang mit der Beendigung des Dienstverhältnisses möglich; ein solcher Zusammenhang ist insbesondere dann zu vermuten, wenn der Direktversicherungsbeitrag **bis zu drei Monate vor dem Auflösungszeitpunkt** geleistet wird (R 129 Abs. 11 Satz 1 LStR). **Nach Beendigung des Dienstverhältnisses** gibt es **keine Einschränkung**. Hier kann die Vervielfältigungsregelung ohne zeitliche Beschränkung angewendet werden, wenn sie spätestens bis zum Zeitpunkt der Auflösung des Dienstverhältnisses vereinbart wird (R 129 Abs. 11 Satz 2 LStR).

Die Vervielfältigungsregelung kommt hingegen nicht zur Anwendung, wenn der Arbeitgeber Beiträge für eine Direktversicherung für zurückliegende Jahre bei fortbestehendem Dienstverhältnis nachzuzahlen hat (BFH, Urteil vom 18.12.1987, BStBl II 1988 S. 379).

14. Verlust des Bezugsrechts aus einer Direktversicherung

a) Allgemeines

2747 **Verliert ein Arbeitnehmer** ersatzlos ganz oder teilweise **sein Bezugsrecht** aus einer Direktversicherung (z.B. bei vorzeitigem Ausscheiden aus dem Dienstverhältnis), so ergibt sich für den Arbeitnehmer **eine Arbeitslohnrückzahlung** (negative Einnahme). Der Zeitpunkt dieser Arbeitslohnrückzahlung bestimmt sich nach dem Zeitpunkt, in dem die den Verlust des Bezugsrechts begründenden Willenserklärungen (z.B. Kündigung oder Widerruf) wirksam geworden sind. Dabei ist das verlorene Bezugsrecht mit dem entsprechenden geschäftsplanmäßigen Deckungskapital anzusetzen (R 129 Abs. 14 LStR).

Zahlungen des Arbeitnehmers zum Wiedererwerb des verlorenen Bezugsrechts sind der Vermögenssphäre zuzurechnen; sie stellen keine Arbeitslohnrückzahlung dar (R 129 Abs. 14 Satz 4 LStR).

b) Arbeitslohnrückzahlungen aus pauschal versteuerten Beiträgen

2748 Soweit Arbeitslohnrückzahlungen aus pauschal versteuerten Beitragsleistungen vorliegen, **mindern diese die im selben Kalenderjahr anfallenden pauschalbesteuerungsfähigen Beitragsleistungen** des **Arbeitgebers**. Übersteigen die Arbeitslohnrückzahlungen die pauschalbesteuerungsfähigen Beitragsleistungen eines Kalenderjahrs, so kann der Arbeitgeber einen Lohnsteuer-Erstattungsanspruch geltend machen, sofern dadurch keine unangemessenen steuerlichen Vorteile erzielt werden. Dieser beträgt 20 % des Unterschiedsbetrags. Der **Arbeitnehmer** kann

negative Einnahmen aus pauschal versteuerten Beitragsleistungen nicht geltend machen (R 129 Abs. 15 LStR).

c) Arbeitslohnrückzahlungen aus individuell und pauschal versteuerten Beiträgen

Wenn Arbeitslohnrückzahlungen **aus teilweise individuell und teilweise pauschal versteuerten Beitragsleistungen** herrühren, ist der Betrag entsprechend **aufzuteilen**. Aus Vereinfachungsgründen kann **das Verhältnis** zu Grunde gelegt werden, das sich **nach den Beitragsleistungen in den vorangegangenen fünf Kalenderjahren** ergibt. Maßgebend sind die tatsächlichen Beitragsleistungen. Es ist nicht zulässig, die sich nach der Durchschnittsberechnung des § 40b Abs. 2 Satz 2 EStG ergebenden Beiträge zu Grunde zu legen (R 129 Abs. 16 LStR). **2749**

Der auf den **Arbeitnehmer entfallende Anteil** ist bei diesem negativer Arbeitslohn (vgl. im Einzelnen → *Rückzahlung von Arbeitslohn* Rz. 2121).

Soweit **die Arbeitslohnrückzahlung dem Arbeitgeber** zuzurechnen ist, richtet sich die steuerliche Behandlung nach den unter → Rz. 2748 dargestellten Grundsätzen.

d) Arbeitslohnrückzahlungen aus individuell versteuerten Beiträgen

Die Arbeitslohnrückzahlung ist in Höhe des geschäftsplanmäßigen Deckungskapitals **in voller Höhe dem Arbeitnehmer zuzurechnen** und bei diesem negativer Arbeitslohn (vgl. im Einzelnen → *Rückzahlung von Arbeitslohn* Rz. 2121). **2750**

e) Arbeitslohnrückzahlungen aus Beiträgen abzüglich Zukunftssicherungsfreibetrag

Arbeitslohnrückzahlungen können aus Vereinfachungsgründen auch dann als negative Einnahmen berücksichtigt werden, wenn von Beitragsleistungen für Kalenderjahre vor 1990 der Zukunftssicherungsfreibetrag abgezogen worden ist (R 129 Abs. 13 Satz 4 LStR). **2751**

Beispiel:

Der Arbeitgeber hat in den Monaten Januar 1987 bis Juni 2002 die Lohnsteuer von den monatlichen Beiträgen für eine Direktversicherung (bis Dezember 1989 226 DM, ab Januar 1990 250 DM, ab 1996 284 DM, ab 2002 146 €) nur jeweils 100 DM mit 10 % bzw. ab dem Kalenderjahr 1990 mit 15 % und ab 1996 mit 20 % pauschaliert. Ab 2002 beträgt der pauschal besteuerte Betrag 60 €. Der übersteigende Beitrag wurde jeweils nach den Merkmalen der vom Arbeitnehmer vorgelegten Lohnsteuerkarte versteuert. Im Juli 2002 wird der Direktversicherungsvertrag gekündigt. Das geschäftsplanmäßige Deckungskapital beträgt 8 200 €.

Die Beiträge des Arbeitgebers betrugen in den dem Kalenderjahr 2002 vorangegangenen fünf Kalenderjahren

– 2001	3 408 DM =	1 742,48 €
– 2000	3 408 DM =	1 742,48 €
– 1999	3 408 DM =	1 742,48 €
– 1998	3 408 DM =	1 742,48 €
– 1997	3 408 DM =	1 742,48 €
Insgesamt		8 712,40 €

Von diesem Betrag sind 3 067,80 € (100 DM = 51,13 € × 12 × 5) vom Arbeitgeber pauschal versteuert worden und 5 644,60 € individuell vom Arbeitnehmer.

Beim Arbeitgeber ist als Arbeitslohnrückzahlung das geschäftsplanmäßige Deckungskapital anteilig mit

$$\frac{8\ 712,40\ € \times 5\ 644,60\ €}{8\ 712,40\ €} \times 8\ 200\ € = 2\ 887,37\ €$$

zu berücksichtigen.

Der Erstattungsanspruch des Arbeitgebers beträgt 20 % von 2 887,37 € = 577,47 € (zuzüglich Solidaritätszuschlag und ggf. pauschale Kirchensteuer) weil das Bezugsrecht des Arbeitnehmers im Kalenderjahr 2002 weggefallen ist.

Der Arbeitnehmer kann (8 200 € × 2 887,37 € =) 5 312,63 € als negative Einnahmen aus nichtselbständiger Arbeit in seiner Einkommensteuererklärung wie Werbungskosten (ohne Kürzung um den Arbeitnehmer-Pauschbetrag) geltend machen, wenn dieser Betrag nicht bereits vom Arbeitgeber beim Steuerabzug vom Arbeitslohn berücksichtigt wurde.

Die Tatsache, dass in den Jahren vor 1990 der Zukunftssicherungsfreibetrag berücksichtigt worden ist, ist ohne Belang.

f) Verlust des unwiderruflichen Bezugsrechts

2752 Bei Direktversicherungen, deren Beiträge **durch Barlohnumwandlung** finanziert werden, wird dem Arbeitnehmer **regelmäßig ein unwiderrufliches Bezugsrecht** für den Erlebens- und Todesfall eingeräumt. Wird das Vertragsverhältnis durch Kündigung oder Widerruf aufgelöst, weil der Arbeitnehmer aus dem Dienstverhältnis ausscheidet, zahlt die Versicherungsgesellschaft den Rückkaufswert unmittelbar an den unwiderruflich Bezugsberechtigten, also an den Arbeitnehmer aus.

Für die Pauschalierung nach § 40b EStG ist entscheidend, dass im Zeitpunkt der Zahlung der Versicherungsbeiträge an die Versicherungsgesellschaft die Voraussetzungen für die Pauschalierung der Lohnsteuer nach § 40b EStG vorlagen. War dies der Fall, ergeben sich aus der Kündigung des Lebensversicherungsvertrags dann **keine weiteren lohnsteuerlichen Konsequenzen** (R 129 Abs. 6 Sätze 5 und 6 LStR). Der Arbeitgeber hat keinen Anspruch auf Erstattung der pauschalen Lohnsteuer und der Arbeitnehmer hat den Zufluss des Rückkaufswerts nicht als Arbeitslohn zu versteuern.

15. Verrechnung von Gewinnanteilen

2753 Arbeitslohnrückzahlungen an den Arbeitgeber (negative Einnahmen des Arbeitnehmers) sind auch dann anzunehmen, soweit **Gewinnanteile zu Gunsten des Arbeitgebers**

– beim Versicherungsunternehmen angesammelt,

– während der Versicherungsdauer mit fälligen Beiträgen des Arbeitgebers verrechnet oder

– an den Arbeitgeber ausgezahlt werden.

Soweit hierbei Zinsen nach § 43 Abs. 1 Nr. 4 EStG der Kapitalertragsteuer unterliegen, ist die Kapitalertragsteuer Bestandteil der Arbeitslohnrückzahlung. Der Zeitpunkt der Arbeitslohnrückzahlung bestimmt sich nach dem Zeitpunkt der Gutschrift, Verrechnung oder Auszahlung der Gewinnanteile. **Aus Vereinfachungsgründen** können Arbeitslohnrückzahlungen auch dann als negative Einnahmen berücksichtigt werden, wenn von Beitragsleistungen für Kalenderjahre vor 1990 der Zukunftssicherungsfreibetrag abgezogen worden ist (R 129 Abs. 13 LStR).

Soweit Arbeitslohnrückzahlungen aus pauschal versteuerten Beitragsleistungen vorliegen, mindern diese auch hier die im selben Kalenderjahr anfallenden pauschalbesteuerungsfähigen Beitragsleistungen des Arbeitgebers. Übersteigen die Arbeitslohnrückzahlungen die pauschalbesteuerungsfähigen Beitragsleistungen eines Kalenderjahrs, so kann der Arbeitgeber einen **Lohnsteuer-Erstattungsanspruch** geltend machen, sofern dadurch **keine unangemessenen steuerlichen Vorteile** erzielt werden. Unangemessene Steuervorteile liegen insbesondere dann vor, wenn auf Grund der Vertragsgestaltung erwartet werden kann, dass die an den Arbeitgeber ausgezahlten oder zur Beitragsminderung verwandten Gewinnanteile insgesamt höher sind als die während der voraussichtlichen Laufzeit aufzubringenden Versicherungsbeiträge (R 129 Abs. 15 LStR).

16. Ehegatten-Arbeitsverhältnisse

2754 Auch im Rahmen von Ehegatten-Arbeitsverhältnissen kann der Arbeitgeber **Zukunftssicherungsleistungen für seine Ehefrau mit steuerlicher Wirkung erbringen**, die unter den Voraussetzungen des § 40b EStG pauschal versteuert werden können. Zur Anerkennung solcher Aufwendungen des Arbeitgebers genügt es allerdings nicht, dass das Ehegatten-Arbeitsverhältnis die allgemeinen Anforderungen der R 19 EStR i.V.m. H 19 EStH erfüllt. Finanzverwaltung und Rechtsprechung haben **zusätzliche Anforderungen an die Anerkennung von Zukunftssicherungsleistungen für den Ehegatten** aufgestellt, vgl. im Einzelnen die BMF-Schreiben vom 4.9.1984, BStBl I 1984 S. 495, vom 9.1.1986, BStBl I 1986 S. 7, und vom 7.1.1998, DStR 1998 S. 531, sowie BFH, Urteil vom 16.5.1995, BStBl II 1995 S. 873, m.w.N. Danach sind Direktversicherungen zu Gunsten des mitarbeitenden Ehegatten steuerlich anzuerkennen, wenn

– **die Verpflichtung** aus der Zusage der Direktversicherung **ernstlich gewollt sowie klar und eindeutig vereinbart ist**,

– die Aufwendungen **betrieblich veranlasst sind** und

– die betriebliche Altersversorgung **zu keiner Überversorgung** führt.

a) Ernsthaftigkeit der Vereinbarung

Der Vertrag, mit dem eine Direktversicherung abgeschlossen 2755 wird, muss ernsthaft gewollt sowie klar und eindeutig vereinbart sein. **Bei dem Abschluss einer Direktversicherung** zu Gunsten des Arbeitnehmer-Ehegatten bedarf es in der Regel **keiner Prüfung der Ernsthaftigkeit** der getroffenen Vereinbarungen. Denn in diesen Fällen ist das Vertragsverhältnis geprägt durch die Einschaltung eines Versicherungsunternehmens und durch die Begründung einer bestimmten Rechtsstellung des Bezugsberechtigten (BFH, Urteil vom 10.11.1982, BStBl II 1983 S. 173).

b) Betriebliche Veranlassung

Die Aufwendungen für die Direktversicherung müssen betrieblich 2756 veranlasst sein. Dies ist nur dann der Fall, wenn ein Vertragsverhältnis dieser Art auch mit einem familienfremden Arbeitnehmer abgeschlossen worden wäre. Das bedeutet, dass bei Beschäftigung mehrerer Arbeitnehmer im Betrieb diesen Arbeitnehmern, sofern ihre Tätigkeits- und Leistungsmerkmale vergleichbar sind, eine entsprechende betriebliche Altersversorgung eingeräumt oder zumindest ernsthaft angeboten worden ist, sog. **betriebsinterner Vergleich** (BFH, Urteil vom 20.3.1980, BStBl II 1980 S. 450).

Bei dem betriebsinternen Vergleich ist es jedoch unschädlich, wenn der Arbeitgeber Direktversicherungen **nur einem bestimmten Kreis von Arbeitnehmern** zusagt. Es kann nicht aus steuerlichen Gründen vorausgesetzt werden, dass alle Arbeitnehmer des Betriebs Versorgungszusagen erhalten. Eine Pensionsregelung kann sich beispielsweise auf den engeren Kreis einer Stammbelegschaft beschränken. Entscheidend ist nur, dass innerhalb des Kreises hinsichtlich der betrieblichen Altersversorgung der Grundsatz der Gleichbehandlung beachtet wird. Werden z.B. Versorgungszusagen nur den Arbeitnehmern einer Spitzengruppe gewährt und gehört der mitarbeitende Ehegatte zu dieser Spitzengruppe, sind die Aufwendungen für die Altersversorgung des Ehegatten betrieblich veranlasst (BFH, Urteil vom 30.3.1983, BStBl II 1983 S. 664).

Daher kann eine betriebliche Altersversorgung zu Gunsten des Ehegatten auch dann als betrieblich veranlasst angesehen werden, **wenn nur dem Ehegatten**, nicht aber den anderen Arbeitnehmern eine betriebliche Altersversorgung eingeräumt wurde, **der Ehegatte aber die Geschäftsleitung innehat** und ihm alle anderen Betriebsangehörigen unterstellt sind (BFH, Urteil vom 30.3.1993, BStBl II 1993 S. 600).

c) Keine Überversorgung

Nach Auffassung des Bundesfinanzhofs dürfen Aufwendungen 2757 für die Altersversorgung von Arbeitnehmer-Ehegatten **nicht zu einer sog. Überversorgung** führen. Die Obergrenze einer angemessenen Altersversorgung liegt nach ständiger Rechtsprechung des Bundesfinanzhofs **bei 75 % der letzten Aktivbezüge** (vgl. z.B. BFH, Urteil vom 17.5.1995, BStBl II 1996 S. 420). Im Hinblick auf die Schwierigkeit, die „letzten Aktivbezüge" und die zu erwartende Sozialversicherungsrente zu schätzen, hat der Bundesfinanzhof zur Prüfung einer möglichen Überversorgung auf die vom Arbeitgeber während der aktiven Tätigkeit des Ehepartners **tatsächlich erbrachten Leistungen** abgestellt.

Von der Prüfung einer möglichen Überversorgung kann abgesehen werden, wenn die laufenden Aufwendungen für die Altersvorsorge, d.h.

– Arbeitgeber- und Arbeitnehmeranteil zur gesetzlichen Rentenversicherung,

– freiwillige Leistungen des Arbeitgebers für Zwecke der Altersversorgung und

– Zuführung zu einer Pensionsrückstellung,

30 % des steuerpflichtigen Arbeitslohns nicht übersteigen (BFH, Urteil vom 16.5.1995, BStBl II 1995 S. 873).

Beispiel:

Ein Arbeitnehmer-Ehegatte erhält einen Monatslohn von 1 000 €, zuzüglich Urlaubsgeld von 150 €, Weihnachtsgeld in Form eines 13. Gehalts sowie vermögenswirksame Leistungen von 40 € im Monat. Für den Arbeitnehmer-Ehegatten ist eine Direktversicherung abgeschlossen worden. Die monatlichen Beiträge von 100 € werden zusätzlich zum ohnehin geschuldeten Arbeitslohn gewährt und pauschal mit 20 % versteuert. Die jährlichen Arbeitnehmer-Anteile zur Rentenversicherung sollen 1 300 € betragen.

Für die Frage, ob die Direktversicherungsbeiträge als Betriebsausgaben beim Arbeitgeber-Ehegatten abgezogen werden können, ist eine Überversorgung des Arbeitnehmer-Ehegatten zu prüfen:

a) Ermittlung des steuerpflichtigen Jahresarbeitslohns

Monatslohn (1 000 € × 12 Monate)	12 000 €
+ 13. Gehalt	1 000 €
+ Urlaubsgeld	150 €
+ vermögenswirksame Leistungen (40 € × 12 Monate)	480 €
= steuerpflichtiger Jahresarbeitslohn	13 630 €

Die Direktversicherungsbeiträge gehören nicht zum steuerpflichtigen Jahresarbeitslohn, denn sie werden vom Arbeitgeber pauschal versteuert und bleiben daher beim Arbeitnehmer außer Ansatz (§ 40b Abs. 4 i.V.m. § 40 Abs. 3 EStG).

b) Ermittlung der laufenden Aufwendungen für die Altersvorsorge

Arbeitnehmer-Anteil zur Rentenversicherung	1 300 €
+ Arbeitgeber-Anteil zur Rentenversicherung	1 300 €
+ Direktversicherungsbeiträge (100 € × 12 Monate)	1 200 €
= laufende Aufwendungen für die Altersvorsorge	3 800 €

c) Prüfung der 30 %-Grenze

30 % des steuerpflichtigen Jahresarbeitslohns von 13 630 €	4 089 €
laufende Aufwendungen für die Altersvorsorge	3 800 €

Die laufenden Aufwendungen für die Altersvorsorge **übersteigen nicht die 30 %-Grenze**. Die Beiträge für die Direktversicherung des Arbeitnehmer-Ehegatten können daher **in vollem Umfang** als Betriebsausgaben abgezogen werden.

Die Möglichkeit einer Überversorgung ist **auch zu prüfen, wenn Barlohn in Prämien für eine Direktversicherung umgewandelt** wird (BFH, Urteil vom 5.2.1987, BStBl II 1987 S. 557). Zwar sieht der Bundesfinanzhof die Barlohnumwandlung unter dem Aspekt der betrieblichen Veranlassung (dem Grunde nach) als unschädlich an, gleichwohl verlangt er aber, dass hinsichtlich des Umfangs der abziehbaren Aufwendungen – unter dem Gesichtspunkt der Angemessenheit – die 30 %-Grenze beachtet werden muss. **Begründung:** „Ein Ehegatten-Arbeitsverhältnis muss sich auch daran messen lassen, ob die einzelnen Lohnbestandteile (Aktivbezüge und Alterssicherung) zueinander in etwa dem entsprechen, was bei der Entlohnung familienfremder Arbeitnehmer betriebsintern üblich ist. Nicht allein die Höhe, sondern auch die Zusammensetzung des Entgelts ist von Bedeutung. Die Aufwendungen können daher nur insoweit abgezogen werden, als sie dazu dienen Versorgungslücken zu schließen."

Auch wenn der Arbeitnehmer-Ehegatte **objektiv eine zu geringe Entlohnung** erhält, kann **nicht auf die Prüfung der Überversorgung verzichtet** werden. Die 30 %-Grenze ist auch hier anhand des tatsächlich gezahlten Entgelts zu prüfen (BFH, Urteil vom 5.2.1987, BStBl II 1987 S. 557).

Wird die **30 %-Grenze überschritten**, so stellt der übersteigende Betrag keinen Arbeitslohn, sondern eine **private Zuwendung** (§ 12 Nr. 2 EStG) dar. Soweit hierfür pauschale Lohnsteuer entrichtet wurde, besteht ein Rückforderungsanspruch nach § 37 Abs. 2 Satz 1 AO (FG Rheinland-Pfalz, Urteil vom 25.11.1998, EFG 1999 S. 230).

Direktversicherungsbeiträge zu Gunsten des Arbeitnehmer-Ehegatten sind auch möglich, wenn der **Arbeitnehmer-Ehegatte im Rahmen eines Teilzeitbeschäftigungsverhältnisses** tätig ist und die Lohnsteuer zulässigerweise nach § 40a Abs. 2 EStG mit 20 % erhoben wird. In diesem Fall sind **die Direktversicherungsbeiträge bei der Prüfung der Pauschalierungsgrenze zu berücksichtigen** (R 128 Abs. 3 Satz 2 LStR). Einzelheiten siehe → *Pauschalierung der Lohnsteuer bei Aushilfs- und Teilzeitbeschäftigten* Rz. 1842.

Die vorstehenden Ausführungen **gelten auch für andere Formen der betrieblichen Altersversorgung**, z.B. für eine Pensions-zusage an den mitarbeitenden Ehegatten. In diesen Fällen ist aber insbesondere auch **die Frage nach der Ernsthaftigkeit der Vereinbarung zu prüfen**. In Einzelunternehmen ist bei einer Pensionszusage die Zusage auf Witwen- oder Witwerversorgung nicht rückstellungsfähig, weil hier bei Eintritt des Versorgungsfalls Anspruch und Verpflichtung in einer Person zusammentreffen, vgl. H 41 Abs. 10 (Witwen-/Witwerversorgung) EStH.

Ist der Arbeitslohn des Arbeitnehmer-Ehegatten **nach § 3 Nr. 39 EStG steuerfrei**, so können dennoch **zusätzliche Direktversicherungsbeiträge** gezahlt werden, **ohne die Steuerfreiheit** nach § 3 Nr. 39 EStG **zu gefährden**. Voraussetzung ist, dass die Direktversicherungsbeiträge pauschal nach § 40b EStG versteuert werden. Denn bei der Prüfung, ob es sich um eine geringfügige Beschäftigung i.S. des § 8 Abs. 1 Nr. 1 SGB IV handelt, sind beitragsfrei gezahlte Entgelte nicht zu berücksichtigen (→ *Geringfügig Beschäftigte* Rz. 1121). Da die Beiträge, die nach § 40b EStG pauschal versteuert werden, nicht dem Arbeitsentgelt hinzuzurechnen sind, wenn sie zusätzlich gewährt werden (§ 1 Abs. 1 Nr. 3 ArEV), wird die Arbeitsentgeltgrenze durch die Direktversicherungsbeiträge nicht überschritten; es bleibt ein geringfügiges Beschäftigungsverhältnis i.S. des § 8 Abs. 1 Nr. 1 SGB IV. Auch bei der Prüfung nach § 3 Nr. 39 EStG, ob die Summe der anderen Einkünfte des Arbeitnehmers positiv ist, bleiben pauschal versteuerte Einnahmen außer Betracht (R 21d Abs. 1 Satz 5 LStR).

17. Gesellschafter-Geschäftsführer

Soweit einem Gesellschafter-Geschäftsführer im Rahmen seines Dienstverhältnisses Zukunftssicherungsleistungen zugesagt werden, können diese **unter den Voraussetzungen des § 40b EStG** pauschal besteuert werden. Die „verschärften" Anforderungen, die bei Arbeitnehmer-Ehegatten gelten, sind bei Gesellschafter-Geschäftsführern nicht anwendbar. Es ist lediglich zu prüfen, ob **die Zukunftssicherungsleistungen** – zusammen mit den übrigen Barlohn – **nicht unangemessen hoch** sind und deshalb eine **verdeckte Gewinnausschüttung** darstellen. Zum Begriff der verdeckten Gewinnausschüttung vgl. Abschn. 31 KStR. **2758**

Die von der Rechtsprechung zur Frage der Ernsthaftigkeit der Belastung bei Pensionszusagen an Gesellschafter-Geschäftsführer entwickelten Grundsätze, nach denen eine Pensionszusage steuerlich anzuerkennen ist (vgl. R 41 Abs. 9 EStR, Abschn. 32 KStR), können nicht sinngemäß angewendet werden. Die **Ernsthaftigkeit der Direktversicherung liegt deshalb vor**, weil der Versicherer die Versicherungsleistung bei ordnungsgemäßer Erfüllung des Versicherungsvertrags unabhängig von der tatsächlichen Pensionierung des Gesellschafter-Geschäftsführers zu erbringen hat. Die Frage, ob die Direktversicherung zu einer verdeckten Gewinnausschüttung führt, bleibt unberührt (BMF-Schreiben vom 30.5.1980, BStBl I 1980 S. 253).

18. Solidaritätszuschlag

Wird die Lohnsteuer bei Direktversicherungsbeiträgen pauschaliert, so beträgt **der Solidaritätszuschlag stets 5,5 % der pauschalen Lohnsteuer**. **2759**

19. Kirchensteuer

Bei der Pauschalierung von Direktversicherungsbeiträgen wird auch eine pauschale Kirchensteuer fällig. Die pauschale Kirchensteuer ist nach dem Betriebsstätten-Prinzip mit dem im jeweiligen Bundesland maßgebenden Pauschsteuersatz von der Lohnsteuer zu erheben und nach den jeweils geltenden Regelungen auf die steuerberechtigten Kirchen aufzuteilen (→ *Kirchensteuer* Rz. 1386). **2760**

20. Sozialversicherungsrechtliche Behandlung pauschal besteuerter Zukunftssicherungsleistungen

§ 2 Abs. 1 Satz 1 Nr. 3 ArEV sieht vor, dass die nach § 40b EStG pauschal besteuerbaren Beiträge und Zuwendungen, die zusätzlich zu Löhnen oder Gehältern gewährt werden, dem Arbeits- **2761**

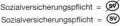
entgelt nicht hinzuzurechnen sind, vgl. → *Barlohnumwandlung* Rz. 411. Jedoch schreibt § 2 Abs. 1 Satz 2 ArEV vor, dass die pauschal besteuerbaren Beiträge und Zuwendungen **bis zur Höhe von 2,5 %** des für ihre Bemessung maßgebenden Entgelts dem Arbeitsentgelt zuzuordnen sind (**Hinzurechnungsbetrag**); die dem Arbeitsentgelt zuzurechnenden Beiträge und Zuwendungen vermindern sich jedoch um 13,30 € monatlich.

Ein solcher Hinzurechnungsbetrag ist für die Bemessung der Sozialversicherungsbeiträge zu bilden, wenn die Versorgungsregelung vor der Anwendung etwaiger Nettobegrenzungsregelungen eine allgemein erreichbare Gesamtversorgung von mindestens 75 % des gesamtversorgungsfähigen Arbeitsentgelts und nach Eintritt des Versorgungsfalles eine Anpassung der auf Grund der Beiträge und Zuwendungen i.S. des § 40b EStG zu erbringenden Versorgung an die Entwicklung der Arbeitsentgelte oder gesetzlicher Versorgungsbezüge vorsieht.

Der **Betrag von 13,30 €** ist für jeden Monat des Jahres in Abzug zu bringen, wenn und soweit in den einzelnen Monaten ein Hinzurechnungsbetrag vorhanden ist. Ein **Jahresausgleich** z.B. für den Fall, dass der Hinzurechnungsbetrag in einem Monat 13,30 € überschreitet, in anderen Monaten dagegen nicht, findet **nicht** statt. Der nicht ausgeschöpfte Teil des Abzugsbetrags kann nicht auf andere Monate übertragen werden.

Der Hinzurechnungsbetrag in der maximalen Höhe von 2,5 % abzüglich 13,30 € ist immer dann anzusetzen, wenn der **Umlagesatz** der Beiträge und Zuwendungen **zu Pensionskassen**, den der Arbeitgeber aufzubringen hat, mindestens 2,5 % beträgt. Ist der Umlagesatz niedriger, wird auch nur der geringere Vomhundertsatz als Berechnungsfaktor für die Ermittlung des sozialversicherungspflichtigen Hinzurechnungsbetrages angesetzt. Dies gilt insbesondere im Tarifgebiet Ost (Rechtskreis Ost) der Zusatzversorgungen im öffentlichen Dienst. Dort beträgt der Umlagesatz 1 %; die Umlage wird nach § 40b EStG pauschal versteuert. Der **Hinzurechnungsbetrag** ist somit **wie folgt zu ermitteln:**

Zusatzversorgungspflichtiges Gehalt	1 400,— €
Umlage (1 %)	14,— €

Ermittlung des beitragspflichtigen Arbeitsentgelts:

Gehalt:	1 400,— €
Hinzurechnungsbetrag (1 % von 1 400 €) =	14,— €
⁒	13,30 €
	0,70 €
	+ 0,70 €
beitragspflichtiges Arbeitsentgelt insgesamt:	1 400,70 €

Vgl. hierzu Gemeinsames Rundschreiben der Spitzenverbände vom 29.12.1998, Sozialversicherungsbeitrag-Handausgabe 2001 VL 17 IV/17.

Die während der Elternzeit oder des Grundwehrdiensts vom Arbeitgeber weiter gewährten und pauschal versteuerten Direktversicherungsbeiträge sind **kein Arbeitsentgelt im Sinne der Sozialversicherung.**

Trotz Wegfall des Arbeitsentgeltsanspruchs handelt es sich um zusätzliche Leistungen des Arbeitgebers (Besprechungsergebnis der Spitzenverbände der Sozialversicherungsträger vom 22./23.11.2000, Sozialversicherungsbeitrag-Handausgabe 2001 VL 17 IV/19).

Zu den **Neuregelungen der betrieblichen Altersversorgung** haben die Spitzenverbände der Sozialversicherungsträger nachfolgende Übersicht erarbeitet:

Durch-führungswesen	Ausgestaltung	Arbeitsentgelt	
		Zeitraum 2002 bis 2008	Zeitraum ab 2009
Direktzusage/ Pensionszusage	Entgeltumwandlung bis 4 %	nein	ja
	vom Arbeitgeber finanziert	nein	nein
Unterstützungs-kasse	Entgeltumwandlung bis 4 %	nein	ja
	vom Arbeitgeber finanziert	nein	nein

Durch-führungswesen	Ausgestaltung	Arbeitsentgelt	
		Zeitraum 2002 bis 2008	Zeitraum ab 2009
Direkt-versicherung	Entgeltumwandlung (laufendes Arbeitsentgelt)	ja	ja
	Entgeltumwandlung (Individualsteuer)	ja	ja
	Entgeltumwandlung (Sonderzuwendungen) bis 1 752 €, im Rahmen von § 40b EStG pauschal besteuert	nein	ja
	vom Arbeitgeber finanziert (Individualsteuer)	ja	ja
	vom Arbeitgeber finanziert bis 1 752 €, im Rahmen von § 40b EStG pauschal besteuert	nein	nein
Pensionskasse	Entgeltumwandlung (laufendes Arbeitsentgelt)	ja	ja
	Entgeltumwandlung (Individualsteuer)	ja	ja
	Entgeltumwandlung (Sonderzuwendungen) bis 1 752 €, im Rahmen von § 40b EStG pauschal besteuert	nein	ja
	Entgeltumwandlung bis 4 % der BBG im Rahmen von § 3 Nr. 53 EStG	nein	ja
	vom Arbeitgeber finanziert (Individualsteuer)	ja	ja
	vom Arbeitgeber finanziert bis 1 752 €, im Rahmen von § 40b EStG pauschal besteuert	nein	nein
	vom Arbeitgeber finanziert bis 4 % der BBG, im Rahmen von § 3 Nr. 63 EStG	nein	nein
Pensionsfonds	Entgeltumwandlung bis 4 % der BBG im Rahmen von § 3 Nr. 63 EStG	nein	ja
	vom Arbeitgeber finanziert bis 4 % der BBG im Rahmen von § 3 Nr. 63 EStG	nein	nein

Zukunftssicherung: Gesetzliche Altersversorgung

Inhaltsübersicht:

1. Vorbemerkung

Unter dem Begriff „Zukunftssicherung" sind **Vorsorgeleistungen des Arbeitgebers** zu verstehen, durch die der Arbeitgeber seine Arbeitnehmer oder diesen nahe stehende Personen für den Fall der **Krankheit**, des **Unfalls**, der **Invalidität**, des **Alters** oder des **Todes** absichert (§ 2 Abs. 1 Nr. 3 LStDV).   **2762**

Für die Besteuerung ist entscheidend, ob der Arbeitgeber die Beiträge **freiwillig oder auf Grund einer gesetzlichen Verpflichtung** leistet.

Unter diesem Stichwort ist allein die **Zukunftssicherung auf Grund gesetzlicher Verpflichtung (gesetzliche Altersversorgung)** dargestellt. Wenn Sie sich über die Zukunftssicherung auf Grund freiwilliger Verpflichtung (**betriebliche Altersversorgung**) informieren wollen, so sehen Sie bitte unter dem Stichwort → *Zukunftssicherung: betriebliche Altersversorgung* Rz. 2688 nach.

2. Leistungen auf Grund gesetzlicher Verpflichtungen

2763 **Zukunftssicherungsleistungen sind** nach § 3 Nr. 62 Satz 1 EStG **steuerfrei**, soweit der Arbeitgeber dazu **nach sozialversicherungsrechtlichen** oder anderen gesetzlichen **Vorschriften** oder nach einer auf gesetzlicher Ermächtigung beruhenden Bestimmung **verpflichtet** ist. Das Gleiche gilt für die Beitragsteile, die auf Grund einer nach ausländischen Gesetzen bestehenden Verpflichtung an ausländische Sozialversicherungsträger, die den inländischen Sozialversicherungsträgern vergleichbar sind, geleistet werden.

Nach § 3 Nr. 62 Satz 2 EStG werden auch bestimmte Zuschüsse des Arbeitgebers zu den **Vorsorgeaufwendungen des Arbeitnehmers** den Ausgaben gleichgestellt, die auf Grund gesetzlicher Verpflichtungen geleistet werden, mit der Folge, dass auch diese Leistungen steuerfrei sind (vgl. auch R 24 LStR).

Für die Anwendung dieser gesetzlichen Bestimmungen auf die Leistungen des Arbeitgebers zu folgenden Versicherungsarten ergibt sich im Einzelnen Folgendes:

3. Rentenversicherung

a) Versicherungspflichtige Arbeitnehmer

2764 Bei Arbeitnehmern, die in der Rentenversicherung **pflichtversichert** sind, hat der Arbeitgeber i.d.R. die Hälfte des Gesamtbeitrags (Ausnahme: bei knappschaftlicher Rentenversicherung zwei Drittel) zu tragen. **Dieser Anteil ist steuerfrei.**

Eine Steuerpflicht bzw. Beitragspflicht kann sich dann ergeben, wenn der Arbeitgeber Leistungen über diesen gesetzlich zu zahlenden Beitrag hinaus erbracht oder er freiwillig auch den Arbeitnehmeranteil ganz oder teilweise übernommen hat (BFH, Urteil vom 21.2.1992, BStBl II 1992 S. 443).

⌊ₜₜ⌋ ⌊SV⌋

Anders sieht das bei Auszubildenden aus, deren Arbeitslohn monatlich 325 € nicht übersteigt. In diesen Fällen hat der Arbeitgeber auch die Arbeitnehmeranteile zur Sozialversicherung zu übernehmen (→ *Geringverdienergrenze* Rz. 1144). Diese Ausgaben des Arbeitgebers beruhen auf einer **gesetzlichen Verpflichtung** (§ 249 Abs. 1 Nr. 1 SGB V, § 58 SGB XI, § 346 Abs. 2 Nr. 1 SGB III, § 168 Abs. 1 Nr. 1 SGB VI) und sind daher steuer- und beitragsfrei.

b) Nicht versicherungspflichtige Arbeitnehmer

2765 Folgende Arbeitnehmer unterliegen nicht der Versicherungspflicht:

- **Vorstandsmitglieder von Aktiengesellschaften** (BFH, Urteil vom 9.10.1992, BStBl II 1993 S. 169),

- **Vorstandsmitglieder von großen Versicherungsvereinen auf Gegenseitigkeit** sowie

- **Gesellschafter-Arbeitnehmer einer GmbH** mit einer Beteiligung von mindestens 50 % (beherrschende Gesellschafter/Gesellschafter-Geschäftsführer) oder einer sog. Sperrminorität (FG Baden-Württemberg, Urteil vom 8.9.1994, EFG 1995 S. 194).

Die Frage, ob Sozialversicherungspflicht besteht, **ist allein nach sozialversicherungsrechtlichen Vorschriften** durch den gesetzlichen Sozialversicherungsträger zu beurteilen (vgl. hierzu auch FG Baden-Württemberg, Urteil vom 13.12.2000, EFG 2001 S. 553). Bestehen jedoch **berechtigte Zweifel** an der Entscheidung des Sozialversicherungsträgers, so hat das Finanzamt ein eigenes Prüfungsrecht (R 24 Abs. 1 Sätze 5 und 6 LStR sowie FG Köln, Urteil vom 26.9.1989, EFG 1990 S. 94, und FG Baden-Württemberg, Urteil vom 29.3.1990, EFG 1990 S. 620).

Nach Auffassung des Finanzgerichts München (Urteil vom 10.12.1996, EFG 1998 S. 196) knüpft eine gesetzliche Verpflichtung i.S. des § 3 Nr. 62 EStG auch bei Gesellschafter-Geschäftsführern einer GmbH – unabhängig von Mehrheits- und Stimmverhältnissen – nicht an das Bestehen der sozialversicherungsrechtlichen Anspruchsvoraussetzungen an. Eine gesetzliche Verpflichtung liegt auch dann vor, wenn der Arbeitgeber (die GmbH) Zuschüsse zur Sozialversicherung rechtsirrtümlich auf Grund einer vermeintlichen gesetzlichen Verpflichtung abführt und darauf verzichtet, vom Sozialversicherungsträger bestrittene Erstattungsansprüche gerichtlich geltend zu machen. Auf Grund der Revisionen der Finanzverwaltung (Az. beim BFH: VI R 178–180/97) bleibt die Entscheidung des Bundesfinanzhofs abzuwarten.

Hat sich der Arbeitnehmer auf Antrag von der Versicherungspflicht befreien lassen und tritt später infolge einer Stellung als beherrschender Gesellschafter-Geschäftsführer oder Vorstandsmitglied einer AG Versicherungsfreiheit kraft Gesetzes ein, sind Arbeitgeberzuschüsse zu einer befreienden Lebensversicherung nicht nach § 3 Nr. 62 Satz 2 EStG steuerbefreit. Für die Frage der Steuerfreiheit ist der **aktuelle Versicherungsstatus** maßgebend (Schleswig-Holsteinisches FG, Urteil vom 12.5.1999, EFG 1999 S. 760, Revision eingelegt, Az. beim BFH: VI R 95/99 sowie FG Baden-Württemberg, Urteil vom 15.2.2000, EFG 2000 S. 542).

Zu weiteren Einzelheiten siehe → *Gesellschafter/Gesellschafter-Geschäftsführer* Rz. 1169.

c) Irrtümlich angenommene Versicherungspflicht

2766 Leistet **eine GmbH** in der Annahme, dass der Gesellschafter-Geschäftsführer Beschäftigter i.S. des Sozialversicherungsrechts ist, nach § 3 Nr. 62 Satz 1 EStG **steuerfreie Beiträge** (Arbeitgeberanteile) zur gesetzlichen Rentenversicherung, Krankenversicherung, Pflegeversicherung und Arbeitslosenversicherung und wird später vom Finanzamt, z.B. bei einer Lohnsteuer-Außenprüfung, festgestellt, dass der Gesellschafter-Geschäftsführer unstreitig nicht in einem abhängigen Beschäftigungsverhältnis zur GmbH steht und folglich **keine Sozialversicherungspflicht** bestand, so ist es dem Arbeitgeber verwehrt, künftig weiterhin steuerfreie Zuschüsse zur gesetzlichen Sozialversicherung zu leisten. Fraglich ist jedoch, wie die in der Vergangenheit vom Arbeitgeber zu Unrecht gezahlten Beiträge (Arbeitgeberanteile) zu behandeln sind.

Wird festgestellt, dass **in der Vergangenheit keine Sozialversicherungspflicht bestand** und deshalb § 3 Nr. 62 Satz 1 EStG überhaupt nicht zur Anwendung kam, so ist bei rückwirkendem Wegfall der angenommenen Versicherungspflicht **von folgenden Grundsätzen auszugehen** (OFD Magdeburg, Verfügung vom 1.8.2001, DB 2001 S. 2120):

- Werden **vom Sozialversicherungsträger die Arbeitgeberanteile** zur gesetzlichen Renten- und Arbeitslosenversicherung **an den Arbeitgeber erstattet**, die dieser in der rechtsirrtümlichen Annahme der Versicherungspflicht geleistet hat, ohne dass sie vom Arbeitgeber an den Arbeitnehmer weitergegeben werden, so ist dieser Vorgang lohnsteuerlich nicht relevant (BFH, Urteil vom 27.3.1992, BStBl II 1992 S. 663). Eine Änderung der Einkommensteuerbescheide des Arbeitnehmers für die Vorjahre kommt nicht in Betracht.

- Werden **vom Sozialversicherungsträger die gesetzlichen Arbeitnehmeranteile** zur gesetzlichen Renten- und Arbeitslosenversicherung **an den Arbeitnehmer erstattet**, so berührt dies nicht den Arbeitslohn. Ein Abzug der der Erstattung zu Grunde liegenden Beträge als Sonderausgaben kommt nicht in Betracht. Die Einkommensteuer-Veranlagungen sind daher nach § 175 Abs. 1 Nr. 2 AO zu ändern, soweit im Erstattungsjahr keine Verrechnung mit gleichartigen Aufwendungen (hier: Vorsorgeaufwendungen) möglich ist (BFH, Urteil vom 28.5.1998, BStBl II 1999 S. 95). Die (nachträgliche) Mitteilung des Sozialversicherungsträgers, der Steuerpflichtige sei auf Grund dieses Arbeitsverhältnisses mit der GmbH nicht sozialversicherungspflichtig („Freistellung"), stellt ein **rückwirkendes Ereignis** i.S. dieser Vorschrift dar.

- Der **Vorwegabzug** (§ 10 Abs. 3 Nr. 2 EStG) ist bei den betroffenen Veranlagungen wegen des rückwirkenden Wegfalls der Sozialversicherungspflicht (keine Arbeitgeberleistungen i.S. des § 3 Nr. 62 EStG) **zu Unrecht gekürzt** worden, soweit nicht ausnahmsweise eine andere Kürzungsvorschrift anzuwenden war. Die **Kürzung des Vorwegabzugs** ist folglich **rückgängig** zu machen (§ 175 Abs. 1 Nr. 2 AO).

- **Krankenversicherungs- und Pflegeversicherungsbeiträge werden** im Gegensatz zu Renten- und Arbeitslosenversicherungsbeiträgen nach § 26 Abs. 2 SGB IV **nicht erstattet**, wenn für den Arbeitnehmer auf Grund dieser Beiträge oder für den Zeitraum, für den die Beiträge zu Unrecht gezahlt wurden, Leistungen erbracht wurden. In diesem Fall liegt steuerpflichtiger Arbeitslohn im jeweiligen Jahr der Zahlung vor, die Beiträge können als Sonderausgaben berücksichtigt werden.

Werden Kranken- und Pflegeversicherungsbeiträge des Arbeitgebers erstattet, gelten die Ausführungen zur Renten- und Arbeitslosenversicherung entsprechend.

- Werden die **Arbeitgeberanteile** zur gesetzlichen Renten- und Arbeitslosenversicherung **vom Sozialversicherungsträger an den Arbeitgeber erstattet** und von diesem **an den Arbeitnehmer weitergegeben**, so handelt es sich regelmäßig **um eine verdeckte Gewinnausschüttung** (FG Düsseldorf, Urteil vom 17.12.1993, EFG 1994 S. 566).

Ist dagegen Arbeitslohn anzunehmen, sind die Arbeitgeberanteile in dem Kalenderjahr zu versteuern, in dem sie an den Arbeitnehmer ausgezahlt werden. Dies gilt auch dann, wenn die erstatteten Beträge von diesem für eine private Lebensversicherung verwendet werden.

- Wird auf die **Rückzahlung der Arbeitgeberbeiträge** zur gesetzlichen Rentenversicherung **durch den Arbeitgeber verzichtet** und werden die Beiträge **für die freiwillige Versicherung des Arbeitnehmers** in der gesetzlichen Rentenversicherung verwendet (Umwandlung), ist ebenfalls zu entscheiden, ob es sich um eine verdeckte Gewinnausschüttung oder um steuerpflichtigen Arbeitslohn (FG Köln, Urteil vom 21.11.1989, EFG 1990 S. 383) handelt. Ist steuerpflichtiger Arbeitslohn gegeben, liegt Zufluss bereits in den jeweiligen Kalenderjahren der früheren Zahlungen vor, da hier durch Umwandlung die Versicherungsanwartschaft bestehen bleibt. Die freiwillige Versicherung nimmt die Stellung der vermeintlichen gesetzlichen Versicherung ein. Die Einkommensteuer-Veranlagungen der früheren Kalenderjahre sind auf Grund der nachträglichen Freistellung von der Sozialversicherungspflicht nach § 175 Abs. 1 Nr. 2 AO zu ändern, da der Arbeitgeberanteil nicht nach § 3 Nr. 62 Satz 1 EStG steuerfrei ist, es sich insoweit um Sonderausgaben des Arbeitnehmers handelt und der Vorwegabzugsbetrag nicht mehr zu kürzen ist.

- Im Hinblick auf die anhängigen Revisionsverfahren (Az. beim BFH: VI R 178–180/97, vgl. → Rz. 2765) bestehen keine Bedenken, **Einspruchsverfahren**, in denen die Steuerfreiheit des Arbeitgeberanteils zur Kranken- und Pflegeversicherung geltend gemacht wird, nach **§ 363 AO ruhen** zu lassen.

Werden künftig **freiwillige Beiträge zur Sozialversicherung** geleistet, weil festgestellt wurde, dass keine Sozialversicherungspflicht besteht, so kann in Höhe des Zuschusses des Arbeitgebers **eine verdeckte Gewinnausschüttung** anzunehmen sein (BFH, Urteil vom 11.2.1987, BStBl II 1987 S. 461).

d) Befreiende Lebensversicherung vor dem 1.1.1968

2767 Für alle anderen Arbeitnehmer besteht seit 1.1.1968 eine Versicherungspflicht in der gesetzlichen Rentenversicherung. Vor diesem Zeitpunkt bestand jeweils eine bestimmte Versicherungspflichtgrenze. **Arbeitnehmer, deren Arbeitslohn diese Grenze überschritt, waren daher nicht rentenversicherungspflichtig.**

Wurde die Versicherungspflichtgrenze erhöht, konnte der einzelne Arbeitnehmer wieder versicherungspflichtig werden.

Arbeitnehmer, die vor dem 1.1.1968 nicht versicherungspflichtig waren, hatten i.d.R. eigene Vorsorgeleistungen erbracht, z.B. durch Abschluss einer Lebensversicherung. Diese Arbeitnehmer konnten sich auf Antrag von der Versicherungspflicht befreien lassen und dafür ihre eigene Lebensversicherung fortführen. Die Befreiungsvorschriften sind in R 24 Abs. 3 Nr. 1 bis 8 LStR im Einzelnen aufgeführt.

Nach § 3 Nr. 62 Satz 2 EStG werden Zuschüsse des Arbeitgebers zu einer derartigen sog. **befreienden Lebensversicherung** den Ausgaben des Arbeitgebers für die Zukunftssicherung der Arbeitnehmer, die auf Grund gesetzlicher Verpflichtungen geleistet werden, gleichgestellt, d.h. **derartige Zuschüsse sind steuerfrei.** Hierzu wird in R 24 Abs. 3 LStR ausdrücklich klargestellt, dass die Arbeitgeberzuschüsse nur dann steuerfrei sind, wenn der Angestellte auf **eigenen Antrag** oder auf Antrag des Arbeitgebers von der gesetzlichen Rentenversicherung befreit worden ist. Die **Steuerfreiheit beschränkt sich auf den Betrag, den der Arbeitgeber als Arbeitgeberanteil zur gesetzlichen Rentenversicherung aufzuwenden** hätte, wenn der Arbeitnehmer nicht von der gesetzlichen Versicherungspflicht befreit worden wäre.

Beispiel:

Ein bis 31.12.1967 nicht versicherungspflichtiger Arbeitnehmer hat sich ab 1.1.1968 von der Versicherungspflicht in der gesetzlichen Rentenversicherung befreien lassen, da er bereits eine eigene Lebensversicherung abgeschlossen hat. Der monatliche Beitrag zu der Lebensversicherung beträgt in 2002 900 €.

Bei einer Versicherungspflicht des Arbeitnehmers hätte der Arbeitgeber ab 1.1.2002 429,75 € (= 9,55 % der monatlichen Beitragsbemessungsgrenze 2002 von 4500 €) als Arbeitgeberanteil zu zahlen. Daher ist auch ein Zuschuss des Arbeitgebers zu der befreienden Lebensversicherung bis zu dieser Höhe steuerfrei. Übernimmt der Arbeitgeber die Hälfte des Lebensversicherungsbeitrags (= 450 €), muss er 20,25 € versteuern.

Die Zuschüsse des Arbeitgebers zu einer befreienden Lebensversicherung sind dagegen **nicht steuerfrei**, wenn diese nach **Wegfall der Lohnzahlung** (z.B. im Krankheitsfall nach Ablauf von sechs Wochen oder bei längerem unbezahltem Urlaub) weiter gewährt werden.

Den **Zuschüssen des Arbeitgebers** zu einer befreienden Lebensversicherung **gleichgestellt** sind die Zuschüsse des Arbeitgebers zu den **Beiträgen des Arbeitnehmers für die freiwillige Versicherung in einer gesetzlichen Rentenversicherung** oder **für eine öffentlich-rechtliche Versicherungs- oder Versorgungseinrichtung seiner Berufsgruppe**.

In diesen Fällen kann der Arbeitgeber die steuerfreien Zuschüsse unmittelbar an den Versicherungsträger oder an den Arbeitnehmer auszahlen. **Bei Auszahlung an den Arbeitnehmer** hat dieser **die zweckentsprechende Verwendung** durch eine entsprechende Bescheinigung des Versicherungsträgers **bis zum 30. April des Jahrs nachzuweisen**, das auf das Jahr der Beitragsleistung folgt. Die Bescheinigung ist als **Unterlage zum Lohnkonto** aufzubewahren. Kann der Beleg nicht vorgelegt werden, so handelt es sich bei den Leistungen des Arbeitgebers um steuerpflichtigen Arbeitslohn.

4. Insolvenzsicherung

2768 Die nach dem Gesetz zur Verbesserung der betrieblichen Altersversorgung geregelte Insolvenzsicherung soll Versorgungsempfängern und ihren Hinterbliebenen, deren Ansprüche aus einer Versorgungszusage nicht erfüllt werden können, weil z.B. über das Vermögen **des Arbeitgebers das Insolvenzverfahren eröffnet** worden ist, einen Anspruch auf die zugesagte Leistung gegen den Träger der Insolvenzsicherung (**Pensions-Sicherungs-Verein VVaG, Köln**) verschaffen. Die Mittel über die Durchführung der Insolvenzsicherung werden auf Grund öffentlich-rechtlicher Verpflichtungen **durch Beiträge aller Arbeitgeber** aufgebracht, die Leistungen der betrieblichen Altersversorgung unmittelbar zugesagt haben oder eine betriebliche

Altersversorgung über eine Unterstützungskasse oder eine Direktversicherung durchführen. **Die Beiträge an den Träger der Insolvenzsicherung gehören** damit als Ausgaben des Arbeitgebers für die Zukunftssicherung der Arbeitnehmer, die auf Grund gesetzlicher Verpflichtungen geleistet werden, **zu den steuerfreien Einnahmen** i.S. des § 3 Nr. 62 EStG (R 27 Abs. 2 LStR).

Steuerfrei sind nach § 3 Nr. 65 EStG auch **Beiträge des Trägers der Insolvenzsicherung** zu Gunsten eines Versorgungsberechtigten und seiner Hinterbliebenen **an eine Pensionskasse** oder **ein Unternehmen der Lebensversicherung zur Ablösung von Verpflichtungen**, die der Träger der Insolvenzsicherung im Sicherungsfall gegenüber dem Versorgungsberechtigten und seinen Hinterbliebenen hat. Das Gleiche gilt für Leistungen eines Arbeitgebers oder einer Unterstützungskasse zur Übernahme von Versorgungsleistungen oder unverfallbaren Versorgungsanwartschaften in den in § 4 Abs. 3 BetrAVG bezeichneten Fällen.

Die Leistungen der Pensionskasse oder des Unternehmens der Lebensversicherung auf Grund der o.g. Beiträge gehören zu den Einkünften, zu denen die Versorgungsleistungen gehören würden, die ohne Eintritt des Sicherungsfalls zu erbringen wären. Soweit sie zu den Einkünften aus nichtselbständiger Arbeit i.S. des § 19 EStG gehören, ist von ihnen Lohnsteuer einzubehalten. Für die Erhebung der Lohnsteuer gelten die Pensionskasse oder das Unternehmen der Lebensversicherung als Arbeitgeber und der Leistungsempfänger als Arbeitnehmer (→ *Arbeitgeber* Rz. 156).

[Lst] [SV]

5. Zukunftssicherung auf Grund besonderer Vorschriften

a) Pflichtversicherung auf Antrag im Beitrittsgebiet

2769 Beschäftigte, die **ihren Wohnsitz** oder gewöhnlichen Aufenthalt zuletzt **im alten Bundesgebiet** hatten und für begrenzte Zeit bei einem anderen Arbeitgeber im Beitrittsgebiet beschäftigt sind, werden in der Kranken-, Pflege-, Renten-, Unfall- und Arbeitslosenversicherung auf Antrag versichert, wenn **die Versicherungspflicht vom früheren Arbeitgeber beantragt** wird, der seinen Sitz im bisherigen Bundesgebiet hat. Dieser hat die Pflichten des Arbeitgebers in der Sozialversicherung zu erfüllen, insbesondere die vollen Beiträge zu tragen. Für die lohnsteuerliche Behandlung dieses Beitrags gilt Folgendes:

Bei dem Gesamtbeitrag handelt es sich um Arbeitslohn von einem Dritten in Bezug auf das im Beitrittsgebiet bestehende Arbeitsverhältnis. Die Hälfte des Gesamtbeitrags ist in Anlehnung an die gesetzliche Regelung in § 3 Nr. 62 EStG **aus allgemeinen Billigkeitserwägungen** als steuerfrei zu behandeln unter der Voraussetzung, dass der bisherige Arbeitgeber dem neuen Arbeitgeber im Beitrittsgebiet die Höhe des Gesamtbeitrags oder die Höhe des halben Beitrags mitteilt. Dieser hat von der Hälfte des Gesamtbeitrags Lohnsteuer, Solidaritätszuschlag und ggf. Kirchensteuer einzubehalten. Dabei ist die ungekürzte Vorsorgepauschale zu berücksichtigen.

Die vom Arbeitgeber im Beitrittsgebiet an die Sozialversicherung im Beitrittsgebiet abzuführenden Arbeitgeberbeiträge sind nicht als Arbeitslohn zu behandeln. Vgl. hierzu BMF-Schreiben vom 8.3.1991, BStBl I 1991 S. 387.

b) Zukunftssicherung auf Grund tariflicher Vorschriften

2770 Leistungen des Arbeitgebers für die Zukunftssicherung der Arbeitnehmer, die auf Grund einer tarifvertraglichen Verpflichtung geleistet werden, können den Leistungen auf Grund gesetzlicher Verpflichtungen nicht gleichgestellt werden. Sie gehören vielmehr zum steuerpflichtigen Arbeitslohn.

[LSt] [SV]

Besondere Regelungen gelten für die Arbeitgeber des Baugewerbes und Baunebengewerbes, die auf Grund tariflicher Regelungen zu Gunsten ihrer Arbeitnehmer Beiträge zu Zusatzversorgungskassen zu leisten haben (→ *Zusatzversorgungskasse im Baugewerbe* Rz. 2775).

Den meisten tarifvertraglichen Leistungen zur Zukunftssicherung der Arbeitnehmer ist gemeinsam, dass die Beträge für alle Arbeitnehmer in einem pauschalen Betrag je Arbeitnehmer aufgebracht werden.

Zulagen

1. Arbeitsrecht

Zulagen sind Leistungen des Arbeitgebers, die **zusätzlich zum** **2771** **vereinbarten Arbeitslohn** auf Grund **einzelvertraglicher** Vereinbarung oder auf Grund eines **Tarifvertrags** oder einer **Betriebsvereinbarung** bezahlt werden. Der Anknüpfungspunkt für die Gewährung von Zulagen ist unterschiedlich. Räumt ein Tarifvertrag dem Arbeitgeber ein einseitiges Leistungsbestimmungsrecht ein, so hat der Arbeitgeber umfassend die Interessen des Arbeitnehmers gegen die eigenen abzuwägen. Die getroffene Entscheidung des Arbeitgebers unterliegt der gerichtlichen Billigkeitskontrolle nach § 315 Abs. 3 BGB (vgl. BAG, Urteil vom 17.10.1990, NZA 1991 S. 238).

Sämtliche Zulagen sind Teil des Arbeitsentgelts und daher im Krankheitsfall weiterzuzahlen. **Zu unterscheiden sind** ohne Anspruch auf Vollständigkeit insbesondere:

– **Allgemeine Zulagen**
Allgemeine Zulagen sind **übertarifliche Leistungen** an Arbeitnehmer eines Betriebs, die der Niveauanhebung des Tariflohns dienen. Hierbei sind insbesondere der Gleichbehandlungs- und der Gleichberechtigungsgrundsatz zu berücksichtigen.

– **Erschwerniszulagen/Gefahrenzulagen**
Diese Zulagen sollen einen Ausgleich für besondere Belastungen bei der Erbringung der Arbeitsleistung bieten. Sie werden auf Grund einzelvertraglicher oder tarifvertraglicher Vereinbarung gezahlt, wobei bei Geltung eines Tarifvertrags eine einzelvertragliche Vereinbarung nur zu Gunsten des Arbeitnehmers von der tarifvertraglichen Vereinbarung abweichen darf. Die Erschwerniszulagen/Gefahrenzulagen berücksichtigen besondere Arbeitsprobleme, nicht den Grad der Arbeitsleistung. Sie werden insbesondere bezahlt für besonders gefährliche oder gesundheitsschädliche oder besonders schmutzige Arbeiten, z.B. Hitze-, Wasser-, Schmutz-, Kälte- oder Gefahrenzulage. Der übertarifliche Teil einer solchen Erschwerniszulage/Gefahrenzulage kann widerrufen und abgebaut werden, wenn ein neuer Tarifvertrag eine leistungsgerechtere Entlohnung beabsichtigt (vgl. BAG, Urteil vom 30.8.1972, DB 1973 S. 480).

– **Funktionszulagen**
Funktionszulagen knüpfen an der Übernahme zusätzlicher Verantwortung an. Sie werden für Aufsichts- und Koordinierungsarbeiten zusätzlich gezahlt, die ein Arbeitnehmer ggf. auch nur vorübergehend übernimmt.

– **Leistungszulagen**
Leistungszulagen knüpfen an der Güte des Arbeitsergebnisses an, das nach einem bestimmten Bewertungsschema benotet wird. Je nach der Bewertung der Arbeitsleistung wird eine bestimmte Summe zusätzlich bezahlt.

– **Persönliche Zulagen**
Persönliche Zulagen, mit denen der Arbeitgeber das Verhalten des Arbeitnehmers im Betrieb und seinen Charakter honorieren will, erscheinen zweifelhaft, da insoweit ein Anknüpfungspunkt, bezogen auf die Arbeitsleistung des Arbeitnehmers, fehlt; als allgemeine Zulage sind sie natürlich zulässig.

– **Sozialzulagen**
Sozialzulagen als besondere Familienzuschläge werden insbesondere als Alters-, Kinder-, Orts- und Verheiratetenzuschlag gezahlt. Dabei ist insbesondere der Gleichbehandlungs- und Gleichberechtigungsgrundsatz zu berücksichtigen.

Die **Kürzung von Zulagen** ist grundsätzlich nur bei entsprechender Vereinbarung, z.B. bei einer Kürzungsklausel oder einem **Widerrufsvorbehalt,** zulässig; ansonsten bedarf es einer Änderungskündigung; insbesondere bei der Kürzung von Zulagen durch **Anrechnung von Tariflohnerhöhungen** sind i.d.R. **Mitbe-**

stimmungsrechte des Betriebsrats zu beachten (vgl. die umfassende Darstellung in b + p 1996 S. 18 ff. und 113 ff.).

Bei Zahlungspflicht für Zulagen für Sonntags-, Feiertags- und Nachtarbeit trotz **Nichtbeschäftigung**, etwa nach unwirksamer Kündigung, braucht der Arbeitgeber für den **Steuerschaden** des Arbeitnehmers (keine Steuerfreiheit nach § 3b EStG) nicht einzustehen (BAG, Urteil vom 19.10.2000, DB 2001 S. 1310).

2. Lohnsteuer und Sozialversicherung

2772 Zulagen, die der Arbeitgeber zusätzlich zum Arbeitslohn zahlt, **sind grundsätzlich steuer- und beitragspflichtig**. Dabei spielt es **keine Rolle**, ob diese **als Zuschläge oder Zulagen bezeichnet** werden. Nicht entscheidend ist auch, ob die Lohnzuschläge auf Grund eines gesetzlichen Anspruchs, eines Tarifvertrags, einer Betriebsvereinbarung, einer einzelvertraglichen Regelung oder freiwillig gezahlt werden (§ 2 Abs. 2 Nrn. 6 und 7 LStDV sowie R 70 Abs. 1 Satz 2 Nr. 1 LStR mit Beispielen). LSt SV

Von diesem Grundsatz gibt es nur eine Ausnahme: Kraft ausdrücklicher gesetzlicher Regelung sind Zuschläge für Sonntags-, Feiertags- oder Nachtarbeit nach § 3b EStG in bestimmter Höhe steuerfrei (→ *Zuschläge für Sonntags-, Feiertags- und Nachtarbeit* Rz. 2779).

Zusatzverpflegung

2773 Aufwendungen für Verpflegung gehören regelmäßig zu den **nicht abziehbaren Kosten der Lebensführung** (→ *Mahlzeiten* Rz. 1670). Dies gilt auch für zusätzliche Verpflegung, die infolge der Berufsausübung eingenommen wird. Demzufolge kann der Arbeitgeber dem Arbeitnehmer weder die Aufwendungen für eine Zusatzverpflegung steuerfrei ersetzen noch entsprechende Zusatzverpflegung steuerfrei zur Verfügung stellen. LSt SV

Wird allerdings in **Betrieben mit gesundheitsgefährdenden Tätigkeiten** Zusatzverpflegung vom Arbeitgeber zur Verfügung gestellt, so führt dies **nicht zu Arbeitslohn**, weil es sich bei der Zusatzverpflegung um eine **Sachleistung zur Verhütung einer typischen Berufskrankheit** handelt (FinMin Niedersachsen, Erlass vom 1.4.1963, DStZ/E 1963 S. 178). L̶S̶t̶ SV̶

Wird die Sachleistung jedoch durch **Barzahlung** oder durch die Überlassung von **Gutscheinen**, die zum Bezug von Lebensmitteln berechtigen, abgegolten, so ist der gezahlte Betrag steuerpflichtiger Arbeitslohn. LSt SV

Zusatzversorgung

2774 Die Versorgungsanstalt des Bundes und der Länder (VBL) ist eine **Pensionskasse** i.S. des § 40b EStG. Die von den öffentlichen Arbeitgebern erhobenen Versicherungsbeiträge werden als Arbeitslohn versteuert; daher unterliegen die Versicherungsleistungen nur mit ihrem **Ertragsanteil** nach § 22 Nr. 1 Satz 3 Buchst. a EStG der Einkommensteuer (BFH, Urteil vom 4.10.1990, BStBl II 1991 S. 89). Weitere Einzelheiten siehe das Beispiel zu → *Versorgungsbezüge* Rz. 2561.

Entsprechendes gilt für andere Zusatzversorgungskassen, z.B. Zusatzversorgungskassen der Gemeinden oder der Sparkassen (BFH, Urteil vom 24.7.1996, BStBl II 1996 S. 650). L̶S̶t̶ SV̶

Zusatzversorgungskasse im Baugewerbe

2775 Die Arbeitgeber im Baugewerbe haben zur Aufbringung der Mittel für die tariflich festgelegten Leistungen an Urlaub, Lohnausgleich und Zusatzversorgung einen bestimmten Vomhundertsatz der Bruttolohnsumme aller vom Tarifvertrag erfassten Arbeitnehmer des Betriebs an die **Zusatzversorgungskasse** abzuführen. Die Beiträge des Arbeitgebers sind **steuerpflichtiger Arbeitslohn**, der nach § 40b EStG pauschal versteuert werden kann. Dabei

sind die tatsächlichen Beitragsleistungen des Arbeitgebers für die Zusatzversorgung zu Grunde zu legen; die späteren Leistungen aus der Zusatzversorgung sind nach § 2 Abs. 2 Nr. 2 Satz 2 LStDV lohnsteuerfrei (FinMin Nordrhein-Westfalen, Erlasse vom 2.3.1962, DB 1962 S. 353, und vom 28.10.1988, DB 1988 S. 2334).

Die Beitragszahlungen an die Zusatzversorgungskasse des Baugewerbes sind auch bei **Aushilfskräften als gegenwärtig zufließender Arbeitslohn** anzusehen, selbst wenn der Arbeitnehmer wegen seiner kurzen Beschäftigungsdauer die für die Leistungspflicht der Zusatzversorgungskasse erforderliche Wartezeit voraussichtlich nicht erfüllen wird (Hessisches FG, Urteil vom 20.7.1993, EFG 1994 S. 394). LSt SV

Vgl. auch → *Lohnausgleichskasse* Rz. 1477; → *Übergangsbeihilfen im Bau- und Gerüstbaugewerbe* Rz. 2437 sowie → *Urlaubsvergütungen im Baugewerbe* Rz. 2500.

Zusatzversorgungskasse in der Land- und Forstwirtschaft (ZLA)

2776 Seit dem 1.7.1995 gilt in den neuen Bundesländern die tarifvertragliche Zusatzversorgung für Arbeitnehmer in der Land- und Forstwirtschaft. In den alten Bundesländern besteht die Zusatzversorgung bereits seit 1973.

Nach § 3 Abs. 1 des Tarifvertrags sind die **Arbeitgeber** verpflichtet, für alle ständig beschäftigten Arbeitnehmer und Auszubildenden (auch im Bereich Buchhaltung, Haushalt) einen **monatlichen Beitrag von 5,20 €** zu leisten.

Diese Beiträge sind **steuerpflichtige Aufwendungen des Arbeitgebers** zur **Zukunftssicherung** seiner Arbeitnehmer, da sie nicht auf Grund gesetzlicher Verpflichtungen, sondern auf Grund tarifvertraglicher Vereinbarungen geleistet werden (R 24 Abs. 1 Satz 4 LStR). Eine **Pauschalierung** der Lohnsteuer nach § 40b EStG ist möglich. Diese Auffassung wird allerdings vom Finanzgericht des Landes Brandenburg abgelehnt (Urteil vom 25.5.2000, EFG 2000 S. 855). Danach bleibt der Beitrag als Sachbezug steuerfrei, weil die 50-€-Freigrenze nicht überschritten wird. LSt SV

Zuschläge

1. Arbeitsrecht

2777 Durch Zuschläge sollen besondere Leistungen des Arbeitnehmers Berücksichtigung finden. Der Anspruch des Arbeitnehmers auf die Zahlung von Zuschlägen kann sich dabei aus Gesetz, Tarifvertrag oder einzelvertraglicher Vereinbarung ergeben. Als zuschlagspflichtige besondere Leistungen des Arbeitnehmers in diesem Sinne sind **insbesondere** zu nennen:

– **Überstundenvergütung/Mehrarbeitsvergütung,**

– **Sonn- und Feiertagszuschläge** sowie

– **Zuschläge für besonders ungünstige Arbeitszeit** (Spätschicht, Wechselschicht, Nachtarbeit).

2. Lohnsteuer und Sozialversicherung

2778 **Lohnzuschläge**, die der Arbeitgeber zusätzlich zum Arbeitslohn zahlt, **sind grundsätzlich steuer- und beitragspflichtig**. Dabei spielt es **keine Rolle**, ob diese **als Zuschläge oder Zulagen bezeichnet** werden. Nicht entscheidend ist auch, ob die Lohnzuschläge auf Grund eines gesetzlichen Anspruchs, eines Tarifvertrags, einer Betriebsvereinbarung, einer einzelvertraglichen Regelung oder freiwillig gezahlt werden (§ 2 Abs. 2 Nrn. 6 und 7 LStDV sowie R 70 Abs. 1 Satz 2 Nr. 1 LStR mit Beispielen). LSt SV

Von diesem Grundsatz gibt es nur eine Ausnahme: Kraft ausdrücklicher gesetzlicher Regelung sind nur die Zuschläge für Sonntags-/Feiertags- oder Nachtarbeit nach § 3b EStG in bestimmter Höhe steuerfrei (→ *Zuschläge für Sonntags-, Feiertags- und Nachtarbeit* Rz. 2779).

Zuschläge für Sonntags-, Feiertags- und Nachtarbeit

1. Allgemeines

2779 Zum Arbeitslohn gehören alle Einnahmen, die der Arbeitnehmer aus dem Dienstverhältnis erzielt (§ 2 Abs. 1 LStDV). Dabei ist unerheblich, unter welcher Bezeichnung oder in welcher Form die Einnahmen gewährt werden. Daher ist auch der Arbeitslohn, der für eine Tätigkeit, die an Sonn- und Feiertagen oder zur Nachtzeit ausgeübt wird, grundsätzlich steuer- und beitragspflichtig.

Zum **Arbeitslohn** gehören auch besondere Entlohnungen für Dienste, die über die regelmäßige Arbeitszeit hinaus geleistet werden, wie Entlohnungen für Überstunden, Überschichten oder Sonntagsarbeit (§ 2 Abs. 2 Nr. 6 LStDV) oder Lohnzuschläge, die wegen der Besonderheit der Arbeit gewährt werden (§ 2 Abs. 2 Nr. 7 LStDV). Lediglich auf Grund **der ausdrücklichen gesetzlichen Regelung im § 3b EStG** bleiben Zuschläge für Sonntags-, Feiertags- oder Nachtarbeit innerhalb bestimmter Grenzen steuerfrei. **Nach § 1 ArEV sind die steuerfreien Zuschläge auch beitragsfrei in der Sozialversicherung.** Lediglich **in der gesetzlichen Unfallversicherung** sind Zuschläge für Sonntags-, Feiertags- oder Nachtarbeit dem Arbeitsentgelt **auch dann hinzuzurechnen, wenn sie lohnsteuerfrei sind** (§ 3 ArEV).

Nach § 3b EStG sind Zuschläge zum Arbeitslohn ganz oder teilweise steuerfrei, wenn sie **für tatsächlich geleistete Sonntags-, Feiertags- oder Nachtarbeit neben dem Grundlohn gezahlt und besonders aufgezeichnet** werden. Für den Umfang der Steuerfreiheit wird seit 1990 nicht mehr nach gesetzlichen oder tarifvertraglichen Zuschlägen einerseits und Zuschlägen auf Grund von Betriebsvereinbarungen oder Einzelverträgen andererseits unterschieden. Der Umfang der Steuerfreiheit ist nunmehr für **alle Bereiche einheitlich** gestaltet worden.

2. Arbeitsrecht

a) Arbeitsrechtliche Schutzbestimmungen

2780 Grundsätzlich können Arbeitgeber und Arbeitnehmer die Arbeitszeit frei vereinbaren, zu der der Arbeitnehmer seiner Verpflichtung zur Arbeitsleistung nachkommt. Um den Arbeitnehmer allerdings vor den Gesundheitsgefahren zu langer Arbeit oder der Arbeit zu ungewöhnlichen Zeiten zu schützen, enthält das Arbeitszeit-

gesetz bestimmte Regelungen über die Arbeitszeit der Arbeitnehmer. Zweck dieses Gesetzes ist es,

– **die Sicherheit und den Gesundheitsschutz** der Arbeitnehmer bei der Arbeitszeitgestaltung zu gewährleisten und die Rahmenbedingungen für flexible Arbeitszeiten zu verbessern sowie

– den **Sonntag und die staatlich anerkannten Feiertage** als Tage der Arbeitsruhe und der seelischen Erhebung der Arbeitnehmer zu schützen (§ 1 ArbZG).

Dabei ist zu beachten, dass der Sonntag und die anerkannten Feiertage bereits **grundgesetzlich geschützt sind** (Art. 140 GG i.V.m. Art. 139 Weimarer Verfassung). Aus dem Schutzzweck des Arbeitszeitgesetzes folgt, dass es als öffentliches Recht in der Regel **zwingendes Recht** ist, d.h. Vereinbarungen zwischen Arbeitgeber und Arbeitnehmer, die gegen die Vorschriften des Arbeitszeitgesetzes verstoßen, sind unwirksam. Hierbei ist allerdings zu beachten, dass das Arbeitszeitgesetz selbst an vielen Stellen Ausnahmen durch einen Tarifvertrag oder durch eine Betriebsvereinbarung zulässt (vgl. z.B. § 7 oder § 12 ArbZG).

b) Sonn- und Feiertagsarbeit

2781 Nach § 9 ArbZG dürfen Arbeitnehmer an Sonn- und Feiertagen von 0 Uhr bis 24 Uhr nicht beschäftigt werden. Dieser Grundsatz wird aber durch eine Vielzahl von Ausnahmen durchbrochen, die in § 10 ArbZG aufgeführt sind. **So ist die Arbeit an Sonn- und Feiertagen z.B. erlaubt:**

– In Not- und Rettungsdiensten sowie bei der Feuerwehr,

– zur Aufrechterhaltung der öffentlichen Sicherheit und Ordnung,

– in Krankenhäusern und anderen Einrichtungen zur Behandlung, Pflege und Betreuung von Personen,

– in Gaststätten und anderen Einrichtungen zur Bewirtung und Beherbergung,

– bei Musikaufführungen, Theatervorstellungen, Filmvorführungen,

– bei Fernsehen, Rundfunk und Presse,

– bei Messen und Ausstellungen,

– in Verkehrsbetrieben,

– in Bäckereien und Konditoreien für bis zu drei Stunden.

Werden Arbeitnehmer an Sonn- und Feiertagen beschäftigt, so darf die Arbeitszeit acht Stunden nicht überschreiten. Sie kann auf zehn Stunden verlängert werden, wenn innerhalb von sechs Kalendermonaten oder innerhalb von 24 Wochen im Durchschnitt acht Stunden nicht überschritten werden (§ 11 Abs. 2 i.V.m. § 3 ArbZG). Als Ausgleich für die Sonn- und Feiertagsbeschäftigung müssen mindestens 15 Sonntage beschäftigungsfrei bleiben (§ 11 Abs. 1 ArbZG). Darüber hinaus müssen Arbeitnehmer, die an einem Sonntag beschäftigt werden, einen Ersatzruhetag haben, der innerhalb von zwei Wochen zu gewähren ist (§ 11 Abs. 3 ArbZG).

c) Nachtarbeit

2782 Auch für Nachtarbeit beinhaltet das Arbeitszeitgesetz bestimmte Regelungen. So ist **Nachtarbeit jede Arbeit, die mehr als zwei Stunden der Nachtzeit** umfasst. Nachtzeit ist dabei die Zeit von 23 Uhr bis 6 Uhr, in Bäckereien und Konditoreien die Zeit von 22 Uhr bis 5 Uhr (§ 2 Abs. 3 und 4 ArbZG).

Die Nachtarbeit darf acht Stunden nicht überschreiten. Sie kann auf zehn Stunden verlängert werden, wenn innerhalb von einem Kalendermonat oder innerhalb von vier Wochen im Durchschnitt acht Stunden werktäglich nicht überschritten werden (§ 6 Abs. 2 ArbZG).

Unter bestimmten Voraussetzungen besteht nach § 6 Abs. 5 ArbZG ein Anspruch auf angemessenen Freizeitausgleich oder auf eine angemessene Vergütung für Nachtarbeit, soweit nicht ohnehin eine tarifvertragliche Regelung eingreift.

d) Keine Folgerungen für das Steuer- und Sozialversicherungsrecht

2783 Folgerungen aus der Definition der Sonntags-, Feiertags- und Nachtarbeit im Arbeitszeitgesetz bzw. aus einem etwaigen Arbeitsverbot **sind im Bereich des Steuer- und Sozialversicherungsrechts nicht zu ziehen.**

3. Lohnsteuer

a) Allgemeines

2784 **Das Steuerrecht enthält in § 3b EStG eine eigenständige Begriffsdefinition der Sonntags-, Feiertags- oder Nachtarbeit;** nur unter den in § 3b EStG genannten Voraussetzungen kommt eine Steuerbefreiung der Zuschläge für Sonntags-, Feiertags- oder Nachtarbeit in Betracht. Im Steuerrecht gilt deshalb Folgendes:

- **Nachtarbeit** ist die Arbeit in der Zeit **von 20 Uhr bis 6 Uhr** (§ 3b Abs. 2 Satz 2 EStG),

- **Sonntagsarbeit** und **Feiertagsarbeit** ist die Arbeit in der Zeit **von 0 Uhr bis 24 Uhr** des jeweiligen Tages (§ 3b Abs. 2 Satz 3 EStG); als Sonntagsarbeit und Feiertagsarbeit gilt auch die Arbeit in der Zeit von 0 Uhr bis 4 Uhr des auf den Sonntag oder Feiertag folgenden Tages, wenn die Nachtarbeit vor 0 Uhr aufgenommen wird (§ 3b Abs. 3 Nr. 2 EStG).

Bei Anwendung dieser steuerlichen Regelungen ist es nicht entscheidend, ob Arbeitgeber und Arbeitnehmer die Vorschriften des Arbeitszeitgesetzes missachten, denn **für die Besteuerung ist es unerheblich,** ob ein Verhalten, das den Tatbestand eines Steuergesetzes ganz oder zum Teil erfüllt, **gegen ein gesetzliches Gebot oder Verbot** oder gegen die guten Sitten verstößt (§ 40 AO), vgl. dazu zuletzt BFH, Urteil vom 23.2.2000, BStBl II 2000 S. 610, betr. Anbieter von Telefonsex. Dies gilt selbst dann, wenn der Arbeitgeber wegen vorsätzlichen oder fahrlässigen Verstoßes gegen das Arbeitszeitgesetz mit einer Geldbuße oder Geldstrafe belangt wird oder wenn die Vereinbarung zwischen Arbeitnehmer und Arbeitgeber nach § 134 BGB nichtig ist. Für die Steuerfreiheit der Zuschläge für Sonntags-, Feiertags- oder Nachtarbeit kommt es allein darauf an, dass ein solcher Zuschlag gezahlt wird und die nachfolgenden Voraussetzungen erfüllt sind.

b) Begünstigter Personenkreis

2785 Die Steuerfreiheit nach § 3b EStG setzt voraus, dass die Zuschläge ohne diese Vorschrift den Einkünften aus nichtselbständiger Arbeit zuzurechnen wären (BFH, Urteil vom 19.3.1997, BStBl II 1997 S. 577). Begünstigt sind somit alle Arbeitnehmer im einkommensteuerrechtlichen Sinne. Dazu zählen z.B. auch

- **Arbeitnehmer-Ehegatten** im Rahmen eines lohnsteuerlich anzuerkennenden Dienstverhältnisses (→ *Angehörige* Rz. 108),

- Arbeitnehmer, deren Lohn **nach § 40a EStG pauschal versteuert** wird (→ *Pauschalierung der Lohnsteuer bei Aushilfs- und Teilzeitbeschäftigten* Rz. 1840).

Auch **geringfügig beschäftigte Arbeitnehmer,** deren Arbeitslohn nach § 3 Nr. 39 EStG steuerfrei ist, können **steuerfreie Zuschläge für Sonntags-, Feiertags- oder Nachtarbeit** erhalten (R 30 Abs. 1 Satz 6 LStR).

Bei Gesellschafter-Geschäftsführern ist die Zahlung steuerfreier Zuschläge für Sonntags-, Feiertags- oder Nachtarbeit nicht möglich. Nach Auffassung des Bundesfinanzhofs (Urteil vom 19.3.1997, BStBl II 1997 S. 577) verträgt sich mit dem Aufgabenbild eines GmbH-Geschäftsführers **keine Vereinbarung über die Vergütung von Überstunden.** Dies gilt erst recht dann, wenn die Vereinbarung von vornherein auf die Vergütung von Überstunden an Sonntagen, Feiertagen und zur Nachtzeit beschränkt ist und/ oder wenn außerdem eine Gewinntantieme vereinbart ist. Die an den Gesellschafter-Geschäftsführer geleisteten Überstundenvergütungen sind **steuerlich als verdeckte Gewinnausschüttungen** i.S. von § 8 Abs. 3 Satz 2 KStG zu behandeln.

c) Zuschlagssätze

2786 Zuschläge, die für tatsächlich geleistete Sonntags-, Feiertags- oder Nachtarbeit neben dem Grundlohn gezahlt werden, sind nur steuerfrei, soweit sie **die folgenden Prozentsätze des Grundlohns nicht übersteigen** (§ 3b Abs. 1 und 3 EStG):

- Für **Nachtarbeit** 25 %,

- für **Nachtarbeit in der Zeit von 0 Uhr bis 4 Uhr,** wenn die Nachtarbeit vor 0 Uhr aufgenommen wird, 40 %,

- für **Sonntagsarbeit** 50 %,

- für **Arbeit an den gesetzlichen Feiertagen** 125 %,

- für **Arbeit an Silvester** (31. Dezember) ab 14 Uhr 125 %,

- für **Arbeit an Heiligabend** (24. Dezember) ab 14 Uhr 150 %,

- für **Arbeit am ersten und zweiten Weihnachtsfeiertag** (25. und 26. Dezember) 150 %,

- für **Arbeit am 1. Mai** 150 %.

Als Sonntagsarbeit und Feiertagsarbeit gilt auch die Arbeit in der Zeit von 0 Uhr bis 4 Uhr des auf den Sonntag oder Feiertag folgenden Tages, wenn die Nachtarbeit vor 0 Uhr aufgenommen wird (§ 3b Abs. 3 Nr. 2 EStG).

Die gesetzlichen Feiertage werden durch die **am Ort der Arbeitsstätte geltenden Vorschriften** bestimmt (§ 3b Abs. 2 Satz 4 EStG), das sind **die Feiertagsgesetze** in den einzelnen Bundesländern, Ausnahme: Der Tag der deutschen Einheit (3. Oktober) ist durch Bundesgesetz geregelt. **Zu den gesetzlichen Feiertagen gehören der Oster- und der Pfingstsonntag** auch dann, wenn sie in den am Ort der Arbeitsstätte geltenden Vorschriften nicht ausdrücklich als Feiertage genannt werden (R 30 Abs. 3 Satz 3 LStR).

Aus den Feiertagsgesetzen der einzelnen Bundesländer ergibt sich folgende Übersicht, vgl. zu den Rechtsquellen der einzelnen Feiertagsgesetze die Textsammlung „Arbeitsgesetze", Anlage zu Nr. 8 (EFZG) Stollfuß Verlag Bonn:

- **Feiertage in allen Bundesländern:**

  - Neujahr,
  - Karfreitag,
  - Ostermontag,
  - 1. Mai,
  - Himmelfahrt,
  - Pfingstmontag,
  - Tag der deutschen Einheit (3. Oktober),
  - 1. Weihnachtsfeiertag,
  - 2. Weihnachtsfeiertag.

- **Feiertage in einzelnen Bundesländern:**

  - Hl. Drei Könige (6. Januar) in Baden-Württemberg, Bayern und Sachsen-Anhalt,
  - Ostersonntag in Brandenburg,
  - Pfingstsonntag in Brandenburg,
  - Fronleichnam in Baden-Württemberg, Bayern, Hessen, Nordrhein-Westfalen, Rheinland-Pfalz, Saarland, Sachsen (in bestimmten Gemeinden in den Landkreisen Bautzen und Westlausitzkreis) und Thüringen (in Gemeinden mit überwiegend katholischer Wohnbevölkerung),
  - Friedensfest (8. August) **nur** in der Stadt Augsburg,
  - Mariä Himmelfahrt (15. August) in Bayern (in Gemeinden mit überwiegend katholischer Bevölkerung) und Saarland,
  - Reformationstag (31. Oktober) in Brandenburg, Mecklenburg-Vorpommern, Sachsen, Sachsen-Anhalt und Thüringen,
  - Allerheiligen (1. November) in Baden-Württemberg, Bayern, Nordrhein-Westfalen, Rheinland-Pfalz und Saarland,
  - Buß- und Bettag in Sachsen.

d) Grundlohn

aa) Begriff des Grundlohns

2787 Grundlohn ist **der laufende Arbeitslohn,** der dem Arbeitnehmer bei der **für ihn maßgebenden regelmäßigen Arbeitszeit für den**

jeweiligen Lohnzahlungszeitraum zusteht; er ist in einen Stundenlohn umzurechnen (§ 3b Abs. 2 EStG). Maßgebend ist der dem Arbeitnehmer für den Lohnzahlungszeitraum zustehende Grundlohn. Hierbei kommt es auf den im einzelnen Fall tatsächlich vereinbarten Grundlohn an. Werden beispielsweise im einzelnen Fall Abweichungen von tarifvertraglichen Regelungen vereinbart, so sind diese Abweichungen maßgebend. Das gilt auch dann, wenn der Tarifvertrag solche Möglichkeiten nicht vorsieht.

bb) Abgrenzung des Grundlohns

2788 Zum Grundlohn zählt nur der für die regelmäßige Arbeitszeit zustehende laufende Arbeitslohn. Was laufender Arbeitslohn ist, bestimmt sich nach R 115 Abs. 1 LStR (→ *Laufender Arbeitslohn* Rz. 1466), vgl. R 30 Abs. 2 LStR.

Danach gehören zum Grundlohn laufende Geld- und Sachbezüge wie z.B.:

– Monatsgehälter, Wochen- und Tagelöhne,

– nach § 40a und § 40b EStG pauschal besteuerter Arbeitslohn,

– Erschwerniszulagen,

– Lohnzuschläge für Zeiten, die nicht nach § 3b EStG begünstigt sind (z.B. Schicht-, Spät- und Nachtarbeitszuschläge für die Zeit bis 20 Uhr),

– geldwerte Vorteile aus der ständigen Überlassung von Kraftwagen zur privaten Nutzung,

– unentgeltliche oder verbilligte Wohnungsüberlassung,

– Zinsersparnisse aus Darlehensgewährung,

– vermögenswirksame Leistungen,

– Nachzahlungen und Vorauszahlungen, wenn sich diese ausschließlich auf Lohnzahlungszeiträume beziehen, die im Kalenderjahr der Zahlung enden,

– steuerfreier Arbeitslohn von geringfügig Beschäftigten nach § 3 Nr. 39 EStG (R 30 Abs. 2 Nr. 1 Buchst. c Satz 2 LStR).

Nicht zum Grundlohn gehören dagegen:

– Vergütungen für Mehrarbeit,

– Lohnzuschläge für Zeiten, die nach § 3b EStG begünstigt sind,

– sonstige Bezüge (auch bis 150 €) i.S. der R 115 Abs. 2 LStR (→ *Sonstige Bezüge* Rz. 2232),

– nach § 40 EStG pauschal besteuerter Arbeitslohn (z.B. Fahrtkostenzuschüsse, Essenszuschüsse, Zuwendungen anlässlich von Betriebsveranstaltungen, Erholungsbeihilfen, Verpflegungsmehraufwendungen, Übereignung von Personalcomputern und Zuschüsse für die Internet-Nutzung),

– steuerfreie Bezüge (z.B. Reisekostenvergütungen, Umzugskostenvergütungen, Mehraufwendungen wegen doppelter Haushaltsführung, Kurzarbeiter- und Winterausfallgeld, Entlassungsabfindungen, Trinkgelder bis 1 224 €, Arbeitgeberanteil zur Sozialversicherung). Steuerfreier Arbeitslohn von geringfügig Beschäftigten nach § 3 Nr. 39 EStG gehört jedoch zum Grundlohn (R 30 Abs. 2 Nr. 1 Buchst. c Satz 2 LStR).

Beispiel 1:

Auf Grund tarifvertraglicher Vereinbarung erhält ein Arbeitnehmer für die Arbeit in der Zeit von 18 bis 22 Uhr einen Spätarbeitszuschlag.

Der für die Zeit von 18 bis 20 Uhr gezahlte Spätarbeitszuschlag gehört zum Grundlohn. Nicht zum Grundlohn gehört der Spätarbeitszuschlag von 20 bis 22 Uhr.

Beispiel 2:

Auf Grund tarifvertraglicher Vereinbarung erhält ein Arbeitnehmer für die Arbeit an Sonntagen einen Sonntagszuschlag von 100 %.

Der Sonntagszuschlag gehört nicht zum Grundlohn, das gilt auch für den steuerpflichtigen Teil des Sonntagszuschlags.

Beispiel 3:

Einem Arbeitnehmer wird auf Grund der Entgeltfortzahlung im Krankheitsfall ein Nachtarbeitszuschlag ausgezahlt.

Der im Rahmen der Entgeltfortzahlung im Krankheitsfall ausgezahlte Nachtarbeitszuschlag ist steuerpflichtig, weil er nicht für tatsächlich geleistete Nachtarbeit gezahlt wird. Der Zuschlag gehört zum Grundlohn.

cc) Ermittlung des Grundlohns

Zur Ermittlung des Grundlohnanspruchs für den jeweiligen Lohnzahlungszeitraum ist wie folgt zu verfahren (R 30 Abs. 2 Nr. 2 bis 4 LStR): 2789

- **Ermittlung des Basisgrundlohns**

  Zunächst ist der Basisgrundlohn zu ermitteln. Hierzu zählen die Teile des vereinbarten laufenden Arbeitslohns, deren Höhe von **im Voraus bestimmbaren Verhältnissen** abhängt.

  Werden die für den Lohnzahlungszeitraum zu zahlenden **Lohnzuschläge nach den Verhältnissen eines früheren Lohnzahlungszeitraums** bemessen, ist auch der Ermittlung des Basisgrundlohns der frühere Lohnzahlungszeitraum zu Grunde zu legen. Werden die Zuschläge nach der Arbeitsleistung eines früheren Lohnzahlungszeitraums aber nach dem Grundlohn des laufenden Lohnzahlungszeitraums bemessen (dies gilt z.B. für Zuschläge, die im öffentlichen Dienst gezahlt werden), ist der Basisgrundlohn des laufenden Lohnzahlungszeitraums zu Grunde zu legen. Soweit sich die Lohnvereinbarung auf andere Zeiträume als auf den Lohnzahlungszeitraum bezieht, ist der Basisgrundlohn durch Vervielfältigung des vereinbarten Stundenlohns mit der Stundenzahl der regelmäßigen Arbeitszeit im Lohnzahlungszeitraum zu ermitteln. Bei einem monatlichen Lohnzahlungszeitraum ergibt sich die Stundenzahl der regelmäßigen Arbeitszeit aus dem 4,35-fachen der wöchentlichen Arbeitszeit. Arbeitszeitausfälle, z.B. durch Urlaub oder Krankheit, bleiben außer Betracht (R 30 Abs. 2 Nr. 2 Buchst. a LStR).

- **Ermittlung der Grundlohnzusätze**

  Sodann sind die Grundlohnzusätze zu ermitteln. Das sind die Teile des laufenden Arbeitslohns, deren Höhe **nicht von im Voraus bestimmbaren Verhältnissen** abhängt, z.B. der nur für einzelne Arbeitsstunden bestehende Anspruch auf Erschwerniszulagen oder Spätarbeitszuschläge oder der von der Zahl der tatsächlichen Arbeitstage abhängende Anspruch auf nicht pauschal versteuerte Fahrtkostenzuschüsse. Diese Grundlohnzusätze sind mit den Beträgen anzusetzen, die dem Arbeitnehmer für den jeweiligen Lohnzahlungszeitraum tatsächlich zustehen (R 30 Abs. 2 Nr. 2 Buchst. b LStR).

- **Umrechnung des Grundlohnanspruchs** .

  Basisgrundlohn und Grundlohnzusätze sind zusammenzurechnen. Der sich so ergebende Grundlohnanspruch für den jeweiligen Lohnzahlungszeitraum ist in einen Stundenlohn umzurechnen. Hierzu ist **die errechnete Summe durch die Zahl der Stunden der regelmäßigen Arbeitszeit** im jeweiligen Lohnzahlungszeitraum **zu teilen**. Bei einem monatlichen Lohnzahlungszeitraum ist der Divisor mit dem 4,35fachen der wöchentlichen Arbeitszeit anzusetzen. Das Ergebnis ist der Grundlohn, der für die Begrenzung des steuerfreien Anteils der Zuschläge für Sonntags-, Feiertags- oder Nachtarbeit maßgebend ist (R 30 Abs. 2 Nr. 3 LStR).

  Maßgebend ist hierbei die für den Lohnzahlungszeitraum vereinbarte regelmäßige Arbeitszeit, auch wenn der Arbeitnehmer tatsächlich mehr oder weniger gearbeitet hat.

  Fehlt eine Vereinbarung der regelmäßigen Arbeitszeit, ist die tatsächlich geleistete Arbeitszeit zu Grunde zu legen.

  Bei Stücklohnempfängern kann die Umrechnung des Stücklohns auf einen Stundenlohn unterbleiben.

- **Zeitanteiliger Zuschlag**

  Wird ein Zuschlag für Sonntags-, Feiertags- oder Nachtarbeit von **weniger als einer Stunde** gezahlt, so ist bei der Ermittlung des steuerfreien Zuschlags für diesen Zeitraum der Grundlohn entsprechend zu kürzen (R 30 Abs. 2 Nr. 4 LStR).

- **Grundlohn bei Altersteilzeit**

  Bei einer Beschäftigung nach dem Altersteilzeitgesetz (→ *Altersteilzeitgesetz* Rz. 47) ist der Grundlohn so zu berechnen, als habe eine Vollzeitbeschäftigung bestanden (R 30 Abs. 2 Nr. 5 LStR).

  Mit dieser Regelung soll verhindert werden, dass bei Altersteilzeitmodellen der nach § 3b Abs. 2 EStG berechnete Grundlohn rechnerisch niedriger ist als bei Vollzeitbeschäftigung.

Beispiel 1:

Ein Arbeitnehmer in einem Drei-Schicht-Betrieb hat eine tarifvertraglich geregelte Arbeitszeit von 38 Stunden wöchentlich und einen monatlichen Lohnzahlungszeitraum. Er hat Anspruch – soweit es den laufenden Arbeitslohn ohne Sonntags-, Feiertags- oder Nachtarbeitszuschläge angeht – auf

- einen Normallohn von 8,50 € für jede im Lohnzahlungszeitraum geleistete Arbeitsstunde,
- einen Schichtzuschlag von 0,25 € je Arbeitsstunde,
- einen Zuschlag für Samstagsarbeit von 0,50 € für jede Samstagsarbeitsstunde,
- einen Spätarbeitszuschlag von 0,85 € für jede Arbeitsstunde zwischen 18 Uhr und 20 Uhr,
- einen Überstundenzuschlag von 2,50 € je Überstunde,
- eine Gefahrenzulage für unregelmäßig anfallende gefährliche Arbeiten von 1,50 € je Stunde,
- einen steuerpflichtigen, aber nicht pauschal versteuerten Fahrtkostenzuschuss von 3 € je Arbeitstag,
- eine vermögenswirksame Leistung von 40 € monatlich,
- Beiträge des Arbeitgebers zu einer Direktversicherung von 50 € monatlich.

Im Juni hat der Arbeitnehmer infolge Urlaubs nur an 10 Tagen insgesamt 80 Stunden gearbeitet. In diesen 80 Stunden sind enthalten:

- Regelmäßige Arbeitsstunden — 76
- Überstunden insgesamt — 4
- Samstagsstunden insgesamt — 12
- Überstunden an Samstagen — 2
- Spätarbeitsstunden insgesamt — 16
- Überstunden mit Spätarbeit — 2
- Stunden mit gefährlichen Arbeiten insgesamt — 5
- Überstunden mit gefährlichen Arbeiten — 1

a) Berechnung des Basisgrundlohns

8,50 € Stundenlohn × 38 Stunden × 4,35	1 405,05 €
0,25 € Schichtzuschlag × 38 Stunden × 4,35	41,33 €
Vermögenswirksame Leistungen	40,— €
Beiträge zur Direktversicherung	50,— €
insgesamt	1 536,38 €

b) Berechnung der Grundlohnzusätze

0,50 € Samstagsarbeitszuschlag × 10 Stunden	5,— €
0,85 € Spätarbeitszuschlag × 14 Stunden	11,90 €
1,50 € Gefahrenzulage × 4 Stunden	6,— €
3 € Fahrtkostenzuschuss × 10 Arbeitstage	30,— €
insgesamt	52,90 €

c) Berechnung des Grundlohns des Lohnzahlungszeitraums insgesamt

Basisgrundlohn	1 536,38 €
+ Grundlohnzusätze	52,90 €
= Grundlohn insgesamt	1 589,28 €

d) Berechnung des Stunden-Grundlohns

$$\frac{\text{Grundlohn}}{\text{Wochenstunden} \times 4,35} = \frac{1\ 589,28\ €}{38\ \text{Stunden} \times 4,35} = 9,61\ €$$

Beispiel 2:

Bei einem Arbeitnehmer mit tarifvertraglich geregelter Arbeitszeit von 37,5 Stunden wöchentlich und einem monatlichen Lohnzahlungszeitraum, dessen Sonntags-, Feiertags- und Nachtarbeitszuschläge sowie nicht im Voraus feststehende Bezüge sich nach den Verhältnissen des Vormonats bemessen, betragen für den Lohnzahlungszeitraum März

- der Basisgrundlohn — 1 638,64 €,
- die Grundlohnzusätze (bemessen nach den Verhältnissen im Monat Februar) — 140,36 €,
- im Februar betrug der Basisgrundlohn — 1 468,08 €.

Für die Ermittlung des steuerfreien Anteils der Zuschläge für Sonntags-, Feiertags- oder Nachtarbeit, die dem Arbeitnehmer auf Grund der im Februar geleisteten Arbeit für den Lohnzahlungszeitraum März zustehen, ist von einem Grundlohn auszugehen, der sich aus

- dem Basisgrundlohn des Lohnzahlungszeitraums Februar von — 1 468,08 €
- und den Grundlohnzusätzen des Lohnzahlungszeitraums März (bemessen nach den Verhältnissen im Februar) — 140,36 €

zusammensetzt.

Der für die Berechnung des steuerfreien Anteils der begünstigten Lohnzuschläge maßgebende Grundlohn beträgt also

$$\frac{\text{Grundlohn}}{\text{Wochenstunden} \times 4,35} = \frac{(1\ 468,08\ € + 140,36\ €)}{37,5\ \text{Stunden} \times 4,35} = 9,86\ €$$

e) Zuschlag zum Grundlohn

Die Steuerfreiheit nach § 3b EStG setzt voraus, dass **neben dem Grundlohn tatsächlich ein Zuschlag für Sonntags-, Feiertags- oder Nachtarbeit gezahlt wird**. Ein solcher Zuschlag kann in einem Gesetz, einer Rechtsverordnung, einem Tarifvertrag, einer Betriebsvereinbarung oder einem Einzelarbeitsvertrag geregelt sein. Die geleisteten Zahlungen müssen eindeutig von dem arbeitsrechtlich geschuldeten Arbeitslohn abgrenzbar sein. Ein Zuschlag wird nicht neben dem Grundlohn gezahlt, wenn er aus dem arbeitsrechtlich geschuldeten Arbeitslohn rechnerisch ermittelt wird, selbst wenn im Hinblick auf eine ungünstig liegende Arbeitszeit ein höherer Arbeitslohn gezahlt werden sollte (BFH, Urteil vom 28.11.1990, BStBl II 1991 S. 296, sowie zuletzt FG Rheinland-Pfalz, Urteil vom 28.10.1998, NWB 1998 Fach 1 S. 386); infolgedessen dürfen auch aus einer Umsatzbeteiligung keine Zuschläge abgespalten und nach § 3b EStG steuerfrei gelassen werden. Unschädlich ist es jedoch, wenn neben einem Zuschlag für Sonntags-, Feiertags- oder Nachtarbeit, die gleichzeitig Mehrarbeit ist, keine gesonderte Mehrarbeitsvergütung oder ein Grundlohn gezahlt wird, mit dem die Mehrarbeit abgegolten ist (R 30 Abs. 1 LStR). **2790**

Beispiel:

Ein Arbeitnehmer ist als Ingenieur bei einer Fabrik als Leiter der Produktion angestellt. Nach dem Arbeitsvertrag erhält der Arbeitnehmer ein Gehalt von 4 000 € pro Monat sowie ein 13. Monatsgehalt und Urlaubsgeld. Bestimmungen über zu leistende Arbeitszeit, Vergütungen von Mehr- bzw. Nachtarbeit sowie Arbeit an Sonn- und Feiertagen enthält der Arbeitsvertrag nicht.

Nach einer Bescheinigung seines Arbeitgebers muss der Arbeitnehmer jederzeit für das Unternehmen telefonisch erreichbar sein und nach 21 Uhr sowie an Samstagen, Sonntagen und Feiertagen Kontroll- und Inspektionsgänge durchführen. Hierfür wird ihm kein zusätzliches Entgelt gezahlt, sondern in seinem Gehalt sind dafür monatlich 225 € als Sonn- und Feiertagszuschlag vorgesehen.

Der Betrag von 225 € ist nicht nach § 3b EStG steuerfrei, weil er nicht neben dem Grundlohn gezahlt wird (BFH, Urteil vom 28.11.1990, BStBl II 1991 S. 296).

Bei einem **Fremdgesellschafter einer GmbH** kommt die Steuerfreiheit nach § 3b EStG nur dann in Betracht, wenn in dem Dienstvertrag **eine regelmäßige Arbeitszeit** sowie die **Zahlung von Zuschlägen für Sonntags-, Feiertags- und Nachtarbeit ausdrücklich vereinbart** worden ist. Enthält der Dienstvertrag aber eine Klausel, nach der der Geschäftsführer seine ganze Arbeitskraft und seine gesamten Kenntnisse und Erfahrungen der GmbH zur Verfügung zu stellen hat, sind von der GmbH gezahlte Zuschläge nicht nach § 3b EStG begünstigt (BFH-Urteil vom 27.6.1997, BFH/NV 1997 S. 849).

f) Tatsächlich geleistete Arbeit

Zuschläge für Sonntags-, Feiertags- oder Nachtarbeit i.S. des § 3b EStG sind Lohnzuschläge, die **für die Arbeit** in den nach § 3b EStG begünstigten Zeiten gezahlt werden (BFH, Urteil vom 24.11.1989, BStBl II 1990 S. 315), die **Steuerfreiheit kommt nur für tatsächlich geleistete Arbeit in Betracht**. **2791**

Beispiel 1:

Das Pflegepersonal und die Ärzte in Anstalten und Heimen, in denen die betreuten Personen in ärztlicher Behandlung stehen, sind nach den tarifvertraglichen Bestimmungen verpflichtet, sich auf Anordnung des Arbeitgebers außerhalb der regelmäßigen Arbeitszeit an einer vom Arbeitgeber bestimmten Stelle aufzuhalten, um im Bedarfsfall die Arbeit aufzunehmen (**Bereitschaftsdienst**). Zum Zwecke der Vergütungsberechnung wird die Zeit des Bereitschaftsdienstes – unabhängig von der tatsächlich geleisteten Arbeitszeit – mit Prozentsätzen als Arbeitszeit bewertet. Für die so ermittelte Arbeitszeit wird die Überstundenvergütung gezahlt (Nr. 6 Abschn. B der SR 2 a und Nr. 8 SR 2 c zu § 17 BAT). Zeitzuschläge (z.B. Zuschläge für Sonntags-, Feiertags- oder Nachtarbeit) werden für die ermittelte Arbeitszeit nicht gezahlt, sie werden jedoch ggf. für die innerhalb der Rufbereitschaft tatsächlich geleistete Arbeitszeit einschließlich einer etwaigen Wegezeit gewährt (§ 35 Abs. 2 BAT). Diese Zeitzuschläge können ggf. pauschaliert werden (§ 35 Abs. 4 BAT).

Im Hinblick darauf, dass nur solche Zuschläge steuerfrei bleiben können, die für tatsächlich geleistete Arbeit neben dem Grundlohn gezahlt werden, ist es nicht möglich, die Bereitschaftsdienstvergütungen ganz oder teilweise im Rahmen des § 3b EStG steuerfrei zu belassen (BFH, Urteil vom

24.11.1989, BStBl II 1990 S. 315). Lediglich dann, wenn neben den Bereitschaftsdienstvergütungen (Überstundenvergütungen) Zeitzuschläge für die während des Bereitschaftsdienstes tatsächlich geleistete Arbeitszeit i.S. des § 35 Abs. 2 BAT gewährt werden, können diese Zeitzuschläge steuerfrei bleiben, wenn die Zuschläge für Sonntags-, Feiertags- oder Nachtarbeit gezahlt werden und der Arbeitgeber über die entsprechenden Einzelanschreibungen verfügt.

Das Finanzgericht Baden-Württemberg (Urteil vom 4.11.1998, EFG 1999 S. 214) hat eine **Theaterbetriebszulage**, mit der die im Dienst am Theater verbundenen Aufwendungen und die besonderen Erschwernisse, die die gelegentliche Sonn- und Feiertagsarbeit und die üblicherweise unregelmäßige Arbeitszeit mit sich bringen, **nicht als nach § 3b EStG begünstigt** angesehen, weil die Zuschläge nicht (nur) für tatsächlich erbrachte Sonntags-, Feiertags oder Nachtarbeit bestimmt waren. Die gegen das Urteil eingelegte Nichtzulassungsbeschwerde wurde als unzulässig verworfen (BFH, Beschluss vom 6.5.1999 – VI B 12/99 –).

Auf die Bezeichnung der Lohnzuschläge kommt es allerdings nicht an.

Beispiel 2:

Auf Grund tarifvertraglicher Vereinbarung erhält ein Arbeitnehmer

– für die Arbeit in der Zeit von 18 bis 22 Uhr einen Spätarbeitszuschlag und

– für die in der Zeit von 19 bis 21 Uhr verrichteten Arbeiten eine Gefahrenzulage.

Der für die Zeit von 20 bis 22 Uhr gezahlte Spätarbeitszuschlag ist ein nach § 3b EStG begünstigter Zuschlag für Nachtarbeit, denn der Zuschlag wird wegen der Arbeit zu einer bestimmten Zeit gezahlt. Die Gefahrenzulage wird nicht für die Arbeit zu einer bestimmten Zeit gezahlt und ist deshalb auch insoweit kein Nachtarbeitszuschlag i.S. des § 3b EStG, als sie für die Arbeit in der Zeit von 20 bis 21 Uhr gezahlt wird.

Die **Barabgeltung eines Freizeitanspruchs** oder eines Freizeitüberhangs oder Zuschläge wegen Mehrarbeit oder wegen anderer als durch die Arbeitszeit bedingter Erschwernisse oder Zulagen, die lediglich nach bestimmten Zeiträumen bemessen werden, sind **keine begünstigten Lohnzuschläge** (R 30 Abs. 1 LStR).

Beispiel 3:

Im öffentlichen Dienst werden nach § 35 BAT Zeitzuschläge als Ausgleich für nicht gewährte Freizeit gezahlt. Im Einzelnen sieht § 35 BAT Folgendes vor:

„Der Angestellte erhält neben seiner Vergütung (§ 26) Zeitzuschläge. Sie betragen je Stunde

● für Arbeiten an Wochenfeiertagen, auch wenn diese auf einen Sonntag fallen, sowie am Ostersonntag und am Pfingstsonntag

  – ohne Freizeitausgleich   135 %,

  – bei Freizeitausgleich   35 %,

● soweit nach § 16 Abs. 2 kein Freizeitausgleich erteilt wird, für Arbeit nach 12 Uhr an dem Tage vor dem

  – Ostersonntag, Pfingstsonntag   25 %,

  – ersten Weihnachtsfeiertag, Neujahrstag   100 %

der Stundenvergütung."

Die Angestellten A und B leisten an einem Wochenfeiertag (Montag) acht Stunden Feiertagsarbeit. Für die 38,5-Stunden-Woche erhalten beide umgerechnet einen Wochenlohn von 385 € (= Stundenlohn 10 €). Gesonderte Zuschläge für Mehrarbeit werden nicht vergütet.

Der Angestellte A beansprucht am Donnerstag Freizeitausgleich und erhält für die Feiertagsarbeit Zuschläge in Höhe von 28 € (8 Stunden × 35 % × 10 €). Dieser Zuschlag ist nach § 3b EStG **in voller Höhe steuerfrei.**

Der Angestellte B erhält **keinen Freizeitausgleich.** Seine Feiertagszuschläge betragen 108 € (8 Stunden × 135 % × 10 €). Von diesen 108 € sind nach § 3b EStG ebenfalls nur 28 € steuerfrei. Der Erhöhungsbetrag für die nicht gewährte Freizeit von 80 € (8 Stunden × 100 % × 10 €) ist dem Lohnsteuerabzug zu unterwerfen.

Zeitzuschläge im öffentlichen Dienst für Arbeiten an den Tagen **vor** Ostersonntag und Pfingstsonntag (jeweils ganztägig) sowie am 24. bzw. 31. Dezember (jeweils vor 14 Uhr) fallen – unabhängig davon, ob sie für nicht gewährte Freizeit gezahlt werden – nicht unter die nach § 3b EStG begünstigten Zeiten, so dass eine Steuerfreiheit dieser Zuschläge stets ausscheidet.

Beispiel 4:

Ein Tarifvertrag sieht folgende Regelung vor:

§ 11 Zeitzuschläge

(1) Für Nachtarbeit sowie für Arbeit an Sonn- und Feiertagen werden nachfolgende Zeitzuschläge gewährt.

(2) Eine pauschale Abgeltung der Zeitzuschläge ist nicht zulässig.

(3) Für Nachtarbeit in der Zeit zwischen 22 Uhr und 6 Uhr beträgt der Zeitzuschlag einheitlich 25 %.

(4) Für Arbeit an Sonn- und Feiertagen in der Zeit zwischen 6 Uhr und 22 Uhr werden folgende Zeitzuschläge gewährt:

  – bei Arbeit bis zu vier Stunden eine Stunde Freizeitausgleich,

  – bei Arbeit über vier Stunden zwei Stunden Freizeitausgleich.

  Bei Arbeit am 24.12. im Zeitraum zwischen 14 Uhr und 22 Uhr, am 25.12. zwischen 6 Uhr und 22 Uhr, am 31.12. zwischen 18 Uhr und 22 Uhr beträgt der Zeitausgleich

  – bei Arbeit bis zu vier Stunden 1,5 Stunden,

  – bei Arbeit über vier Stunden drei Stunden.

  Beim Zusammentreffen mehrerer Zeitzuschläge wird nur der jeweils höchste Zeitzuschlag gewährt.

(5) Die Zeitzuschläge sind innerhalb von drei Monaten vorrangig durch Freizeit auszugleichen. Ist ein Freizeitausgleich innerhalb von drei Monaten nicht möglich, so sind bestehende Überbestände abzugelten.

Mit den Regelungen in § 11 Abs. 1 bis 4 des Tarifvertrags sind aus arbeitsrechtlicher Sicht ausschließlich **Zeit**zuschläge vereinbart worden. Lediglich aus Absatz 5 ergibt sich ein Anspruch des Arbeitnehmers auf Auszahlung bestehender Überbestände, für die keine Freizeit genommen werden konnte. Dieser Anspruch reicht aber nicht aus, um einen vom Hundert des Grundlohns bemessenen Zuschlag für Feiertags- und Nachtarbeit zu fingieren. Da die Steuerfreiheit von Zuschlägen nach § 3b EStG einen **Geldanspruch** voraussetzt, kann die (Bar-)Abgeltung eines Freizeitanspruchs oder eines Freizeitüberhangs nach dem o.b. Tarifvertrag nicht nach § 3b EStG steuerfrei gestellt werden.

Soweit Zuschläge gezahlt werden, ohne dass der Arbeitnehmer in der begünstigten Zeit gearbeitet hat, sind sie steuerpflichtig, vgl. H 30 (Tatsächliche Arbeitsleistung) LStH. Dies gilt z.B.

– bei **Urlaubsvergütungen** oder **Urlaubsabgeltungszahlungen**,

– bei der **Entgeltfortzahlung an Feiertagen oder im Krankheitsfall**,

– bei der **Entgeltfortzahlung an von der betrieblichen Tätigkeit freigestellte Betriebsratsmitglieder** (BFH, Urteil vom 3.5.1974, BStBl II 1974 S. 646),

– bei den **während des Mutterschutzes weitergezahlten Zuschlägen für Sonntags-, Feiertags- oder Nachtarbeit** (BFH, Urteil vom 26.10.1984, BStBl II 1985 S. 57).

Zur vereinbarten und vergüteten Arbeitszeit gehörende **Waschzeiten, Schichtübergabezeiten und Pausen** gelten hingegen als begünstigte Arbeitszeit i.S. des § 3b EStG, soweit sie in den begünstigten Zeitraum fallen (R 30 Abs. 6 Satz 2 LStR).

Der Grundsatz, wonach nur Zuschläge für tatsächlich geleistete Sonntags-, Feiertags- oder Nachtarbeit steuerfrei sind, **gilt auch für solche Zuschläge, die für Arbeiten an dienstfreien Tagen gezahlt werden.**

Beispiel 5:

Ein Taxiunternehmen beschäftigt seine Fahrer im Sechs-Tage-Rhythmus. Der dienstfreie siebte Tag fällt turnusmäßig alle sieben Wochen auf einen Sonntag, ansonsten auf die jeweiligen Wochentage. Anlässlich einer Großmesse müssen während einer Woche alle Fahrer eingesetzt werden. Die Fahrer, die dadurch an ihren dienstplanmäßig freien Tagen arbeiten müssen, erhalten einen Zuschlag zu ihrem Grundlohn.

Der Zuschlag ist steuerpflichtig, soweit er nicht auf einen Sonntag entfällt.

Im Übrigen ist der Arbeitgeber nicht verpflichtet, den **Steuerschaden** eines Arbeitnehmers zu erstatten, der sich aus der fehlenden Steuerbefreiung für den Zuschlag bei Nichtbeschäftigung mit fortbestehender Zuschlagszahlungspflicht ergibt (BAG, Urteil vom 19.10.2000, DB 2001 S. 1310).

g) Einzelnachweis

aa) Grundsatz

Die tatsächlich geleistete Sonntags-, Feiertags- oder Nachtarbeit **2792** **ist grundsätzlich im Einzelfall nachzuweisen.** Wird eine einheitliche Vergütung für den Grundlohn und die Zuschläge für Sonntags-, Feiertags- oder Nachtarbeit, ggf. unter Einbeziehung der Mehrarbeit und Überarbeit, gezahlt, weil Sonntags-, Feiertags- oder Nachtarbeit üblicherweise verrichtet wird, und werden deshalb die sonntags, feiertags oder nachts tatsächlich geleisteten Arbeitsstunden nicht aufgezeichnet, so bleiben die in der einheitlichen Vergütung enthaltenen Zuschläge für Sonntags-, Feiertags- oder Nachtarbeiten **grundsätzlich nicht nach § 3b EStG steuerfrei** (R 30 Abs. 6 Sätze 3 und 4 LStR).

Die Form des erforderlichen Einzelnachweises ist dem Arbeitgeber überlassen. **Die Aufzeichnungen müssen jedoch so gestaltet sein**, dass die Finanzverwaltung prüfen kann, ob die **Voraussetzungen für die Steuerfreiheit der gezahlten Zuschläge vorgelegen haben**. Es genügt daher nicht, wenn die steuerfrei gezahlten Zuschläge lediglich auf dem Lohnkonto betragsmäßig gesondert ausgewiesen werden; die Arbeiten zu den begünstigten Zeiten müssen vielmehr aus einer Anlage zum Lohnkonto hervorgehen. Dabei sind regelmäßig folgende Angaben unerlässlich:

– Der Arbeitstag (Datum),

– die geleisteten Arbeitsstunden und

– ggf. die Uhrzeit (z.B. bei geleisteter Nachtarbeit).

Als eine solche Anlage mit den erforderlichen Angaben kann **im Allgemeinen der Stundenzettel des einzelnen Arbeitnehmers dienen**, der den Urbeleg für die Bruttolohnabrechnung bildet. Voraussetzung ist allerdings, dass eine Verbindung zwischen Stundenzettel und Lohnkonto leicht und einwandfrei (z.B. über die Personal- oder Stammnummer des Arbeitnehmers) hergestellt werden kann. Das gilt auch bei maschineller Lohnabrechnung. Der Weg vom Urbeleg (Stundenzettel) über Brutto- und Nettolohnabrechnung zum Lohnkonto muss ohne Schwierigkeiten nachvollzogen werden können. Der Nachweis der tatsächlich geleisteten Sonntags-, Feiertags- oder Nachtarbeit ist nach der Rechtsprechung des Bundesfinanzhofs auch nachträglich möglich (Urteil vom 28.11.1990, BStBl II 1991 S. 298).

bb) Ausnahmeregelungen vom Einzelnachweis

2793 **Pauschale Zahlungen zur Abgeltung von Zuschlägen für Sonntags-, Feiertags- oder Nachtarbeit gehören grundsätzlich zum steuerpflichtigen Arbeitslohn.** Eine Steuerfreiheit der Pauschalen kommt selbst dann nicht in Betracht, wenn sie nach dem maßgebenden Tarifvertrag vorgesehen ist. Nach R 30 Abs. 6 Sätze 6 bis 9 LStR sind jedoch Ausnahmen möglich:

„Sind die **Einzelanschreibung und die Einzelbezahlung** der geleisteten Sonntags-, Feiertags- oder Nachtarbeit **wegen der Besonderheiten der Arbeit und der Lohnzahlungen nicht möglich**, so darf das Betriebsstättenfinanzamt den Teil der Vergütung, der als steuerfreier Zuschlag für Sonntags-, Feiertags- oder Nachtarbeit anzuerkennen ist, von Fall zu Fall feststellen. Im Interesse einer einheitlichen Behandlung der Arbeitnehmer desselben Berufszweigs darf das Betriebsstättenfinanzamt eine Feststellung **nur auf Weisung der Oberfinanzdirektion** treffen. Die Weisung ist der obersten Landesfinanzbehörde vorbehalten, wenn die für den in Betracht kommenden Berufszweig maßgebende Regelung nicht nur im Bezirk der für das Betriebsstättenfinanzamt zuständigen Oberfinanzdirektion gilt. Eine solche Feststellung kommt aber für solche Regelungen nicht in Betracht, durch die nicht pauschale Zuschläge festgesetzt, sondern bestimmte Teile eines nach Zeiträumen bemessenen laufenden Arbeitslohns als Zuschläge für Sonntags-, Feiertags- oder Nachtarbeit erklärt werden."

Eine **Ausnahmeregelung kommt nicht in Betracht**, wenn die Einzelanschreibung und die Einzelbezahlung zwar möglich, **jedoch mit erheblichem Arbeitsaufwand und Kosten verbunden sind**. Die Finanzverwaltung prüft sehr genau, ob die Voraussetzungen für eine Ausnahmeregelung tatsächlich gegeben sind, denn bei allen Betrieben aller Berufszweige müssen für die Bruttolohnabrechnung der gewerblichen Arbeitnehmer die tatsächlich geleisteten Arbeitsstunden festgehalten werden. Es sind daher nach Auffassung der Finanzverwaltung kaum Fälle denkbar, in denen eine Einzelanschreibung der geleisteten Arbeitsstunden zwar möglich, eine derartige Aufzeichnung der geleisteten Sonntags-, Feiertags- oder Nachtarbeit dagegen unmöglich sein soll.

In folgenden Fällen hat die Finanzverwaltung z.B. **Ausnahmeregelungen zugelassen**:

- **Schichtzulage der Deutschen Lufthansa AG (DLH) und der Condor-Flugdienst GmbH (CFG) für das Bordpersonal**

  Seit 1.1.1990 wird bis auf weiteres die für das Bordpersonal zu zahlende Schichtzulage in Höhe von **16,3 % der Grundbezüge** (Grundvergütung, Typenzulage bzw. Purserzulage und Zusatzvergütung) steuerfrei belassen (FinMin Hamburg, Erlass vom 13.3.1991, StLex 4, 3b, 1022).

- **Schichtzulage der Deutschen Luftverkehrsgesellschaft GmbH (DLT) für das Bordpersonal**

  Seit 1.1.1990 wird bis auf weiteres die für das Bordpersonal zu zahlende Schichtzulage in Höhe von **12,9 % des Grundgehalts** steuerfrei belassen (OFD Frankfurt, Verfügung vom 24.10.1991, StLex 4, 3b, 1023).

- **Fanganteile in der Kleinen Hochsee- und Küstenfischerei mit Hochseekuttern**

  Die Fanganteile können wegen der in der Kleinen Hochsee- und Küstenfischerei mit Hochseekuttern vorliegenden besonderen Verhältnisse als steuerfreie Zuschläge für Sonntags-, Feiertags- oder Nachtarbeit anerkannt werden (FinMin Berlin, Erlass vom 8.11.1996, FR 1997 S. 241):

  – In der Krabbenfischerei **12,1 %** der den Kutterbesatzungen gezahlten Fanganteile,

  – in der Küstenfischerei der Ostsee **9,7 %** der den Kutterbesatzungen gezahlten Fanganteile,

  – in der Kleinen Hochseefischerei einschließlich der Fischerei auf Seezungen mit Krabbenkuttern **12,1 %** der den Kutterbesatzungen gezahlten Fanganteile.

Nach Auffassung des Finanzgerichts München (Urteil vom 6.8.1999, EFG 1999 S. 1170) entsprechen allerdings die Verwaltungserlasse betr. Lufthansa und Condor, nach denen ein Teil der tarifvertraglich vereinbarten Mehrflugstundenvergütung eines Piloten unter Umständen als Zuschlag für Sonntags-, Feiertags- und Nachtarbeit steuerfrei bleiben kann (Einbeziehung der Schichtzulage in die Berechnung der Mehrflugstundenvergütung), nicht mehr der neueren Rechtsprechung des Bundesfinanzhofs (z.B. Urteil vom 28.10.1991, BStBl II 1991 S. 296).

h) Pauschale Abschlagszahlungen mit nachträglicher Einzelabrechnung

2794 Werden laufende Pauschalen (z.B. Monatspauschalen) **zur Abgeltung von Zuschlägen für Sonntags-, Feiertags- oder Nachtarbeit gezahlt** und wird die Verrechnung mit den steuerfreien Zuschlägen, die für die einzeln nachgewiesenen Zeiten für Sonntags-, Feiertags- oder Nachtarbeit auf Grund von Einzelberechnungen zu zahlen wären, erst später vorgenommen, können die laufenden Pauschalen nach § 3b EStG unter den nachfolgend genannten Voraussetzungen steuerfrei belassen werden (R 30 Abs. 7 LStR):

– Der steuerfreie Betrag wird **nicht nach höheren als den in § 3b EStG genannten Prozentsätzen** berechnet.

– Der steuerfreie Betrag wird **nach dem durchschnittlichen Grundlohn** und der durchschnittlichen im Zeitraum des Kalenderjahrs tatsächlich anfallenden Sonntags-, Feiertags- oder Nachtarbeit bemessen.

– Die Verrechnung mit den einzeln ermittelten Zuschlägen erfolgt jeweils **vor der Erstellung der Lohnsteuerbescheinigung** und somit regelmäßig spätestens zum Ende des Kalenderjahrs oder beim Ausscheiden des Arbeitnehmers aus dem Dienstverhältnis (BFH, Urteil vom 28.11.1990, BStBl II 1991 S. 293). Für die Ermittlung der im Einzelnen nachzuweisenden Zuschläge ist auf den jeweiligen Lohnzahlungszeitraum abzustellen. Dabei ist auch der steuerfreie Teil der einzeln ermittelten Zuschläge festzustellen und die infolge der Pauschalierung zu wenig oder zu viel einbehaltene Lohnsteuer auszugleichen.

– Bei der Pauschalzahlung ist erkennbar, **welche Zuschläge im Einzelnen** – jeweils getrennt nach Zuschlägen für Sonntags-, Feiertags- oder Nachtarbeit – **abgegolten sein sollen** und nach welchen Prozentsätzen des Grundlohns die Zuschläge bemessen worden sind.

– **Die Pauschalzahlung ist tatsächlich ein Zuschlag**, der neben dem Grundlohn gezahlt wird; eine aus dem Arbeitslohn rechnerisch ermittelte Pauschalzahlung ist kein Zuschlag.

Ergibt die Einzelfeststellung, dass der dem Arbeitnehmer auf Grund der tatsächlich geleisteten Sonntags-, Feiertags- oder Nachtarbeit zustehende Zuschlag **höher ist als die Pauschalzahlung**, so kann **ein höherer Betrag nur steuerfrei sein**, wenn und soweit **der Zuschlag auch tatsächlich zusätzlich gezahlt wird**; eine bloße Kürzung des steuerpflichtigen Arbeitslohns um den übersteigenden Steuerfreibetrag ist nicht zulässig. Diese Regelungen gelten sinngemäß, wenn lediglich die genaue Feststellung des steuerfreien Betrags im Zeitpunkt der Zahlung des Zuschlags schwierig ist und sie erst zu einem späteren Zeitpunkt nachgeholt werden kann.

Beispiel 1:

Ein Arbeitgeber zahlt seinem Arbeitnehmer pauschale Abschlagszahlungen zur Abgeltung von Zuschlägen für Sonntags-, Feiertags- oder Nachtarbeit in Höhe von 175 € monatlich, also 2 100 € im Kalenderjahr. Auf Grund der tatsächlich geleisteten Sonntags-, Feiertags- und Nachtarbeit des Arbeitnehmers ergibt sich unter Berücksichtigung der arbeitsvertraglich vereinbarten Zuschlagssätze ein steuerfreier Jahresbetrag von 2 000 €.

Die Differenz von 100 € (2 100 € ⁄ 2 000 €) ist steuerpflichtiger Arbeitslohn. Der Ausgleich der zu wenig einbehaltenen Lohnsteuer ist vor Ausschreibung der Lohnsteuerbescheinigung vorzunehmen.

Beispiel 2:

Wie Beispiel 1, auf Grund der tatsächlich geleisteten Sonntags-, Feiertags- und Nachtarbeit des Arbeitnehmers ergibt sich unter Berücksichtigung der arbeitsvertraglich vereinbarten Zuschlagssätze ein steuerfreier Jahresbetrag von 2 250 €.

Die pauschale Abschlagszahlung in Höhe von 2 100 € ist in voller Höhe steuerfrei. Die Differenz von 150 € (2 250 € ⁄ 2 100 €) ist **nur dann zusätzlich steuerfrei**, wenn der Arbeitgeber diesen Betrag zusätzlich als steuerfreien Sonntags-, Feiertags- oder Nachtarbeitszuschlag zahlt.

Der Bundesfinanzhof hat im Urteil vom 23.10.1992 (BStBl II 1993 S. 314) diese Auffassung bestätigt: **Pauschale Zuschläge können nur dann als Abschlagszahlungen oder Vorschüsse auf Zuschläge für tatsächlich geleistete Sonntags-, Feiertags- oder Nachtarbeit angesehen werden** und damit nach § 3b EStG steuerfrei sein, **wenn eine Verrechnung der Zuschläge mit den tatsächlich erbrachten Arbeitsstunden an Sonntagen, Feiertagen und zur Nachtzeit erfolgt**. Allein die Aufzeichnung der tatsächlich erbrachten Arbeitsstunden ersetzt diese Verrechnung nicht.

i) Zeitversetzte Auszahlung

2795 Die Steuerfreiheit von Zuschlägen für Sonntags-, Feiertags- oder Nachtarbeit bleibt auch bei **zeitversetzter Auszahlung** grundsätzlich erhalten. Voraussetzung ist jedoch, dass **vor der Leistung** der begünstigten Arbeit **bestimmt** wird, dass ein steuerfreier Zuschlag – ggf. teilweise – als **Wertguthaben** auf ein Arbeitszeitkonto genommen und **getrennt ausgewiesen** wird. Dies gilt z.B. in Fällen der **Altersteilzeit** bei Aufteilung in Arbeits- und Freistellungsphase (sog. Blockmodelle), vgl. → *Altersteilzeitgesetz* Rz. 47.

j) Zusammentreffen mehrerer Zuschlagsarten

aa) Feiertagszuschlag und Sonntagszuschlag

2796 Ist ein Sonntag zugleich Feiertag, kann ein Zuschlag **nur bis zur Höhe des jeweils in Betracht kommenden Feiertagszuschlags** steuerfrei gezahlt werden. Das gilt auch dann, wenn nur ein Sonntagszuschlag gezahlt wird (R 30 Abs. 4 LStR).

Beispiel:

Der Arbeitnehmer arbeitet am Ostersonntag und erhält hierfür sowohl einen Sonntagszuschlag von 40 % als auch einen Feiertagszuschlag von 100 %, insgesamt also 140 %.

Der Zuschlag ist in Höhe von 125 % steuerfrei; ein Zusammenrechnen von Sonn- und Feiertagszuschlag ist nicht möglich.

bb) Nachtarbeitszuschlag und Sonn- und Feiertagszuschlag

2797 Wird an Sonntagen und Feiertagen oder in der zu diesen Tagen gehörenden Zeit (0 bis 4 Uhr des auf den Sonntag oder Feiertag folgenden Tages) Nachtarbeit geleistet, **kann die Steuerbefreiung für Sonntags- und Feiertagszuschläge neben der Steuerbefreiung für Nachtzuschläge in Anspruch genommen werden**. Dabei ist der steuerfreie Zuschlagssatz für Nachtarbeit mit dem steuerfreien Zuschlagssatz für Sonntags- oder Feiertagsarbeit auch dann zusammenzurechnen, wenn nur ein Zuschlag gezahlt wird. Wenn für die einem Sonntag oder Feiertag folgende oder vorausgehende Nachtarbeit ein Zuschlag für Sonntags- oder Feiertagsarbeit gezahlt wird, ist dieser als Zuschlag für Nachtarbeit zu behandeln (R 30 Abs. 3 LStR).

Beispiel:

Ein Arbeitnehmer beginnt seine Nachtschicht am Mittwoch, dem 1.5.2002 um 22 Uhr und beendet sie am 2.5.2002 um 7 Uhr. Für diesen Arbeitnehmer sind Zuschläge zum Grundlohn bis zu folgenden Sätzen steuerfrei:

– **175 %** für die Arbeit am 1.5.2002 in der Zeit von 22 Uhr bis 24 Uhr (25 % für Nachtarbeit und 150 % für Feiertagsarbeit),

– **190 %** für die Arbeit am 2.5.2002 in der Zeit von 0 Uhr bis 4 Uhr (40 % für Nachtarbeit und 150 % für Feiertagsarbeit),

– **25 %** für die Arbeit am 2.5.2002 in der Zeit von 4 Uhr bis 6 Uhr (25 % für Nachtarbeit).

Die nachfolgende Tabelle gibt eine Übersicht über die verschiedenen Zuschlagssätze **bei der Kombination Sonntags- und Feiertagszuschlag mit Nachtarbeitszuschlag**:

	Sonntag	Feiertag, Silvester (ab 14 Uhr)	Weihnachten, 1. Mai, Heiligabend (ab 14 Uhr)
Nachtarbeit von 20 Uhr bis 6 Uhr	75 %	150 %	175 %
Nachtarbeit von 0 Uhr bis 4 Uhr, wenn Nachtarbeit vor 0 Uhr aufgenommen wird	90 %	165 %	190 %
Nachtarbeit von 0 Uhr bis 4 Uhr des auf den Sonntag oder Feiertag folgenden Tages, wenn Nachtarbeit vor 0 Uhr aufgenommen wird	90 %	165 %	190 %

cc) Mehrarbeitszuschläge und Sonntags-, Feiertags- oder Nachtzuschläge

2798 Hat ein Arbeitnehmer arbeitsrechtlich **Anspruch auf Zuschläge für Sonntags-, Feiertags- oder Nachtarbeit und auf Zuschläge für Mehrarbeit** und wird Mehrarbeit als Sonntags-, Feiertags- oder Nachtarbeit geleistet, bleibt von den gezahlten Zuschlägen grundsätzlich der Betrag steuerfrei, der den jeweils arbeitsrechtlich in Betracht kommenden Zuschlägen für Sonntags-, Feiertags- oder Nachtarbeit entspricht.

Wird beim Zusammentreffen von Sonntags-, Feiertags- oder Nachtarbeit mit Mehrarbeit nur ein Zuschlag für Mehrarbeit gezahlt, liegt ein Zuschlag i.S. des § 3b EStG nicht vor.

Wird für diese Mehrarbeit ein einheitlicher Zuschlag **(Mischzuschlag)** gezahlt, dessen auf Sonntags-, Feiertags- oder Nachtarbeit entfallender Anteil betragsmäßig nicht festgelegt ist, so ist der Mischzuschlag nach Auffassung des Bundesfinanzhofs im Verhältnis der in Betracht kommenden Einzelzuschläge in einen nach § 3b EStG begünstigten und einen nicht begünstigten Anteil aufzuteilen (Urteil vom 13.10.1989, BStBl II 1991 S. 8). Dies gilt auch dann, wenn der Mischzuschlag niedriger als die Summe der Einzelzuschläge ist (R 30 Abs. 5 LStR).

Haben die Einzelzuschläge unterschiedliche Berechnungsgrundlagen, so ist eine abweichende Aufteilung durch Arbeitgeber und Arbeitnehmer nicht zu beanstanden, falls keine rechtsmissbräuchliche Gestaltung vorliegt (BFH, Urteil vom 23.1.1981, BStBl II 1981 S. 371).

Ist für Sonntags-, Feiertags- oder Nachtarbeit kein Zuschlag vereinbart, weil z.B. Pförtner oder Nachtwächter ihre Tätigkeit regelmäßig zu den begünstigten Zeiten verrichten, so bleibt von einem

Zuschläge für Sonntags-, Feiertags- und Nachtarbeit

für diese Tätigkeiten gezahlten Mehrarbeitszuschlag kein Teilbetrag nach § 3b EStG steuerfrei (R 30 Abs. 5 Satz 5 LStR).

Beim Zusammentreffen von Mehrarbeitszuschlägen und Sonntags-, Feiertags- oder Nachtzuschlägen kommen folgende Fälle in Betracht:

(1) Es werden beide Zuschlagsarten **nebeneinander** gezahlt.

Beispiel 1:

Arbeitsrechtlich sind zwischen Arbeitgeber und Arbeitnehmer folgende Zuschläge vereinbart:

– Zuschlag für Nachtarbeit 25 %,
– Zuschlag für Mehrarbeit 10 %.

Beim Zusammentreffen von Nachtarbeit und Mehrarbeit werden beide Zuschläge, also 35 %, gezahlt.

Steuerfrei bleibt der Zuschlag für Nachtarbeit in Höhe von 25 %.

(2) Es wird **nur der in Betracht kommende Zuschlag für Sonntags-, Feiertags- oder Nachtarbeit** gezahlt, der ebenso hoch oder höher ist als der Zuschlag für Mehrarbeit.

Beispiel 2:

Arbeitsrechtlich sind zwischen Arbeitgeber und Arbeitnehmer folgende Zuschläge vereinbart:

– Zuschlag für Nachtarbeit 25 %,
– Zuschlag für Mehrarbeit 10 %.

Beim Zusammentreffen von Nachtarbeit und Mehrarbeit wird nur der Nachtarbeitszuschlag, also 25 %, gezahlt.

Steuerfrei bleibt der Zuschlag für Nachtarbeit in Höhe von 25 %.

(3) Es wird **nur der Zuschlag für Mehrarbeit** gezahlt (weil er z.B. höher ist als der Zuschlag für Nachtarbeit).

Beispiel 3:

Arbeitsrechtlich sind zwischen Arbeitgeber und Arbeitnehmer folgende Zuschläge vereinbart:

– Zuschlag für Nachtarbeit 10 %,
– Zuschlag für Mehrarbeit 25 %.

Beim Zusammentreffen von Nachtarbeit und Mehrarbeit wird nur der Mehrarbeitszuschlag, also 25 %, gezahlt.

Der Zuschlag ist in voller Höhe steuerpflichtig.

(4) Es wird ein einheitlicher Zuschlag **(Mischzuschlag)** gezahlt, der **höher** ist als die jeweils in Betracht kommenden Zuschläge, **aber niedriger als ihre Summe.**

Beispiel 4:

Arbeitsrechtlich sind zwischen Arbeitgeber und Arbeitnehmer folgende Zuschläge vereinbart:

– Zuschlag für Nachtarbeit 10 %,
– Zuschlag für Mehrarbeit 25 %,
– Mischzuschlag 30 %.

Beim Zusammentreffen von Nachtarbeit und Mehrarbeit wird der Mischzuschlag, also 30 %, gezahlt.

Der Mischzuschlag ist im Verhältnis der in Betracht kommenden Einzelzuschläge in einen nach § 3b EStG begünstigten Anteil und einen nicht begünstigten Anteil aufzuteilen. Der Zuschlag für Nachtarbeit beträgt 2/7 der Summe aus Nacht- und Mehrarbeitszuschlag

$$\left(\frac{10\,\%}{10\,\% + 25\,\%} = \frac{10}{35} = \frac{2}{7}\right).$$

Steuerfrei bleibt der Zuschlag für Nachtarbeit in Höhe von 2/7 des Mischzuschlags von 30 %, also ein Zuschlag in Höhe von 8,57 %.

Haben die Vertragsparteien eine andere Aufteilung vereinbart, so ist diese grundsätzlich maßgebend.

(5) Es wird ein einheitlicher Zuschlag **(Mischzuschlag)** gezahlt, der **höher** ist als die Summe der jeweils in Betracht kommenden Zuschläge.

Beispiel 5:

Arbeitsrechtlich sind zwischen Arbeitgeber und Arbeitnehmer folgende Zuschläge vereinbart:

– Zuschlag für Nachtarbeit 15 %,
– Zuschlag für Mehrarbeit 25 %,
– Mischzuschlag 50 %.

Beim Zusammentreffen von Nachtarbeit und Mehrarbeit wird der Mischzuschlag, also 50 %, gezahlt.

Der Mischzuschlag ist im Verhältnis der in Betracht kommenden Einzelzuschläge in einen nach § 3b EStG begünstigten Anteil und einen nicht begünstigten Anteil aufzuteilen. Der Zuschlag für Nachtarbeit beträgt 3/8 der Summe aus Nacht- und Mehrarbeitszuschlag

$$\left(\frac{15\,\%}{15\,\% + 25\,\%} = \frac{15}{40} = \frac{3}{8}\right).$$

Steuerfrei bleibt der Zuschlag für Nachtarbeit in Höhe von 3/8 des Mischzuschlags von 50 %, also ein Zuschlag in Höhe von 18,75 %.

Haben die Vertragsparteien eine andere Aufteilung vereinbart, so ist diese grundsätzlich maßgebend.

(6) Es wird ein einheitlicher Zuschlag **(Mischzuschlag)** gezahlt, der **höher** als der Nachtarbeitszuschlag ist, aber **gleich hoch** wie der Mehrarbeitszuschlag.

Beispiel 6:

Arbeitsrechtlich sind zwischen Arbeitgeber und Arbeitnehmer folgende Zuschläge vereinbart:

– Zuschlag für Nachtarbeit 30 %,
– Zuschlag für Mehrarbeit 50 %,
– Mischzuschlag 50 %.

Beim Zusammentreffen von Nachtarbeit und Mehrarbeit wird der Mischzuschlag, also 50 %, gezahlt.

Der Mischzuschlag ist im Verhältnis der in Betracht kommenden Einzelzuschläge in einen nach § 3b EStG begünstigten Anteil und einen nicht begünstigten Anteil aufzuteilen. Der Zuschlag für Nachtarbeit beträgt 3/8 der Summe aus Nacht- und Mehrarbeitszuschlag

$$\left(\frac{30\,\%}{30\,\% + 50\,\%} = \frac{30}{80} = \frac{3}{8}\right).$$

Steuerfrei bleibt der Zuschlag für Nachtarbeit in Höhe von 3/8 des Mischzuschlags von 50 %, also ein Zuschlag in Höhe von 18,75 %.

(7) Es wird ein einheitlicher Zuschlag **(Mischzuschlag)** gezahlt. Die Einzelzuschläge haben **unterschiedliche Bemessungsgrundlagen.**

Beispiel 7:

Arbeitsrechtlich sind zwischen Arbeitgeber und Arbeitnehmer folgende Zuschläge vereinbart:

– Zuschlag für Nachtarbeit 25 % des Tariflohns von 7,20 €: 1,80 €,
– Zuschlag für Mehrarbeit 25 % des Effektivlohns von 8,40 €: 2,10 €,
– Mischzuschlag 50 % des Effektivlohns von 8,40 €: 4,20 €.

Beim Zusammentreffen von Nachtarbeit und Mehrarbeit wird der Mischzuschlag, also 50 % des Effektivlohns, gezahlt.

Der Mischzuschlag ist im Verhältnis der in Betracht kommenden Einzelzuschläge in einen nach § 3b EStG begünstigten Anteil und einen nicht begünstigten Anteil aufzuteilen. Der Zuschlag für Nachtarbeit beträgt 47 % der Summe aus Nacht- und Mehrarbeitszuschlag

$$\left(\frac{1,80\,€}{1,80\,€ + 2,10\,€} = \frac{1,80}{3,90} = \frac{46}{100}\right).$$

Steuerfrei bleibt der Zuschlag für Nachtarbeit in Höhe von 46 % des Mischzuschlags von 4,20 €, also ein Zuschlag in Höhe von 1,94 €.

Haben die Vertragsparteien eine andere Aufteilung vereinbart, so ist diese grundsätzlich maßgebend.

(8) Es wird **nur der Zuschlag für Mehrarbeit** gezahlt, weil ein Zuschlag für Nachtarbeit **nicht vereinbart** worden ist.

Beispiel 8:

Arbeitsrechtlich sind zwischen Arbeitgeber und Arbeitnehmer folgende Zuschläge vereinbart:

– Zuschlag für Nachtarbeit 0 %,
– Zuschlag für Mehrarbeit 25 %.

Beim Zusammentreffen von Nachtarbeit und Mehrarbeit wird der Mehrarbeitszuschlag von 25 % gezahlt.

Der Zuschlag ist in voller Höhe steuerpflichtig.

k) Berechnungsbeispiel

2799 Die Ermittlung des nach § 3b EStG steuerfreien Betrages von tarifvertraglich vereinbarten Zuschlägen für Sonntags-, Feiertags- oder Nachtarbeit soll an **folgendem Beispiel verdeutlicht werden**:

Beispiel:

Für einen Arbeitnehmer ist eine regelmäßige Arbeitszeit von 39 Stunden in der Woche vereinbart. Lohnzahlungszeitraum ist der Kalendermonat. Er erhält einen Stundenlohn

– laut Tarif von	7,74 €
– zuzüglich übertarifliche Zahlungen je Stunde von	1,20 €
– insgesamt Stundenlohn von	8,94 €
(= Grundlohn laut Tarifvertrag)	

An Zuschlägen werden gezahlt für:

– Nachtarbeit für die Zeit von 22.00 Uhr bis 6.00 Uhr	25 %,
– Sonntagsarbeit für die Zeit von Sonntag 6.00 Uhr bis Montag 6.00 Uhr	100 %,
– Mehrarbeit je Stunde	25 %,
– Durchfahrzulage je Stunde	5 %,
– Spätschicht für die Zeit von 14.00 Uhr bis 22.00 Uhr (Zuschlag auf der Basis von 7,74 €)	5 %.

Essenzuschüsse, Fahrvergütung, Schmutzzulage werden nach dem tatsächlichen Anfall vergütet und nicht pauschal versteuert.

Folgende Arbeitszeiten wurden im Lohnzahlungszeitraum geleistet:

– 6 Frühschichten 6.00 Uhr bis 14.00 Uhr je 8 Stunden =	48 Stunden
– 5 Nachtschichten 22.00 Uhr bis 6.00 Uhr je 8 Stunden =	40 Stunden
– Spätschichten:	
– 5 Normalspätschichten 14.00 Uhr bis 22.00 Uhr je 8 Stunden =	40 Stunden
– 1 Mehrarbeitsspätschicht 14.00 Uhr bis 22.00 Uhr =	8 Stunden
– 1 Samstagsnachtschicht Samstag 22.00 Uhr bis Sonntag 6.00 Uhr =	8 Stunden
– 1 Sonntagsnachtschicht Sonntag 18.00 Uhr bis Montag 6.00 Uhr =	12 Stunden
– 1 Sonntags-Ausfallbezahlung ohne Sonntagszuschlag (= Gesamtlohn lt. Tarifvertrag + Durchfahrzulage + Spätschichtzuschlag) =	12 Stunden
Gesamtstunden:	168 Stunden

1. Abrechnung und Grundlohnermittlung

Art der Leistung	Zahlung des Arbeitgebers €	Basis-grundlohn €	Grund-lohn-Zusätze €
a) Normalarbeit			
– 160 Stunden à 8,94 €	1 430,40		
8,94 € x 39 Stunden x 4,35		1 516,67	—
– 160 Stunden Durchfahrzulage à 5 % aus 8,94 €	71,52		
5 % aus 8,94 € × 39 Stunden × 4,35		75,83	—
– Vermögenswirksame Leistungen	27,—	27,—	
– Zuschüsse nach tatsächlichem Anfall	75,—	—	75,—
Spätschichtzulage 5 % aus 7,74 €			
30 Stunden 14.00 bis 20.00 Uhr	11,61	—	11,61
10 Stunden 20.00 bis 22.00 Uhr	3,87	—	—[1])
aus 5 Spätschichten werktags			
2 Stunden 18.00 bis 20.00 Uhr	0,77	—	0,77
2 Stunden 20.00 bis 22.00 Uhr	0,77	—	—[1])
aus Sonntags-Nachtschicht			
4 Stunden Sonntags-Ausfall-bezahlung	1,55	—	1,55[2])

b) Mehrarbeit

– 8 Stunden à 8,94 €	71,52	—	—
– 8 Stunden Mehrarbeitzuschlag à 25 % aus 8,94 €	17,88	—	—
– 8 Stunden Durchfahrzulage à 5 % aus 8,94 €	3,58	—	—
Spätschichtzuschlag 5 % aus 7,74 €			
6 Stunden 14.00 bis 20.00 Uhr	2,32	—	—
2 Stunden 20.00 bis 22.00 Uhr	0,77	—	—[1])
Zuschüsse nach tatsächlichem Anfall	11,—	—	—
Summe:	**1 729,56**	**1 619,50**	**88,93**

1) Behandlung als Nachtzuschlag
2) auch für 20.00 bis 22.00 Uhr, weil tatsächlich nicht geleistet

Grundlohn nach § 3b EStG:

$$\frac{1\ 619,50\ €\ +\ 88,93\ €}{39,0\ \text{Stunden} \times 4,35} = \underline{\mathbf{10,07\ €\ \text{je Stunde}}}$$

2. Ermittlung der steuerfreien Zuschläge

Sachverhalt/ Stunden gleicher Art	Tarif	§ 3b EStG
● 6 Spätschichten Montag bis Samstag 14.00 bis 22.00 Uhr davon Nachtarbeit:	5 % von 7,74 € = 0,39 € × 12 Std.	25 % von 10,07 € = 2,52 € × 12 Std. = 30,34 €
12 Stunden	**= 4,68 €**	höchstens **4,68 €**
● 5 Nachtschichten Montag bis Freitag 22.00 bis 6.00 Uhr **= 40 Stunden**		
a) 0.00 bis 4.00 Uhr = 20 Stunden	25 % von 8,94 € = 2,24 € × 20 Std.	40 % von 10,07 € = 4,03 € × 20 Std. = 80,60 €,
	= 44,80 €	höchstens **44,80 €**
b) 22.00 bis 0.00 Uhr und 4.00 bis 6.00 Uhr = 20 Stunden	25 % von 8,94 € = 2,24 € × 20 Std.	25 % von 10,07 € = 2,52 € × 20 Std. = 50,40 €,
	= 44,80 €	höchstens **44,80 €**
● 1 Samstag-Nachtschicht Samstag 22.00 bis Sonntag 6.00 Uhr **= 8 Stunden**		
a) Samstag 22.00 bis 0.00 Uhr = 2 Stunden	25 % von 8,94 € = 2,24 € × 2 Std.	25 % von 10,07 € = 2,52 € × 2 Std. = 5,04 €,
	= 4,48 €	höchstens **4,48 €**
b) Sonntag 0.00 bis 4.00 Uhr = 4 Stunden	25 % von 8,94 € = 2,24 € × 4 Std.	40 % + 50 % = 90 % von 10,07 € = 9,06 € × 4 Std. = 36,24 €,
	= 8,96 €	höchstens **8,96 €**
c) Sonntag 4.00 bis 6.00 Uhr = 2 Stunden	25 % von 8,94 € = 2,24 € × 2 Std.	25 % + 50 % = 75 % von 10,07 € = 7,55 € × 2 Std. = 15,10 €,
	= 4,48 €	höchstens **4,48 €**
● 1 Sonntag-Nachtschicht Sonntag 18.00 Uhr bis Montag 6.00 Uhr **= 12 Stunden**		
a) Sonntag 18.00 bis 20.00 Uhr = 2 Stunden	100 % von 8,94 € = 8,94 € × 2 Std. **= 17,88 €**	50 % von 10,07 € = 5,04 € × 2 Std. **= 10,08 €**
b) Sonntag 20.00 bis 22.00 Uhr = 2 Stunden	100 % von 8,94 € = 8,94 € + 5 % von 7,74 € = 0,39 € = 9,33 € × 2 Std. **= 18,66 €**	25 % + 50 % = 75 % von 10,07 € = 7,55 € × 2 Std. **= 15,10 €**

Zuschläge für Sonntags-, Feiertags- und Nachtarbeit

Sachverhalt/ Stunden gleicher Art	Tarif	§ 3b EStG
c) Sonntag 22.00 bis 24.00 Uhr = 2 Stunden	25 % + 100 % = 125 % von 8,94 € = 11,18 € × 2 Std. = **22,36 €**	25 % + 50 % = 75 % von 10,07 € = 7,55 € × 2 Std. = **15,10 €**
d) Montag 0.00 bis 4.00 Uhr = 4 Stunden	25 % + 100 % = 125 % von 8,94 € = 11,18 € × 4 Std. = **44,72 €**	40 % + 50 % = 90 % von 10,07 € = 9,06 € × 4 Std. = **36,24 €**

Sachverhalt/ Stunden gleicher Art	Tarif	§ 3b EStG
e) Montag 4.00 bis 6.00 Uhr = 2 Stunden	25 % + 100 % = 125 % von 8,94 € = 11,18 € × 2 Std. = **22,36 €** (Sonntagszuschlag gilt als Nacht- arbeitszuschlag)	25 % von 10,07 € = 2,52 € × 2 Std. = **5,04 €**
Summen:	**238,18 €**	**193,76 €**

Von den tariflich vereinbarten und ausgezahlten Zuschlägen für Sonntags-, Feiertags- und Nachtarbeit in Höhe von 238,18 € sind nur Zuschläge in Höhe von 193,76 € nach § 3b EStG steuerfrei. Der Differenzbetrag von 44,42 € ist steuerpflichtiger Arbeitslohn.

Anhang

A. Lohnsteuer

1. Steuerfreier Arbeitgeberersatz bei Auswärtstätigkeit und doppelter Haushaltsführung

- **Dienstreise**

Fahrtkosten	Verpflegungspauschalen (Hinweis: Einzelnachweis seit 1996 unzulässig!)	Übernachtungskosten
Alle Fahrtkosten, d.h. entweder • laut **Einzelnachweis** (z.B. Rechnung für Bahn, Flugzeug, Taxi oder nachgewiesene Pkw-Kosten) oder • für eigenen Pkw auch **pauschal 0,30 €/km.** Erstattung sämtlicher Fahrten, auch sog. **Zwischenheimfahrten** in der Woche.	Nur die im Gesetz festgelegten **Verpflegungspauschalen**, d.h. je nach täglicher Dauer der Abwesenheit von der **Wohnung und der regelmäßigen Arbeitsstätte (Betrieb)** von mindestens • 24 Std. 24 € • 14–24 Std. 12 € • 8–14 Std. 6 € • unter 8 Std. 0 € (bei mehrtägigen Dienstreisen für An- und Abreisetage die gekürzten Pauschalen!). Bei länger andauernder Dienstreise (z.B. Lehrgang) nur für die ersten **drei Monate!** Besondere pauschale **Auslandstagegelder** lt. nachfolgender „Länderübersicht" (→ Anhang Rz. 2801).	**Nachgewiesene Kosten,** ggf. nach **Abzug der Frühstückskosten.** Ergeben sich diese nicht aus der Hotelrechnung, können sie • im Inland pauschal mit **4,50 €** oder • im Ausland mit **20 % des Auslandstagegelds** aus den Übernachtungskosten „herausgerechnet" werden. Ohne Einzelnachweis **pauschal 20 €** je Übernachtung, allerdings nicht bei vom Arbeitgeber unentgeltlich gestellter Unterkunft. Besondere pauschale **Auslandsübernachtungsgelder** lt. nachfolgender „Länderübersicht" (→ Anhang Rz. 2801).	2800

- **Fahrtätigkeit**

Fahrtkosten	Verpflegungspauschalen (Hinweis: Einzelnachweis seit 1996 unzulässig!)	Übernachtungskosten
Es muss unterschieden werden: • Fahrten zu **gleich bleibendem Ort** (z.B. Betrieb, Übernahmestelle): Kein steuerfreier Arbeitgeberersatz möglich – steuerliche Behandlung wie „Wege zwischen Wohnung und Arbeitsstätte". • Fahrten zu **wechselnden Einsatzorten**: Steuerliche Behandlung wie „Einsatzwechseltätigkeit".	Je nach Dauer der täglichen Abwesenheit allein von der **Wohnung** von mindestens • 24 Std. 24 € • 14–24 Std. 12 € • 8–14 Std. 6 € • unter 8 Std. 0 € (Zeiten im Betrieb zählen mit!) Keine Beachtung der Drei-Monats-Frist! Bei Fahrten „über Nacht" ohne Übernachtung die „**Mitternachtsregelung**" beachten: Zeiten nach 16.00 Uhr und vor 8.00 Uhr des Folgetages werden zusammengerechnet. Besondere Auslandstagegelder lt. nachfolgender „Länderübersicht" (→ Anhang Rz. 2801).	Wie bei Dienstreisen. Aber keine Übernachtungspauschale für Übernachtungen in der **Schlafkoje!**

● Einsatzwechseltätigkeit

Fahrtkosten	Verpflegungspauschalen (Hinweis: Einzelnachweis seit 1996 unzulässig!)	Übernachtungskosten
Alle Fahrten ● **bis** zu einer Entfernung von **30 km** oder ● **über 30 km**, aber zu derselben Einsatzstelle, **ab dem vierten Monat** ● zu einer **gleich bleibenden Abholstelle** sind wie „Wege zwischen Wohnung und Arbeitsstätte" zu behandeln – steuerfreier Arbeitgeberersatz also nicht zulässig. (Ausnahme: Fahrten mit öffentlichen Verkehrsmitteln, vgl. § 3 Nr. 34 EStG). Fahrten **über 30 km** (bei derselben Einsatzstelle längstens für drei Monate) können als Reisekosten steuerfrei ersetzt werden, und zwar entweder ● in Höhe der tatsächlichen Kosten oder ● für Pkw pauschal 0,30 €/km.	Je nach Dauer der täglichen Abwesenheit allein von der **Wohnung** von mindestens ● 24 Std. 24 € ● 14–24 Std. 12 € ● 8–14 Std. 6 € ● unter 8 Std. 0 € (Zeiten im Betrieb zählen mit!) Keine Beachtung der Drei-Monats-Frist! Besondere Auslandstagegelder lt. nachfolgender „Länderübersicht" (→ Anhang Rz. 2801).	Für Einsatzwechseltätigkeit mit Übernachtung gelten die Regeln der doppelten Haushaltsführung.

● Doppelte Haushaltsführung (Zwei-Jahres-Frist beachten!)

Fahrtkosten	Verpflegungspauschalen (Hinweis: Einzelnachweis seit 1996 unzulässig!)	Übernachtungskosten
Für die „**erste und letzte Fahrt**" entweder die ● tatsächlichen Kosten oder ● für Pkw pauschal 0,30 €/km. Dazwischen nur **eine Familienheimfahrt wöchentlich**, für Pkw höchstens die **Entfernungspauschale von 0,40 €** je Entfernungspauschale (km-Satz also nur 0,20 €). **Volle Erstattung nur bei Behinderten oder der Kosten für öffentliche Verkehrsmittel, vgl. § 3 Nr. 34 EStG.** **An Stelle einer Familienheimfahrt können auch die Kosten für ein 15-minütiges Telefongespräch erstattet werden.**	Je nach Dauer der täglichen **Abwesenheit allein von der „Mittelpunktwohnung"** (Heimatwohnung) von mindestens ● 24 Std. 24 € ● 14–24 Std. 12 € ● 8–14 Std. 6 € ● unter 8 Std. 0 € Für An- und Abreisetage die gekürzten Pauschalen und für volle Tage in der Heimatwohnung überhaupt keine Pauschalen! Bei länger andauernder doppelter Haushaltsführung nur für die ersten **drei Monate**, vorhergehende „Dienstreise-Zeiten" werden mitgerechnet. Besondere Auslandstagegelder lt. nachfolgender „Länderübersicht" (→ Anhang Rz. 2801).	Nachgewiesene Kosten wie bei Dienstreisen. Ohne Einzelnachweis pauschal je Übernachtung ● **20 €** in den ersten **drei Monaten** und ● **5 €** in den folgenden **21 Monaten** (Zwei-Jahres-Frist!), aber nicht für Übernachtungen in einer vom Arbeitgeber unentgeltlich gestellten Unterkunft. Besondere Auslandsübernachtungsgelder lt. nachfolgender „Länderübersicht" (→ Anhang Rz. 2801). Nach Ablauf von drei Monaten 40 % des Auslandsübernachtungsgeldes.

2. Auslandsreisekostenvergütungen ab 1.1.2002

Steuerliche Behandlung von Reisekosten und Reisekostenvergütungen bei Auslandsdienstreisen und -geschäftsreisen ab 1.1.2002   **2801**
(BMF-Schreiben vom 12.11.2001, BStBl I 2001 S. 818)

Die Reisekostensätze sind auf Euro-Beträge umgestellt worden; es gelten die in der nachfolgenden Übersicht ausgewiesenen Pauschbeträge für Verpflegungsmehraufwendungen und Übernachtungskosten für Auslandsdienstreisen. Diese Pauschbeträge gelten für **Reisetage ab dem 1.1.2002**. Sollten die Sätze im Laufe des Jahres geändert werden, informieren wir Sie unverzüglich durch unseren aktuellen Informationsdienst (siehe Benutzerhinweise auf Seite IV).

Bei Dienstreisen vom Inland in das Ausland bestimmt sich der Pauschbetrag nach dem Ort, den der Steuerpflichtige vor 24 Uhr Ortszeit zuletzt erreicht hat. Für eintägige Reisen ins Ausland und für Rückreisetage aus dem Ausland in das Inland ist der Pauschbetrag des letzten Tätigkeitsorts im Ausland maßgebend.

Für die in der Bekanntmachung nicht erfassten Länder ist der für **Luxemburg** geltende Pauschbetrag maßgebend; für nicht erfasste Übersee- und Außengebiete eines Landes ist der für das **Mutterland** geltende Pauschbetrag maßgebend. Die Pauschbeträge gelten entsprechend für Geschäftsreisen in das Ausland und **doppelte Haushaltsführungen im Ausland**.

Land	Pauschbeträge für Verpflegungsmehraufwendungen bei einer Abwesenheitsdauer je Kalendertag von			Pauschbetrag für Übernachtungskosten
	mindestens 24 Stunden €	weniger als 24, aber mindestens 14 Stunden €	weniger als 14, aber mindestens 8 Stunden €	€
A				
Ägypten	32	21	11	82
Äquatorialguinea	41	28	14	72
Äthiopien	35	24	12	123
Afghanistan	41	28	14	72
Albanien	26	17	9	57
Algerien	38	25	13	47
Andorra	32	21	11	82
Angola	41	28	14	77
Argentinien	63	42	21	113
Armenien	22	15	8	57
Aserbaidschan	32	21	11	113
Australien	41	28	14	77
B				
Bahamas	41	28	14	72
Bahrain	53	36	18	93
Bangladesch	29	20	10	103
Barbados	41	28	14	72
Belgien	41	28	14	77
Benin	29	20	10	67
Bolivien	29	20	10	57
Bosnien-Herzegowina	32	21	11	77
Botsuana	29	20	10	72
Brasilien	38	25	13	67
– Rio de Janeiro	47	32	16	133
– Sao Paulo	47	32	16	82
Brunei (Darussalam)	44	29	15	82
Bulgarien	22	15	8	72
Burkina Faso	29	20	10	57
Burundi	41	28	14	93
C				
Chile	35	24	12	67
China	47	32	16	93
– Peking	50	33	17	77
– Shanghai	57	38	19	113
(China) Taiwan	41	28	14	118
Costa Rica	35	24	12	82
Côte d'Ivoire	35	24	12	72
D				
Dänemark	47	32	16	57
– Kopenhagen	50	33	17	93
Dominikanische Republik	38	25	13	87
Dschibuti	50	33	17	93
E				
Ecuador	26	17	9	72
El Salvador	32	21	11	93
Eritrea	29	20	10	72
Estland	35	24	12	77

Land	Pauschbeträge für Verpflegungsmehraufwendungen bei einer Abwesenheitsdauer je Kalendertag von			Pauschbetrag für Übernachtungskosten
	mindestens 24 Stunden €	weniger als 24, aber mindestens 14 Stunden €	weniger als 14, aber mindestens 8 Stunden €	€
F				
Fidschi	32	21	11	57
Finnland	41	28	14	77
Frankreich	41	28	14	52
– Paris*)	50	33	17	82
– Bordeaux, Straßburg	41	28	14	67
– Lyon	41	28	14	82
G				
Gabun	44	29	15	77
Gambia	41	28	14	72
Georgien	44	29	15	133
Ghana	32	21	11	67
Griechenland	32	21	11	62
Guatemala	35	24	12	77
Guinea	38	25	13	82
Guinea-Bissau	29	20	10	62
Guyana	41	28	14	72
H				
Haiti	38	25	13	77
Honduras	32	21	11	77
I				
Indien	29	20	10	113
– Bombay	35	24	12	149
– New Delhi	29	20	10	133
Indonesien	38	25	13	103
Irak	41	28	14	72
Iran, Islamische Republik	20	13	7	93
Irland	44	29	15	82
Island	53	36	18	108
Israel	50	33	17	123
Italien	38	25	13	82
– Mailand	41	28	14	103
J				
Jamaika	41	28	14	93
Japan	81	54	27	113
– Tokio	81	54	27	133
Jemen	38	25	13	93
Jordanien	44	29	15	82
Jugoslawien (Serbien/Montenegro)	38	25	13	67
K				
Kambodscha	35	24	12	47
Kamerun	29	20	10	57
Kanada	41	28	14	82
Kap Verde	41	28	14	72
Kasachstan	32	21	11	72
Katar	44	29	15	103
Kenia	38	25	13	103

*) einschl. der Departements Haute-Seine, Seine-Saint Denis und Val-de-Marne

Land	Pauschbeträge für Verpflegungsmehraufwendungen bei einer Abwesenheitsdauer je Kalendertag von			Pauschbetrag für Übernachtungskosten
	mindestens 24 Stunden	weniger als 24, aber mindestens 14 Stunden	weniger als 14, aber mindestens 8 Stunden	
	€	€	€	€
Kirgisistan	20	13	7	62
Kolumbien	26	17	9	57
Komoren	41	28	14	72
Kongo	57	38	19	113
Kongo, Demokr. Republik (früher Zaire)	81	54	27	123
Korea, Demokr. Volksrep.	59	40	20	82
Korea, Republik	57	38	19	108
Kroatien	29	20	10	57
Kuba	41	28	14	77
Kuwait	38	25	13	87
L				
Laotische Demokr. Volksrepublik	32	21	11	62
Lesotho	26	17	9	57
Lettland	29	20	10	62
Libanon	41	28	14	98
Liberia	41	28	14	72
Libysch-Arabische Dschamahirija	84	56	28	103
Liechtenstein	47	32	16	82
Litauen	29	20	10	82
Luxemburg	41	28	14	72
M				
Madagaskar	26	17	9	82
Malawi	32	21	11	93
Malaysia	38	25	13	52
Malediven	38	25	13	93
Mali	35	24	12	62
Malta	32	21	11	57
Marokko	38	25	13	52
Mauretanien	32	21	11	57
Mauritius	44	29	15	113
Mazedonien	26	17	9	67
Mexiko	35	24	12	52
Moldau, Republik	20	13	7	77
Monaco	41	28	14	52
Mongolei	32	21	11	72
Mosambik	32	21	11	77
Myanmar (früher Burma)	35	24	12	57
N				
Namibia	26	17	9	47
Nepal	32	21	11	72
Neuseeland	44	29	15	82
Nicaragua	32	21	11	62
Niederlande	41	28	14	72
Niger	32	21	11	72
Nigeria	44	29	15	118
Norwegen	57	38	19	113
O				
Österreich	35	24	12	67
– Wien	38	25	13	82
Oman	50	33	17	77
P				
Pakistan	22	15	8	77
Panama	44	29	15	77
Papua-Neuguinea	38	25	13	87
Paraguay	26	17	9	72
Peru	35	24	12	87
Philippinen	38	25	13	103
Polen	29	20	10	62
– Breslau	32	21	11	82
– Warschau	38	25	13	103
Portugal	32	21	11	72
– Lissabon	35	24	12	72
R				
Ruanda	29	20	10	62
Rumänien	16	11	6	36
– Bukarest	26	17	9	103
Russische Föderation	26	17	9	41
– Moskau	57	38	19	128
– St. Petersburg	47	32	16	103

Land	Pauschbeträge für Verpflegungsmehraufwendungen bei einer Abwesenheitsdauer je Kalendertag von			Pauschbetrag für Übernachtungskosten
	mindestens 24 Stunden	weniger als 24, aber mindestens 14 Stunden	weniger als 14, aber mindestens 8 Stunden	
	€	€	€	€
S				
Sambia	29	20	10	72
Samoa	29	20	10	57
San Marino	41	28	14	77
Sao Tomé und Principe	41	28	14	72
Saudi-Arabien	57	38	19	77
– Riad	57	38	19	108
Schweden	50	33	17	103
Schweiz	44	29	15	82
Senegal	35	24	12	62
Sierra Leone	32	21	11	128
Simbabwe	29	20	10	72
Singapur	38	25	13	72
Slowakei	22	15	8	72
Slowenien	26	17	9	62
Somalia	41	28	14	72
Spanien	32	21	11	77
– Barcelona	32	21	11	93
– Kanarische Inseln	32	21	11	52
Sri Lanka	32	21	11	87
Sudan	41	28	14	118
Südafrika	29	20	10	52
Swasiland	41	28	14	72
Syrien, Arab. Republik	44	29	15	123
T				
Tadschikistan	29	20	10	52
Tansania, Verein. Republik	35	24	12	113
Thailand	32	21	11	77
Togo	26	17	9	57
Tonga	32	21	11	36
Trinidad und Tobago	44	29	15	93
Tschad	38	25	13	85
Tschechische Republik	26	17	9	77
Türkei	26	17	9	67
– Ankara, Izmir	29	20	10	67
Tunesien	32	21	11	62
Turkmenistan	38	25	13	52
U				
Uganda	26	17	9	67
Ukraine	38	25	13	82
Ungarn	29	20	10	77
Uruguay	44	29	15	87
Usbekistan	50	33	17	93
V				
Vatikanstadt	38	25	13	82
Venezuela	38	25	13	118
Vereinigte Arab. Emirate	50	33	17	67
– Dubai	50	33	17	98
Vereinigte Staaten	50	33	17	113
– Atlanta, Los Angeles, San Francisco, Seattle	57	38	19	128
– New York	63	42	21	128
Vereinigtes Königreich	44	29	15	57
– London	57	38	19	108
– Manchester	44	29	15	93
Vietnam	22	15	8	47
– Ho-Chi-Minh-Stadt	32	21	11	62
W				
Weißrussland	22	15	8	62
Z				
Zentralafrik. Republik	29	20	10	52
Zypern	32	21	11	67

3. Wichtige lohnsteuerrechtliche Daten und weitere Zahlen im Überblick

Fundstelle	Inhalt	2001	2002	**2802**

a) Steuerbefreiungen

Fundstelle	Inhalt	2001	2002
§ 3 Nr. 9 EStG	Entlassungsabfindungen steuerfrei bis • allgemein • ab 50. Lebensjahr/15 Dienstjahre • ab 55. Lebensjahr/20 Dienstjahre	16 000 DM 20 000 DM 24 000 DM	8 181 € 10 226 € 12 271 €
§ 3 Nr. 10 EStG	Übergangsgelder, Übergangsbeihilfen	24 000 DM	12 271 €
§ 3 Nr. 11 EStG, R 11 LStR	Beihilfen und Unterstützungen in Notfällen steuerfrei bis	1 000 DM	600 €
§ 3 Nr. 12 EStG, R 13 LStR	Aufwandsentschädigungen aus öffentlichen Kassen, z.B. ehrenamtliche Tätigkeiten im kommunalen Bereich	grds. ⅓ der Aufwandsent-schädigung, mindestens 50 DM, höchstens 300 DM monatlich	mindestens 154 € monatlich
§ 3 Nr. 15 EStG	• Heiratsbeihilfe steuerfrei bis • Geburtsbeihilfe je Kind steuerfrei bis	700 DM 700 DM	358 € 358 €
§ 3 Nr. 26 EStG	Einnahmen aus nebenberuflichen Tätigkeiten (Übungsleiter, Ausbilder, Erzieher, Betreuer u.a.) steuerfrei bis	3 600 DM	1 848 €
§ 3 Nr. 30 u. 50 EStG, R 46 LStR	Heimarbeitszuschläge (steuerfrei in % des Grundlohns)	10 %	10 %
§ 3 Nr. 38 EStG	Sachprämien aus Kundenbindungsprogrammen steuerfrei bis	2 400 DM	1 224 €
§ 3 Nr. 39 EStG	Arbeitslohn von Geringverdienern steuerfrei bis monatlich	630 DM	325 €
§ 3 Nr. 63 EStG	Beiträge aus dem ersten Dienstverhältnis an eine Pensionskasse oder einen Pensionsfonds steuerfrei bis jährlich • alte Bundesländer • neue Bundesländer	– –	2 160 € 1 800 €
§ 3 Nr. 51 EStG	Trinkgelder steuerfrei bis	2 400 DM	1 224 €
§ 3b EStG	Sonntags-, Feiertags- oder Nachtzuschläge (steuerfrei in % des Grundlohns) • Nachtarbeit • Nachtarbeit von 0 Uhr bis 4 Uhr (wenn Arbeit vor 0 Uhr aufgenommen) • Sonntagsarbeit • gesetzliche Feiertage und Silvester ab 14 Uhr • Weihnachten, Heiligabend ab 14 Uhr und 1. Mai	25 % 40 % 50 % 125 % 150 %	25 % 40 % 50 % 125 % 150 %
§ 19a EStG	Freibetrag für Vermögensbeteiligungen (höchstens aber der halbe Wert)	300 DM	154 €

b) Arbeitslohn

Fundstelle	Inhalt	2001	2002
§ 8 Abs. 2 EStG	Freigrenze für bestimmte Sachbezüge monatlich	50 DM	50 €
§ 8 Abs. 2 EStG, SachBezV	Sachbezüge • Unterkunft (monatlich) – alte Bundesländer – neue Bundesländer • Mahlzeiten (Arbeitnehmer, Jugendliche unter 18 Jahren und Auszubildende) – Frühstück – Mittagessen/Abendessen Weitere Einzelheiten siehe Anhang→ *B. Sozialversicherung* Rz. 2807	359 DM 290 DM 2,70 DM 4,82 DM	186,65 € 164,— € 1,40 € 2,51 €
§ 8 Abs. 2 EStG, R 31 Abs. 11 LStR	Zinsersparnisse • Freigrenze für Darlehen • Annahme von Zinsvorteilen bei einem Zinssatz unter	5 000 DM 5,5 %	2 600 € 5,5 %
§ 8 Abs. 3 EStG	Rabattfreibetrag	2 400 DM	1 224 €
§ 19 EStG, R 70 Abs. 1 Nr. 4 LStR	Fehlgeldentschädigungen steuerfrei bis	30 DM	16 €
§ 19 EStG, R 70 Abs. 2 Nr. 3 LStR	Diensteinführung, Verabschiedung, Arbeitnehmerjubiläum u.Ä.; Freigrenze für Sachleistungen je teilnehmender Person einschließlich Umsatzsteuer	200 DM	110 €
§ 19 EStG, R 72 Abs. 4 LStR	Betriebsveranstaltungen; Freigrenze je Arbeitnehmer einschließlich Umsatzsteuer	200 DM	110 €
§ 19 EStG, R 73 Abs. 1 LStR	Aufmerksamkeiten; Freigrenze für Sachzuwendungen	60 DM	40 €
§ 19 EStG, R 73 Abs. 2 LStR	Aufmerksamkeiten; Freigrenze für Arbeitsessen	60 DM	40 €
§ 19 Abs. 2 EStG	Versorgungs-Freibetrag 40 % der Versorgungsbezüge, höchstens	6 000 DM	3 072 €

Fundstelle	Inhalt	2001	2002
c) Werbungskosten			

§ 9 Abs. 1 Satz 1 und Abs. 5 EStG, § 4 Abs. 5 Nr. 5 EStG	Reisekosten bei Dienstreisen, Fahrtätigkeit und Einsatzwechseltätigkeit
	• Fahrtkosten je Kilometer (pauschal, wenn kein Einzelnachweis)
	  – Pkw
	  – Motorrad oder Motorroller
	  – Moped oder Mofa
	  – Fahrrad
	• Verpflegungsmehraufwendungen (nur pauschal, kein Einzelnachweis möglich)
	  – Abwesenheit von 24 Stunden
	  – Abwesenheit weniger als 24 Stunden, aber mindestens 14 Stunden
	  – Abwesenheit weniger als 14 Stunden, aber mindestens 8 Stunden
	• Übernachtungskosten;
	Pauschbetrag (nur beim Arbeitgeberersatz!)
	Weitere Einzelheiten siehe Anhang → Rz. 2800
		
		0,58 DM
		0,25 DM
		0,15 DM
		0,07 DM
		
		46 DM
		20 DM
		10 DM
		
		39 DM
			
			0,30 €
			0,13 €
			0,08 €
			0,05 €
			
			24 €
			12 €
			6 €
			
			20 €

§ 9 Abs. 1 Nr. 4 EStG	Entfernungspauschale für Wege zwischen Wohnung und Arbeitsstätte je Entfernungskilometer (einfache Strecke!) • bis 10 km • ab 11 km • Höchstbetrag Ausnahme: Keine Beschränkung für Behinderte i.S. von § 9 Abs. 2 EStG	 0,70 DM 0,80 DM 10 000 DM	 0,36 € 0,40 € 5 112 €

§ 9 Abs. 1 Nr. 5 und Abs. 5 EStG, § 4 Abs. 5 Nr. 5 EStG	Mehraufwendungen wegen beruflich veranlasster doppelter Haushaltsführung (Zwei-Jahres-Frist!)
	• Fahrtkosten (Pkw)
	  – erste und letzte Fahrt je Kilometer (pauschal, wenn kein Einzelnachweis)
	  – eine Heimfahrt wöchentlich je Entfernungskilometer (24 Monate)
	• Verpflegungsmehraufwendungen (nur pauschal, kein Einzelnachweis möglich)
	  – 1. bis 3. Monat
	  – ab 4. Monat
	• Übernachtungskosten (Pauschbetrag, nur beim Arbeitgeberersatz!)
	  – 1. bis 3. Monat
	  – 4. bis 24. Monat
	  – ab 25. Monat
	Weitere Einzelheiten siehe Anhang → Rz. 2800
		
		0,58 DM
		0,80 DM
		
		46 DM
		–
		
		39 DM
		8 DM
		–
			
			0,30 €
			0,40 €
			
			24 €
			–
			
			20 €
			5 €
			–

§ 9a Nr. 1a EStG	Arbeitnehmer-Pauschbetrag	2 000 DM	1 044 €
d) Sonderausgaben			
§ 10 Abs. 1 Nr. 1 EStG	Unterhaltsleistungen (Realsplitting), abzugsfähig bis	27 000 DM	13 805 €
§ 10 Abs. 1 Nr. 7 EStG	Ausbildungskosten, abzugsfähig höchstens • allgemein • bei auswärtiger Unterbringung	 1 800 DM 2 400 DM	 920 € 1 227 €
§ 10 Abs. 1 Nr. 8 EStG	Hauswirtschaftliche Beschäftigungsverhältnisse	18 000 DM	–
§ 10 Abs. 1 Nr. 9 EStG	Schulgeld (in % der Aufwendungen)	30 %	30 %
§ 10 Abs. 3 Nr. 1 EStG	Allgemeiner Höchstbetrag für Vorsorgeaufwendungen (Versicherungsbeiträge) • Alleinstehende • Verheiratete Hälftiger Höchstbetrag • Alleinstehende • Verheiratete Maximaler Höchstbetrag • Alleinstehende • Verheiratete	 2 610 DM 5 220 DM 1 305 DM 2 610 DM 3 915 DM 7 830 DM	 1 334 € 2 668 € 667 € 1 334 € 2 001 € 4 002 €
§ 10 Abs. 3 Nr. 3 EStG	Zusatzhöchstbetrag für Pflegeversicherung	360 DM	184 €
§ 10 Abs. 3 Nr. 2 EStG	Vorwegabzug von Versicherungsbeiträgen • Alleinstehende • Verheiratete • Kürzung des Vorwegabzugs (in % vom Arbeitslohn)	 6 000 DM 12 000 DM 16 %	 3 068 € 6 136 € 16 %
§ 10a EStG	Sonderausgabenabzug für Altersvorsorgebeiträge • Alleinstehende • Verheiratete (je Ehegatte, der zum begünstigten Personenkreis gehört)	 – –	 525 € 525 €
§ 10c Abs. 1 EStG	Sonderausgaben-Pauschbetrag • Alleinstehende • Verheiratete	 108 DM 216 DM	 36 € 72 €

Fundstelle	Inhalt	2001	2002
§ 10c Abs. 2 und 3 EStG	Vorsorgepauschale (in % des Arbeitslohns), höchstens aber bei	20 %	20 %
	• rentenversicherungspflichtigen Arbeitnehmern		
	– Alleinstehende		
	a) Vorweghöchstbetrag (Kürzung aber um 16 % des Arbeitslohns)	6 000 DM	3 068 €
	b) Höchstbetrag	3 888 DM	1 980 €
	– Verheiratete		
	a) Vorweghöchstbetrag (Kürzung aber um 16 % des Arbeitslohns)	12 000 DM	6 136 €
	b) Höchstbetrag	7 830 DM	3 996 €
	• nicht rentenversicherungspflichtigen Arbeitnehmern (z.B. Beamte)		
	– Alleinstehende	2 214 DM	1 134 €
	– Verheiratete	4 428 DM	2 268 €

e) Familie und Tarif

Fundstelle	Inhalt	2001	2002
§ 32 Abs. 6 EStG, § 66 Abs. 1 EStG	• Kinderfreibetrag (bei Geschiedenen usw. sind die Beträge zu halbieren)		
	– jährlich	6 912 DM	3 648 €
	– monatlich	576 DM	304 €
	• Freibetrag für den Betreuungs- und Erziehungs- oder Ausbildungsbedarf (ersetzt den bisherigen Betreuungsfreibetrag von 3 024 DM) oder	–	2 160 €
	• Kindergeld monatlich für		
	– 1. und 2. Kind	270 DM	154 €
	– 3. Kind	300 DM	154 €
	– und jedes weitere Kind	350 DM	179 €
	• Wegfall bei eigenen Einkünften und Bezügen über 18 Jahre alter Kinder (Einkommensgrenze) von	13 500 DM	7 188 €
§ 32 Abs. 7 EStG	Haushaltsfreibetrag für Alleinstehende mit mindestens einem Kind	5 616 DM	2 340 €
§ 32a EStG	Grundfreibetrag („steuerfreies Existenzminimum")		
	• Alleinstehende	13 499 DM	7 235 €
	• Verheiratete	26 999 DM	14 471 €

f) Außergewöhnliche Belastungen

Fundstelle	Inhalt	2001	2002
§ 33a Abs. 1 EStG	Höchstbetrag für den Unterhalt bedürftiger Angehöriger bei gesetzlicher Unterhaltspflicht	14 040 DM	7 188 €
	Sog. anrechnungsfreier Betrag für eigene Einkünfte und Bezüge des Unterhaltenen	1 200 DM	624 €
§ 33a Abs. 2 EStG	Ausbildungsfreibetrag für		
	• im Haushalt untergebrachtes Kind über 18 Jahre	2 400 DM	–
	• auswärts untergebrachtes Kind über 18 Jahre	4 200 DM	–
	• auswärts untergebrachtes Kind unter 18 Jahre	1 800 DM	–
	Freibetrag für Sonderbedarf (ersetzt die bisherigen Ausbildungsfreibeträge)	–	924 €
	Sog. anrechnungsfreier Betrag für eigene Einkünfte und Bezüge des Kindes	3 600 DM	1 848 €
§ 33a Abs. 3 EStG	Höchstbetrag für Haushaltshilfe		
	• wegen Alters oder Krankheit	1 200 DM	624 €
	• Hilflosigkeit	1 800 DM	924 €
§ 33a Abs. 3 EStG	Sog. Heimbewohner-Freibetrag		
	• ohne Pflegebedürftigkeit	1 200 DM	624 €
	• bei Pflegebedürftigkeit	1 800 DM	924 €
§ 33b Abs. 3 EStG	Pauschbetrag für Behinderte bei Grad der Behinderung		
	• 25 und 30	600 DM	310 €
	• 35 und 40	840 DM	430 €
	• 45 und 50	1 110 DM	570 €
	• 55 und 60	1 410 DM	720 €
	• 65 und 70	1 740 DM	890 €
	• 75 und 80	2 070 DM	1 060 €
	• 85 und 90	2 400 DM	1 230 €
	• 95 und 100	2 760 DM	1 420 €
	Blinde und hilflose Personen	7 200 DM	3 700 €
§ 33b Abs. 4 EStG	Hinterbliebenen-Pauschbetrag	720 DM	370 €
§ 33b Abs. 6 EStG	Pflege-Pauschbetrag	1 800 DM	924 €

g) Lohnsteuer-Anmeldung

Fundstelle	Inhalt	2001	2002
§ 41a Abs. 2 EStG	Anmeldungszeitraum		
	• Kalenderjahr, wenn Lohnsteuer des Vorjahrs unter	1 600 DM	800 €
	• Vierteljahr, wenn Lohnsteuer des Vorjahrs unter	6 000 DM	3 000 €
	• Monat, wenn Lohnsteuer des Vorjahrs über	6 000 DM	3 000 €

Fundstelle	Inhalt	2001	2002
h) Lohnsteuer-Pauschalierung			
§ 37a EStG	Lohnsteuer-Pauschalierungssatz für		
	• Kundenbindungsprogramme	2 %	2 %
§ 40 Abs. 2 EStG	• Kantinenmahlzeiten	25 %	25 %
	• Betriebsveranstaltungen	25 %	25 %
	• Erholungsbeihilfen	25 %	25 %
	• Verpflegungszuschüsse	25 %	25 %
	• Übereignung von Personalcomputern	25 %	25 %
	• Zuschüsse für die Internet-Nutzung des Arbeitnehmers	25 %	25 %
	• Fahrtkostenzuschüsse	15 %	15 %
§ 40a EStG	• Aushilfskräfte	25 %	25 %
	• Teilzeitbeschäftigte (sofern nicht nach § 3 Nr. 39 EStG steuerfrei!)	20 %	20 %
	• Aushilfskräfte in der Land- und Forstwirtschaft	5 %	5 %
§ 40b EStG	• Direktversicherungen	20 %	20 %
	• Unfallversicherungen	20 %	20 %
§ 40 Abs. 1 Nr. 1 EStG	Pauschalierung von sonstigen Bezügen je Arbeitnehmer höchstens	2 000 DM	1 000 €
§ 40 Abs. 2 Nr. 3 EStG	Höchstbetrag für die Pauschalierung von Erholungsbeihilfen		
	• für den Arbeitnehmer	300 DM	156 €
	• für den Ehegatten	200 DM	104 €
	• je Kind	100 DM	52 €
§ 40 Abs. 2 Satz 2 EStG	Höchstbetrag für die Pauschalierung von Fahrtkostenzuschüssen bei Fahrten (Wegen) zwischen Wohnung und Arbeitsstätte je Entfernungskilometer (Ausnahme: Keine Beschränkung für Behinderte i.S. von § 9 Abs. 2 EStG)	0,70 DM bzw. 0,80 DM (ab 11. km)	0,36 € bzw. 0,40 € (ab 11. km)
§ 40a Abs. 1 EStG	Voraussetzungen für die Pauschalierung bei kurzfristig Beschäftigten		
	• Dauer der Beschäftigung	18 Tage	18 Tage
	• Arbeitslohn je Kalendertag (Ausnahme: Beschäftigung zu einem unvorhergesehenen Zeitpunkt)	120 DM	62 €
	• Stundenlohngrenze	22 DM	12 €
§ 40a Abs. 2 EStG	Voraussetzungen für die Pauschalierung bei Teilzeitbeschäftigten (sofern nicht nach § 3 Nr. 39 EStG steuerfrei!)		
	• Arbeitslohn		
	– Monat	630 DM	325 €
	– Woche	147 DM	–
	• Stundenlohngrenze	22 DM	12 €
§ 40a Abs. 3 EStG	Voraussetzungen für die Pauschalierung bei Aushilfskräften in der Land- und Forstwirtschaft		
	• Dauer der Beschäftigung (im Kalenderjahr)	180 Tage	180 Tage
	• Unschädlichkeitsgrenze (in % der Gesamtbeschäftigungsdauer)	25 %	25 %
	• Stundenlohngrenze	22 DM	12 €
§ 40b Abs. 2 EStG	Voraussetzungen für die Pauschalierung bei Direktversicherungen		
	• Höchstbetrag im Kalenderjahr je Arbeitnehmer	3 408 DM	1 752 €
	• Durchschnittsberechnung möglich bis zu (je Arbeitnehmer)	4 200 DM	2 148 €
§ 40b Abs. 3 EStG	Voraussetzungen für die Pauschalierung bei Unfallversicherungen		
	• Höchstbetrag im Kalenderjahr je Arbeitnehmer	120 DM	62 €
i) Sonstiges			
§ 24a EStG	Altersentlastungsbetrag von Einkünften ohne Versorgungsbezüge oder Renten (z.B. Vermietungseinkünfte) 40 % der Einkünfte, höchstens	3 720 DM	1 908 €
§ 20 Abs. 4 EStG	Sparer-Freibetrag		
	• Alleinstehende	3 000 DM	1 550 €
	• Verheiratete	6 000 DM	3 100 €
§ 9a Nr. 2 EStG	Zusätzlicher Werbungskosten-Pauschbetrag für Kapitaleinkünfte		
	• Alleinstehende	100 DM	51 €
	• Verheiratete	200 DM	102 €
§ 22 Nr. 1 u. 1a, § 9a Nr. 3 EStG	Werbungskosten-Pauschbetrag bei wiederkehrenden Bezügen (insbesondere Renten)	200 DM	102 €
j) Solidaritätszuschlag			
§ 3 Abs. 3 und 5 SolZG	Nullzone für Geringverdiener bei der Einkommensteuerveranlagung und beim Lohnsteuer-Jahresausgleich durch den Arbeitgeber		
	• Alleinstehende	1 836 DM	972 €
	• Verheiratete	3 672 DM	1 944 €

Fundstelle	Inhalt	2001	2002
§ 3 Abs. 4 SolZG	Nullzone für Geringverdiener beim Lohnsteuerabzug		
	• Alleinstehende		
	– monatlich	152,66 DM	81 €
	– wöchentlich	35,62 DM	18,90 €
	– täglich	5,14 DM	2,70 €
	• Verheiratete		
	– monatlich	305,16 DM	162 €
	– wöchentlich	71,20 DM	37,80 €
	– täglich	10,17 DM	5,40 €
§ 4 SolZG	Zuschlagssatz	5,5 %	5,5 %

k) Arbeitnehmer-Sparzulage

Fundstelle	Inhalt	2001	2002
§ 13 Abs. 1 5. VermBG	Einkommensgrenze (zu versteuerndes Einkommen)		
	• Alleinstehende	35 000 DM	17 900 €
	• Verheiratete	70 000 DM	35 800 €
§ 13 Abs. 2 5. VermBG	Bemessungsgrundlage höchstens		
	• Vermögensbeteiligungen (ab 1999 zusätzliche Bemessungsgrundlage)	800 DM	408 €
	• Bausparverträge u.Ä., Aufwendungen zum Wohnungsbau	936 DM	480 €
§ 13 Abs. 2 5. VermBG	Höhe der Arbeitnehmer-Sparzulage (in % der Bemessungsgrundlage)		
	• Vermögensbeteiligungen		
	– Hauptwohnsitz alte Bundesländer	20 %	20 %
	– Hauptwohnsitz neue Bundesländer	25 %	25 %
	• Bausparverträge u.Ä., Aufwendungen zum Wohnungsbau	10 %	10 %
	• sonstige Anlageformen	–	–

l) Wohnungsbauprämie

Fundstelle	Inhalt	2001	2002
§ 2 Abs. 1 Nr. 1 WoPG	Mindestsparbeitrag (jährlich)	100 DM	50 €
§ 2a WoPG	Einkommensgrenze (zu versteuerndes Einkommen)		
	• Alleinstehende	50 000 DM	25 600 €
	• Verheiratete	100 000 DM	51 200 €
§ 3 Abs. 1 WoPG	Höhe der Wohnungsbauprämie (in % der Bemessungsgrundlage)	10 %	10 %
§ 3 Abs. 2 WoPG	Bemessungsgrundlage höchstens (ohne vermögenswirksame Leistungen)		
	• Alleinstehende	1 000 DM	512 €
	• Verheiratete	2 000 DM	1 024 €

m) Altersvorsorgezulage

Fundstelle	Inhalt	2001	2002
§ 84 EStG	Grundzulage jährlich	–	38 €
§ 85 EStG	Kinderzulage jährlich je Kind	–	46 €
§ 86 EStG	Mindesteigenbetrag		
	• Prozentsatz des rentenversicherungspflichtigen Vorjahreseinkommens	–	1 %
	• höchstens	–	525 €
§ 86 EStG	Sockelbetrag		
	• Zulageberechtigter ohne Kinderzulage	–	45 €
	• Zulageberechtigter mit 1 Kinderzulage	–	38 €
	• Zulageberechtigter ab 2 Kinderzulagen	–	30 €

n) Eigenheimzulage

Fundstelle	Inhalt	2001	2002
§ 3 EigZulG	Förderzeitraum	8 Jahre	8 Jahre
§ 5 EigZulG	Einkommensgrenze (Gesamtbetrag der Einkünfte im Antragsjahr und Vorjahr)		
	• Alleinstehende	160 000 DM	81 807 €
	• Verheiratete	320 000 DM	163 614 €
	• Erhöhungsbetrag für jedes Kind	60 000 DM	30 678 €
	Absenkung für Bauanträge/Kaufverträge ab 1.1.2000		
§ 9 Abs. 2 EigZulG	Fördersatz		
	• Neubau	5,0 %	5,0 %
	• Altbau sowie Ausbauten und Erweiterungen	2,5 %	2,5 %
§ 9 Abs. 2 EigZulG	Förderhöchstbetrag		
	• Neubau	5 000 DM	2 556 €
	• Altbau sowie Ausbauten und Erweiterungen	2 500 DM	1 278 €
§ 9 Abs. 3 EigZulG	Zulage für Energiesparanlagen (Wärmepumpen, Solaranlagen u.Ä.)	2 %	2 %
	höchstens aber	500 DM	256 €
§ 9 Abs. 4 EigZulG	Zulage für Niedrigenergiehaus	400 DM	205 €
§ 9 Abs. 5 EigZulG	Kinderzulage jährlich je Kind	1 500 DM	767 €
§ 17 EigZulG	Anschaffung von Genossenschaftsanteilen (Mindestbetrag 5 113 €/10 000 DM)		
	• Fördersatz	3 %	3 %
	• Höchstbetrag	2 400 DM	1 227 €
	• Kinderzulage jährlich je Kind	500 DM	256 €

4. Übersichten zur Kirchensteuer

2803 • **Kirchensteuersätze beim Lohnsteuerabzug**

Bundesland	Kirchensteuersatz
Baden-Württemberg	8 %
Bayern	8 %
Berlin	9 %
Brandenburg	9 %
Bremen	9 %
Hamburg	9 %
Hessen	9 %
Mecklenburg-Vorpommern	9 %
Niedersachsen	9 %
Nordrhein-Westfalen	9 %
Rheinland-Pfalz	9 %
Saarland	9 %
Sachsen	9 %
Sachsen-Anhalt	9 %
Schleswig-Holstein	9 %
Thüringen	9 %

• **Kirchensteuersätze bei der Lohnsteuerpauschalierung**

Bundesland	Kirchensteuer-satz bei der Lohnsteuer-pauschalierung	Kirchensteuer-satz bei der Lohnsteuer-pauschalierung in der Land- und Forstwirtschaft
Baden-Württemberg	7 %	7 %
Bayern	7 %	7 %
Berlin	5 %[1]	5 %[1]
Brandenburg	5 %	5 %
Bremen	7 %	7 %
Hamburg	4 %	4 %
Hessen	7 %	7 %
Mecklenburg-Vorpommern	5 %	5 %
Niedersachsen	6 %	6 %
Nordrhein-Westfalen	7 %	7 %
Rheinland-Pfalz	7 %	7 %
Saarland	7 %	7 %
Sachsen	5 %	5 %
Sachsen-Anhalt	5 %	5 %
Schleswig-Holstein	6 %	6 %
Thüringen	5 %	5 %

1) Altkatholische Kirchensteuer wird bei Pauschalierung nach § 40a EStG nicht, bei Pauschalierung nach §§ 40, 40b EStG nur bei Nachweis dieser Konfession erhoben.

• **Aufteilung bei der Lohnsteuerpauschalierung**

Bundesland	römisch-katholisch	evangelisch
Baden-Württemberg	50 %	50 %
Bayern	66⅔ %	33⅓ %
Berlin	25 %	75 %
Brandenburg	25 %	75 %
Bremen (im Bezirk des Finanzamts Bremerhaven)	20 %	80 %
	10 %	90 %
Hamburg	20 %	80 %
Hessen	50 %[1]	50 %[1]
Mecklenburg-Vorpommern	10 %	90 %
Niedersachsen	27 %	73 %
Nordrhein-Westfalen	50 %[1]	50 %[1]
Rheinland-Pfalz	50 %[1]	50 %[1]
Saarland	75 %	25 %
Sachsen	15 %	85 %
Sachsen-Anhalt	27 %	73 %
Schleswig-Holstein	12 %	88 %
Thüringen	26 %	74 %

1) Aufteilung nach den örtlichen Gegebenheiten, im Zweifel 50 : 50.

• **Kappung der Kirchensteuer**

Bundesland	Höchstsatz vom zu versteuernden Einkommen	Antrag erforderlich?
Baden-Württemberg	3,5 %	ja[1]
Bayern	–	
Berlin	3 %	
Brandenburg	3 %	
Bremen	3 %	
Hamburg	3 %	
Hessen	4 %	ja[2][6]
Mecklenburg-Vorpommern	3 %[7]	
Niedersachsen	3,5 %	
(im niedersächsischen Teil der Bremischen Evangelischen Kirche)	3 %	
Nordrhein-Westfalen	4 %	ja[3][6]
Rheinland-Pfalz	4 %	ja[4][6]
Saarland	4 %	ja[5][6]
Sachsen	3,5 %	
Sachsen-Anhalt	3,5 %	
Schleswig-Holstein	3 %	
Thüringen	3,5 %	

1) Auf Antrag in den evangelischen Landeskirchen Baden, Württemberg sowie in den Diözesen Freiburg und Rottenburg-Stuttgart.
2) Auf Antrag in den evangelischen Landeskirchen sowie in den Diözesen Fulda, Limburg, Mainz und Paderborn.
3) Auf Antrag in den evangelischen Landeskirchen sowie in den Diözesen Aachen, Essen, Münster, Köln und Paderborn.
4) Auf Antrag in den evangelischen Landeskirchen sowie in den Diözesen Speyer, Mainz, Köln und Limburg.
5) Auf Antrag in den evangelischen Landeskirchen sowie in der Diözese Speyer.
6) Im Bereich der evangelischen Kirche im Rheinland sind die entsprechenden Anträge an die für den Wohnsitz des Steuerpflichtigen zuständigen Kirchengemeinden bzw. Verbandsvorstände zu richten, im Bereich der evangelischen Kirchen von Westfalen an die Kreiskirchenämter und im Bereich der Lippischen Landeskirche an das Landeskirchenamt. Bei den Diözesen sind die Generalvikariate zuständig.
7) Nur katholische Kirchensteuer.
Der Antrag ist regelmäßig innerhalb eines Jahres nach Bestandskraft des Steuerbescheids zu stellen.

• **Mindestbetrags-Kirchensteuer**

Bundesland	Mindestbetrag der Kirchensteuer[1] in €			Besonderheiten
	Monat	Woche	Tag	
Baden-Württemberg	0,30	0,07	0,01	–
Bayern	–	–	–	–
Berlin	–	–	–	–
Brandenburg	–	–	–	–
Bremen	–	–	–	–
Hamburg	0,30	0,07	–	ja[3]
Hessen	0,15	0,04	0,01	ja[4]
Mecklenburg-Vorpommern	0,30	0,07	0,01	ja[5]
Niedersachsen	0,30	0,07	0,01	
Nordrhein-Westfalen	–	–	–	–
Rheinland-Pfalz	–	–	–	–
Saarland	–	–	–	–
Sachsen	0,30	0,07	0,01	ja[2]
Sachsen-Anhalt	0,30	0,07	0,01	ja[2]
Schleswig-Holstein	0,30	0,07	–	ja[3]
Thüringen	0,30	0,07	0,01	ja[2]

1) In den Bundesländern mit Mindestbetrags-Kirchensteuer ist – falls Lohnsteuer erhoben wird – immer ein Mindestbetrag als Kirchensteuer einzubehalten.
2) Kein Mindestbetrag für katholische Kirchensteuer.
3) In Schleswig-Holstein und Hamburg sind Mindestbeträge in den Steuerklassen V und VI nicht einzubehalten.
4) Nur wenn die Lohnsteuer nach Abzug des „Kinderkürzungsbetrages" mehr als 0 (null) € beträgt.
5) Nur katholische Kirchensteuer.

5. Auswirkungen von geringfügigen Beschäftigungen

Fallkonstellation		Zusammen-rechnung (§ 8 SGB IV)	Abgabenbelastung der geringfügigen Beschäftigungsverhältnisse			
Mit Hauptbe-schäftigung	**Zweite Be-schäftigung**		**RV**	**KV**	**AV**	**Einkommensteuer**
Dauerhaft gering-fügig[1])	–	–	Vers.frei, 12 % Pauschalbeitrag (mit Aufsto-ckungsoption)[2])	Vers.frei, 10 % Pauschalbeitrag (ohne Aufsto-ckungsoption), falls bereits in KV ver-sichert	Vers.frei	Steuerfrei, wenn keine anderen Ein-künfte[3])
Kurzfristig gering-fügig (Saisonbe-schäftigung)[4])	–	–	Vers.frei	Vers.frei	Vers.frei	Steuerpflichtig (Pau-schalsteuer möglich[5]))
Dauerhaft gering-fügig[1])	Dauerhaft ge-ringfügig	Ja	Vers.pflichtig, wenn 325 € überschritten oder ab 15 Std./Wo.	Vers.pflichtig, wenn 325 € überschritten oder ab 15 Std./Wo.	Vers.pflichtig, wenn 325 € überschritten oder ab 15 Std./Wo.	Falls versiche-rungsfrei und Pau-schalbeitrag des Arbeitgebers zu RV: steuerfrei, wenn keine anderen Ein-künfte[3]) Bei Versicherungs-pflicht: steuerpflichtig (Pauschalsteuer möglich[5])/[6]))
Kurzfristig gering-fügig (Saisonbe-schäftigung)[4])	Kurzfristig ge-ringfügig (Sai-sonbe-schäftigung)	Ja	Vers.pflichtig, wenn Zeitgrenze über-schritten o. berufs-mäßig	Vers.pflichtig, wenn Zeitgrenze über-schritten o. berufs-mäßig	Vers.pflichtig, wenn Zeitgrenze über-schritten o. berufs-mäßig	Steuerpflichtig (Pauschalsteuer möglich[5])/[6]))
Vers.pflichtige Hauptbeschäftigung	Dauerhaft ge-ringfügig[1])	Ja, aber nicht in AV	Vers.pflichtig	Vers.pflichtig	Vers.frei	Steuerpflichtig (Pau-schalsteuer mög-lich[5])/[6]))
Vers.pflichtige Hauptbeschäftigung	Kurzfristig ge-ringfügig (Sai-sonbeschäf-tig.)[4])	Nein	Vers.frei	Vers.frei	Vers.frei	Steuerpflichtig (Pauschalsteuer möglich[5])/[6]))
Hauptberuf Beamter (vers.frei)	Dauerhaft ge-ringfügig[1])	Im Ergebnis Nein	Vers.frei, 12 % Pauschalbeitrag (mit Aufsto-ckungsoption)[2])	Vers.frei, wenn nicht Mitglied in der gesetzlichen KV	Vers.frei	Steuerpflichtig (Pauschalsteuer möglich[3])/[5])/[6]))
Hauptberuf Beamter (vers.frei)	Kurzfristig ge-ringfügig (Sai-sonbeschäf-tig.)[4])	Nein	Vers.frei	Vers.frei	Vers.frei	Steuerpflichtig (Pauschalsteuer möglich[5])/[6]))
Selbständig im Hauptberuf (nicht vers.pflichtig)	Dauerhaft ge-ringfügig[1])	Im Ergebnis Nein	Vers.frei, 12 % Pauschalbeitrag (mit Aufsto-ckungsoption)[2])	Vers.frei, 10 % Pauschalbeitrag (ohne Aufsto-ckungsoption), falls bereits in KV ver-sichert	Vers.frei	Steuerpflichtig (Pauschalsteuer möglich[3])/[5])/[8]))
Selbständig im Hauptberuf (nicht vers.pflichtig)	Kurzfristig ge-ringfügig (Sai-sonbeschäf-tig.)[4])	Nein	Vers.frei	Vers.frei	Vers.frei	Steuerpflichtig (Pauschalsteuer möglich[5])/[6]))
Ohne Hauptbe-schäftigung	**Geringf. Be-schäftigung**	**Zusammen-rechnung (§ 8 SGB IV)**	**RV**	**KV**	**AV**	**Einkommensteuer**
Rentner mit Vollrente wegen Alters u. Ver-sorgungsempfänger (z.B. Beamter i.R.)	Dauerhaft ge-ringfügig[1])	–	Vers.frei, 12 % Pauschalbeitrag (ohne Aufsto-ckungsoption)[7])	Vers.frei, 10 % Pau-schalbeitrag (ohne Aufstockungs-option), falls bereits in KV versichert	Vers.frei	Steuerpflichtig (Pauschalsteuer möglich[3])/[5])/[6])/[8]))
Rentner mit Vollrente wegen Erwerbs-minderung	Dauerhaft ge-ringfügig[1])	–	Vers.frei, 12 % Pauschalbeitrag (mit Aufstockungs-option)[2])	Vers.frei, 10 % Pauschalbeitrag (ohne Aufsto-ckungsoption) falls bereits in KV ver-sichert	Vers.frei	Steuerpflichtig (Pauschalsteuer möglich[3])/[5])/[6])/[8]))

2804

Fallkonstellation		Zusammen-rechnung (§ 8 SGB IV)	Abgabenbelastung der geringfügigen Beschäftigungsverhältnisse			
Ohne Hauptbe-schäftigung	Geringf. Be-schäftigung		RV	KV	AV	Einkommen-steuer
Rentner mit Voll-rente (EU-, Alters-rente) u. Versor-gungsempfänger (z.B. Beamter i.R.)	Kurzfristig geringfügig (Saison-beschäftig.)[4]	–	Vers.frei	Vers.frei	Vers.frei	Steuerpflichtig (Pauschalsteuer möglich[5]/[6]/[8])
Hausfrau	Dauerhaft geringfügig[1]	–	Vers.frei, 12 % Pauschalbeitrag (mit Aufsto-ckungsoption)[2]	Vers.frei, 10 % Pauschalbeitrag (ohne Aufsto-ckungsoption), falls bereits in KV versichert	Vers.frei	Steuerfrei, wenn keine anderen Einkünfte[9]
Hausfrau	Kurzfristig geringfügig (Saison-beschäftig.)[4]	–	Vers.frei	Vers.frei	Vers.frei	Steuerpflichtig (Pauschalsteuer möglich[5]/[6])
Arbeitsloser	Dauerhaft geringfügig[1]	–	Vers.frei, 12 % Pauschalbeitrag (mit Aufsto-ckungsoption)[2]	Vers.frei, 10 % Pauschalbeitrag (ohne Aufsto-ckungsoption), falls bereits in KV versichert	Vers.frei	Steuerfrei, wenn keine anderen Einkünfte[3]/[10]
Schüler/Student	Dauerhaft geringfügig[1]	–	Vers.frei, 12 % Pauschalbeitrag (mit Aufsto-ckungsoption)[2]	Vers.frei, 10 % Pauschalbeitrag (ohne Aufsto-ckungsoption), falls bereits in KV versichert	Vers.frei	Steuerfrei, wenn keine anderen Einkünfte[3]/[11]
Schüler/Student	Kurzfristig geringfügig (Saison-beschäftig.)[4]		Vers.frei	Vers.frei	Vers.frei	Steuerpflichtig (Pauschalsteuer möglich[5]/[6])

Hinweis: Bei den geringfügigen Beschäftigungsverhältnissen keine Auswirkungen auf die Pflegeversicherung (weiterhin versicherungs- und beitragsfrei); Ausnahmen in den Fällen der Zusammenrechnung, dann tritt Versicherungspflicht ein (wie in der Krankenversicherung).

Erläuterung der Fußnoten:

1) § 8 Abs. 1 Nr. 1 SGB IV: bis 325 €/Monat, weniger als 15 Std./Woche.

2) Bei Wahrnehmung der Option Versicherungspflicht in der RV mit anteiliger Beitragszahlung durch Beschäftigten (grds. 7,1 %, bis 155 € Mindestbeitrag von 29,60 €, auf den der Arbeitgeberanteil angerechnet wird).

3) Steuerfreiheit des Entgelts aus der geringfügigen Beschäftigung besteht nur dann, wenn die Summe der anderen Einkünfte des Beschäftigten nicht positiv ist, d. h. insbesondere aus Arbeitslohn (aus weiteren Beschäftigungsverhältnissen), Mieteinkünften, Kapitaleinkünften (Zinseinnahmen führen erst oberhalb von 1 601 € zu Zinseinkünften), Alterseinkünften (Renten, Pensionen) – siehe hierzu die jeweilige Fallkonstellation. Einkünfte des Ehegatten werden nicht berücksichtigt (keine Zusammenrechnung). Soweit eine geschiedene Frau von ihrem früheren Mann Unterhalt bekommt, den der Mann im Rahmen des sog. Realsplittings seinerseits abziehen kann, stellen diese Unterhaltszahlungen bei der Frau steuerpflichtige Einkünfte dar.

4) § 8 Abs. 1 Nr. 2 SGB IV: 2 Monate bzw. 50 Arbeitstage/Jahr ohne Begrenzung beim Arbeitsentgelt, soweit Beschäftigung nicht berufsmäßig. Bei den kurzfristigen Beschäftigungsverhältnissen ergibt sich auf Grund der Neuregelung grundsätzlich keine Änderung gegenüber der bisherigen Rechtslage.

5) Ist eine geringfügige Beschäftigung steuerpflichtig, so bleibt sie wie bisher pauschalierungsfähig, soweit die Voraussetzungen von § 40a EStG vorliegen.

6) Im Gegensatz zur Sozialversicherung wird bei der Lohnsteuerpauschalierung jedes Beschäftigungsverhältnis für sich betrachtet (keine Zusammenrechnung); die Lohngrenzen der Beschäftigung gelten jeweils für die Beschäftigung bei einem Arbeitgeber. Durch die Pauschalsteuer ist die Besteuerung dieses Arbeitslohnes in vollem Umfang abgeschlossen; er bleibt bei der individuellen Einkommensteuerveranlagung außer Betracht.

7) Keine Aufstockungsmöglichkeit in der RV, da die Beschäftigung bereits nach § 5 Abs. 4 SGB VI versicherungsfrei.

8) Sofern außer dem Entgelt aus der geringfügigen Beschäftigung nur Sozialrente bezogen wird, dürfte es bei Wahl des Lohnsteuerabzugsverfahrens mit Lohn-steuerkarte letztlich aber wegen der günstigen Rentenbesteuerung (Ertragsanteil) in vielen Fällen zu keiner Steuerbelastung kommen, da die Einkünfte (also Ein-nahmen nach Abzug insbesondere des Arbeitnehmer-Pauschbetrages und der Vorsorgepauschale) unter dem Grundfreibetrag (2002: 7 235 €) bleiben.

9) Auch bei einer verheirateten Hausfrau bleibt das Entgelt einer geringfügigen Beschäftigung steuerfrei, wenn der Arbeitgeber für das Arbeitsentgelt die pauschalen Arbeitgeberbeiträge zur Rentenversicherung zu entrichten hat und die Summe der anderen Einkünfte nicht positiv ist. Einkünfte des Ehegatten werden nicht be-rücksichtigt (keine Zusammenrechnung).

10) Arbeitslosengeld ist nicht steuerpflichtig (nur Progressionsvorbehalt) und führt daher auch nicht zur Steuerpflicht des Entgelts aus einer geringfügigen Beschäfti-gung. Falls die Arbeitslosigkeit nicht das ganze Jahr bestand und während eines Teils des Jahres noch steuerpflichtiger Arbeitslohn bezogen wurde, tritt hingegen in der Regel Steuerpflicht ein, weil andere eigene Einkünfte im Kalenderjahr vorliegen.

11) Auch wenn wegen anderweitiger geringfügiger Einkünfte Steuerpflicht eintritt, dürfte sich trotzdem bei Wahl des Lohnsteuerabzugsverfahrens mit Lohnsteuerkarte im Regelfall keine Steuerbelastung ergeben. Solange das Entgelt aus der geringfügigen Beschäftigung (abzüglich insbesondere Arbeitnehmer-Pauschbetrag, Vorsorge-Pauschale) unter dem Grundfreibetrag (2002: 7 235 €) bleibt, führt auch die Einkommensteuerveranlagung zu keiner Steuerbelastung.

6. Übersicht zur betrieblichen Altersversorgung

Durchführungsweg	Einkommensteuer		Sozialversicherung
	Ansparphase	Auszahlungsphase	Ansparphase
Direktzusage	• Beiträge des Arbeitgebers sowie „Lohnverzicht" des Arbeitnehmers **kein Arbeitslohn**	• Zahlungen des Arbeitgebers beim Arbeitnehmer **Arbeitslohn**; Lohnsteuerabzug nach den Merkmalen der Lohnsteuerkarte; der Versorgungs-Freibetrag (40 % des Arbeitslohns max. 3 072 €) ist abzuziehen	• **Beitragsfrei**, soweit nicht aus Entgeltumwandlung **Bei Entgeltumwandlung beitragsfrei bis zu 4 %** der Beitragsbemessungsgrenze in der Rentenversicherung (2002: 2 160 € bzw. 1 800 €)
Unterstützungskasse	• Beiträge des Arbeitgebers sowie „Lohnverzicht" des Arbeitnehmers **kein Arbeitslohn**	• Zahlungen der Unterstützungskasse beim Arbeitnehmer **Arbeitslohn**; Lohnsteuerabzug nach den Merkmalen der Lohnsteuerkarte; der Versorgungs-Freibetrag (40 % des Arbeitslohns max. 3 072 €) ist abzuziehen	• **Beitragsfrei**, soweit nicht aus Entgeltumwandlung **Bei Entgeltumwandlung beitragsfrei bis zu 4 %** der Beitragsbemessungsgrenze in der Rentenversicherung (2002: 2 160 € bzw. 1 800 €)
Pensionskasse	• Beiträge des Arbeitgebers **bis zu 4 %** der Beitragsbemessungsgrenze in der gesetzlichen Rentenversicherung (2002: 2 160 € bzw. 1 800 €) **steuerfrei** • **Höhere Beiträge** des Arbeitgebers sind individuell (Lohnsteuerkarte) **zu versteuern**; – Arbeitnehmer nimmt **Altersvorsorgezulage** oder Sonderausgabenabzug **in Anspruch**	• Zahlungen der Pensionskasse beim Arbeitnehmer als **sonstige Einkünfte voll steuerpflichtig** (§ 22 Nr. 5 EStG) • Zahlungen der Pensionskasse beim Arbeitnehmer als **sonstige Einkünfte voll steuerpflichtig** (§ 22 Nr. 5 EStG)	• **Beitragsfrei bis zu 4 %** der Beitragsbemessungsgrenze in der Rentenversicherung (2002: 2 160 € bzw. 1 800 €) • **Beitragspflichtig**
	– Arbeitnehmer nimmt **Altersvorsorgezulage** oder Sonderausgabenabzug **nicht in Anspruch** • Höhere Beiträge des Arbeitnehmers können auch bis zu 1 752 € mit 20 % **pauschal besteuert** werden	• Zahlungen der Pensionskasse beim Arbeitnehmer als **sonstige Einkünfte mit dem Ertragsanteil steuerpflichtig** (§ 22 Nr. 1 Satz 3 Buchst. a EStG) • Zahlungen der Pensionskasse beim Arbeitnehmer als **sonstige Einkünfte mit dem Ertragsanteil steuerpflichtig** (§ 22 Nr. 1 Satz 3 Buchst. a EStG)	• **Beitragspflichtig** • **Beitragsfrei** bis zu 1 752 €, wenn zusätzlich zum Arbeitsentgelt
Pensionsfonds	• Beiträge des Arbeitgebers **bis zu 4 %** der Beitragsbemessungsgrenze in der gesetzlichen Rentenversicherung (2002: 2 160 € bzw. 1 800 €) **steuerfrei** • **Höhere Beiträge** des Arbeitgebers sind individuell (Lohnsteuerkarte) **zu versteuern**; – Arbeitnehmer nimmt **Altersvorsorgezulage** oder Sonderausgabenabzug **in Anspruch** – Arbeitnehmer nimmt **Altersvorsorgezulage** oder Sonderausgabenabzug **nicht in Anspruch**	• Zahlungen des Pensionsfonds beim Arbeitnehmer als **sonstige Einkünfte voll steuerpflichtig** (§ 22 Nr. 5 EStG) • Zahlungen des Pensionsfonds beim Arbeitnehmer als **sonstige Einkünfte voll steuerpflichtig** (§ 22 Nr. 5 EStG) • Zahlungen des Pensionsfonds beim Arbeitnehmer als **sonstige Einkünfte mit dem Ertragsanteil steuerpflichtig** (§ 22 Nr. 1 Satz 3 Buchst. a EStG)	• **Beitragsfrei bis zu 4 %** der Beitragsbemessungsgrenze in der Rentenversicherung (2002: 2 160 € bzw. 1 800 €) • **Beitragspflichtig** • **Beitragspflichtig**
	• Höhere Beiträge des Arbeitgebers können **nicht pauschal** besteuert werden • Leistungen des Arbeitgebers oder einer Unterstützungskasse an einen Pensionsfonds **zur Übernahme** bestehender Versorgungsverpflichtungen oder -anwartschaften **steuerfrei**, wenn die hierdurch entstehenden zusätzlichen Betriebsausgaben gleichmäßig auf die folgenden zehn Wirtschaftsjahre verteilt werden	• Zahlungen des Pensionsfonds beim Arbeitnehmer als **sonstige Einkünfte mit dem Ertragsanteil steuerpflichtig** (§ 22 Nr. 5 EStG)	• **Beitragsfrei**

2805

Durchführungsweg	Einkommensteuer		Sozialversicherung
	Ansparphase	**Auszahlungsphase**	**Ansparphase**
Direktversicherung	• Höhere Beiträge des Arbeitgebers sind individuell (Lohnsteuerkarte) **zu versteuern;** – Arbeitnehmer nimmt **Altersvorsorgezulage** oder Sonderausgabenabzug **in Anspruch** – Arbeitnehmer nimmt **Altersvorsorgezulage** oder Sonderausgabenabzug **nicht in Anspruch** • Beiträge des Arbeitgebers können auch bis zu 1 752 € mit 20 % **pauschal besteuert** werden	• Zahlungen der Versicherung beim Arbeitnehmer als **sonstige Einkünfte voll steuerpflichtig** (§ 22 Nr. 5 EStG) • Zahlungen der Versicherung beim Arbeitnehmer als **sonstige Einkünfte mit dem Ertragsanteil steuerpflichtig** (§ 22 Nr. 1 Satz 3 Buchst. a EStG) • Zahlungen der Versicherung beim Arbeitnehmer als **sonstige Einkünfte mit dem Ertragsanteil steuerpflichtig** (§ 22 Nr. 1 EStG); Kapitalzahlungen sind nicht steuerpflichtig	• **Beitragspflichtig** • **Beitragspflichtig** • **Beitragsfrei** bis zu 1 752 €, wenn zusätzlich zum Arbeitsentgelt

B. Sozialversicherung

1. Grenzwerte und Rechengrößen in der Sozialversicherung 2002

Wertangaben in Euro

in alphabetischer Reihenfolge

2806

	alte Bundesländer (in Euro bzw. %)				neue Bundesländer (in Euro bzw. %)			
	Jahr	Monat	Woche	Tag	Jahr	Monat	Woche	Tag
Arbeitseinkommen in der Krankenversicherung der selbständigen Künstler und Publizisten								
• Versicherungsfreiheit kraft Gesetzes	3 900,—	325,—	75,83	10,83	3 900,—	325,—	75,83	10,83
• Versicherungsfreiheit auf Antrag	118 721,97				105 837,41			
Beitragsbemessungsgrenzen								
• Kranken- und Pflegeversicherung	40 500,—	3 375,—	787,50	112,50	40 500,—	3 375,—	787,50	112,50
• Renten- und Arbeitslosenversicherung	54 000,—	4 500,—	1 050,—	150,—	45 000,—	3 750,—	875,—	125,—
Beitragsbemessungsgrundlage								
• Auslands-Weiterversicherung in der Pflegeversicherung		390,83	91,19	13,03		390,83	91,19	13,03
• Auszubildende ohne Arbeitsentgelt								
– Kranken- und Pflegeversicherung		466,—	108,57	15,51		466,—	108,57	15,51
– Renten- und Arbeitslosenversicherung		23,45	5,47	0,78		19,60	4,57	0,65
• Teilnehmer an einem freiw. ökologischen/sozialen Jahr in der Arbeitslosenversicherung		2 345,—	547,17	78,17		1 960,—	457,33	65,33
Beitragshöhe und Zuschüsse für Studenten								
• ab Wintersemester 2000/2001 Beitragsbemessungsgrundlage		465,28	108,57	15,51		465,28	108,57	15,51
• Beitragshöhe								
– Krankenversicherung		44,20	10,31	1,47		44,20	10,31	1,47
– Pflegeversicherung		7,91	1,85	0,26		7,91	1,85	0,26
• Zuschuss für BAföG-Bezieher								
– zum KV-Beitrag		46,02				46,02		
– zum PV-Beitrag		7,67				7,67		
Beitragssätze								
• Arbeitslosenversicherung	6,5 %	6,5 %	6,5 %	6,5 %	6,5 %	6,5 %	6,5 %	6,5 %
• Rentenversicherung	19,1 %	19,1 %	19,1 %	19,1 %	19,1 %	19,1 %	19,1 %	19,1 %
• Pflegeversicherung	1,7 %	1,7 %	1,7 %	1,7 %	1,7 %	1,7 %	1,7 %	1,7 %
Beitragszuschuss für privat Versicherte								
• Krankenversicherung		227,81				227,81		
• Pflegeversicherung außer in Sachsen		28,69				28,69		
• Pflegeversicherung nur in Sachsen						11,81		

	alte Bundesländer (in Euro bzw. %)				neue Bundesländer (in Euro bzw. %)			
	Jahr	Monat	Woche	Tag	Jahr	Monat	Woche	Tag
Bezugsgröße	28 140,—	2 345,—	547,17	78,17	28 140,—	2 345,—	547,17	78,17
Geringfügigkeitsgrenze (§ 8 SGB IV)		325,—	75,83	10,83		325,—	75,83	10,83
Geringverdienergrenze								
• allgemein (nur bei Beschäftigten im Rahmen der beruflichen Bildung)		325,—	75,83	10,83		325,—	75,83	10,83
• Behinderte		469,—	109,43	15,63		469,—	109,43	15,63
• Rentenversicherung der Mitglieder geistl. Genossenschaften		938,—	218,87	31,27		784,—	182,93	26,13
Jahresarbeitsentgeltgrenze	40 500,—				40 500,—			
Mindestbeitragsbemessungsgrenze								
• in der Kranken- und Pflegeversicherung für								
– Behinderte		469,—	109,43	15,63		469,—	109,43	15,63
– freiwillige Mitglieder		781,67	182,39	26,06		781,67	182,39	26,06
– freiwillig versicherte Selbständige		1 758,75	410,38	58,63		1 758,75	410,38	58,63
– Rentenantragsteller		781,67	182,39	26,06		781,67	182,39	26,06
– selbständige Künstler und Publizisten		390,83	91,19	13,03		390,83	91,19	13,03
• in der Rentenversicherung für								
– Auszubildende und Praktikanten		23,45	5,47	0,78		19,60	4,57	0,65
– Behinderte		1 876,—	437,73	62,53		1 568,—	365,87	52,27
– Entwicklungshelfer		3 000,15	700,04	100,01		2 500,13	583,36	83,34
– Mitglieder geistlicher Genossenschaften ohne Anwartschaft auf Versorgung		938,—	218,87	31,27		784,—	182,93	26,13
– selbständige Künstler und Publizisten		325,—	75,83	10,83		325,—	75,83	10,83
Versorgungsbezüge/ Krankenversicherung der Rentner Untergrenze der beitragspflichtigen Einnahmen aus Versorgungsbezügen und Arbeitseinkommen		117,25	27,36	3,91		117,25	27,36	3,91

2. Sachbezugswerte 2002

(Sachbezugsverordnung vom 19.12.1994, BGBl. I 1994 S. 3849,
zuletzt geändert durch Verordnung vom 5.11.2001, BGBl. I 2001 S. 2945)

2807

Wertangaben in DM und *Euro*

● Freie Verpflegung (gültig für alte und neue Bundesländer)

Personenkreis [Angaben monatlich (mtl.) bzw. kalendertäglich (ktgl.)]		Frühstück €	Mittagessen €	Abendessen €	Verpflegung insgesamt €
Arbeitnehmer einschließlich	mtl.	42,10	75,25	75,25	192,60
Jugendliche und Auszubildende	ktgl.	1,40	2,51	2,51	6,42
volljährige Familienangehörige	mtl.	33,68	60,20	60,20	154,08
	ktgl.	1,12	2,01	2,01	5,14
Familienangehörige vor Vollendung	mtl.	25,26	45,15	45,15	115,56
des 18. Lebensjahres	ktgl.	0,84	1,51	1,51	3,85
Familienangehörige vor Vollendung	mtl.	16,84	30,10	30,10	77,04
des 14. Lebensjahres	ktgl.	0,56	1,—	1,—	2,57
Familienangehörige vor Vollendung	mtl.	12,63	22,58	22,58	57,78
des 7. Lebensjahres	ktgl.	0,42	0,75	0,75	1,93

● Freie Unterkunft

Sachverhalt			alte Bundesländer einschließlich West-Berlin		neue Bundesländer einschließlich Ost-Berlin	
Unterkunft belegt mit:			Unterkunft allgemein €	Aufnahme im Arbeitgeberhaushalt/Gemeinschaftsunterkunft €	Unterkunft allgemein €	Aufnahme im Arbeitgeberhaushalt/Gemeinschaftsunterkunft €
volljährige Arbeitnehmer	1 Beschäftigtem	mtl.	186,65	158,65	164,—	139,40
		ktgl.	6,22	5,29	5,47	4,65
	2 Beschäftigten	mtl.	111,99	83,99	98,40	73,80
		ktgl.	3,73	2,80	3,28	2,46
	3 Beschäftigten	mtl.	93,32	65,33	82,—	57,40
		ktgl.	3,11	2,18	2,73	1,91
	mehr als 3 Beschäftigten	mtl.	74,66	46,66	65,60	41,—
		ktgl.	2,49	1,55	2,19	1,37
Jugendliche/ Auszubildende	1 Beschäftigtem	mtl.	151,19	130,65	132,84	114,80
		ktgl.	5,04	4,35	4,43	3,83
	2 Beschäftigten	mtl.	76,53	55,99	67,24	49,20
		ktgl.	2,55	1,87	2,24	1,64
	3 Beschäftigten	mtl.	57,86	37,33	50,84	32,80
		ktgl.	1,93	1,24	1,70	1,09
	mehr als 3 Beschäftigten	mtl.	39,20	18,66	34,44	16,40
		ktgl.	1,31	0,62	1,15	0,55

Erläuterungen

Für die Ermittlung des anzusetzenden Sachbezugswertes für einen Teil-Entgeltabrechnungszeitraum sind die jeweiligen Tagesbeträge mit der Anzahl der Kalendertage zu multiplizieren.

Ist die Feststellung des ortsüblichen Mietpreises mit außerordentlichen Schwierigkeiten verbunden, kann die Wohnung **in den alten Bundesländern** einschließlich West-Berlin mit **3,05 € monatlich pro m²** bzw. bei einfacher Ausstattung (ohne Sammelheizung oder ohne Bad oder Dusche) mit 2,55 € monatlich pro m² und **in den neuen Bundesländern** einschließlich Ost-Berlin mit **2,65 € monatlich pro m²** bzw. bei einfacher Ausstattung mit **2,30 € monatlich pro m²** bewertet werden.

Bei der Gewährung von unentgeltlichen oder verbilligten **Mahlzeiten im Betrieb** (§ 40 Abs. 2 Satz 1 Nr. 1 EStG) sind sowohl für volljährige Arbeitnehmer als auch für Jugendliche und Auszubildende nachstehende Beträge anzusetzen:

- Frühstück   1,40 €
- Mittag-/Abendessen   2,51 €

3. Versicherungsrechtliche Beurteilung von Gesellschafter-Geschäftsführern einer GmbH

2808 (Besprechungsergebnis der Spitzenverbände der Sozialversicherungsträger vom 22./23.11.2000,[1])
Sozialversicherungsbeitrag-Handausgabe 2001 VL 7 IV/14)

Die Kranken-, Pflege-, Renten- und Arbeitslosenversicherungspflicht wird nicht dadurch ausgeschlossen, dass eine in einer Gesellschaft mit beschränkter Haftung (GmbH) beschäftigte Person zugleich Mitunternehmer der GmbH ist. Mitarbeitende Gesellschafter einer GmbH können daher durchaus in einem abhängigen und damit sozialversicherungspflichtigen Beschäftigungsverhältnis zur GmbH stehen. Nach der ständigen Rechtsprechung des Bundessozialgerichts liegt bei mitarbeitenden Gesellschaftern – und das gilt auch für Gesellschafter-Geschäftsführer – ein abhängiges Beschäftigungsverhältnis zur GmbH allerdings nur dann vor, wenn die Gesellschafter

– funktionsgerecht dienend am Arbeitsprozess der GmbH teilhaben,

– für ihre Beschäftigung ein entsprechendes Arbeitsentgelt erhalten und

– keinen maßgeblichen Einfluss auf die Geschicke der Gesellschaft kraft eines etwaigen Anteils am Stammkapital geltend machen können.

Sofern also ein Gesellschafter-Geschäftsführer über mindestens 50 v.H. des Stammkapitals verfügt oder auf Grund besonderer Vereinbarung im Gesellschaftsvertrag die Beschlüsse der anderen Gesellschafter verhindern kann (Sperrminorität), hat er entscheidenden Einfluss auf die Geschicke der GmbH. Er kann insbesondere Beschlüsse, die sein Arbeitsverhältnis benachteiligen würden, verhindern, so dass in diesen Fällen ein abhängiges Beschäftigungsverhältnis von vornherein ausscheidet. In allen anderen Fällen ist jeweils individuell zu prüfen, ob ein abhängiges und damit sozialversicherungspflichtiges Beschäftigungsverhältnis vorliegt. Bei dieser Prüfung kann auf die nachfolgende Entscheidungshilfe sowie die Rechtsprechungsübersicht zurückgegriffen werden.

Im Übrigen vertreten die Besprechungsteilnehmer die Auffassung, dass die Einzugsstelle in ihrem nur im Einzelfall zu erteilenden Bescheid darauf hinweisen sollte, dass sich ihre versicherungsrechtliche Entscheidung nur auf die im Zeitpunkt der Beurteilung maßgebenden tatsächlichen Verhältnisse in der GmbH bezieht und eine Änderung in diesen Verhältnissen (z.B. Änderung der Kapitalbeteiligung) durchaus zu einer anderen versicherungsrechtlichen Beurteilung führen kann. Die GmbH sollte daher in dem Bescheid aufgefordert werden, der Einzugsstelle jede Änderung in den Gesellschaftsverhältnissen umgehend mitzuteilen, damit die Einzugsstelle erforderlichenfalls die versicherungsrechtliche Beurteilung überprüfen kann.

Entscheidungshilfe zur versicherungsrechtlichen Beurteilung von Gesellschafter-Geschäftsführern einer GmbH mitarbeitenden Gesellschaftern einer GmbH[2])

I. <u>Kapitalanteil mindestens 50 %</u> <u>oder Sperrminoritäten auf Grund besonderer Vereinbarung im Gesellschaftsvertrag</u> nein   ja Von vornherein grundsätzlich <u>kein</u> abhängiges Beschäftigungsverhältnis, da maßgeblicher Einfluss auf die Geschicke der Gesellschaft (5, 7, 9, 16, 17, 19, 21). Dies gilt auch, wenn ein besonderer Beirat bestellt wird (7) oder der Geschäftsführer bzw. mitarbeitende Gesellschafter die ihm zustehende beherrschende Rechtsmacht tatsächlich nicht wahrnimmt (17, 19, 20). Die Sperrminorität des mitarbeitenden Gesellschafters (ohne Geschäftsführerfunktion) schließt ein abhängiges Beschäftigungsverhältnis hingegen nicht von vornherein aus (27). Gleiches gilt für eine nur eingeschränkte Sperrminorität des Gesellschafter-Geschäftsführers (22). Auch der Treuhänder-Gesellschafter-Geschäftsführer kann zur Gesellschaft in einem abhängigen Beschäftigungsverhältnis stehen (25).

Wenn auf Grund der Kriterien von Abschnitt I ein abhängiges Beschäftigungsverhältnis nicht von vornherein ausgeschlossen ist, sind die allgemeinen Voraussetzungen für ein abhängiges Beschäftigungsverhältnis zu prüfen. Maßgebend ist das Gesamtbild der tatsächlichen Verhältnisse (1, 2, 4, 6, 15, 18, 19, 26, 28, 29).

II. <u>Selbstkontrahierung?</u> Abdingung des Selbstkontrahierungsverbots nach § 181 BGB <u>nein</u> <u>ja</u> Indiz gegen ein abhängiges Beschäftigungsverhältnis

III. <u>Bindung an Zeit, Dauer und Ort der Arbeitsleistung?</u> ja <u>nein</u> Kein abhängiges Beschäftigungsverhältnis. Es kommt nicht allein darauf an, inwieweit die Sachentscheidungsbefugnis begrenzt ist. Wesentlicher ist, ob der <u>äußere</u> Rahmen der Tätigkeit durch einseitige Weisungen geregelt werden kann (1, 6, 11, 13, 18, 23, 24, 26, 27, 28) **Soweit der Geschäftsführer <u>kein</u> Gesellschafter der GmbH ist, besteht jedoch auf Grund seiner funktionsgerecht dienenden Teilhabe am Arbeitsprozess regelmäßig ein abhängiges Beschäftigungsverhältnis (3).**

---

1) In redaktionell überarbeiteter Fassung nach neuestem Rechtsstand.
2) Die in Klammern angegebenen Ziffern verweisen auf die Nummern der nachfolgenden BSG-Rechtsprechungsübersicht.

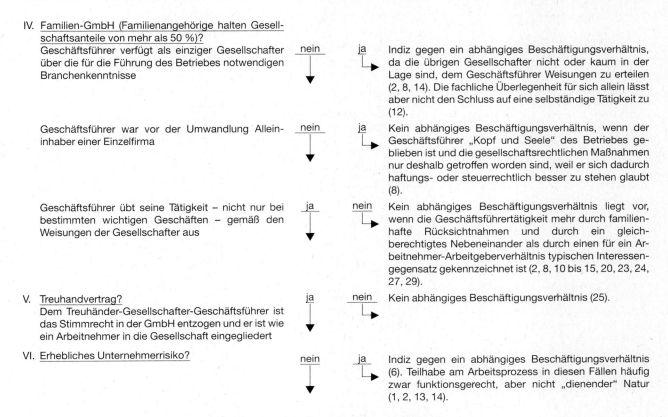

IV. Familien-GmbH (Familienangehörige halten Gesellschaftsanteile von mehr als 50 %)?
Geschäftsführer verfügt als einziger Gesellschafter über die für die Führung des Betriebes notwendigen Branchenkenntnisse — **nein** → **ja**: Indiz gegen ein abhängiges Beschäftigungsverhältnis, da die übrigen Gesellschafter nicht oder kaum in der Lage sind, dem Geschäftsführer Weisungen zu erteilen (2, 8, 14). Die fachliche Überlegenheit für sich allein lässt aber nicht den Schluss auf eine selbständige Tätigkeit zu (12).

Geschäftsführer war vor der Umwandlung Alleininhaber einer Einzelfirma — **nein** → **ja**: Kein abhängiges Beschäftigungsverhältnis, wenn der Geschäftsführer „Kopf und Seele" des Betriebes geblieben ist und die gesellschaftsrechtlichen Maßnahmen nur deshalb getroffen worden sind, weil er sich dadurch haftungs- oder steuerrechtlich besser zu stehen glaubt (8).

Geschäftsführer übt seine Tätigkeit – nicht nur bei bestimmten wichtigen Geschäften – gemäß den Weisungen der Gesellschafter aus — **ja** → **nein**: Kein abhängiges Beschäftigungsverhältnis liegt vor, wenn die Geschäftsführertätigkeit mehr durch familienhafte Rücksichtnahmen und durch ein gleichberechtigtes Nebeneinander als durch einen für ein Arbeitnehmer-Arbeitgeberverhältnis typischen Interessengegensatz gekennzeichnet ist (2, 8, 10 bis 15, 20, 23, 24, 27, 29).

V. Treuhandvertrag?
Dem Treuhänder-Gesellschafter-Geschäftsführer ist das Stimmrecht in der GmbH entzogen und er ist wie ein Arbeitnehmer in die Gesellschaft eingegliedert — **ja** → **nein**: Kein abhängiges Beschäftigungsverhältnis (25).

VI. Erhebliches Unternehmerrisiko? — **nein** → **ja**: Indiz gegen ein abhängiges Beschäftigungsverhältnis (6). Teilhabe am Arbeitsprozess in diesen Fällen häufig zwar funktionsgerecht, aber nicht „dienender" Natur (1, 2, 13, 14).

abhängiges Beschäftigungsverhältnis

Übersicht über die BSG-Rechtsprechung zur versicherungsrechtlichen Beurteilung von Gesellschafter-Geschäftsführern einer GmbH

Nr.	BSG/Fundstelle	Sachverhalt/Entscheidung	Urteilstenor/Begründung
1	13.12.1960 – 3 RK 2/56 – (DBlR 711/RVO § 165; BSGE 13, 196; SozR AVG § 1 aF Bl. Aa Nr. 5; Die Beiträge 1961, 212; BR/Meuer 299 A4a71-1-; NJW 1961, 1134)	• Gesellschafter-Geschäftsführer mit 5 % Kapitalanteil • Hauptgläubiger der GmbH • Anstellungsvertrag, wonach die gesamte Arbeitskraft für die GmbH aufgewendet werden muss • Bindung an die Satzung und Anweisung durch Gesellschafterbeschlüsse • Vergütung: gewinnabhängige Umsatzbeteiligung von 10 % *Kein abhängiges Beschäftigungsverhältnis*	• Obwohl der Geschäftsführer einer GmbH Arbeitgeberfunktionen wahrnimmt, kann dennoch eine Arbeitnehmereigenschaft i.S.d. Sozialversicherung vorliegen. • Das RVA hat bei der versicherungsrechtlichen Beurteilung von Gesellschafter-Geschäftsführern nur an die Kapitalbeteiligung angeknüpft. Dem kann nicht voll gefolgt werden. • Die Kapitalbeteiligung ist nur dafür ausschlaggebend, ob nicht von vornherein auf Grund der Mehrheit oder Sperrminorität innerhalb der Gesellschafterversammlung ein abhängiges Beschäftigungsverhältnis grundsätzlich ausgeschlossen ist. • Ist dies nicht der Fall, ist zu prüfen, ob und inwieweit der Gesellschafter-Geschäftsführer weisungsgebunden ist. • Besteht die Weisungsgebundenheit allein darin, dass der Geschäftsführer in seiner Entscheidungsfreiheit bei bestimmten wichtigen Geschäften beschränkt ist, ohne zugleich einem – für die persönliche Abhängigkeit ausschlaggebenden – Direktionsrecht des Dienstberechtigten in Bezug auf die Ausführung seiner Arbeit unterworfen zu sein, so ist der Geschäftsführer trotz seiner gesellschaftsrechtlichen Bindung an den – in Beschlüssen konkretisierten – Willen der Gesellschaftsmehrheit nicht abhängig beschäftigt.
2	15.12.1971 – 3 RK 67/68 – (DBlR 1724a/ AVAVG § 56; USK 71199; SozR Nr. 68 § 165 RVO; Breith. 1972, 537; Die Beiträge 1972, 246; BR/Meuer 663 A 19a/-16-; BB 1972, 404)	• Familien-GmbH • Gesellschafter-Geschäftsführer mit 1/3 Kapitalanteil (geschiedene Ehefrau 2/3) • einschlägige Branchenkenntnisse als einziger Gesellschafter • Geschäftsführertätigkeit ohne Gesellschafterbeschluss oder Anstellungsvertrag • monatliches Gehalt *Kein abhängiges Beschäftigungsverhältnis*	• Was die Ausführungen der Arbeit angeht, kann die Weisungsgebundenheit – insbesondere bei Diensten höherer Art – stark eingeschränkt zur funktionsgerechten, dienenden Teilhabe am Arbeitsprozess verfeinert sein; die Dienstleistung ist trotzdem fremdbestimmt, wenn sie in der von anderer Seite vorgeschriebenen Ordnung des Betriebes aufgeht. • Kann der Dienstnehmer seine Tätigkeit dagegen im Wesentlichen frei gestalten und seine Arbeitszeit bestimmen, so ist er selbständig tätig. • Verfügt der Geschäftsführer in einer Familien-GmbH als einziger Gesellschafter über die für die Führung des Betriebes notwendigen Branchenkenntnisse, gibt seine Meinung bei Gesellschaftsbeschlüssen in der Regel den Ausschlag. Insoweit kann nicht von Weisungsgebundenheit ausgegangen werden. • Das gemeinsame Wirken im Dienst der GmbH ist durch ein gleichberechtigtes Nebeneinander gekennzeichnet.

Nr.	BSG/Fundstelle	Sachverhalt/Entscheidung	Urteilstenor/Begründung
3	22.8.1973 – 12 RK 24/72 – (DBIR 1771a/AFG § 168; USK 73122; SozR Nr. 22 § 3 AVG; Breith. 1974, 369; Die Beiträge 1973, 45; BB 1973, 1310; BR/Meuer 663 A19a7-28-; NJW 1974, 207)	• Geschäftsführer ohne Kapital- beteiligung • Alleinvertretungsbefugnis • Dienstvertrag • monatliches Gehalt, Weihnachtsgeld und Urlaubsvereinbarung • im Übrigen gelten die Bestimmungen des BGB und HGB über die Stellung des Geschäftsführers • der Geschäftsführer hat im Auftrag der Gesellschafterversammlung die Ge- schäftsordnung, den Organisationsplan und die Arbeitsplatzbeschreibung auf- gestellt *Abhängiges Beschäftigungsverhältnis*	• Der Sachverhalt ist anders zu beurteilen als bei einem Gesell- schafter-Geschäftsführer, da hier das unternehmerische Risiko fehlt. Der Geschäftsführer stellt nur seine Arbeitskraft in den Dienst der GmbH. Hierbei kann die Eingliederung in den Betrieb alleine ausreichend sein, um ein abhängiges Beschäftigungsverhältnis zu bejahen. • Die Eingliederung liegt hier bereits darin begründet, dass der Ge- schäftsführer Beschlüsse der Gesellschafter auszuführen hat und auch nur im Rahmen dieser Beschlüsse handeln darf. • Es kommt nicht darauf an, dass die Gesellschafter von ihrer Über- wachungsbefugnis gegenüber dem Geschäftsführer tatsächlich Gebrauch machen.
4	31.07.1974 – 12 RK 26/72 – (DBIR 1888a/AFG § 168; USK 7467; BSGE 38, 53; SozR 4600 § 56 Nr. 1; BR/Meuer 663 A19a7-19/1-) (siehe auch Nr. 16)	• zwei Gesellschaftergeschäftsführer mit je 1/3 Kapitalanteil • Beschlüsse werden mit 2/3 Mehrheit gefasst • gemeinsame Vertretung der Gesell- schaft *Zurückverweisung an das LSG*	• Da keine Sperrminorität vorhanden ist, ist ein abhängiges Beschäftigungsverhältnis nicht von vornherein ausgeschlossen. • Wird die Tätigkeit entsprechend den Belangen des Unternehmens, die in Wahrheit mit den Belangen des Geschäftsführers identisch sind, selbst frei bestimmt, liegt kein abhängiges Beschäftigungs- verhältnis vor. • Die tatsächlichen Verhältnisse sind für diese Beurteilung entschei- dend.
5	22.11.1974 – 1 RA 251/73 – (USK 74139; Die Beiträge 1975, 60; BB 1975, 282; BR/Meuer 663 A19a7-19/6-)	• Gesellschafter-Geschäftsführer mit 50 % Kapitalanteil • Alleinvertretungsbefugnis • Dienstvertrag • monatliches Gehalt, Urlaubs- und Weihnachtsgeld *Kein abhängiges Beschäftigungsver- hältnis*	• Da der Geschäftsführer über die Sperrminorität innerhalb der Ge- sellschaftsversammlung verfügt und damit einen maßgeblichen Einfluss auf die Entscheidungen der Gesellschaft nehmen kann, ist ein abhängiges Beschäftigungsverhältnis grundsätzlich von vorn- herein ausgeschlossen. • Die steuerrechtliche Beurteilung ist für die Prüfung der Sozialver- sicherungspflicht nicht entscheidend.
6	24.06.1982 – 12 RK 45/80 – (DBIR 2812/AFG § 168; USK 82160; SozSich 1983, RNr. 3750)	• vier Gesellschafter-Geschäftsführer mit einer Kapitalbeteiligung jeweils unter 50 % • Anstellungsvertrag • Verteilung der Aufgaben einvernehmlich mit den anderen Geschäftsführern • für bestimmte Geschäfte ist die Zustim- mung der Gesellschafterversammlung notwendig • die Arbeitszeit kann frei bestimmt wer- den • monatliches Gehalt, Urlaubs- und Weihnachtsgeld *Zurückverweisung an das LSG*	• Da weder eine Kapitalmehrheit noch Sperrminorität vorliegt, ist ein abhängiges Beschäftigungsverhältnis nicht von vornherein aus- geschlossen. • Das Arbeitsgerichtsgesetz (hier gilt der Geschäftsführer einer GmbH nicht als Arbeitnehmer) hat keine Bedeutung für die Sozial- versicherung. • Entscheidend ist das Gesamtbild der Tätigkeit. • Hierbei ist wesentlich, ob der äußere Rahmen der Tätigkeit, insbe- sondere was Zeit, Dauer und Ort der Arbeitsleistung betrifft, durch einseitige Weisungen der Gesellschaft geregelt wird oder geregelt werden kann. • Von Bedeutung ist auch die Kapitalbeteiligung. Diese wird häufig so hoch sein, dass die Geschäftsführer ein nicht unerhebliches Unter- nehmerrisiko tragen, so dass sie ihre Tätigkeit nicht für ein ihnen fremdes, sondern im eigenen Unternehmen ausüben. • Es muss ein für ein Arbeitnehmer-/Arbeitgeberverhältnis typischer Interessengegensatz vorhanden sein. Ein solcher ist kaum denk- bar, wenn die Geschäftsführer zugleich die alleinigen Gesell- schafter sind.
7	24.06.1982 – 12 RK 43/81 – (DBIR 2813/AFG § 168; USK 82166; Die Beiträge 1986, 217; BB 1984,1049)	• zwei Gesellschafter-Geschäftsführer mit jeweils 50 % Kapitalanteil • Alleinvertretungsbefugnis • ein besonderer Beirat soll errichtet wer- den, der für bestimmte Geschäfte von den Geschäftsführern angehört werden muss *Kein abhängiges Beschäftigungsver- hältnis*	• Auf Grund der Sperrminorität scheidet für beide Geschäftsführer ein abhängiges Beschäftigungsverhältnis aus. • Die Schaffung des besonderen Beirates hat hierauf keinen Einfluss. • Der Gesellschafter-Geschäftsführer mit einem Kapitalanteil von 50 % ist nicht in einem „fremden", sondern in seinem „eigenen" Unternehmen tätig.

Nr.	BSG/Fundstelle	Sachverhalt/Entscheidung	Urteilstenor/Begründung
8	23.09.1982 – 10 RAr 10/81 – (DBlR 2799a/AFG § 141b; USK 82140; SozR 2100 § 7 Nr. 7; Breith. 1983, 739; BR/Meuer 59 B 39)	• Familien-Komplementär-GmbH • Ehemann Gesellschafter-Geschäfts-führer mit 5 % Kapitalanteil (Ehefrau 95 %) • „Kopf und Seele" des Familien-unternehmrens • vor Umwandlung in GmbH Alleininhaber der Einzelfirma *Zurückverweisung an das LSG*	• Die Selbständigkeit eines Gesellschafter-Geschäftsführers ist nicht davon abhängig, dass er gerade über seine Kapitalbeteiligung einen entscheidenden Einfluss auf die Gesellschaft ausüben kann. In einer Familien-GmbH können bei einem GmbH-Geschäftsführer ohne Kapitalbeteiligung die Verhältnisse so liegen, dass Selbständigkeit angenommen werden muss. • Die fachliche Überlegenheit allein reicht für die Annahme einer Weisungsfreiheit nicht aus. • Es ist noch festzustellen, warum die Gesellschaftsgründung durchgeführt worden ist. Sind die gesellschaftsrechtlichen Maßnahmen nur deshalb getroffen worden, weil der Geschäftsführer dadurch haftungsrechtlich oder steuerrechtlich besser zu stehen glaubt, so hat sich an seiner Selbständigkeit wahrscheinlich nichts geändert. • Ergeben die Ermittlungen keine eindeutige Antwort auf die Frage, ob eine abhängige Beschäftigung oder eine selbständige Tätigkeit vorliegt, ist das bisherige Berufsleben als Indiz heranzuziehen.
9	20.03.1984 – 7 RAr 70/82 – (DBlR 2962a/AFG § 104; USK 8446; SozR 4100 § 168 Nr. 16; Breith. 1985,158; Die Beiträge 1986, 211: BR/Meuer SGB IV § 7)	• Komplementär-GmbH (zwei Gesell-schafter) • Gesellschafter mit 50 % Kapitalanteil an der GmbH und 1,2 % als Kommanditist der KG • GmbH zur Geschäftsführung über die KG berufen • Anstellung als Einkaufsleiter der KG (keine Geschäftsführungsfunktion) *Kein abhängiges Beschäftigungsver-hältnis*	• Ein Gesellschafter einer Komplementär-GmbH kann nicht gleichzeitig in einem abhängigen Beschäftigungsverhältnis zur KG stehen, wenn er nach seiner Kapitalbeteiligung an der GmbH und nach den Rechten der GmbH an der KG einen bestimmenden Einfluss auf die Entscheidungen der KG hat. • Ein Beschäftigungsverhältnis zur KG wäre nur dann zu bejahen, wenn ein Kommanditist über seinen beherrschenden Stimmanteil nach dem KG-Vertrag jeden ihm genehmen Beschluss auch gegen den Willen der Gesellschafter der Komplementär-GmbH durchsetzen kann. • Mit einer Kapitalbeteiligung von 50 % an der Komplementär-GmbH stehen einem Gesellschafter grundsätzlich Arbeitgeberrechte zu, die ein von seinem Willen unabhängiges Handeln der KG als Arbeitgeber ausschließen.
10	23.1.1986 – 11a RK 4/84 – (DBlR 3179a/AFG § 168; USK 8606; SozR 5420 § 2 Nr. 35; Die Beiträge 1986, 132; BR/Meuer RVO § 165)	• Familien-GmbH (Mutter, Sohn) • Sohn Gesellschafter-Geschäftsführer mit 1/5 Kapitalanteil (Mutter ebenfalls Gesellschafter-Geschäftsführerin mit 4/5 Kapitalanteil) • Tätigkeit als „Betriebsleiter" nach Weisung der Gesellschaft *Abhängiges Beschäftigungsverhältnis*	• Ein Gesellschafter-Geschäftsführer, der auf Grund seiner Kapitalbeteiligung keinen maßgebenden Einfluss auf die Entscheidungen der Gesellschaft hat und ihm übertragene Aufgaben nach Weisung der Gesellschaft durchführt, steht in einem abhängigen Beschäftigungsverhältnis.
11	29.10.1986 – 7 RAr 43/85 – (DBlR 3222a/AFG § 168; USK 86145; Die Beiträge 1987, 17; BR/Meuer AFG § 168; BB 1987,406)	• Familien-GmbH (Mutter, 2 minderjährige Kinder vertreten durch Pfleger) • Mutter alleinvertretungsberechtigte Gesellschafter-Geschäftsführerin mit 1/3 Kapitalanteil • Befreiung vom Selbstkontrahierungs-verbot nach § 181 BGB • Beschlussfassung mit einfacher Mehrheit • Zustimmung der Gesellschaft für bestimmte Rechtsgeschäfte erforderlich • Weisungsfreie Gestaltung und Ausführung der Geschäftsführung *Kein abhängiges Beschäftigungsver-hältnis*	• Ist der mit 1/3 am Stammkapital der GmbH beteiligte Geschäftsführer auf Grund der familiären Verhältnisse und seines Sachverstandes lediglich bei bestimmten wichtigen Geschäften in seiner Entscheidungsfreiheit beschränkt, im Übrigen aber keinen Weisungen unterworfen, liegt keine abhängige Beschäftigung vor. • Für die Annahme einer abhängigen Beschäftigung genügt nicht, dass der Geschäftsführer an Weisungen irgendwelcher Art gebunden ist; denn auch wer sich als Selbständiger zur entgeltlichen Geschäftsbesorgung verpflichtet, muss grundsätzlich Weisungen des Dienstberechtigten beachten. • Eingeschränkt war insoweit nur die Sachentscheidungsbefugnis, während Gestaltung und Ausführung der Geschäftsführung keinen Beschränkungen unterlag.
12	8.12.1987 – 7 RAr 14/86 – (DBlR 3400a/AFG § 168; USK 87150; BR/Meuer AFG § 168; ZIP 1988, 913)	• Familien-GmbH (Ehegatten-GmbH) • Ehemann Gesellschafter-Geschäftsführer mit 1/7 Kapitalanteil • umfassende Fachkenntnisse • Arbeitszeit 40 Stunden wöchentlich • monatliches Gehalt und Urlaubsgeld *Zurückverweisung an das LSG*	• Ist der GmbH-Geschäftsführer lediglich bei bestimmten wichtigen Geschäften in seiner Entscheidungsfreiheit beschränkt, ohne einem für die persönliche Anhängigkeit ausschlaggebenden Direktionsrecht der Gesellschaft unterworfen zu sein, liegt eine abhängige Beschäftigung nicht vor. • In einer Familien-GmbH können die Verhältnisse so liegen, dass selbst bei einem Geschäftsführer ohne Kapitalbeteiligung Selbständigkeit angenommen werden muss. Ausschlaggebend ist, ob der Geschäftsführer seine Tätigkeit im Wesentlichen frei gestalten kann. • Der Umstand, dass der Geschäftsführer möglicherweise fachlich überlegen war, reicht für sich allein nicht aus, um den Schluss zu rechtfertigen, dass er keinerlei Weisungen unterworfen war.

Nr.	BSG/Fundstelle	Sachverhalt/Entscheidung	Urteilstenor/Begründung
13	8.12.1987 – 7 RAr 25/86 – (DBIR 3401a/AFG § 168; USK 87170; BB 1989, 72; BR/Meuer AFG § 168)	• Familien-GmbH (Einpersonen-GmbH) • Tochter Geschäftsführerin ohne Kapitalbeteiligung • Alleinvertretungsbefugnis • Befreiung vom Selbstkontrahierungsverbot nach § 181 BGB • Zustimmung der Gesellschaft für bestimmte Rechtsgeschäfte erforderlich • Weisungsfreie Wahrnehmung der Unternehmensleitung und der Geschäftsführung • ertragsabhängige Bezüge *Kein abhängiges Beschäftigungsverhältnis*	• Ist der GmbH-Geschäftsführer lediglich bei bestimmten wichtigen Geschäften in seiner Entscheidungsfreiheit beschränkt, kann selbst bei fehlender Kapitalbeteiligung Selbständigkeit gegeben sein, wenn er mit den Gesellschaftern familiär verbunden ist und die Höhe der Bezüge u.a. von der Ertragslage abhängt. • Im Einzelfall können familiäre Bindungen dazu führen, dass die Tätigkeit überwiegend durch familienhafte Rücksichtnahme geprägt wird und es an der Ausübung einer Direktion durch die Gesellschafter völlig mangelt. • Führt der Geschäftsführer auf Grund verwandschaftlicher Beziehungen faktisch die Geschäfte nach eigenem Gutdünken, fehlt es an dem Merkmal der persönlichen Abhängigkeit. • Die Teilhabe am Unternehmerrisiko (ertragsabhängige Bezüge) stellt ein gewichtiges Indiz für die Annahme einer selbständigen Tätigkeit dar.
14	11.1.1989 – 7 RAr 8/87 – (DBIR 3467a/AFG § 168; BR/Meuer AFG § 168)	• Familien-GmbH (Ehefrau Alleingesellschafter-Geschäftsführerin) • Ehemann: Bau-Ingenieur bzw. technischer Betriebsleiter (keine Geschäftsführungsfunktion/alleinige Branchenkenntnisse) • monatliches Gehalt (Nettogehalt wurde zur Tilgung eines der GmbH von der Tochter gewährten Darlehens einbehalten) • Jahreserfolgsprämie von 3 % *Zurückverweisung an das LSG*	• Dass die Ehefrau Alleingesellschafter-Geschäftsführerin ist, besagt nichts darüber aus, ob der Ehemann fremdbestimmte Arbeit leistet. • Die Teilhabe am Unternehmensrisiko stellt ein Indiz gegen eine abhängige Beschäftigung dar. Ein Unternehmensrisiko wird indes nur von dem getragen, der auch am Verlust des Unternehmens beteiligt ist. • Verfügt jemand über die alleinigen Fachkenntnisse und führt er auf Grund dieser Stellung ohne Weisung des Alleingesellschafter-Geschäftsführers faktisch wie ein Alleininhaber die Geschäfte der Familien-GmbH nach eigenem Gutdünken, so liegt ein abhängiges Beschäftigungsverhältnis nicht vor.
15	27.7.1989 – 11/7 RAr 71/87 – (DBIR 3583a/AFG § 168; USK 8951; Die Beiträge 1989, 373; BR/Meuer AFG § 182)	• Gesellschafter-Geschäftsführer mit zunächst 51 %, später 47 % Kapitalanteil (4 % auf Ehefrau übertragen), zugleich Arbeitsvertrag als kaufmännischer Angestellter in der GmbH • Alleinvertretungsbefugnis • Beschlussfassung mit einfacher Mehrheit • Befreiung vom Selbstkontrahierungsverbot nach § 181 BGB • wöchentliche Arbeitszeit 40 Std. • monatliches Gehalt *Kein abhängiges Beschäftigungsverhältnis*	• Bei einem Gesellschafter-Geschäftsführer mit einem Kapitalanteil von weniger als 50 % ohne Sperrminorität kann die Arbeitnehmereigenschaft fehlen, wenn sein tatsächlicher Einfluss auf die Gesellschaft wesentlich größer ist als der ihm auf Grund seines Kapitals zustehende Einfluss. • Hält ein Gesellschafter zusammen mit seinem Ehegatten Geschäftsanteile von mehr als 50 % und kann er damit wesentliche Entscheidungen der Gesellschaft verhindern, ist ein beherrschender Einfluss auf die Gesellschaft anzunehmen, wenn der Ehegatte ansonsten in keiner Weise in die Betriebsführung eingreift und tatsächlich keine konkretisierbaren Arbeitgeberfunktionen ausübt.
16	25.10.1989 – 2 RU 12/89 – (USK 8998; BR/Meuer RVO 543; BG 1990, 357)	• GmbH mit zwei Gesellschafter-Geschäftsführern (Kapitalbeteiligung jeweils 50 %) • gemeinschaftliche Vertretung der Gesellschaft • Beschlussfassung mit einfacher Mehrheit *Kein abhängiges Beschäftigungsverhältnis*	• Sind zwei Geschäftsführer einer GmbH mit gleichen Teilen am Stammkapital beteiligt und vertreten sie die Gesellschaft gemeinschaftlich, so haben sie in ihrem notwendigen Zusammenwirken eine das Unternehmen schlechthin „beherrschende" Stellung. • Hat jeder Geschäftsführer insoweit eine die Gesellschaft „beherrschende" Stellung als ohne seine Zustimmung keine Beschlüsse gefasst werden können, liegt für keinen der Geschäftsführer ein persönliches Abhängigkeitsverhältnis zur Gesellschaft vor.
17	9.11.1989 – 11 RAr 39/89 – (DBIR 3611a/AFG § 168; USK 89102; BSGE 66, 69; SozR 4100 § 104 Nr. 19; Die Beiträge 1990, 183; BR/Meuer AFG § 168)	• Einpersonen-GmbH mit Fremdgeschäftsführer • Alleingesellschafterin als Kontoristin in der GmbH tätig (keine Branchenkenntnisse) • wöchentliche Arbeitszeit 30 Std. • monatliches Gehalt *Kein abhängiges Beschäftigungsverhältnis*	• Ein Alleingesellschafter, der die ihm zustehende beherrschende Rechtsmacht über die GmbH tatsächlich nicht wahrnimmt, steht auch dann nicht in einem abhängigen Beschäftigungsverhältnis zur Gesellschaft, wenn er für diese eine untergeordnete Beschäftigung nach Weisung verrichtet. • Zu den tatsächlichen Verhältnissen gehört – unabhängig von ihrer Ausübung – auch die vorhandene Rechtsmacht. Hiernach ist sowohl derjenige, der die Rechtsmacht hat, als auch derjenige, der die Gesellschaft ohne Rechtsmacht tatsächlich leitet, nicht abhängig beschäftigt.

Nr.	BSG/Fundstelle	Sachverhalt/Entscheidung	Urteilstenor/Begründung
18	8.8.1990 – 11 RAr 77/89 – (DBlR 3733a/AFG § 168; USK 9060; SozR 3-2400 § 7 Nr. 4; Die Beiträge 1991, 206; BR/Meuer AFG § 168)	• Gesellschafter-Geschäftsführer mit 30 % Kapitalanteil • Befreiung vom Selbstkontrahierungsverbot nach § 181 BGB • Tantiemenvereinbarung • keine feste Arbeitszeitregelung, aber jederzeitige Dienstbereitschaft *Zurückverweisung an das LSG*	• Ermöglicht die gesellschaftliche Stellung hingegen keinen bestimmenden Einfluss auf die GmbH, kann auch der tatsächlich eingeräumte Einfluss eine abhängige Beschäftigung ausschließen. • Prüfungsmaßstab sind zunächst die im Anstellungs- bzw. Gesellschaftsvertrag getroffenen Regelungen. Weichen die tatsächlichen Verhältnisse hiervon entscheidend ab, ist auf die Umstände des Einzelfalles abzustellen.
19	18.4.1991 – 7 RAr 32/90 – (DBlR 3835a/AFG § 168; USK 9115; SozR 3-4 100 § 168 Nr. 5; BR/Meuer AFG § 168; NZA 1991, 869)	• Gesellschafter-Geschäftsführer mit 1/3 Kapitalbeteiligung (Gesellschafter-GmbH als Kreditgeber und Warenlieferant hält ebenfalls 1/3) • Alleinvertretungsbefugnis • Sperrminorität (einstimmige Beschlussfassung) • wöchentliche Arbeitszeit 40 Std. • monatliches Gehalt • Gewinnbeteiligung *Kein abhängiges Beschäftigungsverhältnis*	• Ein Gesellschafter-Geschäftsführer, der über weniger als die Hälfte des Stammkapitals verfügt, aber eine Sperrminorität besitzt, steht nicht in einem abhängigen Beschäftigungsverhältnis. • Unerheblich ist, ob der Gesellschafter-Geschäftsführer die ihm zustehende Rechtsmacht tatsächlich ausübt. Etwas anderes könnte allenfalls dann gelten, wenn er an der Ausübung der Sperrminorität gehindert ist. • Das wirtschaftliche Übergewicht eines Gesellschafters (hier: Gesellschafter-GmbH) lässt ohne Hinzutreten weiterer besonderer Umstände nicht die Schlussfolgerung zu, dass ein Strohmann-Geschäft vorliege oder dem Gesellschafter-Geschäftsführer die zustehenden Befugnisse schlechthin abgeschnitten wären.
20	28.1.1992 – 11 RAr 133/90 – (DBlR 3898a/AFG § 168; USK 9201; Die Beiträge 1992, 310; BR/Meuer AFG § 168)	• Familien-GmbH • Gesellschafter-Geschäftsführer mit zunächst 51 %, später 49 % Kapitalanteil (Übertragung von 2 % auf den Ehegatten) • Alleinvertretungsbefugnis • keine Branchenkenntnisse • monatliches Gehalt *Zurückverweisung an das LSG*	• Hat ein Gesellschafter-Geschäftsführer auf Grund seiner gesellschaftsrechtlichen Stellung die Rechtsmacht, Entscheidungen der GmbH zu bestimmen oder zu verhindern, so liegt auch dann keine abhängige Beschäftigung vor, wenn er – z.B. wegen fehlender Sachkunde – Entscheidungen weitgehend anderen überlässt. • Auch ein selbständiger Unternehmer muss sich Sachzwängen (sachkundigem Rat) unterordnen, die ihm von Fachkräften seines Betriebes vermittelt werden. Eine persönliche Abhängigkeit im Einsatz seiner Arbeitskraft ist damit nicht verbunden. • Mit der Übertragung von Geschäftsanteilen auf den Ehegatten ist eine Verlagerung der Einflussmöglichkeiten denkbar, wenn sich zwischen den Ehegatten eine unterschiedliche wirtschaftliche Interessenlage feststellen lässt und die Gesellschaft dem Geschäftsführer bestimmte Weisungen erteilt oder ihn der für Arbeitnehmer des Betriebes geltenden Ordnung unterstellt. • Kann ein Gesellschafter sich bei bestimmten unternehmerischen Entscheidungen nicht durchsetzen, verliert er dadurch nicht seine Selbständigkeit.
21	6.2.1992 – 7 RAr 134/90 – und – 7 RAr 36/91 – (DBlR 3893a/AFG § 104; USK 9208; SozR 3-4100 § 104 Nr. 8; BSG E 70, 81; Die Beiträge 1992, 258; BR/Meuer AFG § 168; DB 1992, 1835; BB 1992, 2437)	• Familien-GmbH • Ehemann Gesellschafter-Geschäftsführer mit 45 % Kapitalanteil (Ehefrau 45 %, Bruder 10 %) • Sperrminorität (Beschlussfassung mit mindestens 75 % der Stimmen) • technische und kaufmännische Leitung des Unternehmens *Kein abhängiges Beschäftigungsverhältnis*	• Ein Gesellschafter-Geschäftsführer, der über weniger als die Hälfte des Stammkapitals verfügt, aber eine Sperrminorität besitzt, steht nicht in einem abhängigen Beschäftigungsverhältnis. Etwas anderes könnte allenfalls dann gelten, wenn der Gesellschafter-Geschäftsführer an der Ausübung der Sperrminorität gehindert ist.
22	24.9.1992 – 7 RAr 12/92 – (DBlR 3983/AFG § 168; USK 9285; SozR 3-4100 § 168 Nr. 8; BR/Meuer AFG § 168; NZA 1993, 430)	• Gesellschafter-Geschäftsführer mit 48 % Kapitalbeteiligung • Beschlussfassung grundsätzlich mit einfacher Mehrheit; für Festlegung der Unternehmenspolitik, Änderungen des Gesellschaftervertrages und Auflösung der Gesellschaft mit 75 % der Stimmen • Verkaufstätigkeit • vorgeschriebene Arbeitszeit • monatliches Gehalt *abhängiges Beschäftigungsverhältnis*	• Eine Sperrminorität eines Gesellschafter-Geschäftsführers, die sich auf die Festlegung der Unternehmenspolitik, die Änderung des Gesellschaftervertrages und die Auflösung der Gesellschaft beschränkt, schließt die Annahme eines abhängigen Beschäftigungsverhältnisses nicht aus. • Maßgebend bleibt die Bindung des Geschäftsführers hinsichtlich der Ausgestaltung seiner Arbeitsleistung an das willensbildende Organ, in der Regel die Gesamtheit der Gesellschafter.

Nr.	BSG/Fundstelle	Sachverhalt/Entscheidung	Urteilstenor/Begründung
23	11.2.1993 – 7 RAr 48/92 – (DBIR 4023a/AFG § 168; USK 9347; Die Beiträge 1993, 521; BR/Meuer AFG § 168)	• Familien-GmbH (Kapitalanteil Ehefrau 48 %, Sohn 41 %, Tochter 11 %) • Ehemann Geschäftsführer ohne Kapitalbeteiligung • Alleinvertretungsbefugnis • Befreiung vom Selbstkontrahierungsverbot nach § 181 BGB • Anstellungsvertrag • Leitung des Gesamtbetriebes • keine feste Arbeitegzeitregelung • monatliches Gehalt *Zurückverweisung an das LSG*	• Ein Geschäftsführer, der die Geschicke der GmbH mangels Beteiligung am Stammkapital nicht beeinflussen kann, aber die Leitung des Betriebes innehat, steht dann nicht in einem abhängigen Beschäftigungsverhältnis, wenn er seine Tätigkeit hinsichtlich Zeit, Dauer, Umfang und Ort im Wesentlichen weisungsfrei und – wirtschaftlich gesehen – nicht für ein fremdes, sondern für ein eigenes Unternehmen ausübt. • Es kommt nicht darauf an, ob für die Gesellschafter die Möglichkeit bestand, auf die Geschäftsführung Einfluss auszuüben, vielmehr ist darauf abzustellen, ob von einer etwaigen Weisungsbefugnis tatsächlich Gebrauch gemacht wurde.
24	23.6.1994 – 12 RK 72/92 – (USK 9448; Die Beiträge 1994, 610; BR/Meuer AVG § 2; NJW 1994, 2974)	• GmbH (Gesellschafter A und B mit je 50 % Kapitalanteil) • Übertragung von 20 % Kapitalanteil der Gesellschafterin B auf den Ehegatten • Anstellungsvertrag mit Gesellschafterin B; keine Geschäftsführungsfunktion, lediglich Unterstützung der Geschäftsführung nach dessen Weisung (alleinige Geschäftsführung obliegt der Gesellschafterin A) • monatliches Gehalt • wöchentliche Arbeitszeit 15 Std. *Zurückverweisung an das LSG*	• Die vertragliche Verpflichtung eines Gesellschafters zur Verrichtung von Diensten höher Art in der Gesellschaft (hier: Unterstützung der Geschäftsführung) spricht nicht unbedingt gegen eine abhängige Beschäftigung. • Eine rechtlich bestehende Abhängigkeit kann durch die tatsächlichen Verhältnisse so überlagert sein, dass eine Beschäftigung im sozialversicherungsrechtlichen Sinn dennoch ausscheidet. • Bei einem Gesellschafter, der zusammen mit seinem Ehegatten über einen Stimmenanteil von 50 % verfügt, ist eine mittelbare Beeinflussung der Gesellschaft nicht auszuschließen (Verhinderung von Beschlüssen) • Ein enges familienrechtliches Band allein rechtfertigt nicht die Annahme, die Betroffenen würden sich unter allen Umständen gleich gesinnt verhalten, um damit die Gesellschaft mittelbar zu beeinflussen.
25	8.12.1994 – 11 RAr 49/94 – (DBIR 4200/AFG § 168; USK 9461; SozR 3-4100 § 168 Nr. 18; NZS 1995, 373; Die Beiträge 1995, 568; BR/Meuer AFG § 168)	• Treuhänder-Kornplementär-GmbH (Treuhänder: Alleingesellschafter/alleiniger Geschäftsführer der GmbH/einziger Kommanditist der KG) • (formale) Alleinvertretungsbefugnis des Treuhänders • Befreiung vom Selbstkontrahierungsverbot nach § 181 BGB • Anstellungsvertrag • monatliches Gehalt • umfassende Weisungsbefugnis des Treugebers auf Grund des Treuhandvertrages • Treugeber unwiderruflich zur Ausübung des Stimmrechts in der Gesellschaft bevollmächtigt *Zurückverweisung an das LSG*	• Bei einem Alleingesellschafter einer GmbH scheidet ein abhängiges Beschäftigungsverhältnis zur Gesellschaft dann nicht von vornherein aus, wenn er auf Grund eines besonders gestalteten Treuhandverhältnisses an der Ausübung seiner Rechte als Gesellschafter gehindert ist. • Zur Beurteilung einer abhängigen Beschäftigung sind stets die tatsächlichen Verhältnisse maßgebend, zu denen auch die vorhandene Rechtsmacht gehört. • Behält sich der Treugeber das Stimmrecht in der Gesellschaft auf Grund einer unwiderruflichen Vollmacht persönlich vor, erscheint es gerechtfertigt, die Gesellschafterstellung nicht nach formal-rechtlichen Kriterien zu bestimmen. • Der Treuhänder-Gesellschafter-Geschäftsführer steht dann in einem abhängigen Beschäftigungsverhältnis zur Gesellschaft, wenn der Treugeber als mittelbarer Gesellschafter dem Treuhänder das Stimmrecht in der Gesellschaft tatsächlich entzogen hat und der Geschäftsführer tatsächlich wie ein Arbeitnehmer in die Gesellschaft eingegliedert ist.
26	9.2.1995 – 7 RAr 76/94 – (DBI R 4201 a/AFG § 168; USK 9519; Die Beiträge 1995, 358; BR/Meuer AFG § 168)	• zwei Gesellschafter-Geschäftsführer mit zunächst je 33,3 % später 48,8 % Kapitalanteil • gemeinschaftliche Vertretung der GmbH • Beschlussfähigkeit mit 75 % des Stammkapitals • Beschlussfassung mit einfacher Mehrheit • Befreiung vom Selbstkontrahierungsverbot nach § 181 BGB • Zustimmung der Gesellschaft für bestimmte Rechtsgeschäfte erforderlich • technische und kaufmännische Leitung des Unternehmens • wöchentliche Arbeitszeit 40 Std. • monatliches Gehalt *Zurückverweisung an das LSG*	• Ist Beschlussfähigkeit einer GmbH nur mit den Stimmen des Geschäftsführers gegeben, können die Verhältnisse dennoch so liegen, dass eine abhängige Beschäftigung grundsätzlich nicht ausgeschlossen ist. Dies ist der Fall, wenn innerhalb einer Frist eine zweite Gesellschafterversammlung mit gleicher Tagesordnung einzuberufen ist, die dann ohne Rücksicht auf das vertretene Kapital beschlussfähig ist. • Entscheidend bleibt, ob der Geschäftsführer nach der Gestaltung seiner vertraglichen Beziehung zur GmbH und den tatsächlichen Gegebenheiten hinsichtlich Zeit, Dauer, Ort und Art der Tätigkeit im Wesentlichen weisungsfrei oder weisungsgebunden ist.

Nr.	BSG/Fundstelle	Sachverhalt/Entscheidung	Urteilstenor/Begründung
27	5.2.1998 – B 11 AL71/97 R – (DBlR 4447a/AFG § 104; USK 9816; SozR 3-4100 § 168 Nr. 22; Breith. 1999, 100; Die Beiträge 1999, 109)	• Familien-GmbH (Vater alleinvertretungsberechtigter Geschäftsführer mit 60 % Kapitalanteil, Sohn 40 %) • Beschlussfassung mit 3/4 des Stammkapitals (Sohn Gesellschafter mit Sperrminorität) • Sohn in der GmbH als Speditionskaufmann beschäftigt (keine Geschäftsführungsfunktion) *abhängiges Beschäftigungsverhältnis*	• Die Sperrminorität eines Minderheits-Gesellschafters ohne Geschäftsführungsfunktion schließt eine abhängige Beschäftigung zur Gesellschaft nicht von vornherein aus. • Ein Minderheits-Gesellschafter mit Sperrminorität ist rechtlich nicht in der Lage, seine Weisungsgebundenheit gegenüber dem Geschäftsführer der GmbH aufzuheben oder abzuschwächen. • Entscheidend ist, ob der Gesellschafter auf Grund der vertraglichen Beziehungen und der tatsächlichen Durchführung des Vertrages wie eine fremde Arbeitskraft in den Betrieb eingegliedert ist.
28	30.6.1999 – B 2 U 35/98 R – (SozR 3-2200 § 723 Nr. 4; USK 9942; Breith. 1999, 1033; NZS 2000, 147)	• GmbH mit drei Gesellschaftern (Kapitalanteil A: 59,6 %, B: 30,4 %, C: 10 %) • B Geschäftsführer mit Alleinvertretungsbefugnis • Befreiung vom Selbstkontrahierungsverbot nach § 181 BGB • alleinige Branchenkenntnisse • Geschäftsführervertrag, wonach Arbeitskraft, Kenntnisse und Erfahrungen in den Dienst der Gesellschaft zu stellen sind • monatliches Gehalt, Urlaubs- und Weihnachtsgeld *abhängiges Beschäftigungsverhältnis*	• Weist eine Tätigkeit Merkmale auf, die sowohl auf Abhängigkeit als auch auf Unabhängigkeit hinweisen, ist entscheidend, welche Merkmale überwiegen. • Es sind alle Umstände des Einzelfalles zur berücksichtigen. Maßgebend ist dabei das Gesamtbild, ob der Geschäftsführer von der Gesellschaft persönlich abhängig ist. • Verfügt ein Gesellschafter-Geschäftsführer als Einziger in der Gesellschaft über das besondere „Know-how", kann daraus keine selbständige Tätigkeit abgeleitet werden, denn es ist durchaus üblich, dass Geschäftsführer spezielle Fachkenntnisse aufweisen und diese sind vielfach gerade Voraussetzung für die Übertragung dieser Aufgabe.
29	14.12.1999 – B 2 U 48/98 R – (USK 9975; BB 2000, 674)	• Familien-GmbH • Ehemann Gesellschafter-Geschäftsführer mit 44,8 % Kapitalanteil (Ehefrau – anderweitig vollbeschäftigt – hält 55,2 %) • Alleinvertretungsbefugnis • Befreiung vom Selbstkontrahierungsverbot nach § 181 BGB • umfassende Branchenkenntnisse • Geschäftsführervertrag, wonach die verantwortliche Leitung des gesamten Geschäftsbetriebs dem Geschäftsführer obliegt • monatliches Gehalt, Urlaubs- und Weihnachtsgeld *Kein abhängiges Beschäftigungsverhältnis*	• Bei einem Gesellschafter-Geschäftsführer mit einem Kapitalanteil von weniger als 50 % hängt das Vorliegen eines abhängigen Beschäftigungsverhältnisses wesentlich davon ab, ob er nach dem Gesamtbild seiner Tätigkeit einem seine persönliche Abhängigkeit begründenden Weisungsrecht der GmbH unterliegt. • In einer Familien-GmbH können die familiären Verhältnisse dazu führen, dass die Geschäftsführertätigkeit überwiegend durch familienhafte Rücksichtnahmen geprägt wird und es an der Ausübung einer Direktion durch die Gesellschaft völlig mangelt.

C. Arbeitsrecht

Übersicht zur Entgeltfortzahlung: Praxisfragen/Checkliste[1])

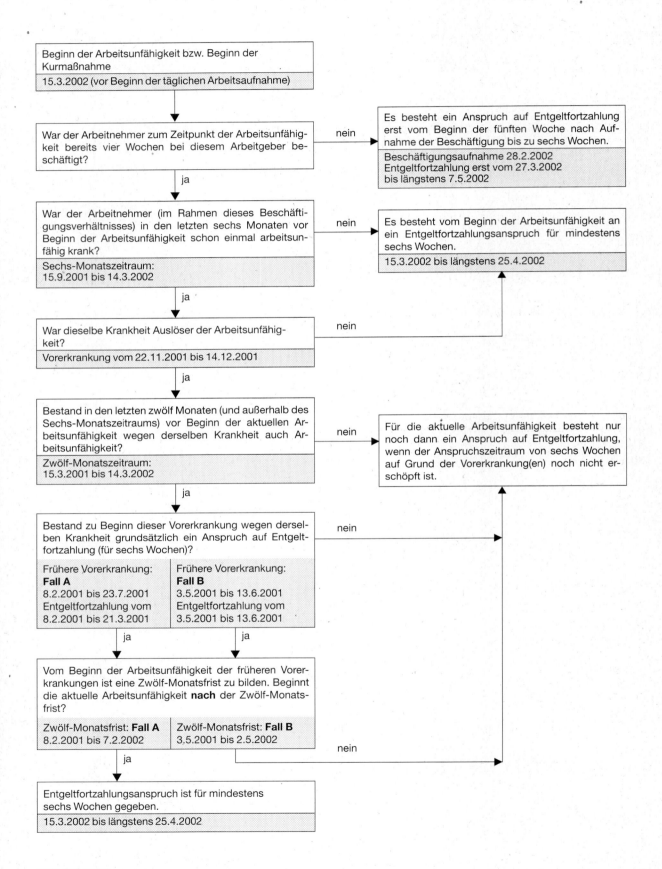

Beginn der Arbeitsunfähigkeit bzw. Beginn der Kurmaßnahme
15.3.2002 (vor Beginn der täglichen Arbeitsaufnahme)

War der Arbeitnehmer zum Zeitpunkt der Arbeitsunfähigkeit bereits vier Wochen bei diesem Arbeitgeber beschäftigt?

nein → Es besteht ein Anspruch auf Entgeltfortzahlung erst vom Beginn der fünften Woche nach Aufnahme der Beschäftigung bis zu sechs Wochen.
Beschäftigungsaufnahme 28.2.2002
Entgeltfortzahlung erst vom 27.3.2002 bis längstens 7.5.2002

ja

War der Arbeitnehmer (im Rahmen dieses Beschäftigungsverhältnisses) in den letzten sechs Monaten vor Beginn der Arbeitsunfähigkeit schon einmal arbeitsunfähig krank?
Sechs-Monatszeitraum: 15.9.2001 bis 14.3.2002

nein → Es besteht vom Beginn der Arbeitsunfähigkeit an ein Entgeltfortzahlungsanspruch für mindestens sechs Wochen.
15.3.2002 bis längstens 25.4.2002

ja

War dieselbe Krankheit Auslöser der Arbeitsunfähigkeit?
Vorerkrankung vom 22.11.2001 bis 14.12.2001

nein →

ja

Bestand in den letzten zwölf Monaten (und außerhalb des Sechs-Monatszeitraums) vor Beginn der aktuellen Arbeitsunfähigkeit wegen derselben Krankheit auch Arbeitsunfähigkeit?
Zwölf-Monatszeitraum: 15.3.2001 bis 14.3.2002

nein → Für die aktuelle Arbeitsunfähigkeit besteht nur noch dann ein Anspruch auf Entgeltfortzahlung, wenn der Anspruchszeitraum von sechs Wochen auf Grund der Vorerkrankung(en) noch nicht erschöpft ist.

ja

Bestand zu Beginn dieser Vorerkrankung wegen derselben Krankheit grundsätzlich ein Anspruch auf Entgeltfortzahlung (für sechs Wochen)?

Frühere Vorerkrankung: **Fall A**
8.2.2001 bis 23.7.2001
Entgeltfortzahlung vom 8.2.2001 bis 21.3.2001

Frühere Vorerkrankung: **Fall B**
3.5.2001 bis 13.6.2001
Entgeltfortzahlung vom 3.5.2001 bis 13.6.2001

nein →

ja / **ja**

Vom Beginn der Arbeitsunfähigkeit der früheren Vorerkrankungen ist eine Zwölf-Monatsfrist zu bilden. Beginnt die aktuelle Arbeitsunfähigkeit **nach** der Zwölf-Monatsfrist?

Zwölf-Monatsfrist: **Fall A**
8.2.2001 bis 7.2.2002

Zwölf-Monatsfrist: **Fall B**
3.5.2001 bis 2.5.2002

nein →

ja

Entgeltfortzahlungsanspruch ist für mindestens sechs Wochen gegeben.
15.3.2002 bis längstens 25.4.2002

---

1) Zur besseren Übersicht beinhaltet das Ablaufdiagramm in den dunkel unterlegten Feldern ein Praxisbeispiel.